- 本套试卷由多年参加北京及各大城市注册会计师考试辅导的全国著名专家编写.具有很强的预测性.
- 本套试卷考查范围涵盖教材中所有重要考点及大部分一般考点,对2004年出题可能性较大的考点做了特别的强调.
- 本套试卷包括六套命题预测试卷及其参考答案解析,三套近三年考题及参考答案解析.
- 建议考生按实际考试要求自主测试,把测试时间安排在上午或下午测试时请不要看参考答案,测试完毕核对参考答案.

ISBN 7-80117-700-2

ISBN 7-80117-700-2/F·622

全套定价：75元（本册15元）

《中国现代物流大全》

主持编写单位

主持编写单位：

中国机械工程学会物流工程分会

协 编 单 位：

中国工程机械学会
中国交通运输协会
北京起重运输机械研究所
北京科技大学
北京交通大学
武汉理工大学
山东大学
解放军后勤指挥学院
中国远洋运输集团总公司
东莞市东迅物流有限公司
昆明船舶设备集团有限公司
林德厦门叉车有限公司
湖州德马物流系统工程有限公司
江苏天奇物流系统工程股份有限公司
南京菲尼克斯电气有限公司
南方卫星通信服务公司

ZHONGGUO XIANDAI WULIU DAQUAN

中国现代物流大全

王国华 主编

现代物流管理

中国铁道出版社

2004年·北京

内 容 简 介

《中国现代物流大全》汇集了我国理论界、学术界、产业界及相关管理部门200余位专家学者、教授、高级物流管理人员和技术人员参与组织和编写，充分展现了他们在物流理论研究方面的丰硕成果和在物流系统建设和运营与管理中所积累的宝贵经验。

《中国现代物流大全》囊括了现代物流的基本理论、物流管理思想和方法、物流装备与技术、物流系统规划设计、物流行业标准等五个方面的理论与实践经验，是迄今为止涉面最广、内容最为丰富、实践应用性更强的物流参考工具书。本套丛书共五卷。

本卷《现代物流管理》从供应链管理、工业企业物流管理、商业企业物流管理、现代企业生产库存管理、交通运输企业物流管理、第三方物流管理和物流管理信息系统等七个方面全面介绍了现代物流管理的理论、方法与应用实践，充分展示了现代物流作为一种先进的组织方式和管理技术的内涵。

图书在版编目(CIP)数据

现代物流管理/王国华等编 .—北京:中国铁道出版社,2004.9
(中国现代物流大全;2)
ISBN 7-113-06032-3

Ⅰ.现… Ⅱ.王… Ⅲ.物流－物资管理Ⅳ.F252

中国版本图书馆 CIP 数据核字(2004)第 093214 号

书　　名:中国现代物流大全
　　　　　现代物流管理
著作责任者:王国华　陈宏勋　周　云　孙国正　李苏剑　吴耀华　熊安春
出 版 发 行:中国铁道出版社(100054,北京市宣武区右安门西街 8 号)
策 划 编 辑:熊安春　黄　燕
责 任 编 辑:陈若伟　熊安春
封 面 设 计:蔡　涛
印　　刷:中国铁道出版社印刷厂
开　　本:787×1092　1/16　印张:58.25　字数:1 604 千
版　　本:2004 年 10 月第 1 版　　2004 年 10 月第 1 次印刷
印　　数:1～3 000 册
书　　号:ISBN 7-113-06032-3/F·392
定　　价:180.00 元

本卷编写人员

主　编:李苏剑　（北京科技大学物流所教授　博导　博士）

副主编:马士华　（华中科技大学教授　博导　博士）

王槐林　（华中科技大学教授）

王继祥　（《物流技术与应用》执行主编　高级工程师）

游战清　（RFID外资企业副总经理　高级工程师）

丁文英　（北京科技大学物流工程系教授）

第一篇　主　编:马士华

编　写:马士华　沈　玲　文　坚　孟庆鑫　陈习勇

第二篇　主　编:丁文英

编　写:丁文英　何志林　李　宏

第三篇　主　编:王槐林

编　写:王槐林　杨敏才　张春雷　刘明菲　马　辉　余立仁

第四篇　主　编:李苏剑

编　写:李苏剑　李　靖　何荣春　张春英　杨晓卿　高　岚　陶春伟

第五篇　主　编:王槐林

编　写:王槐林　杨敏才　张春雷　刘明菲　马　辉　江　辉　云　虹　谢　钢

第六篇　主　编:游战清

编　写:游战清　李蒙蒙　王冰洁　刘文达　廖明艳　何辉玲

第七篇　主　编:王继祥

编　写:王继祥　翁卫兵　李庆元　刘伟民　黄贵东　黄雪强　赵俊明

卷主审:董绍华　王国华

序　言

党的“十六大”提出了全面建设小康社会的奋斗目标，描绘出了中国经济建设的宏伟蓝图。随着加入WTO和全球经济一体化进程，中国经济必须融入世界经济并保持稳定快速发展，我们正面临着前所未有的机遇和挑战。

现代物流已成为21世纪中国经济发展的新兴重要产业和新的经济增长点，这就需要我们深入进行现代物流理论研究和实践探索，并加速完善全国的社会物流网络体系，创造现代物流发展的宏观环境。

现代物流作为一种先进的组织方式和管理技术，对于优化资源配置、提高国民经济运行质量、保障国家经济和国防安全、降低GDP中物流成本的比例、促进企业改造发展、推进中国经济体制和经济增长方式的两个根本转变都具有十分重要的意义。为了改善投资环境，吸引更多的外资，也迫切需要在我国建立起专业化、社会化、现代化的物流服务网络体系，提供高质量的现代物流服务。

现代物流是一项跨行业、跨部门、跨地区、跨边界的系统工程，各级政府正在政策、法规、规划、资金等方面给予关注和支持，为发展现代物流创造良好的外部环境。中国的企业需要增强现代物流意识以参与国内外两个市场竞争，要加强对现代物流的理解认识和实践探索，真正成为现代物流发展的市场主体。制造业海尔管理创新的发展模式、IT业联想自动化集成化物流系统建设、交通运输业上海国际港务(集团)公司及中国远洋运输集团的现代物流改革创新等，都体现出我国广大工商企业开拓创新，取得了丰硕的成果，为我国物流现代化作出了有益的探索。

中国现代物流具有鲜明的、跨跃式发展的中国特色，是在大规模的企业转型、改制、重组和技术创新中形成并发展和丰富的。作为中国当今先进生产力的体现，以电子商务、连锁经营、物流配送为发展方向的流通领域，以挖掘第三利润源泉和作为企业订单加速器的生产领域，以先进制造技术和信息技术为依托的敏捷物流、JIT、MRP、ERP 等制造业物流理论和方法，都与时俱进达到了同步发展与平衡。此外，我国大物流体系和国际物流、区域物流、城市物流的规划建设也取得了很大的发展。

由中国机械工程学会物流工程分会主持，全国二百余位物流专家、学者和工作者编著的《中国现代物流大全》，站在现代物流科技发展的前沿，在现代物流基础理论、现代物流管理、现代物流技术与装备、物流系统等方面，科学全面地研究和概括总结了我国改革开放以来物流理论研究和实践应用成果，对于发展我国现代物流具有很高的学术价值和社会价值，对于现代物流的运营具有很好的实用性和引导性。同时也体现出我国各级政府、经济界、产业界、学术界、物流工作者锐意进取、继承创新的精神和与时俱进的现代物流发展历程。

《中国现代物流大全》的出版，标志着我国现代化物流的理论研究和实践已经发展到一个新的阶段，她的出版必将进一步推动我国现代物流业的发展壮大，引导物流走上良性快速发展之路，加快缩短我国物流与发达国家的差距，促进我国物流的现代化和国际化。

在庆贺《中国现代物流大全》出版之际，写下上述感想为序。

中华人民共和国全国人民代表大会常务委员会副委员长

中国科学院院长

2004 年 6 月

前 言

经济全球化与中国物流发展的诉求

21 世纪是人类社会又一个崭新的、关键性的时期。

永远的繁荣与昌盛有背历史规律。历史上，有多少灿烂的文明各领风骚，然后又都随风而去。人类文明同太阳一样，首先从东方、亚细亚升起，东方文明古国——中国、印度、波斯是人类历史的起点；之后，文明的轨迹就随着日行轨迹，从东方中国，经过印度、中亚转移到古希腊、古罗马，到达西欧，最后在日耳曼世界达到辉煌的顶点，19 世纪下半叶，世界文明重心由西欧再次西移，进入北美。世界出现了以“美元帝国”为代表的“美洲世纪”。20 世纪下半叶，世界文明重心再次西移，由北美洲大西洋进入亚洲太平洋。首先是日本于 20 世纪五六十年代的兴起，牵动了世界文明中心的东移；随后是东亚四小龙——新加坡、韩国、台湾和香港的崛起，再次促使了世界文明中心的东移；自 20 世纪 80 年代以来亚太地区经济的腾飞，中国的改革开放使之即将成为世界加工制造中心、世界金融中心、世界贸易中心和世界物流中心。在这样的人类文明历史发展与轮回中，我国的经济发展已经引起国际社会高度关注。

随着经济全球化发展和现代科学技术突飞猛进，涌现出一批适应时代发展的新兴产业。物流产业是用高科技集成和整合传统产业而形成的一个发展迅速的新兴产业。理论界、经济界和产业界都逐渐认识到，物流产业正在成为全球经济发展的重要热点和新的经济增长点，物流革命将是 21 世纪全球经济领域变革的基本内容之一，也是衡量一个国家生产力发展水平的重要标志。

中国加入世界贸易组织已经融入全球经济一体化的大潮之中，给中国物流业带来的影响是：横向与纵向交替轮回，本土企业与外来企业融合，业态的发展机会和方向增多，行业的复合竞争加剧。经济增长、进出口贸易增长、外商在华投资的增多，势必会带来更多的物流需求，物流市场规模将进一步扩大。据专家预测，到 2010 年中国的物流市场容量将发展到 11 972亿元。这些都无疑为尚处起步阶段的中国物流业提供了前所未有的发展机遇和挑战。

入世后的国际竞争中我国将逐步放开公路货运、商品分销、仓库设施等领域，将有更多的外资物流企业进入中国成为中国物流企业强有力的竞争对手。2001 年 4 月美国联合包裹运送服务公司（UPS）获得中国直航权。在中国的业务总量增加了 45％；EXEL、TNT、日通等公司也积极在深圳、广州一带建立办事处或者合资公司；联邦快递、马士基等企业在中国已具备了快速发展的业务基础，快速增长的中国市场被称为“金色的市场”。我们面对的将是名扬世界的跨国公司、誉满全球的服务品牌、雄厚的流动资本、先进的技术和管理方法、全球性的营销网络和信息网络等。

中国第三产业长期发展不足，在 GDP 中所占比比例不足 30％，远低于美国等发达国家 70％和低收入国家 35％的平均水平，难以满足国民经济发展的要求。我们的经济起飞时间晚、工业化起点低，面临着艰难痛苦的体制转型期，使体制关键期、经济发展起飞期和社会现代化临界期三大经济转型奇妙地结合在一起，构成了我国物流发展过程的特殊性、复杂性和综合性，同时，典型的二元经济结构造成了大量二元社会经济现象，如一部分现代化工业同落后的农业并存；经济发达地区同广大不发达地区和贫困地区并存等。我国现代物流产业规模不经济，主体行为不端正，物流业中近几年涌现出许多新企业，有仓储、运输等传统企业转型而来，有些是新成立的公司，看似如火如荼，而规模不经济且缺乏技术进步机制、缺少技术进步的最终战略、技术装备更新缓慢、企业创新能力薄弱将延缓我国物流现代化的进程。

因此，如何体现和落实现代物流作为一种先进的组织方式和管理技术，进而优化资源配置、提高国民经济运行质量、保障国家经济和国防安全、降低GDP中物流成本的比例、促进企业改造发展等，都具有十分重要的意义，更是我们学术理论界、经济界、产业界、各级政府和全社会加以关注和研究的课题。

经济全球化为中国物流市场带来了巨大的需求，为物流企业提供了发展的动力，为中国物流现代化体系的构筑创造了条件和提供了现代化的基础和推动力。我国的物流企业将在激烈的国内外市场竞争中加剧优胜劣汰，实现中国现代物流的跨越式发展。

物流价值发现的反观及新经济时代的物流诉求

福特在1913——物流价值的第一次发现 1908年，一种性能超群、价格低廉、标准化设计的大众型汽车——福特T型车问世，汽车从富人的娱乐工具变成了一般人的交通工具。新汽车的问世立刻就导致了巨大的产需矛盾，这就迫使福特必须改革生产方式以适应巨大的需求。福特从屠宰牲畜的流水线受到了启发，反其道而行之，在1913年采用传送带和其他的传送工具，用不停运动的"流水"方式将原来的"装配孤岛"连接起来，形成汽车生产的流水线，在传送带不同部位同时进行全部作业活动的生产方式。所有工人都要按照传送带的节奏，在指定的位置，按指定的要求，按同样的速率去进行指定的工作。这种方法使福特公司的T型汽车生产能力大大提高，生产成本大幅度下降，汽车的装配时间减少到原来的1/10。开创了"传送带式"的新生产方式。它既是自动化和标准化的生产革命，更是体现了物流创新。

福特制的核心——传送带——是技术和管理的非常有机而又巧妙的结合。她是采用传送带方式进行物流系统化的物流革命。福特制改变的并不完全是产品本身的结构、性能，也不主要是机械加工技术和方法，而是生产领域中的物流方式。一条传送带把独立的操作变成了一个系统，减少甚至根除了反复不断出现的搬运、装卸，通过顺畅连贯的物流，把生产变成了顺畅连贯的系统。同时，物流方式的变革又反向推动了管理方式和业务流程的变革。亦即，福特制所取得的重大成果应该说是用物流来再造生产流程的结果。这就是物流系统在一个企业范畴内巨大的价值发现，也是现代企业生产系统对物流成为"第三利润源泉"和构筑核心竞争能力的诉求。

第二次世界大战——Logistics——物流价值的第二次发现 美军应用运筹学、系统优化方法和托盘技术、叉车技术、通讯技术等在二次世界大战期间构筑了其强大的军事后勤系统。该系统贯穿了后勤物资的征购、调运、储存和战地补给的全过程中，并将单元组合（集装）的装卸、高效连贯的搬运、运输、直到按指定军事目标到达目的地为止的全部物流功能有机结合，有效地支撑了的战争进程。这就促使人们认识到；物流这种系统的活动能够实现以往由许多活动才能完成的各项功能，认识到了物流系统功能的价值。

福特制物流所体现的价值是在一个封闭的生产系统之中，而托盘、叉车所构成的系统所体现的物流的价值是在一个开放的社会系统之中，是从企业走上社会。这是是对物流认知和实践一次质的飞跃。

现代物流已伴随科技发展而进入知识经济和服务经济社会，从而面对的是社会再生产和流通系统的问题。这样就不可能仅依靠一条有形的传送带，而是需要铺设一条无形的“传送带”。这条无形的传送带可以使社会再生产这个大系统，能像车间之中的传送带一样运行。具体的实践就是现在的“配送方式”、“零库存方式”、“精益物流”、“准时制方式”。这些都是力求用“传送带”的思维来解决社会流通问题。现代物流领域最新的发展——网络供应链，实际上就是一条无形的、虚拟的、全球化的福特制式的传送带。这条“传送带”和福特制的传送带所依托的基础都是标准化和自动化，但两者最大的不同在于，我们处于信息化和网络化的时代。新经济社会对物流具有更深广的诉求。

电子商务催发了物流热——物流价值的第三次发现　电子商务发展遇到 3 个最大的“瓶颈”是网络和交易安全、货款支付和实物送达，支付和安全问题一般都可以通过运转机制和网络技术逐步加以解决，而惟独物流配送需要网络化的计算机技术和现代化的硬件设备、软件系统及先进的管理手段，按用户的订货要求，进行一系列分类、编配、整理、分工、配货等理货工作，定时、定点、定量地交给没有范围限度的各类用户，满足其对商品的需求。其难度和投入之大形成了制约电子商务运营与发展最大的障碍。由此人们发现，配送及其系统运营竟如此重要，继而引发了全社会关注物流、研究物流和构筑物流。电子商务催发了物流热，而物流配送的信息化、自动化、社会化、智能化、合理化和简单化，使货畅其流，物尽其用，既减少生产企业库存，加速资金周转，提高物流效率，降低物流成本，又刺激了社会需求，有利于整个社会的宏观调控，也提高了整个社会的经济效益，促进市场经济的健康发展。同时物流配送又能提高电子商务的效率与效益、协调电子商务的目标、扩大电子商务的市场范围、实现基于电子商务的供应链集成、集成电子商务中的商流、信息流与资金流、支持电子商务的快速发展、促使电子商务成为 21 世纪最具竞争力的商务形式。

电子商务与物流配相互影响和促进。解决电子商务配送的最佳模式是配送共同化，优化物流配送网络，充分利用第三方物流、配送服务体系，实现网络经济的规模效益。这也是新经济时代商务模式对物流诉求的充分体现。

新世纪全球市场竞争特点对物流核心能力的诉求

随着经济的发展，影响企业在市场上获取竞争优势的主要因素发生了巨大变化。认清主要竞争因素的影响力，把握企业物流核心竞争能力的构筑，获取最大竞争优势具有非常重要的现实意义。

产品寿命周期越来越短　随着消费者需求的多样化发展，企业的产品开发能力也在不断提高。目前,国外新产品的研制周期大大缩短。例如,HP公司新打印机的开发时间从过去的4.5年缩短22个月,而且这一趋势还在不断加强(见图1)。与此相应的是产品的生命周期缩短,革新换代速度加快。

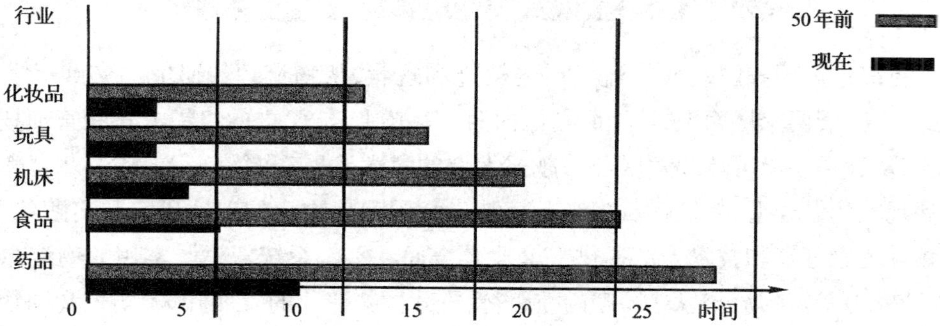

图1　产品生命周期不断缩短

产品品种数与库存飞速膨胀　因消费者需求的多样化越来越突出,厂家为了更好地满足其要求,便不断推出新的品种。这样一来引起了一轮又一轮的产品开发竞争,结果是产品的品种数成倍增长。以日用百货为例,据有关资料统计,从1975年到1991年,品种数已从2 000种左右增加到20 000种左右(见图2)。如超级市场的平均库存,在1985年前后约为13 000 SKU(Stock keep unit),而到1991年时约为20 000SKU,库存占用了大量的资金,严重影响了企业的资金周转速度,进而影响企业的竞争力。

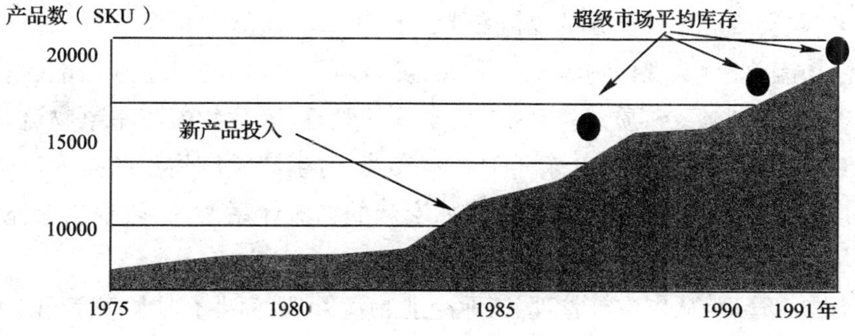

图2　日用品产品品种数增加情况

对时间与反应速度的要求越来越高　随着市场竞争的加剧,经济活动的节奏越来越快。其结果是每个企业都感到用户对时间方面的要求越来越高。这一变化的直接反映就是竞争主要因素的变化。20世纪60年代的企业间竞争的主要因素是成本,到70年代时竞争的主要因素转变为质量,进入80年代以后竞争的主要因素转变为时间。

对产品和物流服务的期望越来越高　进入20世纪90年代的用户对产品质量、服务质量的要求越来越高。现在的企业必须具有根据每一个顾客的特别要求定制产品和低成本快速响应客户需求服务的能力,即所谓的"一对一(one to one)"的定制化服务(Customized service)。

这些变化增加了企业管理的复杂性,企业要想在这种严峻的竞争环境下生存下去,必须具有强有力的处理环境的变化和由环境引起的不确定性的能力。全球市场竞争的特点都要求物流系统具备更强的系统能力和更快的反应速度,都要求物流领域要不断地技术进步和创新。

现代物流科学发展观理论研究与实践的体现

为了更好地展现我国现代物流发展的轨迹和现状,从物流理论研究与实践运营两个角度、从宏观与微观两个层面上、从国际与国内两个市场上、从先进的组织方式和管理技术的两个内核上、从我国物流可持续发展与跨越式发展的科学发展观的统一上、从国外管理经验和我国发展现状的结合上,并试图从多视角反映出我国现代物流的理论研究和实践状况,为我国物流领域的管理者和技术人员提供一套比较全面、深入、系统、科学、实用的物流参考工具书,为迅速缩短我国物流与发达国家的差距,促进我国物流业的发展壮大,实现我国物流的现代化和国际化而尽其绵薄之力。这是《中国现代物流大全》编写的初衷。

《中国现代物流大全》由中国机械工程学会物流工程分会主持编写,中国铁道出版社出版。

《中国现代物流大全》汇集了我国理论界、学术界、产业界及相关管理部门200余位专家学者、教授、高级物流管理人员和技术人员参与组织和编写,充分展现了他们在物流理论研究方面的丰硕成果和在物流系统建设和运营与管理中所积累的宝贵经验。

《中国现代物流大全》囊括了现代物流的基本理论、物流管理思想和方法、物流装备与技术、物流系统规划设计、物流行业标准等5个方面的理论与实践经验,是迄今为止涉及面最广、内容最为丰富、实践应用性更强的物流参考工具书。

A卷《现代物流总论》从现代物流基本概念、发展历程、现代物流基本功能、基础理论、基础应用技术、现代物流的经济、质量、资源与成本等的管理、国际物流与军事物流等方面进行了研究归纳和探讨。并根据我国20余年的物流实践,对生产领域物流的技术进步与创新做了归纳和探讨;对我国物流的现代化发展,诸如宏观的物流体系架构、微观物流流程再造、企业物流能力提升等进行了创新性研究。

B卷《现代物流管理》从供应链管理、工业企业物流管理、商业企业物流管理、现代企业生产库存管理、交通运输企业物流管理、第三方物流管理和物流管理信息系统等七个方面全面介绍了现代物流管理的理论、方法与应用实践,充分展示了现代物流作为一种先进的组织方式和管理技术的内涵。

C卷《现代物流技术与装备》全面介绍了仓储、运输、搬运、包装与分拣、物流信息和物流基础设施等6个领域的现代物流技术与装备的作用、类型、功能原理、技术性能参数、应用范围和发展趋势。资料来源可靠、内容详实、图文兼顾,充分体现了现代物流是先进的和科学的管理方法的内涵。

D卷《物流系统及典例》根据物流系统工程理论,提供了系统建模、规划设计与仿真等方面的方法与工具;介绍了配送中心和物流园区的定位、选址、规划设计与管理、技术装备应用;总结了面向制造业、商业、交通运输三大领域的现代物流理论与实践;介绍了大量的物流系统典型案例。充分揭示了现代物流系统思想的内核。力求使读者在向更深的规划设计以及物流系统的实际运营与操作延伸。

E卷《物流标准、法规、专业术语、业界名录》的编写宗旨是为广大的物流工作者提供国内外物流相关的法规、标准、专业术语、主要期刊和图书目录、相关组织信息以及企业名录,以供开展物流工作时借鉴。

《中国现代物流大全》的编写得到了国家政府相关部门的大力支持,也得到了相关物流学术团体、社团组织,如中国工程机械学会、中国物流学会、中国物流与采购联合会、中国仓储协会、中国交通运输协会、香港物流协会等的大力协助与支持,同时也得到了我国众多高等院校和物流企业集团,如北京起重运输机械研究所、北京科技大学、北京交通大学、武汉理工大学、山东大学、解放军后勤指挥学院、中国远洋运输集团总公司、东莞市东迅物流有限公司、昆明船舶设备集团有限公司、林德厦门叉车有限公司、湖州德马物流系统工程有限公司、江苏天奇物流系统工程股份有限公司、南京菲尼克斯电气有限公司、南方卫星通信服务有限公司等在提供资料、物流案例、组织协调等方面赋予极大的热情和亲情般的关注。为此,《大全》编委会在此表示衷心和诚挚的感谢。

《中国现代物流大全》编写过程中,参考了大量国内外物流专家和学者的著述、论断及相关资料,援引了各行业、众多企业在物流系统构筑、运营、管理和控制等方面的经验、技术进步与创新的案例。编者已将其列举在各卷之后,《大全》编委会在此表示诚挚的感谢,若有疏忽遗漏还恳请给予谅解。

如果《中国现代物流大全》的出版能为我国物流事业的发展贡献微薄之力,如果《中国现代物流大全》能成为各位读者的朋友、能成为您实际工作的工具参考书,将是全体编者最大的意愿和欣慰。

《中国现代物流大全》编委会

2004年6月

本卷前言

现代物流是现代物流管理思想统领下的物流，是社会化的物流，是市场化的物流，是面向现代先进科学和技术的物流，加强物流管理无疑是提高企业效益的最直接的手段之一。

迄今为止，在物流概念的变迁和物流管理模式的变化里程中，形成了许许多多关于物流管理的理论和方法，为物流的发展和繁荣作出了很大的贡献。

整个物的生命周期都伴随着物流活动。这种物流活动首先从原材料的采购开始，进入供应链，再依序进入工业企业生产物流管理，工厂和流通领域库存管理，商业物流管理等环节。在这个物流的大循环中，必须借助于或者主要借助于第三方物流企业，依托现代的交通运输工具来完成产品的物流大循环。而在这整个过程中，又伴随着物流信息和物流管理信息系统的运转，只有强有力的物流管理信息系统才能处理繁复的物流信息，提高企业效率。这个庞大的物流体系就构成了现代物流管理的全部内容。

《中国物流大全》B卷《现代物流管理》从供应链管理、工业企业物流管理、商业企业物流管理、现代企业生产库存管理、交通运输企业物流管理、第三方物流管理和物流管理信息系统等七个方面全面介绍了现代物流管理的理论与方法。其中供应链管理包括：供应链管理基础、供应链的构建与优化、供应链管理环境下的生产计划与控制、供应链管理环境下的库存控制、供应链管理环境下的采购与物流管理、供应链企业效绩评价与激励机制、供应链的组织与运行管理；工业企业物流管理包括：企业物流管理基础、供应物流管理、生产物流管理、销售物流管理、回收与废弃物流管理、物流质量管理；商业企业物流管理包括：商业企业物流基础、商业企业的场点物流管理、商业门店选址、货品管理、卖场货位规划、商业企业分销物流管理、市场分析和客户管理、分销配送管理、商业企业购进管理、商业采购管理、采购进货管理、商业企业经营管理和库存控制、电子商务经营；现代企业生产库存管理包括：订货点库存控制技术(OP)、制造资源计划技术(MRP)、准时化技术(JIT)、分销资源计划技术(DRP)、物流资源计划技术(LRP)、企业资源计划技术(ERP)、精益生产技术(LP)、最优化技术(OPT、ODT)；交通企业物流管理包括：交通运输市场概论、交通运输经济与管理决策、交通运输中的物流技术、交通运输企业战略规划与运作模式管理、交通运输企业物流管理；第三方物流管理包括：第三方物流发展战略、第三方物流企业运行、第三方物流客户服务、第三方物流的信息技术、第三方物流企业战略、国内外第三方物流发展情况、我国第三方物流供需状况；物流管理信息系统包括：物流管理信息系统理论基础、物流管理信息系统技术基础、物流管理信息系统分析与设计。

《现代物流管理》内容宽广、信息量大、涉及理论问题和学术问题较多，尤其是我国现代物流理论和实践仍处探索发展阶段，书中难免出现一些未形成社会或业内共识或恐欠妥之处，同时限于编者的认识和水平，书中的不足和错误望读者在使用过程中提出宝贵意见。

编　者　2004年6月

目　录

第一篇　供应链管理

第二篇 物流管理信息系统

第三篇 现代企业生产库存管理与控制

第四篇　工业企业物流管理

第五篇 商业企业物流管理

第六篇　交通运输企业物流管理

第七篇　第三方物流

第一篇　供应链管理

第一章　供应链管理基础

第一节　供应链管理模式的产生及其基本思想

一、新的竞争环境对企业管理模式的影响

在全球激烈的市场竞争中，企业面对一个变化迅速且无法预测的买方市场，其传统的生产与经营模式对市场剧变的响应越来越迟缓和被动。为了摆脱困境，企业采取了许多先进的单项制造技术和管理方法，如计算机辅助设计、柔性制造系统、准时生产制、制造资源计划（MRPⅡ）等，虽然这些方法取得了一定的实效，但在经营的灵活性、快速满足顾客需求方面并没有实质性改观。人们终于意识到问题不在于具体的制造技术与管理方法本身，而是在于它们仍囿于传统生产与经营模式的框框之内。

（一）传统管理模式

管理模式是一种系统化的指导与控制方法，它把企业中的人、财、物和信息等资源，高质量、低成本、快速及时地转换为市场所需要的产品和服务。因此，自从有了企业那天起，质量、成本和时间（生产周期）就一直是一个企业的3个核心活动，企业管理模式也是围绕着这3个方面不断发展的。企业的生存和发展有赖于对这3个核心活动过程的管理水平，因为质量是企业的立足之本，成本是生存之道，而时间则是发展之源。没有好的质量，就无法得到消费者的认可，企业所提供的产品或服务就无法在市场上立足，早晚会被市场淘汰；没有低的成本，企业就没有实力进行价格竞争，无法获得再生产所需要的资金而难以为继；而企业要适应不断发展的消费需求，就必须能在最短的时间里提供消费者所需要的产品或服务，因此生产周期（包括产品研制和生产时间）就成了能否适应企业发展要求的关键。

为了做好这3个方面的工作，企业无时无刻不在寻找最有效的管理方法。

从管理模式上看，企业出于对制造资源的占有要求和对生产过程直接控制的需要，传统上常采用的策略是，或扩大自身规模，或参股到供应商企业，与为其提供原材料、半成品或零部件的企业是一种所有关系。这就是人们所说的"（纵向一体化）（Vertical Integration）"管理模式。我国企业（特别是国有企业）一贯采取"大而全"、"小而全"的经营方式，这可以认为是"纵向一体化"的一种表现形式，例如，许多企业拥有从铸造、毛坯准备、零件加工、装配、包装、运输等一整套设备设施及组织机构。但其构成比例却又是畸形的：受长期计划经济的影响，其产品开发能力和市场营销能力都非常弱，但拥有庞大的加工体系。在产品开发、加工、市场营销3个基本环节呈现出中间大、两头小的"腰鼓型"。"腰鼓型"企业适合于计划经济体制，而在市场经济环境下无法快速响应用户需求。一些国有企业经营不景气，并不是没有生产能力，而是生产不出或不能快速生产出市场上需要的产品，丧失了许多市场机遇。

从生产计划与控制机制看，企业生产管理系统在不同的时期有不同的发展和变化。20世纪60年代以前，盛行的方法是通过确定经济生产批量、安全库存、订货点，来保证生产的稳定性，但由于没有注意独立需求和相关需求的差别，采用这些方法并未取得期望的成果。20世纪60年代中期，出现了物料需求计划（Material Prequirements Planning，简称MRP），较好地解决了相关需求管理问题。此后，人们就一直探求更好的制造组织和管理模式，出现了诸如制造资源计划（Manufacturing Resources Planning，简称MRPⅡ）、准时生产制（Just In Time，简称JIT）及精细生产（Lean Production）等新的生产方式。这些新的生产方式对提高企业整体效

益和在市场上的竞争能力确实做出了不可低估的贡献。然而，进入20世纪90年代以来，消费者的需求特征发生了前所未有的变化，整个世界的经济活动也出现了以前未曾有过的全球经济一体化特征，这些变化对企业参与竞争的能力提出了更高的要求，原有的管理思想已不能完全满足新的竞争形势。以MRPⅡ和JIT为例，这两种生产方式都是只考虑企业内部资源的利用问题，一切优化工作均着眼于本企业的资源的最优应用。这种指导思想在即将进入21世纪的市场环境显得有些不适应，因为在当前这种市场环境里，一切都要求能够快速响应用户需求，而要达到这一目的，仅靠一个企业所拥有的资源是不够的。在这种情况下，人们自然会将资源延伸到企业以外的其他地方，借助其他企业的资源达到快速响应市场需求的目的就是目前一个热点。

(二)企业管理模式变化的内在因素

企业管理模式的转变不是偶然的，这里面有其必然的变化规律。在20世纪的40至60年代，企业处于相对稳定的市场环境中，这时的"纵向一体化"模式是有效的。但是在20世纪90年代科技迅速发展、世界竞争日益激烈、顾客需求不断变化的形势下，"纵向一体化"模式则暴露出种种缺陷。

1．增加企业投资负担。不管是投资建新的工厂，还是用于其他公司的控股，都需要企业自己筹集必要的资金。这一工作给企业带来许多不利之处。首先，企业必须花费人力、物力设法在金融市场上筹集所需要的资金。其次，资金到位后，随即进入项目建设周期(假设新建一个工厂)。为了尽快完成基本建设任务，企业还要花费精力从事项目实施的监管工作，这样一来又消耗了大量的企业资源。由于项目有一个建设周期，在此期间内企业不仅不能安排生产，而且还要按期偿还借款利息。显而易见，用于项目基本建设的时间越长，企业背负的利息负担越重。

2．承担丧失市场时机的风险。对于某些新建项目来说，由于有一定的建设周期，往往出现"项目建成之日，也就是项目下马之时"的现象。市场机会早已在你的项目建设过程中逝去。这样的事例在我国很多。从选择投资方向看，决策者当时的决策可能是正确的，但就是因为花在生产系统基本建设上的时间太长，等生产系统建成投产时，市场行情可能早已发生了变化，错过了进入市场的最佳时机而使企业遭致损失。因此，项目建设周期越长，企业承担的风险越高。

3．迫使企业从事不擅长的业务活动。"纵向一体化"管理模式的企业实际上是"大而全"、"小而全"的翻版，这种企业把产品设计、计划、财务、会计、生产、人事、管理信息、设备维修等工作看做本企业必不可少的业务工作，许多管理人员往往花费过多的时间、精力和资源去从事辅助性的管理工作。由于精力分散，他们无法做好关键性业务活动的管理工作。结果是，辅助性的管理工作没有抓起来，关键性业务也无法发挥出核心作用，不仅使企业失去了竞争特色，而且增加了企业产品成本。例如，1996年，办事机构设在密执根特罗依的劳动力协会一个顾问机构指出，通用汽车公司死抱着纵向管理思想不放，为它自己的公司生产70%的零部件，而福特公司只有50%，克莱斯勒只有30%。他们指出，正是由于通用汽车公司的顽固做法，它现在不得不经受着多方面竞争的压力。通用汽车公司因为生产汽车零部件而耗去的劳动费用高于其他两个公司，每生产一个动力系统，它比福特公司多440美元，比克莱斯勒公司多出600美元，在市场竞争中始终处于劣势。这种情况在我国也经常出现。例如，某机器制造厂为了解决自己单位富余人员的再就业问题，成立了一个附属企业，把原来委托供应商生产的某种机床控制电器转而为自己生产。由于缺乏技术和管理能力，不仅成本比外购的高，而且产品质量低劣，最后影响到整机产品的整体性能和质量水平，一些老客户纷纷撤出订单，使企业蒙受不必要的损失。

4．在每个业务领域都直接面临众多竞争对手。采用"纵向一体化"管理模式企业的另一个问题是，它必须在不同业务领域直接与不同的竞争对手进行竞争。例如，有的制造商不仅生产产品，而且还拥有自己的运输公司。这样一来，该企业不仅要与制造业的对手竞争，而且还要与运输业的对手竞争。在企业资源、精力、经验都十分有限的情况下，四面出击的结果是可想而知的。事实上，即使是IBM这样的大公司，也不可能拥有所有业务活动必需的才能。因此，从20世纪80年代末期起，IBM就不再进行纵向发展，而是与其他企业建立广泛的合作关系。例如，IBM公司与苹果公司合作开发软件，协助MCT

联营公司进行计算机基本技术研究工作，与西门子公司合作设计动态随机存储器，等等。

5. 增大企业的行业风险。如果整个行业不景气，采用纵向一体化模式的企业不仅会在最终用户市场遭受损失，而且会在各个纵向发展的市场遭受损失。过去曾有这样一个例子，某味精厂为了保证原材料供应，自己建了一个辅料厂。但后来味精市场饱和，该厂生产的味精大部分没有销路。结果不仅味精厂遭受损失，与之配套的辅料厂也举步维艰。

二、供应链管理模式的产生与发展

有鉴于“纵向一体化”管理模式的种种弊端，从20世纪80年代后期开始，国际上越来越多的企业放弃了这种经营模式，随之而来的是“横向一体化(Horizontal Integration)”思想的兴起，即利用企业外部资源快速响应市场需求，本企业只抓最核心的东西：产品方向和市场。至于生产，只抓关键零部件的制造，甚至全部委托其他企业加工。例如，福特汽车公司的Festiva车就是由美国人设计，在日本的马自达生产发动机，由韩国的制造厂生产其他零件和装配，最后再在美国市场上销售。制造商把零部件生产和整车装配都放在了企业外部，这样做的目的是利用其他企业的资源促使产品快速上马，避免自己投资带来的基建周期长等问题，赢得产品在低成本、高质量、早上市等诸方面的竞争优势。“横向一体化”形成了一条从供应商到制造商再到分销商的贯穿所有企业的“链”。由于相邻节点企业表现出一种需求与供应的关系，当把所有相邻企业依此连接起来，便形成了供应链(Supply Chain)。这条链上的节点企业必须达到同步、协调运行，才有可能使链上的所有企业都能受益。于是便产生了供应链管理(Supply Chain Management，简称SCM)这一新的经营与运作模式(关于供应链管理的详细内容见本篇第二章)。

根据美国的A.T.Kearney咨询公司的研究，企业应该将供应职能提高到战略层次的高度来认识，才有助于降低成本、提高投资回报。创造供应优势取决于建立一个采购的战略地位。企业和供应商伙伴形成一个共同的产品开发小组。伙伴成员从共享信息上升到共享思想，决定如何和在哪里生产零部件或产品，或者如何重新定义使双方获益的服务。所有企业一起研究和确定哪些活动能给用户带来最大的价值，而不是像过去那样由一个企业设计和制造一个产品上绝大部分零件。研究比较发现，美国厂商普遍采用“纵向一体化”模式进行管理，而日本厂商更多采用“横向一体化”。美日两国企业的这种管理模式的选择，与他们的生产结构有着密切联系。美国企业生产一辆汽车购价的45%由企业内部生产制造，55%由外部企业生产制造。然而，日本厂商生产一辆汽车中，只有25%的购价由企业内部生产制造，外包的比例很大。这也许在某种程度上说明美国汽车缺乏竞争力的原因。

由此可见，敏捷制造和供应链管理的概念都是把企业资源的范畴从过去单个企业扩大到整个社会，使企业之间为了共同的市场利益而结成战略联盟，因为这个联盟要“解决”的往往是具体顾客的特殊需要(至少有别于其他顾客)，例如，供应商就需要与他共同研究，如何满足他的需要，还可能要对原设计进行重新思考、重新设计，这样在供应商和顾客之间就建立了一种长期联系的依存关系。供应商以满足顾客、为顾客服务为目标，顾客当然也愿意依靠这个供应商，当原来的产品用完或报废需要更新时，还会找同一个供应商。这样一来，借助敏捷制造战略的实施，供应链管理也得到越来越多的人重视，成为当代国际上最有影响力的一种企业运作模式。这种生产管理模式的变化如图1—1—1所示。

供应链管理利用现代信息技术，通过改造和集成业务流程、与供应商以及客户建立协同的业务伙伴联盟、实施电子商务，从而大大提高了企业的竞争力，使企业在复杂的市场环境下立于不败之地。根据有关资料统计，供应链管理的实施可以使企业总成本下降10%；供应链上的节点企业按时交货率提高15%以上；订货—生产的周期时间缩短25%～35%；供应链上的节点企业生产率增值提高10%以上，等等。这些数据说明，供应链企业在不同程度上都取得了发展，其中以“订货—生产的周期时间缩短”最为明显。能取得这样的成果，完全得益于供应链企业的相互合作、相互利用对方资源的经营策略。试想一下，如果制造商从产品开发、生产到销售完全自己包下来，不仅要背负沉重的投资负担，而且还要花相当长的时间。采用了供应链管理模式，则可以使企业在最短时间里寻找到最好的合作伙伴，用最低的成本、最快的速度、最好的质量赢得市场，而且受益的不止一家企业，而是一个企业群体。因此，供应链管理模式吸引了越来越多的企业。

有人说，21世纪的竞争不是企业和企业之间的竞争，而是供应链与供应链之间的竞争。那些在零部件制造方面占用独特优势的中小型供应商企业，将成为大型的装配主导型企业追逐的对象。日本一名学者将其比喻为足球比赛中的中场争夺战，他认为谁能拥有这些具有独特优势的供应商，谁就能赢得竞争优势。显然，这种竞争优势不是哪一个企业所具有的，而是整个供应链的综合能力(见图1—1—1)。

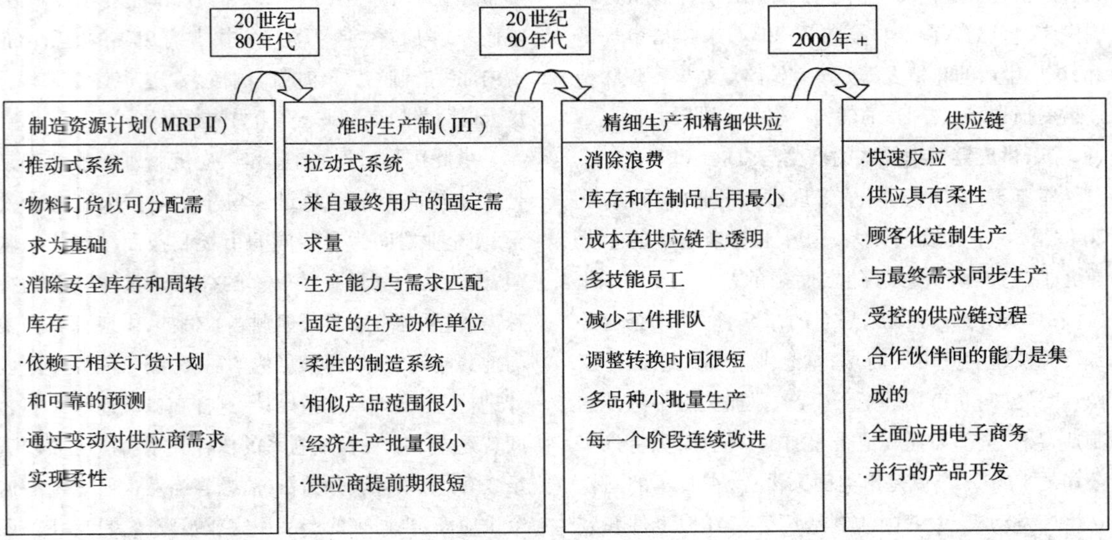

图1—1—1　建立在最佳生产系统平台上的供应链

三、供应链管理思想产生的必然性

(一)环境变化产生的巨大压力

任何事物的产生都有其合理性，供应链管理思想也不例外。归纳起来，供应链管理思想的产生有如下3点必然性：

1. 世纪之交的企业所面临的市场空间和形态都与以往不一样，这种变化必然会对传统管理所形成的思维方式带来挑战。同时，信息社会或网络社会已经开始影响到我们的生活，这必然要带来工作和生活方式的改变，其中最主要的就是消费需求的变化。

在短缺经济时代，量的供给不足是主要矛盾，所以企业的管理模式主要以提高效率、最大限度地从数量上满足用户的需求为主要特征。现在，随着人们经济生活水平的提高，个性化需求越来越明显。多样化需求对企业管理的影响越来越大。而品种的增加必然增大管理的难度和对资源获取的难度。企业在兼顾社会利益方面的压力也越来越大，如环保问题、可持续发展问题等，使企业既要考虑自己的经济利益，还要考虑社会利益。

2. 传统管理模式的主要特征及其在新环境下的不适应性。传统管理模式是以规模化需求和区域性的卖方市场为决策背景，通过规模效应降低成本，获得效益。这样，生产方式必然是少品种、大批量。虽然这种生产方式可以最大限度地提高效率，降低成本，取得良好的规模效益，但它适应品种变化的能力很差。另外，管理层次多必然影响整个企业的响应速度，其组织结构是一种多级递阶控制，管理的跨度小、层次多，且采用集权式管理，以追求稳定和控制为主。

3. 传统管理模式的主要特点是“纵向一体化”。这种模式增加了企业的投资负担，企业必须自己筹集资金进行建设，然后自己进行经营和管理。因为企业在发现一个新的市场机会时，要进行扩建或改建，延长了企业响应市场的时间(至少是一个基本建设周期)，如此一来，企业还要承担丧失市场时机的风险。“纵向一体化”模式还迫使企业从事自己并不擅长的业务。这样的管理体制模式显然不适应瞬息万变的市场需求。

在这样的外部压力下，企业间寻求彼此的合作，以整合各自的核心竞争力，供应链管理思想应运而生。

(二)交易成本变动形成的无限动力

在20世纪90年代,由于全球制造的出现导致全球竞争日益加剧,同时用户需求呈现多样化、变化频繁的趋势,因而企业面临着前所未有的“超竞争”。原有的“纵向一体化”的组织模式给企业带来了大量的机会成本,已完全不适合市场发展的需要。企业要想生存与发展,必须制定以尽可能快的速度、尽可能低的成本、尽可能多的产品品种为特征的战略,将主要精力用于其核心竞争力,同时尽可能地利用外部资源。供应链就是企业群在这一特定的环境下的积极应变(见图1—1—2)。

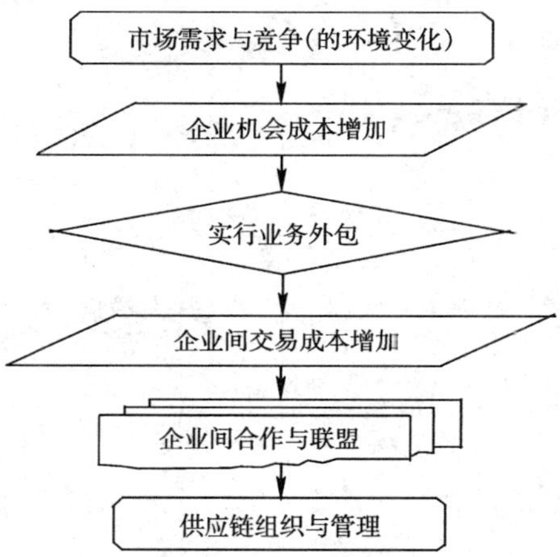

图1—1—2　供应链组织的产生原理

这里,交易成本包括“发现相对价格的工作”、谈判、签约、激励、监督履约等的费用。毫无疑问,利用外部资源将带来大量的交易成本。这就需要一种“围绕核心企业,通过信息流、物流、资金流的控制,从采购原材料开始,制成中间产品以及最终产品,最后由销售网络把产品送到消费者手中的,将供应商、分销商、零售商,直到最终用户连成为一个整体的功能性网链结构模式”,这就是供应链。

第二节　供应链的概念、结构模型及其特征

一、供应链的概念

供应链目前尚未形成统一的定义,许多学者从不同的角度出发给出了许多不同的定义。

早期的观点认为供应链是制造企业中的一个内部过程,它是指把从企业外部采购的原材料和零部件,通过生产转换和销售等活动,再传递到零售商和用户的一个过程。传统的供应链概念局限于企业的内部操作层上,注重企业的自身资源利用目标。

有些学者把供应链的概念与采购、供应管理相关联,用来表示与供应商之间的关系,这种观点得到了研究合作关系、JIT关系、精细供应、供应商行为评估和用户满意度等问题的学者的重视。但这样一种关系也仅仅局限在企业与供应商之间,而且供应链中的各企业独立运作,忽略了与外部供应链成员企业的联系,往往造成企业间的目标冲突。

后来供应链的概念注意了与其他企业的联系,注意了供应链的外部环境,认为它应是一个“通过链中不同企业的制造、组装、分销、零售等过程将原材料转换成产品,再到最终用户的转换过程”,这是更大范围、更为系统的概念。例如,美国的史迪文斯(Stevens)认为:“通过增值过程和分销渠道控制从供应商的供应商到用户的用户的流就是供应链,它开始于供应的源点,结束于消费的终点”。伊文斯(Evens)认为:“供应链管理是通过前馈的信息流和反馈的物料流及信息流,将供应商、制造商、分销商、零售商,直到最终用户连成一个整体的模式”。这些定义都注意了供应链的完整性,考虑了供应链中所有成员操作的一致性(链中成员的关系)。

而到了最近,供应链的概念更加注重围绕核心企业的网链关系,如核心企业与供应商、供应商的供应商乃至与一切前向的关系,与用户、用户的用户及一切后向的关系。此时对供应链的认识形成了一个网链的概念,像丰田(Toyota)、耐克(Nike)、尼桑(Nissan)、麦当劳(McDonalds)和苹果(Apple)等公司的供应链管理都从网链的角度来实施。哈理森(Harrison)进而将供应链定义为:“供应链是执行采购原材料、将它们转换为中间产品和成品、并且将成品销售到用户的功能网链”。这些概念同时强调供应链的战略伙伴关系问题。菲力浦(Phillip)和温德尔(Wendell)认为供应链中战略伙伴关系是很重要的,通过建立战略伙伴关系,可以与重要的供应商和用户更有效的开展工作。

在研究分析的基础上,我们给出一个供应链的定义:供应链是围绕核心企业,通过对信息流、物流、资金流的控制,从采购原材料开始,制成中间产品以及最终产品,最后由销售网络把产品送到消费者手

中的将供应商、制造商、分销商、零售商、直到最终用户连成一个整体的功能网链结构模式。它是一个范围更广的企业结构模式，它包含所有加盟的节点企业，从原材料的供应开始，经过链中不同企业的制造加工、组装、分销等过程直到最终用户。它不仅是一条联接供应商到用户的物料链、信息链、资金链，而且是一条增值链，物料在供应链上因加工、包装、运输等过程而增加其价值，给相关企业都带来收益。

二、供应链的结构模型

根据以上供应链的定义，其结构可以简单地用图 1—1—3 所示的模型形象地表示出来。

根据供应链的实际运行情况，在一个供应链系统中，有一个企业处于核心地位。该企业起着对供应链上的信息流、资金流和物流的调度中心的作用。从这个角度出发，供应链系统的结构又可以表示为图 1—1—4 所示的形状。

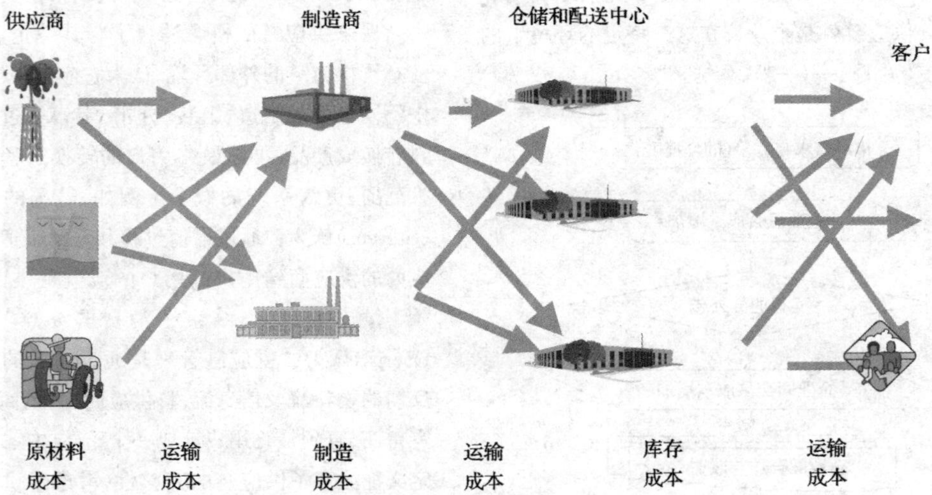

图 1—1—3　供应链结构示意图

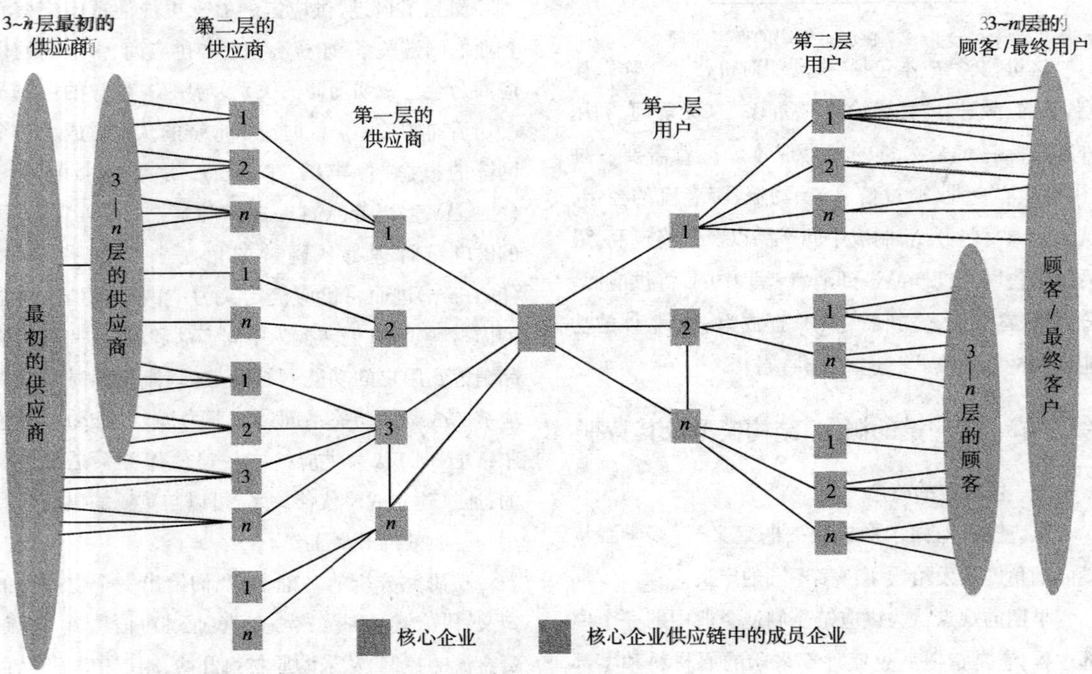

图 1—1—4　供应链系统的分层结构

从图1—1—4中可以看出,供应链由所有加盟的节点企业组成,其中一般有一个核心企业(可以是产品制造企业,也可以是大型零售企业,如美国的沃尔玛),节点企业在需求信息的驱动下,通过供应链的职能分工与合作(生产、分销、零售等),以资金流、物流或/和服务流为媒介实现整个供应链的不断增值。

供应链管理中的业务流程及其构成情况如图1—1—5所示。

三、供应链的特征

从供应链的结构模型可以看出,供应链是一个网链结构,由围绕核心企业的供应商、供应商的供应商和用户、用户的用户组成。一个企业是一个节点,节点企业和节点企业之间是一种需求与供应关系。供应链主要具有以下特征:

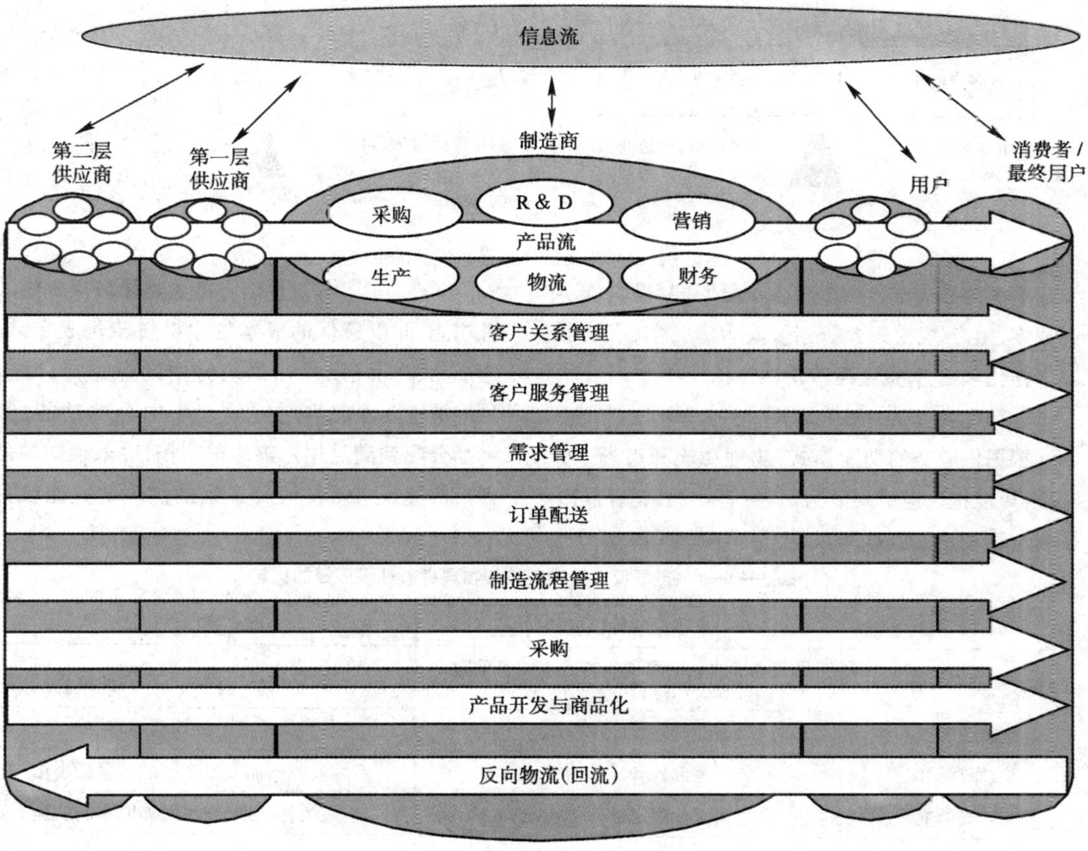

图1—1—5　供应链管理流程结构

1. 复杂性。因为供应链节点企业组成的跨度(层次)问题,供应链往往由多个、多类型甚至多国企业构成,所以供应链结构模式比一般单个企业的结构模式更为复杂。

2. 动态性。供应链管理因企业战略和适应市场需求变化的需要,其中节点企业需要动态的更新,这就使得供应链具有明显的动态性。

3. 面向用户需求。供应链的形成、存在、重构,都是基于一定的市场需求而发生,并且在供应链的运作过程中,用户的需求拉动是供应链中信息流、产品/服务流、资金流运作的驱动源。

4. 交叉性。节点企业可以是这个供应链的成员,同时又是另一个供应链的成员,众多的供应链形成交叉结构,增加了协调管理的难度。

四、供应链的类型

根据不同的划分标准,我们可以将供应链分为以下几种类型:

(一)稳定的供应链和动态的供应链

根据供应链存在的稳定性划分,可以将供应链分为稳定的和动态的供应链。基于相对稳定、单一的市场需求而组成的供应链稳定性较强，而基于相对频繁变化、复杂的需求而组成的供应链动态性较高。在实际管理运作中，需要根据不断变化的需求，相应地改变供应链的组成。

（二）平衡的供应链和倾斜的供应链

根据供应链容量与用户需求的关系可以划分为平衡的供应链和倾斜的供应链。一个供应链具有一定的、相对稳定的设备容量和生产能力（所有节点企业能力的综合，包括供应商、制造商、运输商、分销商、零售商等），但用户需求处于不断变化的过程中，当供应链的容量能满足用户需求时，供应链处于平衡状态，而当市场变化加剧，造成供应链成本增加、库存增加、浪费增加等现象时，企业不是在最优状态下运作，供应链则处于倾斜状态（见图1—1—6）。

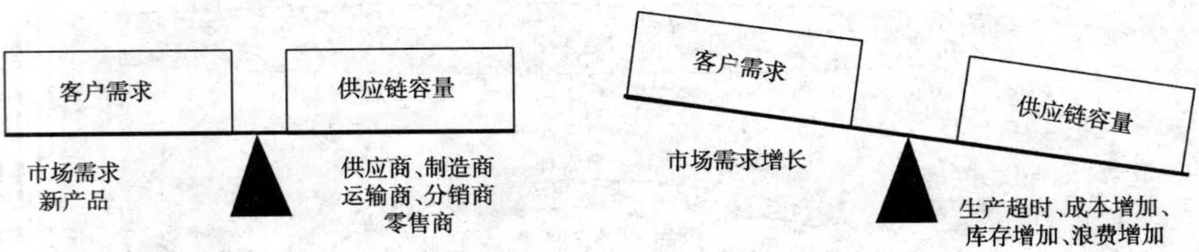

图1—1—6　平衡的供应链和倾斜的供应链

平衡的供应链可以实现各主要职能（采购/低采购成本、生产/规模效益、分销/低运输成本、市场/产品多样化和财务/资金运转快）之间的均衡。

（三）有效性供应链和反应性供应链

根据供应链的功能模式（物理功能和市场中介功能）可以把供应链划分为两种：有效性供应链（Efficient Supply Chain）和反应性供应链（Responsive Supply Chain）。有效性供应链主要体现供应链的物理功能，即以最低的成本将原材料转化成零部件、半成品、产品，以及在供应链中的运输等；反应性供应链主要体现供应链的市场中介的功能，即把产品分配到满足用户需求的市场，对未预知的需求做出快速反应等。两种类型的供应链的比较见表1—1—1。

表1—1—1　市场反应性供应链与物理有效性供应链的比较

项　目	市场反应性供应链	物理有效性供应链
基本目标	尽可能快的对不可预测的需求做出反应，使缺货、降价、库存最小化	以最低的成本供应可预测的需求
制造的核心	配置多余的缓冲库存	保持高的平均利用率
库存策略	部署好零部件和成品的缓冲库存	产生高收入而使整个链的库存最小化
提前期	大量投资以缩短提前期	尽可能短的提前期（在不增加成本的前提下）
供应商的标准	以速度、柔性、质量为核心	以成本和质量为核心
产品设计策略	用模块化设计以尽可能延迟产品差别	绩效最大化而成本最小化

第三节　供应链管理的概念及内容

以上介绍的是供应链的概念。对供应链这一复杂系统，要想取得良好的绩效，必须找到有效的协调管理方法，供应链管理思想就是在这种环境下提出的。

对于供应链管理，有许多不同的定义和称呼，如有效用户反应（Efficiency Consumer Response，简称ECR）、快速反应（Quick Response，简称QR）、虚拟物流（Virtual Logistics，简称VL）或连续补充（Continuous Replenishment），等等。这些称呼因考虑的层次、角度不同而表述不同，但都通过计划和控制实现企业内部和外部之间的合作，实质上它们一定程度上都集成了供应链和增值链两个方面的内容。

一、供应链管理的概念

计算机网络的发展进一步地推动了制造业的全球化、网络化过程。虚拟制造、动态联盟等制造模式的出现，更加迫切需要新的管理模式与之相适应。传统的企业组织中的采购(物资供应)、加工制造(生产)、销售等看似整体,但却是缺乏系统性和综合性的企业运作模式,已经无法适应新的制造模式发展的需要,而那种“大而全”、“小而全”的企业自我封闭的管理体制,更无法适应网络化竞争的社会发展需要。因此,“供应链”的概念和传统的销售链是不同的,它已跨越了企业界限,从建立合作制造或战略伙伴关系的新思维出发,从产品生命线的“源”头开始,到产品消费市场的“汇”,从全局和整体的角度考虑产品的竞争力,使供应链从一种运作性的竞争工具上升为一种管理性的方法体系,这就是供应链管理提出的实际背景。

供应链管理是一种集成的管理思想和方法,它执行供应链中从供应商到最终用户的物流的计划和控制等职能。例如,伊文斯(Evens)认为:“供应链管理是通过前馈的信息流和反馈的物料流及信息流,将供应商、制造商、分销商、零售商,直到最终用户连成一个整体的管理模式”。菲利浦(Phillip)则认为供应链管理不是供应商管理的别称,而是一种新的管理策略,它把不同企业集成起来以增加整个供应链的效率,注重企业之间的合作。最早人们把供应链管理的重点放在管理库存上,作为平衡有限的生产能力和适应用户需求变化的缓冲手段,它通过各种协调手段,寻求把产品迅速、可靠地送到用户手中所需要的费用与生产、库存管理费用之间的平衡点,从而确定最佳的库存投资额。因此其主要的工作任务是管理库存和运输。现在的供应链管理则把供应链上的各个企业作为一个不可分割的整体,使供应链上各企业分担的采购、生产、分销和销售的职能成为一个协调发展的有机体。

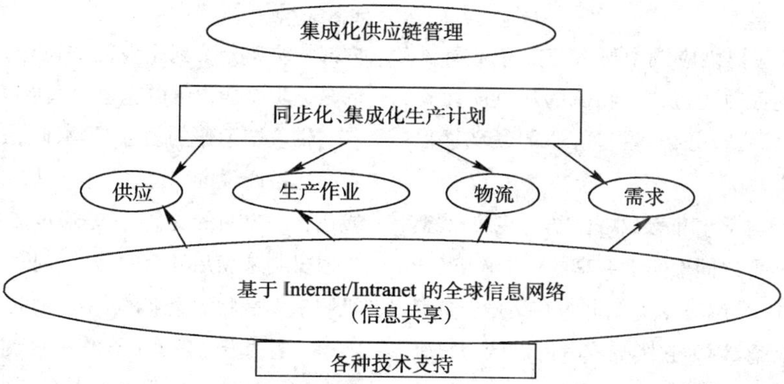

图 1—1—7 供应链管理涉及的领域

二、供应链管理涉及的内容

供应链管理主要涉及 4 个主要领域:供应(Supply)、生产计划(Schedule Plan)、物流(Logistics)、需求(Demand)。由图 1—1—7 可见,供应链管理是以同步化、集成化生产计划为指导,以各种技术为支持,尤其以 Internet/Intranet 为依托,围绕供应、生产作业、物流(主要指制造过程)、满足需求来实施的。供应链管理主要包括计划、合作和控制从供应商到用户的物料(零部件和成品等)和信息。供应链管理的目标在于提高用户服务水平和降低总的交易成本,并且寻求两个目标之间的平衡(这两个目标往往有冲突)。

在以上 4 个领域的基础上,我们可以将供应链管理细分为职能领域和辅助领域。职能领域主要包括产品工程、产品技术保证、采购、生产控制、库存控制、仓储管理、分销管理。而辅助领域主要包括客户服务、制造、设计工程、会计核算、人力资源、市场营销。

由此可见,供应链管理关心的不仅仅是物料实体在供应链中的流动,除了企业内部与企业之间的运输问题和实物分销以外,供应链管理还包括以下主要内容:

①战略性供应商和用户合作伙伴关系管理;

②供应链产品需求预测和计划;

③供应链的设计(全球节点企业、资源、设备等的评价、选择和定位);

④企业内部与企业之间物料供应与需求管理；

⑤基于供应链管理的产品设计与制造管理、生产集成化计划、跟踪和控制；

⑥基于供应链的用户服务和物流(运输、库存、包装等)管理；

⑦企业间资金流管理(汇率、成本等问题)；

⑧基于 Internet/Intranet 的供应链交互信息管理等。

供应链管理注重总的物流成本(从原材料到最终产成品的费用)与用户服务水平之间的关系，为此要把供应链各个职能部门有机地结合在一起，从而最大限度地发挥出供应链整体的力量，达到供应链企业群体获益的目的。

三、供应链管理与传统管理模式的区别

供应链管理与传统的物料管理和控制有着明显的区别，主要体现在以下几个方面：

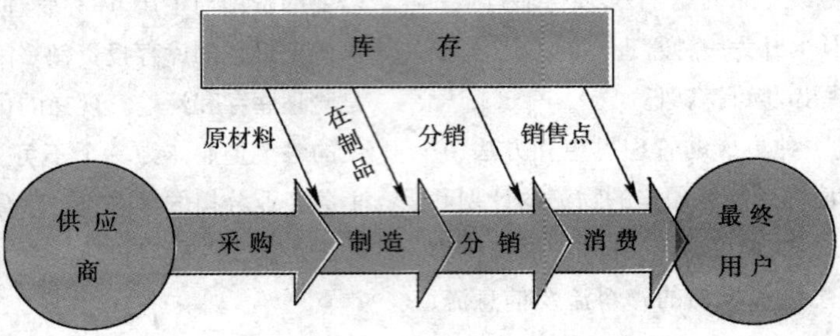

图 1—1—8 供应链管理的范围

1. 供应链管理把供应链中所有节点企业看做一个整体，供应链管理涵盖整个物流的从供应商到最终用户的采购、制造、分销、零售等职能领域过程(见图 1—1—8)。

2. 供应链管理强调和依赖战略管理。“供应”是整个供应链中节点企业之间事实上共享的一个概念(任两节点之间都是供应与需求关系)，同时它又是一个有重要战略意义的概念，因为它影响或者可以认为它决定了整个供应链的成本和市场占有份额。

3. 供应链管理最关键的是需要采用集成的思想和方法，而不仅仅是节点企业、技术方法等资源简单的连接。

4. 供应链管理具有更高的目标，通过管理库存和合作关系去达到高水平的服务，而不是仅仅完成一定的市场目标。

四、供应链成长理论与供应链管理的运营机制

社会组织和自然界一切生命体一样，都存在一个起源→成长→发育→成熟→衰退→解体(灭亡)的生命周期。供应链有广义和狭义两种解释，狭义地讲，供应链是指一种企业网络，广义地讲，任何一个企业组织都是一个供应链结构体(产供销一体化)，我们应该从集成化的角度研究供应链管理模式，即综合这两方面的内容，由内向外，由表及里，由企业内部的协调分工到企业间的协作与联盟，其最终目的是追求企业更强的竞争力和更高的效益。

供应链运作的表象是物流、信息流、资金流(即人们通常所说的“三流”)，但是供应链的成长过程实质包含两方面的含义：一是通过产品(技术、服务)的扩散机制来满足社会的需求，同时，通过市场的竞争机制来发展壮大企业的实力，因此，供应链管理实际上是一种基于“竞争—合作—协调”机制的、以分布企业集成和分布作业协调为保证的新的企业运作模式。

当考查一个供应链成长过程时，我们不仅应该看到企业有形的力量在壮大，更应该看到企业无形的能量在升华，因此供应链的成长过程既是一种几何(组织)生长过程，也是一种能量的集聚过程和思想文化的变迁过程。

供应链成长过程体现在企业在市场竞争中的成熟与发展之中，通过供应链管理的合作机制(cooperation mechanism)、决策机制(decision mechanism)、激励机制(encourage mechanism)和自律机制(benchmarking)等来实现满足顾客需求、使顾客满意以及留住顾客等功能目标，从而实现供应链管理的最终目标：社会目标(满足社会就业需求)、经济目标(创造最佳利益)和环境目标(保持生态与环境平衡)的合一(见图 1—1—9),这可以说是对供应链管理思想的哲学概括。

(一)合作机制

供应链合作机制体现了战略伙伴关系和企业内外资源的集成与优化利用。基于这种企业环境的产品制造过程,从产品的研究开发到投放市场,周期大大地缩短,而且顾客导向化(Customization)程度更高,模块化、简单化产品、标准化组件,使企业在多变的市场中柔性和敏捷性显著增强,虚拟制造与动态联盟提高了业务外包(Outsourcing)策略的利用程度。企业集成的范围扩展了,从原来的中低层次的内部业务流程重组上升到企业间的协作,这是一种更高级别的企业集成模式。在这种企业关系中,市场竞争的策略最明显的变化就是基于时间的竞争(Time-Based)和价值链(Value Chain)及价值让渡系统管理,或基于价值的供应链管理。

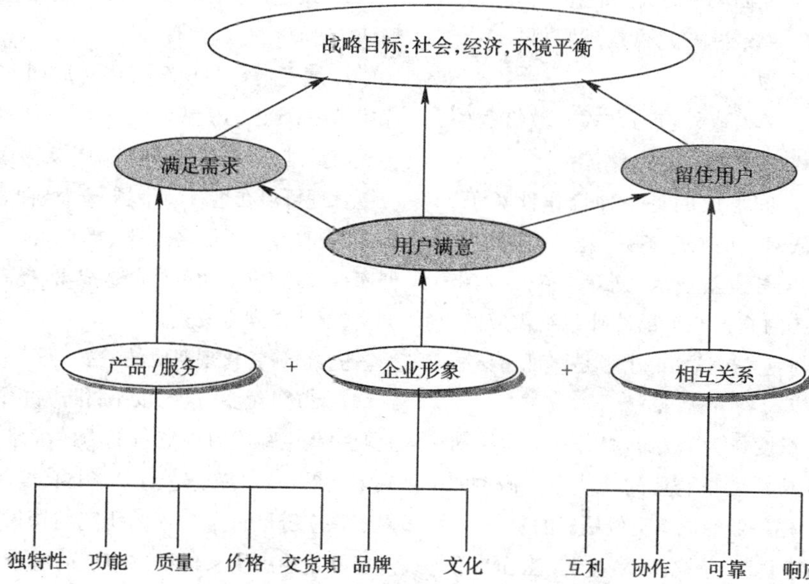

图 1—1—9　供应链管理目标实现过程

(二)决策机制

由于供应链企业决策信息来源不再仅限于一个企业内部,而是处于开放的信息网络环境下,不断进行信息交换和共享,达到供应链企业同步化、集成化计划与控制的目的,而且随着 Internet/Intranet 发展成为新的企业决策支持系统,企业的决策模式将会产生很大的变化,因此处于供应链中的任何企业决策模式应该是基于 Internet/Intranet 的开放性信息环境下的群体决策模式。

(三)激励机制

归根到底,供应链管理和任何其他的管理思想一样都是要使企业在朝着面向 21 世纪的竞争中在"TQCSF"上有上佳表现(T 为时间,指反应快,如提前期短,交货迅速等;Q 指质量,意指产品、工作及服务质量高;C 为成本,企业要以更少的成本获取更大的收益;S 为服务,企业要不断提高用户服务水平,提高用户满意度;F 为柔性,企业要有较好的应变能力)。缺乏均衡一致的供应链管理业绩评价指标和评价方法是目前供应链管理研究的弱点和导致供应链管理实践效率不高的一个主要问题。为了掌握供应链管理的技术,必须建立、健全业绩评价和激励机制,使我们知道供应链管理思想在哪些方面、多大程度上给予企业改进和提高,以推动企业管理工作不断完善和提高,也使得供应链管理能够朝着正确的轨道与方向发展,真正成为能为企业管理者乐于接受和实践的新的管理模式。

(四)自律机制

自律机制要求供应链企业向行业的领头企业或最具竞争力的竞争对手看齐,不断对产品、服务和供应链业绩进行评价,并不断的改进,以使企业能保持自己的竞争力和持续发展。自律机制主要包括企业内部的自律、对比竞争对手的自律、对比同行企业的自律和比较领头企业的自律。企业通过推行自律机制,可以降低成本,增加利润和销售量,更好地了解竞争对手,减少用户的抱怨而提高客户满意度,增加信誉,企业内部部门之间的业绩差距也可以缩小,提高企业的整体竞争力。

五、供应链管理的基本思想

综上所述,供应链管理的基本思想可以概括为:

1."横向一体化"的管理思想。强调企业的核心竞争力,这也是当今人们谈论的共同话题。为此,要清楚地辨别本企业的核心业务,然后就狠抓核心资源,以提高核心竞争力。

2. 非核心业务都采取外包的方式分散给业务伙伴,和业务伙伴结成战略联盟关系。

3. 供应链企业间形成的是一种合作性竞争。合作性竞争可以从两个层面理解:一是过去的竞争对手相互结盟,共同开发新技术,成果共享;二是将过去由本企业生产的非核心零部件外包给供应商,双方合作共同参与竞争。这实际上也是体现出核心竞争力的互补效应。

4. 以顾客满意度作为目标的服务化管理。对下游企业来讲,供应链上游企业的功能不是简单的提供物料,而是要用最低的成本提供最好的服务。

5. 供应链追求物流、信息流、资金流、工作流和组织流的集成。这几个"流"在企业日常经营中都会发生,但过去是间歇性或者间断性的,因而影响企业间的协调,最终导致整体竞争力下降。供应链管理则强调这几个"流"必须集成起来,只有跨企业流程实现集成化,才能实现供应链企业协调运作的目标;

6. 借助信息技术实现目标管理。这是信息流管理的先决条件。

7. 更加关注物流企业的参与。在供应链管理环境下,物流的作用特别重要,因为缩短物流周期比缩短制造周期更关键。供应链管理强调的是一种从整体上响应最终用户需求的协调性,没有物流企业的参与是不可想像的。

六、供应链管理的效益

1997年PRTM(Pittiglio Rabin Todd & Mcgrath)公司进行的一项关于集成化供应链管理的调查(调查涉及6个行业的165个企业,其中化工25%、计算机电子设备25%、通信16%、服务15%、工业13%、半导体6%)表明,通过实施供应链管理,企业可以达到以下多方面的效益:

1. 总供应链管理成本(占收入的百分比)降低超过10%

2. 中型企业的准时交货率提高15%;

3. 订单满足提前期缩短25%~35%;

4. 中型企业的增值生产率提高超过10%;

5. 绩优企业资产运营业绩提高15%~20%;

6. 中型企业的库存降低3%,绩优企业的库存降低15%;

7. 绩优企业在现金流周转周期上比一般企业保持40~65天的优势。

而戴维德·霍尔(David Hole)认为通过良好的供应链管理可以在进入新市场、开发新产品、开发新分销渠道、改善售后服务水平、提高用户满意程度、降低库存、后勤成本和单位制造成本、提高工作效率等方面,都获得满意效益。

七、供应链管理研究的进展

自20世纪90年代以来,供应链作为一种帮助企业提高生存能力与竞争能力的战略管理思想,受到了世界各地的普遍关注。各国的学者与管理专家对于供应链进行了大量的研究与探讨。首先,人们从核心企业出发来讨论供应链的组成问题,研究供应链的运作方法与运作效率;其次,关于供应链中一些具有共性的问题得到了研究,如供应商与制造商、制造商与分销商等关系问题、供应链中的库存问题等。

随着对于供应链理论的研究不断深入以及供应链的应用,对于供应链的研究逐步从点到线,从线到网络,如供应链的系统支持与协调控制方法、供应链中的信任机制、供应链中的不确定性问题、供应链的全球化趋势等以及由此带来的一系列问题。

(一)关于供应链的定义

供应链的概念自提出以来,随着企业竞争环境的变化和管理学理论的发展,学者们一直在对它不断地改进和创新。早期的观点把供应链看做是制造企业中的一个内部过程,是指将采购的原材料和零部件,通过生产转换和销售等过程,将产品传送到制造企业的用户的全过程。这种供应链概念局限于企业的内部操作,注重企业的自身利益目标。随后,供应链的概念注意了企业与其他企业的联系，考虑供应链的外部环境，偏向于将它定义为一个通过链中不同企业的制造、组装、分销、零售等过程将原材料转换成产品到达最终用户的转换过程，它是一个包括供应商、制造商、分销商、直到最终用户的更大范围、更为系统的概念。而到了最近，供应链的概念更加注重围绕核心企业的网链关系，如核心企业与供应商、供应商的供应商乃至与一切前向的关系，与用户、用户的用户及一切后向的关系。此时的供应链的概念形成为一个网链的概念。

史迪文斯(1996)认为供应链或供应链管理不管其有什么样的解释，都是围绕3个主题展开：一是有效的采购与分销；二是集中在合作伙伴的长期合作关系；三是合作者间的运作集成。菲利普等人(1996年)认为供应链管理是一种基于时间的竞争策略(Time-Based Strategy)，并不是供应管理的别称，它是通过集成各个组织的目标来增加整个供应链的效率。甘尼善和哈利森(1995年)定义供应链为涉及采购原材料、制造和分销产品到用户手中的网络组织，供应链存在于制造业也存在于其他服务业。

供应链管理同样也没有形成统一的定义。特纳提出了一个关于供应链管理的定义："供应链管理是市场渠道各层之间的一个联接，是控制供应链中从原材料通过各制造和分销层直到最终用户的一种技术"。特纳把供应链看做一个整体。

(二)关于供应链管理的策略性研究

围绕着供应链的策略性研究一般包括：准时采购(Just-In-Time)、快速响应(Quick Response)、有效用户响应(Effective Customer Response)、IT应用(Information Technology in Supply Chain Management)、延迟技术(Postponement Technology)等。

有效用户响应与快速响应分别基于不同的行业的策略研究。有效用户响应主要是1992年后在美国食品业兴起的一种供应链策略。其主要观点是：不断降低供应链的成本，通过企业间的密切合作而给用户更大的利益与更有效的响应。快速响应则是美国纺织与服装行业在20世纪80年代以后发展起来的。其主要观点是：最大限度地减少从原材料到最终销售的运行时间与库存数量，以提高对于用户的快速响应性。这两种策略各自有所侧重点：有效用户响应侧重于减少成本，而快速响应则侧重于时间。但两者也有共同之处，即都须有供应链企业间的良好合作关系与相同的支持技术。

延迟技术是为了响应用户需求、提高产品设计与制造的柔性而实施的一种策略。延迟技术最早用于市场营销，后来逐渐用于物流管理。其根本思想是把产品最终定型的位置与时间尽可能地靠近用户以便产品顾客化。为此，在产品生产过程中，采用标准、模块化方法实行设计制造，当运送到分销中心后，再由分销中心根据用户对产品款式、外观、包装等方面的要求进行定位。如此可以极大地满足用户对产品多样化的要求，在此基础上提高供应链的市场响应能力。惠普公司就成功地运用了延迟化策略生产与销售机制。

(三)供应链的建模技术

对于供应链的理论研究文献中，有相当一部分文献是关于供应链建模技术。概括起来，大致有3种模型：信息系统模型、经济运行模型和功能结构模型。而经济运行模型又是学者们前期研究的重点。后来也有了一些信息系统模型。

从供应链模型的发展来看，经历了从简单模型到复杂模型、从单阶段模型到多阶段模型、从单产品模型到多产品模型、从国家模型到国际模型、从确定型模型到随机型模型的发展过程。

按分析和研究的方法不同分类，供应链优化模型又可以分为排队论模型(Queuing Theoretic Models)、对策论模型(Game Theoretic Models)、网络流模型(Network Flow Models)和策略评价模型(Option Valuation Models)等。

排队论模型主要用于研究生产企业在平稳生产状态下的情况，如各个设备或车间的输出率等，并对资源分配进行优化，如合理安排各个设备的加工任务、合理安排人员的加工任务等，以达到提高生产效率的目标，例如利用M/G/1排队系统研究生产批量和生产准备时间的关系等问题。

对策论模型主要用于研究供应商与制造商之间、制造商与销售商之间的相互协调，如研究制造商和销售商之间的协调，确定制造商和销售商各自的对策，确定产品价格、订货时间等，使他们都能获得比原来更好的收益。

网络流模型主要用于研究供应链中成员的选择、布局以及供应链的协调问题。网络提供了一种描述供应链结构的方法，用网络流模型来表示一个供应链有其独特的优点，它能很方便地表示供应链中各种活动的先后次序。

策略评价模型主要用于研究供应链在不确定情况下的管理和协调问题。对跨国企业而言，经常会有不确定事件发生，如汇率波动、政府政策改变或新技术的发明等。企业会采取各种策略对此做出反应，如调整供应链成员的数量、采用不同的生产技术等。策略评价模型提供了一种对采取的措施和策略进行评价的方法。策略评价模型一般是随机动态规划模型，目标是使各个时期的期望费用总和最小或总收益最大。

这些模型中，有的运用了整数规划或混合整数规划法，建立全球供应链模型；或建立全球制造与分销的资源优化供应链模型；或建立面向供应链优化的动态需求计划模型。也有的将整数规划与线性规划方法相结合，如提出基于资源配置的供应链设计模型。

由于供应链所涉及的问题很多，在一个模型中同时考虑所有的因素几乎是不可能的，要建立一个比较接近实际情况而又可以求解的供应链模型是很困难的。从上面的介绍可以看到，一部分研究人员仅提出一个模型框架，并没有对具体模型进行研究，甚至没有任何数学公式表示。而且在现有一些模型中，有些重要的因素没有考虑或很少考虑。例如，很少考虑供应链中信息流、现金流，很少考虑供应链重组等。

(四)供应链企业间的合作关系研究

在对供应链管理的基本理论研究的基础上，人们对于供应链企业间的合作关系进行了深入研究，如供应链企业间的合作对策与委托实现机制问题。认为“合作对策与委托实现机制是合作型竞争企业实现供应链管理的重要环节”。研究人员探讨了供应链系统中企业间合作关系与委托实现机制的发展动态，提出了在我国企业改革中面临的问题和实现供应链管理的对策措施。有人研究了供应链系统中合作伙伴的选择问题，提出了基于企业间战略伙伴关系的企业集成模式；指出供应链组织的 5 个评价指标：柔性、集成、协调、简洁、稳定。讨论了柔性和柔性度量的三维指标：范围(Range)、费用(Cost)、时间(Time)；研究了供应链企业间的激励机制，提出了基于企业间委托代理关系的 3 种激励模型；研究了供应链系统中的绩效评价问题，对供应链企业间委托代理的激励问题进行了博弈分析。

成功的供应链管理必须高度重视企业间的合作关系。因此关于合作关系研究的文献比较多见。认为：建立企业间的合作关系是一种重要的战略思想。作者提出了“合作竞争(Cooperative Competition)”与“无边界组织(Borderless Organization)”的概念。他指出要在一个跨越企业界限的范围内集成企业的活动。

在建立企业间合作关系的研究中，学者们认为供应商与制造商的关系在供应链企业关系中显得最为重要。同时，他们都注意到，建立企业的良好的合作关系，需要双方的相互信任。制造商对于供应商的信任程度与供应商的声誉和规模正相关，与供应商为采购商而进行专门投资的意愿、信息共享的程度、双方合作时间的长短正相关。

(五)供应链绩效评价

供应链系统的运行状况如何，还需做什么改进，是供应链绩效评价需要解决的问题。关于供应链绩效评价问题的研究也是学者们关心的问题，有人提出了一个供应链绩效评价的框架。在研究了供应链上不同企业对各自行为以及相互行为的满意度评价问题后，认为不同节点企业对于用户需求和各自工作业绩的评价是不同的，顾客对交货期的长短快慢更加敏感，下游企业对于顾客需求更为敏感。

对于供应链的绩效评价也提出一个定量化的方法体系，即资源指标、输出指标、柔性指标。其中，资源指标主要是关于成本、投资回收率等方面；输出指标是关于产出与用户服务方面；柔性指标是关于供应链对变化的响应性方面。

第四节　集成化的供应链管理

要成功地实施供应链管理，使供应链管理真正成为有竞争力的武器，就要抛弃传统的管理思想，把企业内部以及节点企业之间的各种业务看做一个整体功能过程，形成集成化供应链管理体系。即是通过信息、制造和现代管理技术，将企业生产经营过程中有关的人、技术、经营管理三要素有机的集成并优化运行，通过对生产经营过程的物料流、管理过程的信息流和决策过程的决策流进行有效的控制和协调，将企业内部的供应链与企业外部的供应链有机地集成起来进行管理，达到全局动态最优目标，以适应新的竞争环境下市场对生产和管理过程提出的高质量、高柔性和低成本的要求。

一、集成化供应链管理理论模型

集成化供应链管理的核心是由顾客化需求→集成化计划→业务流程重组→面向对象过程控制组成第一个控制回路(作业回路)，由顾客化策略→信息共享→调整适应性→创造性团队组成第二个回路(策略回路)，在作业回路的每个作业形成各自相应的作业性能评价与提高回路(性能评价回路)。供应链管理正是围绕这3个回路展开，形成相互协调的一个整体。

根据集成化思想，构建集成化供应链管理理论模型如图1—1—10所示。

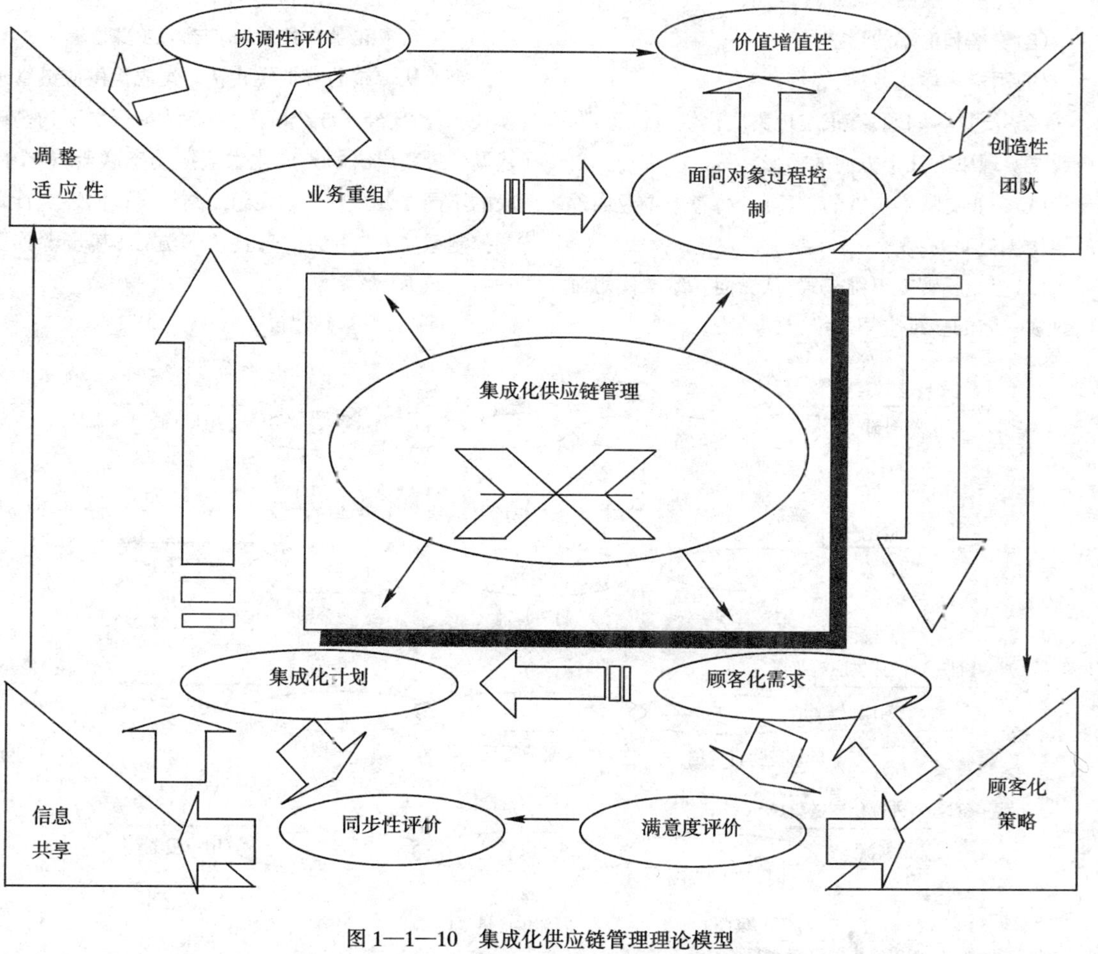

图1—1—10 集成化供应链管理理论模型

调整适应性→业务重组回路中主要涉及供需合作关系问题、战略伙伴关系、供应链(重建)精细化策略等问题。面向对象的过程控制→创造性团队回路中主要涉及面向对象的集成化生产计划与控制策略、基于价值增值的多级库存控制理论、资源约束理论在供应链中的应用、质量保证体系、群体决策理论等。顾客化需求→顾客化策略回路中主要涉及的内容包括：满意策略与用户满意评价理论、面向顾客化的产品决策理论研究、供应链的柔性敏捷化策略等。信息共享→同步化计划回路中主要涉及的内容包括：JIT供销一体化策略、供应链的信息组织与集成、并行化经营策略。

二、集成化供应链管理的实现

(一)实施供应链管理要解决的若干问题

目前，企业要实施集成化供应链管理，就必须面对和解决许多有关供应链的问题，主要包括：

(1)供应链的高成本(大约占净销售值的5%～20%);

(2)库存水平过高(库存水平经常保持在3～5个月);

(3)部门之间的冲突;

(4)目标重构;

(5)产品寿命周期变短;

(6)外部竞争加剧;

(7)经济发展的不确定性增加;

(8)价格和汇率的影响;

(9)用户多样化需求,等等。

要解决这些问题,真正实现集成化供应链管理,企业要实现以下几个方面的转变:

(1)企业要从供应链的整体出发,考虑企业内部的结构优化问题;

(2)企业要转变思维模式,从纵向一维空间思维向纵横一体的多维空间思维方式转变;

(3)企业要放弃"大而全"、"小而全"的封闭的经营思想,向与供应链中的相关企业建立战略伙伴关系为纽带的优势互补、合作关系转变;

(4)企业要建立分布的、透明的信息集成系统,保持信息沟通渠道的畅通和透明性;

(5)所有的人和部门都应对共同任务有共同的认识和了解,去除部门障碍,实行协调工作和并行化经营;

(6)风险分担与利益共享。

(二)集成化供应链管理实现的步骤

企业从传统的管理模式转向集成化供应链管理模式,一般要经过5个阶段,包括从最低层次的基础建设到最高层次的集成化供应链动态联盟,各个阶段的不同之处主要体现在组织结构、管理核心、计划与控制系统、应用的信息技术等方面,其步骤如图1—1—11所示。

1. 阶段1:基础建设

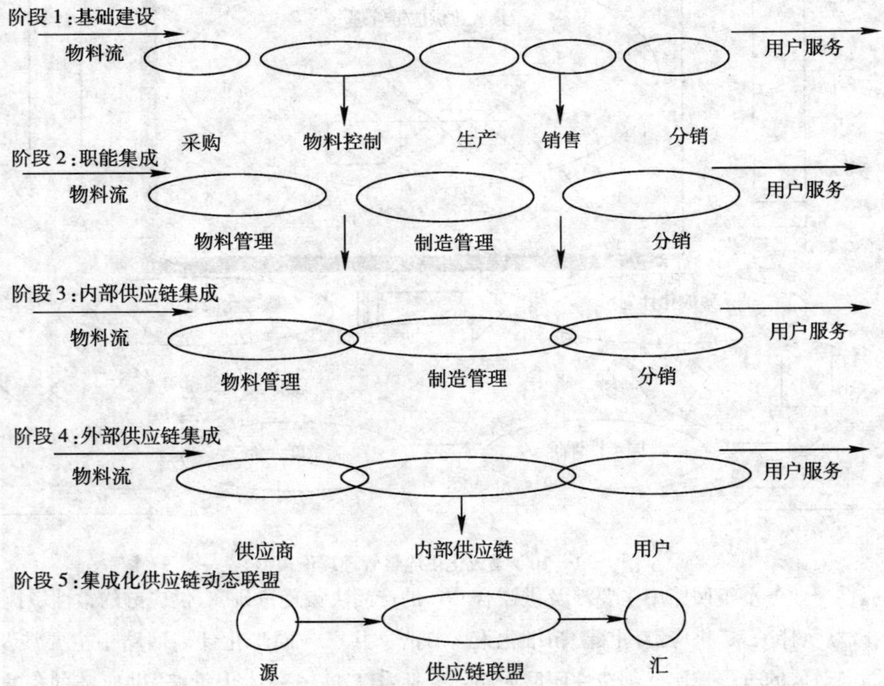

图1—1—11 集成化供应链管理实施步骤模型图

这一阶段是在原有企业供应链的基础上分析、总结企业现状,分析企业内部影响供应链管理的阻力和有利之处,同时分析外部市场环境,对市场的特征和不确定性做出分析和评价,最后相应地完善企业的供应链。

在传统型的供应链中,企业职能部门分散、独立地控制供应链中的不同业务。企业组织结构比较松散。这时的供应链管理主要具有以下特征:

(1)企业的核心注重于产品质量,由于过于注重生产、包装、交货等的质量,可能导致成本过高,所以企业的目标在于以尽可能低的成本生产高质量的产品,以解决成本效益障碍。

(2)关于销售、制造、计划、物料、采购等控制系统和业务过程相互独立、不相匹配,因部门合作和集成业务失败导致多级库存等问题。

(3)各组织与部门界限分明,单独操作,往往导致相互之间的冲突。采购部门可能只顾控制物料来源和原材料库存;制造和生产部门只顾通过各种工艺过程实现原材料到成品的转换;销售和分销部门可能只顾处理外部的供应链和库存,这样部门之间的关联业务往往就会因各自为政而发生冲突。

处于这一阶段的企业主要采用短期计划,出现困难时需要一个一个的解决。虽然企业强调办公自动化,但这样一种环境往往导致整个供应链的效率低下,同时也增加了企业对供应和需求变化影响的敏感度。

2. 阶段 2:职能集成管理

职能集成阶段集中于处理企业内部的物流,企业围绕核心职能对物流实施集成化管理,对组织实行业务流程重构,实现职能部门的优化集成,通常可以建立交叉职能小组,参与计划和执行项目,以提高职能部门之间的合作,克服这一阶段可能存在的不能很好满足用户订单的问题。

职能集成强调满足用户的需求。事实上,用户需求在今天已经成为驱动企业生产的主要动力,而成本在其次,但这样往往导致第二阶段的生产、运输、库存等成本的增加。此时供应链管理主要有以下特征:

(1)将分销和运输等职能集成到物流管理中来,制造和采购职能集成到生产职能中来。

(2)强调降低成本而不注重操作水平的提高。

(3)积极为用户提供各种服务,满足用户需求。

(4)职能部门结构严谨,均有库存作为缓冲。

(5)具有较完善的内部协定,如采购折扣、库存投资水平、批量等。

(6)主要以订单完成情况及其准确性作为评价指标。

在集成化供应链管理的第二阶段一般采用MRP系统进行计划和控制。对于分销网,需求得不到准确的预测和控制,分销的基础设施也与制造没有有效的联接。由于用户的需求得不到确切的理解,从而导致计划不准确和业务的失误,所以在第二阶段要采用有效的预测技术和工具对用户的需求做出较为准确的预测、计划和控制。

但是,以上采用的各项技术之间、各项业务流程之间、技术与业务流程之间都缺乏集成,库存和浪费等问题仍可能困扰企业。

3. 阶段 3:内部集成化供应链管理

这一阶段要实现企业直接控制的领域的集成,要实现企业内部供应链与外部供应链中供应商和用户管理部分的集成,形成内部集成化供应链。集成的输出是集成化的计划和控制系统。为了支持企业内部集成化供应链管理,主要采用供应链计划(Supply Chain Planning,简称 SCP)和企业资源计划(Enterprise Resource Planning,简称 ERP)系统来实施集成化计划和控制。这两种信息技术都是基于客户/服务(Client/Server)体系的在企业内部集成中的应用。有效的 SCP 集成了企业所有的主要计划和决策业务,包括:需求预测、库存计划、资源配置、设备管理、优化路径、基于能力约束的生产计划和作业计划、物料和能力计划、采购计划等。而 ERP 系统集成了企业业务流程中主要的执行职能,包括:订单管理、财务管理、库存管理、生产制造管理、采购等职能。而 SCP 和 ERP 通过基于事件的集成技术联接在一起。

本阶段的企业管理的核心是内部集成化供应链管理的效率问题,主要考虑在优化资源、能力的基础上,以最低的成本和最快的速度生产最好的产品,快速地满足用户的需求,以提高企业反应能力和效率。这对于生产多品种或提供多种服务的企业来说意义更大。投资提高企业的运作柔性也变得越来越重要。在第二阶段需构建新的交叉职能业务流程,逐步取代传统的职能模块,以用户需求和高质量的预测信息驱动整个企业供应链的运作。因满足用户需求而导致的高服务成本是此阶段管理的主要问题。

这一阶段可以采用 DRP 系统、MRPⅡ系统管理物料,运用 JIT 等技术支持物料计划的执行。JIT 的应用可以使企业缩短市场反应时间、降低库存水平和减少浪费。

在这个阶段,企业可以考虑同步化的需求管理,将用户的需求与制造计划和供应商的物料流同步化,减少不增值的业务。同时企业可以通过广泛的信息网络(而不是大量的库存)来获得巨大的利润。

此阶段的供应链管理具有以下特征:

(1)强调战术问题而非战略问题。

(2)制定中期计划,实施集成化的计划和控制体系。

(3)强调效率而非有效性,即保证要做的事情尽可能好、尽可能快地完成。

(4)从采购到分销的完整系统具有可见性。

(5)信息技术(Information Technology,简称 IT)的应用,广泛的运用 EDI 和 Internet 等信息技术支持与供应商及用户的联系和获得快速的反应能力。EDI 是集成化供应链管理的重要工具,特别是在进行国际贸易合作需要大量关于运输的文件时,利用 EDI 可以使企业快速获得信息和更好地为用户提供优质服务。

(6)与用户建立良好的关系,而不是"管理"用户。

4. 阶段 4:外部集成化供应链管理

实现集成化供应链管理的关键在于第四阶段,将企业内部供应链与外部的供应商和用户集成起来,形成一个集成化供应网链。而与主要供应商和用户建立良好的合作伙伴关系,即所谓的供应链合作关系(Supply Chain Partnership),是集成化供应链管理的关键之关键。

此阶段企业要特别注重战略伙伴关系管理。管理的焦点要以面向供应商和用户取代面向产品,增加与主要供应商和用户的联系,增进相互之间的了解(对产品、工艺、组织、企业文化等),相互之间保持一定的一致性,实现相互之间信息共享等,企业通过为用户提供与竞争者不同的产品/服务或增值的信息而获利。供应商管理库存(Vendor Management Inventory,简称 VMI)和共同计划预测与库存补充(Collaborative Planning Forecasting and Replenishment,简称 CPFR)的应用就是企业转向改善、建立良好的合作伙伴关系的典型例子。通过建立良好的合作伙伴关系,企业就可以很好的与用户、供应商和服务提供商实现集成和合作,共同在预测、产品设计、生产、运输计划和竞争策略等方面设计和控制整个供应链的运作。对于主要用户,企业一般建立以用户为核心的小组,这样的小组具有不同职能领域的功能,从而更好的为主要用户提供有针对性的服务。

处于这个阶段的企业,生产系统必须具备更高的柔性,以提高对用户需求的反应能力和速度。企业必须能根据不同用户的需求,既能按订单生产(Make-to-Order),按订单组装、包装(Assemble or Package-to-Order),又能按备货方式生产(Make-to-Stock),这样一种根据用户的不同需求对资源进行不同的优化配置的策略称为动态用户约束点策略。延迟技术(Postponement)可以很好地实现以上策略。延迟技术强调企业产品生产加工到一定阶段后,等待收到用户订单以后根据用户的不同要求完成产品的最后加工、组装,这样企业供应链的生产就具有了很高的柔性。

为了达到与外部供应链的集成,企业必须采用适当的信息技术为企业内部的信息系统提供与外部供应链节点企业的很好的接口,达到信息共享和信息交互,达到相互操作的一致性。这需要采用 Internet 信息技术。

本阶段企业采用销售点驱动的同步化、集成化的计划和控制系统。它集成了用户订购数据和合作开发计划、基于约束的动态供应计划、生产计划等功能,以保证整个供应链中的成员以一致的眼光来同步化地进行供应链管理。

5. 阶段 5:集成化供应链动态联盟(供应链管理的发展趋势)

在完成以上 4 个阶段的集成以后,已经构成了一个网链化的企业结构,我们称之为供应链共同体,它的战略核心及发展目标是占据市场的领导地位。为了占据市场的领导地位,随着市场竞争的加剧,供应链共同体必将成为一个动态的网链结构,以适应市场变化、柔性、速度、革新、知识等的需要,不能适应供应链需求的企业将从供应链联盟中淘汰。供应链从而成为一个能快速重构的动态组织结构,即集成化供应链动态联盟。企业通过 Internet 网络商务软件等技术集成在一起以满足用户的需求,一旦用户的需求消失，它也将随之解体。而当另一需求出现时，这样的一个组织结构又由新的企业动态的重新组成。在这样的一个环境中求生存，企业如何成为一个能及时、快速满足用户需求的供应商，是企业生存发展的关键。

集成化供应链动态联盟是基于一定的市场需求、根据共同的目标而组成的，通过实时信息的共享来实现集成。主要应用的信息技术是 Internet/Intranet 的集成，同步化的、扩展的供应链计划和控制系统是主要的工具，基于 Internet 的电子商务取代传统的商务手段。这也是供应链管理发展的必然趋势。

第五节　供应链管理在我国企业中应用的意义与要点

研究供应链管理对我国企业实现“两个转变”、彻底打破“大而全”、“小而全”、迅速迈向国际市场、提高在国际市场上的生存和竞争能力都有着十分重要的理论与实际意义。尤其从我国目前许多企业的运作方式来看，供应链管理的研究与实践是十分必要的。例如，大型百货商场看起来气势不凡，然而其内部却是作坊式的管理模式，各个部门单独进货，各有各的进货渠道。这不仅加大了进货成本，而且使整个企业失去了抵御市场变化的能力，没有发挥集团公司应有的优势。连锁经营是国际零售业的一种行之有效的经营方式，然而我国许多模仿建立起来的连锁公司却半路夭折，原因就在于连锁商店不连锁，名为连锁，实则各自为政，根本没有发挥连锁经营的长处。其中的具体原因是多种多样的，观念落后、管理模式跟不上时代发展是一个主要原因。服务企业尚且如此，制造企业的供应链应用情况就更差了。从服务业企业的单独进货、制造业的“大而全”、“小而全”等现象，可以看出我国企业界还没有构成真正意义上的“链”，仍是“铁路警察——各管一段”。其结果是使我国企业失去竞争实力。

国际上对供应链管理的早期研究主要集中在供应链的组成问题、多级库存问题、供应链的财务问题等方面，主要解决供应链的操作效率问题。近来的研究主要把供应链管理看做一种战略性的管理体系，研究扩展到了所有加盟企业的长期合作关系，特别是集中在研究合作制造和建立战略伙伴关系上，而不仅仅是供应链的连接问题，已经超越了供应链出现初期的那种以短期的、基于某些业务活动的经济关系，是偏重于长期计划的研究。

国内对供应链管理的研究才刚刚起步。过去国内企业供应链的关注主要集中在供应商—制造商这一层面上，只是供应链上的一小段，研究的内容主要局限于供应商的选择和定位、降低成本、控制质量、保证供应链的连续性和经济性等问题，没有考虑从供应商、分销商、零售商到最终用户的完整供应链，而且研究也没有考虑供应链管理的战略性等问题。因此，可以说目前在我国还没有形成真正意义上的供应链，供应链管理的研究与应用都是很不够的。

为了适应供应链管理的发展，必须从与生产产品有关的第一层供应商开始，环环相扣，直到货物到达最终用户手中，真正按“链”的特性改造企业业务流程，使各个节点企业都具有处理物流和信息流的运作方式的自组织和自适应能力。因此，对我国企业传统制造模式的改造应侧重于以下几个方面：

(1)供应链管理系统的设计。怎样将制造商、供应商和分销商有机的集成起来，使之成为相互关联的整体，是供应链管理系统设计要解决的主要问题。其中与供应链管理联系最密切的是关于生产系统设计时间问题。就传统而言，有关生产系统设计主要考虑的是制造企业的内部环境，侧重点在生产系统的可制造性、质量、效率、生产率、可服务性等方面，对企业外部因素研究考虑较少。在供应链管理的影响下，对产品制造过程的影响不仅要考虑企业内部因素的影响，而且还要考虑供应链对产品成本和服务的影响。供应链管理的出现，扩大了原有的企业生产系统设计范畴，把影响生产系统运行的因素延伸到了企业外部，与供应链上所有的企业都联系起来，因而供应链管理系统设计就成为构建企业系统的一个重要方面。

(2)贯穿供应链的分布数据库的信息集成。对供应链的有效控制要求集中协调不同企业的关键数据。所谓关键数据，是指订货预测、库存状态、缺货情况、生产计划、运输安排、在途物资等数据。为便于管理人员迅速、准确地获得各种信息，应该充分利用电子数据交换(EDI)、Internet 等技术手段实现供应链的分布数据库信息集成，达到采购订单的电子接收与发送、多位置库存控制、批量和系列号跟踪、周期盘点等重要信息共享。

(3)集成的生产计划与控制模式和支持系统。供应链上各节点企业都不是孤立的，任何一个企业的生产计划与控制决策都会影响到整个供应链上其他企业的决策，因此要研究出协调决策方法和相应的支持系统。运用系统论、协同论、精细生产等理论与方法，研究适用于供应链管理的集成化生产计划与控制模式和支持系统。

(4)适应供应链管理的组织系统重构。现行企业的组织虽然都是基于职能部门专业化的，基本上适应可制造性、质量、生产率、可服务性等方面的要求，但不一定能适用于供应链管理，因而必须研究基于供应链管理的流程重构问题。为了使供应链上的不同企业、在不同地域的多个部门协同工作以取得整个系统最优的效果，必须根据供应链的特点优化运作流程，进行企业重构，确定出相应的供应链管理组织系统的构成要素及应采取的结构形式。

(5)研究适合我国企业的供应链绩效评价系统。供应链管理不同于单个企业管理，因而其绩效评价和激励系统也应有所不同。新的组织与激励系统的设计必须与新的绩效评价系统相一致。

第六节 供应链管理模式的战略性问题

一、供应链管理从操作层向战略层的转移

供应链管理经过几年的发展，现已在发达国家的企业中得到了较为成功的应用，而且随着人们对供应链管理认识的不断深入，供应链管理本身也得到了发展。人们逐渐感到，要想进一步发挥供应链管理的潜在作用，应该将供应链管理作为企业的战略性问题来考虑，而不能仅仅将其看做一种操作方法。

根据 Deloitte 咨询公司发布的一项研究报告，虽然现在已有 91% 的北美制造企业将供应链管理列入关键或重要管理活动，但是，只有 2% 的企业达到了世界级水平（World Class），差不多有 75% 的企业在平均及以下水平。一个主要的原因是，50% 的企业说他们没有正规的供应链管理战略，虽然大多数有供应链的计划。其他原因还有：

1. 缺乏应用和集成技术的能力。
2. 协调企业资源更高的权重。
3. 改革关键流程的阻力。
4. 跨职能的障碍。
5. 缺乏有效测量供应链绩效的评价指标。

以上情况反映出一个问题，即供应链管理对提高企业竞争力的重要作用和它在实际运作中表现出的绩效不成比例。产生这些问题的原因并不是供应链管理理论本身有什么大问题，而是企业没有把它看做企业战略的一个组成部分。从 Deloitte 咨询公司揭示的影响供应链管理绩效的几个原因看，需要一个从全局的角度进行规划的战略性思考，才能彻底解决上述反映出的问题，因为所有这些影响供应链管理绩效的因素都不是哪一个部门能够解决的，也不是一蹴而就的。因此，从战略性的角度考虑供应链管理的地位具有十分重要的意义，否则许多相关问题都无法得到有效解决。

二、供应链管理战略的主要内容

供应链管理战略就是要从企业发展战略的高度考虑供应链管理的事关全局的核心问题，例如实施战略的制定问题、运作方式的选择问题、信息支持系统的建立问题等等。下面做一简要讨论。

(一)制定供应链管理实施中的战略

供应链管理的实施战略，就是要解决一个企业在具体实施供应链管理方式时所依据的方法论和策略，避免走弯路或出现失误等问题。

1. 在企业内外同时采取有力措施

从企业内部来说，主要是发扬团队的合作精神。要鼓励员工协同工作解决问题，他们要把合作看做是一种义务，而不是互相推诿责任。这样，企业就会以一种类似于医院急救室的工作方式进行运转，去完成新的订单带来的任务，攫取新的市场机遇。另一方面也要有明确的智力资源权利条例和企业内部明确的道德准则，来规范人们的行为和保护员工发明创造的权利。在管理上，强调权力分散，让中下层管理人员在保证企业总任务的前提下，有更多的自治权。发扬循循善诱的领导作风，用鼓励和信任代替传统的上司对下属的命令和控制。各级人员都具有强烈进取心，责任分担、荣誉分享体现着先进的企业文化。整个企业，从员工个人到组织机构，都能最

有效地适应市场的变化，做出"敏捷"的响应。

从外部来说，合作概念的发展已进展到了以前竞争对手之间的合作。在20世纪70年代，美国三大汽车巨头——通用、福特、克莱斯勒，都投资了几亿美元开发汽车排气管上控制空气污染的装置。在那个时候，他们绝不愿意联合起来开发。实际上各自做出了类似的结果，白花了很多钱。现在，他们都参加了一个多功能的集团"USCAR"，共同开发各种技术、材料和部件，从结构塑料到电池到电机车控制系统等。日立(Hitachi)与IBM，在计算机主机市场上，一直是两大竞争对手，但现在成了合作伙伴。日立买进IBM的主机CMOS处理机芯片，并制造IBM结构的主机(IBM给予许可证)，打上日立的品牌进行销售。当然也要解决利益分配的问题，使供应商、合作伙伴以及顾客都能共享信息，互相受惠。进而为创建或加入"虚拟企业"制定出明确的标准。

2. 充分发挥信息的作用

因为市场的急剧变化，最主要的工作是要掌握用户需求的变化和在竞争中知己知彼。如果对本企业内部的信息不能透彻了解，那么如何能要求员工从全局出发做到集成呢？如果竞争对手采取了一些新的措施，采用了一些新技术，而本企业却迟迟不了解，又如何能及时采取改进竞争手段的对策呢？"敏捷"的基本思想是既快又灵，所以一定要把信息的价值提到足够的高度来认识。

信息管理就是从效率和响应性两个方面促进供应链有效管理的。具体来说，有如下几点：

(1)促进服务需求差别化

在市场竞争日益激烈的条件下，如何提高企业的用户服务水平，满足不同顾客的不同服务需求，是企业生存与发展的重要课题。供应链系统中存在不同需求和不同层次的用户，"顾客"在供应链中是一个广义的概念。在整个供应链工作流中，每一下级工作流是上级工作流的顾客，而不同的顾客生产的服务需求是不同的。信息流管理提高了供应链系统的信息共享程度与共享幅度，以实现根据不同的用户服务需求提供多样化服务的供应链管理的响应性目标。

(2)实现渠道设计顾客化

渠道战略是供应链管理的一项重要内容，渠道设计如何适应顾客需求的变化，建立适应顾客需求变化的可重组、可重用的快速反应的供需渠道，对提高供应链的有效性和敏捷性是非常重要的。第一，信息流管理可以随时跟踪和监控顾客需求的变化，使供应链反映顾客需求的不确定性，具有柔性和敏捷性；第二，渠道设计要照顾顾客的利益和群体特征，信息流管理使得供应链可以根据顾客的需求特征和利益偏好进行渠道定位分析，确定最能让顾客满意的渠道；第三，信息流管理将顾客作为最主要的信息源，并与顾客建立有效的协商沟通渠道和反馈机制，让顾客参与渠道的活动和监督，体现"顾客为上帝"的经营理念。继MTS、MTO以后，后来有学者提出了ETO(Engineer To Order)这一新思想，其重要一环就是渠道设计顾客化。

(3)强调市场运作同步化

同步化(Synchronism)、并行化策略能够使供应链的运作效率大大增强，获得更快的市场响应速度。市场的变化使供应链不确定性增加了，不管是来自上游链还是下游链的变化，信息流管理促使企业从整个供应链的角度去考虑，以获得整体优化的效果，而不是仅仅从企业内部的角度去考虑问题。同时，信息共享与信息集成保证了企业对市场需求信息的准确把握，与企业之间的并行作业，使供应链的多级响应周期大为缩短，供应链的效率和有效性才能大大增强。

(4)实现市场响应敏捷化

Hau L. Lee教授在谈到供应链如何适应顾客个性需求问题时，用了postponement和customization两个重要的词，把它译成中文，有人叫"迟延化"、"推迟化"；"顾客化"、"个性化"。指的是在产品差别化中，要把差别的时间和位置尽可能地靠近用户需求的位置，目的是要减少库存投资和运输费用，同时使供应链获得更快的市场响应速度和敏捷性。信息流管理通过增加供应链中信息的透明度，减少供应链中的不确定性，以动态信息代替静态库存，以实现市场响应敏捷化。

(5)促进企业协作精益化

供应链管理的一个核心内容是关于企业之间的战略合作问题。通过协调企业之间的合作与共享资源，建立互信的良好的合作关系，达到降低供应链整体运行成本和化解风险的目的，也就是所谓"双赢

(Win-Win)”的效果。

战略性处理与供应商的关系，一个重要的问题是关于供应商的选择、评价与考核问题。一般认为，选择少而精的几个供应商并与之建立良好的合作关系，有利于供应链的稳定和建立快速的市场反应机制。供应商的选择、评价、考核，合作关系的建立、稳定等都离不开供应链中通畅、融洽的信息共享、信息协商。正是“无缝”的信息流管理促进了企业协作精细化。

(6)加速信息交流网络化

信息共享是改善和加强供应链管理的行之有效的办法。它能使企业快速地捕捉市场信息和在整个供应链范围内进行信息反馈，从而消除信息扭曲与失真。同时只有在整个供应链范围内利用先进的信息通讯技术，才能有效地进行供应链的协调性管理，使成员企业的运作达到同步化和获得一致性。供应链信息流的管理使各企业认识到提高企业信息化水平的重要程度，再辅以供应链企业间的信息共享激励，能够大大加快供应链中信息交流的网络化速度。目前在供应链管理系统的研究中，利用 Internet/Intranet 技术、建立分而异构的即插即用式的敏捷化企业集成信息系统和利用 EDI 技术实现快速的信息交换以及实现资金快速支付的 EFT 技术，这些先进的信息技术大大地降低供应链的整体成本，使每个参与供应链的企业都能从中获得极大的成本效益和时间效率。

信息流管理以供应链整体利益为目标，以现有的信息技术为支撑，做好整体规划以实现信息交流网络化。

3．供应链企业的组成和工作

从竞争走向合作，从互相保密走向信息交流，实际上会给企业带来更大利益。如果市场上出现一个新的机遇，譬如看准了半年后推出某种新型计算机必能畅销，于是几家本来是竞争对手的大计算机公司，可能立即组成一种合作关系。A 公司开发的主机性能好，B 公司的软件开发能力强，C 公司的外围设备有特色和很好的声誉，各家都发挥自己的优势共同开发，就能迅速占领市场。完成这次合作以后，各家还是各自独立的公司。这种方式就是“敏捷制造”。实施敏捷制造的基础是全国以至全球的通讯网络，在网上了解到有专长的合作伙伴，在网络通讯中确定合作关系，又通过网络用并行工程的做法实现了最快速和高质量的新产品开发。

4．计算机技术和人工智能技术的广泛应用

未来制造业中强调人的作用，丝毫没有贬低技术所起作用。计算机辅助设计、辅助制造，计算机仿真与建模分析技术，都应在敏捷企业中加以应用。另外，还要提到“团件”(Group Ware)，这是近来研究比较多的一种计算机支持协同工作(Computer Supported Cooperative Work，简称 CSCW)的软件。称其为 Group Ware 是强调作为分布式群决策软件系统，它可以支持两个以上用户以紧密方式共同完成一项任务，就像有同样想法而又同时工作的人所用的文章大纲编辑器。人工智能在生产和经营过程中的应用，是另一个重要的先进技术的标志。从底层原始数据检测和收集的传感器，到过程控制的机理以至辅助决策的知识库，都需要应用人工智能技术。

5．方法论的指导

所谓“方法论”，就是在实现某一目标，完成某一项大工程时，所需要使用的一整套方法的集合。我们强调要实现全企业的整体集成，这是一项十分复杂的任务。对每一时期每一项具体任务，都应该有明确的规定和指导方法，这些方法的集合就叫“集成方法论”。这样的方法论能帮助人们少走弯路，避免损失。这种效益，比一台新设备、一套新软件所能产生的有形的经济效益要巨大得多、重要得多。

6．标准和法规的作用

目前产品和生产过程的各种标准还不统一，而未来的制造业的产品变异又非常突出，如果没有标准，不论对国家、对企业、对企业间的合作、对用户都非常不利。因此必须要强化标准化组织，使其工作能不断跟上环境和市场的改变，各种标准能及时演进。现行法规也应该随着国际市场和竞争环境的变化而演进，其中包括政府贷款、技术政策、反垄断法规、税法、税率、进出口法、国际贸易协定等等。

(二)推动式(Push)和牵引式(Pull)的供应链运作方式

有两种不同的供应链运作方式。一种称为推动式，一种称为牵引式(见图 1—1—12)。推动式的供应链运作方式以制造商为核心，产品生产出来后从分销商逐级推向用户。分销商和零售商处于被动接受的地位，各个企业之间的集成度较低，通常采取提高安全库存量的办法应付需求变动，因此整个供应链上的库存量较高，对需求变动的响应能力较差。牵引式供应链的驱动力产生于最终用户，整个供应链的集成度较高，信息交换迅速，可以根据用户的需求实现定制化服务。采取这种运作方式的供应链系统库存量较低。

制造商推动的供应链：集成度低、需求变化大、缓冲库存量高。

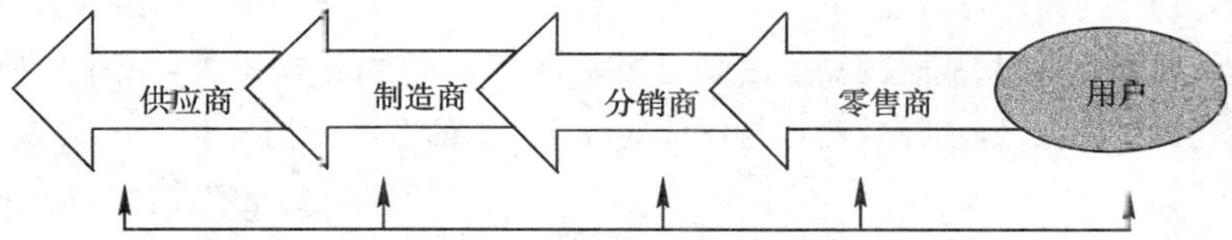

用户牵动的需求链：集成度高、数据交换迅速、缓冲库存量低、快速。

图 1—1—12　两种不同性质的供应链

作为供应链管理战略内容之一，就是要选择适合于自己实际情况的运作方式。牵引式供应链虽然整体绩效表现出色，但对供应链上企业的要求较高，对供应链运作的技术基础要求也较高。而推动式供应链方式相对较为容易实施。企业采取什么样的供应链运行方式，与企业系统的基础管理水平有很大关系，切不可盲目模仿其他企业的成功做法，因为不同企业有不同的管理文化，盲目跟从反而会得不偿失。

（三）供应链管理信息支持技术的战略

根据一项研究报告披露的信息，有 80% 的接受调查的管理人员反映说，信息技术的应用是推进供应链系统中信息共享的关键；在希望减少与销售有关的间接费用企业中，87% 的企业计划增加或保持在信息技术上的投资。调查还了解到，改进整个的供应链的信息精度、及时性和流动速度，被认为是提高供应链绩效的必要措施。没有全面集成信息的能力，缺乏实用性，是现有供应链取得实效的主要障碍。

该调查发现，对供应链整体流程，不到 33% 的企业有计划对他们正常的信息系统进行投资，以支持供应链系统和技术。那些采用了供应链优化系统的企业，如先进计划系统（Advanced Planning System），取得了较大成功，而采用传统企业资源计划（Enterprise Resource Planning，简称 ERP）用于供应链管理的企业则感到不满。

基于这种考虑，供应链管理战略的一个重要内容就是制定供应链运作的信息支持平台。在供应链管理发展过程中，早期阶段的信息交换手段以电子数据交换（Electronic Data Interchange，简称 EDI）为主。现在随着互联网技术的日臻发展和完善，越来越多的企业选择了互联网。由于 EDI 安装和使用成本昂贵，因此而限制了不少企业、特别是中小企业采用 EDI 与供应链建立信息集成系统。据有关资料统计，采用 EDI 技术时，最多只能对 70% 的供应链企业实现信息跟踪，而这对提高供应链管理的整体绩效而言是不够的。相比之下，互联网的费用要低得多，因而有利于更多的中小企业加入供应链。但从安全性的角度考虑，EDI 则更占优势。

（四）绩效测量与评价

传统的企业评价总是着眼于可计量的经济效益，而对生产和经营活动的评价，则看一些具体的技术指标。这种方法基本上属于短期行为、侧重于操作层的做法。对于供应链管理、系统集成所提出的战略考虑，如缩短提前期对竞争能力有多少好处？如何度量企业柔性？企业对产品变异的适应能力会导致怎样的经济效益？如何检测雇员和工作小组的技能？技能标准对企业柔性又会有什么影响？……这一系列问题都是在新形势、新环境下提出来需要解决的。又如会计核算方法，传统的会计核算主要适合于静态产品和大批量生产过程,用核算结果来控制成本,压缩原材料和直接劳动力的使用,是一种消极防御式的核算方法。这些都是不适应供应链企业需要的,当前要采用一种支持这些变化的核算方法。如ABC法(Activity Based Costing)把成本计算与各种形式的经营活动相关联,是未来企业中很有希望的一种核算方法。合作伙伴资格预评是另一种评价问题。因为供应链企业的成功必须要合作伙伴确有所长,而且应有很好的合作信誉。由此可见,供应链管理环境下的绩效测量与评价是一个关系到企业全局的大问题,应该从战略的高度去制定相关的绩效测量与评价指标,制定绩效测量与评价的程序和方法。

(五)把供应链管理看做企业间资源集成的桥梁

供应链管理的出现促进了企业资源计划(ERP)的发展。ERP是在MRPⅡ的基础上发展而来的。MRPⅡ主要考虑的是一个企业的制造资源,是一个资源协调系统。MRPⅡ也不能适应Internet环境,更不能满足供应链管理的要求。20世纪90年代初,美国Gartner咨询公司在总结MRPⅡ软件发展趋势时,提出了ERP的概念。从此,制造业的管理信息系统进入了ERP新时代。ERP着眼于供应链管理,在MRPⅡ基础上,增加了运输管理、项目管理、市场信息分析、电子商务、电子数据交换等功能。ERP强调对供应链的整体管理,将供应商、制造商、协作厂家、用户甚至竞争对手都纳入管理的资源之中,使业务流程更加紧密地集成在一起,进而提高对用户的响应速度。

更进一步地,供应链管理和ERP的发展,使企业间的信息和资源集成成为可能,使得CIMS的概念和含义也发生了变化。原来的CIMS是指计算机集成制造系统,集成的范围一般是指一个企业内部各部门、各功能、各种信息的集成。而最新的CIMS是指现代集成制造系统(Contemporary Integrated Manufacturing System),也把资源的概念从单个企业扩展到企业外部。因此,供应链管理不仅是解决企业常规模式下存在各种问题的有效途径,而且也是实现敏捷制造和虚拟企业的有效途径。

三、建立供应链管理战略系统的主要内容

供应链管理的战略系统涉及的范围较大,重点可围绕以下6个方面的要求来考虑。

1.组织战略。供应链管理是一种不同于一般管理的模式。虽然这里用了“管理”一词,但是其含义与过去的只在一个企业内部发生的管理行为不一样。供应链管理是一种合作企业间的协调问题,供应链企业要认识到这一点,并在组织结构上进行重新设计,使之能够适应供应链管理的运行要求。如果发生在一个大的集团公司内,公司总部起到计划和协调的作用。

2.改革企业的经营思想。创立供应链优势、改变传统采购模式不仅是一种职能,而且是一种战略的思想。认识到这一点是改革企业原有经营管理思想和模式的重要前提。供应链管理的实践已经表明,它不是一种单纯的操作方法,而是一种改变人们对企业职能再认识的战略。传统企业管理模式和供应链管理模式的区别可以表述为如下几个方面的内容。

(1)传统企业的目标是:制造为了销售。供应链企业的目标是:按订单安排生产。

(2)传统企业的管理目标是:减少与优化库存。供应链管理的目标是:创新。

(3)传统企业提高生产效率的主要方法是:增加批量。供应链企业提高效率的主要方法是:提高企业的柔性。

因此,实施供应链管理首先要从经营思想上提高对它的认识,这样才能制定出符合企业发展目标和供应链管理运行规律的战略。

3.共享信息战略。供应链的优势在于使企业能够共享信息。通过共享竞争信息,使供应链上的企业及时做出或调整他们的生产策略,以便在市场上占据主动。制造商、供应商、分销商愿意相互开放,并且希望在供应链中有及早介入的机会。这样一来,共享信息是供应链管理必须考虑的战略之一。

4.利用先进技术的战略。为从供应链上获得优势,企业要从一些基本技术,例如物流过程自动化、企业资源计划(ERP)系统等做起,把先进技术作为支持供应链协调运行的基础,并且要随着技术的发展,随时向新的、更先进的技术推进。

5.绩效度量问题。绩效度量是实施任何一种战略必不可少的内容之一。只有知道某一战略的实施效果,才能使管理者最后做出有效决策。绩效度量还被看做是保持战略层和执行层迈向共同目标的粘合剂,因为系统运行绩效是执行层努力的结果。

6. 供应库(Supply base)战略。通过供应链创造优势的企业清楚地懂得每个供应商在资源组合(sourcing portfolio)中的作用,因而把与供应商的关系看做是高度战略化的工作。为了保持企业具有较多的选择余地,与供应商建立广泛的关系就成为一种战略性的事物。

第二章 扩展企业与供应链管理

传统企业通过"纵向一体化"实现对资源的直接控制,适合于市场环境相对稳定的情况,企业通过规模效益得到发展。但是在强调快速满足用户需求的今天,拥有大量的子公司、设备或雇佣大量的职工并不能一定就能达到目的,相反,这种对"原材料—制造—分销—销售"全过程控制的管理模式已经不再具有吸引力。

在当前这样一个竞争世界中,企业欲获得竞争优势,必须从企业与环境特点出发,培育自己的核心竞争力。供应链管理强调的是把主要精力放在企业的关键业务(企业核心竞争力)上,充分发挥其优势,同时与全球范围内的合适企业建立战略合作关系,企业中非核心业务由合作企业完成,这就是所谓的"业务外包"(Outsourcing)。实施供应链管理的企业可以通过业务外包,获得比单纯利用内部资源(Insourcing)更多的竞争优势,在业务外包的基础上产生了一种新的企业组织结构形式——"扩展企业"。本章在界定核心竞争力涵义的基础上,主要讨论企业业务外包策略,并研究了供应链环境下的扩展企业问题,对扩展企业的理论进行了详细阐述。

第一节 核心竞争力与关键资源分析

随着科学技术的高速发展,工业型社会正在逐步向信息型社会过渡。其关键资源也由资本转变为信息、知识和创造力。技术创新发展日新月异,信息的瞬息万变使不确定因素增多,同时创造力又是21世纪获得竞争优势的有力武器,所有这些都使企业感到在提高资源配置效率、赢得竞争优势方面比以往有更大的压力。

企业资源包括内部资源和外部资源两个方面。取自于组织外部环境的资源,并不具有某一组织独特的印记,尽管由于市场不完全性以及稀缺性的特点,不同企业在获得稀缺资源上的机会是不均等的,但在"谁可以获取这些资源"的权利上,不同组织之间并不具有天然的不平等性,只是由于不同组织在自身知识和能力上的不平衡,才导致在资源获取和利用上的巨大差异性。因此,决定稀缺资源获取和利用上的"异质性",其根本原因在于不同组织之间的知识与能力差异。而企业外部资源决策的前提是组织内部资源的分析,因为外部资源本身不具有某一组织的特性,而只有当外部资源和内部资源相互作用之后,整合资源(内部资源与外部资源的整合)便具有了企业特征。

所以,如何根据内部资源的特点,去发现、选择、利用外部资源,才是企业核心竞争力的内在反映,而这一决策的前提仍然是企业知识和能力的积累。因此,企业为了适应新的竞争环境,如何整合内部资源与外部资源是企业实现竞争力的关键之一,这也就是企业自制与业务外包决策的出发点。

一、现代企业竞争特征的分析

当今企业竞争基本上是一个动态的过程。企业所面临的外界环境与所采取的竞争行为,会因时间、竞争对象以及顾客的不同而变化。在这个动态意义下的竞争,主要具有以下3个特征:

1. 竞争对象是不断开创与抵消的过程。企业参与市场竞争,所凭借的资本是本企业的"竞争特色",企业必须创造出与竞争者的不同之处,才能在激烈的竞争中立于不败之地。但是,任何一种竞争特色或优势资源,都不能永远维持不变。为此,企业必须不断开创出新的竞争特色。以汽车业为例,日本汽车业早在能源危机之前,就率先推出省油小汽车,并且只需要四五年的时间就能开发出新的车型,他们就能在世界汽车市场占有一席之地。可见,企业必须在原有竞争优势抵消之前,开创出新的竞争优势,才能立于不败之地。

2. 竞争的焦点不断转移与改变。一般企业成立之初，关注的焦点大多为产品，只要产品好，顾客就会上门购买。等到企业进入成长阶段，企业逐渐意识到竞争者的威胁，很自然地会将焦点置于竞争者上。然而，以竞争者为焦点，具有一定的盲目性。因为企业所处的外界环境在变化，会产生许多市场机会，企业不应只将自己局限于现在，而忽略了未来的发展潜力。于是，在产品处于成熟阶段，企业会将焦点转移到新的市场机会，找到对企业具有吸引力的领域，并在这一领域形成竞争优势。

3. 竞争主体多元化。在全球竞争日益激烈的环境下，竞争不再只是局限于两个企业之间的竞争，随着企业规模的不断扩大，以及企业组织模式的不断变化，竞争的主体可能发生在不同的企业之间，也可能发生在不同的供应链之间，还可能发生在不同的战略联盟或虚拟企业组织之间，这样，竞争的主体将会出现多元化，必将增加企业竞争的激烈程度。

全球经济趋于一体化，用户需求以及经济的不确定性日益增加，现代企业要在激烈的全球市场竞争中取得优势，就必须在发现与培植核心竞争力上做工作。

二、企业核心竞争力理论的起源

企业核心竞争力理论的出现首先源于现代企业理论的局限性。企业作为一种行政协调机制，或是一种契约组织，强调的都是交易过程中的各种“规则”，无一例外地忽视了作为社会经济组织的企业所具有的独特的“生产”特性。以这一理论作为指导，有些西方经济学家对企业决策机制、供应机制、生产机制、销售机制等区分都不再考虑生产成本，而仅仅关注交易成本，背离了现实。而且现代企业理论无法有效解释现实企业实践中的一些重要现象。

企业核心竞争力理论的迅速兴起同时源于主流企业战略理论的缺憾。在管理科学的发展历程中，18 世纪中后期到 19 世纪末期是经验管理，20 世纪初至 20 世纪 40 年代信奉科学管理，20 世纪 40 年代末至 20 世纪 60 年代末风行行为科学，20 世纪 60 年代末至 20 世纪 70 年代崇尚战略管理。到 20 世纪 80 年代初，麦克尔·波特的竞争战略理论成为战略管理理论的主流。这一理论的核心是波特提出的“五性分析模型”，即在对企业竞争者、购买者、供应者、替代者、潜在竞争者(产业潜在进入者)5 种力量进行分析的基础上确定企业的竞争优势。波特的竞争战略理论实际上是将以结构—行为—绩效为主要内容的产业组织理论引入企业战略管理领域中，有关产业结构、产业内优劣对比、进入壁垒、退出壁垒、壁垒后的相互勾结等概念和相关理论，为解释企业如何制定战略获得持续超额利润提供了较为可靠的经济学分析。但是波特的理论没能突破把企业视为“黑箱”的局限，它实际上是以产业作为研究对象，并没有很好地站在企业的角度分析企业竞争战略的制定和实施，在指导企业实践中显得十分乏力。

鉴于以上原因，有些人把影响企业竞争的核心要素归结为它所拥有的特殊能力，从企业内在成长的角度分析企业，并由此提出了企业核心竞争力理论，成为 20 世纪 90 年代企业理论和战略管理领域的一朵奇葩。

三、企业核心竞争力的概念

(一)竞争力(competence)与能力(capability)

根据世界经济论坛的看法，所谓企业竞争力，就是企业和企业家设计、生产和销售产品和劳务的能力，其产品和劳务的价格和非价格的质量等特性比竞争对象具有更大的市场吸引力。也就是说，是企业和企业家在适应、协调和驾驭外部环境的过程中成功地从事经营活动的能力。

竞争力和能力代表了两种不同的但相互补充的企业战略的新范式，前者强调价值链上特定技术和生产方面的专有知识，后者含义更为广泛，涵盖了整个价值链。对于企业来说，能力是企业某项业务运营的前提条件，是生存发展的基础，是进入竞争舞台的门票；而竞争力则是企业在竞争舞台上脱颖而出、获得竞争优势的关键。

但竞争力的形成又依赖于企业所拥有的诸多能力。若把企业竞争力看做是一个层次结构，其能力结构便可以分为 3 个层次。第一个层次是企业竞争力的表层，是企业竞争力大小的体现，主要表现为一系列竞争力衡量指标；第二个层次是企业竞争力的中层，是企业竞争优势的重要来源，决定竞争力衡量指标的分值；第三个层次是企业竞争力的深层，是企业竞争力的深层次土壤和真正的源泉，他们决定这企业竞争力的持久性。

从另一个角度来说，企业竞争力可以看做是企业的持续发展和增长后劲以及资产增值和效益提高的能力。因此，就企业本身来说，竞争力因素大体上包括以下5个方面：(1)采用新技术的速度和技术改造的进度；(2)新产品、新技术研究、开发的状况；(3)劳动生产率的提高；(4)产品的质量优势；(5)综合成本的降低和各种开支的节约。另外，宏观方面的金融政策、税率高低、法制情况、知识产权的保护等，对企业竞争力都有重要的影响。

可以说，竞争力是特定企业个性化发展过程中的产物，它并不位于公司的某一个地方，而充斥于公司不同的研究、开发、生产过程、采购、仓储以及市场营销等部门。它往往体现了意会知识的积累，对于竞争对手而言，既无法完全模仿，更无法完全交易。它是植根于企业中的无形资源，不像实物资源会随使用而折旧；相反，它是组织中集体学习的结晶，将在不断的应用和分享过程中得到改进和精炼。

(二)核心竞争力与非核心竞争力

进入20世纪90年代以来，关于企业竞争力的研究开始逐渐转移到企业核心竞争力领域，因为从长远考察，企业竞争优势来源于以比竞争对手更低的成本、更快的速度去发展自身的能力，来源于能够产生更高的具有强大竞争力的核心能力。由于任何企业所拥有的资源都是有限的，它不可能在所有的业务领域都获得竞争优势，因此必须将有限的资源集中在核心业务上。

所谓核心竞争力，我们可以定义为企业借以在市场竞争中取得并扩大优势的决定性的力量。例如，本田公司的引擎设计及制造能力，联邦航空公司的追踪及控制全世界包裹运送的能力，都使他们在本行业及相关行业的竞争中立于不败之地。一家具有核心竞争力的公司，即使制造的产品看起来不怎么样，像万宝路公司生产极多的相关性很低的产品，但它却能利用核心能力，使整体产品蓬勃发展，扩大了原来局限于香烟的竞争优势。

企业核心竞争力的表现形式多种多样，这些不同形式的核心能力，存在于人、组织、环境、资产/设备等不同的载体之中。由于信息、专长、能力等在本质上仍是企业/组织内部的知识，而组织独特的价值观和文化，属于组织的特有资源。所以，我们可以认为企业的核心竞争力本质是企业特有的知识和资源。

四、核心竞争力的诊断分析

供应链节点企业在供应链管理环境下，要想在竞争中获得竞争优势，就必须在供应链中具有独特的核心竞争力，企业必须在诊断分析的基础上找到企业的核心竞争力所在，并使之得到持续发展。

企业核心竞争力的外部特征可以归纳为3个方面：(1)顾客价值：核心竞争力必须对顾客所重视的价值有关键性的贡献；(2)竞争差异化：核心竞争力必须能够使竞争力独树一帜，不能轻易地被竞争对手模仿；(3)延展性：核心竞争力必须能够不断推衍出一系列的新产品，具有旺盛和持久的生命力。

对企业核心竞争力的诊断和分析首先要从外部环境开始，分析企业是否在一定的市场环境下有核心产品，然后对企业进行核心竞争力分析。分析的主要内容包括：支持企业核心产品和主营业务的技术优势和专长是什么，这种技术和专长的难度、先进性和独特性如何，企业是否能够巩固和发展自己的专长，能为企业带来何种竞争优势，以及竞争力强度如何等。企业核心竞争力的独特性和持久性在很大程度上由它存在的基础来决定。一般来说，那些具有高技术难度或内化于企业整个组织体系、建立在系统学习经验基础上的专长，比建立在一般技术难度或个别技术骨干基础上的专长，具有更显著的独特性。

为了使企业具有长久的竞争优势，必须不断保护和发展自己的核心竞争力，包括对现有核心竞争力的关注和对新的核心竞争力的培育。对企业核心竞争力的诊断和分析，还应涉及企业发展核心竞争力的能力分析，主要包括企业对现有技术和专长的保护与发展、对新技术信息及市场变化趋势的追踪与分析、高层领导的进取精神与预见能力等。

五、培养核心竞争力，扩大企业竞争优势

企业能够在供应链中长久发展，并不是光靠表面的策略，关键是企业能否找到自己的核心竞争力，并且利用它向外发展。核心竞争力的培养过程是一个动态过程。企业的核心竞争力并非一成不变，或是永远存在的，就像企业的职工的人员流动一样，核心竞争力也会新陈代谢。品牌知名度需要企业的实力来维护，技术需要不断创新。因此，我们应该认识到:核心竞争力的培养是一个动态的过程,企业要想永远维护核心竞争力,就必须构建一个"学习型组织"。在这样的组织中,成员具有充沛的学习能力,他们会不断更新现有的技术,发展更有竞争力的新技术。

第二节 供应链管理环境下的企业业务外包

供应链管理注重的是企业核心竞争力,强调根据企业的自身特点,专门从事某一领域、某一专门业务,在某一点形成自己的核心竞争力,这必然要求企业将其他非核心竞争力业务外包给其他企业,即所谓的业务外包。

传统"纵向一体化"模式已经不能适应目前技术更新快、投资成本高、竞争全球化的制造环境,现代企业应更注重于高价值生产模式,更强调速度、专门知识、灵活性和革新。与传统的"纵向一体化"控制和完成所有业务的做法相比,实行业务外包的企业更强调集中企业资源于经过仔细挑选的少数具有竞争力的核心业务,也就是集中在那些使他们真正区别于竞争对手的技能和知识上,而把其他一些虽然重要但不是核心的业务职能外包给世界范围内的"专家"企业,并与这些企业保持紧密合作的关系。这些企业的领导者就可以把自己企业的整个运作提高到世界级水平(World Class),而所需要的费用则与目前的开支相等甚至有所减少。与此同时,还往往可以省去一些巨额投资。最重要的是,实行业务外包的公司出现财务危机的可能性仅为没有实行业务外包公司的1/3。把多家公司的优秀人才集中起来为我所用的概念正是业务外包的核心,其结果是使现代商业机构发生了根本的变化。企业内向配置的核心业务与外向配置的业务紧密相连,形成一个关系网络(即供应链)。企业运作与管理也由"控制导向"转为"关系导向"。

在供应链管理环境下,企业成功与否不再由"纵向一体化"的程度高低来衡量,而是由企业积聚和使用的知识为产品或服务增值的程度来衡量。企业在集中资源于自身核心业务的同时,通过利用其他企业的资源来弥补自身的不足,从而变得更具竞争优势。据美国《财富》杂志报道,目前全世界年收入在5 000万美元以上的公司,都普遍开展了业务外包,《1998年全球业务外包研究报告》表明,全球年营业额在5 000万美元以上公司在1998年业务外包的开支上升27%,比1997年业务外包的总开支将增至近2 350亿美元。

尽管业务外包的速度在继续加快,但没有迹象表明现在已经达到顶峰。迄今为止,全球的所有业务外包活动,约有60%集中在美国。1998年,该地区的业务外包开支增加21%,即增加250亿美元,达到1 410亿美元,而上年的增长率却只有15%。与此同时,欧洲的业务外包活动也在增加,其中最活跃的是英国、法国、意大利和德国。事实上,欧洲这方面开支的增长速度比美国还要快,增长率为34%。到1999年初,欧洲的业务外包开支已经超过920亿美元。

在美国,随着劳动力成本上升,已有越来越多的公司经理人员选择了"外包(Outsourcing)"策略。据1996年的统计,美国工业当年有1 000多亿美元的外包业务(见图1—2—1)。

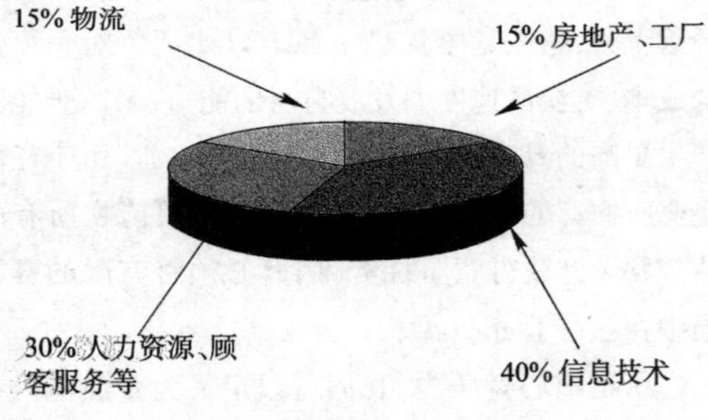

图1—2—1 1996年美国企业外包业务价值构成比例

一、业务外包的原因

业务外包推崇的理念是,如果在供应链上的某一环节不是世界上最好的,如果这又不是我们的核心竞争优势,如果这种活动不至于与客户分开,那么可以把它外包给世界上最好的专业公司去做。也就是说,首先确定企业的核心竞争力,并把企业内部的智能和资源集中在那些有核心竞争优势的活动上,然后将剩余的其他企业活动外包给最好的专业公司。供应链环境下的资源配置决策是一个增值的决策过程,如果企业能以更低的成本获得比自制更高价值的资源,那么企业应该选择业务外包。业务外包的主要原因如图1—2—2所示。从图1—2—2可以看出,实施业务外包策略的最主要原因是为了控制和降低成本、提高公司的核心业务能力和蓄积形成世界级企业的能量。总之，就是为了在新的竞争环境中提高企业的竞争能力。

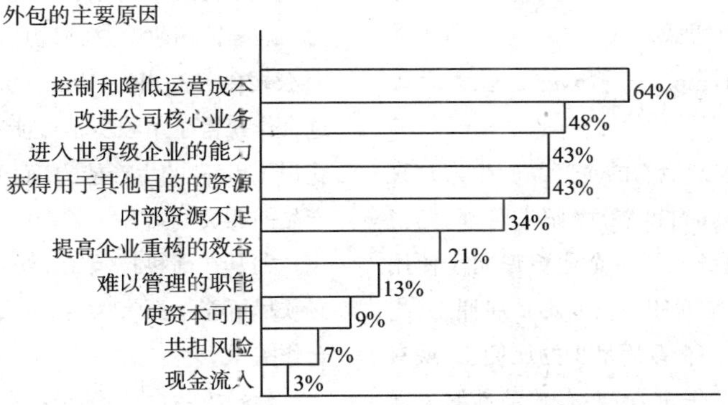

图 1—2—2　业务外包的主要原因

(一)分担风险

企业可以通过外向资源配置分散由政府、经济、市场、财务等因素产生的风险。企业本身的资源、能力是有限的，通过资源外向配置，与外部的合作伙伴分担风险，企业可以变得更有柔性，更能适应变化的外部环境。

(二)加速重构优势

企业重构需要花费企业很多的时间，并且获得效益也要很长的时间，而业务外包是企业重构的重要策略，可以帮助企业很快地解决业务方面的重构问题。

(三)企业难以管理或失控的辅助业务职能

企业可以将在内部运行效率不高的业务职能外包，但是这种方法并不能彻底解决企业的问题，相反这些业务职能可能在企业外部变得更加难以控制。这时，企业必须花时间去找到问题的症结所在。

(四)使用企业不拥有的资源

如果企业没有有效完成业务所需的资源(包括所需现金、技术、设备)，而且不能赢利时，企业也会将业务外包。这是企业临时外包的原因之一，但是企业必须同时进行成本/利润分析，确认在长期情况下这种外包是否有利，由此决定是否应该采取外包策略。

(五)降低和控制成本，节约资本资金

许多外部资源配置服务提供者都拥有能比本企业更有效、更便宜地完成业务的技术和知识，因而他们可以实现规模效益，并且愿意通过这种方式获利。企业可以通过外向资源配置避免在设备、技术、研究开发上的大额投资。

二、业务外包的问题

成功的业务外包策略可以帮助企业降低成本、提高业务能力、改善质量、提高利润率和生产率。但是它同时也会遇到一些问题。

首先，业务外包一般可以减少企业对业务的监控，但它同时可能增加企业责任外移的可能性。企业必须不断监控外部企业的行为并与之建立稳定长期的联系。

其次的一个问题来自职工本身，随着更多业务的外包，他们会担心失去工作。如果他们知道自己的工作被外包只是时间问题的话，这可能会使剩下职工的职业道德和业绩下降，因为他们会失去对企业的信心，失去努力工作的动力，导致更低的业绩水平和生产率。另一个关于员工的问题是企业可能希望获得较低的劳动力成本。越来越多的企业将部分业务转移到不发达国家，以获得廉价劳动力以降低成本。企业必须确认自己在这些地方并没有与当地水平偏差太大，并且必须确认企业的招聘工作在当地公众反应是否消极。公众的反应对于企业的业务、成本、销售有很大影响。

许多业务外包的失败不仅是因为忽略了以上问题的存在，同时也是因为没有正确地将适合业务进行外向资源配置。另一个原因就是没有选择好合作伙伴，遇到不可预知的情况，过分强调短期效益。

三、业务外包的主要方式

在实施业务外包活动中，确定核心竞争力是至关重要的。因为在没有认清什么是我们的核心竞争优势之前,从外包中获得利润几乎是不可能的。核心竞争力首先取决于知识,而不是基于产品。业务外包主要包括以下几种方式。

(一)临时服务(Temporary Service)和临时工(Contract Labor)

一些企业在完全控制他们的主产品的生产过程的同时,会外包一些诸如自助餐厅、邮件管理、门卫等辅助性、临时性的服务。同时企业更偏向于使用临时工(指合同期短的临时职工),而不是雇佣工(指合同期长的稳定职工)。企业用最少的雇佣工,最有效地完成规定的日常工作量,而在有辅助性服务需求的时候雇佣临时工去处理。因为临时工具有对失业的恐惧和对报酬的重视心理,所以临时工对委托工作认真负责,从而提高工作效率。临时性服务的优势在于企业需要有特殊技能的职工而又不需永久拥有,这在企业有超额工作时尤为显著。这样企业可以缩减过量的经常性开支,降低固定成本,同时提高劳动力的柔性,提高生产率。

(二)子网(Subsidiary Networks)

为了夺回以往的竞争优势,大量的企业将"控制导向"、"纵向一体化"的企业组织分解为独立的业务部门或公司,形成母公司的子网公司。就理论上而言,这些独立的部门性公司几乎完全脱离母公司,从而使他们变得更加有柔性、效率和创新性,同时,因为减少了"纵向一体化"环境下官僚作风的影响,他们能更快地反应于快速变化的市场环境。

1980年,IBM公司为了在与Apple公司的竞争中取胜,将公司的7个部门分解出去创立7个独立的公司,它的这些子网公司更小、更有柔性,能更有效地适应不稳定的高科技市场,这使得IBM迸发出前所未有的创造性,最终导致IBM PC的伟大成功。

(三)与竞争者合作(Collaborative Relation with Competitor)

与竞争者合作使得两个竞争者把自己的资源投入到共同的任务(诸如共同的开发研究)中,这样不仅可以使企业分散开发新产品的风险,同时,也使企业可以获得比单个企业更高的创造性和柔性。

Altera公司与竞争者Intel公司的合作就是一个最好的例证。Altera公司是一个高密CMOS逻辑设备的领头企业,当时它有了一个新的产品设想,但是他没有其中硅片的生产能力,而作为其竞争者的Intel公司能生产,因此,他们达成一个协议:Intel公司为Altera公司生产这种硅片,而Altera公司授权Intel公司生产和出售Altera的新产品。这样两家都通过合作获得了单独所不可能获得的竞争优势,Altera获得了Intel的生产能力,而Intel获得了Altera的新产品的相关利益。

尤其在高科技领域,企业要获得竞争优势,企业必须尽可能小而有柔性,并尽可能与其他企业建立合作关系。

(四)除核心竞争力之外的完全业务外包(Outsourcing All but the 'Core' Advantage)

业务外包的另一种方式是转包(Subcontract)合同。在通讯行业,新产品寿命周期基本上不超过1年,MCI公司就是靠转包合同而不是靠自己开发新产品在竞争中立于不败之地。MCI公司的转包合同每年都在变换,他们有专门的小组负责寻找能为其服务增值的企业,从而使MCI公司能保持提供最先进的服务,它的通讯软件包都是由其他企业所完成的,而它所要做的(也就是它的核心业务)是将所有通讯软件包集成在一起为客户提供最优质的服务。

四、全球范围业务外包

在世界经济范围内竞争,企业必须在全球范围内寻求业务外包。在全球范围内来配置原材料、零部件正成为企业国际化进程中获得竞争优势的一种重要技术手段。全球资源配置已经使许多行业的产品制造国的概念变得模糊了。原来由一个国家制造的产品,可能通过远程通讯技术和迅捷的交通运输成为国际组装而成的产品,开发、产品设计、制造、市场营销、广告等可能是由分布在世界各地的能为产品增值最多的企业完成的。例如,通用汽车公司的Pontiac Le Mans已经不能简单定义为美国制造的产品,它的组装生产是在韩国完成的,发动机、车轴、电路是由日本提供,设计工作在德国,其他一些零部件来自于台湾、新加坡和日本,西班牙提供广告和市场营销服务,数据处理在爱尔兰和巴贝多完成,其他一些服务如战略研究、律师、银行、保险等分别由底特律、纽约和华盛顿等地提供。只有大约总成本的40%的成本发生在美国本土。

全球业务外包也有它的复杂性、风险和挑战。国际运输方面可能遇到地区方面的限制，订单和再订货可能遇到配额的限制，汇率变动及货币的不同也会影响付款的正常运作。因此，全球业务外包需要有关人员具备专业的国际贸易知识，包括国际物流、外汇、国际贸易实务、国外供应商评估等方面的知识。

五、业务外包与信息技术

没有信息技术的快速发展，就没有业务外包的迅速普及。据一项调查表明，信息技术占所有业务外包开支的大约28%，几乎每一家实行业务外包的公司都把自己信息部门的某些职能外包出去了。美国有关部门的调查报告显示，该国实行业务外包公司1998年用于信息技术方面的业务外包开支，比上年高出12%。外包可能性仅次于信息技术的职能是财务和人力资源管理。不过这两种职能的平均年度外包开支还不到信息技术部门的1/3。

业务外包源于信息技术的推动，从根本上说，还因为信息技术为企业业务外包的快速运行，提供了必不可少的载体。即便不搞信息技术的业务外包，其他诸如制造业务、财务、行政管理等外包，都离不开信息载体的运作，特别是营销业务中的网上商务外包，更需要先进的信息技术运载。所以，企业推行业务外包，前提是必须建立好自己的信息系统，并加快推进信息工作现代化，特别需要积极加入互联网，使自己的商业经营融入全球信息网络。这样，才能为业务外包创造必要条件。

第三节　扩展企业与供应链管理

供应链管理改变了企业的竞争方式，从企业之间的竞争转变为供应链之间的竞争，尤其是在业务外包思想的指导下，它强调核心企业通过和供应链中上下游企业之间建立起来的战略伙伴关系，以强强联合的方式，每个企业都发挥各自的优势，在价值增值链上达到"共赢(Win-Win)"的效果，这种竞争方式将改变企业的组织结构、管理机制、企业文化，这是一种新的企业模式，我们不妨称之为"扩展企业(Extended Corporation)"。这是供应链管理环境下，在业务外包的基础上产生的一种新的形式。

一、扩展企业的产生与定义

扩展企业可以定义为一个概念性的组织单元或系统，它包括采购公司和供应商(一个或多个)，他们通过紧密合作来实现最大化的利润分配。这些企业未必构成整个供应链，但他们是供应链中的主要成员之一。扩展企业的出现使企业之间的竞争转化为供应链与供应链之间的竞争。

扩展企业的概念是随着全球化市场、顾客化生产、环境保护产品与工艺而产生的。全球市场竞争的日益激烈，以及顾客化生产都增加了企业生产有竞争力的产品在全球范围竞争的压力。同时，产品与工艺的环境保护需求迫使企业在生产过程中考虑产品的整个寿命周期中可能出现的问题，以确保产品出厂后是安全的。这些压力使企业必须考虑更广泛的问题，不仅仅是局限在企业内部考虑问题，而应是把企业作为供应链的一个部分看待。这样在供应链管理环境下就产生了扩展企业的概念。

扩展企业的概念同时也是在现代信息技术和通信技术的广泛应用的基础上提出的。IT在供应链企业中的广泛应用以及企业间电子商务的发展是扩展企业的特征之一。

在一定程度上而言，扩展企业是基于制造企业在设计、生产计划、市场营销、库存和运输等职能之间在企业与企业之间集成的要求而产生的，这使得企业与企业之间的职能能够跨越企业的界限得以集成，从而发挥更大的资源配置优势。

二、扩展企业的理论模型

(一)传统制造模式下的扩展企业模型

图1—2—3是基于传统制造模式下的扩展企业模型，从图中可以看出，企业必须强调在企业与企业之间的合作设计与产品模式、用户驱动的设计、供应链管理与用户订单执行与控制等4个方面的职能。而EDI、现代先进计算机网络等技术使得整个价值链的集成成为可能，扩展企业的概念从而得以提出和发展。

在一定程度上而言，扩展企业是基于制造企业在设计、生产计划、市场营销、库存和运输等职能之间在企业与企业之间集成的要求而产生的，这不仅使得企业与企业之间的职能能够跨越企业界限得以集成，从而发挥更大的资源配置优势，同时也使得企业之间的文化、工作经验得到交流，信息和数据得以畅通。图1—2—3中涉及的合作设计与产品模式、用户驱动的设计、供应链管理与用户订单执行与控制等是扩展企业的主要职能领域，下面加以详细阐述。

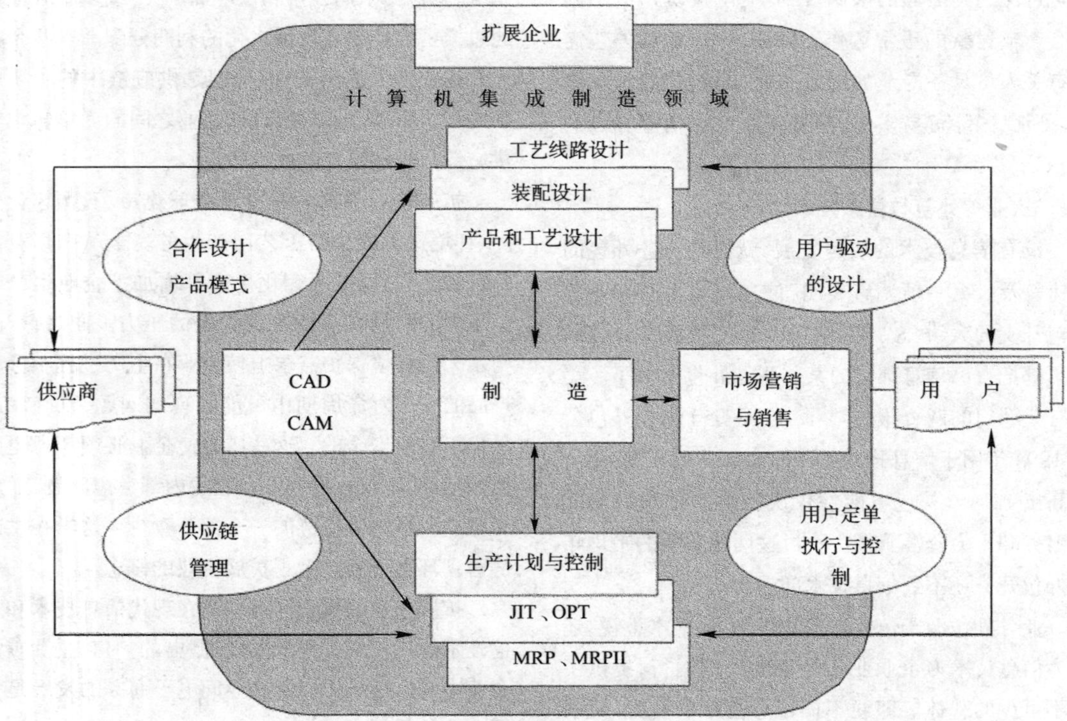

图1—2—3　传统制造模式下的扩展企业模型

1. 用户驱动的设计

在目前买方市场竞争环境下，开发有市场竞争力的产品，就必须考虑用户的需求。主要形式有：直接根据用户要求（用户直接向制造商提出特殊的产品需求）设计新产品，或者是在用户市场调查的基础上进行新的设计。

2. 用户订单执行与控制

主要控制制造计划的实施情况和保证交货期协议，以确保实现对用户做出的承诺。其中必然要考虑制造过程中的物流问题。

3. 供应链管理

扩展企业基于JIT和精细生产原则而运作，供应链管理具有良好的生产计划功能，可以确保物料在不拖延计划的基础上，在准确的时间到达准确的地点（而且包括企业内部和企业之间）。

4. 合作设计产品模式

扩展企业的运作要求能在产品设计中与原材料供应商等保持紧密的合作，以确保产品尽可能的使用最好的、最近的原材料或零部件。

（二）基于供应链管理的扩展企业模型

正如前面所说，集成化供应链管理模式下的企业是扩展了的企业。这一扩展企业的模型如图1—2—4所示。由于该模型很像英文字母“X”，因此简称为“X”模型。这一模型的提出奠定了集成化供应链管理研究的基础，更为重要的是，该模型蕴含了集成化供应链管理的哲理。

1. 生产系统设计思想

传统的企业生产者在生产系统设计中主要从生产角度考虑，从企业内部因素考虑，没有从集成的角度去考虑物流、信息流。供应、生产、分销没有形成真正有机的整体，而“X”模型体现了系统工程观点，把三者有机结合起来。

2. 产品设计与制造过程设计

为了提高供应的质量（成本、服务、提前期），过去人们只是从企业的内部考虑如何挖掘潜能，没有从市场的角度考虑供应商与制造商之间的合作关系，没有考虑业务外包问题。“X”模型体现了并行工程的思想，将在产品与制造设计工作和供应商分销商乃至顾客都考虑进去，建立协同的工作环境。

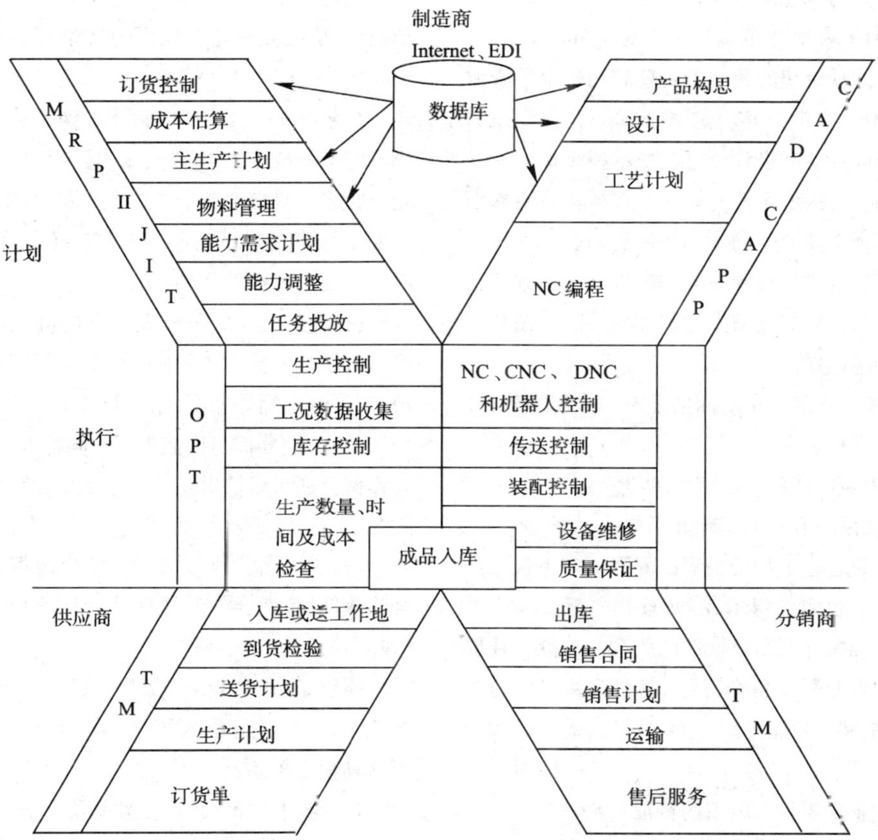

图 1—2—4 基于供应链的扩展企业模型

3. 集成的生产计划与控制模式

传统的企业生产计划是以物料需求为中心展开的，缺乏和供应商的协调，企业的计划制定没有考虑供应商以及分销商的实际情况，不确定性对库存和服务水平影响较大，库存控制策略也难以发挥作用。在“X”模型中，供应链上任何一个企业的生产和库存决策都会影响供应链上其他企业的决策，也就是说，企业的生产计划与库存的优化控制不但要优化内部的业务流程，更要从供应链的整体出发，进行全面的优化控制，跳出以物料需求为中心的生产制造管理界限，充分了解用户需求并与供应商在经营上协调一致实现信息的共享与集成，以顾客化的需求驱动顾客化的生产计划，获得柔性敏捷的市场响应能力。

4. 体现企业间的战略伙伴关系

“X”模型除了信息的集成，经济利益的联系外，还体现了企业间的一种新型的合作关系——战略伙伴关系，有利于企业改进生产系统，提高产品质量，降低成本，实现 JIT 生产，采购与交货，生产计划与执行在一种透明的方式下完成，并且基于相互独立又相互促进的各合作伙伴的实际能力或需求，获得供应链的“同步化”运作。

今天的制造企业面临着比以往更大的竞争，市场全球化，产品需求顾客化，及时交货，对制造商形成巨大的压力。新兴的全球化市场取代了区域性市场，市场体系更加开放、贸易壁垒减少、运输和通信技术不断进步，将企业推向全球市场。这种开放式的结构要求企业与供应商和顾客建立更加紧密的联系，建立基于整个价值链的扩展企业，以响应市场的挑战。

三、扩展企业的目标与特征

扩展企业的概念部分来自于在地理上分布的制造业，他们为了获得竞争优势需要建立正式的合作伙伴关系。这种思想的核心就是要利用外部的资源和服务，而不是去拥有它。这种形式的合作表现为在独立的制造企业间设计、开发、成本控制形成有共同利益的“链”。扩展企业的另一个特征就是要求信息和物料在合作企业间同步和协调流动。

扩展企业合作的目标主要体现以下几个方面：

(1)缩短物料加工、信息处理、产品开发、信息基础设施建设的周期。

(2)提高对产品上市时间的要求，开展基于时间的竞争。

(3)采用更广泛的产品周期的概念。

(4)形成更为有效的组织和系统。

扩展企业超越了传统组织的界限。它不仅包括了企业的各个职能部门本身，而且相应涵盖了企业与它的顾客、供应商、商业伙伴的关系。扩展企业要对产品整个生命周期负责，从原材料购买和供应管理，产品分销和客户服务，最后直到产品的回收和处理。

扩展企业主要具有以下的特征：

(1)核心企业集中体现核心竞争力的商业活动，对非核心业务通过外包给外部产品供应商和服务提供商。外包能够提高核心企业和供应商的竞争能力，增强相互之间的依赖，实现共同的利益。

(2)扩展企业的核心企业与供应商和客户建立一种长期、互相信赖的关系，把它们当作合作伙伴而不是竞争对手。

(3)为了实现供应商与客户在商业和技术信息上的集成，扩展企业采用先进的通信技术和运输手段支持跨组织的商业活动。

杰格夫和布朗(H.S.Jagev,J.Browne)强调，企业内部各职能部门间的集成，如设计、计划、营销、存储和运输，是组建扩展企业的先决条件。必须提到的是，如果一个企业对别的企业承担某种扩展企业形式的义务(Commitment)，那么该项合作的义务仅限于事先约定的合同条件本身。这并不能限制企业参与其他的合作，如与某供应链以外的其他企业展开类似的合作。

四、扩展企业的采购关系

随着在供应链管理环境下企业之间合作关系的加强，采购供应问题逐渐成为决策者要考虑的重要问题。

在传统的企业中，自制或外购决策在衡量制造成本与采购成本的基础上做出。而在扩展企业中，企业会将不是核心竞争力的业务尽可能外包。扩展企业要考虑的除了自制—外包决策问题外，还要考虑以下3个方面的问题：

(1)新产品和服务开发。供应链上的合作伙伴可以看做是新技术、提供各类专家(在新物料、工艺技术、技术预测等方面)的主要来源。

(2)价值分析与价值工程。同样地，供应链上的合作伙伴还可以协助企业通过价值工程改进产品和工艺。

(3)供应商管理与协调。供应商将被分为短期合作伙伴、长期合作的战略性合作伙伴来分别进行管理与协调。

所以，在扩展企业之间必须建立一种相互信任的关系，以维持企业之间的长期合作。这主要有以下几种信任关系：

(1)合同信任关系。主要是信守诺言，如准时交货、准时付账、保持信誉度。

(2)竞争信任关系。这取决于企业执行一项职能时的技术和管理上竞争力。

(3)良好愿望型信任关系。

五、扩展企业的生产计划与控制

扩展企业的生产率必须与市场的需求率保持一致。如果产量过高，必然引起高库存，致使扩展企业不得不承担高成本的损失，结果可能是失去了扩展企业的优势。因此，扩展企业必须在保持低投资成本的基础上，按市场需求(尽管市场需求不断变化)安排生产，以达到供给与需求的均衡。但是，订单在供应链上传送的时候总是会被放大，即存在着需求变异放大效应(有关这方面的内容在第六章进行了详细介绍)。例如，零售商为了防止缺货而带来的损失，就会向供应商采购高于实际需求的产品，而供应商看到订货需求增加了，他们会做出同样的决定，并且会保留更多的库存，如此前溯一直到原材料供应商，几乎每经过一个企业，需求就被放大一级。如果在整个供应链中经常出现缺货，采购者就会保持一定的安全库存以防不测。补充大量的安全库存成为订货中的一个放大需求。这种放大效应的原因之一就是供应链中各个企业对不同需求的反应时间的不同。因为反应时间的延迟，企业在需求产生的前期，不能迅速组织生产而导致丧失市场机会由于过多的生产而导致或积压库存（见图1—2—5）。

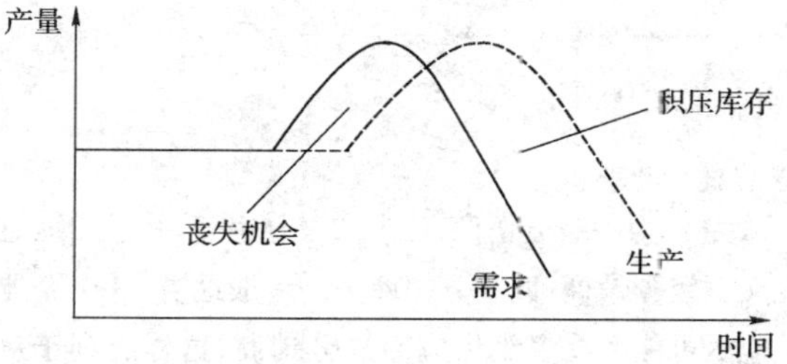

图1—2—5　延时的影响（需求的放大效应）

如果动态变化的市场需求可以在不增加放大效应的前提下得到满足，在供应链上的增加的需求就不可能是因为安全库存和超额订货而变化的。也就是说，需求必然是在供应链上实时发生的。

如果企业能够与客户以及供应商建立紧密的合作关系，在设计开发上的合作可以达到缩短提前期的效果，并且相互之间的需求信息也将更为确定，从而减少因超额订货和增加安全库存造成的放大效应。

在使用MRP等管理系统的企业中，安全库存和安全提前期的使用增加了低价值零部件需求的变动性。这可以通过JIT采购来解决（即在适当的时候采购适量的零部件），而不是通过修改采购批量来解决。在扩展企业中，这意味着企业可以在任何时候订购任意批量的零部件，并且可以在最短的时间内得到满足。从而采购是与主生产计划（MPS）或销售计划紧密相连的，而不是与传统的MRP处理结果（净需求量）一致。合作企业就必须具有查阅或拥有采购企业相关信息的权力，包括订单预测信息和生产信息，从而保证供应商能够在最短的时间内对采购企业的需求变化做出反应。

委托企业（采购企业）的生产计划必须考虑自身企业与供应企业在能力与负荷之间的平衡。对于供应企业来说，它必须与采购企业共享具体的生产信息，以共同控制满足的需求过程。这意味着合作企业之间必须做到在生产计划级别上的信息共享，而不仅仅是相互在价格的基础上交换产品。在供应链中，尤其是从扩展企业的概念来看，未来企业之间更像是在买卖时间和资源能力，而不仅仅是产品本身。

第三章　供应链的构建与优化

为了提高供应链管理的绩效，除了必须有一个高效的运行机制外，建立一个高效精简的供应链，也是极为重要的一环。虽说供应链的构成不是一成不变的，但是在实际经营中，不可能像改变办公室的桌子那样随意改变供应链上的节点企业。因此，作为供应链管理的一项重要环节，无论是理论研究人员还是企业实际管理人员，都应非常重视供应链的构建问题。本章围绕这个主题，详细讨论供应链的构建问题，探讨供应链设计的相关策略、设计原则及其设计步骤，可以为有关人员提供参考。

第一节　几种常见的供应链体系结构模型

为了有效指导供应链的设计，了解和掌握供应链结构模型是十分必要的，本节着重从企业与企业之间关系的角度来考察几种供应链的拓扑结构模型。

（一）供应链的模型Ⅰ：链状模型

结合供应链的定义和结构模型，不难得出这样一个简单的供应链模型（见图1—3—1）我们称其为模型Ⅰ。模型Ⅰ清楚地表明产品的最初来源是自然界，如矿山、油田、橡胶园等，最终去向是用户。产品因用户需求而生产，最终被用户所消费。产品从自然界到用户经历了供应商、制造商和分销商三级传递，并在传递过程中完成产品加工、产品装配成形等转换过程。被用户消费掉的最终产品仍回到自然界，完成物质循环（如图1—3—1中的虚线）。

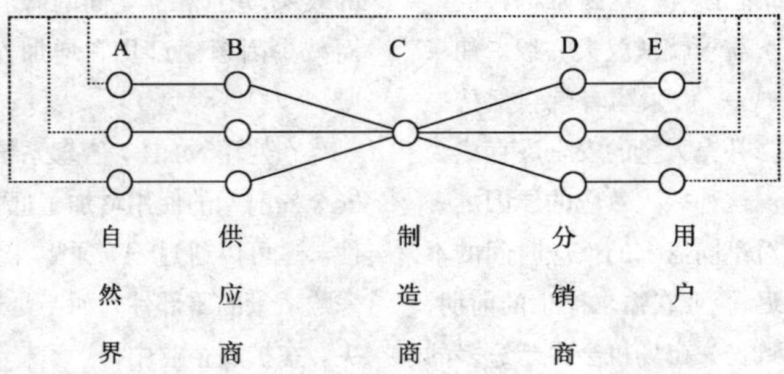

图 1—3—1 模型Ⅰ:链状模型

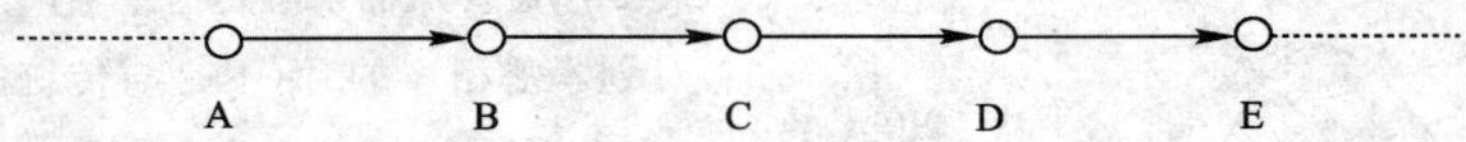

图 1—3—2 模型Ⅱ:链状模型

很显然,模型Ⅰ只是一个简单的静态模型,表明供应链的基本组成和轮廓概貌,进一步地可以将其简化成链状模型Ⅱ(见图 1—3—2)。模型Ⅱ是对模型Ⅰ的进一步抽象,它把商家都抽象成一个个的点,称为节点,并用字母或数字表示。节点以一定的方式和顺序联接成一串,构成一条图学上的供应链。在模型Ⅱ中,若假定 C 为制造商,则 B 为供应商,D 为分销商;同样地,若假定 B 为制造商,则 A 为供应商,C 为分销商。在模型Ⅱ中,产品的最初来源(自然界)、最终去向(用户)以及产品的物质循环过程都被隐含抽象了。从供应链研究便利的角度来讲,把自然界和用户放在模型中没有太大的作用。模型Ⅱ着力于供应链中间过程的研究。

1. 供应链的方向

在供应链上除了流动着物流(产品流)和信息流外,还存在着资金流。物流的方向一般都是从供应商流向制造商,再流向分销商。在特殊情况下(如产品退货),产品在供应链上的流向与上述方向相反。但由于产品退货属非正常情况,退货的产品也非本篇严格定义的产品,所以本篇将不予考虑。我们依照物流的方向来定义供应链的方向,以确定供应商、制造商和分销商之间的顺序关系。模型Ⅱ中的箭头方向即表示供应链的物流方向。

2. 供应链的级

在模型Ⅱ中,定义 C 为制造商时,可以相应地认为 B 为一级供应商,A 为二级供应商,而且还可递归地定义三级供应商、四级供应商…… 同样地,可以认为 D 为一级分销商,E 为二级分销商,并递归地定义三级分销商,四级分销商……一般地讲,一个企业应尽可能考虑多级供应商或分销商,这样有利于从整体上了解供应链的运行状态。

(二)供应链的模型Ⅲ:网状模型

事实上,在模型Ⅱ中,C 的供应商可能不止一家,而是有 B_1,B_2…B_n 等 n 家,分销商也可能有 D_1,D_2…D_m 等 m 家。动态地考虑,C 也可能有 C_1,C_2…C_k 等 k 家,这样模型Ⅱ就转变为一个网状模型,即供应链的模型Ⅲ(见图 1—3—3)。网状模型更能说明现实世界中产品的复杂供应关系。在理论上,网状模型可以涵盖世界上所有厂家,把所有厂家都看

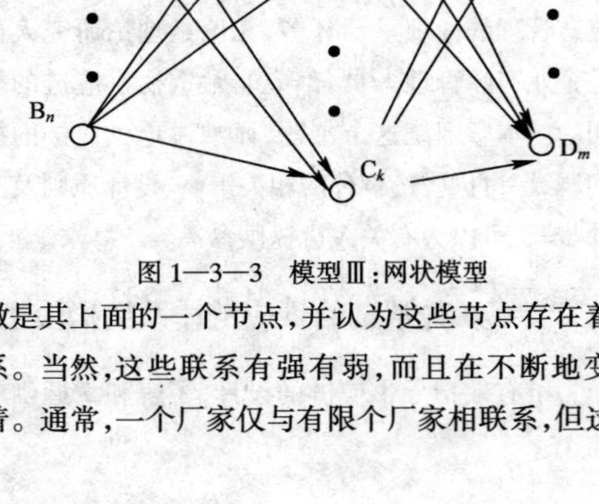

图 1—3—3 模型Ⅲ:网状模型

做是其上面的一个节点,并认为这些节点存在着联系。当然,这些联系有强有弱,而且在不断地变化着。通常,一个厂家仅与有限个厂家相联系,但这不

影响我们对供应链模型的理论设定。网状模型对供应关系的描述性很强，适合于对供应关系的宏观把握。

1. 入点和出点

在网状模型中，物流作有向流动，从一个节点流向另一个节点。这些物流从某些节点补充流入，从某些节点分流流出。我们把这些物流进入的节点称为入点，把物流流出的节点称为出点。入点相当于矿山、油田、橡胶园等原始材料提供商，出点相当于用户。图 1—3—4 中 A 节点为入点，F 节点为出点。对于有的厂家既为入点又为出点的情况，出于对网链表达的简化，将代表这个厂家的节点一分为二，变成两个节点：一个为入点，一个为出点，并用实线将其框起来。如图 1—3—5，A_1 为入点，A_2 为出点。同样地，对于有的厂家对另一厂家既为供应商又为分销商的情况，也可将这个厂家一分为二，甚至一分为三或更多，变成两个节点：一个节点表示供应商，一个节点表示分销商。也用实线将其框起来。如图 1—3—6，B_1 是 C 的供应商，B_2 是 C 的分销商。

2. 子网

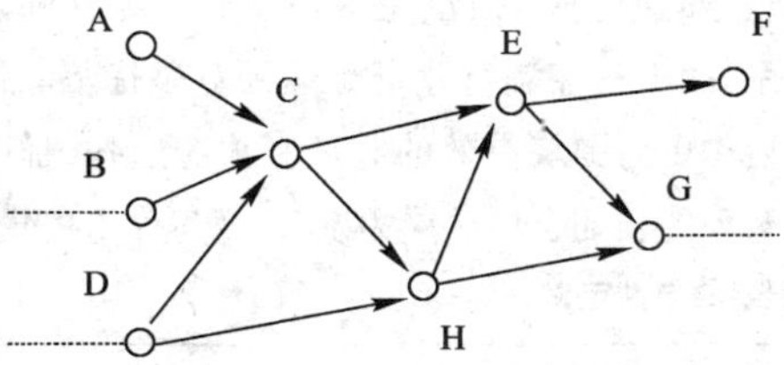

图 1—3—4　入点和出点

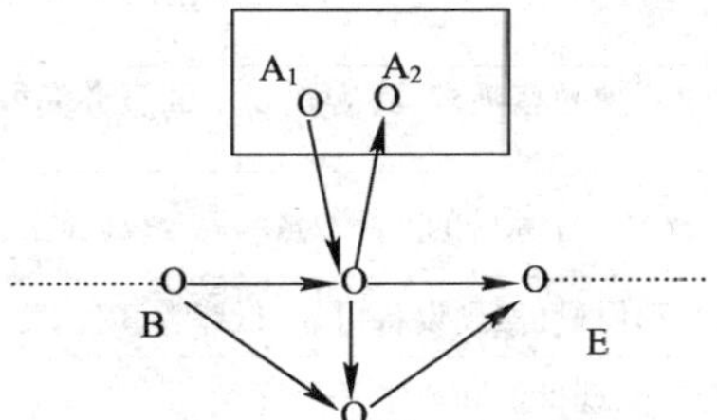

图 1—3—5　包含出点和入点的厂家

有些厂家规模非常大、内部结构也非常复杂，与其他厂家相联系的只是其中一个部门，而且内部也存在着产品供应关系，用一个节点来表示这些复杂关系显然不行，这就需要将表示这个厂家的节点分解成很多相互联系的小节点，这些小节点构成一个网，称之为子网（见图 1—3—7）。在引入子网概念后，研究图 1—3—7 中 C 与 D 的联系时，只需考虑 C_2 与 D 的联系，而不需要考虑 C_3 与 D 的联系，这就简化了无谓的研究。子网模型对企业集团是很好的描述。

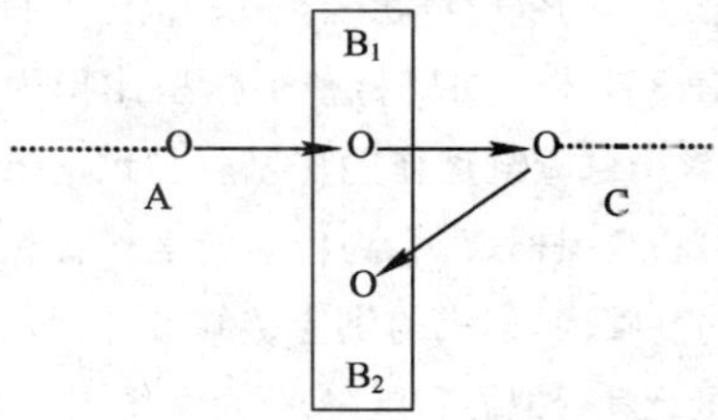

图 1—3—6　包含供应商和分销商的厂家

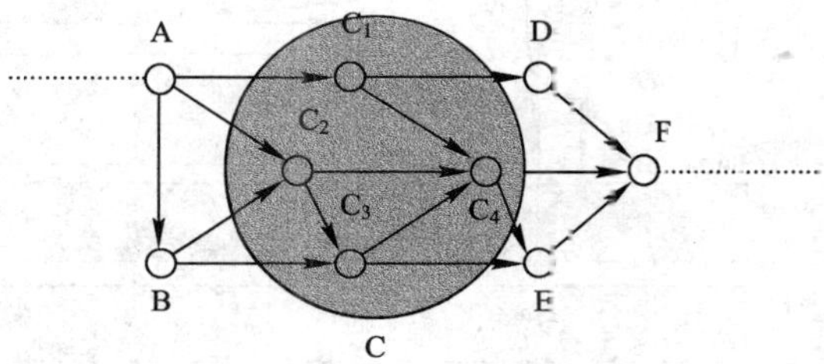

图 1—3—7　子网模型

2. 虚拟企业借助以上对子网模型过程的描述，我们可以把供应链网上为了完成共同目标、通力合作、并实现各自利益的这样一些厂家形象地看成是一个厂家，这就是虚拟企业（见图 1—3—8）。虚拟企业的节点用虚线框起来。虚拟企业是在经济交往中，一些独立企业为了共同的利益和目标在一定时间内结成的相互协作的利益共同体。虚拟企业组建和存在的目的就是为了获取相互协作而产生的效益，一旦这个目的已完成或利益不存在，虚拟企业即不复存在。

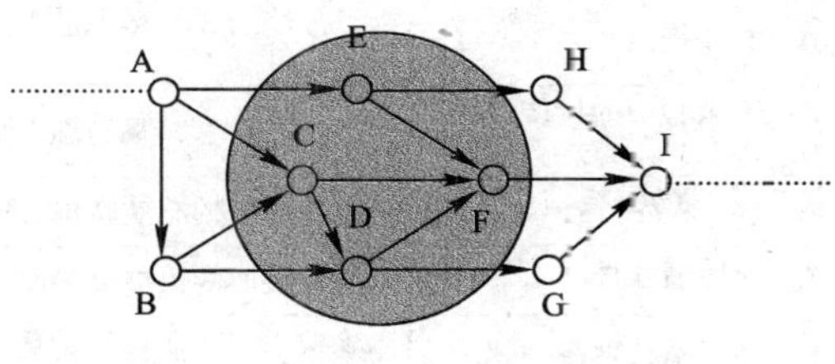

图 1—3—8　虚拟企业的网状模型

第二节　供应链运作的框架

我们就可能的运作影响将集成供应链运作模型框架显示如图 1—3—9 所示，结合前面给出的定义，分析整个供应链在物流和运作上的相应属性。它包含了6个基本的供应链功能流程和借以支持的组织特征与信息技术。如果将整个模型比拟为一个房屋,那么整个供应链运作的房基就是供应链成员的技术能力和组织框架,它为供应链运作提供了有效而扎实的基础;而集成的供应链绩效评价体系则在整体运作上进行把握和反馈,为全系统提供服务,保障供应链在统一的思想下进行积极有效地反应,从而减小供应链的风险,增强整体指导性;房屋的主体是供应链的实际运作,考虑有效统一的供应链生产计划和制造系统和跨越全系统的物流系统在供应链的不同阶段有着不同的表现,即分销、制造和库存,从而将其分为3个层次。

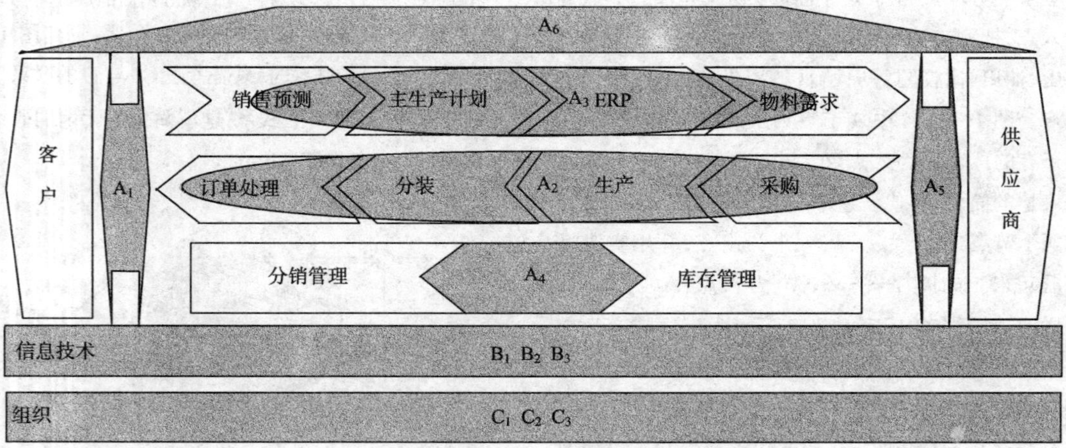

图1—3—9　供应链运作结构模型框架

12个相关的供应链属性值在表1—3—1中进行定义。

供应链框架试图从战略的角度和运作的角度为供应链管理所涵盖的内容加以诠释,并为供应链的整体集成绩效评价系统的建设提供相关的评价对象和内容。框架强调三方面的因素:业务流程、管理成分和运作的结构。在此,更为注重合作型共同发展的关系,而不是控制行业资源达到竞争优势。供应链的运作更为围绕有效的分销和采购运作,加强与交易对象的长期合作伙伴关系,以及运作上的集成。

表1—3—1　供应链运作模型框架的属性定义

流程运作能力	
A_1、客户化大量延迟驱动	客户驱动的供应链使得制造商能够加强对客户需求的理解,主动地为客户提供解决方案,增加供应链的服务价值,同时顾客化大量生产对于供应链的敏捷性和响应性也提出了更高的要求
A_2、有效物流	以最小的成本实现最大的客户价值,满足或超越顾客需求,将客户要求的服务完好地传递给客户处
A_3、需求驱动的生产计划/ERP	生产进度、供应商管理以及销售、运作计划中做到整个系统的产品数量和混合投放的准确性
A_4、JIT/精益制造	制造资产的有效产出,同时保证较高的柔性和质量(做到设备可靠、低库存、时间变动小)
A_5、供应商管理	集成核心的供应商和制造商的供应链行为以实现价值和成本的最优化
A_6、集成绩效评价	确保组织商业目标转化为特定运作以及财务目标,有规律地评价和分析供应链绩效对顾客和供应商的利益增值
信息技术	
B_1、集成信息系统	在同一个信息平台上提高商业数据的质量和时效性及共享度,以提高供应链计划、执行的绩效,达到供应链决策的高度整合与一致
B_2、先进技术	改进工作流效率,以及保证管理供应链的新的方式、技术
B_3、产品设计系统	改进产品设计的思路,将涉及系统建立于整个供应链的管理范畴之中,兼顾客户的需求响应和供应商的参与需求

续上表

组织能力	
C_1、集成供应链管理	在两个层次上进行管理供应链:(1)企业内部供应链绩效管理战略;(2)企业外部供应链的绩效管理战略
C_2、团队工作	集中于个体企业的绩效受到外部个体的绩效影响,强调通过团队模式去解决问题的有效机制,增加共同高效工作的能力
C_3、敏捷组织结构	跨功能、流程的广义的生产组织结构,用以支持业务流程

客户驱动的供应链反映了供应链管理的方向。竞争的要求不仅仅是将产品销售给客户,更多的是客户价值的实现,运作不仅仅局限于供应链内部,而且还存在着供应链外部的价值延伸。为了实现客户的需求,供应链进行生产流程、客户服务以及产品设计创新。有效的分销和精益制造为供应链提供了结构上的整合和价值上的分成。传统的大量生产一般按对象专业化原则组织生产过程,具有规模大、效率高、成本低的特点。对顾客定制需求的单件小批生产则按工艺专业化原则组织生产过程,虽然适应性好,但劳动生产率低,制造周期较长,成本较高。供应链为了扩大市场份额,打破常规的生产流程,将生产流程设计成相互依赖、但彼此独立重构的子流程,使之更具专业化和模块化。为了更好地进行生产流程的管理和过程的重用,模块化过程成为一项关键技术。通过将流程划分为能够重用的模块,在很大程度上增强了业务过程的柔性,使它能够更好地满足顾客的需要。由此供应链运作的流程管理进行了流程延迟,流程重排。一旦生产流程得到分解,就有必要就流程序列的重组进行决策。为了将顾客化大量生产的库存降低到最小,整个产品族的生产工艺流程必须考虑每个阶段的库存占用的状况,将流程延迟到接近顾客需求出发点,使顾客参与到生产过程中来。

就以上的管理思想的变革和运作体系的影响而言,供应链体系的运作特征如下:

供应链是一个网链结构,由围绕核心企业的供应商、供应商的供应商和客户、客户的客户组成。一个企业是一个节点,节点企业和节点企业之间是一种需求与供应关系。

(1)复杂性。因为供应链节点企业组成的跨度(层次)问题,供应链往往由多个、多类型甚至多国企业构成,所以供应链运作结构模式比一般单个企业的运作结构模式更为复杂。这在以上分析中可以得出。

(2)动态性。供应链管理因企业战略和适应市场需求变化的需要,其中节点企业需要动态的更新,这就使得供应链具有明显的动态性。

(3)面向用户需求。供应链的形成、存在、重构,都是基于一定的市场需求而发生,并且在供应链的运作过程中,用户的需求拉动是供应链中信息流、产品/服务流、资金流运作的驱动源。

(4)交叉性。节点企业可以是这个供应链的成员,同时又是另一个供应链的成员,众多的供应链形成交叉结构,增加了协调管理的难度。

第三节　供应链体系的设计策略

一、供应链设计问题的简要说明

(一)供应链设计与物流系统设计

物流系统是供应链的物流通道,是供应链管理的重要内容。物流系统设计是指原材料和外购件所经历的采购入厂→存储→投料→加工制造→装配→包装→运输→分销→零售等一系列物流过程的设计。物流系统设计也称通道设计(Channel Designing),是供应链系统设计中最主要的工作之一。设计一个结构合理的物流通道对于降低库存、减少成本、缩短提前期、实施JIT生产与供销、提高供应链的整体运作效率都是很重要的。但供应链设计却不等同于物流系统设计,(集成化)供应链设计是企业模型的设计,它从更广泛的思维空间——企业整体角度去勾画企业蓝图,是扩展的企业模型。它既包括物流系统,还包括信息和组织以及价值流和相应的服务体系建设。在供应链的设计(建设)中创新的管理思维和观念极为重要,要把供应链的整体思维观融入到供应链的构思和建设中,企业之间有并行的设计才能在企业之间实现并行的运作模式,这是供应链设计中最为重要的思想。

（二）供应链设计与环境因素的考虑

一个设计精良的供应链在实际运行中并不一定能按照预想的那样进行，甚至无法达到设想的要求，这是主观设想与实际效果的差距，原因并不一定是设计或构想得不完美，而是环境因素在起作用，因此构建和设计一个供应链，一方面要考虑供应链的运行环境（地区、政治、文化、经济等因素），同时还应考虑未来环境的变化对实施的供应链的影响。因此，我们要用发展的、变化的眼光来设计供应链，无论是信息系统的构建还是物流通道设计都应具有较高的柔性，以提高供应链对环境的适应能力。

（三）供应链设计与企业再造工程

从企业的角度来看，供应链的设计是一个企业的改造问题，供应链所涉及的内容任何企业或多或少地都在进行。供应链的设计或重构不是要推翻现有的企业模型，而是要从管理思想革新的角度，以创新的观念武装企业（比如动态联盟与虚拟企业、精细生产），这种基于系统进化的企业再造思想是符合人类演进式的思维逻辑的，尽管"BPR 教父"哈默和钱皮一再强调其彻底的、剧变式的企业重构思想，但实践证明，实施 BPR 的企业最终还是走向改良道路，所谓无源之水、无本之木的企业再造是不存在的。因此在实施供应链的设计与重建时，并不在于是否"打碎那个瓷娃娃"（M·C·杰克逊《透过新潮管理法看系统管理学》），需要的是新的观念，新的思维和新的手段，这是我们实施供应链管理所要明确的。

（四）供应链设计与先进制造模式的关系

供应链设计既是从管理新思维的角度去改造企业，也是先进制造模式的客观要求和推动的结果。如果没有全球制造、虚拟制造这些先进的制造模式的出现，集成化供应链的管理思想是很难得以实现的。正是先进制造模式的资源配置沿着"劳动密集—设备密集—信息密集—知识密集"的方向发展才使得企业的组织模式和管理模式发生相应的变化，从制造技术的技术集成演变为组织和信息等相关资源的集成。供应链管理适应了这种趋势，因此，供应链的设计应把握这种内在的联系，使供应链管理成为适应先进制造模式发展的先进管理思想。

二、体现供应链管理思想的 7 条原则

美国某咨询顾问提出如下体现供应链管理思想的 7 条原则：

1. 要根据不同群体的需求来划分市场面，以使供应链适应市场面的需求，并能够保证赢利。也就是说，要针对不同的市场需求群体，建立起相应的供应链系统。

2. 要按市场面进行物流网络的顾客化改造。由于市场上有不同的需求，因此就要对原来的整个网络尤其是物流系统进行重构，满足不同的顾客群体的需要。

3. 根据市场的动态使整个供应链的需求计划成为一体。过去是各企业做各企业的计划，现在要求使整个供应链的需求计划能成为协调整个供应链的中心。

4. 产品多样化的最终构成尽量靠近用户，并且通过供应链实现快速响应。这就是"延迟（Postponement）"制造原则。过去从制造商那里出来的产品就是最终产品，用户多样化的需求迫使制造商不断增加花色品种。供应链思想中的延迟制造原则，就是把产成品的形成尽量向用户端延伸。还是那个制造商，它和分销商合作，制造商只生产几种辅料和配料，然后大桶包装运到下游分销商，由分销和零售商根据用户的需求随时配色，随时包装。制造商减少了品种、增大了批量、降低了库存，分销商得到了增值服务的利益，双方都受益。这就是供应链管理上的延迟制造。

5. 对供应资源实施战略性的管理，减少物流和服务的成本比重。

6. 对整个供应链系统的信息支持平台实施整个开发战略，而不是从一个企业的角度建立信息系统，这是为了满足支持各个企业的多层次、分布式群体性决策，使企业能够清楚了解整个供应链产品流、服务流和信息流的状态。

7. 有效的供应链绩效考核方法。

从以上几个问题的讨论可知，供应链管理的出现除了带来了手段、方法和运作模式上的改进外，还对管理者头脑中的管理理念产生了重要影响，逐渐促进了管理理念的转变。其中最为突出的是：

（1）从物质管理转向或者扩展到信息管理。信息流是供应链管理的灵魂，主观上和客观上都促使管理者高度重视物质管理扩展到既注重物质管理又注重到信息管理，而且可能更加注重信息管理。

（2）从重视实有资源管理转向虚拟资源的运用，

这也是横向一体化思想的一种反映。过去的观点是只有抓在自己手里的才叫资源，这种资源是很有限的。而所谓虚拟资源，就是把资源外延到合作伙伴那里，上游企业、下游企业甚至客户都可以看做自己资源的扩展。

(3) 从 RMI(Retailer Managed Inventory，简称 RMI)转向或扩展到 VMI(Vendor Managed Inventory，简称 VMI)。RMI 就是由零售商(或下游企业)管理库存，VMI 是由供应商(或上游企业)管理库存。从 RMI 转向 VMI 是供应链思想中很重要的一个内容。过去的 RMI 就是把诸如补充订货的决策及相关信息管理都由库存的使用者掌握，库存的供应者只是被动地接受信息，这无疑将导致响应周期长、库存积压风险大。现在把库存管理交由供应商来做，这就大大减少了信息失真造成库存积压，减少了库存使用者的管理负担，降低了总成本。这是当前发展很快的一种合作模式。

设计和运行一个有效的供应链对于每一个制造企业都是至关重要的。因为它可以获得提高用户服务水平、达到成本和服务之间的有效平衡、提高企业竞争力、提高柔性、渗透入新的市场、通过降低库存提高工作效率等利益。但是供应链也可能因为设计不当而导致浪费和失败。正确的设计策略是必须的。

费舍尔(Fisher)认为供应链的设计要以产品为中心。供应链的设计首先要明白用户对企业产品的需求是什么？产品寿命周期、需求预测、产品多样性、提前期和服务的市场标准等都是影响供应链设计的重要问题。必须设计出与产品特性一致的供应链，也就是所谓的基于产品的供应链设计策略(Product-Based Supply Chain Design，PBSCD)。

三、产品类型

不同的产品类型对设计供应链有不同的要求，高边际利润、不稳定需求的革新性产品(Innovative Products)的供应链设计就不同于低边际利润、有稳定需求的功能性产品(Functional Products)。两种不同类型的产品的比较见表 1—3—2。

由表 1—3—2 中可以看出，功能性产品一般用于满足用户的基本需求，变化很少，具有稳定的、可预测的需求和较长的寿命周期，但它们的边际利润较低；为了避免低边际利润，许多企业在式样或技术上革新以寻求消费者的购买，从而获得高的边际利润，这种革新性产品的需求一般不可预测，寿命周期也较短。正因为这两种产品的不同，才需要有不同类型的供应链去满足不同的管理需要。

表 1—3—2　两种不同类型产品的比较(在需求上)

需 求 特 征	功 能 性 产 品	革 新 性 产 品
产品寿命周期	超过两年	一年到三年
边际贡献	5%～20%	20%～60%
产品多样性	低(每一目录 10～20 个)	高(每一目录上千)
预测的平均边际错误率	10%	40%～100%
平均缺货率	1%～2%	10%～40%
季末降价率	0%	10%～25%
按订单生产的提前期	6 个月～1 年	1 天～2 周

四、基于产品的供应链设计策略

当知道产品和供应链的特性后，就可以设计出与产品需求一致的供应链。设计策略如图 1—3—10 所示。

	功 能 性 产 品	革 新 性 产 品
有效性供应链	匹　配	不 匹 配
反应性供应链	不 匹 配	匹　配

图 1—3—10　供应链设计与产品类型策略矩阵

策略矩阵的 4 个元素代表四种可能的产品和供应链的组合，从中可以看出产品和供应链的特性，管理者可以根据它判断企业的供应链流程设计是否与产品类型一致，就是基于产品的供应链设计策略：有效性供应链流程适于功能性产品，反应性供应链流程适于革新性产品，否则就会产生问题。

五、基于成本核算的供应链设计策略

如何设计供应链、如何选择节点，是供应链管理的基础。我们提出成本优化算法来进行供应链的设计。为了便于分析供应链成本，对有关供应链成本核算作如下假定：

假定1：节点企业以 $i=1,2,3,\cdots,n$ 表示(其中供应链层次以 $a=1,2,3,\cdots,A$ 表示，一个层次上节点企业的序号以 $b=1,2,3,\cdots,B$ 表示，所以一个节点 i 可以表示为 $A\times B$)(见图1—3—11)。

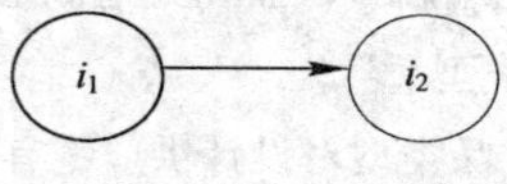

图1—3—11 节点示意图

假定2：物料单位成本随着累积单位产量的增加和经验曲线的作用而降低。成品、零部件、产品设计、质量工程的改善都可能导致单位物料成本的降低。

假定3：假定从一个节点企业到另一个节点企业的生产转化时间在下一个节点企业的年初。

假定4：当一个节点企业在年初开始生产时，上一节点企业的工时和原材料成本根据一定的技术指数转化为此节点企业的初值。

假定5：全球供应链管理中，围绕核心企业核算成本，汇率、通货膨胀率等转换为核心企业所在国家的标准。

(一)供应链成本结构及其函数

供应链成本主要包括：物料成本、劳动成本、运输成本、设备成本和其他变动成本，等。其成本函数分别构造如下：

1. 物料成本函数(Materials Cost Function)

从假定2可知，物料成本随累积产量的增加而降低，供应链的总物料成本为：

$$M_{it}=m_i im_{it}\int_0^{n_t} n^{f_i}\,\mathrm{d}n$$

其中：M_{it} 为 i 节点企业在 t 年生产 n_t 产品的总物料成本(时间转化为当地时间)；m_i 为 i 节点企业的第一个部件的物料成本(时间坐标轴的开始点)；im_{it} 为 i 节点企业 t 年的物料成本的通货膨胀率；n_t 为第 t 年内的累计产量；f_i 为 $\lg(F_i)/\lg(2)$；F_i 为物料成本经验曲线指数，$0\leqslant F_i\leqslant 1$；$n$ 为累计单位产量，$n=1,2,3,\cdots,n_t$。

2. 劳动力成本函数(Labor Cost Function)

供应链的节点企业可能分布在本国的不同地方，也可能分布在世界各地，各地的劳动力价值、成本无法统一衡量，这里直接以工时为基础计算供应链的劳动力成本。

$$L_{it}=l_i il_{it}y_{it}\int_0^{n_t} n^{g_i}\,\mathrm{d}n$$

其中：L_{it} 为 i 节点企业在第 t 年(时间转化为当地时间)生产 n_t 产品的总劳动成本；l_i 为 i 节点企业的单位时间劳动成本；il_{it} 为 i 节点企业 t 年的单位工时的通货膨胀率；n_t 为第 t 年内的累计产量；g_i 为 $\lg(G_i)/\lg(2)$；G_i 为劳动力学习经验曲线指数，$0\leqslant G_i\leqslant 1$；$n$ 为累计单位产量，$n=1,2,3,\cdots,n_t$。

3. 运输成本函数(Transportation Cost Function)

运输成本是影响供应链总成本的重要因素之一，交货频率和经济运输批量都决定着运输成本的大小。假定从节点 i 到节点 m 的单位成本为 s_{im}，is_{it} 为 i 节点企业 t 年运输的通货膨胀率，m 节点在第 t 年的累计需求为 d_{mt}，所以供应链的总运输成本为 T_{it}。

$$T_{it}=\sum_{m=1}^{M} s_{im} is_{it} d_{mt}$$

4. 设备和其他变动成本函数(Utilities and other Variable Cost Function)

假定 u_i、v_i 分别代表 i 节点企业的一个单位的设备和其他变动成本(如管理费用等)，其通货膨胀率指数分别为 iu_{it} 和 iv_{it}，在 t 年 i 节点企业生产 n_t 单位产品的总的设备和变动成本为：

$$U_{it}=(u_i iu_{it}+v_i iv_{tt})n_t$$

5. 供应链的总成本函数(Total Cost Function)

以上成本都是针对一定时间轴上可能的 i 节点企业的组合，在时间 T 内相关的节点 i 组成一个节点组合序列，用 k 表示，所有可能的节点组合序列用 K 表示，对于每一个节点组合序列 k，供应链的总成本 $TC(k)$ 表示为：

$$TC(k)=\sum_{t=1}^{T}\Big[\sum_{i\in k}(M_{it}+L_{it}+T_{it}+U_{it})e_{it}pv_{it}\Big]$$

其中：M_{it}、L_{it}、T_{it}、U_{it} 意义同上；

e_{it}——汇率(i 节点企业对核心企业的汇率)，

pv_{it}——i 节点企业在 t 年的现值折扣率，

k 为一个节点组合序列。

而一个节点组合序列的平均单位成本用下式表

示。

$$CAUC(k) = TC(k)/n_t$$

(二)供应链设计的优化成本算法

从节点组合序列中可以选出多个节点企业组合,比如:分布在 4 个层次($A=4$)的各 2 个($B=2$)共 8 个工厂,在 5 年($t=5$)的时间轴上,总共有 $k=(2\times4)^5$ 个节点组合序列。我们可以通过对供应链总成本的优化核算来找出最优的节点企业组合,设计低成本的供应链。供应链的设计要评估所有可能的组合序列,以达到最优化的设计。

具体的方法是将多时段问题转化为网络设计,网络设计层次定义为 $t=1,2,3,\cdots,T$,在第 t 层次,可能的组合序列是 $i=(A\times B)^t$,在每一个层次 t,每个节点企业的总累积成本表示为 C_{it},

$$C_{it} = \left\{ \begin{array}{l} m_i im_{it}[(n_t^{l+f_i})/(1+f_i)] + \\ l_i il_{it} y_{it}[(n_t^{1+g_i})/(1+g_i)] + \\ \sum\limits_{m=1}^{M} s_{im} is_{it} dmt + \\ (u_i iu_{it} + v_i iv_{it}) n_t \end{array} \right\} (e_{it}\ pv_{it} + c_i)_{t-1}$$

其中:$i=1,2,3,\cdots,(A\times B)^t$, $t=1,2,3,\cdots,T$

此公式表示了从第 1 年到第 t 年(包括第 t 年)的节点 i 的总累积成本。

供应链设计成本优化的算法流程图如图 1—3—12 所示。

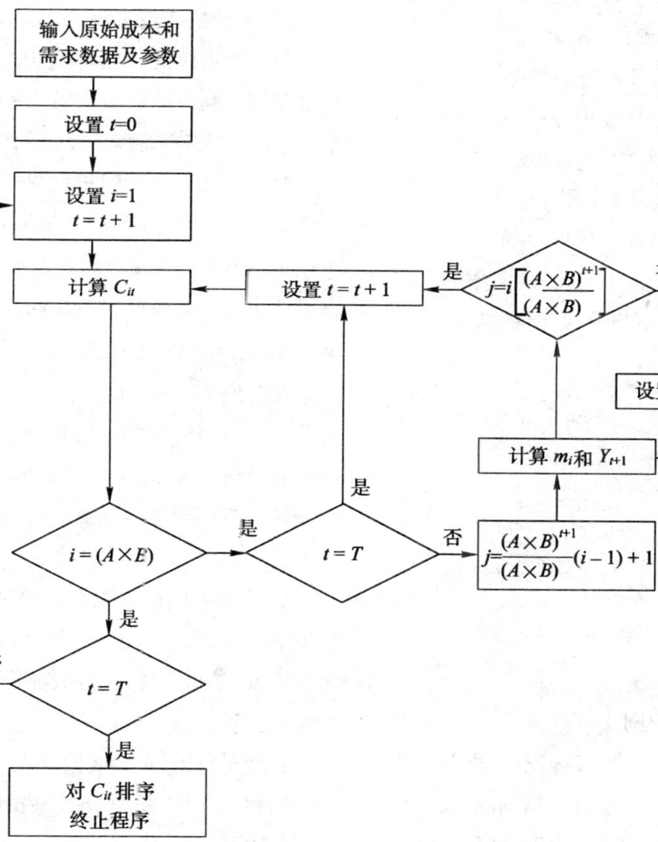

图 1—3—12　成本优化算法流程图

在输入初始数据以后,计算第 1 年第 i 个节点的成本,当累加成本的节点数不超过$(A\times B)^T$,程序要判断是否达到时间段的末年,如果 $t<T$,j 节点第 $t+1$ 年的第一个单位的物料成本和劳动工时取决于从第 i 节点到第 j 节点的所有可能的生产转换;如果 $t=T$,那只有最后一个节点的成本要计算。当所有的节点第 t 年的累积成本计算完以后,程序需重新设置 i 和计算第 $t+1$ 年的累积成本。当 $t=$

T时,最后对节点组合的累积成本进行排序,优化的供应链节点组合序列就是排序后的选择。

六、在产品开发的初期设计供应链

在一些高科技型企业,如惠普公司(HP)产品设计被认为是供应链管理的一个重要因素,众多的学者也提出了为供应链管理设计产品;(Design For Supply Chain Management,简称DFSCM)的概念。DFSCM目的在于设计产品和工艺以使供应链相关的成本和业务能得到有效的管理。人们越来越清楚的认识到供应链中生产和产品流通的总成本最终决定于产品的设计。因此,必须在产品开发设计的早期就开始同时考虑供应链的设计问题,以获得最大化的潜在利益。

七、基于多代理的集成供应链设计思想与方法

(一)基于多代理的集成供应链模式

随着信息技术的发展,供应链不再是由人、组织简单组成的实体,而是以信息处理为核心,以计算机网络为工具的人—信息—组织集成的超智能体。基于多代理集成的供应链模式(见图1—3—13)是涵盖两个世界三维集成模式,即实体世界的人—人、组织—组织集成和软体世界信息集成(横向集成),以及实体与软体世界的人—机集成(纵向集成)。

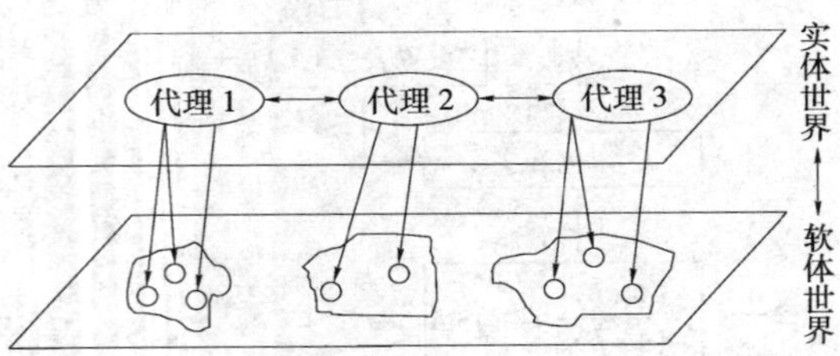

图1—3—13　基于多代理的集成供应链模式

(二)动态建模基本思想

动态建模基本思想如图1—3—14所示。动态建模需要多种理论方法的支持,其基本流程为多维系统分析→业务流程重构→建模→精简/集成→协调/控制,在建模中并行工程思想贯穿于整个过程。

(三)建模方法

用于基于多代理集成供应链的建模方法主要有基于信息流的建模方法,基于过程优化的建模方法,基于案例分析的建模方法以及基于商业规则的建模方法几种。

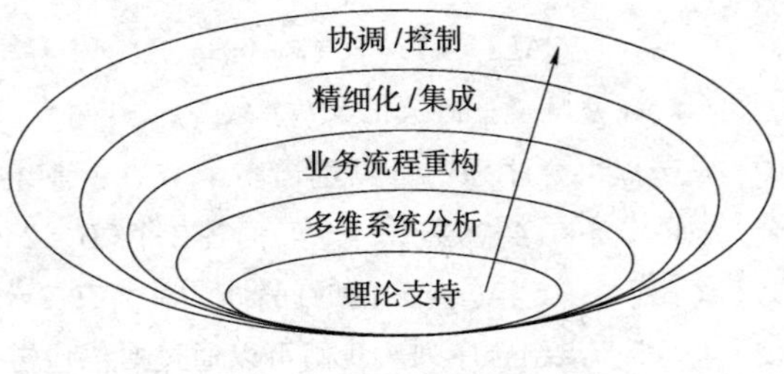

图1—3—14　动态建模思想

过程优化思想在BPR建模中得到应用,并且BPR支持工具被称为BPR研究的一个重要内容。过程优化最关键的是过程诊断,即过程存在问题的识别,可采用基于神经网络的企业过程诊断法,基于物元理论系统诊断法以及变化矩阵法。集成动态建模过程如图1—3—15所示。

八、多级供应链系统设计与优化

供应链系统的物理表现形式是物流网络。在供应链系统中物流的运动直接关系到整个供应链的成本,因此,供应链系统设计的一个重要方面就是对物流网络的优化。为了简单起见,我们假设有两个工厂P_1和P_2,生产相同的产品供应3个市场。其中,工厂P_2的年生产能力是6万个产品,为简单起见,假设两个工厂的生产成本相同,两个分销中心W_1、W_2也具有相同的库存成本。3个市场C_1、C_2、C_3,需求量分别为5万、10万、5万个产品。每一个工厂到分销中心、分销中心到最终市场的可能路线及单位产品运输成本如图1—3—16所示。我们应该如何安排从工厂到最终消费市场的物流路线而使总成本最低呢?

为了说明优化物流网络的重要意义,这里先从一般的思考方式出发,根据经验或者直观分析找出可行方案,然后与优化方法进行比较,从而看出物流网络优化设计的重要性。

作为可行的方法,我们首先考虑第一种方法:

对每一个市场,选择从分销中心到需求地成本最低的方案。即C_1、C_2和C_3由W_2供应。

为每一个分销中心选择成本最低的工厂,即从P_2得到6万,剩余的14万从P_1得到。

这样一来,该方案的总成本是:$2\times 50\ 000+1\times 100\ 000+2\times 50\ 000+2\times 60\ 000+5\times 140\ 000=$ ￥1 120 000.00

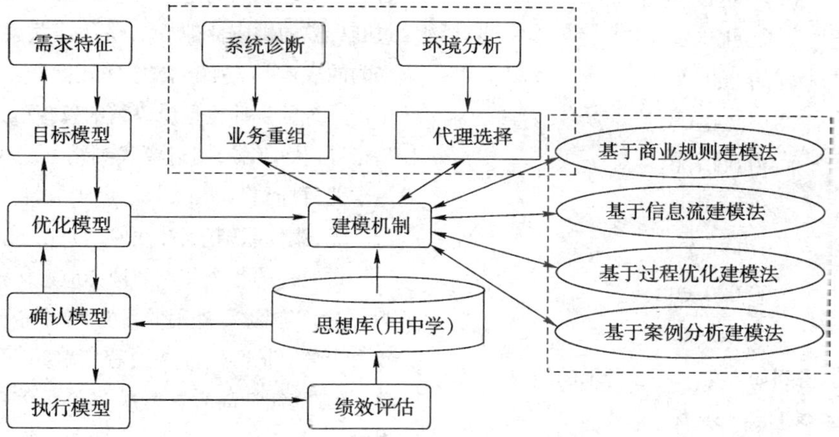

图 1—3—15　集成化动态建模过程

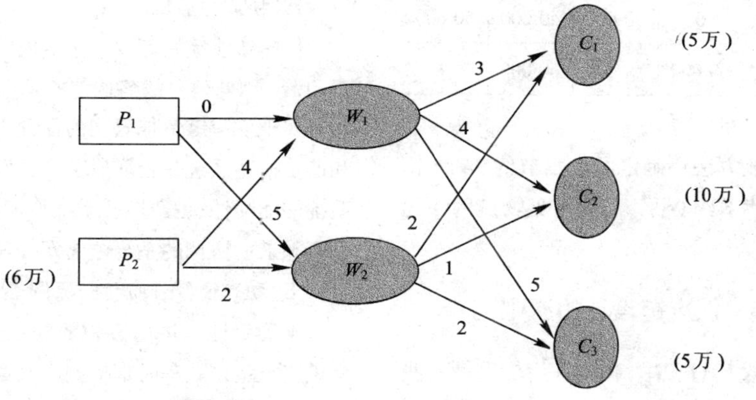

图 1—3—16　供应链物流网络设计

考虑的第二种方法:对每一个市场,选择不同的分销中心,使从分销中心获得产品的总成本最低。如对 C_1,有 $P_1 \to W_1 \to C_1$, $P_1 \to W_2 \to C_1$, $P_2 \to W_1 \to C_1$, $P_2 \to W_2 \to C_1$。当然,成本最低的是 $P_1 \to W_1 \to C_1$,即用 W_1 供应 C_1。

同样可决定,选择 W_2 供应 C_2 和 C_3。

按这种方案计算出来总成本是:￥920 000.00。

比第一种方法节省￥200 000.00。

第三种方法,采用一种优化方法。先建立数学模型,然后利用计算机进行求解。

目标函数:

$\min = 0 \times P_{11} + 5 \times P_{12} + 4 \times P_{21} + 2 \times P_{22} + 3 \times W_{11} + 4 \times W_{12} + 5 \times W_{13} + 2 \times W_{21} + 1 \times W_{22} + 2 \times W_{23}$;

约束条件是:

需求约束:

$W_{11} + W_{21} = 50\ 000$;

$W_{12} + W_{22} = 100\ 000$;

$W_{13} + W_{23} = 50\ 000$;

供应约束:

$P_{11} + P_{12} = 140\ 000$;

$P_{21} + P_{22} = 60\ 000$;

分销中心不存留产品:

$P_{11} + P_{21} - W_{11} - W_{12} - W_{13} = 0$;

$P_{12} + P_{22} - W_{21} - W_{22} - W_{23} = 0$;

所有变量大于等于零:

$P_{11}, \cdots, P_{22} \geqslant 0; W_{11}, \cdots W_{23} \geqslant 0$。

将这个数学模型输入到一个计算机优化软件 LINGO 里面,经运算得到如下结果:

变量	数值
P_{11}	140 000.0

P_{12} 0.0000000

P_{21} 0.0000000

P_{22} 60 000.00

W_{11} 50 000.00

W_{12} 40 000.00

W_{13} 50 000.00

W_{21} 0.0000000

W_{22} 60 000.00

W_{23} 0.0000000

经过整理,得到如表 1—3—3 所示的结果。

表 1—3—3 优化结果

	P_1	P_2	C_1	C_2	C_3
W_1	14 000	0	50 000	40 000	50 000
W_2	0	60 000	0	60 000	0

总成本是:￥740 000.00

第三种方案比方法一确定的方案节约 34%,比方法二确定的方案节约 20%,由此可见物流网络优化设计的潜力。

第四节 供应链设计的原则

在供应链的设计过程中,我们认为应遵循一些基本的原则,以保证供应链的设计和重建能满足供应链管理思想得以实施和贯彻。

一、自顶向下的设计和自底向上相结合的设计原则

在系统建模设计方法中,存在两种设计方法,即自顶向下和自底向上的方法。自顶向下的方法是从全局走向局部的方法,自底向上的方法是一种从局部走向全局的方法;自上而下是系统分解的过程,而自下而上则是一种集成的过程。在设计一个供应链系统时,往往是先由主管高层做出战略规划与决策,规划与决策的依据来自市场需求和企业发展规划,然后由下层部门实施决策过程,因此供应链的设计是自顶向下和自底向上的综合。

二、简捷性原则

简捷性是供应链的一个重要原则,为了能使供应链具有灵活快速响应市场的能力,供应链的每个节点都应是具有活力的能实现业务流程的快速组合。比如供应商的选择就应遵循少而精的原则,通过和少数的供应商建立战略伙伴关系,有利于减少采购的成本,有利于实施 JIT 采购法和准时生产。生产系统的设计更是应以精细思想(Lean Thinking)为指导,从精细的制造模式到精细的供应链是努力追求的目标。

三、集优原则(互补性原则)

供应链的各个节点的选择应遵循强强联合的原则,达到实现资源外用的目的,每个企业只集中精力致力于各自核心的业务过程,就像一个独立的制造单元(独立制造岛),这些所谓单元化企业具有自我组织、自我优化、面向目标、动态运行和充满活力的特点,能够实现供应链业务的快速重组。

四、协调性原则

供应链业绩好坏取决于供应链合作伙伴关系是否和谐,因此建立战略伙伴关系的合作企业关系模型是实现供应链最佳效能的保证。席酉民教授认为和谐是描述系统是否形成了充分发挥系统成员和子系统的能动性、创造性及系统与环境的总体协调性。只有和谐而协调的系统才能发挥最佳的效能。

五、动态性(不确定性)原则

不确定性在供应链中随处可见,许多学者在研究供应链运作效率时都提到不确定性问题。由于不确定性的存在,导致需求信息的扭曲,因此要预见各种不确定因素对供应链运作的影响,减少信息传递过程中的信息延迟和失真。降低安全库存总是和服务水平的提高相矛盾。增加透明性,减少不必要的中间环节,提高预测的精度和时效性,对降低不确定性的影响都是极为重要的。

六、创新性原则

创新设计是系统设计的重要原则,没有创新性思维,就不可能有创新的管理模式,因此在供应链的设计过程中,创新性是很重要的一个原则。要产生一个创新的系统,就要敢于打破各种陈旧的思维框框,用新的角度、新的视野审视原有的管理模式和体系,进行大胆的创新设计。进行创新设计,要注意几点:一是创新必须在企业总体目标和战略的指导下进行,并与战略目标保持一致;二是要从市场需求的角度出发,综合运用企业的能力和优势;三是发挥企业各类人员的创造性,集思广益,并与其他企业共同协作，发挥供应链整体优势；四是建立科学的供应链和项目评价体系和组织管理系统，进行技术经济分析和可行性论证。

七、战略性原则

供应链的建模应有战略性观点，通过战略的观点考虑减少不确定因素的影响。从供应链战略管理的角度考虑，我们认为供应链建模的战略性原则还体现在供应链发展的长远规划和预见性 供应链的系统结构发展应和企业的战略规划保持一致，并在企业战略指导下进行。

第五节　基于产品的供应链设计的步骤

基于产品的供应链设计步骤可以归纳为如图1—3—17所示。

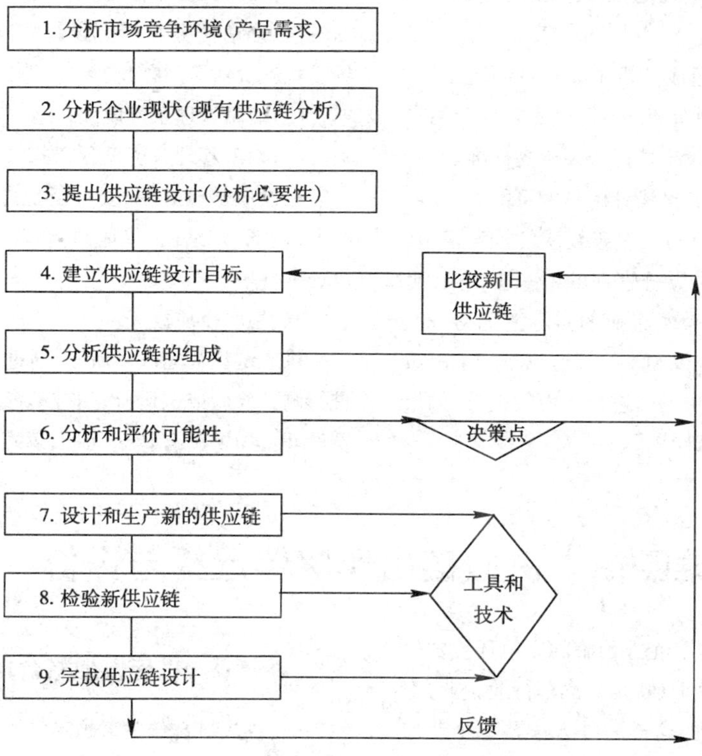

图 1—3—17　供应链设计的步骤模型图

一、分析市场竞争环境

目的在于找到针对哪些产品市场开发供应链才有效，为此，必须知道现在的产品需求是什么，产品的类型和特征是什么。分析市场特征的过程要向卖主、用户和竞争者进行调查，提出诸如"用户想要什么?"、"他们在市场中的分量有多大?"之类的问题，以确认用户的需求和因卖主、用户、竞争者产生的压力。这一步骤的输出是每一产品的按重要性排列的市场特征。同时对于市场的不确定性要有分析和评价。

二、总结、分析企业现状

主要分析企业供需管理的现状(如果企业已经有供应链管理，则分析供应链的现状)。这一个步骤的目的不在于评价供应链设计策略的重要性和合适性，而是着重于研究供应链开发的方向，分析、找到、总结企业存在的问题及影响供应链设计的阻力等因素。

三、针对存在的问题提出供应链设计项目，分析其必要性

四、根据基于产品的供应链设计策略提出供应链设计的目标

主要目标在于获得高用户服务水平和低库存投资、低单位成本两个目标之间的平衡(这两个目标往往有冲突)，同时还应包括以下目标：

(1)进入新市场；

(2)开发新产品；

(3)开发新分销渠道；

(4)改善售后服务水平；

(5)提高用户满意程度；

(6)降低成本；

(7)通过降低库存提高工作效率，等。

五、分析供应链的组成，提出供应链组成的基本框架

供应链中的成员组成分析主要包括制造工厂、设备、工艺和供应商、制造商、分销商、零售商及用户的选择及其定位，以及确定选择与评价的标准。

六、分析和评价供应链设计的技术可能性

这不仅仅是某种策略或改善技术的推荐清单，而且也是开发和实现供应链管理的第一步，它在可行性分析的基础上，结合本企业的实际情况为开发供应链提出技术选择建议和支持。这也是一个决策的过程，如果认为方案可就可进行下面的设计；如果不可行，就要进行重设计。

七、设计供应链

主要要解决以下问题。

(1)供应链的成员组成(供应商、设备、工厂、分销中心的选择与定位、计划与控制)；

(2)原材料的来源问题(包括供应商、流量、价格、运输等问题)；

(3)生产设计(需求预测、生产什么产品、生产能力、供应给哪些分销中心、价格、生产计划、生产作业计划和跟踪控制、库存管理等问题)；

(4)分销任务与能力设计(产品服务于那些市场、运输、价格等问题)；

(5)信息管理系统设计；

(6)物流管理系统设计，等。

在供应链设计中，要广泛地应用到许多工具和技术，包括：归纳法、集体问题解决、流程图、模拟和设计软件等。

八、检验供应链

供应链设计完成以后，应通过一定的方法、技术进行测试检验或试运行，如有不行，返回第 4 步进行重设计。如果没有什么问题，就可实施供应链管理了。

第四章　供应链合作伙伴选择与评价

在过去的 10 多年里，企业面临的竞争环境发生了巨大的变化。许多企业(特别是汽车行业企业)都应用 JIT 原理进行管理，这样一种方法要求企业加快对用户变化需求的反应速度，同时加强与合作伙伴的合作。全球竞争中先进制造技术的发展要求企业将自身业务与合作伙伴业务集成在一起，缩短相互之间的距离，站在整个供应链的观点考虑增值，所以许多成功的企业都将与合作伙伴的附属关系转向建立联盟或战略合作关系。

建立战略性合作伙伴关系是供应链战略管理的重点，也是集成化供应链管理的核心。供应链管理的关键就在于供应链各节点企业之间的联接和合作，以及相互之间在设计、生产、竞争策略等方面良好的协调。本章主要研究了供应链战略合作伙伴关系，讨论了供应链合作关系的建立步骤及其制约因素，并对合作伙伴的选择问题做了具体阐述。

第一节　供应链战略合作伙伴关系

一、供应链合作关系的定义

供应链合作关系(Supply Chain Partnership，简称 SCP)，也就是供应商—制造商(Supplier-Manufacturer)关系，或者称为卖主/供应商—买主(Vendor/Supplier-Buyer)关系、供应商关系(Supplier Partnership)。供应链合作关系可以定义为供应商与制造商之间，在一定时期内的共享信息、共担风险、共同获利的协议关系。

这样一种战略合作关系形成于集成化供应链管理环境下，形成于供应链中为了特定的目标和利益的企业之间。形成的原因通常是为了降低供应链总成本、降低库存水平、增强信息共享水平、改善相互之间的交流、保持战略伙伴相互之间操作的一贯性、产生更大的竞争优势，以实现供应链节点企业的财务状况、质量、产量、交货期、用户满意度和业绩的改善和提高。显然，战略合作关系必然要求强调合作和信任。

实施供应链合作关系就意味着新产品/技术的共同开发、数据和信息的交换、市场机会共享和风险共担。在供应链合作关系环境下，制造商选择供应商不再是只考虑价格，而是更注重选择能在优质服务、技术革新、产品设计等方面进行良好合作的供应商。

供应商为制造企业的生产和经营供应各种生产要素（原材料、能源、机器设备、零部件、工具、技术和劳务服务等）。供应者所提供要素的数量、价格，直接影响到制造企业的生产的好坏、成本的高低和产品质量的优劣。因此，制造商与供应商的合作关系应着眼于以下几个方面：

1. 让供应商了解企业的生产程序和生产能力，使供应商能够清楚地知道企业需要产品或原材料的期限、质量和数量；

2. 向供应商提供自己的经营计划和经营策略的必要措施，使供应商明确企业自身的希望，以使自己也能随时反映企业要求达到的程度；

3. 企业与供应商要明确双方的责任，并各自向对方负责，使双方明确共同的利益所在，并为此而团结一致，以达到双赢的目的。

供应链合作关系发展的主要特征就是从以产品/物流为核心转向以集成/合作为核心。在集成/合作逻辑思想指导下，供应商和制造商把他们的相互的需求和技术集成在一起，以实现为制造商提供最有用产品的共同目标。因此，供应商与制造商的交换不仅仅是物质上的交换，而且包括一系列可见和不可见的服务（R&D、设计、信息、物流等）。

供应商要具备创新和良好的设计能力，以保证交货的可靠性和时间的准确性。这就要求供应商采用先进的管理技术（如 JIT、TQM 等），管理和控制中间供应商网络。而对制造商来说，要提供的活动和服务包括：控制供应市场、管理和控制供应网络、提供培训和技术支持、为供应商提供财务服务等。

二、供应链战略合作伙伴关系的产生

从国内外学者的研究文献中，我们可以清楚地看到，对供应链管理模式的认识，人们强调得最多的就是企业间的“战略伙伴关系”问题，把基于这种新型企业关系的和传统的企业关系的管理模式区别开来，就形成了供应链管理模式，这是近年来企业关系发展的新动向。

Lamming 在《超越伙伴关系：革新的战略和精细供应》一书中，将自动化工业中企业关系的发展分为 5 个阶段：

1. 传统关系阶段（1975 以前）。这时期的市场基本上是供不应求。企业的管理战略是：改进工艺和技术，提高生产力率；扩大生产规模，降低单位产品成本。企业各忙各的，竞争比较温和、友好，竞争压力较轻、稳定。

2. 自由竞争时期（1972～1985 年）。市场上产品供应日趋饱和，企业间的竞争非常激烈，杀伤力极大；竞争压力很高，具有爆炸性，令人无法忍受。

3. 合伙关系时期（1982 年前后）。市场竞争激烈混乱，顾客对产品的质量要求日益提高。质量竞争使得企业经营战略转向纵向一体化经营，以确保最终产品稳定的质量。企业间合作比较紧密，部分合伙具有一定的战略性，竞争压力适中。

4. 伙伴关系时期（20 世纪 90 年代）。市场变化加快，纵向一体化经营反应迟缓，市场风险、投资风险、行业经营风险都不断增大，企业逐渐由纵向一体化经营转向横向一体化经营，采取快速响应市场变化的竞争战略。企业间确立伙伴关系，经营合作具有一定的层次性、能动性。竞争压力很大，但比较稳定。

5. 战略联盟关系时期（20 世纪 90 年代后期）。企业间过去是你死我活的竞争，现在由于市场全球化的发展，经营难度和经营风险不断加大，企业间不得不加强更紧密的合作。于是产生了“Win-Win”的合作竞争和企业间的战略联盟。企业间的竞争压力非常大，但这种压力是企业为了更好地发展而自我施加的。

从历史上看，企业关系大致经历了 3 个发展阶段（见图 1—4—1）。

从传统的企业关系过渡到创新的合作企业关系模式，经历了从以生产物流相结合为特征的物流关系（20 世纪 70 年代到 80 年代），到以战略协作为特征的合作伙伴关系这样的过程（20 世纪 90 年代）。

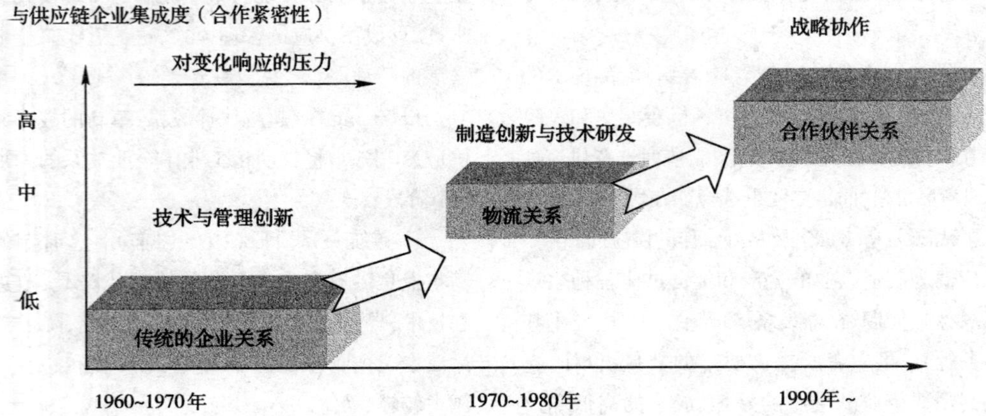

图 1—4—1 企业关系演变过程

在传统的企业关系中，供应管理就是物流管理，企业关系主要是“买卖”关系。基于这种企业关系，企业的管理理念是以生产为中心的，供销处于次要、附属的地位。企业间很少沟通与合作，更谈不上企业间的战略联盟与协作。

从传统的以生产为中心的企业关系模式向物流关系模式转化，JIT 和 TQM 等管理思想起着催化剂的作用。为了达到生产的均衡化和物流同步化，加强了部门间、企业间的合作与沟通。但是，基于简单物流关系的企业合作关系，可以认为是一种处于作业层和技术层的合作。在信息共享（透明性）、服务支持（协作性）、并行工程（同步性）、群体决策（集智性）、柔性化与敏捷性等方面都不能很好地适应越来越激烈的市场竞争的需要，企业需要更高层次的合作与集成，于是产生了基于战略合作伙伴关系的企业模型。

具有战略合作伙伴关系的企业体现了企业内外资源集成与优化利用的思想。基于这种企业运作环境的产品制造过程，从产品的研究开发到投放市场，周期大大地缩短了，而且顾客定制化(Customization)程度更高，模块化、简单化产品、标准化组件的生产模式使企业在多变的市场中柔性和敏捷性显著增强，虚拟制造与动态联盟加强了业务外包这种策略的利用。企业集成即从原来的中低层次的内部业务流程重组(BPR)上升到企业间的协作，这是一种最高级别的企业集成模式。在这种企业关系中，市场竞争策略最明显的变化就是基于时间的竞争(Time-Based)和价值链(Value Chain)的价值让渡系统管理，或基于价值的供应链管理。

三、基于战略合作伙伴关系的企业集成模式

基于战略合作伙伴关系的企业集成模式如图 1—4—2 所示。

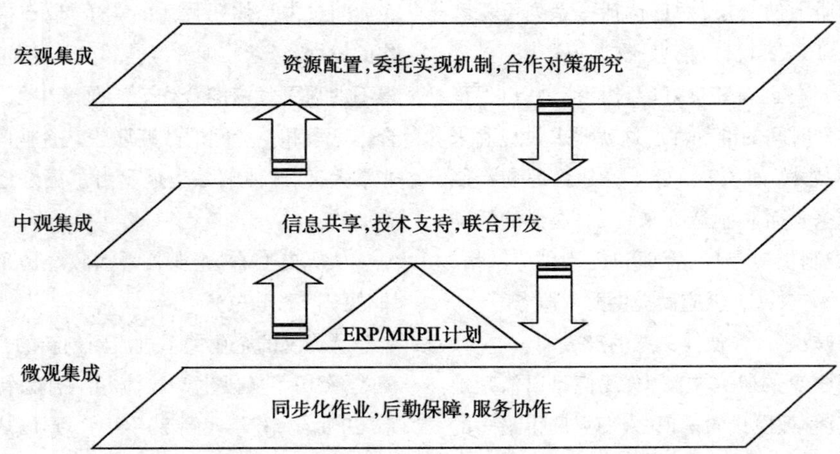

图 1—4—2 战略合作伙伴关系的企业集成模式

由图 1—4—2 可见，企业在宏观、中观和微观上都实现了相互作用的集成。宏观层面上主要是实现企业之间的资源优化配置、企业合作以及委托实现，而在中观层面上主要是一定的信息技术支持和联合开发的基础上实现信息的共享，微观层面上则是实现同步化、集成化的生产计划与控制，并实现后勤保障和服务协作等业务职能。

四、战略伙伴关系企业中的质量保证体系

战略伙伴关系企业中的质量概念应是由顾客所理解的，质量工作源于顾客需求，终结于顾客的理解。制造商必须将顾客的心声贯穿于整个设计、加工和配送的过程中，企业不仅要关心产品质量，而且要关心广告、服务、原材料供应、销售、售后服务等活动的质量。我们把这种基于供应链全流程以并行工程为基础的质量思想称为"过程质量"，通过实施供应链各节点企业的全面质量管理，达到零缺陷输入和零缺陷输出，实现基于"双零"(零库存，零缺陷)的精细供应链目的。"双零"是人们追求的理想目标，它给企业提出了一个不断改进和努力的方向。企业过程质量模型见图 1—4—3。

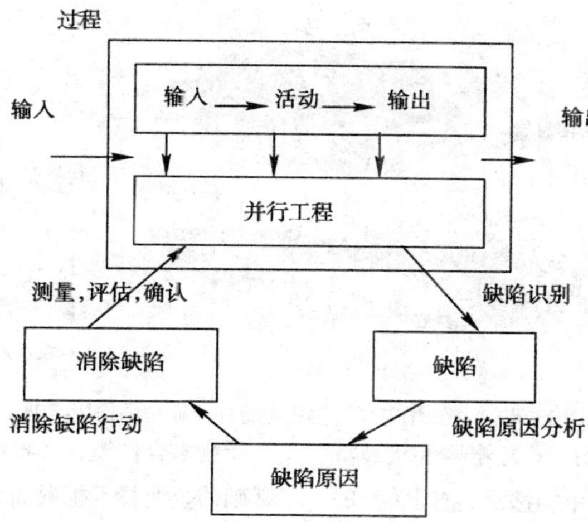

图 1—4—3 企业过程质量模型

要获得顾客满意的产品质量，人们普遍认为质量功能开发(Quality Function Development，简称QFD)思想是实现供应链质量保证的有效方法。作为一种面向全面质量管理的理想模式，QFD 能将顾客实际需求反映到企业制造全过程中，通过产品质量功能的配置满足用户的需求，从而获得用户满意。在这个过程中，质量控制的标准直接来自于用户，因而能消除产品多余的不必要的功能质量，尽可能消除浪费，满足精细制造的目的，形成用户质量要求⟶工程质量要求⟶零件特性质量要求⟶工艺操作质量要求的牵引作用。基于这一认识，人们提出了企业生产模式由精细制造向精细供应链转变的思想。

五、战略伙伴关系企业模型中的技术扩散与服务协作关系

集成化的供应链，其竞争优势并不因企业有形资产的联合和增加，而是企业成为价值链的一部分，实现了知识的优化重组，达到强强的联合，也就是"用最小的组织实现了最大的权能"。通过信息共享，企业把精力用于企业最具创新能力的活动，运用集体的智慧提高应变能力和创新能力。作为面向21 世纪知识经济时代的供应链管理，信息技术的作用越来越大。供应链过程中的知识或技术的扩散，和传统意义的信息流是不同的。企业也并不是拥有了合适的软件系统和充分的信息量即能够使其竞争能力显著增强，而是如何合理利用知识链(或技术链)，确定各项具体技术在知识链中的每一个环节中所起的作用，注重那些能显著提高企业创新能力的知识与信息的合理运用和扩散作用。为此，必须重视首席知识主管(Chief Knowledge Officer，简称CKO)和首席信息官(Chief Information Officer，简称CIO)在企业中的作用(见图 1—4—4)。正如汪应洛教授所提出的那样建立所谓的虚拟研究开发中心，或者如谢友柏教授所提出的建立虚拟的异地合作设计组织，因此供应链管理模式下的企业技术扩散机制是值得研究的问题。

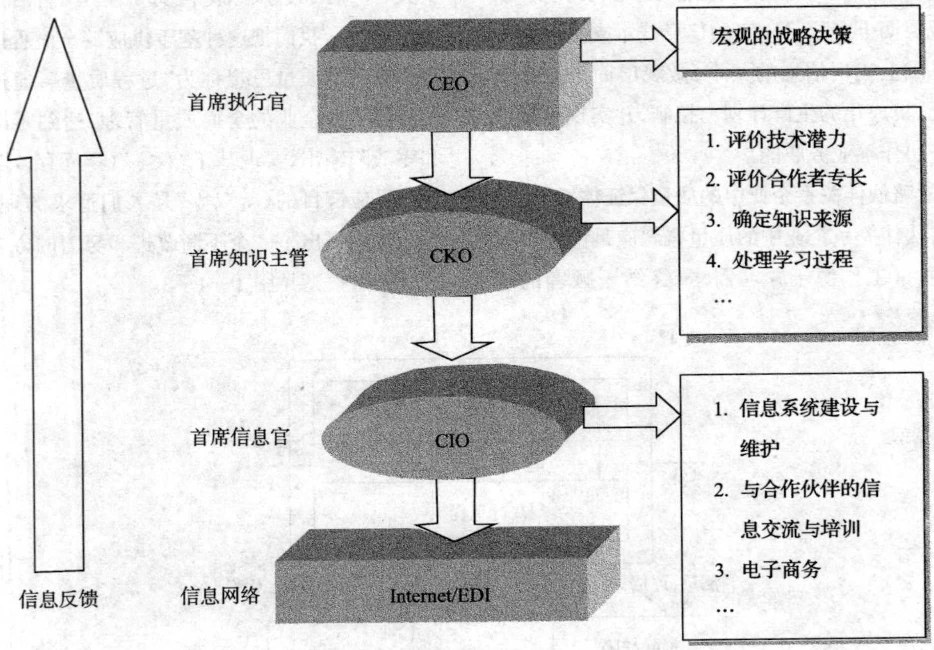

图 1—4—4 知识主管与信息主管在企业中的作用模型

关于技术扩散机制的研究，国内外学者从经济学、企业行为学、信息传播学、市场渗透、空间转移的原理等对技术扩散现象进行了研究，但这些研究大都是基于传统市场模式的，Internet 的普及和信息技术的飞速发展改变了原有的知识与技术扩散途径，对于知识经济时代网络化知识与技术传播扩散机制、网络知识的采用、网络知识产权等问题来说，目前是一个有待研究的课题。供应链管理是面向 21 世纪的信息化时代的管理模式，自然要面对合作企业之间技术与知识的扩散和协作支持问题，传统的企业技术合作模式和扩散机制对于以供应链管理为基础的企业技术扩散而言不是完全适用的。

六、供应链合作关系与传统供应商关系的区别

在新的竞争环境下，供应链合作关系研究强调直接的、长期的合作，强调共同努力实现共有的计划和解决共同问题，强调相互之间的信任与合作。这与传统的关系模式有着很大的区别。

供应链合作关系与传统供应商关系的区别主要体现在以下几个方面(见表 1—4—1)。

表 1—4—1 供应链合作关系与传统供应商关系的比较

	传统供应商关系	供应链合作关系
相互交换的主体	物料	物料、服务
供应商选择标准	强调价格	多标准并行考虑(交货的质量和可靠性等)
稳定性	变化频繁	长期、稳定、紧密合作
合同性质	单一	开放合同(长期)
供应批量	小	大
供应商数量	大量	少(少而精，可以长期紧密的合作)
供应商规模	小	大
供应商的定位	当地	国内和国外

续上表

	传统供应商关系	供应链合作关系
信息交流	信息专有	信息共享(电子化链接、共享各种信息)
技术支持	提供	不提供
质量控制	输入检查控制	质量保证(供应商对产品质量负全部责任)
选择范围	投标评估	广泛评估可增值的供应商

七、供应链合作关系的重要意义

如图1—4—5所示,我们从供应链合作关系在缩短供应链总周期时间中的地位可以看出它对于供应链管理企业的重要意义。

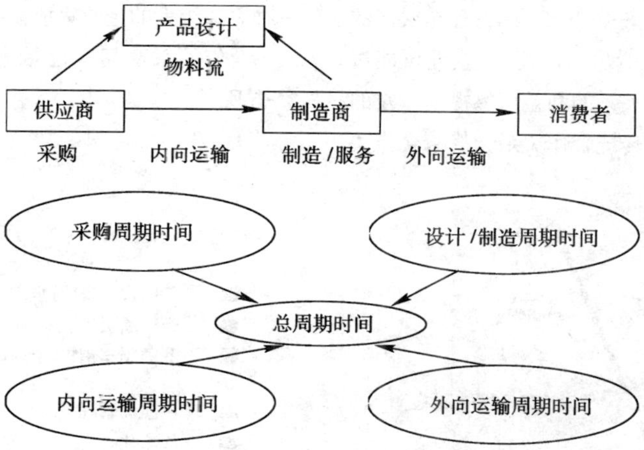

图1—4—5 供应链总周期时间

速度是企业赢得竞争的关键所在,供应链中制造商要求供应商加快生产运作速度,通过缩短供应链总周期时间,达到降低成本和提高质量的目的。从图1—4—5中可以看出,要缩短总周期,主要依靠缩短采购时间、内向(Inbound)运输时间、外向(Outbound)运输时间和设计制造时间(制造商与供应商共同参与),显然加强供应链合作关系运作的意义重大。

通过建立供应商与制造商之间的战略合作关系,可以达到以下目标:

1. 对于制造商/买主

(1)降低成本(降低合同成本);

(2)实现数量折扣、稳定而有竞争力的价格;

(3)提高产品质量和降低库存水平;

(4)改善时间管理;

(5)交货提前期的缩短和可靠性的提高;

(6)提高面向工艺的企业规划;

(7)更好的产品设计和更快的对产品变化的反应速度;

(8)强化数据信息的获取和管理控制。

2. 对于供应商/卖主

(1)保证有稳定的市场需求;

(2)对用户需求更好的了解/理解;

(3)提高运作质量;

(4)提高零部件生产质量;

(5)降低生产成本;

(6)提高对买主交货期改变的反应速度和柔性;

(7)获得更高的利润(比非战略合作关系的供应商)。

3. 对于双方

(1)改善相互之间的交流;

(2)实现共同的期望和目标;

(3)共担风险和共享利益;

(4)共同参与产品和工艺开发,实现相互之间的工艺集成、技术和物理集成;

(5)减少外在因素的影响及其造成的风险;

(6)降低投机思想和投机几率;

(7)增强矛盾冲突解决能力;

(8)规模效益,订单、生产、运输上实现规模效益以降低成本;

(9)减少管理成本;

(10)提高资产利用率。

虽然有这些利益的存在,仍然存在许多潜在的风险会影响供应链战略合作关系的参与者。最重要的是,过分地依赖一个合作伙伴可能在合作伙伴不能满足期望要求时造成惨重损失。同时,企业可能因为对战略合作关系的失控、过于自信、合作伙伴的过于专业化等原因降低竞争力。而且,企业可能过高估计供应链战略合作关系的利益而忽视了潜在的缺陷。所以企业必须对传统合作关系和战略合作关系策略做出正确对比,再做出最后的决策。

战略伙伴的企业关系体现了企业内外资源的集成与优化利用。基于这种企业环境的产品制造过程,从产品的研究开发到投放市场,周期大大地缩短,而且顾客导向化程度更高,模块化、简单化、标准化的组件,使企业在多变的市场中柔性和敏捷性显著增强。虚拟制造与动态联盟加强了业务外包(outsourcing)策略的利用,企业集成从原来的中低层次的内部业务流程重组上升到企业间的协作,形成一种更高级别的企业集成模式。

合作关系密切程度带来的价值增值如图1—4—6所示。

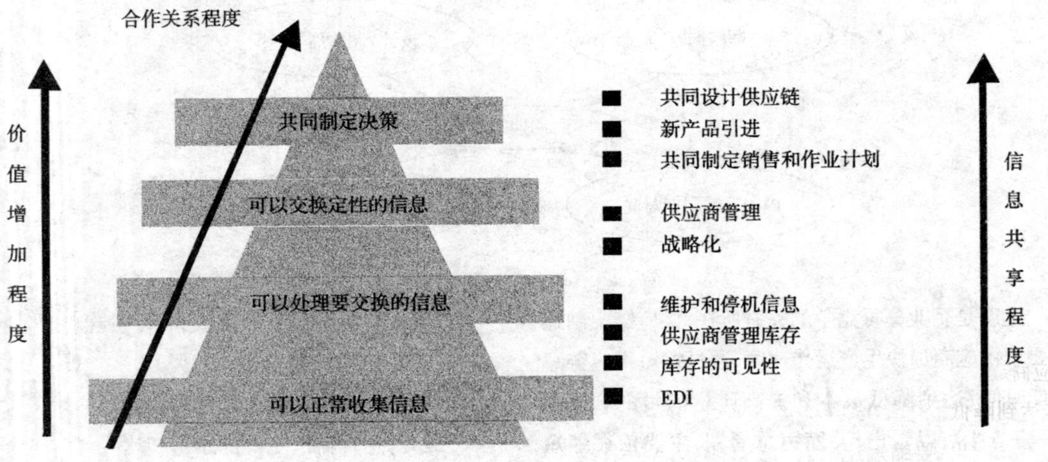

图1—4—6 合作关系带来的价值增值

第二节 委托代理机制:供应链企业间合作的理论基础

供应链集成的最高层次是企业间的战略协作问题,当企业以动态联盟的形式加入供应链时,即展开了合作对策的过程,企业之间通过一种协商机制,谋求一种双赢的目标,自从20世纪60年代恰克(Chark)研究多级库存以来,诸多学者集中精力于多级库存优化问题的求解,而从供应链的战略高度去研究供应链的协调性问题的人较少。在市场学和产业组织理论研究中,人们较早注意到这个问题。人们主要从价格协商与资源分配的角度研究这个问题。正如我们前面指出的那样,集成化供应链管理和传统基于物流的单一企业的供应链管理是不同的,它更强调企业间的合作与协调机制,特别是动态联盟的供应链。在加盟某个供应链时,企业都会从自身利益出发,展开合作对策研究,在委托与承包企业间形成一个合作协商机制和委托代理机制。

20世纪90年代以来,随着全球制造、敏捷制造、虚拟制造等先进制造模式的出现,产生了以动态联盟为特征的新的企业组织形式,使原有的企业生产组织和资源配置方式发生了质的变化。最能反映这一变化的是供应链管理思想。集成化供应链是以资源外用为特征的集成企业网络(扩展企业模型),它改变了原来的纵向一体化模式,向横向一体化模式转变。市场的竞争不再是单一企业的竞争,而是联盟之间的竞争，即供应链之间的竞争。因此，原来那种单枪匹马的企业竞争策略已不适应世界经济的发展，企业需要学会如何与其他企业进行合作的策略与技巧；同时，在企业与其他企业进行竞争而加入某一供应链联盟的过程中，又需要竞争的优势与策略，这就是供应链结盟过程中的"合作—竞争"模式。这种竞争是核心能力的竞争。"核心能力"——美国的派拉哈勒德(C.K.Prahalad)和哈默(Gray Hamel)认为是"一组先进技术的和谐组合"，这种技术不仅仅是科学技术，还包括生产与组织管理，如产品开发技术、制造技术、成本控制技术、营销技能和售后服务、市场反应能力等。因此供应链管理作为一种全新的管理思想，它强调企业如何营造自己的核心能力去和其他企业建立战略合作关系，而每一个企业都集中精力去巩固和发展自己的核心能力和核心业务，利用自己的优势资源，通过技术程序的重新设计和业务流程的快速重组，做好本企业能创造特殊价值的必须长期控制的比竞争对手更擅长的关键业务，这就是供应链合作模式的最终目的——"双赢"。

供应链管理的研究和实践表明：增加供应链节点企业间的联系与合作，提高信息共享程度，用覆盖整个供应链的决策系统代替缺乏柔性和集成度差的决策体系，使整个供应链各个环节都能清楚地观察物流、资金流、信息流和工作流，以达到更好地协调，降低供应链成本，降低各个环节的延迟时间，消除信息扭曲的放大效应，是实施供应链管理的关键。通过建立面向供应链的基于 Internet/Intranet 的 MRPⅡ(或 ERP)敏捷供应链系统，为企业供应链的运行提供基础保证。目前关于供应链管理(集成化、敏捷化供应链)的研究，基本上遵循一条既有侧重点又有一般性的研究思路：将集成供应链管理系统的内在机制视为由相互协作的智能代理模块组成的网络，每个代理模块实现供应链的一项或几项功能；每个代理模块又与其他代理模块协调运作。

然而，从战略伙伴关系的企业集成模式(见图1—4—7)看，这只能使供应链达到中观集成和微观

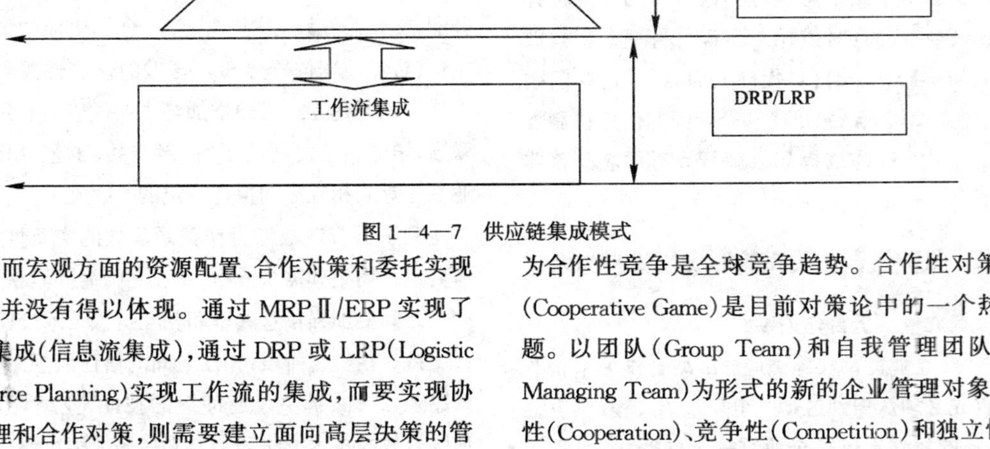

图 1—4—7　供应链集成模式

集成，而宏观方面的资源配置、合作对策和委托实现机制，并没有得以体现。通过 MRPⅡ/ERP 实现了中观集成(信息流集成)，通过 DRP 或 LRP(Logistic Resource Planning)实现工作流的集成，而要实现协商代理和合作对策，则需要建立面向高层决策的管理系统——EIS/NDSS(Executive Information System/Negotiation Decision Support System)。

从经济学、市场学的角度看，进入 20 世纪 90 年代以来，企业经营策略由原来的敌对性竞争发展成为合作性竞争是全球竞争趋势。合作性对策问题(Cooperative Game)是目前对策论中的一个热点问题。以团队(Group Team)和自我管理团队(Self-Managing Team)为形式的新的企业管理对象。合作性(Cooperation)、竞争性(Competition)和独立性(Independence)已成为未来企业管理者面临的新课题。在这种管理模式下，建设性对话(Constructive Controversy)和群体协商(Group Negotiation)将发挥有力的作用。在供应链管理中，如何发挥群体协商机制

的作用,目前有几个问题需要解决:(1)企业联盟中信任问题(Confidence)。索勒理(Thoreli)以强调可靠性预期为标准,强调合作伙伴的可靠诚实,遵守承诺,认为信任与不信任的真正差别在于双方信心的飞跃:彼此相信对方关心自己的利益,在没有考虑对彼此的影响之前谁也不会行动,这实际上强调了合作协商的重要意义。(2)交流(Communication)。尽管通过 Internet/Intranet 供应链联盟成员获得了相互有用的信息资源,为信息交流提供了保证,但谁也不保证为个体利益而隐瞒私有信息的存在,信息不对称性问题是协商理论又一个棘手难题。(3)交易成本问题。交易成本包括:①达成双方满意的协议的成本;②使协议适应预料不到的突发事件的成本;③实施协议条件的成本;④中止协议的成本。供应链管理的最终目的是要降低用户成本(Customer Cost),如何在合作伙伴间合理分担交易费用(合作经营分成模式),降低用户成本是供应链合作对策中需要解决的问题。

有一种委托加工式的供应链,是核心企业委托经过挑选的企业来完成一部分业务,自己则集中力量完成市场调查、产品设计、销售及服务和本企业的生产管理。但由于企业都是独立的利益主体,相互之间缺乏信任,导致供应链运行成本较高。在委托—代理(Principle-Agent)关系中,存在两种必须面对的代理问题:一个是信息非对称性带来的悖逆选择(Adverse Selection)(对委托人而言);另一个就是败德行为(Moral Hazard)(对代理人而言)。这些问题要通过建立代理人激励机制和企业间的信任机制加以克服,以减少悖逆选择和败德行为对供应链整体效益的影响。

第三节 供应链合作关系的形成及其制约因素

一、建立供应链合作关系

在一个企业能从实施供应链战略合作关系获益之前,首先必须认识到这是一个复杂的过程,供应链合作关系的建立不仅是企业结构上的变化,而且在观念上也必须相应的改变。所以,必须一丝不苟地选择供应商,以确保真正实现供应链合作关系的利益。

建立供应链合作关系的步骤可以分为以下几个方面(见表 1—4—2)。

表 1—4—2 供应链合作关系建立步骤

供应链战略合作关系建立步骤:
1. 建立供应链战略合作关系的需求分析
2. 确定标准,选择供应商,选择合作伙伴
3. 正式建立合作关系
4. 实施和加强战略合作关系

建立战略合作关系的第一步必须明确战略关系对于企业的必要性,企业必须评估潜在的利益与风险。然后,确立选择供应商的标准和初步评估可选的合作伙伴。一旦供应商或合作伙伴选定后,必须让每一个合作伙伴都认识到相互参与、合作的重要性,真正建立合作关系。最后的步骤包括实施和加强合作关系,或者解除无益的合作关系。

二、建立供应链合作关系的制约因素

良好的供应链合作关系首先必须得到最高管理层的支持和协商,并且企业之间要保持良好的沟通,建立相互信任的关系。

在战略分析阶段需要了解相互的企业结构和文化,解决社会、文化和态度之间的障碍,并适当地改变企业的结构和文化,同时在企业之间建立统一一致的运作模式或体制,解决业务流程和结构上存在的障碍。

而在供应商评价和选择阶段,总成本和利润的分配、文化兼容性、财务稳定性、合作伙伴的能力和定位(自然地理位置分布)、管理的兼容性等将影响合作关系的建立。必须增加与主要供应商和用户的联系,增进相互之间的了解(对产品、工艺、组织、企业文化等),相互之间保持一定的一致性。

到了供应链战略合作关系建立的实质性阶段,需要进行期望和需求分析,相互之间需要紧密合作,相互之间要加强信息共享和相互提供技术交流和设计支持。在实施阶段,相互之间的信任最为重要,良好愿望、柔性、解决矛盾冲突的技能、业绩评价(评估)、有效的技术方法和资源支持等都很重要。

三、现阶段我国企业合作模式中存在的问题

脱胎于计划经济的我国工业企业,在从计划经济向市场经济的转轨过程中,在相当长的一段时期内,企业机制和管理思想都滞后于市场经济发展的

要求。

1. 缺乏主动出击市场的动力和积极性。实际调查结果表明,企业外部资源利用低,企业与供应商的合作还没有形成战略伙伴关系等具有战略联盟的关系,传统的计划经济体制下"以我为主"的山头主义思想仍然在许多企业存在,跨地区、跨国界的全球供应链为数不多。

2. 许多国有企业虽然有一定的市场竞争能力,但是在与其他企业进行合作的方式上,仍然习惯于按照计划经济模式办事,没有进行科学的协商决策和合作对策研究,缺乏市场竞争的科学意识。

3. 由于国有企业的特殊的委托—代理模式,委托代理的"激励成本"(Incentive Cost)远大于市场自由竞争的激励成本,代理问题中的"败德行为"相当严重。

4. 国有企业委托人的典型特征是委托人的双重身份、双重角色(既是委托人又是代理人),代理人问题比常规代理人问题更复杂。

5. 企业合作关系中短期行为也普遍存在。由于委托代理人的特殊性,国有企业普遍存在短期行为。企业的协商过程带有很强的非经济因素和个人偏好行为。

6. 由于计划经济体制下的"棘轮效应"(Ratchet Effect)的存在,企业在合作竞争中的积极性和主动性不高;此外,我国目前市场资源的结构配置机制并不符合规范的帕累托配置模型,资源配置的效率低,交易成本较高,委托代理实现过程中由于信息非对称性导致国有资产流失等问题都让人十分棘手。

7. 基于 Internet/Intranet 的供应链模式是供应链企业合作方式与委托代理实现的未来发展方向,但是我国许多企业没有充分利用 EDI/Internet 等先进的信息通信手段,企业与企业之间信息传递工具落后。与此同时,在利用 Internet/Intranet 进行商务活动过程中,缺乏科学的合作对策委托实现机制,法律体系不健全,信用体系不完善。1998 年,发生了海南某公司和香港某公司进行在线电子商务时我国首例电子商务诈骗案,充分说明我国企业在进行全球供应链活动中进行合作对策与委托实现机制研究的重要性。

由于这些问题的存在,使得供应链管理思想在我国企业中应用受到的阻力比我们想像的要大得多,而企业改革的深入又迫切需要改变现有的企业运行机制和管理模式,因此,完善供应链管理思想运作方法,解决我国企业在实施供应链管理过程中迫切需要解决的企业合作对策与委托代理实现机制问题,是关系到供应链管理模式能否在我国得到很好实施的关键。

第四节　选择合适的供应链合作伙伴

合作伙伴的评价选择是供应链合作关系运行的基础。合作伙伴的业绩在今天对制造企业的影响越来越大,在交货、产品质量、提前期、库存水平、产品设计等方面都影响着制造商的成功与否。传统的供应关系已不再适应全球竞争加剧、产品需求日新月异的环境,企业为了实现低成本、高质量、柔性生产、快速反应,企业的业务重构就必须包括供应商的评价选择。合作伙伴的评价、选择对于企业来说是多目标的,包含许多可见和不可见的多层次的因素。

一、集成化供应链管理环境下合作伙伴的类型

在集成化供应链管理环境下,供应链合作关系的运作需要减少供应源的数量(短期成本最小化的需要,但是供应链合作关系并不意味着单一的供应源),相互的连接变得更专有(紧密合作的需要),并且制造商会在全球市场范围内寻找最杰出的合作伙伴。这样可以把合作伙伴分为两个层次:重要合作伙伴和次要合作伙伴。重要合作伙伴是少而精的、与制造商关系密切的合作伙伴,而次要合作伙伴是相对多的、与制造商关系不很密切的合作伙伴。供应链合作关系的变化主要影响重要合作伙伴,而对次要合作伙伴的影响较小。

根据合作伙伴在供应链中的增值作用和他的竞争实力,可将合作伙伴分成不同的类别,分类矩阵见图 1—4—8。

纵轴代表的是合作伙伴在供应链中增值的作用,对于一个合作伙伴来说,如果他不能对增值做出贡献,他对供应链中的其他企业就没有吸引力。横轴代表某个合作伙伴与其他合作伙伴之间的区别,主要是设计能力、特殊工艺能力、柔性、项目管理能力等方面的竞争力的区别。

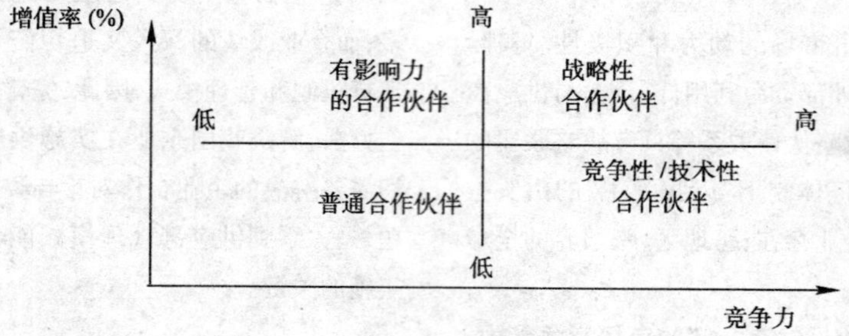

图 1—4—8　合作伙伴分类矩阵

在实际运作中，应根据不同的目标选择不同类型的合作伙伴。对于长期而言，要求合作伙伴能保持较高的竞争力和增值率，因此最好选择战略性合作伙伴；对于短期或某一短暂市场需求而言，只需选择普通合作伙伴满足需求则可，以保证成本最小化；对于中期而言，可根据竞争力和增值率对供应链的重要程度的不同，选择不同类型的合作伙伴(有影响力的或竞争性/技术性的合作伙伴)。

二、合作伙伴选择考虑的主要因素

由华中理工大学管理学院 CIMS——供应链管理课题组 1997 年的一次调查统计数据可知，目前我国企业在选择合作伙伴时，主要的标准是产品质量，这与国际上重视质量的趋势是一致的；其次是价格，92.4%的企业考虑了这个标准；另有 69.7%的企业考虑了交货提前期；批量柔性和品种多样性也是企业考虑的因素之一。主要统计数据如图 1—4—9 所示。

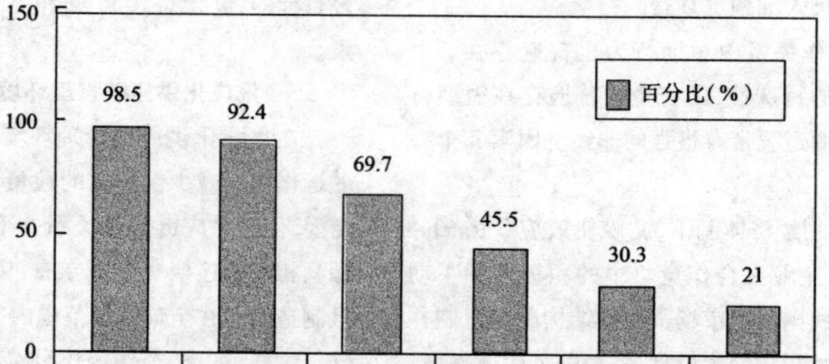

选择标准	质量	价格	交货提前	品种柔性	提前期	批量
百分比(%)	98.5	92.4	69.7	45.5	30.3	21

图 1—4—9　选择合作伙伴的标准统计

从调查数据以及通过与一些企业管理人员的交谈中发现，我国企业评价选择合作伙伴时存在较多问题：企业在选择合作伙伴时，主观的成分过多，有时往往根据企业的印象来确定合作伙伴的选择，选择中还存在一些个人的成分；选择的标准不全面，目前企业的选择标准多集中在企业的产品质量、价格、柔性、交货准时性、提前期和批量等方面，没有形成一个全面的综合评价指标体系，不能对企业做出全面、具体、客观的评价。

(一)综合评价指标体系的设置原则

1. 系统全面性原则。评价指标体系必须全面反映供应商企业目前的综合水平，并包括企业发展前景的各方面指标。

2. 简明科学性原则。评价指标体系的大小也必须适宜，亦即指标体系的设置应有一定的科学性。如果指标体系过大，指标层次过多、指标过细，势必将评价者的注意力吸引到细小的问题上；而指标体系过小，指标层次过少、指标过粗，又不能充分反映供应商的水平。

3. 稳定可比性原则。评价指标体系的设置还应考虑到易与国内其他指标体系相比较。

4. 灵活可操作性原则。评价指标体系应具有足够的灵活性，以使企业能根据自己的特点以及实际情况，对指标灵活运用。

（二）综合评价指标体系结构

根据企业调查研究，影响合作伙伴选择的主要因素可以归纳为4类：企业业绩、业务结构与生产能力、质量系统和企业环境。为了有效的评价、选择合作伙伴，我们可以框架性地构建3个层次的综合评价指标体系（见图1—4—10，其中第3层略），第一层次是目标层，包含以上4个主要因素，影响合作伙伴选择的具体因素建立在指标体系的第二层，与其相关的细分因素建立在第三层。

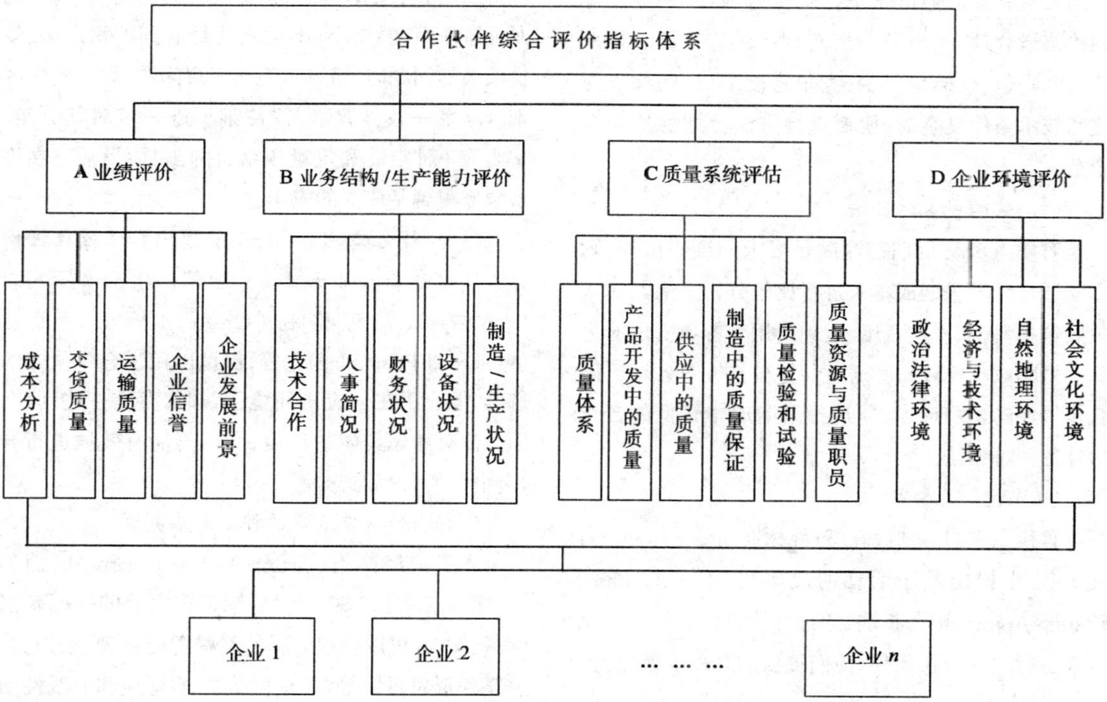

图1—4—10　合作伙伴综合评价指标体系结构图

三、合作伙伴选择方法概述

选择合作伙伴是对企业输入物资的适当品质、适当期限、适当数量与适当价格的总体进行选择的起点与归宿。选择合作伙伴的方法较多，一般要根据供应单位的多少、对供应单位的了解程度以及对物资需要的时间是否紧迫等要求来确定。目前国内外较常用的方法综述如下。

（一）直观判断法

直观判断法是根据征询和调查所得的资料并结合人的分析判断，对合作伙伴进行分析、评价的一种方法。这种方法主要是倾听和采纳有经验的采购人员意见，或者直接由采购人员凭经验做出判断。常用于选择企业非主要原材料的合作伙伴。

（二）招标法

当订购数量大、合作伙伴竞争激烈时，可采用招标法来选择适当的合作伙伴。它是由企业提出招标条件，各招标合作伙伴进行竞标，然后由企业决标，与提出最有利条件的合作伙伴签订合同或协议。招标法可以是公开招标，也可以是指定要竞级招标。公开招标对投标者的资格不予限制；指定竞标则由企业预先选择若干个可能的合作伙伴，再进行竞标和决标。招标方法竞争性强，企业能在更广泛的范围内选择适当的合作伙伴，以获得供应条件有利的、便宜而适用的物资。但招标法手续较繁杂，时间长，不能适应紧急订购的需要；订购机动性差，有时订购者对投标者了解不够，双方未能充分协商，造成货不对路或不能按时到货。

（三）协商选择法

在供货方较多、企业难以抉择时，也可以采用协商选择的方法，即由企业先选出供应条件较为有利的几个合作伙伴，同他们分别进行协商，再确定适当的合作伙伴。与招标法相比，协商方法由于供需双方能充分协商，在物资质量、交货日期和售后服务等方面较有保证。但由于选择范围有限，不一定能得到价格最合理、供应条件最有利的供应来源。当采购时间紧迫、投标单位少、竞争程度小、订购物资规格和技术条件复杂时，协商选择方法比招标法更为合适。

（四）采购成本比较法

对质量和交货期都能满足要求的合作伙伴，则需要通过计算采购成本来进行比较分析。采购成本一般包括售价、采购费用、运输费用等各项支出的总和。采购成本比较法时通过计算分析针对各个不同合作伙伴的采购成本，以选择采购成本较低的合作伙伴的一种方法。

（五）ABC 成本法

鲁德霍夫（Roodhooft）和科林斯（Jozef Konings）在 1996 年提出基于活动的成本法（Activity Based Costing Approach）分析法，通过计算合作伙伴的总成本来进行选择合作伙伴，他们提出的总成本模型为：

$$S_i^B=(p_i-p_{\min})\times q+\sum_j C_j^B\times D_{ij}^B$$

式中　S_i^B—— 第 i 个合作伙伴的成本值；

p_i——第 i 个合作伙伴的单位销售价格；

$p_{\min}$——合作伙伴中单位销售价格的最小值；

q——采购量；

c_j^B——因企业采购相关活动导致的成本因子 j 的单位成本；

D_{ij}^B——因合作伙伴 i 导致的在采购企业内部的成本因子 j 的单位成本。

这个成本模型用于分析企业因采购活动而产生的直接和间接的成本的大小。企业将选择 S_i^B 值最小的合作伙伴。

（六）层次分析法

该方法是 20 世纪 70 年代由著名运筹学家赛惕（T.L.Satty）提出的，韦伯（Weber）等提出利用层次分析法分别用于合作伙伴的选择。它的基本原理是根据具有递阶结构的目标、子目标（准则）、约束条件、部门等来评价方案，采用两两比较的方法确定判断矩阵，然后把判断矩阵的最大特征根对应的特征向量的分量作为相应的系数，最后综合给出各方案的权重（优先程度）。由于该方法让评价者对照相对重要性函数表，给出因素两两比较的重要性等级，因而可靠性高、误差小；不足之处是遇到因素众多、规模较大的问题时，该方法容易出现问题，如判断矩阵难以满足一致性要求，往往难于进一步对其分组。它作为一种定性和定量相结合的工具，目前已在许多领域得到了广泛的应用。

另外，苔么蔓（Timmerman）提出合作伙伴评价分类法（Categorical method），温德（Wind）和罗宾森（Robinson）、格理格利（Gregory）提出标重法（Weighted Point Plan）等等，都可以用于合作伙伴的选择，但应用在供应链环境下，却都存在一些问题，因为没有考虑具体的环境，所以不能有效地进行合作伙伴的评价和选择。

（七）合作伙伴选择的神经网络算法

人工神经网络（Artificial Neural Network，简称 ANN）是 20 世纪 80 年代后期迅速发展的一门新兴学科，ANN 可以模拟人脑的某些智能行为，如知觉、灵感和形象思维等，具有自学习、自适应和非线性动态处理等特征。

这里将 ANN 应用于供应链管理环境下合作伙伴的综合评价选择，意在建立更加接近于人类思维模式的定性与定量相结合的综合评价选择模型。通过对给定样本模式的学习，获取评价专家的知识、经验、主观判断及对目标重要性的倾向，当对合作伙伴做出综合评价时，该方法可再现评价专家的经验、知识和直觉思维，从而实现了定性分析与定量分析的有效结合，也可以较好地保证合作伙伴综合评价结果的客观性。

基于人工神经网络的合作伙伴综合评价选择的处理总体流程结构模型如图 1—4—11 所示。

在选定评价指标组合的基础上，对评价指标做出评价，得到评价值之后，因各指标间没有统一的度量标准，难以进行直接的分析和比较，也不利于输入神经网络计算，因此，在用神经网络进行综合评价之前,应首先将输入的评价值通过隶属函数的作用将其转换为[0,1]之间的值,即对评价值进行标准无纲量化,作为神经网络的输入,以使 ANN 可以处理定量和定性指标。

评价值输入模块处理功能结构如图 1—4—12 所示。

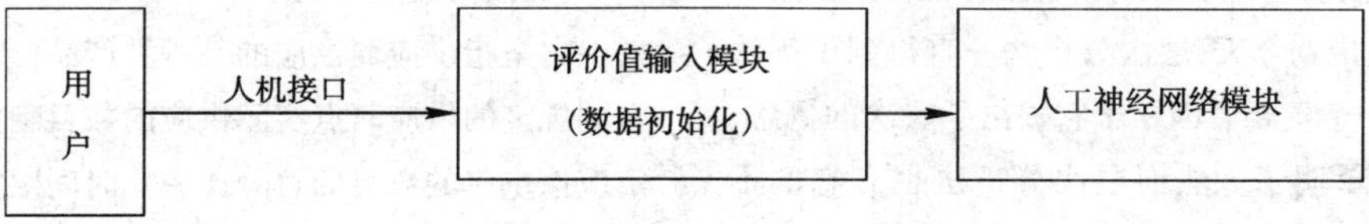

图 1—4—11　基于人工神经网络的合作伙伴综合评价选择流程结构模型

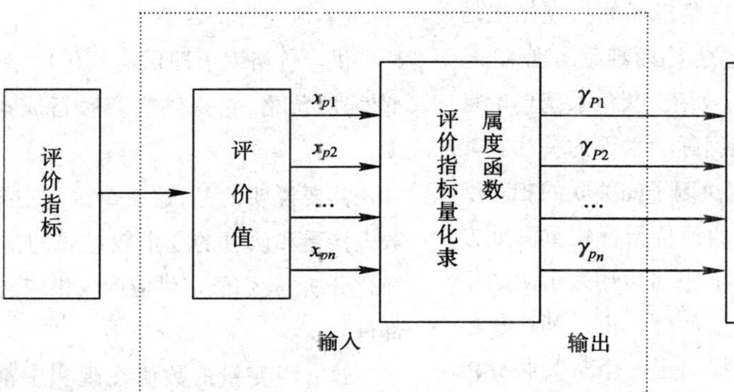

图 1—4—12　评价输入模块示意图

其中 x_{pi} 表示第 i 个指标的评价值(输入值);γ_{pi} 表示第 i 个指标经量化后的评价值(输出值),它是 B-P 网络的输入值。

人工神经网络模块是综合评价系统的重要组成部分,由 B—P 网络组成,主要完成网络结构的定义、样本的学习和通过 B—P 算法进行合作伙伴的综合评价计算等功能。

用于合作伙伴评价选择的 B—P 人工神经网络(以下简称 B—P 网络)可以采用具有一个输入层,一个隐含层和一个输出层的网络结构。各层具有多个节点,每相邻两层之间单方向互连(见图 1—4—13)。

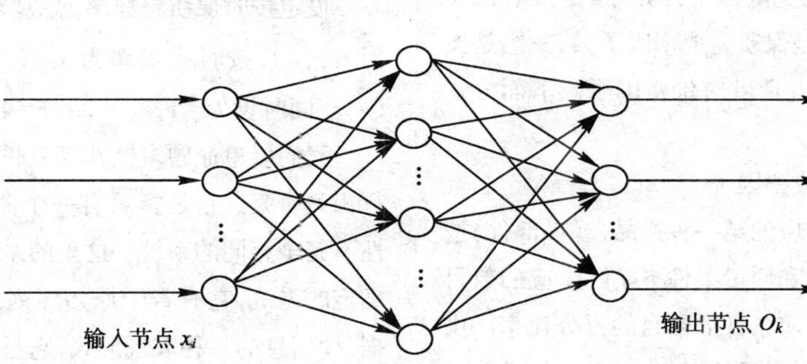

图 1—4—13　B—P 网络结构

B—P 网络结构参数的选择是一个十分重要的工作,输入层和隐含层个数的增加会增强网络的表达能力,但也会影响其收敛速度。B—P 网络结构参数可在网络运行前进行设置定义,相应设置存于网络结构文件。

在通过计算得到网络的权值和阈值后,就可将经过初始化的企业评价值作为网络输入进行计算,得到评价输出。

(八)灰色系统算法

为了客观地评价和选择供应商,人们研究出了许多方法,在这些方法中,层次分析法是一种常用的定量研究方法。自1973年美国运筹学匹兹堡大学Satty教授提出到今天,层次分析法一直得到了广泛应用,其中一个重要原因在于它提出了层次的概念,使人感觉简单明了。然而层次分析法也有它的不足,其中之一是在指标权重分配时带有较强的主观因素。原本是希望通过客观评定确定各个要素的权重来正确选择供应商,却因这些指标的权重往往是根据人们的主观意识来决定的,因而难免出现偏颇,从而影响了这些评价方法的效用。灰色系统理论自1982年创立以来,日益引起国际学术界的关注。其中的灰关联分析模型可以解决因子间关联的相对度量,它提供了一个相对客观的评价指标权重测度方法。而且,它对数据要求不苛刻,可以用来解决数据量少、信息不全情形下的测度问题。正是利用灰色系统理论的这一特点,本章提出了一个灰关联分析模型,试图用这个方法来探讨和研究供应商选择中与指标权重估计有关问题的解决途径,为确定供应商选择和评价指标权重问题提供新的思路。

1. 变量设定

用于供应商选择和评价的指标很多,然而在实际应用中比较重要的指标有3个:质量、成本、交货期。为简单和实用起见,我们以这3个常见指标为主设定本模型的4组变量因子:第一组是按时保质完成率因子;第二组是保质完成率因子;第三组是按时完成率因子;第四组是供应价格因子。下面分别进行定义和分析。

(1)按时保质完成率因子

它是指供应商供应的某一种产品(或零部件)按合同规定的交货时点和质量条件下实际供应的数目除以合同规定符合相应条件的数目的百分比率。供应商能否按期、保质和保量地履行供货合同,是每一个采购商所关心的问题。鉴于此,本文认为按时保质完成率因子可以代表供应商对订货合同的总体履行水平。

(2)保质完成率因子

它是指供应商按合同规定的时间点和质量条件实际供应的某一种产品(或零部件)的数目除以按合同规定的时间点应该供应的数目的百分比率。这个变量主要从质量这个角度考虑供应商的挑选和评价标准,同时它也反映了供应商对订单的履行水平。

(3)按时完成率因子

它是指供应商供应的某一种产品(或零部件)在合同规定的供应时点实际供应的数目除以按合同规定应该供应的数目的百分比率。时间限定的条件苛刻,则必然会使数量的完成受到严格挑战。它在一定程度上是对交货期履行水平的描述。

(4)供应价格因子

供应价格因子即供应商供应某一种产品(或零部件)的价格,它是供应商履行成本承诺的主要体现。

需要说明的是,这4个因子主要考虑上述大多数人接受和认可的3个较重要的指标。另外,为了简化分析,我们假定供应商仅供应同一种产品(或零部件)。

这4组变量的数值在现实中都是可以计算出的。因为对每一个供应商供应的每一批货物,采购商对数量、质量、成本、时间是非常关心的,公司采购部门对于这样的数据一般是有记录的,通过这些数据就可以求出按时保质完成率、保质完成率、按时完成率、供应价格等具体的数值。

2. 供应商挑选和评价的指标权重灰关联分析模型

设定按时保质完成率为 $w_0=(k)$,保质完成率为 $w_1(k)$,按时完成率为 $w_2(k)$,供应价格为 $w_3(k)$。同时设 $k=1,2,\cdots,n;i=1,2,3$。

我们以单命题多极性灰关联系统的分析为例进行相关研究。它是指只有一个命题,各个序列的极性不完全相同的系统。这里的系统是一个少数据不确定的系统,它有若干原始序列组成。序列是少数据、少信息的一种表现形式,它是描述系统行为的一种方式。

设$\overline{w}$原始序列集由4个序列构成,即按时保质完成率子序列 w_0、保质完成率子序列 w_1、按时完成率子序列 w_2、供应价格子序列 w_3,$\hat{O}$是变换,那么有如下定义。

定义1.1　令序列集 $X=\{X_i \mid i=1,2,3\}$灰关

联因子集(是指因子间具有可接近性、可比性和同极性),若 $X=\hat{O}\overline{\omega}$,则称 $\hat{O}$ 为灰关联变的,$\hat{O}=\{$INIT、AVG、INVL$\}$,其中,INIT 是初始化,AVG 是均值化,INVL 是区间化;称 X_0 为按时保质完成率因子序列、X_1 为保质完成率因子序列、X_2 为按时完成率因子序列,X_3 为供应价格因子序列。这里,因子是指指标的变化序列;指标是命题的具体表现,命题是内涵独立且完整的任务。

定义 1.2 令 X_0 为指定的参考序列,令 $\Delta_{01}=\{\Delta_{01}(1),\Delta_{01}(2),\cdots,\Delta_{01}(n)\}$,其中 $\Delta_{01}(k)=|X_{(0)}(k)-X_{(1)}(k)|$,则称 $\Delta_{(01)}$ 为保质完成率因子差异信息序列,它是质量因子和供应商履行因子之间差异的度量;令 $\Delta_{02}=\{\Delta_{02}(1),\Delta_{02}(2),\cdots,\Delta_{02}(n)\}$,其中 $\Delta_{(02)}(k)=|X_{(0)}(k)-X_{(2)}(k)|$,则称 Δ_{02} 为按时完成率因子差异信息序列,它是时间因子和供应商履行因子之间差异的度量;令 $\Delta_{03}=\{\Delta_{03}(1),\Delta_{03}(2),\cdots,\Delta_{03}(n)\}$,其中 $\Delta_{03}(k)=|X_{(0)}(k)-X_{(3)}(k)|$,则称 Δ_{03} 为价格因子差异信息序列,它是成本因子和供应商履行因子之间差异的度量。

定义 1.3 令 $\Delta(\max)=\max\limits_i\max\limits_k\Delta_{0i}(k)$,$\Delta(\min)=\min\limits_i\min\limits_k\Delta_{0j}(k)$,则称 $\Delta(\max)$ 为按时保质完成率的上环境参数、$\Delta(\min)$ 为按时保质完成率的下环境参数。这里,环境是一个比较邻域;上、下环境参数代表了因子之间信息差异的最大值和最小值。

定义 1.4 设 ζ 为 0 到 1 之间的实数,则称 $B_{DI}=\{\Delta_{0i},\Delta(\max),\Delta(\min),\zeta\}$ 为差异信息盒。它可以用来反映和计算灰关联系统内因子间的差异信息测度。

定义 1.5 设 $r(X_{(0)}(k),X_{(i)}(k))=[\max\limits_i\max\limits_k\Delta_{0i}(k)+\zeta\min\limits_i\min\limits_k\Delta_{0i}(k)]\div[\Delta_{0i}(k)+\zeta\max\limits_i\max\limits_k\Delta_{0i}(k)]$,则称 $r(X_{(0)}(k),X_{(i)}(k))$ 为按时保质完成率灰关联系数,它表示系统内影响因子与基准因子之间的关联程度,是相关影响的反映。它体现了有参考系的有测度的整体比较,它反映了点集拓扑与距离空间的结合与升华。

定义 1.6 设 $\zeta_{01}=\{r(X_{(0)}(1),X_{(1)}(1)),r(X_{(0)}(2),X_{(1)}(2)),\cdots,r(X_{(0)}(n),X_{(1)}(n))\}$,

设 $\zeta_{02}=\{r(X_{(0)}(1),X_{(2)}(1)),r(X_{(0)}(2),X_{(2)}(2)),\cdots,r(X_{(0)}(n),X_{(2)}(n))\}$,

设 $\zeta_{03}=\{r(X_{(0)}(1),X_{(3)}(1)),r(X_{(0)}(2),X_{(3)}(2)),\cdots,r(X_{(0)}(n),X_{(3)}(n))\}$,

则称 ζ_{01} 为保质完成率和按时保质完成率灰关联系数集,它反映了质量因子和供应商履行因子之间的关联性;称 ζ_{02} 为按时完成率和按时保质完成率灰关联系数集,它反映了时间因子和供应商履行因子之间的关联性;称 ζ_{03} 为供应价格和按时保质完成率灰关联系数集,它反映了成本因子和供应商履行因子之间的关联性。

定义 1.7 设 $r(X_{(0)},X_{(1)})=\frac{1}{n}[r(X_{(0)}(1),X_{(1)}(1))+r(X_{(0)}(2),X_{(1)}(2))+\cdots+r(X_{(0)}(n),X_{(1)}(n))]$,设 $r(X_{(0)},X_{(2)})=\frac{1}{n}[r(X_{(0)}(1),X_{(2)}(1))+r(X_{(0)}(2),X_{(2)}(2))+\cdots+r(X_{(0)}(n),X_{(2)}(n))]$,设 $r(X_{(0)},X_{(3)})=\frac{1}{n}[r(X_{(0)}(1),X_{(3)}(1))+r(X_{(0)}(2),X_{(3)}(2))+\cdots+r(X_{(0)}(n),X_{(3)}(n))]$,则称 $r(X_{(0)},X_{(1)})$ 为保质完成率和按时保质完成率灰关联度,它体现了质量因子对供应商履行的影响的测度;称 $r(X_{(0)},X_{(2)})$ 按时完成率和按时保质完成率灰关联度,它体现了时间因子对供应商履行的影响的测度;称 $r(X_{(0)},X_{(3)})$ 为供应价格和按时保质完成率灰关联度,它体现了成本因子对供应商履行的影响的测度。

定义 1.8 设 $\psi(X_{(0)},X_{(1)})=r(X_{(0)},X_{(1)})\div\left[\sum\limits_{i=1}^{3}r(X_{(0)},X_{(i)})\right]$,$\psi(X_{(0)},X_{(2)})=r(X_{(0)},X_{(2)})\div\left[\sum\limits_{i=1}^{3}r(X_{(0)},X_{(i)})\right]$,$\psi(X_{(0)},X_{(3)})=r(X_{(0)},X_{(3)})\div\left[\sum\limits_{i=1}^{3}r(X_{(0)},X_{(i)})\right]$,则称 $\psi(X_{(0)},X_{(1)})$ 为评价供应商按时保质完成履行的保质完成率相对权重测度,它反映了影响供应商履行中质量属性的相对重要性;称 $\psi(X_{(0)},X_{(2)})$ 为评价供应商按时保质完成履行的按时完成率相对权重测度,它反映了影响供应商履行中时间属性的相对重要性;称 $\psi(X_{(0)},X_{(3)})$ 为评价供应商按时保质完成履行的供应价格相对权重测度,它反映了影响供应商履行中成本属性的相对重要性。

3. 数值举例分析

为了说明上面模型的应用，这里给出了一个数值计算和分析的案例。设比率单位为百分比率，价格单位为万元。ζ 取值 0.5。给定原始数据如下：

按时保质完成率子序列 $w_0=(0.803,0.852,0.869,0.901)$

保质完成率子序列 $w_1=(0.822,0.875,0.888,0.959)$

按时完成率子序列 $w_2=(0.873,0.786,0.870,0.789)$

供应价格子序列 $w_3=(1.21,1.25,1.18,1.28)$

按 3 中定义的模型，可以求出供应商履行属性的相对度量如下：

(1)评价供应商按时保质完成履行的保质完成率相对权重测度：

$\psi(X_{(0)},X_{(1)})=0.425\,634$

2)评价供应商按时保质完成履行的按时完成率相对权重测度：

$\psi(X_{(0)},X_{(2)})=0.267\,236$

(3)评价供应商按时保质完成履行的供应价格的相对权重测度：

$\psi(X_{(0)},X_{(3)})=0.307\,130$

由此可见，保质完成率对供应商履行的按时保质完成率影响最大，所以权重应最大；供应价格对供应商履行的按时保质完成率影响较小，所以权重应较小；按时完成率对供应商履行的按时保质完成率影响最小，所以权重应最小。

从这个案例分析中，我们可以得到一些关于供应商履行属性的结果。在影响供应商履行的 3 个属性中，质量对供应商履行的影响最大，它的变动能最大程度地影响供应商的行为；对供应商履行影响较小的是成本，它的变动对供应商行为影响较小；对供应商履行影响最小的是时间，它的变动对供应商行为影响最小。质量是采购商非常关心的因素，它对供应商履行结果影响起决定性作用。成本对供应商履行结果的影响也是相当大的，与时间因素相比，显然它对供应商履行结果的影响更大。

事实上，质量一直是采购商最为关注的因素，成本也是采购商非常关注的因素。由于现代交通、现代通信和现代化管理的发展，时间因素对供应商履行影响相对变得较小。从当前管理的理论界和实践界来看，质量管理早已经从单个企业、单个国家(地区)走向全球，人们对质量的重视是全球竞争压力的需要，是企业长远竞争的根本；而成本一直是管理界关注的焦点，因为企业最终的追求是利润。

四、合作伙伴综合评价、选择的步骤

合作伙伴的综合评价选择可以归纳为以下几个步骤(见图 1—4—14)。企业必须确定各个步骤的开始时间，每一个步骤对企业来说都是动态的(企业可自行决定先后和开始时间)，并且每一个步骤对于企业来说都是一次改善业务的过程。

(一)步骤 1:分析市场竞争环境(需求、必要性)

市场需求是企业一切活动的驱动源。建立基于信任、合作、开放性交流的供应链长期合作关系，必须首先分析市场竞争环境。目的在于找到针对哪些产品市场开发供应链合作关系才有效，必须知道现在的产品需求是什么，产品的类型和特征是什么，以确认用户的需求，确认是否有建立供应链合作关系的必要，如果已建立供应链合作关系，则根据需求的变化确认供应链合作关系变化的必要性，从而确认合作伙伴评价选择的必要性。同时分析现有合作伙伴的现状，分析、总结企业存在的问题。

(二)步骤 2:建立合作伙伴选择目标

企业必须确定合作伙伴评价程序如何实施、信息流程如何、谁负责，而且必须建立实质性、实际的目标。其中降低成本是主要目标之一。合作伙伴评价、选择不仅仅就是一个简单的评价、选择过程，它也是企业自身和企业与企业之间的一次业务流程重构过程，实施得好，它本身就可带来一系列的利益。

(三)步骤 3:建立合作伙伴评价标准

合作伙伴综合评价的指标体系是企业对合作伙伴进行综合评价的依据和标准，是反映企业本身和环境所构成的复杂系统不同属性的指标，按隶属关系、层次结构有序组成的集合。根据系统全面性、简明科学性、稳定可比性、灵活可操作性的原则，建立集成化供应链管理环境下合作伙伴的综合评价指标体系。不同行业、企业、产品需求，不同环境下的合作伙伴评价应是不一样的。但不外乎都涉及合作伙伴的业绩、设备管理、人力资源开发、质量控制、成本控制、技术开发、用户满意度、交货协议等可能影响供应链合作关系的方面。

（四）步骤4:建立评价小组

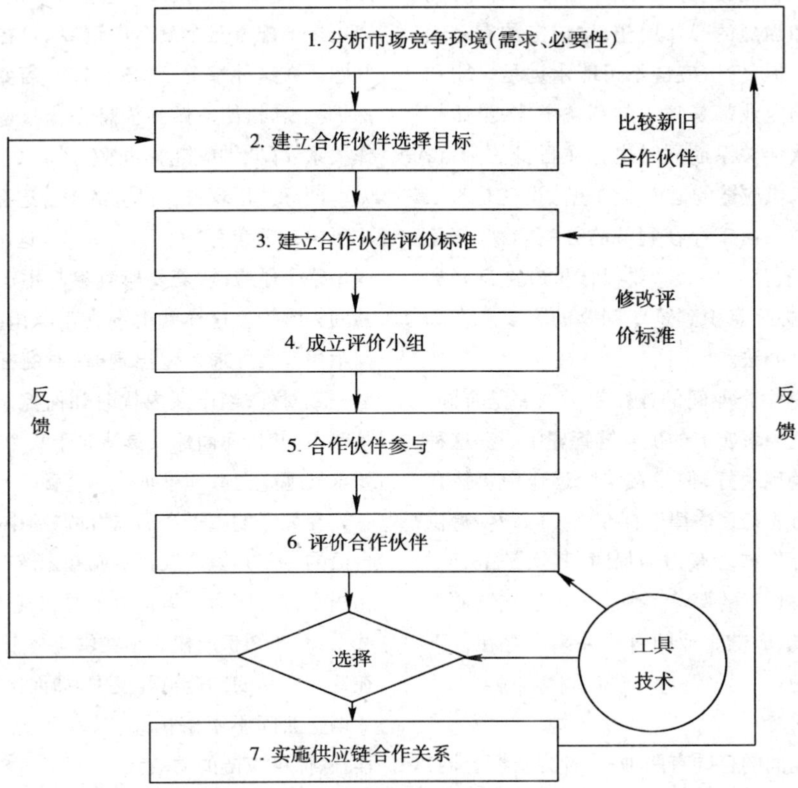

图1—4—14　合作伙伴评价、选择步骤图

企业必须建立一个小组以控制和实施合作伙伴评价。组员以来自采购、质量、生产、工程等与供应链合作关系密切的部门为主,组员必须要有团队合作精神、具有一定的专业技能。评价小组必须同时得到制造商企业和合作伙伴企业最高领导层的支持。

（五）步骤5:合作伙伴参与

一旦企业决定实施合作伙伴评价,评价小组必须与初步选定的合作伙伴取得联系,以确认他们是否愿意与企业建立供应链合作关系,是否有获得更高业绩水平的愿望。企业应尽可能早地让合作伙伴参与到评价的设计过程中来。然而因为企业的力量和资源是有限的,企业只能与少数、关键的合作伙伴保持紧密地合作,所以参与的合作伙伴不能太多。

（六）步骤6:评价合作伙伴

评价合作伙伴的一个主要工作是调查、收集有关合作伙伴的生产运作等各方面的信息。在收集合作伙伴信息的基础上,就可以利用一定的工具和技术方法进行对合作伙伴的评价了(如用前面提出的人工神经网络技术进行评价)。

在评价过程后,有一个决策点,根据一定的技术方法选择合作伙伴,如果选择成功,则可开始实施供应链合作关系,如果没有合适的合作伙伴可选,则返回步骤2重新开始评价选择。

（七）步骤7:实施供应链合作关系

在实施供应链合作关系的过程中,市场需求将不断变化,可以根据实际情况的需要及时修改合作伙伴评价标准,或重新开始合作伙伴评价选择。在重新选择合作伙伴的时候,应给予旧合作伙伴足够的时间以适应变化。

五、处理好供应链企业合作关系的若干问题

供应链的良好运作是以供应链成员企业相互间

充分信任和相互合作为基础。供应链上的企业甚至可以了解到另一个合作企业的生产作业计划，由此可见供应链中的企业相互间是相当信任和合作的。缺乏这种信任和强烈的合作愿望，供应链的有序运作是不可能的。但是，供应链不可能永远是一团和气。供应链中的企业都是独立的利益个体，虽然相互间存在战略伙伴关系而同时也存在自身的利益，而这些企业加入供应链的最根本的想法也就是为了获得更多的利益。由于存在利益的分配问题，不免存在着异议、矛盾甚至冲突。要保证供应链良好的信任和合作，就必须意识到这些问题的客观存在和找到相应的解决办法。

目前供应链中企业间的连接手段主要是合同，并由核心企业充当事实上的供应链管理中心。这种运作方式虽然表现很好，但是在实际运作中仍然存在许多问题。首先是在法律上存在许多问题使得供应链的信任和合作缺乏有力的保障，其次是由于对信任和合作没有良好的保障不免损失了供应链的功效。具体地讲，供应链企业间合作关系中存在以下几个方面的问题。

(一)合同问题

供应链企业间的合同有两种：一种为长期合同，即原则性合同，确立两企业间的长期合作；另一种是短期合同，如订货合同，这种合同几乎每天都会发生。这两类合同从根本上规范了供应链企业间的行为。但是，由于这两类合同仍然存在一些设计上的缺陷，所以有时会让合作双方都对对方不满，而同时双方又都感到很委屈。这是需要进一步研究解决的问题。

(二)知识产权问题

由于供应链和知识产权各自的特点，知识产权问题是供应链中所涉及的一个重要法律问题。供应链中的知识产权包括商标权的使用、专利权的使用、专属知识产权等。

在供应链上，当一项专利被分解成产品在几个企业之间生产时，如何保护专利所有人的利益？因为一个企业使用某专利的一部分进行生产的产品不仅仅只提供给一家企业，而是也同时提供给许多家企业。这种利用某部分专利的专利使用费如何分担总的专利使用费？如果不考虑以上这种情况，单纯的一个生产流的几个共同使用某专利的企业也存在如何分割专利使用费问题。除了专利使用费问题外，一些企业也存在没有申报专利的核心技术(如可口可乐的配方至今没有申请专利)在供应链中使用问题。在这种情况下，核心技术需要严格保密。在保护机密时，如何做到信息充分共享而不致损害合作关系、降低供应链的功效？

商标共用现象在供应链中普遍存在。产品到用户手中时只会有一个商标品牌。这个品牌在名义上属于整个供应链，需要所有参与生产该产品的企业共同去维护。这样就由谁真正承担商标的保证，如何承担？当外来入侵出现时，对商标的保护比较容易一致对外；当出现内扰时如何控制？特别在保护策略不同时，而商标又具体属于某个企业时，如何去要求其他企业共同维护这一资源。

在如今的电子产品、软件产品中，企业往往拥有自己的专属知识产权。专属知识产权在这些企业中相当于核心能力。但是由于要和其他企业实现信息共享，专属知识产权必须在供应链企业间公开，那么在这些产品的制造与开发中，如何保护其知识产权？如果企业间不了解信息，共享不充分，又将有损合作，降低供应链的功效。

(三)利益协调问题

供应链上合作企业之间的产品传递时必须有一个合理的价格。目前商品定价有两种原则：一是成本价，即以成本为基础制定价格；二是市场价，即依市场竞争结果而形成价格。供应链从根本上说也是一个市场，供应链上产品传递价格理应以市场价为准。但供应链上产品成本构成清晰，交易双方相互间极为了解，隐藏成本价也常常被使用。然而，成本定价对一些优势企业是极为不利的，特别是掌握了某些稀缺资源(核心技术)的企业，想获得一些超额利润很可能不被供应链认可。

供应链定价反映共同利润在企业间的合理分配。在供应链环境下，各个企业在战略上是相互合作的关系，但是各个企业的利益不能被忽视。供应链获得一个总的利润需要在供应链中各个企业间进行合理的分配，这种合理的分配主要体现在价格上。产品传递价格的高低实质反映企业分配利润的多少，这个原则是什么？

在供应链上，有时会出现以下两种情况：①为了积极配合，一个企业总是为另一个企业提供无偿服务，总是付出而得不到任何回报；②因供应链优化的需要使得某些企业承担额外支出，而另一些企业得到额外收益。例如物流优化时将本应放在 B 仓库的产品放在 A 仓库较为有利，这种优化的结果使 B 节省了库存费用而 A 却额外支出。如果实际情况只是如此简单的话，将 B 节省的补给 A 即可解决问题。事实上发生的情况比这个要复杂得多，首先一般涉及多个企业，其次支出与收益的对象、数量均不易辨别。这两种情况实质反映供应链在运行过程中出现利益需要进一步协调的问题。

在涉及相互间利益协调问题时，相互间利益如何界分？由谁和什么机构去界分？虽然法律是社会规范，是法庭的武器，但法律不总是受欢迎。例如，对于足球联赛中出现的纠纷，足协就明确要求先在足协内了结，而且尽可能在足协了结，不去法庭。事实上，也有一些问题确实不在法律调解范围内。供应链调解利益时是否需要其他类似足协的机构？

(四)供应链自身的定位问题

供应链在认识上是作为一种生产组织模式，或者是一种管理方式，但在运作时却表现出很多的如同一个企业的实体特性，比如作为一个整体与其他供应链竞争、有统一的计划、与外界的边界等。笔者曾经撰文将供应链归结为经济实体。这一思想在许多文献中表露出来，但没有形成广泛的共识，因此要普遍接受它还有待时日。但不管怎么说，供应链作为一个许多企业的集合体或联盟是公认的。

我们知道，关于企业的法律非常的多，主要有国有企业法、集体企业法、公司法、独资企业法和合伙企业法等。那么，相同地，供应链也需要得到法律的承认、需要法律来规范，即供应链的法律定位问题。

在一个法制社会，任何活动没有法律的规范是不可想像的。但是到如今仍然没有关于供应链的法律。在解决供应链的问题时更多的是借用关于企业的法律，或是将企业法延伸至供应链层次。但是这种做法毕竟有它的许多局限性。因此，必须解决供应链的法律定位问题，并使供应链得到法律的认可。

(五)供应链在不同国家法域的协调问题

供应链的全球化已经是客观事实了，供应链的运作涉及许多国家，跨越众多法域。国家的不同，政策、法律就不同。每个国家都有自己的海关，都有自己的关税政策。供应链是众多企业一体化的产物，不能因为国界的阻隔和法域的障碍而固守自闭。供应链的正常运行必须面对这些现实问题。

前些年，一些国际集团利用某些发展中国家对保税区的特殊政策进行合法逃税。这些集团先在某国的保税区设立一个企业，然后以母公司无利润的极低价格将产品卖给这家企业进行交易，再以一个非常高的价格买回这些产品或加工后的产品。这样，母公司根本不赢利，只需交纳非常少的税或者根本不交纳任何税；而保税区的企业赢利极高，但由于保税区免税政策也不用交纳税，从而达到逃税的目的。

1994 年在我国南方曾发生过版权与国际走私法相联系的一个案例。一部在境外创作完成的职务作品在境内未经授权被使用。这时境外的作者到境内来主张权利。依照我国著作权法，该作品的版权可以属于该作者；而依该境外版权法，职务作品的版权属于单位，该作者根本就不是版权人。

按照供应链的优化成本和资源原则，美国所有的商用卫星都应当在中国发射，因为中国卫星发射成本最低。但是，美国政府多次阻止了美国的卫星或者美国为其他国家制造的卫星在中国发射，因为美国怕中国得到它的某些核心技术。

第五节　供应链企业合作的具体合作模式

一、供应链企业之间合作的策略模式

供应链企业之间的合作策略模式可以根据其合作的时间长短和关系密切程度分为长期战略性合作、短期临时性合作、中期策略性合作。

(一)长期战略性合作模式

供应链企业强调企业之间的战略性合作关系，考虑供应链的战略问题，认为它是趋向于操作性的。但是如果不考虑供应链的战略问题，可能会导致成本和服务之间产生不平衡，开发供应链管理的机会将丧失，企业也将得不到竞争优势，不可能获得长远利益。所以必须从长远的观点、战略的观点来考虑供应链管理问题。特别是战略合作伙伴关系应引起重视。

在战略合作模式中，通过与合作伙伴的战略合

作,使得双方把自己的资源投入到共同的任务(诸如共同的开发研究)之中,这样不仅可以使企业分散开发新产品的风险,同时,也使企业可以获得比单个企业更高的创造性和柔性。

通常形成战略合作关系的企业之间主要是为了实现在产品、资本、研究开发市场、销售等方面的互补优势。前面提到的 Altera 公司与竞争者 Intel 公司的合作就是一个最好的例证。Altera 公司是一个高密 CMOS 逻辑设备的领头企业,当时它有了一个新的产品设想,但是它没有其中硅片的生产能力,而作为其竞争者的 Intel 公司能生产,因此,他们达成一个协议:Intel 公司为 Altera 公司生产这种硅片,而 Altera 公司授权 Intel 公司生产和出售 Altera 的新产品。这样两家都通过合作获得了单独所不可能获得的竞争优势,Altera 获得了 Intel 的生产能力,而 Intel 获得了 Altera 的新产品的相关利益。

尤其在高科技领域,企业要获得竞争优势,企业必须尽可能小而有柔性,并尽可能地在合作过程中与其他企业采用长期的战略性合作模式。

(二)短期临时性合作

一些企业在完全控制他们的主导产品生产过程的同时,会外包一些诸如自助餐厅、邮件管理、门卫等辅助性、临时性的服务,从而在企业之间形成一种短期临时性的合作模式。临时性合作模式的优势在企业需要有特殊技能的职工或需要短期的设备或资源而又不需永久拥有,或在企业有超额工作时尤为显著。这样企业可以缩减过量的经常性开支,降低固定成本,同时提高劳动力的柔性,提高生产率。

(三)中期策略性合作

介于以上两种模式之间的是一种中期的策略性合作模式。合作的规模比长期战略性合作小,但是比短期临时性合作大,是基于一定项目的合作。在这种情况下企业间的合作一般不考虑长期的战略性影响。在市场产生一定的市场需求时,需要企业之间形成一定的策略性合作,企业之间采用中期的策略性合作模式,以应对急剧变化的市场机会,在市场需求消失后,这种合作即告结束。这也是这种合作模式动态性的特点,供应链企业会在不同市场需求环境下不断更换合作对象,这也是导致供应链的动态性的原因之一。

合作策略模式的选择对于企业的长期发展战略具有重要影响。例如,据报道,肯德基新推出的"墨西哥鸡肉卷"在中国近 700 家餐厅一上市,就大受欢迎。但是令人遗憾的是,这个看似简单的洋肉卷除调料"莎莎酱"进口外,连外面那层薄薄的面皮也要进口。实际上,肯德基一直在致力于在国内寻找供应商,不过在整个中国却找不到一家合格的面皮供应商。因为所有的面皮都要做到大小、厚度、规格、韧性、温度控制一模一样,而且要求保证每日的供应数量、质量持续和长期稳定,其背后更深层次的要求是供应商整个生产过程的所有环节和物流过程标准、高效、精确和安全,因而要求供应商要有长期的战略考虑。这对国内面皮供应商而言是一个很好的机会,但遗憾的是,国内很多供应商更看重的是短期利润,不能致力于长期的标准和稳定发展,不愿下功夫整合供应链系统,因此肯德基在国内找不到合适供应商的情况下,不得不从美国和澳大利亚进口面皮。国内面皮供应商与肯德基再次失之交臂。

二、供应链企业合作的运作模式

从代理实体的角度来看,供应链企业合作运作模式可以表现为以下几种形式:

(一)一对一

一对一即一个委托企业与一个代理企业合作,比如一个供应商只为一个制造商提供原材料的合作。在供应链管理中,强调下游企业尽可能减少上游企业(制造商要求尽可能少而精的供应商),在增强相互之间信任度的基础上,以减少管理的复杂性和难度。这种模式下的合作,企业的声誉以及相互之间的信任是极其重要的。

(二)一对多

一对多即一个委托企业与多个代理企业合作。多个代理企业可能是同一种零部件的供应商,也可以是不同零部件的供应商,就是说在供应链中处于不同的层次,相对管理难度大。对于同一零部件有几个代理企业,相互之间的利益分配与平衡等问题是值得重视的难点。

(三)多对一

多对一即多个委托企业与一个代理企业合作。例如著名的博世公司就是既作为奥迪公司的代理企业,又作为奔驰公司的代理企业,分别为他们提供零部件。在这种模式下，委托企业对于代理企业的信息管理的要求比较高，信息冲突与泄密等问题必须处理好。

（四）多对多

即多个委托企业与多个代理企业合作；这是以上几种模式的交叉组合，管理难度最大，激励—约束机制的设置因企业之间的交叉而更为复杂。

三、基于 Agent 的供应链环境下企业合作模式

前面第三章第三节已经论述了供应链是人—信息—组织集成的超智能体。在这样一种情况下，供应链企业可以看做是一个个的代理（Agent），它是在供应链环境下能独立自主运行的实体，它具有自己的知识、目标和能力。企业之间的合作也可以看做是代理实体之间的合作。我们把供应链企业看做代理实体来研究供应链企业之间的合作关系及其合作模式。图 1—3—13 具体地描述了基于多代理（Agent）集成的供应链模式。

Agent 是将推理机制与知识表示相结合的能动实体，在一定环境下能独立自主地运行，作用于环境也受环境的影响，且能不断地从环境中获取知识以提高自己的能力，具有知识、目标和能力。即 Agent 具有知识和知识获取与应用的能力、有与环境进行通讯的能力及达到目标的事物处理的方法。

在知识经济和信息经济迅速发展的今天，企业在供应链的合作过程中，越来越体现智能体的特征，所以我们将企业作为 Agent 实体来研究企业之间的合作关系。单个企业可以看做是在供应链中的一个功能实体，比如，制造 Agent、装配 Agent、销售 Agent 等。而企业 Agent 的结构可以表示为如图 1—4—15 所示。

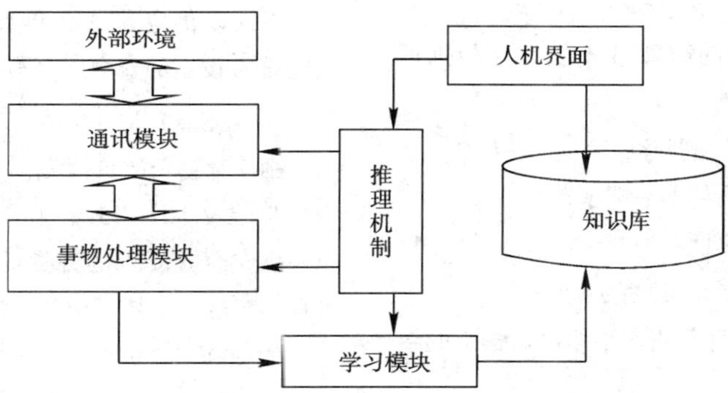

图 1—4—15　Agent 的一般结构模型

企业通过通讯模块与外部企业发生联系，进行企业之间的合作，从而整个供应链形成为一个多 Agent 系统，是由基于 Internet 上耦合的 Agent 构成的，在不同的企业合作模式下，其结构和耦合程度也是不同。图 1—4—16 是一个基于多 Agent 集成的供应链企业合作的分布结构模型。

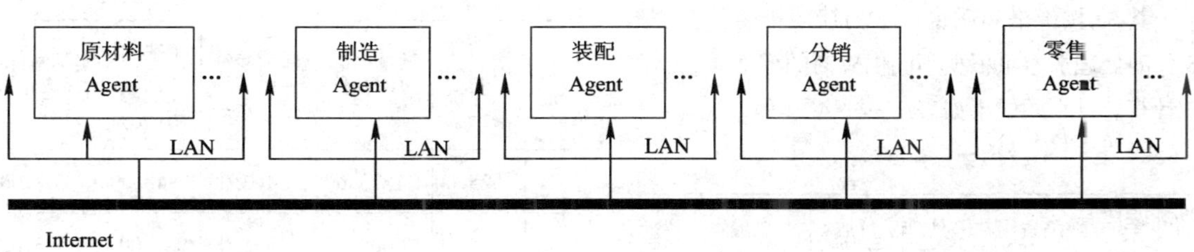

图 1—4—16　Internet 上的 Agent 的供应链合作的分布结构

第六节　案　例

一、供应商总运作成本评价案例

本案例是关于 3 个供应商总运作成本比较评价的。总运作成本包括价格、质量、交货期等方面的要素。这个比较分析来源于一个意大利的中等机械制造企业的供应链。

（一）案例背景

该企业生产的机器上有一种零件需要从供应链上的其他企业购进,年需求量为 10 000 件。有 3 个供应商可以提供该种零件,它们的价格不同,3 个供应商提供的零件的质量也有所不同。另外,这 3 个供应商的交货提前期、提前期的安全期及要求的采购批量均不同。详细的数据见表 1—4—3。

表 1—4—3　三个供应商的基本数据

供应商	价格(元/件)	合格品率	提前期(周)	提前期的安全期(周)	采购批量(件)
A	9.50	88%	6	2	2 500
B	10.00	97%	8	3	5 000
C	10.50	99%	1	1	200

如果零件出现缺陷,需要进一步处理才能使用。每个有缺陷的零件处理成本为 6 元,主要是用于返工的费用。

为了比较分析评价的结果,共分为 3 个级别评价供应成本和排名:

第一级:仅按零件价格排序;

第二级:按价格＋质量水平排序;

第三级:按价格＋质量水平＋交货时间排序。

(二)供应商供货绩效及排序分析

首先按第一个级别即价格水平排序。排出的结果如下:

供应商	单位价格(元/件)	排名
A	9.50	1
B	10.00	2
C	10.50	3

其次,按价格和质量成本的绩效排名。有缺陷零件的处理成本可根据不同供应商的零件质量水平来计算。排出的结果如表 1—4—4。

表　1—4—4

供应商	缺陷率	缺陷费用(元/年)	缺陷处理成本(元)	质量成本(元/件)	总成本(元/件)	排名
A	12%	1 200.00	7 200.00	0.72	9.50＋0.72＝10.22	2
B	3%	300.00	1 800.00	0.18	10.00＋0.18＝10.18	1
C	1%	10.00	600.00	0.06	10.50＋0.06＝10.56	3

最后,综合考虑价格、质量和交货时间的因素,评价供应商的运作绩效。交货期长短的不同主要会导致库存成本的不同。主要考虑下列一些因素:交货提前期、提前期的安全期、允许的最小采购批量、考虑缺陷零件增加的安全量(补偿有缺陷零件的额外库存)。

该企业用下列方式计算考虑提前期和安全库存的数量:

$$安全库存(SS)=K\cdot s\cdot\sqrt{LT+LTS}$$

式中　K——根据质量可靠性(95%)确定的系数,取 $K=1.64$;

s——标准偏差,在这里取 $s=80$,即每周的零件数量偏差为 80 件;

LT——交货提前期;

LTS——交货提前期的安全期。

下面以供应商 A 为例计算库存相关费用。给供应商 A 设定的安全库存为:

$$SS=1.64\times 8\times\sqrt{6+2}=371(件)$$

则库存物资的价值为:

371×9.50＝3 575.00(元)

供应商 A 要求的订货批量为 2 500 件,由订货批量引起的成本按下面的方法计算:

(2 500/2)×9.50＝11 875.00(元)

用于预防有缺陷零件的成本是根据缺陷率和零件的总的库存价值计算的,即:

(3 575.00＋11 875.00)×12%＝1 848.00(元)

综合以上结果,得到表 1—4—5。

表　1—4—5

供应商	提前期引起的库存价值(元)	批量引起的库存价值(元)	总库存价值(元)	年缺陷零件造成的费用(元)	实际总库存成本(元)
A	3 525.00	1 1875.00	15 400.00	1 848.00	17 248.00
B	4 352.00	25 000.00	29 532.00	881.00	30 233.00
C	1 377.00	1 050.00	2 427.00	24.00	2 451.00

与零件库存有关的维持费用,如库房租赁费、货物保险费等,按库存价值的 25% 计算(这个系数根据企业的不同而不同)。计算结果如表 1—4—6。

表 1—4—6

供应商	实际总库存价值(元)	维持费用(元)	单位零件成本(元/件)
A	17 148.00	4 312.00	0.43
B	30 233.00	7 558.00	0.76
C	2 451.00	612.00	0.06

那么,根据价格、质量成本、交货期的综合评价结果为表 1—4—7。

表 1—4—7

供应商	价格(元/件)	质量成本(元/件)	交货期成本(元/件)	总成本(元/件)	排序
A	9.50	0.72	0.43	10.65	2
B	10.00	0.18	0.76	10.94	3
C	10.50	0.06	0.06	10.62	1

(三)结论

结论已经很明显。通过对三家供应商的供货运作绩效的综合评价,在价格、质量、交货时间及订货批量方面,供应商 C 最有优势,最后选择供应商 C 为供应链上的合作伙伴。

二、供应链合作伙伴关系及合作伙伴的选择案例

(一)克莱斯勒公司(Chrysler Corporation)与洛克维尔公司(Rockwell)之间的长期合作伙伴关系

克莱斯勒公司与洛克维尔公司达成一项协议,两个公司将在汽车的设计阶段进行紧密的合作。洛克维尔公司负责总装厂与零部件厂的计算机控制部分的设计。如果计算机控制与汽车的设计不匹配,就会影响到汽车的质量和汽车进入市场的时间。根据协议,洛克维尔公司是为克莱斯勒公司的总装、冲件、焊接、电力设备等部门设计计算机控制的独家公司,他们之间是一种相互依赖的合作关系。他们(汽车制造商与计算机控制供应商)之间的合作是汽车行业内的首次。两个公司的工程师在汽车设计阶段的紧密合作中,洛克维尔公司的工程师设计开发相关计算机控制软件,以便能与克莱斯勒公司的工程师同时设计控制系统和整个汽车。计算机控制是汽车制造过程中的重要部分,合作双方都希望能够尽可能地实现降低成本、缩短制造周期等目标,而且缩短进入市场的周期是克莱斯勒公司保持竞争优势的主要目标,以前的周期是 26～28 周,目标是将它缩短至 24 周,克莱斯勒公司希望能通过与洛克维尔公司的合作而实现这个目标。

(二)北美金属行业企业之间的合作伙伴关系

北美金属行业的企业之间正在形成一种高度集成化的合作联盟,包括制造商、分销商和最终用户,构成一条供应链。他们之间逐渐加强的信任关系在金属行业产生巨大影响。金属制造商可以直接与最终用户对话,从而在他们之间形成一种新的解决问题和满足用户需求的途径。制造商与分销商之间的联盟或紧密的合作关系也使这成为可能。他们之间的这样一种紧密的合作关系是为了更好地了解掌握用户的需求,并共同合作满足这些需求。显然,用户对于特殊金属材料(具有特殊工艺)的需求是制造商与分销商之间合作关系的驱动力之一。分销商也为最终用户提供诸如库存管理、成本分析服务、采购、长期计划协助等服务。整个供应链上的企业都为了给最终用户带来最大化的价值而紧密的合作在一起。

(三)本田公司(Honda)与其供应商的合作伙伴关系

位于俄亥俄州的本田美国公司,强调与供应商之间的长期战略合作伙伴关系。本田公司总成本的大约 80%都是用在向供应商的采购上,这在全球范围是最高的。因为它选择离制造厂近的供应源,所以与供应商能建立更加紧密的合作关系,能更好地保证 JIT 供货。制造厂库存的平均周转周期不到 3 h。

1982 年,27 个美国的供应商为本田美国公司提供价值 1 400 万美元的零部件,而到了 1990 年,有 175 个美国的供应商为它提供超过 22 亿美元的零部件。大多数供应商与它的总装厂距离不超过 241.4 km(150 mile)。在俄亥俄州生产的汽车的零部件本地率达到 90%(1997 年),只有少数的零部件来自日本。强有力的本地化的供应商支持是本田公司成功的原因之一。

在本田公司与供应商之间是一种长期相互信赖的合作关系。如果供应商达到本田公司的业绩标准就可以成为它的终身供应商。本田公司也在以下几个方面提供支持帮助,使供应商成为世界一流的供应商:

(1)2名员工协助供应商改善员工管理;

(2)40名工程师在采购部门协助供应商提高生产率和质量;

(3)质量控制部门配备120名工程师解决进厂产品和供应商的供应质量问题;

(4)在塑造技术、焊接、模铸等领域为供应商提供技术支持;

(5)成立特殊小组帮助供应商解决特定的难题;

(6)直接与供应商上层沟通,确保供应商的高质量供应;

(7)定期检查供应商的运作情况,包括财务和商业计划等;

(8)外派高层领导人到供应商所在地工作,以加深本田公司与供应商相互之间的了解和加强相互之间的沟通。

本田与Donnelly公司的合作关系就是一个很好的例子。本田美国公司从1986年开始选用Donnelly为它生产全部的车内玻璃,但当时Donnelly的核心能力就是生产车内玻璃,随着合作的加深,相互的关系越来越密切(部分原因是相同的企业文化和价值观),本田公司开始建议Donnelly生产外玻璃(这不是Donnelly的强项)。在本田公司的帮助下,Donnelly建立了一个新厂生产Honda的外玻璃。他们之间的交易额在第一年为500万美元,到1997年就达到6 000美元。

在俄亥俄州生产的汽车是本田公司在美国销量最好、品牌忠诚度最高的。事实上,它在美国生产的汽车已经部分返销日本。本田公司与供应商之间的合作关系无疑是它成功的关键因素之一。

(四)通过互联网寻找合作伙伴

在选择合作伙伴的过程中,利用互联网作为信息源可以节约大量的时间。虽然目前企业仍然对通过Internet发送订单的安全性存在一定的怀疑,但是不可否认,Internet提供了大量的关于合作伙伴(不管是供应商还是需求方)的免费信息。关于供应商的生产和服务信息能被有效及时的收集,从而使Internet成为合作伙伴评价与选择中的有效工具。在Mercury Computer Systems工作的乔治利用Internet来寻找供应商和评价其综合实力,他说他愿意通过Internet下订单,但是必须得到加密软件的保证。

(五)柯达公司(Kodak)选择尽可能少的供应商

1993年,柯达公司成立了一支由采购人员和工程人员组成的小组,负责统一在世界各地的所有柯达生产厂对控制系统的使用和采购情况。控制系统控制整个生产的工艺流程,尤其是那些高度自动化的工厂。在选择供应商的过程中,柯达公司选择尽可能少的供应商,而且小组偏重于考察控制系统的寿命周期成本而不是单位成本。寿命周期成本包括隐性成本和显性成本,隐性成本包括培训、工程、零部件、维修、可靠性等方面的成本,柯达公司估计隐性成本是单位成本的2.5倍。小组将在全球范围内选择供应商。小组首先对现有的控制系统供应商进行评价,主要调查对产品、服务、潜在的成本降低能力、全球竞争能力、战略导向等问题的观点。然后据此对潜在的供应商进行评价,将供应商分为3类:世界一流供应商、首选的的供应商和淘汰的供应商。根据合作目标选择尽可能少的供应商进行合作。这种选择供应商的方法,已经帮助柯达公司降低了花费在控制系统上大约25%的总成本,尤其是对于柯达公司的小型生产厂,实现了控制系统安装周期的缩短、供应商允诺持续更新、地方分销商愿意持有闲置部件、供应商在设计早期参与等。

第五章　供应链管理环境下的生产计划与控制

供应链管理思想对企业的最直接和最深刻的影响是企业家决策思维方式的转变:从传统、封闭的纵向思维方式向横向、开放思维方式转变。生产计划与控制是企业管理主要内容之一,供应链管理思想无疑会对此带来很大的影响。与传统的企业生产计划与控制方法相比,在信息来源、信息的集成方法、计划的决策模式、计划的运行环境、生产控制的手段等许多方面,供应链管理模式下的生产计划与控制方法都有显著不同,本章对这个问题进行了深入的分析和探讨,研究了适应供应链管理模式的生产计划与控制的新方法。

本章首先分析了传统生产计划与控制方法与供应链管理思想的差距，进而分析供应链管理对生产计划与控制提出的新要求。根据供应链管理的要求提出了一个适应供应链管理环境的新的生产计划与控制总体模型，分析了该模型的特点。在生产控制方面，提出了以增加信息共享与信息交流为目的的协调控制策略：信息跟踪机制。最后简要介绍了一种面向供应链管理的生产管理软件系统。

第一节 现行生产计划与控制和供应链管理思想的差距

一、概　　述

前几章我们探讨了供应链管理及供应链的构建等问题，现在把目光转移到供应链管理运作中另一个焦点问题——现行生产计划与控制和供应链管理思想的差距上来。供应链管理思想对企业管理的最大影响是对现行生产计划与控制模式的挑战，因为企业的经营活动是以顾客需求为动力驱动的、以生产计划与控制活动为中心而展开的，只有通过建立面向供应链管理的生产计划与控制系统，企业才能真正从传统的管理模式转向供应链管理模式。我们探讨现行生产计划与控制模式与供应链管理思想的差距，目的就是要找出现行生产计划与控制模式和供应链管理思想不相适应的地方，从而提出新的适应供应链管理的生产计划与控制模式，为供应链管理运行机制的建立提供保证。

传统的企业生产计划是以某个企业的物料需求为中心展开的，缺乏和供应商的协调，企业的计划制定没有考虑供应商以及分销商的实际情况，不确定性对库存和服务水平影响较大，库存控制策略也难以发挥作用。供应链上任何一个企业的生产和库存决策都会影响供应链上其他企业的决策，或者说，一个企业的生产计划与库存优化控制不但要考虑企业内部的业务流程，更要从供应链的整体出发，进行全面的优化控制，跳出以某个企业物料需求为中心的生产管理界限，充分了解用户需求并与供应商在经营上协调一致，实现信息的共享与集成，以顾客化的需求驱动顾客化的生产计划，获得柔性敏捷的市场响应能力。

二、现行生产计划与控制模式与供应链管理思想的差距

现行生产计划与控制模式和供应链管理思想的差距主要表现在如下几个方面：

(一)决策信息来源的差距(多源信息)

生产计划的制定要依据一定的决策信息，即基础数据。在传统的生产计划决策模式中，计划决策的信息来自两个方面，一方面是需求信息，另一方面是资源信息。需求信息又来自两个方面，一个是用户订单，另一个是需求预测。通过对这两方面信息的综合，得到制定生产计划所需要的需求信息。资源信息则是指生产计划决策的约束条件。在以后的讨论中，我们将看到供应链管理环境下需求信息和企业资源的概念和传统概念下是不同的。信息多源化是供应链管理环境下的主要特征，多源信息是供应链环境下生产计划的特点。另外，在供应链环境下资源信息不仅仅来自企业内部，还来自供应商、分销商和用户。约束条件放宽了，资源的扩展使生产计划的优化空间扩大了。

(二)决策模式的差距(决策群体性、分布性)

传统的生产计划决策模式是一种集中式决策，而供应链管理环境下生产计划的决策模式是分布式的、群体决策过程。基于多代理的供应链系统是立体的网络，各个节点企业具有相同的地位，有本地数据库和领域知识库，在形成供应链时，各节点企业拥有暂时性的监视权和决策权，每个节点企业的生产计划决策都受到其他企业生产计划的决策的影响，需要一种协调机制和冲突解决机制。当一个企业的生产计划发生改变时需要其他企业的计划也做出相应的改变，这样供应链才能获得同步化的响应。

(三)信息反馈机制的差距(递阶、链式反馈与并行、网络反馈)

企业的计划能否得到很好的贯彻执行，需要有效的监督控制机制作为保证。要进行有效的监督控制必须建立一种信息反馈机制。传统的企业生产计划的信息反馈机制是一种链式反馈机制，也就是说，信息反馈是企业内部从一个部门到另一个部门的直线性的传递，因为递阶组织结构的特点，信息的传递一般是从底层向高层信息处理中心(权力中心)反馈，形成和组织结构平行的信息递阶的传递模式。

供应链管理环境下企业信息的传递模式和传统企业的信息传递模式不同。以团队工作为特征的多代理组织模式使供应链具有网络化结构特征，因此供应链管理模式不是递阶管理，也不是矩阵管理，而是网络化管理。生产计划信息的传递不是沿着企业内部的递阶结构（权力结构）而是沿着供应链不同的节点方向（网络结构）传递。为了做到供应链的同步化运作，供应链企业之间信息的交互频率也比传统的企业信息传递频率大得多，因此应采用并行化信息传递模式。

（四）计划运行环境的差异（不确定性、动态性）

供应链管理的目的是使企业能够适应剧烈多变的市场环境需要。企业置身于这样一个复杂多变的环境中，增加了影响企业生产计划运行的外界环境的不确定性和动态性。供应链管理环境下的生产计划是在不稳定的运行环境下进行的，因此要求生产计划与控制系统具有更高的柔性和敏捷性，比如提前期的柔性、生产批量的柔性等。传统的 MRPⅡ就缺乏柔性，因为它以固定的环境约束变量应付不确定的市场环境，这显然是不行的。供应链管理环境下的生产计划涉及的多是订单化生产，这种生产模式动态性更强。因此供应链管理环境下的生产计划与控制要更多地考虑不确定性和动态性因素，使生产计划具有更高的柔性和敏捷性，以使企业能对市场变化做出快速反应。

第二节　供应链管理环境下的企业生产计划与控制的特点

一、概　述

供应链是一个跨越多厂家、多部门的网络化组织，一个有效的供应链企业计划系统必须保证企业能快速响应市场需求。有效的供应链计划系统集成企业所有的计划和决策业务，包括需求预测、库存计划、资源配置、设备管理、渠道优化、生产作业计划、物料需求与采购计划等。供应链是由不同的企业组成的企业网络，有紧密型的联合体成员，有协作型的伙伴企业，有动态联盟型的战略伙伴。作为供应链的整体，以核心企业为龙头，把各个参与供应链的企业有效地组织起来，优化整个供应链的资源，以最低的成本和最快的速度生产最好的产品，最快地满足用户需求，以达到快速响应市场和用户需求的目的。这是供应链企业计划的最根本的目的和要求。

供应链企业计划工作需要考虑如下几个方面的问题：

1. 供应链企业计划的方法与工具。供应链企业计划的方法与工具主要有：MRPⅡ，管理 JIT，DRP/LRP。

2. 供应链企业计划的优化方法。供应链企业计划的优化方法可以采用：TOC（Theory of Constraint）理论；线性规划、非线性及混合规划方法；随机库存理论与网络计划模型。

3. 供应链企业的计划类型。根据供应链企业计划对象和优化状态空间，有全局供应链计划和局部供应链计划。

4. 供应链企业计划层次性：根据供应链企业计划的决策空间，分为战略供应链计划、战术供应链计划和运作供应链计划 3 个层次。

二、同步化供应链企业计划的提出

目前许多软件商都在推出供应链管理软件，ERP 是其中最具代表性的一个系统。ERP 是对 MRPⅡ的发展。ERP 的特点在于财务控制和多工厂生产的协调和结合，但 ERP 没能给企业提供周密的供应链计划，在供应链企业的运行动态跟踪上略显不足，因而难以对现实供应链管理系统的运作提供支持。

在当今顾客驱动的环境下，制造商必须具有面对不确定性的事件不断修改计划的能力，要做到这一点，企业的制造加工过程、数据模型、信息系统和通信基础设施必须无缝地连接且实时运作，因而供应链同步化计划的提出是企业最终实现敏捷供应链管理的必然选择。

供应链企业的同步化计划使计划的修改或执行中的问题能在整个供应链上获得共享与支持，物料和其他资源的管理是在实时的牵引方式下进行而不是无限能力的推动过程。

供应链企业同步计划通过改进 MRPⅡ或在 ERP 中加入新的技术来实现，充分利用开放系统的概念，通过集成工具，协同同步化供应链管理。同时，同步化计划能够支持供应链分布、异构环境下的“即插即用”要求。要实现这一点，必须使供应链中的信息达到同步共享。建立在 EDI/Internet 之下的供应链信息集成平台，为供应链企业之间的信息交流提供了共享窗口和交流渠道，同时保证了供应链企业同步化计划的实现。因此，新的供应链企业生产计划与控制系统和组织模型要充分考虑这一特点。

供应链企业的同步化计划的提出是为挑战供应链运行中的约束。供应链运行的约束有来自于采购的约束，有来自于生产的约束，也有来自于销售的约束，这些约束的不良后果会导致"组合约束爆炸"。因此要实现供应链企业的同步化计划，一方面要建立起不同的供应链系统之间的有效通信标准，如CORBA规范、基于因特网的TCP/IP协议等形成信息交流和协作的规范化、标准化等；另一方面要建立起协调机制和冲突管理服务。供应链系统各个代理之间既有同步的协作功能，也有独立的自主功能，当供应链的整体利益和各个代理的各自个体利益相冲突时，必须得到快速的协商解决，供应链的同步化才能得以实现。因此建立分布的协调机制对供应链同步化计划的实现是非常重要的。

要实现供应链的同步化计划，必须建立起代理之间透明的合作机制。供应链企业之间的合作方式主要有同时同地、同时异地、异时同地和异时异地等四种情形。因此供应链企业的合作模式表现为4种模式：同步模式、异步模式、分布式同步模式、分布式异步模式。基于多代理的供应链组织管理模式，实现了由传统的递阶控制组织模式向扁平化网络组织过渡，实现了网络化管理。

三、供应链管理环境下的生产计划

供应链管理环境下的生产计划与传统生产计划有显著的不同，是因为在供应链管理下，与企业具有战略伙伴关系的企业的资源通过物资流、信息流和资金流的紧密合作而成为企业制造资源的拓展。在制定生产计划的过程中，主要面临以下三方面的问题：

（一）柔性约束

柔性实际上是对承诺的一种完善。承诺是企业对合作伙伴的保证，在这一基础上企业间才能具有基本的信任，合作伙伴也因此获得了相对稳定的需求信息。然而，由于承诺的下达在时间上超前于承诺本身付诸实施的时间，因此，尽管承诺方一般来讲都尽力使承诺与未来的实际情况接近，误差却是难以避免。柔性的提出为承诺方缓解了这一矛盾，使承诺方有可能修正原有的承诺。可见，承诺与柔性是供应合同签订的关键要素。

对生产计划而言，柔性具有多重含义：

1. 显而易见，如果仅仅根据承诺的数量来制定计划是容易的。但是，柔性的存在使这一过程变得复杂了。柔性是双方共同制定的一个合同要素，对于需方而言，它代表着对未来的变化的预期；而对供方而言它是对自身所能承受的需求波动的估计。本质上供应合同使用有限的可预知的需求波动代替了可以预测但不可控制的需求波动。

2. 下游企业的柔性对企业的计划产量造成的影响在于：企业必须选择一个在已知的需求波动下最为合理的产量。企业的产量不可能覆盖整个需求的变化区域，否则会造成不可避免的库存费用。在库存费用与缺货费用之间取得一个均衡点是确定产量的一个标准。

3. 供应链是首尾相通的，企业在确定生产计划时还必须考虑上游企业的利益。在与上游企业的供应合同之中，上游企业表达的含义除了对自身所能承受的需求波动的估计外，还表达了对自身生产能力的权衡。可以认为，上游企业合同中反映的是相对于该下游企业的最优产量。之所以提出是相对于该下游企业，是因为上游企业可能同时为多家企业提供产品。因此，下游企业在制定生产计划时应该尽量使需求与合同的承诺量接近，帮助供应企业达到最优产量。

（二）生产进度

生产进度信息是企业检查生产计划执行状况的重要依据，也是滚动制定生产计划过程中用于修正原有计划和制定新计划的重要信息。在供应链管理环境下，生产进度计划属于可共享的信息。这一信息的作用在于：

1. 供应链上游企业通过了解对方的生产进度情况实现准时供应。企业的生产计划是在对未来需求做出预测的基础上制定的，它与生产过程的实际进度一般是不同的，生产计划信息不可能实时反映物流的运动状态。供应链企业可以借助现代网络技术，使实时的生产进度信息能为合作方所共享。上游企业可以通过网络和双方通用的软件了解下游企业真实需求信息,并准时提供物资。这种情况下,下游企业可以避免不必要的库存,而上游企业可以灵活主动地安排生产和调拨物资。

2. 原材料和零部件的供应是企业进行生产的首要条件之一,供应链上游企业在修正原有计划时应该考虑到下游企业的生产状况。在供应链管理下,企业可以了解到上游企业的生产进度,然后适当的调节生产计划,使供应链上的各个环节紧密地衔接在一起。其意义在于可以避免企业与企业之间出现供需脱节的现象,从而保证了供应链上的整体利益。

(三)生产能力

企业完成一份订单不能脱离上游企业的支持,因此,在编制生产计划时要尽可能借助外部资源,有必要考虑如何利用上游企业的生产能力。任何企业在现有的技术水平和组织条件下都具有一个最大的生产能力,但最大的生产能力并不等于最优生产负荷。在上下游企业间稳定的供应关系形成后,上游企业从自身利益出发,更希望所有与之相关的下游企业在同一时期的总需求与自身的生产能力相匹配。上游企业的这种对生产负荷量的期望可以通过合同、协议等等形式反映出来,即上游企业提供给每一个相关下游企业一定的生产能力,并允许一定程度上的浮动。这样,在下游企业编制生产计划时就必须考虑到上游企业的这一能力上的约束。

四、供应链管理环境下生产计划的制定

在供应链管理下,企业的生产计划编制过程有了较大的变动,在原有的生产计划制定过程的基础上增添了新的特点。

(一)具有纵向和横向的信息集成过程

这里的纵向指供应链由下游向上游的信息集成,而横向指生产相同或类似产品的企业之间的信息共享。

在生产计划过程中上游企业的生产能力信息在生产计划的能力分析中独立发挥作用。通过在主生产计划和投入产出计划中分别进行的粗、细能力平衡,上游企业承接订单的能力和意愿都反映到了下游企业的生产计划中。同时,上游企业的生产进度信息也和下游企业的生产进度信息一道作为滚动编制计划的依据,其目的在于保持上下游企业间生产活动的同步。

外包决策和外包生产进度分析是集中体现供应链横向集成的环节。在外包中所涉及的企业都能够生产相同或类似的产品,或者说是在供应链网络上属于同一产品级别的企业。企业在编制主生产计划时所面临的订单,在两种情况下可能转向外包:一是企业本身或其上游企业的生产能力无法承受需求波动所带来的负荷;二是所承接的订单通过外包所获得利润大于企业自己进行生产的利润。无论在何种情况下,都需要承接外包的企业的基本数据来支持企业的获利分析,以确定是否外包。同时,由于企业对该订单的客户有着直接的责任,因此也需要承接外包的企业的生产进度信息来确保对客户的供应。

(二)丰富了能力平衡在计划中的作用

在通常的概念中,能力平衡只是一种分析生产任务与生产能力之间差距的手段,再根据能力平衡的结果对计划进行修正。在供应链管理下的生产计划过程中,能力平衡发挥了以下作用:

1. 为主生产计划和投入产出计划进行修正提供依据,这也是能力平衡的传统作用;

2. 能力平衡是进行外包决策和零部件(原材料)急件外购的决策依据;

3. 在主生产计划和投入产出计划中的所使用的上游企业能力数据,反映了其在合作中所愿意承担的生产负荷,可以为供应链管理的高效运作提供保证;

4. 在信息技术的支持下,对本企业和上游企业的能力状态的实时更新使生产计划具有较高的可行性。

(三)计划的循环过程突破了企业的限制

在企业独立运行生产计划系统时,一般有3个信息流的闭环,而且都在企业内部:

(1)主生产计划—粗能力平衡—主生产计划

(2)投入产出计划—能力需求分析(细能力平衡)—投入产出计划

(3)投入产出计划—车间作业计划—生产进度状态—投入产出计划

在供应链管理下生产计划的信息流跨越了企业,从而增添了新的内容:

(1)主生产计划—供应链企业粗能力平衡—主生产计划

(2)主生产计划—外包工程计划—外包工程进度—主生产计划

(3)外包工程计划—主生产计划—供应链企业生产能力平衡—外包工程计划

(4)投入产出计划—供应链企业能力需求分析(细能力平衡)—投入产出计划

(5)投入产出计划—上游企业生产进度分析—投入产出计划

(6)投入产出计划—车间作业计划—生产进度状态—投入产出计划

需要说明的是,以上各循环中的信息流都只是各自循环所必需的信息流的一部分,但可对计划的某个方面起决定性的作用。

五、供应链管理环境下的生产控制新特点

供应链环境下的企业生产控制和传统的企业生产控制模式不同。供应链管理环境下需要更多的协调机制(企业内部和企业之间的协调),体现了供应链的战略伙伴关系原则。供应链环境下的生产协调控制内容包括如下几项。

(一)生产进度控制

生产进度控制的目的在于依据生产作业计划,检查零部件的投入和出产数量、出产时间和配套性,保证产品能准时装配出厂。供应链环境下的进度控制与传统生产模式的进度控制不同,因为许多产品是协作生产的和转包的业务,和传统的企业内部的进度控制比较来说,其控制的难度更大,必须建立一种有效的跟踪机制进行生产进度信息的跟踪和反馈。生产进度控制在供应链管理中有重要作用,因此必须研究解决供应链企业之间的信息跟踪机制和快速反应机制。

(二)供应链的生产节奏控制

供应链的同步化计划需要解决供应链企业之间的生产同步化问题,只有各供应链企业之间以及企业内部各部门之间保持步调一致时,供应链的同步化才能实现。供应链形成的准时生产系统,要求上游企业准时为下游企业提供必需的零部件。如果供应链中任何一个企业不能准时交货,都会导致供应链不稳定或中断(Breakdown),导致供应链对用户的响应性下降,因此严格控制供应链的生产节奏对供应链的敏捷性是十分重要的。

(三)提前期管理

基于时间的竞争是20世纪90年代一种新的竞争策略,具体到企业的运作层,主要体现为提前期的管理,这是实现QCR、ECR策略的重要内容。供应链环境下的生产控制中,提前期管理是实现快速响应用户需求的有效途径。缩小提前期,提高交货期的准时性是保证供应链获得柔性和敏捷性的关键。对供应商不确定性实施有效控制是供应链提前期管理中的一大难点,目前一般还缺乏这种有效控制,因此,建立有效的供应提前期的管理模式和交货期的设置系统是供应链提前期管理中值得研究的问题。

(四)库存控制和在制品管理

库存在应付需求不确定性有其积极的作用,但是库存又是一种资源浪费。在供应链管理模式下,通过实施多级、多点、多方管理库存的策略,对提高供应链环境下的库存管理水平、降低制造成本有着重要意义。这种库存管理模式涉及的部门不仅仅是企业内部。基于JIT的供应与采购、供应商管理库存(Vendor Managed Inventory,简称VMI)、联合库存(Pooling)管理等是供应链库存管理的新方法,对降低库存都有重要作用。因此,建立供应链管理环境下的库存控制体系和运作模式对提高供应链的库存管理水平有重要作用,是供应链企业生产控制的重要手段。

第三节　供应链管理环境下的生产计划与控制系统总体模型

一、供应链管理环境下的集成生产计划与控制系统的总体构想

在生产计划与控制系统的集成研究中,到目前为止,较完善的理论模型是马士华教授于1995年提出的一个三级集成计划与控制系统模型,即把生产计划(MPS)、物料需求计划(MRP)和作业计划三级计划与订单控制、生产控制和作业控制三级控制系统集成一体。该模型的核心在于提出了制造资源网络和能力状态集的概念,并对如何建立制造资源网络和生产计划提前期的设置提出了相应模型和算法,在MRPII软件开发中运用了这一模型。在集成化供应链的概念没有出现之前,这一理论模型是完善的。但是理论总要随实际需求而不断发展,随着集成供应链管理思想的出现,该模型对资源的概念、能力的概念的界定都没有体现出供应链管理思想，没有体现扩展企业模型的特点。理论的发展和实践都要求我们提出新的体现集成化供应链管理思想的生产计划与控制理论模型，以适应全球化制造环境下的全球供应链管理企业生产管理模式的要求。

（一）供应链管理环境下的生产计划与控制系统中几个概念的新拓展

1．供应链管理对资源(Resource)概念内涵的拓展

传统的制造资源计划 MRPⅡ对企业资源这一概念的界定是局限于企业内部的，并统称为物料(Materials)，因此 MRPⅡ的核心是物料需求计划(MRP)。在供应链管理环境下，资源分为内部资源(In-Source)和外部资源(Out-Source)，因此在供应链环境下，资源优化的空间由企业内部扩展到企业外部，即要从供应链整体系统的角度进行资源的优化。

2．供应链管理对能力(Capacity)概念内涵的拓展

生产能力是企业资源的一种，在 MRPⅡ系统中，常把资源问题归结为能力需求问题，或能力平衡问题。但正如对资源概念一样，MRPⅡ对能力的利用也是局限于企业内部的。供应链管理把资源的范围扩展到供应链系统，其能力的利用范围也因此扩展到了供应链系统全过程。

3．供应链管理对提前期(Lead Time)概念内涵的扩展

提前期是生产计划中一个重要的变量，在 MRPⅡ系统中这是一个重要的设置参数。但 MRPⅡ系统中一般把它作为一个静态的固定值来对待(为了反映不确定性，后来人们又提出了动态提前期的概念)。在供应链管理环境下，并不强调提前期的固定与否，重要的是交货期(Delivery Time)，准时交货，即供应链管理强调准时：准时采购、准时生产、准时配送。

（二）供应链管理环境下生产管理组织模式

在供应链管理环境下，生产管理组织模式和现行生产管理组织模式一个显著的不同就是，供应链管理环境下生产管理是开放性的、以团队工作为组织单元的多代理制的，图1—5—1显示了这种多代

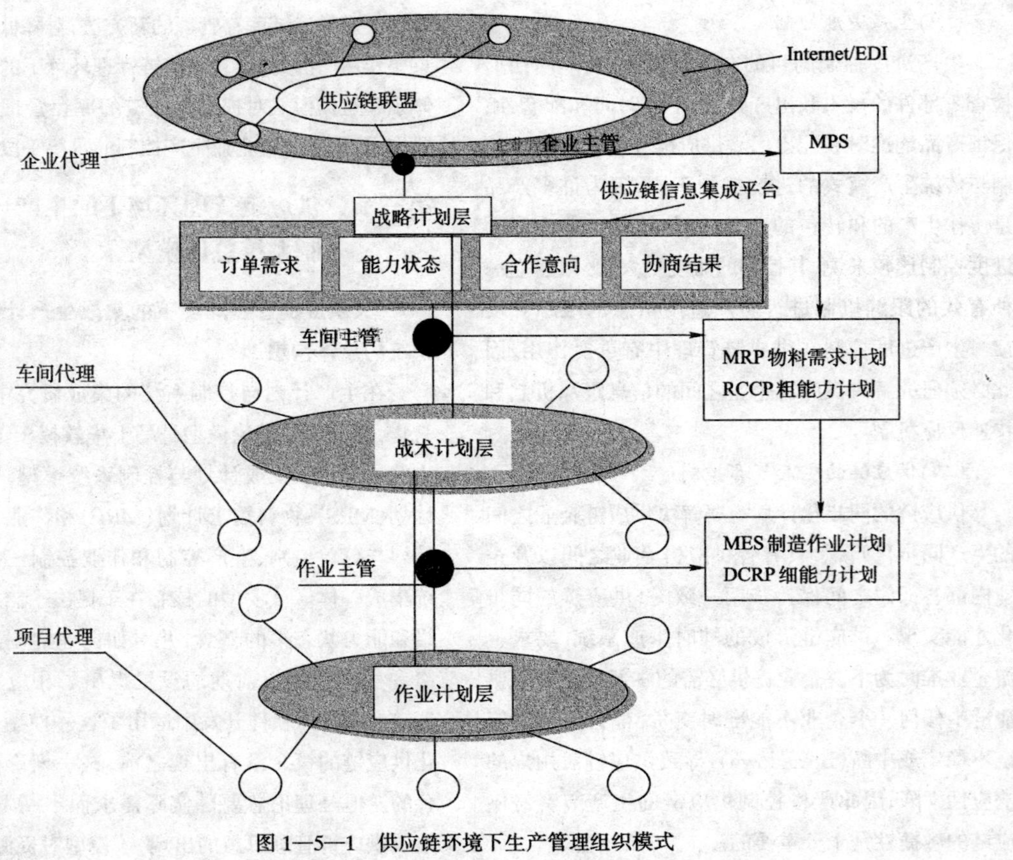

图1—5—1　供应链环境下生产管理组织模式

理制的供应链生产管理组织模式。在供应链联盟中，企业之间以合作生产的方式进行，企业生产决策信息通过EDI/Internet实时地在供应链联盟中由企业代理通过协商决定，企业建立一个合作公告栏（在Internet上），实时地和合作企业进行信息交流。在供应链中要实现委托代理机制，对企业应建立一些行为规则：(1)自勉规则；(2)鼓励规则；(3)激励规则；(4)信托规则；(5)最佳伙伴规则。

企业内部也是基于多代理制的团队工作模式，团队有一个主管负责团队与团队之间的协调。协调是供应链管理的核心内容之一。供应链管理的协调主要有3种形式，即供应—生产协调；生产—分销协调；库存—销售协调。

（三）供应链管理环境下生产计划的信息组织与决策特征

供应链管理环境下的生产计划信息组织与决策过程具有如下几个方面的特征。

1. 开放性

经济全球化使企业进入全球开放市场，不管是基于虚拟企业的供应链还是基于供应链的虚拟企业，开放性是当今企业组织发展的趋势。供应链是一种网络化组织，供应链管理环境下的企业生产计划信息已跨越了组织的界限，形成开放性的信息系统，决策的信息资源来自企业的内部与外部，并与其他组织共享。

2. 动态性

供应链环境下的生产计划信息具有动态的特性，是市场经济发展的必然。为了适应不断变化的顾客需求，使企业具有敏捷性和柔性，生产计划的信息随市场需求的更新而变化，模糊的提前期和模糊的需求量，要求生产计划具有更多的柔性和敏捷性。

3. 集成性

供应链是集成的企业，是扩展的企业模型，因此供应链环境下的企业生产计划信息是不同信息源的信息的集成，集成了供应商、分销商的信息，甚至消费者和竞争对手的信息。

4. 群体性

供应链环境下的生产计划决策过程具有群体特征，是因为供应链是分布式的网络化组织，具有网络化管理的特征。供应链企业的生产计划决策过程是一种群体协商过程，企业在制定生产计划时不但要考虑企业本身的能力和利益，同时还要考虑合作企业的需求与利益，是群体协商决策过程。

5. 分布性

供应链企业的信息来源从地理上是分布的，信息资源跨越部门和企业，甚至全球化，通过Internet/Intranet，EDI等信息通信和交流工具，使企业能够把分布在不同区域和不同的组织上的信息进行有机的集成与协调，使供应链活动同步进行。

二、生产计划与控制总体模型及其特点

根据前面的分析，我们提出供应链管理环境下的生产计划与控制总体模型（见图1—5—2）。

（一）生产计划特点

1. 本模型首次在MRPⅡ系统中提出了基于业务外包和资源外用的生产决策策略和算法模型，使生产计划与控制系统更适应以顾客需求为导向的多变的市场环境的需要。生产计划控制系统更加灵活性，具有更大的柔性，更能适应订货型企业（MTO企业）的需要。

2. 本模型把成本分析纳入了生产作业计划决策过程中，真正体现以成本为核心的生产经营思想。而传统的MRPⅡ系统中虽然有成本核算模块，但作用仅仅是事后结算和分析，并没有真正起到成本计划与控制的作用，这是对MRPⅡ系统的一个改进。

3. 基于该模型的生产计划与控制系统充分体现了本篇提出的关于供应链管理思想，即基于价值增值与用户满意的供应链管理模式。

（二）生产控制模式的特点

在生产控制模式方面，这一模型也有一定的特色：

1. 订货决策与订单分解控制

在对用户订货与订单分解控制决策方面，模型设立了订单控制系统。用户订单进入该系统后，要进行3个决策过程：(1)价格/成本比较分析；(2)交货期比较分析；(3)能力比较分析。最后进行订单的分解决策，分解产生出两种订单（如在管理软件中用不同的工程号表示）：外包订单和自制订单。图1—5—3为订货决策与订单分解控制示意图。

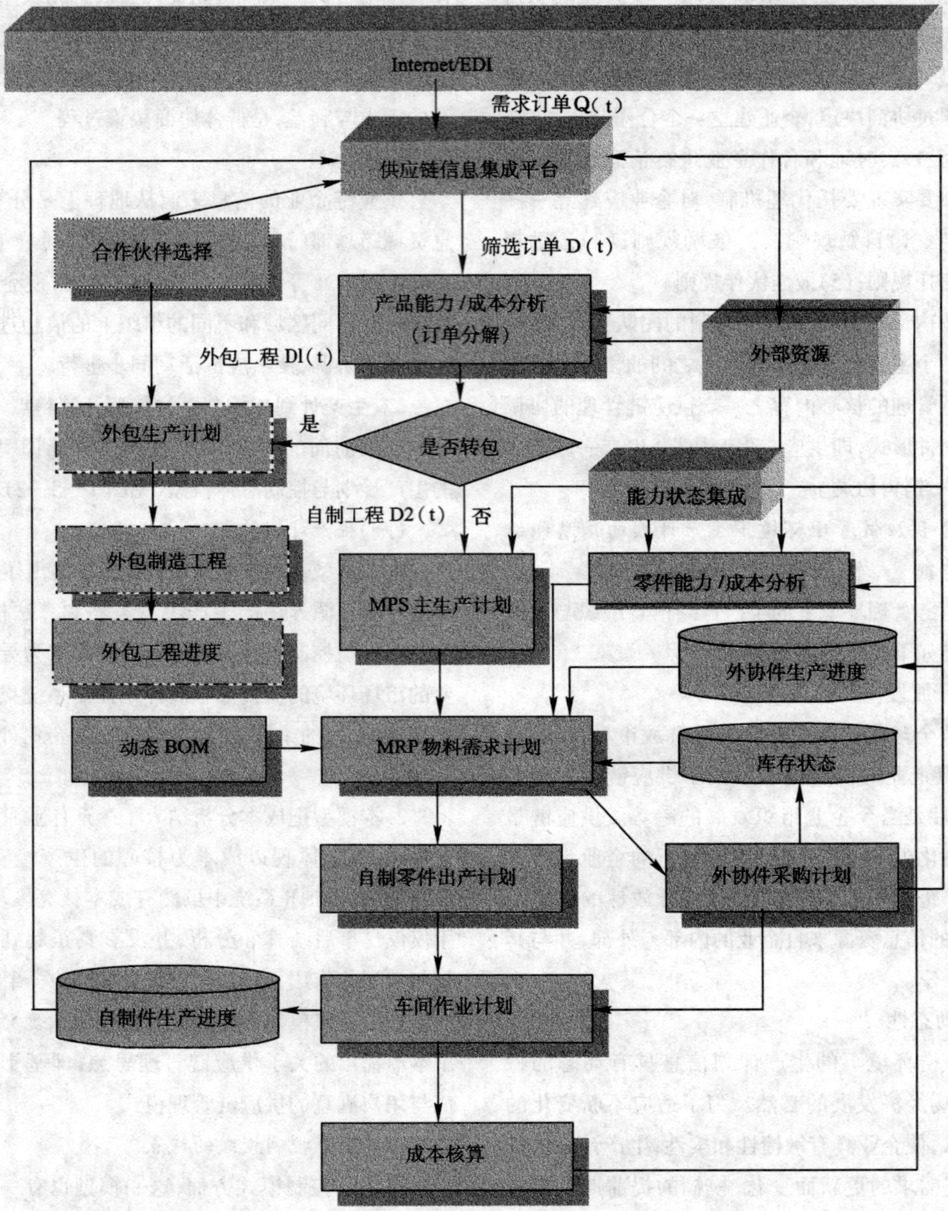

图1—5—2　供应链环境下的集成生产计划与控制总体模型

2. 面向对象的、分布式、协调生产作业控制模式

从宏观上讲，企业是这样的对象体：它既是信息流、物流、资金流的始点，也是三者的终点。对生产型企业对象的进一步分析，企业对象由产品、设备、材料、人员、订单、发票、合同等等各种对象组成，企业之间最重要的联系纽带是"订单"，企业内部及企业间的一切经营活动都是围绕着订单而运作，通过订单驱动其他企业活动，如采购部门围绕采购订单而动，制造部门围绕制造订单而运作，装配部门围绕装配订单而运作，这就是供应链的订单驱动原理。

面向对象的生产作业控制模式从订单概念的形成开始，就考虑了物流系统各目标之间的关系，形成面向订单对象的控制系统。订单在控制过程中，主要完成如下几个方面作用和任务：

(1)对整个供应链过程(产供销)进行面向订单监督和协调检查；

(2)规划一个订单工程的计划完成日期和完成工作量度指标；

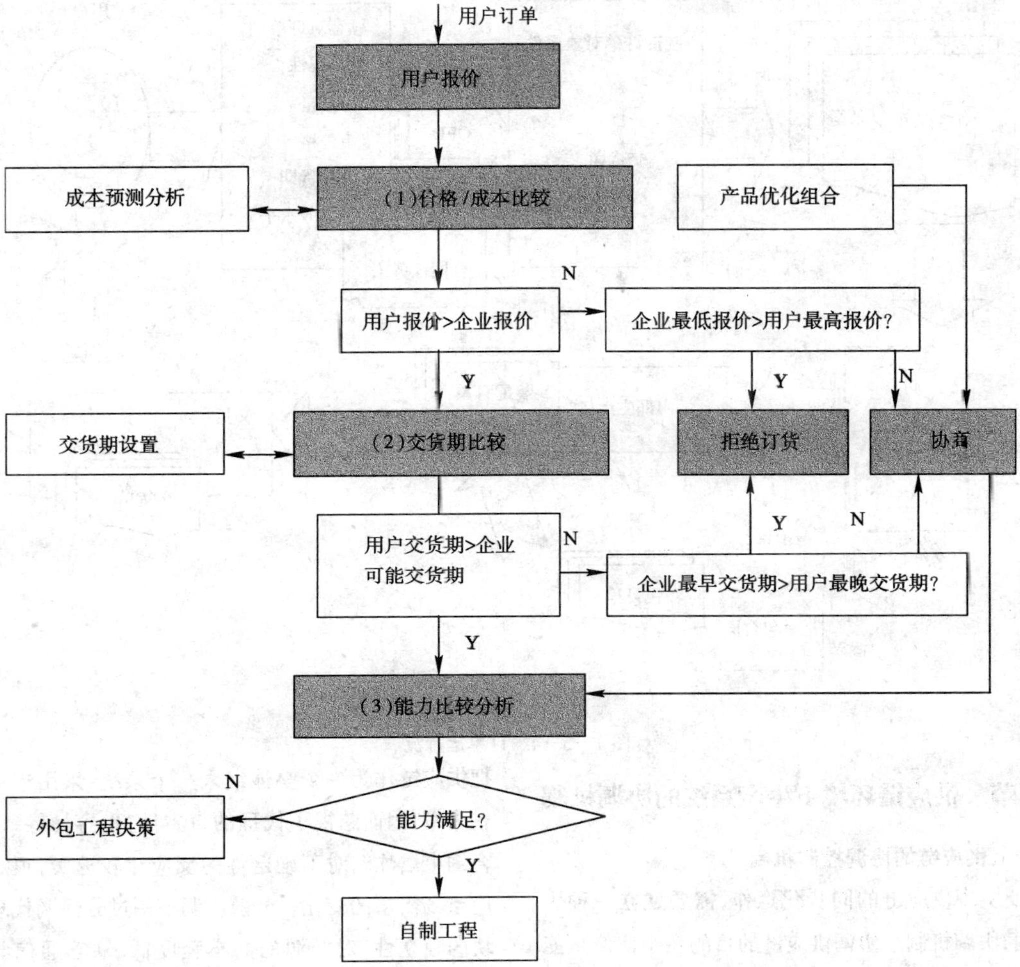

图 1—5—3　订货决策与订单分解流程图

(3)对订单工程对象的运行状态进行跟踪监控；

(4)分析订单工程完成情况，和计划进行比较分析；

(5)根据顾客需求变化和订单工程完成情况提出切实可行的改进措施。

订单控制过程可以用订单运行图简要说明(见图 1—5—4)。

面向对象、分布式、协调生产作业控制模式有如下的特点：

(1)体现了供应链的集成观点，从用户订单输入到订单完成，供应链各部门的工作紧紧围绕订单来运作；

(2)业务流程和信息流保持一致，有利于供应链信息跟踪与维护；

(3)资源的配置原则更为明确统一，有利于资源的合理利用和管理；

(4)顾客需求订单转化为生产计划订单采用模糊预测理论和 QFD 相结合，使生产计划执行更靠近顾客需求；

(5)体现"X"模式的纵横一体化企业集成思想，在供应链的横向以订单驱动的方式，而在纵向则采用 MRP/OPT 基于资源约束的生产控制方法。

供应链环境下这种分布式、面向对象的、协调生产作业控制模式，最主要的特点是信息的相互沟通与共享。建立供应链信息集成平台(协调信息的发布与接受)，及时反馈生产进度有关数据，修正生产计划,以保持供应链各企业都能同步执行。

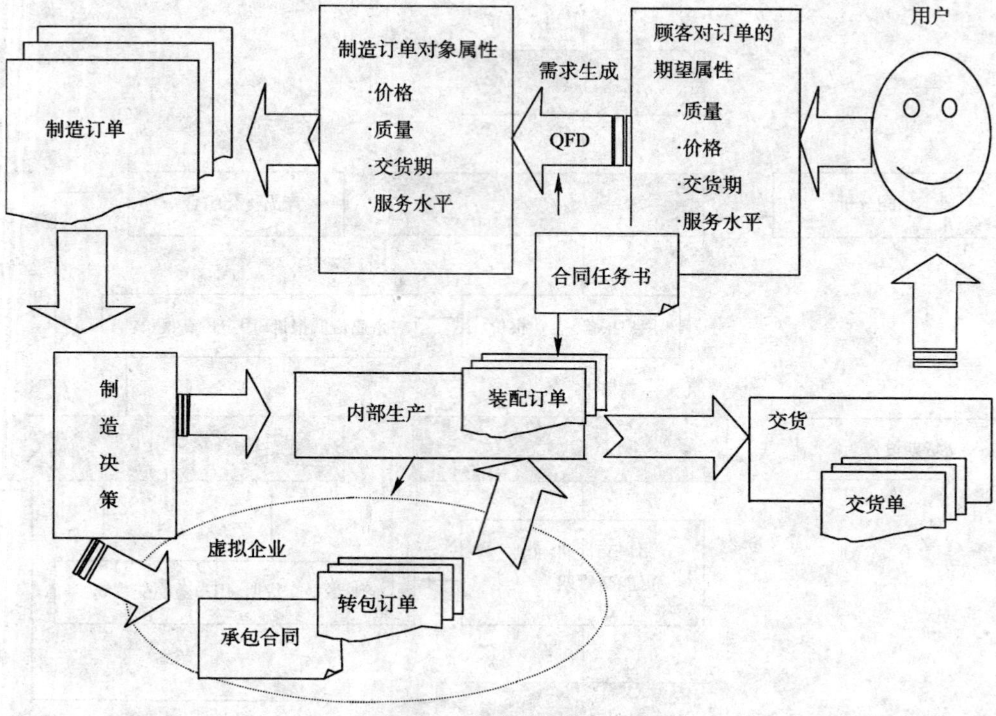

图 1—5—4 订单运行流

第四节 供应链环境下生产系统的协调机制

一、供应链的协调控制机制

要实现供应链的同步化运作,需要建立一种供应链的协调机制。协调供应链的目的在于使信息能无缝(Seamless)地、顺畅地在供应链中传递,减少因信息失真而导致过量生产、过量库存现象的发生,使整个供应链能根据顾客的需求而步调一致,也就是使供应链能同步化响应市场需求变化。

供应链的协调机制有两种划分方法。根据协调的职能可划分为两类:一是不同职能活动之间的协调与集成,如生产—供应协调、生产—销售协调、库存—销售协调等协调关系;另一类是根据同一职能不同层次活动的协调,如多个工厂之间的生产协调。根据协调的内容划分,供应链的协调可划分为信息协调和非信息协调。

二、供应链的协调控制模式

供应链的协调控制模式分为中心化协调、非中心化协调和混合式协调 3 种。中心化协调控制模式把供应链作为一个整体纳入一个系统,采用集中方式决策,因而忽视了代理的自主性,也容易导致"组合约束爆炸",对不确定性的反应比较迟缓,很难适应市场需求的变化。分散协调控制过分强调代理模块的独立性,对资源的共享程度低,缺乏通信与交流,很难做到供应链的同步化。比较好的控制模式是分散与集中相结合的混合模式。各个代理一方面保持各自的独立性运作,另一方面参与整个供应链的同步化运作体系,保持了独立性与协调性的统一。图 1—5—2 和图 1—5—3 就充分体现了这种控制的特点。

三、供应链的信息跟踪机制

供应链各个代理之间的关系是服务与被服务的关系,服务信号的跟踪和反馈机制可使企业生产与供应关系同步进行,消除不确定性对供应链的影响。因此应该在供应链系统中建立服务跟踪机制以降低不确定性对供应链同步化的影响。

供应链的服务跟踪机制提供供应链两方面的协调辅助:信息协调和非信息协调。非信息协调主要指完善供应链运作的实物供需条件,采用 JIT 生产与采购、运输调度等;信息协调主要通过企业之间的生产进度的跟踪与反馈来协调各个企业的生产进度,保证按时完成用户的订单,及时交货。

供应链企业在生产系统中使用跟踪机制的根本目的是保证对下游企业的服务质量。在企业集成化管理的条件下,跟踪机制才能够发挥其最大的作用。跟踪机制在企业内部表现为客户(上游企业)的相关信息在企业生产系统中的渗透。其中,客户的需求信息(订单)成为贯穿企业生产系统的一条线索,成为生产计划、生产控制、物资供应相互衔接、协调的手段。

(一)跟踪机制的外部运行环境

跟踪机制的提出是与对供应链管理的深入研究密不可分的。供应链管理下企业间的信息集成从以下 3 个部门展开:

1.采购部门与销售部门

采购部门与销售部门是企业间传递需求信息的接口。需求信息总是沿着供应链从下游传至上游,从一个企业的采购部门传向另一个企业的销售部门。由于我们讨论的是供应链管理下的销售与采购环节,稳定而长期的供应关系是必备的前提,所以可将注意力集中在需求信息的传递上。

从常用的概念来看,企业的销售部门应该对产品交货的全过程负责,即从订单下达到企业开始,直到交货完毕的全过程。然而,在供应链管理下的战略伙伴关系建立以后,销售部门的职能简化了。销售部门在供应链上下游企业间的作用仅仅是一个信息的接口。它负责接收和管理有关下游企业需求的一切信息。除了单纯意义上的订单外,还有下游企业对产品的个性化要求,如质量、规格、交货渠道、交货方式等等。这些信息是企业的其他部门的工作所必需的。

同销售部门一样,采购部门的职责也得以简化。采购部门原有的工作是保证生产所需的物资供应。它不仅要下达采购订单,还要确保采购的物资保质保量按时入库。在供应链管理下,采购部门的主要工作是将生产计划系统的采购计划转换为需求信息,以电子订单的形式传达给上游企业。同时,它还要从销售部门获取与所采购的零部件和原材料相关的客户个性化要求,并传达给上游企业。

2.制造部门

制造部门的任务不仅仅是生产,还包括对采购物资的接收以及按计划对下游企业配套件的供应。在这里,制造部门实际上兼具运输服务和仓储管理两项辅助功能。制造部门能够完成如此复杂的工作,原因在于生产计划部门对上下游企业的信息集成,同时也依赖于战略伙伴关系中的质量保证体系。

此外,制造部门还担负着在制造过程中实时收集订单的生产进度信息,经过分析后提供给生产计划部门。

3.生产计划部门

在集成化管理中企业的生产计划部门肩负着大量的工作。企业生产计划部门集成了来自上下游生产计划部门、企业自身的销售部门和制造部门的信息。其主要功能有:

(1)滚动编制生产计划的功能。来自销售部门的新增订单信息,来自企业制造部门的订单生产进度信息和来自上游企业的外购物资的生产计划信息,以及来自上游企业的需求变动信息。这四部分信息共同构成了企业滚动编制生产计划的信息支柱。

(2)保证对下游企业的产品供应的功能。下游企业的订单并非一成不变,从订单到达时起,供方和需方的内外环境就一直不断变化着,最终的供应时间实际上是双方不断协调的结果,其协调的工具就是双方不断滚动更新的生产计划。生产计划部门按照最终的协议指示制造部门对下游企业进行供应。这种供应是与下游企业生产计划相匹配的准时供应。由于生产出来的产品不断发往下游企业,制造部门不会有过多的在制品和成品库存压力。

(3)保证上游企业对本企业的供应。这一功能是与上一功能相对应的。生产计划部门在制造部门提供的实时生产进度分析的基础上结合上游企业传来的生产计划(生产进度分析)信息,与上游企业协商确定各批订单的准确供货时间。上游企业将按照约定的时间将物资发送到本企业。采购零部件和原材料的准时供应降低了制造部门的库存压力。

图 1—5—5 为以上几点论述的示意图。

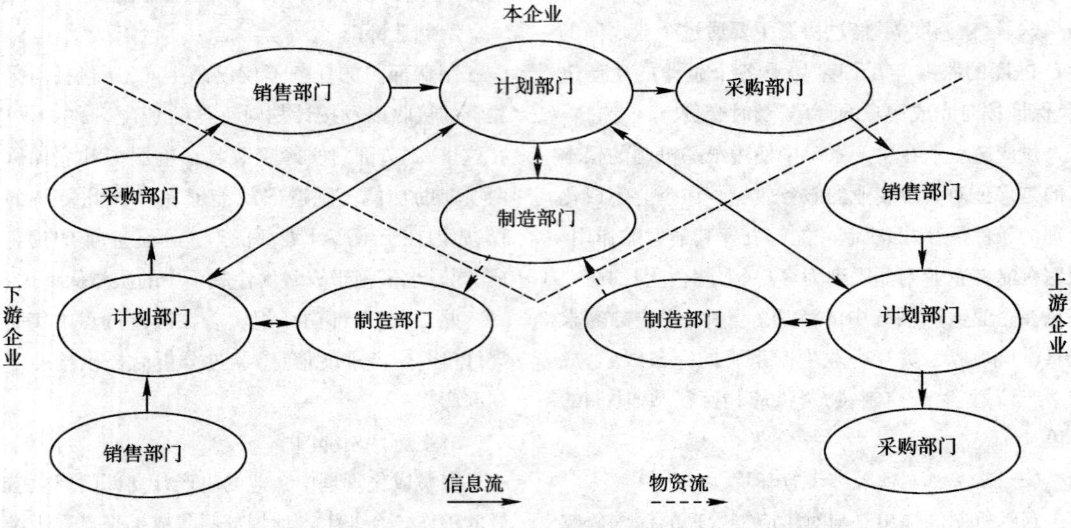

图 1—5—5 跟踪机制运行环境

(二)生产计划中的跟踪机制

1. 在接到下游企业的订单后,建立针对上游企业的订单档案,其中包含了用户对产品的个性化要求,如规格、质量、交货期、交货方式等等具体内容。

2. 主生产计划进行外包分析,将订单分解为外包子订单和自制件子订单。

订单与子订单的关系在于:订单通常是一个用户提出的订货要求,在同一个用户提出的要求中,可能有多个订货项,我们可以将同一订单中不同的订货项定义为子订单。如表 1—5—1 订单据包含了 3 个子订单:

表 1—5—1 一份订单上的 3 个子项信息

产品编号	出产日期	……
A300	1999/07/11	……
A300	1999/07/30	
A3001	1999/07/30	

3. 主生产计划对子订单进行规划,改变子订单在期与量上的设定,但保持了子订单与订单的对应关系。

4. 投入出产计划中涉及跟踪机制的步骤如下:

(1)子订单的分解

结合产品结构文件和工艺文件以及提前期数据,倒排编制生产计划。对不同的子订单独立计算,即不允许进行跨子订单的计划纪录合并。

(2)库存的分配

本步骤与(1)步骤是同时进行的,对计划期内可利用的库存分配给不同的子订单。在库存分配记录上注明子订单信息,保证专货专用。

(3)能力占用

结合工艺文件和设备组文件计算各子订单计划周期内的能力占用。这一步骤使单独评价子订单对生产负荷的影响成为可能。在调整子订单时也无需重新计算整个计划所有记录的能力占用数据,仅需调整子订单的相关能力数据。

(4)调整

结合历史数据对整个计划周期内的能力占用状况进行评价和分析,找出可能的"瓶颈"。对于在一定时间段内所形成的能力"瓶颈",可采取两种办法解决:

① 调整子订单的出产日期和出产数量;

② 将子订单细分为更小的批量,分别设定出产日期和出产数量。当然,必须保持细分后的子子订单与原订单的对应关系。

经过调整的子订单(子子订单)和上一周期计划中未对生产产生实际影响的子订单(子子订单)都可重新进行分解以产生新的计划。

(5)修正

本步骤实际上是在(1)~(4)步骤之前进行的,

它是对前一周期内投入出产计划执行状况的中总结。同通常的计划滚动过程一样，前一周期的生产进度数据和库存数据是必不可少的，不同的是，可以准确的按子订单检查计划的执行状况，同时调整相应子订单的期量设定以适应生产的实际情况。能够完成这一功能的原因在于在整个生产系统中都通过子订单形成了内在的联系。

5. 车间作业计划

车间作业计划用于指导具体的生产活动，具有高度的复杂性，一般难以严格按子订单的划分来调度生产，但可要求在加工路线单上注明本批生产任务的相关子订单信息和相关度信息。在整个生产过程中实时地收集和反馈子订单的生产数据，为跟踪机制的运行提供来自基层的数据。

6. 采购计划

采购部门接收的是按子订单下达的采购信息，他们可以使用不同的采购策略来完成采购计划。子订单的作用主要体现在以下几个方面：

(1) 将采购部门与销售部门联系起来。下游企业在需求上的个性化要求可能涉及原材料和零部件的采购，采购部门可以利用子订单查询这一信息，并提供给各上游企业。

(2)建立需求与生产间的联系。采购部门的重要任务之一就是建立上游企业的生产过程与本企业子订单的对应关系。在这一条件下，企业可以了解到子订单生产所需要的物资在上游企业中的生产情况，还可以提供给上游企业准确的供货时间。

(三)生产进度控制中的跟踪机制

生产控制是生产管理的重要职能，是实现生产计划和生产作业管理的重要手段。虽然生产计划和生产作业计划对生产活动已做了比较周密而具体的安排，但随着时间的推移，市场需求往往会发生变化。此外，由于各种生产准备工作不周全或生产现场偶然因素的影响，也会使计划产量和实际产量之间产生差异。因此，必须及时对生产过程进行监督和检查，发现偏差，进行调节和校正工作，以保证计划目标的实现。

本部分主要讨论内嵌于生产控制中的跟踪机制及其作用。生产控制有着许多具体的内容，我们仅以具有普遍意义的生产进度控制作为讨论的对象。

生产进度控制的主要任务是依照预先制定的作业计划，检查各种零部件的投入和产出时间、数量以及配套性，保证产品能准时产出，按照订单上承诺的交货期将产品准时送到用户手中。

由于建立了生产计划中的跟踪机制，生产进度控制中的相应工作就是在加工路线单中保留子订单信息。此外，在生产进度控制中运用了多种分析方法，如在生产预计分析中的差额推算法，生产均衡性控制中的均衡系数法，生产成套性控制中的甘特图等等。这些方法同样可以运用到跟踪机制中，只不过分析的目标不再仅是计划的执行状况，还包括了对各子订单的分析。

在没有跟踪机制的生产系统中，由于生产计划中隐去了子订单信息，生产控制系统无法识别生产过程与子订单的关系，也无法将不同的子订单区别开来，因此仅能控制产品的按计划投入和产出。使用跟踪机制的作用在于对子订单的生产实施控制，保证对客户的服务质量。

(1)按优先级保证对客户的产品供应。子订单是订单的细化，保证子订单的准时完工才能保证订单的准时完工，这也就意味着对客户服务质量的保证。在一个企业中不同的子订单总是有着大量的相同或类似的零部件同时进行加工。在车间生产的复杂情况下，由于生产实际与生产计划的偏差，在制品未能按时到位的情况经常发生。在产品结构树中低层的零部件的缺件破坏了生产的成套性，必将导致高层零部件的生产计划无法执行，这是一个逐层向上恶性循环。

较好的办法是将这种可能生产的混乱限制在优先级较低的子订单内，保证高优先级的子订单的生产成套性。在发生意外情况时，总是认为意外发生在低优先级别的子订单内，使高优先级的子订单能够获得物资上的保证。在低优先级订单的优先级不断上升的情况下，总是优先保证高优先级的订单，必然能够保证对客户的服务质量。相反，在不能区分子订单的条件下无法实现这种办法。“拆东墙补西墙”式的生产调度，会导致在同一时间加工却在不同时间使用的零部件互相挤占，为后续生产造成隐患。

2. 保证在企业间集成化管理的条件下下游企业所需要的实时计划信息。对于本企业而言，这一要求就意味着使用精确实时的生产进度数据修正预订单项对应的每一个子订单的相关计划记录，保持生产计划的有效性。在没有相应的跟踪机制的情况下，同一个生产计划、同一批半成品都可能对应着多份订单，实际上无法度量具体订单的生产进度。可见，生产控制系统必须建立跟踪机制才能实现面向订单的数据搜集，生产计划系统才能够获得必要的信息以实现面向用户的实时计划修正。

第六章　供应链管理环境下的库存控制

供应链管理环境下的库存控制问题是供应链管理的重要内容之一，且由于企业组织与管理模式的变化，它同传统的库存管理相比有许多新的特点和要求。本章论述供应链管理环境下库存管理中出现的新问题，从系统理论、集成理论的角度出发，提出了适应供应链管理的新的库存管理策略与方法。这些策略与方法集中地体现了这么一种思想：通过加强供应链管理环境下的库存控制来提高供应链的系统性和集成性，增强企业的敏捷性和响应性。这些方法与策略体现了供应链管理的新思维和新思想，并且具有实用性和可操作性。

第一节　供应链管理中的库存

库存以原材料、在制品、半成品、成品的形式存在于供应链的各个环节。由于库存费用占库存物品的价值的20％～40％，因此供应链中的库存控制是十分重要的。库存决策的内容集中于运行方面，包括生产部署策略，如采用推式生产管理或是拉式生产管理；库存控制策略，如各库存点的最佳订货量、最佳再订货点、安全库存水平的确定等。

绝大多数制造业供应链是由制造和分销网络组织的，通过原材料的输入转化为中间和最终产品，并把它分销给用户。最简单的供应链网络只有一个节点（单一企业），同时担负制造和分销功能。在复杂的供应链网络中，不同的管理者担负不同的管理任务。不同的供应链节点企业的库存，包括输入的原材料和最终的产品，都有复杂的关系。供应链的库存管理不是简单的需求预测与补给，而是要通过库存管理获得用户服务与利润的优化。其主要内容包括采用先进的商业建模技术来评价库存策略、提前期和运输变化的准确效果；决定经济订货量时考虑供应链企业各方面的影响；在充分了解库存状态的前提下确定适当的服务水平。

一、供应链管理环境下的库存问题

供应链环境下的库存问题和传统的企业库存问题有许多不同之处，这些不同点体现出供应链管理思想对库存的影响。传统的企业库存管理侧重于优化单一的库存成本，从存储成本和订货成本出发确定经济订货量和订货点。从单一的库存角度看，这种库存管理方法有一定的适用性，但是从供应链整体的角度看，单一企业库存管理的方法显然是不够的。

目前供应链管理环境下的库存控制中存在的主要问题有三大类：信息类问题，供应链的运作问题，供应链的战略与规划问题。这些问题可综合成以下几个方面的内容。

（一）没有供应链的整体观念

虽然供应链的整体绩效取决于各个供应链的节点的绩效，但是各个部门都是各自独立的单元，都有各自独立的目标与使命。有些目标和供应链的整体目标是不相干的，更有可能是冲突的。因此，这种各行其道的"山头主义"行为必然导致供应链的整体效率的低下。

比如，美国北加利福尼亚的计算机制造商电路板组装作业采用每笔订货费作为其压倒一切的绩效评价指标，该企业集中精力放在减少订货成本上。这种做法本身并没有不妥，但是它没有考虑这样做对整体供应链的其他制造商和分销商的影响，结果该企业维持过高的库存以保证大批量订货生产。而印第安那的一家汽车制造配件厂却在大量压缩库存，因为它的绩效评价是由库存决定的。结果，它到组装厂与零配件分销中心的响应时间变得更长和波动不定。组装厂与分销中心为了满足顾客的服务要求不得不维持较高的库存。两个例子说明，供应链库存的决定是各自为政的，没有考虑整体的效能。

一般的供应链系统都没有针对全局供应链的绩效评价指标，这是普遍存在的问题。有些企业采用库存周转率作为供应链库存管理的绩效评价指标，但是没有考虑对用户的反应时间与服务水平,用户满意应该成为供应链库存管理的一项重要指标。

(二)对用户服务的理解与定义不恰当

供应链管理的绩效好坏应该由用户来评价,或者用对用户的反应能力来评价。但是,对用户的服务的理解与定义各不相同,导致对用户服务水平的差异。许多企业采用订货满足率来评估用户服务水平,这是一种比较好的用户服务考核指标。但是用户满足率本身并不保证运作问题,比如一家计算机工作站的制造商要满足一份包含多产品的订单要求,产品来自各供应商,用户要求一次性交货,制造商要把各个供应商的产品都到齐后才一次性装运给用户,这时,用总的用户满足率来评价制造商的用户服务水平是恰当的,但是,这种评价指标并不能帮助制造商发现是哪家供应商的交货迟了或早了。

传统的订货满足率评价指标也不能评价订货的延迟水平。两家同样具有 90% 的订货满足率的供应商,在如何迅速补给余下的 10%订货要求方面差别是很大的。其他的服务指标也常常被忽视了,如总订货周转时间,平均回头订货、平均延迟时间、提前或延迟交货时间等。

(三)不准确的交货状态数据

当顾客下订单时,他们总是想知道什么时候能交货。在等待交货过程中,也可能会对订单交货状态进行修改,特别是当交货被延迟以后。我们并不否定一次性交货的重要性,但我们必须看到,许多企业并没有及时而准确地把推迟的订单交货的修改数据提供给用户,其结果当然是用户的不满和良好愿望的损失。如一家计算机公司花了一周的时间通知用户交货日期,有一家公司 30% 的订单是在承诺交货日期之后交货的,40% 的实际交货日期比承诺交货日期偏差 10 天之久,而且交货日期修改过几次。交货状态数据不及时、不准确的主要原因是信息传递系统的问题,这就是下面要谈的另外一个问题。

(四)低效率的信息传递系统

在供应链中,各个供应链节点企业之间的需求预测、库存状态、生产计划等都是供应链管理的重要数据,这些数据分布在不同的供应链组织之间,要做到有效地快速响应用户需求,必须实时地传递,为此需要对供应链的信息系统模型做相应的改变,通过系统集成的办法,使供应链中的库存数据能够实时、快速地传递。但是目前许多企业的信息系统并没有很好地集成起来,当供应商需要了解用户的需求信息时,常常得到的是延迟的信息和不准确的信息。由于延迟引起误差和影响库存量的精确度,短期生产计划的实施也会遇到困难。例如企业为了制定一个生产计划,需要获得关于需求预测、当前库存状态、订货的运输能力、生产能力等信息,这些信息需要从供应链的不同节点企业数据库存获得,数据调用的工作量很大。数据整理完后制定主生产计划,然后运用相关管理软件制定物料需求计划(MRP),这样一个过程一般需要很长时间。时间越长,预测误差越大,制造商对最新订货信息的有效反应能力也就越小,生产出过时的产品和造成过高的库存也就不奇怪了。

(五)忽视不确定性对库存的影响

供应链运作中存在诸多的不确定因素,如订货提前期、货物运输状况、原材料的质量、生产过程的时间、运输时间、需求的变化等。为减少不确定性对供应链的影响,首先应了解不确定性的来源和影响程度。很多公司并没有认真研究和跟踪其不确定性因素的来源和影响,错误估计供应链中物料的流动时间(提前期),造成有的物品库存增加,而有的物品库存不足的现象。

关于供应链中不确定性与库存的关系以后我们专门论述。

(六)库存控制策略简单化

无论是生产性企业还是物流企业,库存控制目的都是为了保证供应链运行的连续性和应付不确定需求。了解和跟踪不确定性状态的因素是第一步,第二步是要利用跟踪到的信息去制定相应的库存控制策略。这是一个动态的过程,因为不确定性也在不断地变化。有些供应商在交货与质量方面可靠性好,而有些则相对差些;对一些物品的需求可预测性大,而另外的物品的可预测性小一些;库存控制策略应能反映这种情况。

许多公司对所有的物品采用统一的库存控制策略,物品的分类没有反映供应与需求中的不确定性。在传统的库存控制策略中,多数是面向单一企业的,采用的信息基本上来自企业内部,其库存控制没有体现供应链管理的思想。因此,如何建立有效的库存控制方法、并能体现供应链管理的思想,是供应链库存管理的重要内容。

(七)缺乏合作与协调性

供应链是一个整体,需要协调各方活动,才能取得最佳的运作效果。协调的目的是使满足一定服务质量要求的信息可以无缝地、流畅地在供应链中传递,从而使整个供应链能够根据用户的要求步调一致,形成更为合理的供需关系,适应复杂多变的市场环境。例如,当用户的订货由多种产品组成,而各产品又是不同的供应商提供时,用户要求所有的商品都一次性交货时,这时企业必须对来自不同供应商的交货期进行协调。如果组织间缺乏协调与合作,会导致交货期延迟和服务水平下降,同时库存水平也由此而增加。

供应链的各个节点企业为了应付不确定性,都设有一定的安全库存,正如前面提到的,设置安全库存是企业采取的一种应急措施。问题在于,多厂商特别是全球化的供应链中,组织的协调涉及更多的利益群体,相互之间的信息透明度不高。在这样的情况下,企业不得不维持一个较高的安全库存,为此付出了较高的代价。

组织之间存在的障碍有可能使库存控制变得更为困难,因为各自都有不同的目标、绩效评价尺度,拥有不同的仓库,也不愿意去帮助其他的部门共享资源。在分布式的组织体系中,组织之间的障碍对库存集中控制的阻力更大。

要进行有效的合作与协调,组织之间需要一种有效的激励机制。在企业内部一般有各种各样的激励机制加强部门之间的合作与协调,但是当涉及企业之间的激励时,困难就大得多。问题还不仅如此,信任风险的存在更加深了问题的严重性,相互之间缺乏有效的监督机制和激励机制是供应链企业之间合作性不稳固的原因。

(八)产品的过程设计没有考虑供应链上库存的影响

现代产品设计与先进制造技术的出现,使产品的生产效率大幅度提高,而且具有较高的成本效益,但是供应链库存的复杂性常常被忽视了。结果所有节省下来的成本都被供应链上的分销与库存成本抵消了。同样,在引进新产品时,如果不进行供应链的规划,也会产生如运输时间过长、库存成本高等问题而无法获得成功。如美国的一家计算机外围设备制造商,为世界各国分销商生产打印机,打印机有一些具有销售所在国特色的配件,如电源、说明书等。美国工厂按需求预测生产,但是随着时间的推移,当打印机到达各地区分销中心时,需求已经发生了改变。因为打印机是为特定国家而生产的,分销商没有办法来应付需求的变化,也就是说,这样的供应链缺乏柔性,其结果是造成产品积压,产生了高库存。后来,重新设计了供应链结构,主要对打印机的装配过程进行了改变,工厂只生产打印机的通用组件,让分销中心再根据所在国家的需求特点加入相应的特色组件,这样大量的库存就减少了,同时供应链也具有了柔性。这就是产品"为供应链管理而设计"的思想。在这里,分销中心参与了产品装配设计这样的设计活动,这里面涉及到组织之间的协调与合作问题,因此合作关系很重要。

另一方面,在供应链的结构设计中,同样需要考虑库存的影响。要在一条供应链中增加或关闭一个工厂或分销中心,一般是先考虑固定成本与相关的物流成本,至于网络变化对运作的影响因素,如库存投资、订单的响应时间等常常是放在第二位的。但是这些因素对供应链的影响是不可低估的。如美国一家IC芯片制造商的供应链结构是这样的:在美国加工芯片后运到新加坡检验,再运回美国生产地做最后的测试,包装后运到用户手中。供应链所以这样设计是因为考虑了新加坡的检验技术先进、劳动力素质高和税收低等因素。但是这样显然对库存和周转时间的考虑是欠缺的,因为从美国到新加坡的来回至少要两周,而且还有海关手续时间,这就延长了制造周期,增加了库存成本。

二、供应链中的需求变异放大原理与库存波动

"需求变异加速放大原理"是美国著名的供应链管理专家Hau L. Lee教授对需求信息扭曲在供应链中传递的一种形象描述。其基本思想是:当供应链的各节点企业只根据来自其相邻的下级企业的需求信息进行生产或供应决策时,需求信息的不真实性会沿着供应链逆流而上,产生逐级放大的现象,达到最源头的供应商时,其获得的需求信息和实际消费市场中的顾客需求信息发生了很大的偏差,需求变异系数比分销商和零售商的需求变异系数大得

多。由于这种需求放大效应的影响,上游供应商往往维持比下游供应商更高的库存水平。这种现象反映出供应链上需求的不同步现象,它说明供应链库存管理中的一个普遍现象:“看到的是非实际的”。图 1—6—1 显示了“需求放大效应”的原理和需求变化加速放大过程。

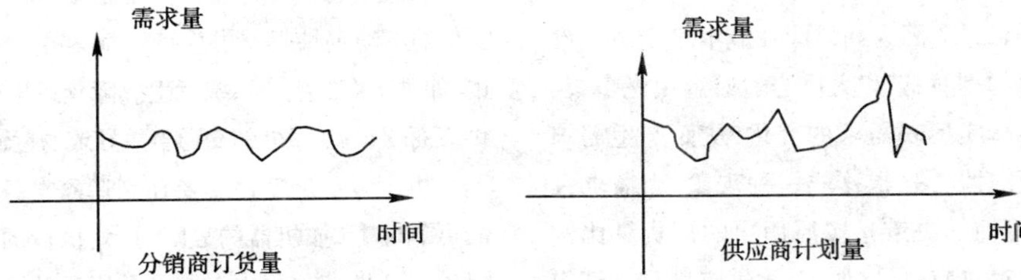

图 1—6—1 供应链的需求放大原理

需求放大效应最先由宝洁公司(P&G)发现。宝洁公司在一次考察该公司最畅销的产品——一次性尿布的订货规律时,发现在零售商销售的波动性并不大,但当他们考察分销中心向宝洁公司的订货时,吃惊地发现波动性明显增大了,有趣的是,他们进一步考察宝洁公司向其供应商,如 3M 公司的订货时,他们发现其订货的变化更大。除了宝洁公司,其他公司如惠普公司(HP)在考察其打印机的销售状况是也曾发现这一现象。

需求放大效应是需求信息扭曲的结果,图 1—6—2 显示了一个销售商实际的销售量和订货量的差异,实际的销售量与订货量不同步。在供应链中,每一个供应链的节点企业的信息都有一个信息的扭曲,这样逐级而上,即产生信息扭曲的放大。

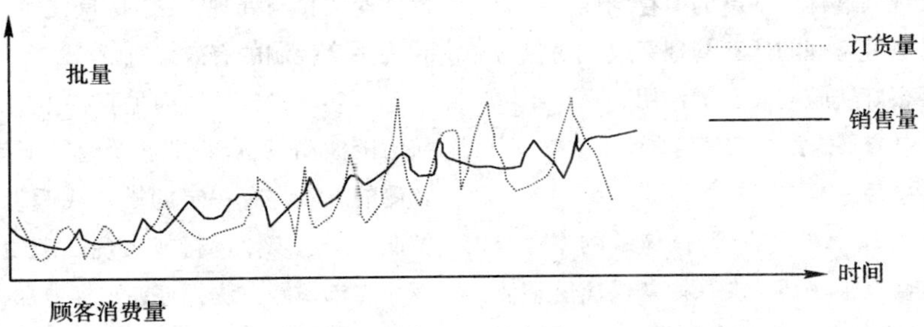

图 1—6—2 实际要求与订货的差异

早在 1961 年,弗雷斯特(Forrester)就通过一系列的实际案例揭示了这种工业组织的动态学特性和时间变化行为。在库存管理的研究中,斯特曼(Sterman)在 1989 年通过一个“啤酒分销游戏”验证了这种现象。在实验中,有 4 个参与者,形成一个供应链,各自独立进行库存决策而不和其他的成员进行协商,决策仅依赖其毗邻的成员的订货信息作为惟一的信息来源。斯坦曼把这种现象解释为供应链的成员的系统性非理性行为的结果,或“反馈误解”。

1994 年、1997 年美国斯坦福大学的李教授(Hau L. Lee)对需求放大现象进行了深入的研究,把其产生的原因归纳为 4 个方面:需求预测修正;订货批量决策;价格波动;短缺博弈。需求预测修正是指当供应链的成员采用其直接的下游订货数据作为市场需求信号时,即产生需求放大。举一个简单的例子,当你作为库存管理人员,需要决定向供应商的订货量时,你可以采用一些简单的需求预测方法,如指数平滑法。在指数平滑法中,未来的需求被连续修正,这样,送到供应商的需求订单反映的是经过修正的未来库存补给量,安全库存也是这样。订货决策指两种现象,一种是周期性订货决策,另一种是订单推动。周期性订货是指当公司向供应商订货时,不是来一个需求下一个订单,而是考虑库存的原因采用周期性分批订货,比如一周、一月订一次。分批订货在企业中普遍存在,MRP 系统是分批订货,DRP 也是如此。用 MRP 批量订货出现的需求放大现象,称为"MRP 紧张"。价格波动反映了一种商业行为："预先购买(Forward Buy)"，价格波动是由于一些促销手段造成的，如价格折扣、数量折扣、赠票等。这种商业促销行为使许多推销人员预先采购的订货量大于实际的需求量。因为如果库存成本小于由于价格折扣所获得的利益，销售人员当然愿意预先多买，这样订货没有真实反映需求的变化，从而产生需求放大现象。短缺博弈是指这样一种现象：当需求大于供应量时，理性的决策是按照用户的订货量比例分配现有的库存供应量，比如，总的供应量只有订货量的 50%，合理的配给办法是所有的用户获得其订货的 50%。此时，用户就会为了获得更大份额的配给量，故意地夸大其订货需求，当需求降温时，订货又突然消失。这种由于个体参与的组织的完全理性经济决策导致的需求信息的扭曲最终导致需求放大。

我们在这里解释需求放大现象的本质特征，目的就是想说明供应链管理中库存波动的渊源和库存管理的新特点。采用传统的库存管理模式不可能解决诸如需求放大现象这样一些新的库存问题。因此探讨新的适应供应链管理的库存管理新模式对供应链管理思想能否很好实施起着关键作用。

三、供应链中的不确定性与库存

(一)供应链中的不确定性

从需求放大现象中我们看到，供应链的库存与供应链的不确定性有很密切的关系。从供应链整体的角度看，供应链上的库存无非有两种，一种是生产制造过程中的库存，一种是物流过程中的库存，库存存在的客观原因是为了应付各种各样的不确定性，保持供应链系统的正常性和稳定性，但是库存另一方面也同时产生和掩盖管理中的问题。

供应链上的不确定性表现形式有两种：(1)衔接不确定性(Uncertainty of Interface)。企业之间(或部门之间)的不确定性，可以说是供应链的衔接不确定性，这种衔接的不确定性主要表现在合作性上，为了消除衔接不确定性，需要增加企业之间或部门之间的合作性。(2)另一种不确定性是运作不确定性(Uncertainty of Operation)。系统运行不稳定是组织内部缺乏有效的控制机制所致，控制失效是组织管理不稳定和不确定性的根源。为了消除运行中的不确定性需要增加组织的控制，提高系统的可靠性。

供应链的不确定性的来源主要有 3 个方面：供应者不确定性，生产者不确定性，顾客不确定性。不同的原因造成的不确定性表现形式各不相同。

供应商的不确定性表现在提前期的不确定性、订货量的不确定性等。供应商不确定的原因是多方面的，如供应商的生产系统发生故障延迟生产、供应商的供应商的延迟、意外的交通事故导致的运输延迟等等。

生产者不确定性主要在制造商本身的生产系统的可靠性上，如机器的故障、计划执行的偏差等。造成生产者生产过程中在制品的库存的原因也表现在其对需求的处理方式上。生产计划是一种根据当前的生产系统的状态和未来情况做出的对生产过程的模拟，用计划的形式表达模拟的结果，用计划来驱动生产的管理方法。但是生产过程的复杂性使生产计划并不能精确地反映企业的实际生产条件和预测生产环境的改变，不可避免地造成计划与实际执行的偏差。生产控制的有效措施能够对生产的偏差给以一定的修补，但是生产控制必须建立在对生产信息的实时采集与处理上，使信息及时、准确、快速地转化为生产控制的有效信息。

顾客不确定性原因主要有：需求预测的偏差，购买力的波动，从众心理和个性特征等。通常的需求预测的方法都有一定的模式或假设条件，假设需求按照一定的规律运行或表现一定的规律特征，但是任何需求预测方法都存在这样或那样的缺陷而无法确切地预测需求的波动和顾客心理性反应，在供应链中，不同的节点企业相互之间的需求预测的偏差进一步加剧了供应链的放大效应，进一步加剧供应链的信息扭曲。

本质上讲，供应链上的不确定性，不管其来源出自哪方面，根本上讲是 3 个方面原因造成的：(1)需求预测水平造成的不确定性。预测水平与预测时间的长度有关，预测时间长，预测精度差，另外还有预测的方法对预测的影响。(2)决策信息的可获性、透明性、可靠性。信息的准确性对预测同样造成影响，下游企业与顾客接触的机会多，可获得的有用的信息多，远离顾客需求，信息可获性和准确性差，因而预测的可靠性差。(3)决策过程的影响，特别是决策人心理的影响。需求计划的取舍与修订，对信息的要求与共享，无不反映个人的心理偏好。

(二)供应链的不确定性与库存的关系

我们来分析供应链运行中的两种不确定性对供应链库存的影响:衔接不确定性与运作不确定性对库存的影响。

1.衔接不确定性对库存的影响

传统的供应链的衔接不确定性的普遍存在,集中表现在企业之间的独立信息体系(信息孤岛)现象。为了竞争,企业总是为了各自的利益而进行资源的自我封闭(包括物质资源和信息资源),企业之间的合作仅仅是贸易上的短时性合作,人为地增加了企业之间的信息壁垒和沟通障碍,企业不得不为应付不测而建立库存,库存的存在实际是信息堵塞与封闭的结果。虽然企业各个部门之间和企业与企业之间都有信息的交流与沟通,但这远远不够。企业的信息交流更多的是在企业内部而非企业之间进行交流。信息共享程度差是传统的供应链不确定性增加的一个主要原因。

传统的供应链中信息是逐级传递的,即上游供应链企业依据下游供应链企业的需求信息做生产或供应的决策。在集成的供应链系统中,每个供应链企业都能够共享顾客的需求信息,信息不再是线性的传递过程而是网络的传递过程和多信息源的反馈过程。通过建立合作伙伴关系的新型的企业合作模式,并且通过建立跨组织的信息系统为供应链的各个合作企业提供共同的需求信息,有利于推动企业之间的信息交流与沟通。企业有了确定的需求信息,从而在制定生产计划时,减少了为吸收需求波动而设立的库存,使生产计划更加精确而可行。对于下游企业而言,合作性伙伴关系的供应链或供应链联盟可为企业提供综合、稳定的供应信息,无论上游企业能否按期交货,下游企业都能预先得到相关信息而采取相应的措施,这样需求企业无需过多设立库存。

2.运作不确定性对库存的影响

供应链企业之间的衔接不确定性通过建立战略伙伴关系的供应链联盟或供应链协作体而得以消减,同样,这种合作关系可以消除运作不确定性对库存的影响。当企业之间的合作关系改善时,企业的内部生产管理运作也大大改善。因为企业之间的衔接不确定性因素减少时,企业的生产控制系统就能摆脱这种不确定性因素的影响,使生产系统的控制达到实时、准确,也只有在供应链的条件下,企业才能获得对生产系统有效控制的有利条件,消除生产过程中不必要的库存现象。

在传统的企业生产决策过程中,供应商或分销商的信息是生产决策的外生变量,因而其无法预见到外在需求或供应的变化信息,获得的只是延迟的信息;同时,库存管理的策略也是考虑独立的库存点而不是采用共享的信息,因而库存成了维系生产正常运行的必要条件。当生产系统形成网络时,不确定性就像瘟疫一样在生产网络中传播,几乎所有的生产者都希望拥有库存来应付生产系统内外的不测变化,因为无法预测不确定性的大小和影响程度,人们只好按照保守的方法设立库存来对付不确定性。

在不确定性较大的情形下,为了维护一定的用户服务水平,企业也常常维持一定的库存,以保证服务水平。在不确定性存在的情况下,高服务水平必然带来高库存水平。

四、协调库存管理与零库存管理

前面我们分析了不确定性对库存的影响,得到的结论是:为了减少企业的库存水平,需要增加企业之间的信息交流与共享,减少不确定性因素对库存的影响,增加库存决策的信息的透明性和可靠性、实时性。所有这些,需要企业之间的协调。

供应链管理模式下的库存管理的最高理想是实现供应链企业的无缝连接,消除供应链企业之间的高库存现象。下一节将从供应链的集成的演变过程,探讨供应链管理环境下的库存管理策略。

第二节　供应商管理库存(VMI)

前面我们分析了供应链管理环境下库存管理和传统的库存管理模式的差别以及所面临的新问题。为了适应供应链管理的要求,供应链下的库存管理方法必须做相应的改变,本节将结合国内外企业实践经验及理论研究成果,介绍一种先进的供应链库存管理技术与方法——VMI管理系统。

一、VMI(Vendor Managed Inventory)管理系统

长期以来,流通中的库存是各自为政的。流通环节中的每一个部门都是各自管理自己的库存,零售商有自己的库存,批发商有自己的库存,供应商有自己的库存,各个供应链环节都有自己的库存控制策略。由于各自的库存控制策略不同,因此不可避免地会生产需求的扭曲现象,即所谓的需求放大现象,无法使供应商快速地响应用户的需求。在供应链管理环境下,供应链的各个环节的活动都应该是同步进行的,而传统的库存控制方法无法满足这一要求。近年来,在国外,出现了一种新的供应链库存管理方法——供应商管理用户库存,这种库存管理策略打破了传统的各自为政的库存管理模式,体现了供应链的集成化管理思想,适应市场变化的要求,是一种新的有代表性的库存管理思想。

(一)VMI 的基本思想

传统地讲,库存是由库存拥有者管理的。因为无法确切知道用户需求与供应的匹配状态,所以需要库存,库存设置与管理是由同一组织完成的。这种库存管理模式并不总是有最优解。例如,一个供应商用库存来应付不可预测的或某一用户(这里的用户不是指最终用户而是分销商或批发商)不稳定的需求,用户也设立库存来应付不稳定的内部需求或供应链的不确定性。虽然供应链中每一个组织独立地寻求保护其各自在供应链的利益不受意外干扰是有效的,但不可取,因为这样做的结果影响了供应链的优化运行。供应链的各个不同组织根据各自的需要独立运作,导致重复建立库存,因而不能产生供应链全局的最低成本,整个供应链系统的库存会随着供应链的长度的增加而发生需求扭曲。VMI 库存管理系统就能够突破传统的条块分割的库存管理模式,以系统的、集成的管理思想进行库存管理,使供应链系统能够获得同步化的运作。

VMI 是一种很好的供应链库存管理策略。关于 VMI 的定义,国外有学者认为:“VMI 是一种在用户和供应商之间的合作性策略,以对双方来说都是最低的成本优化产品的可获得性,在一个相互同意的目标框架下由供应商管理库存,这样的目标框架被经常性地监督和修正以产生一种连续改进的环境”。

关于 VMI 也有其他的不同定义,但归纳起来,该策略的关键措施主要体现在如下几个原则中:

1. 合作精神(合作性原则)。在实施该策略中,相互信任与信息透明是很重要的,供应商和用户(零售商)都要有较好的合作精神,才能够相互保持较好的合作。

2. 双方成本最小(互惠原则)。VMI 不是关于成本如何分配或谁来支付的问题,而是关于减少成本的问题。通过该策略使双方的成本都获得减少。

3. 框架协议(目标一致性原则)。双方都明白各自的责任,观念上达成一致的目标。如库存放在哪里,什么时候支付,是否要管理费,要花费多少等问题都要回答,并且体现在框架协议中。

4. 连续改进原则。使供需双方能共享利益和消除浪费。

VMI 的主要思想是供应商在用户的允许下设立库存,确定库存水平和补给策略和拥有库存控制权。

精心设计与开发的 VMI 系统,不仅可以降低供应链的库存水平,降低成本。而且,用户还可获得高水平的服务,改进资金流,与供应商共享需求变化的透明性和获得更好的用户信任。

二、为什么要用 VMI

供应链管理中的成功通常来源于理解和管理好存货成本和消费者服务水平之间的关系。最引人注目的计划是使两方面都得到改进,这自然就是 VMI 的案例。我们先来看看在一个 VMI 关系中每个合伙人是怎样减少成本和改进服务的。

(一)成本缩减

需求的易变性是大部分供应链面临的主要问题,它既损害了顾客的服务也减少了产品收入。在过去的零售情况下,管理政策常常使销售的波动状况更糟。由于需求的不确定性、有冲突的执行标准、用户所用的计划表、用户行为的互相孤立、产品短缺造成的订货膨胀等原因,定购的方式可能会更坏。

许多供应商被 VMI 吸引是因为它缓和了需求的不确定性。来自消费组织的少有的大订单迫使生产商维持剩余的能力或超额的成品存货量,这是为确保能响应顾客服务的要求,是一种成本很高的方法。VMI 可以削弱产量的峰值和谷值,允许小规模的生产能力和存货水平。

用户被吸引是因为 VMI 解决了有冲突的执行标准带来的两难状况。比如,月末的存货水平,对于作为零售商的用户是很重要的。但顾客服务水平也是必要的,而这些标准是冲突的。零售商在月初储备货物以保证高水平的顾客服务,然后使存货水平在月末下降以达到他们的库存目标(而不管它对服务水平的影响)。在季末涉及财务报告时,这种不利的影响将更加明显。

在VMI中,补货频率通常由每月提高到每周(甚至每天),这会使双方都受益。供应商在工厂可以看到更流畅的需求信号。由于允许对生产及运输资源更好地利用,这样就降低了成本,也降低了对大容量的作为缓冲的存货的需求。供应商可以做出与需要相协调的补货决定,而且提高了"需求倾向趋势"意识。消费组织从合理的低水平库存流转中受益。即使用户将所有权(物主身份)让渡给供应商,改善了的运输和仓储效率也会产生许多好处。此外,月末或季末的服务水平也会得到提高。

零售商通常以"周"划分他们全年的日历,所以每"月"总是含有相同数量的"周"。这方便了周期销售额、收入等的比较。其他的还有(一年)13个月(每月含四周)、季度(每月分别包含4周、4周、5周,即"4、4、5")、季度(每月分别包含4周、5周、4周,即"4、5、4")。

应用"4、5、4"方案的用户在每个季度的第二个月会多定购25%,即使最终用户的需求仍然是以"每周"为基础的。如果供应商没有意识到用户的计划表,那么这些起伏可能会使他们吃惊。更糟的是,供应商可能会将其误解为最终需求增长的反映而做出错误的预测和购买决定。VMI可以避免这些错误。

在零售供应链中,不同的用户间的订货很少能相协调,要变动一个用户为不同的配送中心订货的订单就更少。订单经常同时来,这就使及时实现所有的递送请求变得不可能。VMI中,更大的协调将支持供应商对平稳生产的需求,而不必牺牲购买者的服务和存储目标。

最后,VMI将使运输成本减少。如果处理得好,这种方法将会增加低成本的满载运输的比例而削减高成本的未满载货的比例。这可以通过允许供应商去协调补给过程来实现,而不是收到订单时再自动回应。另一个值得注意的方案是更有效的路线规划:例如,一辆专用的货车可以在途中停车多次,为某几位邻近的顾客补货。

(二)服务改善

从一个零售商看来,服务常常由产品的可得性来衡量。这来自于一个简单的想法,即当顾客走进商店时,想买的产品却没有,这桩买卖就失去了。结果就相当严重,因为失去一桩生意的"成本"可能是失去"信誉"。所以,在计划时,零售商希望供应商是可信任的、可靠的。在商品销售计划中,零售商更希望供应商拥有极具吸引力的货架空间。因此,以可靠而著称的供应商可以获得更高的收入。在其他条件相同的情况下,人人都可以从改善了的服务中受益。

VMI中,在多用户补货订单、递送间的协调大大改善了服务水平。一项不重要的递送可以推迟一两天,先来完成主要的递送业务。类似的,相对于小的业务,可以先完成大的补货业务。由于有能力平衡所有合作伙伴的需求,供应商可以改善系统的工作状况而不用使任何的个体顾客冒险。他们向顾客保证:顾客最主要的需要将会受到最密切的关注。如果没有VMI,供应商很难有效地安排顾客需求的先后顺序。

如果扩大有效解决现有问题的范围,服务就可以进一步改善。比如说,在缺货的时候,在一个用户的配送中心之间(或多个用户的配送中心之间)平衡存货是十分必要的。有的情况下,顾客间的实行存货的重新平衡可能是最经济的方法。没有VMI,通常无法这样做,因为供应商和顾客都看不到整体的存货的配置(分布)。在VMI下,当用户将货物返还给供应商,而供应商可以将其供给另一位用户,这时就实现了存货平衡。这种方法最坏也就是多了一些运输成本而已。

富人会变得更富。服务改善之后,顾客会认为供应商是值得信赖的,这会产生两种后果。首先,危机发生的机会更少了;其次,即使发生了危机,顾客也不太可能为了从有限的供应量中抢购一部分而疯狂下订单。供应商对于需求将有一个更精确地把握,因此可以更有效地计划,更好地服务。

另外的一个好处就是,VMI可以使产品更新更加方便。将会有更少的旧货在系统中流通,所以顾客可以避免Fire Sale(抢购)。此外,新产品的上架速度将更快。由于有信息共享,货物更新时不用为推销而着急,而且零售商还可以保持"时尚"的好名誉。

VMI中运用的运输过程更进一步改善了顾客服务。没有VMI,集中的用户和分散的配送中心之间的沟通障碍有时会使货物的运送被拒绝。在繁忙的日子里如果船只拥挤时这个问题也会发生。VMI的供应商会预先规划如何补货和递送,以期保证更多的可预计的递送计划。

VMI产生的一个重要原因是将导致用户和供应商的成本降低,具体通过以下几个方面体现:

(1)降低存货;

(2)加快项目实施进程;

(3)通过集体采购降低采购单价;

(4)通过需求合作关系的建立减少总采购量;

(5)减少供应商的数目;

(6)通过改进供应商之间、供应商与用户之间的流程节约采购时间;

(7)提高了供应链的持续改进能力;

(8)加强了供应商的伙伴关系;

(9)降低存货过期的风险;

(10)供应商合作改进产品性能,提高产品质量;

(11)通过用户对供应商的授权,促进了供应商与用户之间的交流;

(12)降低采购订单、发票、付款、运输、收货等交易成本。

三、VMI的实施方法

实施VMI策略,首先要改变订单的处理方式,建立基于标准的托付订单处理模式。首先,供应商和批发商一起确定供应商的订单业务处理过程所需要的信息和库存控制参数,然后建立一种订单的处理标准模式,如EDI标准报文,最后把订货、交货和票据处理各个业务功能集成在供应商一边。

库存状态透明性(对供应商)是实施供应商管理用户库存的关键。供应商能够随时跟踪和检查到销售商的库存状态,从而快速地响应市场的需求变化,对企业的生产(供应)状态做出相应的调整。为此需要建立一种能够使供应商和用户(分销、批发商)的库存信息系统透明连接的方法。

(一)策略实施的步骤

供应商管理库存的策略实施可以分为如下几个步骤。

1.建立顾客情报信息系统。供应商要有效地管理销售库存,供应商必须能够获得顾客的有关信息。通过建立顾客的信息库,供应商能够掌握需求变化的有关情况,把由批发商(分销商)进行的需求预测与分析功能集成到供应商的系统中来。

2.建立销售网络管理系统。供应商要很好地管理库存,必须建立起完善的销售网络管理系统,保证自己的产品需求信息和物流畅通。为此,必须:(1)保证自己产品条码的可读性和惟一性;(2)解决产品分类、编码的标准化问题;(3)解决商品存储运输过程中的识别问题。

目前已有许多企业开始采用MRPⅡ或ERP企业资源计划系统,这些软件系统都集成了销售管理的功能,通过对这些功能的扩展,就可以建立完善的销售网络管理系统。

3.建立供应商与分销商(批发商)的合作框架协议。供应商和销售商(批发商)一起通过协商,确定订单处理的业务流程以及库存控制的有关的参数,如再订货点、最低库存水平等;库存信息的传递方式,如EDI或Internet等。

4.组织机构的变革。这一点也很重要,因为VMI策略改变了供应商的组织模式。传统上由会计经理处理与用户有关的事情,引入VMI策略后,在订货部门产生了一个新的职能负责控制用户的库存,库存补给和服务水平。

一般来说,在以下的情况下适合实施VMI策略:零售商或批发商没有IT系统或基础设施来有效管理他们的库存;制造商实力雄厚并且比零售商市场信息量大;有较高的直接存储交货水平,因而制造商能够有效规划运输。

(二)存货管理的形式

供应商以何种形式管理存货呢,根据Carlyn和Mary的研究主要有4种:

1.供应商提供包括所有产品的软件进行存货决策,用户使用软件执行存货决策、用户拥有存货所有权、管理存货;

2.供应商在用户的所在地,代表用户执行存货决策,管理存货,但是存货的所有权归用户;

3.供应商在用户的所在地,代表用户执行存货决策,管理存货,拥有存货所有权;

4.供应商不在用户的所在地,但是定期派人代表用户执行存货决策、管理存货、供应商拥有存货的所有权。

APICS字典定义VMI一般指第3、4种形式，即VMI是基于供应商拥有存货所有权。我们认为第1、2种形式更类似于联合库存管理。

供应商管理库存是企业现代管理模式变化的必然产物，许多企业是出于以下原因使用VMI：

(1)现代市场营销要求企业以用户为中心，通过了解目标市场欲望、需求和利益，最大化地满足用户需求，同时增加社会福利。它要求企业在公司利润，用户满意度和公众利益三者之间找到一种平衡。这样，供应商为下游用户提供包括软件、存货、储存、人力在内的库存管理便理所当然了，人们认为这不过是供应商为用户提供的一种延伸服务罢了。

(2)供应链管理强调企业的核心竞争力，强调企业间建立长期合作伙伴关系，同时减少供应商的数量，用户选择VMI是适应供应链管理的一种必然趋势。

(3)在20世纪40年代以前，产品的成本主要表现为材料成本，大约占产品成本的60%～80%，而从20世纪40年代以后，随着产品的科技含量的提高，产品中的人力成本逐渐上升。这导致许多企业将其非核心业务外包，VMI便是其中一种。

(4)降低成本和提高服务质量的需要。与企业自己管理库存相比，供应商在对自己的产品管理方面更有经验，更专业化。用户自己管理供应商存货很可能会导致错误的产品储存和补充决策。而供应商可以提供包括软件、专业知识、后勤设备和人员培训等一系列的服务，供应链中企业的服务水平会因为VMI而提高，同时降低库存管理成本。

(5)用户自身的技术和信息系统的局限。当用户的核心业务迅猛发展时，也需要用户的包括库存管理在内的后勤管理跟上，但这时企业原来的自营库存管理系统往往因为技术和信息系统的局限而滞后。

(6)提高柔性的需要。VMI会令供应商更好地控制其生产经营活动，使其更好地满足用户需求，从而提高整个供应链的柔性。

(7)资金限制。无论企业处于扩张期还是压缩期，大多数企业用于投资的资金总是有限的。VMI会大大减少用户的存货投资。

通过VMI，供应商可以客观评论放在供应商处的存货，供应商可以决定产品的标准、决定订货点，补充存货，交货的流程，建立多种库存优化模型并进行人员培训。

(三)有效实施VMI

那么，如何有效实施供应商管理库存呢？我们认为应该从以下几个步骤着手：

1. 进行基于活动的成本分析(Activity-Based Costing，简称ABC)。供应链管理要求企业注重过程管理，基于活动的成本核算由此应运而生。ABC不但要求核算财务成本，还要求考虑企业的竞争性成本和获利性成本。以制造业为例，ABC假设制造业是一个完整的过程，该过程从各种材料、零部件供应到达工厂的仓库开始，一直持续到完工产品交到用户。在此过程中，服务成本贯穿始终，包括售后安装，客户付款后发生的各种服务成本。在供应链中，首先进行基于活动的成本分析，再来决定是否采用VMI，在多大程度上采用VMI(供应商管理存货的数量和金额)。在VMI中应用ABC，要求分析范围从供应链的起点开始一直到供应链的最终消费者。我们认为除了传统的会计成本外，需要着重考虑的有关存货成本为：

(1)时间成本。时间是我们需要考虑的一个重要因素。从处理订单、收货、计算、有关文件处理到运输都需要考虑时间成本，这里，存货周转天数是一个重要的衡量指标。

(2)资金成本或机会成本。存货的机会成本指资金投放于存货而丧失的其他收入。例如投资于有价证券会有利息、股息收入，用于企业内部周转会有一个相当于企业投资利润率的收益。这一成本的大小与企业的资金成本率或有价证券利率有关。近10年来，我国的企业资金成本在3%～20%之间变动。显然，这是企业进行投资时必须考虑的一项重要成本。

(3)过期成本。每年企业都可能有一些存货还未使用便过期而不得不丢弃，或者需要重新改进存货以得到利用。一般来说，存货的储量越多，存放的时间越长，存货因为工艺改进，用户偏好的变化和技术进步等原因丢弃得越多。在电子行业、计算机领域,因为技术的改变而存货过期的时间越来越短。在传统的服装行业、书刊杂志发行领域,近90%的存货因为过时而不得不丢弃或贱卖。

(4)短缺成本。存货会因为挥发、缩水、偷盗、管理不善等原因发生短缺成本。一般来说,存货的储量越多,存放的时间越长,存货的短缺成本越大。

(5)质量成本。存货具有一定的时效性,许多存货没有等到使用便失效了。在食品、化工、医药等行业这一问题相当突出。

(6)价格成本。存货的价格并不总是随时间的推移而上涨,许多存货因为设计、制造工艺的变化而降价。郑州百文股份有限公司(ST郑百文)1998年初因为大量囤积某品牌的彩电而未料到1998年底彩电大幅度降价,导致公司存货成本过高进而影响销售,资金周转不力而每股收益由1997年的0.46元变为1998年-2.54元的巨额亏损。

(7)税收成本。在我国,企业购进存货需要支付增值税的进项税额,该税额占存货价值的17%或13%,直到该存货销售或用出才能够将增值税的进项税额予以抵扣其销项税额,存货发生短缺还需要将增值税的进项税额转出,即不予抵扣。一般来说,存货的储量越多,存放的时间越长,存货的该项成本越大。另外部分产品还需要缴纳消费税。对于企业来说,这些都是不可忽略的成本。

(8)保险成本。我们不仅需要考虑存货本身的保险费用,还需要考虑为运输、储存及为有关存货管理人员支付的保险费用。

(9)仓储成本。有些贵重存货的仓储费用占到存货价值的25%~30%。它包括房屋租金、收货、进出仓库运费等。

(10)人力成本。所有的存货都需要人力管理,从订货,督察、记录、搬运、计算到存储等,在西方国家,人力成本占到企业的第一或第二位。

(11)系统运行成本。企业为控制存货会支出软件、纸张等行政管理费用。

(12)固定资产投资成本。以制造业为例,存货从条码识别到入库需要一系列的物流设备,例如:自动化立体仓库、堆垛机向导、输送系统、分拣码垛系统、读取数据的条码识别系统、剔除分拣合流输运设备、电机控制系统、计算机软件系统、中央控制室、AGV、自动引导车、激光引导等。

(13)运输成本。它包括存货进出工厂,送达供应商,送达到不同的车间或分销中心等所需的运输成本。

(14)保管条件成本。这主要指对于不同存货,需要不同的保管条件,例如,温度控制、湿度控制、光度控制等消耗的成本。

供应商管理存货时,应该仔细考虑上述成本,用户和供应商双方必须在评估、调整历史数据的基础上,对比VMI实施后的有关存货成本。例如实施VMI过程中减少的订单成本、发票成本、货物验收成本等行政费用,时间节约成本等。这些成本往往需要供应商与用户组建一个多功能小组来完成,即我们要谈到的第二点。

2.组建多功能小组。为了更好地实施供应商管理存货,用户和供应商需要抽出多个部门的人员而组建多功能小组。这个多功能小组不仅承担着分析存货成本的任务,还需要确定加入VMI的供应商标准。邀请诸如从事工程技术、采购、生产的供应商人员加入小组将会帮助尽早了解潜在的问题。鼓励供应商改革也许不仅有利于减少不必要的经营费用,减少开发/生产时间和成本,而且有利于改进产品。

多功能小组可以帮助供应商提高协调能力并减少某些内部浪费。通过共同工作的关系,供应商和用户可以建立共同体制,减少浪费。

在紧急情况下,当一个关键的产品供应出现问题时,用户可以派多功能小组去帮助供应商解决这个关键问题并且为了获得长期提高而对供应商提供长期的支持。

为了提高现有的供应链性能,提高整个存货管理的质量,多功能小组还需要寻找新的供应商。多功能小组的建立与控制过程见表1—6—1。

表1—6—1 多功能小组的建立与控制过程

组织准备评估	建立小组和角色分工	设立小组性能目标
关键评估问题:	形成小组决定的关键领域	1.明确最高管理目标
1.我们行使了管理的功能吗?	1.小组规模	2.建立分组目标
2.组建单功能还是多功能小组?	2.主要功能	3.小组建立专门的性能目标

续上表

组织准备评估	建立小组和角色分工	设立小组性能目标
3 我们需要多少人?	4.供应商参与	4.建立性能评价指标和评价体系
选择任务	5.小组内部培训	
组建多功能小组的条件	6.本地雇员	
1.面对复杂或高层次的决策	7.业余/全职时间任务	
2.原任务影响企业的竞争性	8.补偿系统	
3.单个功能不能完成任务	9.组织报告	
4.决策需要不同团体的信息	10.结构	
5.小组内部协作会产生更好的结果	任命小组领导	
提高成员效率	分配个人任务	
怎样提高?	建立联络中心或指派联络人员	
1.鉴定任务书	计划	
2.提供关键资源	评价性能并作出反馈	保持小组性能
3.发展小组成员	为量化小组性能目标保持小组可计量性	挑战:一段时间内保持小组性能和稳定性
4.特定的目标	作为雇员政党性能评估的一部分	怎样保持?
5.供应商参与	提供个人和小组的性能反馈	1.使用性能评价和回报系统
6.高层支持		2.轮换人员和领导责任
7.评估/奖励小组性能		3.小组目标转换
8.承认决策权威		4.提高性能目标边际
发展小组战略和过程		5.采用适当的行为
了解小组性能		
成功的战略重点		
提高性能的战略支持条件		
1.统一执行小组规则		
2.合适的信息		
3.有效的执行计划		

Arizona 大学开展的“先进采购研究的核心”调查表明,只要哪里使用这种具有专业能力的小组方法,那么在那里他们就会在对内和对外的决策中拥有权威。

3. 实施 VMI 的难点。利用多功能小组分析基于活动的存货成本,并且有效地运行多功能小组,是成功运行供应商管理存货的关键。在实施 VMI 过程中,需要多功能小组参与拟订框架协议,拟订框架协议时对下面几个问题需要着重把握:

(1)供应链中企业的仓储人员可能认为 VMI 对他们在企业中的地位是一种威胁,如何做好他们的工作以保证有效地实施 VMI?

(2)拟定一份粗略的存货品种和补充计划,讨论 VMI 包含哪些存货品种,开始应该管理多少产品,何时增加新产品;

(3)供应商使用什么样的工具交货,在哪里建立仓库,其面积能否保证产品的进出和不断增长的产品需求;

(4)谁将代表供应商管理存货,其管理能力、声誉、业务范围和过去的经验、财务状况、人力资源等需要达到什么标准?

(5)供应商将如何满足所有参与者的送货时间,送货地点,存货怎样送达工厂,怎样保证存货安全?西方的某个大公司曾经发生遭到内部人员偷盗的月户将存货短缺推到供应商身上的事情,因此,供应商送货时的签字、存货标记等交接细节和有关文件处理都需要仔细讨论;

(6)单位库存量,规格,存货进出流程,如何从 VMI 中剔除产品或改变单位送货规格,单位库存产品的所有权归谁?

(7)适合评价 VMI 的评估体系;

(8)参与 VMI 的供应商资格标准,潜在的符合条件的供应商列表,供应商培训和退出计划;

(9)退货条款的拟订,包括退货的提前期,退货的运费支付等;

(10)例外条款的拟订,包括什么样的意外事件需要报告,报告的渠道,时间间隔等;

(11)付款条款的拟订,包括付款方式、有关文件准备等;

(12)罚款条约的拟订,例如供应商装重了货或装了空箱,他将承担哪些额外的费用;如果用户提供了不充分或令人误解的信息导致供应商出错,有关损失费用如何分摊;如果用户取消了产品而因为信息渠道或其他原因供应商已经送货,谁将对这批存货负责等。

VMI 的实施需要全体参与者的努力,用户和供应商之间的框架协议不可能包括所有可能发生的情况,需要根据 VMI 完成的情况定期调整和更新计划。供应商和用户之间畅通的交流和反馈渠道是非常重要的。一旦 VMI 成功地运用在供应链中,企业将会扩展 VMI 的管理经验到其他活动领域,VMI 带来的成本节约将是无限的。

四、VMI 的支持技术

VMI 的支持技术主要包括:EDI/Internet、ID 代码、条码、条码应用标识符、连续补给程序等。

(一) ID 代码

供应商要有效地管理用户的库存状态,必须对用户的商品进行正确识别,为此对供应链商品进行编码,通过获得商品的标识(ID)代码并与供应商的产品数据库相连,以实现对用户商品的正确识别。目前国外企业已建立了应用于供应链的 ID 代码的类标准系统,如 EAN—13(UPC—12)、EAN—14(SCC—14)、SSCC—18 以及位置码等,我国也建有关于物资分类编码的国家标准,届时可参考使用。

供应商应尽量使自己的产品按国际标准进行编码,以便在用户库存中对本企业的产品进行快速跟踪和分拣。因为用户(批发商、分销商)的商品有多种多样,有来自不同的供应商的同类产品,也有来自同一供应商的不同产品。实现 ID 代码标准化有利于采用 EDI 系统进行数据交换与传送,提高了供应商对库存管理的效率。目前国际上通行的商品代码标准是国际物品编码协会(EAN)和美国统一代码委员会(UCC)共同编制的全球通用的 ID 代码标准。

(二) EDI/Internet

EDI 是一种将商业或行政事务处理,按照一个公认的标准,形成结构化的事务处理或信息数据格式,从计算机到计算机的数据传输。关于 EDI 的详细内容可参考本篇第一章的有关叙述,这里就不作介绍。我们主要介绍 EDI 如何应用到 VMI 方法体系中,如何实现供应商对用户的库存管理。

供应商要有效地对用户(分销商、批发商)的库存进行有效的管理,采用 EDI 进行供应链的商品数据交换,是一种安全可靠的方法。为了能够实现供应商对用户的库存进行实时的测量,必须使供应商能够每天都能了解用户的库存补给状态,因此采用基于 EDIFACT 标准的库存报告清单能够提高供应链的运作效率,每天的库存水平(或定期的库存检查状态)、最低的库存补给量都能自动地生成,这样大大提高供应商对库存的监控效率。

分销商(批发商)的库存状态也可以通过 EDI 报文的方式通知供应商。

在 VMI 管理系统中,供应商一方有关装运与发票等工作都不需要特殊的安排,主要的数据要求是顾客需求的物料信息记录、订货点水平和最小交货量等,需求一方(分销商、批发商)唯一需要做的是能够接受 EDI 订单确认和或配送建议,以及利用该系统发放采购订单。

(三)条码

条码是 ID 代码的一种符号表示,是对 ID 代码进行自动识别且将数据自动输入计算机的方法和手段,条码技术的应用解决了数据录入与数据采集的“瓶颈”,为供应商管理用户库存提供了有力支持。表 1—6—2 为 ID 代码与条码的对应关系。

表 1—6—2　ID 代码与条码的对应关系

代　码	国际条码标准	国家条码标准
EAN—13 (UCC—12)	EAN—13	《商品条码》GB 12904
EAN—14 (SCC—14)	ITF—14 EAN/UCC—128	《储运单元条码》 GB 16830 《贸易单元 128 条码》 GB15425
SSCC—18	EAN/UCC—128	《贸易单元 128 条码》 GB 15425
条码应用 标识符	EAN/UCC—128	《贸易单元 128 条码》 GB 15425

条码是目前国际上供应链管理中普遍采用的一种技术手段。为有效实施 VMI 管理系统,应该尽可能地使供应商的产品条码化。条码技术对提高库存管理的效率是非常显著的,是实现库存管理的电子化的重要工具手段,它使供应商对产品的库存控制一直可以延伸到和销售商的 POS 系统进行连接,实现用户库存的供应链网络化控制。

(四)连续补给程序

连续补给程序策略改变了零售商向供应商发出订单的传统的订货方法,变为供应商根据用户库存和销售信息决定商品的补给数量。这是一种实现VMI管理策略的有力工具和手段。为了快速响应用户"降低库存"的要求,供应商通过和用户(分销商、批发商或零售商)建立合作伙伴关系,主动提高向用户交货的频率,使供应商从过去单纯的执行用户的采购订单变为主动为用户分担补充库存的责任,在加快供应商响应用户需求的速度同时,也使用户方减少了库存水平。

五、实施VMI的技术要求

VMI的成功执行常常依赖于计算机平台、通信技术、产品认证以及跟踪系统。许多情况下,这些系统在零售商和供应商那儿已经存在。软件系统是更有可能缺乏的,也是更重要的。因为它们使一些决策更加方便,比如补货量及时间安排、安全的存货水平、交通路线、内部转移等。

许多商业系统可用来解决这些问题,战略决定系统可以用来做决定。例如,一家新的配送中心的最佳位置,或者将一个新的零售商引入一个供应商的VMI系统所带来的好处与坏处。用于商品识别的条码对配送中心也是很有帮助的,因此仓库提货量的信息可以被捕捉;许多零售商已经有了这种能力。

电子数据交换(EDI)就可以用,但并不是VMI的必要条件。例如,Frito-Lay利用VMI技术就远在EDI建立之前。有趣的是,研究表明,单独的EDI对于仓库的出货或是存货水平只有一点点改善,但如果与VMI结合起来,就会非常有效。它们传递了这样一些信息:零售商仓库的提货量,零售商仓库现有的存货水平,供应商补货计划,预先的递送通知。

为了标准化,统一编码会议(UCC)已经定义了"统一通信标准"(UCS)。仓库提货量和库存信息就是通过UCS852传递的。供应商的补货决定是UCS855传递的,UCS856传递预先的货运通知。在VMI中,UCS855用来承认实际上从未被发送过的订购单。它是一种表明供应商在特定时间向零售商做出了定量补货决定的信号。

尽管决策支持系统、产品认证技术和EDI经常与VMI联系在一起,但它们并不是完全必要的,特别是Stock-Keeping Units(SKU)比较低的时候。比如,一个零售商可以发送一些有效的订单,那么在公司总部的VMI经理可以为这位零售商做出补货决定。这些订单将被放入供应商的订单管理系统。即便是零售商已经发送了订单,系统仍将做出反应。请注意这时不需要什么特别的决策支持系统。VMI的经理仅仅用存货水平来补货。每个月经理可以利用零售商配送中心的现有存货与目标存货水平的差距,做出补货量的决定。还需考虑的是供应商所面对的供应、需求、能力及运输问题。这种方法对于一项工程来说是谨慎的,因为它推迟了在IT上的投资,直到这项技术被证明对节约成本是有效的。这就允许双方的参与者,特别是在刚建立的模式中,先确定他们真正的需要。

在许多种工业中,由供应商管理的库存继续引起人们的广泛关注。我们已经通过描述实验、运用严密的模拟分析提出了VMI带来的好处。我们设计方案以证明需求变化、采纳率、限定生产能力对VMI的影响。

VMI的利益是非常引人注目的,执行VMI的成本包括技术投资和组织结构的构建。许多关于VMI的技术成本都在下降。比如,由于在国际互联网中应用EDI软件与贸易伙伴实行EDI已经相当不贵。我们的分析显示这种方法可以大大减少所有参与者的存货同时不影响服务水平。此外,对生产商的非VMI用户也会带来细水长流的利益。

VMI所带来的存货减少大部分应归功于更频繁的货物周转、订单间隔和递送。可以用更完善的方法在供应链的参与者中发掘出更大的合作机会,使VMI产生更大的价值。需求的易变性在决定可能的受益时并不起主要作用;不管变动是低还是高,收益是差不多的。

参与VMI合作关系的用户在我们所实验的各种情况下都受益,同时,在一定的条件下,生产商可获得额外的利益。例如,当VMI的采纳率高时,利益最大;而采纳率低时,对生产者也可能很有意义。同样,生产者可以提高生产力的利用率,因为VMI可以使生产更稳定。

近年来VMI得到了广泛的推广。我们的分析显示,从这种合作中得来的实际利益的力量使人们的这种高度“关注”成为理所当然的现象。我们还发现成功的案例要依靠完好的商业运作过程和人际关系。忽视了人的纯技术方法不可能获得我们所形容的利益。有效的团队合作很必要,生产商和零售商都应该有很强的参与性。此外,供应链合作者间的相互信任也是很关键的。经验和清楚的利益关系很重要,否则合作就会失败。最后,组织当中的激励与纪律也必须与 VMI 的目标一致。比如,常与短期销售目标相关的销售奖金就与 VMI 不一致。如果没有必要的关系、纪律和组织结构,VMI 的合作就会失败。有趣的前景调查也可以检验 VMI 中团队发展绩效。此外,研究一下如何分配供应链成员间的收益也是很有益的。

第三节 联合库存管理与多级库存控制

一、基本思想

VMI 是一种供应链集成化运作的决策代理模式,它把用户的库存决策权代理给供应商,由供应商代理分销商或批发商行使库存决策的权力。联合库存管理则是一种风险分担的库存管理模式。

联合库存管理的思想可以从分销中心的联合库存功能谈起。地区分销中心体现了一种简单的联合库存管理的思想。传统的分销模式是分销商根据市场需求直接向工厂订货,比如汽车分销(或批发商),根据用户对车型、款式、颜色、价格等的不同需求,向汽车制造厂订货,需要经过一段较长时间货才能达到,因为顾客不想等待这么久的时间,因此各个推销商不得不进行库存备货,这样大量的库存使推销商难以承受,以至于破产。据估计,在美国,通用汽车公司销售 500 万辆轿车和卡车,平均价格是18 500 美元,推销商维持 60 天的库存,库存费是车价值的 22%,一年总的库存费用达到 3.4 亿美元。而采用地区分销中心,就大大减缓了库存浪费的问题。图 1—6—3 为传统的分销模式,每个销售商直接向工厂订货,每个销售商都有自己的库存,而图 1—6—4 为采用分销中心后的销售方式,各个销售商只需要少量的库存,大量的库存由地区分销中心储备,也就是各个销售商把其库存的一部分交给地区分销中心负责,从而减轻了各个销售商的库存压力。分销中心就起到了联合库存管理的功能。分销中心既是一个商品的联合库存中心,同时也是需求信息的交流与传递枢纽。

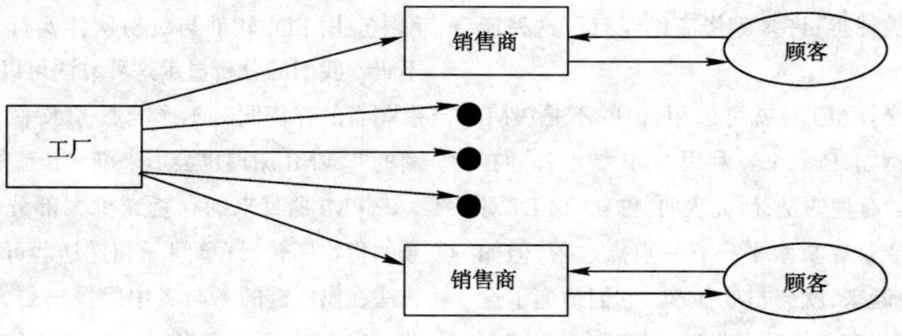

图 1—6—3 传统的销售模式

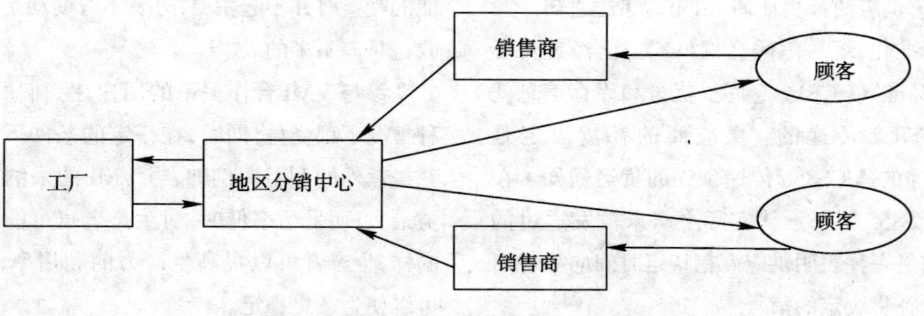

图 1—6—4 有地区分销中心的销售模式

从分销中心的功能我们得到启发，我们对现有的供应链库存管理模式进行新的拓展和重构，提出联合库存管理新模式——基于协调中心的联合库存管理系统。

近年来，在供应链企业之间的合作关系中，更加强调双方的互利合作关系，联合库存管理就体现了战略供应商联盟的新型企业合作关系。

在传统的库存管理中，把库存分为独立需求和相关需求两种库存模式来进行管理。相关需求库存问题采用物料需求计划(MRP)处理，独立需求问题采用订货点办法处理。一般来说，产成品库存管理为独立需求库存问题，而在制品和零部件以及原材料的库存控制问题为相关需求库存问题。图1—6—5所示为传统的供应链活动过程模型，在整个供应链过程中，从供应商、制造商到分销商，各个供应链节点企业都有自己的库存，供应商作为独立的企业其库存(即其产品库存)为独立需求库存，制造商的材料、半成品库存为相关需求库存，而产品库存为独立的需求库存，分销商为了应付顾客需求的不确定性也需要库存，其库存也为独立需求库存。

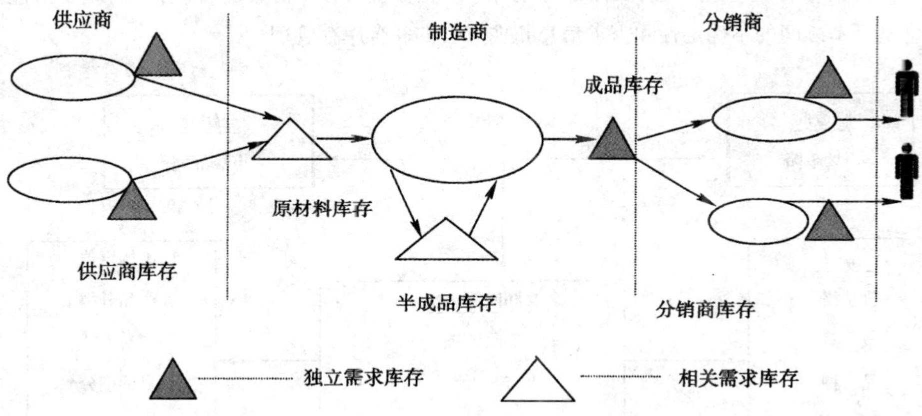

图1—6—5 供应链活动过程模型

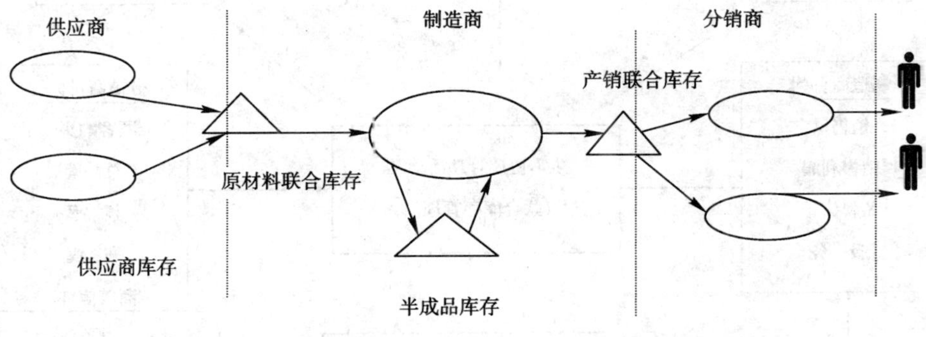

图1—6—6 基于协调中心联合库存管理的供应链系统模型

联合库存管理是解决供应链系统中由于各节点企业的相互独立库存运作模式导致的需求放大现象，提高供应链的同步化程度的一种有效方法。联合库存管理和供应商管理用户库存不同，它强调双方同时参与，共同制定库存计划，使供应链过程中的每个库存管理者(供应商、制造商、分销商)都从相互之间的协调性考虑，保持供应链相邻的两个节点之间的库存管理者对需求的预期保持一致，从而消除了需求变异放大现象。任何相邻节点需求的确定都是供需双方协调的结果，库存管理不再是各自为政的独立运作过程，而是变成供需连接的纽带和协调中心。

图1—6—6为基于协调中心联合库存管理的供应链系统模型。基于协调中心的库存管理和传统的库存管理模式相比，有如下几个方面的优点：

(1)为实现供应链的同步化运作提供了条件和保证。

(2)减少了供应链中的需求扭曲现象,降低库存的不确定性,提高了供应链的稳定性。

(3)库存作为供需双方的信息交流和协调的纽带,可以暴露供应链管理中的缺陷,为改进供应链管理水平提供依据。

(4)为实现零库存管理、准时采购以及精细供应链管理创造了条件。

(5)进一步体现了供应链管理的资源共享和风险分担的原则。

联合库存管理系统把供应链系统管理进一步集成为上游和下游两个协调管理中心,从而部分消除了由于供应链环节之间的不确定性和需求信息扭曲现象导致的供应链的库存波动。通过协调管理中心,供需双方共享需求信息,因而起到了提高供应链的运作稳定性作用。

(二)联合库存管理的实施策略

1.建立供需协调管理机制

为了发挥联合库存管理的作用,供需双方应从合作的精神出发,建立供需协调管理的机制,通过相互的协调作用,明确各自的目标和责任,建立合作沟通的渠道,为供应链的联合库存管理提供有效的机制,图1—6—7为供应商与分销商协调管理机制模型。没有一个协调的管理机制,就不可能进行有效的联合库存管理。

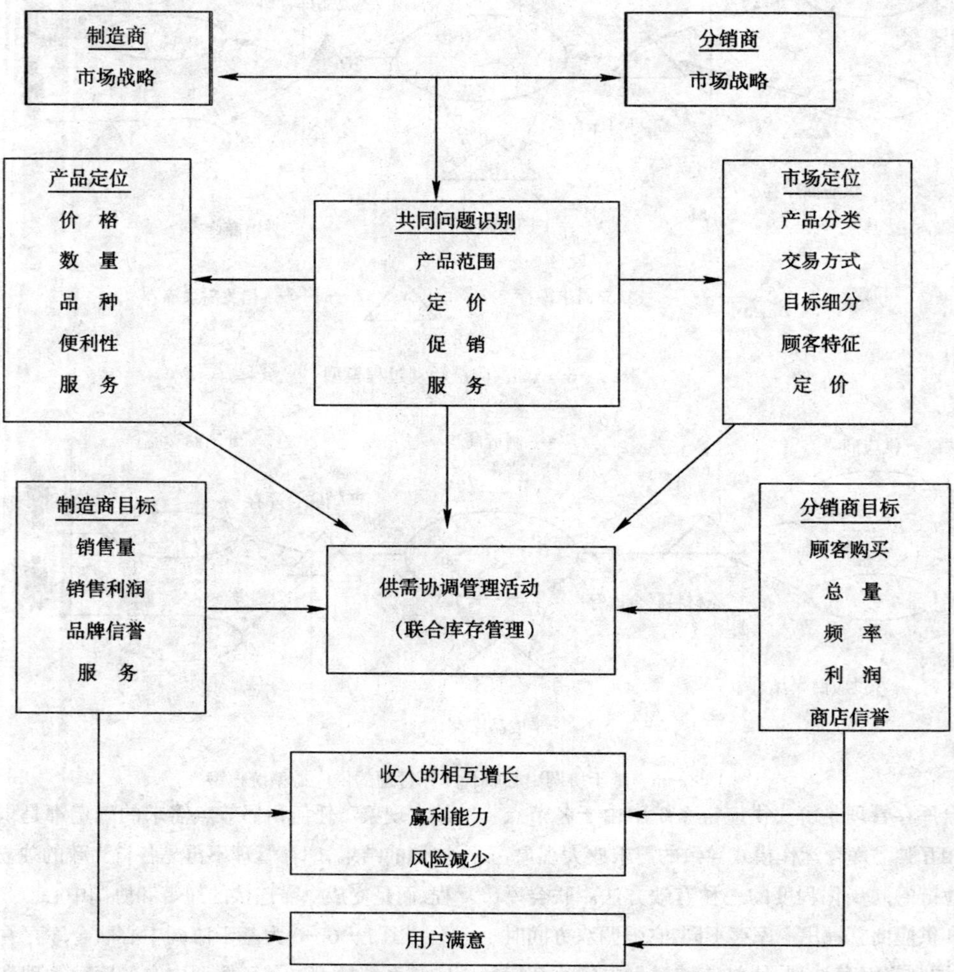

图1—6—7　供应商与分销商的协调管理机制

建立供需协调管理机制,要从几个方面着手:

(1) 建立共同合作目标

要建立联合库存管理模式,首先供需双方本着互惠互利的原则,建立共同的合作目标。为此,要理解供需双方在市场目标中的共同之处和冲突点，通过协商形成共同的目标，如用户满意、利润的共同增长和风险的减少等。

(2) 建立联合库存的协调控制方法

联合库存管理中心担负着协调供需双方利益的角色，起协调控制器的作用。因此需要对库存优化的方法进行明确确定。这些内容包括库存如何在多个需求商之间调节与分配，库存的最大量和最低库存水平，安全库存的确定，需求的预测等等。

(3) 建立一种信息沟通的渠道或系统

信息共享是供应链管理的特色之一。为了提高整个供应链的需求信息的一致性和稳定性，减少由于多重预测导致的需求信息扭曲，应增加供应链各方获得需求信息的及时性和透明性。为此应建立一种信息沟通的渠道或系统，以保证需求信息在供应链的畅通和准确性。要将条码技术、扫描技术、POS系统和EDI集成起来，并且要充分利用因特网的优势，在供需双方之间建立一个畅通的信息沟通桥梁和联系纽带。

(4) 建立利益的分配、激励机制

要有效运行基于协调中心的库存管理，必须建立一种公平的利益分配制度，并对参与协调库存管理中心的各个企业(供应商、制造商、分销商或批发商)进行有效的激励，防止机会主义行为，增加协作性和协调性。

2. 发挥两种资源计划系统的作用

为了发挥联合库存管理的作用，在供应链库存管理中应充分利用目前比较成熟的两种资源管理系统：MRPⅡ和DRP。原材料库存协调管理中心应用制造资源计划系统MRPⅡ，而在产品联合库存协调管理中心则应用物资资源配送计划DRP。这样在供应链系统中把两种资源计划系统很好地结合起来。

3. 建立快速响应系统

快速响应系统是在20世纪80年代末由美国服装行业发展起来的一种供应链管理策略，目的在于减少供应链中从原材料到用户的过程时间和库存，最大限度地提高来年供应的运作效率。

快速响应系统在美国等西方国家的供应链管理中被认为是一种有效的管理策略，经历了3个发展阶段。第一阶段为商品条码化，通过对商品的标准化识别处理加快订单的传输速度；第二阶段是内部业务处理的自动化，采用自动补库与EDI数据交换系统提高业务自动化水平；第三阶段是采月更有效的企业间的合作，消除供应链组织之间的障碍，提高供应链的整体效率，如通过供需双方合作，确定库存水平和销售策略等。

目前在欧美等西方国家，QR系统应用已到达第三阶段，通过联合计划、预测与补货等策略进行有效的用户需求反应。美国的Kurt Salmon协会调查分析认为，实施快速响应系统后供应链效率大有提高：缺货大大减少，通过供应商与零售商的联合协作保证24 h供货；库存周转速度提高1～2倍；通过敏捷制造技术企业的产品中有20%～30%是根据用户的需求而制造的。

快速响应系统需要供需双方的密切合作，因此协调库存管理中心的建立可以为快速响应系统发挥更大的作用创造了有利的条件。

4. 发挥第三方物流系统的作用

第三方物流系统(Third Party Logistics，简称TPL)是供应链集成的一种技术手段。TPL也叫做物流服务提供者(Logistics Service Provider，简称LSP)，它为用户提供各种服务，如产品运输、订单选择、库存管理等。第三方物流系统的产生有两种情况：一种是由一些大的公共仓储公司通过提供更多的附加服务演变而来，另外一种是由一些制造企业的运输和分销部门演变而来。

把库存管理的部分功能代理给第三方物流系统管理，可以使企业更加集中精力于自己的核心业务，第三方物流系统起到了供应商和用户之间的联系的桥梁的作用。第三方物流系统可以为企业获得诸多好处(见图1—6—8)。

——减少成本；

——使企业集中于核心业务；

——获得更多的市场信息；

——获得一流的物流咨询；

——改进服务质量；

——快速进入国际市场。

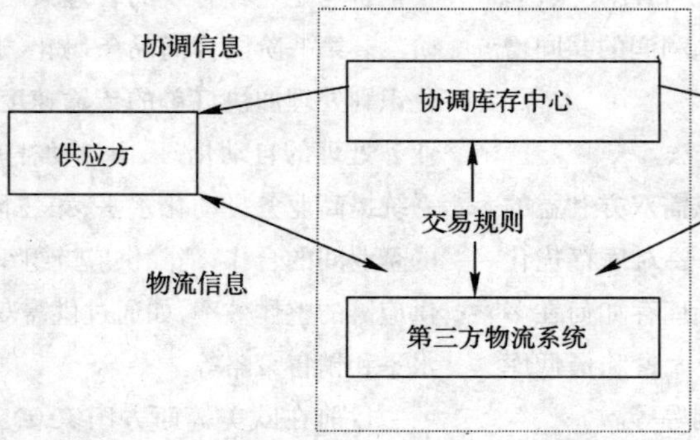

图 1—6—8 第三方物流系统在供应链中的作用

面向协调中心的第三方物流系统使供应与需求双方都取消了各自独立的库存,增加了供应链的敏捷性和协调性,并且能够大大改善供应链的用户服务水平和运作效率。

三、多级库存优化与控制

基于协调中心的联合库存管理是一种联邦式供应链库存管理策略,是对供应链的局部优化控制,而要进行供应链的全局性优化与控制,则必须采用多级库存优化与控制方法。因此,多级库存优化与控制是供应链的资源的全局性优化。

多级库存的优化与控制是在单级库存控制的基础上形成的。多级库存系统根据不同的配置方式,有串行系统、并行系统、纯组装系统、树形系统、无回路系统和一般系统。

供应链管理的目的是使整个供应链各个阶段的库存最小,但是,就现行的企业库存管理模式从单一企业内部的角度去考虑库存问题,并不能使供应链整体达到最优。

多级库存控制的方法有两种:一种是非中心化(分布式)策略,另一种是中心化(集中式)策略。非中心化策略是各个库存点独立地采取各自的库存策略,这种策略在管理上比较简单,但是并不能保证产生整体的供应链优化,如果信息的共享度低,多数情况产生的是次优的结果,因此非中心化策略需要更多信息共享。用中心化策略,所有的库存点的控制参数是同时决定的,考虑了各个库存点的相互关系,通过协调的办法获得库存的优化。但是中心化策略在管理上协调的难度大,特别是供应链的层次比较多,即供应链的长度增加时,更增加了协调控制的难度。

供应链的多级库存控制应考虑以下几个问题。

(1) 库存优化的目标是什么?成本还是时间?

传统的库存优化问题无不例外地进行库存成本优化,在强调敏捷制造、基于时间的竞争的条件下,这种成本优化策略是否适宜?供应链管理的两个基本策略,ECR 和 QR,都集中体现了顾客响应能力的基本要求,因此在实施供应链库存优化时要明确库存优化的目标是什么,成本还是时间?成本是库存控制中必须考虑的因素,但是,在现代市场竞争的环境下,仅优化成本这样一个参数显然是不够的,应该把时间(库存周转时间)的优化也作为库存优化的主要目标来考虑。

(2) 明确库存优化的边界

供应链库存管理的边界即供应链的范围。在库存优化中,一定要明确所优化的库存范围是什么。供应链的结构有各种各样的形式,有全局的供应链,包括供应商、制造商、分销商和零售商各个部门;有局部的供应链,其中又分为上游供应链和下游供应链。在传统的所谓多级库存优化模型中,绝大多数的库存优化模型是下游供应链,即关于制造商(产品供应商)—分销中心(批发商)—零售商的三级库存优化,很少有关于零部件供应商—制造商之间的库存优化模型。在上游供应链中,主要考虑的问题是关于供应商的选择问题。

(3) 多级库存优化的效率问题

从理论上来讲,如果所有的相关信息都是可获得的,并把所有的管理策略都考虑到目标函数中去,中心化的多级库存优化要比基于单级库存优化的策略(非中心化策略)要好。但是,现实情况未必如此,当把组织与管理问题考虑进去时,现实的情况是,管理控制的幅度常常是下放给各个供应链的部门独立进行,因此多级库存控制策略的好处也许会被组织与管理的考虑所抵消。因此简单的多级库存优化并不能产生真正优化的效果,需要对供应链的组织、管理进行优化,否则,多级库存优化策略的效率是低下的。

(4) 明确采用的库存控制策略

在单库存点的控制策略中,一般采用的是周期性检查与连续性检查策略。在周期性检查库存策略中主要有(nQ,s,R)、(S,R)、(s,S,R)等策略,连续库存控制策略主要有(s,Q)和(s,S)两种策略。这些库存控制策略对于多级库存控制仍然适用。但是,到目前为止,关于多级库存控制,都是基于无限能力假设的单一产品的多级库存,对于有限能力的多产品的库存控制是供应链多级库存控制的难点和有待解决的问题。

下面我们分别从时间优化和成本优化的角度分别探讨多级库存的优化控制问题。

(一)基于成本优化的多级库存优化

基于成本优化的多级库存控制实际上就是确定库存控制的有关参数:库存检查期、订货点、订货量。

在传统的多级库存优化方法中,主要考虑的供应链模式是生产—分销模式。也就是供应链的下游部分。我们进一步把问题推广到整个供应链的一般性情形,如图1—6—9所示的供应链模型。

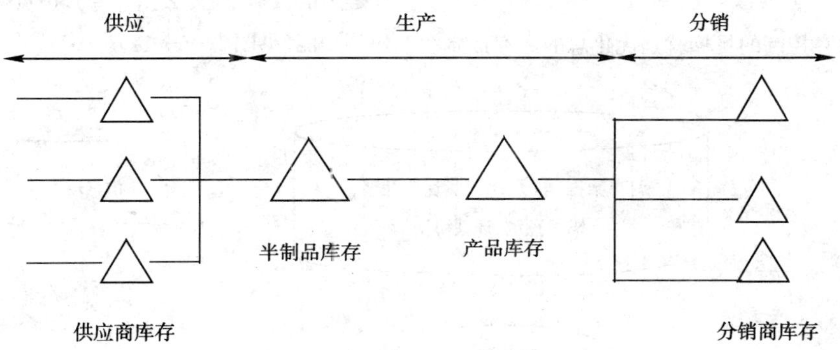

图1—6—9　多级供应链库存模型

在库存控制中,考虑集中式(中心化)和分布式(非中心化)两种库存控制策略情形。在分析之前,首先确定库存成本结构。

1. 供应链的库存成本结构

(1) 维持库存费用(Holding Cost)。在供应链的每个阶段都维持一定的库存,以保证生产、供应的连续性。这些库存维持费用包括资金成本、仓库及设备折旧费、税收、保险金等。维持库存费用与库存价值和库存量的大小有关。维持库存费用沿着供应链从上游到下游有一个累积的过程(见图1—6—10)。

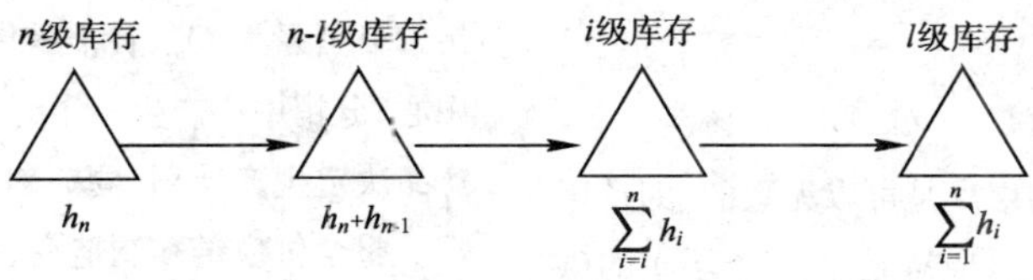

图1—6—10　供应链维持库存费的累积过程

h_i 为单位周期内单位产品(零件)的维持库存费用。如果 v_i 表示 i 级库存量,那么,整个供应链的库存维持费用为:

$$C_h = \sum_{i=1}^{n} h_i v_i$$

如果是上游供应链,则维持库存费用是一个汇合的过程,而在下游供应链,则是分散的过程。

(2)交易成本(Transaction Cost)。在供应链企业之间的交易合作过程中产生的各种费用。包括谈判要价、准备订单、商品检验费用、佣金等。交易费用随交易量的增加而减少。

交易成本与供应链企业之间的合作关系有关。通过建立一种长期的互惠合作关系有利于降低交易成本，战略伙伴关系的供应链企业之间交易成本是最低的。

(3)缺货损失成本(Shortage Cost)。缺货损失成本是由于供不应求，即库存小于零的时候，造成市场机会损失以及用户罚款等。

缺货损失成本与库存大小有关。库存量大，缺货损失成本小，反之，缺货损失成本高。为了减少缺货损失成本，维持一定量的库存是必要的，但是库存过多将增加维持库存费用。

在多级供应链中，通过提高信息的共享程度，增加供需双方的协调与沟通，有利于减少缺货带来的损失。

总的库存成本为：

$$C = C_h + C_t + C_s$$

对多级库存控制的目标就是优化总的库存成本 C，使其达到最小。

2. 库存控制策略

多级库存的控制策略分为中心化控制策略和非中心化策略，以下分别加以说明。

(1)中心化库存控制

目前关于多级库存的中心化控制的策略探讨不多，采用中心控制的优势在于能够对整个供应链系统的运行有一个较全面的掌握，能够协调各个节点企业的库存活动。

中心化控制是将控制中心放在核心企业上，由核心企业对供应链系统的库存进行控制，协调上游与下游企业的库存活动。这样核心企业也就成了供应链上的数据中心(数据仓库)，担负着数据的集成、协调功能(见图 1—6—11)。

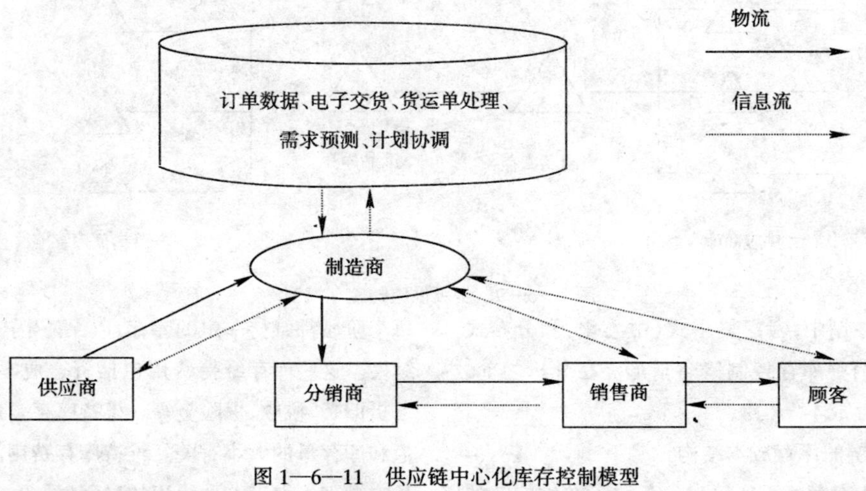

图 1—6—11 供应链中心化库存控制模型

中心化库存优化控制的目标是使供应链上总的库存成本最低，即：

$$\min TC = \sum_{i=1}^{m} (C_{hi} + C_{ti} + C_{st})$$

理论上讲，供应链的层次是可以无限的，即从用户到原材料供应商，整个供应链是个 n 个层次的供应链网络模型，分一级供应商，二级供应商，…，k 级供应商，然后到核心企业(组装厂)；分销商，也可以是多层次的，分一级分销商，二级分销商，三级分销商等，最后才到用户。但是，现实的供应链的层次并不是越多越好而是越少越好，因此实际供应链的层次并不很长，采用供应—生产—分销这样的典型 3 层模型足够说明供应链的运作问题。

图 1—6—12 为三级库存控制的供应链模型。各个零售商的需求 D_{it} 是独立的，根据需求的变化做出的订货量为 Q_{it}，各个零售商总的订货汇总到分销中心，分销中心产生一个订货给制造商，制造商根据产品决定生产计划，同时对上游供应商产生物料需求。整个供应链在制造商、分销商、零售商 3 个地方存在 3 个库存，这就是三级库存。这里假设各零售商的需求为独立需求，需求率 d_i 与提前期 LT_i 为同一分布的随机变量，同时系统销售同一产品，即为单一产品供应链。对这样一个三级库存控制系统，这是一个串行与并行相结合的混合型供应链模型，建立如下的控制模型：

$$\min(C_{mfg} + C_{cd} + C_{rd})$$

这里，第一项为制造商的库存成本，第二项为分销商的库存成本，第三项为零售商的库存成本。

关于订货策略采用连续检查还是周期性检查的问题，原则上讲两者都是适用的，但各有特点。问题在于采用传统的订货策略是有关参数的确定和供应链环境下的库存参数应有所不同，否则不能反映多级库存控制的思想，因此，不能按照传统的单点库存控制策略进行库存优化，必须寻找新的方法。

按照传统的固定量订货系统，其经济订货量为：

$$Q_i^* = \sqrt{\frac{2D_iC_{si}}{h_i}}$$

如果我们按照这个算法作为多级库存的各个阶段的供应商或分销商的订货策略，那么就没有体现供应链的中心化控制的思想。为什么呢？因为这样计算实际的库存信息是单点库存信息而没有考虑供应链的整体库存状态，因此采用这样的计算方法实际上是优化单一库存点的成本而不是整体供应链的成本。

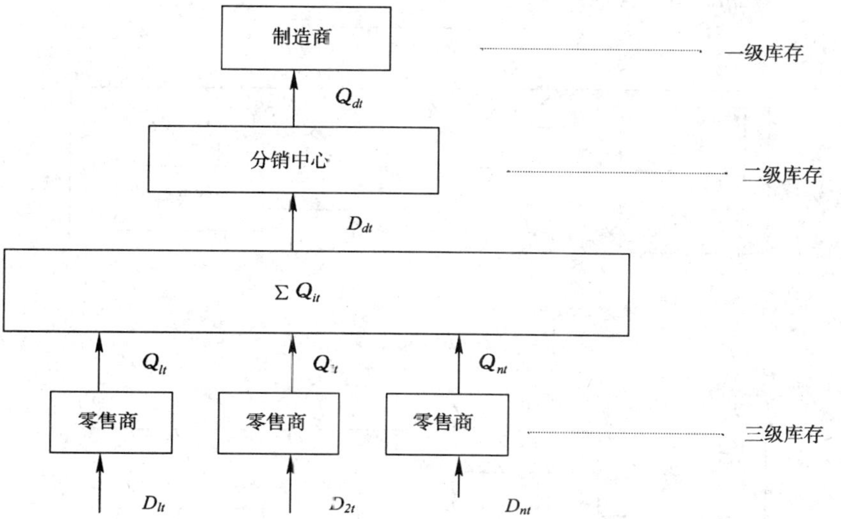

图 1—6—12　三级库存供应链模型

那么，如何体现供应链这种集成的控制思想呢？可以采用级库存取代点库存解决这个问题。因为点库存控制没有考虑多级供应链中相邻的节点的库存信息，因此容易造成需求放大现象。采用级库存控制策略后，每个库存点不再是仅检查本库存点的库存数据，而是检查处于供应链整体环境下的某一级库存状态。这个级库存和点库存不同，我们重新定义供应链上节点企业的库存数据，采用"级库存"这个概念：

供应链的级库存＝某一库存节点现有库存＋转移到或正在转移给其后续节点的库存

这样检查库存状态时不但要检查本库存点的库存数据，而且还要检查其下游需求方的库存数据。级库存策略的库存决策是基于完全对其下游企业的库存状态掌握的基础上的，因此避免了信息扭曲现象。建立在 Internet 和 EDI 技术基础上的全球供应链信息系统，为企业之间的快速信息传递提供了保证，因此，实现供应链的多级库存控制是有技术保证的。

(2)非中心化的控制策略

非中心化库存控制是把供应链的库存控制分为3个成本归结中心，即制造商成本中心、分销商成本中心和零售商的成本中心，各自根据自己的库存成本优化做出优化的控制策略(见图 1—6—13)。非中心化的库存控制要取得整体的供应链优化效果，需要增加供应链的信息共享程度，使供应链的各个部门都共享统一的市场信息。非中心化多级库存控制策略能够使企业根据自己的实际情况独立做出快速决策，有利于发挥企业自己的独立自主性和灵活机动性。

非中心化库存订货点的确定，可完全按照单点库存的订货策略进行，即每个库存点根据库存的变化，独立地决定库存控制策略。非中心化的多级库存优化策略，需要企业之间的协调性比较好，如果协调性差，有可能导致各自为政的局面。

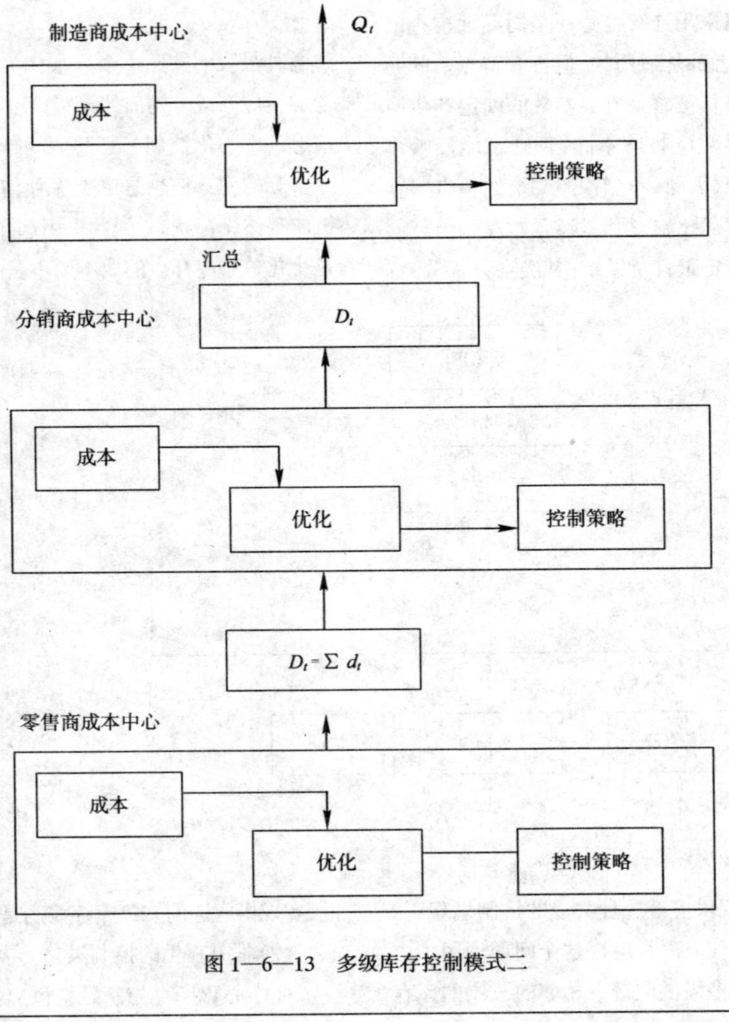

图 1—6—13　多级库存控制模式二

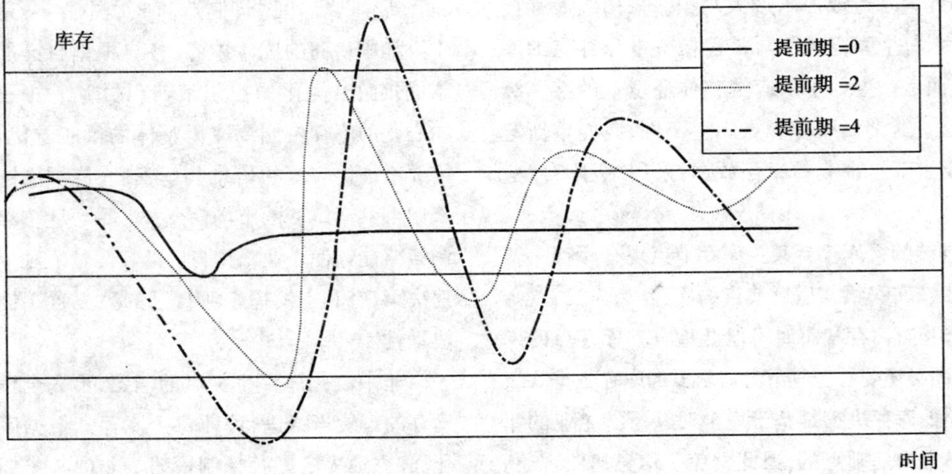

图 1—6—14　零售商库存水平与供应提前期的关系

(二)基于时间优化的多级库存控制

前面我们探讨了基于成本优化的多级库存优化方法。这是传统的做法。随着市场变化,市场竞争已从传统的简单的成本优先的竞争模式转为时间优先的竞争,这就是敏捷制造的思想。因此供应链的库存优化不能简单地仅优化成本。在供应链管理环境下,库存优化还应该考虑对时间的优化,比如库存周转率的优化、供应提前期优化、平均上市时间的优化等。库存时间过长对于产品的竞争力不利,因此供应链系统应从提高用户响应速度的角度提高供应链的库存管理水平。

为了说明时间优化在供应链库存控制中的作用,我们看下面一个例子。

图1—6—14 显示了随着时间的推移,一个零售商从供应商获得的库存水平与变化的提前期的关系,从图 1—6—14 可以看出,随着提前期的增加,库存更大而且摆动更大。缩短提前期不但能够维持更少的库存而且有利于库存控制。

第四节 战略库存控制:工作流管理

前面几节,我们论述了供应链的库存管理策略,这些新的思想和方法对于改进供应链企业的库存管理以及供应链的整体优化是很有帮助的。但是,如果我们深入分析一下库存问题就不难发现,库存控制是个很复杂的企业综合管理问题,尽管目前已有许多数学模型能够辅助库存管理,但是从管理的战略意义上讲,这些模型和算法都很难解决库存控制中的本质问题——战略性库存决策问题。战略性库存决策问题是宏观的管理决策问题,纯粹从传统的微观的基于算法求解的方法不能解决战略库存决策问题,多级库存控制的难点也就在这里。

一、关于库存管理问题的新理解

对于库存的理解,我们习惯认为它是资源的储备或暂时性的闲置,因此,长期以来对库存的作用的理解就针对库存是因“储备”而存在还是因“闲置”而存在产生截然相反的看法。持“库存是储备”的观点者认为库存是维持生产正常、保持连续、应付不测需求的必须,而持“库存是闲置”的观点者认为库存是一种浪费,它掩盖管理中的问题,因此主张消除库存,通过无库存生产方式不断地降低库存水平,暴露管理问题,然后解决问题,使管理工作得到改进,达到一个新的水平。这是一个循环往复、不断改进的过程,JIT 思想集中体现了这种理念。

从深层次的研究发现,库存并不是简单的资源储备或闲置的问题,而是一种组织行为问题,这是关于库存管理新的理解。

库存是企业之间或部门之间没有实现无缝连接的结果,因此,库存管理的真正本质不是针对物料的物流管理而是针对企业业务过程的工作流管理。

基于传统的库存观点,库存管理就是物料管理,因此人们花大量的时间与精力去优化库存(物料成本优化),但是却总是没有达到人们的预期效果。这种“只见树木不见森林”的管理思维一直没有得到突破。因此,人们对库存管理总是围绕物流管理、仓库管理等问题展开,或者基于降低浪费的角度考虑,采用 JIT 准时制进行无休止的改进以降低库存,虽然这些都是库存管理的有效方法,但是,从根本上来说,仍然没有解决库存的本质问题。

二、战略库存控制:工作流管理

从传统的以物流控制为目的的库存管理向以过程控制为目的的库存管理转变是库存管理思维的变革。基于过程控制的库存管理将是全面质量管理、业务流程再造、工作流技术、物流技术的集成。这种新的库存管理思想对企业的组织行为产生重要的影响,组织结构将更加面向过程。供应链是多个组织的联合,通过有效的过程管理可以减少乃至消除库存(见图 1—6—15)。

在供应链库存管理中,组织障碍是库存增加的一个重要因素。不管是企业内部还是企业之间,相互的合作与协调是实现供应链无缝连接的关键。在供应链管理环境下,库存控制不再是一种运作问题,而是企业的战略性问题。要实现供应链管理的高效运行,必须增加企业的协作,建立有效的合作机制,不断进行流程革命。因而,库存管理并不是简单的物流过程管理,而是企业之间的工作流的管理。

基于工作流的库存管理,能解决传统的库存控制方法无法解决的库存协调问题,特别是多级库存控制问题。多级库存管理涉及多组织协作关系,这是企业之间的战略协作问题,采用传统的订货点方法解决不了关于多组织的物流协作问题,必须通过组织的最有效的协作关系进行协调才能解决。

基于工作流的库存控制策略，把供应链的集成推到了一个新的战略高度——企业间的协作与合作。

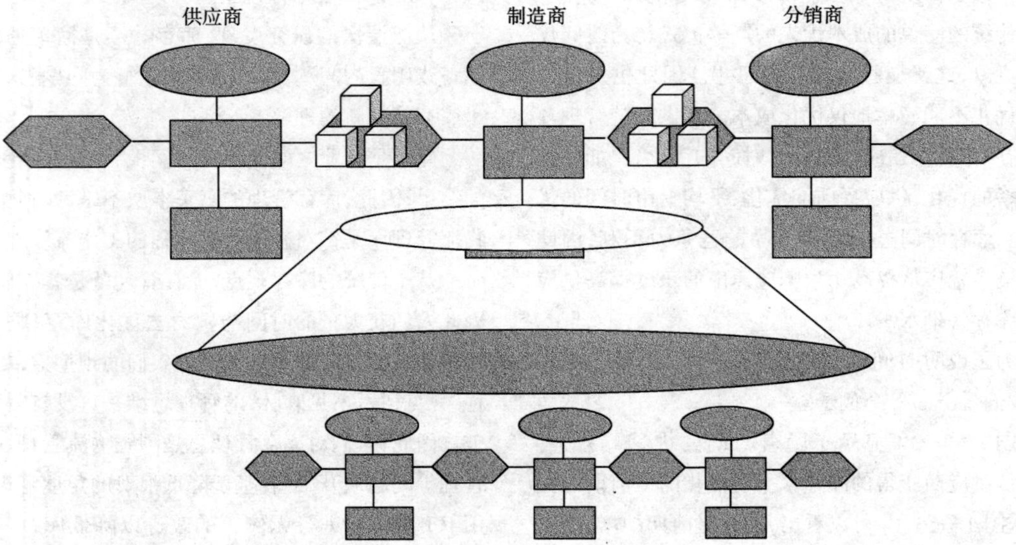

图 1—6—15 通过正确的过程管理消除库存

第七章 供应链管理环境下的采购与物流管理

物流贯穿整个供应链，它连接供应链的各个企业，是企业间相互合作的纽带。供应链管理赋予物流与采购管理新的意义和作用，如何有效地管理供应链的物流过程，使供应链在物流、信息流、资金流有效集成并保持高效运作，是供应链管理要解决的一个重要问题。

本章将探讨供应链环境下的物流管理一般性策略问题。首先论述供应链管理环境下的物流管理思想和策略，包括有效资源配送、全球后勤系统、第三方物流系统、推迟化策略、战略渠道设计。其次分析供应链企业的采购管理新特点，着重探讨从为库存采购到为订单采购的转变；从采购管理向外部资源管理转变；从一般买卖关系向战略协作伙伴关系转变。在此基础上再对有关准时制采购的策略进行论述，包括采购的意义、特点和策略。最后论述供应链采购策略中有关客户关系管理，包括供需关系理论、低成本采购策略、柔性合同等，解决供需的矛盾问题。

第一节 概 述

一、基本概念

物流管理有狭义与广义两个方面的含义。狭义的物流管理是指物资的采购、运输、配送、储备等活动，是企业之间的一种物资流通活动。广义的物流管理包括了生产过程中的物料转化过程，即现在人们通常所说的供应链管理，所以国外有人认为供应链管理实际就是物流管理的延伸和扩展。如果从社会大范围的角度看，物流可以理解为是所有为最终消费者提供商品和服务的活动网络，即供应网络(Supply Network)。而供应链则是其中的一个通道(Channel)，它关联着几个不同的管理概念(见图 1—7—1)。

采购/供应管理(Purchasing and Supply Sanagement)：处理企业与供应市场之间的各类业务活动，如采购、库存、运输、订单处理等，但不包括供应商的供应商，即只与第一级供应商的业务有关。

后勤管理(Logistics)：是指经过分销渠道到达最终用户的物料管理和信息管理。

配送管理(Physical Distribution Management)：处理与企业最直接的用户之间的业务关系，把产品销售给用户，但主要是一级用户，不涉及二级用户等

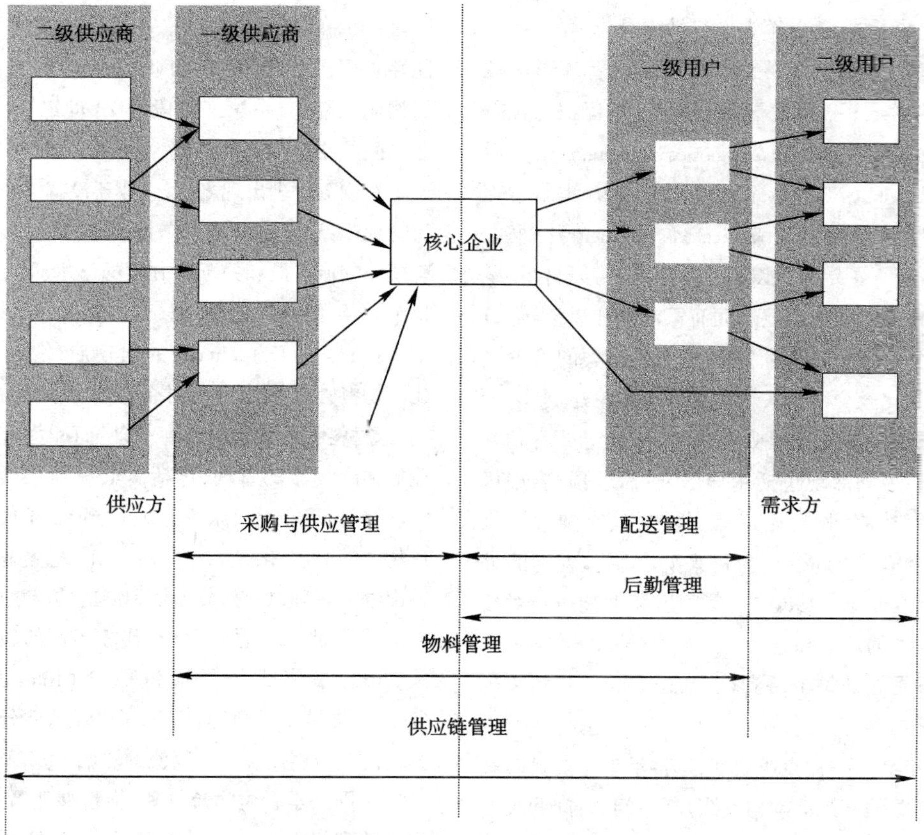

图 1—7—1　供应链中不同管理范畴的描述

非直接的用户。

物料管理(Materials Management):指供应链的中间部分物流和信息流。包括采购、库存管理、仓储管理、生产作业计划与控制、分销配送管理。即从原料的采购进厂、生产再到产品交给用户(第一级用户),不包括供应商的供应商和分销商的分销商及最终用户。

供应链管理:是跨企业范围的比物料管理更广泛的管理,它从战略层次上把握最终用户的需求,通过企业之间有效的合作,获得从成本、时间、效率、柔性等的最佳效果。它包括从原材料到最终用户的所有活动,是对整个链的过程管理。

现代供应链的物流管理是从配送管理、物料管理、后勤管理等概念延伸出来的,因此我们来看一下关于物流管理的形成和发展过程。

二、物流管理的形成与发展

物流管理作为现代供应链管理思想的起源,同时也是供应链管理的一个重要组成部分,与传统的物流管理有着很大的区别,因此,了解物流管理的形成和发展,对于理解供应链管理思想的实质以及供应链管理中的物流管理的作用是很有必要的。

(一)国外物流管理思想的形成与发展

一般认为,物流活动是从配送与后勤管理中演变形成的。

1935年,美国的销售协会最早对物流(配送)(Physical Distribution)下了定义:“包含于销售之中的物质资料和服务于从生产地点到消费地点流动过程中,伴随的种种经济活动”,国内学者认为这就是关于物流的最早表述。1918 年,第一次世界大战时,英国犹尼利弗的商人哈姆勋爵成立了一个“即时送货股份有限公司”,公司的宗旨是在全国范围内把商品及时送到批发商、零售商和用户的手中,这一事件被认为是物流活动最早的文献记录。

后勤管理(Logistics)在物流管理的起源和发展过程中扮演重要的角色。后勤管理最初起源于军事战时物资的供应管理。第二次世界大战时，美国根据军事上的需要，在对军火进行供应时，首先采用了后勤管理(Logistics)这一词。后来后勤管理形成一个独立的学科，不断发展形成后勤工程(Logistics Engineering)、后勤管理(Logistics Management)、后勤分配(Logistics Distribution)。美国学者鲍尔索克斯在1974年出版的《Logistics Management》一书中对后勤管理下了定义："以买主为起点，将原材料、零部件、制成品在各个企业之间有策略地加以流转，最后达到用户手中，其间所需要的一切活动的管理过程"。这是比较全面的关于后勤管理的论述。

美国国家物流管理协会1976年在定义后勤管理中指出：后勤活动包括用户服务，需求预测、销售情报、库存控制、物料搬运、订货销售、零配件的供应、工厂及仓库的选址、物资采购、包装、废物的处理、运输、仓储等。1980年，美国后勤管理协会对后勤管理所下的定义和这个定义类似。

以下是国外关于后勤(Logistics)的一些相关理解和解释：

(1)定义为一种商业活动，这种活动主要是转移及与之相关的支撑活动，转移包括空间、时间和尺寸的转移，仓储/库存、包装/分类等都是转移活动。而运费管理、用户代理、订单跟踪则是支撑活动。

(2)定义为物流渠道(Physical Channel)和交易渠道(Transaction Channel)的二维活动的统一(见图1—7—2)。

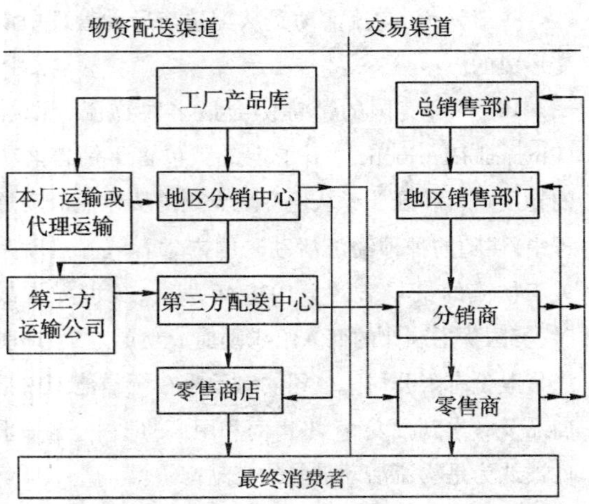

图1—7—2　物流渠道与交易渠道

(3)后勤管理是一个演变的过程，主要包括3个阶段：第一阶段为20世纪60、70年代的物资配送功能性管理；第二阶段为20世纪80年代的企业内部的物流功能集成；第三阶段为20世纪90年代的企业之间的物流外部的集成。

在物流管理出现之前，企业还没有一个独立的物流管理业务部门，而被当作是制造活动的一部分，没有职业物流人员和关于这方面的学术研究。直到20世纪60年代物料管理(Materials Management)和物资配售(Physical Distribution)的出现后，情况才发生变化。物料管理被认为是对企业的原材料的采购、运输、原材料和在制品的库存管理；而配售管理是对企业的输出物流的管理，包括需求预测、产品库存、运输、库存管理和用户服务。20世纪80年代出现了集成物流的概念(Integrated Logistics)，把企业的输入与输出物流管理以及部分市场和制造功能集成在一起。供应链管理是20世纪90年代才出现的新的管理模式，出现了集成的供应链概念(Integrated Supply Chain)，企业从"眼睛向内"转向"眼睛向外"，通过和其他的供应链成员进行物流的协调寻找商业机会。

不同的学者对物流管理、物料管理、后勤管理等概念的理解和所指范围均有所不同，特点是各种概念的范畴不断扩大，并且出现交叉。到最近几年，Logistics已经基本上用来指物流管理，现在国外的文献中，已经将Logistics用来泛指企业之间的物流管理，不再是传统意义的物流管理。传统意义的物流即物资配送(Physical Distribution)和后勤(Logistics)是有区别的，后来，物资配送管理的概念已很少使用，而通用后勤管理作为物流管理。美国的有关物流管理协会已将Physical Distribution改为Logistics，如美国国家物流管理协会(National Council of Physical Distribution Management，简称NCPDM)已于1987年改为The Council of Logistics Management。按中文翻译应改为后勤管理协会，但由于习惯，人们一直用物流管理这个术语，但是也有用后勤管理的，至于Physical Distribution Management这个概念，已经很少再用。用后勤管理(Logistics)取代传统的物资配售管理作为物流管理的术语有重要意义，是现代生产方式为适应市场需要和提高服务功能的必然趋势。

总之，目前物流管理已经扩展到包括上游供应链的企业之间的物资管理，从这个意义上讲，物流指的是供应链范围内企业之间的物资转移活动（不包括企业内部的生产活动）。现代的企业物流管理已经把采购与分销两个为生产服务的领域统一在一起，形成所谓的物流供应链，这就是现代物流管理的含义。

（二）物流管理在中国

我国关于物流及物流管理思想形成的历史不是很长，一些先驱学者对国外物流管理理论的研究后逐步形成有中国特色的物流管理理论体系——物流学。我国北京交通大学、华中科技大学、北京物资学院等学校都是比较早的对物流进行研究的单位。

20世纪70年代以前，我国经济研究中很少见到"物流"一词，20世纪80年代出版的《经济大词典》初次编入"物流合理化"这个词，1985年出版的《经济与管理大词典》将"物流"解释为"在买方与卖方之间的实物形态的流动过程"。崔介何等人认为"物流是物资资料从供应者到需要者的物理性流动，是创造时间与空间价值的经济活动"，王嘉霖等人认为"物流泛指物资实体的场所的转移和时间占用，即物资实体的物理性流动过程（有形和无形的）"。李振认为物流应理解为物资在生产过程中各生产环节之间和产成品从生产场所到消费场所之间的物理性流动，可以有狭义和广义，狭义指物资资料从生产者到消费者的空间位移，属于流通领域；广义的物流是指生产与流通的物资流动。

关于物流活动的内容，王嘉霖等人认为物流活动分为：(1)企业内物流（微观物流）：指原材料采购、临时性存放工序内、车间内、专业厂内以及它们之间的半成品、成品搬运到成品库的活动过程，仓库作业的入库、验收、存储保管、调拨、发放等。(2)企业外物流，即分销物流。(3)社会物流（大物流）。李振教授认为，物流活动分为：(1)生产物流：指企业制造活动过程中，原材料、在制品、半成品、产品在工厂范围内的流动，生产物流贯穿产品生产工艺流程的全过程。(2)供应物流：为保证生产企业的物资供应，通过采购行为使物资从供应单位流转到购物单位形成的物流，它与生产物流的输入端相连接。(3)销售物流：指生产企业在销售过程中，产品从生产企业到用户之间的物流。

销售物流和供应物流是对同一企业来说，对不同的企业，供应企业的销售物流即为购货企业的供应物流。此外，还有回收物流和废弃物流。

本篇对物流的理解：以供应链管理思想为出发点，以集成思想、系统理论为指导原则，认为物流具有3种表现形式，即：物流物质表现形式、价值表现形式和信息表现形式。物流的物质表现为企业之间的物质资源的转移（包括时间、空间和形态的转移）；物流的价值表现为物流过程是一个价值增值过程，是一个能够创造时间价值和空间价值的过程；物流的信息表现为物流过程是一个信息采集、传递与加工过程。基于这种观点，可知现代物流的研究范畴应包括供应链的物流，供应链企业之间的原材料、半产品、产品的供应与采购关系，更具体地说是供应链联盟内的物流活动。

三、物流管理在供应链管理中的地位

一般认为，供应链是物流、信息流、资金流3个流的统一，那么，物流管理很自然地成为供应链管理体系的重要组成部分。供应链管理问题与物流问题区别在哪里？一般而言，供应链管理涉及制造问题和物流问题两个方面，物流涉及的是企业的非制造领域问题。两者的主要的区别在于：

(1)物流涉及原材料、零部件在企业之间的流动，而不涉及生产制造过程的活动；

(2)供应链管理包括物流活动和制造活动；

(3)供应链管理涉及从原材料到产品交付给最终用户的整个物流增值过程，物流涉及企业之间的价值流过程，是企业之间的衔接管理活动。

物流管理在供应链管理中的重要作用可以通过价值分布来考查。表1—7—1为供应链的价值分布。不同的行业和产品类型，供应链价值分布不同，但是我们可以看出，物流价值（采购和分销之和）在各种类型的产品和行业中都占到了整个供应链价值的一半以上，制造价值不到一半。在易耗消费品和一般工业品中，物流价值的比例更大，达80%以上，这充分说明物流的价值意义。供应链是一个价值增值链过程，有效地管理好物流过程，对于提高供应链的价值增值水平，有着举足轻重的作用。

表 1—7—1　供应链上的价值分布

产　　品	采购	制造	分销
易耗品(如肥皂、香精)	30%～50%	5%～10%	30%～50%
耐用消费品(如轿车、洗衣机)	50%～60%	10%～15%	20%～30%
重工业(如工业设备、飞机)	30%～50%	30%～50%	5%～10%

从传统的观点看,物流对制造企业的生产是一种支持作用,被视为辅助的功能部门。但是,现代企业的生产方式的转变,即从大批量生产转向精细的准时化生产,这时的物流,包括采购与供应,都需要跟着转变运作方式,实行准时供应和准时采购等。另一方面,顾客需求的瞬时化,要求企业能以最快的速度把产品送到用户的手中,以提高企业的快速响应市场的能力。所有的这一切,都要求企业的物流系统具有和制造系统协调运作的能力,以提高供应链的敏捷性和适应性,因此,物流管理不再是传统的保证生产过程连续性的问题,而是要在供应链管理中发挥重要作用:

(1)创造用户价值,降低用户成本;

(2)协调制造活动,提高企业敏捷性;

(3)提供用户服务,塑造企业形象;

(4)提供信息反馈,协调供需矛盾。

要实现以上几个目标,物流系统应做到准时交货、提高交货可靠性、提高响应性、降低库存费用等。现代市场环境的变化,要求企业加速资金周转、快速传递与反馈市场信息、不断沟通生产与消费的联系、提供低成本的优质产品,生产出满足顾客需求的顾客化的产品,提高用户满意度,因此,只有建立敏捷而高效的供应链物流系统才能达到提高企业竞争力的要求。供应链管理将成为 21 世纪企业的核心竞争力,而物流管理又将成为供应链管理的核心能力的主要构成部分。

四、供应链环境下物流管理面临的主要问题

供应链管理环境下的物流管理和传统企业的物流管理的意义和方法不同。由于企业的经营思想的转变,为保证供应链的企业之间的同步化、并行化运作,实现快速响应市场的能力,物流系统管理将面临一系列的转变。主要解决几个方面的问题:

(1)实现快速准时交货的措施问题;

(2)低成本准时的物资采购供应策略问题;

(3)物流信息的准确输送,信息反馈与共享问题;

(4)物流系统的敏捷性和灵活性问题;

(5)供需协调实现无缝供应链连接问题。

以下各节围绕这些问题,从提高供应链管理运行绩效的目标出发,分别进行详细探讨。

第二节　供应链管理环境下的物流管理

一、供应链管理环境下物流的特征

(一)供应链管理下的物流环境

企业竞争环境的变化导致企业管理模式的转变,供应链管理思想就是在新的竞争环境变化下出现的。新的竞争环境体现了企业竞争优势要素的改变。在 20 世纪的 70 年代以前,成本作为主要的竞争优势,而 80 年代则是质量作为竞争优势,90 年代是交货时间,即所谓基于时间的竞争,到 21 世纪初,这种竞争优势就会转移到所谓的敏捷性上来。在这种环境下,企业的竞争就表现在如何以最快速度响应市场要求,满足不断变化的多样化需求。企业必须能在实时的需求信息下,快速组织生产资源,把产品送到用户手中,并提高产品的用户满意度。在激烈的市场竞争中,企业都感到一种资源饥渴的无奈,传统的单一企业竞争模式已经很难使企业在市场竞争中保持绝对的竞争优势。信息时代的到来,进一步加深了企业竞争的压力,信息资源的开放性,打破了企业的界限,建立了一种超越企业界限的新的合作关系,为创造新的竞争优势提供了有利的条件。因此,供应链管理的出现就迎合了这种趋势,它顺应了新的竞争环境的需要,使企业从资源的约束中解放出来,创造新的竞争优势。

供应链管理实质是一个扩展的企业概念,扩展企业的基本原理和思想体现在几个方面:(1)横向思维(战略联盟);(2)核心能力;(3)资源扩展/共享;(4)群体与工作流(团队管理);(5)竞争性合作;(6)同步化运作;(7)用户驱动。这几个方面的特点不可避免地影响到物流环境。

归纳起来,供应链管理环境下的物流环境有如下几个特点(见表 1—7—2)。

表 1—7—2　供应链管理环境下的物流环境特点

竞争的需求	竞争特性	物流策略要素
对顾客化产品的开发、制造和交货速度	敏捷性	通过畅通的运输通道快速交货
资源动态重组能力	合作性	通过即插即用的信息网络获得信息共享与知识支持
物流系统对变化的实时响应能力	柔性	多种形式的运输网络、多点信息获取途径
用户服务能力的要求	满意度	多样化产品、亲和服务、可靠质量

(二)供应链管理环境下物流管理的新特点

由于供应链管理下物流环境的改变,使新的物流管理和传统的物流管理相比有许多不同的特点。这些特点反映了供应链管理思想的要求和企业竞争的新策略。

首先我们来考察一下传统的物流管理的情况,图 1—7—3 为传统的物流供应链模型。在传统的物流系统中,需求信息和反馈信息(供应信息)都是逐级传递的,因此上级供应商不能及时地掌握市场信息,因而对市场的信息反馈速度比较慢,从而导致需求信息的扭曲。

另外,传统的物流系统没有从整体角度进行物流规划,常常导致一方面库存不断增加,另一方面当需求出现时又无法满足。这样,企业就会因为物流系统管理不善而丧失市场机会。1994 年,康柏公司就因为流通渠道没有跟上而导致 1 亿美元的损失,康柏财务经理说,我们在制造、市场开拓、广告等方面做了大量的努力,但是物流管理没有跟上,这是最大的损失。

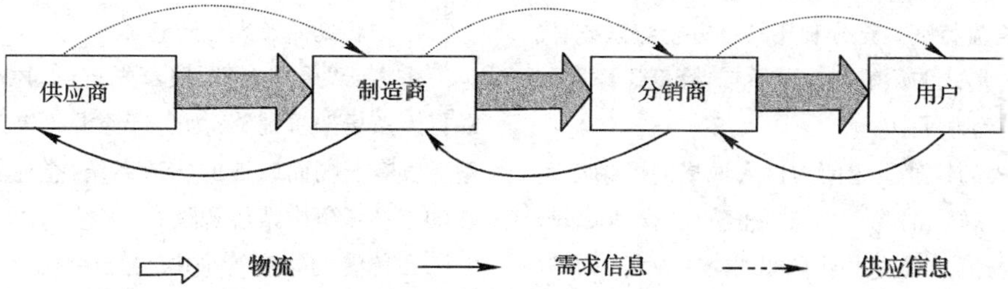

图 1—7—3　传统的物流供应链

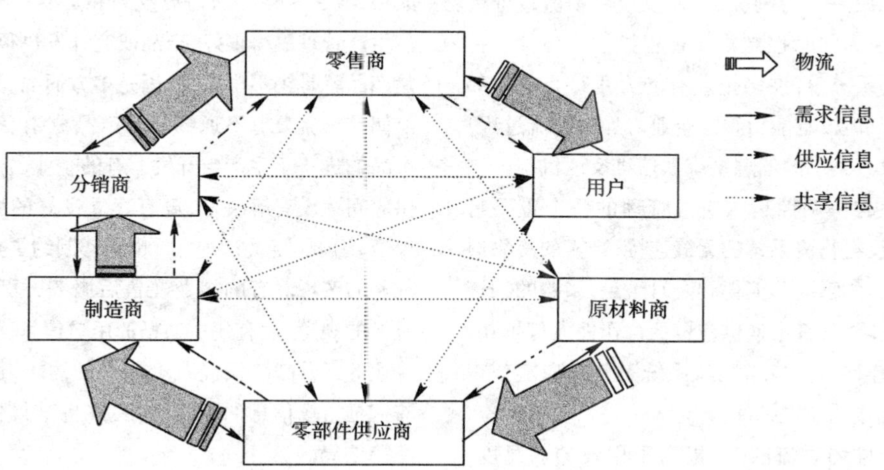

图 1—7—4　供应链的物流与信息流

简言之,传统物流管理的主要特点表现在:

(1)纵向一体化的物流系统;

(2)不稳定供需关系,缺乏合作;

(3)资源的利用率低,没有充分利用企业的有用资源;

(4)信息的利用率低,没有共享有关的需求资源,需求信息扭曲现象严重。

图 1—7—4 为供应链管理环境的物流系统模

型。和传统的纵向一体化物流模型相比,信息的流量大大增加。需求信息和反馈信息的传递不是逐级进行的,而是网络式的,企业通过 EDI/Internet 可以很快掌握供应链上不同环节的供求信息和市场信息。因此在供应链环境下的物流系统有 3 种信息在系统中运行:

(1)需求信息;

(2)供应信息;

(3)共享信息。

共享信息的增加对供应链管理是非常重要的。由于可以做到共享信息,供应链上任何节点的企业都能及时地掌握到市场的需求信息和整个供应链的运行情况,每个环节的物流信息都能透明地与其他环节进行交流与共享,从而避免了需求信息的失真现象。

对物流网络规划能力的增加,也反映了供应链管理环境下的物流特征。充分利用第三方物流系统、代理运输等多种形式的运输和交货手段,降低了库存的压力和安全库存水平。

作业流程的快速重组能力极大地提高了物流系统的敏捷性。通过消除不增加价值的过程和时间,使供应链的物流系统进一步降低成本,为实现供应链的敏捷性、精细化运作提供了基础性保障。

对信息跟踪能力的提高,使供应链物流过程更加透明化,也为实时控制物流过程提供了条件。在传统的物流系统中,许多企业有能力跟踪企业内部的物流过程,但没有能力跟踪企业之外的物流过程,这是因为没有共享的信息系统和信息反馈机制。

合作性与协调性是供应链管理的一个重要特点,但如果没有物流系统的无缝连接,运输的货物逾期未到,顾客的需要不能得到及时满足,采购的物资常常在途受阻,这都会使供应链的合作性大打折扣,因此,无缝连接的供应链物流系统是使供应链获得协调一致运作的前提条件。

灵活多样的物流服务,提高了用户的满意度。通过制造商和运输部门的实时信息交换,及时地把用户关于运输、包装和装卸方面的要求反映给相关部门,提高了供应链管理系统对用户个性化响应的能力。

归纳起来,供应链环境下的物流管理的特点可以用如下几个术语简要概括:

(1)信息——共享;

(2)过程——同步;

(3)合作——互利;

(4)交货——准时;

(5)响应——敏捷;

(6)服务——满意。

下面我们就从供应链管理的原理和思想出发,对供应链的物流管理进行深入探讨和分析。

二、物流管理的战略

战略(Strategy)是企业生存和发展的保证。没有战略的企业是不会长久发展的企业,没有战略眼光的企业家是不称职的企业家。现代物流管理系统处于复杂多变的环境,物流管理需要运筹与决策,要为提高供应链的竞争力提供有力保证,因此物流战略在供应链管理战略中有重要的意义和作用。

(一)物流管理战略的意义

古人云"兵马未到,粮草先行"。物流为企业产品打入市场架桥铺路,为生产源源不断地输送原材料。没有通畅而敏捷的物流系统,企业就无法在现在的市场竞争中站住脚跟。

在传统的物流管理中,由于物流被看做是企业的经营活动中辅助的内容,因此许多企业没有物流战略,缺乏战略性的物流规划和运筹。有的企业虽然生产管理搞得很好,产品研究开发也很有水平,但是产品就是销不出去,原因是多方面的,其中之一可能就是物流渠道不通畅导致产品分销受阻,影响了产品的进一步生产与开发。有的企业由于原材料的供应问题没有解决好,没有建立良好的原材料供应渠道,影响了产品的生产,也同样制约了企业的经营战略的实现。有的企业在售后服务方面,缺乏用户服务的观念,没有建立通畅的用户信息反馈机制,使企业的经营战略没能跟上用户的需求,由于企业没有捕捉市场信息的敏捷性,最终也落得失去用户的悲惨结局。

供应链管理的战略思想就是要通过企业与企业之间的有效的合作,建立一种低成本、高效率、响应性好、具有敏捷性的企业经营机制,产生一种超常的竞争优势。就是要使企业从成本、质量、时间、服务、灵活性等方面显著提高竞争优势,加快企业产品进入市场的速度。这种战略思想的实现需要供应链物流系统从企业战略的高度去规划与运筹，并把供应链管理战略通过物流战略的贯彻实施得以落实。

由此可见，物流管理战略对于供应链管理来说是非常重要的，重视物流战略问题是供应链管理区别于传统的物流管理的一个重要标志。

(二)物流管理战略的框架

图 1—7—5 为物流管理战略的框架结构。物流管理战略内容可分为 4 个层次。

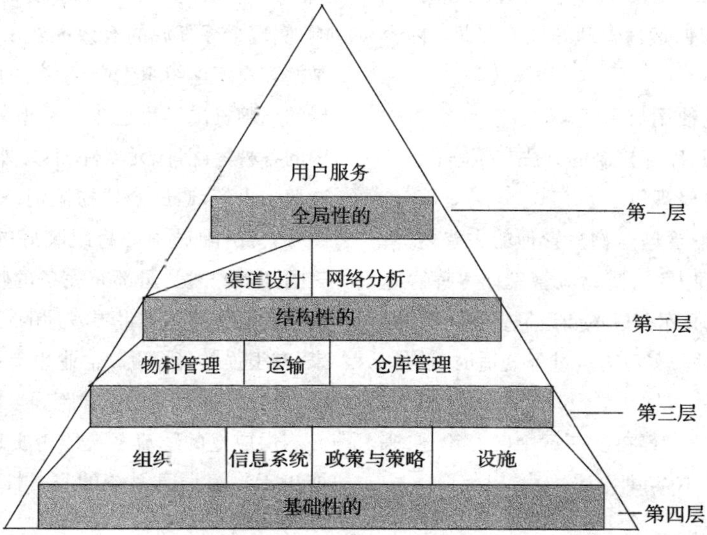

图 1—7—5　物流管理的战略框架

1. 全局性的战略

物流管理的最终目标是满足用户需求(把企业的产品和服务以最快的方式、最低的成本转交用户)，因此用户服务应该成为物流管理的最终目标，即全局性的战略性目标。通过良好的用户服务，可以提高企业的信誉，获得第一手市场信息和用户需求信息，增加企业和用户的亲和力并留住顾客，使企业获得更大的利润。

要实现用户服务的战略目标，必须建立用户服务的评价指标体系，如平均响应时间、订货满足率、平均缺货时间、供应率等。虽然目前对于用户服务的指标还没有一个统一的规范，对用户服务的定义也不同，但企业可以根据自己的实际情况建立提高用户满意的管理体系，通过实施用户满意工程，全面提高用户服务水平。

我国许多企业，特别是国有企业对用户服务方面，做得很不够，在市场竞争中由于没有注意用户的服务工作，导致失去市场份额。因此提高用户服务水平，在我国企业中更具有现实意义。

2. 结构性的战略

物流管理战略的第二层次是结构性的，包括渠道设计和网络分析。渠道设计是供应链设计的一个重要内容，包括重构物流系统、优化物流渠道等。通过优化渠道，提高物流系统的敏捷性和响应性，可使供应链获得最低的物流成本。关于物流渠道的设计在后面还要进一步讨论。

网络分析是物流管理中另一项很重要的战略工作，它为物流系统的优化设计提供参考依据。

网络分析的内容主要包括：(1)库存状况的分析，通过对物流系统的不同环节的库存状态的分析，找出降低库存成本的改进目标。(2)用户服务的调查分析，通过调查和分析，发现用户需求和获得市场信息反馈，要找出服务水平与服务成本的关系。(3)运输方式和交货状况的分析，通过分析，使运输渠道更加合理化。(4)物流信息及信息系统的传递状态分析，通过分析，提高物流信息传递过程的速度、增加信息反馈，提高信息的透明度。(5)合作伙伴业绩的评估和考核。

对物流管理系统的结构性分析的目标是要不断减少物流环节，消除供应链运作过程中不增加价值的活动，提高物流系统的效率。

用于网络分析的方法有标杆法（Benchmarking）、调查分析法、多目标综合评价法等。

3. 功能性的战略

物流管理第三层次的战略为功能性的战略，包括物料管理、仓库管理、运输管理等3个方面。内容主要有：

(1) 运输工具的使用与调度；

(2) 采购与供应、库存控制的方法与策略；

(3) 仓库的作业管理等。

物料管理与运输管理是物流管理的主要内容，必须不断地改进管理方法，使物流管理向零库存这个极限目标努力，降低库存成本和运输费用，优化运输路线，保证准时交货，实现物流过程的适时、适量、适地的高效运作。

关于库存管理的内容在上一章中已有论述，采购问题将在下面两节中详细论述。

4. 基础性的战略

第四层次的战略是基础性的战略，主要作用是为保证物流系统的正常运行提供基础性的保障。内容包括：

(1)组织系统管理；

(2)信息系统管理；

(3)政策与策略；

(4)基础设施管理。

要健全物流系统的组织管理结构和人员的配备，就要重视对企业有关人员的培训，提高他们的业务素质，例如，采购与销售部门是企业的两个对外业务协调部门，它们工作的好坏直接关系到企业与合作伙伴的关系和企业的形象，因此必须加强对这两个部门的领导与组织工作。

信息系统是物流系统中传递物流信息的桥梁，库存管理信息系统、配送分销系统、用户信息系统、EDI/Internet数据交换与传输系统、电子资金交易系统（EFT）、零售点POS，对提高物流系统的运行效率起着关键作用，因此必须从战略的高度去规划与管理，才能保证物流系统高效运行。

三、有效资源配置

物流管理的作用就是通过有效的资源配置，使供应链各企业之间的物料得到最充分的利用，保证供应链实时的物料供应、同步化的运作。

供应链管理的目的是要通过合作与协调实现资源的共享和最佳资源搭配，使各成员企业实现资源最充分利用。比如台湾的电脑业所推行的全球运筹式产销模式，就充分利用了物流网络的资源配置功能，实现全球资源的有效配置。这种模式的思想就是按客户订单组织生产，生产采用分散的模式，将全球的电脑资源利用起来。采取外包的形式，将电脑中的各种零配件、元器件、芯片外包给世界各地的制造商去生产，通过全球物流网络发往同一配送中心组装，再由配送中心将组装好的电脑发送给用户。美国许多跨国公司都有完备的物流网络系统，其物流系统能快速地把世界各地的资源最充分地利用起来，有很强的竞争力，企业也有很高的敏捷性和柔性，十分有利于实现全球跨国经营。

供应链的物流系统能否实现有效的资源配置，取决于物流信息系统的完备性和合作企业的合作性。

四、全球后勤系统

全球化已成为新时期企业竞争的一个显著特点。当一个企业发展成为全球性的企业时，就需要有全球供应链管理系统，为此必须建立全球的后勤保障体系，否则，企业将无法适应全球竞争的要求。

企业的全球供应链管理系统应主要考虑如下几个方面的问题：

1. 建立全球的售后服务体系

实现全球供应链管理的企业需要建立完善的全球后勤服务体系，以保证物流畅通和树立良好的用户形象。海尔集团是我国成功打入国际市场、实施全球化经营的大型国有企业。海尔的洗衣机生产、销售已经形成全球供应链管理模式，销售网点已分布到世界各地，形成了我国海外经营业务最大的国有企业。在进军国际市场的过程中，海尔非常注意售后服务，海尔产品在任何国家和地区都能获得满意的服务。“服务至上”是海尔能够成为跨国经营的大型国有企业的秘诀。

2. 建立全球供应链需求信息网络

全球化经营和本地化经营的最大不同是需求信息来源的多样化、地区差别化、消费的文化价值差别等，因此企业要根据不同的国情，对需求特点进行分析，建立全球需求信息反馈系统。全球供应链的信息需要从一个地区反馈到另一个地区，从一个供应链节点企业到另一个节点企业，形成满足供应链管理要求的信息网络，它是维护全球供应信息的一致性、保证全球供应链的信息能够准确无误、畅通无阻，进而实现全球供应链同步化运营的关键。另外，由于不同国家的信息系统是异构的，应采用远程多代理的、统一的数据传输方式，这对提高全球信息系统的运行的速度与效率非常重要。

3. 建立全球化合作关系网，提高物流效率

由于全球供应链跨越不同的国家和地区，物流过程要经过海关、机场、港口等，运输过程十分复杂，有汽车、飞机、轮船等各种运输工具，还有不同国家的管理与地区性政策的不同等，都将会导致物流过程效率的下降。为了提高物流效率，必须建立全球化的合作关系网，通过和当地的物流部门进行合作，把部分业务外包给当地企业，如代理销售、代理运输、代理库存管理等，或建立联合经营体，如地区分销中心等，这些措施可以大大提高物流系统的效率。

五、第三方物流系统

第三方物流系统(TPL)是一种实现物流供应链集成的有效方法和策略，它通过协调企业之间的物流运输和提供后勤服务，把企业的物流业务外包给专门的物流管理部门来承担，特别是一些特殊的物流运输业务。通过外包给第三方物流承包者，企业能够把时间和精力放在自己的核心业务上，提高了供应链管理和运作的效率。

第三方物流系统提供一种集成运输模式，它使供应链的小批量库存补给变得更为经济。因为在某些情况下，小批量的货物运输(非满载运输)显然是不经济的，但是多品种、小批量生产的供应链环境必须小批量采购、小批量运输，这就提高了货物的供应频率，运输频率的增加就要增加运输费用，这显然不经济。第三方物流系统是一种为大多数企业提高运输服务的实体，它为多条供应链提供运输服务，比如，当多家供应商彼此位置相邻时，就可以采用混装运输的办法，把各家供应商的货物依次装在同样的货车上，实现小批量交货的经济性，这就是第三方物流系统提供的联合运输(集成运输模式)的好处。

第三方物流系统不但提供运输服务，还可以提供其他的服务，如仓库管理(联合仓库)，图 1—7—6(a)的物流分销中心近靠用户所在地，图 1—7—6(b)所表示的是通过一种第三方物流系统提供的服务把产品从中心仓库快速运输到用户所在地。

图 1—7—6　第三方物流服务的应用

第三方物流系统还可以提供其他形式的物流服务功能，如顾客订单处理等。

采用第三方物流系统，企业可以获得如下的好处：

(1)降低成本；

(2)使企业更加集中于核心能力的发展；

(3)改进服务质量；

(4)快速进入国际市场；

(5)获得信息咨询；

(6)获得物流经验；

(7)减少风险。

六、延迟化策略

延迟化策略(Postponement)是一种为适应大规模定制生产而采用的策略，通过这种策略使企业能够实现产品多样化，适应顾客化的需求。实现延迟

化策略的关键技术是模块化:产品模块化、工艺过程模块化、分销网络设计模块化。

在用户需求多样化的今天,如果想满足用户的需求,就必须采用产品多样化策略。但是,产品多样化,必然带来库存产品的增加,在过去的物流管理系统中,分销中心的任务是仓储和分销,当增加产品品种时,库存也随之增加,这对企业来说是一笔很大的投资,物流成本增加可能会削弱产品多样化策略的优势。为此,人们提出了延迟化策略。在延迟化策略中,地区性顾客化产品是到达用户所在地之后以模块化方式组装的,分销中心没有必要储备所有的顾客化产品,只储备产品的通用组件,库存成本就大为降低,这样一来,分销中心的功能也发生了转变。为实现延迟化策略,物流系统中运输方式也必须跟着发生变化,如采用比较有代表性的交接运输(Cross Docking)方式。交接运输是将仓库或分销中心接到的货物不作为存货,而是为紧接着的下一次货物发送做准备的一种分销系统,这种物流方式就是模块化分销网络设计。

七、战略渠道设计

渠道设计问题是物流管理和供应链管理的重要内容之一。战略渠道设计就是通过网络分析,优化确定物流供应链的制造工厂、分销中心、仓库等设施的位置和数量,使物流系统合理化,获得合理的运输和库存成本。网络设计是一个复杂的系统工程,需要从供应链管理的战略高度、从供应链管理整体的角度而不是从局部的利益出发考虑问题。

战略渠道设计可以分为3个步骤:第一步要进行网络分析,通过网络分析,确定网络要素和相互的关系,比如工厂的位置、分销地点和数量、供应商的数量和位置等;第二步是优化设计,采用有关数学模型或采用其他方法进行优化决策分析;第三步是组织实施网络设计方案。

物流网络设计(渠道设计)有两种情况,一种配送中心或分销点的设计,这是一种局部的物流网络设计,另一种是供应链全局的网络设计。

(一)局部渠道设计

局部的渠道设计就是通常的分销网点的布置,比如分销中心的选择问题,这是供应链物流网络设计中常见的问题。下面是一个关于供应链的网络设计问题的例子,物流网络如图1—7—7所示,有多个配送中心,每个配送中心从各原料厂进货后送到各个需求点,优化的目的是选择某些备选的配送中心,使总的配送成本最低。

1. 物流系统网络模型

物流系统网络模型如图1—7—7所示。

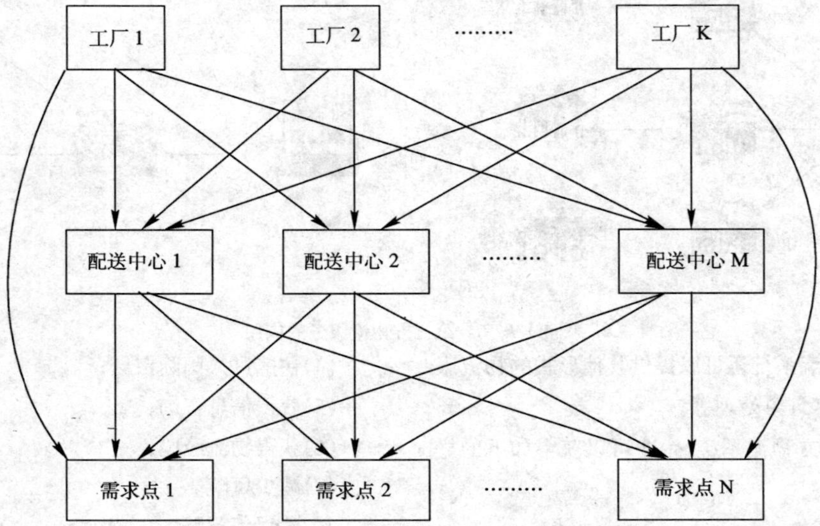

图1—7—7 物流网络模型

2. 网络优化

网络优化的目标是使物流系统的总成本最低,这是一个成本优化的决策问题。与任何一种优化问题一样,这个问题的优化也受到各种条件的约束,如生产厂的生产能力约束,即各生产厂的供应量应小于生产能力;用户的需求量约束,即要求进货量大于或等于需求量;配送中心的物流均衡约束,即要求配送中心进货量等于发送量。

这是单一产品的配送中心的选址决策,即局部的物流网络优化。当考虑多产品时,问题将变得非常复杂。在这样的情况下,一般采用各种特殊的简化处理,目前已有一些算法模型解决这类问题,如CFLP(Capacitated Facility Location Problem)法、运输规划法、鲍姆尔—沃尔夫法(Baumel-Wolfe)等。

(二)全局物流网络设计

全局的物流优化考虑的不是优化某个节点,如上面的配送中心的问题,而是从全局的角度考虑,特别是从供应链管理全局的角度考虑。全局物流网络设计的主要决策问题,对上游供应链来说,是供应商的选择与确定,对下游供应链来说,是分销商与代理商的确定,因此全局的物流网络设计要把两个市场的约束都考虑进去。

进行渠道设计时还要考虑非物质因素,如对下游物流网络的设计要考虑地区文化、消费观念等。对上游物流网络的设计则更多是考虑运输费用、技术合作的优势、供货的可靠性和协作管理成本等。因此整体的供应链网络的物流优化不是单纯的网络运输问题的优化设计,它是一种战略性的规划,需要从供应链的整体角度去考虑问题。

全局的网络设计最主要的目标一个是降低用户成本,另一个就是缩短响应时间,只要这两个目标达到了,物流网络的优化目标就达到了。

第三节　供应链管理环境下的采购问题

采购管理是物流管理的重点内容之一,它在供应链企业之间在原材料和半成品生产合作交流方面架起一座桥梁,沟通生产需求与物资供应的联系。为使供应链系统能够实现无缝连接,并提高供应链企业的同步化运作效率,就必须加强对采购的管理。

在供应链管理模式下,采购工作要做到5个恰当:恰当的数量、恰当的时间、恰当的地点、恰当的价格、恰当的来源。

一、传统的采购模式

图1—7—8为一般采购原理示意图。传统采购

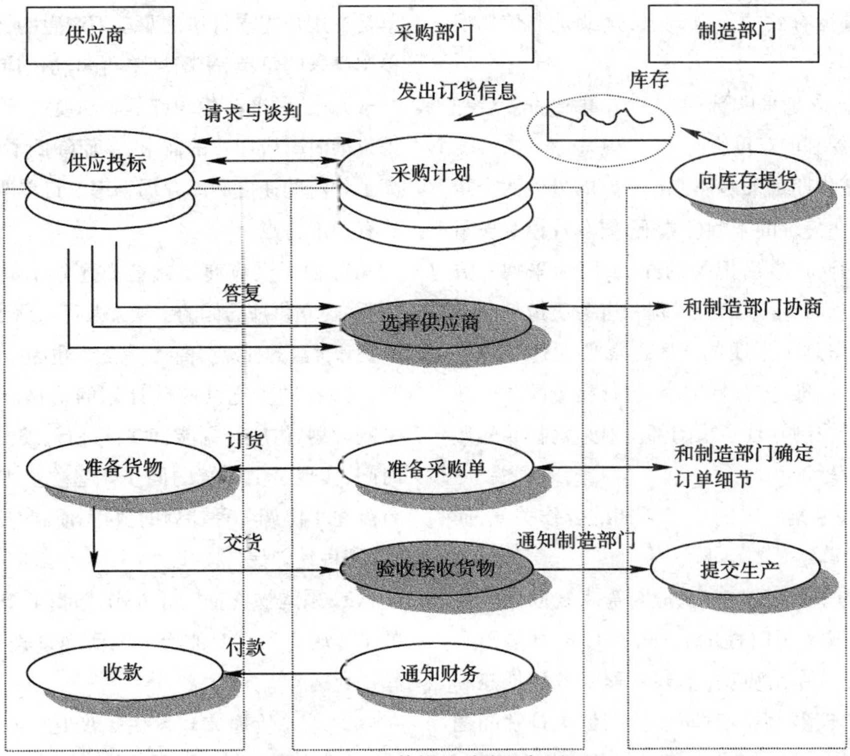

图1—7—8　传统的采购业务原理

的重点放在如何和供应商进行商业交易的活动上，特点是比较重视交易过程的供应商的价格比较，通过供应商的多头竞争，从中选择价格最低的作为合作者。虽然质量、交货期也是采购过程中的重要考虑因素，但在传统的采购方式下，质量、交货期等都是通过事后把关的办法进行控制，如到货验收等，交易过程的重点放在价格的谈判上。因此在供应商与采购部门之间经常要进行报价、询价、还价等一系列的谈判，并且多头进行，最后从多个供应商中选择一个价格最低的供应商签订合同，订单才决定下来。

传统的采购模式的主要特点表现在如下几个方面：

1. 传统采购过程是典型的非信息对称的博弈过程

选择供应商在传统的采购活动中是一个首要的任务。在采购过程中，采购一方为了能够从多个竞争性的供应商中选择一个最佳的供应商，往往会保留私有信息，因为如果给供应商提供的信息越多，供应商的竞争筹码就越大，这样对采购一方不利，因此采购一方尽量得保留私有信息，而供应商也在和其他的供应商竞争中隐瞒自己的信息。这样，采购、供应双方都不进行有效的信息沟通，这就是非信息对称的博弈过程。

2. 验收检查是采购部门的一个重要的事后把关工作，质量控制的难度大

质量与交货期是采购一方要考虑的另外两个重要因素，但是在传统的采购模式下，要有效控制质量和交货期只能通过事后把关的办法，因为采购一方很难参与供应商的生产组织过程和有关质量控制活动，相互的工作是不透明的。因此需要通过各种有关标准如国际标准、国家标准等，进行检查验收。缺乏合作的质量控制导致了采购部门对采购物品的质量控制的难度增加。

3. 供需关系是临时的或短时期的合作关系，而且竞争多于合作

在传统的采购模式中，供应与需求之间的关系是临时性的，或者短时性的合作，而且竞争多于合作。由于缺乏合作与协调，采购过程中各种抱怨和扯皮的事情比较多，很多时间消耗在解决日常问题上，没有更多的时间用来做长期性预测与计划工作，在供应与需求之间这种缺乏合作的气氛中增加了许多运作中的不确定性。

4. 响应用户需求能力迟钝

由于供应与采购双方在信息的沟通方面缺乏及时的信息反馈，在市场需求发生变化的情况下，采购一方也不能改变供应一方已有的订货合同，因此采购一方在需求减少时库存增加，需求增加时，出现供不应求。重新订货需要增加谈判过程，因此供需之间对用户需求的响应没有同步进行，缺乏应付变化需求的能力。

二、供应链管理环境下采购的特点

在供应链管理的环境下，企业的采购方式和传统的采购方式有所不同。这些差异主要体现在如下几个方面：

(一) 从为库存而采购到为订单而采购的转变

在传统的采购模式中，采购的目的很简单，就是为了补充库存，即为库存而采购。采购部门并不关心企业的生产过程，不了解生产的进度和产品需求的变化，因此采购过程缺乏主动性，采购部门制定的采购计划很难适应制造需求的变化。在供应链管理模式下，采购活动是以订单驱动方式进行的，制造订单是在用户需求订单的驱动下产生的，然后，制造订单驱动采购订单，采购订单再驱动供应商(见图 1—7—9)。这种准时化的订单驱动模式，使供应链系统得以准时响应用户的需求，从而降低了库存成本，提高了物流的速度和库存周转率。订单驱动的采购方式有如下特点：

1. 由于供应商与制造商建立了战略合作伙伴关系，建立供应合同的手续大大简化，不再需要双方的询盘和报盘的反复协商，交易成本也因此大为降低。

2. 在同步化供应链计划的协调下，制造计划、采购计划、供应计划能够并行进行，缩短了用户响应时间，实现了供应链的同步化运作。采购与供应的重点在于协调各种计划的执行，使制造计划、采购计划、销售计划保持同步。

3. 采购物资直接进入制造部门，减少采购部门的工作压力和不增加价值的活动过程，实现供应链精细化运作。

4. 信息传递方式发生了变化。在传统采购方式中，供应商对制造过程的信息不了解，也无需关心

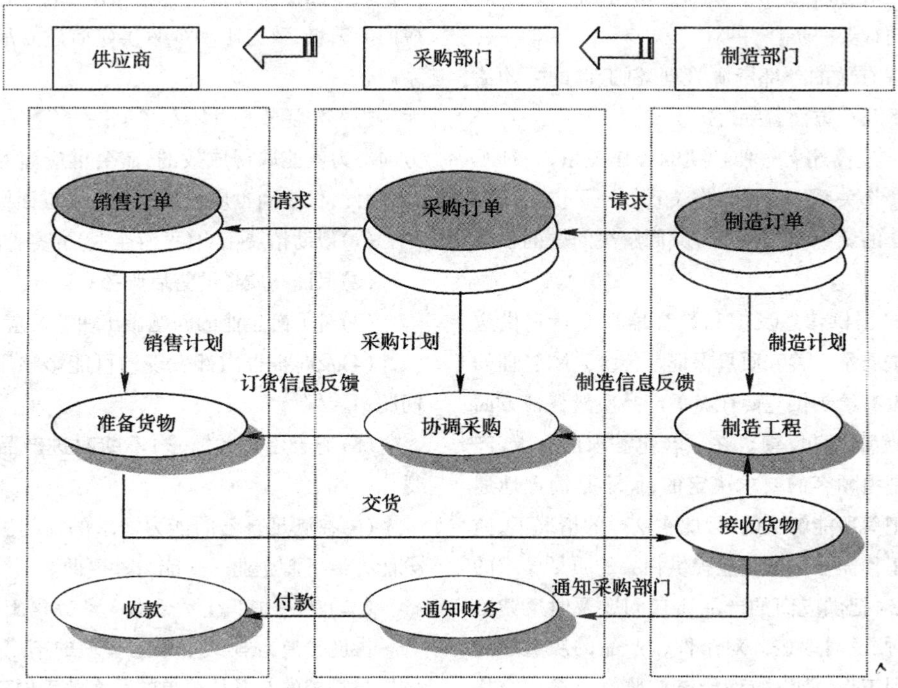

图 1—7—9　订单驱动的采购业务原理

制造商的生产活动,但供应链管理环境下,供应商能共享制造部门的信息,提高了供应商应变能力,减少信息失真。同时在订货过程中不断进行信息反馈,修正订货计划,使订货与需求保持同步。

5. 实现了面向过程的作业管理模式的转变。订单驱动的采购方式简化了采购工作流程,采购部门的作用主要是沟通供应与制造部门之间的联系,协调供应与制造的关系,为实现精细采购提供基础保障。

(二) 从采购管理向外部资源管理转变

在建筑行业中,当采用工程业务承包时,为了对承包业务的进度与工程质量进行监控,负责工程项目的部门会派出有关人员深入到承包工地,对承包工程进行实时地监管。这种方法也可以适用于制造企业的采购业务活动中,这是把事后把关转变为事中控制的有效途径——供应管理或者叫外部资源管理。

那么,为什么要进行外部资源管理,以及如何进行有效的外部资源管理?

正如前面所指出的,传统采购管理的不足之处,就是与供应商之间的缺乏合作,缺乏柔性和对需求快速响应的能力。准时化思想出现以后,对企业的物流管理提出了严峻的挑战,需要改变传统的单纯为库存而采购的管理模式,提高采购的柔性和市场响应能力,增加和供应商的信息联系和相互之间的合作,建立新的供需合作模式。

一方面,在传统的采购模式中,供应商对采购部门的要求不能得到实时的响应,另一方面,关于产品的质量控制也只能进行事后把关,不能进行实时的控制,这些缺陷使供应链企业无法实现同步化运作。为此,供应链管理采购模式的第二个特点就是实施有效的外部资源管理。

实施外部资源管理也是实施精细化生产、零库存生产的要求。供应链管理中一个重要思想,是在生产控制中采用基于订单流的准时化生产模式,使供应链企业的业务流程朝着精细化生产努力,即实现生产过程的几个“零”化管理:零缺陷、零库存、零交货期、零故障、零(无)纸文书、零废料、零事故、零人力资源浪费。

供应链管理的思想就是系统性、协调性、集成性、同步性,外部资源管理是实现供应链管理的上述思想的一个重要步骤——企业集成。从供应链企业集成的过程来看，它是供应链企业从内部集成走向外部集成的重要一步。

要实现有效的外部资源管理，制造商的采购活动应从以下几个方面着手改进。

1. 和供应商建立一种长期的合作关系，一种互惠互利的合作关系。这种合作关系保证了供需双方能够有合作的诚意和参与双方共同解决问题的积极性。

2. 通过提供信息反馈和教育培训支持在供应商之间促进质量改善和质量保证。传统采购管理的不足在于没有给予供应商在有关产品质量保证方面的技术支持和信息反馈。在顾客化需求的今天，产品的质量是由顾客的要求决定的，而不是简单地通过事后的把关所能解决的，因此在这样的情况下，质量管理的工作需要下游企业提供相关的质量要求的同时，应及时把供应商的产品质量问题及时反馈给供应商，以便及时改进。对个性化产品的质量要提供技术培训工作，使供应商能够按照要求提供合格的产品和服务。

3. 参与供应商的产品设计和产品质量控制过程。同步化运营是供应链管理的一个重要思想。通过同步化的供应链计划使供应链各企业在响应需求方面取得一致性的行动，增加供应链的敏捷性。实现同步化运营的措施是并行工程。制造商企业应该参与供应商的产品设计和质量控制过程，共同制定有关产品质量标准等，使需求信息能很好地在供应商的业务活动体现出来。

4. 协调供应商的计划。一个供应商有可能同时参与多条供应链的业务活动，在资源有限的情况下必然会造成多方需求争夺供应商资源的局面。在这种情况下，下游企业的采购部门应主动参与供应商的计划协调。在资源共享的前提下，保证供应商不至于因为资源分配不公而出现供应商抬杠的矛盾，保证供应链的正常供应关系，维护企业的利益。

5. 建立一种新的有不同层次的供应商网络，并通过逐步减少供应商的数量，致力于与供应商建立合作伙伴关系。在供应商的数量方面，一般而言，供应商越少越有利于双方的合作。但是，企业的产品对零部件或原材料的需求是多样的，因此不同企业供应商的数目不同，企业应该根据自己的情况选择适当数量的供应商，建立供应商网络，并逐步减少供应商的数量，致力于和少数供应商建立战略伙伴关系。

外部资源管理并不是采购一方（下游企业）的单方面努力就能取得成效的，需要供应商的配合与支持，为此，供应商也应该从以下几个方面提供协作：

(1)帮助拓展用户（下游企业）的多种战略；

(2)保证高质量的售后服务；

(3)对下游企业的问题做出快速反应；

(4)及时报告内部发现的可能影响用户服务的问题；

(5)基于用户的需求，不断改进产品和服务质量；

(6)在满足自己的能力需求的前提下提供一部分能力给下游企业——能力外援助。

（三）从一般买卖关系向战略协作伙伴关系转变

供应链管理模式下采购管理的第三个特点，是供应与需求的关系从简单的买卖关系向双方建立战略协作伙伴关系转变。

在传统的采购模式中，供应商与需求企业之间是一种简单的买卖关系，因此无法解决一些涉及全局性战略性的供应链问题，而基于战略伙伴关系的采购方式为解决这些问题创造了条件。这些问题是：

1. 库存问题。在传统的采购模式下，供应链的各级企业都无法共享库存信息，因此，各级节点企业都独立地采用订货点技术进行库存决策（在库存管理一章中有详细论述），不可避免地产生需求信息的扭曲现象，因此供应链的整体效率得不到充分的提高。但在供应链管理模式下，通过双方的合作伙伴关系，供应与需求双方可以共享库存数据，因此采购的决策过程变得透明多了，减少了需求信息的失真现象。

2. 风险问题。供需双方通过战略性合作关系，可以降低由于不可预测的需求变化带来的风险，比如运输过程的风险、信用的风险、产品质量的风险等。

3. 通过合作伙伴关系可以为双方共同解决问题提供便利的条件，即双方可以为制定战略性的采购供应计划而共同协商，不必要为日常琐事消耗时间与精力。

4. 降低采购成本问题。通过合作伙伴关系，供需双方都为降低交易成本而获得好处。由于避免了许多不必要的手续和谈判过程，加之信息的共享避免了信息不对称对决策可能造成的成本损失，双方所获得的益处是显而易见的。

5. 战略性的伙伴关系消除了供应过程的组织障碍，为实现准时化采购创造了条件。

关于供需关系，在后面关于客户关系管理中将有详细的论述。

第四节 准时采购策略

一、准时采购的基本思想

准时采购也叫 JIT 采购法，是一种先进的采购模式，一种管理哲理，它的基本思想是：在恰当的时间、恰当的地点、以恰当的数量、恰当的质量提供恰当的物品。它是从准时生产发展而来的，是为了消除库存和不必要的浪费而进行持续性改进。要进行准时化生产必须有准时的供应，因此准时化采购是准时化生产管理模式的必然要求。它和传统的采购方法在质量控制、供需关系、供应商的数目、交货期的管理等方面有许多不同，而关于供应商的选择（数量与关系）、关于质量控制是其核心内容。

准时采购包括供应商的支持与合作以及制造过程、货物运输系统等一系列的内容。准时化采购不但可以减少库存，还可以加快库存周转、降低提前期、提高购物的质量，获得满意交货等效果。

二、准时采购对供应链管理的意义

准时采购（JIT 采购）对于供应链管理思想的贯彻实施有重要的意义。从前一节的论述中可以看到，供应链环境下的采购模式和传统的采购模式的不同之处，在于采用订单驱动的方式。订单驱动使供应与需求双方都围绕订单运作，也就实现了准时化、同步化运作。要实现同步化运作，采购方式就必须是并行的，当采购部门产生一个订单时，供应商即开始着手物品的准备工作。与此同时，采购部门编制详细采购计划，制造部门也进行生产的准备过程，当采购部门把详细的采购单提供给供应商时，供应商就能很快地将物资在较短的时间内交给用户。当用户需求发生改变时，制造订单又驱动采购订单发生改变。这样一种快速的改变过程，如果没有准时的采购方法，供应链企业很难适应这种多变的市场需求。因此，准时化采购增加了供应链的柔性和敏捷性。

综上所述，准时化采购策略体现了供应链管理的协调性、同步性和集成性，供应链管理需要准时化采购来保证供应链的整体同步化运作。

三、准时化采购的特点

从表 1—7—3 我们看出，准时化采购和传统的采购方式有许多不同之处，其主要表现在如下几个方面。

表 1—7—3 准时化采购与传统采购的区别

项目	准时化采购	传统采购
采购批量	小批量，送货频率高	大批量，送货频率低
供应商选择	长期合作，单源供应	短期合作，多源供应
供应商评价	质量、交货期、价格	质量、价格、交货期
检查工作	逐渐减少，最后消除	收货、点货、质量验收
协商内容	长期合作关系、质量和合理价格	获得最低价格
运输	准时送货、买方负责安排	较低的成本、卖方负责安排
文书工作	文书工作少、需要的是有能力改变交货时间和质量	文书工作量大，改变交货期和质量的采购单多
产品说明	供应商革新、强调性能宽松要求	买方关心设计、供应商没有创新
包装	小、标准化容器包装	普通包装、没有特地说明
信息交流	快速、可靠	一般要求

1. 采用较少的供应商，甚至单源供应

传统的采购模式一般是多头采购，供应商的数目相对较多。从理论上讲，采用单供应源比多供应源好，一方面，供应商管理比较方便，也有利于降低采购成本；另一方面，有利于供需之间建立长期的稳定的合作关系，质量上比较有保证。但是，采用单一的供应源也有风险，比如供应商因意外原因中断交货，以及供应商缺乏竞争意识等。

在实际工作中，许多企业也不是很愿意成为单一供应商的。原因很简单，一方面供应商本是具有较强独立性的商业竞争者，不愿意把自己的成本数据披露给用户；另一个原因是供应商不愿意成为用户的一个产品库存点。实施准时化采购，需要减少库存，但库存成本原先是在用户一边，现在转移到供应商。因此用户必须意识到供应商的这种忧虑。

(2)对供应商的选择的标准不同

在传统的采购模式中，供应商是通过价格竞争而选择的，供应商与用户的关系是短期的合作关系，当发现供应商不合适时，可以通过市场竞标的方式重新选择供应商。但在准时化采购模式中，由于供应商和用户是长期的合作关系，供应商的合作能力将影响企业的长期经济利益，因此对供应商的要求就比较高。在选择供应商时，需要对供应商进行综合评估，在评价供应商时价格不是最主要的因素，质量是最重要的标准，这种质量不单指产品的质量还包括工作质量、交货质量、技术质量等多方面内容。高质量的供应商有利于建立长期的合作关系。

(3)对交货准时性的要求不同

准时采购的一个重要特点是要求交货准时，这是实施精细生产的前提条件。交货准时取决于供应商的生产与运输条件。作为供应商来说，要使交货准时，可从以下几个方面着手：一是不断改进企业的生产条件，提高生产的可靠性和稳定性，减少由于生产过程的不稳定导致延迟交货或误点现象。作为准时化供应链管理的一部分，供应商同样应该采用准时化的生产管理模式，以提高生产过程的准时性。另一方面，为了提高交货准时性，运输问题不可忽视。在物流管理中，运输问题是一个很重要的问题，它决定准时交货的可能性。特别是全球的供应链系统，运输过程长，而且可能要先后经过不同的运输工具，需要中转运输等，所以要进行有效的运输计划与管理，使运输过程准确无误。

(4)对信息交流的需求不同

准时化采购要求供应与需求双方信息高度共享，保证供应与需求信息的准确性和实时性。由于双方的战略合作关系，企业在生产计划、库存、质量等各方面的信息都可以及时进行交流，以便出现问题时能够及时处理。

(5)制定采购批量的策略不同

小批量采购是准时化采购的一个基本特征。准时化采购和传统的采购模式的一个重要不同之处在于，准时化生产需要减少生产批量，直至实现“一个流生产”，因此采购的物资也应采用小批量办法。当然，小批量采购自然增加运输次数和成本，对供应商来说，这是很为难的事情，特别是供应商在国外等远距离的情形，在这种情况下实施准时化采购的难度就很大。解决的办法可以通过混合运输、代理运输等方式，或尽量使供应商靠近用户等。

四、准时采购的原理与方法

前面分析了准时化采购法的特点和优点，从中我们看到，准时化采购方法和传统的采购方法的一些显著差别，要实施准时化采购法，以下 3 点是十分重要的：

(1)选择最佳的供应商，并对供应商进行有效的管理是准时化采购成功的基石

(2)供应商与用户的紧密合作是准时化采购成功的钥匙

(3)卓有成效的采购过程质量控制是准时化采购成功的保证

在实际工作中，如果能够根据以上 3 点开展采购工作，那么成功实施准时化采购的可能性就很大了。

如何有效地实施准时采购法呢？下面的几点可以作为参考。

1. 创建准时化采购班组。世界一流企业的专业采购人员有 3 个责任：寻找货源、商定价格、发展与供应商的协作关系并不断改进。因此专业化的高素质的采购队伍对实施准时化采购至关重要。为此，首先应成立两个班组，一个是专门处理供应商事务的班组，该班组的任务是认定和评估供应商的信誉、能力，或与供应商谈判签订准时化订货合同，向供应商发放免检签证等，同时要负责供应商的培训与教育。另外一个班组是专门从事消除采购过程中浪费的班组。这些班组人员，对准时化采购的方法应有充分的了解和认识，必要时要进行培训，如果这些人员本身对准时化采购的认识和了解都不彻底，就不可能指望供应商的合作了。

2. 制定计划，确保准时化采购策略有计划、有步骤地实施。要制定采购策略，以及改进当前采购方式的措施，包括如何减少供应商的数量、供应商的评价、向供应商发放签证等内容。在这个过程中，要

与供应商一起商定准时化采购的目标和有关措施，保持经常性的信息沟通。

3. 精选少数供应商，建立伙伴关系。选择供应商应从这几个方面考虑：产品质量、供货情况、应变能力、地理位置、企业规模、财务状况、技术能力、价格、与其他供应商的可替代性等。

4. 进行试点工作。先从某种产品或某条生产线的试点开始，进行准时零部件或原材料的准时化供应试点。在试点过程中，取得企业各个部门的支持是很重要的，特别是生产部门的支持。通过试点，总结经验，为正式的准时化采购实施打下基础。

5. 搞好供应商的培训，确定共同目标。准时化采购是供需双方共同的业务活动，单靠采购部门的努力是不够的，需要供应商的配合，只有供应商也对准时化采购的策略和运作方法有了认识和理解，才能获得支持和配合，因此需要对供应商进行教育培训。通过培训，大家取得一致的目标，相互之间就能够很好地协调做好采购的准时化工作。

6. 向供应商颁发产品免检合格证书。准时化采购和传统采购方式的不同之处在于买方不需要对采购产品进行比较多的检验手续，要做到这一点，需要供应商做到提供百分之百合格的产品。当其做到这一要求时，即发给免检手续的免检证书。

7. 实现配合准时化生产的交货方式。准时化采购的最终目标是实现企业的生产准时化，为此，要实现从预测的交货方式向准时化适时交货方式转变。

8. 继续改进，扩大成果。准时化采购是一个不断完善和改进的过程，需要在实施过程中不断总结经验教训，从降低运输成本，提供交货的准确性，提高产品的质量，降低供应商库存等各个方面进行改进，不断提高准时化采购的运作绩效。

五、准时化采购实践分析

为了对准时化采购的目的、意义和影响准时化采购的相关因素有一个初步的了解，美国的加利弗尼亚州立大学的研究生做了一次对汽车、电子、机械等企业的经营者准时化采购的效果问卷调查，共调查了 67 家美国公司。这些公司有大有小，其中包括著名的 3COM 公司、惠普公司、苹果计算机公司等。这些公司有的是制造商，有的是分销商，有的是服务业，调查的对象为公司的采购与物料管理经理。调查的有关内容分别见表 1—7—4 至表 1—7—7。

表 1—7—4　准时化采购成功的关键因素

问　题	肯定回答(%)
和供应商的相互关系	51.5
管理的措施	31.8
适当的计划	30.3
部门协调	25.8
进货质量	19.7
长期的合同协议	16.7
采购的物品类型	13.6
特殊的政策与惯例	10.6

表 1—7—5　准时化采购解决的问题

问　题	肯定回答(%)
空间减少	44.8
成本减少	34.5
改进用户服务	34.5
及时交货	34.5
缺货问题	17.2
改进资金流	17.2
提前期减少	10.3

表 1—7—6　实施准时化采购困难的因素

问　题	肯定回答(%)
缺乏供应商的支持	23.6
部门之间协调性差	20.0
缺乏对供应商的激励	18.2
采购物品的类型	16.4
进货物品质量差	12.7
特殊政策与惯例	7.1

表 1—7—7　与供应商有关的准时化采购问题

问　题	肯定回答(%)
很难找到好的供应商	35.6
供应商不可靠	31.1
供应商太远	26.7
供应商太多	24.4
供应商不想频繁交货	17.8

从以上调查报告不难看出以下几个方面的结

论。

1. 准时化采购成功的关键是与供应商的关系，而最困难的问题也是缺乏供应商的合作。供应链管理所倡导的战略伙伴关系为实施准时化采购提供了基础性条件，因此在供应链环境下实施准时化采购比传统管理模式下实施准时化采购更加有现实意义和可能性。

2. 难找到“好”的合作伙伴是影响准时化采购的第二个重要因素，如何选择合适的供应商就成了影响准时化采购的重要条件。在传统的采购模式下，企业之间的关系不稳定，具有风险性，影响了合作目标的实现。供应链管理模式下的企业是协作性战略伙伴，因此为准时化采购奠定了基础。

3. 缺乏对供应商的激励是准时化采购的另外一个影响因素。要成功地实施准时化采购，必须建立一套有效的供应商激励机制，使供应商和用户一起分享准时化采购的好处。

4. 准时化采购不单是采购部门的事情，企业的各部门都应为实施准时化采购创造有利的条件，为实施准时化采购而共同努力。

这是国外企业实施准时化采购的情况，我国的采购情况如何？图 1—7—10 是 1998 年期间对我国企业采购管理现状的调查结果，图中显示了不同的企业供应商的供货准时率情况。

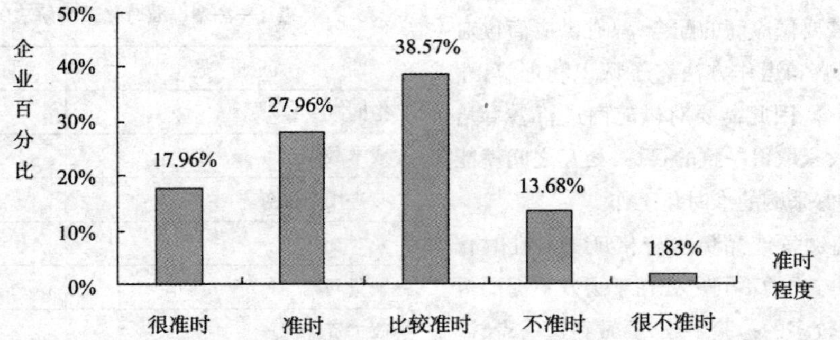

图 1—7—10 我国企业供应商的供货准时率

从图 1—7—10 看出，有 17.96%的企业认为供应商供货很准时，27.96%的企业认为供应商供货准时，38.57%的企业认为供应商供货比较准时，13.68%的企业认为供应商供货不准时，1.82%的企业认为供应商供货很不准时。大部分企业对供应商的供货准时情况反映较好，只有少数企业认为供应商供货不准时。

虽然我国企业从交货准时情况评价还不错，但从总体来看，我国企业在实施准时化采购的基础性条件比较差，特别是企业的合作方面有待加强。

第五节 供应商管理

供应商管理是供应链采购管理中一个很重要的问题，它在实现准时化采购中有很重要的作用。

在物流与采购中提出客户关系管理并不是什么新概念。在传统的市场营销管理中早就提出了关系营销的思想，但是，在供应链环境下的客户关系和传统的客户关系有很大的不同。在市场营销中的客户指的是最终产品的用户，而这里的客户是指供应商，不是最终用户。另外，从供应商与客户关系的特征来看，传统的企业的关系表现为3种：竞争性关系、合同性关系（法律性关系）、合作性关系，而且企业之间的竞争多于合作，是非合作性竞争。供应链管理环境下的客户关系是一种战略性合作关系，提倡一种双赢（Win-Win）机制。从传统的非合作性竞争走向合作性竞争、合作与竞争并存，是当今企业关系发展的一个趋势。

一、两种供应关系模式

在供应商与制造商关系中，存在两种典型的关系模式：传统的竞争关系和合作性关系，或者叫双赢关系（Win-Win）。两种关系模式的采购特征有所不同。

竞争关系模式是价格驱动的。这种关系的采购策略表现为：

(1)买方同时向若干供应商购货，通过供应商之间的竞争获得价格好处，同时也保证供应的连续性；

(2)买方通过在供应商之间分配采购数量对供应商加以控制；

(3)买方与供应商保持的是一种短期合同关系。

双赢关系模式，是一种合作的关系，这种供需关系最先是在日本企业中采用。它强调在合作的供应商和生产商之间共同分享信息，通过合作和协商协调相互的行为。

(1)制造商对供应商给予协助，帮助供应商降低成本、改进质量、加快产品开发进度；

(2)通过建立相互信任的关系提高效率，减少交易/管理成本；

(3)通过长期的信任合作取代短期的合同；

(4)比较多的信息交流。

前面一节介绍的准时化采购采用的模式就是合作性的关系模式，供应链管理思想的集中表现就是合作与协调性。因此建立一种双赢的合作关系对于实施准时化采购是很重要的。

二、双赢关系对实施准时化采购的意义

从前面对准时化采购原理和方法的探讨中可以看到，供应商与制造商的合作关系对于准时化采购的实施是非常重要的，只有建立良好的供需合作关系，准时化策略才能得到彻底的贯彻落实，并取得预期的效果。图 1—7—11 显示了准时化采购中供需合作关系的作用与意义。

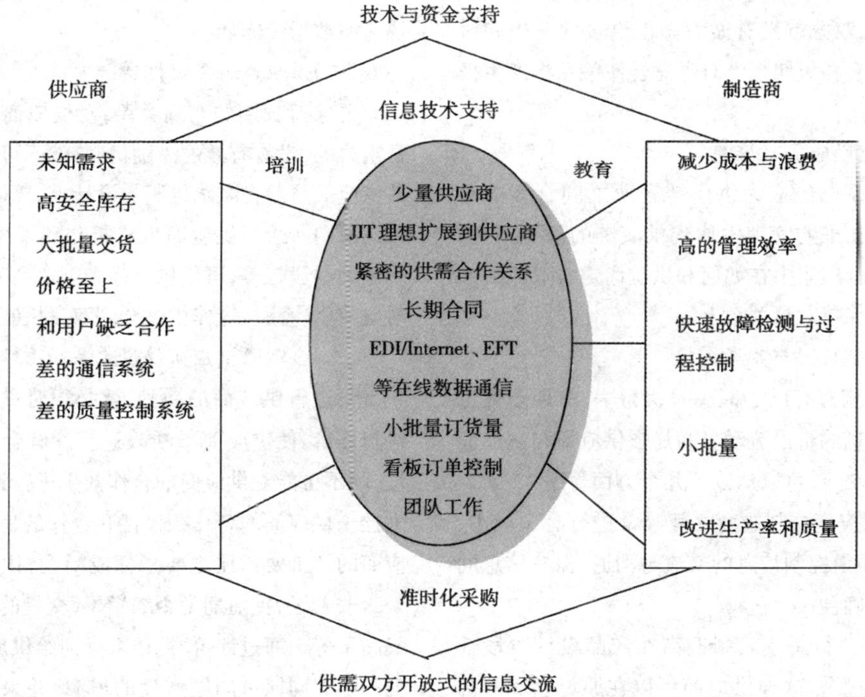

图 1—7—11　准时化采购环境下的供需合作关系

从供应商的角度来说，如果不实施准时化采购，由于缺乏和制造商的合作，库存、交货批量都比较大，而且在质量、需求方面都无法获得有效的控制。通过建立准时化采购策略，把制造商的 JIT 思想扩展到供应商，加强了供需之间的联系与合作，在开放性的动态信息交互下，面对市场需求的变化，供应商能够做出快速反应，提高了供应商的应变能力。对制造商来说，通过和供应商建立合作关系，实施准时化采购，管理水平得到提高，制造过程与产品质量得到有效的控制，成本降低，制造的敏捷性与柔性增加。

概括起来，双赢关系对于采购中供需双方的作用表现在：

(一)供应商方面

1. 增加对整个供应链业务活动的共同责任感和利益的分享；

2. 增加对未来需求的可预见性和可控能力，长期的合同关系使供应计划更加稳定；

3. 成功的客户有助于供应商的成功；

4. 高质量的产品增强了供应商的竞争力。

(二)制造商方面

1. 增加对采购业务的控制能力;

2. 通过长期的、有信任保证的订货合同满足采购的要求;

3. 减少和消除了不必要的进购产品的检查活动。

建立互惠互利的合作是巩固和发展供需合作关系的根本保证。互惠互利包括了双方的承诺、信任、持久性。信守诺言,是商业活动成功的一个重要原则,没有信誉的供应商,或没有信誉的采购客户都不可能产生长期的合作关系,即使建立起合作关系也是暂时性的。持久性是保持合作关系的保证,没有长期的合作,双方就没有诚意做出更多的改进和付出。机会主义和短期行为对供需合作关系将产生极大的破坏作用。

三、双赢供应关系管理

双赢关系已经成为供应链企业之间合作的典范,因此,要在采购管理中体现供应链的思想,对供应商的管理就应集中在如何和供应商建立双赢关系以及维护和保持双赢关系上。

(一)信息交流与共享机制

信息交流有有助于减少投机行为,有助于促进重要生产信息的自由流动。为加强供应商与制造商之间的信息交流,可以从以下几个方面着手:

1. 在供应商与制造商之间经常进行有关成本、作业计划、质量控制信息的交流与沟通,保持信息的一致性和准确性。

2. 实施并行工程。制造商在产品设计阶段让供应商参与进来,这样供应商可以在原材料和零部件的性能和功能的要求方面提供有关信息,为实施QFD(质量功能配置)的产品开发方法创造条件,把用户的价值需求及时地转化为供应商的原材料和零部件的质量与功能要求。

3. 建立联合的任务小组解决共同关心的问题。在供应商与制造商之间应建立一种基于团队的工作小组,由双方的有关人员共同组成,解决供应过程以及制造过程中遇到的各种问题。

4. 供应商和制造商工厂互访。供应商与制造商采购部门应经常性地互访,及时发现和解决各自在合作活动过程中的困难和出现的问题,便于建立良好的合作气氛。

5. 使用电子数据交换(EDI)和互联网技术进行快速的数据传输。

(二)供应商的激励机制

要保持长期的双赢关系,对供应商的激励是非常重要的,没有有效的激励机制,就不可能维持良好的供应关系。在激励机制的设计上,要体现公平、一致的原则。给予供应商价格折扣和柔性合同,以及采用赠送股权等,可使供应商和制造商分享成功,同时也使供应商从合作中体会到双赢机制的好处。

(三)合理的供应商评价方法和手段

要进行供应商的激励,就必须对供应商的业绩进行评价,使供应商不断改进。没有合理的评价方法,就不可能对供应商的合作效果进行评价,这将大大挫伤供应商的合作积极性和合作的稳定性。对供应商的评价要抓住主要指标或问题,比如交货质量是否改善了,提前期是否缩短了,交货的准时率是否提高了等。通过评价,把结果反馈给供应商,和供应商一起共同探讨问题产生的根源,并采取相应的措施予以改进。

第八章　供应链企业绩效评价与激励机制

在供应链管理中,为了能够使供应链健康发展,科学、全面地分析和评价供应链的运营绩效是一个非常重要的问题。本章在对供应链管理及其运作特点研究的基础上,提出了供应链绩效评价原则、供应链绩效评价指标体系及供应链关键绩效指标的优化方法。进而根据供应链运行要求,提出了对企业进行激励的原则和方法。

第一节　供应链绩效评价特点及原则

一、现行的企业绩效评价指标的特点

如前所述,供应链管理是通过前馈的信息流和反馈的物料流及信息流将供应商、制造商、分销商直到最终用户联系起来的一个整体模式的管理,因此它与现行企业管理模式有着较大区别,在对企业运

行绩效的评价上也有许多不同。

现行企业绩效评价指标侧重于单个企业，评价的对象是某个具体企业的内部职能部门或者职工个人，其评价指标在设计上有如下一些特点。

(1) 现行企业绩效评价指标的数据来源于财务结果，在时间上略为滞后，不能反映供应链动态运营情况。

(2) 现行企业绩效评价指标主要评价企业职能部门工作完成情况，不能对企业业务流程进行评价，更不能科学、客观地评价整个供应链的运营情况。

(3) 现行企业绩效评价指标不能对供应链的业务流程进行实时评价和分析，而是侧重于事后分析，因此，当发现偏差时，偏差已成为事实，其危害和损失已经造成，并且往往很难补偿。

鉴于此，为衡量供应链整体运作绩效，以便决策者能够及时了解供应链整体状况，应该设计出更适合于度量供应链企业绩效的指标和评价方法。

二、供应链绩效评价指标的特点

根据供应链管理运行机制的基本特征和要达到的目的，供应链绩效评价指标应该能够恰当地反映供应链整体运营状况以及上下节点企业之间的运营关系，而不是孤立地评价某一供应商的运营情况。例如，对于供应链上的某一供应商来说，该供应商所提供的某种原材料价格很低，如果孤立地对这一供应商进行评价，就会认为该供应商的运行绩效较好。若其下游节点企业仅仅考虑原材料价格这一指标，而不考虑原材料的加工性能，就会选择该供应商所提供的原材料，而该供应商提供的这种价格较低的原材料的加工性能不能满足该节点企业生产工艺要求，势必增加生产成本，从而使这种低价格原材料所节约的成本被增加的生产成本所抵消。所以，评价供应链运行绩效的指标，不仅要评价该节点企业(或供应商)的运营绩效，而且还要考虑该节点企业(或供应商)的运营绩效对其上层节点企业或整个供应链的影响。

现行的企业绩效评价指标主要是基于部门职能的绩效评价指标，不适用于对供应链运营绩效的评价。供应链绩效评价指标是基于业务流程的绩效评价指标。基于职能的绩效评价指标和基于供应链业务流程的绩效评价指标的构成情况如图 1—8—1、1—8—2 所示。通过示意图，可以看出它们之间的差异。

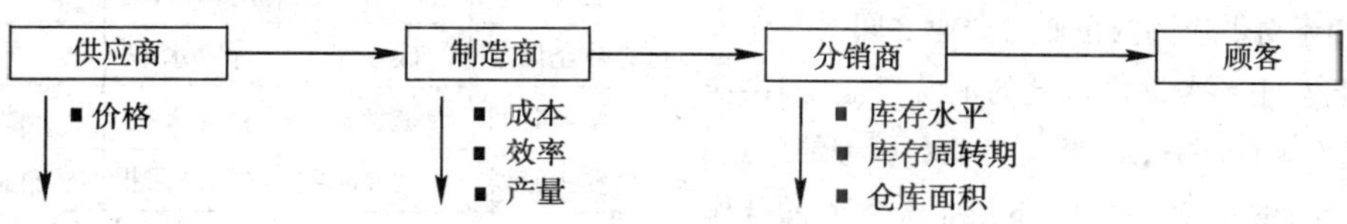

图 1—8—1　现行的基于职能的绩效评价指标示意图

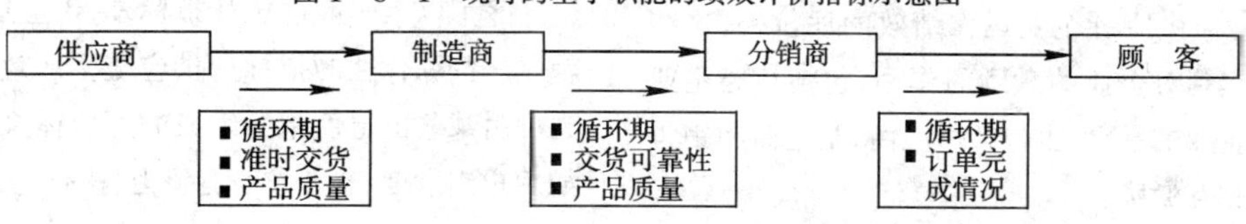

图 1—8—2　基于供应链业务流程的绩效评价示意图

三、供应链绩效评价应遵循的原则

随着供应链管理理论的不断发展和供应链实践的不断深入，为了科学客观地反映供应链的运营情况，应该考虑建立与之相适应的供应链绩效评价方法，并确定相应的绩效评价指标体系。反映供应链绩效的评价指标有其自身的特点，其内容比现行的企业评价指标更为广泛，它不仅仅代替会计数据，同时还提出一些方法来测定供应链的上游企业是否有能力及时满足下游企业或市场的需求。在实际操作上，为了建立能有效评价供应链绩效的指标体系，应遵循如下原则：

1. 应突出重点，要对关键绩效指标进行重点分析。

2. 应采用能反映供应链业务流程的绩效指标体系。

3. 评价指标要能反映整个供应链的运营情况，而不是仅仅反映单个节点企业的运营情况。

4. 应尽可能采用实时分析与评价的方法，要把绩效度量范围扩大到能反映供应链实时运营的信息上去，因为这要比仅做事后分析要有价值得多。

5. 在衡量供应链绩效时，要采用能反映供应商、制造商及用户之间关系的绩效评价指标，把评价的对象扩大到供应链上的相关企业。

四、供应链绩效评价指标的作用

为了能评价供应链的实施给企业群体带来所期望的效益，方法之一就是对供应链的运行状况进行必要的度量，并根据度量结果对供应链的运行绩效进行评价。因此，供应链绩效评价主要有以下3个方面的作用。

(1) 用于对整个供应链的运行效果做出评价。主要考虑供应链与供应链间的竞争，为供应链在市场中的存在(生存)、组建、运行和撤消的决策提供必要的客观依据。目的是通过绩效评价而了解整个供应链的运行状况，找出供应链运作方面的不足，及时采取措施纠正。

(2) 用于对供应链上各个成员企业做出评价。主要考虑供应链对其成员企业的激励，吸引企业加盟，剔除不良企业。

(3) 用于对供应链内企业与企业之间的合作关系做出评价。主要考虑供应链的上游企业(如供应商)对下游企业(如制造商)提供产品和服务的质量，从用户满意度的角度评价上、下游企业之间的合作伙伴关系的好坏。

(4) 除对供应链企业运作绩效的评价外，这些指标还可起到对企业的激励的作用，包括核心企业对非核心企业的激励，也包括供应商、制造商和销售商之间的相互激励。

为了达到这些目的，供应链的绩效评价一般从三个方面考虑：一是内部绩效度量，二是外部绩效度量，三是供应链综合绩效度量。

1. 内部绩效度量

内部绩效度量主要是对供应链上的企业内部绩效进行评价。常见的指标有：成本、客户服务、生产率、良好的管理、质量等。

2. 外部绩效度量

外部绩效度量主要是对供应链上的企业之间运行状况的评价。外部绩效度量的主要指标有：用户满意度、最佳实施基准等。

3. 综合供应链绩效度量

正如有人指出的那样，21世纪的竞争是供应链与供应链之间的竞争，这就引起人们对供应链总体绩效和效率的日益重视，要求提供能从总体上观察透视供应链运作绩效的度量方法。这种透视方法必须是可以比较的。如果缺乏整体的绩效衡量，就可能出现制造商对用户服务的看法和决策，与零售商的想法完全背道而驰的现象。综合供应链绩效的度量主要从用户满意度、时间、成本、资产等几个方面展开。

本章以上述3个方面的供应链绩效度量为主线，同时又给予一定扩展，比较系统地论述了有关供应链的绩效评价指标。

关于供应链绩效评价的一般性统计指标如表1—8—1所示。

表1—8—1 供应链绩效评价的一般性统计指标

客户服务	生产与质量	资产管理	成　本
饱和率	人均发运系统	库存周转	全部成本/单位成本
脱销率	人工费系统	负担成本	销售百分比成本
准时交货	生产指数	废弃的库存	进出货运输费
补充订单	破损率	库存水平	仓库成本
循环时间	退货数	供应天数	管理成本
发运错误	信用要求数	净资产回报	直接人工费
订单准确率	破损物价值	投资回报	退费成本

除了以上一般性统计指标外，供应链的绩效还辅以一些综合性的指标如供应链生产效率来度量，也可由某些由定性指标组成的评价体系来反映，例如用户满意度、企业核心竞争力、核心能力等。

第二节　供应链绩效评价理论

绩效评价描述了反映客户期望以及战略运作行为的相关信息的反馈，一般绩效评价回答了两个问题：部门是否正确地履行了业务任务；业务运作的结果如何。绩效管理测评和改进业务流程的效率和质量，同时在流程绩效改进过程中分析机遇。绩效评价对在业务的特定方面集中人力、资源有着很重要的参考意义。Kaplan(1992)确信进行平衡的指标分析，能够更有效地利用现有的指标同时评价系统的改进必然会带动业务绩效的提高。

实际运用绩效评价系统的原因可以分为以下几类：

(1)绩效检测；

(2)辨别需要注重的领域；

(3)提高激励效果；

(4)提供交流反馈；

(5)增强可测性(Accountability)。

绩效评价的设计一般有以下几种基本方法：

(1)工程方法：即投入/产出法，在价值链的每一个阶段预计特定的产出计算比率。

(2)系统观方法：为每一个工作单元和个人设定目标，而后评价期目标的达到程度。

(3)管理会计方法：对于每一个成本或者绩效中心设定一系列的财务结果的达到程度。

(4)客户市场方法：评价客户满意度。

(5)基于标准的方法：质量管理的变形，提倡对于提供的产品/服务建立一系列属性用以对照分析。

一、供应链管理思想对绩效评价的冲击

供应链管理环境下，企业的管理思想和侧重面发生了巨大的变化。很多公司也都意识到供应链管理的潜力，但是由于缺少对集成供应链的全面理解，绩效评价的有效性较差。对于供应链指标而言，传统绩效评价方法重视独立部门绩效的思想是很难推动供应链的生产力的。供应链管理中，管理者将注意力从内部控制转移到外部监督，组织也从单一的独立个体发展为群体的企业群落，那么对整个供应链运作的绩效评价也随着管理运作方式的变化而发生改变。

从表1—8—2中我们可以概要地看出传统运作模式和供应链运营方式的比较，从而又可看出其对分析绩效评价及供应链运作绩效的影响。

由此可以看出供应链绩效的侧重面较传统评价有了较大的变化。首先，有关运作的评价得以加强，不但对成本绩效有一如既往的要求，而且时间、地点、柔性也成为关注的中心。第二，扩展了企业产品以及运作的框架内涵，注重技术、人力资源的集成流程改进和创新。第三，注意到最好业绩是不断改进和发展的结果。这些特点限定了评价系统的界限和重心。

表1—8—2　供应链绩效及评价在供应链环境下的影响

传统管理方式	供应链管理	评价及指标	绩效要求
客户服务/内部流程方面			
降低单位成本取得效益	控制合理成本，获得最大服务质量	订单边际收益非产品边际收益	服务导向供应链
标准产品，大规模生产	顾客化产品，顾客化大量生产	产品服务解决方案，顾客化数量	供应链顾客化的运作，柔性化运作，而非标准化
产品的不合格率作为质量管理的基础	客户对于产品生命周期中质量的满意	生命周期中，满意产品改进升级的客户比率	集成产品技术改进、再设计的供应链
成本基础上高边际收益的产品竞争	基于价值的增值服务的竞争	客户满意度标准	客户导向的供应链
产品管理	技术、客户管理	管理客户信息	
长期的单一产品	特定需求的独一无二的短周期产品	订单至交货的提前期，非运转时间	压缩循环期顾客化
产品由制造商推销给客户	客户参与制造商的设计	客户参与设计的程度	按订单生产，延迟
产品的柔性相对较差	产品在交货点最后装配，生命周期中可再配置		延迟制造，产品的持续升级
物流形式用以降低成本	增值流，为客户提供顾客化服务的前台	物流的透明化，准确性，而非成本节约型	信息化物流，产品延迟
竞争合作方面			
自给自足型	相互依赖型	每个组织的价值增值比率	供应链内部协作和绩效跨组织接触增加
供应商关系一般（arm's length）	和供应商集成，结成战略合作伙伴	关于共享和伙伴的公司政策	供应商管理
合作意识薄弱	强调积极建立合作共享机制，甚至与竞争者	彼此依赖的个数	
没有统一的信息机制	集成信息框架	EDI的数量	信息集成平台
员工的个体分散行为	团队工作机制	工作自我指导团队的比例	
分割的组织机构	跨组织结构并行机构		跨组织，功能机制的重要性
处理变化以及不确定性方面			
多级组织形式	少量组织层次		水平组织形式
静态消极结构	动态、积极共享机制		重组供应链
集中的决策中的风险规避	分布式的决策机制	规避风险并做出决策的管理层次	

另外,随着供应链的增值点由大规模生产的规模经济向顾客化大量生产的范围经济转化,核心企业通过技术革命,放弃非核心的业务,并与上游企业的供应商组成紧密的战略联盟。供应商和客户在增值链中作用越来越大,而OEM的地位则发生转移,增值上的作用则降低了。从图1—8—3可以看出供应链的价值增值点的转移。

供应链模式下,企业的生产控制以及评价应该改变和调整,以适应供应链管理的要求。由于供应商和分销商取代了OEM的很大一部分生产运作,以及横向跨组织、跨功能的集成得以扩展,OEM在增值流程中的地位不断下降。供应商在与OEM的合作设计和生产中生产了大量产品的上层模块,并销售给OEM,OEM则根据设计将产品组装下线;分销商则根据客户订单进行最后加工和担当生产多样化的角色。这样OEM几乎从生产和控制中被"撤出",OEM则更加注重于操作面的管理和供应链伙伴的合同、关系管理。因此很难再用传统的绩效评价指标来对OEM、供应链进行评价,而且控制成为关注的重点,同时对产品的运作不再仅限于OEM,那么指标体系到底应该如何反映供应链的绩效?图1—8—4可以看出OEM在运作中作用的转变。因此供应链管理下的供应链评价侧重于流程的角度,核心企业与上下游的合作关系,对供应链最终客户的价值增值,以及由此带来的整个供应链的资产管理。

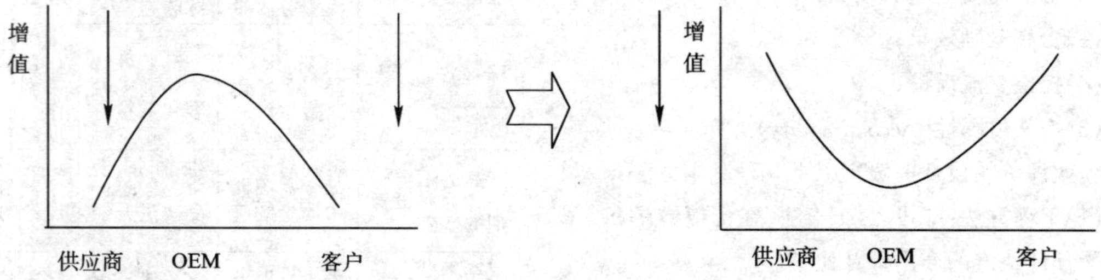

图1—8—3 供应链运作价值增值点转移图

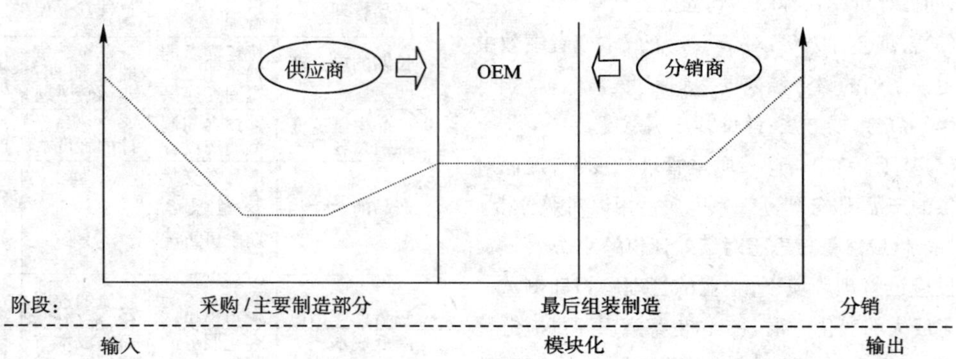

图1—8—4 制造商在增值链中的作用

此外,就绩效系统本身而言,现有的绩效评价系统过于侧重于成本指标的使用,全面性不足,与供应链管理的目标难以相互一致,同时较少考虑不确定因素对于供应链绩效的影响。传统上,企业追踪绩效主要基于财务会计指标,财务会计提供了主要的评价指标用于提供企业经营状况和企业发展潜力的信息,并在现有的评价理论中占有绝对的优势。财务会计中的财务目标:股东利益最大化依然是企业经营的主要目标。但是对于整个供应链的绩效评价,单纯的财务指标的评价已经不能满足实际操作的需要。从财务指标的计算机理中我们可以知道:

(1)财务指标的计算数据来自于历史的会计数据,通过过去的经营报表提供的信息进行加工处理得出。这种历史导向的评价思想希望从历史的趋势中找出未来的经营目标和趋势,很难适应供应链管理的敏捷性和前瞻导向的思想。

(2)财务指标集中于评价企业的收益成本方面

的绩效,忽视了重要的、战略、非财务的指标,如顾客忠诚度、服务水平、产品质量等等。同时财务指标缺乏实时追踪性,不能随时提供反映生产经营状况的信息,使得战略执行的预警缺乏实效。

(3)财务指标结果于生产运营的效率,缺乏适时评估,它的指标不能直接提供生产运营过程中的物流、信息的状况。

供应链管理的条件使得不同行业的企业为了同一个目的结合在一个供应链中,但是企业生产的经营多样性,使企业的经营可能跨多个供应链。财务指标建立于整个企业的经营状况基础上,使得介入供应链经营的部门很难获得自身行为的准确评价数据,不利于整个供应链的绩效准确性。此外绩效评价系统内部子系统之间缺少平衡关系,虽然现有的绩效评价系统已经或即将引入非财务指标,但是他们缺少从一个相互制衡的系统观的角度来理解指标,导致指标之间关系的重叠和评价效果与目标的偏差较大。供应链的运行环境中,生产周期在扩展的企业范围中变长,对于制造、分销的日常控制使用非财务指标,而在战略决策时则更多的用到财务指标。再者指标缺乏在不同的经营层次上的差异,供应链管理的战略目标和战术目的都是要通过各级指标的逐级反馈得到,有必要将指标在各级中进行分类。

供应链管理下的绩效评价具有了新的特征:

(1)较之传统的绩效评价,供应链评价指标更为集成化。这种方法使得评价公司更好地从整个供应链的角度分析问题,而不单独从一个公司自身分析,从而反映整个供应链的优化。同时包含非集成指标用于诊断单一企业内部与供应链有关的绩效问题。

(2)供应链绩效注重组织的未来发展性,加强绩效管理的前馈性。

(3)绩效评价在除去了对企业内部运作的基本评价之外,更多地把注意力放在外部链的测控,以保证企业内外达到绩效一致。

(4)关注非财务指标和财务指标,关注供应链的长期发展和短期利润的有效组合,实现两者之间的有效传递。

(5)供应链绩效评价系统注重指标之间的平衡。

二、供应链绩效可能的评价方法

针对传统财务评价供应链管理中的问题和缺陷,出现了不同的评价供应链绩效的评价方法:ROF、SCOR供应链运作参考模型、基于行为的成本法(ActivityY-Based Costing)等等。

(一)ROF

该方法由Beamon于1999年提出,为避免传统绩效评价的问题,他提出了3个主要方面的绩效评价可以反映出供应链的战略目标:资源(Resources)、产出(Output)以及柔性(Flexibility),资源评价和产出评级在供应链评价中已经得到了广泛的应用,而柔性则在应用中是有限的。这3种指标都具有各自不同的目标,资源评价(成本评价)是高效生产的关键,产出评价(客户响应)必须达到很高的水平以保持供应链的增值性,柔性评价则要达到在变化的环境中快速响应。它们之间是相互作用彼此平衡的。他们之间的关系见图1—8—5。

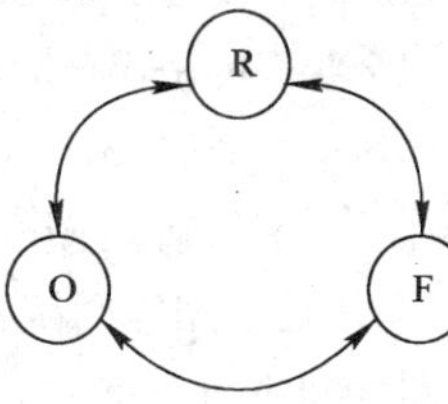

图1—8—5　Beamon的平衡表绩效评价

Beamon认为供应链评价系统必须从这3个方面进行评价:

(1)资源评价包括对库存水平、人力资源、设备利用、能源使用和成本等方面。

(2)产出评价主要包括客户响应、质量以及最终产出产品的数量。

(3)柔性评价主要包括范围柔性和响应柔性两种。

(二)SCOR供应链运作参考模型

供应链运作参考模型(SCOR)为了体现"从供应商的供应商到客户的客户"的供应链管理思想,SCOR的覆盖了所有客户的交互,订单到付款发票等;供应商的供应商到客户的客户的所有物流传运;所有的市场交互,总体需求的了解到每个订单的实行。供应链生产运作模型集成了业务流程重组(BPR)、绩效基准(Benchmarking)、最优业务分析(Best Practices Analysis)的内涵,提出SCOR的基础是4个严格的管理过程,即原料(source)、制作(make)、转运(delivery)和计划(plan),并提供了涵盖整个供应链的绩效评价指标:

(1)物流绩效:物流系统也成为企业必不可少的竞争武器,国际市场竞争压力迫使物流配送的提前期越来越短。SCOR从以下3个方面进行评价:从接到订货到发运时的提前期、订单完成率、订单履行率。

(2)柔性与响应性:这一方面主要就生产柔性、供应链提前期进行评价。生产柔性被定义为非计划产出提高20%的生产时间;供应链循环期/提前期则被定义为内部零库存生产或外包的平均时间+生产完成到交货的平均提前期+预测提前期。实现以上优化必须保证和供应商的有效联系与共同改进,以提高整体绩效。

(3)物流成本:主要包括整体的物流管理成本和订单管理成本。

(4)资产管理:对于资产方面,供应链资产主要包括库存、厂房、资金和设备,可以通过库存占销售产品成本的比率和现金周转率以及净资产收益率来表示。此时的现金周转率是指从原材料的现金投入之后到客户端的现金收回的平均日期。

(三)基于作业的成本法(Activity Based Costing)

传统成本会计在计量基础上采用成本随着产品的加工而流动,产品制造费用等间接费用按照数量或加工工时在产品之间进行分配,作业成本会计提出成本动因和增值/非增值作业的概念,认为生产成本的计量应该建立于分解为成本动因的作业上,从而突出了作业流程中的核心作业/资源。这就为更精确地评价供应链的成本、作业分布奠定了基础。作业成本法不替代传统成本方法来进行处理,却从另一方面为供应链绩效评价提供了信息来源。

(四)安德森咨询公司1994年对于第二届精益企业的报告

这项工作在100家世界级的企业的调查的基础上对于供应链的流程控制提出了4个角度的评价:

(1)供应链质量:它包含了物料进入生产流程的质量、内部的失误率、客户关于质量的抱怨。

(2)供应链库存:占高数量部件的库存水平、装配领域的库存、完工产品的库存、库存更新率。

(3)供应链的时间绩效:订货的频率、装配前准备时间、产品运货至客户的提前期、交货频率。

(4)进度安排:确定客户订单到开始发运的时间间隔、由于主要供应商的生产进度变动绩效、对于主要客户的生产变动的绩效。

三、供应链绩效评价侧重面

(一)供应链组织的角度

供应链组织的角度和业务流程重组是相近的。在构建特定的供应链组织结构的基础上,评价供应链组织绩效提高整体重组效果,都是十分重要的。

1. 柔性

供应链的组织形式就是为了能够更好地适应激烈竞争的市场,提高对用户的服务水平,及时满足用户的要求,如交货期、交货数量、商品质量以及用户对产品/服务的某些特殊要求等。为了提高供应链的柔性即灵活性,还需要Internet、Intranet、EDI等信息技术的支持,以加速市场信息在链中的反馈速度和链中各企业的响应速度。柔性的高低就成为评价供应链组织结构合理性的一个指标。因此,在围绕不同核心企业所构建的供应链组织结构模式也应不同,即要求供应链组织模式的构建必须以能适应市场要求为第一标准。

2. 集成

供应链不同于传统的单个企业之间的相互关系,它是将链中的企业加以集成的形式,使得链中企业的资源能够共享,获得优势互补的整体效益。供应链集成包括信息集成、物资集成、管理集成等。集成度的高低或者说整体优势发挥的大小,关键在于信息集成和管理集成,即需要形成信息中心和管理中心。

3. 协调

供应链是不同企业个体之间的集成链网,每个企业又是独立的利益个体,所以它比企业内部各部门之间的协调更加复杂,更加困难。供应链的协调包括利益协调和管理协调,利益协调必须在供应链组织结构构建时将链中各企业之间的利益分配加以明确。管理协调则要求适应供应链组织结构要求的计划和控制管理以及信息技术的支持,协调物流、信息流的有效流动,降低整个供应链的运行成本,提高供应链对市场的响应速度。

4. 简洁

供应链是物流链、信息链,也是一条增值链,它的构建并不是任意而为。供应链中每一个环节都必须是价值增值的过程,非价值增值过程不仅增加了供应链管理的难度,增加了产品/服务的成本,而且降低供应链的柔性，影响供应链中企业的竞争实力，因此在设计供应链的组织结构时，必须慎重选择链中企业，严格分析每一环节是否存在真正的价值增值活动。

5. 稳定

供应链是一种相对稳定的组织结构形式，影响供应链稳定的因素一个是供应链中的企业，它必须是具有优势的企业即要有竞争力，如果供应链中的企业不能在竞争中长期存在，必然影响到整个供应链的存在；另一个就是供应链的组织结构，比如说供应链的长度，供应链的环节过多，信息传导中就会存在扭曲信息，造成整个供应链的波动，稳定性就差。

(二)供应链采购供应角度评价

现有的很多文献就采购供应的角度进行供应链的评价。从这个角度看，供应链管理与从传统采购物料部门演化而来的供应基集成战略是等同的。它的思想是扩展传统企业外的行为，通过达到一个共识的优化和效率目标建立交易伙伴，形成供应链战略伙伴关系。实际上，供应链管理的目的就是为在共同目标的基础上建立一个虚拟企业，有效地管理单一法人的流程与运作。

由此供应链管理的内容主要侧重于：供应基(Supply Base)的设计，如供应商、制造商的选择等；供应战略；外包战略、生产计划、生产作业计划和跟踪控制、库存管理；供应商与采购管理等等。

1. 提前期的评价

它是一种有效考虑整个组织经营的全面指标。仅降低提前期一项就可触及订货、设计蓝图的错误或问题，包括过长的调整准备期(Setup Time)、频繁的停机时间、不协调的工作日程、不可靠的供应商、过长的运输时间以及大规模的存货等一系列的问题。过长的提前期表示为供应链管理的运输、加工、储存的高额成本。

2. 柔性的评价

柔性评价指系统对于外部或内部干扰导致的变化所能做的调整范围。由于供应链处于不确定范围很大的环境中，供应链由于市场的变动提出需求的变化，供应方的柔性成为生存的关键因素。Slack(1991)定义了两种柔性：范围柔性(Range Flexibility)和响应柔性(Responsive Flexibility)。前者指运营可以变动的程度范围；后者指运营可以变动容易(时间、成本等)程度。柔性的提高很明显可以提高顾客满意度、增加对需求变动的相应度、减少过期订货和错过机会的可能性，也有利于增强开拓新市场和新产品的能力。

3. 鲁棒性的评价

鲁棒性即稳健性，指变化过程中的稳健性和强壮度。对于供应方而言，鲁棒性意味着供应方在与委托人的合作中，即使委托人需求在一定程度上发生变化，供应方仍然能够保证产品质量、正常交货、运营，从而保证供应链整体的稳定。

4. 成本的评价

考虑供应商的在从采购供应的角度，供应链成本集中在供应链总运营成本指标，供应链总运营成本包括供应链通讯成本、供应链库存费用及各节点企业外部运输总费用，用以反映供应链运营的效率。

供应链通讯成本包括各节点企业之间通讯费用、供应链信息系统开发和维护费等。

供应链总库存费用包括各节点企业在制品库存和成品库存费用、各节点之间在途库存费用。

各节点企业外部运输总费用等于供应链所有节点企业之间运输费用总和。

(三)供应链物流角度评价

从这个角度看，供应链和物流集成系统是同一的。人们提出很多基于时间、阶段的库存管理工具，如分销需求计划、物料需求计划、制造资源计划用于提高可视性、降低需求不确定。物流的改进对于改进整个供应链的顾客服务水平、减少库存量、降低运输成本都有着极大的推进。

1. 速度：物流速度就是物流业务中相关行为的数据传输、计划变动以及执行的速度。

(1)数据速度：业务中关键数据信息如计划、预测、项目的联系传输速度；

(2)计划速度：计划调整、重新制定的速度，以及运输能力和产品调整能够满足计划进度变动的能力；

(3)执行速度：通过减少制造、包装、运输的时间，减少提前期，以最少的时间满足客户服务的要求，当然要有更好的快速响应还需要依赖于更好的计划速度。

2. 可变性：增加对客户需求变动的柔性处理，以及客户定制化，运输要求变动的能力。

3. 可视性：物流可视性描述了内部员工参与内部计划信息，与合作伙伴的信息相互共享，以及合作伙伴进入企业内部服务器获取相关信息。这样的目的是为实现供应链的整体运作。

(1)系统内部:组织内部重要员工以及部门可以获得生产计划以及预测信息,是更好地响应客户化服务的基础,对于内部员工而言,信息的共享使得他们意识到自身在整个组织中的作用力。

(2)企业间:供应链企业的绩效会严重影响其他交易伙伴的运作绩效。VMI提供了了解客户库存状况、销售计划、产品销售情况的及时信息,为企业提供了及时改动计划、方案的时机,改善绩效。

第三节　供应链绩效评价框架体系

一、供应链绩效评价体系

上文中提到的各种的现有评价体系对供应链的绩效的各个方面进行了测评,并给出了相关的评价指标。但是由于研究的角度和目的不同,供应链评价的侧重方面也各有不同,总体而言缺乏对于供应链绩效的整体把握。ROF在考虑了组织资源的基础上对于资源消耗的成本进行了较深的侧重,同时就供应链的制造和物流的柔性进行分析。他试图从资源、产出和柔性3个角度平衡分析,但主要就其各自对不同的外部因素进行分析而在供应链内部的三者的相互作用和影响论及较少。SCOR模型(PRTM,1995)提出了完整的供应链管理模型而且在4个管理过程基础上区分了17个基本的流程模块,为供应链的评价提供了绩效模块化分析的可能。其评价涵盖了供应链运作的全部,但是较为忽视组织关系、客户满意的评价。从供应链的运作角度来评价是其考虑的重点。第二届精益企业评选的基础是71个制造企业,集中考察了供应链流程控制上的评价指标,它从时间、库存、质量和计划调整4个方面对供应链的运作进行了较为完整的分析,更多考虑的是在正常运作上的绩效结果,但没有就不确定环境下,对组织的调整能力和鲁棒性加以考虑。在对供应链的内部运作的评价已经较为成熟的基础上,这些方法在评价上较少的将供应链自身的战略目的贯穿其中,同时在评价指标的选择上侧重运作,而对于技术的创新、能力的集成和供应链的发展性的方面评价较少,下面提出平衡记分法将组织运作的各方面与目标结合起来,全面评价供应链的运作绩效以及成长性。

(一)供应链绩效评价的目的

结合SCOR提出的供应链管理的战略目标有:

1. 简缩时间:降低订货到发运的循环期,当生产和物流的流程能够在较少的时间内完成,那么供应链中所有的实体都能够更为高效的运转,从而最终降低供应链中的库存。通过降低时间周期,也会像JIT一样发现供应链中不断积累的问题。此外,现金周转率也会得到较高的提高。时间简缩意味着供应链中的信息流和产品流能够十分迅速和流畅的传递。

2. 提高柔性:柔性响应意味着分销中心能够迅速根据客户对独特的包装和产品特性的需求进行客户化的操作。也意味着客户的需求能够在合理的成本效率下得到满足,以及客户非计划需求的正常运作能力。

3. 减少浪费:供应链企业试图通过尽量降低功能重叠、协调运作系统以及提高质量来寻找降低整个供应链的浪费的途径。供应链内部中存在着大量的库存节点,导致整个系统在现金上导致大量的积压,影响了供应链的竞争力;效率只有在供应链运作成为一个整体,库存尽可能的集中于链中分销过程的关紧节点的时候才可能得到较好的绩效。供应链企业之间的协调希望能够在企业之间达到一种运作和系统上的统一和一致性。协调的系统中传递的信息是及时的、高质量的、互动的,从而降低多余行为。此外,保持资产、产品、运作体系的质量是整个供应链降低浪费的基础。

4. 资本利润:在供应链企业高效、准时地满足客户需求的最终目的就是获取供应链企业的资本利润。最常用的指标就是降低成本,以提高收益边际;现金流将会因为供应链企业的集成和浪费减少而得以改善,而柔性和时间绩效的提高同时为供应链赢得和保持住客户群,保证供应链长期赢利的可能。

从本质上而言,供应链压缩提前期,降低浪费都是从资源观的角度降低了或减少了供应链的资源浪费,提高了资源的利用率,为提高供应链的利润保留了空间;而增加供应链的柔性,降低了机会成本,减少了供应链因为内部流程的效率降低所造成的客户订单流失,增加了供应链的赢利机会,所以可以说:供应链的价值成为评价的核心,绩效评价体系最终反映供应链的价值。与价值相关的反映在下面3个方面:(1)当前赢利性(货币指标);(2)增值能力的持续性(价值维持指标);(3)增值能力的增长潜力(价值驱动因素)。供应链的价值必须在历史和当前的表现中来获得增值。由以上结合绩效变革的影响,供应链绩效评价主要基于以下3个目的:(1)考察供应链的当前赢利性;(2)分析供应链赢利的持续性;(3)培养供应链赢利的增长潜力。

(二)影响供应链绩效评价的因素

在第三章所记述的内容中,我们主要分析了供应链管理思想,引进对于供应链绩效评价的影响因素。还没有就供应链整体运作过程中的影响因素做深入的说明,下面将对于影响供应链绩效的内外部因素进行一个详细的阐述。

供应链运作在不断变化的环境中,内部不断的改进和提高就是为了应对外部环境对集成供应链管理的消极作用,提高整体适应能力,增强竞争力。一个可行的框架分析包括外部驱动与内部驱动的影响如图1—8—6所示。这个框架反映了环境和供应链运作本身的变化,需要通过优化成本,提高服务,加快对市场需求和机遇的响应,及技术优势的不断提高以支持供应链所拥有的竞争优势。外部两个同心圆表示影响供应链绩效的驱动首先来自供应链外部,其次来自供应链内部。供应链战略的产出是这些驱动力综合作用的结果。

研究主要集中于制造行业和仓储零售行业方面。供应链管理所涉及的行业特征使得供应链管理在绩效的考虑方面差异很大。制造业的供应链管理的重点侧重于采购及物料管理作为一个基本战略,其管理的逻辑是扩展传统内部行为至外部,达到与战略合作伙伴的共同优化。仓储零售业的供应链管理则偏重于运输和物流管理。它将供应链物流部门的狭隘定义扩展为从供应商到客户的物流价值链。有效的实物分销和运动是其业务流程的主要组成部分。这两种行业的大致区分给出了供应链管理的两大分类。由此其绩效的侧重也分别处在供应商合作关系和物流上了。

2. 竞争者:供应链的核心竞争力为供应链在竞争过程中保持独有的竞争优势。竞争者的技术优势、产品以及流程的革新、人力资源的整合都成为影响供应链绩效的长期驱动力。很难从模拟或分析中得出竞争者的优势所在,但是作为竞争单元的集成供应链的确需要从客户角度分析做起,利用标杆法,对供应链中的非增值行为进行分析,找出竞争者在可能的领域对供应链的潜在威胁和机遇。

3. 技术:技术的作用在产品、服务以及信息流通上发生着绩效的影响力。不断涌现的先进设计技

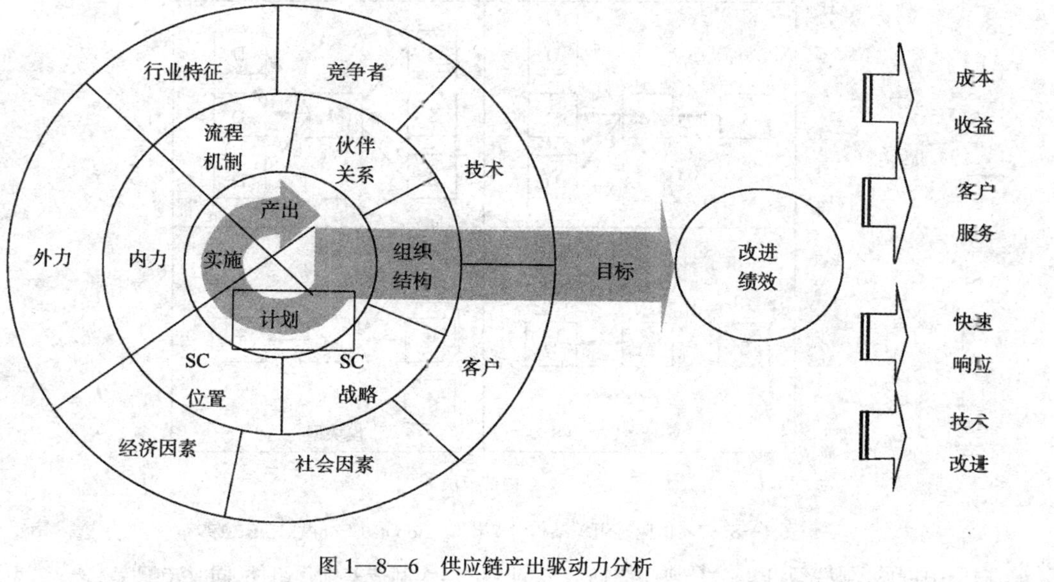

图1—8—6　供应链产出驱动力分析

二、影响供应链绩效的外部驱动力

1. 行业特征:就不同范围而言,现有的供应链

术对于产品设计的快捷影响自不必说。先进的管理技术的不断推进也使得供应链管理不断适应得以提

高,供应链伙伴之间的信息集成也将信息的滞后和夸大的问题降低到最小。技术水平的不断推进也使得以往实践中难以实施的绩效测评变得可行。

4. 客户:客户作为供应链市场导向和利润来源,成为供应链绩效的主要驱动力。客户不断变化、加强的个性化要求,不断降价的要求和消费的偏好,增加了供应链在运作成本和提前期上的压力。同时产品的质量、计划的柔性不能有丝毫的下降。客户对产品为自身带来的价值增值或成本节约愈发注重,使得供应链要在每一环节注入客户理念的作用。

5. 经济以及社会环境:关键因素包括世界范围普遍的经济前景。经济压力通常会迫使供应链国内成本降低以面对世界范围的竞争,而良好的供应链管理可以帮助降低成本。社会的变化对于形成与供应商的伙伴关系也会产生重要的影响。另外跨国供应链在不同的国家地区的工业结构、经济发展阶段、客户要求等变量中还有具有影响作用。

三、影响供应链绩效的内部驱动力

1. 流程机制:供应链运作的流程因为产品、服务和市场的分布在业务流程上是分散采购集中制造还是集中采购分散制造都由所提供的产品/服务所决定的,而不同的市场层面也会使业务流程在设置上有相当的差异。供应链绩效所关注的方面也会由于流程的差异而有所差异。

2. 合作伙伴:历史上供应链内部的关系被视为"arm-length"或"敌对的"关系。在这种情况下,用户有许多供应商可以选择,供应商也有许多用户。任何特定的供应链关系都被视为临时的而不是永久的关系,注重短期的个体利益而忽视了战略利益。供应链的长期方面也未予以考虑。交易双方即使同意交易或交换某种商品而在价格协商上也会有抵触的目标。合作伙伴关系的长期稳定在降低价格、JIT供货、库存管理绩效上有巨大贡献。传统的交易对象之间的关系视为"零和博弈"。一个"零和博弈"是一方收益的与另一方损失的相当,两方面所得相加为零。供应链管理必须将这种零和的博弈转变为所有部分之间"双赢"的战略,从而使整个供应链获利更大,并且处于供应链核心的游戏者之间的利润分配更均匀。

3. 组织结构:供应链在组织结构上有4种分类,从Ernst的结构模型中将供应链流程分为供应(S)、制造(M)、分销(D)3个步骤,按照产品的模块化水平和流程的延迟原则分为图1—8—7的4种类型。

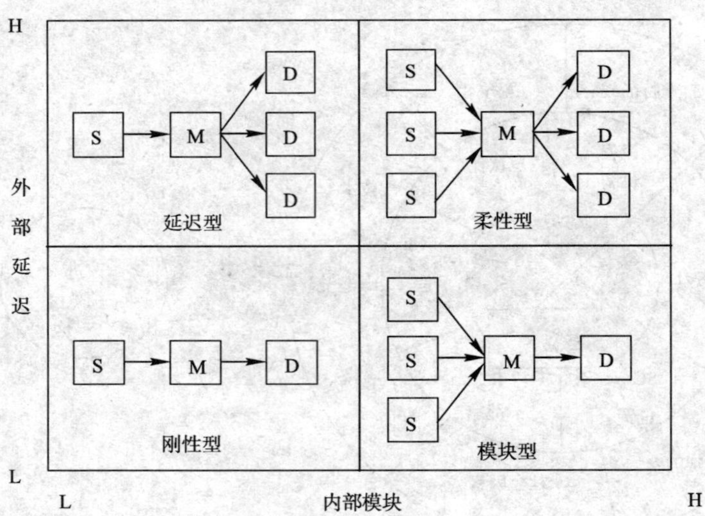

图1—8—7 供应链组织结构分类模型(Adopted from R Ernst,1999)

由图中可见,刚性型(Rigid)是典型纵向集成的供应链,目标是大量产品库存基础上的规模经济。而另一个极端就是柔性结构,通过大量的外包、外协运作制造差别化组件,同时装配完工产品,满足纷繁的客户需求。而模块化类型的结构则有大量的组件/部件的供应商,最终分销少量完工产品,这是最典型的供应链结构；而延迟的结构供应链经营客户化完工产品满足客户需求追求范围经济。可以理解4种不同的供应链结构在产品和流程上的差异，绩效要求上的差异则不言自明。

4. 供应链战略：供应链绩效是战略执行的结果，绩效评价要求与战略相一致，反馈战略的执行。供应链战略因为供应链发展集成的层次阶段以及供应链经营方式不同对绩效提出了不同的要求。Stevens(1989)将供应链集成归结为4个阶段：基础建设阶段，功能型阶段，内部集成阶段和外部集成阶段。这使得供应链战略从单一组织向多组织协调集成，从市场反应型发展为市场导向型进行运作。绩效也从内部单一评测扩展到了多方共同决定。供应链运作的方式的不同导致战略管理的重心的不同。高度集成的供应链在绩效上与上游或下游紧密的联系达成捆绑的联合体，以计算机制造业为例，IBM注重整个设计、制造、分销和市场的全过程；Dell则在装配和市场、服务上下大力气；Compaq注重于装配和市场。不同的选择和他们对外部供应链战略是相关的，绩效要求供应链运营必须有所差异。

5. 企业在供应链中的上下游位置(Position of Supply Chain)：公司在整个供应链中运作的不同层次阶段上对各种运作绩效的要求也是不一样的，供应链伙伴中供应商可能更注重质量，地区分销商更注重于产品种类和价格，当地分销商则可能更注重产品送货和服务水平。增值活动发生的层阶结构阶段性为供应链改进绩效体系提供了难度。供应链管理在对待跨国公司界限管理时就必须注意到公司的上下游，治理的差异等等。图1—8—8给出不同位置对于绩效的不同认可。

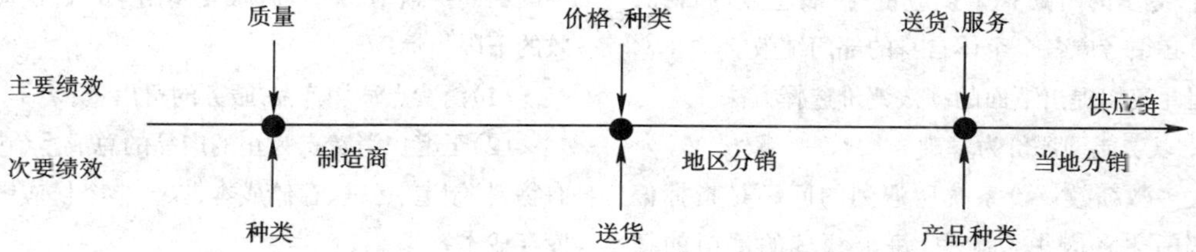

图1—8—8 供应链环节中对运作绩效的要求

四、绩效评价选择的原则及方法

(一)绩效评价原则

供应链绩效评价的选择原则与一般的绩效评价的原则有一定的相似之处，但是由于其所涉及的范围远大于传统绩效评价，因此绩效评价的原则如下：

1. 供应链绩效评价必须直接与供应链绩效战略相一致，同时也要和各公司的战略相容。

2. 必须考虑非财务指标。特意将此考虑在内的主要目的就是考虑到非财务指标在评价中的主要地位。

3. 绩效评价指标应该易于用于基准的制定。

4. 绩效标准必须处于评价单位的直接控制之下。

5. 绩效指标应当简单易行，能够给出准确的目标和计算方式。

6. 绩效指标能够提供及时的反馈，同时考虑到前馈信息的重要性。

7. 绩效指标能够激励组织进行持续的改进，而不只是监控。

8. 相对比例指标要优于绝对指标，客观指标要优于主观指标。

9. 各个指标之间能够反映彼此的因果关系，减少彼此的相互冲突和抵触。

作为供应链评价的重要原则，也是平衡记分法所提倡的原则，指标的选择应该和组织的战略目标相一致，绩效评价方法要与战略目标相一致。供应链绩效的评价却因为每一个供应链成员公司的现有竞争地位、战略的方向不同而难以确定。供应链绩效评价又因为企业有发展功能型、企业集成型、扩展企业型3个阶段的不同，其评价范围和目标就有差异，方法也就有基于部门的方法、基于流程的方法、基于跨企业的方法的不同。

企业的经营被分为以下3种发展阶段：

(1)功能型(Functional Excellence)

企业需要使其内部的各个单一的部门，如制造部门、客户服务、物流部门，达到优秀的业绩。这一阶段企业的绩效评价需要集中于各个功能部门。

(2)企业集成型(Enterprise-Wide Integration)

此阶段的企业将竞争的优势建立于自己的跨部门的流程之上，而不再是单一的部门绩效可以体现企业的整体效果了。那么绩效评价的选择就应该建立于流程功能的集成基础上了。

(3)扩展企业型(Extended Enterprise Integration)

当企业的经营扩展到外部的时候，外部的影响在企业决策中起到的作用不断扩大，此时绩效的评价，如供应链企业，就必须将目光集中到扩展企业的整体绩效上了。

(二)绩效评价的方法

大多数企业目前还是集中于部门的绩效评价上，随着供应链管理的出现，它的原则是优化和集成供应链，更多的考虑整个供应链、扩展企业的目标，但同时必须考虑各个个体自身的部门绩效。

因此我们提出下面的绩效评价选择方法。

1. 以功能型评价为基础

大多数绩效评价系统所遇到的问题是指标偏重于部门化。这些系统中，每个领域的部门的绩效评价又只用于其领域本身，以达到该领域所要达到的目标和任务。据此评价系统以改进自身的绩效的部门或组织个体经常是以牺牲或影响其他部门的绩效为代价的。当每个部门的绩效评价都孤立于其他部门的时候，会导致部门影响整个组织的目标。

从整个供应链来看，单就功能型评价的使用，绩效的改进注重于单一目标，可能会与供应链整体目标相抵触。但是反映在供应链节点企业的绩效评价则能用于系统的诊断，为供应链优化打好基础。将其纳入供应链的评价范畴就可以使之排除目标的不一致性，而成为绩效评价的基础性指标。

2. 包含基于流程的企业级的绩效评价

为实现供应链运作的集成，企业打破部门的孤立壁垒，按照业务流程进行组织评价。为实现这一点，或者建立一个全职负责整个业务流程的部门，或者就是跨部门的工作小组。这些流程包括：

(1)订单完成周期(订单现金回收)；

(2)新产品研发循环期(产品开发开始至初次上市)；

(3)总循环期(物料采购到客户付款的周期，现金周转时间)。

为了支持业务流程的变动，需要为流程性指标补充功能型指标，用以强调整个流程的绩效并使用功能性指标提供影响整个供应链的绩效的诊断信息。流程性指标和功能型指标之间存在着一种紧密的层阶关系。

3. 建立跨企业的评价指标

用于评价供应链的跨职能流程指标不但可以用于企业内部也适用于企业外部的流程。供应链管理不但关注本企业的经营状况同时必须关注客户的经营状况会对供应链带来的影响，以及供应商在经营中的利润贡献率。有两种被普遍用来评价供应链绩效的下限指标：

(1)消费点适用产品/服务的可用量；

(2)至客户消费点为止的产品的总成本(包括所有物料、制造、运输、存储成本，以及整个供应链在途库存成本)。

但是没有一个公司能够控制整个供应链的绩效，供应链运作的增值流程往往会因为公司的组织界限而有所迟滞。传统企业在供应链环境中，其组织界限的适当模糊化之后(公司间流程的适当集成)，交易成本得以下降。而这种"适度"也必须加以评估，确保其具有有效性，也即外部流程的评价也成为供应链管理中不可缺少的一环。

现有的对这种企业组织外流程的管理，是建立在广泛而深刻的合作机制基础上的，以及高度便捷的信息技术平台上。

(1) VMI(供应商管理库存)，相应的评价指标有：客户销售率、库存可用量、库存；

(2) CRP(持续供给计划)，相应评价指标有：客户销售率、库存可用量、库存再订点等等；

(3) FSP(预测共享机制)，相应的评价指标有：预测准确度、订单完成率。

表1—8—3中我们给出供应链可选的评价指标，其中包含了功能型指标和跨企业级指标。

表 1—8—3　供应链可选评价指标实例

客户服务指标	采购指标	流程、跨功能指标
订单完成率fill rate	物料库存	预测准确性
客户满意度	供应商交货绩效	完美订单率(Perfect Order)
客户收益	物料/元件质量	新产品推出时间
订单执行准确性	物料缺货率	循环期
订单运输与追踪绩效	单位采购成本	生产进度变动
客户抱怨	物料采购时间及频率	
订单entry time		
物流方面指标	**制造方面指标**	**跨企业指标**
完工产品库存turn	产品质量	产品完成成本
准时交货	WIP 库存	消费点产品可用量
库存准确率	产量	供应链整体库存量
物流成本	调整准备时间	销售渠道在途库存
准时装货发运	物料利用度	供应商库存
交货时间	生产循环期	现金周转周期
运输成本	生产能力	客户库存
仓储成本	主生产计划稳定程度	客户库存量(VMI/CRP)
在途库存	采购制造循环期	VMI/CRP供求比例
财务评价	**市场方面指标**	
现金流	市场占有率	
EVA	新产品占销售总量比率	
收益率		

五、平衡供应链记分法评价角度及其指标

(一)平衡记分法概述

上一节中就供应链绩效的内外驱动进行分析,供应链运作以及供应链所涉及的内外因素角度,需要有很强的彼此相互支持的评价体系用以满足综合评价的需要,我们倾向于以平衡运作各个方面的绩效评级为主,同时反映供应链整体战略的标杆,以体现集成、跨流程指标和诊断性指标之间的相互作用。着重强调组织战略在绩效评价中所扮演的重要角色。所以我们结合Kaplan和Norton在哈佛商业评论上发表的平衡记分法作为供应链的评价系统工具,建立合理的平衡供应链记分法(Balanced SCM Scorecards,以下简称BSC—SC)。

Kaplan和Norton(1991—1996)在《哈佛商业评论》上发表了一系列关于平衡记分法的文章,他们认为传统的财务指标(如 ROI),只提供了业务绩效的较为狭窄而不完备的信息,依赖于历史数据,而这些数据又阻碍了未来商业价值的实现。因此,财务指标不能够单独地用于评价绩效,需要补充反映客户满意、内部业务流程以及学习成长性的评价。平衡记分法的设计结合了过去绩效的财务评价和未来绩效的驱动力设计。

平衡记分法的概念反映在一系列指标间形成平衡即短期目标和长期目标,财务指标和非财务指标,滞后型指标和领先型指标,内部绩效和外部绩效角度之间的平衡。管理的注意力从短期的目标实现转移到兼顾战略目标实现,从对结果的反馈思考转向到对问题原因的实时分析。平衡记分法具有四个主要的特征:

(1)BSC—SC 以单一的形式将组织竞争力的各个角度的指标表现出来,防止次优行为的出现,提供了公司绩效更为全面的理解。

(2)BSC—SC 假定是和企业未来信息系统紧密联系的。

(3)不是简单的将指标列示出来,而是将其分为四个类型,每种类型都提供了公司绩效的特定角度。

(4)最后一个也是最具有特色的,绩效指标的选择必须是以公司的战略的紧密联系为基础的。

原先的平衡记分法分为 4 个方面,他们代表了 3 个主要的利害相关的群体:股东、客户、员工,确保组织从系统观的角度反映战略的实施。

1. 顾客方面:企业为了获得长远出色的财务业绩,就必须创造出受客户满意的产品服务。平衡记分法给

出了两套绩效评价方法,一是企业在客户方面所期望达到绩效而采用的评价指标。主要包括市场份额、客户保有率、客户获得率、客户满意等。第二是针对第一套指标的各项进行细分,逐层细分,制定出评分表。

2. 内部流程运作方面:此方面是平衡记分法突破传统绩效评价显著区别之一。传统绩效评价即使加入了生产提前期、产品质量回报率等评价,但是往往停留于单一部门绩效上,仅靠改造这些指标,只能有助于组织生存,但不能形成组织独特的竞争优势。平衡记分法从满足投资者和客户需要的角度出发,从价值链上针对内部的业务总流程进行分析。内部运作方面回答如何经营才能满足或超越顾客的需求。供应企业包括短期和长期的目标,以及刺激改进的流程重构。四种绩效属性得以考虑:质量导向的评价、基于时间的评价、柔性导向的评价和成本指标。

3. 改进学习方面:这一方面为其他方面的绩效突破提供手段。平衡记分法实施的目的和优势之一就是避免短期行为,强调未来投资的重要性。同时并不局限于传统的设备改造升级,更注重员工系统和业务流程的投资。平衡记分法注重分析满足需求的能力和现有能力的差距,将注意力集中在内部技能和能力上,这些差距将通过员工培训、技术改造、产品服务得以弥补。指标包括新产品开发循环期、新产品销售比率、流程改进效率等等。

4. 财务方面:企业各个方面的改善只是实现目标的手段,而不是目标本身。企业所有的改善都应通向财务目标。平衡记分法将财务方面作为所有目标评价的焦点。如果说每项评价方法是综合绩效评价制度这条纽带的一部分,那么因果链上的结果还是归于"提高财务绩效"。Kaplan和Norton从产品/服务的生命周期的相关阶段选择评价指标,共有成长期、持续期、收获期。成长期的指标包括销售量、新加盟客户及流程改进;持续期分析投资回收期、现金流、EVA;收获期则基于现金流分析,包括收益量等。经营组织的战略一般包括三个财务主题:(1)财产增长,(2)提高生产率,降低成本,(3)资产的利用。与相关战略相结合,细分目标再来分析企业财务绩效的影响因素,适应组织不同阶段的需要。

BSC在这四个方面的主要目标以及其相互关系可以见图 1—8—9。

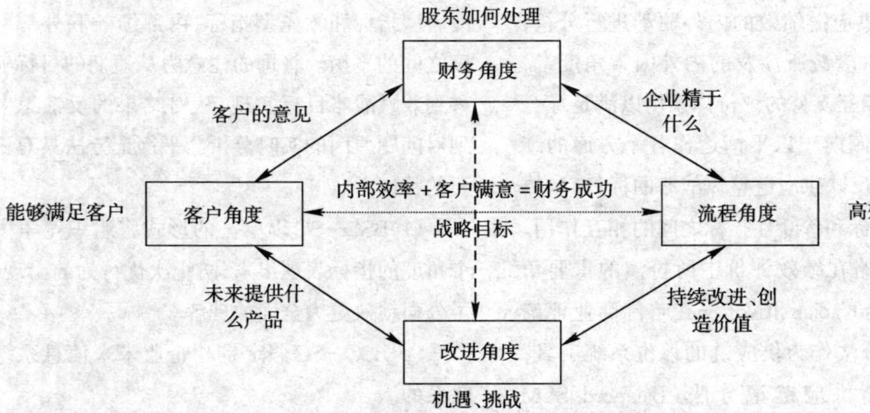

图 1—8—9 BSC 四个角度的关系

(二) 平衡供应链记分法评价角度及其指标

下面分别就各个评价的角度,融合BSC—SC的四方面的特征以及前文的供应链运作框架所涵盖的范围,我们提出了图 1—8—2 中的指标实例,用以反映BSC—SC 在各个角度的目标与任务。这些指标不一定对于供应链管理是绝对的,甚至对于特定供应链运作还缺少很多,大多数BSC—SC中的指标是不太常用的,只在诊断级的指标具有更强的操作性。造成这些指标的难以的广泛的应用是因为绩效评价的思路过多的集中于内部运作,忽视了与伙伴的绩效集成。

1. 客户方面:供应链的目标之一是为整个供应链中的客户提供持久稳定的收益。因此,供应链管理的核心之一就是进行客户管理,了解客户的需求以及评价满足客户需求的程度的大小,用以调整供应链的经营方法和策略。客户所关心的事情分为4类:时间、质量、性能与服务成本。循环期(间隔期)可以衡量供应链满足客户需求所需的时间,供应链订单完成循环期给出了相关的测度,并就完成订单的各个阶段在实现客户需要进行评估;质量自20世纪80年代以来就是至关重要的竞争手段,作为供应链竞争的必需手段,它已经不再是必要的战略竞争优势,而作为一项硬指标存在;性能与服务成为客户保有以及获取新客户的重要因素,通过第三方或调查的介入对客户进行调查取得客户对供应链提供产品的性能或服务的看法,另外,也可以就此使用标杆法将行业中最有业绩作为自身绩效设定测评的目标。除对质量、时间、性能与服务之外,客户对其所负担的产品成本保持着很高的敏感性。客户与供应商的交易过程中,价格只是其负担的成本的一部分,其他由与供应商交易造成的成本,包括对产品的订货、安排订货到付款。产品的接收、检验处理,以及产品造成的废品、返工等等,从中的成本节约能够为客户提供相当多的价值增值,客户价值的评价提供了相关的测评。由此评价指示的选择集中于体现客户意志、反映客户需求。指标既可以是反映客户价值、客户反馈的一般指标,也可以是集中于如客户价值等特定范畴的指标:服务质量、柔性、成本等等。

(1)供应链订单完成的总循环期

供应链订单完成的总循环期是评价整个供应链对于客户订单的总体的反应时间。其中包括了订单的接单时间、从投料到生产的时间、从生产到发运的时间(shippable)、从发运到客户签单的时间(receipt)、从客户签单的时间到客户收到的时间(acceptance),(见图1—8—10)。

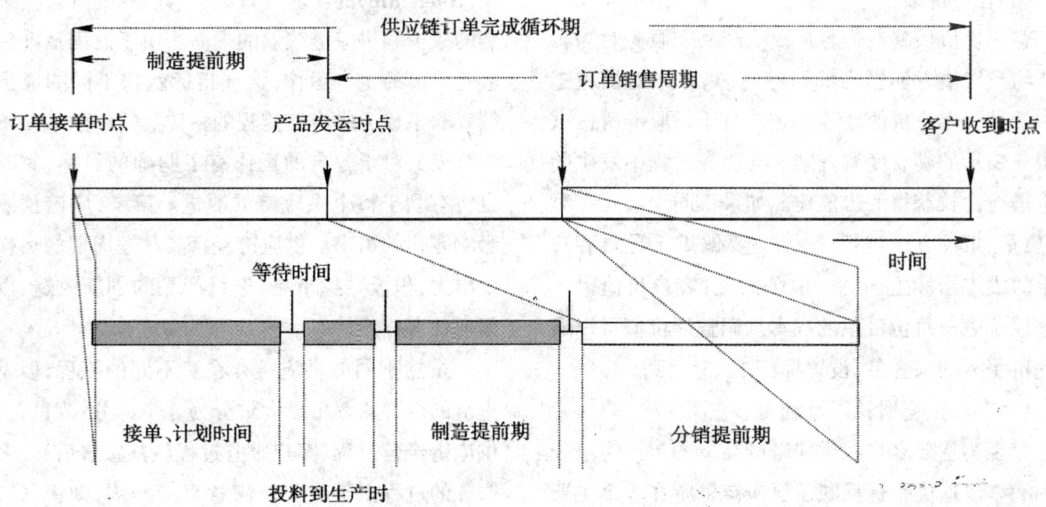

图1—8—10 订单循环期时间构成图示

单就客户服务的角度而言,注重考虑面向客户的方面,即订单的接单时间、从发运到客户签单的时间(receipt)、从客户签单的时间到客户收到的时间(acceptance)。总循环期的降低将降低供应链的响应时间,这是供应链竞争优势的主要源泉之一。快速的循环期不但提高对客户的响应,降低客户成本提高客户的价值,同时反映供应链内部响应的便捷和流畅。尽可能降低订单的完成循环期,也是有利于发现供应链内部的冗余。循环期运作的可靠性以及一致性同样重要。由于供应链中瓶颈和低效率流程以及订货数量的变动性的存在使得订单的完成时间屡有变动。跨功能工作团队实施的"制造单元"机动的处理客户订单变动,降低循环期,增加客户满意度。对于供应链订单完成的总循环期的评价涉及了客户满意的内容,也包含了对供应链内部运作流程的反映。

(2)客户保有率

供应链利润持久的来源是核心客户。若想通过特定的客户群体保持或增加市场份额,最为方便的就是保存现有客户。努力保持和客户的关系,满足客户需求,并允许客户积极参与合作项目,以及产品的开发设计,使客户能够成为自己的持久利润来源。客户保有率就是"从绝对或相对的意义上来说,留住客户,与客户保持现有关系的比例"。除了留住客户之外,供应链管理还要从与现有客户交易量的分析上衡量客户的忠诚度。当然,公司要扩大利润源,就还要在现有客户基础上,制定不断扩大客户范围的战略。

(3)客户对供应链柔性响应的认同

客户对供应链柔性响应的认同用于评价客户在供应链提供的运营服务中对客户化以及响应速度的认同。这个指标反映两个目标。首先调查数据将反映客户是否能自由地就订单的包装、产品性能等提出客户化的要求,第二个目标则是评价客户是否感到这种客户化的要求能够以及时的方式得以表现。也就是说它反映了客户对客户化要求的自由度以及服务及时性的要求。

(4)客户价值

客户价值反映在为客户提供产品或服务时为客户节约或增值方面做出的贡献,提高客户对供应链的依赖度。客户价值率等于客户对于供应链所提供的服务表示的满意度调查结果与服务过程中发生的成本进行比较获得的价值比。如果不同于前者在时间、质量、柔性方面进行评价,主要偏重于导致客户发生的成本指标上面。一般公式是:客户价值率=调查评价值÷每份订单的成本。调查评价值可以通过评价服务的满意值(设置标杆1~5)得到。

(5)客户销售增长以及利润

表现为主要客户在供应链产品上的年销售增长和利润率。这类指标反映了供应链下游在3个主要方面的绩效:①客户的销售量按年进行增长;②对于特定客户服务所获的收益也将随着合作关系的增进而进一步提高;③接受服务的基数将增加。扩大销售量,增加新的客户都将提高新的利润点。

2. 供应链内部运作方面:客户绩效指标很重要,但必须在将其目标转化为内部流程的指标后才能得以反映。优秀的客户绩效毕竟来自于组织的流程决策和运作,供应链内部运作方面回答如何经营才能满足或超越顾客的需求。BSC—SC的内部测量指标应当来自于对客户利益、财务价值影响最大的业务流程,同时确定自己的核心能力,及保证供应链保持持久市场领先的关键技术。把内部方面和财务价值以及客户目标结合起来供应链应该把握两种全新的内部流程运作:第一,理顺现有流程中各个参与方的关系,缩短经营过程的周期,同时降低成本。供应链哲学的本质是将企业内部(Intra-firm)和企业之间(Inter-firm)的功能进行集成、共享和协调,实现浪费的减少和供应链绩效的提高。由于流程牵涉到供应链成员的生产运作,这样指标就将不同的成员的绩效联系成为供应链流程的整体。这一联系使得供应链成员对于各自的运作有了明确的目标,其改进也将有利于整个供应链的改进。第二,应该预测并影响客户的需求。供应链经营要从短周期的运作中跳出去,积极寻找市场,进行产品的创新改造,以紧紧抓住客户。

虽然不同的供应链存在着不同的流程,但是供应链的内部流程可以大致分为3个部分:改良创新、供应链经营过程、客户服务过程(售前、售后)。客户服务的过程由于和客户满意直接挂钩,则将其归入客户方面进行评价(见图1—8—11)。

图1—8—11 供应链运作的普通模式

(1)产品改良、创新过程评测

传统业务中的供应链中,研究开发工作被认为是某种业务的辅助或者是支援的功能,而非确定价值的基本因素。一方面因为评价的标准难寻,投入产出的关系不明确;另一方面企业对于产品的创新重视不足,资金的投入有限,人们忽视产品开发设计的业绩评价。但是,作为供应链价值实现的长期影响因素,必须就其进行测评。

①新产品在销售额中所占的比例;

②比原计划提前推出新产品的时间差;

③开发下一代新产品的时间;

④第一次设计出的全面满足客户要求的产品百

分比。

这一衡量方法综合了产品开发过程的3个至关重要的因素:一是公司在开发过程中收回开发成本,必须着眼于开发的成果,同时着眼于开发过程中投资的收回;二是强调利润;三是强调时效,鼓励开发人员先于竞争对手推出新产品。

(2)经营过程评测

经营过程对于供应链在创造价值时是一个短周期过程,这一过程包括自企业收到客户订单、终结于向客户发售产品和提供服务。这供应链运作方面实现的目标主要有4个方向:减少提前期;弹性响应;单位成本的减少;敏捷结构。由此首要的非财务指标主要集中于以上四个绩效考察方面:运作质量指标;时间指标;弹性指标;目标成本指标。集成信息系统在帮助供应链企业分解、诊断集成指标中发挥了极其重要的作用。当异常信息在指标中得以体现,可以通过整个集成的信息系统及时、准确的发现问题所在。

①供应链有效提前期率

供应链有效提前期率反映了供应链在完成客户订单过程中有效的增值活动时间在运作总时间中的比率。其中包括两个指标:供应链响应时间和供应链增值活动总时间。前者的计算如下:

供应链响应时间=客户需求及预测时间+预测需求信息传递到内部制造部门时间+采购、制造时间+制造终结点运输到最终客户的平均提前期(或者订单完成提前期)

后者的计算则是供应链运作的相关部门增值活动的时间加和。

所以:供应链有效循环期率=供应链增值活动总时间÷供应链响应时间。该指标体现了供应链内部时机运作的非增值时间流程浪费的减少空间。通常组织之间的传递空间和时间很大部分属于非增值活动占用,很多资源被大量浪费了。达到精益的供应链必须保证合作企业之间的信息共享以及合作机制的完备,达到流畅的无缝连接。

同种性质的指标还有库存闲置率,即供应链中库存闲置的时间和库存移动时间的比率。闲置时间包含库存以物料、WIP、产品的不同形式在供应链运作中的总停滞、库存、缓冲时间,库存移动时间则是指库存在加工、运输、发运中的总时间。该指标表现了库存在整体运作中的时间占用,提供了库存经营效率的提高空间。

②供应链生产时间柔性

生产柔性是指系统对于外部或内部干扰导致的变化所能做的调整范围。此指标由SCOR提出,定义为意识到由市场需求变动导致非计划产量增加20%后供应链内部重新组织、计划、生产的时间。随着柔性制造系统(FMS)、成组技术(GT)以及计算机集成制造(CIM)的先进生产技术的发展,为实现供应链整体柔性的提高创造了条件。据西方研究者的调查,最优秀的制造商已经将整体的绩效降低到2个星期以下。一级的制造商柔性在内部的劳动力和制造能力上是没有约束的,惟一的限制就是物料,所要达到高效的柔性和响应性,需要在系统流程中注重与供应商加强紧密开发研究,减少一级供应商的数量,做到JIT采购,注重部件的通用化以及高效计划信息系统的采用。

③供应链目标成本达到比率

目标成本法是Toyota(1960's)研发的,是特定水平功能、质量、价格的产品在其全生命周期中能够产出满意利润的一个业务过程。该指标从单一产品和流程的角度分析其在质量、时间和柔性上的流程改进是否达到预定的目标成本。非财务指标很难达到准确分析业务改进的程度,只有在量化指标得到相应规范才能说明事物的本质。目标成本在降低总成本的前提下提高客户服务的上佳之选。供应链的目标成本是作为一种运作结果,客户的要求则成为供应链进行竞争的既定约束。成本合理化而非最小化成为供应链运作所要达到的主要成本目标。目标成本从产品开发开始就嵌入到整个流程中去,和供应链的战略紧密联系。

④供应链运作质量

供应链运作的质量运作的效率和有效性上以及其运作对象——原材料、WIP、完工产品的/服务的质量上。20世纪80年代企业意识到质量作为竞争的主要武器,到现在已经是企业生存的基本条件和必要的基础,因此供应链质量更注重于在整个供应链基础上全面质量管理,保证供应链运作的有效性和客户服务的真实能力。

* 预测、生产运输、售后的效率

* 产品的进入时期、加工过程中以及完工后的质量

* 产品设计效率和质量

⑤完美订货

完美订货指物流运作质量的最终测量标准，也就是说完美订货关注总体整合的供应链厂商绩效，而不是单一的功能。它衡量一份订单是否顺利的通过了订单的管理程序的全过程。而且每一个步骤都没有差错、快速而正确。完美的订货代表理想的绩效，一般应当符合以下的标准：(1)完成所需的各项发送；(2)根据客户的日期，允许发送偏差在一天以内；(3)精确无误的完成订货所需的文件，包括包装标签、提单和发票；(4)货品状态良好。当前最好的物流组织报告达到55%～60%的完美订货绩效，大多数组织少于20%。

订货的过程包括：订单的输入→信用清算→库存可用→挑选→准时装货→正确开出发票→支付→收货

3．未来发展性方面

供应链未来发展性直接关系到供应链的价值。平衡记分法中客户角度和内部运作方面的评价分析了供应链成功的竞争力的主要方面，但是成功的目标是不断变化的。严峻的全球竞争要求供应链必须不断地改进和创新，发掘整合供应链内部和外部的资源，提高现有流程、产品服务和开发新产品的能力。供应链的改进是一个动态的过程，供应链的持续改进主要通过4个方面进行：第一，重新设计产品及其流程；第二，通过企业集成将组织间的有效的调节和整合；第三，持续的改进供应链的信息流的管理，使得供应链伙伴能够共享决策支持所需要的准确信息；第四，每个供应链需要随时注意外部市场的潜在威胁和机遇，重新定义核心价值。指标包括新产品开发循环期、新产品销售比率、流程改进效率等等。

(1)产品最终组装点

这一评价反映产品中的延迟制造日益突出的重要性。产品最终组装点(Point Of Departure)涉及对供应链流程的延迟技术的利用和产品设计中模块化的评价。延迟点到尽可能近的消费点将进行最后的差别化。这样虽然加大了制造的复杂性，但是从适应客户复杂多变的需求争取更大客户群，抵消了它的复杂性，此外降低了不确定性和预测的失误。延迟是在完工产品的其他基础配置已经满足后对客户独特要求进行的增值加工过程。延迟是与外部物流的分销渠道相关联的，必须通过与分销商在业务上达成战略协议，利用CRP等先进技术将延迟点或者部分制造功能转移到下游去。通过延迟制造的管理，用以提高供应链企业之间的流程重组，降低企业建的组织间隙，减少交货和组装之间的提前期。客户化需求不断的强化，标准化的产品在市场占有方面受到很大压力，延迟就成为个性化制造的重要条件。延迟点的确定必须在产品设计上进行优化，即模块化：产品有一系列的模块化的标准组件构成，不同的组合形成不同的完工产品种类。模块化的产品设计能够有效的将生产柔性和标准化联系起来。模块设计产品能够加速新产品的设计周期，新产品的设计以最大化现有的标准组件利用率为导向，意味着资源的使用降低和时间的缩短，同样意味着生产流程设计的节约。这两种方式一个从流程设计的角度，一个从产品设计的角度嫁接了范围经济和规模经济的优势，为供应链的长期发展提供驱动。

(2)组织之间的共享数据占总数据量的比重

供应链原则表示信息共享是供应链伙伴关系成功的关键。否则，供应链很难降低重复、减少浪费和成本。信息装置包括需求预测、销售点数据、生产安排、战略方向、客户目标必须在供应链成员之间共享，以实现组织之间集成以及促成团队工作的实现，由此重要信息的分享程度体现了一个企业的实际实施供应链管理的程度和整个供应链。供应链的集成可以为客户提供更好的服务响应以及新产品引进，提高供应链的竞争能力。而这很大程度上依赖于供应商的可靠性和快速响应。强有力的信息交换反映了强有力的合作意识。除了信息的交换和共享之外，合作者之间共同质量改进的合作欲求、供应商的早期设计介入程度、双方共同解决问题的努力等等都是供应链竞争的先决条件，是供应链保持竞争力的基石。

(3)团队参与程度

集成的供应链管理思想为供应链的集成奠定了

基础,跨组织的工作团队的协调与组织就成为无缝连接(Seamless Chain)的人力条件。Harland(1997)在一份研究中指出,不同制度下的供应链运作要求不同,供应链中不同的层次位置对供应链的运作也提出不同的要求。供应链内部之间的协调由于牛鞭放大效应、委托代理问题的存在而深受影响。组织成员之间的彼此信任和信息共享之外,工作团队的运作可以直接接触到运作层,为供应链内部共同解决问题及为终极客户提供服务。团队参与的作用发生在两个方面:①加强伙伴之间的信息进一步的精确化;②体现了供应链内部的人力资源的整合。团队参与程度也在另一方面反映了整个供应链组织结构的扁平化和敏捷性。

团队的参与度的评估可以从下面几个方面进行:

①团队形式制定的业务计划比重;

②综合项目的数量;

③利润分成的程度;

④对核心企业和供应链成员之间的团队建设进行调查。

4.财务价值方面

虽然供应链绩效的评价侧重于流程导向以及非财务指标,平衡记分法依旧将财务目标作为所有目标的中心。当供应链伙伴目标得以实现之后,供应链应该取得财务上的成功。经营目标的实现使得成本大为降低,提高了边际收益率;现金流得以更好的优化;更高的收益和资本回收率,可以理解以上3个方面绩效的提高能保证财务方面的长期收益,因此整个供应链的财务优化,依旧是重中之重。财务指标由于基于现金流和传统的财务会计,使得其缺少了对未来赢利能力的直接的参考能力。供应链资本包括应收账款、厂房设备、资本以及库存,资本的流动性的降低或增长都会导致对供应链的财务价值的效率的影响。我们试图将财务评价的基础建立在现金流的驱动上,即驱动现金流的行为和流程。

(1)供应链资本收益率

由客户的利润除以在此期间使用的供应链的平均资产。它反映了使用其资产的增值性。

(2)现金周转率

这是一个联系供应链的整个流程的关键指标,评价供应链运作过程中原材料、劳动力、在制品、完工产品直至销售的流转的全过程。现金周转率=购买原材料到收到产品货款的平均时间 = 供应的库存天数+销售天数-原材料的付款天数。供应链通过先进的信息技术以及产品流集成,合作伙伴之间的运作实现更高的现金的周转期。

(3)供应链总库存成本

很大程度上,财务绩效是可以从整个物流成本上反映的。物流成本是整个供应链生产运作中最为显著的潜在成本源。供应链中,库存包括了原材料、生产装配中在制品、成品以及在途的库存成本。传统上,这些都是用于生产缓冲,处理可能出现的不确定性。供应链中,客户要求的不断苛刻,库存管理在降低整个供应链中的成本日益重要。供应链中的库存成本包括:

①物料仓储、资本化的机会成本;

②存储状态以及WIP的库存成本;

③管理库存的管理成本;

④完工产品的在途成本;

⑤老化、残缺、损坏所造成的风险成本;

⑥修理返工成本;

⑦订单或缺造成的损失成本。

将供应链总库存成本进行分类可以包括了采购、库存、质量、以及交货失误等方面。供应链采购成本的评价包括订货、发运、进货质量控制的总和。供应链库存成本包括供应链过程中的发生成本:原材料、WIP、完工产品的库存成本以及滞销和在途的库存成本。供应链质量成本是指在运作过程中由于质量问题而导致的沉没成本,包括产品残缺成本、维修成本和质量保证成本。而交货失误性成本包括缺货成本、误投成本等等。这些指标可以单一的进行评价计算更好的分析物流各部分成本绩效。

(4)供应链的库存天数

反映了资本在供应链运营中的库存形式的占用天数。它等于某个时期的物料、WIP、产品以库存形式占用的时间。

BSC—SC在此4个方面上提出绩效评价方法如表1—8—4所示。

(三)BSC—SC绩效侧面的因果关系

BSC—SC试图将供应链运作过程中的评价对象进行归类,并将其按照4个方面进行分组,从整个流程和相应支持系统中找到彼此的联系,从而将各评价的方

表 1—8—4　供应链绩效评价平衡记分法框架

财务价值角度		业务流程角度	
目标	测评指标	目标	测评指标
收益 成本 效率	供应链资本收益率 供应链总库存成本 现金周转率	减少提前期 弹性响应 成本运作 设计革新	有效提前期率 时间柔性 目标成本 新产品销售率
未来发展性角度		客户服务角度	
目标	测评指标	目标	测评指标
流程化 信息集成 组织协调	产品最后组装点 信息共享率 团队参与程度	订单时间 客户保有 服务及时 客户价值	订单总提前期/循环期 客户保有 客户响应时间认同 客户价值率
流程化 信息集成 组织协调	产品最后组装点 信息共享率 团队参与程度	订单时间 客户保有 服务及时 客户价值	订单总提前期/循环期 客户保有 客户响应时间认同 客户价值率

面在内在逻辑上按照供应链的绩效驱动,供应链的绩效持续因素和供应链的获利的顺序建立逻辑关系,供应链绩效的某些潜在的重要方面能够在战略的因果关系中得到体现。对这个4个方面我们可以从整个组织的角度审视供应链运行。当供应链的一个评价方面出现了问题,除了可以获得对本角度的认识,还可以从因果网链中发现其所导致的因果问题,从而避免了对某一个评价侧面的过多关注,忽视其他评价面,同时使得供应链成员能够在系统观的角度上认识自身的作用。

可以这样说,没有一个绩效评价系统能够适用于整个供应链。本章可以得出这样一个结论:在平衡的思想前提下,必须加强信息流、物流以及资金流的顺畅,简化供应链决策过程,试图在供应链的平台下建立有效的协同计划,减少非增值活动,重点在于建立和维持强有力的供应链伙伴关系,供应商不再只是机械的适应买方的要求,而是具有互动的供应链战略关系。客户在这方面的影响已经深入到管理的内核,必须在集成的基础上将客户的要求反映到管理的各个层面,这样客户源才能不断扩大(见图1—8—12)。

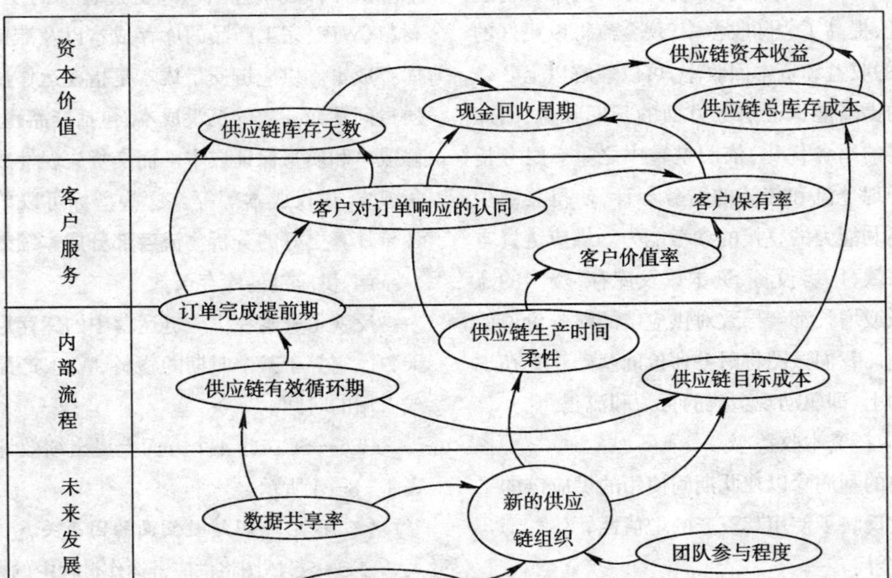

图 1—8—12　BSC—SC　的评价侧重面的因果关系示意图

第四节 实施供应链绩效战略

一、供应链绩效实现基础

绩效评价系统的重点可能不是先建立一个绩效评价体系,更为重要的是:建立绩效评价体系得以运作和分析的平台。只有在供应链的主要核心参与人能够在一定的共识下达成合理正常的运作流程和经营战略框架,绩效评价才能够在较好的范围内进行。

达到有效供应链运作的基础包括两方面:

1. 技术层面。所谓技术层面就是在供应链企业运营信息系统、生产运作系统集成化以及 EDI 等先进技术的采用方面。技术层面同时包括产品服务设计体系。在跨供应链的信息集成系统中供应链的信息(产品、运输、电传、文本)都可以较为顺利的传递到各个节点企业的相关决策点,同时共享的信息系统在整个供应虚拟网链中起到了神经作用,经营整体得以协调和统一。

2. 组织层面。组织层面就是供应链企业之间的人力、无形智力资源、管理组织结构的无缝嵌合以及企业文化的彼此融合。从博弈论角度而言,每一个经济个体都是为自身的利益而与其他实体进行博弈,即交易,选择对自己最优化的博弈结果。但是由于信息的不对称或者参与人的不同意识而导致零和博弈结果的出现。供应链企业之间的关系正是一连串的博弈交易过程的集合,必须考虑:每一个个体在交易过程中总是以单一的交易利益为重,必然会导致整个供应链在收益上大受亏损。所以供应链成员能够在各方面尽可能的传达有效"信息"(不同于技术信息,而是交易信息),那么供应链成本/交易成本会因为彼此的共同改进而达到整体的改进。这也就是供应链总成本能够在实践中得以运用的一个重要因素。组织层面上供应链参与人通过彼此的人事渗透或是组织的彼此互补来达到隐性信息的交流,增加彼此的信任和共识。

在此两个基础之上,供应链绩效的信息不但在战术上能够得到控制,在战略上也可以达到反馈。所以供应链绩效评价系统在整个供应链管理范畴内可以设计为一种绩效战略。在绩效战略的前提下,以提高供应链绩效为远景,整合供应链绩效源为目的,建立供应链共同的发展为导向,基于流程的绩效改进机制。

BSC—SC 给出了供应链的主要目标以及在绩效改进中必须考虑到的诸多方面。但是任何一种论述只能适用于一种或若干种情况和系统,BSC—SC 从供应链运作的各个角度对供应链进行了分析,因而与其说其是一个绩效评价系统,不如说他是一个绩效战略系统,也正如 Kaplan 在提出了 BSC—SC 之后的几年中,很多大型的企业将其作为战略分析或是指定战略的工具而不是绝对的绩效评价工具一样。

二、供应链绩效改进策略

在整个绩效战略过程中,从绩效评价体系的建立到绩效流程的遍历分析,最终要将绩效的管理进行到底。为此需要建立一个系统的持续的改进的管理模型。笔者认为以供应链的总资源和增值活动管理为核心,向外扩展,供应伙伴管理为供应链管理的前提,客户市场战略为驱动,物流战略为系统的连接,通过制造战略整合内部价值生成资源,而后在完备的绩效战略的反馈和检测下实现供应链、客户、战略伙伴的长期发展。从图 1—8—13 可以得出较为详细的说明,同时本节以下篇幅将对此模型进行论述。

稍后的第九章第二节作了详细介绍的 BPR 的流程行为分析为供应链价值流的分析提供了实践的参考,通过对价值流的生产运作的遍历,得出业务流的价值产生根源,便于进一步的供应链整合。而供应链绩效的改进策略则是要从下面的几个方面进行:

(1) 供应链流程的遍历;

(2) 供应链绩效评价体系建立;

(3) 供应链绩效的改进框架的设计;

(4) 供应链流程的绩效管理。

三、绩效评价体系的建立过程

将绩效评价体系建立于供应链的基于流程的过程当中,使得评价体系在各自的流程范围内发挥作用。绩效评价体系本身就是一个收集、整合、交流资料的过程和准则。它整合供应链关键的绩效方面,有效的分析问题,并将这种分析结果指导实际的运作。在绩效评价体系的建立方法上,已经有很多的文献进行了详细的研究,在此,本书不做深入的论述,只是提出一个 7 步骤的绩效评价体系的建立方法(见图 1—8—14)。

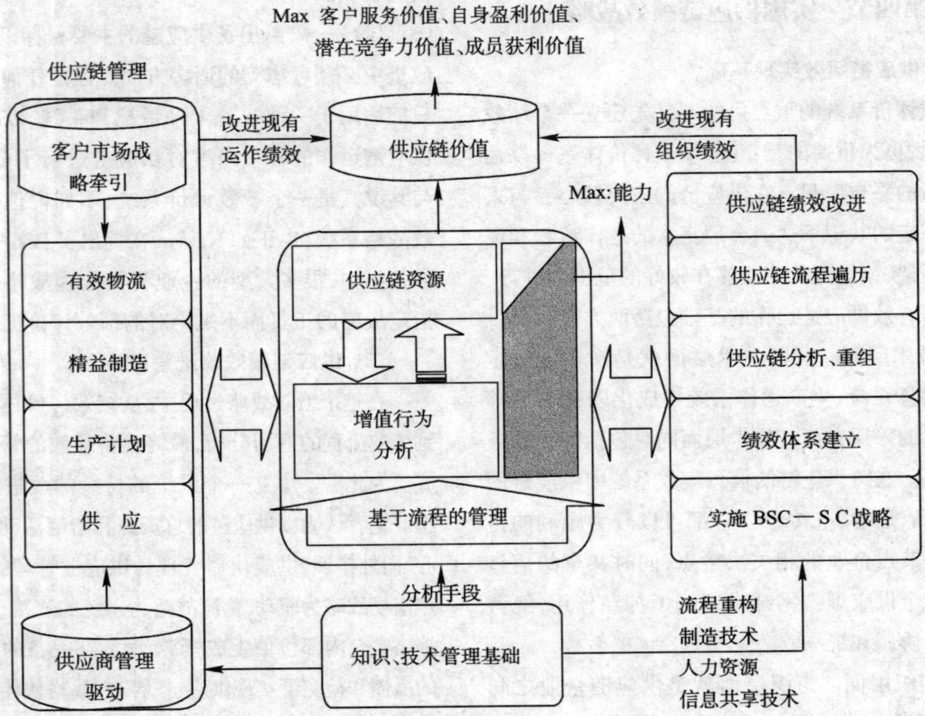

图 1—8—13　供应链绩效改进参考模型

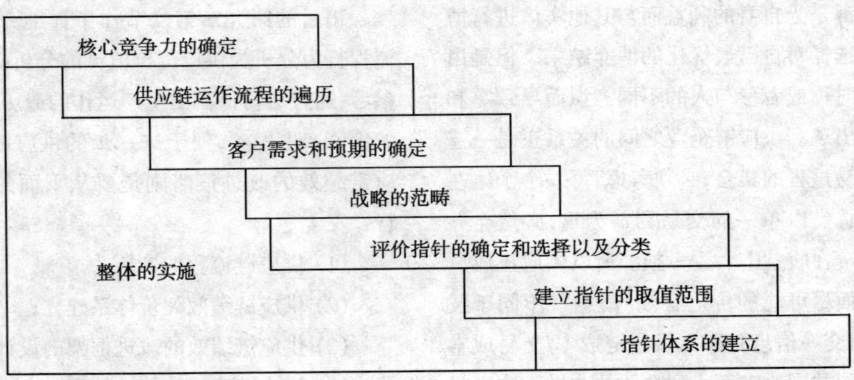

图 1—8—14　绩效评价体系设计总体框架模型

供应链环境中的绩效评价体系的建立，首先就是确定对供应链核心竞争力的发掘和培养，这对于供应链运作和管理是至关重要的。如果供应链成员能够将他们自己视为供应链运作中的成员，这一点就比较容易做到。每一个供应链的竞争力是不同的，由确定竞争力的过程，就可以确定供应链的属性、方式和内在资源的配置。进行供应链流程的遍历将在下面的篇幅中介绍。建立供应链的客户化评价角度，从客户的需求角度确定供应链运作的方向和出发点，本能地以客户为导向来运作。战略的范畴的步骤中，必须将目标进行分解，使之与相应的流程对应，以求证目标和绩效产生根源。供应链中必须求证目标和各个伙伴企业的目标之间的联系和内在因果。评价指针的确定和选择以及分类步骤就是确定与前步骤一致的指针，这一步骤最重要的就是要和供应链成员一起共同协商确定合适指针。确定这些指针的取值范围是最后一步，各个指针的目标是和前一个步骤并行进行的，这涉及各个企业的实际利益和责任的大小，如何协调和处理是一个非常困难的事情。而实施的步骤则是和其他步骤并行处理，其确定绩效评价系统在实施过程中的实时改动性，使之更为有效的运行和提供反馈。前四步骤主要考虑了供应链的特征和评价要求，后三步则在绩效指针体系上进行了探讨。建立流程可以简略的表示如图 1—8—15。

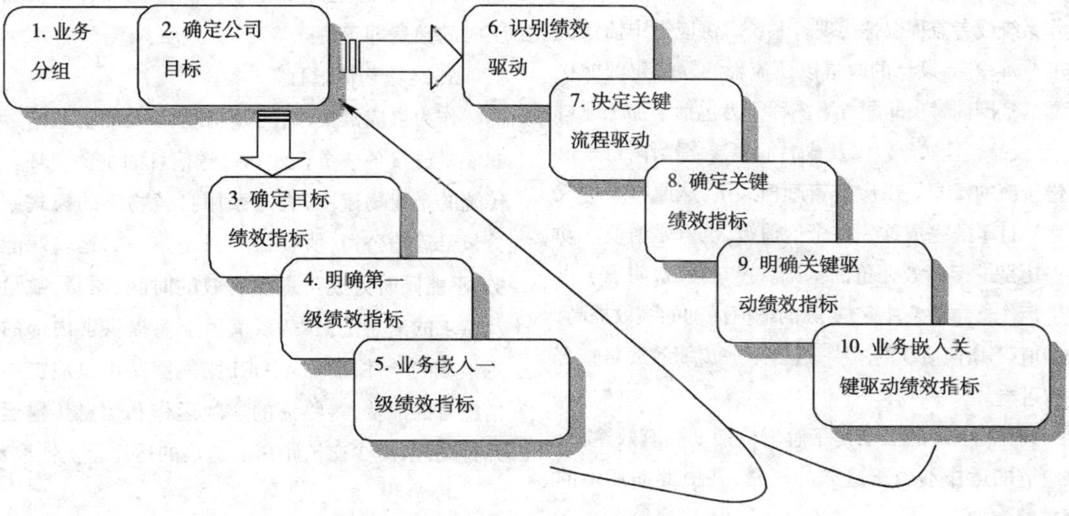

图 1—8—15 绩效指标流程设计

四、绩效评价流程遍历机制

流程管理中的全局化方法是供应链管理集成方法中的关键问题，流程管理中相当重要的就是使业务流程可视化。通常使用不同的遍历手段实现，重要的问题就在于在遍历过程中那些绩效得到了改进，从什么样的角度出发更为有效的在供应链的范畴内进行改进。SCOR 供应链运作参考模型在此方面试图研究出流程参考模型。这些模型集成了业务流程重组、标杆法，并将流程绩效评价建立于跨部门的基础框架上。

供应链管理在业务流程上呈现随产品、资金以及信息流的传递而在流程各阶段上发挥不同的作用，绩效评价的对象也随业务流程的侧重不同。供应链的结构决定了供应链研究注重模块之间的增值价值流的分析和测评。Phillips 认为供应链管理将不同企业集成起来增加了整个供应链的效率，而供应链管理涉及的范围：供应、生产计划、物流、客户需求，也决定了供应链管理包括了所有公司的全部行为。绩效评价战略关注的不仅仅是供应链的全部经营范围，更为关注在特定产品/服务条件下的供应链的内外部实际增值过程和组织。

供应链运作的目的之一就是去除浪费。BSC—SC 在 4 个方面考察了供应链流程运作的绩效。从客户方面看，绩效的提高反映于时间的缩短，提供有效产品的质量，以及服务方面。在流程角度，则是库存减少，有效库存的快速周转，生产中的不良结果的降低等等。未来发展方面更注重对现有系统有效的改进和提高来减少浪费，增加对整体绩效值的推动。因而，供应链绩效改进的对象集中于对问题根源的解决，从源头解决供应链绩效战略的困境。供应链绩效战略的机制就在于分析供应价值链中浪费和增值过程，寻找适当方法处理并提供绩效。

Toyota 以生产效率为基本导向而非质量为导向，认为敏捷制造模式能够帮助暴露更多的质量以及浪费的问题。从内部制造的角度，存在 3 种基本的运作，它们是：

(1)非增值活动(NVA)；

(2)必要而非增值活动(NNVA)；

(3)增值活动(VA)。

第一种是完全的浪费和没有必要的行为，应设法将其消除。在供应链当中，其表现比如各节点企业过多的滞留库存、信息的等待、为协调而导致的处理时间等等。第二种是当前运作过程中必要但是不产生价值的运作,比如伙伴之间进行的大量协商,与用户进行的沟通,以及生产需求的调整和运输的迂回的成本。这种情况下,调整此类的运作的方式就是尝试寻找新的运作系统或者流程以替代现有系统。供应链中信任机制的改善、产品设计的改进以及流程的模块化都能在所需的范围内解决问题。第三种行为包括了加工原材料、半成品、运输、分包以及成品的多样化操作,这是供应链价值的源泉。供应链管理模式下,从原材料生成到客户订单的完成这一整个价值流,也就是增值活动的遍历是进行绩效评价的基础。换句话说,明确了供应链运作整体的条件下,实际的增值活动的绩效提高,非增值/不增值活动的减少,进行下一步绩效战略整合才有可能。

理解 NVA 的活动是了解增值活动的有效途径,供应链的运作不当所造成的浪费,并由此而产生的不良绩效如下:

1. 信息不当,节奏不一致,库存过量

信息传送的问题是供应链研究的重要课题。它的基本特征是在供应链中呈现从下游到上游的逐级放大的趋势,人称 Forrester effect 或者 Bullwhip effect为放大效应。放大效应导致整条供应链上生产过量、库存积压,不但使得提前期延长,同时引起产品的储存时间也大为增加。所直接反映的是供应链提前期指针以及库存闲置时间指针的恶化。同时,信息不当导致在生产运作上的节奏不协调,使得产品老化、难以跟上客户变化的需求。彼此低下的交流机制是节奏不一致的主要原因。这种情况激励管理人员在供应链运作上更为趋向于客户化、定制化的牵引式的模式,视下游企业为自己的伙伴,将最终用户的需求看做生命,不断加强信息的沟通,建立稳定的共享的机制。

2. 等待时间

只要时间没有被很好的利用,就存在着浪费。进行持续流的制造(Continuous Flow Manufacturing),通过持续改进型的战略建立共同计划和物流集成机制,可以降低等待时间的浪费。供应链中等待可能就意味着单一企业的内部制造和企业之间的外部交流两方面。存在着问题内部制造过程中包括订单计划的下达、生产排程中的等待运输间隙、设备的维护修理整装时间以及成品等待交货时间等等;供应链成员之间的等待时间可能作用于成员之间的协调时间,分析需求的预测正确性;物流中的运输等待时间;这些都表现为产品/服务没有移动或加工时的浪费即等待。

3. 运输物流过程

作为供应链集成化管理必须涉及的物流的运输职能是链接各成员企业和传送信息的重要一环。在传统的企业物流中,大多采用自营物流的模式或者分包给运输公司,所提供的只是单一的运输职能服务,不能同时为成员提供有效的时间、质量、数量以及需求的信息。MRP 系统为企业提供了内部的信息集成的条件,而EDI、DRP则能够减少供应链中的信息流的浪费,将物流的实物运作和信息传输运作并行处理,减少交流距离所造成的运作重复性浪费。

4. 流程

不当的流程指过于复杂而大规模的解决方案在业务上导致的市场响应缓慢,交流失误增多等等。供应链管理应在流程的标准化和模块化上努力作为。编排柔性化的流程作业。前期生产流程标准化,而生产后期采用延迟差异化有助于提供供应网络的柔性。不当的流程在响应客户最终订单改变时,难以迅速的实现运作上的变化。这种经营成本的浪费不能单纯在增加装配工装路线上的多样化来处理,必须尽可能的对现有的工艺流程进行共享。其重点是多种产品如何共享准备时间、共享加工和工装工艺。

5. 过量库存

过量而不必要的库存存在于供应链的各个节点上,是供应链的运作中最主要的成本源头。它会导致运作提前期的增加、储备成本的增加并增加了运作中的问题出现可能性。解决供应链中的库存闲置问题需更多的积极寻求信息的多阶响应周期的协同机制,加快库存的周转和利用,提高资金的利用率。

由了解非增值活动入手,改进供应链绩效需要从集成供应链的角度,分析供应链绩效价值分布点,而后进行供应链重构,形成供应链基础上的绩效改进战略。

五、供应链运作绩效改进框架

改进供应链绩效，可以从以下几个供应链的绩效改进框架进行考虑，它们系分别从绩效评价的角度、集成角度和供货商关系模型来设计的。这一章从两个角度进行模型的分析和介绍。

1. 绩效评价模型（Performance Measurement Models）

Holmberg(2000) 结合组织内的绩效改进框架，将其扩展到整个供应链上。这个模型描述了3个不同层次的绩效和3个不同的绩效要求（见表1—8—5）。

表1—8—5　Holmberg的供应链绩效框架

项　目	3个绩效要求			
	目标	设计	管理	3种绩效层次
供应链层次	供应链目标	供应链设计	供应链管理	
流程层次	流程目标	流程设计	流程管理	
作业/绩效层次	作业目标	作业设计	作业管理	

此模型和本文提出的BSC—SC绩效模型有一定的相似性。都从供应链多层次的绩效需求进行考虑。所不同是BSC－SC是从供应链运作的角度对供应链进行全方位的评价，并提出供应链长期绩效优异的根源。绩效评价模型则在不同的层次基础上对于供应链的目标、设计和管理多个绩效要求进行优化，从而将供应链的建立和管理的过程都考虑到绩效战略的范畴中来。但是两者都提出供应链绩效的改进要从多个方面进行考虑。

2. 集成模型（Integrating Models）

Stevens(1989)提出的四阶段集成模型，描述了从基本的分散的运作到供应链的集成的运作，主要的是提供了改进供应链运作模式的方法，也给出了集成改进的思维前提，从内到外进行绩效的改进。Poirier(2000) 则更为从改进框架的需要角度进行设计，描述了4层供应链优化模型（见表1—8—6）。

Poirier认为第一个层次都是下一个层次运作的前提，他强调不同层次之间的障碍，在某个特定的层次上会导致某种迟滞（stuck）。为了达到第二层优化，需要扫除的障碍一般包括：

(1) 组织内抵制变动的实力的自然存在；

(2) 缺乏足够的资源管理配置；

(3) 只有高层管理层存在持续可见的流程改进的努力至少是存在着愿望，这种改进才可能实现；

(4) 难以预测改进度的大小；

(5) 信息合作基础的薄弱导致的交流效果低下；

(6) 缺乏足够的信任机制导致供应链战略伙伴退出合作的可能性。

表1—8—6　供应链优化的层次（adapted from Poirier(2000)）

项　目	内　部		外　部	
	外协和物流	内部优秀	网络构架	行业领导者
动机	业务外包（压力下）	供应链领导地位	业务单元领导地位	管理团队
收益	有力的平衡库存	优先的网络优化	最优伙伴绩效	网络优势、巨大受益
业务集中范围	库存、物流、运输以及订单实施	流程再造工程	预测、计划、客户服务、企业间关系	客户网络
工具	团队或者部门业绩优秀	标杆法、最优业务分析、基于行为的会计	指针、资料挖掘、电子商务	企业间、企业内的虚拟信息网
活动范围	中层管理	扩展的层次上	整个组织	整个供应链
联盟类型	供货商巩固型	最优伙伴关系	正式战略联盟	联合体
指导思想	成本优化	流程遍历	先进会计模型	需求—供应链

第二层和第三层之间的障碍主要是企业文化的差异问题。公司必须明白地掌握外部世界的情况，拟制出明确的导向引导发展。公司需要与客户、信息技术部门、政府、供货商以及掌管全球变动性的部门建立更多的跨业务联合，这种联合更多的将依赖于信息技术，而这种网络工作的流程也会为公司带

来更高的收益。这个趋势必须达到供应链的有效优化即第三层优化的阶段。从第三阶段到第四阶段之间不存在什么障碍,但是必须在思想上进行更大的扩展,让驱动力变为追求行业的领先分子,去追求特定行业的价值链的建立。

第五节　供应链企业激励机制

一、建立供应链企业激励机制的重要性

为什么要建立供应链企业的激励机制?要回答这个问题,不妨从一个实际例子谈起。某一大型汽车制造商为了促进其生产的汽车在市场上的销售,向分销商提出了一个促销的激励措施。公司规定,只要经销商的销售额达到一定数额,年底时制造商将付给经销商一笔奖励资金。同时,为了帮助经销商,制造商出面与银行签订了分期付款的协议。此举推行下去之后,曾出现一阵销售热潮,库存量明显下降。但是,到年底一算账,制造商才发现有问题。原来,经销商为了扩大销售业绩,纷纷下调价格出售汽车。结果,汽车卖出去不少,经销商也得到了实惠,但是制造商则损失惨重。制造商不得不要承受低价销售的损失,使本来就步履艰难的生产经营活动更加雪上加霜。于是,制造商不得不检讨该项措施的失误,第二年重新制定新的促销战略。

这个例子说明,制造商的出发点是激励经销商多卖汽车,希望在给自己带来效益的同时,经销商也能获得一定利益。但是,事与愿违,此激励措施不但没有发挥正常作用,反而给企业造成一定的损失。

导致出现这种情况的原因当然是多种多样的,其中之一就是在实现委托—代理过程中的风险所造成的。委托—代理过程中的风险有多种表现形式,其中最为常见的是不完全信息下决策的风险、代理人的道德风险等。供应链企业间的关系实际上是一种委托—代理关系。事实上就是居于信息优势与处于信息劣势的市场参加者之间的相互关系。由于信息非对称现象在经济活动中相当普遍,而许多经济合同又都是在信息非对称条件下执行的,就难免出现道德风险问题。产生道德风险的原因之一在于代理人拥有私有信息,这从道德风险对策环境中看得很清楚:委托人与代理人签订合同时,双方所掌握的信息是相互对称的(至少双方都认为他们自己已经掌握了对方了解的信息)。然而,建立委托—代理关系后,委托人无法观察到代理人的某些私有信息,特别是代理人的努力程度方面的信息,在这种情况下,代理人可能会利用其私有信息采取某些损害委托人利益的行动(如上面举的汽车经销商的例子)。为了克服道德风险带来的危害,委托—代理理论普遍发展了以合作和分担风险概念为中心的信息激励机制理论。

对于委托人来讲,只有使代理人行动效用最大化,才能使其自身利益最大化。然而,要使代理人采取效用最大化行动,必须对代理人的工作进行有效的激励。因此,委托人与代理人,即制造商和供应商或制造商和经销商之间的利益协调关系,就转化为信息激励机制的设计问题。所以说,如何设计出对供应链上的各个节点企业的激励机制,对保证供应链的整体利益是非常重要的。

二、供应链企业激励机制的特点

激励机制并不是一个新话题。在组织行为学中就专门讨论激励问题,在委托-代理理论中也研究激励问题。这里我们将激励的概念和范围扩大到了整个供应链及其相关企业上,从广义的激励角度研究供应链管理环境下的激励和激励机制的建立问题。

根据组织行为学的基本观点,一个人的工作成绩可以用公式表示:工作成绩＝F(能力×动机),即一个人工作成绩的好坏,既取决于人的能力,也取决于人的动机。如果一个人的积极性被调动起来,即动机被激发,那么他取得的成绩就大。美国哈佛大学心理学家威廉·詹姆士(William James)在对职工的激励研究中发现按时计酬的职工仅能发挥其能力的20%～30%,如果受到充分激励则可以达到80%～90%,也就是说,同样一个人在通过充分激励后所发挥的作用相当于激励前的3～4倍。它反映的是这样一个问题:在现代企业中,人们往往不是不会做,而是不积极地去做。因此企业管理重要问题之一是调动职工的工作积极性,而职工积极性是与个人需要和动机相联系,是由动机推动的。可以说,影响积极性的基本因素是人的需要和动机。我们应该明确这样一个观点:人人有待激励,人人可以激励。只有了解人的需要和动机的规律性,才能预测、引导

和控制人的行为，才能达到激励职工、调动职工积极性的目的。这就是"需要—动机—行为—目标"激励模式。

从供应链的委托—代理特征去理解，所谓激励，就是委托人拥有一个价值标准，或一项社会福利目标，这些标准或目标可以是最小个人成本或社会成本约束下的最大预期效用，也可以是某种意义上的最优资源配置，或个人的理性配置集合。现在，委托人希望能够达到这些目标，那么，委托人应该制定什么样的规则，使其他市场参与者（代理人）都能够使利己行为的最后结果与委托人给出的标准一致呢？更进一步地分析，激励就是委托人如何使代理人在选择或不选择委托人标准或目标时，从自身利益效用最大化出发，自愿或不得不选择与委托人标准或目标一致的行动。由于每个经济模型都是一个机制，因此，设计激励机制必然要求既定模型应符合参与约束和激励相容约束。

激励是一个心理学范畴，在管理学的应用中，对激励的研究一般限于个人行为的范围。供应链激励因其对象包括团体（供应链和企业）和个人（管理人员和一般员工）两部分而将研究范围扩大为个人的心理和团体的心理。一般地讲，供应链涵盖的社会范围很大，具有社会性，供应链的团体心理即就是社会心理。供应链的社会心理作为一个"整体"具有"个体"——个人心理的一般特性，即基于需要产生动机进而产生某些行为以达到目标。但是整体毕竟不是个体的简单相加，供应链的社会心理同时又具有其独特的一面。

作为众多企业的集合，供应链管理系统也存在同样的问题。成员企业的积极性不够，核心企业的开拓精神不强烈，有些企业是小富即安，更有一些企业仅安于维持现状、做到不亏损就心满意足了，或者是受到竞争压力和外部某些压力（例如项目失败，市场需求疲软等）而退缩、丧失进取心等。一个企业如同一个人一样，也有需要、行为、动机和目的，也有心理活动，也有惰性，当然也需要激励。供应链激励是供应链管理的一项重要工作。供应链包含组织层（即供应链层）、企业层和车间层等3个层面，可激励对象包括供应链自身、成员企业、企业管理人员、一般员工。其中管理人员（企业家）和一般员工的激励属于企业激励机制的范畴，因此供应链激励主要专注于供应链环境下的成员企业。

供应链企业的激励过程可以借用传统的激励过程模型来描述（见图1—8—16）。从图1—8—16可以看出，供应链的激励机制包含激励对象（又称激励客体、代理方）、激励的目标、供应链绩效测评（包括评价指标、指标测评和评价考核）和激励方式（正激励和负激励，物质性激励、精神性激励和感情性激励）等内容。事实上，根据供应链激励的特点，供应链的激励机制还隐含了两个内容：供应链协议和激励者（又称激励主体、委托方）。考察激励主体实质是站在什么角度去实现激励行为，达到什么目的。

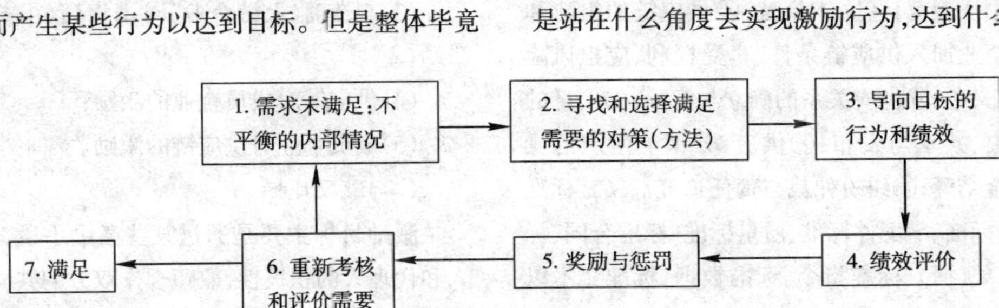

图1—8—16　供应链企业激励过程

三、供应链协议

供应链激励需要一个好的规则来评判好与坏。供应链协议（Supply Chain Protocol，简称SCP）充当了这一角色。供应链协议将供应链管理工作进行程序化、标准化和规范化，为供应链绩效评价和激励的实现提供了一个平台。

供应链协议是将供应链管理工作进行程序化、标准化和规范化的协定。供应链协议为激励目标的确立、供应链绩效测评和激励方式的确定提供基本依据。激励目标与激励对象的需要相联系，同时也要反映激励主体的意图和符合供应链协议。激励方式由绩效评价结果和激励对象的需要具体而定。

供应链的运作以快速、高效、敏捷等特点而显示出竞争优势，兼容并蓄了许多先进管理方法如JIT、MRPⅡ、CIMS、FMS(柔性制造系统)等的优点。但是，供应链在运作时存在着安全性、法律法规、协商时间、供应链优化、主动性限制、供应链淘汰机制等现实问题。这些问题的存在，制约了供应链功能的发挥。针对这几个根本性问题，相应地提出供应链协议，以规范对供应链运作的管理。供应链协议是根据供应链产品生产模式的特点，结合GATT(《关税和贸易总协定》)、ISO 9000、EDI、TCP/IP等多方面知识，将供应链管理工作进行程序化、标准化和规范化，使供应链系统能有效控制、良好运作、充分发挥功能。简单地讲，供应链协议就是在一系列标准(供应链协议标准，简称 SCP 标准)支持下的拥有许多条目的文本(供应链协议文本，简称 SCP 文本)，并且这些文本固化于一个网络系统(供应链协议网络系统，简称SCPnet)中。供应链协议强调供应链的实用性和供应链管理的可操作性，重视完全信息化和快速响应的实现。

供应链协议的内容分为 3 个部分：供应链协议文本(SCP 文本)；供应链协议标准(SCP 标准)；供应链协议网(SCPNet)。SCP 文本是供应链管理规范化、文本化、程序化的主体部分，包括 10 个部分：①定义；②语法规范；③文本规范；④供应链的组建和撤消；⑤企业加入供应链条件、享受权利、应担风险以及应尽义务；⑥供应关系的确立与解除；⑦信息的传递、收集、共享与发布；⑧供应、分销与生产的操作；⑨资金结算；⑩纠纷仲裁与责任追究。SCP 标准包括产品标准、零配件标准、质量标准、标准合同、标准表(格)单(据)、标准指令、标准数据、标准文本以及 SCPNet 标准等。SCPNet 分为硬件和软件两部分。硬件为：Internet/Intranet/Extranet、客户机、工作站、网管中心。软件为：数据库、网络系统、SCPNet 支撑软件。

在供应链协议环境下，企业以期货形式在 SCPNet 上发布订单(接受订单)，寻求供应商(得到销售商)。在这种灵活机制下，保持企业的主动性，并将不能适应的企业从供应链上淘汰出局。企业以接受SCP 文本某某条款的形式在供应链中运作，极大地减少加入、组建供应链所花费的谈判时间。供应链通过网管中心来协调由于供应链的优化而带来的利益问题。网管中心一般设在核心企业，并由核心企业负责管理。在经济活动中，供应链由于有供应链协议的严格规定而实实在在地存在，并广泛地形成供应链与供应链间的竞争。

四、激励机制的内容

从一般意义上讲，激励机制的内容包括激励的主体与客体、激励的目标和激励的手段。

(一)激励主体与客体

激励主体是指激励者，激励客体是指被激励者，即激励对象。激励的主体从最初的业主转换到管理者、上级，到今天已经抽象为委托人。相应地，激励的客体从最初针对蓝领的工人阶层转换到白领的职员阶层，以及今天的代理人。供应链管理中的激励对象(激励的客体)主要指其成员企业，如上游的供应商企业、下游的分销商企业等，也包括每个企业内部的管理人员和员工。在这里主要讨论对以代理人为特征的供应链企业的激励，或对代理人的激励。因此，供应链管理环境下的激励主体与客体主要涉及以下几对：

(1)核心企业对成员企业的激励；

(2)制造商(下游企业)对供应商(上游企业)的激励；

(3)制造商(上游企业)对销售商(下游企业)的激励；

(4)供应链对成员企业的激励；

(5)成员企业对供应链的激励。

(二)激励目标

激励目标主要是通过某些激励手段，调动委托人和代理人的积极性，兼顾合作双方的共同利益，消除由于信息不对称和败德行为带来的风险，使供应链的运作更加顺畅，实现供应链企业共赢的目标。

(三)激励手段

供应链管理模式下的激励手段有多种多样。从激励理论的角度来理解的话，主要就是正激励和负激励两大类。

正激励和负激励是一种广义范围内的划分。正激励是指一般意义上的正向强化、正向激励，是鼓励人们采取某种行为；而负激励则是指一般意义上的负强化，是一种约束、一种惩罚，阻止人们采取某种行为（见图 1—8—17）。

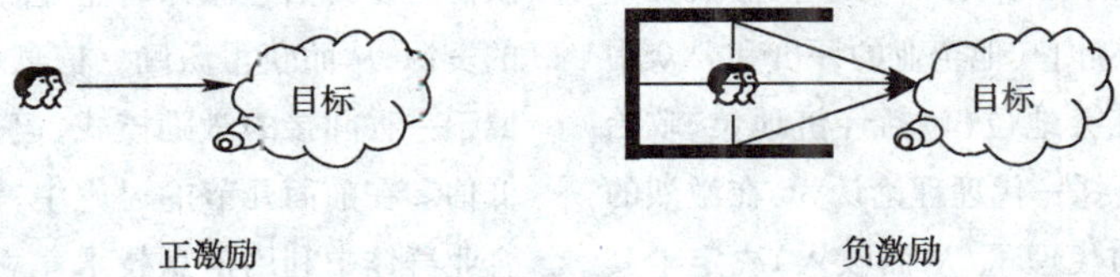

图 1—8—17　正激励和负激励示意图

正激励是指在激励客体和激励目标之间形成一股激励力，使激励客体向激励目标进发。负激励是对激励客体实施诸多约束，而仅仅预留指向激励目标一个方向给激励客体发展，从而达到向激励目标进发的激励目的。通常的激励方式基本上都是正激励，负激励被作为约束机制来研究。

（四）激励模式

对于激励的手段，在现实管理中主要采取 3 种激励模式：物质激励模式、精神激励模式和感情激励模式。

在 X 理论和“经济人”假设的前提下，物质性刺激是惟一或者是主要的激励手段。而物质性刺激因素中，金钱的作用则首当其冲。对于供应链管理来讲，物质激励模式可以理解为利润的刺激。要保证作为代理人企业获得理所当得的经济利益，同时又能鼓励它积极工作，就要在物质利益上设立满足代理人经济需求的激励指标。

根据 Y 理论及“自我实现人”假设，人是有智慧而且有责任心的，他们追求挑战性和有意义的工作。从事这些工作并取得成功将会产生内在的精神上的激励，极大地调动人的积极性。供应链和企业拥有社会心理，同样追求挑战性和有意义的工作。更多的订单对于供应链来说就是一种挑战。精神激励模式有公开表扬或批评、工作的承认、权力和责任、在同行中获得高的信誉和在公众中获得高的声誉等。感情激励模式既不以物资为刺激，也不是以精神理想为刺激，而是以企业与企业之间的感情联系为手段的激励模式，主要有沟通思想式、排忧解难式等。

但是对供应链企业的激励不仅仅如此，例如一条供应链因为获得比别的供应链更多的信息而被激励。信息既不属于精神，也不属于物资，所以我们称之为信息激励模式。

一般而言，有以下几种激励模式可供参考。

1．价格激励

在供应链环境下，各个企业在战略上是相互合作关系，但是各个企业的利益不能被忽视。供应链的各个企业间的利益分配主要体现在价格上。价格包含供应链利润在所有企业间的分配、供应链优化而产生的额外收益或损失在所有企业间的均衡。供应链优化所产生的额外收益或损失大多数时候是由相应企业承担，但是在许多时候并不能辨别相应对象或者相应对象错位，因而必须对额外收益或损失进行均衡，这个均衡通过价格来反映。

价格对企业的激励是显然的。高的价格能增强企业的积极性，不合理的低价会挫伤企业的积极性。供应链利润的合理分配有利于供应链企业间合作的稳定和运行的顺畅。

但是，价格激励本身也隐含着一定风险，这就是逆向选择问题。即制造商在挑选供应商时，由于过分强调低价格的谈判，他们往往选中了报价较低的企业，而将一些整体水平较好的企业排除在外。其结果影响了产品的质量、交货期等。当然，看重眼前的利益是导致这一现象的一个不可忽视的原因，但出现这种差供应商排挤好供应商的最为根本的原因是：在签约前对供应商的不了解，没意识到报价越低，意味着违约的风险越高。因此，使用价格激励机制时要谨慎从事，不可一味强调低价策略。

2．订单激励

供应链获得更多的订单是一种极大的激励，在供应链内的企业也需要更多的订单激励。一般地说，一个制造商拥有多个供应商。多个供应商竞争来自于制造商的订单，多的订单对供应商是一种激励。

3. 商誉激励

商誉是一个企业的无形资产，对于企业极其重要。商誉来自于供应链内其他企业的评价和公众中的声誉，反映企业的社会地位(包括经济地位、政治地位和文化地位)。委托—代理理论认为：在激烈的竞争市场上，代理人的代理量(从而收入)决定于其过去的代理质量与合作水平。从长期来看，代理人必须对自己的行为负完全的责任。因此，即使没有显性激励合同，代理人也有积极性努力工作，因为这样做可以改进自己在代理人市场上的声誉，从而提高未来收入。

从我国目前的情况看，一个不可否认的事实是：外资企业和合资企业更看重自己的声誉，也拥有比较高的商业信誉。他们为着自己的声誉，也为着自己的未来利益，努力提高自身代理水平与合作水平。这是经过市场经济的长期洗礼而形成的无形资产，是他们在激烈的市场竞争中颇具实力的一个重要原因。我国国有企业在计划经济条件下成长，长期以来习惯于听命于上级领导的指示，对纵向关系十分重视，而对横向关系则没有提高到一个战略的高度来认识。久而久之，使企业之间没有养成良好的合作精神。除了履行合同的意识较差外(如不能按交货期按时交货、不按合同付款、恶意欠债等)，企业之间相互拖欠货款已经不是个别现象了，甚至发展成按期付款反而被看做不正常的奇怪现象。这些行为严重影响了这些企业的声誉。因为声誉差，一方面使企业难以获得订单，另一方面也埋下了风险的种子。

为了改变这种状况，应该从企业长远发展的战略目标出发，提高企业对商业信誉重要性的认识，不断提高信守合同、依法经营的市场经济意识。整个社会也要逐渐形成一个激励企业提高信誉的环境，一方面通过加强法制建设为市场经济保驾护航，严惩那些不遵守合同的行为，另一方面则要大力宣传那些遵纪守法、信守合同、注重信誉的企业，为这些企业获得更广泛的认同创造良好的气氛。通过这些措施，既可打击那些不遵守市场经济游戏规则的企业，又可帮助那些做得好的企业赢得更多的用户，起到一种激励作用。

4. 信息激励

在信息时代里，信息对企业意味着生存。企业获得更多的信息意味着企业拥有更多的机会、更多的资源，从而获得激励。信息对供应链的激励实质属于一种间接的激励模式，但是它的激励作用不可低估。在前面几节的讨论中，曾多次提到在供应链企业群体中利用信息技术建立起信息共享机制，其主要目的之一就是为企业获得信息提供便利。如果能够很快捷地获得合作企业的需求信息，本企业能够主动采取措施提供优质服务，必然使合作方的满意度大为提高。这对在合作方建立起信任有着非常重要的作用。因此，企业在新的信息不断产生的条件下，始终保持着对了解信息的欲望，也更加关注合作双方的运行状况，不断探求解决新问题的方法，这样就达到了对供应链企业激励的目的。

信息激励机制的提出，也在某种程度上克服了由于信息不对称而使供应链中的企业相互猜忌的弊端，消除了由此带来的风险。

5. 淘汰激励

淘汰激励是负激励的一种。优胜劣汰是世间事物生存的自然法则，供应链管理也不例外。为了使供应链的整体竞争力保持在一个较高的水平，供应链必须建立对成员企业的淘汰机制，同时供应链自身也面临淘汰。淘汰弱者是市场规律之一。保持淘汰对企业或供应链都是一种激励。对于优秀企业或供应链来讲，淘汰弱者使其获得更优秀的业绩；对于业绩较差者，促其为避免淘汰的危险而努力上进。

淘汰激励是在供应链系统内形成一种危机激励机制，让所有合作企业都有一种危机感，这样一来，企业为了能在供应链管理体系获得群体优势的同时自己也获得发展，就必须承担一定的责任和义务，对自己承担的供货任务，从成本、质量、交货期等负有全方位的责任。这一点对防止短期行为和“一锤子买卖”对供应链群体带来的风险也一定的作用。危机感可以从另一个角度激发企业发展。

6. 新产品/新技术的共同开发

新产品/新技术的共同开发和共同投资也是一种激励机制，它可以让供应商全面掌握新产品的开发信息，有利于新技术在供应链企业中的扩散和开拓供应商的市场。

传统的管理模式下，制造商独立进行产品的研究与开发，只将零部件的最后设计结果交由供应商制造。供应商没有机会参与产品的研究与开发过程，只是被动地接受来自制造商的信息。这种合作方式最理想的结果也就是供应商按期、按量、按质交货，不可能使供应商积极主动关心供应链管理。因此，供应链管理实施好的企业，都将供应商、经销商甚至用户都结合到产品的研究开发工作中来，按照团队的工作方式(Team Work)展开全面合作。在这种环境下，合作企业也成为整个产品开发中的一分子，其成败不仅影响制造商，而且也影响供应商及经销商。因此，每个人都会关心产品的开发工作，这就形成了一种激励机制，构成对供应链上企业的激励作用。

7. 组织激励

在一个较好的供应链环境下，企业之间的合作愉快，供应链的运作也通畅，少有争执。也就是说，一个良好组织的供应链对供应链及供应链内的企业都是一种激励。

减少供应商的数量，并与主要的供应商和经销商保持长期稳定的合作关系是制造商采取的组织激励的主要措施。但我国企业对待供应商与经销商的态度忽冷忽热，零部件供过于求时和供不应求时对经销商的态度两个样；产品供不应求时对经销商态度傲慢，供过于求时往往企图将损失转嫁给经销商，因此得不到供应商和经销商的信任与合作。产生这种现象的根本原因，还是由于企业管理者的头脑中没有建立与供应商、经销商长期的战略合作的意识，管理者追求短期业绩的心理较重。如果不能从组织上保证供应链管理系统的运行环境，供应链的绩效也会受到影响。

第九章　供应链的组织与运行管理

我们通常见到的企业组织是建立在传统管理模式下的，主要以劳动分工和职能专业化为基础，组织内的部门划分非常细，各部门的专业化程度较高。这种组织形式及与其相伴的业务流程适合于市场相对稳定的环境下，而在当今市场需求突变、经营模式发生变化的情况下，则显现出不适应性。在供应链管理的概念提出后，也发现传统的组织结构形式和业务流程在实施供应链管理的过程中显现出一定的不适应性，因而有人提出要建立适应供应链管理的企业组织结构，和对业务流程进行重构的问题。本章讨论传统组织模式和业务流程的缺陷，介绍企业流程重构(Business Process Reengineering，简称BPR)的基本含义，并结合供应链管理的特征，研究了企业组织系统和业务流程的重新设计和构造等问题。

第一节　传统企业的组织结构与业务流程特征

现行企业的组织机构大都是基于职能部门专业化模式。企业所实行的按职能专业化处理企业业务流程的管理模式，可以追溯到200多年前英国经济学家亚当·斯密在《国富论》中提出的劳动分工理论。亚当·斯密把零件制造过程分解为一道道简单工序。由于每道工序的工人都只从事相同内容的加工活动，因而大大提高了专业化程度和劳动效率，同时也降低了成本，对大量生产标准化产品的企业来说收效甚大。后来，美国的福特将这种思想进一步发挥，建成了世界上第一条流水生产线，极大地提高了汽车制造业的生产率，成为许多企业家争相模仿的典范。这种劳动分工的思想又被应用到企业管理的设计上。将企业管理划分成许多职能，形成了许多分工细致的职能部门，管理流程更加专业化。这一模式一直到现在都还占主导地位。

专业化分工之所以能够提高效率，在于通过分工使劳动者成为某一方面的专家，使处理某一问题的单位效率提高。虽然专业化分工有如此多的优点，但是在由人组成的管理系统中，系统的总效率并不等于单个人的效率的简单汇总。同时，为了便于控制，这种分工还具有权力平衡、制约作用。这种基于分工原则的权力平衡是为了将失误降到最低限度，因而在管理系统内某一方面的任务需要由几个部门的人一起完成，以这个过程来相互制约，使失误率降低。这种方式无疑是企业管理所需要的，但也无疑降低了效率，特别是在现代信息社会中，在有大量的信息需要处理的情况下，一项工作花在检查、核对、协调上的时间大大增加，从而降低了由原来分工所带来的效率。

为了能保持对专业化分工后的职能部门进行有效管理、协调和控制，企业的组织是按等级制构成的，其典型的组织结构如图1—9—1所示。这种组织结构的特点是多职能部门、多层次、严格的等级制度，从最高管理者到最基层的员工形成了一个等级森严的“金字塔”型的组织体系。这种组织适合于稳定的环境、大规模的生产、以产品为导向的时代，它以各部门的简单重复劳动来赢得整个部门的效率。但其代价是整个工作时间的延长。一项业务要流经不同部门、不同层次，正如我们在前面已经讨论的那样，大量的时间和资金都浪费在这些不增值的活动中了。

如果说在工业化时代，在比较稳定的市场环境中，在产品供不应求和在企业员工作为经济人而存在、企业强调规模经济的情况下，流程片断化的危害性还不是很明显的话，那么，随着信息化时代的到来，市场环境日趋不确定，顾客的要求越来越多样化，企业员工强调自我实现，企业不仅追求规模经济效益更强调时间经济的情况下，这种片断化的企业流程也就越来越难以使企业满足多方的要求，其组织结构显得越来越僵硬。因为一项任务要顺序地流经各职能部门，虽然各职能部门的专业化程度提高了，但由于要等上一个环节的工作完成后才能开始下一环节的工作，结果把一个完整的任务或项目所包含的各项作业在职能部门之间被分解得支离破碎，既造成部门之间在衔接中的大量等待，又使各部门增加很多重复劳动，大大延长了完成任务所花费的时间。

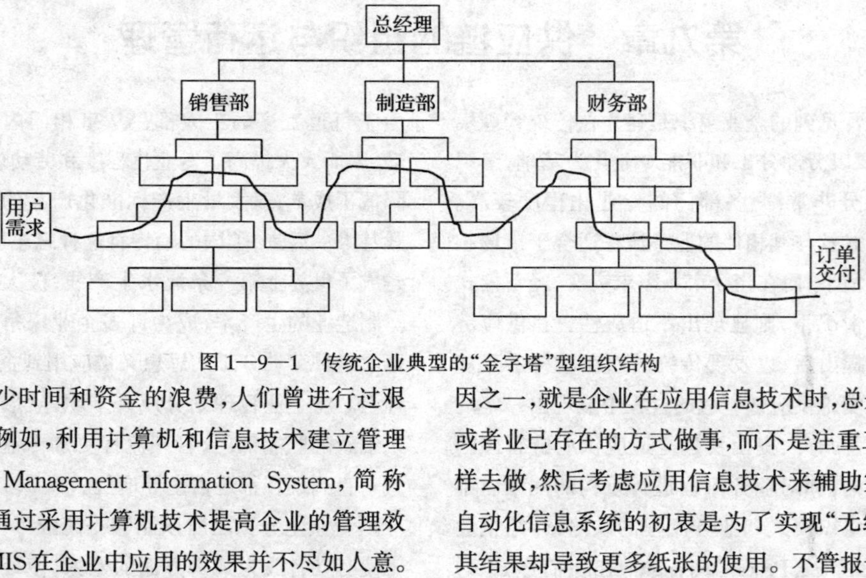

图1—9—1 传统企业典型的“金字塔”型组织结构

为了减少时间和资金的浪费，人们曾进行过艰苦的探索。例如，利用计算机和信息技术建立管理信息系统（Management Information System，简称MIS），试图通过采用计算机技术提高企业的管理效率。但是，MIS在企业中应用的效果并不尽如人意。原因在于采用计算机技术后的管理系统并没有发生根本变化，只是在原有的管理系统中加入了计算机管理的成分，而且由于某些原因并不是所有的部门都安装了计算机。那些没有纳入计算机管理信息系统的部门，仍然是低效率的手工操作，这样一来与其他采用了计算机的部门差距更大了。这样的组织设计对业务流程没有产生根本性影响，因为它没有触及到业务流程的变化，只是传统业务流程的计算机化而已，其组织结构如图1—9—2所示。

信息技术应用于企业管理没有释放其潜能的原因之一，就是企业在应用信息技术时，总是沿着旧的或者业已存在的方式做事，而不是注重工作应该怎样去做，然后考虑应用信息技术来辅助实现。办公自动化信息系统的初衷是为了实现“无纸化办公”，其结果却导致更多纸张的使用。不管报告是否有价值，报告越来越多，格式越来越漂亮。人们不惜花去数天时间去写报告并绘有精美的图表，以期得到高一级主管的认可或批准。因为在办公自动化软件上制作和修改文字和图表太容易了，以至于人们一遍一遍地修改完善。问题在于，处理办公事务的流程和方式没有改变。

在应用信息技术为顾客提供服务方面，也会经常导致一些问题。运用计算机信息系统处理技术直接模仿手工业务处理和流程，就是在用计算机对许多不合理的业务和流程进行自动处理。由于人们是

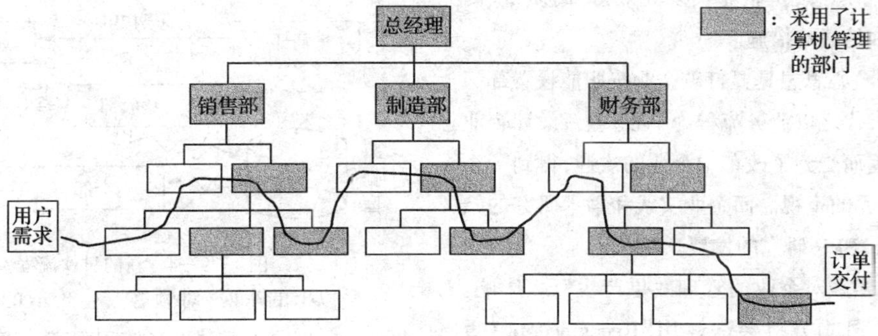

图 1—9—2　传统企业采用计算机管理后的"金字塔"型组织结构

按照计算机的要求工作而不是按照顾客的要求办事,从而有可能导致工作次序不如手工灵活,反而降低了服务质量。

以上分析表明,如果传统业务流程不改变,即使是采用了先进的信息技术,也不会对工作有根本性的帮助,这也是为什么后来的企业业务流程得以产生的原因。

第二节　BPR的基本内涵

一、BPR 的提出

通过以上分析,可以清楚地看出为适应新的竞争环境而对传统企业组织模式及业务流程进行改革的必要性。美国麻省理工学院 M·哈默(Micheal Hammer)教授于 1990 年在《哈佛商业评论》上首先提出企业业务流程重构(Business Process Reengineering)的概念。因为他已发现对传统的企业工作流程计算机化后,并没有给企业带来预期效益,其中主要原因之一是没有触及传统管理模式。因此,要想取得实效,首先必须分析企业的业务流程,剔除无效活动,将其进行彻底的重新设计,计算机只是新业务流程的使能器。3 年后,哈默与 J·钱皮(James Chamby)教授合著,出版了《Reengineering the Corporation》一书。该书的问世引起世界学术界和企业界的广泛重视,并使 BPR 成为近 10 年企业管理研究和实践的热点。

BPR 之所以能引起广泛的重视,与企业面临的竞争环境分不开。当前各国企业都处在一个科学技术飞速发展、产品生命周期越来越短、用户需求越来越趋于多样化的时期,都面临着竞争激烈、瞬息万变的市场环境。要想在这样的环境中生存和发展,企业就必须不断地采取各种管理措施来增强自身竞争能力。不少企业耗巨资引入计算机技术和信息技术,希望利用先进的信息技术来提高企业对外界变化的反应速度就是其中最具代表性的一例。在国外,有些企业把建立计算机化的管理信息系统称为企业业务流程工程化(Business Process Engineering,简称 BPE)。BPE 实际上就是按照工程化的方法,在企业建立计算机管理信息系统,以提高企业的业务处理流程的效率。然而,长期的实践活动并没有使企业得到或没有完全得到采用新的信息处理技术所期望的结果。起初,人们对产生这种现象的原因认为是计算机系统不够先进,因而,总在计算机硬件、软件上找原因,结果是促进了计算机、数据库、局域网等技术的飞速发展。但企业组织结构和业务流程仍旧未发生大的变化。因此,一方面,信息技术越来越先进;另一方面,组织结构上的问题对企业提高应变能力的阻力越来越大。这对矛盾的加剧才使人们逐渐认识到,企业可否用信息技术来提高自身的竞争能力,在很大程度上取决于由谁来应用和如何应用这些技术。过去开发 MIS 没有取得成功的企业都处在原有的组织结构和管理方式之下,所改变的,只是用计算机模仿手工劳动的业务流程,造成了先进的信息技术迁就于落后的管理模式的结果。这样实施 MIS,当然难以达到预期目标。所以,就需要来一个"Business Process Reengineering(BPR)",即重新构造管理的流程和与其相匹配的管理信息系统。于是,整个企业的业务流程重构(BPR)思想产生了。它是"为在反映企业绩效的关键因素,如成本、质量、服务和交货速度等方面取得重大进展,而对企业整个活动过程所进行的根本性重新设计"。可见,BPR 是伴随管理信息系统在企业中的应用而产生的一个新思想，是企业实现高效益、高质量、高柔性、低成本的战略措施。

BPR的核心思想是要打破企业按职能设置部门的管理方式，代之以业务流程为中心，重新设计企业管理过程，因而受到了改革中企业的欢迎，得到了企业管理学术界的重视。而企业实践和学术研究的结果，又推进了BPR研究的发展。

BPR的实践对企业的管理效果产生巨大影响。福特汽车公司北美财会部运用"Reengineering（重构）"的例子给我们一个深刻的启示。福特汽车公司北美财会部原有500多人负责账务与付款事项。改革之初，管理部门准备通过工作合理化和安装新的计算机系统将人员减少20%。后来，当他们发现日本一家汽车公司的财会部只有5个人时，就决定采取更大的改革动作。他们分析并重新设计了付款流程。原付款流程（见图1—9—3）表明，当采购部的采购单、接收部的到货单和供应商的发票，三张单据验明一致后，财会部才予以付款，财会部要花费大量时间查对采购单、接收单、发票上共14个数据项是否相符。重新设计付款流程（见图1—9—4）后，由计算机将采购部、接收部和财会部联成网络，采购部每发出一张采购单，就将其送入联网的实时数据库中，无须向财会部递送采购单复印件。当货物到达接收部后，由接收人员对照检查货单号和数据库中的采购单号，相符后也送入数据库。最后由计算机自动检查采购记录和接收记录，自动生成付款单据。实施新流程后，财会部的人员减少了75%，实现了无发票化，提高了准确性。

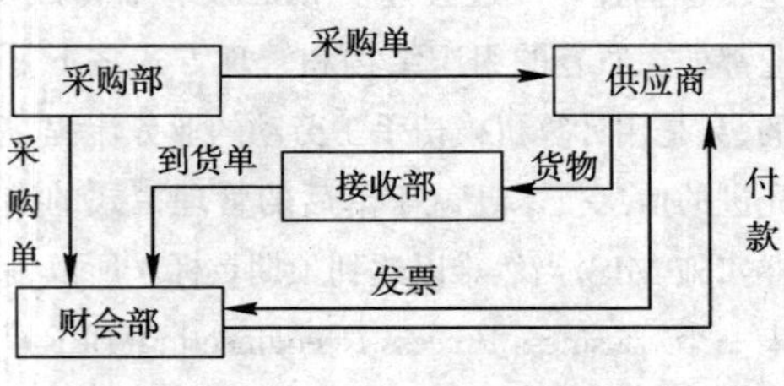

图1—9—3 原有付款流程

二、基于BPR的企业组织结构

BPR中有一个关键概念、也是有别于传统职能分工的地方，就在于对经营流程的定义。所谓经营流程，不是指个别业务部门的工作程序，而是指"输

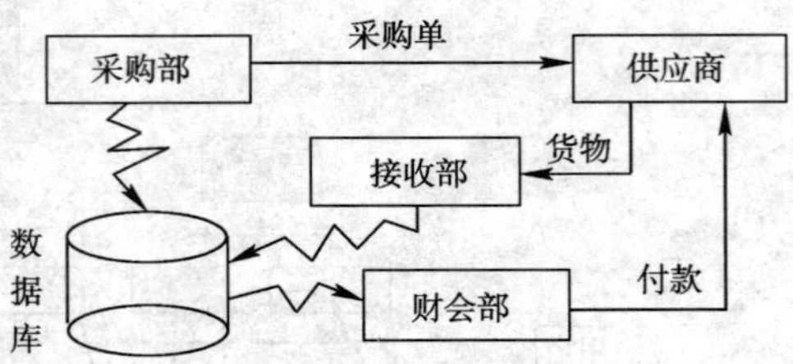

图1—9—4 新的付款流程

入一个以上的东西，对顾客产生价值的输出行为的集合"，是对企业整体业务流程而言。BPR对流程的定义，不仅要求在企业组织结构中减少、甚至消除那些不产生附加值的中间环节，以使一个经营流程完整化、一体化，更要求应以经营流程为企业组织的主干，彻底改造企业的组织结构模式。只有这样才能发挥出现代管理理论的威力。

基于BPR的企业组织应包括以下几个方面的内容。

1. 企业应是流程型组织

将属于同一企业流程内的工作合并为一个整体，使流程内的步骤按自然的顺序进行，工作应是连续的而不是间断的。整个企业组织结构应以关键流程为主干，彻底打破旧的按职能分工的组织结构。

2. 流程（经理）的作用

所谓流程经理就是管理一个完整流程的最高负责人。对流程经理而言，不仅要有激励、协调的作用，而且应有实际的工作安排、人员调动、奖惩的权力。这是有别于矩阵式组织结构中的项目经理的地方。项目经理的组织方式形式上与流程重构是一样的，由各个部门的人组成一个完整的流程，但他们只是这个项目的召集人，或者是一个协调者，没有实权，难以保证这个流程不受本位主义的干扰。

3. 职能部门也应存在

虽说在同一流程中，不同领域的人相互沟通与了解能创造出新的机会，可同一领域的人之间的交流也很重要。而这种职能部门正好为同一职能、不同流程的人员提供了交流的机会。当然，在新的组织结构中，这种职能部门的重要性已退位于流程之后，不再占有主导地位，它更多地转变为激励、协调、培训等。

4. 人力资源部门的重要性

在基于 BPR 的企业组织结构中，在信息技术的支持下，执行人员被授予更多的决策权，并且使多个工作汇总为一个，以提高效率。这对于人员的素质要求更高。因而在 BPR 条件下，人力资源的开发与应用则更显得重要。

5. 现代信息技术的支持作用

BPR 本身就是“以信息技术使企业再生”。也正是由于现代信息技术使得多种工作汇总、迅速决策、信息快速传递、数据集成、共享成为可能，才推动 BPR，推动组织创新，彻底打破原有模式。因而现代信息技术已成为新型企业的物理框架，对整个企业组织的各方面起着支持作用。

由以上几个方面得出的基于 BPR 的企业组织结构示意图如图 1—9—5 所示。

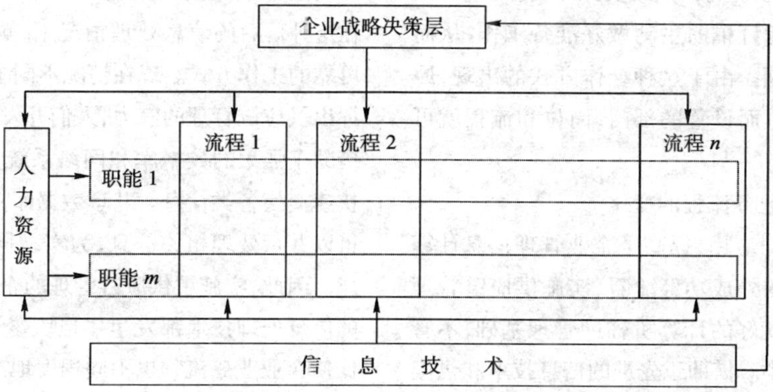

图 1—9—5　BPR 的企业组织结构示意图

三、几点启示

通过以上几个方面的讨论，BPR 的提出可以给我们以下几点启示。

1. BPR 是在打破原来职能分工的基础上，按业务流程或按具体任务来重新组合。它不是在原有部门上的专业化划分，也不是对原有业务的计算机化。

2. BPR 不是靠循序渐进的改进来提高管理效率，而是一种跃进式的改革。按 BPR 的创始人提出的说法，BPR 通过对原有组织进行彻底的重构来获得改观。这一点上与日本企业管理者崇尚的渐进法是有较大区别的。

3. BPR 要求从跨部门的角度考察主要业务流程。如果福特汽车公司只对财会部进行重构，是不会产生如此大的实际效益的，只有将采购、接收等部门综合考虑，才可能取得成功。这与过去只在局部范围内调整业务内容是不一样的。

4. 信息技术不是将原有业务处理自动化，而是新工作流程的使能器(enabler)。BPR 出现在信息时代是有其历史原因的。实际上，人们过去也认识到专业划分带来的弊端，但是，由于没有支持信息共享的技术平台，即使有革新的想法，也没有实现革新的手段。而在信息技术高度发达的今天，人们可以借助于信息技术和网络技术，消除那些冗长的、不增加价值的活动，因此，信息技术就成了 BPR 的使能器。

BPR 的这些思想对我们设计供应链管理下的企业业务流程有很深刻的指导意义。

第三节　供应链管理环境下的企业组织与业务流程

一、供应链管理下的企业业务流程的主要特征

供应链管理环境下的业务流程有哪些特征，目前还是一个有待于进一步研究的问题。本篇从企业内部业务的变化、制造商与供应商之间的业务关系的变化以及信息处理技术平台 3 个方面，讨论给企业业务流程带来的变化。

1. 制造商与供应商之间业务流程的变化

在供应链管理环境下，制造商与供应商、或者制造商与分销商、供应商与供应商之间一般要借助于互联网或 EDI 进行业务联系，由于实施了电子化商务交易，许多过去必须通过人工处理的业务环节，在信息技术的支持下变得更加简捷了，有的环节甚至不要了，从而引起业务流程的变化。例如，过去供应

商企业总是在接到制造商的订货要求后，再进行生产准备等工作，等到零部件生产出来，已消耗很多的时间。这样一环一环地传递下去，导致产品生产周期很长。而在供应链管理环境下，合作企业间可以通过因特网方便地获得需求方生产进度的实时信息，从而可以主动地做好供应或出货工作。例如，供应商企业可以通过互联网了解提供给制造商配件的消耗情况，在库存量即将到达订货点时，就可以在没有接到制造商要货订单前主动做好准备工作，从而大大缩短供货周期。由于这种合作方式的出现，原来那些为处理订单而设置的部门、岗位和流程就可以考虑重新设计。

2. 企业内部业务流程的变化

供应链管理的应用，提高了企业管理信息计算机化的程度。从国外成功经验看，实施供应链管理的企业一般都有良好的计算机辅助管理基础，不管其规模是大还是小。借助于先进的信息技术和供应链管理思想，企业内部的业务流程也发生了很大的变化。以生产部门和采购部门的业务流程关系为例，过去在人工处理条件下，生产管理人员制定出生产计划后，再由物资供应部门编制采购计划，还要经过层层审核，才能向供应商发出订货。这是一种顺序工作方式的典型代表。由于流程较长，流经的部门较多，因而不免出现脱节、停顿、反复等现象，导致一项业务要花费较多的时间才能完成。在供应链管理环境下，有一定的信息技术作为支持平台，数据可以实现共享，并且可以实现并发处理，因而使原有的顺序工作的方式有可能发生变化。举例来说，生产部门制定完生产计划后，采购供应部门就可以通过数据库读取计划内容，计算需要消耗的原材料、配套件的数量，迅速制定出采购计划。通过查询数据库的供应商档案，获得最佳的供应商信息，就可以迅速向有关厂家发出要货单。更进一步地，可以通过互联网或 EDI 直接将采购信息发布出去，直接由供应商接受处理。

3. 支持业务流程的技术手段的变化

供应链管理环境下企业内部业务流程和外部业务流程的变化也不是偶然出现的。我们认为至少有两方面的原因。一是"横向一体化"管理思想改变了管理人员的思维方式，把企业的资源概念扩展了，更倾向于与企业外部的资源建立配置联系，因此加强了对企业间业务流程的紧密性；二是供应链管理促进了信息技术在企业管理中的应用，使并行工作成为可能。在信息技术比较落后的情况下，企业之间、或企业内部各部门之间的信息传递都要借助于纸质媒介，制约了并行处理的工作方式。即使能够复制多份文件发给不同部门，但一旦文件内容发生了变化则很难做到同步更新，难以保证信息的一致性。在这种落后的信息处理情况下，顺序处理就成了最可靠的工作方式。现在情况不同了。为了更好地发挥出供应链管理的潜力，人们开发了很多管理软件，借助于强大的数据库和网络系统，供应链企业可以快速交换各类信息。共享数据库支持企业不同业务可以并行处理相关信息，为实现同步运作提供了可能。因此，实施了供应链管理的企业，其对内和对外的信息处理技术都发生了巨大变化，这一变化直接促使企业业务流程也不同程度地产生了变化。

二、供应链企业物流管理组织形式的变化

如前几章所讨论的，物流管理是企业管理活动中业已存在的主要工作之一，虽然过去还没有明确提出供应链的概念。正如本篇在前面所谈到的，早期的物流管理仅关注企业内部的物流组织，很少涉及企业外部物流的问题。直到20世纪90年代初期，才把物流管理扩展为供应链管理，因而其组织结构也经历了不同的发展阶段。唐纳德·鲍尔索克斯等人将企业组织结构变化与物流管理、供应链管理等联系起来，对美国企业物流管理组织的变化总结出了几种典型模式。

传统的物流的职能分散在一个企业内部的各个部门，没有一个统一的部门管理整个物流活动（见图1—9—6）。这种分散的物流职能部门结构，导致物流职能互不协调。

由于分属于不同的部门，致使管理目标产生了明显冲突。不同部门管理目标有的是一致的，有的是冲突的。例如，销售副总裁与财务副总裁的目标在很大程度上就不一致。从销售部门的角度讲，库存高一些好，因为库存量高一些可以维持较高的服务水平，而财务副总裁则要千方百计控制库存，希望将其压到最低限度。还如，销售副总裁认为生产批量越小越好，而生产副总裁认为批量越大越便于组织生产。于是，在物流系统的组织上就开始出现矛盾。

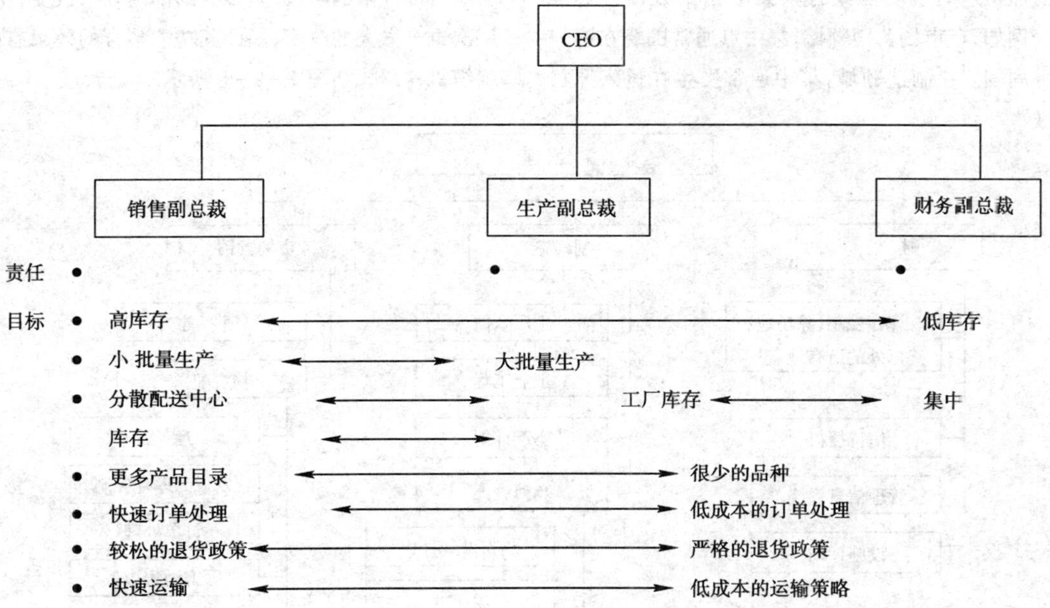

图 1—9—6　传统组织结构对供应链管理的整体功能的影响

1. 传统物流管理组织结构

这种组织结构就是常说的按职能专业部门分工的组织形式(见图 1—9—7)。这时的部门划分主要表现为按专业分割。虽然有上级主管部门进行协调,但是由于各个部门总是从各自的利益出发,从部门主管开始就很难达成一致,更不用说下面的工作人员。这种现象意味着整个工作缺乏跨职能协调,从而导致重复和浪费,信息常被扭曲或延迟,权力界限和责任常常是模糊的。这时候还没有出现独立的物流管理功能,也没有独立的职能部门。

2. 简单功能集合的物流组织形式

当人们初步认识到业务分割和分散化的组织带来的企业反应迟钝之后,即开始了对组织功能的合并和集合的尝试,这样的变化出现在 20 世纪 50 年

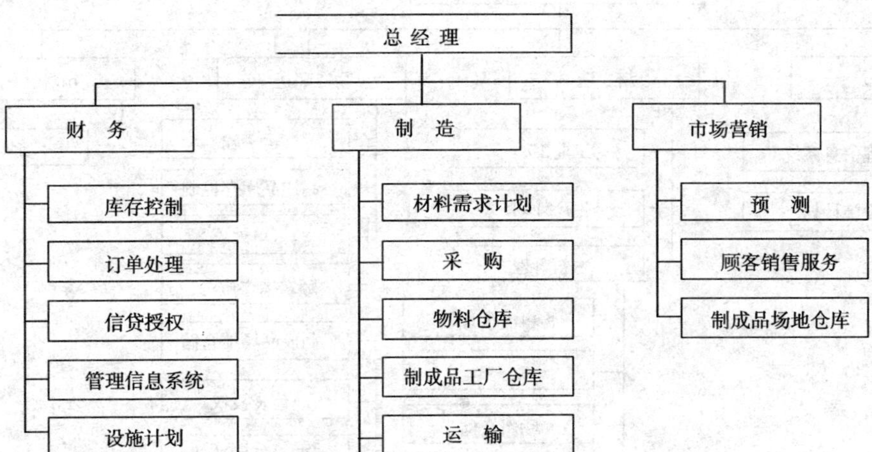

图 1—9—7　传统型组织结构

代。但是这时的功能集合只集中在少数核心业务上。例如，在市场营销领域，集中点通常围绕在客户服务周围。在制造领域，集中通常发生在进入原材料或零部件采购阶段，大多数的部门并未改变，组织层次也未做大的改变，因此其功能整合的效果有限。组织机构形式如图 1—9—8 所示。

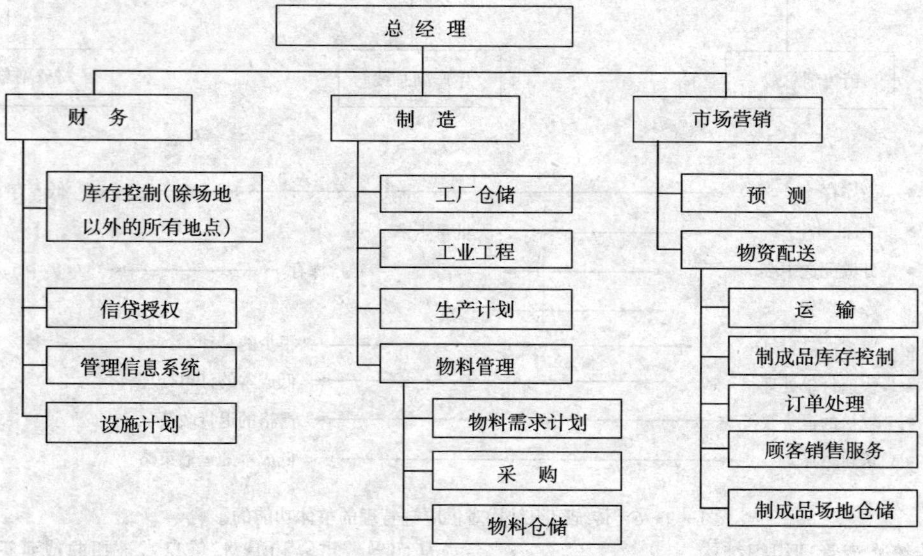

图 1—9—8 简单功能集合的物流组织结构

3. 物流功能独立的组织形式

20 世纪 60 年代末、70 年代初，物流管理的重要性受到了进一步重视，出现了物流管理功能独立的组织形式(见图 1—9—9)。此时将物资配送和物料管理的功能独立出来，物流管理在企业中的地位也提高了。尤其是随着市场需求量逐渐加大，企业为了更快地、成本更低地做出反应，纷纷建立面向零售业的物流配送中心，这也是造成物流管理部门相对

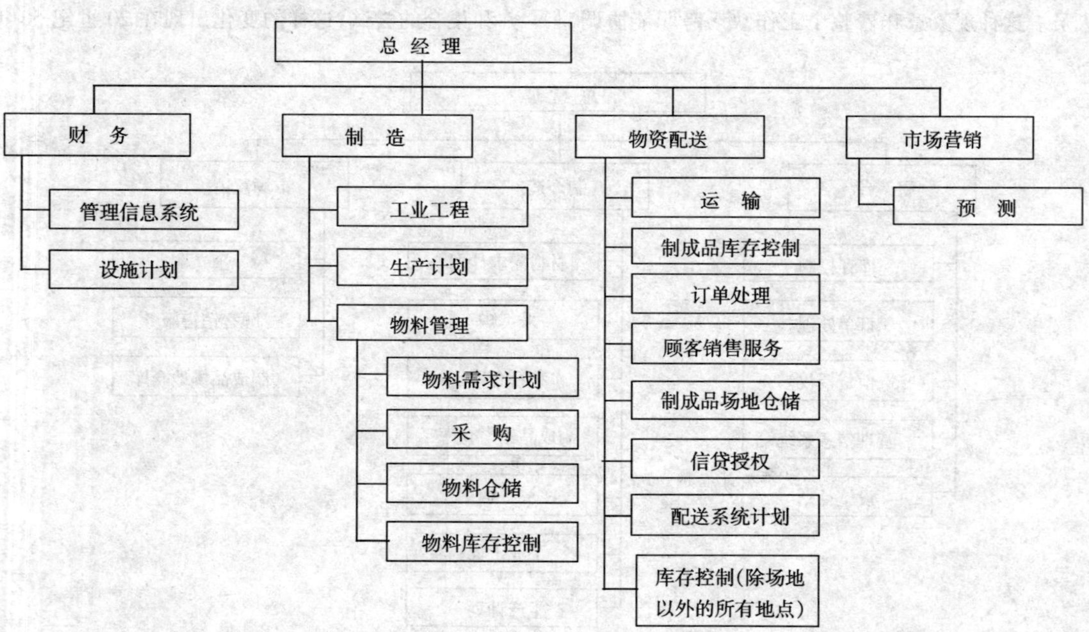

图 1—9—9 物流功能独立的组织结构

独立和地位提升的原因之一。

4. 一体化物流组织形式

20世纪80年代初期，物流一体化组织的雏形出现了。这种组织结构试图在一个高层经理的领导下，统一所有的物流功能和运作，目的是对所有原材料和制成品的运输和存储进行战略管理，以使企业产生最大利益。这一时期计算机管理信息系统的发展，促进了物流一体化组织的形成。

如图1—9—10所示，在这种组织结构中，负责总体的计划与控制处在组织的最高层次上，这种努力的结果促进了一体化的形成。计划功能关注的是长期的战略定位，并对物流系统质量改进和重组负责。物流控制的注意力集中在成本和客户服务绩效的测量上，并为管理决策的制定提供信息。物流控制系统开发是综合物流管理的关键程序之一。这时的物流组织将厂商定位在可以处理采购、制造支持和物资配送之间的利益协调方面，有利于从整体把握全局观念。实际上，这已是供应链管理的基本形态了。一项综合研究显示，在过去的10年里，物流组织完成了从分隔到物流一体化的转化，使功能渐趋整合。直到20世纪90年代中期，物流组织已扩展到包括联盟关系，并在可预见的未来保持优势。

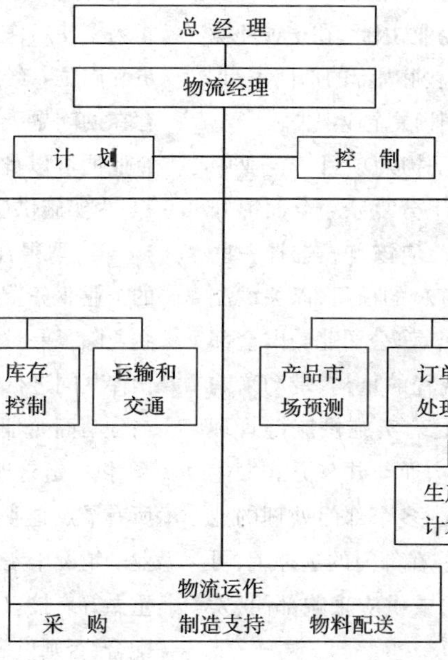

图1—9—10　一体化物流组织结构

5. 从功能一体化向过程重构转移

自从BPR提出后，适应供应链管理的组织结构变化逐渐从过去的注重功能集合转向注重过程（或称流程）的重构上来。传统组织改变的只是集权和分权的权重或是顾客、地区或产品之间的合作，而未对基本工作流程进行任何重大的重新设计。在新的环境下，功能一体化对企业获得优秀绩效的作用仍嫌不足，因为现在所处的经营环境和所依赖的信息技术都与几十年前大不一样，不彻底改变原有流程就不能实现新的目标。所以，人们就提出了要将流程的整合作为新的工作中心。这项工作目前在欧美国家的企业中如火如荼地进行着。

以上所介绍的虽然是美国企业在物流管理方面的组织形式演变历史，但其发展历程可以给我们一定的启发，使我国企业在考虑组织结构和业务流程重构时，有一个比较和参考的对象。

三、供应链管理环境下企业业务流程重构的几个问题

一般而言，BPR就是抛开现状，在打破原来职能分工的基础上，按业务流程重新考虑管理模式。它不是对原来的不足加以修修补补，而是从“零”开始重新设计，原有的结构与职能分工在BPR的过程中已没有意义。为此，在企业着手实施变革之前，首先要以企业的流程为中心，重组管理部门；然后再以现

代计算机技术作为BPR的技术手段和物质基础。这样,就可以使先进的信息技术与先进的管理流程相匹配,最大限度地发挥出企业的竞争潜力。要使企业组织变革能达到这样的效果,就要在BPR指导下实施如下的企业业务流程重新设计的战略。

1. 从整体上把握工作流程重新设计。过去企业在进行组织变革的过程中,往往把注意力放在提高某个瓶颈环节的效率上,很少从整体上考虑整个流程是否合理。BPR则不同,它一切从"零"开始,从企业整体来考虑流程的再设计。因此,以BPR为指导的企业组织变革设计策略强调首先在人们头脑中树立起对整体流程重新设计的概念。供应链管理理念的核心是将资源配置从一个企业扩展到多个企业,因此,在这种环境下的工作流程设计不仅要考虑企业内部的部门重组,而且要把流程的工作特征考虑到相关企业中去。

2. 确定首要的企业流程重构的项目。企业中有各种各样的作业流程,结构十分复杂。全面铺开势必分散力量,难以取得成功。应该首先选择一些关键性的作业流程作为实施BPR的项目,以关键流程带动一般流程的重构。福特汽车公司北美财会部就是一个例子。它抓住付款流程的重构,带动采购和接收部门的工作流程的变化。实施供应链管理后,某企业与合作企业的信息沟通与共享方式发生了变化,因此,原来需要多个人、多个部门处理的业务,现在只由一个人就能胜任。在部门的选择上,可以考虑以销售部门(接受订单)或供应采购部门(发出要货订单)为核心展开BPR。

3. 分析和评价现行作业流程。分析现行作业流程是为了找出存在的问题,以免在将来的流程中重新出现;评价现行作业流程是为了对将来的改进找到一个"比较"的基准。例如,如果目标是缩短生产周期和降低成本,就要测出现行作业流程中生产周期和成本的准确值,作为将来评价供应链管理模式实施后在这两个目标上取得绩效的基准。

4. 选择合适的信息技术手段。现行的作业流程都是在传统管理模式下设计出来的,因而企业在工作流程上与供应链管理及其信息支持体系并没有多大的关系。现在,在引入信息技术时,首先要明确定义企业职能部门和作业流程的实体,明确企业在供应链管理模式下运作的要求,然后再选择计算机系统和管理软件的开发环境。BPR强调在作业流程设计的初始阶段就考虑信息技术的作用,根据信息技术的能力确定新的作业流程。因此信息技术不仅是供应链管理的支持系统,而且还影响着新流程的构成。当前许多人都认为电子商务是21世纪企业经营的一个理想信息平台,因此在对供应链管理企业流程的重新设计时也要考虑这一问题。

5. 设计和建立作业流程的原型系统。在对作业流程进行分析的基础上,用现代计算机辅助软件工程工具建立原型系统。这里所说的原型系统既包括软件系统,也包括组织系统。软件原型系统是指为支持新作业流程而开发的软件;组织原型系统是指为了使新作业流程正常运作而重新组织起来的人员和岗位。经过一段时间的运作,会发现新流程中存在的问题,会获得对新流程应有的认识和技术。企业便可以此为基础,建立更好、更完善的作业流程,为实施供应链管理模式打下基础。

6. 取得合作伙伴的支持和配合。供应链管理下的企业业务重构不同于单个企业内部的流程重构。企业除了要对其内部流程改造外,还必须改造与合作伙伴共同进行的业务,如与供应商企业的业务联系、与分销商企业的业务联系等。因此,在理想的情况下,供应链管理业务流程重构应该从整个系统出发,所有节点企业同步进行重构。退一步说,由于各个企业的情况千差万别,允许有个先后顺序,但是应该着重做好有接口关系企业的协调工作,首先得到它们的配合,否则供应链的整体协调性就难以保证。

四、供应链管理环境下企业业务流程重构的原则

(一)重构原则

(1)采用合适的工具和方法设计业务流程以满足一定的战略业绩目标。

(2)应用连续改善的技术保障企业提高业绩水平。

(3)采用有效的变化管理方法以调整供应链企业的人力和文化,从而适应新的工作流程。

(4)正确应用信息技术。企业要根据实际情况发展信息技术,同时要根据信息技术与供应链管理集成的特点进行流程重构。

(5)最高领导层的参与,以及领导的重视至关重要。

(二)供应链企业组织系统重构模型

在供应链企业的组织系统的重构中采用动态模型，通过工业工程、控制工程、系统模拟和业务重构等输入的集成，达到供应链的重构。供应链的重构过程及方法模型如图 1—9—11 所示。

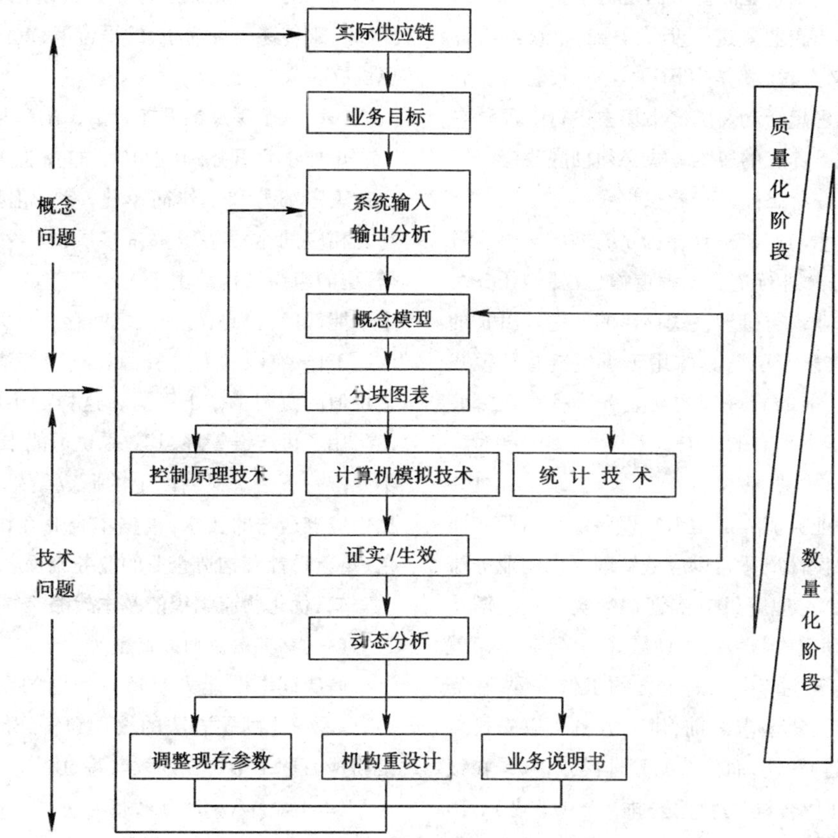

图 1—9—11　供应链重构模型与方法

第四节　构建供应链管理新模式

通过以上对不同业务流程的模拟分析，可以看出在供应链管理环境下，应该重新考虑企业的业务流程。如果一个企业成为供应链中的一个节点企业，但还沿用传统的业务流程，那么采用供应链管理模式带来的优势有可能被落后的工作方式所抵消，以至于无法体现出供应链管理的先进性，使企业失去对新的管理思想的信心。因此，面对供应链管理这一新生事物，企业的决策者不仅要深刻理解其本身的实质内涵，而且还要研究实施供应链管理的正确运作模式，这样才能把供应链管理的潜在效益发挥出来，企业才能真正获得收益。进一步地，整个供应链才有可能获得较大的竞争力。某些国有企业出现了严重亏损，究其原因，一是这些企业首先“亏”在观念上，面对飞速变化的外部世界，它们不主动迎战，不积极参与市场竞争，思想观念落后；二是这些企业缺乏活力，机构臃肿，冗员多，资源浪费严重；三是忽视科技进步（包括技术和管理两方面）对提高经济效益的作用，习惯于老一套，对新的东西产生一种自然的恐惧和抵制。许多行之有效的生产技术和管理方法因为要改变某些人的工作习惯，或触动其既得利益而受到抵制，反过来他们还指责这些新的东西“不符合”国情和厂情。

一、构建新的供应链管理组织结构

从以上分析可以看出，作为企业来说，要想提高自身竞争力，应该吸取供应链管理和企业流程重构等理论的精华，深化企业内部改革。具体对策如下。

（一）转变思想观念

企业要认清当前的形势。随着中国加入 WTO

的日期日益临近和经济全球化的发展，进入中国的外国企业会越来越多，不出国门就已参与了国际竞争。如何应对外来企业的挑战已是每个企业必须认真面对的现实。企业要进一步认识到，市场经济体制，从某种意义上说，就是市场决定一切，它要求企业的生产经营思想活动要围绕市场去进行。那种在计划经济体制下养成的思维方式必须彻底改变。

(二)系统分析企业现行管理模式

BPR不是盲目打破一切。为了有效实施供应链管理和依据BPR进行企业流程重构，首要的任务之一就是分析企业现行管理模式存在的问题。BPR的原则之一是“需求牵引”，具体用于供应链管理模式时，就是找出当前的管理模式与业务流程存在哪些问题，这样才能做到有的放矢。

(三)理解供应链管理的实质

任何一种业务流程都是为实现一定企业职能而设计的。要想设计出适合供应链管理要求的业务流程，首先必须真正理解供应链管理的实质。本篇认为，供应链管理模式与传统管理模式的区别之一，就是前者可以实现主动进入需求方的工作进程，在需求方没有提出要货请求之前，供应方就可以安排自己的生产(销售)活动，而传统的管理模式，都是在接受需求方的订货合同之后才安排生产(销售)。因此，供应链管理是一种主动进取模式，而传统的管理是一种被动接收模式。相比之下，前者的响应速度要比后者快得多。了解了供应链管理的这一特性，新的业务流程设计就有了出发点。

(四)在电子商务支持下构建供应链管理业务流程

IBM公司将供应链管理定义为“借助信息技术和电子商务，将供应链上业务伙伴的业务流程相互集成，从而有效地管理从原材料采购、产品制造、分销，到支付给最终用户的全过程。在提高客户满意度的同时，降低成本、提高企业的效益”。从IBM公司的这一定义中可以看出，借助电子商务实现企业间的物流和信息流的集成是一种很好的选择。因为电子商务是21世纪企业活动的一种主流形式，在这上面建立供应链网络，借助电子商务的技术平台实现供应链管理，对企业来说是一种十分便利的事情。因此，建立供应链管理环境下的业务流程系统，应该考虑电子商务的影响，应该把电子商务作为实现供应链管理模式的一种工具。如果把企业间或企业内各部门间的信息交流还停留在传统的信息处理(主要以人工传递信息为主)的平台下，重构的业务流程也没有多大的意义。

(五)基于供应链管理的企业流程与组织重构

正如本章开始所述，传统的企业业务流程是建立在工序细分和工作简单化、专业化基础之上的。与之相应的企业组织都是多层次、多部门的“金字塔”型的组织结构。由于一个完整的工作要跨越多个职能部门，因此，各部门之间存在着大量的协调与沟通工作，有限的人力资源和时间都消耗在不能创造价值的协调工作上了。在这样的组织模式上，即使采用了供应链管理，其效果也可能十分有限，甚至不能推行下去。根据以上的研究结果，企业应该根据供应链运作的要求，根据本企业在供应链中的角色，重新设计和构造企业的业务流程。

二、优化物流组织的基本战略

(一)拓宽解决问题的能力

解决问题的能力包括对问题的认识和分析能力，以及解决问题方法的设计和实施能力。应尽可能将所有职工结合在连续改善过程中。

(二)减少系统的复杂性

产品、层次型组织结构和过程的复杂性不仅使企业的管理和发展变得困难，而且使生产经营成本增加。减少复杂性首先要找出产生复杂性的原因。引起复杂性的原因有：

1. 企业成果的复杂性和用户要求的复杂性；
2. 企业规模；
3. 未来市场环境的不确定性和动态性；
4. 按功能分解的组织结构。

第五节　伊梅申公司案例

明尼苏达州奥克代尔的伊梅申公司是一家年产值25亿美元，主要生产软磁盘、专用胶片、数据储存产品和其他影像制品的企业，它所面临的挑战与惠尔浦公司大不相同。1996年从3M公司分离出来后，它的业务仍与原先的母公司紧密联系。伊梅申公司没有运输部门，也没有仓库，只能使用3M公司7个相距遥远的公司里的有限的空间。它也没有值得一提的仓储和运输软件，只是与3M公司的有20年历史的老式计算机系统联机，编排流程表和规划的能力相当有限。伊梅申公司还面临可怕的期限，即到1998年年底，3M公司将不再允许伊梅申公司继续使用它的设施和计算机系统。

伊梅申公司一开始就想把工作重点放在“主业”上，把物流服务工作留给专业公司去做。于是，它开始物色第三方公司处理它在北美地区的仓储、分拨以及货运业务。无论谁接手这份工作都得组建一个物流供应系统，建立新型的甲骨文(Oracle)计算机网络，把价值25亿美元的货物从3M公司的仓库里有条不紊地运出来，所有这些工作都得在1998年年底之前完成。最严重的问题就是时间。

伊梅申公司全身心地投入了挑选物流伙伴的进程之中，并根据3M以及惠普等公司与物流服务公司合作的情况，最终选择了门罗物流服务公司。门罗物流服务公司为伊梅申公司建造的第一个设施是位于俄勒冈州怀特城的原材料仓库。到1996年12月1日那天开始运营，17天后两家公司签订了合同。如今，门罗公司派了225名雇员为伊梅申公司工作，其中一些人的工作地点在母公司CNF运输公司俄勒冈州波特兰技术中心，负责在伊梅申公司、门罗公司、供应商、用户和负责运输的卡车公司之间传递信息。这类信息目前主要通过计算机网络，利用电子数据交换(EDI)系统来传递。门罗公司协调卡车分配，这很像赖德公司为惠尔浦公司做的管理加利福尼亚州安大略、密苏里州堪萨斯城、宾夕法尼亚州米德尔敦、墨西哥城以及多伦多(不久之后)的货物分拨设施。

伊梅申公司与门罗公司之间的合作计划仍在进行之中，双方都说它们对合作感到满意。由于实施了先进的质检流程，并用本公司的仓储管理和运输规划系统改进了伊梅申公司的计算机系统，伊梅申公司的订货准确率达99.9%。门罗公司高级物流经理杰里·凯尔(Jerry Kyle)说，所有这些“与双方开始合作前相比是一个意义重大的改进”(门罗公司在安大略中心的一名雇员详细叙述道：“我参观3M设施的时候，发现箱子上都贴着内装何物的即时贴标签。”)

凯尔说，这个计划甚至把仓库也省了下来，在那里建了一个新的生产线。伊梅申公司在西弗吉尼亚州米德韦工厂有一位办事谨慎的经理，他不相信门罗公司能在规定期限内交货，于是他就储备了8万平方英尺额外的胶片和印材。不久前他确信该系统将发挥作用，于是就清除了原材料，腾出地方生产新系列的印刷和出版产品。

虽然门罗公司擅长的是货运，但它也已证明自己能够节省开支，如改进包装，尽管这不那么起眼。它敦促伊梅申公司把商标印在所有即将运出的箱子的显著位置，并设计了能够使胶片边不打折的新箱子。门罗公司还把运往同一个目的地的小包裹用塑料胶带捆在一起再让联合包裹运输公司承运，这看起来似乎微不足道，但仅这一项革新就使伊梅申公司每年付给联合包裹运输公司的运费节省80%。在把包裹捆在一起交付运输之前，联合包裹运输公司可能会按照昂贵的小件包裹向伊梅申公司收取费用。

当然，有了门罗公司意味着伊梅申公司有较好的研究数据。负责商务处理的副总裁戴夫·梅尔(Dave Mell)说：“以前，我们没有能力追踪交货的全部过程。因为整个交货过程没有非常准确地划分开来。”

伊梅申公司现在不再为制定期限而操心了，它的目标是节省开支。梅尔说：“让我感到非常吃惊的是，门罗公司给我们带来了多么能干的员工。如果我们自己进行这样的改革，肯定达不到现在这样的效果。”伊梅申公司和门罗公司打算在将来采取更严格的手段控制运费和继续减少库存，以节省开支。伊梅申公司计划在1998年完全脱离3M公司以前，把每年北美地区仓储、运输和库存开支减少1.3亿美元。它已经节支了7 000万美元。这家公司还与门罗公司和俄亥俄州哈德逊的卡利伯物流服务公司(Caliber Logistics)等合作，处理占其收入近50%的海外业务。

第二篇 物流管理信息系统

第一章 物流管理信息系统理论基础

信息论和系统论是现代科学技术的重要理论基础,已经渗透到许多学科和人类生活与生产的各个方面,物流信息化建设也是如此。

第一节 系　　统

一、系统的定义与分类

(一)系统的定义

现实世界中存在着各种各样的系统,例如,人体消化系统、运输系统、电力系统、计算机系统、库存管理系统、社会系统等等。尽管上述各个系统存在着许多差别,但这些系统都有3个共同的特征:有一个要达到的"目标";具有一定的"功能";存在着一定的"机构"。系统要达到某一目标,就要求有一定的功能,这种功能要靠一定的机构来实现。

由上面的简述我们还可以看出,系统的含义是非常广泛的,依据所研究的学科不同,对系统的定义也会略有差异。我国著名科学家钱学森教授把系统定义为:"把极其复杂的研究对象称为系统,即由内部相互作用和相互依赖的若干组成部分(称为子系统)结合而成的,具有特定功能的有机整体——集合,而且,这个整体又是它所从属的更大系统的组成部分。"本书认为:系统由若干个具有独立功能的元素组成,这些元素之间相互联系、相互制约,共同完成系统的总目标。

所有系统,无论是大还是小,简单还是复杂,其形成都具有下列条件:

1. 系统整体是由两个或两个以上元素组成;
2. 各元素间存在着相互联系,使系统保持相对稳定;
3. 系统是相对环境而言的,环境的制约是系统形成和存在的条件;
4. 系统具有一定的结构,以保持系统的有机性,从而使系统具有特定功能。

人们在长期的科学与生产实践中,总结或发明了许多系统的研究方法,其中模型法是基本的方法之一。系统的一般模型包括输入、处理和输出三部分,如图2—1—1所示,其中:

输入:给出处理所需要的内容和条件;

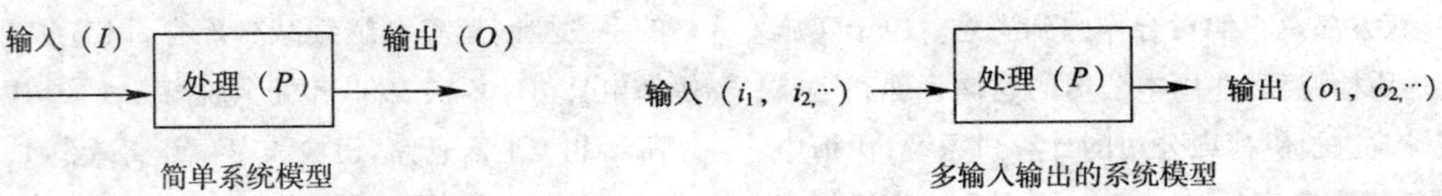

图2—1—1　系统的一般模型

处理:根据条件对输入的内容进行各种加工和转换等;

输出:给出处理后的结果。

用数学方法,一个系统(System)可描述成:$S=\{I, P, O\}$

其中:

$I=\{i_1, i_2, \cdots, i_n\}$,是所有输入的有限集合;

$P=\{p_1, p_2, \cdots, p_n\}$,是所有处理函数的集合;

$O=\{o_1, o_2, \cdots, o_n\}$,是所有输出的有限集合。

由系统的组成部分确定了系统的边界,边界之内称系统,边界之外称为环境。系统与环境之间有信息和物质的交流,从环境中得到某些物质或信息称为系统的输入,向环境中输送某些物质或信息称为系统的输出。

若P已知,则可以从I的内容确定O,若P未知,则可以从I与O来识别P,此时系统可以看成是"黑盒子"。"黑盒子"方法常用于系统分析。

(二)系统的分类

系统有多种分类:人造系统和自然系统;概念系统和物理系统;复杂系统和简单系统;动态系统和静态系统;确定型系统和不确定型系统;封闭系统和开放系统等。在这里我们主要讨论的是:确定型与不确定型系统;封闭系统与开放系统。

1. 确定型系统与不确定型系统

确定型系统按照一种完全可预测的方式运行,其各部分之间的关系和相互作用是确定的。如果已知系统某一时刻的状态,再根据系统的运行情况,就可以准确地推断出系统的下一个状态。计算机程序便是一例,该系统就是按照预先安排好的指令序列进行工作的。

不确定型系统又称为概率型系统,它与确定型系统完全不同,不能由系统当前状态准确推断系统的下一个状态。库存系统便是一例,货物的平均库存量可以确定,但是未来任一给定时刻的库存量是不能确定的。

2. 封闭系统与开放系统

封闭系统是自成一体,与外界不发生物质、能量或信息交换的系统。如在一个密封的绝热容器中所发生的化学反应就是一种封闭系统。这样的系统迟早会完结、瓦解。

开放系统是需要与外界发生物质、能量及信息交换的系统。由于开放系统不断接收外界输入的物质、能量及信息,所以系统能够生存下去。开放系统会受到环境的影响,如果环境变化了,而系统没有相应地改变,那么系统就会瘫痪。所以,开放系统必须具有适应性。企业组织就是一个典型的开放系统,面临激烈竞争和市场变化的冲击,企业组织能通过自身的调节作用而获得生机。

在信息系统领域中,计算机设备和计算机程序等因素是相对封闭和可确定的,而进行信息处理的人却是一个概率型的开放系统。人和机器的结合构成一种人机系统。在人机系统中,人与机器按各种方式进行组合,可以把重点放在机器上,而人仅作机器运行的监督者,也可以相反,把重点放在人上,而机器仅起到一个支持的作用,如提供计算和检索数据的手段。

二、系统的结构与控制

(一)系统的结构

任何一个系统都可以分解为多个子系统,因而,系统也可被视为由多个子系统组成。每个子系统相对独立,具有输入、处理、输出功能,以及服务于系统总目标的分目标。子系统数量的多少,应根据系统大小和需要而定。对各子系统也可实施这种分解,直至将子系统分解成易于管理的较小的子系统为止。经过分解处理所得到的各个子系统形成了一种层次结构(见图2—1—2)。

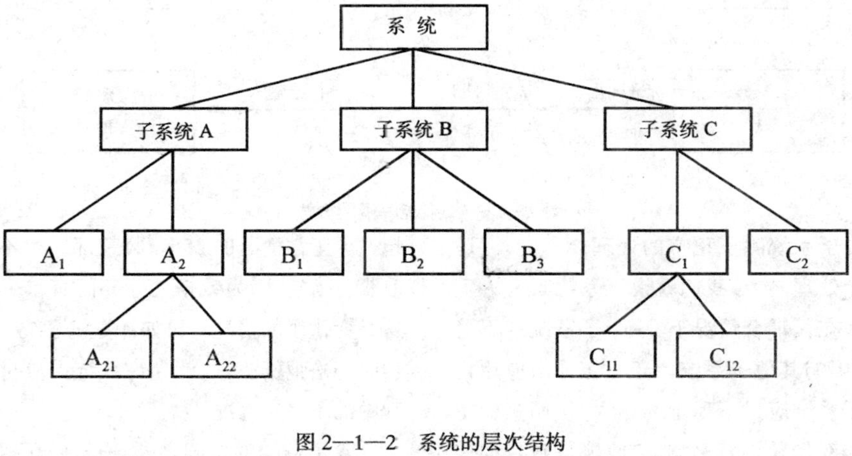

图2—1—2　系统的层次结构

子系统之间的联系称为接口(Interface)。对于具有 n 个子系统的系统,其接口数目可多达$\frac{1}{2}n(n-1)$个。例如,有 8 个子系统的系统,其接口数目可高达 28 个。当然,不是任何子系统之间都有联系,需要建立接口,但这个计算说明了少量子系统之间连接需要大量接口。接口越多,系统就越复杂,通过归并可以减少接口数量。所谓归并是把联系密切的子系统合并到一起,通过一个公共接口对外联系,使接口简化(见图 2—1—3)。

子系统之间联系的复杂性不仅表现在接口数量方面,而且还表现在子系统之间联系的紧密程度。如果两个子系统紧密相连,则称之为紧耦合系统。紧耦合系统要求子系统协调一致地进行工作。举例来说,假如原料一送到工厂就立即投入生产,中间没有原料堆放场地,那么原料供应子系统与生产子系统就组成了紧耦合系统。这就要求原料供应子系统按时将原料送到生产子系统,以免耽误生产或因原料过早送到而造成堆放场地的紧张。紧耦合系统实现起来比较困难。常常需要在相互联系很密切的子系统之间加缓冲环节,使它们的联系减弱、相互依赖性减少,即所谓的解耦。解耦方法有 3 种(见图 2—1—4)。

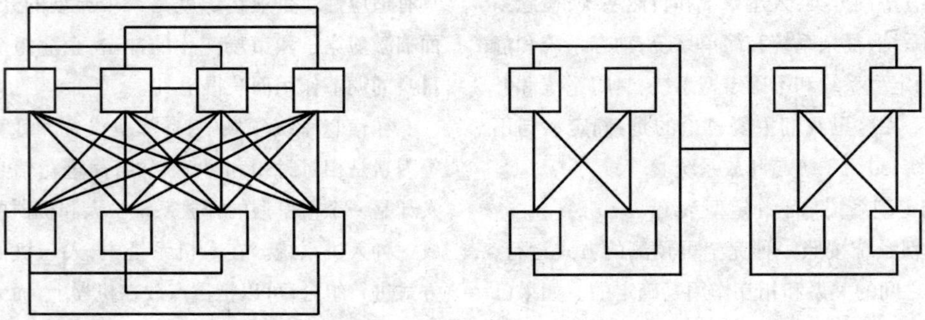

图 2—1—3 通过归并简化系统接口

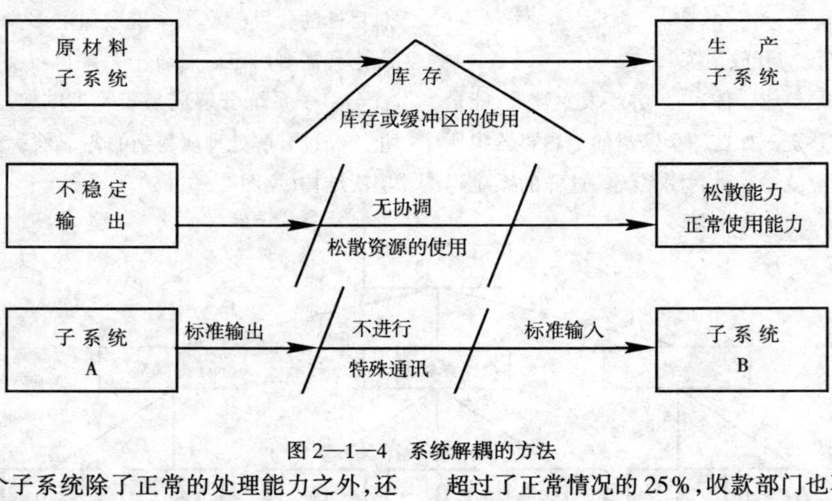

图 2—1—4 系统解耦的方法

如果一个子系统除了正常的处理能力之外,还有一定的富余处理能力,我们就说该系统具有一定的松弛资源。在紧耦合情况下,一个子系统的不稳定的输出,会影响其他子系统的正常工作。应用松弛资源能使子系统应付不稳定的输入,从而减少了系统之间的相互依赖性。例如,应收账款数目即使超过了正常情况的 25%,收款部门也不必为此而采取紧急措施,因为数据处理部门有富余能力来处理这一变化了的情况。再如计算机系统一般都设计了相应的松弛资源,这就允许系统去应付数据处理过程中的不稳定情况。

除了资源的协调之外,通讯问题也是系统之间联系的重要纽带。标准化的应用可以消除或减少系统之间的通讯要求。前级系统输出符合标准的产品,后级系统只要按照标准接收产品,这样就减少了系统的通讯。例如,软件系统设计中的标准化,可以减少系统设计人员与程序设计人员之间的通讯。

(二)系统控制

任何一个系统为了实现其目标,总是需要控制。控制的作用是保证系统在规定的范围内运行。对于一个自动化生产系统来说,如果按标准投入原料和能量,并且残次品率能保持在允许限度之内,则认为该系统处于受控状态。一个失去控制的系统,其运行状态超过了允许范围,是因为它的控制机构不能有效地发挥作用。

图 2—1—5 表示一个带有反馈控制环节的系统模型。由此我们看出这个系统可以通过输入的改变,影响系统的输出。通过测量装置得到输出结果,送到控制装置,由控制装置按照一定的规则产生反馈信号,利用反馈信号来改变输入,以达到控制输出的目的,这就是系统控制过程。一个很普通的例子是恒温加热系统。恒温器测量出空气的温度(即加热系统输出结果),并将其与恒温器设定值比较。当温度低于设定值时,就接通恒温器的电炉开始加热;当温度达到或超过设定值时,就断开电源停止加热。

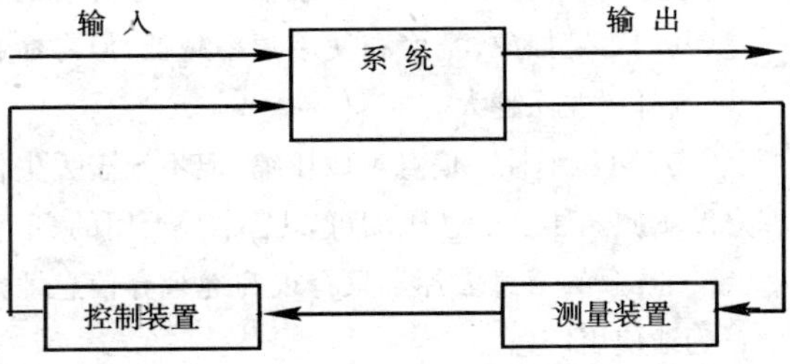

图 2—1—5 系统的控制模型

对企业组织系统来说,反馈作用不仅能调整系统的输出,而且还可改变组织的标准(目的、目标、计划等)。由于企业组织是有目的和可自行组织的,所以目标的改变可导致实现该目标的系统的相应变化,如调整组织机构等。

系统控制论的基本概念之一是控制系统的每一个可能的状态,必须有相应的控制方式。这一概念也可解释为:用到的控制变量数至少要等于那些使系统脱离控制的状态数。例如,一个企业有 100 个存货点,要控制每个存货点的库存量,就需要了解每个存货点的库存情况,并根据每个存货点上的情况及相应的决策原则对库存控制做出响应。几种提供系统控制响应的方法如图 2—1—6 所示。只有在比较简单的情形下,才有可能把在各种情况下所采取

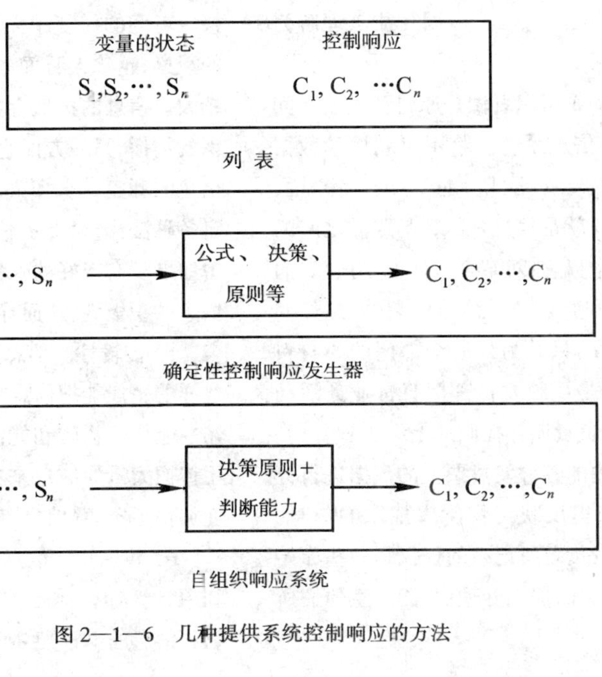

图 2—1—6 几种提供系统控制响应的方法

的措施一一列举出来。由于通常难以将所有的情况都列举出来,所以提供决策原则的方法是行之有效的,但完全由计算机控制一个开放系统是不可行的,必须采取人机结合的方法。计算机根据决策原则对那些可预料的情况做出控制响应,对那些不可预料的情况,则由人做出控制响应。

第二节　信　　息

一、信息的特性与属性

(一)信息的定义

人们出于不同的研究目的,从不同的角度出发,对信息做出解释或定义,例如:信息是具有新内容、新知识的消息;信息是使不确定因素减少的有用知识;信息是加工的数据;信息是数据的含义,数据是信息的载体;信息是实体、属性和值构成的三元组等。

分析这些定义,我们可以看出,人们使用信息这一术语试图表达如下一些含义:

1. 信息是反映客观情况的,它表达或体现了人们对某一事物的认识、了解或知识。

2. 信息是与决策密切相关的。正确的决策,必须依靠足够可靠的消息;信息通过决策体现其自身的价值。

3. 信息是抽象的认识或知识,不依赖于具体的载体、介质及技术手段。"数据"一词往往被理解为依赖于具体技术手段。

数据和信息的关系可以看做是原料和成品之间的关系。换句话说,信息系统能将不可利用的数据形式加工成可利用的数据形式。对于接收者来说,这种可用的数据形式就是信息。原料与成品之间的关系说明了这样一个概念:对某个人来说是信息,而对另外一个人来说可能只是一种原始数据,这如同某个加工部门的成品,只是另外一个部门的原材料一样。例如,发货票是反映发货部门日常业务活动的一种信息形式,而负责库存控制的上级主管部门,则需要对某一期间内的各种发货票上的数据进行分类统计,才能从中获得反映货物出库规律的信息。因此,对他们来说,发货票所记载的仅仅是一些原始数据,通过对这些数据的加工处理,才能产生他们所需要的信息。

数据是一组表示数量、行动和目标的非随机、可鉴别的符号。它们可以是字母、数字或一些特殊的符号,例如同一数据在普通纸上、穿孔卡片上和磁带上的形式各不相同。

在实际应用中数据和信息这两个词常是混淆的。但我们应当清楚,它们之间是有区别的。数据是原材料,信息是加工后的、对决策或行动有价值的数据。

(二)信息的特性

1. 事实性。事实是信息的中心价值,不符合事实的信息不仅无益,而且有害。事实性是信息的最基本性质。

2. 等级性。不同的管理层次,要求信息是不同的。信息和管理层一样,一般分为战略级、战术级和作业级。不同级别的信息在内容、来源、精度、寿命和使用频率上都不相同。一般来说,越是高层的信息,其内容越抽象,精度和使用频率越低,但寿命越长,与外界关系越大。

3. 可压缩性。信息可以压缩,但不至于丢失信息的本质。通过信息压缩可以把那些无用的、不重要的、冗余的信息去掉。只有正确地舍弃信息才能正确地使用信息。

4. 扩散性。信息好像热源,它能通过各种渠道和手段向四面八方扩散。信息浓度越大,信息源和接收者间的梯度越大,信息的扩散性越强。越离奇的消息,越耸人听闻的新闻,传播得越快,扩散的面越大。信息的扩散存在两面性,一方面它有利于知识的传播,另一方面它不利于保密,可能会给国家和企业的利益带来损失。因而人们筑起信息壁垒,制定各种法律,以保护信息的发展态势。在信息系统中如果没有很好的保密手段,就不能保护用户使用信息的积极性,从而导致信息系统的失败。

5. 传输性。信息是可以传播的,人们通过各种各样的手段能把信息传输到很远的地方。信息的传输性能优于物质和能源的传输性能,因而人们宁可用传输大量的信息来代替物质的传输,信息的可传性加快了资源(信息资源)的传输。

6. 共享性。信息的共享性有利于信息为众人利用,当你把一个消息告诉别人时,你自己并不失去它。信息的共享性有利于信息成为企业的一种资源,严格地说只有达到企业信息的共享,信息才真正成为企业的资源。

7. 增值性。用于某种目的的信息,可能随着时间的推移,价值耗尽。但对另一目的可能又显示其用途。例如天气预报的信息,预报期一过就对指导生产不再有用,但和各年同期天气比较以总结变化规律还是有用的。信息的增值性使我们能从信息“废品”中提炼有用的信息。

8. 转换性。信息可以转化为价值。在一个充满不确定因素的环境中,信息能够减少这种不确定因素,引起决策行为的变化。信息的价值就是由于这种变化所增加的收益减去获得信息的成本。换言之,在设计方案时,决策者依据手中现有信息选择一个方案,如果决策者接收到新信息使之选择了新的方案,那么新信息的价值就是两种方案所获效益的差值,再减去为获得该信息而消耗的成本。

(三)信息的属性

信息具有许多重要的属性,根据需要来确定信息的属性值是一个十分重要的问题,下面列出了一些重要的信息属性。

1. 结构化程度。这是指信息的组织形式是否有严格的规定。一张表格,一般来说,结构化程度就比较高,而一篇文章,结构化程度就不高。显然,对结构化程度低的信息,用计算机自动处理是比较困难的。

2. 精确程度。如关于人的年龄,某一处表格要求填写出生年月日,另一处则只要求填上年龄或只要写上一个“成年”即可。这就是不同的精确程度,应根据需要与可能,合理地确定信息的精确程度。

3. 历史与当前。信息有历史信息与当前信息之分。对于过程控制系统来说,一般不需要贮存大量的历史信息,而对支持高层管理的信息系统,则必须存储足够的历史信息。

4. 内部与外部。来自组织之外的信息,其格式内容不是本组织所能确定的,而来自组织内部的信息,可以对其格式内容提出要求。

5. 信息量。信息量包括信息的日常平均处理量、高峰期处理量、存储量等,这些指标是系统分析人员必须切实掌握的。

6. 重要程度。这包括两方面的含义,一方面是对校验功能的要求,是否要求确保每一个数据的完全准确;另一方面是对信息的安全保密的要求,即如何保证重要信息不丢失,或被盗用、被篡改。

7. 使用频率。有些信息可能经常被使用,而有些信息可能偶尔被使用。根据信息的使用频率,合理地选择其存储手段和方式是十分重要的。

8. 使用要求。它包括提供信息的及时性、信息的形式等。

二、信息的生命周期

信息由产生、处理、传输、使用到失效的过程称为信息的生命周期。下面讨论管理信息中的状态信息和作业信息的生命周期。状态信息是与某一具体时刻有关的信息,如5月25日的生产量。作业信息是反映某一期间内变化情况的信息,如4月份产量。图2—1—7表示了这两类信息的生命周期。其中 i 为信息间隔,例如周报的 i 为一周,月报的 i 为一月;d 为信息延迟,是从信息间隔结束到处理、传输、使用之间的时间延迟。

现结合图2—1—7(a),以库存量为例来说明状态信息的生命周期。该信息延迟时间(d)为5天,若是9月3日的库存量,则9月8日才能收到、使用,故最短生命周期为 $d=5$(天)。如果要求每周报一次库存量,即信息间隔 $i=7$(天),则在9月15日收到新信息之前,使用的仍是9月3日的库存量。这种情况下,信息最长生命周期为:$d+i=5+7=12$(天);

平均生命周期为:$d+i/2=5+3.5=8.5$(天)。

下面再结合图2—1—7(b),以出库量为例说明作业信息的生命周期,设信息间隔 i 为10天,信息延迟 d 为5天,一个信息间隔期的出库量是由该间隔期每天的出库量积累而成的,故最短的生命周期为:$d+i/2=5+10/2=10$(天);

若是9月11日～9月20日出库量,在9月25日才能提供使用,即在9月25日前使用的出库量仍是9月1日～10日的出库量,这种情况的最长生命期周期为:

$$d+i/2+i=5+10/2+10=20(\text{天});$$

平均生命周期为:$d+i=5+10=15$(天)。

信息的生命周期,对决策的准确性和及时性影响很大。在以计算机为基础的信息系统中,能够做到对关键数据实时处理，缩短信息的延迟时间。但是，管理决策活动对于较短的间隔时间是不敏感的。需要一定的间隔时间，使大量信息能够得到压缩、过滤和概括，从而得到一个时期中的变化规律，所以，即使计算机已全面应用于物流系统管理，仍然存在各种定期报表。

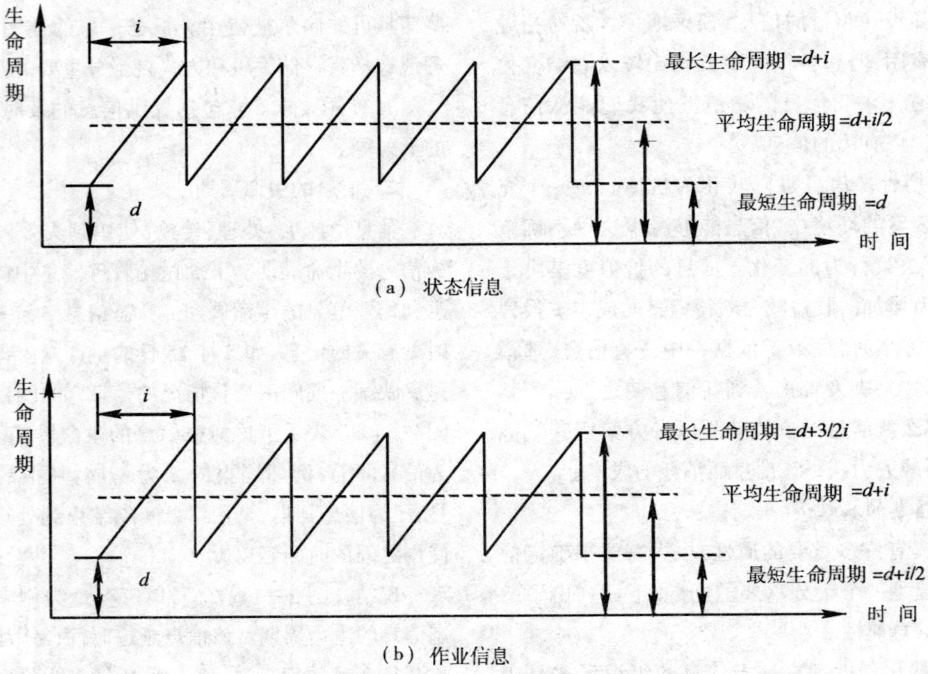

图 2—1—7　信息的生命周期

第三节　信息系统

信息系统是任何一个组织中都存在的一个子系统，渗透到组织的每一部分。信息系统的作用与其他子系统不同。不是从事某一具体工作，而是为组织的管理与控制工作服务，起到全局协调一致的作用，因而组织越大，信息系统所带来的经济效益也越显著。

一、信息系统的定义

从输入和输出的关系来看，信息系统可以简单地定义为“输入是数据，经过加工处理，输出是信息”的系统。根据这个定义，在人工管理中也存在手工的信息系统，只是人们没有意识到或不去重点研究它。在本书中，信息系统主要指以计算机进行信息处理为基础的人机系统。通常，信息系统根据某项业务的需要，由多个相关的人工处理和计算机处理过程组成，对输入的大量数据进行加工处理，代替人工处理的繁琐、重复劳动，同时给领导决策提供及时、准确的信息。

从集合论的观点来看，认为信息系统的基本组成部分是某种实体的有限集合 E，这些实体可以用它们的属性有限集合 A 来加以区别和分类，即信息系统可以表示成一个四元组，如：

$$S=\{E,A,V,\rho\}$$

其中　E——实体的有限集合；

A——属性的有限集合；

V——各属性值的集合，即 $V=\bigcup V_a$，V_a 是属性 a 的值的集合；

ρ——是由 $E\times A$（笛卡儿积）到 V 的一个函数。

对于每个 $e\in E$ 和 $a\in A$，都能保证 $\rho(e,\ a)\in V_a$，即利用函数 ρ 我们可以把每个实体与描述它的一组属性的值连接起来。若 ρ 是完整的（即对于 $E\times A$ 的每一元素都有对应的值），则信息系统称完全的，否则，信息系统是不完全的。

二、信息系统的基本功能

信息系统的功能归纳起来为:数据的收集和录入、存储、传输、加工处理与输出。现简介如下:

(一)数据的收集和录入

信息系统的首要任务是把分散在组织内外各处的数据收集并记录下来,整理成信息系统要求的格式和形式。当数据录入在一定介质(如纸带、卡片、磁带、软盘等)上并经校验后,即可输入系统进行处理。数据的收集和录入是整个信息系统的基础,如果这一步做不好,以后的工作就失去了意义。因此,衡量一个信息系统的性能时,下列内容是十分重要的:它收集数据的手段是否完善,准确程度和及时性如何,具有哪些校验功能,对于工作人员的失误或其他各种破坏因素的预防及抵抗能力如何,录入手段是否方便易用,对于数据收集人员和录入人员的技术水平要求如何,整个数据收集和录入的组织是否严密、完善等等。这一工作的技术手段可以是各种各样的。在实时处理中,可以通过数据收集器、光笔阅读器或键盘,将随时发生的数据及时输入系统。在大多数情况下,数据的收集和整理工作由人工进行。不管用什么方法,上述任务及性能考虑都是一样的。

(二)数据存储

输入的数据经过加工处理后,产生对管理活动有用的数据,它们被保存在文件或数据库里。当需要使用其中某些数据时,这些数据能被迅速地检索出来。数据存储有物理保存及逻辑组织两个方面的考虑。物理保存是指安排适当的地点,寻找适当的介质来存放信息,例如,记录在纸上,记录在磁带、磁盘等磁性介质上,这要考虑信息的安全以及使用的方便。逻辑组织则是按照信息的逻辑的内在联系及使用的方式,把大批信息组织成合理的结构,从而提高查找的速度。为使用信息的人员提供方便,例如,计算机文件的组织方式就属于这一方面的应用。

(三)数据传输

为了收集和使用信息,需要把信息从一个子系统传送到另一个子系统,或者从一个部门传送到另一个部门,即数据通讯。现代化的通讯技术是以计算机为中心,通过通讯线路与近程终端或远程终端相连,形成联机系统,或者通过通讯线路将中、小、微型计算机联网,形成分布式系统,衡量数据传输的指标是传输速度和误码率。在信息系统中存在着人工数据传输过程,这些数据是以各种单据、报表、计划等形式进行传递的。此外,还有一种介于计算机传输与人工传输之间的过渡形式——盘片传输。当各子系统之间的计算机网络尚未形成而又需要数据传送时,可采用软盘传送,取代报表传送。实践证明,这种方法是行之有效的,它是报表传输过渡到网络传输的应变手段。它在计算机管理中应用广泛,能节省人力、物力,提高效率。

(四)数据加工

进入到信息系统中的数据需要加工处理,才能产生各级管理人员所需要的信息。计算机的数据加工范围很大,从简单的查询、排序、合并、计算一直到复杂的经济模型的仿真、预测、优化计算等。这种功能的强弱,显然是反映信息系统能力的重要方面。现代的信息系统在这方面的功能越来越强。特别是面向高层管理的信息系统,在加工中使用了许多数学及运筹学的工具,具有相当强的能力。

(五)数据输出

对加工处理后的数据,根据不同的需要,以不同的形式和格式进行输出。有的输出的结果是直接供人们使用的,如各种报表、图形、缩微胶卷等;有的则是供计算机进一步处理的,如磁带、磁盘文件及穿孔卡片等。为了方便管理人员,输出信息的形式或格式是非常重要的。因此,信息系统的输出结果是否易读易懂,直观醒目,应该是评价信息系统的主要标准之一。

三、信息系统的类型

由于信息系统的功能、目标、特点和服务对象不同,存在许多分类。从层次上可以分为业务信息系统、管理信息系统和决策支持系统。由于业务信息系统所处理的具体业务不同,又有银行业务系统、飞机订票系统、生产管理系统、物资管理系统等不同称呼。此外,还有办公自动化系统和情报检索系统,它们也是迅速发展的信息系统。

业务信息系统(Transaction Processing System,简称 TPS)针对某些业务处理要求,主要进行数据处理,代替业务人员的繁琐、重复劳动,提高信息处理和传输的效率及准确性。经这样的系统处理的信息具有详尽、具体、结构严谨、精确、数据量较大的特点。有的书上把这样的业务信息系统总称为电子数据处理(Electronic Data Processing,简称 EDP)。

管理信息系统(Management Information System,简称 MIS)是为领导服务的。向各级领导提供及时、准确的决策信息。管理信息系统的信息主要来自各业务信息系统的各种综合性、概括性处理结果,还有来自系统环境给予的多种正式或非正式信息。为了增强管理信息系统的预测、决策和控制功能,一般都要建立若干经济管理模型,向各级领导提供决策支持功能。各有关业务信息系统可以看做是某管理信息系统的各个子系统。因此,管理信息系统是建立在业务信息系统基础之上的。

决策支持系统(Decision Support System,简称 DSS)是在管理信息系统上发展起来的,它与管理信息系统的差别主要在于:

(1)解决的决策问题性质不同。DSS 更趋于解决半结构化问题和非结构化问题。

(2)采用的技术不同。由于无法用常规定量数学方法对求解的问题进行描述和处理。因此,DSS 运用自然语言识别和处理技术,人工智能技术和"四库"(数据库、模型库、方法库和知识库)系统,充分利用各种专家的知识和经验,用以模拟人的推理思维过程。

(3)DSS 具有更灵活方便的应用环境和较高的交互适应性。

随着电子计算机和现代化通讯技术的迅速发展,目前新的趋势是把企业或组织中的各种应用系统连接起来,直接传输信息,统一安排,存储与加工,以便进一步提高功能,提高效率和有效性。这就把计算机辅助设计(CAD)、计算机辅助计划(CAP)、计算机辅助制造(CAM)、数据处理系统(EDP)、决策支持系统(DSS)等联成一体,形成所谓计算机一体化生产系统(CIS)。

办公自动化(Office Automation,简称 OA)是从 20 世纪 70 年代以来迅速发展起来的一项综合性科学技术。它是以人为主体、以计算机为核心的各种先进设备,以及信息三者结合成的一个办公体系,使人们的一部分办公业务活动,借助于机器设备,构成服务于某种目标的人机信息处理系统。由于使用了先进的信息处理设备,人们可以充分利用办公信息资源,提高办公效率和质量。办公自动化系统不仅具有很强的文字、数字处理能力,而且在计算机网络支持下能进行图形、图像、声音的综合传输与处理。今天的办公自动化已经是一个包括数据处理、文字处理、办公事务处理、管理信息系统和决策支持系统在内的综合一体化的办公自动化系统。

情报检索系统是对情报资料进行收集、整理、编辑、存储、检查和传输的系统。它大量用于图书馆、科技资料中心等信息存储量极大、检索时间要求紧迫的地方。情报检索系统往往以较大型的计算机和远程网络为技术手段,能够有效地提高科研、管理及其他行政事务的工作效率。

第四节 物流管理信息系统

一、物流信息

(一)物流信息的组成

一般物流信息由以下两部分组成:

1. 物流系统内信息。它是伴随物流活动而发生的信息,包括物流状态信息、物流作业层信息、物流控制层信息和物流管理层信息。

2. 物流系统外信息。它是在物流活动以外发生,但提供给物流活动或管理使用的信息,包括供货单位信息、用户信息、合同信息、交通运输信息、市场信息、政策信息以及企业其他部门的有关信息。

(二)物流信息的特点

物流信息与其他领域的信息比较有下列 3 个特点:

1. 物流信息量大、分布广,信息产生、加工和应用在形式、时间、地点上不一致。

2. 物流信息动态性强,信息的价值衰减速度快,对信息管理的及时性要求较高。

3. 物流信息种类多,不仅有物流系统内各环节信息,还有物流系统外的各种信息,增加了信息加工处理的难度。

(三)物流信息的作用

物流系统与其他企业系统一样,为了使本系统协调、高效率地运转,必须有效地采用现代化的管理方法,合理地调度人、财、物及设备,以达到预期的目标。在这一过程中,物流信息处于十分重要的地位。

物流是物质实体在空间位置和时间位置上的移动。随着物流活动的进行，不断地产生着反映物流活动的信息，包括物流信息和商流(商业价值)信息，如计划、价格、调运量、库存量等。此外，物流系统由于常受外界环境因素的影响，如有关上级领导的意见、供需状况的变化、运输能力等，因此组织物流活动还应与系统外进行广泛的信息交换。这些内外信息的传递和交换构成了信息流。物流和信息流相辅相成，互为条件。如果将物流视为研究对象，那么信息流就是研究对象的伴随物。研究信息流归根结底还是为研究物流服务的。

信息流和物流是不可分离的。因此，只有考虑了信息流系统以后，物流系统才是一个反馈可控制的系统。

1. 物流信息是组织物流活动的基础

整个物流过程是一个多环节(子系统)的复杂系统。物流系统中的各个子系统通过物质实体的运动将它们联系在一起，一个子系统的输出就是另一个子系统的输入。合理组织物流活动，就是使各个环节相互协调，根据总目标的需要适时、适量地调度系统内的基本资源。物流系统中的相互衔接是通过信息进行沟通的，基本资源的调度也是通过信息的传递来实现的。因此，组织物流活动必须以信息为基础，一刻也不能离开信息。为了使物流活动正常而有规律地进行，必须保证物流信息畅通，物流信息的任何阻塞都将导致物流混乱，严重影响物流系统的社会效益和经济效益。

2. 信息是物流系统计划决策的依据

计划是任何一个企业最基本的管理职能。计划就是确定经营管理活动的目标，编制计划是预先决策要做什么和解决如何去做的问题。物流系统中计划的种类很多，以某企业的年度经营计划为例，编制该计划一般应包括以下几项内容：

(1)市场预测；

(2)环境因素和内部条件分析；

(3)目标确定；

(4)基本资源分配。

很明显，编制这样一项计划的关键是需要可靠的内部和外部信息，缺乏信息或信息的准确性不高，计划就无法做出或做出的计划完全脱离实际，最后成为一纸空文。

如果说，由于信息流通不畅会造成物流活动的混乱，那么对于整个物流系统的计划决策来说，缺乏信息或信息不可靠将会造成全局的失误。这是因为，信息对物流活动的影响一般只是局部的，而整个物流系统的计划决策则是全局性的。

3. 信息是进行物流控制的手段

在企业管理中，为了使计划能够顺利地实现，控制是不可缺少的。我们是用系统的理论和系统工程的方法来研究物流系统的，控制是系统管理方法的核心。控制与计划不同，它的重心不是在构造未来，而更多的是立足于不久之前和现在以及系统运动的具体发展趋势。

控制包括3个方面的内容：规定完成的标准；对照标准检查执行情况；纠正偏差。其中标准并不一定是计划，而是对完成计划的具体要求，它可以是定量的，也可以是定性的。

显然，在物流系统的控制过程中必须掌握反映标准和执行情况的信息，利用这些信息对物流进行控制。控制的办法有两种，一种是利用信息指挥调度，使物流按照信息规定的路线、任务、时间以及各项标准的要求而流动；另一种是利用信息的反馈作用，即利用执行过程中或是在偏离预期标准后产生的信息反馈，随时进行与标准信息的比较，找出偏差，调节或做出新的决策，对过程进行控制。例如，当原材料库存量超过标准时，利用现有库存量与标准库存量(最佳库存量)进行比较，从而确定下次订货应减少的数量，使库存降到标准水平。

二、物流管理信息系统的模式

物流管理功能在近几十年来发展演变很快。20世纪60年代，刚形成的物流管理概念只涉及成品到客户的流通活动(例如订货处理、发货运输、成品存储和库存管理)。20世纪70年代初，由涉及原材料的采购、进货运输、存储和库存管理以及在制品的存储和库存管理等形成了物料管理的概念。这两个概念在20世纪70年代开始演变为管理原材料、在制品和成品的一体化概念。20世纪90年代后期，其管理向企业上下游延伸，形成了供应链一体化概念。与之相适应，物流管理信息系统模式也经历了下列阶段：

1. 以作业为中心的管理模式

把控制成品运输和仓储管理等单个物流作业管理作为目标，对作业的改进往往是局部的，很少或没有进行整体系统分析，如：成品运输管理系统、成品仓库管理系统等。

2. 以成品流通为中心的管理模式

将成品流通作为一个整体来进行计划和控制，通过平衡交替损益（如运输与仓储、库存与顾客服务）来寻找改进工作的机会，如：成品流通管理系统（包括：成品运输管理系统、成品仓库管理系统及流通一体化管理等）。

3. 企业物流一体化管理模式

将原材料、在制品和成品的物流管理结合起来，形成企业物流一体化管理模式。从整个企业系统高度，进行物流系统分析与设计，保证在整个系统内物流效益最佳、成本最低、服务最好。常见的企业管理信息系统多采用物流一体化管理模式，如：MRP（Material Requirement Planning）系统、MRPⅡ（Manufacturing Resource Planning）系统。

4. 供应链物流一体化管理模式

在企业物流一体化管理模式的基础上，管理功能向企业上下游延伸，便形成了供应链物流一体化管理模式，如：一般较完善的ERP（Enterprise Resource Planning）系统就是供应链物流一体化管理模式的雏形。现在物流管理信息系统的研究和应用重点就是向更完善的供应链物流一体化管理系统迈进。

三、企业物流管理信息系统的功能

企业物流是对企业从原材料供应地一直到产品用户之间的实物流（Material Flow）及有关信息流进行组织和管理的过程。具体来讲，企业物流包括运输、仓储、物料管理、订货处理、顾客服务等活动，以及支持这些活动的信息和对整个物流过程的管理。

为了实现物流系统服务于企业的生产与销售活动的目的，必须由一定的人员、设施、设备、材料、资金、能源、信息等要素构成各种具有特定功能的子系统，并通过这些子系统的相互配合形成系统的整体功能。而物流管理信息系统涉及各个功能系统，是保证各个子系统正常运行、相互配合的基础。企业物流管理信息系统的功能组成如图2—1—8所示。

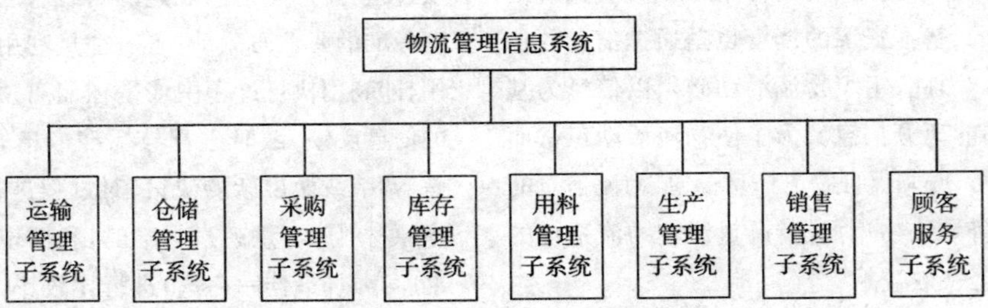

图2—1—8　物流管理信息系统的功能组成

1. 运输管理子系统。包括：各种原料、在制品、成品的运输与搬运管理，以及车辆、设备管理。

2. 仓储管理子系统。包括：各种原料、在制品、成品的仓库管理。

3. 采购管理子系统。包括：各种原料采购、上游客户的管理。

4. 库存管理子系统。包括：各种库存原料、在制品、成品的库存控制。

5. 用料管理子系统。包括：各种生产用料、合理用料的管理。

6. 生产管理子系统。包括：生产计划编制、生产过程控制、生产实绩管理以及生产设备的维护管理。

7. 销售管理子系统。包括：销售策略、销售渠道、销售预测、销售订单以及下游客户的管理。

8. 顾客服务子系统。包括：产品销售服务、顾客问题解答与售后服务。

第五节　数据组织与管理

一切计算机管理活动都离不开使用基础数据。当人们需要用某些数据进行决策和分析时，如果这些数据能在允许的时间内被检索出来，那么这些被存储的数据是有价值的，而那些不能及时检索出来的数据则没有实现其价值。因而，数据的有效存储与检索是信息系统设计的重点。

一、现实世界的数据描述

数据是描述现实世界的符号，但不可能用数据来详尽、完整地描述现实世界。从现实世界提取什么来描述以及如何描述，反映了信息使用者的意图和要求。也就是说，信息来源于现实世界，经过人们有目的的收集、处理，最后又作用于现实世界。信息的这一循环经历了3个领域：现实世界、观念世界和数据世界。

现实世界——人们头脑之外的客观世界，事物及其相互联系就处在这个世界之中。

观念世界——现实世界在人们头脑中的反映。客观事物在观念世界中称为实体，反映事物联系的是实体联系模型。

数据世界——观念世界中信息的数据化，现实世界中的事物及其联系，在这里用数据模型描述。

(一)实体联系模型

现实世界中的事物是彼此有关联的，因而反映观念世界的实体也应该是有联系的。一种是实体内部的联系，一种是实体与实体之间的联系。实体联系模型就是反映人们所关心的实体及其联系。它是设计数据的先导，是确定数据文件或数据库包含哪些信息内容的关键。

1. 实体与属性

实体是指现实世界中人们所关心的任何事物。这个“事物”可以是人或物，可以是实际的物或概念的物，还可以是事物与事物的联系。实体是有特征的，零件有名称、规格、重量、颜色等，描述一个事物某一方面特征的元素就是实体的属性。由若干属性的属性值所组成的集合表征了一个实本。

2. 个体与总体

实体又分为两级：个体与总体。个体是指单个的能相互区别的特定实体，如“张三”、“李四”等，总体是泛指个体组成的集合，有同质总体与异质总体之分。同质总体是由同类型的个体组成的集合，如“张三”、“李四”等组成了“职工”同质总体。异质总体是由不同类型的个体组成的集合，如一个企业所有事物的集合。一个异质总体可以分解出多个同质总体。

3. 总体之间的联系

设有两个均包含有若干个体的总体A和B，它们之间建立了某种联系，其联系方式有如下3种形式：

(1)一对一联系。如果A中的任一个体至多对应于B中的一个个体，反之亦然，则称A对B是一对一的联系。

(2)一对多联系。如果A中至少有一个个体对应于B中一个以上个体，B中任一个体至多对应于A中一个个体，则称A对B是一对多联系。

(3)多对多联系。如果A中至少一个个体对应B中一个以上个体，反之亦然，则称A对B是多对多联系。

上述3种情况可用图2—1—9表示。

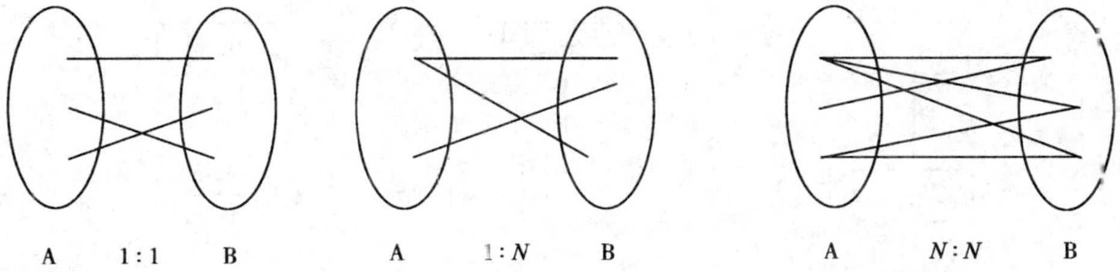

图2—1—9　两个总体之间的联系

4. 实体联系模型的表示

1976年，P. P. S. Chen提出了用实体—联系(Entity-Relationship Approach，简称E-R)方法构造实体模型。该方法用简单的图形符号表示实体联系模型，简称E-R模型。即使不熟悉计算机的用户也能理解，所以E-R方法在数据库或数据结构设计中得到了广泛应用。

E-R模型有3种基本成分：实体、联系、属性。

在E-R图中，“实体”用方框表示，“联系”用棱形表示，“属性”用椭圆表示，并且对实体、联系、属性要逐一命名，以资区别 。图2—1—10是用E-R方法表示的物资入库联系模型。

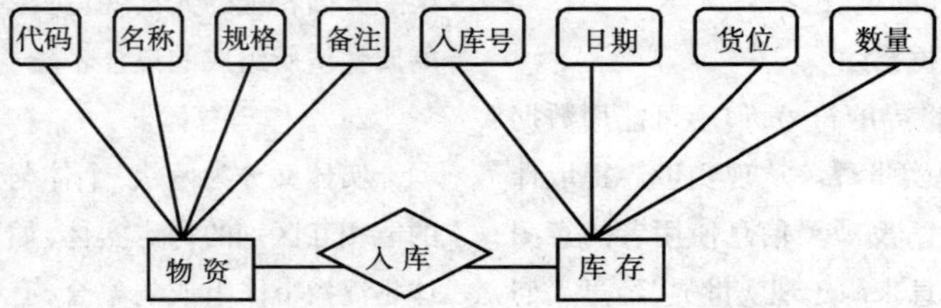

图2—1—10　物资入库E-R联系模型

(二) 数据组织的基本概念

在信息系统中，数据以一定的形式存在于各种存储介质上。数据项、记录、文件都是数据组织的重要单位，统称为逻辑数据。

1. 数据项

数据项是描述实体属性的数据。它具有型与值之分，其型由数据项的名称和数据特征(数据类型、长度、值域等)构成，例如“姓名”这个数据项，它的型是:数据项名称为“姓名”、数据项特征为6个字符(表达一个汉字用2个字符)。而其值可以是“李明”、“陈刚”等。

2. 记录

记录是描述实体的数据。因为一个实体具有若干个属性，所以记录由若干数据项组成。记录也具有型与值之分，其型与值分别和实体的总体与个体相对应。记录的型是它的数据项型的一个有序集，是一个数据框架，只有给它的每个数据项取值后才得到记录。

在数据模型中，用记录之间的联系反映实体之间的联系。图2—1—11说明记录之间的联系，其中图(a) 表示两个记录型之间的联系，位于箭头开始处的记录称为双亲，位于终点的记录称为子女。至于就值的联系而言，可以有1:1(图(b))，1:n(图(c))，m:n(图(d))3种情况。一个m:n的联系可以分解为两个1:n的联系，如图(e)所示。

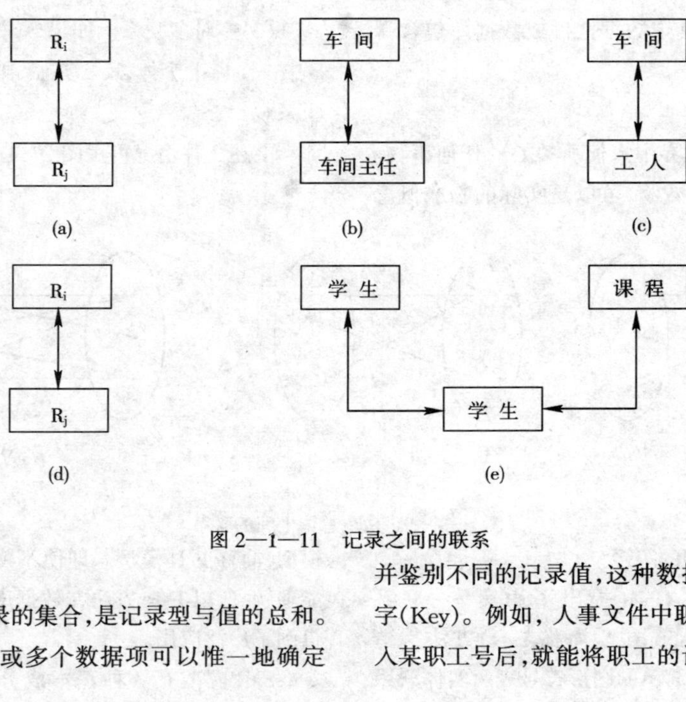

图2—1—11　记录之间的联系

3. 文件

文件是有关记录的集合，是记录型与值的总和。通常，记录中有一个或多个数据项可以惟一地确定并鉴别不同的记录值，这种数据项称作记录的关键字(Key)。例如，人事文件中职工号是关键字，当输入某职工号后，就能将职工的记录读出来使用或更新。把用于组织文件的关键字称为主关键字(Primary Key),有时也把不能惟一标识记录的数据项称为辅关键字(Secondary Key)。

(三)数据模型

建立了实体联系模型后,就可以着手建立数据模型。由实体联系模型到数据模型的转换需要做以下几件事情:

(1)给数据模型命名,使不同模型得以区别;

(2)给每个记录型命名,以表示和说明同一模型中具有的记录类型;

(3)给每个数据项命名,以说明和区分每个记录类型所具有的数据项,并确定记录的主关键字;

(4)说明各子记录型之间的联系,必要时给这种联系命名。

数据模型所有术语都用在型一级,整个模型就像一个框架,给它填上具体的数据值就得到了数据模型的一个实例。常用的数据模型有层次模型(Hierarchical Model)、网状模型(Network Model)和关系模型(Relational Model)3种。

1. 层次模型

层次模型为树型数据结构,是一棵以记录类型为节点的有向树。其主要特征是:

(1)有且仅有一个节点无双亲,这个节点为树的根;

(2)其余节点有且仅有一个双亲。

图2—1—12是层次模型的结构示例。图中,R_1是根,R_2和R_3是R_1的子女,R_4、R_5是R_3的子女,R_2、R_4和R_5是无子女的节点,称为叶子。

2. 网状模型

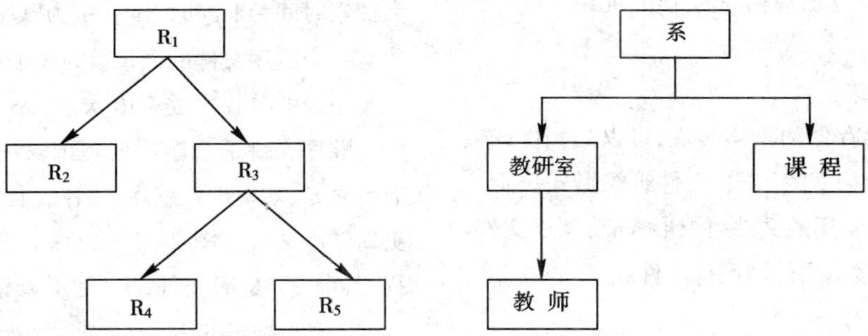

(a)层次数据模型结构　(b)层次数据模型

图2—1—12　层次数据模型

数据的网状模型是以记录类型为节点的网络结构。这种结构与树结构的显著区别在于:

(1)可以有一个以上节点无双亲;

(2)至少有一个节点有多于一个的双亲。

图2—1—10的实体联系模型转换成网状数据模型,如图2—1—13所示。由于网状数据模型中子女

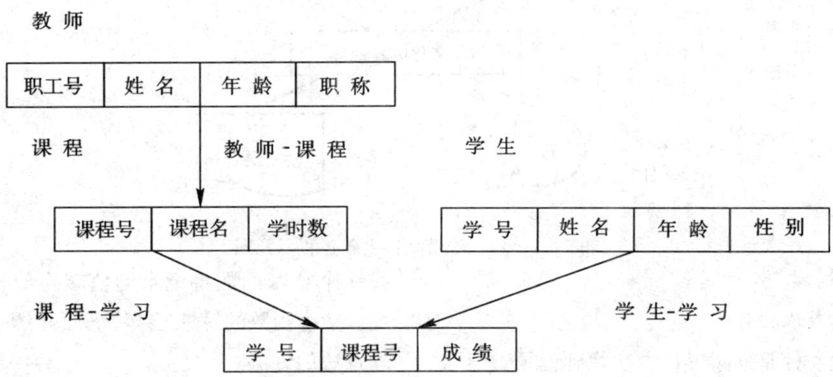

图2—1—13　网状数据模型

到双亲的联系不是惟一的，因此，在网状数据模型中将每一对双亲与子女节点之间的联系都给定名字。

3. 关系模型

关系模型是把数据的逻辑结构归结为满足一定条件的二维表的模型。在关系模型中，每一个关系是一个二维表，用来描述实体或实体之间的联系。表格中的每一行是一个元组，它相当于一个记录值，用以描述一个个体。每一列叫做域，代表实体的一个属性，域是命名的。如果表格有 n 列，则称该关系为 n 元关系。每个关系都有一个主关键字，它惟一地标识关系中的各元组。

关系模型中的关系具有如下性质：

(1)关系中每一个元组分量是不可再分的；

(2)关系模型中的列是同质的，各列指定相异的名字，列的次序不重要；

(3)关系中不能出现相同的元组，元组的顺序无所谓。

二、文件组织

计算机数据存储的具体实现，可以是文件或数据库。文件是最基本的形式，文件组织形式决定了如何存取记录。常用的文件组织形式有：顺序文件、直接存取文件、索引文件和倒排文件。

(一)顺序文件

顺序文件是最常用的简单文件组织形式。顺序文件刚建立时，记录按其到来的先后次序排列，其物理顺序和逻辑顺序并非完全一致，这种顺序文件称为串行文件。文件的记录按照关键字的大小依次重新排列所得到的文件叫做顺序文件。这种文件的顺序和逻辑顺序一致，对于每个记录，按键值的顺序赋予一个序数，序数为 i 的记录，其物理顺序亦为 i。

建立在磁带上的顺序文件，只能按顺序扫描法进行查找记录，即按照记录的序数逐个查找，要检索第 i 个记录，必须先检索 i—1 个记录。建立在磁盘上的顺序文件，可以按顺序扫描法进行查找记录，也可以按折半法查找记录，提高顺序文件的查找速度。

折半法是将文件的中点记录键值 K_j 与要寻找的记录键值 K_i 比较，若 $K_i = K_j$，则要找的记录就是键值 K_j 的记录。若 $K_i > K_j$，在文件的后半部取中点再找；若 $K_i < K_j$，则在文件的前半部取中点再找。这样反复折半查找直到找到为止。折半法的最大搜索时间为 $\log_2 n$，其中 n 为顺序文件的记录数。若有一个顺序文件的记录数为 1 024，用折半法查找一个记录的寻找次数≤10 次。

顺序文件适合顺序处理记录，一次处理的记录数越多，其效率也就越高。因此，人们用批处理方式更新顺序文件。图 2—1—14 表示磁带文件更新过程，其中 T_0 是旧文件，T_c 是用以记载更新内容的数据文件，T_n 是更新后的新主文件，它们是按相同记录键值组织的顺序文件。

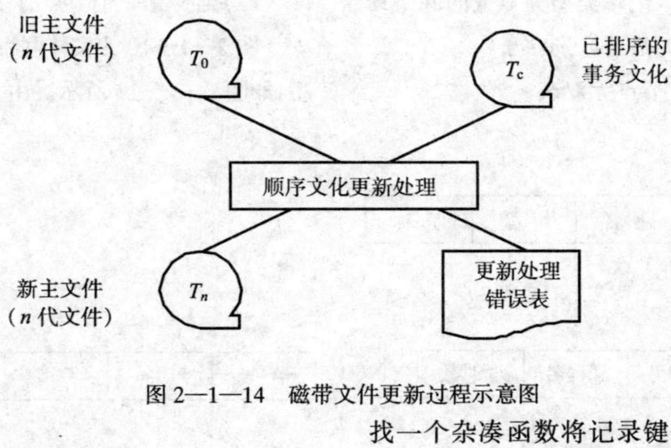

图 2—1—14　磁带文件更新过程示意图

(二)直接存取文件

直接存取文件是通过寻址方法找到记录键值与存储地址间的相应关系，直接存取记录。最常用的寻址方法是关键字—地址转换法，也称杂凑法，即寻找一个杂凑函数将记录键值转换成相应记录的地址。杂凑函数的算法很多，下面介绍一种叫做质数除余法的方法。

设所需存储单元数为 M，要转换的键值为 K，选择一个接近 M 的质数 P，则转换后的记录地址为：$H(K)=K-\text{int}(K/P)\times P$。式中，$\text{int}(K/P)$表示 K/P 的整数部分。全部记录地址的分布范围为：$0\leqslant H(K)\leqslant M—1$

举例说明，设 $M=7\ 000$，选择与 M 相近的质数 $P=7\ 007$，记录的 K 值为135 760，则转换后的记录地址为：$H(K)=135\ 760-\text{int}(135\ 760/7\ 007)\times 7\ 007=2\ 627$

采用杂凑法时总是希望能通过计算将记录均匀分配到存储单元去。但实际上，会出现两个不同的键值，经过杂凑法计算所得结果一样会发生冲突，解决冲突的方法是把第二个记录存储在溢出区的某一单元内，用链地址与第一记录连接。

直接存取文件的特点是：文件的记录随机存放，插入记录方便，存取速度快。但是记录没有排序，不能按关键字的顺序处理。

（三）索引文件

索引文件好像一本带有目录的书，它是一个带有索引表的文件，通过查找索引表能快速地找到所需要的记录。索引表本身也是一个文件，它保存着记录的存储地址与其键值的对应关系。为了查找迅速、方便，索引表是按记录键值顺序排列的，可以采用顺序扫描法、折半法或者多索引表法查表。索引文件结构如图 2—1—15 所示。

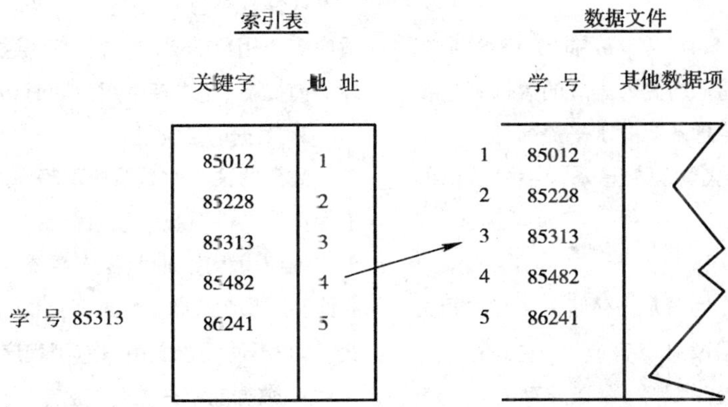

图 2—1—15　索引文件结构

数据文件的记录可按关键字大小顺序排列，也可不按关键字大小顺序排列。前者称为索引顺序文件，后者称为索引非顺序文件，简称索引文件。索引顺序文件的特点是既能按键值顺序处理记录，又能按键值直接存取记录。

（四）倒排文件

前面介绍的几种文件仅适合于一个关键字检索。对于多属性（也称多关键字）的检索，一般采用逐个读取文件的记录，进行比较，以确定满足给定条件的记录。这是很费时间的事情。采用倒排文件，可以较好地解决多关键字检索的问题，提高检索速度。

在倒排文件中除了对主键有索引外，还对某些属性（次键）也有索引。图 2—1—16 表示了职工人事文件的倒排结构，它包含了年龄、文化程度、职称 3 个次索引表。有了这种倒排结构，检索起来既方便又迅速。例如，要列出所有副教授的情况，只要在职称次索引表中查出副教授一项，就得到了每位副教授的人事记录存放地址，进而可列出所有副教授的情况。使用倒排文件检索，不是一般由记录找出所含的关键字，而是由关键字找到相应的记录。所以，人们称这种结构的文件为倒排文件。

倒排文件具有检索灵活的特点，利用它可以进行多关键字检索，通过交、并等运算，求出满足某种条件的记录的地址后，再去读取这些记录。例如，要查找出年龄在 45 岁以下的副教授，写成条件表达式为：职称＝“副教授”·AND·年龄＜45。首先要查职称索引，得到副教授的记录地址：$\{r_2, r_5, r_6\}$。再查年龄小于 45 岁的职工记录地址：$\{r_2, r_4, r_6, r_8\}$，两者相交，得到了年龄在 45 岁以下的副教授：$\{r_2, r_6\}$。这足以说明倒排文件具有检索灵活的特点。

倒排文件的缺点是占有较多的额外存储空间，文件更新的涉及面大，设计比较复杂。

地址	职工号	姓名	性别	年龄	籍贯	文化程度	职称
t_1	001	黎明	男	45	湖南	大学	教授
t_2	002	赵红	男	35	浙江	硕士	教授
t_3	003	杜鹏	女	42	北京	大学	副教授

年龄索引

年龄	记录地址
35	t_1、t_2
55	t_4
42	t_6

文化程度索引

文化程度	记录地址
大学	t_8
大学	t_9
硕士	t_{11}

职称索引

职称	记录地址
教授	t_{12}
教授	t_{13}
副教授	t_5

图 2—1—16 倒排文件结构

三、数据库系统

数据库系统(Data Base System,简称 DBS)是在文件系统基础上发展起来的更为先进的数据管理技术。它的应用使管理信息系统的水平提高到了一个新的阶段,数据库是现代管理信息系统不可缺少的一部分。

(一)数据库及其特征

数据库是以一定的组织方式存储在一起的相关的数据集合。这些数据没有有害或不必要的冗余,能为多个用户或应用程序服务,数据的存储独立于使用它的程序;能够用一种公用、可控的方法向数据库插入新数据、修改和检索原有数据。数据被结构化处理,为今后的应用服务。

文件系统虽然有许多优点,但它的数据是面向应用的,一个文件对应一个或几个应用程序,数据的冗余度大,而且文件不易扩充,不能反映客观事物之间的联系。同文件系统相比,数据库系统具有以下特点:

1. 数据的最小冗余性

数据库系统不仅向人们提供描述数据本身的手段,也向人们提供了数据之间联系的手段。因而,人们可以从系统的角度出发来考虑一个企业或一个社会组织的各项管理工作所需要的数据,把这些能为尽可能多地应用服务的数据组织在一起,消除冗余数据,提高存储空间利用率,减少更新重复数据项的操作,避免由于冗余数据存在而引起的数据不一致。

2. 数据的共享性

存储在数据库中的数据可以构成多种组合,以适应多个用户的需求。在保证数据的安全性和一致性的前提下,允许多个用户同时访问数据库。

3. 数据的独立性

数据的独立性是指应用程序对数据库系统的非依赖性。文件系统中数据存储方式的微小变化都要求重编应用程序,而数据库系统中,数据具有物理独立性和逻辑独立性,当数据存储方式和逻辑结构改变时,并不需要改变用户应用程序。

4. 数据的统一管理与控制

为了提供用户存储、检索、更新数据的手段,以及用户开发使用数据库时进行并发控制,为保证数据完整性、安全性、保密性,数据库提供了统一的管理软件即数据库管理系统(Data Base Management System,简称 DBMS),进行管理和控制。

(二)数据库系统的构成

数据库系统是由计算机系统、数据库、数据库管理系统和有关人员组成的具有高度组织的总体,如图 2—1—17 所示。数据库系统主要组成部分介绍如下:

1. 计算机系统

计算机系统是指用于数据库管理的计算机硬件和基本软件。数据库需要容量大的主存储器以存放操作系统、数据库管理系统、应用程序、数据库表、目录和系统缓冲区等。在辅助存储器方面,需要大容量的直接存取设备。

2. 数据库的分级结构

数据库可分为用户级、概念级和物理级，其相互关系的描述见图 2—1—18 所示。用户级数据对应于外模式，是用户看到和使用的数据，在许多文献中又称为子模式，也就是用户看到并获准使用的那部分数据的逻辑结构，用户根据系统给予的子模式，用查询语言或应用程序去操作数据库中的数据。

概念级数据库对应概念模式（简称模式）、对数据库的整体逻辑进行描述，与用户视图有机结合成一个逻辑整体。它是数据库管理员看到的数据库。

物理级数据库对应于内模式，又称存储模式，它包含数据库的全部存储数据，是所有用户操作的对象。从系统程序员的角度看，这些数据是以一定文件组织方法组织起来的一个个物理文件，所以，物理数据库也称为系统程序员视图。

由于存储模式和子模式被概念模式从中间分隔开来，当存储模式发生变化时就可以只修改模式与存储模式之间的映象，而不必修改用户程序，这就是程序和数据的物理独立性。另外，当模式发生变化时，也可以通过修改模式和子模式之间的映象，而保持用户程序不变，这就是程序和数据的逻辑独立性。

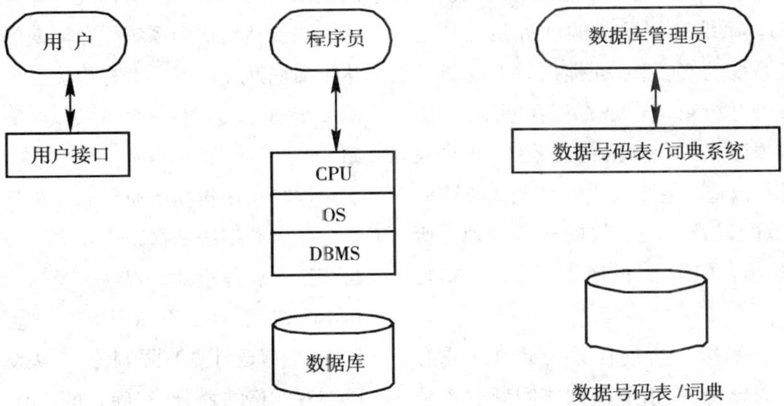

图 2—1—17 数据库系统示意图

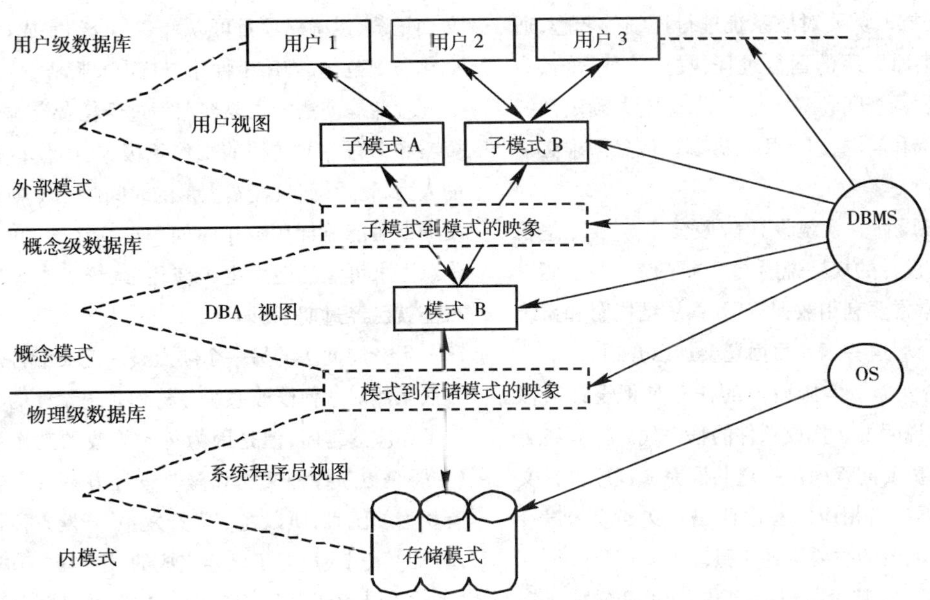

图 2—1—18 数据库的分级结构

第六节　物流管理信息系统开发方法

一、生命周期法

生命周期法是应用最广的信息系统开发方法。它将信息系统比做生物的一个生命周期，有开始、中间及结束等各个不同的阶段。每个阶段都有特定的工作内容，完成本阶段的工作以后才能进入下一阶段。这种方法一般在许多复杂的大中型项目开发中被广泛采用。

(一)系统生命周期

生命周期法把系统生命周期分为6个阶段：

1. 系统规划。系统规划阶段的任务是论证建设一个新的信息系统的必要性，并提出一个初步的设想。这个阶段要分析组织中是否存在问题，解决这些问题是否必须建立一个新的信息系统，还是只需对原有系统进行改造。还要提出新系统或改造后的系统的目标、范围以及系统建设的初步计划。所有这些内容都以"项目建议书"的形式书面提交管理部门审批。

2. 系统分析。系统分析的任务是通过对原有系统存在的问题的分析，找出解决这些问题的各种方案，评价每种方案的可行性，提出可行性分析报告和用户需求报告。

系统分析人员要对原系统进行详细的调查，通过交谈、观察原系统的运行过程，收集各种报告、表格和文档，发调查问卷等多种形式，分析并确定系统的优点、缺点和问题，以及用户有哪些信息需求必须被满足。

3. 系统设计。系统设计阶段要生成系统逻辑设计和物理设计的规格说明书。为了使这些说明书更加规范，常常要利用数据流图、系统结构图和系统流程图等工具，这些工具后面还会加以介绍。

4. 系统实施。实施阶段的任务是把设计阶段完成的规格说明书转换成软件的程序代码。系统分析与设计人员要同程序员一道共同完成程序设计文档，程序员再写出相应的程序代码。文档成为设计人员与编程人员的主要沟通工具。

5. 安装。安装阶段包括测试、培训和转换三项任务。测试用来验证新系统技术上和业务功能上的正确性；培训要对系统维护人员和最终使用该系统的直接用户分别进行；转换要对旧系统同新系统过渡所需要的所有活动排出一个详尽的转换计划，确保转换的平稳性与安全性。

6. 运行维护与评价。这一阶段包括使用、评价和维护等项内容。当系统投入使用后，用户与系统技术专家要对系统进行全面的评审，以确定新系统是否达到了预想的目标，是否需要一些修正和改进。

在系统使用的过程中，为改正错误和提高系统的效率，需要不断对系统进行维护。经过一段时间的维护以后，会发现为了进一步提高效率，更好地满足用户的要求，要对系统做大量的改造。这时可能就快要达到这个系统生命周期的终点了。一旦到达生命周期的终点，就有再建立一个新的信息系统的必要了，这时一个新的生命周期便重新开始。

(二)生命周期法的特点与局限性

生命周期法是将制造业中工程化的设计制造方法移植到软件行业的结果。它非常强调计划性，排斥不确定性，对于不确定的工作也要求排出严格的计划(如修改计划)；强调分工，从设计到生产各个阶段都有严格的划分，有确定的工作内容和相应的人员；强调合作，要求所有的工作人员的构思、创意和设计都必须有可以与他人交流的书面或其他形式的文档记载，以确保项目可以由多人合作完成；强调标准化与规范化，排斥个性化与自由发挥。

生命周期法的主要缺点是过于耗费资源。搜集资料和书写各种文档的工作量极大，不仅耗费大量的人力、物力，而且耗费大量的时间。一个项目的开发周期可能要耗用数年时间。在这么长的时间里，信息需求可能已经发生了变化，系统尚未开发出来可能就已经过期了。

生命周期法的另一个缺点是缺乏灵活性。这种方法虽然对如何修改系统分析和系统设计的结果规定了相应的程序，但是因为每次修改的工作量太大(主要是更新各种文档和修改设计方案)，实施起来有相当的困难，所以在实际开发中，开发方往往要求用户的管理人员对于已经完成的"用户需求报告"和"系统设计说明书"进行确认、签署，并且限制他们事后做大的修改。而用户当时并没有见到真正的系统，不知道是否好用，即使对用户需求和设计方案做出了确认，也带有一定的盲目性。等见到真正的系统时，发现问题，已经为时太晚，系统已经难以修改了。

生命周期法也不适用于开发那些需求不明确的系统。用生命周期法开发系统时，系统结构的设计完全是从用户的需求中推导出来的，对那些用户需求难以事先确定的系统（如决策支持系统），对于那些结构化程度比较低，甚至一些无结构的系统，生命周期法就很难适用。有时即使用户写出了一些需求说明，开发者也导不出系统的结构。这类系统的开发可以考虑用下面将要介绍的原型法。

二、原型法

（一）原型法及其开发步骤

原型法是针对生命周期法的主要缺点而发展出来的一种快速、廉价的开发方法。它不要求用户提出完整的需求以后再进行设计和编程，而是先按用户最基本的需求，迅速而廉价地开发出一个实验型的小型系统，称做“原型”。然后将原型交给用户使用。通过用户的使用启发出用户的进一步需求，并根据用户的意见对原型进行修改，用户再对改进后的系统提出新的需求。这样不断反复修改，直至最后完成一个满足用户需求的系统。与生命周期法相比，原型法的用户需求是动态的，系统分析、设计与实现都是随着对一个工作模型的不断修改而同时完成的，相互之间并无明确的界限，也没有明确的人员分工。系统开发计划就是一个反复修改的过程。它把生命周期法中所有“计划外的修改”变成了“有计划的修正”。

原型法的开发方法可以归纳为4个步骤：

（1）分析用户最基本的需求；

（2）据此快速开发一个原型系统（一般应采用第四代生成工具）；

（3）将原型交用户使用，启发用户提出新的要求；

（4）按新的要求改进原型，进行二次开发，然后再交给用户试用。

反复迭代第三、第四两个步骤，直到满足用户的所有要求。

（二）原型法的使用场合与局限性

原型法适合于需求不确定和解决方案不明确的系统的开发（如决策支持系统），完整的用户需求和解决方案可以通过原型与用户反复交互来导出。原型法还适用于开发信息系统中的最终用户界面（用户接口）。当用户事先说不清系统界面的具体要求，或者虽然说明了要求，开发者却把握不准的时候，用原型法特别有效。

原型法的最大优点就是能提高用户的满意度，尤其是最终用户的满意度。另外，周期短、成本低也是原型法很显著的优点。

尽管原型法有上述优点，但它仍然不能代替仔细的需求分析和结构化设计的方法，不能代替严谨的正规文档，也不能取代传统的生命周期法和相应的开发工具。有时，利用原型进行开发还不如从头开始。

首先，原型法不适于开发大的系统。除非做了彻底的需求分析，否则，人们至今尚不知道应该如何生成大系统的原型。如果能把大系统分解成一系列的小系统，就可以用原型法对每个小系统进行有效的开发，但是这种分解工作是十分困难的，一般也需要先做彻底的需求分析。对于批处理系统和含有复杂的逻辑处理功能的系统以及含有大量计算的小系统也不宜采用原型法开发。

其次，原型法开发的时候，测试和文档工作常常容易被忽略。开发者总是倾向于把测试工作简单地推给用户，这使测试工作进行得不彻底，将给系统留下隐患，这也是开发者对系统的使用者或生产者的业务不了解，进行责任推委的一种做法；开发者也容易忽略正式文档的编写，他们认为编写文档太费事，系统又太容易改变，即使做了文档又会很快地失效。由于缺乏有效完整的文档，使系统运行后很难进行正常的维护。

原型法的另一个缺点是运行的效率可能会比较低。最原始的原型结构不一定是合理的，以此为模板多次改进后的最终系统会保留这种结构的不合理性。用户一般都意识不到重新进行编码的必要性，而满足于系统已经具有了所需要的功能。当系统运行于大数据量或者是多用户环境中的时候，运行的效率往往会降低。这种结构不合理的系统通常也是难以维护的。正确的方法是将其重新编写，但这要付出额外的代价。

三、利用软件包的开发方法

(一)利用软件包开发

应用软件包是预先编制好的、能完成一定功能的、供出售或出租的成套软件系统。它可以小到只有一项单一的功能(比如打印邮签),也可以是有50万行代码的、400多个模块组成的复杂的运行在主机上的大系统。现在市场上各种专用的软件包日益增多,利用软件包实现组织的信息系统已经成为一种可行的开发策略。因为软件包已经完成了设计、编码和测试工作,又有完整的文档供培训和维护使用,所以用它来开发信息系统,时间会大大缩短。大多数软件包都是用来完成许多组织都将用到的一些公共的通用功能的,销售量的增加使软件包的购买(或租用)费用下降,一般都低于自行开发。

在下列3种情况下可以优先考虑选择使用软件包开发系统的策略:

1. 需要开发的系统功能是多数组织都要用到的一些通用功能。比如,工资管理、人力资源管理、会计财务管理、应收应付账款管理等。因为这类软件包很多,有比较宽的选择余地,成本也不会很高。

2. 缺少组织内部的开发人员。不是每个组织都有足够的内部信息技术专业人员可以承担系统开发任务的,这时就可以考虑全部或部分地选用软件包来开发自己的信息系统。

3. 开发的系统属于微机系统。因为目前市售的绝大多数应用软件包都是运行在微机环境下的。

(二)用软件包开发的优点

利用现成的软件包开发信息系统有许多明显的优点:

1. 缩短开发时间

系统设计与测试的工作量一般会占系统开发全过程的50%以上。软件包的供应商在提供软件包的时候已经把设计说明书、文件结构、处理关系、事务定义和报告输出等的设计问题解决了。软件包在上市以前都经过了充分的测试,已经消除了绝大多数的技术问题。稍微复杂的软件包(如小型机上的MRPⅡ系统)供应商还会负责协助用户进行安装。安装后的测试,因为有供应商的协助也会变得相对简单和快捷。所以用户能在较短的时间内迅速地将系统投入运行。

2. 可以得到比较好的维护

供应商不仅提供长期的系统维护,还提供优惠的定期更新和系统升级服务。这对于因为缺少内部专业技术人员而无力维护的组织来说无疑会有很大的帮助。即使组织内部有一些维护人员,也不如由供应商提供的维护更为专业、更为有效,也更为节约。

3. 能减轻组织内部对系统开发的阻力

系统开发过程是一个组织变革的过程。改变组织中人们的工作惯例,改变部门之间的制约关系都会遇到阻力。在传统的系统设计过程中,设计人员为了说服用户接受新系统的运行模式,常常会同用户产生矛盾,有时还不得不做出一些让步和折中,这都会增加系统的阻力,降低系统的效能。如果利用软件包来开发,情况就会有所不同。软件包是由供应商在总结了大多数同类业务以后,站在较高的位置上设计出来的,有较大的普遍性和适应性。组织决定采用软件包以后,就不需要再与最终用户讨论,而是要求用户直接接受它。从心理上讲,用户也更容易接受一个第三方提出来的新的工作模式,当新模式具有较强说服力的时候更是如此。开发中出现矛盾的时候开发人员和用户都倾向于把原因归咎于软件包功能的不完善,有了这样一个“出气筒”,可以减缓组织内部开发人员与用户之间可能产生的矛盾与抵触,这种对立常常是导致系统失败的因素之一。组织的管理层在做出开发决策的时候,由于软件包的成本相对比较明确,开发过程的管理也比较简单,所以很容易被组织的决策层所接受。开发阻力的减少意味着成功率的提高。

(三)用软件包开发的缺点

尽管软件包的采用已经很普遍,但是这种方法仍有不可忽视的缺点:

1. 功能较为简单

市售的软件包主要是为满足某一特定功能为主设计的。每个企业在开发系统时常常有多个功能目标要实现,软件包不具备的功能就需要用其他方法另外开发,将不同方法联合使用。例如,买到的财会软件包可能只满足用户记账和报表的功能,用户不得不自行开发成本核算和财务分析的功能。

2. 难以满足特殊要求

软件包能够满足不同企业的共同的通用要求，但难以满足各自的特殊要求。为解决此矛盾，软件包的开发商不得不根据用户的具体情况提供修改软件包的手段和方法。为适应用户特殊需求而对软件包做必要的修改和补充称做软件包的客户化。少数开发商可以向用户提供部分源代码，允许用户根据自己的需要对软件包的部分功能进行修改。显然这会破坏原来软件包的功能完整性，所以开发商一般不再提供对改后软件的技术服务和支持，这使用户处于两难的境地。更多的软件商会提供多种可选的功能，以尽可能地满足用户的特殊需求。例如，有些MRP软件包就提供2～7种作业调度模型和多种库存模型由用户选用。另一种做法是在软件包中留出一些“用户接口”，允许用户利用这些接口自行开发处理程序，对软件包处理的数据进行干预。如果软件包没有留接口，就只能采取最传统的方法——加前端和后端程序来完成客户化。

3．实施的费用随客户化工作量的增大而急剧上升。软件包的安装及客户化都是十分耗资耗时的，当客户化工作量较大时，所耗费的成本将大大超过购买软件包的成本，使原来的预算被突破。例如，某公司安装6个软件包（包括制造资源计划、总分类账、应收账款、固定资产账等），最后的实施成本分别是每个软件包购买成本的1.5～11倍，第一年的维护费用是购买软件包成本的两倍。

(四)选择软件包开发要考虑的因素

为避免软件包的这些缺点必须对软件包进行仔细的评价和选择。选择时要考虑下述因素：

1．功能：用户的功能要求哪些能够满足？哪些需要修改？那些根本就不支持？

2．灵活性：哪些可以客户化？修改是否方便？供应商是否能替客户修改？

3．友好性：是否容易使用？要多大的培训量？

4．软硬件环境要求：所需计算机软硬件平台以及网络的要求。

5．对数据库和文件结构的要求：所需数据库和文件结构能否满足用户的需要？能否允许用户的非标准数据输入？

6．安装维护的承诺：安装转换的难度如何？维护是否方便？用户要有什么样的专业人员（程序员、系统分析员、数据库专家）才能胜任维护工作？供应商提供什么程度的服务？能否及时地得到软件包的升级和更新？

7．文档的完整：技术说明书及使用说明书是否完整？是否容易使用？

8．供应商的状况：信誉、背景、历史、规模及服务承诺。

9．价格：尤其要注意一次购买后的后期费用（客户化、实施、安装、维护等）。

(五)利用软件包开发系统的步骤

利用软件包开发系统时也要经历与生命周期法类似的步骤，只是每个阶段的工作内容稍有一些不同。最大的不同是系统设计的指导思想，不能像传统的设计那样尽量地把系统设计得与组织相匹配，相反，通常是要重新设计组织和业务流程，让他们尽量与软件包的要求相吻合。下面列出各步骤的一般内容。

1．系统分析。明确原系统的问题和需求，提出解决方案，比较不同的开发策略，确定是否应该利用软件包开发，选择软件包的供应商，评价并选择软件包。

2．系统设计。裁剪用户的需求，以适应软件包的功能；培训技术人员，完成客户化设计和新的业务流程设计。

3．编程、调试、转换。安装、修改、设计程序接口、做文档、切换、测试、培训用户。

4．运行与维护。改错与升级。

第二章　物流管理信息系统技术基础

计算机技术的发展为管理信息系统的建设奠定了主要的技术基础。另外，本章还介绍了物流管理信息系统中广泛采用的条码、EDI、GPS、GIS等技术。

第一节 软件与硬件环境

进行物流管理信息系统建设，必须具备一定的软件和硬件环境。从广义上来讲，软件环境包括计算机软件环境和企业人文软件环境。计算机软件环境包括所用的操作系统、数据库系统等；人文环境包括整个企业支持力度、领导态度、编码体系等等。硬件环境包括计算机硬件如服务器、终端PC机等。

在现有的物流管理信息系统中，一般应用较多的有客户/服务器(C/S)结构和浏览器/服务器(B/S)结构。物流管理信息系统建设过程中，主要需要考虑的软硬件因素有：

(1)体系结构，如分布式和集中式等。

(2)计算模式，如C/S和B/S等。

(3)操作平台，如Windows、Unix、Linux等。

(4)服务器等级和品牌，如小型机服务器、微机服务器。

(5)数据库选型，如Oracle、Sybase、Infomix、SQL Server等。

(6)编程语言环境，如VB、PB、Delph、C、Developer、JAVA等。

不同的行业，由于信息化水平不一样，已经形成了行业自身的选型习惯，而且也经过了长期的实践检验，如冶金行业习惯用IBM小型机服务器等。此外不同的开发语言各自有其侧重点，如VB学习和编程都比较简单，通用性强；PB和Delphi开发数据库应用系统则快速方便；新兴的JAVA语言开发网络应用系统则具有独特的优势。还有，不同的语言厂商都推出了最为匹配的开发语言和数据库组合，如微软公司推出VB和MS SQL Server，Oracle公司则推出了Developer和Oracle数据库，Sybase公司的产品是PB和Sybase Adaptive Server等。其中，Oracle数据库稳定可靠、性能好，已经成为大型应用系统中DBMS的首选。

总之，企业在软硬件选型上一定要结合企业本身的财力物力状况，照顾到本企业或者本行业的工作习性，为系统的顺利开发和以后的维护创造良好的基础条件。

一、硬件环境

(一)服务器

计算机网络系统是整个企业信息化系统的运行平台，服务器是整个网络系统的心脏，它能否可靠运行直接影响着计算机网络系统的正常运作。因此，计算机网络系统一般选择性能及可靠性较好的小型机服务器或者微机服务器。其基本性能要求如下：

1. 完善的容错能力：在电源、硬盘、阵列卡、内存保护、CPU电源模块、PCI总线上实现在线冗余，最大程度地降低单点故障。

2. 带电热插拔技术：保证易损部件的更换与维护不影响系统的运行。

3. 智能I/O技术：对重负荷的I/O卡，如100 M网卡、高速硬盘、采用按最新规范设计的智能通道卡，减轻主CPU的压力，优化总线传输，增加I/O吞吐能力。

4. 良好的扩充性：保证在应用增加时只需扩充服务器计算能力与存储能力便可保证应用的升级，而无需再增加服务器。

在服务器市场上，中高端服务器一般均为国外品牌所分割，一方面，国外品牌质量较稳定，另一方面，由于企业以前的信息化建设中，使用都是国外品牌，存在着产品使用的客户倾向性，如钢铁企业原来使用的多是IBM服务器，所以在不少钢铁企业的现代信息化建设中，依然选择IBM服务器。

在低端服务器市场上，特别是中小型网站的Web服务器，有采用国产服务器甚至有自己组装服务器的。这个趋势还会加大。

终归来讲，国外品牌大都存在价格较高、交货期长、使用复杂、维修不便与成本过高等问题，但其可靠性一般均较高。

(二)终端机

终端机又称为客户机或者工作站，操作者通过终端机向服务器发送服务请求，获取数据。终端机一般是普通的个人计算机(PC机)，当然这种终端机可以是有盘工作站也可以是无盘工作站。在目前国内的终端机市场上，国产品牌占据了主流地位。和国外品牌相比，国产品牌价格比较便宜，售后服务质量较好。

对于生产企业，一般在生产管理系统等应用的终端机选择工业微机，但是也出现了选择商业微机的趋势。

(三)交换机

交换机一般工作在物理层和数据链路层,较为高档的交换机可以实现第三层交换,实现简单的路由选择功能。交换机比局域网内的网桥和路由器的性能和吞吐量更高,主要基于以下几个方面的原因:采用直通式(Cut Through)结构,比路由器有小得多的时延;允许多端口并行传输数据;高速背板技术。

主交换机是网络核心层设备,所谓核心层即网络的中心,其功能是实现高性能的交换和传输。因此,核心层设备应该是高性能的交换机,可实现高速度的交换传输;并且还必须非常可靠,能实现不间断工作。主交换机还可用于连接服务器等核心用户设备。

主交换机的性能对整个网络的速度及规模限制影响很大,应选择高性能的交换机,一般应具备内置CPU及缓存,这样可以大大增强处理能力,减少包丢失现象,增强可靠性及吞吐能力。选型时应更多地注意类似各种内在性能指标。一般应具备以下性能:

(1) 配置双电源,实现电源的1:1热备份。

(2) 配置内置CPU及缓存。

(3)最好采用1块路由处理器模块和1块交换处理器模块。路由处理器模块负责计算路由信息和实现管理功能,交换处理器模块负责实现交换功能。

(四)路由器

路由器在通信体系结构的网络层工作,它对上层透明。路由器互连具有相同通信体系结构的网络。多协议路由器可以处理多种通信体系结构,但并不转换协议。两个"半路由器"(即WAN路由器)通过点到点链路透明地连接两个网络。路由器使用路由表对分组进行路径选择。TCP/IP路由器使用EGP协议,把路由信息通知给Internet主干网上的核心网关。其优点为:

(1)在复杂的网络中,可以在源站和目的站之间对分组进行路径选择。

(2)可以配置为允许多路径。

(3)可以进行网络的数据流控制。

(4)允许对大型网络的访问,例如对Internet的访问。

选择路由器主要是考虑远程联网的需要,从某种意义上分析,路由器本身实际上是一套路由软件在电子设备中的集成,因此在采用路由器实现远程联网功能上,有多种可选方案。

路由器一般用做营业部与银行联网以及和证券总部或证交所联网设备,较为典型的路由器产品,一般含一个以太网接口,两个同步串口,一个异步端口可同时接8个调制解调器,伸展性能较好。选择路由器时一般应考虑如下因素:

(1)在基本配置时,路由器可以提供哪些功能;

(2)硬件升级的费用;

(3)软件升级的费用;

(4)路由器是可以处理多协议,还是只能处理单协议;

(5)支持的网络互连性;

(6)性能特性(每秒传送的分组数);

(7)管理功能(即是否支持SNMP);

(8)支持的LAN(以太网、令牌环、FDDI等);

(9)延迟。

(五)集线器

集线器是一种接线集中器,它把电路连接集中在一起。但现在已经开发成高级的交换器。集线器一般用做分布层设备,主要用于接入用户终端设备,如PC机等。要求高端口密度,可连接大量用户设备,每个端口价格相对较低。其优点为:

(1)对接线做改动比较容易;

(2)易于网络扩展;

(3)大多数集线器支持多种LAN或WAN协议;

(4)集中化的管理;

(5)提供中继器的功能。

选择集线器,需考虑如下因素:

(1)冗余特性;

(2)支持的LAN拓扑结构;

(3)端口交换的功能;

(4)段交换的功能;

(5)是否便于迁移(migration)。

(六)其他硬件

包括打印机、及其他产品。如线缆、网卡等。

二、软件环境

在物流信息系统建设中,需要用到的计算机软件很多，如操作系统、数据库管理系统、开发语言环境、中间件和各种客户端应用软件。另外还需考虑软件系统的体系结构和计算模式等。系统软件的选用应充分考虑软件的安全性、可靠性、稳定性。一般应具备如下功能：

1. 身份验证功能——防止非法用户随意进入系统；

2. 访问控制功能——防止系统中出现越权访问；

3. 故障恢复功能——能够自动或在人工干预下从故障状态恢复到正常状态而不致造成系统混乱和数据丢失；

4. 安全保护功能——对信息的交换、传输、存储提供安全保护；

5. 安全审计功能——便于应用系统建立访问用户资源的审计记录；

6. 分权制约功能——支持对操作员和管理员的权限分离与相互制约。

(一)操作系统

常用的操作系统有 Windows、Unix、Linux，其中应用得最普遍、界面效果最友好的当属 Windows/NT/2000，但 Windows 系列软件的稳定性和安全性较弱，对信息系统的安全管理要求较高。Unix 界面不算友好，专业水平需求较高。Linux 介于 Windows 和 Unix 之间，同时由于 Linux 代码的完全开放性，正受到越来越多的欢迎。

(二)物流信息系统的体系结构

表 2—2—1 列出了集中式和分布式结构的特点，应根据具体情况进行选择。

表 2—2—1 信息系统的体系结构

体系结构	结构特点
集中式	信息资源(包括硬件、软件、数据以及主要外围设备)在空间上集中布置； 安全、可靠、资源利用率高，人员管理方便； 系统整体可靠性较差，应变能力弱，复杂性较大，维护、升级困难，不易扩展
分布式	信息资源不集中布置，而是利用网络联接，进行信息资源共享； 分布式计算机系统可以在网络管理下统一管理工作，也可以脱离网络环境利用本地资源独立开展工作； 分布式系统整体可靠性增强，并行程度高，系统可扩展性增加。但是管理上较困难

(三)计算模式

在系统分布式布置的环境下，流行的计算模式可以采用 C/S(Client/Server，客户机/服务器)、B/S(Browser/Server)以及 C/S 和 B/S 混合计算模式等。表 2—2—2 简单介绍了几类现在通行的计算模式的特点：

表 2—2—2 通行的分布式系统的计算模式

计算模式	主要特点
C/S	在客户端安装特定的功能软件，系统的部分功能在客户端本机实现。所以信息处理功能由服务器和客户机共同分担，减轻了网络数据传送量，服务器上的资源可以得到充分利用，但是系统复杂性大大增加。由于软件分散布置，所以维修、维护、升级困难。且专用软件的操作培训较难，推广应用有相当难度。 常用的 C/S 分为两层结构和 3 层结构。数据服务器对客户机的请求做出直接回答称为两层结构，对于较复杂的系统，为维护数据的安全性和高效性，还可以在客户机和数据服务器之间加一层应用服务器，专门安装应用软件来根据客户机的要求访问数据服务器
B/S	客户端无须安装特定的系统软件，客户利用通用的浏览器软件如 IE 等以 Web 形式通过 Web 服务器访问数据服务器。所以 B/S 是一种特殊的基于 Internet 技术的 3 层结构的 C/S 计算模式。B/S 方式传送的数据方式多样化，如多媒体等，通用的通信协议具有平台无关性，整个系统的开放性和可移植性好。系统界面统一，易学易用，开发、维护成本较低
C/S+B/S	客户机既可以利用浏览器通过 Web 服务器对数据服务器进行访问，又可以利用客户端的应用软件直接对数据服务器以及其他应用服务器进行访问。 可以利用 B/S 结构实现查询功能，利用 C/S 结构处理其他的复杂业务

(四)数据库管理系统

市场上的数据库商业产品较多，从中国市场的占有率来看，Oracle、MS SQL server、InfoMix、Sybase、FoxPro 是占有率最大的 5 种商业数据库产品。数据库系统的选择是整个网络系统建设的关键，工业用计算机网络的特点是安全性、实时性要求高，业务处理量大，要求数据库系统具有强大的分布处理能力。数据库系统应具有快速响应的能力，确保数据在网络上快速传递。数据库系统还应提供分布系统中数据的完整性和一致性保护的有效手段。同时，必须具有内置的用户数据管理机制，还应具有数据封装的功能，即对前端应用开发人员屏蔽数据库系统的数据结构和业务处理规则，实现服务器端的安全控制，实现最高层次的安全级。它应支持开放的操作系统，网络协议和多种硬件结构，并具有开放性，能与各种网络结构和数据库系统并存。具有开放体系结构的应用编程接口。

如 Microsoft NT4.0 支持多线程，能满足多用户开发工作的需要。同时它对 Internet/Intranet 的强有力的支持，为各种应用扩展提供了空间，如构造企业内部网、实现企业集中监控、开发 Internet 网上功能等的应用。

Microsoft SQL Server 6.5/7.0/2000 是一个可扩展的、高性能的、面向分布式、基于 Server/Client 计算的数据库管理系统，它具有高度的数据安全和数据一致性，提供完善的备份手段。同时，作为 Microsoft 产品，它直接使用了 Microsoft NT Server 的内核服务，比如线程创建、调度、优先级分配、系统安全、事务管理和监测等，这种完全的集成减少了代码的冗余，使代码更小、效率更高。从目前来看，Microsoft SQL Server 6.5/7.0/2000 是结合在 Microsoft NT /2000 Server 上最好的数据库管理系统。表 2—2—3 列举了五大主流数据库产品的特点。

5. 计算机语言与开发工具

计算机开发语言种类较多，也构成了不同的层次。从语言的发展来看，分为机器语言、汇编语言、高级语言(如 Basic、Fortran、COBOL、Pascal、C 语言等)等。

在高级语言的基础上发展出面向对象的语言，如 C++和 Java 等。网络上主要应用的则是标记语言，即 HTML。

在高级语言的基础上，为提高软件开发的质量和效率，又开发出以不同的高级语言为基础的开发工具，如 Power Builder、VB、Delphi 以及专门的网页制作工具(如 Front Page)。ASP、JSP 和 PHP 等则用于开发动态页面。此外还有计算机辅助软件工程等。表 2—2—4 列出了几种主流程序开发工具的特点。

6. 客户端应用软件

针对物流活动的各个环节，企业必须开发出不同的应用软件，一般来讲，对于物流管理信息系统，采用的是特别开发的客户端专用软件。现在客户端应用软件的趋势是向 B/S 即普通浏览器方向发展。

表 2—2—3 五大主流数据库产品的特点

数据库	主 要 特 点
Oracle	具有很强的可移植性、可兼容性和可联接性； 支持多用户、大型数据库的高性能事务处理； 较好的安全性和完整性控制； 工业市场的广泛应用
MS SQL	和 Windows 同属于微软产品； 通过 ODBC 到其他的 DBMS 中获取数据； 支持应用程序和服务器之间通信的标准语言 Transact-SQL； 采用基于服务器的方式来支持 Internet； 通用网络市场应用较多
FoxPro	辅助工具功能强，如屏幕提示、报表生成、标签生成等； 可以使用 SQL 标准查询语言； 查询优化技术与按例相关查询技术、索引结构的应用； 提供与 C 语言接口工具：Library Management； 开发出来的应用系统可以完全脱离 FoxPro 环境运行
InfoMix	适用于 Unix，反应速度快； 支持以格式为基础的交互式应用开发； 不提供异构的 DBMS 中数据复制，应用受到限制
Sybase	存储过程、触发器和 Transact-SQL 语言，使之成为完整的服务器编程语言； 强大的远程调用功能； 多服务器结构，以最大效率处理各种任务和输入输出工作； 提供异构的 DBMS 中数据复制； 采用基于脚本的方式来支持 Internet

表 2—2—4 几种主流程序开发工具的特点

语言环境	主 要 特 点
VB	VB 继承了 Basic 简单易用的特点； VB 适用于 Windows 环境下快速编程； VB 采用可视化技术，操作直观； VB 采用面向对象技术，没有复杂的程序流程； VB 编程模块化、事件化，程序由许多小程序组成； 可以使用大量的 Visual Basic 控件、模块简化编程； VB 可以调用 Windows 中的 API 函数及 DLL 库； VB 有很好的出错管理机制； VB 与其他程序有良好的沟通性，如各种数据库； VB 是少数的几个有中文版的编程工具之一； 最好的关联数据库是 SQL Server

续上表

语言环境	主　要　特　点
PB	PB 即 Power Builder，是美国 PowerSoft 公司推出的 Windows 下专门设计开发客户机/服务器数据库应用程序的强力可视化开发工具。最优秀的数据库前端开发工具。通过 ODBC，PB 可以创建数据库与表。 PB 支持常见的各种数据库，既能直接连接 Sybase、SQL Server、Informix、Oracle 等大型数据库系统，又能通过 ODBC 连接 Xbase、Access、Excel 等小型数据库系统。而且 PB 通过封装，以一种几乎一致的方式操作各种数据库，因此能非常方便地将应用程序从一种数据库移植到另一种数据库。 拥有专利技术的数据窗口（DataWindow）。数据窗口可以看做是一个对数据库进行操作和显示的控件。在其数据窗口画板中，几乎可以以任意的形式显示和操作数据。 大中型 C/S 数据库应用系统的首选开发工具。在最新的 6.0 版本中，更是极大增强了对 Internet/ Intranet 数据库以及多种操作系统的支持，使其在新一轮竞争中继续保持优势
DELPHI	Delphi 是 Borland 公司推出的一种强有力的客户机/服务器数据库应用程序开发工具。作为 VB 的强大竞争对手，Delphi 提供基于 Pascal 的可视编程环境。 可重用性和可扩展性。可重复利用预先定义的可视对象及非可视对象，包括按钮、菜单、数据对象以及预先建立的对象等。 对 VBX 和 OCX 的支持。Delphi 支持将封装的 VBX 对象装入 Component 调色板中，从而可以很容易地利用这些对象。 应用程序及窗体样板。Delphi 提供预先建立的窗体和应用程序样板，可以很快用于实际程序开发中。 编译程序。Delphi 没有解释程序和预定义代码，这使得 Delphi 比其他语言快。Delphi 可以将整个程序装入单个可执行文件中，而不需要附加 DLL 文件。 强大的数据库功能。目前计算机软件开发分为两个体系，其中一个体系是使用传统的设计语言，如 Pascal、C 等。另一个体系则是通用的数据库管理软件开发领域。如果使用数据库语言进行传统的数据运算编程，其实现过程可能会极为复杂；然而同样使用传统语言编写数据库管理软件，做起来十分困难。两个体系的急速发展，出现了二者混合的迹象。Delphi 结合两大体系的优点，使我们根本不需要编写任何的 Object Pascal 代码便可以创建一个简单的数据库应用。 凭借窗体（Forms）和报表（Reports），Delphi 可以访问多种数据库
JAVA	Java 是 Sun 公司推出的新一代面向对象程序设计语言，特别适合于 Internet 应用程序开发，具有很强的平台无关性。Java 具有如下特点： 简单：Java 的风格类似于 C++，摒弃了 C++中容易引发程序错误的地方，继承了丰富的类库； 面向对象：Java 语言的设计完全是面向对象的，支持静态和动态风格的代码继承及重用； 分布式：支持 HTTP 和 FTP 等基于 TCP/IP 协议的子库，可以凭借 URL 打开并访问网络上的对象，其访问方式与访问本地文件系统几乎完全相同。特性却使我们很容易地实现这项目标； 健壮：Java 致力于检查程序在编译和运行时的错误，还实现了真数组，避免了覆盖数据的可能。缩短了开发应用程序的周期； 结构中立：将它的程序编译成一种结构中立的中间文件格式。只要有 Java 运行系统的机器都能执行这种中间代码； 安全：像指针和释放内存等 C++功能被删除，避免了非法内存操作等； Byte-code 校验：如果 byte-code 通过代码校验，没有返回错误，访问对象操作是合法的； 类装载：Class Loader 通过将本机类与网络资源类的名称分开，来保证安全性； 可移植性：同体系结构无关的特性使得 Java 应用程序可以在配备了 Java 解释器和运行环境的任何计算机系统上运行，这成为 Java 应用软件便于移植的良好基础； 解释器：Java 解释器（运行系统）能直接运行目标代码指令； 高性能：Java 可以在运行时直接将目标代码翻译成机器指令； 多线程：多线程功能使得在一个程序里可同时执行多个小任务； 动态：允许程序动态地装入运行过程中所需要的类

第二节　主要的物流信息技术

一、物流条码技术

（一）物流条码

物流是生产和消费之间联系的纽带，为了实现以最小的投入获得最大的经济效益，就要使物流过程快速、合理、消费低，将物流、商流、信息流综合地考虑，发挥物流系统的功能效用。物流条码可以使我们更好地实现这一目标。利用识读设备可以实现自动识别、自动数据采集。在商品从生产厂家到运输、交换，整个物流过程中都可以通过物流条码来实现数据共享，使信息的传递更加方便、快捷、准确，提高整个物流系统的经济效益。

物流条码是货运单元惟一标识。货运单元是由若干消费单元组成的稳定的和标准的产品集合，是收发货、运输、装卸、仓储等项物资业务所必需的一种物流包装单元，是多个或多种商品的集合，应用于现代化的物流管理中。

物流条码的码制是指条码符号的类型，每种类型的条码符号都是由符合特定编码规则的条和空组合而成，都有固定的编码容量和条码字符集，国际上常见的物流条码有 EAN—13 码、交叉二五条码、EAN/UCC—128 条码，以及 code 39 码。

1. EAN—13 码

物流条码应用的是 EAN 码制中的 EAN—13 码。EAN—13 码是国际通用符号体系，它是一种定长、无含义的条码，没有自校验功能，常用在单个大件商品的包装箱上。

2. 交叉二五条码

交叉二五条码在仓储和物流管理中被广泛采用。1983 年，交叉二五条码完整的规范被编入有关物资储运的条码符号美国国家标准 ANSIMH10.8 中。1997 年，我国制定了交叉二五条码国家标准，并于 1998 年 3 月开始实施。交叉二五条码是一种连续、非定长、具有自校验功能，且条空都表示信息的双向条码。常用于定量储运单元的包装箱上。

3. EAN/UCC—128 条码

EAN/UCC—128 条码是由国际物品编码协会，美国统一代码委员会和自动识别制造商协会共同设计而成的。它是一种连续型、非定长、有含义的高密度代码。128 条码是物流条码实施的关键，它能够更多地标识贸易单元的信息，如产品批号、数量、规格、生产日期、有效期、交货地等，使物流条码成为贸易中的重要工具。

对 128 条码的印刷要求较为宽松，在许多粗糙、不规则的包装上都可以印刷，128 条码的识别要比前两种码制的识别容易得多。

4. 39码

39 码起源于美国，它是第一个字母数字式码制。此码制特别适用于需用字母、数字作为物品标识的应用场合。并且，由于字符集全、编码严谨、条码位数与数据范围不限，因此广泛用于物流管理系统、汽车制造业、机械加工业、工业自动化等行业和领域。39 码是离散型的（即字符之间有不代表信息，只起分隔作用的空白区）、自校验的、长度可变的码制。它的字符集包括 0～9 的数字、A～Z 的 26 个字母以及几个特殊符号（—，.，space，*，$，/，+，%）。条码以“*”号作为起始终止符。总共有 44 个字符。每个 39 码字符有 5 个条（2 宽，3 窄）和 4 个空（1 宽，3 窄）。即 9 个元素中有 3 个宽元素，6 个窄元素。这就是 39 码名称的起源。

每一组完整的条码由下列几部分组成：

（1）起始符：一组特定的条码。一般位于完整条码的头部。阅读时，首先扫过起始符，表示该组条码开始给读入。起始符可以避免连续阅读时几组条码互相混淆，或由于阅读不当丢失前面的条码。

（2）终止符：它与起给符作用类似，是条码终止的标志。

（3）数据码：紧接着起始码的是数据码。它用来表示一定的数据。这是条码的核心，是所要传递的主要信息。

（4）校验码：数据码之后是校验码。它通过对数据字符的一种算术运算，对所译出的条码进行校验，以确认所阅读信息的正确性。

（5）头、尾空白区：为了保证条码扫描器的光束到达第一个条纹之前，能够达到较稳定的速度，黑白相间条纹的头部与尾部画有一空白区域是必要的。条形码一般可以双向阅读，因此尾部空白作用与头部空白区间相同。

（二）条码识别系统

1. 物流条码自动识别系统的主要元素

一个条码物料自动识别系统的主要元素有：

（1）载有此活动内容的条码；

（2）能够自动读入条码的装置——条码自动阅读器（扫描器和译码器）；

（3）把读入的信息传送到处理器的通信系统；

（4）处理器；

（5）执行处理器命令的动作机构。

物料信息的载体码条在前进过程中通过条码自动阅读器读入后，送到中央处理机进行处理分析和判断，然后发出命令，指挥动作机构执行，使物料被送到指定的方位。

2. 条码的生成与印制

条码生成与印制首先是选择码制。码制选择可根据使用目的、使用环境、信息表达量来选择。条码制确定后,要将所标识物品进行编码。然后是印制条码。

物流识别中,当用条码表征货物的特征信息时,可以在线生成所需要的条码标签。在以某些固定的标牌形式区分货物时,例如,以立体仓库中每一存储货位作为对应被分配到该货位上的货物标识信息,由于货位编码是固定的,所以这时可以离线加工条码标签。设计条码标签时,应满足一般的印刷质量要求,如尺寸精度、PCS值等。为确保动态物流的可靠识别,还需结合标签可占空间、阅读视场、物流速度、扫描周期等确定条码符号的几何尺寸。在特殊环境下或反复使用的标签可以外加护膜或采用塑料、金属等材料制成。条码印制方法分为机械类和电子类两种。机械类印刷是在印刷设备上进行条码印刷。电子类印刷是利用打印机在计算机控制下进行条码印制。前者适于大批量固定号的条码研制。后者可通过计算机软件随时更换数据和印制相应的条码。它更适合在线实时印制的需要。

3.条码的读入

自动识别的第一步是条码的读入。条码的读入是由扫描器和译码器完成的。

扫描器利用光电转换技术对条码符号进行扫描,获取条码信息。一种扫描器是手工移动扫描器。例如,由操作者手持光笔CCD(电荷耦合器件)条码阅读器扫描或手持激光条码阅读器扫描。前者多用于出/入库单的录入;后者则常用于盘库等;另一种是激光扫描器固定不动,条码在扫描器前移动通过时进行扫描,被称为固定式自扫描条码阅读器,可对条码远距离自动识别,不需任何人工操作。因此在物流识别与跟踪中广泛使用。第三种是全向式阅读器(CCD阅读器)。这种阅读器如同一摄像头。当条码进入摄像区,条码的整体信息直接被摄入。其特点是,阅读器与符号之间不必相对移动,无论条码以什么角度进入阅读区都能被正确读入。

为满足对物流信息采集的连续性、实时性和多采集点的要求,有必要采用一定结构的条码数据采集系统。经常使用的多通道管理器可对多点条码信息进行管理。此外,运用射频通信(RFDC)技术可使数据采集系统具有更好的柔性。

译码器:译码器是分析阅读器读入的信号,并解译出条码的编码信息。衡量一个译码器优劣的主要指标是误码率和首读率。误码率表示对一组数据进行识别,其中可能出现一个错误数据的概率。首读率是对一组条码进行一次性识别,其中识别成功的概率。一个符合质量标准的译码器,在条码符号印刷质量比较好的情况下,误码率要求在10—8～10—98以下。首读率在90%以上。扫描器与译码器可以是分开的,也可以组合在一起,称为条码阅读器。条码阅读器的主要技术指标是扫描距离、扫描速度、分辨率、景深、阅读视场和首读率等。设计人员可以根据识别对象、识别方式、距离、大小及其他环境条件选择。

4.条形码信息的通信与传输

阅读并被译码的信息通常需要传送到中央处理计算机进行处理。一般在条码译码器内部可由单片机或专用集成电路来完成译码及传送。它与中央处理计算机采用串行接口或键盘接口。由于条码识别与生产控制流程、信息管理作业等相关,因此还需要建立相应的条码数据采集系统。将各点、位获取的条码信息通过网络传输,集中进行处理。

(三)二维条码与PDF417系统

1.二维条码

以上介绍的物流条码均属于一维条码。随着现代高新技术的发展,迫切要求条码技术做到在有限的几何空间内表示更多的信息,从而满足千变万化的信息需求,要增加条码中的信息密度,提高信息含量,方法很多,而一种简单可行的办法就是充分利用一维条码在垂直方向上冗余,向二维方向扩展,也就是继承一维条码的特点,在一维条码的基础上将有关"物品"的描述信息一行、两行地堆积起来以达到信息扩容的目的,还可以利用物品图像识别原理设计出新的二维条码。

所谓二维条码是用某种特定的几何图形按一事实上规律在平面(二维方向)上分布的条、空相间的图形来记录数据符号信息,它具有条码技术的共性,即每种码制有其特定字符集,每个字符占有一定的宽度,具有一定的校验功能等。二维条码从大类上分为层排式二维条码(Stacked Bar Code)和矩阵式二维条码(Dot Matrix Code)两大类型。二维条码从其应用水平和应用领域上讲都比一维条码有很大的优越性。

二维条码属于高密度条码，在1平方英寸内记录高达2 000个字符。二维条码本身就是一个完整的数据文件，它在水平方向和垂直方向都表示了信息，又称为便携式数据文件。二维条码是各种证件及卡片等大容量、高可靠性信息实现存储、携带并自动识读的最理想的方法。在二维条码中，美国Symbol公司于1991年正式推出的名为PDF417（Fortable Date File便携数据文件）的二维条码，简称为PDF417条码，它是一种层排式二维条码，是目前技术比较成熟，应用比较广泛的一种。

2. PDF417

PDF417条码是一种高密度、高信息含量的便携式数据文件，其特点为：信息容量大、编码应用范围广、保密防伪性能好、译码可靠性高、修正错误能力强、条码符号的形状可变。美国的一些州、加拿大部分省份已经在车辆年检、行车证年审及驾驶证年审等方面，将PDF417选为机读标准。巴林、墨西哥、新西兰等国家将其应用于报关单、身份证、货物实时跟踪等方面。

（四）二维条码在交通运输领域中的应用

1. PDF417条码在货物运输中的应用

计算机网络仅仅解决了信息流的处理问题，并没有解决物流中的物品实时跟踪问题，这就需要采取其他的技术手段来解决。采用二维条码就是一个可行的方案。随着条码技术的不断发展，条码在包裹、货物运输上扮演了越来越重要的角色，特别是近几年来，许多国家的运输公司纷纷采用一维条码和二维条码相结合的货票标签，用以实现货物运输中的跟踪和信息传递。

在货物运输过程中，一维条码和二维条码可以在货物运输的承运、中转、交付和清点等不同的作业环节中发挥作用，货物的许多信息都可以采用PDF417二维条码表示出来。其特点是：

（1）PDF417作为二维条码所表示的信息量，能够满足货物运输的要求。

（2）PDF417条码通过选择错误修正等级，可以将受损面积达50%的条码符号所含的信息照常地复现出来。

（3）PDF417是一个便携式数据文件，在计算机网络通信条件不完善的情况下，二维条码的使用弥补了数据通信条件不足的弱点。

（4）在货物运输中，只在货物起票时生成货物信息的单据和相对应的PDF417条码，以后在货物运输作业的各个环节，都可以方便、快速、准确地识别货物，实现货物和货物单据信息的一一对应关系，减少数据的重复录入，加快货物作业的速度。

（5）PDF417条码已经作为ISO和国家标准推行，它是一种比较成熟的二维条码系统，具有与其他信息系统进行数据交换和共享的良好条件和基础，因而它是信息系统进行数据交换和共享的良好条件和基础。

（6）一维条码的使用也是必要的，如使用EAN128码，在一些有条件使用联机识读设备的地方，扫描端连接数据库，可以减少条码识读设备的投资。

2. 二维条码在货物运输作业过程中的应用

在货物运输过程中，作业的基本过程是承运、运输、交付、装卸、保管、查询、赔付等。在货物运输作业中，货流和信息流产生，两者发生一对一的对应吻合时，例如在货物发生装卸、交接及货物在终到站的交付时，条码都将发挥作用。

在货物运输作业的具体环节中，条码信息在货物受理、货票等单证填写时应该同时生成。在货物承运以后，可以使用一维条码表示货物运输作业过程中所需的数据，如始发站、中转站、终到站、发送件数等信息。使用一维条码识读设备扫描货票、货签上的条码信息，就可以快速、准确地采集货物运输中作业状态的变化信息，使计算机信息系统中货物信息流与货物运输的货物流同步对应起来，自动地更新计算机系统中的有关信息，使其保持一致性。而在货物运输完成，向货主交付时，可以采用二维条码，提取出货物交付时所需的诸如含有取货人密约的详细信息。所以，在货物受理时，应该针对不同货物运输作业的要求，生成EAN128码和PDF417二维条码。

在货物装卸和中转交接过程中，可以采用条码识读设备扫描货物包装上的一维条码，核对是否按票装卸车，将扫描货物条码的数据与货物中转数据库中的信息进行比较，检查出入库登记和所装卸货物的正确性，并更新相应货物数据库中的货物运输状态信息。在装卸车时利用条码复核出入库待装卸的货物，可以简化人工作业时的繁琐和重复录入数据的过程，简化装卸交接凭证填写。利用条码在货物票据交接正确并转动发送后，可更新货物信息系统中货物的运输状态信息，提高货物运输生产过程的效率，加快货物中转、交接速度；在货物保管时的入库、出库过程中，可以利用货物上的条码信息简化办理货物保管时的手续和过程，货物向货主交付时，可以利用条码识读设备扫描货票和取货人持有的取货凭证中的二维条码，如核对发货人与取货人的密约、取货人的身份，完成货物的交付，并更新到达将付货物数据库的信息，减少错领、冒领的可能性。甚至可以取消取货凭证，通过取货密约，简化取货程序，加快货物交付速度，改善货物运输的服务形象。

3. PDF417条码在交通运输证卡中的应用

在交通运输中，不但要对货物进行实时跟踪、动态管理，而且对驾驶运输工具的人也要进行科学的管理。这时，证件的机读能力和防伪能力就成为新一代证件的标志。作为最可靠的识别技术，PDF417不仅可以将持证人的姓名、单位、地址、电话、证件号码及有效期限等重要信息进行编码，而且可以将人体的特征如血型、指纹、视网膜扫描以及照片等个人信息存储在可自动识读的二维条码 PDF417 里，将二维条码符号印在证卡面上。通过阅读 PDF417 条码，不但可以实现证件信息的自动录入，而且可以通过多种加密方式对数据进行加密，有效地解决证件的防伪问题。此外，证件的生产成本和使用寿命也是衡量证卡技术的一个重要指标。PDF417 条码可以采用一般的打印机印制，可打印在纸上、卡片上，甚至金属上，其成本低，寿命长，较之 IC 卡等其他证卡技术有不可比拟的优势。

当 PDF417 条码被应用于驾驶证证卡时，因为证件上的个人信息和照片编在二维条码中，不但可以实现身份证的自动识读，而且可以有效地防止伪造和使用假冒证件。在驾驶证年审和驾驶证上使用 PDF417 条码，有效地减少了数据的大量重复录人，通过二维条码的识读，立即就能调出有关驾驶员的信息。如果所有运载车辆在出厂或年检时，在其显著位置，如汽车的挡风玻璃内侧印制二维条码，可以很方便地使检查人员获悉车辆的大量资料，而不必通过车牌号码连接计算机系统的数据库去查询。

二、电子数据交换 EDI

(一)EDI 技术简介

电子数据交换（Electronic Data Interchange, EDI）是计算机与计算机之间结构化的事务数据交换，它是通信技术、网络技术与计算机技术的结晶，将数据和信息规范化、标准化，在计算机应用系统间，直接以电子方式进行数据交换。EDI 是目前较为流行的商务、管理业务信息交换方式，它使业务数据自动传输、自动处理，从而大大提高了工作效率和效益。通俗地讲，EDI 就是一类电子邮包，按一定规划进行加密和解密，并以特殊标准和形式进行传输。

EDI之所以在世界范围内得到如此迅速的发展，是因为使用 EDI 有着现行的纸面单证处理系统所无法比拟的优势。这些优势主要体现在以下几个方面：

1. 避免数据的重复录入。根据国外调查分析，一台计算机输入的数据，70％来自其他计算机的输出。这样数据可靠，可以提高信息处理的准确性，降低差错率。比如在钢铁生产中，可以通过 EDI 技术从自动控制系统中收集实绩基础数据。

2. 改善企业的信息管理及数据交换的水平，有助于企业实施诸如适时管理或零库存管理等全新的经营战略。

3. 确保有关票据、单证的自身安全、迅速，从而加速资金周转。

4. 提高海关、商检、卫检、动植物检验等口岸部门的工作效率，加快货物的验放速度。

(二)EDI 的关键技术

1. 数据通信网络

一个计算机数据通信系统可由计算机终端、主计算机、数据传输和数据交换装置四部分组成，它们通过通信线路连接成一个广域网络。计算机及其各类终端作为用户端点出现在网络之中，它可以访问网上的任一其他节点，以达到共享网上硬件和软件资源的目的。计算机及终端既是资源子网，也是整个计算机网络的端点。在这些节点之间完成通信线路的连接，并在通信线路中完成信息的交换。实现

EDI的通信功能，受到通信技术的制约，随着通信技术与条件的多样化而呈现出多样化的特点，但它最终必然要统一于国际标准。目前最重要的通信协议标准为ISO—OSI(国际标准化组织开放系统互连参考模型)。EDI的网络环境有多种，也就是说它可以适应各种通信网络，如分组交换数据网络(PSDN)、电话交换网(DDN)、综合业务数字网(ISDN)、卫星数据网(VAST)、移动数据通信网等。实现EDI通信有2种方式：

(1)直接EDI方式(Point To Point，PTP)。

EDI的不同用户的计算机应用系统之间通过通信网络直接进行电子报文的互相交换与传递。

(2)增值网(Value Added Net)通讯方式。所谓增值网是利用现有的通讯网络增加服务功能而实现的计算机网络，EDI用户的不同计算机应用系统连到增值网上，利用增值网上的E—mail、EDI等功能实现电子数据交换。增值网不是一个独立的物理网络，它是建立在数据通讯网的基础之上，附加上EDI业务功能而实现的，是一个逻辑意义上的网络，在Internet、CHI—NAAPC网基础上建立增值网实现EDI是完全可行的。

2. 数据标准化

为了避免产生复杂和混乱的电子网络，满足错综复杂的电子数据交换，必须制定一套大家所共同遵守的电子数据交换——EDI标准。各个使用计算机的机构必须在通信中建立统一的标准化的电信线路、传送速度。通信中认可的固定程序(如协议、数据格式化和汇总)，各种传递的商贸文件，还有“语言”等，都要采用统一的编码单证格式、标准语言规则、标准的通讯协议等，从而使得参与贸易的各机构均能对传递的数据进行接收、认可、处理、复制、提取、再生和服务，实现整个环节的自动化。这是因为EDI的实现要在不同的国家和地区、不同的行业内开展，并且要应用的信息系统和通信手段各不相同。统一的国际标准和行业标准是必不可少的。标准是实现EDI的保证，也是EDI的语言。

标准化是实现EDI互通互连的前提和基础。要实现信息在不同的EDP(Electronic Data Process电子数据处理)系统、不同计算机平台上的交换，就必须制定统一的EDI标准。主要有以下四类标准：

(1)通信标准。即EDI通信网络是建立在何种通信协议之上，以保证网络互联。

(2)EDI报文标准。又称为电文标准，即各种报文类型格式、数据元编码、字段和语法规则及报表生成用的程序设计语言等。

(3)EDI处理标准。即研究EDI报文同其他管理信息系统、数据库的接口标准。

(4)各行业的数据交换标准。

3. 计算机综合应用

有了标准和通信网络，就可以开展EDI工作；但EDI应用的成功，还需取决于企业、行业乃至整个社会的计算机综合应用水平。必须把EDI和办公自动化、管理自动化、各种MIS和EDP系统、数据库系统以及CAD、CIMS等结合起来，才能更好地应用EDI，发挥其巨大作用。单项的EDI应用，往往是被迫进行的。例如EDI报关系统或订单接收系统，这是受到外界压力的结果，原来的一套人工工作程序仍然保留，应用单位增加了设备和人力投资，使EDI的优势无从体现。应该把EDI和企业内部EDP系统结合起来，提高经济效益。

(三)EDI的工作流程

EDI是指按约定的标准编排有关的数据，通过计算机向计算机传送业务往来信息。其实质是通过约定的商业数据表示方法，实现数据经由网络在贸易伙伴所拥有的计算机应用系统之间的交换和自动处理，达到迅捷和可靠的目的。

EDI的工作流程可以划分为三大部分：

1. 文件的结构化和标准化处理。用户首先将原始的纸面商业和行政文件，经过计算机处理，形成符合EDI标准的、具有标准格式的EDI数据文件。

2. 传输和交换。用户用自己的本地计算机系统将形成的标准数据文件，经由EDI数据通信和交换网，传送到登录的EDI服务中心，继而转发到对方用户的计算机系统。

3. 文件的接收和自动处理。对方用户计算机系统收到由EDI服务中心发来的报文后，立即按照特定的程序自动进行处理。越是自动化程度高的系统，人的干预就越少。如有必要，则输出纸面文件。

(四)仓储管理EDI系统设计

传统的贸易单证(泛指贸易的发货单、合同等)

是将资料输入计算机处理,印成文件再邮寄传真,或人工投递到贸易对方,贸易对方需重复输入所接收的资料后进行处理。EDI报文是结构化的数据,它是按照标准进行格式化的。而EDI用户的EDP系统是不尽相同的数据库的数据格式,在报文送上网络之前,必须将它译成标准的EDI文件格式。翻译软件是将无格式的数据文件,填到EDI报文的相应字段中而完成翻译工作的。这种无格式的数据文件称为平面文件。用户EDP系统的数据文件不是平面文件,而是格式不尽相同的数据库,因此需要有一个映像程序作为用户数据库与翻译软件包的接口程序,把用户格式数据文件展开成平面文件。

同时电子数据处理(EDP)系统是EDI系统所必不可少的一个组成部分。EDP所进行的是单位内部数据处理的计算机化,EDI是单位之间数据交换的计算机化。EDP是实现EDI的基础和必要条件,没有EDP就没有EDI的自动处理,就无法实现EDI整体的经济效益。一个适用于EDI要求的EDP必须包括以下几个内容:

(1)检查订货单(发货单)并确认;

(2)货物存储、保养情况;

(3)各种文件、表格生成与转换;

(4)办理贸易审批、转运、保险、银行和海关手续。

通过现有数据通信网建立仓储管理EDI系统,并建立一个EDI服务中心,提供完备的邮箱管理、用户管理、报文语法检查管理、计账和审计追踪管理、用户请求管理、安全管理等多种功能,各仓储单位、用户的EDI系统通过EDI通信网联接EDI中心,收发业务报文,从而实现计划指标、购销合同、价格、运输单据、进出库单据等的电子传输。

报文格式生成和处理模块有两方面的作用:一是接受来自应用模块的信息,按照EDI标准生成订单、发票、合同以及其他各种EDI报文单证,经格式转换模块处理后由通信模块传递给EDI中心,另一作用是自动处理由其他EDI系统发来的EDI报文,按照不同的EDI报文类型,应用不同的过程进行处理,在处理过程中要与本单位的EDP相互作用,获取必要的信息回应其他EDI系统,同时,将有关信息送往本单位EDP系统。

(1)格式转换模块。它将各种EDI报文,按照EDI结构化的要求作结构化处理,按照EDI语法规则进行压缩、重复和嵌套,经代码转换及语法控制后提交给通信模块,而后发送给其他EDI系统的用户,或者将其他EDI系统经通信模块所接收到的结构化的EDI报文作非结构化处理,以便信息系统或数据库进一步处理。

(2)通信模块。它是EDI系统与通信网络的接口,执行呼叫、自动转发、地址转换、差错检验和报送等功能,接收到EDI用户的报文后,便进行审计和确认,它通过EDI中心电子邮箱系统软件实现。

(3)联系模块。它是EDI系统与单位EDP系统及数据库之间的联系接口,也是EDI系统与用户之间的接口。一份来自外部设备的EDI报文,经过EDI处理之后,相关内容就由应用模块送往EDP,EDP系统的信息也可以通过联系模块传递给其他模块,最终形成EDI报文发送给其他用户。

EDI信息系统利用电子计算机与通讯技术的结合,自动地在计算机之间以标准格式进行数据的传递和处理,从而可大大提高物流活动的作业效率。

三、全球卫星定位系统GPS

全球卫星定位系统(Global Positioning System,简称GPS),是美国1973年11月开始研制的第二代星基被动式无线电导航系统,是美国继阿波罗登月飞船和航天飞机之后的第三大航天工程,经历20年,耗资300多亿美元,1994年7月系统全部完成。美国政府宣布从2000年5月1日起将取消对GPS的保护政策,向全世界用户免费开放。GPS由24颗高度为2万公里的卫星形成空间部分——卫星星座,其中21颗作为工作卫星,三颗作为备用卫星,连同设在美国本土的地面监测部分和采用伪随机码测跨技术的接收机。

(一)GPS的基本构成

GPS由三大子系统构成:空间卫星系统、地面监控系统、用户接收系统。

1.空间卫星系统

空间卫星系统由均匀分布在6个轨道平面上的24颗(其中3颗为备用)高轨道卫星构成,轨道高度为2万km,每颗卫星都配备有精度极高的原子钟(30万年的误差仅为1 s),各轨道平面相对于赤道平面的倾角度为55°,轨道平面间距60°,在每一轨道平面内,各卫星的间隔为90°。GPS空间卫星的这种分布方式,可以保证在地球上的任何地点都能连续同步地观测到至少4颗卫星,从而提供全球范围从地面到2万km高空之间任一载体高精度的三维位置、三维速度和系统时间信息。

2.地面监控系统

地面监控系统由均匀分布在美国本土和三大洋的美军基地上的5个监测站、1个主控站和3个数据注入站构成。这些子系统的功能是:对空间的卫星系统进行监测、控制,并向每颗卫星注入更新的导航电文。

主控站是整个GPS系统的核心,它的功能是为全系统提供时间基准;监视、控制卫星的轨道;处理监测站送来的各种数据;编制各卫星星历;计算和修正时钟误差及电离层对电波传播造成的偏差;当卫星失效时及时调用备用卫星等。

监测站负责对各个卫星进行连续跟踪和监视,测量每颗卫星的位置和距离差,采集气象数据,并将观测数据传送给主控站进行处理,5个监控站均为无人值守的数据采集中心。

3.用户接收系统

用户部分主要是GPS接收机,它接收卫星发射的信号并利用本机产生的伪随机噪声码取得距离观测量和导航电文,根据导航电文提供的卫星位置和钟差改正信息计算位置。用户接收机按使用环境可分为低动态接收机和高动态接收机,按所要求的精度可分为C/A接收机和双频精码(P码)接收机。

根据不同的需要,用户设备可分机载、舰载、车载、弹载、背负式及袖珍式等不同类型。除弹载之外,一般都需装有显示器进行人机对话。

(二)GPS的应用

1.导航

三维导航是GPS的首要功能,飞机、船舶、地面车辆以及步行者都可以利用导航接收器进行导航。例如,如果你拥有一台GPS接收机,你就再也不用为外出可能迷路的问题而烦恼了,它可以为你指示出你所在的准确地理位置。

在航海的应用中,GPS很久以前就成了最主要的航海仪器了,这一类的设备使用GPS接收机连接上可以显示电子海图的电脑,让用户可以在电子地图上即时显示船只的位置,这一类的电子地图提供非常详细的港口以及水深资料。

和一般的GPS接收机相比较,航空用的GPS可以说是功能最复杂的,除了有非常详细的各机场详尽资料,还有旅程电脑功能。利用GPS还能向驾驶员发出云雾之下可能隐藏着山地的警告。飞机装有计算机,计算机中存储有飞行地区地形高度变化的电子地图。利用GPS接收机即时计算出飞机飞行的高度,与电子地图结合就能定出这架飞机的精确位置,一旦飞机离一座山太近时,计算机将向驾驶员发出警告。

汽车导航系统是在GPS基础上发展起来的一门新型技术。汽车导航系统一般由GPS接收机、微处理器、车速传感器、陀螺传感器、CD—ROM存储器、LCD显示器等组成。GPS接收机接收GPS卫星信号(三颗以上),求出车辆所在地理位置的经、纬度坐标,再利用地图匹配技术,将汽车的位置和CD—ROM存储器中存储的道路数据等信息相结合,LCD显示器就可显示汽车在电子地图中的具体位置。司机在驾驶安装了GPS车辆导航系统的汽车时,只要通过车前的显示器触摸屏输入需要到达的目的地,显示器上即可出现标有本车位置和行驶最佳路线的电子地图,司机只要按照电子地图上显示的行驶方向箭头以及扬声器发出的行驶指令行驶,就可以快速到达目的地。同时系统的CD—ROM存储器中还储存有行驶路线上的各种信息,如路况、饭店、维修点、加油站、商店等,以方便司机查看。这样的导航系统使司机可以满怀信心,以最佳的路径驶向目的地,在任何时间、任何地点、任何天气以及任何地域都不会迷失方向和路线。

2.城市交通疏导系统

GPS随时随地能提醒驾驶员注意险情、道路拥挤堵塞等情况;还能提示该怎么走最合理,因此,能使驾驶者省力地到达目的地。

科学家们预言,不久的将来装有GPS引导系统的飞机、火车、轮船、汽车等效能工具将会出现在地球任何一个角落,人们不再为道路、航线、港口、车站拥挤徒生烦恼,也用不着为自己托送的货物究竟到了什么地方而迷茫,GPS引导系统都会给人们指导释疑。

3. 车辆监控系统

车辆监控系统是集 GPS、GIS 和现代通信技术于一体的高科技系统。其中主要功能是对移动车辆进行实时动态地跟踪，利用无线通信设备将目标的位置和其他信息传送至主控中心，在主控中心进行地图匹配后显示在监视器上。主控中心还能够对移动车辆的准确位置、速度和状态等必要的参数进行监控和查询，从而科学地进行调度和管理，提高运营效率。移动车辆如果遇到麻烦或者其安全受到侵害，可以向主控中心发送报警信息，及时得到附近保安部门的支援，所以车辆监控系统还能够提供车辆安全服务，在 ITS 中的应用是相当广泛的。

4. 固定点的定位测量

(1)固定点的定位测量。确定某一点的地理位置(经度、纬度、高度)是 GPS 的最基本功能，有些高度精确的 GPS 接收系统可以即时得到厘米级的测量精度。因此 GPS 技术在土地测绘、建筑测量、工程测绘等领域有着广泛的应用前景。

例如，在道路工程建设中，随着高等级公路的迅速发展，对勘测技术提出了更高的要求。由于线路长，已知点少，因此，用常规测量手段不仅布网困难，而且难以满足高精度的要求。目前，国内已逐步采用 GPS 技术建立线路首级高精度控制网。如沪宁、沪杭高速公路的上海段就是利用 GPS 建立了精密控制网。实践证明，在几十公里范围内的点位误差只有2 cm左右。

GPS 是当今世界上精度最高的一种星基无线电定位测量系统，可以全天候在全球范围内为移动目标和固定目标连续提供高精度的位置定位信息。海湾战争中，美国高速飞行的 A—6 攻击机携载两枚导弹能先后“开洞”和“穿洞”(第一枚导弹准确地把电站的正面护墙打开一个窟窿，两分钟后发射的第二枚导弹不偏不倚地穿过已经打开的缺口而命中电站的要害部位)炸毁伊拉克的发电站，关键是采用了弹载 GPS 终端接收机，获得了两枚导弹对目标先后一致的准确定位信息。

(2)人员救生系统。利用 GPS 装置联络失踪人员，目前已成为先进国家现代化军事装备中一个重要组成部分。1995 年 6 月 2 日，美军飞行员奥格雷迪在执行任务时被塞族武装导弹击中跳伞。事后，北约救援人员动用了高空侦察高清晰电子照相机、雷达侦查器等装备在失事地点来回找寻了 5 天，结果一无所获，正当人们灰心丧气准备放弃营救时，一架美军战斗机突然收到奥格雷迪用 GPS 装置发出的救援信号，失踪 6 天之久的奥格雷迪终于获救了。原来，奥格雷迪跳伞后巧妙地躲过了塞族武装分子的搜捕，当他到达确认为安全地带后通过 GPS 装置把自己的确切位置告诉了营救人员。

(三)GPS的发展前景

GPS 给所有需要确定目标地理空间位置和空间轨迹的领域带来一场革命。随着 GPS 的发展，人们越来越意识到它的作用的重大及应用领域的广阔。除军事应用外，GPS 已应用于航天、航空、航海、气象、测量、勘探、建筑、市政、规划、土地、农业、交通、水利、电力、环保、银行、公安、消防、森林防火、抗洪抢险等诸多领域，其应用的形式也多种多样。GPS 的优越性能越来越引起各行各业的兴趣。正如专家所预言的那样，GPS 将改变许多行业的经营方式，它是继计算机革命之后的又一场革命。

四、地理信息系统 GIS

地理信息系统(Geographic Information System，简称 GIS)是用于获取、处理、分析、访问、表示和在不同用户、不同系统及不同地点之间传输数字化空间信息的系统。它作为计算机信息系统的一类，属于计算机软件的范畴。GIS 的基本特征是以计算机为运行平台，空间数据参与运算，为各类应用目的服务。因此，GIS 可以用来作为一个以空间信息为主线，将其他各种与空间位置有关的信息结合在一起，为应用服务的集成框架。由于世界上大多数信息都与其产生、代表、包含的地点有关，GIS 的用途十分广泛，不仅涉及国民经济的许多领域，如交通、能源、农林、水利、测绘、地矿、环境、航空、国土资源综合利用等等，而且与国防安全密切相关。在未来“数字地球”的建设中，GIS 将起十分重要的作用。研究 GIS 的理论与技术，开发 GIS 软件产品以及推进和深化 GIS 各类应用，已经成为国内外科技界和产业界的一大热点，意义十分重大。

GIS 的理论基础主要有两大支柱，即地球科学和信息科学。前者涉及地物空间信息及其关系信息的获取、分类模型及语义表示中的理论问题和实践问题，后者则涉及信息的组织、存储、处理、可视化表示及传统传输中的理论问题和实践问题。GIS的技术基础包括遥感技术、定位技术和信息技术的各个方面。

(一)GIS的定义和研究内容

1. GIS的定义

GIS是计算机科学、地理学、测量学、地图学等多门学科综合的技术。站在不同的角度，给出的定义就不同。通常可以从4种不同的途径来定义。

(1)面向功能的定义。GIS是采集、存储、检查、操作分析和显示地理数据的系统。

(2)工具箱定义方式。GIS是一组用来采集、存储、变换和显示空间数据的工具的集合，这种定义强调GIS提供的用于处理地理数据的工具。

(3)基于数据库的定义。GIS是这样一类数据库系统，它的数据有空间次序，并且提供一个对数据进行操作的操作集合，用来回答对数据库中空间实体的查询。

(4)基于计算机系统意义。GIS是处理地理数据输入、输出、管理、查询、分析和辅助决策的计算机系统。

2. GIS的研究内容

(1)数据的获取。数据的获取包括数据的采集与输入，即将系统外部的原始数据传输到系统内部，并将它们从外部格式转换为系统能够识别和处理的内部格式存储于系统的地理数据库中。

地理数据如何有效地输入到GIS中是一项琐碎、费时、代价昂贵的任务，大多数的地理数据是从地质地图输入GIS。常采用的输入方法有键盘输入；利用数字化仪和扫描仪进行数字化和扫描化等。数字化是先对地图进行数字化处理，再把处理完成后的地理数据输入到GIS中。数字化的主要问题是低效率和高代价；扫描输入则是直接把地图通过扫描仪输入到GIS中。它面临另一个问题，扫描得到的栅格数据如何变换成GIS数据库通常要求的点、线、面、拓扑关系属性等形式。这样，在GIS输入中常采用交互式的地图识别的方法，即GIS中的地图数据和图形可以通过友好的人机界面进行交互修改和补充。

目前GIS的输入正在越来越多地借助非地图形式，如将遥感(RS)、全球定位技术(GPS)和地理信息系统相结合，这将为GIS的数据获取提供更先进更丰富的手段。遥感数据和图像现已成为了GIS重要的数据来源。而GPS可同时测定空间实体的三维坐标，可以准确、快速地定位在地球表面的任何地点，能够为GIS提供准确的地理数据。

(2)数据的存储与管理。GIS的数据分为栅格数据和矢量数据两大类。数据的存储，即是把这些数据以某种形式记录在计算机的内部或外部存储器上，目的是使计算机能够灵活、高效、快速地访问并处理这些数据。关键就在于如何建立记录的逻辑顺序以确定存储的地址。一般而言，GIS系统都采用了分层技术，即根据地图的某些特征，把它分为若干层，整张地图正是所有层的叠加结果，这样用户操作时就只涉及一些特定的层，而不是整幅地图，因而系统能对用户的要求做出迅速反应。另外，随着GIS的发展，在实现多媒体地理信息系统时，如何合理地存储海量的图、文、声信息就成为首先要解决的存储技术难题。目前可考虑的是采用多媒体中的光盘技术，特别是可读写光盘的存储和读取数据的速度不断提高，为地图有声化、图像视盘等地理信息系统产品提供了可靠的存储介质保证。

GIS的数据管理包括图形库管理和属性库管理。根据图形数据的几何特点，可将其分为点数据、线数据、面数据和混合性数据4种类型，混合性数据是由点状、线状与面状物体组成的更为复杂的地理构件或地理单元。地图数据的一个重要特点是它含有拓扑关系，即网结构元素中节点、弧段和面元之间的邻接、关联与包含关系等，这是地理实体之间的重要空间关系，它从质的方面或从总体方面反映了地理实体之间的结构关系。图形数据的构模包括矢量数据模型和面片数据模型，而专题属性数据模型一般采用关系数据模型。两者之间的连接方式目前有：专题属性数据作为图形数据的悬挂体、用单项指针指向属性数据、属性数据与图形数据采用统一的结构、图形数据与属性数据自成体系。

地理数据存储是GIS中最低层和最基本的技术，它直接影响到其他高层功能的实现效率，从而影响到整个GIS的性能。基于微机平台的MAPGIS，能够快速、高效地处理多达上万幅的海量地图库。这不仅在国产GIS软件中处于领先地位，即使与国外同类产品相比仍是其中的佼佼者，这与MAPGIS较好地解决了地理数据的存储问题密切相关。

(3)数据的处理与分析。数据处理包括两方面工作：一是对输入的数据进行质量检查与纠正，包括图形数据和属性数据的编辑、图形数据和属性数据之间对应关系的校验、空间数据的误差校正等；二是对输入的图形数据进行整饰处理，使其满足地理信息系统的各种应用要求，如对矢量数据的压缩与光滑处理、拓扑关系的建立、矢量栅格数据的相互转化、地图裁剪及拼接等。

空间分析是地理信息系统的核心研究内容之一。GIS中对数据的操作提供了对地理数据有效管理的手段，对图形数据(点、线、面)和属性数据的增加、删除、修改等基本操作大多可以借鉴计算机辅助设计(CAD)和通用数据库中的成熟技术。有所不同的是GIS中图形数据与属性数据紧密结合在一起，形成对地物的描述，对其中一类数据的操作势必影响到与之相关的另一类数据，因而操作带来的数据一致性和操作效率问题是GIS数据操作的主要问题。这也是其与计算机辅助设计、计算机辅助绘图系统(CAC)的主要区别之所在。空间分析是指根据确定的应用分析模型，通过对空间图形数据的拓扑运算及空间、非空间属性数据的联合运算等各种操作运算来分析一定区域的各种现象，以获得更有独立自主的数据或某一特定问题的解决方案。通过空间分析，GIS可以从已知的地理数据中发现隐含的重要结论，从而回答用户提出的问题。从宏观上看，空间分析主要包括拓扑分析、属性分析、拓扑与属性的联合分析三个方面，主要表现在数据检索及表格分析、叠加分析、缓冲分析及网络分析上。

GIS的分析功能，即空间分析，是GIS得以广泛应用的重要原因之一。通过GIS提供的空间分析功能，用户可以从已知的地理数据得出隐含的重要结论，这对许多应用领域是至关重要的。如仓库管理人员在GIS中的地图上划定一个范围，就可以得到该范围内仓库物资库存情况等信息，为仓库管理人员的决策分析提供依据。

(4)数据的显示与输出。即将用户所需的经过处理分析过的图形、数据报表、文字报告、数学数据等，以用户能够识别的形式灵活地显示出来。可以采用的输出设备有计算机显示器、打印机、绘(画)图仪、照排机等。对于一些对输出精度要求较高的应用领域，高质量的输出功能对GIS是必不可少的。主要方面的技术包括：数据校正、编辑、图形整饰、误差消除、坐标变换、出版印刷等。

(二)GIS的应用

1. GIS在仓库规划中的应用

由于GIS本身是把计算机技术、地理信息和数据库技术紧密相结合起来的新型技术，其特征非常适合仓库建设规划，从而使仓库建设规划走向规范化和科学化，使仓库建设的经费得到最合理的运用。仓库GIS作为仓库MIS系统中的一个子系统，它用地理坐标、图标的方式更直观地反映仓库的基本情况，如仓库建筑情况、仓库附近公路和铁路情况、仓库物资储备情况等，它是仓库MIS系统的一个重要分支和补充。

作为仓库规划的GIS应用系统，它主要解决两个方面的问题，一是解决仓库建设的规划审批，二是必须解决能为规划师和上级有关部门提供辅助决策的功能。从仓库整个的宏观规划来说，它还可以解决仓库的宏观布局问题。仓库规划的GIS应用系统总体功能如下：

(1)用户接口。它提供用户调用系统其他功能的人机界面，要求界面美观实用，适合用户的操作习惯。

(2)数据库管理子系统。提供各种数据库的数据入库及建库管理。它由基础地形图库管理(通过分幅输入、接边和校准，形成一张完整的仓库地形图)、规划数据库(该库主要用来存放容积率、绿化率、限高等要素，以供规划参考，同时，它也存放规划行业的法规文件以供检索)、现状数据库(该库主要用来存放现存的所有建筑、地理位置及用地现状，可作为规划用地的参考)、属性数据库(该数据库主要存放工作表格、规划设计说明信息、统计数据及各种帮助信息)等模块组成。

(3)数据接口子系统。主要完成和其他应用系统(如仓库物资管理信息系统、仓库人事管理信息系统等)的数据交换，实现数据共享。

(4)辅助设计子系统。提供各种线型、型号的设计功能及各种计算模块,为规划设计服务。

(5)知识库。主要存放仓库的人口分布情况、水文地质条件、仓库周围的社会经济情况和规划师的经验性知识等,以供规划决策使用。

(6)总体规划辅助决策子系统。根据用地现状、社会经济条件、人口分布情况、水文地质条件及经验性知识进行定性推理,得到仓库空间布局和用地安排等的总体规划方案,以供上级部门和专家决策使用。

(7)控制性规划子系统。在仓库总体规划指导下,根据规划控制数据库中的数据和知识库中的知识进行定性推理,得出各地块的用地面积、建筑容积率、总建筑面积、建筑间隔、库内交通和艺术风格等系统控制性设想方案,供专家决策使用。

(8)控制性详细规划子系统。该子系统是对仓库建设用地进行细分,并对细分后的各区、片、块建设用地的使用性质和使用强度作控制,为修建性详细规划提供编制准则与依据,使规划设计、管理、开发有机结合。

2. GIS在铁路运输中的应用

(1)铁路运输特点

铁路运输有鲜明的地理特点,如客运站、货运站、货运代办点、客票代售点等为点特征,铁路干线、运输专用线为线特征,货物分布区、货物吸引区、乘客分布区、乘客吸引区等为面特征,在地理信息系统中可分别以点、线、面表示。再加上行政区划分公路、水系等基础专题图,建立各种统计数据库,如国民收入、货物流向及流量、旅客流向及流量、货运销售额、客运销售额等数据,还包括资源信息(人口、面积、工业产值、农业产值、矿产资源、旅游资源等),以及资源和环境开发的近期和远景规划,然后制定出各种数据的项目及编码工作,形成铁路运输地理信息系统数据字典。

铁路运输地理信息系统便于销售、市场、服务和管理人员查看客运站、货运站、货运代办点、客运代办点之间的相对地理位置,运输专用线和铁路干线之间的相对地理位置;它用不同颜色和填充模式来区分各种表达信息,使用户看到销售区域、影响范围、最大客户、主要竞争对象、人口状况及分布、工农业统计值等等,由此综合可看到增加运输收入的潜在地区,从而扩大延伸服务,通过这种可视方式,更好地制定市场营销和服务策略,有效地分配市场资源。

(2)铁路运输地理信息系统功能

①环境分析及动态预测。市场是动态的,市场营销需要动态管理。货运和客运均为动态事件,它们与外界环境密切相关,并随着周围环境(如地理位置、城市规划、产业结构、宏观调控、政策法规等)的不断变化而变化。货运和客运的营销均需考虑地理因素的影响。地理信息系统可以通过地理编码功能,将销售数据与地图建立联系,用户单击地图上的任意对象,可同时看到与该对象相关联的所有数据,例如用户地址、月度运输计划、主要债务以及用户、竞争对手分布图。甚至包括周边环境,例如面积、工农业产值、矿产资源、人口分布、人口数量、收入水平等。运用地理信息系统,利用上述环境信息数据,可以进行客、货运销售分析,评估经济效益,或建立数学模型,预测货物流量和流向,并显示在地图上。用户可以根据预测结果,对运输模式及销售区域进行区域规划。此外,还可以对突发事件进行应急处理,如运用地理信息系统实现救灾物资和装备的查询、调配、运输路线选择及运输方式协调等。

②区域规划。没有可视化工具,决策者和市场营销人员仅凭感觉建立网点,企业决策者制定不出现实的目标,难以很好地分配人力及财力。运用地理信息系统,销售客户、销售期望值以及领先值可以储存在地理区域数据库中,管理和营销人员可以观察每个现有的和潜在的销售区域业绩,进而实现区域规划。例如,某车站行李员在建立代办点时,由于调查了解不足,导致行李房代办点较密集,而厂矿货物发生区代办点较少,不能很好地实现车站营销目标。运用地理信息系统,在相关区域内调查货源、货运量(包括其他运输形式的货运量),分析货物流向及流量,然后在较大规模货运量的区域设置代办点,甚至设置货运专用线,而在较少规模货运量的区域则合并或撤消代办点。

③客户服务。各种运输方式之间的市场竞争,实际上就是为客户服务的竞争。同样的运输费用,人们首选客户服务较好的运输方式。诸如地理位置

选择、经济发展方向、竞争优势比较、人口密度统计,以及其他有关数据信息,就成为铁路运输业获得市场和客户的关键。利用这些数据,要保证客户在选择运输或旅行方式时能够随时发现铁路车站和代办点的存在,并方便地找出解决需求的方法。联运代理商和物资专用线可根据这些信息了解客、货运需求。不管是对运输大户还是需要优质方便服务的分散客户、市场策划及营销人员,决策管理者必须对他们的需求既要有预见性,又要做出及时优质的反应。

五、智能交通系统 ITS

(一)智能交通系统简介

1. ITS的概念

智能交通系统(Intelligent Transport System,简称 ITS)是各发达国家竞相研究的交通领域前沿科学之一。它是指利用先进的信息通讯技术,形成"人—车—路"三位一体的系统,从而大大提高了道路交通的安全性、运输效率、行车的舒适性,也大有利于环境保护。

在广义信息意义下,ITS"智能"的特点体现在信息技术的四个方面:智能感测技术(模式识别)、智能通信网、智能信息处理、智能控制等。每个方面的智能都集中表现为整个系统的智能化,此处的"智能"不仅是指具有学习、推理的能力,而且是指在特定的环境和适当的条件下,快速有效地获取信息、准确地传输信息、高效地处理信息并成功地利用信息以达到目的的能力。在系统组成意义下,"智能"的特点体现在每一组成部分中,即车内系统、路边系统、信息管理中心、需求管理系统、交通管理控制系统都是智能化的系统,而且它们之间可以自动进行信息交换。交通系统的智能化的意义如下:

(1)车辆在道路上可以安全自由地行驶,在陌生地方不致迷失方向;

(2)道路的交通流可以调整至最佳状态,从而缩短行车时间,减少阻塞,提高其通行能力;

(3)交通管理控制中心可对道路和车辆的状态进行实时监控,及时处理事故,保障道路畅通;

(4)系统为用户提供的服务质量和服务水平得到提高,能源得以节省,环保得以改善。

2. ITS的必要性

随着城市化的进展和汽车的普及,交通运输问题日益严重,道路车辆拥挤,交通事故频发,交通环境不断恶化。交通问题不仅在发展中国家,就是在发达国家也是令人困扰的严重问题。近 30 年来,国外公路和城市道路的交通问题日益严重,以美国为例,全美汽车交通流量增加了两倍,每年行车总里程超过 3.2 万亿 km,许多城市在高峰时段平均车速只有13 km/h,造成的延误损失估计高达每年1 200亿美元,每年因车祸而死亡的人数超过 4 万人。大家知道,解决交通问题的直接办法是提高路网的通行能力。但无论是哪个国家的大城市,可供修建道路的空间都很有限,建设资金筹措也十分困难。同时,由于许多发展中国家大城市内的车辆速度达不到 15 km/h,使巨额投资所建成的道路网的潜力得不到充分的利用,多修道路和市内桥梁不再是缓解巨大交通压力的好办法。只有通过建立在智能化的信息管理系统的基础上把汽车、驾车的人以及所使用的道路设备这三方面有机地综合成一个人机结合的系统,有效利用各种交通设备及与此相关的各种交通信息来源,使路网上的交通流处于平衡的运输状态,从而使交通的安全性、通畅性得到很大的提高,能源消耗与环境污染得到有效的降低与改善。据权威人士估计,今后 20 年由于采用 ITS 这项技术可使美国的交通事故死亡人数降低 30%~70%,交通堵塞程度减少 20%,每年节约的燃料达数十亿加仑,现有公路网的交通量最少可提高一倍。从系统工程的角度看,以智能化手段拓宽交通瓶颈的思路已在世界各国取得共识。

(二)ITS系统组成

要从根本上解决交通拥挤和阻塞,单靠扩大基建投资,多建桥、多修路这样原始的发展模式是很不现实的。必须从大系统的观点出发,以先进的信息技术与设备为基础,结合强有力的交通管理法规,利用经济调节的杠杆,使路桥资源、出行车辆与道路使用者三者有机地综合成一个整体,使时间和空间两种资源均得到充分利用,科学地解决飞速发展的交通问题。

ITS 作为一种要领是由此萌发的,同时普遍地认为,ITS 是由以下子系统所组成;

1. 先进的交通管理系统(Advance Transportation Management System,ATMS)

即交通控制指挥中心,该系统包括了城市道路信号实时控制、高速公路交通监控、交通事故处理、交通疏导等公路交通管理的各种功能,以及用来研究和评价交通控制系统运行功能与效果的三维交通模拟系统。管理系统能实时、准确、全面地掌握公路网的交通运行情况,进行及时调度与事故处理

2.先进的驾驶员信息系统(Advanced Driver Information System,ADIS)

ITS系统向用户提供道路通行情况及天气情况等有关交通信息,提供电子地图及GPS服务,帮助出行者优选路线,安排行程,提供行车限速显示信息,提示方位及道路诱导信息,使汽车绕开交通特别拥挤的区域。

向出行者提供气候、道路等行车环境信息,在能见度低或急转弯处向驾驶员发出警告;提供汽车半自动或全自动驾驶功能,这是电子导航系统所具备的功能。

ITS的应用中,汽车电子导航系统走在前列,通过汽车电子导航系统可以获得电子地图、地理信息等帮助。电子导航系统可提供鸟瞰画面、横断画面、地图画面等多种查看方式,并借助GPS系统帮助驾驶人员迅速到达目的地。

电子导航系统向多元化发展:

(1)移动通讯

①VICS系统(汽车信息通讯系统)(Vehicle Information and Communication System);

②手机双向通讯;

③因特网联接;

④数码卫星播送。

(2)电子导航

①高效检查、查询功能;

②触摸屏;

③声控操作、声控提示;

④便携式电子导航仪。

(3)安全保障

①道路危险警告;

②摇摆驾驶探测器;

③与电子导航系统相协调的变速控制;

④显示停车场、加油站、休息站的位置。

(4)其他功能

①FM调频文字播送;

②电视、音像一体化;

③车内电气控制;

④车内电脑;

⑤电子交易业务(EC);

⑥IC读取记录技术。

3.先进的公共交通系统(Advance Public Transportation System,简称APTS)

公共交通信息系统是面向公共交通使用者的交通信息系统,通过安装在公共服务区的信息查询装置、车辆自动定位设备或电子信息牌提供实时信息,包括公共交通拥挤程度、公交车辆到站时空信息、换乘信息以及停车状况等。公共交通信息的提供有助于公共交通使用者出行、换乘和出发时间的选择,可以提高使用者的便利程度。利用先进的信息和通讯技术,动态实时采集公交车辆的行驶状态信息、公交车辆营运信息以及联系道路系统和换乘系统的交通状态信息等公共交通信息,加以处理后提供给用户。如果能最大限度确保公交车辆的准时性,在公交沿途的各停靠站上提供到站时间表,并同时提供行驶中车辆的动态信息(如现在所处的位置,到达本站所需要的时间等),将极大地提高公共交通系统的吸引力,大大方便公众的出行。

4.营运车辆调度管理系统(Commercial Vehicle Operation Management,简称CVOM)

建立客货运调度和管理中心,通过计算机和通信设备对所属车辆进行调度,对线路上的车辆实行监控,还设有旅客自动问询系统及计算机售票系统。还包括运输场站利用,电子数据交换(EDI)及车辆自动定位技术,掌握客流、物流的配载、流向及换乘等实时信息,使客货运流向合理,减少空载,充分提高运输效率。

5.先进的车辆控制管理系统(Advanced Vehicle Control System,简称AVCS)

该系统建立一整套传感器、信号灯及信息显示系统,根据交通干线结构、操作程序、安全法规而形成对事件的反应知识库,为系统操作员对发生某特定事件做出反应的控制策略与建议,提供十分便捷明晰的人机界面,用最简单的操作完成对事件的正确反应。

例如可根据发生的事件及时关闭某些路段，对驶入隧道的车辆提出限速信息，提供警示信号，并能在交通状况变化时自动地改变这些信号设置。这就可能需要在几分钟内对成百上千个带连锁关系的信号灯、信号牌进行切换，而不允许有任何的差错。

此外，目前交通管理信息还通过路边或龙门架上的可变信息，向驾车人提供包括交通事故造成的道路阻塞的街道或公路地段名称，以便车主据此做出相应的对策。

交通的下一步发展是把类似的信息也同时通过路边设备经微波信道传到车内，并在车上的专用信息终端显示出来，使司机更能集中精力操控车内设备，减少疲劳。而且所获得的信息量大为增加，实时性与提前量都得到改善。

6. 电子收费系统(Electronic Toll Collection，简称ETC)

电子收费系统在ITS中具有特殊的地位，特别是高速公路及桥梁(包括贯穿城市的大型桥梁)收费系统更显示其重要性。常规的人工收费加计算机管理模式使停车收费时间较长，账目管理有漏洞，所以对全自动、不停车的收费系统的需求自然就提到了议事日程上。建立这样的系统能大大提高车辆通行能力。

有关资料显示，高速公路的交通堵塞35%发生在收费站处，采用ETC将大大提高公路的营运效率，节约乘客的时间。在日本，ETC采用车内设通讯器，在收费站设道路天线。通讯器以IC卡为介质，使用时将IC卡插入车内通讯器，通过收费站时，车内通讯器与道路天线进行双向无线通讯，收费站控制系统自动地从IC卡账户中划拨通行费。据调查，普通收费站通行能力为230辆/小时/车道，使用ETC的收费站通行能力为1000辆/小时/车道，是原来的4倍以上。

(三)ITS发展前景展望

智能交通系统作为新一代交通运输系统，其发展尚不成熟。从世界各国ITS的研究开发过程中，可以看到在以下几个方面的发展前景。

1. ITS是一项综合性技术

目前的智能交通系统是以道路和车辆为主要研究对象，以提高道路的通行能力、利用效率与安全性为研究目标的新一代交通运输系统，其研究重点是公路交通问题。目前尚缺乏将ITS应用于包括铁路、水运、公路、航空的综合交通体的研究计划，综合交通ITS的基本框架尚未形成。道路交通ITS先行虽然可行，但综合运输系统的智能化程度(包括规划、运营、管理等方面)直接影响道路交通ITS的发展和科技含量作用的水平。因此，研究开发综合交通ITS是实现道路交通的保障环节，也是从根本上解决交通问题的研究途径。

2. ITS的全球性

ITS是开放的复杂巨大系统，它是由许许多多关系密切而复杂的不同领域、不同功能的子系统按不同层次综合集结而成。各个国家、各个地区、各种交通模式按本身的优化目标开发各自的ITS，不考虑与其他系统的集成，就难免使整个交通运输系统的ITS性能不是最优。例如，目前各国都在研究各自的引导系统，采用不同的技术方案，其结果将形成各自互不相容的独立系统，在联合使用时就不能达到最优。要真正实现全球范围的ITS，实现整体效益最优，各国必须组织相应的高科技力量进行系统的研究，进行有效的国际协作与管理，建立地区统一，最终实现全球统一化的智能交通系统。

3. ITS技术的数字化

数字海图是继雷达、卫星定位和卫星通信之后，现代航海史上又一项新技术革命。这种以数字的形式在计算机荧屏上动态显示海洋地理要素并进行及时处理和传输的海图，集计算机技术、多媒体技术、地理信息系统等高新技术于一体，使海洋信息实现数字化。数字海图融文字、图像、声音、动画等多种表现形式于一体，具有辅助决策功能，信息容量大，存储快捷，携带方便，可虚拟海洋现实。一张光盘能容纳上百幅海图，在几秒钟内实现数据存取，用户可通过无线电通信随时上岗查阅、下载海图，并直接将数字海图输入船舶自动操纵系统，实现自动操作，具有较高的经济和军事效益。

4. 降低ITS的造价

美国研究开发的一段长约13亿km智能车辆公路系统，花费高达20亿美元。这种代价离实用型的ITS还存在着很大的差距。所以，降低造价应是当务之急，但是可以相信，随着各项现代技术的研究突破，ITS的造价必将大幅度下降。根据美国的ITS研究开发计划，到2002年，美国第一条实用型的智能车辆公路系统将投入使用。

5. ITS是一项在21世纪有极大发展空间的产业智能交通系统，它将是未来最主要的公路交通建设事业，广大的企、事业单位都将积极投资和参与，同时也将创造数以万计的就业机会。据美国运输部估计，仅美国本身在未来20年之内就要向智能交通系统投入2000亿美元。目前，美国参与智能交通系统研究开发的公司已达600多家，其中半数以上是美国的大型公司，包括航空工业及国防工业的公司等。

由于ITS以各种高新技术为纽带，将人、车、路有机地结合，可以有效地解决交通拥挤、交通事故频发及车辆造成的环境污染等问题，并可创造巨大的消费市场，因而在日本得到极大的重视。日本将其作为国家发展计划来定位，其潜在的消费市场令企业界无法抗拒。据日本经济新闻报导，ITS产业将成为21世纪最有影响的产业之一，据推算在今后20年内，日本市场的ITS整体市场将会达到50万亿(3万亿人民币)的规模。日本企业界纷纷投资进行研究，以期抢先占领市场。在日本仅生产电子导航系统的企业就有20余家。

我国的ITS的研究才刚刚起步，急需政府进行统一协调，组织国内的大企业和有实力的科研机构、大学进行系统的、全面的、高起点的研究。虽然我们起步较晚，但有国外的先进经验可供借鉴，所以在研究我们自己的ITS技术过程中可以少走一些弯路，用较少的资金达到目前的国际水平，研究出有我国自主产权的ITS技术，占领国内市场。

六、呼叫中心与物流短信系统

在现代物流服务中，呼叫中心越来越成为为服务对象提供服务的手段之一。物流服务商可以通过呼叫中心知晓客户或者车辆的运营状态，随时提供所需的服务。

(一)呼叫中心的基本概念

呼叫中心(Call Center，又称客户服务中心)起源于发达国家对服务质量的需求，其主旨是通过电话、传真等形式为客户提供迅速、准确的咨询信息以及业务受理和投诉等服务，通过程控交换机的智能呼叫分配、计算机电话集成、自动应答系统等高效的手段和有经验的人工座席，最大限度地提高客户的满意度，同时自然也使企业与客户的关系更加紧密，是提高企业竞争力的重要手段。随着近年来通信和计算机技术的发展和融合，呼叫中心已被赋予了新的内容：分布式技术的引入使人工座席代表不必再集中于一个地方工作；自动语音应答设备的出现不仅在很大程度上替代了人工座席代表的工作，而且使呼叫中心能24 h不间断运行；Internet和通信方式的革命更使呼叫中心不仅能处理电话，还能处理传真、电子函件、Web访问，甚至是基于Internet的电话和视频会议。因此，现在的呼叫中心已远远超出了过去的定义范围，成为以信息技术为核心，通过多种现代通信手段为客户提供交互式服务的组织。

更重要的是，企业呼叫中心(也称客户服务中心)的服务范围已从最初咨询和投诉，延伸到每一个客户的售前、售中、售后服务等客户经营、生产、管理的全过程，是企业与客户交流的主要手段，已逐步成为企业的“统一对外联系窗口”。呼叫中心也从功能划分为三种大的类型，即电话市场宣传(Telemarketing)、电话销售(Telesales)和电话服务(Teleservice)。这三大类功能再与不同的行业相结合，就形成了呼叫中心的各种典型应用。

呼叫中心作为一种能充分利用现有通信手段和计算机技术的全新现代化服务方式，已引起越来越多人的关注。随着全球范围内商业竞争的日趋激烈，企业更是将呼叫中心视为在竞争中出奇制胜的法宝。近年来，呼叫中心在世界各地都呈现出高速发展的局面，全球每年由呼叫中心促成的销售额已高达6500亿美元。专家预测，在即将来临的21世纪，呼叫中心将迅速发展成为全球商业竞争的焦点。

在中国，随着市场经济体制的逐步健全和WTO的加入，企业间在低层次的价格竞争之后，正逐步地向“服务”竞争层次进行转换，而呼叫中心能够与用户建立良好的连接渠道，为用户提供优质的服务，迎合了这种需求。另一方面，随着电信政策的逐步放开，也为企业降低了呼叫中心的运营成本。因此，呼叫中心在中国虽然起步较晚，但已呈现出飞速发展的势头，每年的增长率都在30%以上，应用也由邮电行业，扩展到银行、航空、铁路、保险、证券、房地产、旅游、商厦、医疗保健、政府等几乎所有的行业。

现代呼叫中心是采用计算机电话集成技术(Computer Telephone Integration,即CTI技术)的新一代客户服务系统,其不同于传统电话服务中心之处在于将计算机的信息处理功能、数字程控交换机的电话接入和智能分配、自动语音处理技术、Internet技术、网络通信技术、商业智能技术与业务系统紧密结合在一起,将公司的通讯系统、计算机处理系统、人工业务代表、信息等资源整合成统一、高效的服务工作平台。它将企业内分属各职能部门为客户提供的服务,集中在一个统一的对外联系"窗口",采用统一的标准服务界面,为用户提供系统化、智能化、个性化、人性化的服务。

同时,建立呼叫中心还具有以下几个鲜明的特征:

(1) 实现"一号通",便于用户的记忆;

(2) 智能化呼叫路由使资源得以充分利用,采用智能呼叫处理(ACD)由多种条件决定路由的选择;

(3) 自动服务分流,由自动语音或自动传真可使客户呼叫分流,或由不同业务代表提供不同服务的客户呼叫分流;

(4) 通过自动语音应答设备能够做到为客户提供7天×24小时全天候服务;

(5) 提供灵活的交流渠道,允许顾客在与业务代表联络时可随意选择包括传统的语音、IP电话、电子邮件、传真、文字交谈、视频等在内的任何通信方式等;

(6) 能事先了解顾客的账号信息、购买历史等相关信息,以便为其提供更有针对性的服务;

(7) 能针对顾客的具体情况安排有特殊技能的业务代表以满足顾客的要求,非专业的话务员可从数据库中取出专业信息,也可为用户提供良好的专业级的服务;

(8) 主动向新的用户群体进行产品宣传,扩大市场的占有率,树立公司品牌形象;

(9) 完善的客户信息管理、客户分析、业务分析等功能,为公司的发展决策提供事实依据;

(10) 与企业的ERP、供应链、电子商务等业务系统集成方便。

(二)呼叫中心的基本组成

一个典型的基于交换机的呼叫中心系统是由自动排队机系统、计算机电话集成系统、交互式语音应答系统、数据库应用系统、来话呼叫管理系统、去话呼叫管理系统、人工座席系统、电话录音系统和呼叫管理系统等系统组成。

自动排队机系统主要实现电话呼入、呼出功能;还提供自动呼叫分配ACD系统、呼叫管理系统,用于有效管理所有话务;支持IVR;提供CTI Link模块作为计算机/电话集成接口。自动呼叫分配(ACD)系统是现代呼叫中心有别于一般的热线电话系统和自动应答系统的重要标志,其性能的优劣直接影响到呼叫中心的效率和顾客的满意度。在一个呼叫中心系统中,ACD成批地处理来话呼叫,并将这些来话按规定路由传送给具有类似职责或技能的各组业务代表。

ACD功能可在交换机内部实现或在CTI服务器上实现。ACD用来把大量的呼叫进行排队并分配到具有恰当技能和知识的座席。座席按相似的技能分成若干组,如普通座席组、专家咨询组等,或者按其他业务职能进一步细分,ACD的工作就是将呼叫排队并路由到合适的组和合适的业务代表。排队的依据多种多样,如拨入的时间段、主叫号码、DNIS、主叫可以接受的等待时间、可用话务员数、等待最久的来话等一系列参数。用户等待时可以听到音乐或延迟声明。

ACD可以在多方面提高客户满意度:将呼叫路由给最闲的话务员可以减少主叫的排队时间;将呼叫路由给最有技能的话务员将解决客户的专业问题和特殊需要;呼叫提示令客户可以对呼叫有更多的控制权,如预计等待时间太长,就可以选择留言挂机,或者转到一个指定的分机,或者只是听取信息播放。

计算机电话集成CTI技术可使电话与计算机实现信息共享,计算机的CTI应用系统通过特定交换机的CTI Link,实现后台计算机对交换机进行呼叫控制和呼叫状态传递,而且可以全面控制交换机的电话、呼叫、分组、引导和中继线,实现灵活的呼叫管理和监控。

基于CTI技术的中间件,能够提供呼叫管理、监控,并能与呼叫中心中的ACD、IVR、录音设备、

FAX、应用软件、数据库各部件相集成。由于其提供统一标准的编程接口,屏蔽PBX与计算机间的复杂通信协议,给不同的CTI应用程序开发和CTI应用系统集成带来极大方便。

采用CTI技术可以提高工作效率,改进客户服务质量。由于采用智能分配技术,可根据业务代表的忙闲统计、业务代表的服务能力、每天不同时段呼叫统计、主叫用户的所在区域、主叫用户的号码、IVR按键选择、产品信息、客户信息等因素,提供最佳的分配方式,使用户可以得到更快捷的服务。另一方面,由于话务员可事先在计算机屏幕上看到并了解诸如客户的历史记录、习惯、服务记录等信息,并根据智能提示功能,业务代表可以提供更高水平、更具有针对性的服务。

(三)物流短信服务

随着GSM技术的普及和应用,短信服务也被应用到物流服务上来。手机短信服务作为一种依赖于中国电信GSM网络的应用技术,具有投资极小,可靠性高等优点。

对于物流公司或者需要类似服务的公司来讲,其设备是依赖于中国电信的若干手机(司机持有)和呼叫中心的呼叫短信解码系统,解码系统由解码盒加上一台计算机构成。解码盒的功能相当于一步专门进行手机短信收发的大型"手机"。因为作业中的司机发送的短信可以采用事先约定的编码,以便发送短信时缩短发送输入时间,所以所有的司机都将服务内容通过手机发送到解码器,解码器接收短信,并通过计算机进行解码,翻译成请求服务的内容,就可以知晓请求服务的客户端的状态。

物流短信的运行成本确实比较低廉,但是随着电信资费的可能下调,直接通话成本将会降低,物流短信由于其操作的复杂性,其应用前景我们不得而知。

第三章 物流管理信息系统分析与设计

物流管理信息系统分析的任务是要定义物流信息系统的需求,明确系统作什么,这是系统设计的基础。系统分析采用面向数据流的结构化分析(Structured Analysis)技术,主要使用数据流程图、数据代码设计、数据存储规范化等方法。应用"自顶向下"的分解策略,由粗到细,把一个复杂的物流信息系统向下逐步分解成尽可能独立的子系统、模块、子模块等,使系统管理人员不但有一个总的概念性印象,而且随着逐级向下扩展,对那些具体的、局部的组成部分也有深刻的认识。

物流管理信息系统设计的任务是根据物流信息系统分析的资料,进行计算机化的物流管理信息系统的内部结构设计,例如各子系统或模块及其接口的设计、数据库或数据结构设计、通讯网络设计等,并且还要确定系统的硬件配置。系统设计的目标是设法以最优的方式把系统内各组成部分联接在一起,形成一个组织良好的系统结构,使得这个系统具有较高的运行效率,较强的可修改性和较高的可靠性。

第一节 代码与数据结构设计

一、代码设计

代码是指用数字、字母和特殊符号,表示事物的名称、属性和状态等特征。在计算机处理信息过程中,代码具有重要作用:根据代码,可以区分每一个数据元素,及其代表的逻辑意义;使信息的表达方式标准化和单纯化;提高计算机处理效率和精度,便于进行信息检索、分类、排序、汇总、统计和分析。

在企业信息系统开发中,代码设计是非常重要的基础工作,与企业的具体生产工艺、生产组织和管理方式有着密切的关系,需要组织各方面有关人员精心设计。无论系统采用批处理或联机操作,都离不开代码体系,代码的设计质量直接影响着系统未来的运行效率和效果。

(一)代码种类

管理信息系统中常见的代码有顺序码、区间码、助记码、颜色码和发音码等,其中顺序码、区间码、助记码应用较多。

1.顺序码

顺序码又称系列码，它以一个接着一个连续排列的数字来代表编码对象(如材料编号、订货单号等等)。例如：

001:普通碳素钢

002:优质碳素钢

003:低合金钢

009:特殊钢

顺序码特点是简单，码短而惟一，管理方便，但缺少逻辑规律，码本身不含任何信息，缺乏弹性，不易调整。

2. 区间码

区间码是将数据项分成若干组，每组给一个区间值(或字母)，赋值要考虑到能最大限度地利用这个区间码。区间码可分为多面码、层次区间码和十进位码等类型。

例如，炼铁原料代码，采用四位区间码，参见表2—3—1

第一位：表示原料来源；

第二位：表示原料产地；

第三位：表示原料种类；

第四位：表示原料规格。

如，代码1111——表示国产海南岛块状铁矿石。

表2—3—1　炼铁原料代码结构

来　源	产　地	种　类	规　格
国产	海南岛	铁矿石	1——块矿
国产	鞍山	石灰石	2——粉矿
国产	大冶	焦　炭	3——筛下
进口	澳大利亚	其他原料	4——未选矿

区间码特点是码中每一数字的值和位置都代表一定意义，码的结构易于记忆，检索、操作、分析、排序等方便，代码类别扩展方便，整个类别可以增加或删除；但码的长度取决于分类的数量和属性，有时很长，并可能出现空余的数，码的维修比较困难。

3. 助记码

顺序码和区间码的符号均是人为规定的，本身没有意义，不便记忆。助记码是为了克服这一缺点而设计的，一般用文字、数字或两者结合来表示。例如

GB:中华人民共和国国家标准；

JIS:日本工业标准；

DIN:德国工业标准。

助记码虽然便于记忆，但对长的、不稳定的数据项来说，容易产生联想出错问题，并占用容量过多，一般认为不超过50项时，采用助记码较好。

4. 组合码

由于客观事物的复杂性，仅用顺序码、区间码或助记码不能有效地编码时，便使用组合码，即将顺序码、区间码和助记码混合使用。例如，生产合同代码使用了助记码和顺序码混合的组合码。

前两位表示生产单位，是助记码；后五位表示生产合同顺序号，是顺序码。例如：

RZ00001—BZ99999:热轧生产合同号；

LZ00001—LZ99999:冷轧生产合同号。

(二)代码设计原则

代码设计是一项复杂的、技术性强的工作，涉及企业各个职能部门，是实现信息管理科学化的基础，在代码设计时应遵循以下原则：

1. 科学性。选择管理对象在企业物流过程中稳定的、明显的特征作为代码设计的依据。

2. 系统性。将分类对象依选定的属性或特征，按一定的顺序系统化，以便记忆或操作。过长的字符最好分成小段。

3. 实用性。以全局性的特性作为设计依据，即不以局部特殊需要作为依据。

4. 经济性。讲究代码的经济效果，能用短结构表达清楚的，就不用长结构。

5. 可扩展性。为了适应情况的变化，代码设计中要留出一定的空位，以备将来扩充。

6. 兼容性。要尽可能与有关国际标准、国家标准和企业内部标准相适应，以便实现相互对照和转换。

(三)代码设计方法

在信息系统代码设计中，应根据管理对象的特征和管理目标，选择相应的代码设计种类，下面通过实例介绍物流管理信息系统代码设计方法。

1. 标准类代码

标准类代码一般用于数据存储文件中的主关键字或关键字段，作为文件检索的主要依据，具有特定的逻辑意义和惟一性。如配件编号、材料试验号等。

例如，汽车配件制造公司的配件编号设计：

代码名称：配件编号

代码定义：库存配件的惟一代码

代码长度：10个字符

代码构成：

1	2	3	4	5	6	7	8	9	10
A	B			C			D		

A：配件制造/购买标识

B：配件类别

C：配件牌号

D：配件品名牌号

2. 计划类代码

计划类代码是生产计划管理部门应用的生产指令方面的编码，生产单位将依据此代码组织生产。如制造命令号，它采用了组合码编码方式。

代码名称：制造命令号

代码定义：炼钢生产的生产计划号

代码长度：8个字符

代码构成：

1	2	3	4	5	6	7	8
A		B					

A：钢包去向

01——一号连铸机；

02——二号连铸机；

03——三号连铸机；

04——四号连铸机；

99——初轧厂。

B：生产计划顺序号

3. 跟踪类代码

跟踪类代码表示“物”所在的生产地点。生产管理人员根据此代码进行生产调度或变更，以保证企业各环节物流畅通。如合同状态号，它采用了区间码编码方式。

代码名称：合同状态号

代码定义：合同所处的生产环节

代码长度：2个字符

代码构成：

1	2
A	

A：合同状态

01——合同输入完成；

02——合同进行了技术审查；

03——合同进行了质量目标设计；

04——合同进行了生产安排；

05——合同进行了生产；

06——合同按期完成；

07——合同提前完成；

99——合同已删除或冻结。

4. 物流实绩类代码

实绩类代码反映和记载生产的实际结果，一般多与质量管理方面的数据有关。如钢板剪切边质量，使用了区间码编码方式。

代码名称：钢板剪切边质量

代码定义：钢板剪切边质量好坏程度

代码长度：1个字符

代码构成：

1
A

A：0——其他；

1——无缺陷；

2——轻度缺陷；

3——中等缺陷；

4——严重缺陷。

代码的正确性，是信息系统有效工作的前提。但是，人们在工作中，尤其在抄写、复制或手工往计算机输入代码时，往往会发生错误。常用的方法是在重要的代码结构中设置校验位。校验位在编码时作为代码的一个组成部分加到代码尾部，并按一定计算规则取值。当代码输入计算机后，计算机按同样规则计算校验位的值，看它与代码中的取值是否一致，从而达到自动检错的目的。增加校验位给数据处理带来很多工作量，只有在必要时才用。

二、数据结构设计

信息系统涉及的数据量非常大，尽管随着计算机内外存储能力的增加,节省空间已不是重要问题,但数据文件或数据库结构设计如果不合理或不当,就会直接影响系统的处理效率和响应速度,并给用户使用和维护带来不便。

(一)数据结构规范化理论

为了合理设计数据结构,美国 IBM 公司的科学家 E·F·Code 首先提出了数据结构规范化理论(Normalization Theory)。这一理论为数据文件或数据库结构设计,提供了理论基础。虽然这个理论以关系数据模型为背景,但对一般的数据结构设计,同样具有重要指导意义。数据结构规范化理论仍然处在发展之中,但从实用角度看,符合第三数据结构规范化形式的数据结构就是一个合理的数据结构。

第一数据结构规范化形式,是指一个数据结构中没有重复出现的数据元素或数据元素组,即一个"平坦"的数据结构就是一个符合第一数据结构规范化形式的数据结构。

第二数据结构规范化形式,是指一个符合第一数据结构规范化形式的数据结构中的非关键字数据元素都完全函数依赖于整个关键字。即一个"平坦"的数据结构中非关键字数据元素的取值都与整个关键字有联系,它就是一个符合第二数据结构规范化形式的数据结构。因此,对于只有一个关键字数据元素的数据结构,如果它满足第一数据结构规范化形式的要求,那么也一定满足第二数据结构规范化形式的要求。

第三数据结构规范化形式,是指一个符合第二数据结构规范化形式的数据结构中的非关键字数据元素间都彼此独立,即非关键字数据元素的取值不存在函数依赖关系。它就是一个符合第三数据结构规范化形式的数据结构。

(二)数据结构的合理设计

我们以钢铁生产企业的成品库物流管理系统中的产品数据结构为例,讨论如何根据规范化理论进行数据结构的设计。

为了有效地实施管理,结合成品库的具体情况,我们要选择一组描述成品库管理实体的数据元素,如产品名称、产品规格以及产品存放库位等,来描述管理对象。为了能惟一区别库存产品,还要给每种产品建立一个产品编号。考虑到有些产品虽然产品编号相同(名称相同和规格相同),但订货企业不同,要设立订货企业信息,如订货企业编号、订货企业名称和订货企业地址等。这样可得到数据结构 A。

A:产品——订货企业——库存

*产品编号(*表示关键字,下面相同)

产品名称

产品规格

订货企业——库存

订货企业编号

订货企业名称

订货企业地址

订货企业法人

订货企业电话

订货企业开户行

订货企业账号

产品价格

库存数量

库存资金量

库存数量合计

库存资金量合计

从数据结构 A 可明显看出,它存在重复的数据项"订货企业——库存",不符合第一数据结构规范化形式。我们知道成品库存储产品种类很多,每种产品的订货企业数量不一,如果取上述数据形式建立数据文件或数据库结构,必然按某一订货企业数量最多产品的数据元素为基准设计结构。对于大部分库存产品而言,将造成大量的空数据项,占用过多的存储空间。为了去掉重复项"订货企业——库存",可以采用增加关键字"订货企业编号"的办法,将它改造为符合第一数据结构规范化形式的数据结构 B。

B:产品——订货企业——库存

*产品编号

产品名称

产品规格

*订货企业编号

订货企业名称

订货企业地址

订货企业法人

订货企业电话

订货企业开户行

订货企业账号

订货价格

订货数量

库存资金量

数据结构B比数据结构A好,但有些元素如:产品名称和产品规格取决于关键字"产品编号",与另一关键字"订货企业编号"无关;订货企业名称和订货企业地址等取决于关键字"订货企业编号",与另一关键字"产品编号"无关。因此它不符合第二数据结构规范化形式,仍存在缺点。如:同一订货企业可能订购若干产品,而每种产品数据结构中都有订货企业的相关数据,造成信息重复,给用户输入和修改带来不便。可采用分解数据结构的方法,将"大的数据结构"分解成"小的数据结构",使"小的数据结构"中的非关键字数据元素的取值都完全依赖整个关键字。数据结构B,分解成数据结构C、D、E后,就成为三个符合第二数据结构规范化形式的数据结构。

C:产品库存

*产品编号

*订货企业编号

产品价格

库存数量

库存资金量

D:产品

*产品编号

产品名称

产品规格

E:订货企业

*订货企业编号

订货企业名称

订货企业地址

订货企业法人

订货企业电话

订货企业开户行

订货企业账号

数据结构C产品库存符合第二数据结构规范化形式,但它还不符合第三数据结构规范化形式。"库存资金量"函数依赖于"库存数量"和"产品价格",即非关键字数据元素间还存在着相互联系。这说明非关键字数据元素间存在着数据冗余,如:已知"库存数量"和"产品价格",可计算出"库存资金量","库存资金量"作为数据元素存在,给修改"库存数量"或"产品价格"带来不便。每当修改"库存数量"或"产品价格",就必须修改"库存资金量",显然这是不合理的。

对于不符合第三数据结构规范化形式的数据结构,只要消除存在函数依赖关系的数据元素,就使其成为符合第三数据结构规范化形式的数据结构。产品库存C消除数据元素"库存资金量"后,就转化为符合第三数据结构规范化形式的数据结构F。

F:产品库存

*产品编号

*订货企业编号

产品价格

库存数量

至此,就将一个不好的数据结构A,转化为符合第三数据结构规范化形式的数据结构D、E和F。

(三)数据结构合理化的步骤

把一个数据结构不合理形式转化成一个数据结构合理的形式,一般要经过下列几个步骤:

第一,把含有重复数据项的数据结构,通过在重复数据项中指定新的关键字方法,转化为符合第一数据结构规范化形式的数据结构。

第二,如果数据结构中包含两个以上的关键字,通过分解数据结构的方法,将"大的数据结构"转化为"小的数据结构",使"小的数据结构"中的非关键字数据元素都完全函数依赖于整个关键字,成为一个符合第二数据结构规范化形式的数据结构。

第三,如果数据结构中非关键字数据元素间存在函数依赖,则通过消除存在函数依赖关系数据元素的方法,使非关键字数据元素间不存在函数依赖,从而成为一个符合第三数据结构规范化形式的数据结构。

以数据规范化理论为基础,我们可以将一个不合理数据结构,转化为一个合理的数据结构。而通过这种转化,可能会产生新的数据结构,文件或数据库的数量会增加。但由于是按"一事一地"原则存储,每个数据结构变得简单,方便存取,特别在修改数据时,优点就更明显。但对某些比较复杂的查询问题,可能要求对若干个第三数据结构规范化形式的数据结构进行联接运算,而联接运算需要付出较大代价,如果这类查询比较多,为了减少查询响应时间,可以把若干个第三数据结构规范化形式的数据结构合并为较少的第二数据结构规范化形式的数据结构以及第一数据结构规范化形式的数据结构。

第二节 数据流程图设计

数据流程图描述了系统的主要逻辑功能和数据流向;数据代码定义了整个系统涉及的每一个数据元素的内容;数据存储规范化指导设计合理的数据结构;这些资料形成系统分析报告,使系统管理人员在计算机化的物流信息系统建立之前,就能看到它的逻辑模型,知道它的主要功能,这样有助于系统开发的顺利进行,使系统设计人员在尽可能短的时间内,设计出一个高质量、低成本的计算机化的物流信息系统结构。

一、基本符号

数据流程图是结构化系统分析的主要工具,也是编写系统分析资料、设计系统总体逻辑模型的有力工具。它不但可以表达数据在系统内部的逻辑流向,而且还可以表达系统的逻辑功能和数据的逻辑变换。数据流程图既能表达现行人工系统的数据流程和逻辑处理功能,也能表达计算机系统的数据流程和逻辑处理功能。数据流程图有四种基本符号:外部项、数据流、处理逻辑和数据存储。

(一)外部项

外部项是指不受系统控制,在系统以外的事物或人,它表达了该系统数据的外部来源或去处。例如顾客、职工、供货单位、财务部门、机场售票处、政策制定人等。它也可以是另外一个信息处理系统,向该系统提供数据或接收来自该系统向它发出的数据。

用一个正方形,并且在其上方和左方各加一条线表示外部项。为了区别于其他外部项,可以在正方形内部左上角用一字符表示。外部项的表达符号,如图2—3—1所示。

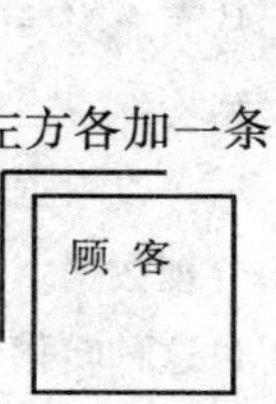

图2—3—1 外部项

在确定了系统的外部项以后,实际上就确定了系统与外界的分界线,因此要想确定合理的系统与外界的分界线,必须要先详细分析用户的要求,根据系统的目标确定系统的分界线。也许这个外部项定得不合理,应该作为一个组成部分纳入到系统中,也许系统内某个功能部分不适当,应从系统内部移出,作为系统的外部项对待。

(二)数据流

数据流(Data Flow)的符号最简单。一个水平箭头或垂直箭头,就指出了数据的流动方向。一律采用单箭头。在图2—3—2中,仓库管理员有一项查询要求,想知道某种物品的库存量是多少,这意味着从“库存账”中读出该物品的库存量,因此箭头由数据存储结构“库存账”指向处理逻辑“查询库存”。仓库管理员输入一张入库单,表示将“库存账”修改,因此箭头由处理逻辑“修改库存”指向数据存储结构“库存账”。在数据流程图中,绝对不要采用双向箭头,而应如图2—3—2那样。仓库管理员有一项查询要求,数据流箭头由外部项“库管员”指向处理逻辑“查询库存”,系统响应后,输出回答信息,也就是某物品的库存量数据,因此数据流箭头由处理逻辑“查询库存”指向外部项“库管员”。数据流可以由某一个外部项产生,也可以由某一个处理逻辑产生,也可以来自某一个数据存储。

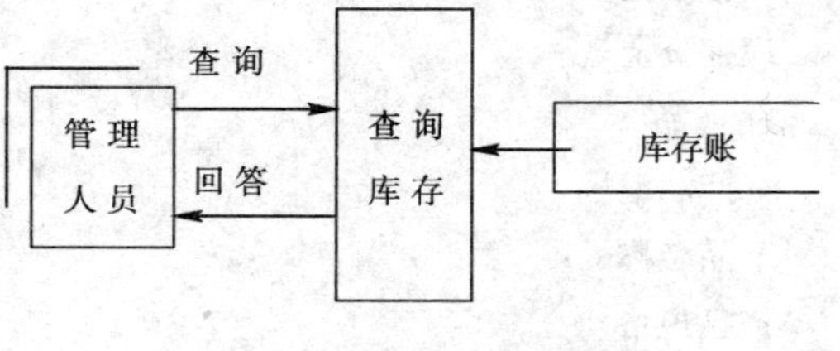

图2—3—2 数据流的正确表达

(三)处理逻辑

如果把数据流比喻成工厂里的零件传送带,那么每一道加工工序就相当于数据流程图中的处理逻辑,它表达了对数据的逻辑处理功能,也就是对数据的变换功能。处理逻辑对数据的变换方式有两种:

1. 它能变换数据的结构,例如将数据的格式重新排列;

2. 它能在原有的数据内容基础上产生新的数据内容,例如计算总量或平均值。

可以用一个长方形表示处理逻辑,如图2—3—

3所示。由图2—3—3可以看出,处理逻辑符号由三部分组成:标识部分、功能描述部分和功能执行部分。标识部分用于惟一地标识出这个处理逻辑,以区别于其他处理逻辑。功能描述部分是处理逻辑必不可少的部分,它用非常简单的一句话,直接表示这个处理逻辑要做的事,也就是它的逻辑功能是什么。一般用一个动词和一个名词组成,名词在动词后面。例如:编辑订单,编制报表,更新库存量,检索书目,计算金额总计。

在处理逻辑的功能描述中没有主语,只有动词和宾语组成。执行这项功能的主体可能是某一个部门,也可能是某一个人,也可能是某一个计算机程序,我们都把它看做是这个处理逻辑的执行者,可以在长方形符号的底部表示。一般来说功能执行部分同标识部分一样,不是必须有的,只是做参考用。在数据流程图中,任何一个处理逻辑必须有输入数据流和输出数据流。只有输入数据流而没有输出数据流,或只有输出数据流而没有输入数据流的处理逻辑都是不正确的。对任一个处理逻辑来说,允许有若干个输入或输出数据流。

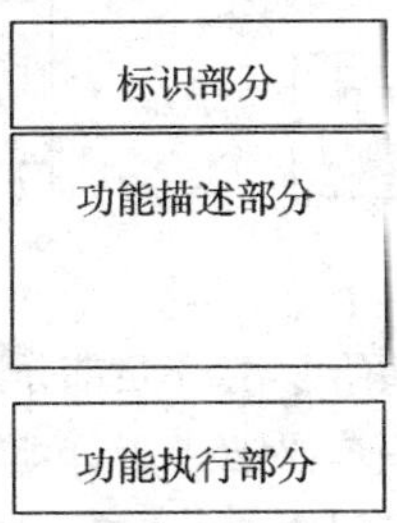

图2—3—3　处理逻辑

(四)数据存储

数据流符号只能表达数据的流动方向,不能表达数据暂时停留的地方或永久保存的地方,因此还需要再引进一个符号,即"数据存储"(Data Store),它指出了数据保存的地方。这里所说的"地方",并不是指数据保存的物理地点或物理存储介质,不是指文件箱,也不是指磁盘或磁带,而是对数据存储的逻辑描述。数据存储可用一个右边开口的水平长方条表示。在长方条内部写上该数据存储的名称,名称要起得适当,便于用户看懂。为了区别于其他数据存储,再加一个标识,用英文字母D和数字组成,如图2—3—4所示。

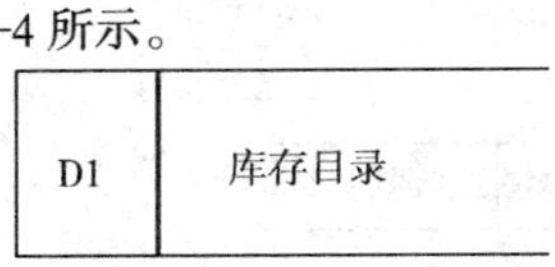

图2—3—4　数据存储

二、数据流程图设计

数据流程图表达数据在系统内部的逻辑流向、系统的逻辑功能和数据的逻辑变换,不但能表达现行人工系统的数据流程和逻辑处理功能,也能表达计算机系统的数据流程和逻辑处理功能。它使用四种基本符号:外部项、数据流、处理逻辑和数据存储。一般设计数据流程图要遵循以下几条原则:

1.确定系统的外部项,也就是确定系统与外部环境的分界线。因此系统分析人员首先要识别不能受系统控制的,但是影响系统运行的外部因素有哪些,系统的数据输入来源和输出对象是什么。一旦把系统的外部项确定下来,人工和自动化处理的界面也就基本上确定了。

2.确定系统在正常运行时的输入和输出(数据流)。对于错误和例外条件的输入和输出,一般仅在低层数据流程图上反映。这样在较高层的数据流程图中只反映主要的、正常的逻辑功能,使人一目了然,便于了解总体情况。

3.数据存储在系统中应起到邮政信箱的作用,处理逻辑与处理逻辑间应尽可能避免直接有数据流联系,而是通过数据存储发生联系比较好。这样可以提高每个处理逻辑的独立性,减少系统复杂性。

4.确定对系统的查询要求,在这些查询中应该包括要求立即得到回答的查询。因此要定义两种数据流,一种是外界向系统发送查询要求的数据流,另一种是系统响应后给出回答的数据流。

5.设计流程图时,先从左侧开始,标出外部项。左侧的外部项,通常是系统主要的数据输入来源。然后画出由该外部项产生的数据流和相应的处理逻辑,如果需要将数据保存,则标出数据存储。接收系统数据的外部项一般画在数据流程图的右侧。

6.反复修改或检查是否有所遗漏或不符。在修改过程中要和物流系统的管理人员详细讨论,直到取得一致意见为止。

7.尽量避免线条的交叉,必要的时候可以用重复的外部项符号和重复的数据存储符号。数据流程图中各种符号布局要合理、整齐和清楚,分布要比较均匀。

8.根据第一张数据流程图,对其中每个处理逻辑,逐层向下扩展出详细的数据流程图,每一层数据流程图中的处理逻辑一般不超过七八个。上下层的数据流程要相互对应。我们通过一个实例，说明数据流程图的具体设计方法。一家汽车配件制造公司，制造汽车配件达万种。现进行这家汽车配件公司的物流信息系统分析，设计出数据流程图。

经过对汽车配件制造公司现行人工物流管理系统的调查研究，系统分析人员已经基本了解公司的物流管理业务过程。主要管理业务有：销售物流管理、采购物流管理、生产物流管理和会计管理。信息系统的主要外部项有两个：顾客和供应商。顾客是指所有购买汽车配件制造公司货物的单位和个人；供应商是指所有为该公司提供制造汽车配件原料的生产厂家或批发单位。这样可以设计出汽车配件公司第一层数据流程图。参见图 2—3—5。

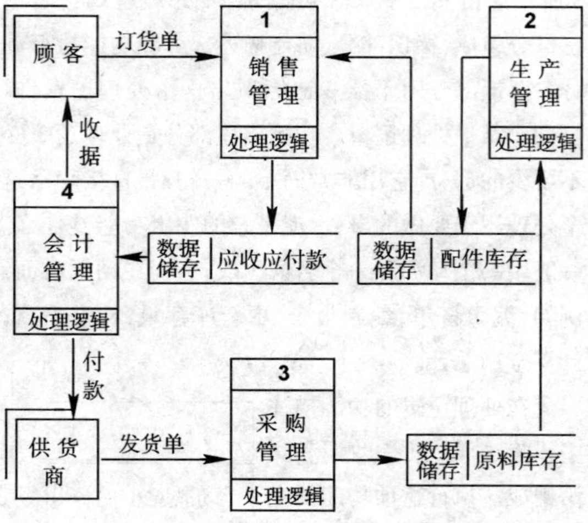

图 2—3—5 汽车配件公司第一层数据流程图

经过进一步调查分析，销售物流管理要做的主要事情如下：编辑订货单；审核顾客填写的订货单；登录新顾客，如果是新顾客则进行登记；确定顾客订货，根据库存情况确定是否卖给顾客；开发货单，如果有现货，并且能如数供应，则开发货单允许顾客提货，此时应修改库存，并将应付款金额记入付款明细账(该公司采取银行转账方式)；产生缓付订货单(顾客预订单)，如果现货数量不能完全满足，将现货部分卖给顾客，不足部分询问顾客是否预订，如果同意则预订；对照缓付订货单，在生产部门将顾客预订的配件制造并入库后，通知销售部门已有货，销售部门核对顾客预订单后，将配件卖给顾客；编制销售和库存报表，定期编制各种营业报表；检索库存，领导查询有关销售和库存等信息。处理逻辑“销售管理”进一步调查后，其外部项有三个：顾客、经理、“生产物流管理”。其中，“生产物流管理”是汽车配件公司物流信息系统的一个子系统。这样可以设计出销售物

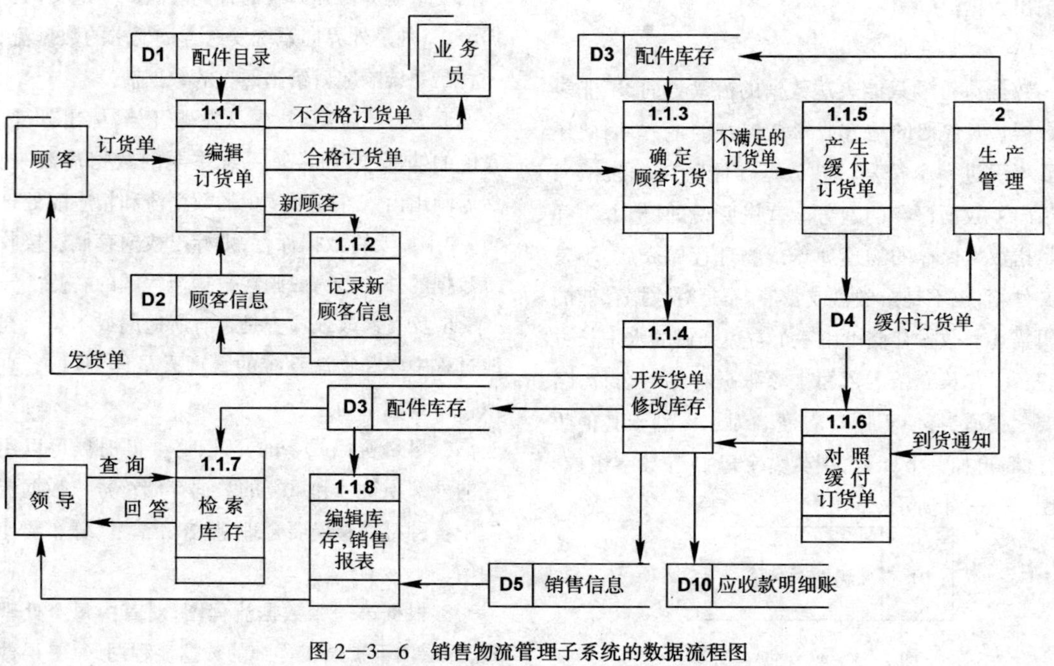

图 2—3—6 销售物流管理子系统的数据流程图

流管理子系统的数据流程图。参见图2—3—6。

第三节 系统设计

一、系统设计的目标

建立一个新的计算机化的物流信息系统，一般来说，要有以下五个方面的改进：

(1)能够比现行系统更快地提供信息；

(2)能够比现行系统提供更新的信息；

(3)能够比现行系统提供更加准确的信息；

(4)能够比现行系统提供更多的信息；

(5)能够比现行系统增加更多的处理功能。

为了实现上述改进要求，可能有若干种设计方案，需要从这些设计方案中选择一个尽可能好的设计方案。如何选择，实际是一个决策问题，主要是根据设计目标来评价设计方案。系统设计的目标一般来说有6个：运行效率、可靠性、可修改性、灵活性、通用性和实用性，其中前三项是最主要的设计目标。

(一)运行效率

任何一个系统，它可用的资源毕竟是有限的，所以要设法提高这些资源的使用效率。一个物流信息系统的资源主要包括中央处理机、内存储器、外存储器、输入\输出设备等。另外，还应该包括时间，这是指处理机运行时间、外部设备运行时间和电传时间等。

运行效率包括3个方面，一是处理能力，这是指在单位时间里能够处理多少个事务；二是运行时间，一般是指在批处理状态下，系统运行一次所需要的时间；三是响应时间，这是指在联机处理状态下，在终端上向计算机发出一项请求，到计算机在终端上给出回答所用的时间。

一个以数据库为中心的信息系统，其主要的时间都用在和数据打交道方面，如数据操作、数据分类、数据检索等。一般都希望给程序开辟尽可能大的内存空间或减少访问外存的次数，以此提高处理或响应时间。

对于现代的计算机，系统设计人员首先考虑的是系统的处理能力，其次才是计算机的内存大小。但是对于微型计算机却是例外，首先要考虑如何使用有限的内存和外存容量。不过微型计算机的硬件也发展很快，这一问题已显得不重要了。

影响系统处理能力的因素大致有5种，可以粗略地按它们的影响程度由大到小地排列如下。

1. 系统的中间文件数量

中间文件是用于程序之间数据的暂时存储的地方，并不是有保存价值的数据文件。中间文件由某一程序产生，然后由下一道程序读出使用。在这道程序执行完后，就可以将它抛弃，这不妨碍对数据正确处理。早期的计算机在只使用卡片和磁带时，就要产生不少的中间文件。

现代的大型计算机或配有磁盘设备的计算机，就不再需要建立过多的中间文件了。建立不必要的文件和重读不必要的文件必然会降低系统的运行效率，即使中间文件并不建立在磁带上而是在磁盘上，也仍然如此。

2. 文件传输的次数

假设一个文件由三种类型的记录混合组成：事务类型A，事务类型B，事务类型C。可以有两种方案，一种是先从头到尾把文件中类型A的记录读出，然后再从头到尾把文件类型B的记录读出，最后再从头到尾把文件类型C的记录读出；另一种是对文件只读一次，遇到哪种类型的记录就相应地处理它，不管这个文件在磁带上还是在磁盘上。第二种方案的处理能力要高于第一种，这是因为对一个文件重新排序或对它进行检索要花很长时间。如果另外一个系统和这个系统在相同的时间里都使用一个文件，系统的运行效率就会更低。不过，它们的选择与文件的大小和计算机内存的大小有关。

3. 外存访问次数

这是指对一个磁盘文件的访问次数。影响运行效率的另一个因素是磁头移动的次数。每当读或是写一个文件的记录时，磁盘操作系统首先要确定文件的记录在磁盘上的位置，然后引导读写磁头移动到正确的位置，进行读或写。

对于一份数据量不大的记录进行存取，其主要时间在于定位时间，其次是等待时间，最后才是传输时间。举一个简单的例子，存取一个索引文件的记录，磁头必须首先移动到索引处，找到该记录的地址，如果在规定的地址里没有存放这个实际的记录，就有一个溢出的地址，可以告诉这个记录真正的存储地址，这就需要三个寻找过程。由于某些磁盘的存取方法和文件的设计原因,一个记录可能要寻找15次到20次。因为这属于磁盘操作系统的一部分,系统设计人员是无法控制的,所以要求系统设计人员要充分了解这部分软件,尽量保证设计出来的文件不要有过多的寻找次数,控制溢出寻找,合理地安排索引区和溢出区,缩短磁头的平均移动距离。这样就会提高处理能力。系统设计人员所要做的一件重要事情就是建立一个访问外存次数最少的信息系统。

4. 程序调用和其他的系统开销所花费的时间

一个系统是由一系列的程序建立起来的,每一道程序又由子程序组成。大多数的计算机,主程序由作业控制语句组成。它们本身又由控制台操作员构成一个小的程序,图2—3—7就是一个有代表性的例子。它是一个层次的调用结构。图中箭头的含义不同于数据流程图里的含义,它不仅表示了程序到程序的控制信息的传递关系,而且还表示了在调用程序和被调用程序已经执行完毕以后,还要把控制传递回去。这种层次结构的系统,是由许多单纯的小模块(程序或程序段)组合在一起形成一个系统,它有不少的优点。但从运行效率来考虑,每一次调用都要占一定的时间。因为要通过操作系统来算出被调用的程序在内存的什么地方,如果被调用的程序在外存,还要将它从外存调入,这就会占用更多的时间。所以经常要调用的模块,系统设计人员应该把它们常驻内存。

5. 程序的执行时间

影响系统运行效率的最后一个因素是程的执行

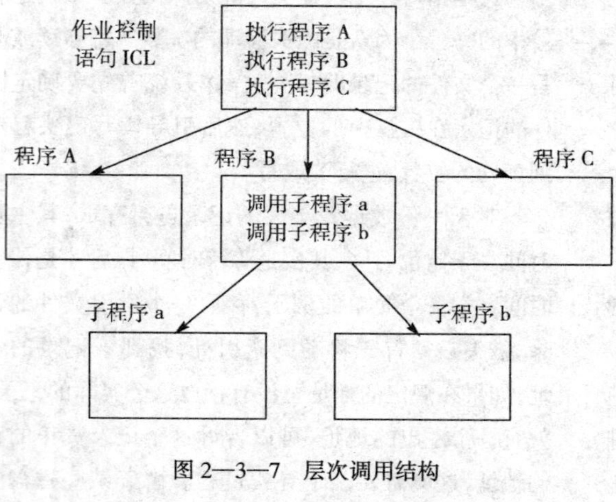

图2—3—7 层次调用结构

时间。当然从影响程度说来,它要远远小于第一个因素和第二个因素,在五个因素中,它的影响程度最小。程序的执行时间和程序的质量有关。同一个功能,可能有几种程序实现方法,衡量程序质量的标准之一是在同一台电子计算机上运行所占用的中央处理机和主存时间最少。当计算机的操作系统很好,速度也很快时,这个因素不显著,特别是在系统设计阶段过早地考虑程序编码最佳化是没有意义的。

(二)可靠性

系统的可靠性,包括软件和硬件的可靠性,它取决于系统本身的性质。如果一个系统要处理大量的机密资料和信息,或是要和钱打交道,例如银行系统,就需要具有高度可靠性,防止产生错误或故障。这里主要讨论一般经常要考虑的几个可靠性的问题。

1. 校验码

对某一项数据设置校验码,那么在进行数据处理时能够防止一些错误。例如银行对每个客户的账号指定最后一位数字是校验码,账号被指定以后,用适当的计算公式算出校验码是多少,当客户到银行存钱或取钱时,先要把账号输入计算机,计算机核对校验码是否和输入的相同,两者相符,才允许办理业务,否则拒绝办理。虽然使用校验码会增加处理时间,但能防止错误。

2. 批量的控制

如果是批处理系统,可以事先用人工计算一下这一批处理的事务总数(例如是订货单总数),那么系统设计人员预先在计算机内规定一个数,作为批处理的事务总数,如果把这批事务投入后,与人工计算的事务总数不一致,则表示有错,不予处理。

3. 建立运行日志和信息追踪

由于业务上的需要,管理部门要求系统能够随时让人知道:每天处理过哪些事务,是如何处理的。系统设计人员就要设计一个运行日志,每当一个事务进入系统被处理时,就登记在运行日志上,另外还要登录文件的变化情况等。只要系统运行,就要进行信息追踪。建立运行日志和信息追踪,必然会在某些程序上降低系统的运行效率,而且还需要更多的硬件资源,所以提高系统的可靠性需要付出一定的代价,但有时是需要的。例如一个联机系统，当联机发生故障时，从远程终端进入的信息可能会丢失，人如何能知道是否发生了信息丢失的情况呢？只能从运行日志上得知。只有知道了丢失情况，才能设法予以补救。

4. 文件存取的限制

这就是所谓数据的安全性和完整性的问题，什么样的人能够访问这个数据？什么样的人有资格更新这个数据？因此就要设定密码，只有知道密码的用户才能访问这个数据。

5. 可靠性指标

衡量可靠性的指标"平均故障间隔时间"（Mean-Time-Between-Failures，简称 MTBF），这是指平均发生前后两次故障的间隔时间。例如第一次故障在3:00发生，第二次故障在11:00发生，第三次故障在23:00发生，那么：平均故障间隔时间 MTBF＝(8＋12)÷2＝10 小时。显然，平均故障间隔时间越长，则系统的可靠性越高。

和可靠性有密切关系的是系统的可维护性。这是指排除故障的难易程度，衡量的指标是"平均修复时间"（Mean-Time-To-Repairs，简称 MTTR）。它的含义是在系统发生故障以后，平均每次所用的修理时间，也称为排除故障时间。显然，平均修复时间越短，则系统的可维护性越高。

有了"平均故障间隔时间" MTBF 和"平均修复时间" MTTR 这两项指标，就可以衡量系统的有效性了：

系统的有效性＝MTBF/MTBF＋MTTR

它是一个大于 0 小于 1 的数，这项指标越接近于 1，则系统的有效性越高。

一般来讲，提高系统的可靠性是很费钱的，要增加相应的软件和硬件，甚至还会影响到系统的运行效率。系统设计人员要在系统分析人员的指导下，在这些因素之间，选出一个最佳的综合性设计方案。

（三）可修改性

有人把系统看做是固定不变的东西，这种观点看起来好像没有什么不对的地方，但实际上，一个系统在它建成之前，从系统设计阶段开始，直到它生命的结束，也就是被另一个新系统取代为止，总是处在不断的修改之中，这里存在着深刻的实质性原因，一般有四个。

1. 一个系统总是为某一个目标服务的，它是在一个实际环境中运行的，它的数据来自现实世界，而客观世界在不断地变化着。例如企业开展了新的业务，或取消了原有的业务，市场情况发生了变化，国家有了新的政策规定等。因此信息系统也要随之变化，做出相应的修改，我们称为对系统的扩充或改进。

2. 电子计算机技术在不断地发展，硬件越来越便宜，新的操作系统和程序语言的出现，以及新的数据通讯和数据库技术的出现和发展，必然会对系统产生影响，迫使用户考虑修改自己的系统，使用新设备、新技术，实现新功能和提高运行效率。

3. 在经过系统分析、系统设计、程序设计和调试阶段以后，进行系统测试时，必然会出现问题和故障，这就需要设法将它解决或排除，这同样意味着对系统进行修改。

4. 对于一个复杂的系统，不可能在系统测试阶段就能完全彻底地把故障排除干净，有些故障甚至不会完全暴露出来；而是在系统完成、投入正式运行以后才会逐步地发现故障和存在的缺陷。要把他们纠正过来，称为运行排错，同样是对系统进行修改和维护。

对于系统的可修改性，也可以用时间来衡量，只是度量的角度和可靠性不同。按照系统分析人员已经确定的系统逻辑功能，假定有两种不同的设计方案都能满足要求，根据这两种设计方案分别建立了系统 A 和 B。在投入运行后，由于用户提出了新的要求，因此要相应地修改某项功能。对系统 A 需用 20 个小时，对系统 B 需用 60 个小时，那么系统 A 的可修改性是系统 B 的 3 倍。可靠性没有绝对指标，都是相对而言的，是对不同设计结果的比较。

近几年来，随着计算机应用的发展，可修改性因素对系统维护费用的影响最大。统计资料表明，在系统整个生命周期所花费的费用中约有 40％用于系统开发过程，60％用于对系统的维护，某些系统的维护费用竟然高达 85％。

二、系统设计策略

尽管人们在系统设计的理论和实践两方面已经取了许多成果，但系统设计中还离不开设计人员的设计艺术和风格。下面的这些系统设计策略是人们长期以来积累的丰富经验，能给设计人员许多有益的启示，帮助设计人员不断提高系统设计质量。

(一)改进软件结构提高模块独立性

设计出软件的初步结构以后，应该审查分析这个结构，通过模块分解或合并，力求降低耦合提高内聚。例如，多个模块公有的一个子功能可能独立成一个模块，由这些模块调用。有时可以通过分解或合并模块以减少控制信息的传递及对全程数据的引用，并且降低接口的复杂程度。

(二)模块规模应适中

经验表明，一个模块的规模不应过大，最好能写在一页纸内(通常不超过 60 行语句)。有人从心理学角度研究得知，当一个模块包含的语句数超过 30 行以后，模块的可理解程度迅速下降。

过大的模块往往是由于分解不充分，但是进一步分解必须符合问题结构，一般说来，分解后不应该降低模块独立性。

过小的模块开销大于有效操作，而且模块数目过多将使系统接口复杂。因此过小的模块有时不值得单独存在，特别是只有一个模块调用它时，通常可以把它合并到上级模块中而不必单独存在。

(三)深度、宽度、扇出和扇入应适当

深度是软件结构图内层次的总数，深度往往能粗略地标志一个系统的大小和复杂程度。深度和程序长度之间应该有粗略的对应关系，当然这个对应关系是在一定范围内变化的。如果层数过多则应考虑软件结构中是否许多管理模块过分简单了。

宽度是软件结构图内同一个层次上的模块总数。一般说来，宽度越大系统越复杂。对宽度影响最大的因素是模块的扇出。

扇出过大意味着模块过分复杂，需要控制和协调过多的下级模块；扇出过小(例如总是 1)也不好。经验表明，一个设计得好的典型系统的平均扇出通常是 3 或 4(扇出的上限通常是 5～9)。

扇出太大一般是因为缺乏中间层次，应该适当增加中间层次的控制模块。扇出太小时可以把下级模块进一步分解成若干个子功能模块，或者合并到它的上级模块中去。当然分解模块或合并模块必须符合问题结构，不能违背模块独立原理。

一个模块的扇入表明有多少个上级模块直接调用它，扇入越大则共享该模块的上级模块数目越多，这是有好处的，但是，不能违背模块独立原理单纯追求高扇入。

观察大量软件系统后发现，设计得很好的软件结构通常顶层扇出比较高，中层扇出较少，底层扇入到公共的实用模块中去(底层模块有高扇入)。

(四)模块的作用域应该在控制域之内

模块的作用域定义为受该模块内一个判定影响的所有的模块的集合。模块的控制域是这个模块本身以及所有直接或间接从属于它的模块的集合。例如，在图 2—3—8 中模块 A 的控制域是 A、B、C、D、E、F 等模块的集合。

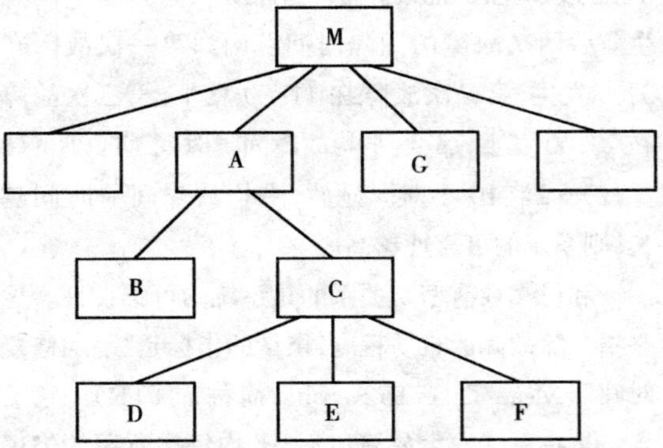

图 2—3—8 模块的作用域和控制域

在一个设计得很好的系统中，所有受到判定影响的模块应该都从属于做出判定的那个模块，最好局限于做出判定的那个模块本身及它的直属下级模块。例如，如图 2—3—8 中模块 A 做出的判定只影响模块 B，那么是符合这条规则的。但是，模块 A 做出的判定同时还影响模块 G 中的处理过程，这又会有什么坏处呢？首先，这样的结构使得软件难于理解。其次，为了使得 A 中的判定能影响 G 中的处理过程，通常需要在 A 中给一个标记设置状态以指示判定的结果，并且应该把这个标记传递给 A 和 G 的公共上级模块 M，再由 M 把它传给 G。这个标记是控制信息而不是数据，因此将使模块间出现控制耦合。

怎样修改软件结构才能使作用域是控制的子集呢？一个方法是把做判定的点往上移，例如，把判定从模块 A 中移到模块 M 中。另一个方法是把那些在作用域内但不在控制域内的模块移到控制域内，例如，把模块 G 移到模块 A 的下面，如图 2—3—9

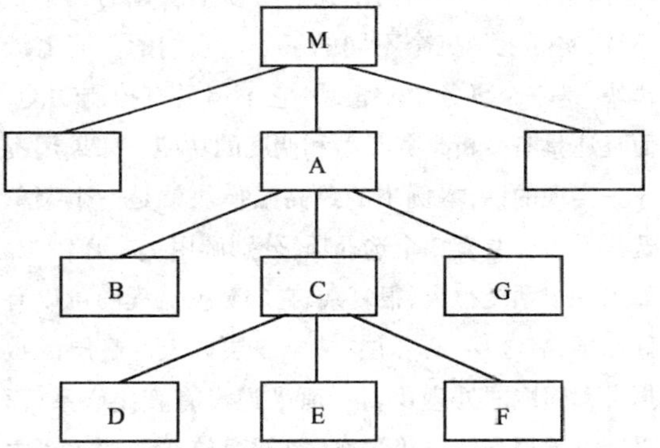

图 2—3—9　受模块 A 中判定影响的模块 G 移到 A 的控制域内

所示。

(五)力争降低模块接口的复杂程度

模块接口复杂是软件发生错误的一个主要原因。应该仔细设计模块接口,使得信息传递简单并且和模块的功能一致。例如,求一元二次方程根的模块 QUAD-ROOT (TBL, X),其中用数组 TBL 传送方程的系数,用数组 X 回送求得的根。这种传递信息的方法不利于这个模块的理解,不仅在维护期间容易引用混淆,在开发期间也可能发生错误。下面这种接口可能是比较简单的:

QUAD-ROOT (A, B, C, ROOT1, ROOT2),其中 A、B、C 是方程的系数,ROOT1 和 ROOT2 是算出的两个根。接口复杂或不一致(即看起来传递的数据之间没有联系),是紧耦合或低内聚的征兆,应该重新分析这模块的独立性。

(六)设计单入口单出口的模块

这条策略警告系统设计人员不要使模块间出现内容耦合。当从顶部进入模块并且从底部退出来时,模块是比较容易理解的,因此也是比较容易维护的。

(七)模块功能应该可以预测

模块的功能应该能够预测,但也要防止模块功能过分局限。如果一个模块可以当做一个"黑盒子",也就是说,只要输入的数据相同就产生同样的输出,这个模块的功能就是可以预测的。带有内部"存储器"的模块的功能可能是不可预测的,因为它的输出可能取决于内部存储器(例如某个标记)的状态。由于内部存储器对于上级模块而言是不可见的,所以这样的模块既不易理解又难于测试和维护。

如果一个模块只完成一个单独的子功能,则呈现高内聚。但是,如果一个模块任意限制局部数据结构的大小,过分限制在控制流中可以做出的选择或者外部接口的模式,那么这种模块的功能就过分局限,使用范围也就过分狭窄了。在使用过程中将不可避免地需要修改功能过分局限的模块,以提高模块的灵活性,扩大它的使用范围。但是,在使用现场修改软件的代价是很高的。

三、系统设计方法

这里介绍的结构化系统设计方法属于面向数据流的设计方法。具体有两种设计方法,第一种是以事务为中心的设计方法,也称为事务分析;第二种是以变换为中心的设计方法,也称为变换分析。前者通常用于将高层数据流程图转换成系统结构图,其优点是能把一个大的、复杂的系统分解成若干个较小的、简单的系统。后者通常用于将低层的数据流程图转换成结构图,将结构图中的一个功能模块分解成分别具有输入、中心变换、输出功能的简单模块。

(一)事务分析

我们已经知道,对于一个大的、复杂的模块,可以采用分解的办法将它化简,把它分解成若干个从属于它的新模块,分解的依据就是数据流程图。一般来说,高层数据流程图中的处理逻辑,它们的功能是彼此独立的。可以把每一个处理逻辑看成是一类特定的事务。图 2—3—10 是一个抽象的数据流程图,它是某个系统第一层数据流程图。

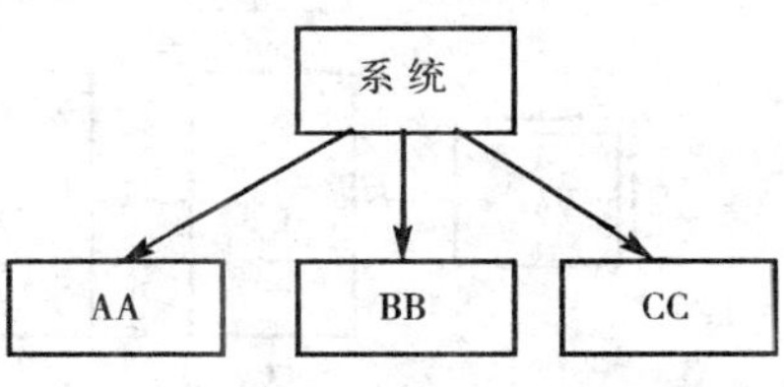

图 2—3—10　分解后的系统结构图

图中的三个处理逻辑 AA,BB,CC 表达了三类不同的事务。在任何一张结构图中,最高层模块只有一个,因此,可以把整个信息系统看做是一个最高层模块,根据图 2—3—10,把它分解成三个从属于它的新模块,如图 2—3—11 所示。

最高层模块根据用户的要求,判断调用三个模

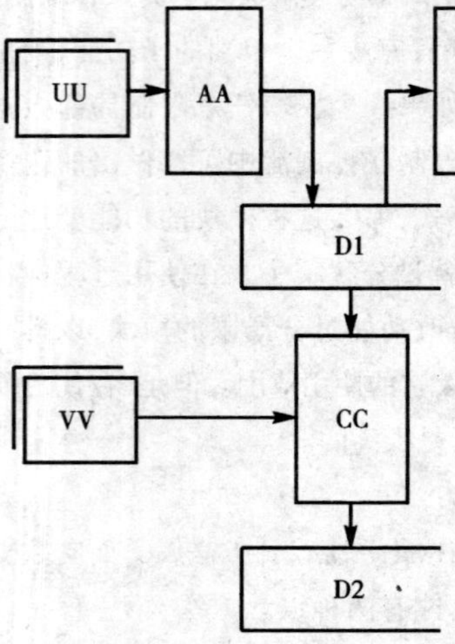

图 2—3—11　一个抽象的高层数据流程图

块,而这三个模块相当于我们习惯上所说的三个子系统,实际上是三个不同的事务。它们的共同上级模块,是一个事务中心模块,它不但具有控制功能,而且还具有分析事务类型和调度的功能。如果用程序去实现的话,本例中的最高层模块就是一个菜单选择程序。共有 3 个选择项,分别调用 AA,BB,CC。如果一个系统很大、很复杂,它的数据流程图可以有好几层,有 3 层、有 4 层、甚至 5 层以上。高层的数据流程图中的处理逻辑一般来说没有直接联系,而是通过数据存储发生关系,数据存储在处理逻辑之间起着"邮政信箱"的作用。在这种情况下,其中每个处理逻辑可能属于某类特定的事务,因此具有高层的结构图可能如图 2—3—12 所示。

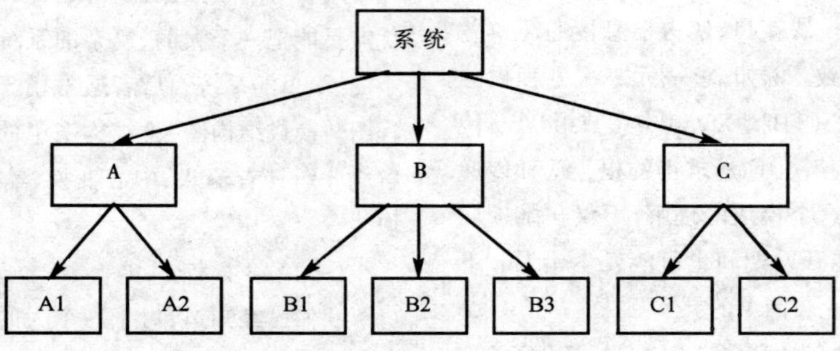

图 2—3—12　多层的事务中心

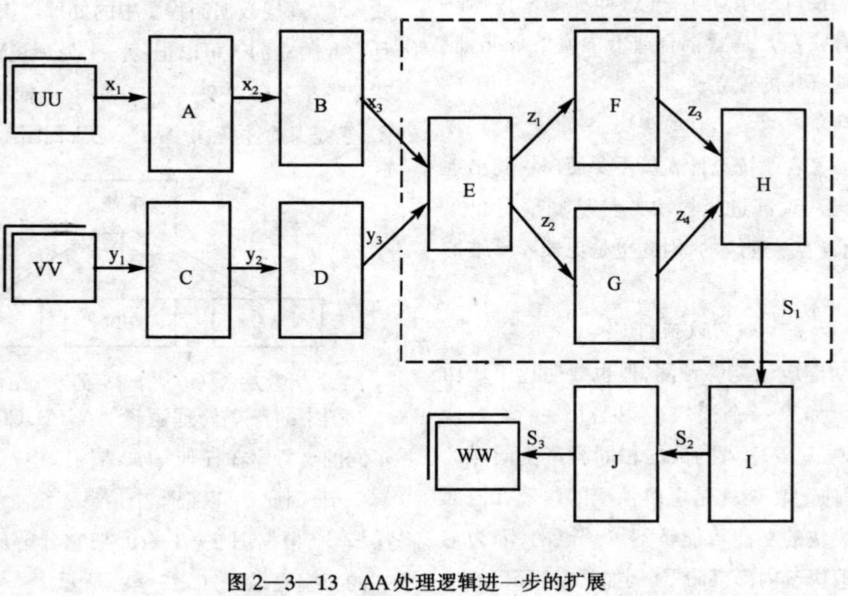

图 2—3—13　AA 处理逻辑进一步的扩展

（二）变换分析

变换分析一般用于将较低层的数据流程图转换成结构图。如果在数据流程图中，从同一个数据来源流入的数据流在系统中所经过的逻辑路径几乎都是相同的，而且存在着以下三类处理逻辑，那么，我们可以采用变换分析的方法。第一类处理逻辑执行输入功能，它们对输入数据流进行一系列的形式上的加工，例如编辑、验证、排列格式等等。假设从数据源来的数据流是 x，该处理逻辑的功能为 G，那么它产生的输出数据流是 x'，x' = G(x)。第二类处理逻辑执行变换功能，它对输入的数据流 x'进行实质性的变换，也就是真正的处理。假设它的功能为 F，那么它所产生的输出数据流是 y'，y' = F(x')。第三类处理逻辑执行输出功能，它对输入的数据流 y'进行形式上的一系列加工，例如排列显示格式等等，然后输出数据流 y，假设其功能为 H，那么 y = H(y')。第二类处理逻辑就是变换中心，我们可以用变换分析的方法将这张数据流程图转换成结构图，从这张数据流程图所对应的模块分解出三个从属于它的新模块，分别执行输入、变换、输出功能。图 2—3—13 是一个抽象的数据流程图，它是图 2—3—10 中处理逻辑 AA 的进一步扩展。

图中的处理逻辑 A 和 B 是对输入数据流 x_1 进行形式上的加工，输出为 x_3；处理逻辑 C 和 D 对输入数据流 y_1 进行形式上的加工，输出为 y_3。因此处理逻辑 A，B，C，D 属于第一类，执行输入功能。图中的处理逻辑 E，F，G，H 属于第二类处理逻辑，对输入的数据流 x_3 和 y_3 进行真正的变换，输出数据流为 S_1；图中的处理逻辑 I 和 J 属于第三类处理逻辑，执行输出功能，它对数据流 S_1 进行形式上的加工后输出数据流 S_3 给外部项。因此采用变换分析的方法，可将图 2—3—13 转换成如图 2—3—14 所示的结构图。

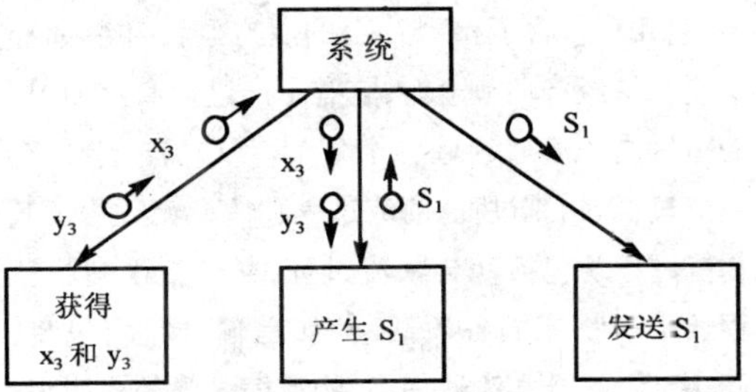

图 2—3—14　AA 的结构图

根据图 2—3—13 可以分别将图 2—3—14 中的 3 个模块，即获得 x_3 和 y_3，产生 S_1，发送 S_1 进一步加以分解，直到分解后的最低一层的每个模块都可以用一个程序实现为止。在结构中的每一个模块至少应该是一个程序，而不是一个程序段。因此对结构图中的模块不宜分解得太详细、太小。

第三篇　现代企业生产库存管理与控制

第一章　现代生产企业概述

从经济角度看,可以说,一个企业就是一个小社会,它几乎包含了整个社会的所有经济环节和经济功能。从经济环节上看,它有生产过程和流通过程,跨越生产和流通领域各个环节。从功能上看,它有生产过程、物流过程、商流过程和信息流过程。其中物流过程既包括社会物流过程,又包括生产物流过程。所有物流的各项活动,如运输、储存、包装、装卸、搬运、配送和流通加工、物流信息等都一应俱全。而商流过程,既包括购进过程、又包括销售过程。在购进和销售过程中,包括了商品交易的所有各个环节,如交易谈判、交易合同、货款支付、交易索赔等,也一应俱全。从信息流看,它包括了几乎所有的信息流动:企业内部的生产信息流、企业外部的流通信息流、社会环境信息流等等。

生产企业最基本的活动有二类,一类是生产活动,一类是流通活动。生产活动是创造产品的活动,流通活动则是将生产者生产出来的产品转移到消费者手中的整个过程中的所有活动。生产企业不但要生产出社会所需要的产品,还要把这些产品想方设法供应到消费者手中。供应的产品越多,企业的作用越大,企业的生存发展也就越好。众多的企业都这样,则不但企业自身得到发展,而且也造就了整个社会经济的繁荣发展。

第一节　企业的生产

生产是生产企业最基本、最主要的任务。生产企业就是依靠自己生产的产品或服务来满足社会需要,从而获得生存和发展的。生产过程对于物流具有重要的意义,它既是物流的源点或汇点,又是物流所必须紧紧围绕服务的核心过程。所以为了深刻认识物流,我们首先来认识一下物资的生产过程本身。

一、生产过程的概念与功能

广义的生产泛指一切产品或服务的生产过程。狭义的生产过程特指有形产品的生产过程,即指通过对原材料进行加工,使之转化为某种有形产成品的一系列生产加工过程。我们这里主要讨论狭义的生产过程,专门讨论物质产品的生产过程。

物质产品的生产过程由一系列生产环节、生产工序所组成。一般包含加工制造过程、检验过程、运输过程和储存过程等。产品的加工制造过程是企业生产过程的核心部分。例如一个汽车的生产过程,主要包括汽车整车的装配过程(见图 3—1—1)和各个部件的生产过程(见图 3—1—2)。整车装配生产线是将车桥、车厢、车轮、发动机、座椅等按一道道工序地装配起来,形成一台汽车。而部件生产过程则是把原材料经过一道一道工序加工逐渐形成零件、部件最后装配成一个完整的部件。

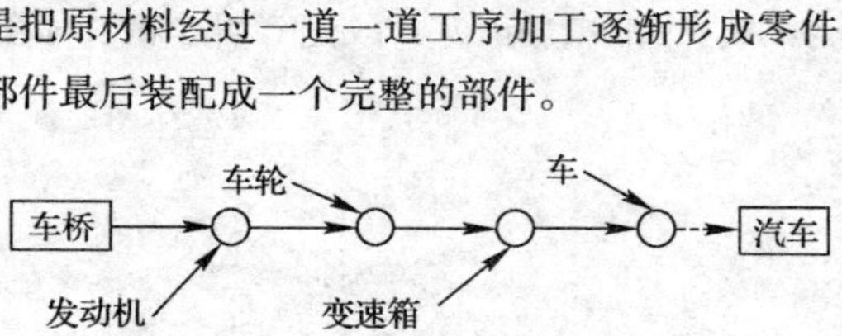

图　3—1—1

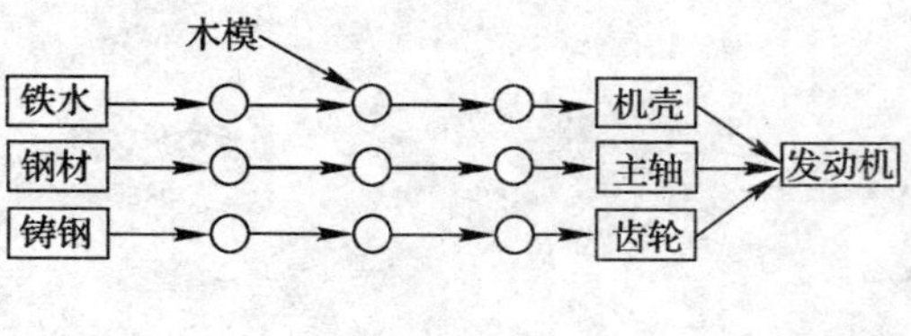

图　3—1—2

所以生产过程,是通过人的劳动,将旧物资改造成新物资的过程。生产过程可以创造新的物资。生产过程的功能,是创造物资的形质效用。

二、生产过程的类型

生产过程可以分成各种类型。

按生产的品种的多少和生产批量的大小，可以把生产过程分成少品种大量连续生产过程、多品种轮番批量生产过程和单件生产过程。少品种大量连续生产，就是长年累月只生产一个品种或少数几种相类似的产品，产量大，生产稳定，常以流水线形式组织生产。多品种轮番批量生产，就是生产品种多，每个品种的生产批量比较小，生产条件不稳定，一个工作场地可能要适应多种生产工艺，常用工艺专业化生产组织形式。单件生产过程，就是生产品种繁多，每个品种只生产一件或少数几件，生产条件极不稳定，一般采用通用设备，柔性组合。

生产过程按工艺的组织形式分，可以分为工艺专业化组织形式、对象专业化的组织形式以及工艺专业化和对象专业化相结合的组织形式。工艺专业化，就是按照生产工艺的特点设置生产单位，每个工作点按同类型的生产设备或同工种的人组成，进行多种产品、同种工艺的加工。例如车工车间、铸造车间、锻压车间、钳工车间等。对象专业化，就是按产品组织生产线。一个产品的多种工艺集合起来，依次进行加工，最后生产出产品来。如一般的生产流水线都是对象专业化的生产组织。当然根据情况，也可以把工艺专业化和对象专业化结合起来，在一个厂的生产过程中，某些段采用对象专业化，某些段采用工艺专业化。

三、生产过程的特点

生产过程的特点，由于涉及物料、设备和人员等众多资源的利用，所以为了协调，为了资源的有效组织和利用，生产过程的组织必然具有一定的特点。主要包括：

1. 生产过程的连续性

生产过程各个工序互相衔接、连续运行，不能够中断或脱节。中断或脱节，则会造成后续过程的停顿，从而造成整个生产过程无法继续进行。

2. 生产过程的并行性

生产过程的各个环节、各个工序在时间上都是平行进行的。各个零部件的加工和产成品的组装，都采用并行作业。生产过程中的许多环节、许多工序、许多设备、许多人都要同时运行起来，既要保持他们之间的衔接，又要保证他们各自都能够同时独立运行。

生产过程的平行性，是企业生产库存形成的重要原因，由于零部件的组装是和零部件的生产同时进行，而每个零部件的生产加工都需要一定的时间才能够完成，因此为保证组装工作连续进行，就必须有一部分产品储存起来，保证生产提前期内的装配需要，这就形成了生产库存。

3. 生产过程的均衡性

生产过程的均衡性，就是生产过程各个环节的工作都要按计划进度的要求有节奏地进行，产品的投入和产出要保持相对稳定，工作均匀而满负荷，不要大起大落、前松后紧。

4. 生产过程的比例性

生产过程的比例性，就是生产过程各个环节、各个工序的生产能力应保持一定的比例关系，以适应产品均衡产出的要求。产品的各个零部件的数量都是成比例的，每个零部件的加工工作量、加工时间都不一样。为了保证产品均衡产出，必须要求每个零部件均衡产出，因此每个零部件的生产能力就应当相应成比例安排。

5. 生产过程的单向性

生产过程的单向性，是指生产过程中工件的流动只有一个方向，都是按照从原材料加工开始，到产成品的形成为止的方向运行的。生产过程的单向性，就是生产物流的单向性。而物流的单向性是降低生产成本、提高工作效率的途径，要降低成本，提高生产效率，就必须注意生产组织的单向性。

6. 生产过程的柔性

生产过程的柔性，是指生产过程的组织结构，可以灵活变化。在市场经济条件下，市场需求是随时会发生变化的，今天很畅销的产品，到明天可能就过时淘汰了。所以我们生产的产品品种、规格、档次都要能够根据市场需求的变化而变化。因此生产过程的组织结构需要根据产品品种规格的不同而灵活改变。

第二节 企业的流通

企业不但是生产的主体，也是流通的主体。他们不但把产品生产出来，还要把产品从企业分销到各个地方的各个用户手中。而为了企业的生产正常进行，他们也要从各个地方的各个供应商手中的原材料、设备和工具等采购回来。这些都是流通活动。流通过程对于物流也具有重要的意义，流通过程包含了物流，是物流不可或缺的舞台。因此为了深刻认识物流，我们也要来认识一下流通过程。

一、流通的概念

一般的流通过程，是将供应者手中的物资转移到需求者手中的过程(见图 3—1—3)。

图 3—1—3　流通过程

对于生产企业来说，一方面，企业生产过程不断地生产物资，但是这些物资不能够停留在生产者手中，必须及时把它们转移到消费者手中，才能变成财富，否则将成为一种沉重的负担，进而影响企业的持续发展。另一方面，企业生产又需要各种原材料、设备和工具，企业的员工工作也需要各种用品，没有这些物资，企业就不能够正常生产和运作。企业的流通工作是生产企业不可忽视的重要方面，对于企业生产有着十分重要的意义。

二、流通的功能

具体的流通过程，包括批发、运输、储存、零售等多个环节，最后才能把生产者的产品转移到消费者手中。流通为实现将物资从生产者手中转移到消费者手中的目的，起码必须具备以下几项功能：

1. 流通过程必须能够通过商品交易、等价交换的方式，克服供需之间的所有权的“距离”，才能够达到合理地将商品由生产者手中转移到消费者手中的目的；

2. 流通过程必须能够克服供需之间的空间距离，用运输工具把商品由生产者所在地运到消费者所在地，才能够达到把商品由生产者手中转移到消费者手中的目的；

3. 流通过程必须能够克服供需之间的时间“距离”，而这通常可以用储存的方式实现。用储存的方式将生产者彼时生产的产品储存到此时，以供应此时的消费者，这样就可以达到将生产者手中的商品转移到消费者手中的目的。

以上三条，就是流通过程为了将生产者手中的产品合理地转移到消费者手中所必须具备的功能。其中，我们把通过买卖等商品交易、等价交换的方式，克服供需之间的所有权距离，将商品的所有权由生产者手中转移到消费者手中的功能，叫做创造了物资的所有权效用；把通过运输的方式，克服供需之间的空间距离，将商品由生产者所在地转移到消费者所在地，从而实现将商品由生产者手中转移到消费者手中的功能，叫做创造了商品的空间效用；把通过储存的方式，克服供需之间的时间距离，将生产者彼时生产的产品转移到此时的消费者手中，从而实现将商品有供应者手中转移到消费者手中的功能，叫做创造了商品的时间效用。因此，流通的功能有三条：一是创造了物资的所有权效用，二是创造了物资的空间效用，三是创造了物资的时间效用。

三、流通和生产的关系

生产决定流通，没有生产也就没有流通。因为，没有生产，就没有产品，当然也就不需要流通。无论是流通的品种、流通的数量、流通的范围，都取决于生产的品种、数量。因此从这个意义上说，生产是第一位的，生产决定流通。

但是，流通反过来又对生产有很大的反作用。这主要表现为：

1. 流通为生产提供原材料、设备和工具，为生产创造了必要的物质条件，没有流通，就不可能有原材料的供应，没有机器设备和工具的提供，生产就不能够进行；

2. 流通又为生产推销产品，收回资金和利润，为生产和再生产的顺利进行、为企业的生存与发展提供资金条件。没有流通，产品就不能分销出去，既占用流动资金，又不能收回成本和利润，不但生产不能进行，甚至企业的生存都成了问题。

这样，流通既在前端为生产提供原材料、机器设备、工具等物质条件，又在后端为生产分销产品、收回成本和利润，为继续生产提供资金条件。生产的前端后端都离不开流通(见图 3—1—4)。因此可以说，流通是生产的前提条件，没有流通也就不可能有生产，企业也就不能生存和发展。

因此，正如鸡和蛋的关系一样，鸡生蛋，蛋生鸡，究竟谁更重要？生产与流通也是一样，二者只有相

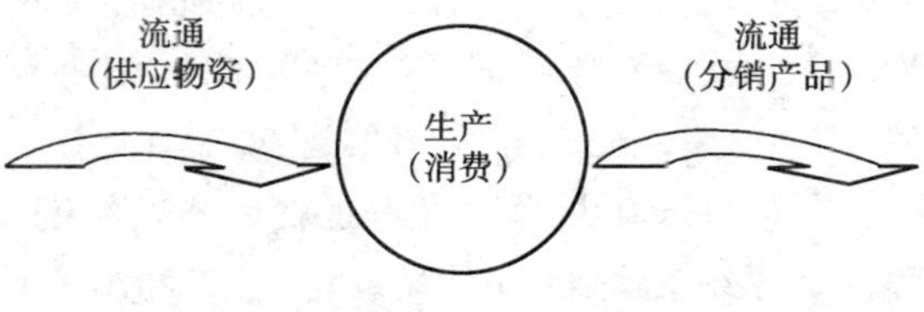

图 3—1—4　流通对于生产的作用

互依存，协调配合，才能共生共荣。

五、生产流通网络

由以上的分析可以看出，生产和流通是互相联系的。生产企业由于流通而互相联系起来。社会上各种各样的企业，既是生产厂，又是消费厂，互为供应，又互为需求，互相由流通而联接成一个网络，即生产流通网络（见图 3—1—5）。这个生产流通网络最后把社会上所有的企业联接起来，遍及整个世界。这些企业犹如大海中无数的岛屿，流通就像联接这些岛屿的海洋。流通的海洋既为生产的岛屿供应物资，又为他们分销产品，提供资金。没有这个流通的海洋，这些岛屿就会成为孤岛和死岛。只有将生产的岛屿与流通的海洋结合起来，让流通为生产提供活力，让生产为流通提供源泉。二者相互协调、相互配合，共生共荣，才能共创整个海洋繁荣。

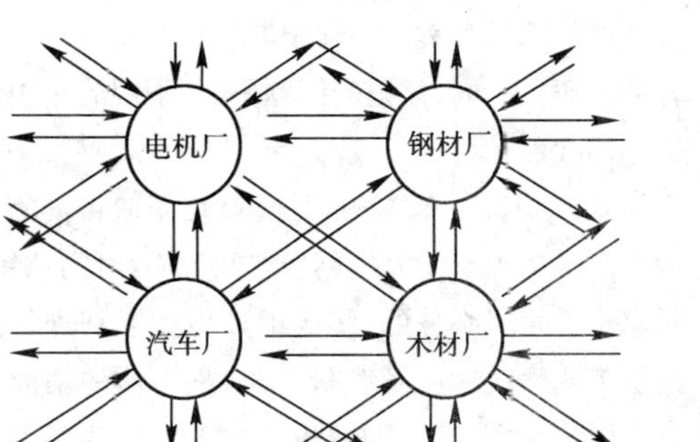

图 3—1—5　生产流通网络

第三节　企业物流系统

企业生产系统和企业流通系统实际上都是物流系统，企业的生产物流系统和企业流通物流系统共同构成了企业的物流系统。

一、企业物流活动

物流活动可以分成物流作业活动与物流管理活动二大类，物流作业活动又可以分为运输（包括配送）、储存（包括保管）、包装、装卸（包括搬运）、加工（包括生产加工和流通加工）、信息活动共 6 种，它们分别属于动、静、静动状态 3 种类型，并且按不同目的实行不同的集成，分别组成不同的集成化的物流活动。物流管理活动包括计划、组织、指挥、协调、控制活动（见图 3—1—6）。

- 物流活动
  - 物流作业活动
    - 运输（包括配送）
    - 储存（包括保管）
    - 包装
    - 装卸（包括搬运）
    - 加工（包括生产加工和流通加工）
    - 信息处理
  - 物流管理活动
    - 计划
    - 组织
    - 指挥
    - 协调
    - 控制

图 3—1—6　物流活动

物流管理活动，是对物流作业的管理活动。它也和一般的管理活动一样，具有计划、组织、指挥、协调和控制五大职能，或者说五类活动。计划，就是规划、策划。它要在调查研究的基础上，根据科学的原理、原则，甚至经过预测，制定目标、选择方案、制定政策，从而规划和策划整个作业活动的全过程。计划完成以后，再进行组织实施。在实施过程中进行组织、指挥、协调和控制，最后达到实现预定计划的目的。

物流按范围分成企业内部物流和社会物流二大类（见图 3—1—7），企业内部物流处在企业内部，是在生产领域，相对于社会宏观物流而言，它是一种微观物流。企业内部物流的一个特点，是不伴随有商流发生。它是一种生产物流，由企业内部的由原材料库到各个车间、各个工序做成工件，再组装成部件、最后装配成成品存放到成品库的整个物料流动过程形成的物流。

- 企业内部物流（生产物流）
- 社会物流
  - 购进物流
  - 销售物流
  - 返品物流
  - 回收物流
  - 废弃物流

图 3—1—7　物流按范围分类

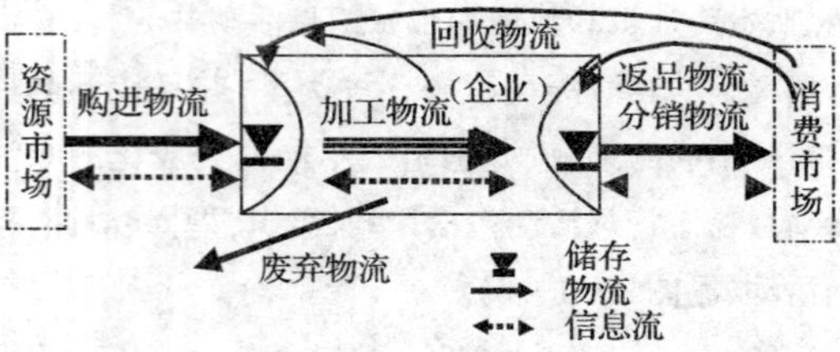

图 3—1—8 企业物流构成

社会物流则是处在企业外部、各个企业之间的物流。它包括企业相互间的购进物流、销售物流、返品物流、回收物流和废弃物流。社会物流是一种宏观物流，处在流通领域，一般都伴随有商流发生。

社会物流与企业内部物流的比较如表 3—1—1 所示。

表 3—1—1 社会物流和企业内部物流的区别

项 目	企业内部物流	社会物流
1. 范围	企业内部	企业之间，遍及整个社会
2. 领域	生产领域	流通领域
3. 规模	微观物流	宏观物流
4. 特征	一般不伴随有商流发生	一般伴随有商流发生

二、企业物流系统

(一)企业生产系统也是一个物流系统

现在常出现这样的现象，一方面不能否认企业生产系统是一个物流系统，另一方面好像又不敢理直气壮地去说，总觉得这样说，把物流位置提得太高，把生产的位置放得太低。

例如，汽车装配生产线(见图 3—1—1)，它是一个生产系统。这条生产线把车桥、发动机、车轮、变速箱、车厢等装配成一辆汽车，因此它是汽车的生产系统。但是，从物流的角度看，它又是一个物流系统。按照一定节拍运行前进的装配线传送带，载着汽车的骨架前进运行，逐个地经过发动机、车轮、变速箱、车厢等各个装配工序，依次装配上发动机、车轮、变速箱、车厢等各个部件，最后变成一辆完整的汽车，再下线，进入成品库暂存待售。又例如各个车间，如发动机车间，也是一个物流系统(图 3—1—2)。加工发动机的机壳、主轴、齿轮等部件的各个生产流水线并行运作，都分别由原材料库输入原材料，然后沿各自的流水线一道一道工序地前进，依次进行加工(有的一下子未完成全部加工过程而需要在制品库中暂时储存)，一直到最后完成所有加工过程，在流水线的末端，成为一个完整的部件。这些部件再装配成发动机，经包装装卸，到产成品库储存。

这样，可以看出，生产过程也就是一个物流过程，生产系统也就是一个物流系统。生产物流和生产流程同步，是从原材料购进开始直到产成品发送为止的全过程的物流活动。原材料、半成品等按照工艺流程在各个加工点之间不停地移动、存放、转移，形成了生产物流。如生产物流中断，生产过程也将随之停顿。

谁也不能否认这些生产加工过程确实是一个物流过程。但是长期以来，人们习惯于一种产品的观念，并固执地把生产过程看成是产品的出产过程。人们只关心产品，只关心生产的结果，不关心生产的过程。加之物流的概念出现得较晚，一下子还不能马上被接受，当然生产过程就是物流过程的概念也就更不能被接受。但是实际上这 2 个概念并不矛盾。同一个生产过程，当你站在产品的角度，强调产品、强调产品的生产时，它就是一个生产过程，这时物流是为生产服务的。当你站在物流的角度，强调物流、强调生产的过程时，它就是一个物流过程，这时生产加工只是物流活动中的一种作业形式。分析者站的角度不同，讨论的问题不同，不用的作用角色也不同而已。

生产物流最基本的职能，就是创造物资的形质效用。虽然生产物流也创造空间效用、时间效用，但是那是为生产服务的，是为保障生产顺利进行服务的。因此生产物流系统最突出、最本质的功能是创造物资的形质效用，创造为需求者所需要的物资的形状和性质，以满足需求者的需要。

企业内部的生产物流系统还导致了企业外部的供应物流系统和分销物流系统。生产物流系统是分销物流系统的“源泉”，分销物流系统则是生产物流系统的延续。企业生产物流系统又是企业供应物流系统的“汇归”，也是企业供应物流系统在企业内的延续。而供应物流和分销物流都属于社会物流，因此可以说，企业生产物流系统是社会物流系统在企业内部的延续和表现形式。

生产过程需要有加工的原材料或者零部件，原材料只能通过采购获得，有些零部件也通过采购获得。这就形成了企业的供应物流。

生产过程的最终产品应当是满足社会需求的，所以最终产品必须销售给社会，这就形成了企业的销售物流。通过销售物流，企业得以回收资金，进行再生产的活动。销售物流的效果关系到企业的存在价值是否被社会承认，也是企业生产系统是否有必要性的体现。

生产过程除了直接导致供应物流和分销物流之外，还直接和间接导致废弃物物流和回收物流。在生产加工的过程中，总是会或多或少地产生一些废弃物，如边角料、包装材料等。这些废弃物如果不即时清理干净，会给生产系统带来很多问题，甚至会引发安全事故。因此，必须根据实际需要进行收集、分类、加工、包装、搬运和储存，并分门别类地分送到专门的处理场所进行处理，这就是废弃物物流。此外，生产过程中不合格品的返修或者退货或者周转使用的包装容器，从社会返回到企业，就形成了回收物流。

由此可见，企业的生产系统也是一个物流系统。它是社会物流系统在企业内部的延续和表现形式。企业生产物流系统的基本功能是创造物资的形质效用。为社会物流提供具有用户所需要的物资的形状性质。

(二)企业物流系统的构成

企业物流系统，最主要的包括生产物流、分销物流和采购物流三大部分，除此以外，它还有返品物流、回收物流、废弃物流、再生物流等。其中，生产物流系统是基础，分销物流系统是目的，采购物流系统是为生产物流系统服务的。

生产物流系统是企业内部从原材料库存开始，经过各个车间各个工序的加工、检验等作业点，有的还经过在制品库储存，最后直到产成品库的物料搬运、加工、检验、包装、装卸、储存等构成的作业系统。它处在生产领域，追求低成本、高效率地加工，改变物资的形状性质，制造出能够满足用户需要的产成品。

分销物流系统是从企业的产成品库开始，到各个分销网点、最后直到各个用户的储存、运输、配送、包装、装卸、流通加工及有关信息处理等形成的物质实体流动系统。它处在流通领域，追求低成本、高效益、高服务和好的社会效益，满足客户需要，保障客户生产和生活需要。

返品物流是指一些已经向用户发出，但不适合用户需要的产成品，从用户的原材料库开始，返回流向企业的产成品库而形成的物流。回收物流是回收物品从用户或者本企业的生产过程到本企业或者供应商的原材料库存的物流。废弃物流是企业的废弃物从企业到废弃物处理厂的物流。再生物流是废弃物或者回收物的再生处理、加工利用而形成的物流。这些物流都处在流通领域。

采购物流系统是从供应商的产成品库开始，到各个中转网点，最后到达原材料库的储存、运输、配送、包装、装卸、流通加工及有关信息处理等形成的物质实体流动系统。它也处在流通领域，追求低成本、高效益、高服务和好的社会效益，及时满足本企业生产和生活需要。

所以企业物流系统实际上包括了很广阔的内容。它涉及生产和流通二个领域，包含了各种物流环节和物流活动，实际上构成了一个小的社会完整物流。

三、企业物流管理

企业无论是面对生产，还是面对流通，都存在一个物流管理的问题。企业必须学会物流管理，才能够搞好企业的生产和流通。

企业物流管理最主要的是必须抓好三大块：一是分销物流管理，二是生产物流管理，三是采购物流管理。分销物流管理的核心就是要建立起一个高效率、高服务、低成本的配送网络，通过及时送货，提高顾客满意度，从而促进销售，扩大市场。企业生产物流管理的核心，就是要合理进行厂区规划和生产线设计，建立起一个很好的生产系统和物料搬运系统，同时采用科学的生产计划方法，控制生产系统的运行。采购物流管理的核心就是要采用合适的采购机制达到既保证供应、总费用又最省的目的。

而这个三大块物流管理的一个至关重要的方面就是库存问题。分销物流有成品库存和配送中心的库存问题，生产物流有在制品库存问题，采购物流有原材料库存问题。库存就意味着成本，为了降低成本，就需要进行库存量的控制。因此企业物流管理的一个最重要的方面就是要进行库存控制。本书主要在这个方面进行重点探讨。

第二章　企业库存认识

对库存的认识，经历了一个变化过程。最原始的观念是“库存为企业的财产”。大概从手工业时代到19世纪后半叶，即资本主义原始积累时期，企业资源比较缺乏，需要大力积聚资源，这个时候库存即为企业的财产，是企业实力的标志，因此认为库存越多越好。

后来到了资本主义垄断时期，采用机械化大生产，垄断企业产品极大丰富，但是消费者十分贫穷，无力购买产品，产品没有市场，压得企业喘不过气来，有的甚至因此倒闭。这时，产生了“库存为企业的墓场”的库存观念。第一次世界大战不久，由于经济不景气，消费市场形成，库存积压成为了企业的灾难，库存对企业来说不是资产而是负债，甚至认为企业有库存就是自掘坟墓。

到了20世纪70年代，市场经济比较成熟起来，形成了广大的消费市场，产品只要适合消费者需要就可以销售出去，但是市场竞争非常激烈。这个时候产生了“保有适当库存量”的观念。这个时候认为没有库存不行，但是库存量太多了也不行，应当保有合适的库存量。因此，对科学的库存管理方法的研究，如经济定购量、经济定购间隔期等方法应运而生。

随后，由于市场竞争的进一步加剧，又出现了零库存的库存观念。认为只要能满足供应，应当实行最大的节约，应当向零库存进军。

那么对于企业来说，究竟什么是库存，为什么会产生库存，我们应当抱有什么样的库存观念才是合适的呢？本章就讨论这些问题。

第一节　企业库存概述

库存是指企业所有资源的储备。凡是处在储存状态的资源，都可以称作库存。在有些情况下，人们也常常把库存物资的数量简称为库存。

一、库存的分类

库存按其用途分，可以分为二大类，一类是储备库存，一类是周转库存。

储备库存是为备战备荒、防备意外事故而储备的库存，平时不动用，到出现灾害、战争或意外事故时才动用。这种库存要保质保量、长期足额储存。因此这种库存不存在库存控制的问题。这种库存物资的管理，完全可以看成是一种仓储管理问题。

周转库存是为了生产或流通的顺利进行、在生产或流通的各个环节上暂存待用的临时性储备，它们不断地投入生产和销售，又不断地库存补充，这样不断地周转储存，因此叫周转库存。这种库存是保证生产和流通顺利进行的条件，但是又占用流动资金、增加成本，所以对这种库存要特别重视。所谓库存控制，也就是要对这种库存实行库存量的控制。生产库存和流通库存基本上都属于周转库存。周转库存中也包括为应付一些随机变化而设立的安全库存。

因为本书着重讨论库存控制问题，同时储备库存不存在库存控制的问题，因此，本书后面重点只讨论周转库存的问题。

周转库存按其所在的领域性质分，可以分为二大类，一类是生产库存，一类是流通库存。

生产库存是指处在生产领域、为生产过程服务的库存。主要包括原材料库存和在制品库存二大类，原材料库存，包括外购外协件库存、工具、设备的库存等，它们处在生产过程的前端。在制品库存，包括在制品和半成品以及所有还处在生产过程之中、没有完成全部加工过程的物品的库存等，它们处在生产过程的中端。

流通库存是指处在流通领域、为流通过程服务的库存，主要包括批发库、零售库、中转仓库等。企业生产过程末端的产成品库存，已经完成了全部生产加工过程，暂时储存，准备进入流通过程，因此它也属于流通库存。

二、企业库存的形成与作用

(一)企业生产库存的形成与作用

生产库存是指为生产过程服务的库存。

企业生产库存可以由流通形成，也可以由生产过程形成。

企业通过采购，把所需的原材料、外购件等由供应商运进自己的仓库，形成原材料库存、外购件库存，这些库存都是生产库存。购进物流就是流通过程中的物流，形成的库存是生产库存。

另一方面，在制品库存就是生产库存，它完全是由生产过程形成的。由于生产过程具有平行性、均衡性和比例性的特点，而整个企业各个车间、各个工序的生产能力不一样，各个零部件的加工数量、加工工作量都不一样，因而每个工件、每个零部件加工时间和出产速度都不一样，因而不是每个工件、零部件都能够从原材料开始，都能够一直不停顿地依次通过各个加工工序直到装配过程的最后一个工序，中间必然需要停顿等待，或者等待别的工件加工出来一起进入下一个工序，或者等待下一个工序空闲下来以便进入下一个工序加工。这种暂时的停顿等待，就形成了生产库存。这种生产库存有2个作用：

1. 缓解了不同的工件（或零部件）之间生产时间差异的矛盾，使得不同加工时间的各个工件、零部件各自能够独立正常地进行加工。

2. 缓解了不同工序之间生产能力、生产速度差异的矛盾，使得不同加工能力、不同加工工作量的各个工序各自能够独立正常地进行。

这样，正是由于生产库存的存在，才能够保证整个企业各个车间、各个工序、各种工件、各种零部件都能够按照各自不同的具体情况正常运行。因此可以说，生产库存是生产过程正常进行的前提条件。只要各个工序的加工能力不同、各个工件的加工时间不同，这种生产库存都是必需的。

（二）流通库存的形成与作用

流通库存是指为流通过程服务的库存。

流通库存可以由流通过程形成，也可以由生产过程形成。

企业通过采购形成的库存和用于销售的库存，都是流通库存，是由流通过程形成的。由于流通过程的供和需在时间上不一定同步，因而为了保证供应，就需要在供应环节上保有一定的库存，以应付随时而来的需求者。这种处在暂时等待销售状态的库存就是流通库存。

对于生产企业来说，其产品的流通库存本质上都是由企业生产过程形成的，产成品库存当然不用说，就是批发库存和零售库存也都是来源于产成品库存，本质上也都是由生产过程形成的。因此也可以说，生产企业的流通库存本质上都是由企业生产过程形成的，是生产库存在流通过程中的延伸，它实际上也可以看成是一种生产库存。

这种流通库存有2个作用：

1. 流通库存的存在，缓解了供需在时间上不同步的矛盾。生产早了可以存，生产者可以按照自己的正常生产作业程序进行物资生产和供应；需求者也可以按照自己的正常需求时间去获取物资，生产者有供应时由生产者直接供应，生产者没有供应时，可以由仓库中的库存来供应，这就能够更好地满足需求者的需要。

2. 衔接具有不同供应速率和不同需求速率的供应和需求2个环节，使得他们各自都能够独立正常运行。生产多了可以存，需求少了可以流，既保证了生产者的正常生产，也满足了需求者的正常需求。

三、周转库存的二重性

周转库存具有二重性。一方面，库存是生产和流通的前提条件，没有库存，生产企业就不可能维持正常的生产，流通企业就不能维持正常的销售；另一方面，周转库存又是一种成本，是企业沉重的负担。因此周转库存实际上是一种资金的占用，要花费资金使用成本，还要花费生产成本和库存成本；但是也不能太多，太多则会成本太高、负担太重。

第二节　企业生产库存管理概述

一、生产库存管理的概念

所谓生产库存管理，就是对于生产企业中生产库存物资的管理。

生产库存管理与一般的库存管理有联系又有区别。一般的库存管理，就是只对仓库中的库存物资进行的管理，包括如入库、出库、保管、库存量、库存控制等的管理。而生产库存管理，则除了有以上内容之外，还包含对生产过程的控制管理问题。因为对于生产库存来说，生产的下一个环节是为了入库，因此它必然与库存量控制管理有关。

生产库存管理，实际上也就是生产库存经营管理。库存管理模型，为达到真正库存管理的功能，就应当站在仓库的立场上来管理和运作仓库，把自己看成是一个独立的经营者，把库存物资的需求方看成是用户，而把库存物资的供应者，看成是供应商，把仓库和库存作为核心资源，进行科学的经营管理，获取库存管理的效益，这才是真正的库存管理。

二、生产库存管理的宗旨

生产库存管理有两个目标：

1. 保障供应，提高需求满足率，追求高的服务水平。

首先是要保障供应。工序也好，车间也好，仓库也好，企业也好，它们的根本目的都是为了满足需要而存在的。工序、车间、企业内的原材料库、在制品库都是为了满足企业生产的需要，保障企业生产的顺利进行而设立的。如果不能够满足企业生产的需要，则它们的存在就失去了意义。而企业以及产成品库的存在则是直接为了满足社会市场的需要而存在的，如果不能够满足社会的需要，则企业自身也就不能够生存，失去了生存的意义。

满足需要，就是要保证在发生需求的时候不缺货，也就是提高对用户的服务水平。特别是在生产企业内部，一缺货就会导致生产的停顿，造成重大的损失。企业在市场上如果不保证供应，产生缺货，则损失销售收入，损失利润，甚至丧失市场，也会造成很大损失。

要做到不缺货，通常的办法，就是把库存填充得高高的，也就是要生产得多多的。但是太多生产，超过了需要的库存就是一种浪费，这需要耗费很多不必要的企业资源，是不合算的，增加了生产成本，降低了经济效益，减少了利润。

2. 追求低成本，以获取高收益、高利润。

库存就是成本，降低成本，就是要合理地降低库存，要进行库存量的控制。库存量的控制，就意味着对生产的控制。

因此，面对生产和物资供应，归根结底的目标应该是2个方面的统一。既保障供应，又要通过控制生产、控制库存来降低成本。

这2个目的，不同情况下关系是不同的：保障供应、提高服务水平有利于企业生产的正常进行，提供更多更好的产品满足市场需要，有利于吸引更多的用户消费者，能扩大销售量、扩大市场占有率，从而有利于提高企业的收益和利润，对自己也有好处，这时二者是互补的；但有时为了提高服务水平，意味着需要花费更多的时间和精力，花费更多的成本，这时二者又是互相矛盾的。因此需要进行很好的协调。这正好也就是生产库存管理的任务之一。

因此，生产库存管理的任务，就是要通过自己科学而巧妙的运作，既要保障供应，又要降低成本。要把这2个互相矛盾的目标都达到，不是那么容易的，因此就需要科学的库存管理。

三、为什么生产库存特别需要库存管理

企业都是以通过向社会提供自己的产品或服务来获取利润求得生存和发展的，成本和效率是他们最关注的问题，而生产库存正是企业成本效率问题中最重要的一环。

生产库存对于企业的意义，在于它能够满足生产对于物资产品的需要上。而这种满足必须是适量、适时的，什么时候需要多少，就在这个时候供应到多少，只有这样的供应才是合适的。不适量、不适时的供应都会对企业造成损害：过少、过晚当然不行，这时缺货、不能够满足需要，会影响企业的正常运转，甚至造成停产停业；但是过多、过早也不行，这个时候企业还不需要。为设立这样的库存，企业必须早生产、多生产，这样不但多花费生产费用，还要占用资金、占用仓库，多花费保管费用。而且这样保管下来的物资，不知道后面还用不用得上，因为市场是瞬息万变的，今天还很畅销的商品，到明天说不定就被淘汰了。所有这些都可能给企业造成损失。这种按批次的订货进货与企业持续变动的需求二者之间存在的时间、空间、品种、数量等的矛盾差距，必然导致生产库存出现高库存与高缺货并存的局面，从而给企业带来损害。因此，生产者必须认真研究独立需求的规律，根据独立需求的规律，妥善地制定生产策略，来达到控制库存的目的。

可见，通过控制生产来控制库存，也是一门管理技术，实际上就是一种生产库存管理技术。生产库存管理有很多的内容，包括库存品种结构数量、库存物资的生产、入库、保管和出库等，但是生产库存管理最重要、最根本的任务就是对库存量的控制。因为库存量的大小直接关系到保障供应和降低成本这2个最重要的目标。能不能达到这2个目标，就取决于对这个生产库存的巧妙操作的水平，也就是对生产库存管理的水平。这就是为什么生产库存特别要加强库存管理的原因。

四、为什么生产库存管理的核心在库存控制

由上面的分析可以看出，生产企业为了在市场中求得生存和发展就必须最大地追求利润，这就要求企业实行最大的节约。库存管理的全部意义，就在于适时适量，而要做到适时适量，就要进行库存控制，因此说，库存管理的核心问题就是库存控制。

但是，这并不是说，库存管理和库存控制就是一回事。库存控制是一个系统工程，牵涉的面相当广，需要从生产、库存管理等多个方面进行努力，需要做大量的基础工作，这些工作都是为实现库存控制服务的。所有这些工作都属于生产库存管理工作。

第三章　订货点库存技术(OP)

订货点(Order Point，简称 OP)是一种最早期开发出来的、最基本的库存控制技术。最早起源于1929年安德勒(Andler)的经济订货批量公式。二次大战以后，逐渐形成了比较完整的订货点库存控制技术。

订货点技术的基本思想，是一种传统的基于库存的思想：把生产和采购都看成是一种填充库存的活动，而把销售看成是一种消耗库存的活动。因此，把既保证销售，又使得总库存最小，作为库存量控制的目标，又作为库存控制的原理。

根据这样的思想原理，针对各种不同的具体情况，不断研究开发出一系列的库存控制方法体系。分别针对确定型需求的 6 种情况和随机性需求的 4 种情况分别开发出定量订货系统和定期订货系统，一共有 20 多种模型。这些库存控制模型的共同点，都是解决 3 个问题：什么时候订货、订多少和如何操作。

在 20 世纪 60 年代，奥列基提出独立需求和相关需求的理论以后，订货点技术又有了更加科学的发展，把独立需求系统研究得更完善，使订货点库存控制技术的研究更加完善。

第一节　独立需求与相关需求

独立需求和相关需求的概念是由美国管理专家 J·A·奥列基(Joseph A.Orliky)博士于 1965 年提出的。当时正是 MRP 诞生的时期，这个概念的提出，为 MRP 的诞生和订货点技术的正确定位起到了关键作用。

一、独立需求

所谓独立需求，就是相互之间没有关系，或者不考虑它们之间的相互关系的需求。从企业的角度看，就是一个企业外部用户对该企业生产的产品的需求。如果把一个企业看成是一个系统，把企业的外部用户看成是该系统的环境，则独立需求也就是系统的环境对系统出产的产品的需求。从企业内部看，各个车间、各个工序之间的需求，单个地孤立地看，也可以看成独立需求。因为本书主要是讨论生产库存，所以这里我们着重考虑这种独立需求。这种独立需求的特点有：

1. 一般是单一物资，或者是单套物资；

2. 相互之间没有关系，或者不考虑这种关系；

3. 独立需求一般是零散地、随机地发生的，具有偶然性、不确定性，一般需要通过预测估计其需求数量的多少；

4. 对独立需求物资需求者的满足与否，只影响该需求者本身，不会同时关联地影响其他需求者。

在生产企业内部，2 个工序之间，2 个车间之间的需求供应关系，如果孤立地看、单个地看，都可以看成独立需求。

例如，图 3—3—1 列出了 3 个工序间独立需求的示意图。一个钳工把坯料进行修整，形成工件，供应下一个工序进行进一步的加工。就这个工件而言，下工序对钳工台的工件的需求就是独立需求。下工序什么时候来要工件，要多少，是随机变化的，钳工事先不能确切地知道。钳工台则按照自己的正常工作进度不断地把坯料进行修整，修整好的工件被暂存起来(存放到在制品仓库或者就存放在自己的工作台旁)，来应付来自下工序随机产生的独立需求。同时，钳工对下料工序的坯料的需求，也是一种独立需求。钳工把上一次从下料工序领来的一批批料修整完毕以后，就会又去向上工序领取坯料。就这种坯料而言，钳工台对下料工序的需求就是独立需求。什么时候去，领多少，也是随机发生的。

图 3—3—1　工序间独立需求示意图

二、相关需求

所谓相关需求，就是相互之间具有相关性的需求。按奥列基的说法，是企业内部各个相互关联的生产工序之间的相互需求。相关需求的特点是：

1. 相关需求都是对应着多个个体需求。

2. 多个个体需求互相构成连环需求，互为供需。就单个个体而言，它们也有可能构成独立需求；但是就多个个体而言，它们互相关联，必然构成相关需求。

3. 这个连环需求是互相关联、不可分割的整体，欲使其中一个需求得到满足，必须同时保证其他的需求也能得到满足，也就是要使得这个整体当中的需求都得到满足。所以相关需求实际上是一个整体需求、集体需求。

4. 这个系统中的各个个体的相关性，具体表现为垂直相关性和水平相关性。垂直相关性是指零部件结构的层次关系，只有下层物料需求得到满足，才能满足上层的装配需求；水平相关性是指同一层中物料需求的比例性和同步性。同层各种零部件按装配所需比例同步进行生产或供应才是有效的，过多过少、过迟或过早地进行生产或供应都是不利的。

5. 这个整体就是一个系统，整个系统面对独立需求者的独立需求，整个系统的功能就是为独立需求者生产制造或供应提供这种独立需求物资。

最典型的相关需求的例子，是生产企业的装配生产线。例如一条汽车装配线，要使生产线正常运行起来，就需要所有的零部件按时、按量到位，缺少一个或者有一个供应不及时，则其他的供应都是无效的，装配生产线还是运行不起来。一台汽车需要一台发动机 6 个车轮，如果只供应一台发动机 5 个车轮，就是无效的。装配线是这样，各车间各道相互联系的加工工序也是这样。它们都是生产领域相关需求的例子。

流通领域当中也有相关需求的例子。例如在多品种的系列配套供应中，各个品种的需求就是相关需求。只供应其中一个或几个品种是不行的，不能完全满足用户的需要，就算已经满足了的几个品种的供应也是无效的，用户可能不会接受这种供应方式，他们需要的是相关需求的整体的按时、按量的供应。又例如有多个环节组成的供应体系中，各环节的需求也可能是互相影响的，也可能是相关需求。

三、独立需求与相关需求的关系

独立需求和相关需求的概念和相互关系，可以用图 3—3—2 来描述。

由图中可以看出：

1. 独立需求是相对于相关需求而言的；

2. 相关需求的末端一般对应着独立需求；

3. 相关需求内部可能由多个独立需求构成，或者还有更小的相关需求和与其相应的独立需求；

4. 独立需求可能又是另一个相关需求的组成部分，例如企业购买的原材料。

独立需求和相关需求是二类不同性质的需求。流通领域和生产领域又是 2 种不同的情况。不同的情况下，面对不同的需求，考虑问题的方法不同，库存控制的方法也不同。

四、生产企业几个独立需求的模型

这里我们主要来讨论生产企业独立需求的供应

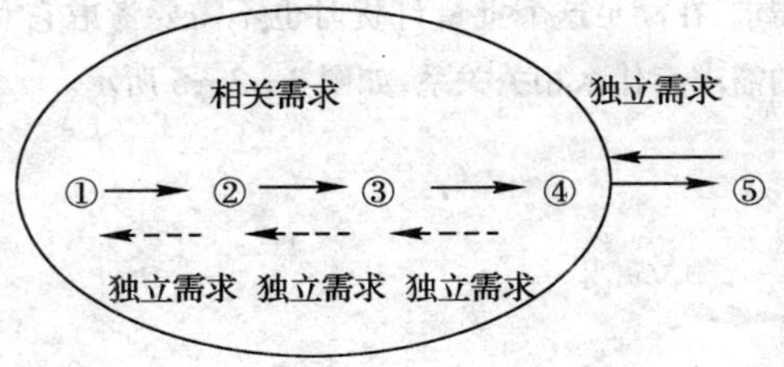

(1)概念和关系

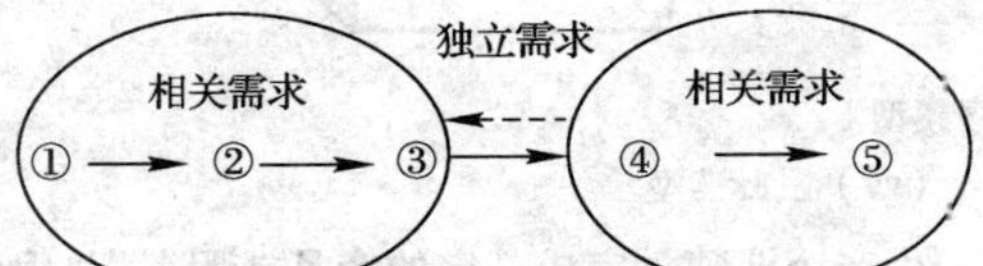

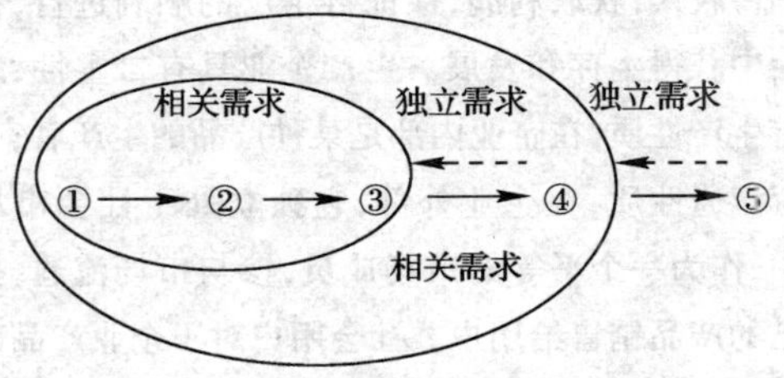

(2)相对性

图 3—3—2　相关需求和独立需求的关系

问题,大致有 4 种模型:

(一)仓库模型

生产企业的仓库,是为生产的正常进行所不可缺少的必要条件。仓库对于生产的基本作用,一是备用,二是余存。备用就是储备一定的物资等待生产过程的需用。余存就是将生产过程中批量生产的在制品等尚未进入下一个生产过程的多余品暂时存放起来。这样,既为生产提供了物资准备,避免生产一旦启动突然需要的物资批量缺货而延误生产,又可以保证各个生产过程按正常生产能力和正常生产速度进行生产,生产出来的产品如果不能马上进入下一个生产过程就可以放到仓库暂时存放起来。

生产企业的仓库一般包括原材料库、配件库、工具库、在制品库、成品库等仓库。生产企业仓库的特点,一般是大进小出,或者小进小出。从社会购进原材料时,一般是大批量的购进。生产过程存放在制品,一般也是持续小批量的存入。生产过程领用原材料或者在制品时,一般是持续、小批量领用。由各个加工员根据加工需要到仓库去领用。因此仓库面对各个车间、各个工序、各个加工员进行物资供应,也是面对一种独立需求。这种需求也是小批量、零散的、随机发生的,也都属于独立需求。仓库也是以其库存量来满足这些独立需求客户的物资需要,如图 3—3—3。

图 3—3—3　仓库模型

(二)工序模型

如图 3—3—4 所示,上下 2 个工序之间发生的需求与供应问题,对单一品种而言,就是一种独立需求。这是一种最简单最基本的独立需求模型。下工序从本工序随机地批量订货进货,本工序只需要满足这个批量订货需求,而不需要考虑它和别的需求有什么关系。因此它就是对本工序的一种独立需求。本工序必须要有一定的库存水平来满足这种独立需求。

各个工序可能都面对各自不同的独立需求,品种不同、批量不同、需求时间不同。所有这些工序就组成一条生产线,或者一个车间、或者一个工厂,而这个生产线、这个车间、这个工厂的整体可能又是一种相关需求。各个独立需求的整体又构成一种相关需求。

(三)车间模型

一个车间是一个部分完整生产的单位,完成一个部件或一种工艺的加工。它生产的部件或零件可能是总装车间或者下一个车间所需要的,也有可能直接进入社会市场进行销售。单从这一个产品的供需情况看,所有这些需求也可以看成是一种独立需求。这些需求可能也是随机发生的批量订货,车间也必须保留一定的库存来应对这些批量订货的独立需求,在满足这个批量订货时也不需要考虑它和别的需求有什么相关关系,如图 3—3—5 所示。

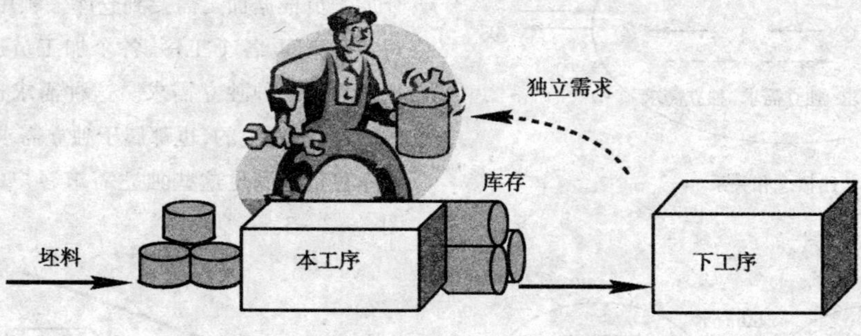

图 3—3—4　工序模型

图 3—3—5　车间模型

(四)企业模型

生产企业独立完成一定的产品或服务,并用以提供给社会,为满足社会需求服务,同时从社会获得销售收入,获取利润,保证再生产的顺利进行,在社会中获得生存和发展。生产企业具有二重性,既具有生产性质,在企业内部是某种产品的生产者;又具有流通性质,在企业外部,它独立处于社会市场当中,作为一个平等的市场成员,参与市场流通,把自己的产品销售给用户。社会用户对于企业产品的需求,一般也是独立需求,如图 3—3—6。

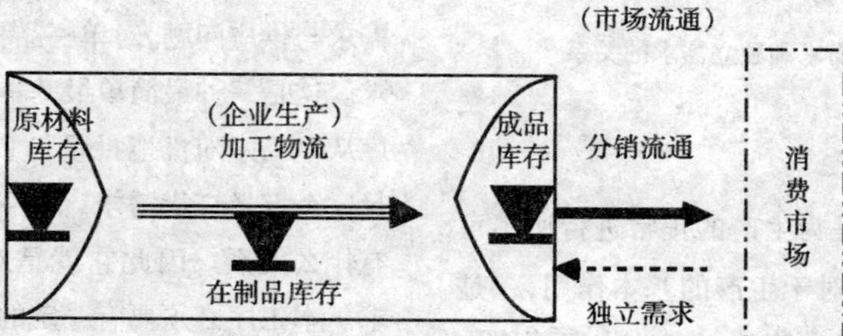

图 3—3—6　生产企业模型

生产企业与流通企业的区别,是他自己能够生产产品,他们对客户的物资供应,主要靠自己的产成品库存。为了生产这些产成品,他们首先需要购进原材料,形成原材料库存。生产过程往往是一个很庞杂的过程,所以生产企业都根据生产的需要,分成了多个车间、多条生产线、多道工序。生产过程越复杂,企业就越分得细,规模越大,分布范围越广。为了保障生产过程的顺利进行,企业还要设置在制品库存。生产过程也是一个物流过程,这种物流过程遍及整个企业。生产过程的结果,制造出产成品,形成产成品库存。企业就用这个产成品库存来面对社会市场的独立需求。这种需求也是随机的、偶然的、批量的。

第二节　企业库存基本模型

上面所说的 4 种模型,有一个共同的特点,那就是都是一种共同的库存模型。

仓库模型当然是最典型的库存模型。仓库模型包括生产库存仓库和流通库存仓库。生产库存仓库主要是指生产企业的原材料库和在制品库。生产企业的成品库虽然脱离了生产过程,准备进入流通过程。按理说这种库存应当属于流通库存,而不属于生产库存。但是它是由企业生产造成的,生产过程对它起着决定和控制作用。从这个意义上讲,我们也可以把它看成是企业生产库存。流通库存仓库除了生产企业的成品仓库之外,还包括社会上流通领域的各种仓库,如批发库、零售库、中转库、商场、商店等。

流通仓库库存都是为了销售,为了满足用户需求而采购、筹集商品,放在仓库中储存起来,供日常销售之用。它们就是依靠这些流通库存进行销售,在满足用户需要的同时,自己获得销售收入和销售利润,从而获得生存和发展。销售越多,利润越高,效益越好,自己也就生存和发展得越好。流通库存主要是由企业采购筹集的,也有的是企业自己生产形成的。这些流通库存,既是它们销售获利的前提条件,又是它们获取利润的负担。因为,库存要占用资金、占用仓库,还可能有库存风险。所以流通库存不能太少,太少了不够销售;也不能够太多,太多了成本太高,会降低利润,降低效益。所以库存量要控制在一个合适的水平。

无论是生产库存,还是流通库存,它们的基本内容是一样的,就是面对各种独立需求,筹集物资入库,填充库存,以这个库存持续地进行销售出库供应,满足独立需求的需要,从而也是自己获得效益。

又以工序模型为例(这里主要讨论批量生产的工序,不包括流水生产的工序),一个理智的工序操作员,自然不会盲目地生产加工。因为一生产,就需要去进原材料,或者坯料,这些都是需要资金的。然后自己要花费工时、机时,去进行生产加工,这也是要花费资金的,同时还包括管理等相关费用。生产企业的最大特点,就是要追求最大的效益、最低的投入成本,为此,他们就需要在每个生产过程、每个工序实行最大地节约,最大地消除浪费,而一切无效的生产,无异于直接的浪费。工序操作员应该遵循的原则,就是只有需要才生产。生产的目的是为了满足需要,需要多少,就生产多少,什么时候需要,就什么时候生产;不多生产,也不早生产。

工序生产的直接效果,就是形成生产库存,用这个库存供应独立需求的需要,从而使自己获得效益。

又例如车间模型,车间的生产实际上也是为了填充一个车间产品的库存,以这个产品库存来应对独立需求,从而使自己获得效益。

企业模型中,企业的生产也是为了填充企业产成品的库存,用以应对来自社会的独立需求,从而使自己获得利润。

所以我们上一节所提出的生产企业独立需求 4 种模型,它们的共同的原理,就是一个基于库存的供应问题,即都是要填充一个适当的库存,用这个库存来满足独立需求物资的需要,从而使自己获得效益。因此我们可以把它们合起来,建立一个统一的独立需求物资供应的基本模型(见图 3—3—7)。在这个模型中,把进行生产进货采购、填充库存的工作,用入库速率 p 来描述。把独立需求的需求速率,用仓库的出库速率 R 来描述。通过生产或采购填充库存、用这个库存来供应独立需求,二者之差就是库存。对于给定的需求速率,要控制入库速率,使得库存量的大小,刚好既能够满足需要,又使得库存总费用最省、效益最高。

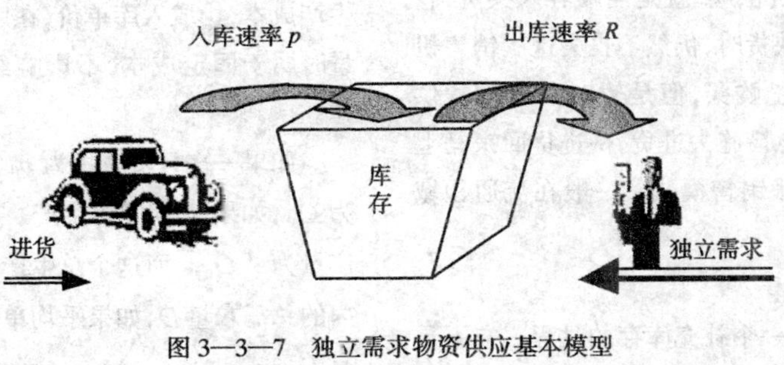

图 3—3—7　独立需求物资供应基本模型

第三节　库存过程和库存费用

一、库存过程

库存过程可以分成3个过程:销售出库过程、订货进货过程和储存保管过程。

(一)销售出库过程

库存的销售出库过程,是直接面对独立需求进行物资供应的过程。所以只需要考虑对一个一个前来的需求者进行供应就可以了。前面已指出,独立需求分为确定型和随机型2种类型。确定型需求是均匀稳定和确定的,所以供应可以容易做到按需求计划做出供应计划,根据供应计划备货而进行供应。而随机型是不均匀、不稳定和随机变化的,所以对于随机型需求的供应,则是根据对未来需求的预测制定供应计划,根据供应计划备货而进行供应。销售出库过程是一个持续的过程。

销售出库过程对于仓库来说,是一个库存量不断减少的过程。我们假定平均每天的销售量为 R,则顾客对库存物资的需求速率为 R,仓库的库存消耗的速率也为 R。

销售出库过程,包括3种情况:

1. 不缺货供应:不缺货供应,是一种最基本最常见的情况。就是在整个供应过程中,不出现缺货,百分之百地保证供应。在生产企业内部,生产库存,无论是原材料库存还是在制品库存,一般都要实行不缺货供应。

2. 缺货供应:缺货供应,就是在整个供应过程中,允许缺货、不保证百分之百满足用户需要。这种情况一般出现在流通企业。例如,零售店面对顾客的购买,一般是有货就卖,没货就算了,不会专门为满足用户需要采取什么紧急措施。

3. 补货供应:补货供应,就是当顾客来买货,仓库无现货供应、出现缺货时,仍然不丧失这次销售机会,要求顾客就在这里购买,但是暂时没有现货供应,答应马上采取紧急措施去进货,待进货回来马上补货给用户,这是欠账销售模式。一般在流通领域经常发生这种情况。

(二)订货进货过程

订货进货过程是一个补充库存的过程。它不是一个持续的过程,而是按批次进行。当由于销售出库,使得库存量下降到了一定程度,需要订货进货的时候,才发生订货进货过程。

补充库存有各种方式,这里我们主要关注2种最主要的方式:一是生产备货;二是采购进货。生产备货,就是自己生产,把生产出来的产品入库补充库存。采购进货主要是从供应商那里采购货物,然后将货物运进仓库补充库存。前者主要是生产企业运用的方式,后者在生产企业和流通企业都可能用到。

订货进货过程是指从发出订货单之时开始,直到所订的物品入库为止的时间间隔,一般把这个时间阶段称作订货提前期,记作 T_K。生产订货提前期又叫做生产提前期,具体包括生产准备时间、生产时间搬运入库时间。订货进货过程对于仓库来说,是库存量增加的过程。而且每一次进货,都使库存量增加一个批量,这个进货批量也就等于一个生产批量(对流通企业来说,也就是一个采购批量,下同)。如果生产批量设为 Q'_0,则进货批量也就是 Q_0,进一次货库存量就增加一个 Q_0。

无论是采购进货,还是生产备货,都有一个进货速率,或者生产速率,记作 p。如果进货时间或生产时间为 t_1,则:

$$p=\frac{Q_0}{t_1} \tag{3.3.1}$$

这个 p 就是平均进货速率。也就是入库速率,或者库存增长速率。在生产企业内部,它就等于生产速率(平均每天的产量)。

订货进货过程要发生批量设立费用。采购进货一个批量需要发生差旅费、通讯费、订货手续费、进货费等,生产进货一个批量要发生生产准备费用、进货入库费用,我们把它们合起来,统称为订货费用。其中不包括原材料、零部件的购买费用,它作为产品生产成本,构成入库单价,在库存控制中考虑经济批量时属于固定成本,不影响经济批量,所以不予考虑。

如果一次订货费用为 c_0(元/次),一次生产批量为 Q_0,如果 T 期间内生产 n 次,则 T 期间内的总生产量为 nQ_0。而这个总生产量恰好等于在 T 期间内的总需求量 D,如果平均单位时间需求量为 R,则有关系式:

$$D=RT=nQ_0 \tag{3.3.2}$$

总订货费用为：

$$C_0=nc_0=\frac{RT}{Q_0}c_0 \tag{3.3.3}$$

T 期间内的平均订货费用为：

$$\overline{C_0}=\frac{nc_0}{T}=\frac{R}{Q_0}c_0 \tag{3.3.4}$$

（三）储存保管过程

储存保管过程是指物资自从入库之日起直到销售出库之日为止的整个时间阶段。储存过程中需要保管维护，保持储存物资的使用价值，使它们能够直接满足用户的需要。这些库存物资，在整个储存过程中，都占用了流动资金。这种占用，是要付出代价的，也就是资金的占用成本。库存物资越多，资金占用也就越多；占用时间越长，需要付出的银行利息也就越高，需要的仓库保管空间成本、管理成本也就越高，资金占用成本也就越高。占用成本的大小与被保管物资的数量和被保管的时间长度成正比；库存物资的数量越多，保管的时间越长，需要付出的保管费用也越高。如果我们把库存物资资金的占用利息和仓库保管费用合在一起统一作为保管费用来计算，用 C_1 来描述，则 T 期间内的总保管费用 C_1 等于：

$$C_1=\overline{Q}Tc_1 \tag{3.3.5}$$

式中，c_1 为单位物资单位时间的保管费用。$\overline{Q}$ 为被保管物资平均库存量。因为被保管物资的库存量老是不断出出进进，所以库存量是随时变化的，因此计算保管费用只能用一定期间内的平均库存量来计算。平均库存量的计算，由于进货入库的时间长度不一样，计算方法也不一样。对于瞬时订货进货（即进货一次立即到货，进货时间小于等于一个单位时间）的情况，平均库存按下式计算：

$$\overline{Q}=\frac{Q_0}{2} \tag{3.3.6}$$

而对于持续进货（即订货进货一个批量需要一定时间长度才能到货完毕，订货进货时间长度大于一个单位时间）的情况，平均库存按下式计算：

$$\overline{Q}=\frac{Q_{\max}}{2}=\frac{Q_0}{2}\left(1-\frac{R}{p}\right) \tag{3.3.7}$$

式中，R 是库存消耗速率，即出库速率，它等于物资平均每天出库的数量。出库速率也等于用户对于库存物资的需求速率。p 为进货速率，即入库速率，它等于平均每天物资到货的数量。在生产企业内部，它就等于生产速率。

这样，可以得出 T 期间内平均每单位时间（例如天、周、月等）的保管费为：

$$\overline{Q}=\frac{C_1}{T}=\frac{\overline{Q}Tc_1}{T}=\overline{Q}c_2 \tag{3.3.8}$$

对于瞬时到货的情况，平均每单位时间的保管费为：

$$\overline{Q}=\frac{Q_0}{2}c_1 \tag{3.3.9}$$

对于持时到货的情况，平均每单位时间的保管费为：

$$\overline{Q}=\frac{Q_0}{2}\left(1-\frac{R}{p}\right)c_1 \tag{3.3.10}$$

生产库存保管费用又叫做生产库存持有费用。它反映持有库存所付出的代价。

以上的过程无论对于独立需求物资，还是对于相关需求物资都是共同的。本节只讨论生产企业的独立需求物资的生产库存过程。

二、生产库存费用

生产库存过程所发生的费用包括5项：

1．订货费用 c_0：订货费用，就是批量库存的设立费用。如果生产库存时采购设立，则订货费用就是订货采购过程所花的差旅费、订货手续费、进货费等。如果是生产设立，则它是指从发出生产任务单起到产品的生产批量生产出来并进货入库的整个阶段中所发生的生产准备费用和进货入库费用。生产准备费用主要指制定生产计划、准备生产条件所花费的正常费用。进货入库费用主要是指产品生产出来以后，包装、搬运、入库所发生的费用。订货费用的特点是，平均订货费用与订货次数的多少以及订货批量的大小有关。即：

$$\overline{C_0}=\frac{nc_0}{T}=\frac{R}{Q_0}c_1$$

2．保管费用 c_1：保管费用，就是生产库存的持有费用。它是指从物资入库起到物资出库为止的整个过程中所花费的与物资保管有关的全部费用。包括库存资金的占用费用，保管用库、用具、用料以及保管人员有关费用。保管费用的特点是，总保管费用与订货批量的大小有关、与保管的时间有关。即在瞬时到货情况下：

$$C_1 = \overline{Q}Tc_1$$

$$\overline{C_1} = \frac{Q_0}{2}c_1 \quad （瞬时到货）$$

$$\overline{C_1} = \frac{Q_0}{2}\left(1 - \frac{R}{p}\right)c_1 \quad （持时到货）$$

3. 购买费用 c_3：购买费用，即生产库存的物资的入库单价 K，所以 $c_3 = K$。购买费用的特点：它属于固定费用，在求经济批量时不用考虑它。它只与购买数量、购买单价有关。平均购买费用则与单价和需求速率有关：

$$\overline{C_3} = \frac{c_3 Q_0}{T} = \frac{KQ_0}{T} = KR$$

4. 缺货费用 c_2：缺货费用，是指用户来买货，仓库无现货供应，丧失销售所造成的损失。例如遭受罚款、因为影响企业生产而给自己带来的损失等。缺货费用的特点是在具体情况下，缺货费可能有 2 种情况：

(1)与缺货量、缺货时间有关：$C_2 = \overline{Q_2} \cdot t_2 \cdot c_2$

(2)可能与缺货次数有关：$C_2 = nc_2$

上面式子中，$\overline{Q_2}$为平均缺货量，n 为缺货次数，C_2 为总缺货费用。

5. 补货费用 c_4：所谓补货，是指用户来买货，仓库无现货供应，但是为了不丧失销售所需要付出的代价。例如采用紧急生产、紧急采购等方式，马上筹集货物，马上补货给用户。一般用户通常不会自然接受补货形式，除非仓库有一些优惠条件，例如优惠价格、优惠服务等；或者仓库方面与用户有较好的关系、有较好的感情等。因此为了实现补货，就需要付出一定的代价，这些代价就是补货费用。例如紧急生产、紧急采购、优惠价格、优惠服务、关系费用、感情费用等。补货费用的特点：在具体情况下，补货费可能有 2 种情况：

(1)与补货量、补货时间有关：$C_4 = \overline{Q_4} \cdot t_4 \cdot c_4$

(2)可能与补货次数有关：$C_4 = nc_4$

上面式子中，$\overline{Q_4}$为平均补货量，n 为补货次数，C_4 为总补货费用。

6. 总费用：所谓总费用，就是生产库存全过程各项费用的总和。在缺货情况下可以表示为：

$$C = C_0 + C_1 + C_2 + C_3 \quad （缺货）$$

在补货情况下可以表示为：

$$C = C_0 + C_1 + C_3 + C_4 \quad （补货）$$

注意，在缺货情况下不能补货，在补货情况下不能缺货。而单位时间平均总费用可以表示为：

$$\overline{C} = \overline{C_0} + \overline{C_1} + \overline{C_2} + \overline{C_3} \quad （缺货）$$

$$\overline{C} = \overline{C_0} + \overline{C_1} + \overline{C_4} + \overline{C_3} \quad （补货）$$

这 6 个费用不是所有的经营过程都一起发生的。在生产企业内部的生产库存，不包括产成品库存（它属于流通领域库存），最经常发生的只有订货费、购买费和保管费，也没有缺货或补货的情况。因此它们的总费用和平均总费用分别为：

$$C = C_0 + C_1 + C_3$$

$$\overline{C} = \overline{C_0} + \overline{C_1} + C_3$$

第四节 订货点库存控制的原理

上面已经说明，生产库存管理的重点在于库存控制。那么怎样进行控制呢？这一节首先说明用订货点法进行库存控制的原理。

一、生产库存控制的原理

一个生产库存过程分成销售出库、订货进货、储存保管 3 个过程。从引起库存量变化的角度看，销售出库过程是库存量减少的过程，订货进货过程是库存量增加的过程，而储存保管过程中库存量保持不变。为了控制库存量，只有 2 种可能：一是控制销售出库过程；二是控制定货进货过程。控制销售出库，就意味着搞计划分配，限制用户需求，这只限于那些紧缺物资。我国在计划经济时期，就是这种模式。控制定货进货过程，意味着根据需求的情况，妥善安排订货进货，达到库存量控制的目的。这种模式既保证了用户需要，又使得库存量比较小，因此它是一种理想模式。我们下面主要是讨论和运用这种模式进行库存控制。

这种模式的核心，就是要确定一种订货进货策略，为与流通库存控制相统一，我们也把它叫做订货策略。生产库存控制的订货策略就是生产库存策略。

二、制定生产库存控制策略要考虑的问题

制定生产库存控制策略，主要考虑 3 个方面的问题：

1. 需求者的需求类型;

2. 经营者的经营方式;

3. 选用合适的控制方法。

(一)需求分析

首先要分析需求者的需求类型,要弄清需求的性质和规律。不同性质的需求应当采用不同的订货策略。

分析需求类型,就是要弄清:

1. 属于什么需求类别,是独立需求,还是相关需求?

2. 属于什么需求性质,是属于确定型,还是随机型?

3. 属于什么需求分布,是正态分布,还是其他分布?

需求的性质可以分为以下 2 种:

1. 单位时间需求量均匀稳定,而且是确定不变的。这样的需求叫做确定型需求。

2. 单位时间需求量随机变化的,时大时小,没有一个确定的值。仔细分析起来,发现它是在一个范围内变化,在这个范围内取值的概率还不一样。也就是说,我们不能确切知道它的确定的取值,只能知道它大概的取值范围,和取某个值的可能性。我们把这种需求叫做随机型需求。随机型需求的变量都是随机变量。

随机型需求落在一定数值范围的概率,就叫做随机型需求的分布。在库存控制理论中,可以把它们的分布分成二类:正态分布和其他分布。

所谓正态分布,就是需求量的数值分布在以其平均值为中心的一个对称区域内,中间密度最大,越往两端密度越小,分布概率密度曲线呈钟形的分布。如图 3—3—8。

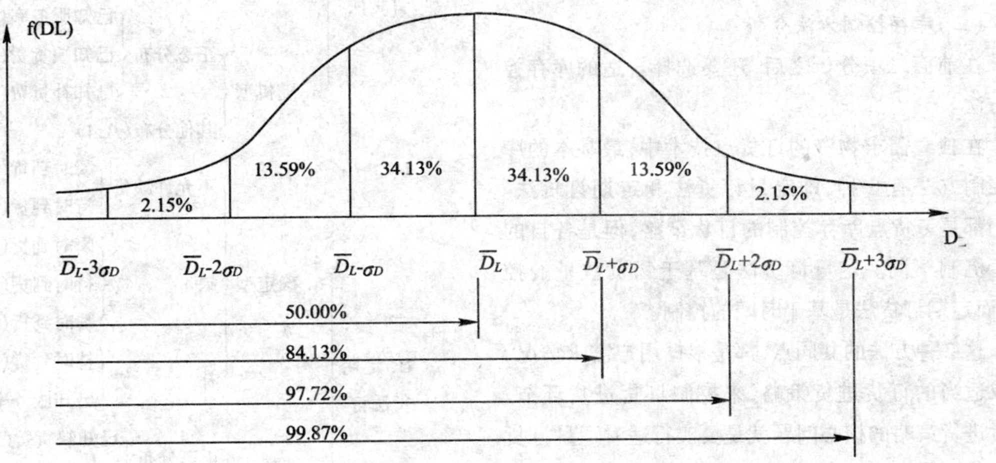

图 3—3—8　正态分布

其他分布是指除正态分布以外的各种分布,例如泊松分布、负指数分布、均匀分布等,它们都是单参数分布(只取决于平均值),处理方法也都相同,我们把它们统统归结为任意分布。

需求分布不同,所采用的模型也应当不同。正态分布用得最多。

(二)经营方式分析

其次要弄清经营者的经营方式。在库存控制理论中,把经营者的经营方式分成 3 种:

1. 不允许缺货:就是用户的所有需求都能由仓库实行现货供应,不能缺货。不允许缺货,就意味着整个物资供应期间,库存量不能等于或小于 0,仓库里总是有现货供应用户。

2. 可以缺货:即允许不保证对用户的现货供应。用户来买货,仓库中有现货,就供应,没有现货就不供应。缺货,就意味着整个物资供应期间,库存量可以等于 0,但不能小于 0,小于 0 就是欠账。

3. 实行补货:所谓补货,就是当用户来买货时,仓库中没有现货供应,但是却不丧失这次销售,而是实行欠账供应,答应马上进货,待进货后马上予以补货。补货,就意味着整个物资供应期间,库存量能够等于0,也能够小于0,也就是仓库里有现货就供应用户,没有现货也供应,实行欠账供应,并采取赶紧进货的措施,待进货后再补货给用户,消除所欠的账。

这3种经营方式,每一种都还可能采取2种进货方式:

1. 瞬时到货方式:即将一次所订货物批量一次全部到货,并且订货进货过程不需要花时间(或可忽略)。也就是即订即到,一个批量全部一次到齐。

2. 持续到货,是指一次所订货物按一定的进货速率逐渐进货,整个订货进货过程需要持续一段时间,最起码要化一个以上单位时间。货物持续到货入库。在生产库存中,这种模式比较多,按一定的生产速率进行生产,而且边生产边销售。

(三)库存控制方法分析

在前面二项分析之后,还要选择合适的库存控制方法。

在独立需求物资的订货点技术中,最基本的库存控制方法有2种,即定量订货法和定期订货法。它们都是订货点库存控制的订货策略,但是各自的运行机制不同。定量订货法是基于物资数量的控制,而定期订货法是基于时间的控制。

这2种方法的共同点,都是根据用户需求情况,采取适当的订货进货策略,来控制订货进货环节。订货进货策略的核心问题就是要实行适时适量订货进货,也就是要在订货进货过程中,解决这么几个问题:

1. 什么时候订货进货?即订货点;

2. 订货进货多少?即订货量;

3. 如何实施:即订货法。

所谓什么时候订货进货,就是要解决一个订货进货的时机问题。例如,确定当库存量下降到某一个库存水平的时候,就发出订货进货任务单。则把发出订货进货任务单时的这个特定的库存水平称作订货点。所以,解决什么时候订货进货的问题,实际上也就是解决订货点问题。

所谓订货进货多少,就是要解决一个订货的数量问题。我们把一次订货的数量叫做订货批量。所以解决订货进货多少的问题,就是要确定订货进货批量是多少。

所谓如何实施,就是要解决订货方法问题。也就是解决订货进货策略的操作方法与步骤问题。

三、库存控制模型体系

这样我们按不同的需求对象、不同的经营方式和不同的库存控制方法,可以将独立需求物资的生产库存控制模型分成二大类共20种模型,见表3—3—1。

表3—3—1　订货点技术的模型体系

- A. 定量订货法
  - q. 确定型
    - 不允许缺货
      - 瞬时到货(Aq1)
      - 持时到货(Aq2)
    - 缺　　货
      - 瞬时到货(Aq3)
      - 持时到货(Aq4)
    - 补　　货
      - 瞬时到货(Aq5)
      - 持时到货(Aq6)
  - s. 随机型
    - 正态分布
      - 已知服务率(As1)
      - 已知缺货费(As2)
      - 已知补货费(As3)
    - 其他分布(As4)
- B. 定期货法订
  - q. 确定型
    - 不允许缺货
      - 瞬时到货(Bq1)
      - 持时到货(Bq2)
    - 缺　　货
      - 瞬时到货(Bq3)
      - 持时到货(Bq4)
      - 瞬时到货(Bq5)
    - 补　　货
      - 持时到货(Bq6)
      - 已知服务率(Bs1)
  - s. 随机型
    - 正态分布
      - 已知缺货费(Bs2)
      - 已知补货费(Bs3)
    - 其他分布(Bs4)

首先按生产库存控制方法可以分成二大类方法,一类是定量订货法(A),一类是定期订货法(B)。这是库存控制方法的二大支柱,虽然除它们之外,还有些其他方法,但是都是它们的变化形式,或者在重要性、普遍性方面都不可与之同日而语。

这二类方法各自按需求对象分,又分成确定型需求(q)和随机型需求(s)2种类型。

在确定型当中,无论是定量订货法和定期订货法,又按经营方式和进货方式分成3大类6种模型(从 q_1 至 q_6)。其中:

q_1 是不允许缺货、瞬时到货模型；

q_2 是不允许缺货、持时到货模型；

q_3 是允许缺货、瞬时到货模型；

q_4 是允许缺货、持时到货模型；

q_5 是实行补货、瞬时到货模型；

q_6 是实行补货、持时到货模型。

在随机型当中，定量订货法和定期订货法都是二类4个模型(从 s_1 至 s_4)。其中二类，一是正态分布需求，二是其他分布需求。正态分布又有3个模型：已知服务率、已知缺货费和已知补货费的模型。其他分布需求只讨论一个模型。

已知服务率，就是已知服务水平。在库存控制中的所谓服务水平，主要是指库存满足水平，即由库存量来满足用户需求的程度，也叫做库存满足率。因为库存满足率与缺货率是互补的，都跟安全系数有一一对应的关系，所以有些时候，不是直接知道服务率，而是知道缺货率或安全系数，这些都是等价的。针对给定的需求分布，根据所需要达到的库存满足率(或缺货率、或安全系数)制定订货策略，是这一类模型的任务。

已知缺货费和已知补货费都是不直接知道服务水平的情况下求订货策略的模型。它们的共同特点就是把缺货费和补货费转化成服务率、或缺货率或安全系数。

正态分布需求是指需求的随机数列呈正态分布。这种分布在日常生活中比较多。它可以用需求量的平均值和标准偏差来描述。有正态分布表可以查得。

其他分布需求是需求量的随机数列，是除正态分布以外的任意一种分布，这种分布一般要给出具体的分布表。

这一共20个模型分别从各种具体情况的角度精确地描述了订货策略的具体操作方法。对于流通库存控制来说，这20个模型都能够用得上。但是对于生产库存控制来说，由于缺货、补货的情况比较少。所以，只要用到不允许缺货的4个确定型模型和已知服务率的2个随机型模型。所以本书也只关注这8个模型。

第五节　库存品种管理

库存管理，无疑首先是进行库存物资的品种数量的管理，这是最起码的基础工作。否则就不知道要管理什么，也就更不知道怎么管理，当然也就谈不上库存管理。

库存品种数量管理的基本内容，就是要建立起库存物资类别品种的体系结构，弄清楚仓库中究竟存放了一些什么品种，它分成了哪些大类、哪些小类，各个大类、各个小类的规格、性能、价值、特点、存放特性、保管要求，都存放在仓库的哪些区、哪些点上，存放数量的多少等等。因此品种数量管理，实际上包括了品种管理、大类管理、小类管理、物资编码、ABC分类等。这些管理都是库存管理最基础的工作，它为科学的重点管理法、货位规划、存放系列化、计算机信息管理以及库存控制管理等的实施提供了必要的前提条件。

品种数量管理主要是要做大量的调查、登记、统计、整理的工作，把已经存放在本仓库或将来准备存放在本仓库的所有品种、规格、数量、特性、价值、存放特性、保管要求等等都弄清楚，并且按照一些特征将它们归类，并且系列化、标准化。在这样的基础上再进行物资编码和ABC分类。

这些调查整理统计的工作，本节不再作详细讨论，本节主要讨论物资编码和ABC分类2种管理的方法。

一、物资编码

所谓物资编码，就是在对库存物资的品种类别规格性能等进行调查统计整理的基础上，形成物资类别品种体系，并进行系统化的统一编码标识的工作。

最基本的物资编码是组合序列码，是用0、1、2、3、4、5、6、7、8、9共10个数字，有必要的话还加上A、B、C、D、…、Z等26个英文字母按大类、小类、品种、规格等层次结构，每一层又按顺序序列依次编号形成的编码。这种编码的好处是简单方便、而且具有可扩充性，比较适合一般的计算机信息管理系统进行查询和统计，缺点是不好记。但是一般也不需要人们记住，只要计算机能记住，可以连同品名规格一起显示出来就行了。物资编码建立以后，自然也就形成了库存物资品种类别的完整体系，用它就可以做到品种类别的管理。

物资编码有企业编码，也有国际编码。企业编码比较简单方便，适合于企业内部使用，但是不全面，不能够在企业外使用。国际编码比较齐全、复杂，可以在国际上通用。

二、条码

条码是由一组规则排列的条、空以及对应的字符组成的标记，“条”指对光线反射率较低的部分，“空”指对光线反射率较高的部分，这些条和空组成的符号贴在物品表面，用以表示物资品种的编码信息。

(一)目前使用的两种条码

1. 一维条码(1D Barcode)，只是在一个方向(一般是水平方向)表达信息，而在垂直方向则不表达任何信息，它具有一定的高度，通常是为了便于阅读器的对准。

2. 二维条码(2D Barcode，英文标准名称 417—Barcode)，在水平和垂直方向的二维空间都存储有信息的条码，即是将一维条码存储信息的方式在二维空间上的扩展。

(二)不同码制的应用

条码条和空的排列规则叫做码制，常用的一维码的码制包括：EAN 码、39 码、交叉 25 码、UPC 码、128 码、93 码，及 Codabar(库德巴码)等。不同的码制有它们各自的应用领域：

1.EAN 码：是国际通用的符号体系，是一种长度固定、无含意的条码，所表达的信息全部为数字，主要应用于商品标识。

2.39 码和 128 码：为目前国内企业内部自定义码制，可以根据需要确定条码的长度和信息，它编码的信息可以是数字，也可以包含字母，主要应用于工业生产线领域、图书管理等。

3.93 码：是一种类似于 39 码的条码，它的密度较高，能够替代 39 码。

4.25 码：只应用于包装、运输以及国际航空系统的机票顺序编号等。

5.Codabar 码：应用于血库、图书馆、包裹等的跟踪管理。

(三)条码的结构

一个完整的条码的组成次序依次为：静区(前)、起始符、数据符(中间分割符，主要用于 EAN 码)、(校验符)、终止符、静区(后)。

1. 静区，指条码符号的组成左右两端外侧与空的反射率相同的限定区域，它能使阅读器进入准备阅读的状态，当两个条码符号的组成相距距离较近时，静区则有助于对它们加以区分，静区的宽度通常应不小于6 mm(或 10 倍模块宽度)。

2. 起始/终止符，指位于条码开始和结束的若干条与空，标志条码的开始和结束，同时提供了码制识别信息和阅读方向的信息。

3. 数据符，位于条码中间的条、空结构，它包含条码所表达的特定信息。

构成条码的基本单位是模块，模块是指条码中最窄的条或空，模块的宽度通常以毫米或$1/10^3$英寸为单位。构成条码的一个条或空称为一个单元，所有单元由一个或多个模块组成。把这些模块按一定的规则组合起来，描述物资品种的编码信息。

每一种物品的编码是惟一的。物资品种信息管理系统建立起条码与商品信息对应关系的数据库，条码能够用特定的设备识读，转换成与计算机兼容的二进制和十进制信息。当条码的数据传到计算机上时，计算机把这些物资编码信息与数据库对照，从而识别各种物资品种，并且用于进行物资品种数量的管理等信息系统的工作。应用条码的好处，可以节省人工输入的工作，处理起来既快又方便，而且保密性强，已广泛用于物资品种管理。

三、ABC 分类

(一)ABC 分类的原理

一个仓库，物资品种成千上万，限于人力物力，不可能都实行同等程度的精心管理，也没有必要，应当实行重点管理。

在实践中人们发现，库存物资有的销售快，有的销售慢，有的价钱高，有的价钱低。在很多情况下，少数几个品种物资的销售额却占了总销售额的绝大多数，而占库存品种绝大多数的物资销售金额只占一小部分。在这种情况下，可以将那些品种很少，而销售金额很大的物资归为一类，实行重点管理；而把那些品种数多但销售金额很少的物资分为一类，实行一般管理;其余再成一类。具体情况见图 3—3—9。

这样实行重点管理,一方面,品种少,管起来可以管好;另一方面,其销售额高,管起后有利于经济效益的提高,是合管理的。

类别	物质特点	品种占额	销售额	管理类别
A	价值高,销售额高,品种少	10%	70%	重点管理
B	价值中,销售额中,品种中	20%	20%	可重点,也可一般
C	价值低,销售额小,品种多	70%	10%	一般管理

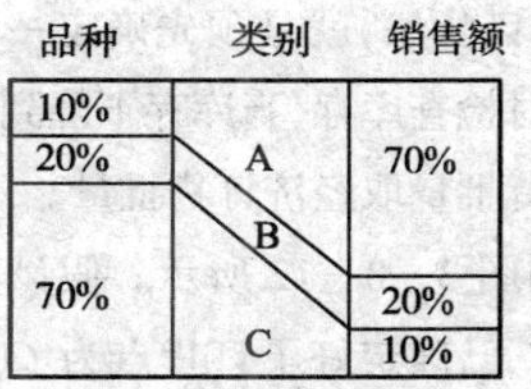

图 3—3—9　ABC 分类原理示意图

(二)ABC 分类的步骤

1. 为确定 ABC 分类,先要进行统计分析,要选定一个合适的统计期:

a. 比较靠近当前;

b. 销售比较正常(处于正常情况)。

2. 分别统计出所有各种物资在该统计期中的销售量、单价和销售额,并对每种物资制作一张 ABC 分析卡,填上品名,销售数量,销售金额、如图 3—3—10。

ABC 分析卡		
(物资名称)	(物料编号)	
单价	销售数量	销售金额

图 3—3—10　ABC 分析卡

3. 将 ABC 分析卡按销售额由大到小的顺序排队,并按此顺序序号将各物资填上物料编号。

4. 制作 ABC 分析表(见表 3—3—2)和 ABC 分类图(见图 3—3—11)。

利用 ABC 分类法,可以将库存物资实行分类、并进行重点管理。这样做,能够把有限的资源进行最合理的分配。既保证了对少数品种的有效管理,从而保证了绝大部分的效益,又能够照顾到一般。

ABC 分类法的思想原理,可以用到很多方面去。在各种不同情况下,采用不同的分类标准,总可以将对象分为 A、B、C 三类,分别实行不同的重点管理。

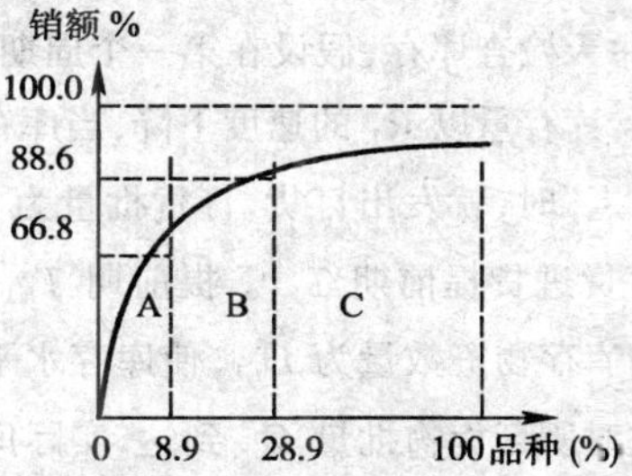

类别	品种数	销售额
A	8.9%	66.8%
B	20.0%	21.8%
C	71.1%	11.4%

图 3—3—11　ABC 分类图

表 3—3—2　ABC 分析表

物料编号	品种%	累计品种%	单价	销售量	销售额	销售累计	销售累计%	分类
1	2.22	2.22	480	3 280	1 833 600	1 833 600	66.8	A
2		4.44	470	1 680	789 600	2 623 200		
3		6.70	200	1 060	212 000	2 835 200		
4		8.90	8	23 750	190 000	3 025 200		
5	2.22	11.1	29	6 000	174 000	3 199 200	88.6	B
6		13.3	45	3 820	171 900	3 371 100		
⋮		⋮	⋮	⋮	⋮	⋮		
13		28.9	1.5	40 000	60 000	4 012 365		
14	2.22	31.1	10.2	4 880	49 776	4 062 141	100	C
15		33.3	11.25	37	41675	4 103 816		
⋮		⋮	⋮	⋮	⋮	⋮		
44		97.8	1.2	1 838	1 606	4 527 607		
45		100	1.0	1 060	1 606	4 529 213		

第六节　定量订货系统

一、定量订货法的原理

所谓定量订货法，就是预先确定一个订货点和订货批量，随时检查库存，当库存下降到订货点时就发出订货，订货批量取经济订货批量。

其原理如图 3—3—12 所示。假设实施订货点控制技术之前，已确定好了订货点为 Q_K，订货量为 Q^*。其中 Q_K 由二部分构成，一部分是安全库存 Q_S，另一部分是提前期平均需求量 D_L，$Q_S = Q_K - D_L$，或 $Q_K = Q_S + D_L$。在系统开始运转时，从 0 时刻开始，每天检查库存，假设在第一个周期，随着销售的进行，库存量以 R_1 的速度下降，当库存下降到 Q_K 的“1 点”时，就发出订货，订货批量为 Q^*。随后进入订货进货提前期 T_{K1}。提前期 T_{K1} 结束时，消耗掉的库存物资数量为 D_{L1}，使库存水平下降到最低。这时所订货物批量 Q^* 到达，实际库存量一下上升一个 Q^*，达到高库存，然后进入第二个周期的销售。假设第二个周期的销售速率为 R_2，库存下降到存下降到 Q_K 的“2 点”时，又发出订货，订货批量为 Q^*。随后进入第二个订货进货提前期 T_{k2}。提前期 T_{k2} 结束时，消耗掉的库存物资数量为 D_{L2}，使库存水平又下降到最低。这时新订的货物批量 Q^* 到达，实际库存量一下又上升一个 Q^*，又达到高库存，然后进入第三个周期的销售。这样不断循环下去。这里假设是随机型，也就是假设 $R_1 \neq R_2 \neq R_3 \neq \cdots$，$T_{k1} \neq T_{k2} \neq T_{k3} \neq \cdots$，因而提前期销售量 $D_{L1} \neq D_{L2} \neq D_{L3} \neq \cdots$，各个提前期需求量进行平均就是 D_L。

当然也可以是确定型的情况，这时，$R_1 = R_2 = R_3 = \cdots$，$T_{k1} = T_{k2} = T_{k3} = \cdots$，因而提前期销售量 $D_{L1} = D_{L2} = D_{L3} = \cdots$，各个提前期需求量进行平均，其值 D_L 等于每个提前期的需求量 D_L。

系统运行的结果，由于控制了订货点和订货量，所以就控制了最高库存水平。名义最高库存（虚线表示）Q_{max} 不会超过 $Q_K + Q^*$，实际最高库存平均不会超过 $Q_K + Q^* - D_L$。

系统运行对于用户需求的满足水平主要决定于安全库存量大小的设置。根据库存满足率 p 的大小，来设计安全库存的数量。p 越大，安全库存越高，则库存满足水平也越高。

以上就是定量订货法原理。

这个订货策略，其核心就是要解决 3 个问题。第一就是要确定订货点；第二就是要确定订货批量；第三就是确定如何实施。下面我们分别来进行研究。

（一）订货点如何确定

订货点，就是发出订货的时机。在定量订货法中，是把发出订货时仓库里该品种还保有的实际库存量叫做订货点。订货点是一个决策变量，它是直接控制库存水平的一个关键变量。

显然订货点不能取得太高，也不能太低。如果太高，则订货物资订回来了，原有的库存物资还没有卖完，这样新旧物资合在一起，库存量就太高了，不好；订货点如果太低，则订货物资还没订回来，旧的库存物资就卖光了，造成缺货，也不好。

那么合适的订货点应该取多少呢？

订货点的大小取决于 2 个因素：

1．销售速率（对供应者来说，是供应速率，下同）。也就是销售的快慢，用单位时间内的平均销售量 R 来描述。显然，销售速率越高，则订货点应该越高。

2．订货提前期。所谓订货提前期，就是指从发出订货到所订货物运回并入库所需要的时间长度，我们用 T_K 来描述。显然，T_K 越大，订货点就越高。T_K 的大小，取决于路途的远近和运输工具运输速度的快慢。

按照已有的销售速率在订货提前期内将有一定的销售量。我们把这个销售量叫做订货提前期销售量，或简称为订货提前期需求量，用“D_L”表示。显然有：

$$D_L = R \cdot T_K$$

这里之所以都加上引号是表示这里只是概念意义，因为它们各自可能都是随机变量或确定变量，在数值上具体表达式可能不同，见后面。

提前期需求量“D_L”与订货提前期“T_K”以及销售速率“R”的关系可以由图 3—3—13 看出来。由图可以看出，订货点合适的大小应当取为刚好等于提前期需求量。即如果用 Q_K 来表示订货点，则有：

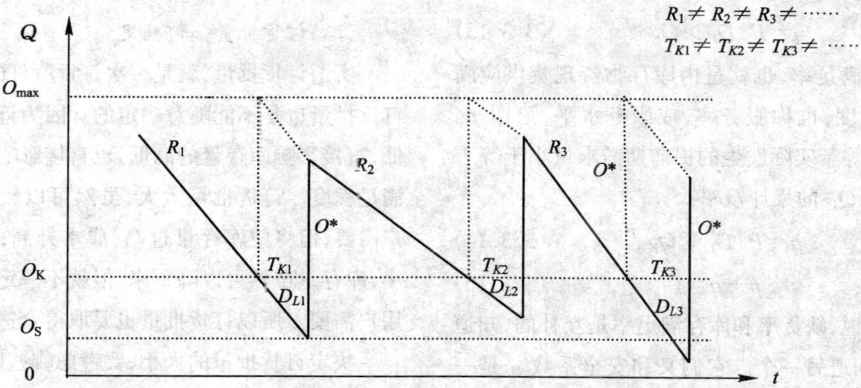

图　3—3—12

$$Q_K = D_L = R_P \cdot T_K \qquad (3.3.11)$$

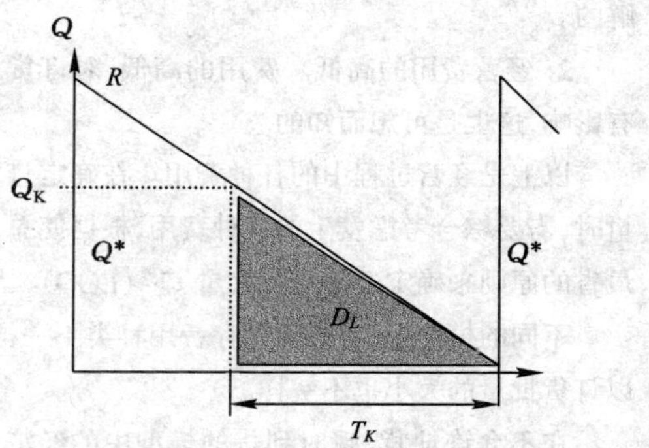

图 3—3—13　订货点的概念

这是一个概念性的计算方法，针对具体的情况模型，各自有具体的表达形式。

在正态分布的需求情况下，订货点可以用以下公式求解：

$$Q_K = \overline{D_L} + Q_S = \overline{D_L} + \alpha \cdot \sigma_D = \overline{R} \cdot \overline{T_K} + \alpha \cdot \sqrt{\overline{T_K} \cdot \sigma R^2 + \overline{R}^2 \cdot \sigma T^2} \qquad (3.3.12)$$

式中，最后一个等式可参见布罗(1963)[1]。其中也是假设"R""T_K"均服从正态分布。

我们称 Q_S 为安全库存量。它是在平均提前期需求量$\overline{D_L}$之上附加的一个保险裕量。安全库存量的数值概念可以由图 3—3—14 来说明。它在数值上等于标准偏差 σ_D 的"个数"。这个"个数"就是安全系数 α。α 越大，则安全库存量 Q_S 也越大。安全系数究竟取多大，要由缺货率 q，或者库存满足率 p 来确定。

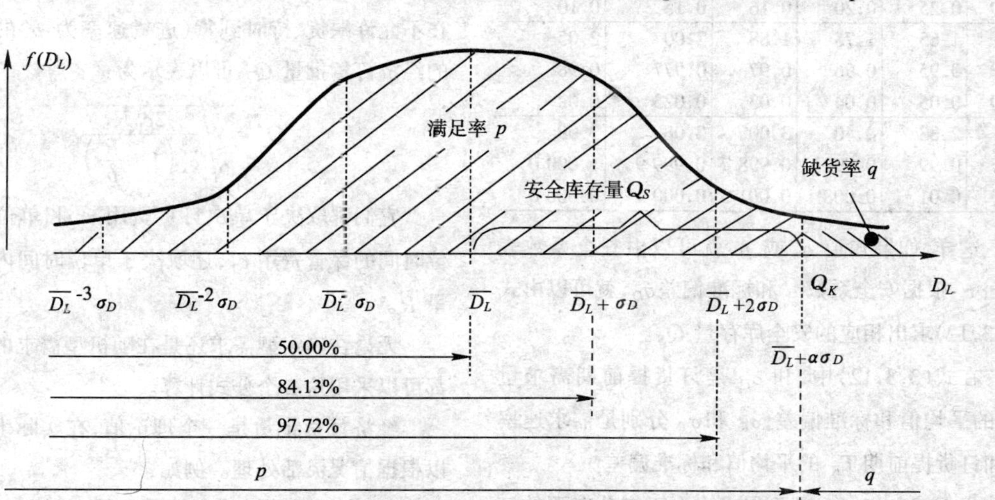

图 3—3—14　订货点、安全库存量、满足率、安全系数、标准偏差之间的关系

所谓缺货率，也就是缺货水平，也就是实际发生的提前期需求量 D_L 超过某一个额定库存量 Q_K 的

累计概率，用 q 表示：

$$q=P\{D_L>Q_K\} \tag{3.3.13}$$

而库存满足率，也就是由库存物资现货供应满足用户的程度，也称服务率，或服务水平，记作 p。它在数值上等于实际发生的提前期需求量小于等于额定库存量 Q_L 的累计概率：

$$p=P\{D_L\leqslant Q_K\} \tag{3.3.14}$$

而且有：

$$p+q=1 \tag{3.3.15}$$

也就是说，缺货率和库存满足率是互补的，知道一个，也就知道另一个。它们又和安全系数 α 是一一对应的。而安全系数 α 又和安全库存量 Q_S 是一一对应的。所以安全系数 α、缺货率 q、库存满足率 p 和安全库存量 Q_S 都是一一对应的，知道 α，或 q、或 p 都可以知道 Q_S。例如，当安全系数 $\alpha=0$ 时，$p=0.50$，$q=0.50$，$Q_S=0\times\sigma_D=0$；$\alpha=1$ 时，$p=0.84$，$q=0.16$，$Q_S=1\times\sigma_D=\sigma_D$；$\alpha=2$ 时，$p=0.977$，$q=0.023$，$Q_S=2\times\sigma D=2\sigma_D$ 等等。人们把这种对应关系整理成一个表，叫做安全系数表。如表 3—3—3。

表 3—3—3 主要安全系数表

α	0.0	0.13	0.26	0.39	0.54
p	0.5	0.55	0.6	0.65	0.70
Q	0.5	0.45	0.4	0.35	0.30
α	0.68	0.84	1.00	1.04	1.28
P	0.75	0.80	0.84	0.85	0.90
Q	0.25	0.20	0.16	0.15	0.10
α	1.65	1.75	1.88	2.00	2.05
P	0.95	0.96	0.97	0.977	0.98
Q	0.05	0.04	0.03	0.023	0.02
α	2.33	2.40	3.00	3.08	3.09
P	0.99	0.992	0.998 7	0.999 9	1.000 0
Q	0.01	0.008	0.001 3	0.000 1	0.000 0

这样，如果知道 q，或 p，就可以由安全系数表查出 α，根据安全系数 α 和标准偏差 σ_D，就可以由式(3.3.12)求出相应的安全库存量 Q_S。

在式(3.3.12)中，和 σ_D 是订货提前期需求量 D_L 的平均值和标准偏差，σ_R 和 σ_T 分别是需求速率 R 和订货提前期 T_K 的平均值和标准偏差。

根据式(3.3.12)就可以求出在正态分布下的订货点 Q_K。式(3.3.12)可以简单地理解为订货点是由二部分构成，一部分是平均的提前期需求量 D_L，另一部分是安全库存量 Q_S。

(二)订货批量如何确定

所谓订货批量，就是一次订货所订的物资数量。订货批量也是不能随意确定的。因为订货批量的高低，直接影响库存量的高低，也直接影响物资的供应满足程度。订货批量太大，虽然可以较充分满足用户需要，但将使库存量过高，成本升高；订货批量太小，库存量虽然可以降下来，但就不一定能保证满足用户需要。所以订货批量也要取得合适。

决定订货批量的大小，要考虑哪些因素呢？

主要考虑 2 个因素：

1. 需求速率 R 的高低。需求速率越高，说明用户的需要量大，当然订货批量也应该大，这是容易理解的。

2. 经营费用的高低。费用的高低，对订货批量有影响，这也是可想而知的。

以上是经营过程中的各种费用。在确定订货批量时，需要综合考虑发生的各种费用，根据使总费用最省的原则来确定经济订货批量 Q^*(EOQ)。

不同的模型中，考虑的库存费用种类不一样，所以订货批量的大小也不一样。

在不允许缺货、瞬时到货的模型中的经济订货批量 Q^* 可以表示为：

$$Q^*=\sqrt{\frac{2c_0R}{c_1}} \tag{3.3.16}$$

在不允许缺货、持时到货(进货速率为 p)的模型中的经济订货批量 Q^* 可以表示为：

$$Q^*=\sqrt{\frac{2c_0R}{c_1\left(1-\frac{R}{p}\right)}} \tag{3.3.17}$$

它们都取决于单次订货费用 c_0 和单位物资单位时间的保管费用 c_1，还取决于单位时间内的需求量 R。

无论在确定型需求还是在随机型需求的模型中都可以采用这 2 个公式计算。

经济订货批量是一个理论值，在实际生活中可以根据情况灵活处理。例如：

(1)按日历时间单位的需求量，如周需求量、月需求量等；

(2)按包装单位数量，如一箱、一盒、一个集装箱等；

(3)按供应周期需求量，有的产品一年只生产一次，或一个月只生产一次，在不生产的时候，别无供应。则应当按供应周期需求量作为订货批量。

(三)实施步骤

定量订货法的实施步骤是很简单的，可以分成以下3步：

第一步，按照前面所说的办法确定订货点和订货批量；

第二步，库存管理人员或销售人员每天检查库存；

第三步，连续检查库存，当库存量下降到订货点时，就发出订货。订货量取一个经济订货批量。

应用定量订货法时还要注意它的运用环境条件。不是什么情况下都可以运用定量订货法的。定量订货法应用的前提条件是：

1. 它只适用于订货不受限制的情况。即什么时候想订货就能订到货，想到哪里订货就能到那里订到货。也就是说，它只适用于物资资源供应充足、供大于求、自由流通的市场。

2. 它的直接运用只适用于单一品种的情况。如果要实行几个品种联合订购，则还要进行灵活处理才行。

3. 它不但适用于确定型需求，也适用于随机型需求。对于不同的需求类型，可以导出具体的运用形式，但它们的应用原理都是相同的。

这种订货法在实际使用时，有时可以变换成一种简单易行的两箱法(Two Bin System)，即把整个库存物资(包括周转库存量和安全库存量)分为两箱(形式上或实际上都可以)。首先销售第一箱里的货物，当第一箱销售完、开始销售第二箱里的货物的同时发出一箱的订货量。实际上，这时第二箱起着订货点库存量(包括安全库存量)的作用，在第二箱还没有销售完时，新订的一箱就会到货。这样反复不止，将整个库存量用两个箱子装载和周转，因此称为两箱法。两箱法省去了随时检查库存的工作，简化和方便了包装、装卸和运输，实施起来简单方便。

二、应用研究

实际上，如果严格考虑需求类型和经营类型，定量订货法可以划分成10个模型(见表3—3—4)。下面分别进行一些应用研究。

表3—3—4　各种模型的定量订货法订货点

	代号	库存模型名	订　货　点
确定型(Aq)	Aq1	不允许缺货瞬时到货	$Q_E = RT_K$
	Aq2	不允许缺货持时到货	
	Aq3	允许缺货瞬时到货	
	Aq4	允许缺货持时到货	
	Aq5	实行补货的瞬时到货	
	Aq6	实行补货的持时到货	
随机型(As)	As1	正态分布、基于服务率	$Q_K = \overline{D_L} + \alpha\sigma_D$
	As2	正态分布、基于缺货	$Q_K = \overline{T}_K\overline{R} + \alpha\sqrt{\overline{T}_K\sigma_P^2 + \overline{R}^2\sigma_T^2}$
	As3	正态分布、基于补货	
	As4	非正态分布	$Q_K = D_L \big\|_{p=p_0}$

(一)Aq1模型

Aq1模型是一个面对确定型独立需求、不允许缺货、批量瞬时到货的定量订货法运行模型。这个模型如图3—3—15，一开始，仓库进货一个批量，库存一下从0升到Q_0，然后开始按R的速度销售出库，直到T期间结束，库存下降到0，这时又立即订货一个批量，由于瞬时到货，订货进货不需要花费时间，所以可以立即到货、补充库存，继续销售。

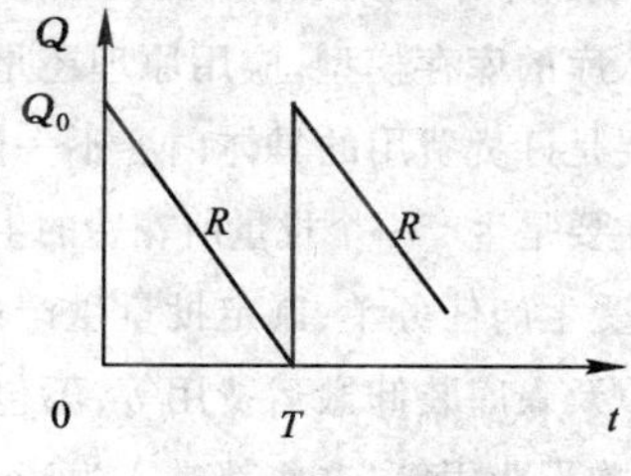

图3—3—15　Aq1模型

这种模型适用于这样一种情况：

1. 面对均匀稳定的确定型独立需求进行供应；

2. 不允许缺货；

3. 进货一个批量不需要时间(或者在一个单位时间以内，不影响当天的供应)。

在这样的情况下，要求制定一个订货策略，既能够保证供应，又使得总费用最省、库存最低。生产库存大多属于这种情况。例如生产企业的原材料库、在制品库，只要企业生产正常进行，大多是均匀稳定的需求，不允许缺货，有时进货也是瞬时到货。

设需求速率为R，订货批量为Q_0，一次订货费

用为 c_0，单位物资单位时间保管费为 c_1，则一个订货周期 T 期间内的平均订货费用为 $\overline{C_0}=\frac{R}{Q_0}c_0$，平均保管费用为 $\overline{C_1}=\frac{Q_0}{2}c_1$，平均购买费用为 $\overline{C_3}=K_R$，所以，总平均费用 $\overline{C}=\overline{C_0}+\overline{C_1}+\overline{C_3}=\frac{R}{Q_0}c_0+\frac{Q_0}{2}c_1+KR$。为求使 $\overline{C}$ 最小的订货批量 Q_0，令：$\frac{\partial\overline{C}}{\partial Q_0}=0$

即得经济订货批量：$Q^*=\sqrt{\frac{2c_0R}{c_1}}$

经济订货周期：$T^*=\sqrt{\frac{2c_0}{c_1R}}$

最省可变费用：$\overline{C}^*=\sqrt{2c_0c_1R}$

又由于是瞬时到货、不允许缺货，所以订货提前期 $T_K=0$，因而，$Q_K=D_L=R\cdot T_K=0$。

注意：这一组公式中的单次订货费用 c_0 实际上是批量设立费用，是整个订货批量订货进货入库的总费用。这在流通库存中，就是订货一次的出差费、通讯费、订货手续费、进货费、银行利息等。那么在生产企业内部的一些生产库存，主要是靠生产备货入库的。这个时候的订货费用怎么确定呢？对于在制品库存、成品库存以及工序模型、企业模型等生产备货进货入库的库存模型，应用原理还是一样。这个时候主要是订货费用的具体内容不一样，这时的订货费用主要是生产一个批量所花费的生产准备费用，包括接受生产任务单、制定批量生产计划、调整生产设备以及入库装卸搬运费用等，不包括生产费用、原材料购买费用等，这些都进入生产成本，构成入库单价，成为固定费用，与制定经济批量没有关系，在制定经济批量时不予考虑。

（二）$Aq2$ 模型

$Aq2$ 模型是一个面对确定型需求、不允许缺货、持时到货（边生产进货边销售）的定量订货法运行模型。库存模型如图 3—3—16。由于是持时进货，所以是一种边进货边销售的模式。一开始，仓库订货进货一个批量 Q_0，由于进货花了一段时间 t_1，而在这个期间库存仍然在以 R 的速率进行销售，所以实际库存增长速率为 $p-R$。到 $t1$ 时刻，Q_0 进货完毕，库存量达到最大 Q_{max}，然后继续以 R 的速率进行销售。直到 T 时，库存消耗完毕。但是由于不允许缺货和持时进货，所以在库存未下降到 0 以前的 Q_K 时就要发出订货，$Q_K=D_L=R\cdot T_K$。TK 由实际需要的时间确定。

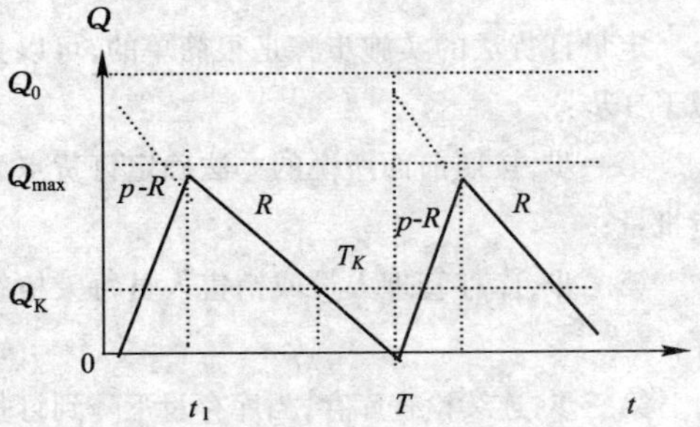

图 3—3—16　$Aq2$ 模型

考虑其库存平均总费用：$\overline{C}=\overline{C_0}+\overline{C_1}+\overline{C_2}+\overline{C_3}$，由于不允许缺货，$\overline{C_2}=\infty$，不予考虑。$\overline{C_0}=\frac{c_0}{T}$，$\overline{C_1}=\frac{Q_{max}c_1}{2}=\frac{R(T-t_1)c_1}{2}$，因 $pt_1=RT=Q_0$，所以：

$$\overline{C_1}=\frac{R\left(T-\frac{RT}{p}\right)c_1}{2}=\frac{RT\left(1-\frac{R}{p}\right)c_1}{2}$$

又 $\overline{C_3}=KR$ 所以，

$$\overline{C_1}=\frac{c_1}{T}+\frac{RT\left(1-\frac{R}{T}\right)c_1}{2}+KR$$

为求使 $\overline{C_1}$ 最小的订货周期 T，令：$\frac{\partial\overline{C}}{\partial T}=0$

得：$$-\frac{c_0}{T^2}\times\frac{R\left(1-\frac{R}{T}\right)c_1}{2}=0$$

即：$$Q^*=\sqrt{\frac{2c_0R}{c_1\left(1-\frac{R}{p}\right)}}$$

$$T^*=\sqrt{\frac{2c_0}{c_1\left(1-\frac{R}{p}\right)R}}$$

$$\overline{Q}^*=\sqrt{2c_0c_1\left(1-\frac{R}{p}\right)R}$$

又由于是持时到货、不允许缺货，所以订货提前期 $T_K=0$，所以，$Q_K=D_L=R\cdot T_K$。

说明：

1. 持时和瞬时的区别：$c_1\left(1-\frac{R}{p}\right)\to c_1$；持时

导致保管费用减少，从而导致 Q^* 增大、订货周期增长而总平均可变费用减少。

2. 持时的效果相当于减少了保管费用，这是因为边进货边销售，有些货物没入库就销售掉了，使保管费用减少了。极端的情况下，所有货物都不入库，直接从供应地运到用户。皮包公司就是这么做的。

3. 对持时因子 $1-\frac{R}{p}$，当 p 趋向无穷大，则 $1-\frac{R}{p}$，就趋向于1，持时也就变成了瞬时，所以瞬时乃是持时的特殊情况。

对于在制品库存、成品库存以及工序模型、企业模型等生产备货进货入库的库存模型，应用原理还是一样。这个时候主要是订货费用的具体内容不一样，这时的订货费用主要是生产一个批量所花费的生产准备费用，包括接受生产任务单、制定批量生产计划、调整生产设备，以及入库装卸搬运费用等，不包括生产费用、原材料购买费用等，这些都进入生产成本，构成入库单价，成为固定费用，与制定经济批量没有关系，在制定经济批量时不予考虑。

我们现在来讨论确定型需求的这2个模型的应用。

例1. 例如我们前面所说的仓库模型，例如原材料库，平常面对企业各个生产车间、各个工序进行原材料供应，只要生产比较正常，对于原材料的需求大概是均匀稳定的。可以仓库现有库存供应各个车间各个工序的需要。当库存量估计不够用的时候，就要去订货进货，进货回来继续供应。仓库的订货进货视路途远近的不同，有的可能是瞬时到货，有的可能是持时到货。如果某种原材料平均每天需要10件。设一件的入库价格100元，订货进货一个批量需要花差旅费、订货手续费等共200元，运杂费300元，进货速率每天20件。入库以后，保管（存放、搬运、管理）费率为每天1%，银行贷款利息率平均每天为2%。不允许缺货。现在我们来分析一下，这个仓库这种材料的订货策略应该怎么制定？

由已知条件，订货费 $c_0=200+300=500$ 元，保管费 $c_1=100\times1\%+100\times2\%=3$ 元/件天，$R=10$ 件/天。如果实行瞬时到货，则订货批量应该为：

$$Q^*=\sqrt{\frac{2c_0R}{c_1}}=\sqrt{\frac{2\times500\times10}{3}}$$

$=58$（件），取为60件。

订货周期为：$\sqrt{\frac{2\times500}{3\times10}}=5.8\approx6$（天）。

平均每天的总费用为：$\overline{C}^*=\sqrt{2c_0c_1R}=\sqrt{2\times500\times3\times10}=173.2$（元/天），这是指每天所平均分摊到的保管费与订货费的总和，不包括购买原价。如果考虑购买费，则

$\overline{C}^*=\sqrt{2c_0c_1R}+KR=\sqrt{2\times500\times3\times10}+100\times10=1\,173.2$（元）。

这时订货点 Q_K 为0，提前期的长度为0。瞬时到货，库存用完了再订货进货，都来得及，不耽误销售。

如果实行持时到货，每天的进货量 $p=20$，这时是边进货边销售。则经济订货批量和订货周期分别是：

$$Q^*=\sqrt{\frac{2c_0R}{c_1\left(1-\frac{R}{P}\right)R}}=\sqrt{\frac{2\times500\times10}{3\times(1-0.5)}}=$$

81.65（件），取为80件。

$$T^*=\sqrt{\frac{2c_0}{c_1\left(1-\frac{R}{P}\right)R}}=$$

$$\sqrt{\frac{2\times500}{3\times(1-10/20)\times10}}=8.16\text{（天），取为8天。}$$

平均每天的总费用为：

$\overline{C}^*=\sqrt{2c_0c_1R(1-R/p)}=$

$\sqrt{2\times500\times3\times10\times(1-10/20)}=122.47$（元/天）

加上购买费，平均每天为1 122.47元。这时的提前期长度 T_K 应当为：

$$T_K=\frac{Q_0}{p}=\frac{80}{20}=4\text{（天），}$$

$$Q_K=R\cdot T_K=40\text{（件）}$$

以上是对于原材料库的确定型库存模型的应用研究。

例2. 我们前面所说的工序模型，例如钳二台，要从上一道工序购进坯料，自己经过加工处理，变成工件的在制品库存，然后由在制品库存向下面的工序供应工件，设工件的需求速率均匀稳定，平均每天需要10件。设生产一个批量的生产准备费用为20元。工件入库单价100元，每件每天的保管（存放、

搬运、管理)费用为5元,银行贷款利息率平均每天为2%。钳工台的生产速率为每天20个。现在我们来分析一下,这个钳工台的生产库存策略应该怎么制定?

为此先要分析各种费用。订货费,即批量生产准备费用20元,入库后保管费用5元,加上工件入库单价的银行利息 $100\times2\%=2$ 元后共7元。又,$R=10$ 个,$p=20$ 个,所以,生产进货批量

$$Q^*=\sqrt{\frac{2c_0R}{c_1}\cdot\frac{p}{p-R}}=\sqrt{\frac{2\times20\times10}{7}\cdot\frac{20}{20-10}}=10.69(\text{件}),$$

可以取为10件。生产进货周期

$$T^*=\sqrt{\frac{2c_0}{c_1R}\cdot\frac{p}{p-R}}=\sqrt{\frac{2\times20}{7\times10}\cdot\frac{20}{20-10}}=1.06$$

(天),取为1天。生产速率每天20件,所以生产这个批量的时间为0.5天。边生产边销售,最高库存为:

$$Q_{\max}=Q_*\left(1-\frac{R}{p}\right)=10\times\left(1-\frac{10}{20}\right)=5(\text{件})。$$

也就是说,这个工件的生产库存策略是,每天生产进货一个批量(10件),生产速率每天20个,连续生产0.5天,边生产边入库销售,这样,既保证供应、不缺货,又总费用最省。

这时生产提前期 T_K 的确定,就等于从发出生产任务单起到第一个工件入库所需要的时间,而订货点 Q_K 的确定,$Q_K=R\cdot T_K$。

(三)$Aq3$ 模型

$Aq3$ 模型以0及下面的 $Aq4$ 模型都是允许缺货的模型。这一模型是说在经营过程中,允许缺货。在这样的情况下,经济订货批量的大小显然应该不一样。这时主要考虑使得总的订货费用、保管费用以及缺货费用之和最小,来确定一个合适的订货批量。

$Aq3$ 模型是一个允许缺货、瞬时到货的定量订货法运行模型。这个模型如图3—3—17,一开始,仓库进货一个批量,库存一下从0上升到 Q_0,然后开始按 R 的速度销售出库,直到 t_2 时刻,库存下降到0,开始缺货经营,库存为0,直到订货周期 T 时刻,所订货物批量一次全部到达,这时库存又升高到 Q_0,然后继续以 R 的速率销售。

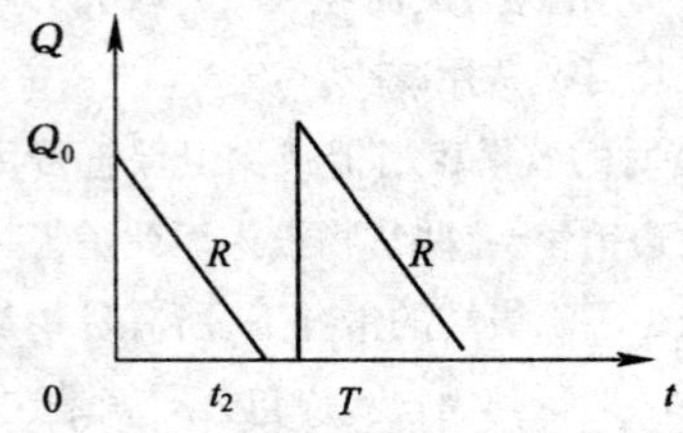

图3—3—17 $Aq3$ 模型

考虑一个订货周期,则一个订货周期 T 期间内的平均订货费用为 $\overline{C}_0=\frac{1}{T}\cdot c_0$,平均保管费用为 $\overline{C}_1=\frac{1}{T}\frac{Q_0^2}{2R}c_1$,缺货费用 $\overline{C}_2=\frac{1}{T}\cdot C_2=\frac{1}{T}\cdot\overline{Q}_2\cdot(T-t_2)\cdot c_2=\frac{1}{T}\cdot\frac{(RT-Q_0)^2}{2R}\cdot c_2$。式中,$c_2$ 为单位缺货费用,C_2 为总缺货费用,Q_2 为总缺货量,平均购买费用为 $\overline{C}_3=KR$,所以,总平均费用

$$\overline{C}=\overline{C}_0+\overline{C}_1+\overline{C}_2+\overline{C}_3=\frac{1}{T}c_0+\frac{1}{T}\frac{Q_0^2}{2R}\cdot c_1+\frac{1}{T}\cdot\frac{(RT-Q_0)^2}{2R}\cdot c_2+KR,$$

为求使 $\overline{C}$ 最小的订货批量 Q_0,令:$\frac{\partial\overline{C}}{\partial Q_0}=0,\frac{\partial\overline{C}}{\partial T}=0$

即得经济订货批量:

$$Q^*=\sqrt{\frac{2c_0R}{c_1}\cdot\frac{c_2}{c_1+c_2}}$$

经济订货周期:

$$T^*=\sqrt{\frac{2c_0}{c_1R}\cdot\frac{c_1+c_2}{c_2}}$$

最省可变费用:

$$\overline{C}^*=\sqrt{2c_0c_1R\cdot\frac{c_2}{c_1+c_2}}$$

又由于是瞬时到货、允许缺货,所以订货提前期 $T_K=0$,所以,$Q_K=D_L=R\cdot T_K=0$。

(四)$Aq4$ 模型

$Aq4$ 模型是一个允许缺货、持时到货(边生产进货边销售)的定量订货法运行模型。库存模型如图3—3—18。由于是持时进货,所以是一种边进货边销售的模式。一开始,仓库订货进货一个批量 Q_0,由于进货花了一段时间 t_1,而在这个期间库存仍然在以 R 的速率进行销售,所以实际库存增长速率为 $p-R$。到 t_1 时刻,Q_0 进货完毕,库存量达到最大

Q_{max},然后继续以 R 的速率进行销售。直到 t_2 时刻,库存下降到 0,开始缺货经营,库存为 0,直到订货周期 T 时刻,所订货物到达、库存量上升。但是由于不允许缺货和持时进货,所以提前订货,$Q_K = D_L = R \cdot T_K$。T_K 由实际需要的时间确定。

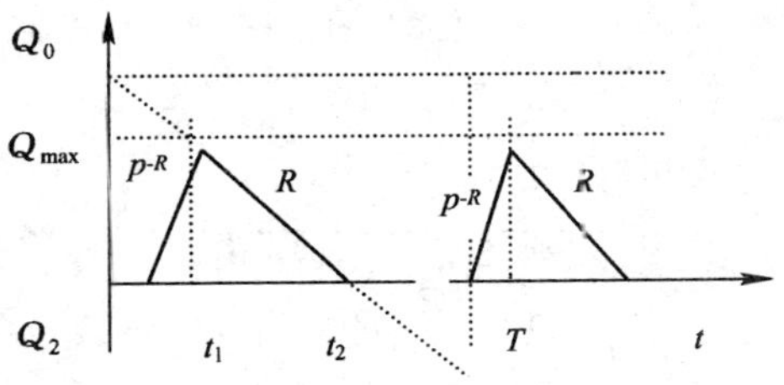

图 3—3—18　Aq4 模型

这里由于允许缺货,所以也要考虑缺货费用。那么,总平均费用:

$$\overline{C} = \overline{C}_0 + \overline{C}_1 + \overline{C}_2 + \overline{C}_3 = \frac{1}{T}C_0 + \frac{1}{T} \cdot \frac{Q_0^2}{2R} \cdot c_1 \left(1 - \frac{R}{p}\right) + \frac{1}{T} \cdot \frac{(RT - Q_0)^2}{2R} \cdot c_2 + KR,$$

为求使 $\overline{C}$ 最小的订货批量 Q_0,令:$\frac{\partial \overline{C}}{\partial Q_0} = 0, \frac{\partial \overline{C}}{\partial T} = 0$

即得经济订货批量:

$$Q^* = \sqrt{\frac{2c_0 R}{c_1\left(1 - \frac{R}{p}\right)} \cdot \frac{c_2}{c_1\left(1 - \frac{R}{p}\right) + c_2}}$$

经济订货周期:

$$T^* = \sqrt{\frac{2c_0}{c_1\left(1 - \frac{R}{p}\right)R} \cdot \frac{c_1\left(1 - \frac{R}{p}\right) + c_2}{c_2}}$$

最省可变费用:

$$\overline{C}^* = \sqrt{2c_0 c_1\left(1 - \frac{R}{p}\right)R \cdot \frac{c_2}{c_1\left(1 - \frac{R}{p}\right) + c_2}}$$

缺货经营在实际生活中是经常存在的。例如商场里卖电视机,用户来买电视机,商店没货,顾客走了,这就是缺货经营。这次因为没有电视机卖,而丧失了销售赢利的机会,就是缺货费。假如卖一台电视机能够赚 100 元,则缺货费用就是 100 元。如果允许缺货,则订货批量当然可以少一点。订货批量究竟取多少,要综合考虑缺货费用、订货费用和保管费用,使得总费用最小。以上的公式就是这样得出来的。

(五)$Aq5$ 模型

$Aq5$ 模型以及下面的 $Aq6$ 模型都是补货的模型。在经营过程中,实行补货经营,也就是欠账销售、预销售等。在这样的情况下,经济订货批量的大小显然应该不一样。这时主要考虑使得总的订货费用、保管费用以及补货费用之和最小,来确定一个合适的订货批量。

$Aq5$ 模型是一个实行补货、瞬时到货的定量订货法运行模型。这个模型如图 3—3—19,一开始,仓库进货一个批量,库存一下从 0 升到 Q_{max},然后开始按 R 的速度销售出库,直到 t_4 时刻,库存下降到 0,开始补货经营,库存逐渐变为负库存(欠账),直到订货周期 T 时刻,所订货物批量一次全部到达,这时所订的货物,首先补货给欠货的客户,负库存慢慢减少,直到变为正库存,库存量又达到 Q_{max},然后继续以 R 的速率销售。

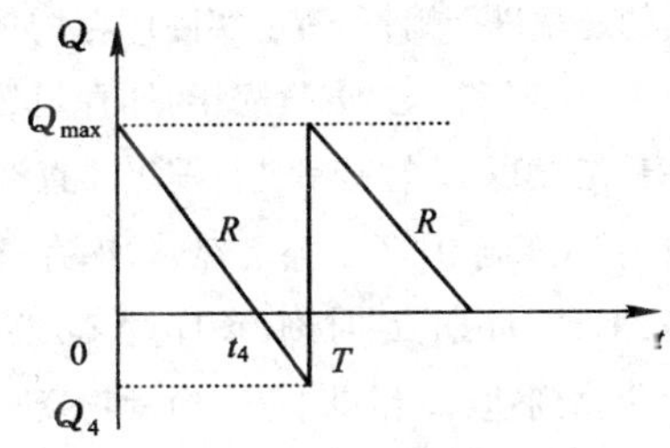

图 3—3—19　Aq5 模型

考虑一个订货周期,则一个订货周期 T 期间内的平均订货费用为 $\overline{C}_0 = \frac{1}{T} \cdot c_0$,平均保管费用为 $\overline{C}_1 = \frac{1}{T}\frac{Q_{max}^2}{2R}c_1$,补货费用 $\overline{C}_4 = \frac{1}{T} \cdot c_4 = \frac{1}{T} \cdot \overline{Q}_0 \cdot (T - t4) \cdot c_4 = \frac{1}{T} \cdot \frac{RT - Q_{max}^2}{2R} \cdot c_4$。式中,$c_4$ 为单位补货费用,C_4 为总补货费用,Q_4 为总补货量,平均购买费用为 $\overline{C}_3 = KR$,所以,总平均费用为

$$\overline{C} = \overline{C}_0 + \overline{C}_1 + \overline{C}_4 + \overline{C}_3 = \frac{1}{T}c_0 + \frac{1}{T} \cdot \frac{Q_{max}^2}{2R} \cdot c_1 + \frac{1}{T} \cdot \frac{(RT - Q_{max})^2}{2R} \cdot c_4 + KR,$$

为求使 $\overline{C}$ 最小的订货批量 Q_0,令:$\frac{\partial \overline{C}}{\partial Q_{max}} = 0$,

$\frac{\partial \overline{C}}{\partial T}=0$

即得经济订货批量：

$$Q^{*}=\sqrt{\frac{2c_0R}{c_1}\cdot\frac{c_4}{c_1+c_4}}$$

经济订货周期：

$$T^{*}=\sqrt{\frac{2c_0}{c_1R}\cdot\frac{c_1+c_4}{c_4}}$$

最省可变费用：

$$\overline{C}^{*}=\sqrt{2c_0c_1R\cdot\frac{c_4}{c_1+c_4}}$$

又由于是瞬时到货、实行补货，所以订货提前期 $T_K=0$，因而，$Q_K=D_L=R\cdot T_K=0$。

(六)$Aq6$ 模型

$Aq6$ 模型是一个实行补货、持时到货(边生产进货边销售)的定量订货法运行模型。库存模型如图3—3—20。由于是持时进货，所以是一种边进货边销售的模式。一开始，仓库订货进货一个批量 Q_0，由于进货花了一段时间 t_1，而在这个期间库存仍然在以 R 的速率进行销售，所以实际库存增长速率为 $p-R$。到 t_1 时刻，Q_0 进货完毕，库存量达到最大 $Q_{\max}$，然后继续以 R 的速率进行销售。直到直到 t_4 时刻，库存下降到 0，开始补货经营，库存逐渐变为负值，直到订货周期 T 时刻，负库存 Q_4 达到最大时，所订货物到达、库存量上升，到货物资首先满足补货用户，负库存慢慢减小，直到所有负库存补货完毕，就开始变为正库存，正库存又逐渐升到 $Q_{\max}$。但是由于持时进货，所以要提前订货，$Q_K=D_L=R\cdot T_K$。T_K 由实际需要的时间确定。

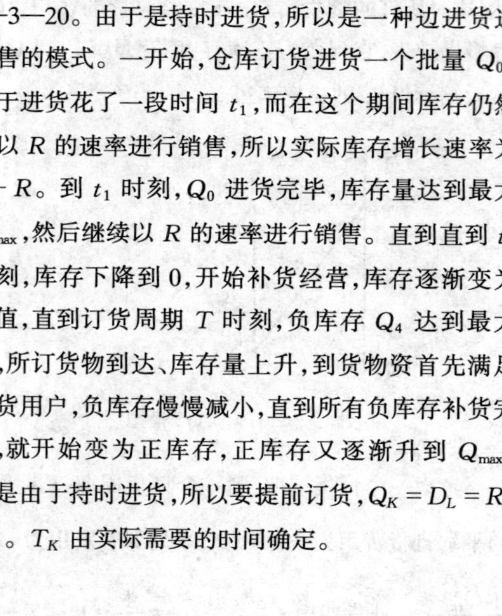

图 3—3—20　$Aq6$ 模型

这里由于是实行补货，所以也要考虑补货费用。因而，总平均费用为

$$\overline{C}=\overline{C}_0+\overline{C}_1+\overline{C}_4+\overline{C}_3=\frac{1}{T}c_0+\frac{1}{T}\cdot\frac{R(T-t_4)^2}{2}\cdot c_1\left(1-\frac{R}{p}\right)+\frac{1}{T}\cdot\frac{Rt_4{}^2}{2}\cdot c_4\left(1-\frac{R}{p}\right)+KR,$$

为求使 $\overline{C}$ 最小的订货批量 Q_0，令：$\frac{\partial \overline{C}}{\partial t_4}=0,\frac{\partial \overline{C}}{\partial T}=0$

即得经济订货批量：

$$Q^{*}=\sqrt{\frac{2c_0R}{c_1\left(1-\frac{R}{p}\right)}\cdot\frac{c_1+c_4}{c_4}}$$

经济订货周期：

$$T^{*}=\sqrt{\frac{2c_0}{c_1\left(1-\frac{R}{p}\right)R}\cdot\frac{c_1+c_4}{c_4}}$$

最省可变费用：

$$\overline{C}^{*}=\sqrt{2c_0c_1\left(1-\frac{R}{p}\right)R\cdot\frac{c_4}{c_1+c_4}}$$

补货经营在实际生活中也是经常存在的。例如商场里买电视机，用户来卖电视机，商店没货，但是顾客没有空手走了，还是在这里订货，等商场下次进货回来，再补货给他。这就是补货经营。用户之所以这里没有现货还在这里购买，可能是老关系，或者是优惠条件，免费送货等，这些都是要感情投资，耗费成本的，这就是补货费用。假如现货卖一台电视机能够赚 100 元，而免费补货送货要花 10 元，平常拉关系，请客吃饭，花了 10 元，则补货费用就是 20 元。如果实行补货，则订货批量当然可以更少一点。甚至可以做到完全无库存销售。订货批量究竟取多少，要综合考虑补货费用、订货费用和保管费用，使得总费用最小。以上的公式就是这样得出来的。

(七)$As1$ 模型

$As1$ 模型是一个正态分布的随机型需求、已知服务率的定量订货法模型。它是面对随机型独立需求，设定一个订货点和一个订货批量，随时检查库存，当库存下降到订货点时就发出一个订货批量的运行系统。

$As1$ 定量订货法模型的订货批量一般取为：

$$Q^{*}=\sqrt{\frac{2c_0R}{c_1}}$$

而订货点可以用式(3.3.12)表示。而式(3.3.12)实际上包含了正态分布的四种情况：

(1)当需求速率 R 和订货提前期 T_K 都是随机

变量时,就是式(3.3.12),即:

$$Q_K=\overline{D_L}+Q_S=\overline{D_L}+\alpha\cdot\sigma_D=\overline{R}\cdot\overline{T_K}+\alpha\cdot\sqrt{\overline{T_K}\cdot\sigma_R^2+\overline{R}^2\cdot\sigma_T^2}$$

(2)当需求速率 R 是一个确定的常数值、而订货提前期 T_K 是随机变量时,则有:

$$Q_K=\overline{D_L}+Q_S=\overline{D_L}+\alpha\sigma_D=R(\overline{T}+\alpha\sigma_T) \quad (3.3.18)$$

3)当订货提前期 T_K 是一个确定的常数值、而需求速率 R 是随机变量时,则有:

$$Q_K=\overline{D_L}+Q_S=\overline{D_L}+\alpha\sigma_D=\overline{R}T_K+\alpha\sqrt{T_K}\sigma_R) \quad (3.3.19)$$

4)当需求速率 R 和订货提前期 T_K 都不是随机变量、而是一个确定数时,则有:

$$Q_K=D_L=RT_K \quad (3.3.20)$$

前三种情况都属于随机型库存模型,而最后一种就属于确定型库存模型。

正态分布的需求现象在社会上是很多的。$As1$ 模型就是专门针对这种正态分布的需求进行供应和库存控制。下面举一些例子说明。

例3. 例如企业的原材料库存。已知过去6个订货提前期的销售量分别为10、16.14.20、16.14(t),原材料订货,假设它们服从正态分布。一次订货费(包括采购出差差旅费、订货手续费、通讯费、运杂费等)$c_0=75$(元),平均提前期单位物资保管费 $c_1=10$(元/t)·提前期,预计今后一段时间将继续以此趋势销售,取满足率为84%,实行定量订货法,求具体订货策略。

解:先由提前期需求量的历史数据求出正态分布的特征参数平均值和标准偏差:

$$\overline{D_L}=\frac{1}{6}(10+16+14+20+16+16+14)=15(t)$$

$$\sigma_D=\sqrt{\frac{1}{6}\sum_{i=1}^{6}(D_{Li}-15)^2}=3(t)$$

再由,$p=84\%$,查安全系数表得 $\alpha=1$,从而由式(3.3.12)求出订货点:

$$Q_K=\overline{D_L}+\alpha\cdot\sigma_D=15+1\times3=18(t)$$

所以订货点为 $Q_K=18\ t$。

订货量取经济订货批量:

$$Q^*=\sqrt{\frac{2c_0\overline{D_L}}{c_1}}=\sqrt{\frac{2\times75\times15}{10}}=15(t)$$

所以此种物资的订货策略为:随时检查库存,当库存下降到18 t时,就发出订货,订货批量为15 t。

上面是已知提前期需求量的数据的例子。如果不是已知提前期需求量,而是已知需求速率 R 和提前期长度 T_K,则要用下面的方法:

例4. 例如原材料仓库某种材料的消耗速率服从正态分布,"R"$\sim N(\overline{R},\sigma_R)=N(15,3)$(t/月),订货提前期的长度平均为半个月。一次订货费为500元。1 t物资入库价为1 000元,仓库的月保管费率为10%。要求库存满足率不低于90%,求订货点和订货批量。

解:已知数据:$\overline{R}=15$(t/月),$\sigma_R=3$(t/月),$T_K=0.5$(月),$c_0=500$(元),1 t物资一个月的保管费就等于其入库单价乘上月保管费率:$c_1=1\ 000\times10\%=100$(元)。库存满足率 $p=0.9$,由安全系数表查出安全系数 $\alpha=1.28$。从而由式(3.3.12)求出订货点:

$$Q_K=\overline{R}\cdot T_K+\alpha\cdot\sqrt{T_K\sigma_R^2+\overline{R}^2\sigma_T^2}=\overline{R}\cdot T_K+\alpha\cdot\sqrt{T_K}\sigma_R=15\times0.5+1.28\times\sqrt{0.5}\times3=10.2(t),$$

所以订货点为 $Q_K=10.2$ t,可以取为10 t。安全库存量为2.7 t。

订货批量:$Q^*=\sqrt{\dfrac{2c_0\overline{R}}{c_1}}=\sqrt{\dfrac{2\times500\times15}{100}}=12.25(t)$

以上是 $As1$ 模型对于原材料库存的应用。下面讨论 $As1$ 模型对于企业产成品库存的应用。产成品库存的特点,是面向社会流通库存供应,而订货则是生产备货。订货费用应该是产成品的生产费用,包括批量生产的准备费用、生产费用、搬运入库费用和原材料、零部件购买资金的银行利息等。保管费用还和原材料库存同样处理。

例5. 例如假设企业是多品种轮番批量生产,社会对企业的某种产成品的日需求量服从正态分布,平均值为15件,标准偏差为3件。生产提前期为5天。每件产品的入库单价为100元,仓库的日保管费率为1%,企业生产一批产品的生产准备费用平均为20元。要求库存缺货率不大于10%,求仓库的订货策略。

由题意,$c_0=20$(元),$c_1=100\times1\%=1$(元/件·

天)，$\bar{R}=15$(件/天)，$\sigma_R=3$(件/天)，$T_K=5$(天)，缺货率 $q=0.1$，即满足率 $p=0.9$，$\alpha=1.28$。

则订货点 Q_K 为：$Q_K=\bar{R}\cdot T_K+\alpha\cdot\sqrt{T_K}\sigma_R=15\times5+1.28\times\sqrt{5}\times3=83.6$(件)，取为 84 件，安全库存量为 8.6 件，取为 9 件。

根据在 $Aq1$ 模型中推得的生产进货批量公式，从而可求得

$$Q^*=\sqrt{\frac{2c_0\bar{R}}{c_1}}=\sqrt{\frac{2\times20\times15}{1}}=24.5(\text{件})$$，取为 25 件。

所以，仓库的订货策略是，设定订货点为 84 件，生产进货批量为 315 件，平常随时检查库存，当发现库存下降到 84 件时，就向企业生产线发出一个 315 件的生产任务单。

定量订货法在流通库存中的应用更多，下面举例说明。

例 1. 某金属公司销售钢材，过去 12 周，每周销售的钢材分别是 162、173、167、180、181、172、170、168、167、174、170 和168 t。如果它们服从正态分布，订货进货提前期为 1 周，一次订货费用 200 元，1 t钢材保管 1 周需要保管费 10 元。要求库存满足率达到 90%。如果实行定量订货法控制，则应该怎样进行操作？

这里，需求速率是一个随机变量，订货提前期是一个常量。为了计算订货点，先要对 R 和 T_K 进行处理。

$$R\text{ 的平均值}:\bar{R}=\frac{\sum_{i=1}^{12}R_i}{12}=171$$

$$R\text{ 的标准偏差}:\sigma_R=\sqrt{\frac{\sum_{i=1}^{12}(R_i-\bar{R})^2}{12}}=5.23$$

所以 R 服从以 171 为平均值、5.23 为标准偏差的正态分布：

$R\sim N(171,5.23)$。

又订货提前期是常数：$T_K=1$，

再由库存满足率 $P=0.9$，查安全系数表得 $\alpha=1.28$。

所以订货点：$Q_K=\overline{D_L}+\alpha\sigma_D=T_K\bar{R}+\alpha\sqrt{T_K}\cdot\sigma_R=1\times171+1.28\times\sqrt{1}\times5.23$

订货批量：$Q^*=\sqrt{\frac{2c_0\bar{R}}{c_1}}=\sqrt{\frac{2\times200\times171}{10}}=82.3$

所以具体实施定量订货法，就是随时检查库存，当库存量下降到 177.69 吨时，就发出订货，订货批量取 82.7 吨。

当然，不必要那么精确的数字。在实际工作中可以根据实际情况作一些必要的调整。

例 2. 某商场以前各个月的电视机销售量是随机变化的，大概服从正态分布，平均值为 50 台，变化范围为 ± 10 台。电视机订货进货提前期的长度也服从正态分布，平均值为 5 天，变化范围为 ± 1 天。商场希望库存满足率达到 95%，则商场实施定量订货法的订货点应取多少为好？

这个例子给出的情况是 R 和 T_K 都是随机变量，而且都服从正态分布。R 的平均值 50 台/月，标准偏差为 10 台/月，T_K 的平均值是 5 天，标准偏差为 1 天。也就是：

$R\sim N(50,10)$(台/月)，$T_K\sim N(5,1)$天。

$$R\sim N\left(\frac{50}{30},\frac{10}{\sqrt{30}}\right)=N(1.67,1.8)(\text{台/天})$$

R 和 T_K 的时间单位不一致，要化成一致。把 R 化成以天为单位：(注意，化标准偏差不是除以 30，而是除以$\sqrt{30}$)

$$\begin{aligned}Q_K&=\overline{T_K}\cdot\bar{R}+\alpha\cdot\sqrt{\overline{T_K}\sigma_R^2+\bar{R}^2\sigma_T^2}\\&=5\times1.67+1.65\times\sqrt{5\times1.8^2+1.67^2\times1^2}\\&=15.54\end{aligned}$$

要求库存满足率大于 95%，由安全系数表(见表 3—3—3 主要安全系数表)可以查出 $\alpha=1.65$，根据式(3.3.12)就可以求出定量订货法的订货点 Q_K。

例 3. 某公司为了制定定量订货法订货策略，特意统计了某种物资的订货提前期的销售量。发现它服从正态分布，平均值为100 t，标准偏差为20 t。订货提前期的长度平均为 10 天。如果一次订货费为 100 元，每吨物资保管 1 天需要 1 元。如果要保证库存满足率不小于 84%，则其定量订货法应当如何操作？

这个公司这种物资的订货提前期需求量服从正

态分布，即：$D_L \sim N(100,20)$ t/期。

库存满足率要达到 84%，也就是其安全系数 $\alpha = 1$。

所以订货点 Q_K 为：

$$Q_K = \overline{D_L} + \alpha \cdot \sigma_D = 100 + 1 \times 20 = 120$$

其订货提前期平均长度为 10 天，而平均提前期需求量为100 t，即平均每天需求10 t。又因为平均每吨物资每天的保管费为 1 元，一次订货费为 100 元。所以订货批量：

$$Q^* = \sqrt{\frac{2c_0 \overline{R}}{c_1}} = \sqrt{\frac{2 \times 100 \times 10}{1}} = 44.7$$

(八)$As2$ 模型

$As2$ 模型是一个正态分布的随机型需求、已知缺货费的定量订货法模型。也就是说它是一个随机型正态分布缺货经营的库存控制模型。在这个模型中，已知需求速率和提前期的信息，已知订货费和保管费的信息，就是不知道服务率 p 或缺货率 q，但是知道缺货费 c_2。要求求出定量订货法策略。这时也是要根据包括订货费、保管费、缺货费在内的总费用最小的原理来求出缺货费用与缺货率的转换关系，再把它转换成 $As1$ 模型进行计算。总费用为：

$$\overline{C} = \overline{C_0} + \overline{C_1} + \overline{C_2} + \overline{C_3}$$

$$= \frac{R}{Q^*} c_0 + \frac{R}{Q^*} c_2 \overline{Q_2} + c_1 \left(\frac{Q^*}{2} + Q_K - \overline{D_L} - \overline{Q_2} \right) + KR$$

令：$\dfrac{\partial \overline{C}}{\partial Q_K} = 0, \dfrac{\partial \overline{C}}{\partial Q^*}$ 可得：$\begin{cases} Q^* = \sqrt{\dfrac{2R(c_0 + c_2 \overline{Q2})}{c_1}} \\ q = \dfrac{c_1 Q^*}{c_1 Q^* + c_2 R} \end{cases}$

或者可以近似简化为$\begin{cases} Q^* = \sqrt{\dfrac{2Rc_0}{c_1}} \\ q = \dfrac{c_1 Q^*}{c_1 Q^* + c_2 R} \end{cases}$

利用最后一个公式就可以把已知缺货费 c_2 转换成已知缺货率 q，从而可以运用 $As1$ 模型。

最后一个公式还有一些变化形态，如：

$$q = \frac{c_1 T^*}{c_1 T^* + c_2} \qquad q = \frac{c_1}{c_1 + c_2 n^*}$$

式中，Q^* 为经济订货批量，T^* 为经济订货周期，以年为单位，n^* 为一年中的订货次数。

(九)$As3$ 模型

$As3$ 模型是一个正态分布的随机型需求、已知补货费的定量订货法模型。也就是说它是一个随机型正态分布补货经营的库存控制模型。在这个模型中，已知需求速率和提前期的信息，已知订货费和保管费的信息，就是不知道服务率 p 或缺货率 q，但是知道补货费 c_4。要求求出定量订货法策略。这时也是要根据包括订货费、保管费、补货费在内的总费用最小的原理来求出补货费用与缺货率的转换关系，再把它转换成 $As1$ 模型进行计算。总费用为：

$$\overline{C} = \overline{C_0} + \overline{C_1} + \overline{C_4} + \overline{C_3} =$$

$$\frac{R}{Q^*} c_0 + \frac{R}{Q^*} c_4 \overline{Q_4} + c_1 \left(\frac{Q^*}{2} + Q_K - \overline{D_L} \right) + KR$$

令：$\dfrac{\partial \overline{C}}{\partial Q_K} = 0, \dfrac{\partial \overline{C}}{\partial Q^*} = 0$ 可得：

$$\begin{cases} Q^* = \sqrt{\dfrac{2R(c_0 + c_4 \overline{Q_4})}{c_1}} \\ q = \dfrac{c_1 Q^*}{c_4 R} \end{cases}$$

或者可以近似简化为$\begin{cases} Q^* = \sqrt{\dfrac{2Rc_0}{c_1}} \\ q = \dfrac{c_1 Q^*}{c_4 R} \end{cases}$

利用最后一个公式就可以把已知缺货费 c_4 转换成已知缺货率 q，从而可以运用 $As1$ 模型。

最后一个公式还有一些变化形态，如：

$$q = \frac{c_1 T^*}{c_4 T^*} \qquad q = \frac{c_1}{c_4 n^*}$$

式中，Q^* 为经济订货批量，T_* 为经济订货周期，以年为单位，n^* 为一年中的订货次数。

(十)$As4$ 模型

$As4$ 模型是一个非正态分布的随机型需求、已知服务率的定量订货法模型。它适用于非正态分布的随机型需求。一般这种分布都会有一个提前期需求量的概率分布表，列出了各个需求量数值的发生概率。我们可以依次求出它们的累计概率，这个累计概率，就是当取订货点为这个提前期需求量的数值时的库存满足率，因此根据任意给定的库存满足率，我们就可以由式(3.3.16)求出订货点。

例　某公司面对的提前期需求量的概率分布如

表 3—3—5 前二列所示。如要求库存满足率不小于85%,则订货点应取多少?安全库存量应设置为多少?

表 3—3—5

D_L	$P(D_L)$	p
30	0.025	0.025
40	0.100	0.125
50	0.200	0.325
60	0.350	0.675
70	0.200	0.875
80	0.100	0.975
90	0.025	1.000
Σ	1.000	

首先,根据表中给出的概率表,求出累计概率。写于 p 所在的列中。这个累计概率就是各个提前期需求量的库存满足率。由表查出累计概率 p 不小于 85% 所对应的提前期需求量 D_L 就可以取为订货点 Q_K。

因为:$Q_K = D_L \mid P\{D_L \leqslant Q_K\} = 0.85 = 70$,

所以订货点应取 90。

要求安全库存量,由:$Q_K = \overline{D_L} + Q_S$,

$D_L = \sum D_L P(D_L) = 60$,所以,$Q_S = 70 - 60 = 10$。

第七节 定期订货系统

一、定期订货法的原理

定期订货法的原理,是预先确定一个订货周期 T_* 和一个最高库存量 Q_{max},周期性地检查库存,发出订货。订货批量的大小应使得订货后的"名义"库存量达到额定的最高库存量 Q_{max}。

定期订货法的运行模型如图 3—3—21。

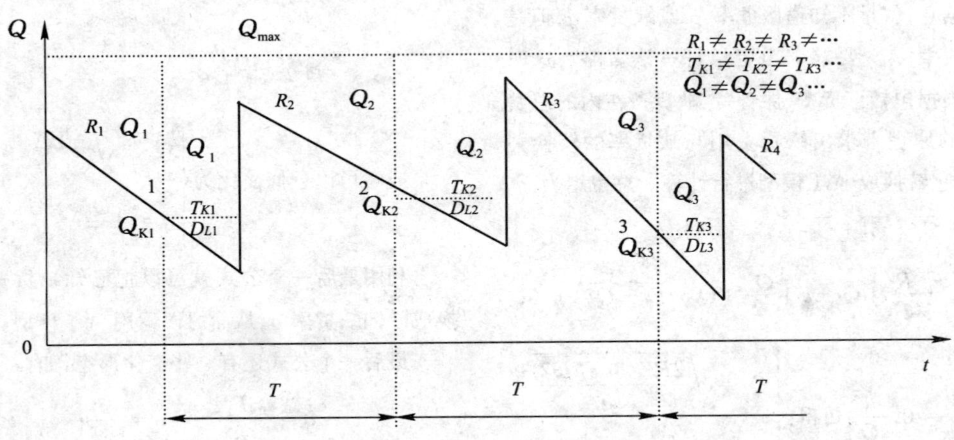

图 3—3—21 定期订货法原理图

即在系统运行以前,先确定好了订货周期,假设为 T,也确定好了仓库库存控制的最高库存量,假设为 Q_{max}。库存销售按正常规律进行。假设在时间轴的 0 点开始运行定期订货法,这时检查库存量,库存水平在 1 点,库存量假设为 Q_{K1},则发出订货,订货量取 Q_{K1} 与 Q_{max} 的差值,即第一次的订货量 $Q_1 = Q_{max} - Q_{K1}$。随后进入第一个订货提前期 T_{K1},提前期结束,所订 Q_1 的货物到达,实际库存一下升高 Q_1,到达高库存。然后进入第二个周期的销售,销售仍然按正常进行,销售过程中可以不管库存量的变化。待到经过一个订货周期 T,到了按订货周期该订货的日子,又检查库存量,假设这时(2 点)的库存量为 Q_{K2},就又发出订货量 Q_2,Q_2 的大小等于 Q_{K2} 与 Q_{max} 的差值。随后进入第二个订货提前期 T_{K2},T_{K2} 结束,所订货物 Q_2 到达,将实际库存量又一下提高到高库存。随后进入第三个销售周期。到了下一个订货日,又检查库存、发出订货。这样继续下去。

为什么这样操作能起到既控制了库存量又保证满足用户需要的目的呢?

控制库存量是很明显的。整个运行过程的最高库存量不会超过 Q_{max}。实际上,刚订货时,包括订货量在内的"名义"库存量最高就是 Q_{max}，待经过一个订货提前期销售，所订货物实际到达，实际最高库存量比 Q_{max} 还少一个提前期平均需求量，等于 $Q_{max}-D_{LP}$。所以 Q_{max} 实际上就是最高库存量的控制线，它是定期订货法用以控制库存量的一个关键性的控制参数。

定期订货法如何保证用户需求的满足程度呢？定期订货法在保证用户需求满足程度的方法原理是与定量订货法不同的。定量订货法是以提前期用户需求量为依据，制定的策略的目的是保证提前期内用户需求量的满足，它的决策参数 Q_K 就是只能按一定满足程度来保证满足提前期内用户的需求量。定期订货法不是以满足提前期内的用户需求量为目的的，而是以满足订货周期内的需求量再加上满足提前期内用户的需求量为目的的，即是以满足 $T+T_K$ 期间的用户总需求量为目的的。它是根据 $T+T_K$ 期间的用户总需求量为依据来确定 Q_{max} 的。因为 $T+T_K$ 期间的总需求量也是随机变化的，所以也是一个随机变量。其值也是由二部分构成，一部分是 $T+T_K$ 期间的平均需求量，另外一部分是为预防随机性延误而设置的安全库存量。而安全库存量的大小也是根据一定的库存满足率而设置的。库存满足率越高，则安全库存量也越多，Q_{max} 也越大，库存满足程度也越高。

要实施定期订货法要解决四个问题：

(一)订货周期如何确定？

定期订货法中，订货周期就决定了订货的时机，它也就是定期订货法的订货点。

订货周期，也就是订货间隔期。它与定量订货法的订货间隔期不同，定量订货法的订货间隔期互相可能不等，定期订货法的订货间隔期都互相相等。

订货间隔期的长短，直接决定了最高库存量的大小，也就是决定了仓库的库存水平的高低，因而决定了库存费用的大小。所以订货周期不能太大，太大了，就会使库存水平过高，也不能太小，太小了，订货批次太多，增加了订货费用。

在一般情况下，可以用经济订货周期作为定期订货法的订货周期，即：

$$T^*=\sqrt{\frac{2c_0}{c_1R}} \qquad (3.3.21)$$

式中的变量的含义与经济订货批量公式中的一样。

实际上，订货周期也可以根据具体情况进行调整。例如：根据自然日历习惯，例如以月、季、年等；根据企业的生产周期或供应周期等。也就是说不一定那么很精确也可以。

(二)最高库存量如何确定？

前面已经说到，定期订货法的最高库存量应该以满足 $T+T_K$ 期间的需求量为依据。也就是说，我们可以取最高库存量等于 $T+T_K$ 期间的总需求量。如果我们用 D_T+T_K 来描述 $T+T_K$ 期间的需求量，则有：

$$Q_{max}=D_T+T_K$$

因为 D_T+T_K 一般也是随机变量，所以也存在一个"分布"问题。和定量订货法中的 D_L 一样，我们也把它分成正态分布和其他分布二类。

对于正态分布，最高库存量等于平均 D_T+T_K 需求量，加上一个安全库存量 Q_S：

$$\begin{aligned}Q_{max}&=\overline{D_T+T_K}+Q_S\\&=\overline{D_T+T_K}+\alpha\cdot\sigma_T+T_K\end{aligned} \qquad (3.3.22)$$

这是用 D_T+T_K 来描述的式子。和定量订货法中的 D_L 一样，D_T+T_K 也可以用 R 和 T_K 来描述。如果用 D_L 来描述，则可以写成如下的式子：

$$\begin{aligned}Q_{max}=&\overline{R}\cdot(T+\overline{T_K})\\&+\alpha\sqrt{(T+\overline{T_K})\sigma_R{}^2+\overline{R}^2\cdot\sigma_T{}^2}\end{aligned} \qquad (3.3.23)$$

它们都和 D_L 的情况相似，只是这里用 $T+T_K$ 代替了那里的 T_K 而已。

对于非正态分布，Q_{max} 的求法也类似于定量订货法中的 Q_K 的求法。Q_{max} 等于某一个 D_T+T_K 值，在这个 D_T+T_K 点，其累计概率等于或大于给定的库存满足率：

$$Q_{max}=D_T+T_K\,|\,P\{D_T+T_K\leqslant Q_{max}\}=p \qquad (3.3.24)$$

根据给定的库存满足率 p 到给定的 D_T+T_K 的累计概率分布表中去查对应的 D_T+T_K，就可以得出 Q_{max}。

(三)订货量如何确定？

定期订货法没有固定不变的订货批量，每个周期的订货量的大小都是由当时的实际库存量的大小确定的，等于当时的实际库存量与最高库存量的差值。这里所谓“实际库存量”，严格地说，是指检查库存时仓库所实际具有的能够用于销售供应的全部物资的数量。也就是说，它不光包括当时的存于仓库中的物资数量 Q_K，也包括了已订未到物资数量 I 和已经售出而尚未发货的物资数量 B。Q_K、I、B 都是由订货时检查库存而实际得到的数据，每次检查的值可能不一样。所以每次的订货量也不一样。第 i 次检查库存发出订货的数量 Q_i 可以表示为：

$$Q_i = Q_{max} - Q_{Ki} - I_i + B_i \qquad (3.3.25)$$

（四）如何实施？

定期订货法具体实施时，首先要如前所说，进行需求分析、经营方式分析、控制方法分析等。在确定要用定期订货法时，就要分析确定决策参数 Q_{max} 和 T。然后在具体运行时，每隔一个订货周期 T 检查库存，发出订货。每次的订货量的大小都是使得订货后的名义库存量达到 Q_{max}。

定期订货法应用的前提条件是：

(1)它的直接运用只适用于单一品种的情况。但是稍加处理，也可以用于几个品种的联合订购。

(2)它不但适用于随机型需求，也适用于确定型需求。对于不同的需求类型，可以导出具体的运用形式，但它们的应用原理都是相同的。

二、应用研究

以上列出了各种情况下最高库存量的计算方法。我们要根据具体情况选用合适的计算方法来求最高库存量。定期订货法也可以用于确定型库存模型和随机型库存模型。确定型库存模型包括不允许缺货瞬时到货、不允许缺货持时到货、缺货瞬时到货、缺货持时到货、补货瞬时到货、补货持时到货 6 个模型和随机型正态分布、非正态分布的 4 个模型。各个模型下的计算方法见表 3—3—6。

表 3—3—6　各种模型的定期订货法的最高库存量

<table>
<tr><th></th><th>代号</th><th>库存模型名</th><th>最高库存量 Q_{max}</th></tr>
<tr><td rowspan="6">确定型（Bq）</td><td>$Bq1$</td><td>不允许缺货瞬时到货</td><td rowspan="6">$Q_{max} = R(T + T_K)$</td></tr>
<tr><td>$Bq2$</td><td>不允许缺货持时到货</td></tr>
<tr><td>$Bq3$</td><td>允许缺货瞬时到货</td></tr>
<tr><td>$Bq4$</td><td>允许缺货持时到货</td></tr>
<tr><td>$Bq5$</td><td>实行补货的瞬时到货</td></tr>
<tr><td>$Bq6$</td><td>实行补货的持时到货</td></tr>
<tr><td rowspan="4">随机型（Bs）</td><td>$Bs1$</td><td>正态分布、基于服务率</td><td rowspan="3">$Q_{max} = \overline{D}_{T+T_K} + \alpha\sigma_{T+T_K}$
$Q_K = (T + \overline{T}_K)\overline{R} + \alpha\sqrt{(T + \overline{T}_K)\sigma_R^2 + \overline{R}^2\sigma_T^2}$</td></tr>
<tr><td>$Bs2$</td><td>正态分布、基于缺货</td></tr>
<tr><td>$Bs3$</td><td>正态分布、基于补货</td></tr>
<tr><td>$Bs4$</td><td>非正态分布</td><td>$Q_{max} = D_{T+T_K} \mid p = p0$</td></tr>
</table>

这里也主要讨论 2 个确定型需求模型 $Bq1$、$Bq2$ 和 2 个随机型需求模型 $Bs1$、$Bs4$ 在生产库存中的应用。

（一）$Bq1$ 模型

确定型需求模型 $Bq1$ 是一个确定型需求、不允许缺货的定期订货法运行系统模型。模型原理图如图 3—3—22。它的形式与 $Aq1$ 的图 3—3—15 没有区别。但是那里是基于订货批量 Q_0 的运行，这里是基于订货周期 T 的运行。即事先设定一个订货周期 T，每隔周期 T 就检查库存，发出订货，将库存补充到额定的最高库存 Q_{max}。由于瞬时到货，不允许缺货，所以实际上每次到了 T 检查库存发出订货的时间正好是库存消耗到 0 的时间，而且每次补充库存的量也是相同的，都等于 Q_{max}。实际上订货周期 T 的大小应当设计得符合 $R \cdot T = Q_{max} = Q_0$。

1. 订货周期 T 的确定：还是根据总费用 $\overline{C} = \overline{C_0} + \overline{C_1} + \overline{C_3} = \frac{R}{Q_0}c_0 + \frac{Q_0}{2}c_1 + KR$ 微分求得，

$$T^* = \sqrt{\frac{2c_0}{c_1 R}}$$

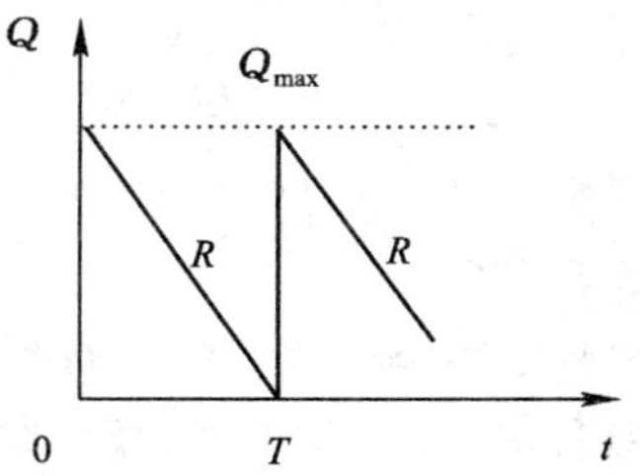

图　3—3—22

2. Q_{max}的确定：由于 R 为常数、$T_K=0$，所以得：$Q_{max}=RT$。

3. 每次订货量相等，都等于 Q_{max}，也都等于经济订货批量 $Q^*=\sqrt{\dfrac{2c_0R}{c_1}}$。

这种库存模型适用的条件：

1. 需求均匀稳定，即 R 为常数、确定值；

2. 不允许缺货；

3. 瞬时到货。

(二)$Bq2$ 模型

$Bq2$ 模型是面对确定型需求、不允许缺货、持时到货的定期订货法运行系统模型，模型原理图如图3—3—23。它与 $Aq2$ 的模型原理图一样，不同的地方一个是基于订货批量，一个是基于订货周期。

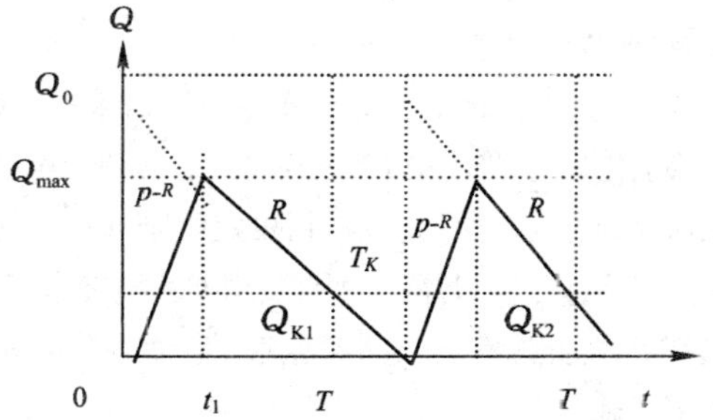

图 3—3—23　区段价

由于不允许缺货，所以库存曲线连接不断，边进货边销售。预先确定一个订货准期 T 和一个最高库存量 Q_{max}。到了周期 T，就检查库存，发出订货，把库存补充到最高库存量 Q_{max}。

(1)订货周期 T 的确定：$T^*=\sqrt{\dfrac{2c_0}{c_1R}}$。

(2)Q_{max}的确定：由于 R 为常数、T_K 也为常数，所以：$Q_{max}=R(T+T_K)$。

下面讨论这 2 个模型的应用。

例如企业当中的原材料库存，特别是重要的品种，就是采用定期订货法方式运作。第一次订货把库存量升到 Q_{max}后过一个周期，到 T 时刻再检查库存发出订货，补充库存到 Q_{max}，这样继续不断。

例 1. 某个企业某个品种的原材料库存的消耗均匀稳定，平均月消耗量15 t。一次订货费 500 元，1 t物资保管一月需要保管费 10 元，实行定期订货法订货，求订货策略。

解：已知 $c_0=500$(元)，$c_1=10$(元/t·月)，$R=15$(t/月)，所以 $T^*=\sqrt{\dfrac{2c_0}{c_1R}}=\sqrt{\dfrac{2\times500}{10\times15}}=2.58$(月)，最高库存量 $Q_{max}=RT^*=15\times2.58=38.72$(t)。每次的订货量 $Q^*=\sqrt{\dfrac{2c_0R}{c_1}}=\sqrt{\dfrac{2\times500\times15}{10}}=38.72$(t)。订货周期可以取为 2.5 月，最高库存量和订货批量都可以取为40 t。即企业应该每 2.5 月，检查依次库存，发出订货，补充库存到最高库存40 t，采取不允许缺货、瞬时到货方式。库存下降到 0 再订货进货。

例 2. 在制品库存和成品库存中的应用

在制品库存和成品库存主要是靠生产备货来填充。这个时候主要是订货费用的具体内容不一样，这时的订货费用主要是生产一个批量所花费的生产准备费用，包括接受生产任务单、制定批量生产计划、调整生产设备，以及入库装卸搬运费月等，不包括生产费用、原材料购买费用等，这些都进入生产成本，构成入库单价，成为固定费用。

例如上个例题的数据，如果不是原材料库，而是成品库，是企业自己的生产备货入库，如果企业生产一个批量，需要花生产准备费用 500 元，生产速率是每月150 t。而入库后1 t物资保管一月需要保管费10 元。面对一个月需求平均值为 15、标准偏差为 3 的正态分布独立需求，不允许缺货，如果实行持时进货，边生产边销售，则生产进货周期：$T^*=\sqrt{\dfrac{2c_0}{c_1R}\cdot\dfrac{p}{p-R}}=\sqrt{\dfrac{2\times500}{10\times15}\cdot\dfrac{150}{150-15}}=2.72$(月)。

生产批量 $Q^*=\sqrt{\dfrac{2c_0R}{c_1}\cdot\dfrac{p}{p-R}}=$

$$\sqrt{\frac{2\times 500\times 15}{10}\cdot\frac{150}{150-15}}=40.82(\mathrm{t})$$

生产速率为每月150 t,因此生产一个批量的时间为0.27月。

最高库存量 $Q_{max}=Q^*\left(1-\frac{R}{p}\right)=40.82\times\left(1-\frac{15}{150}\right)=36.74(\mathrm{t})$。

所以生产进货入库策略是,每隔2.72月生产一批,生产批量为40.82 t,生产这个批量的时间为0.27月,最高库存为36.74 t。

(三)$Bq3$ 模型

$Bq3$ 模型是面对确定型需求、允许缺货、瞬时到货的定期订货法运行系统模型,模型原理图如图3—3—17。它与 $Aq3$ 的模型原理图一样,不同的地方一个是基于订货批量,一个是基于订货周期。

$$T^*=\sqrt{\frac{2c_0}{c_1R}\cdot\frac{c_1+c_2}{c_2}}$$

$$Q^*=\sqrt{\frac{2c_0R}{c_1}\cdot\frac{c_2}{c_1+c_2}}$$

$$Q_{max}=R(T+T_K)=$$

(四)$Bq4$ 模型

$Bq4$ 模型是面对确定型需求、允许缺货、持时到货的定期订货法运行系统模型,模型原理图如图3—3—18。它与 $Aq4$ 的模型原理图一样,不同的地方一个是基于订货批量,一个是基于订货周期。

$$T^*=\sqrt{\frac{2c_0}{c_1\left(1-\frac{R}{p}\right)R}\cdot\frac{c_1\left(1-\frac{R}{p}\right)+c_2}{c_2}}$$

$$Q^*=\sqrt{\frac{2c_0R}{c_1\left(1-\frac{R}{p}\right)}\cdot\frac{c_2}{c_1\left(1-\frac{R}{p}\right)+c_2}}$$

$$Q_{max}=R(T+T_K)=Q^*+D_L$$

(五)$Bq5$ 模型

$Bq5$ 模型是面对确定型需求、实行补货、瞬时到货的定期订货法运行系统模型,模型原理图如图3—3—19。它与 $Aq5$ 的模型原理图一样,不同的地方一个是基于订货批量,一个是基于订货周期。

$$T^*=\sqrt{\frac{2c_0}{c_1R}\cdot\frac{c_1+c_4}{c_4}}$$

$$Q^*=\sqrt{\frac{2c_0R}{c_1}\cdot\frac{c_4}{c_1+c_4}}$$

$$Q_{max}=R(T+T_K)=Q^*+D_L$$

(六)$Bq6$ 模型

$Bq6$ 模型是面对确定型需求、实行补货、持时到货的定期订货法运行系统模型,模型原理图如图3—3—20。它与 $Aq6$ 的模型原理图一样,不同的地方一个是基于订货批量,一个是基于订货周期。

$$T^*=\sqrt{\frac{2c_0}{c_1\left(1-\frac{R}{p}\right)R}\cdot\frac{c_1+c_4}{c_4}}$$

$$Q^*=\sqrt{\frac{2c_0R}{c_1\left(1-\frac{R}{p}\right)}\cdot\frac{c_1+c_4}{c_4}}$$

$$Q_{max}=R(T+T_K)=Q^*+D_L$$

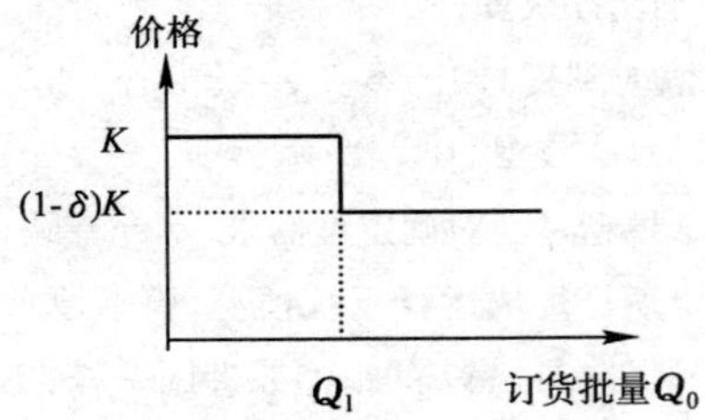

图 3—3—24

(七)$Bs1$ 模型

$Bs1$ 模型是面对正态分布随机型需求、已知服务率的定期订货法运行系统模型。它的基本思想是在面对独立需求进行供应时,设定一个订货周期和一个最高库存量,每隔一个订货周期就检查库存,发出订货,补充库存到最高库存水平。最高库存水平由下式确定:

$$Q_{max}=\overline{D_{T+T_K}}+Q_S$$

$$=\overline{D_{T+T_K}}+\alpha\cdot\sigma_{T+T_K}$$

$$=(T+\overline{T}_K)\overline{R}+\alpha\sqrt{(T+\overline{T}_K)\alpha_R^2+\overline{R}^2\alpha_T^2}$$

后一个式子也是包含四种情况:

(1)当和 R 均为随机变量时,有:

$$Q_{max}=(T+T_K)\overline{R}+\alpha\sqrt{(T+\overline{T}_K)\alpha_R^2+\overline{R}^2\alpha_T^2} \tag{3.3.26}$$

(2)当 T_K 不变,为确定值,即 $\sigma_T=0$ 时,有:

$$Q_{\max}=(T+T_K)\overline{R}+\alpha\sqrt{(T+\overline{T}_K)\cdot\sigma_R}\qquad(3.3.27)$$

(3)当 R 不变,为确定值,即 $\sigma_R=0$ 时,有:

$$Q_{\max}=R(T+T_K+\alpha\sigma_T)\qquad(3.3.28)$$

4)当 T_K、R 都不变,为确定值,即 $\sigma_R=0$、$\sigma_T=0$ 时,有:

$$Q_{\max}=R(T+T_K)\qquad(3.3.29)$$

后面这种情况就是确定型库存模型。它也是随机型库存模型的特殊情况。

例:某公司为实施定期订货法策略对他的某个商品的销售量进行了分析研究,发现用户需求服从正态分布。过去9个月的销售量分别是:11,13,12,15,14,16,18,17,19(t/月),他们如果组织资源进货,则订货提前期为1个月,一次订货费为30元,1 t物资1个月的保管费为1元。如果要求库存满足率达到90%,根据这些情况应当如何制定定期订货法策略?又在实施定期订货法策略后,第一次订货检查时,发现现有库存量为21 t,已订未到物资5 t,已经售出但尚未提货的物资3 t,问第一次订货时应该订多少?

由题目可以得到如下信息:"R"$\sim N(\overline{R},\sigma_R)$,$T_K=1$(月),为常数。$c_0=30$元,$c_1=1$元/t月,$p=0.9$。第一次检查结果:$Q_{Ki}=21$ t、$I_i=5$ t、$B_i=3$ t。($i=1$)要求定期订货法策略和第一次订货量。

先求出需求速率的平均值和标准偏差。

$$\overline{R}=\frac{\sum R_i}{9}=15(t/\text{月})$$

$$\sigma_R=\sqrt{\frac{\sum\limits_i(RS_i-\overline{R})}{9}}=1.8$$

再求订货周期 T:$T^*=\sqrt{\dfrac{2c_0}{c_1R}}=2$(月)

由于 $p=0.9$ 时,$\alpha=1.28$,T_K 为常数,$\sigma_T=0$,所以:

$$\begin{aligned}Q_{\max}&=R\cdot(T+\overline{T}_K)+\alpha\sqrt{(T+\overline{T}_K)\sigma_R^2+\overline{R}^2\cdot D_G^2}\\&=\overline{R}\cdot(T+\overline{T}_K)+\alpha\sqrt{T+T_K}\cdot\sigma_R^2\\&=15\times(2+1)+1.28\times\sqrt{2+1}\times1.8^2\\&=52\end{aligned}$$

安全库存: $Q_s=\alpha\sqrt{(T+\overline{T}_K)\sigma_E^2+\overline{R}^2\cdot\sigma_T^2}$

所以具体的定期订货法策略是,设置订货周期为 $T=2$个月,最高库存量 $Q_{\max}$ 为52 t。周期性地检查库存,发出订货。订货量的大小,使得订货以后的名义库存量达到52 t的最高库存量,安全库存为7 t。

所以第一次检查库存发出订货量为:$Q_{Ki}=Q_{\max}-I_i+B_i=52-5+3=50$(t),即第一次的订货量为50 t。各次的订货量是可能不一样的。

(八)$Bs2$ 模型

$Bs2$ 模型是面对随机型需求、正态分布、已知缺货费的定期订货法运行系统模型。

这时:$T^*=\sqrt{\dfrac{2c_0}{c_1R}}$,并且像 $As2$ 模型一样,同样将已知缺货费转化为已知缺货率,把它转化为 $Bs1$ 模型,转换公式为:$q=\dfrac{c_1T^*}{c_1T^*+c_2}$。

(九)$Bs3$ 模型

$Bs3$ 模型是面对随机型需求、正态分布、已知补货费的定期订货法运行系统模型。

这时:$T^*=\sqrt{\dfrac{2c_0}{c_1R}}$,并且像 $As3$ 模型一样,同样将已知补货费转化为已知缺货率,把它转化为 $Bs1$ 模型,转换公式为:$q=\dfrac{c_1T^*}{c_4}$。

(十)$Bs4$ 模型

$Bs4$ 模型是面对随机型需求、非正态分布、已知服务率的定期订货法运行系统模型。

如果随机需求量不是服从非正态分布,实行定期订货法,则需要用下式求 $Q_{\max}$:

$$Q_{\max}=D_{T+T_K}\mid P\{D_{T+T_K}\leqslant Q_{\max}\}=p\qquad(3.3.30)$$

或:$$Q_{\max}=D_{T+T_K}\mid P\{D_{T+T_K}>Q_{\max}\}=q\qquad(3.3.31)$$

例:客户对某仓库某种物资的周需求量的概率分布如表3—3—7。订货提前期为1周,这种物资的入库单价为100元。如果要求缺货率不大于10%,实行定期订货法,订货周期为1周。求其最高库存量应设为多少。

表 3—3—7

D(周需求量)(件/周)	$P(D)$ (发生概率)
0	0.10
1	0.40
2	0.30
3	0.20

首先注意,这个时候是离散分布,订货周期 T 为 1 周,订货提前期 T_K 为 1 周,则 $T+T_K$ 为 2 周。而 2 周需求量的概率分布与周需求量的概率并不是相同的,也不是等于周需求量的 2 倍。而是用所谓"卷积"的方法求出 2 周需求量的分布概率。办法如下:

把表 3—3—7 中的周需求量概率分布用下面的多项式来描述:

$0.10X^0+0.40X^1+0.30X^2+0.20X^3$

所谓卷积,就是把上面的多项式自乘,是 2 周需求量就自乘 1 次,是 3 周需求量就自乘 2 次,以此类推。把自乘后所得到的多项式再还原成分布概率表,就得到 2 周需求量、3 周需求量的概率分布表。这里 2 周需求量的多项式为:

$(0.10X^0+0.40X^1+0.30X^2+0.20X^3)2=0.01X^0+0.08X^1+0.22X^2+0.28X^3+0.25X^4+0.12X^5+0.04X^6$

由它得到 2 周需求量的概率分布表 3—3—8(前 2 列)。

表 3—3—8

D_{T+T_K}(2 周需求量)(件)	$P(D)$ (发生概率)	q (缺货率)
0	0.01	0.99
1	0.08	0.91
2	0.22	0.69
3	0.28	0.41
4	0.25	0.16
5	0.12	0.04
6	0.04	0.00

下面根据表 3—3—8 求出定期订货法的最高库存量 Q_{max}:

在表中再添一列,计算列出各个需求量数据的缺货率(即累计概率)。根据题意,要求缺货率不大于 10%,即要求出 Q_{max},满足 $P\{D_T+T_K>Q_{max}\}\leqslant 0.10$,所以,$Q_{max}=5$ 件。

三、定期订货法与定量订货法的联系和区别

定期订货法和定量订货法都是库存控制运行的系统,它们都能够起到库存量控制的作用。它们都能够把库存量控制在 Q_{max} 以下。定量订货法的 $Q_{max}=Q_K+Q^*/2$,定期订货法的 Q_{max} 等于 $T+T_K$ 期间需求量的平均值。它们都是控制订货进货过程来控制库存量,解决什么时候订货、订多少、如何操作三个方面的问题。

它们之间的不同点主要有:

一是控制机制不同:定量订货法是基于订货数量的控制机制,每次订货批量一定,当库存量下降到订货点,就发出一个订货批量,订货间隔时间可能是互相不同的;而定期订货法是基于订货时间的控制机制,订货间隔期都是相同的,每当到了订货周期点,就检查库存,发出订货,补充库存到额定的最高库存量,每次订货批量不同。

二是检查库存量的方式不同:定量订货法是随时检查库存,随时掌握各种物资的库存数量;而定期订货法是周期性地检查库存,平时可以不掌握库存的数量,只是到了订货周期点再检查库存。

第八节 其他库存控制系统

一、一次库存系统

定量订货法和定期订货法都是多次库存系统,一个订货周期接着一个周期持续运行。除了这一类库存系统之外,社会还大量存在一些一次库存系统。

所谓一次库存,就是整个库存系统就只有一次订货进货,依靠这次进货形成的整个库存,面对独立需求进行销售,在有效期内可能销售完,也可能销售不完。有效期内销售不完,则过期货物永远作废,变成废品或次品,造成库存损失。但是如果订货进货太少,则会不够有效期内的销售,丧失销售赢利的机会,也会造成缺货损失。

社会上大量存在一次库存系统,例如,生鲜食品、易腐品的订货进货,如鲜奶、盒饭、包子、鲜花、活鱼、活鸡、西瓜、水果等,还有报纸、挂历、节日贺卡等,还有一些一次性的永久产品,例如世纪纪念卡、纪念币、钱币、特种邮票等。这些东西的订货进货,都是一次性的,订货进货以后,依靠订货进货形成的

库存,面对独立需求进行销售。如果订货进货太多,则保管费用越多、库存损失越大;如果订货进货太少,则满足不了有效期内的销售,丧失了销售赢利的机会,造成了缺货损失。

因此,一次库存系统也有一个库存控制的问题。一次库存问题的库存控制,关键就在于选择一个合适的一次订货进货数量,使它能够恰好满足有效期内的销售,不少,也没有多余。

一次库存问题的库存控制的基本原理,就是分析历史上各个销售量数据 r_i 及其发生的概率 $\varphi(r_i)$,进行保管费用和缺货费用的测算,选择使得总费用最小的数量作为订货进货数量。

计算公式为:

$$p = F(Q) = \sum_{ri \leq Q} \Phi(r_i) = \frac{c_2}{c_1 + c_2}$$

也就是说,当累计概率 p 等于 $\frac{c_2}{c_1 + c_2}$ 所对应的销售量数据,将这个销售量数据 ri 取为订货进货数量 Q 时,总费用最省。

以上虽然是从离散分布推得的公式,但对连续分布,也可同样适用。

表　3—3—9

r	$\varphi(r)$	p
9	0.05	0.05
10	0.15	0.20
11	0.20	0.40
12	0.40	0.80
13	0.15	0.95
14	0.05	1.00

例 1. 某季节性食品的日需求量的分布如表 3—3—9。又知道 $c_1 = 2$ 元/天,$c_2 = 1$ 元/天。求一次订货进货数量。

解:由已知条件,$p = \frac{c_2}{c_1 + c_2} = \frac{1}{1+2} = 0.33$

由表 3—3—9 知道,$Q = 11$,也就是订货进货数量取 11 件。

如果费用改一下,若取 $c_1 = c_2 = 1$,则同样可以算得 $p = 0.5, Q = 12$,即订货进货数量应取 12 件。

例 2. 假设某零件的需求服从泊松分布 $\Phi(r) = \frac{e^{-\bar{r}}\bar{r}^{r}}{r!}(r = 0,1,2,\cdots)$,且平均每天需求数 $\bar{r} = 10$,保管费 $c_1 = 0.01$ 元/天 · 件,缺货费 $c_2 = 0.02$(元/天·件),求最佳订货进货数量。

解:$f(Q) = \frac{c_2}{c_1 + c_2} = 0.667$

查珀松分布表得 $F(8) = 0.333$

$F(9) = 0.458$

$F(10) = 0.583$

$F(11) = 0.697 > F(Q)$

所以最佳订货批量为 11 件。

例 3. 某厂一个月内对 A 零件的需求量取值是 [75,120] 件,在这个范围内服从均匀分布,其概率密度是:

$f(r) = 0.04\ (75 \leqslant r \leqslant 120)$

$f(r) = 0$(其他)

且 $c_1 = 9$(元/件·月),$c_2 = 20$(元/件·月),求一次库存的订货进货数量。

解:

$$F(Q) = \int_0^Q f(r)\mathrm{d}r = \int_0^Q 0.04\mathrm{d}r(Q - 75) = \frac{c_2}{c_1 + c_2} = \frac{90}{9+20} = 0.69$$

所以 $Q = 92$ 件。

二、多品种联合订购

(一)概述

前面讨论的基本上是单一品种的订货策略,这里研究一下多品种联合订购策略。多品种联合订购,不但可以节省订货费,还可以节省订货时间,共同进货还可以提高运输批量,提高运输效率和运输工具的利用率,采用合适的联合订购策略,同样也可以达到库存控制的效果。

联合采购可以分为两种情况:一是不同品种相同周期的联合订购,二是不同品种不同周期的联合订购。

(二)不同品种相同周期联合订购

设有 n 个品种进行联合订购,共同的订购周期为 T。第 i 个品种的需求速率为 R_i、单位物资单位时间的保管费为 c_{1i},则第 i 个品种的平均保管费:

$$\bar{c}_{1i} = \frac{Q_i}{2}c_{1i} = \frac{RiT}{2}c_{1i}$$

经济订货周期为：$T^*=\sqrt{\dfrac{2c_0}{\sum R_i c_{1i}}}$

经济订货批量：$Q^* R_i\sqrt{\dfrac{2c_0}{\sum R_i c_{1i}}}$

经济的平均可变费用：$\overline{C}^*=\sqrt{2c_0\sum c_{c1i}\cdot R_i}$

这样已知各自的 R_i 和 c_{1i} 以及共同订货的订货费用 c_0，就可以由上面的式子求出共同的订货周期 T^* 和各自的订货量 $Q^*i(i=1,2,\cdots,n)$。

例：A、B、C 三个品种联合订购，基本数据如表 3—3—10。求联合订购的订货周期，各自订货批量和总平均费用。

$$\sum R c_i=5\,000\times0.5+3\,250\times1.00+2\,900\times0.75=7\,925(\text{元/年})$$

表 3—3—10

	R_i(件/年)	C_{1i}(元/件年)	C_0(元)
A	5 000	0.50	125
B	3 250	1.00	
C	2 900	0.75	

$$\therefore T^*=\sqrt{\frac{2c_0}{\sum R_i c_i}}=\sqrt{\frac{2\times125}{7\,925}}=0.1776(\text{年})$$

$Q_A^*=T^*R_A=0.1776\times5\,000=888$(件)

$Q_B^*=T^*R_B=0.1776\times3\,250=577$(件)

$Q_C^*=T^*R_C=0.1776\times2\,900=515$(件)

$Q^*=Q_A^*+Q_B^*+Q_C^*=888+577+515=1\,980$(件)

$\overline{C}^*=\sqrt{2c_0\sum c_{1i}\cdot R_i}=\sqrt{2\times125\times7\,925}=1\,403$(元/年)

(三)不同品种不同周期联合订购

另一种联合订购的方式就是设立一个基准订货周期，然后把各个品种的订货周期都化成这个基准周期的整数倍，基准周期连续运行，在不同的周期中分别实现不同品种的联合订购。

设有 n 个品种进行联合订购，第 j 个品种的需求速率为 R_j、单位物资单位时间的保管费为 c_{1j}、一次订货费为 c_{0j}，各品种的共同订货费为 c_{00}。则：

总费用最省的共同订货周期的基准订货周期：

$$T^*=\sqrt{\frac{2(c_{00}+\sum_j\frac{c_{0j}}{[\alpha_j]})}{\sum c_{1j}R_j[\alpha_j]}}$$

其中一种特别的情况，当 c_{0j} 都相同，都等于 c_0 时，则共同订货的基准周期变为：1

$$T^*=\sqrt{\frac{2(c_{00}+nc_0)}{\sum c_{1j}R_j}}$$

让这个基准周期连续运转，各个品种则按自己的订货周期所包含的基准周期的倍数订货，这样在不同的基准周期里，可以实现不同品种的联合订购。

例：同组 5 个品种联合订购，各个品种的需求速率为 R_j、单位物资单位时间的保管费为 c_{1j}、一次订货费为 c_{0j} 列于表 3—3—11，各品种的共同订货费为 $c_{00}=40$(元)。求各个品种联合订购的时间。

表 3—3—11

品名	1	2	3	4	5
R_j(件/年)	100	80	100	25	15
c_{1j}(元/件年)	10	8	1	3	2
c_{0j}(元)	5	4	2	3.5	5
T_j(年)	0.1	0.11	0.2	0.31	0.58
α_j	1	1.1	2.0	3.1	5.8
$[\alpha_j]$	1	1	2	3	5

(1)求 T_j。由 $T_j^*=\sqrt{\dfrac{2c_{0j}}{c_{1j}R_j}}$ 求出每个品种自身的订货周期，见表第五行。

(2)求 α_j。取最小的为基准周期 T_0。然后由 $\alpha_j=T_j/T_0$ 求出每个品种的 α_j 和 $[\alpha_j]$，见表第六、七行。

(3)求使得总费用最省的基准周期 T_0^*：

$$T_0^*=\sqrt{\frac{2(c_{00}+\sum_j\frac{c_{0j}}{[\alpha_j]})}{\sum c_{1j}R_j[\alpha_j]}}=0.22(\text{年})$$

(4)求各自的经济订货周期 $T_j^*=[\alpha_j]T_0^*$，得：$T_1{}^*=0.22$(年)，$T_2{}^*=0.22$(年)，$T_3{}^*=0.44$(年)，$T_4{}^*=0.66$(年)，$T_5{}^*=1$(年)。

(5)求平均总费用：$\overline{C}(T_0{}^*)=\dfrac{1}{T_0{}^*}\left(c_{00}+\sum_j\dfrac{c_{0j}}{[\alpha_j]}+\dfrac{1}{2}T_0{}^*\sum_j c_{1j}R_j[\alpha_j]=480.79\right.$(元/年)。

所以第一个周期，5 个品种都联合订购，第二个基准周期 1、2 二个品种联合订购，第三个基准周期

1、2、3三个品种联合订购，第四个基准周期1、2、4三个品种联合订购，第五个基准周期1、2、3三个品种联合订购，第六个基准周期1、2、5三个品种联合订购……

三、价格折扣和区段价格

(一)价格折扣

前面讨论的模型都是价格不变情况下的订货策略，这里讨论一下价格随订货批量变化而变化的情况下制定的订货策略，也就是价格折扣下的订货策略。所谓价格折扣，就是供应商规定的价格随订货批量变化而变化的营销行为。

销售批量的大小对销售者来说很重要。销售批量大，可以：

(1)减少销售时间，减轻销售劳动量；

(2)减少商品的保管费用；

(3)减少多次零售磅秤的误差积累；

(4)减少订货费用；

(5)简化了包装、装卸和检验等的劳动量；

(6)提高了物资周转率和经济效益。

为了谋求大销售批量的好处，销售者往往采用价格折扣的促销策略。

销售批量对用户来说也很重要，选得合适，可以节省费用；选得不合适，可能增加费用。

如图3—3—25：设原来的价格为 K，一般用户在这种价格水平下采取按经济订货批量订货的对策。若供应商规定当订货批量大于等于 Q_1 时，价格取折扣 δ，即价格为 $(1-\delta)K$，则这时用户需要确定，是接受折扣，按 Q_1 订货，还是不接受折扣仍按原来的经济订货批量订货。这就是这里所要讨论的问题。

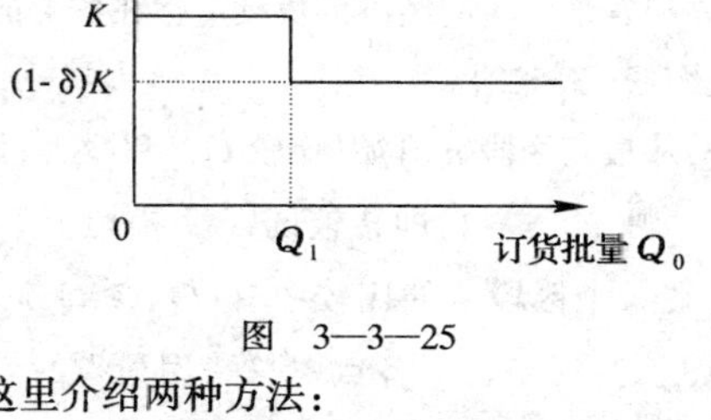

图 3—3—25

这里介绍两种方法：

1. 节约比较法：即比较折扣前后的费用，节约量大于0，就接受折扣，节约量小于0，就不接受折扣。具体分析节约量：

(1)折扣后，购买费用的降低：

折扣前，$\overline{C_3}=KR$

折扣后，$\overline{C_3}=K(1-\delta)R$

折扣后，购买费用的降低：$\Delta\overline{C_3}=\delta KR$

(2)折扣后，订货费用的降低：

折扣前，$\overline{C_0}=\dfrac{R}{Q^*}\cdot c_0$

折扣后，$\overline{C_0}=\dfrac{R}{Q_1}\cdot c_0$

折扣后，订货费用的降低：$\Delta\overline{C_0}=\dfrac{R}{Q^*}c_0-\dfrac{R}{Q_1}c_0$

$=Rc_0(\dfrac{1}{Q^*}-\dfrac{1}{Q_1})$

(3)折扣后，保管费用的增加：

折扣前，$\overline{C_1}\dfrac{Q^*}{2}c_1$ 或：$\overline{C_1}=\dfrac{Q^*}{2}Kc_i$

折扣后，$\overline{C_1}\dfrac{A_1}{2}c_1$ 或：$\overline{C_1}=\dfrac{Q_1}{2}K(1-\delta)c_1$

折扣后，保管费用的增加：$\Delta\overline{C_1}=\dfrac{Q_1-Q^*}{2}c_1$

或：$\Delta\overline{C_1}=\dfrac{Q_1(1-\delta)-Q^*}{2}Kc_i$

价格折扣，会减少一部分利润。折扣越大，减少的利润越多。对销售者来说，一个合适的价格折扣策略应当保证利润大于0。而对购买者来说，一个合适的价格折扣策略应当保证三项结合起来，当节省的费用大于增加的费用时，也就是节约量大于0时，就可以接受价格折扣。即当：

$$\Delta\overline{C_3}+\Delta\overline{C_0}>\Delta\overline{C_1}$$

或：$\delta KR>\dfrac{Q_1-Q^*}{2}c_1-Rc_0(\dfrac{1}{Q^*}-\dfrac{1}{Q_1})$

或：$\delta KR>\dfrac{Q_1(1-\delta)-Q^*}{2}Kc_i-Rc_0(\dfrac{1}{Q^*}-\dfrac{1}{Q_1})$

时，接受折扣，按 Q_1 订货。否则，不接受折扣，仍按 Q^* 订货。

2. 另一种是成本比较法：即比较折扣前后的总成本，当折扣后的总成本小于折扣前的总成本，则可以接受折扣。

折扣前：$\overline{C}(Q^*)=K_1R+\dfrac{R}{Q^*}\cdot c_0+\dfrac{Q^*}{2}c_i$

或：$\overline{C}(Q^*)=K_1R+\frac{R}{Q^*}\cdot c_0+\frac{Q^*}{2}Kc_i$

折扣后：$\overline{C}(Q_1)=K_2R+\frac{R}{Q_1}\cdot c_0+\frac{Q_1}{2}c_i$

或：$\overline{C}(Q_1)=K(1-\delta)R+\frac{R}{Q_1}\cdot c_0+\frac{Q_1(1-\delta)}{2}Kc_1$

例：企业对某种物资的年需求量 $R=100$(件/年)，一次订货费 c_0 为5元，单价 $K=2.5$(元)，年保管费率 $c_i=0.16$，若供应上规定：①订货批量在100件以上(即折扣点 $Q_1=100$ 件)则价格折扣5%(即折扣率 $\delta=5\%$)；②订货批量在300件以上(即折扣点 $Q_1=300$ 件)则价格折扣10%(即折扣率 $\delta=10\%$)，问企业在价格折扣面前，采取什么样的订货策略为好？

解：先用节约比较法。求折扣前的经济订货批量。$Q^*=\sqrt{\frac{2c_0R}{Kc_i}}=50$。

(1)当 $Q_1=100$ 件、$\delta=5\%$ 时，$\Delta\overline{C_3}=\delta KR=0.05\times2.5\times100=12.5$

$$\Delta\overline{C_0}=c_0R(\frac{1}{Q^*}-\frac{1}{Q_1})=5$$

$$\Delta\overline{C_1}=\frac{Kc_i}{2}[Q_1(1-\delta)-Q^*]=9$$

因为：$\Delta\overline{C_3}+\Delta\overline{C_0}>\Delta\overline{C_1}$，所以接受折扣，订货批量取 $Q_1=100$ 件。

(2)当 $Q_1=300$ 件、$\delta=10\%$ 时，$\Delta\overline{C_3}=\delta KR=0.10\times2.5\times100=25$

$$\Delta\overline{C_0}=c_0R(\frac{1}{Q^*}-\frac{1}{Q_1})=8.3$$

$$\Delta\overline{C_1}=\frac{Kc_i}{2}[Q_1(1-\delta)-Q^*]=44$$

因为：$\Delta\overline{C_3}+\Delta\overline{C_0}<\Delta\overline{C_1}$，所以不接受折扣，订货批量仍取 $Q^*=50$ 件。

再用成本比较法。

(1)当 $Q_1=100$ 件、$\delta=5\%$ 时，折扣前的总成本：

$$\overline{C}(Q^*)=K_1R+\frac{R}{Q_*}\cdot c_0+\frac{Q^*}{2}=270。$$

折扣后的总成本：$=\overline{C}(Q_1)=K(1-\delta)R+\frac{R}{Q_1}\cdot c_0+\frac{Q_1(1-\delta)}{2}Kc_1=261.5$。

因为 $\overline{C}(Q_1)<\overline{C}(Q^*)$，所以接受折扣，订货批量取 $Q_1=100$ 件。

(2)当 $Q_1=300$ 件、$\delta=10\%$ 时，折扣前的总成本还是270，而折扣后的总成本：

$$\overline{C}(Q_1)=K(1-\delta)R+\frac{R}{Q_1}\cdot c_0+\frac{Q_1(1-\delta)}{2}Kc_1$$

$$=281。$$

因为 $\overline{C}(Q_1)>\overline{C}(Q^*)$，所以不接受折扣，订货批量仍取 $Q^*=50$ 件。

(二)区段价格

所谓区段价格，就是多区段的价格折扣。如图3—3—26。可根据成本比较法的原理按以下步骤求合适的订货批量：

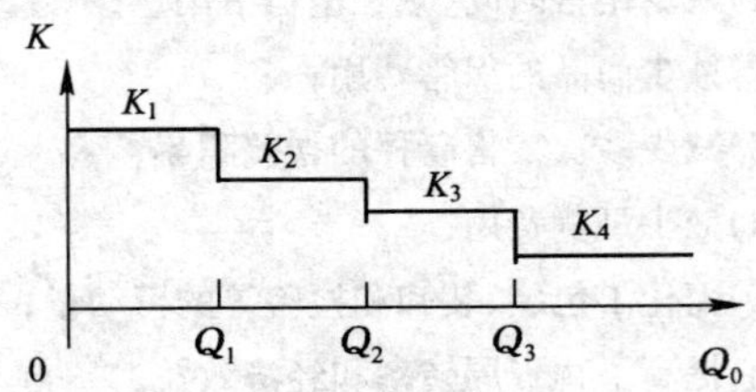

图　3—3—26

(1)分清区段：用数轴表示订货批量的大小，在数轴上标出各个区段的折扣点和价格(见图3—3—27)；

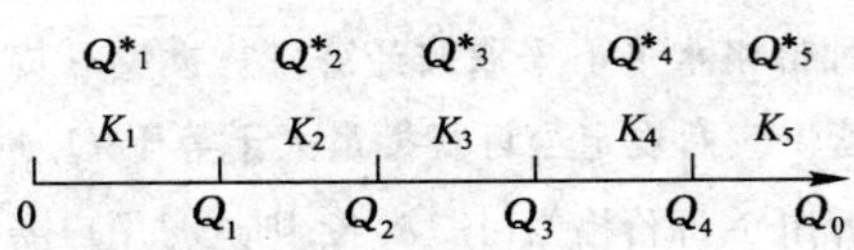

图3—3—27　分清区段

(2)用下式求各区段的经济订货批量：

$$Q_i{}^*=\sqrt{\frac{2c_0R}{K_ic_i}}(i=1,2,\cdots,n)$$

并把各个区段的经济订货批量标在各自的区段上(见图3—3—22)。

3)从最高区段 n 开始，比较 Q_i^* 和 Q_{i-1}，如 $Q_i^*<Q_{i-1}$，则 $i=i-1$，即转较低区段 $i-1$ 区段的比较；如在某个区段 i 的比较中有：$Q_i^*\geqslant Q_{i-1}$，则取 $Q_i^*,Q_i,Q_{i+1},\cdots,Q_n$ 各点中总费用最省的点的数量作为订货批量。求解的逻辑原理见图3—3—28。

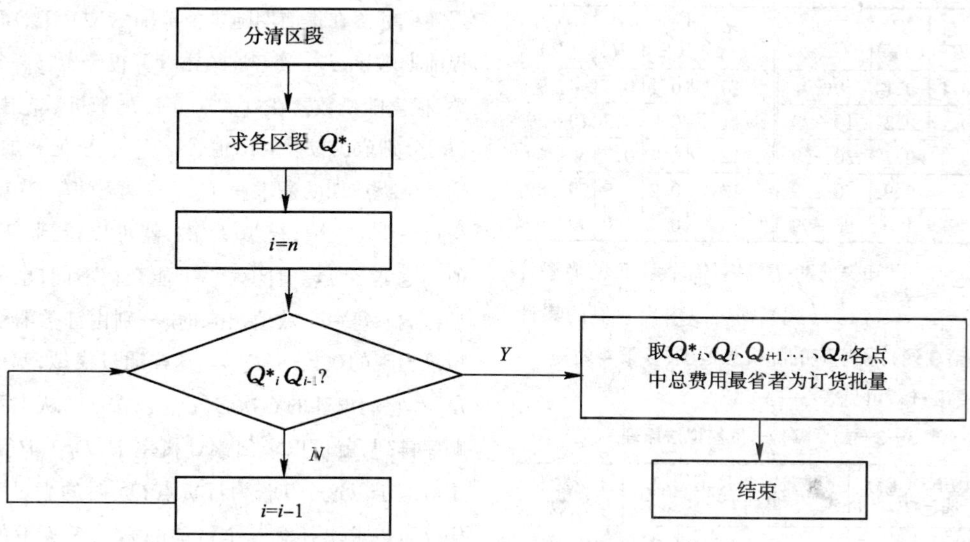

图 3—3—28　区段价

例:设企业对某种物资的年需求量为 $R=30\ 000$件/年,年保管费率为 $c_i=0.2$,一次订货费 $c_0=25$元,供应商的区段价格见图 3—3—29(下面二行)。求企业的订货策略。

解:(1)分清区段。已分好,见图 3—3—29。

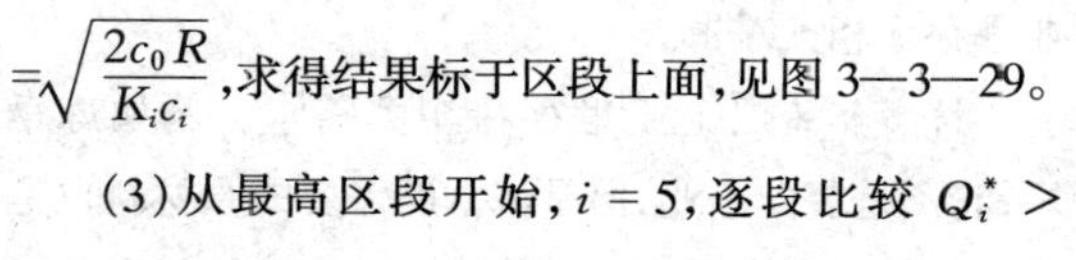

图 3—3—29　区段价格例题数据

(2)求各个区段的经济订货批量。用公式 $Q_i^*=\sqrt{\dfrac{2c_0R}{K_ic_i}}$,求得结果标于区段上面,见图 3—3—29。

(3)从最高区段开始,$i=5$,逐段比较 $Q_i^*>Q_{i-1}$:

①因为 $Q_5^*<Q_4$,所以转下一阶段 $i=4$;

②因为 $Q_4^*<Q_3$,所以转下一阶段 $i=3$;

③因为 $Q_3^*<Q_2$,所以比较 $C(Q_3^*)$、$C(Q_3)$和 $C(Q_4)$:

$$\overline{C}(Q_3^*)=K_3R+\frac{R}{Q_3^*}\cdot c_0+\frac{Q_3^*}{2}K_3c_1=5\ 326,$$

$$\overline{C}(Q_3)=K_4R+\frac{R}{Q_4}\cdot c_0+\frac{Q_4}{2}K_4c_1=4\ 865.5,$$

$$\overline{C}(Q_4)=K_5R+\frac{R}{Q_5}\cdot c_0+\frac{Q_5}{2}K_5c_1=4\ 865.5,$$

因为 $\overline{C}(Q_4)$最小,所以取 $Q_4=9\ 001$ 为订货批量。结束。

四、库存模拟法

采用蒙特卡罗模拟法,即用计算机处理模仿实际的物资销售的业务过程。

已知需求速率和前置期长度的随机分布,将实际业务过程中的随机变化的日销售量通过计算机随机数的大小随机取销售量来实现,而将实际业务过程中订货前置期的变化也通过计算机随机数随机取前置期长度来实现。由计算机随机数取得的日销售量和前置期长度就可以计算出该次前置期的销售量。这样地重复 N次,就可以得到 N 个前置期销售量(也即需求量)。这 N 个前置期需求量中,有的是相同的,可以按从小到大的顺序依次统计出其中互不相同的需求量,并统计出它们相应发生的频数,并由此求出各自的概率分布。由此概率分布就可以求出对应的累计概率。该累计概率就是相应前置期需求量的库存满足率。这样根据给定的库存满足率就可以求出订货点。另外,再根据 C_0、C_1 和 R 求出 Q^*,还可以根据 C_0、C_1、R 和 Q^*,求出 C^*。这样就求出了定量订货法的所有参数,也就可以实现定量订货控制了。

表 3—3—12　蒙特卡罗模拟法例题

T_k（天）	$f(T_K)$	$P(T_K)$	$RND(T_K)$	R（t/天）	$f(R)$	$P(R)$	$RND(R)$
1	0.1	0.1	0～9	10	0.1	0.1	0～9
2	0.2	0.3	10～29	11	0.2	0.3	10～29
3	0.4	0.7	30～69	12	0.4	0.7	30～69
4	0.2	0.9	70～89	13	0.2	0.9	70～89
5	0.1	1.0	90～99	14	0.1	1.0	90～99

例如如果已知提前期 T_k 和日需求量 R 的概率分布如表 3—3—12(各 1.2 列),则可以求出它们的累计概率(各第 3 列),和相应的随机数范围(各第 4 列)。

则模拟过程可见表 3—3—13。

表 3—3—13　蒙特卡罗模拟法原理

模拟序号	由 $RND(T_K)$ 选定 T_K		取 T_K 个 R 值相加得到 D_L 值			D_L 发生次数
	$RND(T_K)$	T_K(天)	$RND(R)$	R(t/天)	D_L	$S(D_L)$
1	12	2	5 28	10 11	21	$S(21)=1$
2	65	3	8 35 95	10 12 13	35	$S(35)=1$
3	9	1	70	13	13	$S(13)=1$
4	25	2	9 11	10 11	21	$S(21)=2$
⋮				⋮		
100	2	1	99	14	14	$S(14)=$

模拟过程如下:首先由计算机产生的随机数,根据随机数落在提前期随机数范围 $RND(T_K)$ 而选定提前期数字 T_K,接着连续由计算机产生 T_K 个随机数,根据随机数落在日需求量 R 的随机数范围 $RND(R)$ 分别取出 T_K 个 R 值,这 T_K 个 R 值相加,就是这一个提前期的需求量 D_L。这样模拟一次就可以得到一个 D_L 值,模拟 N 次,就可以得到 N 个 D_L 值。这 N 个 D_L 值的大小可能互相不同,也可能互相相同。每一个数值出来时,分别由计数器给它们记录出现的次数 $S(D_L)$。这样通过模拟,就得到了 D_L 和它们出现的频次 $S(D_L)$。按 D_L 从小到大的顺序排列,就可以求出累计概率 $P(D_L)$,$P(D_L)$ 就是对应于以这个 D_L 为订货点 Q_K 时的满足率。这样就可以求出任意一个可能的满足率 p 下的订货点 Q_K。

另外,由 D_L 和 $S(D_L)$ 还可以求出 D_L 的平均值,由 Q_K 和 D_L 的平均值可以求出安全库存量 Q_s,还可以由 C_0,C_1,还可以求出 Q^*,C^*。

以上就是以及服务率的定量订货法模拟。同样还有已知服务率的定期订货法模拟,已知缺货、补货的定量订货法、定期订货法模拟。

第四章　物料需求计划技术(MRP)

第一节　相关需求库存系统库存控制的原理

一、相关需求普遍存在

第三章已经对独立需求和相关需求的概念和关系进行了讨论。

如前所述的汽车装配线是这样,其实任何机器设备都是这样,例如计算机、电视机、电话机、发动机、电机等等,凡是由多个零部件按一定的等级层次结构组合起来的结构件,对于整机来说,都构成了一种相关需求。

因此相关需求也是普遍存在的。各个装配类企业都存在相关需求。

许多非装配企业也存在相关需求。例如炼钢厂,它不是装配企业,但是炼钢所需要的原材料也是按比例数量组合需求的,矿石、煤灰、石灰石以及一些添加剂都是按一定比例投放的,它们便都按一定比例组合起来构成了相关需求。对任何一种原材料的需求都不能够任意、无度,其他如炼油厂、牙膏厂、化肥厂、农药厂等等也都是这样。

不仅是总厂,甚至各个车间,各个工序都可能存在相关需求。例如,汽车制造厂的发动机车间、计算机厂的主板车间、电视机厂的机壳车间、机械制造厂的锻压、铸造等车间或工序,都存在相关需求。

二、相关需求的特点

相关需求最显著的特点，就是它的相关性、整体性和系统性。相关性就是它的各个成员都是相互按一定等级层次和比例数量组合起来的。整体性是指需求时，必须各个成员按层次结构和比例数量一起整体到位。系统性则包括空间的系统性和时间的系统性，空间系统性指等级层次的结构系统，时间系统性指各自到位的时间关系系统，各个成员都是按照一定的时间顺序依次到位的。

相关需求的另一个特点就是它的计划性。由于相关需求涉及很多的品种的相关性，所以每个品种的需求数量、需求时间都要遵循一定的规则，不能够随机无度地发生，必须严格按照需求计划进行。需要有严格的计划来保证相关需求的正常发生。这一点和独立需求有明显的区别。

相关需求也具有相对性。按理说，企业生产的全部原材料、零部件都是相关需求，都是有一定结构层次和比例数量关系的。从它们的联系上看，应该看成相关需求，应该用相关需求的观点来处理和对待它们，建立起联系和比例层次关系。但是人们一般不是这样去认识和处理它们，而是孤立、单个的关系去认识和处理每个品种，不是根据它们之间的联系去处理，把它们都看成是独立需求。所以，同一个需求，可以看成是相关需求，也可以看成是独立需求，取决于人们认识和处理事务的态度。从互相的联系上去认识和处理，它就是相关需求；从孤立地、单个地去认识和处理，它就是独立需求。

三、相关需求库存控制的原理

相关需求既然存在，并且品种大、需求总量大、时间长，因此为了保证企业生产的正常进行，就必然需要形成库存。这种相关需求所有各个品种按比例配套的库存整体，就叫做相关需求库存，也可以简称为相关库存。

相关需求库存，也是一种库存，它和我们第三章讲的库存没有本质的区别。它同样具有库存的二重性。

而且，相关需求库存与普通库存相比，还有它的特点：

1. 它涉及的品种更多，几乎涉及企业生产所需的全部品种。

2. 库存总量更大，几乎涉及企业生产的全部品种的全部库存。

3. 库存时间长，伴随企业整个生产经营活动过程。

4. 它对于企业的影响更大，几乎关系企业的全部生产经营活动，关系到企业的整个成本和效益。

5. 库存管理难度大，不只是要管理好库存品种数量，还要管理好库存品种结构和比例关系。由于品种多，比例关系复杂，所以库存管理难度大大增加。

因此，相关需求库存的二重性，比一般的库存更强，影响程度更大。而且管理难度大。所以管理好相关需求库存，对于企业更加重要，应该受到更加的重视。

重视相关需求库存，需要建立起相关需求的几个观点：

第一，要提高对库存相关性的认识。要认识到生产企业库存中的每一个品种，都不是孤立的，都是和其他品种的库存有联系的，有等级层次结构关系和比例数量关系，所以每一个品种的库存不能够任意化、自由化。要根据生产需要的客观比例关系来认识和建立起相关需求库存的体系。把每个品种都看成是相互关联的库存体系的组成部分，来恰当地处理好每个品种的库存问题，建立起各个品种之间的比例关系，从而建立起一个完善的相关需求库存体系。

第二，要加强相关需求库存管理。相关需求库存体系应当合适，应当进行库存体系的库存控制。相关需求库存管理的核心也是库存控制。应当控制到一个合适的程度，既能够满足需要，又能够保证总费用最少。

相关需求库存控制的原理，就是要建立起一个整体库存的物料需求计划，用这个计划既控制库存品种的数量，又控制库存品种的层次结构和比例数量关系，物料需求计划是根据生产的产品的结构层次以及比例数量关系而建立起来的包含全部零部件和原材料的需求数量、需求时间的一个计划表格．根据这个计划表格规定的时间依次提供各种零部件和原材料，就可以正好满足企业正常生产的需要，又没有多余。通过执行这个物料需求计划，既可以控制库存的数量，又可以控制库存品种结构和比例数量关系，完全达到相关需求库存管理的目的。

所以相关需求库存管理的关键是制定一个物料需求计划。物料需求计划对于相关需求库存，就相当于订货点技术对于独立需求库存一样，起着全部决定作用。

物料需求计划由于牵涉面广，品种多而全，所以制定物料需求计划是一项很繁重的工作。本章将专门讨论物料需求计划的制定方法。

四、相关需求库存控制的意义

相关需求对于企业来说，有至关重要的意义。由于相关需求涉及整个企业生产所需的所有品种，而且需求的总量大、时间长，几乎构成了企业内部生产经营全部工作的内容。企业内部的全部工作可以说就是要满足这个相关需求，为顺利高效地生产出企业的独立需求产品来满足社会独立需求的需要。

相关需求库存是企业生产过程不可分割的组成部分，它既为企业正常生产提供配套的物资供应，保障企业生产顺利进行，又直接关系着企业的生产成本和效率。库存太多，虽然可以保证生产的物资需要，但是大大增加了库存费用，升高了生产成本，对企业是不利的。库存不合理，库存品种结构不合理，都会给正常生产造成不方便、降低工作效率，也会对企业造成损害。因此可以说，相关库存控制，对企业有着至关重要的意义，必须引起企业高度的重视。

现在，企业由于没有相关需求库存控制的概念，因而给企业带来很多麻烦的事例不少。例如南方某家大型的电话机生产企业，实力很强。为了生产的需要，投入了很多资金，购买了大量的零部件和原材料，把它的高层仓库里堆得满满的。可是，由于没有相关库存的概念，库存结构不合理。结果常常出现当生产线开动起来以后，发现需要装配的零部件却找不着，而不需要装配的零部件却大量地占据仓库货位，既花钱又碍事。高库存与高缺货并存，给企业的生产和效率、效益造成极大的损害。所以迫使企业不得不下决心，停产来整顿库存。只有库存理顺了，库存结构合理了，生产线运转正常，才能够保证物资的供应，又降低了库存费用，提高了工作效率，提高了经济效益。

第二节 MRP技术的产生发展过程

一、概　述

1965年美国的J·A·奥列基博士（Dr Joseph A. Orlicky）提出独立需求和相关需求的概念，并指出订货点法只适用于独立需求物资。而企业内部的生产库存从整体看，应当属于相关需求。订货点法不适合于相关需求。由于市场需求是经常变化的，对各种物料的需求也是时时在变化，这其中既有独立性的需求，也有相关性的需求。不出现短缺和降低库存是生产中遇到的两个互相矛盾的目标，而且增加库存并不一定就能保证所有物料不出现短缺。正是为了解决这个矛盾，美国生产管理和计算机应用专家 OliverW. Wight 与 GeorgeW. Plosh 首先提出了物料需求计划 MRP。IBM公司首先在计算机上实现了 MRP 处理。自从20世纪60年代产生以来，MRP 经历了一个由基本 MRP（又叫 MRPⅠ）、到闭环 MRP、再到 MRPⅡ、再到 MRPⅢ的发展过程。这是一个丰富生动而波澜壮阔的发展历程。

二、对订货点技术的评价

从20世纪初直到60年代，订货点技术一直作为一种惟一的库存控制技术得到广泛深入的研究和应用，已经形成了一套完整的理论体系和应用方法体系。它的基本理论和基本方法一直到现在还仍然有生命力，甚至在后来发展起来的MRP技术中，也还借鉴应用了订货点技术的思想和方法。

（一）订货点技术的基本特点

1．不能预先确切知道用户未来的需求。究竟用户将来需要什么、要多少、什么时候要，我们预先都不能确切知道。在这种情况下，只能根据用户需求在以前和现在的情况以及将来发展变化的趋势进行预测，求出用户将来大概需要什么，需要多少，什么时候需要。

2．根据预测出的用户未来需求为依据，来制定订货策略，筹集物资资源，以预防性储备来等待日后用户的需求。

由于这些预测出来的需求不是用户确切的实际需求，所以它们不一定在将来实际发生，再加之在制定订货策略时，考虑预防偶然需求的发生和订货进货过程中因随机因素造成时间上的延误，都设立了一定的安全库存作为保险储备，而且用户服务水平定得越高，安全库存量也就会越高。所以整个订货点技术所设置的库存都是比较高的。如果用户需求能按预期的那样实现，则达到给定的用户满足水平是没有问题的。但是如果用户的需求不能按预期实现，则会造成库存长期积压，甚至变成“死库存”，使供应者蒙受较大的损失。在瞬息万变的市场经济条件下，后一种情况是经常发生的。

(二)订货点技术的优点

1. 它是至今能够应用于独立需求物资进行物资资源配置的惟一的方法。它能适用于未来需求不预先确切知道的情况，当然如果能够预先确切知道则更好。

2. 在用于未来需求不能预先知道的独立需求物资的情况时，可以满意地做到最经济有效地配置资源。既可以按一定的用户需求满足水平来满足用户需要，又能保证供应者的总费用最少。

3. 订货点技术特别的最大优点是操作简单、运行成本低。当订货点和订货策略一旦确定之后，只要随时检查库存，当库存下降到订货点，就发出订货，订一个订货批量。订货点技术的一个变化形式“双箱法”，操作还更简单：准备二箱相同体积的货箱，当第一箱销售完毕，打开第二箱货物开始销售时，就将第一个空箱拿去订货，订一满箱。箱子容量的大小，设计为第一箱订货回来时，第二箱刚刚接近销售完毕。

4. 订货点技术特别适合用于用户未来需求量连续且均匀稳定的情况。在这种情况下，它不但可以做到100%保证用户需要，而且可以实现零库存供应。这样不但使用户满足水平达到最高，总费用最省，而且操作起来最简单，运行成本最低。

订货点技术的最大缺点是它库存量太高，库存费用大，库存浪费的风险也大。这是由于需求的不确定性或不均匀性造成的。需求的不确定性，可能导致预测的需求不能如期实现，从而造成超期积压浪费，造成损失，这是可以理解的。而需求的不均匀性则不但造成积压浪费，还可能同时造成缺货。这可以从下面的例子看出(见表3—4—1)。

表　3—4—1

周次	1	2	3	4	5	6	7	8	9	10
需求量	20	0	0	0	20	0	0	0	0	20

假设预测出未来的平均周需求量为6个单位，订货提前期为1周，算出的订货点为10，订货批量为35。而实际发生的需求量如表3—4—1：第一周订货进货35，用去20，还剩15，第2、3、4周不需要，所以第一周剩下的15要空存放3周，到第5周却需要20，产生缺货量5，这一周库存量下降到订货点以下，要发出订货，订35，到第6周货物到达。这订进的35单位货物，又要空存放到第9周，第10周才有需求。可见这种不均匀的需求，既造成了积压，又造成了缺货，这是最不利的情况。

订货点技术的另一个缺点是它不适用于相关需求。即它在满足某个用户的需求时，不考虑它和别的需求的相关关系。因此企业内部生产各环节、各工序间的需求物料的配置供应，一般不能直接用订货点技术来完整地实现。

三、MRP的产生和发展过程

(一)生产过程的特点

在20世纪60年代，人们一直试图把订货点技术完整地应用到生产领域，解决企业内部生产过程各工序各环节的物资资源配置问题。但是除了可以运用经济订货批量方法来制定生产批量以外，其他的运用效果都不好。一般都出现库存量过高、积压和缺货并存，库存费用高，生产成本增大。

那么问题在哪里呢？问题不在订货点技术，而在生产过程自身的特点不适合于订货点技术的应用前提条件。那么生产过程有些什么特点呢？

1. 生产过程中需求的物料都是相关需求。任何一个工序需求的满足，都必须以同时保证其他各相关环节需求也都得到满足为条件。否则这个环节的需求就不可能得到满足。例如甲工序需要装配一台汽车，甲就要向乙工序要1台发动机、向丙工序要6个车轮、向丁工序要1个车桥……，而乙工序又要向其相关工序要1个发动机壳、1个主轴、1套齿轮等，只有所有这些工序所需要的物料都配套齐全地配置好，甲工序装配一台车才有可能。这里所谓配置好，除了品种系列要配置齐全外，还要在时间序列方面配置好。这里的时间概念特别重要,因为各个工序在时间上的相互依赖性很强,任何一个工序在时间上的延误,都将导致其后续所有工序的延误和整个系统的错乱。订货点技术不能够处理这样的需求。从前面一节的分析我们可以看到,订货点技术处理的需求都是单个、独立的,在时间上的限制也宽松得多,其配置的物资资源也是独立的,跟需求物资没有任何关系。

2. 生产过程各工序的需求都是预先能确切知道的,而且不能够轻易变动。各工序需要什么,需要多少,什么时候需要,都完全地由主生产进度计划和主产品的结构文件所决定。完全按计划生产,不要少,少了不能完成生产计划;也不要多,多了积压浪费,提高了生产成本。而订货点技术所处理的需求都是预先不能确切知道的,需要凭预测来估计,实际发生的需求量可以在一个相当宽的范围里变化。

(二)MRP的基本原理及特点

生产过程的上述特点,决定了其物资资源的配置,不能完全依靠订货点技术,要寻找新的库存控制技术。那么究竟找什么样的库存控制技术呢?

MRP基本的思想原理是,由主生产进度计划(MPS)和主产品的层次结构逐层逐个地求出主产品所有零部件的出产时间、出产数量,这个计划就叫做物料需求计划。其中,如果零部件靠企业内部生产的,需要根据各自的生产时间长短来提前安排投产时间,形成零部件投产计划;如果零部件需要从企业外部采购的,则要根据各自的订货提前期来确定提前发出各自订货的时间、采购的数量,形成采购计划。可以看出,物料需求计划 MRP 的特点有:

1. 需求的相关性。不但需求之间互相相关,需求和资源也互相相关;不但品种数量相关,需求时间也互相相关。

2. 需求的确定性。MRP 的需求都是根据主生产进度计划、主产品的结构文件、库存文件和各种零部件的生产时间或订货进货时间精确计算出来的,其需要的时间、需要的数量都是确切规定好了的,而且不能够改变。

3. 计划的精细性。MRP 计划有充分的根据,从主产品到零部件,从需求数量到需求时间,从出产先后到装配关系都做了明确的规定,无一遗漏或偏差。计划还全面规定和安排了所有的生产活动和采购活动。不折不扣地按照这个计划进行,能够保证主产品出产计划的如期实现。

4. 计算的复杂性。MRP 计划要根据主产品出产计划、主产品结构文件、库存文件、生产时间和采购时间把主产品的所有零部件的需要数量、需要时间、先后关系等准确计算出来,其计算量是非常庞大的。特别当主产品复杂、零部件数量特别多时,如果用人工计算,简直不可想像。幸好当时已经有了计算机,才使得这个工作才有了可能性。所以 MRP 的产生,计算机的应用也是其重要原因之一。

(三)MRP 的优缺点

MRP 的优越性是很明显的,由于进行了精密的计划和计算,实现了物资资源最有效的配置,使所有需要的物资按适当的量在适当的时间到达它正好需要的位置。一般不会产生超量的在制品库存,如果愿意可以实现在制品的零库存。至于采购品,从经济订货批量考虑,没有必要一定要追求零库存。这样可以大大节约库存费用,降低生产成本。

MRP 除了能最经济有效地配置物资资源以外,还有利于促进企业提高管理水平。因为运行 MRP 要求输入的信息多、操作规范、时间观念很强、系统性强,这些都要求企业加强系统化、信息化、规范化管理,提高企业素质,提高管理水平。

MRP 的主要问题就是操作复杂、运行成本高。运行一个 MRP 系统,视系统复杂程度的不同,运行时间可以达到十几个甚至几十个小时。系统对企业的管理基础和企业素质要求高,而且运行 MRP,有动辄牵动全局、推倒重来的可能,对生产、企业可能一下子就产生重大变动。

人们在研究和应用物料需求计划(基本 MRP)的过程中,也逐渐地发现了它的局限性。主要有:

1. MRP 只立足于物料的需求,产生了详尽的物料需求计划,而对于企业能不能完成这个物料需求计划是不管的。所以常常会出现有的物料出产计划没有能力完成,而有的生产能力又闲置而不能被用上,很容易出现生产能力的紧张短缺与闲置浪费并存的局面。这对企业的经济效益是不利的。

2. MRP 的执行结果没有能及时反馈回来。一大堆的生产任务单、采购任务单出去,可是没有执行的结果。应该有执行的结果,在制品的数量、库存量,外购品的库存量应该发生变化,而且这些变化应该反映到原来的MRP系统中。

(四)MRPⅡ的产生与发展

20世纪70年代中后期人们根据MRP存在的这些问题,进一步改进MRP,研究开发出闭环MRP。

闭环MRP的基本思想就是在原非闭环MRP的基础上,做了3个方面的改进:

1. 加进了能力需求与调整功能,制定出物料需求计划的同时,还制定出合适的能力需求计划,保证物料需求和生产能力的平衡。

2. 将库存文件变成了库存管理。库存管理不光提供库存状态数据,还进行物料入库和出库登记、统计等工作。

3. 将制造任务单和采购订货单进一步向前延伸,分别进入车间作业管理SFC(Shop Floor Control)和物料采购计划,并把车间制造出来的产品信息和采购部门执行采购计划的结果信息反馈到库存管理,增加了闭环的信息反馈功能。

闭环MRP产生以后,人们在闭环MRP的研究和应用中,发现闭环MRP虽然比原来非闭环的MRP好多了,但还是有不够完美的地方。主要表现在:

1. 闭环MRP主要只考虑了物料的需求和加工能力,在物资的生产加工和满足需求方面是没有问题了。但是作为企业一个很重要的方面的财务信息却没有考虑。它没办法反映企业的资金和成本。而生产系统是企业资金占用和成本的主体,这一部分不能反映出来,对企业的管理和决策都是很不方便的。虽然企业财务系统可以研制另外的软件,但是生产系统的很多数据就不能共享,财务系统的数据就得另外单独输入、重复输入,这也影响了工作效率。

2. 闭环MRP和原来非闭环的MRP一样,都是从主生产进度计划MPS开始的,但是主生产进度计划是由企业的年度生产计划来的,年度生产计划规定了企业在计划年度内应生产的品种、规格、数量和交货期限。主生产进度计划则是根据企业现有生产能力的分布状况把年度生产计划中规定的任务在全年的整个时间范围内合理搭配排产,安排好生产进度。闭环MRP依据的就是这个已经安排好了生产进度的主生产进度计划。它没有把此前的年度生产计划的产生、年度生产计划转变成主生产进度计划等工作包括在系统之中,这些工作要另外靠人工去完成。而这些工作不但非常重要,而且用人工处理又是很繁重的。年度生产计划是企业年度经营计划的重要组成部分,它要和经营计划中其他各项专业计划进行协调与综合平衡,包括利润计划、销售计划、成本计划、财务计划、物料供应计划、劳动工资计划、新产品开发计划、技术改造计划等;编制年度生产计划还要依据企业的经营计划、市场预测的结果、已经签订的订货合同;还要根据企业现有的资源和实力状况等。其中企业经营计划又有年度经营计划和中长期的经营规划。所以从制定中长期经营规划,到制定年度经营计划,到制定年度生产计划,再到制定主生产进度计划,其中需要大量的信息、分析、计算和决策,对企业又是特别重要的。不把这样重要而又繁重的工作纳入MRP系统处理之中,是闭环MRP的一个缺陷,也是闭环MRP特别需要改进的地方。

如果在闭环MRP的基础上,把企业的年度生产计划和企业经营计划等功能加上去,又把企业财务功能也加上去,这样随着生产业务的发生,生产活动的成本和资金占用(例如往来账)等账目也能同时出来。不但可以做到数据高度共享、避免重复输入、提高数据的准确性、降低运行成本、提高工作的效率。而且可以将MRP系统变成一个较完整的、集成的企业管理信息系统,这样MRP系统也就更完美了,对企业的意义也就更大了。

20世纪70年代末80年代初,一些专家正是根据这样一个思路,又在闭环MRP的基础上,经过进一步的改进,研制开发出一个新的系统,把它叫做制造资源计划(Manufacturing Resource Planning)。这个制造资源计划,按英文缩写起来,也是MRP,为了和原来的MRP(Material Requirement Planning)相区别,则把制造资源计划叫做MRPⅡ,意味着它是第二代的MRP系统。

在MRPⅡ的基础上,增加了及时生产(JIT)、专家系统、并发技术等内容,使工程设计、工艺设计、工程管理、生产制造等功能有机地结合在一起。人们把它叫做 MRPⅢ。MRPⅢ把生产计划技术 MRPⅡ和工艺流程设计、工程设计、智能决策等进一步集成起来,进一步加强了库存控制技术的功能和技术含量,登上了一个更高的台阶。

第三节　物料需求计划(MRP)

这一节里的 MRP 都是指基本 MRP,即物料需求计划的 MRP。它是后面将要研究的闭环 MRP 和 MRPⅡ的核心和基础,而且其基本思想方法和基本功能前后都是相同的。所以我们在这里重点地做详细研究,在后面的闭环 MRP 和 MRPⅡ中就不再重复了。

一、MRP 的原理

MRP基本的思想原理是,由主生产进度计划(MPS)和主产品的层次结构逐层逐个地求出主产品所有零部件的出产时间、出产数量。其中,如果零部件是靠企业内部生产的,需要根据各自的生产时间长短来提前安排投产时间,形成零部件投产计划;如果零部件需要从企业外部采购的,则要根据各自的订货提前期来确定提前发出各自订货的时间、采购的数量,形成采购计划。确实按照这些投产计划进行生产和按照采购计划进行采购,就可以实现所有零部件的出产计划的实现,从而达到物资资源合理配置的目的,保证主产品出产的需要。

MRP 的逻辑原理如图 3—4—1 所示。由图中可以看出,物料需求计划 MRP 是根据主生产进度计划(MPS)、主产品的结构文件(BOM)和库存文件而形成的。

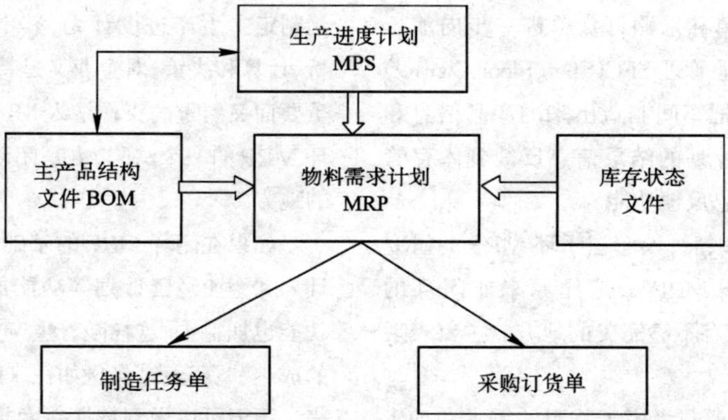

图 3—4—1　MRP 逻辑原理图

主产品就是企业用以供应市场需求的产成品。例如汽车制造厂生产的汽车,电视机厂生产的电视机,都是各自企业的主产品。

主产品的结构文件 BOM(Bill Of Materials)主要反映出主产品的层次结构、所有零部件的结构关系和数量组成。根据这个文件,可以确定主产品及其各个零部件的需要数量、需要时间和它们相互间的装配关系。

主生产进度计划 MPS(Master Production Schedule),主要描述主产品及由其结构文件 BOM 决定的零部件的出产进度,表现为各时间段内的生产量,有出产时间、出产数量,或者装配时间、装配数量等。

产品库存文件,包括了主产品和其所有的零部件的库存量、已订未到量和已分配但还没有提走的数量。制定物料需求计划有一个指导思想,就是要尽可能减少库存。产品优先从库存物资中供应,仓库中有的,就不再安排生产和采购。仓库中有但数量不够的,只安排不够的那一部分数量投产或采购。

由物料需求计划再产生产品投产计划和产品采购计划,根据产品投产计划和采购计划组织物资的生产和采购,生成制造任务单和采购订货单,交制造部门生产,或交采购部门去采购。

在这个过程中,制定物料需求计划,并从而产生投产计划和采购计划的过程,就是库存控制的过程。

基本 MRP 的基本任务,就是组织一个与动态的时间需求相匹配的物资资源配置。这个需求流的突出特点是，它既有空间相关性，又有时间相关性。在空间上，它有等级层次结构关系和装配关系；在时间上，他们各自的需求量又都是时间的函数，即在时间序列的各个点上，都可能取不同的值。

由于需求流是时间的函数，所以 MRP 中所有的主要变量都是时间的函数。例如，主产品产出进度、库存量、净需求量等都是时间的函数，而且时间单位都是相同的。所有在问题中跟时间有关的变量，如计划订货、订货提前期等都也采用相同的时间单位。MRP 的时间单位一般为周。

二、MRP 处理

基本 MRP 的具体做法是根据主生产进度计划、主产品的结构文件和库存文件求出其所有零部件的生产时间、生产量或订货时间、订货量。

（一）MRP 输入

MRP 的输入有 3 个文件：

1．主生产进度计划 MPS

一般是主产品的一个产出时间进度表，主产品是企业生产的用以满足市场需要的最终产品，一般是整机或具有独立使用价值的零件、部件、配件等。它们一般是独立需求产品，靠市场的订货合同、订货单或市场预测来确定其未来一段时间（一般是一年）的总需求量，包括需求数量、需求时间等。把这些资料再根据企业生产能力状况经过综合调配平衡，然后具体分配到各个时间单位中去。这就是主产品产出进度计划。这个主产品出产进度计划是 MRP 系统最主要的输入信息，也是 MRP 系统运行的主要依据。

主产品出产进度计划来自企业的年度生产计划。年度生产计划覆盖的时间长度一般是一年，在 MRP 中用 52 周来表示。但是主产品的出产进度计划可以不一定是一年，要根据具体的主产品的出产时间来定。但是有一个基本原则，即主产品出产进度计划所覆盖的时间长度要不少于其组成零部件中具有的最长的生产周期。否则，这样的主产品出产进度计划不能进行 MRP 系统的运行，因此是无效的。

例如有一个产品出产计划表如表 3—4—2 所示。

表 3—4—2　产品 A 的出产进度表

时期(周)	1	2	3	4	5	6	7	8
产量(件/周)	25	15	20		60		15	

2．主产品结构文件 BOM

它不简单地是一个物料清单，它还提供了主产品的结构层次、所有各层零部件的品种数量和装配关系。一般用一个自上而下的结构树表示。

每一层都对应一定的级别，最上层是 0 级，即主产品级，0 级的下一层是 1 级，对应主产品的一级零部件，这样一级一级往下分解，……一直分解到最末一级（n 级），一般是最初级的原材料或者外购零配件。每一层各个方框都标有 3 个参数：(1)组成零部件名；(2)组成零部件的数量，指构成相连上层单位产品所需要的本零部件的数量；(3)相应的提前期。所谓提前期，包括生产提前期和订货提前期。所谓生产提前期，是指从发出投产任务单到产品生产出来所花的时间。而订货提前期是指从发出订货到所订货物采购回来入库所花的时间。提前期的时间单位要和系统的时间单位一致，也以“周”为单位。有了这个提前期，就可以由零部件的需要时间而推算出投产时间或采购时间。

例如图 3—4—2 给出了主产品 A 的结构树图。它由 2 个部件 B 和 1 个零件 C 装配而成，而部件 B 又由一个外购件 D 和一个零件 C 装配而成。A、B、C、D 的提前期分别是 1、1、3、1 周，也就是说，装配一个 A 要 1 周时间（装配任务要提前一周下达），装配一个 B 要提前 1 周下达任务单，生产一个 C 要提前 3 周下达任务单，而采购一个 D 要提前一周发出订货单。A 产品结构分成 3 层，A 为 0 层（$n=0$），B、C 为 1 层（$n=1$），D、C 为 2 层（$n=2$）。

图 3—4—2 所画的结构树虽然没有错，而且可以直观地看出主产品的结构层次。但是根据这个结构树，同样的零件 C 在不同的层次上要分别计算一次，容易造成混乱和重复计算，给计算机运行带来麻烦。所以为了计算机计算的方便，常常把在几个层次上都有的同样的零部件，都统一取其最低的层次号，画到它所在的最低层上。如图 3—4—3 的 C 零件。这也是画主产品结构图的小技巧。

3．库存文件

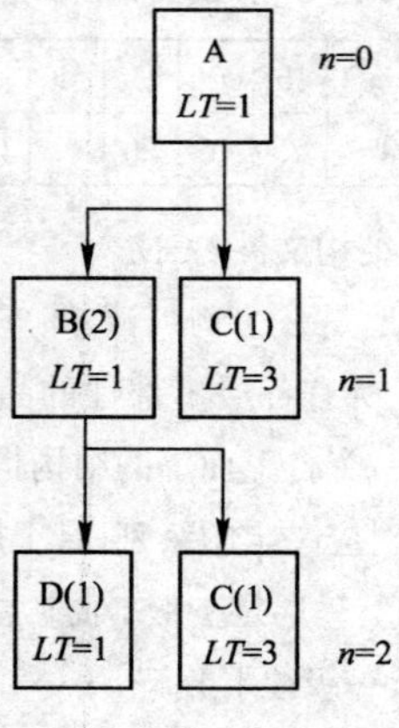

图 3—4—2 产品结构树

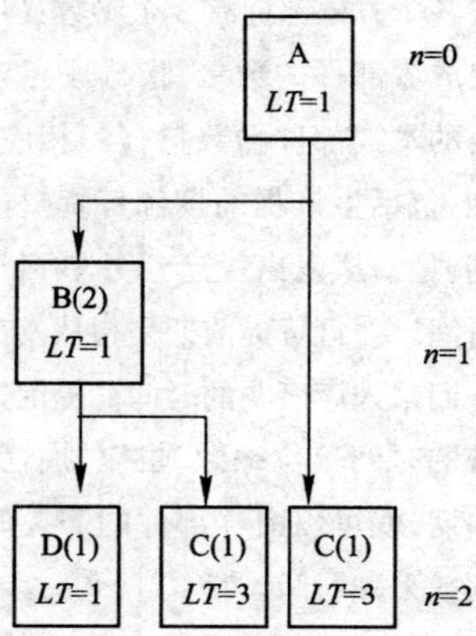

图 3—4—3 A 产品结构树调整

库存文件也叫库存状态文件。它包含有各个品种在系统运行前的期初库存量的静态数据，但它主要提供并记录 MRP 运行过程中实际库存量的动态变化过程。由于库存量的变化，是与系统的需求量、到货量、订货量等各种数据变化相联系的，所以库存文件实际上提供和记录各种物料的所有各种参数随时间的变化。这些参数有：

(1)总需要量：是指主产品及其零部件在每一周的需要量。其中主产品的总需要量与主生产进度计划一致，而主产品的零部件的总需要量根据主产品出产进度计划和主产品的结构文件推算而得出的。

总需要量中，除了以上生产装配需要用品以外，还可以包括一些维护用品，如润滑油、油漆等。既可以是相关需求，也可以是独立需求，合起来记录在总需要量中。

(2)计划到货量：是指已经确定要在指定时间到达的货物数量。它们可以用来满足生产和装配的需求，并且会在给定时间点实际到货入库。它们一般是临时订货、计划外到货或者物资调剂等得到的货物，但不包括根据这次 MRP 运行结果产生的生产任务单生产出来的产品和或根据采购订货单采购回来的外购品。这些产品由下面的“计划接受订货”来记录。

(3)库存量：是指每个周库存物资的数量。由于在一周中，随着到货和物资供应的进行，库存量是变化的，所以周初库存量和周末库存量是不同的。因此规定这里记录的库存量都是周末库存量。它在数值上有如下关系：

库存量 = 本周周初库存量 + 本周到货量 − 本周需求量 = 上周周末库存量 + 本周计划到货量 − 本周需求量。

另外在开始运行 MRP 以前，仓库中可能还有库存量，叫期初库存量。MRP 运行是在期初库存量的基础上进行的，所以各个品种的期初库存量作为系统运行的重要参数必须作为系统的初始输入而输入到系统之中。

库存量是满足各周需求量的物资资源。在有些情况下，为了防止意外情况造成的延误，还对某些关键物资设立了安全库存量，以减少因紧急情况而造成的缺货。在考虑安全库存的情况下，库存量中还应包含安全库存量。

表 3—4—3 给出了一个库存文件的例子。这是 A 产品的库存文件。根据主产品出产进度计划(见表 3—4—2)输入它在各周的总需要量，又输入它在各周的计划到货量(第 1、3、5、7 周分别计划到货 10、15、75、15 件)，再输入 A 产品在 MRP 运行前的期初库存量(20)。这些就是关于 A 产品的 MRP 输入的全部数据。

表 3—4—3 A 产品的库存文件

项目:A(0 级)	周 次							
提前期:1	1	2	3	4	5	6	7	8
总需要量	25	15	20		60		15	
计划到货量	10		15		40		50	
现有库存量	20	5	−10	−15	−15	−35	−35	0
净需要量	0	10	5	0	20	0	0	0
计划接受订货		10	5		20			
计划发出订货	10	5		20				

MRP输入完毕后，MRP系统会自动计算出各周的库存量、净需求量、计划接受订货量和计划发出订货量，形成如表3—4—3的结果。

以上3个文件是MRP的主要输入文件。除此以外，为运行MRP还需要有一些基础性的输入，包括物料编码、提前期、安全库存量等。这些在后面会说到。

(二)MRP输出

MRP输出，包括了主产品及其零部件在各周的净需求量，计划订货接受和计划订货发出3个文件。

1. 净需求量

净需求量，是指系统需要外界在给定的时间提供的给定物料的数量。这是物资资源配置最需要回答的主要问题，即到底生产系统需要什么物资，需要多少，什么时候需要。净需要量文件很好地回答了这些问题。不是所有零部件每一周都有净需求的，只有发生缺货的周才发生净需要量，也就是说某个品种某个时间的净需要量就是这个品种在这一个时间的缺货量。所谓缺货，就是上一周的期末库存量加上本期的计划到货量小于本期的总需要量。净需要量的计算方法是：

本周净需要量＝本周总需要量－本周计划到货量－本周周初库存量＝

本周总需要量－本周计划到货量－上周周末库存量。

MRP在实际运行中，不是所有的负库存量都有净需求量的。求净需求量可以这样简单地确定：在现有库存量一栏中第一个出现的负库存量的周，其净需求量就等于其负库存量的绝对值。在其后连续出现的负库存量各周中，各周的净需求量等于其本周的负库存量减去前一周的负库存量的差的绝对值。

2. 计划接受订货量

它是指为满足净需要量的需求，应该计划从外界接受订货的数量和时间。它告诉人们，为了保证某种物资在某个时间的净需求量得到满足，人们提供的供应物资最迟应当在什么时候到达，到达多少。这个参数的用处，除了用于记录满足净需求量的数量和时间之外，还为它后面的参数“计划发出订货”服务的，是“计划发出订货”的参照点(二者数量完全相同，时间上相差一个提前期)。计划接受订货的时间和数量与净需要量完全相同。

计划接受订货量＝净需要量

3. 计划发出订货量

计划发出订货量是指发出采购订货单进行采购、或发出生产任务单进行生产的数量和时间。其中发出订货的数量，等于“计划接受订货”的数量，也等于同周的“净需求量”的数量。计划发出订货的时间是考虑生产或订货提前期，为了保证“计划接受订货”或者“净需要量”在需要的时刻及时得到供应，而提前一个提前期而得到的一个时间。即：

计划发出订货时间＝计划接受订货时间－生产(或采购)提前期＝净需求量时间－生产(或采购)提前期

因为MRP输出的参数是直接由MRP输入的库存文件参数计算出来的，所以为直观起见，总是把MRP输出与MRP库存文件连在一起，边计算边输出结果。例如表3—4—3就列出了A产品的MRP运行结果。其运行过程如下：

首先根据MRP输入的库存文件计算出A产品各周的库存量。本周库存量＝上周库存＋本周计划到货订货－本周总需求。本周库存量都是指周末库存量，它可以为正数、负数和0。

然后MRP系统就计算和输出各周的净需要量。只有那些库存量为负数的周才有净需要量。净需要量的计算方法是：第一次出现的负库存量(－10)的周(第二周)的净需要量就等于其负库存量的绝对值(10)，其紧接在后面的负库存量的周(第三周)的净需要量就等于本周的负库存量(－15)减去上一周的负库存量(－10)所得结果的绝对值(5)。同样算出第五周净需求量为20，第4、6、7、8周的净需要量为0。

接着MRP系统就计算和输出计划接受订货量，它在数量和时间上都与净需要量相同，如表3—4—4，第二周接受10，第三周接受5。计划接受订货量满足净需求量，而计划到货量满足部分总需要量。二者合起来，就完全满足了总需要量。

最后MRP系统就计算和输出计划发出订货量，它是把计划接受订货量(或净需要量)在时间上提前一个提前期(这里是1周)、订货数量不变而形成的，如表，第一周发出10个的订货单，第二周发出5个的订货单。这就是 MRP 最后处理的结果。它最后给出的是发出的一系列订货单和订货计划表。

表 3—4—4　A 产品的订货计划表

项目:A(0 级)	周次							
提前期:1	1	2	3	4	5	6	7	8
计划发出订货	10	5		20				

(三)MRP 处理过程

MRP 整个处理过程可以用图 3—4—4 所示的流程图表示。整个过程可以分成以下几步:

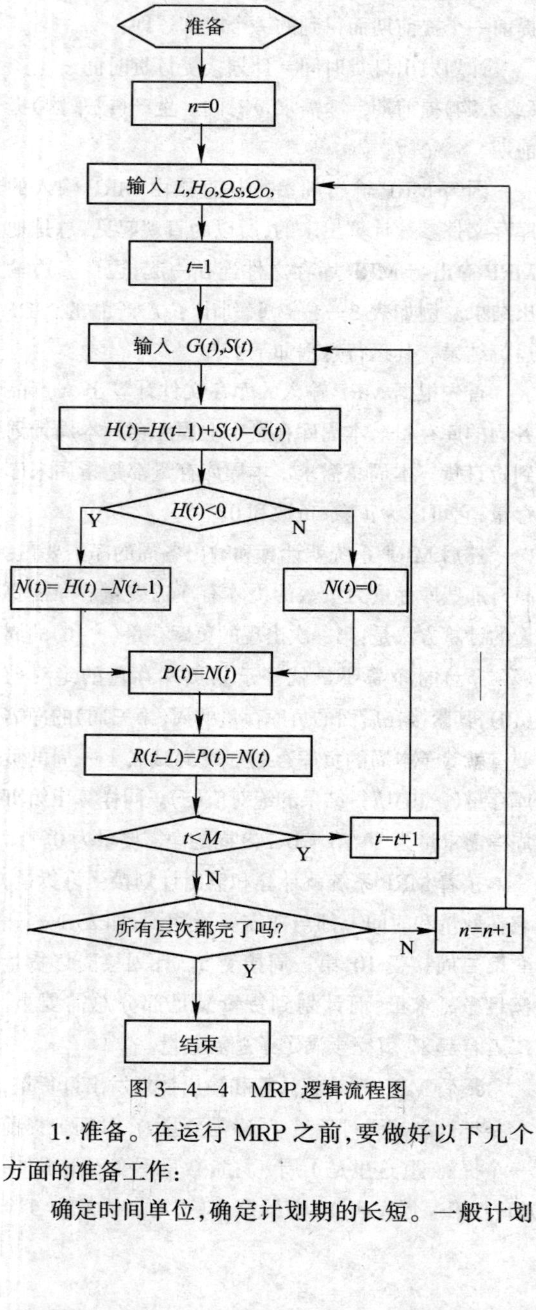

图 3—4—4　MRP 逻辑流程图

1．准备。在运行 MRP 之前,要做好以下几个方面的准备工作:

确定时间单位,确定计划期的长短。一般计划期可以取 1 年,时间单位取为周,则计划期就是 52 周。当然时间单位也可以取天,计划期可以取任意的天数。在这里,我们取时间单位为周,计划期长度为 M 周。

确定物料编码,包括主产品和零部件的编码。

确认主产品出产进度计划 MPS,它被表示成主产品各周的出产量。

2．确认主产品的结构文件 BOM,它被表示成:具有层级结构的树形图。由主产品(0 级)开始,逐层分解成零部件,直到最后分解到最低层(设为 n 级)——初级原材料或外购零配件为止。每个组成零部件都要标明零部件名、单个上层零部件所包含本零部件的数量和本零部件的生产(或采购)提前期。每一层都要标明层号(也叫层级码)。

3．除了主产品(一般为独立需求)及其零部件(一般为相关需求)外,还有些辅助生产用品、维护和维修用品等需要外购的用品,可以作为独立需求按实际需要量直接列入 BOM 的最低层,参与共同的物料需求计划。

准备好主产品及其所有零部件的库存文件,特别是各自的期初库存量,计划到货量。有些物资,特别是长距离、难订货的物资还要考虑安全库存量、订货批量和订货点等。

4．首先从层级码等于 0 的主产品开始,依次取各级层级码的各个零部件,进行如下处理:

(1)输入提前期 L、期初库存量 H_0。(有些物资还要输入订货点 Q_K、订货批量 Q_0、安全库存量 Q_S 等。)

(2)对于每一个时间单位 t(周),输入或计算下列参数:

①输入或计算出产进度计划 $G(t)$;

②输入计划到货量 $S(t)$;

③计算库存量 $H(t)$:$H(t)=H(t-1)+S(t)-G(t)$;

④求出净需求量 $N(t)$:

当 $H(t)<0$、而 $H(t-1)<0$ 时,$N(t)=|H(t)-H(t-1)|$;

当 $H(t)<0$、而 $H(t-1)\geqslant 0$ 时,$N(t)=|H(t)|$;

当 $H(t)\geqslant 0$ 时，$N(t)=0$。

⑤计算计划接受订货量 $P(t)$：$P(t)=N(t)$；

⑥计算并输出计划发出订货量 $R(t-L)$：$R(t-L)=P(t)$。

(3)输出计划发出订货量 $R(t-L)$。这是每一个零部件发出的订货单，包括订货数量、订货时间，包括交各车间加工制造的生产任务单，也包括交采购部门采购的采购订货单。它们按时司整理起来就是一个物料订货计划，也就是一个物料需求计划。

下面通过例子来说明。

例 1. 就以表 3—4—2 作为主产品出产进度计划 MPS、图 3—4—2 作为主产品结构文件 BOM、表 3—4—3 作为库存文件的 A 产品为例进行计算。时间单位为周，计划期长 8 周。其中相同的零部件取其最低层级码，构造新的结构图如图 3—4—3。

先从层级码为 0 的主产品 A 算起。其提前期为 1 周，期初库存量为 20。根据其 $G(t)$、$S(t)$进行 MRP 运算的结果如表 3—4—4。

再算层级码为 1 的部件 B。一个主产品 A 由 2 个部件 B 和一个零件 C 构成。B 的期初库存量为 10，提前期为 1 周。

根据表 3—4—4，A 产品在第 1、2 和 4 周计划发出生产订货任务单，分别订 10、5、20 个 A 产品，也就是要在 1.2.4 周分别要 20、10、40 个 B 部件。由于 B 的期初库存量只有 10，而第一周总需要量需要 20，且订货提前期要 1 周，所以来不及按正常订货来满足，只有采取紧急订货，实现第一周计划到货量 10，来满足第一周总需要量。算出第 2、4 周的净需要量分别为 10 和 40。第 1、3 周分别计划发出订货量 10 和 40。计算结果如表 3—4—5。

表 3—4—5　B 产品的 MRP 运行结果

项目:B(1 级)		周次							
提前期:1		1	2	3	4	5	6	7	8
总需要量		20	10		40				
计划到货量		10							
库存量	10	0	-10	-10	-50				
净需要量			10		40				
计划接受订货			10		40				
计划发出订货		10		40					

算完第 1 级，再算第 2 级(层级码 $n=2$)。第二级有一个外购件 D 和一个零件 C。一个 B 由一个 D 和一个 C 构成。D 提前期为 1 周。期初库存量为 5，第一周计划到货量 10，同样计算得表 3—4—6。第二周发出采购订货单 35 件。

再算第二级的另一个零件 C。其期初库存量为 0、提前期为 3 周。第一周计划到货量 70。一个 A 由一个 C、一个 B 由一个 C 构成。由表 3—4—5 可知，第 1、3 周分别需要 B 部件 10 件和 40 件，因此需要 C 也为 10 和 40 件。又由表 3—4—4 知，A 产品 1、2、4 周分别发出订货 10、5、20 件，因而需要 C 也为 10、5、20 件。这样 C 的总需求量合起来为：第一周 20，第二周 5，第三周 40，第四周 20。同样计算的结果如表 3—4—7 所示。第一周就要发出 C 零件的生产订货任务单 15 件。

表 3—4—6　D 产品的 MRP 运行结果

项目:D(2 级)		周次							
提前期:1		1	2	3	4	5	6	7	8
总需要量		10		40					
计划到货量		10							
库存量	5	5	5	-35	-35	-35	-35	-35	-35
净需要量				35					
计划接受订货				35					
计划发出订货			35						

表 3—4—7　C 产品的 MRP 运行结果

项目:C(1 级)		周次							
提前期:3		1	2	3	4	5	6	7	8
总需要量		20	5	40	20				
计划到货量		70							
库存量	0	50	45	5	-15	-15	-15	-15	-15
净需要量					15				
计划接受订货					15				
计划发出订货		15							

根据以上的运行，可以得出为按计划出产产品 A 而需要的物料订货计划，或者物料需求计划，如表 3—4—8。

表 3—4—8 出产 A 所需要的物料订货计划

物 料	周 次							
	1	2	3	4	5	6	7	8
B	10		40					
C	15							
D		35						

(四)MRP 处理的几点说明

1. 计划期的长短和时间单位的确定:原则上,MRP 计划期的长短没有任何限制,可以长达几年、十几年、也可以短到一周、几天。只不过计划期长的话,MRP 由于计算量大,运行时间要长一些而已。但是,笔者认为,如果不是特别需要,MRP 运行的计划期不要追求太长。这是因为,MRP 生成的物料需求计划本身是一种生产作业计划,它主要属于近期或短期计划,市场的变化、企业生产条件的变化是经常发生的,不可能较长时间不变,企业需要不断根据变化的情况随时调整生产作业计划,生产任务的安排、订货计划的进行不可能规定到长久不变;MRP 生成的物料需求计划又是一种相当具体、严格而又涉及全面的计划,只有生产系统的全体、包括订货部门的全体都严格按照物料需求计划执行,生产系统才能正常运行,只要有一个部门,一个环节执行计划发生一周的延误,就会造成整个生产系统的错乱甚至停止。这样全体人员大面积、长时间、固定不变的作业计划也是很难做到的。根据这样的考虑,MRP 运行的计划期不宜太长。但是也不宜太短,短了物料需求计划就产生不出来。确定 MRP 计划期长度的一个基本原则是要大于主产品所有零部件中提前期最长的生产提前期或订货提前期的长度,在这个前提下计划期尽量短一点。一般 1 个月、2 个月或 3 个月为好。

MRP 的时间单位一般以周为单位,也可以以天为单位,长的也可以以月为单位。根据生产作业计划的特点,不可能以小时、分、秒为单位。时间单位越长,则 MRP 运行时间会越短,但是作出的计划越粗糙。时间单位越短,MRP 运行时间会越长,但计划越精细。以天为单位,本来是比较好的,但是以天为单位,则每天要把库存信息、订货信息反映到 MRP 系统中来,做到数据每天更新,这在现在也能做到,但是工作量很大。所以较现实一点,还是以周为时间单位为好。

2. 订货批量处理:前面所举的例子还没有提出订货批量的概念,在那里净需要量是多少也就把订货批量取为多少,这是按需要量订货,叫需要批量订货(Lot-for-Lot-Ordering)。这只是订货批量的一种,订货批量有好几种,它们可以分为固定订货批量和非固定订货批量二大类,它们在订货批量的处理上是不相同的:

(1)固定订货批量:有些物资采用在各个时间阶段的订货都采用相同的订货批量。这个订货批量是根据某种原则或现实情况而确定的。例如:(1)多品种轮番批量生产方式下生产批量;(2)按 EOQ 公式确定的经济订货批量;(3)按照包装或运输的规定而整箱整包的订货等。

在采用固定订货批量订货时,订货批量一般采取以下办法,使得总订货量与净需求量之和大致相等:当需要量小于固定订货批量时,或按固定订货批量订货,或不订;净需要量等于固定订货批量时,按固定订货批量订货;净需要量大于固定订货批量时,按固定订货批量的倍数订货。

很显然这样做的结果,就像订货点技术一样,可能造成库存积压太高、有时还可能出现缺货的问题。怎么样使库存积压最小而又减少缺货,就要在这里多动脑子。要在满足水平和库存费用之间作一个权衡,要用到在订货点技术中常用的一些方法原理,采取适当的订货策略。

(2)非固定的订货批量。常用的如:

①需要批量订货:按净需求量的多少订货,净需求量多就多订;净需求量少就少订,订货批量是随时变化的。

②固定周期批量:固定周期一般包含多个时间单位,订货批量等于固定周期内的各个净需求量之和。由于各个时间单位中,净需求量不等,所以订货批量也是变化的。

在非固定订货批量情况下,比较容易实现总订货量等于总需求量。可以实现库存积压少,而满足程度高。

下面举例说明固定订货批量的处理。

例 2. 若产品 A 由 3 个 B 和 1 个 C 构成,每周需出产A产品20件。C除满足装配A产品外,每周还有5件生产维护用途的需要量。计划期取8周。B的现有库存量为205,提前期为2周,第四周有一个40件的计划到货量,固定批量为40;C的现有库存量为50件,提前期为3周,第五周有一个50件的计划到货量,固定批量为50。求B和C的订货计划。

处理过程见表3—4—9。

表3—4—9　A产品的需求计划

项目:A(零级)	周次							
提前期:0	1	2	3	4	5	6	7	8
总需要量	20	20	20	20	20	20	20	20
计划接受订货	20	20	20	20	20	20	20	20
计划发出订货	20	20	20	20	20	20	20	20

↓3×A

项目:B(1级)

订货批量:40

提前期:2		1	2	3	4	5	6	7	8
总需要量		60	60	60	60	60	60	60	60
计划到货量					40				
库存量	205	145	85	25	5	−55	−115	−175	−235
净需要量		0	0	0	0	55	60	60	60
计划接受订货						80	40	80	40
计划发出订货				80	40	80	40		

↓1×A+5

项目:C(1级)

订货批量:50

提前期:3		1	2	3	4	5	6	7	8
总需要量		25	25	25	25	25	25	25	25
计划到货量				50					
库存量	50	25	0	25	0	−25	−50	−75	−100
净需要量		0	0	0	0	25	25	25	25
计划接受订货						50	50		
计划发出订货			50		50				

由表3—4—9中可以看出,产品B第五周的净需求量为55,大于固定订货批量40,所以订货批量取二倍固定订货批量80;第六周净需求量为60,也大于订货批量40,但这时如取2倍订货批量就太大了,因为第五周进货了80;到期末还有库存25。第六周需要60,只缺35。所以第六周只订一个固定批量40就可以了,合计订货量大致等于净需求量之和。同理第七、第八周分别订80和40。产品C的订货批量,第5、7周大于净需求量,取1倍固定订货批量,而第6、8周小于净需求量,取0倍固定订货批量。这就使得总订货量等于总需求量。

3. 安全库存和订货点:在MRP系统中,如果采用按净需求批量订货,并且保证按照物料需求计划不折不扣地执行,就不需要设置安全库存。实际上这种理想情况很难出现,即使是人们努力严格按照物料需求计划执行,也免不了会出现一些意外事故,和随机发生的不确定性,从而造成订货的延误,所以还是要设置安全库存。如果采用固定订货批量订货,则由于订货批量的限制,出现有时多订有时少订,总订货量不等于总需求量的现象,从而造成缺货。这时为减少缺货的发生,更有必要设置安全库存。

安全库存量的大小应当根据净需求量序列的离散特性进行统计分析来确定。其分析方法的原理是和订货点技术中安全库存量的求法原理一致的。安全库存量 Q_S 可以用下式计算:

$$Q_S = \alpha\sigma_D$$

α 是安全系数,σ_D 是需求量的标准偏差。

式中,D_i 是第 i 周的需求量,D_P 是各周的平均需求量。

当然安全库存量也可以根据实际情况进行经验估计或者主观确定,也不一定要非常精确,只要基本能保证不缺货而又比较节省就可以。

以前的研究者认为,在MRP运行中,是否发出订货,是取决于库存量是否下降到安全库存量以下。在MRP表中,特意列出安全库存量数值作为判别标准。笔者认为,如果考虑安全库存量和固定订货批量,实际上存在3种处理方法:

(1)看库存量是否下降到安全库存量以下;

(2)看库存量是否下降到了订货点以下;

(3)库存量下降到缺货的时候,以进补缺。

在第一种处理方式下,列出安全库存量和订货批量。当库存量下降到安全库存量时就接受一个批量的订货。在第二种方式下，可以不列出安全库存量，但是要列出订货点，当库存量下降到订货点时，就接受一个批量的订货。订货点 Q_K 和安全库存量 Q_S 的关系是相差一个平均需求量 D_P：

$$Q_K = D_L + Q_S = D_L + \alpha\sigma_D$$

当净需求量是均匀恒定的序列时，标准偏差为0，安全库存量为0，这时订货点就等于平均需求量。当净需求量离散性大，标准偏差也就大，安全库存量也就要求大，这时订货点就等于平均需求量再加上安全库存量。

要注意的是，在考虑订货点和安全库存量来进行MRP运算时，表格的基本格式和运行规则都要相应发生变化。主要有3点不同：

(1)在表头部分，除列出产品名、层级码、提前期外，还明确列出订货点和订货批量，或安全库存量和订货批量。

(2)原来意义的库存量和净需求量2个参数已经没什么用，可以不要了。增加一个参数，叫“接受订货以后的实际库存量”，简称“订货后库存量”。主要用它记录本周接受订货以后经过本周销售到周末的实际库存量。每周的订货后库存量如下计算：

本周订货后库存量 = 上周订货后库存量 +

本周计划到货量 + 本周计划接受订货量 − 本周需求量

(3)在这种情况下，订货决策不是依据净需求量的大小，而是依据本周“周初接受订货以前的库存量”(简称“订货前库存量”)是否下降到订货点或安全库存点以下。注意订货前库存量和订货后库存量不同，订货前库存量都是指周初、还没有接受订货的库存量，而订货后库存量都是指周末、已经接受订货并且销售消耗了一个星期的库存量。订货前库存量等于：

本周订货前库存量 = 本周订货后库存量 − 本周接受订货量 − 本周总需求量 = 上周订货后库存量 + 本周计划到货量。

如果本周订货前库存量下降到订货点，则在本期初要计划接受一个订货批量的订货，在计划接受订货一栏要填上一个订货批量，同时将本周订货后库存量写成等于订货前库存量加上计划接受订货量 − 本周销售量，也就是上周订货后库存量 + 本周计划到货量 + 本周计划接受订货量 − 本周需求量。也要从本周算起，提前一个提前期计划发出一个订货批量的订货单，使得所订货物在本期期初到达仓库，以参加本期的物资供应。由于所订货物的到达并参与供应，所以本期期末库存反而会有较大的提高。

下面是一个根据订货点决定是否发出订货的例子。

例3. 某配件B需要外购，每周的需求量见表3—4—10，订货批量150，订货提前期为3周，期初库存量100，计划期长为8周，试确定其安全库存量、订货点，并用MRP制定其订货计划。

解：先求安全库存量和订货点。这里可算出平均每周需求量 $D_P = 50$，所以标准偏差 $\sigma_D = 10$，如果取安全系数 $\alpha = 1.0$，则安全库存量 $Q_S = 10$，订货点 $Q_K = D_P + Q_S = 60$。

问题如表3—4—10所示。这里我们用3种方法比较地研究订货策略。

表 3—4—10 按订货点订货

项目:B(1级) 订货点:60 订货批量:150 提前期:3周		周次							
		1	2	3	4	5	6	7	8
总需要量		60	40	60	40	60	40	60	40
计划到货									
订货后库存量	100	40	150	90	50	140	100	40	150
计划接受订货			150			150			150
计划发出订货	150		150			150			

(1)依据订货前库存量是否下降到订货点(60)以下来决定是否接受订货：期初库存100，第一周消耗60，没有计划到货量，订货前库存量100，订货后库存量40，订货前库存量没有到达订货点。转第二周，上周周末库存量40，本周计划到货量0，所以本周订货前库存量40，到达了订货点，本周周初应当计划接受一个订货批量(150)的订货，在计划接受订货栏内填150，将订货后库存变为等于订货前库存量(40)加计划接受订货量(150)减本周需要量(40)，即150。在计划发出订货栏提前3周(到了系统运行前，第0周)发出150的订货单。转第三周。第三

周订货前库存量150,订货后库存量90,第四周订货前库存量90,订货后库存量50,它们的订货前库存量都没有达到订货点,都不接受订货。第五周订货前库存量50,到达订货点,要接受一个批量订货。同理第八周也应接受一个批量的订货。结果如表3—4—10所示。该方法导致八周的平均库存量为95,订货3次,总订货量450。

(2)依据订货前库存量是否下降到安全库存点(10)以下来决定是否接受订货:这时就是要判断订货前库存量要下降到安全库存点以下从而决定是否在本周接受订货。结果如表3—4—11所示。该方法导致八周平均库存约为40,订货2次,总订货量300。但是第五周出现一次10个单位物资的缺货。

(3)依据订货前库存量下降到缺货点以下,以进补缺。缺货点即库存量等于0的点。其基本思想是在缺货的这一周周初进货,来满足这一周的供应。运行结果见表3—4—12。总平均库存为将近40,订货2次,总订货量300,但在第五周产生10个单位的缺货。

表3—4—11　按安全库存点订货

项目:B(1级) 安全库存点:10 订货批量:150 提前期:3周		周次							
		1	2	3	4	5	6	7	8
总需要量		60	40	60	40	60	40	60	40
计划到货									
订货后库存量	100	40	0	90	50	−10	100	40	0
计划接受订货				150		150			
计划发出订货	150			150					

表3—4—12　按缺货点订货

项目:B(1级) 订货批量:150 提前期:3周		周次							
		1	2	3	4	5	6	7	8
总需要量		60	40	60	40	60	40	60	40
计划到货									
订货后库存量	100	40	0	90	50	−10	100	40	0
计划接受订货				150			150		
计划发出订货	150			150					

3个方法比较起来,第一个方法平均库存量高,但是造成缺货的可能性小,后2个方法平均库存量低,但是都容易造成缺货。对生产企业来说,第一个方法要好一些,可以保证生产正常进行。对流通企业来说,后2个方法,特别是第三个方法要好一些,可以实行补货,降低流通成本。

当各周需求量均匀恒定,则安全库存量为0,第二和第三个方法合二为一。

4.关于提前期的确定:在MRP中,提前期都是指物料从准备到送达给定地点所需要的时间,可以分成2种:生产提前期和订货提前期。订货提前期是指发出订货指令,然后派人去实际进行订货,直到所订货物订到手,再把它们从对方运输进到自己的仓库、并入库完毕为止的全过程所需要的时间。生产提前期是指为了在给定时间得到给定产品所需要的提前准备的时间。它在生产企业的具体含义,根据企业的具体情况的不同可能不同:如果产品完全需要在本企业生产组装,则生产提前期就等于生产准备时间加生产时间、再加装配时间、再加上搬运运输时间;如果产品由仓库或别的企业完整提供,则生产提前期就等于从发出送货指令到货物送达给定地点所需要的时间。在规律性比较强的情况下,提前期的长短可以通过计算得到,但是在大多数情况下,由于提前期所经历的各个事项的随机变化性,提前期需要通过经验估计来确定。

5.MRP和JIT的结合运用:JIT为准时生产方式,即在必要的时间按必要的数量提供必要的产品,不多生产,也不早生产。JIT是20世纪60年代由日本丰田公司创造的。它是一种以计划和“看板”相结合的逆流水线方向的“拉动”式系统。

MRP是一种“推进式系统”,它是由主产品开始,自上而下、自前向后安排所有零部件的生产和采购计划。由于品种多而复杂,要求的信息量大,计划过细,所以工作量大,运行成本高。为了减少其缺点,发扬其优点,人们把所有这些零部件的所有生产工艺“模块化”。这些“模块”,可以是按产品,也可以是按职能等划分,所以也叫做加工中心,相当于实际生产中的车间、生产线等。在模块之间运用MRP进行计划,在模块内部,运用JIT。这样既保证了运行MRP的简单化,又保证了在模块内部准时准量生产。

（五）MRP 执行

MRP运行的结果得到的是所有零部件的订货发出信息，包括什么时间发出，发出多少。其中包括需要交生产部门生产的生产任务单和交采购部门采购的外购件订货单。或者把这些生产任务单或采购订货单加以整理，形成生产计划单，或采购计划单。它们合起来就是为按时出产给定的主产品所需要的物料需求计划。

不过，基本 MRP 能够做的工作也就到此为止。至于人们怎样执行物料需求计划，它是不涉及的。真正把这个执行以及执行结果也管起来的是后面发展起来的闭环 MRP 和 MRPⅡ新增加的功能。所以在那里才真正有一个 MRP 执行的问题。

（六）MRP 修改

MRP 系统一次运行后，将产生出整个计划期的物料需求计划，包括交生产部门的产品生产计划和交采购部门的采购供应计划。由于跨越时间长，环境条件可能随时间发生变化，从而使得原来制定的计划不得不进行修改。这些修改需要通过 MRP 系统来进行。因为是相关需求，所以一处修改将导致其他许多地方都要修改。因此，MRP 修改可以有以下二种方案：

重新生成（Regeneration）：这相当于重新运行一次 MRP。要根据修改后的主产品出产计划（MPS）、主产品结构文件（BOM）和改变后的库存状态文件，重新运行 MRP 系统，得出新的物料需求计划 MRP。其中所谓“改变后的库存状态文件”，就是指在旧的 MRP 计划执行后所形成的库存状态文件，不管原计划是否执行完毕，也不管其执行的好坏，反正在新的 MRP 修改之前，库存是什么状态就如实地作为新系统的库存文件反映到新系统中去。同时旧的 MRP 执行就此终止，不再继续执行，等待执行新的 MRP 计划。

可以看出，重新生成方式，比较彻底、系统和完整。缺点是处理时间长一点，运行量大一点。一般放在周末运行。修改前的准备工作量大，一般要在这一周把所有信息彻底做一次大清查。产生的新 MRP 计划下周开始执行。

净改变（Net Change）：净改变是在旧的 MRP 计划的基础上做部分的调整修改。这种方式一般适用于主产品的大部分零部件没有变化，只是某个部件或某些部件的结构、材料、规格数量发生了变化，或者是外购件的品种、规格、数量发生了变化，需要修订原来还要继续执行的 MRP 计划。

净改变一般不改变主产品出产计划 MPS，但可能部分改变主产品结构文件 BOM，从而也就需要重新调查确定相应零部件库存状态文件。对这些变动的部分运行 MRP，得出这些变动部分零部件的新的 MRP 计划，用以部分替代原 MRP 有关部分的 MRP 计划。净改变由于处理量小，运行时间短。其牵涉面窄，所以运行的准备工作量也小。特别当只改变最底层的原材料时，尤其方便，可以随时进行。

重新生成和净改变 2 种方式分别适用于不同的情况，在实际中要根据情况确定。

第四节　闭环 MRP

一、闭环 MRP 的原理与结构

20 世纪 60 年代的基本 MRP 能根据有关数据计算出相关物料需求的准确时间与数量，但它还不够完善，其主要缺陷是没有考虑到生产企业现有的生产能力和采购有关条件的约束。因此，计算出来的物料需求有可能因设备和工时的不足而没有能力生产，或者因原料的不足而无法生产。MRP 系统的正常运行，需要有一个现实可行的主生产计划，它除了要反映市场需求和合同订单以外，还必须满足企业的生产能力约束条件。因此，除了要编制资源需求计划外，还要制定能力需求计划（CRP），同各个工作中心的能力进行平衡。同时，基本 MRP 也缺乏根据计划实施情况的反馈信息对计划进行调整的功能。如：

1．增加了生产管理：它用加工中心来描述各种生产设备、生产线、生产车间，根据它们的生产能力安排生产计划；它还把产品的生产工艺和工艺流程也管起来，根据产品的生产工艺流程分配加工中心和加工顺序。根据加工中心的能力和产品的工艺流程可以形成能力需求计划。

2．增加了车间管理（SFC）：车间管理的主要任务是接受 MRP 投放的生产任务单，并根据加工中心的情况和加工工艺路线等制定能力需求计划，并且安排落实生产任务。把车间管起来可以保证生产任务单的组织安排和落实。

3. 增加了库存管理:它把生产产品和外购品的入库、存放和出库也管起来了。为正常生产提供了有力的物料支持和信息支持,为 MRP 的运行提供了基础条件。

4. 把生产成本也管起来了:它在考虑每一道加工工序时,同时也计算了它们的加工成本,加工过程完毕,加工成本也就自然计算出来了。

5. 形成了一个闭合的信息反馈系统:由于加进了生产管理和库存管理功能,使得物料需求计划的实施结果信息得以反馈到系统。为 MRP 系统提供了信息支持。

正是为了解决以上问题,MRP 系统在 70 年代发展为闭环 MRP 系统。闭环 MRP 系统除了物料需求计划外,还将生产能力需求计划、车间作业计划和采购作业计划也全部纳入 MRP,形成一个封闭的系统,称为闭环 MRP(见图 3—4—5)。

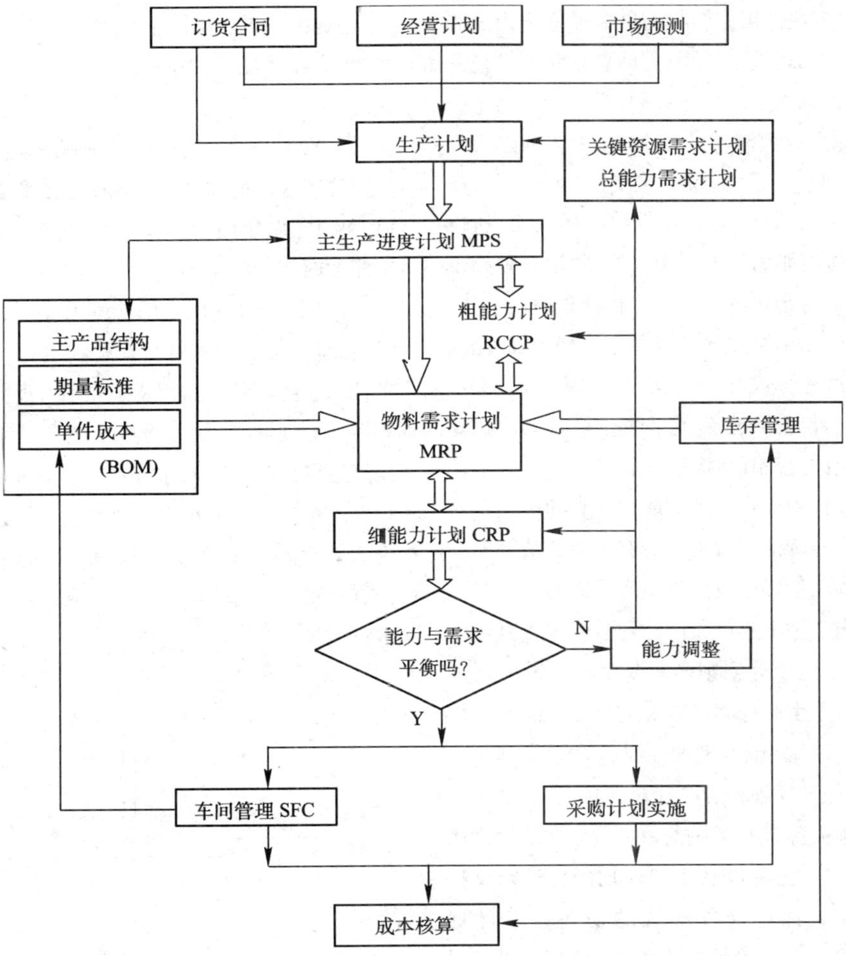

图 3—4—5　闭环 MRP 逻辑流程

因此,闭环 MRP 则成为一个完整的生产计划与控制系统。

虽然增加了许多新功能,但是闭环 MRP 系统的核心还是基本 MRP,其他的都是为基本 MRP 服务的。前面我们已经比较详细地研究了基本 MRP,所以在这一节中,我们只对闭环 MRP 的其余功能做简单研究,而且重点是放在对加工中心和能力需求计划的研究上。

二、能力需求计划(CRP)

能力,即可用资源,在 MRPⅡ 中主要是指生产可用资源，也叫生产能力，包括人力、物力和财力，具体体现为工时、机时或台时等。基本 MRP 运行的结果，输出了一个需要加工的生产任务单和采购计划单，为了保证它们的实施，需要有足够的生产能力。在闭环 MRP 中，就是要解决有没有足够的生产能力，和怎么样充分利用现有生产能力、实现能力和需求之间的平衡的问题。这就是能力需求计划所要达到的目的。

能力需求计划(Capacity Requirement Planning，简称 CRP)，包括粗能力计划和细能力计划。在闭环 MRP 系统中，把关键工作中心的负荷平衡称为资源需求计划，或称为粗能力计划，它的计划对象为独立需求件，主要面向的是主生产计划；把全部工作中心的负荷平衡称为能力需求计划，或称为详细能力计划，而它的计划对象为相关需求件，主要面向的是车间。由于 MRP 和 MPS 之间存在内在的联系，所以资源需求计划与能力需求计划之间也是一脉相承的，而后者正是在前者的基础上进行计算的。

前面闭环 MRP 的逻辑原理图中已经说明，闭环 MRP 的计划过程分成几个层次，首先是经营计划，然后就是生产计划，再然后就是主生产计划。这每一个计划制定的过程中，都有一个能力估算和平衡的过程。经营计划所牵涉到的能力估算和平衡是对整个企业所有经营活动所需的所有资源的估算和平衡。生产计划则是对企业全年生产所需的生产能力的估算和平衡。一个年度生产计划可能包含有若干主生产计划，主生产计划则是对某个主产品的具体的生产计划。主生产计划也需要进行生产能力的估算和平衡。前面这些能力计划的估算和平衡都是粗略的，都没有经过仔细精确的计算，而且也只是对主要资源或关键资源进行的估算和平衡，所以叫粗能力计划(DCRP)。由主产品生产计划(MPS)以及物料清单(BOM)、库存文件形成的物料需求计划(MRP)则需要进行精确的能力估算和平衡，所以叫做细能力计划(CRP)。形成的这个能力需求计划非常重要，它是全部能力需求计划的核心和重点，MRP 的实施就是依据这个计划而进行的。所以这里着重研究细能力计划。

细能力计划的基本思路是这样的：根据 MRP 计划输出的产品加工任务单，再根据各产品的加工路线，求出每个产品在各个加工中心的占用时间，每个加工中心各种产品占用时间之和就是它的负荷，每个加工中心的额定工作时间就是它的能力。看负荷与能力是否平衡，平衡则加工是可能的，不平衡则要进行调整。

能力需求计划的依据主要有以下几个因素：

(1)工作中心：它是各种生产或加工能力单元和成本计算单元的统称。对工作中心，都统一用工时来量化其能力的大小。

(2)工作日历：是用于编制计划的特殊形式的日历，它是由普通日历除去每周双休日、假日、停工和其他不生产的日子，并将日期表示为顺序形式而形成的。

(3)工艺路线：是一种反映制造某项物料加工方法及加工次序的文件。它说明加工和装配的工序顺序，每道工序使用的工作中心，各项时间定额，外协工序的时间和费用等。

(4)由 MRP 输出的零部件作业计划。

闭环 MRP 的基本目标是满足客户和市场的需求，因此在编制计划时，总是先不考虑能力约束而优先保证计划需求，然后再进行能力计划。经过多次反复运算，调整核实，才转入下一个阶段。能力需求计划的运算过程就是把物料需求计划订单换算成能力需求数量，生成能力需求报表。能力需求计划的计算逻辑过程可用图 3—4—6 来表示。

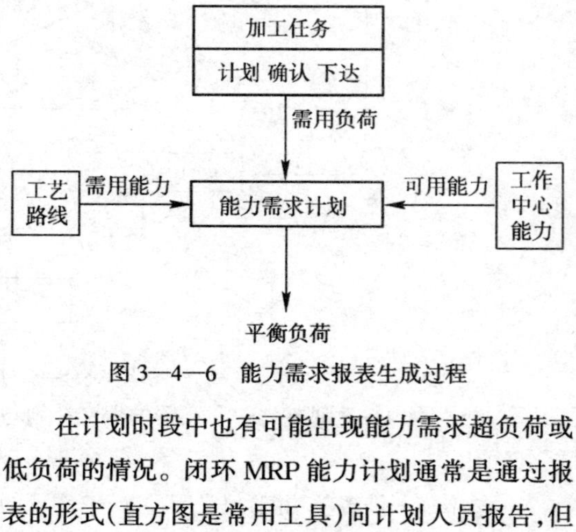

图 3—4—6　能力需求报表生成过程

在计划时段中也有可能出现能力需求超负荷或低负荷的情况。闭环 MRP 能力计划通常是通过报表的形式(直方图是常用工具)向计划人员报告，但是并不进行能力负荷的自动平衡，这个工作由计划人员人工完成。

各工作中心能力与负荷需求基本平衡后，接下来的一步就要集中解决如何具体地组织生产活动，使各种资源既能合理利用又能按期完成各项订单任务，并将客观生产活动进行的状况及时反馈到系统中，以便根据实际情况进行调整与控制，这就是现场作业控制。它的工作内容一般包括以下四个方面：

1. 车间订单下达：订单下达是核实 MRP 生成的计划订单，并转换为下达订单。

2. 作业排序：它是指从工作中心的角度控制加工工件的作业顺序或作业优先级。

3. 投入产出控制：是一种监控作业流（正在作业的车间订单）通过工作中心的技术方法。利用投入/产出报告，可以分析生产中存在的问题，采取相应的措施。

4. 作业信息反馈：它主要是跟踪作业订单在制造过程中的运动，收集各种资源消耗的实际数据，更新库存余额并完成 MRP 的闭环。

细能力需求计划制定的过程如下：①划分加工中心，并收集整理加工中心信息；②根据各个产品工艺路线制定产品加工路线；③各个加工中心负荷状况分析；④采取纠正措施；⑤各个加工中心负荷调整；⑥能力需求计划确定；⑦能力需求计划的执行。

下面我们一步步说明。

1. 加工中心

这里所谓加工中心（Work Center，简称 WC），是指组成企业生产能力的基本生产单元，它们相互之间有相对的独立性，具有各自的生产能力，它们共同组成了企业的生产能力。根据它们的相对独立性和计算的方便，可以是一台设备，也可以是一组设备，一条生产线或一个车间。

从加工中心的基本组成成分看，不外乎有 3 种情况：

(1)由一台或若干台设备组成；

(2)由一个或若干个工人组成；

(3)由人和设备共同组成。

划分加工中心的方法，主要有：

(1)按加工对象划分，例如主轴生产线、发动机车间等。

(2)按设备功能划分，例如车床、铣床、多用加工机床等。

(3)按工作场所划分，例如钳工班等。

具体的加工中心一旦确定，它就应当可以向系统提供如下信息：

(1)日班数。每天可开几班。

(2)每班设备台数。

(3)每班工人数。

(4)日工作时数。等于每班工作时数×班数。

(5)日有效台时——平均每天的有效总机时数，等于日工作时数×设备台数×设备利用率×工作效率。不一定是所有设备在整个时间都充分利用起来，所以其中要乘以设备利用率。即使设备都用起来，也不见得保证总是百分之百达到完成额定工作任务的水平，所以还要乘以工作效率。日机时总能力主要描述加工中心的设备加工能力。

(6)日有效工时数。平均每天的有效总工时数，等于日工作时数×工人人数×工作效率。日工时总能力主要描述加工中心的人工能力。

(7)月工作日数。

(8)月额定台时数。等于日有效台时×月工作日数。

(9)月额定工时数。等于日有效工时×月工作日数。

(10)生产准备时间。工件平均排队时数，也即工件加工前平均等待时间。

(11)加工成本，包括生产准备费用、单位工时费用、单位台时费用、其他费用等。可以用费额表示，也可以用费率来表示。

(12)其他，如加工中心代号、名称、所属单位等。

为了考核加工中心的工作，还需要提供加工中心的工作记录，具体内容包括：①加工中心代号；②任务号；③计划投入工时；④实际使用工时；⑤计划投入台时；⑥实际使用台时；⑦实际支付费用等。

下面是加工中心的例子。

例如，现有 4 个加工中心 WC1、WC2、WC3 和 WC4，它们的有关的主要信息如表 3—4—13 所示。

由表 3—4—13 中列出的信息可以看出：

(1)在加工中心中，跟设备联系的工作量用“台时”计量，跟人员联系的工作量用“工时”计量。表中，加工中心 WC4 中，只有工人，所以计量工作量和费用的只有“工时”，没有“台时”；而 WC2 和 WC3 虽然只有设备,但考虑可能有搬运和生产准备工作,所以既有“台时”,又有“工时”;WC1 因为明显地既有设备,又有工人,所以计量工作量和费用则既有“台时”,又有“工时”。

表 3—4—13 加工中心(一)

加工中心代号	WC1	WC2	WC3	WC4
任务号				
计划投入工时				
实际使用工时				
计划投入台时				
实际使用台时				
实际使用费用				

(2)在计“台时”费用的情况下,又分 2 种情况:有的“台时”费用是包括操作设备的工人在内的,这时操作设备的工人不应再记“工时”费用;有的“台时”费用纯粹是设备费用,不包括工人费用,则这时操作设备的工人还要再计“工时”费用。表中“每班工人数”是指要计“工时”费用的工人数。

(3)日有效工时要把实际有的人数都考虑进去。

(4)月工作日数、月额定台时、月额定工时几个参数是为考核能力负荷用的,都是用有效值进行运算,即考虑了设备利用率和人员工作效率以后的额定值。

(5)表 3—4—14 是为了记录各个加工中心的加工任务用的,在实际工作中,应该是按加工中心分开,一个加工中心有一个表。后面另有说明。

表 3—4—14 加工中心(二)

加工中心代号	WC1	WC2	WC3	WC4
加工内容名称	车床	铣床	刨床	钳工
日班数	3	1	1	1
每班设备台数	1	1	1	–
每班工人数	2	–	–	2
日工作时数	24	8	8	8
日有效台时	20	7	7	–
日有效工时	22	2	2	14
月工作日数	20	20	20	20
月额定台时	400	140	140	–
月额定工时	440	40	40	280
单位工时费用	5.00	5.00	5.00	8.00
单位台时费用	10.00	12.00	12.00	–
生产准备时间	1	1	1	1
生产准备费用	10.00	12.00	12.00	8.00

2. 加工路线

不同的加工中心在接受工件加工时,其能够接受的加工方式、加工工作量是不同的,这就是生产能力的不同。加工中心的生产能力,包括额定生产能力和实际生产能力 2 种。额定生产能力是根据法定工作日、法定工作时数和设备台数(或工人人数)而确定的工作时数;实际生产能力是指实际接受加工任务后实际完成的工作时数。这里所谓工作时数,对设备来说,就是“机时数”、“台时数”,对人来说就是“工时数”。

实际工作能力也就是加工中心的负荷。它等于加工中心所承担的所有产品加工工作量的总和。

加工一个产品往往需要几个加工中心的加工。一个产品要经过哪些加工工序、每个工序的加工量是多少,这是由产品的加工工艺路线决定的。如何制定产品的加工工艺路线,MRPⅡ没有管,这是产品设计工作部门的事。但是 MRPⅡ把已经制定出来的加工工艺路线作为依据,根据它来制定产品的加工路线(Work Routing)。产品加工路线与产品的工艺路线不同,产品工艺路线是由产品设计部门制定的,它只规定了产品的加工工艺和加工要求,没有规定它应该在哪个加工中心加工,而加工路线是车间管理部门制定的,它的主要任务是根据产品的工艺路线选择落实具体的加工中心。只有选择落实了具体的加工中心,才能确定产品的加工时间、计算工作量,才能根据工作量和加工中心的费率计算加工成本,并根据加工中心的额定能力和实际占用来制定细能力需求计划。所以在 MRPⅡ中,加工路线是很重要的,它是制定细能力计划所必需的。

加工路线信息是制定能力需求计划的重要依据,它应当提供如下信息:

(1)产品名、代码。

(2)依次经过的各个加工中心名、代号。

(3)加工信息:如传递搬运时间、生产准备时间、额定加工时间、实际加工时间、合格率等。

(4)成本计算:包括搬运费用、加工费用等。如果是外协加工,则还要提供外协费率等。

下面以前面例 1 所列出的 A 产品的零部件 B、C 的生产订货为例予以说明。

产品 B、C 二个零部件的加工路线如表 3—4—

15 和表 3—4—16。

表 3—4—15　产品 B 的加工路线(批量:50)

工序号	工序名称	加工中心	传送工时	准备工时	加工台时	加工工时	总费用	外协
B1	车	WC1	10	10	300	300	4 600	
B2	铣	WC2	10	10	140		1 780	
B3	钳工	WC4	10	10		150	1 360	

由表 3—4—15 可知,产品 B 经过 3 个加工中心,分别进行车、铣、钳工加工。分别记录了在各个加工中心的加工时间等。

表 3—4—16　产品 C 的加工路线(批量:15)

工序号	工序名称	加工中心	传送工时	准备工时	加工台时	加工工时	总费用	外协
C1	车	WC1	10	10	100	100	1 600	
C2	刨	WC3	10	10	140		1 780	
C3	钳工	WC4	10	10		80	800	

由表 3—4—16 可知,产品 C 也经过 3 个加工中心,分别进行车、刨、钳工加工。分别记录了在各个加工中心的加工时间等。

表 3—4—15 和表 3—4—16 中的各个加工中心的总费用是这样计算出来的:把在各个加工中心所有工时(包括传送工时和准备工时和加工工时)乘以该加工中心的单位工时费用,再加上在各个加工中心的所有台时乘以该加工中心的单位台时费用,就得到总费用(如果做细一点,除总费用外,还可以计算出明细费用,如搬运费用、设备费用、人工费用等)。

3. 加工中心负荷分析

根据加工中心信息和各产品的加工路线,就可以求出各个加工中心的负荷。其基本方法是逐个对每一个加工中心,计算实际在该加工中心加工的所有加工件工时之和与台时之和,并与该加工中心在相应时间段范围内的额定工时和额定台时进行比较。如果实际工时(或台时)等于或小于额定工时(或台时),则原来的加工方案是可行的。如果实际工时(或台时)大于额定工时(或台时),则原来的加工方案是不可行的。最理想的情况是实际工时(或台时)等于额定工时(或台时),这叫做能力负荷平衡。在这种情况下,既保证加工需求得到了满足,又使设备和人员得到了充分的合理的利用,效率最好。实际工时(或台时)小于额定工时(或台时)的情况则次之,在这种情况下,加工需求得到了满足,原加工方案可行,但是设备和人员没有得到充分利用,造成了生产能力的闲置浪费,升高了生产成本,不理想。最糟糕的是实际工时(或台时)大于额定工时(或台时)的情况,在这种情况下,生产能力不能满足加工的需要,原来的加工方案行不通。这 3 种情况,第一种完全不需要调整;第二种情况可调可不调,最好是调整到第一种情况;第三种情况则必须要调整才行。

我们不妨看看我们前面举的实例(见表 3—4—14、表 3—4—15 和表 3—4—16)。

我们先看看加工中心 WC1。在 WC1 上加工的有 B、C 二个产品。根据表 3—4—14、表 3—4—15 或表 3—4—16,应该在 1～4 周内提供 B 产品 50 件,C 产品 15 件,所以 WC1 也应在一月内完成这 2 个产品的车床加工任务。根据表 3—4—15 和表 3—4—16,得出 WC1 的负荷统计如表 3—4—17。

表 3—4—17　WC1 加工任务统计表(1～4 周范围内)

任务号	计划投入工时	实际使用工时	计划投入台时	实际使用台时	实际使用费用	时间范围
B1		320		300	4 500	1－4 周
C1		120		100	1 500	1－4 周
合计		440		400	6 200	1－4 周

与 WC1 同样处理,也可以得到其他各个加工中心的负荷统计数据。

然后,把各个加工中心的实际负荷与相同时间范围内的额定能力收集整理,得到如表 3—4—18 所示的需求能力平衡分析表。

表 3—4—18　加工中心需求能力平衡分析表

加工中心	额定工时	实际使用工时	额定台时	实际使用台时	时间范围
WC1	440	440	400	400	1－4 周
WC2	40	20	140	140	1－4 周
WC3	40	20	140	140	1－4 周
WC4	280	270			1－4 周

由表 3—4—18 可以看出,在第一个月内,4 个加工中心的能力与需求大体是平衡的。其中尤其 WC1 是完全平衡的,WC2、WC3 和 WC4 的实际使用工时均小于额定工时,人员能力有剩余。实际台时

与额定台时则正好相等,达到平衡状态。

要说明的是,我们这里是按一定的时间阶段进行能力需求平衡分析的。也有更精细的作法,即根据实际加工路线和工作日历一天一天排产,从而由各个加工中心的实际工作日历占用来确定其负荷量。这样做更加精细、直观,但是也更加麻烦一些。用月定额时间做,简单些,虽然不那么细,但在一般情况下是够用了。

4. 采取纠正措施

一般第一次能力需求分析的结果,往往是不太平衡的,多多少少会有偏差的。如果偏差比较小,或者牵涉的范围小,也可以不在加工方案上调整,可以在实际工作中,做一些小小的调整或控制就可以了。如果偏差比较大,则就要进行纠正。

要进行纠正,首先就要分析产生偏差的原因。产生偏差的原因可能是:

(1)所用数据是否有错?特别是加工中心和加工路线信息是否正确?

(2)计算是否有误?

如果以上没问题,就要看:

加工路线是否合理?

主产品出产计划是否合理?

对于此类原因的分析,可以使用质量原因分析的几种分析和保证手法:即鱼骨图法和 PDCA 良性循环法进行树状分析,找出原因以后就可以对症下药,制定纠正措施。如果是后 2 个原因,则主要的纠正措施有:

(1)不调整加工路线,而是临时增减生产能力:对于薄弱环节,或增加投资,增加人或设备,或者加班加点,增加工作时间,想办法临时加强生产能力。对于过剩资源,或减少人,减少设备,或者追加任务。仍然执行现有计划。

(2)调整加工路线:要减轻对一些瓶颈资源的压力,分散负荷。

(3)调整主产品出产计划,可以调出产数量,也可以调整出产时间。

采取后面 2 个措施,就意味着要重新运行 MRP 系统,工作量比较大一些。

5. 负荷调整和能力需求计划的确定

如果需要调整加工路线,就首先要找出是哪些加工中心能力不够,哪些加工中心能力有剩余。探讨把负荷由紧缺资源向多余资源转移的途径。试着根据这些途径修改加工路线以后重新运行能力需求计划,看看能不能实现能力与需求的平衡。也许要经过几次反复摸索才能解决问题。如果还是不行,则就要修改主产品出产计划。

如果需要调整主产品出产计划,则需要考虑是否可能把出产速度放慢些,时间拉长些。试着制定几个方案,重新运行 MRP,直到大体实现能力与负荷平衡为止。

到这个时候,得出的能力需求计划才可以确定为正式的能力需求计划。到此,制定能力需求计划的过程才告结束。

三、闭环 MRP 中的其余特色模块

在闭环 MRP 中,另外 3 个特色,就是增加了车间管理、仓库管理和成本管理。它们也是闭环 MRP 功能得以实现的必要保证。这里仅作简单概述。

1. 车间管理

车间管理模块的基本功能是:

(1)加工中心管理:要收集车间所有生产能力的各种信息,划分好加工中心,并进行经常维护。

(2)加工路线管理:根据产品加工工艺路线安排落实加工中心,从而制定产品的加工路线。

(3)任务单管理:系统生成的生产计划订货单或生产任务单需要进行审核和组织投放。

(4)车间生产管理、监控和信息反馈。要组织好生产,保证在计划期间内按时按量出产,同时要把有关信息反馈到系统中来,为 MRP 系统的正常运行提供信息支持和物质保证。

2. 仓库管理

仓库管理的基本任务是:

(1)产品管理与维护:包括物资品种资料整理、维护和品名代码的维护。

(2)库存信息管理与维护:物料的进货入库和供应出库以及库存数据的登录、处理和准确反馈。

(3)订货管理:根据 MRP 的采购订货单或外购计划制定具体采购计划,并科学确定订货策略、订货批量、订货点和安全库存等。在前面已经有了说明,例 1 中的产品 D 就是外购订货的。这里就不详细说明了。

(4)供应商管理。即把外购有关的供应厂商的信息收集整理,随时能为外购生产所需商品而提供有效的信息支持。

(5)客户(或者下一道工序)需求管理。即把发货或者配送的有关的客户的信息收集整理,并且进行分类,以便随时为生产和销售提供良好的信息支持。

3. 成本管理

成本管理的主要任务是计算产品的成本,进行成本的监督和控制,还可以进行资金预算和使用管理。

成本管理的思路,就是在加工中心中,确定单位工时费额、单位台时费额。在加工路线中确定产品在各个加工中心的加工工作量,从而可以统计确定每个产品的加工成本。

例如我们在例1中的产品B和产品C的加工成本已经在前面进行了计算,它是根据表3—4—13加工中心所列单位工时费用和单位台时费用以及表3—4—15和表3—4—16中所列产品在各个加工中心的加工工时和加工台时以及传送工时、准备工时等参数计算出来的。我们把计算结果归纳到表3—4—19中。

表3—4—19 产品B和C加工成本统计表

产品名	WC1 车工	WC2 铣工	WC3 刨工	WC4 钳工	产品加工成本合计	平均一件产品成本
B 批量:50	4 600	1 780		1 360	7 740	154.8
C 批量:15	1 600		1 780	800	4 100	273.3
加工中心成本合计	6 200	1 780	1 780	2 160	11 840	

第五节 制造资源计划(MRPⅡ)

一、MRPⅡ的思想原理

闭环MRP系统的出现,使生产活动方面的各种子系统得到了统一。但这还不够,因为在企业的管理中,生产管理只是一个方面,它所涉及的仅仅是物流,而与物流密切相关的还有资金流。这在许多企业中是由财会人员另行管理的,这就造成了数据的重复录入与存储,甚至造成数据的不一致性。生产系统是企业资金占用和成本的主体,这一部分不能反映出来,对企业的管理和决策都是很不方便的。系统是从主生产进度计划MPS开始的,但是主生产进度计划是由企业的年度生产计划来的,年度生产计划规定了企业在计划年度内应生产的品种、规格、数量和交货期限。而闭环MRP的主生产计划MPS没有和年度生产计划联系起来。

于是,在20世纪80年代,人们把生产、财务、销售、工程技术、采购等各个子系统集成为一个一体化的系统,并称为制造资源计划(Manufacturing Resource Planning)系统,英文缩写还是MRP,为了区别物料需求计划而记为MRPⅡ。

MRPⅡ的基本思想就是把企业作为一个有机整体,从整体最优的角度出发,通过运用科学方法对企业各种制造资源和产、供、销、财各个环节进行有效地计划、组织和控制,使他们得以协调发展,并充分地发挥作用。

MRPⅡ的逻辑流程图如图3—4—7所示。

二、MRPⅡ的特点

MRPⅡ的特点可以从以下几个方面来说明,每一项特点都含有管理模式的变革和人员素质或行为变革两方面,这些特点是相辅相成的。

(一)计划的一贯性与可行性

MRPⅡ是一种计划主导型管理模式,计划层次从宏观到微观、从战略到技术、由粗到细逐层优化,但始终保证与企业经营战略目标一致。它把通常的三级计划管理统一起来,计划编制工作集中在厂级职能部门,车间班组只能执行计划、调度和反馈信息。计划下达前反复验证和平衡生产能力,并根据反馈信息及时调整,处理好供需矛盾,保证计划的一贯性、有效性和可执行性。

(二)管理的系统性

MRPⅡ是一项系统工程,它把企业所有与生产经营直接相关部门的工作联接成一个整体,各部门都从系统整体出发做好本职工作,每个员工都知道自己的工作质量同其他职能的关系。这只有在“一个计划”下才能成为系统,条块分割、各行其是的局面应被团队精神所取代。

(三)数据共享性

MRPⅡ是一种制造企业管理信息系统,企业各部门都依据同一数据信息进行管理,任何一种数据变动都能及时地反映给所有部门，做到数据共享。在统一的数据库支持下，按照规范化的处理程序进行管理和决策。这样改变了过去那种信息不通、情况不明、盲目决策、相互矛盾的现象。

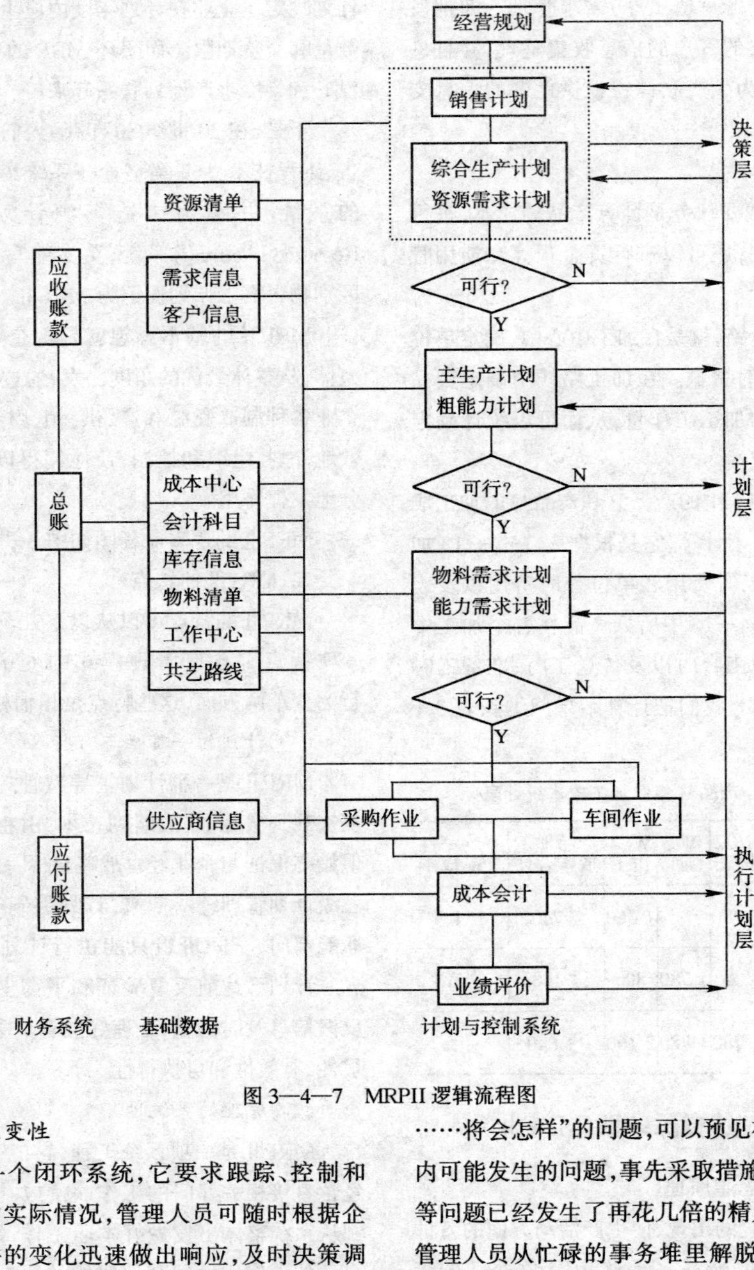

图3—4—7 MRPII逻辑流程图

(四)动态应变性

MRPⅡ是一个闭环系统，它要求跟踪、控制和反馈瞬息万变的实际情况，管理人员可随时根据企业内外环境条件的变化迅速做出响应，及时决策调整，保证生产正常进行。它可以及时掌握各种动态信息，保持较短的生产周期，因而有较强的应变能力。

(五)模拟预见性

MRPⅡ具有模拟功能。它可以解决"如果怎样……将会怎样"的问题，可以预见在相当长的计划期内可能发生的问题，事先采取措施消除隐患，而不是等问题已经发生了再花几倍的精力去处理。这将使管理人员从忙碌的事务堆里解脱出来，致力于实质性的分析研究，提供多个可行方案供领导决策。

(六)物流、资金流的统一

MRPⅡ包含了成本会计和财务功能，可以由生产活动直接产生财务数据，把实物形态的物料流动直接转换为价值形态的资金流动，保证生产和财务数据一致。财务部门及时得到资金信息用于控制成本,通过资金流动状况反映物料和经营情况,随时分析企业的经济效益,参与决策,指导和控制经营与生产活动。

第六节 MRPⅢ

一、MRPⅢ的思想原理

MRPⅢ是在MRPⅡ的基础上,增加了准时生产(JIT)、专家系统(ES)、并行工程(CE)等内容,使工程设计、工艺设计、工程管理、生产制造等功能有机地结合在一起的一种先进生产系统。MRPⅢ把生产计划技术MRPⅡ和工艺流程设计、工程设计、智能决策等进一步集成起来,进一步加强了库存控制技术的功能和技术含量,登上了一个更高的台阶。

二、MRPⅢ的组成

MRPⅢ是由MRPⅡ、JIT、ES、CE及其管理人员组成。在该系统中,各部分在不同的生产阶段上发挥各自的特长:MRPⅡ用来执行长期计划编制;JIT用来控制短期计划的实施,可支持混合方式的制造环境,可兼顾“多品种、小批量生产”,和“大批量生产”两种生产类型,提高企业的应变能力和市场竞争水平;在拥有大量专家知识和经验的程序系统控制下,辅助决策一些有规可循的问题;而对随机可能发生的意外情况和战略性问题,通过人机交互干预系统工作。采用先进的并行工程技术,是为了使工程设计、工艺设计、工程管理、生产制造等各个阶段都能按照工程组织的内部有机联系,恰当地相互配合,以求最大限度地压缩各阶段的提前期,从而使各方面的工作同时并进,大大缩短产品生产周期,提高生产率、产品质量和服务水平,增强企业竞争优势。

第五章 准时化技术(JIT)

第一节 JIT概述

所谓准时生产(Jvst In Time,简称JIT),简单地说,就是在必要的时间将必要的原材料和零部件,以必要的数量和质量,通过必要的方式送往必要的地点。JIT通常称为精益生产,是一种生产管理哲理,它的基本目标是寻求消除企业生产活动各方面浪费的原因,包括员工管理、供应商关系、技术水平及原材料、库存的管理。JIT是一组企业行为的集合,其目的在于实现使原材料、在制品及产成品保持最小库存的情况下进行大批量生产。

一、JIT生产方式的产生

JIT生产方式起源于日本丰田汽车公司的看板管理。丰田汽车公司的看板管理经历了一个产生、发展和完善的过程。早在该公司初建时期,丰田喜一郎就提出了“非常准时”的基本思想,这一思想是实行看板管理的原则和基础。20世纪50年代初,看板管理的积极推行者,当时在丰田汽车公司机械工厂工作的大野耐一,从美国超级市场的管理结构和工作程序中受到启发,从而找到了通过看板来实现“非常准时”思想的方法。他认为,可以把超级市场看作是生产线上的前一道工序,把顾客看作是这个生产线上的后一道工序。顾客(后工序)来到超级市场(前工序),在必要的时间就可以买到必要数量的必要商品(零部件)。超级市场不仅可以“非常及时”地满足顾客对商品的需要,而且可以“非常及时”地把顾客买走的商品补充上(当计价器将顾客买走的商品进行计价之后,载有购走商品、种类的卡片就立即送往采购部,使商品得到及时的补充)。20世纪50年代后期日本也出现了超级市场,这就为丰田推行看板管理提供了直接的研究资料。但是,流通领域与生产领域毕竟是两个不同的领域,要在工业企业中实行看板管理并不是一件容易的事情。1953年,丰田公司在总公司的机械工厂试行了看板管理。以后,为了全面推行看板管理,丰田公司进行了多年的摸索和试验,1962年在整个公司全面实行了看板管理。

20世纪70年代中期以后,伴随着丰田汽车公司在世界市场竞争中的节节胜利,众多的西方企业界人士和管理学家开始探索日本企业成功的秘密,从而,准时生产方式被当作日本企业成功的秘诀受到广泛的关注。此后,JIT生产的理论研究便在世界范围内展开，JIT 生产方式也逐渐从汽车领域扩大到其他的生产领域甚至服务领域。

二、JIT 生产的实质

JIT 的出发点是不断消除浪费，进行永无止境的改进。JIT 的实质就是通过不断消除生产系统中的一切浪费，使生产系统能够准时的满足需求。

这里所说的浪费，丰田公司的藤尾长认为是"除对生产不可缺少的最小数量的设备、原材料、零部件和工人(工作时间)外的任何东西"。同时藤尾长还定义了 7 种可被消除的浪费，这 7 种浪费是：(1)过量生产的浪费；(2)等待时间的浪费；(3)运输的浪费；(4)库存的浪费；(5)过程(工序)浪费；(6)动作的浪费；(7)产品缺陷的浪费。对浪费这样的定义，没有为过量库存(或安全库存)留下一点存在的余地。

在 JIT 系统中是不允许安全库存存在的，否则就是一种浪费。事实上，JIT 认为库存是万恶之源，它不仅造成浪费，还将许多管理不善的问题掩盖起来，使问题得不到及时解决，就像水掩盖了水中的石头一样。比如机器经常出故障、采购周期过长、设备能力不平衡、工人缺勤、技术服务不及时等问题，由于库存水平高，不易被发现(见图 3—5—1)。JIT 是通过不断减少各种库存来暴露管理中的问题，由此不断消除浪费，进行永无休止的改进。与传统管理相反，JIT 欢迎问题的出现，把问题看做是一种机会，认为只有不断地发现问题，解决问题，生产管理才能够不断地改进，生产效率才能不断地提高，生产成本才会不断地下降。

JIT 是一种理想的生产方式，一是因为它设置了一个最高标准，一种极限，就是"零"库存。实际生产可以无限地接近这个极限，但却永远不可能达到零库存。有了这个极限，才使得改进永无止境。二是因为它提供了一个不断改进的途径，即降低库存—暴露问题—解决问题—降低库存—……，这是一个无限循环的过程。JIT 的实践表明，只有消除了造成库存上升的根源，才能有效地降低库存。通过降低在制品库存，可能发现生产过程经常中断，原因是某些设备出了故障，来不及修理，工序间在制品少了，使后续工序得不到供给。要使生产不发生中断，可以采取两种不同的办法。一种是加大工序间在制品库存，提供足够的缓冲，使修理工人有足够的时间来修理设备；另一种办法是分析为什么来不及修理的原因，是备件采购问题还是修理效率问题？能否减少修理工作的时间？JIT 采取的是后一种办法。按 JIT 的思想，"宁可中断生产，决不掩盖矛盾"。找到了问题，就分析其原因，解决问题，使管理工作得到改善，达到一个新的水平。当生产进行得比较正常时，再进一步降低库存，使深层次问题得到暴露，解决新的问题，使管理水平得到进一步提高。因此，推行 JIT，是一个不断改进的动态过程，不是一朝一夕可以完成的。

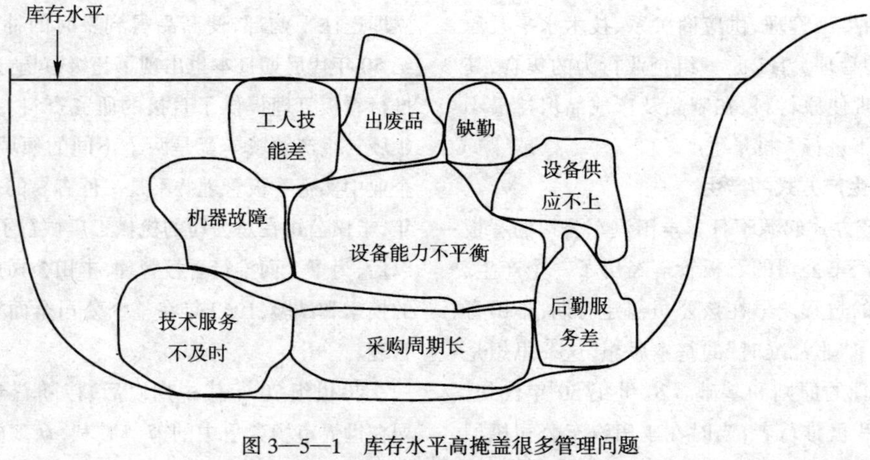

图 3—5—1　库存水平高掩盖很多管理问题

单纯降低在制品库存，不改进生产过程，不消除在制品居高不下的根源，对企业来说无疑将是一场灾难。因此进行改进的途径，并不一定从"降低库存"开始。当管理中的问题很明显时，可以先解决这些问题,然后降低库存。如果现存的问题很多,而又不去解决它,还要降低库存,那就会使问题成灾,甚至使企业瘫痪。"降低库存"要逐步进行,不能一次降得太多,否则,也会造成问题成堆,解决问题无从下手。但是,很多问题往往隐藏很深,尤其是当管理水平已达到较高水平时,就不大容易发现,在这种情况下通过降低库存来暴露问题仍是必要的。

JIT的基本思想简单,容易理解。但是,实现JIT却不容易,因为实施JIT几乎要涉及企业的每一个部门,渗透到企业的每一项活动之中。日本丰田汽车公司从看到美国的超级市场开始,就有了准时生产的思想,但是经过了20多年坚持不懈的努力,才达到比较完善的地步。JIT是一项综合的管理技术,它涉及产品的设计,生产计划的编制,机器的改造,设备的重新布置,工序的同期化,设备的预防维修,生产组织和劳动组织的调整,人员的再培训等各方面的工作。任何一个环节不改进,JIT就推行不下去。JIT是生产管理上的一次革命。那种急功近利,要求"立竿见影",短期内就想"大见成效"的思想是不符合JIT不断改进的思想的。

第二节 JIT生产的实施

JIT生产不仅仅是一种生产技术,更重要的是它是一种全新的管理模式,是一个完整的系统,因此实施JIT生产,必然需要企业从各个方面都进行改进。看板管理和JIT采购可以说是JIT生产最基本的要求,考虑到它们的重要性,在后面的两节中将单独阐述这两个方面。

一、降低在制品库存

要降低在制品库存,首先要搞清楚在制品是怎么形成的,为什么需要在制品,到底需要多少在制品。

1. 利特尔定律(Little's Law)

产品生产周期是从原材料投入开始到成品产出为止所经历的时间。换言之,也就是材料(原材料、零部件)通过制造系统的时间。材料通过制造系统的时间与在制品库存和系统的产出率之间存在下面的关系:

$$平均通过时间=\frac{在制品平均库存}{系统的产出率}$$

上式称为利特尔定律。它清楚地说明,较少的系统在制品库存,可以缩短材料通过系统的时间,也就是缩短生产周期。又因为,现有生产能力=产出+浪费,即减少浪费可以在不增加设备和人力的条件下,使现有生产能力提高,进而使系统的产出率提高,从而可使生产周期缩短。而在制品库存是一种浪费,故降低在制品库存,对于缩短生产周期具有双重效应——既减小了利特尔定律的分子,又增大了分母,这样既降低了成本,又缩短了生产周期。这就是为什么JIT把降低在制品库存作为主要目标的原因。

不仅如此,降低在制品库存本身还会导致在制品库存的进一步降低。因为在制品库存的降低使生产周期缩短,而生产周期的缩短,使得零件加工提前期的波动范围缩小,从而使所需设立的安全库存量减少,这使得在制品库存水平还可以进一步降低。

2. 降低运输在制品的途径

所谓运输在制品,是指处在移动和停放状态的在制品。在多数制造企业中,材料都是成批移动的,当运输批量与加工批量相等时,在制品的移动方式如图3—5—2(a)所示,称为顺序移动方式。如果运输批量小于加工批量时,在制品的移动方式如图3—5—2(b)所示,称为平行顺序移动方式。

为了说明将运输批量与加工批量分离对生产周期和系统内在制品库存的影响,假定加工过程包括依次排列的3个工作中心,零件加工批量为 $n=100$(件),每个零件在工作中心上的加工时间均为 $t=10$(min),平均生产率(或产出率)为 $1/3t$,即 1/30(件/min),则对于顺序移动方式,生产周期和在制品库存分别为:

生产周期 $=nt\times3=100\times10\times3=3\,000$(min)

在制品 = 生产周期×生产率 $=3nt\times1/3t=n=100$(件)

对于平行顺序移动方式,设运输批量 $L=20$(件),加工批量、加工时间和生产率仍保持不变,则在此条件下,生产周期和在制品库存为:

生产周期 $=Lt\times3+(n-L)t=2Lt-nt=1\,400$(min)

在制品 = 生产周期×生产率 $=(2Lt+nt)\times1/3t=(2L+n)/3=(40+100)/3=46.7$(件)

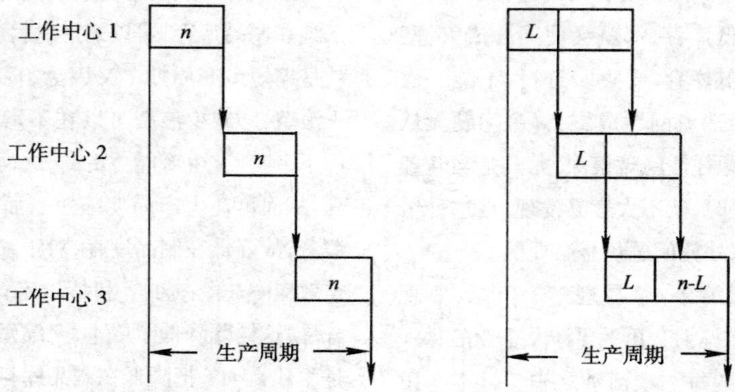

(a) 运输批量＝加工批量　　(b) 运输批量＞加工批量

图 3—5—2　不同运输批量对生产周期的影响

在这个例子中，运输批量为加工批量的 1/5 时，系统的在制品库存减少了一半。

在成批轮番生产方式下，降低运输在制品的有效途径是减小运输批量。即使在加工批量不得不设置得很大的情况下，只要减小运输批量，就可显著地减少运输在制品库存。在流水生产状态下，在制品是一件一批的方式从上道工序向下道工序流动，故流水生产状态下的运输在制品库存趋于零。因此，要降低运输在制品库存，关键是分离加工批量和运输批量，尽量采用平行移动方式。

3．降低周转在制品的途径

周转在制品是由于按批量加工而形成的，是指在工作中心前处于等候加工状态的在制品。因此，周转在制品多的原因是由于加工批量太大，而加工批量之所以设立得很大，是因为作业更换时间太长或成本太高。例如，一些大型冲压设备所用的冲模，有的重达几吨，更换和调整一次常常要花几个小时的时间；又如在电话程控交换机的生产中，用来老化产品的烘炉，每次加温过程持续时间长和消耗大量能源，故每次处理的批量较大。作业更换时间是一种生产能力的损失，故人们用加大批量的方法来弥补和分摊这种损失的成本。

一般认为，缩短作业更换时间是一个技术问题，其实不尽然。JIT 的实践表明，至少 50％的作业更换时间的节省，是采用管理方法而不是技术方法。下面是几条常用的原则：

(1)区分内部更换作业和外部更换作业。所谓内部更换作业，是指必须使机器停下来进行调整、装卸的作业更换工作，而外部更换作业是无需使机器停止的作业更换准备工作，如机械加工中的磨刀工作。这是一种最基本的区分，越是能够更多地区分出并采用外部更换作业工作，缩短作业更换时间的效果就越显著。

(2)将内部更换作业转化为外部更换作业。这方面也有许多潜力可挖，例如，必要时用增加并列设备的方法，在并列的设备上进行作业更换准备工作，然后在两台设备间进行切换，从而将内部更换作业完全转化为外部更换作业。

(3)省去调整环节。理想的状态是只安装，不调整。在机械加工中，调整夹具、定位往往占去许多时间，而采用模具，就可将大部分调整时间省去，还能确保加工质量。

(4)实现自动化。如在关键工作中心采用数控机床和数控加工中心，自动完成定位、换刀和加工程序的转换。

JIT 的实践表明，缩短作业更换时间，是实现小批量以至单件流水线生产的关键。例如，一般认为冲压工序的作业更换时间是比较长的，因而加工批量较大。但日本丰田汽车公司的冲压工序的作业更换时间，1954 年以前为 2～3 h，到了 1964 年减少到 15 min，而 1974 年以后，则减少到了3 min，因而实现了小批量加工。

4．降低安全在制品的途径

安全在制品又称为缓冲在制品，它是为防止前后工作的加工时间变异性和不匹配可能造成的生产中断而设立的，其作用是使生产过程均衡稳定。显然，要降低安全在制品库存，就要消除变异性，也就是消除不确定性。通常变异性是由多种原因造成的，最主要的有：工作缺乏标准化；设备故障率高；工人生产情绪不稳定；废品率和返修率高等。要消除变异性，一个重要的措施就是推行作业标准化。

二、生产过程的同步化

即使减小了批量，缩短了作业更换时间，仍可能产生在制品库存过高的问题，原因在于工作中心的能力不平衡，生产过程缺乏同步化。所谓生产同步化，就是生产过程中各个工作中心的生产能力与负荷是基本平衡的，能够按照产品生产的速度进行成比例的同步调的加工。从直观上看，就是不存在瓶颈环节，不存在在制品的积压环节，不存在工作中心之间忙闲不均的现象。其最终的标准是实现"将合适的材料和零部件，以合适的数量，在合适的时间，送达合适的地点"的 JIT 生产哲理。

流水线生产是高度同步化的，每个工作中心按照节拍进行生产。所谓节拍，就是流水线上前后出产两件相同产品的时间间隔。流水线的设计，必须使每个工作中心的作业时间等于节拍或者节拍的倍数。但是在多品种、中小批量的成批轮番生产中，一方面，由于品种结构是变化的，虽然在产品组装环节可以采用混合装配线实现按节拍的流水生产，但对于零部件的制造，却不可能像流水线那样设计生产的节拍，并按节拍平衡各工作中心的能力。另一方面，由于品种结构是变化的，故生产过程的瓶颈环节是一个动态的概念，不可能像单一品种流水线那样，从设计上一劳永逸地消除。这就使得消除瓶颈环节实现生产同步化成为 JIT 生产的特殊问题和关键问题。而对于看板管理，如果没有生产同步化这个前提条件，是不可能实行的，即便是勉强实行，也只能是事倍功半。

制定合理的生产作业计划是消除瓶颈环节的主要措施，主要包括：

1. 加强能力计划工作。在编制主生产计划时，加强粗能力计划工作。根据产品的订货结构和产品加工的主要生产资源清单，检查每一个关键工作中心的负荷超限情况，然后调整主生产作业计划，使之切实可行。

2. 加强需求管理。合理地确定顾客交货期，尽可能错开交货期。当然，前提条件是生产周期尽可能短，生产周期越短，需求管理的灵活性就越大。

3. 创造条件，实现基于日生产率的生产作业计划，使材料消耗和主要生产资源的生产率趋于均衡。实践表明，产出的非均衡化将导致生产资源利用和材料供应需求更严重的非均衡化。而后者又会反作用于产出，使之更难以实现均衡化。

使生产同步化就要稳定日产出率。流水生产是以接近恒定的生产率进行生产的，因此比较容易发现和消除瓶颈环节，实现生产同步化。在多品种和需求不均衡条件下实现日生产率均衡的目标，从根本上说，要推行成组技术；从改进产品的设计和工艺入手，提高零部件的通用化和标准化水平；改造生产过程组织，实行成组加工单元布置和成组加工生产方式。多品种的生产，如果是基于单个零件，由于每个零件的工艺路线不同，故很容易发生瓶颈作业，生产的同步化必然较差。如果是基于成组零件（一类相似零件的代表零件或象征零件），则工艺路线按成组零件的加工需要设计，其不同种类数量大大减少，加上成组加工单元的设备配置有一定的柔性，故使得瓶颈作业和瓶颈环节的数量大大减少，管理瓶颈作业和环节的计划工作量大大简化和减轻。这些都可为实现生产的同步化创造条件。

在多品种条件下实现日生产率均衡的目标，从作业计划编制上，要合理安排产品的投产顺序，组织好混流生产。

投产顺序计划是要决定混合装配线上不同产品的投入顺序。在混合装配线上，由于不同品种的工序和作业时间各不相同，若投产顺序安排不当，各工序的作业速度和负荷率相差悬殊，就很难实现产品在装配线上的连续流动，甚至可能造成全线停工。为了避免出现这种情况，就必须制定出使各工序的作业速度差异保持最小的投产顺序计划。很多投产顺序制定方法，如启发式投产顺序编排法等，都是基于这一思想的。

但是，仅仅使混合装配线实现均衡作业的投产顺序计划，还不能保证混合装配线之前的各零件加工工序的生产同步化，这只是一种局部的生产同步化，而不是整个生产系统的生产同步化。要使得整个系统生产同步化，就要设法平滑各零部件制造工序的产量以及运送量的频率，减少在制品库存；为了达到这个目的，混合装配线所需要的各种零部件的单位时间使用量(使用频率)，就应尽可能保持一致。在实际生产中制定投产顺序时，除了要考虑下达给总装配线的顺序计划尽可能保持各零件的出现率恒定以外，还必须考虑尽可能减少作业延迟，因为在混合装配线上如果连续装配作业较复杂的产品，容易产生动作延迟，甚至会引起全线停工。

使生产过程同步化，关键是发现和解决瓶颈环节。问题的困难在于，对于多品种的订货生产方式，瓶颈环节是一个动态概念，随产品结构的改变而变化。这对 JIT 是一个严峻的挑战。这个问题的解决，根本上要靠提高制造系统的柔性，主要是提高工艺路线柔性、物料搬运的柔性、加工批量柔性和产品结构柔性。

三、建立 JIT 制造单元

实施 JIT 的第一步是"把库房搬到厂房里"。大大小小的入口存放处和出口存放处，就像大大小小的库房。"把库房搬到厂房里"的目的在于使问题明显化，从而达到物料搬运路线最短化、库存级数扁平化。工人看到他们加工的零件还没有为下道工序所使用时，就不会盲目生产；也只有看到哪种零件即将使用完时，才会自觉地生产。第二步是不断减少工序间的在制品库存，"使库房逐渐消失在厂房中"，实现准时生产。

为了推行 JIT，需要对车间进行重新布置与整理，实行(5S 管理)定置管理。要依据所生产的产品和零件的种类，将设备重新排列，使每个零件从投料、加工到完工都有一条明确的流动路线。零件存放到车间会带来一些问题。如果零件杂乱无章地堆放，需要时难以找到，就会造成生产中断，甚至引起安全事故。因此，所有零件必须放在确定的位置和确定的物流容器或者工位器具上，并要用不同的颜色作出明显的标记。要及时消除一切不需要的东西，创造一个整洁的环境。

对车间重新布置的一个重要内容就是要建立 JIT 制造单元。JIT 制造单元是按产品对象布置的。一个制造单元配备有各种不同的机床，可以完成一组相似零件的加工。JIT 制造单元有两个明显的特征：一是在该制造单元内，零件是一个一个地经过各种机床加工的，而不是像一般制造单元那样一批一批地在机床间移动。在单元内，工人随着零件走，从零件进入单元到加工完离开单元，始终是一个工人操作。工人不是固定在某台设备上，而是依次操作多台不同的机器，这与一般的多机床操作不同。一般多机床操作通常是由一个工人操作多台相同的机器。二是 JIT 制造单元具有很大的柔性，它可以通过调整单元内的工人数使单元的生产率与整个生产系统保持一致。

JIT 制造单元一般采用"U"型布置(见图 3—5—3)。"U"型布置使工人能集中在一起，增加了工人之间接触的机会，形成一个集体，也使工人在转换机器时行走路线较短。如果采用直线布置，工人从机器 1 到机器 9 将行走较长距离。而采用"U"型布置，转过身来就行了。

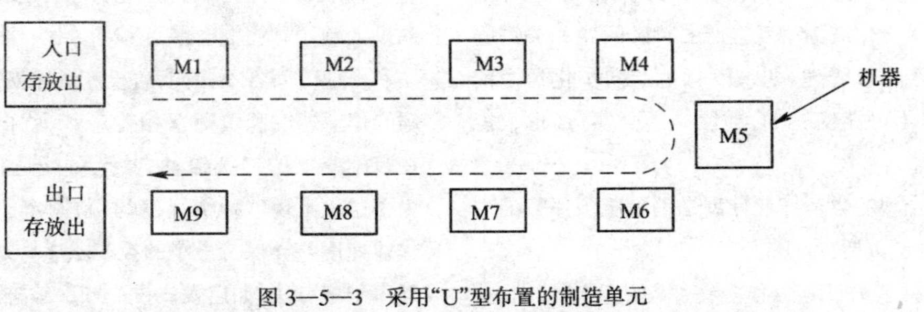

图 3—5—3 采用"U"型布置的制造单元

可以把 JIT 制造单元看作是一个同时可供多个工人进行多道工序加工的机器，一个单元只需设置一个入口存放处和一个出口存放处，不必为每台机器单独设置入口存放处和出口存放处。

为了维持制造单元的生产率与产品装配的生产率一致，保证同步生产，要使制造单元的固定生产能力有富余，机器设备数按最高负荷配置。当生产率改变时，只要调整制造单元的工人数量就可以满足需要。JIT有一条重要的原则，认为工人是最重要的资源，劳动力的闲置是最大的浪费。因此，每当生产节拍改变，都要调整工人的数量，使每个工人都有较满的工作负荷。调整工人人数比改变机床数要容易得多，也迅速得多，这使得制造单元具有很大的柔性。由于工人具有多种操作技能，一个制造单元的多余工人可以安排到另一个任务较重的制造单元中去工作，从而使劳动力得到合理而充分的利用。

四、从根源上保证质量，实施全面质量管理

质量是实行JIT的保证，不从根本上保证质量，不可能成功地实施JIT。当需要一件才生产一件时，如果某道工序出了废品，则后续工序将没有输入，会立即停工。所有的上游工序都必须补充生产一件，这样就完全打乱了生产节拍。要实施JIT，必须消除不合格品。

与传统质量管理不同，全面质量管理强调事前预防不合格品的发生，从操作者、机器、工具、材料和工艺过程等方面保证不出现不合格品。全面质量管理一个很重要的信条就是：质量是制造出来的，而不是检验出来的。全面质量管理强调从根源上保证质量。

JIT和全面质量管理无论在理论上还是在实践上都已经紧密地结合在一起。全面质量管理是将质量要求加入到过程运作的实践中，而并不仅仅通过检查来确认质量。它也是假定员工对其自身工作负责的理论。当员工对其工作质量负责时，JIT的运行状态最佳，因为只有高质量的产品在系统中流动。当所有产品都合格时则不需要有额外库存存在，因此，企业能获得高质量和高生产效率。通过使用统计质量管理方法和对员工培训来保证质量，因此，检验工作可以减少到只对第一个和最后一个生产单元。如果这些单元都非常好的话，则可假定这些单元间的其他产品也同样好。

五、尊重员工，推行“以人为中心”的管理

一般认为，对JIT来说，最困难的问题是如何管理人，即如何充分调动工人的积极性和发挥其创造性，并使之具有高度的责任感。

操作者在生产与作业管理中的地位和作用，取决于生产与作业的目的和性质。在传统的流水生产中，作业在细致分工的基础上高度专业化和简化了。作业的性质要求工人遵循流水线的节拍，按标准化的操作程序在规定的时间里完成规定的作业，工人是被动的，只需要尽可能熟练准确地重复简单的操作，对操作质量负责，不需要发挥什么创造性，工作本身不能构成工人的激励和满足。

在JIT生产方式中，设备是按成组加工单元形式布置的，在一个加工单元中往往包括多种工艺设备，如车、铣、钻、磨等。工人以小组形式承担全部零件的加工任务和质量责任、交货期责任以及成本责任。此外，像安排零件在加工单元中加工次序，决定零件加工的工艺路线，甚至设备预防维修等管理工作，也被下放到加工单元。因此，JIT客观上要求操作工人承担更多的责任，从而就必须授予他们更多的作业管理决策权。

不仅如此，JIT还要求不断地和持之以恒地改进生产过程，缩短作业更换时间，减小批量和确保100%的合格品，这就必须充分发挥工人的主动性、创造性和参与管理的热情，并使之熟练掌握多种技能。这使得开展交叉培训成为推行JIT的一项基本任务。

六、与供应商合作，建立良好的合作伙伴关系

正如顾客和员工是JIT系统的关键组成部件一样，供应商对过程也同样十分重要。如果企业与供应商分享需求计划，则企业将会拥有一幅关于需求的远景蓝图，并将其作用于生产和销售系统中，以指导这些部门的工作。供应商与顾客被联系到了一起，共享生产计划和输入必要的数据，这就保证了企业可以建立起均衡化生产系统。企业对供应商供货能力充满信心，便可以减少库存缓冲数量。在JIT中保留低库存数量，要求必须每天频繁运送必要的零件。有些供应商甚至将产品送到生产线中某个指定地点而不仅仅是送到接货料场。当供应商的产品质量可以完全保证时，对其供应产品的验收检查程序甚至可以取消。

关于这方面的知识在JIT采购中将有较为详细的阐述，在此不再赘述。

第三节　看板管理

一、看　板

看板是实现 JIT 的一种管理工具，它是将生产(或取货)的产品编号、产品名称、包装形式、数量、库存地点、消耗地点、看板周转张数等信息集中反映在某一载体上，作为下道工序向上道工序取货的依据，同时也是生产线组织生产的作业指令。即它是“什么东西，在什么时间、多少数量、用什么方式生产或搬运”的自动指示装置。

所以看板又称作传票卡，是传递信号的工具。它可以是一种卡片，也可以是一种信号，一种告示牌。看板及其使用规则，构成了看板控制系统。

实行看板管理之前，设备要重新排列，重新布置。做到每种零件只有一个来源，零件在加工过程中有明确固定的移动路线。每一个工作地也要重新布置，使在制品与零部件存放在工作地旁边，而不是存放在仓库里；同时，工人可以看到什么样的零件即将用完，需要补充，也不会造成短缺，影响生产。重新布置使得加工作业的每一个工作地都有两个存放处：入口存放处和出口存放处。对于装配作业，一个工作地可能有多个入口存放处(见图 3—5—4)。众多的存放处放在车间内，使车间好像变成了库房。这种车间与库房合一的形式是看板控制的一个特点，是准时生产的初级阶段。

看板分两种，即传送看板和生产看板。传送看板用于指挥零件在前后两道工序之间移动。当放置零件的容器从上道工序的出口存放处运到下道工序的入口存放处时，传送看板就附在容器上。当下道工序开始使用其入口存放处容器中的零件时，传送看板就被取下，放在看板盒中。当下道工序需要补充零件时，传送看板就被送到上道工序的出口存放处相应的容器上，同时将该容器上的生产看板取下，放在生产看板盒中。可见，传送看板只是在上道工序的出口存放处与下道工序的入口存放处之间往返运动。

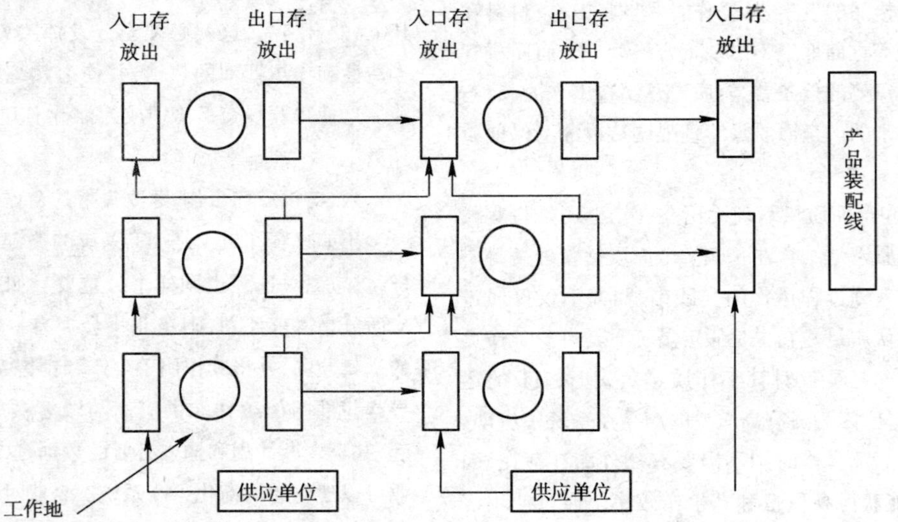

图 3—5—4　JIT 的设备布置

每一个传送看板只对应一种零件。由于一种零件总是存放在一定的标准容器内，所以，一个传送看板对应的容器也是一定的。

传送看板通常包括以下信息：

零件号；

容器容量；

看板号(如：发出 5 张的第 3 号)；

供方工作地号；

供方工作地出口存放处号；

需方工作地号；

需方工作地入口存放处号。

典型的传送看板如图 3—5—5 所示。

<table>
<tr><td>从供方工作地：
38#油漆</td><td rowspan="3">零件号：A435油箱座
容器：2型（黄色）
看板号：3号（共发出5张）</td><td>到需方工作地：
3#装配</td></tr>
<tr><td>出口存放出号：
No.38-6</td><td>入口存放出：
No.3-1</td></tr>
<tr><td></td><td></td></tr>
</table>

图 3—5—5 传送看板示意图

生产看板用于指挥工作地的生产，它规定了所生产的零件及其数量。它只在工作地和它的出口存放处之间往返。当需方工作地转来的传送看板与供方工作地出口存放处容器上的生产看板对上号时，生产看板就被取下，放入生产看板盒内。该容器（放满零件）连同传送看板一起被送到需方工作地的入口存放处。工人按顺序从生产看板盒内取走生产看板，并按生产看板的规定，从该工作地的入口处取出要加工的零件，加工完规定的数量之后，将生产看板挂到容器上。

每一个生产看板通常包括以下信息：要生产的零件号；容器的容量；供方工作地号；供方工作地出口存放处号；看板号（如：发出 4 张的第 1 号）。

所需的物料：所需零件的简明材料清单；供给零件的出口存放处位置；其他信息。如所需工具等。

典型的生产看板如图 3—5—6 所示。

工作地号：38#油漆
零件号：A435油箱座
防与出口存放出：No.38-6
所需物料：5#漆，黑色
防与：压制车间 21-11 号储藏室

图 3—5—6 生产看板示意图

二、看板组织生产的过程

图 3—5—7 表示用看板组织生产的过程。为简化起见，这里假设只有 3 个工作地，其中 3 号工作地为装配。对于装配工作地，可能有很多工作地向它提供零件，因而它的入口存放处会有很多容器，存放着各种零件。

产品装配是按装配计划进行的。当需要装配某台产品时，3 号工作地就发出传送看板，按传送看板规定的供方工作地及出口存放处号，找到存放所需零件的容器。将容器上挂着的生产看板取下，放到 2 号工作地的生产看板盒中，并将传送看板挂到该容器上，将容器运到 3 号工作地的入口存放处相应的位置，供装配使用。2 号工作地的工人从生产看板盒中取出一个生产看板，按生产看板的规定，到 2 号工作地的入口存放处找到放置所需零件的容器，从中取出零件进行加工。同时将该容器上的传送看板放入 2 号工作地的传送看板盒中。当生产的数量达到标准容器的要求，则将生产看板挂到该容器上，将容器放于 2 号工作地的出口存放处规定的位置。同样，将 2 号工作地的传送看板送到 1 号工作地的出口存放处，取走相应的零件。按同样的方式，逐步向前推进，直到原材料或其他外购件的供应地点。

三、看板数量的确定

为了尽可能降低库存，同时符合企业生产运作系统的实际情况，应合理确定看板数量，并随着生产运作系统的不断“强壮”而逐渐减少看板数量。

尽管各个企业的看板系统不同，但计算看板的数量的方法却基本一致。具体可按下列公式计算：

$$N = N_m + N_p \tag{3.5.1}$$

$$N_m = DT_w(1 + A_w)/b \tag{3.5.2}$$

$$N_p = DT_p(1 + A_p)/b \tag{3.5.3}$$

式中 N——所需看板的数量；

N_m——传送看板的数量；

N_p——生产看板的数量；

D——对某零件的日需要量；

b——标准容器中放置某种零件的数量；

T_w——零件的等待时间（日），即移动看板的循环时间；

T_p——所需的加工时间（日），即生产看板的循环时间；

A_w——等待时间的容差；

A_p——加工时间的容差。

其中 A_w 和 A_p 应该尽可能接近零。

例:对某种零件的日需要量为 $D=8\ 000$件/天,标准容器放置该零件数量为 $b=200$ 件/箱,每天实行一班制,8 h为一工作日。$T_w=2\ h$, $T_p=1\ h$, $A_w=A_p=0.2$。求所需的看板数量。

解:将有关数据代入式(3.5.1)、(3.5.2)和(3.5.3)中得:

$$N_m=8\ 000\times\frac{2}{8}\times(1+0.2)/200=12$$

$$N_p=8\ 000\times\frac{1}{8}\times(1+0.2)/200=6$$

$$N=12+6=18$$

故需要传送看板 12 个,生产看板 6 个,看板总数为 18 个。

由公式可以看出,工件等待时间越长,所需传动看板的数量就越多;生产时间越长,则所需的生产看板数量越多。因此,通过减少看板数量,就可以暴露出问题,进而采取针对措施改进管理。

四、看板管理的规则

1. 无论是生产看板还是传送看板,在使用的时候,必须附在装有零件的容器上,没有插入看板的零件不准搬运。

2. 必须由需方到供方工作地凭传送看板提取零件或者由需方向供方发出信号,供方凭传送看板转送零件。总之,要按需方的要求传送零件或者由后工序向前工序取货,没有传送看板不得传送零件。

3. 必须实现包装标准化、盛装单元化、容器通用化,不许使用非标准容器或者虽使用标准容器但不按标准数量放入。这样做可以减少搬运与点数的时间,并可防止损伤零件。

4. 生产是对消耗的补充。只有在取完容器中最后一个零件时,才能把看板从该容器上取下,放入到指定的看板收集盒中;当从生产看板盒中取出一个生产看板时,只生产一个标准容器所容纳数量的零件。当标准容器装满时,一定要将生产看板附在标准容器上,放置到出口存放处,且按照看板出现的先后顺序进行生产。

5. 不合格的零件不能插入看板,即不合格的零件不流向下工序。次品不交给下道工序,出现次品本来就是浪费,如果把次品交给下道工序,不仅会造成新的浪费,而且会影响整个作业线的工作。所以,在严格控制次品发生的同时,还必须严禁次品进入下道工序。

6. 看板和容器有严格的对应关系,在回收空容器的时候,要同时将看板送到指定的位置。按照这些规则,就会形成一个十分简单的拉动式系统。每道工序都为下道工序准时提供所需的零件,每个工作地都可以在需要的时候从其上道工序得到所需的零件,使物料从原材料加工到最终的装配同步进行。

第四节　JIT 采购

JIT 采购是企业内部 JIT 系统的延伸,实行 JIT 采购是实施 JIT 生产的必然要求和前提条件。

依据 JIT 管理哲理,一个企业中的所有活动只有当需要进行的时候才开始,即只有在需要的时候,才按需要的品质和数量提供所需要的产品和服务。因此,JIT 采购是指只在需要的时候(既不提前,也不推迟),按照需要的品质和数量,订购企业所需要的原材料和外购件。

一、JIT 采购的特点

传统的企业物品采购的目的是以最低的成本费用来获取所需要的原材料和外购件。在 JIT 环境下,采购的功能发生了深刻的变化。JIT 采购的主要特点有以下几个方面:

1. 单源供应。对某一种原材料或外购件只从一个供应商那里采购,或者说,对制造商的某一种原材料或外购件的需求,仅由一个供应商供货。

实行单源供应的优点在于:它可以使制造商成为供应商的一个非常重要的客户,因而加强了制造商与供应商之间的相互依赖关系;另一方面,单源供应使供应商获得内部规模效益和长期订货,从而又可使购买的原材料和外购件的价格降低。当然,单源供应也会给企业带来一些问题,比如说,可能存在供应中断的风险;不能得到竞争性的采购价格;对供应商的依赖性过大等。因此,必须与供应商建立长期互利合作的新型伙伴关系。在日本,98%的 JIT 企业采用单源供应。但在实际操作时,一些企业常采用同一原材料或外购件由两个供应商供货的方法,其中一个供应商为主,另一个供应商为辅。

2. 小批量采购。购买的小批量是 JIT 采购的基本特征。由于企业生产对原材料和外购件的需求是不确定的，而 JIT 采购又旨在消除原材料和外购件库存，为了保证准时、按质按量供应所需的原材料和外购件，采购必然是小批量的。

3. 合理选择供应商。由于 JIT 采购经常采用单源供应，因而对供应商的合理选择就显得尤其重要。可以说，能否选择到合格的供应商是 JIT 采购能否成功实施的关键。合格的供应商具有较好的技术、设备条件和较高的管理水平，可以保障采购的原材料和外购件的质量，保证准时按量供货。

在选择供应商时，必须依据一定的标准对供应商进行评价。这些标准包括产品质量、交货期、价格、技术能力、应变能力、批量柔性、交货期与价格的均衡、价格与批量的均衡、地理位置的选择等，而不像传统采购那样主要依靠价格标准。在大多数情形下，其他标准较好的供应商，其价格可能也是较低的，即使不是这样，双方建立起互利合作关系后，企业可以帮助供应商找出减少成本的方法，从而使价格降低。当双方建立了良好的合作关系后，很多工作可以简化以至消除，如订货、修改订货、点数统计、品质检验等，从而减少浪费。

4. 从根源上保障采购质量。实施 JIT 采购后，企业的原材料和外购件的库存得到了优化。因此，为了保障企业生产经营的顺利进行，采购物品的质量必须从根源上抓起。也就是说，购买的原材料和外购件的质量保证，应由供应商负责，而不是企业的物品采购部门。JIT 采购就是要把质量责任返回给供应商，从根源上保障采购质量。为此，供应商必须参与制造商的产品设计过程，制造商也应帮助供应商提高技术能力和管理水平。

5. 可靠的送货和合理的包装要求。由于 JIT 采购消除了原材料和外购件的缓冲库存，供应商交货的失误和送货的延迟必将导致企业生产线的停工待料。因此，可靠的送货是实施 JIT 采购的前提条件。而送货的可靠性，常取决于供应商的生产能力和运输条件（或者第三方物流的服务水平）；一些不可预料的因素，如恶劣的气候条件、交通堵塞、运输工具的故障等，都可能引起送货迟延。当然，最理想的送货是直接将物料送到生产线所需要的位置上。

JIT 采购对原材料和外购件的包装提出了特定的要求。良好的包装不仅可以减少装货、卸货对人力的需求，而且使原材料和外购件的运输和接收更为便利。最理想的情况是，对每一种原材料和外购件，采用标准规格且可重复使用的容器包装，即包装标准化、容器通用化、单元化，这样为提高运输效率，同时保证交货的准确性奠定单元化载体的基础。

6. 有效的信息交换与共享。只有供需双方进行可靠而快速的双向信息交流，才能保证所需的原材料和外购件的准时按量供应。同时，充分的信息交换可以增强供应商的应变能力。实施 JIT 采购，就要求供应商和制造商之间进行有效的信息交换与共享。信息交换与共享的内容包括生产作业计划、产品设计、工程数据、质量、成本、交货期等。信息交换与共享的手段包括互联网、企业内部局域网、信息管理软件和电报、电传、电话、信函、卫星通讯等。现代信息技术的发展，如 ERP、EDI、E-Mail 等，为有效的信息交换提供了强有力的支持。

二、JIT 采购的实施条件

1. 制造商和供应商建立互利合作的战略伙伴关系。JIT 采购的推行，有赖于制造商和供应商之间建立起长期的、互利合作的新型关系，相互信任，相互支持，共同获益。

2. 注重基础设施的建设。良好的交通运输和通讯条件是实施 JIT 采购的重要保证，企业间通用标准的采用对 JIT 采购的推行也至关重要。所以，要想成功实施 JIT 采购，制造商和供应商都应注重基础设施的建设。诚然，这些条件的改善，不仅仅取决于制造商和供应商的努力，还需要有良好的社会物流环境。

3. 强调核心制造企业和供应商业务的相互参与。JIT 采购不只是企业物品采购部门的事，它离不开供应商的积极参与。供应商的参与，不仅体现在准时、按质按量供应制造商所需的原材料和外购件上，而且体现在积极参与制造商的产品开发设计过程中。与此同时，制造商有义务帮助供应商改善产品质量，提高劳动生产率，降低供货成本。

4. 建立实施 JIT 采购的组织。企业领导必须从战略高度来认识 JIT 采购的意义，并建立相应的企业组织来保证该采购策略的成功实施。这一组织的构成，不仅应有企业的物品采购部门，还应包括产品设计部门、生产部门、质量部门、财务部门和物流部门等。其任务是，提出实施方案，具体组织实施，对实施效果进行评价，并进行连续不断的改进。

5. 制造商向供应商提供综合的、动态的生产计划和作业数据。综合的、动态的生产计划和作业数据可以使供应商及早准备，精心安排其生产，确保准时、按质按量交货。否则，供应商就不得不求助于缓冲库存，从而增加其供货成本。有些供应商在制造商工厂附近建立仓库以满足制造商的 JIT 采购要求，实质上这不是真正的 JIT 采购，而只是库存负担的转移。

6. 重视教育与培训。通过教育和培训，使制造商和供应商充分认识到实施 JIT 采购的意义，并使他们掌握 JIT 采购的技术和标准，以便对 JIT 采购进行不断的改进。

7. 加强信息技术的应用。JIT 采购是建立在有效信息交换的基础上的，信息技术的应用可以保证制造商和供应商之间的信息交换。因此，制造商和供应商都必须加强对信息技术，特别是网络数据交换技术的应用投资，以更加有效地推行 JIT 采购策略。

三、JIT 采购的实施步骤

1. 建立 JIT 采购决策和执行部门。为了对原材料和外购件的来源以及采购事宜做出正确的决策，需要得到公司内部许多职能部门的支持。因此，应该成立 JIT 采购决策和执行部门，由采购决策责任人负责运营，购货者和计划制订者，或由采购专家参与执行，操作成员包括产品技术人员、生产人员、质量人员、物品处理人员、成本会计人员等。而且，应对上述人员进行有关 JIT 采购的教育培训，提升其 JIT 采购的业务水平，为企业切实实行 JIT 采购提供良好的素质资源背景。

2. 制定采购实施计划，以确保 JIT 采购有计划、有步骤地成功实施。采购决策和执行部门要制定出实施计划，明确规定未来的采购策略和具体的实施步骤。采购策略除了包括改进当前采购方式的措施外，还应包括优化基本供应商的数量、细化供应商的评估标准、帮助供应商通过行业特定论证或向供应商核发企业认证证件、提升原材料和外购件的库存管理水平、提供对生产线的持续性支持等内容。

3. 精选少数几家供应商建立长远合作伙伴关系。供应商和制造商之间互利的伙伴关系，意味着双方之间充满了一种紧密合作、主动交流、相互信赖的和谐气氛，共同承担长期协作的义务。在这种关系的基础上，发展共同的目标，分享共同的利益。当然，这种互利的伙伴关系的建立需要经过长期的磨合，要求双方风险分担、利益共享，彼此有相同或者相似的发展需求，有坚定的决心和奉献精神；同时，一个企业只能选择少数几个最佳供应商作为工作对象，抓住一切机会加强与它们之间的业务关系。

4. 选择试点。JIT 采购是一项规模宏大的工作，为了顺利开展这样大规模的工作，必须进行试点，逐步摸索经验。而且，应该围绕某条生产线来选择作为试点的供应商或零配件，并将采购改革试点与生产改革试点结合起来，以起到相互支持的作用。

5. 搞好供应商的培训，明确共同努力目标。应该对已选定作为试点的供应商进行 JIT 管理原则的培训，以使他们理解制造商的改革措施以及将来可能对他们提出的要求。为了满足这些要求，供应商在自己的企业里，也可能需要实施 JIT 管理原则。对供应商的教育培训，应与制造商在公司内部开展的同类活动没有什么区别，需要强调同样的观念，同样的原则。

6. 给供应商颁发产品免检证书。在实施 JIT 采购时，核发免检证书是非常关键的一步。颁发免检证书的前提是供应商的产品百分之百的合格。为此，核发免检证书时，要求供应商提供最新的、正确的、完整的产品质量文件，包括设计蓝图、规格、检验程序以及其他必要的关键内容。

有些公司在核发免检证书的初始阶段，只发放单件产品的免检证，但是最终目标还是为了发放供应商的免检证，并完全免除采购物品中常规产品的进货检查。达到这个目标后，就只需对尚未获得免检证的新产品和新零件进行进货检查，直到它们也达到免检要求为止。最后，所有采购的物品就可以从卸货点直接运至生产线使用。

7. 实现配合准点的交货方式。向供应商采购的原材料和外购件，其目标是要实现这样的交货方式：当正好需要某物品时，该物品就运抵卸货月台，或者直接运至生产线，生产线拉动它所需的物品，并在制造产品时使用该物品。

8. 继续改进，扩大成果。实施 JIT 采购是一个持续进行的过程，不同的供应商处于不同的实施阶段，即使所有的基本要求都达到了，也应继续不断地予以改进。而且，应该尽快地推广 JIT 采购，以确保整个公司实施 JIT 的成功。

第五节　案例：雪铁龙公司 JIT 拉动式物流

1992 年 5 月 18 日，法国雪铁龙汽车公司与中国东风汽车公司集团合资，注册 10 亿元人民币，投资百亿元人民币，成立神龙汽车有限公司。1995 年 9 月 8 日，神龙公司武汉工厂总装车间第一辆富康车下线，雪铁龙公司在汽车工业领域的先进管理经验，包括物流管理在内，越来越多地被中方人员学习、引入和应用。笔者曾在雪铁龙公司下属几个重要工厂和雪铁龙学院进修，并参与了神龙公司武汉工厂物流启动与改进工作，得以了解到雪铁龙公司和神龙公司在生产物流方面的许多具体情况，借此机会，将雪铁龙公司拉动式物流的基本情况向国内同行做一介绍和交流。

一、拉动式物流定义

所谓拉动式物流，即遵循 JIT 原则，按照顾客需要的时间，需要的地点，需要的数量生产需要的产品，表达和满足顾客的订购需求，由下游工序上溯，来启动上游的生产和运输的物流组织方式。它突出的特点是：

1. 下游拉动上游；
2. 仅存在闭口指令，即不更变的指令；
3. 预测仅用于自我准备，尤其是仓储方式和物流路线。

在理想状态中，即零库存，零缺陷，零故障，而又能满足顾客需求，就可称为紧绷式物流，它是拉动式物流的完美状态。

二、JIT 拉动式物流与 MRP 推进式物流的区别

JIT 拉动式物流与 MRP 推进式物流在生产安排、包装容器数、现场跟踪、队伍流需求的适应能力、均衡化程度等方面有很大差别，见表 3—5—1。

表 3—5—1　JIT 拉动式物流与 MRP 推进式物流的区别

	MRP 推进式物流	JIT 拉动式物流
生产安排	每个工位独立实施生产计划，不受其它工位影响。紧急需求时可提出特别要求。生产指令和运输指令受计划的制约和带动	每个工位根据它所接受的订单进行生产，与下游操作同步，使得紧急需求减少。运输和生产本身保证了运输指令和生产指令的管理
所需的包装容器数	不加控制，想要多少就要多少，呈膨胀增长趋势	通过设计和计算来确定
现场跟踪	有必要监控所有工位作业情况	后工序指导前工序
对物料需求的适应能力	根据当天生产计划和实际情况对比来调整，使得物料补充时间延长	只要了解少数几个工位情况，就可限制物料补充时间
运行不畅时	影响扩大到下游	依靠系统本身的柔性来消除
物流和信息流关系	方向相同	方向相反
均衡化程度	经常有紧急需求，库存较多	生产较为均衡，很少有紧急需求，库存较少

三、RECOR——看板的内涵

JIT 的工具是看板，这是一个纯粹的日本名词。当欧美国家引入丰田公司 JIT 制度及其看板后，结合本国企业的实际，对其进行了深入的研究，使其更加理论化和欧美化。雪铁龙公司也是如此。他们将看板称为”RECOR”，是法文”REMPLACEMENT-DELACONSOMMATIONREELLE”的缩写，意为”对现实消耗的补充”，看板生产就是“生产已消耗的产品”。RECOR 体现了看板的原理和作用，将一个简单的日本名词深化为理论化的物流专业词汇，准确表达了“拉动”的含义。

四、两种指令体系

在拉动式物流组织方式中，有两种指令体系：协调式指令和看板式指令。

在协调式指令中，人们为未来的消耗制造零件，该零件由内部顾客消耗，例如整车流中，要求 XUD 型发动机的装饰件，满足未来10 h后装配该类发动机的需求。这就是同步协调式指令。MRP 中的计划指令可视为协调式指令，顾客订单处理也可视为

协调式指令。

在看板指令中,人们补充刚刚被消耗的零件,即所谓 RECOR——对现实消耗的补充。例如在装配线所需的一个单位包装的螺柱被消耗完,那么系统即要求仓库发来一个满包装螺柱补充。在内部生产物流中,以看板指令为主导。

五、零部件流的 3 种准时化管理方式

以车身流为拉动源,零部件流中的各生产环节都按后工序的需要组织生产和运输。后工序需要什么品种、数量,就在需要的时间向前工序取,不设置多余的库存;前工序仅仅生产后工序所取走的品种、数量,不进行多余的生产。与此同时,要求供应商进行准时供应,在需要的时间和地点供应需要的品种和数量,从而改变传统供应方式中设置大量的库存储备来保生产、保均衡的作法,实现减少库存费用,降低生产和运输成本,使得零部件流与车身流协调统一,都达到准时生产化的要求。

零部件流的准时化管理是根据实际消耗来拉动生产和供应(即所谓 RECOR),改变了推进式模式中基于预测的做法,并根据下列原则来执行:

1. 对需求的预测是用于自我准备,只适合较短时期。

2. 供应运输要具备较大的灵活性和柔性。

3. 生产和供应要缩小批量,增加频次。

零部件流准时化管理有 3 种基本形式:看板管理,计划管理,同步管理

(一)看板管理

看板管理的要素为:在看板上记录着零件号、零件名称、零件的存储地(取货地、送货地)、生产或取货数量、所用工位器具的型号、该零件看板的周转张数等,以此作为取货、运输、生产的凭证和信息。看板挂在从上游供应商发来的零部件的包装上,当该零部件被使用后,取下看板,放到看板回收箱里,返回给供应商;供应商根据返回的看板信息来进行零部件生产,开始下一次供应和运输。看板组织生产的过程见图 3—5—7。

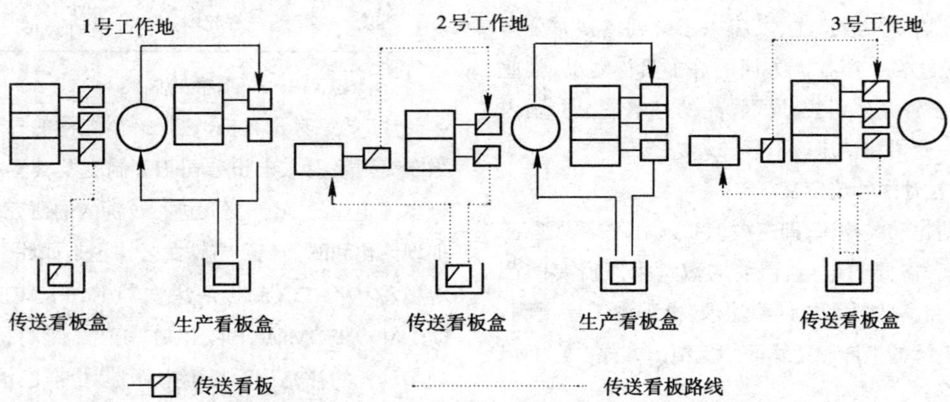

图 3—5—7 用看板组织生产的过程

在看板供应中,每次订货和供应都是对现实消耗的补充,即所谓"RECOR",它体现了准时生产制的基本原则。这种方式简单实用,是 JIT 最有效的管理工具,而且随着计算机通讯技术的发展,传统的纸化看板卡片已大多被电传、传真和电子信箱等现代化媒介所替代,使得看板供应更为迅速和准确。本文将在后面篇幅重点分析看板管理。

(二)计划管理

它比较接近于传统的计划供应方式,之所以被列入准时化范围,是因为其预测和计划周期较短。在雪铁龙公司,其滚动周期仅为 5 天。

JIT 零部件流计划管理遵循以下原则:在第 j 天的需求基础上进行预测,并计算出第 $j+5$ 天的供应量,依次循环滚动。图 3—5—8 为其原理示意图。

计划管理方式适合于具有以下特性的零件:

1. 生产消耗量较大,消耗量较为稳定,例如标准件等。

2. 批量较大。

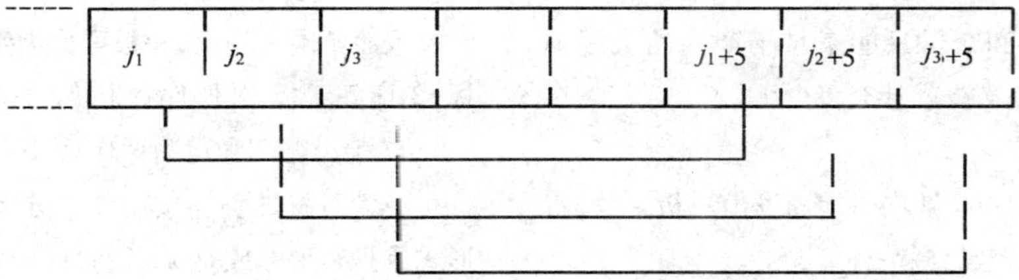

图 3—5—8 供应计划系统原理示意图

3. 平均日运输频次小于 1。

4. 每次运输批量参数相同，使用同样的包装单位、同样的运输方式。

在此种计划管理方式中，要对异常情况(故障、缺陷、延迟)保持高度警惕，从而能够及时调整订单和排产，来保证生产的正常进行。最好建立计算机网络传输系统，保证信息完整、迅速传递。

(三)同步管理

同步管理是零部件流管理的最高级方式，它适合于大总成零件。这些零件相对比较昂贵，需要根据生产线运行情况进行同步供应，以期满足工艺需要、减少库存费用和对生产面积的占用。目前，雪铁龙公司的同步管理，主要用于座椅总成、排气管总成等少数几种零件的供应。

零部件同步管理是和车身流相协调的。在流水线上，当车身通过某一消耗点时，它发出对下游某点所需装配某种零件的需求信息，当内部分装工序或外部供应商收到此信息(要货令)后，就根据要货令生产所需的品种，并在所需的时刻运送到所需消耗点。同步管理代表物流的完美状态，它意味着在准确的时刻，送来准确数量的产品到准确的工位，不会产生任何多余库存，达到一个“流”。图 3—5—9 是同步供应示意图。

同步管理的法则是：

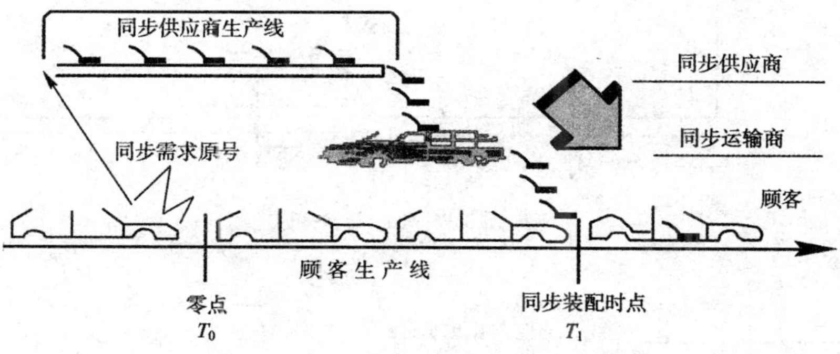

图 3—5—9 JIT 的设备布置

1. 同步管理对输送设备、运输工具、监控设备和通讯交互设备要求极高，因而费用昂贵，需要进行经济分析，谨慎选择。

2. 对供应商和运输商要求极高，需要在硬件和软件方面进行全面深入调查研究，谨慎选择。

3. 对供应商的地理位置有一定要求，雪铁龙公司原则上对其控制在50 km之内。

4. 对供应监控水平要求较高。当顾客接到供应商发出的送货指令后，要对生产线上的运行状况严加注视。

5. 顾客对零件消耗的时刻和数量要计算得非常准确，并传达给供应商。

6. 供应商要实现准时生产，要符合外部质量供应保证标准，保证供应质量。

7. 顾客和供应商要对同步供应的职能、模式达成共识和协议，并严格执行。

六、运输看板循环和生产看板循环系统分析

看板管理建立在看板的基础上，也就是说用户与供应商(或下道工序与上道工序)之间信息指令交互要以看板为基础。对供应商(上道工序)来说，用户(下道工序)发出的一张卡片相当于一份订单，必须按看板订单的要求进行生产或交付。

1. 基本原则

所有的生产和交付只能来自于产品的实际消耗,实际需要消耗多少就补充多少。

2. 执行原则

(1)由核心制造企业向供应商发出看板卡片,带动对应数量的生产或交货;

(2)没有看板指令便不生产或不交货;

(3)不允许把不合格产品传往后道工序,只有合格产品才能挂看板;

(4)零件的每个包装单元必须配备一张看板卡;

(5)各工序要平衡或者成比例地消耗零件;

(6)不断地减少看板数量。

在看板管理中,是物流活动(即零件的消耗)生成生产或交付指令,看板指令系统构成了准时生产的拉动式自动控制系统。

3. 看板管理的种类

按照不同的用途,看板可分为生产看板、运输看板、工序间看板、外协件看板等。

4. 生产循环和运输循环。

尽管看板的种类按用途来分有各种各样,表现形式或是有形的或是无形的,但归纳起来只有 2 种看板指令系统循环,即生产循环和运输循环。

运输循环:两个物流节点之间,只包含运输过程的物流供需环就形成一个生产循环(见图 3—5—10)。

生产循环:两个物流节点之间,包含了生产过程的物流供需环就形成一个运输循环(见图 3—5—11)。

5. 看板的计算

不管使用的是哪一类看板循环(运输循环或生产循环),用户存储点至少拥有 2 个包装容器:一个正在消耗;一个满的。

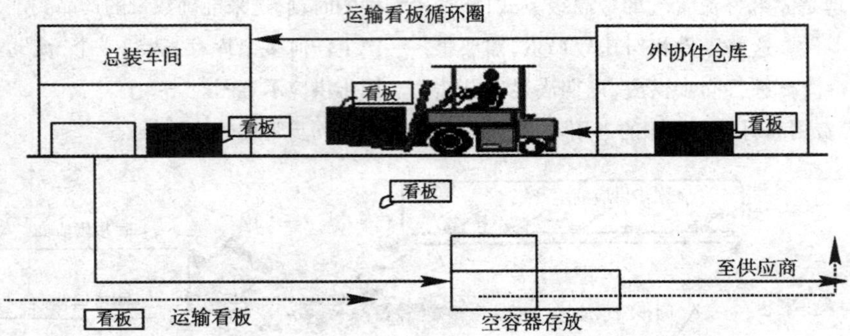

图 3—5—10　运输循环

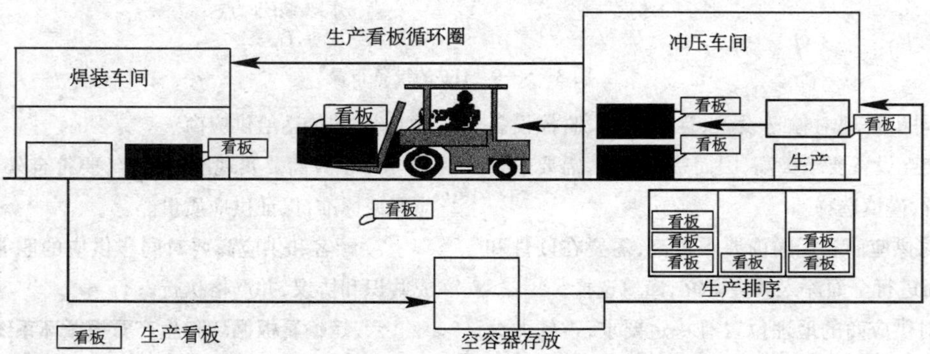

图 3—5—11　生产循环

在所有情况下,在用户存贮点应该有足够数量的装满的容器,以保证两次交货之间的用户消耗,所以在看板指令系统中有两个主要参数:

(1)在两次交货之间用户消耗所需的包装容器的数量 S。

(2)看板循环里包装容器和看板卡的总数量 R。

6. 运输循环

(1)计算所需要的数据

C_{mj}:日平均消耗。这是一个根据预测得到的平均值,即将预测的周期产量除以用户消耗的天数计算得到的。

U_c:包装单位(每个包装中零件的数量)。

F:用户存贮点的交货频率。是指叉车或者运输设施给循环内的用户进行供应的频率(即日送货次数)。

t:看板的等待时间。一旦消耗了一个包装单位,即时发出了交货看板,看板就开始等待,因为叉车工是按一定的频率进行循环运输的。

d:看板卡的传递时间。等到运输或传输工具之后,看板就被运输到位于供应商那里的积累点。看板的传输可以由一位叉车工或者通过信息传输手段来实现,看板向上游传输是会消耗时间的。

T:在运输给用户之前的装满零件的容器和看板的等待时间。一旦看板指令送到供应商处的存储点,就被贴在一箱满容器上,这时这箱装满零件的容器和看板卡就准备好了,可以运往用户了。

D:装满零件的容器和看板的运输时间。看板随装满零件的容器运输到用户那里所需时间,确定的原则与参数是一致的。

运输循环时间分析图如图 3—5—12。

(2)计算公式:

$$S=\frac{C_{mj}}{U_C}\times\frac{1}{F}+1$$

$$R=\frac{C_{mj}}{U_C}\times(t+d+T+D)+1$$

7. 生产循环

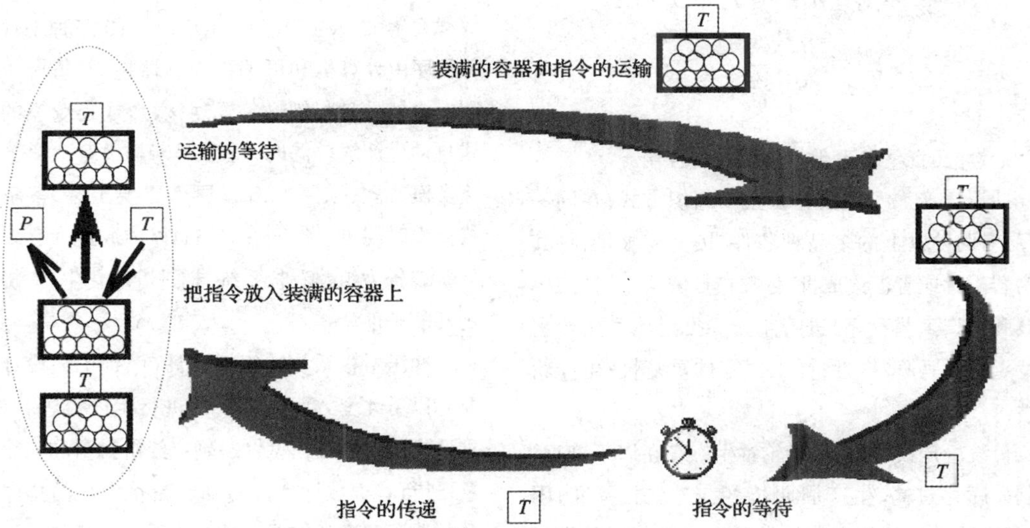

图 3—5—12　运输循环时间分析图

(1)计算参数所需的数据

C_{mj}、U_C、t、d4 个参数与运输循环里定义的值相同。

T_C:批量的大小。批量大小是生产组织必需的一个数值,是批量设置费用和库存费用平衡后得到的结果。可以通过经济批量计算公式和实践经验推算得出。

τ:等待生产安排的时间。

T_p:等待生产装置闲下来的时间。指在同一设备上生产多种零件,多次转换的平均时间。

D_p:生产时间。这个时间包括:①准备时间(工具更换、调节…);②生产第一个满包装时间;③这个满包装生产出来后运输前的等待时间;④这个满包装到用户下游存储点的时间。生产循环时间分析见图 3—5—13。

(2)计算公式

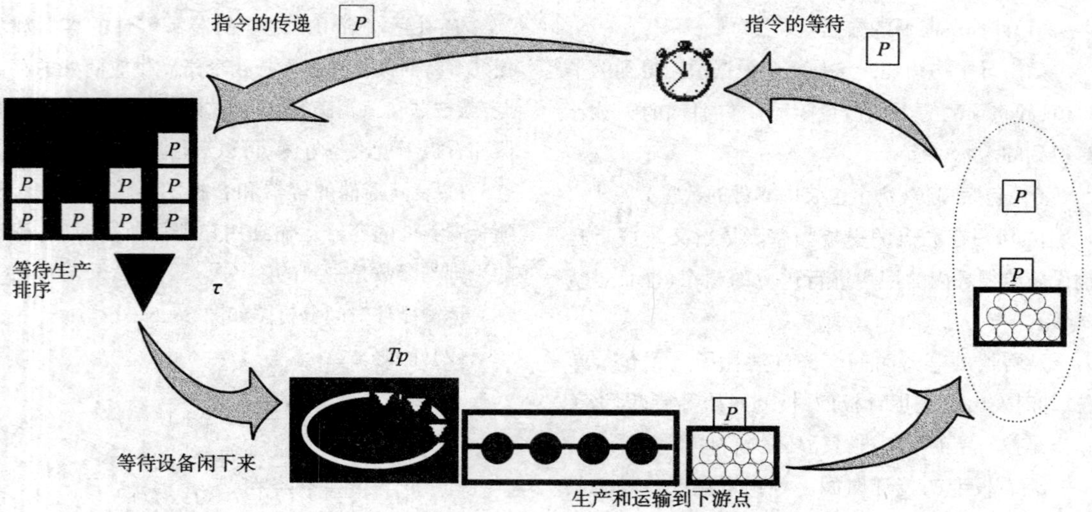

图 3—5—13　生产循环时间分析

$$S=\frac{C_{mj}}{U_C}\times(t+d+\tau+T_p+D_p)+1$$

$$R=S+\frac{T_C}{U_C}$$

七、冲压批量轮番生产看板管理应用

冲压生产属于成批轮番生产组织方式：在同一工序，对两种以上的多品种零件，按其需求量，将其分为若干批或者汇集成批，依靠换产安排(更换工模夹具和操作工艺程序)进行生产。批量轮番生产主要特点是：品种多样性；同工序零件重复性；生产轮番性。

传统生产模式中，批量轮番生产存在以下难点：在制品库存过高、生产周期长、生产控制(调度)困难、经常性的过量生产与短缺共存。其原因是批量转换和批量排序的多样性、复杂性和经济性难度。因此，在推行准时生产制方面，比流水线生产要困难得多。长期以来，主要靠两个方面解决这些难点：一是提高工艺装备水平，实现快速换模，降低经济批量数；二是采用拉动式看板管理，减轻计划与控制难度，提高冲压轮番生产过程中制造资源的物流组织水平。

神龙公司冲压分厂目前有一条开卷线，生产 15 种板料；有 4 条冲压线，承担 56 种车身覆盖件和结构件的生产。每条冲压线由一台双动压机和 5～6 台单动压机构成一个 GAMMES 工序(使工件全部成型完毕的一组工艺)，固定生产 10 多种工件。全部程序由计算机和可编程控制器控制，每台压机之间由机械吸盘和传输装置连接，形成连续模的流程式自动生产线。同时，每台压床都设有滚道液压快速换模装置，采用 SMED 原理更换工装，整条冲压线换模时间可以控制在15 min以内。这一套先进的冲压装备为组建看板系统，推进准时化生产，提供了良好的条件。

冲压看板系统的组织设计(区别工艺设计)，主要有以下 4 个方面内容：(1)进行生产流程分析，建立看板运行循环模型；(2)确定经济批量和安全库存量，进行看板数计算；(3)确定轮番生产的排序方法及制造资源准备方式；(4)建立看板运行规则和物流组织。

冲压分厂以冲压线为管理中心，可以将物流过程划分为两个循环：运输循环和生产循环，通过看板在这两个循环中的运行来拉动指导批量轮番生产。

两个看板循环的运行见图 3—5—14。

两个循环中，看板系统需要对设备、模具、容器具、原材料、成品件等五大制造资源进行组织控制。因此，对应有设备看板卡、模具看板卡、容器具看板卡、原材料看板卡和成品件看板卡。前 4 种属于生产看板类，最后1种属于运输看板类。

冲压轮番生产的难点在于批量的启动和生产排序组合，因此，对应设置了两种看板管理栏：批量积累管理板和生产排序板。

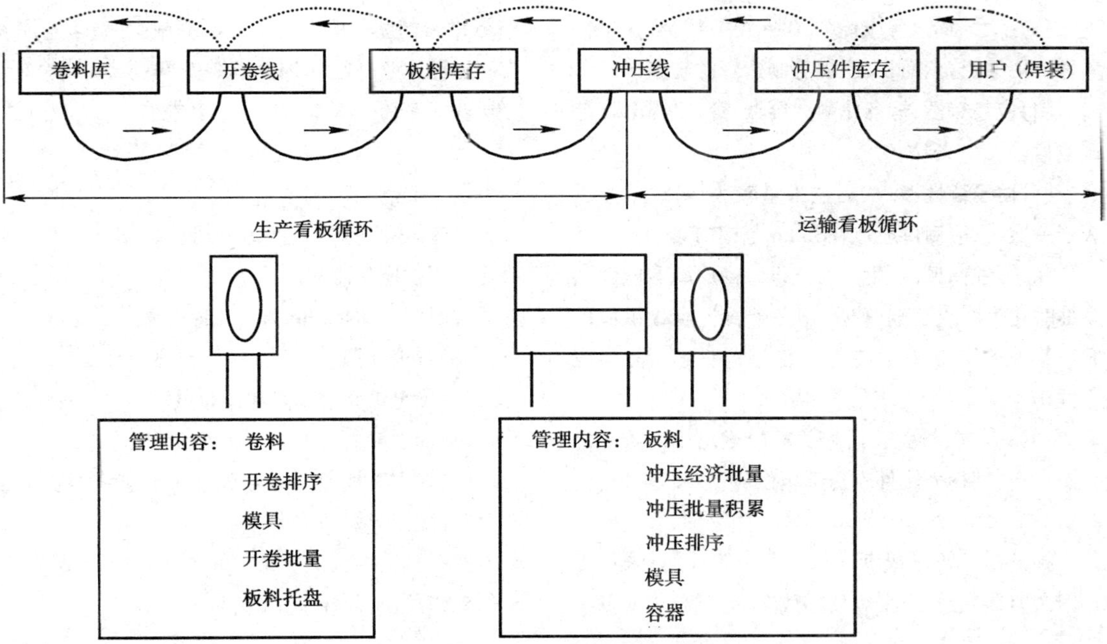

图3—5—14　生产看板循环与运输看板循环

看板管理过程是：当焊装分厂消耗冲压成品件后，对应的成品件看板卡就返回冲压分厂，并挂到冲压线批量积累板上；当积累到批量线时，就发出设备看板卡、模具看板卡、容器具看板卡，查询这些资源是否满足生产需要条件；同时发出原材料看板卡，启动开卷线生产相关板料；每满足一种条件，对应的看板卡就挂到冲压生产排序板上；如果条件全部具备，则4种生产看板就都挂到生产排序板上，表示真正可以启动该品种的冲压生产了。

当若干品种同时满足同一冲压线的生产条件，就按时间优先原则，安排在生产排序板上最先具备4个生产看板的品种进行生产，并依次类推。

一个批量的冲压生产结束后，所有该批冲压成品件都装入容器具，并挂上成品件看板卡，进入成品件仓库。在那里等待"对焊装实际生产消耗的补充"，开始下一次循环。

从上面可以看出，原来极其复杂多样的冲压轮番生产，通过看板拉动自动完成了，整个过程不需要作业计划和现场专职调度；同时，由于采用了看板目视管理栏，使得生产管理人员随时都能清晰、准确地掌握产品的品种、数量、在制品、生产进度、生产准备等动态情况。整个物流运行实现了准时化。

八、供应商直送看板管理应用

直送看板供应是零部件流准时化管理重要方式之一，将准时化要求向上游延伸至供应商处：主机厂用户以看板作为准时化要货指令，供应商按照看板指令实施生产或运输；所供应的外协件不进入用户仓库存储，直接转运至用户生产线消耗点。通过看板拉动供应商按用户生产线需要的时间、需要的数量和需要的品种实施生产与运输。供应商供应点至用户生产线消耗点之间实行直送，减少存储点和存储量，从而降低供应商和用户的库存成本；同时发挥看板的现场自动微调功能，平顺排产、运输与仓储作业，减低调度协调难度和工作量，提高系统化管理水平。

采用直送看板供应的前提性条件有：

(1)人员素质：直送看板供应运行涉及的相关人员经过必要培训，了解看板知识和运行规则，具备看板管理必备的素质和责任心。

(2)质量保证性：质量保证在供应商处完成，用户和供应商都对产品质量有足够的信任和信心，直送看板零件达到质量免检水平，只有合格的产品才能挂看板卡片。

(3)技术经济性：应优先选择A类物资，其单件零件占用的资金、面积、容器等制造资源较多。

(4)包装特性：标准化耐久容器；容器体积大，装载数量多。

(5)运输特性：每次运输批量较小，日运输频次大于一次，供应商供应点在50 km范围内。

(6)管理保证性：用户及其供应商愿意和能够实现准时化生产或运输管理，有一个直送看板供应的归口管理和仲裁部门，签订一份座椅直送看板供应合同/协议。

1998年初，神龙公司相关部门推出生产管理优化新举措：试行外协件直送看板供应，首项零件定为座椅。

神龙富康轿车成套座椅价值4 100元；采用专用耐久容器盛放，每个容器盛放2套座椅；供应商为云鹤座椅厂，距神龙公司总装车间约1 km；运输工具为3 t东风轻卡，每车运送9个容器；神龙公司总装车间实行5天2班制生产，日产214辆，日有效工时15.5 h；云鹤座椅厂实行5天单班制生产，但仓库发交和运输作业时间与神龙总装车间同步，当时神龙公司仓库座椅库存水平为240套左右。

针对以上情况，首先进行了初步设计。

设计要点：

(1)描述座椅厂为神龙公司总装车间实行座椅直送看板供应的流程。

(2)进行工时分析，确定工时参数。

(3)看板计算。

(4)确定重要控制点和作业点。

(5)提出看板样本。

(6)提出看板运行所需要的人员、设备、物品、面积、环境配套等资源需求。

座椅直送看板供应流程的一般性描述见图3—5—15。看板卡片样本见图3—5—16。

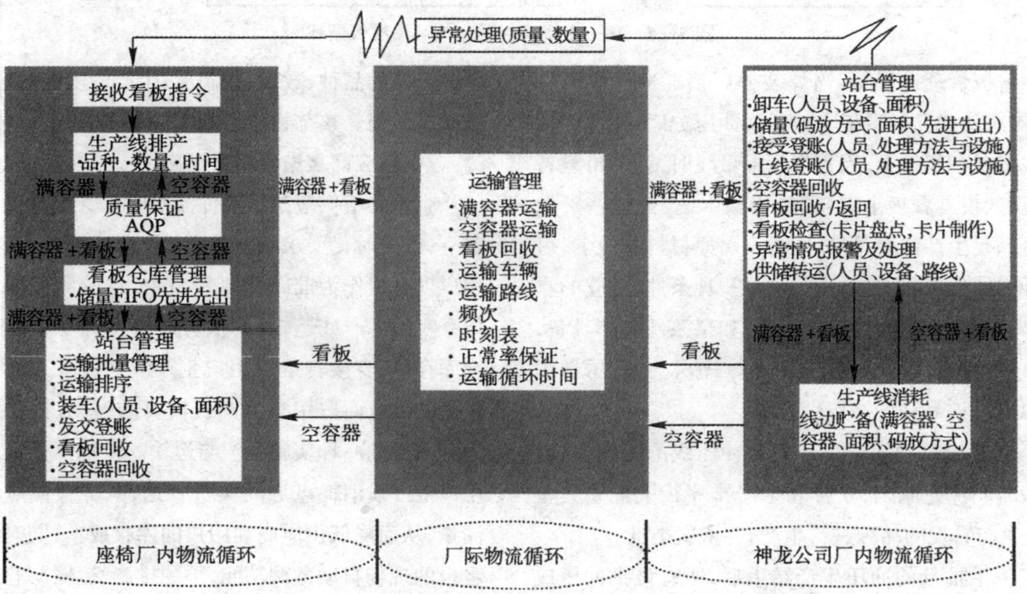

图3—5—15　座椅直送看板供应流程

经过严谨的设计和精心准备，座椅直送看板供应运行情况效益非常好，尤其是经济效益十分显著。图3—5—17是座椅直送看板供应一段期间的运行记录。

从运行图可看出：供应量曲线和库存水平都比较平滑和均衡，座椅平均库存水平降到24套左右，为原来库存水平(240套)的10%，同比降低了90%，减少库存资金占用88.56万元。真正是“管理出效益”。

图 3—5—16　座椅看板

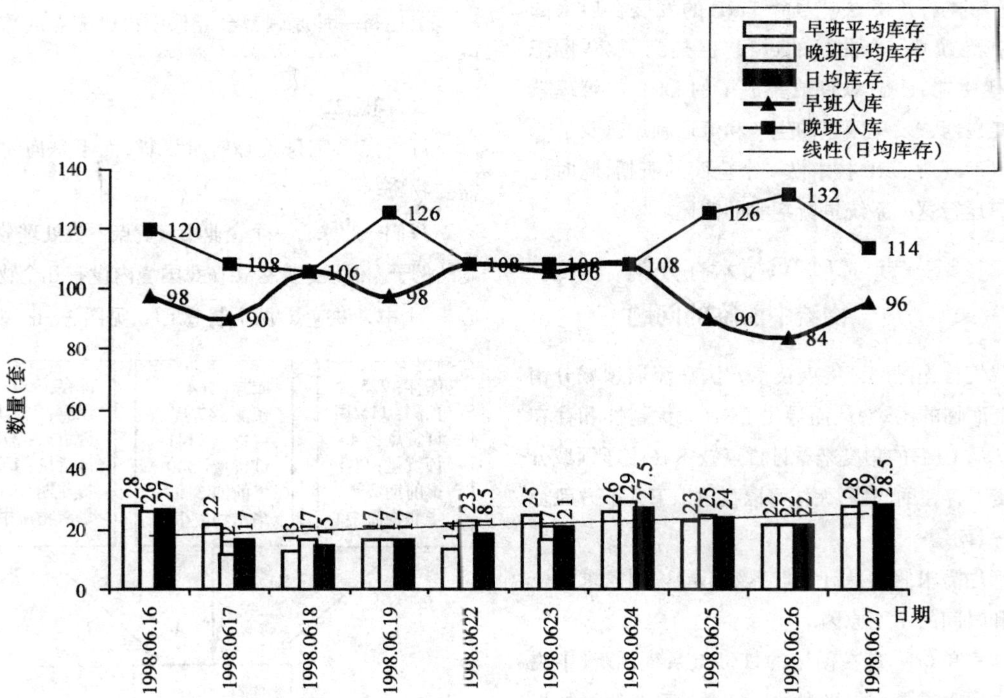

图 3—5—17　座椅直送看板运行记录

第六章　分销资源计划技术(DRP)

分销需求计划(Distribution Requirements Planning,简称DRP)主要用于流通领域中如何组织物资资源来满足市场需求的问题。这些市场需求主要表现为用户需求,包括客户、分销商、流通企业、物流中心等的需求。满足市场需求的任务,主要由二部分人担任:一是一些生产企业,既搞生产,又把自己的产品分销到市场中去;二是分销商,包括流通企业,物资公司,特别是物流中心等,他们可以采用DRP技术进行分销物资。

MRP的设计师OliverW.Wight在20世纪80年代初在关于DRP的一本专著中说:“根据我的经验判断,分销需求计划技术DRP将成为未来规划调度分销库存的标准方法。”尽管DRP的发展在后来的岁月中经历了一个曲折的过程,但是到了20世纪90年代中期,DRP软件或集成了的DRP的管理软件已经在西方发达国家的生产和流通领域普及了。

本章既对DRP技术做一个全面的概括,同时也对如何运行这一系统进行翔实的阐述。

第一节　订货点技术在分销物流中面临的问题

我们首先讨论订货点技术方法在流通领域分销物资上面临的困难,从而导出DRP的优越性和存在意义。从DRP的角度来看订货点技术在流通领域分销物资上存在的问题,大体可以找出以下几个方面。

一、问题一

平均需求假设是订货点系统不能识别需求物资数量和时间的主要原因。

许多单位一直在使用的订货点系统,假设中央供应点的需求是均匀平滑的。这样的系统假设如果一年需要某产品120 000单位,那么人们就认为每个月需要10 000单位,每周需要2 500单位。这是按每月4周计算的。若以全年52周计算,这数字就不合适了。

问题就出在这个“平均”上面。也许,一年的需求量与预测比较接近,但是平均计算的月需求量与周需求量就有比较大的偏差。虽然原因是多方面的,但是,最主要的原因也许是下属的物流中心的订货方式的差异。例如,有时候可能几周都没有订货,或只有少量订货,有时候,可能几个物流中心同时订购某种物资。中央供应点的库存量是按照平均需求设置的,它不可能同时满足几个物流中心的订货。当然还有其他的原因导致块状需求(Lumpy Demand)的出现。这些原因包括:

(1)不同的用户订货方式。

(2)中央供应点与物流中心的运输提前期的差异。

(3)物流中心通常订购比实际需求量要多的物资。

上述每一种原因都会导致中央供应点的需求波动。

二、问题二

订货点系统只关心何时订货,而不是何时真正需要物资。

我们一起来看一个企业用订货点系统处理分销问题的例子。假设这家公司在我国境内设有几个物流中心,一个中央供应点,两个制造工厂(见图3—6—1)。

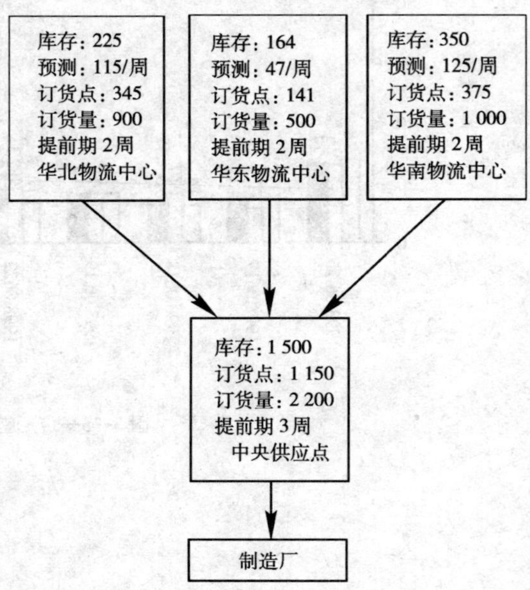

图3—6—1　物流结构示意(数字表示单位数)

在这个例子中我们假设工厂也使用订货点控制库存。在这种情况下，华北物流中心有库存 225 单位，低于订货点 345 单位。订货点的计算方法是提前期的需求(115/周×2 周)加上一周的安全库存(115 单位)。所以，华北物流中心发向中央供应点出订货 900 单位。

华南物流中心的库存也低于订货点，与华北一样，华南向中央供应点发出订货1 000。

当两份订单到达中央供应点时问题出现了。根据订货点系统，中央订货点没有任何问题，库存 1 500，订货点1 150。当两份订单(900 + 1 000 = 1 900单位)同时到达中央订货点时，没有足够的库存满足订单需要。结果，中央供应点出现缺货，而物流中心订单也只能得到部分满足。

因为中央订货点出现缺货，它立即向生产制造厂发出一份追加订单。这份订单的提前期是 3 周，因此要到 3 周后产品才能到货。

问题还不仅如此，第二周，华东物流中心的库存也低于订货点 141 单位(164 单位 − 47/周 = 117 单位)，它将向中央订货点订货 500 单位。中央供应点此时缺货，而且在此后两周内都缺货。也就是说，华东物流中心要到两周后才能得到货。到那时，华东物流中心已经缺货近两个星期。

小结一下这个案例得到以下几点结论：

(1)本周开始时，基于订货点系统一切似乎都很正常。

(2)第一周结束时，中央供应点出现缺货，而且向物流中心送货低于订货量，这必然增加运输成本。

(3)第二周结束时，华东物流中心向中央供应点订货，但是中央供应点没有产品交货。

(4)第五周，华东物流中心出现缺货。当然，如果企业选择紧急运输，它们可以解决华东的缺货问题。但这不是管理者愿意看到的。

注意到订货点系统没有告诉管理人员即将发生事情的任何征兆。企业被迫运送低于正常配送批量的产品，被迫以正常运输方式导致缺货，或者使用紧急运输方式以避免出现缺货。在这个例子中，订货点系统没有阻止中央供应点和一个物流中心的缺货的发生。

同样订货点系统有时又拥有不必要的库存。我们依然以前面的公司为例，只是库存量不同(见图 3—6—2)。

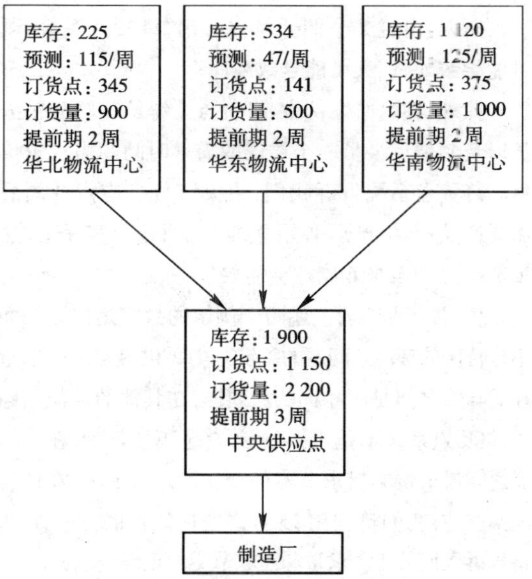

图 3—6—2　物流结构示意(数字表示单位数)

在这个例子中，只有华北物流中心的库存低于订货点。其他的物流中心库存都没有问题。华东物流中心库存量为 534，超出 11 个周的需求量，华南物流中心刚刚收到一批订货使库存增加到1 120单位，几乎是 9 个周的需求量。因此，这一周，华北是惟一一家物流中心向中央供应点订货的物流中心。

所以，华北物流中心发出订货 900 单位，这是他们正常的订货批量。在中央订货供应点有库存 1 900单位，所以华北的 900 单位订货可以得到满足。

但是发出 900 单位订货后，中央供应点的库存下降到1 000单位，低于它的订货点(1 150单位)。该订货点的计算方法是提前期的需求量(115/周 + 47/周 + 125/周 = 287/周 × 3 周 = 861)加上一周的安全库存。准确的订货点应该是1 148单位，只是在这个例子中将它圆整为1 150单位。

因为中央订货供应点的库存低于订货点，所以必然产生向制造厂的批量订货，订货提前期是 3 周，因为这是制造成品的提前期。

下一次中央订货供应点需求成品的时间是华南物流中心库存低于订货点的时候。华南物流中心现有库存可以保证 8 周的供应。也就是说,按正常的需求速率,至少在 6 周以后库存才会降至订货点以下。这样,一直保持着高库存。

所以,由这 2 个例子可以看出,订货点系统,既可能导致缺货、又可能导致高库存。

此外,在这个案例中,订货点系统给物资分销人员以及制造厂人员一个错误的需求时间和需求量信息。订货点系统告诉我们,中央订货供应点 3 周后需要产品,而生产厂必须立即开工制造,实际上,这批产品要到至早 6 周才会需要。

值得强调的是,上述两个例子的数字是典型的而不是特殊的环境。问题的关键是中央供应点的需求量在周与周之间是不相同的。同样,在其他的类似问题中,订货点系统不是用来显示,它也不能显示,在周与周之间需求量和需求节奏的变化的。事实上,在稍后的第三节,我们将利用 DRP 来处理同样的例子,DRP 将告诉人们关于需求量和需求节奏的正确信息。

上述两个例子告诉我们,订货点系统不能告诉人们需求量和需求时间的真实信息。订货点系统似乎要使所有问题得到解决,而不管它是否需要。但是它并不知道真正需要多少才能使所有的问题得到解决。这样不可避免经常出现实际需求超过订货点系统的库存量,从而导致缺货现象的产生。这种现象无论是在制造企业还是流通系统使用订货点系统都会出现。

如果这是正确的,那么自然出现一个问题,毕竟订货点是能够起作用的,那么它到底如何才能正常运作呢?一般来说,订货点系统只有作为企业的外部系统时才有可能起作用。

三、问题三

订货点系统不仅不能正确计划优先权(Priorities),而且它们对维持正确的优先权也无能为力。

经典库存管理系统(订货点系统)的一个问题是它没有处理环境变化的能力。当某种因素出现变化时,无论是物流系统还是制造系统都需要知道变化对原材料、能力、仓库管理、运输等有什么影响。而且它们需要预先知道这些影响并能够采取相应的对策措施。如果一个管理系统不能显示因素变化对系统产生的影响,那么这个系统就毫无用处。

提供预见需求量和需求时间能力的方法就是优先权计划(Priority Planning)方法。它不仅指系统能够得到正确的优先权信息,而且当系统发生变化时,它能维护这种优先权信息。变化的原因很多,我们需要系统能及时反馈和显示变化的原因。

产生变化的原因表明,计划优先权对成功执行计划显得极其关键。DRP 最有效的一个方面是它具有问题真正发生之前预测的能力。这也许是 DRP 对企业的一个最重要的贡献。我们越早看到问题,也就越好解决可能出现的问题。

如果有一个物资资源配置系统,能够提供一段期间需求量和需求节奏信息,并及时更新这些信息,则会有利于企业更好地制定物流、生产以及采购计划。也可以说,如果一个企业的市场营销部门、制造部门、分销部门、采购部门不能有效协调地运作的话,则一个重要原因,可能是是没有建立这样一个有效的物资资源配置管理系统。

这并不是说,我们所要做的就是实现这样一个系统,然后我们坐下来看系统解决问题。人是系统的主体,是人去解决问题。只不过一个恰当的系统使人有了解决问题的工具。

DRP 就是这样一个系统,它对于生产企业的分销,对于商品流通企业的批发零售都能起到理想的物资资源优化配置的效果。

第二节　DRP 概述

一、DRP 概念

基本 DRP 或 DRPⅠ的定义可以表述为:DRPⅠ是 MRP 原理和技术在流通领域中的应用。它主要解决分销物资的供应计划和调度问题,它的基本目标就是合理进行分销物资资源配置,达到既保证有效地满足市场需要,又使得配置费用最省的目的。

分销需求计划方法(DRP)的思想实际上一种“准时”供应的思想,而准时供应的实现是靠大范围内的物流来实现的,因此 DRP 实际上是一种物流计划,它是以物流系统实时控制为基础,也是计算机集成物流系统中新决策支持系统的主要方法原型之一。

准时制物流要求将用户所需产品准时保质保量送至用户手上。制定物流计划的关键也就集中在订货需求与库存控制计划上。分销物资资源配送调度计划方法是物流系统管理计划导向的结果。

DRP 的发展经过了几个阶段。第一个阶段是 Distribution Requirements Planning(DRPⅠ),即物流需求计划方法,第二个阶段是 Distribution Rescurces Planning(DRPⅡ),即物流资源计划方法,第三个阶段是 Distribution Resources Profitability(DRPⅢ),即物流资源获利能力分析方法。

二、国外应用 DRP 的效果

据一些已经成功实现和应用 DRP 的企业的总结,实施 DRP 技术基本上取得了以下的结果:

(1)顾客服务水平从 85%提高到 97%。

(2)物流系统库存量减少 25%。

(3)物流系统减少物流成本 15%。

(4)减少库存积压物资 80%。

当然,DRP 自己并不能取得这些结果。DRP 的真正价值是它们的浅显易懂,使得人们能够在实际工作中应用它们并取得上述结果。

这不是说建立和使用 DRP 系统是轻而易举的。实际上,人们已经习惯于与许多非正式的、相互矛盾和冲突的系统一起工作。要让它们使用 DRP 使之真正起作用,使它们让输入数据正确无误,确实是富于挑战性的事。应该说,应用 DRP 是以不同的方式经营业务,同时上述结果也值得人们去使用不同的经营方法。

在一个实施 DRP 技术的企业内部,有许多领域能够从应用 DRP 中收益。收益最大的部门包括:

(1)市场营销部门。

(2)实体分配部门(包括物资企业的原材料管理部门)。

(3)生产部门(包括生产部门的原材料管理部门)。

(4)财务部门。

三、DRP 节省费用潜力

应用 DRP 的节约潜力确实很大。最近的调查显示,在北美地区,企业大约有 20%的总产品在物资流通领域。图 3—6—3 显示了物流成本的分布情况。

从这个图上,我们看到,物流成本的 89%主要集中在库存维持成本、仓库管理成本、运输成本上。这些领域正是 DRP 可以大显身手的领域。首先,DRP 的使用,直接管理和减少库存,同样可以减少仓库管

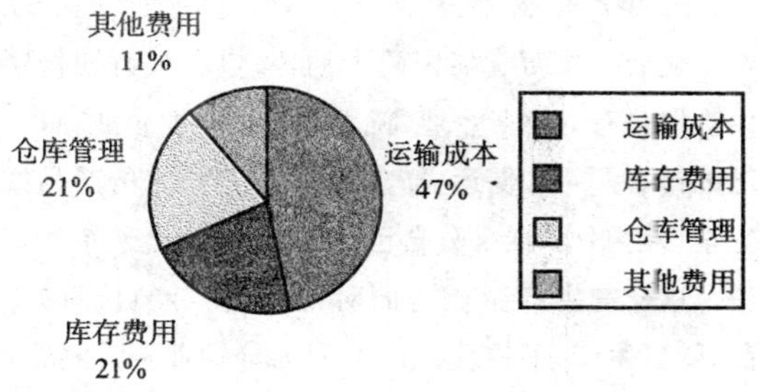

图 3—6—3 物流成本的分布情况

理费用,其次,DRP 能够充分利用运输资源,因为它可以提供到物流中心的送货计划以及运输计划。

第三节 DRPⅠ原理

前面,我们看到订货点技术在流通领域实施中所面临的问题,这些问题刚好是 DRP 运作时都能很好解决的。在下一节中我们将看到 DRP 是如何很好地解决这些问题的。本节我们先来研究 DRP 的原理。

一、DRPⅠ的原理

(一)DRPⅠ的应用领域

DRPⅠ是基本 DRP,以后我们就写成 DRP,即分销需求计划。它是流通领域进行物资资源配置的技术,主要在以下二类企业中应用:

1. 流通企业:特别是一些含有物流业务的企业,如储运公司、配送中心、流通中心等。这些企业最基本的特征,它们可能亲自搞销售,也可能不搞销售,但是它们必然有储存和运输的业务,也就是有进货或送货的业务。为简单起见,我们都典型地一律称之为"物流中心"(配送中心就是典型的物流中心,而流通中心就是还具有销售业务的物流中心)。

这些物流中心的业务模式如图 3—6—4。

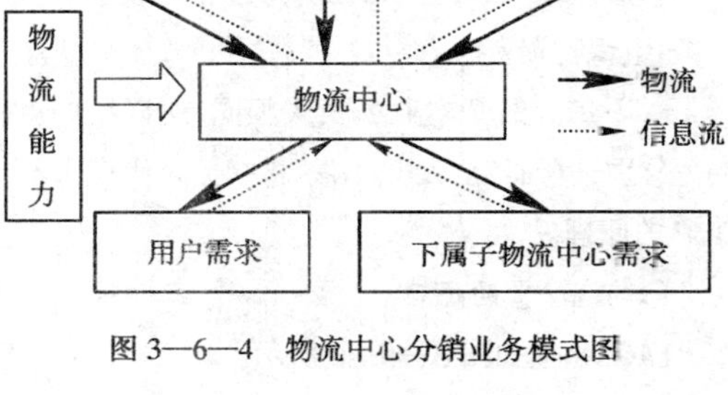

图 3—6—4 物流中心分销业务模式图

2. 生产企业:大多数的中小型企业生产的产品都是交给批发商或零售商去销售,自己没有销售网络。但是有的生产企业,特别是大型生产企业,有自己的销售网络和储运设施。自己生产出来的产品或完全自己销售,或部分自己销售、部分交流通企业销售。这样的生产企业是面对市场来生产自己的产品,既搞生产,又搞流通。他们的分销业务,通常由企业的流通部门承担,具体组织储、运、销活动,而由企业的生产部门提供物资资源,生产企业分销业务模式如图 3—6—5 所示。

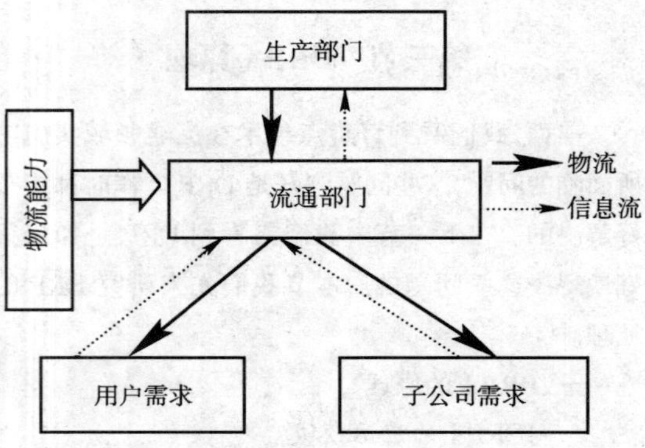

图 3—6—5 生产企业分销业务

将图 3—6—5 和图 3—6—4 进行比较,可以发现二者基本情况是一样的。不同点只在于:生产企业的流通部门代替了流通企业物流中心的工作,生产企业的生产部门代替了流通企业的生产厂集合(或者说是生产者市场)的位置。它们共同的基本特征是:

(1)接受广大的社会需求,并以满足他们的需求为自己全部工作的宗旨;

(2)都依靠一定的物流能力(包括仓储、运输、包装、装卸、搬运等能力)、以物流活动作为基本手段来满足社会的物资需求;

(3)为满足社会需求要从物资生产厂(物资资源市场)组织物资资源。

由于二者的基本业务模式相同,所以我们就不一一分别进行研究,而只以物流中心为代表来研究 DRP 的原理。

(二)DRPⅠ的原理

DRP 原理如图 3—6—6 所示。

基本 DRP 在原理上看是很简单的。由图可见,实施 DRP 时,就是要输入 3 个文件,然后根据这 3 个文件产生 2 个计划,即 1 个订货进货计划,1 个送货计划。

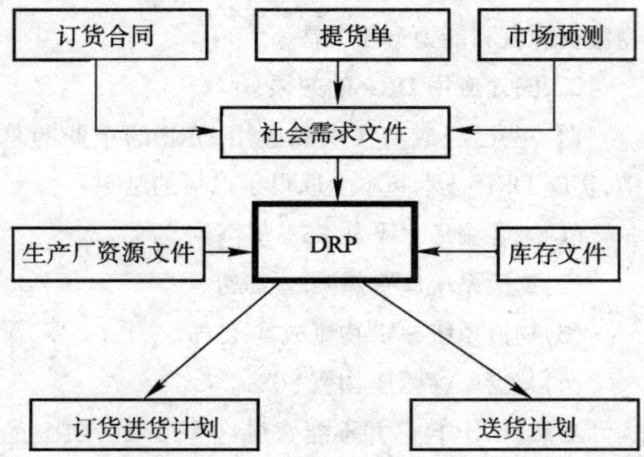

图 3—6—6 DRP 原理

输入的 3 个文件是:

1. 社会需求主文件:这是指社会上所有的用户订货单、提货单或供货合同,也包括下属各子公司、下属各地区物流中心的订货单。这些需求都按品种、按需求日期(或周)进行统计整理成一个文件。这个文件就是社会需求文件。

如果社会需求没有这些预先签订好的订货单、供货合同等,则社会需求量就要靠预测来确定。物流中心的人员,根据自己过去的供货记录来预测估计未来日子(或周)里每天(或周)的需求量,从而形成社会需求文件。

社会需求文件是进行 DRP 处理的依据,是 DRP 处理的最主要的文件,没有这个文件就不可能进行 DRP 处理,所以把它称之为社会需求主文件。

2. 库存文件:这是物流中心自己的仓库里所有库存物资库存量的列表。之所以需要这个文件,是因为物流中心需要根据它确定什么物资可以从仓库里提货送货,送多少、什么物资需要订货进货。仓库里有的物资,当然从仓库里提货送货,送货的数量当然不能超过现有的库存量;仓库里没有的当然要订货进货。所以库存文件也是制定 DRP 计划所必须需要的文件。

3. 生产厂资源文件:这是资源生产厂的可供资源文件。它包括可供的物资品种,也包括生产厂的地理位置情况。后面这个内容主要是为了确定订货进货提前期用。生产厂资源文件主要是为DRP制定订货进货计划用的。

DRP生成的2个计划是：

(1)送货计划：这是对用户的送货计划。对于用户需求的物资，如果仓库里有，就要由仓库里提货送货。由于仓库同用户、同下属子公司、子物流中心(统称为需求者)都有一定路程。所以提货送货需要有一个提前时间，才能保证货物能够按需求者的需求时间及时送达。

送货有2种：直送和配送。对于大批量需求的需求者实行直送；对于小批量的需求者，实行配送。所谓配送，是对于成片小批量用户的依次循环送货，这样在保证用户需求的同时，又可以减少车次，节省费用。

(2)订货进货计划：这是指从生产厂的订货进货计划。对于用户需求的物资，如果仓库里到时候没有库存量，则需要向生产厂订货进货。因为订货进货也需要花时间，所以也需要设定订货进货提前期。要根据具体品种具体厂家来设定提前期。这由生产厂资源文件提供。

这里订货和进货不是一回事。进货计划是对于生产厂委托储运、委托经营的物资而言的，这些物资的所有权在生产厂家，物流中心只是代理经营服务，货物没有了，就直接到生产厂去进货就行了。而订货计划是针对物流中心自己买断经营的产品，所有权属物流中心。货物没有了，需要重新订货进货。所以，之所以称之为订货进货计划，实际上包含了这2种经营方式。

这2个计划就是DRP输出的内容，也是它的直接成果。我们就可以根据这2个计划去进行送货和订货进货。这也就是说，这2个计划的实施，构成了我们物流中心工作的主要内容，也是我们进行物资资源配置的主要手段。

二、关于DRP处理的说明

(一)关于DRP处理步骤

DRP运行步骤可以分成以下几步：

1. 运行前的基础工作：

(1)物资编码：将自己经营的物资品种进行整理编码。

(2)供货单位编码：将自己经营的所有物资品种的供货单位进行编码。

(3)物流中心组织系统的编码：如果物流中心有下属子物流中心，同本物流中心有联系，或者本物流中心又属于上一级母物流中心，则都要进行编码。

(4)用户编码：原则上是有关系的所有用户都要编码。因为在制定调运计划或配送时需要用到用户编码。

(5)运输信息整理：运输车辆、运输地理数据、送货提前期、进货提前期等。

2. 建立社会需求主文件

通过整理订货单、订货合同、订货记录、提货单等确定社会用户，包括自己的下属子公司等未来一个计划期中每天的需求，按品种、按时间顺序整理并统计，形成社会需求主文件。

如果没有这些订货单、订货记录，则只能靠预测估计确定需求量，形成需求主文件。

3. 建立库存文件

查出所有经营物资的计划期前的库存量、在途量等，形成一个文件。

4. 建立供货单位文件

查出所有品种的订货单位、订货进货提前期等，形成一个文件。

5. 进行计算机DRP系统运行

得出各个品种的送货计划和订货进货计划，以及本物流中心的总送货计划和总订货进货计划。

6.DRP计划的执行

根据送货计划、订货进货计划以及运输车辆、运输地理情况，统一组织运输，保证每天送货计划和订货进货计划的完成。

(二)关于DRP处理表

DRP处理表与MRP处理表的基本风格相同，但是具体内容是不同的，因为它们输入输出的内容不同。典型的DRP处理逻辑表如图3—6—7所示。

首先，和MRP一样，都是一个品种设一张DRP处理表。但是不同的是，DRP处理表不但是一个品种，还规定一个进货厂家，即一个品种一个进货厂家一起规定一张处理表。因为在一张处理表中，既要制定送货计划，还要制定进货计划，所以必须和特定进货厂家相联系，才能确定进货提前期。

一张处理表中,需要表示出来的内容和需要处理的变量有:

1. 品种信息:主要是品名,在计算机中主要用品名代码来表示,还有安全库存量(如果有的话)。

2. 物流中心信息:主要规定所在的物流中心名称。

3. 进货厂家信息:主要是厂名,或厂名代码,特别是其相应的订货进货提前期、订货批量。

4. 主需求计划:主要是物流中心要予以送货的需求计划表,按日期或周次依次排列。还包括送货提前期。因为是成片的用户,所以我们可以给它们规定一个相同的送货提前期。

5. 在途物资:包括送货在途和购进在途。我们特别关注计划期前的在途物资(分别称之为期前送货在途和期前进货在途)。计划期前的在途物资将影响计划期中的 DRP 处理:计划期前的送货在途物资在计划期中到货日将冲减用户需求量而增加库存量。计划期前的购进在途在计划期中到货日将增加库存量减少缺货量,因而影响到购货量和订进货物量。计划期末端的送货量和订进量,如在计划期结束前还没有到达,则变成下一个计划期的期前在途物资。至于计划期中的在途物资,由于它们一般在计划期中能够到达兑现,所以一般不必关注,可以不去一一记录。

6. 库存量:主要记录该品种各期(这里,如果时间单位是周,则一个“期”就是一周,如果时间单位为日,则一个“期”就是一日)的期末库存量。本期的期末库存量就是下期的期初库存量。计划期期前的库存量就是计划期的期初库存量。本期期末库存量等于上期期末库存量减去本期需求量。

7. 到货日期:当库存量下降到警戒线以下,就要订货进货。所谓警戒线,对于设安全库存量的情况,就是指安全库存量点,对于没有设安全库存量的情况,就是指库存量等于 0 的点。在警戒线以下,就会出现缺货,或开始动用安全储备了。所以,库存量下降到警戒线以下,就要进货,而且为了不影响当期的送货,应当在当期的期初,所进货物应当到达,而且能参加当期的销售送货。

8. 订进日期,就是指订货进货日期。它等于到货日期再提前一个订货进货提前期而得。订进数量等于到货数量,对于不设安全库存的情况,等于库存缺货量,而对设安全库存量的情况,则等于小于安全库存量的数量。

9. 送货日期:这是为用户送货的日期。它等于用户的需求日期(即需求主计划的日期、或周)提前一个送货提前期而得。

这些内容和格式,具体详见图 3—6—7。

品种 A01 车灯泡　　物流中心 A　　进货厂:C01

安全库存 200 送货提前期 1 进货提前期 4 进货批量 300	期前	周 1	2	3	4	5	6	7	8
需求主计划		100	120	90	110	120	100	80	120
送货在途到货		100							
计划库存	500	500	380	290	480	360	260	480	360
进货在途到货					300				
到货日期								300	
订进日期				300					
送货日期		120	90	110	120	100	80	120	

图 3—6—7　DRP 处理表

(三)关于 DRP 处理的时间单位

一般 MRP 都以周为时间单位。那么 DRP 的时间单位取什么为好呢?可选用的单位是“周”和“日”。根据 DRP 的具体情况,可以选用“周”,但以选用“日”为好。这是因为计划需求、送货、到货进货等通常都按“日”计时,比较符合常规。按“日”制定配送计划和派车也比较方便。

另外,也要根据计划期的长短来选择时间单位,如果计划期长,时间单位可以用长一点的,计划期短,时间单位可以用“日”。

(四)计算机处理

DRP 运算本身并不难,即使用手工处理也不是不可能的。但是由于品种多,牵涉时间点多,处理的变量也多,计算起来比较繁杂,所以一般用计算机处理比较方便。可以做成像 MRP 那样的软件,随时可以进行 DRP 处理。

DRP 处理不像 MRP 处理那样牵涉面广、运算成本高。DRP 处理,主要需要的是需求主文件,而这个文件是很容易得到的。只要把订货单、提货单等整理一下,就可以得到。而且,只要时间段不互相覆盖,则 DRP 运行的结果也就不会发生碰撞、重叠或相互破坏。

（五）关于DRP运行时间长度

把一次DRP处理的计划时间长度，叫做计划期。计划期的长度可以根据需要灵活确定。短至一周，长至一年或更长时间都可以。不过时间太长，没有必要。这是因为太长了，可能没有足够的变化的需求信息和库存信息，靠预测不一定准。而且DRP运算成本不高，随时可以运行。所以，可以一周运行一次，长的一个月运行一次。每天的订货单到齐了，这一周周末运行一下，就可以得到下一周的送货计划和订货进货计划。

第四节 DRPⅡ的原理和应用

前面，我们详细地讨论了DRPⅠ的原理和应用。这一节，我们来讨论DRPⅡ的原理和应用。

一、DRPⅡ与DRPⅠ的区别

DRPⅡ是分销资源计划，它是在分销需求计划DRPⅠ的基础上再加上物流能力计划等而形成的一个集成、闭环的物资资源配置系统，实际上它已经不只是一个物资资源配置系统，它已经成为一个比较全面的企业管理信息系统了。

DRPⅡ与DRPⅠ的区别具体表现在：

1.DRPⅠ主要功能是为满足用户物资需要，而进行物资在进、销、存各个环节上物资数量的配置。而DRPⅡ的功能除了物资在数量上的进、销、存配置外，还有配置物流能力，包括车辆、仓库的配置利用以及成本、利润核算等功能。还有物流优化、管理决策等功能。因此可以说它已经是一个比较完全的企业管理信息系统。

2.在具体内容上，DRPⅡ比DRPⅠ增加了以下功能模块：

(1)车辆管理：主要管理运输车队，运输任务的实施和考核。

(2)仓储管理：主要是仓储物资的进、发、存管理仓储能力管理。

(3)物流能力计划：主要包括车辆运输能力、仓储能力等的计划。这种计划是保证送货计划和订货进货计划实施的保证，没有足够的运输能力、仓储能力，这些物资的配置计划就不能得到落实，从而也影响用户需求的满足。

(4)物流优化辅助决策系统：这个系统主要是为配置车辆、进行调运辅助决策服务的。主要是一些物流优化模型，包括调运模型、配送模型等。

(5)成本核算系统：根据车辆、仓储的单位成本和车辆的运输量，仓储量等，求出运输成本和仓储成本，从而也可以求出利润。

从以上可以看出，DRPⅡ比DRPⅠ功能更完整，因而也更具有实用性。

3.DRPⅡ具有闭环性：因为它不但能够配置任务，还能够为任务配置能力，并且能够进行成本利润核算，并能够进行企业的管理决策，形成一个自我适应、自我发展的闭环系统。在信息的处理上，也是一个信息闭环反馈系统，订货信息和送货信息最后都反馈到仓库和车队。

4.DRPⅡ具有集成性：DRPⅡ比DRPⅠ具有更高的集成性，是涵盖各种业务（包括车队、仓储、进货、送货和储存）、管理和决策的多功能子系统的集成。

二、DRPⅡ的原理

DRPⅡ的原理逻辑可以用图3—6—8说明。由图可以看出：

1.图中上半部分基本没变。这一点和MRP不一样，因为在MRP中，主生产计划是可以调整的。而在DRP中，社会需求主文件是不能调整的。不但不能调整，而且物流中心应当千方百计予以保证实现的。企业所有的计划和决策，应当以实现这个主需求计划为前提。

由于主需求计划没变，所以由DRP产生的送货计划和订货进货计划也就不会变。

所以DRPⅡ的原理逻辑图的上半部分与DRPⅠ的原理逻辑图完全一致。因而本节就不再重复叙述，只对下半部分予以说明。

2.DRPⅡ原理图下半部分是DRPⅡ新增加了的功能。从大的功能来说，主要是3部分：

(1)能力平衡：这一部分的原理，是针对基本DRP制定出的送货计划和订货进货计划，再根据车队中车辆情况，以及仓储管理中仓库的情况，进行能力平衡，形成物流能力计划。对于DRP计划给定的任务，要落实车辆和仓储面积（下面统称物流能力），如果物流能力不够，还要外购或外租。注意，这里的物流能力计划还只是一个粗能力计划，主要是总量上的平衡。总之，这一步最后要实现能力与任务的总量平衡。

(2)运输、仓储计划方案：在能力平衡以后，对给定的任务根据物流优化模型制定统一的运输计划和仓储计划，并根据这个运输仓储计划制定细物流能力计划。细物流能力计划就是要落实具体运输路线所用的运输车辆以及入库的物资具体的存放地点等。这一部分是DRP系统中非常重要的，它实际上是实现DRP经济有效配置物资资源的关键一环。它也是DRP系统中最难的一部分。它的基本内容，就是要根据任务运行物流优化模型，主要有直达调运模型、中转调运模型、配送模型等。通过这些模型的运算，形成调运方案、配送方案和派车任务单，既实现按时按量完成运输任务，又实现总运输费用最省。这里我们也不去一一详细讨论这些物流优化模型。我们在附录三中简要列出了这些模型的原理，供读者参考。下面的应用说明中，我们会直接用到一些模型。

(3)成本核算：这是根据已经形成的运输计划、仓储计划，计算工作量，并根据单位成本来计算总成本，从而实现成本利润核算。

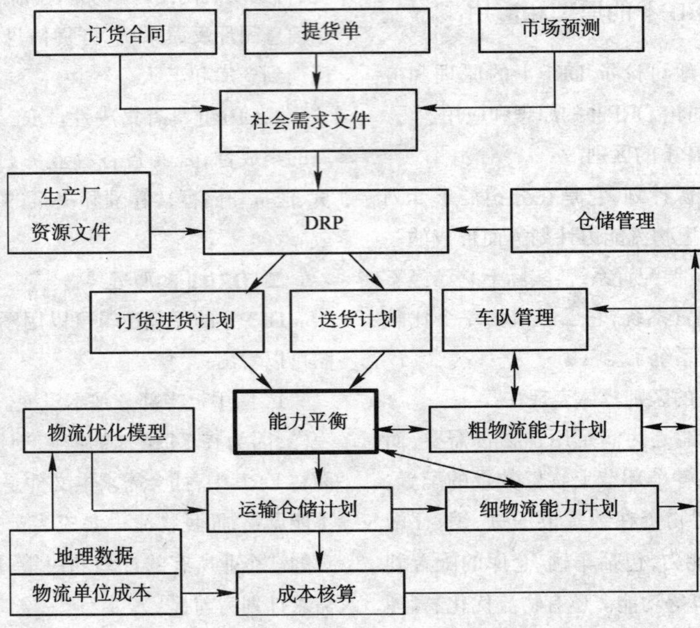

图3—6—8 DRPⅡ的原理

这个三大部分是主要的，它们又各自带了一些小模块。这些模块有：

(1)仓储管理。其基本功能有：①仓库出库管理：送货物资出库时，进行登记；②仓库入库管理：进货物资入库时，进行登记；③库存物资管理：整理出库存物资库存量的动态变化，为DRP提供物资库存量数据；④仓库面积、货位规划管理；为入库物资提供货位；⑤库存成本管理，为DRP提供成本核算提供数据。

(2)车队管理。其基本功能有：①车队所有车辆的基本信息管理；②运输规划、车辆调度管理；③车辆任务管理，根据任务单派车；④运输成本管理，单车核算。

三、DRPⅡ的处理步骤

第一步，建立社会需求主文件：根据社会订货单、提货单统计汇总得到，或者通过市场预测得到。

第二步，求出DRP计划：由需求主计划、仓储管理中的库存文件和生产厂资源文件得出，包括送货计划和订货进货计划。

第三步，进行任务和能力的粗平衡：这里所说的任务，就是指由DRP计划所确定的每天(或周，下同)的总任务，具体来说就是每天的送货量加订货进货量。总任务有几种不同的表示法。如：

用“吨”表示：例如送货50 t，进货30 t，则这一天的总任务就是80 t。这是一般派车人员常用的概念。这个概念简单，但是不严格。80 t任务，10 t的车派 8 辆就行了。但是80 t跑100 km，和80 t跑1 000 km，虽然都是80 t，显然任务量不一样。

用“t·km”表示。t·km，就是运量(运输距离)用它表示工作量、运输任务是比较严格和合理的。但是派车人员需要预先知道运输距离，还要结合具体的车型载重量进行计算，比较复杂一些。

用“台时”表示，一辆车占用1 h就是一个“台时”，它也可以表示任务量。而且在运量不能精确确定或者变化无常时特别适用。它的缺点是不能区别不同载重量的车型。10 t车的 1 个台时和1 t车的 1 个台时，虽然都是 1 个台时，但实际任务量是不相等的。

这 3 种单位都可以用，根据具体情况确定。

知道任务量后，要根据车队的车辆状况，进行初步匡算，看车辆够不够用，不够用又怎么处理，采取什么措施弥补。或者增加车辆，或增加车次。实在不行，就调整任务量。这就是能力平衡。能力平衡的结果，就得到一个物流能力计划。不过，这个能力计划是粗的，是总量上的大致匡算。真正的细能力计划，需要等到下面制定具体的运输方案以后才能得到。

第四步，具体运输方案、仓储方案的制定：这就是对于大致平衡的任务和能力，进行具体运输方案和储存方案的研究确定。所谓具体的运输方案，是指哪个任务派哪一辆车。不要把这个事情看得很简单。如果孤立地看一个一个的任务，一个任务派一辆车，这样做可能是比较简单。但是一个物流中心，有那么多的任务，那么多的车，不能够一个一个孤立起来，而要联合起来，统一调运，这样做可以实现物流优化调度，实现车辆的极大节省和充分有效的利用，大大节省物流费用，提高经济效益。但是要搞联合调运，可就不那么简单了。用人脑可能都忙不过来，要用电脑。用电脑运行物流优化数学模型，就可以得到最省、最优、最有效的调运方案。

第五步，成本核算：在具体调运方案和仓储方案出来以后，就可以进行成本核算了。成本核算的基本方法就是用单位成本乘以任务量。任务量由运输方案和储存方案确定，而单位成本，则由车队和仓库根据实际情况或者价格政策来确定。

在计算成本时，任务量用“吨公里”计算的较多，也有用“台时”的。在比较特别的情况下，也可以用“吨”。

四、DRPⅡ的应用

下面我们通过例子来说明 DRPⅡ的运行步骤和应用方法。

我们还是以 4.4 节例一为例来说明。

第一步：建立需求主文件。

第二步：求出 DRP 计划表。

这二步已在前面作了。得出如图 3—6—14 的 DRP 计划表。给出了物流中心 A 的 A01 产品的送货计划和订货进货计划。

对于这个 DRP 计划表，我们在作具体的运输计划和仓储计划时，不是同时将所有各天的送货计划和订货进货计划一次同时处理掉，而是一次只处理 1 天的送货量和订货进货量。

例如假设现在我们该轮到处理第 6 周的数据了。第 6 周只有送货量80 t，没有订货进货量。所以这一周就只要制定具体的送货运输计划就行了。

送货是要送到用户的。但用户到哪儿去找呢？应该到需求主文件中去找，而且要到还没有按日期(或周)汇总前的需求主文件中去找。假设这80 t分别属于下列 10 个用户(见表 3—6—1)：

表 3—6—1

用户	需求量(t)
P_1	60.0
P_2	12.0
P_3	1.0
P_4	1.5
P_5	0.5
P_6	0.5
P_7	1.5
P_8	0.8
P_9	1.2
P_{10}	1.0

第三步:能力平衡。就是把这些任务和车队的运力进行比较。现在车队有10 t车 2 辆,5 t车 4 辆,2 t车 2 辆。总运力为42 t。而用户需求为80 t。光从这个数字上看,运力和运量是不平衡的。

所以我们要作深入一点分析,还是要把运距考虑进去。以吨公里来描述任务量。

这样我们需要考察各点之间的路程(见图 3—6—9)。

由图可以看出,物流中心 A 到用户 P_1 的路程仅10 km,可以由一辆10 t车来回运送 4 次,1 天可以完成。P_1 剩下的20 t加上 P_2 的10 t可以由另一辆10 t车运 3 次。其余各用户共还有10 t,剩下的5 t车和2 t车够用。所以,可以用多次来回运输的方式解决运输能力不够的问题。也就是说,下面的方案对于完成这次运输任务是必要的和可行的:对 P_1 以及 P_2 的10 t用二辆10 t车多次来回直送,其余的用户需求量用5 t车或2 t车进行配送。这是在大体上做的粗能力平衡分析。

需求	A										
60	10	P_1									
12	12	10	P_2								
1.0	11	9	11	P_3							
1.5	13	12	10	9	P_4						
0.5	15	11	14	12	26	P_5					
0.5	13	14	12	15	25	15	P_6				
1.5	16	14	20	18	24	17	16	P_7			
0.8	17	12	18	20	23	19	17	21	P_8		
1.2	18	11	14	22	22	21	19	22	15	P_9	
1.0	20	15	16	24	21	23	18	20	17	18	P_{10}

图 3—6—9 任务量

第四步:制定详细具体的运输计划。其中可以运用一些物流优化模型。我们逐个地来研究运输任务。

派一辆10 t车专为 P_1 用户来回运送四趟,每趟运10 t,来回算20 km。工作量为:

10 km×20 km×4=800 t·km

第二辆10 t车为 P_1 送20 t,为 P_2 送10 t,来回运3 次。其工作量为:

10 t×20 km×2+10 t×12×2=640 t·km

其余所有用户的所有需求量一起统一实行配送。为了确定具体的配送方案,要运用到物流优化模型。例如对于这些小批量的多用户的循环送货的情况,可以运用节约法配送模型。

现在我们就来求解以下配送方案。

根据图 3—6—9 可以求出节约量表如图 3—6—10。

由节约量表可得配送结果如下:

第一配送回路:其物流路线:A→P_2→P_9→P_{10}→P_8→A:用5 t车刚好装5 t循环送货,全路程长61 km,工作量305 t·km。

第二个配送回路:其物流路线:A→P_4→P_3→P_5→P_7→P_6→A:用5 t车刚好装5 t循环送货,全长80 km,总任务量400 t·km。

需求	A									
2		P_2								
1.0		12	P_3							
1.5		15	15	P_4						
0.5		13	14	2	P_5					
0.5		13	9	1	13	P_6				
1.5		8	9	5	14	13	P_7			
0.8		11	8	7	13	13	12	P_8		
1.2		16	7	9	12	12	12	20	P_9	
1.0		16	7	12	12	15	16	20	20	P_{10}

图 3—6—10 节约量表(路程单位:km)

这样具体的运输计划就出来了:共用 4 辆车,2 辆10 t,2 辆5 t车,都满载。10 t车搞 P_1 和 P_2 的直送;2 辆5 t车都搞配送:第一辆运行路线:A→P_2→P_9→P_{10}→P_8→A;第二辆运行路线:A→P_4→P_3→P_5→P_7→P_6→A。总任务量为2 145 t·km。

具体的运输计划出来后,详细的物流能力计划也就出来了,即计划用 4 辆车,2 辆10 t车,2 辆5 t车,交车队执行。

第五步:成本核算。具体运输计划确定后,就可以按计划执行。执行过程会实际发生成本和利润。假如知道各种车辆的单位成本和利润,就可以求出总的成本和利润。

例如10 t车单位吨公里成本 0.1 元,单位吨公里收入 1 元,则单位吨公里利润为 0.9 元。则二辆10 t

车的工作量总共为 800 + 640 = 1 440 t·km，总共收入为1 440元，其中扣除成本 144 元，则纯利润为1 296元。

同样也可以算出5 t车的成本和利润。反馈给车队和仓库。

到这里就走完了 DRPⅡ处理的全过程。

这是只有配送任务的情况。如果还有进货任务的情况，则怎么样处理呢?

例如，还是前面列举的例一，其 DRP 计划的第五周(见图 3—6—13)就属于这种情况。第五周既有送货计划100 t，又有进货计划300 t，如何制定运输计划和仓储计划呢?

这时要把任务量统一起来，进行统一调运。首先进行仔细分析，把小批量用户分离出来，实行配送。然后把大批量的运输的生产厂和用户组织统一调运。对实行配送的运输采用配送模型，对实行统一调运的采用调运模型。

仓储计划怎么样制定呢? 就是要为进货物资安排存放场所。这是由仓储管理人员处理的。他们要根据整个仓库的规划和布局，再根据进货物资的特点和数量为入库物资安排存放方式和存放地点。然后对于存放的物资和存放的地点面积，仓储管理人员，可以给出单位物资的仓储费用，这样就可以求出仓储费用，进行成本核算。

五、关于 DRPⅡ的评述和说明

以上我们简略地讨论了 DRPⅡ的原理、处理步骤和应用。我们可以看出:

1. 从 DRPⅠ过渡到 DRPⅡ，就像 MRPⅠ过渡到 MRPⅡ一样，也是增加了能力计划和成本核算。因而系统的集成度有所增加，功能有所增强，基本上成为企业的一个比较完善的企业管理信息和决策系统。

2. DRPⅡ和 DRPⅠ都是流通企业适用的系统。它的需求计划是社会对流通企业的物资需求，它的能力是流通企业的物流能力。它在运用中广泛用到一些物流理论和物流优化方法。具有和 MRP 不同的特点。

3. 虽然简单的 DRP 可以用手工处理，但是一般要用计算机处理为好。这是 DRP 的缺点，也是它的优点。只有实现计算机处理，DRP 才能真正走向实用化。因为手工计算实在工作量太大。而且 DRP 软件成本低，运行成本也低。比 MRPⅡ更好用。MRPⅡ修改因为牵涉相关需求，所以修改时牵涉面大。DRPⅡ不牵涉相关需求，所以修改很容易，只要重新生成就行了。

第五节　DRP 应用

一、DRP 在一个物流中心的运作

假设你是一个物流中心经理，你必须决定某种商品的需求量。第一件事一定是查询该产品的预测需求量，然后你就会去检查该商品的库存量并计算库存能够维持多长时间。如果要维持一个安全库存，就必须将它从计算维持时间的库存中扣除。

假设没有在途商品，这里计算的日期是仓库缺货的日期（如果考虑安全库存则是低于安全库存的日期）。如果考虑在途商品，必须将购进在途商品加入库存以决定库存能够维持的时间。这样库存商品与购进在途商品数量之和用光的日期就是下次订货进货货物到达的最佳日期。商品到达物流中心的日期又与中央订货供应点的装运配送日期可能不一样。这里必须考虑从中央供应点的订货进货提前期。这段时间包括：由本物流中心将订货信息传输到中央供应点的时间，加上由中央供应点到本物流中心的分拣、装运、运输的时间以及本物流中心的验货收货时间等。进货批量应当是规定的订货批量。这是从本物流中心进货方订货进货日期的处理。

同样，本中心送货方的处理也应该考虑送货提前期来确定送货日期。就是由用户的需求日期倒退一个送货提前期确定本物流中心向用户的送货日期。

如果这样，既确定了本物流中心向供货方的订货进货日期和数量，又确定了本物流中心向需求方的送货日期和数量，则物流中心的工作计划就完全确定了。这个过程正是 DRP 在物流中心的运作过程。我们举例说明。

例 1. 假设某物流中心 A 有某种商品的库存500 单位，安全库存 200 单位，每周的需求量在 80～120 单位之间(见图 3—6—11)。

品种 A01　　物流中心 A　　供货单位:中央供应点

安全库存 200

送货提前期 1 进货提前期 2 进货批量 300	期前	周 1	2	3	4	5	6	7	8
需求主计划		100	120	90	110	120	100	80	120
送货在途到货									
计划库存	500	400	280	190	80	－40	－140	－220	－340
进货在途到货									
到货日期									
订进日期									
送货日期									

图 3—6—11　DRP 处理表 1

我们看看图 3—6—11。计划库存量的计算正如前面的物流中心经理一样计算。计算逻辑是现有库存减去每周的预测需求量。第一周,期初库存 500 单位,本周预测需求量是 100 单位,那么下周期初的计划库存为 400 单位。继续这样计算,直到第三周计划库存低于安全库存量 200 单位(第三周的计划库存是 190 单位),而物流中心可能在第五周以后出现缺货。

在本例中,我们没有考虑在途商品(在以后的例子中,我们再增加这一条件)。

图 3—6—11 的情况将出现,如果不从中央供应点运送商品到物流中心 A 的话,物流中心经理在第三周必须得到补货才能避免库存降低到安全库存以下。到第五周他必须得到更多的补货,否则,将出现缺货。

在本例中,进货提前期是 2 周,而正常的进货批量是 300 单位。2 周时间是从中央供应点到物流中心的进货时间。300 单位正好是两个满负荷运输台班。

因此,物流中心经理要求批量 300 单位的商品于第三周抵达物流中心。这批货物则必须在第一周从中央订货点装运出发。

如图 3—6—12 所示,第三周的货物到达后,我们重新计算计划库存,发现第六周的计划库存 160 又低于安全库存。所以物流中心的经理要求第六周必须有一批商品到货,同样这批商品必须在第四周从中央供应点装运发出。

另外,我们还要用同样的方法,求出送货计划,即由用户的需求日期提前一个送货提前期就可以确定送货日期。送货量就等于用户的需求量(这里假设用户需求量是要求全部配送。如果不是全部配送,则送货量不等于需求量,可以进行人工临时调整)。本中心本产品的送货提前期为 1 周,所以把每周的需求量提前一周就得到送货日期和送货量。

注意:由于用户需求的任意性,我们几乎没有把送货计划强行纳入计算机的统一规范化处理。如果考虑统一规范化的管理,按理是不应用计划需求量扣减库存量,而应用送货量扣减库存量。这样库存量的变化动态就稍有不同,形状不变,但整个向前平移一个提前期。考虑到送货提前期一般很短,大多数是当天送,当天到,提前期为 0。又考虑到,用户并不一定都要送货,有些自提,有很大的随意性。所以我们给送货计划以很大的独立性,它只依赖于需求计划,并且不是由它来影响库存,而还是由计划需求量来影响库存。

图 3—6—12 给出了本中心这种商品的送货和订货进货处理的完整计划过程。这个处理过程是这样的:

品种 A01　　物流中心 A　　供货单位:中央供应点

安全库存 200

送货提前期 1 进货提前期 2 进货批量 300	期前	周 1	2	3	4	5	6	7	8
需求主计划		100	120	90	110	120	100	80	120
送货在途到货									
计划库存	500	400	280	490	380	260	460	380	260
进货在途到货									
到货日期				300			300		
订进日期		300			300				
送货日期		120	90	110	120	100	80	120	

图 3—6—12　DRP 处理表 2

在送货方,将用户需求日期和需求量提前一个送货提前期,就得到送货日期和送货量,从而确定送货计划。

在供货方,当库存量下降到等于或小于安全库存量的期初,应该有一个订货批量的订货量到达,参与本期的需求使用,并得到一个新的本期库存量。而根据供货方的订货进货提前期由这一期开始倒退一个提前期确定从供货方的订进日期和订进数量,从而确定订货进货计划。

下面我们再看看如何针对有在途物资的情况确定送货计划和订货进货计划的(见图 3—6—13)。我们假设本中心这个产品这个计划期的期前送货在途量为 100,预计在计划期第一周到达用户指定地点。而此前订货进货在途量为 300,预计在第二周到达本物流中心。因为送货在途将冲减用户需求,从而升高本中心该期库存量。而订货进货在途将增加本中心库存,而减少订货进货次数。这样计算,可以得到图 3—6—13 的结果。从图中可以看到,第一周到达的送货在途 100 冲减了第一周的用户需求,从而升高了库存量(由原来 400 升为 500,= 期初库存量 - 本期需求量 + 本期送货在途到货量)。而第二周的订货进货在途到货升高了库存量(由原来的 380 升高到 680)。从而原来的第三周的第一次订货进货就自然取消了。

在上面的例子中,计划期都只假设为 8 周,而实际的DRP 系统中,计划期可以延长到 1 年或更长。

品种 A01　　物流中心 A　　供货单位:中央供应点

安全库存 200 送货提前期 1 进货提前期 2 进货批量 300	期前	周							
		1	2	3	4	5	6	7	8
需求主计划		100	120	90	110	120	100	80	120
送货在途到货	100								
计划库存	500	500	680	590	480	360	260	480	360
进货在途到货								300	
到货日期						300			
订进日期						300			
送货日期		120	90	110	120	100	80	120	

图 3—6—13　DRP 处理表 3

到这里为止,我们考察了一个物流中心 A 中一个产品 A01 的 DRP 计划的制定原理和操作方法。我们走完了一个 DRP 计划制定的全过程和它的方方面面。DRP 计划的最终成果是两个,一个是产品 A01 的送货计划,一个是 A01 的订货进货计划。它们分别如图 3—6—14 所示。注意送货计划都是和特定的产品特定的用户群相联系的,而订货进货计划都是与特定供货单位特定产品相联系的。

物流中心 A　　品种 A01 的送货进货计划

	周							
	1	2	3	4	5	6	7	8
A01 送货进货计划	120	90	110	120	100	80	120	

物流中心 A　　品种 A01 的订货进货计划

	周							
	1	2	3	4	5	6	7	8
A01 订货进货计划					300			

图 3—6—14　物流中心 A 中的产品 A01 的 DRP

一个物流中心通常有多个品种的物资,每一个品种都可以通过运行 DRP 得到一个类似的送货计划和订货进货计划。这样,把各个品种的送货计划汇集起来,就可以得到物流中心 A 的总的送货计划表,把各个品种的订货进货计划汇集起来,就得到物流中心 A 的总的订货进货计划表(见图 3—6—15)。

物流中心 A 的总送货计划

	周							
	1	2	3	4	5	6	7	8
A01 送货计划	120	90	110	120	100	80	120	
A02 送货计划	100	70	110	150	100	70	100	
A03 送货计划	20	50	100	100	100	80	120	
A04 送货计划	10	90	120	130	100	90	150	
A05 送货计划	120	100	110	120	100	80	120	
合计	370	400	550	620	500	400	510	

物流中心 A 的总订货计划

	周							
	1	2	3	4	5	6	7	8
A01 订货进货计划					300			
A02 订货进货计划			500			500		
A03 订货进货计划					300			
A04 订货进货计划		200					200	
A05 订货进货计划					300			
合计		200	500		900	500	200	

图 3—6—15　物流中心 A 的总 DRP 计划

至此,我们就完成了在物流中心运行 DRP、制定 DRP 计划的全部过程。我们最终得到了每种物资的送货计划和订货进货计划和本物流中心的总送货计划和总订货进货计划。

DRP 计划制定出来后，剩下的问题就是执行 DRP 计划。

DRP 计划的执行，就是要组织车辆统一进行运输，包括进货和送货。车辆运输既要保证每天运输任务的完成，又要使得总费用最省。例如，可以采用运输规划方法，对所有的运输任务，实行统一调运。用网络理论，求出最短路径和最佳运输方式组织运输等等。物流学的理论能够为此提供很多的理论和方法，为经济有效地进行物资资源配置提供有力的支持。

当然，在 DRP 处理中，也有一些不尽如意的地方，主要表现为：

1. 所谓"端头"问题：在计划期中间，DRP 处理都没有什么问题，但是在计划期的两端，由于受边界的限制，会出现一些问题。如：

(1)始端高需求来不及订货进货，容易造成缺货。例如在图 3—6—16 所示的情况中，就出现这种情况。

品种 B01　　物流中心 B　　供货单位：中央供应点

安全库存 100
送货提前期 1
进货提前期 2
进货批量 300

	期前	周 1	2	3	4	5	6	7	8
需求主计划		120	130	115	125	140	110	125	105
送货在途到货									
计划库存	300	180	350	235	110	270	160	335	230
到货日期			300			300		300	
订进日期	330			300		300			
送货日期		130	115	125	140	110	125	105	

图 3—6—16　DRP 的"端头"问题

图中，物流中心 B 的 B01 产品的期前库存量 300，安全库存量 100，订货进货提前期为 2 周，但是用户需求量第一周 120，第二周 130，第二周库存量就下降到安全库存量以下，应该进货到货，可是订货进货提前期为 2 周。订货进货来不及了。

出现这种情况的原因是期初库存量太少，而社会需求量意外地大，超过预测量。这在市场经济条件下也是常见的现象。

出现了这种现象怎么办？只好临时处理。例如紧急从别的渠道进货，或者向用户延时送货，或者进行人工干预 DRP 系统，让系统在第一周订货进货，第三周到货，这样也就是临时吃掉安全库存，不会造成缺货，用户需求也得到满足。

(2)运输任务前紧后松：见图 3—6—15。在计划期末端，社会需求的送货由于送货提前期，要提前一个提前期执行，订货进货也由于订货进货提前期也要提前一个提前期执行。所以任务的执行都是往前压。最后一周几乎全无新任务。因而造成任务前紧后松现象。

2. 送货计划处理问题：由于用户需求的任意性，我们不是用送货量扣减库存量，而是用计划需求量扣减库存量。这样虽然保证不让用户需求的任意性来影响库存量变化的严肃性，但是在理论处理逻辑上有一点不完整。

二、DRP 在多个物流中心的运作

上一节我们详细地讨论了 DRP 在一个物流中心的运作。但在实际生活中，常常有物流中心系统的情况。例如一个物流中心可能管辖多个子物流中心，一个物流公司下面有多个分公司等。在这种情况下，每个物流中心，无论是母物流中心，还是子物流中心，都可以独立地按前节的办法施行 DRP 处理。所得到结果必然能够反映别的物流中心进货的品种数量，或者发给别的物流中心的品种数量，不会有什么问题。

这里惟一要注意的问题，是业务汇总问题。这又包括 2 种情况：

一是母、子公司间的业务汇总问题。例如如果要对分公司进行进货汇总，不能简单地把各分公司的总订货进货计划表拿来相加得到分公司从总公司的进货量。因为子公司从母公司的进货量，实际上就是母公司对子公司的送货量，在母公司自己的送货计划表中就可以得到，不需要子公司的进货计划表。如果一定要从子公司的进货计划表中求的话，则要把各子公司的进货计划表按供货单位汇总而得。因为子公司的进货途径有多个，有从母公司的进货，也有从别的生产厂家的进货。至于送货汇总，反映的都是本单位的送货任务，跟别的物流中心没有联系。

二是工作量统计。如果是母公司要对各子公司的工作量进行统计，则可以把各个子公司的送货计划表和订货进货计划表拿来简单相加，而且不需要分品种、分进货单位等，只把总数相加就行了。例如母公司下有 A、B、C、D、E、F 六个子物流中心，母公司想要统计他们的工作量，则可以把他们各自的总送货计划和总订货进货计划表分别统计汇总而得。如图 3—6—17 和图 3—6—18。

	周							
	1	2	3	4	5	6	7	8
物流中心 A	300			300				
物流中心 B				150				
物流中心 C			300		300			
物流中心 D		150						
物流中心 E			150					
物流中心 F			300			300		
合计	300	150	750	450	300	300	0	0

图 3—6—17　物流中心 ABCDEF 订货进货计划

	周							
	1	2	3	4	5	6	7	8
物流中心 A	300	200	100	300	200	100	200	
物流中心 B	100	100	100	150	100	100	100	
物流中心 C	150	150	300	150	300	150	150	
物流中心 D	200	150	200	200	200	200	200	
物流中心 E	200	200	150	200	200	200	200	
物流中心 F	200	200	300	200	200	300	200	
合计	1 150	1 000	1 150	1 200	1 200	1 050	1 050	

图 3—6—18　物流中心 ABCDEF 送货计划

三、DRP 系统与订货点系统的对比

在上一节，我们曾经举例说明订货点系统的局限性。这里我们再来比较一下 DRP 和订货点技术的异同和优缺点。

DRP 技术和订货点技术都是很重要的物资资源配置技术。

关于订货点技术我们在第三章做了比较全面的评价。它的主要缺点是在处理随机型需求时，安全库存量太高，因而库存成本高，且不能够机动灵活地面对市场的变化，常常出现滞销的死库存，积压物资、积压资金。订货点技术在处理确定型需求时，正如前面所述，它是以需求量的平均值来计算经济订货批量的。这个“平均需求”就容易带来问题。如果考虑整个运行全过程，它可能是最合理的，但是对于局部过程来说，可就差别太大了。造成的浪费就很大。很简单的例子，如周平均需求为10 t，则40 t库存量，可维持四周销售。但是在四周中，第一周40 t一次卖完，和40 t空存放 3 周，到第四周再一次卖完，效益情况就大不一样。而订货点技术就不能够解决这样的问题。

这个问题在 MRP 和 DRP 中都能得到最好解决。在 DRP 中，其需求可以看成确定型需求，无论是依照订货单，还是靠预测，得到的需求都是每天每天(或每周每周)的确实需求。物流中心根据这个需求的需要制定送货计划和进货计划。而且比较灵活。例如它甚至可以做到这种程度：如果前三周没有需求，只第四周需求40 t，则 DRP 可以做到恰好第四周周初进货40 t，来满足第四周的需要。这样既没有前三周的库存费用，又保证了第四周的需求。

所以从这个意义上看，DRP 和 MRP 的比订货点技术的最大优点就是物资资源配置费用低，配置效率高，灵活可变，不会出现像订货点技术那样容易出现的滞销、淘汰物资的死库存，DRP 和 MRP 配置的物资都是将来马上要用的物资，不用的物资不会进入 DRP 和 MRP 系统，而且即使要用的物资也不是早早就准备库存，而是要等到它们要用的时候，再进入系统(有一个提前期)。这样达到所配置的物资100％的有效。

第六节　DRP 与 MRP 的联系和区别

为了加深对 DRP 的理解，在这里将 DRP 和 MRP 进行比较。可以看出，二者的思想方法、风格是一样的。但是二者又有许多不同的地方。

1. MRP 一般处理相关需求，而 DRP 处理的可以是独立需求。DRP 没有像 MRP 中有层次结构的物料清单(BOM)，所有需求物资都是同等独立的。

2. 二者的输入文件输出内容都是不同的。造成这种不同的原因，是因为 MRP 和 DRP 在现实模型中的地位是不一样的(见图 3—6—19)。

由图可见，MRP 相对于其所需要的生产品和采购品来说，是一个单纯的需方，而 DRP 则既是需方，又是供方，它处在一个中间位置。各自地位不同，处理当然也不一样。MRP 看起来，是地地道道的物料“需求”计划，而 DRP，既有物料“需求”计划，又有物料“供应”计划。

3. 处理表的格式不完全相同。DRP 处理表的内容更为丰富，信息更加多。

4. 处理时间单位，MRP 一般为周，而 DRP 则一般为日。因而 DRP 一般更贴切生活实际，因而也更加实用。

5. 事实上，DRP 的处理方法原理，跟我们现有的流通企业、物资储运公司的业务模式差不多是完全相同的。我们现有的流通企业一般也是首先搜集社会用户的订货单，然后根据用户的需要日期予以供应。先是从自己仓库里给予送货，或供应，仓库里没有了，就要向生产厂家订货进货。为了保证用户供应不缺货，仓库里也常常设有安全库存量。为了使得整个进销存业务正常流转，他们经常注意订货进货计划和销售供应计划的制定和执行。这一套做法，基本上都在 DRP 计划中体现出来了。

6.DRP 和 MRP 一样，其需求都是确定型需求。DRP 中的需求主计划一般是根据订单整理出来的实实在在的需求量，需要什么，什么时候需要，都规定得清清楚楚。所以制定的供应计划也就很实在、很有效。这一点比订货点技术优越。在传统的订货点技术中，有很多不是确定型需求。所以根据这个不确定的需求而制定的供应计划自然就会出现很多的风险性和效率低下的毛病。

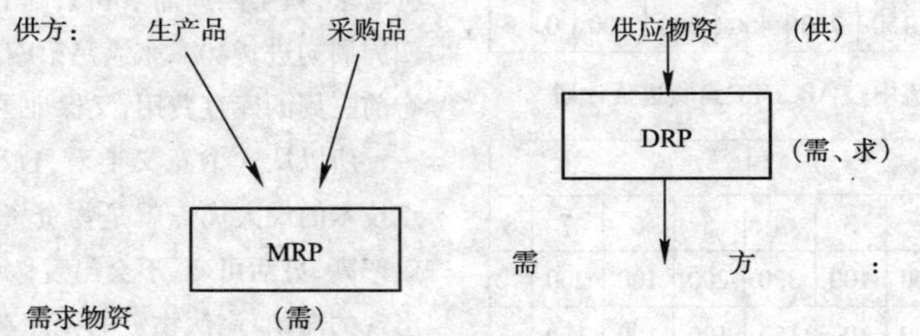

图 3—6—19　MRP 和 DRP 在现实模型中的地位

第七章　物流资源计划技术（LRP）

LRP（Logistics Resource Planning）是物流资源计划的简称，是在 MRPⅡ、DRP 的基础上发展起来的物资资源优化配置技术。LRP 是制造资源计划、能力资源计划、分销需求计划以及功能计划的集成，其基本目标是通过与物资采购、制造支持以及实体分销有关的作业计划的实施，优化配置物资资源，提高物流效率，以实现企业的战略经营计划。

本章首先讨论 LRP 产生的背景和物流有关观点，然后讨论 LRP 的原理和应用。

第一节　LRP 产生的背景

前面，第四章论述了 MRP 的原理和应用，第六章论述了 DRP 的原理和应用。这两种技术都有它们的优越性，都能在相当多的企业中得到应用。但是它们也有各自的局限性，MRP 只适用于生产领域进行物资资源配置，而 DRP 则只适用于流通领域进行物资资源配置。于是人们在分别应用 MRP 和 DRP 的基础上，自然就想到了能不能将它们结合起来应用，也就是打破生产和流通的界限，采用一种跨越生产和流通、综合统一的物资资源配置技术。这就是 LRP 技术。

这种 LRP 技术之所以自然产生，来自于 20 世纪 80 年代以来出现的背景情况和原因：

1. 由于市场经济的发展，企业的规模、业务、市场范围等不断扩大化，不再是以前那种单纯搞生产、或者单纯搞流通的小企业。于是需要把二者结合起来，采用一种跨越生产和流通的、综合统一的物资资源配置技术，以进一步节约资源，提高资源利用率，提高经济效益。

2. 到了 20 世纪 80 年代，MRP 已经发展得很成熟，DRP 也有相当的发展和应用。它们在应用中，除了表现出优越性以外，各自的缺点和局限性也充分暴露了出来。

(1)生产系统和流通系统的接口问题，这是最主要、最关键的问题。用MRP做得再好的物资需求计划,在流通领域中的执行过程,却大打折扣,以致影响物资需求计划的执行,从而影响MRP的效果。

DRP也存在同样的问题。流通中心实施DRP,可以产生一个精确的分销需求计划。但是企业在根据物资供应计划向各个物资需求点进行物资配送时,也常常受到自己的资源来源的限制。

(2)MRP和DRP的差异性和统一性:二者之间不能简单套用。要把它们统一起来运用,则需要采取一些措施。这种新的、综合统一的物资资源配置技术,就是LRP技术。

3.20世纪80年代物流理论的发展和完善,给人们进行物资资源配置提供了更加深入广阔的新思路。这是LRP产生的一个关键条件。

4.20世纪80年代以来,出现了技术集成化倾向而且越来越强。人们很容易想到把相关技术集成起来,以获得更加好的效果。技术集成程度越高,技术越复杂,给人们带来的效益也越高。MRP和DRP在一段时间的应用显示出了效果,但各自又暴露出一些局限性以后,人们也自然想到要如何把它们集成起来运用的问题。这也就促使了LRP的顺利产生。

第二节　LRP的原理

一、LRP的基本思想

LRP就是在上述这种背景下产生的。

LRP的基本思想,是面向大市场,以物流为基本手段,打破生产和流通的界限,为企业生产和社会流通的物资需求进行经济有效的物资资源配置。

它包含了这样几个基本点:

1.LRP的宗旨。

1)站在社会市场的高度,为社会市场需求进行经济有效的物资资源配置,满足社会的物资需要。

2)站在企业的角度,为企业的生产和流通的经济高效运行组织资源,包括从社会上和企业内部经济有效地组织资源。

这样做,可以最大限度地提高企业和社会两个方面的经济效益和社会效益。

2.打破生产和流通的界限。我国生产和流通现状是长期计划经济条件下形成的。特别在我国造成了封闭的领域界限和思想僵化。只有打破生产和流通的界限,才能解放思想,解放资源,使得资源能处于一种活性配置状态,达到资源的优化组合和提高经济效益的目的。

3.灵活运用各种手段。包括利用各种经营组织经营方式等,组织企业经营活动。在这里,特别是企业集团、跨国公司等组织形式能集中体现这种思想。这种公司,不是单搞某一种产品的生产,而是多个产品的生产,不但搞生产,还搞流通和各种服务活动。什么方式能实现资源的有效配置,什么方式最能提高经济效益,就采取什么方式。

4.资本营运。要打破产品运营的传统思想,树立"资本运营"的思想。

5.树立"立足于市场抓企业,立足于流通抓生产,立足于需求抓供应"的思想原则。这不是否定企业、生产、供应的重要性,而是摆正了它们分别和市场、流通、需求的位置关系。

6.树立"统一"、"集成"、"优化"的思想,综合运用各种资源、各种先进技术、先进管理思想和管理手段。LRP不是简单地将MRP和DRP相加,而是要进一步融合、优化而成。

二、LRP的实际原型

LRP的实际原型可以用图3—7—1表示。

这基本上是一个企业集团的模式。它包含有多个生产厂和多个流通中心,整个企业处在市场之中,由资源市场取得资源投入企业生产过程,获得生产产品或服务去满足需求市场或流通中心的需要。企业也可以从资源市场获取资源进入流通中心去满足需求市场的需要。图中实线表示物流,虚线表示信息流。LRP在其中的作用就是站在满足市场需求的高度,打破生产和流通的界限,对整个企业的生产和流通进行资源配置,和对社会需求进行资源配置。

三、LRP的处理逻辑原理

LRP的处理逻辑原理图如图3—7—2所示。

由这个图可以看出,LRP实际上是MRP和DRP的有机结合:在生产厂系统内部,实行MRP,在生产厂外部,实行DRP。

其中MRP部分与原MRP不同的地方是,原MRP的主产品需求计划现在由DRP的订货进货计划的一部分来代替。而其社会订货则由LRP的输入文件——“需求文件”来记录。社会订货首先由DRP从库存中予以供应,仓库中不够的再向MRP订货进货。MRP根据这个订货进货计划进行MRP处理,产生加工任务单交生产部门加工,外购件又返回DRP系统的需求文件,进入DRP处理。DRP仍然首先从仓库供应,仓库不够的由订货进货计划到资源市场去采购进货。

其中输入的需求文件中,既有MRP需求的产品(包括主产品、零部件),也有DRP需要的外购件(企业不生产但流通中心经销的商品)。MRP输出的外购品计划现在也成了DRP的输入需求计划的一部分。

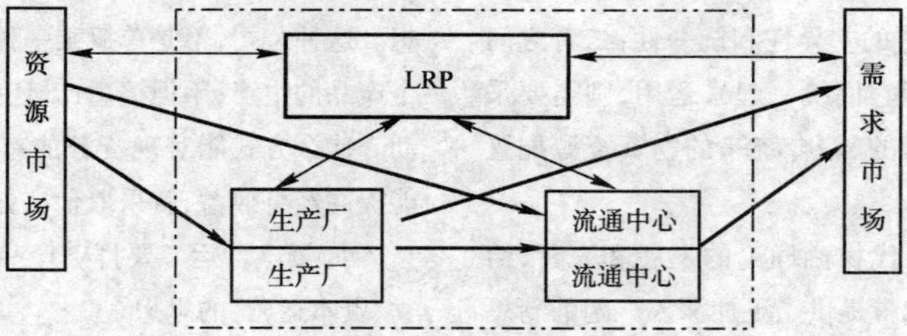

图3—7—1 LRP的实际原型

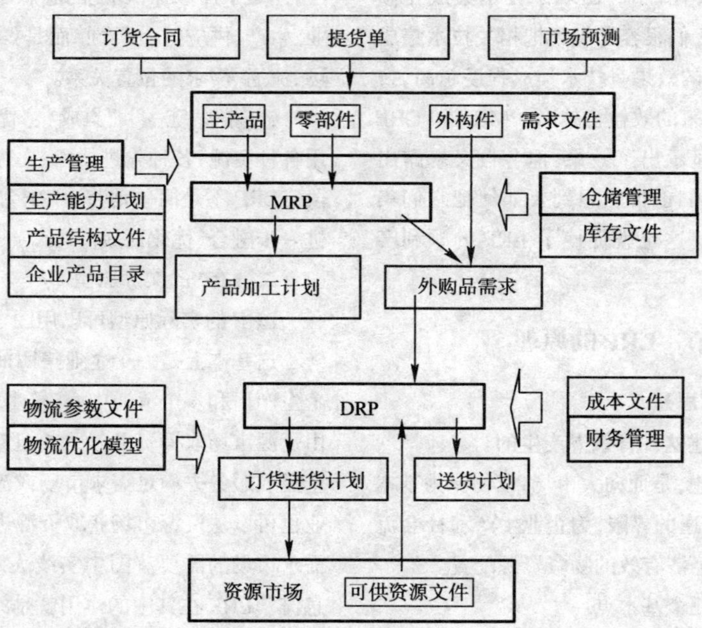

图3—7—2 LRP处理逻辑原理

现在的库存文件,不但有生产厂仓库的生产库存,还有流通中心的库存物资,同样,车队也不只是流通中心的,也为生产厂运输,全企业进行统一调度。现在的财务管理、成本核算,也是面向整个企业的包括了生产成本核算和流通成本核算。

这里的物流优化模型,则不只是原DRP的物流优化模型,还应当包括企业内部物流的优化模型,包括厂区规划、生产路线设计等模型。

四、LRP的输入

LRP的输入文件有:

1. 需求文件:这里的需求文件,主要是社会订货,包括对企业生产的主产品和零部件的订货,也包括社会对企业自己不生产,但是经销的各种产品。把这些订货按主产品、零部件和外购件分成三类,各类又按物资品种、按需求日期整理排列,就得到“需求文件”。它是LRP处理的对象。是本企业通过生产或流通服务必须予以满足的需求。也是整个企业进行物资资源配置的直接任务目标。

2. 企业产品目录文件。这是企业的产品目录清单,用以把需求文件分成二部分,一部分是企业可供产品,进入 MRP 处理,另一部分是外购品,进入 DRP 处理。

3. 主产品结构文件。主产品指生产厂生产的主产品,这里也把能够独立流通的零部件放在其中。它们都具有等级层次结构的零部件结构树,能构成主产品结构文件,专供 MRP 运行用。

4. 库存文件:包括流通库存文件和生产库存文件这些文件。库存文件主要列出所需产品的期初库存量和库存量在计划期中的变化动态,还列出了有关产品的送货在途和进货在途物资的到达日期和到达数量。另外还包括库存物资的安全库存量。

5. 可供资源文件:这是在资源市场中为 DRP 订货进货可用的订货厂家和订货物资信息文件,特别是订货进货提前期、订货批量等。这个可供资源不包括企业能够生产的产品,都是外购品。因为 DRP 专门处理外购品,包括企业的外购品,和社会上对外购品(企业的经销产品)的订货。需求文件中的,企业能够生产的产品全部进入 MRP 处理系统中去了,并经 MRP 处理后,变成了产品生产计划。产品生产出来后,进入仓库销售。

6. 粗能力计划:包括粗生产能力计划,粗物流能力计划。粗生产能力计划要根据产品的加工路线确定可用机时和可用工时。物流能力计划,包括可用运输能力和可用存储能力。运输能力要根据车型和物流路线来定,可以用“吨”或“吨公里”表示,存储能力要根据入库物资的品种和仓库的具体情况来定,可以用存储面积表示。这些粗能力计划都是用来进行能力平衡用的,包括生产能力的平衡、物流能力的平衡,从而产生细能力计划。

7. 物流参数文件。它主要用于运行物流优化模型。主要包括经济地理数据,如路程、运价系数等。

8. 单位成本文件。这是用以进行成本核算的,包括单位生产成本和单位物流成本。生产成本要根据特定的加工中心的特定设备和特定人,给出单位台时、单位机时、单位工时的费用。物流成本要根据特定车型、特定运输方式、特定路段给出单位吨公里(或吨)的费用,要给出特定物资特定仓库的单位保管费用等。这样就可以根据工作量求出生产成本和物流成本。

五、LRP 的输出

LRP 的输出文件有:

1. 产品加工投放计划和细生产能力计划。这是由 MRP 产生的加工任务单计划和细生产能力计划,交生产厂(或车间)加工生产用。

2. 外购品计划。这是由 MRP 运行后生成的。把它和需求文件中的外购品需求计划合在一起,又成为 DRP 的输入计划。

3. 送货计划、订货进货计划和统一运输计划。这是 DRP 运行后生成的输出文件。注意这里的送货计划包括对生产仓库的外购品的送货。订货进货计划也包括对生产产品的进货入库。运输计划比较细,它实际上是一个详细的运输方案和派车计划。

4. 物流能力计划。它是由 DRP 生成的。包括车辆运输能力计划和仓储计划。它是跟运输计划相联系的。

5. 成本核算文件。它给出了加工产品的生产成本和流通品的物流成本。

六、LRP 的处理步骤

1. 第一步,输入需求文件:将订货单、订货合同、提货单以及企业生产部门提供的外购品采购单按品种按需求日期汇总整理成需求文件。如果没有这些,则只能根据预测构成需求文件。需求文件要按主产品、零部件和外购品分开,前二类进入 MRP 处理,后一类将和 MRP 处理完后生成的外购品计划合起来,再进入 DRP 处理。

2. 第二步,建立主产品、零部件需求文件中各个品种的 MRP 处理表,对每一个品种进行 MRP 处理:

(1)分别输入主产品和零部件的各个品种的需求计划表:选定时间单位和计划期。时间单位要和 DRP 处理的时间单位相同,计划期也最好相同。

(2)输入相应品种的期前库存量,在途物资到货日期和到货数量(注意,这里在途物资,既包括送货在途,也包括订进在途,因为它们都是到仓库的)。还要输入安全库存量。然后求出各期的计划库存量。

(3)根据库存量是否低于安全库存量确定到货日期,再根据生产提前期或订货提前期确定产品生产计划和外购计划。把各个零部件相同的外购品汇总,就得到外购品的采购计划。

(4)根据零部件加工工艺、加工路线和粗能力计划,进行能力平衡,求出加工路线和细能力计划。

(5)根据加工路线、加工量和单位成本核算生产成本,采购品要核算采购成本。

3. 第三步,将 MRP 生成的外购品计划和社会需求文件中的外购品需求计划汇总,形成 DRP 需求文件,建立 DRP 处理表,进行 DRP 处理:

(1)选定品种,按品种逐个处理;

(2)由可供资源文件中输入品种的进货单位、进货提前期、进货批量,选定时间单位和计划期;

(3)按给定的时间单位输入该品种的需求文件;

(4)输入库存文件:根据选定的品种和时间单位输入期前库存量、在途物资数量和计划到货日期,确定安全库存量等。然后求出计划期内各时间单位内的计划库存量。计算式为:本期计划库存等于上期计划库存+送货在途到货量-本期需求量;

(5)根据库存量小于等于安全库存量,求出订货进货的到货日期,根据到货日期和订货进货提前期求出发出订货进货的日期和数量。这就是订货进货计划;

(6)根据需求计划表和送货提前期确定送货计划;

(7)根据送货计划、订进计划和物流能力,进行能力平衡。再运用物流优化模型,求出统一调运方案,制定运输计划和仓储计划和细能力计划;

(8)根据物流路线、运输方式、运输车辆和单位物流成本进行成本核算。

这就是 LRP 处理的全过程。

第三节 LRP 的应用

第二汽车集团公司是我国著名的大型企业之一,主要生产汽车和零配件。他们在计划经济时期,只专门搞生产,不搞销售。汽车和汽车零部件的销售都交各地流通部门办理。我国实行改革开放、走向市场经济以来,他们除了保持和各地流通部门的销售关系以外,还率先成立了自己在全国各地的销售网络。例如在武汉、长沙都有他们自己的销售公司。这一来,他们便成了既搞生产、又搞流通的大型企业。这些销售公司处在市场第一线,既为二汽销售汽车和汽车零部件,又向二汽进行市场信息反馈。在市场销售过程中,既有仓库,又有运输力量,储运力量很强。他们可以看成二汽在各地的流通中心或物流中心。

像二汽这样的企业最适合于应用 LRP 系统来组织生产和流通。但是像以前那样,生产部门只管生产,流通部门只管流通是推行不了 LRP 的。必须有一个机构统管生产和流通。而且是立足于流通来管生产。在这样的情况下,企业推行 LRP 是大有作为的。

这样一个机构,在国外叫“物流部”。物流部和各个流通中心,各个生产单位,各个仓库、车队以及财务部门是完成了计算机联网的,可以从计算机中把各自的信息传递过来,进行处理。在物流部中运行 LRP,是通过在各地的销售公司、物流中心接受社会订货。也接受二汽企业集团内部各个生产厂家的生产订货。对二汽而言,这些订货主要是汽车或汽车零部件。这所有的订货单按类别按品种按需求日期整理,就得到了二汽的 LRP 的需求文件。例如得到汽车的需求文件如图 3—7—3。

	周								
	1	2	3	4	5	6	7	8	分类
汽车			100	110				120	主产品
发动机			100		50				零部件
轮胎	100		290		360	260		360	零部件
车灯泡				300					外购品

图 3—7—3 LRP 的需求计划

汽车、发动机、轮胎是本汽车集团自己生产的,而车灯需要到资源市场去进货。因此把它们分成主产品、零部件和外购品 3 类。前二类进入 MRP 处理,外购品准备进入 DRP 处理。它们分别按类别按品种每天的需要量在表中明晰地列出来。

根据需求文件首先进行 MRP 处理。MRP 处理的方法同原来的 MRP 处理完全一样。例如对于主产品汽车的处理,就是根据汽车的产品结构文件逐层处理求出其各个零部件的生产数量、生产日期和外购品的外购数量、外购日期。

这里惟一与以前不同的地方,就是主产品在向下分层处理时,在得到下层各个零部件的需求量后,要注意把需求文件中社会需求的该零部件的数量也加进来,得出总需要量后再往下层分解求出其下层的需求量。这样主产品分解完,所有的社会需求零部件也都包括在其中了。

例如由图 3—7—3 知,汽车的产量是第三周 100,第四周 110,第八周 120。而发动机处在汽车产品结构文件的第一级,一辆汽车需要一个发动机。假如汽车的装配提前期为 1 周,则意味着为装配汽车需要的发动机需求量分别为:第二周 100,第三周 100,第七周 100。而发动机的社会订货量,由图 3—7—3 可知:第三周 100,第五周 50。所以二者合起来,发动机的需求文件变为:第二周 100,第三周 200,第五周 50,第七周 100 了。

项目:发动机(1级) 订货点:100 订货批量:100 提前期:1 周		周次							
		1	2	3	4	5	6	7	8
总需要量			100	200		50		100	
计划到货									
订货后库存量	200	200	200	100	100	150	150	150	150
计划接受订货			100	100		100		100	
计划发出订货		100	100		100		100		

图 3—7—4　汽车发动机的 MRP 处理表

这样,就可以对发动机运行一次 MRP 了,如图 3—7—4。其他都同样处理,就得到了所有零部件和材料的生产计划和所有外购件的采购计划。生产计划交生产厂,采购计划就交 DRP,进行 DRP 处理。

DRP 处理也和原来的 DRP 基本一样,只不过其输入的需求文件中增加了一部分 MRP 处理而得到的外购品计划而已。

例如汽车灯泡是外购品。假设 MRP 处理的结果,是第四周需要 400,第八周需要 400。而由图 3—7—3 可知,社会需求量第四周为 300。则汽车灯泡的总需求计划为:第四周 700,第八周 400。假如汽车灯泡的订货进货提前期为 3 周,送货提前期为 1 周,则汽车灯泡的 DRP 处理表如图 3—7—5。

品种 A05 车灯泡　　二汽物流部　　　进货厂:C08 武灯

安全库存 200 送货提前期 1 进货提前期 3 进货批量 700	期前	周							
		1	2	3	4	5	6	7	8
需求主计划					700				400
送货在途到货									
计划库存	300	300	300	300	300	300	300	300	600
到货日期					700				700
订进日期		700				700			
送货日期				700				400	

图 3—7—5　二汽汽车灯泡的 DRT 处理表

DRP 的处理结果是得到订货进货计划和送货计划。注意这里的订货进货计划都是从资源市场的订货进货,不包括生产厂的产品进货。由图 3—7—5 可知,车灯泡的进货计划是:第一周进 700,第五周 700。送货计划是第三周 700,第七周 400。

关于能力计划、成本核算、运输计划、物流优化在这里就不一一重复了。它们的做法和前面 MRP 和 DRP 中的完全一样。

第八章　企业资源计划(ERP)

随着信息时代的到来,企业竞争面临着新的课题,如何在新的时代继续发展、保持繁荣,信息化建设无疑是解决此问题的重要手段。

企业资源计划系统(ERP)是目前最为成熟的企业信息化思想和产品,它通过改造企业的物流、信息流、资金流,从而使得企业在管理水平和生产能力上发生质的飞跃,进而带来巨大的效益,而且还会为企业将来进行电子商务(E-Business)、电子贸易(E-Commerce)奠定良好的基础,所以对于正在或将要进行信息化建设的企业,实施 ERP 工程意义可谓深远。本章将对 ERP 的概念、原理、实施等方面进行详细的论述。

第一节 ERP的概念及发展历程

一、ERP的概念

ERP(Enterprise Resource Planning,企业资源计划),是指建立在信息技术的基础上,以系统化的管理思想,为企业决策层及员工提供决策运行手段的管理平台。ERP系统把先进的信息技术与管理思想集于一身,反映了新时代对企业合理调配资源、最大化地创造社会财富的要求,成为现代企业在信息时代生存和发展的基石。

进一步地,我们可以从管理思想、软件产品、管理系统3个层次给出它的详细定义:

1.ERP是由美国著名的计算机技术咨询和评估集团加特纳公司(Garter Group Inc.)在20世纪90年代初期提出的一整套企业管理系统体系标准,其实质是在MRPⅡ(Manufacturing Resources Planning,制造资源计划)的基础上进一步发展而成的面向供应链(Supply Chain)的管理思想;

2.ERP是综合应用了客户机/服务器体系、关系数据库结构、面向对象技术、图形用户界面(GUI)、第四代语言(4GL)、网络通讯等信息产业成果,以ERP管理思想为灵魂的软件产品;

3.ERP是整合了企业管理理念、业务流程、基础数据、人力物力、计算机硬件和软件于一体的企业资源管理系统。

ERP的概念层次如图3—8—1所示。从中可以看出,对于管理界、信息界、企业界,ERP自身的概念层次有所不同,每一层分别有着自己特定的内涵和外延。通过ERP的使用,使企业能及时、高质量地完成客户的订单,最大程度地发挥企业资源的作用,并根据客户订单及生产状况做出调整资源的决策。据此我们可以认为,ERP企业层的概念就是一个有效地计划、组织和实施企业的“人”、“财”、“物”的管理系统,并依靠IT技术和手段以保证其信息的集成性、实时性和统一性。如图3—8—2所示,ERP系统帮助企业有效地管理所有内部资源来满足企业的整体目标。

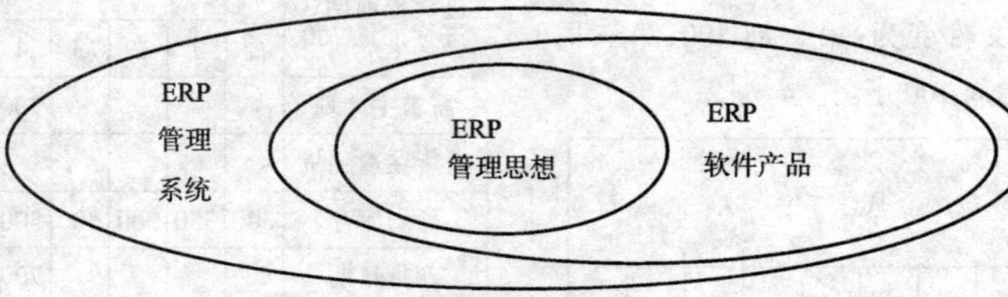

图3—8—1 ERP的概念层次

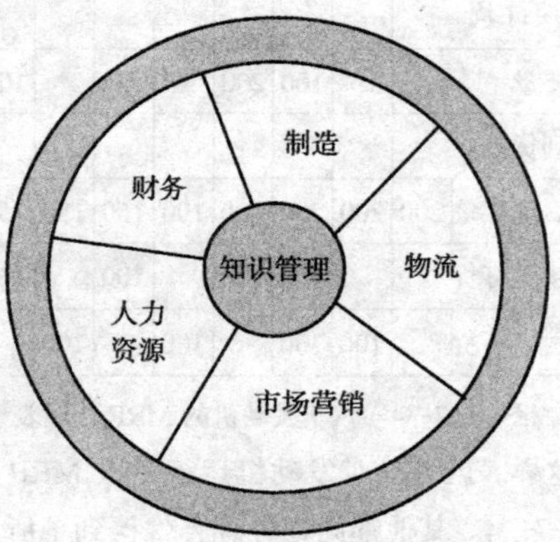

图3—8—2 ERP集中企业内部的数据

二、ERP的发展历程

ERP系统着眼于供应链管理,极大地扩展了企业管理系统信息的集成范围,汇合了离散型生产和流程型生产的特点,面向全球市场,包含了供应链上所有的主导和支持功能,协调企业各个管理部门围绕市场导向,更加灵活或“柔性”地开展业务活动,实时地响应市场需求。其内涵随着管理思想和信息技术的发展正在不断完善。

(一)企业资源管理系统的演变

1957年美国生产与库存控制协会(American Productionand Inventory Control Society,简称APICS)的成立与1960年前后Joseph Orlicky等人开发的第一套物料需求计划(Material Requirenmets Planning,简称MRP)软件的面世,标志着现代企业资源管理系统的发展开始起步。纵观其40多年的发展历程,可以发现,企业资源管理系统发展中的每一次进步都与社会经济的发展阶段、企业所处经营环境的变化密切相关。其中,新的管理哲学、管理理论、管理技术的出现,直接地影响着企业资源管理系统的发展。

上述企业资源管理系统演变的历程可用图 3—8—3 所示。

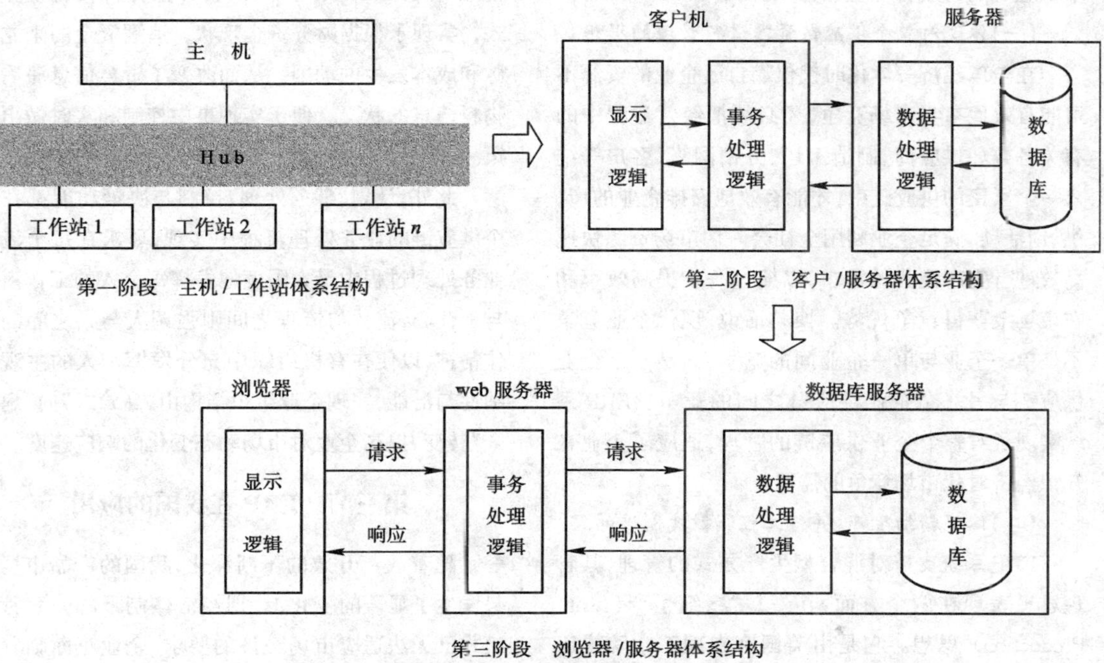

图 3—8—3　ERP 经历的 3 个阶段的结构图

(二)ERP 的发展阶段

从 IT 技术的角度来讲,ERP 自身的发展基本经历了三个阶段。第一阶段是主机/工作站技术阶段,第二阶段是客户机/服务器(Client/Sever)技术阶段,第三阶段是基于互联网的浏览器/服务器(Browser/Server)技术阶段。

在第三阶段采用基于 WWW 的 B/S 体系结构实际上就是三层结构的 C/S 系统。第一层 Web 浏览器是表示层,完成用户接口的功能;第二层 web 服务器是功能层,完成客户的应用功能;第三层数据库服务器是数据层,应客户的请求独立地进行各种处理。

如果说从第一阶段转向第二阶段只是一个技术平台转变的话,那么第三阶段的变化就不仅限于此了,而更是一种业务平台、商业平台和经济平台的改变。互联网的广泛性、共享性和交互性改变了人们的生活,也同样改变了商业环境。企业面对庞大的外部信息和快速变化,必须从传统的注重内部资源的管理利用转向注重外部资源的管理利用,从企业内的业务集成转向企业间的业务协同。为此,新一代的 ERP 产品正在向客户端和供应端延伸,客户端的延伸是客户关系管理,而供应端的延伸则是跨企业供应链的同步管理。这两个延伸又恰好嵌入到网上电子交易中,从而形成了一个从企业内部到企业外部的完整的电子商务解决方案。

第二节　ERP 系统的原理

ERP 最初作为一种基于企业内部供应链的管理思想,它在 MRPⅡ的基础上扩展了管理的范围。其基本思想是把企业的业务流程看做是一个紧密联接的供应链,并将企业内部划分成几个相互协同作业的支持子系统,如财务、市场营销、生产制造、服务维护、工程技术等,从而对企业内部供应链上的所有环节如订单、采购、库存、计划、生产制造、质量控制、运输、分销、服务与维护、财务、成本控制、经营风险与投资、决策支持、实验室/配方、人力资源等有效地进行管理,从范围和深度上为企业管理提供了更强大的功能和工具。

ERP系统的核心管理思想就是实现对企业整个供应链的有效管理,主要体现在以下3个方面:

(一)体现对整个供应链资源进行管理的思想

在全球经济一体化时代仅靠自己企业的资源不可能有效地参与市场竞争,还必须把经营过程中的有关各方如供应商、制造工厂、分销网络、客户等纳入一个紧密的供应链中,才能有效地安排企业的产、供、销活动,满足企业利用全社会一切市场资源快速高效进行生产经营的需求,以期进一步提高效率和在市场上获得竞争优势。换句话说,现代企业竞争不是单一企业与单一企业间的竞争,而是一个企业供应链与另一个企业供应链之间的竞争。ERP系统实现了对整个企业供应链的管理,适应了企业在知识经济时代市场竞争的需要。

(二)体现精细生产、并行工程和敏捷制造的思想

ERP系统支持对混合型生产方式的管理,其管理思想表现在两个方面:其一是"精细生产(Lean-Production)"思想。它是由美国麻省理工学院提出的一种经营战略体系,即企业按大批量生产方式组织生产时,把客户、销售代理商、供应商、协作单位纳入生产体系,企业同其销售代理、客户和供应商的关系,已不再简单地是业务往来关系,而是利益共享的合作伙伴关系,同时这些合作伙伴组成了一个企业的供应链。这即是精益生产的核心思想。其二是"敏捷制造(Agile Manufacturing)"思想。当市场发生变化,企业遇有特定的市场和产品需求时,企业的基本合作伙伴不一定能满足新产品开发生产的要求,这时,企业会组织一个由特定的供应商和销售渠道组成的短期或一次性供应链,形成"虚拟工厂",把供应和协作单位看成是企业的一个组成部分,运用"并行工程(Concurrent Engineering)"组织生产,用最短的时间将新产品打入市场,时刻保持产品的高质量、多样化和灵活性,这即是"敏捷制造"的核心思想。

(三)体现事先计划与事中控制的思想

ERP系统中的计划体系主要包括:主生产计划、物料需求计划、能力需求计划、采购计划、销售执行计划、利润计划、财务预算和人力资源计划等,而且这些计划功能与价值控制功能已完全集成到整个供应链系统中。

另一方面,如前所述,ERP系统通过定义事务处理(Transaction)相关的会计核算科目与核算方式,实现了根据财务资金现状,追溯资金的来龙去脉和成本发生的动因,从而改变了资金信息滞后于物料信息的状况,便于实现事中控制和实时做出决策。

此外,计划、事务处理、控制与决策功能都在整个供应链的业务处理流程中实现,要求在每个流程业务处理过程中最大限度地发挥每个人的工作潜能与责任心,流程与流程之间则强调人与人之间的合作精神,以便在有机组织中充分发挥个人的主观能动性与潜能,实现企业组织结构由"高耸式"向"扁平式"转变,提高企业对市场动态变化的响应速度。

第三节 ERP在我国的应用

随着改革开放的不断深化,我国的产品市场形势发生了显著的变化,计划经济体制下的一套管理模式已无法适应市场经济的要求,企业正面临着国内外剧烈竞争的大市场,客户对产品需求越来越趋于多样化,生产方式纷纷从单一型向混合型发展,小批量柔性生产势在必行,产品的生命周期日趋缩短,要求的交货期亦变得越来越短。同时,客户还要求高技术、高质量和低价格的产品。这些要求对传统的管理方式提出了严峻的挑战。目前,我国宏观经济环境正日趋完善,企业的兴衰存亡将主要取决于企业自身的竞争能力。因此,革新企业管理制度和方法,采用新型的管理手段,已成为我国广大企业的当务之急。

一、我国企业应用ERP的必要性

(一)企业适应全球市场竞争的需要

中国已经加入WTO,国内企业今后面临的是更加全球化、更加数字化的无国界竞争,而信息化建设能为企业提供一种有效的竞争手段。ERP作为企业信息化建设的核心组成部分,它的优势不仅仅在于帮助企业建立一套信息管理系统,更重要的是它代表当今世界最先进的现代管理思想和方法,通过它达到业务重组、组织重组和管理重组,尽快改变我国企业传统管理粗放、落后的局面,进而建立一套符合市场经济体制要求的现代企业管理模式。因此,

企业进行信息化改造、应用 ERP 系统，是中国加入 WTO 市场激烈竞争的需要。

(二)企业进一步深化改革的需要

建设社会主义市场经济，建立现代企业制度，转换经营机制，减员增效，是大多数国有企业面临的课题。为实现这一目标，就必须以市场需求为导向，理顺企业业务流程和管理机制，强化管理，以便快捷地获取各种市场信息，做出灵敏、及时、正确的响应。

通过实施 ERP 系统，可以帮助企业在原来改革成果的基础上，深入挖掘企业内部资源和外部资源，为企业所用。在企业内部，产、供、销、人、财、物各环节通过 ERP 提供的功能可以完全实现电脑化、集成化、自动化，为管理人员提供强有力的管理工具；在企业外部，与 SCM、CRM 整合后的 ERP 系统可以实现企业与供应商和客户的信息自动交互，从而提高整个采购环节和客户关系管理的效率。同时，通过 ERP 系统还可以与第三方的 B2B 网站全面链接，实现网上电子商务，从而减少大量中间成本，提高企业的市场竞争能力。

(三)顺应知识经济时代的需要

知识经济是“以知识为基础的经济”的简称。与以往的经济形态相比，知识经济的最大不同在于，它的繁荣不是直接取决于资源、资本和硬件技术的数量、规模和增量，而是直接依赖于知识或有效信息的积累和利用。

作为知识经济的典型代表，ERP 系统就是运用知识的能力直接影响企业的创新、生存与发展，并通过不同形式、不同内容和不同程度地使企业员工接受新经济、新思想、新理论和新方法的培训和教育。现在 ERP 已越来越多地影响企业的各个环节，包括企业人事、财务、物资管理、生产、供应链、销售环节等。知识经济时代的来临，对企业来说即意味着变革和创新，而 ERP 正迎合了这一特征。

二、我国企业应用 ERP 的现状

据称，全球 500 强企业的 80%已应用了 ERP 软件，目前正在推行全球化供应链管理技术和敏捷化后勤系统。此外，许多小型企业也在纷纷应用 ERP 系统。

ERP 在我国的发展已近 20 年，国家对该项目的累计投资超过1 000亿元。我国目前拥有约15 000家大中型企业和1 000万家中小型企业，到 2003 年已有 50%左右的企业实现现代化管理。而国家统计局资料显示：到 2000 年 9 月份，中国不过有1 000多家大中型企业开始实施 ERP，这个数字占中国企业总数的比例还不到 2%。

从应用周期看，由单项计算机应用发展到 ERP 系统应用，平均应用周期为 6 年。至于应用绩效，从发展的角度来看已取得一定成效，但与西方国家企业以及我们的预期目标相比，仍有很大差距。从整体来看，应用成功率不高。即使已经成功实施的如国内著名企业联想、海尔、长虹、康佳等也还在进行不断地调整和重组。

究其原因，主要有：企业对推进管理信息化和应用 ERP 的目的意义认识不清；广大企业管理水平较低，管理基础薄弱，管理人员和业务人员的素质不能适应；企业领导重视不够，缺乏人才和资金；缺乏科学有效的项目管理体系和运作机制。

三、ERP 软件介绍

下面我们仅介绍国内外几种具有代表性的、技术先进功能强大的 ERP 软件。

1.SAP R/3

SAP 公司的 R/3 系统功能强大，用户界面友好，具有高度的集成性、灵活性、开放性、可靠性。该系统主要包括三大子系统：财会、后勤和人力资源。财会子系统包括财务会计、管理会计、资金管理和项目管理 4 个模块。财务会计模块可以满足企业的法定会计核算要求，管理会计模块可以有效地控制、监督企业内部的各种成本和费用核算，资金管理模块则主要解决企业的资金监管、预测和筹集问题。后勤子系统包括物料管理、销售管理、生产计划、质量管理和设备维护模块。物料管理模块具备库存、仓库、采购等方面的管理功能，销售管理模块能帮助企业解决有关产品销售的复杂过程问题，而其他各模块也能帮助企业全面改善相应的业务管理。R/3 系统具有 14 种语言处理能力，能满足不同国家的货币、税收和财务报表方面的要求，支持欧元体系。SAP 在推广 R/3 标准集成应用软件的同时，还向用户提供设计先进的软件开发工具 ABA P/4 语言。

2.Oracle Applications

Oracle Applications 应用产品家族提供 45 个集

成的软件模块，可以根据用户的要求灵活地进行组合，实现财务管理、供应链管理、生产制造管理、项目管理、人力资源管理和市场/销售/服务管理等主要功能，直至实现整个企业的自动化。Oracle 还将若干模块连接起来，针对主要行业（如汽车制造、航空航天、国防、电信、消费品、能源和高科技等）的特殊需求提供行业解决方案。Oracle 产品的另一个优势在于它提出了自我服务的概念，这使得每一个用户都可以通过网络输入原始数据或发出指令，并在 Oracle 工作流软件的控制下自动定向，省却了许多中间环节。除了支持客户/服务器结构以外，Oracle 更构筑了革命性的 Internet 计算体系结构。用户不但可以享受到友好形象的图形界面，而且不必搭建局域网，由此节省的管理和维护费用是相当惊人的。

3. 金蝶 K/3

金蝶 K/3ERP 分为基础版、标准版和高级版 3 种版本，由易到难，由点到面，循序渐进。基础版共分 14 个模块，本着为用户节约投资、实用、够用、易用的出发点，实现了企业管理的基本业务处理及相应的财务处理功能，用户通过简单的培训即可应用自如。标准版在实现基础版功能的前提下，增设了人力资源管理、设备管理、计划管理、远程领导查询等一些重要的模块，而且各模块之间既高度集成又可独立使用和实施，为用户灵活使用提供了极大的方便。高级版在标准版的基础上，增加了动态企业建模（DEM）功能，以满足企业不断增长的动态重整过程的需要。此外，高级版还采用了一些先进的信息技术，如 3 层 C/S 网络结构、智能帮助技术、组件程序设计技术、数据仓库和数据挖掘技术以及 Java 技术等，全面支持 Internet/Intranet/Extranet 以及电子商务，可跨行业、跨地区适用于各种性质的企业。

4. 利玛 CAPMS/ERP

利玛 CAPMS/ERP 产品遵循国际先进的管理理论，并结合中国的国情，进行了创造性地开发。整个系统共包含 27 个功能模块，以物流、资金流管理为核心，覆盖企业产、供、销、人、财、物等各个方面，支持多公司和集团公司的运营模式。根据企业运用程度，还可提供 CIMS 集成接口和 EDI 接口。该产品具有先进的、开放的客户/服务器和浏览器/服务器的混合体系结构，独立于硬件平台，可在流行的微机、小型机和中型机上运行，并具有直观的图形用户界面和丰富的联机帮助。整个系统具有高度的可扩展性和可移植性，能够根据不同行业、不同规模企业的特殊需求进行灵活地选择和剪裁。此外，利玛公司还把该 ERP 产品与公司的另一办公自动化软件利玛 OA 集成在一起，在 Internet/Intranet 环境下为企业提供了一整套的管理解决方案。

第四节　案例：ERP 为一汽大众增效益

一汽大众汽车有限公司正式成立于 1991 年，是由中国第一汽车集团公司和德国大众汽车股份有限公司共同投资 89 亿元人民币组建的合资企业。近年来，该企业在中国汽车行业中一直名列前茅，占有较大的市场份额。其名牌产品捷达轿车和奥迪轿车已成为中国年轻汽车一族所追求的目标，并拥有越来越多的客户。1997 年一汽大众捷达轿车的产销量与上年相比增长 70%，在全国轿车行业中名列第三。一汽大众所取得的成功除了市场的开拓与投入、技术创新等有效举措之外，另一重要的因素就是引入了现代化的计算机管理模式和技术——企业资源计划（ERP）。

一、ERP 在一汽大众大显身手

一汽大众集团正是认识到了现代化管理的重要性和迫切性，为了提高自身的竞争能力，求生存、求发展，在我国汽车整车行业中率先引进了 SAP 的 R/3——一整套完整的 ERP 系统来对企业进行管理，为企业管理方式的探索走出了一条新路子。由于汽车市场需求的变化，要求制造商从小品种、大批量的生产方式转变为多品种、小批量生产方式，在一汽大众，仅捷达车的品种就有 59 种，批量小、生产批次多，如果不采用先进的信息管理系统，必然会导致库存量大、生产效率低、生产成本高的情况。在采用了先进的 ERP 管理模式和管理工具后，企业从制度上规范了公司业务的各个环节，改善了企业的经营决策功能，实现了及时采购订货、低库存、生产计划安排合理的管理目标，并且均衡了生产，稳定了质量，跟踪市场更加灵敏，提高了企业的应变能力和竞争能力，从而使企业在市场上获得了更高的声誉，整体运营水平大大地提高。具体表现在以下方面：

1. 采购管理。首先，在采购上根据主计划和物料清单对库存量进行查对，计算机快速计算出所缺物料的品种、数量和进货时间，将采购进货下达到各个分厂。然后由采购人员从系统中查看各供应商的历史信息，根据其价格、供货质量、服务等指标来选择供应商。这既能准确、高质量地实现物料采购，又大大缩短了采购周期。

2. 库存管理。采购的准确和及时，使库存量大大地降低。以前，库存资金占用严重，仅国产零件资金占用量就高达 1.2 亿，使用 R/3 系统后降低到 4 千万左右，同时系统对库存量的上限和下限有严格的控制，只要库存量达到了上限，系统就会给出报警信号，则物料无法再进入仓库；而达到下限时，系统也会提醒采购人员立即补充库存，起到了自动提示和监督的作用。此外，在库存盘点方面也节约了大量的人力和时间，以前每天最多可清查 4 个仓库，而采用计算机管理后，4 个仓库的盘点仅用10 min就可完成。

3. 生产管理。在一汽大众集团的生产装配线上生产计划一旦形成，就立即下达到各个生产部门，并分解到工位。同时，物料供应部门也根据计划要求准确及时地将各种物料送往各个工位，每一种物料都有各自的条码作为标识，一旦某个工位的物料低于下限，就立即由计算机发出缺料通知，这样可以边干边等，不至于发生停工待料的现象；而供货部门接到信号后，根据其条码信息可及时将物料送到所需工位。在生产和组装过程中，每一道工序都由系统严格地进行监控，例如每个工位都进行了哪些工作、是否合格等信息都将准确无误地存入计算机。

4. 质量控制。由于每道工序都记录了工作质量的合格与否，所以系统如实地反映了产品和配套零件的质量情况。当整车下线时所有这些信息都被扫描存储在计算机数据库中。这样，质量管理信息的采集与处理、质保的定期跟踪都变得方便和容易，较好地实现了全面质量管理。

5. 成本核算与控制。在 ERP 系统中，一汽大众的每个部门都是一个独立的成本控制中心，都有一个预算指标，实施严格准确的成本控制。在使用计算机管理系统以前，由于汽车的零部件繁多，每一个产品的成本都较难计算得很准确，现在利用 R/3 系统可对企业业务流程中的每个环节的成本变化进行跟踪，每个工序、每个环节，只要产生增值，就立即动态地进行成本累加，并可实现对产品的成本按月进行分析，加以控制。整个年度的经营计划都非常好地控制在企业的经营者手中。

6. 财务管理。实现了财务电算化后，及时准确的成本跟踪使成本核算实现了自动化，财会部门的职能和工作重点也发生了重大的转变。过去那些忙于记账、核对、做报表的人员现在的任务是随时对成本进行比较和分析，真正起到了成本控制部门的作用。

由于将财务的分块处理变为工作流管理，有效地控制了资金流的流向，提高了财务工作效率，保证了财务数据的准确，加强了财务分析功能，大大缩短了财务处理业务量和财务结算周期。以前，完成月报需要一周的时间，年报则更长；而现在标准的资产负债表，从产生到打印出来仅仅需要1 min的时间。同时，系统中多币种及外汇、汇率的管理也为企业的财务管理提供了有效的工具，一汽大众每年要使用 4 亿～5 亿德国马克的外汇，仅在汇率管理上就为企业节约了大量的资金。

一汽大众自从 1996 年 1 月开始使用 ERP 系统，至今已有 8 年的时间。在这 8 年多学习、掌握和使用的过程中，企业上下已形成了一种新的管理思想和观念，企业员工的素质和精神面貌有了很大的提高，也加强了他们的责任心和责任感，使企业更具凝聚力。同时将管理人员从繁琐的重复劳动中解脱出来，致力于更具创造性和实质性的工作。

二、ERP 在一汽大众有口皆碑

ERP 系统在一汽大众的成功实施，得到了员工的普遍认可。

管理服务部中方高级经理在实施了 ERP 之后认为：现在，一汽大众在财务及相关管理方面的状况发生了很大的变化。财务人员不再用手工记账，加强了财务的准确性、及时性；应收和应付账目明确清晰、一目了然，十分便于查询；资金运作科学有序，减少了资金的积压；财务报表的编制十分规范，公司总体财务状况得到了有效的控制。在资产管理方面，固定资产折旧费的计算十分准确，达到了与国际同步的水平。“从对管理软件的选项论证到确定选用 SAP 的 R/3 系统，以及后来的安装、调试和使用，我几乎参加了全部的过程。我们感觉到,伴随着这个过程的完成,自己也发生了很大的变化,感觉到自己更接近现代管理和现代技术手段,这就是 SAP 的魅力所在吧。”

一汽大众总经理表示,过去没有计算机管理系统时,一个产品的成本很难算得准确,现在我们可以对多种产品的成本每月进行分析。我们每个单位都有一个成本控制中心,每年都有预算的指标,这是我们进行成本控制的依据。现在,整个年度的经营计划都非常好地控制在我们经营者手里。现在各个部门、各个业务员都通过计算机来非常有效地、有条不紊地进行合作,这样就提高了我们的效率。我们的采购部门相当于一汽本部 4~5 个部门的职能,我们每一个部门都是单一的首长负责制,只有一个领导,所以这样的机构非常精简。原来我们测算了一下一汽大众的年保本点可能要达到 8 万辆,利用先进的管理技术详细测算了我们汽车成本的构成后,积极开发了一些赢利高的汽车产品,最后实际生产 3.5 万辆就可实现保本,所以我们在 1998 年的生产销售超过了 4.2 万辆,年底赢利 2 个亿。

第九章　精细生产技术(LP)

精细生产(Lean Production,简称 LP),也称作精益生产、精良生产,它起源于日本。丰田公司早在 1950 年就开始在汽车制造工业中推行这种生产方式,它是精细生产的先驱。而精细生产第一次作为全新概念出现,是由美国麻省理工学院国际汽车项目组(International Motor Vehicle Program,简称 IMVP)在对丰田生产方式的研究和总结的基础上,于 1990 年提出的一种制造模式。

精细生产既是一种新的生产方式,又是一种企业经营战略管理思想。它汇集了后勤保证体系和供应链的核心思想及 JIT 的哲理,综合了单件小批量生产与大批大量生产的优点,以实现能用较少的投入生产出满足客户多方面需求的高质量的产品。目前,在众多的生产管理的新思想、新理论中,精细生产是其中影响最为广泛的一种。在我国,精细生产的研究、应用和实践也正在广泛地开展。本章将对精细生产进行详细介绍。

第一节　精细生产的提出

精细生产的核心是追求消灭包括库存在内的一切“浪费”,并围绕此目标发展了一系列具体方法,逐渐形成了一套独具特色的生产经营管理体系。精细生产的快速发展有其深刻的历史背景。

一、制造技术的发展

随着国际化市场竞争的日益激烈,制造不再是单纯加工过程,还包括市场调研、产品开发、工艺设计、生产加工、市场营销等产品生命周期内一系列的相关活动。制造业是一个国家的支柱产业,制造技术是支撑制造业完成产品生产、提高劳动效率、降低成本、满足环保型生产和保证质量的必要手段,是国家经济持续发展的源动力。制造业的产品结构正朝着实用、高效、节能、质量好、功能先进、环保型(所谓的绿色产品)方向发展,促进了新的制造技术不断出现,这些制造技术大多数与计算机技术息息相关,同时也注重人本因素和制造活动中的管理技术,先后出现了数控(NC)、柔性制造系统(FMS)、计算机集成制造技术(CIMS)、制造资源计划(MRPⅡ)、敏捷制造(AM)、精细生产(LP)等多项先进制造技术与制造模式。特别是精细生产方式,在实践中迅速发展、成效显著,被誉为改变世界的机器,它将成为 21 世纪制造业的标准生产运作方式。

二、市场竞争的加剧

20 世纪 80 年代以后,市场环境发生了重大变化。一方面全球资源价格继续飞涨;另一方面,消费者的行为更具选择性和理性,市场需求日趋多样化、个性化,对产品质量的要求越来越高,产品的生命周期越来越短。这种状况促使企业生产方式朝着多品种、小批量、柔性化、缩短生产周期等方面发展,要求企业生产运作系统和技术必须有快速响应市场需求变化的能力,并在客观上促使企业改变原有的生产经营方式。

三、管理科学的创新

第二次世界大战以后,日本汽车工业开始起步,但此时统治世界的生产模式是以美国福特制为代表的大量生产方式。这种生产方式以流水线形式生产大批量、少品种的产品，以规模效应带动成本降低，并由此带来价格上的竞争力。具体而言，在当时，大量生产方式代表了先进的管理思想与方法。大量的专用设备、专业化的大批量生产是降低成本、提高竞争力的主要方式。与此同时，全面质量管理、生产中库存控制思想（以 MRPⅡ思想为主）也开始提出，并在美国等先进的工业化国家尝试推广，且在实践中体现了一定的效益。

四、丰田生产方式的产生

当美国汽车工业处于发展的顶峰时，日本的汽车制造商们是无法与其在同一生产模式下进行竞争的。丰田汽车公司从成立到 1950 年的十几年间，总产量甚至不及福特公司一天的产量。与此同时，日本企业还面临需求不足与技术落后等严重困难，加上战后日本国内的资金严重不足，也难有大规模的资金投入以保证日本国内的汽车生产达到有竞争力的规模。此外，丰田汽车公司在参观美国的几大汽车厂之后还发现，在美国企业管理中，特别是人事管理中，存在着难以被日本企业接受之处。

因此，以丰田的大野耐一等人为代表的“精细生产”的创始者们，在分析大批量生产方式后，得出以下结论：(1)采用大批量生产方式以大规模降低成本，仍有进一步改进的余地；(2)应考虑一种更能适应市场需求的生产组织策略。

在丰田公司开创精细生产的同时，日本独特的文化氛围也促进精细生产的产生。日本文化是一种典型的东方文化，强调集体与协作，这为精细生产的人力管理提供了一个全新的思维角度。符合这种追求集体与协调意识的东方文化，也符合日本独特的人事管理制度。

因此在当时的环境下，丰田汽车公司在不可能，也不必要走大批量生产方式的道路的情况下，根据自身的特点，逐步创立了一种独特的多品种、小批量、高质量和低消耗的生产方式——精细生产。

第二节　精细生产的思想原理

一、精细生产的内涵和目标

精细生产是相对于单件生产和大量生产（Mass Pro Duction）而言的一种新型生产方式。其核心内容是准时制生产方式 JIT，该种方式通过实施看板管理，成功地制止了过量生产，实现了“在必要的时刻生产必要数量的必要产品”，从而彻底消除产品制造过程中的浪费，以及由之衍生出来的种种间接浪费，实现生产过程的合理性、高效性和灵活性。表 3—9—1 对单件生产、大量生产和精细生产 3 种生产方式做了比较。从中可以看出，精细生产综合了单件生产和大量生产的优点，既避免了单件生产的高成本，又避免了大量生产的僵化不灵活，使之成为新形势下最有生命力的生产方式之一。

表 3—9—1　3 种生产方式的比较

	单件生产方式	大量生产方式	精细生产方式
产品特点	完全按顾客要求	标准化品种单一	品种规格多样
加工设备和工艺装备	通用、灵活、便宜	专用、高效、昂贵	柔性高、效率高
分工与工作内容	粗略、丰富多样	细致、简单、重复	较粗、多技能
操作工人	懂设计制造具有高操作技艺	不需专门技能	多技能
库存水平	高	高	低
制造成本	高	低	更低
产品质量	低	高	更高
权利与责任分配	分散	集中	分散

精细生产追求的目标是：精益求精、尽善尽美，实现零库存、无废品、低成本、无设备故障生产等。

二、精细生产的体系构成

精细生产方式是一个包括经营理念、生产组织、物流控制、质量管理、成本控制、库存管理、现场管理等在内的较为完整的生产管理技术与方法体系。

精细生产是在 JIT 生产方式、成组技术 GT 以及全面质量管理 TQC 的基础上逐步完善的，构造了一幅以 LP 为屋顶，以 JIT、GT、TQC 为 3 根支柱，以并行工程 CE 和小组化工作方式为基础的建筑画面（见图 3—9—1）。它强调以社会需求为驱动，以人为中心，以简化为手段，以技术为支撑，以“尽善尽美”为目标，主张消除一切不产生附加价值的活动和资源,从系统观点出发将企业中所有的功能合理地加以组合,以利用最少的资源、最低的成本向顾客提供高质量的产品或服务,使企业获得最大利润、最大效益和最佳应变能力。

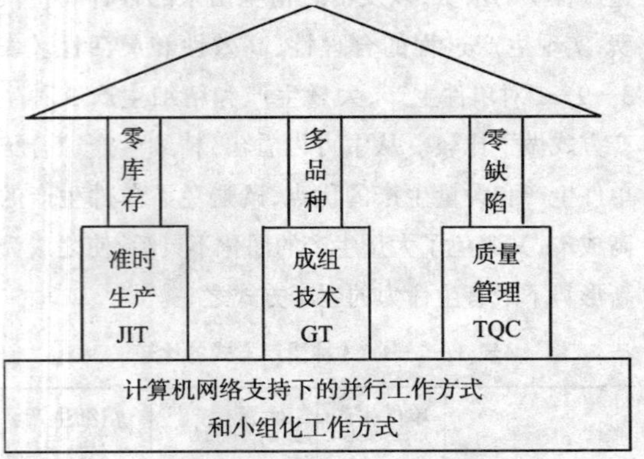

图 3—9—1　精细生产的体系构成

3 根支柱代表着 3 个本质方面,缺一不可,同时它们之间还需相互配合。准时生产是缩短生产周期、加快资金周转和降低生产成本的主要方法,没有它做支撑,就不可能做到快速反应、最小浪费;成组技术是实现多品种、小批量、低成本、高柔性、客户化组织生产的技术基础,没有它作保证,就不可能做到灵活生产、混流生产;全面质量管理是保证产品质量、树立企业形象和达到产品零缺陷的主要措施,没有它作为手段,就不可能在精细生产中保证产品优质和绝对可靠。

作为体系基础的并行工程,既代表了高速度又代表了高效率。它要求设计不仅要考虑产品的各项性能,还要考虑与产品有关的各工艺过程的质量及服务的质量。它要求通过优化生产过程来提高生产效率,提高设计质量来缩短设计周期。此外,并行工程不仅要降低产品生产过程中某一阶段的成本(如原材料成本、人工机器成本等),而且要降低产品整个生命周期内的成本(如产品使用过程中的使用成本、维修成本等)。

三、精细生产的基本思想

精细生产认为,企业中的不必要活动,不仅会造成资源的浪费,影响企业的经济效益,而且还掩盖了企业运行和管理中存在的问题,降低企业的竞争力,甚至危及企业的生存和发展。因此,企业应该努力消除一切不必要的活动,这就是精细生产的核心思想理念。围绕这一点,精细生产的思想还具体体现在以下几个方面:

1. 强化永不满足、力图改进的思想意识

精细生产认为,改进包括渐进式的改善和跳跃式的创新,两者都会促使企业进步,而且渐进式的改善经过日积月累,所带来的巨大成效并不亚于创新。

2. 反对资源浪费,努力追求“零库存”和“零缺陷”的奋斗目标

精细生产提出 7 种浪费:①生产运作和修复次品;②生产运作系统整体或局部的能力剩余;③加工过程不合理;④搬运;⑤库存;⑥多余动作;⑦停工。精细生产把“零库存”和“零缺陷”作为奋斗目标,就是为了消除其中的废品和库存这两种最为典型的资源浪费。当然,在实际生产运作中“双零”是一个绝对的标准、一种极限,企业可以无限地接近它,但永远不可能完全达到。

3. 协力工作

协力工作是将职业、专长不同的人组织到一起,以小组的形式完成特定任务的工作方式。它是对传统的分工方式的革命。大量生产将分工推向极端,致使每个人只能从事极其简单而专门的工作,极大地妨碍了人的创造力的发挥,使人这一最重要的资源只能发挥简单机械设备所发挥的功能,是对人力资源的一个极大的浪费。

协力工作集中不同职业和专长的人的意见,使得改进不断进行。操作工、维修工、工程师、管理人员协力工作,可使生产现场的问题迅速得到解决;设计人员、工艺人员、销售人员和管理人员协力工作,能使并行工程得以实现,能使新产品开发周期大大缩短。要对市场做出快速响应,不仅企业内部要协力工作,还必须与供应商、顾客协力工作。

4. 沟通

人员之间、部门之间、本企业与顾客、供应商之间都需沟通,及时传递信息,以便相互了解。没有充分的沟通,就谈不上协力工作。因此,小组的每个成员都必须了解其他成员的专业和工作内容。这样,才能有共同语言,才能将自己的工作放到全局中去考虑。现代化的通讯手段是实现组织之间沟通的物质条件。

精细生产思想的以上几个方面，相辅相成，相得益彰。其中，不断改进是精细生产的指导思想，“双零”是精细生产的奋斗目标，协力工作和沟通是实现精细生产的有力保证。

第三节　精细生产的主要内容

精细生产是对JIT生产方式的进一步提炼升华和理论总结，是一种扩大了的生产管理、生产方式的概念和理论。精细生产从整个生产系统的角度不断追求生产运作系统的最优设计和运行效益的最大化，其内容主要包括：

一、新产品开发和设计

在新产品开发和设计方面，克服了大量生产方式中由于分工过细所造成的信息传递慢、协调工作难、开发周期长等缺点，具有以下4个显著特征：

1．领导方式。推行“主查”系统，大大增强了产品设计小组项目负责人的权威感和荣誉感，调动了其积极性。

2．集体协作。由“主查”负责组织一个紧密结合的小组对一个项目全权负责，项目组成员来自公司的各职能部门，但“主查”对他们在项目开发过程中具有很大的控制权，保证了各成员对项目的充分参与，使项目的集体协作顺畅进行。

3．信息交流。采用事先由集体讨论制定出项目组成员的责任条约，在项目开发过程中，严格按条约执行，避免可能发生的冲突，降低内耗，提高工作效率。

4．实施并行工程，使得产品同步开发。精细生产的基本精神就是消除一切无用的和浪费的东西，这也包括时间的浪费，提倡尽可能早、尽可能并行地做事，以缩短总的时间进度。

二、企业生产运作管理

在企业生产管理上方面，全面贯彻“精益求精”的管理思想。具体的做法包括：

1．从组织安排上，简化企业的组织结构，采用“分布自适应生产”的方式，提倡面向对象的组织形式(Object Oriented Organization，简称OOO)，强调权力下放给项目小组，充分发挥项目小组的作用。采用项目组协作方式而不是等级关系，项目组不仅完成生产任务而且可以参与企业管理，从事各类改进活动。这种灵活的动态工作小组也正是精细企业的核心所在。

2．改变、消除单调枯燥的重复工作，简化一切过程。由于精细生产中工人都必须是“多面手”，他们通过动态的工作小组集体负责生产的某段环节，因此工作不再是简单地重复某一操作，而是经常充满了创造性的挑战。此外，精细生产视一切同近期和远期目标无关的活动与过程为“垃圾”，并力图把它们消除在萌芽状态。首先，不断排除一切非生产性的费用，采取准时制，合理安排物流过程，消除一切中间库存，实现没有中间存储的、不停流动的、无阻力的生产流程；其次，在信息流与决策流上，基于同样的理由，不顾一切阻力地拆除一切无用的工作位置与中间层的管理人员。因此，精细生产克服了大量生产为了保证生产的顺利进行而必须配备的冗余的缓冲环节、超额的库存、超额的面积和超额的工人等，使得其生产真正达到“精细高效”。

3．在生产操作方面，精细生产大大提升了操作工人在生产过程中的重要性，把生产系统看做是一个以“人”为中心的人机系统：①企业把人看做比机器更为重要的资产。为此，在他们有效的工作时间内，企业要为他们创造工作条件和工作压力，不断提高职工的技能，充分发挥他们的创造性；②企业不断致力于创造和谐稳定的劳资关系，实行科学的人力资源管理，充分调动员工的工作积极性、主动性，尽可能发挥每个人的最大能力。

4．从推动式生产变为拉动式生产，杜绝一切超前、超量生产。即改变传统的按照企业的生产计划或在现场按日程进度的需求决定生产的做法，而实施准时生产制(JIT)。这就要求从原材料供应，到协作厂配套件，到各个车间、班组之间互相提供半成品，都应当在准确的时间、地点，按照准确的数量、质量提供给准确需要的人。此外，精细生产还注重整体效益，通过精心策划安排各种产品混合生产，最大限度地满足各工序间的负荷平衡，取得总体上的最高效率。可以说，拉动式准时化生产是精细生产在生产计划系统方面的独创，并在实践中取得了良好的效果。

5．实施全面质量管理，强调质量是生产出来的而非检验出来的。这就要求着重培养每位员工的质量意识,在每一道工序进行时就要注意质量的检测与控制,保证及时发现质量问题。同时如果在生产过程中发现质量问题,根据情况,可以立即停止生产,直至解决问题,从而保证不出现对不合格品的无效加工。对于已经出现的质量问题,一般是组织相关的技术与生产人员作为一个小组,协力工作,尽快解决。

三、新型的公共关系

1. 精细生产以“双赢”思想为指导,主张企业与供应商建立长期的合作关系,主要体现在:供应商的选择不是依靠投标,而是通过长期合作关系中的经验来选择。供应商一旦选定,双方就变成比较稳定的、利益休戚相关的关系。这样,在新产品开发的初期,供应商就可以参加进来,给双方都带来很大的好处;运用“市场减法体系”来合理分配双方的经济利益,极大地调动供应商的积极性。

2. 在协作配套、对待与用户的关系的问题上,精细生产坚持“用户至上”、“用户第一”的指导思想,采取积极主动的“进攻性销售”策略,注重与顾客、批发商和零售商建立一种长期稳定的关系,使来自他们的订货与工厂的生产系统直接挂钩,销售成为生产活动的起点,售后服务更细致周到,同时使得产品库存积压最少。

精细生产的目标、方法内容与结果如图 3—9—2 所示。

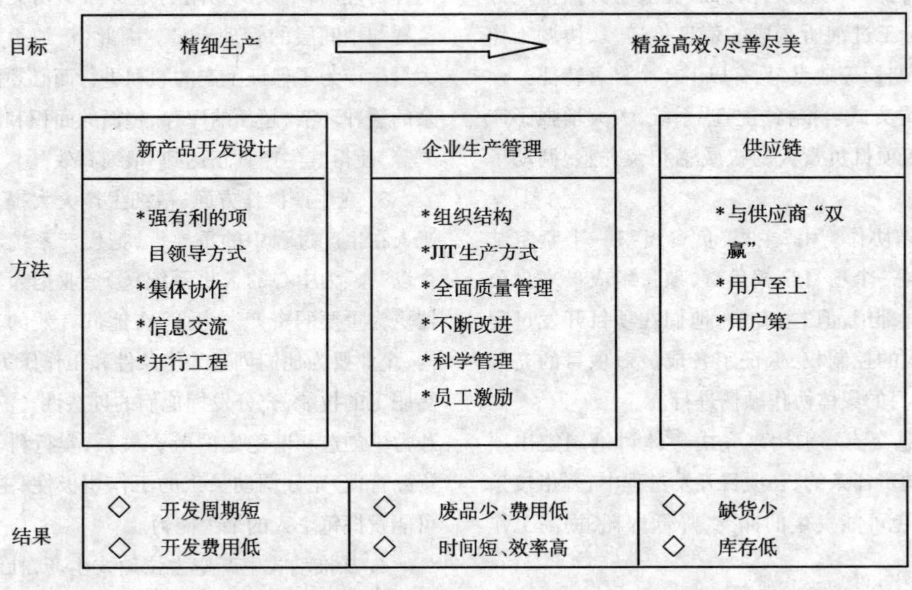

图 3—9—2　精细生产的目标、方法和结果

第四节　精细生产的意义和实践

一、精细生产效率的体现

从 20 世纪 50 年代到 70 年代,丰田公司虽以独特的生产方式取得了显著的成就,但当时日本及整个西方经济呈现高速增长,即使采用美国相同的大批量生产方式也能取得相当规模的生产效果。因此,这一时期丰田生产方式并没有受到真正高度的重视,而仅仅在丰田汽车公司及其配套商的部分日本企业中得以实施。

1973 年的石油危机,给日本的汽车工业带来了前所未有的机遇,同时也将整个西方经济带入了黑暗的缓慢成长期。市场环境发生变化后,大批量生产所具有的弱点日趋明显,与此同时,丰田公司的业绩开始上升,与其他汽车制造企业的距离越来越大,精细生产方式开始真正为世人所瞩目。

二、精细生产的普遍意义

精细生产方式的普遍意义首先在于,它不仅仅是一种基于日本社会、文化及政治背景的特殊的产物,而是顺应当今市场需求日益变化、技术进步日新月异、世界范围内的竞争日趋激烈的环境而产生的。这种环境背景无论对于日本还是其他国家的企业都是相同的。这样的环境特点要求工业生产向多品种、小批量的方向前进,迫使企业在激烈的竞争中寻求更有效、效率更高的生产经营方式，这已是历史的必然。精细生产方式为人们提供一种全新的管理思想，其中的概念是相通的，各行各业都可以借鉴。

三、美国对精细生产的研究

1985年，美国麻省理工学院的Daniel Rocs教授等筹资500万美元，用了近5年的时间对90多家汽车厂进行考察，并将大批量生产方式与丰田生产方式进行对比分析，于1995年，出版了《改造世界的机器》（"The Machine that changed the World"）一书，将丰田生产方式定名为精细生产（Lean Production），并对其管理思想的特点与内涵进行了详细的描述。

四、世界各国对精细生产的实践

随着日本制造业在国际竞争中的节节胜利以及世界各国对精细生产的研究的逐步深入，精细生产方式在实践上也逐步被诸多企业所采用。

首先在汽车行业内，几乎所有的大型汽车制造厂商都开始吸收精细生产的思想，推行"准时化（JIT）"生产，加强企业间的协作。尤其在部分生产方法的改进方面，有些企业推行精细生产甚至超过了日本国内的企业。随后，在越来越多的其他行业的企业中，精细生产的生产组织方法、人员管理方法以及企业协作方法都被广泛地吸收与推广。近几年，世界范围的对企业人事管理的改革及一些企业再造的活动，很多都受到了精细生产思想的影响。

在世界范围的精细生产的推行与实践中，有的获得了巨大成功，但有相当数量的企业并未获得预想的成功，甚至带来了相当的负效应（据有关资料统计，约1/3的企业效果不理想或有负效应）。究其原因，则非常复杂，有推行过程中的问题，有行业中生产特点问题，也有社会文化问题，不一而论。

对于许多发展中国家来说，精细生产方式是无需大量投资，便可将先进制造技术迅速提高到世界级水平的一种手段。

中国正处于社会转型期，随着社会主义市场经济的逐步确立，企业面临着改革问题，尤其是中国加入世界贸易组织后，企业面临更为严峻的挑战，引进与推广精细生产方式无疑为企业的发展提供一套有效的方法。

精细生产方式已先后在一汽集团、上海大众、跃进汽车集团、唐山爱信齿轮有限公司推广，实行的准时化生产、减少库存、看板管理等活动都取得了很好的效果，并在往后的实践中不断得到完善。

目前，我国经济发展已步入迅速增长的新阶段，面对国有企业的改革，制定实施精细生产方式战略势不可待。我们相信，通过研究推广精细生产方式，学习它的精益思想，必将使我国制造业在国际竞争中取得更大的成果，这本身就具有现实意义和战略意义。

第十章　快速响应技术（QR）

第一节　QR产生的背景

QR，即Quick Response，快速响应技术。这是20世纪80年代中期提出的一种基于供应链的管理技术，最早是由美国Kurt Salmon咨询公司提出的①。到了20世纪90年代以后在世界范围内得到普遍的重视和应用。

从20世纪70年代后期开始，外国的纺织服装大量进口美国，给美国自己的纺织服装业造成了很大的冲击。到20世纪80年代初期，外国进口服装大约占到美国纺织服装行业总销售量的40%。针对这种情况，美国纺织服装企业一方面要求政府和国会采取措施阻止纺织品的大量进口，另一方面进行设备投资来提高企业的生产率。但是，即使这样，价廉进口纺织品的市场占有率仍在不断上升，而本地生产的纺织品市场占有率却在连续下降。为此，一些主要的经销商成立了"用国货为荣委员会"，一方面通过媒体宣传国产纺织品的优点，采取共同的销售促进活动，另一方面，委托零售业咨询公司Kurt Salmon从事提高竞争力的调查。Kurt Salmon在经过了大量充分的调查后指出，虽然纺织品产业供应链各环节的企业都十分注重提高各自的经营效率，但是整个供应链全体的效率却并不高。为此，Kurt

① 宋华，胡左浩．现代物流与供应链管理．北京：经济管理出版社，2000

Salmon公司建议零售业者和纺织服装生产厂家合作,共享信息资源,建立一个快速供应系统(Quick Response,简称QR)来实现销售额增长目标。

这个建议,首先在零售业逐渐得到认可和实施,像美国沃尔玛等一些企业逐渐实施并取得了明显的效果。于是1985年以后,QR概念开始在美国纺织服装等行业广泛地普及、应用。后来又逐渐在全世界推广开来。

第二节 QR原理

快速响应,是一种依靠企业联合、共同协调参与市场竞争,从而联合获取竞争优势的战略策略和管理技术。企业竞争的核心是市场份额的竞争。谁能够获得最大的市场、拥有最多的客户群,谁就取得了竞争的胜利。谁在竞争中逐渐失去了市场,失去了客户群,谁就会亏损,甚至破产倒闭,无法生存。因此这种竞争,直接关系到企业的兴旺衰败和生存发展。

在市场经济条件下,随着经济的发展、产品的丰富和人们生活水平的提高,客户的需求也越来越高、越来越苛刻、越来越个性化、越来越灵活多变。因此企业企图获取客户的努力也就越来越艰难。企业为适应这种灵活多变的需求,要采取的最重要的办法就是要对客户的需求及时响应、快速响应。

企业为实现及时响应、快速响应,传统的办法,就是只在自己企业当中拼命打主意、想办法,充分利用自己企业的资源进行运作。但是随着市场经济的发展和客户的需求越来越高,这样做的成效是越来越不够了。原因很简单:一方面自己一个企业的资源有限、实力有限,没有足够的能力去实现目标;另一方面,产品的生产流通过程本来就是由多个环节多个方面构成的,每个环节每个方面都分别由不同的企业去实施的,客观上存在一个供应链。自己的企业只是这个供应链上的一个节点,光是自己一个企业在积极地努力,而其他企业不动,或者即使整个供应链上的企业都在动,但是由于都是各为其主,各自为政,结果顶多达到局部优化,当然不能够达到整条供应链快速响应的理想效果。

QR的思想原理,正是在于强调供应链管理,提出不仅仅只是自己一个企业积极行动,而且要积极想办法追求整个供应链的各个企业一起联合行动,大家相互协调配合,才能够达到理想的及时响应、快速响应客户需求的目的。

综合利用各个企业的资源,最重要的是信息资源,因为只有有了信息,才能够导致决策和行动。要做到及时响应,快速响应,首先就必须做到信息的及时获取、快速传递。这些信息,最重要的是需求信息和库存信息,包括各个环节的需求信息和库存信息。其次还有各种生产信息、管理信息和其他信息。

除了信息资源以外,还有各种人力、物力、财力、智力资源等,把供应链有关的所有可利用资源进行优化配置、综合利用,当然能够最好地实现及时响应、快速响应用户需求的目的。

QR是一种企业管理战略策略,告诉企业,要眼睛向外,组织外部供应链,综合利用各种社会资源,去达到快速响应的目的。QR也是一种管理思想,它提出了行动的方向和目标,至于具体如何达到这个方向和目标,还应当根据各自具体的情况,采取具体的行动方案和措施。

第三节 QR的应用

一、QR的应用概述

QR的目标是快速响应市场需求的变动,途径是通过联合协调行动、资源综合利用。它最初是为零售企业开发出来的,直接用于零售行业的供应链管理和运作。但是他这种管理思想也可以应用到其他行业其他企业,主要应用到企业外部供应链管理,也可以应用到企业内部供应链管理。可以用到生产管理,也可以用到库存管理。这里我们只讨论QR在库存管理中的应用。

二、QR在库存管理中的应用

(一)合理库存配置

主要是要建立起一个与用户需求空间结构相适应的库存空间分布系统,使得库存点近距离响应客户需求。这个近距离响应包括几层意思:

(1)品种对路,适合用户需求;

(2)距离短,可以及时供应、快速供应;

(3)挨近客户,可以及时收集客户需求信息,及时反馈,快速传递,及时决策和实施。

合理库存配置所要做的工作:

首先需要进行市场调研、需求分析和预测，掌握需求的空间分布以及各地需求发展变化的规律。

其次是根据与需求的空间分布相适应的原则合理分布库存点、从而建立起合理的库存分布体系。这里面要做的几个工作是：

1. 库存点个数的确定：库存点个数通常等于用户区片的个数。把企业所涉及的市场范围划为若干个区片，每个区片设立一个库存点，有多少个区片就有多少个库存点。

2. 库存形式的确定：每个库存点都需要有库存，但是库存不一定非要设仓库不可。要根据预期库存量的大小，来设立库存形式。预期库存量大，就要设立仓库；预期库存量小，可以不设仓库，可以设立货架或者临时存放。设立仓库也不一定要自己建仓库，也可以租用别人的仓库，或者采用第三方物流业务。

3. 库存规模的确定：库存规模应该与该用户区片的需求量相适应，还取决于送货机制。用户需求量大，库存规模就相应更大；用户需求量小，库存规模就相应更小；如果采用大批量少频次送货，则库存规模就相应更大，如果采用小批量多频次送货，则库存规模就相应更小；如果实行准时化送货，则可以使库存趋近于零库存，库存规模取 0。

4. 送货机制的确定：送货机制的确定，要考虑各种因素，按照 QR 快速响应的要求，应当实行多频次小批量地连续补充库存。但是考虑送货成本和实际条件，在有些情况下又是不现实的。一般对于近距离单个大量需求的需求点，可以采用准时化送货的送货机制；对于近距离多个小量需求的库存点可以采用小批量多频次的送货机制，即采用联合配送机制；对于远距离单个库存点的送货，则一般采用大批量少频次的送货机制。

从以上建立库存分布体系的工作可以看出，虽然我们在管理思想上是采用快速响应的思想，但是在具体的操作方法措施上，还是要综合采用各种管理方法手段，包括一些常规的方法手段去运作。只是在这些具体方法的配置和使用时，要紧紧地围绕快速响应和总成本最小这两个根本目的。因此它也是快速响应的一种应用形式。

这种应用形式的特点，是基于库存的响应形式。由库存对需求进行响应。因此需要设立库存，需要考虑总成本最小化。

(二)零库存管理

就是不设库存，直接对需求点进行物资供应。用户需要什么，就供应什么，需要多少，就供应多少；什么时候需要，就什么时候供应；在什么地方需要，就供应到什么地方。这是一种最理想、最地道的快速响应(QR)方式。

这种快速响应的具体工作，就是开展准时化送货或配送。准时化送货就是供应商直接对用户生产线上的需求点供货，进行小批量多频次的送货供应。送货的品种、数量、频次和地点完全由需求的品种、数量、速率和地点来决定。需求停止，库存刚好用光，库存量变为 0。准时化送货常常以准时化生产配套，供应商也实行零库存生产。

配送也是对多个库存点的联合送货。根据各个需求点的单位时间(小时、半天、一天等)需求量汇总进行联合的定期或不定期送货。用户不用设仓库，需求时间完了，库存量也为零。生产供应商也不用设仓库，生产出来的产成品立即进行配送，生产供应完了，也没有库存。

这里所谓零库存，是指不用设仓库，仓库的库存量为零。至于需求期间需求点上有一些临时的堆放，这是不可避免的，也是必要的。但是需求时间完了，需求点的库存也为零。

这种快速响应的特点，是基于需求的响应形式，不设仓库，直接对需求点进行供应。供应紧紧跟随需求而变化，所以响应效果最好；当然这种方式也不能不考虑总成本，因此它也不是所有的情况都适用。在距离遥远、供应速率与需求速率极不匹配、准时化送货不可能，或者成本极高时也不宜采用。

三、QR 库存管理应当具备的观点

QR 库存管理，应当具备以下基本观点：

(一)供应链集成的观点

供应链是一个协调合作的整体。为了实现快速响应，光靠一个企业是不够的，必须发挥供应链各个企业的作用。要充分利用供应链各个企业的资源，协调配合，才能够最有效地达到目的。要改变传统的经营方式，革新企业的经营意识，积极建立起自己的供应链系统，发挥供应链的作用。

就库存管理而言，下游供应链主要承担分销流通库存系统的建立、管理和运作，上游供应链主要承担核心企业的生产库存的建立、管理和运作。供应链各个企业要建立起一个整体合力的库存分布体系，才能实现有效的快速响应。

(二)满足客户需求的观点

快速响应的实质，就是一个客户观点。快速响应系统的一切活动，都是围绕用户转，都是为了最大最好地满足用户的需求，保证用户需求能够得到及时满足，为用户提供最好的服务。用户的需求发生变化，快速响应系统能够做出及时迅速的响应，使用户得到最大的满足。

在库存管理中，树立用户观点，就是要使得库存的品种、数量、质量，适合用户的需求，并且要使得用户能够很方便、很及时、低成本地获得自己所需要的物品。

(三)信息交流通畅化的观点

要实现快速响应，信息是关键。快速响应系统要能够及时地获取用户需求信息，并且能够在系统各个环节内进行迅速传递和处理，做出响应决策，决策实施的指令要迅速传递到各个环节进行实施，实施的结果也要在响应系统中体现出来，最后形成对于用户的响应结果。并且这些信息也要及时地传达到用户。用户应当能够很方便地得到响应系统的各种信息，从而获取用户对系统的了解和信任。

在库存管理中，就要求快速响应系统建立起很强的信息系统，实现库存管理信息化，信息处理电子化。这些信息技术比如条码技术、电子订货系统(EOS)、POS数据读取系、EDI系统、预先发货清单技术(ASN)、电子支付系统(EFT)等。要克服信息封锁的做法，实现信息共享。将销售信息、库存信息、生产信息、成本信息等与合作伙伴交流分享，并在此基础上，要求各方在一起发现问题、分析问题和解决问题。特别是实现需求信息和库存信息的共享，这样可以加快快速响应系统的处理速度和处理效率，达到快速响应的目的。

(四)建立战略伙伴关系的观点

快速响应系统中的各个企业、各个单位，都是为了一个共同的目标，都是战略伙伴关系。要实现快速响应，需要各个企业、各个单位分工负责、协调配合。每个企业、每个单位都要在自己力所能及的范围内，尽职尽责、做好工作，为快速响应做出自己的贡献，特别是核心企业，要紧密团结和依靠其他企业，充分发挥他们的作用和积极性，真正建立起战略伙伴关系，这样才能够形成一个有效率的快速响应系统。

(五)协调配合、互利双赢的观点

快速响应系统各个成员不但要自己尽职尽责，还要互相协调配合，在角色担任、任务分摊、工作进度协调、成本分摊、利益分配等方面一定要互相配合、顾全大局，尽力避免出现各自为政的状况，特别是核心企业，在整体协调配合中起着特别重要的作用。

四、QR库存管理的具体工作

QR库存管理工作主要是建立一个库存对于需求的快速响应系统。具体工作主要有：

(一)建立库存分布体系

根据需求分布，建立起库存分布点，分配库存量和拟定送货机制。

(二)建立起快速响应的供应链系统

把库存分布体系所涉及的各个企业、各个单位组织起来，分工负责、协调配合，建立起管理规章制度，完善信息工程等基础设施，形成运作机制，建立起一个有效率的快速响应系统。

(三)运作管理

系统运行起来，需要进行精心管理。特别是送货管理和库存控制，无论是配送还是准时制送货，都是需要周密计划、严格操作，否则就不能够达到降低库存、提高效率、快速响应的目的。例如实行配送，就要周密指定配送计划，严格按计划规定的配送方式、配送品种数量、配送时间、配送路径进行运作。特别是准时制送货，更是要设计出一套严格的运输系统、严格的运作机制进行严格的运作。

五、QR库存管理的优点

QR库存管理的优点，是很明显的，主要有：

1. 可以充分利用供应链其他企业、其他单位的资源，可以充分调动其他企业、其他单位的积极性和核心竞争力。

2. 可以降低成本。库存分布合理，就能够降低运输成本、库存成本和缺货成本。零库存管理，可以最大地消除浪费、降低库存。

3. 可以提高效率。由于充分利用各个企业的资源和核心竞争力，可以实行资源的最好配置，可以充分发挥各自的核心竞争力的作用，因此可以大大提高工作效率，实现有效率的快速响应。

4. 可以降低库存。库存分布合理，既能够保证需要，又能够使得总库存最小。实行零库存管理更是不需要设立仓库，库存量达到零。

5. 可以实现库存对于需求的最好的快速响应。整个系统的所有活动都是以快速响应为目的的。这个系统的整体努力当然比通常的单个企业的库存管理系统有好得多的响应特性。

第四节　案　　例

下面以美国沃尔玛(Wal-Mart)来说明快速响应系统的建立和运用。

沃尔玛是世界著名的零售企业巨头。主要从事生活用品的零售业务，其连锁店遍布世界 100 多个国家；商品品种应有尽有，供应商也遍布全世界。沃尔玛从 20 世纪 80 年代就开始了建立供应链和供应链运作的工作。

沃尔玛公司 1983 年开始采用 POS 系统，将每一笔销售业务都通过 POS 机记录到计算机里，这样就把销售的时点信息记录储存起来，通过这些销售时点信息就可以实时地掌握产品的销售动态，也就掌握了用户需求的动态变化。

沃尔玛公司 1985 年开始建立 EDI 系统。当时因特网还没有建立起来，计算机之间的数据通讯都只能够采用专用的计算机网络。沃尔玛为了实现计算机之间的数据通讯，也需要建立起这样的计算机网络，并且在网络上进行数据通讯，也就是开发了专门用于数据交换的 EDI 软件。

沃尔玛公司首先于 1986 年与 Seminole 公司和 Milliken 公司在服装商品方面开展合作，Seminole 公司是服装生产厂，是沃尔玛的供应商；Milliken 公司是面料生产厂，是沃尔玛的供应商的供应商。沃尔玛作为核心企业，同他们共同建立起垂直型的快速供应(QR)系统。当时合作的领域是订货业务和付款通知业务。通过电子数据交换(EDI)系统发出订货明细清单和受理付款通知。这样就提高了订货速度和准确性，大大节约了相关事务的作业成本，取得了明显的效益。

为了把这种供应链模式普遍推广到所有其他供应商，就需要解决其他各种商品的统一编码和识别的问题。因此沃尔玛公司又与行业内的其他商家一起成立 VICS 委员会(Voluntary Inter-Industry Communications Standards Committee)来协商确定行业统一的 EDI 标准和商品识别标准。VICS 委员会制定了行业统一的 EDI 标准并确定商品识别标准采用 UPC 商品识别码。

有了统一的商品识别码之后，沃尔玛公司又根据行业统一标准设计出 POS 数据的输送格式。

这样，沃尔玛公司就可以通过 EDI 系统向各个供应商传送它们的产品的销售时点信息记录 POS 数据，供应商根据沃尔玛公司传送来的 POS 信息，可及时了解沃尔玛公司的商品销售状况，把握商品的需求动向。

供应商根据沃尔玛传送来的销售时点信息，估计未来一天产品的预期销售量，准备了适量的货物向沃尔玛公司送货。在发货之前首先利用 EDI 系统向沃尔玛公司传送一份发货清单(Advanced Shipping Notice，简称 ASN)。一则是作为发货通知；二是作为通知发货的品种数量，使沃尔玛公司事前可以做好进货准备工作，同时可以省去货物数据的输入作业，使商品检验作业效率化。沃尔玛公司在接收货物时，用扫描读取机器读取包装箱上的物流条码 SCM(Shipping Carton Marking)，把扫描读取机器读取的信息与预先储存在计算机内的进货清单 ASN 进行核对，判断到货和发货清单是否一致，从而简化了检验作业。在此基础上，利用电子支付系统 EFT 向供应商支付货款；同时只要把 ASN 数据和 POS 数据比较，就能迅速知道商品库存的信息。这样做的结果使沃尔玛公司不仅节约了大量事务性作业成本，而且还能压缩库存，提高商品周转率。这样，沃尔玛公司就把 QR 的应用范围扩大至其他商品和供应商。

供应商由于掌握了他们产品的销售动态情况，可以及时地做出响应决策和行动，及时调整生产计划和材料采购计划，来快速地适应需求的变化。例如当产品销售呈增长趋势，他们就及时加大采购和生产,及时地增加送货数量和频次;当产品销售呈下降趋势,他们就立即减少产品的采购和生产,降低送货数量和频次。当产品滞销,他们就及时停止采购和生产,改变产品的品种规格档次。由于销售信息及时、传送速度快,所以这种响应决策和行动也就很灵敏快速。结果无论在沃尔玛,还是供应商,都能够实现库存量最小,更没有库存积压浪费和“死库存”。

此后,为了进一步完善和优化 QR 快速响应系统,沃尔玛公司又采取了一个重大的改革,即让供应商管理库存:在沃尔玛商场存放的商品所有权属于供应商,由供应商对沃尔玛公司的流通库存进行管理和控制;沃尔玛专门从事零售品牌、零售策划运作、零售环境条件和零售业务建设等,并向供应商及时提供 POS 数据,凡是销售出去的商品记入沃尔玛的销售,未售出去的商品都归供应商所有。这样,供应商就必须更密切注意 POS 信息,并进行需求分析,把握商品的销售和在沃尔玛商场的库存动向。并及时调整生产计划、采购计划和送货计划。为了做到快速响应,供应商又采用了小批量多频次连续补充货物的送货方式(Continuous Replenishment Program,简称 CRP)。发货的信息预先以 ASN 形式传送给沃尔玛,然后以多频度小数量进行连续库存补充。由于采用 VMI 和 CRP,供应商不仅能减少本企业的库存,还能减少沃尔玛的库存,实现整个供应链的库存水平最小化。另外,对沃尔玛来说,省去了商品进货的业务,节约了成本,同时能集中精力于销售活动。并且,事先能得知供应方的商品促销计划和商品生产计划,能够以较低的价格进货。这些为沃尔玛进行价格竞争提供了条件。

以上就是沃尔玛建立和实施 QR 快速响应系统的过程。沃尔玛通过建立快速响应系统,获得以下几个方面的好处:

1. 增加了响应速度和灵敏度;

2. 大大降低了库存:商场和供应商都可以或接近零库存;

3. 降低了成本,节省了很多经营成本和生产采购成本;

4. 既避免了缺货,又避免了库存风险;

5. 增加了销售:由于沃尔玛经营成本低,所以销售价格低,又避免了缺货,所以大大提高了销售量,提高了经济效益。

第十一章 生产优化技术(OPT)

第一节 最优生产技术(OPT)

最优生产技术(Optimized Production Technology,OPT)是以色列物理学家 EliGoldratt 博士于 20 世纪 70 年代提出的。最初它被称作最优生产时间表(Optimized Production Timetable),20 世纪 80 年代才改称为最优生产技术。后来 Goldratt 又进一步将它发展成为约束理论(Theory of Constraints)。OPT 产生的时间不长,却取得了令人瞩目的成就,是继 MRP 和 JIT 之后出现的又一项组织生产的新方式。

最优生产技术,顾名思义,是一种优化生产管理的技术。作为一种新的生产方式,它吸收了 MRP 和 JIT 的长处,其独特之处不仅在于提供了一种新的管理思想,而且在于它的软件系统,OPT 的两大支柱是 OPT 原理及 OPT 软件。

一、OPT 的目标

一般企业追求利润最大化。利润的大小通常可以用以下 3 个指标来衡量:

(1)净利润(Net Profit,简称 NP):即企业收入减去支出以后所得净额的大小。它反映获利的多少,表示利润大小的绝对值。

(2)投资收益率(Return on Investment,简称 ROI):表示一定时期的收益与投资的比,反映投资效率的多少,它是利润大小的相对值。当两个企业投资不同时,单靠净利润是无法比较他们效益的好坏的,例如,两个企业的年净利润均为 60 万元,其中一个投资 100 万元,而另一个投资 200 万元,显然前者的效益要好。

(3)现金流量(Cash Flow,简称 CF):表示短期内收入和支出的钱。它反映一段时间内资金流出流入的实际状况,它更加具体、更详细地反映企业的效益情况：资金周转量、周转速率、净现金流量（即利润）的大小等。

但是为实现这些利润指标，企业还需要一些具体的操作指标。需要通过这些具体操作指标的实现才能够达到上述利润指标的实现。

按照OPT的观点，在生产系统中，可以设立以下3个操作指标：

(1)产销率（Throughput，简称T）：是企业产量中，销售出去的数量占企业总产量的比率。它反映企业通过销售活动获取利润的能力。

(2)库存（Inventory，简称I）：企业中一切暂时不用的资源，不仅包括为满足未来需要而准备的原材料，加工过程的在制品和一时不用的零、部件、未销售的成品，而且还包括扣除折旧后的固定资产，都是库存。库存占用了资金，是企业获取利润的条件，也是获取利润的成本。

(3)运行费（Operating Expenses，简称OE）：它是生产系统将库存转化为产销量的过程中的一切花费，其中包括所有的直接费用和间接费用。

这3个指标，如果以货币来衡量，T是要进入系统的钱，I是存放在系统中的钱，而OE则是将I变成T而付出的钱。

分析3个操作指标对于3个利润指标的贡献可以看出：当T增加，或者OE减少，或者I减少，都会导致NP、ROI和CF增加。但是，运行费用和库存都受到系统瓶颈资源的约束，所以处理好瓶颈资源是OPT所要解决的重点问题。

二、OPT的主要概念

OPT的实质是消除企业经营过程中的瓶颈，从而达到企业经营过程中生产和物流能力的平衡化。按OPT的定义，所谓“瓶颈”（或瓶颈资源），指的是实际生产能力小于或等于生产负荷的资源。这一类资源限制了整个企业出产产品的数量。其余的资源则为非瓶颈资源。

按照通常的假设，在设计一个企业时，可以使生产过程中各阶段的生产能力相等，即达到能力的平衡，但这只是一个理想的状态。因为，生产是一个动态的过程，随机波动时时存在，使得能力的平衡，在实际中实现极其困难，也可以说是达不到的，因此，生产过程中必然会出现有的资源负荷过多，成为卡“脖子”的地方，即变为“瓶颈”，从这个意义上来说，瓶颈的存在是绝对的，这样，一个企业的制造资源就存在“瓶颈”与“非瓶颈”的区别。

要判别一个资源是否为瓶颈，应从该资源的实际生产能力与它的生产负荷（或对其的需求量）来考察。例如汽车制造厂，为了组装汽车的需要，汽车的发动机、车厢、车轮等的生产能力应该是成比例的，正常生产时，各种零部件都能够按照装配需要的比例有条不紊地送到装配线组装，这时生产能力恰好同生产负荷平衡，装配线能够按照给定的生产速率（节拍）顺利正常运行，整个生产系统不存在瓶颈现象。但是实际生活中，这样的理想条件常常是达不到的。原因是多方面的：有市场的原因、生产设备的原因、人为的原因等等。一般情况下，都会出现有的资源相对于其他资源来说，能力过小、负荷过重的现象，这就是资源的瓶颈现象。有瓶颈资源，就必然相对有非瓶颈资源。瓶颈资源能力过小，负担过重，非瓶颈资源，能力过大，负担过轻。

一个生产系统，有很多的生产环节、生产工序，他们相对于生产系统给定速度的运行（即生产负荷）来说，毫无例外地只可能有3种情况：过紧，过松，恰好。前者属于瓶颈资源，后二者属于非瓶颈资源。每个生产环节、生产工序，不是瓶颈资源，就是非瓶颈资源。

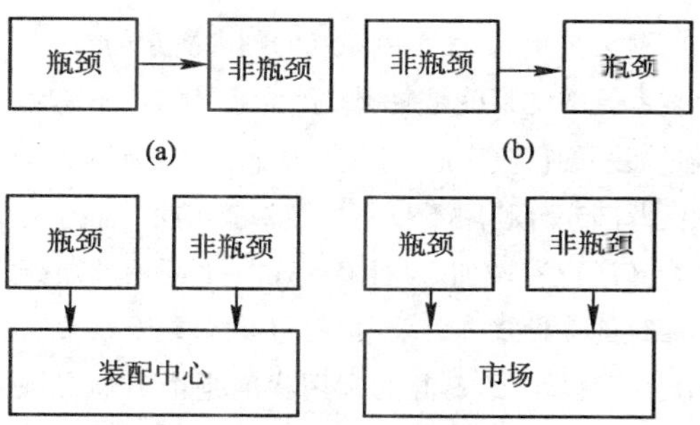

图3—11—1　瓶颈资源和非瓶颈资源的关系

瓶颈资源与非瓶颈资源的联接关系，大概有4种情况（见图3—11—1）。分别是：

(1)从瓶颈到非瓶颈资源（见图3—11—1(a)）；

(2)从非瓶颈到瓶颈资源（见图3—11—1(b)）；

(3)瓶颈资源和非瓶颈资源到同一装配中心（见图3—11—1(c)）；

(4)瓶颈资源和非瓶颈资源相互独立(见图 3—11—1(d))。

由这几种形式可以看出,生产系统的生产能力的大小完全取决于瓶颈资源的能力。非瓶颈资源的能力必须与瓶颈资源的能力相匹配,多余的非瓶颈能力的使用,不但不能提高效率,反而只能够增加库存负担。

三、OPT 的 9 条原则

OPT 的基本思想具体体现在 9 条原则上。这九条原则是实施 OPT 的基石,OPT 有关生产计划与控制的算法和软件,就是按照这九条原则提出和开发的。此外,这些原则也可以独立于软件之外,直接用于指导实际的生产管理活动。下面将逐条叙述这九条原则。

原则 1,平衡物流,而不是平衡生产能力。

平衡生产能力是一种传统的生产管理方法,它要求各工作地的生产能力都与市场需求平衡,试图通过平衡能力来产生一种连续的产品流。OPT 则主张在企业内部平衡物流,认为平衡能力实际是做不到的。因为波动是绝对的,市场每时每刻都在变化,生产能力总是相对稳定的,在这种前提下追求物流平衡。所谓物流平衡就是使各个工序的物流都与瓶颈机床的生产能力与物流需求同步,以求生产周期最短、在制品最少。

原则 2,非瓶颈资源的利用程度不是由它们自己的潜力决定的,而是由系统的约束决定的。

系统的约束就是瓶颈。因为系统的产出是由所经过瓶颈的量决定的,即瓶颈限制了产销量,而非瓶颈资源的充分利用不仅不能提高产销量,而且会使库存和运行费增加。从图 3—11—1 所示的瓶颈与非瓶颈的 4 种基本关系中,我们可以看出:关系(a)、(b)、(c)中非瓶颈资源的利用程度是由瓶颈资源来决定的。而对于(d)种关系,非瓶颈资源的使用程度虽不受瓶颈的制约,但显然应由市场的需求来决定。从以上分析,容易看出,非瓶颈资源的使用率一般不应该达到 100%。

原则 3,资源的“利用”(Utilization)和“活力”(Activation)不是同义词。

“利用”是指资源应该利用的程度,“活力”是指资源能够利用的程度。按传统的观点,一般是将资源能够利用的能力加以充分利用,所以“利用”和“活力”是同义的。按 OPT 的观点,两者有着重要的区别。因为做所需要的工作(应该做的,即“利用”)与做某一时间不需要的工作(能够做的,即“活力”)之间是明显不同的。所以在系统中非瓶颈资源的安排使用上,应基于系统的约束。例如,一个非瓶颈资源能够达到 100% 的利用率,但其后续资源如果只能承受其 60% 的产出,则其另外 40% 的产出,将变成在制品库存。此时从非瓶颈资源本身考察,其利用率很好,但从整个系统的观点来看,它只有 60% 的有效性。所以“利用”注重的是有效性,而“活力”注重的则是能行性。从平衡物流的角度出发,应允许在非关键资源上有适当的闲置时间。

原则 4,瓶颈上一个小时的损失则是整个系统的一个小时的损失。

一般来说,生产时间包括加工时间和调整准备时间。但在瓶颈资源与非瓶颈资源上的调整准备时间的意义是不同的。因为瓶颈控制了产销率,在瓶颈上中断1 h,是没有附加的生产能力来补充的。而如果在瓶颈资源上节省1 h的调整准备时间,则将能增加1 h的加工时间,相应地,整个系统增加了1 h的产出。所以,“瓶颈”必须保持 100% 的“利用”,尽量增大其产出。为此,对瓶颈还应采取特别的保护措施,不使其因管理不善而中断或等工。增大瓶颈物流的方法一般有如下几种:①减少调整准备时间和频率,瓶颈上的批量应尽可能大;②实行午餐和工修连续工作制,减少状态调整所需的时间损失;③加工前注重质量检查;④利用时间缓冲器等。

原则 5,非瓶颈获得的1 h是毫无意义的。

因为在非瓶颈资源上的生产时间除了加工时间和调整准备时间之外,还有闲置时间,节约1 h的调整准备时间并不能增加产销率,而只能增加1 h的闲置时间。当然,如果节约了1 h的加工时间和调整准备时间,可以进一步减少加工批量,加大批次,以降低在制品库存和生产提前期。

原则 6,瓶颈控制了库存和产销率。

因为产销率指的是销售量占总产量的比率,所以,很明显它受到企业的生产能力和市场的需求量这两方面的制约。而它们都是由瓶颈控制的。如果瓶颈存在于企业内部,表明企业的生产能力不足,因受到瓶颈能力的限制，相应的产销率也受到限制；而如果当企业所有的资源都能维持高于市场需求的能力，那么，市场需求就成了瓶颈。这时即使企业能多生产，但由于市场承受能力不足，产销率也不能增加。

同时，由于瓶颈控制了产销率，所以企业的非瓶颈应与瓶颈同步，它们的库存水平只要能维持瓶颈上的物流连续稳定即可，过多的库存只是浪费，这样，瓶颈也就相应地控制了库存。

以上 6 条原则都是涉及资源的。

原则 7，转运批量可以不等于（在许多时候应该不等于）加工批量。车间现场的计划与控制的一个重要的方面就是批量的确定，它影响到企业的库存和产销率，OPT 采用了一种独特的动态批量系统，它把在制品库存分为两种不同的批量形式，即：①转运批量是指工序间转运一批零件的数量；②加工批量，指经过一次调整准备所加工的同种零件的数量，可以是一个或几个转运批量之和。在自动装配线上，转运批量为 1，而加工批量很大。

根据 OPT 的观点，为了使瓶颈上的产销率达到最大，瓶颈上的加工批量必须大。但另一方面，在制品库存也不应增加，所以转运批量应该小，即意味着非瓶颈上的加工批量要小，这样就可以减少库存费用和加工费用。

原则 8，加工批量应是可变的，而不是固定的。

原则 8 是原则 7 的直接应用，在 OPT 中，转运批量是从零部件的角度来考虑的，而加工批量则是从资源的角度来考虑的。由于资源有瓶颈和非瓶颈之分，瓶颈要求加工批量大，转运批量小，同时考虑到库存费用，零部件需求等其他因素，加工批量应是变化的。

以上两条是涉及物流的。

原则 9，排作业计划时应同时兼顾所有的约束，提前期是作业计划的结果，而不应是预定值。

传统的制定作业计划的方法一般包括以下几个步骤：①确定批量；②计算提前期；③安排优先权，据此安排作业计划；④根据能力限制调整作业计划，再重复前 3 个步骤。而在 OPT 中，提前期是批量、优先权和其他许多因素的函数。在这点上 OPT 与 MRP 正好相反。在 MRP 中，提前期一般都是预先制定的，而从下例可以看出提前期应该是后制定的。如果某个企业有两批订货，要求零件 A 与零件 B 各 100 件。A、B 两零件都需在机床 M 上加工 0.35 小时，如果假设该企业有两台 M 机床，则 A、B 的提前期都为 0.35×100＝35(h)；但如果该企业只有一台 M 机床，则当 A 先加工时，其提前期为35 h，而 B 要等35 h后才能加工；其提前期实际上为70 h；反之则相反。所以提前期应是计划的结果。

四、OPT 计划

对 OPT，目前理论界的认识还不一致，存在着各种看法，主要包括：

（1）把 OPT 当做一种新的计划思想；

（2）作为一种作业计划的仿真语言；

（3）作为生成 MPS、物料和能力需求计划及详细计划的一个软件包；

（4）作为一种处理数据精确度的一种尝试，以求在数据未达到高度精确之前获得利润。但有一点很明显，即 OPT 强调的是车间现场，其着眼点在于企业车间现场的一些决策量上，并据此来实现对生产的计划与控制。其做法的基本点是使用一些重要的判定准则来决定每一作业的先后顺序，即使用一组“管理系数”的加权函数，来确定每个作业的优先权数及批量，制定出一个合理的生产计划。这些管理系数涉及理想的产品组合、交货期、理想的安全库存水平以及瓶颈资源的使用等等。

OPT 计划的步骤：首先计算各机床的能力工时和任务工时，识别企业真正的瓶颈所在；接着根据瓶颈约束，制定产品出产计划，应该使受瓶颈约束的物流达到最优、能力充分利用；同时设定一定的时间缓冲器，防止随机波动对瓶颈资源的影响；控制进入非瓶颈的物料，平衡企业的物流，非关键资源排序，使之与关键资源同步。这个过程也就是所谓 DBR 系统（D，Drum-beat，鼓点；B，Buffer，缓冲器；R，Rope，绳子），用瓶颈资源控制生产系统运行的鼓点节拍，再在瓶颈资源前设立时间缓冲和库存缓冲，让非瓶颈工序有序等待进入瓶颈工序；进入瓶颈的方式，则是由瓶颈工序拉动式牵引进入，就像用绳子牵引上游工序进入。通过绳子的控制，使得瓶颈前的非瓶颈设备均衡生产，减少加工批量和运输批量，减少提前期以及在制品库存，同时又保证了瓶颈资源的供应，不停工待料。

这个计划工作如果让人来做，则处理起来将非常麻烦。所以通常是建立起OPT软件系统，由计算机来做。最早开发OPT软件的是Creative Output有限公司。目前最流行的OPT软件有OPT21（面向大中型企业）和OPT5000（面向小型企业）。这类软件的工作原理是用产品网络描述各个产品的构成和相应的加工路线、订货量、交货期等；用资源网络描述每种资源（机器、工人、空间等）及其替代资源的数量、可用工时及其相互影响等。再将产品网络和资源网络的信息结合起来，生成一个工程网络，它用模型化语言描述生产制造过程中的大量数据。再在工程网络中识别瓶颈资源（平均负荷率最大的设备）。当关键资源找到以后，再将工程网络分成关键资源网络（主网络）和非关键资源网络（服务网络）二部分，分别编制作业计划。主网络由瓶颈作业及其下游作业（包括顾客需求在内）构成，采用有限能力顺排的方式编制作业计划，保证瓶颈资源的空闲为0。服务网络则采用无限能力倒排的方式编制作业计划。计划生成之后，还要设置安全库存或“缓冲器”，一是在瓶颈资源前，二是在非瓶颈资源与来自瓶颈资源加工路线的交叉点上。让来自非瓶颈资源的工件稍稍处在等待状态，等待瓶颈资源的加工。

五、OPT的实施

OPT实施的关键是制定计划后的落实工作。在落实计划过程中，传统的许多做法是有害的，其中最大的威胁将来自传统的成本会计的考核体系。因为成本会计体系，忽视了瓶颈与非瓶颈的区别，其考核一般是通过设备和操作工人的利用率及生产成本，而不是通过整个系统的有效性来进行的，它着重于局部的优化，这必然助长了人们盲目生产的作法，其结果是无论对瓶颈资源还是对非瓶颈资源都力求充分地使用。人们为了完成工时和设备利用率会盲目生产，最终必然导致高库存和浪费。针对这些情况，OPT则力求从全局的观点来进行考核，从原材料的采购一直追踪到产品销售，其考核体系对瓶颈与非瓶颈是分别对待的，认为对非瓶颈的考核不应以生产量为依据，而应以它生产的有效的产品量来考核。按OPT观点，成本会计注重的是“活力”而非“利用”，而正确的做法应该是注重“利用”而非“活力”。

另外，OPT软件的具体运行和MRP一样需要大量的数据支持，例如产品结构文件（BOM）、加工工艺文件以及精确的加工时间、调整准备时间、最小批量、最大库存、替代设备等等数据。同时要成功地实施OPT，还要求管理者必须对OPT产生的计划要有信心，要改变一些旧的作业方式，例如接受午餐和工休连续工作制的做法等。从OPT的实践表明，它比较适合于一些基本、简单的产品及很大的批量且所需工序较少的情况，而在单件生产车间中发挥的效果不佳。其适用条件为，①瓶颈要相对稳定；②瓶颈要保证达到100%的负荷能力；③需求是相对稳定的；④员工愿意而且能够服从计划的调度安排。

再者，OPT对于动态的数据以及瓶颈和接近瓶颈资源的数据要求精确。实现OPT还需对员工进行培训，使他们能在不同的生产岗位上及时发现问题，跟踪问题，最终用OPT方法来解决问题。

第二节　最优分销技术（ODT）

一、ODT的产生

OPT考虑的问题是在企业生产能力有限而无法充分满足用户需求的情况下，如何获得最大限度的产出。它的目标是使“瓶颈”工序百分之百地负荷，同时通讨物料流全程同步化，使在制品库存最少。通过OPT，生成一个协调的作业计划，使相关物料在生产过程中各个环节上的流动同步，以保证物料流动速度与瓶颈工序的产出率匹配。

20世纪80年代后期，Goldratt等根据OPT原理提出资源约束理论，将处理生产过程的瓶颈问题上升为处理系统的资源约束问题。

虽然生产系统物料流动的时间、空间结构与物流配送网络系统的特征有所区别，但其基本属性是相似的。我们可以根据OPT处理资源约束（瓶颈）的思路提出新的物流优化方法——最优分销（配送）技术ODT（Optimized Distribution Technology）。

与OPT相似，ODT考虑的问题是企业物流配送系统能力有限而无法充分满足用户需求的情况下，如何获得最大限度的效益。它的目标是使物流系统的“瓶颈”环节百分之百地负荷，同时通过物流全程同步化使物流配送网络系统的库存最少。通过ODT,生成一个协调的物流作业计划,使物流产品在物流过程中各个环节上的流动同步,以保证物流网络的产品流动速度与系统的"瓶颈"环节的节奏相匹配。

物流配送系统无论从时间结构的组织还是从空间结构的组织方面,都较生产系统要复杂。因为物流配送系统本身还涉及社会公用运输网络等重要因素。因此ODT必须处理好运输网络规划问题才能有效地实现自身的目标。运输网络规划包括网络物流矩阵的建立、网络物流量的分配等问题。这里,我们假设网络物流的矩阵元数是基本不变的,运输网络规划的最优解处于稳定状态。

二、ODT原理

(一)ODT的概述

1.瓶颈的概念

在ODT中,"瓶颈"制约是指物流配送网络中负荷率达到或超过100%的网络节点或网络路径。

ODT以流通企业(或生产企业的分销网络)获得利润为首要目的。通过牵引式系统与推进式系统的有机结合,它将企业物流网络系统的瓶颈路径或节点作为重点分析与研究对象,以计算机作为使用工具。ODT的核心是确保物流系统的瓶颈路径或节点的利用率达到最大,从而使整个物流网络系统的效益达到最大。

2.ODT目标

为企业获得更多的利润是ODT的主要目标。企业在社会主义市场经济环境下经营的目标就是为了企业的生存与发展而争取获得尽可能多的利润空间,以此为目标,才可能对现有的资源加以重新配置和有效的利用。

上述目标只是一个定性范畴,对ODT来说它必须有定量指标来衡量企业的经营状况。通常我们用三大指称来衡量,它们是:绝对指标净利润NP,相对指标投资收益率ROI和现金流CF。这对物流优化管理与控制是一大进步,过去通常是以成本指标来衡量。在实际运作过程中,又往往以一些管理指标来实现上述经济指标,比如:物流配送网络系统的流转率,包括原材料、在制品、制成品在内的库存、运作费用等。

3.ODT假设条件

首先,ODT假设应用对象是具有有限资源、多层次、非均衡负荷物流网络的流通企业。其次,ODT假设物流网络的瓶颈部分相对稳定,瓶颈部分变动频繁会加剧ODT运行成本。第三,ODT假设物流网络的瓶颈部分可以保证满负荷运行的能力,否则,系统效率不可能得到最大。第四,ODT假设物流网络系统的需求统计规律性比较稳定,因为不同的需求统计规律对应不同的模型与算法,如果不稳定,则需随时变换模型与算法,也会加剧运行成本。

(二)ODT的特点

1.ODT、DRP与准时制物流的比较:

ODT集中了DRP与准时制物流的优点(见表3—11—1)。

2.ODT的主要优势

ODT的主要优势体现在以下几个方面。第一,调度方法简单,软件运行速度快,系统报告简便易行。第二,易于用户掌握使用。第三,计划调整速度快,这对系统波动大有益处。第四,能对系统情况进行全面分析。

3.ODT的特征

(1)ODT既指ODT计划控制管理方法,也指ODT软件,ODT软件支持是系统应用ODT管理原理的基础。

(2)ODT强调作业控制功能,它产生的时间表不仅对流转作业计划做出安排,还对综合经营计划与市场营销策略做出安排或产生影响。

(3)ODT以获得最大利润与维持经营利润为运作重点,因此有必要说明的是它产生的物流计划不一定是考虑非经济利益因素的最佳选择,但可以作为备选方案。

(4)ODT不针对具体问题进行设计,因此实施过程中必须对环境变量加以定义。

(5)ODT还可与DRP进行数据交换。它可以直接通过DRP取得建立模型所需的环境变量,并设立一定的调度准则,再通过批量与能力来计算提前期,由交货期确定各种商品的优先权,计算送货日期。

表 3—11—1 ODT、DRP、JIT 的属性比较表

属性、特点	DRP	ODT	JIT
负荷	无限负荷能力	有限负荷能力	不考虑负荷问题
批量	固定批量	适应瓶颈变化批量	不变批量
提前期	预计提前期	提前期依瓶颈决定	不考虑提前期
波动	不允许系统波动	允许系统波动	不允许系统波动
数据要求	要求精确度很高	介于 DRP 与 JIT	不依靠数据支持
作业计划	精确但速度慢	精确但速度快	无作业计划
柔性	很小	介于 DRP 与 JIT	最大
成本	最高	介于 DRP 与 JIT	最低

3. 应用 ODT 的九原则

类似于 OPT,我们提出应用 ODT 的九条原则。

原则一,ODT 的工作是寻求物流过程中配送网络系统的物料流平衡而不是能力平衡。这是 ODT 区别于其他管理方法的根本点,当然并不是说 ODT 不考虑能力,而是不考虑非瓶颈制约部分的网络能力。

原则二,物流配送系统非瓶颈制约路径或节点的资源利用水平并不由它自身控制,而是取决于瓶颈制约部分的资源利用水平。

原则三,物流资源的利用率与有效率是两个不同的范畴:前者指配送网络系统的能力处于负荷状态的指标(有可能无效用),后者是指根据瓶颈制约部分的节奏利用资源的指标。

原则四,瓶颈制约是 ODT 主要研究的焦点,因为瓶颈部分的网络能力损失是整个系统的损失。

原则五,非瓶颈部分的资源与能力的节约对系统创造利润来说是无效的。

原则六,瓶颈制约部分既控制了流通网络的流转水平,也控制了网络的库存结构。

原则七,网络系统的物流批量不应该等于网络据点的加工或作业批量,因为考虑到瓶颈制约部分流转能力的充分利用。

原则八,网络据点的作业批量可以是固定不变的,而物流批量则随瓶颈制约部分的情况可以变动。

原则九,网络系统中各类提前期是物流计划产生后的结果,而不是提前确定与设定的,这一点与其他管理方法不同。

(四)ODT 控制方法与主要算法

1. 控制订货的方法

(1)输入—输出反馈控制。通过比较物流节点的输入输出的计划与实现情况来实现控制,比如订货输入增加,产生排队现象,库存与提前期也将增加等。输出是由系统能力控制的,一是增加系统能力,二是通过加班加点、轮换班次来实现。

(2)优先权控制。优先权控制通过调度表(Dispatch List)来实现,其内容包括:系统、环节、工作站、零件号、订货单号、操作序号、物料过程描述、标准时间、优先权、即将来的工件等信息。优先权控制规则减少在制品库存,减少排队的订货单数,或输出最大化,当然没有一种方法能满足所有这些目标。我们提出两种方法:

一是期限法,根据订货的交货期限(Due Date)的先后来排序。一是临界比率法(Criticalratio):按临界比率(C_r)从小到大排序。

$$C_r = (D_{due} - D_{now})/LT_{left}$$

其中,D_{due} 为交货日期,D_{now} 为当前日期,LT_{left} 为剩余提前期。

2.ODT 算法结构

以交货期(配送时间)为依据,设置优先等级,然后计算出最有效的物流(配送)调度计划,是 ODT 主要算法。

第一步,首先确定网络系统的瓶颈制约部分;

第二步,根据瓶颈的能力及可能的负荷率确定主经营计划;

第三步,维持瓶颈的最佳物流量,避免瓶颈有波动与误差,控制局部进度,保证瓶颈在任何时候都不闲置,为此必须设置相应的缓冲机制;

第四步,为了平衡网络系统的物流,非瓶颈资源的投入必须以瓶颈来控制，控制通过系统的节奏联系链来实现。

3. 确定瓶颈的算法

确定瓶颈的方法很多，这里主要讨论负荷率法。假设网络系统中物流节点、路径的能力用大写字母表示，它们的实际负荷用小写字母表示。

首先要建立物流网络路径和节点的能力矩阵 $\boldsymbol{C}_{m\times m}$ 与需求矩阵 $\boldsymbol{D}_{m\times m}$。

$\boldsymbol{C}_{m\times m}=\{A_{i,j}\}$，

$\boldsymbol{D}_{m\times m}=\{a_{i,j}\}$，

其中，$i,j=1,2,\cdots,m$

通过两个矩阵计算负荷率，比较分析物流系统的瓶颈制约环节。

除了负荷率算法，还有如根据历史统计资料进行分析的选择法，根据运行 DRP 结果分析瓶颈的 DRP 法等。

4. 其他算法

物流主计划(确定物流网络的节奏)与非瓶颈节点或路径的物流计划以及物流作业计划、瓶颈的排序、时间缓冲器的设置等算法，都需要结合 DRP 的内容进行开发。

5. 物流活动的控制

ODT 是物流配送计划、实现、控制的综合方法的体现。

(1)物流活动控制需要的数据(库)

物流活动控制需要的数据(库)包括计划文件、控制文件两类。

计划文件有产品主文件，包括零件号、零件名、提前期、库存数量、已分配数量(尚未提货)、已订货数量、批量等；产品结构文件和物流配送网络结构文件；物程路径文件，包括产品号、需要经过的物流环节及顺序、每个环节的简单描述、需要的设备工具及辅助设施、物流作业时间、调整时间、提前期等；工作中心(物流环节)主文件，包括工作中心号、能力(每周工作班次、每班机器时数、每班的人时数)、中心的利用率、效率、排队时间、可替换的工作中心等。

控制文件有订货主文件和订货细节文件。订货主文件、包括订货号、订货数量、完成数量、废品数量、使用的原材料数量、交货日期、优先权、完成差额(未完成数量)、成本信息等，订货细节文件，包括工作环节号、计划的与实际的调整时间、计划的与实际的运行时间、完成数量、废品数量、交货日期(提前期剩余天数)等。

(2)瓶颈的计划与控制

瓶颈计划与控制是 ODT 的主要内容。

如何有效地控制瓶颈呢？根据约束理论：一是在每一个瓶颈之前建立时间缓冲器(排队或库存)，这一缓冲只包括在给定时间内使瓶颈处于忙碌状态的足够库存，即维持系统的物料流不中断，二是控制好进入瓶颈环节的原料流的速度，其速度应等于瓶颈可供能力所能处理的速度。依此类推，第一环节的物流速度应等于瓶颈部分的可供能力提供的处理速度。

结合物流系统的实际，我们通过研究提出解决物流系统瓶颈必须建立“同步物流”(Synchronized Logistics)系统的概念。即物流系统全过程的各个环节，其物流活动的节奏都同步。物流系统实现同步才能实现物流资源的优化配置。

在这一系统中，物流实现同步的操作步骤有两步：第一步，根据市场需求与系统可供能力对瓶颈实行计划排序(Schedule)；第二步，根据第一步确定的物流节奏对非制约资源计划排序。任何一个物流产品只要在瓶颈阶段顺利通过，它在其他环节就没有任何阻拦。

物流设施设备与人员的负荷率是反映物流系统效率的指标，也是实施物流计划控制的工具。ODT 系统通过对物流系统设备人员的负荷率的衡量来评价物流系统的效率，从而实现对物流系统的控制。

三、ODT 系统及其软件开发

(一)ODT 系统的构成

1. ODT 系统环境变量的设置。包括网络结构(BOD)的加工处理、系统模型的建立与选择、初始数据的输入等。部分数据可以从 DRP 通过数据通讯获得。

2. ODT 系统对物流网络瓶颈制约节点的确定。通过对环境变量的初步分析与选择，得出有关结论。

3. ODT 系统主经营计划的确定。根据瓶颈制约部分的资源能力情况来安排网络系统的主经营计划。该计划运行的节奏就是 ODT 系统的节奏。

(4)ODT系统时间表的确定。根据主经营计划确定非瓶颈制约资源能力的负荷。一般用图3—11—2的方法。瓶颈节点前的资源用牵引式安排物流计划，瓶颈节点后的资源用推进式来安排物流计划。

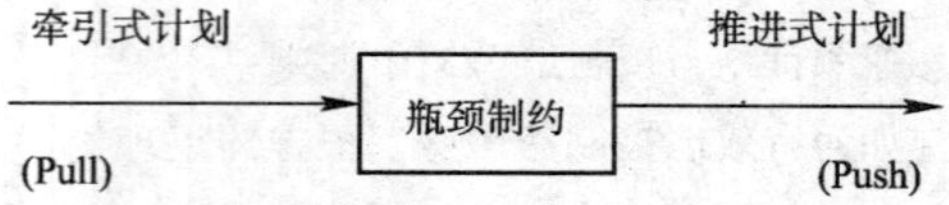

图3—11—2　非瓶颈制约部分的物流计划

(5)ODT系统报告与咨询部分。这是ODT系统辅助网络物流计划决策结论的具体表现形式。

2.ODT软件

ODT软件是针对物流网络的物流优化技术软件，因此我们首先必须规范物流网络的一些属性变量。

(1)物流配送网络的属性

物流配送网络的属性包括配送网络系统资源及其最大负荷(产出能力)，网络系统的汇及其最大负荷(消耗能力)，网络节点的流入负荷(输入能力)、流出负荷(输出能力)与缓冲存量负荷(中转能力)，网络系统的路径及其最大负荷(运输能力)。此外包括源、汇、节点、路径的库存水平、最大库存限制、最小传输批量与流转批量、辅助设备设施的负荷能力、计划延迟时间、订货量、交货期等。

(2)ODT软件总体框图

ODT软件总体框图见图3—11—3。

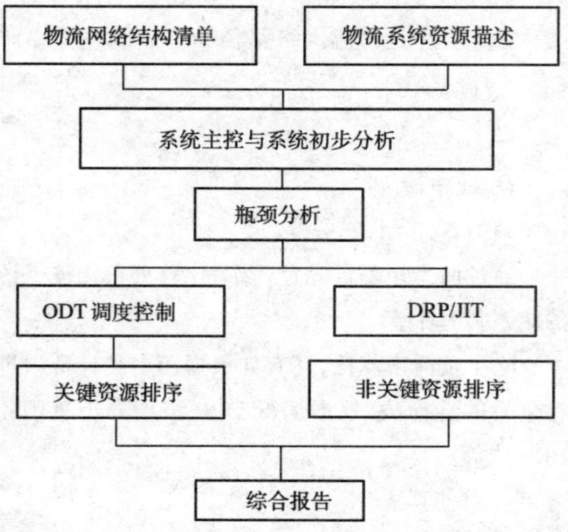

图3—11—3　ODT软件总体框图

第四篇　工业企业物流管理

第一章　企业物流及其合理化

第一节　企业物流的结构与功能

企业物流是对企业从原材料供应地一直到产品用户之间的物料流及有关信息流进行组织和管理的过程。具体来讲,企业物流包括运输、仓储、物料管理、订货处理、顾客服务等活动,以及支寺这些活动的信息和对整个物流过程的管理。

图 4—1—1 为企业物流的水平结构。一般可将企业物流系统的职能范围作以下划分:

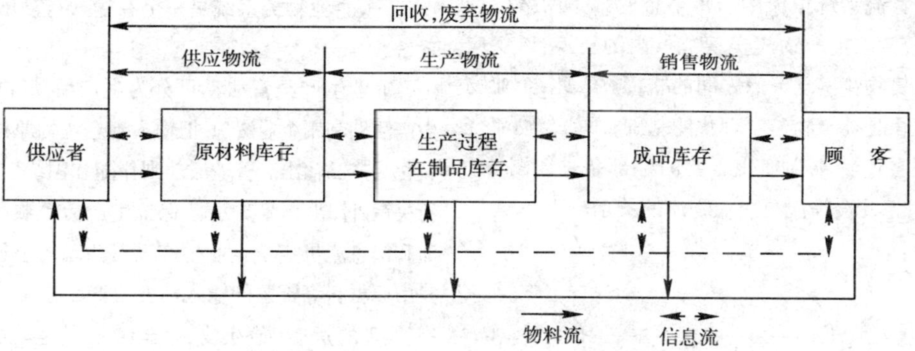

图 4—1—1　企业物流的水平结构

(1)供应物流:包括原材料(原料、辅料、动力燃料、外协件)的采购订货、进货运输、库存管理和用料管理等活动。

(2)生产物流:包括原材料、在制品、成品的厂内运输,在制品的存储与库存管理,以及生产安排等活动。

(3)销售物流:包括成品的存储与库存管理、发货运输,以及订货处理、顾客服务等活动。

(4)回收、废弃物流:包括再循环物品、废次品、退货、空容器等回收和废弃物品的运输与处理,以及相应的管理活动。

为了实现企业物流系统服务于企业生产与销售

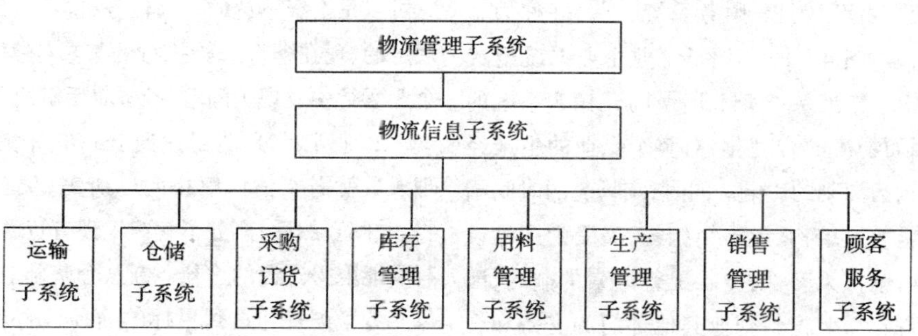

图 4—1—2　企业物流系统的组成

活动的目的，必须由一定的人员、设施、材料、资金、能源、信息等要素构成各种具有特定功能的子系统，并通过这些子系统的相互配合形成系统的整体功能。企业物流系统的组成如图 4—1—2 所示。从图中可以看出，物流管理是通过物流信息将各个物流职能子系统联接起来。

第二节　企业物流系统的外部环境

1．企业物流系统是社会物流系统的子系统

社会再生产是由生产和流通环节相互联接周而复始的运动过程。伴随这一过程的是物质资料不断产生的时间、空间转移以及程度不同的形质变化，并由此形成四通八达、纵横交错的社会物流网络。这一巨大而又复杂的宏观物流系统，实际上是由一个个微观的企业物流系统组成的。每个企业都是网络中的一个节点，并以生产物流实现节点内的转换，以供应物流和销售物流实现节点之间的联接。因此，企业物流的合理化是社会物流合理化的基础；而社会物流合理化则是企业物流合理化必要的外部条件。图 4—1—3 说明了社会物流与企业物流的关系。

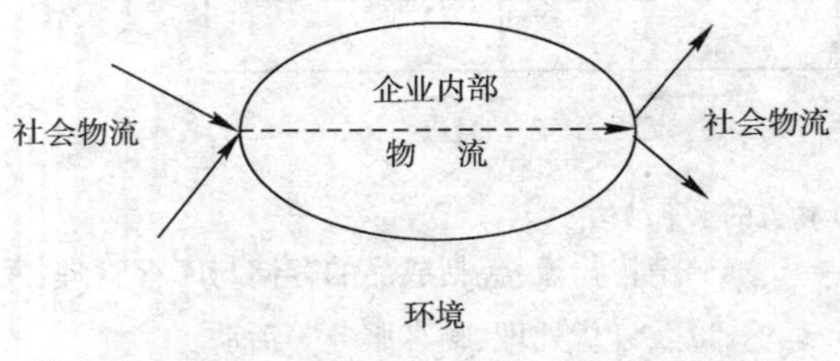

图 4—1—3　社会物流与企业物流的关系

2．企业物流系统是企业系统的子系统

一个好的企业必须有商流、实物流、信息流、经营管理 4 个“轮子”的协调运转，并以实物流为主导。因此，物流系统与生产、销售、财务系统一起，并称为企业的四大支柱。图 4—1—4 便是工业企业系统组成的示意图。由于物流系统实际上是生产、销售系统的支持系统，因而物流的合理化，对整个企业的生产经营过程有着极为深刻的影响。同时，实物流的时间结构、空间结构、数量结构、形态结构等，又受到产品设计、生产计划、销售策略、财务状况等因素的制约，因而物流的合理化需要得到企业其他部门的支持和合作。

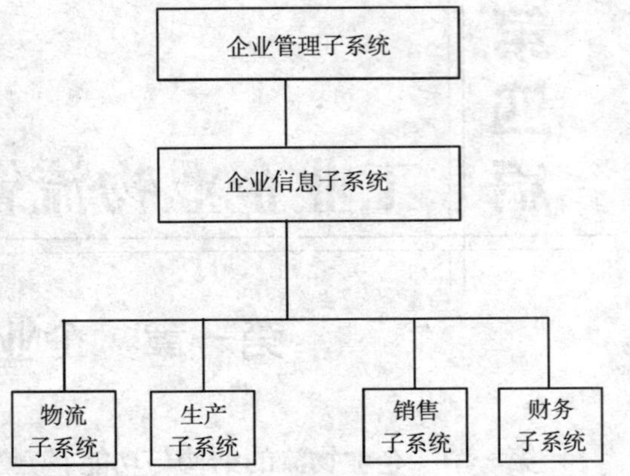

图 4—1—4　工业企业系统的组成

第三节　企业物流系统的特点

一、企业物流系统是一个有输入有输出的多变量系统

企业生产经营活动可分为生产活动和管理活动。生产活动利用企业资源，把输入到企业的原材料和能源转化为产品输出。管理活动则伴随和围绕生产活动，执行决策、计划和调节功能，保证生产活动顺利进行。物流和信息流贯穿于企业生产经营活动的全过程。物流是由原材料等资源的输入转变成产品输出而进行的形态(物理的)和性质(生物、化学)变化的运动过程。信息流可以伴随着物流产生，反映物流状态，控制和调节物流的数量、方向、速度，使之按一定目的和规则运动。图 4—1—5 标示了物流系统输入输出模式。

二、企业物流管理系统是个反馈控制系统

企业物流系统为实现其目标需要管理，管理的职能可以归纳为以下 5 点：

1．确定目标：这里说的目标是管理工作的目标，它可以是上级下达的一项任务；也可以是长期计划中规定的、现在即将开始执行的某项任务；也可以是从企业运行中发现了问题，准备着手解决的某项任务。

2．制定计划：为了达到上一步所规定的目标，管理人员就需要估计解决问题所需要的资源(人、财、物、时间)，然后，充分了解组织现有资源的状况，以及有可能取得资源的途径。在这个基础上，管理人员可以充分考虑各种达到目标的途径，制定方案，作出实现目标或解决问题的具体安排。

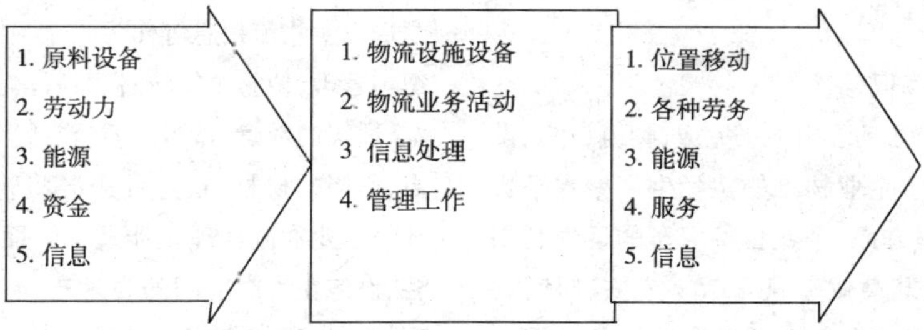

图 4—1—5　物流系统输入、输出模式

3. 组织：计划制定之后，管理人员的任务就是按照计划的安排，有步骤地调集人力，筹集物资，安装设备，下达各项任务的具体要求及进度表。这里有大量的信息由上而下传达下去。

4. 监督：计划下达之后，一般来说是不可能自然而然地顺利完成的。这是因为企业内外环境的种种因素发生了变化，计划中某一方面的因素未能考虑到或者估计不足，计划的某一步或某一方面未能如期完成，或者未达到预期的要求。这种情况是正常的，问题在于管理人员必须及时地、充分地了解到这些情况。这就要自下而上、及时地传送计划执行的信息。所谓监督，实际上就是及时掌握信息。

5. 调整和控制：监督的结果，必然是对当前的工作情况进行某种调整，或者说执行某种控制。具体地说，就是重新安排人力、物力及设备等，以保证薄弱环节及时赶上来，以免影响整个计划的完成。这里既包括了对监督所得信息的分析，又包括了新的调整措施的下达，实质上是局部重复了制定计划和组织的功能。

由以上分析可以看出：无论是计划的制定还是计划的执行与控制都离不开收集信息。通过信息反馈获得企业物流系统实际情况，拿计划与实际进行比较，经修改后再去执行。因此，企业物流管理系统实质上是一个反馈控制系统。

三、企业物流子系统功能的相互制约和成本的交替损益

由于物流系统必须具有高度的时间和空间有序性，因而各个子系统功能间的相互协调就显得极为重要，每项功能既对其他功能产生影响，又受到其他功能的共同制约。所以，有必要对整个物流系统进行统一规划和集中管理，并运用协同学、耗散结构理论来揭示各个子系统的协同效应和非线性的相干效应，以提高物流系统的整体功能。

企业物流子系统的相互影响，还表现为各子系统物流成本的交替损益（见图 4—1—6），如采购成本的下降，将导致库存成本的上升。这一现象要求对物流成本进行统一管理，以物流系统的总成本的下降为物流系统合理化的目标。

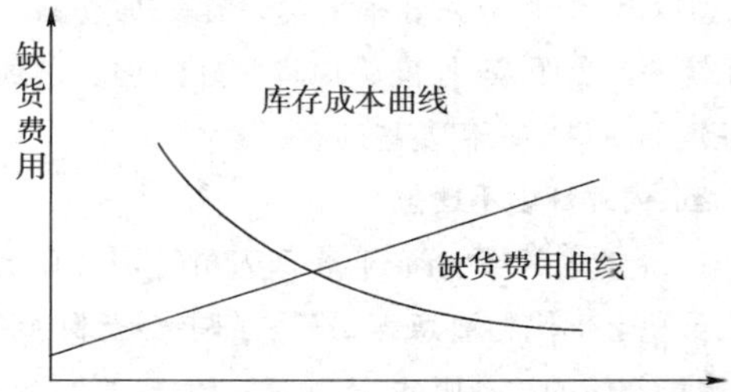

图 4—1—6　库存成本与缺货费用关系

第四节　我国企业物流存在的主要问题

长期以来，我国企业普遍存在重生产轻物流的倾向，物流方面的问题很多，集中体现在物流系统效益不佳，即物流系统投入产出转换效率低，物流系统对企业生产与销售的服务效用差。具体包含以下几个方面：

一、库存大、周转慢

许多企业的原材料、在制品、成品库存都有超储积压现象，而且在储备定额中保险储备的比重太大，导致企业的库存数量大、周转慢。

二、物流成本高

由于我国企业在成本核算中未有全面准确的物流成本数据，物流的高成本往往被掩盖起来，不为人们所认识，因而也就没有得到有效的控制。从有关企业的研究分析可看出，物流成本远远大于发达国家的平均水平。

三、物流生产率低

由于企业物流活动多由人工完成，物流设施、设备的状况也比较差，企业物流的实际生产率水平普遍不高。在利用率方面，企业自备卡车的运力利用率只有50%左右，装载效率只有70%左右，时间利用率只有75%左右。企业自备仓库的设备利用率只有50%左右，仓库面积利用率、库容利用率虽然在90%、85%以上，但由于物资存放不尽合理以及仓库自动化程度不高，现有仓储能力没有得到充分利用。

四、物流质量差

企业除对采购、仓储、用料管理等部门设置了一些考核指标外，对其他物流部门的质量几乎没有考核。虽然企业自备仓库的物资盈亏率、错发率一般在1%以下，但物资完好率平均只有98%左右。物流系统的产出距及时、准确地将完好的物资送到指定地点的质量要求相差甚远。

五、内外环境不理想

1．企业内部环境：企业管理人员特别是高层管理人员缺乏现代物流意识，只是强调物流部门对生产、销售部门的被动服务，不注意物流部门的主动参与作用以及物流部门技术素质的提高，使得物流系统成为企业的薄弱环节，严重影响了企业的经济效益。

2．企业外部环境：随着我国经济改革的不断深入，企业供销自主权越来越大，有利于物流部门根据合理化原则组织供应物流和销售物流。但目前市场经济体制、法律、法规还不完善，给企业的供销工作带来一些困难；近些年交通运输能力大大提高，但服务水平较低，企业为防止原材料供应中断，不得不加大保险储备；运输过程中的野蛮装卸、货物丢失等现象，大大增加了在途损耗；社会物流能力不足或收费不合理，使企业不得不自备庞大的运输和仓储系统，导致企业储运费用较高。

第五节　企业物流合理化

所谓物流合理化，就是根据物流系统中的各种职能因素的相互联系、相互制约、相互影响的关系，把物流中的运输、保管、包装、装卸搬运、流通加工、配送以及物流信息等作为一个系统来研究、规划、组织与管理，使整个物流过程最优化；以较低的物流成本、适当的数量、适当的质量、适当的时刻、适当的地点、适当的价格、最好的服务将物资送到各个使用地。企业物流合理化涉及多方面的内容，如各种设备、设施在生产空间的合理布局，以减少物流量；合理控制库存，以减少资金占用等。

一、企业物流合理化的基本思路

总的说来，要通过物流的系统化、现代化，提高物流系统的自身素质；通过提高企业战略计划的一体化，改善物流系统的内部环境；通过流通的社会化、现代化，改善物流系统的外部环境。

(一)提高物流系统技术素质

物流系统的素质是组成系统各种要素的质量及将各种要素有机结合在一起的能力，是影响物流系统状态的各种内在因素的综合特性。从图4—1—7物流系统素质构成可以看出来。

要加强现有物流设施、设备的技术改造，提高物流作业的省力化、机械化、自动化水平；积极采用现代物流技术（如条码、立体库、集装单元技术等），因地制宜，循序渐进，逐步实现物流“硬件”的现代化。

运用现代物流科学的理论与方法，研究与改善物流的活动过程，提高物流计划与控制的系统性、科学性，充实和完善物流评价指标体系，逐步实现物流“软件”的现代化。

企业物流管理信息系统要逐步由人工系统向计算机系统发展，由分散管理向系统管理发展，由业务型向决策型发展，由计算机单机向网络发展。一个完善的计算机管理信息系统是物流系统化、现代化的重要标志。

(二)提高物流系统管理素质

改变传统的分散管理模式，加强物流管理部门之间的相互协调，逐步建立和健全能够对物流进行系统管理的组织结构。

加强物流人员的物流科学教育和岗位培训，引进物流管理专门人才，强化领导的现代物流意识，全面提高物流系统的人员素质。

运用现代物流科学理论，对企业有关物流管理的基础工作进行必要的改进，特别要重视物流成本数据的积累、物流标准化、物流质量保证体系等方面的工作，为物流合理化奠定基础。

（三）企业战略计划的一体化

企业物流的合理化，需要一个良好的企业内部环境。企业领导要树立“向物流要效益”的观念，把物流放在与生产、销售同样的地位来看待，加强物流部门与生产、销售部门之间的相互协调。企业非物流部门的领导也要提高对物流重要性的认识，在工作中注意与物流部门的合作。在此基础上，形成将物流作为企业一体化战略计划的一部分。如销售战略、顾客服务战略、物资供应销售战略、运输战略、非工艺的技术装备战略等都是物流战略的重要部分。图 4—1—8 所示即为企业战略计划一体化。

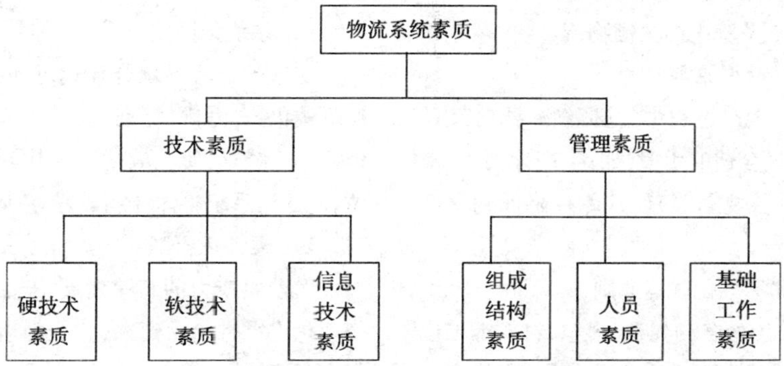

图 4—1—7　物流系统素质构成

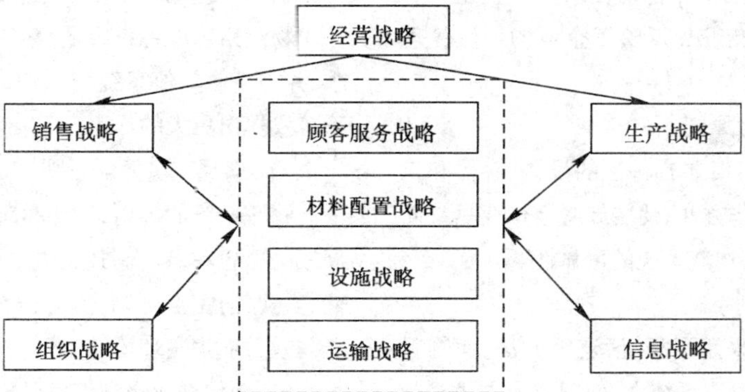

图 4—1—8　企业战略计划一体化

（四）流通的社会化、现代化

社会物资部门积极发展以配送为中心的现代物流形式，充分发挥物资流通服务生产、指导生产、参与生产的功能，改善企业的供应与销售条件，帮助企业以物流来调节生产与销售。

社会物资仓储及运输等企业，应利用第三方物流的理论与经验，转变经营观念、改善技术装备，由单纯物资存放仓库向多功能的物流中心转变，逐步形成面向全社会的、系统化服务的第三方物流市场。大幅度降低社会物资平均库存水平，形成大物流和小物流的良性循环。

二、企业物流合理化的基本原则

企业物流合理化的原则是建立在物流系统低成本、高效率、高效益的基础上的，主要原则如下：

1. 近距离原则

运输与装卸搬运只能增加产品成本，而不会增加产品价值，因此，在条件允许的情况下，应使物料流动距离最短，以减少运输与装卸搬运量。例如：国外先进的企业常常设计成几万平方米或几十万平方米的联合厂房，就是出于这方面的考虑；国内青岛海尔工业园将一些重要的协作件生产厂家集中在一起，大大减少了物流量，对提高海尔产品的竞争力提供了保证。

2. 优先原则

在进行物流系统规划和设计时,应将彼此之间物流量大的设施布置得近一些,而物流量小的设施与设备可以布置得远一些。

3. 尽量避免迂回和倒流原则

迂回和倒流现象严重影响了物流系统的效率与效益,甚至影响生产过程的顺利进行,必须使其减少到最低程度,尤其是系统中的关键物流。

4. 在制品库存最小原则

在制品是企业生产过程中的必需物,同时又是一种"浪费",应通过合适的手段(如:生产计划、管理模式、设备改造、设备规划等)使其库存降低到最低限度。

5. 集装单元和标准化搬运原则

物流过程中使用的各种托盘、料箱、料架等工位器具,要符合集装单元和标准化搬运原则,以提高装卸搬运效率、提高物料活性指数、提高装卸搬运质量、提高物流系统机械化和自动化水平。企业集装单元和标准化搬运的状况,反映了企业的物流管理水平。

6. 尽量简化搬运原则

物料装卸搬运不仅要有科学的设备、容器和工具,还要有科学的操作方法,使装卸搬运作业尽量简化,环节尽量少,提高物流系统的可靠性。

7. 利用重力原则

可利用高度差,采用滑板、滑道等方法,使物料进行移动。因此,在物流系统中,使用重力方式进行物料搬运是最经济的方法。但在应用时,应防止产品、零件以及设备等的磕碰与损坏。

8. 合理提高物料活性指数原则

物料活性指数是反映物料流动难易程度的指标,在条件允许的情况下,应尽量提高。

9. 合理提高搬运机械化水平原则

使用机械化装备可以提高装卸搬运的质量和效率。应根据物流量、物流的距离以及资金条件等进行选择。物流量小且距离短,选择简单搬运设备;物流量小且距离长,选择简单运输设备;物流量大且距离短,选择复杂搬运设备;物流量大且距离长,选择复杂运输设备。

10. 人机工程原则

在进行物流系统设计、规划、改造时,要应用人机工程原则,使操作者省力、安全、高效并减轻疲劳。

11. 提高自动化与计算机水平原则

装卸搬运自动化是物流现代化的重要标志,计算机应用也是物流现代化的重要标志。因此,在条件具备的情况下,应尽早、尽量、尽快提高自动化与计算机水平。

12. 系统化原则

在进行物流系统合理化时,既要重视个别环节的机械化、省力化、标准化,又要解决物流系统的整体化和系统化,而且应把系统化和整体化放在第一位,使物流系统整体性能最好、整体效益最好。

13. 柔性化原则

随着生产力的高速发展、产品的日益丰富以及个性化需求时代的到来,企业的生产组织将向小批量、多品种的生产方式转化。因此,物流系统应柔性化,以适应产品的不断调整和变动。

14. 满足生产工艺和管理要求原则

物流系统应首先满足生产工艺和生产管理的要求,并与企业其他系统相协调、相配合,使企业生产系统发挥出更大的作用。

15. 满足环境要求原则

物流系统的规划、设计和改造,应符合可持续发展战略思想和绿色制造的要求,与其他系统(如:自然、人文等)相互协调,决不能为追求物流系统的功能与效益而损害环境。

三、现代企业物流管理思想与手段

为了适应现代企业所面临的各方面环境与挑战,提高企业竞争实力,企业的物流管理思想和手段也发生了根本性的变化,主要表现在以下几个方面:

(一)由分散管理向集中管理转化

传统的物流是分散的、个体化的、孤立的,在分散管理中,物流系统没有统一计划、缺乏统一协调,相互间信息沟通少,各部分独立运转。物流管理的组织是分散的、多层次的或融合在企业的其他部门中。

物流集中管理将物流系统作为一个整体,统一计划、统一控制。如:供应物流一体化、生产物流一体化、销售物流一体化,甚至企业物流一体化,供应链间各企业物流一体化。物流管理组织是集中的、扁平化的。

(二)由操作型管理向决策型管理转化

传统的物流管理只是依附于某种具体的物流活动,是一种被动的、局部的与操作型的管理,处于辅助的、从属的地位。物流本身没有、也不需要决策权。

现代企业追求的是整体效益,而物流的效益与生产加工的效益处于同等重要的地位。管理者不再单纯地追求生产制造过程的高速与高效,而把生产制造与物流作为一个整体来计划、组织和控制。物流管理也由单纯的操作型管理向决策型管理方向发展。

(三)由封闭型管理向开放型管理转化

分散、独立和个体化的物流是一种封闭型的管理,物流仅仅完成生产制造过程提出的各个单项任务。现代企业生产组织模式在都以多品种、少批量为主要特点,生产制造系统要有很强的应变能力和极快的响应速度。因此,同企业的其他系统一样,物流管理也要由封闭型管理向开放型管理方向转化。

(四)应用计算机管理系统进行物流管理

以现代计算机技术、现代通信技术和现代管理技术为支持的现代计算机管理系统已经成为企业管理不可缺少的手段。因此,计算机管理系统已成为衡量企业管理水平的主要标志。物流系统信息量大、采集点多、涉及面广、更新快、联系密切,是计算机管理系统设计时的难点和重点,必须下大力气,早日作好这方面的工作。长期以来我国许多企业高层管理人员缺乏对计算机管理系统的正确认识，在计算机硬件方面舍得花钱，而对软件方面投资过少，严重影响了计算机管理系统的开发质量和应用效果。

第二章　供应物流管理——概论

第一节　供应物流综述

一、供应物流的定义

供应物流是指包括原材料等一切生产物资的采购、进货运输、仓储、库存管理、用料管理和供应管理,也称为原材料采购物流。它是生产物流系统中独立性相对较强的子系统,并且和生产系统、财务系统等生产企业各部门以及企业外部的资源市场、运输部门有密切的联系。

供应物流是企业为保证生产节奏,不断组织原材料、零部件、燃料、辅助材料供应的物流活动,这种活动对企业生产的正常、高效率进行发挥着保障作用。企业供应物流不仅要实现保证供应的目标,而且要在低成本、少消耗、高可靠性的限制条件下来组织供应物流活动,因此难度很大。

以供应物流为主的企业的特点:这种生产企业供应物流地位突出而其他物流相对次要,在组织企业物流时,供应物流组织和操作难度最大,例如采取多方外协方式生产机械、汽车、水电设备等的工业企业便属于这种系统。一台机械的几百个甚至几万个零部件,有时来自全国各地甚至国外,这种企业供应物流范围很大,难度很大,成本也高,但生产出大件产品后,其销售物流将较简单。对于一些农产品加工企业来说,由于原材料的数量往往大大超过成品的数量,供应物流的复杂程度和费用开支也要高于生产和销售物流。

二、供应物流系统的组成

1. 采购。采购工作是供应物流与社会物流的衔接点,是依据生产企业生产—供应—采购计划来进行原材料外购的作业层,负责市场资源、供货厂家、市场变化等信息的采集和反馈。

2. 生产资料供应。供应工作是供应物流与生产物流的衔接点,是依据供应计划—消耗定额进行生产资料供给的作业层,负责原材料消耗的控制。厂内供应方式有两种基本形式:一种是用料单位到供应部门领料;另一种是供应部门按时按量送料(配送)。

3. 仓储、库存管理。仓储管理工作是供应物流的转换点,负责生产资料的接货和发货,以及物料保管工作。库存管理工作是供应物流的重要部分,依据企业生产计划制定供应和采购计划,并负责制定库存控制策略及计划的执行与反馈修改。

4. 装卸、搬运。装卸、搬运工作是原材料接货、发货、堆码时进行的操作。虽然装卸、搬运是随着运输和保管而产生的作业,但却是衔接供应物流中其他活动的重要组成部分。

供应物流系统的组成见图 4—2—1。

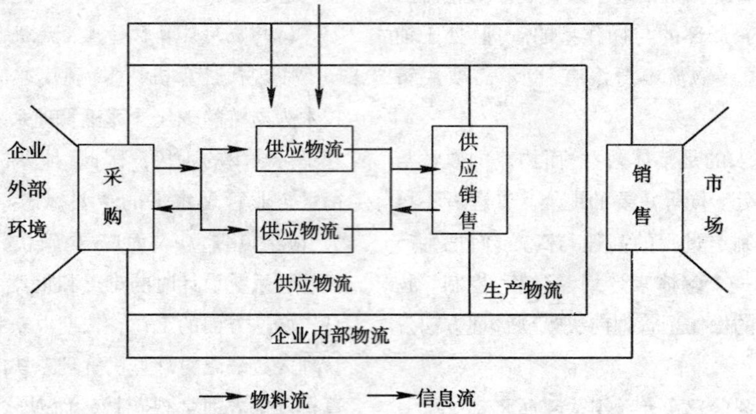

图 4—2—1　供应物流系统的组成示意图

三、供应物流过程

供应物流过程因不同企业、不同供应环节和不同的供应链而有所区别,这个区别就使企业的供应物流出现了许多不同种类的模式。但是,尽管不同的模式在某些环节具有非常复杂的特点,供应物流基本流程是相同的,其过程有以下几个环节。

(一)取得资源

取得资源是完成以后所有供应活动的前提条件。取得什么样的资源,这是核心生产过程提出来的,同时也要按照供应物流可以承受的技术条件和成本来作出正确的决策。

(二)组织到厂物流

所取得的资源必须经过物流过程才能达到企业。这个物流过程是企业外部的物流过程,在物流过程中,往往要反复运用装卸、搬运、储运、运输等物流活动才能使取得的资源到达企业的门口。

(三)组织厂内物流

如果企业外物流到达企业的“门”,便以“门”作为企业内外的划分界限,例如以企业的仓库为外部物流终点,便以仓库作为划分企业内、外物流的界限。这种从“门”和仓库开始继续到达车间或生产线的物流过程,称做供应物流的企业内物流。

传统企业供应物流,都是以仓库为调节企业内外物流的一个节点。因此企业的供应仓库在工业化时代是一个非常重要的设施。

四、供应物流基本组织模式

企业的供应物流目前用的较多的有四种基本组织方式:第一种是委托社会销售企业代理供应物流方式;第二种是委托第三方物流企业代理供应物流方式;第三种是企业自供物流方式;第四种是近年随供应链理论发展起来的供应链物流供应方式。

(一)委托社会销售企业代理

委托社会销售企业代理模式下,企业做为用户,在买方市场条件下,利用买方的主导权力,向销售方提出对本企业进行供应服务的要求,做为向销售方面进行采购定货的前提条件。实际上,销售方在实现了自己生产的和经营的产品销售的同时,也实现了对用户的供应服务,以此占领市场。这种供应服务是销售方企业发展的一个战略手段。

(二)委托第三方代理

委托第三方代理是在企业完成了采购程序之后,由销售方和本企业之外的第三方去从事物流活动。当然,这第三方从事的物流活动,应当是专业性的,而且有非常好的服务水平。这个第三方所从事的供应物流,主要向买方提供了服务,同时也向销售方提供服务,在客观上协助销售方扩大了市场。在网络经济时代,很多企业要构筑广域的或者全球的供应链,这就要物流企业有更强的能力和更高的水平，这是一般生产企业不可能做到的，从这个意义来讲，必须要依靠从事物流的第三方来做这一项工作。

（三）自供物流、部分外协

自供物流、部分外协是由企业自己组织所采购物品的供应物流活动，部分物品采用外协方式。这是在卖方市场的市场环境状况下，企业经常采用的供应物流方式。本企业在组织供应的某些种类物品方面，可能有一些例如设备、装备、设施和人才方面的优势，这样，由本企业组织自己的供应物流未尝不可，在新经济时代这种方式也不能完全否定，关键还在于技术经济效果的综合评价。

（四）供应链物流供应

以信息和网络为依托的供应链管理将原材料供应商、生产商、储运商、分销商、消费者组成供需物流网络链，供应商和企业将结成最高层次的联盟，在互利互惠、共享信息、共担风险、相互信赖的原则下，建立长期的供应合作关系。

这几种方式都有低层次的、高层次的不同管理模式，其中供应链方式，以及这几种方式发展出的零库存供应方式、准时供应方式、虚拟仓库供应方式都值得我们关注，它们同时也是供应方式发展的方向。

五、供应物流新服务方式

（一）准时供应方式

在买方市场环境下，供应物流活动的主导者是买方。购买者（用户）有极强的主动性，用户企业可以按照最理想方式选择供应物流。而供应物流的承担者，作为提供服务的一方，必须以最优的服务才能够被用户所接受。从用户企业一方来看，准时供应方式是一种比较理想的方式。准时供应方式是按照用户的要求，在计划的时间内或者用户随时提出的时间内，实现用户所要求的供应。

准时供应方式大多是双方事先约定供应的时间，互相确认时间计划，因而有利于双方作供应物流和接货的组织准备工作。采用准时供应方式，可以派生出零库存方式、即时供应方式、在线供应方式等多种新的服务方式。

（二）即时供应方式

即时供应方式是准时供应方式的一个特例，是完全不依靠计划时间而按照用户偶尔提出的时间要求，进行准时供应方式。这种方式一般作为应急的方式采用，但在网络经济时代，由于电子商务的广泛开展，在电子商务运行中，最基本消费者所提出的服务要求，大多缺乏计划性，而又有严格的时间要求，所以，在新经济环境下，这种供应方式有被广泛采用的趋势。需要说明的是，这种供应方式由于很难实现计划和共同配送，所以，一般成本较高。

（三）零库存供应方式

在买方市场环境下，由于产品供大于求，买方有主导权，就可以设计出各个领域的零库存。这个零库存的前提条件，是有充分的社会供应保证，加上现代化的管理方法和技术手段。

第二节　供应物流的合理化

供应物流是生产物流的上延，也是企业物流的开端，因此供应物流的合理化是供应物流的重要组成部分。供应物流的合理化可以从以下几方面着手。

一、准确预测需求

这里所指的需求是以工厂生产计划对各类物资的需求为依据确定出的物资供应需求量。生产计划是根据市场对该产品的需求量来决定的，而供应计划则是依据生产计划下达的产品品种、结构、数量的要求、各种材料的消耗定额和生产工艺时序等来制定的。供应计划要做到对各种原材料、购入件的需要量（包括品种、数量）和供货日期的准确需求预测，才能保证生产正常进行，且降低成本，加速资金周转，提高企业经济效益。因此，制定切实可行的生产计划，确定合理的物资消耗定额、储备定额，是做到准确预测需求的关键。

二、合理控制库存

供应物流中断将使生产陷于停顿，需要有一定数量的储备，保证生产的正常进行。这种储备包括两方面：

1. 正常库存。因为采购是批量进行的，而生产是连续进行的，两者节奏不一致，所以要保证生产连续稳定进行，必须有正常的库存。

2. 安全库存。为了防止发生意外事故和不可知因素的影响使供应活动受到阻碍，需要有安全库存，以保证生产的正常进行。库存控制的内容包括库存控制策略、库存计划及库存动态调整。库存控制是实现合理储存的重要手段，运用这种手段来解决物资供应计划中的合理储备数量问题，能改善物流供应质量和效率。

为了合理的控制库存，在有条件的情况下，还应有意识地应用新的供应服务方式如供应链供应模式、零库存模式、JIT 模式等逐步提高供应水平，降低库存。

三、科学进行采购决策

采购决策的内容主要包括：市场资源调查、市场变化信息的采集与反馈、供货厂家选择和进货批量、进货时间间隔等。由于影响因素的复杂性，特别是人为因素的介入，决策的正确性会受到很大影响，对此，发展计算机辅助采购决策系统是一种有效的解决途径，其中要有市场资源、价格、供货方及交通运输的信息与档案，也要建立可靠易行的决策模型，信息、档案以至决策模型都要在运行过程中不断修改、充实和完善。

四、供应保障

供应保障包括运输、仓储管理、服务等方面。要采用合理的运输方案，进行运输线路短、环节少、时间快、费用省的合理运输工具的选择。同时进行先进的仓储管理，如利用计算机进行物料进、存、耗动态管理，机械化、自动化仓储作业等。服务方面主要是方便生产和节省费用，如供应模式、供应手段的选择。

五、借助先进的现代信息系统完善供应物流系统

逐步建立完善的现代信息系统，利用先进的计算机系统，加快各环节的信息交换，从而优化供应物流的各个环节，提高企业对外界变化的反应能力，形成准时、顺畅、及时的供应系统。

第三节　供应物流发展

一、由单一的物流模式转向多种物流模式共存

目前企业供应物流中主要采取企业自供、部分外协物流模式，而随着社会分工的细化和先进管理方式方法如第三方物流、供应链理论与实践的深入，物流模式将是委托社会销售企业代理、委托第三方代理、自供、供应链供应等多种模式组合，特别是供应链物流供应概念和方式的出现代表着供应物流发展的新导向，也是供应链发展的重要组成。

我们在选择企业供应物流模式时要符合企业的实际情况以及企业长期、短期发展战略，因此要了解 4 种供应模式的特点：

(一)委托社会销售企业代理

这种方式的主要优点，是企业可以充分利用市场经济造就的买方市场优势，对销售方即物流的执行方进行选择和提出要求，有利于实现企业理想的供应物流设计。存在的主要问题是销售方的物流水平可能有所欠缺，因为销售方毕竟不是专业的物流企业，有时候很难满足企业供应物流高水平化、现代化的要求，例如，企业打算建立自己的广域供应链，这就超出了销售方面的能力而难以实现。

(二)委托第三方代理

由第三方去从事企业供应物流的最大好处是，能够承接这一项业务的企业，必定是专业物流企业，有高水平、低成本、高服务从事专业物流的条件、组织和传统。不同的专业物流公司，瞄准的物流对象不同，有自己特有的形成核心竞争能力的机器装备、设施和人才，这就使企业有广泛选择的余地，进行供应物流的优化。

(三)自供、部分外协

在这种方式下，企业可充分发挥自身的优势，如设备、人才等方面，但从发展的角度看，在网络经济时代，如果不考虑本企业核心竞争能力，不致力发展这个竞争能力，而仍然抱着“肥水不流外人田”的旧观念，也不是不可能取得一些眼前利益，但是这必将以损失战略的发展为代价，是不可取的。

(四)供应链供应

它的优点是在这种供应方式下，供应商、储运商的物流能够保证是专业化水准，又能保证生产商对供应环节的服务要求。由于供应关系更稳定，保证原材料的质量、供应期，降低原材料库存，降低采购成本，共享供应商技术的革新成果，加快产品的开发速度，从而提高整个供应链上各个企业的整体效益和竞争力。

未来网络时代，企业的供应物流将是多模式的灵活组合，这种组合将更好地适应市场经济的变化，更好地发挥各企业的优势，达到全社会物流的合理化。

二、供应物流发展的3个阶段

(一)供应物流电子信息化,并与其他系统整合为企业物流信息系统成为发展的必然

供应物流对采购、仓储、供应等各环节中的物料信息及流通中产生的信息进行收集、整理,将信息数据库化、代码化、电子化、标准化、实时化。同时通过供应物流与销售、生产等其他物流系统中各点和线的信息化、网络化,使整个系统整合为企业物流信息系统。这时采购物料的信息由生产计划和调度信息来指导,库存管理按生产信息和采购信息来实时监控和调整,物流信息系统将使企业实现自动化、无纸化。

(二)企业物流一体化是企业发展的必然,供应物流将是物流一体化的重要组成部分

物流一体化是针对企业内部的各个职能的运作与协调,因此当然包括采购资源的计划、分配和控制过程,实物配送和生产支持系统的管理,它将企业的各个功能和物流进行统一管理、系统优化,实现企业内部的一体化,形成企业内部供应链。人们越来越清楚地意识到在生产经济性和市场需求之间存在着一定的交替损益,只有一体化地从物流系统的总体效益出发,把所有相关的物流成本放到同一场所,用"总成本"这一统一尺度来衡量,并从综合经济效益上来衡量比较,才能得出总的损益、得失、优劣的结论,从而进一步发挥各功能的协调作用。通过机构和功能的重组,形成优化后的内部供应链,内部供应链的形成可以降低系统的库存水平,而信息通讯则更有效地提高了整个系统的运作效率。但是内部一体化只能实现企业内部的最优化,由于没有与供应商和分销商的一体化管理,仍然存在大量原料和成品的库存,或将库存转稼到供应商和分销商。这些成本最终将转稼到用户身上。

(三)供应链管理的发展使供应物流发展进入新的阶段

供应链强调原材料的采购、生产、销售、服务、回收等整个流通管理、采购、生产、销售部门与供应商、分销商、零售商整合。供应链涉及将产品或服务提供给最终消费者的所有环节的企业所构成的上、下游产业一体化体系。供应链管理强调核心企业与相关企业的协作关系,通过信息共享、技术扩散(交流与合作)、资源优化配置和有效的价值链激励机制等方法体现经营一体化。

在供应链条件下,供应物流将融入其发展中,采购、库存控制将与供应链中的其他成员紧密整合,采购、库存将不在是单个企业的行为,市场竞争将是供应链间的竞争。生产厂商和供应商将结成战略伙伴关系。信息共享使销售商根据需求动态、库存状况,利用网络向生产商发出商品信息,生产商根据生产情况和销售进货情况,制定生产计划,确定原材料品种、数量,通过网络向供应商发订单。由于信息畅通、及时,能对客户的需求做出快速反应,从而降低库存,提高整体的服务水平。由于供应链管理的目标是将整个供应链上的所有环节的市场、分销网络、制造过程和采购活动联系起来,以实现顾客服务的高水平与低成本,赢得竞争优势,因此供应物流最终将与其他部分整合在一起,成为供应链发展中不可分割的重要组成部分。

以上3个阶段是供应物流发展的一般阶段,不同的企业有不同的发展基础,因此应根据本企业的特点制定发展供应物流的战略。具体的案例可参见本章第五节,4个典型案例代表了3种不同供应物流发展阶段,对不同企业供应物流改革有一定的借鉴价值。

三、供应环节中配送制的发展

配送是现代社会的产物,在买方市场的前提下,"送货"是买方的要求,卖方只有通过送货才能提高服务水平,取得竞争优势,因此可以说它是送货这种方式是在竞争环境下发展的产物。受利润、占领市场和企业战略发展动力的驱使,企业想方设法提高送货的服务水平,降低送货的成本,就必须要使这种送货行为优化,于是实践上便出现了通过合理的货物配置、合理的车辆调配、合理的路线规划、合理的配送及送货这些新内涵。这些新内涵的有机结合,便成为现代社会中的配送。

供应配送往往是针对特定的用户,用配送方式满足特定用户的供应需求。由于配送对象的确定性,需求的相对确定性,服务的相对确定性,所以在供应环节中,配送可形成较强的计划性,有较为稳定的渠道,可更充分发挥配送制度的优势,有利于提高配送的科学性和强化管理。供应配送有两种方式:

(一)由本企业自己组织企业内供应需求的配送

这种配送组织管理方式多发生在巨型企业和集团企业。这种类型的企业可以实行统一订货、集中库存、准时配送的方式,以保证车间、分厂或分公司的供应配送服务,甚至可以达到"零库存"的配送供应服务。由于是在同一企业之内,可以建立比较完善的信息系统,有统一的计划、指挥系统,可以做到企业内需求和供应的同步,有较强的科学性。

(二)由社会物流服务商(第三方物流)进行供应配送

这种配送组织管理方式,是由社会物流服务商对某一企业或若干企业的供应需求实行统一订货、集中库存、准时配送或其他配送服务的方式。依靠社会物流服务商的专业配送服务,可以使企业专注于自身的核心竞争力和核心生产力。把供应服务委托给专业第三方物流企业去做,往往可以取得更好的供应保障和更低的成本。

这种供应配送按用户送达要求的不同可以分为以下几种形式。

1."门到门"配送

即由配送企业将用户供应需求配送到用户"门口",以后的事情由用户自己去做,有可能在用户企业内部进一步延伸成企业外配送。

2."门对库"配送供应

由配送企业将用户供应需求直接配送到企业内部各个环节的仓库。

3."门到线"供应配送

由配送企业将用户的供应需求直接配送到生产线。显然,这种配送可以实现企业的"零库存",对配送的准时性和可靠性要求较高。

四、传统的采购模式转型

在传统的采购模式中,供应与需求之间的关系是临时性的,或者是短时性的合作,而且竞争多于合作。由于缺乏合作与协调,采购过程中各种抱怨和扯皮的事情比较多,很多时间消耗在解决次要问题上,没有更多的时间用来做长期性的预测与计划工作。供应与需求之间这种缺乏合作的气氛增加了许多合作中的不确定性。

同时,传统的采购过程还使用户需求响应能力迟钝。由于供应与采购双方在信息的沟通方面缺乏及时的信息反馈,在市场需求发生变化的情况下,采购方也不能改变供应方已有的订货合同,因此采购一方在需求减少时库存增加,需求增加时,出现供不应求。重新订货需要增加谈判过程,因此供需之间对用户需求的响应没有同步进行,缺乏应付需求变化的应变能力。

现代采购理论是基于供应链环境下的新型采购模式,实施外向资源管理、转变为订单、由一般采购关系转向战略伙伴关系、采购及准时制等完善了供应链环境下采购理论。它们和传统的采购方法在服务要求、采购目的、质量控制、供需关系、供应商的数目、交货期的管理等方面有许多不同,可派生出零库存方式、即时供应方式等新的服务方式,是配合配送制、供应链发展趋势的另一重要内容(详细内容参见本卷第一篇第一章第一节和第二章第五节)。

五、供应物流库存的发展趋势

存货就是浪费。它耗费空间、资金和时间。本杰明·富兰克林说"时间就是金钱!"日本的松下还告诉我们:"螺栓是我们的敌人!不增加产品价值的动作也是一种浪费。"于是,简单的夹子代替了大多数的螺栓。工人们能容易地重新安排单元,以适应产品改进甚至新的设计方案。在这家新式工厂几乎没有像拧螺栓那样慢吞吞的工序,所有的操作都像印刷机一样飞速运行。有的管理者会说:"库存是经营管理的错误之源。"即使库存本身不是错误,它也在以极高的代价掩盖着错误。因此追求零库存成为供应物流库存发展的趋势。这时并不是为零库存而零库存,而是极大程度上的降低浪费。准时制库存理论将打破传统库存理论中库存的意义,改变为无浪费库存;供应商库存管理打破传统物流中供应商与用户各自为政管理库存的方式,成为供应链方式下以系统、集成的思想统一控制供应链整体库存;业务流程重组打破传统库存管理中以库存控制为目的的管理,而采用以过程控制为目的的库存管理。零库存管理方式和理论将带来库存管理的思维革命,大大提高供应物流管理理论的水平,目前随着供应链管理应用的推进,供应物流中零库存管理理论和实践也将得到巨大的推进。无论采用哪种零库存的方式和理论,都将提高企业的库存管理水平,为企业带来可观的经济效益。

第四节　供应物流库存新理念——零库存

一、零库存的概念及形式

"零库存"是一种特殊的库存概念，其对工业企业和商业企业来讲是个重要分类概念，是随着库存理论和实践发展出现的新理念。零库存的含义是以仓库储存形式的某种或某些种物品的储存数量为"零"，即不保持库存。不以库存形式存在就可以免去仓库存货的一系列问题，如仓库建设、管理费用，存货维护、保管、装卸、搬运等费用，存货占用流动资金及库存物的老化、损失、变质等问题。

零库存的形式主要有：

1. 委托保管方式

接受用户的委托，由受托方代存代管所有权属于用户的物品。这可使用户不再保有库存，甚至可不再保有保险储备库存，从而实现零库存。受托方收取一定数量的代管费用。这种零库存形式的优势在于：受委托方利用其专业的优势，可以实现较高水平和较低费用的库存管理，用户不再设库，减去了仓库及库存管理的大量事务，集中力量于生产经营。但是，这种零库存方式主要是靠库存转移实现的，并未能使库存总量降低。

2. 协作分包方式

协作分包方式是制造企业的一种产业结构形式。这种结构形式可以以若干分包企业的柔性生产、准时供应，使主企业的供应库存为零；同时主企业的集中销售库存使若干分包劳务及销售企业的销售库存为零。在许多发达国家，制造企业都是以一家规模很大的主企业和数以千百计的小型分包企业组成一个金字塔形结构。主企业主要负责装配和产品开拓市场的指导，分包企业各自分包劳务、分包零部件制造、分包供应和分包销售。例如分包零部件制造的企业，可采取各种生产形式和库存调节形式，以保证按主企业的生产速率，按指定时间送货到主企业，从而使主企业不再设一级库存，达到零库存的目的。主企业的产品（如家用电器、汽车等）也可分包给若干推销人或商店销售，可以通过配额、随供等形式，以主企业集中的产品库存满足各分包者的销售，使分包者实现零库存。

3. 轮动方式

轮动方式也称同步方式，是在对系统进行周密设计前提下使各个环节速率完全协调，从而根本取消库存（甚至是工位之间的暂时停滞也予以取消）的一种零库存、零储备形式。这种方式是在传送带式生产基础上，进行更大规模延伸形成的一种使生产与材料供应同步进行，通过传送系统供应，从而实现零库存的形式。

4. 准时供应系统

在生产工位之间或在供应与生产之间完全做到轮动，这不仅是一件难度很大的系统工程，而且需要很大的投资，同时，有一些产业也不适合采用轮动方式。准时方式不是采用类似传送带的轮动系统，而是依靠有效的衔接和计划达到工位之间、供应与生产之间的协调，从而实现零库存。如果说轮动方式主要靠"硬件"的话，那么准时供应系统则在很大程度上依靠"软件"。

5. 看板方式

看板方式是准时方式中一种简单有效的方式，也称"传票卡制度"或"卡片"制度，是日本丰田公司首先采用的。在企业的各工序之间，或在企业之间，或在生产企业与供应者之间，采用固定格式的卡片为凭证，由下一环节根据自己的节奏，逆生产流程方向，向上一环节指定供应，从而协调关系，做到准时同步。采用看板方式，有可能使供应库存实现零库存。

6. 水龙头方式

水龙头方式是一种像拧开自来水管的水龙头就可以取水而无需自己保有库存的零库存形式。这是日本索尼公司首先采用的。这种方式经过一定时间的演进，已发展成即时供应制度。用户可以随时提出购入要求，采取需要多少就购入多少的方式，供货者以自己的库存和有效供应系统承担即时供应的责任，从而使用户实现零库存。适于这种供应形式实现零库存的物品，主要是工具及标准件。

7. 配送方式

通过多种方式配送保证供应从而使用户零库存。

二、零库存的重要理论

（一）准时制库存

生产和销售系统中的库存常常只是当出了某种

差错时才有必要存在，换句话说，只是当生产计划出现了某种偏差时，这种“额外”的库存就被用来填补偏差或是解决问题。我们认为好的库存策略要求的不是准备应付某种情况，而是准时供货，准时制库存是维持系统完整运行所需的最少库存。有了准时制库存，所需物品就能按时按量到位，分秒不差。

准时制意味着消除浪费，存货与生产同步，以及库存量很少。准时制的关键是按标准进行小批量生产。减少批量的大小可以对减少库存及其成本有很大帮助。当库存的再订货量下降时，平均库存量也就下降了，因为最大库存量降低了。而且批量越小，隐藏的问题越少。获得这种小批量的一个方法是，只有当需要存货时才将其运入下一个工作站。当存货只是在需要时才运入，这称为一个牵引系统。

在为减少库存所做的努力中，日本人在车间中采用“牵引”库存系统，他们通常用一张看板来表示物料的需求。这张看板就是下一批生产所需物料的授权书。看板“牵引”物料通过工厂。每次批量通常都很小，通常只供几个小时的生产需要。这样的系统需要周密的计划和频繁地调整机器。每种小批量的产品每天都得生产好几次。这样的系统必须运行平稳，因为任何短缺都会影响整个系统。看板系统特别强调按计划执行，并减少生产准备时间和成本。

(二)供应商管理用户库存

如果把视野从单个企业扩大到由供应商、制造商、批发商和零售商组成的供应链范围来考虑库存问题的话，就会发现有问题的库存数量将会大大增加。组成供应链的各企业之间的关系在过去是相互买卖交易关系，因而企业并不习惯在它们之间交流信息，也不习惯相互协调进行库存管理，更不用说在整个供应链水平上分享交流信息和共同协调进行库存管理，这样往往会形成不必要的大量库存，同时也可能降低顾客的满意度。比如，过去组成供应链的各个企业对各自供应商及时、准确交货的承诺并不能完全信赖，因而，它们的储存往往超过实际需要库存量，以防万一出现供应商延期交货或不能交货的情况，这种超过实际需要量的库存常常被称为“缓冲库存”。同样地，在过去，组成供应链的各个企业与各自的顾客(需要方)之间缺乏必要的信息交流，而对顾客的需要，特别是最终消费者的实时需要难以把握，往往依靠预测来安排生产。由于预测与实际往往存在差距，容易产生库存不足(缺货)或库存过剩的现象。另外，企业为了满足顾客的大量突发性订货往往准备“缓冲库存”。据有关资料统计，这种缓冲库存差不多占整个零售业库存的1/3。因此，从供应链整体来看，过去这种传统交易习惯导致的不必要库存给企业增加了成本，而这些成本最终将反映在销售给顾客的产品价格上，从而减少顾客的满意度。而在供应链范围进行库存管理不仅可以降低库存水平，从而减少资金占用和库存维持成本，而且还可以提高顾客的满意度。当然，实现真正意义上的零库存，这在现实中是不可能的，这只是及时生产方式下的努力目标。随着组成供应链的企业间关系从过去建立在买卖交易基础上的对立型关系向基于共同利益的协作伙伴型关系的转变，供应链各个企业间的交流，分享信息，协调进行库存管理成为可能，而先进的库存管理方法和技术的出现使这种可能变为现实。

近年来，在国外，出现了一种新的库存管理方法——供应商管理用户库存(VMI)。这种库存管理策略打破了传统的各自为政的库存管理模式，体现了现代经营的集成化思想，适应市场变化的要求，是一种新的有代表性库存管理思想。VMI库存管理系统能够突破传统的条块分割的库存管理模式，以系统的、集成的管理思想进行库存管理，使供应链系统能够获得同步化的运作。VMI的主要思想是供应商在用户的允许下设立库存，确定库存水平和补给策略，拥有库存控制权。

精心设计与开发的VMI系统，不仅可以降低供应链的库存水平，降低成本，而且，用户还可获得高水平的服务，改善资金流，与供应商共享需求变化的透明性和获得更高的用户信任度。实施VMI策略，首先要改变订单的处理方式，建立基于标准的托付订单处理模式。供应商和批发商一起确定供应商的订单业务处理过程所需要的信息和库存控制参数，然后建立一种订单的处理标准模式，如EDI标准报文，最后把订货、交货和票据处理各个业务功能集成在供应商一边。库存状态透明性(对供应商)是实施供应商管理用户库存的关键。供应商能够随时跟踪和检查到销售商的库存状态，从而快速地响应市场的需求变化，对企业的生产(供应)状态做出相应的调整。为此需要建立一种能够使供应商和用户(分销、批发商)的库存信息系统透明连接的方法。

供应商库存管理的策略可以分如下几个步骤实施：

(1)建立顾客情报信息系统。要有效地管理销售库存，供应商必须能够获得顾客的有关信息。通过建立顾客的信息库，供应商能够掌握需求变化的有关情况，把批发商(分销商)进行的需求预测与分析功能集成到供应商的系统中来。

(2)建立销售网络管理系统。供应商要很好地管理库存，必须建立起完善的销售网络管理系统，保证自己的产品需求信息和物流畅通；保证自己产品条码的可读性和惟一性；解决产品分类、编码的标准化问题；解决商品存储运输过程中的识别问题。目前已有许多企业开始采用 MRPⅡ或 ERP 企业资源计划系统，这些软件系统都集成了销售管理的功能。通过对这些功能的扩展，可以建立完善的销售网络管理系统。

(3)建立供应商与分销商(批发商)的合作框架协议。供应商和分销商(批发商)一起通过协商，确定处理订单的业务流程以及控制库存的有关参数(如再订货点、最低库存水平等)、库存信息的传递方式(如 EDI 或 Internet)等。

(三)业务流程重组

对于库存的理解，我们习惯认为它是资源的储备或暂时性的闲置，因此，长期以来对库存作用的理解就针对库存是因“储备”而存在还是因“闲置”而存在产生截然相反的看法。维持库存是储备的观点认为库存是维持正常生产、保持连续、应付不测需求所必须的，而认为库存是闲置的观点认为库存是一种浪费，它掩盖管理中问题，因此主张消除库存，通过无库存生产方式不断地降低库存水平，暴露管理问题，然后解决问题，使管理工作得到改进，达到一个新的水平。这是一个循环往复、不断改进的过程，JIT 思想集中体现了这种理念。

从深层次的研究发现，库存并不是简单的资源储备或闲置的问题，而是一种组织行为问题，这是我们关于库存管理新的理解，库存是企业之间或部门之间没有实现无缝连接的结果，因此，库存管理的真正本质不是针对物料的物流管理，而是针对企业业务过程的业务流程管理。

从传统的以物流控制为目的的库存管理向以过程控制为目的的库存管理转变是库存管理思维的变革。基于过程控制的库存管理将是全面质量管理、业务流程再造、业务流程技术、物流技术的集成。这种新的库存管理思想对企业的组织行为产生重要的影响，组织结构将更加面向过程。供应链是多个组织的联合，通过有效的过程管理可以减少乃至消除库存。

在供应链库存管理中，组织障碍是库存增加的一个重要因素。不管是企业内部还是企业之间，相互的合作与协调是实现供应链无缝连接的关键。在供应链管理环境下，库存控制不再是一种运作问题，而是企业的战略性问题。要实现供应链管理的高效运行，必须增加企业的协作，建立有效的合作机制，不断进行改革。因而，库存管理并不是简单的物流过程管理，而是企业间业务流程的管理。

基于业务流程的库存管理能解决传统的库存控制方法无法解除的库存协调问题，特别是多级库存控制问题。多级库存管理涉及多组织协作关系，这是企业之间的战略协作问题。传统的订货点方法解决不了关于多组织的物流协作问题，必须通过组织的最有效协作关系进行协调才能解决。

第五节 供应物流典型案例

案例 1 兖矿供应物流规划项目

兖州煤矿集团是全国煤矿行业中为数不多的大型煤炭集团，兖州矿业集团“十五”发展计划中明确将建成以能源产业为载体的煤化工、煤电铝、金融和服务业综合发展、具有强大的国际竞争力的大型跨国集团，以应对经济全球化的挑战。根据集团公司的战略规划，将五大专业公司即煤业公司、电、铝公司、煤化工公司、事业公司(机械厂、皮带厂)和物业公司，统一由集团决策机构进行战略规划与管理，根据现代企业的运作要求，在专业分工明确的情况下，对集团所属各专业公司进行统一的供应、生产与销售物流集中管理，以降低企业运营成本。

由于煤炭生产的特点决定了该集团的物流管理重点在供应物流管理。该集团的策略是：第一步实行机构重组,将煤业生产和销售统一管理,煤业的供应物流实现了大宗物资的统一采购、统一配送,降低了采购成本,这已在过去几年完成;第二步集团煤业深化机构重组,统一采购权,管理上基本实现煤业物资的95%、非煤业物资的85%集中采购,统一配送,进一步实现资源的合理配置和重组,采用ERP管理模式,应用先进的网络技术和ERP管理软件完善煤业的管理,同时规划将已有的三大库改建成现代化的配送中心,目前两库已改造完成,实现了配送中心的功能,整体管理水平又上新台阶;第三步规划,未来几年最终完成机构、资源重组和配置,完善集团的统一采购、统一配送、统一销售的管理模式,三库将成为整个集团的现代化配送中心,管理水平更上一层楼。兖矿集团是典型的供应物流型大型企业,它的规划既根据了该企业的实际情况,又符合现代化物流发展趋势,到目前为止,集团无论从生产技术的先进程度还是管理水平都在中国煤炭行业处于领先地位,是中国国有企业供应物流改革的成功典范。

案例2　海尔供应物流

海尔集团近年的发展是举世瞩目的,它的超常规发展已在全国甚至世界都产生巨大影响。1999年,海尔集团首席执行官张瑞敏提出海尔的全球化战略,使2000年海尔全球销售额突破400亿元人民币,连续16年以80%以上的增长率高速向世界500强的目标进军。张瑞敏认为2000年的成绩归功于对市场链流程的再造和创新,而物流则是这一过程中最关键的因素。海尔物流对海尔集团的发展功不可没。海尔供应物流改革突出表现在统一采购、统一配送、完善的仓储和运输系统及电子商务。海尔首先进行了机构重组和物流资源的合理配置和重组。将分散的采购业务实现统一采购,以达到在全集团最低总成本下提供JIT采购。大到几百万的设备,小到一些办公用品诸如圆珠笔等都按统一采购进行操作。利用整合后的集团优势,大宗物料实现了大采购,利用数量和品牌优势取得了国内同业的最优价格。比如彩色显像管,整合前只能拿到生产商二、三类用户的价格,统一采购后,就可享受生产商一类客户的价格,平均每台至少可便宜10元,而且供货服务得到了保证。仅此一项,全年至少节约580万元。又如,部分电子零部件在统一采购后,降价幅度达5%～8%,2000年一年节省1 000万元。海尔的一年采购费用在100多亿,如果节省一个百分点,就会少花1亿。这里的效益是相当可观的。

其次采用了统一配送,在内部实现了JIT统一配送管理,主要是为企业内部各个产品事业部的生产线进行零部件和离开生产线的成品进行保管和配送管理。配送管理突出两点:减少库存;保证24 h快速反应。负责海尔物流的副总裁梁海山说,物流成本反映在财务上的指标就是两个资金,即库存占用资金和采购资金。经过一年的运作,库存占用资金从15亿元降到7亿元,2001年年底为4亿元,可见经过物流配送,库存已经降了很多,但是可挖掘的潜力还很大。原来的物资库存周期为30天,2000年年底为13天,2001年将达到7天,力争6.5天。

再次配送是由现代化仓库、覆盖全国的42个配送中心和四通八达的配送网做后盾的,1999年,建立了一个占地7 000多m^2,9 000多个货位的机械化立体仓库,它要求物流配套的一系列基础工作必须跟上,信息系统管理、计算机管理要求要有标准的包装、机械化的搬运,实行条码管理等。

最后,海尔认为采用电子商务技术,意味着海尔与用户之间是零距离,电子商务的快速可满足海尔实现供应链下的用户个性化需求的目标。面向企业供应链的网上交易平台扩大了企业的销售范围,降低了交易成本。目前,海尔已经开通了在线购买平台,其电子商务是面向企业整个供应链,目的是降低交易成本,缩短订货周期,提高信息系统和决策水平,从质量、成本和响应速度3个方面改进经营,增强企业竞争能力。海尔物流案例是中国物流发展中的典范。

案例3　沃尔玛与宝洁的供应链

沃尔玛起源于阿肯色州罗杰斯城的小商店,经过几十年的经营运作,已经成为世界上最大、利润最高的零售商。沃尔玛的成功归功于供应链的成功运作,成功地保证了连续补货,使它的周转率和运营利润都是最高的。如宝洁公司对沃尔玛供应物流运作是从沃尔玛各连锁店通过EDI将订单传送沃尔玛配送中心开始,配送中心进行汇总后连同库存情况传送总部,总部进行分析、预测后,传送订单至配送中心及宝洁总部,宝洁公司采用柔性制造组织生产并配送至沃尔玛配送中心，由配送中心对各网点配送实现货物的连续补充。在此案例中，沃尔玛与供应商及沃尔玛连锁店形成联盟伙伴关系，强大的配送中心、配送网络，可靠的供应商，先进的网络数字化技术，统一采购配送的管理方式等组成完善的供应链，造就了沃尔玛的成功。

案例4　麦当劳横向构筑的供应链

麦当劳目前在116个国家和地区开设了25 000多家餐厅，在每个国家都是本地化的企业。它的成功突出表现在建立了完善的供应商网络。麦当劳在中国先后建立了52个工厂，实际投资近1.52个亿。仅原材料中国国内采购每年就达10亿元。麦当劳有一套久经考验的运转机制，其肉鸡、肉牛、生菜的养(种)殖，肉饼的加工，以及餐厅桌椅、厨房设备、专用招牌等分别有固定的供应商，有的已合作了40年，麦当劳连锁开到哪，这些供应商就把厂建到哪里。美国福喜公司就是与麦当劳合作40多年的固定供应商，1991年在河北成立独资公司，为中国麦当劳提供肉类产品的分发配送服务。麦当劳的市场推广计划也与供应商公司紧密合作。从本案例可知，麦当劳在供应商管理方面取得了显著的效果，供应商的大力支持是麦当劳成功的秘诀之一。

分析总结：

现代物流学是基于非短缺商品市场这样一个宏观环境来研究物流活动的，在这种环境下，保证供应品的数量和质量比较容易做到，关键在于如何降低供应物流的成本以提高企业的市场竞争力。为此，企业物流必须解决有效的供应网络问题、供应方式问题、零库存问题等。

以上案例表明供应链、电子商务中的供应商管理网络已经渗透到了各个领域，其对采购供应工作的影响也不容忽视，它已经改变了以往供应商和企业联系的方式。但要注意的是，企业不能盲目上信息系统，炒作供应链，企业应首先将内部供应物流理顺，无论是采取机构重组、资源配置，还是企业内部建立管理信息系统、上进销存管理系统、上MRPⅡ系统，上ERP系统，都是使价值链(供应商→企业→用户)更流畅，成本更低，运作更有效，从而使企业形成相对竞争优势，为实现外部供应链打好坚实的基础。随着经济一体化及信息全球化的发展，竞争的加剧，供应商同企业的联系更紧密，相互依赖性更强。企业可通过加强供应商管理，大幅度降低自己的库存，把库存转移给供应商。通过计算机强大的计算功能，建立一个完善的供应商管理体系，实现网上自动订货及供货、供应商的考核、采购信息查询等一系列功能，从而使企业的库存水平大大降低，节约流动资金的占用，改善企业的服务，实现真正的电子商务，适应时代发展的需要，提高企业的竞争力。

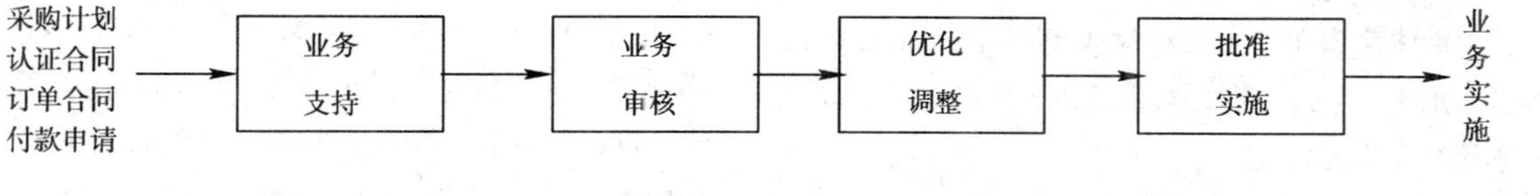

图　4—2—2

第三章　供应物流管理——采购管理

第一节　采购的概述

一、采购的定义

采购是指提出采购需求、选定供应商、谈妥价格、确定交货及相关条件、签定合同并按要求收货付款的过程。工业采购不同于消费市场采购，消费品市场采购活动往往是个人行为，而工业采购主体通常是企业、机关等单位或机构。二者无论是在采购的目的、动机，还是采购决策与特点等方面都存在着明显的区别。此外，工业采购与消费品采购还有一个主要的区别在于工业采购是供应商与顾客之间相互依靠的过程，因而在供应商与采购商(顾客)之间往往会发展成长期的合作关系。表4—3—1列举出消费品采购与工业采购的区别。

目前世界上并没有一个公认的采购定义，不同行业、不同企业对采购有不同的理解，对采购的运作也会采取不同的方法，因为他们所处的企业环境不同。通常，工业企业或制造业依据其生产环境或制造环境可分为以下3类：

表4—3—1　消费品采购与工业采购的区别

	工业采购	消费品采购
采购目的	保证生产	满足个人需求
采购动机	主要出于理性考虑	带有个人喜好或冲动
采购功能	专业职能、企业行为	消费者个人行为
采购决策	多人参与、程序化过程	个人决定
产品与市场知识	系统、宽广	零散、有限
采购量	大	小
采购需求	由生产及发展驱动、波动性强	由生活所需导向、通常较稳定
采购市场价格	弹性有限	弹性相对较大
顾客	数量有限、往往地域性集中	数量很多、地域上分散
与供应商关系	紧密，往往形成长期合作关系	松散

1．按库存量生产（Makes to Stock）：通常为标准化的产品生产，产品按一定的库存计划存放在仓库里供客户购买，客户要求随时交货、价格合理、质量可靠。生产具有专业化、规模化的特点，物料需求计划源于销售预测。

2．按订单生产（Make to Order）：厂家收到客户订单后将采购在库的原材料或零部件、半成品立即进行加工、组装以及包装，常适用于产品范围宽或成本储存昂贵的情况。

3．按订单设计生产（Engineer）：厂家收到客户订单后对产品进行设计、制造，适于单件、小批量及工程项目等情况。厂家往往收到订单后再去采购原材料或零部件。

对于不同的生产环境，企业所采取的生产组织方式不同，相应的运作也不同。对于按库存量生产的企业一般采取流水作业，原材料具有成批采购标准化程度高的特点，采购功能相对简单，采购的商务化比重大；对于按订单量生产的企业，生产组织要求灵活迅速，生产设备一般按机群或工艺布局，采购要求较高，针对原材料、零部件等不同的物料应采取不同的采购及供应商管理方式；对于按订单设计生产的企业，生产往往要求现场作业，采购通常是接受订单并确定设计以后开始，它具有技术性强的特点。表4—3—2概括了不同生产环境对应的生产及采购特点。

表4—3—2　不同生产环境对应的生产及采购特点

生产环境	按库存量生产	按订单量生产	按订单设计生产
作业方式	流水线	机群式或按工艺特点	现场作业
生产特点	产品导向	工艺导向	项目或设计导向
产品特点	数量大、标准化程度高	品种多、质量要求高	单件小批量、设计要求
竞争优势	低成本、及时交货	高质量、按时交货	专有技术及制造安装
采购特点	成批、标准化采购	分类采购与管理	技术性采购

二、采购分类及方法

采购根据不同的标准可分为不同的类别，按地区可分为国内采购和国外采购；按采购方式分直接采购、委托采购、调拨采购；按采购集中程度分集中采购、分散采购；按性质分为一般采购和项目采购等等。

通常采购价格是采购中敏感因素，根据价格采购较常用的方法有：

1．招标采购：将物料采购的所有条件（如物料名称、规格、品质要求、数量、交货期、付款条件、处罚规则、投标押金、投标资格等等）详细列明，刊登公告。投标厂商按公告的条件，在规定的时间内，交纳投标押金，参加投标。招标采购按规定必须至少三家以上厂商从事报价投标方得开标，开标后原则上以报价最低的厂商得标，但得标的报价仍高过标底时，采购人员有权宣布废标，或征得监办人员的同意，以议价方式办理。

2．询价现购：采购人员选取信用可靠的厂商将采购条件讲明，并询问价格或寄以询价单并促请对方报价，多方比较后现价采购。

3．比价采购：采购人员先请数家厂商提供价格，从中加以比价后，再选定厂商进行采购。

4．议价采购：采购人员与厂商经讨价还价后，议定价格进行采购。一般来说，询价、比价和议价是结合使用的，很少单独进行。

5. 定价收购：购买物料数量巨大，非几家厂商所能全部提供的，如纺织厂订购棉花、糖厂订购甘蔗等，或当市场上该物料匮乏时，则定价格现款收购。

6. 公开市场采购：采购人员在公开交易或拍卖时随机机动的采购，因此大宗需要物料时，价格变动频繁。

三、采购的意义

（一）采购的价值地位

在全球范围内工业企业的产品成本构成中，采购的原材料及零部件成本占企业总成本随行业不同而不同，大体在30%～90%，平均水平在60%以上。从世界范围来说，对于一个典型的企业，一般采购成本（包括原材料、零部件）要占60%，工资和福利占20%，管理费占15%，利润占5%。而在中国的工业企业，各种物质的采购成本要占到企业销售成本的70%。显然采购成本是企业成本管理中的主体和核心部分，采购是企业管理中"最有价值的部分"。而现实中，许多企业在控制成本时将大量的时间和精力放在不到总成本40%的企业管理费用以及工资和福利上，而忽视其主体部分——采购成本，往往是事倍功半、收效甚微。事实上产品成本中，材料部分（BOM）每年都存在着5%～20%的潜在降价空间。而材料价格每降低2%，在其他条件不变的前提下，净资产回报率可增加15%。此外采购中每1元钱的节省都会转化1元钱的利润。而在其他条件不变的情况下，若公司的利润率为5%，要想依靠增加销售来获取同样的利润，则需要多销售20元产品。事实上，从采购的角度降低1元成本远比从销售上多20元的产品要容易得多，成本也要低得多。可见重视采购的价值和地位，比起改进销售来，有事半功倍之效。

根据国家经济贸易委员会1999年发布的有关数据，如果中国国有大中型企业每年降低采购成本2%～3%，即可增加效益500多亿元人民币，相当于1997年国有工业企业实现利润的总和。因此，从价值角度说，采购是公司获取经营利润的一个巨大源泉。

（二）采购的供应地位

在商品生产和交换的整体供应链中，每个企业既是顾客，又是供应商。为了满足最终顾客的需求，企业都力求以最低的成本将高质量的产品以最快的速度供应到市场，以获取最大利润。在工业企业中，利润是同制造及供应过程中的物流和信息流的流动速度成正比例的。从整体供应链的角度来看，企业为了获取尽可能多的利润，都会想方设法加快物料和信息的流动，这样就必须依靠采购的力量，充分发挥供应商的作用，因为占成本60%的物料以及相关的信息都发生或来自于供应商。供应商提高其供应可靠性及灵活性、缩短交货周期、增加送货频率可以极大地改进工业企业的企划表现，如缩短生产总周期、提高生产效率、减少库存、增强对市场需求的应变力等等。

此外，随着经济一体化及信息全球化的发展，市场竞争日益激烈，顾客需求的提升驱使企业按库存生产，而竞争的要求又迫使企业趋向于争取按订单设计生产的环境，企业要解决这一矛盾只有将供应商纳入自身的生产经营过程，将采购及供应商的活动看作是自身供应链的一个有机组成，才能加快物料及信息在整体供应链中的流动，从而可将顾客所希望的库存成品向前推移为半成品，进而推移为原材料，这样既可减少整个供应链的物料及资金负担（降低成本、加快资金周转等），又可及时将原材料、半成品转换成产品以满足客户的需要。在整体供应链管理中，"即时生产"是缩短生产周期、降低成本和库存，同时又能以最快的交货速度满顾客需求的有效做法，而供应商的"即时供应"则是开展"即时生产"的主要内容。因此，采购从供应的角度来说，是整体供应链管理中"上游控制"的主导力量。

（三）采购的质量地位

质量是产品的生命。一般企业都依质量控制的时序将其划分为来货质量控制、过程质量控制及出货质量控制。由于产品中价值60%的部分是经采购由供应商提供，毫无疑问，产品"生命"的来货质量控制（Incoming Quality Control，简称IQC）是之前得到确保，也就是说企业产品"质量"不仅要在企业内部限制，更应控制在供应商的质量过程中，这也是"上游质量控制"的体现。供应商上游控制得好，不仅可以为下游质量控制打好基础，同时可以降低质量成本，减少企业来货检验费（降低IQC检验）。经验表明,一个企业要是能将1/4到1/3的质量管理精力花在供应商的质量管理上,那么企业自身的质量(过程质量及出货质量)水平可以提高50%以上。可见,通过采购将质量管理延伸到供应商是提高企业自身质量水平的基本保证。

(四)采购在产品中的作用

随着时代的变化和技术的进步,产品的开发周期在极大地缩短,产品开发“同步工程”(Concurrent Engineering)应运而生。以电脑为代表的信息产业产品则更是日新月异,其更新换代几乎是以指数的速度加快。企业之所以能做到这一点恰恰是由于通过采购将供应商纳入早期开发的结果。尽早地通过采购让供应商参与到企业自身的产品开发过程中来,不仅可以利用供应商的专业技术优势缩短产品开发时间,降低产品开发费用及产品制造成本,还可更好地满足产品功能性的需要,提高产品在整个市场上的竞争力。

(五)采购在企业经营中的作用

现代许多大公司都将供应商看作成自身企业产品开发与生产的延伸,与供应商建立“伙伴关系”。在自己不用直接进行投资的前提下,充分利用供应商的能力为自己开发生产产品。这样一方面可节省资金、降低投资风险,另一方面还可以最快的速度形成生产能力、扩大产品生产规模(因为供应商一般都具备专业技术优势和现成的规模生产能力)。而且很多企业不仅仅将供应商的利用局限于原材料和零部件领域,还扩大到总成甚至于成品,这里最具典型的就是OEM(Original Equipment Manufacture)产品。

根据上述分析可知,采购不仅仅是买东西,而是企业经营的一个核心环节,是获取利润的重要资源,它在企业的产品开发、质量保证、整体供应链以及经营管理中起着极其重要的作用。走出传统的采购认识误区,正确确定采购的地位,是当今每个企业在全球化、信息化市场经济竞争中赖以生存的一个基本保障,更是现代企业谋求发展壮大的一个必然要求。

四、采购部门的职能

工业企业的采购至少具有以下职责和任务:

1. 保证本单位所需产品与服务的正常供应,以支持本单位生产及其他经营活动的顺利运作。这当中最重要的是采购的材料、零部件或服务必须满足内部顾客(相关部门)在质量、数量及时间等方面的要求,否则相关部门必然提出投诉,久而久之,他们甚至可能会越过采购职能部门自行外出采购,从而导致采购职能的失控。

2. 不断改进采购过程及供应商管理过程以提高原材料质量,以最低的成本获得所需的服务和物资。

3. 控制、减少所有与采购相关的成本,包括直接采购成本和间接采购成本。直接采购成本即原材料、零部件采购价格的控制与降低,可采取提高采购工作效率、定期谈判、优化供应商、实施本地化、与供应商共同开展改进项目等多种途径。间接采购成本控制与降低包括缩短供应周期、增加送货频次、减少原材料库存、实施来料免检、循环使用原材料包装、合理利用相关的政府有利政策、避免汇率风险、供应商参与产品开发或过程开发等等。

4. 建立可靠、最优的供应配套体系。一方面要尽量减少供应商的数量,使采购活动尽量集中,另一方面又要避免依赖独家供应商、防止垄断供应的风险。

5. 利用供应商的专业优势,积极参与产品的过程开发。这是将供应商纳入企业自身整体经营的最为有效的措施。一个企业要想在市场竞争中生存下去,必须不断地推出新产品,而任何产品的开发没有采购以及供应商的参与和贡献则几乎不可能。如果供应商的专业优势能得以充分利用,将给企业自身的产品开发、生产甚至经营带来巨大的好处,20世纪80年代初期美国的IBM公司在其供应商Intel(英特尔)的合作支持下开发的256K RAM处理器就是一个明显的例子。

6. 建立维护本企业、本公司的良好形象。因采购是企业的对外工作,同销售一样,采购在很大程度上代表着公司,因此公正、良好的态度有助于发展同供应商的合作关系,树立公司的优秀形象。

7. 管理、控制好与采购相关的文件及信息,如程序性文件、作业指导书、供应商调研报告、供应商考核及认可报告、图纸及样品、合同与订单、供应商发票等。

除以上几项基本任务外,从采购的管理角度讲,其他职责包括:制定并实施采购的方针、策略、流程、目标及改进计划并进行采购及供应商绩效衡量，建立供应商审核及认可、考核与评估体系，开展采购系统自我评估，同其他单位的采购进行行业水平比较，不断提高整体采购水平，建立与培养稳定的有创造性的专业采购队伍，与其他单位（往往是本企业集团的其他兄弟部门）共享采购资源、开展“杠杆采购”（Leverage Buying）等。

五、采购原则

采购的五大基本原则是适价、适时、适质、适量、适地。

1. 适价：大量采购与少量采购，长期采购和短期采购在价格上有差别，决定一个适合的价格要经过以下几个步骤：

（1）多渠道寻价：多方面打探市场行情，包括市场最高价、最低价、一般价格。

（2）比价：要分析各供应商提供材料的性能、规格、品质要求、用量等才能建立比价标准。

（3）自行估价：自己成立估价小组，由采购、技术人员、成本、会计等人组成，估算出符合品质要求的、较为准确的底价资料。

（4）议价：根据底价的资料，市场的行情，供应商用料的不同，采购量的大小，付款期的长短等等与供应商议定出一个双方都能合理接受的价格。

2. 适时。采购要适时。现代企业竞争非常激烈，时间就是金钱。采购计划的制定要非常准确，该进的物料不依时间进来，造成停工待料，增加管理费用，影响销售和信誉；太早采购囤积物料，又会造成资金的积压、场地的浪费、物料的变质。所以依据生产计划制定采购计划，按采购计划适时的进料，既能使生产、销售顺畅，又可以节约成本，提高市场竞争力。

3. 适质。采购材料的品质成本是间接的，往往被忽视，但是品质不良会造成管理费增加、生产不稳定、降低信用和产品竞争能力等后果。

4. 适量。采购要适量。采购量多，价格就便宜，但不是采购越多越好，资金的周转率、仓库储存的成本都直接影响采购成本，应根据资金的周转率，储存成本，物料需求计划等综合计算出最经济的采购量。采购量的大小决定生产与销售的顺畅与资金的调度。物料采购量过大造成过高的存货储备成本与资金积压，物料采购量过小，则采购成本提高，因此适当的采购量（即适量）是非常必要的。

5. 适地。即供应商离自己公司越近，运输费用就越低，机动性就越高，协调沟通就越方便，成本自然就越低了。

第二节　采购流程

一、采购流程设计注意要点

采购作业流程是采购管理中最重要部分之一，是采购活动具体执行的标准。采购作业流程会因采购的来源如国内采购、国外采购，采购方式如比价、招标等，采购对象如物料、工程等的不同而在作业细节上有若干差异。凡是企业规模越大，采购金额越高，对流程设计愈为重视。对一般采购作业的流程设计应注意以下要点：

1. 注意采购结构应与采购数量、种类、区域相匹配。过多的流程环节会增加组织流程运作的事件与成本，降低工作效率。另一方面，流程过于简单，监控点设置不够等，将导致采购过程操作失去控制，在物料质量、供应、价格等方面产生问题。

2. 注意先后顺序及时效控制。即应注意其流畅性与一致性，并考虑作业流程所需时限。譬如，避免同一主管对同一采购案件做数次的签核；避免同一采购案件在不同部门有不同的作业方式；避免一个采购案件会签部门太多，影响作业时效。

3. 注意关键点设置。即为便于控制，使各项在处理中的采购作业，在各阶段均能追踪管制。譬如国外采购，从询价、报价、申请输入许可证、开信用证、装船、报关、提货等均有管制要领或办理时限。

4. 注意划分权责或任务。即各项作业手续及查核责任，应有明确权责规定及查核办法。比如请购、采购、验收、付款等权责应予以区分，并制定主办单位。

5. 避免作业过程中发生摩擦、重复与混乱。即注意变化性或弹性范围以及偶然事件的因应法则，譬如“紧急采购”及“外部授权”，根据有权办法或流程来特别处理。

6. 注意采购流程应反映集体决策的思想。要由计划、设计、工艺、认证、订单、质量等人员一起来决定供应商的选择。

7. 处理程序应合时宜。即应注意程序的及时改进。早期设计的处理程序或流程，经过若干时日后，应加以检讨，不断改进，以适应组织的变更，或作业上的实际需要。

8. 配合作业方式的改善。譬如手工的作业方式改变为电脑化作业，因此流程与表单需作相当程度的调整或重新设计。

一般采购流程包括采购计划、采购认证、采购订单、管理评价 4 个环节组成。

二、采购计划

根据市场需求、生产能力和采购环境容量制定采购计划，包括认证计划和订单计划两方面；应充分作好综合平衡，以便保证物料及时供应，同时要注意降低库存及成本、减少急单、降低风险采购率。它包含的环节如图 4—3—1 所示。

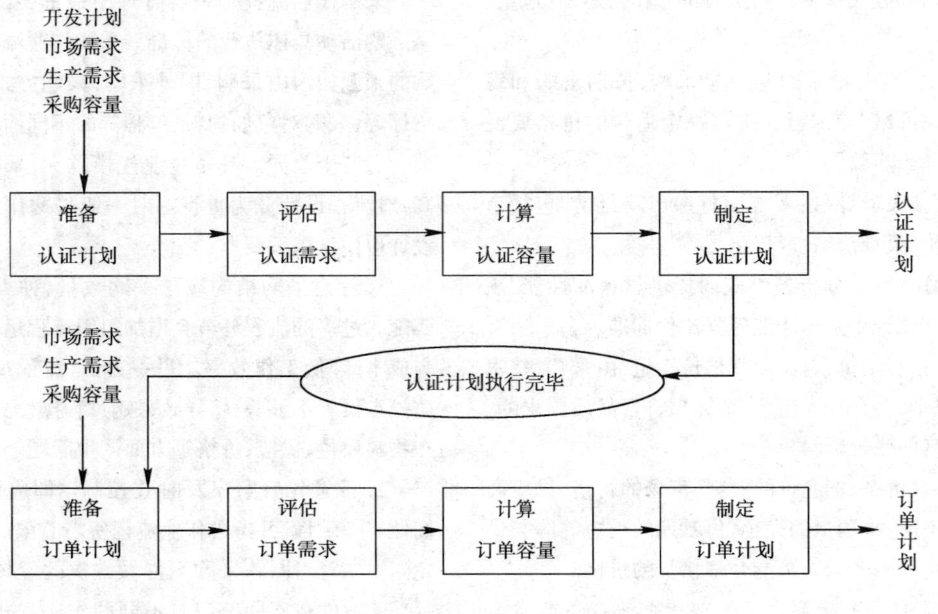

图 4—3—1　采购计划流程

(一)准备认证计划

1. 接收由开发部门提交的开发批量计划

开发批量认证需求是启动整个供应程序流动的牵引项，要想制订较为准确的认证计划，首先必须熟知开发需求计划。开发批量物料需求通常有两种情况：一是在目前采购环境中可以找到的物料供应，另一是新物料，这种新物料是采购环境无法提供的，需要寻找新物料的供应商，或与供应者一起研究新物料提供或试制的可行性。

2. 接收余量需求计划

随着市场需求的增加，采购环境容量不足以支持物料需求；或者随着采购环境呈下降趋势，该物料的采购环境容量在缩小，满足不了需求。以上两种情况产生余量需求，从而要求对采购环境进行扩容。采购环境容量的信息员可以由认证人员和订单人员提供。

3. 熟悉准备供应商群体认证环境信息资料

采购环境的内容包括：认证环境和订单环境两个部分。有些供应商认证容量较大，订单容量较小，有些供应商则反之。这是因为，认证过程是供应商样件及小批量试制过程，需要有强大的技术力量支持，有时需要与供应商一起开发；而订单过程是供应商的规模化生产过程，突出表现是自动化机器流水作业及稳定的生产，技术工艺已经固化在生产流程中，所以它的技术支持难度较前者为小。由此看来，认证容量和订单容量是两个概念。

4. 拟制认证计划说明书

也就是准备好认证计划所需要的资料，主要内容包括：认证计划说明书(物料项目名称、需求数量、认证周期等)，并附有开发需求计划、余量需求计划、认证环境资料等。

准备认证计划流程见图 4—3—2。

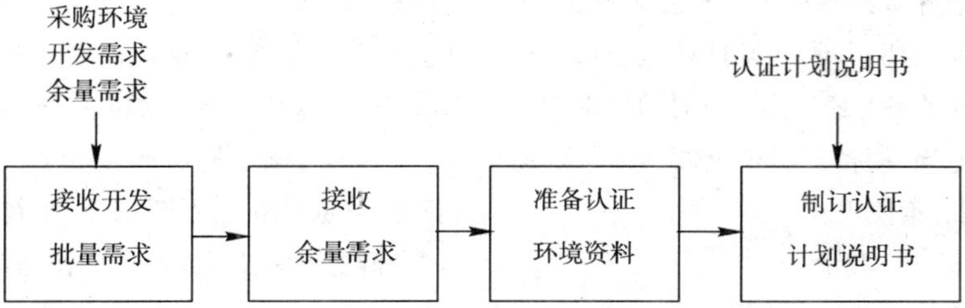

图 4—3—2　准备认证计划流程

(二)评估认证需求

1. 分析开发批量计划

不仅要分析量上的需求，而且要掌握物料的技术特征等信息。有各式各样的开发批量需求，可按不同方面分类。按照需求环节分：有各式各样的开发认证需求和生产批量物料认证需求；按照采购分：环境内物料需求和环境外物料需求；按照供应情况分：可直接供应物料和需要订做物料；按照国界分：国内供应物料和国外供应物料等。计划人员应对开发物料需求做详细分析，必要时与开发人员、认证人员一起研究开发物料的技术特征，按照已有的采购环境及认证计划经验进行分类。从这可以看出，认证计划人员需要兼备计划知识、开发知识、认证知识等，具有从战略高度分析问题的能力。

2. 分析并确定生产需求的余量

首先对余量需求进行分类，上面已说明余量认证的产生来源：一是市场销售量的扩大，另一是采购环境订单容量的萎缩；这两种情况都导致了目前采购环境的订单容量难以满足用户的需求，因此需要增加采购环境容量。对于因市场需求的原因造成的，可以通过市场及生产需求计划得以了解各种物料的需求量及时间；对于因供应商萎缩原因造成的，可以通过分析现实采购环境的总体订单容量与原定容量之间的差别得到。两种情况的余量相加即可得到总需求余量。

3. 确定认证需求量

根据开发批量需求及余量需求的分析结果，确定认证需求。认证需求是指通过认证手段获得具有一定订单量的采购环境。

评估认证需求流程见图 4—3—3。

图 4—3—3　评估认证需求流程

(三)计算认证容量

1. 分析项目认证资料

分析项目认证资料是计划人员的一项重要事务，不同认证项目其过程及周期千差万别。机械、电子、软件、设备、生活日用品等物料项目，它们的加工过程各式各样，非常复杂。作为从事某行业的实体来说，需要认证的物料项目可能是万千物料的某几种，熟练分析几种物料认证资料是可能的，但对上规模的企业，几千种乃至上万种物料的分析难度则大得多。

2. 计算供应商群体总体认证容量

在采购环境中，供应商订单容量与认证容量是两个概念，有时可以互相借用，但不是等量的。一般在认证供应商时，要求供应商提供一定的资源用于支持认证操作，或者一些供应商只做认证项目的百分之百的认证容量分配比例。总之在供应商认证合同中，应说明认证容量与订单容量比例，防止供应商只做批量订单，不愿意做样件认证。采购环境的总体认证容量方法是把采购环境中所有供应商的认证容量叠加即可，对有些供应商的认证容量需要加以适当系数。

3. 确定社会供应商群体的可利用认证容量

供应商承认认证量等于当前供应商正在作的认证的合同量。认证容量计算也是一个复杂的过程，各种物料项目认证周期不同，一般是计算要求的某一时间段的承接认证量。最恰当最及时的处理方法是借助电子信息系统，模拟显示供应商已承接认证量，以便认证计划决策使用。

4. 确定总剩余认证容量

某一物料所有供应商群体的剩余认证容量的总和，称之为该物料的“认证容量”。物料认证容量＝物料供应商群体总体认证容量－承接认证量。

这种计算过程也可以被电子化，一般 MRP 系统不支持这种算法，可单独创建系统。认证容量是一近似值，仅作参考，认证计划人员对此不可过高估计，但它能指导认证过程的操作。

采购环境中的认证容量不仅是采购环境的指标，而且也是企业不断创新，维持持续发展的动力源。源源不断的新产品的问世是基于认证容量价值的体现，也由此能产出各式各样的产品新部件。

计算认证容量流程见图 4—3—4。

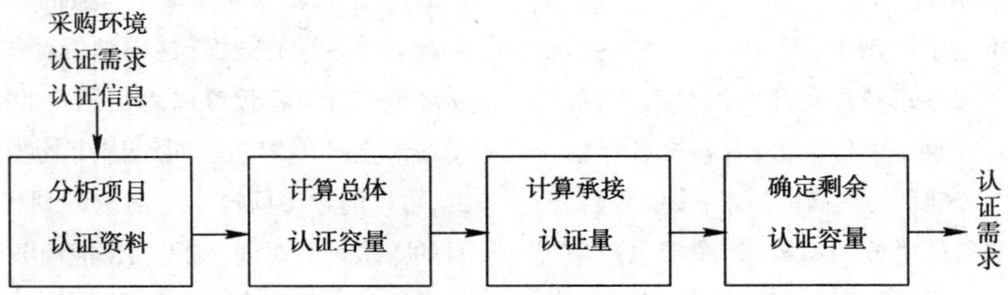

图 4—3—4　计算认证容量流程

（四）制定认证计划

1. 对比认证需求量与认证容量

认证需求与供应商对应认证容量之间一般都会存在差异，如果需求小于容量，则无需进行综合平衡，直接按照认证需求制订认证计划；如果供应商容量小于认证需求量，则进行认证综合平衡，对于剩余认证需求需要制订采购环境之外的认证计划。

2. 综合平衡

从全局出发，综合考虑市场、生产、认证容量、物料生命周期等要素，判断认证需求的可行性，通过调节认证计划尽可能地满足认证需求，并计算认证容量不能满足的剩余认证需求，这部分剩余认证需求需要到企业采购环境的社会供应群体中寻找容量。

3. 确定认证余量认证计划

对于采购环境不能满足的剩余认证需求，应提交采购认证人员分析并提出对策，与之一起确认采购环境之外的供应商认证计划。采购环境之外的社会供应群体如没有与公司签定合同，那么制作认证计划时要特别留心，并由具有丰富的认证计划人员和认证人员联合操作。

4. 制订认证计划

以下给出认证物料数量及开始认证时间的确定方法。

认证物料数量＝开发样件需求数量＋检验测试需求数量＋样品数量＋机动数量

开始认证时间＝要求认证结束时间－认证周期时间

制定认证计划流程见图 4—3—5。

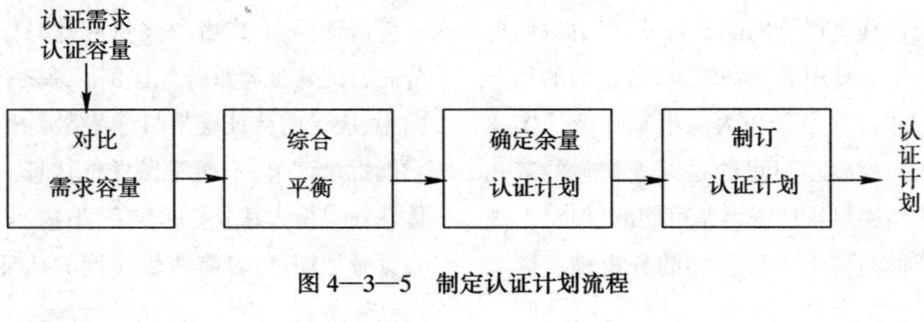

图 4—3—5　制定认证计划流程

(五)准备订单计划

1. 接收由市场部门提交的要货计划

市场需求是启动生产供应程序流动的牵引项，要想制订较为准确的订单计划，首先必须熟知市场需求计划，或者销售计划。市场需求的进一步分解便得出生产需求计划。企业的年度销售计划在上一年末制订，并报送至各个相关部门，下发至销售部门、计划部门、采购部门，以便指导全年的供应链运作；根据年度计划制订季度、月度的市场销售需求计划。

2. 接收由生产部门提交的生产需求计划

生产需求对采购来说可以称之为生产物料需求，生产物料需求的时间是根据生产计划而产生，通常生产物料需求是订单计划的主要来源。为了利于理解生产物料需求，采购计划人员需要深入生产部门熟知生产计划及工艺常识。在MRP系统中，物料需求计划是主生产计划的细化，它来源于主生产计划，独立需求的预测、物料清单文件、库存文件。编制物料需求计划的主要步骤为：

(1)决定毛需求。

(2)决定净需求。

(3)对订单下达日期及订单数量进行计划。

3. 熟悉准备供应商群体供应信息资料

在定单物料的认证计划执行完毕之后，便形成该项物料采购环境(也可称之为订单环境)，订单环境资料包括：

(1)订单物料的供应商信息。

(2)修正订单比例(对多家供应商的物料来说，每个供应商分摊下单比例，该比例由认证人员产生并给予维护)信息。

(3)最小包装信息。

(4)订单周期(从下单到交货的时间间隔，以天为单位)。

订单环境一般使用信息系统管理起来，订单人员根据生产需求的物料项目，从信息系统中查询了解该物料的采购环境参数及描述。

4. 拟制订单计划说明书

也就是准备好订单计划所需要的资料，主要内容包括：

(1)订单计划说明书(物料名称、需求数量、到货日期等)。

(2)附件：市场需求计划、生产需求计划、订单环境资料等。

准备订单计划流程见图4—3—6。

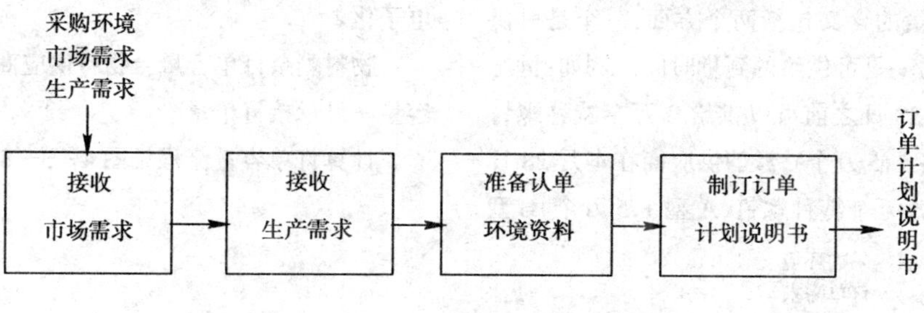

图4—3—6　准备订单计划流程

(六)评估订单需求

1. 分析市场需求

订单计划不仅仅来源于生产计划，因为订单计划除了考虑生产需求之外，还要兼顾市场战略、潜在的需求，这是其一；另一方面，我们要分析市场要货计划的可信度，仔细分析市场合同签订数量、合同剩余量(包括延时交合同)的各种数据，研究其变化趋势，全面考虑要货计划的规范性和严谨性，参照相关历史要货数据，找出问题。总之要对市场需求有一个全面的了解，远期发展与近期实需求相结合。

2. 分析生产需求

首先熟悉一个例子：由生产计划大纲，检查零部件清单，到得出第一级组成部件的毛需求量。如刻绘机底板，在第一周，现有库存量80减去毛需求量40，剩下的现有库存量为40。第三周预计入库110件，加上库存40，减去毛需求量40，得到新的现有库存110件。在第八周时，现有库存值为负数，则需要下达一项任务。由生产制造提前期和订货批量确定在第四周应下达一批刻绘机底板的订货，数量为90。分析生产需求，应首先了解生产需求的产生过程，其次是分析需求量和要货时间。

3. 确定订单需求量

根据市场、生产需求的分析结果，确定订单需求。订单需求的内容是：通过订单操作手段，在未来指定的时间里，将指定数量的合格物料采购入库。

评估订单需求流程见图4—3—7。

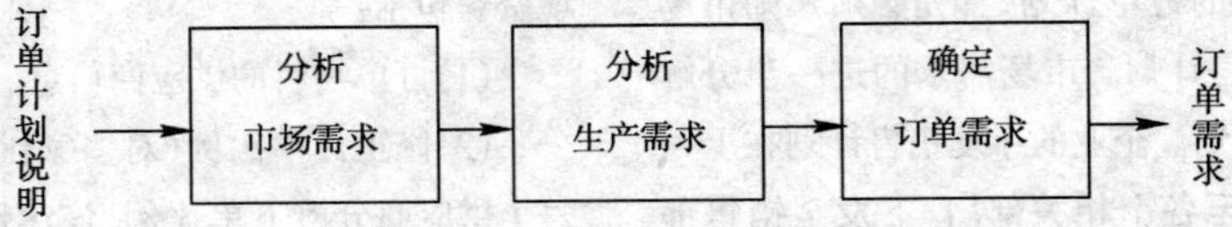

图4—3—7　评估订单需求流程

(七)计算订单容量

1. 分析项目供应资料

在本节中，物料和项目作为同一概念应用，是整个采购的操作对象。在目前已有的采购环境中，物料的供应商信息是一项重要的信息资料，无论是生产需求，还是紧急的市场需求，没有供应商供应物料则一切无从谈起。举例为证：欲设计具有巨大市场的喷绘系统，但苦于找不到"喷绘头"供应商而罢休，喷绘头是一关键核心部件，被垄断在少数制造商手中。公司花了钱，认证人员倾注精力与时间而得到的"项目供应资料"应牢牢记在计划员的脑袋里，以便在下达订单计划时参照。

2. 计算总体订单容量

在采购环境中，供应商的总体订单容量是要关注的。订单容量的含义包括两个方面：一个是可供给的物料数；另一是可供给的到货时间。例如：世纪供应商在本月28日之前可以供给3万个特种螺钉(A型及B型各1.5万个)，派韵供应商在本月28日之前可以供给5万个特种螺钉(A型1.5万个，B型3.5万个)，那么本月28日之前A和B型螺钉总体订单容量为8万个，A型螺钉总体订单容量3万个。

3. 计算已承接订单容量

该物料供应商在指定时间内的已经签下的订单量，称之为承接订单量。承接订单量的计算过程较为复杂，以一例说明：世纪供应商在本月28日之前可以供给3万个特种螺钉(A型及B型各1.5万)，如果已承接A型螺钉订单量1.5万个，B型螺钉1万个，那么对A型及B型物料已承接的订单一目了然。有时供应商各种物料容量之间进行借用，并且在存在多个供应商的情况下，其计算则比较复杂。

4. 确定总体剩余订单容量

某物料所有供应商群体的剩余订单容量的总和，称之为物料剩余订单容量。计算过程也可以被电子化。

物料剩余订单容量＝物料供应商群体总体订单容量－已承接订单量

计算订单容量流程见图4—3—8。

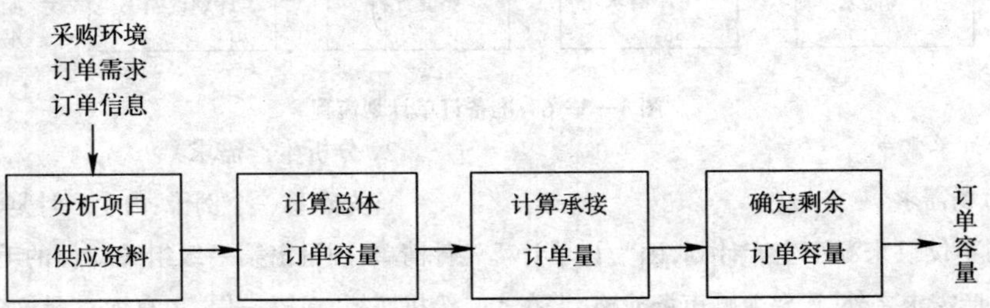

图4—3—8　计算订单容量流程

(八)制定订单计划

1. 对比订单需求量与订单容量

需求小于容量情况下，则依据物料需求制订订单计划；供应商容量小于物料需求量情况下，要求运作物料平衡环节，对于剩余物料需求需要制订认证计划。

2. 综合平衡

综合考虑市场、生产、订单容量等要素，分析物料订单需求的可行性，必要时调整订单计划，计算容量不能满足的剩余订单需求。

3. 确定订单余量认证计划

对于剩余需求，要提交认证计划制订者处理，并确认能否按照物料需求规定的时间及数量交货。为了保证物料及时供应，此时可走简化认证程序，并由具有丰富经验的认证计划人员操作。

4. 制定订单计划

订单计划输出格式最好企业内统一。以下给出订单物料下单数量及下单时间的确定方法。

下单数量＝生产需求量－计划入库量－现有库存量＋安全库存量

下单时间＝要求到货时间－认证周期－订单周期－缓冲时间

采购计划的制订是一项复杂的工作，需要具有丰富采购计划经验、采购经验、开发经验、生产经验等复合知识人才才能胜任，并且要和认证订单等部门协作进行。

制定订单计划流程见图 4—3—9。

三、采购认证

认证的目的是实施认证计划，建立和维护企业的采购环境，为企业提供物料项目的供应商群体，满足采购对象的质量、成本、供应、服务等方面的要求。

对于一些需要长期、批量供应的认证物料项目，其认证过程要严格，一般要进行以下 6 个过程。参见图 4—3—10 采购认证流程。

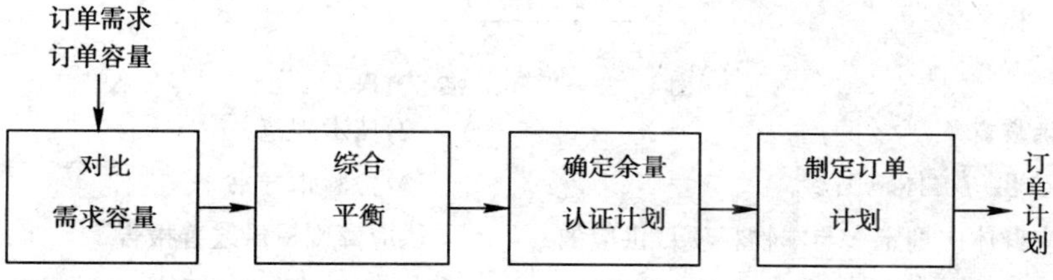

图 4—3—9　制定订单计划流程

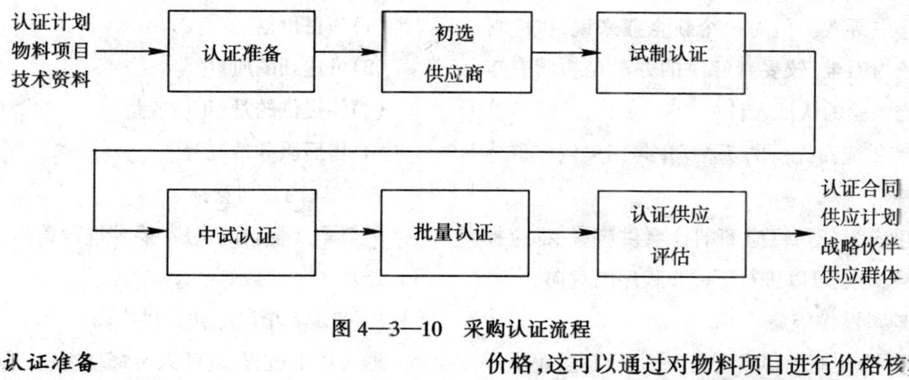

图 4—3—10　采购认证流程

(一)认证准备

1. 熟悉需要认证的物料项目

认证人员首先应熟悉认证项目，包括所在专业知识范围、认证难度的经验需求、目前国内外的供应状况等。认证项目涉及专业知识范围广，有机械方面的，有电子方面的，有软件方面的，有设备方面的，有生活用品，有工业用品，有民用品，有军工用品等。项目认证难度有复杂性，包括从简单的一颗螺钉，到复杂的大型设备。有些在国内或者就近就可以找到货源，有些需要到国外去采购。

2. 价格预算

作为认证人员，首先应该熟知物料项目的成本价格，这可以通过对物料项目进行价格核算得到，也可以通过市场调查、行业比较得到。

3. 研究项目质量需求标准

物料项目的质量要求可以通过阅读物料项目资料得到，认证人员应熟悉掌握认证项目的专业知识，同时具备采购经验，以便对质量标准透彻了解。

4. 了解项目的需求量

这是认证输入参数之一，目的是在选择等同供应容量的供应商时作参考。有些项目的需求量比较容易得到，计划部门提供的认证计划就包含项目的需求量预测。

5. 准备好物料认证所需的资料

也就是准备好物料所需的资料，主要内容有认证说明书(项目名称、价格预算、关键质量条款、需求预测、售后服务要求、项目难度等)，并附有图纸、技术规范、检验标准等。

认证准备流程见图 4—3—11。

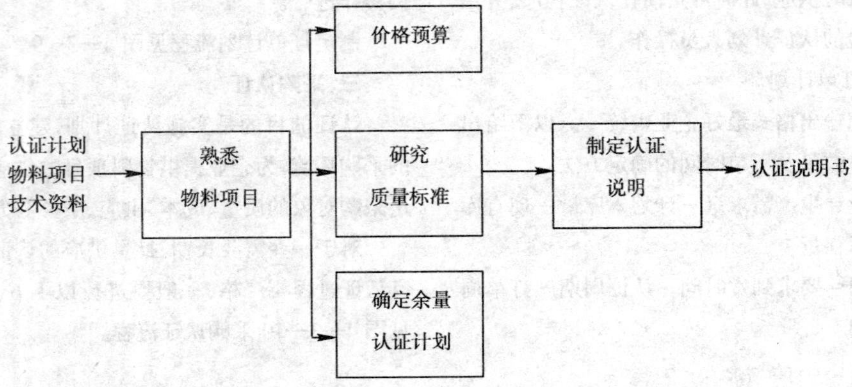

图 4—3—11 认证准备流程

(二)初选供应商

1. 确定社会供应群体范围

从社会供应群体中划定参与本物料项目供应的供应商。一般来说，每一个成熟的企业都有自己的供应商群体，如果不能满足项目要求，则到社会行业供应商群体中寻找。但对一个新企业来说，供应群体的确定较为困难，较妥善解决的办法是招聘有丰富行业采购经验的认证人员。

2. 研究供应商提供的资料，并向相关供应群体发调查问卷

任何想成为公司供应商的社会供应者，都应提供介绍资料，确定可以进行下一步程序的意向。

3. 实地考察供应商

如有可能，实地考察供应商，一方面是防止供应链增加不必要的中间环节，另一方面是更好地调查供应者的实力。

4. 与供应商进行谈判

与供应商进行正面接触是必不可少的环节，经验丰富的认证人员通过这些环节基本上可以弄清供应商群体的实力。

5. 发放认证说明书

经过以上 4 个环节，基本上确定了参与本次采购项目竞标的供应群体，然后向他们发放认证说明书，包括：

(1)图纸

(2)技术规范

(3)检验指导书

供应商则提供改善报告

6. 意向供应商接到认证说明书及相关资料后，根据自己的情况拟制《供应报告》，主要内容为：

(1)项目价格

(2)可达到的质量

(3)能提供的月/年供应量

(4)售后服务情况等

7. 供应商参与竞标

一般重要物料的供应，要求进行竞标，中标者才可入选。

8. 选定 3 个以上初选供应商

通过以上过程，认证人员整理资料，认证人员集体作出决定初选供应商名单。

初选供应商流程见图 4—3—12。

(三)试制认证

1. 签订试制合同

与初选供应商签定试制合同，目的是使初选供应商在规定的时期内提供符合要求的样件。合同中应包含保密内容，即供应商应该无条件遵守企业的保密规定。试制认证的目的是验证系统设计方案的可行性，同时达成在企业与供应商之间的技术折中方案。

2. 向初选供应商提供项目试制资料

认证项目更为详尽的资料在这个期间提供，其

中可能包括公司的一些机密材料。

3. 供应商准备样件

准备样件需要一个周期，不同认证项目其周期不同，电子件、机械件的准备周期相对较短，组合设备的准备周期较长。

4. 过程协调监控

对于一些准备周期较长的认证项目，认证人员应对过程进行监听、协调，遇到突发事件立及时提出对策。

5. 调整技术方案

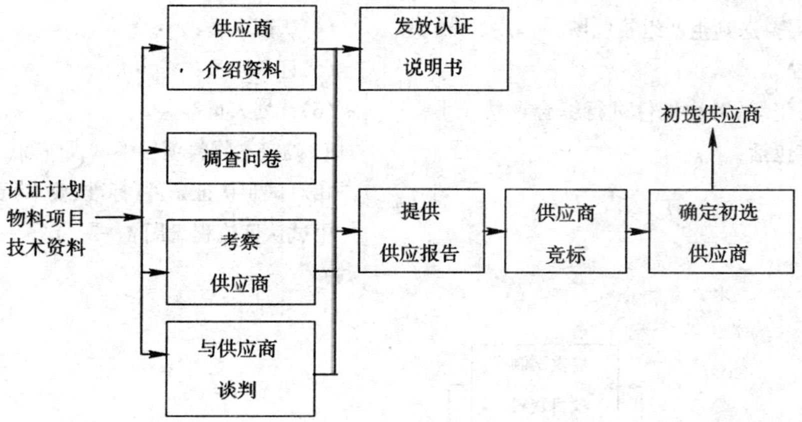

图 4—3—12　初选供应商流程

可能需要在企业与供应商之间进行技术方案的调整，设计人员提供的设计方案在实际加工过程中需要调整的情况是常见的，认证人员不能因此判定供应商的能力有问题，有时经过调整后，设计方案更加完善。

6. 供应商提供样件

供应商把准备好的样件送到认证部门，小体积的样件只需随身携带，大的样件可能要运输车托运。

7. 样件评估

由认证人员组织，对样件进行综合评估。样件的评估内容包括：

(1)性能

(2)质量

(3)外观等

认证人员应该协调相关部门制定认证项目的评估标准。参加人员包括：

(1)设计人员

(2)工艺人员

(3)质管人员

(4)认证人员

(5)订单人员

(6)计划人员等

8. 确定本物料项目样件供应商(3家以上)

通过以上活动，集体决策，确定样件供应商，并报主管批准。

试制认证流程见图 4—3—13。

(四)中试认证

1. 签订中试合同

与样件供应商签定中试合同，使样件供应商在规定的时期内提供符合中试要求的小批件，中试认证的目的在于使得系统设计方案具有批量生产的可能性，同时寻求成本与质量的折中解决方案。

2. 向样件供应商提供项目中试资料

项目中试资料是经过试制期间修改的改制技术资料，如经过修改的机械图纸、电子器件参数、软件方案等。

3. 供应商准备小批件

准备小样件需要一个周期，一般来说，小批件的准备周期应比样件的周期短，因为供应商经过试制过程之后，在技术、生产工艺、设备、原材料等方面都有一些积累和经验。

4. 过程协调监控

中试过程仍需要跟踪，认证人员应该和供应商一起研究任何提高质量并且降低成本的方法，并具有批量生产的可能性。

5. 调整技术方案

有时需要经过若干次的试验才能确定性价比方案,如元器件的性价比、加工装配的性价比等。

6. 供应商提供小批件

供应商把准备好的小批件送交到生产或认证部门,有时小批件需要送到生产组装现场。

7. 中试评估

由认证人员组织,对小批件进行综合评估。小批件的评估内容包括:

(1)质量;

(2)成本;

(3)外观;

(4)供应情况等。

认证人员应该协调相关部门制定认证项目的评估标准。参加人员包括:

(1)设计人员;

(2)工艺人员;

(3)质管人员;

(4)认证人员;

(5)订单人员;

(6)计划人员等。

8. 确定本物料项目中试供应商(3 家以上)

相对试制认证条件(标准、要求)要高。

中试认证流程见图 4—3—14。

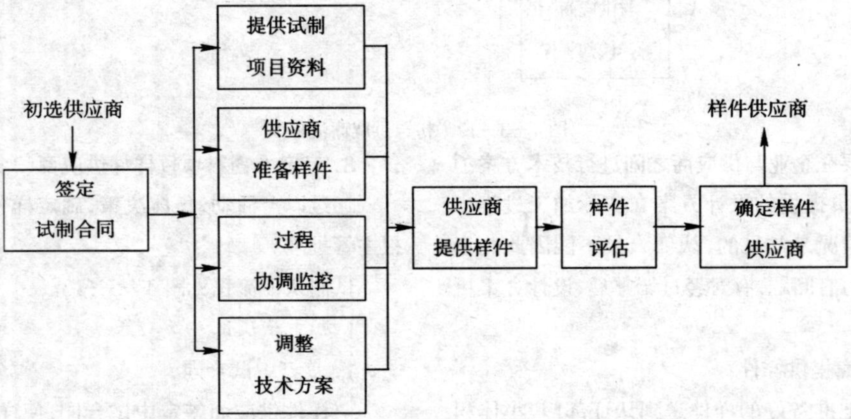

图 4—3—13 试制认证流程

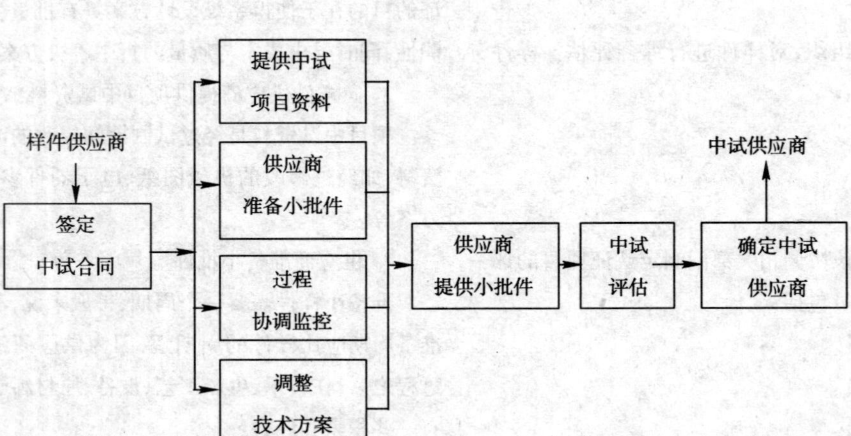

图 4—3—14 中试认证流程

(五)批量认证

1. 签订批量合同

与中试供应商签定批量合同,使中试供应商在规定的时期内提供符合批量认证要求的批量件。批量认证的目的是使得系统设计方案具有大规模生产的可能性,同时寻求产品的稳定性和可靠性解决方案。

2. 向中试供应商提供项目批量生产资料

项目批量生产资料是经过中试期间修改的技术资料,如可以大规模投放生产的机械图纸、电子器件参数、软件方案等。

3. 供应商准备批量件

准备批量件需要一定的时间,供应商要想供应批量件就要提高自动化水平,配备相应的批量生产机械,如机械行业的冲床、专业机械,电子行业的自动化设备,软件行业的大型拷贝机等。

4. 过程协调监控

批量过程也需要跟踪,认证人员和订单人员应该跟踪生产中可能出现的异常情况。

5. 调整技术方案

必要时可以根据供应意见,修改批量生产资料中的技术方案。

6. 供应商提供批量件

供应商把准备好的批量件送交到生产部门,有时批量件需要送到生产组装现场。

7. 批量评估

认证人员应该协调相关部门制定认证项目的批量评估标准。批量物料的检验环节由检验部门负责。评估内容包括:

(1)质量;

(2)成本;

(3)供应;

(4)售后服务等。

由认证人员组织,对批量件进行综合评估。参加人员包括:

(1)设计人员;

(2)工艺人员;

(3)质管人员;

(4)认证人员;

(5)订单人员;

(6)计划人员等。

8. 确定本物料项目批量供应商(2家以上)

本次活动得出物料的批量生产供应商,属于批量物料合格供应商。

批量认证流程见图4—3—15。

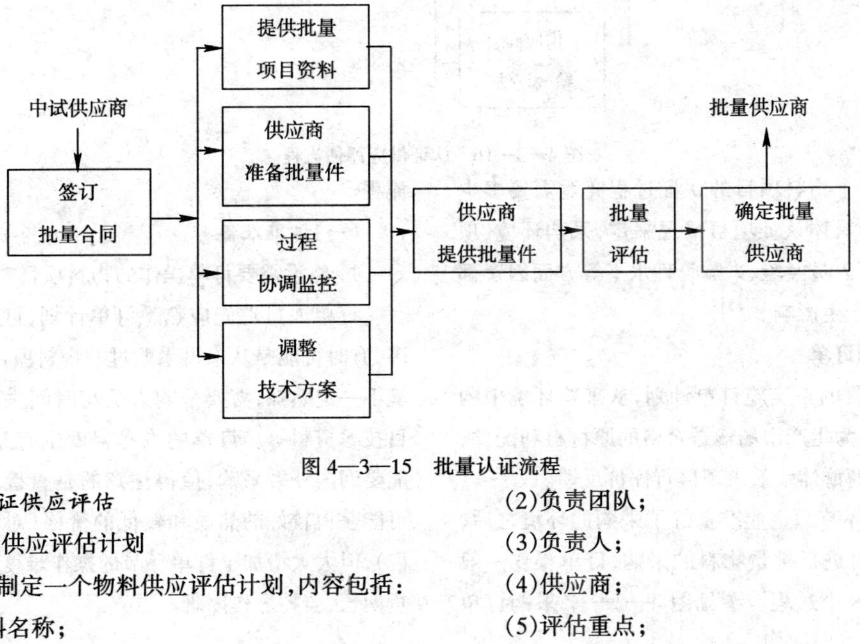

图4—3—15 批量认证流程

(六)认证供应评估

1. 制定供应评估计划

首先要制定一个物料供应评估计划,内容包括:

(1)物料名称;

(2)负责团队;

(3)负责人;

(4)供应商;

(5)评估重点;

(6)措施；

(7)频度；

(8)要求。

2. 采购部门绩效评估

采购部门绩效评估包括：

(1)计划；

(2)认证；

(3)订单。

3. 采购角色绩效评估

采购角色绩效评估包括：

(1)计划人员；

(2)认证人员；

(3)订单人员。

4. 供应商绩效评估

供应商绩效评估包括：

(1)质量；

(2)成本；

(3)供应；

(4)服务性。

5. 调整采购环境

建立采购环境的内容有：

(1)根据以上供应商的认证结果，建立新的供应计划；

(2)拓展供应商群体；

(3)确定供应环境战略伙伴。

调整采购环境内容有：

(1)调整供应商比例；

(2)确定战略伙伴；

(3)调整供应商群体；

(4)清理供应商群体；

(5)清理绩效较差的供应商。

认证供应评估流程见图 4—3—16。

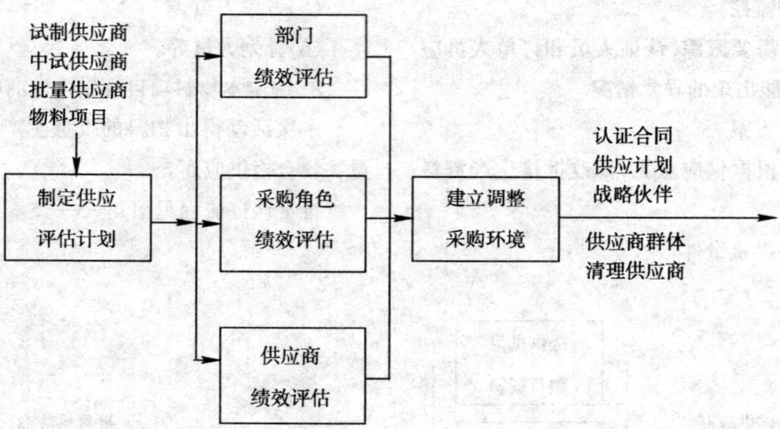

图 4—3—16 认证供应评估流程

总之，一个物料项目的认证过程究竟需要多少个步骤，要看具体认证项目情况来定，采购环境、项目难度、认证人员经验、采购管理水平等方面因素都对认证决策产生影响。

四、采购订单

订单的目的是实施订单计划，从采购环境中购买物料项目，为生产市场输送合格的原材料和配件，同时对供应商群体绩效表现进行评价反馈。

在认证环节为企业准备好了采购的环境之后，订单人员便可进行批量物料的采购，订单操作一般要进行以下 8 个过程。参见图 4—3—17 采购订单流程。

(一)订单准备

1. 熟悉需要订单操作的物料项目

订单人员首先应熟悉订单计划，订单的种类很多，有时可能是从来没采购过的物料项目，对采购环境不一定熟知，需要采购人员花时间去了解物料项目技术资料等。订单的难易程度也有差异，有时可能要到国外去采购，值得注意的是直接从国外采购可能获得较好的品质和较低的价格(对认证人员来说)，但大大增加了订单环节的操作难度，手续复杂，货期长，监控操作困难。

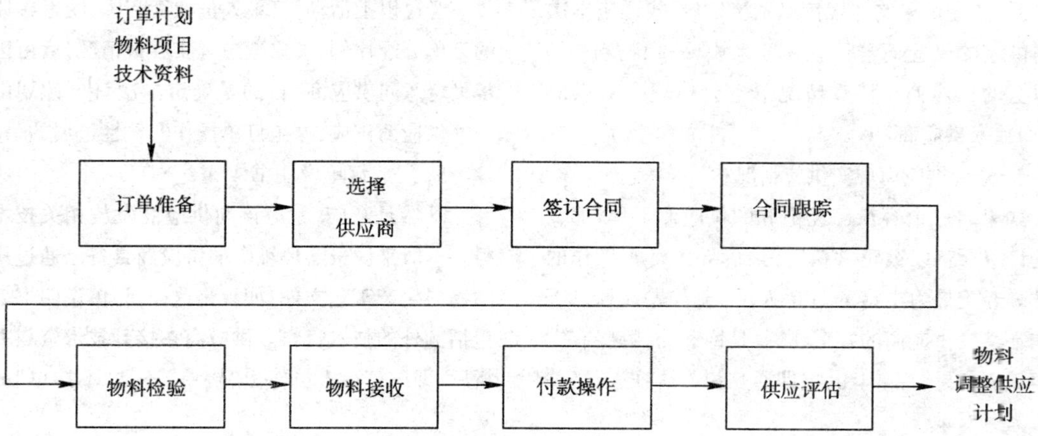

图 4—3—17　采购订单流程

2. 价格确认

由于采购环境的变化，作为订单人员应对采购最终的价格负责，不能认为价格的确定完全是认证人员的责任，订单人员有权利向采购环节（供应商群体）价格最低的供应商下达订单合同，以维护采购的最大利益。

3. 确认项目质量需求标准

订单人员日常与供应商的接触有时大大多于认证人员，由于供应商实力的变化，前一订单的质量标准是否需要调整，订单操作作为认证环节的一个监督部门应发挥应有的作用。

4. 确认项目的需求量

订单计划的需求量应与采购环境订单容量相匹配，或者小于采购环境订单容量（经验丰富的订单人员可不查询系统也能知道），如果大于则提醒认证人员扩展采购环节容量；另外，对计划人员的错误操作，订单人员应及时提出来。

5. 制定订单说明书

订单说明书是订单准备环节的输出，主要内容有订单说明书（项目名称、确定的价格、确定的质量标准、确定的需求量、是否需要扩展采购环境容量等方面），另附有必要的图纸、技术规范、检验标准等。

订单准备流程见图 4—3—18。

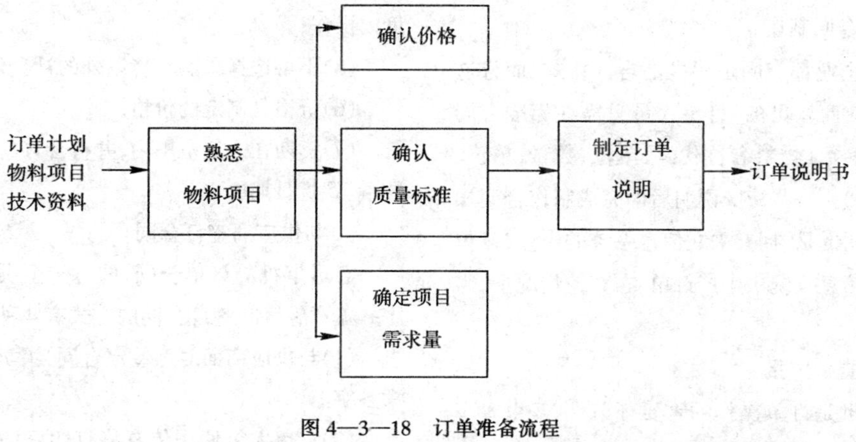

图 4—3—18　订单准备流程

（二）选择供应商

1. 查看采购环境

认证环节结束后会形成公司物料项目的采购环境，用于订单操作，对小规模的采购，采购环境可能记录在认证报告文档上，对于大规模的采购，采购环境则使用信息系统来管理。订单人员在完成订单准备之后，要查询采购环境信息系统，以寻找适应本次物料供应的供应商群体。一般来说，一项物料有3家以上的供应商。特殊情况下也会出现一家供应商，即独家供应商。

2. 分析供应商现实供应情况

如果向一个容量已经饱和的供应商下单，那么你的订单会难以被正常执行，最后导致订单操作的失败。经验最为丰富的订单人员，会首先计算以下采购环境中供应商的容量，哪些是饱和的，哪些有空余容量。如果全部饱和，立即通知相关认证人员，并执行紧急对策。

3. 与供应商确认

从主观上对供应商的了解需要得到供应商的确认，供应商组织结构的调整、设备的变化、厂房的扩建等都影响供应商的订单容量；有时需要进行实地考察，尤其注意谎报订单容量的供应商。

4. 确定本次订单计划的供应商

经过以上活动，订单人员权衡利弊(既考虑原定的订单分配比例，又要考虑现实容量情况)后可以初步确定意向供应商，目的是确定本次订单计划由哪一家供应商供应，这是订单操作实质性进展的一步。

5. 发放订单说明书

既然是意向，就应该向供应商发放相关技术资料。一般来说采购环境中的供应商具备已通过认证的物料生产工艺文件，如果是这样，订单说明书就不包括额外的技术资料。供应商在接到技术资料并分析后，即向订单人员作出“接单”还是“不接单”的答复。

6. 确定物料供应商

通过以上过程，订单人员决定本次订单计划所确定的供应商，必需时可上报主管审批，可以是一家，也可以是若干家。

确定供应商流程见图4—3—19。

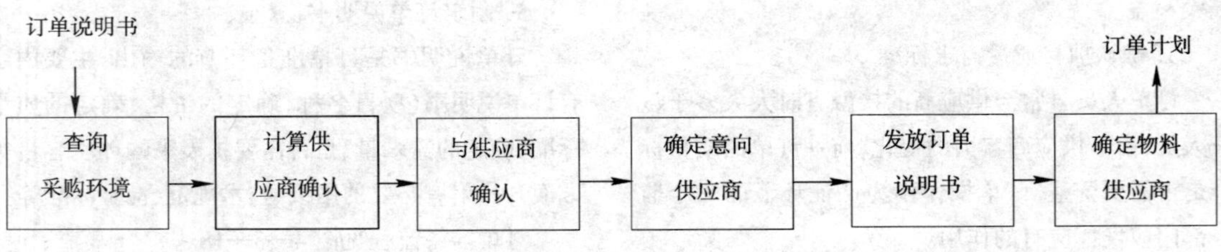

图4—3—19　确定供应商流程

(三)签订合同

1. 采购合同制作

一般的企业都有固定标准的合同格式，而且这种格式是供应商认可的，订单人员只需在标准合同中填写相关参数(物料名称代码、单位、数量、单价、总价、货期等)及一些特殊说明后即完成制作合同操作。值得说明的是，拥有采购信息系统的企业，订单人员直接在信息系统中生产订单，在其他情况下，需要手工打印。

2. 合同提交审批

合同审批是订单操作的重要环节，一般由管理办专职人员负责，主要审查事项为：

(1)合同与采购环境物料描述的符合性；

(2)合同与订单计划的符合性；

(3)审核主要的目的；

(4)限制订单人员必须依照订单计划在采购环境内操作；

(5)不可选择采购环境以外的社会供应商；

(6)价格是制定的价格；

(7)货期在一定范围内，并符合订单计划的物料数量、到货日期要求。

3. 与供应商签订合同

经过审批的订单合同，即可传至供应商经其确定并盖章签字。签订合同的方式有4种：

(1)与供应商面对面签定合同，买卖双方现场盖章签字。

(2)订单人员使用传真将打印好的合同传至供应商，供应商以同样方式传回。

(3)使用E-mail进行合同的签订，买方向供应商发合同E-mail，则表示接受合同并完成签字。

(4)建立专用的合同信息管理系统,完成合同信息在买卖双方之间的传递。

4. 执行合同

在完成合同签订之后,即转入合同的执行时期。对加工型供应商要进行备料、加工、组装、调试等过程;对存货型供应商,只需从库房中调集相关产品及适当处理,即可送往买家。

签订合同流程见图 4—3—20。

(四)合同跟踪

1. 跟踪供应商工艺文件的准备

工艺文件是进行加工生产的第一步.对任何外协作(需要供应商加工的物料)的采购,订单人员都应对供应商的工艺文件进行跟踪,如果发现供应商没有相关工艺文件,或者工艺文件有质量、货期问题,应及时提醒供应商修改,并提醒供应商如果不能保质、保量、准时到货,则要按照合同条款进行赔偿。

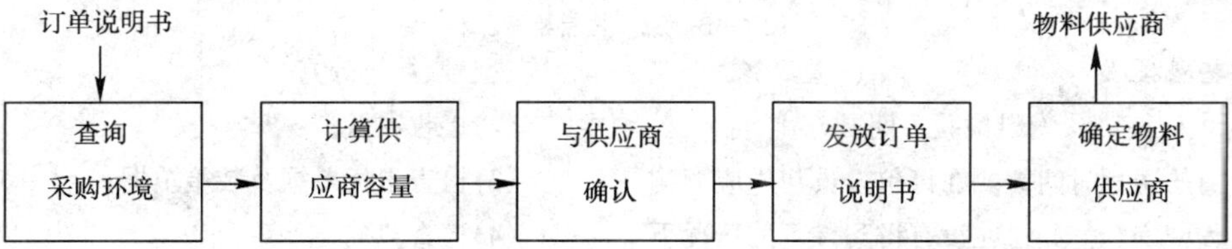

图 4—3—20　签订合同流程

2. 确认原材料的准备

备齐原材料是供应商执行工艺流程的第一步,有经验的订单人员经常发现,供应商有时说谎,如有可能必需实地考察。

3. 跟踪加工过程进展状态

不同物料的加工过程不同,为了保证货期、质量,订单人员需要对加工进行监控。有些物料采购,其加工过程的监工小组要有订单人员参加,典型的例子是一次性开支的项目采购,如设备采购,建筑采购。

4. 跟踪组装调试检测过程进展状态

组装总测是产品生产的重要环节,这一环节的完成表明订单人员对货期有一个结论性答案。订单人员需要有较好的专业背景和行业工作经验,否则,即使跟踪也不能达到效果。

5. 确认包装入库

此环节是整个跟踪环节结束点,订单人员可以向供应商了解物料最终完成的包装入库信息。如果有可能,最好去供应商现场考察。

合同跟踪流程见图 4—3—21。

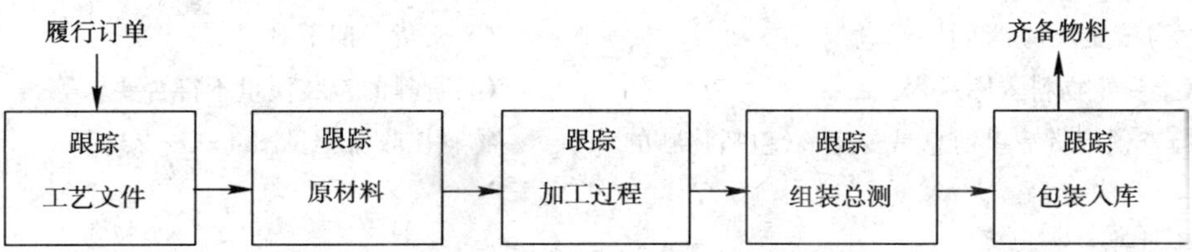

图 4—3—21　合同跟踪流程

(五)物料检验

1. 确定检验日期

一些物料如机械、设备、大型电子装置,往往需要到供应商处现场检验;有些物料如轻小型物品可以由供应商送过来检验。检验日期及地点按照惯例进行。

2. 通知检验人员

检验信息传送至质检部门之后,根据物料的轻重缓急,统一安排。

3. 物料检验

对一般物料,走正常检验程序;对重要物料,或者供应商在此物料供应上质量稳定性差的,则要严格检验;对不重要物料,或者供应商在此物料供应上质量稳定性持续表现较佳,则可放宽检验。

4. 处理检验问题

对于致命及严重缺陷的物料要求供应商换货,轻微缺陷物料,经与认证人员、质量人员、设计人员协商，同时考虑生产的紧急情况，确定是否可以代用。对于偶然性的质量问题，可由检验部门或订单部门通知供应商处理，多次存在的质量问题，由认证人员正式向供应商发出质量改正通知单，限期供应商改正质量问题；对于重大问题或经常有问题的，则由认证部门组织专题会议，讨论质量问题的对策，确定原因是因为设计方案的问题还是供应商的问题，前者要修改方案，后者要对供应商进行处理，包括罚款、质量整改、降级使用、取消供应商资格等。

物料检验流程见图 4—3—22。

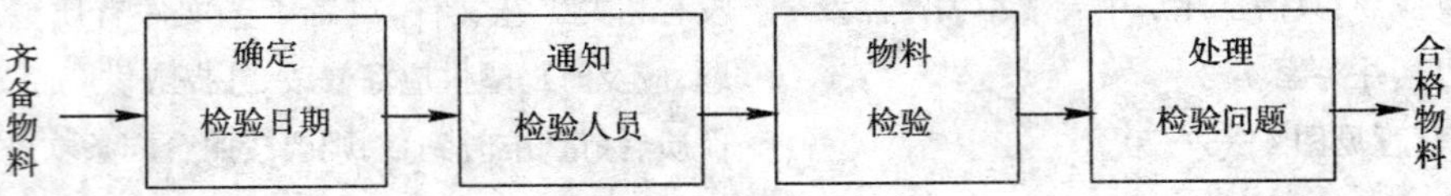

图 4—3—22　物料检验流程

(六)物料接收

1. 与供应商确认物料检验日期

供应商的送货时间需要在订单人员与供应商沟通协调过程中确定。如果在没有得到许可的情况下供应商把货送过来，则会导致订单操作过程的混乱；如果订单人员在没有和供应商协调的情况下，通知供应商立即送货，则可能导致“物料不能按期到货”。

2. 与存储部协调送货事务

存储部每天接收大量的物料项目，其过程有卸货、验收、入库信息操作、搬运、库房空间调配等。要防止库房没有接收计划而临时拒收，供应商需等待较长时间。

3. 通知供应商送货

经过以上两项就可通知供应商送货。在特殊情况下，已不需要的物料要及时通知停止送货，并给予供应商一定的赔偿。

4. 库房接受及物料入库

库房接受及物料入库过程：

(1)检查预到货清单信息是否完整(包括物料的合同、型号、数量等)；

(2)接收数量；

(3)检查送货单据及装箱单据；

(4)检查包装与外观；

(5)合同对应检查；

(6)卸货；

(7)清点物料；

(8)搬运入库；

(9)填写“物料入库单据”；

(10)将物料入库信息录入存储信息系统中；

(11)只有检验合格的物料才可入库。

5. 检验问题处理

由于供应商或者订单人员方面的原因，物料接收环节可能出现以下问题：

(1)物料型号与合同中不一样；

(2)未按照合同中指定的物料数量送货；

(3)交货日期不对；

(4)物料的包装质量不符合要求等。

物料接收流程见图 4—3—23。

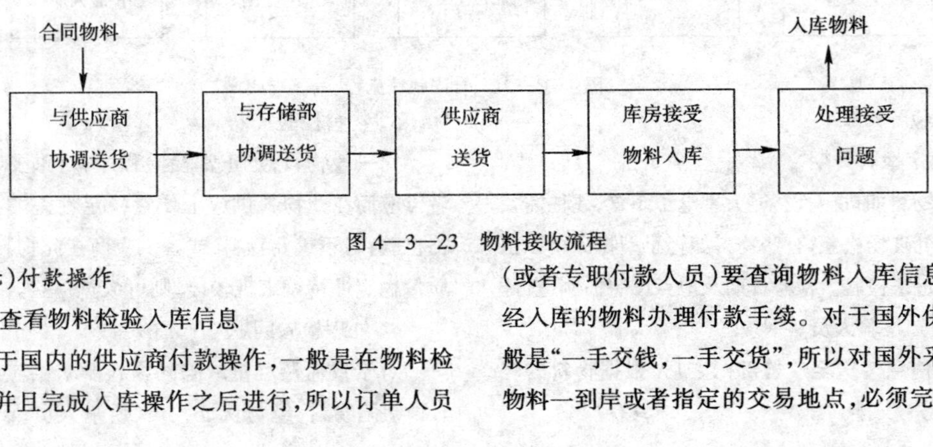

图 4—3—23　物料接收流程

(七)付款操作

1. 查看物料检验入库信息

对于国内的供应商付款操作，一般是在物料检验通过并且完成入库操作之后进行，所以订单人员(或者专职付款人员)要查询物料入库信息，仅对已经入库的物料办理付款手续。对于国外供应商，一般是“一手交钱，一手交货”，所以对国外采购项目，物料一到岸或者指定的交易地点，必须完成付款手续和开具付款票据(汇票等),在验收之后对供应商进行付款,对于长期采购的供应商,可通过谈判达成一定的付款周期,如供应商在到货一周内付款等。

2. 准备付款单

对国内供应商付款,拟制付款申请单,并且附合同、物料检验单据、物料入库单据、发票。作为付款人员要注意:5 份单据(付款申请单、合同、物料检验单、物料入库单、发票)中的合同编号、物料名称、数量、单价、总价、供应商必须一致。

3. 主管审批

由管理办或者财务部专职人员进行审批,审核内容包括 3 个方面:

(1)单据的匹配性,即上述五份单据在六个方面(合同编号、物料名称、数量、单价、总价、供应商)的一致性及正确性。

(2)单据的规范性,特别是发票,其次是付款申请单,要求格式标准、统一,描述清楚。

(3)单据的真实性,发票的真假鉴别,检验入库等单据的真假性。

4. 资金平衡

如果企业拥有足够的资金,那么本环节可以省略。但大多数情况下,企业需要合理利用资金,特别是在资金紧张的情况下,要综合考虑物料的重要性、供应商付款周期等因素,以确定首先向谁付款。对于不能及时付款的物料,要充分与供应商进行沟通,征得供应商的谅解和同意。

5. 向供应商付款

企业财务出纳部,接到付款申请单及通知后,即可向供应商付款,并提醒供应商注意接收付款。

6. 供应商收款

企业之间的交易付款活动一般通过银行进行。要注意供应商是否收到钱款(有时因为付款账号疏漏,可能导致供应商收不到钱款)。对于大资金的付款活动,企业有必要在付款活动之后向供应商作出收款提醒。

付款操作流程见图 4—3—24。

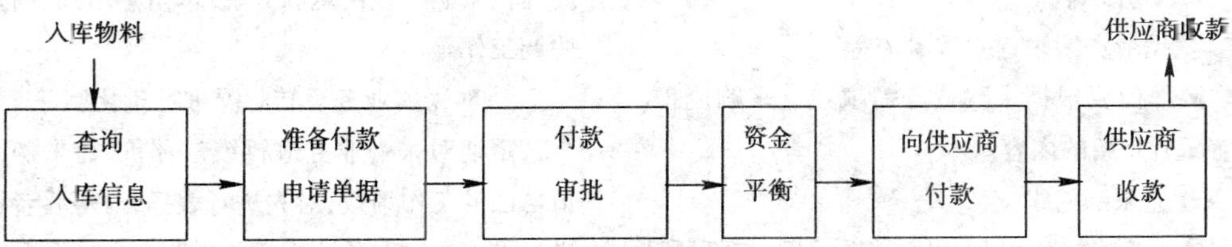

图 4—3—24　付款操作流程

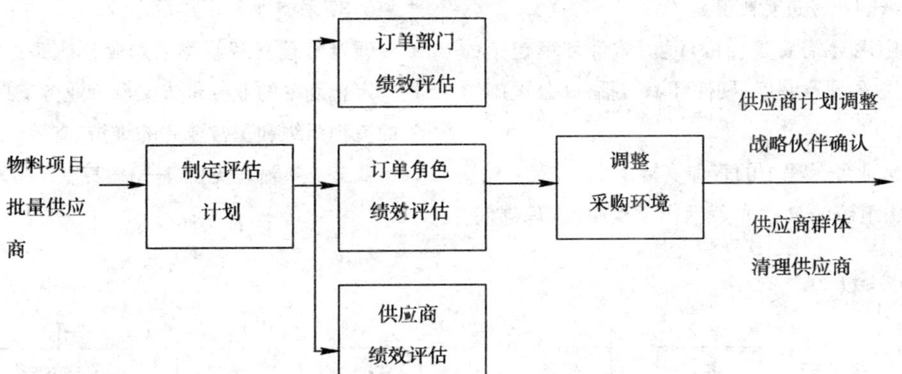

图 4—3—25　供应评估流程

(八)供应评估

1. 制定供应评估计划

全面评估订单运作情况是必要的,但每次操作要抓住重点。评估的目的是为认证人员管理供应商提供实际操作表现数据，使得订单操作更加畅通。评估时首先要制定一个评估计划。

2. 订单部门绩效评估

订单部门绩效评估内容包括：

(1)供应及时状况；

(2)紧急订单的完成情况；

(3)组织效率。

3. 订单角色绩效评估

订单人员的绩效来源于部门绩效的分解。订单人员的能力及责任心决定其绩效的大小。对绩效突出的要加薪奖励，对绩效持续末位的要考虑降职降薪。

4. 供应商供应绩效评估

供应商评价包括：质量、成本、供应、服务性等。

5. 建议调整采购分配比例

在一段时间订单运作之后，要进行供应绩效评估，评估的目的是调整采购环境，其内容有：

(1)根据订单表现调整供应商比例；

(2)确认并调整战略伙伴群体；

(3)调整供应商群体级别；

(4)清理供应绩效较差的供应商等。

一个物料项目的订单过程究竟需要多少个步骤，要看具体物料订单情况来定，订单环境、订单人员经验等方面的因素都对订单操作产生影响。

五、采购管理

采购管理的目的是分解并执行企业采购政策，具有监督与服务支持双重角色。采购业务的管理有4个方面：业务支持、业务审核、优化调整、批准实施。参见图4—3—26采购管理流程。

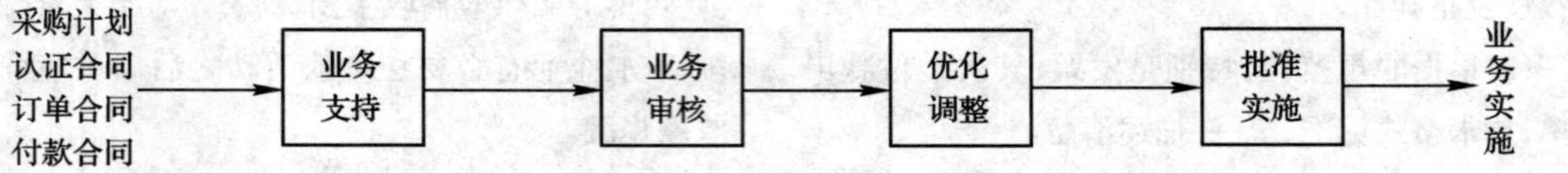

图4—3—26　采购管理流程

(一)业务支持

1. 根据业务需求建立采购流程

采购部门要根据采购业务需求建立采购流程。参考前面所介绍的内容。

2. 建立采购组织

在建立流程的基础上，建立采购组织，包括团队组成、人员配备、职责划分等。

3. 对采购业务进行配套建设

有了组织，还需要运作的环境，软件环境包括：信息系统、各种规章制度；硬件环境包括：办公设施、物流设施。

4. 日常业务过程中的管理支持

在采购组织的日常业务运作过程中，管理部门应提供采购行业信息服务、技术指导培训、内外关系协调工作等。

5. 对采购业务运转状况进行量化测评

定期对采购业务进行绩效评价，让采购人员知道自己的工作绩效，对先进者表扬，对落后者提出改进意见。同时对采购组织与采购业务的匹配程度进行修正。

6. 使采购业务正常运作，产生报告文档

通过管理支持使得采购业务能够正常运作，产生一定正确率的业务报告文档。业务支持包括新业务的流程组织和正常业务的维护、支持。

业务支持流程见图4—3—27。

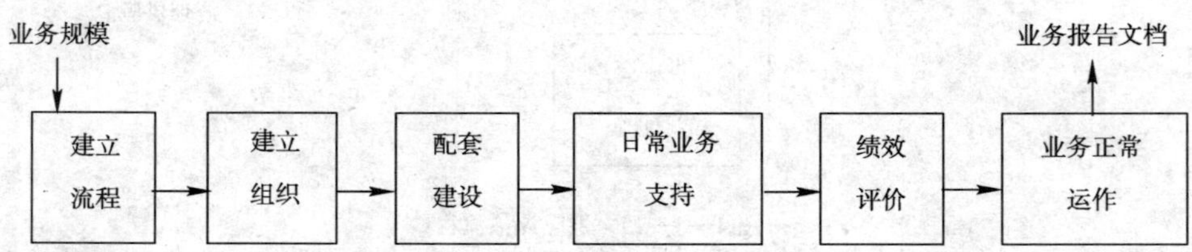

图4—3—27　业务支持流程

(二)业务审核

1. 接收业务报告文档

在采购业务运作过程中产生报告文档，审核人员首先收到这些报告文档，对于重要的文档需要做好签收手续，如付款申请书。

2. 审核报告文档的正确性

审核人员首先审核报告文档内容的正确性，如订单合同是否与采购环境相吻合，付款申请书的正确性。

3. 审核文档格式

采购业务输出文档应采用统一的文档形式，易于管理。

4. 形成改进意见

如审核通过，则可提交批准人进行批准操作，如未通过，则提出问题所在，由采购人员进行优化调整。业务审核流程见图 4—3—28。

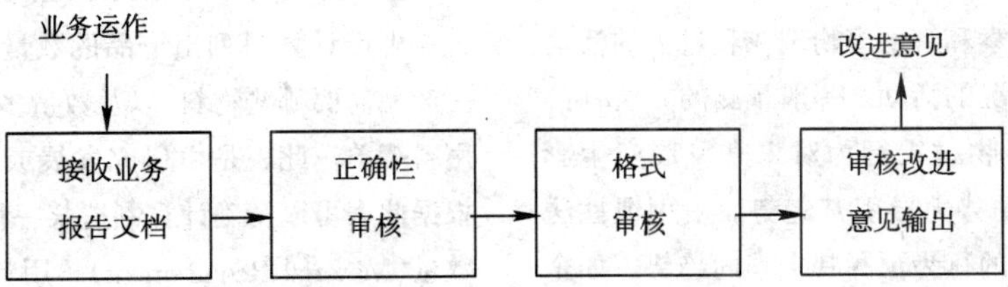

图 4—3—28 业务审核流程

(三)优化调整

1. 业务人员分析商讨改进意见

对审核人员提出的意见加以分析研究，如重审正确性等。

2. 确定优化调整措施

根据分析结果，确定调整具体措施。

3. 措施实施

按照确定的优化调整措施对业务单元报告进行更改。

4. 形成业务报告新文档

形成新的业务文档报告，对之进行再次审核。

优化调整流程见图 4—3—29。

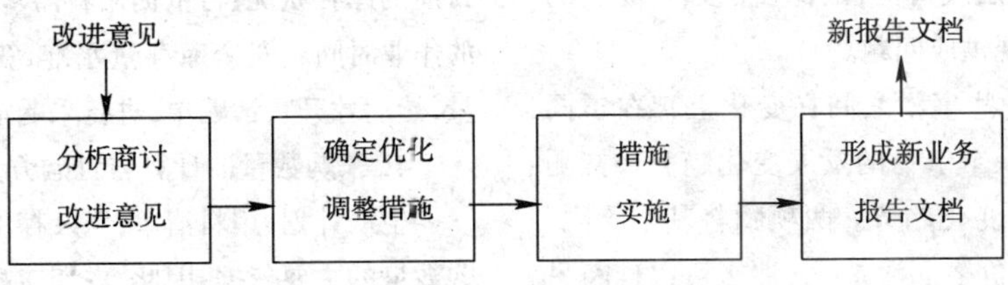

图 4—3—29 优化调整流程

(四)批准实施

1. 接收业务报告新文档

接收审核人员提交的业务报告文档。

2. 第一道批准手续

业务批准主管对业务报告进行审批。对于流水性作业，只需一次批准，即可实施。

3. 必要时进行第二道批准手续

有些重要业务需要其他如财务主管等批准则需二次批准手续。

4. 进行业务操作

实施业务并固化流程。

批准实施流程见图 4—3—30。

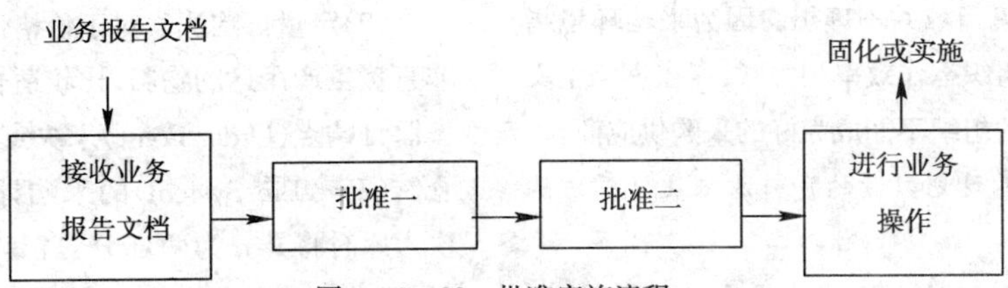

图 4—3—30 批准实施流程

以上采购管理的4个环节是对采购业务单元进行管理的一个循环操作,在业务简单情况下,审核人员与批准人员可合二为一。有些业务的管理可能需要若干个循环,才能付诸实施。

六、采购计划与预算基本知识

做采购计划时要遵循采购计划的流程。同时由于制定采购计划的核心地位,要制定出合理的采购计划需要具备一定的基本知识。

(一)预测

预测是通过考察和解剖事物现在和过去的活动来预示其未来的情况的活动。一般预测的方法有:

1. 惯性法。事物过去行为对未来发展产生影响,好像一种无形的势力导引其趋势。使用惯性法可以根据事物过去的行为预测其未来的趋势。如企业通过预测得出某种产品在未来两年内不会出现竞争对手,市场销售量将持续上涨;有这样一个好机会,企业应该做好充分准备:包括扩大生产规模,对采购来说要加大采购环境的订单容量。如果预测某产品的生命周期是一年,就应该注意该产品物料的采购库存量的控制;另一方面,企业应规划新产品的生产和采购。又如某一供应商一向表现较差,可以预测在短期内是无法改善的,因此要加强对物料的过程跟踪,防止出现供应问题。

2. 类推法。一些事物之间在变化上存在雷同之处,由此可根据一个事物的发展变化趋势来推测另一个事物的发展变化趋势。两项物料基本雷同,如果其中一项市场价格下滑10%,那么可以推断另一项的价格也会下滑,因此可适当推迟物料的采购以获得价格优势。

3. 关联法。通过分析事物之间的相互制约或者因果关系,从一个事物发展趋势来判断对另一个事物造成的影响,从而判断被影响事物的未来发展趋势。例如一个地区,虽然人力资源大量剩余,设备也好,但由于人们敬业精神差,官僚主义严重,因此可判断其采购环境指数并不理想。因为采购环境指数与供应商群体组织运作效率相关联,存在官僚主义又缺乏敬业精神的组织不能成为好的采购供应商。

(二)决定采购计划数量的资料基础及计算订购方法

采购计划的数量应保证供应生产的连续性,同时避免材料储备过多,积压资金,同时要配合公司生产计划与资金调度。决定采购计划数量的资料基础是生产计划、用料清单、存量管制卡。

1. 生产计划

由销售预测,加上人为的判断,即可拟订销售计划或目的。销售计划表明各种产品在不同时间的预期销售数量;生产计划即依据销售数量,加上预期的期末存货减去期初存货拟订。

2. 用料清单(Bill Of Materia1)

生产计划只列出产品的数量,无法直接知道某一产品需要哪些物料,以及数量多少,因此必须借助用料清单。此表是由研究发展或产品设计部制成。根据此表可以精确计算制造某一种产品的用料需求数量(Material Requirement)。用料清单所列的耗用量,即通称的标准用量(Standard Unit Consumption),与实际用量相互比较,作为用料管制的依据。

3. 存量管制卡(RIN Card)

若产品有存货,则生产数量不一定要等于销售数量。同理,若材料有库存数量,则材料采购数量也不一定要等于根据用料清单所计算的材料需用量。因此,必须建立物料的存量管制卡,以表明某一物料目前的库存状况;再依据用料需求数量,并考虑购料的作业时间和安全库存量水准,算出正确的采购数量,然后才开具请购单,进行采购活动。

4. 采购数量的计算与订购方法

生产计划、用料清单,以及存量管制卡为决定采购数量的主要依据;因此,本期应购数量=本期生产需用材料数+未预定库存量-前期预估库存量-前期已购未入数量。采购的方法主要有:

(1)定期订购法。进口的物料以及少数价值很高的国内采购物料,可以选择每季、每月或每周订购一次,此称为定期订购法。此法在使用上必须对物料未来的需求数量能做正确的预估,以避免存货过多,造成积压。

(2)定量订购法。对于价格低廉、临时性需求及非直接生产用途的物料,比较适合定量订购法,亦即按照订购点(Order Point)来决定采购时点。譬如复仓制(Two-Bin System)的采购计划,即此类物品首次入库时将其分为两部分,当其中一部分使用完毕时,必须先开出采购单,才准使用所剩下的另一部分物料，购与用反复交替进行。此类物料数量之管制，通常由仓储人员负责。

(3)决定最适当的采购数量。一般而言，最常使用的方法为经济订购数量，其公式如下：

$$EOQ=\sqrt{\frac{2DS}{IC}}$$

式中：D 为某段期间需求量；S 为每次订购成本及费用；I 为单位储存成本占商品成本的百分比；C 为商品的单位成本。

(三)影响采购计划与预算的因素

影响采购计划与预算的准确性，有下列各项因素：

1. 年度行销计划。除非市场出现供不应求的状况，否则企业年度的经营计划多以行销计划为起点；而行销计划的拟订，又受到销售预测的影响。销售预测的决定因素，包括外界的不可控制因素，如国内、外经济发展情况(GNL 失业率、物价、利率等)、人口增长、政治体制、文化及社会环境、技术发展、竞争者状况等；以及内部可控制因素，如财务状况、技术水准、厂房设备、原料零件供应情况、人力资源及公司声誉等。

2. 年度生产计划。一般而言，生产计划根源于行销计划，若行销计划过于乐观，将使产量变成存货，造成企业的财务负债；反之，过度保守的行销计划，将使产量不足以供应顾客所需，丧失了创造利润的机会。因此，生产计划常因营销人员对市场的需求量估算失当，造成朝令夕改，也使得采购计划与预算必须常常调整修正，物料供需长久处于失衡状况。

3. 用料清单。特别在高科技行业，产品工程变更(Engineering Change)层出不穷，致使用料清单难作即时的反应与修订。因而根据产量所计算出来的物料需求数量，与实际的使用量或规格不尽相符，造成采购数量过大或不及，物料规格过时或不易购得。因此，采购计划的准确性，有赖维持最新、最正确的物料清单。

4. 存量管制卡。由于应购数量必须扣除库存数量，因此，存量管制卡之记载是否正确，将是影响采购计划准确性的因素之一。这包括料账是否一致，以及物料存量是否全为良品。若账上数量与仓库架台上的数量不符；或存量中并非全数皆为规格正确之物料，这将使仓储量低于实际上的可取用数量，故采购计划中的应购数量将会偏低。

5. 物料标准成本的设定。在编订采购预算时，因对将来拟购物料的价格预测不易，因此多以标准成本替代之。若此标准成本之设定，缺乏过去的采购资料为依据，也无工程人员严密精确地计算其原料、人工及制造等组合或生产之总成本，则其正确性将有疑问。因此，标准成本与实际购入价格的差额即是采购预算准确性的评估指标。

6. 生产效率。生产效率的高低，将使预计的物料需求量与实际的耗用量产生误差。产品的生产效率降低，会导致原物料的单位耗用量提高，而使采购计划中的数量不够生产所需。过低的产出率也会导致经常进行修改作业，而使得零组件损耗超出正常需用量。所以，当生产效率有降低趋势时，采购计划必须将此额外的耗用率算计进去，才不会发生原材料的短缺现象。

7. 价格预期。在编订采购预算时，常对物料价格涨跌幅度，市场景气的涨落，乃至汇率变动等都加预测，甚至列为调整预算之因素，但是因为个人主观之判定与事实的演变常有差距，也可能会产生采购预算的偏差。此外，季节性的供应状况、最低订购量等因素，将使采购数量超过正常的需求数量；且企业财务状况的优劣将影响采购数量(安全存量)的多寡以及采购预算(付款时间)的准确性。

由于影响采购计划与预算的因素颇多，故采购计划与预算拟订之后，必须与产销部门保持经常的联系，并针对现实的状况做必要的调整与修订，才能达成维持正常产销活动的目标，并协助财务务部门妥善规划资金的来源。

第三节　采购成本与评价

一、采购成本

(一)采购价格与采购成本

在采购过程中，原材料或零部件的采购价格固然是很重要的财务指标，但作为采购人员，不光要看到采购价格本身，还要将采购价格与交货、运输、包装、服务、付款等相关因素结合起来综合考虑、衡量采购的实际成本。对于生产用原材料或零部件，采购成本除价格外，还应明确或考虑的因素包括：价格的稳定性或走向、不同订购数量的价格变化、付款方式与结算方式、币种、交运成本、交货地点、保险、包装与运输、交货库存、质量水平与技术要求、即时供应条件、独家供货条件、风险承担、推广与产品宣传协助、供应商考察与认可费用、供应商样品试用费用、循环使用包装材料、售后服务等。

表4—3—3为某单位采购的电视机玻壳采购成本分析。由表中数据可知,采购单价为37.2美金,而实际采购成本则为68.5美金,采购价格仅占采购成本的54.31%。对于非生产用原材料如设备等采购,除以上因素外,影响采购成本的还有:维修与保修、备件与附件、安装、调试、图纸、文件与说明书、安全TI-BA、使用许可证书、培训、专用及备用工具等。

表4—3—3 某单位采购的电视机玻壳采购成本分析

项 目	单价或单位费用(美金)	该项目占总采购成本之比
玻壳采购价(发票价格)	37.20	0.54
运输费	5.97	0.09
保险费	1.96	0.03
运输代理	0.03	0.03
进口关税	2.05	0.03
流通过程费用	0.41	0.01
库存利息	0.97	0.01
仓储费用	0.92	0.01
退货包装等摊费	0.09	0.00
不合格品内部处理费用	0.42	0.01
不合格退货费用	0.14	0.00
付款利息损失	0.53	0.01
玻壳开发成本摊销	6.20	0.09
提供给供应的专用模具摊销	5.60	0.08
包装投资摊销	6.00	0.09
其他费用	0.00	0.00
总计	58.50	1.00

(二)整体采购成本

整体采购成本又称战略采购成本,是除采购成本之外考虑到原材料或零部件在本企业产品的全部寿命周期过程中所发生的成本,它包括采购在市场调研、自制或采购决策、产品预开发与开发中供应商的参与、供应商交货、库存、生产、出货测试、售后服务等整体供应链中各环节所产生的费用对成本的影响。概括起来是指在本公司产品的市场研究、开发、生产与售后服务各阶段,因供应商的参与或提供的产品(或服务)所导致的成本,它包括供应商的参与或提供的产品(或服务)没有达到最好水平而造成的二次成本或损失。作为采购人员,其最终目的不仅是要以最低的成本及时采购到质量最好的原材料或零部件,而且要在本公司产品的全部寿命周期过程中,即产品的市场研究、开发、生产与售后服务的各环节,都要将最好的供应商最有效地利用起来,以降低整体采购成本。美国密执根州立大学(Michigan State University)一项全球范围内的采购与供应链研究结果表明:在所有的降低采购成本的方式当中,供应商参与产品开发最具潜力,成本降低可达42%,利用供应商的技术与工艺则可降低成本40%,利用供应商开展即时生产可降低成本20%,供应商改进质量可降低成本14%,而通过改进采购过程以及价格谈判等仅可达到11%。欧洲某专业机构的另一项调查也得出类似结果:在采购过程中通过价格谈判降低成本的幅度一般在3%~5%,通过采购市场调研比较优化供应商平均可降低成本3%~10%,通过发展伙伴型供应商并对供应商进行综合改进可降低成本10%~25%,而供应商早期参与产品开发成本降低则可达到10%~50%。由此可见,降低整体采购成本的最高境界是"上游"采购(Upstream Purchasing),亦即在产品的开发过程中充分有效地利用供应商。

按功能来划分,整体采购成本发生在以下的过程中:开发过程、采购过程、企划过程、质量过程、服务过程。

1.在开发过程中,因供应商介入或选择可能发生的成本影响包括:

(1)原材料或零部件对产品的规格与技术水平的影响;

(2)供应商技术水平及参与本公司产品开发的程度;

(3)对供应商技术水平的审核;

(4)原材料或零部件的合格及认可过程;

(5)原材料或零部件的开发周期对本公司产品的开发周期影响;

(6)原材料或零部件及其工装(如模具)等不合格对本公司产品开发的影响等。

2. 在采购过程中可能发生的成本包括:

(1)原材料或零部件采购费用或单价;

(2)市场调研与供应商考察、审核费用;

(3)下单、跟货等行政费用;

(4)文件处理及行政错误费用;

(5)付款条件所导致的汇率、利息等费用;

(6)原材料运输、保险等费用。

3. 在企划(包括生产)过程中可能因采购而发生的成本包括:

(1)收货、发货(至生产使用点)费用;

(2)安全库存仓储费、库存利息;

(3)不合格来料滞仓费,退货、包装运输费;

(4)交货不及时对本公司生产的影响及对仓库管理等工作的影响;

(5)生产过程中的原材料或零部件库存;

(6)企划与生产过程中涉及原材料或零部件的行政费用等。

4. 在质量过程中可能发生的采购成本包括:

(1)供应商质量体系审核及质量水平确认(含收货标准);

(2)检验成本;

(3)因原材料或零部件不合格而导致的对本公司的生产、交货的影响;

(4)不合格品本身的返工或退货成本;

(5)生产过程中不合格品导致的本公司产品的不合格;

(6)处理不合格来料的行政费用等。

5. 售后服务过程中因原材料或零部件而发生的成本包括

(1)零部件失效产生的维修成本;

(2)零部件供应给服务维修点不及时造成的影响;

(3)因零部件问题严重而影响本公司的产品销售;

(4)因零部件问题导致本公司的产品理赔等。

在实际采购过程中,整体采购成本分析通常要依据采购物品的分类模块按 80/20 规则选择主要的零部件进行,而不必运用到全部的采购物料。整体采购成本分析需要由有经验的采购、企划、开发、生产、品质及经济或成本人员一道组成跨功能小组共同进行。一般是先在现有的供应商中选择最重要的进行综合采购成本分析,找出实际整体采购成本与采购价格之间的差距,分析各项成本发生的原因,在此基础上提出改进措施。通过对现有主要供应商的整体采购成本分析的规律性总结,在新产品的开发过程中再综合运用于“上游”采购,以达到有预防性地降低整体采购成本的目的。

(三)降低采购成本

降低采购成本是采购部门的一项基本职责。降低采购成本应主要着眼于供应商及供应市场,而不应依靠压缩采购人员的待遇或培训等“挖内潜”方式。降低采购成本的主要方法总结起来有以下几类:一是优化整体供应商结构及供应配套体系,这包括通过供应市场调研等寻找更好的新供应商、通过市场竞争招标采购、与其他单位合作实行集中采购、减少现有原材料及零部件的规格品种进行大量采购、与供应商建立伙伴型合作关系取得优惠价格等;二是通过对现有供应商的改进提高来降低采购成本,如改进供应商的交货实施即时供应、改进供应商的质量降低供应商的不合格质量成本、组织供应商参与本企业的产品开发及工艺开发降低产品与工艺成本、与供应商实行专项共同改进项目以节省费用,如采用周转包装材料降低包装费用、采用专用运输工器具缩短装卸运输时间和成本、采用电子邮件传递文件信息减少行政费用并提高工作效率等等;三是通过运用采购技巧和战术,其中最常用的是灵活运用采购谈判技巧:辅助价格谈判的一个基本工具就是成本结构分析,另一个工具就是了解供应商的“学习曲线”,再一个就是利用“折扣”优势。

“折扣”是工业企业产品销售常用的一种促销方式。概括起来大体有以下几类:

1. 贸易折扣:贸易折扣是根据购货者的类型而规定的。可能因购货者属于制造商、批发商、供应商的不同类型,而给予不同的折扣。贸易折扣是购货者为卖方承担一定的分销职能而得到的补偿。

2. 付款折扣:现金付款比月结付款的采购价格通常要低,此外以坚挺货币如美金等付款比其他货币付款具有价格优势。

3. 数量折扣:数量小的订单其单位产品成本较高,因为小数量订单所需的订单处理、生产准备等时间与大数量订单并无根本区别。此外有些行业生产本身具有最小批量要求，如印刷、电子元件的生产等。以印刷为例，每当印刷品的数量增加一倍，其单位产品的印刷成本可降低到多达50%。

4. 地理折扣：许多跨国生产的供应商在销售时实行不同地区不同价格的地区差价，对于地理位置有利的客户予以折扣优惠。此外如果供应商的生产场地或销售点接近顾客时，往往也可以因交货运输费用低等原因获得较优惠的价格。

5. 季节折扣：许多消费品包括工业消费品都具有季节性，相应的原材料和零部件的供应价格也随着季节的起伏而上下波动。在消费淡季时将订单下给供应商往往能拿到较低的价格。

6. 推广折扣：许多供应商为了推销产品、刺激消费、扩大市场份额或推广新产品、降低市场进入障碍，往往采取各种推广手段在一定的时期内降价促销。策略地利用推广折扣是降低采购成本的一种手法。

在实际操作中，了解供应商成本结构。对于在谈判过程中取得合理的价格，以控制、降低采购成本，是很有效力的。一个基本手段是采用尽量详细的报价单，即将供应商提供的产品按固定费用及可变费用细项展开计算，逐项核定其准确合理性。以表面镀层金属冲压零件为例，首先按零件图计算出原材料的用量及成本，再加上各道冲压工序的加工费用及表面镀层的各道工序费用，考虑到包装、运输、利润等，最后得到单位产品的总价格。

二、采购评价

(一)采购系统自我评价

对采购的整体工作进行评价是全面检查采购的工作水平高低的手段，评估可自行组织，也可请第三方进行。采购自我评估是由公司采购部门牵头、组织相关的人员共同参与、按照一定的评价细则对采购各方面工作进行检查打分的过程。本书介绍的采购自我评诂模型，与采购的总体工作范围相对应，包括采购能力与采购结果两部分。采购能力由采购管理、采购队伍与机构、方针与战略、系统与程序、采购过程5部分组成。而采购结果则包括职工满意、顾客满意、对产品开发过程的影响与采购结果4部分(见图4—3—31)。

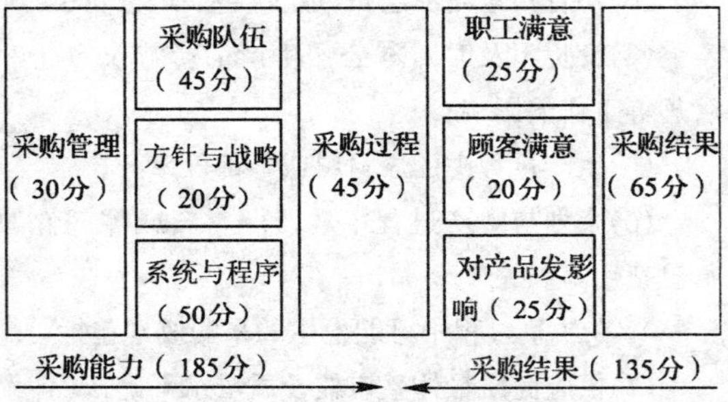

图4—3—31 采购自我评估模型

该采购自评模型采取打分的方法，由采购经理及相关同事自我检查，一般每年进行一次，根据自评结果找出薄弱环节制定计划予以改进。其实施细则如表4—3—4。

表4—3—4 采购自我评价细则

第一部分：采购管理

1. 采购能力

序号	内容＼分数	1	2	3	4	5	得分
1.1	参加管理会议	无	物料管理或生产计划管理		工业管理或财务管理	工厂管理或业务发展管理	
1.2	在组织中的地位	采购向企划经理汇报		采购向生产经理或研发经理汇报		采购向厂长或总经理汇报	
1.3	采购范围/管理层对采购开发	后期采购		前期采购及后期采购		供应商管理、战略采购	
1.4	采购人员主动介入跨功能活动	企划会议或生产计划会议	生产与企划会议	企划、生产、开发会议	企划、生产、开发与工艺会议	企划、生产、开发、工艺及企业业务会议	
1.5	参与采购网络的程度	参与采购信息网	公司采购信息网、当地采购会议		公司采购信息网、当地及全国采购行业协会等	公司采购信息网、当地、全国采购行业协会与国际采购行业活动	
1.6	对外交流	订购当地有关采购刊物		参与国家采购协会等		利用国际采购专业机构咨询等	

续上表

2. 采购队伍与机构

序号	内容＼分数	1	2	3	4	5	得分
2.1	教育水平	高中以下		大多数为大专以上		大多数为本科以上	
2.2	工作经历(年限)	<3 年		3~10 年		>10 年	
2.3	采购方面经历	<3 年		3~8 年		3~8 年	
2.4	其他工作经验	平均 1 种		平均 2 种		平均>2 种	
2.5	外派工作经验	<1 年		1~3 年		>3 年	
2.6	前期采购时间比例	<20%	20%~40%	40%~60%	60%~80%	>80%	
2.7	有无采购职业发展计划	无	有,不系统			有,系统	
2.8	每人年培训时间	<3 天	3 天~5 天			>5 天	
2.9	个人目标设定及表现评估	<1 次/年	1 次/年			≥2 次/年	

3. 方针与政策

序号	内容＼分数	1	2	3	4	5	得分
3.1	集团的采购方针/政策及公司的方针/目标了解的程度	采购部门		采购部门及公司管理层		采购、企划、开发、品质、生产及公司管理层	
3.2	采购策略	集中在交货,供应商很多		注重质量,有采购物品及供应商分类模块分析		完整的采购战略来源于公司整体业务战略	
3.3	采购计划	无		有,但只是同过去的表现比较		目标及计划同采购战略与公司的目标与战略相吻合	
3.4	采购计划包含以下要素:	1~3 个要素	4~6 个要素	7~9 个要素	10~12 个要素		
	a. 采购物品模块分析 b. 供应商优化分析与目标 c. 供应商月考评:质量、供应、价格、支持 d. 缩短供应交货时间 e. 综合成本分析 f. 供应商审核:认可评审、质量体系审核、过程或产品审核 g. 供应商参与产品开发 h. 供应商发展(世界级)项目 i. 采购水平衡量 j. 采购人员培训 k. 采购人员职业发展 l. 综合改进小组						

续上表

4. 系统与程序

序号	内容＼分数	1	2	3	4	5	得分
4.1	采购物品分类	无	生产用原材料有统一分类代码		统一分类代码用于所有采购物品		
4.2	集中采购(生产用原材料)	本生产水平	与集团其他有联合集中采购		同集团或其他单位进行系统的联合集中采购		
4.3	非生产用原材料集中采购比例	＜20％	20％～40％	40％～60％	60％～80％	＞80％	
4.4	有否零部件合同认可程序	无		有			
4.5	零部件合格化比例	＜20％	20％～40％	40％～60％	60％～80％	＞80％	
4.6	供应商管理工具的运用	供应商审评、月考评审	供应商评审、月考评、供应商审核、采购自我评价		供应商评审、月考评与审核、采购自我评估、供应商改进、综合成本分析、供应商发展项目		
4.7	有无供应商表彰系统	无		有			
4.8	采购信息系统	无	孤立的简单的采购信息系统	全工厂应用的 MRP 或 ERP 系统	MRP 或 ERP 系统 EDI 系统 Internet		
4.9	授权程序	有，但不完善		清晰/完善的授权程序			
4.10	下单、收货与付款功能分开与否	分开		未分开			

5. 采购过程

序号	内容＼分数	1	2	3	4	5	得分
5.1	采购参与的内容工作过程	生产过程	生产与开发过程	生产、开发、预开发过程	生产、开发、预开发、工艺及自制采购决策过程	生产、开发、工艺、采购决策及战略市场研究	
5.2	供应商的运用与参与	被置于业务链管理之外	跨功能队伍参与供应商管理	关键供应商参与产品开发	与供应商建立战略同型关系		
5.3	采购参与内部相关工作	无	工程(工艺)调整、物料评审、废料处理与分析成员		工程(工艺)、物料废料处理等主要成员或负责		
5.4	与同行比较	无意识	采购组织与过程的比较		采购组织、过程、表现的同行比较，比较对象是同事最好		
5.5	订单处理	手写/打印订单	采用交货计划滚动订单		采用 EDI 同供应商联机操作定货		
5.6	全面质量管理	无意识，仅控制来货质量	供应商质量改进		全面质量管理延伸到供应商		

续上表

5. 采购过程

序号	分数 内容	1	2	3	4	5	得分
5.7	成本与转卖品采购	订货与付款	订货/付款与签约	订货、付款、签约与供应商审核	订货、付款、签约、供应商审核、市场调研、产品规格与目标设计		
5.8	非生产用原料采购参与	采购不参与预算与决策	采购参与预算与决策				
5.9	非生产用原料采购	订货、付款	订货、付款与签约	订货、付款、签约与供应商选择	订货、付款、签约、供应商选择、市场调研、参与产品规格选定		
5.10	非生产用原料采购包括以下几项	1～3项	4～6项	7～9项	10～11项		
	A. 固定资产 B. 办公自动化 C. 工厂设施:清理、安全、租赁服务、厂房维修 D. 包装 E. 运输 F. 咨询 G. 印刷品 H. 差旅花费 I. 保险 J. 办公用品 K. 其他行政开支						

第二部分:采购结果

1. 职工满意

序号	分数 内容	1	2	3	4	5	得分
1.1	采购人员设定了工作目标的比例	＜10%	10%～20%	25%～50%	50%～75%	75%～100%	
1.2	在组织中的地位	无计划	10%	10%～15%	15%～25%		
1.3	采购人员无计划流失比例	≥20%	10%～19%	5%～9%	＜5%		
1.4	采购计划目标的实现比例	＜80%	80%～95%	＞95%			
1.5	采购部门的旷工率	8%	6%～8%	4%～6%	4%～4%	＜2%	

续上表

2. 采购队伍与机构

序号	分数 / 内容	1	2	3	4	5	得分
2.1	内部顾客监测采购表现	生产、企划部门	生产、企划、开发部门		生产、企划、开发部门及公司管理层		
2.2	采购改进项目成功达到目标的比例	<80%	80%~85%	85%~90%	95%~100%	100%达标	
2.3	原材料采购订单处理平均时间	<3年	3~8年		3~8年		
	非生产性材料采购订单处理平均时间	5天	4天	3天	2天	1天	
2.4	供应商付款情况	迟付3周	迟付2周	迟付1周	按时付		

3. 方针与政策

序号	分数 / 内容	1	2	3	4	5	得分
3.1	产品开发过程中原材料价格方面采购目标的实现程度	未达标>10%	未达标<10%	达到目标	好于目标<5%	好于目标>5%	
3.2	产品开发过程中原材料交货供应达标程度	迟交2周以上	迟交2周以下	太早交货	准时交货		
3.3	产品开发过程中原材料质量达标程度	<80%	80%~90%	90%~100%	达到目标		
3.4	非采购人员配合采购参与产品开发	企划人员	企划品质人员		企划、品管、开发、生产、市场人员		
3.5	参与产品开发的原材料供应商的比例	<50%	50%~80%	80%~90%	90%~95%	95%~100%	

4. 采购结果

序号	分数 / 内容	1	2	3	4	5	得分
4.1	原材料降低达标情况	低于目标10%以上	低于目标10%以下	达到目标	高于目标10%以上	高于目标10%以上	
4.2	原材料质量达标情况	<90%	90%~95%	95%~100%	100%达标		
4.3	原材料交货达标情况	<90%	90%~95%	95%~100%	100%达标		
4.4	交货周期达标情况	<80%	80%~90%	90%~95%	95%~100%	100%达标	
4.5	原材料供应商数量减少情况	<80%	80%~90%	90%~95%	95%~100%	100%达标	

续上表

4. 采购结果

序号	分数 内容	1	2	3	4	5	得分
4.6	非原材料供应商减少情况	＜80%	80%～90%	90%～95%	95%～100%	100%达标	
4.7	原材料标准化提高达标情况	＜80%	80%～90%	90%～95%	95%～100%	100%达标	
4.8	原材料认可合格率	＜80%	80%～90%	90%～95%	95%～100%	100%达标	
4.9	实际原材料种数/MRP中原材料总数＝有效原材料比例	0.7	0.7～0.8	0.8～0.9	0.9～1.0	1.0	
4.10	ISO 9000认可供应商比例	＜80%	80%～90%	90%～95%	95%～100%	100%达标	
4.11	非原材料采购目标达成比例	＜70%	70%～80%	80%～90%	90%～100%	100%达标	
4.12	运用EDI供应商目标实现情况	＜70%	70%～80%	80%～90%	90%～100%	100%达标	
4.13	采购报告的绩效衡量指标	＜70%	70%～80%	80%～90%	90%～100%	100%达标	

(二)采购与供应链Monczha模型

1993年美国密执根国立大学(Michigan state University)的教授Rolbert.M.MonczKa博士提出了一个用于采购自我评估的模型——采购与供应链MoncZka模型。该评估系统是经过对世界各地200多家公司的采购系统进行研究后概括出来的,具有相当的代表性,它一经推出便为许多著名公司采纳,其中包括IBM、飞利浦等。MOncZka模型由采购战略过程及采购能力两部分组成。

其中采购战略过程包括8个方面,分别是自制或外协、制定物料战略、建立并集中世界级的供应配套体系、建立并管理供应商关系、组织供应商参与产品开发过程、组织供应商参与订单实现过程、供应商发展与质量管理以及战略成本管理(见图4—3—32)。

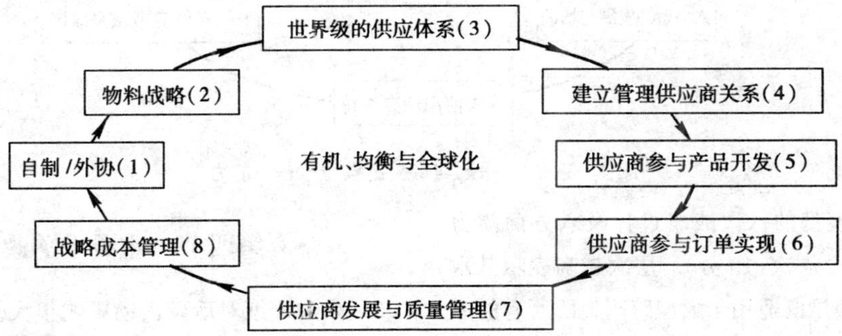

图4—3—32　MOnczka模型战略过程

采购与供应链模型案——战略过程

1. 自制或外协：决定自制或外协的主要因素是要看相关业务活动是否具有竞争优势，有竞争优势就拿进来自己做，无竞争优势就拿出去让供应商外协。其目的是为公司创造清晰的、具有坚强竞争优势的核心业务环境。

2. 制定物料战略：针对每一类采购物品或原材料都制订出具体的物品采购战略，包括产品与工艺结构、供应基础结构、寻找供应商、谈判签约、供应商发展及整体供应链等考虑因素。制定物料战略共有7个步骤，一是要全盘了解现有的战略；二是要开展调查研究明确相关需求，确定战略考虑的供应商；三是根据采购的竞争因素如成本、质量、交货、技术等进行优先性分析；四是设定突破性的目标（采用SMART法或找差距法）；五是进行SWOT（S—Strength优势，W—Weakness弱点，O—Opportunities机会，T—Threats威胁）分析并在此基础上确定物品战略；六是将相关的战略翻译成行动计划；七是针对有关目标和计划设定绩效衡量指标。

3. 建立并集中世界级的供应配套体系：供应配套体系与物料战略直接相关。建立并集中世界级的供应配套体系意味着要控制形成有限的供应商配套体系，尽量减少供应商数目。

4. 建立并管理供应商关系：将供应商分成不同的种类如商业型、优先型及伙伴型等进行管理。

5. 组织供应商参与产品开发过程：将供应商按不同的种类让他们以不同的角色、在不同的程度上参与产品开发。

6. 组织供应商参与订单实现过程：其关键是加快供应的物流与信息流速度，减少供货时间，缩短供应周期，降低库存。

7. 供应商发展与质量管理：主要做法有价值或价值工程分析、联合降低成本项目、工艺整合、供应商配合本公司就近设厂、供应商培训、联合质量改进小组等。

8. 战略成本管理：在整个供应链及整体产品寿命过程中，考虑所有的由供应商可能导致的成本因素，以成本作为驱动力和出发点进行分析，以降低各环节的成本和开支。具体包括8个步骤：一是要分析明确相关工作范围内的所有成本；二是由供应商提出经交叉审核的采购成本详细清单：三是进行成本影响因素分析；四是设定目标（采用SMART法）；五是优化组合整体供应链；六是将整体供应链过程结合降低成本目标细化；七是在整体供应链中贯彻实施有效的成本策略；八是实施并达成成本降低。

采购能力包括建立全球化的均衡采购与供应链战略计划、制定组织与队伍战略、全球实施、建立采购与供应链考核系统、导入并使用信息技术系统、建立人力资源发展与培训体系。具体如图4—3—33所示。

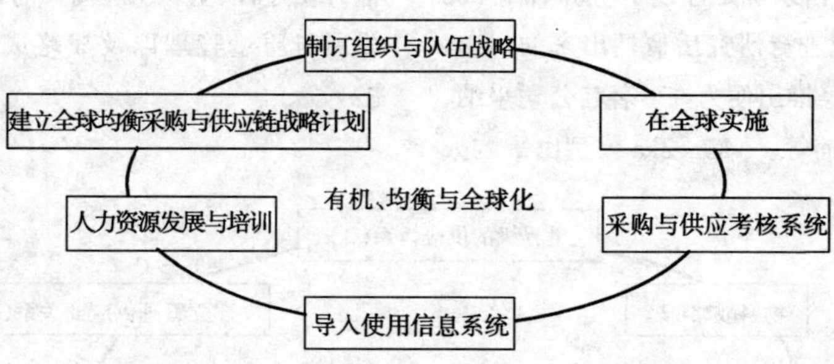

图4—3—33　采购与供应链模型案——能力

MOnCzka模型的八大战略过程及六方面能力又具体分为10个层次（10分）。层次越高表示其水平越高。这一模型既适用于大型跨国集团所有的工业企业，也可用于小型公司。

第四节　重要采购政策

采购政策对后勤活动影响很大，这些政策一般由高级管理人员制定。在任何企业都有必要从各不同的职能部门（如生产、市场营销、工程技术、运输及质量控制等)输入信息并进行成本—效益权衡,以制定有效的采购政策。自制或采购决策是工业企业的重要决策之一,因此重点介绍自制或采购决策。

一、自制或采购决策

自制或采购决策是工业企业的重要决策之一,也是公司生产战略以及公司核心业务发展的重要组成部分,它受公司的经营战略、产品技术水平、工艺水平、质量水平、生产能力、开发与生产成本、投资能力、供应商相关能力与供应商关系等诸多因素影响。随着经济全球化的发展,采购相对于自制的比例呈现不断扩大的趋势,而且在国外市场或全球市场采购的机会和比例也越来越大。在此,将阐述自制或采购与主要因素关系的影响、自制或采购决策的程序与发展趋势的内容。

(一)自制或采购与主要因素关系的影响

1. 与公司战略的关系

工业企业在开发生产新产品时,哪些东西自己制造、哪些东西由外部采购,首先要同公司的核心业务相适应,要同公司的经营生产战略相适应。自制部分必须是公司现有设备、能力所能承担完成的,或是公司计划发展而且有能力投入到位的。一般来说,公司自制的产品零部件都是具有本公司特点的、能体现本公司产品优势的核心部分。此外还要考虑公司的产品、技术与工艺发展战略。例如,表4—3—5为电信行业某公司的产品生产量及主要制造任务短期战略。

表4—3—5　电信行业某公司的产品生产量及主要制造任务短期战略

		产　品		
		A	B	C
生产量	本年度	少	多	少
	3～4年后	少	减少	增加
主要任务	本年度	改进质量	扩大生产量提高交货速度	改进质量、增加交货可靠性
	3～4年后	提高交货速度	降低成本	扩大生产量、降低成本

对应于不同的产品A、B、C,其主要的工艺过程如图4—3—34。当公司生产产品A时,生产自制率较高,公司需要较为齐全、完整的各种工艺技术及相应的生产设施,所需采购的物料以原材料及零件为主。而随着产品由A向C的调整,其生产工艺配置也逐步由机械型(A)向机械电子型(B)和电子型(C)转变,公司自己所需的生产设施从工艺流程来讲在简化,但从专业化、业务核心化的角度来讲则更为集中;因而相应的设备要求、产品技术要求在逐步提高,与其对应的采购件也由原材料类转变成部件、分总成类。通常情况下,考虑扩大自制还是扩大外购的基本出发点除公司自身条件外,还应考虑到市场的因素:一是市场进入障碍;二是供应保障能力与市场竞争力;三是公司主导产品前向一体化与后向一体化趋势。

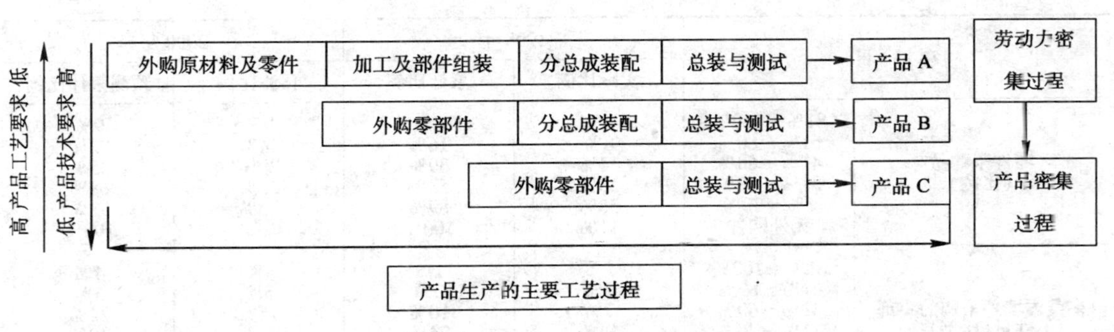

图4—3—34　主要的工艺过程

2. 与产品开发能力及工艺水平的关系

自制或采购决策在现有产品与工艺能力方面的主要考虑点有:

(1)产品中通用件、标准件的比例。对于不影响产品核心性能的零部件应尽量采用通用件或标准件,以降低成本、提高专业化水平,相应地采购比例会提高。

(2)产品中零部件的技术性要求或安全性要求

能否满足有关标准如中国的长城、美国的UL标志认证等。如本公司的设施及水平对某零部件的生产无法满足产品销售国家或地区相应的技术性或安全性要求，则该零部件必须考虑选择符合要求的供应商外购供应。

(3)本公司对产品中零部件的技术与工艺知识掌握程度以及相应的工艺与技术水平、生产能力等。如本公司不具备相关零部件的技术开发与工艺生产条件，自然应该考虑外购。

3. 与质量体系的关系

本公司的质量保证体系、质量水平、质量检测与控制手段、过程质量控制能力、质量改进能力等能否满足产品中自制零部件的质量要求，是自制或采购决策必须考虑的重要因素。这其中质量保证体系、质量水平、质量改进能力更大程度上反应了公司主导产品的质量管理水平，而相应的过程质量控制能力与质量检测与控制手段则是考虑零部件生产可否自制的主要因素。

4. 与供应保障和企划水平的关系

考虑自制或采购时，在供应保障及企划方面要考虑的要素主要有供应的可靠性、供应周期、供应灵活性、零部件库存量的控制要求及能力、不断缩短供应周期的可能性、该零部件供应对整体产品的影响、供应的运输及距离、订单及交货安排的沟通水平及方式、MRP系统的运用及程度、本公司MRP系统与该零部件供应间的联系、EDI的使用情况等等。

5. 与成本的关系

自制或采购决策最终的考虑因素是成本的问题。在综合考虑到公司战略、技术水平、生产能力、质量与供应能力的同时，综合分析产品中零部件自制与外购的成本，计算比较自制与外购的零部件价格、投资以及综合效益等是自制与采购决策中关键的一步。

(二)自制或采购决策的程序与发展趋势

综合起来，自制或采购的决策归根到底反映在生产能力和技术水平两方面。表4—3—6显示了采购外协的有利面和不利面的比较。

随着经济全球化、技术现代化的发展，采购外协的比例呈现不断扩大的趋势，而且在国外市场或全球市场采购的机会和比例也会越来越大。表4—3—7显示了美国制造业零部件采购外协的趋势。

表4—3—6　采购外协的有利面和不利面的比较

有利方面	不利方面
·投资能集中在关键业务	·对供应商依赖性强
·可优化利用供应商的技术、设备和经验	·存在问题转移、难于控制的风险
·灵活性强，可利用供应商的能力消化生产负荷波动	·存在信息保密带来的问题
·本公司的前期工艺简单	·需不断跟踪采购成本
·将投资风险转移给供应商	
·降低整体开发和运作成本	
·延伸供应链管理	

表4—3—7　美国制造业零部作采购外协的趋势

项目		1998年		2000年	
		实际比例	累计比例	预测比例	预测累计比例
零件采购量(比例)	81%～100%	8%	8%	9%	9%
	61%～80%	8%	16%	14%	23%
	41%～60%	14%	30%	20%	43%
	21%～40%	23%	53%	25%	68%
	1%～20%	36%	89%	25%	93%
	无外购件	11%	100%	7%	100%
在美国境外采购的零部件量(比例)	81%～100%	1%	1%	4%	4%
	61%～80%	2%	3%	5%	5%
	41%～60%	7%	10%	15%	24%
	21%～40%	14%	24%	25%	49%
	1%～20%	42%	66%	34%	83%
	无境外外购件	34%	100%	17%	100%

自制或采购决策通常遵循以下程序：设计或工程部门负责根据产品技术方案提出有关的产品零部件清单及相应的图纸、技术要求，采购部门根据技术文件会同工程设计、品管、生产企划、成本分析等部

门按照相应的要求针对有关的零部件进自制或采购分析。自制或采购分析必须建立在充分的供应市场调研的基础上,结合本公司的经营战略、产品开发能力及工艺水平、质量体系、供应保障和企划水平、成本与效益,分别对自制与采购的优点、缺点进行比较分析,在此基础上提出"自制或外购件清单"及分析报告,然后由采购经理提交由公司高层领导及相关部门参与的会议进行讨论决策。

二、替代供应商来源

高层管理者在制定政策时需要考虑发展、建立及保持供应来源的程度。例如,不同供应商之间何种程度的竞争最为理想?单一供应来源的风险是什么?与多个供应商交易比与单一供应商交易会增加多少成本?

单一供应来源对供求双方各有利弊,质量管理领域的专家们也是各执一词,有人大力提倡单一供应来源,而有人则持反对意见。然而,总的来看,对买卖双方似乎都是利大于弊。

对购买者而言,保持不同供应来源可以防止单一供应商由于恶劣天气或供应商生产线间断或破产等突发事件而导致重要原材料短缺,但这或多或少会提高成本。不同供应来源还将增加内向供应系统的供应点数量。由于采购地区分布更广,个别运输规模较小而使运输、存储、搬运及协调费用相对较高,如果供应来源不断增加或减少,运输模式将不断变化,从而导致运输、仓储及库存等计划管理的额外费用。

国际贸易把供应来源的范围扩大到国外。工业采购尽可能寻找国内的供应来源,但是联合经营、跨国经营已经把许多企业的经营扩大到世界范围。竞争的压力也迫使企业考虑新的、费用更低的供应来源。

三、一揽子采购

提前订购某一项目一年的供货(或其他更长时间)而不需发出新订单即可运货,称为"一揽子"采购或合同采购。采用一揽子采购时,按照年度总采购量,买方通常从供应商那里得到数量可观的折扣优惠。另外,还可以使买方减少日常文书工作、降低存货、避免按期重复签约的麻烦、缩短采购时间。因此,许多企业往往愿意订立"一揽子合同"。这种合同要求供应者必须按规定随时向买方供货,等于买方把存货放在供应者那里,因此这种合同又叫作"零库存采购计划"。当需要采购时,买方的电脑会自动打出订单发给供应者。

四、互惠采购

互惠采购是指供应商同时又是购货企业的客户时,彼此为双方提供优惠的一种惯例。当企业以他的客户作为采购来源时,正是为了实现互惠。除非一方的购买起因于另一方的购买,仅仅是两个企业相互从对方购货并不构成互惠。在其他条件相同的情况下,对大量客户及供应商实行互惠采购常会增加后勤网络服务的供应商的数量。同时,由于购货量分散于大量供应商,使得平均运输规模降低,从而增加订货及运输成本。

五、当地采购

供应商的地理位置对企业来说是十分重要的。许多大企业倾向于直接从制造商那里购买而不经过本地的中间商。即便是直接采购,也有相当多的物品可以向当地的供应者购买。生产用品容易从当地采购。当地的供应者常常可以比远地的供应者提供更多的相关服务。

当地购买有许多优点。通常,由于了解购买者的需要,当地供应者能给予更好的服务;运输距离短,发货批量小,从而节省运费和存货成本;距离短,采用汽车运输可以加速交货;当地采购还由于企业为其所在地的社会福利作出贡献而产生良好的公共关系。

为了提高公众形象,有些企业采取了当地采购的政策,并在社会事务中起积极作用,尤其在工业稀疏、经济活动不多的小城镇。当地采购尽管有一定的社会价值,却严重地限制采购人员去获得最好的采购条件。另一方面,当地资源的确可缩短装运时间,因而能降低再订货点和保险存货量,因此,必须全面权衡当地采购的效果。

第五节　采购管理转型:由传统到供应链

一、从采购管理向外部资源管理转变

传统采购管理的不足之处,就是与供应商之间缺乏合作,缺乏柔性和对需求快速响应的能力。准时化思想出现以后,对企业的物流管理提出了严峻的挑战,需要改变传统的单纯为库存而采购的管理模式,提高采购的柔性和市场响应能力,增加和供应商的信息联系和相互之间的合作,建立新的供需合作模式。

在传统的采购模式中，一方面，供应商对采购部门的要求不能得到实时的响应，另一方面，关于产品的质量控制也只能进行事后把关，不能进行实时控制，这些缺陷使供应链企业无法实现同步化运作。为此，供应链管理采购模式的第二个特点就是实施有效的外部资源管理，将事后把关转变为事中控制。

实施外部资源管理也是实施精细化生产、零库存生产的要求。供应链管理中一个重要思想是在生产控制中采用基于订单流的准时化生产模式，使供应链企业的业务流程朝着精细化生产努力，即实现生产过程的几个“零”化管理：零缺陷、零库存、零交货期、零故障、零(无)纸文书、零废料、零事故、零人力资源浪费。

供应链管理思想就是系统性、协调性、集成性、同步性，外部资源管理是实现供应链管理的上述思想的一个重要步骤——企业集成。从供应链企业集成的过程来看，它是供应链企业从内部集成走向外部集成的重要一步。

参与供应商的产品设计和产品质量控制过程。同步化运营是供应链管理的一个重要思想。通过同步化的供应链计划使供应链各企业在响应需求方面取得一致性的行动，增加供应链的敏捷性。实现同步化运营的措施是并行工程。制造商企业应该参与供应商的产品设计和质量控制过程，共同制定有关产品质量标准等，使需求信息能很好地在供应商的业务活动中体现出来。

外部资源管理并不是采购一方的单方面努力就能取得成效的，需要供应商的配合与支持。

二、从为库存而采购到为订单而采购的转变

在传统的采购模式中，采购的目的很简单，就是为了补充库存即为库存而采购。采购部门并不关心企业的生产过程，不了解生产的进度和产品需求的变化，因此采购过程缺乏主动性，采购部门制定的采购计划很难适应制造需求的变化。在供应链管理方式下，采购活动是以订单驱动方式进行的，制造订单的产生是在用户需求订单的驱动下产生的，然后，制造订单驱动采购订单，采购订单再驱动供应商。如图4—3—35所示。这种准时化的订单驱动模式，使供应链系统得以准时响应用户的需求，从而降低了库存成本，提高了物流的速度和库存周转率。订单驱动的采购方式有如下特点：

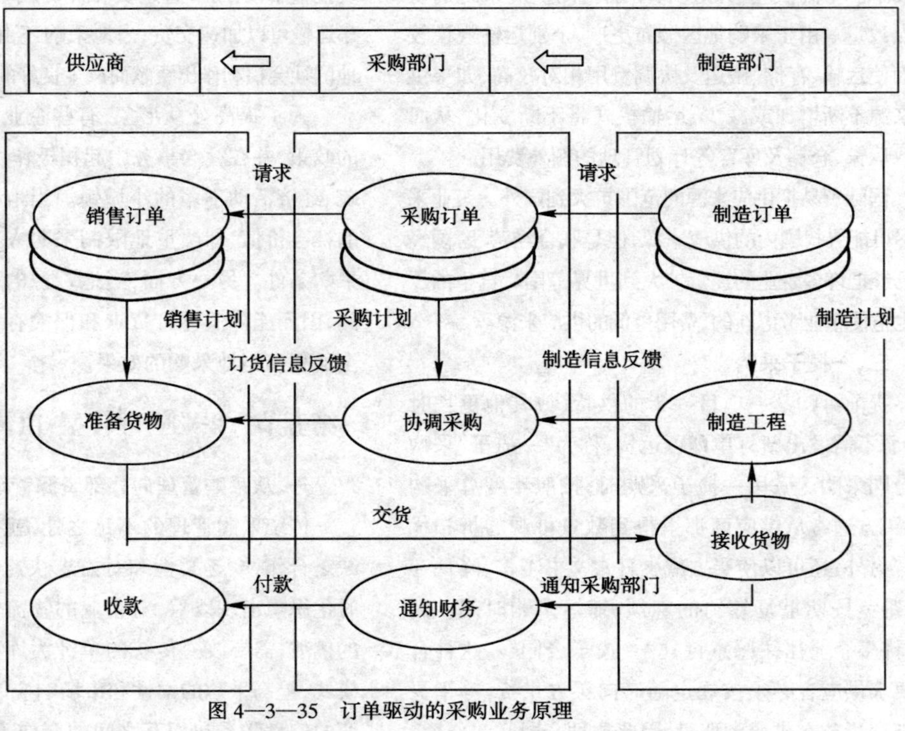

图4—3—35 订单驱动的采购业务原理

1. 供应商与制造商建立了战略合作伙伴关系，签订供应合同的手续大大简化，不再需要双方的询盘和报盘的反复协商，交易成本也因此大为降低。

2. 在同步化供应链计划的协调下，制造计划、采购计划、供应计划能够并行进行，缩短用户响应时间，实现了供应链的同步化运作。采购与供应的重点在于协调各种计划的执行。

3. 采购物资直接进入制造部门，减少采购部门的工作压力和不增加价值的活动过程，实现供应链精细化运作。

4. 信息传递方式发生了变化。在传统采购方式中，供应商对制造过程的信息不了解，也无需关心制造商的生产活动。但在供应链管理环境下，供应商能共享制造部门的信息，提高了供应商应变能力，减少信息失真。同时在订货过程中不断进行信息反馈，修正订货计划，使订货与需求保持同步。

5. 实现了面向过程的作业管理模式的转变。订单驱动的采购方式简化了采购工作流程，采购部门的作用主要是沟通供应与制造部门之间的联系，协调供应与制造的关系，为实现精细采购提供基础保障。

6. 协调供应商的计划。一个供应商有可能同时参与多条供应链的业务活动，在资源有限的情况下必然会造成多方需求争夺供应商资源的局面。在这种情况下，下游企业的采购部门应主动参与供应商的协调计划。在资源共享的前提下，保证供应商不至于因为资源分配不公或出现供应商抬杠的矛盾，保证供应链的正常供应关系，维护企业的利益。

三、从一般采购模式向准时制(JIT)采购模式转变

准时制采购的基本思想是：在恰当的时间、恰当的地点、以恰当的数量、恰当的质量提供恰当的物品。它是从准时生产发展而来的，是为了消除库存和不必要的浪费而进行持续性改进。要进行准时化生产必须有准时的供应，因此准时化采购是准时化生产管理模式的必然要求。它和传统的采购方法在质量控制、供需关系、供应商的数目、交货期的管理等方面有许多不同，其中关于供应商的选择(数量与关系)、质量控制是其核心内容。

准时采购(JIT采购)对于供应链管理思想的贯彻实施有重要的意义。从前一节的论述中可以看到，供应链环境下的采购模式和传统的采购模式的不同之处，在于采用订单驱动的方式。订单驱动使供应与需求双方都围绕订单运作，也就促使实现准时化、同步化运作。要实现同步化运作，采购方式就必须是并行的，当采购部门产生一个订单时，供应商即开始着手物品的准备工作。与此同时，采购部门编制详细采购计划，制造部门也进行生产的准备过程，当采购部门把详细的采购单提供给供应商时，供应商能很快地将物资在较短的时间内交给用户。当用户需求发生改变之时，制造订单又驱动采购订单发生改变，这样就形成一种快速的改变过程。如果没有准时的采购方法，供应链企业很难适应这种多变的市场需求，因此，准时化采购增加了供应链的柔性和敏捷性。

综上所述，准时化采购策略体现了供应链管理的协调性、同步性、集成性，供应链管理需要准时化采购来保证供应链的整体同步运作。

要实施准时化采购法，以下几点是十分重要的：

1. 创建准时化采购团队。世界一流企业的专业采购人员有3个责任：寻找货源，商定价格，发展与供应商的协作关系并不断改进，因此专业化的高素质采购队伍对实施准时化采购至关重要。为此，首先应成立两个团队，一个是专门处理供应商事务的团队，该团队的任务是认定和评估供应商的信誉、能力，或与供应商谈判签订准时化订货合同，向供应商发放免检签证等，同时要负责供应商的培训与教育。另外一个团队是专门从事消除采购过程中浪费的团队。这些团队人员对准时化采购的方法应有充分的了解和认识，必要时要进行培训，如果这些人员本身对准时化采购的认识和了解都不彻底，就不可能指望供应商的合作了。

2. 精选少数供应商，建立伙伴关系。选择供应商应从这几个方面考虑：产品质量、供货情况、应变能力、地理位置、企业规模、财务状况、技术能力、价格，与其他供应商的可替代性等。选择最佳的供应商，并对供应商进行有效的管理，是准时化采购成功的基石。

3. 制定计划，确保准时化采购策略有计划、有步骤地实施。

要制定采购策略，涉及需改进当前的采购方式，减少供应商的数量，正确评价供应商，向供应商发放签证等内容。在这个过程中，要与供应商一起商定准时化采购的目标和有关措施，保持经常性的信息沟通，进行试点工作。先从某种产品或某条生产线试点开始，进行零部件或原材料的准时化供应试点。在试点过程中，取得企业各个部门的支持是很重要的，特别是生产部门的支持。通过试点，总结经验，为正式实施准时化采购打下基础。

4. 搞好供应商的培训，确定共同目标。准时化采购是供需双方共同的业务活动，单靠采购部门的努力是不够的，需要供应商的配合。只有供应商也对准时化采购的策略和运作方法有了认识和理解，他们才会大力地支持和配合，因此需要对供应商进行教育培训。通过培训，大家取得一致的目标，相互之间就能够很好地协调，做好采购的准时化工作。供应商与用户的紧密合作是准时化采购成功的钥匙。

5. 卓有成效的采购过程质量控制是准时化采购成功的保证。在条件具备的情况下向供应商颁发产品免检合格证书。准时化采购和传统的采购方式的不同之处之一在于买方不需要对采购产品进行比较多的检验手续。要做到这一点，需要供应商做到提供百分之百的合格产品，当其做到这一要求时，即发给免检手续的免检证书。

6. 实现配合准时化生产的交货方式。准时化采购的最终目标是实现企业的生产准时化，为此，要实现从预测的交货方式向准时化适时交货方式转变。

7. 继续改进，扩大成果。准时化采购是一个不断完善和改进的过程。需要在实践中不断总结经验教训，从降低运输成本、降低供应商库存等方面进行改进，不断提高准时制采购的运作绩效。

四、从一般买卖关系向战略伙伴关系转变

在供应链条件下，供应与需求的关系要由简单的买卖关系向双方建立战略协作伙伴关系转变。在传统的采购模式下，供应商与需求企业是一种简单的买卖关系，因此无法解决涉及全局性、战略性的问题。而基于伙伴关系则有下列优点：库存问题，信息共享及供应商管理库存方式使得库存整体下降；风险下降，通过合作，降低由于不可预测的需求变化带来的风险；为共同解决问题提供了便利条件；减低了采购成本，消除了供应过程的组织障碍，为实现准时化提供条件。

第六节 采购物流案例

案例1 鄂城钢厂的三多三少采购原则

湖北省鄂城钢厂(已与武钢合并)财务管理非常出色，在对采购资金管理中发现了许多问题，也发现了许多有意义的现象。经过总结分析，提炼出三多三少采购法。即多从生产厂采购，少从流通领域采购；多从大企业采购，少从小企业采购；多从近处采购，少从远处采购。直接从生产厂购买，由于减少了环节，往往能获得较低的价格；而从大企业购买，由于综合实力强，生产规模大，产品质量有保证，信誉较高，在价格、质量等方面具有优势。

案例2 亚星的购销比价管理

山东省亚星公司在企业物资管理方面总结出了一套完整的管理制度，从制度上保证物资管理工作的质量。在此，仅就该公司的比质比价采购法作简单介绍。

(1)抓市场调查，为量大的原材料采购决策提供可靠的依据。该公司 6 000 多种原材料中，主要原材料只有四种，资金占到总量的 70%。他们通过市场调查，广泛收集信息，建立供应商档案，为领导决策提供充分的依据。

(2)选择合格供应商，严格按公司规定采购。按规定只能到审定合格的供货厂家采购，采购的价格按数量从小到大分级，逐级下放审批权。对品种很大的零散物资，也有规范的采购程序。采购员要在调查的基础上，从价格、质量、信誉、服务质量、保证供给等方面拟出初步意见，填写采购物资价格申报表，经处级领导审阅签字后，到审计处物资科报价，经过严格的价格审查后，再由分管副总经理签字批准，方可按通知单定点采购。

(3)规范采购和资金清算程序。供应处计划员根据计划处下达的采购计划，分解到采购员，在不突破最高控制价的条件下，按通知单分期、分批及时采购；签订合同前，对全部条款按程序进行审查，然后采购员才能与供应单位签正式合同；入库时按规定

程序执行，采购员逐一核对数量、价格、金额无误后，填写入库单，会同保管员的货物收到条，办理入库手续；资金结算采取分批分期付款方式。

(4)建立各种采购台账管理制度。主要有采购物资明细账、质量台账、货比三家台账和资金支付卡。

(5)严格管理制度，提高人员素质要求。制定人员素质要求，制定各个岗位的职责。根据形势变化，不断提高采购人员的整体素质。具体做法是：加强培训学习，严格考试制度，不合格者调离采购岗位，实行轮岗制，既可增加业务经验，又可避免不正常的个人感情；严格奖惩制度。

亚星的经验非常适合当前我国的实际情况，具有很强的生命力，国家于1999年向全国推广。

案例3　科博ERP采购管理系统

科博公司充分认识到采购管理系统是企业生产准备的重要环节，认识到ERP下采购管理系统应用的潜在市场，因此开发出科博ERP采购管理系统。该系统可实现原材料、外购件、外协件准备和管理，充分考虑到采购系统与库存、财务、生产等系统的紧密联系。

科博ERP采购管理系统主要功能：

(1)基础数据管理

提供了对支付方式、运输方式、采购类型、采购单状态、退货原因、发票类型等设置功能。重点提供了有关供应商基础数据的主文件维护，和供应商能够提供的物品、价格、提前期等信息维护。

(2)采购订单管理

提供了请购单和采购单的录入、维护、批准、合并等功能，并实现由请购单生成采购单的功能。

(3)采购入库处理

提供采购单收货、按入库单入库、不合格品退货处理功能。提供与质量管理和库存管理的接口。

(4)采购核算管理

提供编制采购用款计划，建立采购清算文件、采购发票管理、付款核销登记诸功能。

(5)采购统计分析

提供了根据供应商代码、物料代码、到货时间、订单状态等多种要求的采购查询，按物品类别、采购员、供应商情况的采购统计，以及对供应商的质量、价格、物料供货能力、采购物料脱期等采购分析功能。

科博ERP采购管理系统的特点是支持按供应商和多种订货策略进行采购合并；支持对供应商的供货质量、物料供货能力的分析；与库存管理和质量管理实现信息集成；支持对采购单各种状态的跟踪。该系统为采购系统的开发及ERP系统的开发提供了经验，也对采购信息化、计算机化有一定的参考意义。

案例4　准时化采购实践调查及分析

美国加利弗尼亚大学的研究生为了对准时化采购的目的、意义和影响准时制采购的因素有一个初步了解，对汽车、电子、机械等行业的67家美国公司的经营者准时化采购的效果进行问卷调查。这些公司既包括著名的3COM公司、惠普公司、苹果公司等大公司，又有小公司，有的是制造商，有的是分销商，有的是服务业，调查的对象为公司的采购和物料管理经理，调查的内容如表4—3—8～表4—3—11所示。

表4—3—8　调查内容表(1)

准时化采购成功的关键因素	
问　　题	肯定回答(%)
和供应商的相互关系	51.5
管理的措施	31.8
适当的计划	30.3
部门协调	25.8
进货质量	19.7
长期的合同协议	16.7
采购的物品类型	13.6
特殊的政策与惯例	10.6

表4—3—9　调查内容表(2)

准时化采购解决的问题	
问　　题	肯定回答(%)
空间减少	44.8
成本减少	34.5
改进用户服务	34.5
及时交货	34.5
缺货问题	17.2
改进资金流	17.2
减短提前期	10.3

表 4—3—10 调查内容表(3)

实施准时化采购困难的因素

问　　题	肯定回答(%)
缺乏供应商支持	23.6
部门之间的协调性差	20.0
缺乏对供应商的激励	18.2
采购的物品类型	16.4
进货物品的质量	12.7
特殊的政策与惯例	7.1

表 4—3—11 调查内容表(4)

与供应商有关的准时化采购的问题

问　　题	肯定回答(%)
很难找到好的供应商	35.6
成本减少	31.1
改进用户服务	26.7
及时交货	24.4
缺货问题	17.8

以上报告可以分析出：

(1)准时化采购成功的关键是与供应商的关系，而最困难的问题也是缺乏与供应商的合作。

(2)难找到好的合作伙伴是影响准时化采购的第二重要因素。

(3)缺乏对供应商的激励是影响准时制采购的另外一个因素。供应商管理是实施JIT采购的重要保证，是采购管理中的重要组成部分。

(4)准时制采购不单是采购部门的事情，企业的各部门都应为实施准时制采购创造有利条件，为实施准时化采购共同努力。

第四章　供应物流管理——供应商管理

第一节　供应商管理

一、供应商分类

在供应商管理中，必须将供应商关系分为不同的类别，根据各供应商对本公司企业经营影响的大小设定优先次序，区别对待，以利于集中精力重点改进、发展最重要的供应商。供应商关系的基础是供应商分类，可根据不同的基准对供应商进行分类，最简单的方法是将他们分为普通供应商和重点供应商。而本文推荐下面这种分类方法，依据供应市场情况，按采购物品分类模块的要求分为伙伴型、优先型和商业型(见图 4—4—1)，并针对不同类型的供应商采取不同的管理策略与方法。

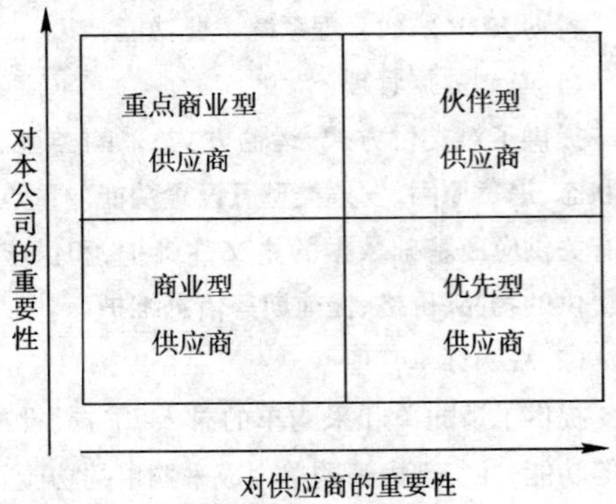

图 4—4—1

在这种供应商分类模块中，如果供应商认为本公司的采购业务对他们来说非常重要，供应商自身又有很强的产品开发能力等，同时该采购业务对本公司也很重要，那么这些采购业务应该对应于“伙伴型的供应商”；如果供应商认为本公司的采购业务对他们来说非常重要，但该采购业务对本公司来说却不是十分重要，这样的供应商无疑有利于本公司，是本公司的“优先型供应商”；如果供应商认为本公司的采购业务对他们来说无关紧要，但该采购业务对本公司来说却是十分重要，这样的供应商就是需注意改进提高的“重点商业型供应商”；至于那些对于供应商及本公司来说均不是很重要的采购业务，相应的供应商可以很方便地选择更换，那么这些采购业务对应于的供应商就是普通的“商业型供应商”。毫无疑问，在不同的供应商中重点商业型供应商会给本公司的采购带来较高的风险。

反过来从顾客定位的角度看(见图 4—4—2)，如果本公司的采购份额占了供应商销售额的很大部分，且本公司的业务合作对于供应商来说在各方面都很具有吸引力，那么供应商必定会将本公司看成是他们的“核心客户”；相反如果本公司的采购份额占供应商销售额比例很小，且本公司的业务合作对于供应商来说又无吸引力，那么供应商必定会将本公司看成是他们无关紧要的“普通客户”；如果本公司的采购份额占供应商销售额的比例虽然很大，由于价格等对于供应商来说吸引力不够，那么供应商就会采取“剥削”的态度来对待客户，将本公司定位于他们的“剥削客户”；虽然本公司的采购份额占供应商销售额比例很小，但本公司的业务合作对于供应商来说很有吸引力，那么供应商必定会将本公司看成是他们需要发展的“发展客户”。毫无疑义，从顾客定位的角度看如果供应商认为本公司是他们一个无关紧要的客户，那么他们对本公司的供应风险性就会提高。

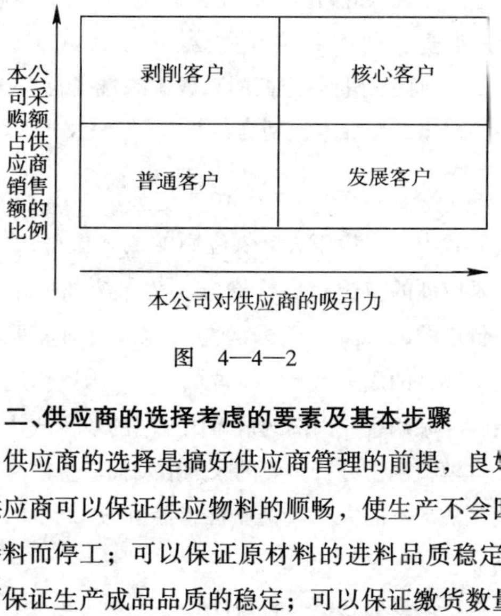

图 4—4—2

二、供应商的选择考虑的要素及基本步骤

供应商的选择是搞好供应商管理的前提，良好的供应商可以保证供应物料的顺畅，使生产不会因为待料而停工；可以保证原材料的进料品质稳定，从而保证生产成品品质的稳定；可以保证缴货数量和交期的准确性，从而保证成品出库的准确性，是实施 JIT 的重要影响因素。因此选择优秀的供应商直接影响到企业的生产和销售，对企业的影响巨大。

如何评价和选择一个好供应商？一般考虑以下几个因素：(1)产品质量；(2)供货能力；(3)企业信誉及历来表现；(4)质量保证及赔偿政策；(5)产品价格；(6)技术力量；(7)企业财务状况；(8)通讯系统；(9)企业在同行业中的地位；(10)地理位置。将以上要素归纳为：

1. 质量

一般来说，供应商最重要的因素是质量。质量是指所需物品的专业特性。良好的设备和技术及技术的不断创新，才能保证供应产品的品质。事实上，质量还包括许多附加因素，如产品的生命周期、维修及维护的方便性、可靠性等。

2. 可信度

可信度是指供应商的信誉，购买者关心按时交货以避免由于延迟交货而中断生产；同时产品的生命周期对最终产品的质量、制造商的质量保证以及重复销售有直接影响；最后由于涉及机器、设备的故障问题，供应商的质量保证与赔偿程序是考虑供应商可信度的另一重要方面。

3. 能力

能力即潜在供应商的设备和生产能力、技术力量、管理与组织能力以及运行控制等。这些因素旨在考虑供应商提供所需物资的质量与数目的能力以及供应商能否持续、稳定地提供相关服务的能力。

4. 产品价格

产品的价格是供应商选择的主要因素，但不是最重要的因素，原料的价格会影响到最终产品的成本，但综合看，与质量、可靠性以及能力相关的成本更为重要。采购的目的之一是以适当的成本来获取满足质量与服务要求的物资，这一目标强调了采购价格作为企业销售总成本中的一个主要投入，同时表明最低价格受到质量和服务的限制，因此要综合考虑价格、质量和服务。

5. 地理位置

供应商的地理位置对库存量有相当大的影响，如果物品单价较高，需求量又大，距离近的供应商有利于管理。购买方总是期望供应商离自己近一些，或至少要求供应商在当地建立库存，地理位置近送货时间就短，意味着紧急缺货时，可以快速送到。

此外，要求良好的财务和运营管理制度、优秀的企业集体。没有良好的管理制度及企业运营财务状况，可能会导致中断物料的长期连续供应。因此对长期采购的物料，更应该注重企业的整体状况。

供应商的选择过程可归纳为以下几个步骤(见

图 4—4—3)。

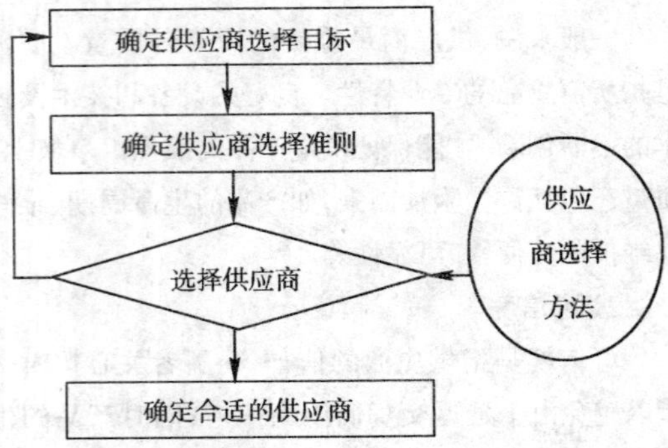

图 4—4—3　供应商选择主要步骤

三、供应商选择的方法

供应商选择的方法很多,主要分为三大类:第一类为定性的分析选择方法;第二类为定量的选择方法;第三类为定性与定量相结合的分析和评价方法。定性方法主要是根据以往的经验,凭借以前的关系来选择供应商。为了实现供应商选择的客观性和科学性,应研究供应商选择的定量方法和定性与定量相结合的方法。下面介绍在供应商选择中的几种常用方法:

(一)直观判断法

直观判断法属于定性选择方法。即根据征询和调查所得的资料并结合个人的分析判断,对供应商进行分析、评价的一种方法。主要是倾听和采纳有经验的采购人员的意见,或者直接由采购人员凭经验作出判断,常用于选择企业非主要原材料的供应商。

(二)线性权重法

线性权重法是目前供应商定量选择最常使用的方法,基本原理是给每个准则分配一个权重,每个供应商的定量选择结果为该供应商各项准则的得分和相应准则的权重的乘积的和,通过对各候选供应商定量选择结果的比较,实现对供应商的选择。

(三)层次分析法

层次分析方法的基本原理是根据具有递接结构的目标和子系统(选择准则)以及约束条件等对供应商进行评价。首先用两两比较的方法确定判断矩阵,然后把判断矩阵的最大特征与相应的特征向量的分量作为相应的系数,最后综合出每个供应商各自的权重(优先程度),通过对优先程度的比较实现对供应商的选择。

(四)多目标数学规划法

多目标数学规划的基本方法是确定各个目标(选择准则)的权重,从而将多目标规划问题转化为单目标规划问题,在各目标权重非负的情况下,所转化的单目标优化问题的最优解是原多目标优化问题的非劣解。

(五)采购成本法

对质量和交货期都能满足要求的供应商,则需要通过计算采购成本来进行比较分析。采购成本一般包括售价、采购费用、运输费用等各项支出的总和。采购成本比较法是针对各个不同供应商的采购成本,通过计算分析来选择采购成本较低的供应商的一种方法。

(六)作业成本法

Filip Roodhooft 和 Jozaf Konings 于 1996 年提出供应商选择的作业成本法(Activity Based Costing, ABC)。通过分析供应商的总成本来选择合作伙伴,他们提出的总成本模型为:

$$S_i^n = (p_i - p_{\min} q + \sum^{j} c_j^b D_{ij}^b$$

式中,S_i^n 为第 i 个供应商的成本值;p_i 为第 i 个供应商的单位销售价格;$p_{\min}$ 为供应商中单位销售价格的最小值;q 为采购量;c_j^b 为因企业采购相关活动导致的成本因子的单位成本;D_{ij}^b 为因供应商导致的在采购企业内部的成本因子 j 的单位成本。该成本模型用于分析企业因采购活动而产生的直接和间接的成本的大小。企业将选择值 S_i^n 最小的供应商。

(七)数据包络分析法(DEA)

数据包络分析法是在相对效率评价概念的基础上建立起来的一种新的系统分析方法,它适用于具有多输入多输出相同类型的单位(例如供应商)的有效评价。被评价的单元称为决策单元,*DEA* 模型假设 n 个决策单元(DMU),单个决策单元 DMU_i 都有 m 种类型输入,s 种类型输出。在进行供应商选择时,为了把已确定的选择准则转化为数据包络分析模型的形式,首先需要将它们划分为输入变量和输出变量。然后建立数据包络分析模型,计算各个候选供应商的相对效率。根据计算结果，选择适当的供应商。

四、供应商管理主要内容

由于供应商对企业的供货、生产、质量、开发等有重要的作用，同时随着供应链理论的发展和实践，供应商管理又是供应链采购管理中的一个很重要的问题，对实现 *JIT* 采购起重要作用，因此供应商管理越来越受到重视。总的来说，供应商管理的主要内容包括：

（一）正确选择供应商

企业选择供应商，首先是对市场上供应商提供的产品进行选择，这里要用到价值工程的原理。价值工程认为，满足一定的产品功能要求的材料并不是惟一的，实际上它应该有多种替代方案。在众多方案的比较中，根据功能成本分析，一定可以取得一种既可以满足功能要求，又能是费用较小的方案。我们通过价值工程分析方法来选择材料，然后再对能够提供适合自己产品需要的材料的供应商进行选择，这样可以寻找到真正适合自己企业需要的供应商。也就可以避免采购的物资出现功能过剩，为不必要的功能支付额外的代价。同时，选择供应商还要考虑其他方面因素，如价格、交货时间、信誉、供应商实力等因素，以便保证选择真正适合自己需要的供应商，建立相对稳定的供求关系，确保企业利益的最大化。

（二）建立信息交流和共享机制

信息交流有助于减少投机行为，有助于促进重要生产信息的自由流动。为了加强与供应商信息交流，可以采取下列方法：在供应商与制造商之间经常进行有关成本、作业计划、质量控制信息的交流与沟通，保持信息的一致性和准确性；实施并行工程，即供应商早期参与早期开发，及时把用户的价值需求转化为供应商的原材料和零部件的质量与功能要求；建立联合的任务小组解决共同关心的问题，在供应商与制造商之间应建立一种基于团队的工作小组，双方的有关人员共同解决供应过程中遇到的各种问题；供应商与采购企业经常互访，及时发现和解决出现的问题，建立良好的合作气氛；使用 EDI 和 Internet 加快数据的传输。

（三）重点管理方法在供应商管理中的应用

对于一个大型企业，供应商成百上千，必须分清主次，对供应商进行重点管理，这样有利于节约企业的人力、物力。这里除了可采用第一节介绍的供应商分类方法，还可应用 ABC 分类方法对供应商进行分类。ABC 分类方法的应用很广泛，它把事物区分出主次，并有针对性地集中力量和优势解决事物的主要矛盾。对于供应商管理，亦可正确地运用 ABC 分类方法，对于关键的少数供应商，进行重点管理。我们依据下列比例，对供应商进行 ABC 划分。A 类供应商占总供应商数量的 10%左右，但其供应的物资价值占企业采购物资价值的 60%～70%左右；B 类供应商占总供应商数量的 20%左右，其供应的物资价值占企业采购物资价值的 20%左右；C 类供应商占总供应商数量的 60%～70%左右，但其供应的物资价值仅占企业采购物资价值的 10%～20%左右。这样划分出 ABC 三类。A 类供应商，为公司提供了大部分的物资供应，并且数量少，对其进行重点管理是降低采购供应成本的潜力所在和主要途径。因而要投入主要精力，进行重点管理。而对于 BC 类供应商，因其所提供的物资比重小而商家数量多，则可以减少精力的投入，作一般管理，它们不是降低采购供应成本的重点。ABC 分类管理方法的应用，减轻了工作量，加强了管理，提高了效率，确实是一种科学、实用的供应商管理方法。

（四）合理的供应商的业绩考评

建立科学的指标体系，对供应商进行综合的评价。企业可以根据自身的需要，合理地运用这些指标，来对供应商进行科学地评定。这些指标包括质量、价格、交货时间、合同完成率等。可以对这些指标按照对企业需要的重要程度，给予一定的权重，进行综合考核。这些指标真正发挥作用，还在于历史数据的收集、整理，及数据的真实有效。所以，平时维护供应商资料的工作量比较大，需要一定的投入。这些资料，对于采购决策的支持，起着重要的作用。

（五）保持供应商之间适度地竞争，拥有良好的竞争机制

对于供应商的选择，既可以选择独家供应，也可以多家供应，这要根据企业所面临的具体情况来考

虑。独家供应易于管理,也可能享受到批量大的优惠,但不容易把握市场动态,易出现缺货。如果条件可以的话,对同一种材料,还是要选择2～3家供应商来供应,这样既可以有个比较,促进它们彼此之间的竞争,又可以保证供货不中断。也可以分阶段,先多家供应,再选择最好的一家供应,再多家供应,再一家供应,交替使用。进行合理的选择、比较和淘汰,从而为企业选择最优秀的供应商。给予供应商价格折扣和柔性合同,以及采取赠送股权等,使供应商和制造商分享成功,同时让供应商体会双赢的好处,但在激励机制设计上,要体现公平、一致的原则。

(六)建立企业同供应商的密切合作,互荣共存的关系

随着生产力水平的提高,社会分工越来越细,各个企业可能只在一个相对狭窄的领域生产经营。经济学诺贝尔奖获得者科斯用交易费用理论对企业进行了界定。每个企业都有一定的规模,不能无限地扩大。同其他企业密切合作,可以降低交易费用,是保证企业成功的关键。供应商、企业、客户组成了一个共同的价值链。企业要想发展得好,这个价值链就应畅通无阻,每一个环节都不能出问题。作为一个企业,在考虑自身利益的同时,要兼顾客户的利益和供应商的利益,保证各自的合理利润,才是企业发展的长久大计。企业同供应商的利益是一致的,并不互相矛盾,无论买方市场还是卖方市场,谁也不是“上帝”。共求生存,共同发展,才是处理企业同供应商关系的准则。

第二节 供应商关系

一、供应商关系发展

(一)供应市场变化对供应商关系的影响

传统的供应商与顾客的关系就是简单的买卖关系,这种关系的理念就是以最便宜的价钱买最好的东西,其特征是买卖双方围绕着生意讨价还价,相互之间存在的是竞争关系,因此顾客往往将供应商看成是生意场上的对手或敌人。随着社会的发展、技术的进步,供应市场在过去的几十年中也发生了深刻的变化,具体体现为:

1. 技术飞速发展、产品开发周期越来越短、技术手段不断更新;

2. 经济全球化、市场国际化;

3. 公司、企业结构不断变化;

4. 新的资源不断出现、资源利用率不断提高;

5. 知识、信息的生产、分配和使用日趋强化,且以加速度走向世界一体化、网络化;

6. 顾客消费的理性化;

7. 政治因素与经济、市场的相互影响在不断扩大化、国际化。

供应市场的变化迫使制造业必须认真审视自己与供应商的关系,大多数工业企业顺应潮流的发展要求将采购活动由“以做生意为目的”转向“以供应商关系为导向、以供应商管理为目的”。面对供应市场的深刻变化,工业企业的采购受市场导向的趋势更加明显,而所有的企业同时又希望能在日益变化的供应市场中争取主动、稳定的零部件供应保障,这样他们就必须了解供应市场的结构与变化,把握市场的脉搏。而采购本身则不约而同地采取减少供应商数量以及集中精力于核心活动,亦即发展少数伙伴型供应商的策略。表4—4—1表明了传统企业关系和合作伙伴关系的主要区别。

事实上,减少供应商、致力于核心活动的趋势不仅是历史发展的要求,也是“80/20规则”的科学体现。遗憾的是,在现实当中许多企业需要经过长时期的摸索和痛苦的历程才能体会到这一规律的意义,一个典型的例子就是英国某大型公司共有认可的供应商23 000家,过去几年中做过生意的仅7 500家,而在每年数以亿计的采购额中,81%的采购量只是集中在区区87家供应商身上。减少供应商数量要求工业企业要将主要时间、精力和技巧放在少数战略供应商身上,而不是玩弄战术手段对付所有的供应商。致力于核心活动使得企业采购工作能最有效地改进供应商的质量、提高供应配套的保障能力,同时大幅度降低采购成本、缩短本单位产品开发周期;而从另一种意义上讲公司也能最大限度的利用供应商的能力。正如某公司一位采购总监所言:“我们每次开发新产品,都从越来越少的供应商那里购买越来越多的零部件。”

表 4—4—1　传统企业关系与合作伙伴关系主要区别

因　素	传统的关系	合作伙伴关系
1. 供应市场的竞争特性	基于价格	合作的基于技术的
2. 供应商选择基准	基于价格的竞价	长期的绩效历史
3. 信息传递及管理	单向的、封闭的	各个方向的成本透明
4. 对能力计划的态度	独立	在战略问题上共同承担责任
5. 产品交货	不确定	JIT 协商基础上的小批量
6. 交易处理	秘密博奕	基于双赢的合作，降低成本
7. 产品质量	不信任的质量检查	为实现零缺陷而共同努力
8. R&D	组装线设计、供应商按规定生产	供应商介入共同 R&D
9. 压力水平	低—不满意可随时寻求替代商	高—通过持续改造、采用更好的工艺和原材料降低成本
10. 供应商数量	多	少

(二)供应商关系的演变

顾客与供应商之间的买卖关系可以说是历史悠久，源远流长。而供应商的伙伴关系在工业企业中的系统发展却是近十几年的事。很难讲是由谁或哪间公司创立了供应商伙伴关系的实践与理论，但大家都比较认同的是日本在第二次世界大战结束后致力于民族工业的振兴，在开展全面质量管理、实施即时生产的过程中意识到供应商的重要性，认为企业所面临的竞争不仅是企业与同行之间的竞争，而且是本企业及供应商与同行及其供应商之间的竞争，尤其是在汽车制造业。相反，美国与西欧的制造商则坚持认为供应商必须依靠自己并经常以此威胁供应商，从而导致日本的汽车产业迅速崛起并渗透到世界各地。

如果说将采购注意力由关心价格转移到不仅关心价格，更注重供应商的质量与交货是采购管理的一大进步的话，那么帮助、敦促供应商改进产品设计进而让供应商能主动为自己的产品开发提供设计支持，则标志着供应商管理进入了真正的伙伴关系阶段。正如 1977 年 7 月英国 BCG 的报告所谈："在 1974 年，日本本田汽车公司通知一些零部件厂商，未来的 5 年内本田不希望零部件涨价，同时本田将密切地同供应商合作，帮助他们改革和优化零部件设计，而且本田还将新的生产方法技术建议给供应商。"而这已是 20 世纪 80 年代初的事情了，也就是说供应商的伙伴关系的概念和实践萌芽于 20 世纪 70 年代后期的日本汽车业，发展于 80 年代中期，成熟于 80 年代后期。到了 90 年代，美国与欧洲许多企业在供应商管理方面吸取了日本的经验，以更灵活的做法通过"世界最好"的追求，已远远地领先于日本了。表 4—4—2 显示了供应关系的演变阶段。

表 4—4—2　供应关系演变阶段

	20 世纪 60～70 年代	20 世纪 80 年代	20 世纪 90 年代
图　示	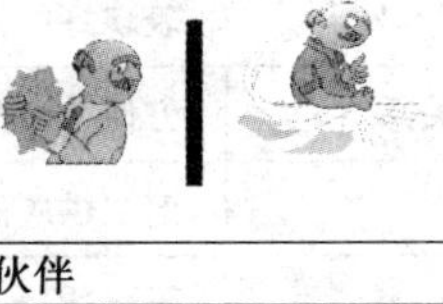		
特　征	竞争伙伴	合作伙伴	探索/全球平衡
市场特点	许多货源，大量存货，买卖双方是竞争对手	合作的货源，少量存货，买卖双方互为伙伴，实现"双赢"	市场国际化。不断调整双方的伙伴合作关系，在全球经济中寻求平衡与发展
采购运作	以最低价买到所需产品	• 采购总成本最低 • 供应商关系管理 • 采购专业化 • 整体供应链管理 • 供应商参与产品开发	• 供应商策略管理 • 上游控制与管理 • 共同开发与发展 • 供应商优化 • 信息、网络化管理 • 全球共同管理
信息交流	仅限于定货、收货信息	• 多项信息共享	• 深层次的信息共享
企业与供应商的沟通与支持	• 沟通仅限于采购部与供应商销售部 • 双方无支持	• 多个部门的沟通 • 供应商和企业对对方提出建议和技术支持	• 全面的沟通 • 全面的技术支持

二、供应商关系谱

要使采购与供应由买卖中的敌对关系转变成"双赢"(Win-Win)的伙伴关系,在采购管理中发展伙伴供应商,需要付出时间和努力。第一步就是停止与供应商"打架",停止与供应商"打架"之日即供应商伙伴关系开始之时。如同所有的人一样,任何一个企业都不可能和所有的供应商成为亲密的、永远的好朋友,既然如此,那就干脆减少供应商数量,与关键的供应商重点合作,建立长期的关系,这是供应商伙伴关系发展的第二步。要判断哪些供应商该发展为伙伴关系,简单的做法是一看自己购买的金额大小,二看购买的零部件的重要性,三是分析供应商对自己企业的重视程度与依赖性。金额大、重要性高、供应商重视的零部件供应商毫无疑问是优先考虑发展伙伴关系的。实际操作中,一般遵循先确定采购物品分类策略,再区分不同的供应商关系的做法。

工业企业在分析所采购零部件与供应商关系时,可从产品的标准化、技术专有性及工艺要求3个方面考虑供应商的重要性:

1. 标准化:若所采购的零部件商业化、标准化程度较高、互换性较强,那么这类供应商显然也会较多,不应重点发展;

2. 技术专有:有些零部件需要专门的技术(或专利产品)制造,供应商对这些产品拥有较绝对的优势,这类供应商无疑对本公司是重要的;

3. 工艺要求:有些零部件由于工艺限制(如需要电镀等)使得本公司必须予以依赖,对这些供应商自然要小心搞好关系。

经过采购物品分类策略及以上的分析后,接下来就可对供应商进行分类,针对不同的供应商建立不同的关系。比较简单的做法当然是将供应商分成普通供应商和重点供应商,划分标准可采用80/20规则,即占有80%价值的20%供应商为重点供应商,而其余只占20%采购金额的80%供应商为普通供应商。对于重点供应商投入80%的时间和精力进行管理、改进,而对普通供应商则只投入20%的时间和精力跟进其交货等。更多的做法则是本章第一节所介绍的供应商分类模块法,将供应商划分为伙伴型、优先型、重点商业型及普通商业型。

有的人提出再进一步的做法,即"供应商关系谱"法。这一方法是将供应商划分为不可接受的供应商、可接受的潜在供应商以及5级不同层次的已配套供应商关系(见表4—4—3)。

表4—4—3 供应商关系层次

	层次	类型	特征	适合范围
供应商关系	5	自我发展的伙伴供应商	优化协商	态度、表现好的供应商
	4	共担风险的供应商	强化合作	
	3	运作相互联系的供应商	公开、信赖	
	2	需持续接触的供应商	竞争游戏	表现好的供应商
	1	已认可的、触手可及的供应商	便利商店、现货买进关系	方便、合理的供应商
		可考虑的供应商		潜在供应商
		不可接受的供应商		不合适

第一层次供应商为"触手可及"的关系,因采购价值低,它们对本公司显得不很重要,因而无需与供应商或供应市场靠得太紧密,只要供应商能提供合理的交易即可。

第二个层次的供应商要求企业对供应市场要有一定的把握,如了解价格发展趋势等,在这里商场是供应商的驱动力,不需要本公司运用采购技巧去刻意管理,因而采购的主要着力点是对供应市场保持持续接触,在市场竞争的游戏中买到价格最低的商品。

第三个层次的供应商关系必须做到双方运作相互联系,其特征是公开、互相信赖。一旦这类供应商选定，双方就应以坦诚的态度在合作过程中改进供应，降低成本。通常这些供应商提供的零部件对本公司来说属战略品，但供应商并非唯一的，因而本公司有替代供应商可选择。这类供应商可考虑长期合作。

供应商的关系发展到第四个层次，就成为一种共担风险的长期合作关系，其重要特征是双方都力求强化合作（这比谋求共同利益更为重要），通过合同等方式将长期关系固定下来。

第五个层次是互相配合形成的自我发展型供应商伙伴关系。这种关系意味着双方有着共同的目标，必须协同作战，其特征是为了长期的合作，双方要不断地优化协作，最具代表性的活动就是供应商主动参与到本公司的产品开发及业务开发中来，而本公司亦依赖供应商在其产品领域内的优势来提高自己产品开发的竞争力。

三、供应商的伙伴关系

（一）供应商伙伴关系的含义

供应商伙伴关系是工业企业与供应商之间所达成的最高层次的合作关系，它是指在相互信任的基础上，由双方为着共同的、明确的目标而建立的一种长期的、合作的关系。成功的供应商伙伴关系要求很高水平的相互协调、相互信赖、共享信息、共担风险、共用技术创造与革新，同时需要高层领导的全力支持。供应商伙伴关系追求的目标之一是世界最好。

具体来说，供应伙伴关系包含着以下意思：

1. 发展长期的、相互依存的关系；

2. 这种关系由合约的形式确定，双方共同确认并且在各个层次都有相应的沟通；

3. 双方有着共同的目标，并且为着共同的目标制定共同的有挑战性的改进计划；

4. 双方互相信任，诚恳、公开、有机地配合，共担风险；

5. 相互学习、共享成功经验；

6. 共同开发、创造；

7. 以世界最好的经验与尺度来衡量合作表现，不断提高合作质量。

（二）建立供应商伙伴关系的益处

发展供应商的伙伴关系至少可带来以下几方面的好处：

1. 缩短供应商的供应周期、提高供应的灵活性；

2. 减少原材料、零部件的库存，降低行政费用，加快资金周转；

3. 提高原材料、零部件的质量，降低非质量成本；

4. 加强与供应商的沟通，改善订单处理过程、提高材料需求准确度；

5. 共享供应商的技术与革新成果，加快产品开发速度；

6. 与供应商共享管理经验，推动企业整体管理水平的提高。

（三）建立供应商伙伴关系的目标

同供应商建立伙伴关系，其目的无外乎提高质量、保证供应、降低库存、取得技术支持等，表 4—4—4 所示为美国工业企业对发展伙伴型供应商关系所期望达到的目的。

当然，不同国家的企业由于自身的条件不同、所处的企业环境不同，对建立供应商伙伴关系的目的会有不同的反应，但总体原则一致，只不过是各种目的的先后次序不同而已。

（四）影响建立伙伴关系的因素

双方在建立伙伴关系的过程中，会受到许多因素的影响，这里概括一些可能的因素：

1. 工业与技术的相似性。在供应链条件下的合作关系必须在技术上保持一致标准，包括产品设计上的一致性、工艺上的相似性。工艺上的差异或供应商现在、未来制造能力的局限都会限制整个供应链的运作。

2. 企业过去业绩好坏。一个企业在过去年度里的经营状况往往成为选择长期伙伴关系的重要因素。过去业绩好的企业往往较为容易被接受，较易进入合作角色。

3. 企业运营状况。企业运营状况在供应链条件下的合作伙伴关系选择中更为重要。供应链企业的长期合作要求在战略经营上保持和谐的步骤。

4. 良好的信息交流和共享基础。高效的伙伴合作关系要求有有效的信息共享和交流，因此良好的交流渠道更容易促成伙伴关系。

表 4—4—4　建立供应商伙伴关系的目的

目　　的	企业数量百分比
降低库存	76%
控制成本	75%
保证供应	70%
缩短生产交货周期	67%
减少纸面工作	46%
改进质量	43%
取得技术支持	23%

(五)如何建立供应商伙伴关系

建立供应商伙伴关系的第一步是要得到公司高层领导的重视和支持。最高管理层要意识到供应商管理是整个公司业务管理中最重要的有机组成部分,要决心支持采购等部门发展供应商的伙伴关系,然后才谈得上开展具体工作。

供应商伙伴关系具体实施时,首先采购部门要在供应市场调研的基础上会同有关部门对采购物品进行分析分类,再进一步结合顾客定位图,根据预先设定的对伙伴型供应商的要求制定供应商分类模块(见图 4—4—1),确定伙伴型供应商对象。接下来要根据对供应商伙伴关系的要求明确具体的目标及考核指标,制定出达成目标的行动计划。这些行动计划与目标必须在公司内部相关部门及层次进行充分交流并取得一致,同时要完全取得供应商的参与与认可,并经双方代表签字。然后通过供应商会议、供应商访问等形式针对计划实施进行组织和进度跟进,内容包括对质量、交货、降低成本、新产品新技术开发等方面的改进进行跟踪考核,定期检查进度,及时调整行动。在本公司内部还要通过供应商月度考评、体系审核等机制跟踪供应商的综合表现,及时反馈并提出改进要求。对供应商的伙伴关系总体计划应至少每年检查调整一次,更重要的是公司应将对伙伴型供应商能力的利用纳入到公司的中长期战略计划中去。

一般来说供应商的伙伴关系都是由顾客驱动的,这就是说开展供应商伙伴型关系管理的公司通常在管理等方面都要优于供应商,这样才有足够的影响力去说服供应商参与到诸如“即时供应”之类的改进活动中来。也有相反的情况,对于一些大的供应商,如钢铁、化工企业,其顾客的管理水平、生产规模往往相对不如供货商,在这种情形下作为顾客的企业就必须认真改进自己,提高自己的综合水平和产品的市场占有率,才有可能同某些大的供应商建立起“双赢”的伙伴关系。

建立供应商的伙伴关系必须有耐心,一方面要提高自身的管理水平与能力,另一方面还要促进供应商提高水平与能力,为此往往需要几年的时间或数年的实践与努力。再者,建立起供应商的伙伴关系仅仅意味着工作的开始,更重要的是要在供应商管理过程中维护、改进、发展伙伴关系,同时不断优化整体供应商结构和供应配套体系。

供应商伙伴关系的管理最终必须程序化、规范化,要将供应商分析、供应商选择、目标与计划的制订、供应商改进项目的实施与监测、供应商关系的评估以及有关人员在供应商伙伴关系管理中的职责等用程序性文件的方式固定下来,作为供应商管理的一部分。表 4—4—5 概括了不同供应商关系的特征及具体发展要求。

表 4—4—5　供应商关系的特点与发展要求

供应商类型	商业型供应商	优先型供应商	伙伴型供应商	
关系特征	运作联系	运作联系	战术考虑	战术考虑
时间跨度	1 年以下	1 年右左	1～3 年	1～5 年
质量	按顾客要求并选择	• 按顾客要求 • 顾客与供应商共同控制质量	• 供应商保证 • 顾客审核	• 供应商保证 • 供应商早期介入开发及产品质量标准 • 顾客审核
供应	订单订货	年度协议 + 交货订单	顾客定期向供应商提供物料需求计划	电子数据交换系统
合约	按订单变化	年度协议	• 年度协议(年) • 质量协议	• 设计合同 • 质量协议等
成本/价格	市场价格	价格 + 折扣	价格 + 降低目标	• 公开价格成本构成 • 不断改进降低成本

(六)独家供应

随着供应商伙伴关系的发展,供应商体系的优化,许多企业的某些零部件出现了独家供应(Single Source)的局面。独家供应的主要优点是采购成本低、效率高,缺点是全部依赖于某一家供应商。独家供应策略常发生在以下几种情况:

1. 按客户要求专门制造的高科技、小批量产品,由于产品的技术含量高,又系专门小批量配套,往往不可能要求两家以上的供应商同时供应;

2. 某些企业的产品及其零部件对工艺技术要求高,且由于保密的原因,不愿意让更多的供应商知道;

3. 工艺性外协如电镀、表面处理等,因企业周围工业基础等条件所限,有可能只固定在一家供应;

4. 产品的开发周期很短,必须要求伙伴型供应商的全力、密切配合。

独家供应除了客观上的条件局限以外,主观方面也具有优势,主要体现在:

(1)节省时间和精力,有助于企业与供应商之间加强交流、发展伙伴关系;

(2)更容易实施双方在产品开发、质量控制、计划交货、降低成本等方面的改进并取得积极成效。

独家供应会造成供需双方的相互依赖、进而可能导致以下风险:

(1)供应商有了可靠顾客,会失去其竞争的源动力及应变、革新主动力;

(2)供应商可能会疏远市场,以致不能完全掌握市场的真正需求,企业本身不容易更换供应商。

第三节 早期供应商参与

一、早期供应商参与

早期供应商参与是供应商管理的高级阶段的要求,是真正的伙伴供应商的必要条件,是采购与开发、工程实施之间的重要联系,也是企业技术创新的成功要素。

(一)早期供应商参与的优点

从采购公司的角度来说,早期供应商参与至少有以下优点:

1. 缩短产品开发周期。统计结果表明,早期供应商参与可为产品开发项目总体开发时间平均缩短30%~50%;

2. 降低开发成本。一方面供应商的专业优势可为产品开发提供性能更好、成本更低或通用性更强的设计,另一方面由于供应商的参与还可简化整体产品的设计;

3. 改进产品质量。供应商参与设计可从两个角度根本改进产品质量,一是供应商的专业水平能提供更可靠的零部件,使整个产品的质量性能得以改进;二是由于零部件的可靠性,避免了随后可能产生的设计更改并从而导致的质量不稳定。

早期供应商参与不仅有利于本公司,也有利于供应商,主要表现为:

(1)竞争的优越性。早期介入开发的供应商凭借其专业技术的优势,自然比其他同类供应商具有优势,能进入伙伴供应商的关系,得到顾客认可;

(2)研发的有效性。早期介入客户的产品开发能使有技术优势的供应商进一步提高自己开发的水平,从而保持领先或独特的地位,也使自己研发工作直接生效。

(二)早期供应商参与的发展历史

早期供应商参与最早起源于20世纪40年代的日本汽车制造业。1949年,Nippondenso成为丰田汽车公司的第一层电子元件供应商。丰田的电子工程师直接加入Nippondenso公司,将二战前的"黑箱作业"方式用于丰田汽车的零件设计,开启了供应商早期参与的先河。在随后的近20年中,丰田公司发展了精细生产(Lean Production),其中就包括大量的早期供应商参与的做法,这些做法逐渐地也为其他的汽车厂商如本田等所效仿。20世纪80年代初,日本汽车业开始在美国设厂生产,施乐(XEROX)集团开始导入早期供应商参与,成为汽车行业外第一家系统开展此项工作的企业。20世纪80年代末,美国汽车三巨头之一克莱斯勒开始导入本国模式,实施早期供应商参与,这是美国汽车厂首次开展早期供应商参与。进入20世纪90年代,供应商早期参与便在美国、欧洲等地的各行各业蓬勃发展、成熟起来。CLARK等认为供应商介入企业新产品项目的开发过程,是企业新产品开发策略的一个重要组成部分,并发现美国的制造业更热衷于供应商对新产品开发过程的介入。

(三)早期供应商参与的条件

早期供应商参与是采购与开发的桥梁,一方面它要求采购管理达到一定的水平,另一方面它也要求本公司的开发具有一定的能力。概括起来,凡是开展早期供应商参与的公司,大体有下面几种情况:

1. 面临激烈的竞争。许多企业被迫采用早期供应商参与是源于激烈的市场竞争,如汽车、消费电子、商务电子、办公设备等。

2. 技术进步的加速。时间是驱使企业让供应商早期参与产品开发的重要因素。随着技术进步的加速,产品开发周期日益缩短,要满足顾客的需求、占领一定的市场份额,没有早期供应商参与几乎是不可能的。

3. 价格的敏感性。许多公司开始供应商早期参与产品开发是出于对成本与价格的考虑,没有供应商的贡献与参与,要想在一定的成本下达到有合理利润的价格很不容易,而利用供应商的专业技术,这一问题往往迎刃而解。

4. 技术复杂的增加。由于技术进步,新产品运用多种工艺技术与复杂技术、组合技术的程度日益强化,使得产品开发与专业供应商之间的依赖性更强。

5. 产品的扩散。随着经济的全球化发展,市场对产品的系列,品种要求愈来愈多,使得产品的扩散力度加强,相应地提高了对产品性能、规格的要求,从而提供了早期供应商参与的机会。

6. 内部产能的限制。许多企业由于内部产能所限,需要依靠供应商协作配套,以至需要供应商参与设计。

7. 致力于核心业务。当企业需要集中主要的人力、物力和财力在核心业务上时,其他的业务则需要外界包括供应商的协作配合。这类企业往往将产品的生产由零部件设计、组装转向关键件的设计及产品组装,因而许多零部件的设计需要供应商在产品开发的前期参与。开发能力强、顾客导向好、诚信可靠的供应商会在客观上创造自己参与顾客产品设计的良机。

(四)早期供应商参与的影响因素

影响企业实施早期供应商参与产品开发的因素,概括起来包括3个方面:一是环境压力,二是社会与行业规范,三是企业的机构设置。

企业所面临的环境压力包括经济、政治、社会文化和技术方面,其中从企业管理的角度来看,影响早期供应商参与的因素有:

1. 竞争。竞争既是企业实施早期供应商参与的条件之一,也是驱使企业开展这一工作的动力。竞争带来的压力有多种形式,包括新产品导入市场的速度、产品的技术创新性等,其目的是要使企业占据技术高点,同时降低产品价格。

2. 时间。时间就是金钱、时间就是效益,时间的争取就是速度,能在最早的时间、最大可能地让供应商参与到自己的产品开发中来就能最大限度缩短产品开发周期。汽车行业在20世纪80年代产品开发周期为5年,90年代由于供应商的早期参与开发,开发周期缩短为3.5年。同样,真空吸尘器的开发周期也由从前的3年缩短到20世纪90年代的1.5年。

3. 技术。技术的发展及技术的复杂性无论是在企业自身,还是在供应商方面,毫无疑问都会影响到早期供应商参与的层次和深度。

4. 供应商的能力。供应商的技术能力、管理能力、沟通合作能力等均直接影响其参与顾客产品开发。

社会与行业规范可能构成对早期供应商参与的制约,也可能会促进早期供应商参与的开展。主要表现在国家文化传统、行业特点以及国家法制与经济体系等方面。合作意识强、集体主义精神强的民族自然有助于企业将供应商纳入自己的事业链来参与产品开发。而不同的行业由于其行业特点差异对供应商参与的要求程度、依赖程度也各不相同,因而早期供应商参与的程度也不一样。从国家的法制及经济体系来看,法制与市场机制的健全程度会影响到企业的竞争主动性以及企业之间的配套合作关系。

企业内部的机构设置及其运作机制毫无疑问是影响早期供应商参与的内在因素,也是最主要的因素。企业内采购、开发等部门的密切配合是早期供应商参与合作成功的基础。

LABAHN研究了影响供应商早期介入新产品开发的积极性的因素,他们发现当制造企业越是依赖于供应商以及有遵守合同的信誉，原材料供应商对开发企业新产品开发项目介入的兴趣程度，在很大程度上越会影响企业与供应商之间合作成功的可能性。

(五)早期供应商参与的层次

早期供应商参与根据供应商参与的程度与深度不同可分为5个层次：

第一层：提供信息。这是供应商参与顾客产品开发的最低层次，通常只是根据本公司的要求提供、共享必要的信息、资料，如其设备、产能等，供本企业参考。

第二层：设计反馈。针对企业的产品设计供应商会提出有关成本、质量、规格或生产工艺方面的改进意见与建议。

第三层：零部件开发。企业提出零部件的大概要求，供应商据此深入参与或独自承担相关零部件的开发设计。

第四层：部件或组件整体开发。在这一层次中，供应商针对本企业产品中较重要的零件、部件或分总成等承担开发设计的全部责任。

第五层：系统开发。这是早期供应商参与产品开发的最高层次，在此层次中供应商必须根据企业整体产品的要求就其重要的系统部件(往往技术复杂且由多种零部件组成)完全承担开发职责。这类供应商往往拥有其本身产品开发的专业技巧或专利，允许其顾客独家享有并用于产品开发，而且供应商会对顾客产品涉及自己设计的问题负责。系统开发的一个典型就是Bosch公司参与汽车厂开发ABS自动防抱死系统的例子。

统计结果表明，在发达国家有60%左右的供应商在早期参与中停留在第一层或第二层，只有40%的供应商处于第二至第五层。在较高层次的供应商又大都是技术水平领先、国际合作能力强的专业生产制造企业。RAGATZ等通过对210家企业的调查发现，在有信息反馈的企业中，大多数被调查企业强烈地反映，在新产品项目的开发过程中，原材料供应商应尽早介入，并希望强化介入的深度和广度。

二、早期供应商参与的管理

(一)早期供应商参与的过程

早期供应商参与工作作为采购工作的一部分，同时又是产品开发的一部分，大体可概括成如下步骤与过程：

1．确定产品开发的方针与程序，明确开发目标与任务，包括采购部门的责任。

2．根据产品开发计划，对本公司及供应商的技术、工艺能力等进行初步评估，由采购部门参与提出产品中自制件、采购件、自己开发及供应商开发的方案。

3．按照采购开发、制造的方案，开展供应商能力考评、选择供应商，这可以是供应商总体考评、选择的一部分，也可视需要专门组织。

4．会同开发设计等人员与供应商开会，就早期供应商参与的时间、程度、所要达到的目标、各自的职责等进行磋商并取得一致、签好协议。参与产品开发的供应商原则上应该是伙伴型或优先型的合作关系。

5．定期开会检查工作进度、调整相应的行动，对供应商在早期参与产品开发过程中的表现进行考评考核并定期总结。

6．按产品开发的阶段要求定期评估进程，及时调整工作目标并制定相应的应急计划。

7．对供应商开发设计结束工作进行总结评估，按协议要求接受有关的设计文件及样品等。

(二)早期供应商参与的管理要点

早期供应商参与是一项高水平的管理工作，要有效地控制整个过程，必须注意以下要点：

1．企业要有充足的准备，包括要有明确的产品及制造战略，要有清晰的技术开发(或核心技术)目标，要有强有力的专业人员(包括采购人员与工程技术开发人员)及有效的组织机构，要有必备的技术开发手段和设施。

2．要有可靠的供应商体系，包括具有专业技术的伙伴型供应商或潜在的伙伴型供应商。

3．企业的最高层领导要认识到早期供应商参与的重要性，了解早期供应商参与的主要做法，对早期供应商参与工作大力支持；企业不能光依赖供应商，要与供应商相互依赖。企业与供应商之间要充分信任、共担风险。

4．选择的供应商必须从伙伴型的关系着手，最起码也应是优先型的关系。而且在考虑供应商的评价因素时，首先必须考虑其技术专长、制造能力，然后结合质量控制、企划、供应、成本、沟通、责任感、合作精神等综合选择。

5. 必须专门订立早期供应商参与的协议。

6. 有选择性的对供应商提供共享教育、项目定期培训和专题培训。定期培训包括参与开发的关键供应商，讲述在新产品开发中各种需要改进的地方，包括管理、领导、解决问题的专门技术、质量和质量控制等等。专题培训和教育目的是发展与供应商长期稳定的的关系。

(三)供应商早期参与新产品开发的关系

供应商在工业企业新产品开发项目中的作用，一般主要取决于对项目的介入程度和介入效果。在众多的工业企业新产品开发项目的实践中，供应商一般都有不同程度的介入，但是在不同企业不同开发项目中的供应商介入，其效果却有很大的不同。不同的项目开发复杂程度、重要程度和规模都要求不同程度的供应商早期开发介入，同时供应商扮演的角色也不同。供应商早期参与企业的新产品开发中，供应商与企业存在以下几种关系：

1. 项目开发企业与单独一家供应商发生关系。

2. 项目开发企业与多家供应商直接发生关系。

3. 项目开发企业与一家供应商发生直接关系，并与一家或多家供应商发生间接关系。

对于不同的关系，供应商的管理重点不一样，对于直接与开发企业发生关系的供应商，开发企业应向供应商提供与项目有关的系统技术资料，提供深层次的定期培训和专题培训，对于间接供应商应向其提供可控制的详细的部分技术资料及简单的专题培训。

第四节 供应商管理案例

案例 1 上海航空公司干线飞机项目供应商管理

在中国生产原美国麦道公司研制的 MD—90—30 干线飞机的合作生产项目中，按协议麦道公司负责适航取证工作，并提供制造 20 架飞机用的全部原材料和部分零部件，西安飞机工业公司、成都飞机工业公司、沈阳飞机工业公司和上海航空公司等 4 家公司负责飞机的其余零部件、主要大部件和有关统件；上航为主制造商，负责飞机的总装、试飞和交付，其余 3 家是上航的供应商。

与先前中美合作的生产 35 架 MD—82/MD—83 飞机项目相比，就管理工作而言，两者最大的区别在于对供应商的管理。在 MD—82/MD—83 干线飞机项目中，只有上航一家与麦道公司合作，因此没有供应商的问题，而这次由于有 3 家公司是上航的供应商，因此，建立起完善的供应商管理成为该生产项目取得成功的重要保证。上航公司在该项目一开始时就建立了上航供应商管理部和供应商质保部，建立了一个较为完善的供应商管理系统，功能包括供应商的管理和供应商控制两部分。供应商管理部下设 9 个部门，即器材部、合同部、财务部、制工部、工程部、资料中心、计划部、运输部、支援部。供应商管理部的主要职责是：组织和领导裁定前评审小组，对供应商进行裁定前评审；与供应商进行合同谈判，签订基本协议；向供应商发放订单及有关合同性文件；向供应商发放技术文件；对供应商产品进行成本分析，并估算费用；对供应商进行计划控制；建立供应商业绩评测系统并对供应商评测。供应商质保部主要任务是评审供应商质量保证体系和特种工艺；审批供应商质保大纲和质保程序；明确采购合同中的质保条款；派遣质保代表常驻供应商处，以便对供应商产品进行货源和质量监控，对供应商质控能力进行考评；监控供应商交货后发现质量问题处理情况。

该案例中的上航供应商管理系统建立起一套完整的管理程序，该系统的特点是：(1)创新性。上航把国外的经验和我国国情相结合，建立起具有上航特色的供应商管理系统，并具有一套完整的供应商管理程序；(2)可操作性强。上航供应商管理系统与供应商管理和控制程序经实践证明有很强的可操作性；(3)具有推广应用价值。实践证明，上航公司供应商管理系统成功的解决了供应商这一问题。随着现代科技发展，要想以最低成本、最短周期、最高效益来完成型号飞机的研制，必然需要采用一家为主制造商，其他数家为供应商的管理模式。上航干线飞机项目的供应商管理正为这种管理模式，它是对新型支线飞机项目的研制工作也提供了十分宝贵的经验，因此具有重大的推广应用价值。

案例 2　福特汽车公司供应商管理

福特汽车公司是国际领先的轿车和卡车制造商之一。目前福特汽车公司大约有 60% 的成本是用在采购原材料和零部件上。为了更好地实施供应管理，福特汽车公司实施全球资源配置策略，该战略采取全球范围采购政策，主要在加拿大、日本、墨西哥、德国、巴西及其他一些国家进行原材料和零部件的采购。近几年，福特公司致力于发展集成化的"福特2000"采购战略，目标是建立一个适于全球制造的汽车生产环境，零部件的设计、制造、采购以及组装都是在全球进行。为了这一战略实施的成功与效率，工作的重点内容之一是供应商管理。由于供应商分散的特点，福特公司采取了以下措施：福特公司与供应商保持紧密合作，并在适当的时候为供应商提供一定的技术培训，针对不同的地区及公司的需求，培训的内容与方式各有不同。一般而言，发达地区的供应商需要的技术支持比不发达地区的供应商少；对于许多关键部件，福特公司采取当地供应商工程、设计参与，不仅当地供应商相关技术人员可提供有利的技术支持，同时也缓和了全球供应商之间的技术交流困难，降低了开发和工程实施的成本，加快了产品开发和推广的周期；由于国际供应商的反应能力相对国内缺乏柔性，因此福特公司从自身出发，尽可能保证生产计划的稳定性；福特公司评价选择供应商的关键标准是能否实现 JIT 供货。实践证明，供应商管理方法和评价的措施得当是福特公司顺利实施其全球化资源配置战略的重要因素之一。

案例 3　中国评价供应商标准情况

原华中理工大学的管理学者，对神龙汽车有限公司和 20 家汽车零部件供应商进行了专项调查，其中一项是神龙汽车公司对 20 家供应商采取的不同评价标准。图 4—4—4 为评价供应商标准的汇总情况。从图中可知，尽管中国同日本企业一样在评价供应商时都强调质量、价格和交货期的重要性，但侧重点不同，由于 JIT 源于日本汽车业，无疑日本更重视 JIT 技术的应用，因此在评价供应商时，日本将潜在的创新和开发能力放在重要的位置，而中国企业忽视了这一点，这无疑给中国推行 JIT 技术带来了困难。本案例统计数字提醒中国的企业，应吸取日本企业的经验，要重视供应商的综合素质，重视供应商的创新和开发能力，尽可能发挥供应商的主观能动作用。

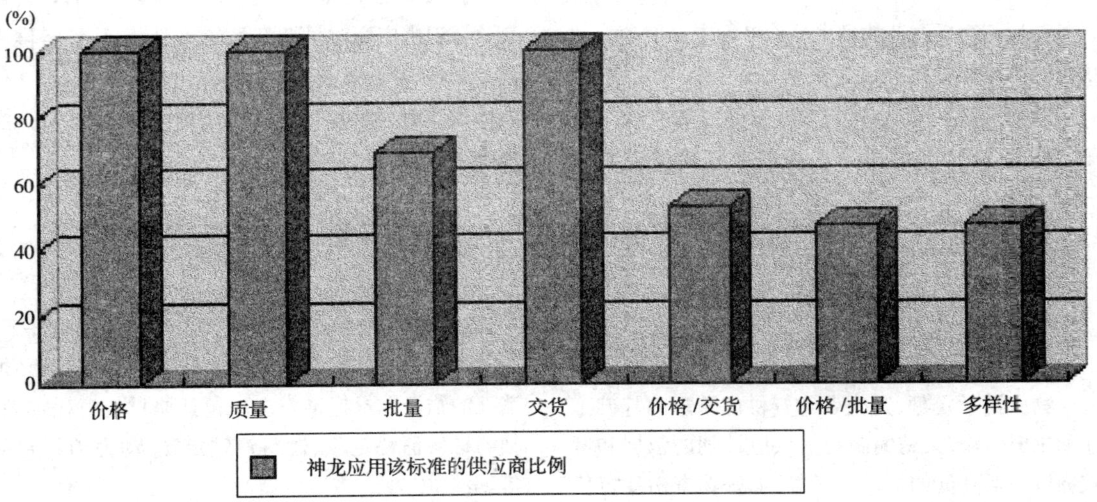

图 4—4—4　神龙公司评价供应商标准统计表

案例 4　某消费电子产品公司早期供应商参与纲要

某消费电子产品公司在供应商管理过程中，将早期供应商参与作为本公司发展业务、占领市场的重要手段，明确制定了"早期供应商参与指导纲要""早期供应商参与职责划分"等文件用于指导、规范早期供应商参与的工作。

(一)某公司早期供应商参与指导纲要

早期供应商参与工作有两大“杀手”,其一是将业务奖给报价低的供应商,而不是对早期参与产品开发作出突出贡献的供应商;其二是过快地将业务转向价格低但技术水平也低的供应商。为鼓励、推动早期供应商参与,特制定本纲要。

1. 首先,我们不同的部门之间要达成一致,要统一认可早期参与产品开发的供应商及其贡献。

2. 我们要让供应商通过业务补回他们投入的早期参与开发成本,否则我们就必须对其努力直接进行补偿(尽管我们不鼓励这样做)。

3. 要充分认识到有竞争力的价格仍旧迫切。然而,这并不是说要夸大早期供应商参与的贡献。

4. 我们要对供应商在降低成本、改进质量等方面给予足够的奖励,当然不一定是钱字当头。

5. 在对供应商安排业务时要有诸多考虑,比如:

(1)长期合作奖:结合合同中的成本与价格条款适度考虑每年有一个降低幅度;

(2)首年业务奖:100%的业务在第一年给予早期参与的供应商;

(3)业务分配:若找到更低价格但未早期参与的供应商可协议分配一定业务。

此项工作需采购经理及相关部门的支持与贡献。总之,我们必须将零部件的采购推向上游化——尤其是在合适的情况下实施早期供应商参与。

(二)某公司早期供应商参与职责划分

1. 配合供应商,明确与供应商、分供应商的工作关系;

2. 结合技术开发,考虑各自责任和早期供应商参与的“上游”特点制定合作协议;

3. 提供有关装配信息、零件功能、应用、关键设计参数及环境等的书面文档;

4. 提供保密协议;

5. 提供质量、成本及交货要求;

6. 就模型、批生产及生产材料等关键开发计划日期进行沟通。

(三)供应商的责任

1. 对选定的技术及设计就质量、成本、交货进行风险评估并提供报告;

2. 提供生产制造建议输入;

3. 提供材料选择建议;

4. 在质量、成本及交货方面,协同工程分析、设计开发;

5. 按顾客提供的情况提出详细的材料、工模具及开发成本分析。

本案例是早期供应商管理的具体实例,该公司充分认识供应商对早期开发的重要性,从肯定供应商的贡献、奖励及职责等内容作出具体条例,为充分发挥供应商早期参与的积极性和作用提供了具体实施的依据,具有参考价值。

第五章 供应物流管理——物资消耗与储备管理

第一节 物资消耗定额管理

物资消耗定额,是企业物资供应管理的基础工作和重要手段,又是编制物资供应计划的依据和考核物资消耗高低的标准。所以,抓好物资消耗定额工作,对加强供应物流管理具有十分重要的意义。

一、物资消耗定额的管理内容

(一)物资消耗定额的定义

物资消耗管理,主要是通过物资消耗定额工作来进行的。物资消耗定额工作,不仅是物资消耗管理的主要内容,也是企业管理的重要基础工作。物资消耗定额,是指在一定的生产技术和组织条件下,为制造单位产品或完成单位工作量,所规定的必须消耗的物资数量标准。主要包括原材料消耗定额、辅助材料消耗定额、燃料消耗定额、动力消耗定额等。

由于各种物资在产品制造中所起作用不同,规定物资消耗定额的对象也有各种不同情况。有的是按单位产品或者零件来规定物资消耗定额,如制造一件塑料制品,需要消耗多少塑料材料,炼1 t钢,需要消耗多少燃料等;也有的以原料为对象,规定单位原料的出产率,如甜菜出糖率,表明1 t甜菜应当出产多少糖；还有的是以工作时间为对象来规定物资消耗定额，如规定设备工作8 h需消耗多少润滑油等。为此，物资消耗定额有两种表示形式：产品单耗定额和物资利用率定额。产品单耗定额：它是反映单位产品或完成单位工作量所必须的物资消耗数量标准。可以用实物量表示，即用绝对值表示，如制造机床的钢材以“kg/台”表示。物资利用率定额是生产过程中的物资有效消耗与物资总消耗量之比，它是一个相对数，一般用百分数表示，反映了投入生产物资的有效利用程度。

(二)物资消耗定额的意义

物资消耗定额，是综合反映企业生产技术和管理水平的重要标志，每一个企业都必须制定出先进合理的物资消耗定额，以便准确地编制物资需求计划、供应计划，科学地组织物资采购和供应工作，有效地使用和节约物资，取得尽可能高的经济效益，因此企业管理人员必须高度重视物资消耗定额的制定、执行和管理工作。物资消耗定额的主要意义是：

1. 是企业计算物资需求量和编制物资供应计划的重要依据

企业编制物资供应计划，首先要确定物资需用量，然后再根据需用量和储备量确定各种物资的申请量和采购量；而物资需用量的确定，要以规定的计划任务和物资消耗定额为依据；物资储备量的确定，与平均日耗量和储备天数有关，而日耗量大小又取决于平均每日需要完成的任务数与物资消耗定额。因此，物资消耗定额直接影响物资的申请和采购数量。同时，物资消耗定额也是检查企业物资计划执行情况的一个主要依据，在检查物资计划执行情况时，对一些主要物资的供应，都要检查是否认真执行了物资消耗定额。

2. 是企业科学地组织物资供应管理的重要基础

有了先进合理的物资消耗定额，企业物资管理部门就便于掌握生产部门的实际需要，根据生产进度，按质、按量、及时地、均衡地组织物资供应，并据以对物资的消耗情况进行有效控制；实行定额发料，促进物资合理使用；按定额检查督促使用、避免损失浪费；按定额开展物资核销工作，分析物资节约和浪费情况；按定额确定合理的库存储备，防止超储积压物资的发生，从而保证企业生产正常地、有节奏地进行。

3. 是监督和促进企业合理使用和节约物资、实现增产增收的重要工具

物资消耗定额是企业经济核算和反映企业经济效益的一项重要经济指标。有了物资消耗定额，就有一个衡量物资节约或浪费的标准，就能促进车间、班、组加强经济核算，开展综合利用，改进操作方法和工艺流程，千方百计降低物资消耗；就能促使广大职工在生产过程中节约地使用物资，处处精打细算，防止大手大脚，减少和杜绝物资浪费，以节约求增产，使企业在不增加物资消耗的情况下，实现增产增收。

4. 是推动企业提高生产技术水平、经营管理水平和工人操作技术水平的重要手段

物资消耗定额是反映企业的生产、技术和管理水平的一项经济技术指标，加强物资消耗定额的管理，就将推动企业从产品设计、生产工艺和物资供应、设备改造、操作技术、生产组织等各个方面采取措施来降低物资的消耗，从而促使企业的生产、技术和管理水平的不断提高。

(三)物资消耗定额的分类

由于物资本身的特点以及生产和管理工作的要求不同，物资消耗定额有多种分类方法：

1. 按物资消耗定额的构成内容分类，可分为工艺消耗定额、生产计划消耗定额和物资供应定额3种。

2. 按物资消耗定额的表示形式分类，可分为产品单耗定额和物资利用率定额2种。

3. 按物资消耗定额的综合程度可分为

(1)单项定额。按具体品种、规格的产品或具体品种、规格的材料逐项规定的消耗定额

(2)综合定额。在单项定额的基础上、按扩大规格的产品或扩大规格的材料综合制定的消耗定额。例如，在机电行业，单项定额一般是指零件的物资消耗定额，综合定额一般是指产品(即整机)的消耗定额。

4. 按物资在生产中的作用不同可分为：

(1)主要原材料消耗定额，是指为构成产品主要实体的原材料制定的消耗定额。

(2)辅助材料消耗定额，不构成产品主要实体，

在生产过程中起辅助作用、有助于产品的形成、或与机器设备的使用以及劳动条件有关的材料。例如，油类、溶剂、油漆、燃料、木材、纸张等。辅助材料，随着主体产品用料的不同，辅助材料的含义和内容也会发生变化。

(3)化学材料定额，是指产品生产过程中，凡经化学反应形成产品的化工用料。例如，机械工业电镀用化学药品等也应制订定额。这类物资，根据不同情况，有的可用单位面积、单位重量计算，有的可根据历史消耗统计数据，权衡年(季)度产量、产值升降水平，用百分比率的办法来计算等。

5. 按物资的应用范围可分为：

(1)产品制造用物资消耗定额；

(2)基本建设用物资消耗定额；

(3)经营维修用物资消耗定额；

(4)技术改造物资消耗定额等。

6. 按物资的自然属性可分为：

(1)金属材料消耗定额；

(2)燃料消耗定额；

(3)木材消耗定额；

(4)油脂消耗定额等。

(四)物资消耗定额的构成及物资消耗与物资消耗定额的关系

物资消耗，是指生产企业在生产过程中为了制成产成品而耗费各种物资。企业的生产过程，同时也是物资的消耗过程。加强物资供应管理，降低物资消耗，正确制定物资消耗定额，首先必须认真分析物资消耗的构成及其规律性。物资消耗的构成，是指从物资投入到制成产品的加工过程中所消耗的全部物资。物资消耗定额的构成，是指定额中包括哪些物资消耗。物资消耗的构成一般包括三个部分：

1. 产品有效消耗：产品有效消耗，也就是构成产品净重的消耗，是指构成产品(零件)净重的原料消耗。它是物资消耗中最主要部分，这部分消耗反映了产品设计的技术水平，产品一旦设计定型，这部分物资消耗定额是无法改变的，因此设计人员必须树立节约物资的观念，开展价值工程分析，在保证产品质量的前提下，努力设计出质量高、重量轻、消耗低，结构合理的产品，尽量减少产品净重的物资消耗。如果产品设计不合理，即使管理再好，其浪费也是无法避免的。

2. 工艺性损耗：工艺性损耗，是指在生产工艺过程中使物资由于原有形状和性能改变而产生的一些不可避免的物资损耗。如烧蚀、切削、锯口、边角料等。在工艺加工过程中产生的废料、废气、废液越多，其工艺性消耗就越大。因此，要求企业不断提高工艺技术水平，尽量把工艺性物资消耗降低到最低限度。

3. 非工艺性损耗：非工艺性损耗，是指产品净重和工艺性损耗以外的物资损耗，也称无效损耗。它是生产过程中不可避免地产生的废品，运输、保管过程中的合理损耗和其他非工艺技术等原因而引起的损耗，包括生产过程中产生的非工艺性损耗和流通过程中的非工艺性损耗。这部分损耗主要是材料供应不合理或管理不善造成的，因此，每个企业都要最大限度地避免或减少这部分消耗。

由于物资消耗构成不同，工业企业物资消耗定额一般分为工艺消耗定额和物资供应定额。工艺消耗定额是指在一定条件下，生产单位产品或完成单位工作量所用物资的耗用量(即产品净重消耗和合理的工艺消耗两部分构成)。它是发放物资和考核物资消耗情况的主要依据(工艺消耗定额及物资消耗定额的构成参见图4—5—1)。

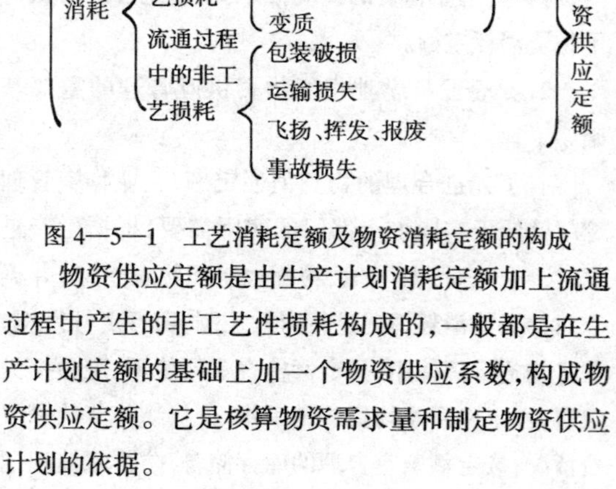

图4—5—1 工艺消耗定额及物资消耗定额的构成

物资供应定额是由生产计划消耗定额加上流通过程中产生的非工艺性损耗构成的，一般都是在生产计划定额的基础上加一个物资供应系数，构成物资供应定额。它是核算物资需求量和制定物资供应计划的依据。

(五)计算公式

工艺消耗定额,也称工艺定额,是由有效消耗和工艺性消耗两部分构成的。用公式表示:

$$\frac{\text{单位产品(零件)}}{\text{工艺消耗定额}}=\frac{\text{单位产品(零件)}}{\text{净重}}+\frac{\text{各种工艺性消耗}}{\text{的重量总和}}$$

$$=\frac{\text{单位产品(零件)}}{\text{净重}}\times\left(\frac{\text{1+各种工艺性消耗占产}}{\text{品(零件)净重的百分比}}\right)$$

1. 生产计划消耗定额,是由工艺消耗定额加上在生产过程中产生的不可避免的非工艺性损耗构成的。

用公式表示:

$$\frac{\text{生产计划}}{\text{消耗定额}}=\frac{\text{工艺消耗}}{\text{定额}}\times\left(\frac{\text{1+非工艺性消}}{\text{耗系数}}\right)$$

2. 物资供应定额,是由生产计划定额加上流通过程中产生的工艺性损耗构成的。在实际工作中,用公式表示为:

$$\frac{\text{物资供应}}{\text{定　　额}}=\frac{\text{生产计划}}{\text{消耗定额}}\times(1+\text{物资供应系数})$$

物资供应定额=非工艺损耗+工艺消耗定额

二、物资消耗定额制定

(一)影响物资消耗定额的主要因素

制造一件产品或完成单位工作量需要消耗多少物资,取决于一系列因素。同一种产品或者同一项工作,由于不同时间、不同地点和不同单位的生产技术与组织条件不同,就会有不同的消耗水平。影响物资消耗水平的因素主要有:

1. 生产技术装备、工艺水平和产品设计结构

例如:某碱厂,改革了工艺流程,使纯碱生产过程中的"合理损失"减少了16%,使每吨纯碱消耗原盐定额降低了20 kg。同一种产品,用模型锻造或自由锻造,用剪切下料或气割下料,用不同的机床进行机械加工等,所耗用的物料就会有多有少。烧结法生产氧化铝与混联法生产氧化铝的碱耗就不同;水泥生产中采用回转窑和立窑,砖瓦生产中采用轮窑或隧道窑,在煤炭电力消耗上就有较大的差别;用小高炉冶炼生铁与大型高炉冶炼生铁其焦比也有很大的区别。产品的结构或配方不同,物资消耗水平也不同。解放Ⅰ型汽车与解放Ⅱ型汽车由于设计结构的变化,100 t·km的油耗定额就不同。所以,生产技术条件直接影响物资消耗定额。

2. 企业的经营管理水平

企业管理状况是影响物资消耗大小的重要因素。尤其是物资管理、生产计划及组织状况等,如供应的物资品种、规格与生产需要的原料是否相适应;废旧物资的回收利用程度以及生产过程的连续性、比例性和均衡性等等,对物资消耗定额的水平有着直接的影响。如果企业制订了先进合理的物资消耗定额,建立健全了物资消耗管理制度,对物资实行了严格的管理和核算,奖惩分明,物资消耗水平就会降低;反之,如果不讲核算,不计消耗,不分责任,就必然会造成物资消耗水平的升高。

3. 自然条件

自然条件的变化,也会对物资消耗水平产生影响。例如,气温的差异会导致燃料消耗数量的增减,冬季和夏季对于汽车100 t·km耗油量会有所区别。对于一些由于气温原因而容易引起性能变化的物资,随着气温变化而造成消耗的差异。例如,塑料配件、橡胶回柠,在气温低时容易变脆,而在气温高时又能加速老化,都会由此而增大损耗。在不同硬度的岩层中采掘矿石,所消耗的炸药、雷管及导火线就不同。

4. 物资质量条件

物资本身的质量,也是影响消耗定额的重要因素。生产同一种产品,采用不同质量标准的原材料,其消耗定额水平会不同。例如,硫酸生产所需硫铁矿中含硫量的多少,直接影响硫酸消耗定额的高低。如果含硫35%,生产1 t硫酸要消耗硫铁矿为1.04 t;反之,就会有差别。再如,矿石的品位,不同的金属有着不同的品位,从十分之几,百分之几乃至千分之几。即使同种金属,由于矿石不同,其品位也不尽相同,因此,生产每吨金属所需矿石也不同。

5. 工人的技术水平和操作熟练程度

广大职工是物资消耗定额的直接参加者,他们的技术水平和操作程度以及对降低物资消耗的态度,对物资消耗定额的制定和执行有着直接的影响。如果他们严格遵守操作规程,熟悉操作并不断改进、提高技术,处处精打细算,避免各种损失浪费,物资消耗定额就能降低,反之就会增高。

(二)物资消耗定额制订的原则

物资消耗定额的制定,包括“定质”和“定量”两个方面。“定质”,即确定所需物资的品种、规格和质量要求;“定量”,即确定物资消耗的数量标准。制定物资消耗定额,必须正确选择所需物资的品种、规格和材质,做到技术上可靠,经济上合理,供应上可能。

物资消耗定额制定的原则有:

1. 先进性、合理性

在制定物资消耗定额时,要认真总结本企业的先进经验和体现平均先进水平,要在一定程度上反映生产上的先进技术、先进工艺和先进的管理方法;采用标准化、通用化、系列化的方法。在制定物资消耗定额时,应与企业现行的生产装备、工艺技术、操作水平、管理质量和物资条件相适应,符合实际,切实可行,充分考虑节约挖潜的积极因素,为大多数人经过一定的努力就能达到的合理水平。先进合理的物资消耗定额,应是在保证产品质量和工程质量以及工作质量的前提下,最经济合理的物资消耗量标准,它既是消耗量最低的,经过努力又是能够达到的。只有这样的定额,才能动员广大职工努力降低物资消耗,促进生产。当然,先进合理的物资消耗定额是相对的,随着原材料设备的更新,工艺的改进和工人技术水平的提高,原有的先进合理会变成落后,又必须制定新的先进合理的消耗定额。

2. 全面性、完整性

制定物资消耗定额要注意物资的全面、完整性。为了使产品或物资消耗工艺的齐全、完整,在定额消耗文件中应具有以下 4 个方面,即单件净重、毛坯重量、工艺定额、材料利用率。物资消耗定额是由许多因素构成的,既有理论定额,又有技术定额、实物定额;既包括有效消耗,又包括工艺损耗、非工艺损耗;既有本企业直接消耗的物资,又有通过委托加工消耗的物资。因此,在制定物资消耗定额时,一定要全面、完整地反映和计算出来,以利于定额的执行和管理。

3. 经济性、效益性

在制定物资消耗定额时,考虑在保证和提高产品质量的前提下,充分利用、节约物资和降低产品成本的要求,尽量采用以廉代贵、以非金属代替金属、黑色代替有色、国产代进口的物资,达到物尽其用,综合利用,提高材料利用率。尽量考虑就地、就近组织物资供应,以降低运输费用和便于管理,并降低物资消耗,提高企业经济效益。

4. 群众可行性

制定物资消耗定额要有工人的代表参加,组成专群结合的班子共同进行工作,使定额真正建立在广大群众的基础上,切实可行。广泛地发动群众参加定额的制订工作,听取他们的意见和建议,为完成和降低定额提供保证。在选用材料时要考虑到实际的资源状况和供应可能。

5. 科学性、预见性

制定物资消耗定额时,要从实际出发,有充分的科学根据。要预见企业的生产技术、工艺条件和产品结构将受市场供求、原料供应等因素影响而可能发生的相应变化,考虑变化后的条件,而采取不同的方法来制订,使定额适应生产变化并起到控制的作用。

(三)物资消耗定额制定的方法

物资消耗定额通常是按主要原材料、辅助材料、燃料、动力和工具等分类制定的。制定物资消耗定额的基本方法主要有以下几种:

1. 经验估算法

它是根据技术人员和生产工人的实际经验,结合参考有关技术文件(如设计图纸、工艺规程)和产品实物,考虑计划期内的生产技术组织条件等因素,通过估算制定物资消耗定额的方法。这种方法比较简便易行,工作量少,但技术依据不足,受主观经验的局限性很大,因而定额的精确程度较差。一般是对品种繁多而占用资金较少的物资,如辅助材料,或在缺乏技术资料和统计资料的情况下采用的。

2. 统计分析法

它是根据对实际消耗的历史统计资料进行加工整理和分析研究,并考虑计划期内生产技术和生产组织条件的变化等因素,经过对比、分析、计算,从而制定物资消耗定额的方法。

3. 实际测定法

它又称写实查定法或现场写实法,是运用现场秤(重量)、量(尺寸)和计算等方式,对工人操作时的物资实耗数量进行测定,通过分析研究,制定物资消耗定额的方法。运用这种方法时,应注意生产条件和操作工人的典型性、代表性。测定次数一般不应少于3次,以便比较真实地反映出物资的实际消耗水平,避免偶然性。可选择物资消耗一贯合理,工艺规程的执行和生产组织健全的车间、班、组作为测定对象。例如,塑料制品的消耗定额,可通过对制成品的实际称量得到的重量,去掉塑料制品中金属嵌件的重量,再适当加上塑料制品在注射过程中料桶中的损耗,加热过程中的挥发损耗,即可确定塑料制品材料的消耗定额。实际测定法的优点是切实可靠,能消除某些消耗不合理的因素,但它受一定生产技术条件和测定人员以及操作工人水平的限制,可能影响到定额的精确程度。一般在生产批量大、周期短、工艺简单、涉及加工工种和人员较少的情况下采用。

4. 技术分析法

又称技术计算法,是按照构成定额的组成部分和影响定额的各种因素,如产品设计结构、配方、工艺要求、所用设备、原材料质量以及生产工人的技术水平和熟练程度等,通过科学分析,从而制定物资消耗定额的方法。例如,机械制造企业可根据产品零件图纸和工艺文件,对产品零件的形状、尺寸、材质进行分析计算,确定其净重;然后对各道加工工序进行技术分析,确定其合理的工艺消耗;最后将这两部分相加,得出产品零件的物资消耗定额。

(四)物资消耗定额的制订

1. 主要原材料消耗定额的制定

由于产品的工艺特性不同,主要原材料消耗定额的计算又有不同之处。

(1)在机械加工企业中,制定主要原材料消耗定额,通常是根据设计图纸和有关技术文件以及毛坯重量来计算的。以棒材消耗定额为例,其计算公式为:

其中:

1根棒材重量=棒材单位长度重量×棒材长度

$$\text{零件棒材消耗}=\frac{1\text{根棒材}}{1\text{根棒材可切出的毛坯数}}$$

$$\begin{matrix}1\text{根棒材}\\\text{可切出}\end{matrix}=\frac{\text{棒材的长度}-\text{夹头长度}-\text{料头长度}}{\text{单位毛坯长度}+\text{切口长度}}$$

(2)在冶金、铸造、化工性质的加工企业中,制定主要消耗定额,应根据工艺流程的特点和预定的配料比,用一系列技术经济指标来计算。

$$\begin{matrix}1\text{ t铸件所需的}\\\text{某种炉料的消耗定额}\end{matrix}=\frac{1\text{吨}}{\text{合格铸件的成品率}}\times\text{配料比}$$

如铸件的材料消耗定额,是以生产1 t合格铸件所消耗的某种金属炉料重量来表示的。

配料比是指投入熔炉中的各种金属材料占投入炉料总重的比重。合格铸件成品率是指合格铸件重量与金属炉料重量之比。

2. 辅助材料消耗定额的制定

工业企业使用的辅助材料种类繁多,使用情况复杂,其消耗定额,应根据不同用途采用不同方法制定。

一般可分以下几种情况:

(1)凡是消耗量与主要原材料成正比例消耗的辅助材料,其消耗定额按原材料单位消耗量的比例来计算。

(2)与产品产量成正比消耗的辅助材料,其消耗量可按单位产品计算。

(3)与设备运转时间有关的辅助材料,其消耗量可根据设备运转时间来测定。

(4)凡是与使用期限有关的,可根据使用期限来确定。

(5)有些难以与其他因素换算的,可以根据统计资料或实际情况来确定。

(6)凡是消耗量与工作量成正比的辅助材料,其消耗量可按工作量为单位进行计算。

3. 燃料消耗定额的制定

由于燃料品种和质量不同,它们发热量也有所不同,因而在计算消耗定额时,应以标准燃料为基础,依据标准燃料消耗定额,换算成实际使用燃料消耗定额。

(1)动力用燃料消耗定额,以发1 kW·h电、生产1 m^3压缩空气或生产1 t蒸汽所需燃料为标准。

(2)工艺用燃料消耗定额,以加工1个单位产品或1 t合格铸件所需燃料为标准。

(3)取暖用燃料消耗定额,可按每个锅炉或按单位受热面积计算

4. 动力消耗定额的制定

动力消耗定额可根据不同用途来分别确定。如用于发动机器的电力消耗定额,先按开动马力计算

电力消耗定额,再按每种产品所消耗的机器设备小时数,分摊到单品,计算出单位产品的消耗定额。

三、降低物资消耗定额的途径

企业的物资消耗定额管理,归根结底是要设法降低物资的消耗。由于不同企业产品的结构和生产工艺都各有其不同的特点,即便是同类产品的不同企业,物资的使用和消耗也有较大的差异。因此,每个企业,都应从实际出发,寻求本企业降低物资消耗的有效途径。降低物资消耗的途径是多种多样的,路子十分宽广。根据我国在企业中降低物资消耗的经验,一般来说,主要有以下几个方面。

(一)改进产品设计

产品设计是否合理,不仅直接关系产品的结构、性能,而且在一定程度上决定生产过程中物资的消耗。改进产品设计可以说是节约物资,提高效益的首要环节。所以,从产品设计开始就应注意降低物资消耗。主要办法是应简化产品零件结构,减轻重量,缩小体积,来减轻产品零件本身的自重。在保证产品必要功能的前提下减轻产品的重量,是节约材料的重要途径之一。如某个水暖厂生产的卫生间水暖洁具,在设计中进行价值分析,使洁具主体减薄1~2 mm,仅此一项,每年即节约铜10 t以上,价值10多万元。例如,日本的汽车,在载重量不断增加,耗油量不断降低的同时,汽车的自重量也在不断降低,其载重与自重比为1:(0.6~0.7)左右。但我国生产的汽车,这个比值目前大部分仍处于1:1状态。也就是说,每生产一辆汽车,比国外多消耗1 t多钢材。如果通过改进产品设计,使自重达到国际先进水平,就能节约出30%~40%的钢材,这就直接降低了物资的有效消耗。随着科学技术水平的提高,可以设计出具有多种功能的零部件,减少零部件的数量,压缩过大的安全系数,这能使产品物资消耗降低25%左右。

(二)采用新工艺、新技术

采用新工艺、新技术,改革旧工艺、旧技术,是降低物资消耗的重要途径。工艺性损耗虽在生产过程中是不可避免的,但是损失量的大小则与生产工艺直接有关。因此,不断改进和采用新的生产工艺,相对地减少工艺损耗是完全可能的。在机械加工业中,钢材的平均利用率目前为50%~60%,每年有大量的钢材变成切屑和废料。如果采用无切削加工的冷冲、冷拉、冷扎、冷搓、冷挤、冷压、热冲、热轧、精密铸造、爆炸成型等新工艺,可以大大提高物资利用率。木材加工中,目前木材的利用率还不到70%,如果采用"锯刨合一"工艺,可以节约木材2.5%。水泥企业采用窑外分解新工艺,玻璃厂采用浮法生产新技术,重油燃烧窑炉采用节能喷嘴等新工艺、新技术,都取得了节约物资,提高效益的良好效果。可见,开发新技术,改革工艺,减少工艺损耗来提高材料的利用率的潜力是很大的。

(三)套裁下料

在机械厂、木材加工厂、钢窗厂等很多企业中,套裁下料对降低物资的消耗同样起着重要作用。套裁下料,是指把甲产品用剩下的边角余料供乙产品用,乙产品用剩下的边角余料又供丙产品用,直到最后剩余的残料不能再用为止。套裁下料,采用线性规划的科学方法,可以取得明显的效果。为坚持套裁下料,不少企业也采取了一些相应的管理措施。有的在供应部门设有专门的下料组,按图下料,不许整块料领用;有的在车间下料工序专设套裁下料人员负责套裁等。仅此一项措施就收到大幅提高材料利用率的效果。

(四)材料代用

材料代用,是指以廉价材料代替贵重材料,以长线物资代替短线紧缺物资等。例如,利用铸石制品代替金属材料。铸石是以天然岩石为主要原料的新型工业材料。铸石的耐磨性比铸铁和碳钢高10多倍,它的耐蚀性比不锈钢、橡胶、陶瓷等都好,且资源丰富,成本也低。根据使用证明,在许多抗磨损、耐腐蚀的设备的某些部位上应用铸石,可使寿命延长5倍、10倍乃至几十倍;1 t铸石可顶5~10 t左右的金属、橡胶等重要材料,从而间接降低了物资的有效消耗。实践证明,材料代用是一个节约增效取之不尽的重要源泉。价值工程的广泛应用,更使材料代用具有了科学的方法和手段。近年来建材企业在材料代用方面不断取得新的成果,如水泥厂以高铬钢球代替普通钢球,以塑料编织袋代替纸袋;玻璃厂包装箱以钢代木;散热器厂以带钢代替钢板;水磨石厂以325水泥代替425水泥等,都是成功的例子。

(五)回收利用废旧物资

废旧物资的回收利用,是指将生产中的废弃物加以收集整理,使其变为新的生产要素。例如.废钢铁是炼钢的主要原料,每炼1 t优质钢,必须配用一定比例的废钢铁。多回收1 t废钢铁,就意味着少开采相当数量的铁矿石。以废旧物资代替好的材料,不但节省了好的原材料,而且使废物得到了利用,又减少了垃圾和污染,这是一举数得的好事。废旧资源的回收利用在建材企业有着广阔的天地。例如,水泥企业在烟囱中排放出大量的窑灰,污染了环境,现在回收窑灰把它掺入水泥,就节约了原料,增产了水泥。水泥厂每年排放出大量的烟灰,利用它生产出了烟灰砖、烟灰砌块、烟灰加气混凝土制品和烟灰水泥等产品,节约了大量原材料。又如钢铁企业大量的高炉炉渣用作水泥厂的原料;林区和木材厂大量的木片、劈柴、刨花等制成纤维板、刨花板等产品,代替了大量的优质木材。在日本丰田汽车公司,也有坚持书写纸张两面用,铅笔短了用笔帽接长了再用等许多节约措施。而我国还是一个发展中国家,更应当坚持勤俭办一切事业的好传统,从一点一滴中注意创造经济效益。

(六)加强设备维修和不断改造老旧设备

机械设备投入使用以后,必然会磨损,如果设备的维护保养、检查修理工作跟不上,做不好,势必使设备处于不良运行状态。这不仅影响产品产量、质量和生产安全,而且会使物资由于不能合理使用而发生超耗以及由此引起的跑、冒、漏、滴等现象而造成的物资浪费。改造老旧设备,既可提高劳动生产率,也可以节约大量物资。所以,经常注意设备的维护保养,定期进行检查修理,及时进行设备更新,也是降低物资消耗的有效手段。

(七)综合利用

物资的综合利用,是指物质资源效能的充分利用。在现代科学技术水平不断发展的情况下,大搞物资的综合利用,可使物资变小用为大用,变一用为多用,变无用为有用,真正做到物尽其用。各种物资都具有多种属性和多种效能,而每种属性和效能又可以做多方面的利用,这样就提供了综合利用的可能性。例如煤炭原来仅作为燃料之用,如将煤炭综合利用,经过干馏,可得到焦炭、煤气、煤焦油和沥青等产品,从煤焦油和煤气中,还可以提取染料、炸药、塑料、合成橡胶、合成纤维等数百种化工产品的原料。

(八)深化企业改革,开展节约降耗运动

把节约降耗与企业内部各项改革配套进行,作为一个系统工程与全面提高企业素质联系在一起,妥善处理节约工作中诸如人与物、科技与管理、增产与节约、当前与长远、企业与社会关系等,保证节约降耗工作健康有序地深入发展。要根据国家的产业政策,确定企业的产品方向,使产品结构合理化,适应社会需求,走少耗多产、少耗优产的途径。在组织企业生产经营的指导思想上,要以提高经济效益为中心,统筹安排,实事求是地确定生产规模和增长速度,防止和克服急于求成的倾向,努力避免生产经营活动中的比例失调,发生大的波折而造成的损失和浪费。工人是直接参加生产劳动和物资消耗过程的主体,他们对物资消耗中的薄弱环节看得最清楚,对降低物资消耗也最有发言权。应当千方百计地调动工人群众的积极性和创造性,如发动增产节约运动,开展合理化建议活动,组织 QC 攻关小组来研究降低物耗等等。总之,要牢固树立勤俭办企业的思想,努力克服各个领域的铺张浪费现象。

第二节　物资储备管理

一、物资储备

(一)物资储备的定义

企业物资储备,是指已由厂外供应单位进入厂内,但尚未投入到生产领域而在一定时间内需要在仓库内暂时停滞的物资。由于目前我国整体物流水平还不高,供应市场还不够发展,因此零库存、JIT 采购、供应商库存等技术的应用还受到限制。为保证企业的正常生产,物资储备仍然具有存在的必然性和必要性。

企业的物资储备包括 4 部分:

1. 经常储备。这是为了保证两次进货的间隔期内正常供应而建立的储备。进货时达至最大值,随着生产消耗,储备逐渐减少,直至下一次进货之前储备量降为零。当下次物资入库后,库存又恢复最大值,如此循环,周而复始。

2. 保险储备。这是为了应付供应过程发生的意外中断而建立的储备。当遇到来货误期、到货实物与质量要求不符，以及临时急需等情况，为了保证正常供应，必须建立保险性储备。

3. 季节储备。这是为了适应进料、用料的季节性特点而建立的储备。如冬季会中断砖瓦生产，建设施工企业必须在进入冬季以前储备砖瓦。

4. 竞争储备。这是根据市场竞争的需要而建立的储备，旨在增加企业的竞争能力。

(二)物资储备的主要任务和原则

物资储备的矛盾在于：库存过大，会占用大量资金，增大企业风险；库存过少，又不能保证生产和销售的正常进行。因此物资储备的主要任务是：使物资储备经常处于合理水平，防止超储积压或不足的现象，使物资储备既能保证生产与供应的需求，又能加速物资周转，减少资金占用，降低生产和供应成本，使企业利润最大化。物资储备的主要原则有：

1. 先进合理原则

物资储备必须先进合理，在保证生产需要的前提下，减少储备费用。因为储备水平低，储备量就会过多，会造成物资积压，占用过多的流动资金；反之水平过高，储备量会过少，就不能保证生产需求，会造成停工待料的现象。

2. 适应性原则

随着条件的变化，物资储备也应随之变动，以便适应不断发展的形势。储备定额的变化趋势应相应地逐年降低，以便不断提高资金的周转率。

(三)物资储备的意义

物资储备是保证社会再生产不间断进行的必要条件，其意义在于：

1. 物资储备是企业内部沟通供应部门和需求部门之间关系，衔接供需之间在时间、数量上一致的重要手段。

2. 物资储备是保证生产正常进行的必要条件，是防止供应意外情况发生时对生产产生不利影响的重要措施。

3. 物资储备是影响企业经济效益的重要因素之一。物资储备过少，既不能保证生产的正常进行，也不能保证销售的正常进行，影响企业经济效益。物资储备过多，则会造成大量积压，不仅占用大量资金，花费更多的人力去维持保护，而且长期存放，也会使物资损坏变质造成浪费；同时，随着科学技术的迅速发展，物资储备过多，还会因经常发生旧的材料被新材料取代，而使物资失去原有的价值和使用价值，造成损失。

4. 物资储备是物资管理的重要依据。它是编制物资采购计划的重要依据，是制定库存标准的重要依据，是确定仓储容量的重要依据，是核定企业流动资金的重要依据。

总之，物资储备，等于是物化了的资金储备，这种物化的资金储备，只能通过物资变现的方式才能收回。如果物资被损坏或变质，或被新材料所代替，便丧失了原有的价值，那么这部分物资的资金就不能收回，而且还会因储备这些物资而花费储存费用、人工费用。因此物资储备具有一定的风险性。

二、物资储备定额

(一)物资储备定额的定义

物资储备定额，是指在一定的生产技术组织条件下，企业为完成一定的生产任务，保证生产进行所必须的经济合理的储备数量标准。

物资储备定额是企业物资计划管理的基础，是确定物资需要量和采购量，正确组织企业物资供应，核定企业储备资金定额的依据。通常有经常储备定额和保险储备定额，此外，还有季节储备定额、竞争储备定额等。

(二)物资储备定额的意义和作用

企业在确定物资供应计划时，不仅要正确确定完成生产所必需的各种物资需用量，而且要确定为保证生产进行所必需的各种物资的合理储备量，这是因为工业企业在生产过程中是连续不断地、逐渐地消耗各种物资，所需物资必须持续、即时、足量地供应到生产第一线，没有适量的储备是办不到的。

物资储备定额的作用主要有以下几个方面：

1. 是编制物资供应计划和组织采购订货的主要依据。物资供应计划中的储备量，是根据储备定额计算的，只有当物资需用量和物资储备量确定后，才能确定物资供应量，合理地组织订货和采购。

2. 是掌握和监督物资库存动态，使企业库存物资经常保持在合理水平的重要手段之一。有了先进合理的储备定额，才有利于做到既能保证生产的正常需要，又能防止物资的积压和浪费。

3．物资储备定额，是企业核定流动资金的重要依据。因为物资储备一般在企业流动资金中占有很大的比重，因此，制定和贯彻先进合理的物资储备定额，对于节约资金，加速流通资金周转，具有重要作用。

4．是确定企业仓储容积和仓库定员的依据。有了先进合理的物资储备定额，才利于减少仓库的基本建设投资，提高仓库利用率和合理配备人员，以节约开支。

（三）物资储备定额的分类

物资储备定额可按照不同特征进行如下分类：

1．按储备定额指标的计算单位不同分类

(1)“实物量”物资储备定额。如储备多少吨、千克、立方米等，此种定额主要用以管理实物储备，编制物资计划，计算仓储面积等。

(2)“货币量”储备定额，又称储备资金定额。主要用以制订流动资金定额，核定流动资金，编制财务计划；还可用以反映总的储备水平。各类物资汇总时，只能以货币量表示。

(3)“时间”储备定额。如用月或日反映储备量，可以保证生产耗用的月或天数，用以比较不同物资、不同单位的储备水平。它也是计算以“实物量”或“货币量”表示的储备定额的基础。

2．按储备定额的综合程度不同分类

(1)个别物资储备定额。它是按照物资的具体品种、规格来制定的，它是原始的、具体的定额，是重点物资供应计划的编制依据，是物资储备重点控制的依据，也是类别定额、综合定额的计算基础。

(2)类别物资储备定额。它是在个别定额的基础上，对同类物资制定的综合平均储备定额，用以编制分类物资计划，规划仓库面积，制定储备资金定额，以及对类别物资进行控制和监督。

(3)综合物资储备定额。它是在类别定额基础上综合而成的定额，综合范围可大可小，主要用于上级机构综合基层单位的储备定额，以编制财务计划，核定流动资金，进行财务监督。

3．按物资储备的作用分类

可以划分为经常储备定额、保险储备定额、季节储备定额和竞争储备定额。在一般企业中经常采用这种分类方法并以这种方法计算最高、最低储备量和平均储备量。

（四）影响物资储备定额的因素

储备定额的制定受企业内部、外部许多因素的制约。

1．企业内部因素

(1)企业的性质和特点。一般来说工业企业产品固定，因此物资储备定额的变化较小，而水利水电施工企业产品，都不是定型的，用料变化大，且生产周期长，因此物资储备定额变化较大。

(2)企业的规模和专业化程度。一般说企业规模大，产品品种较少，产品数量较大，专业化程度较高的企业，物资储备定额相对就小；反之，就大。

(3)企业内部物资管理体制。企业实行一级供应、一级管理，则物资储备定额就小；实行二级供应、二级管理，则企业总的物资储备定额就大，而总库和二级储备定额分别就小。

(4)企业管理水平。一般说企业的管理水平高，计划性强，各个环节配合协调，物资采购能按照生产需要做到按计划供应，物资储备定额就小；反之，管理水平低，计划不全不准，物资采购忙乱，物资储备定额就大。

2．企业外部因素

(1)社会物资生产发展水平。社会物资生产发展水平较高时，生产规模不断扩大，大规模连续生产的企业相对增多，供货企业可以做到稳定而均衡的供货，用料企业也容易做到稳定而均衡的采购，供需矛盾相对缩小，这样储备定额就小。但是，目前我国生产发展水平还较低，物资储备定额不得不偏大。

(2)全国物资生产力布局。如果生产力分布合理，各个地区的物资自给率比较高，大多数物资可以作到就地就近供货，物资储备定额就会较小；反之，生产力布局不够合理，供需双方相距较远，物资储备定额就会偏大。

(3)国民经济管理水平。目前，在我国物资生产力发展水平较低的情况下，国民经济管理水平对物资储备定额大小有着重要的影响。如果我国在安排国民经济计划时，能做到量力而行，做到有计划按比例地发展，搞好物资平衡和供需之间的协作配合，物资供应来源有保证，物资储备定额就能缩小；反之，计划留有缺口，物资供不应求，物资储备定额就会增大。

(4)物资管理体制。如果物资管理体制合理,集中程度适当,物资供应机构遍设网点,灵活供应,以需定产等一系列物资工作商业化的措施完善,对国家重点项目所需主要材料实行就近定点配套供应,这样物资储备定额就可大大降低,否则企业就不得不增大物资储备定额。

(5)运输力的发展和运输管理水平。交通越发达,运输管理水平越高,物资在途时间越短,运输延误的可能性就越少,物资储备定额就越小;反之,就会增大。

(6)物资本身的性质,如价值高低、重要性大小、有无代用品、储存寿命等。某些物资(如水泥、炸药等)的性质就决定物资的储存时间有一定期限。如一般水泥不准超过3个月,超过这个期限,物资的使用价值就会降低,甚至报废,因此物资储备定额就应以不降低物资的使用价值为限度。

(五)物资储备定额的制定

1. 经常储备定额的确定

(1)经常储备定额,也称周转库存量或经常库存量,是为了保证在前后两次进货间隔期内生产正常进行所必须的物资储备数量标准。

①经常储备量是一个变量,进货时达到最大值,随着生产消耗储备量逐渐减少,直到下一次到货之前储备量降低为零,下次物资入库后,又达到最大值。

②由于物资是一批一批的间断的进货和投料,在一般情况下,进货是批量大,间断期长,而投料则是批量小,间隔期短。

(2)确定经常储备定额的方法主要有两种:以期定量和经济订购批量法。

①以期定量法

其计算公式为:

经常储备定额=(平均供应间隔天数+验收入库天数+使用前准备天数)×平均每日需要量

可简写为:$Q=CT$

其中:Q表示经常储备定额;C表示平均每日需用量;T表示周转储备天数。

因此,决定经常储备定额的主要因素是周转储备天数和平均日需要量。如果在平均每日需要量既定的情况下,周转储备天数越长,物资储备量就越大;如果周转储备天数越短,物资储备量就越少。周转储备天数主要包括:供应间隔天数;验收入库天数;使用前准备天数。

供应间隔天数,是指上一批进货到下一批进货之间的天数,即前后两次进货的间隔天数。确定供应间隔天数是一项比较复杂的工作,因为影响因素很多,如初供应条件、供应距离、运输方式、订购数量以及采购费用和保管费用等。一般根据上期实际供应间隔天数计算出加权平均,再按计划期供、产、销等情况的变化加以适当调整后确定。某种物资供应间隔天数的计算公式为:

某种物资供应间隔天数=该种物资的最低定货限额/平均每天需求量

可简写为:$T=W/C$

平均供应间隔天数的计算。平均供应间隔天数,是根据同类物资上期年度实际验收入库数量和供应间隔天数的统计资料,用加权平均法计算。计算公式为:

平均供应间隔天数=∑(每次入库量×每次供应间隔天数)×∑(每次入库量)

可简写为:$T=\sum(G_1T_1+G_2T_2+\cdots+G_NT_N)/\sum(G_1+G_2+\cdots G_N)$

例:某物资第一次进货50 t为5天,第二次进货60 t为7天,第三次进货55 t为7天,第四次进货70 t为10天,第五次进货60 t为7天,

则:

平均供应间隔天数=(50×5+60×7+55×7+70×10+60×7)/(50+60+55+70+60)=7.4(天)

验收入库天数:物资到货后,还不能直接进入仓库储存,要验收后才能入库储存。验收入库天数主要取决于物资验收工具、人员以及采购条件等情况,一般可根据技术分析、实际经验或验收能力确定。

使用前准备天数,是指某些物资在入库以后,投产使用前,还要经过一定的准备时间,如干燥、清洗等。

平均每日需要量,等于在一定时期内完成一定数量产品物资总量,除以完成这些产品所需时间。一般计划期预计每日需要量是按计划期全部需要量

除以日历天数(一月按30天计算)求得的。

总之,用以期定量法确定经常储备定额的优点是方法简单,计算工作量小;缺点是没有从经济合理的要求出发,作出必要的定量分析。为了充分考虑企业本身物资储备的最优经济效益,可以用第二种方法,即经济订购批量法来确定经常储备定额。

②经济订购批量法

经济订购批量法,是指以某种物资的经济订购批量为依据来确定储备定额的方法。

这种方法是把各种主要影响经济储备定额的因素联系在一起,在找出相互关系的基础上,进行定量分析之后,求出经济上合理的经常储备定额。

这种方法主要是从企业本身的经济效益来考虑的,必须要有正常的供应单位和运输条件。经济订购批量法,是指订购费用和储存费用两者之和总费用最低的一次订购数量。

与经常储备量大小有关的费用有两类:储存费用和订购费用。

在总需要量一定的条件下,订购批量越大,订购的次数就越少,订购费也就越小,而储存费用则会增加;反之,订购费用越大,储存费就越小。

因此,只有当总费用最小时的订购批量,才是经济合理的。

用公式表示:

$$q=\sqrt{\frac{2QK_q}{K_m}}=\sqrt{\frac{2QK_q}{YK_i}}$$

其中:q 表示订购批量;Q 表示全年物资需用量;K_q 表示每批订购费用;K_m 表示单位物资年保管费用;K_i 表示单位物资年保管费用率;Y 表示物资单位价格;

(3)实例

例1. 某厂全年需用某种单价为10元的配件10 000件,根据与财务估计,此配件的保管成本为平均存货价值的20%,成本每批100元,则该厂采购这种配件的经济批量为:

$$q=\sqrt{\frac{2QK_p}{K_m}}=\sqrt{\frac{2\times 10\ 000\times 100}{10\times 0.2}}=1\ 000(\text{件/批})$$

这也就是说,该厂应每年分10次采购该配件较为合理。从公式可看出,保管费用越大,经济采购批量越少。

例2. 某种物资一年需用量为12 000件,每件价格为20元,年保管费用率达12%,每次订货费用为64元,试求经济订购批量。

$$q=\sqrt{\frac{2\times 12\ 000\times 64}{20\times 0.12}}=800(\text{件/批})$$

由于年需用量为12 000件,经济订购批量为800件,因此,一年订购15次较合理。

2. 保险储备定额的确定

(1)保险储备定额,也称安全库存量,是为了防止物资供应过程中可能发生到货误期或来料品质不符等不正常现象,保证生产正常进行所必需储备的物资数量标准。它是一个常数储备量,动用后必须及时补足。

保险储备量并不是所有的企业所有的物资都要建立。对于货源充足,容易购买,供应条件较好的物资,或可用其他物资代用的物资,可以不建立或少建立保险储备定额。

(2)计算

保险储备定额,主要是由保险储备天数和平均每日需要量来确定的其计算公式为:

$$\text{保险储备定额}=\text{保险储备天数}\times\text{平均每日需求量}$$

保险储备天数,也称平均误期天数,一般是考虑供应条件来确定的,也可根据上年统计资料中实际到货平均误期天数确定。所谓误期,是指实际到货天数大于平均供应天数之间的差额天数。

平均误期天数,就是以历次到货的误期天数进行加权平均得出的天数。当主要考虑企业临时需要时:保险储备天数=临时需要量×供应天数/经常储备定额

主要考虑延期到货时:

$$\text{保险储备天数}=\frac{\sum(\text{每次误期入库量}\times\text{每次误期天数})}{\sum\text{每次误期入库量}}$$

$$\text{每次误期天数}=\text{供应间隔天数}-\text{平均供应间隔天数}$$

当所需物资能够临时订购到时:保险储备天数=临时订购天数

例3. 某种物资经常储备天数为30天,上半年到货统计资料如表4—5—1,求平均延期天数。

表 4—5—1

月份	1	2	3	4	5	6	7	8	9	10	11	12
延期天数	0	4	0	0	8	0	0	5	8	0	0	3
延期交货	0	60	0	0	21	0	0	15	30	0	0	20

$$\text{平均延期天数}=\frac{4\times60+8\times21+5\times15+8\times30+3\times20}{60+21+15+30+20}$$

$$=783/146=5.6(\text{天})$$

3.季节性储备定额

(1)季节性储备的定义。季节性储备定额，是指企业为克服某些物资供应的季节性或生产消耗的季节性因素影响，保证生产正常进行而建立的物资储备数量标准。凡是已建立季节性储备的物资，一般不再建立经常储备和保险储备。

(2)计算公式

$$\text{季节性储备定额}=\text{季节储备天数}\times\text{平均每日需要量}$$

(3)季节性储备天数的计算

季节性储备，是为了适应进料、用料的季节性特点而建立储备。

季节性储备天数，一般是根据生产需要和供应中断天数来定的。

由于运输中断等原因造成的进料季节性储备天数为：

季节性储备天数＝正常进料中断天数

由于季节性储备供整个计划期使用的季节性储备天数：

季节性储备天数＝计划期天数－进料期天数

4.竞争储备定额

竞争储备定额，这是根据市场竞争的需要而建立的储备数量标准。旨在增加企业的竞争能力。

三、降低物资储备定额的途径

为了保证生产的正常进行，保持一定的物资库存是必要的。但是，过量储存所造成的积压，将会导致经营上的严重损失。而且库存量大，不仅会造成库存的消极情绪，还会掩盖生产管理上的矛盾。因此，必须在保证生产需要的前提下，把物资库存压缩至最低限度。减少物资库存储备的途径，有订货点法和ABC管理法等多种方法，下面简要介绍订货法和ABC管理法在减少储备上的应用。

(一)订货点法

订货点，又称再订货点，是指为了及时补充库存物资而进行订货的界限。合理地确定订货点，对企业仓库保持合理的物资储备，具有重要意义。因为在一定条件下，订货间隔时间过长，物资储备过多，保管费用必然增加；相反，订货间隔时间过短，物资储备过少，又有可能影响生产的正常进行。订货点的确定公式为：

订货点＝保险储备定额＋(订货天数×每日需用量)

公式中订货天数，是指从办理手续直到物资进厂的全部时间。

根据上式计算结果，当物资储备达到这一数量时，就必须按事先决定的订货批量提出订货单。但是这种方法，只有在准确地确定订货批量和保险储备定额的基础上，才能收到预期的效果。

2.ABC管理法

ABC管理方法，应用于减少储备定额上，是指从企业需要的品种繁多的物资中，抓住重点，采取不同的订货方法，从而降低库存，加速资金周转的一种管理方法。采用这种方法时，先将需要的各种物资，按照不同品种以及占用资金的多少，分为A、B、C 3类：A类物资品种少，约占企业全部需用物资品种的10%左右，但占用资金多，约占70%～75%，而且流动性大；B类物资品种比A类物资稍多，约占15%～20%，占用资金约占20%～25%，流动性仅次于A类；C类物资品种繁多，约占企业全部需用物资品种的70%～75%，但资金占用少，一般约占5%～10%，使用量不多。

通过这样的分类，就可以按照各类物资的重要性，把物资库存管理的重点放在A类物资上。B类物资虽然也很重要，但占用资金比A类少得多，只要进行一般管理即可。C类物资占用资金很少，平时不需要花很多精力去管理。

由于3类物资所占用的资金不同，因此，订货方法也不同。如A类和B类物资可采用定量或定期的订货方式：定量就是找出最适合、最经济的时间和最合理的数量；定期就是要确定保证生产所需物资数量的一定时间。对A类物资由于占用流动资金较多，更应尽最大可能缩短供应时间，对每次送货数量要预先规定。至于C类物资，由于品种多，订货零星，可采用固定订货方式。这种方式同前面讲的订货点法相类似，即预先规定物资的最大最小储备量，在库存最小时，一次订到最大储备量，国外的企业采用这种方法较多。这种方法同供应条件有密切关系，要求物资来源比较丰富，供应渠道比较畅通。如果离开这个前提，一旦供货发生困难，就会影响企业生产的正常进行。所以，我国在运用时一定要切合我国的物资管理体制和物资供应条件，通过认真总结自己的经验，搞好物资分类，减少物资类别，确定合理储备水平，然后针对不同物资，采用不同的订货方式，尽量减少资金占用。

第三节　价值分析原理及在物资供应管理中的作用

一、价值分析在物资供应管理中应用的起源和基本思想

价值分析是1947年美国通用电气公司的麦尔斯创建的，最初是从物资管理部门的采购工作中形成的，而后得到了不断的发展与完善。由于第二次世界大战造成的物资匮乏，通用公司的采购部门不得不经常用廉价的材料来代替缺乏的预定物资，但是他们发现只要代用材料使用得当，并不会减损产品的功能，却会使成本大大下降，于是该公司采购科科长麦尔斯组织了研究小组，开始对价值分析进行研究。

麦尔斯独创的基本思想可以归纳为：

(1)用户需要的不是产品本身，而是产品的功能，人们总是按照功能的满足程度来支付金额的，这种要求使设计物美价廉的产品问题变成以最低费用提供用户所要求的功能问题。

(2)创造了价值、功能的特定概念和功能分析、功能评价的方法，使功能量化，从而使概念明确化。

(3)降低成本最有效的科学工具是价值分析，物资的采购是由产品设计所决定的，不修改产品设计方案，成本就不可能大幅度地下降。

以这些思想为开端开创了一种以提高价值为根本目标的管理新技术，其本质内容是不要以物资、产品为中心，而应以价值、功能评价为中心来进行分析和评价。价值分析在美国、日本、西欧得到了广泛的推行，20世纪70年代末，价值分析开始引入我国。

从价值分析的发展过程中可以看出，价值分析是从物资采购管理中形成的一门新兴的管理技术。如何以最低的总费用来实现使用者的功能要求，是物资工作的核心，如何有效地利用物资是价值分析方法所贯穿的一条主线。它为物资供应管理工作提出了具体明确的新的理论、新的指导思想和新的工作方法。在物资供应管理中推行价值分析活动，对提高物资工作的经济效益有很大的作用。

二、价值分析原理

(一)价值概念

“价值”是物资转换中单位货币所能提供的功能数量，以公式表示为：

$$V = F/C$$

式中　F——物资所能提供的功能量；

V——物资价值；

C——用户为取得物资所具有的功能而花费的总费用。

$$C = C_1 + C_2$$

式中　C_1——包括企业制造、销售及税利等在内的制造成本，即用户所支付的购买费用；

C_2——产品的使用成本，包括能源消耗、维护保养修理费用、更新改造费用、管理费用、无形损耗及必要的拆除报废费用。

$V=F/C$，表示价值与功能成正比，与成本成反比，如果把成本视为总投入，则上式可变为：经济效益=产出/投入。所以价值分析也是一种效益分析。我们要注意的是此处价值是具有特定意义的概念，不能简单等同于其他领域，如政治经济学中的价值概念。

(二)提高产品价值的基本途径

根据上述 $V=F/C$ 公式，提高产品价值有以下5种途径。

1. $\dfrac{\vec{F}}{C\downarrow} = V\uparrow$，在保持产品、作业或物资必要功能不变的前提下，降低成本，提高价值，对于物资部门来说，就是在保证物资质量不变的前提下，尽量使用廉价物资，以降低产品或作业成本，增加收益。

2. $\dfrac{F\uparrow}{\vec{C}} = V\uparrow$，在不提高成本的前提下，采取措施提高产品、作业或物资的功能，如通用性、便利性、

安全性，从而提高价值。对物资供应部门来说，也就是在采购及仓储费用相同的条件下，尽量选用功能强、质量高的物资。

3. $\frac{F\downarrow}{C\downarrow\downarrow}=V\uparrow$，除掉产品、作业或物资中的过剩功能或者稍微降低其必要功能仍能满足使用价值，从而大幅度降低成本，提高价值。对于物资供应部门来说，就是在基本满足要求的前提下，选用功能较低，但其采购、仓储费用要低的物资。

4. $\frac{F\uparrow\uparrow}{C\uparrow}=V\uparrow$，采取措施大幅度提高物资的功能，其成本虽然上升，但带头的有效功能的提高幅度大于成本上升幅度，从而吸引潜在消费者。对于物资供应部门来说，就是运用采购、仓储费用略高而功能较强的物资，以大幅度提高产品质量。

(5) $\frac{F\uparrow}{C\downarrow}=V\uparrow\uparrow$ 采取措施，在提高产品、作业或物资功能的同时，使其成本下降，从而大幅度提高价值。对于物资供应部门来说，就是尽量选用物美价廉的物资。

由上述方法可知，以最低的总费用实现消费者的必要功能，是价值分析的基本方法之一，但不是惟一的方式。我们的着眼点是产品的价值，并不排除在 $C\uparrow$ 而 $F\uparrow\uparrow$ 的情况，只要这种功能得到了消费者的认可，价值就会增加。

价值分析中强调的功能与一般管理中强调的质量是既有联系又有区别的一对概念。功能是消费者在消费过程中得到的实际效用，为了保证产品的功能而设一定的质量指标，前者既具客观属性又具主观属性，后者只具客观属性。过低的质量会减损功能，不能满足消费者需求，而过高的质量，又使产品功能超出了消费者的需求，造成成本过高，功能浪费。所以，应准确把握功能的适度。

三、企业物资供应部门在价值分析中的作用

价值分析的运用面极广，它的对象既可以是材料、装备、工具等物质形态的东西，也可以是运输组织、工序、手续等非物质形态的东西。所以，物资供应部门本身就是价值分析的对象。

价值分析是一项复杂的系统工程，物资供应部门只是企业管理系统中的一个部分，价值分析活动不可能由物资供应部门来独立担任，需要得到计划、设计、生产、销售、财务等方面的专业人员的协助。但根据日本的抽样调查，在参加价值分析的 15 个部门中，物资供应部门和设计部门的参加率达 84.5%，居各部门之首。说明了物资供应部门在价值分析活动中作用重大，这些作用主要体现在：

1. 物资供应部门人员比其他部门人员更了解市场供求状况，了解用户使用产品的目的、条件和环境，可以提供更为准确详尽的情报。

2. 物资供应部门是企业与市场进行物资交流的接口，熟悉生产资料市场的动态，能起到很好的参谋作用，在改进产品设计方案进行经济评价中作用重大。

3. 改进的产品设计方案一经确定，与之相关的一系列物资采购等供应工作，都要由物资供应部门去落实，物资供应部门工作的好坏直接关系着方案的成败。目前，我国实行市场经济体制，企业原材料的购进，产品的销售都与市场供求状况紧密相连，只有充分发挥企业物资供应部门的作用，加强企业内部物资供应管理，才能把握市场机会，在竞争中取胜。

第四节　物资消耗和储备管理案例

案例 1　某实业企业物资消耗定额管理制度

本案例是某实业企业物资消耗定额管理的制度，包含对物资消耗定额管理的具体内容、制定、变更、发料等细则，对其他企业物资消耗管理有一定的参考价值。

第一章　总则

第一条　目的：为了正确确定物资需要量、储备量和编制物资供应计划以及合理利用和节约物资，特制定本办法。

第二条　本公司所有涉及物资消耗定额的作业，均按本法执行。

第二章　物资消耗定额的内容

第三条　物资消耗定额分为工艺性消耗定额和非工艺性消耗定额。

第四条　工艺性消耗定额，是指在一定条件下，生产单品或完成单位工作量所用物资的有效耗量，即包括产品净重消耗和合理的工艺性损耗两部分。

第五条　非工艺性消耗定额，是指产品净重和

工艺性损耗以外的物资消耗定额。主要包括生产过程中不可避免产生的废品,运输保管过程中的合理损耗和其他非工艺技术原因而引起损耗。

第三章　物资消耗定额的制定和修改

第六条　材料工艺性消耗定额,由工艺部门负责制订,经生产部门和物控部门会签,总经理批准,由有关部门贯彻执行;非工艺性消耗定额,根据质量指标,由生产部门和物控部门根据实际情况制定。

第七条　物资消耗定额,应在保证产品质量的前提下,根据本厂生产的具体条件,结合产品结构和工艺要求,以理论计算和技术测定为主,以经济估计和统计分析为辅助,本着节约的原则,制定最经济最合理的消耗定额。

第八条　物资消耗定额,一般一年修改一次,由原制定部门负责修改,由于管理不善而超耗者,不得提高定额。

第九条　凡属下列情况之一者,应及时修改定额:

(1)产品设计变更。

(2)加工工艺变更,影响到消耗定额。

(3)定额计算或编写中的错误或遗漏。

第四章　限额发料

第十条　物资消耗定额,是产品成本计算和经济核算的基础,限额发料是物资消耗定额的体现。

第十一条　限额发料范围:

(1)产品用料。

(2)大宗的辅料和能源。

第十二条　限额发料的依据:

(1)工艺科提供的产品单件材料工艺消耗定额。

(2)生产调度科和车间提供的月度生产作业计划。

第五章　附则

第十三条　本办法自规定之日起实施,修订时亦同。

案例2　煤炭企业物耗控制的系统

在煤炭生产企业中,物资消耗一般占制造成本的17%~26%左右,它直接影响到煤炭企业的经济效益。因此,永城煤电集团公司有关管理人员,结合煤炭企业物耗的实际情况,提出建立一个协调便利、功能齐全的物耗控制系统。该系统包括4个子系统:

(1)组织保证系统。煤炭企业应从横向将与物耗相关的各个专业管理部门,从纵向把各个矿(厂)、区队、班组三级管理机构统一组织起来,形成系统,各级成立负责降耗组织,形成物耗控制网络,保证自上到下物耗组织正常运作。

(2)过程控制系统。要有效的控制物耗,就必须对物流的全过程进行控制。从物资进入企业至消耗,大致有计划编制管理、货源组织管理、仓储管理、组织发料管理、使用消耗管理5个管理环节。企业应针对这些环节采取不同的措施控制。如物资领用控制系统中,审核的控制目标是保证物资领用在授权下进行,控制措施是领用物资必须经领用部门负责人审核签字。

(3)考核核算系统。物资消耗定额是考核核算的基础。有了先进合理的物资消耗定额,就能有效地监督和促进各部门及时地科学地进行考核和核算工作。因此,建立考核核算系统,要首先建立先进合理的物资消耗定额。

(4)信息反馈系统。通过准确可靠的计算和原始记录、统计报表和台账、计算机管理系统等手段,把整个企业的物资消耗数据资料反馈回来,并与消耗定额、用料计划、限额目录进行比较,确认消耗是否正确,及时采取措施。本办法自规定之日起实施,修订时亦同。

对物耗进行控制,单建立系统不够,同时要采取合适的有力的控制方法。

(1)对系统的控制。对系统运行进行经常性的检查评价,及时反馈信息,使系统协调运行。如对消耗定额和限额领料管理办法有:对采掘单位材料供应严格实行"两定一限":依据生产计划和物料消耗实行主要材料定额供应,其他材料定额供应,无特殊情况,材料定额不得任意变动;当生产条件变化需要调整定额时,由生产技术科根据情况制定;辅助材料定额要根据过去的平均消耗水平和实际生产需要,实行定量和限额相结合的办法。

(2)对物耗的控制。严格根据物资消耗定额标准,及时通过信息反馈系统,反映实际消耗定额的执行情况,针对偏差不断采取有效手段,予以纠正,使物耗控制在合理的定额范围内。

从本案例中可以看出,科学、合理的物资消耗定额是企业物耗控制的重点内容之一。该案例的物耗控制系统对煤炭企业加强物耗控制,降低生产成本,提高经济效益有较高的参考价值,对其他企业建立物耗控制系统也有借鉴之处。

第六章 生产物流管理——生产物流计划与控制

由于生产物流与企业生产密切相关,所以对生产物流以及相关的理论和实践研究比较多。建立了比较完善的生产物流计划模型体系和生产物流控制模型体系。但由于生产物流的多样性和复杂性以及生产工艺和设备的不断更新,如何更好地组织好生产物流是物流理论研究人员和管理人员始终追求的目标。

第一节 生产物流概述

一、生产物流概念

生产物流是指原材料、燃料、外购件投入生产后,经过下料、发料、运送到各个加工点和存储点,以在制品的形态,从一个生产单位(仓库)流入另一个生产单位(仓库),按照规定的生产工艺过程进行加工、储存的全部生产过程。生产物流活动是与生产活动同时发生的,在有些企业中,生产物流活动已经构成了生产工艺过程的一部分。因此,生产物流的形式和规模主要取决于生产的类型、规模、方式和生产的专业化与协作化水平。

生产物流区别于其他物流系统的最显著特点是它和企业生产密切联系在一起。只有合理组织生产物流过程,才有可能使生产过程始终处于最佳状态。如果物流过程组织的水平低,达不到基本要求,即使生产条件、设备、工艺再好,也不可能顺利完成生产过程,更谈不上取得较好的经济效益。因此,企业没有生产就没有生产物流,生产物流不畅就会导致生产停顿。

企业生产物流过程需要物流信息提供支持,通过信息的收集、传递、储存、加工和使用,控制各项物流活动的实施,使其协调一致,保证生产的顺利进行。生产物流管理的核心是对物流和信息流进行科学的规划、管理与控制。

二、影响生产物流的主要因素

不同的生产过程形成了不同的生产物流系统,生产物流的构成与下列因素有关:

1.生产工艺。不同的生产工艺,和加工设备,对生产物流有不同的要求和限制,是影响生产物流构成的最基本因素。

2.生产类型。不同的生产类型,产品品种、结构的复杂程度不一,加工设备不尽相同,将影响生产物流的构成与比例关系。

3.生产规模。生产规模指单位时间内的产品产量,因此规模大,物流量就大;规模小,物流量就小。相应地物流设施、设备就不同,组织管理也不同。

4.专业化与协作化水平。社会生产力的高速发展与全球经济一体化,使企业的专业化与协作化水平不断提高。与此相适应,企业内部的生产趋于简化、物料流程缩短。例如,过去由企业生产的毛坯、零件、部件等,就可以由企业的合作伙伴来提供。这些变化必然影响生产物流的构成与管理。

三、合理组织生产物流的基本条件

只有合理组织生产物流过程,企业生产才能正常进行。如果生产物流过程组织不善,即使生产工艺再好、生产设备再好,也不能顺利完成生产过程,更谈不上取得较高的经济效益。在企业生产物流组织过程中,要特别注意以下几个方面:

1.物流过程的连续性

生产是一个工序一个工序往下进行的,因此要求物料能够顺畅、最快、最省地走完各个工序,直至成为产品。任何工序的不正常停工,工序间的物料混乱等都会造成物流的阻塞,影响整个企业生产的进行。

2.物流过程的平行性

一般企业通常生产多种产品,每种产品又包含着多种零部件。在组织生产时,将这些零部件安排在各个车间的各个工序上生产,因此要求各个支流平行流动,如果任何一个支流发生延迟或停顿,整个物流都会受到影响。

3. 物流过程的节奏性

物流过程的节奏性是指产品在生产过程各个阶段，都能有节奏、均衡地进行，即在相同的时间内完成大致相同的工作量。时紧时慢必然造成设备或人员的浪费。

4. 物流过程的比例性

产品的零部件组成是固定的，考虑到各个工序内的质量合格率，以及装卸搬运过程中的可能造成的损失，零部件数量必然在各个工序间有一定的比例关系，形成了物流过程的比例性。当然这种比例关系，随着生产工艺的变化、设备水平和操作水平的提高会发生变化。

5. 物流过程的适应性

企业的生产组织正向多品种、少批量的管理模式发展，要求生产过程具有较强的应变能力。即生产过程具备在较短的时间内，由生产一种产品迅速改变为生产另一种产品。因此物流过程应同时具备相应的应变能力。

第二节　生产物流计划原理和方法

一、生产物流计划概述

(一)生产物流计划的内容

生产物流计划的核心是生产作业计划的编制工作，即根据计划期内确定的产品品种、数量、期限，以及发展变化的客观实际，具体安排产品及其部件在各个生产工艺阶段的生产进度、生产任务。

(二)生产物流计划的任务

1. 保证生产计划的顺利完成。为了保证按计划规定的时间和数量生产各种产品，要研究物料在生产过程中的运动规律，以及在各个工艺阶段的生产周期，以此来安排经过各个工艺阶段的时间和数量，并使系统内各个生产环节内的在制品结构、数量和时间相协调。

2. 为均衡生产创造条件。均衡生产是指企业及企业内的车间、工段、工作地等各个生产环节，在相等的时间阶段内，完成等量或均增数量的产品。均衡生产的要求如下：

(1)每个生产环节都要均衡地完成所承担的生产任务；

(2)不仅在数量上均衡地生产和产出，而且各个阶段的物流要保持一定的比例性；

(3)尽可能缩短物料流动周期，同时保持一定的节奏性。

3. 加强在制品管理，缩短生产周期。保持在制品、半成品的合理储备，是保证生产物流连续进行的必要条件。在制品过少，会使物流中断，影响生产的顺利进行；反之，又会造成物流不畅，延长生产周期。因此，对在制品的合理控制，既可减少在制品占用量，又能使各个生产环节实现正常衔接、协调，按物流作业计划有节奏地、均衡地组织物流活动。

(三)期量标准

期量标准是生产物流计划工作的重要依据，因此亦称为作业计划标准。它是根据加工对象在生产过程中的运动，经过科学分析和计算，所确定的时间和数量标准。期表示时间，如：生产周期、提前期等；量表示数量，如一次同时生产的在制品数量（生产批量），仓库最大存储量等。

期和量是构成生产作业计划的两个方面，为了合理组织生产活动，有必要科学地规定生产过程中各个生产环节之间在生产时间和生产数量上的内在联系。合理的期量标准，为编制生产计划和生产作业计划提供了科学的依据，从而提高计划的编制质量，使它真正起到指导生产的作用。同时，按期量标准组织生产，有利于建立正常的生产秩序，实现均衡生产。

二、大量流水生产方式的生产物流计划

(一)大量流水生产方式的期量标准

大量流水生产方式的期量标准主要有：节拍、流水线作业指示图表和在制品占用定额。

1. 节拍

节拍是流水线最重要的工作参数，它表明流水线速度的快慢，计算公式为：

$$r=\frac{t_e}{N}=\frac{t_0\eta}{N} \tag{4.6.1}$$

式中　r——流水线节拍，min/件；

t_e——计划期的有效工作时间，min；

N——计划期制品产量，件；

t_0——计划期的日历工作时间，min；

η——时间有效利用系数，一般取 0.9～

0.96。

如果计算出的节拍数值很小，同时制品的体积、重量也很小，不适用于按件传送时，则实行按批传送，这时顺序产出两批同样制品之间的时间间隔称为节奏，其公式为：

$$r_g = r \times n \quad (4.6.2)$$

式中　r_g——节奏，min/批；

　　n——运输批量。

流水线采取成批传送在制品方式时，科学确定运输批量 n，对于合理使用运输工具，减少运输时间，充分利用生产面积和减少在制品数量都有重要意义。

2. 流水线作业指示图表

流水线作业指示图表又称为标准工作指示图表，它表明流水线内各工作地在正常情况下的具体工作制度，对合理利用设备、减少在制品数量有重要意义。

由于工序间同期化程度不同，流水线的连续程度也不同，因此流水线有连续流水线和间断流水线之分。表 4—6—1 是间断流水线标准作业指示表。

3. 在制品占用量定额

在制品占用量分流水线内部在制品占用量和流水线之间在制品占用量两种。

一般流水线内部在制品占用量按其作用分成：工艺占用量、周转占用量、运输占用量和保险储备占用量四种。

工艺占用量 Z_1：正在加工或检验的在制品量；

周转占用量 Z_2：间断流水线内，工序生产率不等造成的在制品存放量；

运输占用量 Z_3：放置在运输工具上等待运输的在制品量；

保险储备占用量 Z_4：为了避免故障、废品等的在制品量。

不同的流水线，其在制品构成也不尽相同，如：

连续流水线工作式传送带：$Z_L = Z_1 + Z_4$；

连续流水线分配式传送带：$Z_L = Z_1 + Z_3 + Z_4$；

间断流水线分配式传送带：$Z_L = Z_1 + Z_2 + Z_3 + Z_4$。

表 4—6—1　间断流水线标准作业指示表

流水线名称	工作班数	日产量	节拍	节奏	运输批量	看管期	看管期产量
轴加工线	2 班	160 件	6 min	6 min	1 件	2 h	20 件

序号	工作地号	负荷率(%)	时间定额	转移工序	1020304050607080 90100110120	看管期产量
1	01	100	12			10
	02	100				10
2	03	67	4	06		20
3	04	87	5.2			20
4	05	83	5			20
5	06	33	8			5
	07	100				15
6	08	94	5.6			20
7	09	50	3	10		20
8	10	50	3			20
9	11	100	6			20

流水线间的在制品按作用分为：周转占用量、运输占用量和保险储备占用量 3 种。

周转占用量 Z_5：流水线间，工序生产率不等造成的在制品存放量；

运输占用量 Z_6：由运输批量决定的在制品量；

保险储备占用量 Z_7：为了避免故障、废品等的在制品量。

因此，流水线间在制品量为：

$$Z_L = Z_5 + Z_6 + Z_7 \qquad (4.6.3)$$

(二)大量流水生产方式的生产物流计划原理和方法

大量流水生产方式可以看成是成批生产的一种极端情况,即在相当长的时间内,生产设备仅完成一种生产任务。因此生产作业计划的安排和产品在各个工艺阶段的平衡与衔接,主要是数量上的平衡。从物流管理的角度看,生产作业计划的安排应能避免原材料、在制品和成品的库存过量,又要满足生产和用户的要求。常用的方法有:平衡线法和在制品定额法。

1. 平衡线法

平衡线法借助平衡线规定各生产环节的任务,并通过计算任务(平衡性)与实际完成量的对比分析,及早发现影响作业计划完成的原因,尽量避免物流中断。平衡线法既可用来规定任务,又可用来控制进度,其主要流程为:

(1)拟订作业进度计划,标出生产过程的主要环节及每一作业的提前期。参见图 4—6—1 制造过程构成。

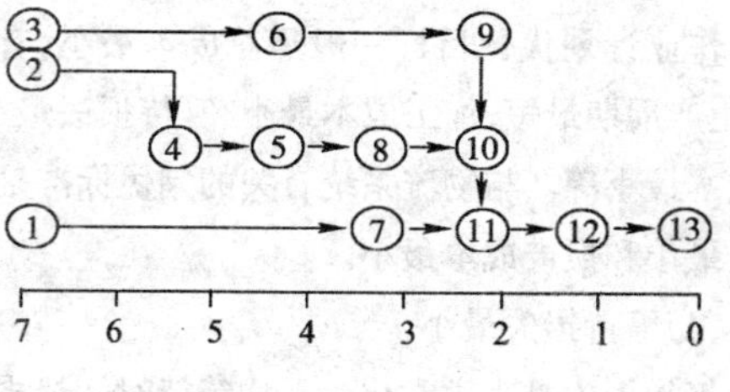

图 4—6—1　制造过程构成

(2)根据已知的需求量和实际量绘制累计产量图,用来比较计划生产进度与实际生产进度。参见图 4—6—2 累计生产量图。

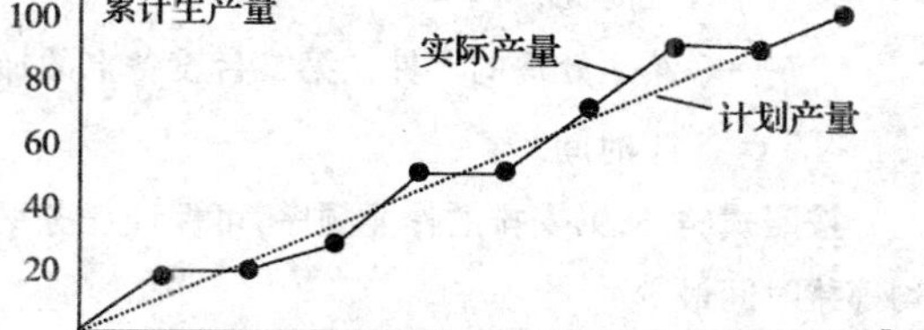

图 4—6—2　累计生产量图

(3)绘制进度图,标出各控制点实际完成的工作量(物料的流出量),并以平衡线标出控制点应完成的工作量。参见图 4—6—3 生产进度图。

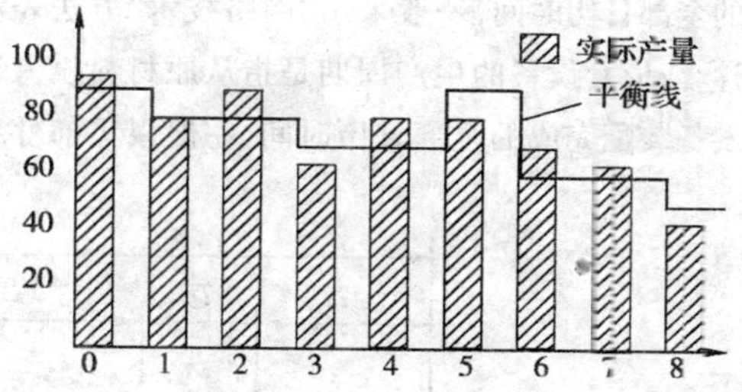

图 4—6—3　生产进度图

(4)比较计划进度与实际进度,找到不能按时完成物流计划的原因,采取相应的措施。

2. 在制品定额法

大量流水生产方式是加工装配式生产系统,品种少,产量大,在制品存储量相对稳定,其作业计划的编制可根据确定的在制品定额来进行,即将标准在制品定额与预计的在制品量进行比较,使计划期末在制品量保持在规定的水平上,以保证各生产子系统间数量上的平衡。

用在制品定额法编制计划,要从成品生产的最后一个子系统开始,按逆工序顺序逐个计算各个子系统的投入、产出任务,即:

$$Q_0 = Q'_I + Q_R + (Z_s - Z'_s) \qquad (4.6.4)$$

$$Q_I = Q_0 + Q_f + (Z_r - Z'_r) \qquad (4.6.5)$$

式中　Q_0——子系统产出量;

Q'_I——后续子系统投入量;

Q_R——子系统外销半成品量;

Z_s——子系统间库存在制品定额;

Z'_s——期初预计库存量;

Q_I——子系统投入量;

Q_f——计划期废品占用量;

Z_r——子系统内在制品占用量;

Z'_r——期初预计子系统内在制品占用量。

三、单件小批生产方式的生产物流计划

(一)单件小批生产方式的期量标准

单件小批生产的特点是企业生产的产品品种多,每种产品的数量单一或不多,一般根据用户的要求,按订货合同组织生产。单件小批生产的期量标准有:产品生产周期表、生产提前期等。

1. 产品生产周期表

单项工程的生产周期是指从工程开工到工程完

成的全部日历时间，一般采用"网络技术"方法表示和计算；成套设备的生产周期是指从原材料投入起到设备装配完成的全部日历时间，一般以零部件在各加工车间的生产周期为基础，根据零件组装等衔接关系，绘制生产周期表（见图 4—6—4），以此来确定成套设备的生产周期，即：

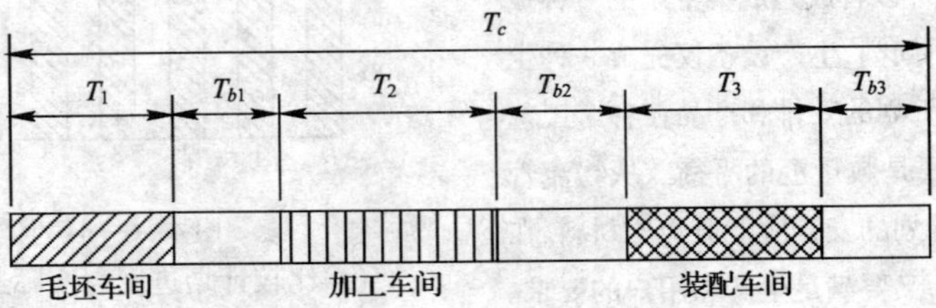

图 4—6—4　成套设备的生产周期

$$T_c = \sum_i T_i + \sum_i T_{bi} \quad (4.6.6)$$

式中　T_c——成套设备的生产周期；

T_i——零件在加工车间 i 的生产周期；

T_{bi}——加工车间 i 的保险期。

2. 生产提前期

生产提前期是指组成成品的各零件在各车间投入（或产出）的日期距产品装配产出日期或交货期应提前的时间。投入提前期 T_{QIi} 为：

$$T_{QIi} = T_{QOi} + T_{ci} \quad (4.6.7)$$

式中　T_{QIi}——车间 i 的生产提前期；

T_{QOi}——车间 i 的产出提前期或交货期；

T_{ci}——车间 i 的生产周期。

产出提前期 T_{QOi}：

$$T_{QOi} = T_{QI(i+1)} + T_{Bi} \quad (4.6.8)$$

式中　$T_{QO(i+1)}$——车间 i 的后一车间的投入提前期；

T_{Bi}——车间 i 的保险期。

（二）单件小批生产方式的生产物流计划原理和方法

单件小批生产的作业计划主要是安排生产任务在各车间的合理流动和处理顺序，这方面的最优化问题计算难度较大，一般常用启发式方法，求得近优解。

1. 任务到达方式

单件小批生产的任务到达方式常有两类：一类是成批到达，称为静态到达型。对于这种到达方式，一般是把已到达的订单合并起来安排生产计划；另一类是按某种时间统计分布到达，称为动态到达型。对于这种到达方式，一般按统计分布模型近似计算一定时间内的任务量，按批量组织生产，利用库存作为订货波动的缓冲。

2. 任务流动模式

单件小批生产车间任务流动模式一般分成定流型和随机型。定流型特点是物流路线固定，任务从车间的某一设备开始，逐步向后面的设备流动；随机型特点是物流路线不固定，存在交叉或逆流现象。

3. 作业计划的判优标准与计划方法

作业计划优化目标一般是总成本最小，有时还有：生产周期最短、加工成本最小、等待损失最小、换产成本最小等。与物流系统有关的判优标准是等待损失最小和换产成本最小。

（1）等待损失最小

等待损失最小常常化为平均等待时间最少或配套时间最短。对于要经过两台设备的加工的任务来说，一般采用 S.M.Johnson 的启发式算法，即：

$$\min(a_i, b_j) <= \min(b_i, a_j) \quad (4.6.9)$$

式中　a_i——第 i 处理的零件在第一台设备上的加工时间；

b_i——第 i 处理的零件在第二台设备上的加工时间。

按照式（4.6.9）安排的作业顺序，可保证任务平均等待时间最少。

（2）换产成本最小

这里指加工成本不仅与加工任务本身有关，而且与任务间的相互顺序有关，一般主要指设备调整费用。换产成本最小的算法与任务个数有关，在个数较多的情况下，常根据实际情况构造简便的启发式算法。

四、成批生产方式的生产物流计划

(一)成批生产方式的期量标准

成批生产方式的期量标准有:批量、生产间隔期、生产周期、在制品占用量等。

1. 批量和生产间隔期

批量是相同制品一次投入和出产的数量。生产间隔期是前后两批产品投入和出产的时间间隔。

批量和生产间隔期的关系为:

$$R=\frac{n}{q} \tag{4.6.10}$$

式中 n——批量;

R——生产间隔期;

q——计划期平均日产量。

批量增大的优点是:

(1)增大生产间隔期,即减少了投产次数,从而减少生产准备和调整时间;

(2)增大连续生产相同制品的数量,有利于提高了生产效率和产品质量。

批量增大的缺点是:

(1)延长生产周期,在制品库存费用大;

(2)增加生产和仓库面积。

由于批量增大既有优点,又有不利影响,因此应系统分析,确定合理的生产批量和生产间隔期。一般采用下列两种方法。

①以量定期法

该法是先确定一批量初始值,利用此初始值,选择标准生产间隔期,再根据相应的标准生产间隔期,确定相应的生产批量。在确定批量的初始值时,需要考虑以下几点要求:批量不小于主要加工工序的半个轮班的产量;批量与月产量成倍数关系;前后工艺阶段的批量相等或成倍数关系。

②以期定量法

该法是根据生产间隔期推算出生产批量。为了便于成批组织生产,往往以产品的经济批量为参考,先确定生产间隔期基数,同时确定产品零部件在各个生产单位的生产间隔期,并使零部件的生产间隔期与产品的生产间隔期成倍数关系。然后根据生产间隔期推算出生产批量。这种方法实际上是按照产品的复杂程度、工艺特点、价值大小等因素,先确定各个制品的生产间隔期,然后根据月产量确定相应的生产批量。当任务发生变化时,生产间隔期不变,只要调整批量就可以了。

(二)生产周期

生产周期指原材料从投入生产开始到产品完成为止的全部日历时间,与生产间隔期和生产批量等因素有关。生产周期等于顺序生产工艺阶段中的最大生产周期之和。

1. 在制品占用量

成批生产中,在制品按所在地点不同,分成车间在制品和库存在制品。

(1)车间在制品占用量

车间在制品包括正在加工、等待加工以及处于运输和检验过程中的在制品数量。车间在制品占用量按工艺阶段分别计算。即:

$$Z=N\times n \tag{4.6.11}$$

式中 Z——工艺阶段车间在制品占用量;

N——在制品批数,为生产周期 T 与生产间隔期 R 的比值;

n——批量。

(2)库存在制品占用量

库存在制品包括库存周转在制品和库存保险在制品两种。库存周转在制品占用量由生产间隔期不等和交库日期与出库日期不等引起。保险在制品占用量主要根据前加工车间可能产生的生产误期和生产中的废品率波动等因素确定。

(三)成批生产方式的生产物流计划原理和方法

1. 耗尽时间法

耗尽时间法含义是指生产作业计划中已安排的产品生产时间,加上库存中已有产品,足以满足用户对一组产品在时间和数量方面的要求。耗尽时间法安排生产作业计划的主要目标是能力平衡。一般从具有最短耗尽时间的生产开始,直到设备可以利用台时全部满足。

2. 累计编号法

在加工装配式生产系统内,当产品轮番生产时,各生产环节必然存在着时间与数量的衔接问题。累计编号法可以解决此类问题。

累计编号法指:确定各子系统任务时,要从计划初期开始,对产品进行累计编号。通过规定各子系统计划期末生产某种产品的累计号，确定各子系统的生产任务。各个子系统的生产任务的确定，可以以装配成品的出产累计号为基准，根据各子系统在各工艺阶段物料的流入或流出提前期标准及平均成品装配日产量求得。累计编号法实际上就是将提前期转化为提前量来确定生产量的方法。

$$L_{0(I)} = L_{0e} + T_{Q0(I)} \times q \quad (4.6.12)$$

$$Q_{0(I)} = L_{0(I)} - L'_{0(I)} \quad (4.6.13)$$

式中 $L_{o(I)}$——某子系统计划期末出产(投入)累计号数；

L_{oe}——装配子系统计划期末出产累计号数；

$T_{Qo(I)}$——某子系统出产(投入)提前期；

q——某子系统平均日产量；

$Q_{o(I)}$——某子系统计划期出产(投入)任务量；

$L'_{o(I)}$——某子系统计划期初已达到出产(投入)累计号数。

按上式计算各子系统出产(投入)量后，还应按批量进行修正，使各子系统出产(投入)量与批量成倍数关系，以便于生产计划的安排。

第三节 生产物流控制原理与方法

一、生产物流控制概述

在实际的生产物流系统中，由于受系统内部和外部各种因素的影响，计划与实际之间会产生偏差，为了保证计划的完成，必须对物流活动进行有效控制。因此，物流控制是物流管理的重要内容，也是物流管理的重要职能。

(一)控制系统的组成要素

1. 控制对象

控制对象是由人、设备组成的一个系统单元，通过施加某种控制或指令，能完成某种变化。在生产物流系统中物流过程是主要控制对象。

2. 控制目标

控制目标是系统预先确定的力争达到的目的，控制的职能就是随时或定期对控制对象进行检查，发现偏差，进行调整，以利于目标的实现。

3. 控制主体

在一个控制系统里，目标已定，收集控制信息的渠道也已畅通，就需要一个机构来比较当前系统的状态与目标值的差距，如差距超过容许的范围，则制定纠正措施，下达控制指令。这样的机构称为控制主体。

(二)生产物流控制的内容与程序

有两种基本的控制方式：反馈与前馈。

反馈控制是控制主体根据设立的目标，发布控制指令，控制对象根据下达命令执行规定的动作，将系统状态信息传递到控制主体，经过与目标比较确定调整量，通过控制对象来实施。参见图4—6—5反馈控制过程示意图。反馈控制的特点是根据当前状态决定下一步行动，由于从信息收集到调整实施有一定的时间滞后，在某情况下就可能影响目标的实现。反馈控制的另一特点是稳定性好，其总趋势是保持系统的平衡状态。

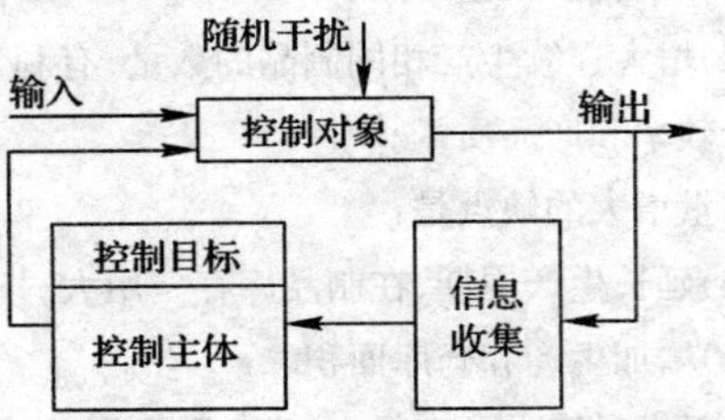

图4—6—5 反馈控制过程示意图

前馈控制是根据对系统未来的预测，事先采取措施应付即将发生的情况。这种控制方法带有主动性。参见图4—6—6前馈控制过程示意图。从图中可看出，除了缺少信息收集外，几乎与反馈控制过程相同。但前馈控制主体中要有预测功能，它是靠系统长期运行以后加以总结得到的。实际上，对于一个复杂的物流系统，预测不可能完全正确，还可能有事先无法估计到的随机干扰，所以在实际生产物流过程中很少采用单独的前馈控制方式，通常采用由

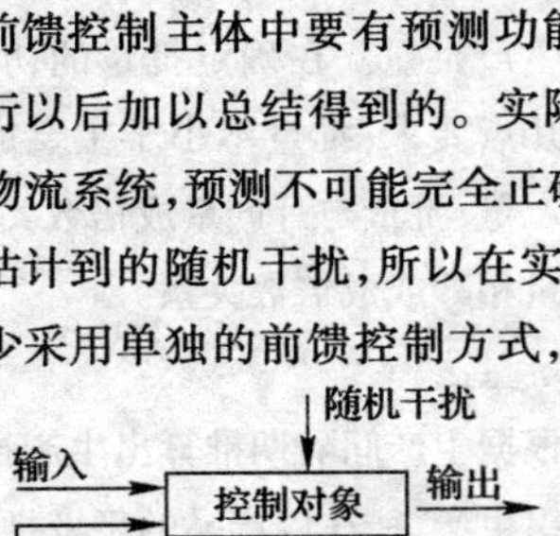

图4—6—6 前馈控制过程示意图

前馈和反馈结合的复合控制系统。

(三)生产物流控制系统的复杂性

生产物流系统和工程技术系统相比,其内容和结构要复杂得多,系统各部分之间的联系极为密切,相互制约。生产物流系统的目标也往往不是单一的,如既要保证满足生产要求,又要减少在制品库存,两者目标常常是相互矛盾的。所以,对生产物流系统的控制是比较复杂的,主要表现在以下几个方面:

1. 生产物流信息收集问题。为了及时对生产系统进行控制,必须掌握生产系统的各种信息。但生产物流系统涉及面广,信息采集周期、衡量尺度等不一致,所以需建立统一完善的数据采集系统。

2. 生产物流系统对反馈信息响应速度慢。由于生产物流系统中的问题许多是非结构化的,控制决策非常复杂。在实际应用中常常需要管理人员的参与,因此生产物流系统对反馈信息的响应速度比工程技术系统要慢。

3. 生产物流控制系统设计复杂。生产物流系统往往是大规模复杂系统,直接使用简单的反馈控制,不一定能取得预想效果。在生产物流系统中,为了正确设置控制目标,要充分估计系统的当前以及潜在的能力,要充分考虑系统中的多目标问题。通常将计划看作控制的前提,即制定计划后,为了实施计划而采用控制手段。在这个控制过程中,收集计划完成情况以及系统状态,经过控制主体分析比较后,采取调整措施,以保证计划完成。

二、生产物流控制的内容和程序

(一)控制内容

物流控制的具体内容有:

1. 进度控制。物流控制的核心是进度控制,即物流在生产过程中的流入、流出控制,以及物流量的管理。

2. 在制品管理。在生产过程中对在制品进行静态、动态以及占有量控制。在制品控制包括实物控制、信息控制。有效控制在制品对及时完成作业计划和减少在制品积压有重要意义。

3. 偏差的测定和处理。在生产过程中按预定时间及顺序检测计划执行的结果,掌握计划量与实际量的差距,根据发生的原因、差距的内容及严重程度,采取不同的处理方法。首先要预测差距的发生,事先规划消除差距的措施,如动用库存、组织外协等;为了及时调整产生差距后的生产计划,要及时将差距向生产计划部门反馈;另外为了使本期计划不作或少作修改,也要将差距向计划部门反馈,作为下一计划期计划调整的依据。

完成上述控制内容的系统可以采取不同的结构和形式,但都具有一些共同的要素。这些要素包括以下几个方面:

(1)强制控制和弹性控制的程度。即通过有关期量标准、严密监视等手段所进行的强制控制或自觉控制。

(2)目标控制和程序控制。即控制系统是核查生产实际结果,还是对生产程序、生产方式进行核查。

(3)管理控制和作业控制。管理控制的对象是全局,是指为使系统整体达到最佳效益而按照总体计划来调节各个环节、各个部门的生产活动。作业控制的对象是对某项作业进行控制,是局部的,其目的是保证该具体任务或目标的实现。有时不同作业控制的具体目标之间可能会出现脱节或矛盾的情况,需要管理控制对此进行协调,以达到整体最优效果。

(二)控制程序

物流控制的程序对不同类型的生产方式来说,基本上是一样的。与控制的内容相适应,物流控制的程序一般包括以下几个步骤:

1. 制订期量标准。期量标准要合理与先进,并随着生产条件的变化不断修正。

2. 制定计划。依据生产计划制定相应的物流计划。

3. 物流信息的收集、传送、处理。

4. 短期调整。为了保持生产正常运行,及时调整偏差,保证计划顺利完成。

5. 长期调整。为了保证生产及其有效性的评估。

三、生产物流控制原理

在生产物流系统中,物流协调和减小各个环节生产和库存水平的变化幅度是很重要的。在这样的系统中,系统的稳定与所采用的控制原理有关。下面介绍两种典型的控制原理。

(一)物流推进型控制原理

根据最终产品的需求结构,计算出各生产工序的物流需求量,在考虑各生产工序的生产提前期之后,向各工序发出物流指令(生产计划指令)。图4—6—7是简化六阶段钢铁企业推进型控制原理图。

推进型控制的特点是集中控制,每个阶段物流活动都要服从集中控制指令。但各阶段没有考虑影响本阶段的局部库存因素,因此这种控制原理不能使各阶段的库存水平都保持在期望水平。广泛应用的 MRP 系统控制实质上就是推进型控制。

(二)物流拉动型控制原理

根据最终产品的需求结构,计算出最后工序的物流需求量,根据最后工序的物流需求量,向前一工序提出物流供应要求。以此类推,各生产工序的前一工序都接受它后面工序的物流需求。从指令方式上不难看出,由于各个工序独立发出指令,所以实质上是单一阶段的重复。图4—6—8是简化六阶段钢铁企业拉动型控制原理图。

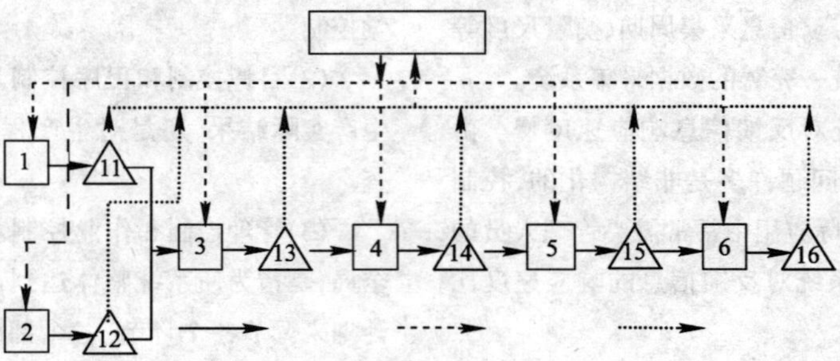

图4—6—7 简化六阶段钢铁企业推进型控制原理图

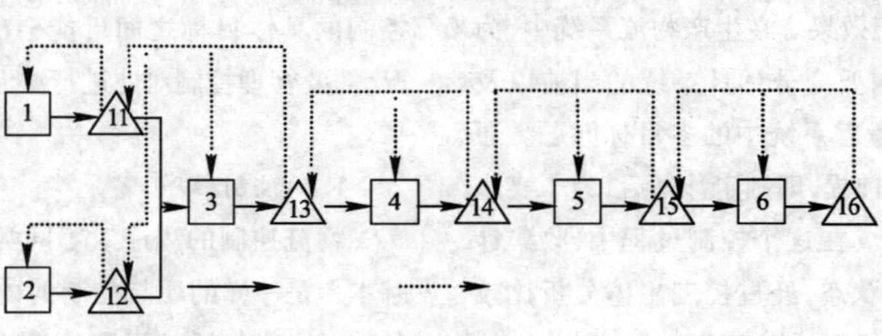

图4—6—8 简化六阶段钢铁企业拉动型控制原理图

拉动型控制的特点是分散控制,每个阶段的物流控制目标都是满足局部需求,通过这种控制,使局部生产达到最优要求。但各阶段的物流控制目标难以考虑系统的总的控制目标,因此这种控制原理不能使总费用水平和库存水平保持在期望水平。广泛应用的"看板管理"系统控制实质上就是拉动型控制。

四、生产物流控制方法

常用的生产物流控制方法有以下几种:

(一)加权法

令 X'_t表示原计划时,t 期的生产量;

X_t 表示最后确定的 t 期的生产量;

I'_t表示原订 t 期期末的在制品库存数量;

τ 表示调整时相当于调整期的前置时间。

当 t 期期末发现有偏差,将要修正或调整($t+1$)期的实际生产量,而且这种调整修正是在前置期内逐步完成的,其修正量为 Δt,即:

$$\Delta t = X_t - X'_t \tag{4.6.14}$$

t 值分别为 $t+1, t+2, \cdots, t+\Delta$。在 t 期中,原计划与实际期末在制品数量分别为:

$$I'_t = I'_t \pm_1 X'_t - D'_t \tag{4.6.15}$$

$$I_t = I_{t-1} + X_t - D_t \tag{4.6.16}$$

式中 D'_t——预测需求量;

D_t——实际需求量。

最后还需要进行修正,其模型为:

$$X_{t+(\tau+1)} = X'_{t+(\tau+l)} + \alpha\left[I'_t - I_t - \sum_{j=1}^{\tau}(X_{t+j} - X'_{t+j})\right] = X'_{t+(\tau+l)} + \alpha\left[I'_t - I_t - \sum_{j=l}^{\tau}\Delta_{t+j}\right] \tag{4.6.17}$$

其中 α 为加权系数.其意义是:修正部分是由 t 期期末计划和实际库存量的差异及前置期间各期中计划与实际产量的差异相加后,再乘以加权系数而得到的。

(二)平准法

平准法与加权法相类似,需要记录每期的实际库存量与计划库存量的差异,然后再修正调整各期生产量。但修正量可以和加权法相同,调整期可以在某一时期,也可以平均分摊在以后各期中,方法比较简单。

有些生产系统的 α 增加,修正生产量变化幅度较大,但库存量变化不大;而有些生产系统的 α 减小,库存量变化较大,出产量变化较小。因此,调整期是在某一时期,还是平均分摊在以后各期中,要依据加权系数的 α 影响情况而定,使调整引起的费用最小。

(三)流动数曲线分析法

在生产过程中,每一阶段都有物流的流入和流出。记录其积累的流入和流出量,并以时间作为横坐标,累计量作为纵坐标作出曲线,成为"流动数曲线",参见图 4—6—9。从图中可知物流的速度 v 和滞留时间 T,可以对在制品数量 Q_w 进行动态控制。因此,通过流动数曲线图,可以判定物流状态,分析物流滞留原因,以便采取相应对策,缩短生产周期,加快物流速度。

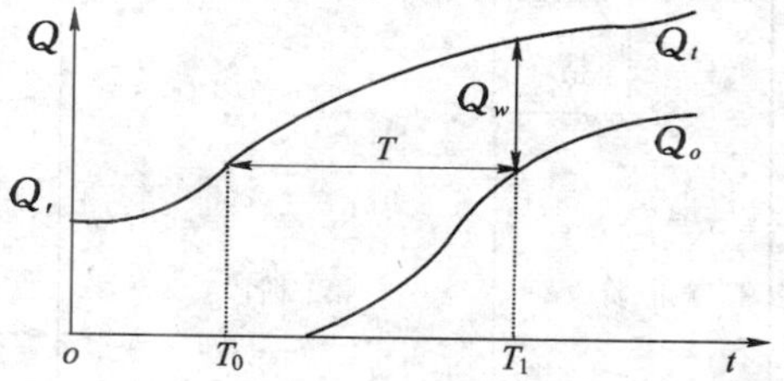

图 4—6—9　流动数曲线图

第七章　生产物流管理——生产物流平衡

生产物流平衡是解决流程型生产系统中的物流管理问题。由于流程型生产物流管理是一项涉及范围较广、工作难度较大、相互联系较密切的系统工程,而且行业特点明显,本章主要以钢铁生产行业为例来探讨生产物流平衡的理论与方法。

第一节　生产物流平衡基础准备

一、基础准备

(一)生产单元与生产阶段的划分

生产单元与生产阶段的划分要以生产工艺路线、生产工艺设备和其他关键设备为基础,还要考虑生产管理的技术手段,能满足生产物流的平衡计算、生产物流的流量计算以及生产物流的调整计算。本章生产单元与生产阶段的划分方案参见图 4—7—1 和表 4—7—1 的连铸－连轧生产单元与生产阶段的划分,其中将生产线划分为 5 个生产阶段、16 个生产单元。

1. 生产第一阶段为:炼钢阶段,包含二次精炼;

2. 生产第二阶段为:连铸阶段;

3. 生产第三阶段为:轧制阶段;

4. 生产第四阶段为:精整阶段,包含钢卷直接发货和冷轧向发货;

5. 生产第五阶段为:发货阶段。

16 个生产单元包含了连铸—连轧生产线中的主要设备,其中发货阶段有两种设备,火车运输设备和汽车运输设备,这样可以进行成品发货阶段运输方式能力的平衡计算,为运输计划提供依据。

生产单元与生产阶段的划分中没有考虑炼钢工序以前的物流平衡问题,如果铁水供应比较重要,可以增加生产单元与生产阶段的划分数量。例如:要考虑铁水脱硫设备的能力,就要增加一个铁水预处理阶段,以及铁水脱硫单元。因此在实际的划分中,应密切结合连铸—连轧生产线中的实际情况合理划分。划分得过粗,不能进行有效的生产物流平衡计算,不能给生产物流计划和调整提供充分的依据;划分得过细,会增加生产物流平衡计算中工作量。现在随着计算机处理能力和运算速度的提高，有将生产单元细化的倾向，对于每一台设备都进行能力平衡计算，以便及时进行调整，减轻现场生产调度人员的工作量。

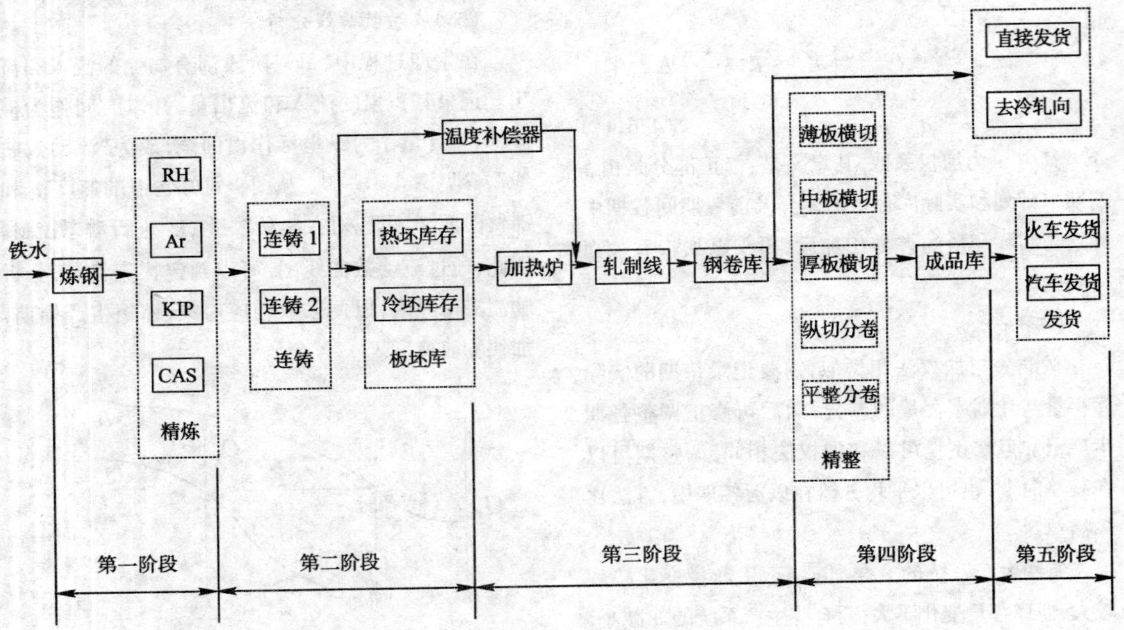

图 4—7—1　连铸—连轧生产单元与生产阶段的划分

表 4—7—1　连铸—连轧生产单元与生产阶段的划分

生产单元 \ 生产阶段	1 炼钢	2 连铸	3 轧制	4 精整	5 发货
1　炼钢	•				
11　精炼 RH	•				
12　精炼 Ar	•				
13　精炼 KIP	•				
14　精炼 CAS	•				
2　连铸		•			
21　1 号连铸机		•			
22　2 号连铸机		•			
3　轧制线			•		
4　精整及发货(钢卷直发)				•	
41　薄板横切线				•	
42　中板横切线				•	
43　厚板横切线				•	
44　纵切及分卷线				•	
45　平整及分卷线				•	
46　冷轧厂发货				•	
47　钢卷直接发货				•	
5　发货(精整后)					•
51　火车发货					•
52　汽车发货					•

(二)生产物流平衡计算周期与生产周期

1. 生产物流平衡计算周期

生产物流平衡计算一般分两步进行，即粗平衡计算和细平衡计算。粗平衡计算周期一般与总体生产计划周期相同，取月和旬为单位；细平衡计算周期一般与生产进度计划相同，取周、半旬、日为单位。由于月中包含的周数往往难以确定，因此取半旬或日为单位较多。钢铁生产工艺与其他行业不同，以日为单位不合理，从查阅的资料来分析，一般取半旬或周为单位进行细平衡计算。本章以月为单位进行粗平衡计算，以半旬为单位进行细平衡计算。其中：以 *A* 表示上半旬，以 *B* 表示下半旬。

例如：3 月 1A：表示 3 月 1～5 日；

3 月 1B：表示 3 月 6～10 日；

11 月 2B：表示 11 月 15～20 日；

12 月 3B：表示 12 月 25～31 日。

2. 生产周期

一般生产周期指从第一道工序开始到最后一道工序结束，完成必要作业所需的总制造时间。对于钢铁制造企业而言，生产周期指从炼钢工序开始到成品入库的时间。如果从矿石开采开始考虑，那么生产周期的计算过于复杂，而且没有必要，因为一般炼钢工序前的生产工艺作业不随产品的要求而变化。

一般生产周期包括以下六部分时间：

(1)生产准备时间。如：换辊、换刀时间等；

(2)生产工艺时间。如：炼钢、轧制时间等；

(3)质量检验时间。如：化学、机械性能检验时间等；

(4)生产搬运时间。如：出入库搬运时间等；

(5)生产等待时间。如：库存时间等；

(6)生产排队时间。如：等待加工时间等。

生产周期还与加工批量的大小和产品的加工复杂程度、质量要求等因素有关，也与生产工艺装备、操作水平、管理水平有关。因此准确的生产周期计算十分复杂。一般根据经验选取，并根据实际生产情况进行不断修正。表 4—7—2 为部分连铸—连轧生产单元的周期值，该值仅为假想值。其中有些生产单元的生产周期取零，因为其值很小，已融合在相关生产单元的生产周期的值中了。

表 4—7—2　连铸—连轧生产单元的生产周期值

生产单元	生产周期（天）	最短存储时间（天）	最长存储时间（天）
炼钢	0	0	1
连铸	0	0	1
热装轧制	0	0	1
冷装轧制	5	1	10
薄板横切线	5	3	10
中板横切线	5	3	10
厚板横切线	5	3	10
纵切及分卷线	5	3	10
平整及分卷线	5	3	10
火车发货	3	1	10
汽车发货	3	1	10

3. 生产单元的加工能力

一般用下列指标表示生产单元的生产能力：

(1)生产时间(h)：生产单元的计划日历生产时间；

(2)有效生产时间(h)：生产单元的计划有效加工时间，它等于生产时间－停产时间；

(3)停产时间(h)：生产单元的计划停产时间；

(4)单位生产能力(t)：生产单元生产标准产品小时产量；

(5)单元生产能力(t)：一个计划期内的总生产能力，它等于有效生产时间乘以单位生产能力。

在进行生产物流平衡计算时，按月和半旬输入生产单元的加工能力，如果缺口过大、难以调整时，可与有关计划、设备管理部门协商，通过调整停产时间的长短，调整生产单元的加工能力。参见表 4—7—3 生产单元的加工能力(半旬)，表 4—7—4 生产单元的加工能力(月)。

表 4—7—3　生产单元的加工能力(半旬)

生产单元	生产时间(h)	停产时间(h)	有效时间(h)	单位生产能力(t/h)	单元生产能力(t)
炼钢	120	40	80	400	32 000
精炼 RH	120	40	80	200	16 000
连铸	120	40	80	400	32 000
轧制线	120	30	90	350	31 500
薄板横切	120	30	90	50	4 500
平整分卷	120	30	90	50	4 500

表 4—7—4　生产单元的加工能力(月)

生产单元	生产时间(h)	停产时间(h)	有效时间(h)	单位生产能力(t/h)	单元生产能力(t)
炼钢	720	200	520	400	208 000
精炼 RH	720	200	520	200	104 000
连铸	720	200	520	400	208 000
轧制线	720	150	570	350	199 500
薄板横切	720	150	570	100	28 500
平整分卷	720	150	570	100	28 500

(三)生产阶段的投入产出系数

这里投入产出系数表示正常物流量在生产各阶段的损失，如：冶炼损失，加热过程的烧损，轧制过程中的切头切尾、轧废，精整过程中的切头切尾等。投入产出系数的准确计算非常复杂，与许多因素有关，如：产品品种、产品质量要求、生产设备状况、操作人员素质等，一般采用数理统计的方法计算。在生产初期，采用回归方法；在正常生产阶段，采用几何平均的方法。图 4—7—2 为投入产出系数统计分析。

从图中可知，在生产初期，投入产出系数变化较大，应在相对短的周期内重新计算；在生产正常期，投入产出系数变化较小，应在相对较长的周期内重新计算。需要指出的是：在生产正常期，投入产出系数值不一定总是越来越小；投入产出系数值也不可能发生剧烈变化，此时计算应剔除异常值。我国许多企业常常采用固定的投入产出系数进行有关的生产计划、生产物流平衡、生产质量管理方面的计算，尽管简化了管理、计算、分析工作，但得出的结果往往不能反映实际情况，因此应该采用动态投入产出系数管理方法，提高有关计划的准确性。

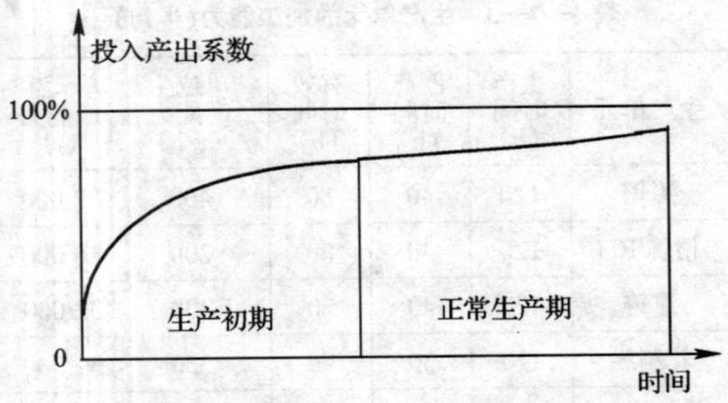

图 4—7—2 投入产出系数统计分析

4. 生产物流路线

根据用户订货合同的要求和企业生产工艺标准，可以基本确定产品的物流路线。如果在某一生产阶段有两种或两种以上的生产加工单元时，开始时只选择常用的一种，其他的路线仅作为平衡计算时的调整方案。如：在生产第四阶段，开始确定为薄板加工线，但如果薄板加工线物流量过大，而中板加工线物流量过小，就可以调整到中板加工线。

第二节 生产物流平衡模型与方法

一、生产物流量模型

设有 m 份用户订货合同，每份合同的产品重量为 Q_n，则有：

$$Q_n^i = \frac{Q_n}{\prod_{j=1}^{i} K_i} \qquad n = 1, \cdots, m \qquad (4.7.1)$$

式中 Q_n^i——第 i 生产阶段第 n 份合同的生产物流量；

K_i——第 i 生产阶段的投入产出系数；

Q_n——第 n 份合同的订货重量。

则第 i 生产阶段的物流总量为：

$$Q^i = \sum_{j=1}^{n} Q_n^i \qquad (4.7.2)$$

式中 Q_i——第 i 生产阶段的生产物流总量。

二、生产物流时间模型

设第 n 份合同的交货期（指最晚交货期）为 $d_{n,\max}$，最早交货期为 $d_{n,\min}$。理论上 $d_{n,\min}$ 等于计划制定日期，则有：

1. 精整后交货

$$t_{n,\min}^5 = d_{n,\min},\ t_{n,\max}^5 = d_{n,\max} \qquad (4.7.3)$$

式中 $t_{n,\min}^5$——第五阶段第 n 份合同的最晚发货期；

$t_{n,\max}^5$——第五阶段第 n 份合同的最早发货期。

2. 钢卷直接交货

$$t_{n,\min}^4 = d_{n,\min},\ t_{n,\max}^4 = d_{n,\max} \qquad (4.7.4)$$

式中 $t_{n,\min}^4$——第四阶段第 n 份合同的最晚发货期；

$$t_{n,\max}^i = t_{n,\max}^{i+1} + T^i;\ t_{n,\max}^i = d_{n,\max} \qquad (4.7.5)$$

式中 $t_{n,\min}^i$——第 i 阶段第 n 份合同的最晚生产期；

$t_{n,\max}^i$——第 i 阶段第 n 份合同的最早生产期；

T^i——第 i 阶段的生产周期。

对于每个生产阶段 i，必须有：

$$t_{n,\max}^i - t_{n,\min}^i \geqslant T^i \qquad (4.7.6)$$

因此第 n 份合同的交货期，如果精整后是交货，理论上满足下式：

$$d_{n,\max} \geqslant d_{n,\min} + \sum_{i=1}^{5} T^i \qquad (4.7.7)$$

如果是钢卷直接交货，理论上满足下式：

$$d_{n,\max} \geqslant d_{n,\min} + \sum_{i=1}^{4} T^i \qquad (4.7.8)$$

否则无法按期交货。

三、生产物流平衡方法

生产物流平衡的目的在于，连铸－连轧生产线按计划生产时，各个生产阶段要做到有节奏地工作，既要求各生产单元有最优负荷，又使其不超过生产能力，并能适应生产环境的变化。

（一）生产物流的平衡指标

一般用 3 种评价指标就可以反映生产物流的平

衡状况,即:

1. 生产进度均衡率——生产单元计划产量与该生产单元平均计划产量的比值。

2. 生产单元负荷率——生产单元计划产量与该生产单元计划期的生产能力的比值。

3. 合同生产率——生产阶段的按合同生产的产品重量与该生产阶段总产品重量的比率。

生产进度均衡率动态反映生产物流在各个生产阶段的均衡情况。其值趋于1,说明生产物流在各个生产阶段的流量均匀;其值趋于0,说明生产物流在各个生产阶段的流量起伏较大,生产物流极不平衡。

生产单元负荷率反映各个生产单元的作业均衡情况。其值趋于1,说明生产单元能满负荷生产,即生产单元的能力得到充分发挥;其值趋于0,说明生产单元的负荷很小,即生产单元的能力处于空闲状态。

合同生产率反映各个生产阶段按合同生产的情况。有许多生产企业虽然也是按合同组织生产,但常常在生产不平衡时靠无合同生产来提高设备利用率,产生了大量库存积压。因此这个指标也从一个方面反映了按合同生产企业的生产物流平衡状态。

(二)生产物流平衡的模型

影响生产物流平衡的因素很多,如:市场需求情况,原材料供应情况,设备运行状态等。因此生产物流平衡是非常复杂的,这里仅讨论正常生产条件下的生产物流平衡问题。

1. 最优生产物流平衡模型

目标函数:

$$\min F(d_{n,x}) = \sum_{i=1}^{5} k_i \left| \sum_{n=1}^{m} Q_n^i - D^i \right| + \sum_{i=1}^{5} Q_n^i \sum_{n=1}^{m} Q_n^i - \sum_{n=1}^{m} Q_n /5 \Bigg| \qquad (4.7.9)$$

约束条件:

$$d_{n,\max} \geqslant d_{n,x} \geqslant d_{n,\min}$$

$$10\% D^i \geqslant \left| \sum_{n=1}^{m} Q_n^i - D^i \right| \geqslant 10\% D^i \qquad (4.7.10)$$

$$i = 1,2,\cdots,5;\ n = 1,2,\cdots,m$$

式中　$d_{n,x}$——第 n 份合同的计划交货日期;

D^i——生产阶段 i 的生产能力;

k_i——生产阶段 i 的生产单元负荷调整系数;

g_i——生产阶段 i 的生产进度均衡调整系数。

上述模型可以利用线性规划方法或其他方法求得最优解。目标函数也可以根据优化目标的不同,构造其他形式,如:交货期延误最小或最小生产流程时间等。但是随着合同数量 n 的增加,模型的可解性降低,因此上述模型仅在 n 值小的时候有效。一般在实际应用中广泛采用启发式方法。

2. 启发式算法

Douglas W. Lang 在研究资源分配问题时,根据面向网络工程有限资源分配的算法特点,提出了一种启发式算法,尽管这种方法不能保证获得最优解,但可以获得可行的近优解。具体步骤如下:

(1)以最迟开工时间为序安排作业;

(2)如果几项作业的开工时间相同,作业优先级为:浮动最小的作业;持续期最长的作业;资源需求量最大的作业。

我国许多企业的生产管理人员也总结了不少的启发式算法。如:“先前欠、后本期、再后期”,“先小量、后大量”等,也是比较好的方法。现在广泛利用计算机的交互式画面帮助生产管理人员进行生产物流的平衡分析与调整。

(三)生产物流平衡分析画面

表 4—7—5 为月生产物流平衡分析表,说明一个月内的各生产阶段生产物流与生产单元能力的匹配情况。其中计划生产量为计划期内对应生产阶段的总生产物流量;计划生产能力为计划期内对应生产阶段的生产单元能力;负荷率为计划生产量与计划生产能力的比值;超过能力为生产量与计划生产能力的差值再与计划生产能力的比值。计划表 4—7—6 为半旬生产物流平衡分析表,说明半旬内的各生产阶段生产物流与生产单元能力的匹配情况。表 4—7—7 为精整阶段生产物流平衡分析表,说明一个月内的各半旬生产物流与生产单元能力的匹配情况。从表 4—7—7 可看出,1A 与 3B 生产物流不平衡,需要进行调整。图 4—7—3 为月生产物流平衡

分析图，直观说明一个月内的各生产阶段生产物流与生产单元能力的匹配情况。图 4—7—3 为半旬生产物流平衡分析图，直观说明半旬内的各生产阶段生产物流与生产单元能力的匹配情况。图 4—7—4 精整阶段生产物流平衡分析图，直观说明一个月内的各半旬生产物流与生产单元能力的匹配情况。从图 4—7—5 可看出，1A 与 3B 的生产计划的图形有变化，说明 1A 与 3B 生产物流不平衡，需要进行调整。

表 4—7—5　生产阶段物流平衡分析表(月)单位：t

分析项目 \ 生产阶段	炼　钢	连　铸	轧　制	精　整	精整后发　货
计划生产量	220 000	220 000	200 000	135 000	135 000
计划生产能力	208 000	208 000	199 500	142 500	150 000
负荷率	106%	106%	100%	95%	90%
超过能力	+6%	+6%	0	−5%	−10%

表 4—7—6　生产阶段物流平衡分析表(半旬)单位：t

分析项目 \ 生产阶段	炼　钢	连　铸	轧　制	精　整	精整后发　货
计划生产量	35 000	35 000	33 000	30 000	29 000
计划生产能力	32 000	32 000	31 500	22 500	25 000
负荷率	109%	109%	105%	133%	116%
超过能力	+9%	+9%	+5%	+33%	+16%

表 4—7—7　精整阶段物流平衡分析表(半旬)单位：t

分析项目 \ 时间分段	1A	1B	2A	2B	3A	3B
计划生产量	30 000	23 500	22 000	22 000	22 500	15 000
计划生产能力	22 500	22 500	22 500	22 500	22 900	22 850
负荷率	133%	104%	98%	98%	98%	66%
超过能力	+33%	+4%	−2%	−2%	−2%	−34%

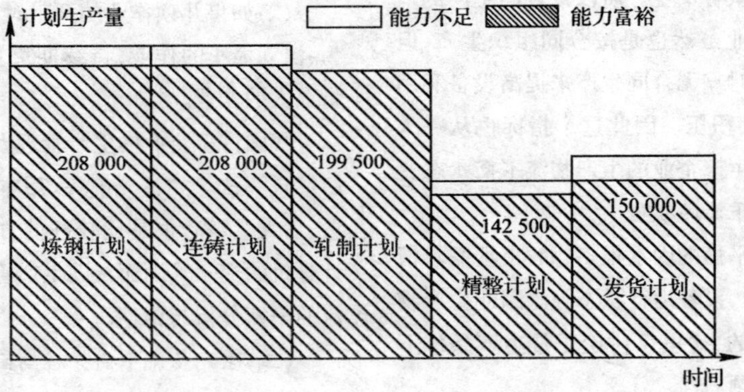

图 4—7—3　生产物流平衡分析表(单位：t)

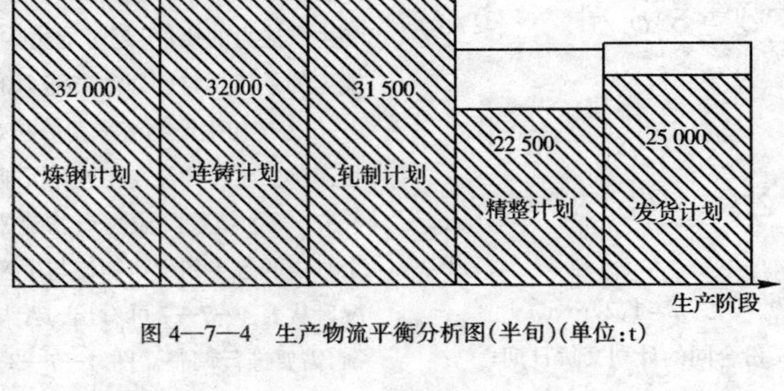

图 4—7—4　生产物流平衡分析图(半旬)(单位：t)

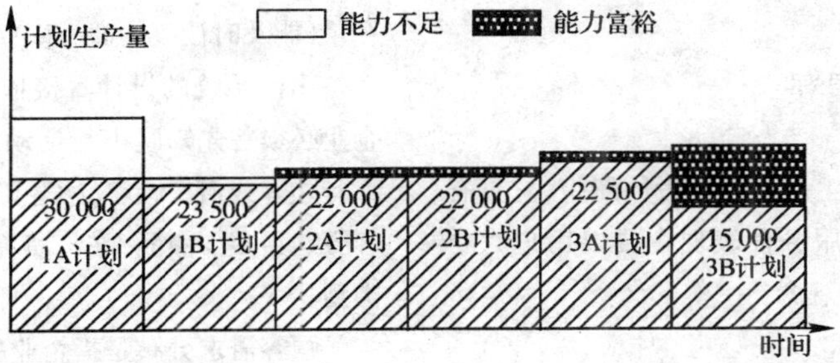

图 4—7—5　精整阶段物流平衡分析图(半旬)(单位:t)

(四)生产物流平衡步骤

一般情况下,由于 n 比较大,生产物流平衡常采用启发式方法。连铸—连轧生产线还有其特殊性,如:订货合同分为一般合同、紧急合同和特殊合同;二次精炼和钢卷精整可以进行一定程度的互换;炼钢生产物流量需要按一定批量递增或递减;炼钢生产物流量与轧制生产物流量在组合中,存在一定的"亲和性"等。因此生产物流平衡更为复杂。常采用以下启发式方法:

(1)按式(4.7.1)、(4.7.2)进行生产物流量的计算;

(2)按式(4.7.3)~(4.7.8)进行生产物流时间的计算;

(3)按合同交货期、订货量、需要生产的阶段数进行排序;

(4)先前欠,后本期,再后期;

(5)先长周期,后短周期;

(6)先小量,后大量;

(7)以计划期长短(月、旬、半旬)为序,进行生产物流平衡,即首先进行月平衡、再旬平衡、最后半旬平衡;

(8)在调整短计划期的生产物流平衡状态时,长计划期的平衡保持不变;

(9)必要时与其他部门协商,调整关键生产单元的有效生产时间,增加或减少生产单元的能力。

第八章　销售物流管理——销售物流概述

销售物流是企业物流系统的最后一个环节,是企业物流与社会物流的又一个衔接点。它与企业销售系统相配合共同完成产成品的销售任务。

第一节　销售物流的概念

企业的产品只有经过销售才能实现利润。销售物流是企业在销售过程中将产品的所有权转给用户的物流活动;是产品从生产地到用户的时间和空间的转移,是以实现企业销售利润为目的的;销售物流是包装、运输、储存等诸环节的统一。

一、销售物流的特点与目标

(一)销售物流的定义

销售物流是特指企业生产出的产品从生产地到用户这一时间和空间上的转移。销售物流以产品离开生产线进入流通领域为起点,以送达用户并经过售后服务为终点。销售物流是企业物流的一部分,占据了企业销售额的20%左右,是企业重要的利润源泉。

(二)销售物流的特点

1. 销售物流具有很强的服务性。销售物流是以满足用户的需求为出发点,进而实现销售和完成售后服务,因此销售物流具有更强的服务性。

2. 实现价值的侧重点不同,销售物流是以实现销售为目的。它的所有活动及环节都是为了实现销售利润,因此物流本身所实现的时间价值、空间价值及加工价值在销售过程中处于从属地位。

(三)销售物流与企业的关系

销售物流是生产企业赖以生存和发展的条件,又是企业本身必须从事的重要活动;它是连接生产企业和消费者的桥梁。对于生产企业来讲,降低销售物流费用是企业降低成本的重要手段。企业一方面依靠销售物流将产品不断运至消费者和用户,另一方面通过降低销售过程中的物流成本，间接或直接增加企业利润。

（四）销售物流的目标

1. 服务目标

销售物流是连接生产与消费者的纽带，它具有很强的服务性。这种服务性表现在要以用户为中心，树立“用户第一”的观念。

2. 快速、及时目标

快速、及时不仅是用户和消费者的要求，也是企业发展的要求。销售物流的时间越短、速度越快，资本所发挥的效益就越大。快速、及时既是一个传统目标，更是一个现代目标。

3. 节约目标

在销售过程中，除强调时间短外，由于流通过程消耗大而且增加的商品价值有限，所以依靠节约来降低投入是相对提高产出的一个重要手段。

4. 规模化目标

生产企业的规模化生产早已被承认，但是由于物流系统比生产系统的稳定性差，因而难以形成标准的规模化格式。而规模化目标则要求销售物流在销售过程中，在相对稳定的条件下力求达到规模化的物流。

5. 库存调节目标

销售物流是通过库存对消费者和用户的需求起到保证作用的。在销售过程中，正确确定库存数量，减少库存费用就是这一目标的体现。

第二节　销售物流对整个物流系统的影响

市场营销对物流系统的设计和运行有着决定性的影响，市场营销的要求决定了物流系统中必要的机能——物流服务的领域，同时，市场营销又成为物流成本变动的直接动因。因此，市场营销承担了物流设计和运行成本的直接责任，充分了解市场营销对物流产生的各种影响，有利于在市场营销决策中考虑物流因素，真正将产、销、物紧密结合起来。

一、顾客服务对物流的影响

市场营销中顾客服务的实现与物流活动有着密切的联系。通常市场营销为了让顾客迅速、有效地满足需求，促进产品附加价值的实现，要求物流活动具备如下3种能力：快速地向顾客提供服务；以平均速度提供服务的稳定性和信赖性；拥有即时交易保存量(能及时让渡的商品库存量)。

物流系统的设计直接依赖于销售活动的模式，企业必须首先知晓市场活动中的如下问题：什么地方有顾客或潜在顾客；顾客要购买什么商品；什么顾客要购买多少商品；在订货特性方面顾客属于哪种类型。

顾客需求分布是指企业所有产品在需求市场中的配置状况。一般来讲顾客的规模也呈对数正态分布，说明相对少数的顾客占了总需求的绝大部分，这种顾客需求分布的差异性对实施多种物流路线具有相当大的启示性。例如，可以对规模比较大的用户实行从地方仓库进行的直送业务，而地方流通系统的建立，对规模比较小的用户来讲，有利于提高经济服务水准。此外，当对大用户供货不足时，很多厂家都实行对大客户进行工厂直送，在向用户让渡利益的同时降低成本。

从当今的发展趋势看，一些大需求用户，如零售连锁店等都在确立自己独立的流通系统，并与供应商的进货系统统一起来。随着技术的变化，成本的格局相应也发生了改变，顾客直接流通的经济性和效率之间的关系也在发生变化。这种变化对物流管理来说是一个很大的难题，即一方面要保持独立的指导权，并在大客户的压力下，从事各种能降低成本和商品价格的投资；另一方面，还必须考虑在物流机能和服务上维持对小客户的流通渠道。

一般的需求特征可以把握，但对某一时点需求水准、需求发展状况、需求高峰或下降做出正确预测相对较难。例如，汽车防冻剂的销售常常集中在秋季2～3个月中，而真正需求的状况往往与最初几天的寒冷状况相关，所以，需求有可能在较短的几周甚至数天内被大大激发起来；空调、冬季服装等等产品都具有这种特征。这种产品需求上的特异变动在物流系统的设计方面起着相当重要的作用，即为了维持服务的可信赖性，必须设定必要的安全在库水准。此外，为了及时应对需求的变动，需要不断改善输送方式或输送组织，建立迅速可靠的通讯媒体。

一般来讲，商品交易保存量与速度是一种正比例关系，交易保存量越大，越容易实现商品的快速让渡，所以，销售部门或零售业为了及时满足出现的需求，并实现向客户的快速配送，常常拥有较大的商品交易库存。当然，从现代经营来看，除了交易保存量对服务速度产生一定的影响以外，商品交易库存也能实现商品的迅速配送，这是因为仓库离市场越近，向用户迅速让渡商品的服务越容易实现。因而，现在很多从事中间产品生产的企业，为了与所提供服务的目标用户相配合，直接将仓库建在需求方附近。从物流流通率的观点看，交易保存量或仓库点的建设又直接决定了物流成本的高低，交易保存量越大、仓库点越分散，物流成本越高，物流效率越低。由此看来，市场营销中顾客服务的要求会对物流活动的效率产生影响，顾客服务要求过高，势必会对物流效率产生负面影响。

二、销售通道对物流的影响

销售通路执行的工作就是把商品从生产者手中转移到消费者手里。它弥补了产品或服务和使用者之间的缺口，主要包括时间、地点和持有权等缺口。销售通路的成员执行了一系列重要功能：通过调研为计划和促进交换收集有关信息；通过促销发展和传播有关供应物的富有说服力的信息；寻找潜在购买者，并与其进行沟通；按买者的要求调整供应物，它包括诸如制造、分等、分类和包装等活动；尽力达成有关产品的价格的最终协议，以实现所有权或者持有权的转移；实体分配运输和储藏商品；在财务上，收集和分散资金，以负担通路工作所需费用。

上述功能必须执行，但关键的问题在于由谁来执行。所有这些功能所具有的共同点是它们在通路成员之间是可以转换的。当制造商执行这些功能时，制造商的成本增加，其产品的价格也必然上升。当若干功能转移到中间商那儿，生产者的费用和价格下降了，但是中间商必须增加开支，以负担其工作。由谁执行各种通路任务是一个有关效率和效益的问题。

组成销售通路的各种机构是由几种类型的流程联接起来的。其中最重要的是实物流、所有权流、付款流、信息流和促销流。优化的销售通路要整合以下流程：

(1)实物流描述了实体产品从原材料到最终顾客的流程。以一个汽车制造商为例，原材料、部件、零件和引擎从供应商那里通过运输公司(运输者)流向制造商的仓库和工厂。汽车制成后放在仓库里，然后运到订单的经销商那里。再由经销商销售和运送货物给顾客。大批量订单可以直接从公司的仓库或工厂运出。运输方式可以采用一种或一种以上，包括铁路、汽车和航空。

(2)所有权流是指商品所有权从一个营销机构向另一个机构的实际转移。以汽车为例，原材料和部件的所有权从供应商转向制造商。汽车制成后，其所有权从制造商转向经销商，然后转向顾客。如果经销商仅仅是以寄售方式占有汽车，那么他们就不包括在所有权流中。

(3)付款流是指顾客通过银行和其他金融机构将货款付给经销商，再由经销商转交给制造商(扣除佣金)，而制造商把货款支付给不同的供应商，另外，还要向运输公司和独立仓库支付费用。

(4)信息流是指影响引导流(广告、人员推销、销售促进和公共宣传)从系统的一方向另一方转移。供应商向制造商，也向最终顾客推广他们的名称和产品，以期影响制造商采用他们的产品。制造商引导促销流影响经销商(贸易促进)和最终顾客(最终用户促进)。

(5)零售业者或批发业者这类流通通路组成成员的传统作用之一，就是作为物流系统的构成要素而承担物流机能。例如，仓储机能、地域需求预测机能、地域输送机能、订货发货等物流机能，至少有部分是由批发业者、分销商或零售业者承担，并获取相应的利润。这类流通通路的组成成员，也在从事诸如销售管理、贩卖、信用供给等其他活动。

随着物流技术的变化和流通经济的发展，很多产品销售通路组成成员间发生了冲突，也就是说，如果继续利用传统的流通通路确立物流系统，并支付相应利润，会使物流失去经济性和效率性。因此，销售通路的变革直接影响物流活动的合理化。如今，很多大型零售业或零售连锁业者通过物流系统的重组来确保物流活动的经济性，亦即将物流系统的构筑与收集消费者需求信息和提高商品购买力紧密结合在一起，从而发挥零售业直接接触消费者、直接面向市场的优势，因此，由于零售业的积极推动，原有的物流格局开始崩溃。此外，从厂商的角度来看，为了更好地了解顾客需求，保持物流经济性，也在积极进行对流通通路各阶段的管理和统合，试图通过对通路的控制，在消费者中确立厂商的品牌形象，所有这些通路上的变革，都直接或间接影响着物流的格局和由此而产生的效率和效果。

三、产品线对物流的影响

企业的产品线政策对物流产生相当大的影响。如果企业产品线非常广，那么与生产、订货处理、在库管理、输送等相关的物流问题就会变得十分复杂，因此，产品线政策的制定应重视处理与物流的关系。例如，产品的设计要有利于顾客的提取，或者有些商品在搬运方面需要特别注意等等，这些都要求在包装和搬运上花费成本。所以，在处理与产品包装相关的问题时，需注意包装的规格、标准的分类等等都应符合降低物流成本、便利商品输送等要求。特别是如今顾客对产品效用和规格的要求出现多样化的情况下，企业必须对从最初设计到最终成品等产品线运动的全过程不断作出调整。在这种调整中不应无视相应的物流活动或物流成本，否则物流活动的失控或物流成本的高昂会直接阻碍企业的产品线政策的实现。

不断扩大产品生产线，创造新产品已成为当今企业经营的重要手段。但是，产品线的无限扩大，会直接影响物流效率，从而对企业利润的增加起到抑制作用。通常人们认为企业总销售额的增长必然会带来物流成本的下降，但事实正好相反，产品线扩大虽然使企业总销售额增加，但同时也带来单位物流成本的上升，也就是说大多数物流成本与某个品种的平均销售量有关，而与总销售量无关。例如根据美国学者麦基的研究，在既定产品线 A 的基础上，再增加产品线 B 和 C，新增加产品线的销售越接近于平均规模销售量，物流成本越低。相反，销售量越小于规模经济，物流成本反而越高。所以，在确定产品线扩大的时候，应当充分考虑新产品线的平均销售规模以及相应的物流成本。当然，在此基础上要考虑整个产品线的组合状况，以及对整个物流成本的影响，亦即是否存在单个种类产品不经济，但能推动其他种类产品超过规模销售量或降低物流成本。

特定产品线中不同品种的需求特性不会是相同的，也就是说，产品品种的需求分布差异很大。美国学者麦基研究表明，一般而言，大部分品种需求量相对较少，而少数品种却占了需求量的绝大多数。产品品种的需求分布特性表明，大需求量品种的物流应与小需求量品种的物流区分开来，也就是说，相对大需求量品种更加侧重物流成本降低而言，小需求量品种或需求量比较固定的品种应更注重物流服务的维持和改善。例如，大需求量品种为了降低输送费用，改善服务效果，可以将商品更多地转移到地方仓库，而小需求量品种在库维持的必要性较小，可以实现中央仓库保管，采用空运等迅捷的输送方式。相对于大需求量品种而言，拥有广泛的地方仓库尽管能提高服务的可信赖性，但是长期增加库存会降低商品周转率，增加物流成本。作为一种解决办法，可以考虑采用迅捷的自动补充系统，即在货物快要出清的时候，采用机械化的形式补充货源。尽管这种系统投资很大，但在大需求量、品种较多、需求持续的状况下，要比常年大量在库的维持成本低得多。

四、销售策略对物流的影响

企业在日常经营活动中，为了在特定时期提高销售额，或扩大市场份额，常常采取各种各样的促销手段，这些销售策略在一定时期和范围内的确能提高企业收益，但是，应当注意的是，在计算企业的收益时不能忽视销售策略对物流成本的影响。诸如，在实施特定促销或商品折扣活动时，有可能使商品销售量在一定时间内达到高峰。与这种促销活动相对应，必须合理安排、确立商品销售高峰期的制造、输送、在库管理、事务处理等各种物流要素和活动，并使设备投资和在库投资有利于缓和销售高峰期对商品输送所造成的压力。除此之外，促销期的商品往往与平时销售的商品不大一致，在包装和设计上会突出促销期售卖的特征，这就会出现与上述产品线扩大相类似的物流问题。另外，促销期的商品在生命周期上也会有所限制，与产品生命周期的变化相对应就会派生出计划、管理、需要的迅速对应、过剩产品的处理等各种附属问题。因此，在企业实施销售策略或促销战略时，应充分考虑它对物流产生的影响。

第三节　销售物流合理化

一、销售物流合理化的实现

传统的销售物流是以工厂为出发点，采取有效措施，将产品送达消费者手中。而从市场营销观点来看，销售物流应先从市场着手，企业首先要考虑消费者对产品及服务水平的要求，同时企业还必须知道其竞争者所提供的服务水平，然后设法赶上并超过竞争者。

许多企业把销售物流的最终目标确定为以最短的时间、最少的成本把适当的商品送达用户手中，但在实际工作中并没有达到上述文字所描述的目标。因为没有一种销售物流体系能够既最高程度地满足用户的需求，又使销售物流成本费用最少，同时又对用户提供高满意度的服务。例如，如果用户要求及时不定量供货，那么销售企业就要准备充足的库存，就会导致库存量高，库存费用增加；同时，及时不定量的随时供货又使运输费用增加，从而使企业在销售过程中物流的成本费用增加。若使销售物流成本低，则必须选择低运费的运输方式和低库存，这就会导致送货间期长，增加缺货风险，而顾客的满意度则会降低。

(一)销售物流的职能成本与系统成本的矛盾

为了实现销售活动，仓储、运输、包装等各职能部门所投入的成本称为职能成本。系统成本则是整个销售物流活动过程中各职能成本的总和。不少企业往往认为自己的物流系统已达到高效率水平，因为库存、仓储和运输各部门经营良好，并且都能把各自成本降至低水平。然而，如果仅能降低个别职能部门的成本，而各部门不能互相协调，那么总系统成本不一定最低，这就存在着各职能部门的成本与系统总成本的矛盾。

例如，运输部门以铁路代替空运，降低了运输费用，本部门职能成本降低，却造成运输速度缓慢，资金周转迟缓，延缓销售款到位，并可能引起缺货，使顾客购买其他竞争对手的商品。由此而造成的销售损失对整个销售效益来讲，可能远远超过运输所节约的费用。包装部门为了降低本部门的职能成本趋向于使用便宜的包装材料，但这会使运送的商品破损率增加，从而影响企业的信誉。库存部门则趋向于减少库存，以降低总的库存费用，这样的后果是缺货风险增大。由此可见，企业销售物流系统的各职能部门具有高度的相关性，企业应从整个物流系统的成本来考虑制定物流决策，而不能仅考虑降低个别职能部门的成本。

(二)制定系统方案，进行综合物流费用控制

1. 直运方案的综合物流费用分析

把商品直接送至用户手中，这种销售物流方案似乎在成本费用上处于不利地位，通常直运的运货量不会很大而且运输频率较高，因此运送成本较高。但是在考虑该不该选择此种物流方案时，还应考虑到运送时间及销售机会损失成本。因为这种直运是对急需的用户采用，一旦延误，很有可能失去用户。如果失去销售机会而损失的成本大于物流成本，则企业还是应采取直运方案。

2. 中转运输方案的综合物流费用分析

如果企业经计算发现，将成品大批量运至销售地仓库或中转仓库，再从那里根据订单送货给每一位用户的费用少于直接将货物送至用户，则可采用这种在销售过程中经中转再送货的方案。

例如，企业直接将大批商品运至用户的物流费用为 A，将商品运至中转仓库的费用为 a_1，从中转仓库分送至数位用户的运费为 a_2，在中转仓库保管期内的库存费用为 c，若 $A > a_1 + a_2 + c$，则采用中转送货为佳。

增建或租赁中转仓库的标准是增建或租赁仓库所节约的物流费用与因之而增加顾客惠顾的收益大于增建或租赁仓库所投入的成本。

3. 配送方案的费用分析

配送价格是到户价格，与出厂价相比，其构成中增加了部分物流成本，因而价格略高于出厂价。与市场价相比，其构成中也增加了市场到用户这一段运输的部分成本，因而价格也略高于或等于市场价。但是用户若将以往的核算改成到户价格的核算，就可以发现，配送价格更优越。

对于生产厂家，仅以出厂价交出货物，不再考虑以后到用户的各物流环节的投入，省去大量的人力物力。配送方案可以使企业、配送中心、用户三方面分享规模化物流所节约的利益，因此，配送中心的代理送货将逐渐成为资源配置最合理的一种方案。

二、销售物流的统一管理

从销售物流过程各职能部门成本的矛盾中我们可以了解到，仓储、运输、包装决策应该是互相协调

的。在不少企业，将物流权分割成几个协调性差的部门，就会使得控制权过于分散，而且还使得各职能部门产生冲突。如运输部门只求运费最低，宁愿选用运费少的运输方式大批量运输；库存部门尽可能保持低库存水平，减少进货次数；包装部门则希望使用便宜的包装材料。各部门都从自己的局部利益出发，从而使整个系统的全局利益受损。因此，企业应将销售物流活动统一管理，全权负责。

例如，美国布洛斯公司早在1961年就成立了物流部，结果在两年内为公司节省200多万美元的费用，并为各地区的公司及用户提供了更高的服务水准。这些节省是通过以下途径实现的：

第一，在两年内，其机器制成品的库存量降低40%，这使得存货占用成本每年节省100多万美元。

第二，关闭了全国8个地区性的仓库，结果每年在租金及人事费用上节省20多万美元。

第三，由于各种用于售后服务的零件及工具集中送达，所需的空间减少65%以上，而订单处理效率比以前提高4倍以上，结果每年节省30万美元。

第四，由于将货物集中运送给分公司并且直接送给顾客，结果每年运费节省17.5万美元以上。

第五，其他方面节约40万美元以上。

由此我们可以看出，把销售物流系统统一管理，协调各职能部门的决策，对于节约企业的销售物流投入非常有利。

在西方一些国家，那些将市场营销当做是使竞争成功的重要因素的企业，通常把物流系统设置在销售部门之下，由销售部门统一协调管理。这种管理形式在那些竞争十分激烈的行业，如食品、化妆品等行业更是被广泛采用。因为在这些行业，不仅要求协调市场营销与销售物流活动以使成本降低，而且还要求其他的如广告等促销活动与物流协调一致。在这种管理结构下，一旦某地区的用户要求马上增加商品数量，企业就可以应付自如。协调统一的销售物流管理不但可以使销售物流费用降低，还可以使销售部门和企业其他的职能部门的操作协调一致，从而提高企业的运营管理效率。

第四节 销售物流合理化的形式

构筑厂商到零售业者的直接物流体系中一个最为明显的措施是实行厂商物流中心的集约化，即将原来分散在各支店或中小型物流中心的库存集中到大型物流中心，通过数字化备货或计算机等现代技术实现进货、保管、在库管理、发货管理等等物流活动的效率化、省力化和智能化，原来的中小批发商或销售部以转为厂商销售公司的形式专职从事销售促进或订货等商流业务。物流中心的集约化虽然从配送的角度看造成了成本上升，但是，因为它削减了与物流关联的人力费、保管费、在库成本等等费用，在整体上起到了提高物流效率的目的。

销售物流活动受企业的销售政策制约，单单从物流效率的角度是不能找出评价的尺度的。例如，某一个大型食品厂，为了把自己后起的商品打入市场，在向大型超级市场（商场）配送货物时，可能要改变原来经由批发部门供货的做法，哪怕是一箱货物也采取从工厂直接送货这种效率极低的物流方式。因为保证商品供应，使本厂制品在销售市场上不断货，是后起商品打入市场策略的一个重要步骤。这说明销售物流活动，作为市场销售战略手段，有时，即使是不考虑效率问题也是要做的。所以，在考虑销售物流的合理化问题时，经常考虑销售政策的关系是重要的。这是因为在不少情况下，要合理组织销售物流活动，至少必须改变买卖交易条件。

某公司，在销售额增加的同时，物流费用也随之增加，因此，该公司就将本公司的物流职能全面委托给仓库从业者和包装从业者。将物流职能委托给其他行业并不成问题。但该公司的物流负责人为了实现合理化，采取了大大削减支付给其他行业的运费等各种费用的方法，以致一直要等到货车装满才发货。当然，就该公司来说，是为了彻底降低成本。这样做虽然节省了支付给其他行业的费用额，但往往发生在接受订单时不能向顾客明确交货日期，或不能按顾客希望的日期交货。于是，销售部经常被索赔。由于商品受到损坏，退货也急剧增加。该公司终于怀疑起削减运费等各种费用的办法。可见，忽视维持为顾客服务的水平，单纯地去降低运费，是收不到效果的。

一般企业销售物流必须满足下列要求：

1. 在适当的交货期，准确地向顾客发送商品；

2. 对于顾客的订单，尽量减少商品脱货；

3. 合理设置仓库和发送中心，保持合理的商品库存；

4. 使运输、装卸、保管和包装等操作省力化；

5. 维持合理的物流费用；

6. 使订单到发货的情报流动畅通无阻；

7. 将销售额情报迅速提供给采购部门、生产部门和销售部。

目前，销售物流合理化的形式是多种多样的。分为大量化、计划化、商物分离化、差别化、标准化等类型。

一、大 量 化

这是通过增加运输量使物流合理化的一种做法，一般通过延长备货时间得以实现，如家用电器企业把"当日配送"，改成"次日配送"，食品工厂由"每日配送"改为"周日指定配送"。这样做能够掌握配送货物量，大幅度提高配送的装载效率。现在，以延长备货时间来增加货运量的作法，已被所有的行业广泛采用。

大量化运输策略是一种增大一次物流批量折扣收费的办法，通过"大量发货减成收费"和"复合一贯制托盘化运输协作金"方式等奖励对方，这与过去那种按体积折扣(以一年或半年为时间单位)激励方式不同。其洗涤剂工厂与销售公司商定，如果以托盘装载的货车、大型卡车或双轮拖车向企业订单，按照货物的批发价格减 1% 收费，称为"集装货物减成收费"；特约经销店如果以卡车和货车向平板玻璃工厂订单，则根据定货数量减成收费，称为"大量发货减成收费制"。这种作法因实行物流合理化而节约的金额，由双方合理分享，对于销售物流活动的合理化是特别重要的。

二、计 划 化

通过巧妙地控制客户的订货，使发货大量化。稳定(尽量控制发货的波动)，这是实行计划运输和计划配送的前提。为此必须对客户的订货按照某种规律制订发货计划，并对其实施管理，例如，按路线配送、按时间表配送、混装发货、利用归途车等各种措施，被用于运输活动之中。

鞋子大宗批发商东京鞋子公司，过去采用售货员既管推销活动又管配送的推销交货方式。从1971 年起，由于东京市中心交通状况恶化，加之强调交通规则，增加了发送时间，以及禁止停车、停车场不足等，使销售活动受到妨碍。另外，由于推销员违反交通规则，造成交通事故增加。因此，迫切期待配送活动高效率化。他们对实际情况进行了调查。在对东京四周顾客活动地区、道路情况、交易条件进行调查的同时，也对车辆的发送效率进行了彻底调查。从实际调查的结果来看，车辆装载率很低，货舱型卡车平均装载率只有 20%。根据这种情况，与销售部门进行充分商讨之后，提出了下列改进措施，并着手实施。

废除推销交货方式，使配送活动专门化。

实行路线送货，对东京周围的顾客，规定了 7 条送货路线。其中每天发送路线有 3 条(山手路线、横滨路线、町田方面路线)；隔天发送路线有 4 条(三多摩路线、大官方面路线、千叶和柏路线以及川越路线)。

向超级市场、百货公司的发送是比较大量的，而且指定时间。这个问题，通过组织交货代理运输来解决。

以上改进措施如能顺利实行，不但可提高所期望的运输效率，保持服务水平，减少交通事故，还可减少 9 台车辆，一年节约 2 000 万日元费用。

三、商、物分离化

商、物分离的具体做法之一，是订单活动与配送活动相互分离。这样，就把自备卡车运输与委托运输乃至共同运输联系在一起了。而且，利用委托运输可以压缩固定费用开支。由于共同运输提高了运输效率，从而大幅度节省了运输费用。所以，与清凉饮料行业中采用"巡回销售"(产品不经中间商，而由厂家按一定路线直接向消费者销售)那种发挥商、物合一的积极作用的情况不同，一般的评价是订单活动与配送活动分离开来，能够降低费用开支。

此外，还可以列举出销售设施与物流设施在功能方面的商、物分离。这分为两种情况，一种是在同一企业内部；另一种是与交易对象之间的。前者是一些分散的销售据点把一定范围供货的物流据点合并起来，以加强公司内部物流管理的一元化为目的的一种措施。这样做可以压缩流通库存，解决交叉运输等问题，又有利于工厂货物运输的大批量化。从另一方面看，因设施集中合并，扩大了配送距离，也产生了因库存压力大影响销售积极性、紧急配送困难等不利因素。

后者是通过与交易对象的合作，力求减少中途物流环节(中转点)。例如，原来是工厂车间、企业仓库、经销商仓库、顾客的流通路线，现在通过合作，把企业仓库和经销商的仓库合并起来，流通路线缩短为工厂、“区域配送中心”到顾客。像家用电器制造企业取代小卖店，把货物送到消费者家里，并负责安装作业。

这种商、物分离的做法，把批发和零售从大量的物流活动中解放出来，可以把这部分力量集中到销售活动上，疏通企业的整个流通通路，不仅实现了物流效率化，流通的系统化也进一步得到了加强。

四、差 别 化

根据商品周转的快慢和销售对象规模的大小，把保管场所和配送方式区别开来，这就是利用差别化方法实现物流合理化的策略。即实行周转较快的商品群分散保管，周转较慢的商品群尽量集中保管的原则，以做到压缩流通阶段的库存，有效利用保管面积，库存管理简单化等等。

另一种做法是根据销售对象决定物流方法。例如，供货量大的销售对象从工厂直接送货；供货量分散的销售对象通过流通中心供货，使运输和配送方式区别开来。对于供货量大的销售对象，每天送货；对于供货量小的销售对象集中一周配送一次等等，把配送的次数灵活掌握起来。无论哪一种形式，在采取上述方针时，都把注意力集中在解决节约物流费与提高服务水平之间的矛盾关系上。

五、标 准 化

销售批量规定订单的最低数量，会明显地提高配送效率和库存管理效率。化妆品企业采用对小卖店不批发单一品种商品，只批发成套商品的“限制制度”，显著地削减了拣配和配货作业人员，大幅度提高了订单处理和库存管理等物流管理效率。这种标准化所带来的物流合理化，在今天的制药企业中也到处可见。

第九章 销售物流管理——销售预测

市场测量和市场预测是从量的角度去分析研究市场，估计目前和未来市场需求规模的大小。这是企业制定市场营销计划和作市场营销决策的重要依据，也是销售物流的重要依据。

第一节 销售预测概述

销售预测是指估计未来特定时间内，整个产品或特定产品的销售数量与销售金额。销售预测是在充分考虑未来各种影响因素的基础上，结合本企业的销售实绩，通过一定的分析方法提出切实可行的销售目标。

销售预测在企业管理中具有很重要的作用，它不仅是销售计划的前提，同时还影响和决定着企业其他工作的安排，如：生产进度的安排，原材料的购买，资金的应用，库存的控制，必要设施的配备。

一、影响销售预测的因素

要做好销售预测工作，应该熟悉销售预测的技术，以便可以准确客观地进行销售预测，使之成为今后的工作指南。另外，销售预测主要以过去的销售实绩为核心，但在决定销售目标额之前，必须考虑到内外环境各种因素，其主要因素有：

(一)外界因素

外界因素是指企业无法控制的因素，包括市场需求的动向、经济发展状况、同业竞争状况以及政府和消费者团体的动向。

1. 市场需求动向

需求是外界因素之中最重要的一项。如流行的趋势，爱好变化，生活形态的变化，人口的流动等，均可成为产品(或服务)需求的质与量方面的影响因素，因此，必须加以分析与预测。平时，就应尽量收集有关对象的市场资料、市场调查机构资料、购买动机调查等统计资料，以掌握市场的需求动向。

2. 经济发展状况

销售收入深受经济变动的影响，尤其近几年来科技、信息快速发展，更带来无法预测的影响因素，导致企业销售收入波动。为了正确预测，需特别注意资源问题的未来发展，政府及财经界对经济政策的见解以及 GNP、基础工业、加工业生产、经济增长率等指标变动情况。

3．同业竞争状况

企业销售额的高低，深受同业竞争者的影响。在西方发达国家，食品市场中的销售企业一直受到许多创造性的竞争者，例如，方便食品店、折扣食品店等的沉重打击。食品市场越分越细，它不再是由每一类主要的食品零售商主宰了。另一个挑战是外出就餐趋势发展迅速。现在，美国人大约有40％的食品预算花费在食品商店以外的市场上。随着我国经济的发展，我国城市居民外出就餐的比例也大大提高，这都影响到以销售食品为主的企业的营业额。

4．政府、消费者团体的动向

政府的有关政策也会影响企业的销售额，例如为刺激经济发展而降低个人所得税率，给国家公务员增发工资，向消费者提供低息消费贷款，通过公共工程来增加就业人数等。政府对集团购买力采取何种态度，直接影响到集团购买力的投向与规模。

(二)内部因素

内部因素是企业自身可以控制的因素，包括销售队伍的规模、推销人员的素质、广告预算、产品质量、交易条件、交易方法等。在对企业的销售量进行预测时，考虑的内部因素主要有：

1．营销活动政策

这是由于产品政策、价格政策、销售途径政策、广告及促销政策等的变更对销售额所产生的影响。

2．销售政策

如变更市场管理内容、交易条件或付款条件、销售方法等对销售额所产生的影响。

3．业务员

销售活动是一种以人为核心的活动，所以人为因素对于销售额的实现具有相当深远的影响力。

4．生产状况

是否能与销售收入配合，今后是否产生问题等，都会影响到销售。

二、销售预测的过程及模式

销售预测过程见图4—9—1，销售预测模式见图4—9—2。

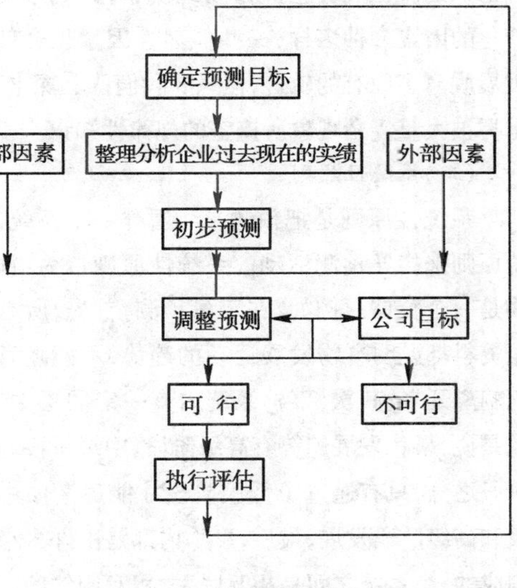

图4—9—1　销售预测的过程

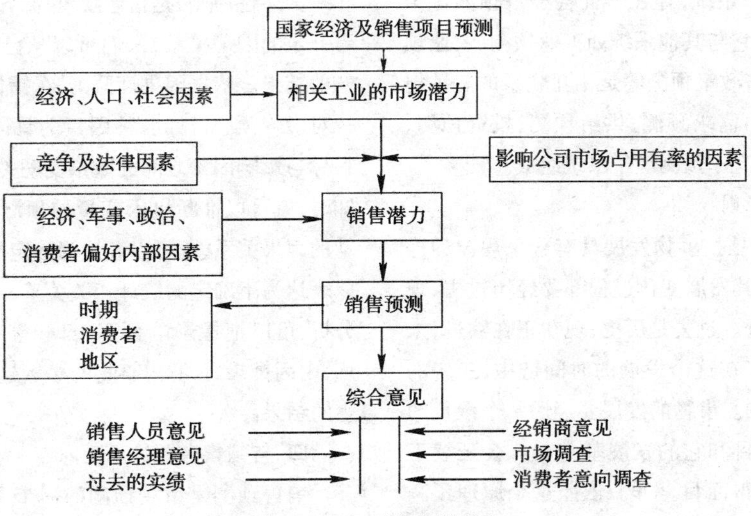

图4—9—2　销售预测模式

三、开展销售预测应遵循的原则

销售预测的原则，是预测活动的认识论基础，它阐明了人们之所以能够运用各种预测方法对未来客观事物发展趋势做出估计的道理，对各个预测领域具有普遍的指导意义。在销售预测中所应用的预测原则主要有：

（一）可知性原则

客观事物发展的规律性是可认识的。人们通过大量的社会实践，不断发现和掌握客观规律，据此来认识未来世界。在西方经济学中，“预期”是一个非常重要的概念，预期实质上是指对事物未来发展趋势的一种理性认识。这就是说，未来世界是可以正确认识的。在社会主义市场经济中，影响市场供求变化的因素多种多样，一些偶然性因素也会使事物发展脱离了原有的轨迹，但只要我们认真探求，就能掌握被大量复杂现象所掩盖的规律性知识。

（二）系统性原则

系统性原则是把预测事物看作一个系统，以系统原则来指导预测活动。系统性原则认为：预测事物是一个整体。例如，在定量预测，首先，所有的数据资料都说明事物发展运动的趋势，不能随意将它们割离开来；其次，事物系统内有一定的层次性，也就是说，事物发展趋势有高级阶段、中级阶段和低级阶段之分，只有通过了低级阶段才能逐渐向中级阶段和高级阶段发展；最后，事物内部是由许多小系统构成的，小系统之间是相互联系、相互制约的。销售预测本身就是一个系统，存在于社会经济预测这个更大的系统之中，它与其他系统如工业预测、农业预测、外贸预测、经济政策预测等是相互联系的。销售预测系统内部又由需求预测、供给预测、投资预测、价格预测、市场占有率预测等子系统组成。

（三）连续性原则

连续性原则，是指事物发展具有合乎规律的连续性。一切事物，其发展变化过程都要经历过去、现在和未来三个部分。过去是历史，现在正在演进，未来是可知的希望。在这个发展的时间链中，三者的次序是无法改变的。事物的发展要经历一个漫长的过程，它的本来面目和它的发展基本趋势会延续下去，不会一下子变得面目全非。依照这个原理预测事物的未来，必须建立在了解事物的过去和现在的基础上。在预测中，运用连续性原则还必须注意以下两个问题：

1. 要求预测目标的历史数据所显示的变动趋势具有一定的规律性，如果事物变化是不规则的，预测目标的变化带有很大的偶然性，就无法利用连续性原理进行预测。

2. 要注意分析预测目标历史演变规律发生作用的客观条件，在未来预测期内是否发生变化。

事物发展内在规律性是在一定的客观条件下显示出来的，客观条件变了，原有的规律性随之发生变化，事物会发生新的变化，或者在发展过程中出现中断、转折，不再按原来的发展趋势延续下去。因此，在销售预测中，不仅要找出客观事物的演变规律，还应重视分析预测期影响客观事物的各种条件的变化情况，借以判断原来的演变规律是否继续起作用。

（四）类推性原则

类推性原则，是指客观事物之间存在着某种类似的结构和发展模式，人们可以根据已知事物的某种类似的结构和发展模式，类推未来某个预测目标的结构和发展模式。这种类推既适用于同类事物之间的类推，也适用于不同事物之间的类推。例如对未来洗衣机家庭普及率趋向的预测，既可参考国外的或国内的洗衣机使用较早的地区的家庭普及率发展趋向加以类推；也可以参考同洗衣机需求相近的电视机的家庭普及率发展趋向加以类推。

（五）因果性原则

因果性原则，是指客观事物、各种现象之间存在着一定的因果关系，人们可以从已知的原因推测未知的结果。依据因果性原则，在销售预测中，必须重视对影响预测目标各种因素的具体分析，找出预测目标与影响因素之间的数量变动关系。当自变量已知时，就可以推断出因变量的预测值。这种数量变动的因果关系，既可以表达为确定的函数关系，也可以表达为不确定的统计相关关系。通过因果关系的分析，可以把握影响预测、目标等诸因素的不同作用，由因推果，预测出事物的必然趋势和偶然因素产生的结果。

四、与销售有关的预测内容

销售预测是市场预测的一个重要组成部分，开展销售预测必须以市场预测的有关内容为基础，这些内容具体包括：

(一)企业经营地区范围内社会商品购买力发展趋势预测

由于社会商品购买力预测内容牵涉面很广，企业一般只利用经济管理部门的有关购买力预测资料，不直接进行预测。某些大中型企业把对旺季市场和节日市场的购买力趋向也往往列为销售预测的内容之一。

(二)企业生产经营商品的需求趋向预测

它包括一定时期内市场商品需求量以及品种、规格、花色、型号、款式、质量、包装、需要时间等变动趋势的预测，是企业制定该产品生产、经营计划的依据。

(三)产品生命周期以及新产品投入市场成功率的预测

产品都有一定的生命周期，通常包括试销、畅销、饱和、衰退四个阶段。产品处于其生命周期的不同阶段，企业经营的侧重点也不一样。只有对产品的生命周期进行科学的预测，企业才能制定适当的经营计划，才能在市场竞争中处于主动地位。新产品的研制要花费大量资金，但每年只有大约 5% 的新产品投入市场得到认可。因此，预测新产品投入市场的成功率对企业发展是相当重要的。

(四)产品市场占有率预测

市场占有率，是指在一定时期、一定市场范围内，企业生产经营产品的销售额占当地市场同种产品销售总额的比例。企业市场占有率的预测公式为：

$$S_i = \frac{m_i}{\sum m_i} \times 100\%$$

式中　S_i——i 企业的市场占有率；

m_i——i 企业某种产品销售额；

$\sum m_i$——某地区该种商品销售总额。

由于市场需求随着消费时尚、热潮的不同而发生变化，企业的市场占有率也会随着变化而处于动态之中，所以，为了正确预测企业未来的市场占有率，所采用的预测公式也应该是动态公式。这一动态公式如下：

$$S_i = \frac{m_i(1+p_i)^n}{\sum m_i(1+p)^n} \times 100\%$$

式中　S_i——i 企业 n 年后的市场占有率预测值；

m_i——i 企业某年某产品销售量(额)；

$\sum m_i$——某地区市场同类企业商品销售总量(额)；

p_i——i 企业商品销售量(额)的年平均增长；

p——某地区市场该商品销售量(额)的年平均增长率；

n——预测的未来时期数(年数)。

五、产品市场需求预测

企业在预测产品销售量时，必须预测企业的市场总潜力、地区市场潜力和市场占有率的变化趋向。

(一)预测市场总潜力

市场总潜力，是指在一定经营条件、一定时间内，一个企业所能获得最大的销售量。预测时，通常用下列公式进行估算：

$$Q = n \cdot p \cdot q$$

式中　Q——市场总潜力；

n——在假设条件下，某一产品的购买者人数；

p——平均价格；

q——每一购买者的平均购买数量。

如果每年购买图书的顾客有1 000万人，平均每人每年购 4 本书，平均单价是 7 元，书的市场总潜力即为 2.8 亿元(10 000 000×4×7)。

(二)地区市场潜力预测

企业预测时，要分析出与企业经营有密切联系的地区市场潜力，对地区市场潜力进行预测，通常采用的方法有市场组合法和多重因素指数法两种。

市场组合法，是指企业首先确定每个市场中有哪些潜在的买主，并估算出这些潜在买主的潜在购买力，最后两者的乘积就是所要求的市场潜力。

多重因素指数法，是指企业在估算市场潜力时，由于顾客人数众多，无法逐一列出，就根据一定规律赋予每个因素一定权数的一种方法。公式如下：

$$B_i = 0.5Y_i + 0.3r_i, + 0.2p_i$$

式中　B_i——i 地区购买力占全国总购买力的百分比；

Y_i——i 地区可支配的个人收入与全国可支

配个人收入的百分比；

r_i——i 地区零售额占全国零售额的百分比；

p_i——i 地区人口占全国人口的百分比。

例如，西安市的可支配的个人收入占全国的2.00%，零售额为全国的1.96%，人口为全国的2.28%，那么，西安市的购买力指数是：

$$0.5\times2.00+0.3\times1.96+0.2\times2.28=2.04$$

因此，可预测西安市的某种商品销售额可能占全国的2.04%。

(三)市场占有情况预测

市场占有情况包括市场占有率、市场扩大率和市场覆盖率。

市场占有率，是预测企业竞争能力和企业信誉高低的一项重要指标。市场占有率越高，企业产品的知名度和竞争力就越大。

将本企业某种产品市场占有率与主要竞争对手同类产品市场占有率对比，可预测产品竞争情况及本企业竞争能力。

市场扩大率，是将产品本年市场占有率与上年占有率对比，可预测该产品市场地位是扩大了还是缩小了。市场扩大率计算公式如下：

$$\text{市场扩大率}=\frac{\text{本年度市场占有率}}{\text{上年度市场占有率}}\times100\%$$

市场扩大率大于1，表示产品的市场地位上升；市场扩大率小于1，表示产品的市场地位下降了。

市场覆盖率是和市场占有率相关的一个指标。企业产品市场覆盖率越大，说明企业产品知名度越高，竞争力越强。公式如下：

$$\text{市场覆盖率}=\frac{\text{本企业该种产品投放点数}}{\text{全国(省)销售点数}}\times100\%$$

第二节　预测程序

一、搜集预测资料

不论是定性预测还是定量预测，都要依据大量资料做出分析判断。搜集资料一定要以预测目的为标准，力求使搜集到的资料广泛、适用。如果没有充分的资料，就无法进行符合客观实际的分析、判断、推理，也就不可能做出科学的销售预测。因此，在预测计划的指导下，调查和搜集内容广泛的有关资料，是销售预测的基础性工作。销售预测的资料，可分为历史性资料和现实性资料两大类。

(一)历史性资料

历史性资料，即事物过去发展变化的资料，是说明事物的过去。这类资料主要是各种有关社会的、经济的统计资料，如国内生产总值以及内部构成资料，积累和消费的分配资料，生活费支出及其投向构成资料，居民人均收入资料，企业生产成本、经营费用、管理费用资料，企业销售额、销售量、税收、利润资料，企业库存、损耗、流动资金周转速度资料等。

(二)现实性资料

现实性资料，即反映事物发展变化现状的资料。在销售预测中，主要搜集的现实性资料有3种：

1. 预测期内有关人口构成及其变动情况，居民人均收入及社会购买力、集团购买力变化情况，企业所在地区的生产力布局、价格水平、科研能力以及新产品开发能力等有关资料。

2. 消费者的意见反馈，它往往反映市场需求的变化趋势。

3. 实际调查资料。如通过问卷形式收集到的有关产品品牌市场占有率、品牌形象、品牌美誉度资料等。实际调查资料取得时比较困难，但它的客观性、真实性较高，是销售预测必不可少的资料。

搜集到的资料一般比较零乱，要将其整理成系统、完整的资料，通常采用下列整理方法：

第一，比例测算。即按某种商品占总体的比例测算其数量。例如，根据各种商品占社会商品零售总额的比例测算各种商品的销售量。

第二，抽样测算。即运用抽样调查资料测算整个市场的某种数据。

第三，适用面测算。即根据某种商品的适用范围测算某个数据。如根据空调的历史销售量及适用范围，测算全社会达到饱和的程度。

二、分析判断

分析判断，是指对调查和搜集到的资料进行综合分析，并经过判断、推理，使感性认识上升到理性认识，从而预测出市场未来的发展变化趋势。销售预测工作的成果，基本上是在分析判断过程中形成的。因此，分析判断是销售预测的关键阶段。分析判断的内容主要有：

(一)分析观察期市场供求之间变动关系

市场供求关系受多种因素的影响。每一种因素发生变化,都会使供求力量发生变化,影响原有市场均衡。这些因素主要包括:

1. 市场需求的变化以及国家经济政策的变动趋势。国家经济政策的变动直接通过市场反映出来,影响到企业的经营活动,如国家鼓励电信事业的发展,会使通讯器材市场趋于繁荣。

2. 居民生活水平提高、收入增加对市场需求的影响。这种影响包括两层内容:其一,由于收入增加,对商品总量的需求增加;其二,由于收入增加,对市场商品内部结构以及质量、文化附加值的需求变化。

3. 进出口贸易对国内市场需求状况的影响。在资源稀缺的条件下,进出口商品的增大或减少都直接影响国内市场的商品需求。这种影响是通过价格变动反映出来的。

4. 相关产品的成本、价格、款式、花色、技术含量、工艺水平以及竞争状况对市场需求的影响。相关产品在一定意义上是竞争类产品,如果一方发生变化,另一方会很快承受到由此波及的影响。

5. 互补产品的变化对市场需求的影响。互补产品如录像机与录像带、计算机与打印机等。如果录像机的销售量增加,录像带的销售量也必然会上升。

(二)分析预测期内的产销关系

预测期的产销关系及其变化状况,是影响预测期内供求变化的关键因素。这方面的分析主要有:

1. 市场需求情况分析。即分析预测期内市场需求商品的数量、结构、档次、规格、时间、地区分布等。

2. 社会生产能力分析。这主要从市场供给的角度进行分析。分析预测期内社会生产规模、生产能力的提高程度、工艺水平的提高程度等。具体一点,还可以分析生产某类商品的机器设备数量、开工时间、更新状况等。

3. 原材料供应状况分析。原材料供给的好坏直接影响到市场商品的供给。原材料供给通常采用合同的形式。大企业主要商品与其原材料供应商通常建立长年稳定的供求关系,以减少生产的波动度。

(三)分析当前的消费心理、偏好、兴趣及其变化趋势

在市场导向的营销活动中,消费者的偏好、兴趣是企业生产的指示器。但偏好与兴趣是经过相当长时间培育而成的,在短期内是不易改变的。了解了消费者的偏好、兴趣,就可以了解他们货币选票的投向,以便企业对未来进行正确的决策。

三、选定方法,做出推断

预测方法的选择,在收集资料的过程中,就应予以考虑。这是因为,采用不同的预测方法和预测模型,所用的数据资料是有所不同的,收集资料要尽可能满足使用某一种或几种预测方法的要求。如果由于种种原因,某些预测方法所需的资料无法收集或者调查成本过高,超出预算,那么,即便是再好的预测方法也无法付诸实践。

对预测目标做出定性、定量分析,有赖于预测者的经验判断和利用统计、数学方法建立预测模型测算。对同一预测目标,运用多种预测方法可能取得大体一致的预测结果,也可能在不同的假设条件下,取得不同的预测结果,这时可以提出几种预测方案,以供决策者选择。

四、分析误差,完成预测报告

运用预测模型得到的预测值,是否与实际值相一致,就需预测人员对预测误差进行分析评价,以确保预测的精确性。

确定预测值,就是从统计检验和直观判断两个方面,对用统计、数学方法取得的预测结果进行评价,以确定误差较小的值。

完成上述工作后,将预测工作结果编写成文字报告,送交有关部门,作为管理决策的参考依据。报告应简明扼要,对预测结果进行论证说明。预测结果最后还要经过实践的检验,要定期收集检验情况,以利总结经验,提高预测水平。

第三节　定性预测法

定性分析的方法是依据预测者个人的经验和分析能力,通过对影响市场变化的各种因素的分析、判断、推理,来预测市场未来的发展变化。它的特点是简便易行,不需要经过复杂的运算过程。但也正因如此,它往往不能够提供以精确数据为依据的销售

预测值，而只能提供市场未来发展的大致趋势。在实践中，应当把定性分析方法与定量分析方法结合起来运用。

在销售预测中，定性预测方法是一种不可缺少的方法。特别是当不具备定量分析条件时就需要通过市场发展变化质的分析，对未来的市场做出判断，推测市场未来的发展趋势。有一些方面，例如消费者的心理变化、国家方针政策的变化对市场未来的影响，都无法或不容易用定量预测的方法，只能通过定性分析的方法进行预测。因此，即便在现代科学技术条件下，定性预测方法仍然是一个重要方面。

一、类推预测法

类推法是比较常用的一种定性预测法。它是根据个人的直观判断，对未来的市场变化趋势、产品销售情况做出合乎逻辑的推理判断。类推法主要有相关类推和对比类推两种方法。

(一)相关类推法

这是从已知相关的各种市场因素之间的变化，来推断销售目标的未来发展趋向。如经济发展趋向和国家政策措施对市场的影响，商品产销变化趋势的定性分析等等。运用相关类推法，首先要根据理论分析和实际经验，找出同销售目标相关的各种因素，尤其要抓准同销售目标直接有关而影响较大的主要因素，然后再依据事物相关的内在联系的具体情况进行推断。

市场上各行业产品之间的相互关系尽管很复杂，但是分析起来，基本上可归纳为先行与后行关系、替代性关系及互补性关系 3 种。根据产品之间的相关关系可以进行相关类推预测。方法主要有：

1. 从先后行产品的市场需求变化来预测产品的销售量。例如，某自行车滚珠厂用这种方法预测滚珠的市场需求量。滚珠是自行车的先行产品，故要根据自行车的产量乘上每辆自行车所用滚珠量，再加上全年维修所需的滚珠量而定。求出自行车行业对滚珠的全部需求量，再乘以该厂的市场占有率，就可以预测该厂滚珠的销售量了。

再如，燃料是内燃机的先行产品，因此，预测内燃机产量时，要考虑到受燃料的影响程度。

2. 从可替代品市场需求变化来预测产品的需求情况。两种互相替代商品之间的需求关系往往呈反方向变化。当市场上对某类相同用途商品的需求量已定，那么，在可以互相代替品中间，其中一种商品的需求增加时，另一种商品的需求就会减少。

3. 从互补商品的市场需求变化来预测产品的销售情况。互补商品之间的需求关系往往呈同方向变动，例如，室内装饰用品会随住宅建设的发展而增长。

(二)对比类推法

这是把预测目标同其他类似事物，加以对比分析，来推断其未来发展趋向的一种预测方法。例如，对比国外某些产品的市场生命周期、产品更新换代和新产品开发的变化情况、某些商品的消费倾向、花色款式的流行趋势等，来预测我国的同类产品有关指标的发展变化趋向。还有，我们也可以把相近产品的发展变化情况用来推断预测产品的情况。例如，可以对比收音机的发展变化趋势来推测录音机，等等。

类推法能否具有较高的准确性，很大程度上取决于预测者的个人经验和能否把握有关预测目标的信息资料，以及能否运用分析、综合和逻辑推理的方法。

二、经验判断法

经验判断法就是依靠销售人员及预测人员的经验和判断能力做出预测。还可进一步分为以下 3 种方法。

(一)销售经理判断法

销售经理判断法就是由负责产品销售的经理召集产品销售、市场研究、生产管理、财务等有关部门的负责人员，通过会议听取他们的汇报和意见，然后，由销售经理在此基础上确定预测值。这种方法的优点是简便易行，省时省力，在实际工作中应用比较广泛。例如，经常性的业务碰头会，业务分析会，月、季度的计划执行情况检查会都属于这种方法。

运用销售经理判断法，在实际中容易出现两种倾向，一是过分依赖主管人员，尤其是高级主管人员的主观判断，有时预测结果不甚准确；二是预测趋势往往会受到当时市场形势的左右，产生过分乐观或悲观的倾向。因此，这一方法的应用效果受参加预测的人及主管人员的能力影响甚大。

(二)销售人员意见综合法

销售人员意见综合法就是由主管产品销售的负责人召集有关的销售人员共同进行预测。例如要研究用户需求及发展趋势,研究竞争对手的情况,就召集销售人员进行预测,由销售人员对他们各自负责的市场区域一定时间内的销售量做出估计。然后在分析、综合他们意见的基础上,做出企业产品销售的预测。

这种方法的优点是不需要经过复杂的计算,预测速度比较快。另外,由于销售人员一直与市场打交道,他们最接近顾客,对市场情况,特别是对所在地区的市场情况很熟悉,对原有顾客的需求情况和对潜在顾客的情况心里有数,所以,他们对市场发展趋势看得比较清楚。尤其是在产品的技术性很强、产品的销售受技术变化影响较大的情况下,他们的预测结果就更加重要。其缺点是它具有较多的主观因素,容易受个人的认识水平和偏见的影响。如果销售人员对市场形势的发展认识比较乐观,他估计的销售数量就有可能偏高。反之就可能偏低。有的销售人员还会担心把销售数量估计高了,一旦完不成销售任务而得不到奖励,因此有意识低估预测数字。

(三)综合判断法

综合判断法就是综合销售经理与销售人员的意见,作为销售预测的结果。有时为了能够反映各方面的意见,可采用求推定平均值的办法加以计算,其公式为:

$$\hat{Y}=\frac{a+4b+c}{6}$$

式中　$\hat{Y}$——销售预测值,即推定平均值;

a——最乐观估计值;

b——最可能估计值;

c——最悲观估计值。

三、客户调查法

客户调查法也称为顾客需要直接调查法,国外亦称买主意向调查法。就是企业直接向客户了解在下一个时期(即预测期)中需要购买本单位产品的品种和数量。同时,调查客户的意见,分析客户的需求变化趋势,参照市场状况,预测下一时期的销售量。

了解客户需求的方法很多，比较通用的是列出一份所有现实买主和潜在买主的名单，最好面对面地与每个买主接头，询问他们在规定的条件下，在今后某一确定的时间内，对指定的产品购买多少。还可以请买主说明其总需要量中，有多少将从特定的企业购买，或者说明有哪些因素影响他们对供应者和供应产品的选择。依靠这些信息，对某一产品的销售预测就有了基础。特别是在客户不多或主要用户不多的情况下，使用这种预测方法就更为有效。

客户调查法在使用时也会受到许多条件上的限制。如要求对每位买主都亲自访问调查,在客户较多的情况下,事实上是难以做到的。即使能够做到,也会占用大量的人员,支出较多的调查费用;另外,有些买主不愿意吐露真实的购买意向,调查就会遇到困难。

第四节　定量预测法

定量预测的方法就是根据一定数据,运用数学模型来确定各变数之间的数量关系,并据此预测产品销售情况的变化。定量预测方法的特点是"凭数据说话",能够较准确地测算市场未来的发展趋势,为销售管理决策提供确切的科学依据。它的不足之处是,单纯量的分析会忽视非量的因素。

定量预测方法在下列情况下比较适用:历史统计资料准确、详细和完备,事物发展变化的客观趋势比较稳定,较少有质的突变。另外,对于处在成长期或成熟期的某类或某种产品的市场需求预测和企业销售预测,适用性较强,有效率也较高。

定量预测方法可以分为两大类,一类是时间序列分析预测法,另一类是回归分析预测法。现在我们依次分析。

时间序列分析预测是根据企业过去的销售实绩,来预测将来的销售额的一种方法。这一预测方法被企业界普遍使用。使用本法时须将历年实绩作成时间数列,用统计学的方法加以分析。时间序列分析预测法具体又包括平均法、趋势延伸法、季节指数法等。

平均法是一种简便的时间序列分析方法,它以一定观察期内的预测目标的时间数列的平均值作为某个未来时期的预测值。平均法一般适用于不呈明显变化倾向，而又具有随机波动影响的经济事物进行预测。在销售预测中常用的平均法有算术平均法、几何平均法、移动平均法、指数平滑法等。

一、算术平均法

算术平均法是以观察期数据之和除以求和时使用的数据的个数，求得平均数的方法。常用的算术平均法有简单算术平均法和加权算术平均法两种。

(一)简单算术平均法

简单算术平均法是以一定观察期内，预测目标时间数列值的总和除以观察期求得的简单算术平均数，作为下一期的销售预测值。

设：$X_1, X_2, X_3, \cdots, X_n$ 为观察期 n 个资料，求得 n 个资料的简单算术平均数的公式为：

$$\overline{X} = (X_1 + X_2 + X_3 + \cdots + X_n)/n = \frac{\sum_{i=1}^{n} X_i}{n}$$

式中　$\overline{X}$——预测值的简单算术平均数；

X_i——观察期内时间数列的每个数据；

i——时序列；

n——数列资料数据的个数或期限。

(二)加权算术平均法

加权算术平均法是对一定时期内预测目标的时间序列，分别给以不同的权数计算出加权算术平均数，作为下一期销售预测，公式如下：

$$\overline{X} = \frac{\sum_{i=1}^{n} W_i X_i}{\sum_{i=1}^{n} W_i}$$

式中　$\overline{X}$——与相对应的权数。

二、几何平均法

几何平均法，是运用几何平均数求出发展速度，然后对销售量进行预测。几何平均数是将观察期 n 个资料相乘，开 n 次方，所得的 n 次方根。

设：X_i 为 n 个观察期资料，则其几何平均数计算公式为：

$$M_g = \sqrt[n]{X_1 \cdot X_2 \cdot X_3, \cdots, X_n}$$

两边取常用对数得：

$$\lg M_g = \frac{1}{n}\sum_{i=1}^{n} \lg X_i$$

$$M_g = \text{anti}\lg \frac{\sum_{i=1}^{n} \lg X_i}{n}$$

式中　M_g——销售预测值的几何平均数；

X_i——观察期的时间资料的每个数据；

antilg——反对数。

几何平均法通常用来预测逐年发展速度，或逐年增长率大体接近的预测目标。运用几何平均法进行预测的步骤大体如下：

(1)计算出在一定观察期内预测目标时间数列的逐期环比系数。

(2)利用逐期环比系数求出几何平均数，以此作为预测期的发展速度。

(3)以预测期的前一期观察值为基数乘以预测期的发展速度，所得结果就是所要求的预测值。

三、移动平均法

移动平均法，是将观察期内的数据由远而近按一定跨越期进行平均，取其平均值，然后，随着观察期的推移，根据一定跨越期的观察期数据也相应向前移动，每向前移动一步，去掉最早期的一个数据，增添原来观察期之后期的一个新数据，并逐一求得移动平均值，最后将接近预测期的最后一个移动平均值，作为确定预测值的依据。

移动平均法与算术平均法的共同之处在于：都以一定观察期内预测目标时间数列的算术平均数作为某个未来期的预测值，在计算方法上相同。所不同的是，移动平均法具有较好地修匀历史数据、消除随机波动影响的作用。它不但直接运用于预测，而且在统计分析中常用来修匀历史数据，揭示被大量杂乱数据资料所掩饰的事物发展的变动趋势，因而在销售预测中得到广泛的应用。常用的移动平均法有一次移动平均法和二次移动平均法，两者的作用各不相同。

(一)一次移动平均法

一次移动平均法，是对时间数列按一定的观察期连续移动，只计算一次移动平均数作为预测值。一次移动平均法可分为简单移动平均法和加权移动平均法。

1. 简单移动平均法。它是对各组数据不加权，直接求出简单算术平均数作为预测值。其计算公式为：

$$m_i^{(1)} = \frac{X_i + X_{i-1} + X_{i-2} + \cdots + X_{i-n+1}}{n}$$

$$= \frac{1}{n} \sum_{i=1-n+1}^{i} X_i$$

式中　$m_i^{(1)}$——时间为 i 的一次移动平均数作为下期 X_{i+1} 的预测值；

X_i——观察期内，时间数列资料的每个数据；

n——数据的个数，即移动平均期数。

2. 加权移动平均法。加权移动平均法，是对观察期给予不同的权数，按不同的权数求得移动平均值，并以最后的移动平均值为基础确定预测值的方法。当预测目标的时间数列反映出近期变化对预测值有较大影响时，采用加权移动平均法可以用不同的权数调节各观察值所起的作用，从而能使预测值比较接近实际。加权移动平均法的计算公式为：

$$F_i = \frac{W_i + W_i X_{i-1} + \cdots + W_i X_{i-n+1}}{\sum W_i} = \frac{\sum W_i X_j}{\sum W_i}$$

式中　$i=1,2,3,\cdots,n$；

$j=i,i-1,i-2,\cdots i-n+1$。

(二)二次移动平均法

二次移动平均法，也称为二重移动平均法。是对一次移动平均值再进行一次移动平均，并在最后一次移动平均值和二次移动平均值的基础上建预测模型，求得预测值。

运用一次移动平均法所求得的移动平均值，存在着滞后偏差，二次平均移动法正是利用了滞后偏差的演变规律建立线性模型，求得预测值。二次移动平均法适用于时间序列呈线性趋势变化的预测，它的计算公式如下：

$$\bar{x}_{t+T} = a_t + b_t T$$

式中　$\bar{x}_{t+T}$——第$(t+T)$期的预测值；

t——一次和二次移动平均值的时间，通常作为本期时间；

T——由本期到预测期的时期数。以2月份为本期，如果6月份是预测期，则 $T=4$；如果11月份是预测期，则 $T=9$。

式中，$\bar{x}_{t+T} = a_t + b_t T$，求 a_t、b_t 的公式为：

$$\begin{cases} a_t = 2m_t^{(1)} - m_t^{(2)} \\ b_t = \dfrac{2}{n-1}(m_t^{(1)} - m_t^{(2)}) \end{cases}$$

式中　$m_t^{(1)}$——t 时间的一次移动平均值；

$m_t^{(2)}$——t 时间的二次移动平均值；

n——移动平均的期数。

在销售预测中，运用一次移动平均法来预测，当时间序列出现线性变动的资料时，就会出现滞后偏差。而二次移动平均法正是利用了滞后偏差的演变规律，做出模型对销售进行预测。

四、指数平滑法

指数平滑法，也称为指数移动平滑法，它是销售预测中常用的方法之一。指数平滑法是移动平均法的发展，实质上是一种以特殊的等比数列为权数的加权移动平均法。它适用于预测呈长期趋势变动和季节变动的销售量。指数平滑法可分为一次指数平滑法与多次指数平滑法。

(一)一次指数平滑法

一次指数平滑法，是以预测目标的本期实际值和本期预测值为基数，分别给两者以不同的权数，求出指数平滑数，从而求出确定的预测值。一次指数平滑法的预测公式为：

$$S_{t+1}^{(1)} = aX_t - (1-a)S_t^{(1)}$$

式中　$S_{t+1}^{(1)}$——所要求的销售预测值；

X_t——本期实际值；

$S_t^{(1)}$——本期预测值；

a——平滑系数$(0 \leqslant a \leqslant 1)$。

一次指数平滑法的预测公式来源于简单移动平均法的计算公式。整理后可得：$S_{t+1}^{(1)} = S_t^{(1)} + a(X_t - S_t^{(1)})$。

用语言表达这个式子的含义为：

下期销售预测值 = 本期销售预测值 + 加权因子 ×(本期销售实际值 - 本期预测值)

(二)二次指数平滑法

二次指数平滑法，是呈现线性趋势的时间序列在一次指数平滑法的基础上，再做一次指数平滑，然后，利用两次指数平滑值，建立预测的数学模型，运用数学模型确定预测值。

二次指数平滑法的计算公式为：

$$S_t^{(2)} = aS_t^{(1)} + a(X_t + S_{t-1}^{(1)})$$

式中　$S_t^{(2)}$——第 t 期的二次指数平滑值；

$S_t^{(1)}$——第 t 期的一次指数平滑值；

$S_{t-1}^{(2)}$——第 $t-1$ 期的二次指数平滑值；

a——平滑常数($0\leqslant a\leqslant 1$)。

预测的数学模型为：

$$\overline{Y}_{t+T}=a_t+b_tT$$

式中 $\overline{Y}_{t+T}$——第 $t+T$ 期的预测值；

t——一次和二次指数平滑法的时间，通常作为本期；

T——由本期到预测期的时数；

a_t——参数；

b_t——参数。

求参数 a_t，b_t，b_t 的公式是：$b_t=\dfrac{a}{1-a}(S_t^{(1)}-S_t^{(2)})$。

五、趋势延伸法

寻求事物发展与相对时间之间的函数关系，就是趋势延伸法所要解决的问题。一般来说，是根据企业的销售历史数据编制时间序列，运用最小二乘法求得函数。趋势延伸法可分为直观法、拟合直线方程法、曲线趋势法等。

(一)直观法

直观法，也称为随手作图法，它是根据预测目标的历史时间数列在坐标图上标出分布点，直观地用绘图工具随手画出一条拟合度最佳的直线或曲线，并加以延伸来确定销售预测值。直观法简便易行，不用建立数学模型，便于推广。用直观法进行预测的步骤大体如下：

第一，在平面直角坐标中以 Y 轴表示预测目标的因变量，以 X 轴表示时间数列的自变量，并利用预测目标的历史时间数据资料，在坐标图上标出各对应点。

第二，根据各分散点所显示趋势走向图形，随手画出一条沿各个点拟合度最佳的直线或曲线，并加以延伸。

第三，在拟合的直线或曲线上，根据预测时间找出相对应的销售预测值。

(二)拟合直线方程法

拟合直线方程法，是指对销售预测目标具有直线性变动趋势的历史时间数列，拟合成直线方程进行销售预测外推法。

假设时间数列观察期的编号为自然编号，当 X 分别为 1，2，3，4，…时，Y 及其一级增长量如表 4—9—1 所示。

表 4—9—1

年次(X)	观察值(Y)	第一阶层 $=Y_t-Y_{t-1}$
1年	$a+b$	—
2年	$a+2b$	b
3年	$a+3b$	b
4年	$a+4b$	b
5年	$a+5b$	b
6年	$A+6b$	B

由表 4—9—1 从理论上说直线方程 $Y=a+bX$ 的一阶差分别为一个常数，即每当 X 增加 1 时，Y 值相应增加或减少一个 b 值。在实际操作中，如果原始数据的移动平均值的一阶差分趋近于某一常数，可将原始数据拟合成直线趋势外推模型。

拟合直线方程，首先要求出参数 a，b。求 a，b 的方法有多种，这里只介绍最小二乘法、半平均法。

1. 最小二乘法

最小二乘法，是运用数学中最小二乘法的原理，根据历史数据拟合出一条销售发展趋势线，使该线与实际值之间的离差平方和为最小。

直线趋势方程为：

$$Y_t=a+bX$$

式中 Y_t——因变量，即第 t 预测期的销售预测值；

X——自变量，在直线趋势法中代表时间；

a——趋势直线的 Y 轴截距点；

b——趋势直线的斜率。

设：Y_i 为时间数列的观察值，x_i 为时间序列数，则点的坐标为：

$$Y_i=a+bX_i+e_i$$

式中 i 为 1，2，3，…，n，表示时间序列数；

e_i 为 Y_i-Y 代表实际观察值点与直线上相应理论值点的偏差。

Q 为总方差和即离差平方和，根据最小二乘法原理，得：

$$Q=\sum_{i=1}^{n}(Y_i-Y)^2$$

以 $Y=a+bX$ 代入上式，得：

$$Q = \sum_{i=1}^{n}(Y_i - a - bX)^2$$

为使 Q 为最小值,需要利用偏导数求极值的方法,进行求导,得:

$$a = \frac{1}{n}\sum Y_i - b\frac{1}{n}\sum X$$

$$b = \frac{n\sum XY_i - \sum X\sum Y}{n\sum X^2 - (\sum X)^2}$$

(2)半平均法

半平均法是一种比较简单的求直线方程参数的方法。用这种方法求参数,可把预测目标历史时间数列观察值和相应的时间序列平均分为两部分,各求出两部分的简单算术平均数,以此代入直线方程求出参数。

设时间数列有 N 个观察值,令 $N = 2n$(n 为任意正整数),即观察值个数能被 2 整除。若原数列观察值个数为奇数,可删去第一个值,又设为实际观察值,X 为相应的时间数列序列。半平均法的计算公式根据为:

$$\sum(Y_i - Y) = 0$$

式中:$Y = a + bX$

$$\therefore \sum[Y_i - (a + bX)] = 0$$

即 $\sum Y_i = Na + b\sum X$

上述反方程可以组成一个方程组,解得:

$$a = \frac{\bar{X}_2\bar{Y}_1 - \bar{X}_1\bar{Y}_2}{\bar{X}_2 - \bar{X}_1}$$

$$b = \frac{\bar{Y}_2 - \bar{Y}_1}{\bar{X}_2 - \bar{X}_1}$$

式中　$\bar{Y}_1$——时间数列前半部分的观察值;

$\bar{X}_1$——时间序列前半部分时间序列数的平均值;

$\bar{Y}_2$——时间数列后半部分的观察值;

$\bar{X}_2$——时间序列后半部分时间序列数的平均值。

(三)曲线趋势法

影响市场商品的供给与需求变化的因素多种多样,如价格、气候、政策、企业决策、利润水平、个别企业的偏好等,有时会表现出不同形状的曲线变动趋势。在此情况下,就需要运用曲线方程式求得曲线趋势变动线,然后加以延伸,以求得销售预测值。

由于影响市场供求情况的因素很多,由线方程也各不一样,这里主要介绍二次曲线法和简单修正指数曲线法。

1. 二次曲线法

二次曲线法,是指依据预测目标的历史时间数列,拟合成抛物线,建立起二次曲线法方程进行预测的外推法。

二次曲线法的方程为:

$$Y = a|bX|cX^2$$

设:时间序列观察期按自然顺序编号,即 $X = 1, 2, 3, \cdots, n$。它的一阶差分为:

$$Y' = Y_t - Y_{t-1} = b - 2tc - c$$

它的二次差分为:

$$Y'' = Y'_t - Y''_{t-1} = 2c$$

具体如表 4—9—2 所示。

表　4—9—2

年份(X)	观察值(Y)	一阶差分	二阶差分
1	$a+b+c$	—	—
2	$a+2b+4c$	$b+3c$	—
3	$a+3b+9c$	$b+5c$	2
4	$a+4b+16c$	$b+7c$	2
5	$a+5b+25c$	$b+9c$	2
6	$a+6b+36c$	$b+11c$	2

从表 4—9—2 可以看出,二次曲线的特征是曲线上的纵坐标呈现出二级增长量相等的变动趋势。所以,它最适用于时间数列的二级增长量大体相同的销售变动预测。在实际预测中,如果原始数据所求得的移动平均值的二阶差分趋于一个常数,即用二次曲线拟合的模型,其预测结果比较切合实际。

建立二次曲线方程 $Y = a + bX + cX^2$ 要根据历史数据资料估计出参数 a, b, c。常用的求参数的方法有最小二乘法。最小二乘法应用的具体过程如下:

设:Y_i 为时间序列观察值($i = 1, 2, 3, \cdots, n$),e_i 为 Y_i 与 Y 的离差,S 为总方差,即离差平方和,则:

$$e_i = Y_i - Y = Y_i - a - bX - cX_1$$

$$S = \sum e_i^2 = \sum(Y_i - a - bX - cX^2)^2$$

利用极值原理求 $\frac{\partial S}{\partial a}, \frac{\partial S}{\partial b}, \frac{\partial S}{\partial c}$,并令 $\frac{\partial S}{\partial b} = 0, \frac{\partial S}{\partial b} =$

$0, \frac{\partial S}{\partial c}=0$。

因为 X 代表时间数列观察期，故可令 $\sum X=0$；X 奇次方总和也等于零，即 $\sum X^3=0$。

可得

$$a=\frac{\sum X^4 \sum Y_i-\sum X^2 \sum Y_i}{n \sum X^4-(\sum X^2)^2}$$

$$b=\frac{\sum X Y_i}{\sum X^2}$$

$$c=\frac{n \sum X^2 Y_i-\sum X^2 \sum Y_i}{n \sum X^2-(\sum X^2)^2}$$

2. 简单修正指数曲线法

简单修正指数曲线法，是根据预测目标的历史数列，拟合成简单修正指数曲线，建立起方程进行预测的趋势外推法。简单修正指数的方程为：

$$Y=K+a b^x$$

设：Y_i 为预测目标历史数列的各个观察值，X 为时间序数，各个观察值及其一级增长量和一级增长量的环比系数如表 4—9—3 所示。

表 4—9—3

X	观察值(Y)	一级增长量	一级增长量的环比系数
0	$K+a$	—	—
1	$K+ab$	$a(b-1)$	—
2	$K+ab^2$	$ab(b-1)$	b
3	$K+ab^3$	$ab^2(b-1)$	b
⋮	⋮	⋮	⋮
n	$K+ab^n$	$ab^n(b-1)$	b

简单修正指数的方程中，K、a、b 为参数。

$$a=(\sum Y_i^2-\sum Y_i) \frac{b-1}{(b^n-1)^2}$$

$$b=\sqrt{\frac{\sum Y_i^3-\sum Y_i^2}{\sum Y_i^2-\sum Y_i}}$$

$$K=\frac{1}{n}\left[\frac{\sum Y_i \sum Y_i^3-(\sum Y_i^2)^2}{\sum Y_i-\sum Y_i^3-2 \sum Y_i^2}\right]$$

六、季节指数法

季节指数法，是以市场的循环周期为特征，根据预测目标各个日历年度按月(或按季)编制的时间数列资料，以统计方法测出反映季节变动规律性的季节指数，并利用季节指数进行近期销售预测的一种预测方法。

商品的供给与需求，在完全竞争的市场上，价格是传输供求信息的媒介，消费者可根据价格水平，选购商品以满足自己的偏好，供给与需求常会受季节性因素的影响，如服装，就有明显的淡、旺季之分。一旦掌握了季节的变动规律，就可以科学预测商品的供求状况以及价格走势，以调整生产与消费。

运用季节指数法进行预测，首先，要利用统计方法计算出预测目标的季节指数，以测定季节变动的规律性；然后，在已知季度的平均值的条件下，预测未来某个月(季)的预测值。测定季节指数的方法大体上分为两种：一是不考虑长期趋势的影响，直接根据原时间数列计算季节指数的方法；二是考虑到长期趋势的存在，采用先消除长期趋势，再计算季节指数的方法。

1. 不考虑长期变动趋势的季节指数

在不考虑长期变动趋势的情况下，求得季节指数进行预测的方法很多，这里主要介绍按月(季)平均法。按月(季)平均法，是以历年的各月(季)平均数同全时期月(季)平均数相比而求得季节指数，进行预测的一种方法。它的计算步骤如下：

第一步，计算历年各月(季)的简单算术平均数，即求出不同年份同一月份(季份)的总体平均水平。

第二步，根据若干年的时间数据资料，计算全时期的月度(季度)总平均数。

第三步，计算每个月(季)的季节指数。计算公式如下：

$$\text{月季(季度)季节指数}=\frac{\text{各年同月(季)平均数}}{\text{全时期月(季)平均数}} \times 100\%$$

2. 考虑长期变动趋势的季节指数

当按月(季)编制的时间数列呈明显的上升或下降的长期趋势时，用上述按月平均法计算的季节指数往往不够精确。为了克服这个缺点，就要在求得移动平均值的基础上求出季节指数，建立数学模型进行预测。

季节指数法首先是应用下面公式求 $n=12$(月)或 $n=4$(季)的移动平均值，公式为：

$$m_i=\frac{X_i+X_{i-1}+X_{i-2}+\cdots+X_{i-n+1}}{n}$$

将上述公式改进为：

$$m_i=m_{i-1}+\frac{X_i-X_{i-n}}{n}$$

其次，计算中心化移动平均值；然后再计算各月或各季的季节指数。

最后，考虑长期趋势和季节指数，建立季节指数法的预测数学模型，若长期趋势呈线性，季节指数法的预测模型为：

$$Y_{i+T}=(a_i+b_iT)X_t$$

式中　Y_{i+T}——时间为 t 的预测值；

i——预测模型所处的时间周期；

T——预测期距离预测模型的间隔周期；

X_T——预测的时间周期 T 的季节指数；

a_t——观察期最后一个中心化移动平均值；

b_t——观察期最后两个中心化移动平均值为基础的变动趋势。

七、回归分析预测法

回归分析，是指研究并导出因变量与自变量之间数量关系的方法和技术。在企业持续销售预测中，利用回归分析可以判断变量之间是否存在相关关系以及相关的密切程度，探索出它们之间合适的数学表达式，近似地确定它们之间的数量关系。销售回归预测分析又包括一元线性回归分析和多元线性回归分析，这里主要介绍一元线性回归分析。

一元线性回归分析，是在考虑销售发展变化本质的基础上，分析因变量随一个自变量变化而变化的关联形态，依此来建立它们之间因果关系的回归方程式，描述它们之间的平均变化数量关系，来预测企业的销售量。

假设预测的销售因变量为 Y，影响它变化的一个自变量为 X，因变量与自变量同方向增减，它们的回归方程为：

$$Y=a+bX$$

对于每一个自变量 X_i，根据回归直线方程都可以计算出一个因变量 Y_i 与此相对应。回归方程估计值与实际观察值之间的误差记作 e_i。显然，n 个误差的总和越小，说明回归拟合的直线越能反映两变量间的平均变化线性关系。据此，回归分析要使用拟合所得直线的平均平方离差达到最小，用数学方式表达为：

令 $Q=\sum_{i=1}^{n}e_i^2=\sum_{i=1}^{n}(Y_i-a-bX_i)^2$ 最小化，再根据微分方程中的极值原理，求出使 Q 最小的 a 和 b：

$$a=\frac{\sum Y_i}{n}-b\frac{\sum X_i}{n}$$

$$b=\frac{n\sum X_iY_i-\sum X_i\sum Y_i}{n\sum X_i^2-(\sum X_i)^2}$$

将求出的 a、b 值代入回归直线方程 $Y_i=a+bX_i$，就可以得出销售预测值。

利用一元线性回归分析预测销售的具体步骤如下：

1. 确定影响销售目标的因素。根据目标市场上的具体情况，选出的影响企业销售目标的因素有：

销售量 $=f$（本企业的价格，竞争者的价格，本企业的广告预算，竞争者的广告预算，可支配收入）

2. 收集整理因变量和自变量观察样本资料。根据预测要求通过市场调查收集纵断面观察样本资料或横断面观察样本资料。纵断面观察样本资料是指因变量、自变量的历史统计数据，它反映因变量、自变量所代表的同一地区或同一组织内经济现象随时间推进发展过程中的因果关系关联形态。横断面观察样本资料，是指某一特定时间内不同地区或不同组织的因变量和自变量的统计资料。它反映的是预测对象在特定时期内经济行为中的因果关系关联形态。

3. 建立回归方程预测模型。根据主要影响因素自变量的个数和自变量与因变量之间因果关系关联形态，以及上面收集的资料，按照回归分析的基本原理，建立回归方程预测模型。

4. 进行相关分析、方差分析与显著性检验。对于任何给定的一组因变量、自变量观察样本资料，用最小二乘法都可以计算出回归方程参数，建立回归方程式。但是，这样建立的回归方程并非一定有实用意义。凭借丰富的专业知识和实践经验能从质的方面判断回归方程式符合规律与否，但无法从量的方面做出判断。相关分析是借用统计方法计算自变量、因变量观察样本资料的相关系数，说明变量之间的线性相关密切程度，并通过显著性检验指出这种线性相关密切程度的显著性水平，方差分析是分析自变量与因变量线性相关关系对因变量的变异的影响程度，并通过 F 显著性检验指出反映自变量与因变量线性相关关系的回归方程式的显著性水平。只有通过 r 显著性检验和 F 显著性检验，才能说明建立的回归线性方程有实际意义。

5. 进行预测。经过相关分析与显著性检验后，利用达到某一显著水平的回归方程预测模型进行实际预测，包括计算销售预测值和置信区域。

第五节　预测精度及其对销售计划的影响

对预测精度的要求取决于经理人员的价值观及外部环境变化速度等。但预测精度越高就意味着需要更多的人力、财力、物力投入。在方法上，应依目标及用途来选取预测方法。预测精度取决于以下四方面的因素：数据的可变性；生产线的复杂性；预测的时间长度；预测技术。因此，做销售预测时，要从整个营销规划出发，对预测成本及收益做全面估计。表 4—9—4 显示不精确的预测对销售计划的影响。

销售预测既是一门科学，又是一种艺术。现代销售预测方法种类繁多，各种预测方法的出现，使销售预测的可靠性不断提高，丰富了销售预测科学。但是，在销售预测的实践中，经常发生预测失误的现象，其根本原因不在于预测方法本身，而在于预测者对于预测主体与手段的关系处理不当，或者对预测过程各环节不能掌握好。在实际工作中，必须牢记市场本身的动态是预测的主体，而任何方法都只是一种手段。因此，如何充分发挥企业经营主管人员及预测者的智慧与知识，融会贯通地综合运用各种预测方法，进行有效的预测，这又是一种艺术。

表 4—9—4　不精确的预测对销售计划的影响

	预测太高	预测太低
产品	产品过剩	没有足够的产品满足顾客需要
库存	库存过大	低库存
客户关系	多数条款无效	因为供货不及时顾客不满意
广告促销及公共关系	费用过高	没有充足的费用涵盖市场
分销	分销费用太高	分销不充分
价格	不得不降价	价格上涨，忙于分配短缺的产品
销售人员	人员过剩费用高，配额设定太高	没有足够的销售人员涵盖市场，区域设计不合理，配额太低

经验表明，要想取得较为符合客观实际的预测结果，就要把各种有效的预测方法综合起来运用，不能只运用一种方法就做出结论。在各种方法中，数学方法是硬方法，但是，在企业的产品销售预测中，目前运用得还不普遍。实际上，最后决策时，仍然是销售经理判断法在起较大的作用。

第十章　销售物流管理——订单处理

订单处理主要包括 3 种作业，即客户询价报价、订单接收确认与生产和物流的协调。对客户的订单，在研究分析产销协调后，必须妥善估价。订单报价处置不当，轻者引起客户抱怨，丧失销售机会；重者导致内部产销秩序混乱，甚至引致企业损失。

第一节　订单处理的模式和报价

根据企业的营运方式，接受订单的处理模式可分为两大类，即“订单生产方式的接受订单”与“存货生产方式的接受订单”。

一、订单生产方式的订单处理流程

(1)销售部在同意客户订单之前，必须获得生产部门的确认。

(2)销售部在接到客户的订单样品及询价单价后，将样品交由设计部门设计打样。

(3)市场部根据制作完成的产品样品，与生产部门讨论制造流程及可能需要的生产日程后，拟定样品成本分析报告，呈报总经理核准。

(4)销售部将制作完成的产品样品及设计图样交给客户，由其认可并商议交货期。

(5)客户同意交货期，并同意接受所制成的样品，则由销售部组织报价工作。

(6)客户若不同意样品，则由设计部门依据客户意见，再予修改。

(7)若客户不同意交货期，则由销售部与生产部及实际生产作业部门研究后，再与客户协商。交货期的确定，必须协调客户需求与企业的制造生产能力。

(8)客户同意样品及交货期后,销售部根据样品成本分析报告,再加上运费、保险费、各项费用及预期利润,订出售价,并列表呈总经理核准。

(9)总经理同意并签准后,由销售部负责承办人员向客户报价。

(10)若客户接受报价,销售部接到客户正式订单后,首先检查订单各项条件齐全与否,订购内容是否清楚,若有涂改应盖章注记。

二、存货生产方式的订单处理流程

多数企业的产销形态,属于存货生产方式,其重点在于销售预测的能力与准确性,市场部门要通过销售预测,再给生产部门下发可能的销售量;生产部门根据市场部门的预测来安排采购与生产工作。销售分析主要是为了让销售主管及高层主管对现有销售状况有全面的了解。管理人员可输入销售日期、月份、年度、商品类别、商品名称、客户名称、作业员名称、仓库等销售资料或销售统计资料。销售报告文件应包括订单、出货配送数据、商品目录数据、商品明细数据、客户对商品反应数据、入库数据等;常用的商品管理报表包括商品销售排行、畅销品及滞销品分析、商品周转率分析、商品获利率分析等;一些销售统计报表包括商品销售量统计表、年度商品数量统计表、年度及月份商品数量统计比较分析报表、商品成本利润百分比分析报表。销售预测是协助高层主管根据现有销售资料预估配送中心的发展方向,准备未来库存需求量、产能需求及投资成本的需求,销售预测一般可根据作业模式或统计方法实现,包括最小平方法、移动平均法、时间序列分析、指数平滑法、多元回归分析等。

在实际作业时,每个月的"实际销售量"会与"可能的销售量"有所出入。根据销售报表,分析何种产品畅销、滞销,双方再召开产销协调会,定期检讨。必须迅速、精确地把销售分析转为未来预估的销售量,再交由生产部门生产。由此可见市场部门在存货生产方式中扮演着重要角色。

三、订单的估价和报价

企业接到客户的订单后,必须对所承接的订单进行估价和报价。有时需要先与生产部门协调后,才能决定报价多少和是否承接订单。若是存货式生产的标准品,可能在企业内部早已拟订对外标准报价,这样估价作业就很容易,例如:"每台机器 36 万元""每箱 70 元"等等。出货即由销售部开具"出货单",再由仓库部门进行商品交运。若是订单式生产,产品差异度大,必须进行估价,并通过与内部生产计划部门的产销协调,经确认无误后,由销售部承接此订单。订单的估价,必须遵守公司规定,对关键事项严格规定:

(1)品名、规格、数量及合同金额。

(2)具体的付款条件:付款日期、付款地点、现金或支票、支票日期、收款方式。

(3)除特殊情况以外,从订单受理到交货之间的期限。

(4)交货地点、运送方式、距离最近之车站等交货条件。

(5)安装、转运及修理等所需之技术派遣费的协定。

仔细评估后,再将此订单受理的估价单,连同客户给付的订购单、合同范本,以及证明此次订单事实的相关资料,一并呈送所属主管审阅;在取得所属主管同意后,才能对客户提出此"订单"的"估价"。

有的公司采用的是自动报价系统,自动报价系统需要输入的数据包括客户名称、询问商品的名称、商品的详细规格、商品等级等,然后系统根据这些数据调用产品明细数据库、客户交易此商品的历史数据库、对此客户报价的历史数据库、客户数据库、厂商采购报价等,以取得此项商品的报价历史资料、数量折扣、客户以往交易记录及客户折扣、商品供应价等数据,再由配送中心按其所需净利与运送成本、保管成本等来制定估价公式并计算销售价格。接着由报价单制作系统打印出报价单,经销售主管核准后即可送予客户,报价单经客户签回后即可成为正式订单。

第二节　订单的内部管理与协调

当客户有意向公司订单时,销售员可先填写"订单报价单",一方面确认客户的需求,如产品的规格、特性、尺寸、数量、价格等;另一方面调查其信用状况。在接受订单之前,必须确定客户是否符合公司的信用管理标准,在评估其信用后,再决定是否接受订单。

若是本公司经常往来的老客户，在信用额度内，销售员可直接填写“订货单”，经主管审核通过后，即可准备出货。

“订单生产方式”的出货，销售员在承接订单之前，事先要获得生产制造部门确认是否可如期交货。市场部门所承接的订单送一联至工厂的生产计划处，同时将已经接到的订单进行汇总，预计下个月销售量，而填制“月份产销计划表”，送给生产计划处作为生产计划的依据。至于“存货生产”方式的承接订单，销售员只需利用电话或电脑查询成品仓库内的库存量。

承接订单后，为了避免作业疏忽而丧失销售机会，一定要将品名、数量、单价、交货日期以及其他条件加以记录，使该笔订单得到适当处理。在物品出货或提供劳务之前，必须对单价、信用制度、付款条件等予以审核，且必须确认跟公司所定政策是否符合。为防止错弊发生，一旦收到订单，必须加以处理；此外，若订单内容有所变更时，必须将变更内容加以记录，为防止订单的丢失，并保证全部事宜能够适时处理，订货单等必须加编连续号码。

完成上述程序后，必须填写多联式“订货单”。其中有一联是“出货单”，给出货部门人员；以便快速出货来满足客户需要。

若库存现货不足，致使无法出货，要经由销售员迅速将此事传达给客户，同时亦告知出货的时间，并确认客户可否变更日期。发出出货单后，若无货可出，应取消出货命令，或要求客户决定该笔订购作为待配订单，再等候进货时机或制造完成。在多数情况下，应在做成出货单之前，确定该货品有无库存，并确定能否出货。

二、订单的产销协调

产销不协调一直是公司长期存在的问题。对于存货生产方式的产销协调，公司可作年度预算，亦即在前一年的 10 月份左右，作下一年的销售预算，决定出各个月份的产品销售量，再决定各期的生产预算、原料采购预算、人工成本预算、制造费用预算及销售费用预算。

有了年度预算后，市场部门要随时注意市场需求，了解消费者，制定营销组合策略，同时也告知生产部门有关销售量的预测。理论上是希望有需求才生产，但在实际上有困难且不易执行，所以生产部门只能部分依市场需求来生产，部分按作业计划生产。因此，市场部要定期核查生产部门各项产品的库存量，若有较多的产品，有必要作促销活动来吸引消费者，扩大销售量，使仓库货品能流通起来。

对于订单生产方式的产销协调，可参考下列做法：

1. 生产部门应详实提供每月的标准产能及生产计划，供销售部门及时了解与掌握生产负荷状况，作为接单依据。

2. 销售部在与客户谈判时，亦应考虑公司目前的生产状况及负荷情形，尽量争取最有利条件，避免现场生产变动过剧，影响现场作业士气。

3. 由销售部统筹负责订单的汇整与编排作业，并定期开会，根据订单的重要性与急迫性决定交货优先顺序，避免每位销售员自行到生产现场跟催。

4. 生产部门排定生产计划时，应预留部分生产能力，并在生产计划表上显现出来，以避免紧急插单带来换线频繁的困扰。

5. 产销协调会议应每周至少召开一次，由总经理或厂长主持，参加人员为制造部门、销售部门、仓库及车间等主管。

6. 每日下班前(后)召开生产检讨会，将当日生产数量及异常现象予以检讨，以决定加班时间、人手调派或外包措施。此外，亦可针对次日生产订单之备料及其他准备事宜事先做协调。

三、订单与整个物流系统的协调

订单的重要特征表现在订单大小、订单时间以及订单统计的相关特性等要素。

订单大小在形式上多种多样，特别是在某些产业中订单大小千差万别。有时候订单大小呈指数分布，即平均发货量比较适当，但一方面有极少数商品的订单非常大，另一方面很多订单又非常小。因为这种小订单在数量上占了企业订单总数的大部分，这些企业就必须弄清楚这种销售究竟有多大比例，它对物流信息系统和整个物流系统会造成什么样的负担和影响。对数正态分布是一种比较合理的订单量分布形式，即在总需求中有 2～3 个大订单，其他订单相对较小。如今很多企业为了提高物流效率，降低不必要的成本，在订单量类型分析的基础上，对特定商品设定最低订单量，当然，最低订单量必须充分考虑商品的需求特性和其他经营管理要素。

实行什么样的价格折扣计划对订单量的形成有一定的影响，一般订单量有随价格下降而增大的倾向。在实行价格折扣或降价的情况下，客户要在考虑自身条件（如使用量、在库维持费、事务费、购入费等预算）的基础上决定最佳购入量；在无价格差的场合，最佳订单量的选择与价格的关系不明显。因此，在价格折扣能产生效应的情况下，一种或数种产品的降价会使物流量相对集中。

进一步看，价格的下降还会对相应的制造、流通技术以及物流方式和效率产生影响。例如，某企业发现实行价格折扣能促使顾客订单向大单位化发展，因而坚持使用价格折扣来推动物流量的集中。但是与此同时，企业的生产与物流系统的配置无法适应物流量集中发展的要求，产生了经营活动的断层，阻碍了企业价格政策和促销政策的实施。所以，在实行价格折扣时必须充分考虑物流量与生产、流通以及物流系统的协调问题。在订单持续很多或持续很少、或者集中起来物流量很大的情况下，要求企业使用顾客补充发货系统，也就是进行系统化的发货。

第十一章　销售物流管理——销售计划

销售计划是企业根据销售预测的情况，对未来某一时期内的销售目标进行的规划。销售管理的核心内容就是企业对销售的整个过程进行全面有效的规划和控制。具体来讲，就是从满足市场需求出发，建立一整套系统的管理程序和方法，将满足市场需求作为企业的任务和目标，制定销售战略，然后编制计划，依此来实现企业的经营目标。由此可见，销售计划是企业经营战略管理的最终体现。

在企业整体经营计划体系中，销售计划、生产计划和资金计划是其核心支柱。在市场经济发育的不同阶段，它们在企业经营管理中所处的地位有所侧重。在市场经济发展到现阶段的今天，企业是以销售计划为核心，生产计划是以库存计划为依据并配合销售目标而制定，资金计划随生产计划的变化而改变。

制定销售计划，亦可使财务管理部门做好资金的筹集与使用工作，让财务部门规划出一套完整的财务预算，确定在经营活动中每个月预定的支出费用与收入水平。企业财务管理部门可依据销售计划来控制企业经营活动中的一些固定费用，例如人事管理费用、利息、折旧等费用。同时销售额的变动也会促使财务部门及时调整企业经营中的变动费用，例如进货、材料、委托加工、运费等，使企业财务状况始终处在一个理想的状态。

由此可见，销售计划具有企业整体经营计划先驱者的特点，销售计划的内容决定着企业经营活动的性质与方法，因此，要以谨慎的态度来编制销售计划。

第一节　销售计划的影响因素

一、市场占有率对销售计划的影响

在制定销售计划时，需要全盘考虑的因素很多，绝不能仅凭销售部门内部现有的情况就制定整个经营年度的销售计划。

任何一类产品都有年度市场需求总量。企业在制定自己的销售计划之前，应该对本企业产品的市场占有率有一个清楚的认识，才能正确地分析自己在满足总需求量中所占的比率有多少（即市场占有率）。市场占有率反映了一个企业的商品销售能力、市场竞争能力和适应能力，以及企业的信誉状况，它是反映企业经营状况的最重要的指标之一。因此，通过分析企业产品的市场占有率，可以观察出企业在同行业中的地位、企业的销售策略选择是否正确，以及企业（或产品）未来发展前景。市场占有率的计算公式如下：

$$绝对市场占有率=\frac{企业产销售额(数量)}{本行业产品销售总额}\times 100\%$$

$$相对市场占有率=\frac{企业产品市场占有率}{\begin{array}{c}同行业同类产品\\较高的市场占有率\end{array}}\times 100\%$$

绝对市场占有率指标表明企业产品销售占市场份额的大小；相对市场占有率指标表明企业与同行业、同类型企业产品市场占有率的相对关系。分析的方法，一般根据市场占有率和销售增长率两个指标，采用四象限评价法，如图 4—11—1 所示。

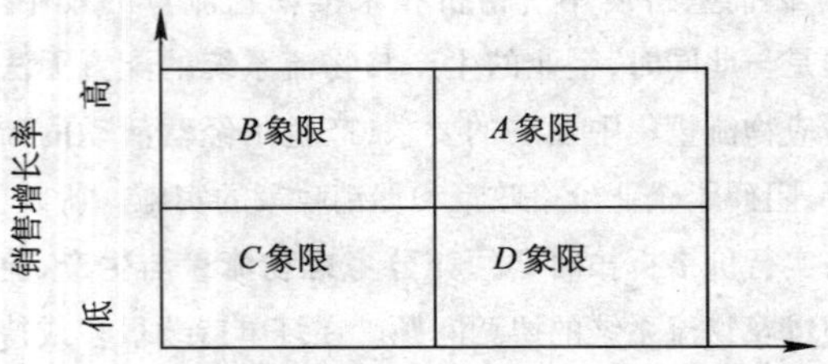

图 4—11—1 四象限评价法

图 4—11—1 中，横坐标表示市场占有率，纵坐标表示销售增长率。每一坐标从低到高分为两部分，形成 4 个象限。

A 象限中的企业，市场占有率和销售增长率都高，说明企业竞争力强、销售状况好、资金运用效率高，属于发展前景乐观的成熟型企业。这类企业在确定销售目标时可依据企业销售额的年增长率。

B 象限中的企业，位于低市场占有率和高销售增长率的区域，表明企业销售虽然处于高增长状态，但占有市场的份额较小，属于发展成长型企业。这类企业为了提高市场占有率，需要增加较多的资金。企业的销售规模往往呈倍数增长，很难用一般稳定的模式来确定它的销售目标。

C 象限中的企业，市场占有率和销售增长率都低，说明企业的竞争能力和销售状况都差，是没有发展前途的衰落型企业。在确定下一年度的销售目标时，常常以维持现有销售规模或一定幅度的缩量为特征。

D 象限中的企业，处于高市场占有率和低销售增长率的区域，这类企业生产经营的产品向被淘汰和被替代的方向发展，属于效率低下的风险型企业。下一年度的销售目标有可能锐减。

二、销售渠道对销售计划的影响

产品销售渠道虽然多种多样，但对于经营者来讲，无论哪一种销售渠道都是利弊共存的。由于销售渠道受产品、市场、环境以及企业经营特点和规模等诸多因素的制约，因此，企业必须根据实际情况选择恰当的产品销售渠道。销售渠道选择得是否正确，关系到产品能否充分及时地销售出去，关系到企业销售计划的制定与销售目标的完成。从经营范围讲，综合性经营强的企业，销售渠道宽、产品周转快；专业性强的企业，销售渠道窄，产品周转慢。从经营产品讲，经营的产品单位价值高、时尚性强、耐久性强、储备条件要求高，企业大多选择直接销售渠道；经营的产品单位价值低、时尚性差、耐久性低、储存条件要求低，企业大多选择间接销售渠道。不同的销售渠道直接影响到产品的销售规模，也影响到企业销售计划的制定。

三、销售手段对销售计划的影响

销售手段是指产品经营者为了向顾客推销产品，刺激顾客的购买欲望，扩大产品销售所进行的各种活动，主要包括广告宣传手段、销售促进手段和销售服务手段。

企业广告宣传是指通过广播、电视等视听广告，报纸、杂志等印刷广告，路牌、招贴等户外广告，以及橱窗、墙面、柜台、货架等现场广告多种形式，广泛宣传企业经营的产品，诱导顾客前来购买自己的产品，扩大企业(或品牌)的知名度，促进产品销售的活动。企业经营产品的范围越广、品种越多、款式越新，以及新开发的产品越多，广告宣传的作用越重要。一般来说，企业的广告宣传与产品销售、产品品牌的知名度成正比，即企业经营的产品货真价实，其广告宣传得越多，产品品牌的知名度越高，产品销售状况越好，反之亦然。

促进产品销售的主要手段有展销订货会、赠品奖励、让利销售、联合经销等。在一般情况下，企业销售手段运用得越多，其销售能力就越强、销售效果越好。

销售服务是指企业运用多种多样的服务方式，让顾客得到方便实惠，提高企业的声誉和产品品牌的知名度，开拓产品市场新领域，并通过客户的口碑效应，提高销售能力的重要手段。就一般企业来说，销售服务有 3 种方式：一是售前服务，包括开架销售产品、信息咨询、产品推荐以及预约订购等；二是售中服务，具体包括示范指导、协助挑选、免费加工、包装搬运等；三是售后服务，包括送货上门、安装调试、维修保养、产品保险等。通常情况下，企业产品销售服务手段齐全而有效，标志着企业的销售能力强，销售业绩向好方向发展。

四、销售能力对销售计划的影响

销售能力是关系到企业兴衰存亡的重要因素，也是企业在制定销售计划时必须考虑的重要因素。消费者和客户以需求为出发点来购买产品，经营者以满足消费者和客户为经营目的。这种经营者满足消费者和客户需求的程度，就表现为企业的销售能力。衡量企业销售能力强和弱的主要标志是经营品种的多或少、销售对象的宽或窄、销售网点规模的大与小、销售人员素质的高或低以及企业综合功能的强与弱等。

（一）经营品种的多与少

企业销售产品的种类、品种、规格、花色的多少，反映着企业经营实力的大小、销售能力的强弱，关系到企业经营成果和资金运用的合理程度。一般情况下，企业经营产品的类别、品种多，规格、花色全，其经营能力强、销售业绩好、市场应变能力强。销售经理在编制销售计划时，要主要调查分析本企业现在与过去经营产品品种规格数量增减变化情况，以及将企业与同行业经营的产品品种规格数量进行比较，观察企业经营产品品种数量的增与减、多与少，进而判断企业销售能力的强弱，作为确定下一年度销售目标的依据。

（二）销售对象的宽与窄

企业产品销售对象多，服务面宽，并呈现稳定和扩大势态，表明企业销售能力强；反之，产品销售对象少，服务面窄，并呈现缩小的势态，说明企业销售能力弱，在制定销售计划时要及时进行调整。

销售经理在分析企业产品销售对象时，一要分析企业产品销售去向。如果企业产品销售辐射区域大，而且直接销售所占的比重大，说明企业产品销售对象多和宽；反之，企业产品销售去向少，产品覆盖面窄，而且直接销售比重小，说明企业销售对象少和窄。二要调查或观察企业的客户数量。如果企业的客户数量明显增多，一般说明企业产品销售对象宽，在编制销售计划时，可以采取比较乐观的态度。反之，说明企业销售对象窄，编制销售计划时要尽可能谨慎一些。

（三）销售网点规模的大与小

企业产品销售网点的地址设置是否处于理想的位置，网点规模大小和数量多少是否有利于经济效益的提高，网点环境是否吸引顾客，直接反映出企业的销售能力。销售网点地址选择处在交通发达的地带，销售能力就强，业绩就好；反之，销售网点地址设在偏僻或交通不便之处，企业产品销售能力就弱，业绩就差。网点规模大、数量多，企业销售能力就强；网点规模小、数量少，企业销售能力就弱。对商业企业来说，网点环境优雅，建筑造型新颖，装饰豪华整洁，橱窗陈列突出，卖场设备齐全，商品摆放合理、丰富整齐，消费者就能舒适、方便地参观购物，企业的销售能力就强；否则，将影响顾客流量，削弱企业的销售能力。企业产品销售网点设置的稳定程度也能反映企业的产品销售能力。企业在销售网点设置上朝设夕撤、变迁频繁，一般都是销售能力弱的表现。在编制销售计划时，就要保守一点，否则销售目标与销售实际就会有较大的差距。

（四）推销人员素质的高与低

推销人员具有丰富的产品知识和产品经营知识，很强的产品推销能力，高标准的技术服务水平和优秀的公关能力等素质，企业的产品销售能力就强。相反，推销人员产品知识贫乏推销能力差、服务水平低、缺乏公关能力（无法有效地开拓新客户），企业的产品销售能力就弱。销售经理在考察推销人员的素质状况时，主要通过一定时期推销人员人均销售额的变化状况来分析。分析的方法是：将企业某个时期的销售额除以销售推销人员的平均数得出的人均销售额与前期、历史同期和同类企业的对比，人均销售额大的，说明企业推销人员素质高、推销能力强。

企业推销人员的素质状况，还可以通过企业对推销人员培训情况进行分析。企业对推销人员按销售需要开展培训，人均接收培训次数多、时间长，推销人员的素质就会得到提高，企业的产品销售能力将得到增强。在编制销售计划时，对于高素质的推销人员可以增大他们的销售任务，充分发挥他们的潜能。

（五）企业综合功能的强与弱

企业的综合功能是指为了在竞争中保持和提高经营能力，扩大产品销售，建立的与产品销售关系紧密的辅助部门一同发挥相互配套、互为促进的综合功能。分析企业综合销售功能的强与弱，主要看企业销售辅助部门是否齐全，办事效率的高低、处理销售疑难问题的能力。一般企业分设5个销售辅助部门:一是信息部门。该部门通过对各种信息的收集、传递、加工和处理,及时准确地为销售经理提供有价值的情报。二是商检部门。该部门严格按照规定的计量、质量标准检验产品,并为以后经销产品的品牌提供依据。三是储运部门。该部门通过合理、经济、安全和完整地储存产品,保证产品销售连续不断地进行,并以最短的时间、最佳的路线和最低的费用完成销售产品的转移工作。四是维修部门。维修部门保证消费者和客户购买的产品能够发挥效用,了解顾客对产品质量、性能等要求的信息。五是公关部门。该部门有计划、有目的地组织企业与客户、与消费者之间开展各种活动,以达到密切与老客户的关系,开拓新客户的目的。

一般来讲,销售能力强的企业,都设置功能齐全的销售辅助部门;而销售能力弱的企业,大都不重视或忽视这方面的工作。健全的销售辅助部门会对企业的产品销售活动起积极促进作用,有利于企业销售目标的实现;不健全或不完善的销售辅助部门必然会制约企业的销售业绩,在编制销售计划时要考虑到这一点。

五、销售计划与其他部门的关系

销售经理在制定销售计划之前,应将企业所有部门的影响都考虑在内。销售部门应将企业的总销售额按产品别、月份别、地区别以及推销人员别予以细分而形成一个体系,建立完善的销售目标体系,使每一位销售人员都全身心地投入到企业的销售业务中,并且定期(每月)检查销售的效率。同时企业内部的职能管理部门如生产制造部门、工程部门、人事部门,甚至财务部门都要积极配合销售计划的目标安排,提出具体的配合计划。例如,生产制造部门月产能力的安排,工程部门对组装能力的安排,人事部门对销售人员的招募、教育培训计划、福利奖金制度的制定,以及财务部门有关资金的安排、调度等。

原则上,销售经理在编制销售计划之前,应与企业其他部门相互配合,才能实现企业的整体目标,事实上,企业各部门之间普遍存在一定的冲突,有些是由于部门对自身利益的追求,而造成部门之间各自为政。因此,销售经理在制定销售计划之前,应从企业的整体利益出发,以务实的态度与各部门积极协商,消除分歧,使销售计划切实可行。销售经理在编制销售计划时要注意解决以下几个问题:

(1)要使产品销售计划与生产计划相衔接,计划生产的产品要适销对路,品种、数量、质量和交货期限要满足订货合同规定的要求。

(2)要使销售计划与财务计划相衔接,按订货合同期限供货、发运、收回货款,加速产成品占用流动资金的周转,保证企业继续再生产所需的资金。

(3)研究企业产品销售盈亏界限量,确保企业盈利的销售量。

(4)要考虑销售渠道和销售方法的选择,制定广告宣传、包装设计、运输方式、销售服务等销售措施和费用计划,以降低销售费用。

第二节 销售计划的内容

销售计划的主要内容,就是合理确定计划年度的销售目标(即销售量)、销售收入、销售利润、销售渠道、销售方式和销售策略。具体地讲,销售计划是指:在一定时期内根据销售预测来设定产品销售的目标值,将该销售目标值具体细分为销售定额,再根据销售定额来匡算出需要的销售预算。图4—11—2中所示,企业的销售计划应该包括以下具体内容:

(1)根据市场预测确定产品销售收入的目标值;

(2)按具体销售组织或时期来分配销售目标值;

(3)编制并分配销售预算;

(4)实施销售计划。

销售经理在制定销售计划之前,首先要进行市场调查,预测市场需求,以便掌握整个行业市场的动态。然后再根据整个行业的需求预测值和本企业的市场占有率来对本企业的产品进行销售预测。

其次,根据销售预测、经销商、各部门经理以及一线推销人员所提供的销售额进行分析判断,以此决定企业下一年度的销售目标值。为了确保销售目标的实现,必须将销售目标值以"产品别"为核心进行分配,再按照部门别、地域别、客户别、销售月份别以及推销员个人别分配销售目标值,使销售目标总值分解落实到每一位推销员身上。表4—11—1就是一份以"产品别"为核心的销售目标管理表。

再次,根据销售目标值测算销售费用预算,再将销售费用预算分解到“产品别”“部门别”“客户别”“销售月份别”以及“推销员个人别”上，并为推销人员展开推销工作奠定良好的物质基础。

企业的销售计划按照其覆盖期限的长短，可以分为长期计划、中期计划和短期计划。一般说来，1年期以内的计划为短期计划，1年至3年期为中期计划，3年期以上的为长期计划。短期销售计划的各项指标一般都比较明确、较为具体。中长期销售计划大多是纲领性的、大致的和较为粗略的。短期销售计划是保证中长期销售计划实现的基础，又是

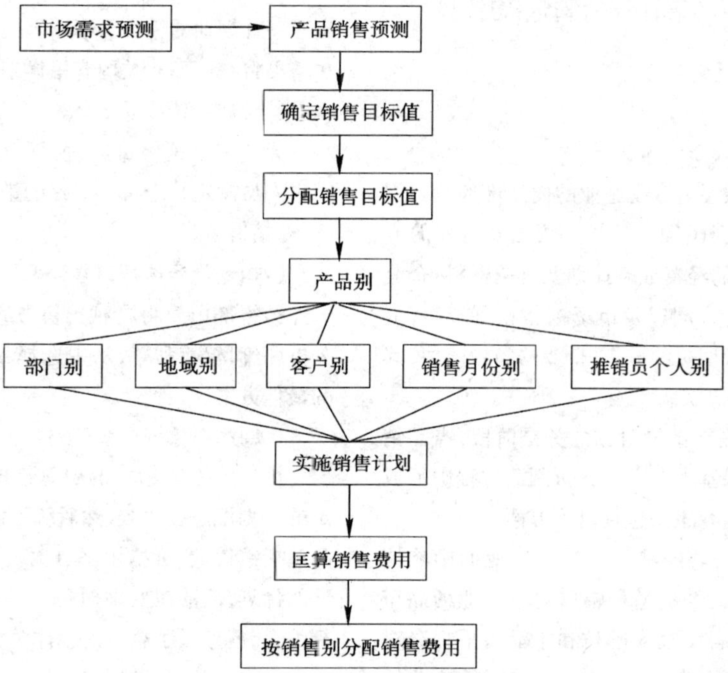

图4—11—2　产品销售计划体系

表4—11—1　年度销售目标管理简表(以季为单位)

月份	区分	1月份			2月份			3月份		
产品名称		销售目标	销售实绩	达成率	销售目标	销售实绩	达成率	销售目标	销售实绩	运成率
A产品	当月									
	累计									
B产品	当月									
	累计									
C产品	当月									
	累计									
D产品	当月									
	累计									
E产品	当月									
	累计									
合计	当月									
	累计									

中长期销售计划预定的目标在当年度的具体化。中长期销售计划是短期销售计划的指导。企业短期销售计划的变化应该与中长期计划变化趋势大体一致或基本相适应。

第三节　销售计划的制定程序

一、编制销售计划程序

(一)调查研究,分析现状

调查研究的主要内容是企业的内外部环境。例如,国家关于发展国民经济的长远规划及有关的方针政策;企业长期的经营战略计划及有关资料;企业与客户签订的销售合同以及市场销售预测资料;上一年销售计划执行情况的分析;企业的经营能力;其他各项技术经济资料。

分析判断是确定销售目标的关键阶段,产品销售目标的预测结果基本上是在分析判断过程中形成的。分析判断的内容主要包括以下方面:

1. 分析判断宏观经济形势对本行业的影响情况。主要包括:国民经济增长幅度对本行业商品市场需求量的影响;居民收入增长和生活水平提高对本行业商品需求量的影响;国家进出口政策变化导致的本行业商品进出口量的增减情况。

2. 分析判断市场竞争状况对本企业的影响。主要包括:市场供应量的增加对本企业的冲击程度;消费者的品牌偏好变化对本产品的影响状况;上游原材料供应形式对本企业经营的制约程度;相近的替代产品对本企业产品的冲击程度;本企业产品的质量、花色、成本等基本情况在同行业中的位置;本企业包括广告宣传在内的营销努力与同行业其他企业的差距程度;本企业销售服务工作与同行业其他企业的差距程度等。

3. 分析判断消费心理、消费时尚的变化给企业销售工作带来的影响,以及企业顺应这一形势而采取各项措施的效果。

通过上述调查研究与分析判断,应该得出如下结果:

(1)本企业所处行业在未来某一时期内,产品覆盖区域内的市场空间有多大,其增长情况怎样。

(2)本企业经营的产品的社会供求矛盾有多大。

(3)本企业在市场竞争中的地位如何,正在采取的改进经营管理的措施的未来效果怎样。

(二)确定销售目标

销售部门应当将上一期销售计划的执行情况、对现状的分析判断以及预测结果三者结合起来,提出下一计划期的销售目标。有关销售目标的确定方法本书将在下面有关内容里详细阐述。

(三)制定销售策略

为了完成销售目标,企业销售部门要动员全体销售人员制定几个可供选择的销售途径或方法或方案,即销售策略。

(四)评价和选择销售方案

销售部门要将各种销售方案摆出来,让经营者分析评价,权衡利弊,从中选择收益最大、风险较小的最佳方案。

(五)综合编制销售计划

由企业主管销售的副总经理负责,将各部门制定的计划汇总在一起,然后统一协商,编制每一种产品包括销售量、价格水平、广告促销、销售渠道等策略的计划,简洁扼要地对每一种产品的销售计划进行综合,就形成了企业的整体销售计划。

(六)对计划的附加说明

附加说明是为了对销售计划中的有关指标和难点进行解释,使执行人员更容易领会,贯彻执行起来也更为有力。附加说明应注意以下几点:

(1)实现销售目标的行动,应包括几个具体步骤;

(2)每个步骤之间的关系;

(3)每个步骤由谁来具体负责;

(4)完成每一步骤的计划期限。

凡是与销售计划有关的,计划正文中无法详细说明的都要在附加部分中解释清楚。

二、确定销售目标值应考虑的因素

销售目标值往往是在销售预测的基础上,结合本企业的营销目标、市场占有率、竞争状况以及企业的现状来制定的。确定销售收入目标值就等于决定了整个企业的行动目标。由于企业是一个营利性的经济组织,销售收入的多少直接说明了企业的经营状况,关系到企业的生存与发展,所以在确定企业的销售目标值时要考虑以下因素:

(一)与市场的关联

“与市场的关联”是指目标市场的顾客规模与企业可服务顾客数量之间的比率,也就是企业与市场之间的联系程度。企业正是根据这一原理来确保企业产品(或品牌)的市场地位,即企业的销售目标的大小必须能够确保企业在市场上的现有地位,否则在激烈的市场竞争条件下,企业的市场份额就会被其他企业蚕食。企业为了确保其市场地位,必须采取各种有效措施来维护老客户,开拓新客户,而这些措施的最终结果将通过市场占有率和市场扩大率表现出来。

(二)与收益性的关联

“与收益性的关联”是指企业确定的销售目标值必须能够确保企业正常生产与发展所需的一切收益。对于这个最低的销售目标值,一般使用盈亏临界点分析法来确定。

(三)与社会的关联性

“与社会的关联性”是指企业适应社会的程度。企业是构成社会的一个基本组织,企业与社会之间应该相互协调,企业应该适应社会发展,不能为了一定的销售目标而危害社会环境,损害大众利益。

决定销售目标值时,应全面考虑上述因素,不能仅仅依赖销售预测值,因为所有预测结果都必须有一定的假设前提,而这些假设前提并不能涵盖市场上的所有未知因素。

三、决定销售收入目标值的方法

决定销售收入目标值的方法主要有:

(1)以过去销售实绩为依据的确定法。

(2)根据销售预测。

(3)根据销售的成长性进行预测。

(4)以产品的市场地位为依据的确定法。

(5)根据产品的市场占有率来确定。

(6)根据产品的市场扩大率来确定。

(7)根据顾客的购买率来确定。

(8)以损益性指标为依据的确定法。

(9)根据总资产收益率来确定。

(10)根据利润率水平来确定。

(11)根据损益平衡点来确定。

(12)其他确定方法。

(13)根据各销售部门提供的资料进行汇总。

(14)根据与竞争对手的横向比较来确定。

(15)根据国家的宏观经济形势来确定。

第十二章　销售物流管理——销售渠道与客户管理

第一节　销售渠道管理

在生产产品达成交易后,组织销售物流。销售渠道就是企业的产品流向消费者的通路,这个通路是由不同层次的客户组成的。客户和由客户组成的销售渠道是企业获取销售利润的宝贵资源,对其进行科学化管理不但是必要的,而且也是非常急需的。

一、销售渠道概述

销售渠道就是企业所有客户的集合,也可以说所有客户组成了企业的销售渠道。摆在企业面前的任务就是要对客户的结构进行科学的设计,因为它是客户管理的基础和前提。不同的销售渠道直接影响到产品的销售规模,影响到企业销售物流目标的实现,进而影响整个物流系统的平衡。

销售渠道就其结构而言,有其长度和宽度之分。销售渠道长度是指客户层次的数量,也就是产品需要经过多少层次的经销商来参与企业的销售。

例如,消费品销售渠道长度可分为两种形式。一种是企业把自己的产品先分销到零售商手中,再通过零售商实现最终的销售,这是直接通路。另一种是企业把自己的产品先分销给批发商,通过批发商再分销给零售商,最后通过零售商实现最终的销售,这称之为间接通路。

对于工业品销售渠道长度也可分为两种形式。一种是制造商把自己的产品直接销售给用户,这是直接通路。另一种是制造商把产品先分销给代理商,通过代理商再分销给批发商,最后通过批发商销售给用户,这称之为间接通路。

销售渠道宽度是指在同一层次的通路中客户的数量,主要分两种形式:一种形式是集中型通路,另一种是密集型通路。如果有少数几家客户在经营企业的产品就属于集中型通路,如果有很多客户在经营企业的产品就属于密集型通路。

二、销售渠道设计时应注意的因素

设计销售渠道时应着重考虑3个关键的因素，它们分别是产品的特性，企业的最终实力和竞争对手销售渠道的利用问题。

(一)产品特性对销售渠道选择的影响

如果产品的价值很大，即很贵重的产品，就需要选择集中型直接销售通路，因为价值大的产品，销售数量是很少的，所以只能集中在几家大的经销商那里销售。例如，瑞士名表的价格是非常昂贵的，一只表价值几万美元，甚至几十万美元，所以只有少数几家经销商有能力经销这种产品。表4—12—1显示产品特性与销售渠道选择的关系。

表4—12—1 产品特性与销售渠道选择的关系

产品特性		销售渠道长度		销售渠道宽度	
		直接渠道	间接渠道	集中型通路	密集型通路
价值	大	*		*	
	小		*		*
体积、重量	大	*		*	
	小		*		*
技术含量	高	*		*	
	低		*		*

如果产品的价值比较小，就需要选择密集型间接销售通路，例如，香皂、洗发水这类产品，就需要很多中间商来经营。

如果产品的体积或重量很大，就需要选择集中型直接销售通路。同样，如果产品的技术含量很高也需要选择集中型直接销售通路，因为，这种产品的销售需要制造商付出高质量的售后服务，同时也需要经销商有比较高的经营管理素质。

(二)企业实力对销售渠道选择的影响

如果企业的产品种类很少，例如只有一种产品，那么销售时单位经营成本是比较高的，企业往往不能承受经营中的这种高投入、高费用。这时企业只能选择密集性间接通路，将其经营中的相当一部分费用转嫁到中间商身上，当然企业是以牺牲可观的销售利润为代价的，表4—12—2说明企业实力与销售渠道选择的关系。

如果企业的产品种类很多，例如生产系列化产品、多品牌产品，那么销售时单位经营成本是比较低的，再加上企业规模大、实力强、资金足、完全能够承担巨大的资金投入，为了赚取更大限度的利润，企业往往选择集中型直接销售通路，对产品进行深度开发，例如自己开专卖店、店中店，自己大规模地经营自己的产品。

表4—12—2 企业实力与销售渠道选择的关系

企业实力		销售渠道
产品种类	多	直接通路
	少	间接通路
财力	大	全国渠道
	小	地方渠道

回顾许多著名公司的成长历程，不难看出他们往往走的是由单一产品到多种产品，由密集型间接销售通路到集中型直接销售通路的轨迹。海尔公司在它初创的年代里，只有电冰箱产品，他还难以支承更多的费用，那时他们只能更多地利用中间商的力量去扩展自己的产品。如今，海尔集团已踏上中国家电业的领军地位，产品的多样化已涉及到各个领域，不但有能力在全国范围内走直接销售通路的道路，也把自己的触角伸向大洋的彼岸。美国的宝洁公司，在110年前仅仅生产“象牌”肥皂的时候，它离不开中间商的作用。如今，宝洁公司遍布全世界140个国家和地区，处处建立自己的分公司、专卖店、店中店，以多种渠道综合经营自己生产的约300多种产品。

如果企业的财力很大，可以开辟全国性的销售渠道，树立全国性的品牌形象。如果企业的财力很小，可以开辟地方性的销售渠道，把地方性的销售渠道作为扩展自己产品的根据地，只有把这些工作做好了，才能扩张自己产品的销售范围。

(三)和竞争对手共享一条销售渠道

选择竞争对手的销售渠道为我们企业的销售渠道，应符合两个先决条件：

1. 竞争对手对销售渠道的控制不严。

2. 企业的综合销售能力强于竞争对手。

如果企业的综合经营能力弱于竞争对手，在中间商那里企业的产品永远也成不了第一品牌，只能成为第二甚至第三品牌，这时企业利用竞争对手开辟的销售渠道将会受到控制，销售量不会有明显的增加。

三、多元化销售渠道

现在企业销售渠道的发展趋势是企业采用一种多元化的销售渠道，也就是企业通过多种渠道的组合达到增加其销售业绩的目标。

实行多元化销售的企业，他们不但大力发展中间商、代理商、批发商，采取密集型的销售模式，而且还自己建立销售公司、直销公司以及各种规模的专卖店。不但在本地区扩大自己的经营规模，而且有步骤地扩展到全国范围内，甚至扩展到国外。

然而，我国的一些企业习惯于单一的销售模式，不懂得、也不善于开辟多元化的销售渠道，这就极大地限制住经营规模的迅速发展。

案例 1

IBM公司是世界上最大的 PC 机公司，看看它是如何建立自己的销售渠道。IBM 公司为了高效率地销售出自己的 PC 机，自己开发了 5 种销售渠道：

(1)IBM 公司建立了直销公司，通过电话直销的方式，把自己的产品销售给用户。

(2)IBM 公司建立了专业销售公司，主要目标是向企业推销自己的产品，因为企业对 PC 机有更高的技术要求。

(3)IBM 公司在全美建立了许多计算机专营店，来推销自己的产品。

(4)IBM 公司发展了许多中间经销商，通过他们再分销给零售商，最后再销售给用户。

(5)IBM 公司也发展许多代理商，例如一些软件公司。

案例 2

1997 年笔者曾为一家全国著名的饮料企业做过营销咨询服务。发现这家企业在销售上存在着一个突出问题，即销售渠道过于单一，只做批发业务，而没有其他配套的销售渠道。于是我们对他们的销售渠道进行了重组设计，建立了一个大客户销售部，它的服务对象是大型的零售商。近些年来，北京、上海涌现出一些大型超市，销售量都很大。这家饮料企业直接管理大型零售商，销售量逐年攀升。我们又为这家企业设计了一个直销服务部，它的服务对象是一些特殊单位，如宾馆、酒店等，因为对这些单位的销售方式与众不同，需要有一些特殊的政策和特殊的供货方式。通过对这家企业销售渠道的重组设计，当年它的销售量增加了 50%以上。

正确地运用销售渠道，可使企业迅速及时地将产品传送到用户手中，达到扩大产品销售、加速资金周转、降低流通费用的目的。

第二节 客户管理

20 世纪 90 年代以后，物流管理的重点由商品存运管理转到了物流的战略管理方面。企业超越了现有的组织机构界限，将供货商(提供产品或运输服务等)和用户纳入管理范围，作为物流管理的一项中心内容，利用物流的自身条件建立并发展与供货商和用户的合作关系，形成一种联合力量，以赢得竞争优势。以战略为管理导向，要求企业物流人员从仅面向公司内部发展转为面向企业同供货商以及用户的业务关系上。

一、客户资料卡的运用

客户资料卡是销售经理了解市场的重要工具之一。通过客户资料卡，销售经理可以连续地了解客户实情，从中看到来自客户的销售动态。据此，销售经理就可以对市场实态作出判断并采取相应的行动。

(一)客户情报的搜集

要巧妙地突破日常的商战，为公司带来辉煌成绩，必须首先从分析敌我双方的情形开始。市场是由复杂而不易捉摸的人群所组成的，要了解顾客，就必须从顾客的日常行为、特征和心理倾向着手。

在开始作战之前，对于现状究竟如何，应加以切实掌握。在不了解的情况下，乱发命令，提出“提高销售额”、“提高毛利”、“坚守市场阵地”等口号，盲目地要求属下这样干，那样干，想凭此坐收增加销售的成果，那绝对是徒劳的。

(二)客户资料卡的制作

搜集了客户资料后，应该制作客户资料卡。有些人喜欢以工作太忙为借口，不肯制作客户资料卡。制作客户资料卡表面上看起来很花时间，但它能带来很大的功效。没有客户资料卡的话，你在订立时间计划、决定访问路线、寄送广告信函的时候要浪费更多的时间。更重要的是，你能在客户资料卡上把客户的热心程度分等级，这样，在你制定销售战略与销售政策时对客户情况就会一目了然，所节省的不仅仅是时间，而且还可节省大量的人力与财力。

有一位日本商社的职员S先生，到当年西德一家机械工厂访问时，其总务科长是一位年轻的德国人。这位总务科长不仅热情而郑重地招待S先生，而且对S先生的家庭、兴趣、爱好、出生年月日、所属的社会团体、所信仰的宗教等都很了解。S先生对他的敬业精神大为感动，尽力促成他的商社继续购买这家公司的机械。从此以后数十年的时间里，双方保持着密切的交易关系。为什么会有这样的结果呢？这就是德国这位年轻的总务科长把客户资料做了很好的整理、分类并加以运用的结果。

在制作客户资料卡时，将其周围钻上小孔。利用这些小孔，可做地区分类、企业规模分类、营业规模分类、信用额度分类等。通过这些各式各样的分类，按不同的用途来排列，可以使销售政策的制订做得更好。

(三)客户资料卡的用途

有孔式客户资料卡制成后，就可以在下列很多情况下使用：

1. 寄发广告信函时。

2. 订立收付款计划时。由于各公司的收款、付款日期都不一样，利用资料卡可以安排收款、付款的顺序与计划。

3. 订立时间计划时。有了资料卡，可以订立较节省时间、有效率的、具体的访问计划。

4. 对信用度分类时。根据客户资料卡，对信用度低的顾客缩小交易额，对信用度高的顾客增大交易额。这样可以制定具体的销售政策。

5. 决定佣金折扣时。

6. 区别现有顾客与潜在顾客。

7. 其他。

客户资料卡可在许多情况下使用，这样能使你的销售活动效率更高，成就更大。

二、客户管理的内容及原则

(一)客户管理的对象及其分类

客户管理的对象无疑就是你的客户。这里我们要搞清楚客户到底包括哪些、如何分类。客户分类可以按不同的方法，常用的主要有以下几种：

1. 按客户的性质。可以划分为政府机构(以国家采购为主)、特殊公司(如与本公司有特殊业务等)、普通公司、顾客个人和商业伙伴等。

2. 按交易过程。可以分为曾经有过交易业务的客户、正在进行交易的客户和即将进行交易的客户。

3. 按时间序列来分。可分为老客户、新客户和未来客户。

4. 按交易数量和市场地位来分。可分为主力客户(交易时间长、交易量大等)、一般客户和零散客户。

按照不同的方式划分出的不同类型的客户，因其需求特点、需求方式、需求量等不同，所以对其管理也要采取不同的办法。

(二)客户管理的内容

就像客户本身是复杂多样的一样，客户管理的内容也应尽量地完整。归纳起来主要有以下几项：

1. 基础资料：即客户的最基本的原始资料。主要包括客户的名称、地址、电话、所有者、经营管理者、法人代表及他们个人的性格、兴趣、爱好、家庭、学历、年龄、能力、创业时间、与本公司交易时间、企业组织形式、业种、资产等。

这些资料是客户管理的起点和基础，它们主要是通过推销员进行的客户访问搜集来的。

2. 客户特征：主要包括服务区域、销售能力、发展潜力、经营观念、经营方向、经营政策、企业规模、经营特点等。

3. 业务状况：主要包括销售实绩、经营管理者和业务人员的素质、与其他竞争者的关系、与本公司的业务关系及合作态度等。

4. 交易现状：主要包括客户的销售活动现状、存在的问题、保持的优势、未来的对策、企业形象、声誉、信用状况、交易条件以及出现的信用问题等方面。KJP〗

(三)客户管理的原则

在客户管理的过程中，需要注意以下原则：

1. 动态管理。客户资料卡建立后置之不顾，就会失去它的意义。因为客户的情况是会不断地发生变化的，所以客户的资料也要不断地加以调整，剔除过去旧的或已经变化了的资料，及时补充新的资料，对客户的变化进行跟踪，使客户管理保持动态性。

2. 突出重点。有关不同类型的客户资料很多，我们要通过这些资料找出重点客户。重点客户不仅要包括现有客户，而且还应包括未来客户或潜在客户。这样可以为企业选择新客户、开拓新市场提供资料，为企业进一步发展创造良机。

3. 灵活运用。客户资料的收集管理目的是在销售过程中加以运用。所以，在建立客户资料卡或客户管理卡后不能束之高阁，应以灵活的方式及时全面地提供给推销人员及其他有关人员，使他们能进行更详细的分析，使死资料变成活材料，提高客户管理的效率。

4. 专人负责。由于许多客户资料是不宜流出企业的，只能供内部使用，所以客户管理应确定具体的规定和办法，应由专人负责管理，严格客户情报资料的利用和借阅。

三、客户管理分析的方法

进行客户管理，不仅只是对客户资料的收集，而且还要对客户进行多方面的分析。

(一)客户构成分析

1. 将自己负责的客户按不同的方式进行划分。如可以分为批发店、零售店、代理店、特约店、连锁店、专营店等。

2. 小计各分类客户的销售额。

3. 合计各分类客户的销售额。

4. 计算出各客户在该分类中占分类销售额的比重及大客户在总客户销售额中的比重。

5. 运用ABC分析法将客户分为3类。A类占累计销售额的75%左右，A类是重点客户。B类占20%左右。C类可视为未来有潜力的客户。

(二)客户与本公司的交易业绩分析

1. 掌握各客户的月交易额或年交易额。具体方法是：

(1)直接询问客户。

(2)通过查询得知。

(3)由本公司销售额推算。

(4)取得对方的决算书。

(5)询问其他机构。

2. 统计出各客户与本公司的月交易额或年交易额。

3. 计算出各客户占本公司总销售额的比重。

4. 检查该比重是否达到本公司所期望的水平。

(三)不同商品的销售构成分析方法

1. 将自己对客户销售的各种商品，按销售额由高到低排列。

2. 合计所有商品的累计销售额。

3. 计算出各种商品销售额占累计销售额的比重。

4. 检查是否完成公司所期望的商品销售任务。

5. 分析不同客户的商品销售，确定大有潜力的客户为以后商品销售的重点。

(四)不同商品毛利率的分析方法

1. 将自己所负责的对客户销售的商品按毛利率大小排序。

2. 计算出各种商品的毛利率。

(五)商品周转率的分析方法

1. 先核定客户经销商品的库存量。通过对客户的调查，将月初客户拥有的本公司商品库存量和月末客户拥有的本公司商品库存量进行平均，求出平均库存量。

2. 再将销售额除以平均库存量，即得商品周转率。

(六)交叉比率的分析方法

交叉比率＝毛利率×商品周转率

毛利率和商品周转率越高的商品，就越有必要积极地促销。

(七)贡献比率的分析方法

1. 求出不同商品的贡献比率。

贡献比率＝交叉比率×销售额构成

2. 对不同客户商品销售情况进行比较分析，看是否完成了公司期望的商品销售任务，某客户商品畅销或滞销的原因何在，应重点推销的商品(贡献比率高的商品)是什么。

四、客户信用调查分析

1. 通过金融机构(银行)进行调查。一般由业务经理提出委托申请，由业务员协助调查。通过金融机构调查，可信度比较高，所需费用少；但很难掌握其全部资产情况及具体细节，因客户的业务银行不同，所花调查时间会较长。

2. 利用专业资信调查机构进行调查。这种方式能够在短期内完成调查，经费支出较大，能满足本方的需求。调查人员的素质和能力对调查结果影响很大,所以应选择声誉高、能力强的资信调查机构。

3. 通过客户或行业组织进行调查。这种方式可以进行深入具体的调查,但会受地域性限制,难以把握整体信息,并且难辩真伪。

4. 内部调查。询问同事或委托同事了解客户的信用状况,或从本公司派生机构、新闻报道中获取客户的有关信用情况。

五、对信用限度确定的分析

(一)信用限度的概念

信用限度又称信贷限度,其主要内容有:

1. 对某一客户,唯有在所确定金额限度内的信贷才是安全的。

2. 也只有在这一范围内的信贷,才能保证客户业务活动的正常开展。

3. 确定信用限度额的基准是客户的赊销款与未结算票额之和。

(二)确定信用限度的方法

1. 销售额测定法

即用户的总购入额(预计销售额×成本率)×本公司供货比率×信用期限。

2. 周转资产分割法

即周转资产(流动资金-流动负债)÷供货商个数。

3. 流动比率法

即流动资产÷流动负债×100%。如其流动比率高于一般水平,可确定高于一般水平的信用限度。

4. 资产分割法

即(资产-负债)×供货商个数。

5. 综合判断法

根据客户收益性、安全性、流动性和销售能力、购货情况和员工素质等综合确定一个大致的信用限度额,然后根据支付状况和交易额大小,适当地逐步提高信用限度额。

(三)对不同客户信用限度的确定

1. 根据实际情况,划分出不同的信用限度。如前所述的ABC三类客户,对于A类,其信用限度可以不受限制;对于B类,可先确定一个信用限度基数,以后再逐渐放宽限制;对于C类,则应仔细审核,适当地给予少量的信用限度。

2. 对不同客户确定的信用限度不是一成不变的,应随着实际情况的变化而有所改变。

3. 可确定一个最高限额,然后因客户不同设定不同的信用限度额。

4. 某业务员所辖客户要超过规定的信用限度时,须向业务经理乃至总经理汇报请示批准。

六、交易开始与中止的分析处理

(一)交易开始

公司应制订详细的业务员客户访问计划,业务员如访问某一客户5次以上而无实效,则应从访问计划表中删除该客户。

在交易开始时,应先填制客户交易卡。客户交易卡由公司统一印制,一式两份,有关事项交由客户填写。

客户交易卡的主要项目包括:客户名称总部所在地、交易对象所在地、通讯地址及电话、开业时间、资本额、职工人数、管理者人数、设备、经营者年龄、信用限度申请额、基本约定、回收条件。

向业务经理提交交易卡,得到认可后,向总公司提交报批手续,然后才能与新客户进行交易。

无论是新客户,还是老客户,都可依据信用调查结果设定不同的附加条件。如交换合同书、提供个人担保、提供连带担保或提供抵押担保。

(二)中止交易

在交易过程中,如发现客户存在问题和异常之点,应及时报告上级,作为应急处理业务可以暂时停止供货。

当客户的票据或支票被拒付或延期支付时,业务员应向上司详细报告。要尽一切可能收回货款,将损失降至最低点。业务员根据上司的批示,通知客户中止双方交易。

七、客户管理分析的流程

(一)整理资料

将某业务员的推销业绩和客户访问资料,整理列在表格中。

(二)销售业绩分析

将业务员的推销实绩划出比例图(以业务员的顾客数为横坐标,推销额为纵坐标),从图中就可以找出重点客户,以提高销售效率。

(三)划分客户等级

依据客户的销售额,可以将客户分为ABC三级。具体分法是：

1. 将客户连续3个月（或4～6个月）的每月销售额累计后平均计算，求出客户的月平均销售额。

2. 将月平均销售额按大小排序。

3. 依据某月平均销售额为“等级标准额”，再将全部客户划分为若干等级。

如以排位第四的客户的月平均销售额作为A级客户标准额，在此标准额以上的客户均为A级客户。

依此类推，确定B级、C级客户。

（四）客户名册登记

将全部客户分级后应分列成册。其中：

1. 可按客户开拓的顺序先后，排出“客户名册”。

2. 按客户的资信或规模等情况，排出“客户等级分类表”。

（五）对客户进行路序分类

“路序”是指为便于巡回访问、送货、催付款等将客户按地区和最佳交通路线划分的线路顺序。

1. 按组别将所负责的客户划分为若干个区域。

2. 按客户所在地区，划分为不同的路序。

（六）确定客户访问计划

1. 企业各级销售主管及业务人员对所负责地区客户的访问销售工作，应有周密的访问计划。访问次数依客户的不同级别而有所不同。

2. 可按客户等级做各业种分类，编制“客户等级分类表”。

（七）客户资料管理

对新老客户都应建立管理卡，对它们的资料进行妥善保管，既作为公司的综合资料，同时也为销售业务人员外出推销提供参考。

第三节　客户投诉处理

处理客户投诉是客户管理的重要内容。出现客户投诉并不可怕，问题是如何正确地看待和处理客户的投诉。一个企业要面对各式各样的客户，每日进行着庞大复杂的销售业务，做到每一项业务都使每一个客户满意是很难的。所以，我们要加强与客户的联系，倾听他们的不满，不断纠正企业在销售过程中出现的失误和错误，补救和挽回给客户带来的损害，维护企业声誉，提高产品形象，从而为不断巩固老客户、吸引新客户不懈努力。

一、客户投诉的内容

因为销售的各个环节均有可能出现问题，所以客户投诉也可能包括产品及服务等各个方面，主要可以归纳为以下几个方面：

1. 商品质量投诉。主要包括产品在质量上有缺陷、产品规格不符、产品技术规格超出允许误差、产品故障等。

2. 购销合同投诉。主要包括产品数量、等级、规格、交货时间、交货地点、结算方式、交易条件等与原购销合同规定不符。

3. 货物运输投诉。主要包括货物在运输途中发生损坏、丢失和变质或因包装或装卸不当造成的损失等。

4. 服务投诉。主要包括对企业各类人员的服务质量、服务态度、服务方式、服务技巧等提出的批评与抱怨。

二、客户投诉处理应注意的问题

1. 建立健全各种规章制度。要有专门的制度和人来管理客户投诉问题。另外要做好各种预防工作，对客户投诉防患于未然。因此需要经常不断地提高全体员工的素质和业务能力，树立全心全意为客户服务的思想，加强企业内外部的信息交流。

2. 一旦出现客户投诉，应及时处理。对于客户投诉，各部门应通力合作，迅速做出反应，力争在最短的时间里全面解决问题，给客户一个圆满的结果。否则，拖延或推卸责任会进一步激怒投诉者，使事情进一步复杂化。

3. 处理问题时应分清责任，确保问题的妥善解决。不仅分清造成客户投诉的责任部门和责任人，而且需要明确处理投诉的负有有关责任的各部门和各类人员，并要追究客户投诉得不到及时圆满解决的责任。

4. 对每一起客户投诉及其处理都要做出详细的记录，包括投诉内容、处理过程、处理结果、客户满意程度等。通过记录吸取教训，总结经验，为以后更好地处理好客户投诉提供参考。

三、客户投诉处理流程

客户投诉处理流程一般说来，包括以下几个步骤。

1. 记录投诉内容。利用客户投诉登记表详细地记录客户投诉的全部内容，如投诉人、投诉时间、投诉对象、投诉要求等。

2．判定投诉是否成立。了解客户投诉的内容后，要判定客户投诉的理由是否充分，投诉要求是否合理。如果投诉不能成立，即可以婉转的方式答复客户，取得客户的谅解，消除误会。

3．确定投诉处理责任部门。根据客户投诉的内容，确定相关的具体受理单位和受理负责人。如属运输问题，交储运部处理，属质量问题，则交质量管理部处理。

4．责任部门分析投诉原因。要查明客户投诉具体原因及具体造成客户投诉的责任人。

5．公平提出处理方案。根据实际情况，参照客户的投诉要求，提出解决投诉的具体方案，如退货、换货、维修、折价、赔偿等。

6．提交主管领导批示。对于客户投诉问题，领导应予以高度重视，主管领导应对投诉的处理方案一一过目，及时作出批示。根据实际情况，采取一切可能的措施，挽回已经出现的损失。

7．实施处理方案。处罚直接责任者，通知客户，并尽快地收集客户的反馈意见。对直接责任者和部门主管要按照有关规定进行处罚，依照投诉所造成的损失大小，扣罚责任人一定比例的绩效工资或奖金。同时对不及时处理问题造成延误的责任人也要进行追究。

8．总结评价。对投诉处理过程进行总结与综合评价，吸取经验教训，提出改善对策，不断完善企业的经营管理和业务运作，以提高客户服务质量和服务水平，降低投诉率。

第四节　售后服务

一般人常以为把手上的商品卖出，推销已告完成，至于出售以后的事，他便漠不关心了。像这样的推销，实际上已犯了最严重的错误，那就是忽略了售后服务。没有售后服务的推销，在客户的眼里，是没有信用的推销；没有售后服务的商品，是一种最没有保障的商品；而不能提供售后服务的推销员，也是最交不得的朋友。售后服务是推销的一部分，有远见的企业家和推销员，对于具有延续性推销作用的商品之售后服务，更是不可掉以轻心。

一、商品售后服务

商品的售后服务涵义甚广，凡与所推销商品有连带关系且有益于购买者的服务，均属于商品的售后服务。这包括商品信誉的维护和商品资料的提供两方面。

(一)商品信誉的维护

售后服务最主要的目的是在维护商品的信誉。一项优良的商品，在销售时总是强调售后服务的，在类似或相同商品推销的竞争条件中，售后服务也常是客户取舍的重要因素。因此，商品的售后服务也就代表了商品的信誉。一般商品信誉的维护工作有下列各种：

1．商品品质的保证：推销员在出售商品之后，为了使客户充分获得“购买的利益”，他必须常常做些售后服务，这不只是对客户道义上的责任，也是维护本身商誉的必要行动。譬如电信器材商出售了一部电话交换机，为了使这部交换机发挥应有的功能，就应该定期进行检查保养的工作。

2．服务承诺的履行：任何推销员在说服客户购买的当时，必先强调与商品有关连(甚至没有直接关连)的服务。这些服务承诺，对交易能否成交是极重要的因素，而如何确实地履行推销员所做的承诺则更属重要。往往有些推销朋友在推销说服时，漫不经心地向客户提出商品出售后的某种服务，结果后来却忽略掉了，因此很容易与客户发生误会或不愉快。如此，客户岂会“再度光临”？

(三)商品资料的提供

使客户了解商品的变动情况，是推销员的一种义务。在说服一位客户以前，推销员通常须将有关商品的简介、使用说明及各项文件资料递交客户参考，而在客户购买之后，却常疏于提供最新资料，这样是不妥的。

推销员要有个基本的认识，那就是开拓一位客户远不如维持一位客户来得重要，开拓客户在功能上是属于“治标”，而真正能维持客户才算“治本”。维持客户的方法，除了使其产生对商品的信心之外，推销员能继续供给客户有关商品的最新资料，亦是一项有力的售后服务。所谓商品的资料，包括以下两种：

1．商品商情报道资料：有许多商品，其销售资料常以报道性的文件记载，推销员把它赠送客户做为联络感情的工具，是最好不过的。譬如卖钢琴的，每个月有一份音乐及乐器简讯，按时寄给客户，一方面可以给客户参考，一方面借以报道商情，这样的做法，更可以让客户对商品有持续的好感。在商品资料的供给不断之下，由于间接宣传效果，往往又可以导引出更多的客户。

2. 商品本身的资料：当商品脱手之后，客户基于某些理由，常常希望了解商品本身的动态资料。譬如说药品，当推销员将同样的厂牌出品的抗生素送交至西药房后，它们如果在成份、规格、等级有任何变动时，有关资料都应该立刻提供给西药房。

(三)妥善处理退货、不良品，制定赔偿制度

二、客户的维系

对客户所做的售后服务就是想要做好维系客户的工作。就实质上的功能来看，优良的售后服务，无论是对推销员个人或是其销售机构都是极为有益的。诚然，所谓客户的维系，是兼指推销员本身以及商品产销机构双方面与客户的维系，此种维系工作系售后服务的主体。售后服务是否圆满，应视是否充分地做到了与优良客户间的维系工作。

(一)感情联络

售后服务的绝大部分，实际上就是在做与客户感情联络的工作。由交易而发生的人际关系，是一种很自然而融洽的关系，人常常因为买东西而与卖方交上朋友。推销员及其推销机构同样因为与客户的交易促成了深厚的友谊，于是客户不但成为商品的受用者，而且也变成销售机构的拥护者与推销员的好朋友。一般与客户感情联络的方法有：

1. 拜访：经常去拜访客户是很重要的事，拜访不一定非要推销，主要是让客户觉得推销员关心他，也愿意对所推销的商品负责。推销员的拜访不一定有任何目的，也许只是问好，也许是顺道而访，在行动上有一个原则，那就是尽可能把拜访做得自然些，不要使客户觉得推销员的出现只是有意讨好，更不要因拜访，对客户的生活造成干扰。如果这样便不妙了。

2. 书信电话联络：书信、电话都是联络感情的工具，我们在日常生活上用得很多。推销员利用书信的机会亦不少，譬如有些新的资料要送给客户时，可以书信方式附上便笺；客户个人、家庭及工作上有喜忧婚丧变故时，致函示意，贺年、贺节、贺生日等等。通常客户对推销员的函件会感到意外和喜悦。以电话与客户联络所发挥的效果是不可忽视的，偶而简短几句问候的电话，会使客户觉得很高兴。然而交谊性的电话，用词要适当，问话要得体，不能显得太陌生，也不能表现得肉麻离谱。

3. 赠送纪念品：赠送纪念品，是一种常见的招待手法，有些销售机构对其客户一直做着很周到的服务，一有什么纪念品立刻会致赠给老客户。纪念品的价值不一定很珍贵。赠送纪念品这种方式基本上可产生两种功能：一是满足人们贪小便宜的心理；二是可以借着它作为再次访问及探知情报的手段或借口，这是成功推销的捷径。

(二)情报搜集

情报搜集，可以说是售后服务的另一不明显的目的，许多精明的推销员利用各种售后服务与客户联系接触的机会，以遂行其搜集情报的目的。因此也可以说，推销员应该把握任何一次售后服务的时机，尽量去发掘有价值的客户，或有益于推销的任何情报。现在让我们来谈谈售后服务中如何做情报搜集的要点：

1. 了解客户背景：在与客户做感情联系，无论何种场合，或是拜访当时，或于电话洽谈，或于办公室，或在任何其他场所碰面时，推销员都该很技巧地询问或观察测知客户的背景，这包括他的家庭背景、职业背景以及社会关系。关于客户这些背景资料，推销员应该花工夫略加整理。如果接触对象多了以后，很可能会找到有益于推销的线索。因为，对客户的背景了解愈多，就愈能把握客户，更何况经由客户的周围人士可得到意想不到的收获呢！

2. 连锁推销：老客户可以成为推销员的义务"通风报信者"。一位以真诚热情打动客户的推销员，碰见一些热心而乐于助人的客户，往往一切事情的沟通都会进行得很顺利。推销员请客户连锁介绍，是一种很有效的行销方式，由客户口中道出的"情报"，一定具有某种程度的价值。因此，在推销员销售后服务的每一种场合，除了以售后服务的热忱让客户感觉有所便利外，应该向客户探讨一些有利于连锁推销的情报，或者，请客户在某一路线、某一范围，代为打听有价值的消息。借连锁推销以获取情报，在做法上必须极度谨慎，有时应适可而止，以免引起对方的戒心，让客户误认为在找他的麻烦。

第十三章　回收与废弃物流管理

第一节　回收与废弃物流概述

一、物资循环过程

人类社会所需要的各种物资都来自自然界，无论是食品、服装、建筑材料、金属和塑料制品等，最初都是从自然界取得原材料经过加工制造而成的。在人类社会中，从生产经过流通直至消费是物资流向的主渠道。但是在这一过程中有生产过程形成的边角余料、废渣、废水，有流通过程产生的废弃包装器材，也有大量由于变质、损坏、使用寿命终结而丧失了使用价值或者在生产过程中未能形成合格产品而不具有使用价值的物资，它们都要从物流主渠道中分离出来成为生产或流通中产生的废弃物。这些废弃物一部分可以回收并再生利用，称为再生资源，它们形成了回收物流；另一部分在循环利用过程中，基本或完全失去了使用价值，形成无法再利用的最终排放物，即是废弃物。废弃物经过处理后返回自然界，形成了废弃物流。

随着现代社会的发展和物质消费水平的提高，以回收利用为主体的再生资源开发利用工业体系，在世界各个国家都得到了迅速发展和完善。

一般来说，废弃物的产生主要来自3个方面：

(一)生产过程发生的废弃物

1. 工艺性排放物。由于生产性质不同，其排放物有很大的差异，如造纸厂产生的废渣以及为了漂白等目的使用的化学药液随水排出的废水，钢厂生产中产生的钢渣、切头切尾，机械厂切削加工形成的切屑等。此类排放物根据工艺流程和技术水平的条件，其排放时间、数量、种类有一定的规律性，能形成稳定的物流系统。

2. 生产过程中的废品、废料。其产生的数量具有一定规律性，但产生的时间却有很大的偶然性，在工艺流程中往往就地回收，重新纳入生产流程中，而很少进入社会物流系统。

3. 装备、设施和劳动工具的报废。造成其报废的主要原因是：由于正常使用中寿命的终结或意外损坏而丧失了使用价值；或者由于设备更新而淘汰。这些排放物不是经济活动产生的，需要随机进行处理。

(二)流通过程产生的废弃物

流通也是产业部门，需要消耗燃料及其他动力与资材，这些都会产生废弃物。流通部门最典型的废弃物是被捆包的物体解捆以后所产生的废弃捆包材料，如木箱、编织袋、纸箱、纸带、捆带、捆绳等。有的可以直接回收使用，有的要进入物资大循环再生利用。

(三)消费后产生的废弃物

这类废弃物一般称为垃圾，有家庭垃圾、办公垃圾等混合组成的城市垃圾，包含食物残渣、蔬菜、肉骨、破旧衣物、已失去使用价值的家用电器、玻璃或塑料容器、办公废纸等。城市垃圾的成份很复杂，据国家环卫局分析，预测我国城市居民生活垃圾的成份如表4—13—1。

生产过程和流通过程产生的废弃物称为工业废物，按照法律规定由产业部门自行处理，处理费用计入生产成本。消费后产生的废弃物称为一般废弃物或生活废弃物、垃圾，主要由政府财政支付其处理费用。在整个社会生产中，物资循环过程如图4—13—1所示。

表4—13—1　城市居民生活垃圾构成(%)

年份	植物性成分	砖瓦	炉灰	灰土	动物性成分
1990	54.3	10	10	10	2
2000	57	9		5	3
年份	纸	塑料	玻璃	布	金属
1990	8	1.5	1.8	1	1
2000	13.6	3	2.5	1	1.7

二、回收物流与废弃物流的概念

对废弃物处理有两方面含义。一是将其中有再利用价值的部分加以分拣、加工、分解，使其成为有用的物资重新进入生产和消费领域。例如废纸被加工成纸浆，又成为造纸的原材料，废钢被分拣加工后又进入冶炼炉变成新的钢材，废水经净化后又被循环使用等。二是对已丧失再利用价值的排放物，从环境保护的目的出发将其焚烧，或送到指定地点堆放掩埋，对于含有放射性物质或有毒物质的工业废物，还要采取特殊的处理方法。对于前者一般称为回收，后者称为废弃。这两类物质的流向形成了回收物流和废弃物流（见图 4—13—2）。

回收物流的作用是考虑到被废弃的对象有再利用的价值，将其进行加工、拣选、分解、净化，使其成为有用的物资或转化为能量而重新投入生产和生活循环系统。

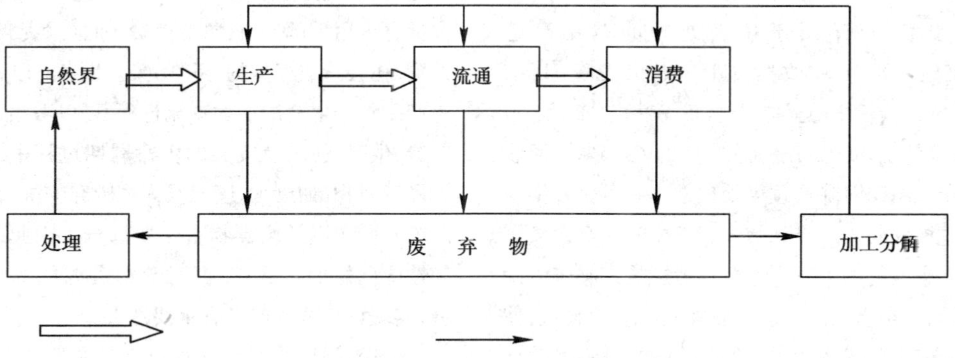

图 4—13—1　物资循环过程

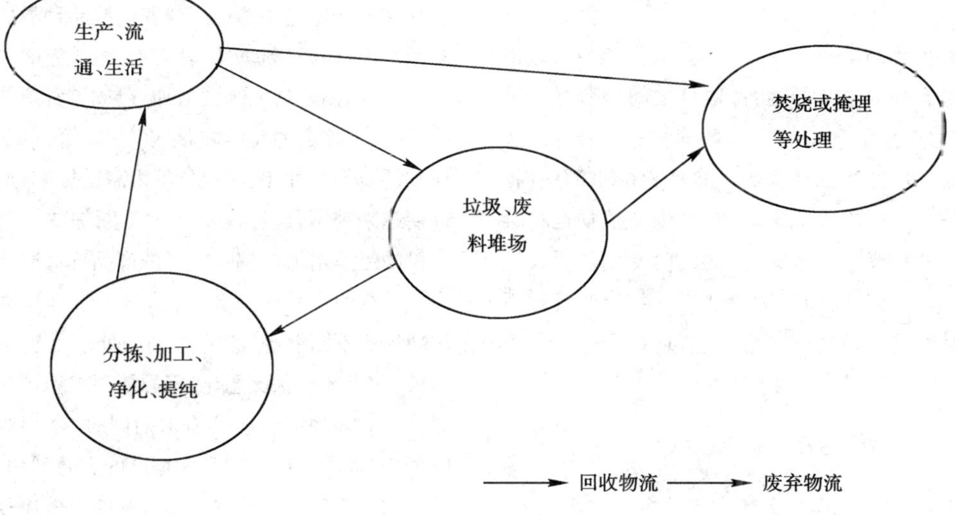

图 4—13—2　废弃物资流向图

废弃物流的作用是无视对象物的价值或对象物已没有再利用价值，仅从环境保护出发，将其焚化、化学处理或运到特定地点堆放、掩埋。

三、回收物流与废弃物流的意义

（一）回收物流是社会物资大循环的组成部分

自然界的物资不是无限的，森林的采伐、矿山的开采都是有一定限度的，在资源已日渐枯竭的今天，人类社会越来越重视通过回收物流将可以利用的废弃物收集、加工，重新补充到生产、消费系统中去。例如废纸回收已成为造纸业原料供应不可缺少的一环。1987 年我国回收废纸达 160 万 t。据统计，钢铁产量有近 1/3 来自回收的废钢。在日本，每年报废的汽车达 600 万辆，其中半数以上被分解成废钢、橡胶和玻璃而回收利用。城市垃圾中的一些成分也可以加工成肥料或燃料，甚至有些废物、废材经过适当加工，可以直接成为商品进入消费领域。

（二）回收物流与废弃物流合理化的经济意义

废弃物资是一种资源，但和自然资源不同，它们曾有过若干加工过程，本身凝聚着能量和劳动力的价值，因而常被称为载能资源。回收物资重新进入生产领域作为原材料，会带来很高的经济效益。

北京、上海等大城市产生的垃圾数量很多，必需有庞大的环卫队伍并耗费巨额资金进行收集、搬运和处理。据日本资料介绍，东京每天要产生13 000 t垃圾，每年用于垃圾处理的费用高达1 521.85亿日元，其中收集费用为609.82亿日元，占40.1%，车辆搬运费为448.07亿日元，占29.4%，也就是物流费用占总费用的69.5%。回收物流的合理组织对降低垃圾处理成本有显著效果。

(三)回收物流与废弃物流合理化的社会意义

由于废弃物的大量产生严重地影响人类赖以生存的环境，必须有效地组织回收物流与废弃物流，使废弃物得以重新进入生产、生活循环或得到妥善处理。当前社会最关切的问题之一就是环境问题，而环境污染的根本问题是废弃物(含废水、废气)造成的。

良好的垃圾处理系统是文明的标志之一，城市里如果没有环卫系统的运行，数日之间将变得又脏又臭，良好的生活环境和工作环境将受到破坏。造纸厂和化工厂的废水任其流入自然界的水源中，将污染河流、海洋，不仅危害人类，水生动植物也将会受到侵害。核废料已成为国际公害，受到世界舆论的密切关注。因此，回收物流和废弃物流的管理不完全要从经济效益角度考虑，也要从社会效益角度考虑。

第二节　拆卸设计

拆卸设计是回收与废弃物流的主要内容之一，产品拆卸性能的好坏对产品使用过程中的维护及废弃淘汰后的有效回收、重用等均具有重要意义。

一、拆卸设计的意义

拆卸是产品回收和重用的前提，无法拆卸的产品既谈不上有效回收，更谈不上重新利用。如何既能满足保持社会对各种消费产品的不断需求，又能节约资源能源，已引起人们的广泛重视。实现这种目标的有效途径就是延长产品的使用寿命或使构成产品的零部件或材料能够重复利用，而重复利用的前提则是产品能够有效地拆卸回收。

由于现代化机械产品很多都是机电结合的或多学科交叉的技术密集型产品，有些产品兼有无污染和有污染部分，给拆卸带来了许多困难；整个产品废弃淘汰后，可重用部分由于拆卸困难而难于回收重用，即使能够拆卸，也由于拆卸过程费事、费力、经济性差，回收重用的价值不大。不可拆卸不仅会造成大量可重用零部件、材料的浪费，而且因废弃物不好处置，还会造成严重的环境污染。图 4—13—3 所示是产品整个生命周期的物流过程，可以看出，在产品制造、生产、使用及废弃的生命周期过程中，会产生大量废弃物(如废水、废气及固体废弃物等)，其中产品废弃所产生的废弃物占主要部分。因此，设计拆卸性能良好的产品结构，对节约资源能源，保护环境，实现可持续发展具有重要意义。

传统设计中，设计人员考虑的主要因素是产品的功能需求及制造费用、原材料费用等经济因素，对产品废弃淘汰后的拆卸回收考虑很少。这种设计理念存在的问题是：一方面，随着消费品种类的不断增多及使用量的不断增大，用于生产制造这些产品的资源、能源消耗量大幅度增加，造成了资源能源的短缺，影响了社会的持续发展；另一方面，由于技术发展和消费的个性化、潮流化等因素的影响，产品寿命周期越来越短，废弃淘汰速度不断加快。消费品需求量的迅速增加及越来越短的产品寿命周期导致了大量的废旧产品被弃置，其明显的影响是废弃物的填埋场所不断缩小，废弃产品的处理处置费用迅速增加，使得环境状况恶化，资源能源浪费严重。在满足社会对各种消费产品需求的同时，做到对环境影响最小，资源能源得到最大程度的有效利用，已引起社会的广泛重视。实现这个目标的有效途径就是对产品能够进行有效的拆卸，以延长产品的使用寿命或使构成产品的零部件或材料能够重复利用。

拆卸设计已经成为机械设计的重要内容之一，拆卸性能已成为衡量产品设计优劣的重要指标。例如，对今天的汽车设计师和制造商来讲，单纯追求“装”已不是难题。相反，困扰他们的却是“拆”的问题，即在设计制造新车时，便要考虑废弃以后如何能够方便地拆卸、处理，且不会产生环境污染。也就是说，对于“拆”的设计成了衡量设计水平高低的一个重要标志。国际商用机器公司预言：10 年之内，所有产品都将是可以拆卸和翻新的。因此，拆卸设计是保证产品具有良好拆卸性能的主要途径和手段。

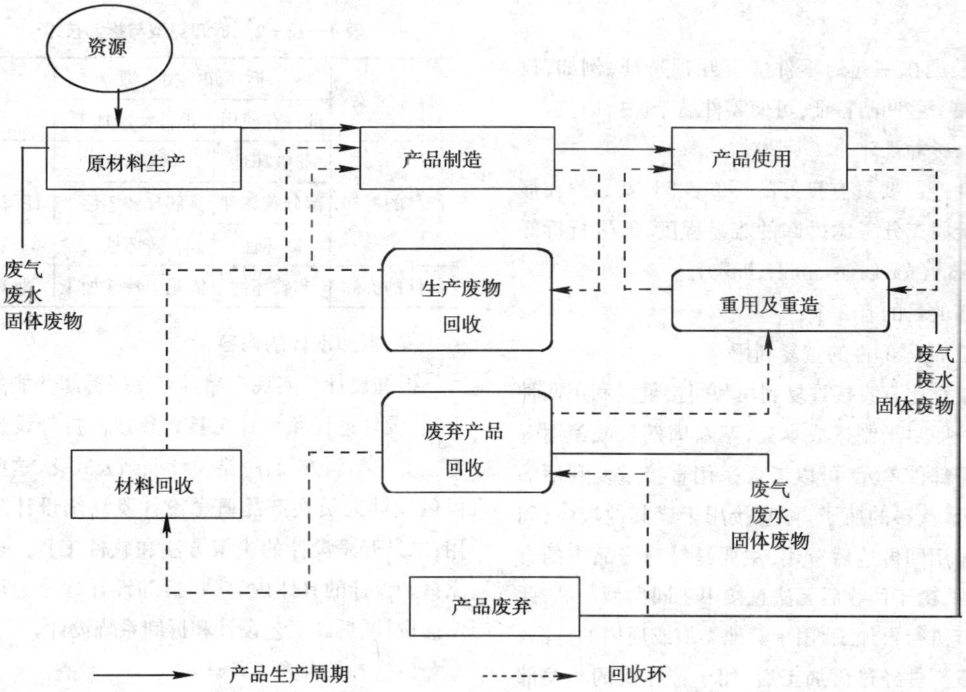

图 4—13—3　产品整个生命周期物流过程

二、装配设计与拆卸设计

装配与拆卸是产品结构设计中相互对立的两个方面。易于装配的结构并不一定易于拆卸，拆卸也不完全是装配的逆过程。因此，如何使产品结构既具有良好的装配性能，又能按所希望的过程进行拆卸，是拆卸与回收物流设计中必须解决的问题。

（一）装配设计

装配设计（Design for Assembly，简称 DFA）的出发点在于尽可能快地装配某一产品，并确保最终装配质量。从广义上讲，DFA 就是在产品设计的初级阶段，对产品的装配过程进行量化分析，优化产品设计，减少装配时间，以获得最低的装配费用。无论是确保产品的可装配性，还是减少产品的成本，DFA 通常所采用的手段是尽可能减少组成产品的零部件数量，并确保所有零件易于制造和装配。

DFA 的设计思想可以应用于各种产品设计中。由于装配量化分析的方法各不相同，总结各种不同的方法，可概括出以下 DFA 的设计准则：

1. 使用最少零件，零件数量减少具有许多优点，但是零件数量的减少不是无限制的，应当确保不出现由于零件的减少而使零件的形状太复杂或太笨重，以致于难以装配和制造的情形。减少零件数量的最好方法就是取消功能重复的零件或使某些零件具有多种功能，以减少多余零件。

2. 装配方向最少，所有的零件应尽可能在同一方向上进行装配，装配方向过多将会增加装配线的长度，增大装配操作位置和延长装配时间，影响装配效率。在自动化装配和机器人装配中，要避免装配方向与重力方向冲突，应采用自上而下的装配方法。

3. 采用模块化设计，尤其对柔性自动装配线，各模块质量问题可以分别处理，而不影响其他生产线的运行，减少了自动生产的停工时间，使服务更简便、快捷。

4. 减少装配工作面，使一个工作面全部装配工作完成后才移至另一个工作面。

5. 尽量减少紧固件如螺钉等。

6. 使装配在外部进行，装配操作应很容易被观察到，这对手工和自动化装配都很重要。

7. 使零件易于识别，尽量将零件设计成对称形状，不对称时，应增加或扩大一些不对称特征，使零件易于识别,避免误装。

8. 优化零件的抓取,避免所设计的零件钩咬、缠结。

9. 装配在一起的零件应有互锁特征,例如,设计时增加一些凹凸特征,可使零件易于保持原位。

(二)拆卸设计

要使产品要具有良好的拆卸性能,就必须在概念设计阶段充分考虑拆卸的难易程度,即进行拆卸设计(Design for Disassembly,DFD)。

拆卸的目的有3个:

1. 产品零部件的重复利用

重复利用有直接重复利用和间接重复利用两种方式。一般对于制造成本高,革新周期长或使用寿命长的零部件单元,可以考虑采用直接重复利用的方式,如盛饮料的瓶子,可直接用于盛其他液体;间接重复利用即再造后重用,主要是针对产品中的有些零部件,由于回收后无法直接用于同类型产品,此时可对其进行再加工,用于其他类型或规格的产品,如汽车零部件经过再加工后,用于拖拉机的相关部位,淘汰计算机主板可用于游戏机等。

2. 元器件回收

这主要是针对电子产品,由于其组成材料多种多样,更新换代周期短,因此,往往需要采用特殊工艺方法回收其中的某些特殊元器件。

3. 材料的回收

当组成产品的材料成本高,单个零件的生产成本低,且生产规模大,产品生命周期短,此时往往采用简单的材料回收方式。拆卸可以在产品层次上进行,也可以在部件层次上进行。根据拆卸对象和效果的不同,拆卸可以分为破坏性拆卸、部分破坏性拆卸和非破坏性拆卸3类。破坏性拆卸即拆卸活动以使零部件分离为宗旨,而不管产品结构的破坏程度;部分破坏性拆卸则要求拆卸过程中只损坏部分廉价零件(如切去联接、气焰切割、高压水喷射切割、激光切割等),其余部分则要安全可靠分离;非破坏性拆卸是拆卸的最高阶段,即拆卸过程中不能损坏任何零部件(如松开螺纹、拆除及压出等)(见表4—13—2)。

DFD设计的主要作用体现在产品维护和回收的双重性。在产品维护方面,产品必须小心拆卸,以便再次装配;在回收过程中,拆卸方式往往是破坏性的,以达到分解零部件的目的。

表4—13—2 拆卸类型与拆卸技术

拆卸对象	拆卸类型		材料回收
	部件在使用	部件特殊加工	
产品的拆卸	非破坏性	非破坏性	任何情况
	部分破坏性	部分破坏性	
	破坏性	破坏性	
部件的拆卸	非破坏性	依赖于特殊加工	非必须

三、拆卸设计的内容

拆卸设计是实现产品具有良好拆卸性能的设计方法、设计过程和设计工具的集成。拆卸设计的内容主要包括两方面:一是设计准则公式化,这些公式可供设计人员在产品概念设计及详细设计阶段使用;二是开发设计的决策方法和软件工具。也可根据拆卸设计的具体内容,将拆卸设计划分为可拆卸产品设计、拆卸工艺设计和拆卸系统设计。

(一)可拆卸产品设计

可拆卸产品设计就是在产品设计过程中,将可拆卸性作为设计目标之一。产品的结构不仅要便于装配、拆卸和回收,而且也要便于制造和具有良好的经济性。迄今为止,可拆卸产品设计尚没有系统的设计资料,因而无论对于手工设计还是计算机辅助设计,也就无法将可拆卸性有效地体现在产品设计中。因此,制定拆卸设计准则是实现可拆卸产品设计的首要问题。

可拆卸性是产品的固有属性,单靠计算和分析设计不出好的可拆卸性能,需要根据设计和使用、回收中的经验,拟定准则,用以指导设计。

1. 拆卸设计准则的目的

拆卸设计准则就是为了将产品的可拆卸性要求及回收约束转化为具体的产品设计而确定的通用或专用的设计准则或原则。制定拆卸设计准则的目的可以归纳为3点:

(1)指导设计人员进行产品设计;

(2)便于产品使用过程中的维护和服务;

(3)便于产品废弃后有效的回收和利用。

拆卸设计准则就是对可拆卸性定性或定量要求的细化和深化,可以参考一些适用的标准、设计手册等，也可参考类似产品的拆卸实践经验；同时，要结合产品的功能、结构、使用维护条件等特点。

2. 拆卸设计准则的内容

以下准则是根据可拆卸产品的设计经验及一些资料归纳、整理而成的，可供在设计过程中参考。

(1)拆卸工作量最少准则。拆卸工作量最少包含两层意思：一是产品在满足功能要求和使用要求的前提下，尽可能采用最简单的结构和外形，组成产品的零件材料种类尽可能少；另一层含义是简化维护及回收人员的工作，降低对维护、拆卸回收人员的技能要求，使产品中的有毒有害材料易于分类和处理。拆卸工作量最少准则包括以下几个方面：

①简化产品功能原则。产品功能多样化，特别是机电产品的功能日趋增多，是导致产品结构与使用复杂化的根源。因此，在产品设计时，在满足使用要求的前提下，尽量简化掉一些不必要的功能。通常是进行功能价值分析来确定产品的合理功能，这样可使产品结构简化，便于废弃淘汰后的进一步拆卸回收和利用。

②零件合并原则。通过分析组成产品的各零部件，将完成功能相似或结构上能够组合在一起的零部件进行合并，合并时必须对以下3个问题进行回答：

该零件是否与其他零件有相对移动？

该零件的材料是否与其他零件的材料不同？

该零件是否有装配或拆卸要求？

当分析结果均为否时，即可以进行零件合并，否则就无法进行合并。图4—13—4即为零件合并的图例。

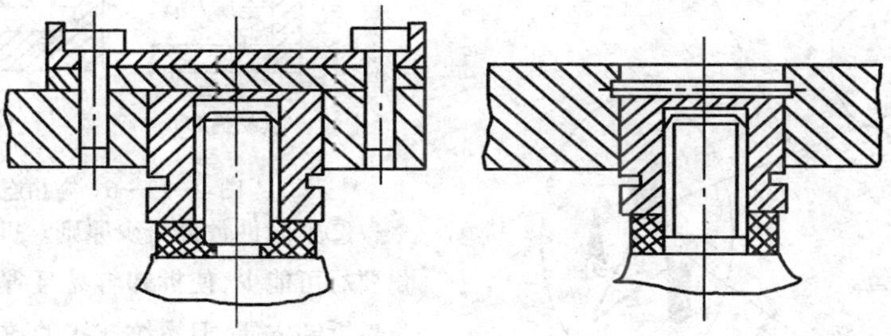

(a)　　(b)

图4—13—4　零件合并示例

③减少产品所用材料种类原则。减少组成产品的材料种类，会使组成产品材料的相容性增大，对一些没有再利用价值的零部件可不必进一步拆卸，而作为整体回收，因而可大大简化拆卸工作。例如对计算机主机来讲，为满足抗震性能要求，其外壳应该选用聚碳酸酯材料，而其内部零部件从经济性要求可选用ABS材料，这样势必给计算机的拆卸回收带来困难，若采用聚碳酸酯代替ABS，则整机机壳是由同一种材料制成的，减少了材料数量，也便于以后的回收处理。目前，计算机主机外壳及其内部零部件就是采用单一的聚碳酸酯材料制成的。

④材料相容性原则。设计时，除考虑减少材料种类外，还必须考虑材料之间的相容性。材料之间的相容性好，意味着这些材料可一起回收，能大大减少拆卸分类的工作量。例如金属和塑料之间的相容性差，不能一起回收，必须对其进行分离；塑料中的PC(聚碳酸酯)与ABS(丙烯腈—丁二烯—苯乙烯三元共聚物)的相容性好，在其零部件不能重用的情况下，则不必进一步分类，可一起回收处理。表4—13—3是常用的工程塑料的相容性比较。若设计时不得不选用不相容的材料，则应将相容材料放在一起，不相容材料之间采用易于分解的连接。这样可简化零件材料的拆卸分离工作，从而降低拆卸成本。图4—13—5是材料相容性与拆卸工作量比较。假设拆卸对象是由1、2、3三个部分组成，箭头表示了这三部分的连接关系。若拆卸对象各组成部分的材料均由不相容材料制成，则需要进行完全拆卸，那么将1、2、3各自拆开需要3个动作，将1拆开需要一

个动作，将 2 拆开需要 3 个动作，共需分解 7 个连接；而若 1、2，3 各自采用相容材料则只需分解 3 个箭头所指的连接；若整体采用相容性好的同一种材料，也可以作为一个整体而不需进行拆卸。

表 4—13—3　常用的工程塑料的相容性比较

	PE	PVC	PS	PC	PP	PA	POM	SAN	ABS
PE	√	×	×	×	√	×	×	×	×
PVC	×	√	×	×	×	×	×	√	√
PS	×	×	√	×	×	×	×	×	×
PC	×	○	×	√	×	×	×	√	√
PP	○	×	×	×	√	×	×	×	×
PA	×	×	○	×	×		×	×	×
POM	×	×	×	×	×	×	√	×	×

注：√—相容性好；○—相容性一般；×—相容性差。

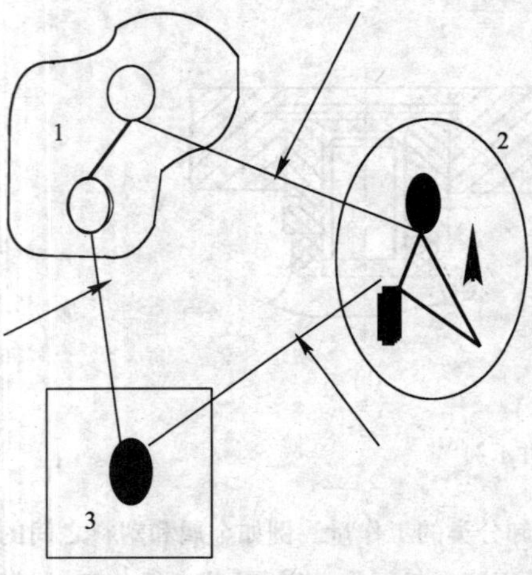

图 4—13—5　材料相容性与拆卸工作量

⑤有害材料的集成原则有些产品由于条件所限或功能要求，必须使用有毒或有害材料，此时，在结构设计时，在满足产品功能要求的前提下，尽量将由这些材料组成的零部件集成在一起，以便于以后的拆卸与分类处理。

(2)结构可拆卸准则。产品零部件之间的连接方法对可拆卸性有重要影响。在产品设计过程中，要尽量采用简单的连接方式，减少紧固件数量，统一紧固件类型，并使拆卸过程具有良好的可达性及简单的拆卸运动。

①采用易于拆卸或破坏的连接方法将零部件连接在一起的方法有很多种，如螺纹连接、焊接、粘接、搭扣式连接等，这些方法的选择必须考虑拆卸分离要方便。通常，金属零部件选用螺纹连接，因为其他连接方式要求有较大的拆卸力；塑料零件理想的连接方式是搭扣式连接，此时无需拆下其他零件，且无杂质残留(见图 4—13—6)。若采用粘接，则拆卸工作就比较麻烦，因为，粘接零件的分离需要较大的拆卸力，而残留在零件上的粘接剂在回收前必须去除，因而拆卸处理过程复杂。若想不分离，则要求被粘贴材料、粘接剂与基体材料为同一种材料，如目前有些塑料产品上的标签，其标签材料、粘接剂和基体材料就采用了同一种材料(多为聚碳酸酯)，以简化拆卸分离工作。

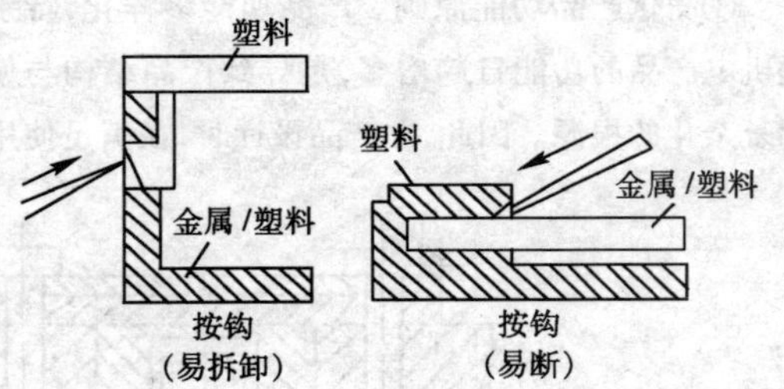

图 4—13—6　搭扣连接简图

②紧固件数量最少原则。拆卸部位的紧固件数量要尽可能少，使拆卸容易且省时省力。螺纹连接虽然拆卸方便，但螺纹连接的数量不宜过多，否则，会使拆卸时间延长。同时紧固件类型应统一，这样可减少拆卸工具种类，简化拆卸工作。

③简化拆卸运动原则。这是指完成拆卸只要做简单的动作即可。具体地讲，就是拆卸应沿一个或几个方向做直线移动，尽量避免复杂的旋转运动，并且拆卸移动的距离要尽可能短。

④可达性原则。为连接部位的拆卸、切断、切割等提供易于接近的位置，对手工及自动分离的零件，其连接部位应易于接近，且尽可能在预先确定的区域内。合理的结构设计是提高产品可达性的有效途径。一般来讲，为了解决拆卸过程的可达性问题，必须从 3 方面入手：第一是看得见——视觉可达，即拆卸时，应能看到内部的拆卸操作，并有足够的空间容纳拆卸人员的手臂(见图 4—13—7)；第二是够得着——实体可达，即拆卸过程中，操作人员身体的某一部位能够直接或借助工具接触到拆卸部位如图 4—13—8 所示；第三是足够的拆卸操作空间，即需要拆

卸的部位其周围要有足够的空间，以方便拆卸工作，如螺栓螺母的布置应留有足够的扳手空间（见图4—13—9）。

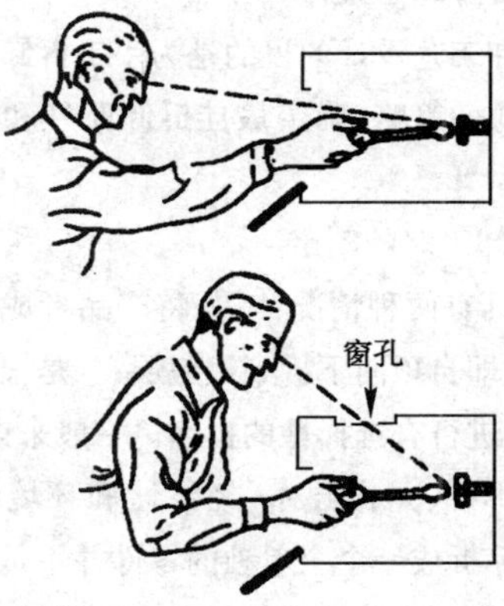

图 4—13—7　拆卸部位应能看得见

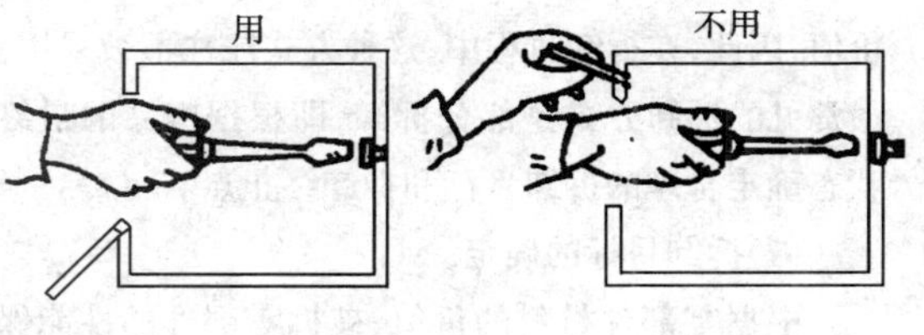

图 4—13—8　拆卸部位应能够得着

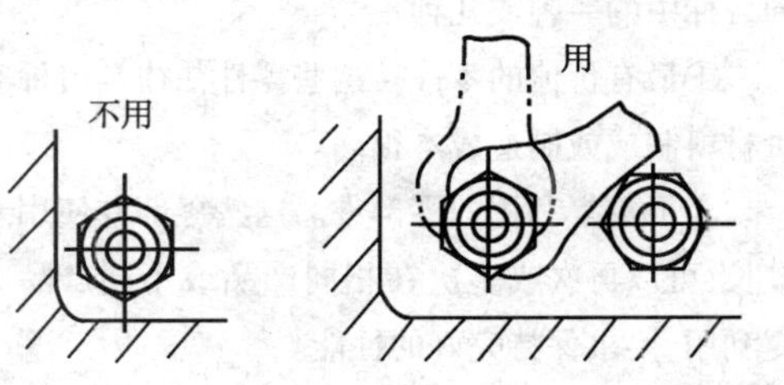

图 4—13—9　拆卸部位应有足够的空间

③拆卸易于操作准则。拆卸过程中，不仅拆卸动作要快，而且还要易于操作，这就要求在结构设计时，在要拆下的零件上预留可供抓取的表面，避免产品中有非刚性零件存在或有毒有害物质密封在同一单元结构内，以提高拆卸效益，防止环境污染。

①单一材料零件原则。即尽量避免金属材料与塑料零件的相互嵌入，如目前广泛采用的注塑零件就往往将金属部分嵌入塑料中，这会使以后的分离拆卸工作难于进行。

②易于废液排放原则。有些产品在废弃淘汰后，其中往往含有部分废液体，如汽车中的汽油或柴油、润滑油，机床中的润滑油等。为了在拆卸过程中不致使这些废液遍地横流，造成环境污染和影响操作安全，在拆卸前首先要将废液放出。因而，在产品设计时，要留有易于接近的排放点，使这些废液能方便并完全排出。

③便于抓取原则。当待拆卸的零部件处于自由状态时，要方便地拿掉，必须在其表面设计预留可抓取部位，以便准确、快速地取出目标零部件。

④非刚性零件原则。进行产品设计时，尽量不采用非刚性零件，因为这些零件不方便拆卸。

(4)易于分离准则。即在产品设计时，尽量避免零件表面的二次加工，如油漆、电镀、涂覆等，同时也应避免零件及材料本身的损坏，以及回收机器的损坏（如切碎机等），并为拆卸回收材料提供便于识别的标志。

①一次表面原则。即组成产品的零件，其表面最好是一次加工而成，尽量避免在其表面上进行诸如电镀、涂覆、油漆等二次加工。因为二次加工后的附加材料往往很难分离，残留在零件材料表面形成材料回收时的杂质，影响材料的回收质量。要么，除非附加材料与基体材料具有良好的相容性，但这一点目前还很难实现。

②便于识别原则。产品的组成材料种类往往较多，特别是复杂的机电产品。为了避免将不同材料混在一起，在设计时就必须考虑给出材料的明显识别标志，以便其后的分类回收。常用的识别方法有模压标志（将识别标志制作在模具上，然后复制到零件表面）、条形识别标志（将识别标志用模具或激光方法制作在零件上，这种标志便于自动识别）、颜色识别标志（用不同颜色标明不同材料）等。由于产品在使用过程中，零件表面的状态会发生变化，使得这些标志可能模糊不清或者丢失，给分类回收造成了困难。因此，必须进一步地研究能够长期保留的识别标志。

③设计产品时，应优先选用标准化的设备、工具、元器件和零部件，并尽量减少其品种、规格。标准化是现代产品设计的特点，从简化拆卸及维修的角度，要求尽量采用国际标准、国家标准或行业标准的硬件（元器件、零部件等）和软件（如技术要求等），

减少元器件、零部件的种类、型号和式样。实现标准化有利于产品的设计和制造，也有利于产品废弃淘汰后的拆卸回收。

④采用模块化设计原则。模块化是实现部件互换通用、快速更换和拆卸的有效途径，因此采用模块化设计，可按功能将产品划分为若干个能各自完成某些功能的模块，并统一模块之间的连接结构、尺寸，这样不仅制造方便，而且对拆卸回收有利。

(5)产品结构的可预估性准则。产品在使用过程中，由于存在污染、腐蚀、磨损等，每隔一定的时间需要进行维护或维修，这些因素均会使产品的结构产生不确定性，即产品的最终状态与原始状态之间产生了较大的差异。为了使产品废弃淘汰时其结构的不确定性减少，设计时应遵循以下原则：

①避免将含有易老化或易被腐蚀的材料的零件与所需拆卸、回收的零件组合。

②应防止要拆卸的零部件被污染或腐蚀。

上述这些准则是以有利于拆卸回收为出发点，在设计过程中有时准则之间会产生矛盾或冲突，此时应根据产品的具体结构特点、功能、应用场合等综合考虑，从技术、经济和环境三方面进行全局协调优化。

图4—13—10所示是德国某公司开发的具有良好拆卸性能的现代波轮式洗衣机。其中所有的高技术部件，如泵、电机及电子装置均安装在底座壳体中，并无特殊的连接结构，只要将洗衣机箱体倾斜到

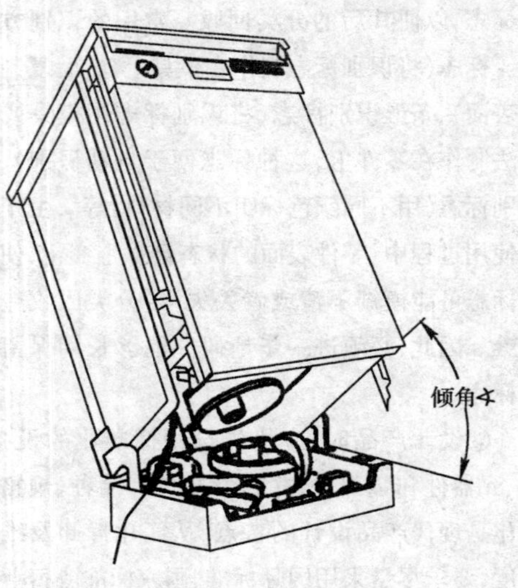

图4—13—10　可拆卸结构的波轮式洗衣机

适当位置，所有部件均清楚可见，拆卸维修非常方便；当将箱体转动到正常位置时，所有部件的位置又都相应被确定。

(二)拆卸工艺设计

可拆卸工艺设计的目的是为手工拆卸或自动拆卸制定相应的策略、确定最佳拆卸路径和选择最佳拆卸工具。

1. 拆卸策略的制定

拆卸具有两种情况：一是将产品拆成一个个单独的零件，即自顶向下拆到最底层；二是根据产品的最终状态，进行有选择性的拆卸。一般来说，进行何种方式的拆卸，是由技术、经济性和环境综合决定的。将产品拆成一个个单独的零件并不是经济的方式。因为，对一个具体产品来说，不可能每一个组成零部件均具有回收价值，有些零部件拆到最后，其拆卸回收耗费的价值已远远大于材料或零部件本身的价值，因此，在拆卸过程中，这种方式往往不被采用。最常见的拆卸方式是部分拆卸，即根据产品的最终状态确定合理的拆卸目标和拆卸终止点。

(1)拆卸目标的确定。

根据零部件材料的价值、被拆零部件的性能保持性及对环境影响的要求，拆卸目标往往是下面所列目标中的一种或几种：

①最有价值的零件。这些零件往往是由稀有昂贵材料制成或制造成本很高。

②可重复利用的零部件。这些零部件使用寿命较长，可以再次或多次在相同产品或不同产品中重复利用，要求保持完好的性能。

③对环境有严重影响的部分。这些部分通常由特殊材料制造或含有对环境有严重影响的成分，此时不管拆卸成本多大，均要拆卸回收。

④普通的零件材料。除了上述几种必须拆卸的部分外，其余部分可根据材料的相容性进行分类回收，作为原材料进行回炉冶炼。

(2)拆卸终止点的确定

根据产品拆卸与回收的一般规则，价值高的零件应首先拆卸，随着产品的进一步拆卸，回收价值会越来越低，而废旧产品的处理费用也在不断降低，由于剩余废弃物减少，使废旧产品更易于回收处理，同时回收效率也随之增大。拆卸终止点就是在何时何

处停止拆卸,它是拆卸过程进行的一个约束条件。根据拆卸目标,拆卸终止点可以是最有价值的零件、对环境有严重影响的组成部分或可重复利用的零部件,而拆卸过程的控制因素是经济性。当回收过程变得不经济时就停止拆卸(图 4—13—11)。图中的 f_1 是拆卸成本,它与劳动力成本和所用工具成本有关,f_2 是废弃物处理成本,它包括运输费用和填埋费用;f_3 是材料回收成本,它是回收所花费的费用与回收所得收益之间的差值。f 是 f_1、f_2、f_3 三者之和。f 曲线的最低点表示回收成本最低,即回收效益最佳,该点即为拆卸的终止点。由图可见,极值点是经济回收的极限点,在高价值零部件优先回收的前提下,该点以后表示拆卸过程进入负值拆卸,在这种情况下,就应该停止拆卸。

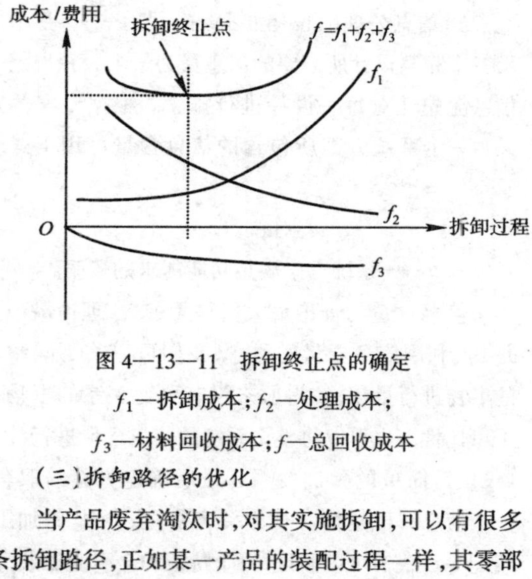

图 4—13—11 拆卸终止点的确定

f_1—拆卸成本;f_2—处理成本;

f_3—材料回收成本;f—总回收成本

(三)拆卸路径的优化

当产品废弃淘汰时,对其实施拆卸,可以有很多条拆卸路径,正如某一产品的装配过程一样,其零部件的组装过程可以有多种方式,但其中只有一种或少数几种方式,其装配过程既省时省力,又能保证装配质量,拆卸也是如此。在众多的拆卸路径中,有一条或少数几条对实现拆卸目标非常有利,既经济又安全可靠。那么,如何获得这种最佳路径呢?目前,在研究过程中,已有多种方法被采用,如拆卸路径穷举法、深度搜索优化算法、邮递员算法,网络求解法、概率推理算法、几何推理算法和 AND/OR 图法等。其中,AND/OR 图法是应用较广的一种算法,这是因为:

1.AND/OR 图中包含了零部件、拆卸操作及其优先关系。

2.AND/OR 图可在一个图中表示所有的拆卸程度,可简化优化过程。

3.如果一个零件的拆卸受到其他优化拆卸零件的影响,则可通过把不同的连线加到拆卸操作中,在 AND/OR 图中反映出来,这样可为拆卸提供准确的模型。

图 4—13—12 所示为一简单的螺纹连接结构。图 4—13—13 则是其相应的 AND/OR 图。AND/OR 图中的节点代表产品或其组成的零部件,而连线则代表相连两节点之间的连接关系。要将 B_1、B_2、B_3 拆开,首先可以将 B_1 或 B_3 从连接整体中分离,然后对剩余的(B_1,B_2)和(B_2,B_3)进行进一步拆卸分离,则可得到完全分离的单个零件 B_1、B_2 和 B_3。那么是先拆 B_1 还是先拆 B_3?这就涉及到最佳路径的确定。

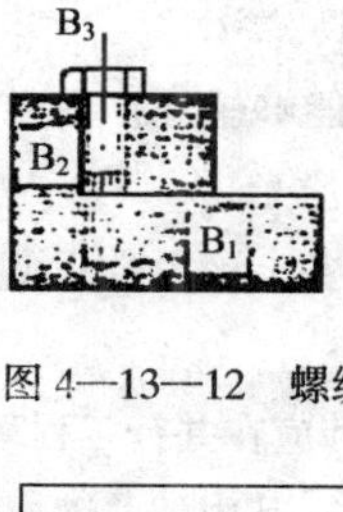

图 4—13—12 螺纹连接

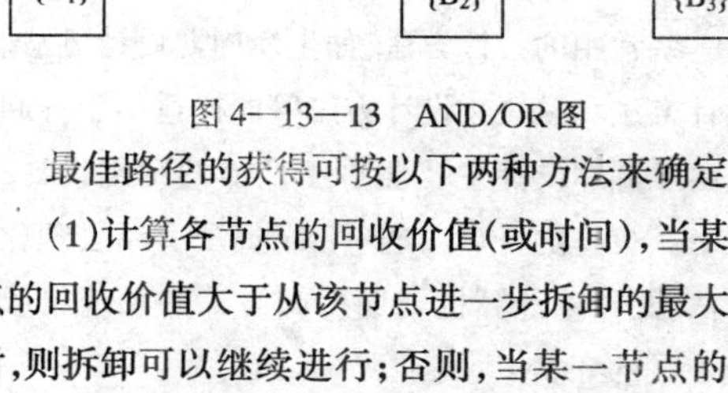

图 4—13—13 AND/OR 图

最佳路径的获得可按以下两种方法来确定:

(1)计算各节点的回收价值(或时间),当某一节点的回收价值大于从该节点进一步拆卸的最大价值时,则拆卸可以继续进行;否则,当某一节点的回收价值小于从该节点进一步拆卸的最大价值时,则拆卸停止;如此循环搜索,所得的回收价值最大的路径则为最佳路径。回收价值的计算取决于不同的回收策略与方法,需要建立相应的计算模型。

(2)根据拆卸目标及各连线的状态,赋予各条边一定的优先权值，然后在对各节点的遍历过程中，将这些优先权值相加，权值总和最大的一条路径即为最佳路径。权值的确定必须依据一定的规则，这些规则是最佳路径确定的核心。

(四)拆卸系统设计

拆卸往往面对的是诸多类型不同的产品，如汽车、洗衣机、电冰箱、照相机、计算机、电话机等，即使是同一类产品，也由于出自不同生产厂家、不同生产年代，其结构也有较大的不同。因此，这就要求拆卸系统具有较大的柔性。德国 Stuttgart(斯图加特)的 IPA(工业产品协会)提出了由 6 部分组成的柔性拆卸单元，它们包括：

1. 具有六个自由度的一个或多个工业机器人。

2. 含有产品特性数据库及机器人子程序的控制单元。

3. 可供机器人使用的柔性拆卸工具(如螺钉旋具、激光切割工具等)。

4. 柔性拆卸夹具。

5. 过程控制及能够感知产品结构不确定性的传感器(触觉、视觉、激光)。

6. 输入输出设备。该柔性拆卸单元已用于电话机的拆卸。

拆卸系统的设计应在并行工程环境中与产品设计和工艺设计相集成，其中的关键技术是产品、生产系统、拆卸系统的所有设计阶段均应并行进行。为了拆卸系统有效地运行，必须改变现有的制造、回收相分隔的局面，重新组织适合拆卸回收的组织结构体系。

四、拆卸设计方法

一些常用的设计方法，如生命周期设计方法、并行设计方法和模块化设计方法等同样适用于拆卸设计。由于拆卸设计主要侧重于产品的结构设计，因而又有其自身的特点。这一部分简要介绍公理化设计方法，并讨论计算机辅助拆卸设计的系统组成及相应工具的开发。

(一)公理化设计

公理化设计已成功地应用于装配设计，它对拆卸设计同样也是非常有效的。

公理化设计(Axiomatic Design，简称 AD)方法是在定性设计决策中利用可行的原理，避免对各种可能性进行遍历搜索的一种设计方法。公理化设计的目标是为设计领域建立科学基础，以便为产品及工艺设计提供理论支持。

设计目标的实现需要两个阶段，首先定义产品的一系列功能需求，然后在物理域内通过明确的实体来满足这些功能需求。公理化设计是对各种信息进行综合，并建立计算机能够解释和应用的决策规则及其推论。公理化设计方法依据如下两个基本公理：

1. 独立性公理(The independence Axiom)，是指使各种功能需求(Functional Requirements，简称 FRS)之间的依赖程度为最小，并根据以下优先顺序对每个设计进行排序：偶合(Uncoupled)、低耦合(Decoupled)和耦合(Coup1ed)。根据独立性公理，各功能需求之间应该是独立的。

2. 信息公理(The Information Axiom)，是指定义一个完整设计所需要的信息量为最少，并根据低信息优先性对每一设计进行排序。根据专家的定义，一个系统方案所包含的信息含量可用下式表示：

$$I = \mathrm{Log}[1/p]$$

式中　p——系统方案满足功能需求的概率。

信息含量的理论最大值是无穷大，理论最小值是 0。利用信息含量的概念，我们可以将不同性质的事物进行量化，使得原来没有可比关系的事物有了可比性。也可以将整个系统的信息含量进行计算(仅仅是简单的叠加关系)，最后确定方案的取舍。一个信息单位是指一个相关尺寸、公差、材料加工、装配等。我们可以假设，每个特征均会引起工装、加工时间、检查等成本的增加，信息和成本之间的这种关系很显然是非线性的，所有特征不会产生相同成本，因而，在早期设计阶段，当成本计算不是很准确时，可利用这种关系进行估算，且可进一步成为将来改进设计成本的基础。

独立性公理可以减少有效解的数量，最好的设计方案应包含的信息为最少。独立性公理是指在一个零件上既不希望出现重复的或相同的功能，也不希望一个零件只有一种功能。这就要求在设计过程中，产品的零部件必须具有多种功能，而且这些功能必须相互独立、互不重复，通过这一点达到构成产品的零件数量为最少。这是由于，产品中每多出一个零件，就会在产品投产前多出一系列的生产准备工作和生产中以及投产后的计划管理和维护工作。也就是说，多一个零件便必须多编制一份工艺规程，增加相应的工艺装备和毛坯，同时还必须在该零件的质量控制、生产控制以及库存管理上耗费相当多的人力。物力、财力和时间，从而影响最终产品的成本和交货期。因此，在满足产品功能要求的前提下，构成产品的零部件数量必须越少越好。

在进行 *DFD* 设计时，必须从上述公理出发，结合生产实践，以全局最优为目标，在具体的实施过程中加以丰富和具体化，同时对 *DFD* 设计原则的应用也应具体问题具体分析。

(二)拆卸设计的实现

可拆卸结构设计可通过两种方法实现：一种是基于典型案例的方法；另一种则是计算机辅助可拆卸结构设计(Computer Aided Design for Disassembly，简称 CADFD)。

1. 基于典型案例的拆卸设计

基于典型案例的拆卸设计方法是以成组技术为基础的模块化设计，也就是说，利用成组技术原理，将企业所开发产品的、经工艺和实践验证了的连接结构的可拆卸件特征进行分类编码，生成特征代码，形成典型拆卸结构图谱，供新产品设计时查阅参考，指导规范设计过程。设计人员设计产品时，按先检索后设计的顺序，充分利用典型拆卸结构图谱，尽量减少新设计的工作量，即在合理继承的基础上进行

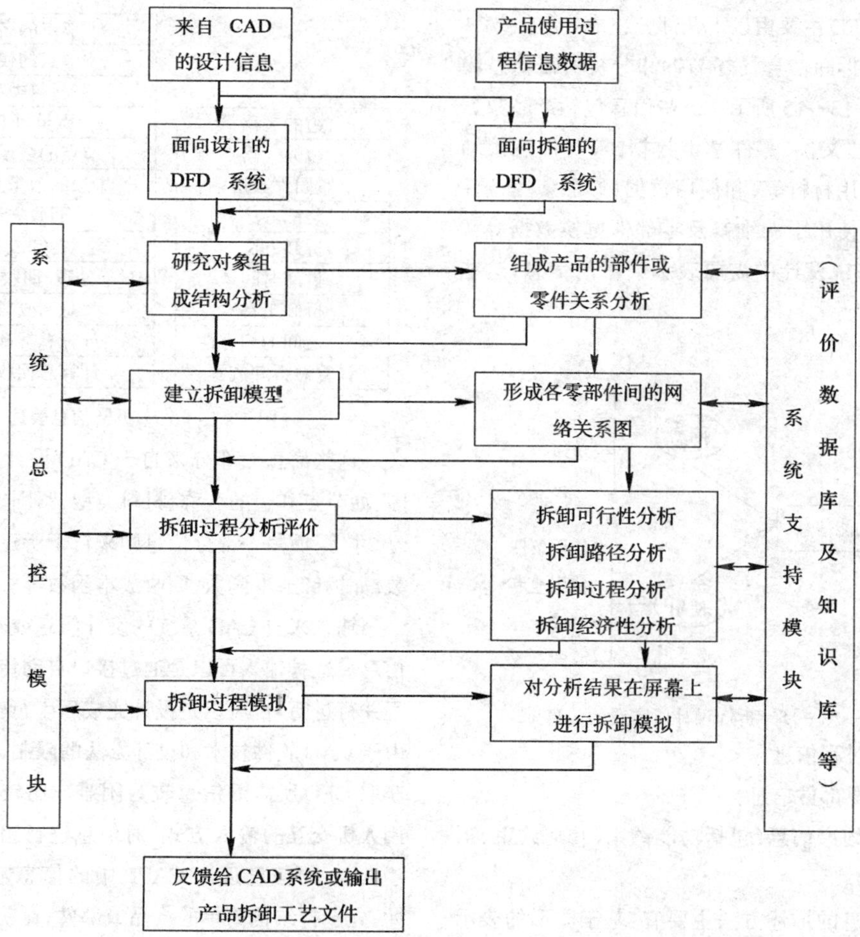

图 4—13—14　产品拆卸设计的系统框架

创新，实现可拆卸结构设计的标准化和合理化。

典型可拆卸结构图谱可采用模块化的方法来构造，即将零部件的连接结构抽象成一组既有相同功能和相同连接结构要素，又有不同性能或用途但能互换的连接基本单元，将这些基本单元与零部件结合在一起，即可得到相对独立、拆卸性能良好的零部件。

基于典型案例的拆卸设计方法可在实现产品功能要求的前提下，保证产品具有良好的拆卸性能，减少连接结构种类，便于生产组织、简化工艺。目前，由于缺乏系统地可拆卸结构设计资料和方法，在设计过程中要实现产品可拆性能要求，基于典型案例的拆卸设计不失为一种可行且有效的方法。

2. 计算机辅助可拆卸结构设计(CADFD)

CADFD的设计过程如图 4—13—14 所示。由图可见，CADFD 主要由以下几部分组成：

(1)产品拆卸信息描述与拆卸分析所需信息输入。如图 4—13—15 所示。这些信息包括产品数据(零件图、工艺文件、零件基本数据，零部件连接结构、功能及所用材料等)和使用数据(产品使用条件和场所、产品使用中的维修及零部件更换数据等)。由此可见，DFD 设计中需要表示大量的信息，这些信息可归纳为：

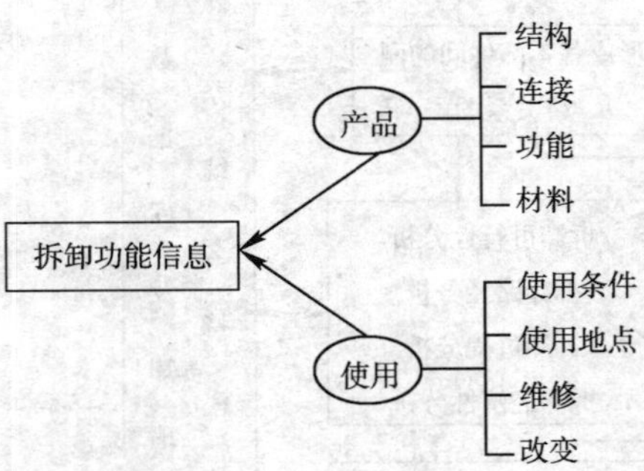

图 4—13—15　拆卸设计所需要的信息

①拆卸过程信息；

②拆卸零部件信息；

③拆卸约束信息(包括功能约束、几何约束、工夹具约束等)。

拆卸信息的描述方法主要有：基于图形的表示方式，即用节点表示 DFD 中的各种实体，连接弧表示实体间的拓扑关系，这种方法简单、直观，易于理解基于关系数据库的方法，即采用关系数据库存储实体及其关系，这种方法的信息组织维护方便；面向对象的方法，这样可使实体表达具有继承性和封装性，对象(实体)的层次分为若干类及相关属性，如物理属性、几何属性、特征属性等，拆卸方法有对象的类型确定。在这些方法中，面向对象的方法是比较理想的。

如前所述，拆卸分析通常是借助于由顶点和边组成的层次结构树来进行。拆卸信息则均附着在树的节点和边上。节点代表组成产品的零部件，含有零部件诸如名称、材料类型、重量/尺寸、子零部件的数量、拆卸成本、回收方法等信息；边代表各零部件之间的连接关系，且包含诸如拆卸方法、紧固件数量、拆卸所需工具等信息。这些信息如图 4—13—16 所示。

边的名称
边的代码
紧固件数量
装配方法
拆卸方法
拆卸时间
拆卸工具
零件之间的相容性
计算总拆卸成本

节点的名称
节点的代码
材料类型
重量/尺寸
子节点的数量及代码
子边的数量及代码
回收方法
拆卸成本
处理/回收成本
总回收成本
计算总拆卸成本
计算总回收成本

图 4—13—16　拆卸信息表达

这些信息一部分来自于 CAD 设计的产品装配图，如节点和边的名称、材料类型，紧固件数量、重量/尺寸等，而另一部分信息则来自于所建立的计算函数，如拆卸成本函数、回收成本函数等。

输入来自 CAD 系统的设计信息或/和产品使用信息。这种输入可以是通过接口自动传输与设计过程并行进行，也可以是设计完成后串行输入。目前，由于 CAD 软件技术和设计方法的限制，直接从 CAD 获取 DFD 所需的信息较为困难。比较可行的是采用人机交互的输入方式，对信息进行组织输入。由于 DFD 的信息远比 CAPP 中的信息输入复杂，因此，先选择结构简单的产品或部件，在获得可行的方法后，再完成复杂产品的 DFD 过程。

(2)网络构建模块。根据输入信息自动构造产品网络图，并依此建立产品的拆卸模型。

(3)分析评价模块根据网络图构造评价矩阵，并由系统评价准则和数据库对相应的评价指标进行单指标及综合评价，得出评价结果。

(4)实体模拟分析设计评价给出的结果往往是提示性的，不很直观，因此，还需要对设计结果进行计算机实体模拟，在计算机屏幕上直观地显示模拟过程，这种显示不仅有图形结构显示，还有与拆卸过程有关的时间、费用、效果等数据曲线图形显示。数据库是该过程进行的基础。

(5)输出反馈模块将评价结果按要求输出，或反馈给 CAD 系统，并提出有关结论及修改建议，以改进或完善设计。

(6)拆卸设计的数据库和知识库。拆卸设计的数据库和知识库是产品设计数据库和知识库的一部分，是拆卸设计的核心内容。系统开发设计时，知识及数据的搜集、整理与录入通常要花费大量的时间。DFD 除涉及常规设计规程外，还与产品的回收、拆卸成本、产品生命周期与环境的关系等密切相关，所涉及的内容非常复杂和庞大。知识库包含的主要内容有易于拆卸的特征定义规则、特征拆卸工艺知识、可拆卸性评价准则及设计修改建议等。数据库的主要内容包括拆卸时间、拆卸费用、可重用材料的价值、拆卸过程中有害成分的排放量等。设计过程中，每一设计决策均要反复与数据库、知识库进行交流，直至设计出拆卸性能良好、环境经济性好的产品。

以上几个模块在设计过程中反复交叉进行，直至获得满意的设计结果。将 DFD 系统与现行的 CAD、CAE 系统集成，即可实现并行设计和设计模拟。

五、拆卸设计评价

(一)可拆卸性评价指标

可拆卸性评价是对设计方案进行评价—修改—再评价—再修改直至满足设计要求的动态过程。评价面临的首要问题就是怎样评价产品的可拆卸性，用什么指标评价，用什么标准衡量的问题。因此，提出一套完整的可拆卸性评价指标体系，建立一套评价标准是评价系统的基础。

评价指标体系必须科学地、客观地、尽可能全面地考虑各种因素，包括组成系统的主要因素及有关系统性能、费用、效果等方面，这样就可以明确地对各方案进行对比和评价，并对其缺陷筹划适当的对策。

拆卸评价通常是从两方面着手进行：一方面是产品结构拆卸的难易程度；另一方面是与拆卸过程有关的时间、费用等。而在这些指标中，有一些是定量指标，也有一些是定性指标。

1. 与拆卸过程有关的指标

与拆卸过程有关的指标包括拆卸费用、拆卸时间、拆卸能耗和拆卸造成的环境影响等。

(1)拆卸费用。拆卸费用是指与拆卸有关的一切费用，即人力费用和投资费用等。投资费用包括拆卸所需的工具及夹具、工具的定位及夹具送进装置的费用，拆卸操作费用，拆下材料的识别、分类运输及存储费用等。人力费用主要是指工人工资。产品中零部件的连接结构不同，拆卸的难易程度也不相同，拆卸费用则表现为不同的量值。拆卸费用是衡量结构拆卸性好坏的主要指标之一。某一零部件单元的拆卸费用高，则其回收重用的价值就小。当拆卸费用大于该零部件单元废弃后的固有成本时，那它就完全失去了回收重用的价值。由此可见，拆卸费用越小，零部件单元的回收重用价值就越高。拆卸费用可用下式表示：

$$C_{disa}=K_1\sum(C_1\ t_i/60)+K_2\sum C_2\ S_i \tag{4.13.1}$$

式中　C_{disa}——总拆卸费用，元；

K_1——劳动力成本系数，它是考虑到不同拆卸方式(如手工拆卸或自动拆卸等)、工人的技术水平、不同时间等不同情况下的劳动力费用的变化；

K_2——工具费用系数，它是考虑拆卸工具费用随拆卸方式的变化；

i——拆卸操作的次数；

C_1——拆卸操作 i 的当前劳动力成本，元/h；

t_i——拆卸操作 i 所花费的时间，min；

C_2——操作 i 的当前工具成本消耗；

S_i——拆卸操作 i 的工具利用率。

(2)拆卸时间。拆卸时间即拆下某一连接所需要的时间。产品的某一部件单元可能有多个连接方式,则该部件单元的拆卸时间就是完成所有这些连接所消耗的时间总和。它包括基本拆卸时间和辅助时间。基本拆卸时间是指松开连接件、将待拆零件和相关连接件分离所花费的时间;辅助时间是指为完成拆卸工作所作的辅助工作所花费的时间,如拆卸工具或人的手臂接近拆卸部位的时间等。拆卸时间越长,表明该结构的复杂程度越高,产品的拆卸性能差。拆卸时间可由下式表示:

$$T_{disa} = \sum_{i=1}^{n} t_{di} + \sum_{i=1}^{m} N_{f_i} T_{r_i} + t_a \qquad (4.13.2)$$

式中 T_{disa}——系统拆卸时间,min;

t_{d_i}——分离零件 i 花费的时间,min;

N_{f_i}——与某一连接有关的紧固件数量;

n——系统零件总数;

m——连接件的数量;

t_{ri}——移开紧固件的时间,min;

t_a——辅助时间,min。

不同连接方式,其拆卸时间的计算方法不同。如单个螺栓连接可用下式计算:

$$T = T_1 + T_2 \qquad (4.13.3)$$

$$T_1 = L/(np) \qquad T_2 = K_t T_1$$

式中 T_1——拆卸螺栓的时间,min;

T_2——其他时间,包括分离连接件的时间及辅助时间(min);

T——总拆卸时间,min;

L——螺纹长度,mm;

n——螺栓头数;

p——螺纹螺距,mm;

k_t——修正系数,即辅助时间占基本拆卸时间的比例。

当然,在拆卸过程中拆卸工具、工人熟练程度、结构复杂程度对拆卸时间会有不同程度的影响,可根据具体情况调整其修正系数。

拆卸时间的大小确定必须来自于实际拆卸数据的搜集、整理与分析。表 4—13—4 为由时间累计法所确定的机械电子结构的拆卸、安装和更换时间。

表 4—13—4 某些机电连接结构的拆卸、安装和更换时间

时间标准序号	项 目(紧固件)	标 准 时 间(min)		
		拆卸	安装	更换
1	标准螺钉	0.16	0.26	0.42
2	六角螺钉	0.17	0.43	0.60
3	系留螺钉	0.15	0.20	0.35
4	快速紧固件(1/4 周)	0.08	0.05	0.13
5	快速紧固件(小于 1 周)	0.06	0.06	0.12
6	碟型螺钉	0.06	0.08	0.14
7	机器螺钉	0.21	0.46	0.67
8	螺母螺栓	0.34	0.44	0.78
9	U 形挡圈扣锁		0.27	
10	拉环扣锁	0.03	0.03	0.06
11	弹簧夹扣锁	0.04	0.03	0.07
12	碟型扣锁	0.05	0.05	0.10

(3)拆卸过程中的能量消耗。拆卸产品必然要消耗能量,其能量消耗方式有两种,即人力消耗和外加动力消耗(如电能、热能等)。拆卸单元零部件所消耗的能量的大小也是表明零部件拆卸性能的一个指标。能耗少,则该部分拆卸性能好。由于机电产品中广泛采用着多种连接方式,如螺纹连接、搭扣连接等机械连接方式以及粘结、焊接等,因此其拆卸能量的计算方法也不同。机械连接的拆卸能量包括螺纹的释放能、搭扣连接的弹性变形能或连接元件的摩擦能等;而化学连接方式,可视其分离方法,其消耗能可以是融化能、断裂能或溶解能。下面我们可以机械连接中的螺纹连接和搭扣连接为例,给出拆卸能的计算方法。

①螺纹连接螺纹连接是通过施加一定的拧紧力 F(N),产生相应的拧紧力矩来使螺纹紧固的。图 4—13—17 是螺纹连接结构简图。拧紧力矩的大小与拧紧力 F 和螺纹直径 d(mm)成正比,可用下式表示:

$$M = 0.2F_d \times 10^{-3} \qquad (4.13.4)$$

式中 M——拧紧力矩,N · m;

0.2——力矩系数,其大小与摩擦系数和螺纹中径有关。

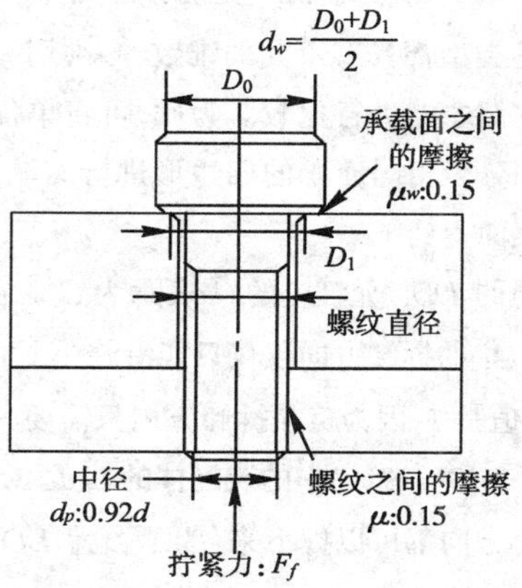

图 4—13—17　螺纹连接结构简图

由机械零件知识可知，螺纹连接的轴向力等于拧紧力矩的 10%。由于该轴向力作用在螺纹的放松方向，则松开螺纹所需的力矩是拧紧力矩的 80%。因而，松开螺纹的能量 E_1，可由下式计算：

$$E_1 = 0.8M\cdot\theta \qquad (4.13.5)$$

式中　θ——产生轴向应力的旋转角，rad。

因此，可以定义螺纹的拆卸能量即为松开螺纹的能量 E_1。

②搭扣连接　图 4—13—18 是搭扣连接的结构简图。搭扣连接的拆卸能 E_2 可定义为使搭扣配合的搭钩的高度产生变化所需要的应变能。根据材料力学原理，可将搭扣连接简化为一悬臂梁，该悬臂梁的应变能可由下式计算得到：

$$E_2 = 1/8(EWt^3 h_2^2/h_1^3) \qquad (4.13.6)$$

式中　E——材料的弹性模量；

h_1——搭扣连接部分的高度；

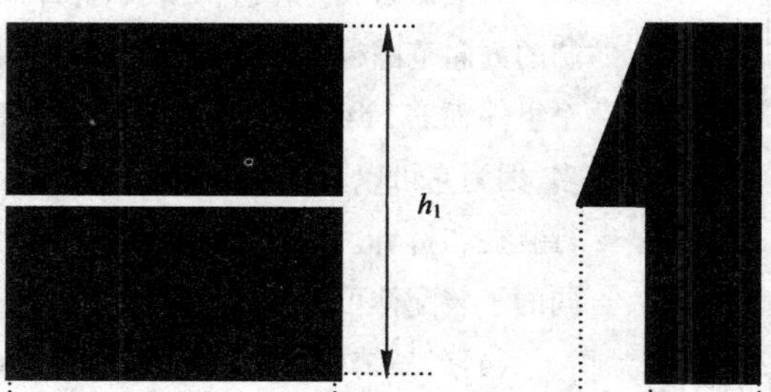

图 4—13—18　搭扣连接的结构简图

h_2——搭钩高度；

T——搭扣连接部分的厚度；

W——搭扣连接部分的宽度。

以上计算的是单个连接单元的拆卸能量，如果某一待拆的零部件有多个连接，则拆卸能量应是所有各个连接单元拆卸能量的总和。其他连接方式的拆卸能在此就不一一讨论了，有兴趣的读者可以自己推导有关的计算公式。

(4)拆卸过程的环境影响。拆卸过程的环境影响主要表现为噪声及排放到环境中的污染物种类和数量。拆卸过程中遇到的特殊材料(如含有有害成份、有毒成份等的材料)应采取特殊的拆卸方式和保护手段，拆卸时一定要注意安全，并将拆下的零部件妥善分类保管，以免引起与其他部分的交叉感染或污染环境；还有一类物质，如汽车中的汽(柴)油、润滑油等也应妥善收集处理，以免四处流淌，污染工作场地和环境，或因任意排放而污染水资源。

2．与连接结构性有关的指标

上述指标是与拆卸过程的时间、能量有关的指标，实际上具体结构的设计往往是拆卸性能的关键，也应是评价指标的主要组成部分。产品结构拆卸性能的好坏通常都是采用定性描述，在这里，我们试图尽可能用定量的方法来评价产品结构的可拆卸性。当然，无法量化的指标必须以定性方式来表示。

(1)可达性。如前所述，可达性包括三个方面，即视觉可达、实体可达和足够的拆卸空间。无论是手工拆卸还是自动拆卸，都要有足够的拆卸空间。如以分离空间评价为例，手工拆卸时，拆卸空间要能使操作者方便地运用拆卸工具，并将拆下部分顺利地与机体分离；自动拆卸时，拆卸空间要能使拆卸装置方便地接近拆卸部位，并使其沿规定的拆卸方向进行分离操作。

(2)标准化程度。标准化程度是产品结构可拆卸性的另一个评价指标。衡量产品标准化程度的高低，主要用标准化系数来描述。它一般包括标准件系数、通用件系数和借用件系数 3 种。标准化系数用标准件、通用件和借用件的件数同零件总数(或总种数)的比表示。产品中有些零件，特别是一些小型的电子组件，常常是难以区分的，这就给产品拆卸带来了一定的困难。因此,在产品设计时应注意这一点。例如,应使铆钉标准化,达到长度、直径、材料都相同,垫圈和螺钉也应标准化。拆卸时可采用同种工具,避免工具的多样化。拆换的连接件由于为标准件,互换程度高,便于购买。一般来说,标准化系数越大,可以减少设计、制造、拆卸等方面的费用,有利于应用较先进的手段和方法。

标准化系数分标准化件数系数和标准化种数系数:

产品标准化件数系数=(标准件件数+通用件件数+借用件件数)/零件总数×100%

产品标准化种数系数=(标准件种数+通用件种数+借用件种数)/零件总数×100%

(3)拆卸方向。拆卸方向对利用机械手进行自动拆卸具有重要意义。一般来说,一个可拆卸的组件可以沿着一个方向或一系列的方向拆开,这些方向就称为拆卸的方向范围,用 DD 表示。产品中某个组件 C_i 的 DD 表示为 DD_i。例如,图 4—13—19(a)中 C_1 的 DD 表示为 DD_1,且只有一个拆卸方向。在研究拆卸的方向范围时,为了定量表示,可将其映射到高斯球上(即单位半径的球体)。拆卸方向范围可能是下列情况之一:

①映射到高斯球上一点(0 维)的单一方向(如图 4—13—19(a)或(b)中的 DD_1);

②映射到高斯球上一条弧(1 维)的一系列方向(如图 4—13—19(c)中的 DD_1 是阴影区域的邻接圆);

③映射到高斯球上为一个面的一系列方向(如图 4—13—19(d)中的 DD_1 是阴影区域)。

上述类型都具有不同的维数,必须用一致的方式表示它们才能进行比较。为此,可将单位高斯球的表面划分为相同面积的四边形进行离散化,以使点、弧、表面得到统一。

不同的 DD_i 所对应的 G 表示为 C_i。在图 8—19(a)中 C_1 的拆卸方向仅仅只能沿着一个方向。因此,G 的值是 1,因为覆盖拆卸方向只需要一个四边形。图 4—13—19(b)中的装配体的 G 是 2,因为 C_1 沿着两个方向都可以拆下来(为了覆盖 DD_1 需要 2 个四边形)。在图 4—13—19(c)中 DD_1 由若干个方向组成,这些方向的终点在高斯球上形成一个圆。为了覆盖拆卸的方向范围,形成宽度为 $1/u$ 的四边形所组成的一条带并且全长为 2π。相应的 G_1 值是 $2\pi u$,即 $2\pi u$ 个四边形才能覆盖拆卸的方向范围。在图 4—13—19(d)中,G_1 是半球体面积折算成单个四边形,为 $2\pi u^2$ 个。这里 $u(u>1)$表示在拆卸过程中拆卸机械手可能的接近方向数,通常 u 取 10。

在装配体中组件拆卸的顺序被称为拆卸序列。对于某个装配体,在确定了其拆卸序列后,应分别计算出各个组件的方向度 G_i 以供评价。

在初始的设计阶段,该方法表示了给定组件拆卸的难易性,可以用来评价不同设计方案的可拆卸性,G_i 的值越大,则拆卸就越容易。

在特定拆卸序列中,所有组件的 G 值总和由 Q 表示,即

$$Q = \sum_{i=1}^{m} G_i$$

一般而言,Q 值越高,表示拆卸中拆卸的方向范围越大,拆卸就越容易。对单个组件而言,设计的拆卸夹具要经济得多,因为它可以灵活地沿着一系列方向进行装夹和拆卸。复杂度单一的夹具对不同的子装配体可以多次使用。

(4)产品结构的复杂程度采用 AND/OR 图进行评价。产品结构的复杂程度的描述主观性较强,可以将产品抽象成结构(物理)模型后进行分析,以便量化描述。具体分析请见有关参考文献。

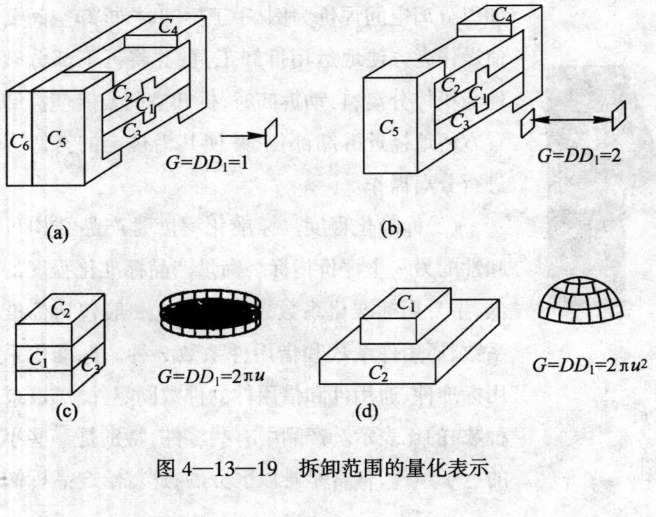

图 4—13—19 拆卸范围的量化表示

(二)可拆卸性评价方法

可拆卸性评价不仅仅要求给出一组评价结果，而是希望能为设计人员提供修改建议，并进行设计结果模拟。AND/OR 图法无法给出所需的模拟信息，采用拆卸评价图法可以满足此目标。表 4—13—5 即为拆卸评价图的基本结构。

表 4—13—5 拆卸评价的基本结构

1	2	3	4	5	6	7	8	9	10	11	12	13	14
						难度等级 1—容易;2—有一定难度; 3—中等难度;4—较大难度							
零件号	理论最少的零件数	重复动作次数	拆卸任务类型	拆卸方向	拆卸工具	可达性	定位要求	拆卸力量的大小	拆卸附加时间	特殊拆卸问题	难度等级之和	难度等级与重复次数的总和	注解

下面我们对表中每一栏目的意义进行简单说明：

零件号是记录产品中每个零件的编号。对于同时拆卸的相同零件及具有相同拆卸特点的零件(如用于紧固同一零件的 3 个相同螺钉)，用相同的编号表示。产品的部件可以看成是一个零件；为了与零件区别，可用某些符号做标记，如在编号后加上后缀 sub。

理论最少的零件数就是通过 DFA 分析，使组成产品的零件数量为最少。此时，需要对待拆的每个零件进行评价，以便确定这些零件从理论上是否需要作为一个单独零件存在。若某零件必须作为一个单独零件存在(该零件与其他零件有相对移动或者该零件与其他零件材料不同，或者该零件必须要拆下来)，则用“1”表示；否则，用“0”表示。对编号为 1 的零件均需进行评价，编号为 1 的零件总数填入拆卸图的第 2 列。对部件来讲，填入的值取决于后续拆卸操作。若部件需要进一步拆卸，用“1”表示；不需进一步拆卸的部件，则可看成是一个零件，按上述原则确定是“1”或是“0”。

重复次数是用于记录完成每一拆卸任务的次数。这里主要是考虑要同时拆卸的相同零件。例如 3 个完全相同的螺钉，拆下螺钉的任务要重复 3 次。

拆卸任务类型就是完成具体拆卸的操作，如推/拉、松开螺纹、移动、切割、轻敲等。在拆卸过程中，有时为拆下一个零件往往需要多种操作方式，如“松开螺纹”这种操作，本身就包含了“移动”这个操作等，像这种情况，通常只表示前面的操作任务，这样前述的操作只需表示“松开螺纹”即可。具体的拆卸操作任务可根据产品拆卸实践，进行归纳和总结，以便评价过程中选用。

拆卸方向表示人的手臂或拆卸工具接近待拆卸零件的轴线方向。为此，必须建立相应的坐标系，常用定坐标系的 Z 轴正向指向放置待拆卸产品的工作台的表面方向。在拆卸过程中，该坐标系是刚性的，它不随工件的拆卸而发生变化。一个拆卸动作往往有多个运动方向，可根据动作发生的先后顺序表示在该栏目中。

拆卸所需的工具是指拆卸过程中为完成拆卸任务所需要的工具类型，如十字旋具、扁嘴钳、钢丝钳等。不借助工具，仅由手工完成的拆卸操作不必记录。

可达性是用于衡量操作者的手臂或拆卸工具接近待拆零件的难易程度。它主要表示是否存在适当的拆卸空间及拆卸过程中对拆零部件实施操作的难易。

拆卸定位要求是指为完成拆卸任务，操作者的手臂或拆卸工具所需要的精确定位或转向的度量。如与简单地抓取与移动操作相比，将十字旋具放入螺钉头部并拧动螺钉就需要较高的定位精度。

拆卸力量的大小是对完成拆卸动作所需要的力的度量。如拆除具有压配合性质的零件所需要的拆卸力要比拆除间隙配合零件所需要的拆卸力大得多。分离相互粘结的零件或对零件进行破坏性拆卸也需要较大的力量。

拆卸附加时间是指前述的拆卸过程比较困难，

且难度与时间有关时，通常的时间概念无法满足当前的时间要求，而必须附加的额外时间。如长螺纹比短螺纹的拆卸难度大，因而其拆卸需要更长的时间。需要指出的是，这里的附加时间是指这些时间没有在其他地方考虑进去，才在此进行附加。若在其他地方考虑了这些拆卸的额外难度，则在此将不予考虑。

特殊拆卸问题主要是为在前面各个栏目中没有考虑或无法列入的，而在拆卸过程中所出现的特殊问题。如松开的电线，当其准确位置不知道时，可列入次栏目中。

难度等级之和是指第 7 至第 11 栏目中各难度等级和。

难度等级与重复次数的总和是指第 12 栏目和第 3 栏目数据的乘积，以表示某一拆卸任务的多次重复。这也是拆卸任务的总难度等级。

注解栏目是用于解释所完成的特殊任务、所需的特殊工具或特殊拆卸问题栏目出现的其他情况。

根据上述的拆卸图各栏目的含义，将待评价产品的具体内容填入，即可进行拆卸难度的评价。

第三节　回收设计

拆卸是产品回收的前提，产品最终拆卸到何种程度受回收经济性的制约。此时，摆在面前的一个问题就是如何经济地回收废弃淘汰的产品？

一、回收设计的概念

（一）回收现状及回收设计的必要性

回收是一个“古老”的话题，但直至目前，这种传统意义或狭义上的回收仅仅停留在对有限材料的回收上，虽然这种回收对社会发展、收废利旧起到了积极的作用，但已难以满足日益发展的社会需求和可持续发展的要求。其主要表现在以下几个方面：

1. 企业只注重新产品的开发，而严重忽视废旧产品的有效回收利用

随着社会和科学技术的飞速发展以及市场竞争的日趋激烈，产品生命周期越来越短，更新换代步伐不断加快。一方面废弃淘汰的产品大量产生，造成严重的社会负担和环境污染；另一方面生产企业和工程界都在优先考虑如何加快新产品开发，如何加快新产品推向市场的时间，大量地消耗资源和能源于新产品的制造，使得资源能源呈现出过快开发和过量消耗的态势。这种现象不仅会给用户带来陈旧商品处理的麻烦，而且还会造成环境污染和资源浪费。与此相反，对如何处置利用被快速置换或快速废弃淘汰的废旧产品和充分利用其剩余价值重视不够。

2. 缺乏使用回收产品的意识和健全的回收市场机制

目前，在大多数消费者的观念中，都不愿购买回收再造产品或含有回收零部件的产品，认为这些产品是“旧”产品，信任度不高。同时，对回收再生产品或含有回收重用的零部件的产品缺乏健全的市场机制，以次充好，管理不善，使消费者对这种产品丧失信心。这主要表现在两方面：一方面回收市场零乱，对回收过程和回收零部件缺乏管理和确认，以次充好，干扰了回收市场的发展；另一方面，回收多为非产品生产企业所为，使回收产品的可靠性及原有性能的恢复均大打折扣，影响了回收的产品或含有回收零部件的产品的整体性能。我国在产品回收利用方面，与国外尚有一定的差距。

在工业发达国家，如美国、日本、德国等，制定了严格的与回收有关的法律法规，对回收产品实行“谁生产，谁负责”，既极大地促使许多大型生产企业加入回收行列，也使回收的效率和效果得到了极大的改善，促进了回收市场健康有序地发展。

3. 回收仅停留在简单的材料回收，而忽视了产品零部件等深层次的重复再利用

材料回收是产品回收过程中最基本且最简单的回收，回收的金属材料往往是送往冶炼厂作为原料，制成的材料再作为制造系统的输入，用于制造新产品。这样，产品零部件的剩余价值没有得到有效的利用，结果是形成大量的残余废弃物。

如何有效地收废利旧，减少资源能源的过度消耗，已引起了世界各国政府和企业的关注。例如，美国柯达公司目前卖的最好和赢利最大的照相机就是一种名为“相迷救星”的绿色照相机。这一款式的照相机的机芯和电子部分的回收并循环使用的次数竟多达 10 次。日本三浦株式会社设计生产的雷达、航空产品，其部分主要零部件采用稀有金属制作，原料需从国外进口，价格相当昂贵，而这些零件又不易磨

损，当整机淘汰后，这些零件仍具有完整的使用价值。但过去一淘汰也就意味着使用价值的废弃，而现在该公司在设计这些零件时，便注意到它们的通用性，产品整体一旦报废淘汰，仍由该公司负责回收，其零件略加改造仍可移作他用。

图 4—13—20 所示为废弃物的产生及其对策。

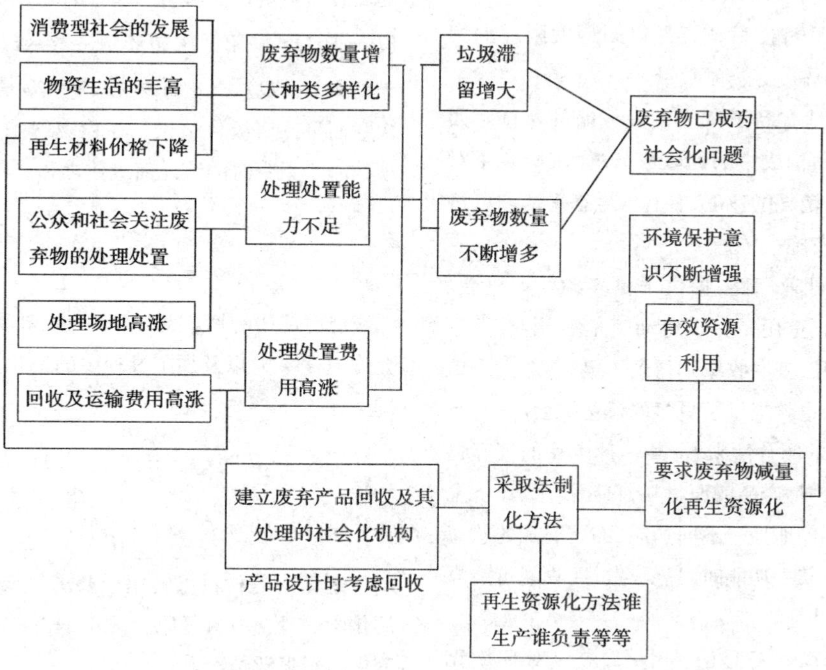

图 4—13—20　所示为废弃物的产生及其对策

(二)回收设计的概念

这里所说的回收是区别于通常意义上的废旧产品回收的一种广义回收。回收设计(Design for Recovering & Recycling，简称 DFR)就是实现广义回收所采用的手段或方法，即在进行产品设计时，充分考虑产品零部件及材料回收的可能性、回收价值大小、回收处理方法、回收处理结构工艺性等与回收有关的一系列问题，以达到零部件及材料资源和能源的充分利用，使环境污染最小的一种设计思想和方法。表 4—13—6 是传统设计与回收设计附加要求的比较。

资源回收和再利用是回收设计的主要目标，其途径一般有两种，即原材料的再循环和零部件的再利用。鉴于材料再循环的困难程度和高昂的成本，目前较为合理的资源回收方式是零部件的再利用。回收及重复利用零部件的机电产品可行性研究表明：零部件的重复利用可使产品的最终成本平均下降 30%，因此，回收设计具有明显的社会和经济效益，它不仅降低了与废弃物处理有关的一切费用，而且减少或消除了违反有关法律后所受到的相关处罚。

表 4—13—6　传统设计与回收设计附加的比较

传统设计要求	面向回收设计的附加要求
功能	长寿命或短寿命
安全性	环境保护法规，回收材料特性及测试方法
使用	回收方法及废弃规则物
人机工程因素	利用可回收材料的设计准则
生产	先期用户回收及后勤保障，回收材料的生产性能
装配	装配策略，面向拆卸的连接结构
运输	重用及再生材料运输及装置
维护	将拆卸集成在回收后勤保障中
回收废物处理	产品回收：再生；材料回收：处理
制造成本	制造成本、使用成本、回收成本

影响回收的两个主要因素是产品的拆卸技术和

回收利用成本。其解决方法可遵循以下两个基本原则:首先是拆下产品中最有价值的部分;其次是尽量提高拆卸效率。

回收设计具有以下特点:

1. 回收设计可使材料资源得到最大限度的利用,并减少了固体废弃物的数量。

2. 回收设计有利于持续发展战略的实施。回收设计使新产品构成中的回收成分增大,减缓了对新资源的开采、消耗的速度,有利于生态平衡和可持续发展战略的实施。

3. 扩大了就业门路,提供了更多的就业机会。废旧产品的回收重用是一个劳动密集型产业,经过回收设计的产品,其回收级别得到了提高,会出现更多的就业岗位,也就提供了更多的就业机会。

4. 从物流的闭合性来看,某一种产品的废弃物可能就是另外一种产品的原材料,只要技术、经济上可行,物质就不停地处于不同功能、不同形式的状态下;在不能完成某一功能时,只要经过回收就可能再生而具有新的功能。

5. 回收过程本身是清洁生产,应该对环境无害,不造成对环境的二次污染。

(三)回收设计的主要内容

产品回收设计的主要内容包括可回收材料及其标志、可回收工艺及方法、回收的经济性及可回收产品结构工艺性等几方面的内容。

1. 产品零部件的回收性能分析

产品报废后,其零部件及材料能否回收,取决于其原有性能的保持性及材料本身的性能。这就要求在产品设计时,必须了解产品报废后零部件材料性能的变化,以确定其可利用程度。如根据美国宝马(BMW)公司的研究,由加强聚酰胺玻璃纤维制造的汽车上的进气管零件,在汽车报废后,其弹性模量和阻尼特性几乎没有改变,因而该材料可 100% 回收重用。

一般来说,产品零部件材料在使用过程中性能均会有所退化。这种退化有可能使产品的重用性丧失。假设用强度损失的百分比来衡量零部件材料性能的退化,令 d_1 和 d_2 代表加工前后的性能退化程度,则加工使材料退化了 $D\%$(D 为加工过程的退化率,$D=(d_4-d_1)/(1-d_1)$。当产品首次制成时,所有材料 100% 都是未使用过的,即 $d_1=0, d_2=0$。当第二次循环时,在加工前的材料中加入 $R\%$ 的回收后再利用的材料,此时,$d_1=DR, d_2=D+D(R-RD)$。在第三次循环中,$d_2=D+(R-RD)+D(R-RD)^2$。显而易见,退化率是随重复利用次数而呈几何级数增长。在稳定状态下,退化率是项数趋于无穷时的该几何级数之和。若干次循环之后,则有

$$d_2=\frac{D}{1-R(1-D)} \tag{4.13.7}$$

能够使用的回收材料利用量 R 受最终产品的允许退化率 T 以及加工过程中的退化率 D 的限制,即

$$d_2=(1-\frac{D}{T})(\frac{1}{1-D})\leqslant T \tag{4.13.8}$$

$$\text{设计标准为 } R\leqslant(1-\frac{D}{T})(\frac{1}{1-D}) \tag{4.13.9}$$

退化后的材料可转用于要求较低的场合,也可用化学处理使材料复原。图 4—13—21 即为加工过程中材料退化情况。

2. 零部件材料的回收标志

由于构成产品的零部件数量很多,特别是形状复杂的产品更是如此。那么,怎样识别哪些零部件材料回收或重用呢?这就要求对可回收的零部件材料给出明确的识别标志。这些标志及其识别对回收来讲是非常有用的。不同回收方式的回收级别不同,重用具有最高的优先权,其次是循环利用,最后是再生。目前常用的方法有以下几种:

(1)在产品生产时,在零件上模压出材料代号或用不同的颜色表明材料的可回收性或注明专门的分类编码代号等。例如,施乐公司为塑料材料建立了一套材料标准,其中包括充填玻璃及彩色零件,以确保设计人员尽可能采用合适材料,并将材料标识模压在每个零件上。而宝马公司的产品设计人员,则采用了一种特殊的编码系统,大多数塑料零件采用了颜色编码标志,绿色表示纯塑料,蓝色用于表示回收的塑料,其目标是减少不同塑料数量,完全避免有毒有害物质,且对重量超过100 g的所有聚合物均做出标志。

(2)在塑料零件上做出条码标志可以表示出该塑料的许多重要信息,如成分、生产年代、环境危害及添加剂等,这些信息对确定回收材料及再生的方法是非常有价值的。

3. 回收工艺及方法

零部件材料如何回收?也是回收性设计中必须考虑的问题。有些零部件材料在产品报废后,其性能完好如初,可以直接回收重用;有些零部件材料的性能变化甚小,可稍事加工用于其它型号的产品;有些零部件材料使用后性能状态变化很大,已无法再用,需要采用适当的工艺和方法进行处理回收;有些特殊材料(如含有毒、有害成分的材料)还需要采用特殊的回收处理方法,以免造成危害或损失。因此,在产品设计时,就必须考虑到所有这些情况,并给出相应的标志及回收处理的工艺方法,以便于产品生产时进行标识及产品报废后用户进行合理处理。

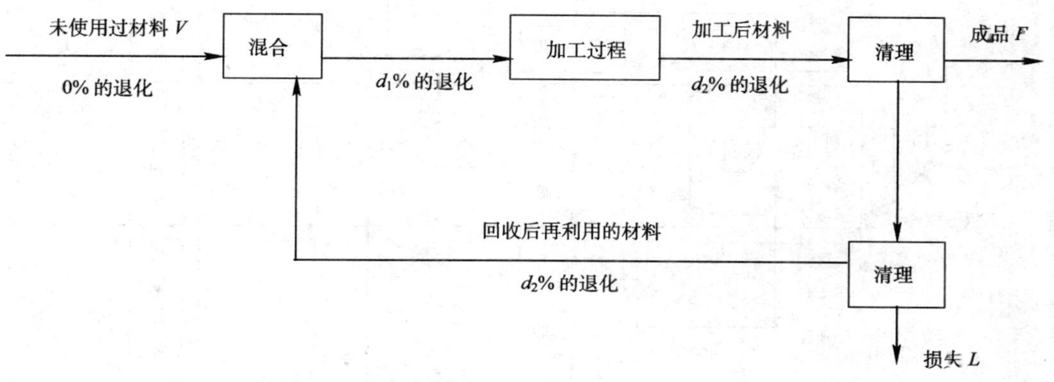

图 4—13—21　加工过程中材料退化的情况

4. 回收的经济性

回收的经济性是零部件材料能否有效回收的决定性因素。回收的经济性可以根据产品类型、生产方式、所有材料种类等,在设计制造实践中不断摸索,搜集整理各有关数据资料并参考现行的成本预算方法,建立可回收性经济评估的数学模型。利用该模型,在设计过程中,可对产品的回收经济性进行分析。

5. 回收零件的结构工艺性

如前所述,零部件材料回收的前提条件是能方便、经济、无损害地从产品中拆卸下来,因此,可回收零件的结构必须具有良好的拆卸性能,以保证回收的可能和便利。

二、回收方式与回收经济性分析

(一)产品的回收方式分析

1. 按回收在产品生命周期中所处的位置可将回收划分为前期用户回收、后期用户回收和用户回收 3 种类型。

(1)前期用户回收(Preconsumer Recycling)

前期用户回收是指对产品生产制造过程产生的废弃物和材料进行即刻回收利用(如边角余料、切削液等的利用)。这种方式中的回收者位于产品生命周期的前端,通常是指产品制造商。

(2)后期用户回收(Post Consumer Recycling)这里主要是指材料的回收,其基本目标是尽可能使回收材料有较高的性能,回收的材料还必须具有相容的成份组织,满足应用需求的要求。

(3)用户回收(Consumer Recycling)通常是指产品的回收,即产品经过首次使用后,对其进行换代或大修,然后重新利用,其目标是产品经过大修或换代后能恢复原有功能和性能。

图 4—13—22 则是这 3 种回收方式之间的关系。可以看出,回收设计的最终结果是使达到寿命周期的产品具有最大的零部件重复利用率、尽可能大的材料回收量,减少最终处理量,不污染或少污染环境。

2. 按回收部分的使用方式划分

(1)重用(Reuse)即将回收的零部件直接用于另一种用途,如压缩机、电机、电线等。

(2)再加工(Remanufacture)是指回收的零部件

在简单修理或检修后,应用在相同或不同场合。

(3)高级回收(Primary Recycling)是指经过重新处理的零件材料被应用在另一更高价值的产品中。

(4)次级回收(Secondary Recycling)是指将回收的零件材料用于低价值产品中,如计算机的电路板及回收的电子元器件可用于玩具上等。

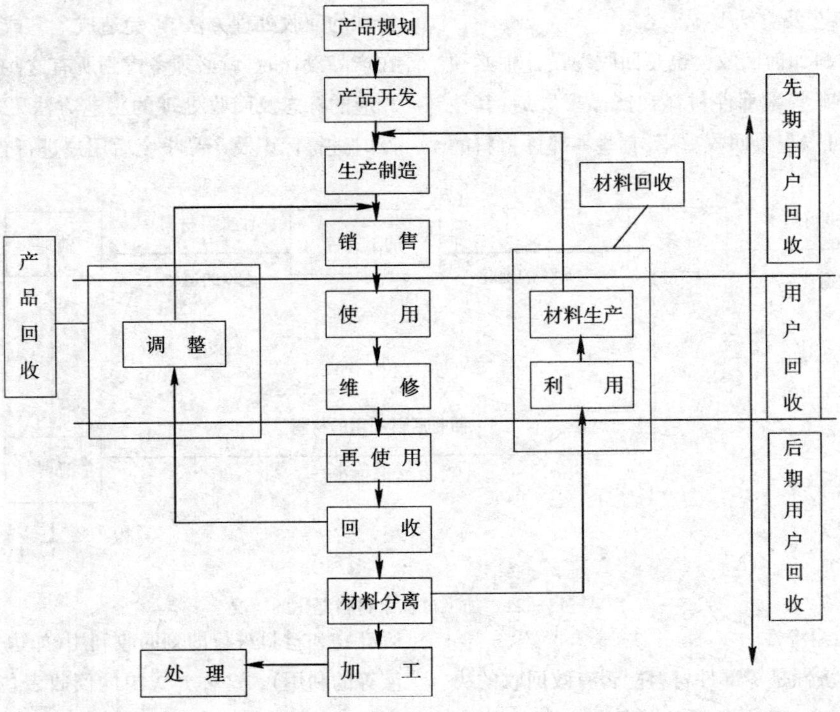

图 4—13—22 产品寿命周期及回收阶段

(5)三级回收(Tertiary Recycling)也称化学分解回收,是指将回收零件的聚合物通过化学方式分解为基本元素或单元体,用于生产新塑料或其他产品,如石油、热油及沥青等。

(6)四级回收(Quaternary Recycling)也称燃烧回收,即燃烧回收的材料用以生产和/或发电。

(7)处理(Disposal)这里主要是指填埋,即将回收的废弃物品填埋掉。

(二)回收经济性分析

产品在其使用寿命结束后,其中的有些零部件还具有一定的回收价值,这就是零件材料的回收价值与零件的重用价值。为了便于对回收价值进行评估,可根据产品的不同回收方式进行分析,如图 4—13—23 所示。

零件重用或材料回收反映了废旧产品回收所能取得的经济效益。然而,有些从废旧产品中回收后的零件和材料使用前需花费加工和处理费用,产品设计人员必须对这些问题进行全面考虑,以便能取得良好的经济效益。此外,设计人员也需重视那些不能回收而需付出处理费用的零部件。废旧产品能否有效回收,取决于其回收效率与回收效益。

1. 产品的回收效益

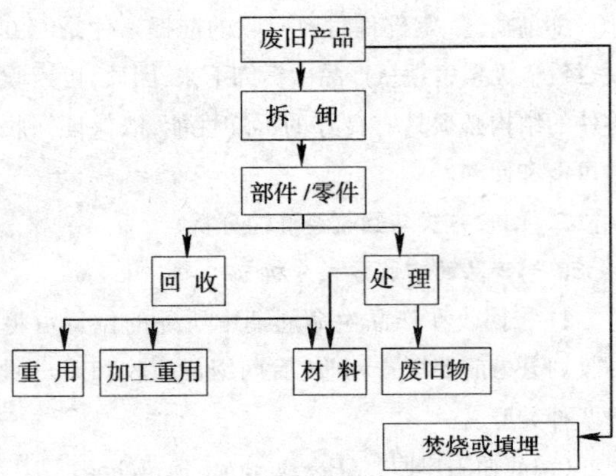

图 4—13—23 产品回收与处理的一般过程

通过对废旧产品零部件价值的分析，废旧产品的回收与处理所能取得的总效益为

$$V_{total}=C_{vsum}-C_{dsum}-C_{psum}=\sum_{i=1}^{t}C_{vi}-\sum_{i=1}^{t+p}(S_W\times T)-\sum_{i=1}^{n-t}C_{pi}\quad(4.13.10)$$

式中　V_{total}——总效益；

C_{vsum}——总回收价值；

C_{dsum}——总拆卸费用；

C_{psum}——总处理费用；

n——产品零部件总数；

t——已回收的零件数；

p——需处理的零件数；

S_W——单位时间的拆卸费用；

T——零件的拆卸时间。

要提高零部件总回收价值，则需降低零部件的拆卸费用与处理费用。例如，若设计的零部件可达性好、易拆卸，则单位时间内的回收价值就能得到提高，拆卸费用也就随之降低。其最终结果是更少的零部件需要处理。因此，产品废弃物的处理费用也随着降低。

根据零件的回收价值、拆卸时间与处理费用等参数，可得如下的废旧产品的回收效率公式：

$$I=(C_V-C_d-T\times S_W)/C_V\quad(4.13.11)$$

式中　I——回收效率；

C_V——零部件的回收价值；

C_d——废旧产品剩余部分的处理费用。

根据产品回收与拆卸的一般规则，价值高的零件应首先拆卸，随着产品的进一步拆卸，回收价值越来越低，处理费用也在不断降低。由于剩余废弃物减少，使废旧产品更易于回收处理，同时回收效率也随之增大。

2. 产品回收的基本原则

产品回收设计的总原则是一方面获取最大的利润，另一方面是使零部件材料得到最大限度的利用，使最终产生的废弃物数量为最小。

从废旧产品中不断地拆卸与回收零部件，其回收价值如图 4—13—24 所示。图中的极值点 S 是经济回收的极限点，在高价值零部件优先回收的前提下，该点表示拆卸的过程或步骤开始进入负价值拆卸。在这种情况下，就限制了产品的进一步拆卸与回收。因此，在废旧产品的回收过程中，主要有以下基本原则可供遵循：

(1)若零件的回收价值加上该零件不回收而需的处理费用大于拆卸费用，则回收该零件。

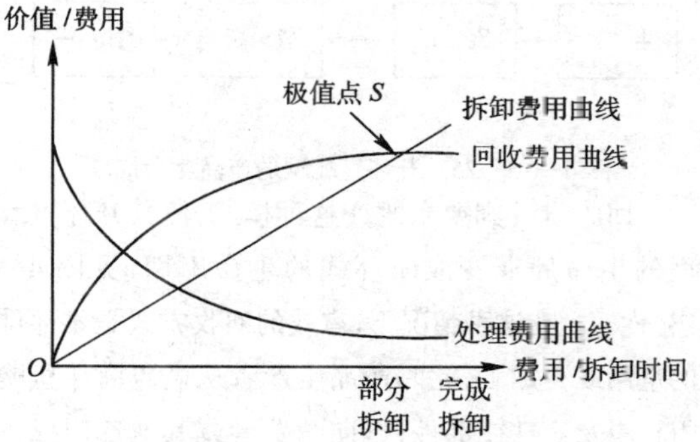

图 4—13—24　产品零部件的回收价值

(2)若零件的回收价值小于拆卸费用，而两者之差又小于处理该零件的费用，则回收该零件。

(3)若零件的回收价值小于拆卸费用，而两者之差又大于处理该零件的费用，则不回收该零件，除非为了获得剩余部分中其他更有价值的零件材料而必须拆卸。

(4)对所有不予回收的零件均需要进行填埋或焚烧处理。

应从高到低对待回收的零件及材料的价值，当回收效益为 0 或负值时，则停止拆卸。然而，在实际过程中，拆卸序列不可能完全按照这种规则拆卸。例如，有些零部件虽然具有高的回收价值，但不能直接回收，或必须拆卸一部分低回收价值甚至无价值的零部件才能继续回收。为了减少废弃物，必须在产品设计时，考虑如下的因素：

(1)能否选用同种材料或相容性材料使之得到回收。

(2)产品结构能否进一步改进以达到良好的可拆卸性。

(3)能否采用已有的先进成熟的处理技术，降低废弃物造成的污染程度。

(三)回收设计模型与回收设计准则

1. 回收设计系统模型

如前所述，传统产品的生命周期是一个线性或开环直线型的过程(见图 4—13—25)。产品依靠生

产者从生产过程进入流通领域，然后由销售者将产品售于消费者。消费者使用产品直至其生命周期终止而将其废弃，或虽未至其生命周期终止，但改用更新的产品而将其弃置一旁，这样便将产生大量废弃物资。

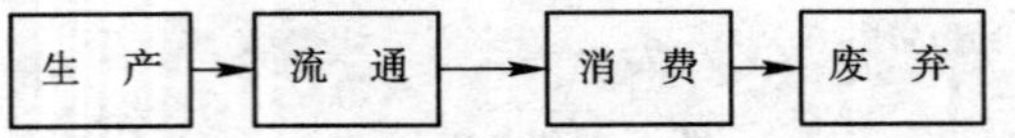

图 4—13—25　开环直线型的产品生命周期

回收设计则要求改变这种模式，使其开环直线型的生命周期变成闭环式的生命周期（见图 4—13—26）。在这种情况下，有效的回收方式是零部件的重用或再加工，此时产品生产者从供应商那里购得材料及零件或部件，再向消费者或其他部门提供所制造的产品。

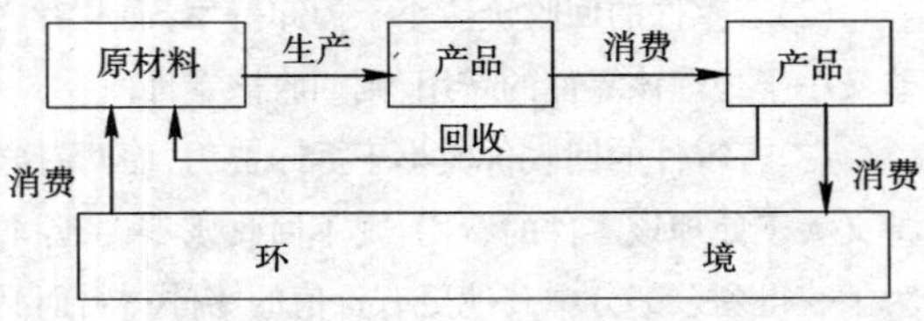

图 4—13—26　闭环回收的产品生命周期

而真正意义上的回收系统，要求当产品废弃淘汰时，消费者能将其返送到产品制造商或代理商那里。这种系统模型可用图 4—13—27 来表示。在该系统中使用过的产品又重新进入制造系统，并可作为新材料及零件资源。从该图中我们可以看出以下几个特点：

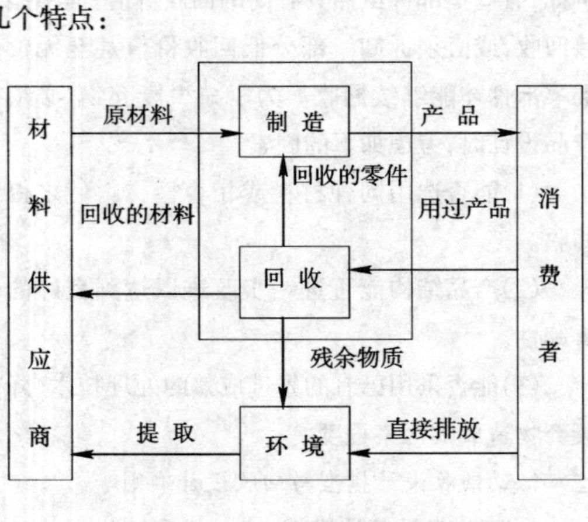

图 4—13—27　广义产品回收系统

(1)供应给消费者的产品，最终又从消费者手中收回；

(2)在材料“重新制造（Remanufacture）”过程中，材料供应商必须能提供满足新产品制造标准要求的材料；

(3)产品的零件及材料经过处理，又回到制造系统；

(4)残余材料和产品制造过程与处理中产生的废弃物排放进入环境。

最理想的废旧产品回收系统的模型应该是与其他相关的制造系统相互联系，最终达到平衡，包含在该大系统中的每一个子系统均具有相同的结构，如图 4—13—28 所示。流入与流出回收系统的每一种材料、零件或产品与其所具有的价值有关。

与开环直线型的产品生命周期相比，在这类回收系统中均加了多个回收环节，按产品的废旧程度，有的可以在产品级加以重新利用；有的可以在部件级加以翻新重用或移用；有的可以在零件级加以翻新重用或移用；有的只能回炉冶炼成原材料。如此逐级分解，能被重用、移用或再生的，都得到了充分利用。到最后，数量很少的无法利用的废弃物，往往是有害或有毒的物质，只好当做垃圾予以填埋或焚烧。

2．回收设计准则

在回收设计中，应遵循以下设计准则：

(1)设计的结构易于拆卸。合理的部件结构应保证毫无损伤地拆下目标零件（要回收的材料及重用的零部件），这可通过选用易于接近并分离的联接结构来实现。

(2)可重用零部件材料要易于识别，分类后即可重用。零件的状态（如磨损、腐蚀等）要容易且明确地识别，这些具有明确功能的可拆卸零件应易于分类，并根据其结构、连接尺寸及材料给出识别标志。

(3)结构设计应有利于维修调整。设计的结构尽可能用简单的工具就能调整，其布局应符合人机工程学原理，便于对拆下零件进行再加工，易于调整件及新换零件的重新安装。同时尽可能避免磨损或使磨损最小，可根据任务分解原理，将易损件布局在能调整、再加工或需更换的零件上或区域内。

(4)尽可能利用回收零部件或材料。在回收零部件的性能、使用寿命满足使用要求时，应尽可能将其应用于新产品设计中；或者在新产品设计中尽可能选用回收的可重用材料,这样可充分利用材料资源,节约生产费用,降低生产成本,保护生态环境。

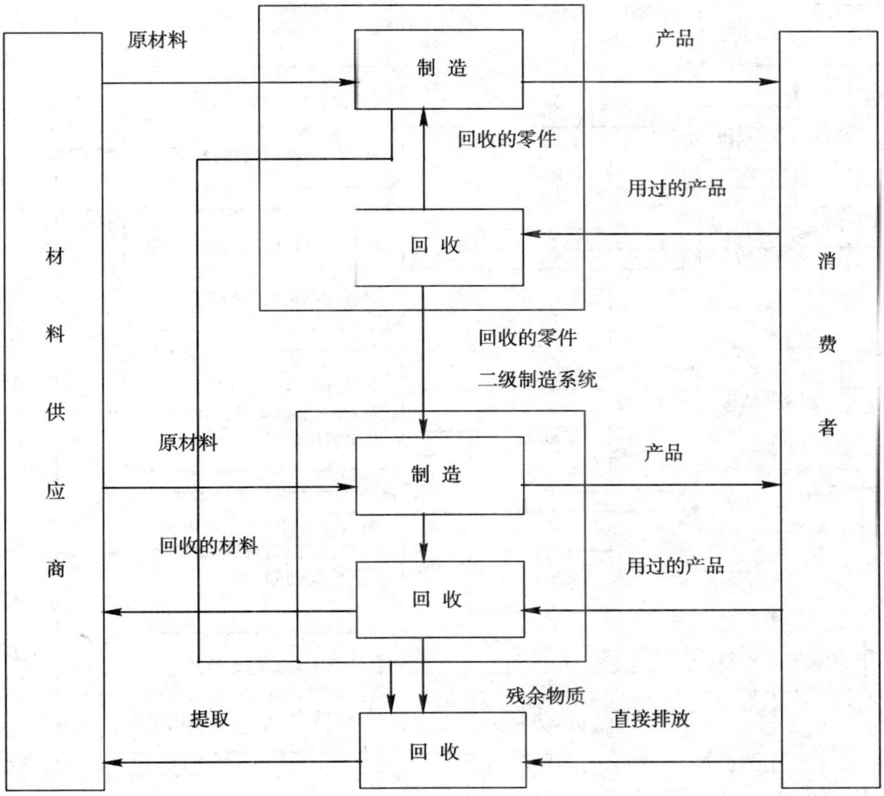

图 4—13—28　真正形成闭环循环的回收系统

(5)应便于分离拆卸不合理的材料组合。有些零件为满足使用性能要求,在目前状况下不得不采用不同材料组合,这样在设计时应从结构上考虑使其便于拆卸分离,便于以后回收。

其他一些准则与拆卸设计相同,这里不再赘述。

三、回收设计方法与过程

(一)回收设计方法

图 4—13—29 是回收设计过程框图。由图可见,回收设计过程在设计的 3 个阶段(概念设计,粗略设计、详细设计)以模块化结构满足拆卸性能要求,以零部件的重复利用及良好的回收工艺满足回收策略及回收目标。

1. 明确并定义设计任务

确定设计任务的依据是用户及市场需求、国家的有关法律法规和政策。根据这些要求和规定,可以确定产品生命周期的长短、回收方式,同时应了解产品材料的相容性、回收性能等。

2. 确定产品的功能及基本组成

根据设计任务,确定其具体功能和实现这些功能的基本结构。

3. 确定实现产品功能的原理及其结构

一般来说,实现某种功能的原理结构可能有很多,但从便于以后的拆卸回收考虑,应尽可能采用所需零部件数量少、所有材料种类少的结构。

4. 产品功能模块的划分

为了保证产品具有良好的拆卸回收性能,在进行结构设计时,应尽量采用模块化结构。因此,在确定了实现产品功能的原理及其结构后,即可确定产品功能模块的划分及组合原则,根据产品特点,决定是采用分散模块结构还是集成模块结构。

5. 关键(主要)模块设计

根据功能模块的划分结果,对组成产品的主要模块结果进行具体设计,主要包括组成模块的零件数量最少化,模块内部及模块之间连接结构的统一化、标准化，并易于拆卸分离，尽量采用可回收零部件及材料等。

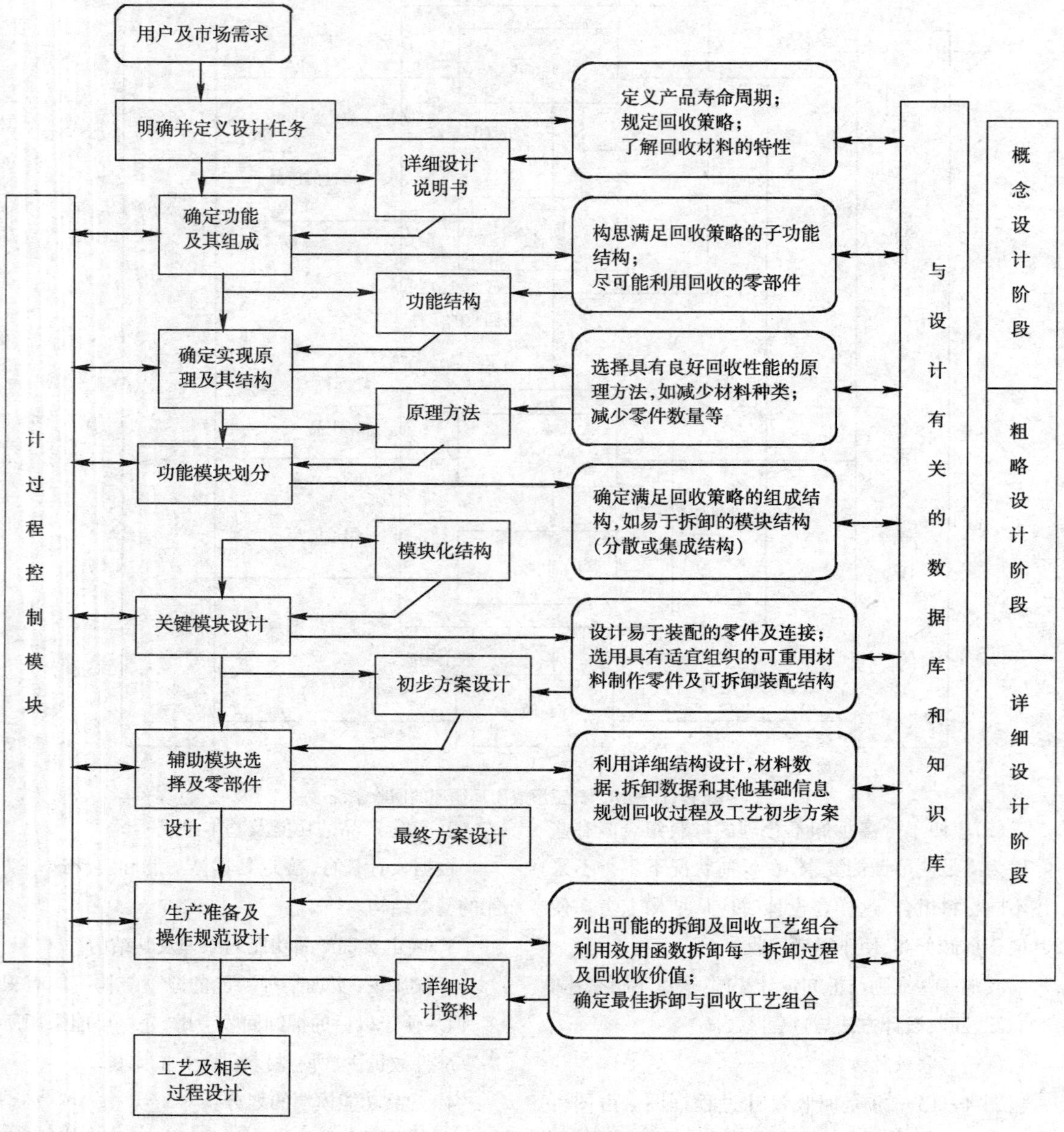

图 4—13—29　面向拆卸的回收设计过程

6. 辅助模块的选择及零部件设计

产品的主要模块设计完成后，其基本结构就大致确定了。但产品总体功能的实现还需要选择适宜的辅助模块，并对有关零部件进行设计。其主要内容包括各零部件、模块之间的连接结构，根据产品中零部件材料特点确定拆卸回收对象，并对回收过程及回收工艺做出初步规划。

7. 回收工艺及回收评价

经过上述设计过程，即可确定产品的具体结构，此时则可对产品的整体拆卸回收效果进行评价，即优化拆卸过程及回收方法，分析拆卸回收过程的经济性，确定最佳回收策略，最终实现产品回收设计的目标。

(二)回收策略与观念

要使回收达到所要求的目的，除了进行回收设计外，还应采取相应的策略，从各个途径为有效地回收和利用产品资源创造良好的环境。

1. 废旧产品的回收利用是一个庞大的社会化系统工程

废旧产品本身散落在社会的各种场所和不同用户手中，因此，要将其有序地集中起来加以有效利用，必须依靠全社会的关心和支持，需要政府、企业、科研院所和宣传媒介的相互协作。

(1)政府部门应制定相应的法律法规和政策来约束、规范和引导废旧产品的有效回收和利用。例如，对于工业产品应该明确谁生产谁负责回收该废旧产品，这样便可防止废旧产品的随意丢弃，使其成为无人过问的废弃物垃圾(也即工业垃圾)，从而使资源得以有效利用，并有利于保护环境。

从回收的经济效益方面来看，应该优先考虑回收大批量生产的产品，如汽车、微型计算机、电冰箱、洗衣机等。对于这些产品的回收，由于其具有巨大的经济效益，所以更应该规范回收渠道，健全回收自制和网络，使之纳入有序轨道。当然，这也必须有政府的直接干预才能取得良好的效果。

(2)企业必须按照回收设计要求设计产品，并建立废旧产品的回收机制。产品回收性能的优劣已成为影响产品整体性能的一个重要因素。企业除做好售后服务外，还应对自己生产的已废弃淘汰的产品进行回收再利用，这一方面可增大企业的知名度，另一方面也可为企业带来丰厚的经济效益。

(3)媒介要大力宣传，使人人都意识到回收利用与可持续发展的关系。通过舆论宣传和导向，使人人都懂得保护环境，防止污染，节约资源。特别是企业领导者，因为企业是使用资源和产生污染的大户，所以企业掌握着节约资源和防止污染的钥匙，必须调动企业在回收利用中的积极作用。同时，要使每一个社会成员都自觉参与到废旧产品回收利用的行列中来，提高全民素质。

2. 转变消费观念和消费方式

现在人们在进行消费活动时，往往追求新颖或个性化的产品，这样便导致产品生产者不惜大量消耗资源去生产一个又一个新产品，以迎合消费者的消费心理和生活方式。这样，势必对社会造成不堪重负的资源浪费和大量影响环境的废弃物质。通过废旧产品的回收利用，可使上述大量影响环境的废弃物能够再生而被重用或移用。但必须要求消费者改变消费观念和消费方式，积极使用再生产品及含有再生零部件的产品，并将废弃不用的产品送到相应的回收部门；对生活垃圾分类存放，以利于回收。

(三)开发新型回收工艺技术和方法

有效回收也需要技术和方法的指导，而这些技术和方法需要不断地总结、探索与创新，主要体现在以下几个方面：

1. 产品设计人员除具有扎实的专业基础知识外，还要有强烈的保护环境和节约资源的责任感及废旧产品回收处理的基本知识，在产品设计过程中要仔细考虑产品的回收性能，并将其体现在具体产品的结构中。

2. 产品设计人员应与材料及零部件供应商、废旧产品回收部门相互沟通，搜集获取有关产品回收要求、回收途径和相关数据，形成系统的设计数据和资料。

3. 产品设计中，应尽量采用绿色材料，建立材料及零部件识别标志，并使回收的材料及其零部件在新产品中得到最大限度的利用。

4. 回收设计是一种新的设计思想与方法，只有进行不断的实践与创新，才能取得完整的系统的设计方法与信息。如对不同类型的产品进行拆卸回收实践，分析其中各部分的回收重用性能、回收价值大小等，获取的数据资料则可指导新产品的设计。

5. 产品回收不是孤立的，要求产品设计人员与制造工艺人员、废旧产品回收人员等共同协作，研究产品回收的工艺和方法，以便作为产品设计时的参考。

第四节 废钢铁资源回收利用

早在公元前七八千年，人类就已有了应用自然铜的历史，在公元前四五千年又开始从自然界提取金属并制造金属制品，从此金属材料成为人类社会最重要的一种物资。

金属之所以受到重视，是由于它具有坚硬、韧性和锋利的特性，可用来制造工具、兵器、设备，其使用性能是其他材料不可比拟的。特别是它具有良好的塑性，可以经过锻打、压延任意改变其形状和尺寸，也可以熔化为液态，随意将其汇总或分解成不同大小的铸件,因此,它的加工性能也是其他材料不可比拟的。

无论是经过锻打或熔铸,金属的基本性能不发生变化。因此,金属的回收和再利用成为社会物资流通的一个重要领域。

钢铁材料在金属材料中是应用最普遍、数量最多的。本节将对废钢铁的回收物流进行比较详细的探讨,同时也给其他种类的回收物流系统以启发。

一、废钢铁的产生及其价值

(一)废钢铁的来源

1. 返回废钢铁。返回废钢铁也称为自产废钢铁,是在冶金生产过程中产生的。在炼铁、炼钢、浇注及轧制过程中产生的注余、汤道、切头、切边、废次材等属于自产废钢铁。它们多数由冶金厂回收,直接返回上游工序进入炼钢炉或高炉作为原料。冶金企业在炼铁、炼钢及轧钢生产过程中产生的废钢,在企业内部回收,加工处理后,又直接返回冶炼厂作为钢铁炉料重熔。返回废钢一般不流入社会。返回废钢一般质地比较纯净,几何形状按产品简单划一,便于采用固定的加工方式。

2. 加工废钢铁。加工废钢铁是在钢铁制品加工过程中产生的废钢铁。如切削加工中的切屑、冲压加工中的边角料、铸造加工中的浇冒口等。加工所产生的废品、废料也列入加工废钢一类。机械加工制造类企业在生产过程中产生的废钢,一般材质多样、形态各异、单重较小,大部分不能挑选利用。加工废钢大多经回收部门回收、加工处理成合格的炉料供给冶金企业,也有直接运至冶金企业进行加工处理的。有些大型机械类企业在企业内部回收加工并重熔再生。

3. 折旧废钢铁。折旧废钢铁也称为循环废钢铁。各种钢铁制品,不论是机器或钢结构件都有一定的使用寿命。折旧废钢铁是指使用寿命终结时各种机械设备、零部件、钢结构件所形成的可以回收的废钢铁。如检修时更换下来的失效零件,报废的机器、汽车,退役的旧船、机车、车厢,注销的固定资产结构件,残旧民用钢铁制品等的回收。

(二)废钢铁的分类

废钢铁主要用于炼钢,但由于其生成范围广,回收、加工处理及存储运输涉及的领域、行业和部门众多,因此,对其有各种习惯上的分类方法。社会生产消费及生活消费过程中产生的废钢,其构成复杂、材质离散、几何尺寸及单重差异较大。折旧废钢中的一小部分可以通过修复、改制而进一步使用,或作为生产资料重新进入生产或流通领域,如拆船钢板、铁路轨道等。其绝大部分需要经过各种工艺处理和机械加工后,作为炉料重熔再生。

1. 按废钢铁的来源分类

(1)返回废钢(自产废钢)。

(2)生产废钢(加工废钢)。

(3)折旧废钢(社会废钢)。

2. 按几何形态的特征分类

(1)厚壁废钢铁。如废钢锭模、废钢锭(坯)、废钢铁结块、各种机器底盘、机架、飞轮、轧辊、废铸件、大型液(气)体罐壳以及一些废次钢铁制品等。这些废钢铁的单重及尺寸较大,不能直接回炉重熔,需要采用一些特殊的加工方法,如重力破碎、火焰切割或爆破等将其解体。

(2)轻薄废钢铁。是指厚度较小(一般 $\delta <$ 6 mm)、长宽尺寸较大的废料,如汽车车厢(棚)、驾驶室、各种农业机械、工交运输或建筑业用的棚板、隔板、各种日用品等。该类废钢铁占用空间较大,不便于存储运输,更不能直接入炉重熔。同时,这类废钢铁含有较多的铜、铝、锌等有色金属涂镀层和油漆等,入炉前必须经过认真的除漆和金属杂质分离。

(3)屑(线)类废金属。如机械加工中产生的螺旋状钢屑、散状的铁屑、磨屑、钻屑,以及废旧金属线材制品等。该类废钢铁的特点是截面尺寸极小,单重较轻,形态松散,堆积密度小,不便于运输,更不能直接入炉重熔。常需要破碎(或剪断)、压块(或打包)、焙烧去污等不同的加工处理,才能成为符合质量、单重要求的炉料。

(4)统料废钢铁。该类废钢铁是指经由社会金属回收部门回收,未经任何加工处理的废钢铁。它的最大特点是形态尺寸差异极大,组成成份复杂、材质成份混杂,而且含有各种有色金属、非金属材料以及易燃、易爆等危险品。该类废钢铁加工处理较为繁杂,一般是将它们运至冶金企业,首先经过形态分选(大小、薄厚)、材质分选(黑色金属、有色金属、合金钢、非金属材料等)、去除危险品,然后再分别经过破碎、剪切、压块、打包等不同的加工方式使之成为合格的炉料。

(3)按炉料种类分类

废钢铁经过某些加工处理后，可以成为炼铁、炼钢及冶炼合金钢的炉料，称之为炉料废钢铁。回炉废钢铁分为废铁、熔炼用废钢和熔炼用合金废钢三大类，回炉废钢铁已制定有国家标准（GB/T 4223—1996）。

(三)利用废钢铁的意义

废钢铁是炼钢生产的重要原料。废钢铁工业随着钢铁工业、机器制造工业和现代化工业的发展，也有了很大的发展，废钢铁工业的发展在国民经济中占有很重要的地位。废钢铁工业不仅担负着钢铁工业生产的原料供应，同时，它也为机械制造业、农业、轻工业等生产部门提供原料。发展废钢铁工业不仅有利于工农业生产，也有利于消除公害，改善环境。发展废钢铁工业可以充分利用资源，加快钢铁工业发展，也可为国家节约能源、降低消耗、降低生产成本、提高经济效益。国外工业发达国家废钢铁占钢产总量的 40%～50%，我们的差距还很大。在我国资源、能源都比较紧张的情况下，发展废钢铁工业投资少、上得快，是钢铁主业加速发展的途径。

1. 发展废钢铁工业可以充分利用资源。

自然界可提供开采的铁矿是有限的，许多国家已面临数十年内资源枯竭的危险。钢铁的原料有铁水和废钢，而铁水主要是由铁矿石作为原料，若多用废钢则可以减少铁矿石的消耗量。据统计，世界各产钢国家的炼钢原料中废钢都占有较高比例（见表 4—13—7）。历年统计资料表明：我国废钢比也在 30%左右。由此可见，由于使用废钢铁，自然界铁资源储量的使用期可延长 1/3 左右。

表 4—13—7　各主要产钢国的废钢比

国别	美国	日本	原西德	英国	法国	意大利
废钢比	50%	30%	30%～35%	40%	30%～35%	60%

我国铁矿资源品位低、难选，高品位矿石资源少，且发展矿山、选矿投资大，建设周期长，与钢铁工业发展很不适应。然而，建国 50 多年来，随着钢铁工业发展，作为废弃物的废钢铁埋入地下和渣山的约有 1.2 亿 t。今后每年仍有相当数量的钢铁生产和加工工业的废弃物、报废设备、家用电器和生活器皿的更新等，将继续产生废钢铁。同时，国外工业发达的国家每年都出口一定数量的废钢铁。我们完全有必要和可能发展自己的废钢铁工业，充分利用国内外废钢铁资源，为钢铁工业发展做贡献。

2. 发展废钢铁工业节能降耗，降低生产成本，提高经济效益。

钢铁工业是消耗能源的大户，我国的水、电、油等能源很紧张，因此，节能是我们国家的国策。钢铁生产中 70% 的能耗在炼铁工序以前；用废钢铁炼钢，可以节省大量能源。从铁矿石经过炼铁、炼钢变成钢水要消耗大量能源。其中用于升温的热能消耗占 1/3，用于化学反应的化学能消耗占 2/3，如果使用废钢作为炼钢原料，则可大量节省化学能。据计算，多使用一吨废钢铁可节省相当于1 t标准煤的能量，因此，废钢被称为载能资源。所以，利用废钢铁炼钢不仅降低能耗，还可以节省大量的合金元素，降低成本，提高经济效益。

3. 发展废钢铁工业可以改善环境、增加社会效益。

钢铁工业是重工业生产，产生大量的废气、废水、废渣及其他废弃物。废渣及废弃物要占大面积的良田，而且污染环境。废渣和废弃物中含有大量废钢铁，回收废钢铁，渣子综合利用，可以变废为宝，减少占地，改善环境，造福社会，增加社会效益。

发展废钢铁工业有其现实意义和长远的历史意义，利用废钢铁是发展钢铁工业的捷径，回收、加工、利用废钢铁是发展钢铁工业、关系到国计民生的大事。

发展废钢铁工业，首先要发展加工工业，让杂乱无章、长短不一、薄厚不一、轻重不一、成分不一的废钢铁通过必要的手段被加工成符合炼钢要求的合格料；其次要对我国的废钢铁资源进行普查，摸清数量、状态、可用与不可用等问题，为国家制定计划、测量储量提供依据；第三，废钢铁是边缘学科，要尽快培养专业技术人才，大搞科学研究、学术交流，让废钢适应钢铁工业发展的需要。

废钢铁如任其锈蚀分解，会产生氧化铁的粉尘污染，铬、钒量高的合金钢还会对水层土壤构成严重威胁。

另一方面，钢铁工业生产过程中产生大量 CO_2，而 CO_2 的排放将加剧大气层的温室效应。由于高炉流程产生 CO_2 的数量是电炉流程的 2.5 倍，且兼有 NO_2、SO_2 的产生和排放，因此，利用废钢可以减少对大气的污染。

据资料分析，用废钢铁代替铁矿石炼钢，可减少气体污染 86%，减少水污染 76%，减少耗水量 40%，减少采矿废弃物 97%。因此，废钢铁也被称为钢铁工业的清洁资源。

4. 顺应冶金生产工艺的发展方向。由于当代冶金技术的发展，使得短流程（电炉炼钢—连铸—轧钢）冶金生产工艺的优越性更加突出，电炉钢的比例逐步上升，这就意味着废钢消耗量将愈来愈多。组织好废钢铁回收、优化物流系统是顺应冶金工艺的发展潮流。

综上所述，废钢铁工业之于国民经济有着重要意义，废钢铁工业大有作为。

（四）钢铁材料循环分析

1. 钢铁材料的生产构成。钢铁材料最初的来源是自然界，随着钢产量不断提高，废钢代替了一部分铁矿石成为冶金原料。据统计，1994 年世界钢产量为733 Mt，其中约有1/3左右是以废钢铁作为原材料生产的（该比例与我国大体相同），由自然界资源产的钢铁材料占 2/3 左右。

2. 社会钢铁蓄积量的形成。钢铁厂的一部分产品直接作为成品投入使用，如钢轨、各种型钢组成的钢结构件（建筑、桥梁）；另一部分要通过机械加工制成机器的零部件，组成用户所需要的产品。社会所拥有的钢铁材料及制品总量称为社会钢铁蓄积量，据统计，世界钢铁蓄积量超过10 Gt，我国钢铁蓄积量超过1 Gt。

社会钢铁蓄积量是处于动态平衡状态的，每年有新的成份补充进来，又有不少钢铁制品或构件由于使用寿命的终结失去了使用价值而成为废钢铁。钢铁制品或构件的使用寿命差别极为悬殊，一些机器零件可能经过几个月甚至几天的使用就已失效，一些钢结构件的使用寿命可能长达数百年，通常取其平均值按 14 年计算，由此可以推算出每年全世界由社会蓄积量中产生700 Mt左右的废钢铁。我国由于工业基础较差，折旧周期约为 20 年左右。

3. 废钢铁的平衡。前面已介绍了废钢铁按其来源可以分为返回废钢、加工废钢和折旧废钢，所有的废钢产生地都会发生永久性的耗损，如粉尘散失或深埋于地下、海底的废钢等，此处讨论的废钢铁平衡是指可回收的废钢铁而言。

回收的废钢铁主要用作炼钢原料，在我国这部分所占的比例为 68%，其余部分不进入冶金生产循环而直接利用，如被加工成钢铁制品进入社会蓄积量，其中用于铸造或生产的铁合金约占 21%，用于农业和轻工业（制造农具及小五金）的约占 11%。

就某一地区和国家来说，如果废钢铁的产出和消耗不平衡，就要输入或输出废钢铁，以达到平衡。美国是主要的废钢铁输出国，而我国则为输入国，目前也在使用废钢代用品以减少废钢消耗量从而达到供需平衡的目的。

4. 钢铁材料循环图。上文已全面地描述了钢铁材料的生产—加工—使用—废弃—再利用的完整循环过程。图 4—13—30 是这一循环过程的形象表达。

图中返回废钢的回收流程是最短的，有时炼钢炉旁产生的注余、汤道等废钢可以直接进入炉中重新加入冶炼过程，尽管从空间上来说这部分材料未离开车间，但是从概念上它们已属于被回收再利用的废钢铁，它们在本质上与经历很长时期和许多环节后才回到冶金过程的折旧废钢铁没有区别。

此外，"直接利用"指的是不经冶炼过程，直接利用浇注、锻打、冲压、切削等方式制造成钢铁制品，使其重新获得使用价值而进入社会蓄积量中。

"输入"和"输出"是由系统外输入和向其他系统输出，二者可以同时存在，也可能一方为零或双方均为零。

二、废钢铁的生成模型

按照钢铁产生的 3 个来源可以分别构成其生成的数学模型。

1. 返回废钢铁的生成模型

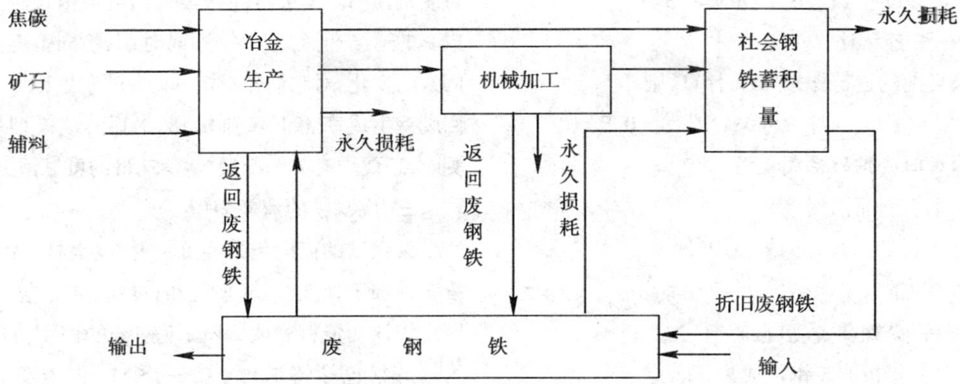

图 4—13—30　钢铁材料循环图

从金属平衡的观点看，对一个钢铁生成单元来说，所投入原材料中的金属量和产出的钢铁材料、废钢以及不可回收的永久性损耗的金属量应该是相等的。即：

$$Q = C + S_f + L_f$$

式中　Q——原材料投入(金属投入量)，t/a；

C——钢产量，t/a；

S_f——返回废钢生成量，t/a；

L_f——冶炼过程中金属烧损等不可回收的损失，t/a。

由此：

$$S_f = Q - C - L_f$$

由于 Q、C、L_f 之间有相对比例关系，因此，返回废钢 S_f 和钢产量 C 之间也存在某种比例关系，如能确定比例系数，则计算十分方便。

为此，引入一个返回废钢生成率 K_f：

$$K_f = S_f / C$$

加工深度和轧钢条件影响返回废钢生成率的因素有许多，连铸比提高 10%，成材率增加 1%～1.3%；连铸时连浇 5 炉以上，比单炉连铸的钢水利用率提高 3%；沸腾钢比镇静钢成坯率高 5%～8%；特殊钢成材率比普通钢一般低 10%左右。此外，钢材加工深度和轧钢条件对废钢生成也有不同影响。根据我国"八五"计划的初步设想，连铸比达到 40%～50%，成材率达到 80%～85%，特殊钢比达到 15%。以目前我国炼钢、模铸和连铸水平，可初步估计生产1 t钢产量返回废钢180 kg，即：

$$K_f = 0.18$$

由此，年返回废钢 S_f 可由下式计算：

$$S_f = K_f \cdot C = 0.18C \quad (\text{t/a}) \qquad (4.13.12)$$

2. 加工废钢的生成模型

从金属平衡观点，对一个钢制品消耗单元所投放的金属原材料和所产生的制品、废钢、永久性损耗之和应是相等的，即：

$$w = I + S_j + L_j$$

式中　w——钢材投放(消耗)量，t/a；

I——钢制品产量，t/a；

S_j——加工废钢生成量，t/a；

L_j——金属加工过程中由于难于收集的金属微屑等造成的永久性损失。由此：

$$S_j = w - I - L_j$$

从统计规律来看，投放的原材料和产生的加工废钢之间也有一定的比例关系，可引入一个加工废钢生成率 K_j：

$$K_j = S_j / W$$

随着钢厂钢材加工深度的发展和制品加工技术的进步，加工废钢的生成量会逐渐减少。目前加工废钢生成率一般按 0.15 计算，即：

$$S_j = W_j \cdot w = 0.15W \quad (\text{t/ε}) \qquad (4.13.13)$$

假定每年钢产量 C 全部当年投放市场，即库存变动量为零，则钢材投放量为：

$$w = CE + \Delta W \qquad (4.13.14)$$

式中　E——成材率；

ΔW——进出口(外购外销)量，t/ε。

关于 E 的计算，国际钢铁协会(The International Iron and Steel Institute)推荐了一个公式：

$$E=(1+0.175C)/1.3$$

式中 C——连铸比,%。

如果目前的连铸比按40%计算,则

$$E=(1+0.175\times 40\%)/1.3=0.8$$

(三)折旧废钢的生成模型

对一个钢制品消费单元:

$$Z=F+S_2+L_m+L_x$$

式中 Z——钢铁蓄积量,t;

F——废钢储备(潜在废钢),t;

S_2——年折旧废钢生成量,t;

L_m——钢制品使用中的磨损和修理时的金属剔除等永久性损失;

L_x——使用寿命告终时的金属物因锈蚀、难于分离或散落而造成的永久性损失。

折旧废钢的生成量决定于钢铁蓄积量,同时也要考虑到蓄积量中制品的平均寿命。平均寿命的估计和国情有关,我国的设备使用周期比较长,约为20年左右。

引入年折旧废钢生成率:

$$K_2=S_2/Z(n-T_{av})$$

式中 T_{av}——平均寿命,a。

随着技术的发展和材料质量、技术水平的提高,零部件的使用寿命在延长,而设备的改造和更新换代周期趋于缩短。用钢铁制造的设备平均寿命可按20年计。考虑不可回收损失,综合回收率为80%,则年折旧废钢生成率为:

$$K_2=(1/20)\times 80\%=0.04$$

由此,年折旧废钢生成量可由下式计算:

$$S_2=K_2\cdot Z(n-T_{av})=0.04\ Z(n-20) \quad (4.13.15)$$

在这里,使用寿命年之前的钢铁蓄积量 $Z(n-20)$,应包含一切含有钢铁的设备、构件、制成品和钢铁铸造制品以及车辆、钢轨、仪表、器皿等所有钢铁的现存量。

(四)废钢铁生成总量 S

$$S=S_f+S_j+S_z \quad (4.13.16)$$

基于钢产量、钢消耗量 w 以及钢铁蓄积量 Z 得到的废钢铁生成模型,是个一般的算法模型,这个模型可用于计算过去和现在的废钢生成量,也可对将进行废钢预测。其可行性在很大程度上依赖于废钢生成率的适当选择,应根据不同时期、不同范围内影响因素的变化,对它们作一定的调整,例如2000年的返回废钢生成率将下降到0.15。另外,该模型用于预测时,还要求有关钢产量、钢消耗量的可靠预报。

三、废钢铁的消耗模型

废钢铁的流向包括冶炼消耗、废次材改制消耗、废钢铁加工损耗、运输损耗和自然损耗。据1985年国家统计局资料表明,我国废钢铁的使用方向大致为:炼钢(包括铸钢)约12~13 Mt,占资源总量的69%~70%;炼铁1.3 Mt左右,占7%;铸造约1.1~1.2 Mt,占6%;农业、轻工用约1.7~1.9 Mt,占9%。可见,冶金企业是废钢铁的最大用户。炼钢是废钢铁最主要的流向,对这一支流的分析是废钢铁消耗模型的核心。

废钢铁消耗量在钢铁原料总耗量中的比值称为入炉废钢比。定义式如下:

$$\gamma=C_s/(C_s+C_i)\times 100\% \quad (4.13.17)$$

式中 γ——废钢比,%;

C_s——废钢消耗量,t;

C_i——生铁消耗量,t。

一个冶金企业往往不止一种炼钢方法,应分别统计平炉、电炉、转炉的废钢比,进行加权平均,得到综合废钢比:

$$\gamma_{av}=\sum_{k=1}^{3}\eta k\cdot\gamma_k \quad (4.13.18)$$

式中 γ_{av}——综合废钢比,%;

γ_k——平炉、转炉、电炉的独立废钢比,%,$k=1,2,3$;

η_k——平炉、转炉、电炉废钢比的加权系数。

在一般冶金系统中,使用单耗指标。所谓单耗,是指每吨钢所耗用的生铁或废钢的数量,其中:

废钢单耗=废钢比/钢铁料单耗

用 C_{sav} 表示钢铁料单耗,则

$$C_s=C\cdot C_{sav} \quad (4.13.19)$$

$$C_{sav}=(340\sim380)\text{kg}$$

若要预测炼钢用废钢消耗量,需要根据废钢比指标的变动预报废钢量单耗 C_{sav}。表4—13—8列出我国1971年~1979年废钢单耗的统计数字以供

参考。

表 4—13—8　1971—1979 年我国废钢单耗统计

年份	1971	1972	1973	1974	1975	1976	1977	1978	1979
钢产量(Mt)	2132	2338	2522	2112	2390	2046	2374	3178	3448
炼钢消耗废钢(Mt)	776	830	811	781	914	783	851	1059	1162
废钢单耗(kg)	364	355	321.5	369	382	382	358.5	333	337

四、废钢铁的物流系统优化模型

根据废钢铁生成地点和消耗地点的分布情况，形成了遍布全国的废钢铁流通网络。如何有效地加以控制，使网络的运行处于最佳状态，是对废钢铁物流系统进行分析研究的目的。废钢铁流通网络的合理化，就是参照商品流通规律，按交通条件、货物合理流向和市场供需情况，走较少的里程，经较少的环节，用较少的运力，花较少的费用，用较少的时间，把废钢铁从资源地运送到消耗地，避免回流、对流和过远现象。同时，对铁矿资源分布和优先满足重点特殊钢厂等因素以及一些政策性因素也必须加以考虑。按照流向合理化原则，可以建立如下的物流系统优化基本模型：

在全国范围内，以大中城市为中心，划分 m 个废钢铁资源地，用 A_i 表示，其废钢生成量为 a_i(由废钢铁生成模型得到)，$i=1,2,\cdots,m$；以特殊钢厂、重点钢厂等冶金企业为中心，划分几个废钢用户，用 B_j 表示，其废钢消耗量为 b_j(由废钢消耗模型得到)$j=1,2,\cdots,n$。

如图 4—13—31，设从资源地 A_i 到用户 B_j 的废钢铁综合单位运价为 C_{ij}，运送量为 X_{ij}，则该线性规划的目标函数为：

$$f(x)=\sum_{i=1}^{m}\sum_{j=1}^{n}C_{ij}X_{ij}\rightarrow M_{in} \quad (4.13.20)$$

约束条件：

$$\begin{cases}\sum_{i=1}^{n}X_{ij}=a_i & i=1,2,\cdots,m\\ \sum_{i=1}^{m}X_{ij}=b_j & \\ X_{ij}\geqslant 0 & j=1,2,\cdots,n\end{cases}$$

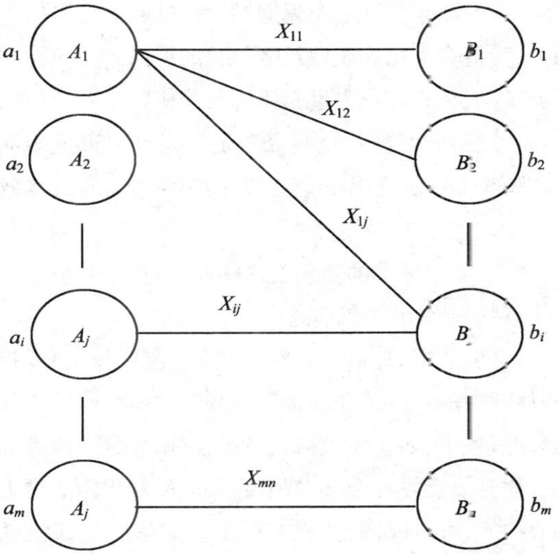

图 4—13—31　废钢铁资源合理流向模型

该数字模型中包含 $m\cdot n$ 个变量，$m+n$ 个约束条件。这个模型的具体量化以及解法过程比较复杂，在此不作深入讨论。但要注意，使用模型的前提是废钢料型必须统一，即重型料、中型料或统料应分别建立模型。以上所讨论的废钢铁回收物流有关模型与实际运用的要求还有一定距离。由于我国废钢铁资源的研究基础薄弱，缺乏系统的全面数据资料，使上述模型具体化、实用化还需要进行大量细微深入的分析研究。

第十四章　物流成本管理——概论

第一节　物流成本

一、研究物流成本的必要性与意义

在物流系统中，各环节都有自己的合理化途径和最佳经济效益，若将各个环节的最佳综合在一起，物流系统整体的经济效益却不一定最佳，要考虑物流系统的整体效益最佳，就必须考虑物流成本。物流成本是物流管理的重要手段，也是物流经济效益指标的量化，它能更直观地体现出物流的经济效益。因此，搞好物流成本管理是提高企业生产经营管理水平的一个重要内容。

从分析物流成本入手,改善企业物流,具有重要的经济意义。物流成本和物流成本管理的理论研究,是企业面临的一个新课题。在过去,企业对物流成本没有单独的核算,只将运输、仓储等对外支付的物流费用单列出来,而在整个生产过程中许多物流环节的费用大多划入生产成本核算,由于没有对物流成本进行认真的分析和研究,因而,很难从物流成本和物流成本管理中发现问题、解决问题。这样,不利于物流合理化和企业经济效益的提高。只有按照物流系统化的理论去重新研究与分析物流各环节的成本控制,方可避免企业仅满足于降低局部成本而忽视物流的系统观给企业带来的实质性的成本效应。

二、物流成本的概念及其构成

(一)物流成本的概念

物流成本,是指产品空间位移(包括静止)过程中所耗费的各种劳动的货币表现。它是在产品实物运动过程中,如包装、装卸、搬运、运输、储存、流通加工、物流信息等各个环节所支出的人力、财力、物力的总和。可以说,物流成本就是完成诸种物流活动所需的费用。

物流成本的范围由三方面因素决定:

第一是物流成本的计算范围,即物流的起止问题。物流的范围相当大,它包括原材料物流,工厂内物流;从工厂到仓库、配送基地的物流;从配送基地到顾客的物流等部分。从这些物流中选择不同范围分别进行物流成本的计算,其成本的高低有明显的差别。

第二是物流成本的对象范围,即运输、储存、装卸搬运、包装等诸种物流活动中,以哪几种活动作为物流成本的计算对象问题。以所有的物流活动为对象计算出来的物流成本,与只以其中的运输、储存等部分活动为对象计算出来的物流成本当然是有差别的。

第三是物流成本的涵盖范围,即把哪几种费用列入物流成本中。运费、保管费等企业外部支付的物流费,或人工费、折旧费、修缮费、燃料费等企业内部的费用支出,究竟其中的哪一部分应该列入物流成本中进行计算,将直接影响到物流成本的大小。

(二)物流成本的构成

物流成本主要由以下7个部分构成:

1. 物流过程的研究设计、重构和优化等费用;

2. 物流过程中的物质消耗,如固定资产的磨损,包装材料、电力、燃料消耗等;

3. 物资在保管、运输等过程中的合理损耗;

4. 用于保证物流顺畅的资金成本,如支付银行贷款的利息等;

5. 在组织物流的过程中发生的其他费用,如有关物流活动进行的差旅费、办公费等;

6. 从事物流工作人员的工资、资金及各种形式的补贴等;

7. 在生产过程中一切由物品空间运动(包括静止)引起的费用支出,如原材料、燃料、半成品、在制品、产成品等的运输、装卸搬运、储存等费用。

物流成本的形成机制:

销售部门或生产部门决定着物流总成本的一大半,因此,它们是物流成本的决定者。由于物流的结构在很大程度上受销售和生产部门的制约,而物流结构状态又是决定物流成本的最大因素,物流结构一经决定,那么,超过一半的物流成本就自行决定下来了。

图4—14—1中所表示的是以销售部门为主体的物流成本形成机制。从图中可看出,由于销售政策的变化,物流成本也随之改变。

(三)物流成本的分类

分为按物流范围计算的成本(简称物流范围别成本)、按支付形态计算的成本(简称支付形态别成本)和按物流功能计算的成本(简称物流功能别成本)3种成本类别。

1. 按物流范围计算的成本

这是以物流特性划分的范围进行成本分类的方法,可分为供应物流费、生产物流费、企业内物流费、销售物流费、销售物流费、退货物流费和废弃物流费等六种。

(1)供应物流费:是指从原材料(包括容器、包装材料)采购到供应给购入者——制造商这一物流过程中所需的费用。

(2)企业内物流费:是指从产成品运输、包装开始到最终确定向顾客销售这一物流过程中所需的费用。

(3)销售物流费:是指从确定向顾客销售到向顾客交货这一物流过程所需要的费用。

(4)退货物流费:是指随售出产品的退货而发生的物流活动过程中所需要的费用。

(5)废弃物流费:是指由于产品、包装或运输容器材料等的废弃而发生的物流活动过程中所需要的费用。

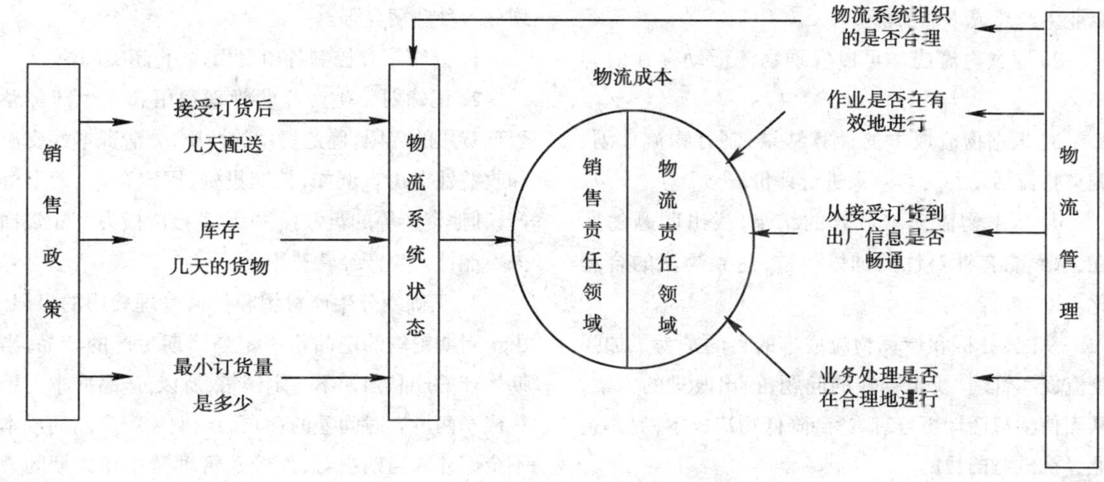

图 4—14—1　物流成本形成机制

(6)生产物流费,因包含在制造成本中,很难单独计算。

2. 按支付形态计算的成本

其物流成本是按照财务会计中的费用分类方法进行计算的。大体可划分为:支付运费、仓库保管费等向企业外部支付的费用和人工费、材料费等企业内部物流活动的费用。

(1)材料费:指包装材料费、燃料费以及消耗性工具、器具、备品费等随物品消耗而发生的费用。

(2)人工费:指工资、补贴、奖金、杂费、退休金积累、福利费等劳务费用。

(3)公益费:指向电力、煤气、自来水等提供公益服务部门支付的费用。

(3)维护费:指使用和维护土地、建筑物、车辆、搬运工具等支出的维修费、消耗材料费、课税、租赁费、保险费等费用。

(4)一般经费:指差旅费、交通费、会议费、招待费、教育费、杂费等一般支出。

(5)特别经费:指采用不同财务会计计算方法所计算出来的物流费用,包括折旧费和企业内利息。

(6)委托物流费:指向企业外支付的包装费、运费、保管费、出入库装卸费、手续费等物流业务费用。

3. 按物流功能计算的成本

按照运输、储存、包装等物流功能进行分类。大体上分为物资流通费、情报流通费、物流管理费 3 类。也有人主张把物资流通费细分为包装费、输送费、保管费、装卸费、流通加工费,加上情报流通费和物流管理费共七类。图 4—14—2 是由三种类别物流成本组合在一起的物流成本全貌。

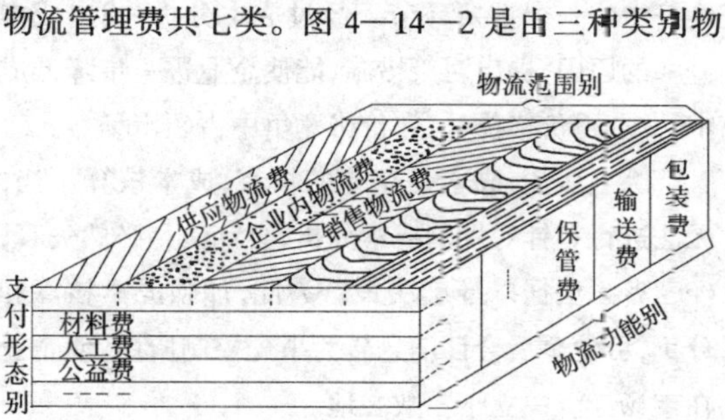

图 4—14—2　物流成本全貌

第二节　物流成本的计算与分析

一、计算与分析物流成本的作用

产品成本是反映经营管理水平高低的一项综合性指标。产品成本核算是成本管理的重要组成部分,是加强企业经营管理,实行经济核算不可缺少的重要手段。成本核算和成本分析是企业生产经营管理的核心内容之一。正确组织企业的成本核算并及时将成本分析的信息反馈给企业管理层，可为企业在不同发展阶段采用不同的成本控制决策提供科学的依据。

1. 通过物流成本的计算，可以知道物流成本占企业生产总成本的份额。

2. 通过物流成本可以发现物流活动存在的问题。

3. 根据物流成本的计算结果，制订物流计划、调整物流活动并对其效果进行评价。

4. 依据物流成本计算的结果，找出问题的所在，从而能有针对性的加以改进，达到物流的合理化。

总之，分析和计算物流成本的目的是为了加强物流成本管理，找出存在的问题，提出改进的方案，从而使物流活动更合理，达到降低物流成本，提高企业经济效益的目的。

成本核算是基础，是生产过程的货币表现的结果，是成本的事后反映。如何将事后反映的经济业务转化为事前控制，关键是成本分析。影响成本因素有3个，即产量、结构、单位成本。成本增减的原因应按上述的3个因素进行分析，以便应用于实践中的事前控制。成本分析是企业在激烈竞争的市场经济中的一个重要环节。经过成本分析，找出成本升降的原因，提出对策措施，能使企业进一步降低成本，并取得价格优势，在价格竞争中占领市场。

综上所述，成本是企业的核心，成本核算不当，无法进行有针对性的成本分析，会计信息必然失真，经营者无法据以准确决策。为此，加强成本核算和分析，可使事后会计信息转为事先控制所用，使企业在市场经济中立于不败之地。

二、成本的计算方法与界限划分

产品成本计算的主要方法有品种法、分批法、分步法、分类法、定额法、标准成本法等。其中品种法、分批法、分步法是产品成本计算的基本方法；分类法、定额法、标准成本法等是产品成本计算的辅助方法。

正确地核算产品成本，关键是必须根据企业生产特点、管理要求及工艺过程选择适当的产品成本计算方法。否则，如果成本计算方法没有规范，产品成本失去真实性，就无法进行成本分析和考核。由于各行业的生产特点、工艺过程管理要求存在着不一致性，所以，各企业应根据自身的实际情况选择适当的成本计算方法。

一个企业正确计算产品成本的前提条件是正确划分各种费用界限。

1. 要审核和控制各项费用，防止超支和浪费。

2. 正确划分生产经营管理费用和非生产经营管理费用的界限，确定费用的性质，分清资本性支出和收益性支出。例如，长期投资、固定资产、无形资产、其他资产等的盘亏损失、清理报废损失及非常损失不能计入生产经营费用。

3. 正确划分生产费用和经营管理费用的界限。由于当期销售的产品不一定是当期生产的产品，当期生产的产品当期不一定销售，所以，产品成本与销售成本两者有时间差的存在。当期生产产品的成本不全部计入当期损益，而经营管理费用作为期间费用则于发生的当期直接计入损益，亦即影响当期损益。为此要正确划分生产费用和经营管理费用的界限。

4. 正确确定财产物资的计价和价值的结转。由于财产物资的计价和价值的结转影响成本费用，如固定资产计价、折旧计价、存货和发出材料的计价、确定固定资产与低值易耗品的标准等，所以，确定财产物资的计价和价值结转是正确计算产品成本的要求之一。

5. 加强企业基础管理工作。如定额的制定和修订，材料的收发、计量、领退和盘点等。

各项费用界限的正确划分是成本核算的基本要求。能否按上述要求来划分费用界限，决定着企业成本核算的正确与否，同时也反映了一个企业会计信息的质量问题。在成本核算过程中重视正确划分产品成本和经营管理费用的界限，可以有效地控制成本、费用，使企业经济效益有明显提高，同时也可以给经营者提供真实可靠的会计信息。所以成本核算不是一个简单的加减过程，而是一个正确划分各种费用界限和正确选择成本计算方法的过程。

为了正确核算成本，企业必须正确划分各种费用的界限，按照自身的生产实际选择合适的成本计算方法并重视成本分析，否则无法提供有效的会计信息,甚至导致企业的产品成本产生假象,影响企业经营者的经营决策。

第三节 物流成本的控制

一、物流成本控制的概念与意义

成本控制是成本管理的核心环节,它通常根据成本预测、成本决算和成本预算所提供的实际数据,对生产经营过程中所发生的各种资源的耗费与相应的降低成本措施的执行进行指导、监督、调节和干预,以保证目标成本和成本预算任务的实现。物流成本控制是指运用成本会计的方法,预定成本限额,将实际物流成本与限额作比较,纠正不利的差异,提高经济效益。

进行物流成本控制的意义为:

1. 为社会节省大量的物质财富

物流费用的降低,意味着在实物流动过程中劳动耗费的减少。在这种情况下,生产领域中的劳动就可以相应增加。在物流过程必然伴随着一定量的物质损耗,加强物流管理就可以不断地降低这些损耗。这不但节约了物流费用,而且为社会节约了大量的物质财富。

2. 有利于调整物资价格

物流费用是商品价格的组成部分之一,物流费用的高低,对商品的价格具有重大影响。降低物流费用,意味着降低它在物资价格中的比重,从而使物资价格下降,减轻消费者的负担。

3. 有利于改进企业的物流管理,提高物流管理水平

企业物流管理水平的高低,将直接影响物流费用水平,要降低物流费用水平,对企业来说就意味着不断提高服务质量,不断改进物流管理。因此,降低物流费用是企业提高物流管理和服务质量的刺激因素。

总之,降低物流成本同企业的经营,经济效益有着十分重要的关系;从宏观角度上看,降低物流费用对发展国民经济,提高人民生活水平都具有重要意义。

二、物流成本控制的原则

成本控制的原则一般有五项,即:全面性原则;开源与节流相结合原则;按例外管理的原则;责、权、利相结合原则及按目标管理的原则。"按例外管理"是企业在经营管理中要求人们把注意力放到不正常的、关键性问题上的一种管理方法,特别在对成本指标的日常控制方面应用更多。事实上在日常成本控制中企业的成本差异问题普遍存在,头绪繁多,管不胜管。为了提高成本控制的工作效率,按例外管理的原则要求管理人员不要平均使用力量,把精力和时间分散在全部成本差异上,而应该突出重点,把注意力集中在那些属于不正常的不符合常规的关键性的差异上。对于这类差异,一定要追根求源,查明发生的原因,并及时反馈给有关责任中心,以使迅速采取有效措施,把它们很好的管起来。对于其他差异则可放弃不问。所有这些不正常的不符合常规关键性的差异,在管理会计中就叫做"例外"。确定"例外"的标准一般是:当成本差异占原预算的 10% 以上,或绝对金额超过 1 000 元的均视为"例外"。但对于不同的企业和不同的差异,"例外"的标准也应该不同。我们可以根据企业的具体情况以及差异的性质采用统计学理论来确定。具体操作时有两种基本方法:控制图法和决策理论法。

三、物流成本控制的基本内容

(一)运输费用控制

物资运输费用是承运单位向客户提供运输劳务所收取的费用。运输费用占物流费用比重较大,据日本通产省对六大类货物物流成本的调查结果表明,运输成本占总物流成本的40%左右,是影响物流费用的重要因素。控制方式有:加强运输的经济核算;防止运输过程中的差错事故;做到安全运输等。

(二)储存费用的控制

储存费用是指物资在储存过程中所需要的费用。控制方式:主要是加强各种仓储费用的核算和管理。

(三)装卸搬运费用的控制

装卸搬运活动是衔接物流各环节活动的关键,它渗透到物流的各个领域。装卸搬运费是在物资装卸搬运过程中所支出费用的总和。控制方式有:合理选择装卸搬运设备;防止机械设备无效作业、合理规划装卸方式和装卸作业过程。如减少装卸次数、缩短操作距离、提高被装卸物资纯度等。

(四)包装费用控制

包装起着保护产品、方便储运、促进销售的作用。据统计,包装费用约占全部物流费用的10%左右,有些商品特别是生活用品,包装费用高达10%。控制方式有:选择包装材料时要进行经济分析;运用成本核算降低包装费用,如包装的回收和旧包装的再利用;实现包装尺寸的标准化、包装作业的机械化;有条件时组织散装物流等。

(五)流通加工费用的控制

在物资进入流通领域以后,按照用户的要求进行一定的加工活动,称为流通加工,由此而支付的费用为流通加工费用。控制方式有:合理确定流通加工的方式;合理确定加工能力;加强流通加工的生产管理;制定反映流通加工特征的经济指标。

四、物流成本的可控性

要使物流成本具有可控性,应达到3个条件:(1)物流基础资料可靠,信息传递处理及时。(2)有统一的物流成本计算标准。(3)当物流成本偏离目标时有能力对物流系统进行有效改善。

物流成本的可控性受到空间、时间和条件三个方面的限制。空间是指成本发生的场所:缩小可控空间,就能增强控制效果;企业应建立多级分层的物流成本管理体系,将管理责任落实到各部门各环节;上一级管理机构制定出物流的目标成本,各部门制订出相应的保证措施,确保实现目标成本;上级物流管理部门有权协调各部门之间的利害关系,使之合理衔接,同步运行。时间是指一个物流周期的三个阶段控制:事前要合理建立物流系统,科学地进行作业编程,制定目标成本;事中要从物流活动的实际成本与目标成本的差异中找出物流系统的薄弱环节,加以改善;事后要认真总结经验教训,用来指导新一轮的循环。条件是指能有效地进行物流成本管理的必要条件,主要有:(1)建立物流成本管理组织体系,规范工作程序和成本计算方法;(2)设立有权威的、对企业物流成本负责的物流推进机构,避免各自为政;(3)建立考核制度,激励企业职工为降低物流成本作贡献,努力改善本岗位本部门的物流工作。

五、物流成本的控制方法

企业对物流成本的计算方法大致有三种:即形态别物流成本控制、机能别物流成本控制以及适用范围别物流成本控制。

(一)形态别物流成本控制

所谓形态别物流成本控制是指将物流成本按支付运费、支付保管费、商品材料费、本企业配送费、人员费、物流管理费、物流利息等支付形态来进行归类。通过这样的管理方法,企业可以很清晰地掌握物流成本在企业整体费用中处于什么位置,物流成本中哪些费用偏高等问题,这样,企业既能充分认识到物流成本合理化的重要性,又能明确控制物流成本的重点所在。

这种方式的具体方法是,在企业月单位损益计算表"销售费及一般管理费"的基础上,乘以一定的指数得出物流部门的费用(见表4—14—1)。物流部门是分别按"人员指数""台数指数""面积指数"和"时间指数"等计算出物流费的。一般在此基础上,企业管理层通过比较总销售管理费和物流部门费用等指标,分析增减的原因,进而提出改善物流的方案。

(二)机能别物流成本控制

机能别物流成本控制是将物流费用按包装、保管、装卸、信息、物流管理等机能进行分类,通过这种方式把握各机能所承担的物流费用,进而着眼于物流不同机能的改善和合理化,特别是算出标准物流机能成本后,通过作业管理,能够正确设定合理化目标。其具体方法为,在计算出不同形态物流成本的基础上,再按机能算出物流成本。当然,机能划分的基准随着企业业种、业态的不同而不同,因此,按机能标准控制物流成本时,必须使划分标准与本企业的实际情况相吻合。

按不同机能控制物流成本的特点是在算出单位机能别物流成本后,企业管理层计算出各机能别物流成本的构成比、金额等,将其与往年数据进行对比,从而明确物流成本的增减原因,找出改善物流成本的对策(见表4—14—2)。

(三)适用范围别物流成本控制

所谓适用范围别物流成本控制是指分析物流成本适用于什么对象,以此作为控制物流成本的依据,例如,可将适用对象按商品别、地域别、顾客别、负责人别等进行划分。对于当今先进企业,按分公司营业点别来把握物流成本,有利于对各分公司或营业点进行物流费用与销售额、总利润的构成分析,从而正确掌握各分支机构的物流管理现状，及时加以改善(见表 4—14—3)；按顾客别控制物流成本，有利于全面分析不同顾客的需求，及时改善物流服务水准，调整物流经营战略；按商品别管理物流成本，能使企业掌握不同商品群物流成本的状况，合理调配、管理商品。

表 4—14—1　某企业形态别物流成本控制计算表

测定科目		销售管理费	物流费用	计算指数		测定科目		销售管理费	物流费用	计算指数	
(1)	车辆租借费	100 080	100 080	100%	金额	(10)	消耗品费	21 316	8 974	42.1%	物流费指数
(2)	商品材料费	30 184	30 184	100%	金额	(11)	CP 软件租借费	9 795	4 124	42.1%	物流费指数
(3)	工资费用	631 335	178 668	28.3%	人员指数	(12)	支付利息	23 861	10 045	42.1%	物流费指数
(4)	水电费	12 647	6 664	52.7%	面积指数	(13)	杂费	33 106	13 937	42.1%	物流费指数
(5)	保险费	10 247	5 400	52.7%	面积指数	(14)	广告宣传费	30 807	–	0	不包含
(6)	维修费	19 596	10 327	52.7%	面积指数	(15)	公关接待费	26 825	–	0	不包含
(7)	折旧费	28 114	14 816	52.7%	面积指数	(16)	旅差交通费	24 120	–	0	不包含
(8)	交纳税金	39 804	20 977	52.7%	面积指数	合　计		1 061 111	412 311	38.6%	相对于销售管理费
(9)	通讯费	19 276	8 115	42.1%	物流费指数	销售、物流费合计		6 829 490	412 311	6.04%	物流费对销售费指数

注：人员指数＝物流职员数/企业全体人数＝36 人/127 人＝0.283；
面积指数＝物流设施面积/全企业面积＝3 093/5 869＝0.527；
物流费指数＝(1)～(8)项物流费/(1)～(8)项销售管理费＝367 117/872 005＝0.421。

表 4—14—2　某企业机能别物流成本控制计算表　　(单位：元)

测定科目		物流费	不同机能物流费测定科目					
			包装费	配送费	保管费	装卸费	信息流通费	物流管理费
(1)	车辆租借费	100 080		100 080				
(2)	商品材料费	30 184	30 184					
(3)	工资费用	178 668		39 704	124 075	14 889		
(4)	水电费	6 664		3 332	3 332			
(5)	保险费	5 400		2 700	2 700			
(6)	维修费	10 327		5 163	5 163			
(7)	折旧费	14 816		7 408	7 408			
(8)	交纳税金	20 977			20 977			
(9)	通讯费	8 115			8 115			
(10)	消耗品费	8 974		2 911	2 911	2 911		
(11)	CP 软件租借费	4 124			4 124			
(12)	支付利息	10 045		10 045		4 645		
(13)	杂费	13 937		4 645	4 645			
合计	金额	412 311	30 184	100 080	75 988	150 314	12 239	43 502
	构成比	100%	7.3%	24.3%	15.4%	36.5%	2.9%	10.6%

注：a. 人员费按人数比例分别摊入管理费、保管费、装卸费；
b. 水电费、保险费、维修费、折旧费在保管费和装卸费中平均分配；
c. 消耗品费、杂费在保管费、装卸费和物流管理费中各占 1/3。

表 4—14—3 某企业适用范围别控制物流成本计算表

形态别科目		物流费(元)	适用别物流费(元)					计算指数
			总公司	第 1 营业所	第 2 营业所	第 3 营业所	第 4 营业所	
(1)	车辆租借费	100 080	45 036	20 016	15 012	10 008	10 008	台数
(2)	商品材料费	30 183	15 029	5 433	3 622	3 169	2 867	店别构成比
(3)	工资费用	178 668	94 297	29 778	19 852	19 852	14 889	人员
		308 931	154 425	55 227	38 486	33 029	27 764	
(4)	水电费	6 663	3 312	1 212	646	720	773	面积
(5)	保险费	5 398	2 683	982	524	583	626	面积
(6)	维修费	10 309	5 132	1 880	1 002	1 115	1 180	面积
(7)	折旧费	14 816	7 363	2 697	1 437	1 600	1 719	面积
(8)	交纳税金	20 977	10 426	3 818	2 035	2 265	2 433	面积
(9)	通讯费	7 716	4 058	1 061	9 74	852	771	店别构成比
(10)	消耗品费	8 974	4 487	1 615	1 077	942	853	店别构成比
(11)	CP 软件租借费	4 124	2 062	742	495	433	392	店别构成比
(12)	支付利息	10 045	5 023	1 808	1 205	1 055	954	店别构成比
(13)	杂费	13 937	6 969	2 509	1 672	1 463	1 324	店别构成比
小计		102 959	51 515	18 324	11 067	11 028	11 025	
合计		412 310	205 940	73 951	49 553	44 057	38 789	
店别构成比率		100%	49.9%	17.9%	12.1%	10.7%	9.4%	
店别直接、间接费比率		3.0%	3.0%	2.9%	3.5%	3.0%	2.5%	
店别销售比率		6.0%	6.1%	6.1%	5.3%	5.5%	7.5%	
本期销售额(元)		6 524 490	3 366 985	1 215 649	942 468	792 220	512 211	
店铺别销售构成比率		100%	49.3%	17.8%	13.8%	11.6%	7.5%	

注:台数指数——总公司 9 台;第 1 营业所 4 台;第 2 营业所 3 台;第 3、4 营业所各 2 台;共计 20 台;
人员指数——总公司 19 人;第 1 营业所 6 人;第 2、3 营业所各 4 人;第 4 营业所 3 人;共计 36 人;
面积指数——总公司 1 537;第 1 营业所 561;第 2 营业所 300;第 3 营业所 335;第 4 营业所 360;共计 3 093;
店别构成比率——各店铺除(2)外从(1)到(8)除以合计物流费比,总公司 49.9%;第 1 营业所 17.9%;第 2 营业所 12.1%;第 3 营业所 10.7%;第 4 营业所 9.4%。

第四节 物流成本的管理方法

一、物流成本管理的重要性

(一)物流成本管理的含义

在叙述物流成本目标管理时,首先必须从明确其含义谈起。许多人一提到物流成本管理,就认为是"管理物流成本"。如果不限于物流成本的范围,单说成本的话,那么,成本就是用金额评价某种作业的结果。不超越这个结果的成本本身,即使可以进行计算,但却不能从事管理等活动。能够成为管理对象的只有作业本身。在物流成本管理中能够成为管理对象的也是物流作业的本身。成本处于管理手段的位置,可以明确的表示出来。就是说,物流成本管理不是"管理物流成本",而是"通过目标成本管理物流"。

这里,我们之所以详细介绍物流成本管理的含义,是因为如果脱离"物流成本管理"的本质去理解的话,就基本不能指望对物流管理发生作用,这是由于把握物流成本的意图和要求不强烈而引起的。在大多数情况下,人们把注意力单纯地集中在掌握物流成本上,所要达到的目的是物流成本计算本身。实际上,常常听到"虽然计算了物流成本,但不知道怎样利用"的反映。这类情况,是把物流成本管理误解为管理物流成本的典型例子。一味地注意"怎样计算”,却忘了“为什么计算”,可谓完全是本末倒置。

正确用成本进行物流管理,要把成本作为一种管理手段,明确其地位,在成本计算之前,先了解“为什么”计算这一目的。只有赋予“管理”这一目的,物流成本计算才成为可能。所谓物流成本管理,则是通过成本去管理物流,即管理的对象是物流而不是成本。物流成本管理可以说成是以成本为手段的物流管理方法。物流成本管理就是把物流成本从生产经营成本中分离出来,按照统一的标准进行物流活动专项费用的统计核算,把各项物流活动变为成本加以掌握,以此对物流活动进行有效控制并对物流合理化程度做出客观评价,促使物流系统不断完善,以最低的成本为生产经营活动提供最好的服务。

(二)进行物流成本管理的必要性

综上所述,物流成本目标管理是通过成本去管理物流,是物流管理的一个领域,而且,在把成本作为管理手段这一点上具有极其重要的地位。为什么要重视利用成本进行物流管理呢?因为成本有两个有利的条件:①成本忠实地反映着作业实态;②成本能成为评价所有作业的共同尺度。就是说,通过金额评价作业所得出的不同结果,能够变成成本的差异而反映出来,所有的作业都可以用成本这一统一的尺度来掌握,能在同一场合进行比较分析等,这就增加了成本管理的重要性。

具体来讲,假如出现浪费现象时,成本增大;相反,合理的作业,成本自然减少。对这种实际情况的反映,如果我们注意一下成本变化情况,就能发现有没有问题和管理情况的好坏。同时,通过成本,还能进而把握作业计划与实际活动的一致性。如果了解运输作业发生变化时对其他活动产生的影响,就可以通过总成本的变化,简单地得出结果。

(三)物流成本管理的作用

物流管理在降低成本、增加利润方面具有极大的潜力。为了能在市场竞争中求得生存与发展,企业家及经营管理人员就需要不断探索降低成本、提高利润的有效途径。但在一定的生产技术条件下,提高生产效率,从生产管理中挖潜力挤“油水”已相当困难,这一点已被西方工业发达国家的管理实践所证明,但在物流领域,则是一个尚未被触及的领域,是降低成本的最后边疆。美国著名物流学家詹姆斯·约翰逊及唐纳德·伍德等在他们所著的《现代物流工程管理》一书中指出“物流学是一门充满活力的新的学科领域”,“为使市场经济达到使企业和客户在适当的时候,花费最小的成本费用,获得他们所需要的产品和服务这一目标,一个有效的物流系统是关键。”

二、物流成本管理存在的问题

第一,物流在企业财务会计制度中没有单独的项目,一般所有成本都列在费用一栏中,较难对企业发生的各种物流费用做出明确、全面的计算与分析。

第二,在通常的企业财务决算表中,物流费核算的是企业对外部运输业者所支付的运输费或向仓库支付的商品保管费等传统的物流费用,对于企业内与物流中心相关的人员费、设备折旧费,固定资产税等各种费用则与企业其他经营费用统一计算,因而,从现代物流管理的角度来看,企业难以正确把握实际的企业物流成本。先进企业的实践经验表明,实际发生的物流成本往往要超过外部支付额的5倍以上。

第三,对物流成本的计算和控制,各企业通常是分散进行的,也就是说,各企业根据自己不同的理解和认识来把握物流成本,这样就带来了一个管理上的问题,即企业间无法就物流成本进行比较分析,也无法得出产业平均物流成本值。例如,不同的企业外部委托物流的程度是不一致的,由于缺乏相互比较的基础,无法真正衡量各企业相对的物流绩效。

第四,在一般的物流成本中,物流部门无法完全掌握的成本很多,例如,保管费中过量进货、过量生产、销售残留品的在库维持以及紧急输送等产生的费用都是纳入其中的,从而增加了物流成本管理的难度。

第五,从销售关联的角度来看,物流成本中过量服务所产生的成本与标准服务所产生的成本是混同在一起的,例如,很多企业将销售促进费都算在物流成本中。

第六,物流成本中各项目间存在着彼长此消的关系,亦即某些项目成本的削减,可能引起其他项目成本的增加,因此,物流成本中各项目是相互关联的。

第七,物流成本削减具有乘数效果,例如,如果销售额为100亿元,物流成本为10亿元,那么物流成本削减1亿元,不仅直接产生了1亿元的利益,而且因为物流成本占销售额的10%,所以,间接增加了100亿元的利益,这就是物流成本削减的乘数效应。

第八,由于物流成本是以物流活动全体为对象,所以,它是企业惟一的、基本的、共同的管理数据。

三、物流成本管理的基本思路

(一)从流通全过程的视点来降低物流成本

对于一个企业来讲,控制物流成本不单单是本企业的事,即追求本企业物流的效率化,而应该考虑产品从制成到最终用户整个供应链过程的物流成本效率化,亦即物流设施的投资或扩建与否要视整个流通渠道的发展和要求而定。例如,原来有些厂商是直接面对批发商经营的,因此,很多物流中心是与批发商物流中心相吻合,从事大批量的商品输送。然而随着零售业中便民店、折扣店的迅猛发展,客观上要求厂商必须适应这种新型的业态形式,展开直接面向零售店铺的物流活动,在这种情况下,原来的投资就有可能沉淀,同时又要求建立新型的符合现代流通发展要求的物流中心或自动化设施,这些投资尽管从本企业来看,增加了物流成本,但从整个流通过程来看,却大大提高了物流绩效。

在控制企业物流成本时,还有一个问题是值得注意的,即针对每个用户成本削减的幅度有多大。特别是当今零售业的价格竞争异常激烈,零售业纷纷要求发货方降低商品的价格,因此,作为发货方的厂商或批发商都在努力提高针对不同用户的物流活动绩效,例如将原来1日1次的商品配送,集约成1周2次的配送等。

(二)通过实现供应链管理、提高对顾客的物流服务来削减成本

在供应链物流管理体制下,仅仅本企业的物流具有效率化是不够的,它需要企业协调与其他企业(如部件供应商等)以及顾客、运输业者之间的关系,实现整个供应链活动的效率化。也正因为如此,追求成本的效率化不仅仅是企业中物流部门或生产部门的事,同时也是经营部门以及采购部门的事,亦即将降低物流成本的目标贯彻到企业所有职能部门之中。

提高对顾客的物流服务是企业确保利益的最重要手段。从某种意义上来讲,提高顾客服务是降低物流成本的有效方法之一,但是,超过必要量的物流服务不仅不能带来物流成本的下降,反而有碍于物流效益的实现。例如,随着多频度、少量化经营的扩大,对配送的要求越来越高,而在这种状况下,如果企业不充分考虑用户的产业特性和运送商品的特性,一味地开展商品的翌日配送或发货的小单位化,无疑将大大增加发货方的物流成本。所以,在正常情况下,为了既保证提高对顾客的物流服务,又防止出现过剩的物流服务,企业应当在考虑用户产业特性和商品特性的基础上,与顾客方充分协调、探讨有关配送、降低成本等问题,如果能够实现1周2~3次的配送,可以商讨将由此而产生的利益与顾客方分享,从而相互促进在提高物流服务的前提下,寻求降低物流成本的途径。

(三)借助于现代信息系统的构筑降低物流成本

上面已经论述过,各企业内部的物流效率化仍然难以使企业在不断激化的竞争中取得成本上的竞争优势,为此,企业必须与其他交易企业之间形成一种效率化的交易关系。即借助于现代信息系统的构筑,一方面使各种物流作业或业务处理能准确、迅速地进行;另一方面,能由此建立起物流经营战略系统。具体讲,通过将企业订购的意向、数量、价格等信息在网络上进行传输,从而使生产、流通全过程中的企业或部门分享由此带来的利益,充分对应可能发生的各种需求,进而调整不同企业间的经营行为和计划,这无疑从整体上,控制了物流成本发生的可能性。也就是说,现代信息系统的构筑为彻底实现物流成本的降低,而不是向其他企业或部门转嫁成本奠定了基础。

(四)通过效率化的配送降低物流成本

对应于用户的订货要求建立短时期、正确的进货体制是企业物流发展的客观要求,但是,伴随配送产生的成本费用要尽可能降低,特别是最近多频度、小单位配送的发展,更要求企业采用效率化的配送方法。一般来讲,企业要实现效率化的配送,就必须重视配车计划管理、提高装载率以及车辆运行管理。

所谓配车计划是指与用户的订货相吻合,将生产或购入的商品按客户指定的时间进行配送的计

划。对于生产商而言,如果不能按客户指定的时间进行生产,也就不可能在用户规定的时间配送商品,所以,生产商配车计划的制定必须与生产计划相联系来进行。同样,批发商也必须将配车计划与商品进货计划相联系开展。当然,要做到配车计划与生产计划或进货计划相匹配,就必须构筑最为有效的配送计划信息系统。这种系统不仅仅是处理配送业务,而是在订货信息的基础上,管理从生产到发货全过程的业务系统,特别是制造商为缩短对用户的商品配送,同时降低成本,必须通过这种信息系统制作配送计划,商品生产出来后,装载在车辆中进行配送。对于发货量较多的企业,需要综合考虑并组合车辆的装载量和运行路线。也就是说,当车辆有限时,在提高单车装载量的同时,事先设计好行车路线以及不同路线的行车数量等,以求在配送活动有序开展的同时,追求综合成本的最小化。另外,在制定配车计划的过程中,还需要将用户的进货条件考虑在内,例如,进货时间、司机在客户作业现场搬运的必要性、用户附近道路的情况等等都需要关注和综合分析,还有用户的货物配送量也对配车计划具有影响,货物输送量少,相应的成本就高,配车应当优先倾向于输送量较多的地域。在提高装载率方面,先进企业的做法是,将本企业的商品名称、容积、重量等数据输入到信息系统中,再根据用户的订货要求计算出最佳装载率。从总体上看,对于需求比较集中的地区,可以较容易地实现高装载率运输,而对于需求相对较小的地区,可以通过共同配送来提高装载率。

削减配送成本的另一方面是追求车辆运行的效率化,提高车辆运行的一个有效方法是建立有效的货车追踪系统,即在车辆上搭载一个全球定位系统(GPS),通过这种终端与物流中心进行通信,一方面,对货物在途情况进行控制,另一方面,有效地利用空车信息,合理配车。

(五)削减退货成本

退货成本也是企业物流成本中一个重要的组成部分,它往往占有相当大的比例。退货成本之所以成为某些企业主要的物流成本,是因为随着退货会产生一系列的物流费、退货商品损伤或滞销而产生的费用以及处理退货商品所需的人员费等各种事务性费用。特别是出现退货的情况,一般是由商品提供者承担退货所发生的各种费用,而退货方因为不承担商品退货而产生的损失,容易很随意地退回商品,并且由于这类商品大多数量较小,配送费用有增高的趋向。不仅如此,由于这类商品规模较小,也很分散,商品入库、账单处理等等业务也都非常复杂。例如,销售额100万元的企业,退货比率为3%,即3万元的退货,由此而产生的物流费用和企业内处理费用一般占到销售物流的9%~10%,因此,伴随着退货将会产生3 000元的物流费。进一步由于退货商品物理性、经济性的损伤,可能的销售价格只为原来的50%,因此,由于退货而产生的机会成本为15 000元,综合上述费用,退货所引起的物流成本为18 000元,占销售额的1.8%。以上仅假定退货率为3%,如果为5%时,物流费用将达到30 000元,占销售额的3%。由此可以看出,削减退货成本十分重要,它是物流成本控制活动中需要特别关注的问题。

控制退货成本首先要分析退货产生的原因。一般来讲退货可以分为由于用户的原因产生的退货和本企业的原因产生的退货两种情况。通常认为用户的原因所产生的退货是不可控的,但事实上并非如此。具体讲,对于零售商或批发商而言,为了防止由于商品断货而产生机会成本是他们过量进货的主要原因。最近虽然利用POS系统可以根据不同商品过去的经营绩效来加以调整,但是,对于季节性或流行性商品,却无法合理地进行控制,在这种状况下,一旦出现商品滞销,必然会存在退货问题。要杜绝此类情况发生,就必须不断掌握本企业产品在店头的销售状况。对于销售不振的商品应及时制定促销策略,而季节性产品或新产品,应在销售预测的基础上,根据掌握的当天的销售额来确定以后的生产量,也就是说利用单品管理建立起实需型销售体制。从方法上来讲,建立起实需型销售体制,需要在用户后铺设置本企业的EOS系统,这样企业就能及时掌握客户的经营情况,进而不断调整企业的产品生产量和产品种类,真正从根本上遏制退货现象的出现。造成退货现象的一个根本原因是生产方为了片面追求自身的经济利益,采取推进式销售方式而引起的负效应,亦即很多企业为了追求最大销售目标,一味将商品推销给最终用户,而不管商品实际销售的状况和销售中可能出现的问题,结果造成流通在库增加、销售不振,退货成本高昂。要有效降低退货成本,重要的是改变企业片面追求销售额的目标战略,在追踪最终需求动向和流通在库的同时,为实现最终需求增加而实施销售促进策略。

与上述问题相关联,要根本防止退货成本,作为企业还必须改变营业员绩效评价制度。即不是以营业员每月的销售额作为奖惩的依据,而是在考察用户在库状况的同时,以营业员年度月平均销售额作为激励的标准,这样才能在防止退货出现的情况下,提高经营效率。当然,在制度上还必须明确划分产生退货的责任,诸如,是发货业务人员因为商品数量、品种与顾客要求不一致而造成的退货,就应该由发货业务人员承担相应的损失;由于错误配送而造成的退货,就应当由运输业者承担损失。

(六)利用一贯制运输和物流外委降低成本

降低物流成本从运输手段上讲,可以通过一贯制运输来实现,亦即将从制造商到最终消费者之间的商品搬运,利用各种运输工具的有机衔接来实现,运用运输工具的标准化以及运输管理的统一化,来减少商品周转、转载过程中的费用和损失,并大大缩短商品在途时间。

在控制物流成本方面,还有一种行为是值得我们注意的,那就是物流的外委,或称第三方物流或合同制物流。它是利用企业外部的分销公司、运输公司、仓库或第三方物流公司执行本企业的物流管理或产品分销职能的全部或部分。其范围可以是对传统运输或仓储服务的有限的简单购买,或者是广泛的,包括对整个供应链管理的复杂的合同。它可以是常规的,即将先前内部开展的工作外委;或者是创新的,有选择地补充物流管理手段,以提高物流效益。一个物流外委服务提供者可以使一个公司从规模经济、更多地门对门运输等方面实现运输费用的节约,并体现出利用这些专业人员与技术的优势;另外,一些突发事件、额外费用如空运和租车等问题的减少增加了工作的有序性和供应链的可预测性。实际上,外委的利益不仅局限于降低物流成本上,企业也能在服务和效率上得到许多其他改进,如增强战略行动的一致性、提高顾客反应能力、降低投资需求、带来创新的物流管理技术和有效的渠道管理信息系统等等。

四、物流成本管理的综合方法

物流成本管理的综合方法由三部分组成,它们之间又是相互关联的(见图 4—14—3)。

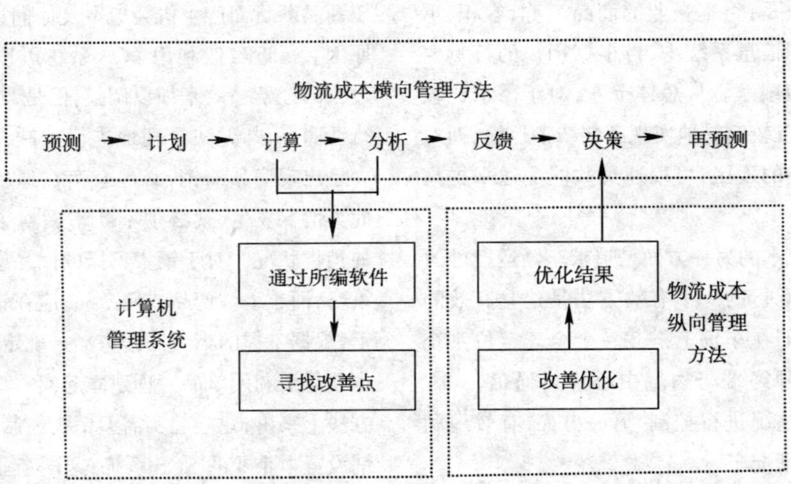

图 4—14—3　物流成本管理的综合方法示意图

图中第一部分:物流成本横向管理方法;第二部分:物流成本纵向管理方法;第三部分:计算机管理系统。图中反映出 3 个部分间的关系,计算机管理系统将物流成本的横向、纵向连接起来,形成一个不断优化的物流系统的循环。通过一次次循环、计算、评价,整个物流系统在不断地优化,最终找出其总成本最低的最佳方案。

(一)物流成本横向管理方法

1．物流成本预测和计划

物流成本预测是在编制物流计划以前进行的。它是在对本年度物流成本进行分析，充分挖掘降低物流成本的潜力，寻求降低物流成本的有关技术经济措施，以保证物流成本计划的先进性和可靠性。物流成本有月度计划、季度计划、年度计划和短期计划（半年或一年）、中期计划（3年）、长期计划（5年或10年）等计划体系。

2．物流成本计算

物流成本计算的步骤：

第一步：把握范围别、支付形态别成本。参见表4—14—4。

表4—14—4　范围别、支付形态别物流成本计算表

<table>
<tr><th colspan="5">范围
支付形态</th><th>供应物流费</th><th>企业内物流费</th><th>销售物流费</th><th>退货物流费</th><th>废弃物流费</th><th>合计</th></tr>
<tr><td rowspan="28">企业物流</td><td rowspan="26">本企业支付物流费</td><td rowspan="24">企业本身物流费</td><td rowspan="5">材料费</td><td>资材费</td><td></td><td></td><td></td><td></td><td></td><td></td></tr>
<tr><td>燃料费</td><td></td><td></td><td></td><td></td><td></td><td></td></tr>
<tr><td>消耗性工具</td><td></td><td></td><td></td><td></td><td></td><td></td></tr>
<tr><td>其他</td><td></td><td></td><td></td><td></td><td></td><td></td></tr>
<tr><td>合计</td><td></td><td></td><td></td><td></td><td></td><td></td></tr>
<tr><td rowspan="4">人工费</td><td>工资</td><td></td><td></td><td></td><td></td><td></td><td></td></tr>
<tr><td>福利费</td><td></td><td></td><td></td><td></td><td></td><td></td></tr>
<tr><td>其他</td><td></td><td></td><td></td><td></td><td></td><td></td></tr>
<tr><td>合计</td><td></td><td></td><td></td><td></td><td></td><td></td></tr>
<tr><td rowspan="5">公益费</td><td>电费</td><td></td><td></td><td></td><td></td><td></td><td></td></tr>
<tr><td>煤气费</td><td></td><td></td><td></td><td></td><td></td><td></td></tr>
<tr><td>水费</td><td></td><td></td><td></td><td></td><td></td><td></td></tr>
<tr><td>其他</td><td></td><td></td><td></td><td></td><td></td><td></td></tr>
<tr><td>合计</td><td></td><td></td><td></td><td></td><td></td><td></td></tr>
<tr><td rowspan="7">维护费</td><td>维修费</td><td></td><td></td><td></td><td></td><td></td><td></td></tr>
<tr><td>折旧费</td><td></td><td></td><td></td><td></td><td></td><td></td></tr>
<tr><td>课税</td><td></td><td></td><td></td><td></td><td></td><td></td></tr>
<tr><td>租赁费</td><td></td><td></td><td></td><td></td><td></td><td></td></tr>
<tr><td>保险费</td><td></td><td></td><td></td><td></td><td></td><td></td></tr>
<tr><td>其他</td><td></td><td></td><td></td><td></td><td></td><td></td></tr>
<tr><td>合计</td><td></td><td></td><td></td><td></td><td></td><td></td></tr>
<tr><td colspan="2">一般经费</td><td></td><td></td><td></td><td></td><td></td><td></td></tr>
<tr><td colspan="2">特别经费</td><td></td><td></td><td></td><td></td><td></td><td></td></tr>
<tr><td colspan="2">企业本身物流费合计</td><td></td><td></td><td></td><td></td><td></td><td></td></tr>
<tr><td colspan="3">委托物流费</td><td></td><td></td><td></td><td></td><td></td><td></td></tr>
<tr><td colspan="3">本企业支付物流费</td><td></td><td></td><td></td><td></td><td></td><td></td></tr>
<tr><td colspan="4">外企业支付物流费</td><td></td><td></td><td></td><td></td><td></td><td></td></tr>
<tr><td colspan="4">企业物流费总计</td><td></td><td></td><td></td><td></td><td></td><td></td></tr>
</table>

例如，物流范围别成本，仅以企业内物流费和销售物流费为对象，而支付形态别只取一部分计算，那么，只要把这一部分数据填入表内，其他栏目可空出。

第二步：把表4—14—4的费用按功能别分类，然后汇总。这时可以利用表4—14—5。该表是将运输费、保管费等每一种功能各制一张表。如果把所有功能都作为计算对象时，则要编制若干张表。

第三步：如果想了解功能别支付形态物流成本的支出情况，可以把表 4—14—5 右端合计栏中的数字转入表 4—14—6。从表 4—14—6 中即可简单地看出哪种物流功能的成本最高，及其费用使用情况。

第四步：如果想求范围别、功能别物流成本，则把表 4—14—4 最下端物流数据转入表 4—14—7。

从表 4—14—7 中，就能看出哪个范围别、哪种功能的物流成本高，同时还能计算出根据销售额与销售量得出的单位物流成本。要注意的是，每进行一次物流成本计算，都要明确一下计算范围。

表 4—14—5　范　围

支付形态 \ 范围				供应物流费	企业内物流费	销售物流费	退货物流费	废弃物流费	合计
本企业支付物流费	企业本身物流费	材料费	资材费						
			燃料费						
			消耗性工具						
			其他						
			合计						
		人工费	工资						
			福利费						
			其他						
			合计						
		公益费	电费						
			煤气费						
			水费						
			其他						
			合计						
		维护费	维修费						
			折旧费						
			课税						
			租赁费						
			保险费						
			其他						
			合计						
		一般经费							
		特别经费							
		企业本身物流费合计							
	委托物流费								
	本企业支付物流费								
外企业支付物流费									
企业物流费总计									

3．物流成本控制

物流成本控制有狭义和广义两种理解。狭义的物流成本控制，就是在企业的物流活动中，对日常的物流成本支出，采取各种方法进行严格的控制和管理，使物流成本节减到最低限度，以达到预期的物流成本目标。广义的物流成本控制，则包括事前、事中和事后对物流成本进行预测、计划、计算、分析的全过程，也就是物流成本管理。实质上都是对物流成本的控制。

4．物流成本分析

通过物流成本分析找差距、查原因、研究成本的真实情况，借以揭露物流环节中的主要矛盾，挖掘企业的潜在力量，寻求克服薄弱环节的途径，提出降低物流成本的具体措施，以保证物流成本的不断降低。

物流成本分析的方法是多种多样的,具体采用哪种方法,要根据其目的、物流特点和所掌握资料的性质与内容而确定。常用的方法主要有:指标对比分析法和因素分析法等。

5. 物流成本信息反馈

对在物流过程中所发生的有关成本方面的各种资料和数据进行收集、整理、汇总,传输给有关领导和部门,通过分析研究起反馈作用,进行决策。再根据其决策,进行预测和计划,把信息传输出给有关部门,以便进一步对物流过程实行管理。

表 4—14—6 功能别、支付形态别物流成本计算表

支付形态 \ 功能		物资流通费							物资信息费	物资管理费	合计
		包装费	运输费	保管费	装卸费	流通加工费	配送费	合计			
材料费	资材费										
	燃料费										
	消耗性工具										
	其他										
	合计										
人工费	工资										
	福利费										
	其他										
	合计										
公益费	电费										
	煤气费										
	水费										
	其他										
	合计										
维护费	维修费										
	折旧费										
	课税										
	租赁费										
	保险费										
	其他										
	合计										
一般经费											
特别经费											
企业本身物流费合计											
委托物流费											
本企业支付物流费											
外企业支付物流费											
企业物流费总计											

6. 物流成本决策

物流成本决策是企业领导部门根据物流成本信息反馈的结果的决定。物流成本决策是以物流成本数据为依据,结合其他技术、经济因素进行研究、分析,决定采取的行动方针,并进行可行性分析然后选择最佳方案。

(二)物流成本纵向管理方法

物流成本纵向管理,也就是物流过程的优化管理。物流过程是一个创造时间性和空间性价值的经济活动过程,为使其能提供最佳的价值效能,就必须保证物流各个环节的合理化和物流过程的迅速、通畅。物流系统是一个庞大而复杂的系统,要对它进行优化,需要借助于先进的管理方法和管理手段。可先在其单项活动范围内进行,再发展到对整个物流系统进行模拟,采用最有效的数理分析方法来组织物流系统,使之合理化。具体内容如下:

1. 运用线性规划、非线性规划,制订最优运输计划,实现物资运输优化。物流过程中遇到最多的是运输问题,例如某种物品现有某几个工厂生产,又需供应某几个用户,怎样才能使工厂生产的物品运到用户所在地时达到总运费最小的目标?假定这种物品在工厂中的生产成本为已知,从某厂到消费地的单位运输费用和运输距离,以及各工厂的生产能力和消费地需要量都已确定,则可用线性规划来解决。如工厂的生产量发生变化,生产费用函数是非线性的,就应使用非线性规划来求解。属于线性规划类型的运输问题,常用的方法有单纯形法和表上作业法。

表 4—14—7　范围别、功能别物流成本计算表

功能／范围	物资流通费							物流信息费	物流管理费	合计
	包装费	运输费	保管费	装卸费	流通加工费	配送费	合计			
供应物流费 企业内物流费 销售物流费 回收物流费 废弃物流费 合计										

2. 运用系统分析技术,选择货物的最佳配比及配送线路,实现物资配送优化。配送在物流系统中占有重要地位。配送线路是指各送货车辆向各个用户送货时所要经过的路线。

配送线路合理与否,对配送速度、合理利用车辆和配送费用都有直接影响。目前较成熟的确定优化配送线路的方法是节约法,也叫节约里程法。

3. 运用存储论,确定经济合理的库存量,实现物资储存优化。储存是物流系统的中心环节。某种物资从生产到用户之间需要经过几个阶段,几乎在每个阶段都发生储存问题。究竟在每个阶段库存量保持多少为合理?为了保证供给,需隔多长时间补充库存?一次进货多少才能达到费用最省的目的?这些都是确定库存量的问题。这些问题都可以在存储论中找到解决的办法,其中比较著名的是经济订购批量公式(简称 E·O·Q 公式)。

4. 运用模拟技术,对整个物流系统进行研究,实现物流系统的最优化。例如,克莱顿·希尔模型,它是一种采用逐次逼近法的模拟模型。这个方法提出了物流系统的3项目标:即最高的服务水平;最小的物流费用;最快的信息反馈。在模拟过程中采用逐次逼近的方法来求解下列决策变量:

(1)流通中心的数目;

(2)对用户的服务水平;

(3)流通中心收发货时间的长短;

(4)库存分布;

(5)系统整体的优化。

(三)应用系统方法时必须明确的概念

1. 总成本方法。在试图保持一定服务水平的条件下,应同时考虑所有的有关成本项目。目标是选择总成本最小的那一个方案。

2. 避免次优化。物流系统各环节之间存在"成本二律背反"状态,容易产生次优化。一个企业的各组成部分尽力完成了各自的本位工作,但企业未能实现整体最佳效果,这就存在次优化问题。

3. 得失比较分析法。在物流管理决策中,备选方案都各有所长,各有所短,有得有失。所谓得失比较分析,就是在保持一定的服务水平条件下,选择得大于失的方案。

不论物流成本横向管理方法或纵向管理方法都离不开计算机管理系统的支持,这3个部分是相互关联的,它们综合在一起形成通常所说的系统整体

观念。在物流成本管理过程中,运用系统理论和系统方法,将与物流相互联系的各业务环节组合成为统一的整体,并将供货厂商和用户纳入系统管理之中,从系统整体出发,互相协调对用户和本企业内部提供最佳服务,并最大限度地降低物流费用,这就是物流整体系统管理的观念。

五、物流成本管理的形式与水平

物流成本管理可采用以下几种形式:①企业综合管理。这是一种以利润为中心的管理方式,即以与物流成本密切相关的供应计划、生产计划、销售计划为依据,从整个企业的角度综合管理。②物流部门管理。即为了把企业决定的有关企业全局的总体基本方针和计划具体化,而在物流管理部门进行的物流成本管理。主要是编制物流成本短期计划并进行物流成本控制。③现场作业管理。即物流现场管理者对发生在作业现场的物流成本进行计划和控制,是一种日常管理。其具体方法是按照预先编制的短期计划和预算计划,制定现场计划并进行控制。

物流成本指标是企业在物流方面的工作标准或奋斗目标。有科学根据的先进标准,能激励职工的积极性和创造性,促进物流技术水平的提高;而脱离实际的高标准则会令人望尘莫及,失去动力的作用。因此标准的制定要恰到好处。我们可以用标准成本作为物流成本管理的尺度。它有4种水平:

1. 基础标准。即把实施标准成本第一年的实际物流成本作为基础标准。这种标准可作为今后衡量物流管理工作水平的基础。

2. 正常标准。指清除物流过程中发生的异常情况所确定的标准。该标准高于基础标准,是努力维持现有物流系统正常运转所要求达到的标准。是较低水平的物流管理所采用的标准。

3. 预期标准。这是尽可能提高效率、清除浪费,使物流系统处于良好状态运行所确定的标准。该标准高于正常标准,是对现有物流系统进行较大程度的改善后才能达到的标准,因而可作为较高水平的物流管理所采用的标准。

4. 理想标准。这是指物流系统十分完善,清除了一切不利因素的理想化标准。这种标准可作为企业长远努力的方向,但不应作为近期内物流管理的具体依据。

由于各个企业生产性质和生产条件不同,标准成本一般不用作企业间的横向比较,而只作为本企业物流管理的重要手段和评价物流合理化程度的客观尺度。企业通过不断追求新的期望标准,促进内部物流系统的不断完善,逐渐接近或达到理想标准,实现企业物流合理化。

第十五章　物流成本管理——物流成本管理详述

第一节　运输费用的计算和管理

物资运输费用是承运单位向客户提供运输劳务所耗费的费用,即运价。运价是由运输成本、税金和利润构成的。运输费用占物流费用比重最大,是影响物流费用的重要因素。为了达到以最快的速度、最少的运输费用实现物资流转,必须要合理选择运输方式,进行技术经济比较,这就要求掌握各种运输方式的内容及运价计算方法。

一、运价的分类与计算

(一)货物运价的分类

由于物资运输采用的运输工具、运输范围、运输距离、货物品种等因素的不同,货物运价可按不同的分类方法分为下列几种形式。

1. 按适用的范围划分

(1)普通运价:适用一般货物的正常运输,是货物运价的基本形式。例如:铁路运价适用于全国正式营业铁路,是全国各地统一的铁路运价。

(2)特定运价:是运价的一种辅助形式,以补充普通运价。它是指对某种货物、某流向、某一段线路规定的特殊运价。特定运价是根据运价政策考虑制定的,比普通运价水平升高或降低一定的数量,或改用较低的、较高的运价号,在某一时间内对某种货物以鼓励或限制。有时也可以单独制定特定运价。

(3)地方运价:适用于某地区、某一条线路的运价,如临管营业的新建铁路或未与铁路网接通的营业铁路规定临管运价率,交通系统的地方水运运价等。

(4)国际联运运价:凡是国际联运出口、进口或过境货物,国内区段按有关规定办理,过境运价根据国际间的有关规定办理。

此外,还有某些部门或专门用途货物规定的优待运价,如军运等。

2. 按货物发送批量、使用的容器划分

(1)整车(批)运价:指按整车运送办理的货物所规定的运价,按整车运价号规定的运价率计算收费。整批运价是指规定满一定重量可作为一张运单,一批托运的按整批运价计算。

(2)零担运价:指不满整车、整批吨位以下托运的零星货物,按零担运价号规定的运价率计算收费,货物按实际重量计算。

(3)集装箱运价:指以集装箱运送货物规定的运价。

3. 按计算方式不同划分

(1)分段里程运价:是指把里程分为若干区段,在不同区段使用不同的运价率。铁路和交通部直属水运的现行运价就是采用这种计算方式。

(2)单一里程运价:是指每1 t·km的运价率不变,在运输全程用一个单一的运价率,运价的增加是与运输距离成正比的。

(3)航线里程运价:是指在同一航线上使用同一基本运价,航空运输的现行运价就是采用这种形式。

(二)货物运价规则

为了根据按货种别、距离别、批量别以及要求不同运输条件的货物计算运费,各种运输方式均制定出简单易行、合理的有关货物运价问题的各项规定,如《铁路货物运价规则》、《水路货物运价规则》、《汽车货物运输规则》、《中国民航国内货物运输规则》等,这是货物运价制度及有关政策的具体表现,是运输企业计算货物运费和杂费的依据。各个规则对运费的计算都作了具体规定,主要内容有货物运价分号表、货物运价率表、货物装卸费率以及有关问题的说明。

1. 货物运价分号表

由于货物的种类繁多,运输条件和运输成本各有不同,不可能为每一种货物确定一个运价率。为了明确对各种货物应该收的运费,对有相同性质、特点的货物进行分类,然后把运输条件和运输成本大致相等的划分为一级,构成货物运价分号表,铁路称运价号,水运称运价等级。运价号和运价等级没有什么本质的不同,都是为了说明运价率的差别。货物的运价号表就是将拟采用同一运价率的各种货物品名划归为一个运价号,划分的数量不能太多,也不宜太少。

2. 货物运价率表

货物运价率是确定运价水平的关键,关系到运输企业的收入和发货单位运输费用的支出,影响到国家的资金积累和企业的利润。货物运价率是由运价基数,各运价号或等级间的增减比例,按距离区段的划分数量及其递增递减的比例,整车、零担、集装箱运价的比例等确定的。运价基数是指最低运价号的起码计算里程运价率,它是制定货种别、距离别各种不同运价率的基础。运价基数的确定,首先是确定货物起码计算里程,起码计算里程是根据各种运输方式间运量的分配情况,为促进各种运输的合理分工,有利于发展合理运输确定的。在运价基数、运价率的基础上,按照运输距离递增递减率求出各区段的递差率,然后计算出各运价号、各里程区段的每吨货物运价率,编制成货物运价率表。

运价率表,铁路分整车和零担运价率表,水路分沿海、北方、闽浙、华南沿海4种运价率表,长江分干线、下游、上游3种运价率表,公路没有区段,也没有运价等级,只分整车和零担。

3. 货物运价里程表

货物运价里程表是计算货物运费的重要依据,是说明运送距离的一组文件,即货物从发站至到站间的距离。铁路运价制度规定是按最短经路考虑的,所以,铁路货物里程表中各站之间的距离是按最短经路的原则制定的。

(三)运费计算

在对铁路、水路,公路货物运价规则有了一定的认识后,就可以根据发货人托运的货物品种、数量、发到站计算运费了。计算的步骤大致如下:

1. 根据托运货物的发到站,按运价里程表确定运价里程

铁路运价里程是根据《铁路货物运价里程表》按照发站至到站间最短经路计算,在《铁路货物运价里程表》内规定有计费经路的,按规定的计费经路计算

运价里程。运价里程不包括专用线、货物支线的里程。

水运运价里程按公布的《运价里程表》计算,未规定里程的地点按实际里程计算,实际里程当时难以确定时,按里程表中距离起运或到站地点邻近的地点里程计算。

公路汽车货物运输计费里程根据《汽车运价规则》规定计费,里程包括运输里程和装卸里程。

2. 根据货物名称,查找货物运价分号表,确定适用的运价号

铁路货物运价分类表中划分为煤焦、石油及其制品、矿石等二三十类;水运货物运价采用十级运价值,每类中分若干项;公路分为普通货物和特种货物分类表。

3. 根据货物的运价里程及运价号,在货物运价率表中查出运用的运价率

铁路货物运价率分为三部分:整车、零担、集装箱。其中,整车货物的运价率为1~10号;零担货物运价率为11~15号;集装箱货物运价率分5 t和1 t两种箱型,每种箱型又分两个运价号。

水运分北方沿海、华南沿海、南北沿海各港口直达航线水陆联运价率表,长江主要航线货物运价率表。长江又有干线、下游、上游3种运价率表。内河由各省、市、自治区自行制定运价率表。

公路与铁路、水运不同,只分整车和零担,运价率水平由地方根据公路状况等具体情况制定。

铁路和水运运价率查找的方法是根据不同的发运方式,零担或整车,不同运价等级和运输里程,在货物运价率表中通过纵横交叉于一格上,此交叉格的数字就是适用的运价率。在查水运运价率表时,首先要在不同的水系运价率表中确定适用的运价率表。

4. 按有关规定确定货物计费重量

铁路和公路整车运输,按使用的货车标记载重计算运费,如30 t的铁路货车按30 t计算运费,4 t的汽车按4 t计算运费。水运货物计费分重量吨(W)和体积吨(M),重量吨按货物的毛重,以1 000 kg为1重量吨;体积吨按货物"满尺丈量"的体积,以1 为1体积吨。货物运价分级表中,计费单位为"W/M"的货物,按货物的重量吨和体积吨两者择大计费。换算重量的货物,按换算重量计费。

铁路、公路、航空零担运输一般按实际重量计算。

5. 确定计费重量后进行运费计算

铁路(整车)、水运、航空运输的运费计算公式为:

运费=计费重量(t)×适用的运价率

铁、水联运运费计算公式为:

运费=[(铁路计费重量×适用的运价率)
+(水路计费重量×适用的运价率)]
×(1-15%)

二、运输费用管理

(一)加强运输的经济核算

运输的经济核算除了日常的经营活动以外,应加强对各种运输工具和运输设施的合理运用。运输工具、运输设施都属固定资产,这类费用可称相对固定费用。这就是说,这部分费用在物流变动时,其绝对额通常保持不变或变化较小。这部分费用水平同物流量成反比关系,即物流量增长时,费用水平反而下降,从而分摊到每一单位物资上的这一类物流费用就会减少。要加强对运输工具和运输设施的合理运用,尽可能加快物流速度,扩大运输量,从而使这部分费用相对减少。

在进行物资运输的正常活动时,还要千方百计地减少各方面的人力、物力、财力的消耗。对上述的消耗多少、怎样消耗,运输部门必须进行全面经济核算。

(二)防止运输过程中的差错

运输过程中的差错是无端增长运输费用的一个重要方面。这就要求运输工作要准确无误地完成物资的输送任务,做到"三不错",即:不错发数量,不错发地址,不错发物资。因为任何差错都会导致无效运输,都会无益地增大运输费用。

(三)做到安全运输

物资在运输中应全力避免任何事故发生。交通运输事故是运输过程中事发率最高的事故,轻者延误运输生产,重者机毁人亡,造成重大的经济损失。在运输过程中应严格执行有关物资(如爆炸物资、危险品等)的安全规定,不违反运输操作规程。

在运输中要注意物资的看护,防止在运输过程中发生物资的霉烂、受潮、残损、丢失等事故的发生,

以保证货物安全运达目的地。

三、不合理运输的经济分析

不合理运输是对运输能力的浪费，会造成运输费用不必要的增加。

(一)对流运输

对流运输是不合理运输中最突出、最普遍的一种。对流运输不合理的实质在于多占用了运输工具，出现了额外的车辆走行公里和货物走行的吨公里，增加不必要的运费。对流运输所产生的多余吨公里可表示为：

$$\text{对流运输浪费的吨公里}=\text{最小对流吨数}\times\text{对流区段里程}\times 2$$

(二)迂回运输

迂回运输形成的原因很多，但多是因选择运输路径不当引起的。如果因道路施工、事故等因素被迫绕道是允许的；但应当尽快恢复正常，因为它毕竟会引起运输能力的浪费和运输费用的超支。迂回运输造成的损失可表示为：

$$\text{迂回运输浪费的费用}=\text{迂回运输浪费的吨公里}\times\text{该种物资每吨公里的平均运费}$$

(三)重复运输

把可以直线运输的物资经不必要的中转，称为重复运输。这不仅会浪费装卸劳力，增加作业的负担，而且增加物资损耗和出入库手续，因而造成物流时间长，费用消耗和占用多等不利影响。

(四)过远运输

过远运输在运输总量中占有相当大的比重，主要表现在木材和建筑材料上。在木材的不合理运输总量中，过远运输甚至达到70%以上。

过远运输浪费的运输能力和运输费用，可由下面二式求得：

$$\text{过远运输浪费的运输吨公里}=\text{过远运输的货物吨数}\times\left(\text{过远运输的全部里程}-\text{该物资的合理运输里程}\right)$$

$$\text{过远运输浪费的运输费用}=\text{过远运输浪费的运输吨公里}\times\text{该物资的平均运费}$$

(五)无效运输

无效运输即不必要的运输。无效运输不仅浪费了大量的运输能力，而且还往往人为地夸大了生产单位的成果，使消费者不能按质按量地得到合格的产品。消除无效运输具有十分惊人的经济效果。大庆石油由于增设了原油脱水设备，使原油含水量由7%下降到2%，1963年一年就消除了18万t水的无效运输，由此可减少用罐车4 500辆，节约运费500万元。

第二节 储存保管费用的构成和管理

一、储存保管费用构成

储存保管费用是指物资在储存、保管过程中所发生的费用。因为储存活动是生产过程在流通领域的继续，故储存保管费用的性质属于生产性流通费用。

(一)储运业务费用

储运业务费用是指物资储运企业在经济活动过程中所消耗的物化劳动和活劳动的货币表现。因物资储运企业主要经营业务是组织物资的储存、保管和运输，这是生产过程在流通领域内的继续所消耗的劳动，由此所发生的储运业务费用是社会必要劳动的追加费用。虽然这种劳动不会提高和增加物资的使用价值，但参加物资价值的创造。储运业务费用主要由仓储费、进出库费、代运费、机修费、验收费、港办费、装卸费、管理费组成。

(二)仓储费

仓储费专指物资储存、保管业务所发生的费用。仓储费主要包括：仓库管理人员的工资，物资在保管保养过程中的占垫、防腐、防锈、倒垛等维护保养费，固定资产折旧费，以及低值易耗的摊销、修理费、劳动保护费、动力照明费等。

(三)进出库费

进出库费是指物资进出库过程中所发生的费用。进出库费主要包括：进出库过程中装卸搬运和验收等所开支的工人工资、劳动保护费等，固定资产折旧费，以及大修理费、照明费、材料费、燃料费、管理费等。

(四)服务费用

服务费用是指物资储运企业在对外服务过程中所消耗的物化劳动和活劳动的货币表现。

二、储存保管费用管理

(一)仓储费用管理

物资在储存过程中所消耗的衬垫材料在仓储费

用中占很大比重。因此,降低仓储费用的最大潜力在于节约衬垫与苫盖材料以及有关人工费用的支出,寻找既能节省这部分费用的开支,又能保证物资保管质量的物资保管方法,开展技术革新和技术改造,充分挖掘仓储设备的潜力。同时在仓储费用管理上也要实行分口、分类管理,加强班组经济核算,促使仓储费用不断降低。

(二)装卸搬运费用的管理

物资进出库主要依靠装卸搬运作业来完成。装卸搬运机械的设备折旧费用是在进出库费用中比重最大的,因此,仓储部门应首先注意在选择使用机械设备时的经济性和实用性。应力求禁止那种不顾实际需要,贪大求洋,无端增大仓储设备折旧的做法。

(三)仓储人工费用的管理

仓储人工费用的支出主要有两个方面:一方面表现为仓储管理人员的工资、奖金等,另一方面表现为仓储生产人员的工资、奖金等。仓储人工费用的管理,应着手于尽量减少非生产人员的工资支出,因为这部分费用支出与仓储作业量没有直接关系。同时,应不断提高劳动生产率,不断降低储运成本中活劳动消耗部分。此外,选择合理的劳动组织形式、工资形式,对于降低人工费用也有重要影响。

(四)仓储其他费用的管理

在仓储费用中,如油料、燃料、电力、低值易耗品等费用,虽然所占的比重小,但这部分费用的管理也是不可忽视的。仓储费用管理应注重不断降低上述费用。

第三节　装卸搬运费用的构成和管理

一、装卸搬运费用构成

装卸搬运活动是衔接物流各环节活动正常进行的关键,它渗透到物流的各个领域。物资在装卸搬运过程中所支出费用的总和,即为物资装卸搬运费用。

物资装卸搬运作业所发生的主要费用可划分为两部分:

(一)设备投资额

设备投资额包括:

1. 机械设备的购置费:是指购买机械时的原始费用。

2. 机械安装费:有些固定或半固定式的装卸机械在安装、调试时所发生的费用。

3. 基本折旧费:即按机械使用年限而计算的每年应提取折旧的费用。

4. 附属设备费:装卸机械和运输机械在作业时往往要有相应的附属设备相配合,以便使作业过程更加顺利或有利于提高设备的生产率,如装卸机械的各种吊夹具。购买和制造附属设备或工具的费用,即附属设备费。

(二)运营费用

运营费用是指在某一装卸、搬运机械作业现场,一年内运营的总支出。运营费用主要包括:

1. 设备维修费用:为了延长机械设备的使用年限,确保机械工作安全,不降低设备的作业效率,各项设备都需进行大、中、小修和必要的保养,这些在不同的修理过程中所发生的费用,即为设备维修费用。

2. 劳动工资费用:指在设备作业过程中月于支付活劳动的费用。需要说明的是,劳动工资费用与装卸、搬运机械化程度存在着密切的关系,机械化程度越高、劳动工资费用支出就越少,反之则越大。对于全部依靠人工装卸作业和搬运作业的部门,劳动费用构成了全部装卸搬运费用的总和。

3. 燃料和电力费用:指机械在作业过程中所必需消耗的燃料和动力以及必要的照明等费用总和。这部分费用的大小主要与设备的功率和使用时间有直接关系。

4. 其他费用:除上述以外所发生的费用,如劳保费用、管理费用等可归入此项。

二、装卸搬运费用管理

1. 为了使设备投资额更加合理,应注重设备的合理选择

在设备选择时应以现场作业要求和物资特性为依据。一般来说,设备的额定作业量大的,其投资也大;先进、新型的设备费用要大于比较落后的和陈旧的设备。正因为如此,在选择设备时尽可能地从性能、节省能源、投资较小的角度出发;盲目追求先进的设备或不切实际地追求机械的大型化、高标准都会加大费用,这些现象都应当杜绝。

2. 防止和消除机械设备的无效作业

这里所说的无效作业是指装卸作业活动中超出必要的装卸、搬运量的作业。显然，防止和消除无效作业对降低装卸搬运费用、提高经济效益有重要作用。为了有效地防止和消除无效作业，可以从以下几个方面入手：

(1)尽量减少装卸次数。物资进入物流以后，常要经过多次的装卸作业。要使这些装卸次数降低到最小，尤其要避免没有物流效果的装卸作业。

(2)提高被装卸物资的纯度。物资的纯度，指物资中含有水分、杂质与物资本身使用无关的物质的多少程度。物资纯度越高则装卸作业的有效程度越高；反之，则无效作业就会增多，装卸搬运费用就会增大。

(3)减少装卸作业的距离。物资装卸、搬运要选择最短的行程路线，避免超越这一最短路线以上的无效劳动。

3. 合理地规划装卸方式和装卸作业过程

装卸作业现场的平面布置是直接关系到装卸、搬运距离的关键因素。装卸机械要与货场长度、货位面积等互相协调。场内的道路布置要为装卸，搬运创造良好的条件，有利于加速货位的周转。使装卸、搬运作业距离达到最小的平面布置是减少搬运距离，减少装卸、搬运费用的理想方法。

第四节　包装费用的构成和管理

一、包装费用构成

包装起着保护产品、方便储运、促进销售的作用。它是生产过程中的一个重要组成部分，绝大多数商品只有经过包装，才能进入流通领域。据统计，包装费用占全部流通费用的10%左右，有些商品(特别是生活消费品)包装费用高达50%。

(一)包装材料费

常见的包装材料有木材、纸、金属、自然纤维和合成纤维、玻璃、塑料等。这些包装材料功能不同，成本相差也很大。物资包装花费在材料上的费用称为包装材料费用。

(二)包装机械费用

现代包装发展的重要标志之一是包装机械的广泛应用。包装机械不仅可以极大地提高包装的劳动生产率，也大幅度地提高了包装的水平。然而，包装机械的广泛使用，也使得包装费用明显提高。

(三)包装技术费用

由于物资在物流过程中可能受到外界不良因素的影响，因此，物资包装时要采取一定的技术措施，如缓冲包装技术、防震包装技术、防潮包装技术、防锈包装技术等。这些技术的设计、实施所支出的费用，合称为包装技术费用。

(四)包装辅助费用

除上述包装费用外，还有一些辅助性费用，如包装标记、标志的印刷，拴挂物费用等的支出等。

(五)包装人工费用

从事包装工作的工人及有关人员的工资、奖金、补贴等费用总和即包装人工费用。

二、包装费用的管理

(一)选择包装材料时，要进行经济分析

在包装某一商品时，如有数种材料可供选择，那么在其效果基本相同的情况下，应选择价格较低的材料。同时，应不断开发新材料，采用新工艺，以不断代替那些质次价高的旧材料。

(二)在设计包装形态时要有区别

在设计包装形态时，外包装、内包装、个体包装都应有明显的区别。设计外包装和内包装时，除设法降低形态本身所能降低的费用外，还必须考虑这种包装能否使运输费用和保管费用降低到最低限度。

(三)运用价值分析和成本核算方法降低包装费用

包装作业过程中，采用价值分析法，从寻找有代替性的廉价材料开始，采用合理的包装工艺，发挥专业人员的作用，进行调查分析，在包装功能不变的情况下，博取各家之长，从品质、适用性、耐用性、外观等方面考虑降低包装成本的可能性。

(四)发展包装机械化，降低包装费用

包装机械化降低包装费用的关键表现在两个方面：其一，可大大缩减劳动工资费用；其二，可提高劳动生产率，从而有利于降低包装费用。例如，就瓦楞纸箱而言，分别有纸箱组装机、装箱机、贴封签机、钉合机等，将上述几种机器连接起来，组成全自动瓦楞纸箱装箱机械系列，这样，可比原来节约劳动力70%，生产效率亦大幅度提高。

(五)实现包装规格尺寸的标准化

实现包装规格尺寸的标准化,不仅能促进包装工业生产的发展,而且使单位包装成本得到大幅度下降。包装费用的下降主要表现在包装材料单耗下降。

(六)在有条件的情况下组织散货物流

有些产品采用无包装时所造成的损失有时比实际使用包装花费的费用还要少,这时可考虑省去包装,采用散运。最理想的包装费用是零,在有条件的时候组织散装运输和无包装运输是应引起注意的。

(七)包装物的回收和旧包装利用

商品包装回收是将使用过的商品容器和包装辅助材料,通过各种渠道和各种方式收集起来,然后由有关部门进行处理;旧包装的利用,则是将回收上来的旧包装,经修复、改制,再次进行使用的过程。包装物的回收使用可以节约包装材料,节约包装加工劳动,节约因包装而造成的能源、电力的损耗等。

第五节　流通加工费用的构成和管理

一、流通加工费用构成

为了提高物流速度和物资的利用率,在物资进入流通领域后,按照用户的要求进行一定的加工活动,这便是流通加工。由此而支付的费用称为流通加工费用。

(一)流通加工设备费用

流通加工设备因流通加工的形式不同而不同。比如剪板加工需要剪板机,木材加工需要电锯等,购置这些设备所支出的费用,以流通加工费的形式转移到被加工的产品中去。

(二)流通加工材料费用

在流通加工过程中,投入到加工过程中的一些材料(如包装加工要投入包装材料,天然气的液化加工所需要的容器等)消耗所需要的费用,即流通加工材料费用。

(三)流通加工劳务费用

在流通加工过程中从事加工活动的管理人员、工人及有关人员工资、奖金等费用的总和,即流通加工劳务费用。应当说明,流通加工劳务费用的大小与加工的机械化程度和加工形式存在着密切关系。一般来说,加工机械化程度越高,则劳务费用越低,反之则劳务费用越高。

(四)流通加工其他费用

除上述费用外,在流通加工中耗用的电力、燃料、油料等费用,也应加到流通加工费用之中去。

二、流通加工费用管理

(一)合理确定流通加工的方式

物流部门的流通加工是以满足用户的需要而设定的。流通加工的方式很多,加工方式又与流通加工费用存在着一定的联系。流通企业应根据服务对象,选择适当的加工方法和加工深度,因为不同的加工方法和加工深度的费用支出是不相同的,所以在确定加工方式时必须进行经济核算和可行性研究,合理确定加工费用的支出。

(二)合理确定加工能力

流通加工费用与加工的批量、加工的数量存在着正比关系,即加工批量越大、加工数量越多,流通加工费用也相应增加。但是,加工批量是否均衡,加工数量是否稳定,会给加工带来很大影响,当被加工的批量和数量大于加工能力时,表现为加工能力不足;反之,则表现为加工能力过剩。前者会因加工能力不足而失去获得加工利润的机会;后者会因加工能力过剩,而造成加工设备、加工人员的闲置,即费用损失。因此,应根据物流需要和加工者的实际能力来确定加工批量和数量。

(三)加强流通加工的生产管理

流通加工的生产管理与流通加工费用联系十分紧密,一般地说,生产管理的水平越高,其费用水平越低。流通加工生产管理的内容很多,如劳动力、设备、动力、物资等方面的管理,无一不与流通加工费用密切相关。比如套裁型流通加工,其最有特殊性的管理是出材率的管理。当加工的出材率高,物资利用率高时,流通加工费用相对下降,从而经济效益好,由此涉及的消耗定额管理,套裁规划设计计算等,都非常重要。

(四)流通加工费用的单独核算

流通加工活动一般隶属于其他物流企业,比如仓储业所从事的流通加工等,因此,它不属于一个独立的经济部门。但是,流通加工费用与其他费用的形式和使用都存在很大区别。为了检查和分析流通加工费用的使用、支出情况,分析流通加工的经济效益，要求对流通加工费用单独管理，单独核算。

(五)制定反映流通加工特征的经济指标

流通加工的对象是已经成为商品的产品，因而它不同于生产过程中的加工。流通加工是对生产加工的一种辅助和补充。为了更好地反映流通加工的经济效益，应制定能反映流通加工特征的经济指标，如用反映流通加工后单位产品的增值程度的增值率，反映流通加工在材料利用方面的材料出材率、利用率等指标来进行考核。

第六节　降低配送成本的策略

配送是按用户的订货要求，在物流据点进行分货、配货工作，并将配好的货物送交收货人的活动。它是流通加工、整理、拣选、分类、配货、装配、运送等一系列活动的集合。通过配送，才能最终使物流活动得以实现，而且，配送活动增加了产品价值，它还有助于提高企业的竞争力。但完成配送活动是需要付出代价的，即需配送成本。对物流配送成本的管理就是在配送的目标即满足一定的顾客服务水平与配送成本之间寻求平衡：在一定的配送成本下尽量提高顾客服务水平，或在一定的顾客服务水平下使配送成本最小。这里着重介绍在一定的顾客服务水平下使配送成本最小的5种策略。

一、混合策略

混合策略是指配送业务一部分由企业自身完成。这种策略的基本思想是，尽管采用纯策略(即配送活动要么全部由企业自身完成，要么完全外包给第三方，如专业物流公司完成)易形成一定的规模经济，并使管理简化，但由于产品品种多变、规格不一、销量不等等情况，采用纯策略的配送方式超出一定程度后不仅不能取得规模效益，反而还会造成规模不经济。而采用混合策略，合理安排企业自身完成的配送和外包给第三方完成的配送，能使配送成本最低。例如，美国一家干货生产企业为满足遍及全美的1 000家连锁店的配送需要，建造了6座仓库，并拥有自己的车队。随着经营的发展，企业决定扩大配送系统，计划在芝加哥投资700万美元再建一座新仓库，并配以新型的物料处理系统。董事会讨论该计划时，却发现这样不仅成本较高，而且就算仓库建起来也还是满足不了需要。于是，企业把目光投向租赁公共仓库。结果发现，如果企业在附近租用公共仓库，增加一些必要设备，再加上原有的仓储设施，企业所需的仓储空间就足够了，但总投资只需20万美元的设备购置费，10万美元的外包运费，加上租金，也远远没有达到700万美元。

二、差异化策略

差异化策略的指导思想是：产品特征不同，顾客服务水平也不同。当企业拥有多种产品时，不能对所有产品都按同一标准的顾客服务水平来配送，而应按产品的特点、销售水平，来设置不同的库存、不同的运输方式以及不同的储存地点。忽视产品的差异性会增加不必要的配送成本。例如，一家生产化学品添加剂的公司，为降低成本，按各种产品的销售量比重进行分类：A类产品的销售量占总销售量的70%以上，B类产品占20%左右，C类产品则为10%左右，对A类产品，公司在各销售网点都备有库存，B类产品只在地区分销中心备有库存而在各销售网点不备有库存，C类产品连地区分销中心都不设库存，仅在工厂的仓库才有存货。经过一段时间的运行，事实证明这种方法是成功的，企业总的配送成本下降了20%之多。

三、合并策略

合并策略包含两个层次，一是配送方法上的合并，另一个则是共同配送。

(一)配送方法上的合并

企业在安排车辆完成配送任务时，充分利用车辆的容积和载重量，做到满载满装，是降低成本的重要途径。由于产品品种繁多，不仅包装形态、储运性能不一，在容重方面，也往往相差甚远。车上如果只装容重大的货物，往往是达到了载重量，但容积空余很多；只装容重小的货物则相反，看起来车装得满，实际上并未达到车辆载重量。这两种情况实际上都造成了浪费。实行合理的轻重配装、容积大小不同的货物搭配装车，不但可以在载重方面达到满载，而且也充分利用车辆的有效容积，取得最优效果。最好是借助电脑计算货物配车的最优解。

(二)共同配送

共同配送是一种产权层次上的共享，也称集中协作配送。它是几个企业联合，集小量为大量，共同利用同一配送设施的配送方式。其标准运作形式是:在中心机构的统一指挥和调度下,各配送主体以经营活动(或以资产为纽带)联合行动,在较大的地域内协调运作,共同对某一个或某几个客户提供系列化的配送服务。

这种配送有以下两种情况:(1)中小型生产、零售企业之间分工合作实行共同配送。即同一行业或在同一地区的中小型生产、零售企业单独进行配送的运输量少、效率低的情况下进行联合配送,不仅可减少企业的配送费用,配送能力得到互补,而且有利于缓和城市交通拥挤,提高配送车辆的利用率。(2)几个中小型配送中心之间的联合。针对某一地区的用户,由于各配送中心所配物资数量少,车辆利用率低等原因,几个配送中心将用户所需物资集中起来,共同配送。

四、延迟策略

传统的配送计划安排中,大多数的库存是按照对未来市场需求的预测量设置的,这样就存在着预测风险,当预测量与实际需求量不符时,就出现库存过多或过少的情况,从而增加配送成本。延迟策略的基本思想就是对产品的外观、形状及其生产、组装、配送应尽可能推迟到接到顾客订单后再确定;而一旦接到订单就要快速反应。因此采用延迟策略的一个基本前提是信息传递要非常快。

(一)实施延迟策略的前提条件

一般来说,实施延迟策略的企业应具备以下几个基本条件:

1. 产品特征:模块化程度高,产品价值密度大,有特定的外形,产品特征易于表述,定制后可改变产品的容积或重量。

2. 生产技术特征:模块化产品设计,设备智能化程度高,定制工艺与基本工艺差别不大。

3. 市场特征:产品生命周期短,销售波动性大,价格竞争激烈,市场变化大,产品的提前期短。

(二)实施延迟策略的方式

实施延迟策略常采用两种方式:生产延迟(或称形成延迟)和物流延迟(或称时间延迟)。而配送中往往存在着加工活动,所以配送实施延迟策略既可采用形成延迟方式,也可采用时间延迟方式。具体操作时,常常发生在诸如贴标签(形成延迟)、包装(形成延迟)、装配(形成延迟)和发送(时间延迟)等领域。

美国一家生产金枪鱼罐头的企业就通过采用延迟策略改变配送方式,降低了库存水平。历史上这家企业为提高市场占有率曾针对不同的市场设计了几种标签,产品生产出来后运到各地的分销仓库储存起来。由于顾客偏好不一,几种品牌的同一产品经常出现某种品牌的畅销而缺货,而另一些品牌却滞销压仓。为了解决这个问题,该企业改变以往的做法,在产品出厂时都不贴标签就运到各分销中心储存,当接到各销售网点的具体订货要求后,才按各网点指定的品牌标志贴上相应的标签,这样就有效地解决了此缺彼涨的矛盾,从而降低了库存。

五、标准化策略

标准化策略就是尽量减少因品种多变而导致附加配送成本,尽可能多地采用标准零部件、模块化产品。如服装制造商按统一规格生产服装,直到顾客购买时才按顾客的身材调整尺寸大小。采用标准化策略要求厂家从产品设计开始就要站在消费者的立场考虑节省配送成本,而不要等到产品定型生产出来了才考虑采用什么技巧降低配送成本。

第七节 不同经济主体的物流成本控制

一、零售业进货成本的下降

近几年来,零售业界发生了巨大的变革。这种变革表现为传统的零售业态逐渐萎缩,而一些新型的零售业不断取代传统零售业成为零售业的主导和先驱。具体讲,目前传统零售业的龙头——百货店日益失去强大竞争力,而以低价位、大众化、装修简朴或郊外开店为标志的折扣店或量贩店却得到了突飞猛进的发展(其典型代表是诸如 Wal-Mart 等连锁店的迅速崛起)。这种零售业态之所以能发展如此迅速,是因为它们的商品定价要比百货店或专业店便宜,而且商品选择的范围非常广泛。就连如今的大型超市,也都纷纷通过会员制的形式,对服装和日用品提供低价位的销售服务。如今,在日本,还出现了很多以经营家电商品为中心的量贩店,它们将在海外生产的电器制品通过集装箱大量、统一收购,然后再以低价位在零售店销售。

这种低价位的销售之所以成为可能,是因为零售企业从制造商大规模、统一进货,加上不实行退货制,因而进货单价非常低廉。对于这类零售企业来讲,最为重要的是购入的商品能全部销售完,因此,零售企业必须建立各店铺销售人员负责、保证商品全部售完的有效机制。这种机制的具体实施是通过信息系统实行单品管理,从而做到能及时、正确把握商品在库残留量的情报。特别是对于衣料等季节性产品,尽管无论哪个店铺都无法避免商品残留在库,但是,通过掌握店铺间的商品在库信息,并有效地进行商品转移销售,即将在某些店铺销售残留的商品转移到别的店铺销售,或者逐步降低销售价格,以求将这种损失或成本降到最低点,进而实现最佳的订货量和最低廉的销售价格。

二、生产商原材料调达与生产物流的效率化

(一)原材料及零部件调达成本的削减

对于生产商而言,一般产品原价中原材料费的比率很高,尤其是在组装产业中,这个比率更是居高不下,即使外购比率较高的组装厂家,虽然原材料费用较少,但零部件所占的成分却很大,因此,通过削减包括原材料和零部件调达成本等广义费用进而大幅削减物流成本是提高生产商物流绩效的主要方法之一。当然,我们应当看到,降低原材料、零部件的调达成本,并不是指生产商仅仅通过对进货价格的控制来寻求费用的削减,因为,作为用户的厂商如果只是在价格上单纯要求降低进货成本,而非采取确实有效的方法,那么极易产生购入原材料或零部件质量下降的问题,大大影响生产商制造产品的质量,对企业的经营管理产生较恶劣的影响。所以,削减生产商原材料及零部件调达成本,关键是寻求行之有效的方法以便在降低物流成本的同时,保证原材料和零部件的质量。

一般说来,主要有如下几种方法削减原材料和零部件的物流成本:

1. 对于同种类的零部件应尽量做到设计上的标准化,这样一方面降低了零部件的生产成本,另一方面,可以做到通过大量购入来降低进货价格,同时使零部件的价格基本实现统一化。

2. 在开发新产品的过程中,设计、物资、生产、经营、会计部门应共同合作,根据市场的需求开发低成本的新产品,并且企业各职能部门应时时掌握短时期的产品信息,据此不断开发新产品。最近,先进国家的企业出现了在外部咨询员的指导下,各职能部门组成研究开发小组共同开发新产品的现象,即外部产品开发指导者不断增加。

3. 在产品生产大量外购原材料或零部件的情况下,应经常对外购成本的内容进行分析,即对材料费是否偏高、加工数是否过多、间接费比率是否不合理等等加以分析,从而建立起合理的价格购入体制。

4. 在进行原材料和零部件的调达过程中,如果分别从不同的经营者那里进货,物流成本会很高,正因为如此,现在很多生产商都在积极推进共同进货体制。有些大型生产商改变原来那种先在发货方集配货物,然后用本企业的货车每日运送的传统进货方式,而是委托运送业者统一进行配送。

除了上述原材料和零部件的调达物流成本外,还有一个资产调达成本也应引起我们的重视,即要从现代物流管理的角度控制生产过程中资产调达所产生的费用。其原因在于,资产成本的削减对于降低制造原价具有积极的意义。据国外学者测算,在材料费占制造原价 60% 的产品中,资产成本削减 5%,制造原价能降低 3%,整体制造成本降低 3%,销售利益就能增加 3%,可见其效果是十分明显的。

(二)生产物流成本的合理化

在产品的制造原价中,除了原材料以外,与生产相关的劳务费以及其他经费等都是成本控制的重要内容。一般来讲,容易产生生产物流成本的产业具有从购进原材料开始经生产过程到最终发货需要较长的时间的特点。这其中具有代表性的产业是钢铁业,在钢铁业从原材料投入经不同工序之间的转移到最终发货常常需要较大的空间,而且由于制成品较重,产品转移过程中的物流成本(如时间、劳动力等等)要远远高于通常的制造业,在这类产业中,最为关键的是能将成品高效地向用户发货。一般来讲,钢铁业的运输多是利用铁路或船舶进行,要实现高效率的运输就必须使配船、配车皮计划能与生产计划紧密地结合在一起,从而大大缩短产品在途时间。除此之外,工厂内的生产也要紧密有序地进行,防止因为工序之间的不流畅或不协调产生较高的物流费用,借此来削减产品生产中的成本。

从生产成本的管理手段上来讲,主要是从 CIM

(Computer Integrated Manufacture)开始,运用 VA (Value Ana1ysis)和 IE(Industry Engineering)等方法进行控制。

三、运输业者提高产品配送的效率化

生产商在工厂内生产出产品以后,在产品到达最终用户之前,需要经过许多的流通环节,削减在流动过程中所发生的费用是十分必要的。以下具体介绍其中几种重要的运输业控制物流成本的办法。

(一)各运输业者协力降低成本

在所有配送费用中,尽管有发生在物流中心内的装卸、产品配送调度等各种费用,但所占比率最高的是运送费,通常运送费占所有配送费用 50% 以上。因此,在削减配送费用的过程中,最为重要的是严格控制对运送业者支付的运费。最近,运输业中运输过频以及高速公路费用上涨等都是成本上升的直接原因,在这种状况下,运输业者仍然在通过提高货物积载率努力降低成本。但是,在削减运输费用方面,仅仅依靠本企业的努力仍然是十分有限的,各运输业者需要相互协调,进行各种尝试。

(二)运输业间的共同配送

最近,作为降低配送成本的方法之一,运输业者之间开展货物的共同配送,特别是周末配送。通过运输业者之间的共同配送可以提高货物装载率,进而削减由于运输过频或装载率较低产生的物流费用。例如,在日本,运输业者已经在东京和大坂等干线道路实行了共同配送。运输业者间实行共同配送一个最大的优点是,打破了单一企业物流系统最优化的模式,进而追求产业的最优化和整体成本的最小化。但是,应当注意的是运输业间开展共同配送,首要的条件是各运输业者要统一运输工具,另外,由于运输业者仍然存在独立的企业运输服务,因此存在一些必须逾越的障碍。

(三)向货主建议通过共同配送削减运费

货主间的共同配送也是削减物流成本的有效方式之一,当然,这种配送方式既有相同产业的共同配送,也有不同产业间的共同配送。运输业者在向货主提议时,必须注意到货主企业间对相互的物流状况缺乏了解,也难以充分明共同配送所产生的利益,所以运输业者必须与货主企业进行充分沟通,并详细分析、揭示共同配送所产生的利益。

(四)接受货主企业的全权委托

通常货主企业与运输业者的关系只是一种单纯的运输委托或代理关系,但是,近几年来不少企业在从事运输业务的过程中,逐渐取得经营诀窍,从而提高了运输经营的管理能力,逐步从单纯的运输业务转化为向用户企业提出高效的运输方式,进而接受从原材料或零部件的调达物流到产品的在库管理、销售物流等的全面物流委托业务。这种运输业者必须具备包括按货主企业要求从事流通加工等业务的全面的物流管理能力,为此需要在流通中心或信息系统建设方面进行大量投资。这种运输业者往往与货主企业的信息系统相连接,形成一种信息网络,借助这个网络在货主企业生产计划或经营计划的基础上,合理地从事商品的配送服务。可以看出,这种新型的运输交易协作关系是立足于整体物流的效率化,并且运输业者的服务内容不仅是运输本身,还包括向货主企业提供如何削减运费、降低物流成本等各种咨询服务,也就是说,在保证自己适当利益的同时,也有助于提高货主企业的经济利益。

四、货主企业改善输送方式

货主企业通常采取招标的方式,通过引入多家运输企业进行竞标以实现最低的运送成本,这种方式一般被认为是最具效率的削减运输费用的方法。客观地讲,采用竞标方式削减运输成本尽管能取得一定的效果,但却不是根本解决物流成本的方法。这是因为运输业者必须考虑自身经济利益,而物流活动的发展必将要求运输业者进行有关信息系统的投资,货主企业如果一味地要求低廉的运输费用,势必使运送服务质量下降,最终影响用户企业的利益。正因为如此,货主企业不仅要求运输企业降低运输费用,而且需要通过不断改善现有的物流体制以实现物流成本的下降。从当今大多数企业的物流实践来看,货主企业削减物流成本的方式有两大类,即彻底改变现有的物流系统或和善现有物流系统中非效率的部分。

(一)物流活动的外部委托

彻底改变现有物流系统的方式之一是将物流活动全部向外委托,我们在上面介绍运输业者的物流成本削减活动时谈到运输业者通过积蓄经营决窍,接受外部委托是一种有效的降低成本的方法。同样，从货主企业的角度来看，最近出现了由于受资金或经营资源的限制而利用外部委托的情况，最常见的是将物流业务的一部分，特别是物流中心的投资转移到外部，亦即利用外部专业物流经营者的中心来开展本企业的物流。与此同时，也有的企业将所有的物流活动全面转交给专业仓库业者或运输业者进行。当然，在从事物流委托业务时，应当注意原材料、零部件的调达物流与向用户进行商品配送服务的物流活动是有一定差异的。相对而言，前者外部委托的比率较高，这是因为如果将顾客配送服务全面委托给专业运输业者，一方面使得经营诀窍为物流业者所掌握，另一方面，企业既不易掌握顾客物流服务的水准，也不易及时将有关信息反馈到生产、经营部门。

(二)通过建立物流分公司寻求削减物流成本

除了将物流业务全部向外委托来削减物流成本外，建立企业物流分公司也是货主企业控制物流费用的一种方法。这种方法的特点是物流业务仍然处于货主企业的总体控制之下，与此同时，通过分公司的独立经营，来实现物流成本的下降。日本《流通设计》杂志对日本物流分公司所作的调查表明，如今大多数企业的物流分公司主要以削减母公司的物流成本为第一目标，在此基础上，分公司的业务逐渐向接受委托和战略经营发展。正因为如此，很多货主企业逐步从外部委托物流向物流分公司经营转移，这样做的原因除了能增加分公司的经营容量外，最主要是能借此提高物流分公司的物流经营能力和诀窍，进而维持母公司的物流服务质量，保证公司整体经营战略的统一性。

第十六章　物流质量管理

第一节　质量认证的形式与内容

质量认证是国际上通行的对产品或过程质量评价、监督和管理的有效手段，也是现代物流市场竞争的新要素。在归纳物流全面质量管理(Total Quality Managernent，简称 TQM)新理论及要素，总结国内外实行 TQM 经验的基础上，强化物流服务规范约束，强化过程控制，是提高物流质量管理水平的思路和途径。

一、质量与质量认证

(一)质量及质量认证的含义

质量是反映实体满足规定与潜在需要能力和特性的总和。这里的实体可以是某项产品、活动或过程，也可以是某种组织、体系、群体及任意组合。所以说，质量是一个包含了性能、规格、使用、安全、经济、服务，以及环境、能源等明确要求和潜在需要的概念，也是一个发展着的动态范畴。运用这一概念可以反映物流服务、物流设施乃至物流系统运作过程的质量。认证(Certification)是指由授权机构出具证明。质量认证是第三方从事的活动，这里的第三方是指独立于供方和需方之外的一方，与供方和需方之间均无行政隶属关系，也无经济利害关系的机构或组织。ISO 8402 将质量认证定义为：由第三方确认产品、过程或服务符合特定要求并给予书面保证的程序。质量认证的对象可以是产品，如产品质量认证；也可以是过程，如质量体系认证。质量体系是质量保障过程，是组织网络体系。质量认证是国际上通行的加强质量评价、质量监督和质量管理的有效手段，质量认证对搞好物流质量管理有十分重要的作用。

(二)质量认证的种类

1. 按认证的性质可以分为强制性认证和自愿性认证。有关人身安全、健康、检疫、环保、劳保等产品，依据法律规定必须实施强制性认证，若未获得认证，则不得销售，否则依法惩处。一般产品均实行自愿性认证，未经过认证的产品也能在市场上自由销售，但在国际市场上会因为没有认证而减价销售或出现滞销现象。

2. 按认证的内容分为质量认证、安全认证以及质量与安全 3 种认证。具有质量认证标志的产品，说明该产品符合某一技术标准。安全认证只能说明产品符合某一安全标志或标准中的安全指标，并不能说明产品的优劣。

3. 质量认证的种类通常是按认证制度、方式不同来划分的。按认证的制度与方式主要分为 8 种。

(1)型式试验。按规定的试验方法对产品的样品进行试验,以证明样品符合标准或技术规范的全部要求。

(2)型式试验加认证后监督——市场抽样检验。抽样的样品从市场中取得。

(3)型式试验加认证后监督——工厂抽样检验。抽样的样品从生产厂家发货前的产品中随机抽样取得。

(4)型式试验加认证后监督——在市场和工厂抽样检验。这是上述第二、三两种认证制度的综合,抽样的样品从市场购买和工厂中随机抽样取得。

(5)型式试验加工厂质量体系评定加认证后监督——质量体系复查加工厂和市场抽样检验。

(6)质量体系认证。对生产方按所要求技术标准生产产品的质量保证能力进行检查、评定,批准后定期对质量体系进行监督复查。

(7)批检。

(8)百分之百检验。

第(7)、(8)种的法定检验也是一种"产品认证制度"。其中第(5)种是典型的产品认证制度。

(三)质量认证的表现方式

ISO 9000 质量认证有两种表示方式:认证证书和认证标志。

1. 认证证书,又称合格证书(Certificate of Conformity)。它是由认证机构颁发给企业的一种证明文件,证明某种产品符合特定的标准或技术规范。认证证书只颁发给企业,未经认证机构的许可不得复制,不得附在出厂的产品上使用。认证证书的内容至少包括:证书编号、认证依据的法律文件和编号;企业名称;产品名称;型号、规格或等级;所采用标准的名称和编号;有效期;认证机构名称、印章;颁发日期。

2. 认证标志,即合格标志(Mark of Conformity)。它是由认证机构设计并发布的一种专用标志,用以证明某种产品符合特定标准或技术规范;经认证机构批准,可使用在每台/件合格出厂的认证产品上。产品质量认证有质量合格认证和产品安全认证两种。前者表明产品质量符合特定要求,后者只表明产品符合某安全标准中的安全指标。大多数安全认证都是强制性认证。

(四)产品认证和质量体系认证的区别

典型的产品认证制度,即"型式试验加工厂质量体系评定加认证后监督——质量体系复查加工厂和市场抽样检验",它和质量体系认证制度的区别表现在以下几方面:

1. 产品认证是针对特定的产品,要求产品质量符合指定标准要求,质量体系满足指定的质量保证要求及特定产品的补充要求;质量体系认证是针对企业的质量管理和质量保证体系,要求其满足所申请的质量标准要求和必要的补充要求。

2. 产品认证证书不能用于产品,认证标志可以用于产品;而质量体系认证证书、认证标志都不能用于产品。

3. 产品认证具有自愿性、强制性两种性质认证方式;质量体系认证只具有自愿性的认证方式。

4. 产品认证体系证实的范围是质量体系中特定产品所涉及的有关部分,按特定的标准对产品实施检验和质量体系检查、审核,体系检查时,针对特定产品注重技术措施的落实和保证能力;而质量体系认证涉及的是质量体系中所申请注册的产品范围所涉及的部分,质量体系审查着重注册产品范围内过程控制的有效性。

5. 获得产品认证资格的企业一般无需再申请体系认证;获得体系认证资格的企业可以再申请特定产品认证,但免除对质量体系通用要求的检查。

二、ISO 9000 系列标准及要素

(一)ISO 9000 系列标准及其组成

ISO 9000 系列标准是国际标准化组织(ISO)为适应国际贸易发展需要于 1987 年公布的;适用于生产企业质量体系建立并进行评审的质量管理和质量保证系列标准。ISO 9000 系列标准包括 5 个标准:ISO 9000 是一个指导性的总体概念标准;ISO 9001、ISO 9002、ISO 9003 是证明企业能力所使用的 3 个外部质量保证模式标准;ISO 9004 是为企业(或组织机构)建立有效质量体系提供全面、具体指导的标准,这 5 个标准组成了一个完整的质量管理与质量保证的标准体系。

在应用 ISO 9000 系列标准时应首先对 ISO 9000 进行研究,因为它对二类标准的应用、对质量保证模式标准的选择等都做了具体阐述,然后可根据不同的需要选择不同类型的标准。

ISO 核心标准每 5 年进行复审和更新,以防滞

后于技术的最新发展。中国是 ISO/TC 176 的成员国,等效采用 ISO 9000 系列标准,颁布了中国质量管理和质量保证系列国家标准,主要是:

GB/T 10300.1—88 质量管理和质量保证 质量管理和质量保证标准的选择和使用指南

GB/T 10300.2—88 质量管理和质量保证 质量体系开发设计、生产、安装和服务的质量保证模式

GB/T 10300.3—88 质量管理和质量保证 质量体系生产和安装的质量保证模式

GB/T 10300.4—88 质量管理和质量保证 质量体系最终检验和试验的质量保证模式

GB/T 10300.5—88 质量管理和质量保证 质量管理和质量体系要素指南

(二)质量体系的要素要求

ISO 9000 系列标准的要素列在表 4—16—1 中。

表4—16—1 ISO 9000 系列标准质量体系的要素组成

序号	质量体系要素	备注
(1)	管理职责	
(2)	质量体系	
(3)	合同评审	
(4)	设计控制	①②
(5)	文件和数据控制	
(6)	采购	②
(7)	需方提供的物资控制	
(8)	产品标识和可追溯性	
(9)	过程控制	
(10)	检验和试验	
(11)	检验、测量和试验设备的控制	
(12)	检验和试验状态	
(13)	不合格品的控制	
(14)	纠正和预防措施	
(15)	搬运、储存、包装、保护和交付	
(16)	质量记录的控制	
(17)	内部质量审核	
(18)	培训	
(19)	服务	②
(20)	统计技术	

备注:①不是 ISO 9002 标准的要求;
②不是 ISO 9003 标准的要求。

以上质量体系要素的要求也为物流企业提供了进行全面质量管理的重要思路和有效途径。

(三)质量体系及其建设

1. 质量体系。质量体系是指供方企业质量体系的质量管理和质量保证。质量体系首先是为满足企业内部要求设计的,在一般情况下,需方和第三方评价(评审)所提出的质量保证要求,应当是质量体系中的一部分,而不是全部。质量体系是由组织结构、职责、程序、资源(包括人员与设备)和过程组成的体系结构。物流质量体系是达到物流质量目标需要的综合性系统,其实质就是人、服务项目、设备、工作环节、信息构成的过程网络,它包括了为达到质量方针和目标所必须的所有要素和活动。

2. 质量体系结构。它是由质量责任和权限、组织结构、资源和人员工作程序等组成。质量体系的构成包括所有质量的活动,即产品生命周期各阶段(原质量环)或物流链各环节、质量体系结构、质量体系文件、质量体系审核和质量体系复审等 5 个方面。

3. 质量体系建设。建立质量体系一般分为 5 个阶段:准备阶段、分析阶段、要素选择阶段、文件编制阶段和体系运行阶段。其循环过程为:质量体系建立→运行→审核→纠正措施(审核)→复审(体系完善)→运行。一般这种循环进行两次,即可对本企业的质量体系运行得出客观的结论。

三、认证机构

认证机构没有统一模式。产品认证职能主要是指评价并监督产品质量和企业的质量保证能力,并将评价审核的结果通过恰当的方式转达给消费者、用户和政府。所以,认证机构为了很好地履行产品认证的基本职能,应当设有标准机构、检验机构、检查机构和计量机构等。一个合格的认证机构必须具有法律地位,掌握严格的管理制度和方法,有足够的能力处理消费者的意见和要求。中国重要的认证机构主要有:中国方圆标志认证委员会、中国国家进出口商品检验局、中国电子元件质量认证委员会、中国电工产品认证委员会等。

四、质量保证模式的选择

(一)质量保证模式的内涵

将一定数量的质量体系要素组合成了 3 种不同的质量保证模式,物流企业选择适合的质量保证模

式是建立质量体系的关键。根据提供产品或(物流)服务的供方职能或组织能力等具体情况，选择并采用一个适合于证明供方(物流企业)能力的质量保证模式，能够为物流的需方和供方同时带来好处。

1.ISO 9001 是适合于设计、开发、生产、安装和服务的质量保证模式。该模式共列出了 20 个质量体系要素，阐述了从产品设计/开发过程直到售后服务的能力及需要展开的外部质量保证活动。该标准特别重视设计质量的控制并对设计过程严格规定了检验和控制程序。ISO 9001 覆盖了 ISO 9002、ISO 9003 的全部质量体系要素。

(2)ISO 9002 是适用于生产和安装的质量保证模式。该模式阐述了除设计以外的产品生产至售后服务过程质量体系要求，一般用于供方已有定型的设计和技术规范。需要证实供方在生产安装过程中的质量能力时，则要求供方按 ISO 9002 展开外部质量活动。ISO 9002 覆盖了 ISO 9003 的全部质量体系要素。

(3)ISO 9003 是适合最终检验和试验的质量保证模式。该模式阐述了从产品最终检验至成品交付的成品检验和试验的质量体系要求，一般用于需要证实供方在最终检验和试验中的质量能力时，要求供方按 ISO 9003 开展外部质量保证活动。ISO 9003 是 3 种质量保证模式中最简单的一种保证模式。

3 种质量保证模式代表了供方 3 种不同的能力。由于这 3 种质量标准中规定的内容都是通用的，在具体应用时还应根据产品特点作必要补充和修改，特别是有关检测手段方面的具体要求应具体化。

(二)质量保证模式的选用

在合同环境中，供需双方应首先从 3 个质量保证模式中选择一个作为要求供方质量体系遵守的基本标准。3 种模式的具体选用则应根据 ISO 9000 标准提出的 6 个因素和产品工艺情况加以认真分析，科学确定。这 6 个因素主要是：设计过程的复杂性；设计的成熟程度；生产工艺的复杂性；产品或服务的特性；产品或服务的安全性；经济性等。

物流企业在选用质量保证模式时应当结合自己的业务特点，用恰当的方法进行分析，并需要考虑风险、成本和利益等因素和相互间关系，科学地设计，理性地选择，这对于物流服务供需双方均具有很重要的意义。

第二节　物流全面质量管理

一、质量管理发展概况

(一)质量管理的发展阶段

从工业发达国家分析和解决产品质量问题所采用的技术、方法的发展过程来分析，质量管理大体上经历了质量检验阶段、统计质量控制阶段和全面质量管理阶段。

1. 事后质量检验阶段(20 世纪 40 年代以前)。自从泰勒提出计划与执行职能必须分开后，逐步产生了专职检验，这种质量管理的特点主要是“事后检验”，在产品生产过程中单纯依靠检验来剔除废品，以保证产品质量。在 20 世纪 20 年代，一些学者已经开始将数理统计方法列入到产品生产过程的质量控制之中。1924 年美国贝尔研究所的休哈特(W.A. Shewhart)运用数理统计原理，先后提出生产过程中经济控制产品质量的“6σ 法”，后来发展、完善成为“质量控制图”和“预防缺陷”的理论，并在 1931 年发表了《工业产品质量的经济控制》专著。美、英等国的科学研究中提出了统计检验法。所有这些成就为现代质量管理奠定了理论、方法基础，并为质量管理在以后阶段的发展作了充分的理论准备。但是，直到 40 年代初期，绝大部分企业仍沿用事后检验方式来保证产品质量。这一阶段质量管理的特点是：强调检验职能，半成品、零部件和成品验收的决定权属于检验人员及检验机构；对产品实行全数检验及筛选为主检验方法；对整个过程实行层层把关，防止不合格品流入下道工序或出厂。

2. 统计质量管理阶段(20 世纪 40 年代前后到 60 年代初)。第二次世界大战初期，美国原生产民用品的大批公司转为生产各种军需品。美国国防部为解决军需品检验问题，邀请休哈特等人及有关协会人员进行研究，于 1941 年到 1942 年间，制订、公布了“关于美国战时质量管理标准”，并在全国各地举办 7 天一期的讲习班宣传这些标准，强制生产军需品的各公司、企业实行质量管理。实践证明，统计质量管理方法是保证产品质量、预防不合格品的一种卓有成效的方法。战后，这些方法在各公司、企业得到较为普遍的应用。这一阶段质量管理的特点是:广泛推广抽样检验方法;利用控制图对大量生产的工序进行动态控制,有效地防止了废品产生;质量管理重视对影响质量的原因研究,提倡预防为主的方针,等等。

3. 全面质量管理阶段(20世纪60年代以后)。统计质量管理对事后检验而言,无疑是一个巨大的进步。但是,由于统计质量管理的对象主要是产品加工过程及工序,实际上企业产品质量还受设计、生产、经营、组织与管理等多种因素影响,产品质量也正是企业各种生产技术条件、各种工作质量的综合反映。美国的费根堡(A.V.Feigenbaum)和朱兰(J.M.Juran)针对统计质量管理的局限性和实践中的新问题提出了“全面质量管理(Total Quality Control,简称 TQC)”这一新概念,他们认为仅仅依靠数理统计方法进行质量控制是远远不够的,必须充分发挥组织与管理的功能,把组织管理与数理统计方法及现代科学技术结合起来,建立起一整套质量管理工作系统。20世纪80年代中期以后,国际上质量管理理论又有了新的发展,更注重从战略上研究质量管理问题,并称之为 TQM(Total Quality Management)。在全面质量管理理论的指导下,质量管理体系系列国际标准开始建立起来,质量体系认证工开始风靡全球。全面质量管理思想和研究成果能够用国际标准相关标准制度巩固下来,在国际贸易经济活动中发挥巨大的作用。

(二)质量管理在物流领域的近期发展

质量工作改进的努力虽然可以追溯到泰勒(Taylor)科学管理的观点,但是近年来,在物流领域主要是通过强调全面质量管理、过程重新设计、持续性地实施质量改进计划等方面的改善来提高物流服务质量。

1949年建立的日本科学家和工程师联合会的委员会研究了统计质量控制过程,认为在日本制造业广为传播的戴明(W.E. Deming)思想已在日本企业界中取得了卓越的成效。后来 Deming 提出了高层管理的14项职责,其中包括:创建产品与服务改进的持续性目的;采用新的经营哲学;停止依赖于检查、监督取得质量;终止在价格目标基础上的奖励活动,以通过个别的供应商的工作使总成本最小化取而代之;持续性地制订计划,改进产品和服务的每一个过程;创立工作培训;采用和设置领导;驱除恐惧;打破职员领域之间的壁垒;消除对工人的口号、规劝和指标;取消工人的计量定额和管理层的数量目标;除掉作为人的骄傲的障碍,取消每年的评比或绩效系统;设置教育与自我改进的激励计划,管理中的变革需要教育;促进公司的每一个人努力去实现改革。高层管理的14项职责在全面质量管理中有相当广泛的影响。Deming 的质量管理理论集中在组织过程,而不是个别的环节或功能方面,他强调了领导、人员、团队工作和减少过程变量的必要性。朱兰(Juran)、克劳斯比(Crosby)等人选择了替代 Deming 的理论框架。Juran 提出了质量活动集中在用户需求导向、绩效评价和协调技能努力之上的三部曲:质量计划、质量控制和质量改进。Crosby 所提出的14个质量管理步骤,通过管理者承诺、团队工作、培训和满足要求的测量来集中于保证实现无疵点运动。这些内容和思想方法在日本企业中十分盛行,重视团队的作用,并将其与质量改进工作紧密联系在一起是日本企业质量管理的一大特色。后来对中国的质量管理理论与实践也产生了很大影响。1987年由美国商务部门建立的 Malcolm Baldrige 质量奖,其标准使质量管理开始注重于用户焦点、经营成果、员工参与、培训、成就感和实施过程管理等方面。1990年哈么(Hammer)清晰地提出了重新设计的6项原则,强调了经营过程、信息技术和员工绩效等内容,重新设计思想广泛地影响到整个企业界。重新设计的目标是对取得的经营绩效和测量的改进,例如,成本、质量、服务、速率等测量的改进。

国外近年来十分注意物流服务质量的持续改进工作,称为重新设计或再工程(Reengineering),并把它作为全面质量管理新的重要内容。

二、全面质量的含义

(一)产品质量、工程质量和工作质量

1. 产品质量是反映产品质量水平的质量特性值。产品质量指标种类很多,一般有:

(1)性能指标。产品的性能是针对其用途而言所具有的技术性能。如汽车的载质量、技术速度、最高车速等。

(2)寿命。产品寿命是指产品能够按规定的功能正常工作的期限。常用的指标有总工作时间、工作次数等,反映了产品的耐用性。

(3)可靠性指标。产品在规定的时间内和条件下,所能完成规定功能的能力。常用的指标有可靠性(概率)、故障率等,它们反映了产品性能的稳定性。

(4)安全性指标。它反映产品在使用过程中对使用者及周围环境、安全、卫生的保障程度。

(5)经济性指标。产品在使用过程中的费用大小。常用的指标有生产成本、使用成本、寿命周期成本等,具体指标如汽车的耗油量。

(6)适用性指标。主要指产品的适用范围、可修性、零部件的互换性,以及一些工程方面的指标。

(7)环保性指标。产品在生产使用过程中对环境保护方面的影响。如产品废弃物对环境的影响及其处理的难易程度。

以上7个方面的指标反映了产品质量的不同侧面,它们相辅相成,形成对产品的整体要求。产品在不同时期、不同的使用场合,对各类指标要求的侧重点也有所不同,在评价产品流通加工质量时,要根据实际需要选择关键的、重要的指标进行考核评价。

2. 工程质量是指企业为保证生产合格产品而具备的全部手段和条件所达到的水平。它包括企业的人员、设备、材料、方法、测量工具和手段,以及生产环境等因素,在生产过程中所表现出来的质量。工程质量指标反映了企业生产技术水平和能力对产品和服务达到质量标准的保证程度。

(3)工作质量是指为了保证产品质量和实际应用而进行的各方面工作的水平和能力,是企业生产、技术工作、组织管理工作,销售服务过程中的工作对产品达到质量要求的保证程度。

(二)全面质量

产品质量是为用户服务的基础。设计过程、生产过程和销售过程中的工程质量和工作质量是对产品质量的保证,其中设计过程最关键、最重要;再就是生产过程中的工程质量和工作质量;销售过程中的工作质量是企业产品营销的重要手段,这些都必须从严要求通过加强过程质量控制、质量体系内部审核进行保障。

产品质量、工程质量和工作质量是3个不同的质量范畴,但是它们之间密切联系、相互影响。工程质量是对产品质量的直接保证,但是工程质量需要通过工作质量得以改善和提高;工作质量存在于企业设计、生产、组织与管理的全部过程之中,并通过工程质量体现为产品质量,使产品质量得到改善,社会综合效益等集中体现出来;产品质量及经济效益是通过提高工作质量、改善工程质量来得以保证和实现的。因此,物流企业必须提高产品质量、工程质量和工作质量,即全面质量。

三、质量管理模式的完善

(一)TQC模式的主要特点

中国流行的全面质量管理模式源于日本,基本上是建立在Deming循环理论基础上的质量保证体系运行方式。中国在1984年以前曾对全面质量管理(Total Quality Control,简称TQC)有过大范围的推广和应用,有过一定的群众基础,基本上形成了中国质量管理的理论体系。全面质量管理的主要特点是:

1. 全面对象的质量管理。包括产品质量、工程质量和工作质量的综合内容。

2. 全过程的质量管理。包括设计过程、生产过程、检验过程和销售服务等过程在内。

3. 全员参加的质量管理。包括企业生产及质量管理的各个部门高层管理者、设计人员、准备工作人员、生产人员、质检人员、组织管理人员等均应参与到企业质量管理体系中。

4. 综合采用各种科学方法的质量管理。有以数理统计为核心的质量管理7种工具、新7种工具以及近年来产生的卓有成效的一系列质量决策分析工具和控制方法。

TQC模式是通过质量保证体系的运行过程推动的。质量保证体系是企业以保证和提高产品质量为目标,综合运用系统的概念和方法,建立和依靠必要的质量标准、工作程序、组织机构及有效的促进、保障措施与方法,把企业各个部门、各个环节的质量管理活动严密地组织起来,形成一个有明确任务、职责和权限,相互协调、相互促进的全面质量管理的有机整体。企业质量保证体系是全面质量管理的精髓和核心。它的基本工作方式是遵循计划、执行、检查和处理四个阶段的循环方式,简称PDCA循环(或戴明循环)。

建立健全质量保证体系,强化内部质量审核是物流组织上保证为用户提供满意物流服务的关键,也是TQM模式稳定、发展,保持和提高过程质量水平的关键。

(二)物流企业面临的质量管理问题

20世纪80年代后,TQM在中国一些行业继续有着显著进步,也有一些行业处于停滞状况。例如,中国的汽车运输企业开始全面走向运输市场,面临经营转型的汽车运输企业开始重视各种方式的承包经营本无可厚非,但许多企业出现了将大化小、以包代管、以钱代管现象,全面质量管理的理论在货物运输领域的推广和实践出现停滞、后退,甚至完全放弃的现象。特别是近年来,原来交通部门的大部分国有汽车运输企业几乎放弃了公路货运市场。事实已经证明,汽车货运并非没有市场,全社会货运汽车保有量持续上升,国外一些著名的货运运输企业逐渐进入中国市场就是例证。但同时也说明,低水平的服务质量与管理在市场经济体制下的确是没有市场的。

四、TQM新概念构成与分析

现在,国际上的全面质量管理使用的是TQM(Total Quality Management)概念,更注重从战略上研究全面质量管理问题。物流经营者所提供的是服务,物流服务项目和人员在质量体系中占据的地位越来越突出。近年来,全面质量管理在物流领域的应用过程中也形成了一些新概念,这些概念可以用物流链管理涉及的要素描述其内容构成。

(一)领导

领导是一种影响力,通过各种方式影响组织成员实现组织目标。领导者的价值观对物流质量管理有重要影响,一般可以用以下3个要素来进行刻划。

1. 想像力:为物流经营组织构筑长期物流质量改进的想像力和发挥作用的程度。它是管理者从事后勤保障经营活动的一种关键能力。

2. 承诺:高级和中级管理者们对工作改进的承诺程度。包括高级管理人员承诺的工作改进、主要部门管理者承担的管理责任、工作改进应达到的特定目标。

3. 领导风格:领导者是否能够根据员工的发展水平,充分地把握好领导风格的灵活性和有效性。它关系到物流组织系统的人力智力资源的开发,提高员工自觉参与全面质量管理的主动性、积极性和创造性。

高级管理者的中心作用是促进交流、激活质量管理活动的努力。管理者的责任是以当前的想象力,使现实与可信的有吸引力的未来相联接。这对于第三方物流组织的质量活动是十分重要的。

(二)协作

协作指内部与外部的合作程度,是第三方物流质量的主要概念。内部协作主要用两个要素测量:团队工作和员工参与,外部协作主要是通过供应商管理要素来测定。

1. 员工参与:组织鼓励授权及授权员工参与计划和决策的程度。主要包括员工绩效的反馈、非管理人员参与决策的程度、员工参与质量改进工作自主性的发挥程度。

2. 团队工作:组织使用集体工作组织的程度。包括具有交叉功能小组的使用、对小组工作的授权程度等。

3. 供应商管理:建立和发展与供应商关系的努力程度。包括实施供应商评价系统的彻底程度、所提供的长期合作关系以及供应商分类的清晰程度等。

4. EDI技术的应用:EDI在沟通供应者和使用者之间的作用举足轻重,甚至直接关系到与合作者之间的战略伙伴关系。

供应商管理对物流质量管理的贡献是很大的,从战略角度思考,第三方物流企业与供应商、用户建立长期合作伙伴关系是十分重要的,而EDI是维系这种长期关系最有效的手段。

(三)学习

学习是公司培训员工最直接的方式,员工培训是理解有关质量问题、完善特殊技能和激励员工以更高水平参与工作改进的范畴和手段。可分为支持和计划两个要素。

1. 支持培训:包括高级管理人员对员工培训的承诺、员工获得培训的机会大小,特殊工作技能、技术、职业培训量的大小,团队建设和动态培训的数量。

2. 培训计划:包括物流业务知识、计算机使用、用户关系、时间管理、个人健康等培训计划的制订。

(四)过程管理

可以用提供识别、信息、过程分析的基准,可获得的数据,统计数据的使用等方面要素来描述。

1. 制定基准:基于最好绩效的标准实现程度。包括与主要竞争者的比较、最好作业的识别、访问调查和通过组织获得的第一手资料。

2. 数据获得:为决策搜集准确、及时数据的能力。包括仓储、配送中心绩效、存量数据、订货过程绩效、运输绩效数据、用设备或人员作业完成的仓储数据、订货过程数据和绩效等的掌握。

3. 统计数据的使用:测量和监督工作绩效的统计技术的适用范围和使用程度。包括各种图表、曲线、统计方法的使用。

4. 计算机应用水平:计算机及相应软件开发应用的广度和深度,包括单项作业、联网作业水平。计算机的广泛运用使物流系统数据的获取、处理、输出和使用变得更为容易、方便。

5电子通信技术:包括固定通信和移动通信,特别是移动通信能力、企业内联网与物流过程管理水平密切相关。

电子通信技术与电子计算机的结合,以及应用的范围和水平是现代物流过程管理的物质技术基础。

(五)员工成效

通常可以用以下3个要素测定员工成效。

1. 满足:工作骄傲、满足和承诺程度。通常用管理者和一般员工的精神、士气和对公司的忠诚程度作为指标的。

2. 压力:情绪和智力的紧张程度。通常指由工作引起从事非管理性物流工作人员和物流管理人员的压力。

3. 经济状态:员工经济需要的满足程度,包括奖金等经济要素。一般可分为物流业务人员和物流管理人员的工资水平等方面考察。

一般而言,员工成效是组织满足员工需要的结果。

(六)组织绩效

物流组织绩效是工作改进努力的最终价值测量。这种努力应当包括在成本、速率、可靠性和用户需要方面作出的改进,提高物流系统准时服务的实时响应能力。

1. 成本:运输、库存、仓储和作业成本的测量,包括每件次平均运输成本、平均库存成本、仓储搬运作业成本的核算和统计分析。

2. 速率:订货、运输、配送等全过程时间的改进程度。例如,平均订货周期时间、平均运输时间、全部配送作业时间等的改进。

3. 可靠性:物流活动实现可靠性、准确性的努力程度,包括运达时间的可靠性、订货发货的准确性等内容。

4. 顾客需求:用户需求的满足程度,包括满足个别用户需求、加速处理用户订货、准时服务的能力等。

5. 竞争绩效:针对竞争者的物流绩效,改进物流成本绩效、运输效果、效率,缩短订货周期,确保按时送达满足用户的各项需求。

有关研究表明,物流全面质量管理涉及的要素与企业的质量改进计划和实施的时间长短有关。

五、案例:TQM和非TQM企业比较的启示

物流全面质量管理或持续性的工作改进计划已经被一些学者肯定。物流领域管理者对全面质量管理、过程重新设计和其他与持续性工作改善等课题非常关注。虽然人们判定TQM确实创造价值,但是还没有从经验研究中得到确切显示,实施TQM公司的工作性能指标确实优于没有实施TQM的公司。安德森(R.D.Anderson)、克拉姆(M.R.Crum)和杰曼(R.E.Jerman)进行了有关调查,他们认真选择调查对象(主要是货主企业),调查物流质量计划在物流绩效、物流作业现场方面的效果。以公司是否经历了正式的物流质量计划过程而将被调查公司分为3类:没有物流质量计划经历的公司、有过短期(1~4年)物流质量计划经历的公司和有长期(5年以上)物流质量计划经历的公司,对它们进行分析对比研究。

(一)数据分析

因为物流质量计划的成效不是立即实现的,因而以前大多数与此有关的研究是通过个别的或有组织的企业已得到的利益进行验证,这种方法存在一定缺陷。R.D.Anderson等人认为,用两组公司的总绩效的平均值进行研究没有实际意义，因而需要对刻划构成公司绩效的几种因素进行分析。他们研究了一种比较 TQM 公司和非 TQM 公司绩效的方法，调查了近百家企业的物流质量管理状况。他们把调查对象分为甲、乙、丙 3 组，在所选择的 17 项要素之间分别进行两两成对比较，比较的两列数据均看作随机变量，$\bar{p}$ 值为所观察到的组间随机变量平均变化值的概率，相关性反映了在质量管理要素和组间多序列相关程度，所总结的有关分析数据如表 4—16—2。

表 4—16—2　各组间比较分析表

概　念	要　素	甲组①与乙组②		甲组与丙组③		乙组与丙组	
		$\bar{p}F$ 值	相关性	$\bar{p}$ 值	相关性	$\bar{p}$ 值	相关性
领导	想像力	0.805	−0.04	0.940	−0.01	0.861	0.03
	承诺	0.151	0.23	0.007	0.48	0.110	0.27
协作	员工参与	0.557	0.09	0.055	0.34	0.112	0.26
	团队工作	0.024	0.35	0.001	0.58	0.113	0.27
	供应商	0.952	0.01	0.002	0.55	0.003	0.49
学习	培训	0.176	0.21	0.037	0.38	0.207	0.21
过程管理	制定基准	0.017	0.37	0.006	0.49	0.388	0.15
	数据获得	0.151	0.22	0.775	−0.05	0.085	−0.28
	统计使用	0.301	0.16	0.059	0.34	0.191	0.22
员工成效	满足感	0.539	−0.10	0.153	−0.26	0.278	−0.18
	压力	0.803	0.04	0.360	0.17	0.494	0.12
	经济状态	0.554	−0.10	0.680	−0.08	0.871	0.03
组织绩效	成本	0.274	−0.18	0.166	0.25	0.028	0.37
	速率	0.076	0.28	0.497	0.13	0.270	−0.19
	可靠性	0.055	0.30	0.346	0.17	0.619	−0.08
	用户需要	0.569	0.09	0.424	0.15	0.618	0.08
	竞争绩效	0.265	−0.18	0.551	0.11	0.106	0.27
一致性检验		0.081		0.018		0.003	−0.18
正确分类的百分比		80.0%		85.7%		86.7%	

注：①甲组是由没有正式的 TQM 或过程重新设计经历的企业组成的；

②乙组是由具有 1～4 年正式的 TQM 或过程重新设计经历的企业组成的；

③丙组是由具有 5 年以上正式的 TQM 经历或过程重新设计经历的企业组成的。

由表 4—16—2 可以看到：

1. 具有 1～4 年正式的 TQM 或过程重新设计经历的企业，在制定基准、团队工作和可靠性方面明显地优于没有正式的 TQM 或过程重新设计经历的企业。

2. 具有 5 年以上正式的 TQM 经历或过程重新设计经历的企业，在团队工作、供应商管理、制定基准、承诺、培训、员工参与、统计方法使用等诸多方面明显地优于没有正式的 TQM 或过程重新设计经历的企业，成本等方面一般性地优于没有正式的 TQM 或过程重新设计经历的企业。

3. 具有 5 年以上正式的 TQM 经历或过程重新设计经历的企业，在供应商管理、成本等方面明显地优于具有 1～4 年正式的 TQM 或过程重新设计经历的企业，在团队工作、承诺、参与、竞争绩效等方面一般性地优于具有 1～4 年正式的 TQM 或过程重新设计经历的企业。

（二）结论

更详细的研究表明在竞争绩效方面,尽管具有5年以上正式的TQM经历或过程重新设计经历的企业表现出进步很大,其他各组企业也表现出有比较突出的改进。这是市场竞争的必然结果。从有关研究可以得出结论:

1. 有长期物流质量改进计划的企业绩效十分明显,用户对有长期物流质量管理的企业满意程度最高。

2. 近5年的人员数量统计表明,无质量改进计划的企业人员总数增加,而有短期质量管理计划和长期质量改进计划的企业人员减少,而且减少的数量依次增大。首先是非管理人员明显减少,其次是管理人员也有所减少,组织结构变得更为精简、高效。

3. 调查研究的统计结果反映具有长期物流质量改进计划的企业在数据系统的完善、员工的满足感、经济状态等方面存在一些问题,需要进一步研究解决。

物流质量管理研究的结果揭示:具有长期质量改进计划的企业在员工的满足感、经济状态方面的改进不明显,以及在物流数据获得、想像力等方面进步不大。分析其中原因,可能有调查设计方面的问题,也可能包括更深刻的管理理论应用方面的问题。例如,满足感不足是否与卡兹曲线有关?管理者和非管理人员的士气变差,是否与组织人员减少、经济状态、领导者的领导风格灵活性不足有关?这些为物流系统全面质量管理提出了更深层次的研究问题。

中国的运输与物流企业服务质量上面临着重要的战略转变,其中最重要的是在经营理念、经营方法等方面,解决的主要途径和方法是进行物流战略和物流过程重新设计。在向市场经济体制过渡的阶段,转机建制对国有运输企业无疑是十分重要的,但它绝不能替代企业具体经营项目的决策、设计和实施。在市场经济体制下,以货运集散战略为指导,开展后勤保障及物流等经营活动是一项改革传统汽车货运业务的思路。因此,从第三方物流经营者的角度重新审视和设计物流过程质量管理,无疑是一项重要的战略措施。物流业不同于制造业,物流企业应当广泛吸收TQM新思想、新理论并用于物流过程之中,形成物流质量管理自身的特色。

第三节　质量控制理论与方法

一、产品与质量特性值

(一)质量特性值

每一种产品、部件、零件都有其本身的质量状况,用数量化的形式表示这些质量状况,就称为质量特性值。如零件尺寸、加工精度等。质量特性值可以分为计量值和计数值两种。计量值是可以用量具等进行测量而得到的具有连续性的数值,其表现形式可以是小数,如载重量、长度、直径、容积、化学成份等。计数值是非连续性的正整数值,可以用计数的方法得到,如物品件数、次品数、疵点数、差错件数等都可称为计数值。

(二)总体与样本

数理统计学中称所研究的对象全体为总体或母体,例如,被抽验的整批产品、部件、零件,整批零件的尺寸测量值等都可视为总体。组成总体的每一个基本单位都是个体,如每件产品、每个部件、每个零件的测量值等都是个体。质量管理中将这些个体中的某种质量特性值的数据集合称为总体。总体所含个体数目可以是有限的,也可以是无限的。

从总体中抽出的一部分个体称为样本,组成样本的每一个个体称作样品或子样,抽取样本的过程称为取样。样本又可分为试样和抽样。试样是在工序进行过程中为了判断生产过程的状况而抽取的样本;抽样是全部产品加工完毕后,为了评定产品质量而抽取的样本。样本中含样品的多少称为样本的大小或容量。在质量控制工作中要求抽样具有随机性,以便使从总体中随机抽取的样本能正确地反映总体的实际情况。

在质量认证过程中,市场抽验检验、工厂抽验检验、市场和工厂抽验、型式试验是质量认证后进行监督的重要方法。

(三)质量特性值分布规律

质量特性值是数据,具有数据特点:其一是波动性;其二是规律性。数理统计方法就是帮助质量管理人员从产品、部件、零件、服务等质量特性值的波动中找出其中规律,根据规律分析设计、生产、销售、服务等过程中的质量问题。掌握了物流质量特性及其规律性，就能掌握物流质量控制的主动权。

在质量特性值中，计量值理论分布规律最常见的是正态分布；计数值理论分布最常见的是二项分布和泊松分布。

二、产品质量变异与控制

(一)产品质量变异

在同一生产技术组织条件下，按照同一标准加工出来的同类产品质量之间总是有差异，这种差异称为质量变异。引起质量变异的原因很多，一般可以分为两大类：一类是偶然性因素，是在生产过程中经常发生的，逐件略有不同，并对产品质量影响较小的因素。如流通加工中的机床的振动、室温的变化、刀具的硬度等因素。另一类是系统性因素，多是一些不经常发生的，一旦发生多呈现出一定的规律性，而且对产品质量影响较大的因素。如设备调整欠佳、工装调整失当、刀具磨损等因素。

在质量控制中，偶然性因素一般认为是不可避免的，而系统性因素则是可以避免的。这种可避免和不可避免也是相对的。与形成产品质量变异的因素相对应，也可将产品质量变异分为可避免和不可避免变异，它们同时表现在产品质量特性值上。一般情况下，寻找偶然性因素很麻烦，除去这些因素也较困难，在经济上也未必划算；而寻找系统性因素较简单，要除去这些因素也较容易，经济上也比较合算。所以，当生产过程中出现质量变异时，要能正确分析这两种不同的质量变异，酌情采用质量控制对策。

(二)工序能力及工序能力指数

1. 工序能力是指工序处于稳定的生产状态下工序的实际加工能力。它是通过该工序生产的产品质量特性值的分布表示的工序实力，是每道工序对产品质量的保证程度。所谓的稳定的生产状态是指：①原材料或上一道工序半成品按标准要求供应本道工序；②本工序按作业标准进行加工，其加工在无异常情况下进行；③本工序完成加工后，成品检验按标准进行。在非稳定的生产状态下测得的工序能力没有实际意义。

在稳定的生产状态下，影响工序能力的偶然性因素的最终结果，即在该工序上加工的产品质量特性值近似地服从正态分布。为了便于工序能力量化，依据质量控制及经济上的要求，可以采用 $\pm 3\sigma$ 原则来确定其分布范围。根据概率的性质，正态分布 $N(\mu,\sigma)$ 随机变量的 X 三个重要参数是：

$$P(\mu-\sigma< X\leqslant\mu+\sigma)=0.682\,6$$

$$P(\mu-2\sigma< X\leqslant\mu+2\sigma)=0.954\,4$$

$$P(\mu-3\sigma< X\leqslant\mu+3\sigma)=0.997\,4$$

由上述参数可知，当分布范围取 $\mu\pm 3\sigma$ 时，产品质量合格的概率可达 99.7%，因此，以 $\pm 3\sigma$ 即 6σ 为标准来衡量工序能力符合精确性和经济性的要求。于是在一般情况下可取工序能力为 6σ。

2. 工序能力指数，是指设计时对产品质量标准规格的要求与流通加工时工序所具有能够满足质量标准规格要求的能力之比。工序能力指数表示了质量特性值的分布与公差范围之间的关系，这种关系用指数表示就代表了工序能力的大小。工序能力指数又称工程能力指数、工艺能力指数，用 C_p 或 C_{kp} 表示。

(三)工序能力指数的计算

1. 值的计算。适用于设计标准规格的中心值与测定的质量特性值分布中心一致的条件下，即无偏差条件下的工序能力指数计算。

计量值在双侧公差情况下的值：

$$C_p=\frac{T}{6\sigma} \tag{4.16.1}$$

式中 T——公差范围；

σ——工序的标准差。

在质量控制过程中，σ 可以用实际测出的样本标准差 S 来估计，即 $C_p=\dfrac{T}{6S}$

计量值为单侧公差情况下的 C_p 值可用下式计算：

$$C_p=\frac{T_u-\mu}{3S}\approx\frac{T_u-\bar{x}}{3S}\text{或}C_p=\frac{\mu-T_e}{3S}\approx\frac{\bar{x}-T_e}{3S} \tag{4.16.2}$$

式中 T_μ——规格上限；

T_e——规格下限。

2. C_{kp} 值的计算。当质量标准规格的中心值 $(T_\mu-T_e)/2$ 与分布中心 μ(以估计)不一致时，即在有偏差的条件下，不能应用 C_p 值，而需应用 C_{kp} 值来计算工序能力指数，即：

$$C_{kp}=(1-k)\frac{|T_{\mu}-T_{e}|}{6\sigma} \qquad (4.16.3)$$

其中：$k=\frac{|\mu-\bar{x}|}{T/2}=\frac{3e}{T}$

式中　e——分布中心与公差中心的绝对偏移量。

(四)工序能力分析

求出工序能力指数后，就可以依据其值大小对工序能力进行分析和判定。一般情况下，以等于1.33时的工序能力较为理想，当 $C_p>1.33$ 时，工序能力充分满足，但需要考虑其经济性。对工序能力的判定可参考表4—16—3。

表4—16—3　工序能力分析判断表

级别	工序能力指数 C_p(或 C_{kp})	不合格品率 P	工序能力判定
特级	$C_p>1.67$	$P<0.000\,06\%$	过于充分
一级	$1.67\geqslant C_p>1.33$	$0.000\,06\%\leqslant P<0.006\%$	充分
二级	$1.33\geqslant C_p>1.00$	$0.006\%\leqslant P<0.27\%$	尚可
三级	$1.00\geqslant C_p>0.67$	$0.27\%\leqslant P<4.45\%$	不足
四级	$C_p\leqslant 0.67$	$P\geqslant 4.45\%$	严重不足

针对不同级别的工序能力，一般可考虑采用的措施有：

1. 特级，工序能力足以满足要求，可适当放松控制和检验，可考虑降低工序生产成本的措施。

2. 一级，允许质量特性值有小的波动，若不是重要工序，可考虑放松控制和检验。

3. 二级，需要严格控制和检验，防止超差，产生不合格品。

4. 三级，应采取措施提高工序能力，如已出现不合格品，需要严格检验，必要时实行全检。

5. 四级，追查原因，采取果断措施，产品实行全检。

物流企业的流通加工环节直接涉及工序能力测量和分析，但对工序能力的概念、分析与控制思想及方法，对物流各环节质量管理都是适用的。

三、过程控制

ISO 9001～ISO 9004标准的过程控制中提到服务过程，按ISO 9000系列标准建立全面质量管理体系，包括了第三方物流企业。作为物流服务的供方，应确定并策划直接影响质量的生产、安装和服务过程，并确保这些过程均在受控状态下进行。物流服务过程的受控状态是指：

1. 如果没有形成文件的程序就不能保证质量时，则应对生产、安装和服务的方法等制定成文件的程序。按有关程序进行物流运作和物流质量保证。

2. 使用合适的生产、安装和服务设备，并安排适宜的工作环境。

3. 对适宜的物流过程参数和产品特性进行监视和控制。

4. 需要时，对物流过程和相应设备进行认可。

5. 用最清楚实用的方式，如文字标准、样件或图示规定物流技术工艺的评定准则。

6. 对物流设备进行适当的维护，以保持物流过程能力。

7. 当物流过程的结果不能通过其后产品检验和试验完全验证时，如流通加工缺陷只能在使用过程中暴露出来时，这些过程应由具有资格的操作者来完成，或要求进行连续的过程参数监视和控制。对物流过程运行(包括有关设备和操作人员)的任何鉴定、要求都应加以规定。

第三方物流经营者所提供的服务完全在于供方自己决定，供方在有规定服务要求的情况下，应建立并保持对物流服务的实施、检验和报告形成文件的程序，以使物流及延伸服务满足和符合有关标准、法规、质量计划的规定和要求。

四、内部质量审核

物流企业内部质量审核是作为物流服务供方的自我质量审核，在执行ISO 9000系列标准时又称供方审核。主要是指物流企业对自身内部质量体系审核，其内容包括过程质量和产品质量审核。物流企业内部质量审核要由与被审核对象无直接责任的人员来实施，并根据被审核活动的实际情况来安排审核顺序。

(一)内部质量体系审核

审核的目的是确定企业组织质量体系是否符合计划安排及验证质量体系的有效性。主要验证质量体系文件是否符合标准要求，质量体系活动是否符合文件要求。审核内容包括所采用的质量体系标准的要素、要求的全部质量活动。企业进行内部质量体系审核工作的指南，可参阅 ISO 10011—1《质量体系审核指南》、ISO 10011—2《质量体系审核指南质量体系审核员评定准则》、ISO 10011—3《质量体系审核指南审核工作管理》。上述标准规定了审核原则、审核范围、审核程序、审核员的资格条件和审核工作的管理等方面的内容，为质量体系审核工作提供了依据。物流企业内部质量体系审核是供方贯彻和维护 ISO 9000 系列标准，建立物流质量体系的有效措施，也是改进物流质量体系的重要手段。内部质量体系审核一般是对质量体系的全部要素进行全面审核。对于已经过需方或第三方审核机构审核合格并注册的质量体系，在内部审核时也可以有重点地审核某些要素，而下一次审核另一些要素。一般要在一年内把所有的要素全部审核一遍。

(二)内部过程质量审核

其审核的目的是确定质量体系的有关过程和产品制造过程是否符合文件规定，并评价其有效性。内部过程质量审核对象是质量体系内的有关过程和过程接口，以及产品制造过程中影响产品质量的主要过程。通常包括特殊过程、关键过程、重要过程和采用新工艺、新技术过程，侧重点是评价这些过程控制的有效性。重点内容是工序能力指数、过程作业指导文件及控制、过程参数控制等。

(三)内部产品质量审核

审核目的是确定检验系统及产品本身是否符合要求。审核对象为大批量生产的经设计确认的产品，一般采用对批量生产的成品进行少量随机抽样的样品试验验证的方法。审核内容包括包装、标识；附件、备件；主要性能指标。这是供方对本身的产品或用户的特殊要求进行审核，产品试验可以在国家或地方认可的检测机构进行。

显然，产品质量审核试验费用是十分昂贵的，应当把进行严格的过程控制和内部过程质量审核作为确保产品质量的主要和重要手段。所以，物流企业在建立物流服务规范、测量服务标准、硬化规范约束的基础上，应当重视内部质量体系审核和内部过程质量审核，通过合格的物流过程质量控制，实现为用户提供合格的、满意的物流服务项目。

全面质量管理、质量改进计划非常适宜物流企业的过程管理，与物流服务项目设计、物流服务组织结构、物流服务质量测量、物流基础设施、设备等诸多方面有关。然而，物流过程全面质量管理的实践还表明，成功的质量计划的主要障碍是对物流质量计划的一般性满意。一般性满意的计划其结果是不会有满意的高质量成效；对不成熟的物流质量计划的评价和改进过程是一个不断延伸的过程；持之以恒地搞好物流全面质量管理，对物流企业经营和长期发展是十分有益的。物流企业结合转机建制要求，精心设计和选好物流服务经营项目，搞好过程质量控制、内部质量审核，实现全面质量管理的目标，也是带动物流企业管理上水平的战略措施。

第四节　物流质量管理

一、现代企业物流质量管理的基本概念

(一)现代企业物流质量的概念

1.“符合规格”的质量定义

美国学者希瓦特在 1931 年出版的《制成品实用质量控制》一书中指出：质量管理的目的是以最低的成本，发现质量问题，采取改进措施。管理人员只能根据客观的质量标准，测量产品的质量。产品设计人员应根据顾客的需要确定产品的有形特点；确定产品质量管理方法和措施，使产品质量符合规格。

“符合规格”质量定义的主要优点是根据规格衡量质量，比较简便。管理人员可根据产品符合规格程度，考核质量管理工作实绩。根据“符合规格”定义，确定质量管理措施，有助于企业降低成本，提高服务质量的一致性。“符合规格”是最简明、最适当的质量定义。企业能正确理解顾客的要求，采用“符合规定”定义，管理人员就能根据客观的标准，衡量服务质量，有效地提高生产效率和顾客的满意程度。缺点是“符合规格”定义无法反映质量这个概念的丰富含义。

2.“符合期望”的质量定义

美国哈佛大学教授莱维特认为：要提高服务质量和生产效率，企业必须采取服务工业化措施，应用技术管理思想，提高生产效率，降低成本，保证服务质量。服务人员应严格执行操作程序，为顾客提供标准化服务。许多企业管理学家对服务质量的定义进行了大量新的探索，认为服务质量只有一个正确的定义，即服务质量指服务实绩是否符合顾客的期

望。

"符合期望"质量定义的主要优点在于顾客是质量的最终评审者。采用"符合期望"定义,管理人员就能在质量评估工作中,分析不易量化的主观因素对顾客评估的影响。这样,管理人员就能根据顾客认为重要的因素判断产品或服务的质量。"符合期望"质量定义促使管理人员密切注视企业外部市场环境。管理人员及时发现顾客期望变化,采取适当措施,使产品或服务符合或超过顾客的期望。企业能始终理解、提升并满足顾客的期望,就能取得长期的竞争优势。缺点则在于"符合期望"是最复杂的定义。在实际工作中,不同的顾客对产品或服务各种属性的重要性有不同的看法。管理人员很难根据顾客不同的偏爱,确定对整个市场都适用的质量标准。

3. 整体质量观念

要全面理解产品和服务整体组合的质量定义,就不能只采用"符合规格"或"符合期望"质量定义。管理人员可根据产品和服务整体组合中的有形程度和定制化程度,确定质量定义。

有形程度,产品是有形的,服务是无形的。管理人员可为有形的产品确定精确的规格,采用量化标准,衡量产品的质量。然而,却很难为无形的服务确定精确的质量标准。管理人员能完全控制生产过程中需要的各种资源和技术;管理人员规定的质量属性与顾客的评估和消费行为存在明显的对应关系,管理人员就很容易确定质量标准。管理人员也可为无形服务的某些属性确定量化标准。但是,由于服务过程和消费过程同时发生,管理人员往往无法在服务过程中衡量这些服务属性,而只能在服务工作结束之后考核服务质量。

定制化程度。产品和服务的定制化程度不同。要为顾客提供标准化服务,企业必须统一操作程序,要为顾客提供定制化服务,管理人员应鼓励员工根据顾客的特殊需要,灵活地决定服务方法。定制化程度不同,质量的定义也不同。顾客需要标准化服务,企业应根据顾客需要的质量标准,为所有顾客提供相同的服务。顾客需要定制化服务,顾客会根据自己的期望评价服务质量。企业必须根据每位顾客的特殊需要,为不同的顾客提供不同的服务。

4. 企业物流质量的定义

企业物流质量应该是一个整体概念,包含了"符合规格"和"符合期望"两类典型的质量内涵。一方面,企业物流活动过程需要的各种资源和技术是完全可以控制的,很容易确定质量规格和操作标准;另一方面,企业物流是为物流客户提供时间和空间效应的物流服务,需要根据顾客的不同要求提供不同的服务,物流服务质量是由顾客根据期望来评价的。因此,我们认为:企业物流质量就是企业根据物流运动规律所确定的物流工作的量化标准与根据物流经营需要而评估的物流服务的顾客期望满足程度的有机结合。

(二)企业物流质量管理的概念

1. 企业物流质量管理的概念

企业物流质量管理就是依据物流系统运动的客观规律,为了满足物流顾客的服务需要,通过制定科学合理的基本标准,运用经济办法实施计划、组织、协调、控制的活动过程。企业物流质量管理必须满足两个方面的要求:一方面是满足生产者的要求,必须保证生产者的产品能保质保量地转移给用户;另一方面是满足用户的要求,按用户的要求将其所需的商品交给用户。

企业物流质量管理主要包括两个方面的内容:质量保证和质量控制。质量保证是企业物流对用户来说的,就是要对用户实行质量保证,就是为了维护用户的利益,使用户满意,并取得用户信誉的一系列有组织、有计划的活动。质量保证是企业物流质量管理的核心。质量控制是对企业内部来说的,是为保证某一工作、过程和服务的质量达到作业技术标准所采取的有关活动。质量控制是测量实际的质量结果,与标准进行对比,对某些差异采取措施的调节管理过程。质量控制是质量保证的基础。

2. 企业物流质量管理的基本特点

企业物流活动具有内在的客观规律,在质量管理方面同样反映出相应的基本要求。归纳起来有四大特点:

(1)全员参与。要保证物流质量,就涉及到企业物流活动的相关环节、相关部门和相关人员,需要依靠各个环节、各部门和广大员工的共同努力。物流管理的全员性,正是物流的综合性、物流质量问题的重要性和复杂性所决定的,它反映了企业质量管理的客观要求。

(2)全程控制。企业物流质量管理对商品的包装、储存、运输、配送、流通加工等若干过程进行全过程的质量管理,同时又是对产品在社会再生产全过程中进行全面质量管理的重要一环。在这一全过程中,必须一环紧扣一环地进行全过程管理才能保证最终的物流质量,达到目标质量。

(3)全面管理。影响企业物流质量的因素具有综合性、复杂性、多变性,加强企业物流质量管理就必须全面分析各种相关因素,把握内在规律。企业物流质量管理不仅管理物流对象本身,而且还管理工作质量和工程质量,最终对成本及交货期起到管理作用,具有很强的全面性。

(4)整体发展。企业物流是一个完整统一的系统,加强企业物流质量管理就必须从系统的各个环节、各种资源以及整个物流活动的相互配合和相互协调做起,通过强化整个企业基本质量素质来促进企业质量的整体发展。可以肯定地讲,只有增强企业素质才能实现企业物流质量管理的整体发展;只有质量管理的整体发展才能最终实现企业物流管理目标。

二、现代企业物流质量管理的主要内容

(一)商品的质量保证及改善

物流的对象是具有一定质量的实体,具有合乎要求的等级、尺寸、规格、性质、外观。这些质量是在生产过程中形成的,物流过程在于转移和保护这些质量,最后实现对用户的质量保证。因此,对用户的质量保证既依赖于生产,又依赖于流通。现代物流过程不单是消极地保护和转移物流对象,还可以采用流通加工等手段改善和提高商品的质量,由此,物流过程在一定程度上说就是商品质量的“形成过程”。

(二)物流服务质量

企业物流活动具有服务的本质特性,既要为企业生产经营过程服务,也要为企业产品和服务的顾客提供全面的物流服务。甚至可以说:整个物流的质量目标就是企业物流的服务质量。服务质量因不同用户而要求各异,要掌握和了解用户的诸如下面的一些要求:商品狭义质量的保持程度;流通加工对商品质量的提高程度;批量及数量的满足程度;配送额度、间隔期及交货期的保证程度;配送、运输方式的满足程度;成本水平及物流费用的满足程度;相关服务(如信息提供、索赔及纠纷处理)的满足程度。此外,企业物流服务质量是变化发展的,将在社会发展进程中依顾客需要发展而提出绿色物流、柔性物流等新的服务概念,形成新的服务质量要求。同时,需要适应经济全球化发展,引进国际物流服务标准,不断提高物流服务质量,积极开展国际化物流经营活动。

(三)物流工作质量

物流工作质量指的是物流各环节、各工种、各岗位的具体工作质量。工作质量和物流服务质量是两个有关联但又不尽相同的概念,物流服务质量水平取决于各个工作质量的总和。所以,工作质量是物流服务质量的某种保证和基础。重点抓好工作质量,物流服务质量也就有了一定程度的保证。同时,需要强化企业物流管理,建立科学合理的管理制度,充分调动员工积极性,不断提高物流工作质量。

(四)物流工程质量

物流质量不但取决于工作质量,而且取决于工程质量。在物流过程中,将对产品质量发生影响的各因素(人的因素、体制的因素、设备因素、工艺方法因素、计量与测试因素、环境因素等)统称为“工程”。很明显,提高工程质量是进行物流质量管理的基础工作,能提高工程质量,就能做到“预防为主”的质量管理。

三、现代企业物流系统的标准化

(一)企业物流标准化

企业物流标准化,指的是以企业物流为一个大系统,制定系统内部物流设施、机械装备、专用工具等各个分系统的技术标准;制定系统内各物流环节、物流功能要素如包装、装卸、运输等方面的工作标准。标准化是企业物流管理的重要手段,对物流成本、效益有重大决定作用,能加快流通速度,保证物流质量,减少物流环节,降低物流成本,从而较大地提高经济效益。企业物流标准化的主要特点如下。

1. 物流标准化系统属于二次系统,又称后标准化系统。这是由于物流及物流管理思想诞生较晚,组成物流大系统的各个分系统,过去在没有归入物流系统之前,早已分别实现了本系统的标准化;并且

经多年的应用,不断发展和巩固,已很难改变,在推行物流标准化时,必须以此为依据。个别情况固然可将有关旧标准化体系推翻,按物流系统所提出的要求重建新的标准化系统,这就必然从适应及协调角度建立新的物流标准化系统,而不可能全部创新。

2. 物流标准化要求体现科学性、民主性和经济性。科学性的要求,是要体现现代科技成果、要求与物流的现代化,包括现代技术及管理都适应,能将现代科技成果联接成物流大系统。民主性指标准的制订,采用协商一致的办法,广泛考虑各种现实条件,广泛听取意见,使标准更具权威,易于贯彻执行。经济性是标准化的主要目的,也是标准生命力如何的决定因素,物流过程不像深加工那样引起产品的大幅度增值,即使通过流通加工等方式,增值也是有限的。所以,物流费用多开支一分,就要影响到一分效益,但是,物流过程又必须大量投入消耗,如果不注重标准的经济性,片面强调反映现代科技水平,片面顺从物流习惯及现状,引起物流成本的增加,自然会使标准失去生命力。

3. 具有较强的国际性。我国的物流标准化从运输工具、包装、装卸搬运工具、流通加工等都要与国际物流标准相一致,积极采用国际标准,完善国内标准体系,提高运输效率,缩短交货期限,保证物流质量。这有利于促进对外贸易,降低成本,增加外汇收入。

(二)企业物流标准化体系

企业物流标准化体系是指在物流标准化活动范围内,各类标准按其内在联系形成科学的有机整体。主要包括:

1. 物流标准体系的覆盖面是物流标准化活动的全部范围,也就是说,物流标准体系包括了物流过程所需要的全部标准,确定物流标准的对象是建立物流标准体系的要点。总的来说,只要属于物流活动范围,与技术、管理有关的重复性事务和概念,都可以作为物流标准的对象,纳入物流标准体系。

2. 物流标准体系的组成是各类标准。"各类"的一层意思是指物流标准体系包括不同级别的标准,亦即国家标准、行业标准、地方标准和企业标准;另一层意思是物流标准体系包括技术标准、管理标准和工作标准。

3. 从国际物流发展趋势来看,物流标准体系既包括现有标准,也包括发展的标准,并随着物流技术的发展不断更新和充实。可以说,物流标准化体系是物流标准化工作的蓝图。

4. 物流标准化体系内的各类标准,都有一定的服务对象,起不同的作用。它们之间相互依存、相互关联,联成一体发挥整体的功能。建立标准体系是一项系统工程,应运用系统工程的思想、方法、工具来研究和处理这些标准之间的关系,按一定科学规律使之形成一个有机的整体。

(三)物流系统标准化的作用

随着生产的发展,科学技术的进步,标准化不断得到丰富和发展,由技术标准发展到管理标准、工作标准,由个别少数标准发展到标准化系统。当今的标准已成为现代化管理科学中的一个重要组成部分,它对物流系统化管理同样也起着重要的作用。

1. 物流标准化是实现物流系统化管理的重要手段和必要条件。目前,物流系统从生产原料供应、生产过程,然后由制成品到消费者手中,直到回收,是一个综合的大系统,分工越来越细,但要求这个系统高度社会化、一体化。因此,要使整个物流系统形成一个统一的有机整体,从技术和管理的角度上来看,物流标准化起着纽带作用。只要制定了各种物流标准并严格执行,就能实现整个物流大系统的高度协调统一,各项工作有条不紊地进行。过去同一物品在生产领域和流通领域的名称、口径范围、计算方法互不统一,现在制定了用于全国产品、商品、物资名称和标识代码国家标准,有利于建立和健全国民经济核算体系,促进物流系统经济信息使用和现代化管理。还应积极采用国际标准建立物流质量保证体系,提高企业物流系统标准化管理水平。

2. 企业物流标准化有利于发挥物流系统功能,保证商品质量。物流工作中重要任务是把工厂生产的合格商品保质保量地送到用户手中。物流标准化对运输、包装、装卸搬运、仓储、配送等各个子系统都制定了各种标准,这些标准是物流的质量保证体系,只要严格执行这些标准,就能保证合格的商品安全地送到用户手中。

3. 企业物流标准化有利于降低物流成本,提高物流效益。整个物流系统标准化后,可以实现一贯制的物流。可以加快运输、装卸搬运的速度，降低暂存费用，减少中间损失，提高工作效率，因而可获得直接的或间接的经济效益。如果某一个环节标准化工作没有做好，就会造成经济损失。如我国铁路与交通两个部门由于集装箱未实现统一标准，双方在运输中衔接时要增加一道装箱工作，造成一定的经济损失。若广泛采用集装箱运输，货运量相应增大，如果集装箱标准仍不统一，那么带来的经济损失会更大。

4. 企业物流标准化有利于提高物流技术水平。企业物流标准化有利于在运输工具、包装、装卸搬运、仓储等方面采用国际标准，开展国际交流和合作，加强与国外各环节的物流设施、设备、机具的相互配合，使运输、装卸搬运、仓储等物流运作实现国际一体化，提高物流技术水平，有效地促进我国物流标准化发展。

四、现代企业物流质量改进

(一)企业物流质量改进的原则

企业物流质量改进就是指为向企业物流及其顾客提供增值效益，在整个企业范围内所采取的提高物流质量活动过程的效果与效率的所有措施。企业物流服务的质量是由顾客的满意度确定的并取决于整个物流服务过程的效果和效率。物流质量改进通过改进过程来实现。企业物流系统内的每一项活动或每一项工作均包括一个或多个过程。质量改进是一种以追求更高的过程效果和效率为目标的持续活动。质量改进不断寻求改进机会，通过预防和纠正措施消除或减少产生质量问题的原因。

(二)企业物流质量改进环境

1. 为企业物流创造持续质量改进的环境。主要做好：明确企业物流质量改进的目的和目标；持续地改进企业物流的运作过程，培育一种广泛交流、相互合作、尊重个人和鼓励创新的环境。

2. 为企业物流质量改进创造必需的价值观和文化基础。主要包括：重视满足企业内部和外部顾客的需要；使质量改进贯穿于从供方到顾客的整个供应链；不论是集体还是个人，始终强调物流质量改进是工作的基本内容；通过改进过程来解决物流质量问题；持续地改进所有的过程。

(三)企业物流质量改进的有效途径

1. 企业物流质量改进的基本方法。重点明确：提出企业物流质量改进的方针、策略、主要目标、指导思想，支持和广泛协调企业物流质量改进的活动；确定物流质量改进的需要和目标以及为满足需要和实现目标而配置资源的方法；通过质量小组活动，实现质量改进目标的方法；鼓励企业员工开展与工作有关的质量改进活动并协调相关活动的方法。

2. 企业物流纵向层次的质量改进方法。主要包括：对物流过程进行管理；具体有确定各部门任务、制定战略规划、明确作用和职责、获取和配置资源、提供教育和培训等；确定并策划各部门工作过程的持续质量改进；创造并保持一个使部门全体员工有权力、有能力和有责任持续改进质量的环境。

3. 企业物流跨部门过程的质量改进方法。一般包括：在企业物流各部门之间建立并保持紧密联系；识别企业物流过程内部和外部的顾客，确定他们的要求和期望；把顾客的需要和期望转化成具体的顾客要求；识别物流各过程的供方，将顾客的需要和期望传达给他们；寻求物流各过程的质量改进机会，配置改进所需的资源，并监督改进的实施。

五、现代企业物流质量管理的基本途径

(一)树立企业物流整体质量管理思想

1. 真正形成物流整体质量管理的认识。一般来说，企业物流活动就是为生产经营服务的服务性活动，主要包含：由核心服务、辅助服务构成的基本服务组合；服务过程；企业物流服务的形象。不同的企业物流服务，物流服务功能的构成和重要性不同，其质量都会影响顾客感觉中的整体服务质量和顾客的满意程度。强化企业物流质量管理，就必须从企业物流发展战略高度出发，真正树立整体质量管理思想。

2. 认真做好物流服务过程的整体质量管理。从整体质量管理出发，强调物流管理人员必须深入了解物流服务全过程，并根据顾客需求，认真做好物流服务网络体系设计工作和服务质量管理工作，不断创造物流价值，提高顾客的满意程度。企业在物流服务过程的各个环节、各个阶段，都必须以优质服务组成的整体，为顾客创造更大的物流价值，增强顾客的信任感和忠诚感。

3. 整体考核企业物流服务质量管理水平。企业要在激烈的市场竞争中取得长期优势,必须不断提高企业物流服务质量和生产效率。服务质量指物流服务满足市场需要的能力。企业应确定物流服务质量标准,做好每一个关键环节的质量管理工作,促使服务实绩符合或超过顾客的期望。服务质量是服务客观现实和顾客主观感觉融为一体的产物,要从整体角度客观地衡量物流服务质量管理水平,积极采用高新技术加强质量管理,提升企业物流服务的整体质量水平。在物流服务实绩考核中,既应考核生产效率,更要考核服务质量和顾客满意程度。

4. 同时提高企业内部物流服务质量和外部物流服务质量。提高企业内部物流服务质量,才能为企业外部顾客提供优质服务。顾客感觉中的服务质量是由企业物流员工和顾客之间相互交往的结果决定的。员工的服务知识、服务技能、服务意识、服务行为对顾客感觉中的物流服务质量有极大的影响。顾客的消费行为也会影响服务质量。企业必须高度重视员工的物流服务行为管理,必须高度重视顾客的消费行为管理。

(二)建立有效的物流质量管理信息系统

企业建立有效的服务质量管理信息系统能为企业提供物流服务质量改进决策必需的各种信息,能激励企业内部员工改进物流服务工作。要建立有效的物流质量管理信息系统,企业应遵循的原则是:

1. 计量顾客对物流质量的期望。企业既应计量顾客对物流服务质量的评估,也应计量顾客对物流服务的期望。顾客对服务质量的期望是顾客评估服务质量的依据。不计量顾客的期望,企业就很难正确理解顾客对物流服务质量的评分。但是,增加顾客期望调查,物流服务质量工作会变得更加复杂。

2. 强调信息质量。企业物流质量管理信息系统强调信息质量,是根据信息的相关性、精确性、实用性、连续性、可信性、易懂性来衡量的。企业为顾客提供优质服务,可增强顾客忠诚感,扩大市场份额,提高经济收益。物流质量管理信息系统就是让管理者了解物流质量对企业的影响。做好有关管理工作。

3. 实时监控物流质量状况。在为顾客提供物流服务的过程中,由于多种因素的共同影响,导致企业物流质量的变化。加强物流质量管理需要随时了解和掌握物流质量的现状、运行过程和发展趋势,及时发现问题、改进管理。提高企业物流服务与管理质量,一般需要对物流服务质量进行广泛深入的调查研究,建立一定的评价指标体系,实现企业物流质量管理信息的实时采集、整理、传递,有效实行监督和控制,不断提高服务与管理水平。

(三)加强企业物流质量管理的主要措施

要有效地提高质量管理工作效果,企业必须根据质量管理环境,采取适当的管理措施。主要包括:

1. 根据全面质量管理理论,建立和完善企业物流质量管理的计量、评估体系,切实消除企业物流过程中的差错。

2. 积极引进现代质量管理理论和技术,提高质量管理水平。科学技术就是生产力,企业必须借助现代高新技术强化物流质量管理,要求企业真正认识技术推动的意义,大力开展技术创新活动。控制导向的企业与学习导向的企业应采取不同方法。控制导向的企业采用基准比较法,了解其他企业的生产程序和质量标准,明确顾客对产品质量的期望,并根据基准比较结果,采取改进措施。在学习导向的企业里,顾客还无法想像新服务,质量管理工作的目标并不是使服务质量符合目前的标准。

3. 运用有效的激励措施,实行全员质量管理。企业应根据顾客需求环境的相对不确定性,运用有效的奖励和激励措施,激励员工提高学习能力和创新能力,鼓励员工承担风险,通过精心设计、认真实施的试验,探索减少差错的新方法。在大多数企业里,控制导向的质量管理措施与学习导向的质量管理措施相互补充,应兼顾企业控制的需要和学习的需要。企业必须不断地改进质量管理工作,以便不断地提高物流服务的质量。

企业应根据质量管理环境不确定程度来确定质量管理措施。在质量管理文献中,许多学者认为所有企业都可采用全面质量控制措施。企业只要加强全面质量控制,就能有效地做好质量管理工作。

第五篇 商业企业物流管理

第一章 商业企业物流概论

第一节 商业企业概述

商业企业是商品经济发展到一定程度的产物，是一种商品交换的组织形式，是在整个社会大范围内筹集商品，为人们的生产或生活提供生产资料或生活资料，从而保障人们生产或生活正常进行的经济组织。商业企业也通过向社会提供这样的服务，体现自己的价值，获得社会的报偿，维持自己的生存和发展。

一、商业企业的职能

所谓商业企业，是指从事商品流通及服务性经济活动，以赢利为目的、自主经营、独立核算、依法成立的经济组织。

所谓商品流通，就是将商品由供应者转移到需求者的过程。商品流通需要实现3个基本功能，一个是商品所有权的转移，一个是商品可见位置的转移，一个是商品时间位置的转移。前者为商流的功能，后二者为物流的功能。因此商品流通实际上包含了商流和物流。

服务性经济活动，主要是指向社会提供劳务、技术、信息、金融等的支持服务活动。例如运输、储存、搬运、人力资源、餐饮、旅游、技术交易、技术开发与咨询、信息服务、金融服务等。它们也都属于商业企业的范畴。

商业企业具备经济性、商业性、中介性、自主性、社会性和合法性等特征。

(一)商业企业的基本职能

商业企业属于商品流通企业，商品流通企业是组织社会商品流通的基本单位。它的基本职能是：通过商品购销经营活动，组织商品流通，完成商品从供应者到消费者的转移运动过程，包括商品所有权的转移、商品空间位置的转移和商品时间位置的转移，并提供与商品经营相适应的服务，以满足需求者的物质需要，实现商品的价值和使用价值，保证人们生产和生活顺利进行。

没有商业企业的劳动，整个社会的商品流通就不可能开展起来，整个社会的生产和生活就不可能得到保障，整个社会的经济就不可能兴旺发达。我们国家已经步入了比较完善的市场经济社会，众多的商业企业在整个社会的商品流通中起到了非常重要的作用。冬天的哈尔滨能够吃到海南岛的新鲜蔬菜，炎热的武汉能够吃到乌鲁木齐的哈密瓜，美国紫色的马蹄葡萄能够摆在中国人的餐桌上，中国的青岛啤酒能够成为欧洲商店中的精品。这些都是商业企业的功劳。

商品经营过程包括购、销、运、存4个基本的业务环节，其中购、销是中心，是企业其他经济活动的起点。没有购销业务，其他经济活动就无从谈起。由于有商品销售，才产生了商品流通企业和消费者之间的经济联系；由于在收购商品时付出资金，在销售时收回货币，从而才产生了资金运动，没有购销业务也就不能形成资金运动等。因此，商品流通企业的各种经济活动都是直接或间接地从购销业务中派生出来、为购销业务服务的。

但是，商品流通光有购销业务是不够的，必须还要有运输和储存。购销只能解决所有权的转移问题，不能够解决空间位置和时间位置的转移问题。要解决空间位置和时间位置转移的问题，必须要进行运输和储存。而进行运输和储存，就必然需要包装、装卸和搬运等。

实际上，购、销、运、存4个环节，前二个是商流，后二个是物流。

所谓商流，是物资社会实体的流动，包括商品的等价交换运动和商品所有权的转移运动。通过商流活动，可以创造商品所有权的效用。

所谓物流，是物质实体的流动，包括商品空间位置的转移运动和时间位置的转移运动。通过物流活动，可以创造商品的空间效用和时间效用。

搞好与商品经营相适应的服务，在市场经济发展中具有重要的意义。随着消费结构和消费水平的变化，市场竞争日趋加强，服务越来越与商品经营密不可分，越来越与企业自身的生存息息相关。甚至在某些方面，服务对商品流通企业经营活动的影响，已经远远超过商品本身。事实证明，服务作为商品流通企业的职能，不仅具有经济意义，而且具有社会意义。商品流通企业的社会性质，决定了服务既是企业商品经营的必不可少的手段，同时也是企业经济活动的最终目的。

(二)商业活动的具体职能

商业活动，亦即通过购、销、运、存等具体的活动，可以实现如下一些职能。

1. 商品交换职能

这个职能体现了商业活动的本质特征，商业是商品交换的发达形式。它的基本职能就是通过商品的买进卖出，作为媒介达成商品交换，最终把商品从生产领域转移到消费领域，以沟通产销，实现社会再生产的循环。商业企业通过购买，以商业资本为媒介，促进商品由生产领域向流通领域的转移，帮助生产部门初步实现从商品到货币的转化，为再生产创造前提条件，同时也为商业活动创造了物质基础。通过销售，变商品为货币，收回垫付的资本并使资本增值，促进商品从流通领域向消费领域的转移，完成交换的全过程，最终实现商品与货币的统一。

2. 调节供需职能

调节职能是指商业通过运输、发送、分类、编配、保管、拆装、销售服务等实体分配活动，解决生产同消费在时间上、地区上和商品花色品种方面的矛盾，实现产需的统一。商业的调节职能主要表现在：通过运输，促进产品位移，创造地区效用，缩短生产和消费在空间上的距离；通过储存，消除生产和消费在时间上的差异，创造时间效用，调节丰歉之间、淡旺之间、季节之间的差异，促进商品产销的协调。

3. 融资信用职能

融资职能是指商业企业通过垫付商品资金，以促进生产和流通的职能。商业基本职能的实现是从买开始，先买后卖，通过这一买一卖媒介成商品交换，这就要求商业首先要垫付资金。在现实生活中，生产者得到的货币，并不是由消费者支付的，而是商业部门代替消费者购进商品，代其支付货款，然后再卖给消费者，收回货款。另外，商业活动中的代支代付、预购、赊销、分期付款等，都是融资职能的具体表现。

4. 信息反馈职能

信息职能是指商业通过提供市场信息以引导消费的职能。商业熟悉市场情况，能分析研究市场变化趋势，提供、传播和反馈商品信息，引导生产，指导生产，促进生产部门根据市场需要生产适销对路的商品，不断满足消费者需要；同时根据生产和市场变化，传递商品信息，引导消费，指导消费，促进消费水平和消费效益的提高。

5. 风险回避职能

商业风险是指商品从生产领域到消费领域的转移过程中，由于客观条件的变化和各种因素的影响而给商业造成的损失。商业风险是商品流通过程中普遍存在的经济现象。在商品流通过程中，流通事故、价格波动、商品损耗、信用危机等都可能造成损失。但是通过巧妙的商业操作，可以回避、转移或消除风险。

二、商业企业的任务

商品流通企业的任务是由它在国民经济、社会再生产过程中的“中介”、“桥梁”地位决定的，商品不断流通，社会再生产才能不断地连续进行。

商品流通企业的任务，是商品流通企业基本职能的具体表现，它反映了企业的经营方向，决定了企业经营活动的内容。一般来说，商品流通企业的任务主要有以下几个方面。

(一)积极组织商品购销，搞好经营，满足市场的需要，保障社会生产和生活的正常进行

商品流通企业组织商品流通的最终目的，是为了满足消费者不断增长的物质和文化生活的需要。这是商品流通企业的中心任务。为实现这一任务，商品流通企业应当集中力量组织好商品的购销活

动，努力扩大商品流转，加快实现商品从生产领域向消费领域的转移，满足生产和消费的需要。并且大力开辟和扩大商品货源渠道，注意把握市场需求变化的规律性。同时，还要在掌握国家经济政策的基础上，采取更能适应市场需要的购销方法和购销形式，从经营内容和经营形式上把企业搞活。

(二)降低成本，搞好服务，提高用户满意水平

商业企业本质上是服务企业，是为社会上的生产企业和广大消费者的生产和生活服务的。所以商业企业要树立起良好的商业职业道德，为企业着想、为人们生活着想。通过具体的商业活动，千方百计地为顾客节约每一分钱，为顾客谋取最大的利益。优良的商业作风，不但可以增加顾客满意度，而且可以争取客户、扩大市场，对于商业企业增加销售也是大有好处的。

(三)讲求经济效益，为企业和国家创造经济效益

商品流通企业只有不断改善企业管理，提高企业的经营能力，保持企业经营活动的高效化，才能提高企业的经济效益，才能为企业和国家提供更多的资金积累。许多商品流通企业成功的经验证明，经营靠能力，管理出效益。企业只有靠不断深化改革、转换经营机制、建立和完善现代企业制度，即练好“内功”，并采取有效的经营手段和方法，充分运用现代管理技术，才能不断促进自身的创新和发展，从而为国民经济的发展做出更多、更大的贡献。

(四)引导生产，指导消费，促进社会经济的发展

流通是社会再生产的“中介”环节，是生产与消费的具体联接者。面对开放的、不断变化的市场，商品流通企业绝不能消极地组织商品流通，即企业生产什么，就经营什么；而应当是利用自己既联系着生产又联系着消费的中介身份和能动作用，积极地开展市场调查和研究，及时广泛地搜集市场信息，引导企业的生产在产品的品种、数量、规格、质量、性能等方面能最大限度地符合市场的需要。同时，商品流通企业还必须及时了解有关新产品、新技术的信息和知识并加以广泛的宣传，不断开辟和扩大市场，引导和促进消费合理发展，发挥自身在生产和消费中的能动作用。

(五)不断提高服务质量，塑造良好的市场形象

随着经济的发展，社会的消费需求无论在内容、层次、水平等方面都不断地向着更新更高的趋势发展和变化，从而对服务方式、手段、质量也不断提出更高的要求。对商品流通企业来说，只有从商品和服务两个基本内容上，经常、处处保持与消费需求的一致性，才能提高企业的知名度、美誉度，增强企业的竞争力。

三、商业企业组织形式

商业企业是独立从事商业经济运作的基本单位，是整个商业社会组织的基本细胞。由于商业内容的广泛性，以及它在国民经济中占有的十分重要的地位，决定了商业企业的组织类型呈现多样化，并具有各自完全不同的特点。商业企业根据不同的分类可以分为各种各样的类型。

(一)按经营物资的种类划分

商业企业按经营物资的种类划分，可分为物资企业和服务企业(见图 5—1—1)。

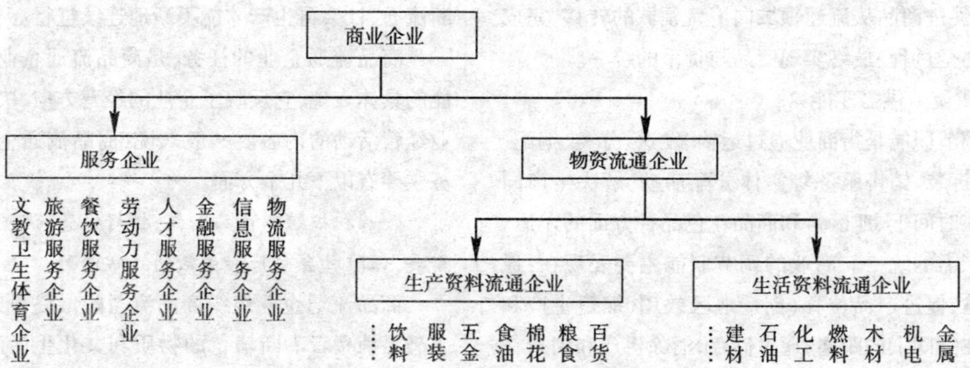

图 5—1—1　商业企业分类

1. 物资流通企业

物资流通企业主要担任物质商品的流通活动，满足人们生产和生活对物质产品的需要。物资企业主要包括两大类：

(1)生产资料流通企业

所谓生产资料，主要是社会生产所需要的原材料、设备、工具、能源等物质产品。生产资料流通企业，主要为生产企业提供原材料、设备和工具等生产资料，为社会生产服务，满足人们生产所需要的各种物质产品。

(2)生活资料流通企业

所谓生活资料，主要是人们衣、食、住、行生活所需的各种物质产品。生活资料流通企业，主要为全社会广大的家庭居民和个人生活提供各种生活资料，为人们生活服务，满足人们生活对各种物质产品的需要。

这两类企业的运作具有不同的特点。生产资料流通一般是大批量、少频次，基本上都是在企业之间进行，供应商和需求者较少，需求弹性小，专业性很强，以批发为主。生活资料流通则一般为小量、多频次，都是在最终消费者和商品市场之间进行，供应商和需求者都非常多，需求弹性大，专业性不强，以零售为主。这样的差别，构成了这两种流通企业在流通方式、流通品种、流通范围方面不同的特点。

这两类企业概念的分别在国外市场经济比较发达的国家可能不那么强烈，而在我国则是比较强烈的。这不仅在于它们本身具有不同的特点，而且在于中国长期以来的具体运作过程所造成的影响。中国长期以来实行计划经济，生产资料的流通基本上采取计划分配的形式。而生活资料的流通相对比较多地实行商品流通的形式。由于这样的差别，因此人们也长期把生产资料叫做物资，把生产资料的流通叫做物资流通，而把生活资料叫做商品，把生活资料的流通叫做商品流通。现在我们国家也已经实现了市场经济，这样的差别应该取消，生产资料和生活资料都是物资，也都是商品。商品流通应当包括生产资料流通和生活资料流通两个方面。因此也就有了生产资料流通企业和生活资料流通企业。

2. 服务企业

服务企业包括的内容更多、更广泛。所有为生产、流通和生活服务的企业，都属于服务企业。它们共同的特点是都提供非物质产品。它们以自己提供的各种各样非物质产品为生产服务、为流通服务、为人们生活服务。具体可以分为很多行业类别，例如：

(1)物流企业。主要为生产企业、流通企业和人们生活提供物流服务。例如运输企业、配送企业、仓储企业、包装企业、装卸企业、流通加工企业、物流管理企业等提供专业化的物流服务，第三方物流企业、配送企业等提供综合化的或者专业化的物流服务。

(2)信息企业。主要为生产企业、流通企业和人们生活提供信息服务。例如电信企业、邮政企业、软件企业、管理咨询企业、会计企业、统计企业、IT 企业、证券企业等。

(3)金融企业。主要为生产企业、流通企业和人们生活提供资金服务。例如银行企业、保险企业、证券企业、投资企业、信用企业等。

(4)另外，还有技术交易企业、人才、劳动力交易企业、餐饮企业、旅游企业、文教、卫生、体育企业、修理企业等。它们分别为生产企业、流通企业和人们生活提供技术交易服务，人才、劳动力交易服务、餐饮服务、旅游服务、文教、卫生、体育服务和修理服务等。

本书主要关注物资流通企业。

(二)按生产资料所有制的形态划分

商业企业按生产资料所有制的形态划分，可分为国有企业、集体所有制企业、合作制企业、公司企业和个体企业。

其中，公司企业是指由各种投资者投资、实行公司化运作的企业组织形式。投资者可以是企业、国家以及社会个体等多种成分。公司化运作是一种比较完善的、规范化的运作模式。因此它也是我国现代市场经济中占支配地位的企业组织形式，也是适应社会化大生产和市场经济的发展而形成的一种现代企业制度。按照投资方式、规模大小和运作模式分，又可以分为有限责任公司和股份有限公司两种主要形式。有限责任公司规模较小，筹资能力较小；而股份有限公司规模较大，筹资能力强。这两种形式都有比较规范的运作模式。因此我们国家大力提倡和鼓励发展这样的企业组织形式。随着我国改革开放力度的加大，我国商业的股份制改造将进一步深化,公司企业现在已经成为我国企业最普遍的企业组织形式。他们的实力很强,构成了我国国民经济的主体力量。

(三)按商业企业的地位和作用划分

商业企业按流通环节可分为批发商业和零售商业企业。

批发商业企业位于商品流通的起点或中间点,是制造商和零售商的中间环节,它承担组织货源,储存保管商品,对商品进行分类、编配和补充加工等方面的任务。

零售商业企业位于商品流通的终点。直接面对消费者,是联系供应商和消费者的中间环节。

批发商按性质可分为制造商、独立批发商、代理商等,按环节可以分为一级批发商、二级批发商等。

零售商按服务数量可分为顾客自理、有限服务以及全面服务;按经营的产品线可分为专卖商店、百货商店、方便店、综合商店以及超级市场;按相对价格可分为折扣店、低价零售以及目录陈列室;按商店的控制力度可分为公司连锁、自愿连锁、零售商合作社、特许组织以及商品联合企业;按商店群的类型可分为中心商业区、地区购货中心、社区购货中心以及邻近购货中心。

(四)按商业企业经营的范围和基本形式划分

商业企业可分为专业经营、连锁经营和综合经营企业。

综合经营企业其经营的范围广,商品齐全,服务职能多,能满足消费者多方面的需要。专业经营是经营某一类、某一种特定需要商品的企业。连锁经营是经营类似商品或服务的若干企业,在同一总部管理下,按照统一的经营方针,进行共同的经营活动,以形成集团优势和规模经济,并共享规模效益的经营形式和组织形态。连锁经营是使流通企业经营规范化、规模化、组织管理现代化的有效经营形式。

第二节　商业企业物流系统模型

一、商业企业物流系统模型

针对商业企业的具体情况,它存在哪些物流的问题呢?商业企业物流系统应当包括哪些组成部分呢?

首先我们讨论一下商业企业物流系统模型。商业企业自己不生产产品,因此没有原材料库和在制品库,也没有加工过程。它们是靠采购形成自己的商品库存,从物流的角度看,商业企业就相当于一个商品仓库,商业企业物流系统在企业内部的结构就是一个商品库存。而在商业企业外部,有购进物流和分销物流。这样,整个商业企业物流系统的模型就如图 5—1—2 所示。

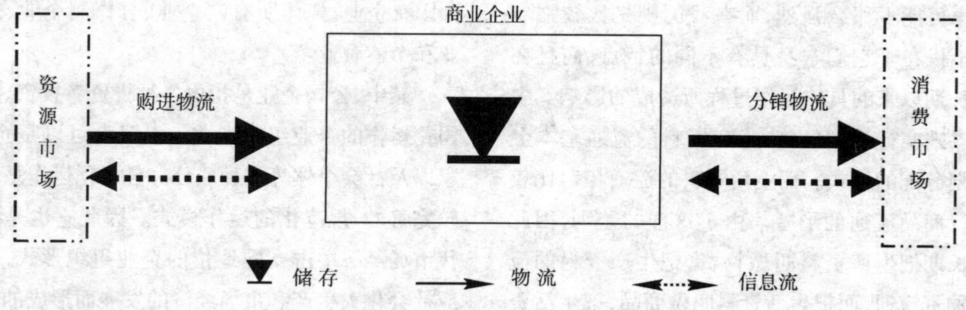

图 5—1—2　商业企业分类

二、商业企业物流问题

由图 5—1—2 可以看出,商业企业物流系统从大的方面来分,可以包含三大部分:购进物流、分销物流和企业内部物流系统。具体分析,商业企业物流系统大概涉及以下一些物流问题。

(一)商业企业内部物流问题

从企业内部物流系统看,它包括以下物流问题:

1. 商业企业选址和网点布局问题。包括商业企业的选址、仓库的选址和它的各个门店的选址。因为商业企业的特点,通常都包含有多个仓库和多个门店,他们的选址原则是不一样的,所以应当分别考虑。

2. 商业企业仓储管理问题。商业企业都有商品的临时储存问题。商业企业临时储存有两种形式:一是仓库中商品的临时储存,二是卖场货品的临时储存。在仓库中为了保持商品的系统性、完整性、新鲜性和商品的进出通畅,就需要进行妥善的品种管理、货位规划、妥善存放、保管保养和装卸搬运,这就需要进行仓储管理。卖场货品的临时储存同样也有一个品种管理、货位规划、存放摆设和整理的问题,这就是卖场管理。

3. 商业企业库存控制问题。无论是仓储管理还是卖场管理,都有一个库存量控制的问题。这些都是物流管理问题。商业企业商品储存的目的是为了满足销售的需要,因此不能够没有储存,没有商品储存,一旦发生销售,就会造成缺货损失。但是由于市场的需求是会发生变化的,有的甚至瞬息万变,因此商品库存必须适量,超量库存一旦超过了销售时机,就会变成废品一堆,给商业企业造成极大的损失,故而商业企业要特别重视库存控制问题,努力寻求既保证商品库存能够满足销售需要,又不致造成超量库存的合适的商品库存量。这就是库存控制的问题。

(二)购进物流系统

从购进物流系统看,包括以下物流问题:

1. 科学采购问题。采购的目的,是为了满足销售的需要。但是商品采购常常先填充库存,由库存来满足需要,而库存量是需要进行控制的,因此采购也需要进行控制。为此要注意根据具体情况科学地选用采购方法,达到既满足需要,又使得库存适量的目的。这就是科学采购。

2. 上游供应链管理问题。采购方面还有一个重要问题就是供应商的管理问题。供应商的支持是商业企业顺利运作的前提条件,商业企业为寻求一个友好的供应商环境条件,就需要进行供应商管理。供应商管理包括很多方面,其中最重要的就是组织供应链、进行供应链管理,这里主要是上游供应链的管理问题。

3. 进货管理问题。采购过程中,一个很重要的物流问题就是进货管理。进货管理包括进货各个环节的管理以及运输规划问题。进货各个环节的管理,是保证各个运输环节的安全、职责明确、运输通畅、费用节省、及时到货的必要条件。运输规划问题,是解决合理运输方式、合理运输路线以及总费用最省的问题。这些都是进货管理当中必须解决的问题。

(三)分销物流系统

从分销物流系统看,它包括以下物流问题:

1. 分销网络与下游供应链管理问题。分销当中最主要的问题,是要设立一个分销网络和物流配送网络。分销网络是指门店网络,物流配送网络是指送货、配货网络。分销网络不一定和物流配送网络重合,物流配送网络就是要建立起一个对各个配送中心以及各个门店适时适量送货的体系。因此,它是分销物流中最重要的问题。下游供应链包括了物流配送网络的各个网点、各个门店以及各个重要用户的一个系统。做好下游供应链管理就可以把包括物流配送网络、分销网络和各个重要客户管理起来。

2. 配送运输规划问题。配送运输规划问题,就是要选择合适的配送网点、合适的配送路线、合适的车辆,制定配送计划,既达到适时适量送货,又节约车辆、节约运费、客户服务好、社会效益好的目的。制定好配送计划,是搞好配送管理、获取配送效益的前提条件之一。

3. 第三方物流问题。一个大的商业企业,一般分销物流量很大,工作量大。其分销物流的实施,不一定都需要商业企业自己承担,可以通过第三方物流来实施。第三方物流包括两个方面,一个是物流外包,一个是自办第三方物流。可以根据具本情况,选择合适的方式。

以上是商业企业物流所需要关注的几个方面的问题。本书后面各章将分别详细讨论这些问题。

第三节　商业企业物流管理

一、商业企业要重视物流管理问题

要重视物流管理,首先要认识到物流在商业企业的地位和作用。物流和商流同是物资流通不可分割的组成部分,它们互相补充地共同完成流通的功能。只有把物流和商流都搞好,才能够圆满地完成商品流通的任务。

其次要认识到,搞好物流,能够更好地搞好商流。这是很容易理解的，搞好物流，就能够提高服务水平，能够提高顾客满意度、提高企业的声誉。这将有利于扩大销售，扩大市场。顾客是最讲实惠的，如果顾客购买的货物不能够按时按量地被送到自己手中，或者送到了自己手中，但所花的费用很高，这将大大挫伤顾客对于商业企业的积极性和向往性，因此有可能从此离开这个商业企业，转而趋向其他的商业企业。这样，企业就会失去顾客。相反，如果企业物流搞得好，能够及时保质保量地把货物送到顾客手中，并且送货费用低，则可以赢得顾客的满意和信赖，就可以培养顾客对于商业企业的忠诚，顾客不但自己继续坚持在这个商业企业购物，还可以劝说他的亲朋好友和邻居到这个商业企业来购物。这样，企业就可以扩大自己的客户群，扩大销售，扩大市场。因此，搞好物流，可以促进销售，可以促进商流的发展。从这个意义上看，也可以说，物流也是市场营销的手段。

第三要认识到，搞好物流就能够降低经营成本，要努力从物流领域去挖掘"第三利润源泉"。物流成本包括采购进货成本、分销物流成本和企业仓储成本等，它们对于商业企业，构成了经营成本的主体部分。因此精心策划物流方案，妥善进行物流作业，可以大大降低物流成本，从而可以提高企业的工作效率和经济效益，提高企业的市场竞争力。

第四要认识到，在搞好商流的同时又搞好物流，就能够提高企业的管理水平。搞好商流工作，要进行精心的市场营销工作。要做到物流优化，也需要精通物流管理技术。商流和物流，都需要有市场竞争的意识和手段，所以都需要大大提高企业管理水平。国外一些大企业，一般都设有进行物流策划的专门机构，这都是为了提高物流管理水平。只有这样，企业才能够在一个较高的管理水平上参与市场竞争，才能立于不败之地。

二、商业企业中商流和物流关系的处理

当然，企业重视物流管理，并不是要轻视商流工作。在商业企业中，商流相对于物流而言，还是要占主要地位，物流是为商流服务的。基本销售市场的打开，首先要靠商流，靠市场营销。只有销售市场打开了，物流才能够发挥作用。销售市场越大，物流发挥的作用才能越大。

物流的相对重要性，还跟企业的规模有关。企业的规模越大，物流量也就越大，物流的范围也就越大，物流的重要性也就越高。如果企业小，特别是那些个体户小企业、小摊贩，由于物流量小、物流范围小，物流优化的效益也就小，物流的重要性就相对较小。

三、商业企业中物流管理的重要工作

企业如果重视物流管理，就应该做一些实际的工作，切切实实地把商业企业物流管理纳入企业经营管理的范畴中去。以下几个方面是比较重要的工作：

物流发展战略。商业企业物流是客观存在的，而且随着企业的发展，物流工作量会越来越大。物流工作应当有一个长远发展规划和发展战略：是自办物流？还是外包物流？物流网络怎么样建立？发展规模和进度如何？

日常物流策划和物流工作计划。企业的经营计划必须包括物流工作计划，每一项经营活动，都要进行物流策划，选择最优的物流方案。在经营成本中，要考核物流成本。

要进行物流基础设施建设，不断提高物流储存、运输、装卸、搬运和物流信息处理的能力。

不断学习物流作业技术和物流管理技术，提高物流作业效率和物流管理水平。

要落实物流管理组织和物流管理责任制度。

要加强学习和培训，努力形成一支物流技术队伍。

第二章 商业门店选址

曾经不止一次碰到台湾来大陆投资的企业家，问他们最使他们费尽心机的问题是什么，他们几乎都异口同声地说，是企业的选址问题。他们说，他们为了在国内投资设立一个企业，几乎考察了国内好几个省市，他们能够滔滔不绝地谈出他们考察过了的所有各个省市的优点和缺点，并且能够谈出他们选定某个城市作为投资点的很具体的理由。

其实，不只是台湾的投资家，包括中国国内的投资家和企业家，任何一个有头脑的企业家，都会把企业的选址问题，看成是他们需要反复考虑的头等重要的问题。商业企业的选址也不例外。

第一节　商业企业选址概述

一、商业企业选址问题的特别重要性

商业企业选址的重要性，甚至比较其他企业更加突出。例如很多军工生产企业可以建在山沟里，中国一些有名的大企业，如中国二汽、长虹电视机厂等都建在一些偏僻的小城市，它们照样能够生存和发展。设想如果把北京的王府井商业城搬到那些偏远的山沟里，那恐怕一天都活不了。商业企业之所以选址特别重要，这是由商业企业的特点所决定的。

商业企业的特点，就是要靠把自己采购筹集的商品销售给别人来维持自己的经营的生存和发展的。因此，商业企业，特别是经营生活资料的商业企业，要能够经营，并通过经营能够维持生存和发展，其所在的地址必须满足一个最起码的条件，即必须紧靠客户，紧靠市场，这样，自己筹集的商品才能够销售出去。如果随随便便找一个地方，投一笔钱，办一个商业企业，结果没有客户、没有市场，自己筹集的商品销售不出去，则这样的商业企业一天也不能够生存。由于经营生活资料的商业企业，面对的是千家万户老百姓，而老百姓采购生活资料，都是就近采购，都不会跑得太远去采购的，一般来说，生活资料商业企业辐射商圈是很有限的，它特别需要紧靠客户、紧靠市场。这足以说明商业企业选址是关系企业生存发展的大问题。

商业企业选址问题也关系到企业的经营成本，特别是物流成本的大小，关系到企业的经济效益。商业企业经营，前端要面对客户，要送货到千家万户，后端要依靠各个供应商，从各个供应商进货，企业内部还有仓储成本，这些都是物流成本，它们构成了经营成本的主体部分。如果选址不好，或者是进货成本高，仓储成本高，或者是分销成本高，都会导致总的物流成本过高。

商业企业选址问题也关系到企业的投资建设成本和效益。特别是大型商业企业，建设商业大厦等大型建筑，规模很大，需要几个亿、几十个亿的投资，投资额很大，如果地址选得不好，建成后效益不好，则投资回收期长，甚至有收不回投资的风险。另外，如果地址地理条件不好，施工难度大，土方挖掘量大，建设费用高，会增加建设成本，也会造成损失。当然对于小型零售企业，不存在这样严重的问题，但是多少还是会影响建设成本和效益的。

商业企业选址问题还关系到企业的长远经营。选址一旦确定，就成为永久的现实，要永远在这里经营，如果不是一个好的经营环境，则这种一开始就形成的坏条件将长久地保持下去，影响企业的一辈子经营活动和经营效益。另外地址选得不好，可能给将来的管理上带来难度。特别是连锁店系统，配送网络系统，相互之间都有日常的信息往来、物资往来，如果各个网点所属区域之间封闭、交通不便、通讯不便等，都会给系统管理带来麻烦，影响企业的经营管理效益。

二、商业企业选址问题的分类

商业企业的选址问题大致可以分成3种类型。

(一)门店的选址

所谓门店，就是开门接待顾客购物的场所。所有的商店都是门店。它们的共同特点，都是进行商品交换的场所，或者是大批量商品交换，或者是小批量、甚至是单个商品的交换，也包括只进行销售开票、不直接交付货物的场所，总之都是进行商流的场所。门店的选址有一些共同的原则，所以需要专门讨论。

(二)配送中心的选址

这里所谓配送中心，包括商业仓库、物资仓库、货场、中转站、批发店等。从一般意义上讲，是指大批量商品集、存、发的场所。配送中心的共同特点，就是收集各个供应商的货物，暂存于自己的仓库，然后根据需要向各个零售店或者客户进行发货送货。配送中心也就是物流中心，是物流业务集中的场所。由于这一类商业组织有它们的共同特点，所以它们的选址问题也有一些共同的原则，所以也需要进行专门的讨论。

(三)分销网络的布局

分销网络，就是各个门店、各个配送中心以及它们的信息中心、指挥中心所组成的一个系统。实际

上就是商业企业组织系统或其子系统。分销网络的布局当中,重点要解决的是信息网络、信息中心和指挥中心的设置问题。因为,其中门店的选址以及配送中心的选址基本上是比较确定的,按已经确定的方案决定以后就不应该变了。在已经确定了门店和配送中心的布局前提下,再来确定信息网络、信息中心和指挥中心的设置问题。分销网络布局考虑的重点问题就是怎样谋求指挥管理的效率化、方便化和低成本。

以上3个方面,本章只讨论第一个方面,即门店的选址问题,而把配送中心的选址问题以及分销网络的布局问题放到第三章中讨论。

三、商业企业选址问题的基本方法原理

上面说到,商业企业的选址问题应当考虑门店、配送中心和分销网络3个方面。这3个方面不是随便考虑的,它们有一个相互关系问题,相互间重要的程度不一样,考虑的先后次序也不一样。

商业企业选址的基本方法,首先要进行市场调查、分析和预测,确定市场需求的规模。然后根据市场需求的规模确定门店的布局、具体确定门店的类型、位置和规模。在门店布局确定以后,再在已经确定的门店布局、位置和规模的基础上,考虑配送中心的选址和布局问题。在配送中心的布局确定以后,最后在来确定分销网络的布局问题。

如此看来商业企业选址问题依据的原则,第一个就是满足需求。也就是说,选址工作首先最重要、最基础的工作就是要考虑市场需求量。没有对市场需求量的深刻了解和把握,选址就没有依据,就必然是盲目的、不科学的。

掌握市场需求量,不一定仅仅是现在已经发生的需求量,还要考虑将来的发展趋势。因为,门店一旦建起来,最起码要运行几年、几十年,因此我们必须考虑几年、甚至几十年的市场发展趋势,就需要对市场需求进行调查、分析和预测。有些地方,现在看来没有什么需求,可是那是一个发展重点地区,几年以后,市场需求就可能大得不得了。有些地方,现在看来很热闹,市场需求很旺,但是几年以后,或许它就衰落了。所以我们要通过调查分析,进行科学预测,达到真正掌握市场需求量。这样才能够真正进行科学的商业企业选址布局。

商业企业选址必须考虑的第二个原则就是经营费用省。经营费用中,最主要的是物流费用,包括商品的运输费用、仓储费用、装卸搬运费用等。决定物流费用大小的,一个是物资的数量,一个是物流的距离和时间,一个是物流的环节。物流商品的数量越大、物流的路程越长、时间越多、物流环节越多,物流费用也就越高。为降低物流费用,当然不要考虑物流数量大的问题,数量大,是需要量大的缘故,越大越好。因此在选址考虑中为了降低物流费用,应当注重如下几个方面:

(1)总物流路程最短;

(2)总物流时间最短;

(3)物流环节少。

商业企业选址必须考虑的第三个原则是:管理方便、效率高。管理的效率化,除了要有一个高明的决策集团之外,最关键的就是信息处理的高效化,也就是要及时收集、处理和传递信息。要及时把市场信息传递到决策集团,又及时地将决策集团的信息传递到执行单位。为做到这一点,最有效的就是建立信息网络。在不能够建立信息网络的地方,就应当考虑指挥中心的选址问题,以方便人工传递信息。

第二节　门店选址

一、门店选址概述

(一)门店的概念和分类

所谓门店,就是开门接待顾客购物的场所。所有的商店都是门店,例如百货商场、生产资料商场、超级市场、仓储商场、连锁店、方便店、一般商店、食品店、小摊点等。门店的集群分布——商业中心,例如商业街、商业城等也属于门店。这二类门店都是有店铺又有货物的门店。还有一类有店铺没有货物的门店,这类门店中没有货物,即使有货物,也只是样品,展览品,它专门进行销售开票的工作,而不当面向顾客提交货物。例如钢材、石油、粮食、大豆、水果等大路货以及盒饭、啤酒、冷饮、机票、车票、电影、球票等的专卖或代理,有时候采用开票门店销售的方式,在门店中只开票,而货物则另外向客户实行统一配送。再有一类可以说是没有店铺的门店,例如自动售货机、流动售货车等,顾客可以在那里买到货物，但是那里不是一个店铺。因此门店的概念和类别可以用图 5—2—1 描述。

- 门店
  - 有店铺门店
    - 单店铺门店
      - 有货物单
        - 店铺门店
          - 百货商场
          - 物资商场
          - 专业商场
          - 超级市场
          - 连锁店
          - 方便店
          - 专卖店
          - 普通商店
      - 无货物单
        - 店铺门店
          - 专卖店
          - 代理店
    - 多店铺门店
      - 商业街
      - 商业城
      - 商品市场
  - 无店铺门店
    - 自动售货机
    - 流动售货车

图 5—2—1　门店的概念和分类

门店之间的区别主要是经营方式和规模大小的区别。

经营方式又可以按不同角度分类，按商品的所有权性质分，可以分为购进经营和代理经营。按门店联合经营的方式可以分为单店经营和连锁经营，按商品挑选的方式可以分为代选商场和自选商场(即超市)方便店等，按经营品种不同可以分为综合商场和专业商场、专卖店等。

按商店规模的大小，可以分为商店群、商场、商店、小摊点等。商店规模的大小是选址必须考虑的一个因素。

(二)门店的特点和功能

门店的共同特点，就是它们都是进行商品交易的地方，是集中进行商流业务的场所。人们可以在那里购买它们所需要的商品。因此门店最基本的功能就是能够最充分、最方便地满足人们购买商品的需求。

当然门店为了满足对顾客商品供应，必须从供应商购进商品。没有购进，就不可能销售，从而也就不可能满足顾客购买货物的需求。而购货、进货就必然造成存货，有的甚至有很大的存货，规模越大，存货量也会越大。另外在发生销售以后，有的还要为顾客送货。所有这些活动，包括购货、进货、存货、销售、送货等，都需要占用资金，花费费用，这些都是经营成本，其中大部分是物流成本。经营成本直接关系到企业的经济效益。因此门店的第二个功能就是要降低经营成本，提高流通经济效益，增加企业的利润。利润是商业企业在市场中生存和发展的前提条件。企业必须凭借自己优秀的经营管理合理获取利润。

门店的第三个功能就是要服务好。服务好最基本的内容当然是满足顾客购物需求，不缺货。但是不能够仅满足于这一条。除此之外，还要开展售前服务、售中服务、售后服务。除对顾客服务之外，还有一个社会服务问题，要为社区发展、社会生态环境、可持续发展等尽自己的义务和责任。

二、门店选址的基本思路

(一)门店选址的基本内容

门店选址的基本内容，主要包括以下几个方面：

(1)确定门店的经营品种；

(2)确定门店的经营方式；

(3)确定门店的地址；

(4)确定门店的规模；

(5)确定门店的主要供货范围。

(二)门店选址的基本方法模型

因为设置门店是为满足一定地区人们的购物需要，门店也必须通过满足一定地区人们购物的需要来实现自己的价值，从而获得生存和发展。所以门店选址的基本依据就是所在地区的市场需求，选址的基本原则就是靠近市场、靠近用户。

门店选址的基本方法就是要通过市场调查、分析和预测来确定市场需求量。根据市场需求量的大小确定商店经营品种、经营方式和商店规模，商店的位置最好设在市场的中心位置、交通方便的地方，争取能够覆盖整个市场。门店选址的原理如图 5—2—2。

在图 5—2—2 中，设市场 P 当中有很多客户均匀分布，他们的总需求量是 Q，市场半径为 r，则门店可以选在市场 P 的中心点 M。商店的经营品种就是市场所需求的品种或品种群。

商店的规模 d 与 Q 有关，具体可以用下式计

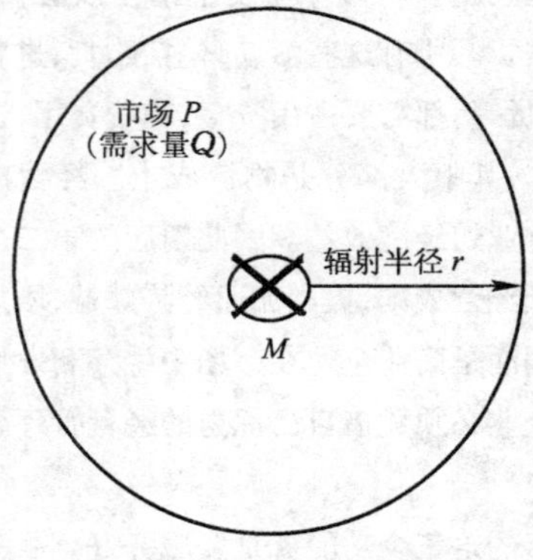

图 5—2—2　门店选址的原理

算:

$$d=\frac{Q}{m}$$

式中,Q 是年需求量,m 是存货资金在一年中的周转次数。

商店的经营方式取决于 4 个因素:

(1)品种的多少;

(2)每个品种的需求量和总需求量;

(3)辐射半径 r 的大小;

(4)交通方便的程度。

如果品种少,需求量小,甚至单一,辐射半径小,可以开小商店、方便店,甚至小摊点,搞零售经营;如果品种多,需求量大,辐射半径较大,交通比较方便,则可以开百货商店、超级商场,搞零售经营;如果品种特别多而齐全,需求量特别大,而且辐射半径特别大,交通方便,这时可以搞商业街、商业城,开展批发经营或者批发与零售相结合的经营。总之根据这 4 个因素综合考虑来确定合适的经营方式。

运用这个模型,要注意几点:

(1)在确定市场需求量时,要考虑到未来的发展,其 Q 值应当是一个未来的预测值。要根据国家或城市的发展规划,确定市场未来的发展趋势,至少要考虑到未来若干年的发展变化趋势。因此需要对市场进行调查、分析和预测。商店的规模越大,投资越多,就越要考虑未来的发展,预测所含时间就要越长。

(2)在确定市场需求量时,要考虑竞争者。竞争者必然参与市场分割。因此市场需求量 Q 是考虑了竞争者分割以后,实际能够为本门店享有的需求量。对于竞争者要进行分析,分别采取不同的竞争策略:如果自己的实力能够战胜竞争者,就采用战胜排挤策略;如果自己实力不能够战胜竞争者,就可以采取避让策略。

(3)在确定市场需求量时,要注意顾客的消费观念、消费习惯。这关系到顾客到门店购买货物的参与程度。顾客处在市场范围内,但是如果不愿意到门店来购买货物,则他的需求量就不能够包含在 Q 中。

(4)当然不一定要求 Q 计算得那么准确,实际上,不可能非常准确。大致确定商店的规模档次和经营方式就可以了。因为在将来的实际经营中,还可以采用各种各样的营销促销方式,改变人们的消费观念和消费习惯,增大 Q 的可能性是很大的。

(5)门店的规模 d 是一个很重要的参数,它直接体现出将来商场的营业面积和经营方式。

(6)门店的具体位置 M 也不是要求那么精确。门店位置的选择,要以能够提供绝大多数顾客购买方便为原则。因此,门店的位置应该能够贴近绝大多数的客户、且交通方便。对于客户均匀分布的市场,门店最好选在市场中心,因为这样距离各个客户最近。但是对于客户不均匀分布,特别是在市场当中交通方便的程度不一样,则不一定非选中心位置不可,还是可以选那些不在中心位置、但是购买平均距离最短、且交通便利的位置作为门店的位置。

(7)图 5—2—2 是一种圆形市场模型,其辐射半径为 r,有时又叫商圈半径。如果更详细的研究,商圈按重要程度又可以分成 3 层:核心商圈、次级商圈和边沿商圈。这时计算需求量时一般需要把各商圈需求量加权(折扣)综合。

第三节　门店选址的具体分析

一、方便店的选址

(一)方便店的概念

方便店,是设在居民区的小型商店,一般采用自选货物的小型超市形式。日本中小企业厅《方便店手册》中对方便店的定义为:

(1)商店位置。在居民住宅区里,主要顾客是步行10 min范围内的大约半径500 m的居民;

(2)店铺规模。营业面积300 m^2以下的小型店铺;

(3)商品种类。以最常用的生活必需品为主,包括一般食品、日用品、衣料、化妆品、常用药、烟酒等杂货和其他可以自选购买的生鲜食品;

(4)营业时间。比周围的超市、一般零售商点要长,原则上全年无休息日;

(5)从业人员。由于是自选商店,基本上由一名管理人员和若干名店员组成,实行两班倒,在必要时可雇用临时工;

(6)组织形态。采用合同连锁等组织形态实行连锁经营,在本部强有力的指导下开展经营活动;

(7)同顾客的关系。采用自选购物方式,但保持与顾客之间的密切交流关系。

方便店与综合超市的区别如表5—2—1所示。

表5—2—1　方便店与综合超市的区别

比较项目	综合超市	方便店	比较项目	综合超市	方便店
商品种类	衣、食、住	食、杂货	战略商品	独家商品	盒饭、饭菜
商品品种	20～30万种	3 000种左右	进货单位	大批量	小批量
店铺形态	大型、少数	小型、多数	进货间隔	周期长	周期短
经营方针	低毛利高周转	高毛利高周转	进货频率	次数少	次数多
购物方式	自选	自选	共同配送	不普及	经常实施
营业时间	9～10 h	24 h	商品开发	提供式样	共同开发
休息日数	年24天左右	无休息	价格水准	廉价	一般
连锁经营	正规连锁	合同连锁	交易关系	一次性交易	长期性交易
部门管理	购销分离	本部进货	协作程度	低	高
供货厂商	数量多范围广	相对固定	退货程度	3%以内	0.1%
信息管理	相当先进	极其先进	回扣体系	多种回扣	相对简化
风险负担	能力大	能力很大	结账方式	每月支付	每月支付
库存管理	多品种大量	多品种少量			

资料来源:黄磷.流通领域的全面革新.上海:上海远东出版社,1997

(二)方便店的选址

例如某校某个教师居民小区,现已有120户居民,现在区内没有商店,大家都要跑到500 m以外的校教工服务中心综合超市中去购买。现在为方便居民购物,拟在居民区中设立一个商店,供应居民日杂用品。又根据学校规划,3年之后,这里将要再建5栋22层的高层住宅,新增440户居民。这新增5栋都在小区范围内,半径500 m以内。据调查,一般的三口之家,一般粮油、酱醋、日杂用品大致每个月需花费200元。如果竞争对手分割率为30%,存货周转周期为1个月,现在需要考虑一下如何设置这个商店。

首先,考虑商店的位置,最好设在小区的中心位置,交通比较方便的地方。

其次考虑经营品种,根据居民生活的特点,应以食杂用品为主。可以采用方便店或零售店的形式。

再考虑市场的需求量,因为现有居民120户,再考虑发展,三年后会新增居民440户,所以按560户居民计算需求量,每户每月平均200元,则每个月的销售量112 000元。

再考虑竞争者,估计校教工服务中心综合超级市场仍可能分割掉30%,因此小区商店的销售额还要打一个七折,即为每月78 400元。一年合计为940 800元。如果存货周转周期为1个月,即一年周转12次。所以商店的规模:

$$d=940\ 800/12=78\ 400(\text{元})$$

也就是说,商店的规模可以取8万元。也就是商店里的卖场应当能够存放摆设8万元的生活用品。

这个规模是指有效供给的规模,即库存的每一件都恰好够卖的存货数量。但如考虑到安全库存和品种不完全对路,实际的设计规模要比这个有效规模大一点,例如1.5倍或2倍。

二、超级市场的选址

(一)现代超市的概念及主要经营特征

1. 超市的概念

世界上第一家超市是迈克·加伦于1930年在美国创立的,同传统的百货店相比,具有动态自动服务、价格公平和广告新颖等特征。20年以后,这种新的经营形态传到世界其他地区。我国在1981年引进了这种现代化的零售方式。

西方零售业的实际业务部门对超级市场有不同的理解与概括。

美国超级市场学会将超级市场定义为：年销售额在100万美元以上、至少设有自选杂货销售部、完全是按经营部划分的商店。

西欧各国对超级市场的概念阐述大体上一致，也相对规范。他们认为：超级市场是实行自选式服务的食品商店，其销售面积在400～2 500 m^2，销售商品包括各类食品和生活用品。

日本自助服务协会对超级市场的定义是：以自助服务方式、由一个资本经营，年营业额1亿日元以上的综合食品零售店。日本超级市场被分为综合超市和专门超市两大类，两大类中又包括以下种类：

(1)大型综合超级市场。特指大城市中营业面积在6 100 m^2以上的超市，这类超市雇员在50人以上，衣、食、住类商品销售占全店销售额的10%～70%。

(2)中型综合超级市场。特指大城市中营业面积在2 000～6 000 m^2之间的超级市场，这类超级市场雇员人数也在50人以上，主要经营食品和日常生活用品。

(3)其他综合超级市场。营业面积在800～2 000 m^2之间，雇员人数在50人以下，衣、食、住类商品的销售占全店销售额的50%左右。

(4)衣料品超级市场。营业面积在500 m^2以上，主要出售衣料、服务类商品。

(5)食品超级市场。营业面积在500 m^2以上，以经营食品为主。

(6)住宅用品超级市场。营业面积在500 m^2以上，主要经营各种家居用品，例如厨房用品、卧室用品、卫生间用品以及各种家具。

我国上海辞书出版社出版的《经济大词典商业经济卷》认为：超级市场是实行敞开式售货、顾客自我服务的零售商店。其特征为：敞开式销售，自我服务代替售货员服务；广泛采用定量包装，明码标价，分门别类摆在货架上，适合一次购买较多数量的商品；电子计算机结算代替人工结算，减少差错，缩短顾客等待时间；占用销售人员少，劳动效率高，节省费用开支。

基于上述有关对超级市场不同概念的分析，结合我国的实际情况，我们认为：超级市场是实行自助服务，营业面积在600m^2以上，营业范围包括各类食品和日常生活用品的现代零售商店。

2．超市的特征

根据以上对超级市场概念的分析，我们认为超级市场应该具备以下特征：

(1)超级市场是一种顾客自助式服务的零售经营形式

超级市场不采用售货员售货，而是由顾客自己挑选商品。在超级市场的卖场中，商品货架都排成一条条纵横交错的长廊，商品都明码标价。大部分商品采用透明的小型包装。顾客可以用商店准备好的提篮和手推车自运商品。挑选好商品后，在超市出口处向收银员付款结算。

(2)超级市场出售的商品主要是食品和日用杂品

超级市场出售的商品主要是食品和日用杂品，尤其以销售家用食品为主，从多数超级市场的商品结构来看，食品、饮料占一半以上。

(3)超级市场经营商品品种繁多

大型超级市场经营的商品多达10 000种以上，这就确保了顾客在购买食品和日用杂品的过程中实现“一次购足”，以实现零售业方便购买、提高效率的社会目的。

(4)超级市场经营：低成本、低毛利，高销售量

超级市场的经营利润仅占其销售额的1%，占其资产净值的10%。这也表明超级市场多实行连锁经营，通过大批量进货可以降低成本，虽然成本低，但超级市场并不去赚取更多的差价利润，而是坚持薄利多销的原则，超市商品价格略低于其他形式零售店的价格。

(5)超级市场的规模较大

我国超级市场的营业面积一般都在600 m^2左右，最大的可达数万平方米。

(6)超级市场经营的非食品品种有扩大趋势

目前，国外超级市场非食品商品的销售已占到

总销售量的25%。

(7)超级市场除出售商品外,还提供娱乐、休息场所等多种服务

例如,日本超级市场正在向综合服务方向发展.如增加停车场、咖啡馆、饭店、游艺室、电影院、旅行代办处以及银行、保险、邮政等各种服务设施。顾客进入超级市场,不仅可以买到自己满意的商品,还可以进餐、娱乐。

3. 超市的分类

超级市场的分类根据不同的分类标志,主要分成以下几种:

(1)按照组织形式的不同,将其划分为独立超级市场和连锁超级市场

独立超级市场即一个超级市场店就是一个独立的企业法人,在市场经济条件下,该超级市场企业实行自主经营,自负盈亏。

连锁超级市场是将许多单个的超级市场结合起来,形成一种大规模的销售体制,实行统一进货、统一配送、统一经营管理,以发展规模化的经营优势。国外许多大型零售商都是连锁化的超级市场。超级市场连锁化也是我国超级市场发展的战略性选择。

(2)按照经营特征不同,分为传统超级市场和新型超级市场

传统超级市场主要经营食品和日用杂品,并且常常以经营某一类食品为主,本质上属于专业型的零售商店;传统超级市场在售货方式上实行"无人售货、自助服务、现款自运",对于降低经营成本、方便顾客选购有明显的作用。

新型超级市场是传统超级市场的改进。新型超级市场主要满足消费者在日常购买的食品和非食品类商品方面的全部需要,经营商品的品种达10 000多种。除经营食品外,还经营处方药、家庭用具、文化娱乐用品、运动类商品、小五金、各种电器等;提供的服务也更加全面,例如洗衣、美容、修鞋、支票兑换、大型停车场以及廉价快餐等。本质上,它是一种综合型的零售店。

(3)按营业面积的大小,可以分为大、中、小型超级市场以及自动售货店

大型超级市场的营业面积一般在2 500 m^2以上。以超级市场发展比较成熟的法国为例,法国大型超级市场中,50%的营业面积为2 500~4 999 m^2,40%的营业面积为5 000~9 999 m^2,超过10 000 m^2的为10%。创办大型超级市场时,对于营业面积的选择主要应考虑每平方米营业面积带来的边际销售额。法国大型超级市场每平方米营业面积的销售额1981年为37 950法郎,1985年为54 800法郎。

大型超级市场一般建立在城市商业中心,起龙头的作用,带动周围餐饮、娱乐、美容以及其他服务业的发展。

中型超级市场的营业面积在400~2 499 m^2之间。法国中型超级市场的平均营业面积为887 m^2,并且有上升的趋势。20世纪80年代中期,法国有5 919家中型超级市场,具体规模情况见表5—2—2。

表5—2—2 法国中型超级市场的营业面积状况

面积分档(m^2)	超市数量(家)	所占比例(%)
400~599	1 765	29.83
600~799	968	16.36
800~999	992	16.76
1 000~2 499	2 192	37.05
合计	5 917	100

中型超级市场一般建在居民区或小型商业区,以方便居民购物为原则。

小型超级市场的营业面积在120~399 m^2之间,以经营食品为主,具体包括各种副食、奶制品、水果、蔬菜以及营养滋补品。例如法国E·D(食品折扣)超级市场,经营商品种类为424种,其中食品杂货249种,饮料60种,乳品29种,猪肉制品13种,卫生化妆品32种,保健品41种。

自动售货店是指售货面积在120 m^2以下的微型超级市场。20世纪80年代末,法国有17 177个,平均每个售货面积为65 m^2,平均每店2个职员。20世纪80年代末,自动售货店的营业额为257亿法郎,其中食品营业额为239亿法郎,占全法国食品零

售贸易额的10.2%。

(二)商圈的分析

1.商圈的构成

商圈是指超级市场以其所在地点为中心,沿着一定的方向和距离扩展,吸引顾客的辐射范围。为便于分析,把商圈视为以超市为中心的同心圆型,一般由以下三部分组成:

(1)核心商圈。核心商圈是最接近零售店铺的区域,顾客密度最大。

(2)次级商圈。次级商圈是位于邻近商圈的区域,顾客密度较小。

(3)边缘商圈。边缘商圈是位于外围商圈的区域,顾客最少,密度亦最小。

一般说来,居民区的方便店几乎没有边缘商圈的顾客。而位于商业中心的超级市场,核心商圈的顾客密度较小,并不是商圈的主要组成部分,次级商圈和边缘圈的顾客密度大。大型零售商店,边缘商圈的顾客往往最多(见图5—2—3)。

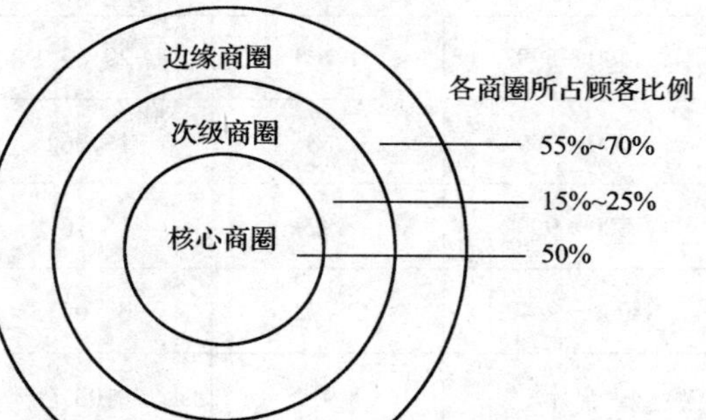

图5—2—3 商业圈分片示意图

2.分析商圈时应考虑的关键因素

超级市场经营者在分析其商圈时至少要考虑两个关键因素:一是所在的地理因素,二是经营的商品因素。

(1)地理因素

地理因素是指超市所在地区的特点,如中心商业区,交通方便,流动人口多,有大量的潜在顾客,相对地商圈规模较大,而那些设在交通偏僻地区的超市,顾客主要是分布在附近的常住人口,其商圈规模一般较小,要扩大商圈规模只有依赖超市创出独特的经营特色,以此吸引远道的慕名而来的顾客。

(2)商品因素

商品因素是指超级市场所经营的商品种类。商品种类与商圈规模关系密切。一方面,每一顾客群总会表现出特定的消费特征,超市在既定地区开展经营,经营的商品只有投目标顾客所好,才能吸引潜在的顾客,商圈规模才会延伸扩大,反之,商圈规模会因此逐渐收缩。另一方面,撇开顾客自身的不同,商圈规模大小与商品购买频率成反向比例关系。如人们日常生活必需品,购买频率大,往往是就近购买,主要表现为求方便的心理,所以经营此类商品的超市顾客主要来自居住区内的人口,商圈规模就小;而耐用消费品,消费周期长,偶然性需求商品,购买频次少,经营这类商品的零售店铺顾客来源少,相对来说,商圈规模较大;另外,经营特殊性商品的零售店铺,其商圈规模可能更大。

(三)超市选址时应考虑的因素

(1)地理因素。目标所在地区的特点;

(2)商品因素。超市自身所经营的商品种类特色是否与所在商圈的居民购物习惯相符;

(3)经营规模。超市自身经营规模与商圈覆盖范围应成正比;

(4)竞争对手。如何充分应对商圈内竞争对手的威胁并加以有效利用;

(5)交通情况。能否提供足够的交通工具(场所)给顾客;

(6)促销手段。超市自身是否有足够的促销预算及相应的促销手段来吸引顾客;

(7)潜在顾客因素。应考虑潜在顾客的人口密度、年龄结构、消费水平。一般来讲,周围有潜在顾客2 000户的住宅小区可以设1家600～800 m^2的小型超市;10 000户的住宅小区可开设1家2 000 m^2的中型超市。

(四)店址选择的分析方法

1.分析交通条件

交通条件是影响零售店选择开设地点的一个重要因素,它决定了企业经营的顺利开展和顾客购买行为的顺利实现。

(1)从企业经营的角度来看,对交通条件的评估主要有以下两个方面:

①在开设地点或附近是否有足够的停车场可以利用。

②商品运至商店是否容易。

(2)为方便顾客购买,促进购买行为的顺利实现,对交通条件要作如下具体分析。

①设在边沿区商业中心的商店,要分析与车站、码头的距离和方向。一般距离越近,客流较大,购买越方便。开设地点还要考虑客流的来去方向,如选在面向车站、码头的位置,以下车、下船的客流为主;选在邻近市内公共车站位置的,则以上车的客流为主。

②设在市内公共汽车站附近的商店,要分析车站的性质、客流量、是中途站还是终点站、是主要车站还是一般车站。一般来说,主要停车站客流量大,商店可以吸引的潜在顾客较多。

③要分析交通管制状况引起的有利与不利条件。如单行街道、禁止车辆通行街道以及与人行横道距离较远都会造成客流量在一定程度上的减少。

2. 分析客流规律

分析客流规律,包括分析客流类型、分析客流目的、流速和滞留时间、分析街道两侧的客流规模、分析街道特点与客流规模的关系,超市应尽可能选址在客流较多的街道翼侧,以能得到更多客流。

一般商店客流分为3种类型:

(1)自身的客流。是指那些专门为购买某种商品而来店购买的顾客形成的客流,新设商店选址时,应着眼评估本身客流的大小、规模及发展趋势。

(2)分享客流。指一家商店从邻近商店形成的客流中获得的客流,这种客流往往产生于经营商品互补性较强的商店之间,或大商店与小商店之间。

(3)派生客流。是那些顺路进店购物的顾客形成的客流。在一些旅游点、交通枢纽、公共场所附近设立的商店利用的主要就是派生客流。

3. 分析竞争对手

商店周围的竞争情况对超市经营的成败产生巨大影响,因此在选择开设地点时,必须要分析竞争对手。应避开竞争对手众多的地区。

当然,超级市场的选址还是应尽量选择在商店相对集中且有发展潜力的地方,对经营有选购性的商品的商店尤其如此。

另外,当店址周围的商店类型协调并存、形成相关商店群时,往往会对经营产生积极影响。

4. 分析开设位置的物质特征

物质特征包括位置周围的建筑环境、停车场、能见度、顾客进出的方便性以及地形的特点等因素,在店址选择时,也应充分考虑。

5. 分析城市规划

在选择商店开设地点时,要考虑城市建设的规划,必须从长远考虑。在了解地区内的交通、街道、市政、绿化、公共设施、住宅及其他建设或其他建设项目的规划的前提下,做出最佳地点的选择。

最后,零售经营者还要对未来商店的效益做出评估,主要包括平均每天经过的人数、来店光顾的人数比例、光顾的顾客中购物者的比例、每笔交易的平均购买量等。之后,零售经营者就可以做出商店的开设地点和商店设置后开业的决策了。

(五)超级市场确定店址的基本原则

超市的基本条件在于便利。超级市场经营的商品基本是日常用品,包括每天生活必需的食品、洗漱用品、卫生用品、文具用品等等。消费者一般每周至少购买一次,有的主妇会两天甚至每天光顾超市一次,因此超市所处位置必须很容易地达到,要么距离顾客比较近,要么交通很便利。

我国目前尚处于超市发展的初级阶段,针对超市的经营内容以食品和杂品为主的特点,超级市场店址选择的原则应是:

(1)超市的店址以选择在居民区为主。

(2)超市的目标顾客应以稳定的居民为主,以店址附近的企事业单位上下班职工为主。

(3)选择在交通枢纽开设超市,其经营内容必须根据流动顾客的不同特点做出决定。

(4)选择在商业中心或老城区开设超市,其经营内容必须与商业街上其他业态的商店的经营内容有互补性。

商业网点规划部门应以超级市场为先,来规划建设新居民区的商业网点,以此来取代传统的菜场、粮店、杂货店和百货店,为用新的零售模式——超市来提高居民的生活质量创造条件。

三、百货商场的选址

百货商场是一种比较早期出现的大型商业组织,最早出现于19世纪的法国。百货商场的主要特点是经销的商品的种类多,标价销售,服务员代选售货,采购、销售分别划分部门管理,甚至还按商品类别划分部门经营。其辐射半径更大,几千米、几十千米,甚至几百千米都有,商圈越大,百货商场的规模越大。现在一些大城市,常常建成几十层的百货商业大厦,吸引着本城市、本地区,甚至外地广大城乡客户来此购物。它在商业企业中占有重要的地位,比例很高,见表 5—2—3。

表 5—2—3 列出了日本 1994 年各种零售企业的经营形态及其所占有的比例。大型百货商场占所有零售店的 7.2%。比大型超市多 1.6 个百分点。

表 5—2—3 日本 1994 年各种零售企业的经营形态及其所占有的比例

经营形态	商品构成	人员数	营业面积	自选式	营业时间	比例(%)
大型百货店	衣食住各种		1 500 m² 以上			7.2
其他百货店	10% 以上	50 人以上	1 500 m² 以下			0.2
大型综合超市	70% 以内		1 500 m² 以上	采用		5.6
中型综合超市			1 500 m² 以下	采用		0.9
其他综合超市	各 50% 以内	50 人以下		采用	12 h 以内	0.1
专业超市	70% 以上		500 m² 以上	采用		7.3
方便店			500 m² 以下	采用		5.8
24 h 方便店			500 m² 以下	采用	12 h 以上	(1.6)
其他超市				采用		7.4
衣料专门店	按商品分类					5.1
食品专门店	在 90% 以上					7.3
住及其它专店						30.2
其他零售店	90% 以下					22.9
其他						0.0

资料来源:黄磷．流通领域的全面革新．上海:上海远东出版社,1997

大型百货商场一般选在大城市。由于大城市的大型百货商场的商圈特别大,所以,大城市的百货商场的选址具有 2 个特点:

1. 市场需求量可以看成无穷大,也就是说商店规模可以不用考虑需求量的约束。现在一个大城市往往有很多家商业大楼,每一家的生意都很好,几百千米以外的人都到这里来购物,就充分说明了这一点。

2. 由于大城市的百货商场商圈的特别大,所以,商场具体设在大城市的什么位置,已经不太重要。因此大型百货商场的选址问题,主要考虑如下 2 个方面的因素:

(1)交通方便,人们能够方便到达那里;

(2)客流量集中,有较多的人较多次地通过那里。因此大百货商场通常都设在城市的繁华地带、交通方便、人流量大的地方。特别值得注意的是车站百货商场。例如日本东京、大阪、神户等大城市里,车站百货商场之大特别让人惊叹。

四、商业街、商业城的选址

商业街、商业城是很多商店集中的地方,各种商品齐全、商流功能完备,商圈特别大。所以它的选址问题与大型百货商场有点相似。即不需要考虑市场需求量的限制、不需要考虑设在城市具体什么位置,只需要考虑交通方便、客流量大 2 个因素。

要建成一个好的商业街,其商业环境也很重要。市场管理水平、交易秩序、交通条件等,是吸引外地顾客的条件。另外要打出特色和品牌。有名的武汉汉正街,就是以它的小商品市场特色闻名国内外,造成了经久不衰的商业热潮。

第三章　配送中心选址

前一章在概述中说到，商业企业的选址问题包括3个方面的内容：商业门店的选址、配送中心的选址和分销网络布局。前一章专门讨论了商业门店的选址问题，本章专门讨论配送中心的选址问题和分销网络的布局。

第一节　配送中心选址概述

一、配送中心的概念

(一)配送中心的概念和内容

商业企业的基本任务就是要把商品由供应者手中转移到消费者手中。为实现这个任务，商业企业一方面需要把商品销售出去，另一方面，需要把商品的物质实体分配和发送出去。前者主要是通过商业企业所设置的商业门店，后者主要是通过配送中心。

这里，分配与发送，包含着稍微有点不同的含义。发送一般是对最终用户的送货，或者叫做末端配送。分配，则除了包括末端配送之外，还包括对次级配送中心和商业门店的送货，其中有一个商品在各个次级配送中心以及零售店的库存分配问题。因此它又可以称为中间配送。中间配送根据层次又可以细分为一级配送、二级配送等。在一般情况下，企业的配送也不一定都分的那么细，人们也没有必要讨论的那么细，所以，一般地把中间配送和末端配送集合起来，统统称为配送。而把集中进行配送业务的场所叫做配送中心。

在大的系统中，配送中心可能有多个层次，分别称为一级配送中心、二级配送中心等，它们主要的区别就是集货、供货的对象、范围不一样。但是所有的配送中心的功能都是一样的，就是收集货物、临时储存货物和发送货物，简言之，即货物的集、存、分。

因此，配送中心的基本结构，就是有一个仓库，有一定的运输力量，有一定的作业场所。它们一般首先筹集或接受来自各个供应者的货物，把它们暂时存放在自己的仓库中，然后根据客户的送货需求，从仓库里分拣货物，装运上车，发送到各个用户或次级配送中心。

这样的业务其实不是什么新事物，人们一直在做，但是人们长久没有配送的概念，也就没有配送中心的概念，只有仓库的概念。但是这些仓库实际上在现在又可以叫做配送中心。也就是说，在这里，配送中心实际上包括了人们所说的仓库。

仓库有多种多样，有的有自己专用的仓库，有的可以是租用社会上的公用仓库，有的可以是租用别的企业的仓库，有的可能是自己的客户所具有的仓库，有的可以是共用别的配送中心仓库。这些都可以作为我们这里所说的配送中心的具体内容。也就是说，我们这里所说的配送中心，实际上包含：

(1)本企业特意设置的配送中心；

(2)本企业的专用仓库；

(3)社会上的公用仓库；

(4)自己的客户；

(5)别的配送中心；

(6)社会上的物流网点。

有的时候，为了方便，我们可以统统把它们简称为物流网点。所以物流网点也就包括上述的各种配送中心、仓库和社会上各种物流网点。配送中心的选址，也可以称为物流网点布局。物流网点的基本作用就是承担物质实体的集、存、分有关的各种物流业务活动，包括储存、运输、包装、装卸、流通加工、物流信息等活动。

(二)商业企业配送中心的运作模式和功能

一个较大的商业企业为了销售，需要从各个供应商那里购进货物，然后存放到自己的一级配送中心的仓库里。一级配送中心比较靠近公司总部，且距离各个二级配送中心都比较近，一级配送中心负责向二级配送中心以及一些大客户供货。二级配送中心比较靠近末端客户，甚至本身就是客户(这里假设企业只有二级配送。但是一些特大的商业企业，例如全省级、全国级的商业企业，可能有三级、四级等等的配送中心。相反，一些较小的商业企业，可能只有一级配送，甚至没有配送。例如小零售店就没有配送(我们这里基于普遍性考虑，只讨论二级的情况，其他可以依此类推)(见图5—3—1)。

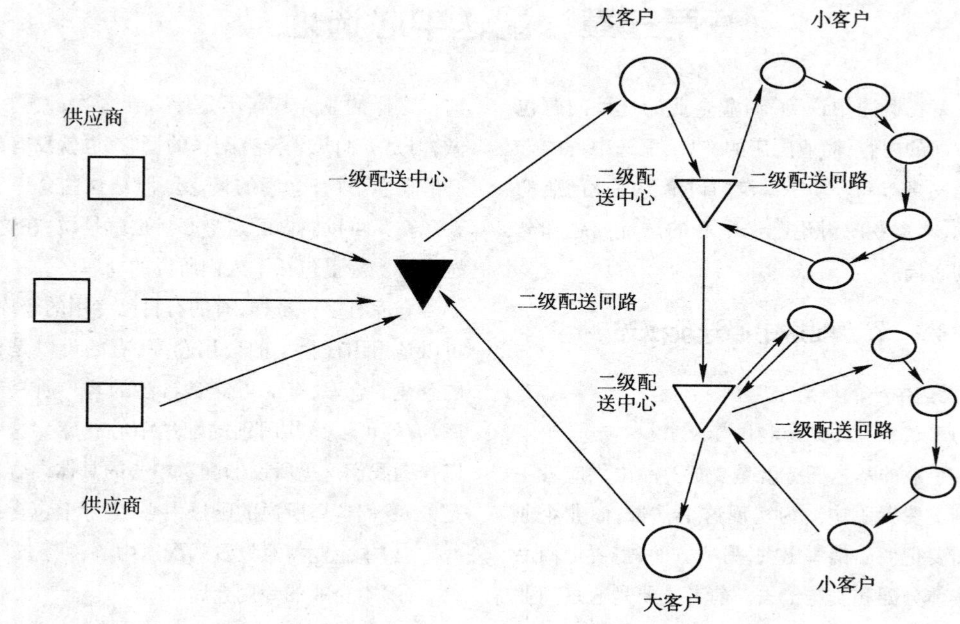

图 5—3—1 商业配送中心运作模式

在图 5—3—1 中，一级配送中心直接接受供应商的货物，向次级配送中心或一些大客户进行供货送货，形成一级配送回路。二级配送中心在接受一级配送中心的供货以后，可以向末端用户进行末端配送，形成二级配送回路，或者叫做末端配送回路。配送可以是若干个客户的联合配送，也可以是向某个用户的专门送货。

一级配送和二级配送本质上都是相同的，配送基本模式如图 5—3—2 所示。从图中可以看出，配送中心的基本功能和任务是：

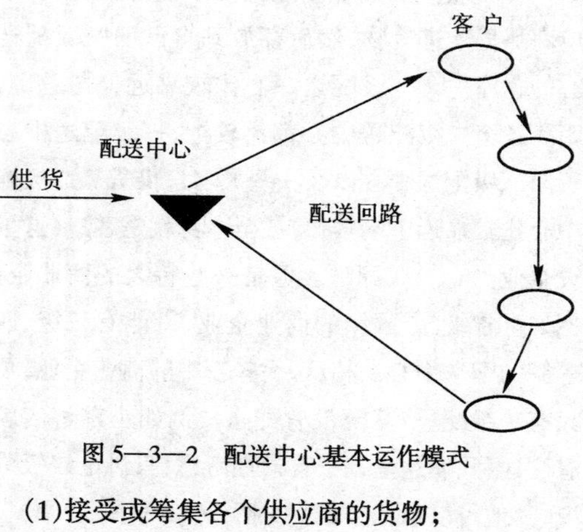

图 5—3—2 配送中心基本运作模式

(1)接受或筹集各个供应商的货物；

(2)临时储存各种所接受的货物；

(3)接受用户的送货需求，有仓库分拣组配、配用户、配品种、配路线、配车、制定配送计划；

(4)按配送计划向客户实施送货供货。

即配送中心具有集货、存货、配货和送货四大功能。

二、配送中心选址概述

(一)配送中心选址的概念和内容

配送中心选址，就是在一大片用户区域中选择配送中心设置的方案。配送中心选址的具体内容包括以下几项：

(1)确定配送中心的数目；

(2)确定配送中心的位置；

(3)确定配送中心的规模；

(4)确定配送中心的供货范围；

(5)确定配送中心的供货方式等。供货方式包括运输方式、直送还是配送、直达运输还是中转运输等，这些都要根据具体条件做出规划。

(二)配送中心选址的原理

配送中心就是一个物流中心，无论是集货、存货、配货、发货，都需要花费费用，都会造成成本的增加。配送中心位置选得不合适，则会造成物流费用的增加。为了降低物流费用，首先就必须进行科学的配送中心选址。

配送中心选址的原则有两条：

(1)保证供应、满足用户需要；

(2)总费用最省。

具体对于配送中心选址来说，最基本的原则就是总费用最省。注意，这里提到总费用最省，不是某一个费用最省。因为配送中心选址涉及一个配送系统各个环节、各个单位、各种费用。不排除有些费用会增加，有些费用会减少的情况。但是通过我们配送中心选址方案的实施，总的费用最小，则这个方案就是好的方案。

由于物流费用取决于物流的数量和物流的路程，而物流数量取决于用户的需求，是必须保证的。所以为降低物流费用，就只能想法降低物流的路程。因而配送中心选址的基本原理，就是要选择一个使得总的物流路程最小的配送中心的位置。具体针对如图 5—3—1 的二级配送系统来说，也就是要：

(1)二级配送中心要挨近有关各个客户；

(2)一级配送中心要挨近各个有关二级配送中心。

这里所谓“挨近”，按科学的语言说，就是总的物流强度最小。所谓物流强度，就是物流量与物流路程的乘积。

因此配送中心的选址共同的方法原理，就是总物流强度最小。

(三)物流网点布局的类型

配送中心可以分为一级配送中心、二级配送中心等，它们的作用有不同，但是就选址问题而言，其原理又是相同的。所以下面讨论配送中心选址问题时，我们就不加细分，统称之为物流网点。配送中心选址问题也就是物流网点布局问题。

物流网点布局按网点数目的多少可以分成两类：

第一，一元网点布局。整个地区就只设立一个物流网点。这是一种最简单的情况，模型方法原理和计算都比较简单。

第二，多元网点布局。在一个区域中要设立多个物流网点。这种情况比较复杂一些，建立的模型和计算过程都相对复杂一些。

在实际生活中，这两种情况都是有的。

(四)物流网点布局应考虑的因素

具体安排物流网点布局，一般可以分为二步。

第一步，地区选择，主要考虑宏观布局，确定网点应该设多少个、分别设在什么地区。这时主要考虑宏观因素。具体如：

(1)符合国家的宏观生产力布局和经济发展规划；

(2)地区经济发展水平与市场前景良好，有比较充足的物流需求量；

(3)与大物流系统网络接轨配套；

(4)交通基础设施比较齐全、配套、运输方便；

(5)能源、信息、市场、法制等基础条件好。

(6)还要考虑竞争态势和自己的实力情况，如果在这些地区有很强的竞争对手，则要根据自己的实力来确定是勇敢挑战还是采取回避策略。

第二步，地点选择，主要是确定在被选定的地区中，物流网点应该设几个、具体设在什么地方，这时主要考虑微观因素，例如地质、市场、交通、环境、能源等问题。

地点选择应考虑的因素有：

(1)符合当地经济发展规划和城市发展规划；

(2)周围有一大批已经成为或可能成为自己供货的客户，市场前景良好，有比较充足的物流需求量；

(3)与大物流系统网络接轨配套；

(4)交通基础设施比较齐全、配套、运输方便；

(5)电力、煤气、水源、通讯设施、安全设施、市场法制等基础条件好；

(6)地质条件好；

(7)地势平坦、土方量小，避免占用农田耕地。

(8)一般不在市中心区、不在居民区，不影响居民生活，不增添交通干道压力，缓解交通紧张状况。

(五)物流网点布局的方法

物流网点布局方法很多。总的来说可以分成三大类：

1. 模拟法

模拟法主要通过模拟模型求解得出选址方案。模拟模型一般能够给出地理位置关系的概念，有些可能能够进行定量化的计算分析，有些则不能够进行定量化的计算分析，而是采取专家评分的方式来选定方案。

2. 解析法

解析法主要是一种数学方法，它通过建立数学模型求解得出选址方案，其解一般可以得到一个比较精确的定量解。但是它一般是做了一些理想化的假设以后得出的结果，而为实际情况确是比较复杂，因此得出的结果还要根据实际情况做一些相应的调整，然后才能够实施。

3. 实用性方法(启发式方法)

启发式方法是一种针对具体的实际情况，综合运用各种方法进行处理而形成的比较专用性的物流网点布局方法。

(六)物流网点布局步骤

第一步，选择网点布局的地区。这一步一般先要了解需求的分布和本地区的经济发展状况、物资供需状况，通过走访有关经济计划部门和城市规划部门掌握有关资料，再根据整个物流系统的规划和长远发展规划，来确定物流网点布局的备选地区、网点覆盖的范围和大致的规模。

第二步，在备选地区中，通过详细的调查分析，根据地质、市场、交通、环境、能源等因素确定一些可能设置为网点的备选地址。

第三步，以备选地址资料为依据，建立物流网点布局模型。这种模型可以是数学模型，也可以是模拟模型。模拟模型可以是物理模拟模型，也可以是几何模拟模型。而数学模型，一般是根据各个网点的位置、里程、物流量和单位运杂费以及一些约束条件等建立起来的一个总费用模型，求出使得总费用最省的物流网点布局方案。

第四步，根据模型分析、计算、逐步优化，求出最优的物流网点地址、规模、供货范围、直达供货和中转供货的比例等，从而确定好最优的网点布局方案。

第五步，将确定的物流网点布局方案写成可行性分析报告，交有关决策部门审批通过，然后付诸实施。

第二节　一元网点布局

一元网点布局，就是在给定区域只寻找一个网点的网点布局方法。这是一种最简单的网点布局方法。注意，这是在给定的区域中，也就是说，选择地区的工作已经做完了。这一节论述的所有方法，都是假设已经选定了地区，限在给定的地区再来进行网点布局。

由于在一个区域中只设立一个网点，所以网点布局的问题只归结为寻找一个网点的最佳位置。因为仓库的规模、供货的范围已经自然确定了。仓库规模应该等于整个区域所有各个物流企业所能够提供的物流量；供货范围也就等于整个区域的各个企业。一元网点布局的方法有很多种，这一节我们介绍三种，即模拟法、评分法、解析法。

一、模 拟 法

模拟法，是通过建立物理模型或几何模型来形成网点布局方案、寻找仓库设置点的方法。由于所用的模拟模型不同，模拟法也有很多种。我们这里只介绍两种：一种叫做物流位图法，一种叫做重心法。

(一)物流位图法

物流位图，是模拟地理或流体力学中的“位势”的概念。例如在地理学中，一座山丘从侧面看，它是有一定高度、一定形状的一座山。但是从山顶上方往下看，例如从飞机上往下看，就看不出其高度差别来。这时，如果需要表示出高度，例如要在纸面上画出地形图，就要用到位图的概念。例如一座山的位图可以表示成如图 5—3—3 所示。

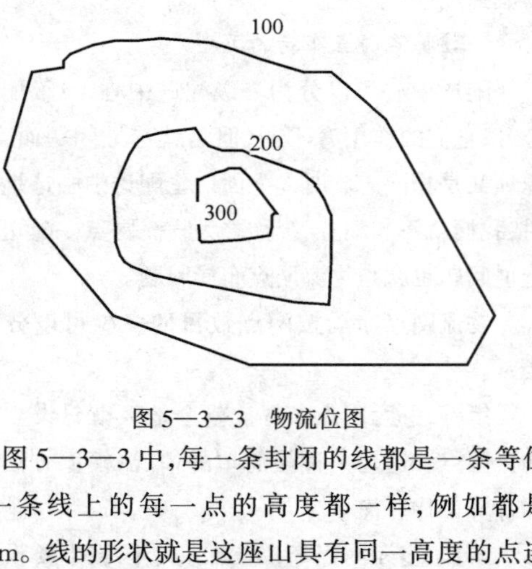

图 5—3—3　物流位图

图 5—3—3 中，每一条封闭的线都是一条等位线，一条线上的每一点的高度都一样，例如都是 100 m。线的形状就是这座山具有同一高度的点连接起来的图样形状。山上不同高度的点连接起来就

形成了不同的等位线，例如200 m线、300 m线等。由外往里越来越高，把很多这样的等位线画出来，就可以从平面上很清楚地看出山的高度和形状。

流体力学当中，也用到了流位的概念。处在一个高坡上的一个水源，不断地冒出水来，沿着山坡往低处流。由于坡的各处的陡度不一样，所以水的流速、流量都不一样，经过相同的时间水所漫及的距离也就不一样。从同一个水源出发各自沿不同方向流动，经过相同时间这些水所漫及到达的点也构成一条流位线。这条流位线反映了山坡上各点对于水的流畅度。同一个水源的水，具有同样的势能，但是由于山坡各处的陡度不一样，对于水的阻力也不一样，因而同样势能的水流的距离也就不一样。所以水的这种等流位线，反映了山坡的不同陡度对水的阻力的程度，也可以看成是水流的等成本线或者等效益线。

物流也可以看成是一种流体。它从同一个物资仓库"物流源"出发，流向周围各个地方。因为各处的路途地理条件不一样、途中的收费情况不一样（例如过桥费、过路费不一样，消耗的油料不一样、油的价格不一样等等），所以它用相同的成本所能够运行的里程、到达的地方不一样。这些以相同的成本所能够到达的点，就构成了一条等成本曲线（或者是一条等效益曲线，下同）。每一个物流源都有多条等成本曲线，它们共同构成了这一个物流源对应于这个经济区域环境的一束等成本曲线。

每一个物流源对于这个经济区域环境都有一束等成本曲线。不同的物流源在同一个经济区域环境中的等成本曲线束必然相交（见图 5—3—4）。在这无数的交点中，各点到各物流源的成本之和 F 是互不相同的。在其中选择总成本最小的点作为物流网点，在这个地方做一个仓库，安排各个物流源到这个仓库存放物资，则必然储运总成本最小。所以这一点是作为物流网点最合适的点。例如图 5—3—4 中的P点，到各点的成本分别为：到 A 为 30，到 B 为 15，到 C 为 40，其总成本为：30 + 15 + 40 = 85，总成本最小，可以作为物流网点的设置点。

这种物流源，可以是储运仓库、流通仓库，也可以是企业。它们可以不断生产物资输出。可以是"源"，也可以是"汇"，可以源源不断地接受物资。

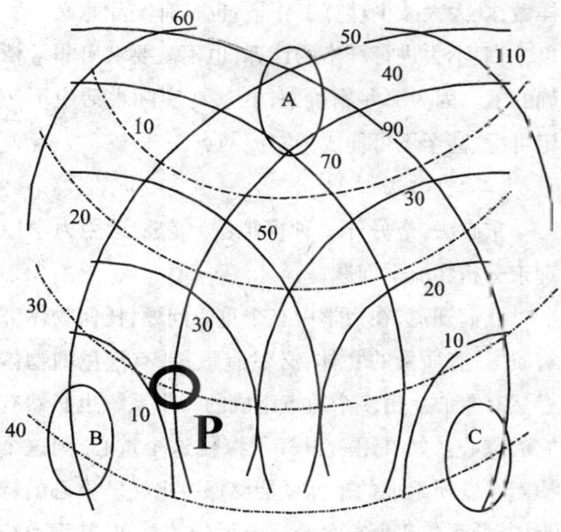

图 5—3—4　物流位图法

这种物流位图分析法，只适用于对于同种运输方式的比较，特别是都是汽车运输最合适。如果是不同运输方式，则物流成本虽然也可以相加，但是，就没有可比性。所以不好运用。

这种方式如果要严格计算出来许多点的总成本值，也是很麻烦的。首先要求出物流位图的数学表达，然后把各束位图的数学表达式联立求解，才能够得到精确的计算值。这当中，一是求位图的数学表达式很难，有的甚至求不出来；二是即使求出了数学表达式，联立求解出平面上无限多个点的对应值也是很麻烦的。

另外，这种方法也是假设平面上的无限多个点的坐标是已知的，这个也是不现实的。在实际生活中，我们也不必知道所有的点，我们只要关注几个点就行了。这几个点就是可能的物流网点备选地址。其他的绝大多数的点或者是没有市场、或者是没有交通，根本不可能构成为物流网点被选地址，所以不必去考虑。

由此看来，物流位图分析法的真正的用法，是运用模型提供一种思路，把定性和定量结合起来，以定性为主。定量分析的目的是为定性分析提供思路。定性分析的结果用定量分析去检验。例如，从图 5—3—4 的模型图可以看出，物流网点应该靠近 B 点。如是就在 B 点附近选几个可能点，分别计算这几个点到 A 点、B 点、C 点的成本的总和，看哪个点总成本最小，就把它选定为物流网点就可以了。这样做,既大大减少计算工作量,也具有实际意义。所以,一般不去进行严格的计算,也不需要求出非常精确的解。因为那些精确解的点,在实际生活中不一定可行、甚至不可能成为物流网点。

(二)重心法

重心法,是另外一种模拟法。它是运用力学原理来分析物流学问题。

我们知道,在力学中有个重心问题,任何物体都有质量,有质量的物体,必然有重量,有重量的物体必然有重心。由多个质点组成的一个系统也必然有它的重心。如果用一根杆子撑住这个重心,则这个质点系统所组成的平面就能够保持平衡。重心的特点,其质量等于所有各个质点质量的总和,其重力矩等于各个质点重力矩之和。

受此启发,我们也可以把一片经济区域中的多个企业,看成是平面上的多个质点。而把质点系统的重心作为物流网点。于是我们可以建立起一个力学模型,(见图 5—3—5)。

在图 5—3—5 中,设在平面上有 A、B、C、D、E 等 n 个企业,物流企业为了给这些企业配送物资,需要为这些企业建立一个配送中心。考虑在什么地方建设这个配送中心最合适。

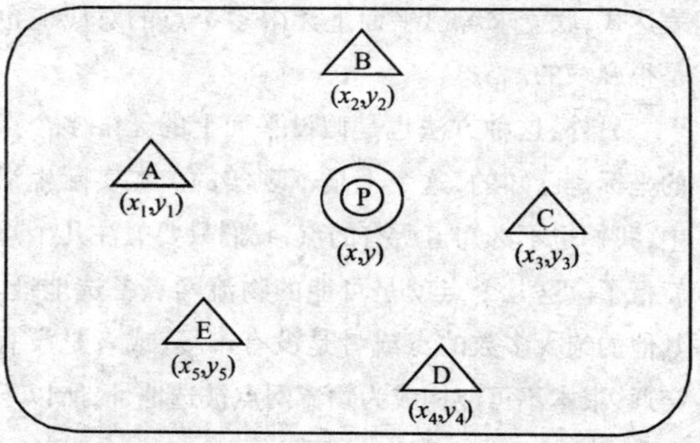

图 5—3—5　重心法模型

配送中心,就是物流网点。选择配送中心的地址,要考虑很多因素。这里如果只考虑物流费用最省,则可以用重心法求解。

设第 i 个企业的坐标是(x_i,y_i),$(i=1,2,\cdots,n)$,它所具有的物流量为 w_i,单位物资的单位里程的运费为 c_i,设物流网点的坐标为(x,y),则根据重心的原理,有下面的等式存在:

$$x\cdot\sum_{i=1}^{n}c_iw_i=\sum_{i=1}^{n}c_iw_ix_i$$

$$y\cdot\sum_{i=1}^{n}c_iw_i=\sum_{i=1}^{n}c_iw_ix_i \tag{5.3.1}$$

由式(5.3.1)可以求出物流网点的坐标:

$$x=\frac{\sum_{i=1}^{n}c_iw_ix_i}{\sum_{i=1}^{n}c_iw_i}\quad y=\frac{\sum_{i=1}^{n}c_iw_ix_i}{\sum_{i=1}^{n}c_iw_i} \tag{5.3.2}$$

由式(5.3.2),如果知道每个企业点的坐标(x_i,y_i)、物流量 w_i 和单位物资单位里程的运费 c_i,就可以求出物流网点的坐标(x,y)。

这里要注意:

1. 物流量都是第 i 个企业在一定时间内的统计数(或者计划数),不是每一次的物流量。各个企业都在相同时间内进行统计,得出 w_i,统计时间一般以一年为好。如果不同企业的统计期间不一样,则没有可比性,不能够用这个公式。

2. c_i 是第 i 个企业在统计期内的平均单位物资单位里程的运费。一个企业在一定时间阶段内的不同时间可能单位物资单位里程的运费不一样,要求取其平均值。各个企业的单位物资单位里程的运费可能不一样,也可能一样(这个时候取本地区的统一运价)。

3. 整个计算中都牵涉着坐标。每个点的坐标都应是在同一个坐标系表示的。坐标系取在那里都可以,只要大家都统一就行了。坐标是二维坐标,有 x 和 y 两个方向。每个点在 x 和 y 两个方向上都应有数值,包括正数、负数和 0 都可以。

其实每个点都给出一个坐标,平面上的无数个点,也给出无数个坐标,这也是不现实的,也是不必要的。我们只关心有限几个点,只要求出它们的相对位置关系就行了,数值也不必那么精确。我们可以利用地图,大致测量得出各个点的坐标值。甚至我们就用自己画出的草图,从横竖两个方向标出各个企业之间的相对位置,就可以得到坐标图。

4. 计算的结果,x 和 y 都可能得到一个精确值。其实也不必要那么精确。一座建筑物的位置误差几十米、几百米,无关紧要。重要的是相互位置关系。位置坐标确定以后,实际施工时,可能还要对实际的位置进行调整。这种调整的结果也不至于对物流优化产生影响。

二、评分法

所谓评分法，就是通过专家评分来决定物流网点选址方案的方法。评分法带有较重的主观色彩，是靠专家的主观意识来决定选址方案的。但是这正好可以集中吸收各个专家的宝贵经验和知识。因此这可以说是评分法的特点，也是它的优点之一。当然各个专家在评分时，他自己可能要进行一些计算、预测等等，因此也不一定完全是定性的分析，也会结合一些定量分析。评分法的另外一个优点，就是它可以综合考虑很多的因素，包括一些现实的获得因素，有些因素一般是无法用数学模型来描述的。而人则可以把它纳入自己的考虑范围。这是评分法比一般的模拟法、解析法有突出优越性的地方。另外，评分法比较简单、比较现实。只要有人进行几次调查、开几次会议，基本上就可以出来方案。而且这些方案一般都比较结合现实、比较实用。正因为如此，评分法在企业中有比较大的实用性。我们很多的选址工作，往往都是自觉或不自觉地采用这种方法的原理进行的。

实施评分法，最重要的是抓好以下几个环节：

(一)对于物流市场的了解

要对物流市场的情况做出充分调查，求出物流需求量及其发展前景预测，求出物流基础设施及其发展前景预测，并对物流市场的竞争者及其实力情况做充分的调查了解。要通过调查分析，认识市场的机遇和挑战。这些资料为制定物流网点决策提供重要的支持信息，由它可以确定要不要增建物流网点、要建什么样的物流网点、物流网点的选址和规模等。

(二)对于物流网点任务、目标的认识

要对物流企业建设物流网点所要达到的目标、任务、可能性进行充分的认识、了解和分析。物流企业希望这个配送中心要做多大，是一次到位、还是分阶段发展，物流功能达到什么程度，企业的实力如何。要通过调查分析，掌握项目的目标和任务、了解企业的优势和劣势。

(三)物色专家

为了做好选址工作，要聘请一定数量的专家。靠这些专家出主意、想办法、做决定。这些专家要包括各个方面。例如：物流专家，在物流策划和规划、知识和技术方面能够提供信息支持和帮助；技术专家，在物流网点的设计建设方面提供信息支持和帮助；管理专家，例如政府主管部门和企业领导等，在宏观和微观管理方面提供信息支持和帮助；实际业务工作人员，例如仓库保管员、配送人员、市场运作人员等，他们根据实际业务的操作特点和市场特点能够对物流网点提供信息支持和帮助。这些人组成一个工作小组，或者叫专家小组。人数的多少根据具体情况来定。

(四)制定初步方案

在这个区域当中，根据对市场、交通、地质、环境条件等地深入调查，确定可能有某几个地点可以作为考虑中的物流网点备选地址，把它们一一列出来。每一个点就是一个备选方案。每一个方案写出详细说明，包括什么地址、周围环境状况、特色、长处、短处、成本、效益、投资回收期等具体数据，最后在地图上详细标明。初步方案，可以由专家小组制定；也可以由企业初定，请专家小组审议确定；或者二者结合起来确定。在审定初步方案的过程中，对于一些有希望的方案，但是觉得还有不太完善的地方，可以做一些修改、完善或改进的工作，使每一个方案本身都优化到比较满意的程度。

(五)确定评价指标体系

评价指标体系是作为评价方案好坏的判别标准，一定要根据需要认真制定。最主要的评价标准有：

1. 有没有市场？即其周围有没有物流业务需求，业务需求量有多大？最好有调查统计数据。

2. 有没有市场潜力？即在未来几年，有没有进一步增长的物流业务需求，发展的前景、速度如何？

3. 符不符合政府发展规划或者城市发展规划？

4. 能不能较好地满足当地市场需求？

5. 有没有较好的交通运输条件和配套设施？

6. 有没有较好的能源和通讯基础设施条件？

7. 有没有合适的地质地理条件？

8. 会不会妨碍居民生活、破坏生态环境、加剧交通紧张？

9. 设立费用有多大？

10. 要不要特别增加运行费用？要增加多少？

11. 预期投资多大？

12. 预期收益如何？预期投资回收期有多长？等等。

评价指标最好有一个量化标准。有些指标本身就是量化的，例如物流业务需求量、设立成本、投资额、投资回收期等。有些指标是不好量化的，例如符合城市规划否、基础设施条件、地质地理条件等，这些指标也要尽量制定评价量化指标。例如符合条件得1分，不符合得0分等。评价指标体系的制定，由企业和专家小组共同协商办理。

这些评价指标并不是同等重要的。为了评价的方便，可以给每个评价指标设立一个权值。越重要的指标，权值越高。权值的确定，可以有多种方法。例如：

1. 平均法。先每个专家自主给出权值，再把各个专家的权值进行平均；

2. 正交矩阵法。把各个指标按顺序排列并标号，然后按标号顺序构成一个正交矩阵，在交叉点上进行面面对比，重要者给2分，不重要者给0分，同等重要的给1分。这样求出每个指标得的分数之和，就是它的权值(WF)。如表5—3—1就给出了一个6个指标的正交矩阵。

表5—3—1 6个指标的正交矩阵评价表

	1	2	3	4	5	6	WF
1. 现有物流量		0	2	0	1	1	4
2. 发展前景	2		2	2	2	2	10
3. 交通状况	0	0		1	0	1	2
4. 基础条件	1	0	1		2	1	5
5. 设立成本	1	0	2	0		1	4
6. 投资回收期	1	0	1	1	1		4

(六)用评价指标体系和给定的权值对各个初步方案进行评分

通常把方案的详细说明与评价指标体系的详细说明交给专家，把方案评分表也交给大家，要专家根据方案和评价指标填写方案评分表。例如(见表5—3—2)。

(七)统计分析，求出最佳选址方案

表5—3—2 方案评分表

	WF	方案1		方案2		方案3		理由说明
		评分	得分	评分	得分	评分	得分	
1. 现有物流量	4	1	4	2	8	3	12	
2. 发展前景	10	1	10	2	20	3	30	
3. 交通状况	2	2	4	1	2	3	6	
4. 基础条件	5	2	10	1	5	3	15	
5. 设立成本	4	3	12	1	4	2	8	
6. 投资回收期	4	1	4	2	8	3	12	
方案得分合计		44		47		83		

特别说明：

把各个专家的评分表收齐，进行统计，求出每个方案的平均分。对于最后所得到的平均分，进行分析。如果不满意，还可以进行补充说明，再发给各个专家重新评分。如果满意，则选其中得分最高的方案，就是最优方案。

三、解析法

解析法，是主要通过建立数学模型、进行计算、求出最优方案的方法。解析法根据所建立数学模型所关注的因素，一般可以分为基于成本的模型和基于效益的模型。基于成本的模型，主要考虑总成本最小。基于效益的模型，主要考虑总效益最大。这两类在考虑的因素上不同，但在数学处理方法上没有本质上的差别。一般多以研究成本为主。解析法根据所用的数学方法来分，可以分为算术运算法、微分法和规划法。算术运算法，主要是用初等数学加减乘除的运算方法，微分法主要用高等数学微分积分的计算方法，规划法主要是运用运筹学线性规划、运输规划、非线性规划、动态规划、整数规划等运算方法。由于方法很多，这里不可能一一详细讨论，只讨论几种简单的方法。

(一)算术运算法

这是一种最简单、最常用的方法，主要用于总成本的计算比较来选择方案。

总成本可以分成几种情况，一般是用总费用表示。但是在有些情况下，也可以用运输路程表示，也可以用运输时间表示，也可以用与网点之间的距离表示。

用运输路程表示，就是求出各个备选地址运输到达各个客户企业单向最短路程之和。设在一个区域中，有 m 个物流网点备选地址。整个区域中有 n 个客户企业。从物流网点 $A_i(i=1,2,\cdots,m)$ 到客户企业 $B_j(j=1,2,\cdots,n)$ 的单项最短运输里程为 x_{ij}。则 A_i 区域中各个客户企业的最短运输里程的总和 S_i 为：

$$S_i = \min\sum_{j=1}^{n} x_{ij} \quad (i=1,2,\cdots,m) \tag{5.3.3}$$

m 个方案就有 m 个 S 值。在这 m 个 S 中选择 S 最小的地址作为物流网点选址的最佳方案。

用运输路程表示成本的适用条件是：

1. 各个备选地址都在同一个地区、面对相同的客户群；

2. 都采用相同的运输方式，例如都是汽车运输；

3. 各个客户的物流量大致相等、或者差别不是特别大；

4. 同一地区内单位吨公里的运价一样。

这就是最短里程法。这个方法的好处是可以面对具体的交通道路来算出现实存在的真实运输里程，比较合理。

类似地，还有最短运输时间法和最小距离法。最短运输时间法，就是考虑物流网点到各个客户企业的最短运输时间之和，即网点到各个客户的总运输时间。同样可以用式(5.3.3)进行计算，不过这时 x 和 S 都是时间。谁的总运输时间最小，谁的方案最好。最小距离法，是考虑物流网点到各个客户的直线距离之和。也就是考虑物流网点挨近客户群的程度。谁挨得最近，谁的位置最优。同样可以用式(5.3.3)进行计算，不过这时 x 和 S 都是直线距离。

（二）微分法

微分法，是一种运用高等数学的解析方法。它一般建立起一个数学模型，然后运用微分来求出使得总成本最小、或者总效益最大的物流网点方案。

例如，假设要在一个区域中设立一个物流配送中心 P，向周围 n 个企业送货。设第 i 个企业的坐标是 $(x_i, y_i)(i=1,2,\cdots,n)$，它所具有的物流量为 w_i，单位物资的单位里程的运费为 c_i，设物流配送中心的坐标为 (x,y)，则物流配送中心的总物流费用 F 为：

$$F = \sum_{i=1}^{n} c_i w_i \left[(x-x_i)^2+(y-y_i)^2\right]^{\frac{1}{2}} \tag{5.3.4}$$

这就是一个总物流费用的数学模型。其中方括弧的 1/2 次方部分就是物流配送中心到客户 i 的直线距离。求出使得总费用 F 最小的 (x,y) 的值，就求出了物流网点的最佳方案。为此，对式(5.3.4)求偏导数，并令偏导数等于 0，得：

$$\begin{cases} \dfrac{\partial F}{\partial x} = \displaystyle\sum_{i=1}^{n} \frac{c_i w_i (x-x_i)}{\left[(x-x_i)^2+(y-y_i)^2\right]^{\frac{1}{2}}} = 0 \\ \dfrac{\partial F}{\partial x} = \displaystyle\sum_{i=1}^{n} \frac{c_i w_i (y-y_i)}{\left[(x-x_i)^2+(y-y_i)^2\right]^{\frac{1}{2}}} = 0 \end{cases} \tag{5.3.5}$$

解式(5.3.5)，得出 x 和 y：

$$x = \frac{\displaystyle\sum_{i=1}^{n} \frac{c_i w_i x_i}{\left[(x-x_i)^2+(y-y_i)^2\right]^{\frac{1}{2}}}}{\displaystyle\sum_{i=1}^{n} \frac{c_i w_i}{\left[(x-x_i)^2+(y-y_i)^2\right]^{\frac{1}{2}}}} \tag{5.3.6}$$

$$y = \frac{\displaystyle\sum_{i=1}^{n} \frac{c_i w_i y_i}{\left[(x-x_i)^2+(y-y_i)^2\right]^{\frac{1}{2}}}}{\displaystyle\sum_{i=1}^{n} \frac{c_i w_i}{\left[(x-x_i)^2+(y-y_i)^2\right]^{\frac{1}{2}}}}$$

在式(5.3.6)中，等号二边都含待求变量 x 和 y，不太好直接求解出 x 和 y 的值。需要用迭代法来求。所谓迭代法，就是将 x 和 y 的任意一组可能值作为初始解 (x_0, y_0) 代入等号右边的 x 和 y，求出等号左边的 x 和 y 值，作为一级迭代解 (x_1, y_1)。如果 (x_1, y_1) 不等于 (x_0, y_0)，则再把 (x_1, y_1) 代入等号右边的 x 和 y，求出等号左边的 x 和 y 值，作为二级迭代解 (x_2, y_2)。……依此类推。一直到最后 (x_n, y_n) 等于 (x_{n-1}, y_{n-1}) 为止，这个时候 (x_r, y_n) 就是物流配送中心的最佳位置值。

初始解的确定，原则上可以取任意可行值。不管他们取什么值，迭代到最后，总会收敛到一个相同的值。但是，初始值取得好坏，将直接影响迭代次数的多少。初始值选得好，迭代几次就可以求出收敛的最优解，初始值选得不好，迭代很多次还得不到收敛解。我们为了减少迭代次数，一般以前面所求出的重心坐标值作为初始解：

$$x_0=\frac{\sum_{i=1}^{n}c_iw_ix_i}{\sum_{i=1}^{n}c_iw_i},\quad y_0=\frac{\sum_{i=1}^{n}c_iw_iy_i}{\sum_{i=1}^{n}c_iw_i}\qquad(5.3.7)$$

这种迭代法的工作人工计算比较繁，但是若用计算机来算，则一点问题也没有。所以最好采用计算机来算。

以上就是微分法的思想原理，下面通过一个实例进行计算。

例如有一个区域中有5个企业A、B、C、D和E，它们各自的坐标、物流量和单位吨公里运价如表5—3—3所示。现在要在该区域设立一个配送中心，如果要求总物流费用最省，则配送中心应该建在何处为好？

表5—3—3 5个客户的资料

	A	B	C	D	E
坐标(x_i,y_i)(km)	(3,8)	(8,2)	(2,5)	(6,4)	(8,8)
物流量w_i(t)	2 000	3 000	2 500	1 000	1 500
运价c_i(t·km)	0.5	0.5	0.75	0.75	0.75

因为要求总物流费用最省，所以可以用式(5.3.4)所表示的物流模型。因而最佳配送中心位置可以用式(5.3.6)求解。现在用迭代法求解。求出的各级迭代解如表5—3—4。由表5—3—4可以看出，第30次迭代解(4.91,5.06)与第29次迭代解(4.91,5.06)相等。因此，最优的配送中心地址坐标就是(4.91,5.06)。

表5—3—4 迭代求解结果

迭代次数	X_K	Y_K	总运费
0	5.16	5.18	215 000
1	5.04	5.06	214 310
2	4.99	5.03	214 270
3	4.97	5.03	214 260
4	4.95	5.04	214 250
⋮	⋮	⋮	⋮
29	4.91	5.06	214 250
30	4.91	5.06	214 250

第三节 多元网点布局

一、多元网点布局概述

多元网点布局，就是在一个区域中，设置几个物流网点，我们要寻找几个最佳的物流网点的设置方案。设置的基本目标，仍然是服务好、费用省和不破坏生态环境。设置的具体内容就是要确定几个物流网点的数量、位置、规模、供货范围。多元网点布局的方法，仍然有模拟法、评分法和解析法。这里为了不重复前节已经讲过的方法，着重介绍比较简单又比较常用的运输规划法。这一节，我们也是假定选择地区的工作已经完成，我们只在已经选定的地区中，具体寻找几个物流网点的地址规模等。

二、运输规划法

(一)运输规划法原理

运输规划的基本思想，就是在一片经济区域中，已知有多个生产厂商、有多个用户，也已经有了多个中转仓库(物流网点)的备选地址，并且知道了各个用户的需求量、各个生产厂商的供应量，以及供应点、中转点、需求点相互之间的运输成本。物流企业需要经过这些备选地址把生产厂商的供应物资调运到它们各自的用户。要求选择最合适的中转仓库的位置和规模，使得整个调运系统的总物流费用最省。

这样的问题一般要建立起一个运输规划模型来求解。假设这个经济区域中，有$A_1,A_2,\cdots,A_m$等m个生产厂，每个厂的供应量为$a_i(i=1,2,\cdots,m)$，有$B_1,B_2,\cdots,B_n$等n个用户，每个用户的需求量为b_j $(j=1,2,\cdots,n)$，有$D_1,D_2,\cdots,D_q$等q个中转仓库备选点，每个中转仓库备选点的吞吐量为$2d_k(k=1,2,\cdots,q)$，其中d_k是吞吐量的一半，即吞量(入库量)，或吐量(出库量)，因为一般对于一个中转仓库来说，其吞量等于吐量，等于吞吐量的一半。我们用A代表这个区域中的生产厂集，用B代表这个区域中的用户集，用D代表这个区域中的中转仓库备选点集，用C_{ij}、C_{ik}、C_{kj}分别表示从各个生产厂到各个用户、从各个生产厂到各个中转点、从各个中转点到各个用户单位物资的全程运价系数，用X_{ij}、X_{ik}、X_{kj}分别表示从各个生产厂到各个用户、从各个生产厂到各个中转点、从各个中转点到各个用户单位物资的运量。则可以建立起如下的运输规划模型：

$$\min F=\sum_{i=1}^{m}\sum_{j=1}^{n}C_{ij}X_{ij}+\sum_{i=1}^{m}\sum_{k=1}^{q}C_{ik}X_{ik}+\sum_{k=1}^{q}\sum_{j=1}^{n}C_{kj}X_{kj}$$

$$\sum_{i=1}^{m}X_{ij}+\sum_{k=1}^{q}X_{ik}=a_i \qquad (i=1,2,\cdots,m)$$

$$\sum_{i=1}^{m}X_{ij}+\sum_{k=1}^{q}X_{ki}=b_i \qquad (i=1,2,\cdots,n)$$

$$(5.3.8)$$

$$\sum_{i=1}^{m}X_{ik}+\sum_{j=1}^{n}X_{kj}=2d_i \qquad (k=1,2,\cdots,q)$$

X_{ij}、X_{ik}、X_{kj} 均大于等于 0。

这个模型中，第一个式子是目标函数，后几个式子是约束条件。目标函数中等号后面第一项是从生产厂直接运输到用户的直达运输费用之和，后二项是生产厂经过中转仓库再到用户的中转运输费用之和。约束条件中，第一个式子的意思是对每一个生产厂来说，由它发到各个用户的运量之和加上由它发到各个中转点的运量之和应该等于该生产厂所提供的供应量。第二个式子的意思是对每一个用户来说，由各个生产厂发到它的运量之和加上由各个中转点发到它的运量之和应该等于该用户的需求量。第三个式子的意思是对每一个中转点来说，由各个生产厂发到它的运量之和加上由它发到各个用户的运量之和应该等于该中转点吞吐量（$2d_k$）。第四个式子的意思是所有的运量不能够为负数。

运价系数 C_{ij}、C_{ik}、C_{kj} 的含义是单位物资在两个企业之间的全程运杂费。单位是元/t。如果在同一个地区、同样的运输方式，如果运价统一的话，则运价系数也可以用两个企业之间的运输里程或运输时间来代表。

解这个模型，就可以求出各个运量 X_{ij}、X_{ik}、X_{kj}。解模型的方法，最简单的一般是表上作业法。

（二）运输规划法步骤

表上作业法的步骤一般分成以下几步：

第一步，将约束条件进行处理，再根据已知条件建立起初始调运表格。所谓初始调运表格，就是包含所有生产厂、所有用户、所有中转点信息的、且满足约束条件、且满足供需平衡条件的单纯形运算表格。

第二步，求初始解。所谓初始解，就是能够满足约束条件的可行解，不一定是满足目标函数的最优解。求初始解的方法最常用的方法是最小元素法、西北角法和 Vogel's 法。

第三步，位势法检验。即由初始解的基本格求出行位势和列位势，再用行位势和列位势以及非基本格的运价系数对非基本格进行检验，看非基本格的单纯形系数（$C_{ij}-U_i-V_j$）是否小于 0。如果没有小于 0 的非基本格，则已经达到最优解，运算完毕，退出。如果有小于 0 的非基本格，则转下一步——检验。

第四步，回路法检验。选负数最大的非基本格作为调整对象，以它为一个顶点，从它出发，碰到基本格就拐弯，最后构成一个包含它在内的闭合回路。在闭合回路中，把相邻的基本格的运量（或者运量的一部分）调整到该非基本格，使它变为基本格，使回路中的另一个基本格变成非基本格，这样形成一个新的迭代解。转第三步。这样一直到最后，求出最优解。

（三）用运输规划法进行网点布局的步骤

用运输规划法进行物流网点布局通常可以采取以下几个步骤：

第一步，调查收集区域中有关的生产厂商和它们的用户信息，包括供应量、需求量、运量、价格、里程、约束条件等。

第二步，调查收集区域中可能作为中转仓库的备选点，它们可能提供的吞吐量以及它和生产厂、用户等的位置关系。选择备选点的目的，是为了进行初步筛选，把其他大量明显不可能成为物流网点的地址筛选掉，大大减轻数学模型的计算量和增加模型的优化速度。

第三步，约束条件处理，建立运输规划模型初始调运表格。

第四步，解运输规划模型，求出最优值。

第五步，对最优解的结果进行分析，看看物流网点备选点是否合适。如果合适，原来的备选点就是最优的网点地址，运行结束。如果不满意，转下一步。

第六步，对物流网点备选点进行调整改变，转第四步。

(四)用运输规划法进行网点布局的例子

例:设在一个区域中,有 4 个生产厂 A_1、A_2、A_3、A_4,它们能够提供的供应量分别为 200、100、140、60 万 t。也有四个用户 B_1、B_2、B_3、B_4,需求量分别为 100、120、160、140 万 t。为了调运方便,在这个区域内拟设两个中转仓库 D_1、D_2,吞吐量分别为 360 万 t 和 240 万 t。其间单位物资全程运价如表 5—3—5 中半括号内数字所示。如果要求 A_1 供给 B_4 的量不低于 B_4 需求量的一半,不允许仓库之间转运,求合理调运方案。

表 5—3—5　运输规划求解表

	D_1	D_2	B_1	B_2	B_3	B_4'	B_4''	a_i
A_1	7)	9)	16) 10	8) 120	29)	24) 70	24)	200
A_2	3.5)	5)	13)	40)	10) 120	M)	19)	120
A_3	10) 0	1) 100	14)	11)	23)	M)	12) 40	140
A_4	2)	5) 20	24)	28)	16) 40	M)	30)	60
D_1	0) 180	M)	17.5)	7)	18)	M)	14)	180
D2	M)	0)	8) 90	12)	9)	M)	7) 30	120
b_j	180	120	100	120	160	70	70	820

根据已知条件:

$A = A_1, A_2, A_3, A_4 = (200, 100, 140, 60)$

$B = (B_1, B_2, B_3, B_4) = (100, 120, 160, 140)$

$D = (D_1, D_2) = (180, 120)$

又进行约束条件处理,由于题目要求 A_1 供给 B_4 的量不低于 B_4 需求量的一半,所以将 B_4 的需求量分成二部分,一部分将一半(70 万 t)直接转从 A_1 进货,不从其他地方进货,用 B_4' 来描述,另一半(70 万 t)可以从包括 A_1 在内的所有地方进货,用用户 B_4'' 来描述,这样将 B_4 分成两个用户共同来描述。又由于题目要求不允许仓库之间转运,为此,将仓库之间的运价系数设成 M 就可以了。

根据约束条件处理的结果,又根据已知条件,就可以建立初始调运表格如表 5—3—5。解这个运输规划模型,就得到最优解,如表中粗体数字。系统的总成本等于:$10\times16+120\times8+70\times24+120\times10+0\times10+100\times1+40\times12+20\times5+40\times16+90\times8+30\times7+0\times180=6\ 250$

为了进行网点布局分析,就要对表中得最优解进行分析。而为了分析方便,我们把解的实际结果画成如图 5—3—6 的直观形式。

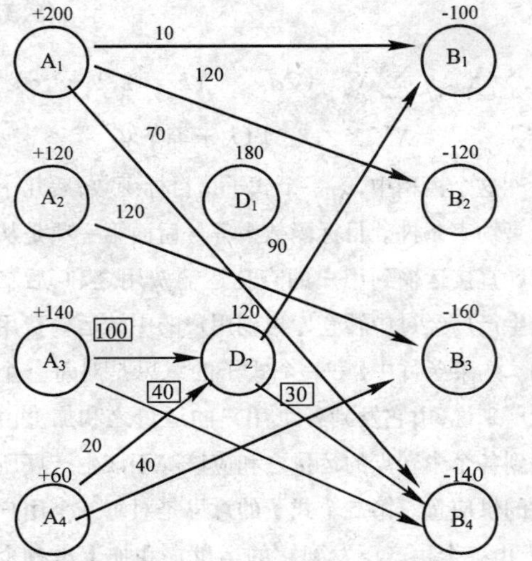

图 5—3—6　表 5—3—5 解的直观描述

由图 5—3—6 可以看出,各个生产厂的发出,和各个用户的到货都没有问题,都满足了供应量和需求量的约束条件,A_1 供给 B_4 的量为 70 万 t,不低于 B_4 需求量的一半,仓库 D_1 和 D_2 之间没有转运,这些都符合约束条件,解的结果是正确的。

但是我们看到:

1. 仓库 D_1 完全闲置。既没有调入,也没有发出。这说明这个仓库位置不合理、运输成本太高,所以分摊不到调运量。因此这个仓库没有用,应该删去。

2. 仓库 D_2 已经充分利用。因为它的吞吐量设计为 240,而实际分配的结果,它调入 120($A_3$100、$A_4$20),发出 120($B_1$90、$B_4$30)。因此这个仓库已经得到充分利用,而且已经达到了饱和吞吐量。

3. 进一步分析还可以看出,仓库 D_2 由于规模限制,已经影响了物流优化的程度。为此我们研究从 A_3 到 B_4 的调运结果。从 A_3 到 B_4 的调运,有二笔:

(1)直接从 A_3 到 B_4 的运输:直达运输 40 万 t;

(2)从 A_3 经 D_2 到 B_4 的运输：中转运输 30 万 t；

由表 5—3—5 可以看出：从 A_3 到 B_4：直达运价系数 $C_{34}=12$，而经 D_2 的中转费用 $=C_{32}+C_{24}=1+7=8$，明显中转运费比直达运费要低。为什么不能让 A_3 发更多的运量经 D_2 中转运到 B_4 呢？就是因为 D_2 的吞吐量受限制的缘故。因此为了提高物流优化程度，D_2 的规模还应该扩大。

由以上分析，我们就得到了中转仓库地址改进的方案：

(1)删除 D_1；

(2)原址扩大 D_2。

那么 D_2 应该扩大到多大呢？为了得到 D_2 毫不受限制的正确规模，可以把 D_1 删除以后，让 D_2 的规模松弛到等于整个系统的总资源量，即等于 520(＝200＋120＋140＋60)，再进行一次运输规划计算，最后得出的有效调运量 200(＝90＋40＋70，松弛过多的 320 闲置在运价系数为 0 的格中，不影响调运结果)，就是 D_2 毫不受限制的正确规模。计算的结果见表 5—3—6。在新的设置下，系统的总成本等于：$10\times16+120\times8+70\times24+120\times10+1\times140+60\times5+90\times8+40\times9+70\times7+0\times320=6\,010$，比以前节省 240(＝6 250－6 010)万元。

表 5—3—6　网点地址规模改进运算表

	D_2	B_1	B_2	B_3	B_4'	B_4''	a_i
A_1	9)	16) 10	8) 120	29)	24) 70	24)	200
A_2	5)	13)	40)	10 120	M)	19)	120
A_3	1) 140	14)	11)	23)	M)	12)	140
A_4	5) 60	24)	28)	16)	M)	30)	60
D_2	0) 320	8) 90	12)	9) 40	M)	7) 70	520
b_j	520	100	120	160	70	70	820

这样我们就得到了整个系统最佳的物流网点的选址方案。即整个系统最佳的选址方案就是，建一个仓库，地址取原 D_2 的备选地址，吞吐量取 400(＝2×200)。接受 A_3 和 A_4 的货物，送往 B_1、B_2 和 B_4。其直观描述如图 5—3—7。新系统下的总运输成本 6 010 万元，比以前节省 240 万元。物流优化效果是显著。

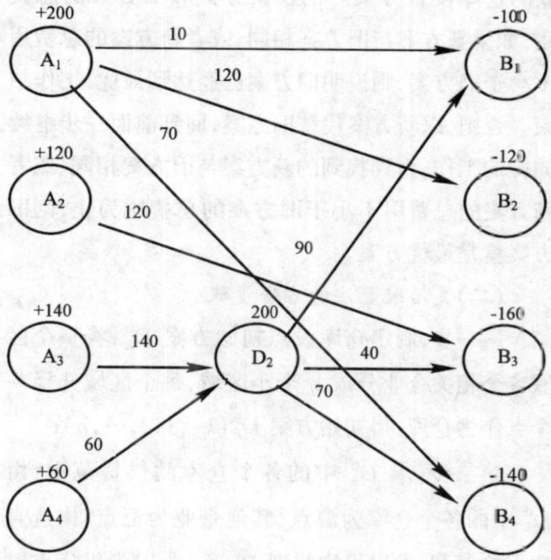

图 5—3—7　表 5—3—6 解的直观描述

第四节　几种特殊的物流网点布局方法

本节介绍一些实用性方法。这些方法专门针对一些特定的情况设计的。

一、灵活配置法

灵活配置法，英文就是 CFLP(Capacitated Facility Location Problem)。灵活配置法主要是针对一大片具有若干企业的经济区域，欲在这些企业中找几个企业设立为物资储运仓库，分别为其周围的企业进行物资储运服务。研究这些仓库点位置如何确定、供货范围如何确定等问题。由于这种储运仓库的位置可以在区域当中的各个企业中灵活选择，因此称为灵活配置法。

(一)灵活配置法的原理

灵活配置法的目的，是要在整个区域一大群企业中选择几个作为物资储运仓库的备选地址，既要覆盖各个企业、为各个企业服务，又要使物流总费用最小。其基本思路是先将整个区域所有有关企业分成几个范围，每个范围任意选定一个企业作为仓库设置点，各个仓库点合起来构成一个初始方案。然后以这个方案的各个企业作为源点、其他企业作为汇点，解运输规划问题，求出各源点的供货范围。然后再分别在各个供货范围内寻找能使范围内总费用最小的新的仓库位置点。各个新仓库点就构成一个新的仓库设置方案。比较新方案和旧方案的总费用,如果新方案与旧方案相同、或者新方案的总费用不小于旧方案,则说明旧方案已经达到最优,工作结束。否则,以新方案代替旧方案,回到前面一步继续同样的工作,直到找到的新方案与旧方案相同、或者新方案的总费用不小于旧方案的总费用为止,则旧方案就是最优方案。

(二)灵活配置法的方法步骤

第一步,制定仓库设点初始方案 D_k^0:将整个区域各个相关企业分成 q 个小区域,每个区域选择一个点作为仓库,得初始方案 $D_k^0(k=1,2,\cdots,q)$;

第二步,求 D_k^0 中的各个仓库的供货范围:由 D_k^0 中的各个仓库为源点、其他企业为汇点,构造直达运输模型,求出供货范围 P_k 及 D_k^0 以为供货点时各个供货范围的物流总费用 F_k^0 以及整个区域的总费用 F^0,$F^0=\sum\limits_{k=1}^{q}F_k^0$。

第三步,在每个 P_k 的区域中依次试以各个点作为供货点寻找费用更小的新的仓库替代点,构造新方案 D_k^1,并求得 D_k^1 方案的总费用 F^1。

在 P_k 中逐个以每一个点 i 作为仓库,其余点 j 作为用户计算区域的总物流费用 $F_{k,i}$:

$$F_{k,i}=\sum_{j\in P_{k,i}}C_{ij}X_{ij}F_k \quad (k=1,2,\cdots,q,j\in P_{k,i}),$$

式中:F_k 为第 k 个仓库的设立费用。

而 $F_k^1=\min\{F_{k,i}\}$。

即把其中费用最小的点 i 作为新的仓库点 D_k。各区域的 D_k 集合就得 D_k^1,并得总费用 $F^1=\sum\limits_{k=1}^{q}F_k^1$。

第四步,比较和 D_k^1 和 D_k^0、F^1 和 F^0。如果 D_k^1 和 D_k^0 相同(收敛)或者 F^1 不小于 F^0,则 D_k^0 即为所求。如果 D_k^1 和 D_k^0 不相同、而且 F 小于 F^0,则用 D_k^1 代替 D_k^0,转第二步继续运算。

(三)例题

如图 5—3—8,一个经济区域中有 12 个企业,其物流需求量和相互之间的路程标注在图上。现在需要在它们当中选三个作为仓库地址,每个仓库的设立费用为 10 万元规模为 13 个单位(即吞吐量为 26 个单位)。求总费用最省的选址方案。

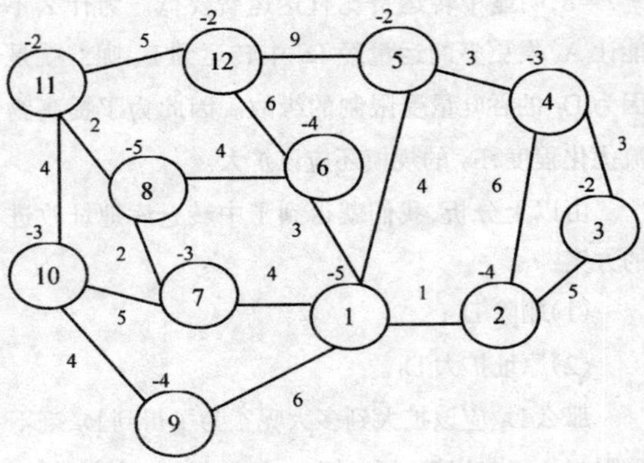

图 5—3—8 CFLP 例

1. 由定性分析,选定初始方案为:$D_k^0=\{4,6,9\}$。

2. 以 $D_k^0=\{4,6,9\}$ 为源点,其他企业为客户,建立直达调运模型求出各自的供货范围区域(见表 5—3—7)以及方案 D_k^0 的总费用 F^0。

由表 5—3—7,求得各个供货区域:

$P_1=\{1、2、3、4、5\}$

$P_2=\{1、6、8、12\}$

表 5—3—7 求供货范围的直达调运表格

	1	2	3	4	5	6	7	8	9	10	11	12	a_i
4	7) 2	6) 4	3) 2	0) 3	3) 2	10)	11)	14)	13)	16)	15)	11)	13
6	3) 2	4)	9)	10)	7)	0) 4	6)	4) 5	9)	10)	6)	6) 2	13
9	6) 1	7)	12)	13)	10)	9)	9) 3	10)	0) 4	4) 3	8) 2	13)	13
b_j	5	4	2	3	2	4	3	5	4	3	2	2	39

$P_3=\{1、7、9、10、11\}$

$F_1^0=7\times5+6\times4+2\times3+3\times0+3\times2+10=81$

$F_2^0=3\times5+4\times0+5\times4+2\times6+10=57$

$F_3^0=5\times6+3\times9+4\times0+3\times4+2\times8+10=95$

$F^0=\sum\limits_{k=1}^{q}F_k^0=F_1^0+F_2^1+F_3^0=81+57+95=233$

3. 在各个供货区域,寻找范围内新的总运输费用最省的点。为此,在各个范围中,逐个试以每一个点为供货点，求出范围总费用。在 k 区域中，以点 i 为供货点的范围总费用为：

$$F_{k,i}=\sum_{j\in P_k,i}C_{ij}X_{ij}+F_k \quad k(k=1,2,\cdots,q,j\in P_k,i)$$

例如，在 P_1 区域中，分别以 1、2、3、4、5 点为供货点的区域范围总费用分别为：

$$F_{1,1}=\sum_{j\in P_k,i}C_{1j}X_{1j}+F_1=C_{11}X_{11}+C_{12}X_{12}+C_{13}X_{13}+C_{14}X_{14}+C_{15}X_{15}+F_1$$

$$=0\times5+1\times4+6\times2+7\times3+4\times2+10=55$$

$$F_{1,2}=\sum_{j\in P_k,i}C_{2j}X_{2j}+F_1=C_{21}X_{21}+C_{22}X_{22}+C_{23}X_{23}+C_{24}X_{24}+C_{25}X_{25}+F_1$$

$$=1\times5+0\times4+5\times2+6\times3+5\times2+10=53$$

同理，$F_{1,3}=81$，$F_{1,4}=81$，$F_{1,5}=71$

所以，$F_1^1=\min\{F_{1,i}\}=\min\{55,53,81,81,71\}=53$，$D_1^1=2$。

同理，在 P_2 区域中，$F_2^1=\min\{F_{2,i}\}=\min\{70,57,70,114\}=57$，$D_2^1=6$。在 P_3 区域中，$F_3^1=\min\{F_{3,i}\}=\min\{89,89,95,94,106\}=89$，$D_3^1=7$。

这样，求得：$F^1=\sum_{k=1}^{q}F_k^1=53+57+89=199$，$D_k^1=\{2、6、7\}$。

4．比较 D_k^1 和 D_k^0、F^1 和 F^0。因为 D_k^1 和 D_k^0 不同、而且 F^1 小于 F^0，所以要用 D_k^1 代替 D_k^0，返回 2，再继续计算。

先用 $D_k^0=\{2、6、7\}$ 做源点，做运输规划（见表 5—3—8）得出供货范围：

表 5—3—8　求供货范围的直达调运表格

	1	2	3	4	5	6	7	8	9	10	11	12	a_i
2	1) 5	0) 4	5) 2	6) 3	5)	4)	5)	7)	7)	10)	9)	10)	13
6	3) 0	4)	9)	10)	7) 2	0) 4	6)	4)	9) 4	10)	6)	6) 2	13
7	4)	5)	10)	11)	8)	6)	0) 3	2) 5	9) 0	5) 3	4) 2	9)	13
b_j	5	4	2	3	2	4	3	5	4	3	2	2	39

$P_1=\{1、2、3、4\}$

$P_2=\{1、5、6、9、12\}$

$P_3=\{7、8、9、10、11\}$

在每个供货区域中，寻找新的使得区域费用最小的点和新的总费用（见表 5—3—9）。

表 5—3—9　各点费用计算结果

$P_1=\{1、2、3、4\}$	$P_2=\{1、5、6、9、12\}$	$P_3=\{7、8、10、11\}$
$F_{1,1}=47$	$F_{2,1}=72$	$F_{3,7}=43$
$F_{1,2}=43$	$F_{2,5}=116$	$F_{3,8}=38$
$F_{1,3}=69$	$F_{2,6}=87$	$F_{3,10}=63$
$F_{1,4}=75$	$F_{2,9}=126$	$F_{3,11}=54$
	$F_{2,12}=157$	
$F_1^1=F_{1,2}=43$	$F_2^1=F_{2,2}=72$	$F_3^1=F_{3,8}=38$
$F^1=F_1^1+F_2^1+F_3^1=60+54+38=152$，$D_k^1=\{1、2、8$		

$D_k^1=\{1、2、8\}$，$F^1=\sum_{k=1}^{q}F_k^1=43+72+38=153$

因为 D_k^1 和 D_k^0 不同、而且 F 小于 F^0，所以要用 D_k^1 代替 D_k^0，再返回 2，再继续计算（计算结果见表 5—3—10）。

由表 5—3—10 可以看出，虽然 F 小于 F^0，但是 $D_k^1=D_k^0=\{1、2、8\}$，已经收敛。所以已经达到最优解，工作结束。$D_k=\{1、2、8\}$，$F=152$。

表 5—3—10　各点费用计算结果

$P_1=\{1、5、9、12\}$	$P_2=\{2、3、4、6\}$	$P_3=\{7、8、10、11\}$
$F_{1,1}=60$	$F_{2,2}=54$	$F_{3,7}=43$
$F_{1,5}=80$	$F_{2,3}=75$	$F_{3,8}=38$
$F_{1,9}=90$	$F_{2,4}=80$	$F_{3,10}=83$
$F_{1,12}=125$	$F_{2,6}=74$	$F_{3,11}=44$
$F_1^1=F_{1,1}=60$	$F_2^1=F_{2,2}=54$	$F_3^1=F_{3,8}=38$
$F^1=F_1^1+F_2^1+F_3^1=60+54+38=152$，$D_k^1=\{1、2、8\}$		

二、保莫法（Baumol-Wolk 法）

上面讨论的网点布局方法，主要只考虑了两种费用，一种是仓库的设立费用，即修建仓库的投资费用；另一种就是运行费用。而运行费用主要只考虑了物流运输有关费用，而对仓储费用基本上还没有考虑。实际上仓储费用也是运行费用。仓储费用，是指仓库投入运行后，仓库的装卸、搬运、保管等所花费的费用。我们下面讨论的方法——保莫法，对此算是一种补充。

（一）原理

保莫法就是在考虑运行费用时，既考虑运行过程中的运输费用、也考虑仓储费用而进行网点布局的方法。仓储费用可以是线性函数，也可以是非线性函数。而保莫法是专门针对仓储费用函数是非线性函数的情况下的一种处理方法。

设第 k 个仓库的仓储费用为 S_K，规模为 d_K，则针对下面的非线性函数关系：

$$S_k = \mu k\sqrt{d_k} \tag{5.3.9}$$

可以用它的边际费用 C_k 来描述其仓储费用：

$$C_k = \frac{dS_k}{dd_k} = \frac{\mu_k}{2\sqrt{d_k}} \tag{5.3.10}$$

式中　μ_k 为第 k 个仓库的比例常数。

由于在一定规模 d 下，边际费用 C 是一个确定的值，所以可以把它作为这个规模下的仓储费用。并且可以把它和这个规模下运行的运输费用相加，共同构成这个规模下仓库的运行费用。

例如考虑从生产厂 i 经过仓库 k 再到用户 j 的运输，其运行费用 C_{ikj} 可写成：

$$C_{ikj} = \min(C_{ik} + C_k + C_{kj}) \quad k = 1,2,\cdots,q \tag{5.3.11}$$

式中　C_{ik} 为从生产厂 i 到仓库 k 的单位物资全程运费；

C_{kj} 为从仓库 k 到用户 j 的全程运费；

C_k 为仓库 k 的边际费用。

以这样的综合运行费用作为运价系数，可以将非线性的中转调运问题转化为线性的直达调运问题。解直达调运问题，就可以求出使 C_{ikj} 最小的仓库 k，从而求出总费用最省的仓库方案。

(二)步骤

设已有一个仓库初始位置方案 D_k^0（$k=1,2,\cdots,q$），需要从生产厂集 A 将物资调运到用户集 B，其相互间的运输费用 C_{ik} 和 C_{kj} 以及供应量 a_i、需求量 b_j 都已知。则可以按以下的步骤进行：

1. 开始，令仓库的规模 d_k 为无穷大，从而由公式 5.3.10 可知边际费用 C_k 为 0，再由 5.3.11 式可知运行费用 C_{ikj}：

$$C_{ikj} = \min(C_{ik} + C_k + C_{kj}) = \min(C_{ik} + C_{kj})$$

解直达调运问题，求出各个仓库 D_k^0 的调运量 d_k^0、仓储费用 S_k^0 和相应的边际费用 D_k^0。

2. 迭代求解：将 D_k^0 加入到运行费用中去，形成新的运价系数，再解直达调运问题，求出新的各个仓库 D_k^1 的调运量 d_k^1、仓储费用 S_k^1 和相应的边际费用 D_k^1。

3. 比较 D_k^1 是否等于 D_k^0、且 d_k^0 是否等于 d_k^0，如果是，则 D_k^0 即为所求，工作结束。如果不，则由 d_k^1 求出仓储费用 S_k^1 和相应的边际费用 D_k^1，将 D_k^1 替换 D_k^0、d_k^1 替换 d_k^0、D_k^1 替换 D_k^0，返回 2 继续计算。

其逻辑框图如 5—3—9。

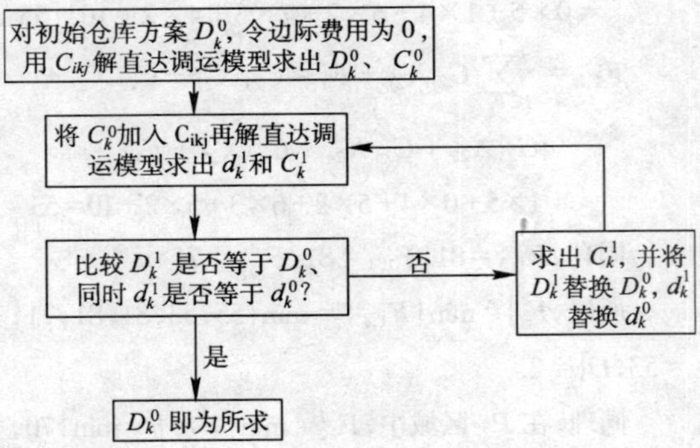

图 5—3—9　保莫法原理图

(三)例题

已知有两个生产厂 $\{A_1 \cdot A_2\}$，经 5 个中转仓库 D_k^0 运到 8 个用户，供应量、需求量、运价系数见表 5—3—11，仓库与规模的函数关系是非线性关系：$S_k = \mu_k\sqrt{d_k}$，$(k = 1,2,3,4.5)$，$\mu_k = \{75,80,75,80,70\}$，综合考虑仓储费用和运输费用，求费用最省的仓库设置方案。

表 5—3—11　保莫法例题

	D_1	D_2	D_3	D_4	D_5	B_1	B_2	B_3	B_4	B_5	B_6	B_7	B_8	a_i
A_1	7	7	8	12	11									40
A_2	14	12	9	6	8									50
D_1						6	11	3	8	5	10	11	11	
D_2						14	16	8	9	4	7	4	4	
D_3						10	11	3	5	2	5	9	5	
D_4						15	13	9	6	7	2	10	2	
D_5						9	7	3	2	6	5	12	8	
b_j						10	10	10	15	5	15	10	15	

解：令各个仓库边际费用等于 0，运价系数 C_{ikj}

取 $\min(C_{ik}+C_{kj})$。建立直达调运表格如表 5—3—12。

表 5—3—12 中,运价系数中的斜杠下的数字为仓库号,从 i 到 j 可以经过 5 个仓库中的任意一个都

表 5—3—12　保莫法例题计算表 1

	B_1	B_2	B_3	B_4	B_5	B_6	B_7	B_8	a_i
A_1	12/1 10	18/5	10/1 10	13/5	10/3 5	13/3	11/2 10	11/2 5	40
A_2	17/5	15/5 10	11/5	10/5 15	11/3	8/4 15	16/4	8/4 10	50
b_j	10	10	10	15	5	15	10	15	

可以到达,但是,选那个费用最省的仓库过?因此这里的运价系数也是对应那个运费最省的仓库的运价系数。解运输规划问题得到各个仓库的最佳调运量,表中的粗体字就是解得的最优解。则各仓库的规模就等于通过它的调运量的总和。因此各个仓库的规模是:

$$d_k^1=\{20,15,5,25,25\}$$

$$D_k^1=\{D_1、D_2、D_3、D_4、D_5\}$$

根据 d_k^1 和边际费用的公式 5.3.10,可以算出各个仓库的仓储边际费用 D_k^1:

$$C_k^1=\{8、10、17、8、7\}$$

比较 D_k^1 和 D_k^0、d_k^1 和 d_k^0 知道,D_k^1 虽然等于 D_k^0、但是 d_k^1 不等于 d_k^0,所以将 D_k^1 变为 D_k^0、d_k^1 变为 d_k^1、C_k^1 变为 C_k^0,将 C_k^0 加入到运价系数 C_{ikj} 中再进行直达调运运算(见表 5—3—13)。

表 5—4—13　保莫法例题计算表 2

	B_1	B_2	B_3	B_4	B_5	B_6	B_7	B_8	a_i
A_1	20/1 10	25/5	18/1 10	20/5 5	20/1 5	22/4	21/2 10	21/2	40
A_2	24/5	22/5 10	18/5	17/5 10	21/3	16/4 15	24/4	16/4 15	50
b_j	10	10	10	15	5	15	10	15	

由表 5—3—13 可以得出:

$$d_k^1=\{25,10,30,25\}$$

$$D_k^1=\{D_1、D_2、D_4、D_5\}$$

$$C_k^1=\{8、13、7、7\}$$

比较 D_k^1 和 D_k^0、d_k^1 和 d_k^0 知道,D_k^1 不等于 D_k^0、d_k^1 不等于 d_k^0,所以将 D_k^1 变为 D_k^0、d_k^1 变为 d_k^0、C_k^1 变为 C_k^0,将 C_k^0 加入到运价系数 C_{ikj} 中再进行直达调运运算(见表 5—3—14)。

表 5—3—14　保莫法例题计算表 3

	B_1	B_2	B_3	B_4	B_5	B_6	B_7	B_8	a_i
A_1	20/1 10	25/5	18/1 10	20/5 5	20/1 5	21/4	24/2 10	21/4	40
A_2	24/5	22/5 10	18/5	17/5 10	20/4	15/4 15	23/4	15/4 15	50
b_j	10	10	10	15	5	15	10	15	

由表 5—3—14 可以得出:

$$d_k^1=\{25,10,30,25\}$$

$$D_k^1=\{D_1、D_2、D_4、D_5\}$$

比较 D_k^1 和 D_k^0、d_k^1 和 d_k^0 知道,D_k^1 等于 D_k^0、d_k^1 等于 d_k^0,所以结果收敛。$D_k^0=\{D_1、D_2、D_4、D_5\}$ 就是最优方案。

以上就是保莫法运用的全过程。

第五节　分销网络布局

本节讨论分销网络布局问题。分销网络布局,就是在门店设置和配送中心设置确定下来以后,如何设置信息中心、指挥中心。而重点是讨论信息中心、指挥中心的设置问题。因为信息中心一般靠近指挥中心,所以本节重点讨论指挥中心的设计问题。

一、指挥中心概述

指挥中心承担分销网络的管理和组织指挥任务。有的大公司可能不止一个指挥中心,而有一个指挥系统。公司指挥中心下面,还有各个区片的指挥中心。各个区片下面还可能有更小的指挥中心。这些指挥中心都负责各自所辖区域的商流、物流活动的管理和组织指挥工作,保证所辖区域中商流和物流工作顺利有效地进行。每一个指挥中心都对应着一定的所辖区域。

所谓组织指挥,就是要收集掌握本区域的商流和物流活动信息,进行分析预测,制定长远发展规划和发展策略;对日常的商流、物流活动进行规划、策

划、并且组织实施;对实施过程进行协调控制,保证企业经营目标顺利实现。

指挥中心除了组织指挥好本企业的商流、物流活动以外,还要和企业外部环境进行联系、沟通和协调,包括和政府主管部门、税务部门、工商管理部门、供应商企业、客户企业等进行联系、沟通和协调,还要和社会上其他的单位,例如环保、教育、文化、街道等打交道,履行自己承担的社会责任和义务,为本企业的生存和发展创造一个宽松的外部条件。

整个指挥过程,实际上是信息的收集、处理和利用的过程。信息在其中发挥了关键的作用。没有信息,也就无从管理和指挥。所以指挥中心一般都必须设立信息中心。

二、指挥中心选址概述

指挥中心和企业内外一般发生信息联系和人员往来联系。为了管理的高效率和节省费用,指挥中心也必须考虑合理选址的问题。

在指挥中心的选址问题上,一般主要考虑二个因素:(1)物流因素;(2)非物流因素。

物流因素,对于指挥中心来说,一般没有货物的流动,但是有人员车辆的流动。人员车辆来往行驶,需要花费车费和时间,这也是一种物流费用。路程越长,物流费用越高。

非物流因素,包括信息往来、相互间关系密切程度、主观因素等。指挥中心要和下属各个单位打交道,还要和政府主管部门等打交道,发生频繁联系的程度不一样,所以相互间关系密切程度不一样。联系频繁的,以相互间靠近一点好。非物流因素也包括一些非客观的因素,如主观愿望、爱好等。

考虑这二类因素的目的,就是要确定指挥中心和其他各个单位间的相关性。相关性,包括物流相关性和非物流相关性。物流相关性主要是指单位间由于物流强度大(物流量大、物流频次高)所引起的单位间密切程度高。非物流相关性,主要是指由于一些非物流因素所引起的单位间的关系密切程度。例如联系频繁、共用某些设施、主观意志等所引起的单位间关系密切程度。

物流相关性的求法,一般是用定量方法计算,根据各个单位与指挥中心发生物流量(或物流频次)的多少排序。物流量(或物流频次)最多的排第一位,给相对最高的分数;物流量(或物流频次)最少的排末位,给相对最低的分数。这样就得到了物流相关密切程度顺序表。

非物流因素相关性的求法,主要是用主观评分法。具体做法是:先列出所有需要考虑的非物流因素,如果各个非物流因素的重要程度不一样,则还要给它们分别赋以不同的权数。然后请各个方面的人分别针对这些非物流因素对于各个单位与指挥中心的密切程度评分,然后把这些评分加权平均,就可以求出各个单位与指挥中心的非物流相关性。也把非物流相关性按从大到小的顺序排队,相关性最大的排第一位,给相对最高的分,相关性最小的排末位,给相对最少的分。这样就得到了各个单位与指挥中心非物流相关密切程度表。

然后由物流相关密切程度表和非物流相关密切程度表求出指挥中心和各个单位的综合相关密切程度表。综合相关密切程度就等于物流相关密切程度的分数加上非物流相关密切程度的分数。把这个综合相关密切程度按分数从大到小的顺序排列,就得到了指挥中心和各个单位的综合相关密切程度表。综合相关密切程度的第1号所对应的单位,就是考虑物流因素和非物流因素是与指挥中心的密切程度最高的单位,所以指挥中心应当挨近这个单位。同样,第2号单位是与指挥中心密切程度次高的单位,所以指挥中心在挨近第1号单位的前提下,还要挨近第2号单位。用同样方法再考虑第3号、第4号单位等。一般考虑前面几个单位就可以了。

因为第1号、第2号等等这些单位,或者是配送中心,或者是门店,它们的位置已经用前面讨论过的方法确定好了是不能够再变动的,所以指挥中心的位置就是在这些已经确定的单位位置之间进行移动选择,最后总是可以得到一个符合综合相关密切程度表的一个位置,这就是指挥中心的最佳位置。例如如果对于3个已定单位(第1号单位、第2号单位、第3号单位)位置的情况,则指挥中心应选在最挨近1号单位、次挨近2号单位的位置(见图5—3—10)。

在日常生活中,由于一级配送中心在整个分销网络中最重要,指挥中心与一级配送中心的联系密切程度最高,所以指挥中心一般就设在一级配送中

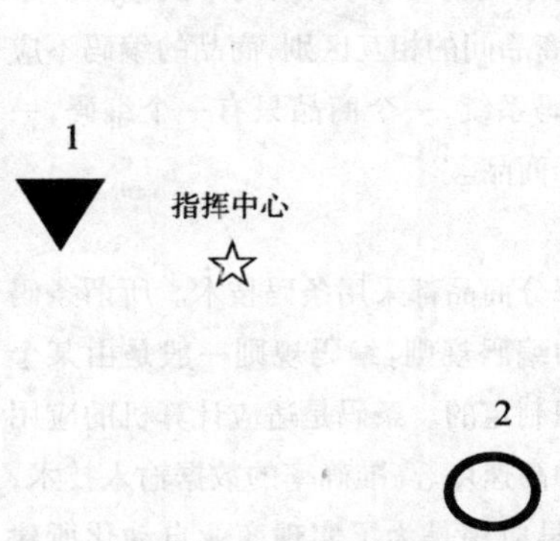

图 5—3—10　指挥中心选址原理图

心里，与一级配送中心共一个楼办公。这样指挥中心可以进一步方便和加强对一级配送中心的组织、指挥和控制，从而也就能够加强对整个分销网络的组织指挥和控制。

三、信息中心选址概述

信息中心可以说是指挥中心的信息来源和管理指挥控制的手段和渠道，指挥中心应当是企业信息最集中的场所。所以一般信息中心都应该紧挨近指挥中心，指挥中心内必然设立信息中心。

四、分销网络的布局

由前面对商业企业的门店、配送中心、指挥中心、信息中心选址的讨论，我们可以得出整个分销网络的布局，如图 5—3—11 就给出了一个具有两级配送的分销网络系统。

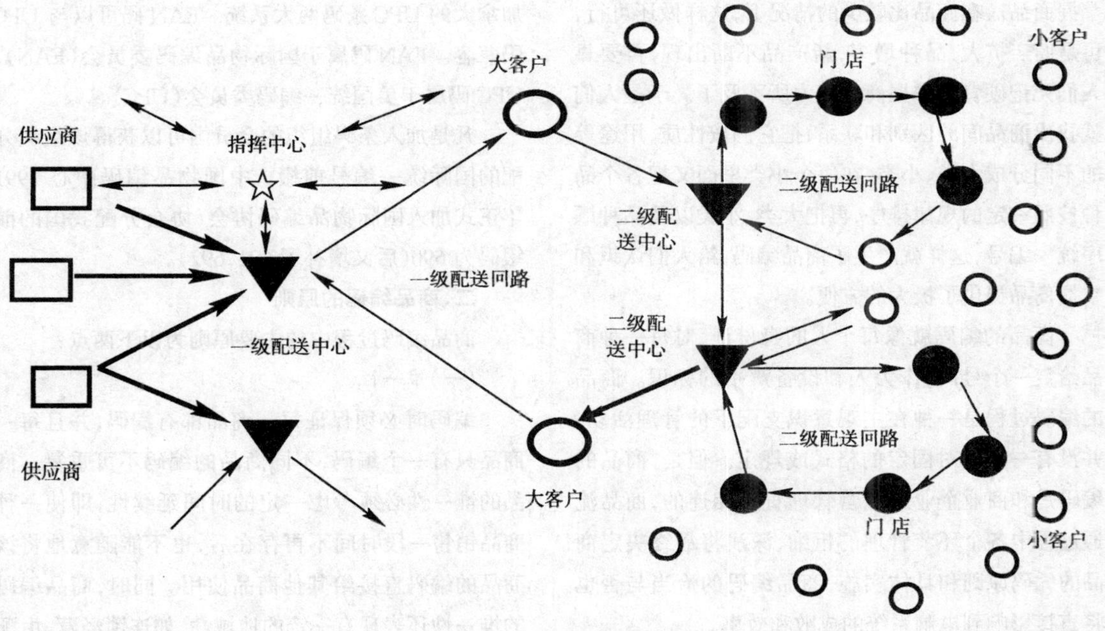

图 5—3—11　具有两级配送的分销网络系统

第四章　货 品 管 理

前面讨论了商业企业的选址问题。商业企业选址问题是商业企业物流管理中一个最基础的工作。商业企业物流管理的另一个基础工作，就是货品管理。货品管理包括很多的方面，如货品品种类别管理、货品的进、销、存管理等。进销存管理我们后面各章会依次讨论，本章首先讨论货品的品种类别管理。商业企业当然首先应当知道自己经营的商品有哪些品种类别，这是一个商业企业的一项非常重要的基础工作。货品的品种类别管理最重要的工作就是商品编码。把各种商品按类别系列依次编码，便于管理者掌握各种商品的全貌和相互之间的关系，便于管理者分别进行不同的类别经营管理，便于商品的自动识别和商品的进、销、存管理，更重要的是便于实现计算机信息化管理和电子商务处理，它已经成为国际贸易所必须遵守的基本条件,为世界各国所奉行。所以本章专门讨论商品的编码管理问题。

第一节　商品编码概述

一、商品编码概述

(一)编码的含义

商业企业一般要经营多种商品。商店规模越大,经营的品种就越多。商品客观上有不同的类别,每个类别里又有很多的品种,相同类别的各个品种具有类似的甚至相同的性质。由于商品的品种类别特别多,而商业企业为了经营的需要,必须要认识、掌握各种商品。以前人们一般靠死记硬背来认识和掌握商品。在商品比较少的情况下,这样做还可行,可是商店扩大、品种增多,新产品不断出现,再要靠人们死记硬背来掌握商品就力所不及了。于是人们就找出商品间的区别和联系,把它们按性质、用途等的不同分成大类、小类,在每个小类里面又把各个品种按照一定的规律排序,再把大类、小类以及品种顺序统一编号,这样就产生了商品编码,给人们认识和掌握商品提供了极大的方便。

商品的编码就像每个人的身份证,对每一种商品给定一个号码,作为人和设备辨别的标识。商品的编码过程是一种在主观意识支配下的管理活动,并没有一个绝对固定的格式或规定。但是,商品的编码是和商业企业的经营管理直接相连的,商品流通过程中各个环节管理的粗细、深浅将最终决定商品的编码原则和具体实施,商品编码的恰当与否也将直接影响到电脑系统的成败和效率。

商品的具体编码,种类繁多,根据所用场合不同,商品编码可分为外码和内码;根据印制地的不同,商品编码可分原印码和自制码;根据编制原理的不同,商品编码可分货码、条码。

各种不同的编码方法都是为了对商品进行标识,以便惟一地辨别不同商品,因此货码、内码或条码之间本身并不相互排斥,可以多码并存。在目前的计算机管理系统中,只要符合商品的惟一识别原则,编码时可以根据实际情况灵活应用,可以采用几种码制组合的方式。不能使用阅读器扫描仪的,在计算机输入时可以采用自定义货码方式。也可以通过制作可扫描的条码清单卡,以条码形式输入。不管怎样,为保证商品间的相互区别,商品的编码不应重复,对同一编码系统,一个商品只有一个编码,一个编码对应一个商品。

(二)条码

目前绝大部分商品都采用条码技术。所谓条码制是某个特定的编码规则,编码规则一般是由某个特定的编码组织制定的。条码是适应计算机的应用发展起来的一种高速度、高准确率的数据输入技术,在国外,条码最早应用是为了实现商业自动化所建立的POS系统,利用商业电子收银机作为终端与主机相联,并借助光电识读设备录入商品信息。

当前,国际上有欧洲EAN条码和通用于美国、加拿大的UPC条码两大系统。EAN码可以与UPC码兼容。EAN码属于国际物品编码委员会(EAN),UPC码属于美国统一编码委员会(UPC)。

凡是加入条码组织的会员国可以获得该组织分配的国际统一编号前缀。中国物品编码中心1991年正式加入国际物品编码协会,协会分配我国的前缀码为690(后又增补了691.692)。

二、商品编码的原则

商品编码过程中的主要原则为以下两点:

(一)惟一性

编码时必须保证每一商品都有编码,并且每一商品只有一个编码,不同商品的编码不可重复。商品的惟一性必须考虑一定的时间延续性,即使一种商品销售一段时间不再存在后,也不能随意地将该商品的编码直接给其他商品使用。同时,商品编码的惟一性还表现有一定的地域性,如连锁经营,由配货中心统一管理,必须保证各连锁店间的编码整体符合惟一性原则。当商品采用多编码并存时,必须保证每一种编码对商品都符合惟一性原则,绝对不能存在编码的交叉歧义性。

(二)规范化

商品编码规范化要求商品编码必须符合一定的编码原则。如采用流水号方法给商品编码,虽然编码方法简单、可靠、生命力强,但不便于输入和预测。而采用基于分类码组合编码方法,含义明确、针对性强、便于管理和记忆。采用条码技术,虽手工输入不便,但易于实现商品编码输入的自动化,提高编码输入效率,符合国际发展趋势。另外,商品编码的规范化也要求编码应采用合理、有效、便于处理的符号体系,例如只采用数字系列作为编码的基本元素,而不宜将标点符号、币种符号等作为编码元素等。

第二节　条　　码

随着我国商业电子收银机的推广,条码的重要性已越来越为商业企业和生产商所认识,实行商品条码化,不仅是加速商业现代化的必由之路,同时也为制造商提供了及时的商品信息,使之可以随时调整生产结构,生产适销对路的产品,提高产品竞争力,进而丰富商品市场。

一、条码基本概念

(1)条码:条码是由一组黑白相间、粗细不同的条状符号组成,条码隐含着数字信息、字母信息、标志信息、符号信息,主要用以表示商品的名称、产地、价格、种类等,是全世界通用的商品代码的表示方法。

(2)条码符号:由静区和一组条码字符组合起来的,用以表示一个完整数据的符号。通常将人眼可识别的数据标注在条码符号的下面。

(3)条码元素:用以表示条码的条和空,统称为条码元素,简称元素。

(4)条码字符:用以表示一个数字、字母及特殊符号的一组条码元素,称为条码字符。

(5)条:在条码符号中,反射率较低的元素称为条。

(6)空:在条码符号中,反射率较高的元素称为空。

(7)位空:在条码符号中,位于两个相邻的条码符号之间,且不代表任何信息的空,称为位空。

(8)条高:条的二维尺寸中,较长的那个尺寸称为条高。

(9)条宽:条的二维尺寸中,较短的那个尺寸称为条宽。

(10)条码符号的长度:在条码符号中,排除两侧静区的那部分长度称为条码符号的长度。

(11)单位元素宽度:在条码符号中,窄元素的标称宽度称为单位元素宽度,用X表示。

(12)两种元素宽条码:在条码字符中,如果元素的宽度只有两种,即宽元素和窄元素,则称此种码制为两种元素宽条码。

(13)多种元素宽条码:在条码字符中,如果元素的宽度有3种或3种以上,则称此种码制为多种元素宽条码。

(14)条码逻辑值:对于两种元素宽的条码,宽元素的逻辑值为1,窄元素的逻辑值为0;对于多种元素宽的条码,若单位元素宽度上是条,则逻辑值为1,若单位元素宽度上是空,则逻辑值为0。

(15)连续型、离散型条码:在条码符号中,如果两个相邻的条码字符之间存在空,则称此种码制为离散型条码,否则称为连续型条码。

二、条码符号的结构

一个完整的条码符号是由两侧静区、起始字符、数据字符、校验字符(可选)和终止字符组成。它实际上是一组黑白相间的条纹,这种条纹由若干个黑色的"条"和白色的"空"的单元所组成,其中黑色条对光的反射率低而白色的空对光的反射率高,再加上条和空宽度不同,就能使扫描光线产生不同的反射接收效果,在光电转换设备上转换成不同的电脉冲,形成了可以传输的电子信息。表5—4—1是一个条码符号的完整结构。

表5—4—1　条码的结构

静区	终止字符	数据字符	检验字符	起始字符	静区

(1)静区:没有任何印刷符或条码信息,它通常是白的,位于条码符号的两侧。静区对阅读器起提示作用,即提示扫描器准备扫描条码符号。

(2)起始字符:条码符号的第一位字符为起始字符,它的特殊条空结构用于识别一个条码符号的开始。阅读器首先确认此字符的存在,进而处理由扫描器获得的一系列脉冲。

(3)数据字符:是位于起始字符的后面,由条码字符表示的数据。

(4)终止字符:条码符号的最后一位字符是终止字符,它的特殊条空结构用于识别一个条码的结束。阅读器识别终止字符,便知道条码符号已扫描完毕,而且若条码符号有效,阅读器则向计算机传送数据信息并向操作者提供"有效读入"的反馈。终止字符的使用,避免了不完整信息的输入。当采用校验字符时,终止字符还指示阅读器对数据字符实施校验计算。

起始字符、终止字符的条、空结构通常是不对称的二进制序列,这一非对称性允许扫描器进行双向扫描。当条码符号被反向扫描时,阅读器会在进行校验计算和传送信息前把条码各字符重新排列成正确的顺序。

(5)校验字符:在条码码制中定义了校验字符。有些码制的校验字符是必须的,有些码制的校验字符是可选的。校验字符是通过对数据字符进行一种算术运算而确定的。当符号中的各字符被解码时,译码器将对其进行同一算术运算,并将结果与检验字符比较;当两者一致时,说明读入的信息有效。

三、条码识别装置

条码识别采用各种光电扫描设备,主要有以下几种:

(1)光笔扫描器。似笔形的手持小型扫描器。

(2)台式扫描器。固定的扫描装置,手持带有条码的卡片或证件在扫描器上移动,完成扫描。

(3)手持式扫描器。能手持作用和移动使用的较大的扫描器,用于静态物品扫描。

(4)固定式光电及激光快速扫描器。它是由光学扫描器和光电转换器组成,是现在物流领域应用较多的固定式扫描设备,安装在物品运动的通道边,对物品进行逐个扫描。

各种扫描设备都和后续的光电转换、信息信号放大及与计算机联机形成完整的扫描阅读系统,完成了电子信息的采集。

四、条码分类

条码种类较多,在物流系统中常用的是39码和交叉宽窄不同的25码。表5—4—2列出了国际常用条码种类。

表5—4—2 国际常用条码种类

类别 / 项目	CODE39	CODABAR	CODE128	交叉式25码	EAN	UPC
支援符号	数字与字元	数字与字元	数字与字元	数字	数字	数字
码义	0～9,A～Z,$/+%	0～9,－$/+%	ASCCⅡ CODE	0～9	0～9	0～9
起始码	*	a,b,c,d	分A,B,C三组	(0101)	(101)	分A,D,E型
终止码	*	a,b,c,d	一组	(101)	(101)	分A,D,E型
码长	不限	最多32码	最多32码	不限长度但限码数	8,13	6,12,17
检核码	有	有	有	无	有	有
上市年	1974年	1977年	1981年	1972年	1977年	1973年
应用领域	汽车业,工业界	图书馆,血库	工业库存管制运销用途	仓储,产品识别,包装识别,一般工业与汽车业	流通业	零售业,包装业
优点	码长不限可支持文数字	起始终止码共四种变化	编码方式灵活且长度较短	交叉编码节省标签空间	世界流通且编码不重复	适用流通条码
缺点	编码密度低占空间	市场使用率较不普遍	检核码运算方式较复杂	仅支持数字资料	码数固定且只支持数字资料	已渐渐被EAN取代

五、常见条码简介

条码的发展至今已有几十年的历史,在这期间陆续推出了几十种条码。现将其中比较流行的几种介绍如下。

(一)UPC码

Universal Product Code(UPC)是美国通用食品代码委员会于1973年制定的一个全国统一的商品编码标准。它广泛应用于食品、百货、日用商品的零售、记账、自动计价售货、商品定货、发货统计等领域。随着POS含义的扩展,UPC码的应用也随之扩大到仓库、医院、书刊、杂志、包装及其他一些行业的现金出纳领域。

UPC码是一种固定位长的连续型条码。其编码集仅包含有0～9十个阿拉伯数字及一个起始符、一个终止符、一个中间分隔符（中间符）代码。

UPC码的编码规则规定每一信息的代码位长为12位。从编码结构上分析，这种编码共使用了8个编码元素。着色条符与非着色条符的宽度均有4种，即1,2,3,4倍基本编码模块(基本码元)宽度。每一数字的条形代码均由两个着色条符及两个非着色条符(两条着色条符之间部分，其颜色即条码标记载体的颜色)组成。每一代码的标准宽度是基本编码模块宽度的7倍。

一条完整的UPC码(通常UPC码即指UPC—A码)信息的12位码分为两组。左边六位代码为一组，其最左边的第一位为系统类别代码，其后五位代表统一规定的产品生产厂商编码。右边六位代码为一组，前五位代表产品编码，最后一位为校验码。左右两组中间由中间符分隔。增设校验位的目的是为了提高识别系统的可靠性。

现以UPC码信息07456310288X为例，说明校验码X的数值确定方法：

(1)由左至右对前11位数字按0～10顺序排列。

(2)由0位起将所有偶数位数值相加(第0位也计算在内)并乘以3。

0+4+6+1+2+8=21　　21×3=63

(3)将所有奇数位数值相加。

7+5+3+0+8=23

(4)将上述两个结果相加，除以10。

63+23=86,86除以10商为8,余数为6。

(5)以10为模，取余数的补码，即为校验位的值。当余数为0时，校验值也为0。

10－6=4　　本例中校验位的数值应为4。

附UPC码编码规则(见表5—4—3)。

以上介绍了UPC码的通用版本的编码规则。实际上，UPC码还存在多种版本，如UPC—B,UPC—C,UPC—D和UPC—E。上面介绍的实际上是UPC—A版本，但在习惯上，人们都将它简称为UPC码。UPC—B～UPC—E版本是为某些特殊使用部门或领域制定的标准。UPC—B的编码规则与UPC—A是相同的，只是它由11位有效数字编码组成，因此，不含校验位。一条完整的信息仍然由12位代码组成。UPC—B是在药品卫生用品生产领域应用的标准。UPC—C和UPC—D的编码规则不同UPC—A。UPC—C通常应用于产业部门。UPC—D是一种不定长码，应用于库存管理、货物批发部门。UPC—E是一种压缩版，信息长度为6位。

表5—4—3　UPC码编码规则

数字	奇检验							偶检验						
0	0	0	0	1	1	0	1	1	1	1	0	0	1	0
1	0	0	1	1	0	0	1	1	1	0	0	1	1	0
2	0	0	1	0	0	1	1	1	1	0	1	1	0	0
3	0	1	1	1	1	0	1	1	0	0	0	0	1	0
4	0	1	0	0	0	1	1	1	0	1	1	1	0	0
5	0	1	1	0	0	0	1	1	0	0	1	1	1	0
6	0	1	0	1	1	1	1	1	0	1	0	0	0	0
7	0	1	1	1	0	1	1	1	0	0	0	1	0	0
8	0	1	1	0	1	1	1	1	0	0	0	1	0	0
9	0	0	0	1	0	1	1	1	1	1	0	1	0	0
起始符											1	0	1	
终止符											1	0	1	
中间符										0	1	0	1	0

(二)EAN码

EAN(European Article Numbering)码也称国际物品条码(International Article Number或World Article Number,即IAN和WAN)。

EAN码有两个主要版本。一是由13位数字组成的标准版EAN—13,二是由8位数字组成的压缩版(缩短版)EAN—8。

EAN—13是一种与UPC—A码兼容的码制。一条完整的EAN—13码信息表达13位数字值。但它实际上的条符代码位数仍是12位。其左侧国别代码的第一位数字并不存在相对应的实际代码，而是隐含在左边6位数字代码中。因此，EAN—13码信息的标准长度及格式与UPC—A码是相同的。但为了表达出左侧国别代码的第一位隐含数值，其左半部六位代码不像UPC—A码那样固定按奇校验规则编码,而是根据要表达的隐含位数值按不同的奇偶规则编码,其组合规则方式如表5—4—4。

表5—4—4　EAN—13码格式

左[①]	1	2	3	4	5	6	7
	0	奇	奇	奇	奇	奇	奇
	1	奇	奇	偶	奇	偶	偶
	2	奇	奇	偶	偶	奇	偶
	3	奇	奇	偶	偶	偶	奇
	4	奇	偶	奇	奇	偶	偶
	5	奇	偶	偶	奇	奇	偶
	6	奇	偶	偶	偶	奇	奇
	7	奇	偶	奇	偶	奇	偶
	8	奇	偶	奇	偶	偶	奇
	9	奇	偶	偶	奇	偶	奇

表中左侧第一位不编码。

EAN—13码的右半部6位代码编码方式及校验位值的计算方法与UPC—A相同。

现以信息860072561421X为例,对EAN—13码的编码规则进行说明。左端国别代码的第一位值是8。这个8不以条符代码直接表示,而以隐含方式表达。根据表5—4—5给出的左半部6位代码奇偶关系,由左至右第二位至第七位代码的奇偶编码特性应为:奇偶奇偶偶奇。

表5—4—5　EAN—13码编码实例

数值	代码形式							奇偶性
8	不编码							
6	0	1	0	1	1	1	1	奇
0	0	1	0	0	1	1	1	偶
0	0	0	0	1	1	0	1	奇
7	0	0	1	0	0	0	1	偶
2	0	0	1	1	0	1	1	偶
5	0	1	1	0	0	0	1	奇
6	1	0	1	0	0	0	0	偶
1	1	1	1	0	0	1	0	偶
4	1	0	1	1	1	0	0	偶
2	1	1	0	1	1	0	0	偶
1	1	1	0	0	1	1	0	偶
x								偶

EAN—13码校验位数据值计算方法如下:

(1)以未知校验位为第一位,由右至左将各位数据顺序排队。上面例子中,x位为第一位,隐含位数据8为第13位。

(2)由第2位开始,求出所有偶数位数据之和,然后将和乘以3,得积n_1。

(3)由第3位开始,求出所有奇数位数据之和,得和n_2。

(4)将n_1与n_2相加得和n_3。

(5)用n_3除以10,求得余数,并以10为模,取余数的补码,即得校验位数据值。当余数为0时,校验位数据值为0。

按照上述计算方法,求上例中x值步骤如下:

$$n_1=(1+4+6+2+0+6)\times 3=57$$

$$n_2=2+1+5+7+8=23$$

$$n_3=57+23=80$$

计算结果可被10整除,余数为0,故校验位数据值也为0,即$x=0$。按偶校验规则,右侧数据0的代码应为1110010。

(三)CODE—128码

CODE—128码是一种连续型变位长数字字符型条码。与UPC、EAN码相同,CODE—128码也使用了8种编码元素,但每个字符代码由3个着色条符和3个非着色条符组成。着色条符与非着色条符的宽度均为4种,即基本编码模块宽度的1,2,3,4倍。每一条符代码宽度是基本编码模块宽度的11倍。

CODE—128码共有3个字符集。3个字符集覆盖了全部128个ASCⅡ字符。3个字符集使用不同的起始符符号。

值得一提的是,CODE—128—C集对0~99个数字进行了直接编码。因此,在仅使用数字代码的情况下,这种码的编码密度比使用数字字符混合代码时提高了1倍。在25.4 mm长度单位内可表达18.1位数据,即CPI=18.1。

由于CODE—128码与UPC、EAN码编码方法是类似的,但字符集覆盖字符数远高于UPC、EAN码,所以,对于采用同样技术及译解方法建立的识别系统来讲,CODE—128码的识别可靠性要低于UPC、EAN码。

在条码的印刷方面，CODE—128 与 UPC、EAN 是相同的。在使用机械式点阵打印机打印这 3 种制式的条形符号时，印刷允差不易保证。

在 CODE—128 码的实际应用中，使用当前字符集中的字符集变换码可以方便地由当前字符集转到另外两个字符集中去。也就是说，在同一条数据信息中，可以包含 3 个字符集中的任意字符。

(四)交叉 25 码

交叉 25 码是一种长度可变的、连续型的、自校验的数字式码制，它的字符集是数字 0～9。交叉 25 码采用两种元素宽度，每个条和空或是宽元素或是窄元素。交叉 25 码的每个字符实际上是将两个数据字符编码，一个是以条码，其中两个是宽条，3 个窄条，另一个是以空编码，其中两个是宽空，3 个是窄空。

交叉 25 码符号的编码字符个数为偶数，所有奇数位置上的数据以条编码，偶数位置上的数据以空编码。如果是为奇数个数据编码，则在第一位补 0，以使数据位数为偶数。

为了提高交叉 25 码的数据可靠性，可在数据字符的后面附加一位校验字符，校验字符的计算方法如下：

(1)从数据字符的第一位开始，从左至右赋予权系数序列 3.1.3.1…。

(2)将数据字符值与权系数相乘，并将它们的结果相加。

(3)使第二步所得的数据和成为 10 的倍数的最小差值，即为校验字符的值。

例如：数据字符“47365”

数据字符：47365

数据字符值；47365

权系数：31313

和数 $=4\times3+7\times1+3\times3+6\times1+5\times3=49$，使 49 成为 10 的倍数 50 的最小差值是 1，故校验字符为 1。若不使用校验字符，整个符号的编码是“047365”，即在第一位补 0，使编码字符个数为偶数。

交叉 25 码的自校验特性及校验字符的使用，固然提高了交叉 25 码的数据可靠性，但局部扫描(扫描路径没有包括两个静区)往往容易使符号误读，因此交叉 25 码常用于识别长度固定的数据，此时译码器可编程只接收正确长度的数据信息，短的数据信息可在开头附加 0 以达到固定长度的需要。另外，交叉 25 码常采用托架条的形式，以防止局部扫描所产生的误读。托架条是指在数据条的顶部和底部附加两个条，其最大宽度是3 X。

交叉 25 码单位元素宽度，即窄元素宽度 X 的最小值是0.19 mm。在一个符号中，X 是恒定的，宽元素宽度与窄元素宽度的比值 N 也是恒定的。N 的允许范围是 2.0～3.0，当 X 小于0.51 mm时，N 值必须大于 2.2。交叉 25 码的最小静区宽度是 10 X，为获得最佳的扫描效果，建议静区的宽度至少为6.35 mm。

交叉 25 码的符号长度 L 是 X 值、N 值及被编码的字符个数 C 的函数。其计算方法如下：

$$L=[C(2N+3)+6+N]\cdot X$$

对于交叉 25 码中的任意一个元素，其宽度的允许公差 t 由下式决定：

$$t=\pm(18N-2)\cdot X/80$$

交叉 25 码的一个突出特点是密度高，当 X 为 0.19 mm，N 为 2.2 时，其最大的密度是 7.8 字符/cm。

(五)39 码

39 码于 1974 年由 INTERMEC 公司推出，它是第一个字母数字式码制。39 码是长度可变的、离散型的、自校验的字母数字式码制。它的字符集是数字 0～9，26 个大写字母 A～Z 及 7 个特殊字符 -、·、space、$、/、+ 和 %，共有 43 个字符。39 码的每个字符由 9 个元素组成，其中 5 个是条，4 个是空。5 个条中有 2 个宽条、3 个窄条，4 个空中有 1 个宽空、3 个窄空，即 9 个元素中有 3 个宽元素、6 个窄元素。39 码是两种元素宽的代码。

39 码符号均以★号开始和结尾，即★号是 39 码的起始、终止符。39 码是离散码，符号中两个相邻字符之间用一个位空分隔开，此位空不包含任何信息。

六、条码标准化组织简介

(一)中国物品编码中心

中国物品编码中心隶属国家技术监督局，是负责制定和发布我国条码标准的组织。

(二)美国统一代码委员会

UPCC(Uniform Product Code Council)

条码编码标准发布组织。曾推出在美国、加拿大地区商品流通领域使用的通用产品条码,即UPC码。

(三)国际物品编码协会

EAN(European Article Number Association)

该协会率先在欧洲推行了EAN码,而后又将其推广到世界各地,使EAN码成为国际商品流通领域的统一代码。

国际物品编码协会是一个国际性组织,我国也是其会员国之一。

(四)自动识别设备制造协会

AIM(Automatic Identification Manufacturers)

该协会由自动识别设备生产厂商发起并组织,曾先后发布了30余种条码规则,其中包括至今被广泛采用的CODE—39、CODE—128、CODABAR等。该协会还在统一条码技术术语、组织推广条码技术应用等方面做了大量工作。

(五)美国国家标准协会

ANSI(American National Standards Institute)

该协会发布了在工业、运输业等领域常用的CODE—39、I—2/5.CODABAR几种条码编码标准、使用标准和印刷标准。该协会制定的标准公布以后,经6个月评论、质疑后作为正式标准发布。现已发布的有关条码的标准有ANSIMH10.X—1981,ANSIMH10.8M—1983等。

(六)美国国防部

U.S.A.Departmentof Defense

曾发布MIL—STD—129H,MIL—STD—1189标准,在推行扩大使用条码方面起了重要作用。

七、我国的条码标准

经国务院批准,中国物品编码中心于1988年12月正式成立,现已建立了广东、湖北和江苏3个分中心。中国物品编码中心的任务是:研究和推广应用国际通用条码系统;统一组织、协调、管理我国的条码工作;对口联系国际物品编码机构。

1990年6月,中国物品编码中心制定了5个条码标准草案,这5个标准草案包括:

(一)《条码通用术语》

此标准规定了条码标准化领域常用的术语及解释,适用于条码标准及有关文件的制定、实施和条码技术领域的学术交流。

(二)《通用商品条码》

此标准是我国通用商品采用条码所应遵循的统一规范。为适合对外贸易和商品的交流,我国通用商品条码采用国际通用物品编码UPC/EAN码。标准中规定了通用商品条码的结构、尺寸及光学特性,适用于商品的自动销售系统等。

(三)《39条码》

此标准规定了39码的符号表示法、印刷技术要求以及原版胶片的技术指标,适用于运输、仓储、工业控制、图书情报和医疗卫生等领域的自动识别。

(四)《库德巴条码》

此标准规定了库德巴码的符号表示法,印刷技术要求以及原版胶片的技术指标,适用于医疗卫生、图书情报及物流领域的自动识别。

(五)《中国标准书号条码》

此标准规定了用于中国标准书号(ISBN部分)条码符号的结构、尺寸、颜色和印刷位置,适用于在中国注册出版图书的中国标准书号(ISBN部分)。

中国标准书号条码采用EAN码。符号的前3位数为978,是国际物品编码协会分配给的国际标准书号(ISBN系统的专用号码)。接下来的9位数是不含校验字符的国际标准号,最后一位是校验位。条码符号的结构、尺寸和颜色符号等均与EAN码标准一样。条码符号一般印刷于图书封底(或护封)的左下角。

原则上,所有商品都可采用条码标识,以便商品在国际市场上流通。适宜采用条码标识的零售商品包括:食品、饮料、卷烟、土特产品、纺织品、针织品、服装、鞋帽,化妆品、香精香料、牙膏、香皂、洗衣粉等日用化工产品,胶卷、空白磁带等信息用化工品,文教体育用品,生活用纸,工艺美术品及玩具、钟表、电视机、收音机、录音机、电冰箱、洗衣机、电风扇等家用电器,手工刀具,刀、剪、锁等日用金属制品,日用杂品等。

条码除用于商品零售包装外,还广泛用于仓储、运输包装。

我国企业都应申请使用EAN码。对于生产、经营食品的企业,如果其产品主要出口到美国和加拿大,则应申请使用UPC码;如果其产品主要出口到EAN成员国(或其他地区),同时小部分产品出口到美国和加拿大,只要企业有支付能力,可以同时申请使用UPC码和EAN码。

企业申请使用EAN、UPC条码的程序是:申请企业可以从中国物品编码中心、企业所在省份中心或中国物品编码中心指定的地方标准化机构索取并预填申请表,经UCC或EAN批准后,中国物品编码中心将UCC或EAN分配的制造商代码,通过分中心或中国物品编码中心指定的地方标准化机构通知企业,也可由中国物品编码中心直接通知企业。

第五章　商业仓储管理与库存控制

商业企业为了销售的需要,必须经常保持有一部分商品处在临时的存放状态。这种临时存放状态有2种形式:一是仓库,二是卖场。在这些地方存放一些商品,是为了供日常销售之用。有了这些仓库储存,就需要进行入库、出库、装卸、搬运、保管的工作,这些就是仓储管理的工作。仓储管理是保证商业企业正常销售的前提条件,非常重要。因此本章专门讨论仓储管理的问题。卖场的管理本质上也是仓储管理,但是又与仓储管理有不同的特点,所以卖场管理我们留到下一章讨论。

第一节　储备与仓库

一、仓库的作用和分类

商品流通过程,为保障流通各个环节的顺利进行,需要一些物资处在等待、准备状态,这种流通的各环节上进行的储备,是流通顺利进行的条件。这种储备,叫周转储备,它的作用是缓冲各环节间供和需在时间上的矛盾,多了可以存,少了可以流,保证各环节都能顺利进行。

有了储备,就必然要有仓库。仓库是储存物资的场所,在仓库中对商品、货物、物资进行收进、整理、存储、保管和分发等工作。传统意义上的仓库是指在物流系统中承担保管功能的场所,是物流网络中的节点。现代物流将仓库理解为区域商品集散的基地,是区域内物流运作的中心。仓库除了执行物品的存储保管功能之外,在物流系统中还起着运输组合、产品组合、流通加工、服务、信用机构以及运输调节的作用,增加产品的附加值。

仓库按不同的标准可划分为不同的类型。

按仓库性质分类,可以分成储备仓库和周转仓库。

周转仓库:主要是为生产和流通的进行做准备的仓库。例如生产企业的原材料库、在制品库、成品库,流通企业的批发仓库、零售仓库、中转仓库等。一般商业企业仓库基本上都属于周转仓库。

储备仓库:储备仓库主要为预防以后的风险而存放保险储备的仓库。例如,军备仓库、粮食储备库、灾荒储备库等,它们一般不参与社会当中商品流通活动。在生产和流通领域中的保险储备也属于这种性质。

按仓库所有者分类,可以分成自用仓库和社会营业仓库。

自用仓库,是指企业自己所有、主要为企业自身提供仓储物流业务的仓库,仓库的建设、物品的管理以及进出库业务均属本公司自理。采用自用仓库,管理上比较主动,控制比较有力、自由和方便,有利于企业的经营购销活动。但是建仓库投资量大,需要专设一套仓储管理机构,自己承担仓储管理业务,所以一般只适用于仓储量大的大型商业企业。采用自用仓库另一个要考虑的重要因素就是仓库长久利用率,要保证仓库有比较稳定的货源,保证比较稳定的利用率,这样才能够分摊固定成本。如果拥有足够的存储量来分摊固定成本,可使采用自用仓库的平均成本低于采用公共仓库的平均成本。

营业仓库,是指社会上一些仓储业者、物流配送业者或者生产企业、流通企业投资建设而成、取得了营业许可证,面向社会上广大企业提供仓储服务的社会化仓库。例如社会上的商业储运仓库、物流配送中心仓库、运输中转仓库等等,也包括原来计划经济时期由国家和公共团体为了公共利益而投资建设的一些公共仓库,这些仓库在由计划经济转变为市场经济以后,大多数转变成为企业办的营业仓库。它们面向社会,以专业化的仓储经营、配送经营为手段,以赢利为目的,向社会广大企业提供仓储配送服务。它们一般经营灵活,能够对企业提供个性化的服务,可完成测试、组装、标价、标号、打包、分拣、订单以及信息和技术咨询等全方位的服务并保证服务质量。由于客户比较多,所以营业仓库的利用率较高、物流成本低、服务质量好。客户使用营业仓库,主要是租用仓库面积,利用营业仓库的仓储运输能力,为自己完成物流业务。租用营业仓库,有很多好处,如可以省去自建仓库所需的大量投资,省去了自己管理仓库的麻烦,也不要为货源是否稳定担忧,同时也可以比较低的成本享受现成的、高质量的物流服务,还可以快速、自由地进入或退出仓库使用。因此利用营业仓库是非常合算的。

按仓库功能分类,可以分成以下几类:

1. 流通仓库

专门从事流通业务的仓库,称为流通仓库。这种仓库以商品购销、配送和商品储存、运输中转为主要职能。它包括:

(1)批发仓库:指主要为批发销售而储存保管商品的仓库。

(2)零售仓库(店):指主要为零售销售而储存保管和展示商品的仓库。

(3)储运仓库:指主要为大批量物资的储运业务服务的仓库。

(4)运输中转仓库:指主要为不同运输方式、不同运输路段交接中转而进行物资临时存放、重新组配、分发等运输业务服务的仓库。

(5)配送中心仓库:指主要为供应商联合配送服务而储存分送商品的仓库。

2. 生产仓库

为企业生产或经营储存原材料、燃料及产品的仓库,称生产仓库。也有的称为原料仓库或成品仓库。

3. 储备仓库

专门长期存放各种储备物资,以保证完成各项储备任务的仓库,称储备仓库。如战略物资储备、季节物资储备、备荒物资储备、流通调节储备等。

4. 加工型仓库

以流通加工为主要目的的仓库称为加工型仓库。一般的加工型仓库是集加工厂和仓库两种职能于一身,将商品的加工业务和仓储业务结合在一起。

5. 保税仓库

保税仓库,是指根据关税法保管国外进口而未纳税的进出口货物的仓库。在一些特殊情况下,货物可能进口后再出口而没有进入“商流”。这时,如果仓库以契约形式存储这些货物,商家就能避免交关税了。另一个办法是在货物出口后申请退税。利用自由贸易区或自由港的情况也基本相同。如今的公共仓库可以提供从传统的仓储功能到全面的存货管理,再到相关的客户服务等许多有价值的服务。

二、仓库的功能

为了满足顾客对商品流转快捷、廉价的需求,企业物流管理人员注重于对仓储过程中的劳动生产率及成本的控制。他们重新设计仓库,并使其自动化以达到加快订单处理及降低成本的目标。他们还对仓库重新选址以达到为综合供应链中顾客提供更好服务的目的。

仓库在物流系统中的作用包括以下方面:

1. 运输整合

企业有时会遇到不足整车的原料或成品的情形。一般长距离运输零担及拼箱货的费率比满载运输的费率要高得多。通过将零担及拼箱货物运入或运出距离相对较近的仓库,就能让公司将较小的货载整合为较大的货载,这样就大大降低了运输费用。

2. 产品组合

仓库可以按顾客的需要进行产品的混装。如果从颜色、大小、形状等考虑,公司推出的生产线常常包括了几千种“不同的”产品。在下达订单时,顾客要求的是生产线上多种产品的组合。一般各公司在不同区域生产产品,如果公司没有储存货物,它就不得不在各个地点去完成各个订单,这样容易造成货物到达时间及按要求进行组合的机会参差不齐。因此,必须利用能为多种产品生产线服务的仓库来高效地完成订单所要求的产品组合。另外,公司还可以将原料及半成品组合后整车地由供应仓库运往工厂。这一策略不仅因货物整合而降低了运输成本,还使公司避免了将工厂当作仓库使用。对采用物料需要计划(MRP)、零库存(JIT)等成熟的公司而言，采用供应仓库的策略是必要的。

3. 交叉收货

交叉收货是一项使产品组合顺利进行的作业，在交叉收货作业中，来自不同供货商的产品聚集到流通仓库，但这些货物并不是储存起来供以后进行分拣，而是直接穿过仓库，载入正在等待的货车，然后直接面对特定的顾客。例如，美国的 Melo 物流公司为 Office-Max 公司提供的转运作业，后者是一家办公用品零售商。为了完成某一订单，运入的货物在运货卡车上或临时存放点就被分拣装车，直接运到商店。整个作业流程几个小时就完成了。

4. 服务

为顾客提供服务也是仓库的基本功能之一。当顾客下达订单时就将货物按要求在仓库里准备好，这将使顾客感到满意，并由此提高将来的销售量，这在仓库距离顾客较近时尤为明显。

5. 防范偶发事件，保持平稳性

因运输延迟、运输损耗、缺货时有发生，仓库对这些偶发事件的防范功能表现出来了。

另外，仓库的功能还表现在使生产过程中的作业流程以及后续阶段能平稳地进行。

总之，仓库管理和储存是物流过程的重要环节。将货物运输、配送与物资仓储业务集成化经营，可使运输等物流活动有较稳定的市场。同时，也可减少物流环节、货物停滞的时效损失和物流费用。储存及物流链管理的多种作用都是在仓库中实现的，因此，从事物流服务需要有必要的仓储面积和相关物流作业能力。

第二节　仓储规划与设计

在企业的仓储管理中，仓库的类型选择、数量、大小、选址、布局以及存货量等方面是最基本也是最重要的决策内容，它直接影响仓库资源的配置能力。

一、仓库选择

如何为存货安排仓储空间，大多数的企业在自用仓库和营业仓库中进行选择。企业应选择哪种类型的仓库，应充分考虑市场状况以及自身的特点等条件，在综合考虑成本、形象协同作用、行业协同作用、作业灵活性、地点灵活性以及规模经济等因素后，做出合理的选择。

(一)形象协同作用

形象协同作用是指厂商与企业有关联的建筑附近拥有存货而获得的市场营销利益。一般认为，当供应商能够在其设施附近保持有存货时，顾客的满意度会较高。从自用仓库到合同仓库所能提供的地方形象对产品和顾客有好处。

(二)行业协同作用

行业协同作用是指厂商与服务于同一行业的其他厂商驻扎在同一地点所产生的作业利益。例如，杂货行业中的厂商，当他们与服务于同一行业的其他供应商分享公共仓库设施时，降低运输成本是获得的主要利益，因为共同使用同一个公共仓库，可以频繁递送来自多家供应商的整合装载。由此可见，公共仓库和合同仓库可以提高行业协同作用的潜力。

(三)作业灵活性

作业灵活性是指仓库调整仓储策略和作业程序以满足产品和顾客需求的能力。

(四)地点灵活性

地点灵活性是指仓库迅速调整仓库地点和数目，以适应季节性和永久性需求变化的能力。

(五)规模经济

规模经济是指通过先进技术的应用来降低材料搬运成本和储存成本的能力。高流量的仓库一般有更大的机会来实现这方面的利益，因为它们能够在更大的产品流量上分摊花费在技术上的固定成本。

近年来，公共仓库作为补充储存的传统角色已发生了急剧的变化，现代商业十分重视存货的周转，以及迅速满足顾客订货的能力。要实现这两个要求，在物流结构中必须保持高度的灵活性。一些较大的公共仓库和合同仓库正在将其经营活动的范围扩大到包含位于主要市场的仓库网络，这种趋势已经有可能向制造商提供有效的物流公用事业服务，即运输、订货处理、存货控制所需的所有功能都可以由公共仓库的物流综合性服务来提供。这种多设施、共同管理的公共仓库网络，将在数量上、地理覆盖面上，以及未来的服务能力上大大增加。

二、仓库数量的决策

商业企业经理最主要的工作之一就是决定公司

经营应该使用多少个仓库、使用哪些仓库。通常只有单一市场的中小规模的企业只需一个仓库，而产品市场遍布各地的大规模企业，经综合权衡各类影响因素方能正确选择合理的仓库数量。

仓库数量对物流系统各项成本都有重要的影响。一般而言，随着物流系统仓库数量的增加，运输成本和丧失销售的成本会减少，而存货成本和仓储成本将增加，在某一点总成本将达到低点。但是，当存货量和仓储成本的增长抵消了运输成本和丧失销售的成本的降低时，总成本开始增长。总成本曲线和仓库数量的变化范围因公司经营目标的不同而不同(见图 5—5—1)。

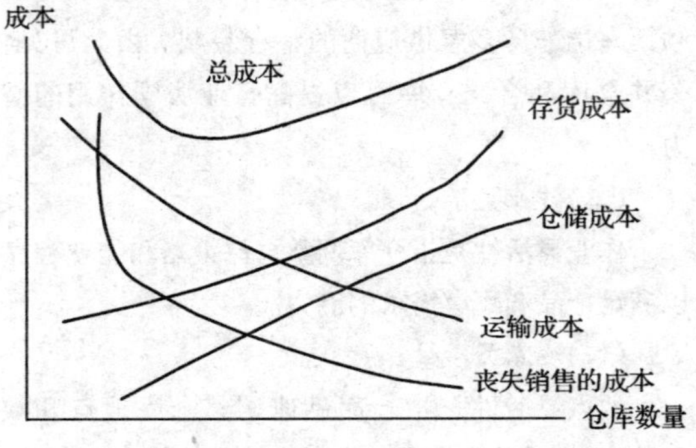

图 5—5—1　物流成本与仓库数量的关系

仓库数量决策需考虑运输方式的协同性。例如，一个或两个具有战略性选址的仓库结合空运就能在全国范围内提供快速服务，尽管空运成本相对较高，但却降低了仓储的库存成本。由于运输方式的多样性，再与其他仓储决策结合考虑，使得仓库数量决策变得非常复杂。

三、仓库的规模和选址

(一)仓库设置的一般原则

1．规模的经济性

采用大规模处理货物的手段可以明显降低物流成本，但是在仓库设计时，一般不能仅仅根据规模经济性来选择仓库，而必须根据物流量、环境条件、运输条件等来确定其规模。

2．数量的经济性及服务能力

在总规模明确的前提下，确定仓库的数量要考虑 3 个因素：

(1)单个据点规模：单个据点规模越大，单位投资可降低，如果采用大规模处理货物的设备，物流成本也可以降低。

(2)服务成本：一般而言，据点越少，服务水平越低，据点越多，服务水平越高。

(3)物流成本：据点数量多，建设成本高，但仓库之外的配送成本将因距离较近而可望降低。

(4)先进技术的采用：采用何种先进技术，是否建立立体仓库、自动分拣等物流管理流程，要在经济、技术等方面都加以考虑。

(5)设计标准化：运输车辆、作业车辆、建筑模数等已形成标准化系列的装备和机械等，应成为设计的基础。仓库只是物流系统的一个环节，设计时须考虑与系统协调的因素。

(二)仓库规模的确定

仓库规模是指仓库能够容纳的货物的最大数量或总体积。直接影响仓库规模的因素是仓库的商品储存量。商品储存量越大，则仓库的规模也应越大。另外，商品储存的时间或商品周转的速度也影响仓库的规模，在储存量不变的前提下，周转速度越快，所需的仓库规模就越大。

(三)仓库的选址决策

1．仓库选址的因素

第三章已经一般性地讨论了配送中心的选址问题。这里针对商业仓库的具体情况，再进行一些具体分析。

仓库的选址对商品流转速度和流通费用产生直接的影响，并关系到企业对顾客的服务水平和服务质量，最终影响企业的销售量及利润。在仓库的实际选址中，一般综合考虑如下因素：

(1)客户条件：首先要考虑顾客的地理分布。如果顾客集中于某个地方或分布于其周围地区，在那里设立仓库必然能够达到理想的效果。其次也要考虑顾客需要及未来是否发生变化的情况。

(2)自然地理条件：该地区是否可能设置仓库或配送中心，有无特殊的阻碍及影响建设的天文、地质、气候等自然条件。

(3)运输条件：现有的交通设施如何，交通工具是否便利，对各种运输方式是否许可。

(4)用地条件：地价或地租是否高昂，理想地区内是否有可以利用的旧厂家。

(5)法规制度条件：是否符合当地法律规定和当

地的税收制度。

显然,只有商业门店多、顾客分布密集、交通与装运条件方便、地价低廉等主要条件得到满足的地方,才是合适的仓库选址。

2. 仓库选址的类型

仓库的选址可划分为以下3种类型:以市场定位的仓库、以制造定位的仓库和以中间定位的仓库。

(1)以市场定位的仓库

以市场定位的仓库通常用来向客户提供库存补充。这种类型的仓库所服务的市场区域的地理面积大小取决于被要求送货的速度、平均订货量以及单位运输成本。以市场定位的仓库一般是由零售商、制造商与批发商共同运作。他们共同向客户提供库存补充,从物流服务能力或物流活动的支持费用最低的角度评价都较合理。

以市场定位的仓库,通常用来作为从不同源地和不同供应商那里获取商品并集中装配商品的地点。通常商品分类很广泛,而任何特定的商品的需求和进出仓库的总量相比是很小的。一个零售商店通常不会有足够的需求来向批发商或制造商直接订购大量的货物,零售要求是许多不同的或广泛分散的制造商生产的不同产品的集合。为了以低的物流成本对这样的分类库存快速补充,零售商可以选择建立仓库,或者使用批发商的服务。

(2)以制造定位的仓库

以制造定位的仓库通常邻近生产工厂,以作为装配与集运被生产的物件的地点,这些仓库存在的基本原因是便于向客户运输各类产品。物品从所生产的专业工厂被转移至仓库,再从仓库将全部种类的货品运往客户,其位置上的便利可以支持制造厂,以集运费率将产品混合运往客户。这种产品分类的集运促进大量产品的购买。以制造定位的仓库优点在于它能跨越一个类别的全部产品而提供卓越的服务。最典型的公司是 General Mills, Tohnson & Tohnson, Kraft, Nabisco Foods。在 Nabisco Biscuit 部,运输仓库位于每个面包房附近,所有主要产品在每一个分库中都保持着合理的库存,以便为客户提供充分的运输服务。

(3)中间定位仓库

位于客户与制造厂之间的仓库是“中间定位”仓库,这些仓库与“以制造定位”的仓库类似,为广泛的库存品种提供集运,从而减少物流成本。

总之,只有当生产与客户之间存在着服务和成本的差别优势时,仓库才能进入物流系统。

四、仓库布局

仓库的布局涉及生产、流通各个方面的问题,需统筹考虑。仓库的布局决策是对仓库与其上游供应商、下游用户互相关联的优化安排,和对仓库内部通道空间、货架位置、配备设备以及设施等实物布局进行决策,其目的是为了充分利用存储空间、提高存货的安全性、有效利用搬运设备、提高仓库运作效率和服务水平。

(一)仓库布局的模式

1. 辐射型仓库

辐射型仓库指仓库位于许多用户的一个居中位置,产品由此中心向各个方向用户运送,形如辐射状(见图5—5—2)。它适用于用户相对集中的经济区域,而辐射面所达用户只起吸引作用;或者适用于仓库是主干输送线路中的一个转运站时的情况。

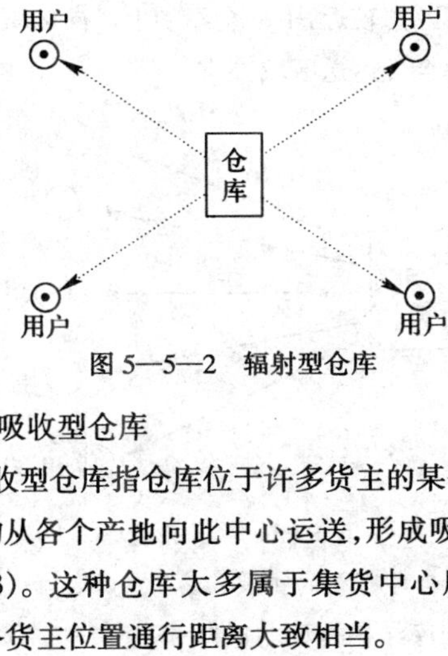

图5—5—2　辐射型仓库

2. 吸收型仓库

吸收型仓库指仓库位于许多货主的某一居中位置,货物从各个产地向此中心运送,形成吸收(见图5—5—3)。这种仓库大多属于集货中心所处的位置,与各货主位置通行距离大致相当。

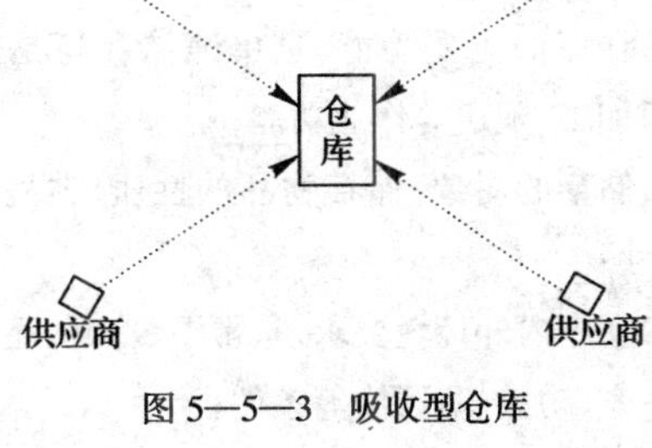

图5—5—3　吸收型仓库

3. 聚集型仓库

聚集型仓库类似于吸收型,但处于中心集团的不是仓库,而是一个生产企业聚集的经济区域,四周分散的是仓库,而不是货主和用户(见图 5—5—4)。这种仓库适用于经济区域中生产企业十分密集,不可能设置若干仓库的情况。

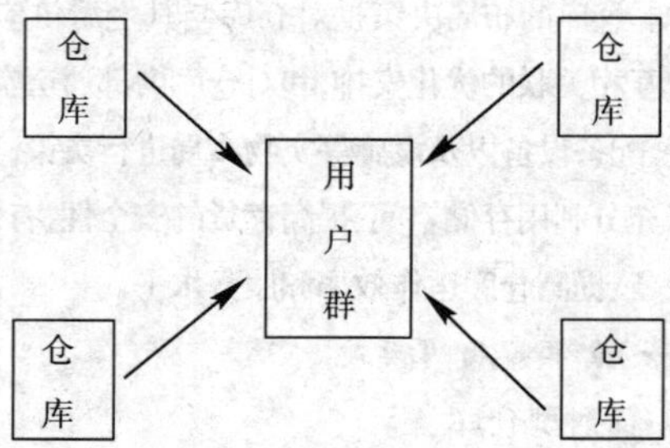

图 5—5—4　聚集型仓库

4. 扇形仓库

产品从仓库向一个方向运送,这种单向辐射称为扇形仓库。辐射方向与干线上的运动方向一致(见图 5—5—5)。这种仓库布局适宜于在运输主干线上仓库距离较近,下一仓库的上风向区域,恰好是上一仓库合理运送区域。

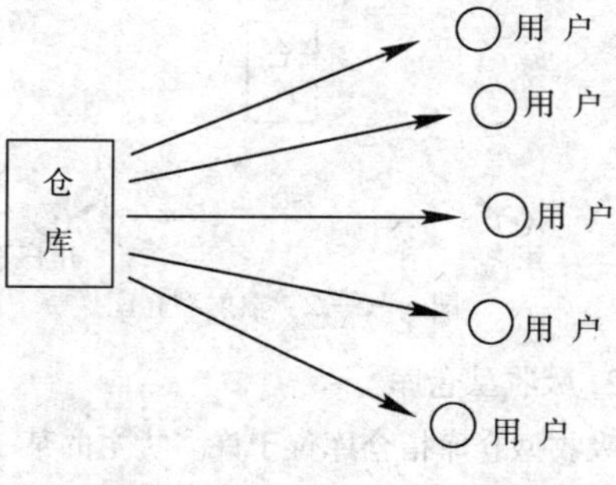

图 5—5—5　扇形仓库

(二)仓库布局的主要内容

1. 仓库结构类型的选择

仓库结构类型的选择主要根据仓库的功能和任务来确定。它包括:

(1)仓库的主要功能,是单纯储存还是兼有分拣、流通加工、配送等作业功能;

(2)储存的对象,储存物品的性质、类型、数量、外形尺寸;

(3)仓库内外环境要求,是常温、冷藏,还是恒温条件,防盗、防火、防污染等条件;

(4)经济能力,投资额的大小,对经营成本的要求等。

2. 仓库设施、设备的配置

根据仓库的功能、存储对象、要求条件等确定主要设施、设备的配置(见表 5—5—1)。

表 5—5—1　仓储功能与设备类型

功能要求	设　备　类　型
存货、取货	货架、叉车、堆垛机械、起重运输机械等
分拣、配货	分拣机、托盘、搬运车、传输机械等
验货、养护	检验仪表、工具、养护设施等
防火、防盗	温度监视器、防火报警器、监视器、防盗报警设施等
流通加工	所需的作业机械、工具等
控制、管理	计算机及辅助设备等
配套设施	站台(货台)轨道、道路、场地等

3. 仓储面积及参数的确定

仓储面积是反映仓库规模和仓储能力的重要因素。仓储面积,包括库区总面积和仓库建筑面积。仓库建筑面积包括 3 个不同的概念:

(1)建筑面积,是指仓库建筑所占的平面面积,以建筑物勒脚以上外墙围水平截面计算,包括了使用面积、辅助面积和结构面积。多层的建筑物,其建筑面积为各层面积的总和。

(2)使用面积,是指仓库建筑物内可供使用的净面积,一般是建筑面积扣除外墙、库内立柱、间隔墙等所剩余的面积。

(3)有效面积,是指仓库内实际存放物品所占的面积,包括货垛、货架等所占面积的总和。

确定仓库面积所要考虑的主要因素包括:

(1)物资储备量,它决定了所需仓库的规模。

(2)平均库存量,主要决定了所需仓库的面积。

(3)仓库吞吐量,反映了仓库实物作业量,与仓库面积成正比例关系。

(4)货物品种数,在货物总量一定的情况下,货物品种越多,所占货位越多,收发区越大,所需仓库面积也越多。

(5)仓库作业方式,机械化作业必须有相应的作业空间。

(6)仓库经营方式,实行配送制需要有配货区,进行流通加工需要有作业区。

仓库建筑物主要参数是指仓库建筑物的长宽比、高度、层数、占地面积、梁间距、容积、容许库容量、站台、库房门窗尺寸等。

(1)仓库长度和宽度的确定。在库房面积一定的情况下,只要确定长度或宽度一个变量,另一变量随即确定。仓库库房的宽度一般用跨度表示,通常可根据储存货物堆码形式、库内道路、装卸方法、理货方法,以及是否需要中间柱等方面决定库房跨度。仓库库房的长宽比可在参考表 5—5—2 的基础上,按照《建筑统一模数制》进行调整。《建筑统一模数制》是协调各种建筑尺寸的基本标准,以 M_0 表示 100 mm。同时根据需要又规定出扩大模数和分模数,构成模数数列。

表 5—5—2　仓库建筑长宽比

仓库面积(m^2)	宽度:长度
<500	1:2~1:3
500~1 000	1:3~1:5
1 000~2 000	1:5~1:6

当库房跨度≤18 m时,其跨度应采用 $30M_0$(3 m)的整数倍;当跨度>18 m时,应采用 $60M_0$(6 m)的整数倍。因此库房的跨度一般为6 m、9 m、12 m、15 m、18 m、24 m、30 m。库房的长度应为柱距的整数倍,库房的柱距应采用 $60M_0$(6 m)或其整数倍。

(2)仓库层数的确定。在土地十分充裕的条件下,从建筑费用、装卸效率、地面利用率等方面衡量,以建筑平房仓库为最好;若土地不十分充裕时,则可采用二层或多层仓库。

(3)仓库高度(或层高、梁下高度)的确定。取决于库房的类型、储存货物的品种和作业方式等因素。决定层高或梁下高度应根据托盘堆码高度、托盘货架高度、叉车及运输设备等扬程来研究决定。平房仓库高度一般应采用 $3M_0$(300 mm)的倍数;当库内安装桥式起重机时,其地面至行走轨道顶面的高度应为 $6M_0$(600 mm)的倍数。

4. 确定仓库主体构造

仓库主体构造分类包括:基础、地坪、骨架构成、立柱、墙体、屋盖、楼板、地面、窗、出入口、房檐、通风装置等。

(1)仓库框架。骨架是用柱、中间柱等及墙体构成。仓库内有立柱,会影响仓库容量、装卸作业的方便性,能减少者则应尽量减少。

(2)防火问题。仓库主体构造要采用防火结构设计,外墙、地板、楼板、门窗必须是防火结构,使用耐火或不燃烧材料,如混凝土、石棉类建材。

(3)出入口尺寸。主要是由货车是否入库,所使用的叉车种类、尺寸、技术参数、台数、出入库频率、保管货物的尺寸大小等因素决定的。

(4)站台(货台)的高度。库外道路平面停放的待装卸货车车厢底板高度尺寸,应与库内地面平齐。这样运输车辆不进入仓库作业,但利用叉车进行装卸搬运作业却十分方便。

5. 仓库附属设施、设备

(1)保管设备。在库内堆放要保管货物时,通常采用的方法有:地面散堆法、平托盘分层堆码法、框架托盘分层堆放法、货架散放法、托盘在货架放置法。其中,后两种放置法都需用货架。货架的种类很多,例如,普通货架就有货物直放货架、托盘货架。后者是将平托盘放在货架上,这种存货方法有利于仓库作业机械化。

(2)分拣装置、装卸搬运设备。在许多仓库中有机械化、电子化的货物分拣设置,以及进行机械化作业的各种叉车、专用设备和工具。因此,仓库设计、布置要与分拣装置、装卸搬运设备的配置、安装与作业方法及所需面积等相互协调。

五、仓库设计

无论是手工作业的小仓库,还是拥有自动化设施的大仓库,都应考虑以下 3 个方面:一是仓库的设计标准;二是搬运技术;三是积载计划。

(一)设计标准

仓库的设计标准体现了实际的仓库设施特征和储存产品运动。在设计过程中要考虑的 3 个因素分别为设施中的楼层数、利用高度以及产品流程。

理想的仓库设计被限制在单一楼层,这样一来,储存产品就不必上下移动,因为利用电梯将储存产品从一个楼层搬到下一个楼层费时费力。此外,电梯往往也是产品流程中的一个“瓶颈”地带,因为有许多材料搬运机通常都会竞相利用数量有限的电梯。尽管这种可能性一般不大,尤其是在商业中心地区,那里的土地有限或昂贵,但无论仓库位于何处,仍应该限制在单一楼层。

不管仓库设施的规模如何,仓库设计应该利用每一楼层最大允许使用的高度,最大限度地利用有效的立体空间。尽管现代的自动化多层仓库设施可以利用的有效高度达100 ft,但大多数仓库的高度一般都在20 ft至30 ft之间。通过使用装货架或其他硬件设施,可以将产品存放到建筑物的最高限度。但是,仓库最大的有效高度受到诸如叉式升降机之类的材料搬运设备的安全升降能力的限制,以及由架空的喷水系统强制实施的防火安全规章的限制。

仓库设计在考虑储存产品的流程时,不论是否存放货物,都应该使产品能够直接在整个仓库设施中流动。一般来说,这种要求意味着仓储作业应在仓库建筑物的一端接收产品,将其存放在中间,然后在另一端进行装运。图 5—5—6 说明了这一流程的基本原理,即直线式产品流程可以使仓库的拥塞和混乱降到最低程度。

(二)搬运技术

仓库设计的第二条原理表现在物料搬运技术的效果和效率上,该原理的基本构成要素与移动连续性和移动规模经济有关。

移动连续性意味着用一种物料搬运设备进行更长时间的移动,比起用几种物料搬运设备对同样的移动作许多次单独的、短距离的分割移动来,将要好得多。可以想像,在搬运设备之间交换产品,或者,将产品从一种设备转移到另一种设备上去,将会浪费作业时间和增加货物损坏的可能性。因此,一般来说,在仓库中首选的是次数更少但距离更长的移动(见图 5—5—6)。

移动规模经济是指所有的仓库活动要尽可能搬运和移动最大的数量。仓库活动应旨在移动诸如托盘或集装箱之类的成组货物,而不是移动单票货物。这种成组或成批的货物移动意味着有可能要在同一时间必须移动或选择多种产品或订货。尽管这种做法因必须考虑多种产品或多种订货,有可能增加单票货物移动的复杂性,但使用这种原理可以减少大量的活动,并因此降低仓储成本。

(三)积载计划

仓库设计应考虑产品特征,尤其是有关产品的

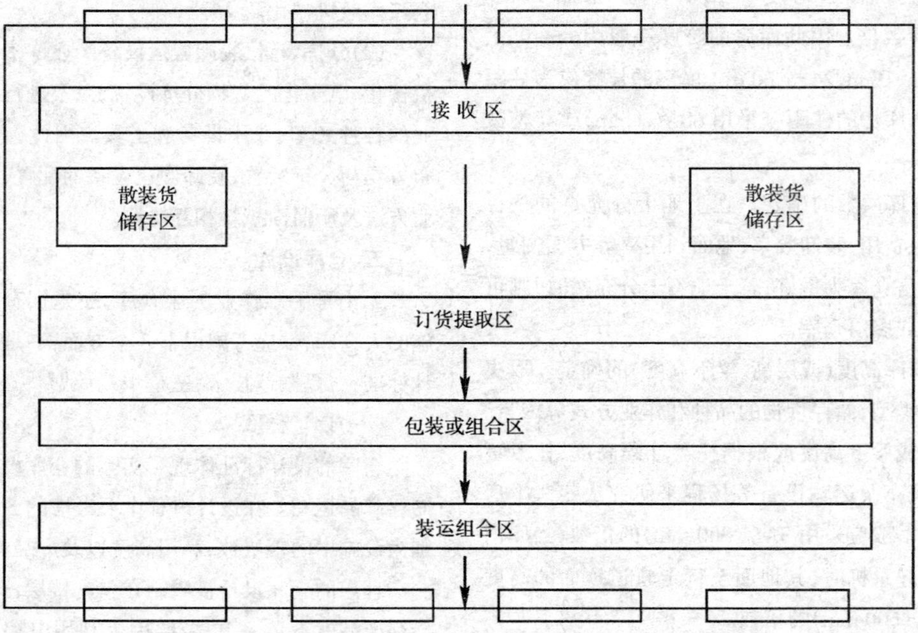

图 5—5—6　典型的仓库设计

流量、重量和积载因素。

在确定仓库的积载计划时，主要关心的问题是产品流量。一般来说，销售量高的或吞吐量大的产品应该在对它们进行移动时距离最短的位置，例如在主通道附近，或在堆存较低的货架上。这种位置可以使移动距离最短和所需升降的高度最小。相反地，低流量的储存产品可以安排在离主通道较远的位置上，或堆放在更高货架上。图5—5—7就是根据产品移动安排的积载计划。

类似地，该计划还应包括具体的产品战略，它取决于储存产品的重量和积载特征。一般来说，相对较重的产品项目应安排在离地面较低的位置，以使升举重件货物的劳动强度和风险降到最低程度；而散装产品或低密度的产品则需要广阔的积载场地，以便于有开阔的地面空间或高层的堆放架可供它们使用。另一方面，较小型的产品还需要利用货架或货柜来堆放，而综合的积载还必须考虑和关注每一种产品的具体特征。

图5—5—7　根据产品移动安排的积载计划

第三节　仓储管理作业流程

一、仓库管理系统

现代仓储管理中信息管理是核心部分。仓库管理系统（Warehouse Management System，简称WMS），为仓库完成运输、配送、加工以及库存管理功能提供了有力的支持和保证。WMS技术由条码技术、无线通信技术、计算机系统和其他附属设备4个部分组成。将条码技术和无线通讯技术结合在一起使用，能及时获得准确的信息，这是WMS成功的基础。通过扫描仪读取条码数据，经过无线通讯，传送给计算机管理控制系统，由计算机管理系统进行信息处理并启动下一个作业。仓库管理的附属设备包括自动识别技术、计算机平台、打印机和扫描仪等，这些附属设备往往与企业的LAN连接在一起。仓库管理系统的计划功能包括：订货管理、运送计划、员工管理和仓库面积管理等。执行功能包括进货接受、分拣配送、发货运送等。

仓库管理系统软件是由许多功能软件系统组合而成，基本软件构成如表5—5—3所示。

二、仓储管理作业流程

商品入库、出库作业是商品进出仓库的两个关键环节。前者是仓储作业的开始，是商品保管工作的基础；后者是仓储作业的结束，是商品保管工作的实现和完成。商品入库、出库作业的内容有所不同，但它们的基本任务是：(1)审查凭证、核验出入库的商品;(2)移动、搬运出入库的商品;(3)办理出入库商品的入账、销账手续。

表 5—5—3 仓库管理系统 WMS
(Warehouse Management System)

<table>
<tr><td>A. 入库管理子系统</td><td colspan="2">1. 入库单数据处理(录入)
2. 条码打印及管理
3. 货物装盘及托盘数据登录注记(录入)
4. 货位分配及入库指令发出
5.Doublein 的货位重新分配
6. 入库成功确认
7. 入库单据打印</td></tr>
<tr><td>B. 出库管理子系统</td><td colspan="2">1. 出库单数据处理(录入)
2. 出库项内容生成及出库指令发出
3. 错误货物或 Empty out 的货位重新分配
4. 出库成功确认
5. 出库单据打印</td></tr>
<tr><td rowspan="2">C. 数据管理子系统</td><td>a. 库存管理</td><td>1. 货位管理查询
2. 货物编码查询
3. 入库时间查询
4. 盘点作业</td></tr>
<tr><td>b. 数据管理</td><td>1. 货物编码管理
2. 安全库存量管理
3. 供应商数据管理
4. 使用部门数据管理
5. 未被确认操作的查询和处理
6. 数据库与实际不符合记录的查询和处理</td></tr>
<tr><td>D. 系统管理子系统</td><td colspan="2">1. 使用者及其权限设置
2. 数据库备份作业
3. 系统通讯开始和结束
4. 系统的登入和退出</td></tr>
</table>

为了保证仓储作业的顺利进行和比较好地完成商品储存任务,对入库、出库作业有 4 项基本要求:(1)对出入库的单据、商品审核无误;(2)出入库作业及时、迅速;(3)商品出入库的账目清楚准确;(4)商品的装卸搬运轻稳安全。

(一)商品接受入库

商品入库一般经过验单、接货、卸载、分类(分标记)商品点验、签发入库凭证、商品入库堆码、登记入账等一系列作业环节。对这些作业活动要进行合理安排和组织。尤其要抓好以下几项工作:

1. 入库前的准备工作

做好入库前的准备,是保证商品入库做到快而不乱的重要条件。入库准备一般包括:(1)舱位准备:就是根据商品的性能、数量、体积、重量等确定商品堆放地点,并进行清理消毒等工作;(2)接货人员、设备等物质准备;(3)作业操作顺序的安排:根据商品入库的数量、时间、品种做好接货、验收、搬运、堆码等各环节的协调配合;(4)在机器操作条件下,要事先安排好定人、定机的作业序列。

2. 入库验收

入库验收是对入库的商品按规定的程序和手续进行数量和质量的检验。

(1)数量检验。商品运到后,收货人员要按商品入库单清点商品数量。商品数量的计量分计数与计重两种。计数内可采取大数点收、逐件计总,或集中堆码点数等方法。计重的商品若需要验收净重,可根据商品包装的具体情况,采用扣除平均皮重或除皮核实两种方法。

(2)质量检验。质量检验是鉴定商品的质量指标是否符合规定。质量鉴定分感官鉴定和理化鉴定两种方法。理化鉴定一般由技术检验部门进行取样测定。感官鉴定一般由仓库保管员在验收商品时凭感官检查商品的包装、外观等,如检查商品有无破损、渗漏、污染、变形、干裂及沉淀、混淆、霉烂等异常现象。

(3)商品检验方式。商品的检验方式有全验和抽验 2 种。全验,主要是数量的全验,在批量小、规格尺寸和包装不整齐以及严格验收质量时采用。它需要较多的人力、物力和时间,但是可以保证验收质量。抽验,是在批量大、规格尺寸和包装尺寸整齐、商品质量信誉度较高以及验收条件有限的情况下,特别是进行商品的理化性能检验时通常采用的方式。近年来随着商品质量的提高和数理统计学的发展,为抽验方式提供了物质条件和理论根据。现在商品检验方式,一般由供货方和接货方双方通过签订协议或合同加以规定。

(4)验收中发生问题的处理。为了准确划分存储单位、运输部门的职责和保证入库商品的质量,对验收中出现的问题要严格按照制度规定处理。

①商品入库凭证不齐或不符时,仓库有权拒收或要求重办入库凭证,将所到商品另行堆放,暂作待验处理。

②当验收中发现商品质量不符合规定时，应立即会同交货单位或有关人员做出详细记录，将有问题商品单独存放，同时采取必要措施防止扩大损失，并迅速通知有关单位到现场查看，共同协商，及时做出处理。

③在数量检查中，计件商品一般不允许有短缺，对计重商品所发生的损益凡在规定标准以内的，仓库可按实际数量验收入库。超过规定时，也应会同交货人员做出记录，分清责任，及时处理。

④在验收中对定有索赔期的商品，应及时检验，发现问题时必须按照规定的手续，在规定的期限内，向有关部门提出索赔要求，否则责任部门对所形成的损失将不予受理。

(二)商品发货业务

商品发货业务是根据业务部门开出的商品出库凭证，按其所列的商品编号、名称、规格、牌号、数量等项目组织商品出库。

1．商品出库方式

送货与自提是两种基本的发货方式。此外，还有取样、移仓、过户等。送货制是存货方(或销售方)预先给仓库送来发货凭证，仓库按凭证备货，做好待运准备，然后运输部门持托运单到仓库提货。提货制是购货方持发货凭证自带运输工具到仓库提货。

2．商品出库作业

商品出库作业包括两个内容，即发货前的经常性准备和发放商品出库。

发货前准备一般包括：原件商品的包装整理；零星商品的组配、备货和包装；待运商品机具用品和组装场地的准备、劳动力的组织安排等。商品出库作业流程的一般程序是：核单—记账—配货—复核—发货。

核单：即审核商品出库凭证。主要查看出库商品的调拨单、提货单中的仓库名称是否有错；印鉴是否齐全、相符；商品的品名、编号、规格、数量是否有误；时限是否逾期等。

记账：记账员根据单据上所列各项，对照登入商品保管账，并将商品货位编号及结存数量批注在商品出库凭证上。交保管员查对备货。

备货(配货)：按出库凭证的品名规格核对并注销实物账或卡片，然后按其配货，并将配好的出库商品集中到理货场所复核。

复核：由专职或兼职复核员按照出库凭证，对商品的品名。编号、规格、计量单位、数量逐一进行核对。这是防止差错事故的关键所在，凡未经复核人员签名(或盖章)，商品不准出库。

发货：由仓库发货人员按单将商品交付给提货或承运人员，办清交接，划清责任，放行出库。

第四节　储存合理化管理

一、库区与货位规划

库区规划是根据储存物资的种类、性质和数量及仓库现有的设备、人员等，对仓库生产作业区进行全面、合理的布局和安排。库区规划管理具体包括总体规划、具体规划和规划调整等内容。

(一)总体规划

总体规划是将储运生产任务和仓库的现有储运能力进行平衡分析后，对整个库区做出全面的安排。具体应确定下列各项：

1．库房、货场储放物资的品种

规划各个库房、货场储放什么物资时，必须注意各库房和货场的自然条件(温湿度变化情况、周围环境等)对物资性能的影响，及各种物资之间的相互影响，应尽量满足物资的保管条件，同时，考虑作业方式和装卸机械与物资品种的配合。

2．根据各种物资的堆码要求，确定物资的堆垛形状、占地面积、垛距、走道等。

物资的堆码主要考虑2个因素，一是物资本身的性能特点；二是地坪的承压能力。在保证物资质量完好的条件下，确定物资的堆垛方式、单垛储存量、垛距等。一旦堆垛方式确定后，垛底要保持相对稳定，以便管理。

3．确定各库房、货物的使用面积和仓容利用率；根据各种物资的仓容定额，确定每个库房、货场的物资储存量。

在总体规划时，必须把每个库房、货场的面积确定下来。使用面积不能随着储存量的增减而变化，对某一个库房或货场来说，其使用面积应根据各方面的条件和物资堆码要求进行科学的计算得出。但也不是一成不变的，它将随着机械化作业程序的提高而提高。

在确定使用面积时,必须充分挖掘仓库的边角余地,尽量提高仓容利用率。

(二)具体规划

落实总体规划的要求和规定,具体确定每个库房、货场的货位,明确标志。在具体安排货位时,要保证使用面积指标的完成;根据物资品种、数量确定垛底的衬垫材料及用量等;安排货场、交通道的平垫修整计划;排水系统的定期疏通及保持经常性的货区整齐清洁等。

(三)规划调整

由于进货计划的调整,或机械设备的革新改造,或由于作业方式的变革等原因,原来的库区规划已不能适应要求,因此,需要进行调整。规划调整大致可分为局部调整和全面调整。

二、储存期间的物资保管

储存期间管理,一方面作为物流的一个环节,根据物流全过程需要进行信息等管理工作,另一方面要在储存期间防止货物的损失。货物在储存期间会发生如下的变化:

1. 质量变化的影响因素

在储存期间,质量变化主要由以下因素引起:

(1)储存时间。储存期越长,质量缓慢变化的聚集越大,最终可能引起质量指标的改变。

(2)储存环境。物资储存环境可能促进或减弱上述变化的趋势。

(3)储存操作。储存保管作业于被储物品,这可能造成突发性碰撞、磨损、冲击、混合等使质量迅速发生变化。

2. 质量变化的几种形式

(1)物理和机械变化

①物理存在状态的变化。这种变化有挥发、溶化、熔融3种类型。

②渗漏变化。液态及气态物质,由于储存条件不当,如密封不善、包装破损,而逐渐造成数量损失。外界的某些物质渗漏到包装和仓库中．也会造成内部物质的损失。有些固态物质挥发或溶化后,也会发生渗漏损失。

③串味变化。有吸附特性的物品在储存期间吸附了有味气体或液体,而失去或降低使用价值。这一变化在生活资料中表现较为严重,如粮食、茶叶、糕点等。

④破损变化。物质在储存过程中受外力作用造成形体的破坏,如破碎、掉边、折角等。

⑤变形。在储存期间由于外力或其他作用(如温度、湿度等)造成被存物物理形态、尺寸的改变而遭破坏,如弯曲、压扁、折扭、变形。

(2)化学变化

在储存期,物资内部或不同物资之间发生化学反应,改变了原物质微观状态,形成了不同于原物质的新物质,从而使用价值起变化造成损失。化学变化主要有以下几种:

①分解与水解。是在光、热、湿等外界因素影响下,被存物资内部的组成物质成分解变化为新物质而造成的变化。由于形成了新物质,新物质的使用价值与原物质不同从而造成了损失。

②水化。水的直接作用或潮湿空气与之接触,导致发生化学反应而形成与原物质性质不同的新物质,造成损失。

③锈蚀。金属材料制品在潮湿环境中或接触各种化学物质后发生化学反应或电化学反应而形成各种铁的氧化物或盐类,影响物资质量,造成损失。

④老化。高分子材料在温度、湿度、空气、光线等外界因素联合作用下,使化学结构逐渐改变并最终改变原有性能和质量,如强度、耐久性下降、发黏、性脆、龟裂等。

⑤化合。在储存期间,被存物质之间发生化学反应,或被存物与环境中其他物质发生化学反应而生成新物质,造成损失。

⑥聚合。储存期间,在适宜的温度及其他条件下,物资内部的低分子化合物聚成大分子从而改变了原有质量。

(3)生化变化

在储存期间有机体受外界生物的影响,发生如霉变、发酵、腐败等生物化学变化,也会引起使用价值的严重变化。

此外,由于鼠类、害虫、蚁类等生物侵入,也会造成被存物的损失。

3. 价值变化

在储存期间,物资在价值方面还可能发生以下几种变化。

(1)呆滞损失

储存的时间过长，虽然原物资的使用价值并未变化，但社会需要发生了变化，从而使该物资的效用降低，无法按原价值继续在社会上流通，形成了长期聚积在储存领域的呆滞物资，这些物资最终要进行降低价格处理或报废处理，所形成的损失为呆滞损失。

(2)时间价值损失

物资储存实际也是货币储存的一种形式。储存时间越长，利息支付越多，或者储存时间越长，资金的机会投资损失越大。这是储存时不可忽视的问题。

4．维护保养

维护保养是通过一定的环境条件及对被保管物品的具体技术措施，保持其使用价值不发生减退的全部工作。

维护保养管理的主要内容有以下各项：

(1)创造适合于物资储存的环境条件。

(2)对部分所存物资进行个别技术处置。

(3)进行救治防护。

对已经发生变质损坏的物资，采取各种救治措施，以防止损失的扩大。救治措施有除锈、破损修复、霉变物的晾晒等。

三、储存合理化

1．储存合理化的概念

储存合理化是指用最经济的办法实现储存的功能。合理存储的实质是，在保证存储功能实现的前提下尽量少的投入。

2．不合理储存主要表现

(1)储存时间过长

一方面是经过一定的时间，被储物资可以获得“时间效用”；另一方面是随着储存时间的增加，有形及无形损耗加大，是“时间效用”的一个逆反因素。从“时间效用”角度来考察，储存一定时间，效用可能增大，时间继续增加，效用也会出现减缓甚至降低，时间效用甚至可能出现周期性波动，因而储存的总效果是确定储存最优时间的依据。

虽然储存时间与储存总效益之间有着复杂的关系，绝大多数物资，过长的储存时间都会影响总效益，因而都是属于不合理储存范畴。

(2)储存数量过大

储存数量对储存效果的影响是：一方面储存以一定数量形成保证供应、保证生产、保证消费的能力。一般而言，单就保证的技术能力而言，数量大可以有效提高这一能力，但是保证能力的提高不是与数量成比例，而是遵从“边际效用”的原理，每增加一单位储存数量，总能力虽会随之增加，但所增加的保证供应能力(边际效用)却逐渐降低。另一方面，储存的损失是随着储存数量的增加而基本上成比例地增加，储存量越大，损失量也越大；如果管理力量不能也按比例增加的话，甚至还可能出现储存量增加到一定程度，损失陡增的现象。

可以明显地看出：储存数量的增加会引起储存损失无限度增加，而保证能力增加却是有限度的，因而可以肯定地说，超出一定限度的储存数量是有害无益的。

(3)储存数量过低

储存数量过低，会严重降低储存对供应、生产、消费的保证能力。储存量越低，储存的各种损失也会越降低。两者彼此消长的结果是，储存数量降低到一定程度，由于保证能力的大幅度削弱会引起巨大损失，其损失远远超过由于减少储存量在防止库损、减少利息支出损失等方面带来的收益。所以，储存量过低，也是会大大损害总效果的不合理现象。

不合理储存所指的“数量过低”是有前提条件的，即保证能力由数量决定而不是其他因素决定。

(4)储存条件不足或过剩

储存条件不足，指的是未能给被储存物提供良好的储存环境及必要的储存管理措施，因此往往造成被储物的损失。储存条件不足主要反映在储存场所简陋，储存设施不足，维护保养手段及措施不力，不足以保护被储物。

储存条件过剩，指的是储存条件大大超过需要，从而使被储物负担过高的储存成本，使被储物的实际劳动投入大大高于社会平均必要劳动量，从而出现亏损。

(5)储备结构失衡

储备结构失衡包括几个方面：①储存物的品种、规格、花色失调。存在总量正常，但不同品种、规格、花色却此有彼无的现象。②储存物不同品种、规格、花色的储存期失调，储存量失调。③储存物储存地域的失调。

3．储存管理合理化的实现方法

(1)将静态储存变为动态储存

①加快储存的周转速度。这可使资本效益高，货损降低，仓库吞吐能力增加，成本下降。利用现代科技手段可以有效地支持库存周转的加快，例如，通过快速、及时的信息传递，掌握资源和需求，做到有效的衔接，而不完全通过库存数量提供保证；另外许多物流技术可以缩短操作时间，加快周转，诸如采用单元集装存储，建立快速分拣系统等等。

②从仓库储存放大到整个物流系统。在整个物流系统的运行过程中，许多物资动态地存在于运输车辆、搬运装卸的过程之中，也可以把它看成是一种动态的储存。只要有有效的信息管理技术支持，这些动态的储存完全可以起到一般储存的作用，取代静态的库存。

③对静态的仓库实行动态的技术改造。

(2)实施重点管理

储存是一个相当繁杂的经济活动。对于商业企业而言，总是要处理上万种供应品和销售品的物流问题，不同的物品对于企业供应、企业经营和企业销售影响是不同的，对于企业经济效益的贡献也是不同的。实施重点管理，一般通过ABC分析来选择重点。

(3)采用有效的“先进先出”方式

就物流系统而言，即使整个系统形成了有效的动态运转，也经常会出现一部分物资远低于动态平均水平的储存期过长的现象。保证每个被储物的储存期不致过长，“先进先出”的管理措施是一种有效的方式，也成了储存管理的准则之一。

有效的“先进先出”方式主要有：

①采用计算机存取系统。采用计算机管理，根据入库时的时间记录，依靠按时间排序的软件，可以自动排列出货的顺序，从而实现“先进先出”。这种计算机存取系统还能将先进先出和快进快出结合起来，即在保证一定先进先出前提下，将周转快的物资随机存放在便于存储之处，以加快周转，减少劳动消耗。

②在仓库中采用技术流程的办法保证“先进先出”。最有效的方法是仓库中的技术流程采用贯通式货架系统。利用货架的每层形成贯通的通道，从一端存入物品，从另一端取出物品，物品在通道中自行按先后顺序排队，不会出现越位等现象，提高仓库利用率。

③“双仓法”储存。给每种被储物都准备两个仓位或货位，轮换进行存取，再配以必须在一个货位中取净才可补充的规定，则可以保证实现“先进先出”。这种方法在管理上比较简单，适合于资金占用量不大、经常使用而又无需进行重点管理的物资采用。

(4)提高储存密度，提高仓容利用率

主要目的是减少储存设施的投资，提高单位存储面积的利用率，以降低成本、减少土地占用，有3类方法：

①采取高垛的方法，增加储存的高度。具体方法有，采用高层货架仓库和集装箱，都可比一般堆存方法大大增加储存高度。

②缩小库内通道宽度以增加储存有效面积。采用窄巷道式货架，配以轨道装卸车辆，以减少车辆运行宽度要求，采用侧叉车、推拉式叉车，以减少叉车转弯所需的宽度。

③减少库内通道数量以增加储存有效面积。

(5)采用有效的储存定位系统

储存定位的含义是被储物位置的确定。如果定位系统有效，能大大节约寻找、存放、取出的时间，节约不少物化劳动及活劳动，而且能防止差错，减少空位的准备量，提高储存系统的利用率。

采取计算机储存定位系统，尤其对于存储品种多、数量大的大型仓库而言，已经成了必不可少的手段。

(6)采用有效的监测清点方式

对储存物资数量和质量的监测是科学库存控制的重要内容。

监测清点的有效方式主要有：

①“五五化”堆码。这是我国手工管理中采用的一种科学方法。储存物堆垛时，以“五”为基本计数单位。堆成总量为“五”的倍数的垛形，堆码后，有经验者可过目成数，大大加快了人工点数的速度，且减少差错。即使在网络经济时代，也不可避免地有一些临时的存储需求，例如建筑工地的临时仓库、开发

前期的用料准备仓库和出于各种原因暂时无法建立计算机管理系统的仓库，都需要对人工管理实行科学化。

②光电识别系统。在货位上设置光电识别装置，该装置对被存物扫描，并将准确数目自动显示出来。这种方式不需人工清点就能准确掌握库存的实有数量。

③电子计算机监控系统。用电子计算机指示存取，可以防止人工存取易于出现的差错，如果在被存物上采用条码识别技术，使识别技术和计算机联接，每存、取一件物品时，识别装置自动将条码识别并将其输入计算机，计算机会自动做出存取记录。这样只需向计算机查询，就可以了解所存物品的准确情况。

(7)采用现代储存保养技术

现代技术是防止储存损失，实现储存合理化的重要方面。

(8)采用集装箱、集装袋、托盘等运储装备一体化的方式

这种方式通过物流活动的系统管理，将储存、运输、包装、装卸实现了一体化，不但能够使储存实现合理化，更重要的是促使整个物流系统的合理化。

(9)虚拟仓库和虚拟库存

采用虚拟库存方式，可以防止实际库存带来的一切弊端，同时，可以有效实现储存的功能，实现储存对于社会生产、社会流通的保证作用。同时对于优化整个物流系统都有重大意义。

第五节　仓储工作经济技术指标

在仓储管理中，为评价和控制仓储工作的数量和质量，制定了一系列的技术经济指标，主要有以下几个。

一、库存量

所谓库存量，就是仓库中库存商品的数量。有即时库存量、平均库存量和现有库存量之分。

即时库存量就是某一个时刻的库存量，即某一个时刻仓库当中实际存放的商品的数量。由于仓库的商品随时都在出出进进，所以库存量都随着时间在发生变化，因而即时库存量是时间变化的函数。

平均库存量都是一段时间(例如一个月、一个季度、一年)中平均的库存量。

月平均库存量＝(月初库存量＋月末库存量)/2

年平均库存量＝各月平均库存量之和/12

现有库存量，就是现在的库存余额，就是现在仓库中还存放着多少商品。库存余额按下式计算：

本期余额＝上期余额＋本期入库量－本期出库量

二、吞吐量

吞吐量，是指仓库的吞量加上吐量之和。它反映仓库的工作量和周转量，还反映仓库的规模，也反映仓库的劳动强度。吞吐量越大，说明仓库的规模越大，周转量大，工作量大，劳动强度高。吞吐量要靠仓库的装卸能力、仓库面积等来支持。

吞吐量＝总入库量＋总出库量(t/期)(周转量)

三、库存物资周转率

库存物资周转率，就是反映库存物资周转速度快慢的指标。它的概念和计算公式如下：

库存物资周转率＝期内物资出库量/同期内平均库存量

库存物资周转率，取决于期内的出库量和期内平均库存量之比。在给定的平均库存水平下，期内出库量越大，库存物资周转率就越高，效益就越好。

四、仓库利用率

仓库利用率，主要反映仓库的利用情况。它包括仓库面积利用率和仓库容积利用率。

$$\text{仓库面积利用率}=\frac{\text{仓库货物实际占用面积}}{\text{仓库使用面积}}\times100\%$$

$$\text{仓容利用率}=\frac{\text{仓库中实际货物存放量}}{\text{仓库的仓容定额}}\times100\%$$

五、储运质量

储运质量主要包括收发货物差错率、保管损耗率、装卸搬运损坏率等。

收发差错率＝收发差错量/期内吞吐量

装卸搬运损失率＝装卸搬运损失量/期内吞吐量

物资保管损耗率＝损坏、变质损失量/期内平均库存量

六、仓库设备情况

仓库设备情况包括设备的利用率和设备的完好率。其中，

设备完好率＝完好台日/总台日×100%

式中：总台日指总台数×每台日数(不论其技术状况如何，除节假日)；完好台日是指设备状况良好，能随时参加作业的台日。

而设备利用率包括设备能力利用率和设备时间利用率。

设备能力利用率＝实际载荷量/技术特征规定的载荷量×100%

设备时间利用率包括下面3项：

班设备时间利用率＝一班实际作业时数/8 h×100%

日设备时间利用率＝一日实际作业时数/24 h×100%

年设备时间利用率＝一年实际作业天数/(365－节假日数)×100%

七、库存成本

库存成本可以用保管费率来表示，所谓保管费率，就是期内保管费用与期内平均库存总金额的比值。

保管费率＝期内保管费用之和/期内平均库存总金额

第六节　库存控制与商业经营管理

商业企业经营管理实际上就是一种库存管理，也就是对商品库存的进销存业务管理、库存成本管理和库存数量的控制管理。它关系着企业的经营活动的效率、经营成本和效益。

一、商业企业库存的分类

商业企业的库存，按性质可以分为二大类，一类是储备库存，一类是周转库存。

储备库存是为备战备荒、防备意外事故变化而储备的库存，平时不动用，到出现灾害、战争或意外事故时才动用。这种库存要保质保量、长期足额储存。因此这种库存不存在库存控制的问题。一般商业仓储企业，靠经营仓库为业，追求多存久存、提高库容利用率、达到库存定额，他们的经营思想是不讲究库存控制的思想。如果说他们也讲究库存控制，那他们库存控制的概念是尽量多存久存，使库存达到库存储备定额而已。

周转库存是为了生产或流通的进行、在生产或流通的各个环节上暂存待用的临时性储备，它们不断地投入生产和销售，又不断地补充进来，这样不断地周转储存，因此叫周转库存。流通商业企业的库存大多是周转库存。无论是批发企业仓库、零售企业的仓库，还是商业企业卖场里的货物，都属于这种周转库存。

周转库存按其所处的领域分，可以分为生产库存和流通库存。

生产库存是指处在生产过程中，为生产的各个环节顺利进行而提供物资准备的库存，主要包括原材料库存、零配件库存、在制品库存等。

流通库存是指处在流通过程中准备用于批发、零售等销售的库存，主要包括生产企业的成品库存、流通企业的批发库存、零售库存等。商业企业的库存都属于流通库存。

这种周转库存的特点：

(1)必要性

周转库存是保证生产和流通顺利进行的条件。无论是生产过程，还是流通过程，都由多个供需“环节”构成。例如生产过程的原材料供应与投入生产之间、有供需关系的上下两个车间(工序)之间，以及生产的产成品的提供与分销之间；流通过程的批发环节的购销之间、零售环节的购销之间，都是这样的供需“环节”。在这些供需环节上，需求和供应之间在时间上不是绝对同步的。都需要有一些物资临时地处于储备状态，等待生产、等待销售。否则，生产一旦启动，销售一旦发生，就可能没有物资的供应，因而使生产不能够进行，销售不能够实现。因此在各个供需环节上，储备适量的库存物资，就成了生产和销售顺利进行的前提条件，是正常进行生产和销售所必要的。

(2)周转性

这些储备物资不断地进入需求阶段，消耗于生产或销售，又需要不断地从供应阶段陆续补充进来。这样的不断周转，就可以持续保证生产和销售的顺利进行。周转库存在管理思路上与储备库存不同，其宗旨就是追求周转效益。周转越快，说明销售越快，效益越好。

(3)成本性

这些周转库存，是物资的储备状态，也是库存物资资金的占用状态。储备的物资越多、占用的资金也就越多。资金的占用是要花费费用的,银行利息就是资金的使用费用。因此库存物资需要占用流动资金,增加经营成本。

(4)二重性

从周转库存的效益和成本这个意义上说,库存又具有二重性。一方面库存是生产和生活的前提条件,没有库存,人们就不可能维持正常的生产和生活;另一方面,库存又是生产和生活的负担:库存是一种资金的占用,要花费资金成本,还要负担库存物资的保管费用,还要承担库存损失和库存风险。因此,库存不能没有,但是也不能过多,而是在一定限度内越少越好。

二、商业库存管理与企业经营管理

1. 库存管理与商业企业经营管理

商业企业在经营上就相当于一个商业经销的仓库(见图 5—2—1 物流功能原理图)。虽然有些企业或许没有正式的仓库,只有一个卖场,但是这个卖场的所有货物,就是一种储备待销的库存物资。商业企业的经营活动实际上就是对于这些库存物资的进、销、存活动。所以商业企业的库存管理,也就是商业企业的经营管理,它贯穿于经营管理的全过程中。

2. 商业企业经营管理活动

商业企业的经营管理活动,就是物资进销存活动。具体说包括 3 个方面:

(1)销售活动

从表面上看,商业企业最明显的活动,就是销售活动。商业企业有一个卖场,卖场里摆了很多商品,专门有一些售货员,在柜台前进行销售。企业的管理者,每天考虑最多的也是销售问题,为扩大销售制定各种各样的营销策略、营销手段,想尽方法要把卖场里的货物早点销售出去。

销售的目的,主要是增加销售收入。每销售一件商品,就意味着能够增加销售收入,获得销售利润。这是最直接的效果。

其实销售的目的,不只是增加销售收入、增加销售利润,还有一个目的,就是保障供应,保障人们的生产和生活的物质需要。这种目的本来是存在的,但是现在有点淡漠了。其原因为现在大多数的商品都是供大于求,不存在不能满足需要的问题,特别是生活用品。生产资料则不同,保障供应的问题,是一个头等重要的问题。保障供应,应该是销售的第一目的。其次才是增加销售收入、增加销售利润。

(2)购进活动

卖场的货物随着销售的进行,货品会逐渐地减少。为保障销售的持续进行,就要采购进货。只有不断地采购进货,才能够维持卖场货物的库存,才能够保障持续的销售。

采购活动要有一批人员,专门考虑采购进货的问题。要有一批采购员持续不断地和供应商取得联系,建立起比较友好的供应关系,采用各种采购方法,分批量进货。

采购管理的目的,一是保障供应,不缺货,保障卖场销售的正常进行;二是要想办法降低采购成本、节省费用。这是两个最直接的目的。

其实采购管理还有一个重要目的,就是要进行库存控制。也就是要在保证供应的前提下,使得库存量最小。这个目的之所以不太为人们所重视,主要是对库存控制的重要性和库存控制的原理还没有足够的认识。我们在下面会对此做专门的分析。

(3)储存保管活动

储存保管活动,主要是对仓库和卖场里的货物进行储存、维护、保管活动。仓库里的货物的储存保管与卖场里的货物的储存保管业务基本相同,但也有一些区别。在储存保管维护的业务上基本相同,都要进行货位规划、品种数量管理、商品维护保管。但是仓库的储存保管是专门以储存保管为目的的,而卖场的存储保管是以销售为目的的,即除了储存保管之外,还有一种展销的功能。

储存保管的一个重要工作就是库存物资数量的管理,由于库存量是动态变化的,所以随时掌握库存量的变化对于经营决策工作十分重要。

关于储存保管的有关问题我们已经在第五、六、七章进行了讨论。

3. 商业企业经营管理的目标

商业企业经营管理的宗旨或目标主要有保障销售供应和经营成本低。

首先是保障供应,不缺货。商业企业的根本任务,就是要能够满足需求者的需求。商店每天都有顾客来订货购货,每天都要给用户发货,如果仓库里没有现货供应,企业的销售也就无法进行,企业就会遭受销售利润损失。所以,商业企业经营管理的第一任务就是要保障销售商品的供应。

要做到保障供应,有个很简单的办法,那就是仓库里的库存物资过多,造成很大的库存量。这样,不太容易产生缺货。但是这样做,就必然需要占用很多库存资金,需要大的仓库,还需要保管维护,这都需要增加资金和保管费用,因而也就增大了经营成本,给企业造成大的负担。因此商业企业经营管理不应当采用这样的办法,还应该千方百计想办法降低经营成本。这是商业企业经营管理的第二个任务。

因此,商业企业经营管理的任务,就是要通过自己科学而巧妙的运作,做到既保障供应,又要降低成本。要达到这2个互相矛盾的目标,是不那么容易的,因此就需要科学的库存管理。

三、商业企业库存管理的重要性

商业企业的库存是一种周转库存,而周转库存特别需要库存管理。

为什么要特别对周转库存进行库存管理呢?

因为商业企业都是以通过向社会提供商品或服务来获取利润、求得生存和发展的,成本、效率问题是他们获取利润最关键的问题。而周转库存正是企业成本效率问题中最重要的一环。

周转库存对于企业的意义,在于它能够满足企业对于物资产品的需要上。而这种满足必须是适量、适时的,什么时候需要多少,就在这个时候供应多少,只有这样的供应才是最有效的。不适量、不适时的供应都会对企业造成损害:过少、过晚当然不行,这时缺货、不能够满足需要,影响企业的正常运转,甚至造成停产停业;但是过多、过早也不行,这个时候企业还不需要。这样供应进来的物资,企业如果接受下来,要占用一个仓库把它们存放起来,还要派人对它们进行维护保养。而且这样保管下来的物资,不知道以后是否用得上。因为市场是瞬息万变的,今天还很畅销的商品,到明天说不定就被淘汰了。所有这些都给企业造成了损害:

1. 库存物资占用了企业的资金,不但造成企业资金的困难、影响正常的经营活动的开展,而且要花费资金的使用成本——银行利息。这个贷款利息远远高于存款利息,而且是浮动的。例如如果库存资金100万,贷款利息按10%/年计算,则一年的利息就是10万。

2. 增加了保管费用。设立库存,需要租用或占用仓库面积,需要派保管员保管、维护,耗费保管用具用料、水电费、办公费、保管人员工资等,这些都构成保管费用。

3. 增加了库存风险和库存损耗。库存物资有可能过时淘汰,变成死库存,被当作积压品或废品处理,这是风险损失。即使没有风险,库存物资在保管过程中也有可能出现损坏、变质而造成损失,这是正常的保管损失。

以上3个方面,都是超时超量的周转库存所带来的损害。由于通常的企业采购进货都是分批次的,这种按批次的进货与企业持续变动的需求二者之间存在的时间、空间、品种、数量等的矛盾差距,必然导致周转库存出现高库存与高缺货并存的局面,从而给企业带来损害。这种损害的大小,就取决于对这个周转库存的巧妙操作的水平,也就是对周转库存管理的水平。这就是为什么周转库存特别要加强库存管理的原因。

由此可见,周转库存的全部意义就是满足企业适时适量的物资需要。而要做到适时适量,就要进行库存控制,因此,库存管理的核心问题就是库存控制。

但是,这并不是说,库存管理就是库存控制,库存控制就是库存管理。库存控制是一个系统工程,牵涉的面相当广,需要从多个方面进行努力,需要做大量的基础工作,这些工作都是为实现库存控制服务的。所有这些工作都属于库存管理工作。

四、商业企业库存成本管理

(一)库存成本的构成

在整个库存经营过程中,会发生各种各样的费用,如订货费、保管费、缺货费、补货费、进货费与购买费。实际上的具体情况可以归纳成4种类型:

1. 不允许缺货的情况,可以发生订货费、保管费、进货费和购买费,但不会发生缺货费和补货费;

2. 缺货的情况,可以发生订货费、进货费和购买费。在不缺货期间发生保管费;在缺货期间发生

缺货费,但不会发生补货费;

3. 补货的情况,可以发生订货费、进货费和购买费;在不补货期间发生保管费、在补货期间发生补货费,但不会发生缺货费;

4. 在一个长过程中,有时实行缺货,有时实行补货;这次实行缺货,下次实行补货,这时以上6种费用才都发生。

(二)库存成本管理的思路

1. 建立起物流成本管理会计制度

现实中库存成本管理,首先就要建立物流管理会计制度,进行物流成本核算。要把订货费、保管费、缺货费、补货费、购买费、进货费等分别进行定义、记录和核算。这是一项基础工作,有很重要的意义。只有有记录、有数据,才能够用于计算,有了计算结果,才能够进行管理。没有数据说话,一切都谈不上,更不要说科学管理了。只有把物流管理会计制度建立起来,才能够更好地进行物流优化管理工作,因而也才能够搞好库存管理工作。

由于我国长期沿用传统的会计制度,而接受物流的概念还比较晚,因此现在还没有建立起物流管理会计制度。这个工作要全国统一规范,尚需要一些时日,但是各个企业可先有所行动,逐步探索,取得经验,待成熟以后,再推向全国。

2. 把物流总费用最省作为库存成本管理的指导思想

库存管理涉及订货、进货、储存保管、销售出库4个环节,每个环节涉及不同的费用,这些费用还涉及企业中不同的部门。因此库存成本管理也是一个系统工程,要学会协调。要使各种费用的大小有一个科学的比例,这个比例会导致总费用最省。例如订货费与保管费之间就需要协调,这取决于订货批量与订货批次的关系。订货批次多了,订货费用会升高;订货批量大了,保管费用会升高。只有取一个适当的比例,才会使得订货费用与保管费用平衡,才能使得总费用最省。而要使得订货费用与保管费用平衡,就要制定适当的订货策略,也就是要进行科学的物流管理。

物流总费用最省,并不意味着每一个单项费用可以任意自由发生。每个单项费用应当在各自的具体业务情况下,实现局部优化,取最小的费用。只有每一个单项费用都取最小费用,总费用也才能够最小,库存系统才能够达到最优化。

3. 建立库存成本定期的统计分析制度

在物流管理会计的基础上,应当定期地对库存成本进行统计分析。定期分析,一般一个月一次。到了月末,把本月发生的各项成本统计出来,并且求出总成本,然后进行分析。分析的方法与一般财务分析一样。主要包括:(1)成本时间比较分析:本月与上月比较,今年与去年同期比较,看变化趋势,分析原因;(2)成本空间比较分析:各个部门、各个班组各个项目发生的费用比较,看各个单位的管理水平、管理措施。经过比较分析,找出经验和教训,制定下一个月的前进方向。

五、商业企业零库存控制方法

(一)零库存概念

商业企业也可以实现零库存销售。例如,美国的沃尔玛公司,由于实现供应链管理和供应商掌握库存(VMI),其卖场里的库存货物全部由供应商掌握,所以沃尔玛没有库存,它只管销售各个供应商的产品。而库存则由供应商根据沃尔玛的销售情况,随时进行连续小批量补充货物,也使库存保持在刚好能够满足销售需要的低库存水平。

零库存是一种理想模式,它可以最大地降低库存成本,而又能够保证销售,因而可以最大地降低经营成本,获得最大的销售利润。因此人们控制库存,最大的愿望就是实现零库存经营。

但是要实现零库存经营不是一件容易的事情,它涉及商业经营以及供应链系统各个环节,包括采购环节、生产环节、物流配送环节和销售环节等。需要商业企业各个部门以及供应链系统的有关供应商全体配合行动。实施零库存的优点、能够发挥的效益、执行过程中遇到的困难以及对成本的影响,表5—5—4可以说明。

最大地降低库存成本的最好办法就是树立零库存思想。实现零库存的根本途径就是实施准时化作业,例如准时化采购、准时化生产、准时化配送、准时化销售等。准时化的思想,就是只在需要的时候,把所需要的品种、需要的数量、送到需要的地点,不晚送,也不早送,不少送,也不多送,送去的个个都是合格品。这样做可以最大地消灭浪费,实现零库存(见

表5—5—4)。

表 5—5—4 零库存管理的优点和难点

零库存实施的环节	优点和效益	难点和成本
采购环节 (准时制采购)	将原材料库存降到最低甚至零;减少原材料库存占用资金和优化应付账款;库存管理成本的降低(包括仓库费用、人员费用、呆滞库存等等)	(1)能够实现企业准时制采购; (2)小批量供应、运输或配送频率高,物流成本高; (3)须和供应商即时信息交流,信息化投入大; (4)采用供应商管理库存(VMI)方式实现零库存,因企业计划、市场变化和产品更新等因素会造成供应商产品积压与报废,影响长久合作的关系
生产环节 (准时制生产)	将生产环节中的在制品和半成品降到最低;减少在制品和半成品库存占用资金	(1)生产设备柔性较大,且更新时投资成本较大; (2)生产管理模式的改变(看板管理、轮动管理); (3)生产作业软件管理系统的投入
物流配送环节(准时制配送和协同物流)	在物流和运输中做到一体化协同运作;减少中间仓储和搬运等环节,可将物流成本控制在最低水平	(1)在物流和运输中做到一体化协同运作,减少中间仓储和搬运等环节,需要在各协作厂商间建立信息交换平台; (2)物流和配送实际网络的配套和建设
销售环节 (准时制销售)	按"真实的"订单生产,"消灭"成品库存;或销售预测准确,尽量降低成品库存甚至为零,从而减少其占用资金和优化收回账款;规避成品因市场变化和产品升级换代而产生的降价风险;库存管理成本降低(包括仓库与人员费用、呆滞库存等)	(1)按订单式生产的销售模式中,会造成客户等待、交货时间的延后,会丧失某些商业机会;其中直销模式需建立强大的订单处理和客户服务系统; (2)按预测式生产的销售模式中,对销售终端(不是批发商等中间环节,而是零售商的门店等)的数据采集和分析要求极高,以求预测数据尽量接近实际,而这方面的技术和管理成本是巨大的; (3)小批量、多频率销售,造成较高的运输或配送等物流成本

(二)实现零库存的方法

要实现零库存经营可以采用以下一些办法:

1. 进货采取供应商配送供货模式

例如日本的超市就是这一种模式。超市经营的多个商品许多都是由供应商配送供货的。以超市销售的鸡翅为例,头一天超市下班时,超市根据当天的鸡翅销售量预测后一天的销售量,然后用传真向鸡肉加工公司发去订单,要求它用配送方式供货,一天配送2次,上午下午各送一次。鸡肉公司22:00上班。上班时,先从传真机上面取出所有的订单,进行统计,看鸡翅要多少盒、鸡腿要多少盒、鸡胸要多少盒等等。统计完毕后,制定生产的产量计划,然后根据计划就开始宰鸡,加工鸡肉,并装盒、包装,最迟于早上8:00,把它们分别按不同的订货量依次送到各个超市,超市则把它们上架销售。所以人们上午在超市买的鸡翅,都非常新鲜。这些刚加工出来的鸡翅,基本上一上午就可以卖完。中午,鸡肉加工公司又加工新鲜的,下午上班时又配送到超市,供应下午的销售。供应商采用这样的配送供货方式,超市基本上实现了零库存销售,每天超市关门时,鸡翅都销售完,不用另设仓库存储。

配送有多种形式,如日配送、时配送、即时配送、准时配送、共同配送等,商业企业可以根据各自的需要,和供应商共同商量采用最合适的配送方式,达到供需双方最满意的效果。

2. 准时化采购

准时化采购是准时制(JIT,Just In Time)生产方式在流通领域中的推广应用。准时化采购的基本原理,就是商业企业和供应商达成这样一种供货模式,即要求供应商根据商业企业的要求,在所需要的时间,把所需要的商品,按所需要的数量,送到所需要的地点。其基本的思想就是最大地消除浪费。

准时化采购一般这样进行:供需双方经过充分的洽谈磋商达成共识之后,签订合同,建立稳定的供货关系。商业企业在日常经营过程中,需要货物时,向供应商发要货指令,要货指令可以是电话形式、传真形式,也可以采用看板形式。供应商收到要货指令以后,准备好货物,按指定的时间,把指定的物品、指定的数量,送到指定的地点。

具体对于商业企业来说,准时化采购一般有2

种形式：一是要求供应商送货到卖场，向卖场补充库存，满足卖场的销售需要；二是要求供应商直接送货到自己的顾客手中。这个时候商业企业的卖场不设存货，专门只接收顾客的订货单，或者到处去收集顾客的订货单，当收到顾客的订货单以后，再向供应商发出要货指令，让供应商直接向顾客送货。

准时化采购也是一种零库存经营的理想方式。

3．供应链采购

供应链采购就是把供应商与商业企业连接成一个互惠互利的供应链，利用供应链企业之间互相协调互相配合的关系，实现销售信息共享、供应商掌握库存，让供应商把它的库存点设在商场里，供商场日常销售之用。这样做，商业企业没有库存，实现了零库存经营，还省去了采购环节，实现了最大的节约。

第七节　案例：哈里—戴维森公司走向大众

对于任何一个商业企业来说，计划、建造和经营一个新的仓库，意味着是一笔巨额的投资。因此，有许多公司把公共仓库看作是一项可行性选择。公共仓库可以通过以下途径提供竞争优势：(1)减少企业管理费，可以使公司资金从建库投资领域里解脱出来；(2)使公司把精力集中到具体的主业上去；(3)使投产公司和外国制造商毫不费力地进入本国市场；(4)使公司能够加强其产品品种，并获得优化的物流效率。

例如，早在20世纪80年代初，当哈里—戴维森公司(Harley-Davidson)把公共仓库作为一种物流选择时，它期望能提高现有设施的生产率。于是，简化手续并更有效率的作业方式、缩减生产时间以及JIT存货控制等手段大大改善了哈里—戴维森公司的竞争地位。如今，该公司控制了60%的摩托车重型货物(850 cm^3 以上)的市场份额，与1982年的20%的市场份额相比有了显著增长。销售量的增长迫使该公司考虑各种可选方法来转移其在宾夕法尼亚纽约克工厂内的预售存货，以便增加其生产能力。在哈里—戴维森公司的个案中，预售存货(即产品已出售给顾客或经销商，但还没有交付，或顾客还没有要求交付)的储存期也许要高达几个月。这样一笔存货通常要包括500～1 000辆摩托车。

每辆摩托车都指定有一个具体的顾客，需要有详细的识别标签，以区分具体的顾客和按具体的要求进行速送。公共仓库有责任确保每一辆摩托车都能正确地托运到顾客手中。这就意味着每一辆摩托车都必须按如此要求进行储存，以便于能够让人轻易地看到它的识别标签。

总经理汤姆·索瓦兹说道："通过把我们的预售存货转移到公共仓库，我们有了额外能力。而且更重要的是，我们拥有了我们所需要的专门化存货管理。"此外，通过向公共仓库转移存货，还帮助了哈里—戴维森公司保持对劳动成本更加严密的控制。索瓦兹进一步评论道："即使在市场低迷时期，私有仓库的员工不得不维持现有状态，以弥补在销售量重新增长时的劳动力不足。公共仓储的优点是内在的，当你的公司需要时，你只需要为你所需要的空间支付费用。"

第六章　卖场货位规划

第一节　卖场货位规划概述

一、卖场概述

(一)卖场的概念和分类

卖场，就是门店的购物场所。卖场里面经过精心地设计而整齐地排列着各种货架、货柜或展示台，上面摆放着各种商品，供顾客购买之用。有服务员在其中协助顾客购物。如百货商场、超级商场、一般商店、零售小摊店都设有卖场，卖场构成门店的主体内容，卖场的面积就是店铺的主体面积，卖场的商品购买量构成了商业企业经营的主体内容和全部经营效果的直接体现。

卖场有大有小，小货摊的卖场就是一个小货架、小货摊。小商店的卖场只有几个货架。超级商场的卖场小可以小到几十平方米，大可以大到几千平方米。百货商场的卖场也有小有大，小的也只有几十平方米,大的可以大到几层楼上万平方米。

有的卖场设有内仓,小量的货物放在货架上,起展示的作用;成交数量比较大时,就直接到内仓去取货供应。这样做既可以节约店铺面积,又可以扩大展示的效果。因此这种内仓也成为卖场不可分割的组成部分。

卖场按选择货物的方式,基本上分为2类:一类是自选式卖场,另一类是代选式卖场。

1. 代选式卖场

代选式商场是封闭的。卖场中只在柜台旁有一排或几排货架,主要起商品展示和单件购买之用。顾客不能够进入卖场,选择货物由服务员代为完成。因此卖场的面积不很大。一般代选式卖场都在展示货柜的后面设有内仓,批量大的交易货物直接从内仓出货。一般的百货商场,特别是小百货商场、小商店、小摊点,都采用代选式卖场。

2. 自选式卖场

自选式卖场是开放式的。卖场中大面积地分布有很多货柜、货架、展示台等,摆放很多商品,顾客可以在其中自由自在地游览和选购商品,因此卖场一般面积都很大。一般的超级市场、方便店、连锁店、仓储店等,都采用自选式卖场。

也有的商场把自选式和代选式结合起来,既让顾客进入卖场,自由游览选购,又有服务员在场协助指导顾客选购商品。这样的卖场面积必然也很大,类似于自选式卖场,像一般大型的百货商场、仓储商场等。卖场中只在柜台旁有一排或几排货架,主要起商品展示和单件购买之用。

(二)卖场的功能

卖场根据其大小,不同程度地分别具有以下功能:

1. 购物场所

卖场最基本、最直接的功能就是购物场所的功能。卖场有一定空间,有商品,有售货员,顾客到卖场来,可以买到他所需要的商品。如果卖场连这个功能都实现不了,那就失去了卖场的意义。

2. 展示宣传

卖场是顾客云集的地方,是展示商品、宣传商品、展示企业、宣传企业的好地方。一般的企业或者供应商都努力精心地打扮或策划陈列自己的商品,宣传自己商品的功能和优越性,引起顾客兴趣。企业也会精心装扮自己的卖场,设计店容店貌,增强顾客对商店的兴趣。这样做可以培养回头顾客、忠诚顾客。

3. 体现服务

卖场是售货员和商店和顾客交接的地方,也是售货员和商店为顾客提供服务的场所。顾客购物的全过程,也是售货员和商店向顾客提供服务的过程。商店的服务水平如何,能够充分在卖场体现出来。

4. 促销实施

卖场是顾客云集的地方,因此也是商家促销的最好场所。商家不但在卖场精心展示宣传商品、展示宣传商店、为顾客提供热心服务,而且还经常采用广告、广播、降价销售、有奖销售、展示会等多种手段开展促销活动。在卖场进行促销,不但成本低,而且效果好。

5. 购物感受

卖场是顾客购物的场所,顾客购买的全过程,又是顾客购物感受的过程。商品的质量、价格、商店的服务水平、各种促销效果,都给顾客强烈的刺激,使顾客产生感受,留下印象和记忆。这种感受,可能是正面的,也可能是负面的。正面的感受将会导致再次的购买活动,提升顾客的忠诚度。负面的感受将导致购买活动的中止,失商场的信誉。

6. 成本效益

卖场也是企业经营成本和经营效益产生的场所。各种销售活动的各个环节都需要产生成本,同时销售的结果也获得效益。为了降低成本、提高效益,企业必须对卖场实施的销售活动的各个环节进行精心的策划,最大限度地降低运作成本。

一个商店销售量和经营效果,全看其卖场的表现。因此,商业企业为了扩大销售,无不精心地在卖场做文章。

在卖场销售活动的成本中,一个很重要的组成部分是卖场的物流成本。这个物流成本的体现就是卖场商品的规划分布所产生的寻找、搬运、装卸等费用。

第二节　代选式卖场的货位规划

一、代选式卖场的购物模型和典型平面结构

代选式卖场是由售货员代为顾客选择货物的卖

场。一般的小商店、小百货店、个体商店、小摊点基本上都是这样的卖场。这种卖场面积小,有一个或几个售货员在柜台前,柜台后面就是一排或几排货架,货架上摆满了商品,供展示和销售用。有的卖场的货架后面就是内仓,内仓里面是货物的临时库存。当顾客来购物时,不能够进入卖场里面去自由挑选货物,只能够站到柜台前,观看展示台上的货物,想买什么货物,叫售货员拿取;对不满意货物,由售货员给你另外换选,直到满意为止;最后向售货员付款,便可以拿着商品离开。这样就完成了一次购物过程。代选式卖场购物模型如图 5—6—1 所示。

图 5—6—1　代选式卖场购物模型

典型的代选式卖场的平面构造如图 5—6—2 所示。最前面是柜台。柜台后面就是展示货架。展示货架后面是内仓。内仓里有多个内仓货架,临时存放着一些待卖的商品。有些大的卖场内仓很大,形成所谓"后仓前店"式商店。售货员在柜台后面和货架之间活动操作。

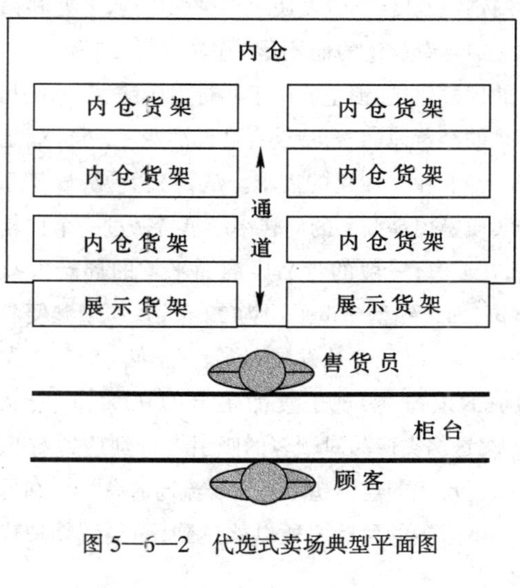

图 5—6—2　代选式卖场典型平面图

二、代选式卖场货位规划要考虑的问题

(一)代选式卖场经营的目标

代选式卖场在日常的经营活动中,一般总是追求以下目标:

1. 最大地实现销售

最大地实现销售,就要求卖场的商品能够最大地吸引顾客,留住顾客;除了搞好店容店貌、做好广告宣传之外,在货品的布局和摆放上也要做一些文章。要想办法利用有限的货架展示尽可能多的顾客感兴趣的东西。只有满足尽可能多的顾客的购物需求,才能实现最大的销售。

2. 最大地提高效率

最大地提高效率,就要求为顾客服务的二作要方便简洁,缩短顾客服务工作的平均处理时间,缩短服务所需要行走的路程,减少搬运、装卸工作量,摒弃无效劳动。

3. 最大地降低成本

卖场的经营成本,主要表现为几个方面:

(1)存货成本:存货是一种资金的占用,需要负担银行利息,这实际上是资金的使用费用。存货要占用货仓,占用库房,同时需要维护、保养、装卸、搬运和整理,这些都需要发生费用,这些费用就是保管费用。

(2)营运成本:在日常销售经营过程中,需要采购、进货,在卖场销售中,需要接待顾客,售货员要为每一个顾客挑选货物,要在货架之间来回找货、取货、搬运、装卸、整理货物等,还要做广告宣传。这些都构成了营运成本。

为了最大地扩大销售、提高效率、降低成本,除了开展科学采购和库存控制(见后面有关章节)外,就卖场而言,就是要搞好卖场的货位规划。

(二)代选式卖场货位规划

1. 代选式卖场货位规划的目标

(1)货位系统化

货位系统化,就是要将卖场统一规划,按经营的功能和经营的品种大类分区分片。在每一个区(片)中,按品种小类、品种规格序列依次布置货位。而且各区各片、各个大类、小类、各个货位都有明显的标志,整体看来,标志鲜明,一目了然。

(2)货位短路化

货位短路化,就是要求总物流强度最小。卖场所经营的各个品种,都要发生堆码、存货、取货、装卸、搬运等物流活动,作业的数量和作业的路径的乘积,就等于物流强度。作业量越大、越频繁,作业的路径越长,物流强度就越大。物流强度大,就意味着作业量大、成本高、消耗大。我们卖场应当在满足顾客需求量的前提下,尽量降低物流强度,这样就必须要求货位短路化。

(3)存放合理化

存放合理化,就是货物存放、堆码要科学合理。这就要求:

①货物堆码安全,不超高、不超重,不歪斜、不会损坏;

②不同性质的品种不要互相混杂,以免互相腐蚀、影响商品性能、破坏使用价值;

③货物堆码要定数化,一般是采用“五五堆码”(每层都是5个),容易清点、过目成数;

④采用先进先出存放,保证货物的新鲜;

⑤流动性大、畅销商品,应存放在显眼、较近、容易操作的地方。

2. 代选式货位规划的方法

货位规划一般分成以下的步骤:

第一步,做好需求分析。要求分析出顾客对卖场需求的品种、数量、频次。这可以通过对过去一段经营实际的统计分析求得。顾客需求是有时间特性的,要注意时间特性,例如夏天需求的品种数量与冬天需求的品种数量是不同的。

第二步,要做好品种分析,要求分析出全部商品的大类、小类和不同品种的特性,包括物理化学特性、存放特性、包装特性等。

第三步,求出各个品种的相关度。品种相关度,主要是由品种出入的数量和频次决定的。具体方法,就是将过去一段时期的销售量按品种进行统计,然后再把品种销售量按从大到小的顺序排列,每个品种在这个排列中的顺序号,就是这个品种的相关度。

第四步,根据品种的大类、小类规格序列体系和品种的相关度,制定货位规划。一般按大类、小类划区划片,每区每片中品种按规格序列存放,但是又将相关度高的商品,放在靠近走道附近容易操作的地方。

对于一些相关度很高的商品可以设立专区专片,设在靠近展示柜台附近最方便存取操作的地方。

第三节 自选式卖场的配置规划

自选式卖场,是顾客可以进入其中自由游览和选购货物的卖场。一般超级市场、连锁店、仓储商场、方便店等都采用自选式卖场。这一类卖场由于面积大、商品多、物流工作量也大,所以货位规划与配置特别重要。这一节,我们以连锁超级市场为代表,讨论自选式卖场的货位规划问题。

一、连锁超级市场在零售业中的地位

超级市场经过几十年的不断发展,已经成为一种成熟的零售经营方式。现代连锁超市通过组织化的销售与服务网络,依靠规模化经营有效带动上游产业的发展,并通过对流通组织的整合提高了流通效率,净化了流通秩序,从而直接带动和创造了流通产业的现代化。因此,以连锁超级市场为代表的现代零售经营业态将在日后的商业业态中占有主导地位。

(一)规模化和高效率是连锁超市主导地位确立的核心

连锁业的规模化经营具有两层含义:第一是组织的规模化,即实行企业总部的中央采购制和门店专门销售制度,不管发展了多少家店铺,采购和销售是集中与专业化的而不是分散的;第二是销售和服务的规模化,连锁企业由于实行多店铺、广域化和网络化的经营,其经营特点更贴近消费者,更能满足消费者专业和个性化的需求。从狭义上说,规模经营的实质是提高商品的周转率。笔者做过一个比较分析,在上海,一般的食品店商品平均的周转天数是60天,而连锁型超市平均为22天,在连锁型便利店中是平均12天。从发展实绩上看,在连锁超市发展最快的上海,实现了食品销售的70%、日用品的80%,这两类商品对顾客的吸引率分别达到66%和67%。现代的连锁超市还实现流通的高效率和低成本。低成本的目标之所以能达到,一是依靠现代化

手段实行专门和专业化的经营，二是资源共享性强、管理成本低，三是低成本规模扩张依靠的是有效地运用负流动资金（即商品变现资金中要支付给供货商的暂用资金）。

（二）多元化利润来源支撑连锁超市流通主导地位

1. 规模化销售利润。连锁超市依靠中央采购制下的低成本进货，销售上得到供货商各方面促销的支持，较低的市场价格、有组织的现代营销，使销售规模化的实现建立在强势的竞争地位、较高的商品周转率和消费者利益共享基础之上，这是连锁超市销售利润的合理性。

2. 广域化市场占有的通道利润。由于连锁企业已经投资建设了规模化、高效率和高市场占有率的最终通道，谁要进入和使用这个通道，谁就必须支付费用。这时连锁企业的通道利润就产生了。通道利润的表现形式一般是进场费、上架费、广告促销费等。另外，合理运用网络化通道各种功能会产生更多的通道利润，如上海的一些连锁企业一年内从各连锁店铺中回收的商品包装箱就增加了几百万元的营业外收入，同时又实现了绿色营销。

3. 管理利润。对连锁企业来说，管理利润的创造最主要的是依靠财务管理来控制各连锁店铺每天产生的巨额现金流量，并有效运用负流动资金。这种财务管理在融资和投资上既直接创造利润，又直接支撑了连锁企业销售规模的扩张和店铺网络通道的扩大，可以说连锁企业成功的关键和利润的增加均在于此。

4. 产生于信息系统的利润。连锁超市的经营管理日益依靠现代化的技术手段，特别是信息系统。如连锁企业建立的店铺销售信息管理系统（POS），它可以分析每一个单品的销售信息，从这些信息中可以直接得到各种市场信息，并可预测未来市场。对连锁企业来说，如供货商需要这些信息，就需要付费（世界最大的连锁商美国沃尔玛公司花数亿美元建立起来的卫星信息系统，不仅是全球仅次于美国中央情报局的信息系统，并已直接产生赢利，就是一个例证）。但更重要的是，连锁业就是依靠信息系统来指导、控制进而主导上游产业的。

（三）连锁超市的各种类型将成为未来零售业中的主导业态

比如，食品超市是传统小商店的取代者；标准食品超市是基本生活需求满足型主力化业态；大型综合超市将成为未来零售业中的主力化业态；仓储式商场将成为批发配销型主力化业态；便利店将成为城市服务便利型主力化业态；专业、专卖连锁店将成为个性化需求满足的主力化业态。

二、卖场规划的原则

（一）消费者对卖场的要求

卖场是消费者用货币选票表现其偏好的舞台。它应该是怎样一个舞台才能使消费者舒适地购物，并产生一定的店堂忠诚感，进而产生重复购买行为，为零售店铺带来丰厚的利润回报呢？

日本连锁超市业者对此问题，曾在一个有 5.2 万人的商圈内发出了2 000张问卷，回收了1 600张，所得的结果如图 5—6—3 所示。

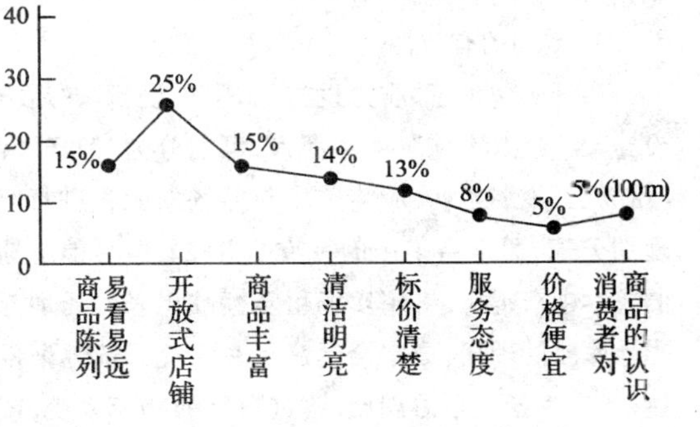

图 5—6—3　消费者对卖场的关心程度的调查结果

调查初期，业者都以为商品价格可能占极高的比例，但结果并非如此。从图 5—6—3 我们可知“开放式店铺”占 25%，“清洁明亮”占 14%，“商品陈列易看易选”占 15%。可见这些消费者最关心的问题就是卖场配置，亦即规划人员所应思考的问题。

（二）卖场规划的原则

依据上述调查，我们可以具体归纳出卖场规划的基本原则为：

1. 让消费者很容易进入

此点是消费者最关心的。超市的规划，必须时时思考如何让消费者很“容易”、“自然”地进入店口。因为一个卖场，即使产品丰富、价格便宜、服务亲切，但如果客人不愿进来或不知道怎么进来，那一切也等于白费。只有顾客愿意进来，店家才有做生意的机会。

2. 让消费者停留更久

我们都了解,为购买特定的某些商品而到超级市场去的顾客只占所有顾客的30%;换句话说,在消费者所采购的商品中,有70%是属于冲动型的消费。因此,规划必须把握的第二个原则是如何让消费者在店里停留得更久。消费者停留得越久,会买得越多,消费者的冲动型消费会越来越多。

要达到此目的,规划要从两方面来着手:

(1)创造"优势"。也就是要创造消费者愿意留下来的优势。"清洁明亮"、"商品陈列易看易选"是一定要考虑的。此外,良好的空调、音响效果和亲切的服务态度等因素也是使消费者愿意久留的原因。

(2)排除"不适"。亦即要排除让消费者在卖场感觉到不适的地方。例如通路太窄、音响太过嘈杂粗俗、服务人员态度不佳等,都会无法让消费者久留;同时,消费者冲动购买的几率也会减少,自然也就损失了销售机会。

3. 空间的有效性

店铺中包含了"前方设施"、"中央设施"、"后方设施"及"建筑设施",简单而言,可划分为"前场"和"后场"。规划之初,应将前场与后场的面积进行合理的分配,通常所采用的标准是8∶2。但目前土地的成本越来越高,将用卖场租金标准租来的场地充当仓库或处理场,成本会提高。在物流系统逐渐发达之际,业者可努力创设,改进自己的物流系统,或与其他物流系统综合,尽量将有效的空间都用来做卖场,以增加营业额,降低成本。

4. 营造最佳的销售气氛

在消费意识高涨的时代,消费者的认同已从单纯的商品转移到对商店的整体形象。一般而言,销售气氛的创造,是要将商店的陈列、展示、色彩纳入企业的整体形象识别体系内,这样才能创造出独特的风格。

除把握上述原则外,商店的规划与配置还应充分运用开店前对消费者所做的调查资料,这样才能更好地满足消费者的需求。

三、卖场设计的主要内容

(一)卖场的入口、出口设计

零售店铺卖场入口要设在顾客流量大、交通方便的一边,通常入口较宽,出口相对窄一些,入口比出口大约宽1/3。根据出入口的位置来设计卖场通道,设计顾客流动方向。零售店铺的入口与卖场内部配置关系密切,在布局时,应以入口设计为先。在入口处为顾客购物配置提篮和手推车,一般按1辆(个)/10人～3辆(个)/10人的标准配置。

在零售店铺的卖场内,入口的地方最好陈列对顾客具有较强吸引力的商品,不仅可以发挥招徕作用,而且能够增强卖场对顾客的吸引力。

(二)卖场的通路设计

零售店铺的通路是指顾客在卖场内购物行走的路线。良好的通路规划,可引导消费者自然走向卖场的每个角落。在通道旁要辅以商品的科学配置以及奇妙的、艺术性的陈列。为了引导消费者走到陈列架的最末端,通常中间都没有中断;如果情况许可,通路还应采取略宽的规划。在中大型超市里,主通路应有2～3 m宽,副通路也都在1.2 m以上;而在小型店铺,面积小,通路自然较窄,但最窄的通路也不应小于0.9 m。

通路方面要考虑的是:通道的宽度是否足够;与出入口的连接是否妥当;通道、地板的情况是否良好;通路的来往是否顺畅。

此外,通路与消费者的动线也息息相关。商店开业后,应仔细观察消费者的动线。在通过率最低的地方,应适度地调整通路,或通过商品陈列技巧,引导消费者经过。消费者经过的地方越多,冲动购买的品项也就越多。此时可采用下述方法:取出店内的平面配置图,观察来店顾客在店内移动的路线,用笔加以描绘;整理出"顾客来店动线观察结果图",以便知道何处是卖场的死角,如何避免;整店规划的诱导力是否足够;何处是卖场较强势的地区;如何以畅销商品带动滞销品和销售不佳的商品,使其一并销售出去。

(三)陈列设施设计

陈列设施与商品互为一体。良好的陈列设施,如冷藏、冷冻柜等,不但能确保产品的鲜度,更能展现出商品的魅力,增加消费者的购物欲望。超级市场的主要陈列设施有:冷藏、冷冻柜,陈列架,各种各样的陈列平台以及各种辅助器材。

通常在小面积的店里,大多数采用较矮的陈列架,使空间感觉较为宽敞,并减少压抑感。至于大型的超市,目前也有完全采用仓库型的货架,这就必须考虑自己的经营政策与方针了。

有关陈列设施，首先要考虑的是让商品明显、很容易被看到以及方便取放。其他要考虑的是：柜内的商品看起来是否明显，购买时是否容易拿取；陈列架上的商品是否易于挑选、整理；价目表是否清楚易见；商品陈列架的高度、宽度是否适当；陈列架上的商品标示是否一目了然；陈列架是否清洁明亮；商品陈列是否考虑到客人的视线与视觉。

（四）标示用设施

良好的标示可指引消费者轻松购物，也可避免死角产生。标示用的设施主要包括：

1. 进门的商店配置图。它让消费者在进门前就可初步了解自己所要买的商品的大概位置。

2. 商品的分类标示，如果菜、水产等。现在的超级市场都用较矮的陈列架，商品的确切位置一目了然。

3. 各商品位置也有机动性的标示，如特价品销售处悬挂的各种促销海报。

4. 店内广告或营造气氛用的设施。

5. 介绍商品或装饰用的照片。

6. 出入口、紧急出口等引导客人出入的标示。

（五）接待设施

接待设施包括进口处的服务台以及最后结账的收银台。服务台大多位于入口处，通常兼含寄物的功能。收银台位于出口，应依序予以编号，可根据现场的实际情况采用单线排或双并排的方式。每台收银机每日可处理5万～10万元营业额，应依营业计划中的营业预估，事先做好准备。在开业之初，生意通常是正常状况的3～4倍，所以应争取得到供应厂商的最大支援，以免让消费者久候不耐。

设计接待设施应考虑的是：在什么地方提供服务，提供什么样的服务；接待设施的位置与设计是否恰当；化妆室是否够用、清洁、明亮；是否有让消费者休息的地方；是否有让小孩游乐的场所；寄存物品是否方便；是否设置伞架、伞套；是否有充足方便的垃圾筒；是否设有配合性的专柜，以方便消费者；是否设有自动提款机。

四、卖场的商品配置

（一）商品的配置

有了陈列面积的配置后，我们在动线的规划上又该如何做呢？

所有的家庭主妇每天要买菜，渐渐地大家都有了逐次购买每日生活必需品的顺序。超级市场的动线规划是由商品来引导，当然商品的配置也必须与消费者的购物习惯相吻合才行。

据调查，通常消费者到市场购物的顺序如图5—6—4所示。

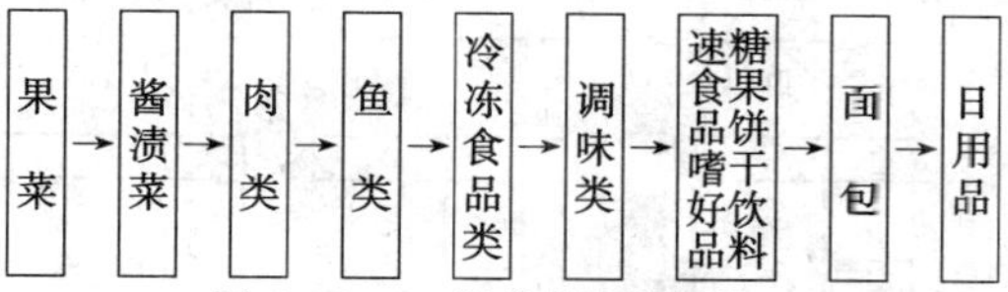

图5—6—4　消费者购物顺序

依据上述购物习惯，便可决定商品的配置。纵观目前国内的超市，大都呈现图5—6—5中所示的配置，可见这已形成了一种习惯与经验，并累积而成为一种共识，同时也是最符合消费者需求的格局。欲新开店的业者，可以此作为参考。

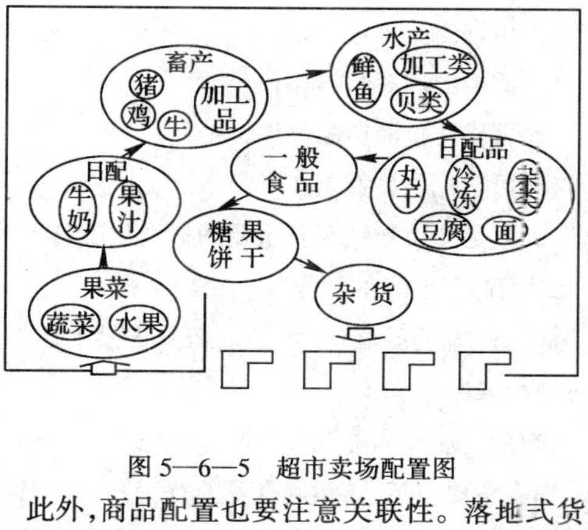

图5—6—5　超市卖场配置图

此外，商品配置也要注意关联性。落地式货架的两侧部分不得陈列关联性的商品，因为通常顾客是依货架的陈列方向行走，很少再回头选购。所以关联性的商品应陈列在通道两侧，而不适于在货架两侧（见图5—6—6）。

（二）商品配置表

商品配置表是管理控制商品最基本的工具，每一家超市在陈列商品之前，应先把商品配置表规划好，再进行一切硬件的设置与进货陈列。

1. 商品配置表的功能

商品配置表是把商品的排面在货架上做一个最有效的分配，并以书面表格规划出来。其功能主要有：

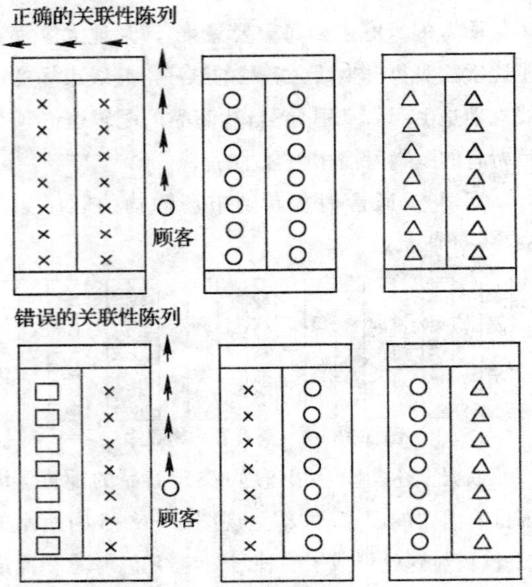

图 5—6—6 关联性货架陈列

(1)有效控制商品品种;

(2)做好商品的定位管理;

(3)适当管理商品排面;

(4)可以防止滞销品驱逐畅销品;

(5)可以把利润控制在一定水准;

(6)它是超市连锁经营重要的标准化工具。

2. 商品配置表的制作

商品配置表的制作,可分成新开店及旧店修改两种情况来制作。

(1)新开店商品配置表的制作的内容

内容主要包括:商圈调查及消费者调查;确定新店应经营哪几大类(部门)的商品;商品大类配置;商品分类配置;品种资料搜集;品种挑选及其他;商品构成的决定、品种配置规划、执行的实际工作。

商品配置完成,也就完成了一套商品配置表。根据这张表来订货、陈列,然后把价格卡贴好,就大功告成了。最好还能把实际陈列的结果拍摄下来,以作为修改辨认的依据。

(2)旧店的配置变更或修正程序

一家店开了以后,并非商品配置好了就永不变更,而是要根据经营的状况加以修改变更。一般一个月修正一次配置表,或一季变动一次、一年大变动一次,这都是较为妥当的做法。修正商品配置表的程序如下:检查 POS 销售资料,确定滞销品并进行淘汰,调整畅销品的陈列及进行新品项的导入,进行实际的调整工作。

3. 商品配置表的制作要领

主要有:每一个分类的陈列面积数要先决定;货架规格应尽量标准化;要建立好商品卡;在规划商品配置时,必须利用实验架进行商品的排面试验陈列;注意变形规格商品的处理;同类商品尽量使用垂直陈列,避免横式陈列;特殊商品采用特殊的陈列工具;单品种的陈列量与订货单位应保持合理的比例;商品与棚板间要留有适当空隙;修正商品配置时应随时参阅 POS 资料。

4. 例外法则管理

超级市场中有一些情况的商品配置可用例外法则管理。如变化性的商品配置,我们常见的有大陈列、端架陈列、突出陈列等,常用来作为特卖商品陈列或某种事件活动陈列。短期性商品,如中秋月饼等;举办大型活动,如周年庆、食品展等,我们无法给予一定的配置表,只能由卖场进行灵活机动的配置管理。厂商缺货时没有商品配置,若是短期缺货,则应保留位置,并告知顾客,若是长期缺货,就应寻求替代品,并将配置修改。有时为使卖场显得较为活泼,有变化,将商品配置在某些区段进行变化性陈列,3~7 天后恢复原状。

5. 商品配置表的设计

商品配置表以一座货架为规划的基础,原则上一张表格代表一座货架,长度以90 cm及120 cm为标准,高度则按使用的情况设定,可以是135 cm、155 cm、165 cm、180 cm或更高,应视场地及经营理念而定。商品配置表比较常用的格式如表 5—6—1 所示,通常只要将规格、号码、排面数、售价表现在表格上即可。可以用于手工规划,也可进行电脑作业。

五、商品的陈列

(一)商品陈列概述

1. 陈列概念、作用和分类

在超市的经营中,陈列是一项重要的技术,通过陈列的手法,可将商品的魅力展现在顾客的眼前,激发顾客的购买欲。另外,连锁经营的超市也可借助陈列法使整体形象趋于统一,并使经营管理达到标准化。

表 5—6—1 商品配置表

分类 No: 货架 No:
品名: 制作人:

180												
170												
160												
150												
140												
130												
120												
110												
100												
90												
80												
70												
60												
50												
40												
30												
20												
10												
cm	10	20	30	40	50	60	70	80	90	100	110	120

CODM	品名	规格	卖价	订货单位	位置	排面	最小库存

陈列区分,可分为定位陈列和变化性陈列 2 类。

定位陈列也就是超市里的一般性陈列,它一经配置后,商品所陈列的位置和陈列面就很少变动。

除定位陈列以外,因动线、促销或季节等因素而特别设计出来的陈列,称为变化性陈列,如大陈列、端架陈列、关联陈列、槽沟陈列、比较性陈列等。这些陈列通常都有某种营销目的,期限通常不长,短则几天,长也不超过 1 个月,但却最能带动卖场的活性化。

2. 货架及其位置区分

陈列的基本工具有:货架、搁物板、护栏、栈板、端架、价格卡和省力化栏车等。

在配置管理上,把货架区分为 4 个位置,即上段、黄金线、中段及下段。

(1)上段:上段即货架的最上层,通常陈列一些推荐品,或有心培育的商品。

(2)黄金线:黄金线的高度大约在 85～120 cm,即一般人眼睛最容易看到、手最易拿取的陈列位置,这是最佳陈列位置。此位置一般常用来陈列高利润商品、自有品牌或独家进口商品。

(3)中段:货架棚板由下数起第二层或第三层的位置,即为中段。此位置可用来陈列一些低利润商品或本身不想卖,但因顾及顾客需要而不得不卖的商品。

(4)下段:为货架的最下层,这个陈列位置通常用来陈列一些周转很快、易碎、体积大或毛利较低的商品。将特价商品放在下段销售一定要挂 POP,以提示顾客。

端架是指整排货架的最前端或最后端,即顾客流动线转弯处所设置的货架,常被称为最佳陈列点。端架通常用来陈列一些高毛利商品、新品、促销商品或要处理的滞销品。

货架第二层的高度一般为 80～130 cm,在这一段,成人消费者看到或拿到商品最为容易,商品流转速度也最快。该位置一般陈列高毛利商品、自有品牌商品或大力向顾客推销的商品。

此外,在商品陈列时也还要善于使用陈列工具,运用前进立体陈列,按走进去的原则陈列商品,并注意货架清洁工作。

(二)商品陈列原则

1. 容易看、容易选、容易购买的原则;

2. 陈列体现系列化;

3. 展示突出重点;

4. 紧抓顾客心理;

5. 兼顾实用性;

6. 示范商品的优越性;

7. 避免过分拥挤;

8. 增强视觉效果;

9. 明码标价等等。

(三)陈列面积的配置

根据卖场规模确定的方法,可计算出超级市场为满足消费者需求的最有效与最经济的面积,但这些面积要如何分配到各商品呢?以下有几种方法:

1. 根据国民消费支出比例,参照现有超市的平均比例进行划分

一般来讲,卖场各种商品的面积配置比例应与国民消费支出的比例相同,但由于各种产品陈列方法不同,所需面积也有很大的差异,因此目前超市的商品结构与国民消费支出的结构比有很大的差异,不过我们仍需以此数据为基准,在进行最简单的分配后,再作调整。现有超市各部门(商品大类)面积分配的平均比例如表 5—6—2 所示。

表 5—6—2 超市各部门(商品大类)的面积分配

部门	国民消费支出结构比(%)	超市面积结构比(%)
果菜	24	12～15
水产	11	6～9
畜产	19	12～16
日配	9	17～22
一般食品	7	15～20
糖果饼干	7	8～12
干货	10	10～15
特许品	6	3～5
其他	7	4～6

2. 参考竞争对手的配置,发挥自己特色来分配面积

在进行卖场的配置前,可以先找一家竞争对手或是某家经营得很好、可以模仿的店,了解对方的卖场配置。考虑自己卖场的实际情况和特色,来进行卖场的各部门陈列面积配置。

各部门(商品大类)的面积分配设计好后,应再依中分类的商品结构比例,进行中分类商品的分配,最后再细分至各单品,这样就完成了陈列面积的配置工作。

(四)磁石理论的运用

所谓磁石,是指超级市场最能吸引消费者目光注意的地方。所谓磁石理论的运用,就是在商品配置时,在各个吸引消费者眼光的地方配置适宜的商品,以促进销售,并引导消费者能逛完整个店铺,以增加其冲动购买的次数。

1. 磁石的位置

磁石的位置如图 5—6—7 所示。

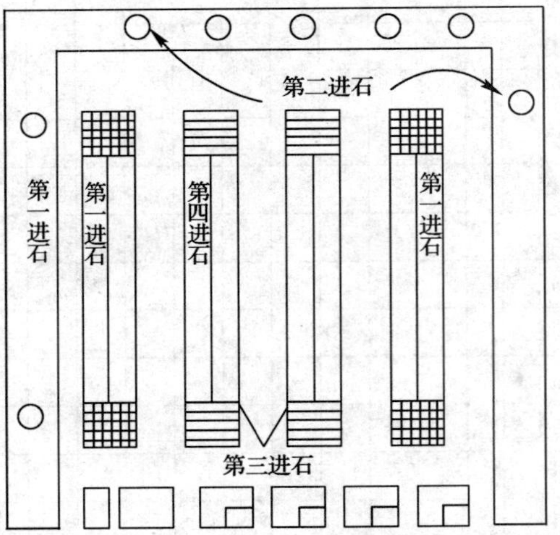

图 5—6—7 磁石的位置

2. 磁石理论与商品的配置

(1)第一磁石:主力商品

第一磁石位于主通路的两侧,是消费者必经之地,也是商品销售最主要的地方,此处应配置的商品为:消费量大的商品;消费频率高的商品;主力商品。

(2)第二磁石:重视展示的商品

第二磁石位于次通路的末端,通常是在商店的最里面,第二磁石商品负有诱导消费者走入卖场最里面的任务。通常消费者走入卖场的最里面,发现缺货的状况非常多,那应如何来配置第二磁石的商品呢?这一位置应配置最新的、具季节感的、明亮华丽的商品。

(3)第三磁石:端架商品

第三磁石指的是端架的位置。端架通常面对着出口,其基本目标是要吸引离开的消费者。第三磁石的商品就是要刺激消费者、留住消费者。

第三磁石位置可配置如下的商品:特价品;自有品牌的商品;季节商品;具第一磁石商品条件、购买频率高的商品。

特价商品通常以价格便宜来刺激消费者,如果要用自有品牌或具季节感的商品来增加利润,可按

图 5—6—8 来配置。

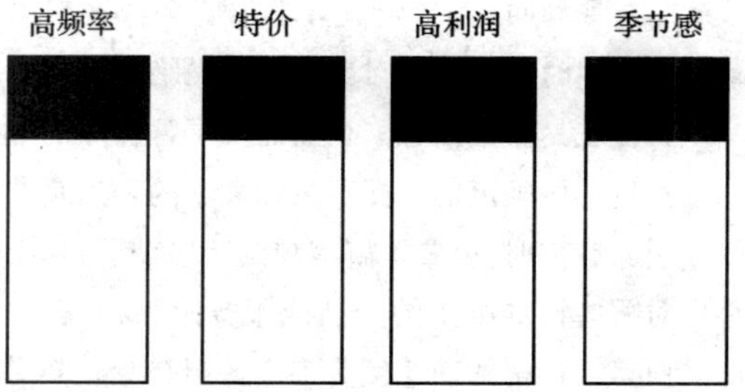

图 5—6—8　特价商品的配置

(4)第四磁石:单项商品

第四磁石在陈列线的中间,是要让消费者在长长的陈列线中间引起注意的位置。这个位置的配置,不能以商品群来规划,而必须以单品来规划。可用下述方法吸引消费者:运用辅助陈列器材吸引消费者,如突出陈列;给商品配上明显的说明;特意的、大量的陈列。

卖场的配置与规划主要在于充分利用空间,创造一个让消费者感觉舒适的购物环境。随着消费水准的提高,消费者的习惯、需求随时都在改变,卖场的配置与规划也要随之改变。据资料显示,一个卖场大约有 20%的商品常为消费者所忽略,业者如能努力找出这些盲点,将有助于业绩的提升。此外,消费者总是喜新厌旧,故卖场内部的装潢也应在适当的时间进行适当的整修,以留住消费者。

第七章　市场分析和客户管理

第一节　客户和客户管理

一、客　户

(一)客户的概念

客户,有时候又叫顾客、消费者、需求者,是指向企业购买产品或服务的人员、家庭或企业。

客户是企业商品的购买者或消费者,它们共同构成企业的市场,构成企业销售收入和经济利润的提供源。企业如果没有足够的客户,企业就不能够生存和发展。因此,客户是企业的经济命脉。

(二)客户的特点

在营销理念主导的市场背景下,在激烈竞争的市场环境下,客户具有的特点主要表现在以下几个方面。

1. 主动性

在买方市场下,由于产品供大于求、品种丰富齐全,客户已不再是被动地非要接受某一家企业硬性推销给他们的某种产品。他们已经有了很大的选择范围,可以自由主动地选择自己所需要的、喜爱的产品,并要求产品符合自己的个性化需求。客户的主动性不仅仅表现在客户自己选择产品,而且还对企业生产什么产品,如何生产产品都有一定的影响力。

2. 中心地位

客户是企业的经济命脉,这一点已经被人们普遍认可,企业只有有了众多的客户,才能够生存和发展,因此企业的经营决策必须紧紧地围绕着客户的需求展开。客户需求方向决定着企业的生产方向或经营方向。客户的需求发生变化,企业的经营决策也必须随之变化,否则就会失去客户、失去市场,就不能够继续生存和发展。所谓市场导向企业,实际上就是以客户为中心地位,企业必须围绕客户运转。

3. 个性化需求

现在,随着经济的发展和人们生活水平的提高,人们的消费水平和消费观念也在不断地变化。人们已不再满足于普通大众化的产品,他们需要一种能够满足自己特色的个性化产品,需要企业为他们量身定制一些个性化产品。客户的个性化需求对企业的挑战性越来越大。

(三)客户的类型

客户可以分成各种不同的类型。例如根据客户购买方式的不同可以分为:

(1)零售客户:也称最终客户,指购买最终产品的客户。通常是个人或家庭,其购买的目的主要是自己消费。

(2)商家客户:即一般的中间商、分销商。他们从一个供应商手中买进商品,是为了销售给另外一些中间商或最终客户。

(3)商业客户:也称渠道客户,或者代理商。他们的工作,就是做企业产品在各地区的代理商,在各个地区代理销售企业的商品。

(4)内部客户:他们实际上是企业内部(或联盟公司)的个人或业务部门,他们为企业销售商品。

又例如根据客户对购买企业产品的现有行动的不同,可以将客户分为:

(1)现实客户:目前已经或正在购买企业产品或服务的企业或个体。

(2)潜在客户:对企业的产品或服务有偏好,但目前市场上的产品或服务尚不能满足他们的需求,这种想买而未付诸行动的企业或个体。

又根据客户对企业的忠诚度不同,可以将客户分为:

(1)忠诚客户:忠诚于企业的产品,并长期购买的客户。对企业的销售量的增长有正面作用。

(2)易变客户:不忠实于任何品牌,其购买力通常受其他因素的影响(例如价格、多样化追求等)的客户。企业经过一定的努力可以把他们转化为忠诚客户。

(3)新客户:首次进入市场,并且有可能成为最有价值的客户群。

二、客户管理

(一)客户管理的概念

客户管理就是为了解客户、留住客户、扩大客户而进行计划、组织、指挥、协调和控制。

客户管理是一门学问,需要进行一些专门的活动,用以了解客户、适应客户、为客户服务、留住客户和扩大客户群。因此,客户管理实际上是企业管理工作中一个最重要的工作。客户管理的目的,就是要通过对客户的调查分析,来确定企业的目标客户,并通过一些营销手段及客户服务,来吸引客户、留住客户,以取得企业的长期利益。

(二)客户管理流程

做好客户管理工作,需要做很多实际的工作。客户管理也是一个系统工程,要发动各个方面的力量协调行动,才能奏效。

客户管理的流程如下:

1. 客户调研

首先最基础的工作就是要做好客户调研。

客户调研就是运用科学的方法,有目的、有计划、系统地收集、整理和分析研究有关客户的信息,为客户管理提供决策依据。

客户调研首先要确定调研的目标或想解决的问题。调研的目的直接影响到调研的对象,及调研时所涉及的问题。当企业想确定谁会成为新客户时所涉及的对象和问题,与企业寻求以前忠诚客户离开企业的原因时所涉及的对象和问题是绝对不同的。

其次就是收集信息。企业需要了解客户的哪些信息?这与所确定的目标直接相关联的。当企业想要吸引新客户时,就要了解客户的特殊需要是什么,客户对哪些特殊类型的产品或服务感兴趣,客户对产品质量或价格的敏感度有多大。当企业想知道忠诚客户为什么会离开企业时,就要提这样的问题:是本企业在产品的质量、价格或是服务中的一个或几个环节出现问题了吗?是其他企业提供了比本企业更有优势的产品或服务吗?企业对客户需求变化还不够敏感吗?等等。

但不管出于何种目标,企业对客户的典型信息的收集,并制成客户表格(当然能采用先进的数据库技术那更好),在以后与客户打交道的时候,又不断地更新,是很有必要的。这些典型信息一般包括:姓名、地址、年龄及性别、收入、家庭人数、工作类型、对产品或服务的平均购买额、购买频率、喜爱的媒介(如杂志、电视频道)、曾有的问题及不满、信用卡号和信贷限额、交货方式(联邦快递等)、其他产品偏好、试用新产品的倾向。

再其次,进行信息分析。信息分析,就是对已有信息的分析。主要是提炼出适合调研目标的调查结果。

2. 客户评价

客户评价是根据客户调研的结果,对客户进行判断和评价,以便于对特定的客户进行有目的、有计划的管理。

当把客户信息进行整理编制成表格后,企业就会发现现有的许多的客户在某些方面存在着惊人的相似,如年龄段、收入水平、对产品或服务的偏好及购买频率等等,但在某些方面又存在着很大的差别,如特殊的爱好、曾有的问题和不满等等。这就需要企业对这些客户表现出来的特征做些归纳,把客户进行一定的分类和定位,如把客户分成忠诚客户与易变客户、现有客户与潜在的客户等。不同类型的客户所表现出来的特征是不同的,企业就应该对他们进行不同的客户管理,如把有的客户定位为终身价值很高的客户,进行重点管理;把有的客户定位为一般客户，进行一般管理。对客户的定位就直接影响企业的决策制定。这种评价使客户管理的针对性大大加强，并且对客户管理具有指导性作用。

3．客户管理

客户管理主要是为了争取新的客户和留住老的客户，以取得企业的长期利益。一般认为，争取新的客户主要依靠营销管理、产品性能、定价因素的改善，而客户服务则是创造回头客的最佳手段，对消费需求有着重大的影响。但实际上，这两者又是有所交叉的，即产品价格等营销手段对客户的再次购买也有一定的影响力，而客户服务，在某些领域，尤其是高科技领域，是创造需求的主要影响因素之一。

客户管理中最重要的工作就是吸引新客户和留住老客户。

(1)吸引新的客户

吸引新的客户主要分为两个时期。第一个时期是产品刚上市，客户对产品一无所知，这个时期产品的购买者为零，也就是说，市场上所有客户都是新的客户。第二个时期是产品在市场上有一定的影响力后，一直到产品被淘汰所组成的一个比较长的时期。不同时期吸引新客户的手段不完全一样。

在第一个时期，产品刚上市时主要是让潜在客户知晓并了解新的产品，促销活动是这个时期的主要手段。企业在潜在客户喜爱的媒介(如杂志、电视频道)大规模地投入广告，高频率地刺激有关客户。广告主要针对求新者和高收入者。他们一般是新产品的尝试者。当然要吸引他们光靠广告是不够的。产品本身所具有的竞争力：产品的特性，区别于其他同类产品的优势，相对低的价格，这些都是说服潜在客户转化为现实客户的关键。

第二个时期，主要是那些在第一时期的观望者(他们对新产品的性能有些犹豫，如对营养品效果不确信)和价格的彷徨者(他们对刚上市产品的价格承受不起，如刚推出的手机，总是让一些客户望而却步)。产品的质量保证和价格的适当调落则是这个时期吸引客户的主要手段。

(2)留住老客户

保留客户的一个重要环节是提供良好的客户服务。当今市场，许多产品是如此的相似以至彼此之间难以区分。提供出色的客户服务能把自身与竞争者区别开来，客户服务的宗师罗恩泽姆科认为，开展客户服务的组织与同行业其他企业相比，其增长速度一般要快2倍，且市场份额通常会增加3～4倍，并总能维持一个较高的市场价格。

4．客户服务

企业实行客户服务首先要解决的问题是：

企业如何来知道客户需要服务？——客户传递信息的途径。

由谁来完成客户服务？——客户服务队伍的建设。

用什么方式来完成客户服务(上门服务或是另外的方式)？

下面就这三者做些简要的分析介绍。

(1)信息传递的途径

为客户提供一条便利、畅通、快捷的信息传递途径是企业提供良好客户服务的前提。信息传递的途径有电脑网络、电话系统、有声邮件等。现阶段许多企业正在运用电话技术(电话有普及率高、传递快的特点)组建呼叫中心来传递客户信息。

呼叫中心就是用有条理、有组织的方式，通过电话来开展业务的一种机构，它的主要职能是以固定的团体风格和程序不断地开展电话业务。它不是一种静态的行业，在一段时间内针对客户的需求进行回顾和调整。它不仅仅具有传播信息的功能，而且还有服务功能，即在电话中直接为客户服务。

(2)客户服务队伍的建设

一支完备的客户服务队伍是企业提供良好服务的保证。归根到底，所有的客户服务还得由人来完成。“如何来达到一支队伍的完备性”是企业要着重解决的问题，一支劣质的队伍提供服务对客户造成的负面影响与不提供服务相差无几。

要组建一支精良的队伍，要确保每个成员的高素质，能够紧紧把握服务需求变化的趋势；要对这支队伍进行进科学的管理。这就要求严格的人员选拔，人员培训，及采用奖励成功的政策。选拔即挑选，它需要从若干符合要求的求职者中选出最优异的人才。培训是为了人员层次的提高，顺应客户需求变化的需要。奖励成功是一种激励制度，它能激发人员的积极性和创造性，提高服务水平，当然它也包括惩罚失败。

(3)服务方式

服务方式是根据客户的不同服务需求来选择的。服务需求有产品包装,品质保证、维修、零部件的供应、产品跟踪、客户的索赔、投诉的处理和产品的回收、临时性替代品、信息服务/产品咨询、联络客户的感情等等。

当今,企业把好多客户服务通过电话的方式来及时实现,像通过呼叫中心,当客户提出服务需求的同时(像客户的投诉、账户的查询、信息服务等需求),服务人员就立刻为客户解决了问题。但有些服务需求是在电话里无法完成的(像产品的安装、故障的维修等),这就需要另外的服务方式来执行:产品的安装需要上门服务,故障的维修既可以上门,也可以在一定的地方设置维修点。

就服务方式而言,它是灵活的,要针对客户的特定需求,选择不同的方式。但不管采用何种服务方式,其主要目的是为了让客户感到满意。

第二节　客户市场分析

一、客户市场

(一)市场和客户市场

企业的客户群,就是企业的客户市场。社会所有各个企业的客户市场之和就构成了整个社会市场。我们通常所说的市场,就是指这个社会市场。市场是商品经济发展的产物,市场这一概念包括两重含义:其一,它是一种场所,即商品交换的场所。其二,它体现着一种关系,即从事商品生产和交换的生产者、经营者以及商品的消费者之间错综复杂的交换关系的总体。也就是说,市场必须具备以下构成要素:(1)市场的主体,即从事市场交换活动的人,包括生产者、经营者和消费者。(2)市场的客体,即能够满足消费者某种需要的一定量的商品和劳务,这是构成市场的物质基础。(3)交换行为,即商品交易中市场主体所发生的行为。上述这3个要素缺一不可,它们构成了整个市场。

对于一个商业企业的客户市场来说,企业就是客户市场的经营者,企业的客户就是消费者,企业经营的内容就是商品,企业和客户之间的商品交换就是客户市场商品交易行为。

(二)目标市场的确定

目标市场,就是企业所寻找、面向的客户群对象。因此,企业的客户市场,也就是企业的目标市场。由于企业的产品是有限的,一般只能适合于具有一定特点的客户群,他们是整个社会市场客户的子群体。目标市场的确定,必须建立在市场细分的基础之上。市场细分是将整个消费者群体按所需产品的不同划分为不同的子群体,这些子群体分别构成了各个产品供应商企业的客户市场和目标市场。企业可以根据市场细分的结果,确定企业的市场机会,从而来确定目标市场。能够给企业带来赢利的目标市场应具备如下条件:

第一,该市场有一定的购买力,企业能取得一定的销售额和利润。

第二,该市场不但有尚未满足的需求,而且有一定的发展潜力。

第三,本企业有开拓该市场的能力,该市场也未被竞争对手完全占领或控制。

(三)客户市场

根据商业企业客户的特点,可以将商业企业的客户市场进一步细分为:消费者市场、企业市场、政府市场。

1. 消费者市场

消费者市场是指企业的客户全是消费者。这里的消费者都是指生活资料消费者,也就是个人或家庭,他们购买生活用品。消费者市场的购买特点是交易数量小,交易次数频繁,地点分散,交易活动多采用零售方式,当然也有批发方式的。

2. 企业市场

这里的企业市场是指客户群主要为企业,主要是购买生产资料。与消费者市场相比,企业市场有一些显著的特点,主要表现在客户数目较少,购买量大,而且供购双方之间的关系比较密切,其交易活动主要采用批发形式。

3. 政府市场

政府市场是指企业的客户群主要是政府。政府市场有不同于其他市场的特征:首先政府市场的购买不以赢利为目的;其次政府的购买必须得到授权于它的国家权力机构的预先和事后的批准,并受到社会大众的监督;再次,政府的购买受国内国际环境的影响较大。其交易活动主要采用批发形式。

二、客户市场分析的意义

市场分析的概念有广义和狭义之分,狭义的市场分析就是市场调查研究,它是以科学方法收集消费者的购买和使用商品的事实、意见、动机等有关材料,并加以整理分析,得出结论;而广义的市场分析就是对商品或劳务,从生产者到消费者或用户这一过程中全部商业活动的资料、情报和数据,进行系统的收集、记录、整理和分析,以了解商品的现实市场和潜在市场。本章所涉及的客户市场分析,除了客户市场调查外,研究对象仅限于客户市场,还涉及商业活动的其他方面,故不能将其隶属于狭义的市场分析。

在现代市场经济中,客户市场分析是企业制定经营决策的基础和前提条件,不了解客户市场,就不懂得怎么经营。在物流管理方面,商业企业作好自身的客户市场分析,对物流管理工作的开展,也有支持作用。

(一)依据客户市场分析,预测未来客户需求的数量和特点,确定商业企业的商品采购物流计划

通过对不同的客户市场在商品的类别、数量、质量、价格等方面不同需求的分析,可以使企业避免商品采购的盲目性,制定企业合理的商品采购计划。商业企业的采购物流是靠客户需求拉动的,换句话说,客户需求是商业企业采购物流的动力。体现在实际操作中则应区别对待:对比较稳定、可预测性较强的客户需求,可尽量采用准确预测来指导企业的商品采购;对波动性较大、可预测性不强的,则要求企业采用精确反应、延迟技术,缩短反应时间,提高服务水平。

(二)依据客户市场分析,使商业企业更好的进行仓储管理

根据客户市场分析得到的结果,我们可以了解目标客户市场的需求特点和规模,并对所要求的客户服务水平加以分析,对比企业自身资源所能提供的服务水平,看能否与之相适应。如果企业所能提供的服务水平与客户所需的服务水平之间有差距,那么实际上就意味着客户的要求有可能得不到及时的较好的满足,这就要求企业扩大仓储规模,或改变仓储方式以提高仓储效率来满足客户需求,总之要根据市场分析的结果确定合适的仓储管理方法。

(三)依据客户市场分析,使商业企业更有效的实施库存控制,降低库存成本

管理者需要根据客户市场的具体情况和本企业的实际情况,选择合适的方法来控制和保持适当的库存水平。所谓适当的库存水平,不仅包括能够满足客户购货需求的最低库存水平;还包括一部分用于防止和减少因购货期间需求率突然增大所引起的缺货而设置的额外的商品储备,这部分储备又称为保险库存;还包括由于某些种类的商品,因其客户市场的需求具有明显的季节性特征,即旺季客户需求量大,商品往往供不应求,淡季需求量少,往往供大于求,因此,对于这些商品,企业应着重考虑季节性储备问题。根据客户市场分析的结果,把握未来客户的购物水平,结合季节因素,并综合考虑企业自身的库存能力,来合理确定和规划企业的库存水平,达到尽可能降低库存成本的目的。

(四)依据客户市场分析,并与自身资源优势相结合,确定商业企业合理的物流经营方式

商业企业可供选择的物流经营方式主要有三种:自我物流方式,协作物流方式,第三方物流方式。商业企业选择何种物流经营方式,才能达到预期的效果,关键取决于经过客户市场分析所得到的结论和企业自身的实际情况。

(1)如果商业企业自身的物流资源能够满足客户市场的要求,则可采用自我物流方式。自我物流方式是指企业主要利用自己内部已有的物流资源,通过采用先进的物流管理系统和物流技术,不断优化物流运作流程,为商品经营过程提供高效、优质物流服务的基本方式。

(2)如果商业企业自身的物流资源不足以满足客户市场的要求,则可采用协作物流方式。协作物流方式是指当企业主要利用自己内部已有的物流资源难以满足企业商品经营活动需要时,各商业企业之间,以及与相关消费者之间联合起来,为有效解决物流需要而开展的物流协作的基本方式。商业企业在运用这种物流经营方式时,需要注意相互协作的基础,通过资源互补,合理运作,共享利益,实现商业企业物流经营过程的顺利进行。

(3)如果商业企业不想分散其经营资源,不愿过

多的投入物流经营，则可采用第三方物流经营方式。第三方物流经营方式就是将商品经营活动所需的物流过程外包给第三方物流企业完成的基本方式，这样有利于商业企业集中资源，在商品经营上培育和增强竞争能力。

三、客户市场分析方法

开展客户市场分析工作必须从以下几个方面进行。

(一)客户市场调查

1. 客户市场调查的原则

客户市场调查是企业取得客户信息，了解客户市场的重要而且必要的途径和方法。客户市场调查必须遵循以下原则：

(1)准确性原则。调查资料必须真实、准确地反映客观实际，只有在准确的调查资料的基础上，实事求是的进行分析，才能看清问题，抓住商机，作出正确的决策。

(2)时效性原则。调查资料应该是最新的，只有最新的调查资料，才能反映客户市场的现实状况，才能使企业准确预测市场发展变化的趋势，成为企业制定正确市场策略的客观依据。

(3)全面性原则。是指必须根据调查目的，全面系统地收集有关客户市场的资料。

(4)经济性原则。企业事先必须进行调查项目的成本效益分析，如果调查收益不足于补偿调查成本，则必须从企业的发展战略来考虑是否应该放弃该项调查，企业还应该选择适当的调查方法，争取用较少的调查费用获得更多、效果更好的资料。

2. 客户市场调查步骤

客户市场调查是一个复杂而细致的工作过程，其步骤应按照调查内容的繁简、精确程度，调查的时间、地点、预算、手段等条件具体确定。一般来说，正式的客户市场调查步骤如图 5—7—1 所示。

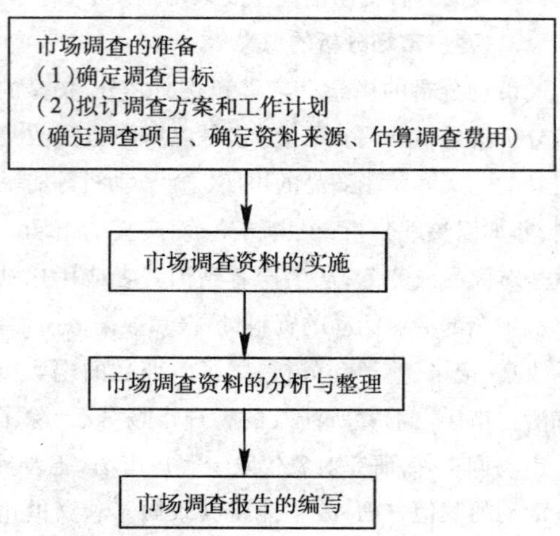

图 5—7—1 客户市场调查步骤

(二)客户需求的分析

某种商品的市场需求量主要与其目标客户的购买力有关。购买力是决定市场容量的主要因素，是市场需求分析的核心内容。影响客户购买力的因素主要包括以下几个内容：

1. 居民货币收入

由于居民的购买力来源于其货币收入，所以居民货币收入的多少，是决定居民购买力大小的最主要的因素。通常将居民货币收入分为居民个人收入、可支配收入和可随意支配收入 3 个方面来考察。个人收入是个人从各种经济来源所得到的收入；个人可支配收入是指个人收入中扣除负担的税金后所剩下来的能够作为个人消费和储蓄的收入，这部分收入相当一部分要用于支付维持个人和家庭生存必需的费用；可随意支配收入是指从可支配收入中扣除维持个人和家庭必需费用所余下的部分，可随意支配收入是需求中最活跃的因素。

2. 居民非商品性支出

居民的货币收入并非全部用于购买商品，有一部分要用于文化、娱乐、税金等其他支出，非商品支出在货币收入中所占比例的大小，会直接影响居民消费品购买力的大小。

3. 货币购买力的投向

购买力的投向是指购买力的持有者将其购买力用于何处。购买力投向可直接根据计算各类商品零售额占总零售额的比重得到，它反映了消费者对不同种商品的需求程度。对此项的分析可指导商业企业的商品采购。

(三)客户规模的分析

可以分两种角度来考察客户的规模，其一是从批发商的角度，其客户主要是零售商；其二是从零售商的角度，其客户主要是最终消费者。

从批发商的角度来看，因其主要客户是零售

商，零售商也代表一个企业，因此，批发商与零售商之间的交易主要是企业与企业之间发生关系。批发商可将与其发生交易行为的零售商，按照一定时期的交易额和交易次数进行分类，将其零售商客户分为大型客户、中型客户、小型客户。大型客户与企业之间的交易额或交易量通常较大，而且，交易双方建立了一种稳定的合作关系。但是，因为大型客户是企业的老客户，固定客户，因此企业给予大型客户的各种优惠政策也比较多，比如折扣以及更好的物流服务等，这就使企业虽然与大型客户之间交易额比较大，而且交易频繁，但事实上从与大型客户的交易中的获利却不多。大型客户虽然不是企业的主要利润来源，但它们是企业稳定发展所必不可少的。中型客户因为数目较多，虽然相对于大型客户来讲，交易额与交易次数要少，但因其享受的优惠政策要少得多，所以成了批发商的主要利润来源。小型客户也可称为潜在客户，交易不稳定，交易额小，交易次数少，但企业可以通过努力，将其发展为中型客户。企业既要保持有一定量的大型客户，又要有相当数量的中型客户，还必须努力发展潜在客户。

从零售商的角度来看，其主要客户是最终消费者，零售商的客户规模可以通过分析一定时期企业的销售额，也可通过分析一定时期内卖场的平均客流量来考察。

(四)商品需求的分析

商业企业经营活动的直接目的是将自己的商品卖出去，因此必须提供满足客户需要的商品。客户对于不同种类商品的需求量是不同的，而且，还有可能对于同种商品的不同品牌或是不同价格的需求量不同，企业只有作好商品需求的分析，才有可能在组织货源时作到有的放矢。商品需求的分析可采用客户民意调查法，但其中包含许多不确定性因素，最起码的一点是没有考虑卖场环境对消费者购买行为的影响，因此较有效的方法是直接根据企业的销售情况来进行分析。首先要对企业的销售情况进行调查(见表 5—7—1)。

其中的 ABCD 分别表示某类商品，例如可以分为床上用品、家电用品、服装、化妆品等，商品的一个大的种类下面，可以分别按照品牌或者是价格水平进一步分类。由此得到的调查结果可以告诉我们，哪一类商品的需求量最大，哪一类商品对企业的贡献最大，同类商品中，商品的哪种属性对消费者的购买决策影响最大。

表 5—7—1　企业销售情况表

商品种类	A		B		C		D	
	A_1	A_2	B_1	B_2	C_1	C_2	D_1	D_2
销售量								
销售额								
利　润								

通过对商品需求的分析，可以指导商业企业的商品采购和卖场经营。

(五)客户反应的分析

客户反应的分析主要是考察客户对本企业所提供的商品或服务的反应态度。对于商业企业来讲，主要是客户对购物环境、硬件设施、商品种类、价格水平、服务质量等的反应。要对客户反应作出分析，首先要有详细的客户调查资料，资料可以通过民意调查来获得。具体的分析可采用语义差别的工具。语义差别分析工具的原理是对于任何事物的评价都包含成对的两极，例如好与坏，从好到坏可以根据程度的不同细分为多个区间，例如从好到较好，再到中等，再到较坏，最后到坏。因此根据客户的调查资料，我们可以将分析的结果画成下面的一个剖面图为图 5—7—2 所示。

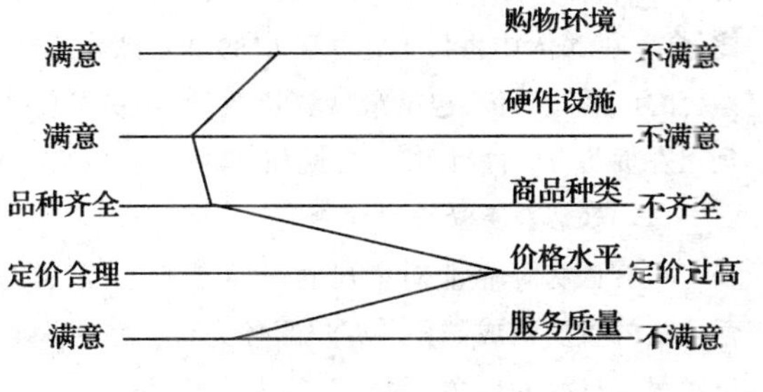

图 5—7—2　客户调查资料量

假如上图是根据一个商业企业的调查资料作出的剖面图，那么从本图中我们可以看出，消费者普遍认为其购物环境比较满意，硬件设施比较满意，商品种类比较齐全，对其服务质量也比较满意，但是普遍认为定价不合理，价格水平有点偏高。企业应该根据其目标客户的消费特点及消费水平,结合企业的经营战略,来考虑是否需要采取措施,降低价格水平,来满足客户的要求。

第三节　客户服务

一、客户服务的概念

客户服务是企业对其客户的服务活动。商业企业的全部活动都是为客户服务,都是为了满足客户的需求而进行的服务活动。从摸清客户的需求开始,到根据客户的需求筹集商品、采购进货、放在商店妥善存放、等待顾客的购买,客户到来购物时,提供热情周到的购物指导和帮助,购物完成后,还可以提供送货服务,以及其他各种售后服务等,都是客户服务的内容。我们可以从以下几方面去理解顾客服务。

(一)顾客服务是为满足顾客需要而进行的一系列工作的总称

顾客服务是为了满足客户需求所进行的一系列的工作,例如订单处理、商品购买、售前广告咨询、售中购买支持帮助、售后技术培训、零配件供应、处理退货及投诉、产品咨询等,都是典型的顾客服务活动。

(二)顾客服务是一整套业绩评价

顾客服务包括一系列业绩评价,如产品可得性评价,包括存货的百分比、准确满足订货的百分比、送达产品达到销售状态(无货损)的百分比等;订货周期和可靠性评价,包括从客户订货到送货的时间、转运时间(从仓库到客户的时间)、订货准备时间(仓库收到订单到发货的时间间隔)、在规定时间内发货的百分比、仓库在X天内将订货送达客户的百分比等;服务系统的灵活性评价,包括最低订货数量、特快发货或延迟发货的可能性、订货的方便和灵活性等。

(三)顾客服务是一种观念

顾客服务是企业对客户的一种承诺,是企业经营战略的重要组成部分。客户服务为企业在客户心目中树立良好的形象,物流管理中客户服务水平可理解为“使(客户)得到所订购产品速度的可靠程度”。

(四)客户服务是企业经营活动的核心

在市场竞争日趋激烈的今天,由于产品技术不断创新,新产品竞相上市,许多产品供过于求,消费者有较多的可支配收入和闲暇时间,对生活质量的要求提高,购买选择趋向多元化。这就要求企业改变以往以卖主为中心的思维方式,树立以客户为中心的思想观念,通过质量、服务和价值实现来满足顾客需求,获得顾客满意,从而实现企业的销售、增加利润、扩大用户、扩大市场。顾客满意既是顾客本人再购买的基础,也是影响其他顾客购买的要素。对企业来说,搞好顾客服务,是保持老顾客、吸引新顾客、扩大市场份额的根本途径,是企业经营活动的核心。

二、客户服务的内容及衡量指标

(一)客户服务的内容

从过程管理的角度理解,客户服务是通过节省成本费用为供应链提供重要的附加价值的过程。客户服务是创造需求的主要影响因素之一。BernardJ.LaLonde 和 PaulZinszer 在研究中将客户服务分为交易前、交易中和交易后3个阶段,每个阶段涵盖不同的服务内容(见图5—7—3)。

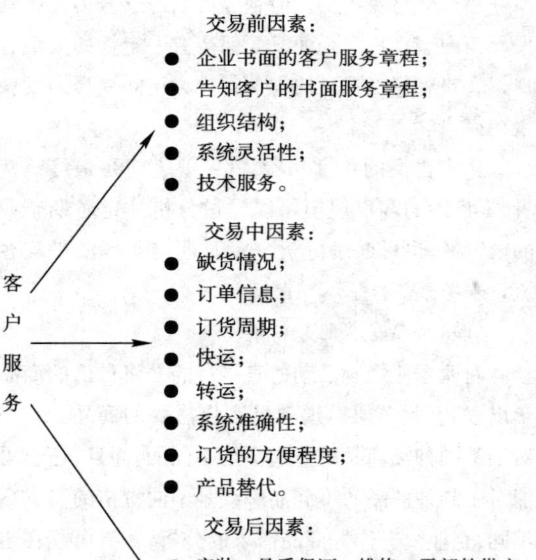

图5—7—3　客户服务

1. 交易前因素

交易前因素主要包括企业制定的各种规章、政策,为客户需要所建立完善的客户服务体制等等,这些因素为提供好的客户服务建立了良好的氛围。交易前因素主要与企业营销战略有关，为交易中因素和交易后因素奠定基础。

2. 交易中因素

交易中因素指那些直接对送货过程造成影响的因素，包括存货水平、订货信息、订货周期、运输服务、产品更换等。这是与物流管理关系最为密切的一部分。

①缺货情况

这是衡量产品现货供应比率的重要指标。一旦脱销，要努力为客户寻找替代产品或者在补进货物后再送货。由于缺货成本一般较高，所以要对这一因素详加考察，逐个产品、逐个客户进行统计，确定问题的所在，有针对性地提出解决方案。

②订单信息

指系统能否以较快的速度向客户提供有关库存水平、订单情况、运输、交货的准确信息。如出现缺货，还要作出有关采购订货(Back Order)的安排。采购订货的数量和订货周期也是衡量物流灵活性的重要指标，在一定程度上可以抵消缺货的影响。从某种角度说，采购订货的能力与缺货水平之间存在效益背反(Trade-off)规律，因此，要将采购订货情况的考察和缺货情况联系起来考虑。

③交货周期(Order Cycle Time)

交货周期是指客户发出订单到收到货物的全部时间，包括订单传递时间、订单录入、订单处理、分拣货物、包装、运输等多个环节。通常，客户只会关注交货周期，对某一具体环节需要耗费的时间并不在意，因此，充分利用现代科技，特别是现代网络技术、通讯技术、条码技术等尽力缩短总的交货周期是当前物流管理的主流。

④快运

快运也是缩短交货周期的一种方法。因为快运服务通常费用较高，所以企业要根据经营产品的特点、客户的承受能力不同决定是否采用快运服务。

⑤转运

指根据客户的需要转发货物。

⑥系统准确性

如果交付的货物、交付的数量、制作的单证出现错误，对客户和企业都将带来一定的成本上涨。从根本上讲，提高准确率就是节约成本，提高效率。

⑦订货的方便程度

通讯手段的落后，订货手续的复杂，都可能使客户望而却步，将传统商务手段与电子商务相结合，有助于方便客户订购产品或服务，鼓励购买。

3. 交易后因素

交易后因素也就是常说的售后服务，指的是为保证产品使用所涉及的一系列服务措施，包括产品安装、维修、产品跟踪、客户投诉的处理等。这部分服务内容的重要性正在得到越来越多企业的认同。

(二)客户服务衡量指标

客户服务水平衡量的标准也是多种多样的，主要有：

1. 平均订货周期(Average Order Cycle Time)：包括订单传输时间、订单处理时间、备货时间和货物装运时间。

2. 订货周期的变化(Variability of Order Cycle)：如85%的订单在7天内履行交付，或者60%的订货在一天内运出。

3. 现货供应比率(Fill Rate)：如50%订单在预计的时间交付，或者订货中80%的货物在预计时间内交付。

4. 发票的错误率(Invoice Errorr Rate)。

5. 产品破损比率(Damage)：如占销售量1%的产品被投诉，10%的订单在履行过程中与客户发生争议。

6. 缺货频率(Stock-Out Frequency)。

7. 使用替代品频率(Product Substitutions)。

8. 运输延迟比率(Shipment Delays)。

9. 短装、短卸的比率(Shipment Shortages)。

10. 运输路线变动的比率(Routing Change)。

11. 回运或运输调整的比率(Returns/Adjustments)。

随着网络、通讯技术的更广泛应用，客户往往还需要了解订单是否被接受，询问所订购货物装运的时间，了解运输途中的情况，因而这些内容也逐渐构成客户服务的重要组成部分。

日本神奈川大学瑭泽丰教授提出客户服务可以划分为营销服务、物流服务和经营技术服务，分别有一些相应可度量的或不可度量的要素(见图5—7—4)。

客户服务的质量，将直接影响客户的满意度。研究显示，每当有一个客户对所购买产品和服务发

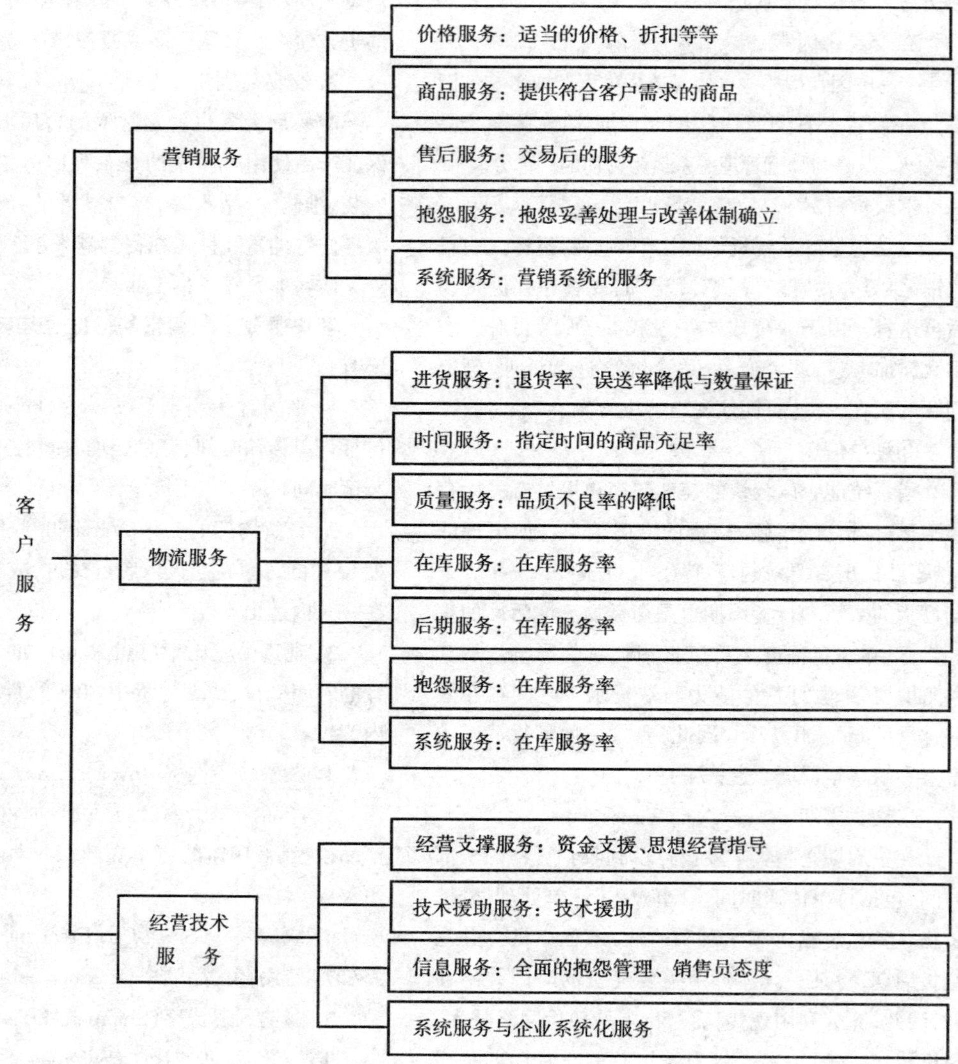

图 5—7—4　物流服务因素

生抱怨，就会有 19 个潜在客户投向其他企业的怀抱。尽管客户抱怨难以避免，但企业要认真分析抱怨中存在的若干潜在问题，及时改进，以此提高客户的忠诚度。总之，客户服务的质量是实现高水平客户服务的关键。

第四节　物流服务

客户服务的一个重要内容就是对客户的物流服务。所谓物流服务，就是物流业务方面的服务活动。物流服务的内容很多，从规章的制定、货物的交付，到售后服务，涉及的变量包括平均订货周期、订货周期偏差、发货准确率、订单信息的提供能力、投诉情况、产品回收政策、紧急订单的处理能力等许多方面。不同的客户，对这些内容的要求有很大差异。

20 世纪 90 年代美国对一些行业的调查显示：现货供应比率、交货频率、关于库存、运输时间、交货时间的信息服务、交货期，显然是客户最关注的物流服务内容。2000 年我国针对第三方物流活动的调查分析表明：生产企业首先关心物流代理商的作业质量，其次是物流满足能力，最后是经济性。而商业企业首先关心经济性，其次是物流能力，最后才是作业质量。以上研究结果说明，物流服务需求与企业的经营宗旨、附加值水平、市场的整体环境存在密不可分的关系。

一、物流服务的重要性

(一)物流服务是企业获取差别优势的重要手段

在大批量生产时期,消费的单一化、大众化特征,使物流局限于商品的运输和保管保养等一般性业务活动上,物流只是企业经营的附属职能之一。随着需求的多元化,个性化时代的到来,如何迅速、有效满足客户期望已成为企业经营的重心。强有力的客户服务能力构成了企业获取差别竞争优势的重要内容。

(二)物流服务能力决定了企业的经营绩效

当物流逐渐成为企业竞争战略的一部分时,物流服务的经济性特征日趋明显。客户服务水平与经营成本呈正向关系,更多、更完善的客户服务,如更快捷运输服务,更短的订货周期,更准确的单证等都涉及更多的人员培训,及严格的管理制度,有的还需要额外的设备投入、网络设施的建设。因此,提高客户服务水平往往首先引起成本的提高,其次才是得到市场的认可,增加销售。利润和客户服务水平之间的关系如图 5—7—5 所示。

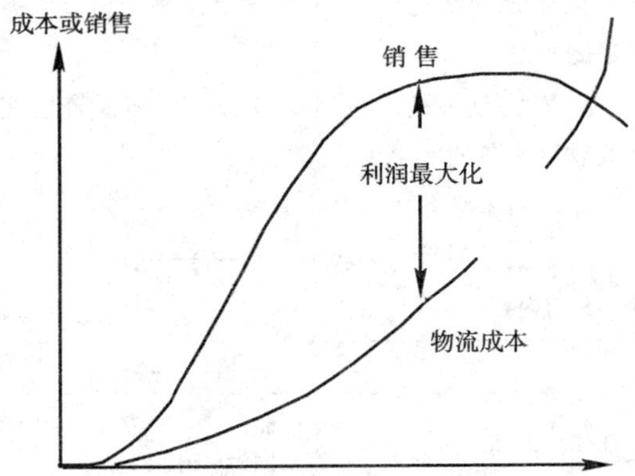

图 5—7—5　客户服务水平与成本、服务之间的关系

选择合适的客户服务水平需考察服务水平的变化对销售收益和成本的影响,平衡两者的关系,能找到使得利润最大化的最优服务水平。

(三)物流服务是有效联结供应商、制造商、批发商和零售商的重要手段

随着经济全球化、网络化的发展,现代企业竞争已不是单个企业的竞争,而是供应链之间的竞争;企业的竞争优势不是单一企业的优势,而是供应链整体的优势。物流服务一方面通过物品的实体流动推动商品从生产到消费全过程的顺利流动;另一方面,物流服务通过自身特有的系统设施(POS、EOS、VAN)等不断将商品销售、在库等重要信息反馈给供应链中的所有企业,并通过知识、决窍等经营资源的积累,使整个过程不断协调,不断应对市场变化,创造超越企业的供应链价值。

(四)物流服务方式的合理选择对降低成本有重要意义

合理的物流服务方式不仅能够提高商品周转,而且能够从利益上推动企业发展,成为企业的第三利润源。特别是随着精益物流、虚拟物流、共同配送等新型物流服务的应用,能够有效降低整个供应链的成本。

二、创造竞争优势的物流增值服务

创造竞争优势的一个重要观念就是提供增值服务。增值服务是指针对特定客户或特定的物流活动,在基本服务基础上提供的定制化服务。增值服务一般用于满足客户的特定需求,通过实现客户满意创造企业独特的竞争优势。

增值服务主要包括以客户为核心的服务,以促销为核心的服务,以制造为核心的服务,以时间为核心的服务,还有以及其他服务。

(一)以顾客为核心的服务

以顾客为核心的增值服务向买卖双方提供利用第三方专业人员来配送产品的各种可供选择的方式。例如:美国 UPS 公司开发了独特的服务系统,专门递送纳贝斯克食品公司的"Planter 5-Life Savers"快餐产品到批发商店,而不是通过传统的烟糖配送商提供递送服务。以顾客为核心的服务由下列活动构成:处理顾客向制造商的订货,直接送货到商店或顾客家,以及按照零售店货架储备所需的明细货品规格持续提供递送服务。

(二)以促销为核心的服务

以促销为核心的增值服务涉及独特的销售点展销台的配置,以及旨在刺激销售的其他范围很广的各种服务。销售点展销可以包含来自不同供应商的多种产品,组合成一个多结点的展销单元,以便于适合特定的零售商店。

(三)以制造为核心的服务

以制造为核心的增值服务是通过独特的产品分

类和配送来支持制造活动的。既然每一顾客的实际设施和制造装配都是独特的,那么,配送和引入内向流动的材料和部件应进行顾客定制化。例如,一家仓储公司使用多达6种不同的纸箱重新包装一种普通洗碗的肥皂,以支持各种促销方案和各种等级的贸易要求。

(四)以时间为核心的服务

以时间为核心的增值服务涉及使用专业人员在递送以前对存货进行分类、组合和排序。以时间为核心的增值服务的一种流行形式就是准时化(JIT)供给仓库。在准时化概念下,供应商向位于装配工地附近的JIT供给仓库进行日常的递送;一旦某时某地产生了需要,供给仓库就会对多家卖主的零部件进行精确的分类、排序,然后递送到装配线上去。其目的是要在总量上最低限度地减少在装配工厂的搬运次数和检验次数。例如,本田汽车公司就是使用这类JIT服务来支持其装配线的。又如,Excel配送公司把食品制造商的产品混合起来,按Shaw公司的零售食品店的要求进行精确的分类。这种按顾客要求对产品重新进行分类组合的混合服务,可以使制造商和Shaw公司都排除或避免了大量的仓储。

三、确定合适的物流服务水平

(一)确定物流服务水平

1. 弄清服务项目。

2. 通过问卷调查、专访和座谈,收集有关物流服务的信息。了解顾客提出的服务要素是否重要,他们是否满意,与竞争对手相比是否具有优势等等。

3. 根据顾客不同的需求,归纳成为不同的类型。由于顾客特点不同,需要也不同,进行分类时以什么样的特点作基准十分重要。因此,首先要找出那些影响核心服务的因素,并要考虑能否做得到,而且还必须考虑对本公司效益的贡献程度,以及顾客的潜在能力等。

4. 分析物流服务的满意程度。分析对各个不同的服务项目是否满意。

5. 分析与相互竞争的其他公司相比本公司的情况如何。了解本公司和竞争对手在物流需要上的满意程度一般称为基准点分析。所谓基准点分析,就是把本公司产品、服务以及这些产品和服务在市场上的供给活动与最强的竞争对手或一流公司的活动与成绩连续地进行比较评估。

6. 按顾客的类型确定物流服务形式。应依据顾客的不同类型,制定基本方针。在制定方针时首先要对那些重要的顾客,重点地给予照顾,同时要做盈亏分析。还须分析在物流服务水平变更时成本会发生什么样的变化。

7. 建立物流机制,即为实现上述整套物流服务项目的机制。

8. 对物流机制进行追踪调查。定期检查已实施的物流服务的效果。

(二)物流服务项目与内容

物流服务项目与内容如表5—7—3所示。

表5—7—3 物流服务项目与内容

	项目	内容		项目	内容
1	储货库存服务率	全品种可以立即交货 B级C级商品不能立即交货	6	指定时间	指定时间 指定时间带(午前、午后)
2	接受订货截止时间	接受订货截止时间(前一天几点,前两天几点,当天几点) 截止后延长时间	7	紧急发货	
3	交货日期	当天 第二天午前,第二天 第三天 第三天以上	8	保持物流质量	保管、运送过程中的品质劣化,物理性损伤 配送错误,数量错误,品质错误
4	订货单位	散货 打 箱、盒 托盘 卡车	9	提供信息	交货期的回答 库存及断档信息 重新进货 到货日期,运送过程中商品信息、追踪信息
5	交货额度	1日1次,1日两次以上 周1次,周2～3次 周3次以上	10	进货条件	免检 车上交货、仓库交货 定价、价格标签 包装

如上所述，物流服务作为竞争手段，其水平、方式、效率等都必须超出同行业的其他公司。不应是防御型的物流服务，即不能只是与别的公司处在同一水平线上，而应是进攻型的物流服务，即超过其他公司水平的物流服务。

(三)物流服务中的问题及对策

物流服务活动中经常出现的问题见表5—7—4所示。

表5—7—4　物流服务中存在的问题

1	全公司不能上下一致遵守物流服务规定	8	物流服务水平的确定只由物流部门确定
2	在物流服务方面多不能与顾客达成共识	9	物流部门在物流服务方面非常被动
3	实际的物流服务水平不能与对方需求相契合	10	对物流服务水平的确定谁也不负责任
4	企业内部轻视物流服务	11	物流服务不分顾客，也不分产品都一律对待。物流服务没有起到战略性作用
5	高层管理人员根本不关心物流服务水平的确定	12	不太了解顾客有关物流服务方面的需求
6	物流服务多没有在全公司取得共识	13	不了解处于竞争状态的其他企业的物流服务水平的情况
7	物流服务水平的确定程序极端不清，往往不经仔细思考就确定	14	不明确确定物流服务水平就要进行物流管理

在这样的物流环境中很难保持竞争优势。企业要想确立一种物流服务水平，保持竞争优势，必须注意以下各点：

1．只是把物流服务水平看作是一种竞争手段而不做出清晰的规定。批发商和零售商的要求必将升级，以至使企业无法应付。现在，批发商或零售商或是由于销售情况不稳定或是由于没有存放货物的地方，或是为了避免商品过时，都在极力减少库存。如果他们无节制地要求多批次、小批量配送，或进行多批次地库存补充，物流工作量将大大增加，物流成本必然提高。为防止这种服务水平的升级，必须建立新的物流服务机制，提出物流服务决策。

2．许多企业还在用同一水平的物流服务，对待不同的顾客或不同的商品。企业应把物流服务当作是有限的经营资源，在决定分配时，要调查顾客的需求；根据对公司销售贡献的大小将顾客分成不同层次，按顾客的不同层次，决定不同的服务和不同的服务水平。

3．物流部门应定期对物流服务进行评估。检查销售部门或顾客有没有索赔，有没有误配、晚配、事故、破损等等。通过征求顾客意见等办法了解服务水平是否已经达到标准，成本的合理化达到何种程度，是否有更合理的办法等等。

4．物流服务水平依据市场形势、竞争对手情况、商品特性和季节等时时刻刻都要有变化。物流部门应有掌握这种变化的情报系统。

5．销售部门大多认为为了扩大销售，应该无限制地接受顾客对于物流的要求。这是物流系统无法承受的，应该形成一种从盈亏的角度考虑是否可行的机制。

6．物流服务水平在不断变化，今后提供新信息的服务将日益重要。过去主要是提供交货日期、库存、再进货、到货日期、脱销等情况和运输中的商品信息与追踪信息，今后为适应特约商店、零售商店简化业务手续的需要，提供传票样式的统一商品接收总计表等信息服务将更为重要。

7．现在物流服务要放在社会系统的大范围内来处理。企业需要认真考虑环保、节能、节约资源乃至废弃物回收等问题。

8．物流服务将作为社会系统的一个方面受到人们的关注。物流服务水平的确定应属于企业的重要决策。

第八章　分销配送管理

配送是物流中一种特殊的、综合的、包含了物流中若干功能要素的物流活动，是适应了现代市场经济所需要的“多品种、小批量”、“需求多样化”、“消费多样化”而形成的新的服务概念和以高新技术手段支持的系列化、多功能性的供货活动。分销配送是商业企业对其客户或其分销网络网点的联合送货活动。本章专门讨论商业企业的分销配送问题。

第一节　配送概述

一、配送的含义和特点

配送，是指在局部区域范围内，对众多客户所需要的物品进行筹集、拣选、加工、包装、分割、组配等作业后，进行联合运输送货、并按时送达指定地点的物流活动。

从物流的角度来说，配送几乎包括了所有的物流功能要素，是物流的一个缩影或在较小范围中物流活动的体现。

(一)配送是“配”和“送”有机结合的形式

配送，重心在一个“配”字，是指配客户、配货、配车、配装、配时间、配路线等。配客户，就是要把一定局部范围的客户需求的商品品种数量统计组合在一起，统一组织送货；配货，就是配送中心要对统计出来的各个客户所需求的品种、数量，进行筹集，组配；配车，就是要针对给定区域各个客户需求的品种数量，安排合适的车辆和运输方式；配装就是要针对具体的车辆的载重量及所需运载的客户品种数量进行组配；配时间就是要按照客户需求的时间和运输时间确定发车时间和送货顺序；配路线就是要根据路程最短、及时送货、费用最省等条件组织配送路线。配送区别于一般送货的特点，全在于一个“配”字。

(二)配送的实质是送货

配送的主要经济活动是送货，可以说是一种现代送货。现代两个字表述了配送和传统送货的区别。其区别主要在于：①一般送货可以是一种偶然的行为，而配送却是一种体制行为。②一般送货是完全被动的服务行为，而配送则是主动的、有一定组织形式的计划行为。③配送依靠现代生产力，依靠科技进步支撑，实现到用户的送货服务。

(三)配送是局部范围内的多用户或多品种的联合送货

配送一般是局部范围内的送货活动。它一般有以下3种形式：

1. 最典型的是单一品种多用户的联合配送。例如啤酒的联合送货就是这样，配送中心根据各个超级市场、各个分销店的订货量装好满满一车的啤酒，早上上班前依次分别送到各个超级市场、各个分销店，以满足它们当天的销售啤酒的需要。

2. 多品种单用户的联合送货。配送中心专门针对某个客户或分销店所需要的多个品种，组配装满一车，专门直接送货。在这一种形式中，也包括对单个客户单一品种(这时该品种的需求量比较大，够装一满车)的送货。因为这种送货是专门针对一个客户的直接送货，所以又常常叫做直送。短距离的直送可以看成是配送的一种特殊情况。

3. 多品种、多用户的联合配送，这是以上二种形式的综合。既有多个品种，又有多个用户，统一装一满车，对各个客户分送不同的品种组合。

(四)配送以满足用户要求、提高用户服务水平为出发点

配送是从用户利益出发、按用户要求进行的一种活动，因此，在观念上应以“用户第一”、“质量第一”、提高用户服务水平、提高用户满足率为出发点。要通过提高用户满足率来提高企业的声誉和公共形象，从而达到提高企业的市场竞争力。

(五)配送应以高科技手段、高管理水平为依托

配送是一种现代送货体制。一种完善的优秀的配送系统，需要建立在一种现代高科技水平、高管理水平的基础上。要利用现代的高科技技术手段进行物流运输配送操作，要利用现代物流管理技术进行运输配送的组织管理，才能够提高市场竞争力、才能够提高经济效益。

二、配送的要素

集货、分拣、配货、配装、配送运输、送达服务以及配送加工等是配送最基本的构成单元。

(一)集货

集货是将分散的或小批量的物品集中起来，以便进行运输、配送的作业。集货是配送的重要环节，集货是配送的准备工作或基础工作。配送的优势之一，就是可以集中客户的需求进行一定规模的集货。

(二)分拣

分拣是将物品按品种、出入库先后顺序进行分门别类堆放的作业。分拣是配送不同于其他物流形式的功能要素，也是配送成败的一项重要支持性工作。它是完善送货、支持送货准备性工作，是不同配

送企业在送货时进行竞争和提高自身经济效益的必然延伸。

（三）配货

配货是使用各种拣选设备和传输装置，将存放的物品，按客户要求分拣出来，配备齐全，送入指定发货地点。

（四）配装

在单个客户配送数量不能达到车辆的有效载运负荷时，就存在如何集中不同客户的配送货物，进行搭配装载以充分利用运能、运力的问题。这就是配装。配装也是配送系统中有现代特点的功能要素。

（五）配送运输

配送运输是较短距离、较小规模、额度较高的运输形式，一般使用汽车做运输工具。配送运输的路线选择问题是一般干线运输所没有的。

（六）送达服务

将配好的货运输到客户还不等于配送工作的结束，这是因为送达货和客户接货往往还会出现不协调，使配送前功尽弃。因此，要圆满地实现运到之货的移交，有效地、方便地处理相关手续并完成结算，还应讲究卸货地点、卸货方式等。送达服务也是配送独具的特殊性。

（七）配送加工

按照配送客户的要求所进行的流通加工。它可以大大提高客户的满意程度。配送加工一般只取决于客户要求，其加工的目的较为单一。

三、配送的作用

配送是现代社会的产物，在买方市场的前提下，不能用传统的送货来理解现代配送。"送货"是买方的要求，卖方只有通过送货才能提高服务水平，取得竞争优势。因此，可以说送货这种方式是市场竞争的产物，它受利润、市场份额的驱动，企业想方设法提高送货的服务水平，降低送货的成本，就必须要使这种送货行为优化，于是便出现了通过合理的货物配备、合理的车辆调配、合理的路线规划、合理的配装及送达这些新的内涵，这些新内涵的进一步延伸，就形成了现代社会的配送。

配送业务与运输、仓储、装卸搬运、流通加工、包装和物流信息一起，构成了物流系统的功能体系，其作用表现在以下方面：

1. 通过集中仓储与配送可以实现企业组织的低库存或零库存的设想，并提高社会物流经济效益。

2. 通过配送可以解脱出大量储备资金用来开发企业新业务，改善财务状况。采用集中库存还可以使仓储与配送环节建立和运用规模经济优势，使单位存货、配送和管理的总成本下降。

3. 配送提高了物流服务水准，简化了手续，方便了用户，提高了货物供应的保证程度。

4. 完善了干线运输中心的社会物流功能体系。采用配送作业方式，可以在一定范围内，将干线、支线运输与仓储等环节统一起来，使干线输送过程及功能体系得以优化和完善。

四、配送的发展过程

配送（或配送方式）和其他新生事物一样，是伴随着生产的不断发展而发展起来的。配送的发展大体上经历了 3 个阶段，即萌芽阶段、发育阶段和成熟阶段。

（一）萌芽阶段的配送

配送的雏形最早展现于 20 世纪 60 年代初期。在这个时期，物流活动中的一般性送货开始向备货、送货一体化方向转化。从形态上看，初期的配送只是一种粗放型、单一性的活动，其活动范围很小，规模也不大。在这个阶段，企业开展配送活动的主要目的是为了促进产品销售和提高其市场占有率。因此，这时配送主要是以促销手段的职能来发挥其作用的。

（二）发育阶段的配送

20 世纪 60 年代中期，随着经济发展速度的逐步加快，以及随着货物运输量的急剧增加和商品市场竞争的日趋激烈，配送在一些发达国家得到了进一步发展。在这个时期，欧美一些国家的实业界相继调整了仓库结构，组建或设立了配送组织（配送中心），普遍开展了货物配装、配载及送货上门活动。这期间，不但配送的货物种类日渐增多（除了种类繁多的服装、食品、药品、旅游用品等日用工业品以外，还包括不少生产资料产品），而且配送活动的范围也在不断扩大。例如，在美国已经开展了州际间的配送，在日本配送的范围则由城市扩大到了大片区域。从配送形式和配送组织上看，这个时期曾试行了"共同配送"，并且建立起了配送体系。

(三)成熟阶段的配送

20世纪80年代以后,配送已演化成了广泛的、以高新技术为支撑手段的系列化、多功能性的供货活动。具体表现如下:

1. 配送区域进一步扩大。近几年,实施配送制的国家已不再限于发达国家,许多发展中国家(如中国等)也按照流通社会化的要求试行了配送制,并且积极开展配送活动。就发达国家而言,20世纪80年代以后,配送的活动范围已经扩大到了省际和国际。例如,以商贸业立国的荷兰,货物配送的范围已经扩大到了欧洲共同体诸国。

2. 劳动手段日益先进。技术不断更新,劳动手段日益先进,是成熟阶段配送活动的一个重要特征。进入20世纪80年代以后,发达国家在开展配送活动的过程中,普遍采用了诸如自动分拣、光电识别、条形码等先进技术,并且建立起了配套的体系和配备了先进的设备(如无人搬运车、分拣机等),由此大大提高了配送作业效率。

3. 配送的集约化程度明显提高。随着市场竞争日趋激烈及企业兼并速度的明显加快,配送组织(企业)的数量在逐步减少;但是,其总体实力和经营规模却与日俱增,配送的集约化程度不断提高。据有关资料介绍,1986年,美国GPR公司共有送货点3.5万个;到了1988年经过合并后,送货点减少到了0.18万个,减少幅度为94.85%。此间,美国通用食品公司用新建的20个配送中心取代了以前建立的200个仓库,以此形成了规模经营优势。由于配送组织相对集中,故配送系统处理货物的能力有了很大的提高。据介绍,在日本,有的配送中心的人均搬运作业率每小时可达到500个托盘,分拣能力已达到1.45万件。日本资生堂配送系统每天可完成管区内4 200个商店的货物配送任务,其配送能力已经达到了相当高的水平。

4. 配送方式日趋多样化。进入20世纪80年代以后,由于经济发展的外部环境发生了变化,不但配送规模和配送活动的范围明显在扩大,而且配送作业方式(或形式)也逐渐多了起来。在配送实践中,除了存在着独立配送、直达配送等一般性配送形式以外,人们又推出了许多新的配送方式,如“共同配送”、“即时配送”、“交货代理配送”等。

第二节　配送流程及配送形式

一、配送的基本环节

从总体上看,配送是由备货、理货和送货等3个基本环节组成的,其中每个环节又包含着若干项具体的活动。

(一)备货

备货即指准备货物的系列活动。它是配送的基础环节。严格说来,备货应当包括两项具体活动:筹集货物和储存货物。

1. 筹集货物

在不同的经济体制下,筹集货物(或者说组织货源)是由不同的行为主体去完成的。若生产企业直接进行配送,那么,筹集货物的工作自然是由企业(生产者)自己去组织的。在专业化流通体制下,筹集货物的工作则会出现两种情况:其一,由提供配送服务的配送企业直接承担,一般是通过向生产企业订货或购货完成此项工作;其二,选择商流、物流分开的模式进行配送,订货、购货等筹集货物的工作通常是由货主(如生产企业)自己去做,配送组织只负责进货和集货(集中货物)等工作,货物所有权属于事主(接受配送服务的需求者)。总之,筹集货物都是由订货(或购货)进货、集货及相关的验货、结算等一系列活动组成的。

2. 储存货物

储存货物是购货、进货活动的延续。在配送活动中,货物储存有两种表现形态:一种是暂存形态;另一种是储备(包括保险储备和周转储备)形态。

(1)暂存形态的储存

按照分拣、配货工序要求,在理货场地储存少量货物。这种形态的货物储存是为了适应“日配”、“即时配送”需要而设置的,其数量多少对下一个环节的工作方便与否会产生很大影响,但不会影响储存活动的总体效益。

(2)储备形态的储存

这种储存是按照一定时期配送活动要求和根据货源的到货情况(到货周期)有计划地确定的,它是使配送持续运作的资源保证。如上所述,用于支持配送的货物储备有两种具体形态:周转储备和保险储备。然而不管是哪一种形态的储备,相对来说,数量都比较多。据此,货物储备合理与否,会直接影响配送的整体效益。

备货是决定配送成败与否、规模大小的最基础的环节。同时,它也是决定配送效益高低的关键环节。如果备货不及时或不合理,成本较高,那么,就会大大降低配送的整体效益。

(二)理货

理货是配送的一项重要内容,也是配送区别于一般送货的重要标志。理货包括货物分拣、配货和包装等项经济活动。

货物分拣采用适当的方式和手段,从储存的货物中分出(或拣选)用户所需要的货物。分拣货物一般采取两种方式来操作:其一是摘取式,其二是播种式。

摘取式分拣就像在果园中摘果子那样去拣选货物。具体做法是:作业人员拉着集货箱(或称分拣箱)在排列整齐的仓库货架间巡回走动,按照配送单上所列的品种、规格、数量等将客户所需要的货物拣出及装入集货箱内。在一般情况下,每次拣选只为一个客户配装;在特殊情况下,也可以为两个以上的客户配装。目前,推广和应用了自动化分拣技术,由于装配了自动化分拣设施,大大提高了分拣作业的劳动效率。

播种式分拣货物类似于田野中的播种操作。其做法是:将数量较多的同种货物集中运到发货场,然后,根据每个货位货物的发送量分别取出货物,并分别投放到每个代表用户的货位上,直至配货完毕。

为了完好无损地运送货物和便于识别配备好的货物,有些经过分拣、配备好的货物尚需重新包装,并且要在包装物上贴上标签,记载货物的品种、数量、收货人的姓名、地址及运抵时间等。

(三)送货

送货是配送活动的核心,也是备货和理货工序的伸延。在物流活动中,送货的现象形态实际上就是货物的运输(或运送),因此常常以运输代表送货。但是,组成配送活动的运输(有人称之为"配送运输")与通常所讲的"干线运输"(输送)是有很大区别的。

在配送过程中,根据用户要求或配送对象(产品)的特点,有时需要在未配货之前先对货物进行加工,叫做流通加工,如钢材剪切、木材截锯等,以求提高配送质量,更好地满足用户需要。融合在配送中的货物加工是流通加工的一种特殊形式,其主要目的是使配送的货物完全适合用户的需要和提高资源的利用率。

二、配送的工艺流程

配送工艺流程包括一般流程和特殊流程。一般流程即配送运动必须经过的基本工艺流程,也是各种货物的配送活动共同具有的工艺流程。特殊工艺流程是适应于特殊需要和特殊产品运动而设计和实施的工艺流程,而不是所有的货物配送都必须经历的运动过程。

(一)配送的一般流程

配送的一般流程:进货→存储→分拣→配货、配装→出货。

1. 进货。进货亦即组织货源。其方式有两种:①订货或购货(表现为配送主体向生产商订购货物,由后者供货);②集货或接货(表现为配送主体收集货物,或者接收用户所订购的货物)。前者的货物所有权(物权)属于配送主体,后者的货物所有权属于用户。

2. 储存。储存即按照用户提出的要求并依据配送计划将购到或收集到的各种货物进行检验,然后分门别类地储存在相应的设施或场所中,以备拣选和配货。储存作业一般都包括这样几道程序:运输→卸货→验收→入库→保管→出库。

3. 分拣、配货。分拣和配货是同一个工艺流程中的两项有着紧密关系的经济活动。有时,这两项活动是同时进行和同时完成的(如散装物的分拣和配货)。在进行分拣、配货作业时,少数场合是以手工方式进行操作的,更多的场合是采用机械化或半机械化方式去操作的。如今,随着一些高新技术的相继开发和广泛应用,自动化的分拣\配货系统已在很多国家的配送中心建立起来,并且发挥了重要作用。

4. 送货。在送货流程中,包括这样几项活动:搬运、配装、运输和交货。其作业程序为配装→运输→交货。送货是配送的终结,在送货流程中除了要圆满地完成货物的移交任务以外,还必须及时进行货款结算。在送货这道工序中,运输是一项主要的经济活动。据此,在进行送货作业时,选择合理的运输方式和使用先进的运输工具,对于提高送货质量至关重要。

(二)配送的特殊流程

在实践中,某些有特殊性质、形状的货物,其配送活动有许多独特之处(例如,液体状态的物质资料的配送就不存在配货、配装等工序,金属材料和木材等生产资料的配送常常附加流通加工工序),据此,在配送的一般流程的基础上,又产生了配送的特殊流程。其作业程序如下所示:

(1)进货→储存→分拣→送货;

(2)进货→储存→送货;

(3)进货→加工→储存→分拣→配货→配装→送货;

(4)进货→储存→加工→储存→装配→送货。

上面所指示的配送流程中,(1)为各类食品的配送工序,(2)为煤炭等散货的配送流程,(3)为木材、钢材等原材料配送经常采用的作业工序,(4)为机电产品中的散件、配件的配送流程。

例如,食品配送有3种工艺流程:

①第一种流程:在备货工序之后紧接分拣和配货等工序,中间不存在储存工序。亦即货物(食品)组织到以后基本上不存放,很快进行分拣、配货,然后快速送货。通常,保质期较短和保鲜要求较高的食品(如点心类食品、肉制品、水产品等)基本上都按照上述流程进行配送,其配送工艺流程如图5—8—1所示。

进货→分拣→配货→配装→送货

图5—8—1　没有储存工序的食品配送工艺流程

②第二种流程:在备货作业后安排储存工序,然后依次进行配货和配装等作业。通常,保质期较长的食品主要按照上述流程进行配送。其操作程序是:大量货物组织进来以后,先要进行储存、保管,然后根据用户订单进行分拣、配货、配装,待车辆满载以后,随即向各个用户送货。这种带储存工序的食品配送工艺流程如图5—8—2所示。

进货→储存→分拣→配货→配装→送货

图5—8—2　带有储存工序的食品配送工艺流程

③第三种流程:带有加工工序的配送流程。大量货物集中到仓库或场地以后,先进行初加工,然后依次衔接储存、分拣、配货、配接和送货等工序(其顺序如图5—8—3所示)。

进货→加工→储存→分拣→配货→配装→送货

图5—8—3　带有加工工序的食品配送工艺流程

鲜菜、鲜果、鲜肉和水产品等保质期短的货物配送经常选用上述包含有加工工序的食品配送模式。而就加工工序的作业内容而言,主要有以下几项:分装货物(将大包装改成小包装)、货物分级、去杂质(如蔬菜去根、鱼类去头和内脏)、配制半成品等。

食品配送特别要强调速度和保质。据此,在物流实践中,一般都采用定时配送、即时配送等形式向用户供货。

三、配送形式

(一)配送供给与需求

配送供给与需求的双方是由实行配送的企业和接受配送服务的用户(企业或消费者)所构成的。有以下几种情况。

1. 企业对企业的配送

是指企业与企业之间,或者企业集团的企业与企业之间的配送。基本上是属于社会开放系统的企业之间的配送供给与配送需求。做为配送需求方,基本上有两种情况:一种是企业做为最终的需求方;第二种是企业在接受配送服务之后,还要对产品进行销售,这种配送一般称之为"分销配送"。

2. 企业内部配送

企业内部配送大多发生在巨型企业之中,这一般有两种情况:①是属于连锁型企业的配送。各连锁商店经营的物品、经营方式、服务水平、价格水平相同,配送的作用是支持连锁商店经营,这种配送称为连锁型配送。连锁配送的主要优势是:在一个封闭系统中运行,随机因素的影响比较小,计划性比较强,因此容易实现低成本的、精细的配送。②是巨型企业的内部配送。巨型企业成本控制的一个重要方法是,由高层主管统一进行采购,实行集中库存,按车间的或者分厂的生产计划组织配送,这种方式是现在许多企业采用的"供应配送"。

3. 企业对消费者配送

这是在社会一个大的开放系统中所运行的配送,虽然企业可以通过会员制、贵宾制等方式锁定一部分消费者,从而可以采用比较容易实施的近似于连锁配送的方式,但是,多数情况下,消费者是一个经常变换的群体,需求的随机性非常强,服务水平的要求又很高,所以这是配送供给与配送需求之间最难以弥合的一种类型。最典型的是和B2C型电子商务相配套的配送服务。

(二)配送服务方式

1. 定时配送

按规定时间和时间间隔进行配送,这一类配送形式称为定时配送。定时配送的时间,由配送的供给与需求双方通过协议确认,每次配送的品种及数量可预先在协议中确定。实行计划配送,也可以在配送之前以商定的联络方式(如电话、传真、计算机网络等)通知配送品种及数量。

定时配送这种服务方式,由于时间确定,对用户而言,易于根据自己的经营情况,按照最理想时间进货,也易于安排接货力量(如人员、设备等)。对于配送供给企业而言,这种服务方式易于安排工作计划,有利于对多个用户实行共同配送以减少成本的投入、易于计划使用车辆和规划路线。

这种配送服务方式,如果配送物品种类、数量有比较大变化,配货及车辆配装的难度则较大,会使配送运力的安排出现困难。

定时配送有以下几种具体形式。

(1)小时配

小时配是接到配送订货要求之后,在1 h之内将货物送达。这种方式适用于一般消费者突发的个性化需求所产生的配送要求,也经常用作配送系统中应急的配送方式。

(2)日配

接到订货要求之后,在24 h之内将货物送达的配送方式。日配是定时配送中实行较为广泛的方式,尤其在城市内的配送,日配占绝大多数比例。一般而言,日配的时间要求大体上是,上午的配送订货,下午可送达;下午的配送订货,第二天早上送达。这样就可以使用户获得在实际需要的前半天得到送货服务的保障,如果是企业用户,这可使企业的运行更加精密化。

日配方式广泛而稳定开展,就可使用户基本上无须保持库存,不以传统库存为生产和销售经营的保障,而以配送的日配方式实现这一保证,也即实现用户的"零库存"。

日配方式对下述情况特别适合:①消费者需求新鲜的、食品类(食品的种类很多,其形状各异,又都有保质、保鲜期)商品,如水果、点心、肉类、蛋类、菜蔬等。②消费者由于消费冲动产生的突发需求,如体育用品、衣物、电器等商品。③用户是许多小型商店,追求周转快,随进随售,或是连锁型商业企业和连锁型服务企业,需要采取日配形式,保证货物的鲜活程度并加速周转。④用户条件限制,不可能保持较长时期的库存,或者用户是采用"零库存"方式进行生产的生产企业。⑤由于事故、特殊情况而出现了临时性需求。还有,处于"黄金宝地"位置的商店以及缺乏储存设施(如冷冻设施)的用户。

(3)准时配送方式

按照双方协议时间,准时将货物配送到用户的一种方式。这种方式和时配、日配的主要区别在于:小时配、日配是向社会普遍承诺的配送服务方式,针对社会上不确定的、随机性的需求。准时方式则是两方面协议,往往是根据用户的生产节奏,按指定的时间将货送达。这种方式比日配方式更为精密,实现零库存。

准时配送的服务方式,可以通过协议计划来确定,也可以通过看板方式来实现。

准时配送方式要求有很高水平的配送系统来实施。由于用户的要求独特,因而不大可能对多用户实施周密的共同配送计划。这种方式适合于装配型、重复、大量生产的企业用户,这种用户所需的配送物资是重复、大量而且没有太大变化的,因而往往是一对一的配送。

(4)快递方式

一种快速配送服务的配送方式。快速服务一般而言覆盖地区较为广泛,服务承诺期限按不同地域会有所变化。这种快速方式,综合利用"小时配"、"日配"等在较短时间实现送达的方式,但不明确送达的具体时间,所以一般用作向社会广泛服务的方式,而很少用作生产企业"零库存"的配送方式。

快递配送面向整个社会企业型和个人型用户。如日本的“宅急便”、美国的“联邦快递”、我国邮政系统的EMS快递，都是运作得非常成功的快递配送企业。

2. 定量配送

按事先协议规定的数量进行配送。

这种方式数量固定，备货工作有较强的计划性，执行起来比较简单也比较容易管理。可以按托盘、集装箱及车辆的装载能力来有效地选择配送的数量，这样能够有效地利用托盘、集装箱等集装方式，也可做到整车配送，配送的效率较高。

定量配送不仅有利于配送服务供给企业的科学管理，对用户来讲，每次接货都是同等数量的货物，这有利于人力、装卸机具、储存设施的配备。

定量配送适合在下述领域采用：①用户对于库存的控制不十分严格，有一定的仓储能力，不施行“零库存”。②从配送中心到用户的配送路线保证程度较低，难以实现定时的要求。③难以对多个用户实行共同配送。只有达到一定配送批量，才能使配送成本降低到供、需双方能接受的水平。

3. 定时定量配送

按照规定的配送时间和配送数量进行配送。

定时定量配送兼有定时、定量两种方式优点，是一种精密的配送服务方式。这种方式计划难度较大，又由于适合采用的对象不多，很难实行共同配送等配送方式，因而成本较高。

定时定量配送方式实际应用，主要在大量而且稳定生产的汽车、家用电器、机电产品的供应物流里面取得了成功。

4. 定时定路线配送

在规定的运行路线上，制定配送车辆到达的时间表，按运行时间表进行配送，用户可以按照配送企业规定的路线及规定的时间选择这种配送服务，并到指定位置及指定时间接货。

采用这种方式有利于配送企业依次对多个用户实行共同配送，无需每次决定货物配装、配送路线、配车计划等问题，因此比较易于管理，配送成本较低。

对用户而言，可以在确定的路线、确定的时间表上进行选择，又可以有计划的安排接货力量，虽然配送路线可能与用户还有一段距离，但由于成本较低，用户也乐于接受这种服务方式。

这种方式特别适合对小商业集中区的商业企业的配送。

5. 即时、应急配送

完全按用户临时提出的配送要求随即进行配送的方式。

这是对各种配送服务进行补充和完善的一种配送方式，这种配送方式主要应对用户由于事故、灾害、生产计划的突然变化等因素所产生的突发性需求。但配送服务实际成本很高，难以用作经常性的服务方式。

6. 共同配送

按照日本工业标准(JLS)的解释，共同配送是“为提高物流效率，对许多企业一起进行配送”。

(1)共同配送优势

共同配送的主要追求目标，是使配送合理化。这包含以下几方面的考虑：①通过共同配送降低配送成本。②通过共同配送使车辆满载，减少上路车辆，改善交通及环境。③通过共同配送取得就近的优势，减少车辆行驶里程。④通过共同配送减少配送网点及设施，节约社会财富。

(2)共同配送的具体形式

共同配送有以下几种具体形式：①由一个配送企业综合若干家用户的要求，对各个用户统筹安排，在配送时间、数量、次数、路线等诸方面做出系统的、最优的安排。这种配送服务方式，适合于在用户比较多的情况下，用户的配送需求有一定的共同性，这样就可以采用集中进货、集中库存，有效的分货、配货、配载、选择运输方式、选择运输路线、合理安排送达数量和送达时间，使配送具有很强的科学性和计划性。②由若干家用户联合组织配送系统对这些用户进行配送。这种形式，将分散的配送需求集中起来，将分散的资源集中，就可以达到一定规模，从而提高配送效率并且降低成本。③多家配送企业联合，共同划分配送区域，共同利用配送设施(如配送中心)，进行一定程度的配送分工。这种配送方式，配送企业可选择离用户最近的配送中心对用户实行配送，这个配送中心可能并非隶属于本配送企业，而是隶属于另一家配送企业，由于离用户近，可降低配送成本。同样,另一企业的某些用户,也可由这个企业的配送中心实行近距离配送。这样的适当划分,可以使实行共同配送的若干配送企业取得“双赢”或者是“多赢”,从而形成了一种共同协作的配送方式。

7. 加工配送

和流通加工结合,通过流通加工后进行配送。

流通加工和配送结合,使流通加工更有针对性,减少盲目性,配送企业通过流通加工增值取得收益。

按用户要求,通过流通加工进行配送,使配送更能贴近用户的实际需求,这种配送方式大大提高了配送的服务水平。

第三节　分销配送合理化

一、配送计划

(一)配送计划概述

配送,首先要做配送计划。因为配送往往涉及多个品种、多个用户、要用多辆车(各种车的载重量不同)等多种因素,所以需要认真制定配送计划,实行科学组织、合理调配资源,达到既满足用户要求、又使总费用最省、车辆充分利用、效益最好的目的。

配送计划方法有很多种,例如节约法、0—1 规划法、邮递员模型法等。我们这里只介绍一种节约法(Saving Method)。

(二)节约法原理

节约法的原理如图 5—8—4。

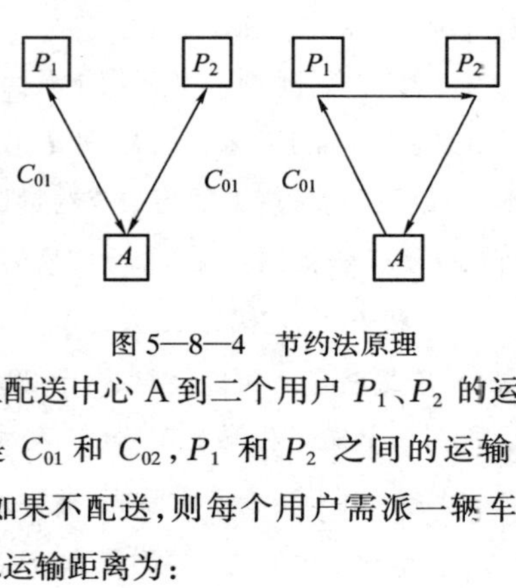

图 5—8—4　节约法原理

从配送中心 A 到二个用户 P_1、P_2 的运输距离分别是 C_{01} 和 C_{02},P_1 和 P_2 之间的运输距离是 C_{12}。如果不配送,则每个用户需派一辆车来回送货。总运输距离为:

$$C = 2C_{01} + 2C_{02}$$

而如果配送,则可以只派一辆车一次给二个用户顺序送货。则总运输距离为:

$$C' = C_{01} + C_{02} + C_{12}$$

二者之间的节约量为:

$$\Delta C = C - C' = (2C_{01} + 2C_{02}) - (C_{01} + C_{02} + C_{12}) = C_{01} + C_{02} - C_{12}$$

如果把多个用户连在一起,则节约量更大。

如果多个用户满足假定条件:

(1)$\sum_{j=1}^{n} b_j \leqslant Q_k$(第 k 种车的载重量);

(2)$C_{01} + C_{02} > C_{12}$ 使得节约量大于 0。

则可以按节约量从大到小的顺序依次把节约量大的用户连成一条回路,直到整个回路各个用户的需求量之和不超过这辆载重车的载重量,就组成了一条节约量最大的配送回路,派出了一辆车。然后再在剩下的用户中同样按节约量由大到小的顺序继续组织配送回路,派出车辆,这样下去,一直到所有的用户都组织完毕为止。这就做完了一个完整的配送计划。

(三)节约法案例

例如,某月某日,长江物流公司接受了武汉商场给武汉市 10 个用户送货的任务单,多个品种总运量共80 t,各个用户的需求量如表 5—8—1,各点之间的路程如图 5—8—5 所示。公司现有10 t车 2 辆、5 t车 3 辆、2 t车若干辆。需要制定配送计划。

表　5—8—1

用户	需求量(t)	用户	需求量(t)
P_1	60.0	P_6	0.5
P_2	12.0	P_7	1.5
P_3	1.0	P_8	0.8
P_4	1.5	P_9	1.2
P_5	0.5	P_{10}	1.0

制定配送计划的第一步,首先安排直送,把大运量用户先用专车直送安排掉,剩下的许多小运量用户再统一安排配送。

由图可以看出,物流中心 A 到用户 P_1 的路程仅10 km,可以由一辆10 t车来回运送 4 次,1 天可以完成。P_1 剩下的20 t加上 P_2 的10 t可以由另一辆

10 t车运 3 次。

派一辆10 t车专为 P1 用户来回运送 4 趟，每趟运10 t，来回算20 km。工作量为：

10 t×20 km×4＝800 t·km

第二辆10 t车为 P_1 送20 t，为 P_2 送10 t，来回运 3 次。其工作量为：

10 t×20 km×2＋10 t×20 km＝600 t·km

需求	A										
60	10	P_1									
12	12	10	P_2								
1.0	11	9	11	P_3							
1.5	13	12	10	9	P_4						
0.5	15	11	14	12	26	P_5					
0.5	13	14	12	15	25	15	P_6				
1.5	16	14	20	18	24	17	16	P_7			
0.8	17	12	18	20	23	19	17	21	P_8		
1.2	18	11	14	22	22	21	19	22	15	P_9	
1.0	20	15	16	24	21	23	18	20	17	18	P_{10}

图 5—8—5　各个用户之间路程(路程单位:km)

把这些大运量用直送安排完之后，P_2 还剩下 2 t，其余销运量各用户再安排配送，制定配送计划。

第二步，制定详细具体的配送计划。首先求配送用户的节约量表(见图 5—8—6)。

需求	A									
2	①	$P_2$①								
1.0		12	P_3							
1.5	②	15	15②	P_4						
0.5		13	14②	2	$P_5$②					
0.5	②	13	9	1	13	$P_6$②				
1.5		8	9	5	14②	13②	P_7			
0.8	①	11	8	7	13	13	12	$P_8$①		
1.2		16①	7	9	12	12	20	20	$P_9$①	
1.0		16	7	12	12	15	16	20①	20①	P_{10}

图 5—8—6　各个用户之间节约量表(路程单位:km)

具体组织回路时，总是从节约量表中最大的节约量开始，连接用户。例如图 5—8—6 中，最大的节约量为 20，有 3 个 20，随便选哪一个都可以。例如我们选定 P_{10}和 P_9 的交叉点上的 20，但是这时要考虑一下它们二个的需求量之和(1.2＋1.0)是否小于等于可用车子的载重量，如果大于一辆车的载重量就不能够连，如果小于一辆车子的载重量就可以连。我们第一辆配送车准备用5 t车，而 P_9 和 P_{10}的需求量之和只有2.2 t，所以可以连，这样在这个格和 P_9 所在格上做一个记号，例如①(表示第 1 条回路)，这就意味着把 P_9 和 P_{10}连起来。把 P_9 和 P_{10}连起来，下一个连谁呢？还是选剩下的当中节约量最大的，在 P_{10}所在行还有一个 20，它在 P_{10}和 P_8 的交叉点上，意味着 P_{10}和 P_8 的连接，需求量之和(1.2＋1.0＋0.8＝3)小于载重量 5，可以连，在这个 20 所在格以及 P_8 所在格上做上相同的记号①，表示 P_{10}和 P_8 连在一起了。由于车子还没载满，继续连，再在剩下的当中找节约量最大的。这时注意，P_{10}所在行已经满了，因为这一行已经有2个记号，表示它的两头都已经牵上手了，不能够再牵手了。注意一个规则：每行每列的记号都只能有2个，也必须有2个（包括用户格和配送中心 A 所在列的格中的记号，但 A 所在列的记号可以多于2个）。这样只能够在 P_{10} 所在行以外的各个用户中找节约量最大的，为16，表示 P_9 和 P_2 牵手，需求量之和等于5，可以连，在16所在格和 P_2 格打上相同的记号①。这时，一辆5 t车已经载满，这时把 P_2 和 P_8 分别与配送中心 A 牵手（即在它们的交叉点上打上相同的记号①），就完成了一个配送回路的组成。这个配送回路就是 $A—P_2—P_9—P_{10}—P_8—A$，用5 t车刚好装5 t货物循环送货，全路程长61 km，工作量305 t·km。

再在剩下的用户当中按同样的方法组织第二个回路，见图5—8—6中用②标记的回路。这条回路是：$A—P_4—P_3—P_5—P_7—P_6—A$，用5 t车刚好装5 t循环送货，全长80 km，总任务量400 t·km。

这样具体的运输计划就出来了：共用4辆车，2辆10 t，2辆5 t车，都满载。10 t车作 P_1 和 P_2 的直送；2辆5 t车都作配送：第一辆运行路线：$A-P_2-P_9-P_{10}-P_8-A$；第二辆运行路线：$A-P_4-P_3-P_5-P_7-P_6-A$。总任务量为2 145 t·km。

注意，这样做出来的具体配送计划可能是惟一的，可能做出几个方案来。最后比较哪个方案最省，就用哪一个方案。

具体的运输计划出来后，交车队执行。

这就是节约法配送计划方法的处理过程。

二、配送合理化

配送合理化是指用最经济的手段和方法实现配送功能。

（一）配送合理化的判断标志

对于配送合理化与否的判断，是配送决策的重要内容。目前国内外尚无统一的技术经济指标体系和判断方法，按一般认识，可考虑以下标志：

1．库存标志

①库存总量。在配送系统中，库存从分散于各个客户转移给配送中心，配送中心库存数量加上各客户在实行配送后库存量之和应低于实行配送前各客户库存量之和。

②库存周转。由于配送企业的调剂作用，以低库存保持高的供应能力，库存周转一般总是快于原来各企业库存周转。

库存标志，一般是以库存储备资金计算，而不以实际物资数量计算。

2．资金标志

总的来讲，实行配送应有利于资金占用降低及资金运用的科学化，具体判断标志如下：

①资金总量。用于资源筹措所占用流动资金总量，随储备总量的下降及供应方式的改变必然有一个较大的降低。

②资金周转。从资金运用来讲，由于整个节奏加快，资金充分发挥作用，同样数量资金，过去需要较长时期才能满足一定供应要求，配送之后，在较短时期内就能达此目的。所以资金周转是否加快，是衡量配送合理与否的标志。

③资金投向的改变。资金分散投入还是集中投入，是资金调控能力的重要反映。实行配送后，资金必然应当从分散投入改为集中投入，以能增加调控作用。

3．成本和效益

总效益、宏观效益、微观效益、资源筹措成本都是判断配送合理化的重要标志。对于不同的配送方式，可以有不同的判断侧重点。

由于总效益及宏观效益难以计量，在实际判断时，常以按国家政策进行经营，完成国家税收，以及配送企业和客户的微观效益来判断。

对于配送企业而言（投入确定的情况下），企业利润反映配送合理化程度。

对于客户企业而言，在保证供应水平或提高供应水平（产出一定）前提下，供应成本的降低，反映了配送的合理化程度。

成本及效益对合理化的衡量，还可以具体到集货、配货、配装、送货等具体配送环节，使判断更为精细。

4．供应保证标志

配送的重要一点是必须提高而不是降低对客户的供应保证能力，才算实现了合理。供应保证能力可以从以下方面判断：

（1）缺货次数。实行配送后，对各客户来讲，该到货而未到货以致影响客户生产及经营的次数，必须有显著下降才算合理。

(2)配送企业集中库存量。对每一个客户来说,其数量所形成的保证供应能力高于配送前单个企业保证程度,从供应保证来看才算合理。

(3)即时配送的能力及速度。在客户出现特殊情况时,对客户的配送能力及反应速度必须高于未实行配送前对客户紧急送货的能力及速度才算合理。

特别需要强调的是,配送企业的供应保障能力,是一个科学的合理的概念,而不是无限的概念。所以,追求供应保障能力的合理化也是有限度的。

5. 社会运力节约标志

末端运输是目前运能、运力使用不合理,浪费较大的领域,因而人们寄希望于配送来解决这个问题。因此,它也成为配送合理化的重要标志。

6. 物流合理化标志

配送必须有利于物流合理化,可从以下方面来判断:

(1)是否降低了物流费用。

(2)是否减少了物流损失。

(3)是否加快了物流速度。

(4)是否发挥了各种物流方式的最优效果。

(5)是否有效衔接了干线运输和末端运输。

(6)是否不增加实际的物流中转次数。

(7)是否采用了先进的技术手段。

物流合理化是衡量配送能力的重要标志。

(二)配送合理化的措施

国内外推行配送合理化,有一些可供借鉴的措施:

1. 推行一定综合程度的专业化配送。通过采用专业设备、设施及操作程序,取得较好的配送效果并降低配送过分综合化的复杂程度及难度,从而追求配送合理化。

2. 推行加工配送。通过流通加工和配送的有机结合,充分利用本来应有的这次中转,而不增加新的中转求得配送合理化。同时,加工借助于配送,加工目的更明确,与客户联系更紧密,更避免了盲目性。这两者有机结合,是配送合理化的重要方式。

3. 推行共同配送。通过共同配送,可以以最近的路程、最低的配送成本完成配送,从而追求合理化。

4. 实行双向配送。配送企业与客户建立稳定、密切的协作关系,配送企业不仅成为客户的供应代理人,而且承担客户储存据点,甚至成为产品代销人。在配送时,将客户所需的物资送到,再将该客户生产的产品用同一车运回,这种产品也成了配送中心的配进产品之一,或者作为代存、代储,免去了生产企业仓储包袱。这种双向配送,使运力充分利用,也使配送企业功能有更大的发挥,从而追求合理化。

5. 推行准时配送系统。配送做到了准时,客户才有资源把握,可以放心地实施低库存或零库存,可以有效地安排接货的人力、物力,以追求最高效率的工作。另外,保证供应能力,也取决于准时供应。从国外的经验看,准时供应配送系统是现在许多配送企业追求配送合理化的重要手段。

6. 推行即时配送。

即时配送成本较高,但它是整个配送合理化的重要保证手段。此外,客户实行零库存,即时配送也是重要保证手段。

三、配送中心

配送中心是从事配送业务的物流场所和组织。应基本符合下列要求:主要为特定的客户服务;配送功能健全;完善的信息网络;辐射范围小;多品种、小批量;以配送为主,储存为辅。

在配送中心中,为了能做好送货的准备,需要采取零星集货、批量进货等种种搜集资源的措施和进行货物的分拣、配备等工作。因此,配送中心也有集货中心、分货中心的职能。为了更有效地、更高水平地配送,配送中心往往还有比较强的流通加工能力。此外,配送中心还必须执行货物配备后送达客户的使命,这是和分货中心只管分货不管运达的重要不同之处。由此可见,如果说集货中心、分货中心、加工中心的职能还是较为单一的话,那么,配送中心功能则比较全面、完整。配送中心实际上是集货中心、分货中心、加工中心功能的综合。

配送中心的形成与发展是有其历史原因的。配送中心是物流领域中社会分工、专业分工进一步细分之后产生的,是物流系统化和大规模化的必然结果。由于用户在货物处理的时间上、内容上以及服务水平上都提出了更高的要求,为了顺利地满足用户的这些要求，就必须引进先进的分拣设施和配送设施，否则就建立不了正确、迅速、安全、廉价的作业体制。国外大部分企业都建造了正式的配送中心。

有关配送中心的详细论述请参阅第四卷第二篇“配送中心”。

第四节　美国连锁店配送中心

从20世纪60年代起，商品配送合理化在美国企业中普遍受到重视。向流通领域要效益，美国企业采取了以下措施：一是将老式的仓库改为配送中心；二是引进计算机管理网络，对装卸、搬运、保管实行标准化操作，提高作业效率；三是为了促进商品配送合理化，各连锁店共同组建配送中心，促进连锁店效益的增长。

一、配送中心类型

美国连锁店的配送中心有多种类型，主要有批发型、零售型和仓储型3种。

(一)批发型

美国加州食品配送中心是全美第二大批发配送中心，建于1982年，建筑面积10万m^2，工作人员2 000人左右，共有全封闭型温控运输车600多辆，1995年销售额达20亿美元。经营的商品均为食品，有43 000多个品种，其中有98%的商品由该公司组织进货。另有2%的商品是该中心开发加工的商品，主要是牛奶、面包、冰淇淋等新鲜食品。

加州食品配送中心实行会员制。各会员超市因店铺的规模大小不同、所需商品配送量的不同，向中心交纳不同的会员费。会员店在日常交易中与其他店一样，不享受任何特殊的待遇，但可以参加配送中心定期的利润分红。该配送中心本身不是盈利单位，可以不交营业税。所以，当配送中心获得利润时，采取分红的形式，将部分利润分给会员店。会员店分得红利的多少，将视其在配送中心的送货量和交易额的多少而定，多者多分红。

加州食品配送中心主要采用计算机管理。业务部通过计算机获取会员店的订货信息，及时向生产厂家和储运部发出订货指示单；厂家和储运部再根据订货指示单的先后缓急安排配送的先后顺序，将分配好的货物放在待配送口等待发运。配送中心24 h运转，配送半径一般为50 km。

加州食品配送中心与制造商、超市协商制定商品的价格，主要依据是：

(1)商品数量与质量。

(2)付款时间：如在10天内付款可以享受2%的价格优惠。

(3)配送中心对各大超市配送商品的加价率。根据商品的品种、档次不同以及进货量的多少而定。一般为2.9%～8.5%。

(二)零售型

美国沃尔玛公司的配送中心是典型的零售型配送中心，由沃尔玛公司独资建立，专为本公司的连锁店按时提供商品，确保各店稳定经营。

沃尔玛配送中心的建筑面积为12万平方米，总投资7 000万美元，有职工1 200多人；配送设备包括200辆车头、400节车厢、13条配送传送带，配送中心内设有170个接货口。中心24小时运转，每天为分布在纽约州、宾夕法尼亚州等6个州的沃尔玛公司的100家连锁店配送商品。

沃尔玛配送中心设在100家连锁店的中央位置，服务半径为320 km，服务对象店的平均规模为1.2万m^2。中心经营商品达4万种，主要是食品和日用品，通常库存为4 000万美元，旺季为7 000万美元，年库存周转24次。在库存商品中，畅销商品和滞销商品各占50%，库存商品期限超过180天为滞销商品。各连锁店的库存量为销售量的10%左右。1995年，该中心的销售额为20亿美元。在沃尔玛各连锁店销售的商品，根据各地区收入和消费水平的不同，其价格也有所不同。总公司对价格差价规定了上下限，原则上不能高于所在地区同行业同类商品的价格。

(三)仓储型

美国福来明公司的食品配送中心是典型的仓储式配送中心，主要任务是接受美国独立杂货商联盟加州总部的委托业务，为该联盟在该地区的350家加盟店负责商品配送。该配送中心建筑面积为7万m^2，经营89万个品种。其中有1 200个品种是美国独立杂货商联盟开发的，必须集中配送。在服务对象店经营的商品中，有70%左右的商品由该中心集中配送。一般鲜活商品和怕碰撞的商品，如牛奶、面包、炸土豆片、瓶装饮料和啤酒等，从当地厂家直接进货到店，蔬菜等商品从当地批发市场直接进货。

二、配送中心的运作经验

美国配送中心的库内布局及管理井井有条，使繁忙的业务互不影响，其主要经验是：

1. 以托盘为主，4组集装箱为一货架。

2. 商品的堆放分为储存的商品和配送的商品。一般根据商品的生产日期、进货日期和保质期，采取“先进先出”原则，在存货架的上层是后进的储存商品，在货架下层的储存商品是待出库的配送商品。

3. 品种配货是数量多的整箱货，所以用叉车配货；店配货是细分货，小到几双一包的袜子，所以利用传送带配货。

4. 轻量、体积大的商品（如卫生纸等），用叉车配货；重量大、体积小的商品用传送带配货。

5. 设立特殊商品存放区，如少量高价值的药品、滋补品等，为防止丢失，用铁丝网圈起，标明无关人员不得入内。

案例：梅林正广和配送系统

2000年2月22日下午，上海新闸路1124弄的一户人家拨通“85818”电话，报出自己在正广和购物网络的用户编号，要求订购两桶纯净水、一袋免淘米，并说明第二天上午家里留人，支付水票。几秒钟之内，这份订单被接线小姐输入正广和的计算机系统，系统根据用户编号从数据库中调出用户住址，再根据地址和送货时间自动把这份订单配置到第二配送站次日上午的送货单。当天晚上9时，位于上海繁华地带静安区康定东路16号的正广和销售网络第二配送站里，经理罗方敏准时打开电脑，接收从总部传过来的送货单。这份送货单的用户全部在第二配送站的辖区静安区东区之内，送货时间是23日上午，用户地址、电话、编号、所需货物、数量、应收款等已经被清楚地列出来。

与此同时，一份相同的送货单也传到公司配送中心和运输中心。第二天一大早，运输中心派出车辆，到配送中心仓库提出已配好的货物，发往第二配送站。

第二配送站墙上贴着一张静安东区详细到门牌号的地图。签收完货物后，罗经理根据这张地图和自己的经验排好送货路线，把上午的单子分派给7个送货工人。整个上午，这些揣着送货单的工人蹬着有“梅林正广和”和“85818”字样的三轮车，在静安东区的弄堂里出出进进，完成送货到家的“最后一公里”。

中午12时30分，所有小工送货和收款的情况被汇总成表，由第二配送站的电脑传送至总部。个别没有送到的，汇总表中的“原因”一栏会被注明“01”、“02”、“03”，分别代表“地址错误”、“家中无人”等等。

各配送站每天上午10:30、下午2:30、晚上9:30共3次接收总部的送货指令，分别安排当天下午、晚上和次日上午的送货计划，然后在每天的下午6:30、次日早8:30、下午2:30把每天下午、晚上和次日上午的送货完成情况传回总部。每天收回的水票和现金也交至总部结算。根据这些信息，总部再决定是否有必要给配送站及时补货。

有4名职能管理人员、7名送货工人、1辆小货车和7辆“黄鱼车”，房屋月租金7 000元的第二配送站，每天大概要送出大桶纯净水300多桶、袋装米30多包，还有饮料、冷饮、鲜花、罐头等其他几十种物品。在正广和遍布上海的大约100个配送站里，第二配送站的规模算是中等。据说，每个配送站的年利润都在15万到20万元左右。

3个配送中心、100个配送站、200辆小货车。1 000辆“黄鱼车”、1 000名配送人员，构成了正广和在上海的整个配送网络。这个号称上海市区“无盲点”的网络组织严密而有序，截至1999年年底，上海市已经有60万户市民依靠这个配送网完成日常饮水和其他日用消费品的采购。

第九章　商业采购管理

商业企业是靠采购从供应商处筹集商品而用于销售的。采购成了商业企业经营的前提条件，必须搞好采购才能够搞好企业的经营。因此，商业企业要特别重视采购管理。采购管理也是物流管理的一个重大课题。它对于保障企业正常经营、降低成本、提高经济效益有着重要的意义。

第一节　采购管理概述

一、采购管理的概念

采购管理，就是指为保障企业物资供应而对企业采购进货活动进行的管理活动，即对企业采购进货活动的计划、组织、指挥、协调和控制。具体的采购管理，包括采购计划、对采购活动的管理（包括对采购人员的管理、采购资金的管理等）运储的管理、采购评价和采购监控等。

二、采购管理的作用

商业企业采购管理对于商业企业有着重要的作用和意义。

（一）商业采购是商业企业经营的前提条件

商业企业都是经销商品的企业。商业企业基本上不生产商品，它们所经销的商品都是靠采购进货而获得的，没有采购进货，它们就没有商品销售。因此采购进货是商业企业经营的前提条件。

（二）科学的采购管理可以大大降低企业经营成本

商业企业采购进货过程所占用的资金和成本构成商业企业经营成本的主要部分。商业企业的经营成本主要由以下几部分构成：

（1）采购成本；

（2）进货成本；

（3）流动资金的占用成本；

（4）固定成本（含管理费用等）；

（5）销售人员成本等。

以上5部分成本中，前面3项都是在采购进货环节消耗的成本。而且企业的流动资金几乎全部为采购进货环节所使用。科学的采购管理可以大大降低企业经营成本。

（三）采购环节将直接决定企业经营效果的好坏

采购进来的商品的品种、价格、质量直接导致企业经营效果的好坏。如果采购进来的商品都是一些畅销商品、价格低、质量好，则可以大大提高销售量、增加销售利润、提高顾客满意度；如果采购进来的都是一些滞销商品、价格高、质量差，则会销售不动，即使销售了也是利润很低、顾客不满意度大，企业经营就要大受影响。

（四）采购环节是企业与供应商市场的信息源泉

采购员每天都和供应商打交道，对于供应商的情况了如指掌、对于商品行情了如指掌。什么商品看涨，什么商品看落，什么商品正在淘汰，什么商品正在兴起，他们都能够随时掌握信息。这些信息对于商业企业制定经营决策、适应市场灵敏变化有十分重要的意义。在激烈竞争的市场中，商战实际上就是信息战，谁最先掌握信息，及时做出决策，谁就能够抢着市场先机，谁就能够取得竞争的胜利。采购部门最有条件成为这种信息战争的先锋官，为企业及时提供最有用的市场信息，有力地为企业经营决策提供信息支持。

（五）采购部门是企业供应链管理者

采购员每天都和供应商打交道，他们能够和广大供应商建立起友好合作的关系，争取供应商的大力支持配合，为商业企业的经营提供一个宽松有效的外部环境，则对企业经营非常有用。本来客观上就存在有供应商和企业的供应链关系，但是要组织和管理好供应链系统，需要有人去做大量细致的工作。而采购部门就最有条件成为供应链的组织者、管理者和操作者。一旦把企业的供应链系统组织好，管理好，将对商业企业带来莫大的好处。

三、采购管理应该考虑的问题

采购管理应该考虑的问题如图5—9—1所示。从图中可以看出，采购管理应该考虑的有问题12项，分别属于企业内部和资源市场。

属于资源市场的问题有：

（1）需采购的商品的情况（供求情况、价格、质量、竞争状况）；

（2）供应商的情况（数量、生产能力、技术水平、管理能力、竞争能力、产品品种质量、信誉水平、与供应商的合作关系、供应商管理等）；

（3）供应链情况（供应链组织、管理、运行效率情况等）。

属于企业内部的有：

（1）采购组织结构；

（2）信息处理系统；

（3）需求分析（对需求品种数量规律的分析预测等）；

（4）订货时机（什么时候订货）；

（5）订货期量（订货时间数量等）；

（6）订货方法（采用什么订货方法）；

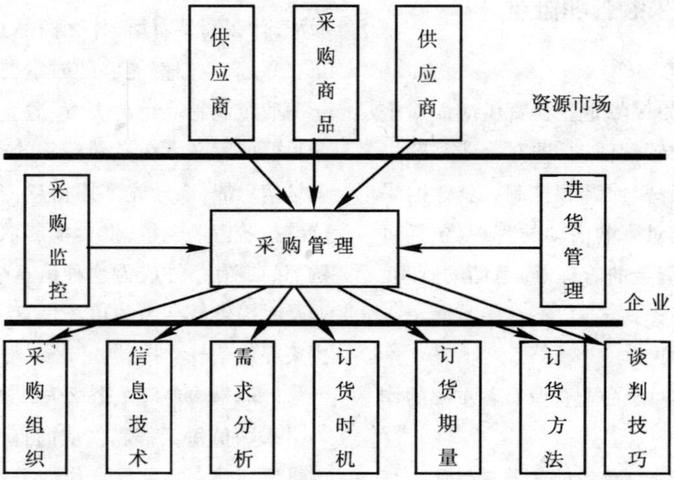

图 5—9—1　一般采购管理需要考虑的问题

(7)谈判技巧(与供应商如何进行商务谈判);

(8)进货管理(进货管理控制);

(9)采购监控。

四、采购管理应该达到的目标

采购管理应该达到以下目标:

(一)保障供应好

采购管理的最首先的目标,就是要保障供应,保证商业企业正常的经营活动,不缺货。因为如果需要的商品不能够按时地采购进来,则柜台上就会出现缺货,丧失销售盈利的机会,这形成缺货损失。

保障供应好,不能光是保证不缺货,还要保证采购商品的质量,不能够是伪劣假冒商品。如果质量不好,顾客会进行质量投诉,这样企业将遭受重大名誉损失。

保障供应好,还要做到采购适时适量。所谓适量,就是不少采购,也不多采购。少采购当然不好,因为会导致缺货;但是多采购也不好,因为会造成库存积压、增加保管费用、增加库存风险损失。所谓库存风险损失,是指由于市场需求的变化,使得畅销商品瞬间变成了滞销商品,卖不出去而造成损失。所谓适时,就是不迟采购,也不早采购。迟采购当然不好,因为它可能造成缺货,影响正常经营;但是早采购也不好,因为它可能增加库存水平,增加保管费用负担,也是一种浪费。实际上,采购要注意库存控制。

(二)综合成本低、整体效益高

采购过程构成了经营成本的主要部分,所以我们要求采购管理要努力降低成本,提高整体效益。

为了降低成本,提高效益,首先要争取成交价格低。同样质量的商品,成交价格低,就意味着商品好销,而且利润高、效益好。其次要求做到进货费用低。这就要求妥善安排进货方式、进货路线,使得进货环节减少、进货路线缩短、进货费用降低。

除此以外,为了降低费用、提高效益,还要使得总库存费用最小。总库存费用是指订货费、保管费、缺货费、补货费等的总和。它们与订货批量的大小有关系:如果一年的总需求量一定,则订货批量越大,则总订货费用越小,但是总保管费用会越大;如果相反,订货批量越小,则总订货费用越大,但是总保管费用越小。很明显订货批量过大过小都会增加总库存费用,因此必须选用合适的订货批量,才能够保证总库存费用最小。这也就是要进行库存控制。

(三)市场信息多

通过采购人员的采购活动,与资源市场广泛接触,可以及时大量了解资源市场的产品信息、技术水平信息、发展动态信息,运输信息等等,这些信息对商业企业都是非常重要的,它对于企业灵活跟随市场变化、及时制定经营战略策略、抓住商机都有重要的帮助。

（四）供应链关系好

物资采购的另一个重要职能，就是要通过物资采购人员的活动建立起与资源市场的各个供应商之间的友好、宽松、有效的供应链关系，为商业企业经营提供更好的外部环境条件。

五、采购管理人员的素质要求

采购管理是一个很重要的工作。要搞好采购管理，要求采购管理人员要有较高的素质。这些素质主要表现在：

（一）要求懂采购、懂管理、懂业务

采购管理人员首先要懂得采购。要熟悉采购业务环节，了解资源市场行情，有比较丰富的采购知识和经验，又懂得管理，有比较好的管理素质，这样的人才能够担任采购管理者。

（二）要求懂商品、懂物流、懂技术

采购管理人员不但要懂采购，还要懂得商品、懂得商品的物理化学性质、商品的包装、装卸、运输、保管性质等，懂得商品的一些物流技术。

（三）要求懂市场、懂政策、懂商务

采购管理人员还要懂得市场规则，市场管理机构、税务机构、有关的市场管理政策法规、有关各方面的人物等，会和他们打交道，懂得一些商务环节，这样才能够在市场当中运作自如。

（四）要求懂社交、善处事、能团结人

采购管理人员还要善于和各方面的人打交道，能够很好处事待人，能够说服人、团结人，脑子灵活，反应灵敏，思维敏捷，办事果断，干净利落。

（五）要求爱企业、不贪心、有大志

采购管理人员还要爱企业、识大体、顾大局、正派老实、诚恳守信。有远大志向，不贪图钱财。真心实意想把企业搞上去，愿意在企业中干一番事业。

第二节　采购策略方法简介

这一节先讨论几种采购策略，然后再讨论采购方法选择原理。

一、几种采购策略方法

（一）定量订货采购策略

定量订货法是一种基于物资数量的订货法，它主要靠控制订货点和订货批量二个参数来控制订货进货，达到既最好地满足用户需求、又使经营总费用最低的目的。

定量订货法的原理：预先确定一个订货点 Q_k，在销售过程中随时检查库存，当库存下降 Q_k 时就发出一个订货批量，订货批量取为经济订货批量 Q^*。

1. 订货点的确定

确定订货点的基本方法，就是等于订货提前期内的需求量。

所谓订货提前期，就是从发出订货之日起到所订货物运输回来入库之日为止的时间阶段长度。例如某个商业企业平均每天销售 100 件西服，如果从西服厂订货进货需要 5 天才能够到货，则这种西服的订货点在数量上就等于 5 天的销售量，即 500 件。

如果用粗略的数学公式计算，可以用下式计算：

$$Q_k = \overline{R}\cdot(\overline{T_K} + \Delta T_K) \cong \overline{R}\cdot T_{K\max}$$

式中，Q_K 为订货点，为平均每天的销售量；$\overline{T_K}$ 为订货提前期的平均时间长度；ΔT_K 为订货提前期的保险裕量，即保险天数，可以根据订货进货途中的不确定性因素情况确定；$T_{K\max}$ 是最长的订货提前期的长度。

如果用严格的数学公式计算，则可用以下的公式计算：

(1)对于正态分布：

①基于订货提前期需求量 D_L 的公式：

$$Q_K = \overline{D_L} + \alpha\sigma_D$$

其中 Q_K 为订货点，$Q_S = \alpha\sigma_D$ 为安全库存量，$\overline{D_L}$ 为提前期内的平均需求量，σ_D 为提前期内需求量的标准偏差。α 为安全系数，大致取 0.0～3.0。

②基于需求速率 R 和 T 提前期的公式：

$$Q_K = \overline{T_K R} + \alpha\sqrt{\overline{T_K}\sigma_R^2 + R^2\sigma_T^2}$$

其中 $Q_S = \alpha\sqrt{\overline{T_K}\sigma_R^2 + R^2\sigma_T^2}$ 为安全库存量，$\overline{R}$ 为平均每天的销售量，$\overline{T_K}$ 为订货提前期的平均时间长度，σ_R、σ_T 分别为日销售量和订货提前期的标准偏差。α 为安全系数，大致取 0.0～3.0。

(2)对于非正态分布，则可以采用以下公式：

$$Q_K = D_L\big|_{p=P_0}$$

或：

$$Q_K = D_L\big|_{q=Q_0}$$

式中，p 为库存满足率，q 为缺货率，它们都为一个百分数，或者小于1的小数。$p+q=1$。p_0 和 q_0 分别是一个给定的服务率和缺货率数值。

2．订货批量的确定

在定量订货法中，每次的订货批量都是相同的。所以对每个品种都要制定一个一定的订货批量。制定订货批量可以采用以下几种方法：

(1)通常取订货批量为一个经济订货批量：

$$Q^*=\sqrt{\frac{2c_0R}{c_1}}$$

或：
$$Q^*=\sqrt{\frac{2c_0R}{c_1K}}$$

其中：
$$c_1=Kc_i$$

c_1 为单位物资单位时间的保管费，K 为单位物资的价值(单价)，c_i 为保管费率，c_0 为每次订货费，R 为平均库存消耗速率。这二个公式的意义是一样的。只是前者根据单位物资的保管费用算，而后者根据保管费率算而已。

(2)取订货批量为一个时间单元内需求量的大小。例如，可以取一天、一周、一月、一个季度、甚至一年的需求量为一个订货批量。即：

$$Q_0=\overline{R}T_0$$

这样在实际操作中就比较方便、比较简单。

这里要注意，以上订货批量的制定，都是只根据总费用最省这个原则制定的。除总费用最省之外，还有一些因素可能影响制定订货批量。例如订货的难易程度就是要考虑的另一个重要因素。有些商品，订货很难，例如，路途很远，或者手续很麻烦(例如跨国采购)，或者是珍稀物品，或者是幸存物品，一次购买，以后可能就再也没有了，或者要花很大的代价才能够再买到，在这些情况下，制定订货批量就不能用上面的公式计算，而要根据情况具体确定。

(3)除此以外，还可以取与某种包装单元、或运输单元的额定容量相等的或整数倍的数量。有些产品，生产厂是以一定的包装单元包装的。例如，袜子是成打成箱卖的，香烟是成箱卖的，采购也应当是成打成箱购买来确定订货批量。运输部门装运货物运输有运输单元，例如，火车车皮、集装箱等，订货批量应当尽可能与这些运输单元相匹配。在这些情况下，既要考虑包装单元、运输单元，又要考虑的需求量，要以需求量为主，兼顾包装单元、运输单元来制定合适的订货批量。

(4)有些商品，生产厂是轮番批量生产的，有些是季节性生产的，它们都有一个供应周期。这一批生产完了，要过一段时间才能再生产、再供应。在这种情况下，采购订货批量应取整个供应周期的需求量。

(二)定期订货采购策略

定期订货法的原理：预先确定一个订货周期 T 和一个最高库存量 Q_{max}，周期性地检查库存，求出当时的实际库存量 Q_{kj}，然后发出一个订货批量 Q_i。这个第 i 次的订货量 Q_i 的大小，应使得订货后的“名义库存”升高到 Q_{max}。

1．订货周期的确定

定期订货法的订货周期T多种确定方法。

(1)订货周期取人们习惯的日历时间单元，例如周、旬、月、季、年等。人们通常按这些时间单元安排生产计划，工作计划。取这样的时间单元可以跟生产计划、工作计划相吻合，比较方便。

(2)订货周期取为供应商的生产周期或供应周期。有些供应商是多品种轮番批量生产，或是季节性生产，都有一个生产周期或供应周期。订货周期取与生产周期、供应周期一致，才能够订到货物。

(3)订货周期取经济订货周期。经济订货周期 T^* 可以表示为：

$$T^*=\sqrt{\frac{2c_0}{c_1R}}$$

2．Q_{max}的确定

在定期订货法中，是把订货周期和其后一个订货提前期合在一起，即 $T+T_K$ 的长度为一个时间单元，把 $T+T_K$ 期间内的需求量“D_{T+Tk}”作为制定 Q_{max}的依据。也就是说，Q_{max}大致就等于一个订货周期再加上一个平均订货提前期的总时间长度内的销售量。即：

$$Q_k=-\overline{R}\cdot(T^*+\overline{T_K}+\Delta T_K)=\overline{R}\cdot(T^*+T_{Kmax})$$

如果用严格的数学计算，则要用以下的公式计算：

如果“D_T+T_k”服从正态分布，则可以用下式求 Q_{max}：

$$Q_{max}=\overline{D}_{T+T_K}+\alpha\sigma_{D_r+T_K}=\overline{D}_{T+T_K}+Q_S$$

式中，$\overline{D}_{T+T_K}$ 和 $\sigma_{D_T+T_K}$ 分别是订货周期与提前期的总需求量的平均值和标准差。

如果"D_T+T_k"服从非正态分布，则与定量订货法的同样考虑，可以用下式求 Q_{max}：

$$Q_{max}=D_T+T_K\mid P\{D_T+T_K\leqslant Q_{max}\}=p$$

或：$Q_{max}=D_T+T_K\mid P\{D_T+T_K>Q_{max}=q$

3．第次订货量的确定

在定期订货法中，每次的订货量一般都是不一样的，跟每次订货时还剩下的库存量有关。第 i 次的订货量由下式确定：

$$Q_i=Q_{max}-Q_{Ki}$$

式中，Q_{Ki} 是第次盘点求出的实际库存量。

(三)价格折扣采购策略

所谓价格折扣，就是供应商规定的价格随订货批量变化的促销策略。销售批量的大小对供应商来说很重要。销售批量大，可以：(1)减少销售时间，减轻销售劳动量；(2)减少商品的保管费用；(3)减少多次零售磅秤的误差积累；(4)减少订货费用；(5)简化包装装卸和检验的劳动量；(6)提高物资周转率和经济效益。所以，为了谋求大销售批量的利益，供应商往往采用价格折扣的促销策略。

在供应商采取价格折扣的情况下，采购员是否一定要接受折扣呢？答案是：不一定。这要好好算一算，看一看是否真合算。

如图 5—9—2 所示：设原来的价格为 K，一般用户在这种价格水平下采取按经济订货批量订货的对策。若供应商规定当订货批量大于等于 Q_1 时，价格取折扣 δ，即价格为 $(1-\delta)K$，这时采购员就需要确定，是接受折扣，按 Q_1 订货，还是不接受折扣仍按原来的经济订货批量订货。这就是这里所要讨论的问题。

这里介绍选择采购批量的两种考虑方法。

1．节约比较法

即比较折扣前后的费用，看接受折扣后是不是节省费用。如果节省费用，就接受折扣、按折扣点数量订货；如果接受折扣后费用反而升高，则不接受折扣、还按原来的订货批量订货。与折扣有关的费用有三项：订货费、保管费和购买费。接受折扣就意味

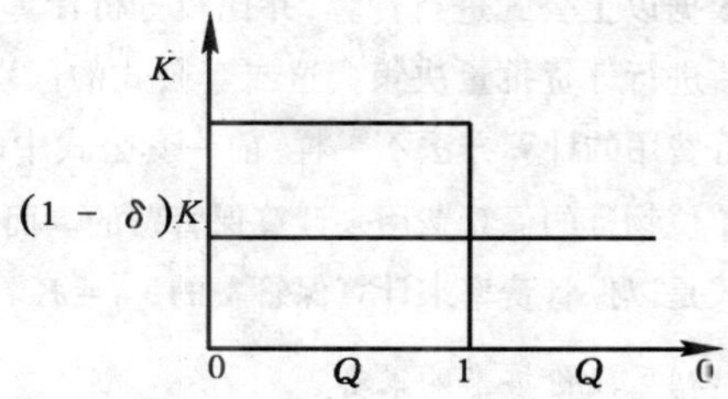

图　5—9—2

着订货批量增加，这样会导致购买费用的节省、订货费用的节省和保管费用增加。购买费用的降低量为 $\Delta\overline{C_3}=\delta KR$，订货费用的降低量为：

$$\Delta\overline{C_0}=\frac{R}{Q^*}c_0-\frac{R}{Q_1}c_0=R\,co\left(\frac{1}{Q^*}-\frac{1}{Q_1}\right)$$

保管费用的增加量为：$\Delta\overline{C_1}=\dfrac{Q_1-Q^*}{2}c_1$，或

$$\Delta\overline{C_1}=\frac{Q_1(1-\delta)-Q^*}{2}Kc_i$$

综合考虑三个方面，当节省的费用大于增加的费用时，就可以接受价格折扣。即当：

$$\Delta\overline{C_3}+\Delta\overline{C_0}>\Delta\overline{C_1}$$

或：$\delta KR>\dfrac{Q_1-Q^*}{2}c_1-R\,c0\left(\dfrac{1}{Q^*}-\dfrac{1}{Q_1}\right)$

或：$\delta KR>\dfrac{Q_1(1-\delta)-Q^*}{2}K_{c_1}-Rc0\left(\dfrac{1}{Q^*}-\dfrac{1}{Q_1}\right)$

时，接受折扣，按 Q_1 订货，否则，不接受折扣，仍按 Q^* 订货。

上面的公式中，δ 为折扣率，K 为单价，R 为单位时间销售量，Q^* 为原来的订货批量，Q_1 为折扣点的数量。C_0、C_1、C_3 分别为订货费、保管费和购买费。

2．成本比较法

即比较折扣前后的总费用，看谁的总费用最省。如果接受折扣后总费用省，就接受折扣，按折扣点数量订货，否则不接受折扣，仍按原订货批量订货。总费用由订货费、保管费和购买费三部分构成。

折扣前　$\dfrac{R}{Q^*}\cdot c_0+\dfrac{Q^*}{2}c_1$

或：$\overline{C}(Q^*)=KR+\dfrac{R}{Q^*}\cdot c_0+\dfrac{Q^*}{2}Kc_i$

折扣后 $\overline{C}(Q_1)=K_2R+\dfrac{R}{Q_1}c_0+\dfrac{Q_1}{2}c_1$

或：$\overline{C}(Q_1)=K(1-\delta)R+\dfrac{R}{Q_1}\cdot c_0+\dfrac{Q_1(1-\delta)}{2}K_{c_i}$

根据以上公式进行计算，并比较分析计算的结果然后进行订货批量决策。这二套公式的区别，就是保管费用的计算方法不一样：前一套公式中的 c_1 是以单位物资的保管费用来计算保管费的。而后一套公式是以保管费率来计算保管费的，$c_1 = K_{c_i}$。

（四）区段价格采购策略

所谓区段价格，也是一种价格折扣策略，是多个区段的价格折扣。供应商采用区段价格的目的，也是为了促销。不同的订货批量，采用不同的销售价格，批量越大，价格折扣越多，销售价格就越低。如图 5—9—3 所示。

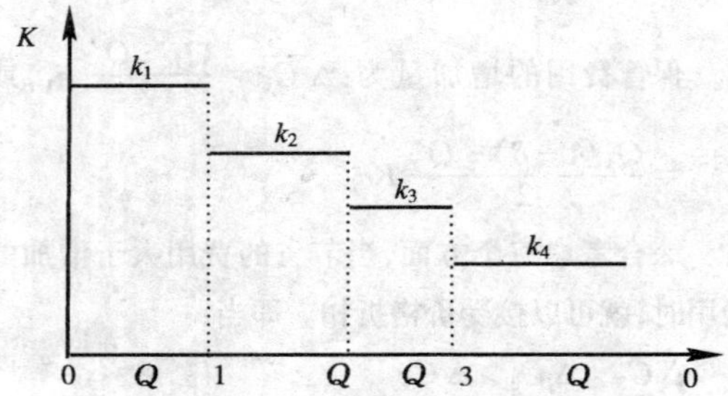

图 5—9—3

区段价格的原理还是成本比较法，只是要进行多个区段的成本比较。为了减轻工作量，可以采用一些简化方法。具体分成以下几步：

第一步，整理资料，分清区段。要把各个区段的上下界点、区段价格认真整理清楚，最好画成数轴示意图，以达到直观明了的目的（见图 5—9—4）。要注意的是，界点值都是落在高区段中，采用高区段价格，不是落在低区段，不采用地区段的价格。假设一共有 n 个区段。

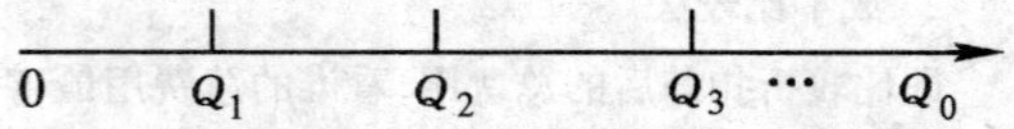

图 5—9—4

第二步，求各区段的经济订货批量。

$$Q_i^* = \sqrt{\frac{2c_0R}{K_ic_i}} \qquad (i=1,2,\cdots,n)$$

第三步，从最高区段 n 开始，比较 Q_i^* 和 Q_{i-1}，如果 $Q_i^* < Q_{i-1}$，则 $i=i-1$，即转入较低区段（$i-1$）的比较；如在某个区段 i 的比较中有：$Q_i^* \geqslant Q_{i-1}$，则取 $Q_i^*, Q_i, Q_{i+1}, \cdots, Q_n$ 各点中总费用 $C(Q_i^*)$、$C(Q_i)$、$C(Q_{i+1})$、…、$C(Q_n)$ 最小的点的对应的数量作为订货批量。停止（见图 5—9—5）。

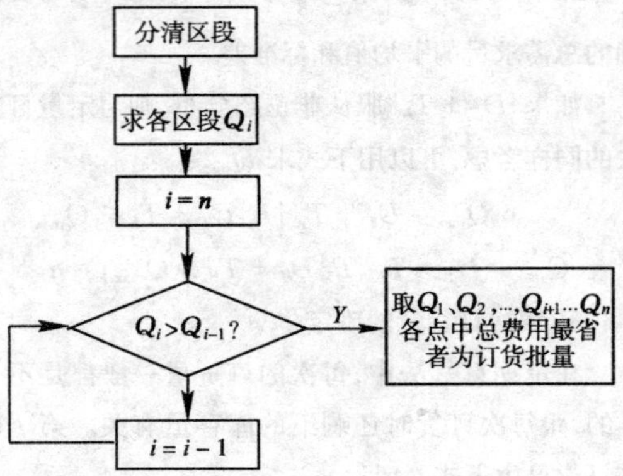

图 5—9—5

例：供应商某种物资设有区段价格如表 5—9—1。采购企业年需求量为30 000件。每次订货费 25 元，年保管费率 20%。求采购者选择订货批量多大最合适。

表 5—9—1

序号 i	区段范围	区段价格
1	9 001 以上	0.135
2	7 001～9 000	0.155
3	5 001～7 000	0.17
4	3 001～5 000	0.19
5	1～3 000	0.21

可以分以下几步来处理：

①画区段图，求出各个区段的经济订货批量。见图 5—9—6。

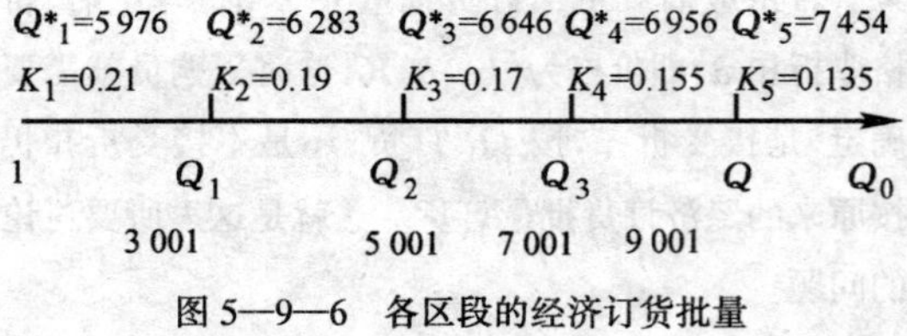

图 5—9—6 各区段的经济订货批量

各个区段的经济订货批量的计算公式如下：

$$Q_i^* = \sqrt{\frac{2c_0R}{K_ic_i}} \quad (i=1,2,3,4,5)$$

计算结果填入图 5—9—6 各个相应区段中。

②从最高区段 $i=5$ 开始，比较 Q_i^* 和 Q^{i-1}。当 $Q_i^* < Q_{i-1}$ 时，转第 $i-1$ 区段，直到 $Q_i^* > Q^{i-1}$ 时为

止。这时比较 Q_i^*、Q_i、$Q_{i+1}\cdots Q_n$ 各点中总费用 $C(Q_i^*)$、$C(Q_i)$、$C(Q_{i+1})$、…、$C(Q_n)$，其中最小者所对应的数量为订货批量。在这里，因为 $Q_5^* < Q_4$，$Q_4^* < Q_3$，$Q_3^* < Q_2$，所以比较 $C(Q_3^*)$、$C(Q_3)$、$C(Q_4)$：

$$\overline{C}(Q_3^*) = KR + \frac{R}{Q_3^*}\cdot c_0 + \frac{Q_3^*}{2}Kc_i = 5\,326$$

$$\overline{C}(Q_3) = K(1-\delta)R + \frac{R}{Q_3}\cdot c_0 + \frac{Q_3(1-\delta)}{2}Kc_i = 4\,865$$

$$\overline{C}(Q_4) = K(1-\delta)R + \frac{R}{Q_4}\cdot c_0 + \frac{Q_4(1-\delta)}{2}Kc_i = 4\,254$$

因为 $C(Q_4)$ 最小，所以取 $Q_4 = 9\,001$ 作为最佳的订货批量。

这就是采购者在区段价格面前做出的采购批量决策的全过程。

(五)联合订购采购策略

1. 不同品种相同周期联合订购

不同品种相同周期的联合订购的基本方法原理是把联合订购的各个品种归为一个组，作为一个整体综合考虑它们的库存费用和订货费用，求得使总费用最低的共同订货周期。

假设第 i 个品种的需求速率为 R_i，单位物资单位时间的保管费用为 c_{1i}，在联合订购中各自的订货批量为 Q_i，联合订购的一次订货费用为 c_0，联合订购的订货周期为 T。则共同的订货周期 T^* 和每个品种的订货量 Q_i^* 分别用以下公式确定：

$$T^* = \sqrt{\frac{2c_0}{\sum R_i c_{1i}}}$$

$$Q_i^* = R_i\sqrt{\frac{2c_0}{\sum R_i c_1}}\,(i = 1, 2, \cdots, n)$$

例：A、B、C 三个品种联合订购，基本数据如表 5—9—2。求联合订购的订货周期，各自订货批量和总平均费用。

表 5—9—2

	R_i(件/年)	C_{1i}(元/件年)	C_0(元)
A	5 000	0.50	
B	3 250	1.00	125
C	2 900	0.75	

解：为求各个品种的订货批量，先求 $\sum R_{ici}$。

$$\sum R_{ici} = 5\,000\times 0.5 + 3\,250\times 1.00 + 2\,900\times 0.75 = 7\,925(\text{元/年})$$

这样共同的订货周期和各个品种相应的订货批量分别为：

$$T^* = \sqrt{\frac{2c_0}{\sum R_i c_{1i}}} = \sqrt{\frac{2\times 125}{7\,925}} = 0.177\,6(\text{年})$$

$$Q_A^* = T^* R_A = 0.177\,6\times 5\,000 = 888(\text{件})$$

$$Q_B^* = T^* R_B = 0.177\,6\times 3\,200 = 577(\text{件})$$

$$Q_C^* = T^* R_C = 0.177\,6\times 2\,900 = 515(\text{件})$$

$$Q^* = R_A^* + Q_B^* + Q_C^* = 888 + 577 + 515 = 1\,980(\text{件})$$

$$\overline{C^*} = \sqrt{2c_0\sum c_{1i}R_i} = \sqrt{2\times 125\times 7\,925} = 1\,403(\text{元/年})$$

这就是说，A、B、C 三个品种都以 0.177 6 年的订货周期同时订货，A 的订货批量取 888 件、B 的订货批量为 577 件、C 的订货批量为 515 件。

2. 不同品种不同周期联合订购

不同品种不同周期的联合订购的方法原理，是设定一个基准周期 T，把各品种单独订购的经济订货周期都化成这个基准周期的简单倍数。以基准周期连续运行，在不同的基准周期实行不同品种的联合订购。每个品种都在自己的简单倍数所在的基准周期中联合订货。

设各品种的共同订货费为 C_{00}，各自订货费为 C_{0j}，保管费为 C_{1j}。计算步骤如下：

(1)先求各自订货周期 T_j：$T_j^* = \sqrt{\dfrac{2C_{0j}}{C_{1j}R_j}}$

(2)取 T_j 中最小的作为基准周期，其余都转化为其整数倍：

$$T_0 = \min\{T_j\}$$

$$T_j = [\alpha_j]T$$

其中，$\alpha_j = T_j/T_0$，$[\alpha_j]$为不大于 α_j 的整数。

(3)求基准周期 T^*：$\overline{C}(T_0) = \dfrac{C_{00}}{T_0} + \sum\dfrac{C_{0j}}{T_j} + \dfrac{1}{2}\sum_{j=1}^{n} C_{1j}\cdot R_j\cdot T_j$，令 $\dfrac{\partial\overline{C}(T_0)}{\partial T_0} = 0$ 得：

$$T^* = \sqrt{\frac{2(C_{00} + \sum_j \frac{C_{0j}}{[\alpha_j]})}{\sum C_{1j}R_j[\alpha_j]}}$$

特别地当 C_{0j} 都等于 C_0 时，则：

$$T^*=\sqrt{\frac{2(C_{00}+nC_0)}{\sum C_{1j}R_j}}$$

例：同组五个品种实行联合订货，C_{0j}、C_{1j}、R_j 如表 5—9—3，$C_{00}=40$ 元，求 T_0^* 和(T_0)。

表 5—9—3

品　名	1	2	3	4	5
R_j(件/年)	100	80	100	25	15
C_{1j}(元/件年)	10	8	1	3	2
C_{0j}(元)	5	4	2	3.5	5
T_j(年)	0.1	0.11	0.2	0.31	0.58
α_j	1	1.1	2.0	3.1	5.8
$[\alpha_j]$	1	1	2	3	5

(1)求 T_j：

$$T_1=\sqrt{\frac{2C_{01}}{C_{11}R_1}}=\sqrt{\frac{2\times 5}{10\times 100}}=0.1$$

$$T_2=\sqrt{\frac{2C_{02}}{C_{12}R_2}}=\sqrt{\frac{2\times 4}{8\times 80}}=0.1$$

$$T_3=\sqrt{\frac{2C_3}{C_{13}R_3}}=\sqrt{\frac{2\times 2}{1\times 100}}=0.20$$

$$T_4=\sqrt{\frac{2C_{04}}{C_{14}R_4}}=\sqrt{\frac{2\times 3.5}{3\times 25}}=0.31$$

$$T_5=\sqrt{\frac{2C_{05}}{C_{15}R_5}}=\sqrt{\frac{2\times 5}{2\times 15}}=0.58$$

(2)求 α_j，$[\alpha_j]$：

$$\alpha_1=\frac{T_1}{T_0}=\frac{T_1}{T_1}=1.0 \qquad [\alpha_1]=1$$

$$\alpha_2=\frac{T_2}{T_0}=\frac{T_2}{T_1}=1.1 \qquad [\alpha_2]=1$$

$$\alpha_3=\frac{T_3}{T_0}=\frac{T_3}{T_1}=2.0 \qquad [\alpha_3]=2$$

$$\alpha_4=\frac{T_4}{T_0}=\frac{T_4}{T_1}=3.1 \qquad [\alpha_4]=3$$

$$\alpha_5=\frac{T_5}{T_0}=\frac{T_5}{T_1}=5.8 \qquad [\alpha_5]=5$$

(3)求 T_0^*：

$$T^*=\sqrt{\frac{2\left(C_{00}+\sum_j \frac{C_{0j}}{[\alpha_j]}\right)}{\sum_j C_{1j}R_j[\alpha_j]}}=0.22$$

(4)求各自的订货周期：

$$T_j^*=[\alpha_j]T_0^*$$

算得：$T_1^*=0.22$ 年、$T_2^*=0.22$ 年、$T_3^*=0.44$ 年、$T_4^*=0.66$ 年、$T_5^*=1.1$ 年，即第一、二个品种每个订货周期都订（订货周期为 0.22 年，即约 2.5 月），第三个品种每隔一个周期订一次，第四个品种每隔二个周期订一次，第五个品种每隔 4 个周期订一次。

(六)准时化采购策略

美国超级市场除了商店货架上的货物之外，是不另外设仓库、设库存的。商场每天晚上都根据今天的销售量来预计明天的销售量而向供应商发出订货。第二天清早供应商按指定的数量送货到商场，有的供应商一天还分二次送货，基本上按照用户需要的品种、需要的数量、在需要的时候、送到需要的地点。所以基本上每天的送货刚好满足了用户的需要，没有多余，也没有库存，也没有浪费。

在超级市场模式下，超级市场是需方，供应商给超级市场进行准时化供货，它们之间的采购供应关系，也就是一种准时化的采购模式（见图 5—9—7）。

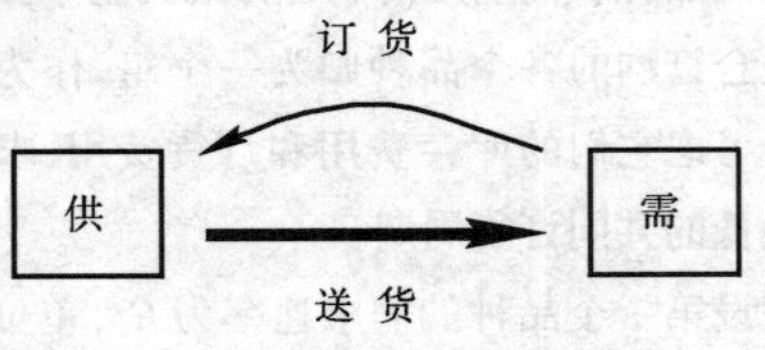

图 5—9—7　供需节

1.JIT 采购的原理和优点

JIT 采购的原理主要表现在以下几个方面：

(1)与传统采购面向库存不同，准时化采购是一种直接面向需求的采购模式。它的采购送货是直接送到需求点上。

(2)用户需要什么，就送什么，品种规格符合客户需要。

(3)用户需要什么质量，就送什么质量，品种质量符合客户需要，拒绝次品和废品。

(4)用户需要多少，就送多少，不少送，也不多送。

(5)用户什么时候需要，就什么时候送货，不晚送，也不早送，非常准时。

(6)用户在什么地点需要，就送到什么地点。

这几条，做到了很好地既满足用户的需求，又使得用户的库存量最小，用户不需要设库存，只在货架上有一点临时的存放，一天销售完毕，这些临时存放就消失，库存完全为零，真正实现了零库存。

这样的采购模式，就是JIT采购模式。

2.JIT采购的特点

从表5—9—4，我们看出，JIT采购和传统的采购方式有许多不同之处，其主要表现在如下几个方面。

表5—9—4　JIT采购与传统采购的区别

项目	JIT采购	传统采购
采购批量	小批量，送货频率高	大批量，送货频率低
供应商选择	长期合作，单源供应	短期合作，多源供应
供应商评价	质量、交货期、价格	质量、价格、交货期
检查工作	逐渐减少，最后消除	收货、点货、质量验收
协商内容	长期合作关系、质量和合理价格	获得最低价格
运输	准时送货、买方负责安排	较低成本、卖方安排
文书工作	文书工作少、需要的是有能力改变交货时间和质量	文书量大，改变交货期和质量的采购单多
产品说明	供应商革新、强调性能宽松要求	买方关心设计、供应商没有创新
包装	小、标准化容器包装	普通包装、无特别说明
信息交流	快速、可靠	一般要求

(1)采用较少的供应商，甚至单源供应。单源供应指的是对某一种原材料或外购件只从一个供应商那里采购；单源供应是JIT采购的基本特征之一。

从实际工作中看，许多企业也不是很愿意成为单一供应商。原因很简单，一方面供应商是具有独立性较强的商业竞争者，不愿意把自己的成本数据披露给用户；另一方面是供应商不愿意成为用户的一个产品库存点。实施JIT采购，需要减少库存，但库存成本原先是在用户一边，现在转移到供应商。因此用户必须意识到供应商的这种忧虑。

(2)采取小批量采购的策略。小批量采购是JIT采购的一个基本特征。

(3)对供应商选择的标准发生变化。由于JIT采购采取单源供应，因而对供应商的合理选择就显得尤其重要。可以说，能否选择到合格的供应商是JIT采购能否成功实施的关键。合格的供应商具有较好的技术、设备条件和较高的管理水平，可以保障采购的原材料和外购件的质量，保证准时按量供货。

(4)对交货准时性的要求更加严格。JIT采购的一个重要特点是要求交货准时，这是实施准时生产的前提条件。

(5)从根源上保障采购质量。实施JIT采购后，企业的原材料和外购件的库存很少以至为零。因此，为了保障企业生产经营的顺利进行，采购物资的质量必须从根源上抓起。

(6)对信息交流的需求加强。JIT采购要求供应与需求双方信息高度共享，保证供应与需求信息的准确性和实时性。

(7)可靠的送货和特定的包装要求，可靠的送货是实施JIT采购的前提条件。而采用标准规格可重复使用的容器包装，既可提高运输效率，又能保证交货的准确性。

(七)供应链采购策略

1. 供应链采购操作

供应链采购是指供应链内部企业之间的采购。供应链内部的需求企业向供应商企业采购订货，供应商企业将货物供应给需求企业。对于商业企业来说，商业企业可以作为供应链的核心企业，其供应商可以作为供应链的上游供应链企业，实现核心企业向供应商企业的采购。

要进行供应链采购管理，首先需要进行信息系统建设，为实现信息传输、信息共享做准备例如建立销售管理信息系统，开发POS系统，条码系统，把销售时点信息用计算机管理起来。用条码识别的方式记录每个顾客的购买时间、购买品种、购买数量、购买金额等信息，将所有的销售记录都存储在计算机磁盘中，并且把企业内部网和因特网联系在一起同时供应商也建立起企业内部网，并且也和因特网联系在一起。双方实现销售数据等信息的传递。也可以用通过网用EDI把电子数据或电子票据变成格式化的数据传输到对方。实现销售信息共享，可让供应商随时掌握商业企业的销售情况，便于供应商根据传送来的POS信息，及时调整自己的生产计划和材料采购计划。当销售情况呈增长趋势时，他们就增加生产，当商品销售呈下降趋势时，他们就减少生产。这样，真正做到了需要多少就生产多少，不少生产也不多生产，既满足了销售的需要，也最大地消除了浪费。不但商业企业没有多的库存，供应商也没有多的库存，形成了一种利益共同体的关系。

为了进一步加强供应链关系，实现资源优化配置、加强相互权利和责任、合理分配利润关系，商业企业又实行让供应商管理库存的VMI(即Vendo Managemented Inventory，供应商掌握库存)制度。即把商场里的库存，包括货架上所有没有卖出的商品都归于供应商所有，商业企业只管销售。这样如果库存积压或者缺货，都由供应商承担损失。而只把销售出去的商品作为商业企业的销售收入，实行利润分成。这样，商业企业就完全不用管理库存，也不要为每一种货物的采购订货操心，实行一种无采购操作的采购方式。供应商主动、自觉、适时适量地补充库存，而且精心操作、主动实行库存控制。因为无论库存积压、还是缺货都会使供应商遭受损失。所以供应商为了避免损失、增加利润，精心地根据销售时点数据POS信息，认真研究销售变化动向，组织适时适量生产和供货，不少也不多，刚好满足销售，没有多的积压库存。

供应商为了实现自己的利润最大化、最大地消除浪费，实行小批量多频次地连续补充货物的CRP(即Continuous Replenishment Program，连续补充货物程序)供货方式。销售一点就补充一点。既满足需要，又库存最小，既降低了成本，又提高了效益。当然多频次地送货，可能增加送货费用，这时可以采取联合送货方式降低送货成本。

这种连续补充货物的方式的另一个好处，就是能够灵敏地适应市场需求的变化。因为零售市场，市场需求变化，非常迅速。今日好销的商品，说不定明天就销不动了。实行小批量连续补充货物，由于基本上当天的货物当天销完，没有多的库存，所以明天市场需求变化，就不会使自已造成损失。如果明天需求增加，由于连续补充货物，供应商又可增加补充货物的数量和频次，使得用户需求能够得到满足。这个又叫做快速响应QR。所谓QR是一种灵敏地响应市场需求变化的管理技术。它与JIT(Just In-Time)技术的原理差不多，也是需要的时间、将需要的品种、按所需要的数量、送到需要的地点，恰好满足用户的需要。

这就是供应链采购的操作方式。它可以基本省去了商业企业的采购操作活动，而能够达到最完满的采购效果。

2．供应链采购管理的原理和特点

供应链采购与传统的采购相比，物资供需关系没变，采购的概念没变，但是，由于供应链各个企业之间是一种战略伙伴关系，采购是在一种非常友好合作的环境中进行，所以采购的观念和采购的操作都发生了很大变化。其区别如表5—9—5所示。

表5—9—5 供应链采购与传统采购的区别

项目	供应链采购	传统采购
基本性质	基于需求的采购	基于库存的采购
	供应方主动型、需求方无采购操作的采购方式	需求方主动型、需求方全采购操作的采购方式
	合作型采购	对抗型采购
采购环境	友好合作环境	对抗竞争环境
信息关系	信息传输、信息共享	信息不通、信息保密
库存关系	供应商掌握库存	需求方掌握库存
	需求方可以不设仓库、零库存	需求方设立仓库、高库存
送货方式	供应商小批量多频次连续补充货物	大批量少频次进货
双方关系	供需双方关系友好	供需双方关系敌对
	责任共担、利益共享、协调性配合	责任自负、利益独享、互斥性竞争
货检工作	免检	严格检查

由表5—9—5可以看出，供应链采购有以下特点：

(1)从采购性质看

供应链采购是一种基于需求的采购。需要多少就采购多少，什么时候需要就什么时候采购。采购回来的货物直接送需求点进入消费。传统采购则是基于库存的采购，采购回来的货物直接进入库存，等待消费。

供应链采购是一种供应商主动型采购，由于供应链的需求者的需求信息随时都传送给供应商，所以供应商能够随时掌握用户需求信息，能够根据需求状况、变化趋势，及时调整生产计划、及时补充货物，主动跟踪用户需求，主动适时适量地满足用户需要。由于双方是一种友好合作的利益共同体，如果需求方的产品质量不好、销售不出去的话，供应商自己也会遭受损失，所以供应商会主动关心产品质量，自觉把好质量关，保证需求方的产品质量。因此需求方完全可以不用操心采购的事情，只要到时候支付货款就行了。这对需求方来说，是一种无采购操作的采购方式。供应链采购看起来好像是供应商的事情而不是需求方的事情了。

而传统采购则必须靠用户自己主动承担全部采购任务。因为他的需求信息供应商不知道，供应商的信息他不知道，所以他必须自己主动去采购。这要花费很多时间去调查供应商、调查产品、调查价格，然后选择供应商，去和供应商洽谈、订合同，然后还要联系进货，还要费时费力进行严格的货检。对于需求方来说，这是一种全采购操作的采购方式。而供应商则完全处于一种被动、无关的地位。

供应链采购是一种合作型采购，双方为了产品能在市场上占有一席之地、获得更大的经济效益，分别从不同的角度互相配合、各尽其力，所以在采购上也是互相协调配合，努力提高采购工作的效率、最大限度地降低采购成本、最好地保证供应。

而传统采购是一种对抗性采购。由于双方是一种对抗性竞争关系，所以贸易双方互相保密，唯我主义，只顾自己获取利益，甚至还互相算计对方，因此贸易谈判、货物检验等都非常吃力。双方不是互相配合、而是互相不负责任，甚至是互相坑害，常常是以次充好、低价高卖，赚了一笔是一笔。所以需求方必须时时小心、处处小心，有时甚至是防不甚防。这样花在采购上的人员、时间、精力、费用确实很高。

(2)从采购环境看

供应链采购是一种友好合作的环境，而传统采购是一种利益互斥、对抗性竞争环境。这是二种采购制度的根本区别。由于采购环境不同，才导致了许多观念上、操作上的不同。供应链采购的根本特征就是有一种友好合作的供应链的采购环境。这是它根本的特点，也是它最大的优点。

(3)从信息情况看

供应链采购一个重要的特点就是供应链企业之间实现了信息连通、信息共享。供应商能随时掌握用户的需求信息，掌握用户需求变化的情况。也就能够根据用户需求情况和需求变化情况，主动调整自己的生产计划和送货计划。供应链各个企业可以通过计算机网络进行信息沟通和业务活动。这样足不出户，就可以很方便地利用计算机网络协调活动，进行相互之间的业务处理活动。例如发订货单、发发货单、支付货款等。当然，信息传输、信息共享，首先要求每个企业内部的业务数据要信息化、电子化，没有企业内部的信息网络，就不可能实现企业之间的数据传递和数据共享。因此，供应链采购的基础就是要实现企业的信息化、企业间的信息共享，也就是要建立企业内部网络(Intranet)、企业外部网络(Extranet)，并且和因特网(Internet)连通。

(4)从库存情况看

供应链采购是由供应商管理库存，用户的库存由供应商管理。用户没有库存，即零库存。这意味着，用户无需设库存、无需关心库存。这样做，有很多好处：第一，用户零库存，可以大大节省费用、降低成本、专心致志地搞好本地工作，发挥核心竞争力，可以提高效率。因而既可以提高企业的经济效益，也可以提高供应链的整体效益。第二，供应商掌握库存自主权，可以根据需求变动情况，适时地调整生产计划和送货计划，既避免盲目生产造成的浪费，也可以避免库存积压、库存过高所造成的浪费以及风险。同时由于这种机制把供应商的责任(产品质量好坏)与利益(销售利润的多少)相联系，因此会加强供应商的责任性，自觉去提高用户满足水平和服务水平。这样供需双方都获得了效益。而传统的采购由于卖方设置仓库、管理库存，很容易一方面造成库存过高积压，另一方面又可能缺货、不能保证销售，还会造成精力分散、工作效率低。这样服务水平、工作效率、经济效益都会受到严重影响。

(5)从送货情况看

供应链采购是由供应商负责送货，而且是连续小批量多频次地送货。这种送货机制可以大大降低库存，以至实现零库存。因为它送货的目的是直接满足需要，需要多少就送多少，什么时候需要就什么时候送。这样就没有多的库存，可以降低库存费用；又保证满足需要，不缺货；可以根据需求的变化，随时调整生产计划，可以不多生产、不早生产，因而节省了原材料费用和加工费用；同时由于紧紧跟踪市场需求的变化，能够灵活适应市场变化、避免库存风险。而传统采购是大批量少频次地订货进货，库存量大,费用高,风险也大。

(6)从双方关系看

供应链采购活动中,买方企业和卖方企业是一种友好合作的战略伙伴关系,互相协调、互相配合、互相支持,所以有利于各个方面工作的顺利开展,提高工作效率、实现双赢。而传统采购中,买方与卖方是一种对抗性的买卖关系,一个赢,另一个必然输,总是互相防备、互相封锁、互相不信任、不配合、甚至互相坑害,所以办什么事都很难,工作效率低。

(7)从货检情况看

传统采购由于是一种对抗关系,所以货物会常常以次充好、低价高卖,甚至伪劣假冒、短斤少两,所以买方进行货检的力度大,工作量大,成本高。而供应链采购,由于供应商自己责任与利润相连,会自我约束保证质量,所以可以免检。这样大大节约了费用、降低了成本、保证了质量。

从以上的比较可以看出,供应链采购与传统的采购相比,无论在观念上、做法上都有很大区别,确有革命性的变化。供应链采购具有显著的优越性。

(八)电子商务采购策略

1. 电子商务采购的概念

所谓电子商务采购,就是利用电子商务形式进行的采购活动。因为电子商务主要是在计算机网络上进行的,所以电子商务采购又称之为网上采购。

虽然都叫做电子商务采购,但是电子商务的方式是多种多样的,因此电子商务采购的方式也可以有多种方式,其中最主要的是二种方式:(1)网上招标、网上采购;(2)网上招标、网下采购。

网上采购的特点:

(1)公开性:既然在网上采购,由于因特网有公开性的特点,全世界都可以看到采购方的招标公告,谁都可以前来投标。

(2)广泛性:网络没有边界,所有的供应商都可以向采购方投标,采购方也可以调查所有的供应商。

(3)交互性:电子商务采购过程中,采购方与供应商的网上联系非常方便,可以通过电子邮件或聊天方式进行信息交流,既方便、迅速,又成本低。

(4)低成本:网上操作可以节省大量人工业务环节,省人、省时间、省工作量,总成本最小。

(5)高速度:网上信息传输速度快。

(6)高效率:有以上几点综合起来,显然是高效率。

2. 电子商务采购的步骤

网上采购过程的一般步骤如下:

(1)建立企业内部网,建立起管理信息系统,实现业务数据的计算机管理。

(2)建立起企业的电子商务网站。在电子商务网站的功能中,应当有电子商务采购的功能。

(3)利用电子商务网站和企业内部网络收集企业内部各个单位的采购申请。

(4)对企业内部的采购申请进行统计整理,形成采购招标任务。

(5)针对既定的电子商务采购任务进行网上采购的策划和计划。

(6)实施网上采购:

①设计采购招标书;

②发布招标公告;

③各个供应商编写投标书,向采购方的电子商务网站投标;

④采购方收集投标书;进行供应商调查和信息联系;

⑤组织评标小组、进行评标;

⑥把评标结果在网上公布;

⑦通知中标单位,订立采购合同;

⑧采购合同实施。

在上面所述的网上采购过程中,在企业的内部,采购申请主要通过 Intranet 进行传递。在申请被批准并形成订单后,在企业外部的因特网上进行网上采购,途径也十分多样化。目前,国际流行的网上采购数据传送途径主要包括以下几种形式:电子商务网站招标;人工向供应商发送电话或书面文件、传真订购;向供应商发送电子邮件订单;向供应商的站点提交订单;与供应商的 ERP 系统进行集成;电子交易平台等。但是最常用的还是电子商务网站招标。我们这里主要采用这一种形式。

以电子商务网站作为交易平台,为买方和卖方提供了一个快速寻找机会、快速匹配业务和快速交易的电子商务社区。供需双方能够快速建立联系,从而使企业采购操作能快捷方便地进行。在电子商务交易平台中，由于所有的供应商家都能得到相同质量的服务，并遵照共同标准的协议进行交易处理，体现了公开、公平、公正，一视同仁。另外利用电子商务交易平台，商家之间的信息沟通更加便利。

3. 电子商务采购的模型及模块功能设计

现阶段我国企业信息化基础较为薄弱，电子商务采购的重点应放在企业信息流和资金流的有效集成上，解决采购与财务结算中的瓶颈问题，以确保网上采购行为的正常畅通。为此，提出如图 5—9—8 所示的网上采购模型。

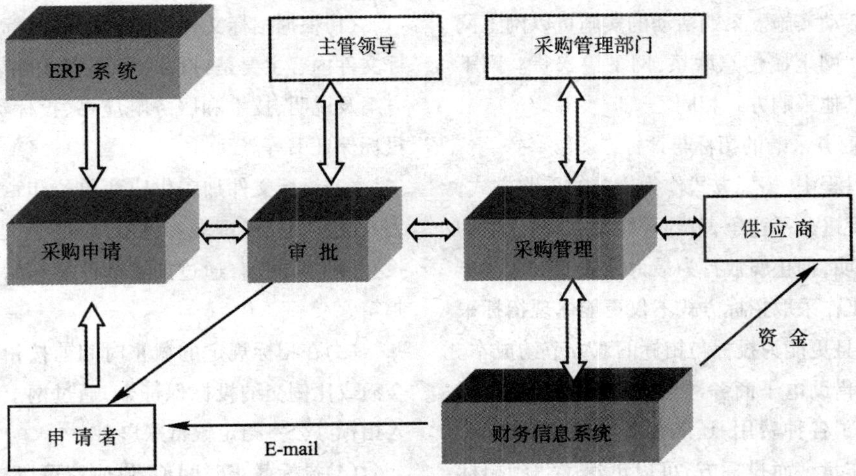

图 5—9—8　电子商务网上采购内部模型

在这一模型中，将网上采购划分为企业内部采购申请、采购审批和采购管理 3 个功能模块。各模块的具体功能描述如下：

(1)采购申请模块

接受公司员工提出的产品(如办公用品、书籍或电脑零配件)或服务申请；接受企业关键原材料供应部门或生产部门提交的采购申请；接受企业 ERP 系统自动提交的原材料采购申请。

公司员工提交申请或供应部门手工提交申请，都应通过浏览器登录网上采购站点的页面进行，ERP 系统的采购单据则可根据数据交换标准自动传递。

(2)采购审批模块

根据预设的审批规则自动审核并批准所接收到的任何申请。

对于企业内部提交的、并经审批通过的产品申请，直接向仓库管理系统检查库存，如库存已有，立即通知申请者领用，如库存没有，采用 Email 通知申请者，申请已批准，正在采购中。

对于审批未获通过的申请，立即通知或邮件通知申请者，申请由于何种原因未获批准，请修改申请再重新申请。

通过审批无法确定是否批准或否决的申请，邮件通知申请者的主管领导，由领导登录采购系统的 URL，审批申请。

对于已通过的采购申请，一方面要邮件通知申请者，另一方面还要提交给采购管理模块。

(3)采购管理模块

采购管理模块主要有以下功能：

①采购管理部门针对已经审批通过、并且需要进行网上采购的采购任务，进行统计整理，同时进行网上采购策划，制订采购计划。例如采购程序、进度、政策、招标书的规范、评标小组的策划、评价指标体系等。

②设计招标书，发布招标公告。招标书可以比较简单，主要说明招标任务、内容和要求，招标程序，时间进度，评标原则、标准和定标方法等。招标书可以采取招标公告形式发表，也可以附在招标公告上发表。招标公告可以在企业自己的电子商务网站发布，也可以链接到某些著名的门户网站、或在著名的广告公司注册，这样可以扩大宣传范围。

③招标公告在电子商务网站发布以后，收集各

个供应商的投标。并且注意调查各个供应商的情况、进行信息沟通。

④建立评标小组和评标指标体系，组织评标。评标方式可以在网下，也可以在网上进行。

⑤公布评标结果，确定中标单位。

⑥与中标单位签订采购合同。

⑦采购活动实施。采购活动的实施可以网上网下结合进行。网上搞信息联系，网下搞送货。网下进货程序和其他采购方式相同。

4. 电子商务采购的招标与评标

在采购过程中，招标方式作为主要的采购方式，已被证明是促进公平竞争，节约采购资金，保证采购过程公开、透明，抑止腐败行为最为有效的方式。电子商务采购工作采取招标方式不仅更能体现招标采购的目的，而且更能为投标与招标的双方节约成本。作为招标方，借助电子商务网站，在 WEB 上发布招标信息，节省了各种费用，还能节省时间，减少了企业招标的工作量。而投标方，可以迅速了解到招标信息，而且这种获得的信息对谁都是一样的，这就体现了招标工作的公开与公正。投标方投标也可以采取通过网络传输的方式，不但节省时间，而且也节省费用。

网上采购的招标工作主要有以下几方面：

(1)由招标办公室拟定招标采购工作计划，其主要内容包括：招标物资名称、规格、数量、技术质量标准、估价金额、用途、招标时间、聘请专家人数，然后报公司主管领导批准，再按确定的招标方式开展招标活动。

(2)招标工作要本着“公开选购、公平竞争、公正交易”的原则，严格按程序办事，任何人不得更改程序和私自插进未经确定的单位参加投标，不得私自与供应厂商串通，泄露招标秘密，如有违反者，严肃处理。

(3)招标办公室于投标截止日前若干个工作日在网上发布招标公告。凡是与招标有关的内容，需要向投标人公开的，一律在网上发布；不能公开的，也不能私下泄漏给任何投标方。

(4)物资采购主办单位，应当根据采购项目的要求认真编制招标文件。招标文件分为两个部分，即“招标标书”和“投标须知”。

(5)物资采购的标底由招标办公室负责人会同主管领导共同编制，并密封保存，在定标前不得泄密。

(6)招标办在向投标供应商提供招标文件前，应按招标文件要求对投标供应商资信进行预审。

对于要投标的供应商的投标程序大致如下：

(1)根据招标文件的要求编制投标文件。其投标文件内容主要是：投标物资明细价格表、投标项目方案及说明、技术和服务响应书、投标资格和资信、投标保证书等。

(2)投标文件加盖供应商单位印章并由法定代表人或其授权代理人签署后，以电子文档的方式在投标截止时间前，通过加密邮件发送给招标指定的邮箱。

(3)在招标规定的截止时间前按招标所规定的金额或比例交纳投标保证金，通过网上电子银行汇入招标办公室指定银行账户上。

(4)投标截止时间前，供应商可以提供补充、修改文件(亦按规定密封)，也可以书面申请撤回投标，这些文件也可以采用加密邮件传送给招标办公室指定的邮箱。

采购项目的开标、评标和定标工作有以下几点：

(1)招标办公室按规定时间和地点组织开标。开标由招标负责人主持，评委会成员、采购部门、使用单位、社会公证机构参加。开标前宣布开、评标方法和标准，该标准应当发布在网上。

(2)开标时应当众检查和启封投标书，宣读供应厂商投标文件的主要内容，宣布评标、定标原则和办法。开标时发现投标文件不符合规定要求的应宣布该投标书无效。公开招标、邀请招标、协商招标均应有两个以上有效投标才能成立。

(3)评标委员会依照“公正、科学、合法”的原则和招标文件要求进行评标。所有的投标标书的相关内容亦应公布在网上，提高公正性。在满足招标文件各项要求的情况下，接近标底最低投标价中标。对于可能引起误会的做法，企业应当给予说明。招标办公室对评标过程进行记录，并作出裁决书，由招标负责人、评标委员会成员签名并备案。

(4)评标结束后，招标办公室应在 3 个工作日内以电子文档的形式向中标厂商发出《中标通知书》，同时向落标厂商发出《落标通知书》。

(5)中标单位在接到《中标通知书》后，应按通知指定时间、地点，签订物资供需合同。

评标是招标投标活动中十分重要的阶段。评标是否真正做到公平、公正，决定着整个招标投标活动是否公平和公正，而且关系到投标的成败。所以评标委员会的组成和工作程序必须有严格的规定。依照《招标投标法》第 37 条的规定，评标委员会必须有技术、经济等方面的专家，且人数不得少于成员总数的 2/3。供应商通过技术咨询对项目的提前介入，不可避免地使用户具有了某种程度上的倾向性，此外从用户的角度往往希望技术先进一些，指标高一些，这在主观上也造成对评标结果的不公。因此缺乏技术专家参与评标委员会往往在技术上会倒向一边，并导致评标委员会中商务与技术两方面的对立。

由于专家评委在评委会中所占比例最重，所以选好专家评委是评委会组成的重要环节。目前招标投标活动集中在政府采购和国家投资的基本建设项目上，因此法规对专家评委资格的规定也主要针对上述两类招标活动。对于一般的企业来说，因为招标活动的行业特色强，专业要求高，以及从成本的角度考虑而不可能建立较大范围的专家库，故而在企业生产采购的实际操作过程中，就应当适当选择专家及其数量。

5. 供应商的评价与选择

通过招标确定采购的项目一般是一次性的采购项目。更多的采购项目可能是具有某种特殊联系的企业之间的长期采购。企业之间是一种长期合作的关系，是战略伙伴。也就是通常说的供应链关系。对于这样的采购，一个很重要的工作就是对供应商的评价与选择。供应商的综合评价选择可以归纳为以下几个步骤(见图 5—9—9)，企业必须确定各个步骤的开始时间，每一个步骤对企业来说都是动态的(企业可自行决定先后和开始时间)，并且每一个步骤对于企业来说都是一次改善业务的过程。

(1)分析市场竞争环境(需求、必要性)

有需求才有必要。建立基于信任、合作、开放性交流的长期采购合作关系，必须首先分析市场竞争环境。目的在于找到针对哪些产品市场开发采购合作关系才有效。这就必须知道现在的产品需求是什么，产品的类型和特征是什么，以确认用户的需求，确认是否有建立采购合作关系的必要。如果已建立采购合作关系，则根据需求的变化确认采购合作关系变化的必要性，从而确认供应商评价选择的必要性。同时分析现有供应商的现状，分析、总结企业的存在问题。

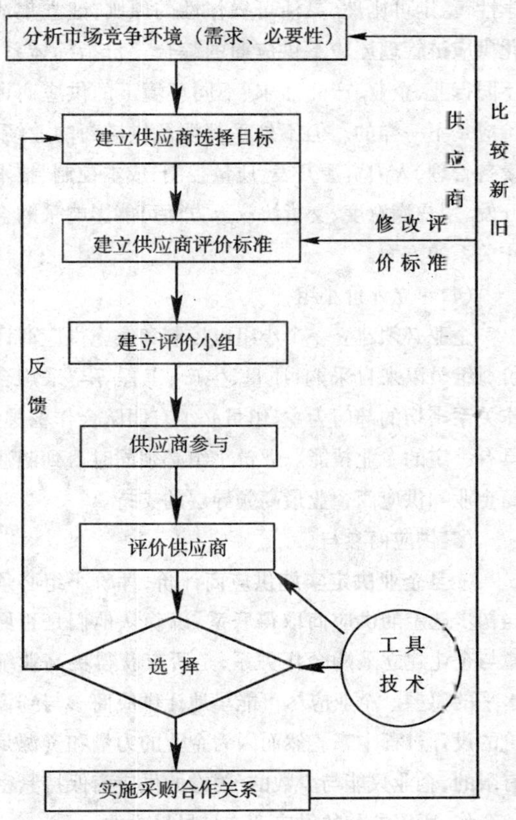

图 5—9—9　供应商评价选择程序图

(2)建立供应商选择目标

企业必须确定供应商评价程序如何实施，信息流程如何，谁负责，而且必须建立实质性、实际的目标。其中降低成本是主要目标之一，供应商评价、选择不仅仅就是一个简单的评价、选择过程，它本身也是企业自身和企业与企业之间的一次业务流程重构过程，实施得好，它本身就可带来一系列的利益。

(3)建立供应商评价标准

供应商综合评价的指标体系是企业对供应商进行综合评价的依据和标准，是反映企业本身和环境所构成的复杂系统不同属性的指标，按隶属关系、层次结构有序组成的集合。根据系统全面性、简明科学性、稳定可比性、灵活可操作性的原则,建立集成化供应链管理环境下供应商的综合评价指标体系。不同行业、企业、产品需求、不同环境下的供应商评价应是不一样的。但不外乎都涉及供应商的业绩、设备管理、人力资源开发、质量控制、成本控制、技术开发、用户满意度、交货协议等方面可能影响采购合作关系的方面。

(4)建立评价小组

企业必须建立一个小组以控制和实施供应商评价。组员以来自采购、质量、生产、工程等与采购合作关系密切的部门为主,组员必须有团队合作精神、具有一定的专业技能。评价小组必须同时得到制造商企业和供应商企业最高领导层的支持。

(5)供应商参与

一旦企业决定实施供应商评价,评价小组必须与初步选定的供应商取得联系,以确认他们是否愿意与企业建立采购合作关系,是否有获得更高业绩水平的愿望。企业应尽可能早地让供应商参与到评价的设计过程中来。然而因为企业的力量和资源是有限的,企业只能与少数的、关键的供应商保持紧密地合作,所以参与的供应商应是尽量少的。

(6)评价供应商

评价供应商的一个主要工作是调查、收集有关供应商的生产运作等全方面的信息。在收集供应商信息的基础上,就可以利用一定的工具和技术方法进行供应商的评价了。

在评价过程后头,有一个决策点,根据一定的技术方法选择供应商。如果选择成功,则可开始实施采购合作关系,如果没有合适供应商可选,则返回到"建立供应商选择目标",再来一轮新的评价选择。

(7)实施采购合作关系

在实施采购合作关系的过程中,市场需求将不断变化,可以根据实际情况的需要及时修改供应商评价标准,或重新开始供应商评价选择。在重新选择供应商的时候,应给予旧供应商以足够的时间适应变化。

6. 电子商务采购的安全事项

在上面的论述中我们多次提到采用网络发布消息,传递报文。在传递的过程中,很有可能被攻击者截获、修改,更有甚者,攻击者可能发送伪造的各种文件,这些都会给电子商务采购带来破坏和损失。因此电子商务采购的安全问题就成为一个非常重要的问题。

为了保障交易各方的合法权益、保证能够在安全的前提下开展电子商务采购,电子商务采购系统必须达到下列安全控制要求:

(1)有效性要求。必须保证电子商务采购活动所传输的数据在确定的时刻、确定的地点是有效的。

(2)可用性要求。安全管理人员能够控制用户的权限,分配或终止用户的访问、操作、接入等权利,被授权用户的访问不能被拒绝,以保障合法用户的权益。

(3)机密性要求。信息存取和信息在传输过程中不能被非法窃取、泄漏;应当保证公共网络商信息的机密性;信息发送和接受是在安全的通道进行,保证通信双方的信息机密;交易的参与在信息交换过程中没有被窃听的危险,非参与方不能获取交易的信息。

(4)完整性要求。电子交易各方信息完整性是电子商务采购的基础。应该防止对信息的随意生成、修改和删除,同时要防止数据传送过程中信息的丢失和重复,并保证信息传送次序的统一。

(5)真实性要求。交易方的身份不能被假冒或伪装,可以有效鉴别确定交易方的身份,能甄别信息、实体的真实性。

(6)反抵赖性要求。电子商务方式下,必须在交易信息的传输工程中为参与交易的个人、企业或服务部门提供可靠的标识。有第三方提供的数字化过程记录,信息的发送方不能抵赖曾经发送的信息、不能否认自己的行为。

(7)可控制性要求。能控制使用资源的人或实体的使用方式。

(8)健壮性要求。对病毒或非法入侵有一定的抵御能力。

(9)审查能力。根据机密性和完整性的要求,应对数据审查的结果进行记录。

二、采购方法选择原理

前面讨论了一些采购策略方法。那么究竟什么情况下选择什么方法呢?

一般,选择商品采购方法应考虑下面二个因素:

(一)商品因素

商品因素,主要是指商品品种价值的高低、重要程度、稀缺程度等。如果商品越重要,价值越高,越珍贵,商业企业就越重视它,采购势在必得。这个时候采购就要采取特别的办法去争取获得。相反,如果商品越不重要,价值越低,越不珍贵,或者随便就可以有代用品,则这样的商品,商业企业不会花太多的代价或精力去获得它。

(二)供应风险

供应风险,是指持续保障供应的可能性。主要包括供应商的数量、供应商竞争激烈程度、供应商长期稳定供应的能力和可能性、采购方对于供应商的重要性等。如果供应商少,供应商供应能力有限,采购方在供应商眼中的地位低,则这种供应的风险就大,这个时候商业企业要采取特别的措施,保证供应安全;如果供应商特别多,供应风险小,则商业企业可以不需要花太多的精力关注这种采购。

由这二个因素组合可以形成 4 种类型(见图 5—9—10)。

由图 5—9—10 可以看出,考虑这二个因素,可以将采购品分成四种类型,分别选用不同的采购方法:

1. 正常采购品

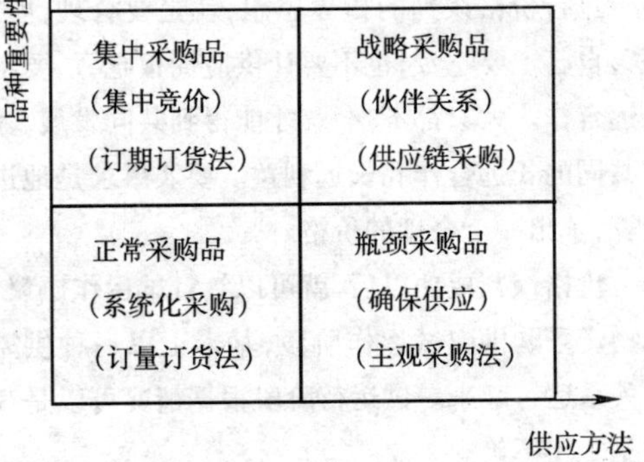

图 5—9—10　采购方法选择矩阵

这一类商品品种不太重要,价格不太高,社会上供应商比较多,供应风险小。所以可以采用定量订货法、联合订购法等。

2. 集中采购品

这一类商品比较重要,价格高,但是社会上供应商比较多,供应风险小。所以可以采用定期订货法、联合订购法等。

3. 战略采购品

这一类商品重要、价格高,但是供应商很少,供应风险大。所以对这一类商品应当和供应商建立供应链伙伴关系,采用供应链采购方式。

4. 瓶颈采购品

这一类商品价值不高,也不太重要,但是供应商很少,甚至独此一家,供应风险大,所以对这一类商品应当采用主观采购法。主观采购法在前面没有讨论,实际上它是凭着人的主观愿望进行随意采购的方法。这时不管是不是成本低、合算不合算,如果有,就买入。

第三节　供应商选择和管理

供应商选择和管理是采购管理中最重要最关键的工作之一。本节讨论供应商选择和管理的若干问题,包括供应商调查、供应商开发、供应商考核、供应商选择,和供应商使用、激励与控制等方面的工作。

一、什么叫供应商管理

商业企业的供应商,可以是生产企业,也可以是流通企业。企业要维持正常的销售经营,就必须要有一批可靠的供应商为企业提供各种各样的商品。可见供应商对商业企业的经营起着非常重要的作用。采购就是直接和供应商打交道而从供应商获得各种商品的,因此采购管理的一个重要工作,就是要搞好供应商管理。

所谓供应商管理,就是对供应商的了解、选择、开发、使用和控制等综合性的管理工作的总称。其中,了解是基础,选择、开发、控制是手段,使用是目的。供应商管理的目的,就是要建立起一个稳定可靠的供应商队伍,为企业生产提供可靠的商品供应。

二、供应商管理的基本环节

供应商管理应当抓好以下几个基本环节:

(一)供应商调查

供应商调查的目的,就是要了解企业有哪些可能的供应商,各个供应商的基本情况如何,为我们了解资源市场以及选择企业的正式供应商做准备。

供应商的调查分为初步调查和深入调查二个阶

段。

初步供应商调查，是对供应商的基本情况的调查。主要是了解供应商的名称、地址、生产能力、能提供什么产品、能提供多少、价格如何、质量如何、市场份额有多大、运输进货条件如何。

初步调查的结果可以填制成供应商卡片(见表5—9—6)。

表5—9—6　供应商卡片

<table>
<tr><td rowspan="6">公司基本情况</td><td>名称</td><td colspan="5"></td></tr>
<tr><td>地址</td><td colspan="5"></td></tr>
<tr><td>营业执照号</td><td colspan="2"></td><td>注册资本</td><td colspan="2"></td></tr>
<tr><td>联系人</td><td colspan="2"></td><td>部门、职务</td><td colspan="2"></td></tr>
<tr><td>电话</td><td colspan="2"></td><td>传真</td><td colspan="2"></td></tr>
<tr><td>E-mail</td><td colspan="3"></td><td>信用度</td><td></td></tr>
<tr><td rowspan="2">产品情况</td><td>产品名</td><td>规格</td><td>价格</td><td>质量</td><td>可供量</td><td>市场份额</td></tr>
<tr><td></td><td></td><td></td><td></td><td></td><td></td></tr>
<tr><td>运输方式</td><td></td><td>运输时间</td><td></td><td>运输费用</td><td colspan="2"></td></tr>
<tr><td>备注</td><td colspan="6"></td></tr>
</table>

初步调查的结果经初步分析，选择出重点供应商进行深入调查。

供应商深入调查，是指对经过初步调查后、准备发展为自己的供应商的企业进行的更加深入仔细的考察活动。这种考察，是深入到供应商企业的生产线、各个生产工艺、质量检验环节甚至管理部门，对现有的设备工艺、生产技术、管理技术等进行考察，看看能不能满足本企业所采购的产品所应当具备的生产工艺条件、质量保证体系和管理规范要求。有的甚至要根据生产所采购的产品的生产要求，进行资源重组、并进行样品试制，试制成功以后，才算考察合格。只有通过这样深入的供应商调查，才能发现可靠的供应商，建立起比较稳定的物资采购供需关系。

(二)资源市场调查

资源市场调查的目的，就是在初步供应商调查的基础上，进一步了解掌握整个资源市场的基本情况和基本性质：是买方市场还是卖方市场？是竞争市场还是垄断市场？是成长的市场还是没落的市场？资源生产能力、技术水平、管理水平以及价格水平等，为制定采购决策和选择供应商做准备。

(三)供应商开发

在供应商调查和资源市场调查的基础上，可能发现比较好的供应商，但是还不一定能马上得到一个完全合乎企业要求的供应商，还需要在现有的基础上继续进一步加以开发，才能得到一个基本合乎企业需要的供应商。将一个现有的原型供应商转化成一个基本符合企业需要的供应商的过程，就是一个开发过程。具体包括供应商深入调查、供应商辅导、供应商改进、供应商考核等活动。

深入调查可以分成3个阶段。

1. 第一阶段，送样检查：通知供应商生产一批样品，随机抽样检查。检查合格进入第二阶段。检查不合格，允许再改进生产一批送检，抽检合格也可以进入第二阶段。抽检不合格，该供应商落选，工作到此结束。

2. 第二阶段，考察生产工艺、质量保障体系和管理体系等生产条件是否合格。合格者中选供应商，到此结束。不合格者进入第三阶段。

3. 第三阶段，生产条件改进考察。愿意改进并限期达到了改进效果者中选，不愿意改进、或愿意改进但在限期内没有达到改进效果者落选。深入调查阶段结束。

对送样或小批量合格的产品、材料，要评定品质等级，并进行比价和议价，确定一个最优的价格性能比。

进行价格谈判的指导思想，就是要合理，要“双赢”，自己不要吃亏，也不要让供应商很吃亏，要考虑长远合作。大家都不吃亏，才能得到共同发展，才会有共同的长远合作和长远利益。要实事求是地进行计算，求出一个合理的价格。

价格谈判成功以后，就可以签订试运作协议，进入物资采购供应试运作阶段，基本上以一种供需合作关系运行起来。试运行阶段根据情况可以是3个月至1年不等。

在试运行阶段，商业企业要积极参与辅导、合作。应当根据商业企业的需要，也要根据供应商的可能，来共同设计规范相互之间的作业协调关系，制定一定的作业手册和规章制度。并且为使供应商适应本企业的需要，要在管理、技术、质量保障等方面对之进行辅导和协助。

(四)供应商考核

供应商考核是一个很重要的工作。它分布在各个阶段:在供应商开发过程中需要考核,在供应商选择阶段也需要考核,在供应商使用阶段也需要考核。不过每个阶段考核的内容和形式并不完全相同。其中运行阶段的考核特别重要。

在试运行阶段,要对供应商的物资供应业务进行追踪考核。这种考核主要从以下几个方面进行:

1. 检查产品质量是否合格。可以采用全检或抽检的方式,求出质量合格率。质量合格率用质量合格的次数占总检查次数的比率描述。

2. 交货是否准时。检查供应商交货是否准时,用误时的交货次数占总交货次数的比率来描述。

3. 交货数量是否满足。用物资供应满足程度或缺货程度来描述。

4. 信用度的考核。主要考察在试运作期间,供应商是否认真履行自己承诺的义务,是否对合作事业高度认真负责,在往来帐目中,是否不欠账、不拖账。

信用度可以一般地用失信次数与总次数的比率来描述。这时失信可以包含多种含义,例如没有履行事先的承诺,没有按约定按时交款或还款等等,都是失信。

(五)供应商选择

在供应商考核的基础上,选定合适的供应商,签订供货合同,进入供应商使用阶段。

(六)供应商使用

与选定的供应商开展正常的业务活动。

(七)供应商激励与控制

在供应商的整个使用过程中,要加强激励和控制,既要充分鼓励供应商主动积极地搞好物资供应业务工作,又要采用各种措施,约束防范供应商的不当行为给企业造成损失,从而保证与供应商的合作关系和物资供应业务健康正常进行,保证企业利益不受影响。

第四节 采购监督与控制

采购活动必然涉及社会的方方面面、涉及很多人的利益机会。在现在复杂的社会中,还存在各种各样的趋利思潮、罪恶图谋甚至黑恶势力,因此,采购活动存在许多风险。为了保证采购活动顺利进行,需要制定许多防范措施,降低采购风险。这就是采购控制和监督。

做好采购控制和监督工作,首先要打好基础,为采购控制创造一个合适的环境条件,然后要建立起一系列的采购控制监督制度,还要采用一些有利于降低采购风险的采购方法手段。

一、采购控制的基础工作

要搞好采购控制,首先要创造一个良好的采购控制基础条件,为以后的采购活动控制创造一个好的环境和条件。这些良好的基础条件,包括几个方面:

1. 采购员的素质基础;

2. 健全的采购管理规章制度;

3. 对于采购市场行情的透彻的掌握。

(一)加强采购人员素质管理

采购员是采购活动的执行者,也是关系企业采购活动能否顺利进行的关键力量。企业采购活动能否做好,能否克服采购犯罪,采购员是关键。

企业采购员应当有较高的素质:

1. 采购员应当有较高的业务素质。他们懂得产品的自身特性、生产过程、生产成本、采购渠道、运输保管特性、市场生产供应能力、市场价格行情、交易规则等,还要懂得该产品在本企业的用途、用量、使用特性等。

2. 采购员应当有较好的道德素质,要有正义感,品行正派,不贪图私利。

3. 采购员应当有较好的政治素质,热爱企业,热爱集体,有敬业精神,能够抵制和反抗一些损害企业利益的违法行为。

4. 采购员应当思维敏捷,口齿伶俐,表达能力强,注意外表形象。

采购管理机构要注意对采购人员加强素质培训活动,有意识地提高员工的素质。这些培训活动包括:

1. 业务知识教育、业务知识竞赛等;

2. 职业道德教育,政治学习等;

3. 定期召开业务总结会,表彰好人好事,抓住典型事例、典型人物进行分析,开展培养职业道德、向优秀人物学习的活动。也要批评不良行为,在企业管理机构中树正气、压邪气。

4. 不定期地开一些辩论会、演讲会等,让员工发表观点,增长知识,培养口才,树立正气。

(二)适当提高采购员的工资待遇

在商业企业中,有2个工作岗位特别重要,一个是推销员,一个就是采购员。推销员的工作,能够打开市场,为企业创造生存发展的条件。采购员的工作做的好坏,直接关系到企业的生产成本和产品质量。采购工作做得好,就可以大幅度降低企业的销售成本,创造较大的经济效益。所以根据多劳多得的原则,可以适当提高他们的工资待遇,培养他们的职业荣誉感,珍惜自己的工作岗位,调动他们的积极性。提高工资待遇,可以根据个人的业绩情况区别对待。使真有才干、有贡献的人具有较高的工资待遇,消除他们的后顾之忧,激励他们在工作中不为金钱利诱而丧失原则立场。

(三)建立健全采购规章制度,设立奖惩激励机制

采购管理规章制度要规范采购活动,规范采购员的行为。

首先要制定明确具体的采购作业流程。从接受采购申请单开始,到采购完成进行评估总结为止,一步一步都要明确规定具体的做法。

在制定采购作业流程时,要注意制定每一步的作业标准和质量要求,使得采购员都知道每一步的工作怎样做才算做到了位。只有做到位,才能防止对方钻空子,防止坏人有机可乘,避免采购风险。

同时在作业流程中,要特别强调采购员在外单独活动时,要多和采购管理部门取得联系,特别在谈判结果、签订协议等重要事件上,多向管理部门请示汇报,发挥采购部门集体的作用。这样做,还可以降低采购风险,避免许多由于个人疏漏而造成的错误,保障采购工作的圆满成功。

在设计作业流程时,还要注意设计对每一步作业的约束和监督机制。请示汇报就是一种约束和监督。另外,在资金使用、价格浮动范围、优惠条件赋予等都要设立一定的约束或权限。

其次要制定岗位责任制度,对各个岗位规定明确的职责范围。采购工作涉及多个岗位,哪个岗位的懈怠都会耽误采购工作的进行。因此各个岗位要互相协调配合。制定岗位责任制,可以使每个岗位都有明确的职责,便于工作人员都尽职尽责,协调配合好。

另外,还要建立起奖惩制度。工作流程、岗位责任制建立起来以后,就要坚决执行。为了保证这些制度真正贯彻执行,就要建立起奖惩制度。做得好的,予以奖励;做得不好的,予以惩处。奖励与惩处,有精神方面的,也可以有物质方面的。可以把物质利益与业绩挂钩,确实有比较好的业绩,可以按照一定的比例奖励采购人员。

(四)搞好首单采购,创造好的基础环境

首单采购,是指新业务开始后的第一单采购任务。第一单采购,有很重要的作用:

1. 给新业务下的采购打开局面。新业务刚开始,对资源市场行情还不太了解,供应链关系还没有建立起来。第一单采购任务做细做好,有利于初步打开资源市场,了解资源市场的行情;也为建立起供应链关系创造初步条件。这些都为以后的采购工作打开了局面。

2. 为后续的采购提供经验。第一单做得好,就可以树立一个样板。后续采购工作可以照样进行;第一单如果不理想,后续采购则可以总结经验,改正缺点,改进工作,后续采购就可以做得更好。

3. 为以后的采购控制提供信息支持。例如,如果第一单业务采用招标采购方式,则通过招标采购就可以基本上掌握资源市场的价格水平。这个价格水平是比较客观的,它可以作为以后采购的价格控制提供依据。因此,第一单采购最好采用公开招标制。招标采购的特点,就是让社会上各个供应商实行自由竞争,这样可以比较真实地反映市场商品的价格行情,为后面的采购提供一个价格参考标准。

由此可见,切实抓好第一单采购,有多方面的好处。

二、建立采购控制制度

有了良好的采购控制的基础条件,后面的采购控制工作就比较好开展。采购管理部门为了做好后续的采购控制工作,应当建立起一套完整的采购控制制度。

(一)建立采购预计划制度

采购部门在将采购任务分配给个人时,个人必须

交出采购预计划书，才有资格获得采购任务。预计划书经审批通过后才能正式把采购任务委托给个人去完成。预计划书作为个人业务的第一份正式文件，要保存下来，并且作为这次采购任务的考核的参考。

不要把预计划看作是一种额外的负担。做预计划的过程实际上体现出采购员了解市场制定采购决策的思路过程，亦即体现出采购员选择供应商、选择产品价格等的思想依据。要填好这个预计划表，采购员必须事先对市场行情、供应商的情况有所调查了解，这可促使采购员平常都注意提高业务水平和业务能力。事情本来就应该是这样。一个学者能随时掌握本专业的发展动态，他才能站在学科的前沿，不断前进，一个采购员也应当随时掌握市场行情，才能具有搞好采购的主动权。作预计划正好可以促使采购员在业务方面不断进取。

做预计划表还有一个好处，就是在一些采购员竞争上岗的单位，可以把预计划表作为采购员竞争采购任务的竞标依据。谁的预计划方案最优，就把采购任务交给谁去承担。

关键是要设计好采购预计划表。设计计划表要简明扼要。但是项目内容一定要到位，重点是考察采购员的采购决策思路和计划进度。表 5—9—7 可供参考。

表 5—9—7　采购预计划表

姓名：　　　　年　月　日　　　　　　表号

任务号：	品名：　规格：　数量：　使用单位：			
	特别说明：			
供应商选择	单位名：			
	选择理由	□产品质量好 □质量符合要求、价格最低 □最近 □老关系 □其他		
价格预计		选择理由	□价格最低 □产品质量好 □老关系	市场最低价：
进货方式选择	□火车 □汽车 □自提	进货天数		进货费用预计
订货费用预计	总额：	其中，差旅费： 通讯费： 手续费： 其　他：	订货天数：	

(二)建立采购评价制度

采购评价包括 2 个部分：一是自我评价，每次任务要填一个任务完成情况自我评价表；二是采购部门对每个人的评价，以及采购部门的整体评价，一个月一次，一年还有一次总评。

建立评价制度的目的，是要评定业绩、总结经验，纠正缺点、改进工作。同时也是一种监督控制。

采购任务完成以后，采购员本身要对该项采购任务有一个总结评价。自我评价，实际上就是填写自我评价表。自我评价表的基本内容，一是实际完成情况的汇报，二是实际完成情况与预计划对比的变化以及发生变化的原因，三是实际完成指标的优劣程度评述。

在自我评价的基础上，采购管理部门可以进行单次审核评估、月末评估和年末评估。

单次审核评估就是将自我评估表和预计划表进行对比评估，对采购员的某一笔业务进行审核，看是否正常。如果不正常，就可以追查原因，进行监督控制。

月末评估，是把一个月内的所有自我评价表进行统计汇总，得出整个部门(科室)的业绩评估。年末评估是把部门(科室)的月末评估汇总得出整个部门(科室)的全年业绩汇总。

这样看来，自我评估表既是各个采购员业绩的定量化详细描述，可以为采购员业绩考核、评比先进、提职加薪提供了很详细的资料依据；又是采购管理控制监督的重要资料，可以起到发现问题、了解情况、了解市场的作用，为采购监督控制提供信息支持。

因此，采购自我评价表也可以像预计划表一样，作为采购管理的标准表格进行业务运转。采购自我评价表也要简明扼要，内容突出。表 5—9—8 是一个基本样式，可供参考。

(三)实施标准化作业制度

采购作业流程应当标准化，按照标准化作业进行操作和控制，把每个环节都记录下来，哪个环节出了问题，事后还可以找到责任人，进行作业控制。

首先要制定一个标准化采购操作流程，编制一个详细的采购作业操作手册。把采购作业过程分成若干步骤，每个步骤应该怎样做，要达到什么要求，应该留下什么记录，以及每个操作步骤可能又要分成各种不同的情况，在每种情况下应当怎么处理，要达到什么要求，应该留下什么记录，都分别做出具体的规定。

表 5—9—8　采购自我评价表

姓名：　　　　年　月　日　　　　表号

<table>
<tr><td rowspan="2">任务号：</td><td colspan="5">品名：　规格：　实际数量：　使用单位：</td></tr>
<tr><td colspan="5">特别说明：</td></tr>
<tr><td rowspan="3">实际供应商</td><td>计划单位</td><td colspan="4"></td></tr>
<tr><td>变更单位</td><td colspan="4"></td></tr>
<tr><td>变更理由</td><td colspan="4">□质量符合要求、价格最低
□最近
□老关系
□其　他</td></tr>
<tr><td>实际价格</td><td></td><td>比计划价格</td><td>□增加:元
□减少:元</td><td colspan="2">市场最低价：</td></tr>
<tr><td>进货方式</td><td>□火车
□汽车
□自提</td><td>实际进货天数</td><td>比计划多(少)天</td><td>实际进货费用</td><td>比计划多(少)元</td></tr>
<tr><td>实际订货费用</td><td>比计划多(少)元</td><td colspan="3">其中，差旅费：
通讯费：
手续费：
其　他：</td><td>订货天数：天
比计划多(少)天</td></tr>
</table>

这个操作手册，既是一个作业操作手册，也是一个作业控制监督的手册。其中为了监控的需要，要特别注意二点：一是要在各个步骤中设立作业控制点，例如时间、地点、作业指标、证明人等。二是要注意过去的记录，可以是客观的，例如原始单据、合同、任务跟踪单等，也可以是主观的，例如采购员的工作记录、书面汇报或报表等。采购员应该养成记工作日记的习惯。

第二步，就是要规定采购员的权限范围。采购员应当在一定范围内有决策权、主动权，这样有利于调动采购员的积极性和提高工作效率；但是对采购员的权利不加以限制也是不行的，这样容易造成采购员滥用权力、给不正之风留下空子，也容易产生采购风险、给企业造成较大的损失。例如，采购员能够自主支配资金的数量、住宿、旅行、送礼、请客的标准等，都要做出具体合理的规定。为了操作的方便，可以采用费用包干、凭票报账等方式。

第三步，要把采购员按照操作手册进行标准化作业、注意留下作业记录等作为采购员的一条基本职责，在采购员培训、考核中作为一个基本内容、基本条件来运作。只有这样，才可能做到很方便有效地进行监控。

(四)建立请示汇报制度

作业过程中可能出现一些超出采购员权限范围的事情，在这种情况下，采购员一定要请示有关主管人员，不能够擅自自作主张。一定要建立起请示汇报制度，向全体采购员公开规定，在采购活动的一些关键环节，例如签订合同、改变原有的作业程序、作业指标等，一定要向采购管理部门或相应的主管人员请示汇报。

(五)资金使用制度

凡是牵涉到资金的使用，都要建立起一套严格的规章制度。资金的领取、审批、使用，一般要规定具体的权限范围、审批制度、书面证据制度等。对于货款的支付，要根据对方的信用程度，具体的风险情况进行稳妥的处理。例如，一般货款的支付，要等到货物到手以后，再付完全部货款。又例如出差的差旅费的领取数量、领取审批等都要有较详细的规定。

(六)运输进货控制制度

运输进货是采购过程的重要环节，随机因素多、风险大，这个环节要加强控制。首先，要注意降低进货风险，在签合同时，要把进货风险责任人明确规定下来，不要忽视，或者责任模糊不清，而且要把风险赔付方法写清楚。一般可以采取让供应商或者运输部门来承担责任的办法以监督控制供应商。如果是自己自提货物或者自己承担运输货物，则必须要由承办人承担风险。承办人在每一步都要认真操作，防止发生风险。有些贵重货物，最好办理运输保险业务，把风险损失降到最小。

(七)采用公开招标制度采购

公开招标制度，也要认真操作各个环节，尽量做到公正公平。例如要特别注意防止投标方和招标方、评标表小组成员的串通，要注意维护评标标准、评标方法的客观、公正等。这里也需要许多监控点进行认真控制。

以上例举了一些采购监控方法。但是还可能有许多方法，需要根据实际情况，认真研究制定，直到企业建立起一整套有效的采购监控方法。

第十章　采购进货管理

采购进货，是采购活动中一个重要的环节，它是最后实际实现采购成果，完成采购任务的关键阶段，也是大量物资、从而也是大量物资所值资金从供应商转移到购买方手中的环节，能不能够实现物资的安全转移就全靠采购进货管理这个环节了。

第一节　采购进货概述

一、进货过程

进货过程，是将同供应商订货成交的货物从供应商手中安全转移到自己需求地的过程。

它是一个物流过程。是大量物资实体转移的过程，中间要经过包装、装卸、搬运、运输、储存、流通加工等各种物流活动，从供应地转移到需求地。每一种物流活动，如果不认真操作，都会造成物资的损坏、丢失或错乱。如果物流方式的选择、物流路径的选择不合理，就会造成费用的升高。

它也是大量物资所值资金的转移过程。所有这些物资，都是货币的载体，占用着流动资金，这些流动资金占用，在银行要付银行利息。进货时间延长一天，就要多付一天银行利息。这些物资的损失，也就等于资金的流失。

它也是大量物资的所有权的实质性的转移过程。这个过程中，所发生的物资的交接，是物资所有权的实质性转移。最后的交接完成以后，所接受的物资的所有权就完全归属给购买者。如果在交接时，不认真验收，造成数量欠缺、质量不好、物资破损，就会变成接货方自己的损失。

进货过程十分复杂，特别是长途进货就更加复杂：

1. 它要直接面对整个进货过程中的复杂的物流基础条件。铁路、公路、水路、航空、桥梁、车站、码头、装卸条件、包装器具、仓库、汽车、火车、轮船等等，这些物流基础设施的好坏，对物资的安全进货、准时进货将会产生重要的影响。哪一个环节出一点事故，都会影响进货安全、延误进货时间。

2. 它要直接面对整个复杂的自然环境。进货过程中的气侯、地理条件、地质条件、灾害、突发事件等，都能影响进货过程，造成物资损失，耽误进货时间，造成进货风险。

3. 它要直接面对复杂的现实社会环境和人类世界。社会的政治经济条件、政策约束、规章制度、管理水平、社会秩序、风俗习惯、公安、税务、市场管理等等，都直接影响进货过程，社会中的各类人员的素质、品德、工作作风、社会中的黑恶势力、犯罪团伙、官僚主义、不正之风、腐败行为等也都直接影响进货过程。

由此可见，整个进货过程，影响因素多、不确定因素多、风险大，十分复杂。要在这么复杂的情况下，要把进货过程管理好，保证安全到货、按时到货，任务十分艰巨。

二、进货管理

所谓进货管理，是对采购进货过程的计划、组织、指挥、协调和控制。整个进货管理过程是一个系统工程，涉及多种因素。要对整个过程进行认真地策划和计划，要妥善组织各种资源，进行统一的指挥、协调和控制，这就是进货管理。

（一）进货管理的重要性

由于进货过程非常复杂、影响因素多，风险大，所以进货管理不但非常必要，也非常重要。

1. 进货涉及大批量物资，大笔的物资资金，如果不认真进行进货管理，就有可能不但造成重大财产损失，而且会影响企业正常生产所需的物资供应。

2. 进货费用、采购费用、订货费用再加上物资的购买费用，构成了生产成本的绝大部分，如果不认真进行进货管理和控制，不但会增加进货费用，甚至会使得这次采购的所有采购费用、订货费用、购买费用付诸东流。

3. 进货时间控制是按时到货满足商品销售的保证，如果不认真进行进货管理，使得进货超过预定交货期，不但增加了进货费用，更重要的是有可能影响商品销售。

4. 进货过程面对的因素很多、环境复杂，不认真进行进货管理，不但会影响进货的正常进行，甚至给社会造成损失或危害。例如，运输事故，可能造成人员伤亡,公共设施破坏,环境污染等。人员纠纷,可能会造成斗殴、仇恨,引发社会动乱。操作人员行为不正,可能会造成违法操作、不正之风和腐败,贻害社会,给企业留下后患。交接不清楚,责任不分明,手续不严格,可能留下纠纷和遗患,等等。这些都会给社会、给企业造成危害和隐患。

(二)进货管理的目标

进货管理的目标主要有:

1. 保量:即保证进货物资的品种数量准确无误,尽量做到不发生缺量、丢失、遗漏、损坏等差错。如果发生差错,则要把收到的实际数量和差错的数量搞清楚,做出记录,把发生差错的环节和责任人弄清楚,把证据文件、手续搞齐全,做到责任分明,追赔有源,赏罚有据,对发生差错部分的数量能够追回或补偿。

2. 保质:即保证进货物资的品种质量。发货时品种质量符合要求,进货途中不发生碰撞损坏、不淋雨、不潮湿、不霉变。一旦发生导致质量受损的情况,要把质量不合格的品种数量、质量事故的原因和责任人弄清楚,也要把证据文件、手续搞齐全,做到责任分明,追赔有源,赏罚有据,能够追回或补偿损失。

3. 保安全:要防止途中发生安全事故。包括物资安全,也包括人身安全,也包括对社会、对环境的安全。对各项物流作业要明确提出安全要求,要事先做好各种安全保障措施,预防安全事故。要教育作业人员,注意安全。事前要同有关作业单位、作业人员签订安全责任状或安全协议。大宗货物要买货物保险。发生安全事故时,要妥善处理,不留问题。选择运输部门和运输人员时,也要注意对方的资质,不要随意选用不可靠的单位和个人,以免出现风险。

4. 保时间:要力求按时到货。首先要督促供应商按交货期交货、及时发货,不拖延时间,同时抓好运输部门的运输环节,保证运输时间和转运时间。争取在途中不耽误、不拖延,紧急情况下,要亲自督促。

5. 保环境:确保运输途中不危害环境。要控制运输工具的污染源、对运输或转运环节发生的废弃物要妥善处理,对汽车的尾气、噪声及其他污染物要严格控制,要教育作业人员树立环境观点,并建立适当的责任制,对严重危害环境的要追究责任。

6. 省费用:要精心策划,使得运输途中的总费用最省。首先要选择运输方式,采用最经济的运输方式其次要选择运输路径,使得运输费用最省。还要选择安全保障体系,使得运输损失最小、风险最小。这就需要精心策划进货方案。

7. 无隐患:进货途中,要和各种环境、各种人物、各种情况打交道,要妥善处理好和供应商、运输单位、作业人员以及有关部门之间的事情,解决各种矛盾,不遗留问题,不伏下隐患。事事注意掌握证据,留下记录,以便求得公平合理、有理有利地彻底解决问题。

进货管理是一个很复杂的工作,而又事关重大,所以不能光靠一个人在外面单枪匹马地干,要有主管人员亲自过问,还要得到企业管理层的重视和支持。具体工作人员应该多请示汇报,发挥集体的力量,共同把进货管理工作做好。

三、进货管理方法

进货管理大致可以分成以下几个步骤:

(一)计划和策划

计划和策划是进货管理中最重要、也是最主要的工作。进行采购前,就应该在充分调查了解供应商的基础上,制订采购计划,选定供应商时就要计划和策划好进货的方案、制定出进货计划。进货计划的最主要的内容有:

1. 选择进货方式

可能的进货方式主要有4种:

(1)供应商包送:供应商负责将货物送到买方。对买方来说,这是一种最省事的方式。它的好处就是把运输进货的所有事务都由供应商办理,由供应商承担运输费用、货损货差和运输风险。买方坐在家里,只等供应商送货上门,省去了所有进货的繁琐业务,不承担任何运输风险,也免去了途中货损货差的损失,只要在家门口与供应商进行一次交接、只进行一次验收工作就可以全部完成这次采购任务。

(2)托运:即委托运输,系由供应商委托一家运输商负责运输,把货物送到买方手中。这种方式用户也比较省事,只在家里等待运输商送货上门。这个运输商通常是铁路部门,或者是汽车运输公司,只是买方需要和运输商进行一次交接。不过这种方式比第一种方式麻烦的地方是，当运输商的货物出现差错或出现货损货差时，就需要取运输商的认证，或再找公证处公正之后，还要和供应商联系、洽商补货、退赔等事宜，要增添一些麻烦事情。

(3)外包：这是买方从卖方接受货物以后，把运输进货任务外包给第三方物流企业或运输商。这时，买方要进行二次交接、二次验货，和供应商交接一次、和运输商交接一次，并且还要根据与供应商签订合同的情况，决定买方是否还要承担运输损失和运输风险。所以这种方式更麻烦。

(4)自提：这种方式是买方自己带车到供应商处去提货，自己承担运输进货业务。这种方式要和供应商进行一次交接、一次验货，自己要全部承担运输途中的所有费用，承担货损货差损失和运输风险。而且入库时自己还要进行一次入库验收。

这四种方式，最方便的是第一种。风险最大的是第四种。在制订采购计划时就要选定进货方式，并且在签订订货合同时，就要把选定的进货方式写进合同中，作为合同内容的一部分，必须执行。

2. 选择运输方式

可供选择的运输方式有四种，包括铁路、公路、水路和航空运输。选择运输方式的考虑因素主要有以下几个：

(1)货物的多少：一般大宗货物用火车、轮船，中小宗货物用汽车、飞机；

(2)路途的远近：跨省长途运输一般用火车、轮船、飞机，省内短途运输一般用汽车；

(3)交通条件：只有公路设施的地方当然只能月公路运输，只有水路的地方当然只能用水路运输，没有方便的陆上通路的只好用飞机。当几种运输方式都有时，就要看那种运输方式更省钱、或者更省时间、或者既省钱又省时间。

(4)货物的性质：例如一些生鲜货品、急需品、贵重物品只能用飞机，砂石、煤炭只能用火车、轮船、汽车。

(5)货物的急需情况：如非常急需的物品，长途用飞机、短途用汽车。

如果把以上几种因素综合考虑，一般说来大宗货物、长途运输以选择铁路、水路运输为好，中批量短距离急需品运输选择汽车比较方便，长途、贵重品、急需品、生鲜物品选用飞机比较方便，大宗货物、靠近水路则选用水运比较合适。

3. 选择最短路径

在运输方式确定以后，就要确定最短路径。最近几年，我国的运输路网建设进展很快，初步形成了比较健全的运输网络，因此运输路径的选择余地增大了。在这种情况下，有必要选择最短的路径，以节省运输费用和运输时间。在比较简单的路网中，可以用人工计算的方法求出最短路径，在比较复杂的情况下，要用网络图论模型求出最短路径。

4. 选择运输商

运输方式选定以后，就要选择运输商。选择运输商的原则，是要重资质、重服务。一定要选择正规的、有资质的、有实力的、服务好的企业，以避免运输风险。

(二)组织和指挥

组织和指挥，就是要按照既定的进货计划组织实施。

首先根据既定的进货计划，要和供应商沟通、达成共识，然后在订货合同中写明进货条款。合同中进货条款的内容应当包括：进货方式选择，进货进度计划，责任承担方式，双方的责任和权利等。在订货合同签订以后，就可以按进货条款实施。

例如，如果采用供应商包送方式进货，则买方就要按进货进度计划的要求，督促供应商落实进货计划的实施，包括组织人力物力和财力，制定落实措施，准备货物，初步查验货物质量和数量、准备运输工具、监督合适的包装、搬运等等，每一项活动都要一一落实，直到按时发出货物。

如果是委托运输或外包，就要督促落实找到第三方运输商，签订合同、领货、验货、交货、监督包装、装运，直到发车等，更要认真组织和指挥。

如果是自提，更是要认真组织指挥有关作业单位、作业人员进行操作。这时候更要操心，因为每一步都要自己组织、自己操作、自己负责、自己承担全部费用和风险。

(三)控制

整个进货过程中，作业环节多、影响因素多、风险大，所以在组织指挥各项活动时，要采取各种方式，加强对整个进货过程各种作业的控制。

控制的目的,就是要使各项作业按照预定的计划进度和目标进行,保证按时、安全到货、降低进货成本、降低运输风险。

第二节 采购进货控制

一、合同控制

采购进货过程是一个环节多、因素多、风险大的作业过程,最好的控制方法是采用合同控制。在合同中,有当事双方各自责任与义务的具体规定,有违反合同的具体处理办法,有各方当事人以及单位负责人的签字和公章,有的甚至还有公证人的签字和公章。因此合同具有法律效力,受法律保护,有最大的权威性、约束性和可操作性,可以确实约束控制双方的行为,保护双方的利益。所以我们要充分利用合同这种形式,进行进货管理控制。要尽量做到与进货过程所有进行进货操作的单位和个人都签订合同,用合同约束和控制他们,使进货风险降到最小。

在整个采购进货过程中,可能要签订多份合同,和多个作业单位签订合同。根据进货方式不同,签订合同的方式也不同。

(一)与供应商签订合同

首先应该和供应商签订合同,这个合同就是订货合同。订货合同首先是与物资购买有关的事项的合同,同时,要明确写明进货条款,明确确定所购货物的进货方式,进货承担方和责任人。在选择进货方式时,购买方最好是选择由供应商包送方式。这种方式对购买方最有利,省去了很多进货环节繁琐的事务,可以不承担任何责任和风险。

如果供应商不想自己送货,则可以希望由他们进行委托运输送货,由他们去委托运输商,由他们去和运输商签订运输合同。

(二)与运输商签订合同

如果供应商不想自己送货,也不愿意由他们进行委托运输送货,则只能由采购方自己办理进货时。这时采购方最好是采用进货业务外包的方式,把进货任务外包给第三方物流公司或其他运输商承担。这样采购方也可以免除繁琐的进货业务处理,避免进货风险。

把进货任务外包给运输商时也有二种方式:一是供应商先将所购货物交给购买方,由购买方再交给运输商运输,运输商将货物运到购买方时,将货物交给购买方;二是由运输商直接向供应商提货,运输商将货物运到购买方时,将货物交给购买方。对购买方来说,二种方式中,第二种比较好,节省了与供应商的货物交接与货物检验工作。

在将进货任务外包给运输商时,要和运输商签订一份正式的运输合同。对运输过程中有关事项明确规定,规定双方的责任和义务,还要规定违约的处理方法,以约束和控制运输商的行为。

(三)与作业人签订合同

如果是采购人自己承担进货任务,无论租车进行运输或者是本单位派司机带车进行运输,如果路途遥远、或者路况复杂、或者货物贵重时,为了慎重,也要和作业人签订合同,或者签订运输责任状,规定作业人的责任和义务。在可能的情况下,最好还派有经验、有能力、身体好的人跟车。跟车人的任务,一是在路途紧急处理一些复杂问题,二是协助和监督途中运输工作,三是遇到车匪路霸时协力排险,保障货物安全运输。

为了更加保险,除了合同之外还可以购买运输保险,这样,在途中一旦出事,可以找保险公司赔偿,从而降低运输风险。

二、作业控制

作业控制,就是购买方必须亲自经办处理或者监督处理进货过程的每一道作业,对每一道作业进行控制。这个工作量很大、很辛苦,而且风险大、责任重。处理时,应当注意采用以下一些措施和办法:

1. 选用有经验、处理问题能力强、活动能力强、身体好的人担任此项工作。这项工作要处理各种各样的问题,要接触各种各样的人,要熟悉运输部门的业务和各种规章制度,没有一定能力的人,难于胜任此项工作。

2. 事前要进行周密策划和计划,对各种可能出现的情况制定应对措施,要制订切实可行的物料进度控制表,对整个过程实行任务控制。

3. 做好供应商的按期交货、货物检验工作。这是采购中购买方与供应商的最后的物资交接,物资所有权的完全性转移。交接完毕,供应商就算完全交清了货物,购买方就已经完全接受了货物。所以交接验收一定要严格在数量上、质量上把好关，做到数量准确、质量合格。要有验收记录，并且准确无误，要留下原始凭证，例如磅码单、计量记录等。验收完毕，双方签字盖章。

4. 接受的货物，要妥善包装，合理装箱，每箱要有装箱清单，装箱单应该一式二份，箱内一份，货主留一份。在有些情况下还要在箱外贴物流条码，安全搬运上车，每个都要合理堆码，固紧，活塞填充物，防止运输途中发生碰撞、倾覆而导致货物受损。车厢装满以后，还要填写运单，办好发运手续，并且在物料进度控制表中填写记录，做好商业记录，督促运输商按时发车。

5. 运输途中控制，可能的话，最好跟车押运。如果不能跟车，也要和运输部门取得联系，跟踪货物运行情况。无论跟车或不跟车，都要随时掌握物料运输进度，并且记录物料进度控制表，做好商业记录。

6. 运输途中，可能会因运输工具改变、运输路段改变而需要中转，中转有不同情况，有的整车重新编组以后再发运，有的是要卸车、暂存仓库一段时间后再装车发运。中转点最容易发生问题，例如整车漏挂错挂、卸车损坏、错存、错装、少装、延时装车、延时发运等，所以，最好亲自前往监督。并且要填写好物料控制进度表，做好商业记录。

7. 货物运到家门口，购买方从运输方手中接受货物时，要做好运输验收。主要是看有没有包装箱受损、开箱、短少、货物散失等。如果包装箱完好无损，数量不少，就可以接受。如果包装箱受损或货物散失，就要弄清受损或遗失的数量，并且做好商业记录，双方认证签字，凭此向运输方索赔。

8. 严格做好入库验收工作。数量上要认真清点，数量准确；质量上要认真检查，按实际质量标准登记入账。验收完毕，进货责任人与仓库保管员双方在验收单签字盖章。进货管理人员要填写物料进度控制表，做好商业记录。

到此，这次采购进货管理工作宣告结束。进货管理人员的物料控制进度表和商业记录应当存档，供以后工作总结、取证查询之用。

第十一章　电子商务经营

第一节　电子商务概述

电子商务是与计算机技术、网络通信技术的互动发展过程中产生和不断完善的，近年来，随着计算机网络爆炸性发展而急剧发展。

电子商务最初起源于计算机的电子数据处理(EDP)技术。数字处理软件和电子表格(Spread Sheet)软件的出现，为标准格式商务单证的电子数据交换EDI(Electronic Data Interchange)开发应用提供了强有力的工具。随着网络技术的发展，尤其是近年来Internet传送和安全技术的发展，导致网上交易的电子商务飞快地发展。

一、电子商务的定义

电子商务虽然正在以难以置信的速度渗透到人们的日常生活中，但是至今还没有一个统一的定义。电子商务按字面的意思是指通过电子手段进行商业贸易活动，但不同组织依据自己的理解和需要，给出了许多不同的表达。电子商务的英文名大部分用Electronic Comimerce，简写为EC，有的也用Eletronic Business，简写为EB。

1997年11月，国际商会在巴黎举行了世界商务会议。到会的专家认为：电子商务是指实现整个贸易过程中各阶段的贸易活动电子化。从形式上看，交易双方不是通过面对面来进行交易，而是电子交易方式；从技术上说：电子商务是一种多技术的集合体；从业务上包括：信息交换，售前、售后服务，销售，电子技术，运输，组建虚拟企业(组建一个物理上不存在的企业，集中一批独立的中小公司的权限，提供比任何单独公司多得多的产品和服务)等。

联合国经济合作和发展组织(OECD)对电子商务定义如下：电子商务是发生在开放网络上的包含企业之间(B2B)，企业和消费者之间(B2C)的商业交易。

IBM公司的概念是：电子商务包括3个部分：企业内部网(Intranet)企业外部网(Extranet)互联网(Internet)。它所强调的是在网络计算环境下的商业化应用，把买方、卖方、厂商及其合作伙伴通过这3种网结合起来的应用。它同时强调这三部分是有层次的：只有先建立良好的Intranet，才顺利扩展到Extranet，最后扩展到Internet上，进行电子商务E-commerce。

从以上定义可以看出，人们从不同角度，从广义、狭义上来定义电子商务。广义上的电子商务EB，是指各行各业，包括政府机构和企业事业各种业务电子化、网络化。狭义上的电子商务EC是指人们利用电子手段使整个贸易活动的自动化和电子化。不管从哪种方式定义电子商务，其目的就是要实现企业乃至全社会的高效率、低成本的活动。

二、电子商务类别

（一）EDI电子商务（Electronic Data Interchange）

EDI是信息技术向商贸领域渗透的产物，它是企业对企业电子商务活动的重要手段。

1.EDI的定义

EDI的定义至今没有一个统一的规范，但有三方面的内容是相同的。

(1)资料用统一标准；

(2)利用电信号传递信息；

(3)计算机系统之间连接。

联合国欧洲经济委员会贸易程序简化工作组，从技术上将EDI定义为：EDI是一种用商定的标准来处理信息所涉及交易式电子数据的结构，商业或行政交易事项从计算机到计算机的电子传递。

联合国国际贸易法委员会EDI工作组，从法律上将EDI定义为：EDI是计算机之间信息的传递，而且使用某种商定的标准来处理信息结构。

总之，EDI标准的数据格式必须用统一的标准编制各种商业资料。这些资料在贸易伙伴之间流动，可以节约成本，减少差错率，提高效率。

2.EDI商业信息如何流通

图5—11—1表明了EDI在买、卖双方信息传递的方式。它表示一方的数据通过翻译器转换成字符型标准贸易单证，然后通过专用的网络，如增值网VAN，或者Internet，传递给贸易伙伴计算机。

买方的采购系统将订单通过专用网络传送给卖方，这种传送的格式及表格由各自专门软件负责。该订单成立后，通过该网络卖方、买方可以互相查询情况进展，更新数据。买方把订单系统中的文件发出，卖方收到订单后，将数据通过内部网软件传递到仓库或厂家，同时将订单传送到发票应用系统，发票应用系统还可以在收到发运通知后，由计算机产生电子发票通过专用网络传送给买方。买方收到电子发票，被软件翻译成买方格式的发票收据，并自动审核，再由买方计算机自动产生一份支付批准书，传送到支付部门，最后，支付部门用专用网传递到卖方银行。在电子线路中，形成了贸易买卖。

整个EDI传递过程中明显减少了每笔业务所需的时间和重复键入数据过程。

3.EDI中心

贸易伙伴之间进行数据交换必须采用相同的通信协议，相同的翻译软件，相同的计算机等，在时间上计算机也必须处于打开状态等，这些条件阻碍了EDI的应用。EDI中心就是为了克服上述问题而产生的。贸易双方都与EDI中心连结，信息传到中心后，由EDI中心处理，再传到对方。

EDI中心有以地区建立的，有以行业为中心建立的，例如上海港航的EDI中心，原交通部为中心建立的国际集装箱EDI中心，都是提供交换服务的中心。EDI中心一般由下列四部分组成。

(1)公用EDI服务手段。

(2)通信接口。用户通过点对点或VAN的方式连接到中心，中心提供多种存取方式的接口。

(3)公共业务服务。提供公共业务服务，代办用户委托的EDI业务。

(4)EDI最终用户系统。提供最终用户系统的EDI应用系统解决方案，供用户选择用。

（二）Internet电子商务

1.基本概念

Internet电子商务是指利用Internet进行的商务交易。企业通过Internet电子商务在网上进行各种商业活动，如产品介绍，寻求商贸机会等。如建立Web站点，则可开设“虚拟商店”，在网上下订单、支付、配送等，这一切将建立在新型商业结构上，即“随时顾客服务”。目前，Internet电子商务运行中，电子商务使用基本分下列几种类型：B2B（企业对企业）；B2C（企业对顾客）；B2G（企业对政府）。

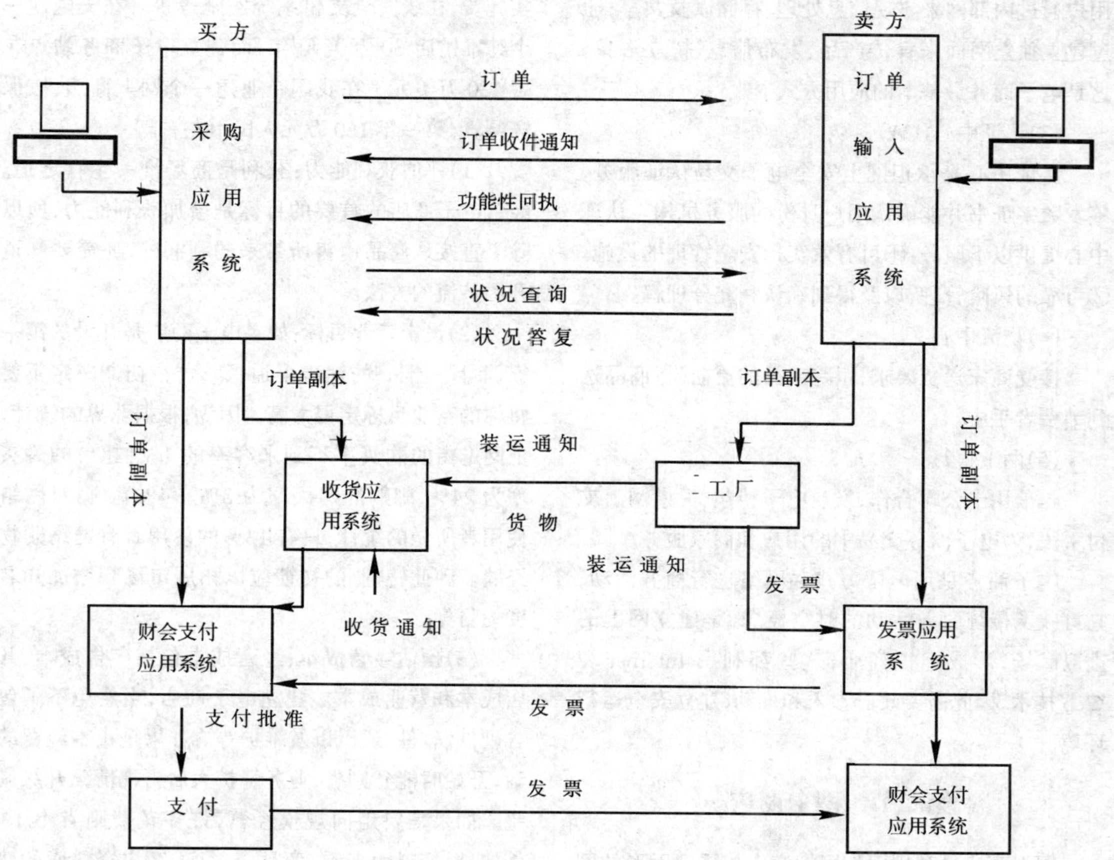

图 5—11—1　EDI 商业信息通道

Internet 电子商务系统应包括哪些内容，由于具体应用不同而产生差别。从总体来说 Internet 电子商务系统是三层框架结构。

第一层是网络平台：是信息传送进入电子商务的入口。

第二层是电子商务平台：包括 CA 认证、支付网关和客户服务中心三个部分。

第三层是电子商场、远程医疗等各和电子商务的应用系统。

其中 CA 认证在电子商务中，如电子商场的支付，身份的认证是十分重要的，它是保证网上安全信息交换、安全支付的手段。

2. Internet 电子商务的基本组成

电子商务的基本组成要素有 Internet、Intranet、Extranet、用户、配送中心、认证中心、银行、企业等，其系统结构示意图如图 5—11—2 所示。

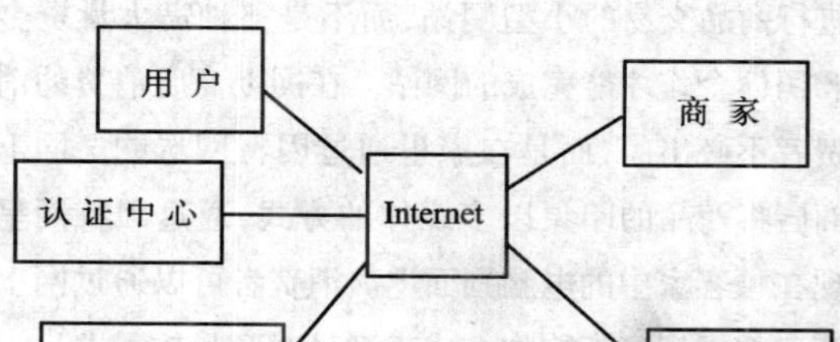

图 5—11—2　电子商务的基本组成示意图

(1) Internet

Internet(互联网)是电子商务的基础，是商务、业务信息传送的载体；Intranet(企业内部网)是企业内部商务活动的场所；Extranet 是企业对企业、企业对个人的 Web，是各组织之间进行商务的纽带，也可以说是 Internet 的一种延伸。

(2)用户

电子商务用户可分为个人用户和企业月户。个人用户接入 Internet 来获取信息、购买商品。企业用户通过内部网来实现信息处理、存储以及共享;通过建立独立网面来宣传产品、发布信息、树立形象。这是电子商务最基本的应用方式。

(3)认证中心(CA)

认证中心是承担网上安全电子交易认证服务,签发数字证书并能确认用户身份的服务机构。认证中心提供以下服务:①可有效实行安全管理的设施。②可靠的风险管理,以及得到确认和充分理解。

(4)物流中心

接受商家送货要求,跟踪产品的流向,将商品送到消费者手中。

(5)网上银行

与信用卡公司合作,发放电子钱包,提供网上支付手段,为电子商务交易中的用户和商家服务。

电子商务是用电子方式和网络进行商务活动,它打破了传统商务活动的时空概念,是建立网上的虚拟市场,形成虚拟商店,这些都利用 Internet 和 Web 技术,因此需要政府参入和推动,建立安全运行环境。

第二节 网上商店

网上商店是利用因特网把商店扩展到无形的网络空间的虚拟商店,是个人或企业搭建在因特网上进行商品交易的小型网站,而不是那种需大量资金和团体合作才能完成的网站。在网上商店消费的消费者不必出门,而是在家里通过因特网选购。网上商店将商品的印象以多媒体的方式,通过因特网呈现在顾客家中的电脑画面上。消费者可以通过网上商店的虚拟逛街购物方式来满足对商品的需求。

一、建立网上商店

如果你要建立一个网上商店,按时间先后顺序要回答下面几个问题:①如何进行开店前的规划策略;②需办理哪些登记与申请手续;③如何准备网页制作;④谁会到网上商店购物;⑤以后的维护工作。

(一)建立网上商店的前期准备

在 Internet 上建立一家网上商店,需要经营者前期做许多工作。

1. 首先做好开店前的规划和评估,估计开设条件是否成熟,资金投入多少。这包括硬件的费用,软件许可证的费用,专线费用以及网上商店的设计和实施费,在线安全支付系统实施等等。在美国建一个纯推销店 30 万美元/年,而建立电子商务站点花费 130 万美元。在我国企业建一个网上商店,按保守测算,第一年 160 万元人民币左右。

(1)评估获利能力:获利是商场惟一生存之道。经营电子商店的首要的目标是增加获利能力,所以除了直接从商品销售所带来的利润外,还需要知道开源节流的方法。

(2)设定营业目标:如果电子商店是开设的第一家,而且是惟一的销售渠道,那么,在初期一定不要将你的营业目标定得太高。因为,根据业界的统计,上网逛街的购买率不到来客率的 1%(超市的购买率为 24%,邮购的购买率为 3%～4%)。据对网络使用者所做的统计,只有 13%的使用者有网络购物经验。因此,营业的初期应以拓展市场和增加知名度为目标。

(3)预估经营成本:经营成本包括广告成本、开店成本和营业成本。建立电子商店,当然免不了包含硬件、软件、通讯以及维护等。如果是小本经营的话,开始时能省则省,业务量扩大后再视情况升级调整。如果是要走向规模经营,许多花费则省不了。例如,以资料库来看,商品资料库、客户资料库的建立都不可少,商品货号、价钱、存货(或是由上游厂商供应)等等必须有据可查。复杂些的还需对商品销售情况进行分析,选主力产品配合促销活动等,而客户资料库是商店经营的资产之一,是如何有效管理网络营销的基础。

(4)规划购物流程:一个明快流畅的购物流程,是规划一家成功的电子商店应注意的重点。在软件成本方面重要的一环是人机界面设计。如果网络上只是放些静态的信息、几行字,这是很难引起使用者购买兴趣的。为此,当顾客在一家电子商店选中某种商品下决心订购时,要使其明确知道如何订购,订购流程不要令顾客困惑,也不能繁琐,否则,顾客就不订购了。

(5)规划配送办法:你将开设的电子商店的商品是不是需由人工配送的实体化商品,如果是,那么可以考虑利用电子商店作为商品的展示。对于下单及售后服务的渠道,如果你的商品可以用数字化的方式传送，那么你可直接利用电子商店将数字化的信息直接传送给你的客户，节省物流及零售商的费用。商品的配送应考虑便利和效益的原则，才能吸引客户的购买欲望。

(6)规划后台作业：由于目前网络上交易的商品金额不大，而为了促销又往往会提供许多优惠，因此，订单处理的成本是关系到电子商店是否能生存的重要因素。一个完善的后台处理系统应包括商品资料库管理系统、商品自动上柜系统、线上订购及订单管理系统、线上安全支持系统、会员管理系统等。

2. 开店手续

(1)网上商店经营者要注册国内外域名，需 30 天左右，费用与传统商店工商部门申请费用相近。

(2)网上商店可以随时申请执照，办理执照需签合约；而传统商店在工商部门申请需 30 天左右。

(3)网上商店注册资金为零，而传统商店至少需 30 万元左右。

3. 建立店铺

(1)网上商店申请时仅需一次性付费，无须再付装修费，只需专业人员进行商店网页设计，而传统商店需投入大笔资金装修。

(2)网上商店无须购置任何物品，专业人士将商家产品分门别类置于网页上，而传统的商店需购置货架等。

(3)网上商店的仓库以数据库的形式呈现，可以让顾客知道库存量，而传统商店须有专门仓库。

(4)网上商店的设备仅需购置一台 PC 机加调制解调器，电话线。运输工具可包给快运公司。

4. 采购货品

因为虚拟商店网上产品即工厂库存产品，顾客通过在线支付系统直接从供货商定货。对于网上商店来说，顾客可以利用商品目录数据库浏览。因此需专业人员把商品目录建在数据库中。

(二)建站造页

在网上建商店都必须在因特网上拥有一个域名和或多或少的网页，前提就是建立 Web 站点。建立 Web 站点包含有申请域名、安装与设置 WWW 服务器、制作网页等。

1. 申请域名

域名就像商店名称一样，是标志，一定要明确自己的域名。

2. 商店建网站的两种主要方式

(1)虚拟主机方式：虚拟主机(Virtual Host)就是在一台物理服务器上运行多个站点，每个站点都能为客户提供 http、mail 等各种常见服务，且运行相互独立，就像各自运行在单独的物理服务器上，每一台物理工科服务器上通常要安排上百个乃至数百个虚拟主机客户的站点。这是一种廉价方式，它大大降低了建立站点所需的软硬件和线路成本以及维护费，每年的花费可以控制在几千元到几万元以内，比较符合多数企业的成本效益，是 Internet 上最为常见的一种建立方式。

(2)主机托管方式：如果企业实力雄厚，需要更高级或更为独立的网站及服务器，可实行主机托管方案。即通过专用的数据专线自行架设网站，包括主机、路由器、电信费用、维护费用及人事费用，一年下来至少需要几十万，普通企业难以承受。

3. 一般商业企业 Web 站点上包括的内容

(1)介绍商业企业或商店的基本背景。这种介绍最好能提供中英文两种版本，应该具有图文混排的格式，并让客户下载，在主页上加入查看程序的下载链接。如果是股份制企业，应该将重要的财务报告上网。

(2)详细介绍产品资料或服务。首先要把商店的主要产品的全貌反映在网站上，让客户能够查询到产品的主要技术规格、照片和其他可公开的信息，也可以构筑一些虚拟现实场景。如果产品比较复杂，并且经常有产品升级换代，那么最好用 Web 数据库技术，让访问者进行查询和分类检索。

(3)介绍企业服务、营销网络。要列出所有可接洽到的公司及分支机构的办公场所、电话、传真、电子邮件及职能。另外一些技术支持资料能公开的尽量放到网上。

(4)收集客户反馈。应设立收集客户和访问者的意见、建议等信息，以便与他们沟通。

(5)介绍商店或企业的经营特点的内容。

Web 站点设计应针对不同对象而具有不同形式。有些站点只提供简洁文本信息；有的则采用多媒体表现手法，提供华丽的图像，复杂的页面布置等。最好的 Web 站点将把图形图像表现手法和有效的组织与通信结合起来。

4. 商业网站设计原则

Web站点是向用户或潜在客户提供信息(包括产品和服务)的一种方式,是网上商店的信息平台。

(1)确定站点的主题和营销目标

创建企业网站首先应确定站点的主题和营销目标,确定站点的发展方向,设计几个拳头性的服务项目。每个站点都要有其目的性,或是侧重于营利,或是侧重于宣传产品。就当前来讲,许多企业在网上设置自己的网页,其目的常常不是在于直接的网上销售量,而是着眼于网络营销所带来的其他效应。如通过网络营销向潜在顾客提供有用信息使之成为购买者;提高品牌知名度;提高顾客的忠诚度从而留住顾客;支持其他营销活动;减少营销费用和时间等。企业在引入网络营销的时候可根据自身的特点,设定相应的营销目标。

(2)了解用户的需求

在设计之前,明确设计站点的目的和用户需求,这两方面都必不可少。一般设计者往往把企业或商店的目标放在首位,而对用户和潜在用户的真正需求了解不多。所以,必须对本商店的顾客群的基本情况清楚地了解,做到有的放矢设计。

(3)信息结构准确(IA)

所谓信息结构,就是用来帮助设计师分析用户信息需求的结构。设计好的商业网站使用户在每个页面都能找到适当的帮助信息,好像有个导航员在随时指导一样,即我们如何帮助他们获得所希望得到的东西。另外为了尽量提高设计速度,第一轮设计应从简单的信息结构开始(IA),其次是结构设计,最后开始具体的设计工作,同时用智能统计系统进行用户倾向的追踪统计,供决策部门使用。

5. 主页的设计

Web站点主页应具备的基本成分包括以下几方面:

(1)页头:准确无误地标识你的站点和企业标志;

(2)E-mail地址:用来接收用户查询;

(3)联系信息:如普通邮件地址或电话;

(4)版权信息:声明版权所有者等。

6. 网页的设计

(1)网页的版式设计:网页设计通过文字图形的空间组合,表达出和谐与美。多页面站点页面的编排设计要求把页面之间的有机联系反映出来,特别要处理好页面间和页面内的秩序与内容的关系。要讲究整体布局的合理性,使浏览者有一个流畅的视觉体验。

(2)在网页设计中,将不同色彩进行组合,搭配起来构成页面。对于不同店面根据其特征加以设计,如售冷食的虚拟店面,应用谈雅而沉静的颜色,使人心理上感觉凉爽一些。

另外,还应注意由于国家和种族、宗教和信仰的不同,以及生活的地理位置,文化修养的差异,对色彩喜恶也有不同。在设计中要考虑主要读者群的背景和构成。

(3)在网页设计中,形式与内容相统一。

网页设计,要考虑内容要与形式一致,通过空间、文字、图形之间的相互关系建立整体的均衡状态,产生和谐的美感。点、线、面是视觉语言中的基本要素,将它们结合起来,表达完美的设计意境。

在页面中,图片、文字位置前后叠合,或页面位置变化所产生的视觉效果都各不相同。网页上常见的页面上、下、左、右、中位置所产生的空间关系,以及疏密的位置关系所产生的空间层次,使视觉流程生动而清晰,视觉注目程度高。

(三)创办网上商店程序及要点

创办网上商店的程序及要点,参见表5—11—1。

表5—11—1 创办网上商店的程序及要点

步骤	操作要点
1. 做好开店规划	①选择适合在线交易的商品,求新、求美、求实,个性化。 ②估算经营成本:建置成本、广告成本、营业成本。 ③确定行销方式:配送方式、购物流程、支付方式,做好后台作业,广告促销。 ④通读相关法规。
2. 办理工商登记	
3. 申请域名	是因特网的在线商标。
4. 建立网站	①建网方式:建独立网站、外购整体网络服务。 ②采用ISP提供外购整体网络服务方式,成本较低,但受ISP服务种类、技术能力、经营状况影响较大,且商务机密安全较弱。

续上表

步　骤	操　作　要　点
5. 制作网页	①网面设计要精美。 ②网面要短小、要经常更新，界面和谐、商品分类、提供搜索功能、突出形象。 ③商品名称、商品或服务、网站内容不可缺一。
6. 后台作业处理设计	①是虚拟商店经营成功基础，顾客推车挑选商品、结账。 ②主要支柱：商品数据库系统，顾客购物系统，安全支付系统。
7. 商品配送	可以借助速递公司的优势，逐渐建立自己的物流网络。
8. 广告促销	用各种方式进行网站推广宣传
9. 售后服务	增加回访率。
10. 日常维护	①商品信息理新。②物流管理。

(四)管理网上商店

入主网上商店管理系统①首先需要管理员登录页面，验证他的身份，防止破坏。②会员管理：这是指管理这个网上商店的会员，而不是指顾客，以设置权限。③菜单管理。④登录管理：查看整个登录过程，是否有非法登录。

二、网上商店交易

消费者在购物过程中，可以用任何一种浏览器进行浏览和查看。利用电子钱包购物也非常方便，单击电子钱包取出信用卡，电子商务服务器立即确认销售商店是真的还是假冒的；这是与单独使用 Internet 购物的最大区别。在整个交易过程中最重要一环是经过认证中心和商业银行等。当前国际上可选择的标准和协议有安全电子交易协议(SET)，安全套接层协议(SSL)，可以在因特网上使用自己的信用卡放心大胆地购买物品。

(一)购物步骤

1. 首先进入网上购物商店主页，查询商店及商品情况。

2. 进入网上购物界面，选择商品大类。如果想查询具体商品，输入商品名，进行搜索，进入详细资料介绍，不仅可以观看商品图像，且可以观察商品内部，进行操作演示，甚至“亲自”参观生产。

3. 选中商品后，点击“在线订购”，将这些商品放入虚拟的网上“购物车”，虚拟的网上购物定单就此生成，即进入“注册”及“登录”。

4. 在上述页面中，同时输入购买者基本信息，如姓名、送货地址、电子邮箱，如果选择信用卡支付，还需输入信用卡帐号等。有些网上商店要求成为该商店在线会员，在申请会员时，这些信息已经输入了。

5. 选择付款方式：一般分为邮汇、信用卡(电子支付)COD(货到付款)，由顾客选择支付方式。

确认支付方式。如果由电子钱包付钱，可先将电子钱包装入系统，电子钱包软件可免费下载。单击电子钱包的相应项或电子钱包图标，电子钱包立即打开；输入自己的保密口令，顾客确认是自己的电子钱包并从电子钱包后取出一张电子信用卡付款。

电子商务服务器对此信用卡号码采用某种加密算法，算好加密后，发送到相应的银行，同时销售商店也收到了经过加密的购货账单，销售商店将自己的顾客编码加入电子购货账单后，再转送到电子商务服务器上去，经过电子商务服务器确认这是一位合法的顾客后，将其信息同时送到信用卡公司和商业银行，在信用卡公司和商业银行之间要进行应收付款数和帐务往来的电子数据交换和结算处理。信用卡公司将处理请求再送到商业银行请求确认并授权，商业银行确认并授权后送回信用卡公司。

如果经商业银行确认后拒绝并且不予授权，则说明顾客的这张信用卡上的钱已经超过透支限额，顾客不能用这张信用卡。遭到商业银行拒绝后，顾客可以再单击电子钱包的相应项，再打开电子钱包，取出另一张电子信用卡，重复上述操作。

如果经商业银行证明这张信用卡有效并授权后，销售商店就可付货。与此同时，销售商店留下整个交易过程中发生往来的财务数据，并且出示一份电子收据发送给顾客。

6. 按顾客选择送货。一般送货采取外包形式。

(二)网上商店案例

1. 贝塔斯曼网上书店的特点

(1)智能化电子书目，便于客户进行组合查询。

(2)支付方式 3 种形式：邮汇、COD(货到付款)安全信用卡在线支付。送货方式则分为送货上门和邮政递送。送货上门和 COD 相配合,邮政递送则要等到邮汇或信用卡的书款到位以后才能邮递发书。

(3)网上书店有完整的物流配送系统支持:书的分类管理、供应商的报价及遴选、订单的发送,都由系统自动完成。供应及采购模块还同时与仓库和财务系统相连,仓库要根据供应系统所采购的书目收货,财务则要根据采购订单在一定期限内付款给出版商。

(4)外送业务外包:如果是送货上门,书店就把书交自专门的货运公司发送,货运公司和书店定期结算运费。一张订单下的书全部出运以后,订单就会在仓库系统中结束。贝塔斯曼在线把外送这一块业务全部外包,由专业货运公司代理,所以物流配送系统的分发运作模块在贝塔斯曼在线相对较为简单。

(5)财务系统:财务系统和销售模块、采购模块都是相连的。财务系统需要从销售模块传过来的订单中获取客户的付款方式,然后根据不同的付款方式与客户进行结算。同时要从采购模块中获取采购订单信息,在一定期限内对出版商进行付款。财务系统还会从其他模块获取送货成本及其他成本等数据,定期进行赢利结算。系统有效地节省了人力资本,并且能及时准确地完成财务结算,大大提高了财务效率。

2. 购书流程

选购图书的方法如下:

(1)通过主页的推荐、畅销书榜、最新书讯,选购图书放入购物篮。

(2)通过主页的类别页进入子类别页,再进入产品页,选购图书放入购物篮。

可以选择、删除、放弃选购,满意的话便点击支付钮购买。

3. 支付方法和送货

付款方式一般分为邮汇、信用卡、COD(货到付款)3 种,送货方式则分为送货上门和邮政递送。送货上门和 COD 相配合,邮政递送则要等到邮汇或信用卡的书款到位以后才能邮递发书。系统会把购书者的付款方式和送货方式存入数据库,并且传递到财务部门。如果购书者选择邮汇付款方式,书店要等到邮款到位以后发书,邮款倘若不到位,系统又会通过网络向购书者发出付款提醒;如果是信用卡付款,书店会通过与银行的网络收取书款然后发书;如果购书者选择货到付款,书店要参考系统中购买者账号下的信用等级,符合要求的就向购书者发书,书送到客户手中以后,财务系统会监督书款的到位情况,并根据这一情况评定客户的信用。发书收款以后,一张网上订单就会自动关闭。

第三节　连锁超市企业电子商务运用

一、连锁超市企业电子商务系统的引入

商业企业运用电子商务,经营者在完成上述的准备工作后,必须建立适合自己内部的信息系统,这是一项极其复杂的系统工程,必须将商业规则、管理方法及业务流程有效整合。

连锁超市的电子商务系统有它的特征及内在规律性。它一般可以划分成 3 个层次。建立各门店—配送中心—总部—供应商—银行的信息网络系统,即前台 POS 系统,后台计算机系统,与外部银行、供应商的联系与传递系统。

1. 第一层:前台 POS 系统主要是连锁分店,他们负责销售数据的采集。主要由电子收银机()和门店计算机联机构成。

(1)连锁分店需要配置以下设备

①POS 终端,主要发挥收银机的功能。

②扫描器,读商品条码。

③磁卡读入设备,识别信用卡上磁条。

④价签制作设备,制标签。

⑤其他设备。

(2)POS 系统软件构成连锁分店的信息管理系统

(3)连锁分店的经营者在与总部及配送中心交往中需要交流如下信息:

①商品基本信息:它通过总部传给分店,包括商品编码、名称、规格、条码等,如华联每天由配送中心将商品库存信息传送到网上,各门店由自己的网上信箱中取出库存信息。

②补货:连锁分店根据自己销售情况向公司总部提出要货申请。

③到货:配送中心预先向分店发发货清单,收货时用扫描机读取,然后与预先的要货申请校对。

④销售:分店商品销售通过 POS 机反应实际情况。

⑤在架商品管理:可用 POS 数据与总数对照分析。

⑥数据统计:综合统计如销售毛利率,分类作出分析。

2. 第二层:后台计算机系统,由各种管理系统组成,实现整理、分析、处理,它涉及总部、配送中心、门店三方面。如:华联配送中心每天将库存信息以文件形式发送到网上给各分店,然后通过网络将分店销售及要货情况发送给供应商,起到物流信息传递及组织物流工作的作用。另外,总部还汇集各地采购销售信息,完成网站扩展、商品开发与采购、财务结算等任务。

3. 第三层:通过 EDI 或互联网与外部银行、供应商联系,传递资料及结算,如电子订货系统(EOS)电子转帐系统(EFT)。这些与以上 2 层构成了连锁超市的信息系统。

二、连锁超市引进电子商务考虑因素

连锁超市引进电子商务是一项既困难又复杂的工作,是一项巨大的投资,发挥效益时间长。着重要考虑两个方面:首先,连锁店要具备硬、软件和应用工具,运用商品条码的比例,按超市一般规则要达到商品的 80% 以上,才可能引进 POS 系统,全面推广使用计算机联网。因此,电子商务的引入要根据具体情况分阶段进行。其次要考虑成本效益。

(一)关于成本

连锁超市企业使用电子商务的成本主要在以下几个方面:

1. 计算机设备成本;

2. 计算机硬件维护费用,一般为设备计价的 7%;

3. 计算机软件维护费用。

(二)关于利用电子商务产生的效益

这表现在:

1. 节省人员工资支出;

2. 可及时掌握市场动态及消费倾向,可以提高营业额;

3. 可及时掌握库存及畅销、滞销品信息,可使存货降低,增加利润;

4. 管理改善,可使盘亏损失降低。

第四节　电子商务环境下的物流管理

一、电子商务环境的模式和特点

电子商务是在 Internet 开放的网络环境下,基于浏览器/服务器的应用方式,实现消费者的网上购物、企业之间的网上交易和在线电子支付的一种新型的交易方式。它有三个基本特点:①虚拟性。电子商务企业通过建立自己的电子商务网站来开展业务,因此这种企业无门面、无实际商品;②充分利用网络技术。商品的展示、宣传、挑选,业务的咨询、谈判和财务、结算均在网上进行;③由四个基本系统组成:商品信息系统(产品数据库)客户管理信息系统(客户数据库)资金结算系统、商品配送系统。

二、电子商务环境下的物流配送中心

电子商务环境下的物流配送中心通过建立自己的电子商务网站(网上商店)与客户发生各种业务联系。它采用网络化的计算机技术、现代化的硬件设备、软件系统及先进的管理手段,针对社会需求,严格地、守信用地按照客户的订货要求,进行一系列分类、编配、整理、分工、配货等工作,定时、定点、定量地交给没有范围限制的各类用户,满足其对商品的需求。其运作模式如图 5—11—3 所示。

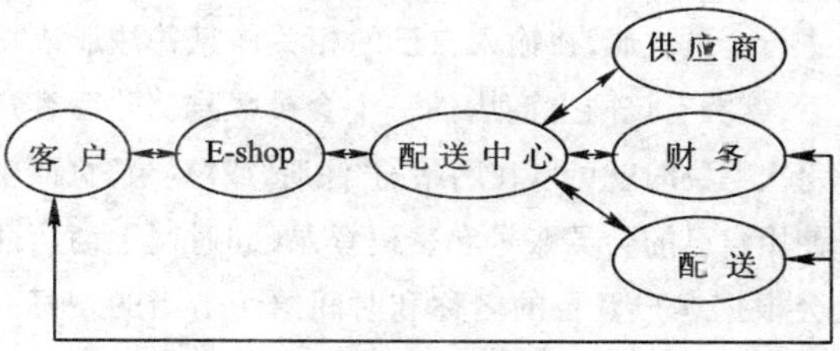

图 5—11—3　电子商务下的物流配送中心运作模作

可以看出,这种新型的物流配送中心紧紧围绕客户展开业务,体现了"以人为本"的服务理念。它正在以一种全新的面貌成为流通领域革新的先锋,代表了现代市场营销的主方向。新型物流配送能使商品流通较传统的物流配送方式更容易实现信息化、自动化、现代化、社会化、智能化、合理化、简单化,使货畅其流,物尽其用,既减少生产企业库存,加速资金周转,提高物流效率,降低物流成本,又刺激了社会需求,有利于整个社会的宏观调控和提高整个社会的经济效益，从而有利于促进社会主义市场经济的健康发展。

三、电子商务环境下物流配送中心客户服务模式

从图5—11—3可以看出，电子商务下配送中心主要通过网上商店(E-shop)实物配送和财务结算与客户发生业务联系，因此配送中心也应该从这三个方面开展优质的客户服务。

(一)网上商店(E-shop)服务模式

在配送中心的电子商务网站(网上商店)首页上一般都设有“本站介绍”、“网站地图”、“购物指南”、“会员申请”、“客户服务中心”及“常见问题回答”等栏目(如表5—11—2所列的服务内容)，客户可以通过它们查看相关信息。

表5—11—2　电子商务下的物流配送中心网上商店的服务内容

服务项目	服务内容
会员管理	会员注册、会员登录
电子商情	商品浏览、商品查询、商品介绍
在线订购	订单管理、购物查询
支付货款	电子支付与结算、银行转账
客户服务中心	购物指南、售后服务、客户反馈处理

(二)客户登录及会员注册服务

当客户首次访问配送中心的网上商店时，可以进行会员注册，在输入自己的相关信息并注册成功后，就拥有该网上商店的一个会员账号。此后客户每次购物时就可以在网站的“注册”或“登录”页面中使用自己的会员账号和密码登录，同时网上商店还会根据客户登录的名称和时间给予恰当的友好问候。另外，配送中心的客户资料数据库是动态变化的，客户可以随时修改自己注册的会员信息，以便配送中心能掌握客户的最新资料，为以后相互之间随时取得联系和顺利开展业务奠定基础。当然，客户也可以以过客的身份访问配送中心的网上商店，参观和浏览商品。

实行会员制，对客户来讲，可以给配送中心发送自己的详细信息，以使配送中心能够及时地把商品送到自己手中；对配送中心来讲，可以随时掌握客户的信息，便于网上管理客户购物，并进一步开发新的客户群。此外，配送中心还可以实行会员等级制，按照客户在网上购物的数量或金额把客户分成初、中、高等几个等级，对于不同的会员等级，配送中心对客户实行不同的优惠政策，以吸引更多的客户参与网上购物。

(三)商品的浏览与查询

配送中心网上购物界面一般是按商品种类进行展示，客户可以对商品快速浏览。如果客户对某一商品感兴趣，可进一步查看该商品的详细信息，包括商品名称、型号、价格、商品简介、相关商品等，就像商场售货员向顾客介绍商品一样，令客户有一种身临其境的感觉。

当然，对于网上商店来讲，没有必要把其商品一一列出来，这样对于客户购物来说也是很不方便的。因此，提供商品查询和导购服务以方便客户购物就成为网上商店的一项必不可少的技术支持。亚马逊在这方面的做法就值得学习，在他们的网上书店的任何一个页面中都为客户提供了各式各样的全方位图书查询方式，包括对书名、主题词、关键字和作者的查询。如果客户想查询某一具体的图书，只要在“图书查询”栏中键入查询关键字，图书查询就会将该图书的详细资料呈现在客户的眼前，十分快捷方便。引用客户的话说就是“亚马逊把B2C电子商务变得极为简单，甚至有点傻瓜化”。特别是网站的“One-Click”技术和购物车保存商品留待下次查看的技术使得“每一个来到亚马逊的顾客都知道自己确切要什么”，同时网站也为消费者提供多个路径来提示、引导直至最后找到他们想要的商品，其贴心的服务程度赢得了客户的广泛赞誉。

此外，配送中心还可以在其购物界面上向客户推荐最新商品、畅销商品或特价商品等形式的导购服务，使客户有更多的信息来源和购物选择空间，引导客户进行合理消费。

(四)在线订购

客户在浏览商品时，可以随意选择自己喜欢的商品，点击“在线订购”，把它们放入自己的购物车中(一个购物者欲购买的商品的虚拟集合)，这也就是客户向配送中心下了一个电子订单。客户在浏览网上商店时，购物车要能够动态地跟踪顾客的整个购物过程，即时显示客户的电子订单、单价及总金额等信息。客户也可以随时核定购物车内的商品和数

量,若有错误,可重新调整商品及其数量。

(五)支付货款

客户购物完成后,就可以到收银台付款。在那里,客户可以根据配送中心提供的费用结算方式选择自己的货款支付方式。例如8848网上超市,开始时并没有直接采用客户网上"在线"结算的方式,而是采用"半在线"的结算方式,即客户可用长城卡、龙卡、牡丹卡、一网通、东方卡等多种信用卡结算,通过ATM把钱转到8848在银行专门开立的结算户头上。在招商银行"一网通"网上银行开通后,8848网站开始采用招行网上在线支付业务。此外,有的配送中心还给客户提供货到银讫的使用现金或支票付款、邮局汇款及电话付款等方式,极大地方便了客户。

(六)设立客户服务中心

当客户完成订单或在线支付货款后,网站会提示客户记好自己的订单号、查询号,以便随时在客户服务中心查看订单和商品的详细情况。

此外,设立客户服务中心,可以为新的客户提供购物指南服务,为老的客户提供完善的购物售后服务,也可以处理客户的反馈意见,从而不断改进网站的建设。

四、商品配送服务模式

配送是商品市场发展的产物。随着大批量、少批次的物流配送活动逐步被小批量、多批次所取代,个性化、多样化的市场需求越来越占有更多的市场份额,配送已成为电子商务时代客户服务活动的中心环节和最终目的。因此,电子商务下的商品配送应面向市场、面向客户、面向现代化。

就目前来看,配送中心大都采用两种方式:一是完全依靠自己的力量做商品配送。这种情况下,配送中心拥有自己的配送力量,如车队等,而且还可以为其他配送中心提供配送服务;二是配送中心不直接从事配送业务,依靠社会力量来完成。目前,8848在这方面做得也比较成功。最初他们从邮政系统打通了全国物流配送体系的大门,现在8848已经整合了包括美国联邦快递和我国邮政特快专递EMS在内的几十家配送资源,以及各区域性的速递公司的配送和大型家电厂商的全国性连锁销售机构,开通送货业务的城市达到460个,初步建成了全国性的配送体系。

此外,商品配送部门还要改变单一送货的观念,协助电子商务公司完成售后服务,提供更多的增值服务内容,如跟踪产品订单、提供销售统计和报表等。只有这样,才能紧跟电子商务发展的时代步伐,不被市场所淘汰。

五、其他客户服务模式

(一)建立基于Web的呼叫中心

呼叫中心(Call Center)是通过电话系统连接到某个信息数据库,并由计算机语音自动应答设备或人工座席将用户需要检索的信息直接播放给用户。目前,它正逐步发展成一种"信息发布中心"。

电子商务网站Web浏览的优点是图文并茂、信息传播量大,但单纯的Web站点也存在着以下缺陷:不能随时随地、随心所欲地进行信息交互,且内容繁多、难以查找。例如,当客户没有条件或不方便上网时,就无法与配送中心取得联系,这就需要建立客户和配送中心相互交流的新通道——基于Web的呼叫中心。它将互联网技术运用于呼叫中心,使客户在浏览Web的同时还可以与对方交谈,把普通语音通信和Web浏览很好地结合起来,实现功能互补。它还可以将电话和E-mail同时作为呼叫中心的接入手段,使客户能够及时快捷地获取各种所需的信息。

(二)使用电子邮件等其他联系方式

电子邮件(E-mail)是网络客户服务双向互动的根源所在,它是实现配送中心和客户对话的双向走廊,也是实现客户整合的必要手段。E-mail的最大特点是即时、全天候。传统的客户服务常常是被动的,客户向配送公司提出问题要求后,公司才予以解决。而利用E-mail公司则可进行主动的客户服务:(1)发送群组信件,主动向客户提供公司商品的最新信息;(2)获得客户的反馈意见,用以指导以后的工作。公司在管理E-mail时,结合具体情况可以按部门分类,也可以按客户的重要程度分类分别予以答复。当然,公司还可以使用E-mail自动回复功能,一方面可以告知发信者E-mail已收悉;另一方面可以简化工作,提高公司效率。

此外,配送中心与客户还可以选择普通信件邮寄、电话传真、网上交谈、现场面议等交流方式,这要依据具体情况而定。

六、建立电子商务环境下物流配送中心客户服务模式面临的问题

上述的物流配送中心客户服务模式是在理想状态下进行的，在实际实践中，建立电子商务环境下物流配送中心客户服务模式还面临着诸多问题：

（一）客户隐私问题

正如上文所述，当客户在网上浏览或购物时，经常会被要求提供个人资料，网站也常常会将客户的资料整理并建立客户个人信息数据库。但另一方面，网站经营者在客户提供个人资料时并没有向他们说明这些信息的具体用途，这就难以保证网络经营商会将这些资料出售或出租给其他公司，例如给广告商以获取广告费，从而泄露客户的隐私，给客户带来诸多不便。客户就会对网上交易产生忧虑，也就不会充分利用因特网来积极地进行电子交易。这对于配送中心实行会员管理制将是一个障碍。

（二）互相信任问题

网上交易的双方很可能素昧平生，相隔千里，而要实现网络购物，必须经受交易对象的信用考验。对商家来讲要考虑客户端是不是一个骗子，如客户收到商品不付款的赖帐问题；而客户也会担心网上的商店是不是一个黑店，付款后不能按时保质地收到商品，退货索赔及网上假货和网上陷阱等问题。因此，双方要可靠的确认对方的身份，相互信任对方，讲求社会公德和社会信誉。

（三）网络安全问题

在电子商务中，对交易涉及的商务信息有严格的保密要求。如客户信用卡的账号、用户名和密码有可能被网络黑客拦截被盗用，订货和付款的信息被竞争对手获悉，就有可能丧失商机。因此，不论客户还是网站经营者都对网络安全问题提出了疑问，不敢轻易进行电子交易或网上支付。

（四）物流配送问题

电子商务的发展，对我国原本就比较落后的物流配送提出了更高的要求。尤其是电子商务不受地域、时间的限制，网上购物客户比较分散，B2C的电子商务活动大量存在及其对商品配送需求的迫切性和多样性，难以形成集中的有规模的商品配送流量，导致进行物流配送的难度加大、要求更高。因此，物流配送是电子商务诸环节中最为薄弱的一个环节，已经成为制约电子商务进一步发展的瓶颈。

第六篇 交通运输企业物流管理

第一章 交通运输市场概论

第一节 交通运输市场的特点

一、交通运输市场的涵义

市场概念有3种涵义:一是指商品交易的场所,这是狭义的市场概念;二是指商品供销的区域,这是一般意义的市场概念;三是指商品供求关系的总和,包括供求关系、影响供求关系的价格关系、竞争关系、买卖双方的自我调节关系与国家的宏观调控关系等,这是广义的市场概念。市场经济的市场概念,是指商品供求关系的总和,包含着狭义的市场和一般意义的市场。市场经济中的市场概念包含三个层次:一是具体的商品市场,指某一种商品的供求关系,如食品、服装、房地产、劳动力、资金、技术、生产资料、信息市场等,这是最低层次;二是部类商品市场,指消费品供求关系与生产要素供求关系,包括消费品市场与生产要素市场(称最终产品市场与中间产品市场),这是第二层次;三是整体市场,指整个社会经济的全部供求关系,这是最高层次。

市场按交易商品的形态又可分为两大部分。一是商品市场,包括农、工、建商品市场,金融市场,劳动力市场等。商品市场交易的是先行商品,即在交易前就已生产出来的商品,表现为商品实体,其生产过程先于消费过程。二是服务市场,包括交通运输市场、安装维修市场、饮食住宿及其他各种劳动服务市场。服务市场交易的是后行商品,即在交易后才生产出来的商品,不表现为商品实体,其生产过程与消费过程在时间上是同一的。在服务市场中,交通运输市场居于首位,规模最大。

市场按交易方式也可以分为两大部分。一是有形市场,指有固定的交易场所,买卖双方已经确定情况下的交易,如商店、集市等属于有形市场。二是无形市场,指没有固定的交易场所,买者或卖者尚未确定,要通过广告、中间商以及其他形式寻找货源或用户(顾客),沟通买卖双方,促进成交的形式,如信息市场,某些人才市场、技术市场,房地产市场等。一个完整的市场,是有形市场与无形市场的结合。有形市场是市场的基本形式,但单纯的有形市场,是市场不发达的表现。

交通运输市场是交通运输服务供求关系的总和。它是整体市场中的一部分,既与消费品市场相联系,又与生产要素市场相联系,主要由工农建产品市场决定,为工农建产品市场服务,体现着出卖与购买交通运输服务的各种经济关系,是交通运输有形市场与无形市场的结合,是首要的服务市场。

二、一般商品市场的特点

(一)统一性

市场的统一性指市场是一个有机的统一整体。整体性、统一性是系统的本质特征,也是市场系统的本质特征。市场运行的基本内容是供求,市场的统一性首先由供求来体现。消费品市场与生产要素市场,以及它们内部各个具体商品市场之间都是互相依存、互相制约的供求关系,各类市场的供求关系分层次构成一个有机整体。如果它们相互之间比例不协调,任何市场都不可能顺利地运行与发展。

市场运行的基本动力是价格,市场的统一性通过价格充分表现出来。同一商品价格一致。规范化的市场,交易不受任何阻碍,价值规律能够自发地调节供求。在这样的市场上,如果同一商品出现不同价格,顾客就会选择价格,而使价格趋于一致。因地理因素、心理因素、信息因素等而使同一商品价格产生差别,虽然是常有的、不可避免的,但在规范化的完全市场上,这些因素对价格的作用是有限的、局部的,由于企业间的竞争,市场信息的充分沟通,顾客多次地反复比较选择,会把这些因素的影响或差价限制在最小的程度与范围内。不同商品的价格相互影响。各类商品(物资产品)按其加工程度与用途,可分为原料、材料和成品,它们的价格一涨俱涨,一跌俱跌。相同用途的商品可以互相替代。一种商品的价格连续上升,会促使顾客转向购买替代商品,使替代商品的价格也相应上升。一种商品的价格回落,替代商品的价格也会相应下降。也就是说,不同商品之间具有合理比价。

(二)开放性

市场作为一个社会经济系统,必须不断地与外界环境进行物质、能量与信息交流,才能生存和发展。交通运输市场的开放性具体表现在:国家开放,也就是国家整体市场向国际市场开放;地区开放,各地区之间的市场应该是开放的而不应该是地方保护主义的封闭市场;部门开放,各部门是行业管理的主体,它们之间本来是一种相互促进、相互制约的关系,其开放是不言而喻的。任何部门、任何行业离开了对本部门、本行业的开放与交流,都不可能维持下去,也没有自己生存的价值。

(三)竞争性

价值规律是商品经济的基本规律,也是市场运行的基本规律。它能够促使资源的合理配置,促使科学技术的发展与管理水平的提高,促使企业优胜劣汰。这些积极作用的发挥都是通过市场竞争来实现的。

价格对供求具有反作用。企业竞相开发、生产和经营市场短缺紧俏的有利可图的各种产品,竞相缩减或不再生产和经营市场滞销或销量减少的无利可图的甚至亏本的各种商品。这样,就调整了劳动力、资金与生产资料投入与分配比例,促使资源的合理配置。没有竞争,就没有资源的合理配置。

价格是由商品的价值即商品的社会必要劳动时间或平均劳动时间决定的。技术水平高、管理效益好的企业,劳动生产率高,生产商品所需劳动时间少,就能赢利较多,相反地,企业就会赢利较少甚至亏本。因此,各个企业都竞相提高技术与管理水平。没有竞争,就没有科技与管理水平的提高。

从市场运行的基本规律分析,市场就是竞争,竞争就是市场。

(四)有序性

市场是以货币为媒介联系起来的商品供求关系或交易关系,运行的动力是价格,运行的方式是竞争。从根本上说,市场的有序性就是市场的自控性,即通过价格的驱动与竞争的方式,来自动调节供求关系。

三、交通运输市场的特点

交通运输市场同一般商品市场相比,具有明显的不同特点。

1. 交易特殊商品

交通运输市场交易的是交通运输服务,它是一种特殊商品。交通运输服务的使用价值是其对象使用价值实现的桥梁,是客货的位移。这种使用价值不能离开客货自身的使用价值而单独存在,如果客货自身不具备使用价值,这种位移就毫无意义。它的使用价值不是原有商品使用价值的追加,只是在原有商品使用价值的实现过程中起桥梁作用。交通运输服务的生产过程与消费过程相同。交通运输服务的生产没有有形产品的存在,它的生产过程与消费过程在时空上是相同的。同一时间、同一空间的交通运输服务产品,对交通运输部门来说是生产,对接受交通运输服务的部门来说是消费。

2. 强调安全正点

交通运输服务质量主要由其对象的位移来体现,表现为安全、舒适与正点。安全舒适,就客运而言,指确保旅客生命财产不受损害,并提供优质服务,使其平安地、愉快地到达目的地;就货运而言,指确保货物不丢失、不损坏,使其保质保量到达目的地。正点,指按规定或合同约定时间将旅客或货物准时运送到目的地。

3. 价格透明度高

交通运输服务的价格在同一时限、同一地点规范一致,因为在同一时限、同一地点,不同的乘客或用户面对面,价格具有公开性。

4. 供求调节性慢

交通运输服务的供求受到时空的严格限制。交通运输服务是以交通运输设施为前提条件,以地区的经济发达情况为基础的。

5. 与工农业产品市场相适应

经济发达地区，客货运输量大，交通运输市场发达，经济不发达地区，客货运输量较小，交通运输市场相对发展缓慢。交易商品质量越高，越要求提供安全的运输服务。否则，高质量的商品就不可能进入消费使用领域。

因此，交通运输市场与地区的工农业产品市场不仅在规模上相适应，而且在质量上也是相适应的。此外，交通运输市场与地区的工农业产品市场在价格的涨跌上也是相适应的。

四、各类交通运输市场的竞争特点

市场自身调控是市场运行的根本动力，国家依据市场自身调节的情况给予宏观调控，是市场运行的推动力。市场自身调控机制由市场供求机制、市场价格机制、市场竞争机制3个部分构成，市场自身的调控过程由市场供求、市场价格、市场竞争3个方面各自内部的相互作用和3者间的相互作用来实现。市场供求平衡是市场正常运行的保证，也是市场自身调控所要达到的目的；市场价格是市场运行并不断发展的原动力，也是市场自身调控的主要内容；市场竞争是市场运行并不断发展的推动力，也是市场自身调控的主要手段。可以说，市场自身调控就是通过市场的供求与价格竞争来调节资源的合理配置，以实现市场的供求平衡。可见，市场竞争是市场的本质特点，没有市场竞争，就没有市场运行。要建立与培育交通运输市场，就必须分析交通运输市场竞争的特点。

交通运输市场可以按多种不同的标准划分类型。按运输对象划分，有客运市场与货运市场；按运输区域划分，有国际市场与国内市场；按运输工具划分，有与铁、公、水、空、管5种运输方式相适应的市场等。这里只分析按运输工具划分形成的市场竞争特点。

（一）铁路运输市场竞争特点

铁路运输市场是垄断经营，属于完全垄断的竞争类型，一般处于卖方市场。铁路运输服务只由一家铁路局（或分局、或机务段）经营，不存在任何可以替代的铁路局、分局、机务段。比如，焦作的煤运到柳州，只能通过焦柳铁路，京广、陇海等铁路无法竞争。货主与乘客选择的只是用不用铁路运输这种方式，而不存在铁路运输路线的选择。铁路运输与汽运、水运相比具有速度快、运价低、安全可靠的特点，它的货运并非其他运输方式可以替代。社会主义国家的铁路运输市场，由国家完全垄断，属于完全垄断的铁路运输市场，自身调控能力较差，价格的涨落与运输能力的增强主要靠国家的宏观调控。

（二）空运市场的竞争特点

我国目前尚未形成的空运市场，同样是垄断经营，属于完全垄断的竞争类型。但是，空运与铁路运输相比较，有着显著的区别。航线的开通，航班的营运投入，远比铁路运输容易得多。一旦我国空运市场形成，必然引起竞争类型的变化。

1．经济成分的变化。目前，我国的航空运输主要是国有航空公司。随着改革的深入，集体、合资、私人航空公司必然出现。

2．公司设立的变化。现在，一个公司拥有几条航线；今后，有的航线可能设立几个公司。

我国空运市场有向买方市场、垄断竞争发展的趋势。一个规范的空运市场，属于垄断竞争的竞争类型。不同的航线由不同的航空公司经营，同一航线的不同航空公司在飞行速度、服务质量、机票价格等方面区分档次。

（三）水运市场的竞争特点

近海远洋运输投资大、周期长、船家少，一个航运公司只有一条或几条专用航道、其竞争主要是国际间的，属于寡头垄断与完全垄断的竞争类型。沿海运输、河流运输、湖泊运输，同一条航道由港务局统一管理，但由于船类繁多，经济成分复杂，竞争相当激烈。

由于客货运输有别，货运物质种类不同，运输技术要求也不一样，各种不同运输难以轻易替代，所以，这种竞争一般属于垄断竞争类型。

沿海、河流、湖泊运输还存在着与铁路、公路运输竞争的问题。这种竞争同样是垄断竞争。

沟渠运输水位浅，不利于机动船只的航行，而原有木船运量小，速度慢，已经或正在被公路运输所淘汰，不再成为运输市场。

（四）公路运输市场的竞争特点

我国公路运输现已处在买方市场，卖方竞争最为激烈。

1．同一条公路有许多汽运公司，各汽运公司对公路都是跑而不管,不可能垄断经营。

2. 各汽运公司、汽车队、汽车属于不同的所有制,有国有、集体、合资、私营、个体等,他们在同一条路上竞争运营。

3. 汽车运输方式多样化。客运有大客运输、中巴运输、小轿车运输;有普通车运输、空调车运输。货运有卡车运输、集装箱运输等,还有普通公路运输、高速公路运输等。

集装箱运输安全可靠,并且可以保鲜,在应用上已发展到运送粮食、食品、副食品、家禽、畜牧、水果、陶瓷、日用品及各种工农业产品。长途联运、转运的货物,除了钢材、木材、大型机电设备、轻泡货物之外,都可采用集装箱运输。货车长途运输面临着集装箱运输的严重挑战。

4. 公路运输并非只汽车运输一种,拖拉机、三轮车、板车、牛车、马车等都可以使用公路。

第二节　交通运输市场体系

一、交通运输市场体系的涵义与构成

交通运输市场体系是指各类交通运输市场以一定的质的联系与量的比例形成的有机整体。不同的交通运输市场体系有三方面的涵义:一是各类市场种类不同;二是各类市场规格不同;三是各类市场中的主导市场不同。分析交通运输市场体系,可以及时发现交通运输市场中的薄弱环节,以便加速我国交通运输市场的培育与形成。

交通运输市场体系包括按不同的运输范围、运输对象、运输方式及相应的配套服务划分的各类交通运输市场。

交通运输市场体系可分为三个层次。最高层次是整体市场,它包含一个国家国内外交通运输服务的全部供求关系。国家的交通运输整体市场是国际交通运输整体市场的一部分。第二层次是客运市场与货运市场,分别体现一个国家客运与货运的全部供求关系。同样,它们也是国际客运与货运市场的一部分。第三层次是铁、公、水、空、管运输市场以及由多式联运形成的综合运输市场,分别体现一个国家该种运输方式的全部供求关系,除管道运输外,均包含客货运总量的供求关系。铁、公、水、空、管运输及综合运输市场除了主体市场之外,还有相应的配套服务市场。

综合运输市场是由同一经营运输服务的企业对同一运输对象在一次运输过程中,依据不同的路段运用两种以上运输方式进行运输而形成的供求与交易关系。多式联运是否由同一经营运输服务的企业经营,是衡量综合运输市场的根本标志。这种经营运输业务的企业有三种类型:(1)具备两种以上的联运方式。这类企业是单纯的运输企业,托拉斯性质,规模巨大。(2)具备一种运输方式,但它是多式联运企业集团中的一环。这类企业既是运输企业,又具有商业企业性质,因为它负责经营其他运输企业的运输业务。(3)不具备任何运输方式,但与具有所需运输方式的各个运输企业存在直接运输业务往来,能够办理多式联运业务。这类企业是单纯的商业企业,专门经营运输这种特殊商品。

综合运输市场具有以下优势:(1)一票到底,方便货主与乘客。(2)可以实行运行路线优化,减少总的运输里程,降低运输成本与运输价格,既可提高整体营运效益,又可减少货主与乘客的费用开支。(3)能促使多式联运网络系统的形成、改造与优化。

二、交通运输主导市场

交通运输主导市场,指交通运输市场体系中主要运输方式(工具)所体现的运输服务的供求关系。在交通运输市场体系中,哪一种运输方式的运输服务供求总量最大,那一种运输方式的运输服务供求关系或交易关系就是交通运输主导市场。由于不同的运输范围与运输对象,运输方式的选择大不相同,需要按不同的运输范围与运输对象来研究交通运输主导市场。

交通运输主导市场由交通运输主导方式来体现。依据国家整体经济效益原则与各式运输服务需求变化的发展趋势,我国今后将逐步建立交通运输主导市场,主要有以下主导市场形式:

1. 长途客运航空运输

目前,我国空运市场购买力不足,形成市场的驱动力不大,旅客空运尚停留在官方与大中型机关团体、企事业单位的公差上,一般平民几乎与空中旅行无缘。随着经济的进一步发展和人民平均生活水平与经济水平的提高,社会对旅客空运服务的需求必行增长。机场的建设,航道的开通,营运飞机的购

买，其总的投入要远比铁路、公路运输低廉，营运能力的增长势在必行。况且，空中运输还具有轻捷、快速、舒适的特点。同时，长途旅客空运的发展，又可大大减轻铁路长途客运的压力。因此，长途旅客空运应是我国未来交通运输长途客运市场的主导。国家应将发展我国长途旅客航空运输市场纳入我国交通运输市场建设的战略目标。国家 2002 年对航空公司的重组也说明了我国空运主导市场正在逐步形成。

2. 国际长途货运远洋、近海运输

跨洋、跨海的国际长途货运，远洋运输、近海运输是主要方式。我国的远洋运输，已有太平洋、印度洋与大西洋航线；近海运输，已有日本、俄罗斯、朝鲜、韩国、越南、马来西亚、新加坡、菲律宾、印度尼西亚等航线。随着我国国际贸易额的增长，要进一步增强我国国际远洋运输与近海运输能力。

3. 长途货运内陆铁路运输

内陆长途货运，无论是国际运输还是国内运输，均以铁路运输为主要方式。欧亚大陆桥的建造成功，极大地加强了我国与西亚、东欧各国的经济合作，沟通了我国与西欧、非洲各国的经贸往来，也部分减轻了我国远洋运输的压力。今后，要随着我国与西亚、欧洲各国经贸的增加，铺设欧亚大陆桥复线，加强对周边国家的辐射能力。在国内，要完成我国已初步制定的“七纵五横”的铁路交通规划，加速大动脉的建设，形成中国特色的铁路运输网络。

4. 沿海沿江地区铁路、河海交通并重建设

我国沿海运输的主要航线北起大连，南到北海，全长32 000 km，是我国国内首要的水上交通，是沿海交通运输市场的主要运输方式。我国所属的诸岛及其与大陆间的全部水域运输也是重要的沿海交通运输市场。随着工农业产品市场发展的需要，要加强以下重点建设：(1)大中小港口码头配套，以提高主要港口码头的货物集散能力，为沿海中小城市以及县镇提供海上运输服务。(2)现代化的中转仓库，实行货物存储提取自动化控制，建立保质保量维护系统，以提高中转效率，使货差货损下降到最低限度。(3)集装箱码头，在数量、规模、效益、管理等各个方面满足多式联运的要求。

完成沿海铁路建设，使青岛、连云港、南通、上海、宁波、温州、厦门、汕头、广州、北海等城市直接相通，用以缓解京沪线、沪惠线的运输压力，并形成铁路运输与海上运输的竞争态势。

我国国内河流运输的主要航线有长江及其最大的支流湘江与汉水、珠江，黑龙江及其主要支流松花江与嫩江，大运河，淮河以及黄河部分水域。河运自然能力十分巨大。目前，我国河运量严重不足，它受到公路汽车运输的严重挑战，一般只限于矿石、石油、煤炭、砂石、木材等少数几类货物的运输。但这并不表明河运不再具有生命力。河运量不足的根本原因，在于传统的落后的运输设备。现有运输船只技术落后、笨呆、运速慢、效率低。现代化的河运市场，需要有具有自动控制系统的大型快艇，也要有小型、轻便、快速的船只投入营运。

5. 公路短途运输

无论客运与货运，公路运输都是短途运输的主要方式。公路运输本身也适宜于短途运输。随着工农业产品市场与交通运输市场的发展和货物集散能力的增强，要把公路汽车运输的重点，放在短途运输上。尤其要注重充分发挥它作为多式联运纽带的作用。公路运输市场建设，要做好以下工作：(1)增加公路总的里程；(2)合理安排、调整公路布局；(3)改善公路运输交通管理。

三、交通运输市场体系的外部联系

(一)与国家整体市场的联系

国家整体市场按其所交易的对象，可作如下的划分：

(1)工农业产品市场(消费品、生产资料，包括房产、硬技术)；

(2)劳动力市场(各类劳动力，包括技术、管理人才)；

(3)金融市场(货币与证券)；

(4)信息市场(各类信息，包括软技术)；

(5)交通运输市场；

(6)邮电通讯市场；

(7)其他各类服务市场(安装、维修、旅游、餐馆、住宿、美容、娱乐等)；

(8)国家自然资源市场(土地、矿藏、森林、草原、河流等)。

以上划分，可称为国家的八大市场。工农业产

品市场是主体,是国家整体市场的标志。劳动力市场与金融市场是两翼,交通运输市场与邮电通讯市场是两足,它们是工农建产品市场的四大支柱。信息市场是整体市场的大脑与神经,各类服务市场规模宏大,使国家整体市场羽毛丰满,国家自然资源市场范围虽小,但它使国家整体市场趋于完善。可见,交通运输市场是整体市场不可缺少的部分。

物质市场交易的条件是交通运输市场,信息市场交易的条件是邮电通讯市场。由此,也可看出交通运输市场与邮电通讯市场在整体市场中的地位。

(二)与工农业产品市场的联系

1. 交通运输市场运输服务的需求量由工农业产品市场的成交量来决定

工农业产品市场交易次数越多,交易量越大,交易主体相距越远,工农业产品市场对交通运输市场运输服务的需求量就越大。

交通运输市场的规模随着工农业产品市场规模的扩大而扩大。但是,随着工农业产品市场统一有序的发展,随着信息市场的发展与完善,可以克服同一产品同一时期在两个地区对流的现象,从宏观上尽量减少无效运输,这将相对减少对交通运输服务的需求。

工农业产品市场的发展与旅客运输服务需求也是成正比的。一般来说,产品交易规模越大、越频繁,来往旅客也就越多,往返里程也就越远。并且随着商品经济的发展和人民生活水平的提高,外出旅游的人次也就越多。

2. 交通运输市场运输服务供应量受工农业产品市场提供的税利额影响

运输服务供应量即运力的大小,主要指运输基础设施(铁路、公路、管道及站、场、码头等)及运输设备。运输基础设施的建设与运输设备的购置,需要大量资金,这些资金不能单靠交通运输部门的内部积累,而是需要国家的大量投资与贷款,这些投资与贷款有赖于国家的财力,有赖于工农业企业提供税利的多少。工农业产品市场活跃、交易额大,向国家提供的税收就多,国家财政收入就多,投资能力就强。工农业产品市场活跃,交易额大,工农业企业赢利多,银行存款余额就多,贷款能力就强。这说明,交通运输市场依赖于工农业产品市场。

(三)与劳动力市场的联系

交通运输属于第三产业,其发展不仅依赖于农业、工业提供资金与物资,而且依赖于农业、工业提供劳动力。农业、工业越发展,劳动生产率越高,劳动力市场的劳动力供应量就越多,就能增加交通运输的劳动力,增强运输能力,活跃交通运输市场。

(四)与金融市场的联系

所谓金融市场,是指货币与证券的出卖与购买的供求关系的市场。交通运输基础设施、运输设备的投资,一般来说,不能单靠交通部门与运输企业自身来解决,也不能仅靠国家财政拨款。在市场经济条件下,主要是靠银行贷款和交通部门与运输企业发行债券与股票。如果金融市场缺乏货币与证券的交易能力,必然限制交通运输市场运力的增强。所以,交通运输市场同样依赖于金融市场。

(五)与国际交通运输市场的联系

我国交通运输市场是国际交通运输市场的一部分,我国所承担的国际运输,又是我国交通运输市场的一部分,其供求关系受到国际交通运输市场的影响。

1. 运输需求影响

我国的国际货运需求量由下列因素决定:(1)全国的国际贸易实物量与平均运输里程;(2)邻国交易对我国的直接运输需求量;(3)邻国交易在我国过境运输需求量。

2. 运输能力影响

满足运输市场需求的能力主要取决于技术、管理与资金。(1)技术包括交通设施建造技术、运输设备制造技术、搬运装卸技术、运行安全技术、设备设施维修维护技术等。如高等级公路里程、集装箱化运输程度、综合运输能力、站场港口的吞吐能力等均反映一个国家的交通运输技术水平。国际先进交通运输技术,正在和不断地被我国所吸收,必然改变我国交通运输落后的面貌。(2)管理包括经济管理、技术管理和计划、组织与控制能力,特别是宏观决策与调控能力等。如交通运输投资调控机制的合理程度与调控的灵敏程度等,都是一个国家交通运输管理能力的表现。(3)资金包括直接投入交通运输设施设备的基本建设基金,交通运输科技发展基金等。我国交通运输事业的发展,需要吸取大量外资。而外商投资，一般都是出于发展国际交通运输市场的需要。

此外，还有运输价格与运输竞争的影响等。

四、交通运输市场体系的内部联系

（一）客、货运市场间的联系

客、货运市场都是随工农业产品市场的发展而发展。就客、货运市场二者间的关系而言，在一定意义上说，客运需求量受货运需求量的影响，因为产品交易，货物联系，增加了众多的差旅客运。差旅客运增多，业务联系增多，又增加了货运需求。可以说，它们二者是相互促进的。

（二）铁、公、水、空、管运输市场间的联系

铁路、公路、水路、空运、管道运输的对象基本相同，它们之间的相互关系随客、货运市场的不同而不同。

1. 需求联系

单式运输，在总体需求一定的条件下，它们各自的需求是此消彼长。多式联运，各种运输相互配合，它们各自的需求是相互促进。因此，在交通运输及其市场发展的初级阶段，5种运输方式均可单独作战，各显神通；在交通运输及其市场进一步发展之后，各种运输方式只有分工协作，相互配合，才有充分发展的余地。虽然，由于运输对象、运输数量以及地理条件的差异，它们各有自己的生存空间，但在同样的运输对象、数量以及地理条件下，就会出现竞争。所以，综合运输与多式联运，是现代化交通运输市场的一个显著特点。

2. 运力联系

各种运输方式的运输能力，取决于国家对交通运输的投资结构。在总体投资一定的情况下，当然也是此消彼长。国家以及各级地方政府，必须依据发挥各种运输方式的优势，大力发展综合运输的原则，合理安排投资结构。

3. 价格联系

各种方式运输价格的升降往往有连锁反应。因为各种运输方式大多既可相互配合，又可互相替代。公路运输方式灵活快捷，对其他运输方式的配套性与替代性表现得最为充分，供求对价格的反应最为敏感，往往是最先涨价，由此引起其他运输价格上涨。随着公路运输运力供过于求，价格相应下跌（相对价格或绝对价格），其他运输价格亦随之下跌。需要指出的是远洋运输的价格具有某些特殊性，其随之下跌的可能性与趋势不会太明显，因它具有其他运输方式的不可替代性。所以，交通运输市场价格管理，首先要抓好公路运输市场价格管理。

4. 竞争联系

铁、公、水、空、管各类运输市场的竞争，既具有内渗性，又具有外张性。所谓内渗性，是指各类运输市场的内部竞争，即经营同一运输方式的企业针对相同的运输对象，为提高市场开发率、市场实现率、市场占有率而展开的竞争。所谓外张性，指各类运输市场之间，即经营不同运输方式的企业针对相同的运输对象，为提高市场开发率、市场实现率、市场占有率而展开的竞争。在不发达、不规范的运输市场上，外张性的存在，往往是由内渗性引起的，如汽车运输市场竞争激烈，不少汽运企业的车辆，就抢占铁路运输、水路运输业务。发达的规范的运输市场，长途的与大宗的货物运输，多采用多式联运的方式，因为这类运输经济快速，有较高的整体效益。因此，各类运输市场之间的竞争——外张性，是一种交通运输市场初始的表现。由于各类运输方式之间具有互补性与配套性，它们的竞争也同价格一样相互影响，但各自具有不同的竞争特点，公路运输是完全竞争，铁路运输是完全垄断，水运、空运是垄断竞争，相互之间的竞争影响并不明显，反应亦较迟缓。

（三）地区交通运输市场间的联系

交通运输市场具有时空上的不平衡性。时间上的不平衡，一般可以通过两种方式解决：一是在农副产品生产基地建立保鲜仓库，以保证农副产品（水果、蔬菜、瓜类）供给均衡，并调节运输需求；二是安排机动运力。空间上的不平衡，可以通过交通运输市场内部的竞争来解决。交通运输市场竞争同样有三条途径。一是提高市场占有率，即争夺已经实现的市场，针对相同的运输服务抢占市场，如中巴客运市场，木材、煤炭、砂石等运输市场。这类竞争，全凭现有实力。一般来说，小型或新生企业及运输户没有多大作为与发展前途。二是提高市场实现率，即满足尚未实现的市场需求，瞄准新的或特殊的运输服务率先占领市场。如新的矿产资源的开发，农副产品不能及时运输，山高路险、水急滩多运输困难，特

殊的、笨重的或危险物品以及打工潮时民工的外流与返回等,就正需要这类运输竞争。这类竞争是一种市场补缺行为,是中小新生运输企业及运输户大有作为、大显身手的主要途径。三是提高市场开发率,即针对潜在的运输市场去开发,通过提供实际的运输服务给用户带来实惠去赢得顾客的运输要求。

从竞争的途径可以看出,交通运输市场的空间不平衡主要通过市场开发来解决,交通运输市场发达地区对落后地区有着决定性的影响,肩负着开发新市场的艰巨任务。

(四)主体市场与配套市场的联系

如果我们把旅客与货物的实体位置转移所发生的供求关系称为交通运输主体市场,那么,由交通运输主体市场决定的为交通运输主体市场服务的诸多供求关系,就是交通运输配套市场。它们包括:搬运装卸市场,运输设备设施维修维护市场,运输生产、销售服务业市场,运输设备市场,运输设施建筑与维护市场。

从总体上说,交通运输配套市场从属于交通运输主体市场,但它们又从不同的角度促进或制约着主体市场的发展,所以,交通运输配套市场必须在种类、规模、质量、价格、地点及管理上与交通运输主体市场相适应。

1. 与运输信息市场的关系

交通运输信息市场属于运输销售服务业市场,是沟通交通运输供求关系,促进交通运输交易的市场,是交通运输的无形市场。交通运输市场同样是有形市场与无形市场的结合,没有交通运输信息市场,就没有完整的、发育健全的交通运输市场。它对交通运输主体市场的促进作用表现在以下几个方面:

(1)促进运输成交,活跃运输市场。运输信息市场解决了运输信息供求关系的平衡问题,大大提高了交通运输市场的实现率,促进其繁荣与发展。

(2)降低运输成本,提高运输效益。运输企业,尤其是汽运企业,可依据运输信息市场提供的需求信息,合理安排运时、运量与运输路线,提高实载率,尽量减少与杜绝空驶。

(3)合理安排运输基建投资,及时调整运输市场结构。运输企业与交通主管部门依据交通运输信息市场的需求信息,依据一定时期里某种运输方式供不应求或供过于求的统计资料,系统分析、合理安排基本建设投资结构,积极发展短线运输生产,限制长线运输生产,使运输市场结构日趋合理。

同样,交通运输市场越发展,运输供求总量越大,质量要求越高,也就越能促进运输信息市场的发展。运输销售服务业市场还包括运输销售服务业有形市场,如公共客货运站(中心)、货运交易所、货运集市(一条街)、联运公司等,运输主体市场同它们也有着密切的联系。

2. 与货物存储、保管市场的关系

货物存储、保管是站场码头必备的运输配套服务。大宗货物的集散、中转过程,一般都有运输等待时间。因此,运输市场必须具备货物存储保管的市场。一般来说,运输市场越落后,这一等待时间越长;运输市场越发达,这一配套服务要求越高。总之,无论是运输市场发展到哪一阶段,都离不开存储保管市场。货物存储、保管市场属于运输生产服务业市场。

3. 与其他运输生产服务业市场和生活服务业市场的关系

运输生产服务设施,就汽车运输生产来说有停车场、加油站等。其他运输方式的相应设施均属此类(广义的运输生产设施包括运输设备维修厂,这里不包括),由此而形成的市场也属于运输生产服务业市场。运输生活服务业市场指由旅途饮食、住宿与娱乐等生活服务类业务形成的市场。毫无疑问,这些服务市场是交通运输市场不可缺少的辅助市场。

4. 与搬运装卸市场的关系

搬运装卸是指在同一区域内进行的,以改变货物存放状态与空间位置的短距离运输活动,它是各种现代运输方式(铁、公、水、空)货物运输的起始、转换和终结。没有搬运装卸,就没有交通运输。当然,它只是为现代化交通运输服务的一个配套运输工种,其市场也必须在规模、种类、质量、价格等各方面与交通运输市场相适应。

5. 与运输设备维修市场的关系

运输设备维护,是为了维持运输设备完好的技术状况或运输能力而进行的作业,包括保持运输设备整洁,密切注意与观察其运行状态,定期检查、紧固与润滑零部件等。它是在运输设备尚能正常运行时为保证其性能而进行的工作。

运输设备修理,是为恢复运输设备完好技术状况或工作能力而进行的作业,包括进行彻底修理时零件的修复、更换或拆散,修理或更换大件。它是在运输设备不能正常运行时为恢复其性能进行的工作,或是依据计划保证其性能强制进行的零部件修复与更换工作。运输设备的修理应该形成运输设备修理市场。运输设备维修市场必须在规模、种类、时间、地点、质量、价格等诸方面与交通运输市场相适应。从根本上说,是交通运输市场决定运输设备维修市场,但它们又相互影响、相互促进与相互制约。

6. 与运输设备市场和运输设施建筑与维护市场的关系

运输设备市场,指载运工具如汽车、火车、轮船、飞机等的供求关系,属于工业(机电)产品市场。运输设施建筑与维护市场,指运输线路如公路、铁路、航道、航线、管道和站场、港口码头等的建设与维护的供求关系,属于建筑产品与服务市场。从根本上说,这两类市场同样由运输主体市场决定,必须在种类、质量等方面同运输主体市场相适应,满足其需要。但是,它们对运输主体市场有着更大的影响作用,可以引导开创新的营运方式,提高客、货运输质量,降低运输成本,优化运输结构。高新技术运输设备、高等级运输线路、现代化站场码头的出现,都将大大改变客、货运输市场的面貌。

第三节　交通运输市场运行机制

一、交通运输市场机制的构成要素

交通运输市场机制,是指致使交通运输市场运行与平衡的自身调控系统,即交通运输市场运行与平衡的规律或原理,包括客体系统、动力系统、方式系统和主体系统以及它们之间的相互关系。各个分支系统分别形成供求机制、价格机制、竞争机制与风险机制。供求机制、价格机制和竞争机制,是市场机制相对独立的构成要素,而风险机制贯穿其中,成为市场机制各个分支机制启动与相互作用的基础。

(一)交通运输市场的供求机制

交通运输市场供给是交通运输服务的生产经营者投入运输市场或可以的运输市场提供的运输能力的方式、数量与质量。交通运输市场需求是交通运输服务的消费者需要运输市场提供的交通运输服务的方式、数量与质量。供求的运输方式表现为运输设备、运输线路、停靠站点、到发时间以及运输对象的不同,供求的运输质量表现为安全系数、及时率或正点率、服务程度等。交通运输市场供求机制就是交通运输服务供与求的对立统一的运动系统。

交通运输市场的供求关系同工农业产品市场与其他各类市场的供求关系一样,一般存在着供不应求或供过于求的现象。供求平衡只是暂时的。它是市场永远追求的目标,因而是市场供或求发展的动力,成为供求机制的主要内涵。供不应求,价格上涨,刺激生产,抑制需求,正向竞争加剧,使供求趋向平衡。供过于求,价格下跌,抑制生产,刺激需求,反向竞争加剧,也使供求趋向平衡。可见,供求机制不能单独存在,它离不开价格机制和竞争机制,也离不开企业风险机制。

这里要指出的是,供不应求与供过于求在市场上必然是不断地交替存在。供不应求与供过于求不能及时地转化,就不是完善的有效的供求机制,或没有供求机制。在计划经济体制下,我国长期存在的是短缺经济(供不应求),在经济体制转换的过程中,我国某些产品包括某些运输方式又多年供过于求,长期存在某些过剩经济现象。这都表明,市场只有供求关系,没有供求机制,或没有完善的有效的供求机制。

(二)交通运输市场的价格机制

价格是商品价值量的货币表现,它是以商品的社会必要劳动时间为基础,受供求关系影响的单位社会劳动价值量。所谓社会劳动价值量,是由社会认可的劳动价值量,因此,它不仅由社会必要劳动时间所决定,而且还由供求关系所决定。交通运输服务这种特殊商品的价格也是如此。劳动价值量指生产商品的社会必要劳动时间,衡量社会劳动价值的尺度主要不应该是社会供给,而应该是社会需求。这样,社会劳动价值量就或大或小于私人劳动价值量。社会劳动价值量即价格围绕私人劳动价值量上下波动,这就是价格机制的内涵。社会劳动价值量即价格高于私人劳动价值量,刺激生产,抑制需求,正向竞争加剧,使供求平衡以致供过于求,又使价格低于私人劳动价值量;反之,反向竞争加剧,使供求平衡以致供不应求,又使价格高于私人劳动价值量。如此循环往复,促进使市场运行与发展。

价格能否围绕私人劳动价值量上下波动是衡量有无价格机制或价格机制是否完善有效的标志。在计划经济体制下,价格几十年长期不变,当然没有价格机制。在经济体制转换过程中,诸多商品的价格还不能随供求变化而变化,说明价格机制不灵,或没有完善有效的价格机制。

下面是交通运输市场价格机制作用于运输市场主体的不同表现:

1. 作用于运输生产经营者。对采用同一运输方式的运输生产经营者来说,价格机制成为降低价格的信号。他们为了提高市场占有率,在运价上采取以廉取胜的策略,从而带动运输成本降低,促使运输生产科技水平的提高。对采用不同运输方式的运输生产经营者来说,价格机制成为调整或改变运输生产方向的信号。运输市场价格机制决定不同运输方式的价格比例,使各种不同的运输方式平均利润率出现差别,他们为了追求较高的平均利润而调整或改变运输方式,从而使各种运输方式的比例趋向合理,促使各类交通运输市场协调发展。

2. 作用于运输服务消费者。首先,他们依据自身的客观需求与实际购买力选择运输方式,促使运输方式结构合理。其次,他们选择同一运输方式的不同运输业主,促使运输企业降低运输成本,提高运输质量,改善运输服务。

3. 作用于国家及其交通运输管理部门。国家及其交通运输管理部门,既在运输市场之上,是运输市场的宏观调控主体,又在运输市场之中,是运输市场的消费主体,并且,它既作用于运输市场经营者,又作用于运输市场消费者,是一种特殊的运输市场主体。国家依据价格机制的反馈信息与价格总水平的变动情况,调整产业政策,运用财政、税收、信贷等经济手段,促使运输企业自动调节运输生产经营活动,推动运输总供给与总需求的平衡。

(三)交通运输市场的竞争机制

市场竞争是指市场主体为了取得有利的产销条件而进行相互斗争的市场行为。它表现在买者之间与卖者之间。卖者之间的竞争,是生产经营者在同一商品同类商品的销售中争夺市场的行为,以品种、质量、价格、销售服务、技术与管理竞争为手段,扩大市场占有率。在市场经济条件下这是市场竞争的主要内容。买者之间的竞争,是生产经营者为了获得同一或同类生产资源,如人才、资金、原材料、信息等而进行的争夺,以价格竞争为主要手段,有时也采用技术经济合作方式,创造有利的生产经营条件。

交通运输市场竞争机制,就是指运输企业在经济利益的驱动下自动地争夺市场与资源。某种运输方式供过于求,运价下跌,同类运输企业展开价格竞争,以低廉的价格争夺市场,一些技术条件落后、经营管理不善、经济实力薄弱的运输企业,经受不起价格下跌的打击,不得不退出这种运输方式的竞争,而转向其他运输方式的生产经营,或开发新的运输方式,从而使运输方式结构趋于合理,同时展开运输质量、运输服务竞争,进而是技术、管理竞争,促使运输事业的发展与提高。某种运输方式供不应求,运价上涨,生产经营者争相投入这一运输方式的经营活动,同样也使运输方式结构趋于合理,由此而带来的资源竞争,还将促使其他产业的发展与结构合理。可见,竞争机制同样离不开其他机制而单独存在。

企业具有追逐最大利润的进取精神与趋利避害的自觉行动,是竞争机制的实质。企业有利不图或不能图,有害不避或不能避,就没有竞争机制。在计划经济体制下,企业没有利益机制,自然没有竞争机制。当前,由于现代企业制度尚未建立,企业谈不上独立的市场主体,又由于地区、部门的分割与保护和竞争条件的不平等,还没有建立起完善的有效的竞争机制。

(四)交通运输市场的风险机制

市场主体为了自身的经济利益,必须从事生产经营活动。在市场经济条件下,从事生产经营活动同时面临着赢利、发展与亏损、破产两种可能。任何企业要想获得赢利,求得生存与发展,都必须承担相应的亏损与破产倒闭的风险。所谓交通运输市场风险机制,就是交通运输企业为了自身的经济利益而主动地勇敢地承担风险。风险机制是以利益机制为基础的,在市场经济条件下,由于竞争的存在,利益机制也就是风险机制。我国现有的国有运输企业,基本上尚未形成风险机制,这是我国没有完善的有效的交通运输市场机制的根本原因。

二、交通运输市场机制的总体表现

交通运输市场机制内部各要素相互作用:供求影响价格,价格引起竞争,竞争调节供求;供求引起竞争,竞争影响价格,价格调节供求。这样,一方面,不断满足运输市场需求,又不断刺激新的需求,促进运输市场的运行与发展;另一方面,不断刺激运输市场供给,又不断抑制过量供给,使运输市场平衡与稳定。所以说,交通运输市场机制是一种自身调控机制。不具备自身调控功能,就不是完善的、有效的市场机制。

在市场机制中,供求机制是市场运行与平衡的内容,价格机制是市场运行与平衡的动力,竞争机制是市场运行与平衡的手段。简而言之,就是通过竞争,以价格的涨落来调节市场供求关系。

在市场机制中,供求影响价格、价格调节供求是核心或本质内容。供求引起竞争、竞争调节供求,竞争只是一种手段,如果没有价格这个驱动力,既不能有供求引起竞争,也不能有竞争调节供求。价格引起竞争,竞争影响价格,正是讲供求是如何引起竞争、竞争是如何调节供求的。供求影响价格、价格调节供求,这是价值规律的自发调节作用。所以,完善的、有效的市场机制,就是价值规律自发的调节市场供求关系。

衡量一个市场是否具有完善的、有效的市场机制的主要标准是:(1)供求能否影响价格;(2)价格能否调节供求。

从市场机制的构成要素及各要素的相互关系可以看出,我国还没有建立完善的、有效的市场机制,即价值规律自发调节市场供求关系的机制。现阶段,国家市场建设的根本任务就是要为价值规律充分发挥调节市场供求关系的积极作用创造条件与扫清障碍。

三、交通运输市场机制与市场特性

(一)交通运输市场的统一性

交通运输市场的统一性是指交通运输市场内部客运市场与货运市场之间,铁、公、水、空、管运输市场及其内部不同的营运和服务方式之间,运输主体市场和运输配套市场之间应相互协调,形成有机整体的特性。

交通运输各分支市场都是交通运输整体市场的要素。

1. 客运市场与货运市场之间是并列关系,必须齐头并进。

2. 公路运输市场同铁、水、空、管运输市场之间是主次配套关系,公路运输是其他运输的纽带,为它们配套服务。

铁、水、空、管运输没有公路运输的衔接,无法独立发展。铁、水、空、管运输的发展又反过来促进公路运输的发展。公路运输也可作为单式运输独立存在,但在其总量中只是一部分。

可以说,公路运输是其他运输的配套运输,它们之间必须协调发展。运输主体市场与运输配套市场之间更是这种主次配套关系,应该协调发展。

3. 各种不同的运输方式满足不同的运输需求,它们之间存在着并列关系与互补关系。如铁、公、水、空、管运输方式之间,各式运输的长、中、短距离运输之间,普通货运与特种货运之间,公路客运中的巴士、出租运输之间等。同样,它们必须共同发展。

4. 在运输需求一定的前提下,不同运输方式之间,同一运输方式的不同运输市场主体之间,它们所占的市场份额是此消彼长的,因而存在着竞争关系。要维护交通运输市场的正常运行与健康发展,必须保证不同的运输方式与营运方式存在,必须保证同一运输方式与营运方式不同的运输市场主体存在。没有市场的多样性就没有市场的统一性。交通运输市场机制正是交通运输各分支市场相互关系协调一致的根源。

市场机制中存在着如下关系,即:交通运输各个不同的分支市场之间的关系协调一致,是通过价格这个驱动力实现的。因为价格随供求关系自由涨落,引导运输市场主体将运力资源投入与转移到供不应求、价格较高的运输领域。然而,供求关系反过来又调控价格,使不同运输方式之间和不同营运方式之间形成合理比价,同一运输方式之间和同一营运方式之间形成合理差价。

(二)交通运输市场的开放性

交通运输市场的开放性是指交通运输市场同市场环境(更大范围更高层次的市场)不断进行资源与信息交流,价值规律的调节作用不受或很少受国家、地区与部门限制的特性。

对于经营者来说，凡是供不应求或需求较大的地区与部门，必定是赢利较为丰厚的地区与部门。具有经营资源优势尤其是资金优势的经营者必定将资源投向或转移到这些部门和地区，由此打破了经营的地区和部门界限。因此，市场的开放性是市场机制的重要表现形式。

1．国家交通运输市场的开放

国家整体交通运输市场，是向国际交通运输市场与国际市场开放。不同国家交通运输发展的技术与管理水平不同，需要相互间取长补短，于是产生了不同运力资源的交流。这种开放，主要是交通运输设备市场和设施建设市场的开放，如购买或出售具有较高现代技术水平的运输设备，从国外贷款或向国外投资修建铁路、公路与站场码头，引进或输出高新交通运输技术等。如果国家交通运输整体市场闭关自守，就说明交通运输市场机制在本国同世界间没有起到调节作用，就说明国家交通运输市场机制不完善或被人为地制约。

2．地区交通运输市场的开放

国内各地区交通运输市场开放，既是国家统一的交通运输市场形成的主要标志之一，又是交通运输市场开放的主要标志之一。如果交通运输的供求、价格与竞争受到地区的保护与限制，就阻碍了交通运输市场机制在全国范围内调节运力资源配置的作用，就说明国家交通运输市场机制不完善。

3．部门交通运输市场的开放

在计划经济体制下，交通运输行业被部门分割，公路运输行业分割最为严重。各工业、农业、商业、建筑业部门，政府机关与各事业团体差不多都有自己的车辆、车队甚至运输公司。这些非交通运输部门从事交通运输的单位在经济体制转轨时期仍然受到本部门的保护。它们往往运输质量提高慢，运输价格降低难却安闲自在，而质优价廉的专业运输进不去、争不来，交通运输市场机制的调节作用被部门保护扼制了。对此必须进行改革，要使所有交通运输企业与经营者都同原有的主管部门彻底脱钩，而由交通运输主管部门实行统一的行业管理。

（三）交通运输市场的竞争性

市场竞争是市场主体因追逐利润而争夺市场的行为。竞争性是市场的本质特征，没有竞争，就没有价值规律的自发调节作用。

价值规律的自发调节作用是由市场主体的自觉行为来实现的。这种自觉的市场行为就是为了追逐利润而主动地趋利避害，主动地实行资源的投入与转移，主动地争夺有利可图的市场，就是市场主体间的竞争。有利可图的市场一般来说就是供不应求的价格看涨的市场，即正需要资源投入的市场，由此着手便可实现同一市场的供求平衡和与不同市场的关系协调。如果没有市场主体间的竞争，就没有价值规律，亦即没有市场机制。交通运输市场竞争也是如此。

市场主体的自觉市场行为，其自觉是针对追逐利润来说的。市场主体作为个体，其追逐利润的行为难免受到自身实践活动的限制，即实践的时间与空间范围限制，他们很难避免从一时利益出发，从某一地区某个角度看问题，因而带有盲目性。这种盲目性成为竞争与市场机制的消极作用，须由国家宏观调控加以引导。

交通运输市场竞争性的存在或出现取决于交通运输市场主体是独立的利益与权力主体，即交通运输市场具有利益机制或风险机制。市场主体没有自身独立的利益与权力，有利不图或有利而不能图，就没有了竞争。交通运输市场竞争性作用的有效发挥取决于交通运输市场环境，必须要有平等的交通运输市场竞争环境。

我们目前的交通运输市场竞争，在客观上远远没有规范，主要表现在：

1．各竞争者负担不一致。首先是国家负担，即税负不一致。其次是社会负担，即各种摊派与赞助太多。三是内部负担不同。由于各个企业建立的时间长短不同，所承担的离退休人员工资负担不同。

2．竞争透明度低，非法竞争受到地区、部门保护。如不允许外地区外部门的运力进入本地区本部门。

3．缺少评判中介机构。竞争的裁判不是在竞争之后，而是在竞争之中，是对产品质量与价格等的判定与裁决。这就需要有依法设立、自主经营、自负盈亏的为市场服务的中介机构，如产品质量鉴定、会计、审计、律师等事务所。它们不是官办权力机构，而是民办经营机构,为市场服务,监督市场,又受市场监督。

4. 企业内部经营行为不规范。对于市场主体来说,存在着企业利益与个人利益的差别,而交易行为又不属于企业全体员工,只属于企业代表,这就给贿赂营销以可乘之机。在市场上以高价购进低质产品的事屡见不鲜。企业代表损公肥私的采购行为,既破坏了公平交易,又破坏了公平竞争。因此,必须清除市场交易中的行贿受贿行为。这一问题的最终解决有赖于企业成为真正的产权主体并建立权利的内部制约机制。

(四)交通运输市场的有序性

市场的有序性从根本上说,就是市场的自身调控性。市场缺乏自身调控能力,供求不平衡,价格不合理,竞争不平等,市场就显得混乱无序。市场的自身调控能力是由市场的自身调控机制即市场机制决定的。因此,交通运输市场的有序性是交通运输市场机制的重要表现。当然,国家的宏观调控与市场管理对维护市场的正常秩序发挥着重要作用,市场的有序性也是国家的宏观调控机制与市场管理机制健全与完善的重要表现。但是,国家的宏观调控与市场管理只是市场正常运行与健康发展的外因,它要通过市场机制这个内因发挥作用。如果市场机制紊乱,或不存在、不健全,则市场仍然不可能有序。所以,交通运输市场的有序性主要是交通运输市场机制的表现。

市场的有序性表现在两个方面,即市场的内容有序与市场的形式有序。市场的内容是市场供求关系,包括产品的品种供求与产品的质量供求。市场有序即供求关系基本一致。市场的形式是市场行为,包括买卖双方的交易行为与竞争双方的竞争行为。市场有序即市场行为基本规范。供求关系是通过价格来维系与驱动的,因价格的涨落对经营者的资源投向具有引导作用,从而使市场产品品种供求与质量供求趋向一致。市场行为是由市场主体的市场观念来支配的,这种市场观念主要包括市场经营观念与市场竞争观念。由市场经营观念支配的市场交易行为实际上是一种交易双方物质利益再分配形式,因为价格的高低与涨落可以使得交易双方的利益得到调整。因供求关系引起的价格高低涨落是一种公平合理的客观调整。它有利于供求关系的平衡;因交易双方的思想素质引起的价格高低涨落,是一种不公平、不合理的主观调整,它不利于供求关系的平衡。这里就出现了经营道德问题,要做到公平交易,价格合理,经营者必须具备良好的经营道德。由市场竞争观念支配的市场竞争行为是一种竞争双方物质利益的调整方式,谁占有较大的市场份额,谁就能获得较多的利润,谁失去市场,谁就失去了利润。凭借适销对路、物美价廉的产品竞争抢占市场,因品种不对路,质劣价高而失去市场,同样是一种公平合理的客观调整,它有利于在新的不断提高着的消费水平上的供求平衡,有利于市场的发展与国家整体经济水平的提高,使市场机制的作用得以充分发挥。凭借地区与部门垄断,贿赂营销及其他各种非法手段竞争,使质劣价高的产品得以销售,质优价廉的产品反而销不出,同样是一种不公平不合理的主观调整,它使市场机制的作用不能发挥,使市场停滞甚至倒退。这里就存在着一个竞争道德问题,要做到平等竞争、合法竞争,竞争者必须具备良好的竞争道德。

据此分析,交通运输市场的有序性又具体表现为以下 4 个方面:

1. 短线运输方式生产增长,长线运输方式生产减少。短线运输方式是指供不应求的运输方式,同样,长线运输方式即供过于求的运输方式。由于供不应求,价格上涨,交通运输经营者可以获得高于平均利润的利润,短线运输方式生产必然增长。由于供过于求,价格下跌,交通运输经营者只能获得低于平均利润的利润,甚至亏损,长线运输方式生产必然减少。

2. 优质运输服务生产增长,劣质运输服务生产减少。产品品种不同,其使用价值的种类不同。同一品种的使用价值种类相同,但其质量不同,使用价值的大小不同。在同一技术与管理水平之下,同种商品使用价值的大小同其价值量的大小是一致的,因而优质优价,低质低价。然而在不同的技术与管理水平之下,同种商品使用价值的大小同其价值量的大小却不一致。较高的技术与管理水平,产品质量高,成本低;相反,质量低,成本高。这样,优质优价可获较高利润,低质低价则可能利润较低甚至亏损。于是,必然是优质产品上,劣质产品下。交通运输质量主要表现在安全、及时与运输服务3个方面,三项指标综合比较,国有大中型交通运输企业一般高于个体营运户,然而当前国有大中型交通运输企业反而不景气,甚至破产,而个体营运户却发展较快,这里面有很多的原因,但根本原因仍在于我们尚未建立起完善的交通运输市场机制。

3. 依法经营,交通运输市场主体具有良好的经营道德。良好的经营道德指市场主体(主要是供应主体)以提供优质的产品或服务,与顾客进行公平交易。买卖双方是互相依存、互相制约的。如果买卖双方都是有充分的独立自主权利,并且富于某种产品或服务交易知识与能力的市场主体,不是公平交易,就不能成交。但任何市场主体都会受到信息、经验等方面的某些限制,这就使公平交易这种经营道德具有了极端重要性。市场主体一旦发现自己在某种市场交易中吃亏,就会产生一定程度的心理不平衡,就有可能寻求对对方进行报复的心态,或会想方设法在另外的交易中将损失补偿回来。“生产是消费,消费也是生产”,任何市场主体都既是市场消费主体,又是市场供应主体,一次不公平交易,有可能造成多次的恶性循环,由此破坏市场机制,限制价值规律的积极作用。因此,公平交易是市场有序的重要内容。

4. 依法竞争,交通运输竞争主体具有公平竞争观念。从根本上说,公平竞争观念也是一种经营道德观念,但它的产生不是在买卖双方之间,而是在买方或卖方内部,因而具有特殊性。品种、数量、质量与价格竞争,以及由此引起的技术、管理竞争和人才竞争,是市场竞争的正常内容。通过高待遇、高地位引进人才,提高技术与管理水平,从而开发新产品、扩大生产经营规模、改进产品质量、降低生产经营成本,进行公开竞争,以取得在市场中的领先地位,属于正常的、合法的竞争手段,也是公平竞争的主要涵义。公平竞争,可以促使企业优胜劣汰,促进市场内容不断更新,市场规模不断扩大,市场质量不断提高。非法的、不正当的竞争手段指凭借依托与权力强买强卖、贿赂营销、垄断市场,靠造谣与欺骗公众中伤竞争对手,以及一切不以品种、数量、质量、价格为竞争内容的隐蔽竞争行为。非法的、不正当竞争同样破坏了市场机制,扼制了价值规律的积极作用,是市场无序的重要表现。

第四节 交通运输市场的宏观调控

一、创造交通运输市场平等竞争环境

(一)交通运输市场平等竞争环境的涵义

在市场上,我们常看到有些物美价廉的生产厂家因产品销不出而垂头丧气、牢骚满腹,有些质劣价高的生产厂家因产品脱销而洋洋得意、津津乐道。单位小轿车,运输费高于社会出租车,然而机关干部却坐单位小轿车而不坐社会出租车;单位货车,运输费高于专用营运货车,然而单位货运却用单位货车而不用专用营运货车。铁路、公路、港口的建设,建设部门的建筑公司相对中标较难,而铁道、交通部门的建筑公司相对中标较易,这里面也不全是专业技术问题。国有大中型企业相对来说技术力量雄厚,管理较为规范,小型私营企业与个体经营户相对较差,然而国有大中型企业经营反而不景气,而小型私营企业与个体经营户却经济效益好,利润可观,这里面也不全是内部管理体制问题。没有平等的竞争环境,是出现以上反常现象的一个重要原因。

竞争环境是指影响竞争的外部因素或条件,主要是国家对市场的管理。国家对市场的管理有宏观管理,如产业政策、财政、税收、金融、信贷等调控;有微观管理,如工商管理部门对市场行为的管理等;另外还有部门管理、地区管理。这些条件对每一个竞争者一视同仁,它们所构成的竞争环境就是平等的竞争环境。在平等的竞争环境里,国家与各级政府、各级市场管理职能部门,只是根据市场正常运行与健康发展的需要,针对市场的缺陷与弊病进行调控,针对非法的、不正当的市场行为进行监控,而不管被调控与监控者是谁,即不分经营者的所有制性质、产业性质、所属地区、规模大小等。

交通运输市场平等的竞争环境应体现在以下几个方面:

1. 铁、公、水、空、管各种运输方式之间平等的竞争环境。国家按照提高整体运输经济效益的要求来制定交通运输产业政策,以形成合理的综合运输体系为目标,不规定铁、公、水、空、管的运输方式比例,让交通运输市场机制自身调节各种运输方式的

资源配置。

2. 铁、公、水、空、管同一运输方式内部平等的竞争环境。国家实行交通运输全方位的行业管理。首先,交通运输产业从第一、二产业和其他第三产业中脱离出来;其次,铁、公、水、空、管互不交叉;第三,各省、市、自治区的交通运输企业自由兼并、联合,实行资产重组,实行交通运输市场全面开放,打破地区的分割与封锁。

3. 铁、公、水、空、管各种运输方式经营行为的平等竞争环境。国家严格交通运输市场管理,依法查处和打击非法竞争行为。凡在产品销售、工程投标、客货承揽中的贿赂营销行为,凡采用虚假广告欺诈顾客的行为,凡使用暴力与造谣中伤竞争对手的行为,都是非法市场行为。查处与打击这些非法市场行为不仅是法制部门的工作,也是交通运输市场管理部门的应有工作。只有这样,才能形成市场法制氛围,形成以品种、质量、价格为内容的公开的平等竞争观念。平等竞争观念是平等竞争的精神环境。

(二)交通运输市场创造竞争环境的意义

体育竞争(比赛),竞争条件不平等,成绩优秀的运动员可能无法取胜;人才竞争(选拔),竞争条件不平等,德才兼备的优秀人才可能无法脱颖而出;市场竞争,竞争条件不平等,适销对路、物美价廉的产品无法畅销,无法在市场上处于领先地位。在市场上,产品与企业优胜劣汰是市场机制运行的必然结果,然而,市场机制的形成与运行,需要客观条件。在平等竞争条件下的公平竞争,就是这种结果产生的根本条件。

1. 国家宏观管理平等的意义

首先,国家的交通运输产业政策以实现运输总供给与总需求的动态平衡、实行运输产业结构优化为导向,交通运输产业经营者将有限资金竞相投入短线运输方式的生产与经营活动,就能得到政策的保护。继续维持与坚持长线运输方式的生产与经营活动,就会与国家产业政策背道而驰而碰钉子。这样就能实现短线、长线运输方式的自动调节过程,使适销对路的交通运输企业得以生存发展,不适销对路的交通运输企业最终倒闭淘汰。

其次,国家的经济调控亦以实现运输总需求与总供给的动态平衡和运输产业结构优化为目的,运输产业经营者从事适销对路、质优价廉的交通运输产品生产与服务的经营活动就能得到国家的经济支持,相反,从事产销脱节、质劣价高交通运输产品生产与服务经营活动的经营者就会在市场上被淘汰。经济杠杆调控是一种再分配形式。同类产品生产厂家在这种再分配形式面前不平等,有的享受优惠待遇,有的没有,就形成它们的环境支持系统的差别与环境负担的不一致,就会出现优质产品难上、劣质产品难下的局面,从而破坏市场机制正常作用的发挥。因此,在经济调控面前人人平等,是市场正常运行与健康发展的前提条件。

2. 国家中观管理平等的意义

地区管理和部门管理,既是国家宏观调控的执行,又是国家微观监控的指导,可视为中观管理。中观管理的规范化,是极为重要的平等竞争条件。地区管理的目标,是建立与形成区域整体市场,并保证其正常运行与健康发展。区域整体市场是国家整体市场的一部分,地区管理规范化的主要内涵应是保证国家整体市场的建立、形成、正常运行与健康发展,它必须执行国家的宏观调控政策,实行地域市场的全面开放。只要保证地域市场的繁荣与稳定,使其持续发展,可以不管经营者属于哪个地区。这样,经营者在不同地区就具有平等竞争条件。打破地区的封锁与分割,就可以在全国范围内实行优胜劣汰,促进国家整体市场的繁荣与经济效益的提高。

部门管理的目标是建立与形成行业整体市场,并保证其正常运行与健康发展。行业整体市场如铁路运输市场、道路运输市场、水路运输市场等是交通运输整体市场的一部分,交通运输整体市场又是国家整体产品市场的一部分。部门管理规范化,就可以形成全行业的平等竞争态势,打破原有的铁路、公路、航运、航空与管道运输的部门行政管理造成的行业分割,在全行业内形成优胜劣汰,形成整体高质量的、结构合理的行业市场。如公路运输方式,不仅在全社会各部门、各企业事业单位存在,而且也在交通运输部门内部的铁、水、空、管中存在。由于部门保护主义的存在,公路部门所管的公路运输企业与经营者就不可能同社会各部门、各企事业单位以及政府机关所属的公路运输企业与经营者展开平等竞争，不可能在公路运输全行业实行优化资源配置。取消了部门管理，实行了政企分开与全行业管理，就可以建立公路运输全行业的整体市场，实行全行业企业与经营者的优胜劣汰，从而促进整个交通运输市场的繁荣与运输经济效益的提高。

3. 国家微观管理平等的意义

工商管理的目标是实行交通运输市场经营行为的规范化，其具体操作方式是一律实行交通运输经营者进出市场经营条件或经营资格的平等。进出市场不是经营者自由的行为，而是国家管理的行为。国家工商管理部门对所有经营者进出市场一视同仁，企业与经营者才可能真正在市场上优胜劣汰，才能真正优化市场经营者。同法制管理部门一道打击非法竞争行为，奖赏合法竞争行为，是工商管理的一项重要内容，它可以创造平等的竞争气氛，鼓励经营者平等竞争。

只有平等的竞争环境条件才能产生平等的竞争方式。运输竞争条件不平等，是产生非法竞争与不正当竞争的主要根源，它使得运输经营者必然利用国家政策空子的“天时”、地区与行业保护的“地利”和贿赂营销人员的“人和”从事经营活动。运输竞争条件平等，运输经营者只能运用运输方式种类、运输服务质量、运输周转能力以及运输价格进行竞争。开发新的运输方式，提高运输服务质量，增强运输周转能力，降低运输服务价格才是平等的竞争方式。采用平等的运输竞争方式的结果，必然是改善与优化市场运输方式结构，提高运输服务质量，充分满足运输市场需求，提高整体运输经济效益，促进运输市场的正常运行与健康发展。

二、统一国家宏观调控政策，按国家整体市场要求，实行宏观调控

是实行自由放任经济还是实行政府干预经济，这个问题在西方已经争论了几百年，在现代已经基本达成了共识，那就是将二者有机的结合起来，即形成市场机制驱动、政府宏观调控的混合经济。我国已经开始实行社会主义市场经济，已经充分注意到了竞争性市场机制的功能，又没有忽视社会控制是必要的，这是毫无疑义的了。现在的问题是，如何规范政府的调控行为，以保证市场的正常运行与健康发展。

政府的交通运输市场调控政策，主要分交通运输产业政策、财政政策和金融政策。

(一)规范交通运输产业政策

1. 产业政策同财政、金融政策的关系

所谓产业政策，是指由国家制定与执行的关于产业发展与产业结构调整的政策。实行产业政策的目的在于通过自觉的计划调节，实现资源优化配置：一是对市场机制可能造成的失误有预见地作好弥补或修正的应对准备，二是遵循市场机制为实行其运行过程的优化进行的主动干预，包括产业扶持、产业调整、产业技术、产业保护、产业组织等。市场经济主要是由市场机制配置资源，因此，在市场经济中，产业政策在资源配置过程中并不起主导作用，而是针对市场机制的弊端与缺陷，补充市场机制的不足，解决市场机制的失效问题。

产业政策并不直接作用于市场主体，它对市场主体的作用要通过财政政策与金融政策的制定与执行来实现。因此，它是财政政策与金融政策的指导，而财政政策与金融政策是产业政策的体现。产业政策、财政政策与金融政策同为市场竞争的外部条件，产业政策是首要条件、根本条件，但不是直接条件。

2. 交通运输产业政策对交通运输市场形成与发展的巨大积极作用

交通运输产业政策比其他产业(如工、农业)政策更为重要。交通运输产品市场具有不同于工农业产品市场的特点。交通运输产品的生产不仅由生产设备(运输设备)决定，而且要由生产设施(铁路、公路、航道、管道以及站、场、港口码头)决定。而交通运输的生产设施建设要耗费巨额投资，并且建设工期长，空间范围大，远非工农业生产可比。这样一来，交通运输市场就具有市场供求调节慢的特点。如果交通运输的资源配置单靠市场机制来完成，则资金的积累、投资主体的形成不是轻而易举、一年两年就能完成的事。因此，交通运输产业政策对交通运输市场的调控就具有尤为重要的特殊意义。

3. 我国交通运输产业政策与形成统一交通运输市场的矛盾

我国当前的交通运输管理体制是一种权力分离制。铁路运输由铁道部管，公路运输、水路运输由交通部管，航空运输由民航总局管，管道运输由国家化工产业管理部门管。产业政策的核心是解决新产业的发展与产业结构问题，国家的产业政策只能针对国民经济各产业的结构来颁布，不可能针对各产业内部结构，各产业的内部还要靠各产业主管部门自身来协调，由于交通运输产业分属于各个独立的主管部门，就很难解决产业内部的协调问题。交通运输产业的发展目标是建立起协调一致、结构优化、整体运输经济效益高的综合运输体系，交通运输各主管部门各自制定的行业政策则很难达到这一目标。例如，公路管理部门正在大力建设高速公路，铁路管理部门也正在大力发展高速铁路运输。毫无疑问，公路、铁路运输提速都是必要的，铁、公竞争也无可非议，但是从提高整体运输经济效益出发，究竟哪些地区应该大力发展高速公路运输，哪些地区应该大力发展高速铁路运输，同一地区的高速公路运输与高速铁路运输究竟哪个投资效益高、营运成本低，又如何避免因不必要的竞争造成运输资源的浪费等问题，就不能只单纯地从公路管理部门或铁路管理部门自身的利益来考虑，而应从优化综合运输体系结构全局考虑。因此，我们当前的交通运输产业政策受到权力分离的各个交通运输主管部门利益的制约，同形成统一的交通运输市场之间存在着矛盾。这种矛盾，不是国务院下设的某个办公室可以协调的，也不是国家计划与发展改革委员会下设的某个司局可以协调的。要形成统一的交通运输市场，建立合理的综合运输体系，必须改革现有的交通运输管理体制，组建统一的交通运输管理部门。

(二)规范交通运输财政调控

财政，包括财政收入与财政支出两个方面。在市场经济条件下，财政收入的主要来源是税收。交通运输管理部门财政除了税收之外，还有交通规费，如公路管理部门的养路费、公路建设费、车辆购置附加费、运输管理费等。交通规费属于交通部门财政，它计划单列，取之于交通，用之于交通，专款专用。这样一来，国家的交通运输财政收入调控，就存在着两种手段，即税收调控与交通规费调控。交通运输部门财政支出有多个渠道：一是用于公路、铁路以及站场、港口码头的建设；二是用于公路、铁路、航道的维护；三是用于交通运输管理，包括交通管理设施与手段的改善、交通运输行政管理、交通运输科研教育等费用。

交通运输管理费用，不能直接调控交通运输市场。因此，交通运输财政支出调控，主要是交通运输设施的建设与维护调控，并且，这种调控主要是解决整个交通运输市场(即综合运输体系)中的铁、公、水、空、管各种运输方式的比例结构问题。

1．当前我国交通运输财政调控的现状与问题

财政具有两大职能：一是满足政府收支的需要，这是一种原始的、基本的职能；二是调控经济的发展与经济结构，这是现代的重要职能。在市场经济条件下，不管政府是否充分注意与重视这样两项职能，财政都实际上发挥着这样两种作用。

但是，我国交通运输财政调控，特别是财政收入调控的效应尚不明显，主要表现在：(1)缺乏财政调控意识；(2)税率并未体现向交通倾斜的产业政策；(3)交通线路建设投资仍然存在着地区结构不合理的状况。

以上种种状况仍然显示出交通运输财政调控的不合理现象，使得交通运输业的经营者同其他产业的经营者之间，交通运输市场内部各种运输方式之间，同一运输方式的不同经营者之间竞争条件不平等，使得短上长下、优上劣下的效应没有得到充分发挥。

2．规范交通运输财政调控行为

(1)进一步改善国家的财政投资结构

这种结构，一是生产性投资与非生产性投资结构，二是生产性投资内部结构。国家财政的生产性投资，主要是用于水利、交通与能源基本建设。工、农、建、商以及其他第三产业的投资一般均属于企业行为，应由企业自身与银行信贷去解决。三是财政投资的地区结构。四是交通运输产业内部的铁、公、水、空、管结构。

(2)改革交通规费征收体制

目前，我国公路交通规费有车辆购置附加费，养路费，公路建设费，客运、货运附加费，运输管理费等。这些费用分别由公路、运管等部门征收，造成政出多门、费归几家的状况。多头征收，使各部门之间、各征收环节之间缺乏有机联系与有效衔接。

(3)实行税费差率征收

税费是一种财政调控手段，要发挥其调控运输

市场的作用,必须实行差别税率与费率。调控对象是冷热线路、经营好坏、服务质量高低、营运方式优劣等。

(三)规范交通运输信贷调控

这里所指的信贷,专指银行信用,不包括商业信用、国家信用与国际信用。国家信用与国际信用,是国家用来发展经济与调控经济发展的手段,它不直接调控经营者之间的关系,商业信用与企业的国际信用,反映出经营者的经营能力,不属竞争条件不平等的范围。

银行信贷是国家货币政策的窗口,是货币供应的闸门,具有调节整个国民经济发展的全方位功能。它的具体执行又能直接调节不同经营者之间的关系,其调节是通过对某一具体的经营者贷与不贷、贷期的长短、利率的高低来实现的。要发挥信贷调控运输经营者实现运输市场供求一致和优胜劣汰的作用,应该遵循以下原则:

1. 扶持供不应求的短线运输方式,包括铁、公、水、空、管等各运输方式的短线运输以及各种运输方式内部具体的短线运输方式,以保证综合运输的协调发展与各种运输方式内部的结构优化。

2. 扶持高新技术运输产业。如大力扶持高速公路、自动装卸港口码头等的建设以及智能运输系统的建立,以实现运输产业的现代化,提高运输市场的供求质量。

3. 扶持运输服务质量好、营运成本低、经营效益好的运输企业与经营者,支持他们扩大经营规模。同时对从事短线运输或新的运输方式开发和高新技术运输产业的运输企业与经营者因一时经营失误而发生的资金困难予以支持。对于以上各项原则范围内的对象,可给予优先、优惠(利率与时间)贷款。遵循这些原则发放贷款,对于运输企业与经营者来说,就是平等的信贷条件与竞争条件。

三、彻底打破地区、部门的保护与封锁,实行全方位行业管理

(一)打破地区间的保护与封锁

1. 产生地区间保护与封锁的原因

经济活动方面的地区保护与封锁由来已久。我国由于长期实行高度集中的计划经济体制,阻碍了商品经济的发展,使得这种地区的保护与封锁得以残存。改革开放之后,由于地区局部利益的依然存在,各地区缺乏通过统一的国家大市场发展地区经济的经验,就必然自觉不自觉、或多或少地奉行地方保护主义,使地区间的经济封锁还在一定程度上继续存在。

2. 地区间保护与封锁的表现

在交通运输市场上,地区的保护与封锁有以下几种表现:

(1)车辆对等发开。由同一条线路连接的两个地区,两省、两地、两县或两个城市,营运线路的使用由双方协议而定,一般都是双方发开对等数量的车辆。这种做法看起来似乎理所当然,实际上奉行的是一种地方保护政策。

(2)货源垄断与封锁。不少地方政府及其交通行政主管部门,在运力相对过剩的情况下都或明或暗、或多或少存在着照顾地方运输企业与经营者的规定,个别地方甚至有通过行政权力垄断货源的情况。

(3)外地车辆行路难。由于公路三乱依然存在,所有车辆都普遍存在着行路难的问题,尤以外地车辆为甚。出于自身的不正当利益,路检路查人员不规范的行政行为比较容易在外地过境车辆身上发生。这就在客观上造成了不同地区的运输经营者在某一地区竞争条件的不平等,制约了地区间的运输市场竞争。

3. 打破地区间保护与封锁的措施

任何人的生存与发展都处在一定的环境之中,为了得到环境的保护,获得自身良好的生存与发展条件,必然要处理好自身同周围环境的关系。对于在市场上以及交通运输市场上出现的这种地区间的保护与封锁,我们也应保持这种态势。为打破交通运输市场地区间的保护与封锁,需要采取如下措施:

(1)将打破地区间的保护与封锁纳入国家法律的内容。凡是奉行地方保护政策,搞地区间的封锁与垄断,就是违法。任何企业与经营者都可以遵照行政诉讼法的程序,对有关地方政府或行政管理机关提出诉讼,以争取经营者的平等竞争权利。

(2)加入世界贸易组织。降低关税,开放国家整体市场,各国商品在我国平等竞争,这无疑对我国的经济与思想观念都是一个巨大的冲击,对我们既是一场挑战,又是一次机遇。

(3)实行经济一体化和交通运输一体化。即指建立统一的国家大市场与统一的国家交通运输大市场。建立国家统一市场同打破地区的保护与封锁是互为因果的。要建立国家统一的大市场,必须打破地区间的保护与封锁,而地区间保护与封锁观念的彻底铲除又还有赖于国家统一市场的建立。

(4)建立货运公开交易市场。近几年来,道路运输有形市场发展很快,各种公共客运站、货运站(或称客货运输中心)、货运交易所、货运集市(或称货运一条街)等相继迅速建立起来。这些道路运输有形市场,一方面使运输市场交易规范化,便于市场管理,另一方面又为运输企业和经营者创造了平等竞争的条件。客货运输中心是运输的起始与终结服务机构(企业),在运输全过程的集、装(乘)、运、卸(下)散中,起着装(乘)、卸(下)与集散作用。

(5)建立全国的运输信息中心。地区间的封锁包括信息封锁与物质(人财物)封锁。打破信息封锁就为打破物质封锁创造了条件。建立运输信息中心,并在全国范围内发布,就有利于打破地区间的运输信息封锁。运输信息中心属于运输无形市场的范畴,近几年来在全国也有了很大的发展。为了建立全国的运输信息服务网络,要按层次建立起各级地区的运输信息中心,向全社会公开发布运输经营信息,各自的信息内容与发布方式可依据自身实际在实践中探索形成。

(二)打破部门间的保护与封锁

1. 部门的涵义与设置原则

所谓部门,是以行业为基础而划分的行政管理系统。它因行业层次而形成纵横序列。工业、农业、交通运输业、建筑业、商业以及文化、教育、卫生、科研、体育等部门,这是同一层次的横向序列;煤炭、电力、石油、冶金、机械电子、化工、轻工、纺织等部门是工业部门内部划分的同一层次的横向序列,同工业部门形成不同层次的纵向序列。农业部门的农(种植)、林、牧(养殖)等,交通运输部门的铁、公、水、空等也属于这种情形。

交通、公路交通、公路公共交通等部门,这是同一行业内部划分的不同层次的纵向序列,工业中如工业、机械工业、运输机械工业等部门,也属于这种情形。

2. 行业分割的产生及其原因

由于部门管理而造成的行业分割,显然不适应行业统一市场的形成,于是我国交通部门从20世纪90年代初开始,就推行公路运输行业管理,将所有从事公路运输的车辆,统统纳入交通部公路运输行业管理的轨道。近10年来的行业管理,对打破公路运输的行业分割起了重要作用。因为:(1)管住了开业停业,无论哪个部门,那个企事业单位的车辆,只要在公路上行驶,都要取得交通部门的许可,办理经营许可证与准运证;(2)管住了交通规费的征收,只要车辆上路,一般都要缴纳车辆购置附加费、养路费与运管费,保证了国家用于交通事业发展的财政收入。但是,由于车辆的产权仍然属于不同部门,其运输产值与缴纳的税收仍然算在各个部门的账上,并且从事本部门公路运输的单位与职工仍然在原部门找饭吃、要饭吃,因此,各部门对其所属的公司运输经营者毫无疑问地仍然采取保护政策,并且保护的力度还很大。这就是说,即使现在实行了公路运输行业管理,公路运输依然存在着行业分割与部门保护。可见,解决公路运输行业分割最终还依赖于全社会部门管理与企业经营的行业化。

3. 行业分割与部门保护的表现

当前,公路运输的行业分割与部门保护主要有如下表现:(1)减免交通规费。对于工矿企业的内部车辆,是不是属于营运车辆这个问题已争论了好几年。一是内部结算,没有规范的税务发票,营运收入难以核实,隐瞒营运收入难以避免;二是工矿企业要求减免交通规费,一般都得到主管部门的支持或认可,同级或级别较低的公路运输行政主管部门难以阻止说情与纠缠,这样就避免不了造成交通规费的流失。(2)垄断客货源。社会各企事业单位为了使本单位的车队或运输公司有事做、有饭吃,一般都采取垄断客货源的土政策,交通部门的专业营运车辆打不进、攀不上,即使优质的服务、低廉的价格也无法同其竞争。(3)价格不平等。企事业单位的内部车辆为本单位提供运输服务,一般都是按国家制定的指导价格在一定的范围内浮动结算运费,或者按企事业单位自己制定的价格结算运费,大都高于运输市场价格。近几年来,道路运输市场运力发展很快,特别是城市,运力大于运量,出现了普遍的买方市场,竞争十分激烈。交通部门主管的专业营运车辆,在货运中已普遍实行市场价格,这样,就出现了交通部门专业营运车辆同企事业单位车辆在运价上的不平等。也就是说,企事业单位的运输车辆受到了本单位和所属主管部门在价格上的保护。(4)客运方式的保护。在买方运输市场上,运输方式、运输质量、运输价格是运输市场正当的、合法的、竞争的三项主要内容,通过这些竞争,来促使运输方式的改善,运输质量的提高,运输价格与成本的降低。

4. 打破行业分割与部门保护的途径

对于道路运输市场来说,我国当前行业部门的保护与封锁比地区的保护与封锁更为严重,对于平等竞争的影响危害也更大,必须采取有效的措施予以克服。这种问题的解决,不是单单一个交通部门所能完成的,它有赖于整个国家管理体制与企业管理体制改革的逐步深化。概括起来有以下几点:

(1)按照市场经济的宏观调控,需要设置产业主管部门。我国以前的产业主管部门,基本上是按照过去的计划经济模式设置的。在过去,要依据国家的总体经济计划如总产值、国民收入、国内生产总值等来编制国家投入产出计划,计算出各行业的投入产出指标,然后去指令执行,这样就可以按较具体的行业去划分设置产业主管部门。又由于政企不分,主管部门管理工作繁杂、具体,就必须按较具体的行业去划分、设置产业主管部门。然而,在市场经济体制下,我们的产业主管部门就可以也必须减少了。首先,政企分开,国家对企业不再实行直接管理,而只是通过宏观调控实行间接管理,摆脱了繁杂的具体管理事务,管的面可以宽、可以大。其次,市场经济主要是通过市场机制的运行来调节资源配置,而各产业、各行业是相互依存、相互作用的,如果因行政权利而人为地分割,势必限制市场机制作用的正常发挥,影响市场的正常运行与健康发展,主管部门管的面不能窄、不能小。

(2)实行企业无主管,部门管理行业化

企业无主管,是彻底实行政企分开的根本措施。企业有主管部门,主管部门握有行政管理权力,必定要干预企业经营管理,也必定要对企业采取利益上的保护措施。企业依法开业、停业,依法经营,依法纳税,任何产业管理部门没有直接管理的权力,也就不可能直接从企业获得利益,当然也就放弃了对它的利益保护。公路运输行业管理之所以未能取得应有的、满意的成效,就在于其他产业部门未能实行行业管理,他们仍然基本上坚持原有的部门管理模式。因此,要在全国范围内实行全方位的行业管理,无论是交通运输业还是工业、农业、商业、建筑业以及文化、教育、卫生、体育事业等。这样,国家行政主管部门就成为单纯的行业主管部门,不管这一行业属于那一地区、从属于哪类企业,都属于其行业管理的范围。行业管理的职责主要是制定本行业的产业政策,同综合经济管理部门(如计划、财政、中央银行、工商部门)等一起制定并执行各项具体的宏观调控政策,同法律部门一起规范监督企业与经营者的经营行为或市场行为。这样就从根本上打破了部门分割,铲除了部门分割滋生的土壤。

(3)实行不同行业剥离,打破大而全的小社会

几十年来,我们的企业,特别是国有大中型企业办成了以一业为主,多种产业并存的大而全的小社会。在经济体制转轨的过程中,面对市场的挑战,企业为了寻求多种生存发展之道,又加强多种经营的工作,这样一来,使大而全的小社会更加得到了巩固。

但是,交通运输应该从一般的工矿企业与事业单位中剥离出来,参与市场平等竞争,不仅可以大大扩展运输市场的范围,促进运输市场的繁荣与发展,而且也将大大提高这些车辆的经济效益。被剥离的独立的运输企业,在完成原有的就近运输之后,必然会参与市场竞争,寻找与承揽其他的客、货源,由此提高生产效率。对工矿企业与事业单位来说,则完全是甩掉包袱的好办法。

实行不同行业剥离,将交通运输从其他企业和事业单位中剥离出来,就为彻底打破行业分割,实行交通运输全方位的行业管理扫清了最后障碍。

此外,为规范交通运输市场,创造平等有序的竞争环境,还必须严厉打击贿赂营销,依法惩治非法竞争。

第二章　交通运输经济与管理决策

第一节　交通运输经济学概论

一、交通运输与社会经济

运输产品不能储存,由于运输产品的生产和消费同时进行,亦即运输的生产和运输的消费是同始同终的,所以,能够储存的只是运输产品的生产能力。在一定的发展阶段上,需要有一定水平的运输能力与之适应,以最大地发挥所及地区的潜在经济能力。在任何发展水平上都有一个最优的运输规模,得不到满足的运输需求会在长时间内对经济产生不利的影响。相反,对仅凭预计出来的虚假需求保持过度的运输能力,也是不可取的。系统理论认为,系统是相互联系的各个要素完整的综合体。任何系统都存在于一定的物质环境之中,它必须要与外部环境产生物质的、能量的、信息的交换,必须适应外部环境的变化。交通运输是国民经济系统中的一个子系统,是国民经济系统中的组成部分。交通与经济的关系是多方面的、多层次的。有的交通问题是宏观性质的,关系到国民经济的整体。有的交通问题是中观的,是交通体系以内的问题。有的交通问题是微观性质的,如交通企业内部的问题。为了使运输系统得以有秩序的运行,按系统论原理:运输业的发展必须与国民经济的发展相适应、相协调,以适应国民经济发展的变化。因为整个交通体系,也和其他社会经济部门一样,受到大范围的国家体制、法令、规章、社会规范、发展政策的管制,运行在特定的经济、法律、社会条件和框架以内,相互促进、相互制约之中。从全世界范围看,与工业化发展不同阶段相联系的运输业,也是从原始阶段、手工业式的非机动阶段、机动阶段到现在的汽车、航空现代化阶段。贯穿在这些阶段的有交通动力的发展,如从使用人力、畜力,到应用煤炭、石油、原子能;有运输工具的发展,如从帆船、畜力车,到火车、轮船、汽车、飞机;有交通管理的革新,如从小型的运输企业,到大规模、自动化、严密的交通协作体系。这些都是因交通与外部环境产生物质、能量、信息交换的结果,动态地适应了经济发展的需要。

我国正处在从计划经济向市场经济的过渡时期。随着生产力的发展和人们生活水平的提高,为了满足人民生活水平日益提高的要求,商品形态已极大地多样化。商品是市场经济首要的基本要素,市场交换的对象就是商品。如果没有商品在市场上进行交换,也就无所谓市场经济。而其他市场经济的要素,如价格机制、市场主体、经济规律和经济管理也就失去了存在的载体。商品在市场上进行交换就产生了人和物在空间的移动,产生了人流和物流。随着交换范围的扩大,国内市场和国际市场便应运而生。与市场发展相适应的铁路网、公路网、航运、航空、邮电也得到了迅速发展。为把世界各国的市场联结起来,交通通信业便成为经常的多方面的国际商品广泛流通的基础。

市场是指商品的交换关系。具体说,是不同的商品生产经营者,在社会分工的基础上,遵循一定的原则,采取适当方式,发展经济、技术、劳务等交往活动所反映的各种经济关系的总和。市场首先以商品市场形态出现。随着商品市场的发展,推动着金融、技术、劳务、运输和信息等市场的发展。所以,现代市场是商品市场、金融市场、技术市场、劳务市场、运输市场和信息市场相互渗透、相互影响的综合市场体系。

二、交通运输业的社会经济作用

1. 运输联系的广泛性:运输生产是一切经济部门生产过程的延续,没有运输,生产过程无法延续,产品无法送到市场,消费也无法进行。只有通过各种运输方式,才能把原材料、燃料等送达生产地,又把产品运往消费区。因此,运输业和其他部门的联系要比其他行业同关系部门的联系更为广泛,它几乎和所有企业都发生直接或间接的联系。运输畅通与否,对企业的连续生产,充分发挥生产资金的作用以及加速商品流通,都具有极其深远的影响、

2. 运输业是保证社会生产和生活有序运行的必要条件:运输业不仅是国民经济中的重要部门之一,而且它的存在和发展还可以诱导经济的发展,对促进经济乃至整个社会的发展有广泛而深刻的经济

意义。运输的发展包括运输业务、服务水平和质量的改进,运输费用的降低或运输速度的提高,有助于新资源的开发,发展落后地区的经济,扩大原料供应范围和销售市场,改进工农业的布局,增进社会福利,抑制通货膨胀,降低社会生产成本,最终促进社会生产的发展和有助于社会的繁荣。

3. 良好的运输业对国民经济的发展起着互补和互相替代的作用:良好的运输业可以促进资源的开发和合理的配置。例如,为了开发条件好的资源,有时需要增加建设投资,或者长距离运输产品,虽然增加了运输费用,但这种资源的开发一般投资省、成本低,在一定条件下并不都是不利的;发达的运输业,可以减少在途中的物资数量,缩短商品的流通时间,减少物资储备,从而减少商品在流通过程中的数量,节省流通资金;质量良好的运输条件能减少货物的损耗,实际上也就增加了社会财富。

4. 运输业的发展已融入现代物流体系之中:随着不同运输方式之间联运的迅速发展,运输业已起到了补充、协调、增强整体配合的作用,并结成了高效率的运输链,实现了高效率运输服务。现代运输与现代通信、计算机系统相结合,已融入现代物流体系之中,是运输业发展进入新阶段的一个重要标志,将进一步促进社会经济的发展。

三、运输业的国家作用

1. 运输业作为国民经济的重要组成部分,它不仅具有保证和促进国家经济发展及社会生活有序运行的功能,而且也是保证国家政治联系的条件,也是国家军事实力的组成部分。国家各地区的联系是通过运输实现的,运输联系是国家政治统一的条件之一。在战争中,及时调动部队和供应武器装备,是战争取胜的必要条件之一,因此,运输是一个国家军事实力的一部分。

2. 运输是一个社会问题,衣、食、住、行是人类的最基本生活需求,是社会经济运行的基本框架,它对诸如社会的流动性、人口分布、住房要求和就业机会等有很大影响,因此,时间的延误、交通的拥挤和环境的污染是影响生活质量的重要社会因素。运输又是一个经济问题,效率高、成本低的运输被认为是现代经济成功的基础,是衡量一个国家经济发展水平、经济状况是否健全、人民生活空间是否现代化的一个重要标志。毫无疑问,一个国家的强大、稳定和繁荣也必然伴随一个发达的运输体系。

第二节　交通运输投资管理

一、国外运输业发展的历史经验

追溯运输历史的发展,以机器的应用为标志的近现代交通运输,大致经历了4个发展阶段:第一是在18～19世纪以水运为主的阶段;第二是在19世纪30年代到20世纪30年代以铁路为主的阶段,当时蒸汽机的发明推动了工业革命,使交通运输进入了一个新的时代;第三是汽车、航空、管道3种运输方式崛起的阶段;第四是从20世纪50年代开始,由于各种新的运输装备不断地投入使用,各种运输方式处在激烈的竞争当中,出现了利用不同运输方式共同满足需求的综合运输发展阶段。从此,各发达国家都根据各种运输方式的技术经济特点,积极地调整和优化交通运输经济结构,致力于建设一个布局合理、分工科学的综合运输体系。

1. 各发达国家运输体系的演化情况

从19世纪初期铁路、轮船的出现,到目前世界发达国家现代运输体系的建立已接近200年的时间,典型国家现代交通体系各具特点。

美国:自第二次世界大战后,美国一直是世界上经济实力最强的国家。美国交通运输业以公路为主,公路运输在国民经济中占有十分重要的地位。城市短途货运和乡村地区农产品的集散几乎全部由汽车承担。在长途货运方面,公路运输也占有较大比重。在客运领域,汽车运输则居主导地位。美国的铁路、航空、水运条件也都比较好,石油主要靠管道运输。因此,铁路、公路、航空、水运、管道5种方式都得到相应的发展,以公路为主体形成了世界上最为现代化的运输体系。

前苏联:前苏联是世界上国土面积最大的国家。由于工农业布局的不平衡,工业结构的不尽合理,能源和原材料产区在东部,产业布局在西部,使铁路运输在苏联占了主导地位。前苏联拥有较发达的运输网,其营业里程占世界铁路营业里程的12%。而铁路所承担的货运量占世界铁路总运量的比重高达53%,铁路运输强度居世界第一。前苏联的公路运输比较落后,表现为路网密度低,平均运距短。但近几年来,前苏联地区的公路和管道发展也很快,所完成的客货运量比重逐年上升。内河航运发达,形成了以伏尔加河为主干,连接顿河,第聂伯河、沟通五海的统一的深水航道网。

原联邦德国:由于国土面积小,原联邦德国及其他西欧国家的运输体系中,公路运输居绝对优势地位,公路密度居世界其他国家和地区的前列。高速公路发展很快,汽车工业发达,车辆向大型化、高速化发展。铁路运网密度小,平均运距也短,铁路的经济效果不易充分发挥。这些国家的内河航运得到了极大程度的利用。

日本:日本是一个岛国,国土面积不大,人口密度较大。由于岛国的特点,海运是日本经济发展的生命线,进出口货物自然以水运为主。国内货物运输的45%也由沿海航运承担,基础物资如石油、钢铁、水泥等,80%依赖沿海航运。国内短途货物主要由公路负担,旅客运输则主要由公路和高速铁路承担。

印度:印度属于发展中国家,其人口数量仅次于中国居世界第二,人口密度高居世界之首。印度主要是一个农业大国,工业也已初成体系,但尚不发达。印度的交通运输在发展中国家算是比较发达的,但仍长期不能满足本国经济发展的需求。印度交通运输主要依靠铁路,近年来公路运输发展也很快,但航空、内河运输一直发展缓慢。

2. 国外运输业发展的历史经验

(1)运输业应是超前型产业

经济发达国家对运输业的超前意识可以通过下列一些指标来衡量:

①运输基础设施投资对货物周转量的弹性系数

如果运输基础设施的建设速度相对于运输需求的增长速度快,运输能力得到迅速提高,能够适应运输需求的增长,这种适应性在经济发达国家运输发展中就是一种超前性,相反,运输发展就是滞后性,同时也制约了国民经济的发展。

经济发达国家运输业的发展,总的来说是超前型的,如:

美国:1960 年至 1970 年期间,总货运周转量的年均增长率为 3.9%,而同期间的运输基础设施总投资年均增长率为 6.9%,基础设施总投资增长速度比总货运量的增长速度快,弹性系数为 1.8,同一期间,公路货物周转量年均增长率为 3.8%,公路建设总投资年均增长率为 6.7%,弹性系数亦为 1.8。

原联邦德国:1960 年至 1972 年,总货物周转量增长率为 3.0%,运输基础设施总投资年均增长率为 13.8%,弹性系数为 4.6,同一期间,公路货物周转量年均增长率为 5.9%,公路建设总投资年均增长率为 11.0%,弹性系数为 1.9。

日本:1966 年至 1974 年,总货物周转量年均增长率为 7.6%,运输基础设施总投资年均增长率为 15.9%,弹性系数为 2.1,同一期间,公路货物周转量年均增长率为 9.1%,而公路建设总投资年均增长率为 16.4%,弹性系数为 1.8。

由此可见,在人均 GDP 从1 000美元变化到4 000美元这一发展阶段,上述三国运输基础设施建设总投资对总货物周转量的弹性系数均显著大于1,道路建设投资对公路货物周转量的弹性系数都在1.8~1.9 左右。说明在这个时期这些国家对运输基础建设的投资增长速度是超前于运输需求增长的,并且在公路运输需求开始旺盛的时期相对超前公路建设。这种超前发展使这些国家的运输基础设施能够适应以后时期运输量的增长和运输结构的变化。

②交通运输业投资占国民生产总值比重

主要工业化国家由于认识到交通运输业在国民经济发展中的重要地位和作用,都十分重视对交通运输业的投资,花大力气来发展本国的交通运输基础建设。现在看来,凡是运输投资比重比较大的国家,交通问题都解决得比较好,运输业与国民经济的发展都比较适应,例如:

美国:1979 年至 1981 年,交通运输总投资占国民生产总值为 4.6%。美国是一个资本主义国家,其运输企业和运输工具都由私人投资经营,而基础设施从规划到设计标准和技术政策的制定、资金的来源和分配使用,都由联邦和州两级政府负责管理,除了固定资产投资外,国家还每年根据需要给予交通运输业一定的财政补贴。

前苏联:前苏联在第二次世界大战前的 1918 年至 1940 年间,运输及通信业投资占整个国民经济基建投资比例高达 19%,这期间运输业飞速发展,促进了国家工业化进程。但20世纪50年代中期以来,从"六五"到"九五"的十几年间,运输通信业的基建投资比重只有10.8%,由于投资的减少,致使运输出现紧张局面,运输生产环节落后和运输服务质量下降。前苏联在1965年至1981年期间,交通邮电基建投资占国民生产总值比重仅为2.3%~3.1%。到了20世纪80年代初期以后,为了缓解经济中等发达程度时运输紧张给国民经济更高水平的发展所带来的隐患,前苏联又开始重视交通运输建设,投资比重有所增加,运输紧张状况又有所缓解。

原联邦德国:原联邦德国实行外向型经济,所以很重视流通和交通运输建设。中等发达程度时期的20世纪60~70年代,是原联邦德国经济高速度发展的年代,也是交通运输投资高峰期。1965年交通业投资占国家投资比重为33%,到1977年高达44%,1979年仍保持41%的水平。按同一期间的国民生产总值比,运输投资比重占5.0%以上,促进了国民经济的高速发展。

日本:1955年至1988年,交通运输总投资占国民生产总值比重为3.5%~4.1%。日本在第二次世界大战后,曾经出现过运输业不能适应经济高速发展的情况,正是由于20世纪60年代以后日本在政府大力支持下进行了大规模的交通基础建设,日本交通运输业得到了迅速发展,为进入中等发达程度时期准备了充足的基础条件。日本只用了4年时间就从人均GDP 2 000美元发展到4 000美元,走完了中等发达这段路程,所用时间与其他典型国家比是最短的。

同中国发展水平相当或稍落后的大国有巴西和印度。1979年至1981年,巴西的交通邮电基础设施投资占国民生产总值比重为2.36%,印度1950年至1975年为2.15%~3.04%,而我国1953年至1984年交通运输总投资占国民生产总值比重仅为1.17%~1.8%。难怪我国的交通运输落后,甚至比不上巴西和印度是必然的了。

(2)运输结构应随着产业结构的变化不断进行调整

在经济与交通运输业的相互关系中,考虑和分析经济与交通运输的历史发展,可以清楚地看到经济结构、产业结构、产品结构的变化,对运输体系的发展变化所产生的直接影响。由于科学技术特别是高技术的迅猛发展,一些产业产生了,一些产业缩小了,一些产业甚至几乎全部消失,这是当今世界经济发展的必然趋势。根据国外的研究表明,产业结构的变化必然导致经济结构、生产结构和产品结构的深刻变化,也导致工业布局产生变化,这些将直接影响交通运输业的发展。

①在社会发展初期,经济规模较小,结构比较稳定,各生产地区都以农业生产为主,单一性质的农业经济也不需要大规模的产品交换,生产规模和结构与运输规模结构基本上是相对稳定的。运输方式则为人力、畜力、原始的水运,以满足小规模的商品交换。

②随着生产的发展,经济结构、产业结构发生变化,劳动力由第一产业向第二产业,特别是加工工业转移,这时第一产业的比重不断减少,而第二产业的比重不断加大,工业化的结果是市场大规模的扩大。在这一过程的初期,原材料如煤、矿石、钢铁和粮食等大宗物资急剧增加,货运量的平均增长率接近或者超过国民经济的增长率,推动了铁路和水运的兴起和发展。市场扩大了,长距离运输增加了。随着劳动力由第一产业向第二产业的大规模转移,使客运量的增长率也超过了国民经济的增长率。

③在工业化过程中,生产高附加值工业品和消费品的加工工业在工业中的比重越来越大,使所运货物的平均价值明显加大,而平均体积却逐渐减小了。当工业的加工能力明显提高,国民经济增长对煤、钢增长的依赖减少时,铁路货运量的增长速度减缓,其增长逐渐低于国民经济增长率。但总运输量的增长仍旧很快,更适合汽车、管道等方式的运输量增长比以前大大增加,客运量保持接近于国民经济增长率水平。

④伴随着工业化的进程,工业生产结构由资源密集型向劳动密集型、资本密集型、知识技术密集型产业转变时,产品高值化趋势越来越明显。因此,对货物的运输提出了迅速、方便、安全等更高的质量要求,经济的发展和社会的进步、旅游业的兴起,对客运亦提出了高速、安全、舒适、方便的高要求。于是,高速公路、航空运输开始蓬勃发展,铁路则相对衰落,运输规模和结构均有很大的变化,总运输量的增

长也放慢了。

⑤在产业结构进一步由第二产业向第三产业转化的过程中，经济发展水平会更高，社会越来越具有服务特性与信息特性，从而使客运和货运的增长率继续减缓，低于同期国民经济增长率，而运输质量的要求则更高。交通运输业作为服务业本身也会向高效和优质服务方向发展，这是因为各种运输方式各尽所能，协调发展，其中新型运输方式，如高速铁路、高速公路、航空、管道，由于能更好地满足新运输的需求，尤为发展迅速。传统运输方式铁路、水运在其优势范围内也会稳定发挥作用。公路运输、集装箱运输、多式联运、物流服务业，由于具有门到门、方便、迅速等特点，其地位则显得越来越重要。这是更现代化的、装备水平更高的、更科学合理的运输体系形成和发展时期。

二、各国政府对运输业发展的政策

（一）鼓励政策

市场经济的本质是交换经济。商品交换的原则是建立在等价交换基础上的。交通运输基础设施是服务性的和社会福利性的基础设施，是一种投资规模大、回收期限长、社会效益大、企业直接效益小的资金密集型产业。私人投资者在这一投资领域普遍缺乏兴趣，社会集资也比较困难。因此，投资主体主要应该是政府，政府必须通过各种方式给予支持。经济发达国家交通运输发展的经验亦源于此。

1．美国

1806年为了开发西部地区提供了通向西部的公路建设投资；1824年为改善河道和港口提供政府拨款；1840年前后鼓励修筑铁路。

(1)对铁路的鼓励措施是：①赠予土地。从建路开始到1871年，赠予铁路公司的土地达1.79亿英亩，相当于法国面积。②投资补贴。从1830年到1916年的86年间，平均每年给予铁路的资助为149亿美元。

(2)公路建设：美国联邦政府制定了：①ABC计划，即由联邦政府资助的一级、二级和城区公路建设计划。②州际公路计划，即称之为州际和国防公路全国系统计划。③联邦领地道路计划，这项计划即为联邦所有土地上的道路建设计划，这些计划分别由不同渠道进行资助。④1956年联邦政府制定了公路法，公路法授权美国政府建立联邦—州的公路建设基金，13年累计拨款310亿美元；公路收入法为州际公路和ABC公路信托基金制定了各种税制，包括燃料税、轮胎税、补助料税、卡车汽车载重税作为公路收入税。明确规定：联邦政府的全部拨款只能用于基本建设，公路收入税作为公路基金用于“以收抵支”，用于营运补贴，保证不出现赤字。州际公路计划系统，到1978年预计拨款已突破1 000亿美元的资助。联邦领地道路计划，包括国有森林区、国家公园区、自然保护区、印第安人保留区的公路建设，由联邦政府向掌握公共土地管辖区的执行机构直接拨款。

(3)内河航道：①1789年联邦政府即开始对内河航道和港口的改善提供了援助；②1823年通过了河流和港口条例；③1907年罗斯福总统任命了内陆水运委员会，起草了内河改善计划，1909年成立了国家水道委员会，到1971年底，联邦政府、各州和地方政府共支出水路经费共159亿美元，对内河发展产生了决定性的影响。

(4)海上运输：①港口建设的主要投资者是港务局，港务局是由政府所有和管理的。因此，在港口建设和改造所需的投资中，政府提供的资金占主导地位。其形式可以是补助金、国内贷款、奖励资金、各式银行贷款等等。港口一般由码头公司或装卸公司承租经营。②海运船队都属私营公司经营，政府虽不对商船队直接投资，但对海运企业进行财政上的补贴，政策上给于优惠。根据1936年商船法的有关条款，对国内造船和国外的差价进行补贴，一般可补到国内造价的1/3。在重要航线上航行的船舶也给予营运费方面的差额补助。从1955年到1977年期间，上述两项补助就达75亿美元。

2．日本

(1)在铁路建设之初，日本政府也采取过类似的措施：①明治初年，便筹集内外债款着手进行铁路建设。②明治二年到明治四十四年，就建成和贯通约20条铁路线。明治十四年成立了日本铁路会社，政府给予了一大笔补助金。补助的要点是：从建设铁路开始到开通营业10年内，政府都给予补助会，所使用的土地，“包括停车场所用土地都可无偿使用”，对私营铁路在一定年限内免税。③鼓励私人资本为铁路建设出力,政府给予补助和优惠政策。

(2)航运:日本是一个岛国,所以对航运业十分重视。①明治四年创立了三菱商会。日本内阁会议通过了振兴海运的三大法案,即保护和确认私人海运企业的独立发展,政府给予政治和经济上的保护和资助。②明治十八年九月,又建立了由几方合资经营的日本邮船株式会社,在政府的资助下开设了国内外航线,政府还给予国际航线上的邮船以补助,保证年利达8%。③明治十七年,大阪商船株式会社开业,政府每年给予资助。④明治二十九年三月,日本政府颁布了"航海奖励法",大力推动了航海事业的发展,迅速开辟了多条国际和近海航线。⑤战后1947年设立了海运重建资金,1953年颁布了"远洋船建造利息补助及损失补偿法"。⑥1959年,运输省把9大航运公司组成3个集团,从事日美运输,同时成立了"运输协会",统一运价,合理分配货源,避免内部竞争。⑦1959年至1963年,颁布了"海运业再建的有关临时措施方案"和"利息补贴法修正法案"。⑧1964年,将12个主要的航运公司合并成6个,97个子公司合并成6个集团,上述公司和集团拥有的船舶占日本船舶总吨位的80%,经济效益大为提高。

(3)公路:日本在第二次世界大战前就有了道路法,其主要目的是为军事服务。二次大战后,总结了美、英两国的经验,又重新制定了新的道路法,新一轮的道路法主要是以经济建设为目标;并着手鼓励建设高速公路。事实证明,高速公路的建设对日本经济的发展确实起到了重要的促进作用。

3. 其他国家

包括英国、原联邦德国、法国等西欧发达的资本主义国家在内,对运输业都采取大致相同的鼓励措施,概括来说:

(1)航运:英国主要的政策有:①政府给予船东长期低息贷款或融资,年利率仅为5%;②直接对船东进行补贴;③允许船东采取自由折旧制度;④放松本国船到国外登记的限制等。

原联邦德国:①对船东买船给予补助或低息融资;②船舶融资,政府给予一定比例的保证金;③对新造船给船东补贴船价的10%;④设立拆船补助金。

法国:①把在建船舶价的50%作为第一抵押,以获得银行的融资,期限为5~15年;②对造船用材料给予补贴,一般为船价的10%~20%;③降低造船的融资利息;④免收造船材料的进口税;(5)对某些航线营运的客货船给予直接补贴;等等。

(2)公路:上述各国大致相同的政策有:①通过道路法,法律上保证公路建设及其资金来源;②政府参与制定统一的路网规则,承担部分或全部建设资金;③组织对公路的分级管理,由中央政府、省、地方各负其责;④通过多种渠道为公路建设集资,拓宽政府财政收入渠道和各种税收渠道作为公路资金的主要来源,等等。

(二)制定法规

除了对运输业采取许多鼓励政策外,为了使运输业有序健康发展和运行,各国政府也采取了许多调控措施,包括全部的法律和政策、各种制约手段,限制运行中可能产生的弊端。

1. 除了上述的如公路法、内河法、海洋法等等法律外,为了维持运输市场的顺利进行,制定了各种反垄断法、商法、民法等法律,对运输企业的可能出现的垄断行为和不公正竞争手段加以限制。

2. 对具有自然垄断性质的企业,在进入、退出、投资、价格等方面进行制约,反对企业滥用市场支配力,造成垄断行为和价格,影响资源配置的效率,保证企业财政的稳定和市场竞争的公平性。

3. 防止公害和环境保护也采取了许多措施,如制定海洋保护法和公路环境保护的一些规定,保证运输环境和人民的健康,等等。

三、我国运输业投资体制的发展演化

(一)我国的经济体制与投资体制

投资体制是经济体制的重要组成部分。投资活动要有正确的管理体制。

1. 社会主义经济体制大体有下面几种模式

(1)军事共产主义供给制模式

这是一种平均主义吃大锅饭模式。它完全排斥商品货币关系,实行实物分配,整个经济的运行是靠行政强制和精神动员,经济活动的信息传递主要是命令式的、垂直式的。

(2)传统的集中计划经济模式

这种模式由国家对经济活动实行高度的集中管

理和决策。商品货币关系主要存在于全民所有制和集体所有制两种公有制之间以及国家和个人之间。市场的作用微小。经济的运行主要靠行政命令和下级对上级的行政责任来推动,经济信息的传递主要靠由上到下的指令和由下到上的报告,在行政系统之间传递。

(3)改良的集中计划经济模式

这是一种对完全计划经济模式的改良。它的不同点在于:企业在日常经济活动中开始有了一部分权力,如企业在计划外产品有一部分自销权,有一部分利润可以留归企业支配,企业拥有一部分用人权,指令性计划减少,指导性计划增加。但是,对关系国计民生的主要产品的生产和分配仍然保留指令性计划,整个经济活动的主体仍然直接由国家控制,市场机制只是在一定范围内起外部补充作用。

(4)计划调节与市场机制结合的计划经济模式

这种经济体制模式的特点在于:计划与市场相结合,充分发挥两者的优点和长处,但计划经济仍居于主导地位。一般来说,宏观决策权适当集中,微观经济决策权适当放开。整个经济活动,主要通过指导性计划和经济杠杆引导企业完成生产,宏观计划决策通过微观市场机制来实现,使计划调节与市场机制内在地、有机地结合起来。

(5)社会主义市场经济模式

这种模式的特点是使宏观、微观、家庭这3个层次的经济活动的决策权分散化,基本上按照市场情况进行调节。此时的企业是一个完全独立的商品生产者,市场机制在国民经济中起着普遍的主导的调节作用,国家既不直接管理微观经济活动,也不过多地实施宏观经济的控制手段。

我国的经济体制从整个历史看已经渡过了前4种模式,现在正处在从计划经济向市场经济过渡的历史时期。

2. 社会主义经济体制下相应的几种投资体制模式

投资体制作为经济体制的重要内容，指的是国家组织、领导和管理投资经济活动所采取的基本制度和主要方式方法。例如，投资主体如何确定，投资方式方法如何选择，投资领域各单位和经济实体之间的经济关系如何处理，等等。在这里，投资主体的确定是投资体制中的首要问题，它是指在投资活动中具有独立决策权的法人，是筹集与运用投资资金的责、权、利相结合的统一体。投资方式方法的选择取决于投资主体的层次与结构。如投资主体是单一的，其投资方式方法也必然是单一的；投资主体是多元化的，投资的方式方法也必然是多样化的，即除国家拨款外，还可以有多种渠道筹措资金。投资的实施涉及各经济部门，有投资的实施单位、投资公司、勘察设计单位和施工单位，他们之间的经济关系也是由投资主体的层次与结构决定的，并受投资方式方法的影响。如投资主体单一的，他们之间的联系则多是产品经济模式的，更多地带有行政性质；而投资主体多元化的，其关系就会更多地具有商品经济性质，经济关系更具有竞争性。

总体来看,投资体制大体可分为以下4种模式:

(1)集权投资模式

这种模式实际上是由中央政府作为单一投资主体，投资方式方法单一化，即由国家投资拨款。投资领域各单位与经济实体之间的联系是非商品经济性质，执行的是国家指令性计划，其特点是投资决策权高度集中，执行的是国家指令性计划，物资由国家直接调拨，资金无偿使用，资源配置排斥市场机制。

(2)分权投资模式

这是一种投资决策权分权的投资模式。中央政府只对关系到整个国民经济产业结构和社会消费目标结构的重要新建项目负直接决策责任;地方政府则负责关系到地方产业、地方经济结构的主要新建项目进行直接决策;企业再生产方面的一切决策权全部由企业行使。投资方式方法除了国家拨款外,还可以有银行贷款,允许开辟其他一些集资渠道。投资领域各单位和经济实体之间的联系也带有一定的商品经济性质。这一分权式投资模式的优点就是企业取得了微观扩大再生产的投资决策权,从而取得了作为独立的商品生产者的部分权利,为完善经营机制、提高投资生产力创造了前提。但是,在分权投资模式下,市场调节作用不可能不受限制。因为中央和地方既然保留了宏观和中观扩大再生产的投资决策权,且投资的项目又是关系到经济发展方向和经济目标结构等重大问题，因此，他们就不可能不保留一定程度的指令性计划、一部分范围的生产资料的直接调拨，以保证其扩大再生产的组织实施。这样必然在价格体制上、物资体制上导致企业行为的某种紊乱，价格双轨制必然导致价格体制和物资体制的自身分裂。

(3)社会主义财团投资模式

这种投资模式的特点是：投资主体多元化，决策多层次化，投资方式方法多样化，投资领域各单位和经济实体之间的联系商品经济化。在这种模式下，国家不再直接组织再生产过程，而是把国有资产委托给银行、投资公司一类的经济组织，国家仅仅通过税收或国家资产利息的占有来取得自身的经济实现，然后通过银行、投资公司一类的经济组织与企业的渗透、交织、融合或参与等经济过程，形成社会主义财团。社会主义财团在国家的国民经济间接控制下，实施扩大再生产的投资决策权，同时并不排除非财团企业的独立投资决策。这种多元化和多层次的投资决策主体，其投资方式方法也多样化，如发行股票、债券等。投资领域各单位和经济实体之间的联系也是商品经济性质的。在这种模式下，国家的宏观调控可以通过社会主义财团这一国家经济组织体现，也可以通过国家的金融政策、财政政策、国民收入分配政策、产业政策等方式来体现。这种模式要求有发达的市场，因为国家资源的配置全部进入了市场关系之中。

(4)分散投资模式

这是投资决策权完全分散化的一种投资模式。国家彻底放弃一切投资决策权，把它交给为数众多的企业。企业的投资经济活动不仅决定着自身的生存和发展，而且关系到国民经济的全局和发展方向。在这种模式下，国家的宏观管制变得困难，虽然这一模式可能刺激企业的积极性，但由于宏观管制的失效可能带来的经济发展的比例失调和资源浪费的损失会更大。

由此可见，投资体制与经济体制是密切相关的。一方面经济体制决定着投资体制，投资体制不可能是随意的，它受制于经济体制的制约；另一方面，投资体制又是经济体制的中心环节，它对经济体制具有重大影响。因为，投资是保持简单再生产和扩大再生产的重要条件。投资结构决定着产业结构和技术结构，也涉及国家与企业之间的经济关系和权益分配，涉及中央、地方、企业之间的管理职能和权力的划分，对国家的宏观调控和企业的发展都有极大的影响。

(二)原有投资体制的主要弊端

我国的投资体制，不论是中央集权制，还是中央统一领导下的地方分权制，都是以行政办法受理投资，资金无偿使用，企业没有投资决策权，只是听命使用资金。这与遵照市场经济的规律办事是相悖的。随着市场经济的发展与生产关系的变革，这种行政办法管理投资的矛盾便暴露出来，主要弊端如下：

1. 投资决策主体单一，投资决策权过分集中，造成投资决策失误多，企业缺乏活力

单一的投资决策主体和决策权的过分集中，造成信息反馈机制不健全，因而难于取得及时、准确的充分信息，不能及时对供求的变化做出灵活的反应，从而容易导致投资决策的失误。由于企业没有投资决策权，不能根据市场条件的变化及时安排和调整投资，调整产品结构，改进工艺技术，致使产品在市场上缺乏竞争力，企业缺乏应有的活力；

2. 投资方式方法单一，缺乏风险约束，争项目、争投资，普遍存在“投资饥渴症”

由于资金的无偿使用，没有建立必要的风险机制和约束机制，争项目、争投资，各地方、各单位只管投入，不管产出，缺乏全局的时间价值和周转观念，致使投资效益长期低下，造成国家资金长期紧张，再加之国家缺乏约束投资规模膨胀的能力和手段，投资超过国力，造成投资周期长，遍地开花不结果，引起投资的不规则周期性波动。

3. 投资领域各单位和经济实体之间的非商品经济性质

用行政办法管理投资，致使投资领域各单位和经济实体之间不直接发生经济关系，更没有商品交换关系，一切经济活动听从管理机关的安排，缺乏经济手段管理，财力、物力浪费，固定资产利用率很低，这是长期投资效益低下的重要根源。

(三)深化和完善投资体制改革的途径

1. 深化改革和完善投资决策体制

投资决策体制是投资体制的核心内容之一。要建立科学合理的投资体制，其一，必须建立科学合理的投资决策体制，其二，建立和实现投资决策的科学化和民主化，建立起责、权、利相结合的多层次投资决策体系。要实现投资决策的科学化、民主化，就是要使宏观决策和微观决策相统一，不要犯主观主义和官僚主义；要建立完善的决策程序，做好可行性研究，做出充分的论证才决策；要建立和健全一套行之有效的决策管理制度，有效地集中多方面的意见，作多方案的比较评价，不走形式、不走过场。

2．深化改革和完善投资计划管理体制

计划体制的突出问题是集中过多，统得过死，而改革并不是要完全放弃计划管理。对于投资总量、结构、布局等关系到国民经济全局的重要环节，必须坚持切实通过计划，搞好在全社会范围内的综合平衡，以保证国民经济的稳定发展。投资总规模的确定，应根据全社会的需求和财力、物力、技术装备能力进行综合平衡。要按照国家的产业政策，该严格控制发展的，实行相对集中管理，该支持和鼓励发展的，适当扩大地方和企业的项目审批权限，严格执行行业规模标准。

3．深化改革和完善投资资金管理体制

投资资金管理体制，包括投资资金的筹集、使用和回收方面的一系列管理制度和管理办法。改革20多年来，投资资金的来源，实施了银行贷款、自筹、利用外资一系列的改革措施，资金来源呈现多渠道化。但是，投资资金使用方向上并没有实施配套的改革措施。基本建设基金制承袭了原“拨改贷”的一些做法，致使基建基金制的特色和长处得不到充分发挥，投资资金的回收与增值困难重重。因此，深化和完善投资资金管理体制要解决以下问题。

(1)坚持实施投资资金筹集多渠道化的同时，要完善集资机制，进一步发展和完善长期资金市场。应建立和健全由国家证券管理机构、证券发行机构，证券投资机构、证券评级机构和证券交易机构组成的较为系统的市场组织管理体系和相应的法规制度，保证长期资金市场健康稳步地发展。

(2)控制投资资金的使用方向，进一步完善基本建设基金制，结合财政政策和金融政策，制定科学的投资政策、产业政策和行业发展规划，充分发挥各种经济杠杆的作用，有效地调节和引导资金的使用，保证全社会的投资活动在总体上符合经济、社会发展战略目标和中长期规划的要求。

(3)投资回收的根本任务在于缩短项目投资回收期，实现全部回收，并使投资增殖。为此，要求在正确把握投资方向，做好项目可行性研究工作，建立投资使用经济责任制和改革投资实施管理体制的同时，提高固定资产利用率，逐步提高固定资产折旧率，缩短固定资产更新期，并提高项目投产后的生产经营管理水平，增加企业赢利。

4．深化改革和完善投资经营管理体制

在管理体制方面，要求设计、施工单位要真正成为自主经营，责、权、利相结合的企业单位，通过招标承包业务。在投资实施方面，全面推行各种形式的投资包干责任制，实行招标承包制，形成真正的、公平的竞争局面。在宏观调控体系方面，要制定好产业政策、财政政策、货币政策、投资政策、外贸政策和技术政策。

有关政府部门，如计划部门、财政部门与中央银行必须密切配合，协调行动；要做到有法可依，建立完整的立法体系，如加紧制定和实施《投资法》、《建设法》，作为管理投资建设的基本法和约束整个社会投资建设的根本依据。把投资决策主体及其投资范围，投资资金的构成、来源和筹集，投资方向、方式、权利、义务，国家对投资的引导、保护、管理和监督等关系，以法律形式固定下来，真正做到“有法可依，执法必严，违者必究”。

5．加强和发挥专业银行在投资领域的作用

继续加强建设银行的财政职能，加强固定资产投资的财务管理，监督投资领域各方面执行国家有关财经政策、财务制度；加强银行长期信用体系，控制投资总量，引导投资方向，保证重点建设，提高投资效益，利用信贷和利率杠杆调节和控制全社会固定资产投资，使之纳入国家计划轨道。扩展融资渠道，增强银行自身的积累资金的能力。

四、运输投资决策

运输投资规模是否适度，是影响国民经济稳定的一个重要因素。投资规模过小，造成运输紧张，不利于国民经济的顺利发展；投资规模过大、超过了一定时期国家的人力、财力、物力的数量可能，也会造成运输设施的浪费，同样也不利于国民经济的顺利发展。所以，合理地安排运输投资规模对国民经济的发展具有重大的意义。

(一)合理确定运输业的投资规模

国民经济的增长与安排运输业投资规模的大小关系十分密切。一方面，国民经济的增长是运输业投资额赖以扩大的基础，另一方面，运输业投资规模的扩大，又是经济增长的必要前提。但从相对动态考察，二者并不是以共同比例按相同方向发生变化，甚至会发生方向背离的情况，原因在于制约经济增长与投资规模的因素是各不相同的。国民经济发展的快慢取决于多种因素，运输业的影响只是其中一个重要因素，当然也包括对运输业投资的多少和运输业投资效益的好坏。

运输业是运力的供应者，其他社会经济部门是运力的需求者。供应短缺，供求严重失衡是目前我国交通问题的核心。自20世纪50年代到80年代近40年间，工业在我国社会总产值中的比重逐步上升，而交通运输的比重则逐渐下降，到了20世纪90年代，交通运输的不足发展到了严重的局面。

我国运输业运输能力严重不足，路网密度仍然过低，运输处于持续紧张状态。虽然近几年由于大力压缩固定资产投资规模，调整经济结构，运输形势在某些区段、地区有所缓和，但稳定的基础是非常脆弱的。运送速度慢、运输市场混乱，是当前运输业存在的普遍情况。因此，交通运输的短缺，主要是基础设施方面的短缺和市场管理的混乱。

短缺的主要原因在于我国的交通运输业投资不足，比重过低。市场管理的混乱主要是国家宏观调控不力和规章制度、法规的不健全。

经济发达国家的经验表明，在工业化过程中，要大力发展包括能源和原材料等基础工业在内的整个工业，就必须先行发展交通运输业。用于发展交通运输业的投资要占有较高的比重。

(二)合理确定投资方向

1. 强化基础，集中力量加强基础设施的建设

继续强化铁路、公路、水路基础设施的建设，重点提高基础设施的技术等级水平，迅速改变交通运输基础设施的落后面貌，不断提高为国民经济和社会发展服务的适应程度。根据国外运输发展的经验，交通运输作为社会经济的基础产业，它的建设和发展要适当超前于国民经济的发展。特别是它的基础设施发展的超前性是保证并促进经济发展的先决和必要条件。现在的实际情况是，每逢经济建设高潮的浪潮袭来时，社会遇到的首当其冲的难题就是交通运输的紧张与告急。

(1)铁路运输：铁路系统的运输能力，大大落后于需求。每平方公里铁路密度远低于世界发达各国的水平，技术装备又大大落后于世界标准，只相当于发达国家20世纪五六十年代的水平。因此，必须进一步完善作为运输体系骨干的铁路网，加强重点物资通道和主要干线的建设与改造，消除“限制口”，开发边远地区新线，以及建设对铁路网有重要意义的其他干、支线和对地区经济发展有重要意义的地方铁路。

(2)积极发展航空和管道运输：特别要加强机场和航线的建设，提高技术和服务水平，改善地面支持能力。在扩大航空客运能力的同时，适当发展航空货运。要加强建设成品油管道和天然气管道，改善管道运输结构，减轻铁路运输压力，改善城市环境。

(3)公路运输：我国的公路里程，截至1995年底已经达到115.70万km，与交通发达国家相比，加强公路网建设仍然还很落后，路网密度也只及这些国家的几分之一，因此，加强公路网建设仍然还是一个不可忽视的问题。但经许多专家的研究成果论证，我国现有公路网里程的短缺，比起公路等级结构和公路质量来说，已经降到第二位。如果能使公路网的等级结构中，高级公路的比重大一些，虽然公路网里程达不到理想的程度，仍然可以提高公路网的通过能力，降低拥挤度，提高公路运输的效率，增加公路运输的优势。因此，公路等级结构是决定和标志公路能力适应需求程度或降低拥挤度的主要因素。公路运输生产力要素调整的方向，主要应是以提高公路等级和质量为目标。在财力允许的条件下，继续扩大线路里程。

(4)内河运输：内河航运生产力要素的长远调整目标，是根据内河航运的资金密集型行业特点，应长期持续保持投资强度，以形成完善的航道、港口基础设施，在较大的运输生产规模上实现生产力要素的合理配置。运用现代化的先进设备技术完成传统行

业改造，从而大幅度提高内河航运生产效率，使内河航运业逐步走入现代化生产行业队伍。加强对航道的投资，继续坚持建成“千吨级航道为骨干，三、五百吨级航道为基础的航道网”的规划策略。在资金有限的情况下，把投资重点放到近几年内经济和运输发展较快的区域，以使投资形成的能力得到较充分利用，实现较好的效益。目前应着手加强长江、珠江等水系干线航道整治维护，加强与干线相通的、运输增长明显的主要支流航道整治，扩大航道通航能力。同时加强长江、珠江三角洲河网地区航道整治与维护，并与公路规划建设相协调，继续巩固内河航运在三角洲河网区的重要地位。要进行珠江口和长江口有关口门的整治、疏浚，提高海船进江能力，促进江海直达运输的发展。

2. 改善运力结构、发展规模运输经济效益

运力拥有量状况是交通运输能否满足经济、社会发展需求的一个重要组成部分。运输工具必须在数量、品种和质量上满足国民经济和人民生活的需求。按照中国政府颁布的2000年交通运输技术政策要点，根据中德合作的《2000年中国公路运输发展战略》的评定，我国的货运汽车结构要予以改变，即要改变轻型车辆不足的情况。载货汽车重、中、轻型车辆构成应从1987年的1:7.4:2.4改变到1:3.5:5.5，载客汽车的构成应从1987年的2.5:7.5改变成2:8。要积极创造条件，在注意发展大吨位车的同时，发展具有规模经济效益的公用型运输，发展集装箱车、特种货车和高档舒适型客车，以大力调整运力技术结构的比重。

在水运运力建设方面，重点要围绕大宗散货、集装箱和陆岛滚装三大运输系统进行建设。运输装备的重点，要发展大型集装箱船、大型散货船、大型油轮和特种运输船、高速客运船舶。内河水运除航道外，港口条件亟待改善，要极大改善港口设施的落后状况。充分利用我国现有河流航道水深、流速条件，改进船舶技术性能，提高装载能力，推广分节驳运输和浅吃水船技术，提高我国内河船舶的技术竞争能力。

铁路要加速发展长大列车、重载列车、高速客车，提供大功率的牵引动力，以增加列车的运输容量。加速铁路技术进步，提高铁路通讯信号能力和调度管理的机械化、自动化水平，以提高列车的运行密度、列车速度、牵引重量，减少列车的周转时间，提高列车的生产效率和降低运输成本。

(三)投资项目决策方法

对经济中投资决策理论的研究，实质上都是对稀缺资源的有效分配和利用问题的研究。也就是研究如何更有效地进行资源的合理配置(包括物质资源、人力资源、货币资源等等的配置)和利用。因此，经济中的投资决策主要包括两个方面：

(1)投资决策之所以必要，是由于投资建设所需的资金和资源是有限的，那么，一个社会必然面临着如何把有限的资金和资源分配给不同的部门或单位，选择最佳的投资方向，获得最好的经济效益；

(2)一个部门或一个单位在获得资金和资源以后，如何有效地加以利用和管理，使之发挥更大的效率，获得最大的使用效益。

投资项目决策方法，就是指研究对拟建项目的必要性和可行性进行技术经济论证，对不同建设方案进行比较选择，以及对拟建项目的技术经济问题作出判断和决定的过程。

1. 投资项目决策的原则

投资项目决策包括对拟建项目的必要性和可行性进行研究论证，对项目投资方案的制定和选择，对投资方案的评估和审批。为了保证投资项目决策的成功，在决策过程中，决策者必须遵循一定的原则。

(1)决策的科学化、民主化原则

由于投资项目的建设涉及面广，相互关系多，建设方案十分复杂，因此，要求投资项目决策必须遵循科学化、民主化原则。这就是：

①在决策过程中，必须尊重客观规律，按照一定的科学决策程序进行决策，必须做到先对项目进行调查研究和论证，然后进行决策，否则，必将导致事倍功半，欲速不达，贻误决策的及时性，影响决策的正确性，妨碍国民经济投资事业的健康发展。

②正确决策必须实行民主化原则。由于重大项目规模大，投资多，技术复杂，牵涉的范围大，这些都非传统的小生产可比。以前靠少数人凭经验可办到的事，在当今社会现代化生产中则远不能满足决策的要求，单凭个人或少数人以经验决策很难做到全面正确的判断和决定。这就必须运用民主的原则，

集中广大专家和群众的智慧，集思广益，发挥多学科专家之长，实行民主化决策。没有民主化，就可能产生片面性、主观性，科学的投资决策就难于实现。

(2)决策的系统性原则

决策中碰到的众多因素是相互联系、相互制约的。因此，在投资项目决策时，要深入调查，搜集各方面的有关信息，并对其进行科学分析和研究。这些信息包括需求信息、生产信息、技术信息、供给信息、政策信息、自然资源、自然条件等。在这些信息基础上，对以下一些问题做出系统性回答：①拟建项目在技术上是否可行；②经济上是否合算；③建设条件是否具备；④资源、人力、物力、财力是否落实；⑤建设工期多长；⑥需要多少投资；⑦资金如何筹集，等等。同时，还要考虑项目的配套工程是否同步，市场的竞争情况和今后的发展趋势。总之，遵循系统性原则，克服片面性、主观性。

(3)提高经济效益原则

投资项目建设必须带来经济效益，必须以提高经济效益为中心。在市场经济条件下，必须按价值规律办事。争项目、争投资，不切实际地扩大规模，造成资金的浪费这些都是必须防止的。与此同时，还必须坚持微观经济效益和宏观经济效益的统一，近期经济效益和远期经济效益的统一。只有这样，才能实现社会主义投资项目建设的目的。

(4)注意资金的时间价值

社会资金是随着社会再生产过程不断增值的，也就是说，同等数量的资金由于垫付的时间不同而具有不同的价值。重视资金的时间价值是正确确定项目成本和收益的不可缺少的因素，因而也是正确评价项目经济效益的重要前提。投资建设所需资金，是随着项目建设的进度和需要不断地发生的，分布在建设项目的不同时期。但是，这种各时期垫支的资金不具有共同的价值和可比性，不能简单地相加。为了正确地评价项目的经济效益，必须充分考虑资金的时间价值，利用贴现率将不同时间的资金量折算成现值，然后再相加。

(5)投资项目决策责任制原则

所谓责任制，就是要求决策者对其决策行为所带来的投资风险负有不可推卸的责任。不如此，就不能保证投资项目决策的严肃性和科学性，难于避免决策的主观性和盲目性。多年来的实践证明，决策者不承担风险，导致主观决策、盲目投资、违反科学决策程序的事屡见不鲜，造成投资损失、浪费现象十分严重，这是造成不讲经济效益的主要原因。建立责、权、利相结合的投资决策责任制，建立有效的决策监督制度和法律保障制度，是保证决策的科学性，避免和减少投资项目决策失误的必要措施。对于玩忽职守，不负责任，造成决策失误，给国家经济建设造成重大损失和浪费者，要追究其法律责任，做到奖惩分明。

2. 投资项目决策程序

决策程序是指投资项目在决策过程中各工作环节应遵守的先后顺序。科学的决策，必须建立在符合客观规律性和科学决策程序的基础上，才能避免出现决策的主观性和盲目性，从而获得理想的决策效果。

近年来，通过总结投资建设领域的经验教训，借鉴西方经济发达国家的决策经验和科学的评价方法，结合我国的实际情况，有关部门已经制定了一套比较适合我国投资项目决策的科学程序。按照国家规定，大中型投资项目决策程序主要按以下几个步骤进行。

(1)提出项目建议书

根据国民经济和社会的长远发展规划、行业规划和地方规划，预测国民经济发展对运输业提出的要求，分析客、货运量的发展趋势，当前的能力、缺口等，考虑国家有关的技术经济政策，在调查研究、预测分析的基础上，提出建设项目建议书，向国家推荐，供国家挑选。

项目建议书是投资前对项目的轮廓设想。主要从投资建设的必要性方面来衡量，初步分析投资建设的可行性，如：投资项目提出的必要性，建设规模和建设地点的初步设想；货源情况、建设条件、协作关系的初步分析，投资估算和资金筹措设想，偿还贷款的能力预算；项目的大体进度安排；经济效益和社会效益的初步分析。特别是建设项目的必要性必须清楚和明确。

项目建议书经国家综合平衡、审查、筛选后，对于需要进一步进行工作的项目，分别纳入国家、部门、地区的建设前期工作计划，并通知提出项目建议书的单位和有关部门，以便委托进行可行性研究。

(2)编制可行性研究

凡纳入前期工作计划的投资项目，即可开始进行可行性研究工作。如进行市场供需情况的详细调查与预测，建设条件的调查，包括自然条件、资源条件、交通运输条件、协作配套条件等，根据调查的资料，对投资项目的技术可行性和经济合理性，以及建筑条件的可能性等进行技术经济论证，进行不同方案的分析比较。

在研究投资效益的基础上，提出建设项目是否可行和怎样进行建设的意见和方案。根据以上的分析论证，编写可行性研究报告，并供进一步调查研究、编制计划任务书之用。

(3)编制计划任务书

计划任务书又称设计任务书。它是确定投资项目及建设方案的主要文件，也是进行投资项目工程设计的主要依据。可行性研究报告中所提供的项目投资若干方案，包括其中的最佳方案，经再调查、研究、补充、修正，挑选确定，即可作为编制计划任务书的可靠依据。编制计划任务书，是项目投资决策程序中的关键环节。

(4)项目评估

邀请有关技术、经济专家和承办投资贷款的银行，对项目的可行性研究报告进行预审。然后由投资贷款银行的咨询机构或计划决策部门委托有资格的超脱的工程咨询公司进行项目评估，即对项目的可行性研究报告和编制的计划任务书，进行全面认真仔细的审查，计算和核实，根据审核、评估的结果，编写出项目评估报告，为投资项目最后决策进一步提供可靠的科学依据。

(5)项目审批

投资项目按上述决策程序完成后，决策部门应对可行性研究报告和计划任务书及评估报告等文件，按国家有关发展政策进一步加以审核。如果项目是可行的，即可批准。计划任务书一经批准，就算立项，投资项目决策就基本定下来了。至于投资项目何时纳入年度建设计划，动工实施，还需由计划部门经过综合平衡予以确定。

3. 投资项目决策的内容

投资项目决策程序中的每一个步骤和环节，都有其一定要求和内容。

(1)投资项目可行性研究的内容

我国工业项目可行性研究的内容，包括运输建设工程项目可行性研究，要根据各建设项目的特点、用途、类型的不同有所差异。如港口工程建设项目的可行性研究，应着重研究其港口的合理布局，货物的合理流向、新港建设的必要性、规模、选址，设备的配备，建港条件，等等；如对航线上配船进行可行性研究，则着重研究该航线上的客、货流规模，旅客类别、货种、批量，可配的船舶类型，可获得的经济效益等。各建设项目不论其有何特殊性，但一般来说，我国工业项目可行性研究基本上包括下列主要内容。

①总编

阐明项目提出的背景，投资的必要性和经济意义，以及论证的依据和范围，如系改建项目，则还需说明企业的现状。

②需求预测和拟建规模

根据国民经济发展规划和生产力布局，预测客、货流发展趋势，对航运现状、港口现状进行分析，针对存在的问题提出新建、扩建建设项目的必要性、紧迫性，并为建设项目的规模、结构提出初步意见，为进一步深入研究提供技术经济依据。

③建设条件和港址方案

根据建设项目的建设地址、货源情况，公用设施情况、建设所需的原材料、辅助材料、动力供应，腹地经济发展、自然条件，研究最佳的建设条件。

船舶或车辆建造，要考虑造船厂、车辆制造厂的能力、地址、材料来源、设备能力和技术水平，车、船类型的选用要考虑货源、货种、流量、燃料来源，航线或线路条件，维修方便与可能等。

港口建设项目要根据建设地点，所处的地理位置，货源条件，自然状况(通过勘探对地质、水文、气象等进行分析)，所在地的社会经济情况，交通运输条件，水、电、气供应及发展趋势诸因素进行调查分析，提出若干港、厂址方案。

④建设方案

根据经济预测，发展规模，建设条件，提出建设项目的总体布局和具体方案。

车、船建设方案要提出车、船拟建的技术参数，如车、船型尺度、吨位、速度、主、辅机类型，货、客舱布局，船舶还有上层建筑的布局，结构的主要要求。

港、厂建设则要求提出码头、工厂的建设的总体布局方案、结构的类型、结构形式，车间、泊位的用途、数量、工艺流程、机械设备的选型及其需要量和效率，等等。

⑤施工工艺

包括建设项目施工的工艺流程，工程量、施工特点、组织管理、施工设备及材料供应、建设进度、建设周期。

⑥劳动保护与安全

根据环境状况和工艺布局，分析拟建项目将会对环境和劳动安全的影响程度，提出环境保护及劳动安全措施，“三废”治理的初步方案。

⑦企业组织、劳动定员和人员培训规划

⑧项目实施进度的建议

⑨投资估算与资金筹措

估算总投资和分年度投资，主体工程和协作配套项目投资，以及所需生产流动资金。提出资金来源渠道和融措方式、贷款还款方式。

⑩社会及经济效益评估

预测生产成本，估算收入及可能的赢利，计算平均年费用，预测内部收益率、投资回收期等有关重要指标。

根据以上 10 个方面的分析，综合提出项目投资是否可行的结论，对产业规模，港、厂址选择方案及工艺设计方面进行方案比选，提出最佳方案。

(2)设计任务书的内容

设计任务书也就是计划任务书。它是投资项目决策的重要文件和依据，也是编制设计的依据。其内容包括建设规模、建设依据、建设布局和建设原则等重要问题。大中型工业项目的设计任务书，根据其类型不同，大致包括以下几项：

①投资项目建设的目的和具备的条件；

②建设规模、产品方案或设计方案和生产工艺等；

③资源条件、自然条件、水、电、气和交通运输条件，以及协作条件等；

④资源的综合利用和“三废”治理的要求，包括环境保护和劳动安全措施；

⑤建设用地的估算；

⑥劳动人员的定额；

⑦要求达到的经济效益和技术水平。

改、扩建大中型项目的设计任务书，还应包括原有固定资产的利用程度和现有能力的发挥情况。自筹资金建设的大中型项目，还应注明资金、材料、设备的来源，并应附有同级财政和物资部门的签署意见。

港、船建设项目设计任务书的内容，可参照大中型工业项目设计任务书的内容，结合本专业的特点加以具体化。

(3)投资项目评估的内容

根据世界银行的规定，以及根据我国大中型项目投资决策的规定，项目评估是编制设计任务书后投资决策中的一个必不可少的重要步骤。

项目评估基本内容包括以下几个重要方面。

①市场研究

对生产一种产品来说，投资项目该不该建设，首先取决于市场是不是需要。在商品经济条件下，决定商品供需的各种市场因素是复杂的、多变的，必须认真分析研究、预测市场的情况，才能把握决策项目的主动权。

对于运输建设项目，则必须对运输的对象、客流和货流，它的流量、流向做出正确的预测，以便确定其建设规模、建设类型、建设方案，等等。为此，必须很好研究国民经济中生产力的合理布局，客、货流的形成、分类，运输的不平衡性和综合运输条件，在充分调查研究的基础上进行科学的预测。而且，不仅要看到现在，还要研究它未来的发展。并要对国外市场需求进行调查，确定产品进入国际市场的可能性、竞争性，因此，要充分了解国际市场上一定时期的政治、经济、贸易政策方面的情况，以期做出正确的决策。

②技术分析

技术上的分析与评估，主要是根据国家的有关技术政策，对建设项目选用的工艺技术和技术装备的先进性、适用性和经济性进行评估。以确定建设项目的技术先进性、经济性、安全可靠性，在多方案的比较中进行优选。

③建设条件评估

建设条件的评估，主要是评估项目的资源是否可靠，客流、货流、经济腹地的确定是否合理，布局是否科学，工程水文地质情况是否调查清楚，原材料是否满足需求，燃料、动力供应是否有保证，交通条件是否畅通，配套协作条件及环境保护，安全措施是否做到同步落实，地址选择、总体布局是否适用、合理，等等。

④投资和财务效益评估

主要是对投资项目可行性研究报告中的投资估算、财务的基本数据进行审查和评估。包括对项目投资估算、资金来源渠道、投资构成、流动资金、生产规模、成本、税收、利润进行再分析和估算，对各项技术经济指标，建设项目的贷款条件、贷款利率，以及偿还能力进行认真仔细的审查和核算。

⑤企业经济效益评估

针对投资项目本身的情况，以国家现行的各项制度规定为依据，对建设项目进行经济效益评估，包括对项目的赢利能力、贷款的偿还能力进行分析核算。企业经济效益分析评估，直接影响到企业的利益，同时也将影响到国家的经济利益，因为企业经济不佳，就无法完成上缴国家的税金和利润，也将难于偿还银行贷款，在市场经济条件下，企业必将失去生存能力和竞争能力。

⑥国民经济效益评估

国民经济效益评估，是从整个国民经济角度对投资项目的经济效益进行分析和评估。评估的主要内容为建设项目的新增国民收入、投资回收期、外汇收入、相关项目的投资和环境、社会等方面的影响和所取得的经济效益。

⑦不确定性分析

对建设项目在建设过程中诸多不可预见的因素，如政治的、经济的，以及建设条件等的变化进行分析和预测，找出影响建设项目经济效益的程度，从而找出最优方案，作为最终决策的依据。

⑧总评估

根据以上多方面的研究分析获得的资料，可以更客观地对项目投资做出建设条件的可能性、经济上是否合理、技术上是否先进及现实中是否适用的总评价。还可以对相关项目是否同步建设、投资来源是否落实、资金如何筹措、人员配备和组织管理等方面如何规划提出意见和建议。

第三节 交通运输价格与成本学

一、运输价格和运输市场

(一)价格和价值规律

运输价格作为运输价值的货币表现，其形成和发展变化，归根到底决定于运输价值及其发展变化。

商品交换要求以商品价值为基础来进行。即要按照生产商品所消耗的社会必要劳动时间来决定的商品价格作为交易的基础。运输生产也创造价值和使用价值。运输价值虽然也决定于运输生产过程中所消耗的社会必要劳动，但运输价值的形成有别于其他商品。因为投入在运输产业上的资金，一部分随运输工具的价值转移，一部分由于运输劳动的价值追加，把运输价值追加到所运输的产品中去。另外，运输生产的劳动对象是货物和旅客，它们不构成运输产品的实体，被运输的货物价值并不构成运输产品的一部分，所以，运输业产品的社会劳动耗费，取决于运输生产过程的具体条件和具体的运输方式，与所运输的对象本身价值大小无直接关系。

(二)价格与市场供求

商品价格表现商品价值，并不要求准确、完全地反映价值量的变化，而且可以在量上背离商品价值。商品价格可以高于它的价值，也可低于它的价值。原因在于：(1)商品内在价值货币化的过程本身，它是一个相对数、近似数，而不是准确无误的；(2)单位商品价值量是个平均数，是经过长时间运动形成的大致趋向；(3)市场商品供求变动所引起的价格与价值的背离。商品价格在量上背离它的价值，这是价值规律起作用的一种表现形式。

在实际商品交换中，价格与价值经常不相符合，时常发生背离，这种背离主要是由供求不平衡引起的。当市场商品供不应求时，价格就会上涨到价值之上，而当市场商品供过于求时，价格就会下降到价值之下。如上节所述，价值规律对价格的作用表现在价值决定价格，而供求规律对价格的作用，则表现在影响价格偏离价值的方向和程度，因而，供求实际上决定着价格的实现。

运价作为运输服务产品的价值表现，同样也受到运输市场供求关系的影响。运输市场供求虽然不是决定运输价值的直接因素，但它影响运输市场价值形成的经济条件,决定运输市场价格偏离运输价值的主要因素,受供求关系的支配和影响。从短期看,运输市场供求决定运输价格,从长期看,运输价格也调节着运输市场供求的平衡与不平衡,资金和劳动力的流入与流出。

(三)价格与市场竞争

市场竞争是商品经济的基本特征。商品价格只有在市场竞争中才能发挥它的调节和分配功能,竞争是市场生产力合理配置的推动力。在现实经济生活中,供需之间常出现不一致的情况,有时需求大于供给,有时供给大于需求。当需求大于供给时,就会出现供给对需求的选择,出现所谓卖方市场;反之,当供给大于需求时,就会出现需求对供给的选择,出现所谓买方市场。在这两种情况下,总会有一部分商品不能够实现,或有一部分需求得不到满足,就有可能出现需求一定时,供给之间产生竞争,或供给一定时,需求之间产生竞争。

在商品生产中,需求和供给之间的差距来源于生产结构和消费结构之间的差异,是消费与生产在结构变化上的不同步。但是,使市场竞争成为现实的,是商品生产者利益的矛盾和劳动力的差别。商品生产者是市场竞争的主体。市场竞争的实质是商品生产者之间的利益竞争。在市场竞争中,价格是其中最重要的手段和方式。这就是,生产者利用价格的分配功能,用较高的价格吸引有限的资源;消费者用较高的价格获得能满足自身需要的有限供给的消费品。这样,价格变化本身就是资源的重新分配,直接影响着商品的供给与需求,影响着生产者或消费者的行为,改变整个经济的运行轨迹。

社会主义运输市场从总体来看,也应该是竞争的和开放的。垄断的、分割的、封闭的运输市场不可能促进运输企业提高效率,也不利于发展国内各种运输方式之间的合理分工,更不能为运输生产者和经营者的生机和活力的发挥创造一个良好的外部经济环境。竞争机制应该成为运输市场机制的主要组成部分。事实上,当前运输市场上争夺客、货源的竞争,各种经济成分之间的竞争,各种运输方式之间的竞争,有利于调整交通运输企业内部合理的比价关系,从而合理调整运输结构,合理分配运力和缓和运输需求的矛盾。以上无一不是市场经济规律作用的结果。

二、价格运动与价格机制

按照经济学原理,商品价格是由三部分构成:(1)物质消耗的支出,即生产资料转移价值的货币表现,一般用C来表示;(2)劳动报酬的支出,即劳动者必要劳动部分(为自己劳动)创造的价值的货币表现,一般用V来表示;(3)赢利,即劳动者剩余劳动部分(为社会劳动)创造价值的货币表现,一般用M来表示。在实际工作中,这三部分又表现为3个方面:生产成本,流通费用,税金和利润。在流通费用中,属于生产过程在流通领域内继续的运输、挑选、整理、包装、保管等也追加了商品的价值,这种追加的价值也分为转移的生产资料价值、劳动者为自己创造的价值和为社会劳动所创造的价值,已分别追加到商品价值中去了。而价格是价值构成的表现形式,价格构成也是价值构成的反映,所以在表述交通运输价格时,必须了解商品价值和价格形成的全过程。

(一)价格运动的含义

我国交通运输业价格长期处于抑制性低水平,运价之间的比例也不科学,使得运输业内部的运力资源配置不合理,其结果,一方面使交通运输业自我发展、自我改造能力受到严重限制,基础设施发展缓慢,运力紧张,制约了国民经济的发展,交通运输建设主要靠国家投资、国家贷款,使运输企业负债率很高,有的达到80%以上;另一方面,运价内容比例不合理,使各种运输方式的运力不能有效利用和发展,导致许多不合理运输和对铁路运输的过量需求。长期以来,由于运价偏低,远远落后于物价上涨幅度,使运价与社会商品价格的比例关系严重失调。运价的僵化状态,既不反映运输价值,也不反映运输市场供求关系。其根本原因,在于运价的形成没有按照价值规律的要求,没有建立以市场为中心的价格形成机制。

商品价格是商品价值的货币表现,运输价格同样是运输价值的货币表现。商品的价值转化为商品的价格必须通过市场上的交换,要经历一个时间和空间的过程。随着时间的变化和空间的位移,价格必然会发生变动。由于影响价格的内在因素和外部条件经常发生变化,因而价格不是固定不变的。因此，价格运动具有客观的必然性。商品价格的形成到实现，需要经过生产、流通、分配等几个领域。在不同的领域里，价格的运动也有所不同。因而价格的运动可区分为生产领域的价格运动、流通领域中的价格运动、分配领域中的价格运动和消费领域中的价格运动几个方面。正确认识和了解价格的运动，可以使我们在商品生产经营活动中科学地处理各种价格现象，把握价格运动的规律，正确制定价格政策，增强竞争意识，学会应用价格杠杆，在价格竞争中处于有利地位。

(二)价格运动的规律和形式

众所周知，价值规律是商品经济的基本规律，而价格则是价值的货币表现。因此，价值运动直接表现为价格运动。在商品经济条件下，价格运动规律同样存在于生产领域、流通领域、分配领域和消费领域之中。

1. 生产领域中的价格运动规律

生产领域的价格运动是生产领域的价值运动的具体表现形式。在生产领域，商品的价值是由生产该商品过程中所耗费的物化劳动与活劳动构成的，而商品的价值量由生产商品的社会必要劳动时间决定，并与社会必要劳动时间成正比，与生产商品的劳动生产率成反比。劳动生产率越高，单位商品生产中所耗费的社会必要劳动时间就愈少，单位商品的价值量就愈小。这就是生产领域中的价值形成规律。这个规律反映在价格运动上，就会使价格灵敏地反映社会劳动生产率的变化，即：劳动生产率提高，单位商品的价格就下降；劳动生产率降低，单位商品的价格就上升。而不同的生产部门劳动生产率提高的速度是不同的，因为劳动生产率的高低取决于劳动者的技能、科学技术的发展和应用程度、生产过程的劳动组合、各种自然条件的影响程度等等因素。

2. 流通领域中的价格运动规律

商品的价值是在生产中形成的，但只有在流通中通过交换才能实现。按照价值规律的要求，商品交换实行等价的原则。但是在现实经济生活中，等价交换只是偶然的和相对的，而不等价交换则是经常的和绝对的，因而在流通中，并不是每一种商品本身的价值有多大，其实现的价值就有多大。在流通中，当商品供大于求时，商品的价格就低于其价值，生产过程中形成的价值就不能全部得到实现；反之，当商品供不应求时，商品的价格就高于价值，生产过程中形成的价值就不但能得到全部实现，而且还能超额实现一部分。总之，流通中商品供需的差额越大，商品价格与价值的背离就越多，只有当供求处于平衡状态时，商品的价格才能等于其价值。由此可见，价格总是围绕价值上下波动的，而且波动必有其上下限。其中，下限是商品的生产成本，因为商品市场价格的最低限是由其生产成本所决定的，一旦商品的市场价格低于其最低限，生产商品就不仅不能赢利，而且还要亏本，最终导致生产者停止生产。上限则取决于有支付能力的社会需求，即取决于消费者对商品有支付能力的购买力。这样，当商品价格上涨超过人们的购买力时，商品就会卖不出去或不能全部卖出去，使商品的价值无法全部实现，其价格就不得不降下来，即降到人们的购买力能够承受得起的程度。因此，价格在流通中的运动并非是不受限制的，价格是在上下限之间围绕价值波动。

3. 分配领域中的价格运动规律

分配领域中价格运动与上述两个领域的价格运动具有不同的特点，这是由于分配的特殊性所决定的。大家知道，商品的价值由 C + V + M 三个部分构成，其中 C 是由消耗掉的生产资料价值转移过来的，属于补偿基金，不能作为收入来分配；V 是在生产过程中活劳动所创造的价值的一部分，用来补偿劳动者在劳动过程中已经消耗掉的生活资料价值，属于劳动力再生产费用，即工资基金，社会也不能挪用，这样，社会所能用来分配的只有 M 这一部分。

对于 M 的分配取决于下列情况：

(1)在商品经济条件下，分配的性质取决于生产资料所有制的性质，所有制不同，社会商品分配也不一样。其主要区别在于社会主义条件下，M 的分配在一定程度上是有计划地进行的。

(2)在资本主义条件下，在商品经济发展的不同阶段以及生产的社会化程度不同，其所导致的价值运动乃至其表现的价格运动也有所差别。例如，在简单商品经济条件下，商品生产一般以手工为主，技术落后，不同部门之间的技术构成差异很小，各生产部门利润率也大体相同，市场不发达、流通不畅，难于开展竞争。如果商品生产者从事生产所需的资金全部是自有时，其出售商品后得的全部M，除了拿出一部分作为税收上交外，其余的部分全归生产者所有，而不会转移到其他生产部门。在资本主义商品生产条件下，生产是社会化生产，技术复杂，各个部门之间的技术构成差别很大。此时，价值转化为生产价格，利润转化为平均利润，商品市场价格围绕生产价格上下波动，平均利润被分割为企业利润和利息两个部分，这时，在分配领域中的价格运动则受到利润和利息变化的影响。在资本主义商品经济条件下，由于存在土地所有权的垄断，使土地产品的市场价格直接以垄断价格为基础，垄断价格等于成本+平均利润+地租，因此，土地产品的价格在分配领域的运动又受平均利润和地租变化的影响。总之，在社会化大生产为特征的商品经济条件下，分配也对商品价格的运动产生一定的影响，这是在分配领域中商品价格运动的规律。

4．消费领域中的价格运动规律

消费表现为对商品的需求。在消费领域，价格运动主要受消费者对商品需求变化的影响。而消费者对商品的需求，一方面受需求偏好的影响，另一方面则受消费者有支付能力的购买力的制约。所以，在消费领域，商品价格随着消费者对商品需求程度的变化而变化。当消费者对某种或某些商品的需求率趋于上升时，商品的价格就随之上升；当某种或某些商品的需求率趋于下降时，商品的价格也随之下降。这些，成为价格运动的一个显著特点。

（三）价格机制的应用

1．价格机制的含义

价格机制是指价格形成及其变动对生产、消费和供求关系等经济活动的调节和影响的自发过程与形式，是商品经济中市场机制的主要内容。

价格机制可分为价格形成机制和价格运行机制。

价格形成机制的侧重点在于说明某种或某类实际价格的形成中，具有直接定价权、间接定价权或价格干预权的政府、经济组织、企业、居民以及司法机构等的相互关系。价格形成机制决定价格在现实经济生活中的变化规则，影响实际价格变动的作用范围和程度。价格运行机制是价格在运动和实现过程中其功能发挥的形式和条件，及价格在实际变化过程中与其他经济杠杆或经济调节器形成的某种内在的关系。

2．价格机制的作用

在现实社会经济生活中，客观上存在一系列的均衡关系，如供求均衡、利益结构的均衡、价值与货币的均衡、价值本身的内在均衡等等。这些均衡的过程实际上又表现为现实的价格运动过程。而价格机制的作用，就是促进这些均衡的实现，表现它对社会经济生活运行的调节作用。

(1)价格的信息机制作用。价格作为生产商品的社会必要劳动耗费的货币尺度和作为商品供求关系的动态指示器，反映了社会经济生活中各个方面的基本情况，为人们提供关于社会经济生活的全面的经济信息。价格体系反映了社会必要劳动耗费，说明社会劳动的使用情况，为宏观经济决策合理分配社会劳动提供依据；合理的价格体系有利于全面正确评价企业的生产经营成果，全面考察整个国民经济各个方面的比例关系，有利于加强宏观经济的调控；从微观上看，合理的价格体系则可以使企业全面了解市场上商品的供求情况，以便灵活地按照市场需求调整生产，可以使企业通过比较自身的个别劳动耗费与社会必要劳动的耗费，节约劳动支出，降低生产成本，提高经济效益。

(2)价格的流通机制作用。价格机制对流通的作用，表现在可促进流通的进一步发展。没有合理的价格体系，就不会有商品的顺畅流通。只有合理的比价、差价，才有利于贯彻等价交换的原则，促进商品的流通，加速流通速度，节约流通费用，提高流通领域的经济效益，实现商品流通的综合平衡。

(3)价格的平衡机制作用。价格的平衡机制作用是指价格对于商品供求平衡，包括总量平衡和结构平衡两个方面的影响作用。具体就是，价格能够促进社会商品的总供给和总需求的经常性的自动平衡。当价格水平偏低，就会导致社会总需求过度，出现供给短缺。反之，则会发生社会总需求不足，出现生产过剩，最终导致生产萎缩、供给减少。这就说明，价格总水平是否合理，最终反映社会劳动耗费及其分配是否合理。合理的价格，能够促进根据社会需要的规模和结构合理地分配社会劳动，使社会生产与社会需求相适应,进而实现整个国民经济的综合平衡,实现生产结构和消费结构的合理化。这有利于经济资源的合理配置和最优使用,有利于国民经济中商品流通在各个部门和各个地区之间实现综合平衡,有利于企业投入与产出的平衡,有利于企业生产的稳定。

(4)价格的动力机制作用。价格的动力机制作用,在于它能够给社会经济生活注入内在的活力。一方面,它可以促使企业和国家经济管理部门根据社会经济生活各方面的变化,不断调整经济政策和经营决策,主动地灵活地控制社会经济生活的运行。另一方面,合理的价格体系能够正确地评价企业的生产经营活动,把各个企业置于机会平等的地位,调动它们的积极性,开展积极有效的竞争,提高企业乃至整个社会的经济效益,克服平均主义,激励劳动者个人的积极性和创造性。

(5)价格的效益机制作用。它集中表现在能够促进宏观经济和微观经济两个方面及生产、流通、分配、消费各个环节的经济效益从整体上得到协调地提高。

3. 价格机制的应用

价格作为一种机制对社会经济生活的调节,其作用是内在的,因而是不以人们的主观意志为转移的。但是,如同任何经济机制一样,都可以被人们所认识并自觉地应用。这就是人们自觉应用价格机制而演变成为利用价格杠杆。人们可以通过改变价格作用的条件,从而改变价格作用的范围、程度,达到人们预期的目的。

在实际生活中,价格机制的运用,实质上是价格权的运用问题。例如,国家可以利用价格的决策权、执行权、监督权和调控权,制定价格政策、方针、法规、规定,指导甚至强制其他价格运用主体的价格行为;利用经济的、行政的和法律的手段,通过财政、金融、信贷、汇率等政策,影响价格机制运用的效果和调控价格水平的运动。对涉及重大国计民生的商品可以直接规定价格。企业是商品的直接经营者、生产者,也是市场交换的主体,具有独立的经济利益。在遵照国家制定的价格行为规范、方针、政策的基础上,企业享有价格决策权和执行权,根据本企业的利益去获得最大的利润,在竞争中使自己处于有利地位。个体商品生产经营者也和企业一样,在价格机制应用上也有两重性,有价格决策和执行的权力,也要受到国家政策的约束。

三、价格形成与价格构成

价格形成问题是一切价格问题的基础。价格形成是指价格按照什么规律和方式加以确定。在不同的社会经济发展阶段和不同的社会经济条件下,价格形成的规律、形成的方式和价格的构成也有所不同。

(一)价格形成的基础

一切商品的价格,就是用货币形态表现出来的商品的价值。价格是价值的货币表现,商品价值是商品价格的基础。因此,价格的形成必须要以价值作为基础,如果价格形成离开了价值这个基础,价格的制定就会失去科学的依据。

商品价格必须以商品价值为基础,就是说,要使商品价格最大限度地接近商品的价值,即接近社会必要劳动的耗费。但是,价格作为一个历史经济范畴,它是在商品经济条件下产生的,其形成的基础则会随着商品经济条件的变化而改变。这样,价格形成的基础,包含以下三层内容:

(1)价格形成的质的基础是凝结在商品中的人类一般劳动这个价值实体;

(2)价格形成的量的基础是由生产商品的社会必要劳动时间所决定的价值量;

(3)价格的运动是以价值或其转化形态为轴心。

价格形成基础的上述(1)(2)两项,是价格形成中的共性所在,无论商品经济发展的哪一个阶段,或是商品经济进入哪一个社会经济形态都不会发生变化的。价格形成基础的第(3)项,则会随着商品经济发展的不同历史阶段而有所变化,这种变化主要表现在价格形成的基础——价值本身的变化。即当价值发生形态的转化之后,价格运动所围绕的轴心也会随之改变。

(二)影响价格形成的其他因素

价格形成以价值为基础,但价格最后实际形成与实现又并不是只受价值单一因素的影响,还要受到商品本身的价值、货币的价值、商品供求关系、级差收益和国家的政策等等因素的影响和制约。

1. 货币币值的影响

商品价格的形成与货币有极为密切的关系。即使商品的价值不变，但当货币所代表的价值即币值发生变化时，商品的价格水平也会发生变化。商品价格的变化与商品价值的变化成正比例，与货币价值的变化成反比例。当市场上流通纸币时，纸币所代表的价值就主要取决于流通中的商品和货币之比。因此，一旦纸币的发生量超过市场商品流通的需要量，就只有通过稀释作用，即纸币贬值、价格上涨，或者当纸币发行不足时，则通过相反的浓缩作用，即纸币升值，价格下降，来恢复货币供求的平衡。只有当市场上流通的纸币数量与商品流通所需要的货币量相适应时，商品的价格才会保持相对的稳定状态。

2. 商品的供给与需求的影响

供给关系对价格形成的影响，一般表现为3个方面：(1)当商品供给量发生变化，商品的需求量不变，即供过于求或供不应求时，则会产生相对的生产过剩或生产不足的情况，市场价格就会和价值发生偏离，市场价格或低于或高于价值；(2)当市场上供给量不变，需求量发生变化，即供不应求或供过于求时，市场价格也会与该商品的价值发生偏离，出现市场价格或高于或低于价值；(3)当商品的供给量和需求量都同时发生变化，变化的方向相反，或者相同，变化程度或者一致，或者不一致时，也必然会发生以上的各种情况。只有当商品的供给量和需求量都不变，即供求相一致时，则商品按与市场价值相一致的市场价格出售，这时生产部门生产的商品的市场价值可以全部实现。总之，无论是处于哪种形态的供求关系，商品供求关系的变动，都会对商品的市场价格形成或实现产生影响。

3. 级差收益的影响

级差地租，即级差收益是指以土地等级差异为基础形成的，并归土地所有者占有的超额利润。以地租形式交纳给土地所有者的这部分超额利润与土地的优、中、劣等级相关，故称为级差地租。由于级差地租形成的原因不同，对级差地租的分配也有所不同，因而级差地租对价格形成的影响也不一样。

级差地租对价格形成的影响，主要表现在以下几方面：

(1)由于在肥沃程度不同的土地上生产同一种农产品所耗费的社会必要劳动不同，因而以此为基础形成的价格也会有所差别。具体地说，就是在优、中、劣3种土地上生产的农产品，其价格则相应呈现出低、中、高3种相反的情况，

(2)由于产地距离市场的远近不同，造成农产品从产地到集散市场或销地的流通过程中需要耗费的运杂费不同，而形成同一产品不同产地的地区差价，即距离市场越近，生产同一种商品的实际价格就越低，反之就越高。

4. 国家政策的影响

国家作为国民经济的宏观管理者和组织者，必然要对社会再生产活动进行有效的宏观调节和控制，要制定一系列的法令、制度、政策，保证社会再生产协调发展和有效进行。这些政策必然要影响到作为社会经济的联系纽带——价格的形成。例如，国家要制定保证物价总水平基本稳定的政策，按质论价政策，价格调整要照顾国家、企业、居民承受能力的政策，工农业产品交换逐步实现等价交换的政策，对某些产品为了鼓励生产经营或为了安定人民生活所实行的补贴政策，对老、少、边、穷地区某些农产品的最低保护收购价格和对某些工业品最高销售价格政策，各种商品的比价和流通环节的差价政策，进出口商品的价格政策、资源政策、税收政策等等，都要影响商品价格的形成和实现。在这种情况下，制定商品价格时，就不可能完全根据生产经营该商品时的成本、平均利润水平及供求的实际情况，也不能完全考虑生产经营该商品的具体情况，造成成本构成的不完全或成本补偿不足、虚报成本、夸大成本的现象，或者造成商品的地区差过小甚至没有地区差价，成本制定的办法不一，影响不同商品的价格形成，等等。

(三)价格的构成

在了解价格是价值的货币表现、价值是价格形成的基础的前提下，要了解价格的构成，首先必须弄清价格构成与价值构成的关系。

1. 价格构成与价值构成的联系与一致

商品的价值，在生产领域是由生产商品所耗费的生产资料价值和生产商品所耗费的活劳动所创造的价值构成的，在流通领域则是由在商品流通过程中追加的生产资料的价值和劳动者为自己的社会所

创造的价值构成的。总之,商品的价值由三部分构成:已消耗掉的生产资料价值、劳动者为自己劳动所创造的价值和劳动者为社会所创造的价值,这三部分可以分别用C、V、M来表示。商品的价格是商品价值的表现形态,因此,价格构成也是价值构成的反映。具体地说,价格构成中的生产成本和流通费用是生产领域形成的商品价值和流通领域追加价值的货币表现,具体表现为商品生产领域和流通过程中的物质消耗支出和劳动报酬支出。而价格构成中的赢利(税金加利润)M,则是生产领域和流通领域的劳动者为社会所创造的价值的货币表现。由此可见,价格构成中的生产成本、流通费用、税金加利润,归根结底是商品价值构成C+V+M的货币表现。正因为如此,无论在任何环节上的商品的价格构成,大体上总是与其价值构成相一致。这是由于,按照价值规律的要求,商品价格必须围绕其价值变动,因而要求价格的各个组成部分也要围绕其所反映的价值的各个组成部分作有规律的变动。一旦商品的价值构成因客观条件发生变化时,价格构成必然也随之相应发生变化。总之,价格构成必须以价值构成为基础和依据。只有这样,价格的制定才有科学的依据。

2. 价格构成与价值构成的区别与偏离

价格构成与价值构成的一致,并不是说价格构成与价值构成是绝对相同的,而只是表明这两者之间必然接近的客观趋势。由于各种原因,在商品经济中,价格构成与价值构成绝对相同的情况实际上是不存在的,两者之间经常处于某种程度的不一致或相互偏离之中。

造成价格构成与价值构成中不一致或相互偏离的因素主要有以下几方面。

(1)纯粹流通费用的存在。在价格构成中,存在着社会再生产中不可缺少的纯粹流通费用。但引起这种流通费用的劳动时间,无论是物化的还是非物化的,也无论是必要的还是非必要的,都不创造价值,而只能从劳动者为社会创造的价值M中扣除予以补赔。这就形成价格构成中的C+V因纯粹流通费用的缘故而不等于价值构成中C+V,同时使价格构成中的M因纯粹流通费用而小于价值构成中的M,从而导致价格构成与价值构成的偏离。

(2)由于某些政策、制度和现实的社会各因素造成的成本不实而导致的价格构成与价值构成的偏离。例如,奖金、福利、津贴和社会劳动保险基金等等,本就不属于劳动力再生产费用支出的范围,即相当于劳动力报酬的一部分,但却由企业在留利中支付了。由此,造成价格构成中的V的比重被缩小,而M的比重却被加大,从而形成价格构成与价值构成的偏离。

(3)在生产和流通过程中不合理或不规范的物质消耗和不行使按劳分配原则的劳动报酬,也都会引起价格构成中的C+V与价值构成中的C+V发生背离,进而导致价格构成与价值构成的偏离。

(4)影响价格形成的供求关系、国家政策、工农产品价格剪刀差的存在,也会造成价格与价值的偏离,进而引起价格构成与价值构成的偏离。

(四)价格构成中的成本

在商品生产过程中,必然要消耗(或转移)物化劳动和活劳动。成本就是补偿已经消耗或转移的物化劳动和活劳动中必要劳动部分的货币表现。所以,成本是商品价格的主要组成部分,也是商品出售价格的最低经济界限。

1. 成本构成

价格构成中的成本内容,主要包括以下部分:

(1)原材料、燃料等费用,表现商品生产中已消耗的各种材料物资的价值;

(2)折旧费用,表现商品生产中已消耗的劳动手段价值;

(3)工资,表现生产者的必要劳动所创造的价值。

成本构成在不同部门之间,在同一部门内部,甚至在同一部门、同一行业的不同时期,都有所不同。因此,明确不同部门、不同行业以及不同时期产品成本的构成,不仅有利于各部门、各行业明确降低成本或控制产品成本的主导方向,而且有利于研究科学技术的发展和劳动生产率的增长在改变成本构成中所起的作用,同时有利于研究自然条件的好坏对降低成本、改变成本构成的影响作用。

2. 成本的作用

成本作为一个特殊的经济范畴,在商品经济的活动中具有重要的作用。

(1)它规定了商品出售价格的最低经济界限。成本的补偿是保证企业进行正常生产活动的最基本的、必要的条件。商品的出售价格只有以成本为最低经济界限,才能使生产企业的物质消耗支出和劳动报酬支出得到补偿,从而使生产不间断地进行下去,简单再生产才能得以维持。因此,生产成本的实现,是生产企业进行再生产的起码条件。

(2)在还不能准确计算商品的价值时,成本作为价值构成中的主要组成部分,它的高低能大体反映商品价值量的大小,因而商品的生产成本是制定商品价格的主要依据。正确核算成本,才能使价格最大限度地反映社会必要劳动的消耗水平,接近价值。

(3)因为商品的生产成本在商品价格中的构成占有相当大的比重,因而成本的变动在很大程度上决定价格的变动。研究各部门、各类产品成本的变化趋势,有利于认识和掌握价格变化的规律,从而可以较好地制定价格的长远规划;而稳定商品的生产成本,特别是降低成本水平,则是稳定市场价格的有效途径。

(4)成本作为价格的主要组成部分,其高低还是决定企业有无竞争能力的关键。因为在市场经济条件下,市场竞争实质上就是价格竞争,而一般的价格竞争的实际内容,在很大程度上就是成本竞争。企业只有努力降低成本,方能使自己的产品在市场竞争中具有较高的竞争能力。

(五)价格构成中的利润和税金

成本构成中的利润和税金,构成企业生产经营所得的赢利。赢利在资本主义条件下是剩余价值的货币表现,反映资本家剥削劳动者的关系。在社会主义条件下,赢利是劳动者为社会劳动所创造价值的货币表现,反映劳动者同社会的关系,体现劳动者对社会劳动所做的贡献。

赢利是国家资金积累的重要源泉,是非物质生产部门维持正常活动和劳动者生活所必须的重要物质基础。同时,赢利还是考核企业经济效益的综合性指标,追求赢利的最大化也是企业生产经营的目标。

价格构成中的赢利形式,即用什么赢利水平来作为确定价格构成中的赢利额的依据,以及各类商品价格以什么样的赢利水平才能反映商品价值中M的那部分价值,是理论界长期争论的问题。

利润的平均化,是商品生产在资本主义的一定发展阶段上才出现的。由于社会化生产的发展,使不同部门的资本有机构成出现了差别,部门之间的竞争又引起资本和劳动力的自由转移,资本家要求等量资本获得等量利润,因而价值转化为生产价格,剩余价值转化为平均利润。

在社会主义条件下的商品经济中,社会化大生产同样会造成部门之间有机构成的差别,各部门、各地区和各企业之间存在着一定程度的竞争,企业有自己定价的权力,生产不同产品的部门和行业间资本可以有一定程度的转移,客观上也必然存在着赢利率平均化的趋势。可见,按大体平均的利润率形成各类产品的价格,是社会主义市场经济的客观要求,是不以人们的主观意志为转移的。所以,随着我国商品经济的发展,各种商品价格将逐步以价值的转化形态生产价格作为其形成的基础。

价格形成中的税金,与赢利一样,都是来源于劳动者的剩余劳动所创造的剩余价值。要了解商品实际价格的形成,不仅要认清价格形成中的赢利,而且要明确价格形成中的税金。

在实际工作中,税金又分为价内税和价外税两种。价格形成中的税金,是其中的价内税,是国家政策中纯收入的主要方式。价内税是计入商品价格的税金,属于价格中赢利的一个组成部分。根据我国第二步利改税试行办法及有关系列的规定,同商品价格直接有关的价内税有产品税、增值税、营业税等。由于税金是价格的组成部分,纳税者所交纳的税金会通过价格转嫁给商品的购买者或消费者来负担。

四、交通运输价格

交通运输是社会再生产的重要组成部分。交通运输价格是货物运输价格和旅客运送价格的总称,一般称为运价。运输业的服务主要是通过铁路、公路、水路、航空和管道5种运输方式进行的,故存在着5种类型的运输价格。它们之间在运输生产经营过程中有各自的独立性和相关性,形成了交通运输价格体系。

(一)交通运输业的特点

交通运输价格的特点是由交通运输业的特点决

定的。交通运输业的特点如下：

1. 交通运输业是生产在流通领域的继续

工农业生产企业，在产品生产出来以后，对于生产企业和生产者本身来说，生产过程已经结束。但从社会整个再生产过程来讲，生产并未完成，只有经过运输部门将产品送入消费领域，整个社会再生产过程才算终结。所以说，运输生产是生产在流通领域的继续。

2. 运输不生产实物形态的产品，只能使实物发生空间和位置的变化。

3. 运输产品的生产和消费具有同一性

即交通运输的生产和消费是同时发生的，生产过程就是消费过程。生产开始，就是消费的开始，生产结束，消费也就结束。

4. 运输产品不能储存

由于运输产品和消费同时进行，所以运输产品既不能储存，也不能调拨，能够储存的只是运输产品的生产能力。

交通运输业的这些特点，决定了运输价格不同于工农业产品价格，具有自己的特点。

(二)交通运输价格的特点

1. 运价随运输方式不同而存在差异

每种运输方式由于生产技术条件等因素影响，致使运输成本不同。所以在运输过程中，同一种货物，同一运输距离，由于运输方式不同，其运价也不尽相同。

2. 运价与运输距离密切相关

运价按运输距离远近不同而有所区别。运输产品按吨公里或吨海里计算。每吨公里的运输费用叫做运价。同一种货物因运输距离不同，每吨公里的运输费用也有差别。按照运距不同规定的差别运价，叫运价率。运价同运价率不同，运价是指运输一种货物一定距离的每吨公里价格，而运价率是指运送一种货物因距离不同而存在一定比率差别的每吨公里价格。运价率随距离延长而不断降低，一般是近距离降得快，远距离降得慢。运价率随着运距延长而呈不断降低的趋势，但因运输方式不同而有所区别。一般是，铁路、水路运价率变化明显，公路运价率变化较小。因此，运价是构成商品地区差价的一个重要因素。商品运途远，商品负担运费越多，商品价格就高。反之，商品负担的运费少，其商品价格就低。

3. 运价还与时间有密切联系

运输是生产在流通领域的继续，产品在空间上位移要发生价格问题，那么产品在空间移动的时间上的变化，同样也要发生价值的变化。这一要求不仅表现在“鲜活”商品上很突出，就是在一般商品上尽量缩短从生产领域进入消费领域的时间，节约流通费用也是非常有意义的。时间价值在高速铁路、高速公路和航空运输方式上，其意义即在于此。

4. 运价只有销售价格一种形式

工业品有出厂价与销售价格之分，农产品有收购价和销售价之别，而运价则不同。因为运输生产和消费是同时发生的，所以，运输仅有销售价格一种形式。但运价却是形成工农业产品多种价格形式的重要因素之一。例如，工农业产品销售价格高于出厂价或收购价格，零售价高于批发价格，其主要原因之一就是从产地到销地，从批发到零售一般要经过运输，使产品成本加价。因此，运费对产品成本高低的影响，随产品运输距离的长短和运输方式的不同而有大小的差别。

5. 运价具有一定的选择性，即选择运输方式因运价的不同而有一定的弹性

运输方式不同，其运价也不同。当某种运输方式的运价高于其他运输方式的运价时，该项运输需求就会转向其他运输方式；反之，则会使运输需求由其他运输方式转向此种运输方式。所以，正确选择运输方式、运输线路，减少运输开支，是降低成本、降低价格的一个重要因素。

6. 运输价格的种类繁多

运价繁多是由于运货种类、运输方式和运输距离决定的。运输是保证社会再生产顺利进行的一个条件，它既运送货物，又运送旅客；既运送消费品，又运送生产资料；既运工业品，又运农产品。货物千万种，有时运价是一物一价。同一种货物，由于起运点不同，距离不同，其运价也各异。

(三)运输成本与价格的制定

1. 运输价值形成的特点

运输生产也创造价值和使用价值。运输价值虽然也决定于运输生产过程所消耗的社会必要劳动，

但是,运输价值的形成与其他商品比较,则具有不同的特点。

(1)运输价值是以追加价值的形式追加到所运产品中去的,其货币形式表现为流通费用,运输表现为生产过程在流通过程中的继续。因此,运输价值的货币形态也就表现为流通费用。这种流通费用的特殊意义在于,运输产品的使用价值只是在产品的消费中才能实现,而产品的消费就使产品的位置变化成为必要,从而使运输业的追加生产过程成为必要。因此,投入在运输业的资金,一部分随运输工具的价值转移,一部分由于运输劳动的价值追加,把价值追加到所运的产品中去。

(2)被运输的货物价值与运输所产生的产品价值无关

在运输过程中,运输并不改变所运货物的性质和形态,也不生产新的实物形态。运输业的产品就是所运对象场所与位置的转移。作为运输生产过程的劳动对象,即货物和旅客,不构成运输产品的实体,被运输的货物价值不构成运输产品价值的一部分。所以,运输业产品的社会劳动耗费,取决于运输生产过程的具体条件以及具体的运输方式,而与所运输的对象本身价值大小无直接关系。

2. 运输成本

交通运输成本是为了完成客运和货运任务而支出的各种费用,它包括职工工资、燃料、电力、运输工具折旧、修理、管理等的费用。这些费用的总和构成了运输总成本。按每1 t·km或1人·km平均计算的成本,称为单位运输成本。运输成本是制定运价的主要依据,也是运价的最低经济界限。

(1)运输成本的构成

运输成本由从事运输作业过程中所消耗的物化劳动和活劳动所创造价值的一部分的货币表现构成。具体项目一般包括:运输工人和管理人员的工资及附加费、材料费、燃料费、电力费、管理费、固定资产折旧费等。

(2)运输成本构成的特点

①运输成本中没有原材料这一项。由于交通运输只发生空间、位置的变化,不生产实物形态的产品,所以不发生原材料的支出。②能源在交通运输成本中的比重较大。运输工具的运行以能源为动力。所以,交通运输成本中燃料或电力支出比重较大。燃料或电力支出在铁路成本中占17%～20%,在海运成本中占24%～25%,在公路运输成本中占30%左右。③职工工资及附加工资在运输成本中的比重大。由于各种运输方式不同,工资支出所占成本的比重也各异,铁路约占30%,远洋运输约占20%～25%,沿海、长江、内河运输约占12%～15%,公路运输约占6%。④由于运输业的固定资产规模较大,占用资金多,因而折旧费和修理费在运输成本中较其他物资和生产部门大,折旧、修理在铁路成本中约占50%,沿海、长江、内河运输约占25%～30%,公路运输占13%左右。

3. 交通运输价格的形式

交通运输业在向社会提供运输服务产品中创造价值和使用价值。运价的形成基础是运输服务产品价值,并受市场供求关系的影响。运输业作为社会公共产品,同时也受到国家政策的影响。

(1)运价与运输服务产品价值。运输服务产品的价值,决定于运输业在其生产经营过程中所消耗的社会必要的物化劳动和活劳动。在运输业中,运输服务产品价值取决于两种或两种以上运输方式共同决定的社会必要劳动时间,也就是说,运输服务产品价值是由运输业社会必要劳动量决定的。多种运输方式的平均劳动时间决定着运输服务产品的价值,并相应形成不同运输方式的不同运输价格。

(2)运价与运输供求关系。运价作为一个交换范畴必然受市场因素的影响,必然受供求因素的制约。运输市场上的供求关系,反映了社会运输生产和社会运输需求之间的矛盾运动。在这种矛盾运动中,客观上要求运输生产与需求保持合理的比例关系,这种比例关系包括运力与运量,也包括运输结构、运输质量、运输时间等方面的内容,它是社会经济正常运行发展的一个必要条件。运价反映运输市场供求关系也是社会主义市场经济的客观要求。运输市场供求虽然不是决定运输价值的直接因素,但它是影响运输市场价值形成的经济条件,决定运输市场价格偏离运输价值的主要因素。所以,交通运输价格的形成与变动必然受供求关系的支配和影响。同时,运输市场价格还要受不同运输方式,不同地区,不同线路和不同时间之间供求因素变化的支配和影响。

(3)运价与竞争的关系。在社会主义市场经济条件下,必然存在着竞争。我国运输市场虽然由于产业结构比例失调和运输企业自主权没有很好确定而灵活度比较低且不完善,但它是社会主义市场经济的一个组成部分,必须逐步完善和培育。竞争机制是运输市场机制的一个重要组成部分,是市场正常运行,运价职能发挥的一个必要条件。当前,运输市场的竞争已经逐渐展开。竞争的结果是运价随着运输市场供求的变化而变动,影响着运输市场的平衡与不平衡。

(4)运价与国家政策的关系。运价的形成要受国家政策的影响。在市场经济中,国家对经济的宏观调控方针、政策,对产业结构的政策,对产业部门内部协调发展的政策等,都在一定程度上影响运输价格的形成。

4. 交通运输价格的种类

从不同角度,运价可分为下列几种:

(1)按运输方式分:铁路运价、公路运价、水路运价、航空运价和管道运价等。

(2)按运输数量分:整车或整批运价、零担运价和集装箱运价等。

(3)按适用范围分:普通运价、特定运价、优待运价、地方运价、国内水陆联运运价、国际联运运价。

(4)按照货物种类分:可分为各种不同的货别运价。

(5)按运输距离分:长途运价、短途运价以及装卸搬运费和港口收费等。

(6)按运输对象分:货物运价和旅客运价,等等。

5. 交通运输价格的制定

运价的制定一般分为几个步骤。

(1)测定基价。基价也就是基本运价,它在运输价格中比重最大,是成本的主要部分。基价由运输成本、税金和利润三部分组成。

(2)根据不同运输方式制定运价率。不同货种的运输和距离的差别对成本构成是有差异的。为了反映这种差异,我国现行运价制度规定了不同的运价率。铁路采用分号制。公路和水路采用分级制。即将运价分成若干号或若干等级。每个运价号或级别规定一个基本运价率(即起码里程运价率)。对于运价率,按运输方式不同,其使用也不同。例如,公路运价,有吨公里运价率加吨次基价的定价方法,还有按基准运价后按系数定价的方法,等等。

(3)归类计价。归类计价就是根据国家有关规定,分别把不同运输条件、不同运输成本的运输对象归入不同类别中,纳入适当的运价号或运价级别中去,在此基础上计算出运价。

(四)我国水路运输价格形成机制与现状

1. 水运价格形成机制

我国水运市场价格管理还没有完全放开,现仍实行统一领导、分级管理的原则。交通部负责全国水运价格管理工作,在具体操作上又可分为中央和地方两个独立层次,中央交通部负责直属和双重领导的港航企业运价和港口费收标准的制定和管理,地方交通部门负责本地区范围内水运运价和港口费收标准的制定和管理。水运运价形成有国家定价(主要是对关系国计民生的能源、生产资料、粮食等几个大货种的运价仍由国家控制价格)、国家指导价和市场调节价 3 种方式。国家对价格的控制内容,主要是在价格的形成过程中防止价格垄断和价格倾销,防止暴利,维护市场公平,利用法律手段,而不是行政手段,调控价格的总水平和内部比例。

2. 我国水运价格的现状

随着我国社会主义市场经济的发展,在实际价格运行中,市场调节价已经逐步占到了主导地位。我国的远洋运价已经放开,实行市场价。交通部直属航运企业的实际执行运价:上海海运集团国家指导价占 87%,市场调节价占 23%;广州海运集团指导价占 70%,市场调节价占 30%;长江轮船总公司国家指导价占 56%,市场调节价占 44%;在各省市地方水运价格中,市场调节价已成为主导。

水运价格中的国家指导价,这种价格大多是以国家指导性计划运输任务中的承托双方的运输合同价为基础的,往往是以贸易价格决定运价,因此,国家指导价在实质上也等于企业自主定价。对于港口费收,表面上看,国家定价和国家指导价占较大比重,市场调节价比重较小,一般占 20%～30%,地方港口也大致如此。但实质上,港口费收通过实行港口包干费和速遣费等形式,也使定价十分灵活,在某种程度上讲,港口费收也基本上等于企业自主定价。

总之,我国水运市场供需决定价格的市场机制已逐步形成。原因是:(1)我国大多数商品价格已经放开,实行市场价,水运价格作为商品流通费用的追加,必然受商品市场价格的制约;(2)我国水运市场已基本上开放,水运市场主体多元化已逐步形成,市场竞争的局面已经展开,局部地区已经很激烈,价格作为市场竞争的重要手段,水运价格以企业自主定价也是必然的;(3)目前,水运市场供需矛盾已有所改变,逐步趋于平衡,客观上为以市场为主形成水运价格创造了条件。

我国正处于由计划经济向市场经济的转轨时期,市场需要逐步完善,离完全的市场经济仍需相当时期。当前,我国水运市场价格仍存在下列问题:(1)价格秩序混乱,透明度较低,价格欺诈现象仍较严重;(2)虽经几次整顿,市场上乱收费和不公平竞争现象相当严重,市场不规范,秩序混乱;(3)运价偏低,资金利润率大大低于社会平均利润率,港航单位亏损现象严重;(4)有些政府主管部门政企不分,且缺乏有效的监督,宏观调控不力。

3. 水路运输价格

如前所述,价格形成必须要以价值作为基础。交通运输的价值是在商品流通过程中追加的生产资料的价值和劳动者为自己与社会所创造的价值构成的。运输成本是运输价值形成的主要组成部分,也是运输价格的最低经济界限。各种货物基本按其运输或装卸成本的差异归到价格等级。但是在市场上,运输价格的形成还要受到其他因素的制约,主要的要取决于买卖双方的关系。当供求双方单位较多,而且双方具有同等的议价能力时,需求是具有相当弹性的。在运输市场上,特别是在国际运输市场上,主要存在两种运价机制,一种为班轮市场,另一种为不定期船市场,这两种价格机制有很大差别。

(1)班轮市场

班轮市场是带有垄断性质的市场。多数班轮航线都由“班轮工会”之类的企业联合组织所垄断。班轮的运价由各工会或船公司定期公布,按照国际公约,这种运价至少在15个月内保持不变。由于班轮承运的货种很多,而各种货物的运输条件及自身价值差异很大,因此,班轮运费对不同货种规定有不同的运费率。班轮运输运费的公布形式是《班轮费率表》。在正常情况下,工会成员共同遵守工会的运费率以一致对外竞争。但是,当市场发生巨大波动时,这种公约也会被破坏。

(2)不定期船运输市场

不定期船运输市场是早期航运中惟一的营运方式。当今,除班轮市场外,其他航运市场活动都可以被认为是不定期船市场范围。不定期船市场成交的货物约占世界总运量的80%,因此就货运而言,可以说,国际航运主要是在不定期船市场进行的。在不定期船市场成交的货物主要是整船的大宗货和液体货物。

不定期船市场中的交易是通过签订和履行“运输合同”来完成的。“运输合同”的标的是货物,履行合同的报酬是运费,报酬计收一般以实际运量为准。合同中的运费由签约双方即时磋商认定。这种交易大多数是通过交易所和经纪人的活动进行的。海运交易所是这种活动的固定场所,它采取会员制,交易方式是在大厅直接见面,公开交易。

(3)航运运价指数

如前所述,不定期船市场的价格是“随行就市”的,因此,对于交易的双方,及时准确地把握行情是至关重要的。为适应这种需求,以各交易所为主陆续编制发表了若干种运价指数,如:①航次租船指数;②航次期租船指数;③期租船指数;④油轮航次租船指数,等等。这些指数,既可以作为企业分析市场的参考数据,也可以作为交易双方交易中价格条款的工具和价格谈判的基础。

4. 港口费率

(1)港口费率理论

港口费率是对于港务局提供服务的报酬。港务局所提供的服务种类多种多样。港口服务价格的制定依据于供求平衡理论。航运与其他运输方式一样,对航运以及相应的港口设施的需求是从运输货物的需求延伸出来的。因此,港口服务价格的制定,要受到货物弹性需求的影响。

对于航运及相应的港口设施的需求,又受到各航运公司或各港务局之间直接竞争的影响,受经济腹地各种运输方式竞争的影响,这些竞争都会影响到港口通过量以及对港口设施的需求。对于航运公司及港口设施的弹性需求因货物不同而异。正常时期,重要的影响因素是与货物市场价格的运输成本。港口费用尽管在货物成本中占的比重较小,但其影响也不容忽视。在货物最终市场价格中,虽然港口费用占到2%～5%,运输费用加港口费占8%～15%左右,其影响也是不可忽视的。

船舶所承担的港口费用通常包括在运费里,但货物的装卸费用是由货主支付。货主对港口的选择主要是依据进出口商的意愿以及港口的竞争力、港口的适用性和服务质量、集疏运条件、清关手续的迅速与否,货物的交付条款,等等。因此,港口费率和航运费率往往是紧密地联系在一起的,尤其是在集装箱运输市场显得更为突出。

2. 收取港口费率应遵守的原则

收取港口使用费应遵守以下两个重要原则:

①港口使用费不但要包括所提供设施、服务的成本(直接成本和间接成本),而且还要包括一切港口发展基金,即为维持港口服务质量,提高效率所需的投资。直接成本通常包括设施提供的所有费用,如码头工人、维修、燃料、电力费用等。间接成本包括设备折旧、贷款利息和管理费用等。

②港口使用费应由港口用户平均分担。但这一原则并不是所有港口都遵守,有些港口对于外籍船舶施行歧视政策,目的是便于本国船队的发展。

(3)影响港口费率水平的因素

影响港口使用费水平的因素复杂而多样,主要有下列几种:

①多种方式的竞争。彼此相邻的港口在同一市场的竞争中,必将导致港口彼此提高服务质量,增加相应附属辅助设施,相应地会严重影响到费率水平。降低费率一般能够调整和吸引货流量。竞争的目的主要是为了扩大港口吞吐量。

②货物属性。港口使用费包括船舶费、驳船费、装卸费、货物费等。它们的费用取决于货物的属性,数量、体积、大小、价格以及装卸船时间而定。危险品货物或不洁货物,通常费率较高;牲畜、笨拙型货物,重大件,集装箱货物、滚装货物和托盘货物等,都是采用专门的费率。

③航次性质。由于航次性质不同,港口使用费也各异。远洋运输货物的港口收费,要比近海和沿海货物高,主要原因是远洋货物的海上费用要比近海和沿海高。因此,长途运输的货物能够接受较高的港口使用费。

④港口成本。成本是决定费率的主要因素。港务局必须精确计算所提供服务设施的成本,然后依据成本(直接成本和间接成本)加上利润和税率制定港口费率。每一个成本单位必须有充分的赢利,才能有能力投资于新技术,不断提高生产率。若港口利润大,才有足够的资金添置新设备、采用新技术、提高港口竞争力,最终也有利于港口用户和港口腹地。

⑤为货物和旅客提供的特殊设施。为货物装卸、旅客上下船所提供的设施范围,也将影响到成本及费率的制定。需要重型起重设备的货物,使用费便高;现代化的客轮码头提供了广泛的旅客设施,这些投资和维护费用都必须反映到货物和旅客费用中去。

⑥运输方式。运输方式,如集装箱、公路车辆、火车车皮或件杂货运输等,决定了港口装卸设施。联运方式的发展,尤其是集装箱运输的增长,公路拖挂车辆的发展,加快了货物通过港口的时间,因此,相对于件杂货来说,货物的单位装卸成本要少。

⑦补贴政策。大部分港口因多种原因获得国家的补贴,补贴是为了保持港口费率的竞争力,以吸引货源,扩大港口吞吐量。

⑧货物价值。高价值货物需要额外的安全和装卸措施,因此,需要的费率也较高,等等。

除了上述这些之外,诸如船籍的歧视政策,特种货物,市场开发情况,托盘化程度,货物储存的难易,与海关的协调程度等等,都将影响费率水平。总之,港口费率制定原则,就是尽可能地扩大港口收入,以便港口开发成本获得较大的回收效率。

(4)市场定价和费率的收取

在市场经济条件下,现在越来越多的港口采用了市场价格机制。港口费率采取这样的策略,目的是扩大资金流动,使码头设施得到充分利用,对抗竞争,促进市场开发和改善收益,随市场情况制定价格。在货运淡季,采用较低的费率,以吸引货源,扩大港口吞吐量。但成本费率必须包括直接成本和主要的间接成本,最低起码要包括直接成本。

港口使用费一般按照所提供的设施分类,如船舶费、货物装卸费、起重机工时费、存储费、杂费、租金和其他港口使用费等。港口费用的收取可由港务局或由设施的承租人负责。

港口费用分类如下：

①由船舶承担的费用

船舶承担的费用包括港湾费、港池费、码头费或内河航道费。向船舶收取的费用是用于补偿设施成本，如航道疏浚、航标设置、码头和港池的维护等。这项费用是由船主或租船人支付，一般是根据船舶总吨或净登记吨为计算标准，而且随航次性质不同而有所改变。远洋船的费用要比沿海高。

现在，越来越多的港务局也采用一种称为“部分货物费率”的收费办法，这主要是针对船舶装载少于净登记吨情况时，对船舶收取费用是以“部分货物费率”为标准。如直接挂靠目的港的小型包裹船，定期挂靠的班轮；船舶进港只为加油或添加储备品，替换船员，或是进港修理；悬挂本国旗的船舶或是由本国政府所有的船舶；游艇等船舶。

船舶需支付港口使用费的几种类型为：船舶进港装卸货物或接送旅客；船舶停靠泊位；船舶进港避暴风雨；船舶进港加油、储备物品、食物等，或是进港修理。

船舶所承担的费用是由船公司、租船人或其代理人支付。也有的由和船公司订立合同的航运经纪人负责支付费用，航运经纪人实质上也就是船舶代理人。

世界上大多数港口征收领航费，这项费用带有强制性质，除非船长拥有豁免证书，否则港口对船舶均实行强制性领航。领航费一般是针对两部分区域征收：通航水道和港内航道。领航费有的是以船舶总吨计算，有的是按船舶吨位和类型综合考虑计收。

②货物承担的费用

通过港口的进出口货物，港口要收取费用。一般称为货物费、码头费、码头通过费或岸壁费。各港务局根据各自的情况采用不同的名称。通常对需在港口进行装船、卸船或转载的货物，根据货物本身性质，按单位重量或单位体积或数量收费。

对货物收取的费用，由进出口商支付。这项费用是为补偿港口设施如码头、栈棚、检查站和仓库等的维护成本。货物通过港口必须利用这些设施。

对货物收费有以下几种情形：

A. 货物吨税。根据货物性质，以吨为单位计算费用，在许多港口称之为码头通过费。这是根据货物从船舶卸下到海关检查站这一段过程或货物从海关检查站到装载到船上来收取费用。对于牲畜类货物则按头数收取费用。

B. 公路拖运车辆的费用。这根据车辆装载和未装载两种情况分别收费。对公路拖运车辆按辆数收取费用。

进出口车辆，如小汽车、卡车、大轿车以及农用车辆等，这些车辆通过港口，费用按辆数收取，对于大型车辆，如运土车等，采取专门费率标准。

C. 集装箱货物费用。以每箱为单位收取。对于整箱货和零担货采取不同的费率。集装箱货物的费率是根据箱长、港口起重设备和集装箱船自备吊杆等情况制定的，各港有所不同。

D. 托盘化货物和挂车上货物。此类货物费用是以单位重量收取，或以每个单元收取。

E. 海关手续费。包括出口报关和进口报关费用，以及货物通关文件的至交和处理等手续费，一般均由货主承担。

F. 货物装卸费。货物装卸一般是由港务局装卸业者承担，船舶装卸费用是由船公司或进出口商支付。各个港务局对此项费用的收取方法也有所不同。某些是由船公司完全承担装卸费，有些是船公司承担一定比例的装卸费。所以此项费用须经有关各方相互协商。装卸费一般根据货物性质，装卸难易程度和货物重量或体积制定费率。

对班轮货物收费种类：

a. 货物从汽车或火车通过周转棚或码头到船舶，这项费用由出口商支付。

b. 货物从船舶到仓库或交付给出口商，这项费用由船公司、租船人或代理人支付。

对于散货装卸，如铁矿石、谷物和石油等常取用租船运输，装卸费的支付方式一般在租船合同上有明确规定。

货物装卸费用细目如下：

a. 进出口货物。货物从码头前沿搬运到周转棚或邻近堆场(反之亦然)，或是从汽车或火车车皮直接装船。货物装卸费一般分为两部分，一是针对托盘化货物，费率相对低一些；一是针对非托盘化货物。

b. 退关货物。从出口货物运到码头待装船，但遇到船舶退装，不得不用另一条船舶装运，需支付附加额外费用。其费率因托盘化和非托盘化货物而异。

c. 转运货物，再出口货物。再装卸费用是每吨货物分别按其装附、卸船收取，费率也是针对托盘化和非托盘化货物而异。

③旅客承担的费用

旅客费用由港务局向客轮公司、租船人或船舶代理人收取。收费对象包括旅客及旅客携带的汽车等。旅客费用是根据通过码头旅客人数而定。大轿车的费用是由大轿车本身的费用加上旅客费用，旅客自带小轿车，其费用是以车辆计，摩托车和自行车有单独的费率标准。

以上所说的旅客费用是由船公司支付给港务局，船公司再将这一成本转移到旅客船票中，由旅客承担。

关于港口费率和收费政策。在过去的一二十年里，国际贸易运输方式发生了巨大变化，这对于港口装卸方式有很大影响，货物通过港口的方式也发生很大变化。最重要的方面是杂件货运输逐步被集装箱船运输所取代，导致世界范围内大量投资集装箱码头和设备，促进采用新的更简便的费率结构；由于滚装运输市场在近海运输领域的发展，产生了新的港口费率结构；专用散货舱在许多港口占有重要地位，如油轮、铁矿石船、小汽车运输船、液化气船等，许多专用散货码头出租给船公司经营，船公司负责提供码头上的设施，这样，船公司不再承担码头通过费，装卸作业也是由船公司负责完成，这些都将引起港口费率结构的变化；20 世纪 90 年代后，联运发展将更加迅速，将促使港口费率体系更加合理化和现代化。今后，预计船舶费率结构不会有太大变动，而码头通过费率体系将继续向现代化发展。

（五）两种定价理论

交通运输业有自己的特点，这种特点主要表现在它是一种基础产业，是为社会各行各业服务的，具有公共产品的特点。由于这种特点，在交通业价格的制定上存在两种定价理论：宏观经济定价理论和微观经济定价理论。

1. 宏观经济定价理论

这种观点在原联邦德国、法国、荷兰、比利时等欧洲大陆国家颇为流行。该学派认为：运输价格应以宏观效益为主来制定价格目标，由于运输业产品是为社会各行各业服务，运输应视为公共产品，应以低廉的收费，甚至不惜亏本，以体现社会福利性，运输越多，交通越方便，从宏观上对社会贡献就越大，至于运输的亏损，可以通过政府贴补等方式弥补。

2. 微观经济定价理论

这种观点以英国、爱尔兰、丹麦等欧洲岛国为代表。他们认为，交通运输业社会效益即使存在，但为此依据的补贴政策会涣散企业当局追求微观经济效益的动因，导致企业的经营管理的低效率，造成过量投资和资源配置的扭曲。他们主张，运输企业应自负盈亏，收费水平应用以补贴企业全部经营费用和资本费用，资源的投入不仅要考虑本企业所能获得的效益，而且还必须考虑投入其他行业所能获得的效益，要考虑机会成本。

五、运输成本

（一）成本的意义

运输成本是为完成客货运任务而支出的各种费用，如职工工资、燃料、电力、运输工具折旧、维修、管理等的费用，这些费用的总和构成了运输总成本。运输成本往往又以某种运输方式单位产品的营运支出来表示，称为单位运输成本。研究运输成本具十分重要的经济意义：

(1)运输成本是制定运价的主要经济依据，也是运价的最低经济界限；

(2)降低运输成本，可以增加运输企业利润，也是增加整个社会积累的源泉；

(3)降低运输成本，为降低运价提供了条件，在市场竞争中处于有利地位，提高了市场的竞争能力；

(4)降低运价使物资部门可节约运费支出，从而也可使社会产品价格水平得到降低。

因此，运输成本是反映各种运输方式经济效益的重要经济指标。

（二）成本的构成

各种运输方式的运输成本是根据各种运输方式在生产过程中所消耗的各种支出费用构成的。由于各种运输方式的特点不同，运输成本的组成项目不一定相同，各种费用在总成本中所占的比例也不一样，各种运输方式的成本构成也不一致。

铁路运输成本是综合机务、车辆、车站等直接从事运输生产的单位发生的各种费用来进行计算的，各项费用包括员工工资、材料、燃料、物料、电力、固定资产的折旧和管理费用等。

水运运输成本和铁路运输成本不同，水运运输企业的成本可分为船舶费用和企业管理费两大类，其中船舶费用是指船舶从事运输生产所发生的各项费用，如船员工资、燃润料、材料、基本折旧、修理、港口、事故损失等方面的费用和其他分摊的费用等。港口企业则按不同业务所发生的费用可分为装卸成本、堆存成本、拖驳运输成本等。港口装卸成本是由装卸作业费用和分摊的企业管理费组成的。装卸作业费用包括人员工资、机械费、装卸工具费、过驳费、库场费、劳保费、事故损失费、作业区管理费等。汽车运输的成本项目，分为车辆费用和企业管理费两大类。车辆费用包括工资及福利费、燃料费、轮胎费、营运车辆保修费、大修理提存、折旧费、养路费等。

由于各种运输方式技术经济特性不同，营运工作条件不同，各项费用在总费用中所占的比重也各不相同。在铁路运输成本中，铁路线路的维修费包括在成本内，内河成本中则不包括航道的维护费，而公路运输成本中养路费则占很大比重。影响运输成本的因素很多，如自然因素、技术因素、营运条件、区域因素、服务对象都会影响成本水平。

各种运输方式在同一线路上的货运成本，因走向不同其运输成本也会不同。如内河水运，上水的货运成本要比下水的高，重载方向要比轻载方向的高；上游比下游高，支流比干流高；在公路运输中，因路面、货种、车型、自然条件不同也有较大差别；不同的货种，不同的积载因素、装卸的难易程度，也左右着运输成本的差异；集装与散装、冷藏运输、危险货物运输都影响着成本的水平。

在进行成本分析时，不仅要分析运输的平均成本，还要具体分析具体的成本，方能找出具体措施降低成本，提高经济效益。

在铁路成本中，工资的比重较大，这是因为铁路运输中除了有庞大的运输组织工作人员外，还有线路维修、线路建筑物维修和机车车辆维修人员。水运则不计航道和航标工作人员，工资支出所占比重相对铁路就小。汽车运输只计司机及助手的工资，服务和管理人员的工资计入管理费用，工资在成本中的比重则较小。

第四节　交通运输一般经济预测

一、经济预测的作用

在现代经济运行中，政府为了指导本国市场经济的竞争和发展。必须十分重视对未来社会经济发展的形势和前景的展望。政府要通过预测分析判断经济发展的趋势和走向，进而制定中长期发展规划，并确定政府应采取的政策措施和经济管理的指导方针。因为在现代管理中，科学决策占有关键位置。而决策是否科学，是否正确，不仅依赖于对现状的了解，而且依赖于对未来前景的预测和展望。无数事实证明，对前景的茫然不知而盲目决策，必然造成决策的失败，资源的浪费，经济的亏损，甚至社会的停滞倒退。

企业也是这样。随着商品经济和市场经济的建立，社会商品消费量的增加、结构的变动、产品不断推陈出新及更新换代，企业之间的竞争也越来越激烈。企业要想在激烈竞争中生存发展，必须实行现代化管理，掌握产、供、销内在的联系和客观规律，使自己的产品适销对路，保证流通畅通，生产得出来，销售得出去。为此，企业必须进行经济预测，及时掌握市场动态，这是企业生存和发展的重要前提。

交通运输与国民经济发展有着密切的联系，要发展经济，扩大生产，就必然有原材料。燃料、装备、产品的运输，人口的移动。而人流、物流移动的范围、数量、质量则是运输建设与开发的物质基础，研究和预测物流运动的规律，则是研究运输系统建设的重要前提。

凡此种种都说明，只有通过深入细致的调查研究，掌握大量资料，由此及彼、由表及里地作一番静态和动态的分析，进行必要的经济预测，掌握其发展规律，才能使各级领导部门和企业制定正确的政策，编制出科学的发展规划，做出科学的决策，完善现代化管理，才能有把握地保证在国际国内市场的激烈竞争中立于不败之地。

二、经济预测的一般方法

经济预测方法大致包括以下2种。

(一)定性预测方法

定性预测方法是指预测者经过调查研究,掌握资料后凭个人的经验、知识,对经济现象发展前景的性质、方向、规模等做出推断,有时也包括粗略的计算再做出预测。这种方法的结果,主要取决于预测者的经验、学识、水平,以及对资料的了解程度,因而带有比较浓厚的主观色彩和个人随意性。这种方法包括专家预测法、专家会议法、德尔菲(Delphi)法。

定性预测法主要用于意见相悖的场合,无法建立任何数学模型的场合,以及那些后果难于直接肯定或无法验证的场合。这种方法在定性预测中极为有效和常用。定性预测的优点,是对资料要求低,一般无严格规定,能考虑各种各样的因素,包括政治的、气候的和心理的这些无法测定的因素,简单、易行和综合性强。缺点是预测结果往往因人而异,受人为的主观因素影响大,客观确定性差,精度难于估计和控制。

(二)定量预测方法

定量预测方法是指根据准确、及时、系统、全面的调查统计数据和资料,运用统计方法及数学模型,对经济现象或经济系统的发展规模、水平、速度和比例关系等做出数量上的估计预测。定量预测的常用方法有:时间序列预测法、回归分析预测法、经济计量模型预测法等。定量预测的优点是受人为的因素影响小,客观确定性强,精度高;缺点是对资料要求较高、较多,数据量要求较大和较规格化,对非定量影响因素难于考虑,并且应用中计算复杂,计算量大。

由于经济发展关系复杂,涉及的因素较多,为了提高经济预测的效益,通常可以将定性和定量预测有机地结合起来使用,互相补充、验证,取长补短,使预测结果尽可能切合实际,预测精度尽可能提高。

三、经济预测的一般程序

预测的一般程序包括:明确预测的性质和目的;调查收集和分析整理资料,选择预测方法;进行初步预测;预测结果评定;提出预测报告。

(一)明确预测的目的

在预测之前,首先要明确预测的目的,预测涉及的范围,预测期的长短。如果预测的目的、范围、时间不明确,那就无法确定调查什么,向谁调查,更谈不上怎样预测。所以,在预测之前,必须明确这次预测要说明什么,解决什么问题。这些都是有效地进行经济预测的前提。

(二)收集和分析资料

收集那些对预测对象未来发展影响较大的,包括内部条件和外部环境多方面资料,并对此进行整理、分析和选择。预测是否准确,在很大程度上取决于所依据的资料是否可靠、准确。所以要在信息资料的收集、调查、分析、选择方面下功夫,做好细致的工作。

收集历史数据的主要目的,就是通过分析总结以前的经验,找出发展的内在规律,以便排除偶然因素,按客观规律办事。利用过去状况的数据可以识别和了解数据序列中发展变化的因素,数据中的趋势,以及趋势中的增减率,分析“未来与过去相似”问题;另外,分析历史数据能够清楚地表明,需要预测的因素同其他因素之间的关系,找出其因果关系的图式。

(三)选择预测方法

在选择预测方法之前,必须首先把按时间序列的数据,在平面坐标上描绘出来,形成该时间序列的散点图,用折线或曲线把散点图中的点连接起来,得到时间序列的实际发展变化曲线,这称为动态曲线。

描述在时间上现象发展规律的曲线,对预测结果是首要的。按其后果来说,曲线的变化规律错了,比估算参数错误的影响还要明显。这是因为社会现象是错综复杂的,有些变量之间的相关关系并非线性相关,而是某种曲线相关。因此,按所选的错误预测曲线的结果,将会产生错误的结论。只有在正确选择线型之后,才能选择正确的预测方法,最后得出正确的结论,才能达到根据过去的发展规律正确地预测未来的结果。

4. 对预测结果进行评定和鉴别

预测毕竟是对未来事件的设想和推测。因此往往出现预测误差。但如果误差太大,预测就失去意义。因此需要对各种方法所得的结果进行分析、比较和评定,以检验误差的程度,并分析产生误差的原因。产生误差的原因或者是所依据的资料不准确,或者由于选择方法不当。不管怎么样，对误差都需要不断地修正，要不断地总结经验，提高预测的准确性。

四、运输需求预测的一般方法

从预测的需要来看，可以把预测的数学方法归结为比较常用的三类数学模型。

(一)因果关系模型

因果关系模型是一种影响因素分析法，即研究预测对象与影响因素之间的因果关系，然后利用回归方法进行预测。

(二)时间关系模型

这一方法又称为趋势外推法，即研究预测对象与演变过程间的时间关系数学模型。它是通过对过去时期的一系列经济数据进行分析，从中找出各种经济变量增减变动的趋势，并利用这种变动趋势进行预测。

(三)结构关系模型

这是一种数学模拟法，即对所要预测的对象的经济现象和经济过程进行深入分析。在此基础上建立反映经济现象和过程实质的数学模型，以模拟客观经济现象和过程的内在数学关系，然后对模型进行求解，得到各种参数，预测就是利用这些参数计算未来时间的发展情况。

此外还有其他数学模型。例如经济计量分析模型和系统动力学模型。当前它们已在西方各国普遍应用，并发挥着日益重要的作用。它们是采用数理统计分析等方法进行经济结构分析，阐明错综复杂的社会经济现象，以便人们科学地认识和改造社会经济。同时，利用它们还可进行经济政策分析，为制定科学的经济政策服务。这是一种动态分析方法，可从数量上准确把握国民经济与交通部门之间的内在联系。

第三章　交通运输物流技术

我们的生活无时无刻不在和交通运输发生着密切的关系，对于交通运输物流来讲，其对各种专业技术的应用，都会给我们带来生活上便利和经济上的实惠。这种应用技术很多，我们在本章里仅介绍常见的配送运输和零担运输以及集装箱运输等方法。在下一章里，简单介绍现代运输技术的最新发展。

第一节　配送运输

配送是按用户提出的要求(包括货物的品种、质量、规格、数量、送达时间等要求)进行备货、送货的一种综合性的、一体化的物流运动。从环节上看，既包含着货物运输，同时也融合着集货、存储、分货、拣选、配装等活动。有些货物的配送活动(如生产资料配送)还常常附带着流通加工(如原木截锯、钢材剪切、玻璃套裁、煤炭混配、元件组装等等)。从运动程序上看，配送贯穿着如下几种操作：①收集信息(包括收集市场供求及价格信息)，确定用户并了解和掌握用户的要求(包括所需货物的品种、规格、数量、质量、送货时间、送达地点等等要求)，以此作为配送的依据。②备货(包括组织货源和理货，其中，分拣货物和配装货物等理货操作是许多产品配送不可缺少的内容)。③运送货物。这是构成配送的一个重要因素，也是配送的最终环节。通常在送货之前，先要对送货工具(即运输工具)、送货路线和运输方式等进行选择，以此优化运输。

生产部门的物料需求，一般通过用料部门进行领料来进行。但是对于集团化的大型企业，特别是各生产部门与仓储地点相距较远时，可以采用物料部门对物料进行配送的办法。

一、配送的种类

根据配送的时间间隔、数量和配送路径，配送具有如下的种类。

1. 准时配送

按规定时间间隔进行配送，如数天或数小时一次等，每次配送的品种及数量可按计划执行，也可在配送之前以商定的联络方式通知配送品种及数量。这种方式配送时间固定，易于安排工作计划、易于计划使用车辆，生产部门也易于安排接货力量(如人员、设备等)。定时配送有当日配送和准时配送方式两种具体形式，当日配送即保证订货在24 h内到达，可使生产部门基本上不需保持库存或保持较少的库存，大大降低企业流动资金的占用，加快资金周转。

准时配送使配送供货与生产企业生产保持同步。其特点是供货时间恰好是生产部门生产需求的时间，从而货物不需在生产部门物料供应点停留，而可直接运往生产场地，这样甚至可以取消生产企业内的"暂存"，从而绝对地实现零库存。

2. 定量配送

按规定的批量在一个指定的时间范围中进行配送。这种方式数量固定，备货工作较为简单，可以按托盘、集装箱及车辆的装载能力规定配送的定量，能有效利用托盘、集装箱等集装方式，也可做到整车配送，配送效率较高。由于时间不严格限定，可以将不同部门所需物料凑整车后配送，运力利用也较好。对生产部门来讲，每次接货都处理同等数量的货物，有利于人力、物力的准备。

3. 定时定量配送

按照规定配送时间和配送数量进行配送。这种方式兼有定时、定量两种方式的优点，但特殊性强，计划难度大，适合采用的对象不多，不是一种普遍的方式。

4. 定时、定路线配送

在规定的运行路线上制定到达时间表，按运行时间表进行配送，生产部门可按规定路线、站及规定时间接货与提出配送要求。

采用这种方式有利于计划安排车辆及驾驶人员。在配送生产部门较多的地区，也可免去过分复杂的配送要求所造成的配送组织工作及车辆安排的困难。对生产部门来讲，既可在一定路线、一定时间进行选择，又可有计划安排接货力量。但这种方式应用领域也是有限的。

5. 即时配送

完全按生产部门提出的配送要求的时间和数量随即进行配送的方式，是有很高的灵活性的一种应急的方式。采用这种方式的品种可以实现保险储备的零库存，即用即时配送代替生产安全储备。

二、配送系统的分类

根据物料向配送用户的配送路径等因素，可以有如下的配送系统：

(一)0 阶配送系统

物料不经过配送中心周转，直接由原料生产厂家或其他批发商仓库按照配送中心的订货要求(品种、规格、时间)配送到用户。送货由原料生产厂家完成，或由配送中心自提(见图 6—3—1 和图 6—3—2)。这种方式是配送中心追求的最佳物流组织方式。

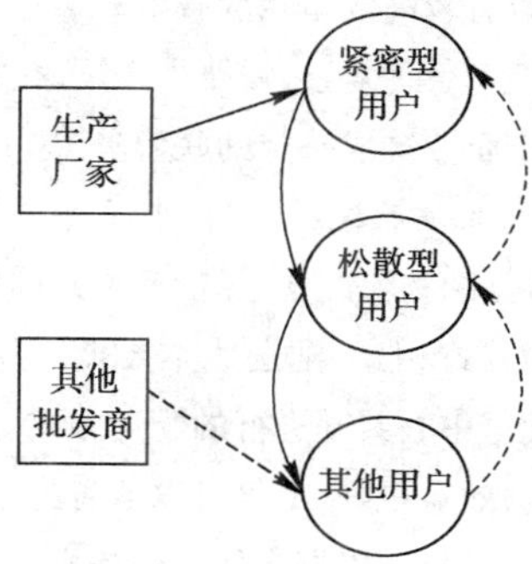

图 6—3—1　生产厂家送货型

特点：物料不经过配送中心，配送成本最低；

不能一次完成用户所需要的供应品种。

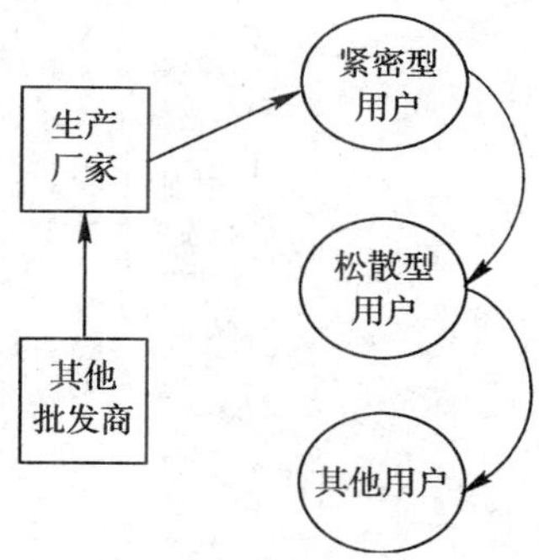

图 6—3—2　配送中心自提型

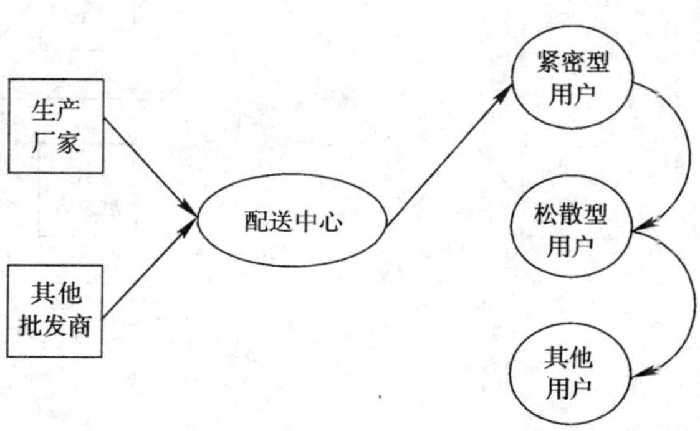

图 6—3—3　一般配送型

条件:生产厂家或其他批发商仓库与各个用户的距离不远,一般小于100 km;

生产厂家有库存储备,能够满足各个用户的一次需求之和;

生产厂家生产若干品种与规格的物料,可以有较高的车辆满载率;

经营管理复杂,需要生产厂家、批发商、生产企业结成一定的联盟。

(二)1阶配送系统

这是常见的物流配送系统,又称共同配送系统。与一般运输方式相比,配送成本要低。共同配送是联合其他配送中心共同进行的配送方式。与一般配送方式相比,效益更好,不仅可以节省配送中心购货和配送成本,而且可以提高用户服务水平,是一种双赢配送战略和方式(见图6—3—3、图6—3—4)。

共同配送特点:物料品种、规格互补,配送成本更低;不能一次完成用户所需要的进货量。

共同配送条件:经营管理较复杂,需要与其他批发商和生产企业结成一定的联盟。

(三)2阶配送系统

这是带有物流中心的配送系统。图6—3—5为包含直接经营国外物料的配送型。从国外进货,只能发送到一个地点,或者成为国外生产厂家的国内代理。因此需要建立一个物流中心,它与其他下游环节物流联系,一般采用大批量、长距离运输。图6—3—6为包含代理厂家物料的配送型。如果所代理的厂家没有库存能力,则也需要建立一个物流中心。在实际工作中,可以在同一地点设立物流中心和配送中心。但在管理方式是不同的,库区应相互独立。

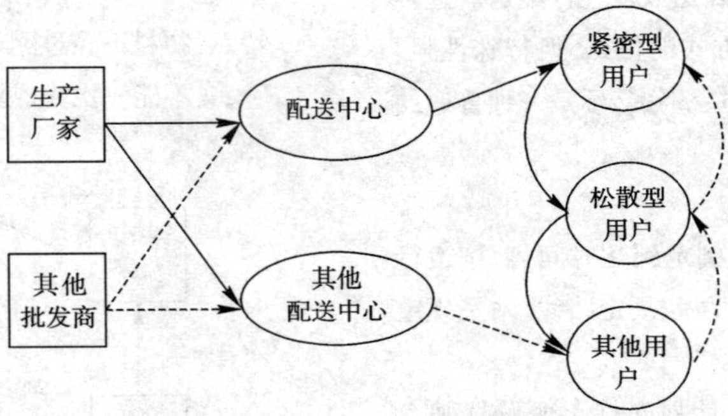

图6—3—4　共同配送型

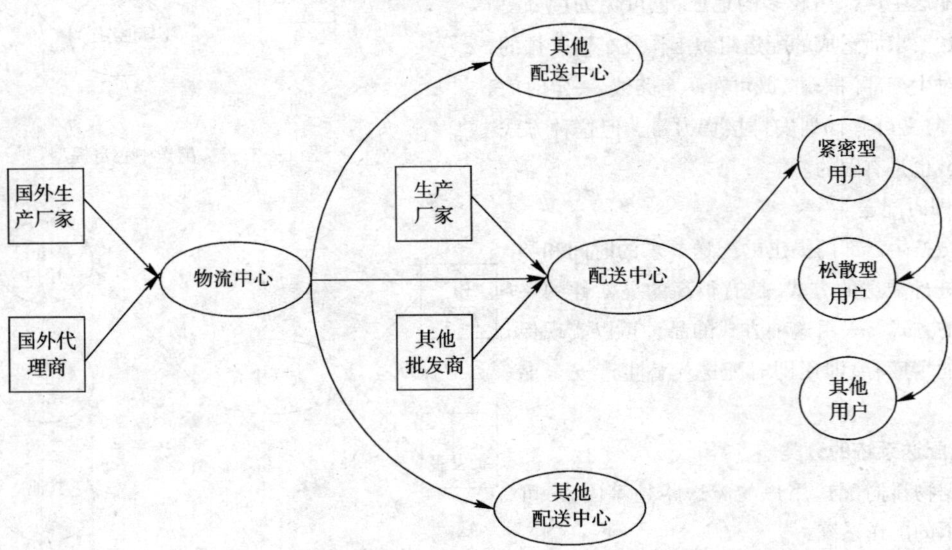

图6—3—5　包含直接经营国外物料的配送型

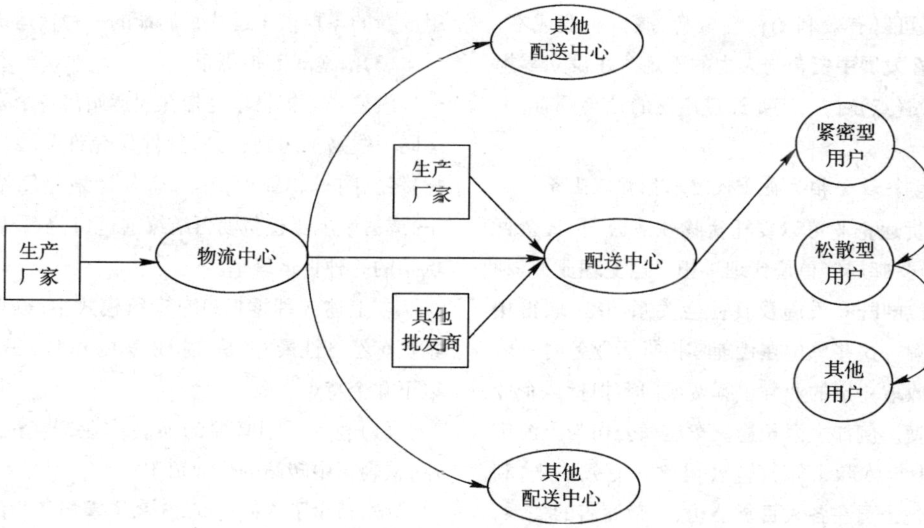

图 6—3—6　包含代理厂家物料的配送型

第二节　零担货物运输

一、零担货物运输特点

零担货物运输是汽车货物运输中相对独立的一个部分，相对于其他汽车运输，零担货物运输有其独有的特点：

1. 货源不确定。零担货物运输的货物流量、货物数量、货物流向具有一定的不确定性，并且多为随机性发生，难以通过运输合同方式将其纳入计划管理范围。

2. 组织工作复杂。零担货物运输货运环节多，作业工艺细致，对货物配载和装载要求也相对较高。因此，作为零担货物运输作业的主要执行者——货运站，要完成零担货物质量的确认、货物的积配载等大量的业务组织工作。

3. 单位运输成本较高。为了适应零担货物运输的需求，货运站要配备一定的仓库、货棚、站台，以及相应的装卸、搬运、堆置的机具和专用厢式车辆；此外，相对于整车货物运输而言，零担货物周转环节多，更易于出现货损、货差，赔偿费用相对较高，因此，导致了零担货物运输成本较高。

正因为零担货物运输具有与整车货物运输不同的特点，零担货物运输是整车货物运输的重要补充。随着商品经济的发展，为适应商品流通需要，零担运输不断完善，这主要表现在以下几个方面：

1. 零担货物运输非常适合商品流通中品种繁多、小批量、多批次、价高贵重、时间紧迫、到站分散的特点。

2. 零担货物运输可承担一定的行李、包裹的运输，成为客运工作的有力支持者。

3. 零担货物运输机动灵活，对于具有竞争性、时令性和急需的零星货物运输具有尤为重要的意义，因为零担货物运输可以做到上门取货、就地托运、送货到家、代办中转，而且手续简便、运送快捷，能有效地缩短货物的送达时间，加速资金周转。

二、零担货源组织方法

(一)实行合同运输

合同运输是公路运输部门行之有效的货源组织方式，它具有以下特点：

(1)逐步稳定一定数量的货源；

(2)有利于合理安排运输；

(3)有利于加强企业责任感，提高运输服务质量；

(4)有利于简化运输手续，减少费用支出；

(5)有利于改进产、运、销的关系，优化资源配置。

(二)设立零担货运代办站(点)

零担货物具有零星、分散、品种多、批量小、流向广的特点，零担货物运输企业可以自行独立设置货运站、点，也可以与其他社会部门或企业联合设立零担货运代办站(点),这样,既可以加大零担货运站点的密度,又可以有效利用社会资源,减少企业成本,弥补企业在发展中资金与人力的不足。在设立零担货运代办站(点)时,一定要经过广泛的社会调查,了解货源情况。

(三)委托社会相关企业代理零担货运业务

零担货运企业可以委托货物联运公司、日杂百货打包公司、邮局等单位代理零担货运受理业务,利用这些单位的既有设施及其社会关系网络,取得相对稳定货源。这些单位在代理零担货运业务时一般向托运人收取一定的业务手续费或向零担货运企业收取劳务费。例如上海长途汽车运输公司与上海市100多家小集体和个体打包公司建立业务往来,利用这些打包公司在各大百货公司、日杂商店的关系,承接外地零星商品的托运业务,既扩大了这些商品的营业额,方便了购物者,又扩大了自己的零担货源,实行了企业效益与社会效益的双赢。

(四)聘请货运信息联络员,建立货源情报网络

在有较稳定零担货源的物资单位聘请货运信息联络员,可以随时掌握货源信息,以零带整,组织整车货源。

(五)设立电话受理业务

(六)设立网上接单业务

三、零担货物运输车辆的组织

零担车指装运零担货物的车辆,按照发送时间的不同可分成固定式和非固定式两大类。

1. 固定式零担车

固定式零担车通常称为汽车零担货运班车。这种零担货运班车一般是以营运范围内零担货物流量、流向,以及货主的实际要求为基础组织运行。运输车辆以厢式专用车为主,实行定车、定期、定线、定时运行。零担货运班车主要采取以下几种方式运行:

(1)直达式零担班车

直达式零担班车是指在起运站将各个发货人托运的同一到站,且性质适宜配载的零担货物,同车装运后直接送达目的地的一种货运班车。

(2)中转式零担班车

中转式零担班车是指在起运站将各个发货人托运的同一线路、不同到达站,而性质允许配装的各种零担货物,同车装运至规定中转站,卸后复装,重新组成新的零担班车运往目的地的一种货运班车。

(3)沿途式零担班车

沿途式零担班车是指在起运站将各个发货人托运同一线路不同到达站,且性质允许配装的各种零担货物,同车装载后,在沿途各计划停靠站分别卸下,或另装上零担货物再继续前进,直至最后运达终点站的一种货运班车。

在上述3种零担班车运行模式中,以直达式零担班车经济性最好,是零担班车的基本形式,它具有以下4个特点:

(1)避免了不必要的换装作业,节省了中转费用,减轻了中转站的作业负担;

(2)减少了在途时间,提高了零担货物的运送速度,有利于加速车辆周转和物资调拨;

(3)减少了货物在中转站作业,有利于运输安全和货物完好,减少事故,确保质量;

(4)在仓库内集结待运时间少,充分发挥仓库货位的利用程度。

2. 非固定式零担车是指按照零担货流的具体情况,临时组织而成的一种零担车,通常在新辟零担货运线路或季节性零担货物线路上使用。

四、零担货运业务流程

零担货物运输业务是根据零担货运工作的特点,按照流水作业构成的一种作业程序。

(一)受理托运

受理托运是指零担货物承运人根据营运范围内的线路、站点、运距、中转车站、各车站的装卸能力、货物的性质及受运限制等业务规则和有关规定接受托运零担货物,办理托运手续。受理托运时,必须由托运人认真填写托运单,承运人审核无误后方可承运。

在受理托运时,可根据受理零担货物数量、运距以及车站作业能力采用不同的受理制度。

1. 随时受理制

这种受理制度对托运日期无具体规定,在营业时间内,发货人均可将货物送到托运站办理托运,为货主提供了很大的方便性。但是这种受理制不能事先组织货源,缺乏计划性,因此,货物在库时间长,设备利用率低。在实际操作中,随时受理制主要被作

业量小的货运站、急运货物货运站，以及始发量小、中转量大的中转货运站采用。

2. 预先审批制

预先审批制要求发货人事先向货运站提出申请，车站再根据各个发货方向及站别的运量，结合站内设备和作业能力加以平衡，分别指定日期进货集结，组成零担班车。

3. 日历承运制

日历承运制是指货运站根据零担货物流量和流向规律，编写承运日期表，事先公布，发货人则按规定日期来站办理托运手续。

采用日历承运制可以有计划、有组织地进行零担货物运输，便于将去向和到站比较分散的零担货流合理集中，组织直达零担班车，可以均衡安排起运站每日承担零担货物的数量，合理使用货运设备；便于物资部门安排生产和物资调拨计划，提前做好货物托运准备工作。

(二)过磅起票

零担货物受理人员在收到托运单后，应及时验货过磅，认真点件交接，做好记录，按托运单编号填写标签及有关标志，填写“零担运输货票”，收取运杂费。

(三)仓库保管

零担货物仓库应严格划分货位，一般可分为待运货位、急运货位、到达待交货位。零担仓库的货位配置方法，根据货物堆放与通车道位置，可分成一列式排列和双列式排列。货物进出仓库要照单入库或出货，做到以票对货，票票不漏，货票相符。

零担货物仓库要具备良好的通风能力，防潮能力，防火和灯光设备，安全保卫能力。为了使货物免受雨淋和提高装卸效率，仓库或货栅尽可能设置于站台上。货物装卸站台一般分成直线型和阶梯型，根据车辆进行作业时与站台的相互位置，直线型又可分成平行式和垂直式。

(四)配载装车

1. 零担货物的配载原则

(1)中转先运、急件先运、先托先运、合同先运；

(2)尽量采用直达方式，必须中转的货物，则应合理安排流向；

(3)充分利用车辆载货量和容积；

(4)严格执行货物混装限制规定；

(5)加强预报中途各站的待运量，并尽可能使同站装卸的货物在质量及体积上相适应。

2. 装车准备工作

(1)按车辆容载量和货物的形状、性质进行合理配载，填制配装单和货物交接单。

填单时应按货物先远后近、先重后轻、先大后小、先方后圆的顺序填写，以便按单顺次装车，对不同到达站和中转的货物要分单填制。

(2)将整理后各种随货单证分附于交接清单后面。

(3)按单核对货物堆放位置，做好装车标记。

完成上述工作后，即可按交接清单的顺序和要求点件装车，装车时应注意：

(1)将贵重物品放在防压、防撞的位置保证运输安全；

(2)装车完毕后要复查货位，以免错装、漏装；

(3)驾驶员(或随车理货员)清点随车单证并签章确认；

(4)检查车辆关锁及遮盖捆扎情况。

(五)车辆运行

零担货运班车必须严格按期发车，按规定线路行驶，在中转站要由值班人员在行车路单上签证。

(六)货物中转

对于需要中转的货物要以中转零担班车或沿途零担班车的形式运到规定的中转站进行中转。中转作业主要是将来自各个方向仍需继续运输的零担货物卸车后更新集结待运，继续运至终点站。

零担货物中转作业一般有以下3种基本方法：

1. 落地法

将到达车辆上的全部零担货物卸下入库，按方向或到达站在货位上重新集结，再重新配装。这种方法简便易行，车辆载货量利用较好，但装卸作业量大，作业速度慢，仓库和场地的占用面积也较大。

2. 坐车法

即将到达车辆上运往前面同一到站，且中转数量较多或卸车困难的那部分核心货物留在车上，将其余货物卸下后再加装同一到站的其他货物。这种方法其核心货物不用卸车，减少了装卸作业量，加快了中转作业速度，节约了装卸劳力和货位，但对留在车上核心货物的装载情况和数量不易检查和清点，在加装货物较多时也难免发生卸车和倒装等附加作业。

3. 过车法

当几辆零担车同时到站进行中转作业时，将车内部分中转货物由一辆车直接换装到另一辆车上。组织过车时，可以向空车上过，也可以向留有核心货物的重车上过。这种方法在完成卸车作业的同时即完成了装车作业，减少了零担货物的装卸作业量，提高了作业效率，加快了中转速度，但对到发车辆时间衔接要求较高，容易遭受意外因素的干扰。

零担货物中转站除了承担货物的保管工作外，还需进行一些与中转环节有关的理货、堆码、整理、倒载等作业，因此，中转站应配备有一定的仓库或货棚等设施。零担货物的仓库或货棚，应具备良好的通风、防潮、防火、采光、照明等条件，以保证货物的完好和适应各项作业的需要。

(七)到站卸货

班车到站后，由仓库人员检查货物情况，如无异常就在交换单上签字并加盖业务章。如有异常情况发生，则应采取措施处理。

(1)有单无货，双方签注情况后，在交接单上注明，原单返回；

(2)有货无单，确认货物到站，由仓管员签发收货清单，双方盖章，清单寄回起运站；

(3)货物到站错误，将货物原车运抵起运站；

(4)货物短缺、破损、受潮、污染、腐坏时，应双方共同签字确认，填写事故清单。

(八)货物交付

货物入库后，通知收货人凭提货单提货，或者按指定地点送货上门，并做好交货记录。

(九)货物中转作业

零担货物中转作业是按货物流向或到站进行分类整理，先集中再分散的过程，中转站的选择必须建立在充分的运输经济调查的基础上，并结合货源和货流的特点进行考虑确定，中转站的硬件设施和仓库的要求相同。

五、零担货物运输网络

商品经济的发展，为零担货物运输业的发展提供了充足的货源，零担货物运输业要取得持续、良好的发展，必须依据零担货物运输运量小、批量多、流向分散、品种繁多的特点，建立零担货物运输网络，充分发挥零担运输网络化规模经营的优势，取得最大的企业效益与社会效益。

我国发展零担货物运输始于20世纪50年代至80年代中期，全国已有一半以上的省(市)不同程度开办了汽车零担运输业务，初步形成了以上海、北京等主要大城市为中心的区域汽车零担运输网。有些省(市)地已有相当规模的零担运输网，以江苏省为例，已开辟了零担班线429条(其中省际137条)，营运里程7 966 km(不含重复里程)，大小经营站点582个，年完成货运量827 900多 t。江苏省58亿元的乡镇企业产值中有44亿元是与零担运输有关的。该省已形成一个以城市为中心，以干线为骨干的内联县、乡，外联铁路、公路、水运，长短途结合，干支相通，四通八达的零担运输网。

零担货运网是指由零担货运站(点)、零担货运班线组成的供零担货物流通的循环网络系统。根据我国情况，发展零担货运网络应根据地区经济发展状况、产业构成、公路网状况等确定零担货运站数量、分布状况、货运班线等，要依托行政区域，建立相应的各层次零担货运网，进而形成全国范围内的零担货运网络。

1. 建立县内网络

建立县内网络，指以县城为中心，以乡(镇)村零担货运站为网点的网络，对区域内企业产品、日用消费品进行集结和疏散。

2. 建立城市(地区)网络

这是以中心城市为中心，以县内网络为基础，以市县、县城间交通干线为脉络形成市(地区)内的网络系统。它对于发挥中心城市的作用，加快流通速度具有一定作用。

3. 建立省(自治区)网络

省(自治区)网络以省(自治区)、直辖市或经济中心城市为中心，依托公路干道，形成省(自治区)内的完整循环系统。

4. 建立片区网络

片区网络指跨越数省(市、自治区)，以片区内的经济中心城市为连接点，以沟通城市之间的干线为脉络组成的网络。片区网络的建立为发展远距离的零担货物运输创造了必要条件。

5. 建立全国网络

全国网络指以大城市为中心,以干线为骨干形成的四通八达的全国范围内零担货物运输网。只有建立全国零担货运网络,才能最大限度方便货主,使零担货物在全国范围内流通,实现零担货物运输现代化。

建立零担货物运输网络还应借鉴国外同行业的经验,以他山之石,攻己之玉,对国外零担运输业的管理规范、管理技术进行适合中国国情的改进,有效推进我国零担货运网络的建设与完善。

第三节　集装单元技术

一、集装与集装技术

集装就是以最有效地实行物资搬运作为基本条件,把若干物品和包装货物或者零散货物恰当地组合,达到适合于装卸搬运设备和机械机器操作的程度,这种对货物的处理过程叫做集装。集装从包装角度来看,是一种按一定单元将杂散物品组合包装的形态,是属于大型工业包装的形态。

在多种类型的产品中,小件杂散货物很难像机床、构件等产品进行单件处理,由于其杂、散,且个体体积重量都不大,所以,总是需要进行一定程度的组合,才能有利于销售,有利于物流,有利于使用。比如箱、袋等都是杂散货物的组合状态。集装技术的发展与包装材料科学的发展和装卸技术的进步有着十分密切的关系。

集装系统是以集装方式进行全物流过程各项活动并对此进行综合、全面管理的物流形式。集装系统也称为集装或集装单元化,这是许多物流活动的综合总称。既是一种包装形式,又远远超出包装的范畴;既是一种运输或储存形式,又不仅仅起到运输或储存的作用。集装贯穿了物流的全过程并发挥作用。

集装有效地将分散的物流各项活动联接成一个整体,是物流系统化中的核心内容和主要方式。集装系统能在许多方面起作用,因而许多人已将其看成是干线物流发展方向。

在集装系统中,首要的问题是将货物形成集装状态,即形成一定大小和重量的组合体,这是集零为整的方式。将零散货物集中成一个单元,称单元组合,又称集装。这样形成的货载叫单元组合货载又称集装货载。

集装系统的基本要素包括工具要素、管理要素和集装系统的社会环境支撑要素。

集装系统的工具要素主要由各种集装工具及配套工具构成,如集装箱、托盘、集装袋、滑板、散装罐、仓库龙等。这些工具的主要作用是将零杂货物组合成单元货物,并以这些工具为承托物,以单元货物为整体进行物流。集装系统的管理和一般的工厂管理、商业管理区别甚大,整个系统也是依靠有效的管理才能形成内在、有机的联系。

集装技术包括包装货物与袋装货物等技术。

物料集装化的优缺点如下:

1. 优点

(1)装卸效率高。

(2)汽车、货车的使用效率提高。

(3)可以防止物品的破损、污损、丢失。

(4)容易进行物品的数量检验。

(5)货物包装简单,可以减少包装费用。

(6)容易高堆积,能充分、灵活地运用空间。

(7)物品的移动简单。

(8)装卸机械的机动性增强。

(9)无论对什么物品,都能使作业标准化。

(10)对品种不同的物品进行分类、保管都是便利的。

(11)不需要固定的装卸设备,因此不干扰其他作业。

2. 缺点

(1)作业有间歇。

(2)需要宽阔的道路。

(3)需要良好的路面。

(4)托盘和集装箱的管理繁琐。

(5)设备费一般较高。

(6)由于托盘和集装箱自身的体积及重量的原因,使物品的装载减少。

二、码货、捆扎与零散货物的集装

(一)码货模型

把外装牢固的货物往托盘上堆积时,要月袋内有波纹的厚纸箱和袋装物,使堆积形状相同。堆积这类货物,同适合外装尺寸而选定的托盘尺寸有关。

码货模型有 4 种:①块式;②砖堆式;③交替排列式;④销轮式。

(二)集装的捆束

集装的捆束方式一般也有 4 种:①带式;②拉网式;③打框式;④箱式货架式等。如果还要预防长距离输送和中转装卸等发生散货,还可以考虑其他一些方法。

(三)零散货物的集装

把用集装袋容纳不了的块状零散物进行集装时,必须在充分地研究各种形状、特性的基础上,设计出恰当的方法。对精密机械部件,可用相互不接触呈排状的辅导器具(附件或者支撑件),并与托盘同时回收,但需要具有与托盘同等的使用寿命。要尽量减少使用可能成为废弃物的缓冲材料。机械部件的原材料一般为锻造品,它们和压力机械部件之类的金属制品,都要求不造成损伤、防水、避免接触油脂。要达到这种要求,最好是用波纹钢箱和箱式货架进行集装。

三、集装单元器具的标准化

(一)集装单元器具标准化的重要性

1. 便于在企业内部和企业之间配套使用,便于国内外的流通和交换,是国内、外联运的基础;

2. 能最大限度地减少重复搬运,提高流通效率;

3. 标准器具一般都有相应的、严格的性能要求和试验要求标准,都经过精心设计、反复试验,能保证质量;

4. 标准化后的集装单元器具,有条件规模化、批量生产,价格便宜;

5. 标准化后,为集装单元器具的租赁管理制度奠定了基础。

(二)企业制定集装单元器具标准的方法和程序

制定企业的集装单元器具标准(包括:工位器具、工位周转箱、托盘等),应从系统的观点来规划,特别重视两点:一是各种集装单元器具之间的相关性,一是各种集装单元器具与其相关的物流设备、物流设施之间的相关性。

每个企业对集装单元器具标准的规划工作,都应予以高度重视,不能先乱后治,造成不必要的巨大损失。如:我国某汽车厂,每辆汽车由15 000多个零部件组成,21.5 万多道工序完成,1978 年至 1990 年间先后共制造了各类;集装单元器具1 000多种,20多万件。后来才发现因与物流器具不配套,不能交换,流通困难,直接影响了生产;又因品种、规格繁多,不能规模化生产,质量差,成本高(集装器具的硬设备费用占物流系统硬设备总费用的 50%)。为此,近年来他们开始分析、整顿,从规划、基础工作开始,编制了如下的工厂标准:“工位器具名词术语”、“××汽车公司工位器具工厂标准”、“工位器具标志及颜色”、“工位器具技术管理”、“工位器具编号方法”、“厂际通用工位器具技术条件”、“工位器具图册”等。后来,他们又筹备策划集装单元器具的社会化,成立独立的物流公司,公司包括 1 个管理中心,2 个分发站(配送中心),2 个清洗站和 2 个金属容器维修站。负责距公司500 km以内的 60 多个供应商,500 km以外的 100 个供应商的集装单元器具管理。

资料表明,1990 年法国汽车业成立了一个集装单元器具租用公司面向全欧洲,共设有 3 个管理中心,10 个清洁站,112 个配送中心,拥有 80 万个集装单元器具,直接为5 000家用户服务。

图 6—3—7 表示制订托盘标准的影响因素。

企业制定集装单元器具标准的程序如图 6—3—8 所示。

四、集装单元器具外部尺寸标准

世界各国集装单元器具外部尺寸的确定原则,一般考虑下列两个因素:

1. 从模数理论出发,而得到包装尺寸和集装单元器具外部尺寸系列。大多数以600 mm×400 mm为模数,以此为基准,用整数去倍乘或倍除,就得到倍增尺寸系列和分割尺寸系列。我国的 GB 4892—1996“硬质直方体运输方包装尺寸系列”和国际 ISO 3394—1984“硬质直方体运输包装尺寸”都是采用600 mm×400 mm这一模数尺寸(见表 6—3—1)。

2. 从与托盘尺寸的一致性出发,有利于最大限度地提高托盘尺寸的利用率。我国 GB/T 2934—1996“联运通用平托盘 主要尺寸及公差”和国际 ISO/R198 推荐的托盘公称尺寸均为 800 mm×1 200 mm, 1 000 mm×1 200 mm。其码盘图谱如图 6—3—9。

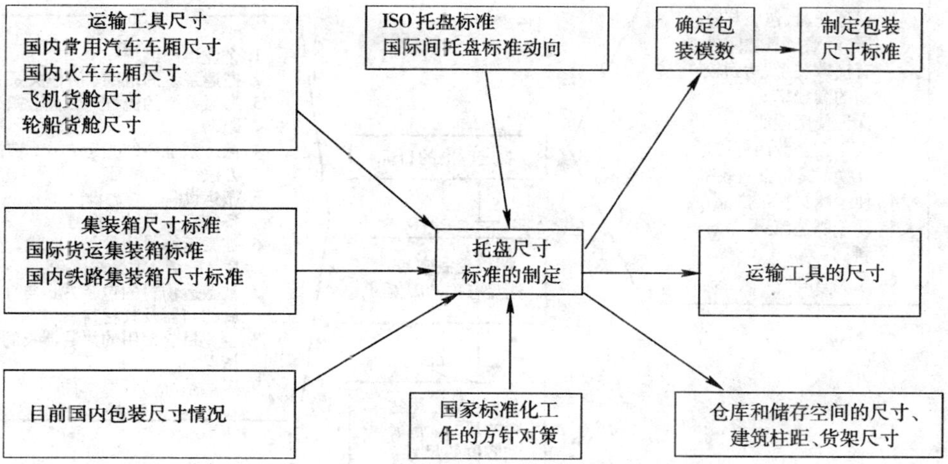

图6—3—7　制定托盘尺寸标准的影响因素

表6—3—1　托盘模数尺寸

模数		倍数		分割数	
mm	in.	mm	in.	mm	in.
600×400	23.62×15.75	1 200×1 000	47.25×39.37	600×400	23.62×15.75
		1 200×800	47.25×31.5	300×400	11.81×15.75
		1 200×600	47.25×23.62	200×400	7.88×15.75
		1 200×400	47.25×15.75	150×400	5.9×15.75
		800×400	31.5×23.62	120×400	4.72×15.75
				600×200	23.62×7.87
				300×200	11.81×7.87
				200×200	7.88×7.87
				150×200	5.90×7.87
				120×200	4.72×7.87
				600×133	23.62×5.25
				300×133	11.81×5.25
				200×133	7.88×5.25
				150×133	5.90×5.25
				120×133	4.72×5.25
				600×100	23.62×3.93
				300×100	11.81×3.93
				200×100	7.88×3.93
				150×100	5.90×3.93
				120×100	4.72×3.93

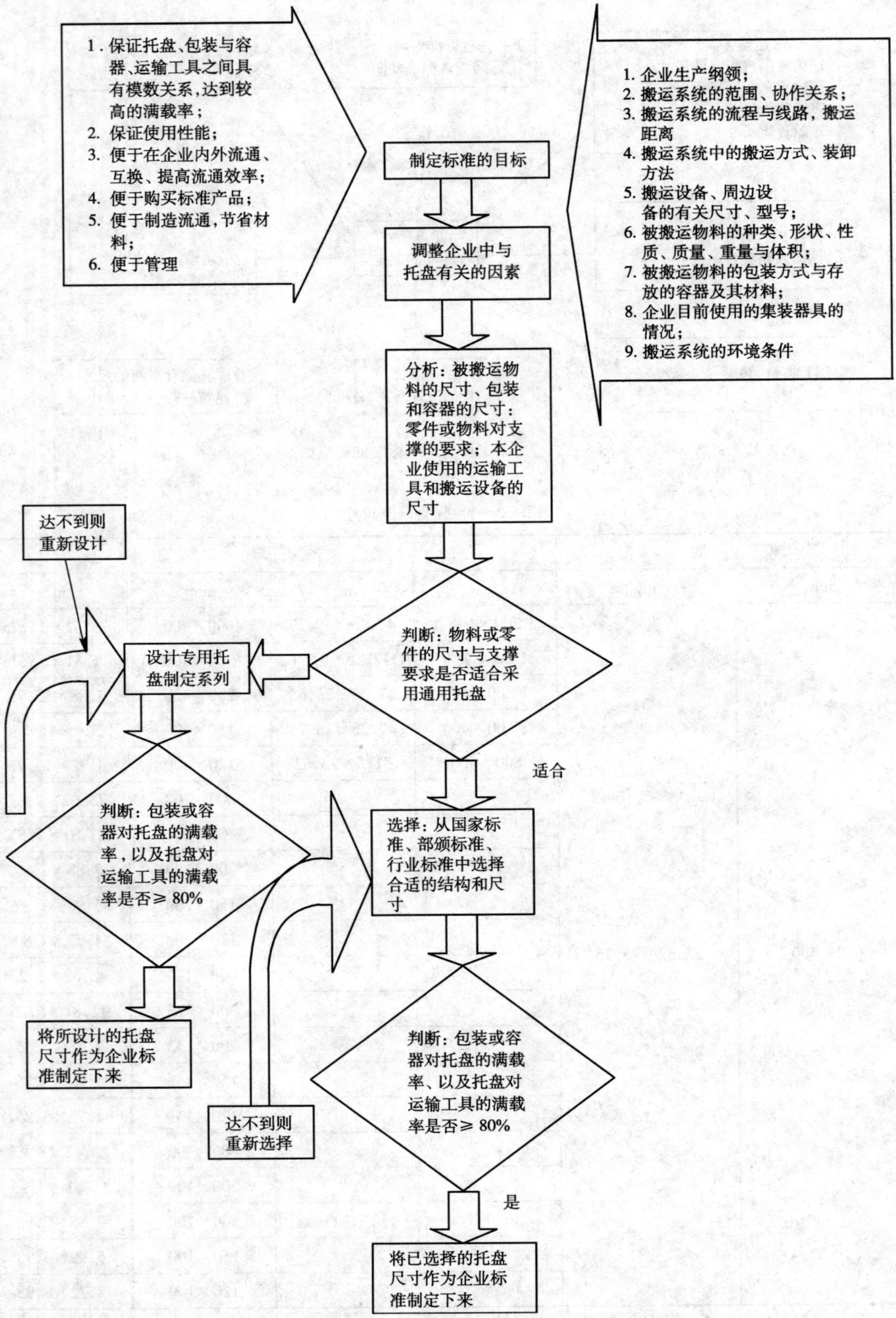

图 6—3—8　企业的托盘标准的制订程序

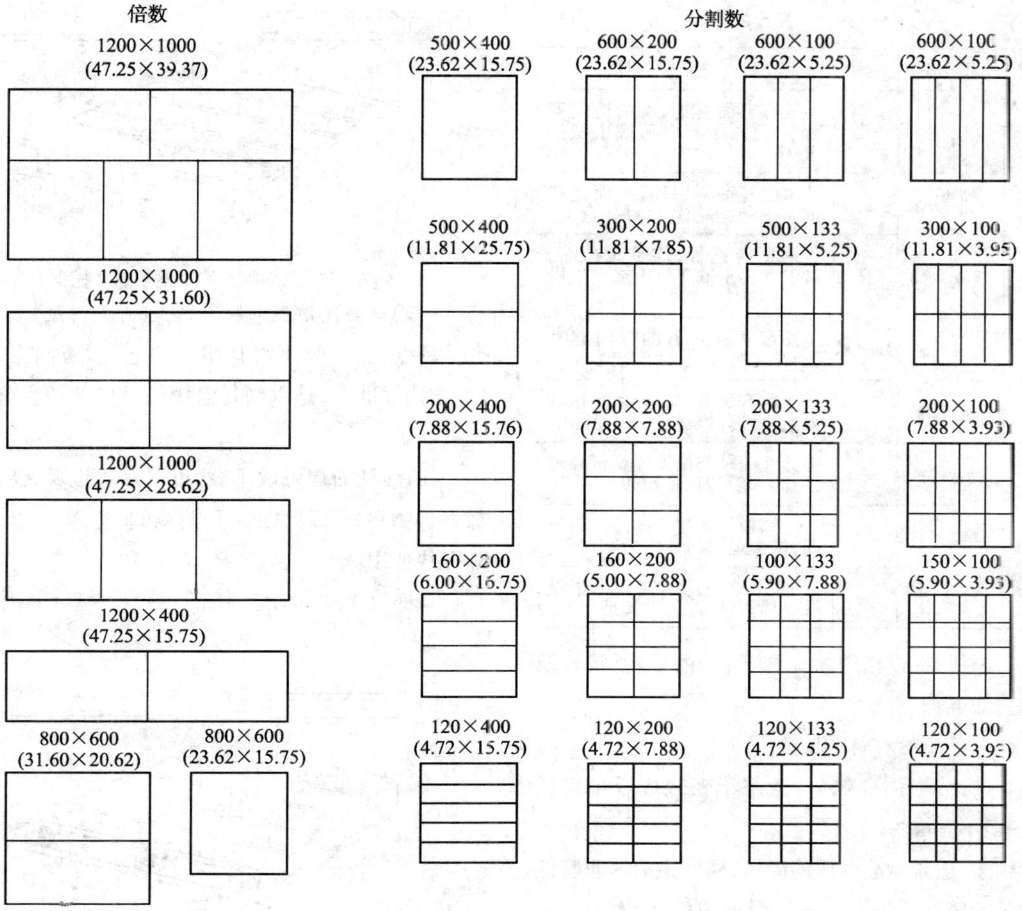

图 6—3—9　托盘码盘图谱

（图中括号内数字单位为 in.，括号外数字单位为 mm）

五、平托盘

平托盘（flat pallet），我们通常就叫“托盘”，根据其结构不同，可组合成图 6—3—10 所示的几种型式，其分类、型式、记号如表 6—3—2。

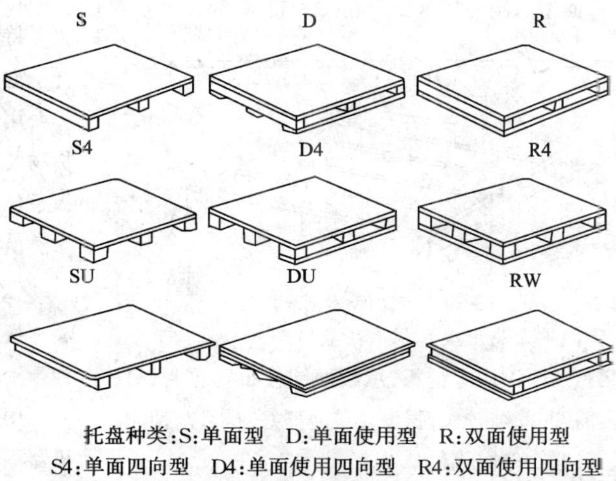

托盘种类：S：单面型　D：单面使用型　R：双面使用型
S4：单面四向型　D4：单面使用四向型　R4：双面使用四向型
SU：单面单翼型　DU：单面使用单翼型　RW：双面使用双翼型

图 6—3—10　托盘种类

根据其材质的不同，托盘大致可分为：木制托盘、钢制托盘、塑料托盘、竹制托盘、蜂窝纸制托盘、塑木复合托盘等。过去，一直以木制托盘为主，但近年来随着森林资源的匮乏，环保意识的增强，塑料托盘的产量迅速地提高，原料以高密度聚乙烯为多，也有用聚酯、聚苯乙烯的。制造方法有低发泡法、注塑成型法和中空成型法等。它有自重轻、表面无毛刺、洁净、一般有防滑措施、使用安全等特点。

表 6—3—2 托盘的型式

分类	型式		记号	备注说明
按使用面	单面型		S	只有上面有铺板,结构强度较小,适用于轻载荷或小型托盘
	双面型	单面	D	两面有铺板,只有一面是载货面,一般多使用这种托盘
		双面	R	两面有铺板,均是载荷面。可以载辊子输送机上或者堆垛用
按进叉方向	二向型		—	托盘两面对着的方向有叉孔,结构强度大,使用较多
	四向型		4	四侧有叉孔,需要变换托盘方向来进行堆垛时,多使用此
按翼之有无	无翼型		—	铺板两端与纵梁或垫板外侧平齐,一般的托盘均如此
	单翼型		U	上铺板的两端突出于纵梁侧面,供搬运时吊挂之用
	双翼型		W	上、下铺板的两端突出于纵梁侧面,其用途同单翼型

木制托盘(包括塑木复合托盘)的结构、特点及其用途如下:

(一)单面型木制平托盘

特点:结构强度较弱,适用于轻载或者小型托盘,一般不宜堆垛。

用途:适宜承载耐压的固体、稠密集中的非脆性货物及建筑材料等,如砖、混凝土构件、用木箱或者板条包装的物料的搬运和储存。一般承载能达到 500 kg。

单面型木制平托盘如图 6—3—11 所示。

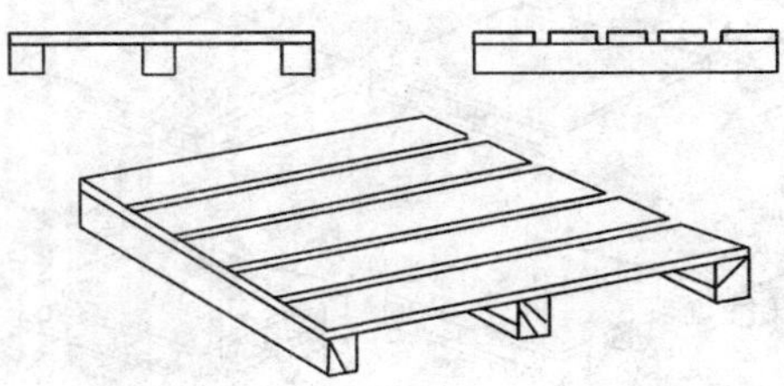

图 6—3—11 单面型木制平托盘

(二)单面使用型木制平托盘

特点:两面均有铺板,承载面铺板布置较密,另一面铺板间间隙较大,强度较单面型好,是目前使用得最普遍的一种托盘。

用途:适用于装载纸箱、木箱、麻袋、柳条箱、桶、机器零部件等。可以存放在货架上,也能堆垛使用。

单面使用型木制平托盘如图 6—3—12 所示。

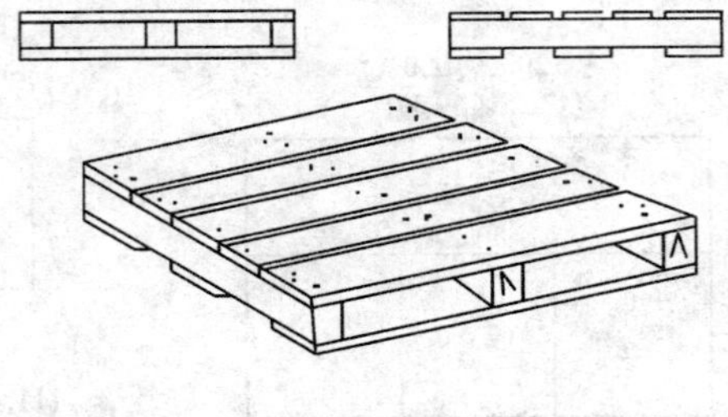

图 6—3—12 单面使用型木制平托盘

(三)双面使用型木制平托盘(可翻转型)

特点:上下两面均有相同的铺板,板面布置较密,结构强度大,是木制托盘中最坚固的一种,价格比较昂贵。

用途:两面均可以承载,可以多层堆垛,便于码放各种物料,可以放在辊子输送机上运送,适合流水作业线使用。

双面使用型木制平托盘(可翻转型)如图 6—3—13 所示:

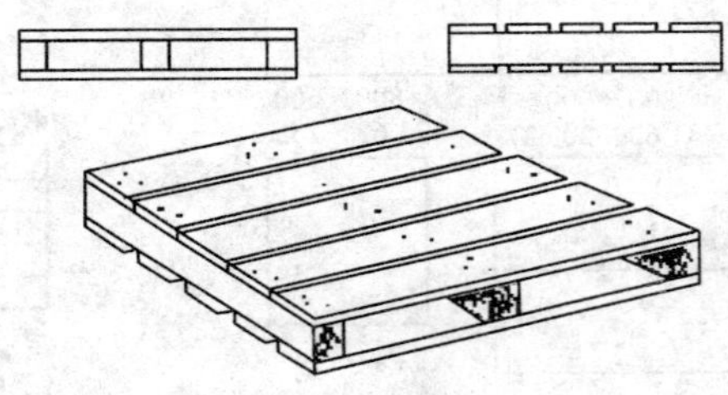

图 6—3—13 双面使用型木制平托盘(可翻转型)

(四)单面单翼型木制平托盘

特点:便于起重机或跨车进行起吊装卸作业,适合于港口装船作业。

用途:适宜承载耐压的固体、稠密集中的非脆性货物及建筑材料等,如砖、混凝土构件、用木箱或者板条包装的物料的搬运和储存。

单面单翼型木制平托盘如图 6—3—14 所示。

(五)单面使用单翼型木制平托盘

特点:便于起重机或跨车进行起吊装卸作业,适合于港口装船作业。

用途:适用于装载纸箱、木箱、麻袋、柳条箱、桶、机器零部件等。可以存放在货架上,也能堆垛使用。

单面使用单翼型木制平托盘如图 6—3—15 所示。

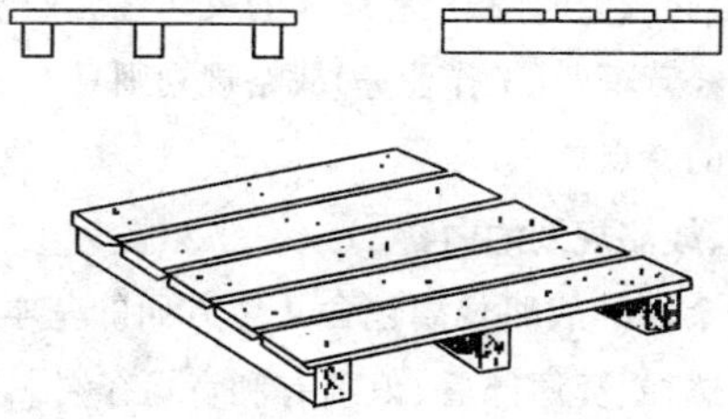

图 6—3—14 单面单翼型木制平托盘

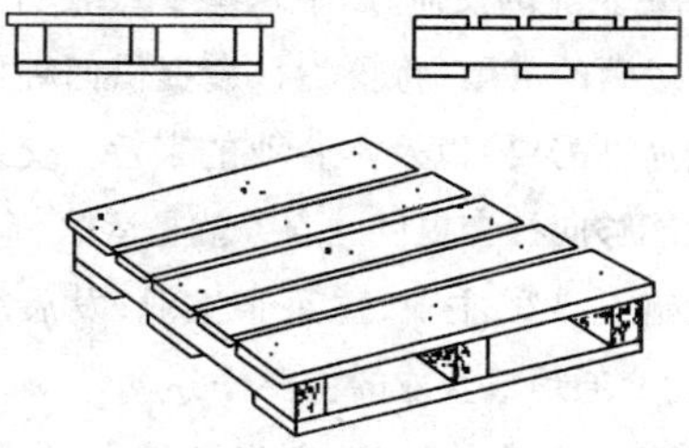

图 6—3—15 单面使用单翼型木制平托盘

(六)双面使用双翼型木制平托盘

特点:上下铺板排列较密,结构强度高,两端悬伸,可适用于多种运输工具及储存,价格较高。

用途:与双面使用型相似,适用于港口使用,装载货物的面较宽。

双面使用双翼型木制平托盘如图 6—3—16 所示。

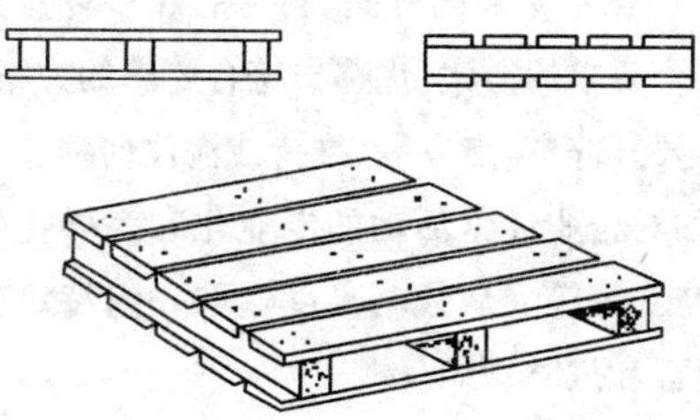

图 6—3—16 双面使用双翼型木制平托盘

(七)单面四向型木制平托盘

特点:底部由方垫木做支脚,具有进叉方便、效率高的特点,但强度较具有纵梁的单面使用垦为弱。其余特点类似于单面型托盘。

用途:适用于装载纸箱、木箱、麻袋、柳条箱、桶、机器零部件等。可以存放在货架上,也能堆垛使用。

单面四向型木制平托盘如图 6—3—17 所示。

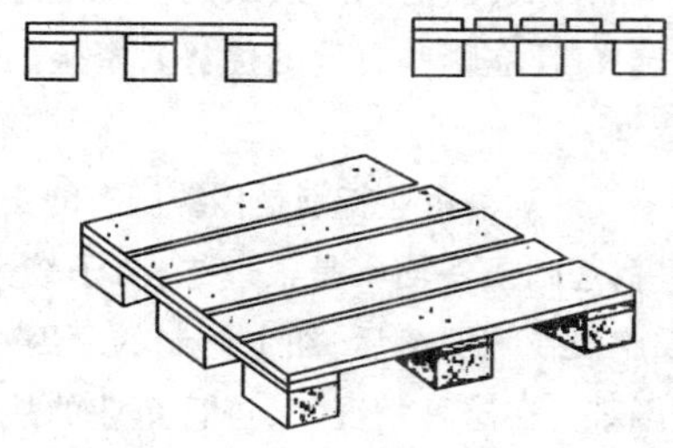

图 6—3—17 单面四向型木制平托盘

(八)单面使用四向型木制平托盘

特点:基本与单面型相同,由于能够四向进叉,便于铁路货车与运输车辆进行装卸堆垛作业而不需要改变托盘方向,作业效率高。

用途:适用于装载纸箱、木箱、麻袋、柳条箱、桶、机器零部件等。可以存放在货架上,也能堆垛使用。

单面使用四向型木制平托盘如图 6—3—18 所示。

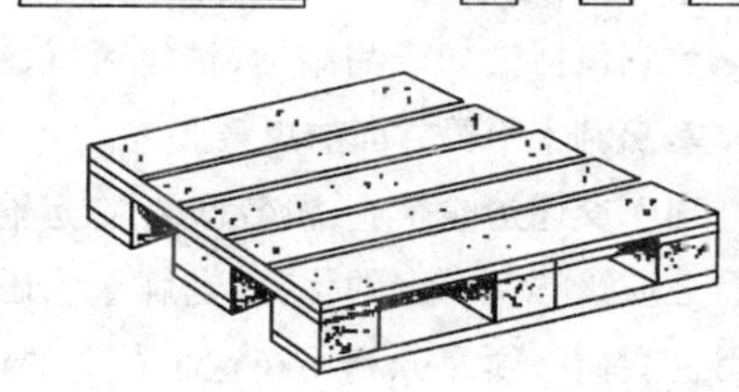

图 6—3—18 单面使用四向型木制平托盘

第四章 交通运输企业战略规划与运作模式管理

第一节 交通运输企业战略规划

一、战略规划的层次

和其他企业一样,交通运输企业战略规划是综合性的和概括性的。基于企业有效运行中必然会形成的授权和分权,战略规划通常也分为 3 个层次:总体战略、经营事业(工作业务)战略和职能战略。

(一)总体战略

总体战略就是一个组织的整体的全局性战略，它主要说明组织经营的主要方向、总体战略的主要内容和本企业的工作业务范围、资源部署以及有关全局性的方针和原则。通常要求这一最高层次的战略规划具有远见和创造性，比如工作业务的选择（从事于或重点发展何种业务，发展的优先顺序），竞争优势的选择（建立哪些方面的优势），资金的筹集和调配等。

对于交通运输企业特别是传统国有的交通运输企业来讲，基础条件均不是很理想，摊子较大，负担较重，设施设备陈旧落后，加上体制的原因，经营面临各种困难。在这种情况下，进行企业的战略规划必须进行充分的企业内部资源和外部资源调查，以确定企业的发展方向、业务范围，进行合理的资源调配，合理、综合地利用有限的资源。

（二）经营事业战略

经营事业（工作业务）战略主要考虑的是如何在某个经营事业（工作业务）范围内支持总体战略的实现。它更多考虑的是如何树立该事业竞争优势。在总体战略对该事业的地位认定以后，更进一步使之具体化，形成更为明确的本经营事业（工作业务）目标和策略。其中最根本的是产品和市场（服务内容及其对象）的定位，以及自已具有的竞争优势。对企业来说它包括诸如产品结构、销售区域、销售渠道、成本和赢利水平等方面的决策。

对于交通运输企业，顾名思义，在运输行业和仓储行业应该具备一定的优势，老牌企业还有品牌优势等。我们必须充分利用在这个行业的优势，发展主业，搞活经营，为企业总体战略目标的实现服务。

（三）职能战略

职能战略包括各职能领域（如企业在生产、营销、研究与发展、财务和人事等方面）的战略。它必须以总体战略和经营事业战略为依据，在各自的职能领域内形成特定的竞争优势，以实现整个企业的战略规划，诸如做出提高生产设备专业化程度、提高营销系统的效率、改革劳动报酬制度、确定研究开发的重点等的决策。

在这3个层次的战略规划中，总体规划是观念型的、长期的规划，一般应具有创造性，从而也比较灵活，也带有相当的风险性。职能规划是执行型的短期规划，较为明确，没有多大的灵活性。处于两者中间的经营事业（工作业务）战略规划则具有介于两者之间的特点。

二、战略规划的内容

一个好的战略规划包含4个方面的基本内容，即战略选择、资源部署、识别有利竞争条件，以及如何协同。具体说来包括以下这些要点：

1. 确定企业的使命，以下这些要点表明企业的业务或者经营的范围（将要为社会提供何种服务和满足社会何种需要）以及本企业的宗旨。交通运输企业首先能够向社会提供的服务就是运输、仓储，这是交通运输企业的主业，立足于主业，发展增值业务，就成为交通运输企业的主要任务。

2. 弄清本企业的长处、弱点和素质，发挥企业的长处和改善素质的潜力。充分对企业进行内部资源调查，比如多少库房、多少车辆、车况如何等等。

3. 搞清外部环境，这包括直接环境（工作环境）和一般环境两个方面。要识别外部环境中存在的机会，服务的环境中有多少企业，哪些需要物流服务，本身物流能力如何等等。

4. 把外部环境和内部实力结合起来进行综合分析，提出各种可行的方案。

5. 根据本企业的方向和目标，在多种方案中淘汰不符合要求的方案，优选出符合要求的方案，也就是对将要开辟、重点发展、维持或淘汰何种业务做出选择，如对企业经营活动的专业化和多样化的程度做出规定，等等。从战略高度选取一组特定的长期经营目标和战略规划。

6. 根据长期目标和经营战略，提出近期的经营目标和策略。

7. 确定资源分配的优先顺序，做出资源分配的预算，以此为基础对工作项目、人员、技术、组织结构、报酬制度等进行协调，制定近期的计划，并付诸实现。

8. 在规定的战略范围内，使资源部署和优势条件达到最佳的协调，取得最佳的协同作用。它强调充分利用外部环境中的机会和避开威胁，充分利用和发掘企业的内部资源，求得在一定的条件下企业的生存和发展。

三、企业战略规划的程序

不同企业的战略规划程序不尽相同。这种差异主要表现在正规化程度以及程序的细节上，而其基本的组成部分却是相似的。

图6—4—1显示了战略规划及其实施程序的基本模式。图中所示程序的各个组成部分与前面所述的战略规划的内容是相吻合的。此外，图中还显示了各个组成部分的相互作用的关系及其进行的先后顺序。

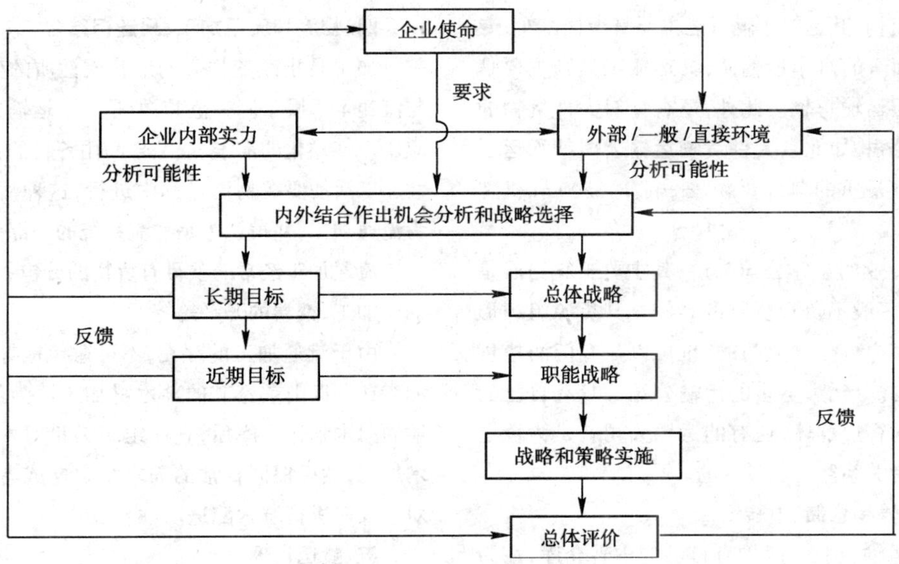

图6—4—1　战略规划程序的基本模式

图中企业的使命反映了企业的战略决策者创办该企业的指导思想和试图创立的企业形象，是决定一个企业区别于其他企业的主要特征。企业的使命仅是一种意向的说明，并不对特定时间内做到何种程度做出明确的规定。企业使命要受到外部环境和企业内部实力的制约，而后者又决定了该企业应着重从哪些方面增强实力，提高素质，并对外部环境产生影响。

企业内部实力指的是该企业在生存发展中已具备和已取得的资源的数量和质量。分析一个企业内部实力的目的在于识别企业所具有的长处和短处。显然，企业的实力在一定程度上要受外部环境的制约。

外部环境指的是影响企业做出战略性决策而对企业来说是不可控的全部条件的总和。它包括两个相互联系的部分：一般环境和工作环境。一般环境指的是与本企业有关的经济的、社会的、技术的和政治的因素。这些因素对一个企业来说是不可控的。工作环境则指的是一个企业在进行其业务中所处的直接环境。它直接影响企业的目标和战略的选择以及实施后的成效。显然，一个企业的工作环境和该企业的战略行动会相互影响，相互作用。但总的来说，内外结合的机会分析和战略选择把企业的外部环境和内部实力结合起来。分析企业的外部机会，可以得出企业的目标和可行的范围。分析企业的内部实力则是辨认企业的长处和短处，是为了有助于在可行的范围内选出最具成功可能的战略。

第二节　交通运输企业业务模式

就目前我国交通运输企业运营现状来看，在企业业务模式上，大致存在以下几种情形：单一的运输服务；运输和仓储、中转结合；物流和商流结合；物流和流通加工、配送结合；货运代理等。当然，也存在相当一部分企业同时开展多种业务，这就是所谓的综合模式。

一、单一的运输服务

源于传统的业务班底和企业独特的业务资源，这类企业只开展单纯意义上的第三方运输服务，而对于其他的商流、加工、代理等业务从不参与。这类业务主体的社会表现主要是个体运输户、运输车队、专业运输公司等等。

在专业的运输公司中,还有针对特殊货物而组建的特种货物运输机构。如专门运送化工原料的运输机构,其运输车辆主要是槽车和罐车;专门运输钢材的运输机构,其运输车辆可能主要是半挂汽车;专门运输小轿车的汽车运输队,其运输工具则主要是小轿车双层运输车辆。此外,还有针对大件货物的大件运输公司,如北京大件货物运输公司就承运了北京历史上最重的单件货物——首钢3500轧机牌坊。

对于专业的运输公司来讲,其主要工具当然是运输车辆,一般不负责货物的装卸。其货源组织形式可以是客户自已找上门的,也可以是专门的揽货队伍揽来的。当然,更多的运输公司都具有自已的相对稳定的客户群体,还有的运输公司就是为特定的目标或者关系客户而设立的。

二、运输和仓储、中转结合

这类运输企业一般均有自已的中转仓库,在为货主提供运输服务的同时,也为货主提供短期的仓储服务,提供临时的简单的中转、集货、分货服务。实际上,这种业务形式多少也有了一些配送的意味。这种服务有时是免费的,有时也适当收取一定的费用。

三、物流和商流结合

在计划经济时代,运输就是运输,仓储运输就是仓储运输,不能搞经营。1990年前后,物资部储运系统为了摆脱企业亏损、经营不景气的局面,在其下属的若干仓库开始设置多种经营部,主要经销盘赢物资、货主代售物资等,当时,这种经营方式遭到了比较普遍的非议,认为货主的货物再存在这种仓库会没有保障了。但是,无论如何,这都可以看做是物流和商流结合的开始。

其实,货物一旦存入仓库,如果不是特别紧俏的物资,时间又不是要求得特别严,货主一般情况下是会接受物资调剂的,因为这既能保证物资常新,又不影响生产和经营,还可以利用物资调剂取得一定的经济效益,何乐而不为呢?实际上,这时的仓储运输机构起到的是物资银行的作用。

当然,在物资银行的运作过程中,也会发生一些不好的现象,如不经过货主同意,擅自进行货主物资调剂等等。归根到底,这是管理和制度上的问题。

在当今物流企业,商流和物流结合已经是非常普遍的现象了。反之,在流通企业,特别是商业流通企业,商流和物流的结合更加普遍。

四、物流和流通加工、配送相结合

加工是指改变物质的形状或性质的生产活动,与流通本不属于同一范畴,但是为了运输方便、或适应用户多样化的需求、或综合利用等目的,有些辅助性加工活动要在物流过程中进行,这种活动一般称为流通加工,并被认为是物流系统的一部分。

流通加工经常的项目有货物的分包、集包,木材的初加工,钢卷的开平等等。

由于流通加工的存在,不可避免地导致了配送的存在。以山东兖矿的某木材加工厂为例,火车运输的原木到达仓库后,仓库组织力量对木材进行坑木加工,然后根据日常的需求量定期或者不定期地对各煤矿进行坑木配送。

五、货运代理

货运代理公司主要是铁路货运代理和航空货运代理。其主要业务是依托企业和铁路、航空部门较为熟悉的业务关系以及对这些部门业务流程比较习惯和熟悉的资源优势,为货主提供快捷、周到的服务。

国际货运代理公司是目前比较规范的货运代理机构,是随着国际贸易、运输方式的发展而发展起来的。货运代理连接了产品生产商与承运人,使双方的业务关系变得更为明朗,产品生产商不一定直接与承运人打交道,而承运人也无足够的能力去亲自处理、经营每一项具体的业务,随着国际货运业务涉及面的越来越广,大量的业务需要委托代理人代为办理。至今,国际货运代理人业务已渗透至国际贸易、运输行业的每一领域,成为国际贸易、运输中不可缺少的一个重要组成部分。

第三节 交通运输企业的企业模式

一、物流企业的企业形式

(一)物流企业的形式

经过多年社会实践的积累,综合各种法规对企业的定义，中国的企业大致可以有如下10多种企业的所有制形式：

1. 全民所有制企业

2. 集体所有制企业

3. 联营企业

4. 中外合资经营企业

5. 中外合作经营企业

6. 外资企业

7. 有限责任企业

8. 股份有限企业

9. 股份合作企业

10. 合伙企业

11. 私营企业

(二)交通运输企业可以采用的企业形式

1. 以物流业务为主的资源型企业基本上采用以下几种形式：

(1)国有企业

(2)私营企业

(3)有限责任企业

(4)股份有限企业

(5)中外合资经营企业

(6)中外合作经营企业

2. 以代理、咨询以及技术开发为主的纯粹服务型企业也可采用以下几种形式：

(1)私营企业

(2)股份合作企业

(3)合伙企业

二、选择交通运输企业的适当形式

我国现有的交通运输企业，同其他各类企业一样，有各种不同的性质与类型，建立现代企业制度，要依据各自不同的特点，选择不同的适当形式。

现有的私人交通运输企业与个体营运户，是天然的独立市场主体，不存在现代企业制度建设问题。它们内部也存在着种种制度建设，但那是属于企业内部如何合理组织生产力与改善生产关系、提高经济效益的问题，不影响到企业的独立性。

现有的交通运输股份制企业是改革开放以来建立和发展起来的，由于环境的影响，其内部并没有真正建立起完善的权利制约机制，或类似国有企业，或类似私人企业，存在着一个用现代企业制度规范的问题。

现有的交通运输合伙企业为数不多，但仍存在。无限责任股东在3人以上，而且经营管理比较复杂，为防止多头领导与权力分散，应建成公司，选举法人代表，进行现代企业制度建设。无限责任股东只有2～3人，是自然人企业，无需进行公司制改造，也是独立的市场主体。

我国现有的国有与集体交通运输企业，既不是利益主体，又不是权力主体，在市场上独立性很差，必须进行公司制改革。我们所说的建立现代企业制度，主要是指要对国有企业与集体企业进行公司制改革。

(一)股份有限公司

1. 选择股份有限公司的条件

(1)大中型国有交通运输企业。股份有限公司靠发行股票来筹集社会资金，用于企业的发展，其股票的发行额最高限度不能超过企业现有资产总额。如若发行资本超过注册资本，企业则无法用其全部资产承担债务，使所发股票成为“虚股”。企业自身注册资产太少，发行股票没有多大意义。因此，国有小型交通运输企业，不是改造成股份有限公司的对象。

(2)经营好、信誉高的交通运输企业。社会力量购买股票，目的在于使自己的现有资产保值增值。一个企业能不能使资产保值增值，是投资者是否购买其股票的主要依据。只有经营好、信誉高的企业，发行股票才有市场。

2. 改造成股份有限公司的过程

这一过程是依据公司法为创办公司而进行的一系列活动。一般可以分为以下几个步骤：

(1)发起

股份有限公司的设立发起至少是5个自然人，或1个法人。国有大中型交通运输企业改造成股份有限公司，由该企业向政府提出公司设立申请，缴交设立手续费，起草公司章程，并首先认缴股款，在公司设立不成功时负担设立费用和损害赔偿费用。该企业的权利是获得优先股，优先获得报酬；在公司解散时优先分得财产或取得其他特别利益。政府依据公司法进行审批，对符合法定条件的批准设立公司、发行股票。

(2)订立章程

公司章程是确定公司类型、资本总额、宗旨、组织原则、业务活动范围与方式以及发展方向的文件,它是公司活动的基本行为规范。公司章程由发起人订立,并经发起人一致通过,递交政府主管部门审核批准。公司章程必须与国家公司法一致,否则,政府有权拒绝批准。没有公司章程或公司章程未获批准,公司不得设立。

公司章程记载的事项可以分为3类。

①绝对必须记载事项。它们是公司章程的基本内容,不记载这些事项,章程没有法律效力,不能获得批准。一般来说,这些事项包括:A. 公司名称及类型。B. 公司所在地,即办理该登记的机构所在地。C. 发起人的姓名、住所。D. 公司经营范围,说明公司从事何种行业或产品的经营,如交通运输业,是公路运输,还是水路运输,是客运还是货运等。章程登记以外的业务,公司经营要负法律责任。E. 公司资本总额,股份有限公司要载明公司发行股票总额与每股金额。若发行溢额股,要载明溢额股总量及其溢价额。F. 董事、监察人、审计人的人数及其权利与任期。G. 公司存在的期限。必须载明是永久性的、还是有限性的。H. 公司公告的方式。有设立或开业公告,组织人事公告,经营状况公告,财务公告等,或新闻媒介公告,还有公司内部公告。I. 章程订立的年、月、日。

②相对必须记载事项。这些事项不是各类公司所共有,而是某些公司所特有的,一般有以下几项:A. 股份的种类与各种特别股的权利与义务。B. 分次发行股份,公司设立时发行的数额。C. 发起人的特别利益与受益者的姓名。D. 盈余分配办法。E. 分公司的设立。不必载明以上各项的公司章程,政府可以批准。但需要载明以上各项的,必须载明,否则,政府审查明确后不能批准。载于章程的,具有法律效力;未载于章程的,不具有法律效力。

③任意记载事项。是指公司法或政府未作要求的一些事项。只要不违反法律、法令与社会公共秩序,发起人认为有必要载于章程的都可载入。如缴纳股金的方法,股东会召开的时间、地点与主席的选任等。这些事项,一旦列入章程,同样具有法律效力。

(3)设立方式

公司的设立方式有发起设立与募股设立两种。发起设立是指发起人认足第一次发行的全部股份而设立公司。发起人认足股份,缴纳股款之后,选任董事及监察人,由董事及监察人向政府主管部门申请设立登记,一经批准,获得执照,公司即便成立。

募股设立是指发起人只认足首期发行股份的一部分,其余的公开向社会公众募集而设立公司。募股设立一般分为以下步骤:①发起人认足部分股份。发起人认足的股份,不得低于股份总额的1/4,否则,不得募股。②制订招股章程。招股章程的内容包括公司章程的主要事项,发起人所认股份总额,募股总额与募期期限,公司存续期及解散事由,特别发行股总额,无记名股总额,股息分配规定,股份转让规定,办理股款缴纳的银行等。③报请主管部门审批。不经批准,不得募股。④公告招募与认股。经批准后向社会发出公告,邀约公众认股。⑤催缴股款。认股之后,向认股人催缴股款,股款缴纳不得超过募股期限。募股达到规定数额,就可办理公司登记注册手续,宣告公司成立。募股可以通过设立创立会或筹备处来进行,它不是由发起人而是由认股人组成的公司设立决议机关。它有权听取发起人关于公司设立过程的报告,审查、修改公司章程,做出公司设立与废止设立的决议,推举公司管理机构人选。它由发起人召集,工作到公司正式宣告成立或董事会正式选出为止。

3. 改造后的公司企业资产性质

发行资本低于注册资本,社会资产就低于国有资产,国有资产仍占半数以上。这样的企业仍然具有国有企业性质。今后的发展有两种情况:一是国家继续投资,坚持国家控股,为国有企业;二是国家不再投资,企业股积累起来,并以企业资本为基础扩大发行股票,这样企业股与社会股就会在企业资产总额中占大多数,企业就成为资本社会化企业,属于完全的集体企业性质。

4. 改造后的股份有限公司规范的公司制建设

发行股票、公司挂牌,并不意味着已经建立了现代企业制度。真正的现代企业制度即规范的公司制还必须依据公司法建立起相应的企业法人资产、人事、组织与责任制度。现有许多国有企业发行了股票,但从未召开过股东会,董事会成员及董事长仍然是行政决定的,监事会根本未起到监督的作用,什么事都是董事长一人说了算,这样的股份有限公司仍然不过是“翻版公司”而已。

(二)有限责任公司

有限责任公司是国有大、中、小型各类企业改革的主要出路。外资、内资,单位、个人,企业法人与事业法人,政府与民间团体,均可向企业投资,成为企业的有限责任股东。国有企业改造成有限责任公司几乎不受任何条件限制,组建方式同股份有限公司基本相同,同样需要经过政府批准,订立公司章程,建立起相应的资产、人事、组织与责任制度。这样改造后的企业一般为集体企业。但也可实行国家控股,国家控股的有限责任公司仍为国有企业性质;也可能一个或几个人的股份占到大多数,个人控股的有限责任公司具有私人企业性质。

(三)股份合作公司

1. 股份合作公司的涵义

股份合作制企业按照公司法的要求组织起来,建立起规范的公司资产、人事、组织与责任制度,称为股份合作公司。股份合作制是企业职工资本组合与劳动组合相结合的形式,企业人员既是职工又是股东,可以看成有限责任公司的一种特殊形式。

它同有限责任公司的区别有:①股东人数不同。有限责任公司的股东一般在5人以上50人以下,而股份合作公司没有这种限制,但其人数也不能很多,最多几百人。②股东地位不同。有限责任公司的股东只可能参与经营管理,不参与具体的生产经营活动,而股份合作公司的股东大多数从事具体生产经营活动。③规模大小不同。有限责任公司规模可大可小,而股份合作公司只限于小型企业。

2. 选择股份合作公司的条件

(1)企业规模较小,一般为数十人,最多不超过300人。人员太多,每个人经济条件不同,难以人人投资入股。

(2)一般为劳动密集型企业,生产经营活动所需投入较少。技术密集型与资金密集型企业,所需投资过大,职工个人难以负担。道路运输企业,个人以自有车辆入股,可建立股份合作公司。

(3)职工户籍所在地在同一区域内,如同一条街、同一乡村,彼此熟悉了解,相互信任。

(4)职工自愿,并且大多数都有出资条件。

3. 股份合作公司的组建

(1)由现有企业领导征求职工意见,得到大多数职工(一般应占企业全体职工的70%以上)同意后向政府提出申请,得到批准后方可募股挂牌。不得强迫、不得摊派,不强调人人股份相等,不允许因职工拒绝入股而开除或辞退职工。

(2)股份合作公司必须召开股东大会即职工大会,民主选举董事会和监事会,可直接选举董事长,监事会成员可以由职工兼任,也可由职代会代替,必须切实有权履行监督职能。董事会无论有无过错,都必须由股东会按期重新选举。

(3)股份合作公司的组建可实行股权凸现的原则,即允许有投资能力的人多投资,多占股份,尽量使其具有有限责任公司的性质,防止因股权相等造成人人不负责任的毛病,出现新的大锅饭。

4. 股份合作公司的作用

股份合作公司是小型国有、集体企业改革的出路之一,是市场经济条件下新型的集体企业。组建股份合作公司的目的不在于单纯地筹集资金,主要在于克服“产权虚置”的毛病,使企业成为名副其实的产权主体。

(四)国有独资公司

1. 国有独资公司的涵义

公司企业是由合伙企业发展而来的,公司企业即股份制企业,从根本上说,独资企业都不是公司企业,无论是个人独资还是国家独资都是如此。但是国家独资企业不同于个人独资企业:(1)个人独资企业投资者是个人,产权清晰,而国家独资企业投资者是国家,国家是一个庞大的集团,不属于任何个人,产权模糊。(2)个人独资企业资产所有权同资产经营权是同一主体,两权合一,而国家独资企业资产所有权和资产经营权属不同主体,两权分离。这样一来,个人独资企业是天然的市场主体,而国有独资企业却不是。对于那些既要保留国有资产性质又要改造成为独立市场主体的企业怎么办呢?那就是建立国有独资公司。

国有独资公司的涵义应包括以下几点:

(1)它是一种特殊公司。将它看成一个特殊的股份制企业，即只有国家股，没有其他股。它也是有限责任公司的一种特殊形式。

(2)它是一种模拟公司。虽然它不是名副其实的公司企业，但我们要按规范的公司制要求，建立起相应的企业法人资产、人事、组织与责任制度，使其按公司企业的方式运转。

2. 选择国有独资公司的条件

我国公司法规定："国务院确定的生产特殊产品的公司或者属于特定行业的公司，应当采用国有独资公司形式。"为此，下列国有交通运输企业应采用国有独资公司的形式：

(1)政策性很强的交通运输生产与服务。如从事国际运输的铁路、公路、管道线路经营的企业，公共交通企业等。

(2)不能立即实行股份制改造，不能被兼并、联合、租赁、出售与破产，因各种原因长期以国有独资形式存在的交通运输企业。

(3)未实行股份制改造，企业股又不可能马上积累起来的交通运输企业。

3. 国有独资公司的组建

(1)由企业向国有资产管理机构提出申请，经批准设立，并将国有资产移交国有资产管理局管理。

(2)召开职工大会或职工代表大会，选举董事会与监事会。董事会中应有国有资产管理机构派出的人员与企业人员，共同负责企业经营管理。董事长一般应由原有企业人员担任。

监事会中应有国有资产管理机构派出的代表、原有企业管理干部与职工代表三方面的人员。

(3)由职代会行使股东会的职权。

(4)经营管理好、效益高、有信誉的大型国有独资公司，可由企业直接掌管资产所有权。

(5)企业按规定向国有资产管理机构上交股息与红利。

股份有限公司、有限责任公司、股份合作公司与国有独资公司，都是我国国有企业与集体企业实行现代企业制度的可供选择的形式。前两种是主要形式，后两种是辅助形式，均为规范性改革。

规范性改革要在兼并、联合、改组(资产重组)以及租赁、出售与破产的基础上进行。一是通过租赁、出售、破产等方式首先处理一批无法挽救的国有小型交通运输企业；二是通过兼并、联合与改组将一批有潜力的或有利用价值的中小型交通运输企业改组为大中型交通运输企业。兼并、联合、改组以及租赁、出售与破产称为基础性改革。经过基础性改革之后的大中型国有交通运输企业，依据条件分别改变为股份有限公司、有限责任公司、国有独资公司；经过基础性改革之后仍然保留的国有小型交通运输企业，依据条件分别改变为有限责任公司，国有独资公司与股份合作公司。

第四节　交通运输企业的企业组织模式

一、交通运输企业组织原则

(一)有效的原则

不论是企业的组织结构，还是企业的组织机构的建立，都应当遵循有效果、有效率、有效益的原则。

(二)成本的原则

成本原则是任何企业的机构设置都应当遵守的原则。无论是国内分支机构的建立，还是国外分支机构的建立，都需要支付很昂贵的成本，有时会抵消由于业务开发所带来的收入，甚至造成亏本。

企业组织机构的建立因企业而宜，根据企业的实际需要确定。其部门的数量以及管理层次，不同企业可以不同。随着企业规模的扩大，特别是跨国经营的发展，企业机构已经彻底打破传统的上中下的结构。在目前的跨国公司的合作和交往中，经常会遇到管理层之间难以对口的现象。在企业管理中，企业组织出现日趋个性化的趋势。

(三)以客户为中心

可以分析一下中国企业组织机构的现状。一些企业特别是国有企业仍然保留着计划经济和政企不分的痕迹。在计划经济的条件下，以工厂为例，工人对车间主任负责，车间主任对厂长负责，厂长对局长或部长负责。企业不是以市场和用户为中心。与此同时，在一些企业的组织机构中仍然保留与政府机构相对应的部门和职能，企业领导不是企业家而是官员。

(四)扁平化原则

扁平化是针对大型企业或者跨国公司提出来的。由于这些企业复杂的组织结构严重影响了企业的效率和企业的竞争力，为了简化企业的组织结构提出了扁平化的组织结构思想。对于众多的中国物流企业可能不会遇到组织结构扁平化的问题，但是，需要指出的是中国一些大型物流企业在企业经营规模上远远小于国际上的跨国公司，而其组织结构的复杂程度却不亚于跨国公司，甚至也有3层、5层之多，所以，这些企业也可能面临着扁平化的问题。

(五)适应性

1999年，达沃斯世界经济论坛年会上提出了国际化企业的3条标准：一是要有适应国际市场的应变体系；二是要有全球化的品牌；三是有一套网上销售的战略。

作为第一条标准的"适应国际市场的应变体系"，也就是企业适应市场的能力。适应能力除了体现在企业技术、产品和服务外，还体现在企业的组织结构的适应能力，即企业要能够适时地调整和改变企业的组织结构。企业在组织结构的适应能力至少包括以下内容：

1. 企业能够适时作出判断并能够提出改变的方向或者方案。

2. 企业能够有效地实施提出的组织结构改变方案。

3. 企业能够对组织结构改变方案进行监督和评价。

(六)与业务流程结合

对于物流企业而言，单纯的以一个用户为中心的业务流程设计并不是一个复杂的问题，而企业内部业务流程的设计和再造却是一个复杂的问题。业务流程将改变传统企业组织结构中的许多理念，影响企业的部门设置和职能的划分，但同时业务流程又是由企业的各个部门和人员完成的。

(七)与电子商务结合

国内外企业的经验证明，企业电子商务的实施将影响或者改变企业的组织结构以及企业内部部门的地位和权力，因此，企业组织结构的建立要考虑实施电子商务的因素，要与企业的电子商务建设密切结合起来。

二、交通运输企业的组织机构

交通运输企业的组织机构是指总部的组织机构、分支机构的组织机构以及彼此之间的相互关系。图6—4—2是某著名运输公司的组织机构图。图6—4—3是一般交通运输企业的组织机构图。

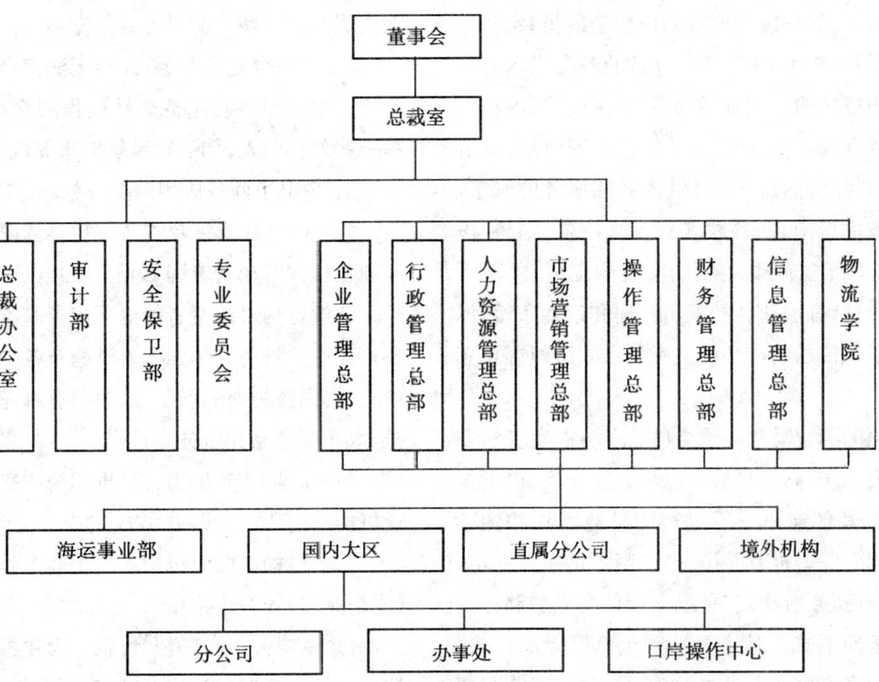

图6—4—2　某著名运输公司组织机构图

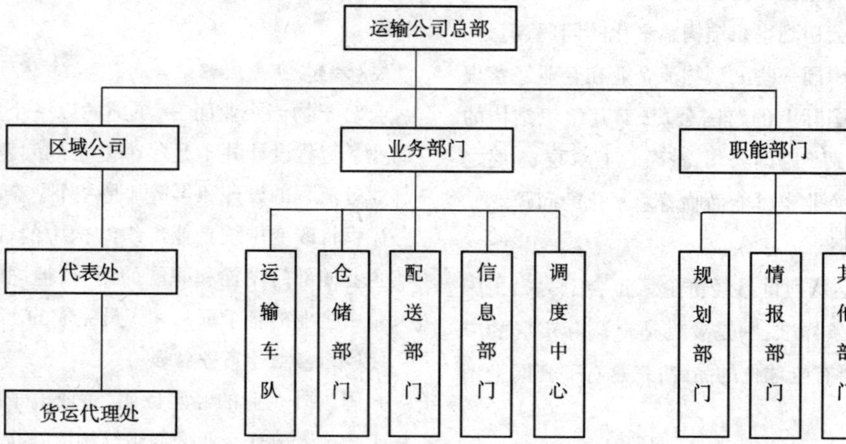

图 6—4—3　一般交通运输公司组织机构图

第五节　交通运输企业电子商务模式

一、电子商务概述

(一)电子商务的概念

20 世纪 90 年代以来,随着互联网以及各项相关技术的日趋成熟,电子商务在社会经济领域得到了广泛的应用。在发达国家,电子商务发展迅速,电子商务推动了商业、贸易、营销、金融、广告运输、教育等社会经济领域的创新,并因此形成了一个又一个新产业,给世界各国企业带来许多新的机会。

在电子商务中,用户可将自己的各类供求意愿按照一定的格式输入电子商务网络,可进行多种网上交易业务选择。电子商务涵盖的范围包括:商务信息交换、售前售后服务(提供产品和服务的细节、产品使用技术指南、回答顾客意见)、广告、销售、电子支付(电子资金转账、信用卡、电子支票、电子现金)、配送(包括有形商品的配送管理和运输跟踪,以及可以电子化传送的产品的实际发送)、组建虚拟企业等。

联合国国际贸易法委员会(以下简称"贸易法委员会")指出,电子商务是通过电子数据交换(以下简称"EDI")及其他通讯手段进行的日益增长的国际贸易的功能之一。也就是说,电子商务是指在 Internet 网上进行商务活动,它是纸上信息交流和储存方式的一种替换形式。其主要功能包括网上的广告、订货、付款、客户服务和货物递交等销售、售前和售后服务,以及市场调查分析、财务核计及生产安排等多项利用 Internet 开发的商业活动。电子商务的一个重要技术特征是利用 Web 的技术来传输和处理商业信息。因此有人说:电子商务 ＝ Web＋IT。

电子商务研究的对象由商务对象、商务媒体、商务事件和信息流、商流、资金流、物流、人力资源流等基本要素构成。

(二)电子商务的分类

1. 按商业活动运作方式分类

(1)完全电子商务:即可以完全通过电子商务方式实现和完成整个交易过程的交易。

(2)不完全电子商务:即指无法完全依靠电子商务方式实现和完成完整交易过程的交易,它需要依靠一些外部要素,如运输系统等来完成交易。

2. 按电子商务应用服务的领域范围分类

(1) 企业对消费者(B2C)(也称商家对个人客户或商业机构对消费者即 B to C)的电子商务

商业机构对消费者的电子商务基本等同于电子零售商业。目前,Internet 上已遍布各种类型的商业中心,提供各种商品和服务,主要有鲜花、书籍、计算机、汽车等商品和服务。

(2) 企业对企业(B2B)(也称为商家对商家或商业机构对商业机构即 B to B)的电子商务

商业机构对商业机构的电子商务是指商业机构(或企业、公司)使用 Internet 或各种商务网络向供应商(企业或公司)订货和付款。商业机构对商业机构的电子商务发展最快,已经有了多年的历史,特别是通过增值网络(Value Added Network,简称 VAN)

上运行的电子数据交换(EDI),使企业对企业的电子商务得到了迅速扩大和推广。公司之间可能使用网络进行订货和接受订货、合同等单证和付款。

(3) 企业对政府机构(B2G)的电子商务

在企业—政府机构方面的电子商务可以覆盖公司与政府组织间的许多事务。目前我国有些地方政府已经推行网上采购。

(4) 消费者对政府机构(C2G)的电子商务

政府将会把电子商务扩展到福利费发放和自我估税及个人税收的征收方面。

(5) 消费者对消费者(C2C/P2P)的电子商务

主要指消费者之间的物品调剂等。

3. 按开展电子交易的信息网络范围分类

(1) 本地电子商务

本地电子商务通常是指利用本城市内或本地区内的信息网络实现的电子商务活动,电子交易的地域范围较小。

本地电子商务系统是利用 Internet、Intranet 或专用网将下列系统联接在一起的网络系统:①参加交易各方的电子商务信息系统,包括买方、卖方及其他各方的电子商务信息系统;②银行金融机构电子信息系统;③保险公司信息系统;④商品检验信息系统;⑤税务管理信息系统;⑥货物运输信息系统;⑦本地区 EDI 中心系统(实际上,本地区 EDI 中心系统联接各个信息系统的中心)。本地电子商务系统是开展远程国内电子商务和全球电子商务的基础系统。

(2) 远程国内电子商务

远程国内电子商务指在本国范围内进行的网上电子交易活动,其交易的地域范围较大,对软硬件和技术要求较高,要求在全国范围内实现商业电子化、自动化,实现金融电子化,交易各方具备一定的电子商务知识、经济能力和技术能力,并具有一定的管理水平和能力等。

(3) 全球电子商务

全球电子商务指在全世界范围内进行的电子交易活动,参加电子交易各方通过网络进行贸易。涉及有关交易各方的相关系统,如买方国家进出口公司系统、海关系统、银行金融系统、税务系统、运输系统、保险系统等。全球电子商务业务内容繁杂,数据来往频繁,要求电子商务系统严格、准确、安全、可靠,应制定出世界统一的电子商务标准和电子商务(贸易)协议,使全球电子商务得到顺利发展。

(三)企业进行电子商务的步骤

一个企业进入网络世界,从事电子商务运作,一般经历 3 个阶段:

(1)建立企业介绍型网站

(2)建立客户支持型网站

(3)建立产品销售型网站

目前大多数中国企业的网站还处于仅仅进行企业介绍的阶段,但很多企业已经发现 Internet 为他们日常所需要处理的无数客户支持、产品咨询和问题解答提供了最好的解决方案,网络客户支持已经在 20 世纪 90 年代末期被广泛使用。不过在先进企业中,Internet 网站已经全面引入到了企业的产品销售当中,也就是通过建立企业自己的网上商店来直接向网络客户销售产品和服务。从企业介绍型网站发展到产品销售型网站是网络深入人们生活的必然趋势。

(四)发展中国电子商务的几个特点

1. 基础性特点:包括全民计算机水平特点和社会通讯基础设施、计算机价格的特点。归结到底,是一个交易方式观念更新的问题。

2. 社会信用特点:在中国社会里,网络安全由于普遍较低的计算机技术而暂时退居第二位(但在技术处理上,始终是第一位的),与此同时,普遍关心的问题是网上交易商业信用问题,这就给我们提出了交易担保和交易保险的问题。

3. 货币方式问题 :“三金”工程中的金卡工程已经告一段落,但卡式消费深入人心的程度就不得而知了。单位发了工资,银行就出现排队取钱现象,很少有人用卡直接消费的。的确,卡式消费有很多不便,速度慢,要用到证件、签字、密码等等。但更深层的原因确实它是看不见现金的“盲式消费”。

4. 网上交易价格问题:应该说,电子商务省去了许多产品流通费用,但由于急功近利等原因,价格定位不合理,加上通讯费用、投递费用,往往网上购物费神又费钱。如果所购产品质量发生分歧,受害的首先是消费者。如果说,自选超市是对货柜式销售方式的更新的话,那么网上购物则是对自选超市的挑战。这种挑战已经丧失了直面商品的条件,价格上再没有优势的话,其结果就可想而知了。

(五)发展电子商务中的基础对策

1. 必须普及与提高全社会的计算机及网络基本知识,将其提高到国民素质的高度来对待。

2. 进一步完善硬件基础环境的建设。

3. 改善计算机硬件生产环境。

4. 尽快建立有关电子商务的法律、法规、政策和规划。

5. 流通货币多样化,大力推进电子货币的使用。

6. 对于ECP(电子商务提供商)来讲,应该尽量多为顾客着想,降低费用。

7. 建立完整的社会快速配送系统,降低商品配送费用。

二、交通运输企业电子商务网络建设

电子商务网络,从成功的经验来看,不外是3C的结构形式。对于交通运输企业,虽然存在其特殊性,但是,在网络建设的基本构架上也不例外。所谓的3C是指网站应该实现由“内容为王”向“服务为王”的转变,因此3C依次指Content(内容)、Commerce(交易)、Community(社区)。在这里,内容涵盖交易所需的各种信息,交易包括各种手段和工具,社区可以理解成为顺利实现由内容向交易顺利过渡的专业服务社区,是活跃人气的地方。

结合交通运输企业的具体情况,我们提出交通运输企业电子商务网站的基本构想如下:

(一) Content(内容)

1. 公用信息

(1)新闻

国家新闻:每日8:30以前和13:30以前更新,及时报道国内国际重大政治、经济、军事等新闻、跟踪突发事件。

行业新闻:每日9:30分以前更新,报道关联行业新闻,提供行业热点跟踪。

公司新闻:根据公司的发展,及时向广大网员通报公司在战略、网络、交易等方面的新闻、人物,以及相关解释性资料。

(2)天气预报

北京:每日8:30以前更新,提供北京地区未来24 h天气预报。

全国:每日8:30以前更新,提供全国各主要城市未来24 h天气预报

根据客户需求提供:根据客户需要提供道路天气预报等。

(3)行业政策

国家政策:每日8:30以前更新。

部委政策:每日8:30以前更新。

(4)科技动态

包括科技视野,行业科技,网络战线。

(5)生活黄页

火车查询:同步查询全国各主要车站始发、到达火车时刻表及车票价格。

飞机查询:同步查询全国各主要空港始发、到达飞机时刻表及机票价格。

(6)交通运输板块股票行情查询

市场信息:如运输市场价格等。

2. 企业信息

企业的基本情况、设备设施、典型案例、技术创新等等。

(二)Commerce(交易)

1. 社会运输市场供求信息发布

(1)自由交易区

(2)网员专用区

2. 网上贸易

(1)报盘

(2)还盘

(3)合同生成

3. 虚拟市场

(1)担保系统(交易履约担保、支付担保、质量担保)

(2)代理交易

(三)Community(社区)

(1) 聊天室;

(2) BBS;

(3) 网络FAQ;

(4) 网员之家(为网员提供的专用社区);

(5) 交易白页;

(6) 网络广告;

(7) 合同定制;

(8) 企业黄页(名录)；

(9) 法律援助。

第五章　交通运输企业物流管理

第一节　运输合理化

在物流过程中，所谓合理运输，就是按照货物流通规律、交通运输条件、货物合理流向、市场供需情况，走最少的里程、经最少的环节、用最少的运力、花最少的费用、以最快的时间，把货物从生产地运到消费地。也就是用最少的劳动消耗运输最多的货物，取得最佳的经济效益。物流经理必须在物流运输的实际工作中，根据自身的具体情况，制定出符合企业经营状况的运输线路，从而达成物流运输合理化的目标。

一、决定物流运输合理化的主要因素

要实现物流工作中的运输合理化，起决定作用的主要有如下五大因素。

(一)运输距离

这是决定运输合理与否的一个最基本的因素，应尽可能就近运输，避免舍近求远。

(二)运输环节

应尽量减少装卸、搬运、转运等中间环节，尽可能组织直达、直拨运输，使货物不进入中转仓库，而由产地直达销地或客户，减少运输环节。

(三)运输工具

要根据不同货物的特点，分别利用铁路、水运或汽车运输、航空运输、管道运输。要选择最佳的运输路线，并积极改进车船的装载方法，提高技术装载量，使用最少的运力来运输更多的货物，提高运输生产效率。

(四)运输时间

尽量减少客户等待时间是物流工作及时满足客户需要、赢得客户满意的一个重要因素。所以物流经理要想方设法加快货物运输，尽量压缩待运期，使大批货物不致长期徘徊、停留在运输过程中。

(五)运输费用

运输费用占物流比重很大，是衡量运输经济效益的一项重要指标，也是组织合理运输的主要目的之一。运输费用的高低，不仅关系到货主企业的经济核算，而且也影响货物的销售成本，当然，最直接的影响还是运输企业的经济效益，因此制定合理的运输服务价格，是非常重要的。

二、合理运输的主要形式

合理运输的主要形式有以下几种：分区产销平衡合理运输、直达运输、“四就”直拨运输、合装整车运输、提高技术装载量。

(一)分区产销平衡合理运输

这种方式是指在物流活动中，对某种货物使其由一定的生产区固定于一定的消费区。在产销平衡的基础上，按着近产近销的原则，使货物走最少的里程，组织运输活动。

1. 分区产销平衡合理运输方式的优点

这种方式加强了产、供、运、销的计划性，消除过远、迂回、对流等不合理运输，降低了物流费用，节约运输成本及运输耗费。

2. 适用范围及情况

在实际工作中，这种方式适用于品种单一、规格简单、生产集中、消费分散或生产分散、消费集中且调运量大的货物，如煤炭、木材、水泥、粮食、矿建材料等。

(二)直达运输

这是指越过商业物资仓库环节或铁路交通等中转环节，把货物从产地或起运地直接运到销地或客户，减少中间环节的一种运输方式。

1. 直达运输的优点和分工协作要求

这种方式的好处是减少了中间环节，节省了运输时间与费用，灵活度较大。但相对而言对企业各部门分工协作程度的要求较高，企业内部计划、财会、业务、仓库等各个机构应加强联系，建立相应的联系制度来满足其需求。

2. 适用范围及情况

这种方式通常适用于某些体积大、笨重的生产资料运输，如矿石等。对于出口货物也多采用直运运输方式。一些消费品可依货物规格等具体情况的不同，越过不同的中间环节到达批发商或零售商的

手中。

(三)"四就"直拨运输

这种方式是指物流经理在组织货物调运的过程中,对当地生产或由外地到达的货物不运进批发站仓库,而采取直拨的办法,把货物直接分拨给基层批发、零售中间环节。这种方式可以减少一道中间环节,在时间与成本方面收到双重的经济效益。

在实际的物流工作中,物流经理可以根据不同的情况,采取就厂直拨、就车站直拨、就仓库直拨、就车船过载等具体的运作方式。

(四)合整装车运输

这种方式是指在组织铁路货运当中,同一发货人的不同品种发往同一到站、统一收货人的零担托运货物,由物流部门进行组配,放在一个车内,以整车运输的方式托运到目的地;或把同一方向、不同到站的零担货物,集中组配在一个车皮内,运到一个适当的车站再中转分运。采用合整装车运输的方法,可以减少一部分运输费用,节约劳动力。

这种方式主要适用于商业、供销部门的杂货运输。根据不同的实际情况,可采取 4 种做法:主要零担货物拼整车直达运输;零担货物拼整车接力直达或中转分运;整车分卸(二、三站分卸);整装零担。

(五)提高技术装载量运输

这种方式充分利用车船载重吨位和装载容积,对不同的货物进行搭配运输或组装运输,使同一运输工具能装载尽可能多的货物。这种方式一方面最大限度地利用了车船的载重吨位,另一方面充分使用车船的装载容积,提高了运输工具的使用效率。

这种方式的主要做法有以下 3 种:将重货物和轻货物组装在一起;对一些体大笨重、容易致损的货物解体运输,分别包装,使之易于装卸和搬运;根据不同货物的包装形状,采取各种有效的堆码方法。

三、物流中运输不合理的表现及产生源

物流中的运输不合理是指不注重经济效果,造成运力浪费、运费增加、货物流通速度降低、货物损耗增加的运输现象。物流经理应在实际工作中尽量避免不合理运输,力争使其出现的概率降低到"0"。

物流运输不合理的表现主要有以下几种类型:

(一)对流运输

对流运输是指同一种货物或可以相互代用的货物在同一条运输路线或平行运输路线上作相对方向运输的不合理运输方式。它主要有以下两类形式:

1. 明显的对流运输,即在同一运输路线上的对流。

2. 隐含的对流运输,即违反近产近销原则,在平行路线上朝着相对方向的运输。

(二)迂回运输

这是指货物经多余的路线绕道运行的不合理运输方式。由于增加了运输路线,延长了货物在途时间,造成了运力的浪费。

(三)倒流运输

这是指货物从销地向产地或其他地点向产地倒流的不合理运输方式。倒流运输导致运力浪费、增加运费开支等。

(四)重复运输

这是指一种货物本可直达目的地,但因物流仓库设置不当或计划不周使其在中途卸下,导致增加运输环节,浪费运输设备和装卸搬运能力,延长了运输时间的不合理运输方式。

(五)过远运输

这是指相同质量、价格的货物舍近求远的不合理运输方式。即销地应由距离较近的产地购进所需相同质量和价格的货物,但却超出货物合理辐射的范围,从远距离的地区运来,或产地不就近供应,却把产品调到较远的消费地的运输现象。过远运输延长了货物运程和在途时间。

分析造成物流工作中不合理运输的主要原因,首先是在主观上对合理运输的重视不够,不了解所需货物的货源分布,不研究各种运输工具和运输方式的特点及费用情况;其次是受自然条件和地理因素的影响;另外,还有我国目前交通运输条件的紧张所造成的制约因素。

第二节 运输企业物流业务管理

在本节里,我们简单介绍一下交通运输企业(以公路车辆运输为例)的物流业务管理。

一、订单管理

对不同类型的客户订单(预测型订单、确定性订单、二次发运单)进行管理;提供功能强大的查询结构。

1. 对客户的订单进行管理(录入、修改、查询)

2. 订单统计分析,将关键数据传给客户管理

3. 订单分类(预测型订单、确定性订单、二次发运单)

二、外包管理

1. 外包的成本分析

2. 外包价格分析

3. 外包操作管理

4. 外包的信息传递

三、库存管理

1. 出库、入库、盘库管理

2. PDI日常整备

3. 场内维修零备件管理

4. 日报、周报、月报等统计报表分析

四、财务管理

1. 司机借款管理

2. 流水账管理

3. 应收/应付账管理

4. 统计分析(预警信息)

五、场站管理

1. 派车单、客户订单管理

2. 财务出纳资金管理

3. 场站管理(例检、车务、安全、维修)

六、司机管理

1. 聘用管理(招聘管理、解聘管理)

2. 岗位管理(岗位安置、岗位变动)

3. 档案管理(司机档案、历史记录、培训管理)

4. 财务管理(薪资管理、结算管理)

5. 日常管理(业务管理、常务管理)

6. 评估管理(素质评估、技术评估、业务评估)

七、设备管理

1. 车辆自编号管理

2. 维修管理

3. 车辆状态管理

4. 主要部件管理

5. 技术档案管理

八、客户管理

1. 客户自然信息管理

2. 客户业务信息管理

3. 客户资信管理

九、GPS管理与呼叫中心

1. 在途车辆信息

2. 运输里程查询

3. 报警车辆管理

4. 车辆求救

5. 在途调度

6. 客户货物跟踪

7. 信号传输

第三节　运输物流保险

一个企业面对的市场不仅仅局限在国内市场这个小小的空间之内。对于一个力求发展、锐意开拓的企业而言,到国际市场这个大环境中去竞争、营利是更为重要的目标。这就对企业的各个部门在业务运作及整体经营方面提出了更高的要求,即不仅能在国内经营中游刃有余地开展工作,更要具备国际贸易方面的业务知识,作为企业和客户之间连接纽带的物流部门也概莫能外。

在国际贸易中,买卖双方要涉及不同的国家、不同经济状况和管理体制。而且,货物运输线路较长、时间较久、地形和气候复杂、运输工具和装卸搬运繁多,这一切都使货物运输过程中可能遇到各种风险而遭受损失。为了使货物遭受损失后能得到经济上的补偿,由第三者来负责承担风险责任,在货物运输中往往要对所运输的货物进行投保。所以物流经理还必须谙熟货物保险的相关知识,并对其进行相应的管理活动。

一、货物运输保险的保障范围

货物在运输过程中,可能会遇到各种风险,造成货物的不同损失,保险公司并不是对所有风险都予以承保,也不是对一切损失都予以补偿。保险公司只是对保险责任范围风险与损失予以承保和补偿,此外对与货物相关的费用也给予保障。因此,物流经理必须了解保险公司对风险和损失所作的解释与规定。

根据运输方式的不同,货物运输保险可分为海运保险、陆运保险、空运保险和邮包运输保险。在国际贸易中,由于各国地理位置上的原因,以及海运具有运费低廉、运量大等优点,货物运输的大部分是通过海运方式来完成。因此,各种不同运输方式的货物保险,均以海运货物保险为基础。尽管各种货物

保险具体责任有所不同,但保险公司保障的范围基本上是一致的。

海上货物运输保险的保障范围,包括保障的危险、保障的损失和保障的费用3个方面。

(一)保障的危险

保障的危险,是指保险公司承担的风险。海运保险业务中,风险主要有两类:一类是“海上风险”,又称“海难”;另一类是“外来风险”,如表6—5—1所示。

表6—5—1　货物运输中的主要风险与损失

名　称		承　保　范　围
海上风险	自然灾害	恶劣气候、地震、海啸、洪水等自然现象造成的货物损失
	海上意外事故	船舶搁浅、触礁、沉没、互撞、爆炸等意外原因造成的损失
外来风险	一般外来风险	偷窃、雨淋、短量、沾污、渗漏、破碎、串味、受潮、锈损、钩损等外来原因引起风险所造成的损失
	特殊外来风险	战争、罢工、交货不到、拒收等特殊外来原因引起风险造成的损失

(二)保障的损失

保障的损失是指保险公司承保哪些性质的损失。由于是海上货物运输,因此,保险公司承保的损失属于海损,是指被保险货物在海运中由于海上风险造成的损坏和灭失。海损按损失的程度分为全部损失和部分损失;按损失的性质分为实际全损、特定全损、共同海损和单独海损。

(三)保障的费用

保障的费用是指保险公司承保的费用。被保险货物遭遇保险责任范围内的事故,除了能使货物本身受到损毁导致经济损失外,还会产生费用方面的损失,如施救费用、救助费用等,保险公司也给予赔偿。

二、运输投保工作内容

(一)投保险别的选择

企业在投保时,首先需要解决的问题是如何选择投保险别。投保险别选择恰当,可以保证货物获得充分的经济保障,并节省保险费开支。投保险别选择不当,就会使货物在受损时得不到应有的赔偿,或投保了不必要的险别而多支付了保险费用。

确定恰当的投保险别,主要应坚持两个原则:一是保障的充分性,即选择投保险别要考虑货物在运输途中可能遇到的各种风险,使货物能获得充分的经济保障;二是保险费用的节约,即选择投保险别要考虑尽可能节约保险费用,不投保不必要的险别。因此,选择投保险别时应充分考虑货物的性质、包装、用途、运输工具、运输路线、运输的季节、气候以及货物的残损规律等因素。

在进行货物运输投保时,一般应首先在基本险别中选择一种,然后再根据需要加保某些附加险。图6—5—1为中国人民保险公司活动货物基本保险险别。

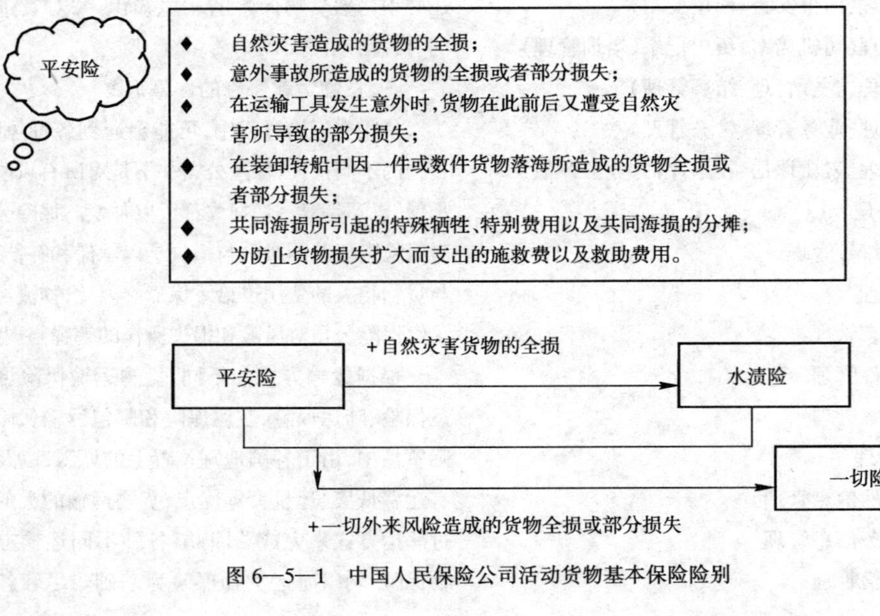

图6—5—1　中国人民保险公司活动货物基本保险险别

(二)投保手续的办理及注意事项

1.投保的手续

当企业需要对一笔货物进行保险时,首先要跟保险公司联系,通常是填制一张投保单,经保险公司接受后就开始生效。保险公司开出保险单以投保人的填报内容为准。填报内容时,对以下项目要写明确:

(1)被保险人名称;

(2)标记;

(3)包装数量;

(4)货物名称;

(5)保险金额;

(6)船名或装运工具;

(7)开航日期;

(8)提单或运单号码;

(9)航程或路程;

(10)承保险别;

(11)赔款地点;

(12)投保日期。

2.投保时的注意事项

(1)投保时所申报的情况必须属实。包括货物的名称、装载的工具以及包装的性质等。因为,保险公司是按照投保人所申报的情况来确定是否接受承保和确定费率的。错误的申报和隐瞒真实情况的,保险公司将在发生损失时拒绝赔偿。

(2)投保的险别、币制与其他条件必须和信用证上所列保险条件的要求相一致。卖方、买方银行在审查出运单证时,对保险单上所列各项内容必须对照信用证,如有不符可以拒绝接受保险单。即使卖方银行未发现不符点而通过,买方银行在审证时还可以拒绝付款。

(3)投保的险别和条件要和售货合同上所列的保险条件相符合,做到重合同、守信用。

(4)投保后发现投保项目有错漏,要及时向保险公司申请更改,特别是涉及保险金额的增减、保险目的地的变动、船名的错误等,都应该马上向保险公司提出,否则会影响保障利益。

三、保险合同的订立

投保人向保险公司提出投保申请,经保险公司同意,由投保人填制投保单并交纳保险费,经保险公司确认后,保险合同即告成立。

(一)保险单的填写

保险单是保险公司与投保人双方拟订保险契约的证明,对双方的权利与义务有明确规定,是赔偿责任的依据。

1.保险单的格式

(1)保险单。也称大保单,是一种正规的保险单,印有保险条款,将保险人与被保险人的责任与义务全部载入,承保指定航程的货物。

(2)保险凭证。也称小保单,是一种简化的保险单,凭证上不印保险条款,而是依照大保单上所载的内容为准。它同保险单具有同样效力。

(3)预约保险单。预约保险单是一种定期统保契约的证明。统保契约是保险人与投保人事先约定对规定范围内的货物统一承保的协议。在每批货物出运时,往往采用起运通知书的形式,由投保人填告保险公司作为每笔承保的证明。

2.保险单的填写

保险单是保险公司与被保险人之间赔偿责任的依据,因此保险公司对出立保险单要有质量要求。填单时要认真负责,尽量避免错误,如发现有错,应修改更正,并加盖"校正章";修改较多或者对保险责任等作重要修改的,应注销后重新出单;保险措词要明确,内容要和发票、提单等有关单证相符,特别是保险条件的用词要肯定恰当,既要写清承保的责任范围,又要正确反映客户对保险的要求;保险单必须整齐清洁,正本、副本都要字迹清楚,避免模糊难认。

(二)保险公司承保程序

1.审核投保单

保险公司接到保险单后应认真审核。主要审查填写的各项内容是否清楚,如有不清楚,需要请投保人写清楚。

2.核定保险费

经办人根据投保内容,按照费率表确定费率并计算出应交的保险费,在投保单上注明,交复核人员审核。

3.编制保险单

投保单审核无误后,根据信用证要求出保险单(或保险凭证)数份(根据需要确定),制单时注意承保险别和分类险别排列顺序(先列主要险,后列特别附加险）。制单完毕，制单人员应在保险单副本留底上签字，同时开出保险费收据。

4．粘贴保险条款和特约条款

对于一些主要险，一般不附贴条款。但对于一些特殊附加险（如拒收险、交货不到险），为使被保险人明确责任，应在保险单上粘贴条款。

5．复核和签章

保险单制成后要进行复核，复核无误，将保险单送负责人或者指定的签章人加盖印章。

6．单据分发

一是将保险单正本和投保人需要的副本连同保险费收据交给投保人；二是公司自留副本两份，一份整理归卷，另一份留作统计或者办理理赔时用；三是将保险费收据一份送财务部门收费入账。

第七篇 第三方物流

第一章 第三方物流概述

第一节 第三方物流的概念

一、第三方物流的产生

近年来,"第三方物流"(Third-Party-Logistics,简称 3PL)成为物流领域一个广泛谈论的话题。外包(Out Sourcing)物流职能的方法最早来自人们对产品的储运。在美国,和邮政、电报、电话一起出现的公共仓库、铁路和商用卡车运输,与工业革命的历史差不多一样长。然而,当前的市场状况正在引起人们对物流职能的高度重视,并再次引起对外包物流的兴趣,以满足多变的市场需求。

"第三方物流"一词于 20 世纪 80 年代中后期开始盛行,当时它是对物流环节的要素进行外包的一个主要考虑方面。在 1988 年美国物流管理委员会的一项顾客服务调查中,首次提到"第三方服务提供者",这种新思维被纳入到顾客服务职能中。它也被用来描述"与服务提供者的战略联盟",尤其指"物流服务提供者"。合同制物流(Contract Logistics)也是指物流职能的外包。从更大范围看,第三方物流不仅仅包括仓储、运输和 EDI 信息交换,也包括订货履行、自动补货、选择运输工具、包装与贴标签、产品组配、进出口代理等。

现在,因为制造商日益关注其基本业务,他们倾向于寻找那些合同制服务的提供者(第三方物流提供者)。第三方提供主要物流职能(运输、仓储、物料管理与辅助性管理)的趋势正在快速上升。这种外包倾向,很大程度上是由于汽车运输业放松管制、大量的仓库/运输供应者业务的不断熟练,以及用户和提供者之间重要的物流与市场信息通讯体系的建立和个人计算机的增长与 EDI 的推广,方便了外包协议的执行。

第三方物流服务的用户与提供者之间的战略联盟、物流伙伴关系均要求彼此有更多的信息公开,从而打破传统的业务关系束缚,从"基于交易上"的业务关系向更为一体的、长期的"伙伴关系"转变。这种业务关系带给双方的明显利益,是系统的可靠性提高、顾客服务的改善以及更有效率的物流成本业绩。

对用户或第三方供应者来说,要摆脱比较传统的"交易"关系的影响是不容易的。在物流领域,第三方物流的应用继续扩大,并在 20 世纪 90 年代不断地融入新的关系、新的手段,以改进分销渠道,满足顾客服务需求。

二、第三方物流服务的提供者

在第三方物流服务领域,众多第三方物流服务的提供者来自各行各业。一般情况下,从事此项经营的公司,其传统背景是公共仓储业、公共交通运输业、经纪业、货运代理业和银行业(由于对加快资金回笼的需要)等。目前,合同制物流服务最大的提供者来自仓储业,这些公司均提供一体化的物流服务,包括运输、仓储、EDI 信息处理等内容,以及其他许多增值服务。

目前随着第三方物流业的兴起,运输业正在经历一场大的变革,成为了第三方物流服务的主要供应商之一。国际上一些提供第三方物流服务的著名运输公司,在开发合同制关系和战略联盟上很积极,如 Leaseway 运输公司、Menlo 物流公司、联邦快递公司、TNT 合同制物流公司等等。

此外,一些制造商为利用自身过剩物流服务的空间与能力,也成为了第三方物流服务提供者。虽然总体上看它们的市场占有率还不大,但他们都在发展并针对有限的顾客提供服务。有些提供者在第三方物流上取得了初步的成功，也有些则如流星般消失。

在国际上，也有些企业受第三方物流快速兴起的影响，试图涉足第三方物流服务，但因为缺乏资金或市场占有率低而夭折。大多情况下，许多试图进入第三方物流服务业者低估了物流工作的复杂性，想当然地简单化，从而带来失败。毫无疑问，物流经营的日益复杂需要专业人士，这种不断增加的复杂性，要求大型制造业应利用专业的第三方物流服务供应者而非继续开发公司内部物流能力，否则因专业化水平低而最终缺乏规模经济。

三、第三方物流服务的用户

第三方物流服务的最大用户群主要是一些大型制造企业。这些公司有一个重要趋向，就是把物流作为一个增值过程来管理，反映了为赢得并保持顾客满意而采取的有力行动，并在灵活性上做了额外的投入，特别是适应特殊的或非常规的需求。因此这些公司力图通过物流的力量获得并保持竞争优势，寻求为其产品或服务增加价值，并通过运作一个有效的物流体系来支持此目标。他们往往通过与第三方物流服务供应者结成战略联盟来改善他们的资产，努力与专业人员或第三方物流供应者一起，确保在满足顾客需求方面的能力。

许多公司在物流方面要么选择一个第三方物流服务供应者，要么是选择很有限的物流服务供应者，这样，可简化流程的管理，而且通过将有限的资源集中于某些业务，使规模经济得以实现。本质上说，物流联盟就是通过“双赢”(Win-Win，即合作双方均受益)，力图使整体的系统产生更高的效率。

随着经济全球化的发展以及不同地区的特殊性，更多公司越来越趋向于委托第三方物流。由于在物流服务方面，小公司自身没有技术或财力去满足需要，大公司既没时间也无专门技术去完成他们要做的每件事。那些想在竞争中占优的公司将不得不向外寻求第三方物流合作。此外，那些业务已经外包的公司也会继续扩大与提高生产能力，这将使他们需要更多的供应商，并为他们的顾客提供更好的服务。

四、第三方物流的概念比较分析

从前面的分析及字面上看，第三方物流是指由与货物有关的发货人和收货人之外的专业物流服务提供企业，即第三方来承担企业物流活动的一种物流形态。在有关专业著作中，将第三方物流供应者定义为：“通过合同的方式确定回报，承担货主企业全部或一部分物流活动的企业”。所提供的服务形态可以分为与运营相关的服务、与管理相关的服务以及两者兼而有之的服务 3 种类型。无论哪种形态都必须高于过去的一般运输业者(Common Carrier)和合同运输业者(Contract Carrier)所提供的服务。

第三方物流在国外也称契约物流，是 20 世纪 80 年代中期才在欧美发达国家出现的概念，目前，国外关于这方面的文章也未确切定义这一术语，只是假设读者对这一论题有一定的理解，如“第三方物流类似于外协或契约物流”、“一个公司通过另一个公司进行全部或部分的物料管理或产品分销”、“外包所有或部分公司的物流功能，相对于基本服务，契约物流服务提供复杂、多功能物流服务，以长期互益的关系为特征”。

另一种看法是，对外委托形态才是真正意义上的“第三方物流”，即由货主企业以外的专业企业代替其进行物流系统设计并对系统运营承担责任的物流形态。这种观念认为，第三方物流与传统的对外委托有着重要的不同之处。传统的对外委托形态只是将企业物流活动的一部分，主要是物流作业活动，如货物运输、货物保管交由外部的物流企业去做，而库存管理、物流系统设计等物流管理活动以及一部分企业内物流活动仍然保留在本企业。同时，物流企业是站在自己物流业务经营的角度，接受货主企业的业务委托，以费用加利润的方式定价，收取服务费。那些能够提供系统服务的物流企业，也是以使用本企业的物流设施，推销本企业的经营业务为前提，而并非是以货主企业物流合理化为目的设计的物流系统。

第三方物流则是站在货主的立场上，以货主企业的物流合理化为系统设计和系统运营管理的目标。而且，第三方物流企业不一定要保有物流作业能力，也就是说可以没有物流设施和运输工具，不直接从事运输、保管等作业活动，只是负责物流系统设计并对物流系统运营承担责任。具体的作业活动可以采取对外委托的方式由专业的运输、仓库企业等去完成。而且，从美国的情况看，即使第三方物流企业保有物流设施，也将使用本企业物流设施的比例控制在两成左右，以保证向货主提供最适宜的物流服务。第三方物流企业的经营效益是直接同货主企业物流效率、物流服务水平以及物流系统效果紧密联系在一起的。

上述种种观点的差异，实际上也是对现实中和第三方物流形态多样性的一种反映。其实，即使在发达国家，货主企业物流对外委托的内容大多还只是停留在物流作业活动上，物流系统设计可以委托物流咨询公司来做，系统的运营、管理仍然由货主企业自己承担。标榜自己是第三方物流企业的也有各种各样的经营方式，能够站在货主角度提供从系统设计、计划、管理到实施全面个性物流服务的第三方物流企业还不多。

"第三方物流"这一术语传到我国，只是近几年的事，我国作为一个发展中国家，物流研究起步比较晚，物流企业的服务体系也很不完善，真正的第三方物流合作更少。20 世纪 90 年代中后期，我国理论界和实际工作者也开始了对第三方物流的探索，从不同角度，不同侧面做了大量的工作，但仁者见仁、智者见智，直至目前，也没有一个得到各方认可的概念，对这个概念的理解也是莫衷一是，如物流社会化、第三方后勤等。

分析第三方物流的特点，我们认为：第三方物流是第三方物流提供者在特定的时间段内按照特定的价格向使用者提供从系统设计、计划、管理到实施全面个性化的系列物流服务，这种物流服务是建立在现代电子信息技术基础上的，企业之间是联盟关系。这个定义包含以下几方面的含义：

1. 第三方物流是合同导向的一系列服务

第三方物流有别于传统的外协，外协只限于一项或一系列分散的物流功能，如运输公司提供运输服务、仓储公司提供仓储服务，第三方物流则根据合同条款规定的要求，而不是临时需求，提供从系统设计、计划、管理到实施的多功能，甚至全方位的物流服务。依照国际惯例，服务提供者在合同期内按提供的物流成本加上需求方毛利额的 20% 收费。

2. 第三方物流服务具有个性化物流服务特征

许多第三方物流公司的服务对象并不多，只有一家或数家，但服务时间却较长，往往长达几年，这有异于公共物流服务——"来的都是客"。如食品业著名的第三方物流服务商夏辉集团，其主要面向全球麦当劳食品连锁集团提供物流服务。这是因为各个行业与各个企业物流服务需求方的业务流程各不一样，而物流、信息流是随价值流流动的，因而要求第三方物流服务应按照客户的业务流程来定制，这也表明物流服务理论从"产品推销"发展到了"市场营销"阶段。

即使服务于多家企业的大型第三方物流服务商，其服务的营业范围也是有限的，因为第三方物流服务市场需求是复杂的，任何一家第三方物流服务商难以做到对各个行业的物流服务都能专业化和规模化。如机械制造业物流服务、电子产品物流服务、快速消费品物流服务、化工产品物流服务、钢材产品物流服务、海鲜品物流服务等物流服务的专业要求是完全不一样的。因此第三方物流服务商应力求提供个性化物流服务，提高专业化与规模化效益，而不是搞大而全、小而全。这也是一些国际著名的第三方物流服务商也难以占有绝对的市场份额的原因。

3. 第三方物流以现代电子信息技术为基础

信息技术的发展是第三方物流出现的必要条件，信息技术实现了数据的快速、准确传递，提高了仓库管理、装卸运输、采购、订货、配送发运、订单处理的自动化水平，使订货、包装、保管、运输、流通加工实现一体化；企业可以更方便地使用信息技术与物流企业进行交流和协作，企业间的协调和合作有可能在短时间内迅速完成；同时，电脑软件的飞速发展，使混杂在其他业务中的物流活动的成本能被精确计算出来，还能有效管理物流渠道中的商流，这就使企业有可能把原来在内部完成的作业交由物流公司运作。常用于支撑第三方物流服务的信息技术有：实现信息快速交换的 EDI 技术、实现资金快速支付的 EFT 技术、实现信息快速输入的条码技术和实现网上交易的电子商务技术、实现信息化管理的软件技术与信息系统等。

4. 企业之间是联盟关系

依靠现代电子信息技术的支撑，第三方物流的企业之间充分共享信息，这就要求双方能相互信任，才能达到比单独从事物流活动所能取得更好的效果,而且,从物流服务提供者的收费原则来看,它们之间是共担风险、共享收益;再者,企业之间所发生的关联既非仅一两次的市场交易,又在交易维持了一定的时期之后,可以相互更换交易对象,在行为上,各自不完全采取导致自身利益最大化的行为,也不完全采取导致共同利益最大化的行为,只是在物流方面通过契约结成优势相当、风险共担、要素双向或多向流动的中间组织,因此,企业之间是物流联盟关系。

第二节　第三方物流的经济学意义

一、引　　言

物流理论是经济学领域中的重要研究课题,在实践中存在着巨大的尚待挖掘的潜能。随着市场竞争的日趋激烈,每一企业都面临着缩短交货期、控制库存、降低成本和改进服务的压力,第三方物流以其独立化、专业化的特征改变了传统的物流模式,并为企业加强 JIT 管理、提高竞争力创造了条件。这种新的物流模式在经济学上也有其重要意义。

如今越来越多的人已将有效的物流管理视为企业获得竞争优势的重要的战略手段。第三方物流具有问世时间短、独立性强、专业化突出等特点,在实践中显示出广阔的发展空间。现代企业生产社会化的发展趋势要求社会化的大物流与之相适应,同时为社会化的大物流创造条件。社会化的大物流已拓展到包装、配货、加工、配送、信息处理等多项增值服务,从而涉及生产、流通和消费的全过程。应当承认,随着大机器工业的到来,工业时代精细的分工相对于早期农业、手工业式的粗放经营,是一种历史性的进步。亚当·斯密以来的许多经济学家的各种经济理论与各国经济发展的实践都证明了精细分工在提高生产效率方面所体现出的巨大优势。然而,现代生产企业却又在时效性受到制约的另一面反映这种精细分工存在的问题。在这种分工体系下,每一组织或职能部门只是完整流程的一部分,各组织部门被限定在从事专门业务活动的特定单元之中,各单元间的联系与沟通受到各种条件的限制,其结果是各组织部门“只顾自扫门前雪,不管他人瓦上霜”。表面上看这种分工在各业务单元中是合理而高效的,但事实上一个原本应为完整的业务流程却被若干个职能部门分割得支离破碎,高额的物流成本使得企业的生产与流通存在着巨大的浪费。这些问题的存在迫使人们在社会化大生产的总体框架下,重新考虑新的物流模式的建设问题。

二、第三方物流为工业企业挖掘第三利润源泉

第三方物流提供了一种新型的物流协作模式,使供应链的小批量库存变得更加经济,而且还能制造出比供方和需方采用自我物流服务系统运作更快捷、更廉价、更安全和更高服务水准的物流服务。对于一般生产企业而言,库存相关成本是企业全部成本的重要组成部分,它由订货处理成本与库存保持费用构成,而这两种成本又是此消彼长的关系,在传统的物流模式中,其矛盾难以调和:订货量越大,单位订货处理成本就越低,但库存保持费用越高;反之,每次订货批量越小,库存保持费用就越低,但单位订货处理成本越高。于是,企业需借助于数学方法求得经济订购量。

在第三方物流服务有效发挥作用时,通过信息系统的信息流快速传递与信息共享,通过物流作业现代化使物流配送实现 JIT,从而使企业可以实现按订单组织生产,实现按大规模定制组织生产,从而使得企业仓库储存量大幅度降低,而即使仓库中拥有为满足生产连续性而保留的最小库存量,也是按企业订单而组织的原材料采购,从而使不按订单采购的库存量降到零,实现理论上的零库存,进而使库存处理费用与保持费用达到理论上的零。这将促使微观经济学理论发生根本变革。

如上所述,随着信息化的发展及电子商务的应用,最终的结果是:企业在降低物流成本中将实现根本性的突破,并带来微观经济学理论的变革,从而也将影响宏观经济理论发生变化。正因为如此,第三方物流蕴藏着极大的发展潜力,得到了全球诸多企业的普遍关注。

目前世界范围内第三方物流业务发展得十分迅猛,欧美等发达国家的物流管理与技术已日臻完善,实现了物流系统设计合理化、仓储管理自动化、运输高效化、装卸分拣机械化、包装标准化、加工配送一体化、信息管理网络化。

三、第三方物流将大幅降低社会物流运作成本

目前,我国物流业的发展尚处于起步阶段,与世

界上发达国家的企业相比，尚有很大差距。据有关调查资料统计，目前德国的物流成本已下降到国民生产总值的10%左右，日本则下降到6.5%，而我国的物流成本却占国民生产总值比重20%以上（上述调查资料由于样本与统计口径的不一致，不便于简单比较，也存在较大的误差，仅作为参考比较分析）。而在我国企业的全部物流中，第三方物流所占比重又明显偏低。据中国仓储协会于2000年3～4月对全国范围内的供求状况进行的调查，生产企业原材料的物流中，第三方承担的比例仅为18%，而商业企业物流中第三方承担得更少，仅占总比例的5.9%。这种现象的存在，一方面，说明许多工商企业仍受"大而全、小而全"思想及纵向一体化模式的约束，从"肥水不流外人田"的角度思考问题，宁愿自己设置仓储库房、运输车队、包装和加工车间从事物流活动，宁愿承担高额费用和各种风险，也不愿将业务转包给第三方；另一方面，说明第三方物流在我国还远不成熟，尚缺乏将物流管理单项功能进行集成化、专业化管理的经验，存在着信息不灵准、运输不快捷、仓储设备不完善、服务质量不过关等问题，还没有将制造商与购买方信息集合在一起并快速有效处理的能力。

此外，目前第三方物流无论依托的是下游的零售商业企业还是上游的生产企业，是成为众多零售店铺的配送、加工中心还是立足于生产企业的物流代理，都会面对许多复杂的问题，如合作伙伴为保守经营秘密，不愿将其有关生产及销售的资料、经营中的困难、未来的发展计划、预计生产或销售量等关键信息提供给物流代理方，使物流代理方难以设计出合理的方案。

要解决这些问题，需从两方面着手：首先，第三方物流组织必须加强自身建设，应拓宽业务范围，充分运用电子商务技术，建成跨区域甚至跨国界的信息网、储运网，使商流、信息流、存货流、货币流的流向和流速符合国际标准，更符合客户的要求。这就要求第三方物流必须从合作伙伴生产经营中各环节的各种利益角度思考问题，以即时、准确、高效取信于协作对象，使之在物流时间、质量成本、服务等各种因素的对比中，得出有必要与第三方物流合作的结论。其次，生产企业必须转变观念，重新认识第三方物流存在的特殊意义。

即时（JIT）物流配送管理是当今世界物流管理的极为重要的理念。生产企业JIT的核心内容就体现在JIT采购、JIT送料、JIT制造和JIT配送几个方面。JIT管理的目的就在于实现零库存、零距离和零运营资本。而第三方物流恰恰能为企业的JIT管理创造条件，通过第三方物流，企业可在更广阔的视角范围内了解各地市场趋势及销售状况，调整生产、经营计划，使自己与第三方物流的关系亲如一个企业，成为相互支持、相互信任、利润均沾的双赢共同体。

四、第三方物流将成为新的经济增长点

经济增长点，又称经济增长极，是经济增长的拉动力量。国民经济的持续发展，必须不断培育新的经济增长点。作为新的增长点，应该是处于成长期的新兴产业，本身具有强大的市场需求和合理的产出机制，对其他相关产业具有明显的带动作用，通过对新的经济增长点的培育，将会对整个国民经济产生全局性影响。第三方物流产业无疑具有上述的特征，有望成为新的经济增长点，促进国民经济的快速发展趋势。

进入20世纪80年代以来，美、日、欧等发达国家开始了一场对各种物流功能、要素进行整合的"物流革命"。首先，是企业内部物流资源整合和一体化，形成了以企业为核心的物流系统，物流管理也随之成为企业内一个独立的职能部门。之后，物流资源整合和一体化扩展到企业之间相互联系、分工协作的整个产业链条，形成了以供应链管理为核心的物流系统，出现了为工商企业和消费者提供专业化服务的"第三方物流企业"。从而现代物流以其加速周转、降低成本、提高质量的系统集成功能，逐步从各经济部门中分离出来，成为一门独立的产业。

目前，美、日、欧等发达国家和地区已经形成了由完善的物流基础设施、高效的物流信息平台和比较发达的第三方物流企业组成的社会化物流服务体系，以第三方物流服务为基础的现代物流产业对社会、经济发展的贡献越来越大。据专家统计，美国20年前物流支出占GDP的比重为14.4%，2000年降为10.1%，物流产业的规模已达到1万亿美元。日本在近20年内，物流产业每增长2.6个百分点，经济总量就增加 1%。在荷兰，鹿特丹港的直接雇员有 13 万人，间接雇员达到 60 万人，该港年产值占荷兰 GDP 的 12%。美国联邦快递全球网络雇员有 14.5 万人，与全球上百万顾客保持着密切的联系，日处理和配送货物能力达到 330 万件。美国密歇根州立大学的一项研究表明，目前全球物流市场总额已达到 2.89 万亿美元。这个巨大的物流市场不但为世界范围内的生产和建设提供了物质前提和交易保障，而且通过充分实现商品的时间价值和空间价值，使商品的价值和使用价值得以充分实现，并推动着社会生产方式、流通方式以至于人民生活方式的改变。可以说，处于成长与发展时期的以第三方物流服务为基础的现代产业，符合先进生产力发展的要求，已成为衡量一个国家现代化程度和综合国力的重要指标和现代经济的"加速器"。

我国蕴藏着发展第三方物流产业的巨大潜力。我国的物流产业属于起步阶段，物流作业成本高、周转慢、库存大、效率低。业内专家估计我国物流成本占 GDP 比重在 20%以上，有资料显示，在我国目前工业企业生产中，直接劳动成本占总成本的比重不到 10%，而物流费用占总成本的比重，从账面看约为 40%；2000 年我国工业企业流动资金年周转速度为 1.62 次。而日本制造业的年均周转速度为 15～18 次，一些知名的跨国连锁企业，如沃尔玛、家乐福等已达到 20～30 次；据统计，到 2000 年底，我国库存商品沉淀的资金高达 4 万亿元，占当年 GDP 近 50%。目前国际公认的库存商品与 GDP 的比例，发达国家一般不超过 1%，发展中国家也不过 5%；有专家估算，我国仅汽车空驶率就高达 37%，一件商品从生产出来到消费者手中，要经过十几次的搬动、装卸，长时间的储存、保管，因此造成的全国物资损耗约在3 000亿元以上。

要改变上述状况，必须大力发展第三方物流。有资料显示，美国、日本等国家使用第三方物流企业的比例已达 30%以上。而在我国的工业企业中，把原材料物流交给第三方物流的占 18%，把销售物流交给第三方的仅占 16%。这些方面的明显差距，正是我国第三方物流产业发展的巨大潜力。

我国目前已经具备了加速发展第三方物流产业的基本条件。我国物流需求量大，在向"经济大国"迈进的过程中，我国正在成为"物流大国"。在物流基础设施方面也发展很快，按照 2000 年的统计，我国铁路营业里程 5.87 万 km，公路里程 140.27 万 km，内河航道里程 11.93 万 km，民航里程 150.29 万 km，管道运输里程 2.47 万 km；电信网络干线光缆超过 30 万 km；仅商业、粮食、物资、供销和外贸等流通领域的仓库面积就达 3 亿多 m^2；我国自主开发研制的各种包装设备和搬运机械设备分别多达数百种，仅搬运机械设备制造业的年产值就达 400 亿～500 亿元。这些基础设施的提升改造，整合集成，是发展第三方物流的重要基础和条件。在我国第三方物流市场需求方面，目前第三方物流的市场主体正在形成，据美智管理顾问公司与中国物流与采购联合会的联合调查，2001 年我国第三方物流市场规模已经达到 400 亿元人民币以上，并以每年 25%的速度高速增长。

另一方面，我国多种所有制形式的第三方物流企业发展较快，主要由三部分组成：第一部分是国际物流企业，如马士基、总统轮船、宅急送等；第二部分是由国内运输、仓储、物资流通及货代等传统企业转变形成的物流企业，如中远、中储、中外运等；第三部分是新兴的专业化物流企业等。

发展第三方物流产业，对其他相关产业和国民经济全局的带动作用明显。第三方物流从纵向看，涉及运输、储存、装卸、搬运、包装、流通加工、配送、信息处理以及为以上各个环节提供装备和配套服务的诸多领域，其本身就是一个庞大的系统；从横向看，第三方物流服务几乎涉及国民经济的各个方面，是一个跨行业、跨部门、跨地区的基础性产业，具有强大的经济渗透能力与带动效应。发展我国现代物流产业，将会带动新一轮物流基础设施、技术改造、技术创新投资；将会带动机械、电子、信息、通讯、互联网络等行业的进一步发展；将会促进我国产业结构、产品结构、企业组织结构的调整与变化；将会推动流通领域的现代化，提升消费服务水平，有利于扩大内需和提高人民生活质量。

如上所述，我国第三方物流产业的发展，具有巨大潜力和广阔前景，而且正处于有利时机，只要采取切实措施，消除障碍，调动各方面积极性，制定好促进第三方物流发展政策，第三方物流必将成为国民经济新的增长点。

第三节　第三方物流如何创造价值

一、第三方物流创造利润的来源

第三方物流发展的推动力就是要为客户及自己创造利润。第三方物流公司必须以有吸引力的服务来满足客户需要，服务水平必须符合客户的期望，要使客户在物流方面得到利润，同时自己也要获得收益，因此，第三方物流公司必须通过自己物流作业的高效化、物流管理的信息化、物流设施的现代化、物流运作的专业化、物流量的规模化来创造利润。

1. 作业利益：第三方物流服务首先能为客户提供"物流作业"改进利益。第三方物流公司可以通过第三方物流服务，提供给客户自己不能自我提供的物流服务或物流服务所需要的生产要素，这是产生物流外包并获得发展的重要原因。在企业自行组织物流活动情况下，或者局限于组织物流活动所需要的专业知识，或者局限于自身的技术条件，是企业内部物流系统难以满足自身物流活动的需要，而企业自行改进或解决这一问题又往往是不经济的。物流作业的另一个改进就是改善企业内部管理的运作表现，增加作业的灵活性，提高质量和服务、速度和服务的一致性，使物流作业更具效率。

2. 经济利益：第三方物流服务为客户提供经济或与财务相关的利益是第三方物流服务存在的基础。一般低成本是由于低成本要素和规模经济的经济性而创造的，其中包括劳动力要素成本。通过物流外协，可以将不变成本转变成可变成本，又可以避免盲目投资而将资金用于其他用途从而降低成本。

稳定和可见的成本也是影响物流外协的积极因素，稳定成本时的规划和预算手续更为简便。一个环节的成本一般来讲难以清晰地与其他环节区分开来，但通过物流外协，使用第三方物流服务，则供应商要申明成本和费用，成本的明晰性就增加了。

3. 管理利益：第三方物流服务给客户带来的不仅仅是作业的改进及成本的降低，还应该给客户带来与管理相关的利益。正如前面所述，物流外包可以使用企业不具备的管理专业技能，也可以将企业内部管理资源用于别的更有利可图的用途中去，并与企业核心战略相一致。物流外包可以使公司的人力资源更集中于公司的核心活动，而同时获得的是别的公司(第三方物流公司)的核心经营能力。

此外，如单一资源和减少供应商数目所带来的利益也是物流外包的潜在原因，单一资源减少了公关等费用，并减轻了公司在几个运输、搬运、仓储等服务商间协调的压力。第三方物流服务可以给客户带来的管理利益还有很多，如：订单的信息化管理、避免作业中断、运作协调一致等。

4. 战略利益：物流外包还能产生战略意义，即灵活性，包括地理范围块度的灵活性(设点或撤销)及根据环境变化进行调整的灵活性。集中主业在管理层次与战略层次高度一样具有重要性。共担风险的利益也可以通过第三方物流服务来获得。

二、第三方物流运作价值

第三方物流服务供应商面临着的挑战是要能提供比客户自身物流运作更高的价值。他们不仅考虑同类服务的提供者的竞争，还要考虑到潜在客户的内部运作。第三方物流提供商一般需要从提高物流运作效率、与客户运作的整合、横向或者纵向整合、发展客户运作四方面创造运作价值。

(一)提高运作效率

物流运作效率的提高意味着对每一个最终形成物流的单独活动进行开发(如：运输仓储等)。例如：仓储的运作效率取决于足够的设施与设备及熟练的运作技能。在作业效率范围内另一个更先进的作用是协调连续的物流活动。除了作业技能外，还需要协调和沟通技能。协调和沟通技能在很大程度上与信息技术相关联，因为协调与沟通一般是通过信息技术这一工具来实现的。如果存在着有利的成本因素，并且公司的注意力集中在物流方面，那么用较低的成本提供更好的服务是非常有可能的。

(二)客户运作整合

第三方物流服务带来增值的另一个方法是引入多客户运作，或者是在客户中分享资源。例如，多客户整合的仓储和运输网络，可以利用相似的结合起来的资源，整合的运作规模效益成为提高效率的重要方面。第三方物流整合运作的复杂性很高，需要更多的信息技术与技能。这一整合增值方式对于单个客户进行内部运作的很不经济的运输与仓储网络也适用。因此表现出来的规模经济效益是递增的，如果运作得好，将导致竞争优势及更大的客户基础。当然，一些拥有大量货流的大客户也常常投资协调和沟通技能及其资产，自行整合公司的物流资源。

(三)横向或者纵向整合

前面讨论的主要是第三方物流客户的内部运作外包化带来的效率的提高，其实从第三方物流服务供应商角度，也需要进行资源整合、业务外包。对于资产主要是以管理外部资源为主的第三方物流服务提供商，这类公司为客户创造价值的技能是强有力的信息技术和物流规划管理与实施等技能，它可以通过纵向整合，购买具有成本和服务优势的单项物流功能作业或资源，发展同单一物流功能提供商的关系，也是创造价值的一种方法，这样，物流供应商可以专注于自己和新的能力的服务。在横向上，第三方物流公司如果能够结合类似的但不是竞争的公司，可以联合为客户服务，扩大为客户提供服务的地域覆盖面。

(四)发展客户运作

第三方物流公司为客户创造价值的另一类方式是通过发展客户公司及组织运作来获取价值，这种第三方物流服务基本上接近传统意义上的物流咨询公司所做的工作，不同的是这时候提出的解决方案要由物流供应商自己来开发，完成运作。增值活动中的驱动力在于客户自身的业务过程，所增加的价值可以看做愿与供应链管理与整合。

三、第三方物流的成本价值

在竞争激烈的市场上，降低成本、提高利润率往往是企业追求的首选目标。这也是物流在20世纪70年代石油危机之后其成本价值被挖掘出来作为“第三利润源泉”受到普遍重视的原因。物流成本通常被认为是企业经营中较高的成本之一，控制物流成本，就等于控制了总成本。完整的企业物流成本，应该包括物流设施设备等固定资产的投资、仓储、运输、配送等费用(即狭义的物流费用)，以及为管理物流活动所需的管理费、人工费和伴随而来的信息传递、处理等所发生的信息费等广义的物流费用。在衡量物流成本的增减变动时，应全面考虑所有这些有关的费用构成的物流总成本，而不能仅以运输费用和仓储费用的简单之和作为考察物流成本变动的指标，否则企业在进行物流成本控制或采用第三方物流后，最终核算时有可能会得出企业物流成本不降反升的错误结论。

企业将物流业务外包给第三方物流公司，由专业物流管理人员和技术人员，充分利用专业化物流设备、设施和先进的信息系统，发挥专业化物流运作的管理经验，以求取得整体最优的效果，企业可以不再保有仓库、车辆等物流设施，对物流信息系统的投资也可转嫁给第三方物流企业来承担，从而可减少投资和运营物流的成本；还可以减少直接从事物流的人员，从而削减工资支出；提高单证处理效率，减少单证处理费用；由于库存管理控制的加强可降低存货水平，削减存货成本；通过第三方物流企业广泛的节点网络实施共同配送，可大大提高运输效率，减少运输费用等等。这些都是第三方物流能够产生的成本价值。对企业而言，应建立一套完整的物流成本核算体系，以便真实地反映企业实施物流控制或采用第三方物流所带来的效益，促使企业物流活动日趋合理化。

四、第三方物流的服务价值

在社会化大生产更加扩大，专业化分工愈加细化的今天，服务成为企业竞争的关键因素。以最小的总成本提供预期的顾客服务已成为企业努力的方向，帮助企业提高顾客服务水平和服务质量也正是第三方物流所追求的根本目标。服务水平的提高会提高顾客满意度，增强企业信誉，促进企业的销售，提高利润率，进而提高企业市场占有率。在市场竞争日益激烈的今天，高水平的顾客服务对于现代企业来说是至关重要的，它是企业优于其同行的一种竞争优势。物流能力是企业服务的一大内容之一，会制约企业的顾客服务水平。例如，在生产时由于物流问题使采购的材料不能如期到达，也许会迫使工厂停工，不能如期交付顾客定货而承担巨额违约金，更重要的是会使企业自身信誉受损，销量减少，甚至失去良好的合作顾客。这就是为什么现代企业如此重视服务、重视物流的原因之一。物流服务水平实际上已成为企业实力的一种体现。而第三方物流在帮助企业提高自身顾客服务水平上自有其独到之处。利用第三方物流企业信息网络和节点网络，能够加快对顾客订货的反应能力，加快订单处理，缩短从订货到交货的时间，进行门对门运输，实现货物的快速交付，提高顾客满意度；通过其先进的信息技术和通讯技术可加强对在途货物的监控，及时发现、处理配送过程中的意外事故，保证订货及时、安全送达目的地，尽可能实现对顾客的承诺；产品的售后服务、送货上门、退货处理、废品回收等也可由第三方物流企业来完成，保证企业为顾客提供稳定、可靠的高水平服务。

企业对物流的控制和管理，实际上就是成本与服务之间的一种均衡，而且在市场环境下，服务甚至比成本更重要。现代企业必须充分认识到顾客服务的重要性，在考虑是否采用第三方物流时，应处理好成本与服务的均衡问题，不应一味追求物流成本的削减，即使在企业自己从事物流时也应如此。因为低成本往往容易导致低服务，过分压价，会使第三方利益受损，无力通过自身积累来扩大规模，也就无力给企业提供更好的服务，反过来也会损害企业自身的长远利益。应该说只要企业顾客服务水平的提高所带来的效益大于其成本支出，那么这种决策就是可取的。只有当企业采用第三方物流后既增加成本，服务水平又不见有提高甚至下降时，企业才应该重新决策。

五、第三方物流的风险分散价值

企业如果自己运作物流，要面临两大风险，一是投资的风险，二是存货的风险。前面我们已经说过，企业自营物流是要进行物流设施、设备的投资的，如建立或租赁仓库、购买车辆等。这样的投资往往比较大，而如果企业物流管理能力较低，不能将企业拥有的物流资源有效协调、整合起来，尽量发挥其功用，致使物流效率低下，物流设施闲置，那么企业在物流上的投资就是失败的，这部分在物流固定资产上的投资将面临无法收回的风险。另一方面，企业由于自身配送能力、管理水平有限，为了及时对顾客订货做出反应，防止缺货和快速交货，往往需要采取高水平库存的策略，即在总部以及各分散的订货点处维持大量的存货。而且一般来说，企业防止缺货的期望越大，所需的安全储备越多，平均存货数量也越多。在市场需求高度变化的情况下，安全库存量会占到企业平均库存的一半以上，对于企业来说就存在着占用大量资金的风险。尽管存货属于流动资产的一种，但它不仅不是马上就能动用的资产，而且它还需要占用大量资金。存货越多，变现能力往往越弱，企业资金越少。而且随着时间的推移，存货有贬值的风险。在库存没有销售出去变现之前，任何企业都要冒着巨大的资金风险。企业如果通过第三方物流企业进行专业化配送，由于配送能力的提高，存货流动速度的加快，企业可能减少内部的安全库存量，从而减少企业的资金风险，或者把这种风险分散一部分给第三方物流企业。

六、第三方物流的竞争力提升价值

企业利用第三方物流，可使自身专注于提高核心竞争力。生产企业的核心能力是生产、制造产品，销售企业的核心能力是销售产品。而且随着外部市场环境的变化，企业的生产经营活动已变得越来越复杂。一方面，企业需要把更多的精力投入到自己的生产经营当中；另一方面，企业交往的对象更多了，所要处理的关系也更为复杂，在处理各种关系和提高自身核心能力上，企业的资源分配便会出现矛盾。如果将企业与顾客间的物流活动转由第三方物流企业来承担，便可大大降低企业在关系处理上的复杂程度。企业通过采用第三方物流后，原来的直接面对多个顾客的一对多关系变成了直接面对第三方物流的一对一关系，企业在物流作业处理上避免了直接面对众多顾客打交道而带来的复杂性，简化了关系网，便于将更多精力投入到自身的生产经营中。

此外，作为第三方物流企业，可以站在比单一企业更高的角度上来处理物流问题，通过其掌握的物流系统开发设计能力、信息技术能力将原材料供应商、制造商、批发商、零售商等处于供应链上下游的各相关企业的物流活动有机衔接起来，使企业能够形成一种更为强大的供应链竞争优势，这是个别企业所无法实现的工作。

在专业化分工越来越细的时代，再有实力的企业也不可能面面俱到，什么都做得很好。把自己较不擅长的部分，或者说不是自己核心能力的部分交给第三方来承担，扬长避短，实际上就使得企业和第三方物流各自的优势得到强化，既能促使企业专注于提高自身核心竞争力，有助于企业的长远发展，又有利于带动物流行业整体的发展。

七、第三方物流的社会效益

第三方物流还具有为大多数人所忽视的价值，即其社会效益。首先，第三方物流可将社会上众多的闲散物流资源有效整合、利用起来。在过去的计划经济体制下，受大而全、小而全思想的影响，我国很多企业都建有自己的仓库、车队，而且往往存在仓储设施老化、仓储管理人员素质低下等问题。企业各自进行着分散存储，导致物流设施使用低效，有的企业仓库不足，需扩建，而有的企业仓库则大量闲置、浪费，造成社会物流资源的不合理配置；自行组织运输则使运输效率低下，社会运力得不到有效利用，车辆空驶现象普遍，运输成本高。而且企业由于受到原有一套物流系统的限制，很难依靠自身力量来进行更新改造，强化物流管理。而通过第三方物流企业专业的管理控制能力和强大的信息系统，对企业原有的仓库、车队等物流资源进行统一管理、运营、组织共同存储、共同配送，将企业物流系统社会化，实现信息、资源的共享，则可从另一个高度上极大地促进社会物流资源的整合和综合利用，提高整体物流效率。

其次，第三方物流有助于缓解城市交通压力。通过第三方物流的专业技能，加强运输控制，通过制定合理的运输路线，采用合理的运输方式，组织共同配送、货物配载等，可减少城市车辆运行数量，减少车辆空驶、迂回运输等现象，解决由于货车运输的无序化造成的城市交通混乱、堵塞问题，缓解城市交通压力。由于城市车辆运输效率的提高，可减少能源消耗，减少废气排放量和噪声污染等，有利于环境的保护与改善，促进经济的可持续发展。

再次，第三方物流的成长和壮大可带动中国物流业的发展，对中国产业结构的调整和优化有着重要的意义。

第四节　我国第三方物流产生的背景

第三方物流在我国的兴起来之不易。大家知道，我国物流学是20世纪70年代末兴起的。自那时起，无论是物流学术界还是物流实业界，无论是政府还是企业，都为物流带来的发展倾注了不少心血和精力。各种各样的物流研讨会、各个地方大大小小配送试点，大家都奋力想创造物流业的辉煌。但是，经过十几年的努力，不但第三方物流没有出现，连配送试点也最后名存实亡了，但是到了20世纪90年代中期，正当人们对物流业悲观失望之际，第三方物流却悄悄地从东南沿海城市诞生出来，而且逐渐发展壮大，蔓延到全国，直到形成现在的这股“第三方物流”热。这段历史，可以说是第三方物流的诞生史，仔细回顾这段历史，是耐人寻味的，人们从中可以得到许多的启示。不是什么时候什么地方随随便便就可以产生第三方物流来的，第三方物流的兴起需要有一定的基础条件和一定的环境因素。这些条件不具备，花再大的力气，它也出不来，这些条件具备了，你不叫它来，它也必然会来。可以说我国第三方物流的诞生，实属水到渠成，有它的必然性。我们可以从以下几方面分析我国第三方物流的产生背景及其给我们的启示。

一、我国国民经济高速发展

我国自改革开放以来，国民经济就走上了持续稳定高速发展的道路，年均增长8%以上，而从全国看，发展最快的又是我国东南沿海一些省市，他们利用国家给经济特区等一系列优惠政策，大力改革开放，发展经济，率先实现经济的超常规大幅度增长，其中出现了一批大型实力企业，像海尔、宝洁、IBM等。经济的大幅增长，必然导致巨大的物质产品的流动，也就必然导致物流量的增加。这是经济发展的必然规律，也是物流业成长的必然规律。20世纪50年代的日本就是这样，他们那时国民经济的年增长率就是百分之七八左右，物资要运到日本全国各地、世界各地，或者从各地把货物运进来，它们自然要从流通领域去挖掘利润源泉，于是走开发物流的路子。现在的中国也走到了这个阶段，经济年均增长率达8%左右，物质产品数量巨大，市场范围宽广，物流的需求量猛增，对物流业的发展提出了迫切的希望。到了这个阶段，物流业的发展成了生产发展的瓶颈，如果再不发展物流业，则必然制约生产的发展。所以，这时要继续发展生产，就必须要发展物流业。

反过来，如果没有经济的高速的发展，就没有物流业发展，也就不可能出现第三方物流。如20世纪90年代初我们在内地推行配试点时，就出现由于物流量小，一辆车子送一圈货，连汽油费都收不回来的情况，有的企业连工资都发不出，谁还有能力去搞配送？因此，搞配送、搞第三方物流，其前提条件，就是企业要有一定规模的物流量，而要有规模物流量，就意味着企业要有一定的市场。市场覆盖面越大，规模物流量就越大，配送和第三方物流等物流技术就越有用武之地，带来的效益也就越显著。而要做到市场覆盖面大，规模物流量大，就需要社会需求量大，只有这样，既有较大的供应，又有较大的需求，才有较大的市场，才可能发展配送和第三方物流，没有这些条件，即使勉强把配送、第三方物流实行起来，最后还是要垮的。

二、改革开放的结果

可以说，我国第三方物流的诞生是改革开放的结果，跟改革开放有直接的关系。我国第三方物流企业是20世纪90年代中期首先由一些国内的外资企业率先促成的，人们不难从我国第三方物流的产生过程看出它有3个特点：第一，它们是从东南沿海一些改革开放程度比较高的省市首先实行起来；第二，它首先是由像宝洁、IBM等这样一些国外的大公司促成我国的一些企业实行起来的；第三，第三方物流公司的业务最先也主要是为国外这些大公司服务的物流业务。国外某些大公司得益于中国的改革开放，他们在中国国内开办了一些公司，这些公司有一些实力产品，在中国市场需求量也大，市场覆盖面广，而且和国际市场紧密相连，因此物流量很大，靠他们自身来开拓中国的物流市场，进行物流处理，难度较大，也不合算。所以比较聪明的办法就是委托中国的一些企业来为他们完成物流业务。第三方物流的概念他们在20世纪80年代就有了，第三方物流的模式在他们看来已经很成熟了。他们很明白第三方物流所能够带来的效益，因此他们实际上是坚定不移地把第三方物流公司的模式灌输给了他们所委托的、当时还不太懂第三方物流的中国物流企业，使得中国早期的第三方物流公司由不懂、不成熟，到慢慢地成熟起来，变成了中国最早的第三方物流公司。广东省改革开放程度高，经济发展快，所以第三方物流首先从广东开始兴起。

由此可以看出，第三方物流的产生，得益于中国的改革开放。第三方物流实际上也可以看成是由于改革开放而从国外输入的一种物流管理模式和管理理念，是国外的一些实力企业在中国撒下了第三方物流的种子，又由他们在中国创造了一个第三物流运作的平台，给国内第三方物流的大规模发展树立了一个样板。

三、我国物流学发展的结果

我国第三方物流的发展有一个有趣的现象，就是一旦有了一个第三方物流的样板和模式，社会很快在各个地方推广开来。特别是最近几年，发展非常快，上海、北京、天津等城市且不说，武汉就一下子兴起了如中远、长江、中储、武储等好几家大型第三方物流公司。出现这种现象，可以说是中国物流学发展的结果，人们已经有了比较好的物流观念和物流学基础。

中国物流学产生于20世纪70年代末期，大规模发展是在20世纪80年代中后期，当时的国家物资部，在推进我国物流学发展和物流业的成长方面做了大量的工作。在学术方面，有早期的国家级的中国物流学会和现在的中国物资经济学会，各个大区、各个省市都有物资经济学会；包括世界物流会议、亚太物流会议、各个大区、各个省市的物资经济讨论会在内，几乎每年都举行物流研讨的学术会议，在物流的基本理论、物资贸易中心、连锁、配送、代理等方面都进行了比较深入的研讨。在物流教育方面，在华中科技大学、北京科技大学、北京物资学院、北京交通大学、陕西财经学院、北京商学院等高校开设了物流专业，各地的物资学校也培养了大批物流人才。在物流实业方面，在物资贸易中心、连锁、配送、代理等各个方面都进行了大量的探索、试验和推行，取得了许多的成绩。通过这么多年的学习和研究，无论是国家、各个省市政府，还是各个企业、学校以至于普通老百姓，物流的意识加强了，物流从业人员的素质提高了，对于物流新技术的敏感性加强了，平时它们都在为提高企业的物流效益冥思苦想，一旦有了物流新技术的信息，马上就学习模仿。这次第三方物流一出现，就在全国广泛流传就是一个例子。

正是在这种思想氛围下，我国各级政府对物流非常重视。深圳市政府1999年率先提出把深圳建成物流中心城市，接着上海、武汉等城市都提出要把物流作为支柱产业。我国这些年国民经济的高速发展,不光表现为我国企业经济的发展壮大,还表现为物流基础建设的高速发展。多年来,国家特别重视物流基础设施建设,特别是铁路、公路的优先发展,取得了辉煌的成绩,已经形成了三纵三横的全国骨干铁路网和四通八达的地方铁路网。还建成了连通全国各大中城市的高速公路网和各个乡村的地方公路网。铁路列车三次提速,大量列车实现夕发朝至,高速公路大大节约了长途运输的物流时间,使物流速度、物流量都大大提高,为我国物流业的高速、高质量发展创造了基础条件,从而也为我国第三方物流的发展创造了必要的条件。

第三方物流是一种专业化的物流。第三方物流公司需要有专业化的物流水平。所谓专业化的物流水平,首先就要有好的物流基础,包括人员素质、企业物流基础设施能力等,其次需要有较先进的物流技术水平等,因为第三方物流都涉及较大规模的物流量,所以必须有比较大的仓储运输能力、装卸搬运能力和信息与通信处理能力等。而这些,都需要比较大的固定资产投资。这也是第三方物流企业的基本条件。传统的国有物资企业长期从事物资工作,在物流基础设施方面有比较明显的投资和积累优势,在物流技术、物流市场方面也都有一定的优势,它们可以努力争取成为我国大型的第三方物流企业。

四、信息技术发展的结果

20 世纪 90 年代以来,随着因特网技术以及各种信息技术的发展,为企业建设高效率的信息技术网络创造了条件,信息技术实现了数据的快速、准确传递,提高了物流企业在仓库管理、装卸运输、采购、订货、配送发运、订单处理的自动化水平,促使订货、包装、保管、运输、流通加工一体化,使大规模、高质量、高服务水平处理物流企业与其他企业间的信息沟通交流、协调合作方便快捷,并能有效跟踪和管理物流渠道中的货物,精确计算物流活动的成本,这就使客户企业可以随时跟踪自己的货物,因而放心地把自己的物流业务交由第三方物流企业处理,这些环境条件都促使了第三方物流企业的产生。

我们从宝供、海福等第三方物流企业的成长过程可以看出,它们真正实现飞跃式发展是在有了完善的物流信息系统之后。宝供是 1994 年成立的,但真正大规模发展是在 1998 年将自己的信息系统发布以后,许多客户看到它们有很方便的物流信息系统技术,才比较放心地将自己的物流业务委托它们处理,客户一下由十几家增加到 60 多家。因此可以说,信息技术的发展是促进第三方物流出现的重要因素。

五、市场竞争的结果

第三方物流的产生是社会分工的必然结果。各企业为增强市场竞争力,而将企业的资金、人力、物力投入到其核心业务上,寻求社会化分工协作带来的效果和效率的最大化。专业化分工的结果导致许多非核心业务从企业生产经营中分离出来,生产企业的核心是业务就是生产,物流业务不是他们的核心业务,它们将物流业务委托给第三方专业物流公司负责,不但自己可以集中精力发展自己的核心竞争力,抓好生产,而且可以降低成本。而第三方物流则以物流为核心竞争力,他们依靠自己的物流实力,完善物流服务功能,参与市场竞争,取得市场竞争优势。这样,第三方物流的出现,实现了社会的合理分工,实现了社会资源的合理配置,同时又使生产企业和物流企业的核心竞争力都得到了加强,效益都显著提高,这充分显示了第三方物流的综合优越性。

第五节　我国第三方物流业发展面临的问题与机遇

一、我国第三方物流发展面临问题

我国物流业刚刚起步、与发达国家相比存在很大差距,特别是第三方物流的发展更是落后,大多数物流企业目前只能提供运输、仓储等一般性服务,只有极少数企业还可提供国际流行的物流网络设计、预测、订货管理、存货管理等物流服务。

时下,“第三方物流”正在成为一个炙手可热的名词,国内很多人对“第三方物流”的真实概念并不理解,把它想得很神、很高是完全错误的。“物流”是非常实在的。一个产品从生产出来到送达消费者手中,要经过很多环节,如批发商、零售商、批发商的仓库、零售商的仓库等等,这是一个非常漫长和复杂的过程,而且效率低下,资金占用巨大,使产品周转速度大大降低,同时也由于技术落后,使这种周转的精确性变得很差。需要人们在能使这个周转过程更高效、更准确、成本更低方面下工夫，使流通的过程变得通畅。

物流在很长一段时间里，大家都是自己做自己的。工厂有自己的储运系统、批发企业有自己的储运系统、零售企业也有自己的储运系统。这种小而全的做法，效率不高。后来就出现了独立于生产商、批发商、零售商的物流企业。其功能就是为这些生产商、批发商、零售商提供专业化的物流服务。这种物流就被称为“第三方物流”，也就是自己不做找别人来做。找别人来做的原因是因为这样效率更高、效果更好。

“第三方物流”不能包医百病，也绝对不能说包赢，第三方物流合作需要全力推进，比如制定规范、选址建点、引进计算机系统、建立合理的工作程序等等。即使这样要合作成功还有很多事情要做。比如说如何保证这一合作本身很平稳推进？因为这样一种合作是双方完全紧密的一种合作，如果没有一种非常清楚的共识，是不能成功的；比如投资预算需要双方共同审批，其实是变成了一个家两个人做主，这要求双方有一种高度合作的精神，有非常密切的相互配合。

此外，发展的三方物流。显然要面临很多有关中国国情的问题。比如中国的物流环境与欧洲甚至香港特区都有很大不同，此外中国的基础设施与国外不同，中国的人文环境与国外不同，中国的供应商、零售商、消费者也与国外不同。所以说完全照搬国外的模式肯定不行，但是只有把这种挑战真正迎接下来，然后做出自己相应的对策，才能够把“第三方物流”做成功。这肯定不是非常容易的事，“第三方物流”在中国真正能够生根开花还需要一定时间。

二、第三方物流发展机遇

中国的三方物流发展虽然面临诸多困难，但如上所述，我国国民经济连续多年高速增长，为第三方物流发展创造了良好的条件。买方市场的形成打破了以往缺短经济下的市场供求格局，服务和质量得到了企业前所未有的重视，为第三方物流业提供了生存和发展的宏观基础。企业改革的深化以及市场竞争的加剧，促使越来越多的企业开始考虑如何降低流通成本以获得“第三利润源泉”，这是第三方物流发展的微观基础。网络经济和电子商务的兴起为第三方物流发展提供了强大动力，同时现代信息技术也为发展第三方物流奠定了技术基础。世界上供应链管理的成功经验，第三方物流企业发展的成功实例为国内物流企业提供了“教材”和“范例”。

另一方面，我国政府的重视与支持对第三方物流的发展具有决定性的意义。《中共中央关于“十五”计划的建议》中指出：“着重发展商贸流通、交通运输、市政服务等行业，推行连锁经营、物流配送、多式联运、网上销售等组织形式和服务方式，提高服务质量和经营效益”。国家计委、国家经贸委发布的《当前国家重点鼓励发展的产业、产品和技术目录》中也把发展物流配送中心列为重点鼓励发展的内容。国家科技部也批准将“现代物流服务业模式及其支撑技术的研究与示范工程”项目列入国家“十五”攻关计划。2001年3月1日，国家经贸委、铁道部、交通部、信息产业部、民航总局联合发布了《关于加快我国现代物流发展的若干意见》，明确了我国现代物流发展的指导思想与总体目标。该文件还特别强调了要积极发展第三方物流，推进我国工商领域由企业物流向社会专业物流的转变，鼓励物流企业之间加强联合，以提高我国物流企业的市场竞争能力。

三、政府在第三方物流发展中的作用

政府部门应当为发展第三方物流创造良好的宏观环境。政府的支持和推动作用主要表现在思想上正确引导，合理规划布局，支持公平的竞争，在土地开发、贷款、税率等方面给予扶持等。

提高对第三方物流在国民经济中重要性认识，克服重生产轻流通和“大而全”、“小而全”的思想。加大政府对第三方物流支持的力度。各级领导要转变观念，按照市场经济要求，把物流当成国民经济发展的“全局”大事来抓。应充分认识到社会化生产是建立在分工协作基础之上的，企业越专业化，效益越好、效率越高，这是经济发展的必由之路。提高各级领导对第三方物流功能和效益的认识，规划第三方物流的合理布局。对全国性、区域性的第三方物流发展要进行统筹安排。由政府牵头，学习日本政府组建物流基地的经验，在全国范围内和每个省市区所在地的城市，利用各行各系统现有第三物流设施（储运公司、物流配送中心），按照21世纪发展需要，在全国和省会所在地的东、西、南、北、中组建物流基地，实现物流据点集中化，建立科研成果含量高、结构合理、环境优美的大型化第三方物流配送基地。

原有的第三方物流设施（储运公司、物流配送中心），一般地理位置好，设施、设备力量雄厚，有一套管理制度和专业人才，因此利用原有设备就能很快建立起物流基地，这样有利于资源配置，减少浪费，防止一方面设施闲置，另一方面重新征地建设。但是联系各行各业、各系统第三方物流设施组建物流基地，必须政府出面协调才行。目前这些设施不少都被闲置，同时以设施投资入股的形式组建不影响企业的利益，因此只要领导出面组织很容易组成。

加强国际物流基地建设。国际海运货物集装化和船舶大型化发展很快，空运货场也急剧增加，为适应这一形势发展，必须使港口、机场以及相配套的物流基地进一步完善起来，以适应物流发展的需要。同时对国内各地区通往重要港口、机场道路的桥梁、涵洞以及高速公路等道路设施也要加以完善，以适应大型车辆的通行。

对第三方物流给予一定的优惠政策。第三方物流企业利润低、社会效益大、投资大、回收期长，形同铁路、港口、机场等投资性质。基于这一特点，经济比较发达国家的政府都给予一定的优惠政策，在物流业高速发展时期，我国政府也应推出多项优惠政策措施，重点扶持大型第三方物流企业发展。如重点培育和扶持大型第三方物流企业作为龙头企业；在市场准入政策方面，帮助重点物流企业获取国际货代资格，并进入海运、航空以及公路、铁路运输市场。对国际物流业务量大的企业物流基地、物流中心、配送中心，帮助其申请设立海关监管点或监管仓库、保税展馆等。在土地使用政策方面，重点物流企业的第三方物流项目用地，优先审批。在市政规划的物流基地、物流园区内设立的物流中心、配送中心和物流企业新增用地，按仓储用地实行有偿使用，土地出让金按当地标准适当下浮，金额较大的，经国土部门批准，可采取延期或分期交纳方式。在用电政策方面，对重点物流企业的物流项目用电，按工业用电标准收取电费。在财政金融政策方面，对重点物流企业新上马的物流基地、物流中心、配送中心、信息系统建设及物流装备的升级改造等技改项目，给予资金支持和政策优惠。

在物流立法方面，应由政府牵头拟定有关法律、法规，规范物流市场有序的发展，创造公平的竞争环境，重点制止行业保护、地方封锁和有碍公平竞争的垄断行为，维护供需双方特别是用户的正当权益。此外应根据经济发展的需要，制定有关物流政策和技术标准，使物流业有章可循，推动物流业发展。

做好物流业供需调节。当新的物流业加入第三方物流，或者原有第三方物流业扩大规模时，要经过政府有关部门宏观调控。以免供大于求造成价格过低，使经营者举步维艰。

受计划经济的影响，中国物流社会化程度低，物流管理体制混乱，机构多元化，原物资部、商业部、对外贸易部、交通部以及其他各部（煤炭部、林业部等）均有各自的物流系统。这种分散的多元化物流格局，导致专业化流通的集约化经营优势难以发挥，规模经营、规模效益难以实现，设备利用率低，布局不合理，重复建设，资金浪费严重。因此第三方物流的发展对策应注重加大物流意识特别是第三方物流概念的宣传普及工作，让更多的生产经营者理解“第三方物流”、“合同制物流”的管理策略，刺激第三方物流的市场需求。应注重物流企业工作人员的专业知识的培训，特别培养他们对信息技术等高科技知识的学习、掌握和运用的能力，为将来的物流现代化打下坚实的人才基础。应加强物流企业的信息网络建设、管理信息系统的建设、EDI 的建设、条码建设、自分化设施体系的建设，为形成开放、合作的物流体系打好基础。应促进物流企业的联系与合作，形成物流服务网络，这样有利于进一步降低物流成本，有利于相互弥补物流运作与管理的不足，有利于吸引物流需求，有利于提高竞争实力。

第二章　第三方物流发展战略

第一节　我国发展第三方物流的切入点

从国外发达国家第三方物流的发展历程来看，大多数第三方物流企业是以传统的“类物流”业为起点而发展起来的，如仓储业、运输业、企业内的物流部和货运代理等，它们根据顾客的不同需要，通过提供各具特色的服务取得成功。比如美国目前有400多个第三方物流供应商，其中大多数公司开始时并不是第三方物流企业，而是逐渐发展进入该行业的。通过上述方式发展第三方物流投入少、起步快，在实践中具有极强的操作性，因而非常适合我国国情。

一、第三方物流与运输企业

第三方物流与运输企业有本质的区别，具体表现在以下几个方面。

1. 从它们的外在形式上看，物流公司所体现的物资流动属于“集中→分散，分散→集中”的有规律流动；而后者则完全是一种没有规律的无序流动。

2. 从它们与客户企业的关系看，前者是一种长期、稳定的合作关系；而后者则大多是一种单纯的承托关系。

3. 从它们对客户企业对所提供服务的要求看，前者具有明显的刚性和弹性，所谓刚性，是指按照适时（Right Time）、适地（Rieht Place）、适质（Right Quality）、适量（Right Quantity）、适价（Right Price），即”5R”的要求为客户企业提供优质的物流公司服务。所谓弹性，指的是物流公司活动必须和客户企业生产或销售节拍保持同步，即必须具有高度的实时性、动态性和灵活性；而运输企业所提供的服务显然不可能有如此高的要求。

4. 从它们与客户企业合作的深度和广度来看，物流公司已渗透到客户企业的生产或销售领域，成为客户企业生产或销售活动在流通领域中的延续。同时，物流公司具有物流系统设计及开发、电子数据交换、货物运输、运输代理、仓储、咨询、运费谈判或支付等多种功能；而运输企业所具有的功能很单一，相比之下，其深度与广度要小得多。

5. 从为客户企业提供服务的态度来看，前者是一种积极、主动的服务，它不仅努力做好已有的各服务项目，而且还积极主动地为客户企业提供物流系统设计、物流系统优化等相关服务，实际上，它们之间的关系已成为一种“共生、共栖”关系；而传统的运输仅仅是按照用户的要求被动提供服务。

物流与运输的巨大差异使得运输企业转变为真正意义上的物流企业并不是一件容易的事。但是，运输企业发展成为物流企业有很大的先天优势，例如一般运输企业都有运输工具及设备、仓库或堆场等，即至少在资金投入上可以相应减少；同时，运输企业规模大小对其向物流企业发展也并不构成实质障碍，因为规模大的可以承担区域物流，甚至国际物流，规模小的则可以相应承担市域物流。因此，运输企业发展成为物流企业的关键在于必须注入物流思想、理念，并用物流的方法、技术来开展物流活动，而不能像一些运输企业那样只有“物流”之名而无物流之实。我国目前已有运输企业处于逐渐向物流企业发展过程之中。例如，中远在全国拥有1 665个仓库、几百辆销售货车，在这些资源当中已经有相当一部分具备了信息定位和GPS系统，具有发展物流的良好条件。而且，中远目前在为通用汽车公司提供服务时，包括铁路运输、海上运输、公路运输等都融入了现代物流的理念。此外，中远还为所有整件和汽车散件服务设置了一套现代物流的流程，利用计算机为货主提供联网服务，并最终全部融合在中远（www.5156.com）网站上，从而为物流与电子商务的有机结合奠定了坚实基础。

二、仓储企业与第三方物流

仓储也是物流的重要功能和基本环节之一，而且物流企业尤其是第三方物流企业都是以物流（配送）中心为其表现形式的。因而，仓储企业发展成为物流企业也具有比较好的条件。仓储企业转变为物流企业，可以将现有的仓库、堆场改造成物流（配送）中心，然后吸纳运输企业、运输代理企业或其他企业以入股的形式进驻其中，从而形成区域性的乃至全国性的物流企业实体。

三、工商企业与第三方物流

据有关资料，我国第三方物流在物流市场中的比例仅占18%，大部分工商企业都是自营物流，它们都有自己的物流资源，包括运输工具和设备、仓库、人员等。因此，这些企业可以在此基础上，再追加一部分投资就能够组建独立的、专业化的物流企业，使之在为母公司服务的同时还可为社会上其他企业提供第三方物流服务。当然，企业也可以以自有的物流资源为资本与其他各类企业共同投资组建独立的、专业化的物流企业。

第二节　第三方物流发展模式

一、后勤服务模式

现代物流理念是由后勤服务发展而来的，以后勤服务为起点，在做好后勤服务过程中，逐步积累资金、经验、人才和提高技术水平，并逐步向物流业的内涵拓展，向物流过程延伸，扩大物流服务覆盖面，发达国家的第三方物流是中国发展物流的可行模式。伴随着经济的发展，人们观念的更新，我国第三方物流在经历竞争、淘汰、资源整合及虚拟经营后，将逐步发展成为物流管理专业化、标准化、信息化的现代意义上的第三方物流。

从后勤服务入手发展的第三方物流，首先是整合企业外部供应链的后勤服务。一般情况下，搞好制造企业的后勤供应需要花费很大精力和财力，这会分散企业的力量，企业应当集中力量做好它们最擅长的工作，所以企业应把供应环节的工作留给专业公司去做。

以赖德公司为惠尔浦公司(Whirlpool)提供后勤服务为例，我们可以看到赖德公司是如何为惠尔浦从提供硬件服务到软件服务，以致取得"双赢"的结果。1990年以前，家电生产巨头惠尔浦公司经营利润很低。后来他们发现，原因是公司为把商品从甲地运到乙地开支过高。因为惠尔浦公司在美国的11家工厂各自处理自己的后勤工作，结果是供应线路混乱，成本得不到控制。经理们意识到，节省开支的一个有效途径就是把各工厂的后勤工作统一起来。经与赖德统一后勤服务公司(Ryder Integrated Logistics)合作，赖德公司很快就在克利夫兰建立了专为惠尔浦公司服务的后勤指挥中心，对惠尔浦公司的运输业务进行了改组，精简了仓库和卡车运输业务，调整了联系各方面工作的计算机系统。结果，1994年，惠尔浦公司把原料运到工厂所需费用减少了10%以上。

其次是对企业非核心事务的后勤服务。很多企业都要求第三方物流服务商完全掌握从原材料采购到制成品运送整个过程的每一个环节，对可能出现的意外困难能随时做出相应处理方案，要具有应付和处理繁杂事务的能力。第三方物流企业还应做到向客户提供人才、智慧和周到细致的各种服务。事务后勤不但可以以小见大地体现一家公司的素质，更可为第三方物流企业创造出更高的价值。可以说，在企业产品、销售、人员、涉外事务等非核心之处，都是第三方物流公司创造价值的地方。

例如门罗公司——一家擅长货运的后勤公司，在为一家年产值25亿美元，主要生产软磁盘、专用胶片、数据存储产品和其他影像制品的企业——伊梅申公司服务时，除为其提供大量仓储管理和运输系统改进与服务外，还竭诚地做着一系列的"小事"。如敦促伊梅申公司把商标印在所有即将运出的包装箱的显著位置；还帮助伊梅申公司设计出能使胶片不打折的新包装箱；把运往同一个目的地的小包裹用塑料胶带捆在一起再让联合包裹运输公司承运。这些看上去似乎微不足道的几项小革新就使伊梅申公司每年支付给联合包裹运输公司的运费节省了80%。

二、虚拟经营模式

以"虚"务"实"，逐步建立现代意义上的大型第三方物流企业，有以下两种虚拟经营模式：(1)第三方物流企业与生产企业的虚拟经营。第三方物流企业凭借自身的人才、技术等优势与大型制造企业进行合作，利用制造企业的现有硬件如车队、仓库和人力资源等，由制造企业提供大部分营运资金，按照各自的资本额商定好股份比例，双方组建虚拟企业。该企业由双方协同管理，除完成部分或全部该制造企业本身的物流工作外，主要从事社会化服务。制造企业也可以完全将自己的物流资源租赁给物流公司运营，而自己不参加管理，只按期收取租金。(2)第三方物流企业之间的虚拟经营。各成员企业放弃自己不擅长的业务把资源集中到自己的核心业务上来。虚拟企业通过整合各成员的核心能力和资源，在一定区域形成较完善的多功能物流网络，满足客户需求。成员企业通过分享市场和顾客，实现共赢目标。中国外运集团下属多家物流服务企业，联手在国内为摩托罗拉公司提供从提货、发运、进出口运输、国内海陆空运输、仓储、信息查询、反馈等全方位的物流服务，取得了骄人的业绩，就是很好的例证。

第三节　我国第三方物流产业发展分析

尽管我国第三方物流业尚处于初级阶段，但第三方物流发展是一个新兴的产业，对我国的第三方物流的产业进行分析研究，我们才有可能找到中国的三方物流产业的发展之路。对一个产业进行分析，人们常常用迈克尔波特的产业结构 5 种作用力的分析方法。

传统的 5 种作用力的分析方法从以下 5 个方面来分析产业结构：进入威胁、替代威胁、买方侃价能力、供方侃价能力、与现有竞争对手的竞争。考虑到第三方物流业作为一个服务性产业的特性，我们将 5 种作用力的分析方法加以变通，分别从进入威胁、替代威胁、竞争对手的竞争及物流服务需求方的侃价能力等 4 个方面进行分析。

一、进入威胁

对于我国整个物流产业来讲，进入威胁主要来自于国外成熟先进的物流服务提供商的冲击，由于已经加入了 WTO，对我国的服务业包括物流服务业在内的冲击是有目共睹的，从第三方物流业的进入壁垒来分析，我国规模经济及资本壁垒并不十分明显。由于国外的大型第三方物流企业从全球经营的战略出发，其规模和资本优势是毫无疑问的，尤其对于初创时期的我国第三方物流业，本身的规模就很小，国外巨头雄厚的资本令国内企业相形见绌。如果说国内企业现在依靠更多的是“仓库、卡车”等“辎重”的话，那么国外巨头更擅长的是运用资本的利器和先进的管理经验。比如国内某大型国有企业为了争取一个国外的大客户的合作，曾对一个750 m^2 的旧仓库进行了一些基本的改造包装，其成本为 500 万元；而据一家正在筹划进入中国物流行业的著名外资公司透露，仅仅铺设配送网络的投入就将达 10 亿美元，这显然不是国内企业所能想像的。

构成一般进入壁垒的服务的歧异化程度即服务的完整性、服务的质量，对于国外第三方物流服务商来说，无论是从物流服务的可靠性还是从物流服务的可得性、物流服务的一致性的方面来考虑，我国第三方物流企业提供的物流服务水准及质量控制远不如国外同行。当国内一些企业还在把物流理解成“卡车加仓库”的时候，国外的物流企业早已完成了一系列标准化的改造。这种改造不仅涉及整个机制的转变，而更是细微到物资托盘的规格。反观国内企业简陋的仓库、严重超载的敞篷车和人海战术，就可以直观地理解这种差距了。同时国外的物流组织能力是非常强大的，德国一家第三方物流公司，公司各方面的物流专家遍布欧洲各地。如果有客户的货物需要经过好几个国家，那么欧洲各地的这些专家就在网上设计出一个最佳的物流解决方案。这种提供解决方案的能力就是这家第三方物流公司的核心能力，而不是像国内公司号称拥有多少条船，多少辆车。国外的物流公司到中国以后，利用本地的仓库和本地的运输公司，就能满足客户的物流服务需求，这是因为它有这种组织能力。

在这里经验曲线的作用十分明显，服务行业的经验曲线指的是随着服务的次数增多及进程深入的经验的丰富而造成今后服务过程的成本下降。国外的第三方物流服务业领先国内至少 10 年，因此长期与国际大型跨国公司的物流合作经历将使国外进入者的经验优势十分明显，尽管中国国情的特色会给国外第三方物流企业制造一些障碍，但国外竞争者的经验积累能力是不可小视的。国际上的趋势是已逐渐向规模化、网络化、利用信息技术为消费者提供低成本的服务方向发展。在这些方面，国内企业还差得很远。

另外一个够得上进入壁垒的是物流服务渠道的占有。国外进入者进入国内市场，必须占有物流渠道，所以表面看来国内第三方物流企业把握了物流渠道，但如果考虑到国外物流服务商是与生产制造商等物流服务需求方相伴而生的，彼此间的战略合作关系将使国外第三方物流业很容易通过制造企业的渗透进入国内物流市场，从而挤占国内的物流空间和渠道，如果再考虑国外同行对物流渠道的收购和重建能力，则渠道优势则不复存在。至于我国加入 WTO 后，在分销渠道方面的保护主义将丧失很多。根据 WTO 的相关协议，在产品分销权方面，我国将首次向外国公司提供分销权，取消现有的法规限制，并将于 3 年内取消大部分产品的分销服务限制，外国商人可以分销进口产品和我国制造的产品。分销权将会在我国目前限制最严的分销行业，例如批发、运输、维修等行业中实施。

如果说目前完全可以称为比较难进入壁垒的则是我国产业政策的保护，我国的第三方物流业可以得到一定的保护，但 5 年的缓冲期过后呢？下面的关于我国加入 WTO 后的物流产业方面的协议将反映我国入世之后的挑战。在物流服务业方面：我国承诺所有的服务行业，在经过合理过渡期后，取消大部分外国股权限制，不限制外国服务供应商进入目前的市场，不限制所有服务行业的现有市场准入和活动。同时在辅助分销的服务方面也做出了类似的承诺，具体包括租赁、速递、货物储运、货仓、技术检测和分析、包装服务等方面，这些方面的限制将在以后 3～4 年内逐步取消，在此期间，国外的服务供应商可以建立 100% 全资拥有的分支机构或经营机构。

因此，我国目前的第三方物流产业的进入壁垒不牢靠，我国第三方物流业面临的进入威胁是很大的。“入世”之后，物流企业面临两种选择：一是随着市场的进一步开放，大量的外资企业涌入，某些势单力薄的物流作业企业必将被淘汰出局或被兼并收购；而另一方面，也迫使一些有眼光的企业为避免陷入孤军奋战、分散经营的局面，加强联合，搞“兵团”作战，从货源、资金、网络的规模化入手，利用信息技术的优点整合企业内部的业务流程，通过兼并、代理等方式，走规模经营之路。

二、替代威胁

对第三方物流服务业来说，其替代威胁主要来自于第三方物流商所服务企业的物流决策的更改，物流需求企业本身存在着物流的 Make/Buy 决策，尽管有部分企业由于自身及历史的原因，仍在使用自身的物流系统，但是物流的外协是一个趋势，因为企业普遍对于第三方利润源泉的追求，造成物流产业的利润前景十分广阔，物流不仅是电子商务的三大瓶颈之一，而且更涉及各企业的直接效益。在我国，工业生产中物流所占用时间几乎为整个生产过程的 90%，物流费用占商品总成本的比重，从账面反映为 40%，全社会物流费用支出约占国民生产总值的 20%。而目前美国物流业规模已达到9 000亿美元，美国前 20 名第三方物流服务企业净收入达近百亿美元。所以物流产业的替代威胁是较少的。

三、物流服务需求方的侃价能力

由于物流服务的需求方倾向于与物流服务提供商结成长期的紧密合作伙伴关系，因此双方在努力构建这种双赢关系的同时，不但对于生产商（物流需求方）来说，对第三方物流企业的业务依赖性很强，其信息是共享和透明的，因此转换成本相对较高，所以相关的侃价能力也有些下降，尽管需求方可以通过后向整合，建立自己的物流子公司，但由于其专业技能限制和业务的专一性，很难从技术上和经济上对第三方物流企业造成威胁，因此需求方的侃价能力由于双方的合作关系而淡化了。

四、第三方物流产业内的竞争态势

通过前述对第三方物流的产业环境的分析，我们分析第三方物流是一个有广阔前景的产业，同时面对着国外强有力的竞争，以下我们将考察目标转入到第三方物流产业内部，研究第三方物流企业之间的竞争状况。

第三方物流产业内的竞争十分激烈，由于国内物流市场刚刚起步，缺乏公认的物流服务标准，企业之间彼此的经营能力差别不是十分明显，目前竞争的焦点集中在了规模的大小，服务覆盖地域的广阔与否，服务种类的多少上面，总之是一种以粗放式为主增长方式的竞争格局，并使得竞争对手之间的模仿相对容易。另外由于我国的物流企业并非完全意义上的新产业，大部分是从原来的储运企业转型而来，企业的技术水平与管理水平不高，企业内未形成核心竞争力。

第三章　第三方物流企业运作

第一节　第三方物流项目招投标运作

一、企业如何购买第三方物流服务

作为第三方物流服务需求方的工商企业，购买第三方物流服务的决策过程主要有以下几个步骤：需求表达、确定选择目标、选择供应商、实施与过程改进。

(一)需求表述

工商企业如果意识到对第三方物流的需求，想购买第三方物流服务，首先需要分析自己的需求，并把它明确地表达出来。由于大多数企业购买第三方物流决策对企业目标的实现影响重大，决策过程复杂，所以开始对物流需求的理解与分析所费的时间较长。

(二)确定选择目标

该步骤的一半时间将用来确定选择第三方物流供应商的标准。第一步的对物流需求的表达是确定选择标准的基础。

虽然物流经理一般都参与对第三方物流服务商的选择，但是其他部门如财务、制造、营销、信息系统、人力资源等部门经理也常常参与其中。公司总裁参与的第三方物流服务供应商选择决策也是常见的。

确定选择目标的过程包括要求一些物流服务供应商提供建议书，选择一定数量的候选公司以及对这些公司进行评价与考虑。

(三)选择供应商

这一部对客户是关键的。第三方物流服务供应商的选择只有对候选公司信誉、能力、资源作非常详细的考虑后才能做出。因此还需对候选公司进行专业性的接触和考察。

如前所述，在公司有好几个经理在决定第三方物流服务购买时起着至关重要的作用。在最终作选择决策中，应发扬民主，集思广益，加强协调，以保证他们中的每一位都对作出的决策有一致的理解，并了解对被选择的物流服务公司的要求。

(四)实施

一旦做出选择第三方物流服务商的决策，就必须认识到与该物流公司的相互理解与合作是非常重要的。根据与新的第三方物流服务关系的负责程度，整个实施过程有时相对较短，有时相对较长。例如：如果这一过程包括了对顾客物流系统网络的重构，则完全付诸实施就需花费更多的时间，而当第三方的作用较为直接与简单时，则实施过程就可以很快。

(五)过程改进

传统的物流服务购买过程结束于选择第三方物流服务的实施阶段，但在实施过程中，物流服务也是应当不断改进的。第三方物流服务供应商的服务改进可以是持续的改进，也可以是突破式的改进。供应商应对不断地改进负责，应该打破传统思维，不断改进服务，增加竞争优势。

二、第三方物流项目的设计过程

这里以某第三方物流公司与某个制造企业洽谈物流服务合同的过程为例，说明物流服务项目的一般设计过程：

第一步：某制造企业 Q 与某第三方物流公司 L 达成物流项目目标。

第二步：Q 公司与 L 公司共同为物流设计提供基础信息。

(1)制造数据；

(2)零部件数据；

(3)包装信息；

(4)生产数据；

(5)成本数据；等等。

第三步：Q 公司与 L 公司确认数据，并对用于设计过程的特殊变量达成共识。

第四步：L 公司的管理层根据上述信息与数据，用 L 公司的资源设计出几套方案。

第五步：Q 公司与 L 公司审阅并根据下列要求修改设计。

(1)收货路线；

(2)收货顺序；

(3)时间计划；

(4)运费和运行距离；

(5)装货规则；

(6)货物堆放规则；

(7)现场外的存储需要；

(8)排序与计量；

(9)托盘回收；等等。

第六步：L公司作出下列系统报告：

(1)物流作业目标；

(2)线路计划；

(3)设备使用表；等等。

第七步：Q公司与L公司对最初可选物流设计进行评估，在生产控制、物流和采购等方面得到认可。

第八步：L公司投入资源进行物流设计：

(1)拖挂车；

(2)栏杆；

(3)司机安排；

(4)人员安排；

(5)购买服务等。

第九步：L公司做出详细作业计划：

(1)每一条线路计划；

(2)交接计划；

(3)原材料物流与销售物流急运中心，标准工作程序；

(4)挂车提供计划等。

第十步：L公司提供各种方案的价格比较，包括资金需求。

第十一步：L公司获得Q公司最后认可，做出实施时间表。

第十二步：L公司通知所有参与物流系统实施的部门，组成工作组，实施计划。

三、物流项目投标书

这里以某一物流项目建议书为例，说明第三方物流项目投标书的一般格式与内容。其中L为某物流公司，C为某连锁超市。

(一)总论

C公司邀请L物流公司为其在某地的物流提供供应链解决方案。

本项目的目的是为C公司在顾客和供应商中树立一流的高质量的超市形象。作为C公司的主要物流服务提供者，L公司期望降低总成本，提高顾客服务水平。L公司意识到C公司期望其提高运行效率，为顾客提供高质量的产品与服务，L公司为此提供在有效成本水平内，能够满足甚至超出其希望的解决方案。

L公司理解C公司的项目目标是：

(1)满足某地的业务增长计划和操作能力；

(2)保证供应链的灵活性并产生规模经济效率；

(3)改善存货的可见性；

(4)集中时间与精力于公司的核心业务，而不是在物流方面；

(5)在某地，通过与有资质的公司建立物流伙伴关系，来运作仓储业务；等。

为了在开始时将运作影响降到最低限度，L公司建议在开始实施阶段用影子管理办法。在整个实施阶段，L公司将用适合的方法与C公司讨论分析，以便成功地接管物流业务，谋求作业利益最大化。

为了支持C公司预计的销售增长，提供灵活的供应链，改进存货水平，L公司将接管以下工作：

(1)关闭X地和Y地的仓库，在A地新开一个仓库；

(2)X地的配送；

配送方案包括建立新的车队，该车队可以由C公司目前协议或已承包的配送车辆和L公司提供的配送车辆组成。

作为C公司的主要物流提供者，L公司将负责：

(1)管理运作灵活、有效、透明的供应链；

(2)检查和实施改进物流效率的方法；

(3)加强“最少存货”供应链原则的应用；

(4)提供存货的最大透明度；

(5)使换货、死存货、损失和损坏几率最小；

(6)充分利用存货控制系统；

(7)充分利用设备和空间；

(8)管理、协调或提供运输和配送功能；

(9)与C公司紧密合作，保证满足甚至超出C公司的满意水平；

(10)进一步提出改进建议。

L公司把合作关系看成一种特别安排的商业关系，这种关系基于相互信任、坦诚相待、共担风险、共享利益。这样可以形成战略竞争优势,使得商业表现比单个公司更强。

L公司承诺与C公司不断合作,为顾客提供高质量的物流服务。为达到这一目标,L公司承诺贡献必要的管理资源,来研究和熟悉C公司所处的行业。

L公司相信下面的建议书已经能满足C公司的要求,根据提供的数据,其建议书中完成指定任务所需的成本为:

方案一:某地点仓储和配送操作:××人民币元/年

方案二:某地点仓储和配送操作:××人民币元/年

(二)前言

本建议书根据C公司提供数据,具体说明C公司在X地的配送中心和配送要求。

L公司派了一名高级主管考察C公司在X地和Y地的仓库,发现了有许多作业领域具有改进的潜力,包括:

(1)分散的配送中心;

(2)存储与分拣系统;

(3)仓库管理系统;

(4)其他。

L公司也派员考察了设置于A地的C公司新建的购物配送中心。尽管这个配送中心选址比较恰当,但整个仓库地方太大,而且也不是专为C公司而建的。

当合作各方具有共同的目标时,伙伴关系就是以往存在的关系的自然延伸。对物流联盟的伙伴来说,一般应以供应链为基础,并尽力在成本和服务上做到领先。L公司把为C公司提供配送中心和配送服务看做是双方互惠关系的延伸,它能使双方都得益。

(三)项目的目标

C公司正在寻求与有专业水准的物流服务提供者建立长期战略联盟关系,以服务于C公司的包括:(1)A地仓库,(2)配送服务的供应链。

C公司的“具体要求”包括:

(1)加强它在市场中的地位;

(2)与领先物流提供者合作;

(3)提高操作能力与效益,满足业务增长的需要;

(4)提高供应链的灵活性,增强规模经济性,扩大透明度;

(5)改进长期全国增长目标的运作;

(6)充分利用供应链信息技术;

(7)提供可靠、一致的顾客服务;

(8)改进仓库的使用,增强配送能力、提高生产率;

(9)引进新的送货方式,增强装货能力、提高效率。

L公司的仓储和配送将使C公司的门店:

(1)满足C公司的增长需要;

(2)节省管理时间,为C公司集中主要业务,即管理、销售快速消费品和杂货商品;

(3)取得物流操作明显效益,提高商店服务水平;

(4)在物流方面为C公司提供能在同行中保持领先的工具;

(5)C公司和L公司共同减少成本;

(6)保持满足未来需求和全球变化的灵活性;

(7)改进存货控制;

(8)接受具体、及时和准确的管理信息。

其他方面的要求包括:

(1)帮助C公司协调短期和长期物流战略目标的能力,如降低物流总成本,增加业务过程的速度,改进资金管理;

(2)根据要求进行管理和汇报;

(3)保证所有的运作符合“健康和安全”条例;

(4)保持对顾客需要变化做出快速反应的灵活性;

(5)汇报主要运作情况,参加每周的会议;

(6)密切沟通、及时汇报,以便C公司以事实为基础做出管理决策;

(7)不断改进运作,保证取得效率,使顾客服务水平达到甚至超过期望达到的或世界最好的服务水平;

(8)在不影响客户服务水平的前提下,向新的操作方式转变;

(9)对长期互惠的伙伴关系的承诺。

（四）项目的要求与任务

L公司有许多有经验的物流专业人员，必要时可利用他们的专业知识来实施相关计划。根据提供的数据和L公司观察所得的资料，项目的主要要求与任务是物流中心和仓库作业取得“最佳实践”，并提高生产率。下面的控制过程和程序是为实现项目的主要任务而设计的。L公司将在这些关键的过程中安排和培训职员。

1. 过程

(1)接受来自各地的货物到仓库；

(2)把货物放在储存地区；

(3)管理存货；

(4)根据C公司指示，进行发货与订单通知、订单处理分拣、检查和制作单证；

(5)把货物放到L公司管理的运输工具上；

(6)根据指示分拣单项商品；

(7)必要时，把货物放到货盘上，将待送货物加固包装；

(8)送货；

(9)根据要求进行其他作业，如重新包装、重新堆放、加固捆扎等；

(10)一年两次彻底盘点，日常盘点周期可按日、周、月进行；

(11)处理从仓库到配送中心和配送中心到顾客的退货。

顾客服务水平做到：

(1)当地配送：隔天送达；

(2)准确配送率：99%。

L公司提供资源：

(1)提供运输、仓储、物料搬运设施和所需的劳动力；

(2)提供仓库安全保障；

(3)提供完成指定工作所需的信息技术。

2. 人力资源

管理结构：L公司将指定一位有经验的“合同经理”全面负责管理C公司的合同。该“合同经理”专门负责与C公司联系，负责合同实施的各个方面，并负责保证C公司对业务合作的满意。

人员转变：所有的转变费用，如C公司目前的人员从C公司转移到L公司下岗的补贴，将由C公司负责承担。

3. 合同汇报

仓储和配送经理向“合同经理”汇报，“合同经理”将与C公司的工作人员配合，有效地实施计划。我们建议合同中使用如下的“关键表现指示”(KPI)：

(1)准时送货；

(2)特殊货物的配送；

(3)准确分拣；

(4)通过能力；

(5)能力利用率。

两家公司将进一步合作，共同开发合适的“关键表现指标”(KPI)，然后与该行业具体实践相对照。这些KPI在需要时提交，作为对比和改进作业的基础。

执行小组：L公司执行小组的主要高级人员在运作实施、信息解释、人力资源管理、财务等方面都有自己的专长和经验。

4. 信息技术

所有的电子数据传送，以及所需的计算机设备和通讯设备的费用都由C公司支付。

5. 主要假设

起草这个建议时，仓储和配送操作是建立在下面假设（大部分已与C公司讨论过，并取得认可）的基础上的：

总的假设：

(1)所有生产量均来源于C公司提供的数据；

(2)L公司将获得关于仓储和这一地区的配送车辆的操作与财务信息；

(3)在调研阶段，C公司将派1～2人做数据收集工作，为产品的运输和储存作总体的全面分析；

(4)产品由C公司投保，仓库的保险由仓库所有人投保，L公司对所有放在仓库的货物负有公共责任，并为公司拥有的资产投保；

(5)货物属于干货类；

(6)C公司将提供危险货物的详细说明，这可能导致仓库所有者对C公司的额外收费；

(7)C公司将和L公司共同努力减少库存。

信息技术（存货控制系统）假设：

(1)C公司和L公司共同在当前的信息系统上开发存货控制系统，在供应链中改进存货透明度；

(2)所有建立和正在运行的电子数据传递所需的计算机设备和通讯的费用均由C公司支付；

(3)L公司不承担C公司的计算机设备停工的责任；

(4)C公司参加每周的KPI汇报工作会议；

(5)可以提供有经验的人员和培训信息系统人员。

配送假设：

(1)所有的配送频率均根据C公司的数据做出。L公司强调配送分析根据每次配送的货托平均数和具体的配送频率来进行；

(2)C公司的配送车队没有进入新的配送车队；

(3)配送车队包括2.5～8 t车，根据要求，额外的能力可以从C公司现有车队中或分包车队中获得；

(4)所有的费用，即保险费、注册费、路桥费、燃料费、汽油费。轮胎费和运输工具的清洗费和维修费都包括在内。

车辆限制假设：

(1)到广州和深圳市区的卡车可载2 t，其他的至少5 t；

(2)卸货时，每辆车有一帮手，卸货时间：2 t1 h，5 t1.5 h，8 t1.5 h；

(3)所有的大城市，在“紧急订单”时，有些可在白天限定时间进入内环，或内环线仓库将所接受夜间货早晨送货；

(4)C公司的仓库必须开门，配备适当的人员接收和签发所有的白天、夜间送货。

配送中心的假设：

(1)C公司将积极减少“死存货”与退货，以协助仓库空间的利用和生产率的提高；

(2)假定是标准仓库业务和操作业务，例如：不需特殊处理；

(3)地点是A地；

(4)所有的干货区域大约××(或×××)m^2；

(5)仓库将能适应标准托盘的5层堆放；

(6)有足够的空间来进行有效的加工和临时储存；

(7)封闭的仓库地层。

6．存货数量、通过量和配送中心设施数量的表示。可利用表7—3—1表明存货数量、通过量和配送中心设施的数量。

表7—3—1　存货数量、通过量和配送中心设施数量

数　据	数　量
某年8月份预测交货量	
某年9月份预测交货量	
某年10月份预测交货量	
某年11月份预测交货量	
平均通过量	
促销通过量	
春节通过量	
每天工作班次	
每周工作日	
仓库数	
仓库总面积(干货)	
空调面积(冷)	
托盘存储位置(托盘位)	
货架面积	
安全货笼(Security Cage)	
货架(Block Stack)	
Split Case Picking	
库存单位数	
门店数	

7．物流系统的定义

根据假定的产量、通过量和运送效率，设计了配送车队。核心配送车队以某年某月的量来设计，参见表7—3—2。

表7—3—2　配送路线与频率

起点	目的地	城市	单程距离(km)	频率(次/周)
A地	X1	C1	20	4
	X2	C2	35	3
	X3	C3	40	3
	X4	C4	45	5
	—	—	—	—
	—	—	—	—

运送条件：配送车队在夜间、在城市或内环线内部用两个轮班运送货物。在城外或内环线外部将在白天接受送货。

(五)项目的措施与安排

通过引进新设备和配送车队,L公司将提高生产率,使得C公司的物流成本最优。这可以通过以下措施达到:

(1)良好的管理实践;

(2)关闭目前低效率的仓库;

(3)新的配送车队。

建议书不仅可用来管理增长的业务,而且还是关于C公司集中整个配送中心作业的总体规划。这一战略将能更好地控制C公司的服务水平和存货成本。

假定计划中新门店开张,时间计划的改变对C公司是很重要的。因此,两家公司必须紧密合作,达到启动时间的一致。这个建议书是以A地运作配送中心、配送开始日期某年某月某日为基础制作的。

本建议的提出需要具备丰富的行业知识,它能帮助C公司在供应链管理上做出战略性变化,使其在市场竞争中取得优势。这需要综合信息技术、物料搬运、电子商务、运输和人力资源等各方面的因素,需要有一个积极参与C公司在这些领域的组织,它能帮助C公司在所有这些领域进行决策。

过渡期的作业:L公司在建成新配送中心之前,应公开地讨论租用设备从事操作的可能性。临时可采用的办法是先行运作,当新的配送中心建成,再将作业转向该配送中心。但是,如果A地配送中心的建设因不可控因素而延误,那么临时运作就应延期进行。

这样的运作,可使C公司获得的利益在于:

(1)新的门店可得到及早支持;

(2)可使供应商受到以规模经济采购的优惠;

(3)运输立即开始。

对于L公司来说,它也可以以严格的操作、有效的反应为基础,管理C公司的供给链。为此,它将热心于和C公司结为业务伙伴,共享物流机会。

A地物流中心:物流方案依赖于配送中心的设计和预期完成的时间计划。除此以外,扩容的灵活性也是另一个重要问题。道路、硬件设施、冷藏库、货架等都会与物流方案一起影响总成本和效率。

下面的物流方案是以需求为依据的。

L公司同意维护好C公司在A地的配送中心设备,使其在任何时候都能保持清洁。只有经授权的人才可以进入仓储地,到访的驾驶员不准进入这一地区。

布局:堆放、货架和安全存货区。

存储:根据运载、需求、物理特征、存货水平、类型、重量、批量、先进先出(FIFO),引入影响效率机会的系统。

分拣:所有的分拣都根据C公司的分拣单来进行的。现在正在做的作业研究将能决定分拣的最佳顺序。

任何缺货将尽可能早地引起C公司的注意。一旦完成订单,它们就移到待运地带,与单证作结合并装到送货车辆上。

存货周转:除了C公司指出的特殊产品,存货周转将根据“先进先出”原则进行。周转较慢的存货将定期检查,而到期产品将尽早通知C公司。

发送:为了保证装货的完整性,将对所有订单进行仔细、全面检查。

冷库:C公司配送中心有一个冷库,供仓储易腐物品和糖果之用。L公司把这一部分成本计入总的作业成本中,然后,把它作为偶然与可变的部分。

资源水平:和C公司讨论并征得同意,目前的工作人员将从现在的地方转到新地方去。最终成员和核心业务能力成员将组成执行小组。

物料搬运设备:目前各地方的物料搬运设备,期望能转到新的配送中心。但是,必须在关闭现在的仓库前对它们进行评估,而成本计算是以新设施为基础的。

配送概况:L公司认为门店运送次数通常由门店决定。我们设想配送方式将是直送门店、整车和多店卸货的组合。这里的问题一般是门店劳动力协调的问题。L公司建议采用一个特定的沟通计划以便实现协调。L公司建议和C公司合作,尤其在优化“送货时间”(Delivery Window)、提高工具的利用率以及减少年度总费用等方面。

城市内部和内环线的门店夜间配送是必需的。L公司赞成对这些门店延伸其配送,这意味着能更好地利用L公司的运输工具,节省C公司的费用。

运输工具:通过子合同承包作为可变成本支持专一的L公司车队,提供运输工具,L公司将提供灵活的操作能力,满足运量变化的需要,在运量增加期间,C公司将增加子合同车队的百分比,维持固定费用的最低比例,同时确保服务质量。

(六)物流费用的计算

表7—3—3、表7—3—4分别列出了操作费用的固定和可变部分。表中有两种价格可供选择,一种是租用仓库的费用,另一种是没有仓库租费的费用。

9~10月固定费用的增加是由结合C公司预测业务量的增加与资产和资源的增加所导致的。假设以12月作为年固定费用的基础月份,如果业务量超过预测量或者发生了其他变化,要求增加固定成本或资源,L公司就应在实现基础月份的固定费用后,参与C公司的任何固定费用增加计划。这种费用收取的建议是固定的,在对12个月的成本结构已较好地理解后,可根据单位价格计算可变费用。

表7—3—3　方案一

	9月份(5周)	10月份(4周)	11月份(4周)	12月份(5周)
总固定成本				
仓库租赁成本				
可变成本				
仓库临时劳动力				
通讯费用				
仓库消耗				
仓库营运成本				
运输营运成本				
子合同				
管理费				
税收				
总可变成本				
间接费用、管理费和税收				
总成本				

表7—3—4　方案二

	9月(5周)	10月份(4)	11月份(4)	12月份(5)
总固定成本				
合库租赁成本				
可变成本				
仓库临时劳动力				
通讯费用				
仓库消耗				
仓库营运成本				
运输营运成本				
子合同				
管理费				
税收				
总可变成本				
间接费用、管理费和税收				
总成本				

实施:对其实施是费用应分开计算。表7—3—3、表7—3—4显示了在操作开始12个月的起始实施费是怎样发生的,这些数字是以完成起始实施所需的资源为根据的。为了更好地反映运量的增长,费用总量可能发生变化。

表7—3—5　固定成本包括仓库租赁(选择1)

% / 基础量	75	90	100	110	125
新的12月的量					
总固定成本					
总可变成本					
固定成本					
总成本					

灵敏性分析:表7—3—5、表7—3—6中包含以12月份为基础业务量的75%~125%的可变成本的灵敏度分析,但该表没有列出构成可变成本的具体项目,假设固定成本不变。根据我们现在的分析,理想的固定成本和可变成本分别大约占80%和20%。如果基础的量变化要求操作做出较大变化,那么,相对于任何长度的时间就会使固定成本的比例有所变动。于是,固定成本的资产和资源也就必须相应地

调整。例如:2、3 月份以 125%基础量运作,可能有增加固定成本组成,进而使固定成本增加。

表 7—3—6　固定成本不包括仓库租赁(选择 2)

% 基础量 75	90	100	110	125	
新的 12 月的量					
总固定成本					
总可变成本					
固定成本					
总成本					

第二节　第三方物流的项目合同

经过了招投标谈判,双方决定开始的第三方物流合作后,就需要签订第三方物流服务合同了。第三方物流的发展过程中,物流服务的提供者与使用者在有关投资、承诺、退出合同的自由、保险等方面往往会产主一些合同范本,同时,我们将着重介绍我国合同法中部分有关运输与仓储的条款。

一家物流公司可以结合当地的法律与竞争环境、提供物流服务的种类、顾客的要求等因素,在实际签订合同时,参考应用有关条款。反之,范本中的有关条款,也可以相应地结合到物流公司的商务原则中去,形成物流公司的标准做法。

一、第三方物流合同范本与解释

我们知道,工商企业与第三方物流公司建立长期的合作关系的动因一般包括:资产利用率、资金问题、长期业务增长、市场全球化及其他与物流提供者分享的有关利益。有时,当公司外协其物流工程时,就要求第三方物流公司购买资产、雇用长期劳动力、承担设备租赁等。第三方物流提供者的服务承诺,常常要付出很高的代价,可能对其财务平衡产生很大的影响,因此,物流服务提供者一般坚持要求签订长期合同,以规避风险。相反地,要求外协物流工程的公司,需要确保在第三方物流提供者不能提供它所期望的服务标准时,合同可以被终止,以便选择别的第三方物流提供者。所以,每项物流合同的签订,都具有以下两条对立的原则:

1. 物流服务提供者的投资摊提与回收;
2. 客户(物流服务的使用者)选择是否中断物流服务关系。

物流服务使用者希望必要时能够立即中止合同与物流服务提供者希望投资能够得到摊提与回收是相互对立的。下面的合同范本把这两个对立面融合起来。这个范本是实际中常用的合同,此合同的重点是与仓储有关的服务,根据实际情况,可以加入与删除相应内容。使用下面的合同格式可以大大地减少达成合同的时间与费用。

二、第三方物流服务合同范本

本协议在物流公司(在此称为 TPL)与公司(在此称为顾客)之间于某年某月某日在某地生效。

顾客要求 TPL 进行物流与存货管理服务;顾客要求 TPL 以下列条款和条件提供这些服务。因此,双方达成以下协定。

(一)服务、支付和期限

TPL 将履行在“工作范围”所定义的服务,费用支付与“表 A”中所定义服务费用一致。如果在合同下提供的物流服务的货币价值(在其中任何一个月内)比“表 A”提出的每月最小额要少。顾客需支付不小于最小额的费用,不能再少。除了物流服务外,顾客将在________合同条款($),付给第三方物流公司一个月的仓储服务费。除非任何一方根据 8a 条款提出书面终止通知,合同期限自________日(起始条款)起 3 年,然后自动延期(1)年(续定条款)。合同的起始条款与续定条款终止日期前的 60 天,双方将重新洽谈下一个延期合同的物流、仓储费。

说明:这一部分的主要内容是“工作范围”。许多第三方物流服务合同忽视了这一内容的重要性。物流服务的使用者和提供者在第一次合作时,这个“范围”特别重要,没有它,物流服务提供者对要求干什么就没有明确的定义,而物流服务的使用者也不清楚支付的是什么服务费用。

尽管如此,“工作范围”还是双方关系最容易被忽视的部分。“工作范围”详细描述了有关货物的物理特征,所有装卸搬运和运输需要、运输方式、信息流和物流过程中的每一个细节。这一“范围”应由物流服务的使用者和提供者及双方功能领域的代表共同研究。例如,关于包装方面,使用者和提供者应让包装专家研究。具体履行目标则是“工作范围”内的另一个例子：

(二)运送

1. 货物运送以 TPL 作为指定收货人

顾客同意不以第三方作为指定收货人来运送货物。TPL 有权利、自由地拒绝或接受以其他方作为指定收货人的货物。如果 TPL 接受以第三方作为指定收货人的货物，顾客在得到 TPL 通知后，应立即书面通知承运人，把副本一份送给 TPL，说明 TPL 对上述财产没有受益权或利益关系。

2. 不符合规定的货物

顾客同意不把不符合下列条件的货物运送到 TPL：(1)与货物清单中规定的不一致。(2)与每一批货物的包装条上描述的不一致。TPL 有权利自由地拒绝或接受任何不符合规定的货物。如果 TPL 接受了这种货物，顾客应支付"表 A"中所规定的费用，若"表 A"中没有规定，则支付合理的费用。TPL 一收到这些不符合规定的货物，将尽力快速通知顾客，以获得有关指令，TPL 不负责由于口头传递所造成的失误。

说明：在用户和提供者之间的成功合作期间，用户公司的其他人常常可能开始以设计阶段未考虑的方式使用第三方关系。但是，"工作范围"应该考虑这种不测之事，也应该提出对没有预料到的货物的处理的建议。TPL 提供者一般应具有接受或拒绝"工作范围"内没有提到的货物的能力，但这可能对物流服务产生影响。例如，接受不在计划内的危险物料对任何一个物流中心或运输渠道的业务都可能造成很大的破坏。

(三)仓储的提供

由 TPL 配送的所有货物都必须恰当地标记和包装，然后送到仓库以便配送。双方同意，顾客在送货前，准备好符合"工作范围"的货单。双方同意第三方可以用相互同意价格，储存和搬运其他货物，这以达成书面协议为前提。工作范围内所列货单和将来可能加到货单中的其他物品，在这里称为"货物清单"。所有送到 TPL 的货物都必须是清单中所列的货物。

(四)送货要求

1. 没有顾客明确的书面的指示，TPL 不运送或转移货物。当然也可以根据电话发送货物，但是 TPL 不承担口头传递信息而造成失误的责任。

试图达成协议的双方间的一个很麻烦而又必须解决的问题是缺少第三方责任。一般地，向 TPL 物流发展的公司传递信息已经习惯于口头这种方式。但是，通过 EDI 或书面的形式处理这些信息更好，更具有法律效力。当口头交流成为普遍接受的做法时，必须事先洽谈准确接受指令和按指令行事的责任。

2. 当顾客从仓库中订购了货物时，必须给 TPL 合理的时间执行指令。如果因为天灾、战争、公敌、罢工、扣押、骚乱等，或者其他 TPL 不能控制的任何原因，或者因为不由 TPL 责任而造成货物的损失或损坏，或者因为法律所提供的任何其他理由，那么 TPL 不承担这种过失的责任。如果执行过程中发生了某一事件或困难，顾客与 TPL 应同意适当地延期。

(五)额外服务(特殊服务)

1. 不属于通常物流服务(即"工作范围"内)的服务所需的第三方劳动力，按 TPL 的通常费用标准收取额外的合理费用。

2. 顾客所需要的特殊服务包括，但是不仅仅限于编制特定的存货报表、报告标记的重量，及包装上的系列数字或其他数据。货物的物理检验和物流运送清单，但不仅限于这些服务，这些服务按 TPL 的通常费用标准承担额外的合理费用。

3. 为顾客提供材料、包装材料或其他特殊材料，按 TPL 的通常费用标准承担额外的合理费用。

4. 由于事先安排，不在正常商业时间内收到或运送货物，按 TPL 通常费用标准，承担合理的额外费用。

5. 包括邮资、电传、电报或电话的通讯费用，如果这些方面的服务超过通常的服务标准；或者在顾客的要求下，这些通讯不采用邮政的正常方式，那么上述费用向顾客收取。

6. 必须认识到，有时 TPL 在没有顾客书面同意的情况下，造成一些"非常"费用是必需的，顾客因此同意支付 TPL 由此而产生的合理适当的费用，然而，只要可能，TPL 在造成这些费用前，应从顾客那里获得许可。这种许可可以是口头的，但 TPL 对口头传递信息所造成的失误不负责任。

说明:在上面这一部分中,要明确的是:TPL 物流提供者有必要提供额外服务,或者即使服务时条件不利,TPL 物流提供者也有必要代表顾客的利益执行协议。在许多情况下,这一做法成为收取额外费用的理由。有时,有些协议会提出额外服务限制或通知的期限。

(六)责任和损失限制

1. 损失责任

作为委托人的顾客把私有财产送到作为受托人的第三方,TPL 在下列条件下同意接受上述财产:TPL 对储存货物的丢失或损坏不负责任,除非这种丢失或损坏是由于 TPL 保管不当而造成的,对收据中的所有财产,TPL 不为顾客投保火灾险或其他意外事故险,顾客因火灾或其他事故对财产所造成的损失,同意 TPL 无法律责任。

2. 保险

对任何原因所造成的货物损失不由 TPL 负责保险,但 TPL 同意当前的保险单继续生效,该保险单阐述:在协议的期限或延期内,对放在协议中指定的 TPL 仓库里的别人私有财产,如果遭受丢失、毁坏或损坏,作为受托人的被保险人,由于法律上所规定的义务必须赔偿,但这些赔偿金额(在其保险范围内)由保险公司代表第三方物流公司来支付。该保险单在协议期限,包括延期内,应全部生效(除去一些除外条款)。顾客若需要,可以提供该保险单的副本。

说明:在洽谈第三方物流合同时,讨论谁是保险的提供者是必不可少的一个环节。用户一般已通过公司或根据推断的 contents 保单,通过物流渠道为货物处理获得保险。因此,供应商购买在仓储环境的 contents 保险或运输环境的在途保险,会产生重复保险与重复开支。如果要求 TPL 物流公司按所提供的服务来保险,用户有时可能为所得到的服务而付出更多。仓储环境下一个很有成本效益的方法就是坚持提供者提供仓储所有人的法律责任保险。这个保险允许用户的保险公司在供应商疏忽时,取代提供者,这样当存货得到 TPL 提供者的保管和监护时,就可避免支付双重保险费。

3. 损失计算

如果 TPL 对顾客货物的丢失或损坏负责,那么为了计算这种损失,货物将按它的售价的存货成本来估算。

4. 装卸

TPL 对由于进货卸货或出货装货的延误而造成的滞期费负责。TPL 应竭尽全力提供及时的服务。

5. 随后损失

不是由于 TPL 的任何行为或疏忽而造成的随后损失,TPL 不负责任。

说明:随后损失有时成为不可保险的风险,有时成为潜在的交易风险。从用户的观点来看,导致销售损失的一个事件,或者迫使生产线停产、工人停工的送货失误,将付出很大的代价,为此,用户想从供给商那里搜集损失情况是合理的。相反地,供给者可能对这样的偶发事件不保险,或者不负担此类保险。把这种额外费用加到 TPL 交易费用中,可能导致对保险的成本抑制关系,即当没有 TPL 关系存在时,如果事件发生,用户将承担主要责任。

6. 义务

TPL 将负责监督、人员配备、看门服务、物流设备、办公家具、正常安全(包括下班后锁门和启动电子安全系统)、包装材料、捆绑和房屋的保养。

(七)风险分担

有关方都认识到 TPL 物流公司为提供服务将做出承诺并投资。因此,双方同意下列条款:

1. 中止

尽管与以上的协议相反,无需任何理由,任何一方在 90 天前以书面形式通知另一方,可终止该协议。该书面通知应有中止日期。无论什么原因的终止、无论是顾客或 TPL 或法律等作用提出中止,顾客同意补偿 TPL 全部的未摊提的贷款或租金……所有由 TPL 购买和租赁与协议有关的资产,包括房屋租赁资产的改进,在此称为"资产",顾客同意一旦中止,无论何种原因,顾客应确保______(出租人)和 TPL 作为存租人于______年开始,______年终止,为租赁这些在"表格 C"中的房屋,顾客将完全负责在租约下的承租人的责任,包括并不仅限于支付租金。

说明:合同第 7(1)部分的意图是,由法规或其他理由引起的由任何方中止的协议,TPL 应全部得到补偿,TPL 不遭受任何由于终止合同而引起的财务损失，TPL与银行、其他贷款人、个人财产或不动产出租人或其他方的责任无关。

中止也许是合同中最为重要的部分，当双方进入TPL合同，其中的一方（供应方）将很可能要做出显著的投资，另一方（使用者）将关心如何处理潜在的控制力的失去和与表现标准的一致。处理这种问题的方法之一，即是允许使用者在相对短的时间里以任何理由中止合同。如果使用者选择终止合同，则使用者同意支付未摊提的贷款和拥有的资产，并承担TPL项目的租赁。这提供了使用者相应的信息，他（她）可以无故终止，而其行为的后果应有他（她）来承担。有了这个"安全阀"，供应者可以据此投入资金，如果终止发生，资产的支付根据预先计划已有安排。供应者应在一开始就记录所有的资产，并通知使用者在关系期所购买的所有资产。除了在此提出的补偿条款，在中止协议时，应确定资产的名称和所有权，以下列方式：

(1)如果TPL在3年的该协议起始条款下的任何时候中止该协议，在顾客满足所有的如第8款中的财务义务后，该资产的名称和所有权应归属于顾客。

(2)如果顾客在第一个18个月的任何时间中止该协议，(或由法规作用与其他原因引起的中止)。该资产的名称和所有权应归属于顾客。

(3)如果顾客在起始条款的以后的任何时间终止合同(或在第18个月后由法规作用与其他原因引起的中止)，在顾客满足所有的如第8款中的财务义务后，可以有如下选择：

A. 支付 $________给TPL，该资产的名称和所有权应归属于顾客。

B. 则如果顾客没有支付 $________给TPL，该资产的名称和所有权应归属于TPL。

顾客在不迟于中止日期前，应通知TPL自己的选择，即选择A或B。

任何在此部分提供的由顾客给TPL的补偿支付，不应迟于终止通知中指定的中止日期。

如果中止日期前，这种补偿支付没有支付的情况下，顾客同意在最后的补偿支付之前，及时支付所有的租赁机构和个人财产出租人原应由TPL支付的费用，以避免TPL借用或租用私人财物的名义受损失。双方进一步同意，上述租赁机构与出租人在上述租约下应对顾客具有要求支付费用的权利。为此，上述租赁机构或出租人应被任务认为是本协议的TPL受益人。如确定由顾客承担的支付费用责任，在发生中止时，应不是TPL赔偿。

说明：在快速折旧计划或相对较短的合同情况下，经常有这样的问题："如果中止，谁得到资产？"解决这个难题的方法之一是让使用者在合同的前半期，自动获得和拥有资产，如果供应者计算出了拥有资产的残余价值，作为服务定价的基础，在合同剩余的一半时间中止时，它可能得到额外支付。

2. 劳动力价格

双方承认在第一部分"表A"中所提出的价格和物流是存储服务的最低收费，是基于一定的劳动力价格的，在实际的劳动力价格超过TPL的假设时，双方应调整支付给TPL的费用与最低月费用，结果是顾客应支付TPL额外的劳动力成本。

说明：在开始时，供应者经常要求提供以劳动力价格为基础的服务价格，然而，在报价请求和开始时间半到一年时间后，如果当地的条件发生了变化，供应者可以要求一次劳动力价格的调整。

(八)参与各方的地位

1. 参与各方达成共识：TPL不从事与出租货物相关的存储业务，也不能被看作______地法律中规定的"仓库所有人"，并且，TPL明确表示在任何时候都不提出索赔、抵押、特免、抵消的优惠权或类似的有关对合同中所规定TPL所处理的货物的权利，货物的全部的、单一的、无疑问的权利仍属于客户。

2. 以与合同中的任何条款不冲突为前提，据此同意：TPL对于合同中所规定的货物而言，他是一位受托者，TPL与客户之间的关系是受托者与寄托人的关系。进一步又达成共识：TPL对于完成任务所需的方法和措施，应有独立控制和自由处理的能力。他不是客户的代理或雇员。为了是TPL能完成作为该合同的受托者的任务，客户允许TPL按客户的利益，在任何适当的时间内，能独立控制并进行对货物和房产的检查。

说明：通常情况下，按照美国大多数州的统一商业法规，"仓库所有人"的术语有一法律的定义，它可能允许供应商在账单不付或其他理由情况下，将用户的货物作抵押。然而,受托这一寄托人关系限制了供应商自动进行任何抵押的可能性。应从法律顾问处获得更多的、完整的、合法的意见,搞清何种条款最符合 TPL 物流的情况。

(九)索赔通知和诉讼

1. 以下所有的索赔必须在法庭宣判前,以书面形式提交。

2. 只有当这些索赔用书面形式提交,并且是在事件发生后一年内提出索赔,客户或 TPL 才能作出反应。

(十)口头交流

合同 2(2)、4(1)和 5(3)小节规定了由于与客户进行口头交流后所产生的误交流的责任。在与以上各节内容无冲突的条件下,客户因而同意用书面形式在发生口头交流 24 小时内,对这些口头交流内容进行确认。TPL 收到这些书面确认后,再也无权依靠自己对口头交流的理解行事,而应按书面确认的情况为准。但是,在 TPL 收到口头交流确认前,TPL 不必对根据口头交流内容而发生的行为负责。

(十一)仓库

房产与中止的结果:以下用于服务活动的仓库应为一定的房产,位于________“房产”由 TPL 租赁,规定(　)年,自________年开始,该房产在“表C”(“租赁”)中有比较详细的介绍。当由于某些原因要中止该合同时,客户应承担该中止后的租赁,因而,客户应单独承担租赁中承租人的法律责任,而 TPL 不应承担所有这些责任:即包括但不限于必须付的租金或其他任何款项。一旦合同中止,TPL 应向客户移交其在所有租赁改进中所获得的利益。

(十二)转让

不得到客户书面同意,TPL 不能转让、转送、抵押或让渡这一合同或合同的任何一部分,或与合同有关的任何权利。上述书面同意是不能随意收回的。

说明:注意,在这一转让条款规定中,并不排除 TPL 向持有股份的或控股的公司或主要持股人转让利益,这些利益的转让或转送不需要客户同意。

(十三)授权

在合同上签名的工作人员、代理或雇员声明并保证完成所有必需的工作,他们有权使各自的组织受到法律保护。

(十四)违约

下列情况被认为是 TPL 违约:

(1)如 TPL 在执行或遵守合同条款时,有实质性的违约。

(2)如果 TPL 向法院提出自愿破产的申请,或被法院宣布破产或资不抵债,或为债主的利益进行转让,寻求或同意对所有资产任命第三方的接收人或清算人,如果 TPL 收到这一书面违约通知单后 30 天,违约还在继续,这种情况下,客户有权中止合同,它满足合同第 8(1)节中所述的中止付费的规定。与前述无冲突的情况下,TPL 在收到这一违约通知后有 30 天时间来消除、纠正他的违约行为。

说明:“允许供应商有多少时间来纠正他(她)的违约情况?”,这是双方谈判合同时通常争论的问题。用户希望他的货物能顺利到达其客户处,而供应方需要时间来纠正他(她)的违约状态。关键是时间和严密程度。在违约情况下,用户应派代表在现场监督事态的发展,但不能妨碍供应方纠正导致违约的情况。在合同样本中建议的 30 天的时间可能在一定条件下适用,在其他情况下不适用。无论如何,违约一旦发生,不及时纠正违约情况,只要符合合同中止条款和条件,就会导致合同中止,并中止付费。

(十五)继任者和受让人

该合同应对各方的继任者和受让人具有法律效应。

(十六)说明

在限定为条款的实际工作范围,说明仅供参考。

(十七)所适用的法律

该合同应根据________的法律执行。

说明:两个较小的公司达成协议,可能会选取他们自己当地的法律规定的协议,以减少可能的法律费用。原因是通常情况下,法律顾问大多只熟悉一个州的法律条款。在不同的州裁定一个合同,可能会导致法律费用增加,或需要聘请外州不熟悉公司的法律顾问来处理。另一方面,大的公司通常在许多州都有法律代表,所以对这些公司而言,澄清外州法律就不成问题。

(十八)修改至最终完成合同

除了下面所述或各方签名的书面协议外,这一合同不能以口头或其他任何方式改变、修改、作废或丢弃，或中止。书面意见包括完整的协议，是双方签注的，而不能由任何代表，无论是书面还是口头的都不可。

三、我国合同法中有关第三方运输的条款

《中华人民共和国合同法》于1999年3月15日由第九届全国人民代表大会第二次会议通过，并于1999年10月1日起正式实施。作为一部调整市场交易的基本法律，它的颁布实施结束了我国合同法长期分立的局面。

新的合同法第288条至第292条是关于运输合同的一般规定；第304条至第316条是货物运输合同规定；第317条至第321条是多式联运合同规定。

(一)运输合同

《合同法》颁行前，我国的运输合同立法分散且不平衡。只是在原《经济合同法》第20条、第36条对货物运输合同作了一般性规定，并针对物品运送的不同途径，相继颁布了铁路、公路、水路和航空货物运输合同实施细则等行政规章。凡国际性的运送合同则由我国参加的国际协议、协定、条约或国际公约加以调整。

货物运输合同，是指承运人将货物运送至约定的地点，托运人向承运人支付运费的合同。货物运输合同是由承运人开展运送业务的法律形式。货物运输合同可根据不同的标准进行不同的分类：以运输工具分类，可将运输合同分为铁路运输合同、公路运输合同、水路运输合同、航空运输合同以及管道运输合同等；以运送方式分类，可将运输合同分为单一运输合同和联合运输合同。其中，单一运输是以一种运送工具进行的运送，联合运输简称为联运，是指两种以上的运送工具进行的同一运输活动，它又可分为国内联运合同和国际联运合同。《合同法》采用的是从运输合同、货物运输合同以及多式联运合同3个角度对运输合同进行的规范。

第288条　运输合同是承运人将旅客或者货物从起点运输到约定地，旅客、托运人或者收货人支付票款或者运输费用的合同。

本条是关于运输合同定义的规定。

运输合同，又称运送合同。运输合同中有承运人和托运人两方当事人。在合同涉及的客体为货物时，通常还有收货人参加合同关系。托运人可以是法人也可以是公民个人，可以是货物所有人，也可以是非货物所有人，在多数情况下，收货人是托运人以外的人，在少数情况下，收货人就是托运人本人。如果运输合同涉及的收货人与托运人非同一人，则运输合同有承运人、托运人和收货人三方当事人。运输合同属于提供劳务的合同，其标的不是被运送的货物或旅客及其行李包裹，而是运送行为本身。

第289条　从事公共运输的承运人不得拒绝旅客、托运人通常、合理的运输要求。

本条是关于从事公共运输的承运人的承诺义务的规定。

第290条　承运人应当在约定期间或者合理期间内将旅客、货物安全运输到约定地点。

本条是关于承运人按时、安全、准确运输义务的规定。

承运人的权利义务在运输合同中居于重要地位。承运人依业务本旨担负有一系列的各样义务，但其基本义务就是在约定期间将货物安全运输到约定地点。本条规定的具体含义有以下3项：

(1)承运人按时运送的义务

承运人应当在约定的期间内实施运送，包括按时起运和准时到达。否则，应负迟延履行的法律责任。就货物运输而言，如果承运人未在规定时间内将货物交付收货人，应当负违约责任。超过规定的一定期限承运人仍未能将货物运到并交付的，托运人或收货人有权要求承运人按照货物灭失予以赔偿。

(2)承运人的安全运送义务

承运人应当将货物安全运输到目的地。就货物运输而言，承运人对承运的货物，自接受承运时起到交付收货人时止，始终负有安全运送和妥善保管的义务。在此期间货物发生损坏、灭失、短少、变质、污染的，应按实际损失予以赔偿。就旅客运输而言，在运送过程中，承运人必须保证旅客的生命、财产安全。

(3)承运人的准确运送义务

承运人应当将货物运输到约定地点。货物运输中，承运人如因自己的过错将货物错运到非约定的地点或送错了收货人，应无偿改运到约定的到货地点或收货人。如因此违约，应承担合同约定的违约金或者赔偿责任。

第 291 条　承运人应当按照约定的或者通常的运输路线将旅客、货物运输到约定地点。

本条是关于承运人按照通常的运输路线运输的义务以及计程车承运人遵守有关运输路线指示的义务的规定。

承运人应当按照通常的运输路线将货物运输到约定地点。“通常的运输路线”,应是指货物运输中,从出发点到目的地之间对双方当事人来说最为经济有效、对托运人或收货人最为有利的运输路线。在公共运输当中,不管是铁路、公路运输,还是水路、航空运输,固定班次的乘运工具有着相对固定的运行路线,这种事先昭示的固定路线即是“通常的运输路线”。在非公共运输路线中,符合日常运输习惯,对托运人或收货人一方最为有利的运输路线即是“通常的运输路线”。运输合同的履行应当严格遵循诚实信用原则。依据诚实信用原则,承运人应于数条运输路线中选择对债权人最为有利的运输路线,或者按照有关部门的统一规划的固定路线将货物运输到约定地点。承运人按照通常的运输路线运输是其法定义务,即使运输合同当事人双方并未在合同中标明,承运人违反此项义务,亦应承担相应的法律后果。承运人擅自变更运输路线的,应当根据旅客或托运人的要求予以退票或解除运输合同。承运人中途变更运输路线,造成托运人货物损害及其他损失的,应承担违约损害赔偿责任。

第 292 条　旅客、托运人或者收货人应当支付票款或者运输费用。承运人来按照约定路线或者通常路线运输增加票款或者运输费用的,旅客、托运人或者收货人可以拒绝支付增加部分的票款或者运输费用。

本条是关于旅客、托运人或者收货人支付票款或者运费义务的规定。

运输合同原则上为劳务有偿合同。在运输合同中,承运人负有将货物或旅客由此地运往彼地的义务,托运人、收货人或旅客则负有向承运人按规定支付报酬或运费的义务。这两种义务互为等价关系。因此,根据权利与义务相统一的原则,托运人或收货人按照约定支付票款或者运费是应有之义务。根据本条规定,票款或者运费可以按照约定支付。运输合同多为标准合同。在标准合同条件下,票款运费已由承运人事先拟定,旅客、托运人或收货人只有同意或不同意的权利,一旦同意即视为约定。在一些集体运输企业,尤其是运输个体户或专业户作为承运人所签订的非标准合同条件下,双方可就票款、运费的数量、付款方式、付款期限、地点等予以商定,对此种约定法律奉行合同自由原则,不加干预。托运人或收货人亦应按照约定支付票款或运费。

承运人负有按照通常的运输路线运输的义务。按照通常的运输路线运输,对旅客、托运人或收货人来说,意味着安全和效益。承运人在履行运输合同的过程中,违反合同义务,未按通常的运输路线运输,不管其是有意违约还是无意违约,对于其要求增加运费或票款的请求权,旅客、托运人或收货人可以行使抗辩权,使其请求权失效。因此,根据本条规定,承运人未按照通常的运输路线运输,增加票款或者运费的,托运人或者收货人可以拒绝支付增加部分的票款或者运费。

(二)货运合同

第 304 条　托运人办理货物运输,应当向承运人准确表明收货人的名称或者姓名或者凭指示的收货人、货物名称的性质、重量、数量、收货地点等有关货物运输的必要情况。

因托运人申报不实或者遗漏重要情况,造成承运人损失的,托运人应当承担损害赔偿责任。

本条款是关于托运人准确申报货物运输情况义务的规定;第二款是关于托运人申报不实或者遗漏重要情况的违约损害赔偿责任的规定。

托运人办理货物运输,即是其签订货物运输合同(并履行货物运输合同)的过程,这里的“托运人”可以是单纯的货物发运人,也可以是带有行李、包裹需托运的具有双重身份的旅客。运输合同的订立,通常分为要约和承诺两个阶段,货物运输合同也不例外。托运人要订立货物运输合同,就必须向承运人发出要约,即做出订立合同并表明合同主要内容的意思表示。根据本条规定,托运人办理货物运输,负有准确申报的义务,他应向承运人表明的合同的主要内容包括:(1)收货人的名称或者姓名;(2)收货地点;(3)货物的性质、重量、数量;(4)其他有关货物运输的情况,这是一项弹性规定,这里的“其他情况”

因货运合同类型不同等原因而差异很大，故立法在此留一活性规定，便于根据实际情况确定。

托运人申报不实，或者遗漏重要情况，很可能造成承运人的直接损失。如错标收货人，可能导致承运人无法交货延误时间而影响收入；报错地点，将导致承运人多走冤枉路而加大开支；报错货物性质、重量、数量将会导致安全事故等致使承运人受损，在托运人负有准确申报义务的前提下，申报不实或者遗漏重要情况，而又造成承运人损失的，构成违约责任和侵权责任的，承运人可以选择对自己最有利的责任形式保护自己的利益。根据本条第二款的规定，托运人应当承担损害赔偿责任。但在交接运送货物过程中如因承运人未尽验收之责，则承运人对该损害也有过错，应按各自过错大小承担相应责任。

第 305 条　货物运输需要办理审批、检验等项手续，托运人应当将办理完有关手续的文件提交承运人。

本条是关于托运人文件交付义务的规定。

货物运输合同大都属于规范性合同，有着自己的特殊要求。除一般货物外，国家出于维护社会公益的目的，通常规定某些特殊货物和动植物、出入关货物、危险品等的运输，需要向有关行政机关办理审批、检验等手续。因此，托运方需要托运特殊货物时，还要提交货物的准运证明。根据有关规定，需凭证明文件运输的货物，托运时，应将证明文件与货物运单同时提出。需要海关、检疫、公安等审批、检验证明文件运输的货物，托运人对其提出的证明文件的起初性负责。需凭证明文件运输的货物，托运人未按规定提出有关办理手续的证明文件，承运人有权拒运。对于由于托运人提供虚假的办理完有关手续的证明文件或者未提供有关手续的证明文件而导致的迟延运输、货物毁损、灭失，承运人不承担或免除相应的违约责任。

第 306 条　托运人应当按照约定的方式包装货物。对包装方式没有约定或者约定不明确的，适用本法第 151 条的规定。托运人违反前款规定的，承运人可以拒绝运输。

本条是关于托运人妥善包装义务的规定。

本条第一款规定，托运人应当按照约定的方式包装货物，对包装方式没有约定或者约定不明确的，适用本法第 151 条的规定。这里“适用本法第 151 条的规定”是一个援引式的规定，根据第 151 条的精神，关于对包装方式没有约定或者约定不明确的，即在包装方式没有统一的专业包装标准和双方事先没有约定或约定不明确的情况下，双方当事人可以就包装方式进行协议补充，不能达成补充协议的，按照合同有关条款或者交易。如仍不能确定的，应当按照通用的方式包装，没有通用方式的，应当根据货物的性质、重量、运输种类、运输距离、气候以及承运设备装载等条件，采用足以保护标的物的包装方式。

本条第二款规定，托运人违反第一款规定，即违反妥善包装义务的，承运人可以拒绝运输。这里的“拒绝运输”，有两层意思：一是指在运输合同成立以前，如果托运人不能妥善包装，承运人有权拒绝缔约，托运人不能以承运人负有承诺而提出抗辩。二是指在运输合同成立以后，如果托运人违反妥善包装义务，承运人因托运人的根本违约而拥有法定的合同解除权，得以解除与托运人之间的货物运输合同，不再负担运输义务。需要指出的是，如果是由于货物包装缺陷产主破损致使他人货物或运输工具、机械设备污染、腐蚀和损坏、或者造成人身伤亡的，托运人应承担赔偿责任。但承运人明知包装不合格而承运的，对该损害也应负责。

第 307 条　托运人托运易燃、易爆、有毒、有腐蚀性、有放射性等危险物品的，应当按照国家有关危险物品运输的规定对危险品妥善包装，做出危险物标志和标签，并将有关危险物品的名称、性质和防范措施的书面材料提交承运人。

托运人违反前款规定的，承运人可以拒绝运输，也可以采取相应的措施以避免损失的发生，因此产生的费用由托运人承担。

本条第一款是关于托运危险物品的妥善包装，做出危险物标志和标签，并将有关危险物品书面材料提交承运人义务的规定。第二款是关于托运人违反上述义务，承运人应持的态度，采取的措施的处理规定。

根据本条第一款的规定，托运人托运易燃易爆、有毒、有腐蚀住、放射性等危险物品的，应当按照《危险货物运输规则》等国务院有关危险物品运输的规定承担 3 项基本义务：(1)对危险物品妥善包装，即按照国家包装标准或部包装标准(专业包装标准)进行包装,没有统一规定包装标准的,要在保证运输安全的原则下进行包装;(2)对危险物品做出危险标志和标签,以便托运时起到警醒标题和提示作用;(3)将有关危险物品的名称、性质的防范措施的书面材料提交承运人。该义务实际上是托运人申报义务的具体化,由于危险物品托运的严肃性,本条规定托运人向承运人表明危险物品有关情况应采用书面形式。

根据本条第二款规定,托运人违反上述义务的,承运人可以作如下处理:(1)拒绝运输,即承运人有权拒绝与托运人缔结运输合同,或者在运输合同成立、履行过程中解除合同。如在海上运输中,因托运人瞒报危险物品性质导致危险发生,承运人可以将该危险货物抛入大海不再运输,且不承担赔偿责任。(2)采取相应措施以避免损失的发生,但因此产主的费用由托运人承担。

第 308 条　在承运人将货物交付收货人之前,托运人可以要求承运人中止运输,返还货物、变更到达地或者将货物交给其他收货人,但应当赔偿承运人因此受到的损失。

本条是关于托运人单方变更或解除货物运输合同的规定。

根据本条规定,在承运人将货物交付收货人之前,托运人可以请求承运人中止运输,返还货物,变更到达地或者将货物交给其他收货人,但应当赔偿承运人因此受到的损失。对此,可以从 3 个方面来理解:

(1)托运人变更或解除合同的时间应在承运人将货物交付收货人之前,承运人将货物交付收货人,标志着货物运输合同已完全履行,在此种情况下,变更或解除合同已失去了先决条件。因此,“在承运人将货物交付收货人之前”是托运人变更或解除货物运输合同的法定条件。

(2)托运人拥有变更或解除货物运输合同的请求权。其中托运人请求承运人中止运输、返还货物是基本解除合同请求权的体现,请求承运人变更到达地或者将货物交给其他收货人是其变更合同权的体现。关于托运人请求变更或解除合同的形式,为避免纠纷,应采取书面形式向承运人提出。对于托运人向承运人提出的中止运输、返还财物、变更到达地或者将货物交给其他的收货人的正当请求,承运人无正当抗辩理由不得拒绝。

(3)托运人变更或解除运输合同应承担相应的责任,即赔偿承运人因此受到的损失。运输合同变更后,承运人变更到达地或者将货物交给其他收货人,按照变更后的合同内容做出履行,托运人作为违约方应根据具体情况按有关规定,增加或减少费用。托运人解除运输合同,其法律效力溯及既往,双方各自返还其接受的履行,承运人应返还货物,托运人退回运费。同时,不能免除托运人的损害赔偿责任,托运人不仅应承担债务不履行的损害赔偿,而且还应承担因恢复原状而发生的损害赔偿。

第 309 条　货物运输到达后,承运人知道收货人的,应当及时通知收货人,收货人应当及时提货。收货人逾期提货的,应当向承运人支付保管费等费用。

本条是关于货物运输到达后,承运人与收货人的相关义务的规定。可从 3 个方面来理解:

(1)承运人负有货物运达目的地后及时通知收货人的义务。承运人将运送物品到达目的地后,应及时通知收货人,以便收货人请求运送货物的交付。但是,如果托运人有处分权而依有效指示已排除收货人的受领权,或者运送货物到达后直接交与收货人时,则不必另行通知。

(2)收货人负有接到货通知后及时提货的义务。民法学界一致认为:收货人接到通知后,应按规定的时间领取货物。这是针对标准合同而言的,如《航空货物运输合同实施细则》规定货物从发出通知的次日起,免费保管 3 日,超出 3 日则为不及时。铁路货物中承运人组织卸车的货物,收货人于承运人发出催领通知的次日起算,2 日内将货物搬出为“及时”。收货人及时提货,这里的“及时”在无法定期限标准又无双方约定的情况下,可依交易习惯或按照诚信原则确定。由于种种原因,常有收货人不明或者收货人拒绝提货、逾期提货的违反及时提货的情况,对于收货人不明或者收货人拒绝提货,本法另有规定,本条只规定了收货人逾期提货的责任,即向承运人支付保管费,当然,如果收货人迟延领取货物是由于承运人没有及时通知造成,则收货人不负责任。同时，本条规定，收货人提货时，应当向承运人出示提货凭证，这是保证货物准确交付，提货规范化的需要。

(3)收货人负有支付应交费用的义务。民法学界认为，合同规定运杂费由收货人支付的，收货人应当支付，如果托运人未按合同规定支付运费或所支付费用不足、收货人在领取货物时，有义务交清运杂费。收货人的应交费用根据本条规定是指托运人未付或者少付的运费以及其全部费用，这里的“其他费用”是指运货人支付相关费用义务，是为了全面保障债权人即承运人的利益。

第310条　收货人提货时应当按照约定的期限检验货物。对检验货物的期限没有约定或者约定不明确，依照本法第61条的规定仍不能确定的，应当在合理期限内检验货物。

收货人在约定的期限或者合理期限内对货物的数量、毁损等未提出异议的，视为承运人已经按照运输单证的记载交付的初步证据。

本条是关于收货人提货时应当按照约定的期限检验货物的义务及收货人索赔时效的规定。

本条第一款是关于收货人提货时按照约定的期限检验货物义务的规定。具体可以从3个方面来理解：

(1)按照约定的期限检验货物，一方面是督促收货人及时验收及时提货，另一方面是定纷止争，如果收货人未在约定期限检验或未在约定期限检验出货损，承运人便得以免责。

(2)收货人检验货物应当在合理期限内进行。检验货物的具体期限因货物种类、性质和运输方式等的不同法律并无固定限制，贯彻合同自由原则、允许货物运输当事人予以约定，如果没有约定或者约定不明确，依照《合同法》第62条的规定，当事人之间可以协议补充，不能达成补充协议的，按照合同有关条款或者习惯确定。如果仍不能确定，应按照诚实信用原则，本着公平精神，结合具体情况确定合理期限。

(3)收货人检验货物后发现货物损坏、损失等于合同内容不符情况，应立即向承运人提出异议。如果收货人没有在约定的期限内或合理期限内对货物毁损等提出异议，根据本条规定，视为承运人已经按照运输单证记载交付的初步证据。在约定期限或者合理期限内，收货人未提出异议，或者是货物检验合格或者是收货人疏于发现。在后一种情况下，实际上是对收货人的一种惩戒，有利于促使收货人尽其注意义务。当然，上述收货人未提出异议，只能视作合同适当履行的初步证据，如果有证据证实货物的损坏、灭失等确由承运人过错所致，并不能因收货人未在检验期限内提出异议而免除承运人的责任。

本条第二款是关于收货人索赔时效的规定，收货人请求承运人赔偿损失的权利自提货之日起6个月内不行使而消失。“6个月”对承运人和收货人双方都是公平的。收货人必须在上述索赔期限内“自提货之日起6个月内向承运人提出索赔要求。如果超过索赔期再进行索赔，不受法律保护。收货人丧失请求权，亦即收货人丧失了依诉讼程序请求保护其权利的”权利。从这个意义上讲，本款规定实际上也是收货人索赔的诉讼时效。当然，收货人在这种情况下虽然丧失了请求权，但如果承运人愿赔偿不在此限。承运人超过索赔期限而向收货人支付了应赔款项，不得以不知道索赔期限为理由要求退还该部分款项。

第311条　承运人对运输过程中货物毁损、灭失承担损害赔偿责任，但承运人证明货物的毁损、灭失是因不可抗力、货物本身的自然性质或者损耗以及托运人、收货人的过错造成的，不承担损害赔偿责任。

本条是关于承运人对货物毁损、灭失的损害赔偿责任的规定。

承运人对于运输过程中货物的毁损、灭失承担损害赔偿责任。承运人的这种责任较之一般违反合同的责任更重，因为除了不可抗力外，对于一般的意外事件，承运人也要承担赔偿责任。因此，本条所规定的承运人的赔偿责任应为过错责任。由于现代交通运输具有高度危险性质，为了保障托运人的利益，促使运输企业改善经营，承运人负担的赔偿责任是必要的。这里的“运输过程中”是指从承运货物时起，至货物交付收货人或者依照有关规定处理完毕时止。“毁损”是指托运的货物因损坏而价值减少。“灭失”是指承运人无法将货物交付给收货人，既包括货物的物质上的灭失，也包括占有的丧失及法律上不能回复占有的各种情形。

承运人对货损的赔偿责任虽不以过错为要件，但也并非在任何情况下都不能免责，承运人的免责事由有下列3项：

(1)不可抗力。不可抗力是指承运人不能预见、不能避免且不能克服的客观情况，包括自然灾害和社会异常事件，如铁路塌方、机场大雾等，但对于应由承运人负担的危险不在此列，如撞车、翻车事故。

(2)货物本身的自然性质或者合理损耗。货物本身的自然性质引起的毁损，指货物因自身的物理、化学性质，在运输过程中自行反应变化，产生货物量的减少或质的变坏而引起的损失，如新鲜水果在运输中的腐烂即属此类。货物的合理损耗指货物在运输过程中因自然蒸发、挥发或退色等造成的损耗以及国家法律、法规规定范围内不由承运人承担责任的损耗。

(3)托运人、收货人的过错，如货物包装不良或未按规定制作标志，托运人错报货物性质、质量、收货人逾期提货等等。以上情形，由承运人负担举证责任。实践中，承运人和赔偿责任应以收货人就货物的毁损、灭失的声明为据，收货人怠于通知的，承运人免除赔偿责任，但承运人恶意掩蔽货物的毁损、灭失或者因承运人故意或重大过失造成货物毁损、灭失的，承运人的赔偿责任不能因收货人的怠于通知而免除。

第312条　货物的毁损、灭失的赔偿额，当事人有约定的，按照其约定；没有约定或者约定不明确，依照本法第61条的规定仍不能确定的，按照交付或者应当交付时货物到达地的市场价格计算，法律、行政法规对赔偿额的计算方法和赔偿限额另有规定的，依照其规定。

本条是关于确定货物的毁损、灭失的赔偿额的规定。承运人对货物毁损、灭失的赔偿责任范围可分以下两种情况：

(1)未保价运送的货物受损。未保价或者未声明金额的货物受损的，在国务院主管部门规定的限额内，按货物实际损失的价值赔偿。赔偿范围不包括债权人因此所受到的可得利益的损失，并且不能超过主管部门规定的责任限额。但是，在承运人对货物的损毁有故意或重大过失时，承运人的赔偿责任不受其规定的最高限额的限制，而应赔偿实际损失。

(2)保价运送的货物受损。托运人是保价运送的，或者在托运时声明了金额并交付了附加费的，在该货物受损时，承运人应赔偿托运人的实际损失，但以保价金额或托运人声明的金额为限。如果损失是由于承运人的故意或者重大过失造成的，不能适用关于赔偿限额的规定。

根据本条规定货物的毁损、灭失的赔偿范围，当事人有约定的，按照其约定，当事人没有约定或约定不明确，可依照本法第62条规定协议补充，不能达成补充协议的，按照合同的有关条款或者交易习惯确定。

第313条　两个以上承运人以同一运输方式联运的，与托运人订立合同的承运人应当对全程运输承担责任，损失发生在某一运输区段的，与托运人订立合同的承运人和该区段的承运人承担连带责任。

本条是关于数个承运人以同一运输方式联运时，各承运人的责任的规定。

在数个承运人以同一运输方式联运的，首先与托运人订立合同的承运人应当对全程运输承担责任。与托运人订立合同的承运人作为缔约一方，一般情况下，负责准备运输区段运输的组织工作，直接与托运人发生关系。它不像各运输区段的承运人只要在运输区段完成了运输任务，就履行了全部义务，而是自始至终与承运人之间有权利和义务关系存在。与托运人订立合同的承运人对全程运输享有权利、承担义务，同时对全程运输承担责任。在损失发生的运输区段不明确的，应首先由与托运人订立合同的承运人负责。这对于保护托运人的利益有重要意义。其次，损失发生在某一运输区段的，与托运人订立合同的承运人与该区段的承运人承担连带责任。所谓连带责任，是指债务方为2人以上的一种债务关系。

在数个承运人以同一运输方式联运的形式与托运人、收货人所成立的货物运输合同，相关的承运人与托运人、收货人之间的债权债务关系符合连带之债的成立条件：

(1)债的一方当事人即承运人一方为数人。

(2)标的统一。虽然数个承运人与托运人、收货人之间成立数债,但因其以同一运输联运,其标的都是服务于同一债权人即托运人、收货人的同一批量货物的运输行为。

(3)数个债务人具有同一目的,与托运人订立合同的承运人和托运人、收货人的货物得以满足有效、安全地运达的要求,确保其债权得以实现。

(4)债务人之间具有连带关系。与托运人订立合同的承运人是联运的组织者、缔约者,对全程运输负责,损失发生区段的承运人是货物损失的直接责任者,对自己运输区段发生的货损负责,这两者之间具有连带关系,与托运人订立合同的承运人和损失发生区段的承运人协同履行债务,其中一方履行债务,另一方债务亦归于消灭。

在数个承运人以同一运输方式联运,与托运人订立合同的承运人和损失发生区段的承运人承担连带责任的情况下,首先,两者均负有履行全部运输债务,负担全部赔偿责任的义务。债权人有权向两者中的一方或全体请求给付,也有权向其中一方请求一部分或全部给付,被请求的承运人不得以还有其他债务人为由而互相推委,也不得为分担之抗辩,即不得以给付请求超过自己应分担的份额而拒绝给付。与托运人订立合同的承运人和损失发生区段的承运人的连带责任因其中一方或全体给付而消灭。在连带责任全部履行前,二者对未履行部分仍负连带清偿责任。债权人有权以其中之一方或全体为被告提起给付之诉。以其中一方为被告起诉而获有利益后,若有承运人不承担责任,债权人得以同一理由向其他承运人起诉,请求履行义务。其次,承担连带责任的承运人所负担的给付义务,就债权人方面考察,其份额在全部义务的范围内是不确定的。但自承运人即债务人方面考察,各承运人所应承担责任通常是有确定份额的,且这种份额一般在连带责任成立时就已确定。当两方承运人中的一方承承担了全部责任时,另一方承运人的责任也随之消灭,因此,该承运人可就超过自己应承担部分的给付,向另一方承运人请求偿还。

第 314 条　货物在运输过程中因不可抗力灭失,未收取运费的承运人不得要求支付运费;已收取运费的,托运人可以要求返还。

本条是关于货物在运输过程中因不可抗力灭失,承运人丧失运费请求权的规定。

货物在运输过程因不可抗力灭失,这就使作为货物运输合同一方当事人的托运人、收货人的利益要求客观上已无法得到满足。这在民法理论上称作债的目的不能达到。债的目的不能达到,主要是指因不可归责于债务人的事由而致履行不能。货物因不可抗力合同消灭,承运人免除履行义务,同时丧失收取运费的权利。根据本条规定,承运人承运的货物在运输过程中因不可抗力灭失的,承运人虽不负赔偿责任,但丧失部分的货物未能取得运费的,承运人丧失运费的请求权,不得请求托运人或者收货人支付运费。托运人已支付运费的,可以请求承运人返还,承运人不得拒绝。

第 315 条　托运人或着收货人不支付运费、保管费以及其他运输费用的,承运人对相应的运输货物享有留置权,但当事人另有约定的除外。

本条是关于承运人对运输货物的留置权的规定。

留置权,是指债权人按照合同约定占有债务人的动产,当债务人不按照合同约定的期限履行债务时,债权人可依法留置该财产,以该财产折价或者以拍卖、变卖该财产的价款优先受偿的担保物权。享有留置权的债权人叫做留置权人,留置的财产称为留置物。在货物运输合同中,承运人是留置权人,不支付运费、保管费及其他运输费用的托运人或收货人是留置物所有人。法律规定承运人享有留置权,目的在于利用物之交换价值担保承运人的运费、保管费及其他相关费用的请求权,根据本条规定,承运人享有留置权的成立要件为:

(1)承运人依据合同占有托运人、收货人的动产。不管是铁路货物的运输、公路货物运输,还是水路货物运输、航空货物运输,基于运输的行业性质,根据运输合同,托运人、收货人都要将自己所有的或者经营管理的财产交付给承运人。承运人占有相应的运输货物有合同依据。

(2)承运人的债权未在清偿期内获得满足。货物运输合同中,承运人享有运费、保管费及其他费用的请求权,托运人、收货人负有支付运费、保管费及其他费用的义务。本条中所说的“其他费用”包括因中止、返还或其他处分而支付的费用。垫付关税、报关费、运送物的改装费等由承运人为托运人垫付的货款。托运人或者收货人在承运人履行了运输义务,已到费用清偿期限仍不支付运费、保管费以及其他运输费用,承运人的运费及其他费用请求权未获满足是承运人对相应运输货物享有留置权的另一条件。

(3)承运人的运费、保管费及其他费用请求权与占有的运输货物之间有牵连关系。本条所说“相应的运输货物”,是指作为运输合同的标的物,承运人的费用请求权基于这种标的物才得以成立的由承运人占有的运输货物。承运人只能对与其债权有牵连关系的运输货物享有留置权。

(4)承运人留置权的成立不得违法。不得违反社会公共利益和社会公德。

(5)承运人与托运人、收货人之间预先没有排除留置权的约定。留置权制度不是为保护社会公益而设置的强行性规范,而是基于公平原则为保护债权人的得益所承认的制度,因而允许当事人预先排除。本条对承运人享有留置权的例外规定是“当事人另有约定的除外”。这说明,承运人留置权的成立必须是当事人预先没有相反的约定的。

第 316 条　收货人不明或者收货人无正当理由拒绝受领货物的,依照本法第 101 条的规定,承运人可以提存货物。

本条是关于承运人提存货物的规定。

提存,是指由于债权人的原因而无法向其交付合同标的物时,债务人将该标的物交给政府机关而消灭合同的制度。债务的履行往往需要债权人的协助。如果收货人无正当理由而拒绝受领或者不能受领,收货人虽然应负担受领迟延责任,但承运人的债务却并未消灭。于此场合,承运人仍应随时准备履行,为债务履行提供的担保也不能消灭,为显示公平,提存缺席的设立,规定承运人的收货人不明或者收货人拒绝受领货物时,可以将货物提交有关机关,从而免除交付义务。这符合效益原则,有利于货物运输的良性运行。

(三)多式联运合同

第 317 条　多式联运经营人负责履行或者组织履行多式联运合同,对全程运输享有承运人的权利,承担承运人的义务。

本条是关于多式联运经营人负责或者组织履行多式联运合同的规定。

所谓多式联运合同,是指多式联运经营人以两种以上的不同运输方式将货物从接收地运至目的地的合同。多式联运合同除具有一般运输合同的特征外,还具有以下特征:

(1)多式联运合同的承运人一方为 2 人以上。联运合同的承运人若仅为一人,就不发生联运。联运合同的承运人虽为 2 人以上,但联运合同只是一个合同,而不是数个运送合同的组合。

(2)多式联运合同的各承运人以相互衔接的不同的运送手段承运。承运人虽为 2 人以上,但各承运人是用同一种运送工具完成运送任务的,也不发生多式联运。多式联运的承运人一方须以不同运送手段承运。

(3)托运人一次交费并使用同一运送凭证。在多式联运中,货物由一承运方转交另一承运人运送或者旅客由一种运送工具,换乘另一种运送工具时,不需另行交费和办理托运手续。因此,联运可以减少运送的中间环节,有利于加快运送速度,提高运送效率。

多式联运经营人对全程运输享有承运人的权利,承担承运人的义务;

多式联运经营人的权利包括:

(1)有权向托运人、收货人收取符合规定的各项费用。

(2)如能证明其本人、受雇人、代理人或为履行联运合同而服务的任何人,为避免事故的发生及其结果,已经采取一切可能的合理措施时,则有权拒绝负赔偿责任。

(3)如果多式联运经营人由于发货人或其雇佣人或代理人的过失或疏忽而遭受损失,多式联运经营人有权向发货人提出索赔。

多式联运经营人的义务包括:

(1)必须将多式联运单据项下的货物运至目的地,完成多式联运合同规定的义务。

(2)在运输的责任期间。对货物的灭失、损坏、延迟交货等造成的损失负赔偿责任。

(3)如果多式联运经营人故意欺诈,在多式联运单据上列入有关货物的不实资料,或者漏列有关应载明的事项,或货物的损失是由多式联运经营人故意造成,则有义务负责赔偿因此而遭受的任何损失或费用。

(4)在发货人如期按规定支付各项费用后,必须向收货人交付货物。

第318条　多式联运经营人可以与参加多式联运的各区段乘运人就多式联运合同的各区段运输约定相互之间的责任。但该约定不影响多式联运经营人对全程运输承担的义务。

本条是关于多式联运的经营人与各区段承运人之间责任划分的规定。

在多式联运中,多式联运的经营人作为联运合同的缔约者和组织者,各区段承运人作为联运合同的实际履行者,他们作为共同一方与托运人、收货人发生多式联运的法律关系。在多式联运经营人组织履行多式联运合同的情况下,它一般又处于各运输区段的托运人地位,与各运输区段的承运人发生关系。

《合同法》突出了多式联运经营人的地位,将多式联运经营人与承运人的身份、地位分别开来,并对其责任划分作了原则规定,即多式联运的经营人可以与参加多式联运的各区段承运人就多式联运合同的各区段运输订立合同约定相互之间的责任,同时,为保护托运人利益,双方明确规定"该约定不影响多式联运的经营人对全程运输承担的义务"。也就是说,多式联运经营人与各区段的约定不影响多式联运经营人对托运人的损害承担连带责任,在此前提下,多式联运经营人与承运人可以约定相互之间的责任,以明确双方的权利义务关系,更好地履行合同和事后纠纷的解决。

第319条　多式联运经营人收到托运人交付的货物时,应当签发多式联运单据。按照托运人的要求,多式联运单据可以是可转让单据,也可以是不可转让单据。

本条是关于多式联运的经营人签发多式联运单据的规定。

所谓多式联运单据,是指多式联运经营人(联运人)在接管货物时,向发货人(托运人)签发的,证明多式联运合同以及证明多式联运经营人接管货物,按照合同条款交付货物的单据。它是多式联运合同的证明,是多式联运经营人已接管货物的收据,也是多式联运经营人交付货物和收货人提取货物的凭证。

由于多式联运合同涉及多个当事人,多种运输工具,其内容较为复杂,故联运合同的订立均采用书面形式。同理,多式联运合同的履行由于其复杂性,所以在多式联运合同成立后,根据本条规定,于合同履行的初始阶段,由托运人向收货人交付货物时,多式联运的经营人应当签发专门多式联运单据,以明确多式联运合同的基本内容,记载货物运输的状态和流程,方便收货人提取货物。该单据应由多式联运经营人或经他授权的人签字。

多式联运单据应载明下列事项:

(1)货物名称;

(2)货物重量、件数;

(3)货物的包装;

(4)运输方式;

(5)联运人接管货物地点、交货地点和换装地点;

(6)托运人、收货人名称及详细地址;

(7)运费、港口费和有关的其他费用及结算方式;

(8)承运日期及到达期限;

(9)经由站名及线名;

(10)货物价值;

(11)双方商定的其他事项。

根据本条规定,多式联运单据可由托运人选择,按照其要求,或为可转让单据,或为不可转让单据。发货人选择不可转让的多式联运单据是多式联运的经营人在接管货物后,应交给托运人一份载有用此种方式记录规定的事项的单据。多式联运的单据以转让的方式签发时,应列明按指示交付或向持票人交付。如列明按指示交付,须经背书后转让;如列明向持票人交付,无须背书即可转让。签发一套一份以上的正本,应注明正本份数。签发任何副本,每份副本均应注明"不可转让"字样。收货人只有交出可转让多式联运单据,在必要时经正式背书,才能让联运人或其代表提取货物。签发一套一份以上的可转让多式联运单据正本的,联运人或其代表已正当地按照其中一份正本交货,该联运人便已履行了他的交货责任。多式联运单据以不可转让的方式签发时,应指明记名的收货人。联运人将货物交给此种不可转让的多式联运单据所指明的记名收货人或经收货人通常以背书中正式指定的其他人后,该联运人即已履行其交货责任。

第 320 条 因托运人托运货物时的过错造成多式联运经营人损失的,即使托运人已经转让多式联运单据,托运人仍然应当承担损害赔偿责任。

本条是关于托运人的损害赔偿责任的规定。

(1)托运人对多式联运承运人的损失应当承担违约损害赔偿责任。多式联运合同依法成立,即对合同当事人具有法律约束力,当事人必须认真履行包括托运人、多式联运承运人在内的任何一方因自身过错而违反合同,均应承担违约责任。规定托运人违约损害赔偿责任的目的在于用法律的强制力促使托运人严肃、认真地对待合同的履行,这对于保障承运人的合法利益和多式联运的顺利开展有重要意义。

(2)托运人对多式联运承运人的损害赔偿责任的归责原则是过错责任原则,即因托运人托运货物时的过错造成多式联运承运人的损失的,托运人应当承担损害赔偿责任。

(3)托运人已经转让多式联运单据不能成为其承担损害赔偿责任的免责事由。本法第 313 条规定,根据托运人的要求,多式联运经营人签发的多式联运单据可以是可转让单据。托运人可以依法转让多式联运单据,但如果因此而免除托运人的过错损害赔偿责任,不仅对多式联运单据的受害人来说是不公平的,而且不利保护承运人的利益。所以,即使托运人已经转让多式联运单据,只要能证明是因托运人托运货物时造成多式联运承运损失的,他仍然应当承担按时完成赔偿责任。

第 321 条 货物的毁损、灭失发生于多式联运的某一运输区段的,多式联运经营人的赔偿责任和责任限额,适用调整该区段运输方式的有关法律规定。货物毁损、灭失发生的运输区段不能确定的,依照本章规定承担损害赔偿责任。

本条是关于多式联运经营人的货物损害赔偿责任的规定。

(1)多式联运经营人应对其责任期间货物的毁损、灭失承担违约损害赔偿责任。多式联运经营人的责任期间,一般自其接管货物之时起到交付货物时止。具体他说,联运人的赔偿期间自联运人从发货人或其代表或根据接管货物地点适用的法律或规章,货物必须从交其运输的当局或其他第三方接管货物之时起,直到联运人将货物交给收货人时止;或者在收货人不向联运人提取货物的情况下,则按照多式联运合同或按照交货地点适用的法律或特定行业惯例,至将货物置于收货人支配之下时为止;或者至将货物交给根据交货地点适用的法律或规章必须向其交付的当局或其他第三方时为止。根据《合同法》的规定,多式联运经营人对全程运输承担承运的义务,因此多式联运经营人亦负有安全运输货物的义务。对于货物的毁损灭失,应当承担损害赔偿责任。

(2)货损发生区段明确时,多式联运经营人的损害赔偿责任实行“网状责任制”,即如果货物的毁损、灭失发生于多式联运的某一运输区段时,多式联运的经营人的赔偿责任和责任限额适用调整该区段运输方式的有关法律规定。这种网状责任制度的主要缺点是责任制度不确定。随发生损失区段而定,事先难以掌握。

(3)多式联运经营人对隐蔽损害应当依照本章规定作为承运人承担损害赔偿责任。在多式联运中,货损发生的运输区段有时不易查清,则网状责任制通常是用“隐蔽损害一般原则”规定多式联运经营人的责任,即对这一类货损采用某项统一规定的办法确定经营人的责任。本条规定,结合货物毁损、灭失发生的运输区段不确定,多式联运的经营人依照本章规定承担损害赔偿责任。

四、我国合同法中有关第三方仓储的条款

《合同法》中第 381 条至第 395 条集中明示了仓储规定的条款。

(一)仓储合同的概念和特征

仓储合同,又称仓储保管合同,是指当事人双方约定由仓库营业人(以前称仓管人)为存货人保管储存货物,存货人为此支付报酬的合同。

仓储合同具有以下法律特征:

(1)仓库营业人员须为有仓储设备并专事仓储保管业务的人。

(2)仓储保管合同的保管对象须为动产。

(3)仓储合同为诺成合同。

(4)仓储合同为双方有偿合同、不要式合同。存货方主张货物已交付或行使返还请求权时以仓单为凭证。

(二)仓储合同的效力

1.仓库营业人的义务

仓库营业人员为保管货物的一方当事人。仓储合同一经有效成立,仓库营业人即负有以下义务:

(1)依存货人的要求,向存货人开具由其签名的仓单的义务。

(2)按合同的约定,承担接受存货人交付储存的货物并将其入库的义务。

(3)按照合同约定的储存条件和保管要求,妥善保管货物的义务。

(4)在储存的货物出现危险时,仓库营业人有及时通知存货人的义务。

(5)在合同约定的保管期限届满或因其他事由终止合同时,仓库营业人员应承担将储存的原物返还给存货人或存货人指定的第三人的义务。

2.存货人的义务

存货人的义务主要有以下几项:

(1)按照合同的约定交存货物入库。

(2)支付保管费。

(3)偿付仓库营业人因堆藏、保管货物所支出的必要费用。

(4)按照合同的约定及时提取货物。

第381条 仓储合同是保管人储存存货人交付的仓储物、存货人支付仓储费的合同。

仓储合同法律关系的主体是保管人和存货人。保管人,指拥有一定设施,从事仓管业务的法人、其他经济组织和自然人。存货人,指将一定货物交付保管人由其储存的法人、其他经济组织和自然人。

仓储合同法律关系的客体是仓储行为。债权法律关系的客体,是债务人的行为。仓储合同是以实现一定仓储行为而进行的,双方当事人签订合同的目的亦围绕这一行为展开。

仓储合同法律关系的内容,即双方当事人的权利义务是确定的。保管人有提供仓储行为的义务,同时享有获得仓储费的权利;存货人有支付仓储费的义务,同时享有将货物提供给保管人由其储存并保管的权利。

第382条 仓储合同自成立时起生效。

从本条可以看出,仓储合同是诺成合同。所谓诺成合同,是指当事人一方的意思表示一旦为对方同意即能产生法律效果的合同,即"一诺即成"的合同。此种合同的特点在于以当事人双方意思表示一致(即达成合意)之时合同即告成立。本法区分了合同的成立和生效两个法律概念,按照《仓储合同细则》的有关规定,《经济合同法》中并未区分合同的成立和生效。正如有学者指出,由于未区分合同的成立和生效,从而将大量的合同不成立问题作为无效合同处理,或将一些已成立但不具备生效要件的合同作为无效合同对待,或将一些法律原则规定的形式要件都作为合同成立要件对待,因而混淆了当事人的无效后的责任与合同不成立时的责任。可见,本法对合同的成立与生效做一明确的区分有利于解决合同纠纷:确立合同不成立、合同无效而产生的不同责任。

第383条 储存易燃、易爆、有毒、有腐蚀性、有放射性等危险物品或者变质物品,存货人应当说明该物品的性质,提供有关资料。

存货人违反前款规定的,保管人可以拒收仓储物,也可以采取相应措施以避免损失的发生,因此产生的费用由存货人承担。

保管人储存易燃、易爆、有毒、有腐蚀性、有放射性等危险物品的,应当具备相应的保管条件。

本条第一款规定了存货的告知义务,即存货人应当向保管人说明存储物的性质,危险物品或易变质物品的名称、种类、化学成分及性质等等,并提供相应的材料,如存储物的说明书、化学检验单,等等。

本条第二款规定了保管人在存货人违反告知义务的情形下,有拒绝收取仓储物的权利;或者采取相应措施避免损失发生的权利,如转移仓位、增加保管手段等等,同时有权要求存货人支付由此产生的费用。

本条第三款是关于保管人应当具有相应保管条件的规定,即在储存易燃、易爆、有毒、有腐蚀性、有放射性等危险物品时,保管人应具有相应的防火、防化、防毒等必要措施的能力。

第384条 保管人应当按照约定对入库仓储物

进行验收,保管人验收时发现入库仓储物与约定不符合的,应当及时通知存货人。保管人验收后,发生仓储物的品种、数量、质量不符合约定的,保管人应当承担损害赔偿责任。

本条是关于保管人依照合同应承担验收入库仓储物的义务,同时规定了当入库仓储物与约定不符合时,及时通知存货人的义务,以及保管人验收后发生仓储物不符约定时,应承担的损害赔偿责任。

保管人应当按照约定对入库仓储物进行验收。即保管人应承担验收入库仓储物的义务。从某种意义上,亦可以看做是保管人的权利,因为这直接关系在这之后履行合同、承担责任等问题。验收的内容,本法并未作规定,但通常认为应包括:货物的品名、规格、数量、质量、外包装,以及无须开箱拆包直观可见、可辨的质量情况等。验收的时间为仓储物入库时间。

保管人验收时发现入库仓储物与约定不符的,应当及时通知存货人。即当货物不符合约定时,保管人有及时告知存货人的义务。通知的内容包括:仓储物与约定不符之处,自己采取的措施等,通常也可以包括处理的建议。

保管人验收后,发生仓储物的品种、数量、质量不符合约定的,保管人应当承担损害赔偿责任。

这一内容包括两层含意:

(1)验收后,即使是存货人提供货物与约定不符,但因保管人未尽验收义务,即未及时妥善地履行验收,则保管人应承担损害赔偿责任。这里实际上包含了一种推定,因为此时仓储物已处于保管人保管下,而其验收视为仓储物与约定符合保管期间仓储物发生损失等情形应归责于保管人。

(2)验收后在保管期间,因保管人未尽保管义务造成仓储物的品种、数量、质量不符合约定,保管人应承担赔偿责任。

第 385 条　存货人交付仓储物时,保管人应当给付仓单。

仓单是表示所有权(物权)的证券,同时又有债权效力,为不至于混淆于狭义的有价证券,我们将仓单定义为:保管人接受存货人交付的仓储物后依法给付存货的单证。仓单的法律特征有:

(1)仓单属于广义的有价证券。有价证券是指一定票面金额,证明持券人有权按期取得一定收入的所有权或债权证书。其权利的行使或处分须借助于证券的占有和转移。仓单往往表明持有人对仓储物享有所有权,即对仓储物有返还请求权,其权利的行使或转移,也必须以仓单占有或转移为必要条件,而且请求交付仓储物也须交还仓单,可见仓单属于广义的有价证券。由于仓储业务属于商业活动范畴,因而仓单亦是商业证券。

(2)仓单为要式证券。仓单记载的主要事项是法律确定的,因而仓单必须经保管人署名,记录法律规定的必备事项后才有效,所以属于要式证券。

(3)仓单为法定指示证券。理论上,凡是依照法律可以通过背书转让的证券称为法定指示证券或背书证券。仓单可以背书转让,因而属于法定指示证券。

(4)仓单为物权证券或交付证券。一般来说,仓单既具有债权效力,也具有物权效力。所谓仓单的债权效力,是指仓单持有人基于物权效力,有权要求保管人履行交付仓储物的义务。所谓仓单的物权效力,是指仓单代表所载物品,因而就其物权效力来说,仓单可称为物权证券。

(5)仓单为文义证券。所谓文义证券是指证券义务人只按证券上指明的内容对权利人履行义务。而不管证券的内容与当事的人意愿是否有出入,如果仓单持有人与保管人或其他当事人就权利义务发生争议时,概以票据的文义为准。

(6)仓单为要因证券。其理由在于仓单上的权利是基于仓单的出单行为本身而产主的,其出单行为的基础为有效的仓储合同的存在,因而,仓单为要因证券。

第 386 条　保管人应当在仓单上签字或者盖章。仓单包括下列事项:

(1)存货人的名称或者姓名和住所;

(2)仓储物的品种、数量、质量、包装、件数和标记;

(3)仓储物的损耗标准;

(4)储存场所;

(5)储存期间;

(6)仓储费;

(7)仓储物已经办理保险的,其保险金额、期间以及保险人的名称；

(8)填发人、填发地和填发日期。

本条规定了仓单所应包括的8项内容，而这8项内容也是仓储合同的主要内容，实务中应注意两个问题：

(1)仓单上必须有保管人的签字或者盖章。仓单是物权证券，表明了仓储物的所有权关系。但在仓储合同履行期间却由保管人合法占有进行管理，因而保管人应在仓单上签字或者盖章以证明其收到保存的货物，以便存货人主张权利。仓单以保管人的签字或者盖章为必要条件，否则应认为仓单是无效的，因为它不具有证明力。如果仓单持有人所持仓单没有保管人的签字或者盖章，且根据事实不能表明其与保管人有权利义务关系的，则对持有人的权利主张不能予以支持。

(2)仓单上保险条款的适用问题。根据本条第7项的表述分析，仓单并不要求一定的保险条款，这一事项的有无，根据双方的合同予以确定。仓单中如记有保险条款，则应明确地将保险金额、期间及保险公司的名称予以记载。所谓保险金额，是指投保人和保险人约定的保险事故或事件发生时，保险人应当赔偿或交付的最高限额，是计算保险费的依据一。

第387条　仓单是提取仓储物的凭证。存货人或者仓单持有人在仓单上背书并经保管人签字或者盖章的，可以转让提取仓储物的权利。

本条是关于仓单属性的规定，同时规定仓单可以经背书转让。

具体可从两方面分析：

(1)仓单是提取仓储物的凭证。我们知道，保管人与存货人之间的仓储合同旨在以双方合意为基础，确定就仓储物的保管而形成的权利、义务的具体内容。但在履行合同时，会因货主的变换而出现货物的所有人与合同当事人即存货人不一的情况。因而以仓单作为仓储物的凭证，更好地解决了这一问题。如上所述，仓单是文义证券，即以仓单上记载的内容为准，因而从某种意义上说，仓单有证明仓储物现实的所有关系的作用。这一点和海上运输合同中的提单有相似之处，即都有保证凭以交付货物的物权凭证的作用。因此，保管人应根据仓单持有人出示的仓单交付仓储物；而不能以其非为原合同当事人而拒绝交付仓储物。

(2)仓单可以经背书转让。所谓“背书转让”，是指在仓单背面或者粘单上记载有关事项并签章的行为。转让人称为背书人，受让人称为被背书人。

背书具有如下法律特征：

(1)仓单以背书转让由他人行使提取仓储物的权利，必须记载被背书人的名称，个人须记本名，单位须证明注册全权。仓单不能满足背书人记载事项的需要，可加以粘附，附于仓单之上。粘单上的第一记载人，应当在仓单与粘单的粘接处签章。粘单的记载事项与仓单上的记载事项具有相同的法律效力，如果粘单上的第一记载人没有在粘贴处盖章的，粘单上记载的事项无效。

(2)背书转让的法律后果在于被背书人取得了提取仓储物的权利。背书转让形式上是单据的转让，而实质上是权利的转让。被背书人通过背书转让而成为新的仓单持有人，通常即获得仓储物的所有权。

(3)仓单的背书转让的限制，即背书转让时应当经保管人签字或者盖章。从本条的表述可以推知，本法强调背书转让以保管人签字或者盖章，即保管人事先的认可为必备条件，否则，背书转让是保管人不予认可的，因而自然仓单上权利的转让对保管人而言并不认可。未经保管人认可的背书转让，当仓单持有人向保管人主张权利时，保管人可以拒绝交付仓储物。

第388条　保管人根据存货人或者仓单持有人的要求，应当同意其检查仓储物或者提取样品。

本条是关于仓单持有人享有要求保管人同意其检查仓储物的权利，和保管人负有应仓单持有人要求同意其检查仓储物或者提取样品的义务。

具体包括两项内容：

(1)仓单持有人享有要求保管人同意其检查仓储物和提取样品的权利。通常在商业运作中，尤其是在转换新货主时，货主(存货方和经背书转让的新的仓单持有人)为便于顺利交易，会比较关心存储货物的保管情况以方便以后的交易，因而本法根据这一现实需要赋予仓单持有人这项权利，以便仓单持有人方便有力地行使权利。但要注意的是，仓单持有人必须事先向保管人要求后才能行使这项权利，而不能擅自干扰保管人正常的业务活动。

(2)保管人负有应仓单持有人要求同意其检查仓储物或者提取样品的义务。保管人应当遵照合同妥善地履行义务，并应接受仓单持有人合理的要求，检查货物或者提取样品。条文表述中用“应当”，显见立法者将之视为保管人的一项义务。同时应当注意的是，保管人履行这一义务的前提是仓单持有人的要求，可以包含3项内容：一是要求必须是仓单持有人，包括存货人和新货主；二是提取样品检查货物的要求必须合理，与仓单记载的内容必须一致；三是保管人有阻止仓单持有人任意地干扰其业务活动的权利。

第389条　保管人对入库仓储物发现有变质或者其他损坏的，应当及时通知存货人或者仓单持有人。

本条是关于保管人的告知义务的规定，可作如下理解：

(1)该项义务的发生以仓储物发现有变质或者其他损坏为前提条件。从条文的表述看，以损坏发生的现实性为条件，即确实已经发生变质或者其他损害。但是应该承认当仓储物已存在变质或者其他损失发生的可能性或危险性，也应成为该项告知义务发生的前提，因为这时已经产生了防止损失发生的必要性。

(2)保管人履行告知义务时必须及时。所谓“及时”，就是一经发现即不作耽搁地履行告知义务。如果保管人履行告知义务过于迟延，造成仓储物不必要损失的，应承担相应的责任。

第390条　保管人对入库仓储物发现有变质或者其他损坏，危及其他仓储物的安全和正常保管的，应当催告存货人或者仓单持有人做出必要的处置。因情况紧急，保管人可以做出必要的处置，但事后应当将该情况及时通知存货人或者仓单持有人。

本条规定了保管人的两项告知义务，即催告存货人或者仓单持有人处置损坏仓储物的义务，和事后告知存货人或者仓单持有人：保管人已对损坏仓储物作了处置的义务。保管人的两项告知义务具体包括：

(1)入库仓储物出现变质或者其他损坏，危及其他仓储物的安全和正常保管的，应当催告存货人或者仓单持有人做出必要的处置的告知义务。对这一告知义务，可以进一步加以分析：一是告知义务发生的前提是入库仓储物有变质或者其他损坏，危及其他仓储物的安全和正常保管的情形。具体而言，在此种情况下，一方面已经现实地存在了仓储物变质或者其他损坏的事实，即已具有损坏的现实性；另一方面具有危及其他仓储物的安全和正常保管的危险性。二是告知义务的内容是催告存货人或者仓单持有人做出必要的处置。这项内容为第391条所不具有的。所谓“催告”，即指让某人赶快行动或者做某事。条文用这一表述，显见损坏情形发生具有紧迫性，而要求仓单持有人或者存货人及时地予以处置。所谓“必要”，意指不可缺少，即妥善地、尽量地控制或减少损失的发生或扩大。尽管从条文表述看，此一规定为保管人的义务，即条文用了“应当”一词，但是我们也可以将之在一定程度上理解为保管人的权利，即保管人有要求存货人和仓单持有人做出必要的处置的权利。

(2)因情况紧急保管人做出必要处置后，负有将该情况及时通知存货人或仓单持有人的义务。本条的第二句话可分为前后两段，前段我们可以将之视为保管人一项权利，即当情况紧急时，保管人有做出必要处置的权利。后段则是保管人应在事后履行的告知义务。此处“必要”，和本条第一句话中的“必要”含义相同，即是妥善且尽量地控制或减少损失发生或者扩大。所谓“事后”，是指在保管人实施必要的处置后，即在保管人来不及或者无法及时与存货人或者仓单持有人联系时而自行处置后。

第391条　当事人对储存期间没有约定或约定不明确的，存货人或者仓单持有人可以随时提取仓储物，保管人也可以随时要求存货人或者仓单待有人提取仓储物，但应当给予必要的准备时间。

本条是关于当事人对储存期间未做约定或约定不明确时，存货人有随时提取仓储物的权利的规定。

当事人对储存期间没有约定或者约定不明确的，存货人有随时提取仓储物的权利，所谓“储存期间”，指仓储物由保管人保管的期间，亦即保管人履行仓储保管义务的期间。通常而言，保管人与存货人之间在签订仓储合同时应当约定储存期间。根据本法第12条合同的一般条款的规定,当事人在缔约时一般应约定合同的履行期限。仓单所记载的事项中一般也包括储存期间。但是我们知道,合同是当事人意思表示的产物,只要不违反国家禁止性规范都是合法有效的。本条规定实际上是允许当事人对履行期限不做出约定的。从交易的现实出发,本条规范也符合一些情形下当事人的交易习惯。当出现合同对储存期间没有约定或者约定不明确时,存货人有随时提取合同项下仓储物的权利。这一规定便利了存货的交易履行。所谓"随时"意指不论任何时候,即存货人只要需要提取仓储物品的一部或全部,保管人都应当提供便利。需要注意的是,由于保管人可能同时管理大批的、多种多样货物因而当存货人随时提取货物时会给保管人造成正常开展业务的不便。因此可以认为,存货人在提取货物时应当事先告诉保管人,以便能够事先安排其提取,这也有利于存货人及时地提取,同时也不会干扰保管人的正常业务活动。

当事人对没有约定储存期间或者约定不明确的,保管人也可以随时要求存货人提取仓储物,但应当给予必要的准备时间。这是保管人的一项权利。从条款表述分析,当事人对储存期间没有约定或者约定不明确的,如存货人不提取货物,则在必要的准备时间内由保管人保管占有仓储物,而且不能以合同对储存期间约定不明为由要求存货人即时提取仓储物。

第392条　储存期间届满,存货人或者仓单持有人应当凭仓单提取仓储物。存货人或者仓单持有人逾期提取的,应当加收仓储费;提前提取的、不减仓储费。

本条从表述上看,可分为两部分:第一句话是关于储存期间届满时仓单持有人负有凭仓单提取仓储物并向保管人提交仓储物验收资料的义务;第二句话则规定了违反这一义务时应承担的相应责任。

具体可做如下分析:

(1)储存期间届满,仓单持有人负有凭仓单提取仓储物义务,这项义务发生的前提是储存期间届满,从合同的履行角度而言即反映履行期届满。这一义务的主体是仓单持有人,其内容包括两个方面:

一是到期凭仓单提取仓储物。储存期间届满,就意味着保管人履行保管仓储义务的终结。由于保管人的义务是根据仓储合同而发生的,合同履行期限届满,则保管人不应再受这项合同义务的约束。因此,此时产生了仓单持有人的义务,而该义务同样是根据储存期间届满而发生的。仓单持有人在提取仓储物时必须以仓单为提货的凭证,我们知道,仓单是一种物权证券,代表并证明了对仓储物的所有权(也可能是其他物权),因而保管人只有验收仓单后才能取得对提货人的合理信任。

二是向保管人提交仓储物验收证明。这一内容实际上是由仓单持有人在提货后向保管人提交的证明,包括已收到仓储物、仓储物的品质、数量、包装等,保管人取得此项验收资料后便可对仓单持有人再行提出的请求(如货损、变质等)进行抗辩。

(2)仓单持有人违反上述义务时应承担相应的责任。即当逾期提取时,应当加收仓储费,而提前提取则不减收仓储费。仓单持有人逾期提取货物应由保管人加收其仓储费,这一规定比较容易理解。因为仓单持有人逾期提取即违反了合同义务,保管人在储存期间届满后为保管仓单持有人的货物而支出的费用应当由仓单持有人承担,多支出的费用即表现为仓储费。仓单持有人提前提取货物的不减收仓储费,这一规定会让人有些费解:为什么保管人未行保管活动而发生的费用仍要由仓单持有人承担呢?实际上,逾期提货是违约,而提前提货也是违约,即存货人违反了先前的承诺因而应承担相应的责任,而且由于仓单持有人提前提货也会干扰保管人的正常营业而使其造成损失,所以提前提取仓储物而不减少仓储费是合理的。

第393条　储存期间届满,存货人或者仓单持有人不提取仓储物的,保管人可以催告其在合理期限内提取,逾期不提取,保管人可以提存该物。

本条是关于储存期间届满,仓单持有人不提取仓储物时,保管人享有的权利的规定。

储存期间届满,仓单持有人不依合同约定提取仓储物,保管人享有的权利包括两项内容:

(1)保管人可以催告仓单持有人在合理期限内提取仓储物。即指保管人通过一定方式告知并催促仓单持有人在合理期限内提取仓储物。如上所述,储存期间届满，保管人基于合同而发生的仓储保管义务履行完毕，他没有义务再行保管仓单持有人的货物，因此此时他便有权利要求仓单持有人及时提取货物；本法第393条也确定了仓单持有人在合同约定的储存期间届满时有凭仓单提取仓储物并向保管人提交仓储物验收资料的义务。因而可以说，本条与第392条是从两方面分别规定了同一情形下保管人与仓单持有人的权利、义务以及相应的责任。

(2)仓单持有人逾期不提取的,保管人可以提存货物。所谓“逾期”,即指超过“合理期限”以外。即指当仓单持有人在保管人催告其提取仓储物的合理期限内仍不提取该仓储物,则保管人可以依照本条规定提存该仓储物。所谓“提存”是指由于债权人的原因而无法向其交付合同标的物时,债务人将该标的物交给提存机关而消灭合同的制度。在仓储合同中,仓储物的所有权属于仓单持有人,因而他是所有权人,同时他有权要求保管人交付仓储物而成为债权人。仓单持有人逾期不提取仓储物,即属于因债权人的原因而无法向其交付合同标的物的情形。根据最高人民法院《关于贯彻执行〈中华人民共和国民法通则〉若干问题的意见(试行)》第104条“债权人无正当理由拒绝债务人履行义务,债务人将履行的标的物向有关部门提存的,应当认定债务已经履行。因提存所支出的费用,应当由债权人承担。提存期间,财产收益归债权人所有,风险责任由债权人承担”的规定,提取被作为债的消灭事由,因而保管人将仓储物提存后,仓单持有人无权再向保管人提出提取仓储物的请求,而只能向提存机关请求领取提存物。

第394条　储存期间,因保管人员保管不善造成仓储物毁损、灭失的,保管人应当承担损害赔偿责任。

因仓储物的性质包装不符合约定或者超过有效储存期造成仓储物变质、损坏的,保管人不承担损害赔偿责任。

本条共两款,第一款规定了保管人在储存期间因仓储物毁损、灭失而应承担的违约责任,第二款规定了因可归责于存货的原因而保管人不承担仓储物变质、损坏的责任。具体可作如下分析:

(1)储存期间,仓储物毁损、灭失的,保管人应当承担违约责任。当事人签订仓储合同的目的,在于使仓储物得到妥善适当的保管,以保持仓储物的品质,并便于以后的生产、消费或者交易。因此,在储存期间,保管人占有仓储物并依照合同负有保管义务,因保管人不适当履行保管义务时,造成货物毁损、灭失的,应承担相应的违约责任。所谓“毁损”,指货物的物质形态尚存在,但其品质已经降低或丧失,或其全部的或部分的功能已经失去;所谓“灭失”是指货物的物质形态根本不复存在,如被烧毁、丢失等等。

(2)因仓储物包装不符合约定或者超过有效储存期造成仓储物变质、损坏的,保管人不承担责任。在此种情形下保管人不承担责任的原因是仓储物变质、损坏的责任可归责于存货人。货物的包装由存货方负责。其标准,有国家或专业标准的,按国家或专业标准规定执行;没有国家或专业标准的,在保证运输和储存安全的前提下,由合同当事人议定。本法对此并未规定,但根据交易习惯,存货人在交付仓储物时,仓储物已经包装妥当,由保管人验收后也置于保管人保有之下,保管人无包装的义务,因而不应由其承担因包装不符合约定造成损失的赔偿责任。当然,如当事人约定入库前由保管人负责包装,相应的责任即应由保管人承担。仓储物超过有效储存期造成仓储物变质、损坏,也是不可归责于保管人的。因为仓储物的内在品质是保管人无法处置的,他只能根据合同全面适当地履行合同义务,除此之外,不应负担其他义务。作为物权人的存货人(或者其他仓单持有人)对自己货物的品质是应予以充分考虑的,否则因超过有效储存期同而致仓储物变质、损坏的,保管人不承担责任。

第395条　本章没有规定的、适用保管合同的有关规定。

本条是关于本章没有相应规定时,应适用保管合同的有关规定

仓储合同是一种特殊的保管合同,因而在实践中会与一般保管合同的签订、履行有许多相似之处,所以在本章未做规定时适用保管合同的有关规定是合适的。同时,要注意仓储合同与保管合同是指保管寄存人交付的保管物,并返还该物的合同。仓储

合同与保管合同制度除了具体称谓不同外，其区别在于：一是保管合同可以是有偿的也可以是无偿的，有偿无偿取决于当事人的意愿，在未作约定或者约定不明确时，应视为无偿；而仓储合同是商务有偿合同。二是保管合同为实践合同。可见保管合同为实践性的；而仓储合同为诺成合同，这一点在第384条的表述中比较明确。三是从现实生活来看，仓储合同的主体有一定的特殊性。即保管人一般为从事仓储保管业务的法人或依法经批准从事仓储保管业务的个体户和集体经营户；而保管合同的当事人，现有法律法规未作限制。四是仓储合同的标的物为动产；而在现实生活中保管合同的标的物可能是不动产。如代为保管房屋，本法第18条对此并未说明，但一般认为不动产是不可以成为仓储合同标的物的。

第三节　第三方物流项目实施与监控

一、第三方物流服务项目监控的基本概念

首先，物流服务项目的监控是以正确的成本与效益的衡量为基础的。对物流管理服务的提供者来说，监控的目标包括3个方面：

1. 物流配送系统必须以精确的时间、精确的地点以及精确的服务方式满足客户的要求。客户服务是物流配送系统的关键，优质的客户服务有利于使被服务的企业获取竞争优势。

2. 物流配送系统的运作必须以不断降低存货水平为前提，而计划、生产、物流的重新组合可以减少周转时间。从而降低存货水平，也就是要用信息替代存货，同时更要加快信息处理速度。

3. 迫于竞争的需要，必须以低成本和高效率运作完成物流配送。精确的运作已成为最佳物流配送系统的衡量标准。

因此，第三方物流服务提供者对物流配送系统的合理监控对被服务企业的物流管理非常重要。监控系统必须建立衡量客户服务满意度、存货可得性以及成本控制三方面的标准。

下述两个概念对物流配送系统的监控来说是基本的和必须理解的。

(1)物流配送的系统监控的一个概念就是把重点放在数据上，而不是放在琐碎的资料上。现代信息与通讯设备（条码扫描器、自动收款机、电子数据交换系统、无线电射频系统等）为收集大量数据提供了捷径，而电子计算机则能快速准确地处理这些数据。然而，如果没有监控与管理系统将重要信息从大量的信息中提取出来，管理与监控人员就很难有效地进行管理。有用的数据将有助于发现并纠正监控系统中尚未发现的问题。

例如在客户服务中，要衡量哪些是客户最易感受到的服务，比如订单完成量、客户实际的订单循环（周期）时间、完整订单完成率、电话不通的概率等。在仓储中，最关心的问题是人员和设备的配备及效率，如每工时的分拣量等。

(2)物流配送系统监控的第二个重要概念是确定适当的报告周期。理想的情况是把时间间隔或报告周期建立在可控活动的基础上。如果系统要监管的是花费在公用仓库上的费用：适当的报告周期应当是30天，因为周期再短的话，就难以核算出实际的费用支出。若第三方物流公司要监控物流配送中心劳动力的利用情况，就要以小时和天为单位时间报告结果；月度报告不能及时发现问题，因而不能及早提供提高整个系统效率的机会。

以下是有关时间间隔和频率方面的建议：

(1)客户服务方面

①客户满意度：以月度为单位，每年作一次满意度调查。

②订单完成率：以周为单位，按月度做出报告。

③总的订单周转时间：以月为单位。

④电话接通率：以天为单位，月度做出报告。

(2)存货方面

①库存单位（SKU）数、批量和存放位置必须实时控制。

②对比预算情况的报告应按与补货系统同样的周期来编写，如按周或有时按日编写劳动力利用情况。

③仓库监控可以作为计算机仓库管理系统的一部分实时进行。报告应以日、周或月按设施或部门总结其结果。

④在人工控制仓库，记录频率起码应是每天的，每周应出一份管理报告。

(3)精确性

①存货数量和准确的位置最好是连续循环地进行监控。货物的监控频率是由 ABC 分类来决定的，即对高价或快速周转的货物进行较高频率的监控。

②订单准确性由采用扫描器与条码的系统来把握。这样监控的频率是实时的，而报告则按日和周做出，每月做一个总结。

很难用一个例子说明监控和报告的间隔频率，每一个衡量要素的合适的报告间隔取决于要素本身和所使用的控制系统。对每一要素的监控的详细情况将在下面讨论。

总之，建立物流配送监控系统，应遵循两条基本原则：

(1)集中于重要的事实或数据；

(2)确定合适的监控间歇或频率。

二、客户服务的监控

(一)客户服务监控的内容

对综合(整合)的、管理型的物流服务提供者来说，它们对企业各要素(运输、仓储等)的协调负有基本责任，即应使物流配送系统有效地运作，达到以精确的时间、精确的地点把产品送给客户的目标。物流配送服务的目标是使客户满意。因此，客户服务监控系统需要测量两大类变量：

1. 产品交货过程中的客户满意。这是一个“软”数据的领域，即并非很精确，且主观性较强的数据。然而这个变量是非常重要的。

2. 内部统计数据。它们是对客户满意度最具影响的度量。这些数据的内容随时间与行业不同而有区别，客户最常关心的是：产品的可得性、交货周期、信息和通讯系统的反应速度等。这些方面的表现水平都是可以测量的。但必须记住，不同时间、不同行业对不同的指标可以有不同的重视程度。

(二)客户服务的监控步骤

因此，测量客户服务水平的监控系统是相当复杂的。以下 5 个步骤可以保证指标设计与应用的合理性：

1. 进行客户调查：客户调查可以确定客户的需要、竞争对手的能力和表现水平以及由于当前服务水平的改变而引起的经济上的得失。

2. 内部的审计：审计有助于确定当前的服务水平、取得当前服务水平的成本、需要改进的服务方面的问题及较好的(或较差的)服务对成本的影响。

3. 确定服务目标：每一个服务变量的目标都必须以客户需求、竞争对手的服务水平以及公司内部的能力和经济性为基础。

4. 设计监控系统以衡量每一个服务变量。量度常以实时方式进行，它以交易行为过程系统中的统计数据积累为手段。在某些情况下，必须从分包协作者那里取得必要的信息，它可能是公路运输公司的送货时间和公共仓库的订单处理时间等。

5. 设计报告系统：每一服务要素都应以定期的管理报告给出，通常报告按月制作并递交，而负责的部门应以天与周来检查详细的数据。表 7—3—7 是一个典型的内部服务测量的报告，这个报告测量了 4 个主要的服务项目，并进行打分。

表 7—3—7　客户服务测量报告(内部)

	仓　库		
	地点 1	地点 2	总计
订单完成数			
目标完成数			

订单周期	1～7 天	8～14 天	15～21 天	22～28 天	28 天以上	其他
地点 1						
地点 2						
地点 3						
地点 4						
地点 5						
总计						
准时						

出错率	No.	No.	No.
订单下达			
仓库			
运输			
票据			
其他			
总计			
目标			

续上表

投诉			
收到次数			
所占比重			
订单处理总数			
货物处理总数			
总数			
总体表现			

(三)客户服务调查

为了确定客户对服务水平的满意度,必须进行客户服务调查。调查中要考虑3个关键的问题:

1. 用什么方式与客户联系;

2. 哪些客户服务要素需要调查;

3. 需要调查多少客户。

(四)联系方式

客户满意度调查是从市场研究的方法中派生出来的,对客户的调查有多种方法,但在物流配送系统中,常用的方法有以下4种:

1. 小组会议:从市场销售部、订单或客户服务部、配送中心操作部及计算机支持系统部门选出4～5人组成代表小组,代表相应的部门,亲自到大客户的对应部门登门造访。一般只选4～5个大客户。调查前,需要做大量的准备,包括相应的演示材料、会议设施,小组组长准备的一份书面报告,接下来的议程是保证能对客户需求有最快速的反应。

2. 个人采访:由经过培训的采访人员从许多客户中选择其中的几个代表进行采访,就事先准备好的一些问题提问,部分目的是为了获得有关数据,但主要的目的是为了获知客户对主要服务方面的感受和关心之处。采访的一个重要副产品是对竞争对手能力与表现的认识。

3. 电话采访:许多顾客不愿接受个人采访(太浪费时间),电话采访正好弥补了这一点。电话采访获得的结果一般是定量的,背景信息却少之又少。但这种采访方式成本较低。

4. 问卷调查:提供物流配送的第三方也可以采取此法。这种方式都随函附上回寄的邮票和信封,然后寄到顾客手中。这种方法能获取的信息一般是定量的,顾客意见和想法的信息非常有限,比较竞争对手的资料也能找到,但是很难得到细节性的资料。

调查表设计通常以概括性地提出要解决的问题,然后再展开。设计中要考虑两个主要问题:

(1)服务的重要性;

(2)影响顾客对供应商评定等级的因素。

问卷一般有1～5个由被调查者自由发挥的问题,诸如服务重要性、是否完全满意以及需要改进的地方,但问卷主体会包括一系列服务要素(订货周期时间、货损等),表7—3—8是这种问卷调查的一个例子。

表7—3—8　请根据服务质量重要性、服务水平与竞争对手比较打分

	服务质量的重要性			目前服务水平			竞争对手的表现		
服务要素	无关	中等重要	重要	不能满足要求	基本满足要求	完全满足要求	不如	相同	强
1. 调定单周期(送货速度)									
2. 产品可得性									
3. 按时送货									
4. 存货、开单、送货时间信息									
5. 订单下达程序									
6. 纠错程序									
7. 处理投诉的程序									
8. 现场人员									
9. 客户服务代表的态度									

续上表

服务要素	服务质量的重要性			目前服务水平			竞争对手的表现		
	无关	中等重要	重要	不能满足要求	基本满足要求	完全满足要求	不如	相同	强
10. 发票准确度									
11. 运输准确度									
12. 应急反应能力									
13. 退货程度									
14. 产品包装									
15. 标志方面									
16. 仓库远近									

接下来,需要提出3个方面的问题:

(1)服务要素的重要性;

(2)对服务的满意程度;

(3)与同行竞争对手相比的好坏。

要求完成采访的顾客数或完成的问卷调查数(样本量)可以通过统计方法确定。根据采购量的大小,客户可以分为3大类(例如大客户、前100或200名的客户、其他)。大客户一般通过小组会议调查;前100名的客户通过个人或电话调查,只要有50%的样本或更多一点就可以了。值得注意的是,问卷发出1 000份,大概只有20%~40%的回收率,因此,必须运用大量技巧以提高回收率。

需要用统计技术方法验证调查结果的可信度和准确度。一般来说,可信度只要达到90%,抽样调查结果就能反映大众化的问题,准确度允许有10%~20%的浮动。

顾客服务监控间隔问题。对顾客满意程度进行连续调查与监控是十分重要的,可以通过两种不同的方式来完成:

(1)每隔一年或两年重复一次客户服务调查,精练样本和调查问卷并保留一些关键性及长期性的调查因子,以获取连续的调查记录。

(2)遵循一些公司的做法,每一季度以信函或电话的方式对前100名顾客中的25个进行抽样调查。这样就为管理系统提供了一种每季度和内部统计测量数据相比较的方法。

三、成本和生产效率的监控

对物流配送系统成本的监控是第三方物流公司可以为客户进行的一项重要活动。成本监控应从两个方面展开:

1. 按主要功能(运输、仓储等)设备成本来划分的总成本。

2. 生产效率,即描述一次作业、一个人或一台机器效率的投入产出比。

(一)物流配送成本的监控

公司的成本管理体系一般是建立在每一成本发生的分类账户基础之上的。成本一般与产品、计算时期有关。一般情况下,劳动力或材料成本可分别计入一个特定的定单中,而有些成本,如租金或折旧,是与时间有关的,它们可计入同期所生产的产品中。

在成本计算系统中,这两大类费用被计入功能活动和设备之中,并在部门会计时期(一般为月度)中报告。

因此,物流配送系统的成本可以从每一设施的月度要素成本中得到。物流配送部门将知道以活动、设施和成本中心计算的物流配送成本。发生的每项成本通常在月末、年末进行分析,并与年度执行计划或预算及前一执行年度相比较。

物流配送中心的成本一般细分为以下方面:管理费用、劳动力成本、补贴、租金(建筑物折旧)、电、热、动力、电话、税、设备租金或折旧及其他。

成本可以计入下列项目之一:

(1)进货物流费用;

(2)出货物流费用;

(3)内部设施之间的物流费用。

由其他公司支付的运费可以减去,每一公司都有如何计入运输成本的不同习惯,然而,总成本是一致的。

虽然成本的细分可以给出一些供监控用的信息，但用以监控成本还需作进一步的分析。因为每日、每周和每季节的量是不同的，绝对值很难说明问题，所以一般物流项目经理对设备的控制要用一些成本的相对数，经常使用的两个成本比率是：

(1)成本占收入的比例。大部分公司预算是按销售额作出的，这样，仓库功能将根据历年货运成本与销售额的比例来分配费用。仓库费用额是很大的，可能占销售额的2%。

(2)成本占重量的比例。这一比例常用于由第三方或公共仓库来进行存储与发运的货物。类似地，比例也可以根据订单处理数、处理箱数等来确定。

其他方面，如订单的下达、客户服务和配送网络管理等也可用类似的方法。

运输成本是会计期间的累积成本除以运输的重量或周期销售收入。

这些有用的比率数字形成了最基本的物流配送成本监控系统，一般需要用微机和有关软件来处理大量的数据。

(二)物流配送系统生产率的监控

以上介绍的成本监控方法已采用多年，这些技术具有灵活性，它可以监控许多设施和产品流。然而成本监控需要更详细的比率，并且更接近于成本发生时间，而利用这些比率与成本发生时间的比率进行监控，就称为生产率的监控。从技术上说，任何生产率的监控都需要计算出一个比率，用以表明在给定的时间或给定的投入所产生的产出量。例如，在监控仓库时，成本对收益的比率，或成本与所发送货物重量的比率。生产率主要用来与历史的表现或竞争对手的表现作对比。在评估生产成本时，需要更详细的信息，以便能对每一个具体操作做出评估。

在仓储中常用的产出单位是订单、货物种类、箱、千克、单位容器、托盘等。

投入的单位是工时或时间(min)、工时费用等。

对比的对象可以通过换算来规范，以便使它们之间具有可比性。例如，在家具仓库，假设以1把椅子为单位，而1张沙发可换算成3把椅子。那么，2把椅子加上1张沙发就应换算成5个单位的产出。

同样，劳动力的投入也可以换算成工时费用，以便计算出不同的工资水平和加班费或不同班次的差别。

用以上的方法，我们来看一个例子。假定仓库本月发运2 000个订单，每一订单平均有5种产品。因此，仓库发运总共10 000个单位，这就是产出。

投入以工时来表示，假如仓库有6个雇员，如果都以正常月来衡量(即168 h)，总共投入2 688 h。本月的生产率可以用几种方式来表示，如：0.74订单/工时、3.72单位/工时、1.34 h/订单、0.26 h/单位。

(三)生产率的测量

通过应用以上方法，对顾客服务可以计算出类似的数据。所有仓储设施，也可以对生产率进行测量，以便进行纵向或横向的比较。然而，作为一个有实际用处的工具，测量系统对每一个人和各个不同的工作组(如分拣、打包、装货)应分别报告其生产率。许多公司采用这种方法，加以个人、功能、总计的生产率分别测算，用于监控物流配送系统的效率。

类似的建立生产率测量系统程序如下：

1. 列出所有在仓库中所需进行的工作。需要列出的工作可以在管理人员会议上讨论确定，或通过研究决定。开始的工作类别可包括下列项目：接收、存储、补货、订单分拣、订单组合和打包、运输与装货、退货处理。

需要注意的是，因为每一类别下应有足够的工作，以提供一定时间或人员之间的平均统计数据，所以所列项目不可以太长或太详细。

2. 分析每一项工作，确定基本工作内容，对其表现建立一个测量方法。这类分析可以通过一个详细的工程方法研究，也可以通过简单的管理人员讨论会对每一工作确立一系列的关键的、必须完成的事项以及最佳表现的衡量。例如，下列工作内容可以用于订单分拣。

工作内容：分拣订单、取托盘、取出贮货箱，挑拣在订单中规定的货物、在分拣区放置完整的订单。

衡量：挑拣货物的种类数、挑拣的订单数，加上货物种类数。

3. 总时间，按每日或每周的生产和生产率。生产率控制人员应完成计算和工作表格表示的所有的本周工作功能。采用计算机工作表软件可以计算出每个人的生产率和所有劳动力的平均生产率。

4. 确定工作标准。最后,需要说明一下有关工作标准的问题。这是在生产率量度以外的一个工作步骤,但这是控制人员成本的重要步骤。

可以有很多方法制定标准,在此只作简单的讨论。

(1)积累一段时间的数据,比较过去与当前的表现水平。计算进货卸货时所用的时间,计算收货的数量,然后对收货小组的个人和平均表现进行计算。一般情况下,标准是按照去掉所有的平均表现差的数据,然后计算平均数,这就是历史标准。

(2)在不同设施间进行生产率比较时,每工时卸货的单位数,可以与所有设施的平均数相比较,它可以作为标准,这个标准称为比较标准。

(3)进行时间研究,以便对每一个活动分配合理的表现水平。用秒表记录最好的叉车司机的时间,用这个时间作为卸货标准,这就是工程标准。

最后一种方法为现在许多配送部门所采用。利用这种方法时,分析人员需要做以下工作:

(1)对作为一项标准所需的任务进行细分,使其成为在内容上有一定通用性的一系列活动。

(2)在标准时间的数据库中,找出每一项基本活动的时间。

(3)对整个操作中的每一个要素或活动求出累积的时间。

(4)增加缓冲因素以考虑个人方便的时间、疲劳和无法预测的中断和延期时间。

基于简单叉车的例子在表 7—3—9 表示,表中得到的工作标准可以用来评估叉车操作员在一天的表现。

表 7—3—9　确定工作标准的例子

组成部分	需时间(min)
开至托盘	0.10 min/托盘
叉入托盘	0.05
提开叉子	0.10
开至 100 ft 的堆放区	0.40
放下托盘	0.15
开至起始位置	0.4
小计	1.2
缓冲时间	0.18
总计	1.38 min/托盘

监控报告可以比较操作者的表现水平,确定每个人的效率和小组的总体表现。

现实中,对大部分仓储活动建立一套生产标准是可行的,它可以确定总的表现水平和工人的效率。如果计算出这些标准,它们可以被用于:

(1)确定对每一业务量水平设施的合理人员水平。

(2)将设施每天的效率和预定的目标进行比较,而不是与其他那些不同的设施相比。

(3)通过对每一操作人员提供足量的任务以改进生产率。

四、公共和合同仓库的监控

从概念上说,通过分包合同运作的第三方物流公司的监控与以资产为基础的公司自己运作设施是非常相似的,它们以收入和通过量为基础监控合同方的成本,即销售量的成本百分比或重量的成本百分比。

总数可以扩展至包括合同中规定的基本处理单位,通常以箱、件、订单等表示,因此,第三方对仓库的监控系统包括:

1. 每时期的成本:装卸、储存、附加服务、特殊服务、总计;

2. 以订单、箱或重量表示的产出:进货、出货、储存;

3. 投入产出比率。

通常,第三方合同也规定服务水平和生产率目标,这与公司自己运作类似。显然,日常和每时每刻的控制由第三方负责,对被服务的公司来说,不需进行短期成本控制。公司物流部的长期控制是由合同条款和竞争性招标来控制的。

五、运输的监控

一般物流配送监控系统对运输的监控有 2 个以上的层次:

1. 整车或大批量的原材料供应给大客户:这些货物可以是包装或托盘化的,也可以是干散货或液体散货。运输方式可以是铁路、公路、水运或航空。

2. 从物流配送系统中心向客户的小批量配送:可以采用所有的运输方式。物流监控系统应记录所有发运的货物、客户服务水平、发生的成本等。监控是在两个相关但分开的系统中进行的(货物流与资金流)。

(1)货物跟踪：现代物流服务是非常敏感的，物流配送系统必须提供货物的实时信息，包括提供货物的位置与状态。这些信息提供给服务与销售人员和客户，以确保有效率的运作。现代货物跟踪系统较为昂贵，但由于服务的改进，提供的竞争优势是显著的。

(2)运费账单审计与以合同运价方式支付公共承运人的运费。运价考虑到了起始点的位置、货物类别、货物体积和重量、运输距离、包装形式和地域。运费账单必须审计后支付。运输账单处理系统通常接受审计、支付账单和提供控制系统的详细数据。

系统可以用手工操作，也可以计算机化。现在发达的系统由条码和其他扫描系统及高级处理软件组成。

许多公司有3个独立的第三方公司运作：

(1)一个或多个网络运输公司，在配送中心提货和发送产品给收货人。承运人制作运费账单，并送到支付运费的服务公司。

(2)由一个运输服务公司通过比较托送人的发货通知和商定的运价，审计运费账单。然后由服务公司代表托送人支付正确的账单，或把审计过的账单交给另一个应支付的公司。

(3)货物运动和交付的跟踪系统。以电子数据交换(EDI)为特点的网络，它可以由供应链中包括货主、收货人、承运人、配送中心运作者或外部网络提供者的任何一方来运作。

六、存货的监控

存储和保持产品存货的成本是物流配送系统设计的一个需要重要考虑的因素。

1. 存货在任何一个公司资本投资中都占很大的比例。例如，在美国的制造业，货物平均每年周转4次，而存货成本通常占销售额的50%。在我国这个比例更高。

2. 保持存货的成本是很大的，它不但包括利率成本，还包括产品老化、损坏、保险等成本。

大部分的存货存在于物流配送系统中，通常配送订单是根据制造厂、基于对销售量的预测和配送的要求而产生。监控投资和保证货物的安全是配送系统的主要功能。

存货信息是以实时形式(即与交易同时发生)或根据批量每小时或每天更新。最新的方法是通过条码和扫描系统准确地记录存货的产品和位置。

然而，出错也是难免的。为了尽量减少错误，最好的方法是定期盘点。这种监控方法，需要一个人或一个小组对产品及位置进行盘点，然后把结果输入电脑终端，电脑系统可以显示被盘点到的货物。在另外的系统中，存货盘点人员可以周期性地对所有地点的货物进行盘点。

通常都把每月汇报存货的准确性，视为物流配送系统质量保证计划的一部分。典型的无条码化仓库的准确性是95%～98%，即每次盘点有两个可能的错误(数量和位置)，总的货物盘点正确率不应低于95%。在条码系统中，一般准确性大于99%。如发生错误，常常是系统相关的错误而非仓库的错误，除非遭窃或货物损坏。

第四章　第三方物流客户服务

工商企业重视物流不仅仅是为了节约成本，而是他们越来越认识到物流对提高客户服务水平及企业获得竞争性战略优势的重要性。在第三方物流融入客户供应链后，它所提供物流服务的种类与水平需要根据客户的特点“度身定制”。第三方物流公司的运作表现直接关系到服务公司客户的满意与否，第三方物流公司只有对客户的服务作出贡献，才能取得成功。

第一节　物流表现与客户满意

作为一项赢得竞争性优势的战略，工商企业(厂家与商家)满足顾客需求的能力取决于为顾客创造和增加的价值。所有的业务过程都必须最大程度上地满足顾客需求。工商企优秀的物流过程可以提高物流配送服务的质量，它往往就是客户服务中最具价值的方面，物流过程直接与顾客接触，并且从以下

3个方面影响顾客的满意程度：

(1)物流过程通过产品配送提供顾客所要求的基本增值服务：时间效用与地点效用；

(2)物流直接影响其他业务过程中满足顾客的能力；

(3)配送和其他物流作业经常与顾客发生直接联系，影响客户对于产品以及相关服务的感受。

因此，对物流的计划、实施和控制并取得优秀表现，可以使企业从竞争对手中脱颖而出，从而区别于其他供应商并创造价值和促进顾客满意，因此，物流是赢得竞争性优势的重要源泉。

客户服务是真正驱动供应链物流的动力。将恰当的产品在恰当的时候以恰当的数量及无货损与货差地送达客户是物流系统的原理。其中客户服务是至关重要的。

近10多年中，客户服务在全世界受到了普遍重视。“与客户接近”已成为取得商业成功的法宝。它具有几个方面的要素，其中之一就是具有一个能对客户订单迅速反应的和理解客户需求的物流系统。全面质量管理是与客户服务有关的。“市场导向质量”的口号，不仅包括一个产品的质量，也包括一系列与质量相关的服务，它产生并维持与客户的联系，其最终目的是使客户百分之百的满意。

客户服务的另一面是越来越多的客户对价值与质量比例关系的认识以及现代消费者的特殊需求，例如对时间及灵活性的要求提高了。20世纪80与90年代是客户对特殊需求及相应的物流网络的支持提出更高要求的年代。消费者既对质量提高了要求，也要求产品价格合理并具有最好的服务水平，适合于他们的时间习惯。成功的工商企业已采取了客户服务策略，并认识到速度、灵活性、顾客化和可靠性的重要意义。

客户服务是物流与市场营销的重要联接面。如果物流系统不能恰当运作，如客户不能收到公司承诺的货物，公司将可能丢失客户。生产制造能在合适的成本下生产合格的产品，而市场营销能把产品出售给客户，但物流若不能按承诺运送产品，客户最终还是不会满意。

客户服务是市场营销与物流的交界面，它们之间的关系是通过市场营销中的“场所”(place)来相交的。场所也就是销售渠道决策人提供的相关客户服务水平，这样，物流在此起到了一个在一定的的客户服务水平下(服务水平通常由市场营销确定)，使所有物流活动的总成本最小的作用。

物流与市场营销关系的这一特定的观点，在供应链概念出现之前就已统治着物流的理论。从这一传统的观点来看，若改进服务水平，则物流成本将自然上升。然而，物流供应链的概念以动态、积极的方法，把物流看成是一个“增值”的作用，是起到取得竞争优势和提供双赢结果的工具。

因为物流提供了各种不同的服务价值，并且直接影响着其他许多业务过程，所以它是极其重要的。物流跨越业务功能的较大范围，所有的功能必须以顾客为导向，使表现更完美及使顾客满意度达到最大。通常物流中的业务功能包括仓储、运输、库存管理、订单下达、原材料运送、货物配送计划和退货处理，所有的这些功能最终会对影响顾客的增值服务起一定作用。

物流配送也影响业务中其他的组成部分。订单管理、存货的计划和控制、信息的可得性、应付账款、制造、销售和营销都受物流配送的影响。为满足顾客，所有这些部门必须相互协调工作。

配送通过提供时间与地点效用直接贡献于产品的价值。存货补充的快速反应、一站式销售、电子数据交换(EDI)和专门的包装及商标已成为一种规范。今天的顾客期望得到时间和地点效用，为了满足顾客，物流配送必须提供顾客所要求的服务水准，甚至超出顾客的期望值。

物流配送过程是独特的，因为雇员同顾客有频繁、直接的联系。当他们收到订单、做出运货安排或发送货物的时候，这种频繁的联系就在赢得顾客满意中扮演了一个重要的角色。

物流配送的服务质量为顾客增加价值并对物流表现的优秀起到贡献作用：它促进了生产力，提高了收益。另外，物流配送的有效作业，可对公司利润产生正面影响，例如，减少订单的备货时间和存货水平可以改进现金流以及更好的利用资金。

优秀的物流运作能从以下几个方面促进顾客的更加满意：

(1)加强定制服务的能力和提供更高的服务水

准、

(2)改进服务质量(一致与可靠);

(3)缩短订单的备货周期;

(4)提高供应链的效率和生产力;

(5)加强顾客与公司之间的联系。

这些利益最终会引起市场份额、收入和利润的增加,这使物流优秀成为必不可少的管理因素。评价物流优秀程度的最好方法是通过采用一个可用以评价公司计划和管理物流过程的方法。这些方法从八个主要方面来划分公司物流优秀各个阶段(见表7—4—1)。下面是有关3个阶段的描述。

表7—4—1　优秀第三方物流服务的各阶段特征

变　量	第一阶段	第二阶段	第三阶段
服务目标的确定	每一项业务分开处理"降低噪声水平"	同等对待所有的客户 取得内部目标	提供区别的服务,满足、超越顾客期望
长期计划	非正规执行分裂的计划	较窄的范围(如产品配送1~3年	整个物流范围3~5年
操作计划	当天 每一业务	一段时间(如月)基于预算期	一个时期、年滚动的时期
现场改进过程	迅速修复、"止血"	降低成本	朝着目标不断改进质量和生产率
管理层与雇员的关系	雇员与管理者不同	有限的雇员参与	培训 授权 分享目标与报酬
信息管理能力	过程管理 几乎无数据 无分析能力	汇报期间财务结果 分裂的数据 有限的分析能力	以作业数据支持计划制定 分享容易应用的数据
测量方法	与上年成本比较 以销售额表示成本服务"噪声水平"	成本与预算比较 与上年生产率比较 与竞争对手的服务比较	服务与客户需求比较　与目标生产率比较 成本与标准比较
与供应商及服务提供者的关系	无法管理 危机驱动 对手关系	成本驱动 多个来源 竞争性投标	合作 结果驱动 联合改进
进一步改进的限制	缺乏控制	官僚	自我中心

第一阶段:公司在很大程度上仍需追求质量和生产率的提高。一般来讲,第一阶段的物流工作缺少对供应链的基本控制,在改进供应链方面还存在很大障碍。

第二阶段:物流作业一般在企业内部环节已经可以控制。主要是注重表现的控制。在第二阶段,一定程度的控制是必不可少的,但过度的控制通常会导致官僚主义,妨碍工作效率的提高。

第三阶段:参与物流过程的各种不同的功能性组织都达到了优秀水平。每个功能性领域都尽最大努力执行它在物流过程中的功能。但不幸的是,狭隘的部门观念,使全面的供应链运作次优化。

优秀的物流服务主要体现在以下8个方面:

(1)确定服务目标:以顾客需求推动、定期修订;

(2)长期计划:正式、长期和所有物流包含的范围;

(3)操作计划:正式、跨功能部门和最终结果导向;

(4)不断提高过程:正式(覆盖全过程),包括不断和突破性的改进,使质量和生产率融为一体;

(5)雇员和管理人员之间的成果联系起来;

(6)信息管理能力:支撑计划与交易过程、联系顾客和供给商、跨功能部门；

(7)衡量方法：以目标、涵盖质量和生产率为基础；

(8)供应商和服务供给者之间的关系：以表现推动提高和信息共享。

表中"进一步改进的限制"说明了从一个阶段向下阶段过渡时公司所必须克服的障碍。

具备这些特征的物流过程可以创造顾客价值，并进而促进顾客满意。优秀的物流服务是取得高度顾客满意的潜在因素，由此可以建立一套完全以顾客为导向的、追求高度顾客满意的战略方针。

增加顾客的价值并取得长期的成功，取决于下列关键因素：首先，公司必须采取全面的使顾客满意的战略措施，这就意味着第一次及以后的每一次都必须理解和满足顾客的所有需求。它也意味着提供超出对高价值与注重服务的顾客期望值。当产品质量成为最基本的要求时，服务质量已成为竞争者中最显著的区别。第二，如果公司想通过服务来区别于竞争对手，那么物流过程中的物流表现必然成为执行战略方针的主要推动力。它是每天及每一份订单送达顾客过程中达到顾客满意的中心。在公司的组织中，物流过程是跨越最多的功能部门的过程，它也是最紧密地联系顾客的过程。

所有作业功能必须与取得物流的优化和有效执行顾客满意的战略措施相一致。因此，要有一个指挥涵盖这些职能的物流过程的物流主管对全面物流过程负责。这些成功因素就是成功的顾客导向的物流配送战略的先决条件。

在公司具备以高质量的物流服务和顾客满意为基础，取得竞争优势的能力前，必须克服以下 4 个阻碍改进的方面：

(1)理解顾客需求；

(2)识别与确定优先的增值因素；

(3)建立实际的客户服务目标；

(4)衡量和沟通客户服务的表现。

第一个障碍的出现是因为许多供给商不能完全理解顾客服务需求，他们不去直接询问顾客，而在很大程度上依赖销售人员的判断竞争对手的服务水平，或顾客的抱怨。调查表明低于 2/3 的供应商不愿意与顾客直接沟通来了解他们的服务需求，而能直接与顾客联系的供应商，大约也仅有 1/3 的顾客期望值与他们自己的感觉之间是一致的。

第二个障碍是以前未与顾客沟通的直接后果，顾客和供应商经常就什么是组成增值因素问题达不成一致。没有对顾客业务的深层次的了解，供应商缺乏用来鉴明、开发、营销和提供的顾客增值服务。问题的复杂性在于价值随顾客和行业和生产线而变。例如，对于像计算机工作站这类不常购买的商品，顾客可能更强调技术支撑、售后服务和顾客服务等，这是最重要的判断尺度。对于一些经常性的采购，其他方面的服务品质会更受重视。当供应重要的部件给生产商，及时送货、第一次订单的准确性和一致性是关键的。

第三个障碍是未能确定精确的服务目标。大多数公司在很大程度上以公司内部导向的和竞争对手导向的目标为依据确定他们的顾客服务标准。有 1/3 的公司简单地把往年成绩提高一定比例或与往年水平持平，或与竞争对手水平持平来确定他们的实施目标。这些方法没有一个能有效地实现顾客价值的最大化、满足和超出顾客期望值。

最后一个障碍是由于顾客与供应商对于实际的服务表现的感知差别造成的。在服务的重要性方面，包括订单周转速度、单位配货率、发票准确性、订单的完整等等，有很多的供应商错误地相信他们的服务一直都能满足顾客的需要，并且认为顾客也如此。造成这一障碍的一个原因是供应商和顾客评估同一件事情并不总是相同的。例如，一个计算机制造商曾经对它订单的完整率引以自豪。每个部门都自夸为 90% 以上，而当公司让它的顾客来评定时，一般在 50% 左右，由于大多数顾客购买的是由七八个部分组成的完整系统，任何一部分的运送，会有 5%～10% 的不良可能，对于这种可能顾客得到一份完整订单的概率就仅有 50% 了，对于计算机系统而言，丢失任何一部分都可能导致整个系统瘫痪。

第二节　客户服务

定义客户服务是很困难的，不同的人对客户服务的理解可以不同；不同的公司也可以有不同的理解；服务的提供者与购买者对客户服务也可以有不同观点。但总的来说，客户服务是对物流系统的表现程度的衡量。

一般认为客户服务是公司区别自己的产品、保持客户(忠诚)、增加销售和提高利润的一种方法。客户服务的关键是理解与认识客户及他们的期望。客户服务可以用定量与定性方法来衡量,定性方法包括询问客户对所接受服务的意见。因此,客户服务应该看成是营销战略不可分割的一部分,它可以帮助提高市场占有率。

我们可以把客户服务看成是公司提供给购买者的产品或服务。产品可以有3个层次:

(1)得到的主要利益或服务,它构成了购买者实际的购买;

(2)有形的产品(实体产品)或服务本身;

(3)有争议的产品。但能增加购买者价值。

按照这种层次划分,我们可以认为物流的客户服务属于第三类产品,它增加了购买者的价值。除客户服务外,其他的第三类产品还包括安装、保修和售后服务等。

如果进一步分析,可以发现公司可以通过提供较高的物流客户服务水平来取得竞争优势。因此,把客户服务看成一个可以增加显著价值的"产品",是具有潜在利益的。

但必须认识到客户服务是一个远远超出物流领域的概念,它表现在许多方面,下面所列的就是各种不同形式的客户服务:

(1)改进开具账单的程序,满足客户对此的要求;

(2)提供财务与信贷支持;

(3)保证在规定的时间送达货物;

(4)适宜的销售货物的代表;

(5)在销售中提供有关材料;

(6)安装产品;

(7)保持足够修理备件的存货。

物流供应链中的客户服务,非物流的客户服务也可以增加客户的价值,必须把这些方面也包括在整个营销努力之中。

虽然客户服务并无普遍适用的定义,但客户服务常可以从3个方面来体现,我们可以把它看成对客户服务的3个层次的认识:

(1)把客户服务看做是活动:在这一层次上,把客户服务看成公司必须完成的满足客户需求的特定任务。订单处理、开具账单和发票、产品退换、投诉处理等是该层次中客户服务的典型例子。客户服务都是用来处理客户的抱怨与问题的部门,它代表了这一层次的客户服务。

(2)客户服务表现衡量:这一层次的客户服务重视以特定的指标来衡量客户服务的表现,如订单按时完成的百分比,以及在可以接受的时间完成订单的数量。虽然这一层次加强了前一层次的客户服务,但是公司并不能局限于表现衡量的本身,而必须保证服务的努力能够取得客户的实际满意。

(3)客户服务哲学:这一层次把客户服务提高到了全公司对客户服务的承诺。这种观点与当今许多公司强调质量与质量管理是相一致的。这一观点不仅把客户服务看成是一项任务或一套表现评价,而且把它看成是包括全公司的事和包括所有的活动,他们都专注于客户服务。

对大部分公司来说,大都把客户服务看做是一项活动,根据这种观点,可把物流中的客户服务活动看做是在一种交易型水平上的活动。例如在零售店接受产品退货并没有增加产品价值,它只是平息客户不满的一种交易,并不存在通过客户服务增加价值的含义。

因此可以把客户服务定义为:客户服务是提供竞争优势、增加供应链利益以取得对最终客户价值最大化的过程。

客户服务问题具有许多要素,非常复杂。公司必须以物流管理来全面控制客户服务的要素。成功的、高水平的物流客户服务很容易成为公司区分其竞争对手的战略方法。

客户服务是发生物流成本的一个重要领域,通常通过提供较好的服务使客户得到经济利益。如通过用空运代替汽车运输可以降低客户的存货。存货的降低是由于空运的时间短,导致订单周期缩短,但空运的运输成本将高于汽车运输。物流经理必须对客户期望的高水平服务和提供服务者通过增加销售额的得益与提供服务的成本之间作出权衡。公司的物流经理必须努力在提供服务的水平,物流总成本和公司总收益之间进行平衡,但也有可能做到既降低成本又提高服务水平。

第三节　物流中客户服务的因素

客户服务涉及公司的许多部门。从物流的角度看,客户服务有 4 个传统要素:时间、可靠性、沟通与方便。下面探讨这些要素对物流服务的买卖双方的影响。

一、时　　间

从卖方的角度,时间因素通常以订单周期表示;而从买方的角度则是备货时间或补货时间。不管是从什么角度及采用什么术语,影响时间因素有几个基本变量。

当今成功的物流作业具有对备货时间的基本变量高度控制的能力,包括订单处理、订单准备、货物发送,通过对这些活动的有效管理,为了保证合适的定单周期及一致性,卖方公司对买方的客户服务水平进行了改进。

1. 订单传送

订单传送包括订单从客户到卖方传递所花费时间,少则用电话只需几秒钟,多则通过信函需时几天。卖方若能增加订单传送速度就可减少备货时间,但可能会增加订单传送成本。

计算机与因特网使订单传送发生了革命,通过买卖双方的计算机联接,卖方可以登录到买方的计算机,在实时系统中,买方可以知道有关产品的供货的可能性以及可能的装运日期等信息。买方也可以通计算机来挑选所需要的商品,并通过电子信息交换传送给卖方。EDI 自动订货系统已广泛地用于买卖双方。

2. 订单处理

卖方需要时间来处理客户的订单,使订单准备就绪和发运。这一功能一般包括调查客户的信誉、把信息传送到销售部做记录、传送订单到存货区、准备发送的单证。这里的许多功能可以用电子数据处理同时进行。一般来说,卖方的作业成本节约比实施现代技术的资本投资要大,这是因为当今计算机硬件与软件的成本已大大下降了。

3. 订单准备

订单准备时间包括订单的挑选和包装发运。不同种类的物料搬运系统以不同方式影响着订单准备工作,物料搬运系统可以从简单到靠人力操作的系统到复杂的高度自动化的系统。它们订单准备时间相差很大。物流经理要根据成本和效益选择不同的系统。

4. 订单发送

订单发送时间是从卖方把指定货物装上运输工具开始计算至买方卸下货物为止的时间。当卖方雇佣运输公司时,计算和控制订单发送时间是比较困难的。要减少订单发送时间,买方必须雇佣一个能提供快速运输的运输公司,或利用快速的运输方式,这时运输成本会上升。

若对以上所有的 4 个组成部分进行改进来减少备货时间,其费用可能太高。为此,公司可以在某一项目上进行改进而其他项目仍保持不变。如投资自动化物料投运设备可能在财务上不合算,为弥补人工操作带来的较长的订单处理时间,公司可以采用以电话订货代替信函订货,及用公路运输代替铁路运输。这将可使公司减少备货时间而不用在自动物料搬运设备上投资。

二、可 靠 性

对有些客户,可靠性比备货时间更重要。如果备货时间一定,客户可以使存货最小化。也就是说,若客户百分之百地保证备货时间是 10 天,则可把存货水平在 10 天中调整到相应的平均需求,并不需要用安全存货来防止由于备货时间而引起的波动所造成的缺货。

1. 周期时间

因为备货时间的可靠性直接影响客户存货水平和缺货成本,提供可靠的备货时间可以减少客户面临的这种不确定性。卖方若能提供可靠的备货时间,可使买方尽量减少存货与缺货成本,以及订单处理时间和优化生产计划。

2. 安全交货

可靠性不仅仅是备货时间上的一致性,还是关于规则的与一致的备货时间,以在及安全和质量的均一性等条件下送达客户所订购的货物。

安全交货是所有物流系统的最终目的,如前所述,物流功能是销售功能的终点。如果货物到达时受损或丢失,客户就不能按期望使用,从而加重客户方面的成本负担、存货、生产和营销成本。如果所收到的货物是受损的货物,就会破坏客户的销售或生产计划,这会产生缺货成本,导致利润或生产损失。因此,不安全的交货会使买方发生较高的存货成本或利润和生产损失。这种状况对致力于实施一定程度的零库存计划以尽量减少存货的公司是不能接受的。

3. 订单的正确性

可靠性包括订单的正确性。正在焦急等待紧急货物的客户。可能发现卖方发错了货。没有收到想要的货物的客户可能面对潜在的销售或生产损失。不正确的订单使客户不得不重新订货,或客户会气愤地从此找另一供应商订货。如果客户是营销渠道的中间商,缺货状态也会直接影响卖方。

三、沟　通

对订货供应活动极其重要的两个活动是客户订购信息与订单供应和实际存货、拣货过程的沟通。在订货信息阶段,用 EDI 能减少订单信息传递到仓库接受时的错误,卖方应简化产品标识,如使用条码,以减少订单挑拣人员的错误。

然而,经常与客户保持接触与采用 EDI 同样重要。与客户的沟通对监控与可靠性相关的客户服务水平是非常重要的。与客户沟通与交流对物流服务水平的设计来说是基本的。交流渠道必须永远畅通,这只是主要的卖方对客户物流要求的外部限制条件。

没有与客户的接触,物流经理就不能提供最有效和经济的服务,这就等于打球时不知道比赛规则。

然而,沟通是一个双向的过程,卖方必须能够传达客户重要的物流服务信息。例如,供应商应很好地通知采购方潜在的服务水平下降,使采购方做出必要的操作调整。

此外,许多客户要求得到货物的物流状态信息,例如有关发运时间、承运人或线路等问题,是常被问及的问题。客户需要运输信息以便计划作业。

四、方　便

方便是对物流服务水平必须灵活的另一个说法,方便或灵活性能是客户的不同要求,物流系统要努力以最经济的方式来满足这些要求。

第四节　物流中客户服务表现的量度

从物流角度看,4 个传统的客户服务因素,即时间、可靠性、方便和信息的沟通是制定有效客户服务计划的基本考虑因素。这些客户服务因素也是在物流领域中建立客户服务表现标准的基础。

客户服务的供应链环境已经导致更严密的量度标准的产主,现在,越来越认识到表现量度需要从客户角度来进行,如:

(1)订单及时率;

(2)订单完整率;

(3)订单完整无缺的货物比率;

(4)订单完成的准确率;

(5)账单的准确率。

如果卖方以传统的度量方法衡量与考虑客户服务,则买方可能并不满意,而且如果问题发生在交货过程中,卖方可能也并不知道。再者,买方以传统的方法也不能了解问题的范围与大小。当前注重交货时间的量度,不仅提供了评价的数据来源,也许更重要的是对将发生的问题能提出早期警告。例如,假如标准的交货率是 98%,而某月却下降至 95%,调查表明,承运人并没有按指示办理货物运输,或买方在接收货物时未做好准备。

准时交货的量度在当今更为重要,因为产品物流中,买方经常会与仓库或商店约好送货时间。当前公司采用的零库存计划对供应商交货时间的“窗口”限时更窄。总之,当今对准时送货要求较高,今后还会越来越高。

供应链环境越来越严峻,导致优秀的公司已同时运用多种客户服务量度。这种多种量度的运用,使取得高水平的客户服务更为困难。

在今天变幻莫测的商业环境下,公司的改革就是要想方设法战胜竞争对手,抓住有利机会。市场规律不断变化,供给商只能把目光定格于当前成功的最关键处:顾客满意。

处于领先地位的供给商意识到在几十年甚至以后更长的时期内,顾客满意是取得竞争性优势的关键。随着消费者变得越来越复杂,需求的进一步增加,顾客满意正融入到成功公司的战略方针及目标中去。

第五节　以客户为中心开发物流战略

以客户为中心的物流战略是取得竞争性优势的

源泉,一个有效的以客户为中心的物流战略的开发,需要经过以下几个阶段。

一、理解顾客需求

竞争的加剧,顾客要求的不断变化和不断提高质量的压力意味着顾客需求在不断地改变,供应商必须预期这些改变,并对此做出积极反应,不断地改变业务目标。随着需求的改变,物流过程必须适应这种改变以保持顾客满意。

当制定一项以顾客为导向的物流战略时,物流配送人员必须确切了解顾客对于配送的需求和期望。不同的顾客有不同的需求和期望,例如顾客对于配送的每个环节的要求可能包括适时和可靠的送货、良好的沟通、准时送货、高频率送货、订单状态信息的可得性、高效的反馈过程、紧急情况的即时处理、货物的完好率、精确和适时的结账、对咨询的答复等。

定义顾客需求的过程很复杂,许多公司对此均不熟悉,公司的管理层必须学会了解和着眼于客观的顾客需求。下面的3个步骤可以帮助确定顾客需求。

(一)理解顾客的业务、买方和用户

提供价值就是提供产品和服务,供应商必须了解顾客所代表的业务,这样,当把顾客的需求转化成公司业务标准时就简单多了。了解订单的多样化就是一个很好的例子。这种要求也会因产品类型不同而有所不同,必须区别对待。确认顾客的要求并且提供相应的服务会增加顾客的满意度,还有可能降低成本。

在多数较大的公司,购买部门不是最终用户,因此可能会存在不同的满意标准。购买部门如果作为生产产品公司的一部分(即采购部门),可能会受到别的部门的影响,像生产、质量控制、物流、产品开发和财务等。买方可能更关心价格和送货期限,而其他部门可能对质量更感兴趣。用户(产品线)可能觉得产品的效力和特性更为重要。了解购买部门和用户在购买过程中所扮演的不同角色,有助于供给商确定需求和满足期望。

(二)鉴明顾客需求和期望

为了鉴明顾客的需求和期望,供应商必须同顾客一起探讨哪种服务的特性更为关键,并提出一些定性的、开放型的问题,这类问题给顾客很大的灵活性来表达他们真正的需求。从供应商的角度来看,给顾客列一张需求清单可以是一个良好的开始,但还不很充分,它引起内部的关注,但不能揭露所有的重要问题,也不能探索需求的基本原理。

在创造价值和满意的过程中,评估商业惯例到底扮演什么角色也是很重要的,例如,是由销售代表根据顾客的要求确定运送日期,还是根据公司何时能办理运送来确定?零部件销售商往往回报有99.9%的准时送货率。难道真是这样吗?衡量的标准应该是送货期与顾客要求是否一致。某一顾客要求星期二送货,但经常到周四才能够送到,协调的结果是顾客同意周四送货,虽说他很不情愿。通过与顾客讨论送货要求,物流配送员发现销售人员和配送系统并不是以顾客为导向的,因此不能促进顾客满意的进程。

对普遍的顾客来说,确定什么才是最重要问题的方法是个人会谈(面谈)和以小组的方式向买方和用户提出开放型的问题。当然,这些问题随行业不同而变化,大致包括:

1. 什么对你最重要?

2. 哪些服务会在你的购买过程中起作用?你如何优先考虑这些方面?

3. 什么构成明显的高级和低级行为?

4. 什么层次的行为能促使你增加购买?有什么评价标准?什么层次的服务问题能减少你的购买或排除某个供应商?

5. 当前的业务是什么?你如何来衡量?

6. 本公司能满足你的要求吗?本公司的竞争对手呢?

7. 本公司怎样才能简化当前的作业?

8. 本公司做了什么不该做的事情?又有什么该做的事情没有做?

9. 本公司如何才能创造价值?

10. 本公司正在做什么你喜欢或重视的事情?本公司的竞争者呢?本公司如何更好地工作来满足你的需求。

通过下面4条途径可以决定哪种产品能为顾客提供超值服务:

(1)直接的顾客投入;

(2)顾客陈述;

(3)顾客的抱怨;

(4)与行业同行的比较。

每一条途径都有自己的优点,但是全面的了解来源于这4条途径的联合和注重于直接交流。

直接地向顾客问何为价值是一种用来确定顾客所想的和所要求的服务的正确途径。直接收集顾客反馈信息的有效技术包括面谈、集中小组和调查。面谈是最全面的,因为他们与顾客直接接触,面谈会使供应商更好地了解顾客的业务和探索为什么“专门”服务会增值的原因。某些公司要求管理人员一年要有几次拜访顾客的活动,这对于真正了解什么对顾客重要和为什么重要是关键的。

集中小组会谈一般被用来发现采用某种购买方式的原因,会谈的对象通常是来自不同公司的8～12位顾客,如果顾客来自不同业务的交叉部分,那么集中小组会谈尤其有用。

邮件和电话调查也是有效方式,围绕直接与顾客的接触得来的反馈信息来设计的调查是精确的。

从顾客的陈述角度看,许多顾客向供应商讲述他们的最低需求。这些陈述通常是非常明确的,虽说这些信息对业务很有必要,但它可能仅仅提示了某些最基本的问题,即顾客的最低期望。一旦理解了最低需求,与顾客进一步的讨论应建立在这个基础上,并且帮助供应商理解顾客对另外的增值服务的期望。除了现存的顾客陈述外,以往的业务报告也是顾客反馈信息的潜在重要来源。

顾客的不满和抱怨的“噪声水平”可以被用来作为直接与顾客接触的补充,虽说是反面途径,但它提供了顾客特殊的反馈信息。许多公司鼓励对雇员不满的调查以及失去顾客的最后会谈来鉴定噪声水平。有些公司甚至还有正式的最后会谈,认为这种会谈是有价值的信息来源。因为如果一个顾客对某一问题有抱怨,别的顾客很有可能也会有同样的问题,这种可能性是很大的。

依靠噪声水平处理顾客满意的缺陷是大约仅有5%的顾客的不满是真正有价值的,虽说这的确提供了一些信息,但却不能建立一个扎实的基础来努力使顾客满意。有人已经创造了一种方式使顾客的不满或要求成为一个系统,并且自动地按规定程序适时地把顾客的不满送给基层管理人员,以便答复。该系统还允许销售代表在他们先进的计算机上记录近期顾客抱怨的数据。

比较竞争者的水准是补充直接与顾客接触的另一条途径。它提供了有关竞争对手当前行动的反馈信息,但是它不能帮助确定顾客的需求和期望值。该方法的不足之处是它不能表示竞争对手满足顾客的情况。因此,从竞争对手的服务目标出发可能会导致方向错误。

(三)与顾客探讨需求和期望的变更性,测定顾客对支付服务的愿望

一旦明确顾客的最低需求和期望,供应商应探索每一项目的相对重要性。他们可似与顾客讨论哪一个行为标准是重要的、不变的和原因。该信息将帮助区分顾客需求和增值服务。如果提供增值服务,而基本的需求却不满足,则达不到顾客满意。另一个要讨论的是顾客对当前服务水准的看法。它提供了哪种服务对竞争优势有利的评判标准。因为在顾客愿意支付的价位上要满足所有的顾客需求是不可行的,因此理解哪一种服务是最低需求,哪一种服务能超出期望值是很重要的。提供增值服务需花费金钱,并且顾客愿意购买的仅是他们认为有价值的服务,供应商应该同顾客讨论他们情愿为此所付出的代价。当他们意识到提供服务所支付的费用时,有些顾客可能会重新评估这项服务的重要性。

二、评价当前的服务和能力

一旦理解了顾客的想法,供应商必须找出他们当前的服务能力和实际要求之间的差距,这包括采取什么步骤来满足专门的服务目标和鉴别当前由竞争对手提供的服务。这有助于决定哪种服务是每个厂商都能预期得到的。如果EDI是一项增值的顾客服务,并且仅由一个供应商提供,该公司就拥有一项竞争性优势。

三、解释当前做法与顾客要求之间的差距

一旦供应商明白顾客的需要正好与其提供者相反,两者之间的差距便可以分析出来。许多公司都以为顾客需求与他们提供的服务之间差距很小,调查之后,他们通常会发现自己曲解了顾客的需求。

如当被问及需要和期望时,一个消费品公司的顾客表示,及时送货及无货损送货是评价配送服务的两个最重要的标准。当公司检查其提供的服务与顾客所需之间的对比情况时,通常会在及时送货方面找到差距,但在无货损送货方面却找不到差距。公司还会注意到这些方面的竞争评价,它意识到顾客已表明竞争会加速带来更高质量的及时和无货损送货服务。有了这个信息,消费品公司确定消除及时送货方面的差距对其成功尤为重要,而且当无货损送货的质量提高超过顾客的期望时,就带来新的竞争优势。接着,公司下一步的行动是识别消除差距、赢取优势的多种选择。为改善及时送货,公司可以继续与原来的承运人合作,提高服务质量或者可以启用新的承运人,监督送货日期的执行,提高跟踪货物的能力。改善无货损送货的步骤包括改变包装、改善装卸技术、加强在产品处理中的员工培训等。

一旦改善的选择已确定,公司必须分析与消除差距有关的均衡点、利益、成本以及风险。消除差距的某些利益包括提高服务水准的利益,但有一种途径是在改进过程中定期进行调查,以了解顾客满意评价。另一些利益可能包括收入增加、顾客忠诚、竞争优势。避免由于服务质量差而失去的业务也是利益之一。在这些分析的基础上,公司必须确定使利益超过成本。当然,这些标准随着顾客或市场划分的不同而不同,而且在每个特定情况下都需要详细分析。

四、满足顾客特定需要的针对性服务

当供应商询问顾客,什么对他们最重要并且分析结果时,很显然,不同的顾客群需要不同的服务及服务水准。为了让尽可能多的顾客满意,公司应该按需求期望的相似性对顾客进行分类。许多公司按产业、产品类型、销售量和利润来细分顾客群,但现在通行的标准是需求的相近性。例如,以“隔夜或第二日送货”为标准划分比按商业类型——零售/批发划分更有意义。一些顾客希望收到的产品以稻草包装,另一些却喜欢以薄纸夹衬,通过调查这些自然划分的顾客群,供应商可以更好地提供针对性服务。

无论什么产业,不同的服务必须要与相应的费用相比较。如果一项服务对顾客有足够的价值,顾客可能愿意为此付出额外费用,除非其竞争对手不会以更低的价格提供同样的产品。区分愿意与不愿意为服务付出费用的顾客很重要。提高价格、增加服务可能把一部分顾客引向其竞争对手,但同时又满足了另一部分顾客。

五、在顾客要求的基础上创造服务

实施顾客导向的配送战略,下一步就是在顾客要求和期望的基础上创造服务。以分析为基础,前面谈到的消费品公司接下来便要决定什么服务水准是它的努力方向。准时送货与无货损送货成为目标后,为达到这些目标采取的方法、途径就要到位了。

为了满足顾客需求,并超出他们的期望值,供应商不仅必须满足顾客的需要,而且应提供增值服务。当竞争者开始把顾客满意作为竞争优势时,供应商正着眼于顾客对价值的认识,他们把致力于满足顾客最低的要求作为顾客满意的开端,如果无法满足,则将得到顾客的否定评价;如果满足了,也不会得到顾客的称赞,因为这是顾客所希望的。只有当供应商超出顾客最低要求时才会让顾客满足,达到增加价值的目的,这些增值的特征恰是创造竞争优势的区别因素,即“满足最低要求是保证公司处于竞争之中,但无法帮助它成功。”

六、评估与跟踪执行和改进情况

评估满意过程对于激励员工相当重要。定量情况评估在改进工作中占重要地位,但是,顾客的反馈是真正满意的惟一正确指标,因为这是公司在满足顾客需求方面的成功。顾客满意指数是定量评估整个满意水平的一种方式,衡量所有产品的贡献是很重要的,因为满意是以顾客的整个经历为基础解释的。顾客满意指数用以评估供应商在顾客眼中的地位,它运用相关的从 1～10 的标准变动范围。

当供应商使用顾客满意指数时,必须全面理解顾客的要求和希望。继而这些要求和期望会扩展成为一个标准。然后通过达到或者超过这个标准来满足顾客的需求或超出顾客的期望。例如,邮购支持系统在很多商业中都是普遍的增值服务。提供邮购支持的标准因产业类型而异,但可以包括反应的时间期限、服务便利承诺、解决问题期限和员工的文明礼貌。顾客满意指数应该在监控之下用以评估供应商在有关满意标准方面的表现，也可评估一段时间内的执行和改进情况。它和直接接触一起，有助于识别问题和明确什么是顾客价值，接着用这些信息来进行顾客满意调查。顾客满意指数及监控的频率因产业类型而异。

七、保持持续的改进过程

让顾客满意必须是一个不断进行的过程，因为顾客要求随生产过程、产品和顾客基础的变化而变化，为了保持顾客满意的水准，供应商必须跟上这些变化的要求。一般认为频繁的接触是必要的，与顾客接触的方式各有不同，但可以分为3类：原始信息收集、周期性调整、持续性接触。

1. 原始信息收集是对顾客需要和满意程度的第一次正式接触。这种接触可以分为面谈、集中小组会谈、信件或电话调查等。这些活动的目的是衡量顾客对供应商在各种不同因素、不同细分顾客群基础上的行动进行评价，以及决定初步改进。

2. 一旦供应商明白顾客最初的要求和期望，就必须周期性地检查满足顾客要求的能力，以及初次接触后顾客要求的变化。由于顾客对服务的认识是顾客满意的最重要因素，所以只有顾客才能辨明服务是否有改进。周期性接触为供应商提供了其在满足顾客要求方面的表现信息。通常调查结果中的下降趋势表明：顾客需要正在变化，而新的需要没有被满足。顾客需要的变化由众多原因引起，包括新产品、新分销渠道、新竞争对手、新顾客的需求。通过信件和电话调查、面谈甚至小组会议进行的周期性接触有助于供应商满足顾客需要，避免在满足程度方面落后。

3. 持续的、专门的顾客交流对主要客户很重要，关于满意程度、顾客拜访及其他交流方式的讨论为评估顾客满意提供了迅速的反馈信息，使供应商在变化及发生问题前预先觉察，顾客和供应商通过设计执行的改进计划都能受益，例如：BOSE的主要供应商把代理机构设置在BOSE公司里，以保证它的要求不断被调整和满足。

第五章　第三方物流中的信息技术

信息流是物流作业的关键，普通的物流信息形式包括各类订货命令、各种要货要求、仓库作业命令、货运单证以及各种发票等。由于现代信息技术的发展，使得上述信息的传输由过去的手工书面传输，逐步被现代电子手段交流所取代，也正因为现代信息技术的应用，物流信息传输与分析的电子化，才使得现代的物流管理信息更为通畅，使得企业生产、采购、销售与货物的运输、仓储、分拣、配送信息能无缝对接，才为现代物流的发展打下了基础。通过电子物流信息的技术手段，可以增加物流各作业环节的协调与信息共享，可以增加物流服务需求方与供应方的沟通，从而可以对整个物流系统进行优化和分析，减少物流费用，为顾客提供更好的物流服务。

第一节　第三方物流信息系统概述

物流系统的要素包括货物运输和配送、仓库保管、装卸、工业包装、库存管理、工厂及仓库选址、订货处理、市场预测、顾客服务等。一般可归纳为运输、仓储保管、配送、包装、装卸搬运、流通加工等作业环节。

现在的第三方物流公司都致力于为客户提供全方位、一站式的服务。经过一系列的作业流程后，直接面向最终用户的是仓储配送环节，而一次配送活动，从接受并处理订单，通过集货和送货过程，使相对处于静态的物品完成一次短暂的、有目的的流动过程，这当中包含了相关的物流功能的参与。因此，从某种意义上说，仓储配送功能是物流体系的一个缩影。

正是基于这样的分析，下面以某公司第三方物流信息系统解决方案为例，介绍基于仓储配送环节的第三方物流信息系统流程及模块功能。

一、第三方物流作业流程分析

图7—5—1是基于仓储配送的第三方物流中心作业网络图，第三方物流公司作为物流服务的提供商，其物流作业涉及制造厂商、原材料供应商、分销

商、零售商、消费者等之间的物流活动。因此其信息系统需要涉及从供应方到最终消费者的各个层面。

在物流从供应方到需求方的过程中，一般业务流程需经过入库的配送（货物受理）、入库、在库管理、出库、面向需求方的配送 5 个环节，（见图 7—5—2）。

基于仓储配送的物流中心，其入库的配送环节，主要物流作业为货物受理，包括接单、验货、信息输入等；之后进入入库环节，物流信息系统要对需入库的货物进行分配、搬运等，将产品入库；库存管理环节有库位分配、库存查询、库位管理等过程；出库环节有分拣、分运、成品出库；配送（送货）环节有车辆调度、配送计划等流程。

二、物流信息系统流程

根据上述分析，设计基于仓储配送中心的三方物流信息系统的流程如图 7—5—3 所示。

三、第三方物流信息系统的功能模块分析

根据上述分析，某公司开发的第三方物流信息系统的主要功能模块如图 7—5—4 所示。

图 7—5—1　基于仓储配送的第三方物流中心作业网络图

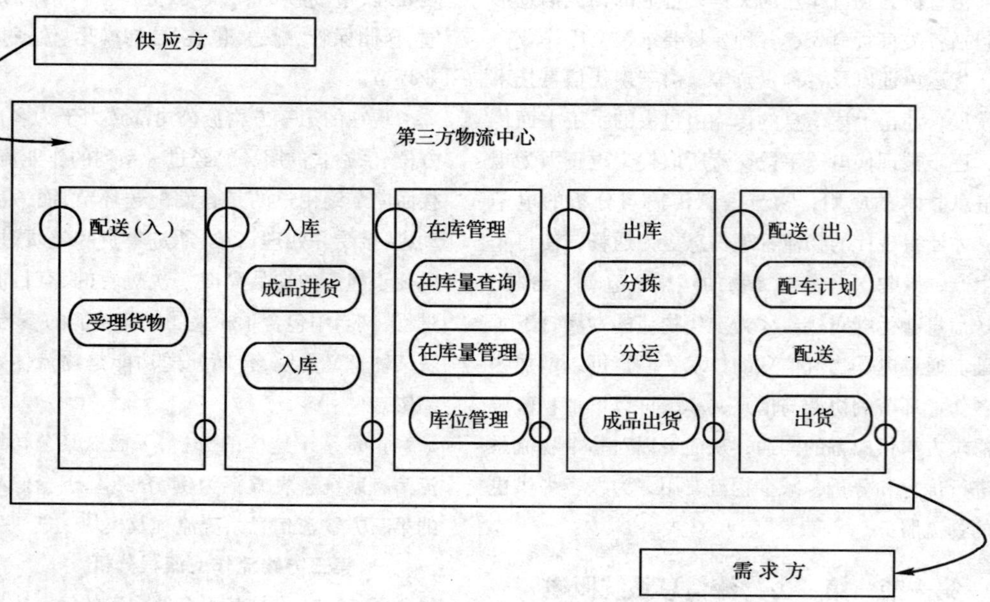

图 7—5—2　基于仓储配送的第三方物流中心业务流程图

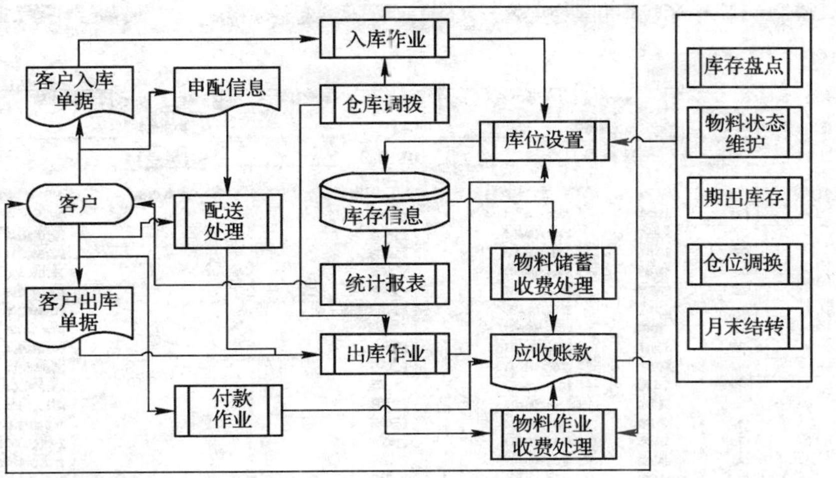

图 7—5—3　基于仓储配送中心的三方物流信息系统的流程

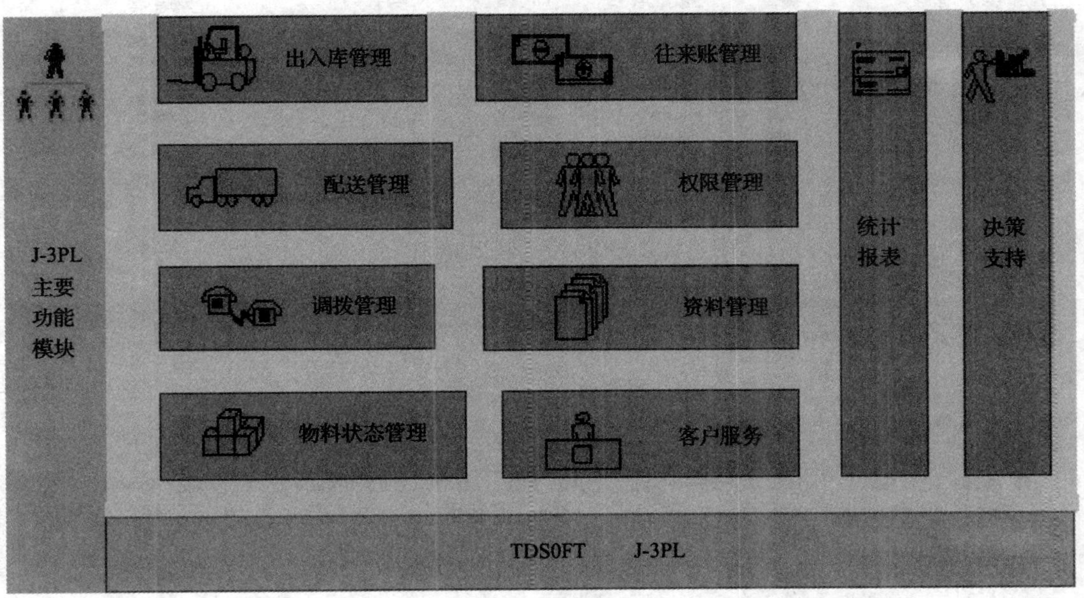

图 7—5—4　某公司开发的第三方物流信息系统功能模块

(一)出入库管理模块

帮助仓库管理人员对库存物料的入库、出库、盘点等日常工作进行全面的控制和管理。通过期初余额管理功能,完成库存物料初始化,并完成一般出/入库单的输入、审核等各项管理功能,以达到降低库存、避免物品积压及短缺的目的(见图 7—5—5、图 7—5—6)。

(二)配送管理模块

完成从客户申配受理、配送作业生成、一直到实际配送出库的一系列管理功能,满足配送业务的需要,保障配送业务有序、高效地进行。

(三)调拨管理模块

完成库存物料仓位之间的调换以及仓库之间的调拨,实现仓库最优存放的目的。

(四)物料状态管理

完成物料状态维护作业,实现对库存物料状态的专门管理。

(五)往来账管理

完成各种费用项目设置,与出入库模块、配送模块、调拨模块等无缝衔接,根据定制的计费策略,计算各种往来费用。

单据编号	客户	仓库	开单日期	单据状态	客户单号	内部单号
I20010805001	GEP	SBOND	2001/08/03	已审核		D01080314
I20010805002	GEP	SBOND	2001/08/03	已审核		D01080312
I20010805003	GEP	SBOND	2001/08/03	已审核		D01080311
I20010805004	GEP	SBOND	2001/08/03	已审核		D01080310
I20010805005	GEP	SBOND	2001/08/03	已审核		D01080309
I20010805006	GEP	SBOND	2001/08/05	已审核缓除		D01080308
I20010805007	GEP	SBOND	2001/08/03	已审核		D01080305
I20010805008	GEP	SBOND	2001/08/03	已审核		D01080304
I20010805009	GEP	SBOND	2001/08/03	已审核		D01080303
I20010805010	GEP	SBOND	2001/08/03	已审核		D01080302
I20010805011	GEP	SBOND	2001/08/03	已审核		D01080301
I20010806001	GEP	SBOND	2001/08/03	已审核		I-01080305
I20010806002	GEP	SBOND	2001/08/03	已审核		I-01080307
I20010806003	GEP	SBOND	2001/08/03	已审核		I-01080306
I20010806004	GEP	SBOND	2001/08/03	已审核		I-01080308
I20010806005	GEP	SBOND	2001/08/04	已审核		D01080401
I20010806006	GEP	SBOND	2001/08/04	已审核		D01080402
I20010806007	GEP	SBOND	2001/08/04	已审核		D01080403
I20010806008	GEP	SBOND	2001/08/04	已审核		D01080404
I20010806009	GEP	SBOND	2001/08/04	已审核		D01080405
I20010806010	GEP	SBOND	2001/08/05	已审核		D01080507
I20010806011	GEP	SBOND	2001/08/05	已审核		D01080508
I20010806012	GEP	SBOND	2001/08/05	已审核		D01080505
I20010806013	GEP	SBOND	2001/08/05	已审核		D01080506
I20010806014	GEP	SBOND	2001/08/05	已审核		D01080501
I20010806015	GEP	SBOND	2001/08/05	已审核		D01080502
I20010806016	GEP	SBOND	2001/08/05	已审核		D01080503

图 7—5—5　入库查询画面

行号	物料编号	物料名称	规格	计件数量	计件单位	计量数量	计量单位	客户批次	次批次	采购单号	序列号	物料状态	保税状态	体积(CBM)
1	C2000	PPO POWDER 0.46IV	PGSN	15	bag	7485	kg	010726				确认	非保税	0.675360

仓位编号	仓位名称	计件数量	计量数量
F11C	F排11行C层	1	499
F02C	F排02行C层	1	499
F03C	F排03行C层	1	499
F06C	F排06行C层	1	499
F15C	F排15行C层	1	499
F05C	F排05行C层	1	499
F01C	F排01行C层	1	499
F08C	F排08行C层	1	499
F07C	F排07行C层	1	499
F10C	F排10行C层	1	499
F13C	F排13行C层	1	499
F04C	F排04行C层	1	499
F09C	F排09行C层	1	499
F12C	F排12行C层	1	499
F14C	F排14行C层	1	499

图 7—5—6　入库单明细

(六)资料管理

完成对仓库和库位信息管理、物料信息管理、部门信息管理、客户信息管理和员工信息管理，这些管理功能包括对各种信息资料的初始设置、修改及维护。在物料信息管理中还包括对安全存量的设置。

(七)权限管理

完成系统的用户及用户组授权,通过对每个用户/用户组的客户权限设置和模块权限设置,支持授权用户依照其权限对系统进行访问,保证整个系统的安全有序运行。

(八)统计报表

包括仓位库存查询、费用汇总查询、库存汇总查询、月进出仓查询、库存流水表查询等功能,并可打印输出查询结果;可生成库存汇总报表、仓库周报表等一系列报表。报表统计模块与出入库模块、配送模块、调拨模块等充分接口,实现数据的一致性和共享性。

(九)客户服务

直接为客户提供基于 Web 模式的在线申配单录入、库存状况查询等服务功能。

四、技术路线

为满足各种用户的实际需要,应开发基于不同技术路线的两套版本物流信息系统,即基于 Java 技术路线的高端版本和基于 Windows 技术路线的低端版本(见图 7—5—7、图 7—5—8)。

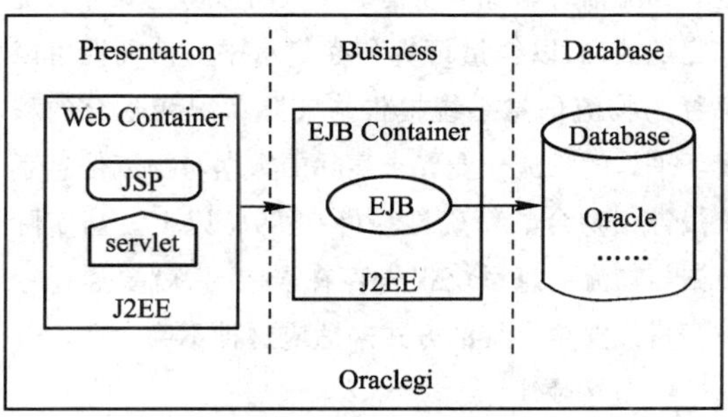

图 7—5—7　高端物流信息系统方案

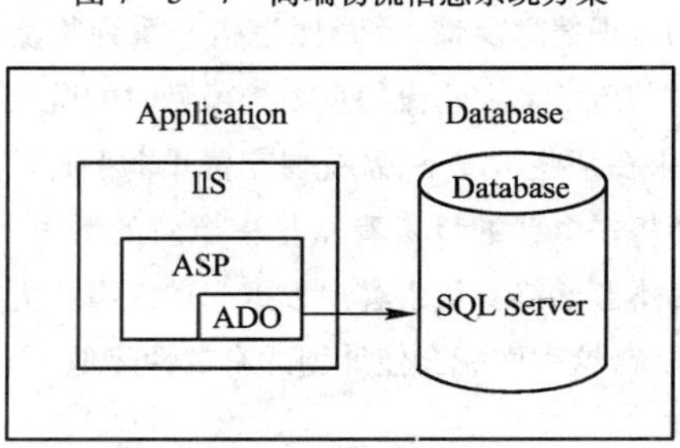

图 7—5—8　低端物流信息系统方案

1. 高端系统配置(见图 7—5—7)

(1)WindowsNT/2000,Linux,Unix,SunSolaris

(2)Oracle,Sybase,MySQL…

(3)J2EE

(4)JSP、Servlet

(5)EJB

(6)JDBC

(7)UML 及 Rational Rose

(8)XML

高端版本采用国际上先进的 J2EE 技术路线及跨平台的开放式体系结构,采用大型分布式数据库管理系统 Oracle,运用 Java、JSP、EJB、多层次体系结构等先进的技术元素,实现了系统的高可靠性、高可用性、高伸缩性。高端版本适用于大、中型第三方物流公司,以及大型企业的物流配送管理。

2. 低端系统配置(见图 7—5—8)

(1)Windows NT/2000

(2)SQL Server

(3)IIS

(4)ASP

(5)ADO/OLEDB

(6)Visual Studio

低端版本采用的是 Microsoft 的技术路线,采用 SQL Server 数据库管理系统,运用 ASP 及 COM 组件技术,实现 3 层次体系结构。低端版本秉承了 Microsoft 的技术优势,以其精致灵活、易于管理、低价位的优势,适用于小型物流公司、仓储中心的物流配送管理。

第二节　第三方物流信息系统的功能与特征

一、系统功能

物流信息系统是把各种物流活动与某个一体化的过程联接在一起的通道,第三方物流一体化过程建立在 4 个层次上:基础信息、管理控制、决策分析以及制定战略计划系统。

(一)基础信息

基础信息系统是指物流信息系统接受客户指令或接受交易指令的系统,对第三方物流公司,其基础信息系统需要与客户的信息系统集成,并与客户共享物流信息,获得物流运作的基础信息。这一系统是第三方物流信息系统启动物流活动的最基本的层次,他从客户系统获取订货内容、安排存货任务、选择作业程序、装货、搬运、开票、及订单查询与处理等。

其处理过程是：

(1)先接受客户订单信息进入信息系统；

(2)按订单安排存货或安排采购；

(3)选择作业程序；

(4)指挥搬运、分拣、装货及按订单交货；

(5)打印或传送票据。

基础信息系统特征是：格式规格化、通信交互化、交易批量化、作业逐日化、信息标准化。基础信息要方便与客户的信息系统集成和通信，又要有较强的安全保密措施。

(二)管理控制

管理控制系统则把主要精力集中在功能衡量报告上。功能衡量对于提高物流服务水平和资源利用等管理信息反馈来说是必要的。因此，管理控制以可估价的、策略的、中期的焦点问题为特征，他涉及评价过去的功能和鉴别各种可选择方案。

普通的功能衡量包括财务成本分析、顾客服务评价、作业衡量、质量指标等。功能衡量对第三方物流服务是非常重要的，一般客户都希望通过第三方物流服务，能对物流系统作综合性分析，提供更多的物流信息与客户共享，客户可以利用这些信息与自身的信息系统集成，为企业决策提供市场及物流信息。

第三方物流系统是否能够在物流系统运作中随时鉴别出异常情况也是很重要的。有超前活力的物流系统还应该有能力根据预测的需求与预期的入库数预测未来存货短缺情况。

某些管理控制的衡量方法，诸如成本有非常明确的定义，有些衡量方法，诸如顾客服务则缺乏明确的定义，需要采用一些分析方法建立评价指标。

(三)决策分析

决策分析系统把主要精力集中在决策应用上，以协助管理人员鉴别、评估和比较物流战略或策略上的可选方案。典型分析包括车辆日常工作计划、存货管理、设施选址以及作业比较和成本效益评价。对于决策分析，物流信息系统必须包括数据维护、建模和分析。与管理控制不同的是决策分析的主要精力集中在评估未来策略的可选方案，因此需要相对的零散模块和灵活性，以便于在较广的范围内选择。

(四)战略计划

制定战略计划系统把主要精力集中在信息支持上，期望开发和提炼物流战略，这也是决策分析的延伸。物流信息系统制定战略层次，必须把较低层次数据结合进范围很广的交易计划中，便于评估各种战略的概率和损益的决策模型。

二、系统特征

(一)可得性

第三方物流信息系统必须具有容易而又始终如一的可得性，所需信息包括订货和存货状况，当企业有可能获得物流活动的重要数据时，应该很容易从计算机系统中重新得到。

迅速地对于客户服务与改进管理决策是非常必要的，因为顾客需要频繁的存取货和订货信息。可得性的另一方面是信息系统存取所需信息的能力，无论是管理上的、顾客方面的，还是产品订货位置方面的信息。物流作业的分散化性质，要求能从国内甚至世界各地任何地方得到更新的数据，这样的信息可得性可以减少作业和制定计划上的不确定性。

(二)精确性

物流信息系统必须精确反映当前物流服务状况和定期活动，以衡量订货和存货水平。精确性可以解释为物流信息系统报告与实际状况相吻合的程度。平稳的物流作业要求实际的数据与物流信息系统报告相吻合的精确性最好在99%以上。当实际数据与物流信息系统报告存在误差时，就要通过缓冲存货或安全存货的方式来适应这种不确定性。

(三)及时性

第三方物流信息系统必须能够提供即时的、最快速的管理信息反馈，及时性是指一系列物流活动发生时与该活动在物流信息系统可见时的耽搁。例如，如果在某些情况下，系统要花费几个小时甚至几天才能将一个新的订货看做是一个新的需求，因为该订货不会始终直接由客户数据库进入第三方物流信息系统，这种耽搁会使计划的有效性降低，而使存货增加。

此外尽管一些生产企业存在着连续的产品流，但如果第三方物流信息系统却是按每小时、每工班甚至每天进行更新，则不能保证信息系统的及时性。

显然是实时更新或立即更新具有及时性。实时更新往往会增加记账工作量，因此编制条码、采用扫描技术和物流 EDI 有助于及时而有效的数据记录。全球卫星定位技术 GPS 也有助于物流信息系统的及时性。

(四)识别异常情况

物流作业要与大量的客户、产品、供应商和服务公司进行协作或竞争，要求物流信息系统应能有效识别异常情况。在物流系统中，需要定期检查存货情况、订货计划，这两种情况在许多物流信息系统中要求手工检查，尽管这类检查正愈来愈趋向自动化，但由于许多决策在结构是松散的，并且需要人的因素参与判断处理。但人工检查需花费大量时间。因此，要求第三方物流信息系统要结合决策规则去识别这些需要管理者注意并作出决策的异常情况，因此计划人员和经理人员把他们的精力集中在最需要注意的情况，集中在判断分析上(见表 7—5—1)。

表 7—5—1　某第三方物流信息系统给出的以异常情况为基础的存货管理报告

产品	时　间	水　平	行动	订　货	日　期
A	立即	没有现货	——	不公开采购订货	——
B	立即	没有现货	发货	实盘采购订货 100	过期
C	有限期内	没有现货	发货	计划制造订货 100	6 月 29 日～7 月 11 日到期
D	立即	使用安全存货	发货	实盘采购订货 200	过期
E	有限期内	——	释放	系统订货 200	6 月 8 号
F	超出限期	没有现货	发货	实盘采购订货 100	6 月 29 日～7 月 5 日到期
G	有限期内	存货过剩	取消	计划采购订货 150	10 月 1 日
H	有限期内	存货过剩	推迟	实盘采购订货 100	10 月 1 日～12 月 1 日

第三方物流系统应该具备智能识别异常情况功能，使得在物流管理中能够利用系统去识别需要管理部门引起注意的决策。

(五)灵活性

物流信息系统必须具有灵活反应能力，以满足系统用户和顾客的需求。第三方物流信息系统要有能力提供能迎合客户需要的数据，如票据汇总、实时查询、成本综合分析、市场销售汇总及分析等，一个灵活的第三方物流系统必须适应这一要求，以满足未来企业客户的各项信息需求。

(六)界面友好规范

信息系统提供的物流报告应该界面友好和规范，以适当的形式对物流信息进行表述，建立正确和规范的物流信息表达结构，方便客户查询和阅读，方便客户打印和存档。物流报告的表现形式要与传统报告相结合，便于企业报关及管理人员阅读和分析

总之，物流信息系统是第三方物流企业参与市场竞争的关键，是提高客户服务水平的基础。

第三节　第三方物流信息技术应用

现代第三方物流管理需要利用电子化的手段，尤其是利用互联网等高新技术来完成物流全过程的协调、控制和管理，实现从网络前端到最终端客户的所有中间过程服务。

数据交换(EDI)、管理信息系统(MIS)、射频技术(RF)、地理信息系统(GIS)和全球定位系统(GPS)等在大型第三方物流企业中已得到充分应用。至于弹性制造系统(FMS)、计算机集成制造系统(CIMS)、制造资源系统(MRPⅡ)、公司资源计划(ERP)以及供应链管理等物流理论和技术对于第三方物流企业也同等重要。

信息技术实现了数据的快速、准确传递，提高了仓库管理、装卸运输、采购、订货、配送发运、订单处理的自动化水平，使包装、保管、运输、流通、加工实现一体化，生产经营企业可以更方便地使用信息技术与第三方物流企业进行交流与协作，企业间的协调和合作有可能在短时间内迅速完成；同时，物流管理信息系统的迅速发展，使混杂在其他业务中的物流活动的成本能被精确地计算出来，还能有效管理生产经营企业物流渠道中的商流。

常用于支撑第三方物流的关键技术有：基于互联网的 Web 技术、信息快速交换的 EDI 技术、物流管理

信息系统技术、自动识别技术、信息定位技术等。

一、互联网技术

第三方物流平台由网络计算中心、电话行销中心、物流体系中心通过数据仓库交换订单信息、出货信息和其他信息。互联网技术在物流领域得到普遍应用,据有关调查数据表明100%的公司表示通过网络获取业务信息。

表7—5—2　互联网应用情况

Web应用层次	企业应用状况
网上信息发布和E-mail功能	80%
网上发布物流行业动态及物流运作实务信息	70%
网上实行会员制管理	35%
网上开单、查询、结账功能	25%
简单的公司介绍网页或者表明网站正在建设中	15%

表7—5—1被调查企业中,90%的公司有自己的网站,其中15%的公司仅有一个简单的公司介绍网页或者表明网站正在建设中;80%的公司实现了网上信息发布和E-mail功能,这些公司都突出了自身专业化物流网站的形象,70%的公司在网上发布物流行业动态、物流论文、先进物流技术及物流运作实务信息;35%的运输公司在网上实行会员制管理,允许注册用户进行信息查询,为用户提供交流及合作平台,允许用户在线下达储运指令,了解每一订单货物在储运过程中每一时刻所处位置及状况;25%的公司在网上提供开单、查询、结账功能。

二、EDI技术在第三方物流中的应用

电子数据交换EDI(Electronic Data Interchange)已成为B2B(企业对企业)电子商务的主流技术。通俗地讲EDI就是将符合一定标准的商业信息数据通过计算机和网络在不同企业的应用系统之间进行传递。

EDI的好处日益明显。运费和海关单据使用EDI,使承运人、货运代理和跨国的产品流大大受益。在零库存的作业中使用EDI,运作效率有了很大的提高。在零售供应链中,使用EDI,减少交易费用并降低存货,这在美国比在其他国家更加明显。目前,EDI对采购业务有着很重要的影响,它不仅是一种通讯用的业务交易工具,更是一种联合设计、计划、交换、预测数据等与其他组织协调的方式。

EDI的竞争优势不仅在于作为通讯工具的运用,而且在于它迫使组织内部和组织之间的关系发生改变。EDI的交互效用可以分成与供应商有关的、内部的和与客户有关的3个方面。在买方统治的市场上,EDI迫使它们整合成较少的客户。而在卖方统治的市场上;EDI可以为市场设计一些附加超值服务,例如,通过监控客户存货而自动地追加订货、收集即时市场信息为生产计划增加灵活性和反应能力等。

EDI对于组织供应链的意义表现在两个方面。一方面,在不必连续接触的情况下,EDI能加强组织间的协调。供应链问题的最根本的解决方法是将供应链变成一个管道。或者设计更新供应链所有层次的系统;或者将供应链中各个层次连接起来形成具有快速反应的系统,使其对当前的要求具有接受、处理和传递到供应链的下一层的能力。

另一方面,表现数据提供了自动化控制,EDI为信息到达所有作业层次提供了通道,并鼓励基层作出决策。网络可以用来支持生产、营销、技术或管理等在空间上的分散,然而同时作为"控制革新"建议组织内部的决策权力的位置仍不改变。

EDI最重要的方面可能是内部组织的变化。现代的灵活生产的趋势,推动信息密集型的生产。灵活生产导致两个不同的网络特征:

1.通过集中处理信息的功能整合;

2.保持协调的垂直分离。

EDI可以减少组织上的障碍,对计算机文件提出问题,并在没有人为干预的情况下更新计算机文件,为协商传送信息计划文件和管理协商提供平台。

EDI将结构化的数据从一个组织的计算机传输到另一个组织的计算机中,有两种应用的方法。

(1)一般应用:与一般业务相关的应用,如采购订单、发票、运货单、进口报关和类似单据;

(2)特殊应用:满足特定的需求,例如大多数客户中的个别需求。

EDI有3个基本要求:

(1)特定的计算机之间数据传送的通讯标准;

(2)某一特定业务表示数据的统一的交易信息标准;

(3)将内部使用的信息数据转换的翻译软件。

EDI是借助各行业的信息标准的开发而实现的。很多基础信息标准已经作为平台被用户企业应用。管理问题涉及增值网络的选择、数据安全、法律问题和数据流的政府限制。要有效地运用增值网络,我们必须深刻地理解为传送者提供的服务。它还要求贸易伙伴间关于信息传送的标准和方法问题达成协议。

大部分具有国际间数据传送的公司都把保密性看成是一种潜在的问题。关于EDI信息状况的法律问题主要是信息能否成为一个具有约束力的合同。而关于跨国界的数据流的政府限制,包括限制被传送信息的数量和类型的权力,这些法规很大程度上注重保密限制和经济问题,而这些经济问题围绕东道国电子通讯设备的利用而展开。

值得注意的是,Internet的经济性使EDI的许多业务转移到Internet上进行。

三、条码和销售时点信息管理系统(POS)在物流中应用

EDI和条码在供应链管理中起到互补的作用。条码可以较早地在定单周期中捕捉数据,为安排生产计划提供需求量信息。它还可以为单个客户提供在制造和运输中的货物状态的信息。

快速反应系统利用标准的EDI信息和条码,通过整个供应链交流需求状况、客户订单和订单情况。另外的应用是用二维的条码在小批量的情况下代替EDI数据,数据用传真方式传送或者作为跟货文件(单据)被传送。然而由于产品识别码的增加,条码要求跨国界的行业间普遍实施才能有效。

货物的条码化是建立整合供给链的最基本条件。它是实现仓储自动化的第一步,也是作为POS快速准确收集销售数据的手段。货物的条码化可以是专为公司内部系统使用的,也可以采用国际标准,与外部具有通用性。

以零售业为例:某公司主机的条码数据和商品价格定期(每天)更新,下载至店面微机上。店面微机具有两个功能:第一,它管理前台POS,包括通过扫描器收集数据的POS终端;第二,管理后台POS,包括分析销售数据,下电子订单,打印产品价格和条码标签。目前较先进的POS系统后台具有很强的功能,可以检验货物、进行存货控制、点数、账务与供应商管理。

四、电子地图与全球卫星定位技术

电子地理信息系统、全球卫星定位技术等信息定位技术普遍受到了第三方物流企业的关注,但应用的并不普遍,我国主要的第三方物流企业中普遍采用这些技术的企业还不足50%,一些基于GPS等技术而开发的物流信息终端系统销售情况也不好。

全球卫星定位与跟踪系统是一种远程访问方式,它采用卫星跟踪技术。这种通讯方式实际上采用了两颗人造地球卫星,一颗用于连接司机和周度员,另一颗用于跟踪运输工具。司机与调度员之间的双向通讯通过第一颗卫星进行。第二颗卫星用于定位,卡车调度员通过测量从跟踪卫星发射到装在卡车驾驶室里的通讯终端的信号长度,结合电子地理系统就能确定卡车的位置。

GPS功能与应用包括:

1. 实时跟踪功能:系统能实时跟踪每一车辆,了解车辆与货物状态。对运输车辆,尤其是那些运输价高、对时间敏感物品的车辆,这是至关重要的。系统对每一车辆进行实时监控,能确保车辆和货物的安全。

2. 定位功能:系统以电子地图的方式来表现定位的结果,车辆的位置和道路情况都能被直观地反映出来,用户使用起来很方便。

3. 双向通讯功能:无论何时、何地,车辆控制中心或者司机,都可以利用系统进行双向通讯,这有利于途中调度、装运时间的安排,也有利于获知其他紧急或非紧急的情况。

4. 提供预计到达时间:车辆控制中心可以根据每次的运输计划制定路程时刻表,对整个运输过程制定计划,估计到达某地和到达终点的时间,并将它们提供给货主和司机,让货主与司机清楚地了解整个运输过程。

与全球卫星定位技术配合使用的是物流手持终端产品,UPS(联合包裹公司)最引以为豪的全球独一无二的物流无线手持终端产品——包裹资料收集器,就是采用了与全球卫星定位技术相结合的产品,它帮助UPS实现实时查询每天1 300多万件包裹所在位置和所处流程。速递员拿着这个终端可能在收到包裹的第一时间氢包裹的信息传递到总部的数据库,而且还可以在收货人收到包裹的同时,把收货人在DLAD3上的数字签名传送给送货人。当然,这种基于蜂窝电话网络的无线的数据传达室输出是需要电信运营商支持的。

国内某公司开发的"物流通"是一件带有PDA功能的无线通讯产品,初期的物流通产品可以供使用者存储大量数据和数据的单向传输,后期的研发的产品可以进行数据的双向传输。据介绍"物流通"产品集成了个人电脑秘书辞典,寻呼机、信息中心等多种功能于一身的产品。在它的主界面具有以下几个大项:信息中心、服务中心、金融、商务助理、字典与系统设置等这几项。具体功能如下:

1."物流通"的核心功能是物流行业的相关行业信息资料。前期产品作为信息存储器,货源、专线、集散地等资料作为基础资料提供。可以进行基础信息的在线修改,保持信息的准确性和时效性。提供经过筛选、查证和拆分的货运信息,及时对应经过有效的筛选和确认,经过责任分包的货源信息,提供完整的客户信息。诸如:路况信息、道路天气预报、行业预报。后期产品可以通过网络进行双向交流,GPS定位系统,进行双向的配比查询。

2. 在电子商务功能方面它也是相当强大的,行程表、电话簿、计算器、科学换算、时钟定时、个人资料、万年历和行事纪要等功能也都是面面俱到的,基本与商务通这类设备的功能一样。此外它通过数据线可以在此与PC相连,互通数据,进行备份和数据交换。

3. 在无线信息服务方面,与内容服务提供商挂钩。其中新闻、教育、娱乐、生活、交通和气象等信息是每天定时无偿提供的。当然前期的物流通产品的数据传输是单向的,即只有接收功能,而没有发送功能,也是基于传统的寻呼网络。

五、电子订货系统(EOS)和增值网(VAN)

以零售商为例,当存货下降到需要重新订货水平时,电子订单会由门店的POS系统自动下达到第三方物流公司的主机。从所有门店来的定单,周期性地由第三方物流公司主机归集,然后由公司仓库或供应商发送出去。这种大批量的处理能力对零售商和供应商都有利:零售商具有了较大的购买能力,而供应商则可以大批量地销售。

VAN是信息技术的基础设施,它可以支持EOS和第三方物流公司的物流管理系统,使从供应商到物流中心,最后到门店的整个供给链的活动能以电子形式交换信息。对地理范围分布广阔的零售商与第三方物流公司而言,卫星数据的连接是必须的。

六、无线电射频技术(RF)

最近,人们越来越多地利用一些设备和系统进行远程访问和物流通讯。例如:无线电射频(RF),能使用户利用电磁波从终端向节点站传送信息,而该节点依次与主机相连。终端可以安放在一固定的位置,如安装在叉车上或放在工人手中。与远程终端进行通讯要通过节点站的发射和接收装置才能完成。重要的是,这项系统可以作为在线计算机帮助司机或其他操作者顺利完成物流工作。

无线电射频(RF)系统使用窄带或扩展系列传送。窄带传送信息是将信息沿着一条单一有限的无线电频率进行传送,而扩展系列传送是将信息跨过几个不同的频率进行传送。如果将一个无线电频道系统与一个识别存货项目的条码系统结合起来使用,数据就能随时传送,这就是我们所说的"实时"(Real Time)更新存货记录。这样就大大提高了按订单进行分拣和发运的准确性。在使用了RF的条码系统对存货进行跟踪调查后,存货的准确性可由95%提高到99%以上。

第六章　第三方物流的企业战略

第一节　企业如何拓展第三方物流

许多传统物流企业都想进入第三方物流(3PL)市场。但实际上它们自己本来就置身于第三方物流市场之中,它们本业就是为企业提供第三方物流服务的。第三方物流运作是企业与企业之间的互动协作关系,从初级到高级形态也是分层次的。所以,传统物流企业在开拓第三方物流服务市场的时候可以有多种选择。

一、掌握客户服务需求

当传统物流企业想要知道在什么时候、从什么地方、以什么方式进入或拓展第三方物流市场的时候,它应当问谁呢?答案是惟一的:问客户。物流是为企业服务的。当企业产生了外购物流服务的需求时,第三方物流服务的市场就产生了。

(一)企业目标与物流服务需求

企业的经营目标有三:一是成长性,这主要指企业销售额的增长;二是赢利能力,这主要表现在降低成本或提高价格;三是股东回报,即股东价值的最大化。显然,股东回报是企业成长性和赢利能力和结果。企业组织的最直接的责任就是要使企业在获得高成长性的同时,尽可能提高企业的赢利能力。要提高企业的成长性,就要求不断开拓新市场,其前提就是企业的产品和相关的服务要具有市场竞争力。在当今激烈的市场竞争环境下,企业的市场竞争力不仅来自其以新客户或新产品的开发能力,更多的来自于企业对客户的增值服务。所以企业物流运作的效率就与企业市场竞争力的大小相关。如企业存货是否能够控制在较低的水平上,客户的订货周期是否能够进一步缩短,采购和物料回运的组织是否有效,分销和配送的运作是否快捷,对客户需求的变化是否能够迅速作出反应等等。

越来越多的企业已经认识到是否能够在保持或提高客户服务水平的同时降低其物流运作的部成本对其核心竞争力的强化事关重要。如美国巴克斯特医疗器械公司曾经不仅拥有 90 多台车的自备车队,而且还要雇用 100 多家公路承运人来执行物料回运任务。经分析发现,不仅自备车队运行效率不高,而且企业没有充分利用大货主的地位与承运人谈判,更要花费大量的时间和精力来管理承运人关系。于是将自备车队和占物料回运总量 25%并可以闭环运行的线路外包给 Schneider 物流公司,将其余 75%的物料回运任务外包给少数几个承运人。结果,在闭环线路上的满载量程达 94%。在不到 1 年的时间里,公司的物料回运成本降低了 25%。在我国发育比较成熟的家电产业市场上,像海尔、TCL 和东芝等企业已经在地区性的市场上实施仓库的合并和库存的集中。

显然,对那些产品技术和市场发育都比较成熟,产品的销售利润率比较低的企业来说,降低企业的物流运作的总成本必然对企业的市场竞争力以至赢利能力形成有效的支持。这也就是现代企业越来越重视其物流动作的重要原因。

(二)企业外购物流服务的可能性

企业的物流运作主要包括产品的运动、信息的运动、对这些运动的速度和成本的控制以及企业内部功能的整合和企业外部协作体系的一体化。当企业自己所拥有的物流资源不足以对企业组织的目标形成有效支持的时候,企业就会到市场上去寻求外部资源的支持,即所谓外包物流运作或外购物流服务。企业是否将它内部的物流运作外包出去,完全取决于企业对自营物流还是外购物流服务的技术经济权衡。国际仓储物流联合会(IWIA)(一个由 560 家第三方仓储企业组成的贸易集团)1999 年的报告说:联合会所属仓储企业 1999 年合同仓储业利润的年增长率在 18%~20%左右。从 1995 年以来第三方仓储物流的存货周转率从 2.7 次提高到 11 次。显然,第三方物流市场的形成和发育只能是企业行为的结果,而不是企业行为的前提。

一般来说,那些物流活动并非其核心业务或企业自身物流管理能力比较低的企业往往倾向于外购物流。对于那些物流是企业市场竞争的关键因素而企业自身物流管理能力又不足的企业来说,最好的办法就是外购物流服务。如 Dell 公司。但企业有时并不一定确切的知道物流运作的潜力在什么地方,因此对物流运作现状的分析判断也需要第三方的帮助如请咨询公司。物流企业要以够迅速地锁定目标并发现潜在客户物流运作的潜力所在。这需要知识。

(三)物流企业的服务内涵

事实上,物流企业仅仅了解客户的当前需求是远远不够的。要为客户提供高水平的物流服务,还必须了解客户的运行状态、了解客户外包物流的需求动机、了解客户的行业特点,还要了解物流企业自己能够向客户提供什么样的服务、了解合作双方当前的物流服务供需的差距、了解要为客户提供满意的服务需要建立怎样的企业间互动协作关系、了解合作双方是否能够取得双赢的结果，还要拥有适当的分析评价工具等等。

第三方物流运作不是一锤子买卖。从建立长期合作的物流战略联盟的角度来看，物流企业要开拓第三方物流市场，必须在努力满足客户当前需求的同时，去发现客户的潜在需求，去开发客户的未来需求。物流企业的市场机会就在于对客户目标需求和客户经营运作的深刻理解之中，在于人合作的一开始就致力于建立长期的互动协作关系．这也是降低企业对外购物流服务风险预期的重要基础。

从操作的层面来看，最重要的还是要看物流企业是否能够不断的开发老客户的新需求，即不断的修正物流解决方案，为客户提供"量身定制"的服务。为此，第三方物流企业必须拥有一定深度的专业知识，必须与客户一起共同学习，必须是某个行业或某种产品的物流服务专家。如 UPS 是快递物流专家 Ryder 是货运物流专家，Fritz 是货代物流专家，Burnham 是电子产品和办公设备物流专家，USCO 是仓储物流特别是制药业物流专家，Wallenius Wilhelmsen 是滚装货物和汽车物流专家，Con-Way 是专为中小型企业提供供应链整合服务的专家等。与工业化相适应的第三方物流市场也是一个分工协作的体系。向市场提供专业化服务是物流企业生存发展的必然选择。

顺便指出，实际上在各行各业都存在服务支援的问题，而并不仅仅局限于企业界，如医院、学校，包括政府部门、军队等都存在后勤服务支援的问题。国家经济体制改革，产业结构调整，提高企业的市场竞争力，降低行政经费开支，发展第三产业的一项重要内容就是所谓使企事业单位后勤化的问题。所以，作为物流服务业运作主体的仓储、运输等企业在开拓市场的时候，不要被"物"束缚，还是要把思路放开一些，把眼光放远一些。要主动的去开发物流需求。

二、看清物流市场走势

(一)有关第三方物流的数字

2000 年对财富 500 家企业的调查表明，从 1997 年到 2000 年，企业对第三方仓储物流的需求从 40%增长到 56%。另一项调查表明，在被调查的对象中，有 51%的企业使用以仓储和分销为主业的第三方物流服务，而在 1999 年的时候只有 36%；有 24%的企业使用以运输为基础的第三方物流服务，而在 1999 年的时候却有 40%。

第三方物流运作的市场趋势表明，第三方仓储物流正处于成长期。因此有评论说："以仓储为基础的第三方物流现在非常火"。

(二)第三方仓储物流迅速发展的原因

一方面仓库是物流系统控制存的重要功能节点，存货占用资金的水平对企业的市场竞争力影响很大。如 Case 公司是一家著名的农用和建筑设备制造商，年营业额达 50 亿美元。在 1993 年请咨询公司诊断后发现公司系统成品和备件的库存就达 20 亿美元，占当年营业额的 40%，严重的影响了它的市场竞争力。一般来说，企业存货的价值要占企业资产总额的 25%左右，占企业流动资产的 50%以上。所以当美国在 1999 年物流成本占 GDP 的比重首次降到 10%以下，为 9.9%时，首先就归功于存货维持成本的下降，这当然是总体存货水平下降的必然结果。国际著名的埃森哲(Accenture)咨询公司干脆就把物流定义为：对静止或运动中的存货的管理。

另一方面是生产制造企业的市场营销选择。面对市场需求的快速变化和激烈的市场竞争，企业在力求提高存货周转率的同时，尽可能地把产品的形成时间推迟，即让最终产品尽可能地贴近客户。所以仓储企业发现收货业务越来越多的是单件货而不是托盘货，发货作业处理的是越来越多的小额货而不是整车货。生产制造企业与仓储企业的边界也变得模糊起来，越来越多的成品或客户定制化的东西是在仓库完成的，因为仓库的劳动力成本比较低，而且比工厂富有弹性。

所以有专家认为，仓库正在承担许多费时的和费工的最终装配工作，仓储企业正在变成一个劳动密集型的企业。这与我国现阶段产业结构以劳动密集型为主的现状是非常吻合的。

我国现有仓库面积约 3 亿 m^2。国务院发展研究中心的一项研究表明，我国仓库的能力利用率仅为 60%。由中国仓储协会主持的《2001 年中国物流市场调查报告》则指出目前的物流设施普遍存在"总量不足与利用率低下并存"的现象。除了技术装备落后的库房老化之外,"不能满足客户特定需求"是仓库结构性过剩的主要原因。发达国家第三方物流市场发展的走势预示了我国相对过剩的仓储业在向第三方物流运作的高层次转型的时候,存在着巨大的市场运作空间,但现有的仓库必须进行有市场针对性的技术改造和结构调整。

三、确定市场运作坐标

(一)第三方物流运作的分类

一般来说,可以把第三方物流运作分为3类:

1. 提供基本的仓储和运输和运输服务的。如公共仓库和普通货运公司。以资产密集和标准化服务为基本特征。

2. 提供仓储和货运管理等增值服务的。对仓储物流来说,可为客户提供集货配送、分拣包装、配套装配、条码生成、挂标刷标等。对货运物流而言,可为客户选择承运人、协议价格、安排货运计划、优选货运路线和货运系统监测等。

3. 提供一体化物流和供应链管理服务的。可为客户提供市场需求预测、自动订单处理。客户关系管理、存货控制和返回物流支持等。以高技术和高素质为基本特征。

当然也还有其他的分类方法。如斯坦福大学的全球供应链管理论坛根据第三方物流服务的性质把第三方物流运作分为:向客户提供专项物流服务的,向客户提供物流解决方案的和为客户提供供应链创新服务的。还有学者如 Ronald H.Ballou 先生根据企业之间的互动关系将第三方物流运作分为随机交易物流,长期合同物流和战略联盟物流。

由此可见,第三方物流运作从初级到高级是分阶段发展的,但并没有统一的分类标准和固定的运作模式。上述第三方物流运作的不同分类只是为我们的市场定位提供了不同的参考坐标系,但就我国目前的第三方物流运作来看,做出基本上属于第一类的判断应当是没有什么疑问的。对于准备从传统物流企业向第三方物流运作的更高级形态转型的仓储和运输等企业来说,弄清自己目前所处的市场地位和能够为客户提供的物流服务水平是非常重要的。

(二)第三方仓储物流的3种类型

以第三方仓储物流为例,基本上可以根据仓库的功能把现有的仓库四化建设分为3种类型:

1. 作为存货中心。仓库的作业主要发生在站台上,即入库或出库作业。货物一旦入库,就静止在区位上直到出库。存货是占据仓库。企业的投资主要是建库房。

2. 作为分销中心。这时,仓库已经变成一个存货不断运动的动态的空间。从收货(站台)到储存(存货区)到分拣(理货区)到出货发运(站台)。这时,客户需要的不是仓库的存货面积,而是需要各种各样的设备来保证存货的快速流动。存货是要通过仓库。所以的仓库说,存放货物不收钱,挣的就是装卸费。仓库变成了分销中心。企业的投资主要是增加有关的装卸搬运设备。

3. 作为增值服务中心。这时客户已经不满足于确定的时间收到确定的货物。他们要求分销中心承担部分工作:如配套和装配、包装和插入说明书、为货物持标签、贴价签和在外包装刷标,以及提供更详细的订货信息等。

就发达国家的第三方仓储物流企业的运作来看,作为增值服务中心的仓库有两个基本物征:一是仓库往往被划分为3个作业区:收发货区,分拣区和装配区。二是仓库的运作往往由两个信息系统来支撑:仓库管理软件系统(WMS)和商务管理软件系统(BMS)。仓库管理软件系统由两项关键技术支撑,即无线终端数据技术(RF)和客户标签生成技术(CLP)。商务管理软件系统则主要负责客户订单的导入,有关物料的采购和跟踪监测所有的财务事项。当然,仓库管理系统应当与商务管理系统接口,与客户订货信息和产品的可得性信息接口。

有统计资料表明,2000年全球仓库管理系统(WMS)软件的销售额为8.4亿美元,预计到2005年将达到16亿美元,年均增长率达14.6%。事实上,有没有仓库管理系统(WMS)软件的支持已经成为第三方仓储物流运作的重要条件。

与上述坐标相对照,我们不难发现我国许多的仓储物流运作还停留在存货中心的层面上,许多仓库仅仅是出租库房而已。有一部分仓库与企业建立起长期合同物流关系已经或正在进入分销中心的层面,只有极少部分跨国公司业务相关的仓库开始的增值服务中心的层面上运行。但整个仓储物流正处于调整之中．随着生产制造企业的和批发零售的不断成熟，在它们重整营销渠道和物流运作的时候，已经有越来越多的仓储物流企业参加到行业性的战略调整之中。

四、从简单服务开始

必须指出，就我国现阶段的物流服务企业来说，一开始就定位在高级形态的第三方物流运作可能并不现实，正确的做法还是应当从简单物流服务开始。因为大量初级形态的第三方物流运作如简单的合同物流服务还是普遍存在的。有学者甚至认为，即使物流产业发达的美国企业界，外包物流服务属于高级形态的连10％都不到，在欧洲也只有25％多一些。这一方面是因为初级形态的第三方物流运作不仅操作比较简单而且协作及管理成本也比较低。另一方面是因为高级形态的第三方物流运作是合作双方长期互动协作才形成的，甚至于在确立第三方物流运作关系之前还要安排必要的磨合期。如Schneider公司经过18个月的试运行才获得LOF玻璃制造公司整车发运的第三方物流服务合同。再者，企业的物流运作优化也是根据市场的变化分阶段实施的。事实上，许多第三方物流企业的运作就是从小合同开始。小合同常常带来大合作。

第二节 企业供应链管理和第三方物流外包服务

1997年，美国公司花在整个供应链上货物移动的成本估计为8 620亿美元，其中包括供应商和客户之间的运输成本、存货管理成本和物流管理成本。全球范围内，供应链物流的总成本大约在34 000亿美元左右。从公司的角度看，供应链物流成本占整个产品总成本的5％～50％。

一、供应链管理

为了更好地理解第三方物流所提供的价值，应该首先了解供应链的概念。关于供应链的概念，业界有不同的定义。一般来说供应链包括一些如生产计划、原料采购、运输管理、仓库管理和需求管理等过程。这些功能紧密地集成在一起，使得公司能够高效、及时和赢利地把产品和服务送到最终消费者手中。除了公司内部的功能以外，供应链也涵盖公司外部的一些活动，包括与原料供应商、制造中心、经销商和运输商的合作。

在国内，由于销售环节的复杂性和信用制度的不健全，供应链中像二级批发商这样的环节也要给予重视。同时，由于电子商务的发展，从事公司对公司电子商务业务和专营对消费者销售的网站也应该在供应链上有一席之地。此外，供应链不仅包括供应链成员之间的物流，而且还包括信息流和资金流。

高效的供应链设计、供应链成员之间的信息分享、库存的可见性和生产的良好协调会使库存水平降低、运输作业更为有效，并改善订单实现率及其他一些关键的业务功能都需要优秀的第三方物流服务作为基础。当供应链的各个环节只是单独完善自己，而不是把它的目标和活动与其他部门整合在一起的时候，整个链条就会出现不尽如人意的表现。正如美国一位著名的管理学教授所言：供应链管理是“一种基于协作的策略，它把跨企业的业务运作联合在一起，以期实现市场机会的一个共同远景”。可见，供应链各个环节之间必须进行协作才能够实现供应链的最大优化。

把分销渠道和生产运作发展到供应链功能千差万别的国外，增加了供应链管理的复杂性和难度。例如国际运输、不同国家的进出口规则、分销方式的差异等等对供应链的管理来说，都意味着巨大的挑战。对于跨国公司来讲，有效的国际供应链设计和表现可能会成为重要的区别因素和竞争力来源。对那些想进入中国和已经进入中国的跨国公司来说，中国物流行业服务的硬件和软件是一种前所未有的挑战，而对中国的第三方物流公司来讲又意味着巨大的机遇。

二、第三方物流与供应链管理

第三方物流服务商为客户提供整个的或部分供应链物流服务，以获取一定的利润。第三方物流公司提供的服务范围很广，它可以简单到只是帮助客户安排一批货物的运输，也可以复杂到设计、实施和运作一个公司的整个分销和物流系统。第三方物流有时也被称为“物流外包”、“第三方供应链管理”和其他的一些称谓。第三方物流公司和典型的运输或其他供应链服务公司的关键区别在于：第三方物流公司的最大附加值是基于信息和知识，而不是靠提供低价的一般性服务。

第三方物流行业包括集成物流、国内物流和国际物流。集成物流公司和客户结成伙伴关系，帮助客户管理供应链功能的很大一部分。目前国内还没有出现一家比较成熟的集成物流公司。国际物流主要是指那些处理进出口物流的公司，比如"中外运"和"中远集团"。目前来看，整个行业的割据还很严重，大多数物流公司只是局限在供应链功能的一小部分，国内绝大多数还是传统意义上的运输公司、仓储公司或者批发商等等，只不过在名字里加上了"物流"两个字。然而我们相信，随着行业的进一步发展，第三方物流公司的这些差异会逐渐消失。

第三方物流公司的另外一个划分是根据公司的固定资产的多寡。基于资产的第三方物流公司运用自有资产(例如卡车、仓库等)来满足客户的物流需求，中远集团和传统的商储公司是典型的代表。非资产型第三方物流公司并不实际拥有物流资产，而是把它们外包出去。我国典型的非资产型第三方物流公司的代表是宝供物流集团。

第三方物流参与一个公司的供应链的程度，取决于他们发挥的作用表现在怎样的层次上。例如，在实施供应链最基本功能的层次上，一个第三方物流公司可以通过确定和安排一批货物的最佳运输方式来增加价值；在最复杂的层次上，第三方物流公司可以与整个制造企业的供应链完全集成在一起。在这种情况下，第三方物流公司为制造企业设计、协调和实施供应链策略，通过提供增值信息服务来帮助客户更好地管理其核心能力，并能通过利用第三方物流来降低物流费用。

通过专业化的发展，第三方物流公司已经开发了信息网络并且积累了针对不同物流市场的专业知识，包括运输、仓储和其他增值服务。许多关键信息，比如，可得卡车运量、国际清关文件、空运报价和其他信息通常是由第三方物流公司收集和处理。对于第三方物流公司来说，获得这些信息更为经济，因为他们的投资可以分摊到很多的客户头上。对于非物流专业公司来讲，获得这些专长的费用就会非常昂贵和不合算。

第三节　运输业与第三方物流

运输业发展物流应侧重第三方物流，毫无疑问，运输业对货运代理是再熟悉不过了，其实货代可以称之为第三方运输，是承运人与货主之间的第三方，而第三方物流则是生产者和消费者之间的第三方，所以基本是一种中间人的概念，只不过货代开展的是货物运输组织与管理业务，而第三方物流开展的是物流系统或供应链和组织与管理活动。

第三方物流是为生产或供应商提供专业的物流活动，而运输是其主要业务之一。所以运输企业不能抛开生产或加工企业而谈物流，发展物流设施也不是发展物流的表现，决不能认为发展一个车队、建设一些场站或仓库就是在发展物流。当然从广义或从名义上看，任何与物流业相关的企业，包括航运公司、铁路公司、汽车公司、航空公司、港口、场站、仓库等，都可以称为物流企业。但确切地讲，真正的第三方物流公司是直接面向生产或加工企业，并为其提供第三方物流服务。

对运输企业而言，能否成为第三方物流企业只是发展中可供选择的战略之一。大多数的运输公司仍然以运输为主业。甚至在专业化发展的形势下，很多大型国际运输公司放弃了陆上产业，将重点放在海上运输，但这不影响他们仍然把自己称为物流增值服务的提供者。运输业重视第三方物流服务对运输企业自身很有益处。

首先，运输企业应充分认识到第三方物流的内涵，运输服务应满足企业物流系统管理的需求，从货主，甚至货主的顾客角度出发去努力提高服务水平。其次，运输企业应建立与货主的战略伙伴关系，包括与第三方物流企业建立战略伙伴关系。第三，大力发展多式联运，为货主提供安全、快速、准时、经济、可靠和灵活的运输服务。第四，提高零担货物的运输组织。另外十分重要的是要建立完善的信息系统来满足物流发展的需求。特别是加强与客户建立直接的信息网络，迎接网络经济发展的挑战。

当然，发展第三方物流并不是运输企业的必须选择。第三方物流是正在兴起的一个领域，运输企业有条件，也有理由做出发展第三方物流的战略选择，这应是运输企业的一种纵向整合战略。我国物流成本很高，需要花一定的时间去做大量的工作来提高经济运行的整体效率。我国大部分生产和加工企业是自己进行物流管理，甚至很多大型企业有自己的运输部门。

发展第三方物流服务业务，可以不需要拥有多少设施和装备，就像多式联运经营人一样，更多的是进行策划、组织和管理。发展物流企业最重要的是需要一批专长于生产企业管理，特别是物流管理方面的专家，选择具有一定规模的生产或加工企业（客户），针对现有物流管理提出各种可选择性方案，并说服客户由你来进行全部或部分的物流管理工作。如果获得了足够的业务，你可以考虑建设一个专用（为一个客户）或公共的物流中心来支持你的业务。当然一个好的专业物流公司应有便利于客户的广泛网络，在这一点上，信息网络比物理网络更加重要。

第四节　流通业与第三方物流

发展现代物流也是我国部分传统物资流通企业改革和发展的方向。但现代物流涵盖广泛，既涉及传统意义上的仓储、运输业，也包括了现代科学技术在流通中的应用及企业信息化等；既包括为本企业生产经营服务的企业内部物流，也包括规范的第三方物流。传统物资企业以配送为重点，大力发展第三方物流。

以物资流通企业目前的物流设施而言，比较可行的是为供需双方提供某个单项或多项的物流服务。有条件的企业可以向第三方物流服务方向发展。如浙江物产集团，下属金属、机电、燃料等专业公司拥有自身的物流设施外，还有集装箱运输、国际货运代理等专业化的物流企业和煤炭、商品混凝土、民用爆破器材等配送中心。该集团发展现代物流的基本思路是：两个层面，稳步推进。第一层面，鼓励成员企业在坚持现有贸易经营的基础上，着眼与企业内部流程再造，服务链向上下两头延伸，发展"企业物流"。具体地说，就是要以发展配送中心为突破口，对集团内现有的物流资源进行有计划、有步骤的整合，逐步形成金属材料、机电产品、煤炭及油品、建筑、核工业及商品混凝土、民用爆破器材与化学危险品等几个专业化、地区性的物资加工配送中心。经过几年努力，最终形成一个以全省范围为基本覆盖面的现代物流体系，为浙江广大中小企业服务。集团内部有条件的成员企业，还要积极探索为重点企业做好供应链管理服务。第二层面，对已有的中集浙江省集装箱公司这个物流企业，通过引进外资改造整合现有的物流资源，采用现代信息技术，积极探索以集装箱运输和进出口货代的主要特征的第三方物流。

许多物资流通企业从 20 世纪 80 年代就开始试行配送业务，为生产建设企业配送钢材、水泥等重要物资，以后又逐步发展了煤炭等产品配送中心、商品混凝土配送中心等，在发展生产资料的加工配送方面积累了初步经验，也有了稳定的用户。随着经济建设的发展，生产资料物流配送中心还有很大的市场发展潜力，是一些物资流通企业发展第三方物流的突破口。

现代连锁业与电子商务等，都需要专业的配送中心为它们提供优质的服务。而传统物资流通企业大多具有多功能的物流服务能力，其配送中心具有多功能的物流服务，它可在在经济合理区域范围内，根据用户要求，对物品进行储存、加工、包装、分割、组配等作业并按时送达指定地点，是发展现代第三方物流的基础。

从目前来说，大多数物资流通企业离第三方物流还有较大的距离。主要表现在：

1. 企业信息化水平还太低

第三方物流服务信息最大、信息复杂、多变，必须有现代的信息技术管理系统作支持和保证，如电子数据交换系统（EDI）、物流信息系统等。只有掌握和运用这些现代信息技术，才能使配送中心提高效率，降低物流成本，成为真正意义上的现代物流。与这些高技术、高要求相比，显然目前大多数物资流通企业在信息化现代化方面还有较长的路要走。

2. 机械化、自动化程度低

第三方物流服务对货物的验收入库、库内保管、流通加工、备货、配送安排、送货等等都要求是自动化、合理化、高效率的。现在许多物资流通企业的仓储配送中心，虽然具有一定的机械化水平，但设施陈旧，自动化水平不高，大量的还是依靠手工操作，总体上说还是落后的、效率低下的。

3. 管理水平落后

我国传统的流通产业功能单一、规模较小、缺乏现代物流意识，特别是管理手段和管理理念落后，提高管理水平是当务之急。

针对这些差距，物资流通企业要逐步发展现代化的配送中心，迈向第三方物流，必须采取有力的措施，加快对传统物资流通企业的改造提升，尤其是更加重视和加强高新技术在流通领域的应用，努力提高企业信息化水平和物流活动的技术含量，不断提升传统物资流通企业的市场竞争力，提升物流服务的附加值。

第五节　航运快递业与第三方物流

一、传统航空快速业与现代第三方物流业的区别

我国的航空快递企业长期以来只承担着“运输”这项单一的职能，而“运输”又是物流企业的基本职能之一。同时，在传统航空快递业与现代第三方物流业之间存在着一些不同，集中体现在以下方面：

1. 企业与客户关系不同

传统运输企业通常为客户提供一次性的运输或配送服务，而第三方物流企业则是提供一种长期的具有契约性质的综合物流服务，更加注重客户物流体系的整体运作效率及效益。

2. 扮演的角色不同

第三方物流企业与客户之间是战略同盟的关系，所以它既是客户的战略投资人，又是风险承担者。而传统的运输企业只注重短期的或者说是一次性的经营效益。

3. 利润基础不同

传统运输企业看重的是一次性经营效益，第三方物流企业的利润基础是它与客户的利益一体化。在这个利益共同体中，第三方物流企业与客户共同努力降低成本，最终达到“双赢”的目的。

二、我国航空快递企业开展第三方物流的必要性

目前，我国航空快递企业开展第三方物流业务，受到多种因素影响。除了经济、政治等外，随着环境的不断变化，迫切需要我们的航空快递企业在本质上有一个飞跃。

1. 我国航空快递企业开展第三方物流业务是新经济时代的客观要求

国际贸易与电子网络都得到了空前的发展，使得全球进入了一个飞速发展的新经济时代。我国的航空快递业要想发展壮大，只有适应新经济时代的要求，使企业有能力参与现代经济的全球化竞争，并有可能在竞争中取胜。

2. 信息革命的深入要求我国的航空快递企业必须发展第三方物流

信息技术的应用在航空快递业中起着至关重要的作用，无论是客户与快递公司之间，还是快递公司与航空公司之间，都不可缺少地存在着信息的传递。为突出快递服务的特色，航空快递企业对信息技术的要求也就更加苛刻。

3. 我国航空快递企业开展第三方物流业务是为我国加入 WTO 所做的必要准备

通过改变企业的管理机制及运作模式，采取合同或契约的方式与仓储、包装等企业结成盟友，扩大企业规模，为客户提供更全面、周到的现代运输服务，最终有利于扩大企业影响，提高企业的综合竞争能力，迎接入世后的国际间竞争。

4. 航空快递企业开展第三方物流业务是行业改革的必经之路

航空快递企业的未来需要独立拥有动力，并逐渐发展自己的航线运输网，我国的航空快递企业可以借鉴第三方物流的先进管理思想，引入科学的管理办法，进而通过多种途径，如租赁、集资、募股等方式，建立自己的机队，还可以借助联盟来扩大自己的航线运输网，满足贸易增长的需要。

三、我国航空快递企业的第三方物流运作模式

1. 以综合物流代理为主的第三方物流运作模式

我国的航空快递企业要在货物运输过程中，以第三方的身份，为客户提供全方位、综合性的物流服务，所提供的服务可能是企业自身无法完成的，需要将部分服务项目委托代理给其他专业性较强的公司来协助完成。在整个运作过程中，航空快递企业完全可以不进行固定资产再投资，只需运用自己成熟的第三方物流管理经验，就能为客户提供高质量的服务。

采用这种模式的快递企业应该具有很强的实力，陆空俱全，同时拥有发达的网络体系，这样的企业在向物流转型时能做到综合物流代理，从而为客户提供全方位的服务。

2. 以提高物流环节的服务附加值为目标的基础物流服务

我国各个专业性的快递公司由于运输方式的单一,空运代理、网络的整合能力又欠缺,如果不考虑实际情况,在现阶段去做综合物流代理,实力达不到,容易导致服务不到位,最终使客户不满意。面对现实,应该从区域客户的需求出发,根据公司的实际情况,从提高物流环节的服务附加值入手,实现物流环节的系统化和标准化,为客户提供物流服务。虽然物流环节的 7 个主要步骤快递企业都做过,但从现代物流的角度出发,先前的概念已发生了很大改变,因此一定要重视系统观念,使物流的整体综合效益达到最佳。在现代物流的内涵中,物流各个环节有着不同的含义。

(1)运输。在新形势下,客户的需求是全方位的,有些货物的性质决定要求以快递方式运输,但也有的并不急需运达,而是希望能以最经济的方式运输,他们此时就会考虑改用铁运、水运或汽运,同时客户不希望花太多时间、精神去跟多家运输代理合作,最好面对一家代理,以减轻他们的额外工作,可以更专心经营主业。航空快递企业可以拓宽业务范围,发展第三方物流,即通过多种手段,将各种运输方式结合起来,形成综合立体的物流运输网络,采取委托、外包、特许代理经营等形式,与从事铁运、水运、汽运的公司携手,双方签订长期的合作协议,做好物流工作。共同提高整个物流系统的水平。

(2)仓储。在新经济环境下,现代企业为了降低成本,提高竞争力,提出了"零库存"的做法,对于快递企业来说,必须能把企业生产出来的产品及时运出,同时建立起具备调节供需、调节货物运输能力、配送和流通加工功能的现代仓库。这种仓库在物流系统中起着货物供应的组织协调作用,被称为物流中心。物流中心不仅具备储存保管货物的设施,更重要的是它增加了现代化的分拣、配送、捆包、流通加工、信息处理等服务。航空快递企业对其物流中心的库存货物应该进行科学的管理和控制,以保证物资流通能够畅通无阻。

(3)包装。现代物流要求客户把货物的包装交给第三方物流公司。作为航空快递企业,要开展第三方物流业务,决不可忽视对货物进行的包装。在物流的入库、出库环节中,为了便于运输,要进行一定的包装,从而为客户提供更为周到的服务。

(4)装卸。装卸过程也是产品最易损坏的过程,装卸作业的合理化在相当程度上影响着物流系统的整体合理化。使用集装单元化,有利于发挥机械效能,提高作业效率,便于搬运,有较好的灵活性;同时,也有利于实现作业的标准化,避免货物损伤。

(5)流通加工。流通加工可以看作是生产加工在物流领域中的延伸,也可看成是物流领域为了更好地服务。对于航空快递企业来讲,流通加工的内容一般包括装袋、拴牌子、贴标签、配货、拣选、分类、混装等。整个流通加工的过程,可采用流水线的方式,逐步地、有条理地进行,从而可以协调各项工作,方便快捷地为客户提供更为满意的服务。

(6)配送。将物流中心的库存产品,以及不占用库存的快件,依照客户的要求,在规定的时间内安全送达指定地点,它是物流的最后一个环节,这一环节的改善,直接影响到物流的整体效果。配送网络中心要注意各节点之间的相互配合,协调工作,运用系统观念,将各配送网点统一管理起来,使其相互之间能够协作,使整体效能达到最优。

3. 以个性化物流服务为目标的物流运作模式

客户对物流的需求是具有多样性的,特别是中小型客户,自身的商务功能有限,需求更具特殊性,这是一个巨大的潜在客户群。为这些客户提供包括运输、仓储、商务附加服务在内具有针对性的灵活物流服务,将是快递企业在现阶段需要及时解决的问题。

综上所述,现阶段我国航空快递企业要开展的第三方物流服务,并不是只有一个固定的模式,上述的物流模式仅代表了 3 种方式,我国的快递企业完全可以根据自身的特点,进行优化组合,最大限度地发挥自身的资源优势,设计出自己的第三方物流服务产品。

第六节　港口企业与第三方物流

港口是物流供应链中的重要环节,是运输的枢纽。传统意义上的港口定位,在现代经济条件下,已极大地束缚了港口的生存和发展。而第三方物流的出现和发展,给了港口发展相当大的空间。港口一般都拥有良好基础设施(码头、仓库、堆场、后续用地等)、与外部的集疏通道,以及从事货物装卸、堆存、保管和多式联运的经验;同时港口还拥有许多运输企业、代理公司、加工企业、流通企业密切的业务关系。在此基础上构筑物流中心节点,将更有利于国有资源利用,具有投资省、起步快、易上规模的优点。因此现代经济发展变化下的港口定位在物流中心节点上,跨越水路、铁路、公路,以至航空等运输手段的界限,融中转性、仓储性、生产性、流通性和信息性为一体,构筑物流综合服务平台,拓展"增值服务"空间。如库存产品的归类、包装、贴标签、翻新、产品组配、分销配送、远单制作、代办通关、结算手续、后勤服务和保障等。

一、港口与客户可结为战略同盟

现代意义上的第三方物流在物流领域扮演的是客户的战略同盟者的角色。在服务内容上,它为客户提供的是一种具有长期契约性质的综合物流服务,最终职能是保证客户物流体系的高效运作和不断优化的供应链管理。港口在不断拓展综合服务功能的同时,凭借信息中心的优势,与传统的运输业相比,其服务范围不仅仅限于装卸、运输、仓储业务,更能发挥客户物流体系的整体运作效率与效益优势,使供应链的管理不断优化,其服务内容还可深深地触及到客户企业销售计划、库存计划、订货计划、生产计划等整个生产经营过程,远远超越了与客户一般意义上的买卖关系,而紧密地结合成一体,形成一种战略同盟。这既是自身稳定货源的需要,也是作为第三方物流的服务宗旨。如一些与大宗货主有长期协作关系的港口,应积极提高企业的采购、销售和配送能力,争取能直接参与大宗货主的原材料采购或产成品销售工作。

从长远看,港口第三方物流的服务领域还将进一步扩展,甚至成为客户销售体系的一部分,它的生存与发展必将与客户企业的命运紧密地联系在一起。在西方的物流理论中非常强调"相互依赖"关系,也就是说一个企业的迅速发展光靠自身的资源力量是远远不够的,必须寻找战略同盟,通过同盟的力量获得竞争的优势。在传统通道中,即使是大型企业,仅通过自身整合,完善自身功能,参与国际竞争,往往却不是很成功,反而分散了企业的资源于它所不熟悉的领域,并将使主业经营绩效消蚀掉。今日企业经营趋势是专注核心产业,并将非核心业务或功能委托给专业公司(另一主体企业)管理,形成一个虚拟整合的企业体系,使主体企业能提供更好的产品,为顾客在竞争中取胜创造了条件,使顾客在同行者中脱颖而出。在虚拟整合趋势下,供应链体系得以成功发展,物流产业也获得了很大的支持,配合主体企业商流之需,不断提升与开发出创新的增值服务项目,为市场、顾客提供更多、更好及更有价值的(产品)服务,使港口与客户形成了相互依赖的市场共生关系。

二、港口与客户的利益一体化

港口拓展综合物流服务,追求的不是短期的经济效益,更确切地说它是以一种投资人的身份为客户服务的,同时也是风险的承担者,这是它身为战略同盟者的一个典型特点。比如,为了适应客户的需要,港口往往自行投资或合资为客户建造现代化的专用仓库、个性化的信息系统等,然而,这些大型及费用昂贵的专用或特种运输设施对顾客来说又是不可或缺的。这种投资少则几百万元,多则几千万元,直接为客户节省了大量的建设费用,而这种投资的风险必然也由自身承担。港口本身就是一种长期投资,这种投资的收益很大程度上取决于客户业务量的增长,商业的发展与客户的信任建立了"相互依赖"关系的战略同盟的利益基础。

与运输企业相比,港口综合物流服务的利润来源主要不是来自运费、仓储费用等以客户的成本性支出为代价的直接收入,而是来源于与客户一起在物流领域创造的新价值。为客户节约的物流成本越多,利润率就越高,这与传统的经营方式有本质不同。因此,以降低客户经营成本为根本的经营目标是拓展港口第三方物流的发展方向,是实现与客户利益一体化的真实反映,也是真正实现战略合作的经济基础。

第七节　货代业与第三方物流

国际货代企业由于熟悉运输业务,拥有专门的人才,必将成为国内货主企业开展第三方物流业务的最佳选择,同时国际货代企业自身也要通过参与3PL业务获得更大的发展。两者的结合,促进了国际货代企业向货主企业第三方物流业务的渗透与发展。那么,国内众多国际货代公司如何应对货主企业的第三方物流服务需求,在为货主企业提供优质服务的同时自身也获得快速的发展呢?

首先,要拓展服务范围,突出服务特色,向服务多元化发展。结合我国外贸发展的实际,过去20多年来,随着我国外贸体制的改革与发展,那种专业外贸公司"一统天下"的局面已经被改革开放以来兴起的众多新型经济所有制企业所打破,出现了众多新型所有制企业,如中外合资企业、外商独资企业、民营企业、高新技术进出口企业等。在国家现有外贸政策的规定下,这些企业都具有开展进出口业务的资质,而且随着中国加入世界贸易组织,国内可以经营进出口业务的企业将越来越多。从运输方式上看,企业对空运、海运的要求不尽相同;从业务方式上看,有的企业需要在进口方面提供支持,有的企业需要在出口方面提供帮助;从服务对象上看,有的企业需要报关、报验等方面的服务,有的企业需要仓储、分拨等方面的服务,有的需要内陆运输等方面的服务等。因此,国际货运代理企业必须成为一个服务提供的多面手,同时结合这些企业的实际需要,为其提供有针对性的、个性化的特色服务,解决企业开展国际物流方面所遇到的种种难题。特别是面对中外合资企业、外商独资企业这样国际化企业对第三方物流的要求。由于这些企业业务量大,业务种类复杂,既有原材料、零部件的进口、出口,又有产成品的进口、出口,国际货代企业提供的服务更是要向多元化、特色化方向发展,满足企业多方面的物流需求。国际货代企业应提供一个全套、完整的物流解决方案,通过合作、代理、联营等多种手段,为客户提供"一站式"物流服务,使货主企业真正感受到第三方物流服务商带来的方便、快捷、高效。

其次,要认真研究所服务行业的特点,慎选服务对象。任何一个行业的3PL物流服务,都是建立在对这个行业深刻理解的基础之上的,如果国际货代企业仅仅停留在对某一行业的肤浅认识上,是不可能为货主企业提供真正意义上的物流服务的,而仅仅是一个货运代理而已。因此,为了达到为货主企业提供物流服务的目的,国际货运代理企业在开展第三方物流服务业务时,必须对服务对象有所取舍,在对人力、财力、物力、服务水平进行综合考虑的基础上,选择能发挥自己最大长处的行业介入。这样,既能充分发挥自己在国际货运方面的业务所长,又能为货主企业提供切实需要的个性化服务,从而赢得货主企业的信赖,保证今后业务的顺利开展。

第三,保持合理的人力资源配置结构。相对于国际货代来讲,第三方物流对人才的要求更高。第三方物流业务不仅需要从业人员熟悉国际货运业务,而且要求从业人员熟悉其所服务的行业情况,特别是具有将国际货运知识与具体相关业务紧密结合的能力。目前,国际货代企业缺乏既懂国际货运又懂货主企业具体业务的复合型人才。因此,国际货代企业若要参与货主企业的物流业务,一方面要加大对从业人员的培养力度,使从业人员深入了解某一具体行业的生产流程、组织结构、人员配备等,了解该行业目前的运输业务状况及未来的发展目标;另一方面还要加快人才引进步伐,吸纳社会上那些既懂行业又懂国际货运的复合型人才,高起点发展第三方物流业务,为货主企业提供切实有效的物流服务和解决方案。

第四,完善的信息交流系统。国际贸易中的第三方物流业务,对信息的准确性、及时性、顺畅性等提出了更高的要求,仅仅依靠电话、传真作为惟一的联系手段将无法跟上货主企业的实际需要。尽管信息交流系统的开发需要很大的投入,资金的占用量也十分巨大,但对于正在向第三方物流业拓展的国际货代企业来讲,这方面的投入更是不可缺少。国际货代企业要加强自身的信息化建设,如建设自身的MIS(信息管理)系统,改善公司内部的交流与沟通,建设CRM(客户资源管理)系统,加强与客户的交流与沟通等。

第五,要有良好的公司信誉。货主企业愿意将国际货运业务外包给专门的国际货运代理公司或通过3PL公司开展物流业务,其目的无非是要减少运输成本,提高运输效率,提升为客户的服务质量。因此,一个国际货代公司若要从事物流业务,必须要有良好的市场信誉,赢得货主企业的信任。国际货代企业的信誉是通过其服务质量体现出来的,为了保证良好的企业信誉,必须从提高服务质量上下功夫,牢固树立"用户第一"的服务思想。

此外,还要树立长期服务的意识。货主企业能够最终选择一家企业作为公司物流服务的提供商,一般都是经过严密考察后才做出决定。从货主企业角度来看,是希望建立一种长期、稳固的合作关系,希望有一个长期稳定期。因此,国际货代企业一旦被货主企业选为物流服务供应商,那么,他就必须树立长期合作的服务意识。为此,国际货代企业必须舍得投入,配备专门的人员、专门的设备,切实为货主企业解决物流业务中的实际难题。货主企业与物流供应商才能获得巨大的发展

第八节　邮政运输业与第三方物流

邮政的基础是邮政实物投递网,邮政综合计算机网和邮政储汇网,目的是为客户提供更好的服务,丰富和拓宽邮政的信息传递、物品运送、资金流通三项基本功能。邮政运输业应当依托自身资源优势,运用最新信息技术,结合国情,在传统邮政服务体系的基础上建立社会化物流配送体系,有条件的企业要大力发展第三方物流。邮政运输业要发展现代第三方物流配送体系,应注意以下3点。

(一)提供完善的物流与配送功能

传统储运为了完善功能,按现代物流特征的要求,也可能提供一些外延有所延伸、内涵有所深化的配套性、系列性代理服务,其中有些服务已属物流范畴。但由物流经营者提供的如代买卖双方结算货款、进行市场调查与预测、提供采购信息及咨询服务、代理供应商承担一定的商品促销和店铺商品陈列等活动,这些在国外都叫增值服务,是现代物流应大力提供的服务。这些只是物流的辅助活动,物流商并没有运用大量流动资金去从事实际的商品买卖,即物流商仓库中的商品是别人的而不是自己的,这与批发商或经营其他业务的服务商向现代物流转化就有很大的区别。

(二)建立物流中心与配送中心

邮政现有的营投网点点多面广,向现代物流配送转化或集成相关功能也应最为容易。但配送中心应与营投网点在功能定位上区分开来。以营投网点为基础,建立物流中心和配送中心可采取以下几种形式:

1. 与厂商共建。成为厂商的物流代理商、存货商、运输商、中转商、配送商、流通加工基地及厂商自有物流基地的后援。

2. 与批发商共建。成为批发商的物流代理商、存货商、运输商、中转商、配送商、流通加工基地及批发商自有物流基地的后援。

3. 与零售商共建。成为零售商的物流代理商、存货商、运输商、中转商、配送商、流通加工基地及零售商自有物流基地的后援。

4. 与其他机构共建。成为其他机构的物流代理商、存货商、运输商、中转商、配送商、流通加工基地及自有物流基地的后援,为社会提供第三方物流服务。

5. 物流商自己独立建立。为厂商、批发商、零售商及其他机构提供第三方物流服务。

邮政部门建立的物流中心和配送中心与传统储运企业的经营管理不同,需要的设施设备条件也不同,投资者与经营管理者应加以区别。

(三)加强网络组织建设

从网络组织和运营上,相对剥离了服务业务和竞争型业务在网络资源使用上的经济关系。现代物流要求配送企业有能力在最短的时间内完成任何区域内(包括国际)的物流任务,同时物流成本还应合理。没有这种能力,商品供应、补货及配送的及时性就得不到保证,就会影响商品的市场占有率。要完成这种任务,必须建立全程全网的物流配送网络。

可以肯定,邮政运输业只要定位准确、运作合理,在电子商务大潮中将成为一支第三方物流的新军。

第九节　金融业与第三方物流

金融机构如何与中小物流企业合作协作,推动第三方物流服务创新,满足中小企业对金融服务和第三方物流服务的迫切需求,促进我国中小企业发展,是需要迫切探讨的问题。下面以最具有发展前景的质押贷款业务为主,探讨第三方物流面向金融服务的创新模式。

一、质押贷款及其外部条件瓶颈

中国人民银行不断出台扶持中小企业发展的政策,但商业银行在具体操作中往往是“想贷不敢贷”,根本原因并不在于银行信贷或资本市场的歧视,而

在于中小企业过于分散和信贷风险较高。根据《贷款通则(中国人民银行令 1996 年 2 号)》第九条,贷款分为信用贷款、担保贷款和票据贴现 3 种基本类型,其中担保贷款系指保证贷款、抵押贷款、质押贷款。中小企业信用级别低,可抵押资产普遍较少,也难以得到大企业提供担保,在经营活动中商业票据使用较少,因而要获得银行提供的信用贷款、保证贷款、抵押贷款、票据贴现在目前状况下仍然很困难。

贷款质押指借款人或者第三人(出质人)将质物交付贷款人(质权人)占有,以该质物为贷款债权担保,如果借款人不履行贷款债务,贷款人有权从质物中优先受偿的一种担保方式,按质物属性分为动产质押与权利质押。近年来我国金融机构开展的质押贷款业务主要为股票等可转让有价证券质押。为数不多的动产质押(主要质物为原材料)案例都发生在大型国有企业和三资企业,金融机构对质物的占有权带有较强的信用特征。面对中小企业的质押贷款业务尽管充满诱惑,但由于存在诸多外部条件瓶颈而陷于停滞状态,而许多中小企业迫于短期资金压力转而以高昂的成本向各地兴起的典当行获得类似于动产质押的融资。

二、融通仓定义与服务功能分析

融通仓的定义分为广义与狭义两个阶段。广义的融通仓定义:在工业经济和金融、商贸、物流等第三产业发达的区域创生的一种跨行业的综合性第三产业高级业态,以物流运作为起点、综合发展信用担保、电子商务平台、传统商业平台、房产开发。狭义的融通仓定义:以周边中小企业为主要服务对象,以流动商品仓储为基础,涵盖中小企业信用整合与再造、物流配送、电子商务与传统商业的综合性服务平台。

狭义的融通仓首先是一个以质押物资仓管与监管、价值评估、公共仓储、物流配送、拍卖为核心的综合性第三方物流服务平台,它不仅为银行与企业间的合作构架新桥梁,也将良好地融入企业供应链体系之中,成为中小企业重要的第三方物流服务提供者,其服务功能主要有以下两个方面:

(一)融通仓提供的一体化服务解决质押贷款业务的外部条件瓶颈

在质押业务中,融通仓根据质押人与金融机构签订的质押贷款合同以及三方签订的仓储协议约定,根据质物寄存地点的不同,对客户企业提供两种类型的服务:(1)对寄存在融通仓之仓储中心的质物提供仓储管理和监管服务。(2)而对寄存在质押人经金融机构确认的其他仓库中的质物提供监管服务,必要时才提供仓储管理服务。

借助融通仓的参与,针对中小企业的动产质押贷款业务的可操作性大大增强。在中小企业的生产经营活动中,原材料采购与产成品销售普遍存在批量性和季节性特征,这类物资的库存往往占用了大量宝贵资金。融通仓借助其良好的仓储、配送和商贸条件,吸引辐射区域内的中小企业,作为其第三方仓储中心,并帮助企业以存放于融通仓的动产获得金融机构的质押贷款融资。融通仓不仅为金融机构提供了可信赖的质物监管,还帮助质押贷款主体双方良好地解决质物价值评估、拍卖等难题,并有效融入中小企业产销供应链当中,提供良好的第三方物流服务,同时,融通仓也将商贸平台作为发展目标之一,借助“前店后仓”的运作模式,成为聚集区域内众多中小企业的采购与销售平台。

(二)信用整合与信用再造

融通仓作为联结中小企业与金融机构的综合性服务平台,更具有整合和再造会员企业信用的重要功能。融通仓与金融机构不断巩固和加强合作关系,依托融通仓设立中小企业信用担保体系,金融机构授予融通仓相当的信贷额度,以便于金融机构、融通仓和企业更加灵活的开展质押贷款业务。充分发挥融通仓对中小企业信用的整合和再造,帮助中小企业更好地解决融资问题。

三、融通仓运作模式初探

融通仓的运作必须服务于上述两个基本功能,融入中小企业(会员企业)产销供应链,促进金融机构对中小企业的金融服务,整合和再造企业信用。

(一)融通仓选址与布局

融通仓的选址应在工业经济和金融、商贸、物流等第三产业发达的区域的中心地带,有效配送辐射半径为 10～20 km,辐射区域内中小企业众多。在珠江三角洲、苏浙沪等地区都有许多良好的目标选址。融通仓储中心本着为金融机构和企业提供一体化服务的目标,需要着重考虑客户的需求,从客户的角度出发,帮助客户灵活开展质押贷款业务,降低质押贷款业务的成本,提高质押贷款业务运作的效率。这就需要对融通仓的仓储配送网络进行灵活而科学的设计。

"分布式"仓储,也可以称为"网络"仓储。融通仓在目标区域中心建设项目基地,其主要模块之一是质押与公共仓储团地,在距离基地较远的地区以贴近客户的原则设立或者租赁一定规模的子仓库,拓展融通仓的服务范围和辐射半径,实现"分布式"仓储配送的整体布局。

(二)融通仓融入会员企业原材料采购供应链之中

由于自身规模与实力的局限,中小企业的原材料采购通常需要以现款结算方式进行,尽管造成资金压力,多数原材料仍难以采用零星购买方式。融通仓能够有效融入会员企业原材料采购供应链之中,帮助企业缓解资金压力和改善物流配送。

企业先获得贷款采购原材料,然后将采购的原材料交付给融通仓储中心仓储作质押。在贷款期间分多次偿还,并由融通仓协助完成物料配送。应对措施之一:金融机构先开出银行承兑汇票交给企业,企业凭银行承兑汇票向供应商采购原材料,将原材料准确无误的经过评估后交付给融通仓储中心入库,金融机构在银行承兑汇票到期时将汇票兑现,将款项划拨给原材料供应商账户。应对措施之二:"先抵押,后质押"。企业先以金融机构认同的动产作抵押,获得银行承兑汇票用于购买原材料,待原材料经评估并交付融通仓储中心入库后,金融机构在银行承兑汇票到期时将汇票兑现,并将抵押贷款转为以该批原材料为质押物的质押贷款。

(三)融通仓融入会员区域分销供应链之中

由于市场需求存在季节性特征,通用型产成品库存将占用中小企业大量资金。如某行业企业的主要产品销售旺季为冬季,产品的库存从5月开始就逐渐增加,企业一方面需租用临时仓库用于产成品的存放,同时也被库存占据了大量的资金。金融机构开展的质押贷款业务辅助以融通仓储中心的配套物流服务,不仅可以为该企业提供宝贵的融资机会,盘活库存资金占用,也为其提供了优质的第三方物流服务。

应对措施:企业产成品下生产线后直接运至融通仓存储,以备销售旺季之所需。以该批成品库存作质押,获得金融机构质押贷款,并以产品销售收入分批偿还贷款。为保障金融机构的利益,企业在质押权人金融机构开设专门账户,接收销售货款,此时通常要求企业实行款到发货的销售政策。如果企业与金融机构另有约定,金融机构亦可按企业接到的销售订单确认质物出库申请。融通仓此时作为企业分销供应链的一环,提供优良的仓储服务,并作为质押人企业的承运人或协助其承运人及时安排货物出库与发运,保证企业产品分销物流的顺畅。

(四)融通仓对会员企业的信用整合和再造

融通仓的重要意义还在于对中小企业信用的整合和再造。获得金融机构的授信额度和成立独特的信用担保体系是两个重要模式。

1. 模式一:融通仓享有金融机构相当的授信额度

融通仓向金融机构按中小企业信用担保管理的有关规定和要求提供信用担保,金融机构授予融通仓一定的信贷额度。该模式有利于企业更加便捷地获得融资,减少原先质押贷款中一些繁琐的工作环节;有利于融通仓拓展服务范围,加强同企业的客户关系管理,提高对质押贷款全过程监控的能力;有利于金融机构更加灵活的开展质押贷款服务,优化其原先质押贷款的业务流程和工作环节,降低贷款的风险。

例如,金融机构根据融通仓储中心的规模、经营业绩、运营现状、资产负债比例以及信用程度,本年度授予融通仓储中心 X 亿元人民币的信贷额度,使得融通仓储中心可以直接利用这些信贷额度向相关企业提供灵活的质押贷款业务,由融通仓直接监控质押贷款业务的全过程,金融机构则基本上不参与该质押贷款项目的具体运作。

融通仓直接同需要质押贷款的会员企业接触、沟通和谈判,代表金融机构同贷款企业签订质押借款合同和仓储管理服务协议,向企业提供质押融资的同时,为企业寄存的质物提供仓储管理服务和监管服务。从而将申请贷款和质物仓储两项任务整合操作,提高质押贷款业务运作效率。

贷款企业在质物仓储期间需要不时地进行补库

和出库，原本企业出具的入库单或出库单需要经过金融机构的确认，然后融通仓根据金融机构的入库或出库通知进行审核；而现在这些相应的凭证只需要经过融通仓的确认，即融通仓确认的过程就是对这些凭证进行审核的过程，中间省去了金融机构确认、通知、协调和处理等许多环节，缩短补库和出库操作的周期，在保证金融机构信贷安全的前提下，提高贷款企业产销供应链运作效率。

(2)模式二：融通仓构建中小企业信用担保体系

融通仓争取成立信用担保体系：在起步阶段，对于货主企业直接以寄存货物向金融机构申请质押贷款有难度的，融通仓储中心可以将其寄存货物作为反担保抵押物，通过担保实现贷款，当业务已全面启动后，将寄存货物反担保实现贷款、寄存货物质押并存，在银行与企业之间搭建桥梁。

融通仓可以直接为中小企业申请质押贷款提供担保，间接地提高中小企业的信用。融通仓开展的担保必须取得有关部门和金融机构的支持，有必要向有关部门申请批准取得纳入信用担保体系的资格，享受扶持政策，以支撑担保业务的发展，扶持中小企业的壮大。

融通仓以自身担保能力组织企业联保或互助担保：具体做法可灵活多样，如若干企业联合向融通仓担保，再由融通仓向金融机构担保，实现中小企业融资；融通仓担保能力与中小企业担保物结合起来直接向金融机构担保，实现融资；组织动员信用较高的企业为其他企业担保等。

融通仓作为一种跨行业的第三产业高级业态，其孕育和发展将首先在珠江三角洲、苏浙沪等中小企业众多且充满活力的地区进行。在上述地区，已经有少量以商贸为核心的专业性市场同时具备了一定的金融与物流服务功能。如位于浙江嘉兴的中国茧丝绸交易市场，作为我国最重要的茧、丝、绸的交易中心，它同时也为进场会员企业提供质押贷款、担保和原料配送业务。而以第三方物流服务和促进面向中小企业的金融服务为核心的融通仓必将具有广阔的发展前景。

第七章　国外的第三方物流发展情况

第一节　美国的第三方物流发展情况

10年前第三方物流在美国还是一个相当新的概念，那时第三方物流也刚刚起步，第三方物流供应商对行业的发展前景乐观，但企业与托运人们普遍对此感到怀疑。时至今日，第三方物流已发展成为许多行业的物流策略的关键部分。

从1980年起，美国的运输很大程度上解除了管制，这使得美国的第三方物流能更大程度上随经济的发展而发展，而不被政府所限制。在供应链管理的时代，创建了许多第三方物流公司，但由于他们运作的复杂和有限的规模，因而成了很引人的并购目标，据有关调查，近年来年美国的第三方物流企业间的购并是美国物流界的热点之一。

在信息技术方面，过去的10年中美国的第三方物流企业已经开发了一套独特的运输和仓库管理工具，第三方物流的信息技术是这个变化的关键特征。运输管理软件(TMS)、仓库管理软件(WMS)和先进计划与调度软件(APS)成了标准的物流管理工具。

目前，驱动美国的第三方物流向前发展的是Internet APLs(Application Process Locations)。这些Internet站点形成了一些集团。有一个相当大的广告/拍卖站点集团，并以现货市场为重点。这些站点的运输安排通常是由电话作出的。仓库跟踪站点在高速发展。传统的WMS应用软件向网络的迁移则更加迅速。降低成本和整合是目标所在。

最专注的传统应用软件已经开始涉及第四代运输管理系统(Transportation Management Systems，简称TMS)了。这些系统将TMS视作APLs。不仅维护了传统的EDI数据流，他们还可以将运载、匹配及执行通过网站整合。这些站点的发展使得客户的选择可以从一个地点的运载处理到完整的外包物流管理。

1999年美国的第三方物流的收入平均增长20%。国内的运输经营增长了21%，国际部分则增长了12%，指定合同运输费增加了22%及附加值的库存/配送服务增长了 22%。除了国际运输经营部分,美国的第三方物流的增长比世界其他国家增长的平均水平要快许多。

近年来美国东北大学和乔治亚理工大学就对美

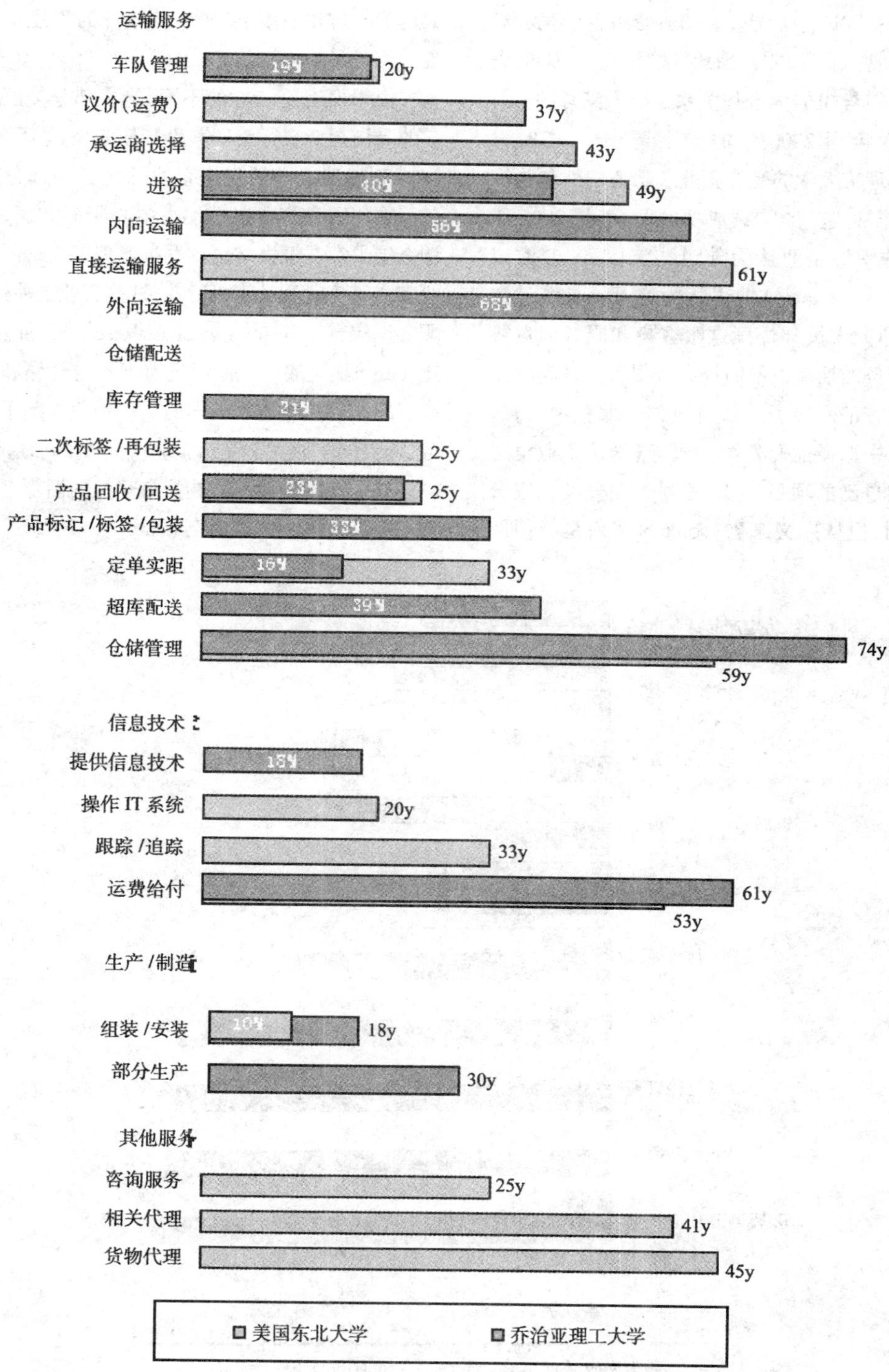

图 7—7—1　常见 3PL 的服务

国的第三方物流发展情况作跟踪调查，在2001年调查中，东北大学就客户对3PL在节省成本、改善服务、相互沟通、整体合作关系及特派项目经理等方面的表现的满意度进行了调查。60%受访企业表示对3PL实现的成本节省“非常满意”或“满意”。90%表示整体上他们与3PL的合作关系是令人满意的。

在1996年到2000年的5个调查中，82%～90%乔治亚理工大学的受访企业表示他们外包物流的经验是“非常成功的”或“成功的”。可是2001年只有54%的受访企业认为外包物流服务“非常成功”，数量大减。Langley博士认为这可能是统计数据误差，但研究人员却怀疑这跟客户和服务商对第三方物流服务的期望值不断提高有很大关系。

两个调查都列出了一系列的3PL服务项目，让受访企业从中选择他们外购的服务（受访企业也可以加上他们自己的项目）。两份列表在分类和细分上不尽相同，但从广义来看，调查的结果是相似的（见表7—7—1）。譬如，两个调查都有接近2/3的受访者表示他们在不同程度上外包了运输管理服务。相同地，两者的受访企业使用3PL的信息技术，诸如运费给付和一般IT操作等服务的程度也十分接近。

由于两者受访群的不同，绝大部分美国东北大学的受访企业自行管理其生产任务，而差不多有1/3乔治亚理工大学的受访企业外包了一部分生产业务。在使用仓储和典型配送中心服务方面，两者的调查结果存在极大差别。乔治亚理工大学的受访企业多在零售业和计算机行业，这些行业多使用“高效顾客反应”（Efficient Customer Response）和JIT（Just In Time）配送战略。他们倾向于外购仓储和相关服务。74%乔治亚理工大学的受访企业外购了仓储服务，而美国东北大学受访企业中只有59%这样做。

当前美国的第三方物流最热门的话题之一是他们在信息技术方面的参与（见图7—7—2）。两份问

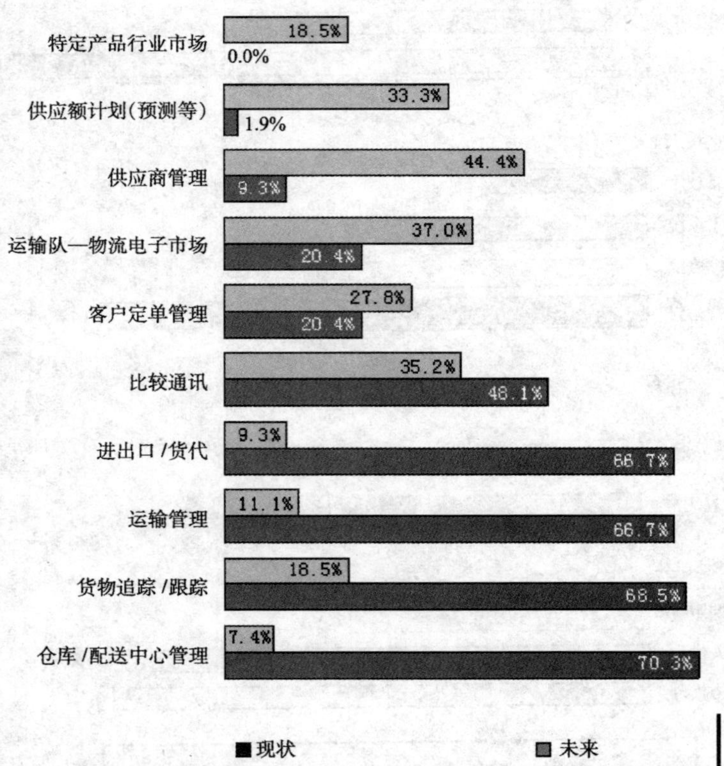

数据来源：Cap Gemini Emst & Young/Ryder System/GIT

图7—7—2　IT与物流服务

卷都对现时第三方物流在 IT 和电子商务上的做法做了调查。美国东北大学的调查集中于现有的应用方式。结果显示接近一半受访企业外判了运费给付、运输计划及优化服务给 3PL。而乔治亚理工大学则希望知道 3PL 现时能提供何种 IT 服务及受访企业将来需要哪些服务。该调查发现需求最大的 IT 系统将是复杂的供应链和供应商管理信息系统及电子市场(E-Markets),这表明企业期望 3PL 能从功能性角色向战略管理方向转变。

乔治亚理工大学同时也问了受访企业是倾向于从 3PL 处还是从软件商处获得技术。69%受访企业倾向于直接求助于软件商,只有 20%愿意从 3PL 处获得技术。美国东北大学的调查结果也支持了此发现。尽管一部分客户仍然希望 3PL 去管理他们的信息流以及与其他技术的整合工作,两个调查中只有 1/5 的受访者表示他们让 3PL 代替他们去管理信息系统。这表明用户还不相信 3PL 已经准备好和有能力去接管这项工作。

虽然这两份调查在许多方面有所重复,两者仍然是互补的。它反映了美国 3PL 服务的现状和未来发展趋势。

第二节　欧洲的第三方物流发展情况

一、欧洲的第三方物流发展概况

物流外包在欧洲的存在已经有几个世纪的历史了。事实上,现在欧洲的许多著名第三方物流企业起源于中世纪。这些历史悠久的老服务企业逐渐发展成为今天的诸如辛克、德迅和丹莎等物流服务商,它们现在还在为大多数欧洲大制造商、大零售商和大批发商处理物流业务。

现在,一些新的欧洲第三方物流商和以美国为基地的物流商开始加入到原来那些古老的欧洲第三方物流服务行业中去,这些新兴的物流服务商包括 Ryder 综合物流、BAX 全球物流、Perske 物流、Scnmeider 物流和 UPS 全球物流。这些后来者们发现,对他们来说,还存在着许多物流市场的发展空间。

在欧洲,物流外包比美国发展更为广泛。根据 UPS 全球物流提供的数字,总额达1 290亿美元,是外包给第三方物流商的。而在美国,这个比例不到 10%。UPS 全球物流统计,到 2002 年,欧洲第三方物流的市场占有率达到 28%。

物流外包的趋势是从 1993 年开始的欧洲经济统一之前发展起来的。荷兰为运输和物流公司提供服务的市场与商业发展机构(荷兰国际配送委员会)的莱恩·彼尔玛先生指出,直到 20 世纪 80 年代,大多数欧洲新成立的为美国公司提供服务的分拨配送中心都是以自营为主。但这些美国公司逐渐认识到,它们需要采取更灵活的方式,提供全新的服务,以满足新兴的欧盟国家的需求。20 世纪在 90 年代它们开始转向物流分拨配送中心,并迅猛发展,彼尔玛说:今天,每个在欧洲经营自己物流分拨中心的公司都将运作业务交给第三方物流商操作。

那些对于美国物流外包发展有促进作用的因素也在推动着欧洲的外包业务向前发展。公司和企业专注于自己的核心能力,他们要保存资本实力,他们还想利用第三方物流商的杠杆作用及其实际经验来减少配送分拨成本,提高服务水平。

第三方物流发展的另一个因素是:在欧洲运作一个配送中心成本极其高昂,管理要求十分苛刻。这包括高昂的人力成本、苛捐杂税、繁文缛节及经营限制措施。欧洲这方面的成本要比美国高 2 倍以上。所以,那么多的公司在欧洲开店都要把物流管理和运作外包出去也就不足为奇了。

与在美国相比,欧洲第三方物流公司的种类和它们提供服务方式的区别更大一些。位于海牙的 Ryker 综合物流(欧洲)公司总经理杜格·哈里逊指出,现在欧洲第三方物流存在着不同的层次。

处于最高层次的是那些超大型第三方物流服务商,这些物流服务商为制造厂家提供广泛的增值服务等,为其产品提供优化配置服务,促进其产品在欧洲范围内不同市场的销售业务快速发展,包括对销售到不同语言国家的产品提供条码、包装和产品安装的服务。

这个层次上的第三方物流商包括以美国为基地提供服务的 Ryder 综合物流公司,UPS 全球物流公司、Schneider 物流公司及其他物流公司。

虽然在欧洲的第三方物流商中还没有谁能独占鳌头,但欧洲人经营的第三方物流企业还是有主次之分的。比如德国辛克国际集团属下的辛克国际物流服务公司就渗入到欧洲的各个主要物流市场，从事货运代理、仓储及运输服务。2001 年 4 月，辛克在荷兰鹿特丹开设一个新的综合物流中心，这个面积为 32.3 万 ft^2 的物流中心将作为以欧洲为基础的分拨配送中心，开展欧洲地区的集装箱接箱、海空货运的集柜、出库货物集拼等服务以及存货服务以及存货管理，它还将成为进行诸如安装、包装和产品优化等增值服务的中心。

以美国为基地的 Ryder 综合物流公司则提供另一种类型的综合、多元化第三方物流服务，并已在欧洲获得相当大的成功，Ryder 在欧洲主要以非资产型企业方式运作，包括运输、物流管理、包装、简易安装、订单履行、货物展示及许多其他顾客优化服务。Ryder 在 12 个国家开展业务，拥有 2 000 名雇员，1998 年的营业额达 1.4 亿美元，最近还积极向东欧地区开拓。

但是 Ryder 和其他类似的第三方物流商虽然规模很大，但面临着不少挑战。哈里逊说："欧洲存在着很大的市场和机遇，所面临的挑战是要适应许多不同市场的不同需求"。欧洲的物流市场差异很大，比如：在法国、荷兰和德国，第三方物流商必须提供复杂的外包服务，重点在于技术和供应链的融合，在地中海地区那些基础设施不那么完善的国家，服务重点在于运输和仓储服务，而东欧国家地区的运输和电讯设施比较落后，客户公司则利用第三方物流公司提供基本的运输和物流服务。哈里逊说："这些差异给第三方物流商带来了独特的挑战，这就要求以美国为基地的第三方物流商能够为客户提供专业化的技能服务"。

来自美国的第三方物流商要想与欧洲实力强大、运作规范的竞争对手相抗衡，就必须有点新意。一个典型的范例就是 UPS 国际物流公司与 Fender 国际公司（美国在欧洲的吉他生产厂家）的合作。Fender 委托 UPS 对其配送系统进行集约化和条理化组合，以帮助自己实现在欧洲的营业额翻番的目标。

UPS 负责管理 Fender 国际公司从世界各地厂家通过海、陆运来的货物，并利用荷兰的物流中心掌握 Fender 的存货，物流中心雇员检验产品质量、监视库存，履行分拨商和零售商的订单及管理多式联运。Fender 利用 UPS 的集约化物流中心，可以减少运送时间，更有效地监控产品的质量，发送不同品种的订单货物。

UPS 为 Fender 供应链提供增值服务的奇特之处就在于 UPS 作为物流商，在把吉他运到零售商那里之前，就已经把吉他调好音，包装完毕，当零售商从包装箱里拿出吉他时，这个吉他就可以马上用于弹奏，过去在美国能够提供的服务，现在到了欧洲也同样能够达成这种服务水平。

从第三方物流的低层次来讲，有一种欧洲独特的行业：国际货运代理。这个行业是以资产投入为基础的，从事基本的运输、仓储、通关及包装服务，通常是以特定产品和特定地域为核心，虽然许多欧洲大型第三方物流服务商若干年前是以这种服务起家的，但数以千计的国际货运代理公司中的多数目前还仍然维持在提供基本的物流服务的，它们技术落后、资源匮乏。它们中的大多数是从过去欧洲国家的通关服务行业中分离出来的。

除了那些大型的跨国和地区性的第三方物流商之外，还出现了一批从其他货运行业发展起来的欧洲第三方物流企业。比如经营德国汉堡港集装箱码头并同时在意大利、法国、捷克、奥地利和葡萄牙经营集装箱码头的德国 Eurokai 的第三方物流公司。Oceangate 为在中欧、南欧和东欧国家从事电子产品的生产企业和食品、服装、鞋类的零售业提供合同物流服务。Oceangate 以其位于汉堡港的集装箱码头为据点，提供拥有 36.5 万 ft^2 面积的仓储服务。Oceangate 在欧洲的 42 个城市拥有仓储和配送设施。此外，Oceangate 还为零售和制造企业提供综合物流服务。

Oceangate 向零售消费者（每年从亚洲进口大批货物）提供的最普遍的增值服务是加速进口运输的速度以加快库存周转期，从亚洲通过苏伊士运河运往欧洲的集装箱停靠到意大利南部港口，在那里从船上卸下一部分集装箱货物并通过卡车迅速运送到消费者指定的地点。其他船上货物继续通过海运往北欧港口，然后由 Ocean gate 通过传统的运输方式运往消费地。在意大利卸下的货物运转速度快，用来满足紧急订单，而通过低成本，全水路运输的货物在前批紧急订单货物销售完之后也就能到了消费地，通过这种方式，可以使客户的库存效率提高10%。

此外,从欧洲国有铁路、邮政系统等大型国有企业又崛起一批第三方物流服务商,2002年一年,德国邮政掀起一股购并浪潮,买下了瑞士第三方物流巨子:丹莎集团。

大量的物流弄潮儿纷纷涌入欧洲第三方物流行业,表明了对欧洲物流市场潜力的信心。随着贸易全球化趋势,打破欧洲的传统壁垒,欧洲产品将大量对欧洲大陆进攻,同时,将产生对物流业务的巨大需求,此外欧盟的建立及其对欧洲贸易格局的影响将迫使当地和地区性的生产企业参与多元化市场竞争,它们也需要有成熟的第三方物流服务商的鼎力相助来管理变化莫测的分拨配送网络。总之,一般贸易注重核心能力的趋势将在蓬勃发展的市场竞争中占主导地位。

对于货主们来说,这些发展势头引发了物流服务商在欧洲的迅猛发展,选择将是多种多样的,从老式的货运代理(它们已开始重新认识物流)到美国模式的第三方物流服务商,再到私营货运企业,货主们将看到,过些年欧洲将得到大批有创新意识的物流服务。

二、欧洲第三方物流市场发展分析

表7—7—1表示了欧洲各国家第三方物流的市场状况。从表可看到,在欧洲市场上3PL物流收入占物流总收入的比重平均达到24.42%。在物流服务市场上,欧洲的第三方物流公司分为不同的层次,面向不同的目标市场,提供不同层次的服务,但基本可分为4类:第一类,服务范围广泛的大型物流企业。最高一层的大型物流企业为制造商提供了范围广泛的服务,包括制作不同语言的标签和包装,帮助这些制造商在欧洲不同市场进行销售。在这一层次里,有一些领先和经营良好的欧洲物流公司,也有总部设在美国的物流公司,例如,UPS环球物流。第二类,从事传统物流的欧洲公司。一般是经营规模小的3PL,如称为国际货运商的欧洲特有物流实体。这些企业拥有自己的资产,经营卡车货运、仓储、报关等。这些公司的技术不高,并且资源有限,大多数业务起源于处理欧洲各国海关之间复杂的业务(目前这些业务正在消失)。这些公司最终会合并或离开这个行业。第三类,新兴的第三方物流公司。除大型跨国物流公司和地区性较小的物流企业,一种完全新兴的欧洲3PL,比其他的货运服务商发展更快。例如,欧罗凯集团,它是德国汉堡主要的集装箱经营者,除在欧洲拥有仓储和配送能力以外,还为零售商和制造商提供复杂的物流服务,最普遍的一种增值服务是加速接运分送,增加库存周转次数。被加速发运的货物用于紧急订货,同时较低成本的货物到达正好衔接那些紧急订货售完。这样可为零售商增加大约10%的存货投资回报。第四类,大型国有机构的第三方物流。欧洲另一个快速增长的第三方物流企业层次是大型的国有机构,如国家铁路公司和港务局。

表7—7—1　欧洲第三方物流市场概况(单位:百万美元)

国别	国内物流费用	3PL物流收入	物流总支出	3PL物流收入占物流总支出比例(%)
德国	26 528	8 047	34 602	23.26
法国	18 784	6 911	25 695	26.90
英国	15 485	8 150	23 635	34.48
意大利	12 002	1 771	13 873	12.77
西班牙	5 655	1 241	6 896	18.00
荷兰	4 848	1 620	6 468	25.05
比利时	2 914	971	3 885	24.99
奥地利	2 746	637	3 383	18.83
瑞典	2 610	673	3 374	19.95
丹麦	2 175	543	2 718	19.98
芬兰	1 662	415	2 077	19.98
爱尔兰	734	238	972	24.49
葡萄牙	673	137	811	16.39
希腊	690	85	775	10.97
卢森堡	119	40	159	25.16
总计	97 625	31 479	129 323	24.34

当经济全球化打破了欧洲的传统核心,跨国公司在欧洲迅速扩大市场,带来了物流的需求,刺激了欧洲物流服务市场的快速增长。另外,企业也通过3PL的物流服务和增值服务,降低分销成本,改善服务,获得“第三种利润”。

从欧洲第三方物流的发展可发现,欧洲第三方物流的快速发展,一方面在于企业对于物流服务的需要,另一方面,在于欧洲目前的较高的物流管理水平与成本的优势，内外因的综合作用，推动了欧洲第三方物流的发展。

第八章　我国物流供需状况分析

随着经济和企业管理模式的发展，中国的物流市场也发生了本质性的变化。经过 20 多年的改革开放和经济的持续快速发展，市场格局转变为买方主导，经济体系开放，国内市场的国际竞争力量不断加强，物流日益成为企业发展的核心竞争力。政府部门对流通体制改革和流通现代化大力促进和引导，新型的具备初步发展物流行业的经济环境和市场条件已经形成。同时，生产领域中竞争格局发生变化，由企业间竞争演变为供应链间的竞争，迫使企业的管理模式向纵向一体化发展，形成以主体企业为核心的利益共同体，企业间的原材料供应物流变得有序而高效，并逐渐向高节奏、小批量、柔性化和准时化方向发展，日益得到企业的重视。生产企业特别是大型生产企业为适应新经济的要求，采取了多项措施，进行流程再造和职能整合，逐渐建立起具备应变能力的管理体制，物流成为企业流程再造的突破口，物流地位得到极大提高，物流部门承担起集成采购、推动生产组织优化、组织成品分拨的主要职能，物流规模和物流职能由分散走向集中。流通领域，物流专业化分工和零售连锁化经营成为流通领域发展的主流，更高效的组织方式和更低廉的成本让物流由粗放型过渡向集约型。在一系列的发展过程中，物流从现象到本质已经发生了根本性的改变，物流市场特征亟待重新认识。

为了解我国目前大中型企业的物流运作现状，掌握供需情况，中国仓储协会于 2001 年 2～4 月，组织第三次全国范围内的物流供求状况调查，调查范围覆盖全国的生产、商业和储运及物流企业，通过邮寄问卷的形式，调查企业2 000家，回收 230 份，有效问卷 219 份(其中生产企业问卷 74 份，商业企业问卷 46 份，供给问卷 89 份)。

报告描述了中国大中型企业物流的运作水平，分析主要的物流作业指标。揭示中国物流业的发展空间，重点分析了物流市场的供需状况，找出物流市场中供需失调的主要方面。并对物流设施设备进行了专门的研究分析。

第一节　物流需求市场分析

一、样本构成分析及企业基本信息

为保证调查结果具有代表性，根据生产企业和商业企业的企业性质及行业性质对问卷样本进行了合理分配，回收问卷的构成比例如下(见表 7—8—1)。

根据问卷对企业基本情况的调查发现，87%的商业企业的经营品种集中在 1 万～10 万种之间，另有 7%的零售企业的商品品种超过 10 万种，经营产品呈多样化，意味着企业需要投入较高的存置成本(Carrying Cost)，需要对多类型货物在存储上加以区分，物流对象的复杂化也给物流经营带来了更大的挑战。生产企业中，43%的企业的销售范围在全国范围，57%的生产企业的销售范围在全球范围，大部分企业的销售需要全国范围的物流网络的支持，与 1999 年的调查结果相比，生产企业的地域覆盖范围呈逐渐扩大的趋势，这要求物流执行机构认识到跨地域作业能力须不断提高。

表 7—8—1　回收问卷的构成比例

企业性质			行业性质		
生产企业	国有企业	14%	生产企业	食品	7%
	集体	7%		家电	21%
	三资	21%		电子	21%
	外商独资	7%		日化	14%
	内资股份制	51%		医药	14%
	小计	100%		其他	21%
商业企业	国有独资	40%		小计	100%
	集体	13%	商业企业	综合副食	20%
	私营	7%		百货	80%
	内资股份制	40%			
	小计	100%		小计	100%

二、物流运作现状

(一)工商企业库存期长、周转慢

图 7—8—1 表明：生产企业原材料库存期为 20 天、生产企业成品平均库存期为 51 天，商业企业商

品销售库存期为 34 天。基本说明了我国商品在库时间长、周转慢的现状。

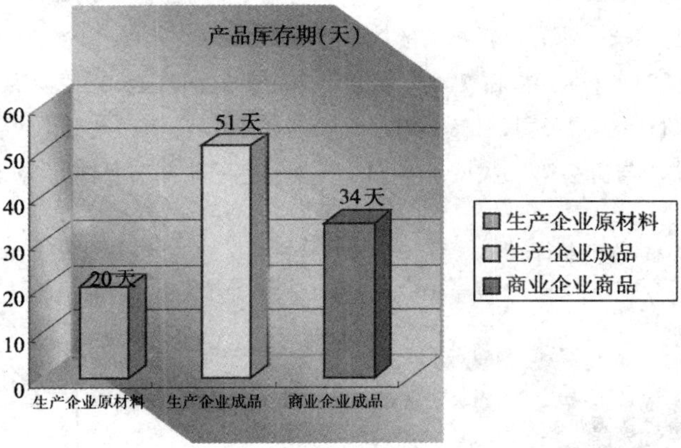

图 7—8—1　企业库存周期

(二)物流作业指标维持往年水平,非常成本有所上升

从图 7—8—2 中可以看出:生产企业、商业企业在物流运营过程中的货损率都高于 2%,不良品成本已经成为物流成本的主要组成部分,工商企业要注意"冰山下的成本"。配送的及时性和一致性是客户创造服务价值中的主要因素,目前工商企业的配送及时率低于 90%,有待提高。

横向来比商业企业的作业过程要略微优于工业企业,与协会第二次调查结果相似。

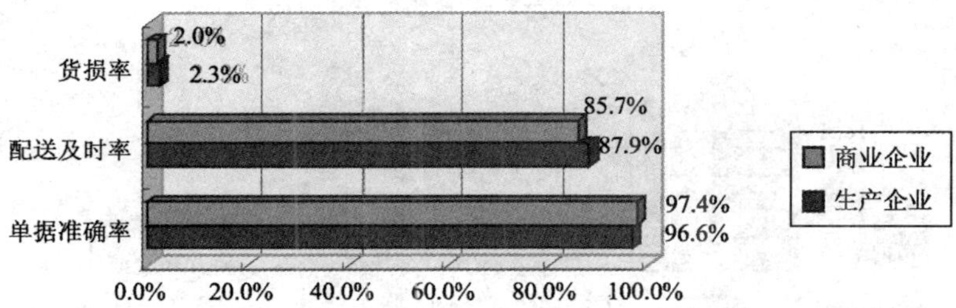

图 7—8—2　企业物流作业指标

三、物流市场需求量分析

调查结果表明,不同的行业物流量和物流费用的差异较大。根据此次调研中的行业性质分布的调查结果,企业物流量及物流费用情况如下:生产企业原料平均运量为 9.7 万 t,平均运费为 574.8 万元,比 1999 年分别增长 3.75% 和 6.69%,原料仓储面积为 3.7 万 m^2,仓储费用为 293 万元,比 1999 年分别上升 6.22% 和1.7%,原料质检和包装费用较去年略微有所上升。生产企业成品物流中,运量为 83.8 万 t,增长率 19.74%,运费为5 502.8万元,增长率 17.9%,仓储面积为 14.38 万 m^2,仓储费用为 2 150万元,包装费用为1 802万元。商业企业销售物流中,企业平均年周转量为 11.7 万 t,平均年运费为 49.1 万元,仓储面积为 1.15 万 m^2,仓储费用为 57 万元。2001 年,企业管理者对企业物流进行预计表明,生产企业的原料物流量和成品物流量会有 10%～20%的增长,商业企业预计有 12%的增长。

从以上调查数据分析得出:

1. 在当前的经济环境和市场条件下,物流需求市场潜力巨大,社会物流业有较大发展空间。

2. 生产企业和商业企业的平均物流量相近,但物流费用支出有较大的差距,主要原因是供应物流一般都由生产企业来承担,物流从业者要把握这一特征。

3. 总体来看,物流量的增长率要高于国内生产总值的增长率,说明物流业的成长性较好。

四、物流市场需求结构分析

(一)工商企业的物流执行主体

图7—8—3表明:(1)生产企业原材料物流的执行主体主要是供货方,占71%;第三方占21%。成品销售物流中,43%的执行主体是公司,21%是第三方,36%是采用两种形式。与协会第二次调查数据相比,第三方全部代理的比例上升5个百分点,说明物流专业分工更加明显。(2)商业企业物流执行主体74%为供货方,13%的企业由第三方执行,公司自主的比例为13%,说明商业企业物流社会化程度不高,同时说明以批量小、品种多、频次高、紧急性强为特色的零售企业物流,缺乏有效的后勤支持。

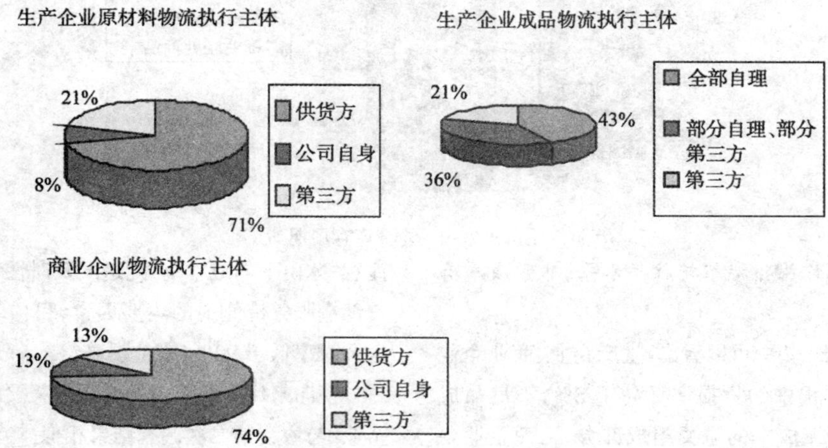

图7—8—3 物流执行主体

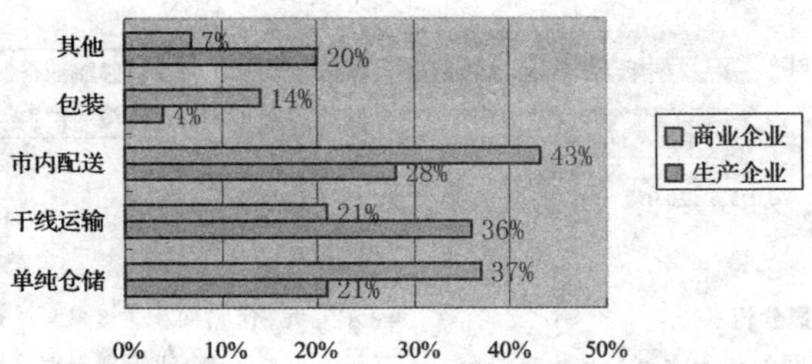

图7—8—4 外包物流进行的项目

(二)目前工业企业和商业企业"外包"物流集中于传统项目(见图7—8—4)

生产企业的外包物流主要集中在干线运输,其次是市内配送;商业企业的外包物流主要集中在市内配送,其次是仓储,再次是干线运输,说明生产企业和商业企业物流需求的侧重点不同。物流系统设计、物流总代理等高增值、综合性服务未出水面。

(三)现行物流的满意度

1. 对3PL物流和自理物流的满意度,已形成明显差距。

2. 运作质量和物流信息成为企业对现行物流运作不满意的主要原因。

图7—8—5、表7—8—2、表7—8—3表明:在采用第三方物流的需求企业中,有67%的生产企业和54%的商业企业对第三方的物流服务感到满意,有23%的生产企业和7%的商业企业对第三方的物流服务不满意。不满意的原因中,首先是因为作业速度慢和物流信息不及时准确,其次是作业差错率高、运作成本高,从中可看出生产企业和商业企业对第三方物流服务首先关心的是运作质量和包含物流信息在内的运作能力问题,其次才是成本。同时,运作质量低也成为企业自理物流的最大障碍。

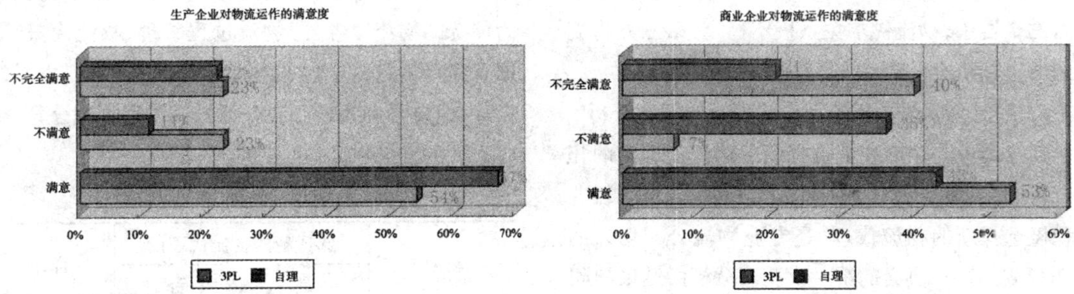

图 7—8—5　物流满意度

表 7—8—2　对 3PL 不满意的原因对自理不满意的原因

原因要素	生产企业	商业企业
运作成本高	7%	0%
信息不及时不准确	21%	34%
作业速度慢	21%	33%
服务内容残缺	7%	0%
货损率高	7%	0%
作业差错率高	13%	0%
服务态度差	0	0%
没有网络服务	7%	33%
不能满足需求波动	0	0%

3. 不同运作主体作业表现行业差别明显

表 7—8—3　对自理不满意的原因

原因要素	生产企业	商业企业
运作成本高	11%	11%
信息不及时不准确	22%	0%
作业速度慢	0%	33%
服务内容残缺	0%	34%
货损率高	11%	11%
作业差错率高	23%	11%
服务态度差	0%	0%
没有网络服务	11%	0%
不能满足需求波动	22%	0%

通过行业与企业对现行物流服务是否满意的相关分析可知(见表 7—8—4):家电和日化等行业对自理物流服务的满意程度较低,是专业物流公司未来目标市场;日化、食品和家电等行业对第三方物流服务的满意程度较低,专业物流公司在进入该行业的难度较大,但其物流量大、代理比例低,也说明其潜力很大。

表 7—8—4　按行业的物流满意比例

行业	第三方物流服务是否满意		自理物流服务是否满意		合计
	是	否	是	否	
食品	66.7%	33.3%	81.3%	18.8%	100%
家电	78.1%	31.9%	66.7%	33.3%	100%
电子	90.9%	9.1%	85.7%	14.3%	100%
电信	100.0%	0.0%	88.9%	11.1%	100%
日化	50.0%	50.0%	66.7%	33.3%	100%
医药	50.0%	50.0%	100.0%	0.0%	100%
其他	100.0%	0	100.0%	0.0%	100%

(四)新物流商选择

1. 新的物流代理商依然是企业“不变”的选择

图 7—8—6 表明:在调查企业中有 57% 生产企业和 38% 商业企业中在寻找新的物流代理商,根据目前企业物流执行主体的现状,说明大部分企业的自理物流将转交第三方物流运作,另一方面说明采用第三方的企业中,物流供求关系极不稳定,第三方物流公司的市场机会广阔且变数较大。

调查表明:在调查企业中有 57% 生产企业和 38% 商业企业中在寻找新的物流代理商,根据目前企业物流执行主体的现状,说明大部分企业的自理物流将转交第三方物流运作,另一方面说明采用第三方的企业中,物流供求关系极不稳定,第三方物流公司的市场机会广阔且变数较大。

2. 生产企业选择新的物流代理商的行业分析

通过行业与生产企业选择新的物流代理商的相关分析知(见表 7—8—5):食品、电子和日化等行业在积极选择新的物流代理,是专业物流公司切入的首选行业。这与协会的第一次调研分析的结果相同

3. 需求市场期望新的物流服务内容

工业企业期望新的物流服务商提供的服务内容,主要以物流总代理、干线运输、仓储保管、市内配送为主,商业企业期望新的物流服务商提供的主要服务内容为物流系统设计、条码采集服务和仓储保管。从图 7—8—7、图 7—8—8 中可看出,生产企业目前的物流需求以物流运作为主,受地域跨距和管理幅度的影响,更强调物流总代理的形式,需要集成化的物流服务,与协会第一次、第二次调研结果相比,市内配送服务需求也越来越迫切。除了前三项为传统的物流服务外,物流过程管理、物流决策、数据采集等信息服务越来越受到企业的重视。以系统设计、信息咨询为核心业务的物流咨询管理公司,将有很大的发展空间。

表 7—8—5 选择 3PL 的比例

行业	选择新的物流代理商		合计
	是	否	
食品	53.7%	46.3%	100%
家电	33.0%	67.0%	100%
电子	66.7%	33.3%	100%
电信	50.0%	50.0%	100%
日化	66.7%	33.3%	100%
医药	50%	50%	100%
其他	66.7%	33.3%	100%

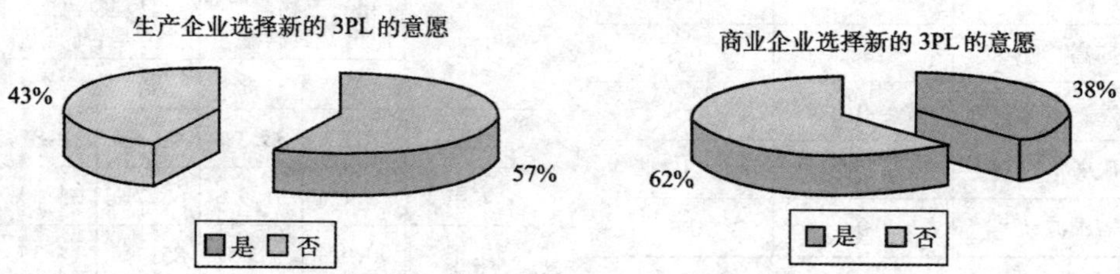

图 7—8—6 企业选择 3PL 的意愿

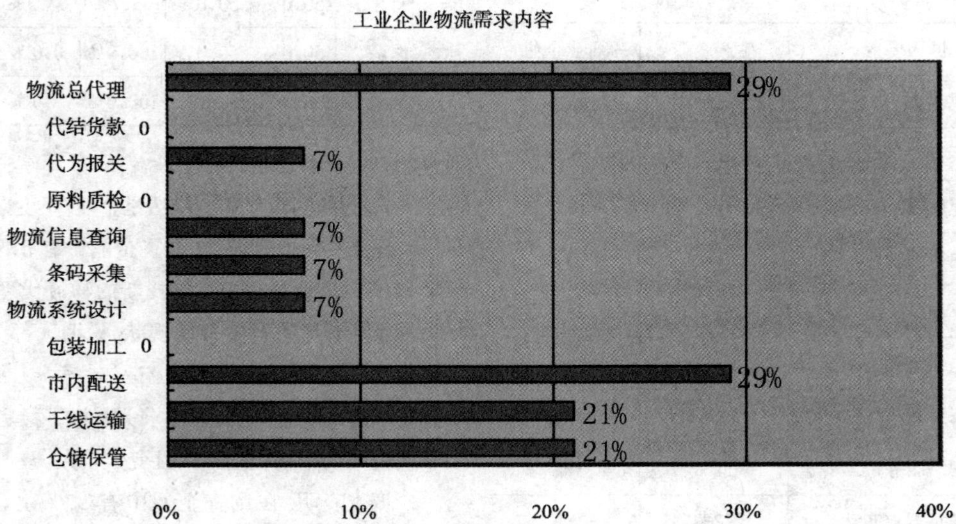

图 7—8—7 工业企业物流服务的需求

商业企业物流需求内容

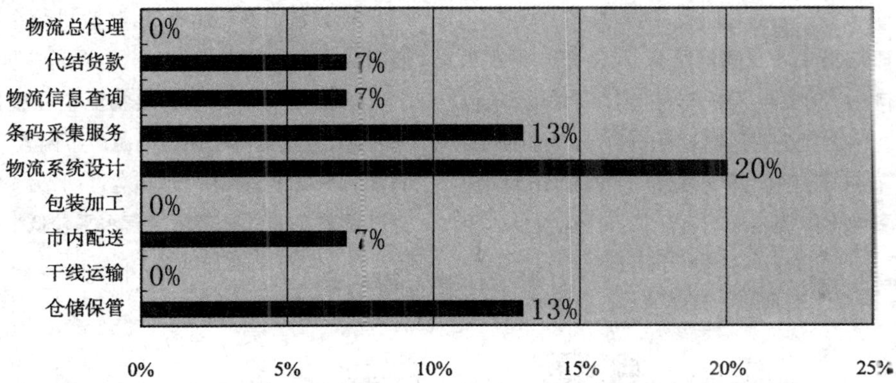

图 7—8—8　商业企业物流服务需求

4. 选择新型物流代理商最主要的标准——物流能力

表 7—8—6 表明：生产企业选择新的物流服务商首先是作业质量，其次是综合物流满足能力，没有考虑运作的经济性。商业企业选择新的物流服务商首先是物流满足能力和是作业质量，也没有考虑运作的经济性。说明企业已经在意识上开始重视物流的能力问题，物流企业在进行服务策略定位时，要有针对性。

表 7—8—6　选择物流服务的标准

主要标准	生产企业	商业企业
经济性	0%	0%
综合物流满足能力	13%	13%
作业质量	40%	25%
没有考虑	47%	62%
总计	100.0	100.0

第二节　物流供给市场分析

一、样本构成分析及企业基本信息

物流供给企业回收问卷的构成比例如表 7—8—7：

表 7—8—7　企业构成比例

	企业性质			行业性质	
供给企业	国有独资	67%	生产企业	纯运输公司	7%
	集体	12%		纯仓储公司	10%
	三资	3%		储运公司	57%
	外商独资	1%		综合物流公司	26%
	私营	1%			
	内资股分制	16%			
	小计	100%		小计	100%

二、物流供给能力

此次调研的调查结果显示，企业供给能力如表 7—8—8：

表 7—8—8　物流供给能力

供给企业资源	员工数量	仓库面积	叉车数量	起重设备	运输车辆	铁路专用线	物流网点
资源量（平均）	259 人	4.7 万 m^2	14 部	3.4 部	18.1 部	1 707m	5 个

在我国目前物流供给企业仍然以手工作业或半机械半手工作业为主，企业员工数量直接反映出了企业的规模，从上表可以看出企业平均员工数量为 259 人，与协会上次调查相比企业员工规模上升 31 人，物流从业人员的增长又说明物流业规模和供给能力在逐步增长。根据物流设施设备的保有量计算出的物流作业能力分别为，公路年运力 18 万 t·km，最大周转量为 1.8 万 t，铁路年运力 6 万 t·km，最大周转量为 0.6 万 t，仓储能力 4.7 万 m^2，搬运和输送能力处于半机械化水平。

从上述数据来看：

1. 现有物流供给能力要大于物流市场需求。

2. 物流供给企业规模较小，供给企业运输能力要远远小于需求企业运输需求规模，能力分散，规模集成度较低，未形成大流通格局。

3. 仓储供给能力略微剩余。

三、物流服务水平

1. 物流供给企业作业能力未保持足够的优势，供需难以平衡

物流作业质量是企业选择新的物流商的首要标准，与物流需求企业相比单据准确率和运输及时率

略低,供需难以平衡(见图 7—8—9)。

2. 物流设施设备总量过剩,结构失调

从调研结果来看我国供给企业,敞车与厢式车的拥有比例为 15:2.6,厢式车保有比例太低,难以满足目前我国工商企业运输过程安全、环保的需求;其次冷藏车拥有量不足车数总量的 1‰,难以供应城镇居民日常生鲜食品的配送需求。搬运设备以手工叉车为主,机械化程度太低。

3. 物流设施利用率低,物流供给企业无法通过自身成本的降低来优化客户的物流成本

从图 7—8—10 中看出物流企业整体资源利用率不高,尤其是汽车回程资源严重闲置,一方面说明目前货源不足,货运汽车相对过剩,另一方面说明储运及物流企业汽车运输经营水平较低。

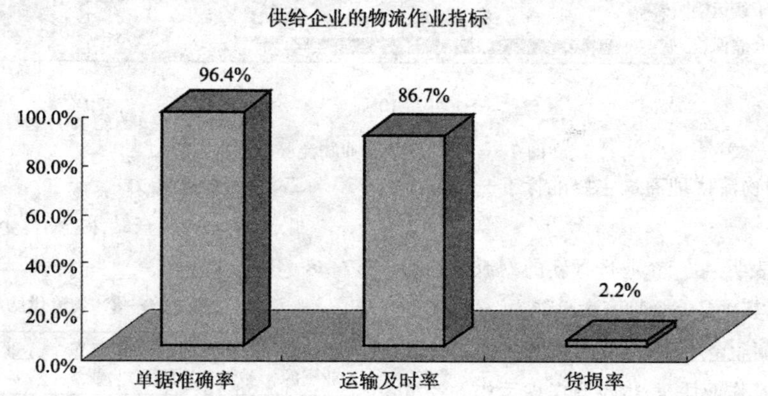

图 7—8—9　物流作业指标

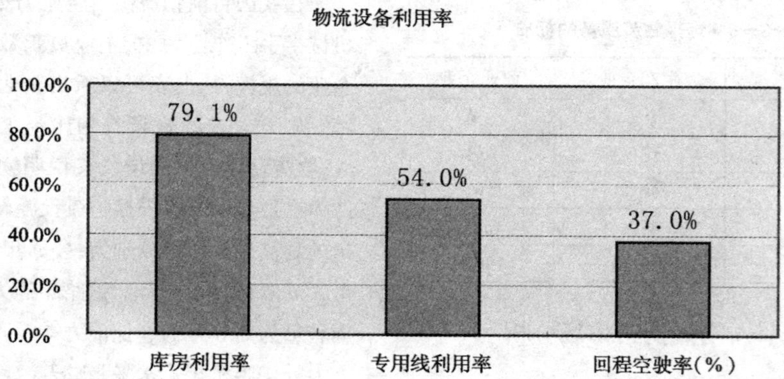

图 7—8—10　物流设备利用率

4. 物流信息系统——竞争力的“瓶颈”

(1)物流信息系统的拥有情况(见图 7—8—11)

(2)物流信息系统的业务模块(见图 7—8—12)

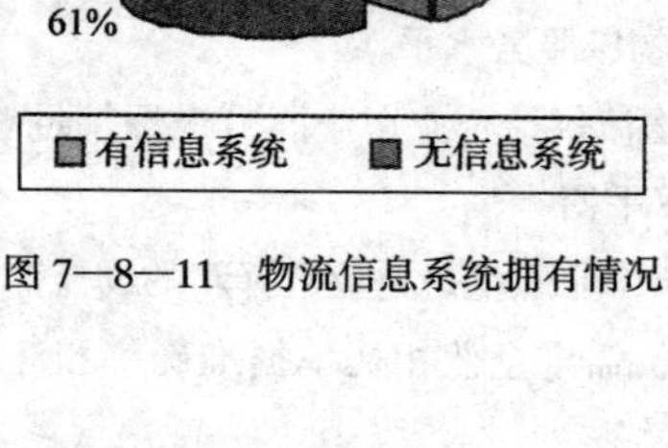

图 7—8—11　物流信息系统拥有情况

随着信息技术的发展,物流信息系统日益成为社会物流企业的发展“瓶颈”,物流信息资源整合能力也是需求企业考量物流供应商的主要因素。从调查结果来看,我国只有 39%的物流供给企业拥有物流信息系统,说明我国物流供给市场的信息化程度较低,不能满足客户需求。信息系统的业务功能和系统功能又是信息系统优越性的重要衡量特征,从上图可以看出业务功能不完善,远程通信能力低,缺乏必要的决策功能。

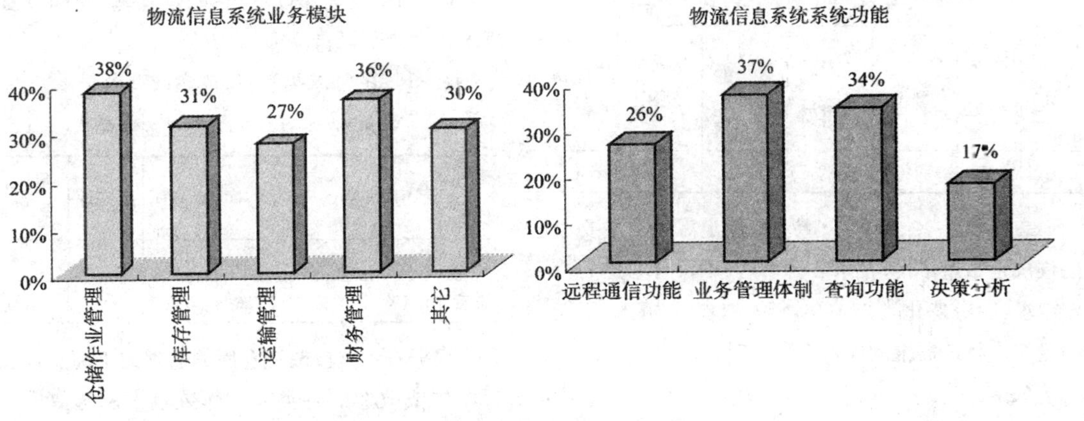

图 7—8—12　物流信息系统的业务模块

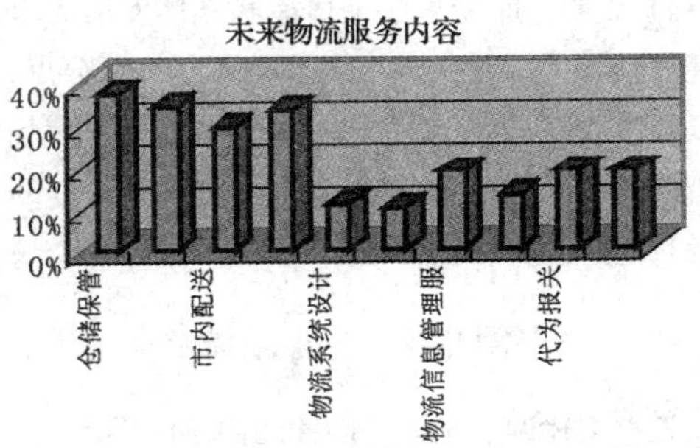

图 7—8—13　未来物流服务项目

5．未来计划向客户提供的物流服务项目

从物流供给企业的业务功能来看，企业未来计划提供的服务也主要集中在传统的仓储和运输上，而对需求企业提出的物流系统设计、物流信息管理等新型服务缺乏有效的支持。

第三节　物流市场设施设备的需求分析

一、生产企业和商业企业设施保有情况

（一）设施设备保有率高

表 7—8—9　物流设施设备拥有情况

	拥有汽车车队	拥有仓库	拥有机械化的装卸设施	拥有铁路专用线	其他
生产企业	73%	73%	33%	3%	0%
商业企业	36%	36%	7%	0%	0%

表 7—8—9 表明：生产企业中 73%的企业拥有汽车车队，73%的企业拥有仓库，33%的企业拥有机械化的装卸设施，3%的企业拥有铁路专用线。设施设备保有率较高。商业企业中 36%的企业拥有汽车车队，36%的企业拥有仓库，7%的企业拥有机械化的装卸设施，设施设备保有率很高。

（二）物流设施设备不能满足需要

1．运输设施不能满足作业需求的原因

表 7—8—10　运输设备不能满足需要的原因

项目	数量不足	接近使用寿命	技术装置落后	不符合客户的特定需求	运行成本太高	污染环境
百分比	30%	15%	8%	18%	2%	6%

表 7—8—10 表明：运输设施不能满足作业需求的主要原因依次是数量不足、不符合客户的特定需求、接近使用寿命。与 1999 年的调研相比，环境和技术装置导致的原因有所上升。

2．搬运设施不满足作业需求的原因

表 7—8—11　搬运设备不能满足需要的原因

项目	数量不足	接近使用寿命	技术装置落后	不符合客户的特定需求	缺乏专业操作人员	运行成本太高
百分比	21%	10%	17%	8%	3%	9%

表 7—8—11 表明：搬运设施不满足作业需求主要原因依次是数量不足、不符合客户的特定需求、接近使用寿命及运行成本太高。与 1999 年相比数量不足引起该情况的比例有所上升。

3．仓库不能满足需求的原因

表 7—8—12 仓库不能满足需要的原因

项目	数量不足	老化	技术装置落后	不符合客户的特定需求	缺乏专业操作人员	运行成本太高
百分比	18%	19%	16%	13%	2%	8%

表 7—8—12 表明:仓库不能满足需求的主要原因依次是数量不足、技术装置落后、不符合客户的特定需求、库房老化。与 1999 年调查结果相比,不能满足客户特定需求的比例有所上升。

根据表 7—8—9、表 7—8—10、表 7—8—11、表 7—8—12 结果来看:(1)物流设施总量不足与利用率低下并存,说明利用不均匀,有可能是时间上或空间上的不均;(2)技术装置落后;(3)设施存在一定程度的老化;(4)不能满足客户特定需求是物流设施设备不能有效满足作业要求的障碍之一,说明目前设施设备缺乏有效的差异化,存在功能缺陷。

二、各类型企业的物流设施设备需求

1. 各类设施需求旺盛

表 7—8—13 物流设备的需求

平均数量	生产企业	商业企业	物流企业	总计
汽车(辆)	89	13	8	110
装卸机械(台)	6	7	5	18
计算机(台)	10	47	14	61
仓库面积(m^2)	8829	4222	8571	21622

生产企业、商业和物流企业的物流设施设备平均需求量见表 7—8—13,生产企业的设施平均需求量最高,商业企业和物流企业其次。与 1999 年的调查相比,购买汽车和计算机、购建仓库、装卸设备的需求依次全部增量。

2. 仓库的需求类型:低成本或高容量

表 7—8—14 仓库类型的需求

回答比例	平房库	楼房库	立体库	冷藏库	冷冻库	危险品仓库
改造	39%	17%	30%	9%	3%	4%
添置	24%	6%	12%	4%	1%	3%

根据有添置或改造仓库的需求的工商企业在选择添置或改造的各类型仓库数量占总选数量的比例,反映出企业对不同库房的需求比例(见表 7—8—14),表明仓库需求中平房库和立体库的需求比例最大,而楼房库的需求比往年降低 7 个百分点,表明低成本或高容量仓库是未来仓库设施需求市场的主流。同时冷藏库的需求比例也有一定程度的上升,给低温物流升温不少。

第四节 基本结论

根据上述调研统计,可以得出下面的结论:

1. 现代物流在中国刚起步,其发展空间和潜力巨大;

2. 从近几年来物流市场份额分析,第三方物流的份额在逐年增加,显示了第三方物流的市场前景;

3. 从物流市场供需状况看,第三方物流商在服务功能与服务质量方面,在一定程度上不能适应市场的需求;

4. 随着物流产业的发展,物流企业和工商企业对物流设备的需求逐步增大,技术层次呈多样化。

参 考 文 献

1 王槐林,凌大荣,刘志学．物资资源配置技术．北京:中国物资出版社,1998

2 Richard J.Tersine 著,白礼常,董其尉,等译．物资资源配置技术．北京:中国物资出版社,1987

3 Richard J.Tersine.Principles of inventory and materials management.NewYork: North Holland, c1982

4 Donald W.Fogarty, Thomas R.Hoffmann.Production and inventory management.Cincinnati: South-Western Pub.Co.,c1983

5 Nyles V.Reinfeld.Production and inventory control.Reston,VA:RestonPub.Co.,1982

6 Arnoldo C.Hax, Dan Candea.Production and inventory management.Englewood Cliffs, N.J. Prentice-Hall,c1984

7 Production planning, scheduling, and inventory control: concepts, techniques, and systems.Norcross, Ga.: Production and Inventory Control Division, Institute of Industrial Engineers, American Institute of Industrial Engineers, 1982.2nded./edited byVincentA.Mabert, Colin Moodie

8 C. D. Lewis. Scientific Inventory Control. London;Boston:Butterworths,1981

9 陈荣秋．生产计划与控制——概念、方法与系统．武汉:华中理工大学出版社,1995

10 邹红,苏曼．现代企业管理理论与实践．北京:中国物资出版社,1993

11 李必强．现代生产管理的理论与方法．武汉:华中理工大学出版社,1991

12 Bernard T.Smith.Focus forecasting and DRP: Logistics tools of the twenty-first century, NewYork: Vantage Press,c1991

13 Martin, A.J.Distribution Resource Planning, Prentice Hall,Englewood Cliff,NJ,1983:1～3

14 Chrwan-jyh Ho.Distribution Requirment Planning: A Generalised System for Delivery Schedulingina Muti-sourcing Logics System, International Journal of Physical Distribution and Logistics Management,1992(1),20

15 王槐林,王嘉霖．我国流通中心 DRP 应用的可能性研究．中国物资流通,1997(6):33.'97 亚太国际物流会议论文集,1997.6.9～10,中国,北京

16 Wang Huai-lin, Wang Jia-lin.A Research on DRP of Distribution Center.Fourth International Conferenceon Industrial Engineeringand Engineering Management, 1997, August 18～22, Hong Kong (王槐林,王嘉霖．在香港科技大学举行的第 4 次工业工程和工程管理国际会议论文,1997.8.21～23)

17 陈荣秋,马士华编著．生产与运作管理．北京:高等教育出版社,1999

18 张列平．精益生产．工业工程与管理,1997(2)

19 Robert G.Brown.Smoothing and Prediction of Discrete Time Series, Prentice-Hall, 1963: 365～367

20 杨谊青主编．连锁经营原理与管理技术．北京:高等教育出版社,2001

21 王之泰．现代物流学．北京:中国物资出版社,1995

22 刘昌祺主编．物流配送中心设计.北京:机械工业出版社,2001

23 黄以群,董湘陵．条码技术．北京:国防工业出版社,1991

24 李金哲,朱俊英．条码技术应用．沈阳:辽宁科学技术出版社,1991

25 [英]布来恩·克莱格著,向莉,李矿译．看不见的顾客:成功的网络客户服务战略．北京:新华出版社,2001

26 徐章一．顾客服务——供应链一体化的营销管理．北京:中国物资出版社,2002

27 黄磷．流通领域的全面革新．上海:上海远东出版社,1997

28 张昌顺,林成荫．现代市场营销方略．深圳:海天出版社,1992

29 周勇．新编管理理念与实务．北京:立信会计

出版社,1995
30 傅浙铭,邹树彬．营销八段分销渠道管理．广州:广东经济出版社,2000
31 王槐林．采购管理与库存控制．北京:中国物资出版社,2002
32 王槐林,刘明菲．物流管理学．武汉:武汉大学出版社,2002
33 王槐林,刘明菲．现代企业生产库存管理与控制．北京:中国铁道出版社,2002
34 马士华,林勇,陈志祥．供应链管理．北京:机械工业出版社,2000
35 蔡庆麟,刘艳琴,王玉兴．运输经济与管理决策,北京:人民交通出版社,1998
36 陈义仁．现代企业物流管理．广州:广东经济出版社,2001
37 韩辉,周宏编著．销售管理手册．北京:企业管理出版社,2001
38 姜宏．物流运输技术与实务．北京:人民交通出版社,2001
39 卢和煜,等编著．宝钢的物资管理．北京:冶金工业出版社,1998
40 陆化普．智能运输系统．北京:人民交通出版社,2001
41 孟春主编．政府采购:理论与实践．北京:经济科学出版社,2001
42 齐二石,等主编．物流工程．天津:天津大学出版社,2001
43 屈云波主编．销售业务管理．北京:企业管理出版社,1999
44 沈小静．销售费用管理．北京:经济科学出版社,1998
45 宋华,胡左浩著．现代物流与供应链管理．北京:经济管理出版社,2000
46 徐文静．物流战略规划与模式．北京:机械工业出版社,2002
47 刘昌祺主编．物流配送中心设计．北京:机械工业出版社,2001
48 周全申．现代物流技术与装备实务．北京:中国物资出版社,2002
49 郎会成,蔡连侨．物流经理业务手册．北京:机械工业出版社,2001
50 王成钢．交通运输市场概论．北京:人民交通出版社,2001
51 Richard B Chase,等著,宋国防,等译．生产运作与管理．北京:机械工业出版社,2001
52 陈福生主编．工业企业物资管理．北京:经济管理出版社,2000
53 许庆瑞．管理学．北京:高等教育出版社,1997
54 黄福华,等著．现代企业物流运作与管理．长沙:湖南人民出版社,2001
55 李苏剑,常志明著．连铸连轧生产物流管理．北京:冶金工业出版社,2001
56 马丁·克里斯托弗著,马越,马月才译．物流竞争:后勤与供应链管理．北京:北京出版社,2001
57 李苏剑,游战清．企业物流理论与案例．北京:机械工业出版社,2002
58 王成．私营公司物流与生产管理控制精要．北京:中国致公出版社,2001
59 王晓东,胡瑞娟,等．现代物流管理．北京:对外经济贸易大学出版社,2001
60 王忠宗．采购管理与实务．广州:广东经济出版社,2001
61 吴清一．物流学．北京:中国建材工业出版社,1996
62 物资仓库编写组编,物资仓库规范．内部资料,物资部,1993
63 辛奇,利维,等著,季建华等译．供应链设计与管理概念:战略与案例研究．上海:上海远东出版社,2000
64 张伟编著．双向销售管理．北京:企业管理出版社,2001
65 赵王景主编．企业会计．北京:中国商业出版社,1997
66 朱水兴．工业企业的采购与采购管理．北京:中国经济出版社,2001

郑（郑州）尧（尧山）、二（二连浩特）广（广州）高速公路平顶山枢纽

《平顶山年鉴》（2010年卷）荣获第五届全国年鉴编校质量特等奖

平顶山年鉴

2011(总第十三卷)

PINGDINGSHAN YEARBOOK

平顶山市人民政府 主办

平顶山市地方史志办公室 编纂

平顶山概况

A Survey of Pingdingshan

平顶山市位于河南省中部，1957年建市，现辖2市4县4区，土地面积7882平方公里，总人口490万人，是中国优秀旅游城市和国家园林城市。

自然资源丰富。已探明各类矿藏57种，其中煤、盐、铁储量最大，是中南地区最大的煤田、中国岩盐之都、全国十大优质铁矿之一。有各类水库175座，年均水资源拥有量30亿立方米，是中部地区水资源富集区。旅游资源单体4200多个，有国家5A级旅游风景区尧山景区和国家4A级旅游风景区二郎山景区。

历史文化深厚。市辖区为西周时期武王宗室应侯封地。应国，古汉语“应”与“鹰”通假，因此平顶山又称鹰城。境内全国重点文物保护单位14处，有千手观音证道祖庭香山寺，“中州四大名刹”之一风穴寺和世界第一大佛中原大佛，国家重大考古发现汝官窑遗址，苏洵、苏轼、苏辙父子安息地三苏园，全国保存最完整的明代县衙叶县县署，国家级非物质文化遗产马街书会。是河南曲剧发源地和中国曲协命名的“中国曲艺城”；是世界叶姓、刘姓华人的祖籍地。

区位交通便捷。地处京广和焦枝两大铁路干线之间，距新郑国际机场100公里。兰南、宁洛、二广、郑尧、焦桐5条高速公路穿境而过，与全国高速公路网络相连。

产业优势突出。拥有能源化工、装备制造、特种钢材、新型建材、农产品加工和现代服务业等六大支柱产业。中平能化集团、舞钢公司、平高集团、姚电公司、天瑞集团、巨龙公司等企业在全省、全国乃至世界同行业都占有重要地位。

投资环境宽松。持续开展创建活动，城市基础设施日趋完善。深入开展“两转两提”，

积极推行“立体作业”，政府行政效能进一步提高。享受国家振兴东北老工业基地政策，各项优惠政策和主要生产要素较为宽松，具备投资兴业、快速发展的优厚条件。

2010年，完成生产总值1312亿元，地方财政一般预算收入80.6亿元。全市上下在科学发展观引领下，按照“学先进、比创新、看实效”要求，深入实施“生态建市、产业立市、文化强市、和谐兴市”战略，统筹推进“优化产业结构、加快城镇化、建设新农村”三大任务，着力打造全国重要的新型能源化工基地、现代装备研发制造基地和海内外知名旅游目的地，努力建设“三化”协调发展，彰显“三地”优势的资源型城市可持续发展示范区，在全省率先实现崛起，提前全面小康，成为中原经济区重要的战略支点。

城市名片

CITY-MARK

中国优秀旅游城市

国家园林城市

中国书法城

中国曲艺城

全国双拥模范城市

全国残疾人工作示范城市

全国人口计划生育综合改革、婚育新风进万家活动双示范市

中国岩盐之都

中国冶铁文化之都

中国金融生态城市

中国魔术之乡

中国汝窑陶瓷艺术之乡

中国牛郎织女文化之乡

中国民间文化艺术之乡

2010数字平顶山

2010 Figures of PingDingShan

总面积7882平方千米
建成区面积75平方千米
岁末常住人口490万人
县（市、区）10个（2市4县4区）
乡镇、街道141个
地区生产总值1312亿元
　　第一产业114.7亿元
　　第二产业869.4亿元
　　第三产业328亿元
人均GDP 26000元
财政一般预算收入80.6亿元
进出口总值42530万美元
实际利用外资16390万美元
全社会固定资产投资712.9亿元
社会消费品零售总额349.98亿元
人民币存款余额1137.9亿元
人民币贷款余额694.4亿元
城镇化率43.4%
绿化造林12248公顷
全市空气质量优良天数320天
新增治理水土流失面积8.1千公顷
新增有效灌溉面积4.53千公顷
新增土地流转面积7733公顷
供电总量116.41亿千瓦时
公路通车里程13255公里
高速公路394公里
工业总产值2522.4亿元
限额以上工业企业增加值669.6亿元
限额以上工业企业主营业务收入1964.3亿元
限额以上工业企业利润总额135.8亿元
重点项目完成投资178.5亿元
非公有制增加值706亿元
农林牧渔业总产值204.6亿元
粮食产量197.2万吨
肉类产量36.2万吨
建筑业产值88.7亿元
三级以上资质建筑企业房屋施工面积775.6万平方米
三级以上资质建筑企业房屋竣工面积270.1万平方米
公路货物周转量160亿吨公里
公路客运周转量37.8亿人公里
邮电业务总量75.6亿元
旅游业总收入62.8亿元
专业技术人员7.8万人
获市级以上科技进步奖108项
申请专利928项
普通高校5所、高中38所、初中220所、
小学1480所、中等专业学校8所
艺术表演团体9个、业余文艺团体1795个

文化馆10个、图书馆8个、博物馆4个

无线广播电台7座

无线电视台7座

广播人口覆盖率98.11%

电视人口覆盖率96.62%

卫生医疗机构714个

卫生技术人员20829人

医院病床19893万张

省级以上体育比赛获奖牌130枚

- 金牌33枚
- 银牌45枚
- 铜牌52枚

城镇新增就业14.7万人

公共就业服务机构170个

城镇居民最低生活保障8.97万人

农村居民最低生活保障17.2万人

社会福利收养机构133个

城镇居民人均可支配收入16208元

城镇居民人均消费性支出11502元

农村居民人均纯收入5504元

农村居民人均生活消费支出3167元

城镇居民人均居住面积25.98平方米

农村居民人均居住面积3[illegible].84平方米

MAP OF PINGDINGSHAN
ADMINISTRATIVE REGION

平顶山行政区域图

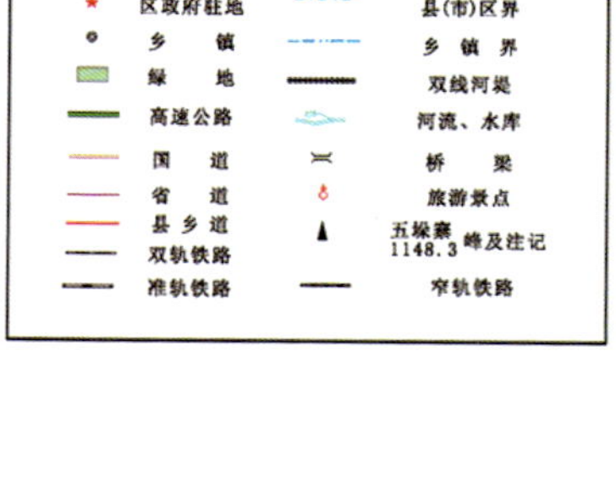

平顶山在中国的位置

PINGDINGSHAN' S LOCATION IN CHINA

注：此图不作为边界划分的依据

2011 年 8 月 26 日，市委书记赵顷霖在中国共产党平顶山市第八次代表大会上作报告

李志勇 摄

2011 年 1 月 7 日，代市长陈建生在市七届人大三次会议上作《政府工作报告》

姜涛 摄

领导关怀

LING DAO GUAN HUAI

2011 年 4 月 22 日，省委书记卢展工（左一）在市委书记赵顷霖（左三）、市长陈建生（左二）陪同下到尧山风景区调研

牛智广 摄

2011 年4 月13 日，省长郭庚茂（右二）在市委书记赵顷霖（右一）、市长陈建生（右三）陪同下到市爱心超市调研

牛智广　摄

2010 年 4 月 2 日，市委书记赵顷霖在新平高公司调研

李志勇 摄

2010 年 12 月 8 日，市委书记赵顷霖在鲁山县下汤镇林楼村调研时与老农亲切交谈

李志勇 摄

2010年5月31日，市委书记赵顷霖为卫东区雷锋小学题词

李志勇 摄

2010 年 7 月 1 日，市委书记赵顷霖（前左二）在新华区社区调研基层党组织创先争优活动开展情况

李志勇 摄

2010 年 11 月 9 日，代市长陈建生（中）视察市政工程建设

姜涛 摄

2010 年 10 月 28 日，代市长陈建生（前右）在郏县农村调研

姜涛 摄

2010 年 10 月 29 日，代市长陈建生（右三）在市卫生学校视察

姜涛 摄

2010 年 11 月 15 日，代市长陈建生（右二）在华利制药厂调研

姜涛 摄

国家园林

河滨公园

城市 GUO JIA YUAN LIN CHENG SHI

绿洲叠翠　　张国岳 摄

新城区湖滨路　　李志勇 摄

白龟湖国家湿地公园　　李艳叶 摄

中国·平顶山 "美在

尧山凤凰台 张惠宾 赵延廷 摄

暖阳 杨庆生 摄

鹰城 摄影作品选

Ying Cheng Mei Zai

尧山烟云　王森 摄

鹰城之夜　许哲 摄

第三届华侨华人中原经济

DI SAN JIE HUA QIAO HUA REN ZHONG YUAN JING JI HE ZUO LUN TAN

市委书记赵顷霖（右）会见华侨代表　　李志勇 摄

市委书记赵顷霖（右）会见外国友人　　李志勇 摄

合作论坛

2010 年 9 月 19 日，第三届华侨华人中原经济合作论坛在市会议中心隆重开幕

李志勇 摄

笑迎盛会

李志勇 摄

华侨华人合影留念

李志勇 摄

PING DING SHAN SAN SU BEI QUAN GUO SHI GE DA SAI

平顶山“三苏杯”

全国诗歌大赛

平顶山“三苏杯”全国诗歌大赛颁奖晚会

曹灿朗诵《念奴娇·赤壁怀古》 李志勇 摄

石维坚朗诵《一座山的崛起和山的风采》 李志勇 摄

殷之光朗诵《我骄傲，我是中国人》 李志勇 摄

李志勇 摄

优势产业

备战煤炭技术装备展览会

李志勇 摄

煤矿自动化指挥调度中心

国内高压、超高压、特高压开关重大装备研发制造基地——平高集团有限公司

世界特钢生产五强企业之一，国家特宽特厚钢板生产基地——舞阳钢铁有限责任公司

中国神马股份帘子布公司生产线

优势产业

YOU SHI CHAN YE

国内最大的卤水电解槽　　李志勇 摄

中电投鲁阳发电公司（2×100万千瓦）输变电站

河南巨龙淀粉实业有限公司

河南最大的新型干法水泥生产企业——天瑞集团

李志勇 摄

河南省最大的食用盐生产配送中心 -- 中盐皓龙物流中心

夜辉璀璨　　　　　　张柳松 摄

平顶山学院新貌

城市建设

Cheng Shi Jian She

湛河飞虹

张金保 摄

体育村鸟瞰

新城区风光　　刘鲁豫 摄

新农村 新风貌

Xin Nong Cun Xin Feng Mao

朝气蓬勃的年轻人 李志勇 摄

尊老敬老新风尚　　　　冯洪波 摄

◀ 郏县冢头镇马湾移民新村　　　　李志勇 摄

▼ 又是一个丰收年　　　　张国岳 摄

Wen hua huo dong

文化活动

2011年6月21日，市委、市政府领导在庆祝中国共产党成立90周年演唱会上激情放歌

李志勇 摄

2010年新年音乐会 李志勇 摄

著名歌唱家吕继宏演唱《咱老百姓》 李志勇 摄

大地飞歌 李志勇 摄

大型广场集体婚礼

Ti Yu Yun Dong 体育运动

鹰城运动员亚残运会载誉归来

李志勇 摄

跃动的旋律

李志勇 摄

全民健身活动

历史文化

LISHI WENHUA

鹳鱼石斧图形陶缸

陶质彩绘，1978 年河南省临汝县（现汝州市）阎村出土，属新时器时代仰韶文化的杰出代表作，是一件罕见的绘画珍品。被国务院确定为国家现存的 67 件国宝之一。

香山寺千手千眼大悲观世音菩萨像

汉传观音菩萨证道祖庭——香山寺

马街书会

绵延 700 余年长盛不衰，被文化部列入“国家级非物质遗产保护名录”、“中国十大民俗”之一。

北宋五大名瓷之首——汝瓷

中国·宝丰第四届魔术文化节

贯彻《河南省地方志工作规定》推动年鉴编纂取得新辉煌

2011 年，全市各级地方史志部门认真学习宣传、贯彻落实《河南省地方志工作规定》，积极探索研究地方志工作科学发展的新途径，牢固树立“潜心修志、强化用志、围绕中心、服务大局，推动发展”的理念，进一步理清工作思路，确立工作目标，经过全市广大修志工作者的辛勤努力，推动二轮修志、年鉴编纂、月报出版、读志用志工作取得明显成效。尤其是地方综合年鉴的编纂质量得到显著提升，在 2011 年中国版协年鉴工作委员会组织的第五届全国年鉴编校质量检查评审中，《平顶山年鉴》（2010 年卷）荣膺全国年鉴编校质量特等奖，是河南省参评年鉴中唯一特等奖，也是《平顶山年鉴》自 1999 年创刊以来获得的最高奖项。此外，同次参评的《舞钢年鉴》（2010 年卷）获一等奖，《卫东年鉴》（2010 年卷）获二等奖，《宝丰年鉴》（2010 年卷）和《叶县年鉴》（2010 年卷）获三等奖。

市史志办《河南省地方志工作规定》展板宣传

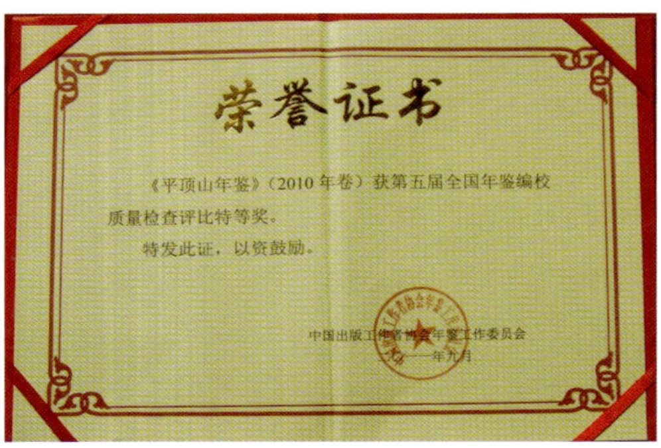

荣誉证书

《平顶山年鉴》（2010 年卷）获第五届全国年鉴编校质量检查评比特等奖。

特发此证，以资鼓励。

中国出版工作者协会年鉴工作委员会

年六月

舞钢市地方史志办公室学习《河南省地方志工作规定》座谈会

《平顶山年鉴》（2010 年卷）获第五届全国年鉴编校质量特等奖

宝丰县地方史志办公室组织学习《河南省地方志工作规定》

平顶山市地方史志（年鉴）编纂委员会

主　　任　陈建生（市委副书记、市政府市长）

副 主 任　王　丽（市委常委、市政府常务副市长）

张遂兴（市委常委、市委秘书长）

宋纪功（市委常委、平顶山军分区政委）

郑　枝（市人大常委会副主任）

潘民中（市政协副主席）

委　　员　郭巧敏（市政府秘书长）

杨英锋（市委常务副秘书长）

张荣海（市纪委常务副书记、市监察局局长）

齐俊禄（市委组织部常务副部长）

可运领（市委宣传部常务副部长）

兰　战（市政协学习文史委主任）

李昆武（市人大常委会调研员）

张中俊（市财政局局长）

邱红标（市教育局局长）

牛继庆（市统计局局长）

宋新华（市史志办副主任）

王亚红（市史志办副主任）

朱俊杰（市史志办纪检员）

翟红果（市史志办副调研员）

《平顶山年鉴》编辑人员

主　　编　宋新华

执行主编　王亚红

执行副主编　翟红果

副 主 编　朱俊杰　关宏毅

编　　辑　（以姓氏笔画为序）

尹　涛　冯春梅　关宏毅　朱俊杰　张　杰
张　征　张晓丽　赵桂荣　姬廷宣　盛　刚
翟红果

工作人员　孙凤君　杜冠豫

编　辑　说　明

一、《平顶山年鉴》是根据国务院《地方志工作条例》和《河南省地方志工作规定》的要求，由中共平顶山市委领导、平顶山市人民政府主办、平顶山市地方史志办公室组织编纂，面向国内外公开发行的年度资料性文献。本鉴自1999年发行以来，每年出版一卷。此卷是第十三卷，记述时限为2010年1月1日至12月31日。

二、《平顶山年鉴》以马克思主义、毛泽东思想、邓小平理论和“三个代表”重要思想为指导，以科学发展观为统领，实事求是记载平顶山市自然和社会基本情况，全面系统反映经济建设和社会事业取得的新成就、新发展和新经验。其目的是宣传平顶山、服务社会、服务发展，为编修志书辑存资料。

三、《平顶山年鉴》采取分类编辑法，设类目、分目、条目三个主体层次。本卷共设26个类目：特载、专记、大事记、市情概览、人物、政治、社会团体、军事、法制、城建 环保、交通 邮政、信息产业、工业 非公有制经济、现代农业、商贸、旅游业、财政 税务、金融、经济管理与监督、文化、科学、教育、卫生 体育、社会生活、县（市、区）概况、附录。卷首设目录，卷末附索引，以便读者查阅。

四、本卷的组织机构、会议及政治和专业性术语，首次出现时用全称，之后一般用简称，如“中共平顶山市委员会”简称为“市委”、“平顶山市人民政府”简称为“市政府”，等等。

五、本卷采用的资料由市直各单位、各部门、各县（市、区）及驻平单位提供，个别条目、资料源于《平顶山日报》。数据以统计局提供的为准，涉及部门与专业数据由各撰稿单位核准。现代语体文记述，数字、计量、单位和标点符号规范统一，符合国家有关规定标准。

六、单位撰稿人姓名署于条目之后。

目　　录

特　　载

专　　记

发展要论

典型经验

创建成果

重大活动

大 事 记

市情概览

地域概况

历史沿革

行政区划

资源概况

经济概况

人　口

民　族

宗　教

机　构

人　物

党政军领导

全国劳动模范和全国先进工作者

国务院特殊津贴专家

行业楷模

世界冠军

散文名家

市十大科技功臣

政　　治

中共平顶山市委

平顶山市人民代表大会

平顶山市人民政府

政协平顶山市委员会

中共平顶山市纪律检查委员会

民主党派和工商联

社会团体

市总工会

团市委

市妇联

市残联

市文联

市侨联

市爱卫会

军　　事

地方军事

武装警察

人防建设

法　　制

政　法

审　判

检 察

公 安

司法行政

仲 裁

重大案件与典型案例

城建　环保

城市建设与管理

城乡规划

新城区建设

高新技术产业开发区建设

公用事业

房产管理

环境保护

交通 邮政

交通管理

邮政事业

信息产业

移　动

联　通

电　信

工业　非公有制经济

综　述

能源化工

装备制造

特种钢材

新型建材

林　业

水　利

水库管理

农机管理

蔬　菜

畜牧业

农业综合开发

烟　草

商　贸

商贸管理

粮油购销

供销合作

物资流通

石　油

旅　游　业

财政　税务

财　政

税　务

金　融

金融管理

银行监管

银行业

保　险

证　券

经济管理与监督

综　述

统计调查

审　计

国有资产管理

工商行政管理

质量技术监督

国土资源管理

食品药品监督

盐业管理

文　　化

文化艺术

新闻媒体

档案事业

图　书

史志编纂

党史研究

文物管理

科　学

综　述

地震监测

科学普及

农业科研

气　象

社会科学

教　育

综合管理

基础教育

职业　成人和民办教育

高等教育

卫生 体育

卫 生

体 育

社会生活

人口和计划生育

民族 宗教

劳动保障

人民生活

民政管理

住房公积金管理

消费者权益保护

县(市、区)概况

汝州市

舞钢市

宝丰县

郏　县

叶　县

鲁山县

新华区

卫东区

湛河区

石龙区

附 录

索 引

CONTENTS

Special Contribution

Special Note

Chronological Events

City Overview

Figures

Politics

Social Organizations

Military Affairs

Leagal System

Urban Constrution and Environmental Protection

Traffic and Post

Information Industry

Industry and Non—public Economy

Mordern Agriculture

Commerce

Tourism

Finance and Taxation

Finance

Economic Administration and Supervision

Culture

Science

Education

Health and Sports

Social Life

General Situation of Counties, County - level Cities and Districts

Appendix

Index

特　　载

河南省省长郭庚茂莅平调研

2010年4月12日～13日，省长郭庚茂带着对平顶山发展的关注和厚望，莅临平顶山调研指导工作。省政府办公厅和省直有关部门的负责人参加调研。市委书记赵顷霖，市委副书记、市长陈建生等陪同调研。

郭庚茂先后到郏县、新城区、卫东区、湛河区、平顶山高新产业集聚区，详细察看产业集聚区建设、重点项目建设、城市建设、新农村建设和市爱心救助超市。

在郏县产业集聚区，郭庚茂认真了解圣光集团、平煤机等企业的生产经营情况，希望圣光集团加强质量监管，确保产品安全，面向世界扩张市场，迅速做大做强；希望平煤机积极引进世界先进技术和资金，拓展国际市场。郭庚茂指出，建设产业集聚区的目的就是要实现项目（企业）集中布局、产业集群发展、资源集约利用、功能集合构建。郏县产业集聚区要在发展中进一步注重功能的集合构建，围绕企业需要完善服务，增强竞争优势。在郏县冢头镇，郭庚茂察看前王庄村和陈寨村的新农村建设。他说，平顶山新农村建设的做法就是规划先行、"两个转变"、群众自愿。"两个转变"，生产方式转变是前提，生活方式转变的进程要与生产方式转变相适应。在前王庄村股份制企业——平顶山远航实业有限公司，郭庚茂说，新农村建设要靠发展现代农业带动，发展现代农业要靠龙头企业带动，希望继续努力。他还叮嘱两个村的党支部书记，在调整结构、发展现代农业、增加农民收入的同时保证粮食安全。在新城区，郭庚茂察看新城区规划模型，听取平顶山市新区建设总体方案汇报。他强调，平顶山北有山地丘陵、南有白龟山水库，有条件建设高水平的新区，希望进一步完善规划方案，提升品位和档次，使各个组团的功能更加合理，要建设好中心商务区，为城市各个组团提供金融、会展等高层次服务；要高水平做好景观风貌设计，打造河南省最优美、最具特色的新区。在察看新城区蓝湾新城农民安置小区项目和卫东区明珠世纪城城中村改造项目时，郭庚茂强调，要解决好城市发展过程中拆迁群众的安置、补偿和社会保险问题，为他们提供就业培训，使他们有稳定的收益，成为改革发展的受益者，享受到实实在在的现实利益。在察看湛河区蓝欣家园廉租住房和经济适用房项目时，郭庚茂详细了解平顶山市保障性住房建设情况。他强调，要进一步加强对廉租房和经济适用房的管理，特别要结合产业集聚区建设，大力发展公共租赁住房。在听取关于平顶山高新产业集聚区发展情况的汇报后，郭庚茂强调，平顶山高新区有尼龙化工、盐化工、电力装备制造的基础，要发挥品牌优势，一方面加强研发创新，建设好研发平台、孵化器、服务平台；一方面要与承接产业转移相结合，加强产业和技术引进。通过两方面结合，迅速把产业做大。郭庚茂还深入国网装备日本东芝零部件生产项目、平高东芝公司、中电装备平高集团东区项目和中国平煤神马集团尼龙化工公司、氯碱公司，了解企业的生产经营和管理情况。

在市爱心救助超市，郭庚茂认真察看超市的运行流程，并与前来领取物品的困难群众亲切交谈。他勉励爱心救助超市的工作人员要引领社会风尚献爱心、扶贫帮困为人民。

4月13日下午，郭庚茂召开座谈会，听取市委、市政府的工作汇报，并对全市的工作提出要求。郭庚茂指出，通过一天半的考察，感觉平顶山在市委、市政府的坚强领导下，经济社会发展取得可喜成绩，体现在三个方面：一是经济社会保持平稳较快发展，态势不错。二是发展后劲不断增强，城市面貌不断改善，重点项目取得突破，招商选资很有成效。三是工作有创新、有亮点，大型国有企业整合开始见到成效，原平煤集团和神马集团整合后按照预定的战略目标，实现煤化、盐化一体化发展；在新农村建设中注重生产方式转变发展现代农业，注重生活方式转变建设新村，“两个转变”结合得比较好，思路比较清晰。总的印象是，平顶山市委、市政府做了大量工作，在各级干部群众的共同努力下，各项工作都取得了明显的成绩。郭庚茂强调，平顶山是一个很有潜力、很有希望的地方，应当抢抓机遇，科学引导，乘势而上，努力实现跨越式发展，建设一个优美和谐、实力雄厚的现代化城市，成为中原经济区建设的一个重要战略支撑点。希望平顶山把标准定得更高一点，各项举措抓得更准一点，前进的步伐迈得更大一点，为中原经济区建设和河南振兴作出更大的贡献。郭庚茂指出，平顶山资源禀赋好，有山有水有矿，气候适宜，还有很多自然景观和文化资源，完全可以打造一个优美宜居的现代化名城。平顶山有产业基础，能源、煤电在全省都占有很重要的地位，有中国平煤神马集团、平高集团两大实力雄厚的名企，有能源工业、煤盐化工和装备制造三大产业，在原有产业的基础上有可能形成竞争力很强的产业支柱。平顶山交通区位优越，而且会越来越突出，随着高速公路的完善和高速铁路的运行，平顶山将成为一个交通枢纽，成为产业转移的重要承接点。这三个方面优势发挥得好，平顶山发展大有希望、大有潜力。郭庚茂强调，平顶山已经确立“三大任务”、“三项保障”、建立一个战略支点等工作思路，总体上要按照既定思路抓好落实。根据平顶山的情况，特别要注意抓好三个方面工作：第一，加快产业、产品结构的调整。作为资源型城市，平顶山和全省一样正处在转型期，调整结构、壮大产业规模，为整个国民经济发展奠定基础，还是最突出的任务，要坚持“两手抓”：一要抓传统支柱产业的改造升级和产业链的延伸，发挥优势，解决存在的问题，继续壮大支柱产业；二要抓住当前国际国内产业结构调整转移的历史性机遇，加大招商选资力度，“无中生有”，培育新的产业，扩大增量。第二，提升城市水平。在稳妥推进新农村建设的同时，要高度重视城市建设，提升城市水平，为区域经济发展培养“发动机”，主要是做好三件事：一是完善城镇总体规划特别是平顶山市的总体规划，要按照组团式、生态型、现代化的目标进行规划布局；二是打造城市亮点，要很好地研究，先局部打造亮点，再陆续改造改建，尽快提升城市品位；三是完善城市服务功能，加快交通建设和新区规划。第三，稳固发展基础。要特别注意两个方面的问题：一是加快煤矿整合，尽快建立安全生产长效机制，为跨越式发展创造良好社会环境；二是加强干部队伍建设，思想上踏踏实实地为人民服务，业务上适应发展需要。

赵顷霖、陈建生在座谈会上分别代表市委、市政府作了汇报。赵顷霖说，郭省长的讲话和在调研现场的指导意见，对平顶山的发展有很强的针对性和指导性，使我们的发展思路更加清晰、发展方向更加明确。我们一定不辜负省长对平顶山的期望，把省长讲话要求学习好、贯彻好、落实好，努力使平顶山能有更好更快的发展。

靠正气实干 促科学发展 为提前全面小康团结奋斗

——在中国共产党平顶山市第八次代表大会上的报告

(2011年8月26日)

赵顷霖

各位代表、同志们：

现在，我代表中国共产党平顶山市第七届委员会向大会报告工作，请予审议。

中国共产党平顶山市第八次代表大会，是在“十二五”发展开局之年、中原经济区建设全面启动的重要时刻召开的。大会的主题是：高举中国特色社会主义伟大旗帜，以邓小平理论和“三个代表”重要思想为指导，深入贯彻科学发展观，动员全市各级党组织、广大党员和人民群众，坚持“四个重在”，落实“四个带动”，持续“学先进、比创新、看实效”，靠正气实干，促科学发展，为提前全面小康团结奋斗。

一、提前全面小康的基础条件

市七次党代会以来，七届市委面对复杂多变的发展环境，团结带领全市人民，认真贯彻中央、省委决策部署，克难攻坚、砥砺奋进，圆满完成市七次党代会确定的各项目标任务，在全面建设小康社会征程上迈出了坚实步伐。

我们不仅推动了国民经济较快发展，而且改善了人民群众生活。2010 年全市生产总值是 2006 年的 1.94 倍，由全省第 7 位提升至第 5 位，年均增长 12.6%；人均生产总值突破 4000 美元，是全省平均水平的 1.12 倍。地方财政一般预算收入是 2006 年的 1.99 倍，保持全省第三位，年均增长 18.8%。城镇居民人均可支配收入是 2006 年的 1.64 倍，保持全省第五位，年均增长 13.1%；农民人均纯收入是 2006 年的 1.74 倍，由全省第十四位提升至第十二位，年均增长 15%。在全省率先建立全民医保、农村低保、社会临时救助和高中阶段贫困生救助等制度，动态消除城镇“零就业”家庭，基本实现城乡低保“应保尽保”，解决城区中小学“大班额”和幼儿“入园难”问题有了实质性推进；加快保障性住房建设和棚户区改造，解决了 8.6 万户困难家庭的住房问题。

我们不仅推动了产业结构优化升级，而且提升了城乡建设水平。农业生产规模化和产业化进程加快，新增土地流转面积 60 多万亩，培训农民 35 万人次，培育省级以上农业产业化龙头企业 16 家，粮食生产连续 9 年丰收。工业经济在转型升级中不断壮大，新增省级以上企业研发中心 30 家、高新技术企业 13 家，高新技术产业增加值占工业增加值比重提升 16.6 个百分点，中国平煤神马集团挺进全国企业百强。现代服务业加快发展，年均增速高于全省全国平均水平。二、三产业比重提升 2.2 个百分点，单位生产总值能耗下降 21.2 个百分点。城市总体规划通过国务院部际联席会议审查，土地利用总体规划通过国务院审批，城市新区建设总体方案通过省政府批准，县城和 36 个中心镇扩容规划基本完成修编，城镇化率 43.4%，提升 6.4 个百分点，现代城镇体系框架初步形成。创建为中国优秀旅游城市、国家园林城市。编制实施新农村建设“两个规划”，启动 173 个示范村建设，探索了转变农业生产方式和农民生活方式、统筹城乡发展的有效路径。通信、互联网建设步伐加快，通过“国家数字城市试点市”初验。城乡交通基础设施不断完善，实现村村通公路、县县通高速。

我们不仅推动了文化建设日益活跃，而且保持了社会和谐稳定。建成了市博物馆、文化艺术中心等标志性文化设施，承办了第六届中国曲艺节、第二届全国戏剧梅花奖大赛、第三届中国书法兰亭奖大赛、第四届中国·宝丰魔术文化节、首届中国曲剧艺术节、“三苏杯”全国诗歌大赛、“美在鹰城”全国摄影大展等大型文化节会活动，创建为“中国书法城”。积极倡导“守规则、尊重人，争当文明市民”，深化了精神文明创建。统筹推进各项事业发展，荣获全国人口和计生综合改革、婚育新风进万家“双示范市”，“全国科技进步先进市”，“全国民族团结进步模范集体”，“全国残疾人工作示范市”，“全省依法行政示范市”，“省级食品安全示范市”。蝉联三届“全国双拥模范城”。建立政法稳定和信访工作长效机制，荣获“全省平安建设显著进步市”，“全省信访工作成效显著市”，打黑除恶保持全省“三连冠”。

我们不仅推动了党建工作持续创新，而且加强了民主政治建设。坚持党要管党、从严治党，创新干部教育培训方式，培训各级各类干部 27 万人次，51 所基层党校被评为“全省先进基层党校”；创新干部选拔任用和监督管理机制，在全省率先建立促进科学发展的县级领导班子和领导干部考核评价办法，倡树正确的选人用人导向；创新基层组织建设方式，新建和完善各类基层党组织 2250 个，发展党员 3.8 万名；创新党风廉政建设机制，完善了反腐倡廉教育、“三重一大”事项集体决策、领导干部任中检查、党务公开等系列制度，查处党员干部违纪违法案件 2649 起，党政纪处分 3345 人；创新党委部门服务发展方式方法，找准结合点，选好载体，培育典型、典型引路，取得积极成效。依法治理深入推进，基层民主健康发展，各级人大、政协、各民主党派、工商联和群团组织围绕中心、服务大局，依法依章履行职责，形成了团结合作、共谋发展的良好局面。

过去的五年，是平顶山经济社会又好又快发展的五年，是转型升级实现重要突破的五年，是城乡面貌发生深刻变化的五年，是人民群众得到更多实惠的五年，是党的建设取得显著进步的五年。我们不仅积蓄了发展势能，而且积累了宝贵经验。

一是尊重规律，科学发展。我们坚持以科学发展观为指导，积极探求资源型城市发展规律，确立并实施“生态建市、产业立市、文化强市、和谐兴市”战略；顺应新型工业化、新型城镇化、农业现代化加速发展趋势，统筹推进优化产业结构、加快城镇化、建设新农村“三大任务”，持续提升改革开放、和谐稳定、党的建设“三项保障”；对接中原经济区建设，提出要建设“三化”协调发展、“三地”优势突出的资源型城市可持续发展示范区，成为中原经济区重要的战略支点，不断完善了发展思路，凝聚了发展共识。

二是以人为本，为民惠民。我们坚持把提升人民群众幸福指数作为一切工作的出发点和落脚点，制定了人民群众幸福指数考评体系，引导各级干部更多地关注民生，把公共财政更多地向民生领域倾斜，推动“三就两保”“扩面提标”；加快推进文化、教育、医疗、交通等基础设施建设，构筑覆盖城乡的公共服务体系；重视信访积案化解和网民留言办理，维护和保障人民群众利益，不仅让人民群众切实享受到改革发展成果，而且激发了干部群众干事创业热情。

三是坚定信心，团结奋进。我们坚持把提振信心、加强团结作为战胜困难的重要前提，面对国际金融危机的严重冲击，引导全市上下精诚团结、同舟共济，趋利避害、共克时艰，积极调整经济结构，加快转变发展方式，把握了工作主动，实现了平稳发展；针对矛盾凸显期的复杂局面和安全生产的严峻形势，要求各级各部门和各级党员干部守土有责、失土问责，勇于担当、创先争优，更加积极地化解社会矛盾，更加负责地加强安全整治，不仅稳控了社会大局，而且锻炼了干部队伍。

四是深化改革，扩大开放。我们坚持把改革开放作为加快科学发展的持久动力，积极推进体制机制创新，大力发展非公有制经济，着力培育市场主体与中介组织；深化“两转两提”，推行阳光政务，以行政效能提速促经济发展提速，以环境优势创发展优势，以企业的评判衡量环境的优劣；连续承办三届“华侨华人中原经济合作论坛”，搭建招商选资品牌平台，扩大引资引智成效，不仅优化了资源配置、拓展了发展空间，而且开阔了干部群众的思路和眼界。

五是扎实作风，求实求效。我们坚持把作风建设作为凝心聚力的关键环节，大力弘扬焦裕禄精神、“三平”精神，积极践行“三具两基一抓手”要求，“学先进、比创新、看实效”，并用“省内看位次、市内看比重”、“离标兵更近、让追兵更远”考量各级各部门和各级干部的工作，力争每年都有新标杆，每年都有新举措，每年都有新成效；不断清理干部队伍观念上的“四个不善于”、方法上的“四个习惯于”、作风上的“虚、俗、假、贪”表现，以领导方式转变促发展方式转变，增强了各级干部工作的推动力和执行力。

六是加强党建，强化保证。我们坚持以加强党的执政能力建设和先进性建设为重点，深入开展学习实践科学发展观、创先争优等主题教育活动，提高各级党员干部领导和推动科学发展的能力；坚持讲条件、按程序、重实绩，选拔任用既勇于面对矛盾又善于解决矛盾的干部；努力推动基层党建工作全覆盖，增强基层党组织凝聚力、战斗力；认真落实党风廉政建设责任制，构建惩治和预防腐败体系；严格执行民主集中制，发挥市委常委会总揽全局、协调各方的领导核心作用，为加快科学发展提供了坚强保证。

这些经验归结到一点，就是坚持以科学发展观为引领谋划发展、推进工作，以人民群众满意为准则检验工作成效和发展成果。

五年的历程充满艰辛，五年的成绩来之不易。平顶山发展取得的每一项进步，都体现着中央、省委的正确领导和指导，凝聚着全市人民的智慧和力量。我代表七届市委，向辛勤工作在全市各条战线的广大党员干部和工人、农民、知识分子，向长期同我们合作共事的各民主党派、工商联和无党派人士，向始终关心支持全市工作的离退休老领导、老干部，向驻平部队、武警官兵、公安民警，向所有为平顶山建设与发展作出贡献的同志们、朋友们，致以深切感谢和崇高敬意！

各位代表、同志们，省委、省政府提出，中原经济区建设要五年彰显优势，十年实现崛起，到2020年全省实现全面小康；要求平顶山发展指标高于全省水平，为中原经济区建设作出更大贡献。我市“十二五”规划按照提前五年实现全面小康进行了谋划。这是省委、省政府的重托，更是全市人民的期盼。我们既充满信心，又深感责任重大。经过多年发展，我们不仅具备了比较坚实的物质基础，而且积累了继续前进的精神财富。全面小康23项指标7项已经实现，7项实现90%以上，综合实现程度74.6%，经过分析测算，有条件有能力提前3年~5年实现全面小康目标。其中，差距较大的有人均生产总值、城镇化率、单位生产总值能耗、第三产业增加值比重、研发经费占生产总值比重、公共安全指数等指标。同时，结构性矛盾仍较突出，发展方式仍较粗放；一些党员干部的领导方式和能力素质存在有不适应科学发展的种种表现；少数基层党组织战斗堡垒作用发挥不够；一些地方贯彻党的安全生产方针政策不力；影响社会安定稳定的因素依然较多。而且，我们面临着国际、国内市场不可预见性增强，区域经济竞争不进则退、慢进亦退的压力。因此，今后五年是我市提前全面小康的决胜时期。各级党组织和广大党员干部要切实增强责任感和使命感，弘扬正气、勇于担当，科学发展、敢做善成，付出更加积极高效的努力。

二、提前全面小康的任务要求

中原经济区建设序幕已经拉开，全省各地竞相发展势头更加强劲。提前全面小康，必须高举中国特色社会主义伟大旗帜，以邓小平理论和“三个代表”重要思想为指导，深入贯彻科学发展观，坚持“四个重在”，落实“四个带动”，持续“学先进、比创新、看实效”，靠正气实干，促科学发展，推动经济建设再上新台阶、文化建设实现新跨越、生态建设彰显新成效、改革开放取得新突破、和谐建设开创新局面，胜利完成“十二五”规划，建设资源型城市可持续发展示范区，成为中原经济区重要的战略支点。

按照这一总体要求，经过五年奋斗，我们要实现人均收入高于全省，城乡发展趋于协调，文化建设繁荣活跃，生态环境优良宜居，公共服务普惠共享，公平正义更有保障，人民生活殷实富裕，社会更加文明和谐，步入更高水平的小康社会。

——主要经济指标增速高于全省平均水平，经济增长质量和效益明显提高。地区生产总值、人均生产总值、地方财政一般预算收入比2010年翻一番。

——基本完成工业化、城镇化。力争第三产业增加值占生产总值比重50%左右，城镇化率50%以上，50%的中心村基本完善基础设施、形成建设规模。

——基本建立比较完善的现代国民教育体系、科技和文化创新体系。文化产业增加值占生产总值比重5%以上。研发经费占生产总值比重2%以上。居民平均受教育年限10.5年以上。创建为省级文明城市。

——基本形成以低碳排放为特征的产业结构、发展方式和消费模式。创建为国家森林城市和国家卫生城市，森林覆盖率33%以上，环境质量指数95%以上，建设资源节约型、环境友好型社会取得实质性成效。

——基本建立覆盖城乡的社会保障体系。人人享有基本生活保障、基本医疗卫生服务。社会就业更加充分，城镇登记失业率4.5%以下。基本实现零非访。城乡居民收入比2.5左右。基尼系数0.4以下。恩格尔系数40%以下。公共安全指数97.5%以上。

实现这些目标，必须坚持科学发展、民生导向、创新驱动、统筹运作、标杆引领。

坚持科学发展，就是要牢牢把握第一要务，持续实施“生态建市、产业立市、文化强市、和谐兴市”战略，加快推进发展方式转变，在全省率先走出一条不以牺牲农业和粮食、生态和环境为代价的“三化”协调科学发展路子。

坚持民生导向，就是要始终坚持以人为本，把提升人民群众幸福指数作为一切工作的出发点和落脚点，更好地兼顾人民群众的当前利益和长远利益、具体利益和根本利益，让发展成果最大限度惠及全市人民。

坚持创新驱动，就是要创新观念、创新方法、创新发展方式，不断解放思想，破除“照抄照搬”；深化重点领域和关键环节改革，创新招商选资方式；发挥科技第一生产力作用，构建自主创新体系，以改革创新激发活力、增强动力。

坚持统筹运作，就是要注重站位发展全局，统筹方方面面力量，发挥方方面面优势，推动经济建设与社会发展相协调、城市建设与农村发展相促进、人口与资源环境相适应，形成各项事业相辅相成、共同支撑全面小康的良好局面。

坚持标杆引领，就是要坚持“学先进、比创新、看实效”无止境，每个领域、每个单位、每项工作，都要在经济全球化大背景、全国发展大格局、中原经济区大平台上考量和谋划，以国内外先进水平为参照，开阔视野，拉高标杆，以标杆的提升引领发展的跨越。

（一）推动经济建设再上新台阶。经济建设是全面建设小康社会最根本的任务、最重要的支撑。我市综合经济实力虽然持续增强，但人均生产总值、农民人均纯收入、城镇化率、高技术产业和现代服务业占生产总值比重低于全国平均水平。要紧紧扭住经济建设中心，统筹推进优化产业结构、加快城镇化、建设新农村“三大任务”，加快建设“三化”协调发展、“三地”优势突出的资源型城市可持续发展示范区，主要经济指标提前达到全面小康要求。

优化产业结构，就是要坚持走新型工业化道路，进一步做强做大能源化工、装备制造、特种钢材、新型建材、农产品加工和现代服务业六大支柱产业，培育发展新能源、新材料等战略性新兴产业，构建现代产业体系。

要坚持集群发展。集群发展的载体是品牌产业集聚区。要立足发挥优势和培育主导产业的统一、产业集中度和产品关联度的统一、经济规模和技术先进性的统一，科学规划，精心设计，推进品牌建设，构建完善的基础设施和配套的服务体系，提升产业集聚区的规模和水平；以对品牌企业的吸引力和承载力为标准，制定管理办法，设置进区门槛，突出主导产业，坚持招商选资，招品牌企业，创品牌产品，实施品牌管理，提升入区项目的规模和水平，促进优势资源、优势产业集群集聚集约发展。不仅10个省级产业集聚区要创建为品牌产业集聚区，高新区创建为国家级高新技术产业开发区，而且要规划建设一批品牌的文化、物流产业集聚区，使产业集聚区真正成为科学发展的载体。

要推进创新发展。创新发展的重点是体制创新和科技创新。推进体制创新，要更大力度地深化企业战略重组，鼓励优势企业加入行业战略联盟，引导中小企业加强专业化协作，争取六大支柱产业和重点企业都能联姻一家世界500强或大型央企，提高掌控市场能力；更大力度地推进企业上市，制定实施规划，加强培育辅导，争取每年都有新增上市企业，使更多的企业借助资本市场实现管理方式的根本性转变。推进科技创新，要更有成效地加强企业研发中心和产业集聚区科技孵化中心建设，争取更多的研发中心进入国家级研发中心行列，并在煤盐化工、装备制造等领域实施一批重大科技专项，突破一批核心关键技术；更有成效地加强质量、标准、品牌建设，争取更多企业参与行业标准、国家标准和国际标准制定，培育一批自主品牌和知名品牌，提升核心竞争力。

要突出优势发展。优势发展就是差异化发展。要善于运用市场经济眼光审视发展优势、培育竞争优势。以规模化、清洁化、一体化为方向，加快运用先进技术改造提升煤炭、电力产业，延伸壮大煤盐化工产业，推进能源化工耦合发展，形成完整的产业链、产品链、市场链，实现煤盐资源价值倍增，彰显全国重要的新型能源化工基地优势。突出高端延伸、内涵提升，推动输变电设备和特种钢材生产集团化运作，支持环保设备、矿山设备、铸件制造、摩托车制造等产业基地化发展，促进加工生产向设计、研发和服务延伸，增强技术创新和系统集成能力，彰显全国重要的现代装备研发制造基地优势。创新开发体制机制，促进文化旅游融合发展，培育世界级精品旅游景区；加大旅游宣传推介和市场开拓力度，加强与国内外知名旅游城市、旅游企业的交流合作，打造“中原大佛、神奇尧山、观音祖庭、近悦远来”旅游品牌，彰显海内外知名旅游目的地优势。

要加快三产发展。服务业发展水平是经济市场化和城市化水平的重要标志。要面向生产、面向民生、面向农村，坚持扩大规模与提升层次相结合，大力发展文化旅游、现代物流、金融保险、信息咨询、研发设计、社区服务等现代服务业，改造提升商贸、餐饮等传统服务业，培育新热点，发展新业态；坚持政策引导与市场运作相结合，用足用好国家、省、市扶持服务业发展的政策措施，加强市场管理，规范服务行为，引导更多的社会资源投向服务业；坚持扩大开放与打造品牌相结合，积极引进国内外优质服务资源，发展专业化、品牌化、网络化经营，培育一批品牌企业和品牌服务，快速提升第三产业占国民经济的比重。

加快城镇化，就是要按照新型城镇化要求，经典规划、精致建设、精细管理，促进中心城市、县城和小城镇协调发展，构建现代城镇体系。

要坚持规划引领。按照城市总体规划和土地利用规划，突出文化特色，突出产城融合，突出生态宜居，突出前瞻未来，科学编制城镇布局、产业发展、基础设施等专项规划，实现各类规划对接套合，并加强规划的刚性执行，用一流规划引领一流建设。

要推进组团发展。加快启动城市新区发展规划，完善新城区至宝丰县城区域基础设施，提升综合承载能力，强化高新技术产业支撑，建设产业转型升级先导区和行政科教中心。积极推进老城区提档升级、连片开发，完成旧城和城中村改造，建设高品质生活居住区和商贸物流中心。继续抓好舞钢市城乡一体化试点，推进中心城区与叶县县城、鲁山县城之间区域的城乡一体化发展；支持汝州、郏县、鲁山、叶县县城依托产业集聚区，提升规划建设水平，向中等城市迈进；发挥小城镇统筹城乡节点作用，科学规划，适度规模，产业为基，突出特色，生态宜居，市场运作，启动36个中心镇建设，逐步形成中心城区、县城和小城镇、新农村各占1/3的人口布局。

要持续以创促建。深入开展各类城市创建活动，加强城市基础设施和公共服务设施建设，健全城市交通、环保、就业、教育、文化及各项社会功能；创新城市管理体制和管理手段，推进城市管理重心下移，提高城市管理精细化、智能化水平。

要破除城乡壁垒。积极推进城乡户籍制度改革，探索农民进城落户政策；逐步建立全市统筹的社会保障体系，解决进城农民就业、养老、安居、子女入学等问题，帮助进城农民积极融入城市，共享城市文明，不仅成为城镇化的奉献者，而且成为城镇化的受益者。

建设新农村，就是要持续实施农民增收和新村建设“两个规划”，强化农业基础地位，建设农民幸福家园。

要推进城乡统筹、“两个转变”。城乡统筹，核心是缩小城乡差距。要通过更大力度地引导土地依法规范流转和规模经营，培育农业产业化龙头企业和农民专业合作组织，发展面向农村、面向农民的针对性、实用性技术培训，转变农业生产方式，促进农业规模化经营、标准化生产、专业化服务、市场化运作，逐步把农业从低效中解放出来、农民从土地上解放出来，实现农村土地产出效益和农民土地承包经营权收益最大化，缩小城乡居民收入差距；通过建设中心村，整合自然村，抓好示范村，转变农民生活方式，不让农民在没有规划的地方建房，不建没有经过设计的住房，改变农村建房无序和脏乱差状况，缩小城乡居住环境差距。

要加强规划引导、政策支持。坚持一次规划逐年实施，把农民增收规划和新村建设规划落实到年度、落实到项目、落实到农户。创新财政支农管理体制，整合资源、科学投入，加强以水利为重点的农业基础设施建设，提高农业抗灾减灾能力；加大农业科技创新力度，提高农业科技含量和科技水平，支持有条件的地方创建粮食高产示范区；推动农村基础设施建设资金向中心村倾斜，靠基础设施的完善引导农民群众逐步向中心村聚集。

要坚持群众自愿、示范带动。把发挥政府主导作用、动员社会力量广泛参与同调动农民群众积极性结合起来，充分尊重农民意愿，不搞任何形式的强迫命令；持续推进“百企帮百村”和驻村帮扶工作，加大奖励补贴力度，抓好示范村建设，通过示范带动、典型引路，引导农民群众自觉参与和支持新农村建设。

（二）推动文化建设实现新跨越。文化既是发展动力，又是民生需求。我市文化资源丰富，文化积淀丰厚，但对文化内涵的挖掘不够，文化产业的实力不强。要牢牢把握社会主义先进文化前进方向，以高度的文化自觉和文化自信推动文化建设，实现文化资源大市向文化强市的跨越，用文化滋养城市、引领发展。

要端正思想导向，彰显文化凝聚力。坚持马克思主义在意识形态领域的指导地位，加强社会主义核心价值体系教育，弘扬以爱国主义为核心的民族精神和以改革创新为核心的时代精神，巩固全市人民团结奋斗的共同思想基础。坚持党管媒体原则，树立正确舆论导向，高度关注并准确研判网络舆情，强化对社会热点问题的引导。大力弘扬科学精神，加强人文关怀，注重心理疏导，培育奋发进取、理性平和、开放包容的社会心态。深入推进文明城市创建，加强社会公德、职业道德、家庭美德、个人品德建设，引导人们守规则、尊重人、知荣辱、讲正气，不断提高城市文明程度和市民文明素养。

要繁荣文化事业，提升文化服务力。坚持政府主导，加大文化基础设施建设投入，逐步健全覆盖城乡的公共文化服务体系。创新公共文化服务机制，鼓励社会力量投资、捐助文化事业，提高公共文化服务水平。坚持弘扬主旋律与提倡多样化相统一，推出更多思想深刻、艺术精湛、群众喜闻乐见的文化产品，满足群众多层次文化需求。积极发展文博事业，加强对文化遗产的挖掘、整理和保护，传承城市历史文脉。落实教育优先发展地位，巩固提高城乡义务教育，重视发展公办学前教育，如期解决城区小学“大班额”和幼儿“入园难”问题；加快普及高中阶段教育，完成职业教育攻坚任务；支持高等教育走内涵式发展道路，办出特色、办出水平。深化科技普及教育，提高群众科学文化素质。开展全民健身运动，提高群众健康素质。

要发展文化产业，增强文化竞争力。继续深化文化体制改革，推进经营性文化事业单位转企改制，培育更多的文化市场主体。支持民间资本发展文化产业，积极引进战略投资者，加大大香山、“三苏园”、尧山、戏曲、魔术、陶瓷、书法等特色文化资源开发力度。加快推进文化改革发展试验区建设，发展特色文化产业集聚区和产业集群，培育一批具有平顶山特色的文化品牌和具有核心竞争力的文化企业。加强对互联网的运用与管理，努力创造丰富多彩的先进网络文化产品。强化人才支撑，培养一批非物质文化遗产代表人物和专业领军人才；创新文化生产和传播方式，推动文化产业与科技、体育、信息等行业联动发展，提高文化生产水平。

要营造文化氛围，扩大文化影响力。充分利用公共文化基础设施和基层文化阵地，深入开展社区文化、企业文化、校园文化、广场文化等群众性文化活动，丰富群众文化生活。继续办好特色文化节会活动，为城市发展注入更多文化元素。积极扩大文化开放和文化交流，提升鹰城文化魅力和影响力。

（三）推动生态建设彰显新成效。良好生态既是全面小康的必要条件，更是科学发展的应有之义。我市与发达地区最直观的差距是生态的差距。要把生态建市放在更加突出的位置，大力倡导生态文明理念，走生产发展、生活富裕、生态良好的文明发展道路，推动经济持续增长、污染持续下降、生态持续改善，实现人与自然和谐发展。

要更加积极地发展低碳循环经济。抓住我市列入全国首批工业固废综合利用示范基地的机遇，制定完善促进循环经济发展的政策措施，鼓励发展环保产业、生态产业和资源综合利用产业；积极开发推广新技术、新工艺、新设备，广泛开展节能、节水、节地、节材，在资源开发、生产消耗、废物产生、最终消费等环节逐步建立覆盖全社会的资源循环利用体系，创建循环经济示范市，打造低碳发展先行区。

要更大力度地加强生态环境治理。全面落实节能减排目标责任制，建立健全环境监测管理长效机制。把环境容量作为产业发展和生产力布局的重要依据，提高准入门槛，淘汰落后产能，从源头上节能降耗、防治污染。加强水资源保护和水生态修复，加大大气污染、粉尘污染治理力度，提高城市生活污染和村镇环境综合整治水平，解决危害群众健康的突出环境问题。坚持谁开发、谁负责对资源环境的修复，谁受益、谁负责对永续发展给予补偿，严厉打击各类环境违法行为，防止人为因素对自然环境的干扰和破坏。

要更有成效地推进林业生态建设。坚持生态效益、经济效益、景观效益相统一，广泛开展植树造林，提高森林覆盖率和固碳能力，形成布局合理、覆盖城乡的区域生态网络。突出抓好城市生态建设，让森林走进城市、让城市融入森林，构建城市生态园林系统；持续实施城郊森林绿化和矿区生态修复工程，增加环城通道、北部山体、沙河两岸绿化密度，构建城郊森林生态屏障；积极推进荒山绿化、平原绿化、村镇绿化，创建环境优美乡镇、生态文明村，构建让全市人民世代共享的良好生态。

（四）推动改革开放取得新突破。当前，制约我市加快发展方式转变的突出矛盾仍然是体制机制障碍。要树立全局眼光，增强系统思维，以更大的决心和勇气深化改革、扩大开放，加快构建有利于发展方式转变的体制机制。

推进改革攻坚。既要继续推进国有企业改革、财税体制改革、投融资体制改革，健全土地、资本、劳动力、技术、信息等要素市场，提高经济市场化水平，更好地发挥市场在资源配置中的基础性作用，促进经济高效发展。又要加快转变政府职能，建设法治、诚信、服务型政府，促进行政高效运行；积极支持非公有制经济捐赠公益事业，回报人民，奉献社会；统筹推进城乡综合配套改革，稳步推进教育、科技、医药卫生、收入分配和社会保障制度改革，积极推进社会公共资源均衡配置，努力缩小城乡差距和贫富差距。

扩大招商选资。加强与发达经济区多层次、多领域协作，坚持集聚区招商、产业链招商、以商招商，创新更有针对性和实效性的招商方式，积极承接国际国内先进产业转移，推动外来资金、技术、管理经验与我市优势产业、优势产品高位嫁接、创新发展。对接中原经济区建设，及时掌握国家和上级政策信息，争取更多的生产要素支持。坚持出口多元化和以质取胜，扩大出口规模，增强出口带动能力。

激活全民创业。改进政府对民营经济的管理和服务，落实促进民营经济发展的政策措施，让各种所有制经济依法平等使用生产要素、公平参与市场竞争、同等受到法律保护。引导民营企业加强内部管理，转换经营机制，提高自身素质，不断做强做大。健全自主创业服务体系，实施创业“回归工程”，留住并激活民间资本，让一切劳动、知识、技术、管理和资本的活力竞相迸发，让一切创造财富的源泉充分涌流。

优化发展环境。持续推进“两转两提”，再创行政效能新纪录；切实加强政务诚信、商务诚信、社会诚信建设，构建诚信体系；不断深化企业服务活动，及时帮助企业解决生产经营中遇到的困难和问题；严厉打击破坏发展环境的不法行为，维护各类市场主体合法权益，优化政务、商务、信用、人文环境，使平顶山真正成为资本聚集的热土、创新创业的乐园。

（五）推动和谐建设开创新局面。社会和谐既是全面小康的内在要求，更是改革发展的根本目的。要遵循社会发展规律，正确处理改革发展稳定关系，妥善处理经济社会生活中出现的新情况、新问题，最大限度激发社会活力，最大限度增加和谐因素，最大限度减少不和谐因素，让全市人民共谋发展、共享和谐。

着力保障和改善民生。完善市、县、乡三级就业服务体系，扩大就业规模，统筹城乡就业，让城乡居民拥有更多的财产性收入。完善社会保障体系，扩大覆盖范围，提高保障标准，实现城乡居民医疗、养老保险制度全覆盖。加大保障性住房建设力度，实现住房供需动态平衡，解决城乡中低收入家庭住房困难。加强城乡医疗卫生服务体系建设，推动新增医疗卫生资源向农村和社区倾斜，解决人民群众看病难、看病贵问题。巩固人口计生工作全国综合改革示范市成果，稳定低生育水平，促进人口长期均衡发展。积极发展妇女、儿童、残疾人和老龄事业。加快发展慈善事业。认真贯彻党的安全生产方针政策，严格执行安全生产行政首长负责制，把生命高于一切的理念落实到生产、经营、管理全过程，细之更细、实之更实地抓好各项安全生产措施和责任的落实，保障人民群众生命财产安全。

切实加强民主法制建设。支持各级人民代表大会及其常委会依法履行职能，保障人大代表依法行使职权，强化对“一府两院”的法律监督和工作监督。支持各级政协履行政治协商、民主监督、参政议政职能，加强同民主党派、工商联和无党派人士合作共事，巩固和发展爱国统一战线。支持法检两院依法独立行使审判权和检察权，维护社会公平正义。做好民族、宗教、对台和侨务工作。发挥好工会、共青团、妇联等人民团体的桥梁纽带作用。健全完善城乡基层自治组织，扩大公民有序的政治参与。持续开展双拥共建，深化军政军民团结。深入开展“六五”普法教育，推进法治城市建设，形成崇尚法治、遵守法律、依法办事的社会氛围。

积极推进社会管理创新。坚持“党委领导、政府负责、社会协同、公众参与”，整合基层社会管理与服务资源，培育各类服务性民间组织，发挥各类社会组织提供服务、反映诉求、规范行为的作用，形成社会管理与服务合力。持续开展和谐社区创建，提升社区行政服务、物业管理、文明教育、党的建设水平，使社区真正成为和谐社会的载体。坚持以群众工作统揽信访工作，畅通群众诉求表达渠道，加强矛盾纠纷排查调处，依法依规、耐心热情地解决群众诉求，维护群众利益。完善社会应急管理机制，增强应急救援和防灾减灾能力，有效防范和应对突发事件；健全社会治安防控体系，严厉打击违法犯罪，不断提高人民群众的安全感和满意度。

三、提前全面小康的根本保证

中国共产党九十年光辉历程充分证明，加强党的领导是夺取革命胜利的重要法宝，是中国特色社会主义事业取得辉煌成就的根本所在。提前全面小康关键靠正气实干，靠各级党组织和广大党员团结带领全市人民共同奋斗。要充分运用党的建设历史经验，不断深化对新形势下党的建设规律的认识，持续提升党的建设科学化水平，更好地经受执政的考验、改革开放的考验、市场经济的考验、外部环境的考验，克服精神懈怠的危险、能力不足的危险、脱离群众的危险、消极腐败的危险，为提前全面小康凝心聚力、弘扬正气、提供保证。

（一）强化理论武装，加强思想政治建设。理论武装的过程就是不断解放思想的过程。要针对一些党员干部观念上的“四个不善于”，继续开展大规模干部培训和“科学理论进基层”集中宣讲活动，组织引导广大党员干部深入学习和掌握中国特色社会主义理论体系，学习和掌握辩证唯物主义和历史唯物主义的世界观和方法论，扎实解放思想的理论根基，提高理性思考和探求规律能力；紧密联系资源型城市可持续发展实际，联系自身思想和工作实际，在推动科学发展实践中深化思想解放，用科学发展成果检验思想解放程度，不断摒弃思想观念、能力素质等方面不符合、不适应转变发展方式要求的突出问题，使思想更加符合实际、主观更加符合客观、认识更加接近规律、工作更加富有成效。

（二）坚持选贤任能，加强干部队伍建设。提前全面小康，面临诸多困难和矛盾。各级干部特别是领导干部，没有正视困难的勇气和克服困难的本领，就难以胜任岗位职责。要进一步创新干部教育培养和考核评价机制，注重在新农村建设、产业集聚区建设、城市开发改造、招商选资等重点工作推进中，在急难险重任务处置中，培养锻炼干部，识别发现人才。进一步深化干部人事制度改革，坚持“五重五不简单”，讲条件、按程序、重实绩，加大竞争性选拔干部力度，提高选人用人公信度，真正让既勇于面对矛盾又善于解决矛盾的干部有机会、有舞台。进一步加强优秀党外干部、妇女干部和少数民族干部培养使用，加大优秀年轻干部培养力度，及时发现、合理使用各方面优秀干部。进一步完善党管人才机制，落实人才发展规划，广开进贤之路，广纳俊贤之才，让各类人才为提前全面小康发挥作用。

（三）持续创先争优，加强基层组织建设。提前全面小康，必须更多地着力基层、巩固基层、依靠基层。要适应结构调整、城乡建设、社会发展新变化，扎实推进基层党建工作创新，深入开展创先争优活动，培育和选树先进典型，使基层党组织真正成为推动发展、服务群众、促进和谐的坚强堡垒。农村党组织要围绕中心村建设，优化组织配置，提升能力素质，在“两个规划”实施中发挥引领带动作用；社区党组织要围绕争创和谐社区，创新共建联建机制，增强服务、凝聚、管理、维稳功能，做好扶贫帮困、就业服务、矛盾化解等工作；国有企业党组织要围绕国有资产保值增值，积极探索与公司法人治理结构依法履职、协调运转的工作机制，参与决策、带头执行、有效监督，充分发挥政治核心作用；机关党组织要围绕“两转两提”，加强作风建设，提高服务效能，树立各级党政机关良好形象；“两新”组织的党组织要围绕促进劳动关系和谐，组织和引导党员职工爱岗敬业、争当先锋，引导和监督“两新”组织依法经营、健康发展。认真做好新形势下的发展党员工作，健全完善教育、管理、服务党员的长效机制，保证党员队伍始终充满生机活力。

（四）倡树正气实干，加强干部作风建设。加强作风建设，核心是密切与群众的血肉联系，重点是治理“虚、俗、假、贪”。要坚持正气引领“学、比、看”，按照“三具两基一抓手”要求，进一步强化榜样领导。从各级领导干部做起，每个党员干部都要牢固树立群众观点，忠诚履行为民职责，坚守宁静、潜心做事。谋划和推进工作，要把群众放在心上，真诚倾听群众呼声，真实反映群众意愿，真情关心群众疾苦，依法维护和保障人民群众利益；检查和总结工作，要以人民群众的满意为标准，首先反思是否把群众放在了心上，是否损害了群众利益。凡是与群众利益相悖的，都要坚决纠正。进一步强化制度约束。今年以来，在学习研讨领导方式转变过程中，市委、市纪委已经制定出台了一系列治理“虚、俗、假、贪”作风的制度，要认真抓好落实，并在实践中不断完善，用制度规范党员干部行为。进一步强化纪律保证。严肃党的政治纪律、组织纪律、财经纪律和群众工作纪律，做到令行禁止、违纪必纠。进一步强化人民监督。畅通人大代表、政协委员、新闻媒体和社会各界监督渠道，让“虚、俗、假、贪”现象能够及时发现并受到批评或惩处。

（五）注重惩防并举，加强反腐倡廉建设。反腐倡廉是保持党的先进性和纯洁性的根本要求。要坚持标本兼治、综合治理、惩防并举、注重预防方针，更大力度、更加科学地推进惩治和预防腐败体系建设。不断深化反腐倡廉教育，积极推进廉政文化建设，筑牢广大党员干部拒腐防变的思想道德防线。健全完善党内监督、民主监督、舆论监督机制，做到权力运行到哪里，监督就跟进到哪里，防止权力滥用和行为失范。继续保持惩治腐败的高压态势，严肃查办各类违纪违法案件，特别是安全生产、民生工程、行政司法等领域的腐败案件，坚决纠正损害群众利益的不正之风。各级领导干部都要始终牢记手中的权力是人民赋予的，行使权力必须为人民服务，对人民负责，受人民监督，决不能把权力变成谋取个人或少数人利益的工具。要自重、自省、自警、自励，讲党性、重品行、作表率，永葆共产党人政治本色。

（六）突出务实管用，加强规章制度建设。加强党的建设，制度更带有根本性、全局性、稳定性、长期性。要坚持以党章为根本，以民主集中制为核心，进一步完善党委议事规则和决策程序，健全决策失误纠错改正和责任追究机制，提高科学决策、民主决策、依法决策水平。完善党委集体领导与个人分工负责相结合制度，提高运用民主方法形成共识、开展工作的本领，同心共事、科学谋事、扎实干事。完善靠正气实干推进机制和督察问效机制，增强各级干部实干实效自觉，保证“学、比、看”要求的持续落实。强化对制度执行情况的监督检查，加大对违反制度行为的问责力度，维护制度的权威性和严肃性，靠制度增进团结、增强活力，靠制度凝聚力量、保障发展。

各位代表、同志们，青年是祖国的未来、民族的希望，也是我们党的未来和希望。各级党组织要切实加强对青年工作的领导，关注青年，关心青年，关爱青年，为青年健康成长、施展才华创造条件、提供舞台；各级共青团组织要充分发挥桥梁纽带作用，组织青年，引导青年，服务青年，不断增强创造力、凝聚力和战斗力。全市广大青年既要志存高远、坚定信念，又要脚踏实地、奋发有为，在提前全面小康实践中贡献青春力量、绽放青春风采。

各位代表、同志们，提前全面小康，是省委、省政府的郑重嘱托，是全市人民的热切期盼，是时代赋予的光荣使命。我们要更加紧密地团结在以胡锦涛同志为总书记的党中央周围，高举中国特色社会主义伟大旗帜，深入贯彻科学发展观，靠正气实干，促科学发展，为提前全面小康团结奋斗！

政府工作报告

2011 年 1 月 7 日在平顶山市第九届人民代表大会第三次会议上

平顶山市人民政府代市长　陈建生

各位代表：

现在，我代表市人民政府，向大会报告政府工作，请予审议，并请各位政协委员提出意见。

一、2010 年及“十一五”工作回顾

2010 年，面对复杂多变的经济环境和困难局面，市人民政府在省委、省政府和市委的正确领导下，团结带领全市人民，深入贯彻落实科学发展观，加快转变经济发展方式，学先进、比创新、看实效，较好地完成了市九届人大二次会议确定的各项目标任务。

初步预计，全市生产总值达到 1300 亿元，比上年增长 12.1%；地方财政一般预算收入 80.6 亿元，增长 14.6%；规模以上工业增加值 669.6 亿元，增长 15%；全社会固定资产投资 710 亿元，增长 22.9%；社会消费品零售总额 350 亿元，增长 19.5%；城镇居民人均可支配收入 16208 元，增长 10.1%；农民人均纯收入 5504 元，增长 15.2%。

一年来，我们主要抓了以下重点工作：

（一）坚持多策并举，保持了经济平稳较快发展。抓住需求不足这一突出矛盾，把扩大投资、促进消费、服务企业作为关键性举措，加强经济运行调节，取得了扩内需、保增长的明显成效。重点项目建设加快推进。170 个重点项目完成投资 178.5 亿元，占全年预期投资的 119%。中平能化碳化硅微粉、500 千伏平南输变电等 48 个项目建成投产（投用），特别是鲁阳电厂一期 2×100 万千瓦机组的并网发电和叶舞高速的建成通车，使我市的发电装机容量达到 560 万千瓦，高速公路通车里程达到 396 公里，实现县县通高速，为全省发电装机容量突破 5000 万千瓦、高速公路通车里程突破 5000 公里作出了积极贡献，具有里程碑的意义。平煤机高端液压支架、中平能化两万吨高性能浸胶帘子布、东方希望集团盐化工等 50 个项目开工建设，新平高工程、泓利焦化年产 90 万吨捣固焦及综合利用等 37 个续建项目加快推进，为今后发展蓄积了后劲。消费需求较快增长。加快“万村千乡市场工程”和“新网工程”建设，新增农家店 305 家，新建农资配送中心 6 个、连锁店 190 个。全面落实扩大消费政策，家电下乡和汽车摩托车下乡产品销售量、补贴额一直保持全省领先位次，带动社会消

费品零售总额增速位居全省前列。企业服务长效机制初步建立。市、县两级各抓100家重点企业，健全政策导向、要素保障、困难企业帮扶等10项企业服务长效机制。强化财税收支管理，落实税收优惠政策，减轻了企业负担。积极推动银企合作，全年融资总额178亿元，其中新增贷款135亿元。加强煤电油气运协调，有效保障了生产要素供给。

（二）坚持政策引导，推进了产业结构优化升级。出台了加快战略性新兴产业和产业集聚区发展的政策措施，引导产业结构优化升级。支柱产业优势继续巩固。实施工业结构转型升级项目72个，完成投资84.7亿元，能源化工、装备制造、特种钢材、新型建材、农产品加工等支柱产业规模扩大、技术提升，对经济增长的贡献率进一步提高。中平能化集团营业收入超过1000亿元，巩固了平顶山能源、盐化、焦化、尼龙化工等主导产业在全国乃至世界的重要地位。现代服务业加快发展。在全省率先制定了旅游目的地建设规划，实施了一批文化旅游基础设施项目。加大宣传推介和景区创建力度，开展了全国首例景区错峰免门票活动，全年接待游客、旅游总收入均增长35%以上。完善金融服务体系，广发银行、兴业银行、交通银行入驻我市；市商业银行升级更名为平顶山银行，实现了由地方银行向区域性银行的转型。产业集聚区建设明显提速。10个省级产业集聚区完成基础设施投资42亿元，增长122.7%；完成工业投资108亿元，增长57.6%；新开工项目156个，在建亿元以上项目38个，新入驻企业96家。自主创新能力不断增强。新增省级工程技术研究中心5家、企业技术中心4家、质检中心2家、重点实验室1个。舞钢公司荣获“全国质量奖”，“神马弹力丝”、“天瑞水泥”荣膺“中国驰名商标”，行政服务综合楼工程获国家“鲁班奖”，新增省名牌产品16种、省著名商标10件，新认定国家级高新技术企业4家，高新技术产业增加值增长21.1%。节能减排和生态建设得到加强。深入开展洗煤、焦化行业综合整治，188家60万吨以下小洗煤厂全部关闭，淘汰小焦化产能120万吨。大力发展新型墙材，产能达到45亿标块。扎实推进林业生态建设，造林18.4万亩，汝州市、宝丰县、湛河区初步通过省级林业生态县验收。万元生产总值能耗下降2.92%，化学需氧量、二氧化硫排放量分别低于省定目标1.8个和4.6个百分点。

（三）坚持固本强基，巩固了“三农”基础地位。强农惠农政策全面落实。全年财政用于“三农”的投入达到23.9亿元，增长22.6%，其中发放粮食直补等8项补贴4亿元。农业综合生产能力稳步提高。32座病险水库除险加固工程和北汝河治理一期工程完工，发展有效灌溉面积6.3万亩，改造中低产田5万亩，治理水土流失面积82平方公里，新增农机总动力8万千瓦，全年粮食总产197.2万吨，连续7年获得丰收。大力发展现代畜牧业，新建标准化养殖小区286个，引进千万元以上畜产品加工项目15个。加快农业产业化步伐，新增省级龙头企业8家、农民专业合作社241个，新增土地流转面积11.6万亩。新农村建设扎实推进。新建农村公路464公里，新增沼气用户2万户，新解决12.9万人的饮水安全问题，完成了108个贫困村的整村推进和6.1万贫困人口的脱贫。培训农民工6.2万人，新增转移就业6.8万人。36个中心镇、539个中心村经济发展规划和新村建设规划修编工作全面完成，“百企帮百村”活动深入开展，112个中心村启动建设，村容村貌焕然一新，生产生活条件明显改善。南水北调丹江口库区移民安置工作多次受到国家和省表彰。县域经济实力进一步增强。

（四）坚持以创促建，提升了城镇化水平。成功创建国家园林城市，持续创建国家卫生城市，启动创建国家森林城市，全市城镇化率43.4%，提高1.6个百分点。城市扩容规划加快编制。全市土地利用总体规划获批，城市总体规划通过国家部际联席会议审查，平顶山城市新区规划、平宝叶鲁空间发展战略规划编制完成。6县（市）和石龙区的城市总体规划已完成报批。基础设施建设不断加强。老城区实施了道路改扩建、垃圾处理、天然气置换、河道治理等一批基础设施建设工程，新建改建道路13条、桥梁4座，完成投资8.7亿元。强力推进城中村和旧城开发改造，开工300.5万平方米，主体完工177.7万平方米。新城区完成城建投资21.2亿元，新增道路9.7公里、房屋建筑面积36万平方米。加强园林绿化建设，新建改建绿地49.8万平方米。积极推进和谐社区建设，市民文明素质和城市管理水平进一步提升。县城和小城镇建设稳步推进。新建市政道路15条，39座建制镇垃圾中转站投入运营，城乡面貌有新的改观。

（五）坚持改革开放，增强了经济发展动力和活力。各项改革深入推进。继续深化国有企业改革，改制面达96.7%。大力推进行政审批制度改革，市、县两级审批大厅实现同网络办公，整体提速20%以上。政府机构改革顺利完成，事业单位全部推行聘任制。文化综合执法体制和警务机制改革取得突破。全市政府举办的基层医疗卫生机构全部实施国家基本药物制度。招商选资成果丰硕。成功举办第三届华侨华人中原经济合作论坛，主动到沿海发达地区组织开展一系列招商活动。全年签约项目132个，开工52个；实际到位市外资金430亿元，增长25%；实际利用外资1.64亿美元，增长16.7%。非公有制经济进一步壮大。放宽领域，优化环境，支持引导非公有制经济加快发展。非公有制经济比重达53.8%，提高0.8个百分点。

（六）坚持改善民生，促进了社会和谐稳定。全年投入民生工程资金29亿元，比上年增加2.5亿元，“十大民生工程”如期完成。就业再就业工作得到加强。城镇新增就业12.4万人，其中失业人员再就业5万人，零就业家庭保持动态为零。社会保障体系不断完善。将8.9万城市居民和17.1万农村居民纳入城乡低保，人均月补差高于省定标准。在全省率先建立了临时救助制度。进一步完善了城镇居民医保制度，提高了新农合参保标准。宝丰县、郏县被确定为国家第二批新农保试点。加强价格管理和调控，对低收入群体进行补贴，保障了市场物价基本稳定和群众基本生活。保障性住房建设力度加大。开工建设廉租房14.6万平方米、经济适用房79.1万平方米、棚户区改造40.7万平方米、公共租赁房2.8万平方米，为4510户农村贫困家庭实施了危房改造。社会事业全面进步。制定了中长期教育发展规划和中小学幼儿园发展规划，着手解决城区中小学大班额问题，市区开工建设小学3所；强力推进职教攻坚，新建专业实训基地8个，舞钢市、郏县创建为职教强县。实施文化惠民工程，建成15个乡（镇）综合文化站和300个农家书屋，开展了“欢乐中原”和“舞台艺术送农民”等群众性文化活动。健全医疗服务体系，市疾控中心综合实验楼主体完工，开工建设新区人民医院和3所县医院、7所乡（镇）中心卫生院。创建全国白内障无障碍市和无障碍建设城市工作通过国家验收。人口计生工作连续17年全省先进，是河南唯一的国家人口计生综合改革、婚育新风进万家活动“双示范”市。社会大局保持稳定。强化以煤矿为重点的安全监管，出台了落实安全生产行政首长负责制的意见，127座地方煤矿兼并重组工作有序推进，30座小煤矿关闭到位。积极开展食品药品安全专项整治，再次被评为全省食品安全优秀城市。健全应急管理机制，完善了各类应急预案。强化社会治安综合治理，加强基层基础工作，组建了专职巡防队伍，严厉打击各类违法犯罪，刑事案件发案数下降8.8%。认真解决人民群众反映的热点难点问题，信访秩序明显好转。

（七）坚持强化保障，加强了精神文明和民主法制建设。按照“三具两基一抓手”工作要求，深入推进“两转两提”，积极开展“创先争优”活动，团结拼搏、干事创业的氛围更加浓厚。坚持依法行政，自觉接受人大及其常委会的监督，支持政协参政议政，认真办理人大代表建议和政协提案。“五五”普法顺利完成，法律援助、法律服务工作明显加强。扎实推进惩治和预防腐败体系建设，加大审计监督力度，治理商业贿赂，反腐倡廉取得新成效。广泛开展群众性精神文明创建活动，新增省级文明单位43家、市级文明村镇65个，城乡文明程度明显提升。大力开展国防教育，扎实做好双拥工作，驻平解放军和武警部队在支持地方抢险救灾、重点工程建设等方面作出重要贡献。民族、宗教、外事、侨务、对台、统计、史志、气象、地震、人防、通信、烟草、档案、盐业、新闻出版、国家安全等各项事业都取得了新成绩。

各位代表！

2010年主要任务的圆满完成，标志着“十一五”规划目标胜利实现。

过去的五年，综合实力跨上新台阶。生产总值是“十五”末的1.86倍，占全省比重提升0.51个百分点；人均生产总值达到26000元，是全省平均水平的1.12倍；地方财政一般预算收入是“十五”末的2.77倍，占全省比重提升0.43个百分点；固定资产投资五年累计达到2345亿元，是“十五”期间的4.7倍。

过去的五年，结构调整迈出新步伐。二、三产业占生产总值比重比“十五”末提升3.4个百分点，高新技术产业增加值占工业增加值比重提升16.6个百分点，非公有制经济占生产总值比重提升3.9个百分点，节能减排目标圆满完成。

过去的五年，城乡面貌发生新变化。建成区面积由不足60平方公里拓展到75平方公里，城镇化率比“十五”末提高8.4个百分点；新农村建设“两个规划”全面启动；新建改建农村公路4858公里、国省干线公路223公里、高速公路235.7公里。

过去的五年，改革开放实现新突破。大中型企业实现股权多元化，行政审批效能进入全省先进行列，社会事业领域的改革取得新进展。五年实际利用外资6.8亿美元、市外资金1295亿元，分别比“十五”期间增长1.2倍和8.1倍；连续3年成功举办华侨华人中原经济合作论坛，打造了我市招商选资重要品牌。

过去的五年，文化建设呈现新气象。建设了平顶山博物馆、文化艺术中心等标志性文化设施，举办了曲艺节、魔术节、戏剧梅花奖、书法兰亭奖大赛、“三苏杯”全国诗歌创作大赛、“尧山杯”全国摄影大赛、《歧路灯》海峡两岸学术研讨会等一系列有影响的文化活动，文化氛围日益浓厚。

过去的五年，人民生活有了新改善。城乡居民收入分别是“十五”末的1.85倍和1.95倍，城镇和农村居民恩格尔系数分别下降7个和6个百分点。在全省率先建立了全民医保、农村低保和高中阶段贫困家庭学生救助等制度。

盘点“十一五”的发展，我市生产总值突破1000亿元、金融机构存款余额突破1000亿元、电网变电总容量突破1000万千伏安、中平能化集团营业收入突破1000亿元、规模以上非公有制企业突破1000家，经济社会发展站上了新的更高平台。我们从能源原材料为主的工业结构，初步构建起以产业集聚区为载体的现代产业体系，正朝着全国重要的新型能源化工基地、现代装备制造基地挺进；我们在不断完善老城区功能的同时，又新建起一座湖滨新城，正朝着平宝叶鲁一体化发展的现代化城市挺进；我们从过去人们心目中的“煤城”，创建为中国优秀旅游城市、国家园林城市，正朝着海内外知名的旅游目的地挺进。可以说，平顶山已经进入蓄势崛起的新阶段。五年来取得的辉煌成就，书写了我市经济社会发展的崭新一页，为全面建设小康社会奠定了坚实基础，值得全市500万人民骄傲和自豪，也激励着我们去奋力谱写科学发展的新篇章！

各位代表！

这些成绩的取得来之不易，这是省委、省政府和市委正确领导的结果，是市人大、市政协积极支持的结果，凝聚着全市广大干部群众和社会各界的心血和汗水。在此，我代表市人民政府，向工作在全市各条战线的广大工人、农民、知识分子、干部、驻平部队指战员、武警官兵和公安民警致以崇高的敬意！向关心、支持我市现代化建设的各界人士和国际友人、港澳台同胞、海外侨胞表示衷心的感谢！

回顾去年及“十一五”的工作，我们深刻体会到，加快平顶山的发展，必须时刻牢记发展第一要务，解放思想，抢抓机遇，奏响科学发展、加快转变经济发展方式的主旋律；必须科学谋划，用鼓舞人心、符合实际的发展思路和目标，统一思想，凝聚力量，形成率先实现崛起、提前全面小康的强大合力；必须坚定不移地推进改革开放，创新体制机制，以改革破难题，以开放带全局，增强经济社会发展的动力和活力；必须正确处理改革发展与安全稳定的关系，在安全稳定中推进改革发展，通过改革发展促进安全稳定；必须转变干部作风，狠抓工作落实，上下一心、合力攻坚，卓有成效地把各项工作推向前进；必须着力民生民心，持续加大民生投入，尽心尽力解决好关系人民群众切身利益的问题，让人民群众得到更多的实惠。

在肯定成绩的同时，我们也清醒地看到，政府工作还有不少缺点，经济社会发展中还存在一些不容忽视的矛盾和问题：一是保持经济持续较快发展难度加大。国际金融危机以来，我市部分经济指标增速下滑，在全省位次有所后移；钢铁、有色、化工等行业市场需求不足，生产经营形势比较困难；粮食稳定增产和农民持续增收基础不牢；项目谋划不足，投资总量偏低。二是经济结构性矛盾突出。高耗能、高排放行业比重较大，高技术产业和第三产业比重偏低，节能减排和结构调整任务艰巨。三是安全生产形势依然严峻。一些地方和干部安全生产责任落实不到位，发生了重特大煤矿安全事故，给人民群众生命财产造成重大损失，教训极为深刻。随着地方煤炭企业兼并重组完成后相继复工复产，安全监管压力加大。四是民生改善任务繁重。城乡公益事业和基础设施欠账较多，群众对就业、就学、就医、社会保障、住房保障等方面还不尽满意，部分低收入群众生活比较困难。五是行政效能有待进一步提高。政府职能和作风转变还不到位，个别部门和工作人员依法行政观念和为民服务意识淡薄，办事拖拉，形式主义、官僚主义仍然不同程度地存在。对此，我们一定高度重视并认真加以解决，绝不辜负人民群众的期望。

二、“十二五”发展的总体要求和奋斗目标

“十二五”时期是我市在全省率先实现崛起、提前全面小康的决胜时期，也是深化改革开放、加

快转变经济发展方式的攻坚时期。根据市委七届十一次全会通过的“十二五”规划建议，市政府编制了《平顶山市国民经济和社会发展第十二个五年规划纲要（草案）》（以下简称《纲要（草案）》），提出了今后五年经济社会发展的总体要求和奋斗目标。

总体要求是：高举中国特色社会主义伟大旗帜，以邓小平理论和“三个代表”重要思想为指导，深入贯彻落实科学发展观，以科学发展为主题，以加快转变经济发展方式为主线，以富民强市为中心任务，坚持“四个重在”实践要领，学先进、比创新、看实效，继续实施“生态建市、产业立市、文化强市、和谐兴市”战略，统筹推进优化产业结构、加快城镇化、建设新农村“三大任务”，持续提升改革开放、和谐稳定、党的建设“三项保障”，在全省率先实现崛起、提前全面小康，成为中原经济区重要的战略支点。

奋斗目标是：到2015年，力争经济总量实现“一个历史跨越”，生产总值跨越2000亿元大关，达到2300亿元（2010年价），年均增长12%左右，人均生产总值力争超过全国平均水平；地方财政一般预算收入增速略高于生产总值增速。转型升级实现“一个重大突破”，经济增长的内生机制基本确立，发展的协调性进一步增强，现代产业体系、现代城镇体系和自主创新体系基本形成，经济转型实现重大突破。结构调整实现“三个快速提升”，即实现城镇化水平的快速提升，城镇化率超过50%；实现现代服务业发展水平的快速提升，第三产业增加值比重力争达到50%左右；实现农村生产生活水平和生态环境质量的快速提升，50%的中心村基础设施基本完善、形成建设规模。经过“十二五”的努力，将平顶山建设成为资源型城市可持续发展示范区，成为全国重要的新型能源化工基地、现代装备制造基地和海内外知名的旅游目的地，成为中原经济区重要的战略支点，在全省率先实现崛起、提前全面小康。

为实现上述目标，《纲要（草案）》还提出了优化产业结构、加快城镇化、建设新农村、加快生态建市、深化改革开放、加强社会建设等6个方面的任务。总体要求、奋斗目标和主要任务是在正确把握国际国内形势，认真研究国家宏观经济政策，全面分析我市各种有利条件，深入查找存在问题与差距的基础上提出的。这些目标任务对于加快我市经济社会发展不仅是必须的，而且通过努力也是完全可以实现的。我们坚信，只要全市上下万众一心，乘势而上，就一定能够把平顶山建设得更美好，让人民生活得更幸福，就一定能够铸就“十二五”发展的新辉煌！

《纲要（草案）》及说明已提交各位代表，请予审议。

三、2011年政府工作的主要任务

今年是“十二五”发展的开局之年。总体上看，做好今年的工作，既有有利条件，也有不利因素，应该说机遇与挑战并存，机遇大于挑战。从有利条件看，世界经济将继续缓慢复苏，我国经济发展长期向好的趋势没有改变，国际国内产业转移趋势更加明显；经过“十一五”的发展，我市资源、区位和产业优势正在扩大，中平能化集团、平高集团等一批大型企业规模效益倍增，文化旅游产业发展势头强劲、潜力巨大，经济发展具有总量扩张和产业升级的强大内生动力；加之国家加大促进中部地区崛起力度和我省建设中原经济区，有利于我们发挥优势，积极承接产业转移和争取上级支持。从不利因素看，国际金融危机尚未结束，不稳定、不确定因素仍然较多；国家将货币政策从“适度宽松”转向“稳健”，强调把好流动性总闸门、有效控制信贷投放，在土地供给、项目审批、节能减排等方面也提出了新的更高的要求，经济发展的宏观环境和要素供给形势趋紧；我们面临着既要保持经济平稳较快增长，又要调结构、促转型，还要防通胀的复杂局面。必须保持头脑清醒、增强忧患意识，坚定信心、积极应对，确保“十二五”开好局、起好步。

经济社会发展的主要预期目标是：生产总值增速高于全省平均水平1～2个百分点，达到12%以上；地方财政一般预算收入增速高于生产总值增速1个百分点，达到12%以上；全社会固定资产投资增长21%；社会消费品零售总额增长16%；外贸出口增长21%，实际利用外商直接投资增长23%；居民消费价格涨幅控制在4%左右；人口自然增长率控制在6.5‰以内；城镇新增就业7万人以上；城镇化率提高1.5个百分点；第三产业比重提高2个百分点以上；城乡居民收入较快增长；节能减排完成省定目标。

围绕上述目标，重点抓好九个方面的工作：

（一）着力扩大需求，保持经济更好较快发展。坚持统筹兼顾，扩大需求规模，优化需求结构，推动经济发展由回升向好向稳定增长转变。

努力扩大投资需求。今年计划安排第一批重点项目130个，总投资1265亿元，年度完成投资130亿元。其中，工业项目82个，年度投资81.9亿元。开工建设中平能化年产40万千瓦太阳能电池用硅片、圣光医药用品制造产业园等39个项目；续建平煤机高端液压支架、恒基伟业太阳能电池等16个项目；建成平高东芝输变电设备制造、巨龙淀粉公司玉米葡萄糖生产线等21个项目；加快推进鲁阳电厂二期2×100万千瓦机组、中平能化年产20万吨己内酰胺等6个重大项目前期工作。交通项目13个，年度投资10.7亿元。开工建设焦桐高速汝州至登封段、郏县地方铁路、宝丰县至石龙区快速通道等5个项目；续建孟平铁路复线电气化改造项目；积极推进郑渝铁路客运专线平顶山段(站)、平顶山至许昌城际轨道交通、尧山旅游支线机场、沙河平顶山段复航工程及平郏、平叶、平鲁快速通道等7个项目前期工作。农林水利项目7个，年度投资16.2亿元。开工建设农村饮水安全工程、北汝河综合治理主体工程；续建南水北调工程平顶山段、昭平台灌区配套等5个项目。服务业项目5个，年度投资6.3亿元。开工建设大香山现代物流配送中心、舞钢金马钢铁加工物流配送中心；续建宝丰文化创意产业园；积极推进通用航空产业园、卫东区顺德集团仓储物流项目前期工作。城市基础设施和社会事业项目23个，年度投资14.9亿元。开工建设市第二污水处理厂、平顶山学院扩建等3个项目，续建采煤沉陷区综合治理、平西火车站广场改造、新区人民医院等12个项目；建成大香山路、蓝欣家园经济适用房等4个项目；加快南水北调受水区供水工程等4个项目前期工作。继续坚持市级领导联系重点项目、联审联批、观摩点评等制度，认真落实建设条件和配套资金，实行网络规划、节点控制，力争早开工、早投产、早见效。加强项目库建设，搞好项目筛选、论证和储备。

积极扩大消费需求。落实调整收入分配关系的各项政策，继续增加政府支出用于改善和扩大消费的比重，着力提高城乡低收入群众收入，扩大中等收入群体，增强群众消费能力。落实鼓励消费政策，培育消费热点。积极发展消费信贷，促进消费增长。大力整顿和规范市场秩序，健全市场体系和社会信用体系，维护消费者合法权益，营造放心、舒心的消费环境。

加强经济运行调控调节。依法规范税收征管和非税收入管理，提高财政调控能力。落实各项税收优惠政策，进一步减轻企业和居民负担。组织多种形式的银企洽谈会，完善激励机制，引导各类金融机构切实增加有效信贷投放。健全企业服务长效机制，市、县两级继续分别抓好100家重点企业，推动企业服务工作常态化、制度化。加强经济运行监测，做好煤电油气运协调工作，特别要保障电煤供应。加强产运需衔接，保障重要生产资料和居民生活必需品供应，坚决打击囤积居奇、哄抬价格等不法行为，确保全市价格总水平基本稳定。

(二)着力优化结构，加快转变经济发展方式。制定资源型城市可持续发展示范区建设规划，推动产业结构转型升级，提升产业竞争力。培育壮大战略性新兴产业。突出抓好新能源、新材料和生物医药等新兴产业发展，依托中平阳光、恒基伟业、易成新材料等企业发展太阳能光伏产业，打造完整的垂直光伏产业链；依托平高集团智能电网输变电设备项目和国家级高压电气设备质检中心建设，发展高端装备制造业。改造提升传统支柱产业。围绕做大做强能源化工、装备制造、特种钢材、新型建材、农产品加工等优势产业，安排实施中平能化2万吨锦纶66帘子布、平高集团特高压超高压开关装备产业基地等一批重大转型升级项目，年度投资80亿元以上，拉长产业链条，提升产业层次。加强自主创新体系建设。积极实施自主创新体系建设发展规划，增强科技进步对经济发展的支撑作用，引导创新要素向企业集聚，加快形成一批拥有自主知识产权的核心技术、知名品牌和创新型企业。申报省级以上工程技术研究中心5家、企业技术中心4家、质检中心2家、重点实验室1个。培育国家级高新技术企业6家、省级以上创新型试点企业1家，高新技术产业增加值增长15%以上。大力实施质量兴市战略和商标战略，推进标准化体系建设，培育自主品牌，提高产品质量安全水平。加快创建品牌产业集聚区。实施产业集聚区发展赶超行动计划，全年10个省级产业集聚区完成投资300亿元，实现主营业务收入800亿元，争取有2个集聚区进入全省前30名，高新区创建为国家级高新区。通过3年~5年的努力，依托高新区内中平能化集团和平高集团发展，打造亚洲最大的尼龙化工基地和全国重要的现代装备制造基地；依托平顶山化工产业集聚区和叶县产业集聚区，突出发展煤化工、盐化工，利用良好的煤电产业基础，打造全国重要的能源化工基地；依托平新产业集聚区和宝丰产业集聚区，打造高端装备制造业和太阳能光伏产业基地。通过强化产业支撑，提升经济综合实力，把我市建设成为中原经济区重要的战略支点。

（三）着力发展现代服务业，推动第三产业全面提速。继续实施现代服务业发展提速工程，加快壮大服务业规模，全面提高发展水平。大力发展优势服务业。编制实施全市文化旅游产业发展规划，加快宝丰文化改革发展实验区建设，再规划建设一批特色文化产业园区。全面启动大香山风景名胜区项目，确保香山寺保护性建设主体工程完工、大香山国学堂等项目开工。加大佛泉寺景区和温泉开发建设力度。积极开发汝瓷、金镶玉等地方特色文化旅游产品，拓展文化市场，壮大文化产业规模。大力推进景区创A工作，尧山景区创建为国家5A级景区。加大旅游基础设施建设力度，启动市旅游服务中心、白龟湖国家湿地公园等项目建设。进一步整合旅游资源，精心策划设计旅游宣传产品，提升整体形象和实力，着力打造海内外知名的旅游目的地。以孟平铁路复线建设为契机，完善沿线场站设施功能，提高物流配送能力；开工建设开源路蔬菜批发市场，加快建设市中心货运站、平西综合物流园区，建成平东煤炭物流中心等项目。适应消费升级需要，积极运用先进技术和经营方式改造提升传统商贸业，进一步会聚人气、商气，营造商机，加快打造豫西南商贸中心。着力发展高成长性服务业。抓住金融机构加速在我市布局的机遇，争取浦发银行等股份制银行落户我市。新设1～2家村镇银行，支持农村信用社组建农村商业银行。认真落实房地产调控政策，增加中小户型、中低价位普通商品房供给，促进房地产市场健康发展。着力发展体育健身、教育培训、家政服务、养老服务等社区服务业。大力发展科技服务、信息咨询、商务中介等新兴服务业。积极发展农村服务业。办好“万村千乡”市场工程，推进专业市场、农贸市场建设。继续做好家电、摩托车下乡和家电以旧换新工作。大力发展新农村现代流通服务网络，完善产销、科技、信息等社会化服务体系。

（四）着力发展现代农业，推进新农村建设。继续实施新农村建设提速工程，全面落实“两个规划”，促进城乡统筹发展。认真落实强农惠农政策。财政支出重点向农业农村倾斜，确保用于农业农村的总量、增量均有提高。稳步提高重要粮食品种最低收购价。继续扩大农业补贴规模，提高补贴标准。加大政策性金融对“三农”的支持力度。着力提高粮食生产能力。全面落实“粮食生产五年增产计划”，加快叶县、郏县和汝州市粮食核心区建设，粮食种植面积稳定在650万亩左右，总产保持在190万吨以上。加快调整农业结构。大力发展优质粮油、烟叶、林果等高效经济作物，抓好新一轮“菜篮子”工程，促进种植业结构优化。加快发展现代畜牧业，新建标准化养殖园区300个，积极引进或联建一批大型农畜产品加工企业。做大做强龙头企业，新增市级龙头企业10家，达到省级龙头企业标准3家以上，新增农民专业合作社50个。切实改善农村生产生活条件。大兴农田水利建设，新增有效灌溉面积10万亩，改造中低产田6万亩，治理水土流失面积60平方公里。落实农机购置补贴政策，玉米机收率达到80%以上。加强农村基础设施建设，新解决21万人的饮水安全问题，新建改建农村公路300公里，新建大中型沼气工程15座，新增沼气用户1万户，推进新一轮农村电网升级改造。加大扶贫开发力度，支持革命老区建设，完成5万贫困人口脱贫。加强农民工职业技能培训，实现转移就业6万人以上。在积极推进112个中心村建设的同时，再启动100个中心村的新村建设，继续实行领导联系分包责任制，深入开展“百企帮百村”活动，市财政安排1亿元奖励补助资金，加快建设进度。扎实做好南水北调干线征迁和移民安置工作。进一步提升县域经济发展水平。充分发挥县域经济统筹工业化、城镇化和农业现代化的重要载体作用，认真落实促进县域经济发展的政策措施，创新激励机制，加大扶持力度，引导城市资金、项目、技术、人才等要素向县域流动。各县（市）要依托资源禀赋和产业优势，培育壮大特色产业集群，增强县域经济综合实力。

（五）着力持续创建活动，提升城镇现代化水平。继续实施城镇化发展提速工程，加快城乡一体化进程。健全城乡规划体系。尽快完成平顶山城市新区规划报批，编制城市近期建设规划，实现市区建设用地控制性详细规划全覆盖；6县（市）、石龙区完成城区控制性详细规划编制，进一步推进城市扩容提质。强化规划执法，规范城乡建设行为。加大城市基础设施建设力度。按照新城区建设全面提速、老城区改造提档升级、新老城区同步发展的要求，加快中心城区建设步伐。老城区开工建设平安大道西延、光明路北延、一矿路改造、湛南路改造等21个项目；加快推进开源路高速引线改造、稻香路等8个续建项目；确保西环路、南环路、北环路、东环路改造项目建成通车；在人员密集、出行不便的地方，规划建设6座过街天桥；认真做好东环路南延、湛河治理等16个项目的前期工作；结合孟平铁路复线建设对市区23处铁路立交桥及引线进行升级改造。规划建设大南环、大北环，缓解中心城区交通压力，提高通行能力。全面推进城中村和旧城开发改造，新开工建设350万平方米，主体完工400万平方米；加快推进平安大道中段北部3.5平方公里旧城改造项目。加大城市管网改造力度，新建改造供水管道118公里、热力管道20公里，完成天然气置换人工煤气4万户。大力发展公共交通，更新公交车辆80台。新城区建设重点推进未来路、吉祥路、复兴路等工程，新增道路8.5公里。加快完善医院、商业网点、公交枢纽站等配套服务设施，不断提高综合承载能力。拓宽城市建设投融资渠道，采取发行城市建设债券、引导社会资金参与等办法，多渠道筹措建设资金。持续创建活动。继续加大创建力度，确保2012年创建为国家森林城市，2013年创建为国家卫生城市。深入开展城市精细化管理，启动数字城管建设。狠抓市容市貌和环境卫生综合整治，实行网格管理，划分责任区域，切实解决脏、乱、差、堵等问题。深入开展创建卫生达标庭院、园林小区活动。加大环城防护林、城郊森林体系和中心城市公共绿地建设力度，进一步提高城区森林覆盖率。争创和谐社区。全面落实和谐社区创建工作任务，加快推进行政服务、物业管理和文明教育进社区，逐步建立和完善新型社区服务体系，进一步提高服务水平。加快县城和小城镇建设。推进舞钢市城乡一体化进程。按照30万到40万人口规模对汝州市和郏县县城作扩张规划，对36个中心镇按每个不低于3万人的规模进行同步扩容。以县城扩容和中心镇建设为重点，加强基础设施建设，进一步增强县城和小城镇的吸纳承载能力。

（六）着力推进节能减排，建设生态文明。把节能减排和环境保护放在突出位置，统筹协调，综合施治，务求实效。强化资源集约节约利用。继续加大对高耗能、高耗材、高耗水行业的管控力度，做好重点领域、重点行业和重点企业的节能改造。持续推进公共机构节能工作。实施“关小上大”措施，加快淘汰落后产能。继续落实财税优惠政策和价格政策，开发利用节水、节电等节约新技术。积极推进建筑节能，开展既有住房供热计量及节能改造。落实最严格的耕地保护制度和最严格的节约用地制度，严禁违法用地，确保城乡发展特别是重点项目用地需求。大力发展循环经济，加快循环经济试点市建设。加强资源回收和综合利用，全市工业固体废弃物综合利用率达到76.5%以上。加强环境保护。深化大气环境综合整治，积极推进排污权交易，推广使用天然气等清洁燃料，城区大气环境质量优良天数保持在300天以上。加强白龟湖库区及上游环境综合整治，城市集中饮用水源地水质达标率100%。加大境内河流污染防治力度，全市出境水质达标率达到80%以上。加快林业生态建设。实施十大林业体系建设工程，新增造林24.9万亩，全市森林保有量达到366万亩；再创建1个省级林业生态县。通过持续努力，为全市人民创造一个天蓝、地绿、水清、宜于人居的生活环境。

（七）着力深化改革开放，增强经济发展活力。把改革开放作为推进科学发展的持久动力，形成有利于加快转变经济发展方式的体制机制。继续推进各项改革。加快推进体制创新，完成星峰集团、物资集团化轻公司、华靖物资中心等企业的改制。加大企业上市培育力度，加快易成新材料、圣光医药、平煤机等公司上市步伐。积极推进农村土地承包经营权流转，新增流转面积10万亩以上。加快集体林权制度改革，全面完成林改任务。大力推进教育、文化、医药卫生等领域的改革。积极推动企业战略合作。研究制定扶持政策，着力推动六大支柱产业同大型央企、世界500强企业的战略合作。巩固扩大平高集团与国家电网公司战略重组成果，加快输配电装备制造产业化。推动平煤机与国际煤机巨头美国久益公司合作，打造高端采矿设备研发制造基地。着力提高招商选资实效。采取领导带队驻地招商、商会招商、委托招商等多种形式，持续开展大招商活动，引导支持各类产业集聚区发挥自身优势，承接产业转移，力争引进省外资金和市外资金均增长20%以上。同时，继续落实鼓励出口的各项政策，加大对重点出口企业和出口产品的扶持力度，努力扩大外贸出口。下大力气优化发展环境。坚持诚实守信、有诺必践，确保开放招商项目零障碍落户，创造良好的投资环境。全面清理规范各种收费项目，规范对企业的各种检查行为，健全投诉受理机制，严厉查处“四乱”行为，为企业营造良好的经营环境。大力发展非公有制经济。认真落实促进非公有制经济发展的政策措施，通过政策、资金的引导，留住并激活民间资本在我市创业发展，促进中小企业做大做强。稳妥推进设立小额贷款公司，办好市中小企业金融超市，努力缓解贷款难问题。

（八）着力保障和改善民生，促进社会和谐。进一步加大投入，继续实施“十大民生工程”，让改革发展的成果更多地惠及人民群众。千方百计扩大就业。实施更加积极的就业政策，提高中小企业、劳动密集型企业和服务业吸纳就业的能力。扶持自主创业和自谋职业。突出抓好高校毕业生、农村转移劳动力、城镇就业困难人员、退役军人的就业问题，确保城镇新增就业7万人以上，其中失业人员再就业2.5万人，动态消除“零就业”家庭。努力提高社会保障水平。进一步完善企业工资集体协商和工资支付保障制度，提高企业退休人员基本养老金，将未参保集体企业退休人员纳入基本养老保险。深化城乡低保规范化建设，提高低保标准和补助水平，提高农村五保对象供养标准和集中供养率，切实保障困难群众基本生活。逐步扩大社会保险覆盖范围，再争取1个县纳入国家新农保试点。完善城乡医疗救助和临时救助制度，提高救助标准，扩大救助覆盖面。大力加强保障性住房建设。优先保证用地供应，加强市、县（市、区）财政支付保障，新开工建设廉租房42万平方米、公共租赁房14.7万平方米、经济适用房57.2万平方米，提供保障性住房1.8万套，发放住房租赁补贴2000万元，为2300户农村贫困家庭实施危房改造。全面发展社会事业。认真落实中长期教育发展规划。大力推进义务教育均衡发展，加快新一轮中小学布局结构调整，启动市四十一中改扩建项目，确保3所在建小学秋季投入使用、6所新建小学顺利开工，3年内解决大班额问题。制定实施学前教育三年行动计划，市内三区新建8所幼儿园，其他县（市）新建19所乡（镇）中心幼儿园。规划建设市教育园区。强力实施职教攻坚计划，加快城市职业教育改革实验区建设，建成专业实训基地6个。继续实施普通高中家庭困难学生资助制度，扩大中等职业教育免学费范围。深入实施中小学校舍安全工程，完成5.4万平方米的校舍加固或重建。支持高等教育走特色发展、内涵发展之路，提高教育教学质量。贯彻落实人才发展规划，壮大各类人才队伍。繁荣文化事业，启动市图书馆改造、广播电视安全播出监测中心等项目，实施好乡（镇）综合文化站、文化信息资源共享、农家书屋等项目，高标准完成广播电视“村村通”、农村（校园）公益电影放映、舞台艺术送农民等工程。加大对重点文物保护单位的抢救修缮力度。规划建设老干部活动中心和老干部大学。加强医疗卫生基础设施建设，扎实推进区域卫生信息平台、市精神卫生中心、市职业病防治综合楼等项目，继续抓好传染病防治，不断提高群众健康水平。积极发展体育事业，举办市八运会，做好新城区体育馆建设规划。在全省率先推进残疾人社会保障体系和服务体系建设，确保创建为全国残疾人工作示范市。积极发展社会福利和慈善事业。统筹做好人口计生工作，完善利益导向机制，稳定低生育水平，确保在全国、全省的先进位次。进一步强化安全监管。认真落实安全生产行政首长负责制，进一步完善安全生产责任体系。突出抓好以煤矿为重点的安全生产管理，确保兼并重组煤矿停得住、管得好。持续深化非煤矿山、道路交通、消防、食品药品、危险化学品、烟花爆竹、建筑施工、民爆器材、特种设备等重点行业、重点领域的专项整治，严厉打击非法违法生产经营建设行为，坚决遏制重特大事故发生。加强和改进社会管理。深入推进社会矛盾化解、社会管理创新、公正廉洁执法三项重点工作，健全信访工作责任制，畅通群众利益诉求渠道，认真解决群众反映的问题。大力推进“六五”普法和依法治市，切实加强人民调解、法律援助、法律服务工作。完善社会治安防控体系，严密防范、严厉打击各类违法犯罪活动，不断增强人民群众的安全感。支持工会、共青团、妇联等人民团体充分发挥桥梁纽带和参与社会事务管理的作用。完善村民自治，加强村务公开、民主管理。深入开展“扫黄打非”，净化社会环境。积极拓展群众性精神文明创建活动，加强青少年思想道德建设，不断提高城乡文明程度。

加强国防教育和动员，支持驻平解放军、武警部队、民兵预备役部队和人民防空建设；深入开展双拥共建活动，巩固和发展军政军民团结，确保创建全国双拥模范城“四连冠”。加强统计工作，搞好第六次人口普查。继续做好民族、宗教、外事、侨务、对台、史志、气象、通信、烟草、档案、盐业、新闻出版、国家安全、防震减灾等工作。

（九）着力加强政府自身建设，提高推动科学发展的能力。实现发展目标任务，政府肩负着重要责任。我们一定勤勉尽责，永不懈怠，努力建设人民满意的政府。

坚持执政为民。时刻牢记为人民服务的宗旨，用人民赋予的权力为人民谋福祉。作决策、编规划、办事情始终站在群众角度换位思考，一心想着群众，真心为了群众。充分发挥政府门户网站、市长热线、政风行风热线联系群众的桥梁纽带作用，认真受理和解决群众反映的问题。办好各级行政审批服务中心，方便企业和群众办事。建立健全应急管理机制，增强处置突发事件的能力。加强对政府公务人员的教育和管理，继续开展争做“人民满意的公务员”活动。

严格依法行政。认真执行人大及其常委会的决议、决定，自觉接受人大及其常委会的法律监督、工作监督和政协的民主监督，广泛听取民主党派、工商联、无党派人士、人民团体的意见和建议，重视新闻监督和网络监督。认真办理人大代表建议和政协提案，不断提高落实率和满意度。严格按照法定权限和程序行使权力、履行职责，健全重大事项公众参与、专家论证、风险评估、合法性审查、集体讨论决定等制度。强化行政执法责任制，做到有权必有责、用权受监督。扩大政府信息公开范围，让权力在阳光下运行。

注重实干实效。坚持以领导方式转变加快发展方式转变，学先进、比创新、看实效，切实提升各级干部的工作推动力和执行力，不找借口、不打折扣，说到做到、说好做好。进一步提高行政效能，改进会风文风，严格控制各类检查评比，减少不必要的应酬和事务性活动，把更多的心思和精力放在调查研究、谋划发展、推动工作上，确保各项目标任务落到实处、见到实效，真正做出经得起实践、历史、人民检验的实绩。

做到廉洁从政。严格落实党风廉政建设责任制，加快推进惩治和预防腐败体系建设，完善工程建设、土地管理、政府采购等制度，加强监察、审计等专项监督，做到关口前移。继续保持惩治腐败的高压态势，严肃查处各类违法违纪案件。坚持勤俭行政，反对铺张浪费。领导干部带头执行廉洁自律的各项规定，要求别人做到的，自己首先做到，要求别人不做的，自己坚决不做，塑造风清气正的政务环境。

各位代表！

“十二五”的蓝图已经绘就，新一轮发展的号角已经吹响。让我们在省委、省政府和市委的正确领导下，深入贯彻落实科学发展观，按照“学先进、比创新、看实效”的要求，满怀激情，顽强拼搏，同心协力，扎实工作，以优异的成绩向建党90周年献礼，为“率先实现崛起、提前全面小康”而努力奋斗！

元好问与苏坟

元好问为有金一代文学宗匠，其主要成就是诗。他的诗追步苏轼的豪放，兼糅杜甫的沉郁、李白的浪漫，形成自己沉郁遒劲的艺术风格。在我国古代文学史上，其地位可与苏轼相媲美。

元好问生于太原秀容书香之家。32岁举进士，历任镇平、内乡、南阳等地县令。从任所往来登封、汴京途中拜谒位于郏县西北嵩山之阳的苏坟，寄托自己对所崇敬的前代文豪苏轼的哀思。因此与寓居苏坟附近的民间诗人秦简夫相识。秦简夫正是出于对苏轼的崇敬，在苏坟附近购置田产建造别墅，迁居于此的。元、秦二人志趣相投，结为好友。后来元好问升任吏部主事入京做官，秦简夫曾投奔元好问于汴京切磋诗艺。元好问留秦简夫小住并游览了京城。当秦简夫告别元好问回苏坟时，元好问恋恋不舍，写诗相送，题为《送诗人秦简夫归苏坟别业》。金哀宗天兴二年（公元1233年），蒙古军攻破汴京，元好问被俘，囚于聊城，四年后获释返乡，从此隐居不仕，专心著述，完成金国史书《壬辰杂编》、金诗总集《中州集》等。北宋末年二苏葬郏以后，金兵南下，宋室播迁，二苏后人“散处靡存”，苏坟失去保护。元好问在金朝统治中原的短短几十年间数度拜谒苏坟，他对优秀传统文化的由衷保护，成为后人效仿的榜样。　　　　（潘民中）

专　记

发展要论

在中原经济区建设中勇于担当

——市委书记赵顷霖在市委七届十一次全会上的讲话摘要

建设中原经济区是在全球一体化背景下，在全国发展格局中，彰显河南优势、加速中原崛起的载体和平台。平顶山作为资源型城市和全省重要的工业基地，既面临重要机遇，更肩负重大责任。“十二五”期间，我们要发挥优势、创造优势，积极作为、勇于担当，在全省率先实现崛起提前全面小康，成为中原经济区核心区重要的战略支点。

勇于担当，就要时刻保持清醒，坚定加快科学发展信心。“十二五”时期是我国深化改革开放、加快转变经济发展方式的攻坚时期，也是我市率先实现崛起提前全面小康的决胜时期。产业转移加速和区域竞争加剧并存，发展动力增强与调整压力加大并存，政策利好增多与瓶颈约束趋紧并存，社会全面进步与民生诉求增多并存。总体上，仍处于可以大有作为的重要战略机遇期。我们一定要清醒认识形势，科学判断形势，牢牢抓住机遇，切实用好机遇，在大有作为的时期更加奋发有为。

勇于担当，就要把握主题主线，促进“三化”协调发展。要始终坚持科学发展不动摇，坚持加快转变经济发展方式不懈怠，率先走出一条不以牺牲农业和粮食、生态和环境为代价的“三化”协调发展路子。科学发展横向就是统筹。统筹推进优化产业结构、加快城镇化、建设新农村“三大任务”，就是促进“三化”协调发展的具体化。“十二五”期间，要进一步加大统筹力度，以品牌产业集聚区为载体，依靠体制创新和科技创新，改造提升传统支柱产业，培育发展新兴战略产业，在现有主导产业持续增长的同时，力争使第三产业占生产总值比重达到50%左右。加快实施城镇扩容规划，通过产业聚集和基础设施的完善，增强城镇吸纳承载能力，使城镇化率达到50%以上。继续实施农民增收和新村建设“两个规划”，通过发展现代农业和完善基础设施，引导农民自愿向中心村聚集，使50%的中心村完善基础设施，形成建设规模。科学发展纵向就是持续。促进“三化”协调发展，要加快转变资源开发利用方式，大力发展循环经济，加大生态环境保护力度，推进林业生态建设，在发展中节能低碳，在发展中保护生态，实现人与自然和谐共生。

勇于担当，就要深化改革开放，增强经济发展动力活力。进一步加大改革攻坚力度，不失时机地推进农村、企业、财税金融、投融资等重点领域和土地依法流转、市场体系建设等关键环节的改革；完善落实促进民营经济发展的政策措施，推动多种经济形式相互补充、共同发展；加快建设法治、诚信、服务型政府，提高行政效能和服务水平，着力构建有利于科学发展的体制机制。要进一步拓展对外开放广度，创新招商选资方式，优化经济发展环境，积极承接国内外先进产业转移，吸引更多生产要素向我市聚集，以开放促改革、促创新、促发展。

勇于担当，就要坚持以人为本，提升和谐社会建设水平。把保障和改善民生放在更加突出的位置，更加注重包容性增长和共享式发展，加快形成覆盖城乡居民的公共服务体系，不断提升人民群众的幸福指数。着力增加群众收入，努力扩大社会就业，加快健全覆盖全市的社会保障体系，不断提高公共教育、医疗卫生服务水平，大力繁荣城乡文化事业和文化产业。严格落实安全生产“两个主体”责任，切实保障人民群众生命财产安全；加强社会治安综合治理，增强人民群众安全感和满意度；依法及时解决群众反映的困难和问题，预防和减少群体性事件，以社会的和谐稳定促发展方式的加快转变。

勇于担当，就要锁定发展目标，率先实现崛起提前全面小康。“十二五”时期，我市的总体目标是在全省率先实现崛起、提前全面小康。各级各部门都要紧扣这个总体目标，站位发展大局，紧密联系实际，把每项指标都分解到各个领域、各个行业、各项重点工作，落实到年度和项目，以重点工作和重点项目的推进支撑各项规划的落实，以各项规划年度目标的实现支撑“十二五”总体目标的实现。

勇于担当，就要不断提高党的建设科学化水平，努力为“十二五”发展提供坚强保障。各级党组织要以加强党的执政能力建设和先进性建设为主线，紧扣经济社会发展全局，找准结合点，选好载体，培育典型、典型引路，不断提高党的建设科学化水平。一要提升科学执政水平，切实转变思想观念，加快转变领导方式，着力凝聚发展合力。二要提升群众工作水平，筑牢群众观念，维护群众利益，掌握正确方法，最大限度地把群众力量凝聚起来，同心同德地推进全面小康社会建设。三要提升真抓实干水平，紧扣率先学先进，突出主线比创新，强化运作看实效，要坚持从市委常委做起，从各级领导干部做起，身体力行，带头带动，切实增强工作的推动力和执行力，确保“十二五”规划各项目标真正落到实处。

靠正气实干

《河南日报》加快领导方式转变推动中原经济区建设“十八谈”之平顶山篇

（一）从春秋时代至今，2700余年间，以“雄鹰”为标志的地方就是今天的平顶山市。工作生活在这座城市的人们，都以“鹰城”为荣。

新中国成立60多年，特别是改革开放30多年来，平顶山发生的巨大变化有目共睹。面对新形势、新任务，平顶山人更有着肩负千钧重担、前行任重道远的清醒，尤其是在中原经济区建设中，平顶山确立的发展目标是清晰而明确的：要建设“三化”协调发展、“三地”优势突出的资源型城市可持续发展示范区，在全省“率先实现崛起、提前全面小康”，成为中原经济区重要的战略支点。

“三化”协调发展，就是统筹推进优化产业结构、加快城镇化、建设新农村“三大任务”。“三地”优势突出，就是着力建造全国重要的新型能源化工基地、现代装备研发制造基地和海内外知名的旅游目的地。

实现这个目标，平顶山既有丰富的自然资源、丰厚的历史文化、较好的产业基础和便捷的区位交通等优势条件，也面临着产业结构不协调、发展方式粗放、城乡发展不平衡、城镇化水平不高等诸多矛盾。

发挥这些优势、破解这些矛盾的过程，就是科学发展和转变发展方式的过程，就是认识和把握规律并按规律办事的过程，也即转变领导方式的过程。

（二）转变领导方式，如何转？向哪儿转？就是按照“把风气搞正，把工作做实”的要求，激浊扬清，靠正气实干。

（三）正气是什么？正气是正直之气、正义之气、正派之气。对共产党人来说，正气就是为民的情怀、为民的精神、为民的境界，就是党的旗帜上写的“全心全意为人民服务”，就是科学发展观的核心“以人为本”。体现在领导方式上，就是实事求是的优良作风，遵循规律的科学态度，勇于担当的责任自觉，开拓创新的积极作为。

（四）正气来自哪里？正气源自正确的立场、观点和方法。这个立场就是代表最广大人民群众利益的立场，这个观点就是人民群众创造历史的唯物史观，这个方法就是唯物主义的辩证法。

正气，体现在方向之正。这个方向就是科学发展，为民惠民。坚持这个方向，就能端正工作的出发点和落脚点，从人民群众现实需求与长远利益的结合上想问题、作决策、办事情。

正气，体现在思路之正。这个思路就是从自身实际出发、符合客观规律的谋划。正确思路形成的过程是依法、民主、科学决策的过程。持续正确的思路，就能凝聚发展力量，增强发展实效，经得起历史、实践和人民的检验。

正气，体现为工作评判标准之正。这个标准就是人民群众是否满意。坚持这个标准，就能自觉关注群众关切，积极回应群众期待，不断审视工作中的问题和差距，并从自身找原因，而不是抱怨群众。

正气，体现为选人用人导向之正。这个导向就是积极选拔任用既勇于面对矛盾又善于解决矛盾的干部。工作就是克服困难，工作就是解决矛盾。勇于面对矛盾就是“德”，就是“靠得住”；善于解决矛盾就是“才”，就是“有本事”。坚持讲条件、按程序、重实绩，积极选拔任用既勇于面对矛盾又善于解决矛盾的干部，就能引导各级干部齐心协力谋发展、心无旁骛干事业。

“天地有正气，杂然赋流形”。党员干部一身正气，就能让公平正义得以伸张，腐败现象得以遏制，求真务实得以奉行，为民形象得以树立；一个地方、一个单位风清气正，干部队伍就有活力，科学发展就有动力，人民群众就会满意。

（五）讲正气，就必须正视目前一些领导干部在领导方式上存在的问题。

当前，平顶山的一些干部在观念上主要有“四个不善于”：一是不善于联系实际解放思想。一些干部不遇事，说起来思想很解放，但一遇到具体问题就没思路、没办法，坐井观天，固步自封；二是不善于在全省、全国乃至全球一体化背景下谋划发展，缺乏战略眼光和横向思维，既看不到自身存在的问题，也看不到发展面临的机遇，更看不到区域竞争的挑战；三是不善于用市场经济眼光审视发展优势。一谈到优势就局限于矿产资源优势，一谈到矿产资源优势就局限于煤炭资源优势。实际上，用市场经济眼光审视，文化、土地、劳动力等都是优势；四是不善于把发展成果与改善民生紧密结合。尽管一些干部工作很辛苦，但人民群众仍有抱怨，就是因为没有很好地做到对人民负责与对上级负责的统一。说到底，人民群众的满意才是党委、政府最大的满意。

方法上，主要有“四个习惯于”：一是习惯于大而化之，部署和推进工作一般要求多、层层批转多，缺乏用心的谋划和具体的抓手；二是习惯于抱怨客观，想不出干成事的办法，却总有干不成事的理由；三是习惯于照抄照搬，缺乏开拓创新的胆识和本事；四是习惯于行政命令，不注重运用经济的、法律的手段，解决问题、推动工作。

作风上，主要有虚、俗、假、贪：“虚”就是浮躁之气，忙于文山会海，开会讲长话、讲空话、讲套话、讲不解决问题的话，发文发长文，发没有质量、没有实质性内容的文，不能坚守宁静、潜心做事；“俗”就是庸俗之风，热衷吃喝拉扯、“好人”主义，不敢触及矛盾，不愿“得罪”人；“假”就是诚信缺失、对待群众缺乏真情与耐心，对待客商不能如约兑现承诺；“贪”就是腐败行为，最典型的是官煤勾结和以权谋私。“9·8”、“6·21”两起矿难，都暴露有领导干部权钱交易、责任缺失的问题。

凡此种种，归根到底，是我们在贯彻落实科学发展观上还存在着不够深入、不够主动、不够自觉的问题。只有善于用科学发展观来思考研究问题，才能有方向之正、思路之正、标准之正、导向之正，才能以领导方式转变加快发展方式转变。

（六）正气引领实干，实干彰显正气。

靠正气实干，就是从平顶山实际出发，力戒形式主义、官僚主义，落实“三具两基一抓手”，“学先进、比创新、看实效”。

（七）正气引领学先进。先进就是工作标杆，就是追赶的目标。学先进就是要在全省、全国乃至全球一体化背景下审视定位，确立工作标杆，明确追赶目标。

省委书记卢展工第一次到平顶山调研时就强调，“发展要有个参照”“平顶山的发展指标要高于全省水平”。落实好这一要求，既要纵向比较看成绩，充满信心，更要横向比较找差距，奋起直追。

机关以效能为中心，企业以效益为中心，省内看位次、市内看比重，每一个单位和岗位都要确立追赶目标。半年过去了，一年过去了，与标兵的差距是缩小了还是扩大了？缩小了有什么经验，要及时总结，再接再厉；扩大了有什么问题，要及时查找原因，研究追赶措施，努力实现“离标兵更近，让追兵更远”。

（八）正气引领比创新。创新就是探索规律并按规律办事的过程。比创新就是一切从实际出发，反对“三个照抄照搬”，创新观念、创新方法、创新发展方式，不断提高把握规律并按规律办事的能力。

比创新就要反对照抄照搬过去，认为“我们过去一直是这样做的”。这要看是否是最好的，不是最好的就要创新；即使是最好的，也要随着发展而创新，否则也会落后。

比创新就要反对照抄照搬别人，认为“别人或别的地方都是这样做的”。这也要看是否符合你的工作岗位或我们这个地方的实际，不符合就要创新；即使情况类似，也要从我们的实际出发，创新创造。只会跟在别人后面模仿，永远走不到前列。

比创新就要反对照抄照搬“本本”。只会照本宣科、作“传声筒”，不能结合发展的实际说明问题和解决问题，“本本”就成了空话。要少开会，开短会，开解决问题的会；少发文，发短文，发质量高的文。

在中原经济区建设中勇于担当更需要创新，看谁埋头苦干不叫苦，困难面前不退缩，面对矛盾办法多；看谁能创造更好的发展环境，破解更多的瓶颈制约，吸纳更多的生产要素。

（九）正气引领看实效。实效就是人民群众幸福指数的提升。看实效就是要把不断提升人民群众幸福指数作为一切工作的出发点和落脚点。

我们所做的一切工作，都是为了让人民群众生活得更加幸福。党政机关的工作实效，要表现在行政效能的提高、发展环境和居民生活环境的不断改善上；企业的工作实效，要表现在竞争实力不断增强、经济效益不断提高上；领导干部的工作实效，最终都要表现在科学发展、民生改善和社会和谐上。

考量和使用干部，要以幸福指数与发展指数的同步提升为标准，使加快发展的过程成为创造和提升人民幸福的过程。这既是我们基本的政治立场，也是改革发展的根本目的。

（十）鹰城腾飞，呼唤浩然正气，全凭务实重干。在加快领导方式转变中突出正气实干，坚持“学、比、看”，年年都树新标杆，年年都定新举措，年年都有新成效，才能给平顶山历史谱写崭新的篇章，才能给平顶山500万人民交上满意的答卷。

典型经验

“幸福指数”与经济发展同步提升

“十一五”期间，平顶山市在省委、省政府的正确领导下，深入贯彻落实科学发展观，加快转变经济发展方式，学先进、比创新、看实效，坚持“生态建市、产业立市、文化强市、和谐兴市”的发展战略，坚持保持增长与优化结构并重、力促发展与改善民生统一，推动了经济平稳较快发展。

综合实力跨上新台阶。生产总值是“十五”末的1.86倍，占全省比重提升0.51个百分点；人均生产总值达到2.6万元，是全省平均水平的1.12倍；地方财政一般预算收入是“十五”末的2.77倍，占全省比重提升0.43个百分点；固定资产投资五年累计达到2345亿元，是“十五”期间的4.7倍。

结构调整迈出新步伐。二、三产业占生产总值比重比“十五”末提升3.4个百分点，高新技术产业增加值占工业增加值比重提升16.6个百分点，非公有制经济占生产总值比重提升3.9个百分点，节能减排目标圆满完成。

城乡面貌发生新变化。建成区面积由不足60平方公里拓展到75平方公里，城镇化率比“十五”末提高8.4个百分点；改造了280万平方米棚户区；新建210万平方米经济适用房，实现了供需平衡。新农村建设“两个规划”全面启动；新建改建农村公路4858公里、国省干线公路213公里、高速公路235.7公里。

改革开放实现新突破。大中型企业实现股权多元化，行政审批效能进入全省先进行列，社会事业领域的改革取得新进展。五年实际利用外资6.8亿美元、市外资金1295亿元，分别比“十五”期间增长1.2倍和8.1倍；连续3年成功举办华侨华人中原经济合作论坛，打造招商选资重要品牌。

文化建设呈现新气象。建设平顶山博物馆、文化艺术中心等标志性文化设施，举办曲艺节、魔术节、戏剧梅花奖、书法兰亭奖大赛、“三苏杯”全国诗歌创作大赛、“尧山杯”全国摄影大赛、《歧路灯》海峡两岸学术研讨会等一系列有影响的文化活动，文化氛围日益浓厚。人民生活有新改善。城乡居民收入分别是“十五”末的1.85倍和1.95倍，城镇和农村居民恩格尔系数分别下降7个和6个百分点。在全省率先建立全民医保、农村低保和高中阶段贫困家庭学生救助等制度。

这些辉煌成就的取得是市委、市政府始终坚持把提高人民群众幸福指数作为一切工作的出发点和落脚点，坚持‘学先进、比创新、看实效’作风和方法要求的成果。

从2006年开始，市委把百姓的“幸福指数”与干部政绩考核连在一起，把工作和老百姓的实际利益联系起来，把发展的成效实实在在体现在人民群众“幸福指数”的提升上，制定包括5大类、16项的人民群众幸福生活指标体系：反映收入水平的居民人均储蓄存款余额、居民人均可支配收入；反映消费结构的恩格尔系数；反映社会发展的科教文卫体事业支出占财政一般预算支出比重、高中阶段毛入学率、千人口执业（助理）医师数；反映生存状况的人口自然增长率、人均社会保障支出、城镇化率、人均住房面积、公众安全感、生产安全事故死亡人数；反映可持续发展的单位生产总值能耗、二氧化硫和化学需氧量排放量以及林木覆盖率等。

按照幸福指数，确定对县（市、区）领导班子的业绩目标评价等次和标准：一是全省县域经济社会发展综合实力年度排序；二是主要经济指标占全市比重提高幅度排序；三是人民群众幸福生活指数提升幅度排序。与上年对比，三项内容均位次前移的，领导班子考核为优秀等次；两项内容位次前移的，考核为良好等次；一项内容位次前移的，考核为一般等次；三项内容均未前移的，考核为较差等次。

干部作风和工作方法是保证“幸福指数”提升的关键。2008年，市委、市政府又把提高人民群众的“幸福指数”纳入“学先进、比创新、看实效”的作风和方法要求之中。学先进就是选择切合实际的追赶目标，不断实现“离标兵更近”；比创新就是探索客观规律并按规律办事，不断创新观念、创新方法、创新发展方式；看实效，就是把人民群众“幸福指数”的提升作为检验工作成效的根本标准。

“幸福指数”考核体系带动发展理念、发展方式的嬗变，越来越多的党员干部在关注GDP增长的同时，开始关注如何把改革发展的成果及时惠及人民群众，市、县两级已经连续5年公开承诺为群众办好“十大实事”。

“幸福指数”考核体系改变以前“唯GDP论英雄”的评判标准，更加注重民生和百姓幸福感，得到各级领导和专家的肯定。2006年，平顶山市人民群众的“幸福指数”是64.65，而到2009年已达到83.81。《河南日报》、《河南商报》、《河南经济报》，新华网、中国日报网、凤凰网等媒体先后予以报道。市委书记赵顷霖说：“平顶山全面建设小康社会的过程，是为人民创造幸福、提升幸福的过程。我们要在更高层次上实现‘发展指数’与‘幸福指数’的同步提升，把平顶山建设成为人民幸福的城市。”中央党校党建教研部教授李俊伟说：“百姓‘幸福指数’纳入官员政绩考核，符合时代发展的潮流，是我国基层管理方式科学转型的新探索。”清华大学公共管理学院副院长、全国人大财经委“福祉指数”课题组成员孟庆国说：“河南省平顶山市的做法，是一种有益的尝试。‘幸福指数’本身具有地域和阶段性特征，河南省平顶山市的‘幸福指数’体系中的项目设计，客观性指标比较多，如果能适当引入一些主观性指标，比如社会层面的评价，整个体系将更加科学。”

（翟红果）

创建成果

国家园林城市

2010年5月28日，住房和城乡建设部在苏州举行的2009年国家园林城市、县城和城镇授牌仪式上，平顶山市正式被授予“国家园林城市”。这是继“中国优秀旅游城市”、“河南省园林城市”后，平顶山市获得的又一张闪亮的城市名片。

2007年4月，市委、市政府召开全市创建国家园林城市动员大会，创建国家园林城市工作全面启动。一是建立健全创建工作组织机构。成立以市委书记任政委、市长任指挥长，市委、市政府、市人大、市政协领导任副指挥长的创建工作指挥部，制定《平顶山市创建国家园林城市工作方案》，健全城市园林绿化行政管理机构，调整创建指挥部的办事机构。二是分解下达创建工作目标任务。按照《国家园林城市标准》，将创建标准具体化、目标任务数量化，将任务分别落实到全市80个责任单位。市创建指挥部指挥长分别与各责任单位签订目标责任书，并将任务完成情况纳入干部年度工作考评，做到标准明确、任务具体、责任落实。三是广泛开展创建宣传发动工作。采取多种宣传手段，宣传创建国家园林城市工作。在全市开展“创建宣传月”、“小手大手同携手、共为鹰城增靓色”、“‘燃气杯’创建连万家征文比赛”和“创建知识竞赛”以及“‘迎奥运、我为创建作贡献’万人签名长跑比赛”等群众性创建活动，全市上下形成支持创建、热爱创建、参与创建的良好氛围。四是加强城市绿地管理，完善技术规范。始终坚持建管并重的原则，由城市园林绿化管理部门建立和完善园林生产管理技术标准及生产检查考核细则，定期检查评比。

创建国家园林城市的主要成就：

一、依照绿地系统规划，完善城市绿化体系。始终坚持“高起点规划、高标准实施、高水平管理”的原则，按照《平顶山市城市总体规划》，对主城区城市绿地系统与主要园林景观进行规划。创建园林城市绿化建设中累计投资达到20.6亿元，初步形成以庭院、居住区绿化为基础，以道路绿化为网络，以公园、广场、游园、街头绿地为景点，以山体、河渠绿化为屏障，乔木、灌木、草坪和地被、常绿树和落叶树合理搭配，三季有花、四季常青，具有地方特色的城市绿化体系。市建成区绿地率达32.5%，绿化覆盖率达37.6%，人均公园绿地达8.9平方米，各项指标均已达到或超过《国家园林城市标准》。

二、加快城市绿地建设，增大城市绿量。一是抓好道路绿化。先后实施建设路东段迎宾大道绿化和西段快速通道绿化，新建神马大道、姚电大道、凌云路、平桐路及新城区道路绿化工程，并对城区路桥周围进行高标准绿化美化，做到有路就有绿、有绿就有景，各种乔、灌、花、草合理搭配，形成三季有花、四季彩化，沿路有景、步移景异的景观。二是增辟游园绿地。本着因地制宜、合理布局、以人为本的原则，采取拆迁建绿、规划建绿、社会单位建绿等办法，在全市新建游园绿地89处，并在这些新建的游园、广场内安装雅致的景观灯具、体育器材、休闲坐椅等设施，不但增加公园绿地的数量，美化街区环境，也方便居民就近休闲游玩。三是改建公园广场。实施鹰城广场二、三期建设，新增大量乔灌木和公共服务设施，提升广场的文化艺术品位，同时配合湛河治理实施三期、四期湛河绿化工程，延伸湛河景观带，增加城区公园绿地面积。市政府先后投资近千万元对河滨公园进行达标改造，整治园容环境，完善服务功能，使河滨公园成为达标公园。四是高标准建设湿地公园。新城区平西湖湿地公园、建西白鹭洲湿地公园粗具规模，被住房和城乡建设部公布列入第六批国家城市湿地公园名单，显现出良好的环境效益和生态效益。五是深入开展园林小区（单位）创建工作，利用城市“细胞”增绿。全市建成市级以上园林小区60个，占全市小区总数的61.2%；市级以上园林单位186家，占全市单位总数的64%。

三、开展全民义务植树活动，营造生态防护体系。大力开展全民义务植树活动。一是市委、市人大、市政府、市政协领导带头参加植树活动，在平顶山、落凫山、金牛山和城郊道路沿线开展造林绿化。以市民纪念林为载体，引导广大市民栽种纪念树，认建认养绿地，增强群众爱绿、护绿意识，参与城市绿化建设。二是抓好城区污染源整治。针对煤矿城市污染源多、空气质量差的状况，大力实施污染源集中整治，关停重污染企业，取缔露天煤堆、煤泥堆和有烟烧烤，彻底消灭污染源。通过治理，全市空气污染状况明显好转。三是加大河渠治理力度。结合城区河渠纵横穿越的特点，把流经市区的湛河、西杨村河、东城河等8条河道全部列入治理范围，实行雨污分流，修筑拦河橡胶坝、观景台，两岸增加景石小品和绿化植物，形成园林景观。治理后的河渠护坡整齐、水面清洁，地面水环境达到三类以上标准，岸上的绿树、红花、青草与河水相映成趣，突出城水相依的景观特色，大大改善城市环境。四是大力开展城郊造林绿化。以林业生态建设为中心，以改善生态环境为目标，大力实施春季造林、冬季造林和雨季造林，主要组织实施北山绿化、南郊“四山”绿化、沙河防护林建设、环城通道绿化建设等林业重点工程，在城区周围建成环城防护林带，有效阻拦煤矿粉尘污染，改善城区环境空气质量。

四、立足城市特点，多措并举建设节约型园林。围绕创建国家园林城市目标，从城市园林绿化的规范化、标准化、精细化管理入手，大力推广节水、节能、节地、节材新技术，把城区零星绿地、待建空地、街角桥头等小块空地和屋顶都充分利用起来，建成城市绿地，节约城市土地，扎实推进节约型园林绿化建设。一是从规划设计入手，坚持以植物造景为主，采用乔灌木片林的绿化模式，大量栽种本地苗木，不搞大树移植。二是绿地浇灌水源主要使用湛河河水，改变以前使用城市自来水浇灌的方式。在公园、广场设计人工湖作为露天的雨水收集场所，兼顾景观和节水的功能。三是绿地景观照明大量采用节能灯管取代白炽灯，部分单位安装了太阳能路灯。四是对采煤形成的大片塌陷区域进行环境整治，依势建湖，以水生植物为主进行绿化美化，改建为市民休闲公园。完成东湖公园、建西生态园等塌陷地治理绿化104.5万平方米。五是积极探索煤矸石的综合利用。针对城区煤矸石堆积成山污染环境的现象，采取多种措施对矸石山进行绿化。完成绿化矸石山17座，增加绿化面积39.2万平方米，减轻空气污染。

五、完善基础设施建设生态、和谐、宜居城市。高度重视墙材革新和建筑节能工作，先后制定和下发《平顶山市人民政府关于加强建筑节能工作实施意见的通知》、《关于加强建筑节能工作的意见》、《平顶山市建筑节能“十一五”规划》等一系列文件，加强对建筑节能的管理工作。把以煤矸石、粉煤灰为原料的烧结类制品作为新墙材发展的主导产品，积极引进推广粉煤灰烧结砖、粉煤灰蒸压砖、煤矸石烧结砖、粉煤灰加气砼等生产技术。新建民用建筑严格采用节能措施，按国家标准普遍采用节能墙体材料，城市新建民用建筑中节能建筑和绿色建筑逐年增加，所占比例分别达到65%%和90%%。积极实施棚户区改造，加大廉租房建设力度，投资建设沁园社区、西苑社区、锦绣花园、领秀·东方明珠等经济适用住宅小区，增大60平方米左右小户型比例。针对煤矿棚户区居民的住房困难，加快改造进度，建成292.1万平方米左右功能完善、设施齐全、生活便利、环境优美的住宅小区，使居住在棚户区内的8.78万名矿工及家属的居住环境得到明显改善。全市棚户区（危旧房）改造完工面积居全省第一位。以创建国家园林城市为契机，加大市政设施建设力度，完成新华路、开源路、凌云路、光明路等道路的延伸建设，改善交通状况。经过努力，全市人均拥有道路面积达9.2平方米。随着西气东输的贯通，平顶山市燃气事业快速发展，城市燃气普及率达89.8%。从方便人民群众的需要出发，先后更新改造原有水厂和城区供水管网，城市用水普及率达100%%，水质综合合格率达100%%。生活垃圾无害化处理率达65%以上，污水处理率达70%以上。改造和建设公厕361座，实现垃圾日产日清，并实现道路清扫全天保洁，户外广告管理规范，市容市貌发生根本变化。

（翟红果）

全省唯一的全国人口计生双示范市

“十一五”期间，全市人口计生事业健康发展，平顶山市成为全省唯一的全国人口计生综合改革示范市和全国婚育新风进万家活动示范市“双示范单位”，人口计生工作连续16年受到省委、省政府表彰。

“十一五”期间，平顶山市妇女生育水平始终保持在生育更替水平以下，平均每年出生人口稳定在5.5万人左右，平均自然增长率控制在6‰。服务的人性化和针对性，大大提高群众对人口计生工作的满意度，全市人口计生部门在行风评议中连续5年位居全市前列、全省人口计生系统前两名。

“十一五”期间，全市人口计生基层基础工作更加扎实，坚持宣传教育、避孕节育和经常性工作为主，倡树婚育新风。加强社会宣传，广大群众婚育观念焕然一新。积极开展关爱女孩行动，综合治理出生人口性别比偏高问题。完善流动人口计划生育服务管理机制，免费为6万余人次流动人口已婚育龄妇女提供健康检查、妇科病普查，免除流动人口计生手术费30余万元。开展优质服务，落实优生措施，提高出生人口素质，共接受优生咨询74.5万余人次，接受婚前和孕前优生培训和指导的夫妇达到56.4万人次。

利益导向机制让计生家庭得实惠。“十一五”期间，在落实国家和省奖励优惠政策的基础上，建立“三免三补四增加”利益导向政策体系：免费实施出生缺陷项目筛查，投入510多万元，为4万名待孕妇女进行四项病毒筛查；免费对已婚育龄妇女进行妇科病普查，为14万名确诊病人建立跟踪服务档案；免除农村独生子女和计生双女家庭子女上本县（市、区）高中的学费。补贴计生家庭一人份新农合参合费用，为96370个计生家庭补贴175万元；对年龄在50～59周岁的农村独生子女和计生双女父母，每年给予不低于600元的奖励补助；提高政府对计生家庭参加新农保的补贴标准。增加奖扶金，由国家规定的每人每年720元提高到900元；增加特扶金，每人每年提高120元；增加计生困难家庭救助政策，对独生子女父母一方死亡、子女未成年的家庭每年每户发放救助金600元；增加部门对口帮扶计生家庭政策，市、县部门联户帮扶计生困难家庭，每年为每户提供不少于500元的帮扶资金。全市平均每年用于落实利益导向政策的资金达1.02亿元，直接惠及30余万个计生家庭。

创新“三园一节”载体，为计生家庭办实事、办好事。全市开展服务计生家庭老人的“康乐家园”、服务流动人口的新鹰城人“温馨家园”和服务留守儿童的“亲情家园”建设。已建成“温馨家园”21个、“亲情家园”19个，集中供养式“康乐家园”1个。从2010年起，把每年的8月10日确定为计划生育家庭光荣节。

实行计划生育以来，全市少生150万人以上，大大减了人口对资源、环境、就业、就医、教育等方面的压力，提高妇女地位，提高各项人均指标水平，为全市经济社会可持续发展和加速实现率先崛起创造良好的人口环境。

(翟红果)

全国白内障无障碍市 全国无障碍建设城市

2010年是全市残疾人事业“十一五”发展规划的收官之年，也是实施残疾人工作“三城联创”民生工程的收尾之年。全市以打造残疾人工作的知名品牌、提升残疾人朋友的幸福指数为工作出发点和落脚点，圆满完成上级残联和市委、市政府下达的各项年度责任目标，成功创建“全国白内障无障碍市”和“全国无障碍建设城市”，并荣获“全国残疾人宣传工作先进市”称号，同时被中国残联和省残联命名为全国聋儿语训基地、全国残疾人康复示范区，全省脑瘫儿童康复指导中心和残疾人培训、扶贫基地。

成功创建全国白内障无障碍市 自2007年底开始，全市实施创建全国白内障无障碍市“曙光行动”，利用两年时间为所有白内障患者免费实施复明手术。2008年和2009年，市委、市政府连续两年把这项行动列为民生工程，每年拨付300万元专款用于创建活动。全市确定18家定点医院，共完成24311例复明手术，超额完成省残联下达的7500例复明手术任务，在全省率先通过了省级验收，并创下成功率、建档率、回访率、满意率4个100%。2010年3月，平顶山市被授予“全国白内障无障碍市”荣誉称号。

全国无障碍建设城市已通过国家验收 作为“十一五”全国100个争创无障碍建设的城市之一，全市把无障碍建设纳入城市发展总体规划，对城市道路和公共设施全面实行无障碍改造，在主要交通路口安装过往音响信号装置，并对主要景点进行无障碍改造；公交车设置病、残、孕、老年人专用座席，购置无障碍公交车服务残疾人；服务行业推广简单手语，实施“无障碍进家庭”工程；电视台开办手语新闻栏目，图书馆设盲人有声读物图书室，出租车LED显示屏宣传无障碍建设工作，使创建活动最大限度融入市民生活。2010年12月，全国无障碍建设城市创建通过国家验收。

(翟红果)

重大活动

平顶山“三苏杯”全国诗歌大赛

2010年3月～8月，平顶山“三苏杯”全国诗歌大赛在平顶山市举行。这是面向全国首次举办的最高规格的诗坛盛事。这一盛会由中国作家协会、中共河南省委宣传部、中共平顶山市委、平顶山市人民政府主办；中国作家协会创联部、河南省作家协会、中共平顶山市委宣传部承办；中共郏县县委、郏县人民政府、文艺报社、诗刊社协办。

这是一次面向全国、体现当代诗歌创作的最高水平的盛会。为加强对大赛的组织领导，中国作家协会、中共河南省委宣传部和平顶山市委、市政府联合成立平顶山“三苏杯”全国诗歌大赛组委会。中国作协党组成员、书记处书记、副主席高洪波和中共河南省委常委、宣传部长、副省长孔玉芳担任组委会主任。

3月15日上午，平顶山“三苏杯”全国诗歌大赛新闻发布会在北京中国作家协会报告厅举行，大赛开始面向全国征稿。

5月21日～25日，由鲁迅文学院前常务副院长、中国作协全委会委员雷抒雁，《人民文学》前主编、中国作协全委会委员韩作荣率领的由21位著名作家、诗人组成的采风团，赴平采风，在山水田野和企业矿山感受鹰城山水孕育出来的独特韵致。采风团一行先后参观游览香山寺、新城区、三苏园、汝州市汝瓷博物馆和朱氏汝瓷有限公司、中平能化集团一矿和帘子布厂、平高集团、尧山等地。厚重的历史文化、美丽的风景名胜给作家、诗人们留下深刻难忘的印象。他们说得最多的就是“想不到”：想不到平顶山的文化这么厚重、想不到平顶山的经济这么发达、想不到平顶山的风光这么秀美、想不到平顶山的人民这么好客。

三苏园是诗人心中的圣地。5月23日上午，采风团成员怀着无限景仰的心情齐聚三苏园，向三苏父子表达由衷的敬意。雷抒雁手书“十万里风鹏正举”、“天风海涛”两幅大字；王久辛恭敬地写下“三生有幸、久辛敬仰”；中国作协会员，《长江文艺》主编、社长，湖北省作协副主席刘益善题诗：“我自黄州来，低吟赤壁赋。今拜苏夫子，长怀敬畏心。”字里行间洋溢着对东坡学士的敬仰之情。

5月22日上午，采风团一行与全市部分作家、诗人在平安大厦会议中心进行座谈交流。5月24日下午，作家韩作荣、杨克、靳欣等应邀到平顶山学院为大学生讲解中国诗歌。学生们聚精会神，不时报以热烈掌声。

采风活动，让作家、诗人们感受到平顶山文化的魅力和实力，感受到市委、市政府加快文化建设的信心和决心。沿途所见的山水风光和人文景观，不断地触发他们的灵感，引燃创作的激情。他们创作诗歌70首，文采飞扬，美不胜收。中国作协会员陆浦东创作《鹳鱼石之梦》、《楚长城》、《望乡》、《中原大佛》、《汝窑》、《白龟沙河的周末》6首诗。其中，《汝窑》一诗写道："北宋的蓝色妖姬/飞飞飞，大火中飞来/落在中原的雨后/石头，开出花朵！/妖娆地，别在小城的襟上/碧空万里。/羞若晨星。/呵，爱人一样的/汝州的花！"对汝瓷的欣赏之情跃然纸上。

此次大赛共收到参赛作品4318首，有效稿件4006首，其中古诗词2380首、新诗歌1626首。

6月9日~11日，由河南省作协负责的初评工作在平顶山市举行。每位评委对所在组别的所有参赛作品进行评审，并各自推荐300首作品，按照得票高低，最终确定古诗词和新诗歌各300首进入终评。

6月26日~29日，由中国作协负责的终评工作在北京举行。新诗歌评审组由《人民文学》前主编韩作荣任组长，古诗词评审组由《文艺报》原总编郑伯农任组长。经过三轮投票和两次合议，最终评出古诗词和新诗歌特等奖各1首、一等奖各2首、二等奖各5首、三等奖各10首、优秀奖各100首，并于7月上旬在《文艺报》、《诗刊》和中国作家网公示。其中，我市作家共获得特等奖1个、二等奖3个、三等奖5个、优秀奖39个。韩簌簌的《趟过宋词的苏轼》获得新诗歌特等奖；胡吉祥的《鹧鸪天·咏马街书会》获得旧体诗词特等奖。

诗人们通过自己的诗作，热情讴歌平顶山的山水风光和特色文化，表现出强烈的爱国爱民、共创和谐的真诚愿望和理想，为平顶山留下珍贵的精神财富。根据参赛诗歌作品的来源，大赛组委会对其分门别类，出版两本诗集《平顶山"三苏杯"全国诗歌大赛获奖作品集》和《平顶山"三苏杯"全国诗歌大赛著名作家诗人作品集》。

8月6日晚，在平顶山新城区会议中心举行颁奖典礼暨晚会。中国作协、省委宣传部、省文联、省作协的领导及部分评委代表、获奖作者代表出席。

省委常委、宣传部长、副省长孔玉芳和中国作家协会原党组成员、《文艺报》原总编辑、中华诗词学会驻会名誉会长郑伯农均对大赛给予高度评价。孔玉芳中指出，平顶山"三苏杯"全国诗歌大赛的成功举办，繁荣了文化事业，丰富了文化生活，营造了文化氛围，取得良好的社会效果。郑伯农表示，这次评奖，不但会引起平顶山和河南人民的重视，而且会对全国人民的文学建设、诗歌建设产生深远的影响。

平顶山"三苏杯"全国诗歌大赛的成功举办，显示鹰城对诗歌艺术的钟爱，体现中国诗坛对鹰城作为诗的一方热土的充分肯定。在传承"三苏文化"、普及诗歌艺术、繁荣诗歌创作的同时，对提振全市人民克难攻坚、奋发向上的勇气和信心，对宣传平顶山、提升平顶山文化软实力、扩大平顶山知名度和美誉度将产生重要的推动作用。

（翟红果）

第三届华侨华人中原经济合作论坛

9月19日~20日，第三届华侨华人中原经济合作论坛在平顶山举行。本届华合论坛是在全国上下精心谋划"十二五"、积极应对后金融危机、推动发展方式转变的特殊时期举办的，对于平顶山市乃至河南省主动承接产业转移，加快构建中原经济区、实现科学发展具有重要意义。这次论坛组织更为严密，活动更加丰富，氛围更加浓厚，服务更加周到，受到与会客商和各界人士的一致好评。无论是引资还是引智，都取得丰硕成果，达到预期目标。本届华合论坛的成果体现在五个方面。

活动层次高、规模大　这次论坛由国务院侨务办公室、河南省人民政府主办，河南省人民政府外事侨务办公室、平顶山市人民政府承办，中国侨商投资企业协会协办。全国政协副主席郑万通，河南省委副书记、省长郭庚茂，国务院侨办副主任任启亮，河南省政协主席王全书，省委常委统战部部长刘怀廉等出席9月19日的开幕式。副省长史济春代表省委、省政府致辞。他说，华侨华人中原经济合作论坛是国务院侨办、河南省政府联合主办的一项重要侨务活动，是广大华侨华人了解河南、深耕中原的重要平台，已成功举办两届，形成良好的品牌效应，吸引越来越多的华侨华人积极参会，发了引资引智的辐射作用。本届论坛以"中原经济区构建和后危机时代的抉择与展望"为主题，秉持

“合作、共赢、发展”的宗旨，进一步加强与广大华侨华人和海内外客商在经济、科技、文化等方面的合作，努力为广大华侨华人和海内外客商进入中原地区拓展空间，为促成项目合作、扩大中原地区对外开放搭建平台。来自世界30多个国家和地区的1000余名国内外嘉宾参加此次论坛。参加本届论坛的国内外嘉宾、海外华侨华人代表和客商共有1200多人，来自包括美国、加拿大、澳大利亚、德国、英国、尼日利亚、阿根廷、印度尼西亚、马来西亚和香港、澳门等36个国家和地区的客商400多人参加论坛活动，规模超过往届。

论坛视野宽、见解新　19日上午，论坛主题活动——“中原论坛”在市会议中心举行。来自海内外的5位专家、学者、华商，围绕“中原经济区构建和后金融危机的抉择与展望”这一主题，畅言世界经济发展大势，详解中原经济发展优势，对谋划构建中原经济区提出许多具有科学性、前瞻性和可操作性的意见和建议。国务院发展研究中心副主任卢中原在演讲中表示，中原经济区的建设一定要形成若干个有凝聚力、吸引力的中心城市。平顶山应该注意使自己的装备制造业、能源化工业、农产品加工业等优势产业进一步提升档次。用绿色、智能、可持续的节能减排技术和信息技术加快改造装备制造业等传统优势产业，提升产业档次，这样才能在中原经济区中占据一席之地。中国新闻社原社长、中国新闻社华文传媒研究中心主任郭招金认为，经过多年的建设和发展，河南已经有很强大的经济发展基础。产业从东部向中西部转移的步伐在加快，中原经济区的提出正当其时。在中原经济区构建过程中，华商可以大有作为。香港中华总商会副会长、福万（香港）有限公司董事长林铭森，美国麦肯锡公司全球董事合伙人彭壮壮，西非中国和平统一促进会会长、尼日利亚金门集团董事长胡介国都作了精彩演讲。

签约成果多、项目实　20日下午，第三届华侨华人中原经济合作论坛成果发布会在市行政服务综合楼举行。这次论坛签约项目更加突出一个“实”字，所有签约项目均为合同项目。共发布招商项目1532个，涉及机械加工、高新技术、基础设施、文化旅游等多个领域。共签约合同项目68个，10亿元以上的项目就有16个，签约合同金额为457.18亿元，比上届增长24.3%，签约项目数和引进资金均高于往届。其中，平顶山市签约合同项目43个，合同金额为431.63亿元，比上届增长24.7%；南阳市签约合同项目25个，合同金额为25.55亿元人民币。

洽谈对接深、效果好　本届论坛，许多与平顶山有合作意向的客商通过实地考察，增强投资的信心。特别是通过先期的推介活动，有针对性地邀请到一批准备有投资项目的客商参会。8月11日～13日，副市长李建伟、市政协副主席潘民中率领市直有关部门及县（市、区）的负责人到浙江省杭州市、宁波市、温州市等地举办平顶山市市情暨第三届华合论坛推介会，开展项目对接和客商邀请工作。为确保招商选资取得新突破，还专门召开动员会，对工作目标进行分解，并组织6个招商团，赴深圳、香港、澳门邀商，赴广州、杭州、南京等地招商；从招商项目库中筛选出135个重点项目，在华合论坛网站上发布。项目对接和客商邀请签约一批项目，收到很好的实效。如：香港荣盛国际有限公司与汝州市政府签订汝州市尼龙66盐切片项目；江苏省常州钢翔钢铁有限公司与舞钢市诚信金属材料公司签订舞钢市诚翔钢铁有限公司项目；重庆隆鑫工业集团与叶县政府签订叶县摩托车发动机生产线项目等等。

影响日益广、品牌效应显　广泛的宣传报道进一步提高华合论坛的知名度和影响力，增强广大侨商关注河南、投资河南的热情。9月10，第三届华侨华人中原经济合作论坛新闻发布会在郑州举行。来自《人民日报》、新华社、《光明日报》、《经济日报》、中央人民广播电台、《河南日报》、河南电视台等29家媒体的60多名记者参加新闻发布会。各级媒体通过发布平顶山市市情和华合论坛筹备情况，有效扩大第三届华合论坛在海内外的影响。9月16日～18日，举办3场“金钟之星”名家名曲音乐会，部分历届“金钟奖”金奖获得者和大赛评委表演精彩的节目，为华合论坛营造良好的氛围。华合论坛服务全省的作用进一步增强。除海外客商外，国内、省内参与范围更加广泛，本届论坛有南阳、许昌、周口等12个省辖市组团参会，还有来自全国22个省（市、区）的代表参会，已成为河南名副其实的“大招商、招大商”战略平台和大开放的重要标志。

（翟红果）

大　事　记

1　月

5 日　新华区中兴路街道被民政部授予全国和谐社区建设示范街道荣誉称号。

中兴路街道群众文化活动

6 日　汝州市进入“中国优秀旅游城市”行列。

7 日　叶县与中国大唐集团河南分公司签署投资 10 亿元的风电项目合作协议。该项目涉及叶县常村、保安、夏李、辛店等乡镇。

8 日　平顶山市商业中心城市设计和湛河沿线景观规划评审会在平安大厦举行。与会专家一致认为，规划内容较为全面，思路较为清晰。规划成果符合国家规划编制规范，需进一步深化调整完善，使规划设计更加科学合理，更具前瞻性和可操作性。

13 日　河南省南水北调丹江口库区第一批移民新村建设工程质量管理现场会在平顶山市召开。副省长刘满仓，市委书记赵顷霖，市长李恩东等省市有关单位领导出席会议。刘满仓指出，这次会议选择在平顶山市召开，是因为平顶山市的移民试点安置工作走在全省前列。这是平顶山市领导重视、措施有力、工作扎实、落实责任、氛围浓厚的结果。平顶山市的做法为全省移民安置工作提供了启示和经验，如果全省都能按照他们的做法做，效果就会更好。

15 日　中平能化集团神马实业股份公司“神马”第 23 类商标和河北钢铁集团舞钢公司“舞钢”商标被国家工商总局商标评审委员会认定为“中国驰名商标”。

15 日～19 日　政协平顶山市第七届委员会第二次会议在平顶山市会议中心召开。出席会议的委员 399 人。会议审议通过政协主席裴建中代表政协平顶山市第七届委员会常务委员会所作的工作报告和副主席张柳松所作的提案工作报告，审议通过市政协七届二次会议提案审查情况的报告，通过政协平顶山市七届二次会议政治决议。会议选举张国需为市政协第七届委员会副主席，选举张富强、丁少革、姬书敏为市政协第七届委员会常务委员。

16 日～20 日　平顶山市第九届人民代表大会第二次会议在市会议中心召开。出席会议的代表 391 人。会议审议通过关于平顶山市人民政府工作报告的决议、关于平顶山市 2009 年国民经济和社会发展计划执行情况与 2010 年国民经济和社会发展计划的决议、关于平顶山市 2009 年财政预算执行情况和 2010 年财政预算的决议；审议通过关于平顶山市人民代表大会常务委员会工作报告的决议；审议通过关于平顶山市中级人民法院工作报告的决议；审议通过关于平顶山市人民检察院工作报告的决议。大会选举王炳耀、李海星、姬保家、梁丽萍为平顶山市第九届人民代表大会常务委员会委员。

22 日　平顶山煤矿机械有限责任公司高新技术产业园在郏县产业集聚区开工建设。平煤机公司是中国机械工业500强企业之一，在矿山机械研发制造领域处于全国领先地位。该项目占地600亩，总投资11.19亿元。

24日　为期28天的第三届中国书法兰亭奖暨“尧山杯”新人展在平顶山博物馆落下帷幕。此次展出的作品近1000幅，共有7万多名观众参观。

27日　平西物流园规划及项目合作洽谈会在万豪洲际大酒店举行。平西物流园位于本市平宝叶鲁一体化发展规划的重要区域内，规划面积400万平方米，主营煤炭运输、工业原材料、仓储等业务。该项目的发展定位为豫西南地区最大的物流集散中心和交通运输枢纽。

2　月

2日　河南省脑瘫儿童康复中心在汝州市金庚康复医院揭牌。

3日　省委常委、常务副省长李克到汝州市参加临汝镇党委深入学习实践科学发展观专题民主生活会。李克指出，学习实践科学发展观活动一定要结合实际，注重实效，切实做到思想认识要有新提高，科学发展要有新突破，改善民生要有新业绩，班子建设要有新起色。

21日　平顶山市外事侨务局更名为市政府外事侨务办公室。

22日　平顶山市政府机构改革动员会在万豪洲际大酒店召开。会议对全市政府机构改革工作进行全面安排部署。市委书记赵顼霖、市长李恩东在会议上讲话。赵顼霖指出，这次政府机构改革，就是要进一步精简政府机构，转变政府职能，提升行政效能，构建充满活力、富有效率、更加开放、有利于科学发展的体制机制，更好地适应市场经济的发展要求和人民群众不断增长的管理服务需求。

书会新秀

23日　平顶山市市情说明暨项目签约仪式在浙江省乐清市天豪君澜大酒店举行。市委副书记、市长李恩东等市领导出席仪式。签约仪式上，温州飞宇集团、上海电气集团、上海中发电气集团分别与叶县人民政府签订了中低压电气产业园项目、中低压成套设备项目、工业变压器制造项目。

25日~26日　平顶山市举行2010年春季人才交流大会。两天共吸引近万人次入场，其中5000余人与用人单位达成就业意向，为历年最高。

25日~26日　2010年中国·宝丰马街书会曲艺擂台赛在宝丰县杨庄镇马街村书会现场举行。擂台赛由中国曲艺家协会、省文学艺术界联合会、省文化厅共同主办，省曲艺家协会、宝丰县委、宝丰县政府承办。此次曲艺擂台赛主要有相声、小品、鼓曲唱曲等20多个北方曲种。共有来自全国各地的30多支曲艺代表队的100多名演员参加。擂台赛共评出：一等奖11个，二等奖12个。26日（农历正月十三），马街书会正会开幕。中国文联副主席、中国曲协主席刘兰芳及市领导赵顼霖、李恩东等观摩马街书会，并参加马街书会抢救工程启动仪式和马街书会曲艺擂台赛决赛开幕仪式。本年书会的书状元为山东菏泽艺人刘瑞莲，其表演的曲艺节目为河南坠子《惊变》。

26日　由市劳动和社会保障局、市职业介绍服务中心举办的农民工专场招聘会在市人力资源市场举行，1700余人次农民工和就业困难人员入场求职，有600余人与用人单位达成初步就业意向。其中，农民工120余人，就业困难群体200余人。

28日　市委中心组举行集体学习活动，学习贯彻《中国共产党党员领导干部廉洁从政若干准则》。市委书记赵顼霖强调，全市各级党组织要把学习贯彻《廉政准则》作为一项重要政治任务，列入各级党委中心组学习计划、党员领导干部教育培训规划，组织广大党员干部特别是领导干部认真学习，深刻领会，全面了解，熟记在心，真正把《廉政准则》的要求转化为党员领导干部的自律意识和自觉行动。

3 月

8 日　中平能化集团、天瑞集团、舞钢公司、平高集团、平顶山煤矿机械有限责任公司、圣光医用制品有限公司、河南洁石实业集团、平顶山电子器具制造有限公司等 8 家企业被省政府确定为 2010 年度省重点服务企业。

10 日　平顶山市千名科技人员包千村行动计划启动。科技人员包村后，实行技术承包制，层层开展技术指导和技术培训活动。包村的科技人员还开展苗情、病情、虫情和粮食生产情况调查，摸清底数掌握动态，及时汇总分析，召集专家进行会商，因地因苗制定对策，提出分类指导技术措施和技术要点。

10 日　全市煤炭企业兼并重组动员大会召开，部署煤炭企业兼并工作。截至 12 月底，全市 127 座兼并重组煤矿采矿权变更手续通过市国土资源局初审 118 座，完成工商预核准手续煤矿 111 座，101 座煤矿办理了工商营业执照，有 87 座煤矿办理变更后的采矿许可证。办证进度和数量位居全省前三位。

13 日　平顶山“三苏杯”全国诗歌大赛正式启动。这是面向全国首次举办的最高规格的诗坛盛事。由中国作家协会、中共河南省委宣传部、中共平顶山市委、平顶山市人民政府主办；中国作家协会创联部、河南省作家协会、中共平顶山市委宣传部承办；中共郏县县委、郏县人民政府、文艺报社、诗刊社协办。大赛历经数月，共收到参赛作品 4318 首，有效稿件 4006 首，其中古诗词 2380 首、新诗歌 1626 首。共评出旧体诗词和新诗歌特等奖各 1 首，一等奖各 2 首，二等奖各 5 首，三等奖各 10 首，优秀奖各 100 首。其中，平顶山市作家共获得特等奖 1 个、二等奖 3 个、三等奖 5 个、优秀奖 39 个。胡吉祥的《鹧鸪天·咏马街书会》获得旧体诗词特等奖。

14 日　由市工商局、邮政储蓄银行平顶山市分行联合开展的“百亿送贷进企业、进市场、进农村”活动正式启动。该活动面向 7 万多个各类市场主体，至少使 1 万户中小企业、个体工商户和农户直接受益。全年可发展信用户 3000 个、信用村 50 个、信用市场 20 个，投放各类贷款 5 亿元以上。

17 日　省长郭庚茂、副省长刘满仓到平顶山市调研指导南水北调移民安置工作。

21 日　宝丰酒业有限公司生产的国色清香宝丰酒荣膺“中国十大最具增长潜力白酒”品牌。

22 日　市区西环路、南环路改建工程开工建设。西环路、南环路改建工程全长 19.2 公里，设计双向 6 车道，工程总投资 4.6 亿元。

23 日～26 日　郏县东升煤业有限公司被省煤层气开发利用有限公司兼并重组，成为本市首家与省骨干煤炭企业签约的地方煤矿。郏县东升煤业股权重组完成后，省煤层气公司持有 52% 的股权。

27 日　中平能化集团能源化工研究院及国际贸易有限公司创立揭牌仪式在郑州中州假日酒店举行。省长郭庚茂、副省长史济春共同为能源化工研究院及国际贸易有限公司揭牌。郑州市市长赵建才，平顶山市人大常委会主任薛新生，中平能化集团董事长、党委书记陈建生出席揭牌仪式。中平能化集团能源化工研究院下设矿井开采、瓦斯治理、机电自动化、矿井防治水、尼龙化工、煤化工、盐化工、精细化工 8 个专业研究所，重点开展煤矿安全生产、瓦斯防治等应用技术研究和化工关键技术、核心工艺的攻关。中平能化集团国际贸易有限公司是中平能化集团的全资子公司，注册资金 3 亿元，主要负责收集全球产业资讯，研究贸易规则，自营进出口业务及第三方贸易，开展海外资源、资本运作，加强与世界 500 强企业的交流与合作。

27 日　山顶公园山前路开工改造。该路段南起北环路，北至山坡台阶。改造工程全长 1400 米，道路红线宽 20 米，改造后道路为 9 米宽混行车道，两侧人行道各 5.5 米宽，工程投资 722 万元。

△　平顶山市被全国残疾人康复工作办公室授予全国白内障无障碍市荣誉称号。自 2007 年底开始，全市实施创建全国白内障无障碍市“曙光行动”，利用两年时间为所有白内障患者免费实施复明手术。2008 年和 2009 年，市委、市

政府连续两年把这项行动列为民生工程，每年拨付300万元专款用于创建活动。全市确定18家定点医院，共完成24311例复明手术，超额完成省残联下达的7500例复明手术任务，在全省率先通过了省级验收，并创下成功率、建档率、回访率、满意率4个100%。

4 月

1日 中电投平顶山鲁阳发电有限责任公司2×100万千瓦机组工程电厂500千伏变电站“用电受电”一次成功。该工程总投资75亿多元，是华中乃至中西部地区首个百万千瓦机组项目。

1日 新组建的市人力资源和社会保障局挂牌。

2日 在科技部下发的《关于批准北京市石景山区等10个单位为国家可持续发展实验区的通知》中，宝丰县被列为国家可持续发展实验区。

7日 湛南路东段（一标）改造工程开工。此次改造的路段西起新华路，东至诚朴路东100米处，全长1000米，把原10.5米宽的机动车道扩宽为16米，人行道扩至7米宽，铺设沥青混凝土路面，同时配套建设给排水、照明、电力、通信、热力等附属工程。总投资1000万元。

12日 中平能化集团机电装备工业园开工。该项目包括：中平能化集团机械制造有限公司液压支架修理制造技术改造、铸锻搬迁改造及中平能化集团设备租赁分公司仓库等。项目总投资5亿元。

13日 由中平能化集团承担的省重大科技专项“矿井瓦斯抽采—发电—热害治理关键技术研究与工程示范”项目通过专家验收。该项目针对矿区深部煤炭开采中的瓦斯、热害防治技术难题，对井下瓦斯抽采、低浓度瓦斯发电、余热制冷降温等进行了技术综合，在有效解决采掘工作面瓦斯防治难题的同时，对抽采的瓦斯进行利用，将发电余热用于制冷降温，解决热害问题。

14日 中央纪律检查委员会委员、中国清洁发展机制基金战略发展委员会主席、中国资产评估协会会长贺邦靖莅平调研中平能化集团尼龙化工公司氧化亚氮减排清洁发展项目运行情况。贺邦靖强调，清洁发展机制是发达国家和发展中国家共同减少温室气体排放的节能减排合作机制，是一种“双赢”的国际合作机制。中平能化集团产业链长、产品种类多、生产伴生物多，希望企业能够结合自身实际，认真分析研究开展清洁发展机制的领域和潜力，积极引进国外先进的节能环保技术和管理经验，拓宽温室气体减排合作领域，为企业创造新的效益。

16日 宝丰酒业有限公司万吨原酒贮酒暨5万吨成品酒灌装生产线建成投入使用。项目建成后，该公司不仅贮酒、灌装能力得到提升，而且从调酒、过滤到成品酒灌装等一条龙生产线全部实现了电脑自动化控制，工艺技术达到了全国同行业领先水平。

20日 “走进中原、寻根河洛——两岸记者联合采访活动”采访组莅平采访。

27日 2010年全国劳动模范和先进工作者表彰大会在北京人民大会堂隆重举行。中平能化集团党委书记、董事长陈建生，中平能化集团七星公司开拓四队班长白国周，平高集团高级技师张全民，平顶山市文化投资有限公司演员楚淑珍（女），叶县水寨乡河北赵庄党支部书记赵启良等5人被国务院授予全国劳动模范荣誉称号。市建设工程检测技术中心主任宋嵩岳，新华区地方税务局局长姚慧群2人被国务院授予全国先进工作者荣誉称号。

28日 平高集团自主研发的LW□－40.5SF6断路器在西安高压电器研究所完成全套型式试验。LW□－40.5SF6断路器是该公司2008年新立的中压开关项目。该产品操作过程中产生的噪声更小，环境友好性更好，具有外观简洁、可靠性高等特点。该产品各方面的参数都达到了国内先进水平。

29日 为期3天的中国·舞钢冶铁文化节在舞钢市体育场举行。冶铁文化节由中国民间文艺家协会、河南省文联、平顶山市人民政府共同主办，河南省民间文艺家协会、舞钢市人民政府共同承办。全国政协副主席陈宗兴，全国政协提案委常务副主任王国卿，全国政协常委、农工党河南省委主委高体健，农工党中央参政议政部部长隋路，中国文联副主席、中国民间文艺家协会分党组书记罗杨，中国民间文艺家协会副秘书长赵铁信，省政协副主席邓永俭及市领导李恩东、冯昕等参加开幕式。在开幕式上，赵铁信宣读中国民间文艺家协会《关于命名河南省舞钢市为“中国冶铁文化之都”并建立“中国冶铁铸剑文化研究中心”的决定》，中国民间文艺家协会分党组书记罗杨为舞钢市颁发“中国冶铁文化之都”匾牌，省文联副主席何白鸥为舞钢市颁发“中国冶铁铸剑文化研究中心”匾牌。冶铁文化节期间，舞钢市展出该市在中国冶铁文化史中占有重要地位的实物和资料，并组织民间炼铁、打铁匠人现场演示古代炼铁铸剑工艺，同时还举办铜器、剑舞、唢呐等民间文艺表演，全国冶铁文化诗词歌赋大赛，冶铁文化奇石、书画、剪纸作品展等系列活动。

中国·舞钢冶铁文化节

29日　舞钢公司科技部军工钢研究室副主任崔强，新华公安分局西市场派出所民警姜襄叶，中平能化集团坑口电厂厂长张国凡，平高电气公司副总工程师、平高电气技术中心常务副主任赵文强，平顶山移动公司网络部交换班维护员陈云，市金银龙汽车出租有限责任公司董事长史海军，市蓝天蓝物业管理有限公司董事长兼总经理张朝选，平棉集团新产品开发处副处长邵秋娟，市扬子文化传媒艺术中心主任张扬子，舞钢市人民医院副院长、普外科主任杨星奎等10人被评为首届平顶山市自主创新十大杰出青年。评选活动由市委宣传部、团市委、市科技局、平顶山日报社、市青年联合会联合举办。

30日　农工党河南省委“百千万农村健康行动计划”启动仪式在叶县举行。全国政协副主席、农工党中央常务副主席陈宗兴、全国政协提案委员会常务副主任王国卿、农工党中央参政议政部部长隋路，省政协副主席邓永俭及市领导冯昕等出席启动仪式。此项活动是农工党社会服务工作的探索和创新，被列入河南省统战系统10件实事。

△　平顶山市恒通汝瓷研究所李廷怀的汝瓷作品入选世博会特许产品。“中华尊”、“和谐尊”、“全球福”、“玉兰瓶”、“来福石”、“和谐共融”和“弄潮”等7个品种共计100件汝瓷，在世博会期间作为国礼赠送给参加世博会的外国政要、国际友人和嘉宾。

5　月

5日　河北钢铁集团舞钢公司300毫米厚度Z向钢S355J2－Z35成功生产，质量达到国外同类产品先进水平，填补了国内空白。

5日　省煤炭企业兼并重组工作座谈会在平安大厦召开。省委常委、常务副省长李克，副省长史济春等省直部门的负责人和许昌市有关领导，市领导赵顷霖、李恩东以及河南煤化集团、中平能化集团等负责人出席会议。许昌市、平顶山市有关部门和有煤炭资源整合任务的县（市、区）党政负责人参加会议。会议听取许昌市、平顶山市和四大煤业集团关于煤炭企业兼并重组工作的情况汇报。李克强调，要统一认识，细化任务，明确责任，落实政策，注重协调，加强领导，完成全省煤炭企业兼并重组任务。

7日～8日　国务院南水北调办主任张基尧一行到本市调研南水北调丹江口库区移民村建设工作和沙河渡槽建设情况。国务院南水北调办副主任张野，副省长刘满仓等参加调研。

8日　在第七届中国（济南）国际园林花卉博览会闭幕式上。本市展出的“平顶山园”获得综合奖金奖，并同时获得展园设计奖优秀奖、建筑小品奖优秀奖、展园植物配置奖优秀奖。住房和城乡建设部授予平顶山市人民政府优秀组织奖、市住房和城乡建设局先进集体荣誉称号。

10日　全市规模最大、档次最高的保障性住房和最大的居民住宅项目—蓝欣家园廉租住房和经济适用房项目开工建设。该项目位于湛河区北渡镇政府南侧，占地面积585亩，总投资8亿元，规划建设廉租住房8万平方米、1600套，建设经济适用房47.64万平方米、4555套，可解决6155个城市低收入家庭

的住房困难。

12 日　《平顶山晚报》荣获中国地方都市类报纸最具影响力十强称号。此次评选活动由中国地市报研究会组织，全国124家地方都市类报纸参评。

13 日　国家发改委副主任杜鹰带领国家防总淮河流域防汛抗旱检查组到叶县检查燕山水库防汛工作。副省长刘满仓，市委书记赵顷霖等省、市领导陪同。

15 日　《中国古代书法—行书》邮票首发式在新城区市政广场主会场和郏县休闲广场分会场举行。《中国古代书法—行书》邮票共6枚，包括王羲之的《兰亭序》、颜真卿所书《祭侄稿》、苏轼的《黄州寒食帖》各两枚连体邮票，是国家邮政局发行“篆书”、“隶书”、“楷书”邮票之后，发行的又一套书法题材邮票。《中国古代书法—行书》邮票是继《中国古代思想家—墨子》、《中国陶瓷—汝窑瓷器》、《寓言故事—叶公好龙》三套邮票之后，中国邮政发行的又一套平顶山题材邮票，是全球首套宣纸邮票。

16 日　市政府、叶县政府与东方希望集团盐化工循环经济项目签约仪式在万豪洲际大酒店举行。市领导赵顷霖、李恩东等和东方希望集团董事长刘永行出席签约仪式。盐化工循环经济项目位于平顶山化工产业集聚区，项目总投资50亿元，建设工期5年，一期为年产2×60万吨真空制盐，二期包括年产30万吨离子膜烧碱、年产36万吨PVC、2×13.5万千瓦煤矸石热电联产、粉煤灰电石渣综合利用等项目。

20 日　平顶山卫东农村商业银行开业。该银行是全市第一家由县级联社改制组建的农村商业银行。

21 日　工业和信息化部党组副书记、副部长苗圩到中平能化集团神马实业公司和尼龙化工公司调研。

28 日　平顶山市正式被住房和城乡建设部授予国家园林城市荣誉称号。这是继中国优秀旅游城市、河南省园林城市后，平顶山市获得的又一张闪亮的城市名片。2007年4月，市委、市政府召开全市创建国家园林城市动员大会，创建国家园林城市工作全面启动。创建园林城市绿化建设中累计投资达20.6亿元，初步形成以庭院、居住区绿化为基础，以道路绿化为网络，以公园、广场、游园、街头绿地为景点，以山体、河渠绿化为屏障，乔木、灌木、草坪和地被、常绿树和落叶树合理搭配，三季有花、四季常青，具有地方特色的城市绿化体系。市建成区绿地率达32.5%，绿化覆盖率达37.6%，人均公园绿地达8.9平方米，各项指标均达到园林城市标准。

28 日　由市政府主办，市

政府金融办、人行平顶山市中心支行、平顶山银监分局、市工信局共同承办的市“中小企业金融超市”在汝州市启动。市“中小企业金融超市”是金融机构集中展示各类金融产品、和广大中小企业开展银企直接对接的一个平台，在河南省尚属首创。

6 月

7日　中华全国总工会、国家煤矿安全监察局在中平能化集团平煤股份二矿举行《全国煤矿班组长安全培训教材》授书仪式，勉励中平能化集团一线煤矿班组长加强学习，推动安全生产。中华全国总工会副主席、书记处书记张鸣起，国家安监总局副局长、国家煤矿安监局局长赵铁锤，市委书记赵顷霖等领导为中平能化集团一线煤矿班组长代表现场授书。

8日　河南省文化改革发展试验区宝丰文化创意产业园开工建设。该项目位于宝丰县城南新世纪广场附近，园区整体定位是“民间演艺之都”“中华魔术之乡”。占地面积5平方公里，包括民间演艺中心、红色文化展览馆、五星级酒店、儿童乐园、魔幻嘉年华、古汉先民文化体验村等6个部分。

8日　河南大地集团第二条年产200万吨干法水泥生产线投产暨晋级国家大型企业庆典仪式举行。仪式上宣读了省统计局《关于河南大地水泥有限公司晋级为国家大型企业的通知》，并为大地水泥集团颁发国家统计局“大型企业”牌匾。

12日　中平能化集团的王水莲家庭和市商业银行的王留定家庭获得第七届全国五好文明家庭称号。

12日　平顶山市首个技能大师工作室——张全民车工技能大师工作室获省人力资源和社会保障厅批准成立。工作室设在平高集团，省补助工作室全民技能振兴工程建设项目资金20万元，平高集团拿出首期60万元的补助资金注入工作室。

13日　在由中国文物保护基金会主办的第三届薪火相传——中国文化遗产保护年度杰出人物颁奖大会上，由平顶山市和南阳、驻马店等地众多参与楚长城研究保护的热心人士组成的河南楚长城民间研究保护团队和冯永华、张毓隽等人荣获薪火相传——中国文化遗产保护年度贡献奖。

13日　《白龟湖国家湿地公园总体规划》通过省专家组评审。

17日　新华区新程街社区和湛河区姚孟街道阳光苑社区荣获全国学习型家庭创建示范社区称号。

17日　河南亿盛年产5万吨光伏材料项目在宝丰县工业集聚区开工建设。该项目占地136亩，总投资3亿元。

18日　河南—浙江投资合作洽谈会暨项目签约仪式在郑州国际会展中心举行。全国政协人口资源环境委员会副主任、长三角（浙江）民营经济研究会会长李金明，省委书记、省人大常委会主任卢展工，省长郭庚茂，省委常委、常务副省长李克，市委书记赵顷霖等省、市领导参加会议。会议签约项目100个，合同金额344.5亿元。在签约仪式上，本市与浙江客商签约10个项目，合同总金额17.93亿元。

19日　省委常委、常务副省长李克，副省长徐济超带领2010年全省重点项目观摩团，对平顶山市产业集聚区建设、重点项目建设进行实地观摩。观摩团一行先后察看平顶山高新技术产业集聚区的平高电气公司特高压GIS装配生产线项目、新平高工程——特高压超高压开关重大装备产业基地项目和郏县产业集聚区的圣光集团医疗器械产业园项目、马亮磨料有限公司高档涂附磨具生产线项目、平顶山煤矿机械有限公司高新技术产业园项目。观摩团对本市产业集聚区发展和重点项目建设给予充分肯定。

21日～22日　21日凌晨1时40分，卫东区兴东二矿井下发生一起炸药爆炸事故。事故发生时井下有作业人员75人，事故发生后有26人获救升井。事故共造成49人遇难、26人受伤（其中7人重伤）。事故的直接原因是该矿在区政府实施断电后非法接通电源，违法组织生产，非法存放火药，发生爆炸引起事故。当日，中共平顶山市委常务委员会研究决定：免去云建军卫东区区委委员、常委、副书记职务；免去余艳卿区委委员、常委、统战部长职务。中共平顶山市委常务委员会同时建议有关部门，按照程序免去云建军卫东区区长职务，免去潘震卫东区副区长职务，免去赵建国卫东区工会主席职务。22日，国务院河南省平顶山市卫东区兴东二矿“6·21”特别重大炸药爆炸事故调查组全体会议在平安大厦召开。国务院调查组组长、国家安全生产监督管理总局局长骆琳，副组长、国家安全生产监督管理总局副局长、国家煤矿安全监察局局长赵铁锤，副组长、监察部副部长郝明金，副组长、全国总工会副主席、书记处书记张鸣起，副组长、副省长史济春，副组长、国家煤矿安全监察局副局长兼总工王树鹤，副组长、国家能源局副局长吴吟和调查组成员出席会议。省政府有关部门负责人，市委书记赵顷霖、市长李恩东等市领导以及市直有关部门负责人，各县（市、区）负责人列席会议。会议传达贯彻了党中央、国务院领导人对事故救援的指示精神，通报事故发生和救援情况，对进一步做好事故善后工作和安全生产进行部署。

21 日　河南省全球基金艾滋病项目在平顶山市正式开始实施。该项目覆盖汝州市、舞钢市、宝丰县、郏县、鲁山县、叶县6个县（市），周期为6年，投入资金约400万元。

24 日　“百名企业家培训工程”暨清华大学“领导商略”总裁高级管理研修班结业仪式在豫达未来大酒店举行。全市100多名企业家和高层管理人员进行了21个专题项目的培训。

27 日　平顶山南500千伏湛河输变电工程竣工投运。该工程位于平顶山市叶县龙泉乡北大营村，占地面积65.25亩，总建筑面积1294.3平方米，总投资6.5亿元。平顶山南500千伏湛河输变电工程是河南电网“1811”提速工程的标志性项目，该工程的投运为河南省500千伏南北互供和西电东送建立新的联络点，满足平顶山市中南部快速增长的电力需求。

28 日～30 日　由农业部、河南省政府主办，农业部农产品加工局、河南省农业厅、驻马店市人民政府承办的2010年全国农产品加工业投资贸易洽谈会在驻马店市举行。洽谈会上，平顶山市共设置20个展示展销展位，其中包括1个综合展区，参会企业50家，展示展销商品200个。在河南省重点项目集中签约仪式上，汝州市的河南梦想食品有限公司与深圳市联合润华投资管理有限公司签订的扩建年产2万吨巧克力制品生产线项目签约，总投资8390万元。在参展产品评奖活动中，市秦新民食品有限公司生产的“秦新民”牌香瓜子、河南梦想食品有限公司生产的“梦想”牌无蔗糖苏打饼干、河南帝香亿人康食品有限公司生产的“亿人康”牌原汁芝麻酱、河南巨龙淀粉实业有限公司生产的“巨龙”牌玉米淀粉和河南四铃集团啤酒有限公司生产的“四铃”牌金典超干啤酒等5个参展产品获优质奖。

△　平顶山供电公司220千伏沛阳变电站一次投运成功。220千伏沛阳变电站位于汝州市东南部，工程主变压器规划容量3×240兆伏安，本期2×240兆伏安。该工程是河南省供电公司2010年25项重点基建工程项目之一。

7　月

2 日　国家统计局局长马建堂在国家统计局科研所关于《平顶山调查队手机记账项目调研报告》上作出批示：“平顶山调查队利用手机等手持电子终端设备进行城乡住户调查，是中国统计系统住户调查、价格采集等调查方式的革命性创新，它将极大改变统计的数据采集方式、汇总方式、上报方式和数据审核方式，有必要在全国进行大范围试用、推广，力争用3年左右的时间，将这一创新项目在全国城镇住户调查和价格调查中实现全覆盖。”

7 日　鲁山县马楼乡里王庄村高俊福发明的“液体过滤防尘口罩”获得国家知识产权专利。

8 日　5时31分，湛河区凤凰岭矿区发生爆炸。爆炸造成8人死亡，受伤住院36人。此次爆炸属停工停产期间因瓦斯涌出而形成。

14 日　平顶山市16家企业入选河南省政府公布的农业产业化省重点龙头企业名单。这16家企业分别是：河南梦想食品有限公司、河南源源乳业集团有限公司、河南源源乳业集团、市远航实业有限公司、河南九头崖控股集团股份有限公司、河南中原红饮料有限公司、宝丰县康龙养殖有限责任公司、平顶山致元农业科技有限公司、市金牛足食品有限公司、汝州市中天牧业有限公司、河南世纪亚星农林牧科技生态园有限公司、河南省石人山食品有限公司、宝丰县冯异醋业有限公司、舞钢市银河纺织集团有限公司、河南平棉纺织集团有限公司、市银可银杏制品有限公司。

15 日　全国首条万吨中低旦工业丝生产线在中平能化集团帘子布公司投产。

16 日　平顶山天然气工程西气东输二线叶县北大营至灰河段项目在叶县龙泉乡北大营村开工。该工程管线全长10公里，途经叶县龙泉、仙台、田庄3个乡镇12个自然村。二线工程年可供气4亿立方米。

17 日　中国共产党平顶山市第七届委员会第十次全体（扩大）会议在市行政服务综合楼会议室召开。会议的主要任务是学习贯彻胡锦涛总书记视察河南的重要讲话精神，总结分析上半年经济社会发展情况，研究部署下半年工作。会议强调，各级各部门要继续按照市委、市政府统筹推进"三大任务"、持续提升"三项保障"的工作部署，振奋精神、坚定信心，科学运作、务求实效，确保完成全年各项目标任务。

27日　平顶山市山东商会成立。

28日　平顶山市被水利部批准为第四批全国节水型社会建设试点。试点期为2011年～2013年。

29日　平顶山市标准粮田建设项目被纳入国家粮食核心区水利工程建设计划。该建设项目工程总投资1775万元，涉及叶县、郏县、汝州市3个县（市）的11个大中型灌区。

30日　市交通运输局挂牌成立。

8　月

8日　平顶山籍运动员陈彦召在2010年全国武术散打冠军赛决赛中夺得90公斤以上级别冠军。

9日　首山一矿竣工投产。平宝公司首山一矿是中平能化集团和宝钢集团共同出资建设的一座煤矿，也是中平能化集团合作投资建设的第一座现代化矿井，属省重点建设项目。该项目于2002年8月经国家发改委批准立项，2004年8月16日开工建设。矿井设计生产能力240万吨/年，概算投资15.5亿元。矿井井田面积47平方公里，可采储量3.08亿吨。

10日　河南亿嘉集团董事长单知伟当选世界杰出华商协会副主席。世界杰出华商协会是以华商500强为核心，以华人亿万富翁为主体的全球性华商组织。

13日　中共中央政治局委员、国务院副总理张德江到平顶山市调研安全生产工作。国家安全监督管理总局局长骆琳，公安部副部长杨焕宁，国务院副秘书长肖亚庆，工业和信息化部副部长苗圩，国家安全监督管理总局副局长、国家煤矿安全监察局局长赵铁锤，国家能源局副局长吴吟，国家煤矿安全监察局副局长黄毅，省委书记卢展工，省长郭庚茂，省委常委、秘书长曹维新，副省长史济春，省长助理、省政府秘书长安惠元，市委书记赵顷霖，市委常委、常务副市长邢文杰，市委常委、秘书长张遂兴参加调研。张德江一行先后到中平能化集团神马尼龙化工有限公司、国家矿山救援平顶山基地、中平能化集团平宝煤业公司，检查安全生产工作，并深入平宝煤业公司首山一矿井下采煤工作面了解瓦斯治理、煤炭开采情况。张德江强调，要深入贯彻落实科学发展观，认真贯彻《国务院关于进一步加强企业安全生产工作的通知》，坚持预防为主，加强安全监管，严厉打击非法违法生产经营建设行为，严格落实企业安全生产主体责任和责任追究，有效防范和坚决遏制重特大事故发生。

15日　第十届全国县域经济基本竞争力与县域科学发展评价结果在辽宁省海城市揭晓。本市4个县（市）进入第十届中国中部百强县（市）之列，分别是：汝州市第18位，舞钢市第51位，宝丰县第64位，叶县第88位。

17日　市区凌云路湛河桥建设工程竣工通车。该工程于2009年5月开工，全长145米，宽36米，双向8车道，总投资近3000万元。大桥建成通车有效缓解了湛河南北交通压力。

18日　国务院南水北调办主任鄂竟平到本市检查南水北调沙河渡槽建设情况和丹江口库区移民村建设情况。鄂竟平察看并听取了项目建设情况后强调，沙河渡槽工程是整个南水北调中线工程的控制性工程，建设单位一定要优化资源配置、科学组织施工，在保证质量和安全的前提下，确保工程进度，确保南水北调中线工程全线如期建成投用。

20日　鲁山县被确定为全国首批"提高农村儿童重大疾病医疗保障水平"试点县。从9月1日起，参加新农合的农村儿童患规定范围内6个病种的，可报销90%的医疗费。

23日　开源路湛河桥改造工程正式完工并通车。开源路湛河桥为市区南北重要通道，始建于1970年，全长96米，宽12.6米，属于3孔双拱桥结构。此次改造工程于2010年3月11日开工建设，工程投资约548万元。改造后桥体总宽27米、总长96.66米，由原来的双向两车道拓宽为混行双向6车道，通行能力大大提升。

24日～26日　国家人口和计划生育综合改革理论探索与实践交流培训研讨班在本市举办。

26日　第六届中国河南国际投资贸易洽谈会在郑州国际会展中心举行。市委书记赵顷霖、副市长李建伟率平顶山市代表团参加洽谈会。全市有27个项目在签约仪式上签约，投资总额105.54亿元，合同外资96.60

亿元。

26 日　《平顶山手机报》开通。

26 日~27 日　《歧路灯》海峡两岸学术研讨会在平顶山市召开。本次研讨会由省社科联，省社会科学院，市政协，市委统战部，湛河区委、区政府，平顶山学院主办，市炎黄文化研究会、伏牛山文化圈研究中心协办。来自海峡两岸的 50 多位专家学者参加研讨会，会议收到论文 40 篇。在研讨会期间，专家学者围绕"《歧路灯》及其文化史贡献与地位"这一主题分别进行主题发言和分组讨论、大会交流等活动。

30 日~31 日　以国务院办公厅督查室主任刘斌为组长的国务院节能减排督查组莅临本市，检查指导节能减排工作。

31 日　国务院南水北调办副主任张野到南水北调中线工程宝丰县大营沙石料场调研工程建设原料生产供应情况。

31 日　市焦炉煤气综合利用产业技术创新战略联盟成立。该联盟是由市科技局倡议，集团首山焦化公司、天宏焦化公司、朝川焦化公司、尼龙化工公司、中鸿焦化公司、三源制氢公司等骨干企业，武汉科技大学、河南城建学院、江西省化学工业设计院等院校联合发起的非营利性创新组织。以国家产业政策为导向，通过资源整合、产学研合作、技术创新，实现资源互补、产业链配套，提升焦炉煤气综合利用企业的自主创新能力，带动相关科研机构和高校技术成果的转移转化，实现政府、企业、科研院所共赢。

△　平顶山市人民政府网站在第九届中国互联网大会上获中国互联网品牌大奖——中国地方政府网站十佳品牌。

9　月

1 日~2 日　国务院扶贫办常务副主任王国良、规划财务司司长徐晖到本市考察扶贫开发工作。王国良对平顶山市扶贫开发整村推进、贫困村互助资金项目试点开展情况给予充分肯定。

2 日　数字平顶山地理空间框架建设及应用示范项目通过省级预验收。数字平顶山地理空间框架项目是国家测绘局数字城市地理空间框架建设试点项目之一。该项目研发基础地理信息数据库管理软件，建立基础地理信息数据库；扩充城区境界数据和地名地址数据，建立全市权威的、统一的、唯一的地理信息公共服务平台，开发出矿产资源管理、教育管理、人防信息查询、地价信息发布等多个应用示范系统。

2 日　平顶山市籍运动员张志磊在 2010 年北京首届世界武搏运动会拳击男子 91 公斤以上级决赛中，以 6 比 1 战胜对手，夺得冠军。

5 日　中盐皓龙公司按照国家新标准试生产的碘盐获成功。

6 日　由平顶山学院承担的国家林业公益性行业科研专项项目——《低山丘陵区林草复合模式优化及水土保持效应研究》在北京正式签约，实现该院申报国家级重大科研项目零的突破。该项目总经费 144 万元，依托学院低山丘陵区生态修复重点实验室申报，由学院院长文祯中教授主持。

6 日~7 日　平顶山市在国家林业局和河南省人民政府主办的第十届中原花木交易博览会上荣获本届花博会综合奖金奖。

7 日　国家南水北调中线工程丹江口库区试点移民学校——宝丰县周庄镇马川新村福彩小学在马川新村小学揭牌。该校于 2009 年 3 月由县移民办组织动工兴建，同年 8 月 20 日竣工。学校总投资近 90 万元。其中，省民政厅包县工作组为该校争取到 60 万元的福彩基金用于学校建设。

8 日~11 日　第十四届中国国际投资贸易洽谈会在福建省厦门市举行。平顶山市共签订投资合作项目 12 个，投资总额 43.6 亿元，其中合同利用外资 41.7 亿元。在签订的 12 个合作项目中，亿元以上的有 6 个：新城区管委会与国家电网公司签订的投资 23 亿元的智能输变电装备产业基地项目、高新区管委会与中铁快运物流有限公司签订的投资 5 亿元的中铁物流项目、中鸿集团与联锋钢铁（张家港）有限公司投资 3.3 亿元的中鸿煤化干息焦项目、鲁山县与泉农（厦门）生物科技有限公司签订的投资 2 亿元的生物化肥项目、汝州市与福建南港集团公司签订的投资 2 亿元的外墙砖生产线项目、宝丰县与湖北忆鑫棉纺织有限公司签订的投资 2 亿元的 12 万锭棉纺织生产项目。

10 日　国家知识产权局确定平顶山市为国家知识产权试点城市。试点期自 9 月 1 日起，为期两年。

10 日　天瑞集团被国家质量监督检验检疫总局授予全国质量管理先进企业荣誉称号。

13 日　平顶山学院获准建立省低山丘陵区生态修复院士工作站，成为全省批准建立的首批

42家院士工作站依托单位之一。省低山丘陵区生态修复院士工作站是本市唯一一个院士工作站，以低山丘陵区生态系统退化过程与机理、生态修复关键技术研究为重点，突出研究低山丘陵区环境资源的结构状态和演化规律，测度分析和评价低山丘陵地区生态环境安全，加快对低山丘陵生态退化区的生态修复，改善低山丘陵区域生态环境，提高居民的生活质量。

18日　平顶山市太极拳爱好者郑喜梅在青岛举行的全国第七届太极拳邀请赛中获杨式太极拳女C32式太极剑金奖。刘晓琼获得杨式太极拳女A42式太极剑金奖，张月琴获杨式太极拳女C42式金奖，杨倩获陈式传统太极拳银奖。

19日~20日　第三届华侨华人中原经济合作论坛在平顶山市会议中心举行。这次论坛由国务院侨务办公室、河南省人民政府主办，河南省人民政府外事侨务办公室、平顶山市人民政府承办，中国侨商投资企业协会协办。全国政协副主席郑万通，河南省委副书记、省长郭庚茂，国务院侨办副主任任启亮，河南省政协主席王全书，省委常委、统战部部长刘怀廉等出席了开幕式。本届论坛以“中原经济区构建和后危机时代的抉择与展望”为主题，秉持“合作、共赢、发展”的宗旨，进一步加强与广大华侨华人和海内外客商在经济、科技、文化等方面的合作，努力为广大华侨华人和海内外客商进入中原地区拓展空间，为促成项目合作、扩大中原地区对外开放搭建平台。参加本届论坛的国内外嘉宾和客商共有1200多人。来自包括美国、加拿大、澳大利亚、德国、英国、尼日利亚、阿根廷、印度尼西亚、马来西亚和香港、澳门等36个国家和地区的客商400多人参加论坛活动。此次论坛共发布招商项目1532个，涉及机械加工、高新技术、基础设施、文化旅游等多个领域。会上共签约合同项目68个，签约合同金额为457.18亿元，比上届增长24.3%，签约项目数和引进资金均高于往届。其中，平顶山市签约合同项目43个，合同金额为431.63亿元，比上届增长24.7%。

19日~25日　平顶山市残疾人乒乓球运动员钱琳汇代表河南队参加全国第五届特殊奥林匹克运动会比赛，并在16岁~21岁组女子混双、双打和单打比赛中分别收获1金、1银和1铜。

20日　中平能化集团一矿在第十一届全国职工职业道德建设标兵评选活动中，荣获全国职工职业道德建设标兵称号，同时获得全国五一劳动奖状。全国职工职业道德建设标兵评选活动是由中华全国总工会、中宣部等7家单位联合举办的。

23日~26日　由中国陶瓷工业协会、中国日报社、中国集邮总公司和平顶山市政府共同主办的首届中国（国际）汝瓷文化节在汝州市举行。中央政治局原委员、中央军委原副主席、国防部原部长曹刚川，全国政协副主席何厚铧和国际陶瓷协会主席珍妮特·路曼斯菲尔德分别向首届中国（国际）汝瓷文化节开幕发来贺信和贺电。省委常委、宣传部长、副省长孔玉芳，省政协副主席邓永俭，中国轻工业联合会副会长杨志海、杨自鹏，中国陶瓷工业协会会长何天雄，国家有关部门和省直有关部门的负责人，市级领导赵顷霖、裴建中等出席开幕式。其间，中国历史名瓷烧制技艺大赛颁奖仪式举行，共评出金奖作品39件、银奖作品52件、铜奖作品79件。有5位大师将作品无偿捐赠给了汝州市汝瓷博物馆。在25日举行的首届中国（国际）汝瓷文化节经贸洽谈会汝州市情说明暨项目签约仪式上，现场签约37个招商项目，合同金额225亿元。

28 日　河南平开电力设备集团有限公司非晶合金变压器项目在新城区奠基。该项目是平顶山市与东南沿海发达地区进行产业对接引进的项目。非晶合金变压器与传统变压器相比，具有更加节能、环保的优势，运行时自身损耗可减少40%以上。该项目填补了河南省内空白，进一步完善了平顶山市输配电设备制造产业链。总投资5.23亿元。

10　月

1 日　市九届人大常委会第十一次会议召开。市委书记赵顷霖列席会议，市人大常委会主任薛新生主持会议。市人大常委会副主任肖来福、巩国顺、王金山、张坤子、黄林森、郑枝和秘书长陈民政出席会议。市委常委、组织部长李萍，市委常委、常务副市长邢文杰，市政协副主席白进忠，市中级人民法院、市人民检察院的有关负责人列席会议。赵顷霖首先在会议上作关于有关人事任免事项的说明。会议通过《市人大常委会关于接受李恩东辞去平顶山市人民政府市长职务的决定》，投票表决通过《市人大常委会主任会议关于提请任命陈建生为平顶山市人民政府副市长、代理市长的议案》。

2 日　中宣部副部长、国家广电总局局长王太华到鲁山调研旅游工作。王太华指出，大佛景区在建设上体现了中原大佛的文化特色和生态优势，挖掘出了大佛景区的文化内涵，对鲁山县旅游产业的发展具有很强的带动作用。要进一步加强景区的硬件和软件建设，制定出好的规划，完善基础设施建设。要采取多种措施，依托良好的资源优势、便捷的交通优势和独特的区位优势，围绕佛教文化做好做足文章，加快旅游产业文化发展步伐，力争取得更大的经济效益和社会效益。

7 日　舞钢市二郎山景区成为“全国青少年户外体育活动营地”。“全国青少年户外体育活动营地”由国家体育总局认定，全国共有11家，二郎山景区是河南省唯一一家。

14 日　平顶山煤矿机械有限责任公司研制的7米大采高、电液控制液压支架通过由中国煤矿机械工业协会理事长许亚雄、中国科学院院士宋振骐、中国工程院院士张铁岗等专家评审。平煤机7米大采高、电液控制液压支架在支架的工作阻力、支撑高度、稳定性、可靠性及适应煤帮和顶板控制等方面的设计、制造、相关配套等方面均有突破，该项目把中国厚煤层一次采全高开采技术提高到一个新的水平，产品的整体性能处于国际领先水平，具有广泛的推广应用前景。

15 日　东芝输变电设备制造项目在平顶山高新技术产业集聚区开工。东芝输变电设备制造项目由国家电网中国电力技术装备有限公司与日本东芝公司合资建设。项目总投资5000万美元。

17 日　河南省首届“十大优美地质景观”和“有重大科学价值的十大地质遗迹”评选揭晓。汝州晚前寒武纪罗圈古冰川遗迹等分别入选十大最优美地质景观和十大最具有重大科学价值的地质遗迹。本次评选活动由《资源导刊》杂志社和河南省地质学会联合举办。

19 日　由河南亚坤集团投资的年产5万吨的光伏刃料项目，在宝丰县产业集聚区开工奠基。该项目位于宝丰县产业集聚区，占地217亩，注册资金1亿元，总投资5亿元。项目投产后年销售额可达10亿元，可安排从业人员1000多人。

19 日　汝州金庚康复医院被民政部确定为“明天计划”河南脑瘫治疗康复项目定点医院。这在河南省是第一家。

21 日　舞钢市被民政部、卫生部、中残联联合授予全国残疾人社区康复示范市（县、区）荣誉称号。

25日　市住房置业担保股份有限公司在新城区揭牌。市住房置业担保股份有限公司是经市政府批准、全市唯一一家开展住房置业贷款担保业务的专业担保机构。

25日～26日　由省政府主办，省商务厅、省台办承办的2010豫台经贸合作洽谈会在郑州国际会展中心举行。在项目签约仪式上，本市共签订项目12个，投资总额41亿元人民币。

26日　平高集团与西门子（中国）有限公司合作签字仪式暨轨道交通供电技术推介会在郑州举行。根据协议，平高集团与西门子（中国）有限公司联合制造轨道交通供电系统设备，西门子提供技术和核心元器件，平高集团生产制造。轨道交通供电系统设备项目的实施，可提高平高集团的创新能力和核心竞争力，提升河南省电气装备制造水平。

28日　平顶山市邮政局工会委员会、平顶山天安煤业股份有限公司八矿工会委员会、河南中鸿集团煤化有限公司工会委员会、平顶山市国家税务局机关工会委员会等4家工会被中华全国总工会授予全国模范职工之家荣誉称号。

29日　平顶山市新区人民医院在新城区开工。医院总用地面积178亩，由新城区管委会和市第一人民医院共同投资建设。医院定位为现代化、数字化、省内一流、辐射周边地区的区域化综合＋专科三级甲等特色医院，是以政府主导的多方参与、多元投资的公益性非营利性医院，同时涵盖健康体检、特色专科等营利性项目。医院计划投资6.73亿元，建筑面积19.9万平方米，床位1500个，开设急危重症治疗中心、微创治疗中心、肿瘤治疗中心等3个重点医疗中心。

11　月

1日　中国美术学院生源基地在鲁山一高挂牌。

1日　由平顶山学院伏牛山文化圈研究中心、《文史知识》编辑部共同编辑的《文史知识——平顶山历史文化专号》出版发行。这是是平顶山市历史文化研究取得的又一重要成果。

3日　平顶山房地产市场信息系统荣获中国地理信息系统协会颁发的2010年中国地理信息产业优秀工程银奖。中国地理信息产业优秀工程奖是国家地理信息行业内工程质量的最高荣誉，由中国地理信息系统协会在全国范围内组织评选。平顶山房地产市场信息系统实现了房地产开发项目立项、规划、用地、开工、施工、竣工全程信息采集和公示，具有首创性、体系完整性和功能实用可扩展性等特点，总体成果处于国内领先水平。

4日　市商务稽查支队和“12312”商务举报投诉服务中心正式挂牌成立。市商务稽查支队主要负责依法整治规范商务流通领域市场秩序，对生猪定点屠宰、成品油流通、酒类流通、散装水泥、药品流通、再生资源回收、拍卖、典当业等实施监督管理。“12312”商务举报投诉服务中心主要承担商务综合执法举报、投诉、咨询服务等。

5日　11时3分，平顶山鲁阳发电有限责任公司2×100万千瓦机组工程1号机组首次并网发电成功，所发电量通过500千伏送出线路输送到华中电网。鲁阳发电公司2×100万千瓦机组工程是华中地区首台单机百万千瓦机组工程，也是全国第一个以“上大压小”方式核准的单机百万千瓦机组项目。

8日　恒基伟业800兆瓦太阳能电池片生产项目在宝丰县产业集聚区开工。该项目以生产晶硅太阳能电池为核心，以新能源、新材料、新技术为发展方向，以太阳能光伏系列产品为主导产业，属新能源及节能环保项目。项目占地500亩。

9日　平顶山至许昌的城际公交正式开通。平许城际公交由平运汽车运输有限公司和许昌万里运输集团有限公司共同经营，双方各投入8辆车对发，每车可乘60人，全程票价15元；全程需2小时至2.5小时。

10日　平高电气公司自主研发的百万伏旁路开关在国家高压电器质量检验检测中心顺利通过最关键的重投入电流试验。该产品在国际上尚属空白。平高电气百万伏旁路开关的研制成功，使国内开关行业站在旁路开关技术的国际制高点上，为国家电网特高压串补整体工作提供了强有力的技术支撑。

11日　经省政府批准，本市新建的S238常付线汝州庙下超限超载检测站、S242庙洪线滍阳超限超载检测站、S231金孟线宝丰杨庄超限超载检测站和改建的S234平桐线舞钢市八台超限超载检测站正式投入运行。

11日　中原解放纪念馆暨宝丰博物馆在宝丰县文化创意产业园区开工建设。该项目总投资4500万元，总建筑面积6000多平方米。

11 日　副省长刘满仓莅平调研南水北调中线工程干线征迁及移民安置情况。

12 日　兴业银行平顶山分行开业。

12 日　国家区域性（河南）中小企业产权交易市场开盘仪式在郑州国际会展中心举行，河南华利制药股份有限公司挂牌交易。本次挂牌交易 2370 万股，当日股价为 6.05 元。河南华利制药股份有限公司的前身是河南华利药业有限责任公司，是河南省生产抗生素原料药和制剂的定点厂，大容量注射剂年产量居全国前列。

15 日　根据公安体制改革的要求，对市区原有的 7 个公安分局和 52 个派出所进行整合调整，重新组建成 14 个派出所。新组建的 14 个派出所为中兴路派出所、光明路派出所、矿工路派出所、青石山派出所、新城派出所、建设路派出所、东安路派出所、五一路派出所、东工人镇派出所、高新派出所、北渡派出所、轻工路派出所、姚孟派出所、龙山派出所。重新组建的派出所内设“一室四队”，即警务综合室和案件侦办大队、治安管理服务大队、交管巡防大队、社区警务大队，交警、巡警、治安警、刑警实行“四警合一”，一警多能多用，综合执法。此外，市公安局向派出所派驻执法执纪监督室，主要负责对派出所办理案件的审核、把关以及对所长、政委在内的全体民警履行职责、行使职权、执法执纪、遵守纪律情况进行监督。

15 日　第六届郏县红牛节在郏县体育场开幕。本届郏县红牛节从全县 25.88 万头红牛中挑选出参赛红牛 1000 头，通过专家评选，共评出特等奖 3 个，一等奖 10 个，二等奖 30 个，三等奖 50 个。同时，对 3 个标准化规模养牛场、3 个规模养牛户进行表彰奖励，为 14 家标准化养牛场颁发农业结构调整项目和农业产业化项目扶持资金。在第六届郏县红牛节项目发布暨签约仪式上，共签订 6 个项目，签约金额 11.6 亿元。

16 日　卫东区东环路街道五条路社区成为人力资源和社会保障部公布的全国首批百家国家级充分就业示范社区。

21 日　经过全国长城资源调查工作项目组专家在本市实地考察及论证，初步确定叶县保安镇五里坡段“土龙”墙体、鲁山县四棵树乡分水岭关墙墙体为楚长城遗址。叶县保安镇五里坡段“土龙”墙体位于保安镇西 5 公里，与方城县杨楼乡境内的墙体相连，残存的墙体长 30 余公里。历经 2000 多年的风雨侵蚀，残存的墙体仅余一条土垄，但痕迹依然清晰可见，宛若一条长龙绵延于山体的北侧，被当地老百姓称为“土龙”。鲁山县四棵树乡分水岭关墙墙体，位于四棵树乡车厂村南，两侧山峰对峙，墙体正扼其咽喉之处，地势险要。墙体沿山坡北侧顺势而下，防御北方的特征明显。关墙残存长约 500 米，结构为两侧用大石块垒砌，中间填充碎石。墙体上下宽度一致，宽 1.4 米～2 米，残高约 1.7 米。

22 日　宝丰县北部循环经济产业园区 110 千伏前营输变电工程开工。该工程总投资 4757 万元，占地面积 6329 平方米，总建筑面积 771 平方米。工程建成后可彻底解决园区内企业用电难问题。

23 日　河南平高电气股份有限公司被国家海关总署批准晋级为海关 AA 类企业。

23 日　西气东输二线平舞漯地方支线叶县北大营至灰河分输站主体工程完工。该工程自叶县北大营至灰河分输站长输管线 10 公里，管线途经叶县龙泉、仙台、田庄等 3 个乡镇的 12 个自然村，总投资 3000 万元，年设计供气能力 4 亿立方米。

23 日　中国邮政《冯国堂书法作品邮票珍藏册》发行仪式在叶县举行。冯国堂，叶县政协主席、中国书法家交流协会理事、省书画专业委员会顾问、市青年书法家协会名誉主席，曾先后在河南博物院、中国美术馆举办个人书法艺术作品展，并应邀赴日本、韩国进行书法艺术交流。《冯国堂书法作品邮票珍藏册》由中国著名邮票邮品设计专家刘钊精心设计，面向全国发行，每册内装冯国堂的书法作品精品小版张邮票 36 枚，孔子过叶邮票 2 枚，成语故事邮票 2 枚，中国古代书法——行书邮票 3 枚。珍藏册图文并茂、装帧精美、品位高雅，具有很强的观赏性和很高的收藏价值。

25 日　河南梦想食品有限公司、河南伊利乳业有限公司、平顶山豫美面粉有限公司、中盐皓龙盐化有限公司、迪可（集团）食品有限公司、市金牛足食品有限公司、中原红饮料有限公司、平顶山市副食品公司酿造厂等 8 家企业入选国家首批给养应急保障动员企业。

27 日　在广州举行的第十六届亚洲运动会上，鲁山籍运动员张国龙包揽了龙舟女子项目的 3 枚金牌，舞钢籍运动员李雪英获得女子举重 58 公斤级冠军。

29 日　在北京召开的城市总体规划部际联席会议第四十四次会议上，《平顶山市城市总体规划（2010～2020）》通过审查。此次会议由住房和城乡建设部受国务院委托主持召开，国家发改委、国土资源部、交通运输部等 15 家单位参加会议。部际联席会议认为，平顶山市城市总体规划修编工作符合《城乡规划法》等法律法规和国家有关方针政策，切合平顶山市的实际发展需要，可操作性强，报批程序符合规定。

29 日　汝州市被国家防总列入 2010 年度全国山洪灾害防治县级非工程措施建设计划。国家计划对该市投资 769 万元，建成覆盖全市的山洪灾害防治预警体系。

12　月

1 日　河南省高级人民法院在市中级人民法院依法对平顶山“9·8”矿难案主要责任人——新华区四矿原矿长李新军等被告人进行二审公开宣判，驳回 5 名被告人的上诉，维持原判，并核准一审以危险方法危害公共安全罪和伪造事业单位印章罪并罚，对被告人李新军判处死刑，缓期两年执行，剥夺政治权利终身的刑事判决。核准一审以危险方法危害公共安全罪对被告人韩二军判处死刑，缓期两年执行，剥夺政治权利终身的刑事判决。

1 日　河南海宝实业有限公司年产 150 万台的海尔冰箱生产项目在宝丰县产业集聚区开工。河南海宝实业有限公司是由海尔冰箱贵州生产基地和 01 基地风华配件公司共同出资成立的。项目占地面积 300 亩，生产规模为年产 150 万台海尔冰箱、冰柜，总投资 4.7 亿元。

1 日　平高集团有限公司的“PG”牌高压开关系列产品，神马实业股份有限公司生产的“SHENMA”牌帘子布、工业丝、尼龙 66 切片，舞阳钢铁有限责任公司的“舞钢”牌钢铁等 3 个品牌荣获 2010 年～2012 年度河南省国际知名品牌称号。

3 日　建设路中央花园天桥开工。该天桥呈“工”字形，横架建设路南北，两侧均设钢筋混凝土结构的自行车和人行梯道。主桥长 70 米，宽 6 米，净高 5 米，为变截面连接钢箱梁结构，总重约 210 吨。该工程总投资约 650 万元，由建宏房地产开发公司投资建设。

8 日～9 日　8 日 18 时 08分，中电投河南公司平顶山发电分公司 2×1000 万千瓦机组工程 2 号机组顺利通过 168 小时试运行，标志着河南省发电装机容量突破 5000 万千瓦。次日，中电投河南公司平顶山发电分公司 2 号机组投产暨河南省发电装机容量突破 5000 万千瓦庆典仪式在工程现场举行。副省长张大卫，中国电力投资集团公司副总经理张晓鲁以及省直有关单位领导，市委书记赵顷霖，市委副书记、代市长陈建生，中电投河南公司董事长、党组书记张锋，中电投河南公司总经理王志平，副市长贲祥利，市政协副主席、市发改委主任张弓，以及省电力公司，国电、大唐、华能、华电、华润、北京三吉利河南分公司，省投资集团主要领导等参加了庆典仪式。张大卫、张晓鲁、赵顷霖和省电力公司、八大发电公司负责人共同为工程建成投产剪彩。

副省长张大卫（左），中国电力投资集团公司党组成员、副总经理张晓鲁（右）等领导为工程建成投产剪彩

12 日　中平能化集团尼龙化工有限公司人行过街天桥工程在建设路东段开工。尼龙化工过街人行天桥工程由中平能化集团尼龙化工有限公司投资建设。按照设计，天桥呈“工”字形，主桥长 70 米、宽 6 米、净高 5 米，总投资 500 多万元。

13 日　平顶山市商业银行正式更名为平顶山银行。这标志着该行由地方银行成功转型为区域性股份制银行。

16日　由中央组织部、中央宣传部、中央政法委、教育部、司法部和中国法学会联合组织的“百名法学家百场报告会”报告团平顶山专场报告会在市会议中心举行。平顶山市委理论学习中心组成员、市直机关科级以上干部、市直政法部门干警、省属驻平高校师生、省市大型企业代表、市委党校干部培训班学员共1600余人参加了报告会。报告会由平顶山市委书记赵顷霖主持。报告会上，武汉大学法学院副院长汪习根教授作了题为《推进社会矛盾化解工作的法律原则》的报告。

18日　平顶山银行宝丰支行正式开业。这是继舞钢支行和汝州支行之后，平顶山银行设立的第三个县域支行。

18日　平顶山籍运动员陈彦召在第五届世界杯武术散打90公斤以上级比赛中获得冠军。

20日　东方希望集团平顶山盐化工循环经济项目在平顶山市化工产业集聚区开工。该项目计划总投资50亿元。

21日　平顶山化工产业集聚区大项目工程——中平能化集团尼龙产业园一期工程神马股份两万吨高性能浸胶帘子布项目开工。神马股份两万吨高性能浸胶帘子布项目计划投资7.33亿元。项目采用神马股份自主研发技术，生产高性能锦纶66浸胶帘子布，装备和工艺技术达到国际先进水平。

22日　在全市质量兴市工作暨首届市长质量奖表彰大会上，平高集团、天瑞集团水泥有限公司、平顶山供电公司、中平能化集团平安大厦、宝丰酒业有限公司等5家单位获得首届平顶山市市长质量奖，奖金50万元；舞钢公司荣获全国质量奖，奖励50万元；舞钢公司等11家单位荣获2010年度河南省名牌产品，各奖励10万元。

25日　《平顶山市城市森林建设总体规划》通过国家评审。《规划》提出“绿色文化、生态和谐、健康亲和、城市基质”的平顶山市城市森林建设理念，理念先进，思路清晰，特点突出，内容全面，总体符合平顶山市的社会经济发展与国家关于创建国家森林城市的总体要求。

26日　焦桐高速公路叶县至舞钢段建成通车。焦桐高速公路叶县至舞钢段，项目起点位于叶县境内宁洛高速与兰南高速甘刘枢纽互通东约4公里处，终点位于舞钢市与驻马店市泌阳县交界，与焦桐高速泌阳段相接。线路全长50.04公里，双向四车道，设计时速120公里，工程概算投资22.13亿元。

26日　平顶山市区至宝丰城际首条公交线路正式开通。城际公司按照“统一车型、统一标色、统一价格、统一站点、统一时间”的“五统一”经营，实行全天滚动发班，发车首末班时间为6：30和18：30，首末站分别为市客运中心站和宝丰汽车站。线路全程35公里，在市区的始发站为市客运中心站，宝丰始发站为宝丰长途汽车站。途中设鹰城广场、新城区市政广场、何庄、焦庄、马街路口、平顶山西站等6站点。全程票价6元，实行阶梯定额票价，各段之间价格为1元。

26日　河南圣地罗兰鞋业有限公司圣地罗兰（大手工）国际品牌产品加工基地项目在汝州市轻工业园区开工。该项目总投资3亿元，占地180余亩。

26日　白国周班组被全国总工会授予全国煤矿十佳安全班组、全国工人先锋号荣誉称号。

29日　市委经济工作会议在市行政服务综合楼会议室召开。会议的任务是，学习贯彻中央、省委经济工作会议精神，总结平顶山市2010年经济工作，分析当前形势，部署2011年工作。会议强调，要全面贯彻党的十七大和十七届三中、四中、五中全会精神及中央、省委经济工作会议精神，深入贯彻落实科学发展观，坚持“四个重在”实践要领，“学先进、比创新、看实效”，保增长、调结构、抑通胀、惠民生，持续推动全市经济平稳较快发展，确保“十二五”开好局、起好步，为在中原经济区建设中率先实现崛起、提前全面小康夯实基础。

30日　孟庙至平顶山铁路改造工程开工建设。孟庙至平顶山铁路改造工程东起漯河市孟庙站，西至平顶山西站，正线总长115.4公里，其中孟平线99.3公里，平舞铁路改线、东南联络线、焦柳线下行改线及东北联络线16.1公里，按照国铁Ⅰ级铁路标准建设，全线实行电气化改造，设计行车速度为每小时120公里，投资总额为23.3亿元。

△　新华区中兴路街道人民调解委员会被司法部授予全国模范人民调解委员会荣誉称号。

△　至12月底，全市30座退出煤矿全部关闭。关闭标准为：切断煤矿所有供电电源，拉倒井架，毁闭井筒，拆除生产设备及设施，遣散人员，收缴民爆物品。

△　全国无障碍建设城市创

建通过国家验收。作为“十一五”全国100个争创无障碍建设的城市之一，平顶山市把无障碍建设纳入城市发展总体规划，对城市道路和公共设施全面实行无障碍改造，在主要交通路口安装过往音响信号装置，并对主要景点进行无障碍改造；公交车设置病、残、孕、老年人专用座席，购置无障碍公交车服务残疾人；服务行业推广简单手语，实施“无障碍进家庭”工程；电视台开办手语新闻栏目，图书馆设盲人有声读物图书室，出租车LED显示屏宣传无障碍建设工作，使创建活动最大限度融入市民生活。

书法珍品——汝帖

《汝帖》是我国保存比较完整的大型丛帖之一。在我国书法艺术宝库中，《汝帖》堪称古代碑帖中的珍品，明清时期与《泉帖》、《绛帖》、《潭帖》并称为四大名帖。清代著名碑帖学家程文荣在《南村帖考》之《汝帖》卷中赞其“真宋石中之鸿宝也”。

《汝帖》十二卷，目录一卷，卷目如下：卷一，三代金石文；卷二，秦汉三国刻书；卷三，晋宋齐梁陈五朝帝王书；卷四，魏晋九人书；卷五，晋渡江三家十七帖；卷六，二王帖并洛神赋；卷七，南朝十臣书；卷八，北朝胡晋十二人书；卷九，唐三朝帝后四人书；卷十，唐欧、虞、褚、薛四家书；卷十一，唐六臣书；卷十二，唐迄五代诸国七人书。自仓颉《戊己帖》至五代郭忠恕《尧舜帖》止，共77家，另有作者不明书法23种。

《汝帖》为北宋王寀（公元1078年～公元1118年）辑并刻于大观三年（公元1109年）。《汝帖》刻成后，嵌在州衙“坐啸堂”壁上，后移置于州治“望嵩楼”墙壁中。据明王雄本《汝州志》载，明正德元年（公元1506年）《汝帖》碑十二刻尚完好。明嘉靖年间（公元1522年～公元1526年），望嵩楼被毁，《汝帖》埋于瓦砾之中。

清顺治七年（公元1650年），巡道范承祖广为搜访，找回《汝帖》石碑，但刻石已经模糊不辨，于是重新修葺，增加诗跋，新刻二石，修辑为十四刻，移置于道署左寅宾馆壁中。

道光十八年（公元1838年），汝州牧白明义见原石漫漶不可复识，遂以重金从洛阳购得宋时《汝帖》原拓一部，选高手重新摹刻，两载告成，置州衙"存古轩"左，构室保存。故《汝帖》之石在汝州应有原石十二块，范氏增刻二块，白氏翻刻十二块，共计二十六块。

清末至汝州解放（公元1947年）期间，州衙被毁，帖石散落民间。后经县文化馆多方查找搜寻，从不同地方征集到原石及白明义翻刻共十六石，另外补刻四石，藏于汝州文庙大成殿。今帖石置于大成殿西配殿，嵌于北墙，转至西墙，上下两排，共二十石。《汝帖》刻石历经900年风雨，今仍存世，是当今仅存的宋刻帖原石。

（陈建裕）

市 情 概 览

地域概况

【区域位置】 平顶山市位于河南省中南部，北纬 33°08′~34°20′，东经 112°14′~113°45′之间。因市区建在“山顶平坦如削”的平顶山下而得名。全境东西长 150 公里，南北宽 140 公里，东与许昌市的襄城县，漯河市的舞阳县，驻马店市的西平县、遂平县交界；西与洛阳市的汝阳县、嵩县毗邻；南与驻马店市的泌阳县，南阳市的方城县、南召县缘连；北与洛阳市伊川县，郑州市的登封市，许昌市的襄城县、禹州市接壤。总面积 7882 平方公里，市区面积 75 平方公里。

（姬廷宣）

【区位优势】 市区地处京广和焦枝两大铁路干线之间，境内铁路总长 400 公里；距新郑国际机场 100 公里。兰（考）南（阳）、宁（南京）洛（阳）、郑（州）尧（山）、二（连浩特）广（州）、焦（作）桐（柏）5 条高速公路穿境而过，总里程 393 公里，和全国高速公路网相连。

（姬廷宣）

【地形地貌】 平顶山市地处豫西山地和淮河平原的过渡地带。地势西高东低，呈梯形状。地貌类型众多，有山脉、丘陵、平原、河流、盆地等。

西部以山地为主，多数山峰海拔高度 500 米~1000 米，部分山峰海拔高度在 1000 米~1600 米，最高山峰是鲁山县西部边界的尧山主峰玉皇顶，海拔 2153.1 米。东部以平原为主。在低山和平原之间，分布着高低起伏的丘陵。从南北看，大体有三列呈北西—南东展布的山地夹两组河谷平原。北部是箕山，中部是外方山东段及平顶山市区以北低山，南部是伏牛山东段及其余脉。北部夹北汝河冲洪积平原，南部夹沙河、澧河等冲洪积平原。其海拔高度大多在 300 米~700 米之间，具有西高东低的特征。

（姬廷宣）

【气候】 平顶山市处于暖温带和北亚热带气候交错的边缘地区，具有明显的过渡性特征，属大陆性季风气候区。雨水充沛，日照充足，热量资源丰富。由于受季风影响，冬季盛吹北风，夏季盛行偏南风，随着冬夏季环流转换，四季分明。

光照 平顶山市年平均太阳辐射总量为 115.99 千卡/平方厘米，日照时数为 1868 小时~2378 小时，日照百分率为 44%~51%。其季节分布明显，夏季多、冬季少、春秋适中，有利于农作物生长。全市 2010 年日照时数 1410.07 小时（鲁山县）~1842 小时（宝丰县），较常年平均值除宝丰县正常外，其余县（市）异常偏少 378.4 小时~614.4 小时。

气温 平顶山市累年平均气温在 15.2℃~15.8℃之间，与常年平均值相比显著偏高0.6℃~1.1℃。除市区受环境影响气温较高外，其余各县（市）平均气温自北向南缓慢递增。极端最高气温在 40.5℃~44.6℃之间，极端最低气温在 -14.0℃~-19.5℃。日平均气温稳定通过 0℃的平均初日为 2 月 10 日，终日为 12 月 20 日。年极端最低气温为 -11.3℃。全市 2010 年平均气温 14.5~15.3℃，与常年平均值相比正常。

霜期 初霜日在 10 月 26 日~11 月 17 日之间，终霜日在 3 月 16 日~3 月 31 日之间，霜期为 134 天~152 天，有霜日 43 天~68 天，无霜期 214 天~231 天。

降水 平顶山市年降水量在 612 毫米~1287 毫米之间，自北向东南逐渐递增。全市降水量地理分布不均，山地多于平原，南部多于北部，西南部最多。受季风气候影响，降水量主要集中在夏季。舞钢市南部、鲁山县西南部受季风影响，西南部是海拔 1000 多米的伏牛山和原始森林，冷空气受到北低南高的地势抬举，增加空气饱和度，加上夏季地方性热对流的影响，形成了河南省中南部的两个暴雨中心。全市年降水量724.3毫米～1051.4毫米，与常年平均值相比除郏县正常外，其余县（市）偏多3～4成。

湿度　全市平均绝对湿度在13.2百帕～14.1百帕之间，绝对湿度的时间分布是冬半年很小，夏半年较大。年平均相对湿度东南部舞钢市最大，达到72%，西北部的汝州市较小，为65%；其余各县（市）在66%～68%之间。

风　全市累年平均风速为2.1米/秒～2.7米/秒；鲁山县、舞钢市及平顶山市区年平均风速较小，均为2.1米/秒。累年最大风速在18.3米/秒～23.7米/秒之间，最大出现在叶县，最小发生在市区。

（姬廷宣）

【水文】　平顶山市境内河流众多，均属淮河流域沙颍水系。水资源比较丰富，主要由降水补给，故在时空分布上非常不均匀。全市多年地表径流量为15.66亿立方米，地下水水储量为7.85亿立方米，水资源总量为18.34亿立方米。各类水库170座，年均水资源总量30亿立方米。

（姬廷宣）

历史沿革

平顶山市历史上无独立的行政区域，是20世纪50年代建立的工业新城，现辖地域是随着经济发展和区划调整而逐步形成。平顶山为古应国，应国以鹰为图腾，“应”、“鹰”通假，故平顶山又称鹰城。平顶山市古为豫州地。殷商时期，为应、桀部落。西周为武王宗室应侯封地。春秋战国时期，分属韩、魏、晋、郑、楚。秦统一后，平顶山境域属颍川郡、三川郡和南阳郡。汉改三川郡为河南郡，北部仍属颍川郡。晋析颍川置襄城郡，平顶山属河南郡、襄城郡、南阳郡。南北朝时，先后分属鲁阳郡、襄城郡、南安郡、汝北郡、汝南郡、顺阳郡、汉广郡。隋朝分属襄城郡和颍川郡。唐代先后分属汝州、许州、襄城郡。宋元起止明清分属汝州、许州和裕州。民国初年属河洛道、汝阳道，后分属豫南道、豫东道、豫西道。

中华人民共和国成立后，平顶山地区分属洛阳专区、许昌专区。1953年，平顶山煤田开始勘探开发。1954年成立平顶山煤矿筹备处；1956年1月成立中共平顶山矿区委员会。同年3月，成立许昌专员公署平顶山办事处。1957年3月经国务院批准，设立平顶山市，为省辖。1964年3月平顶山市改为平顶山特区，实行双重领导，以煤炭部领导为主，河南省领导为辅。1968年3月恢复平顶山市，同年3月，经河南省革命委员会、河南省军区党委批准，成立平顶山市革命委员会。1981年11月，成立平顶山市人民政府，同时撤销市革命委员会。至2010年底未变。

（姬廷宣）

行政区划

【县（市、区）行政区划】　平顶山市现辖4县（叶县、郏县、宝丰县、鲁山县）4区（新华区、卫东区、湛河区、石龙区），代管2个县级市（汝州市、舞钢市）。

（姬廷宣）

【乡（镇）行政区划】　全市共有乡58个，镇33个，街道50个。其中平顶山市新华区2个镇、9个街道；卫东区1个乡、10个街道；湛河区2个乡（镇）、6个街道；石龙区4个街道；新城区3个街道；宝丰县12个乡（镇）、1个铁路办事处；叶县18个乡（镇）；鲁山县20个乡（镇）、5个街道；郏县13个乡（镇）、2个街道；舞钢市8个乡（镇）、5个街道；汝州市15个乡（镇）、5个街道。

（姬廷宣）

资源概况

【自然资源】　平顶山市资源丰富，煤炭、铁矿以及钠盐在全省、全国都占有重要地位。

矿产资源　平顶山市地质构造复杂，成矿条件优越，已知矿产58种。其中优势矿产有煤、盐、铁、铝、耐火黏土、石灰石、熔剂灰石和硅石8种。查明资源储量的矿种共计24种。查明资源储量的矿产地数为119个，其中大型23个、中型35个、小型48个、其他13个。

煤炭蕴藏极为丰富，含煤面积约650平方公里，储量103亿吨，保有储量32.5亿吨，占河南省总储量的51%，素有“中原煤都”之称。主要煤田分布在平顶山市区，石龙区的韩梁地带及汝州市南等地区。

位于叶县南部的叶县盐田，岩盐探明储量20.9亿吨，远景资源储量3300亿吨，居全省第一位，是中国第二大井盐田，有

"中国岩盐之都"之称。

铁矿石储量9.7亿吨，其中铁矿石工业储量为6.61亿吨，占全省储量76.3%，是全国的十大铁矿之一。

铝土矿储量2974万吨，远景储量3.29亿吨；石膏储量3.2亿吨；磷矿储量1亿吨；水泥灰岩储量15亿吨；熔剂灰岩储量7712万吨。

土地资源 平顶山市土壤类型属南方的黄红壤向北方的褐土过渡地带。土壤种类多样，主要有黄棕壤、棕壤、褐土、潮土、砂姜黑土、粗骨土、红黏土、石质土、紫色土、水稻土10个土壤类型，24个亚类、41个土属、72个土种。其中熟化程度高的褐土、潮土、黄宗壤土占60%以上，宜于小麦、玉米、烟草、油料等农作物的生长。其中，亚类立黄土、油黄土和红黏土是烟草生长的最佳土壤。全市有耕地495万亩，占总土地面积的37%，东部平原区集中全市62.6%的耕地，是粮、油和烟叶的集中产区；林业用地319万亩，占总土地面积的24%，其中宜林山地面积106万亩；荒山草坡面积168.5万亩，占总土地面积12.7%，是林果业、畜牧业等经济作物基地。

水资源 平顶山市地处淮河流域上游，水资源现状较丰富。流域面积在100平方公里以上的河流有25条，自北向南主要河流有北汝河、沙河、澧河、甘江河、滚河。大型水库5座，即白龟山水库、昭平台水库、石漫滩水库、孤石滩水库、燕山水库。

动植物资源 平顶山市位于华中动、植物区系与华北动、植物区系的过渡带上，动、植物种类较多。植物总计248科1014属2376种，经济价值较大的1000多种，全市林木覆盖率为16.9%。用材树种主要有松、杉、泡桐、杨、柳、椿、榆、槐、楝、楸等；其他林木主要有核桃、桃、梨、柿子、苹果、辛夷、猕猴桃等。主要农作物有小麦、玉米、烟叶、红薯、大豆、高粱、谷子、绿豆、芝麻、油菜、棉花、荞麦、豇豆等，其中烤烟是全国四大优质烟叶基地之一。建有叶县、宝丰县、鲁山县等商品粮基地。境内野生动物资源有陆栖脊椎动物226种，占河南省的46.6%。属国家和省重点的动物31种，其中列入国家级保护动物有：金钱豹、水獭、青羊、金雕、麋、红隼、鸳鸯、长耳鹅鸮、短耳鸮、白头鹞、红脚隼、苍鹰、大鲵、红腹锦鸡、灵猫等。饲养动物主要品种有南阳黄牛、郏县红牛、驴、长白猪、约克夏猪、山羊、绵羊、寒羊、兔、鸡、鸭、鹅、鸽子等，郏县红牛是全国八大优良品种之一。鱼类资源主要有鲤鱼、鲫鱼、草鱼、鲢鱼、银鱼。

（姬廷宣）

【旅游资源】 平顶山地处南北气候过渡交汇带，独特的地理位置和南北交融的气候条件，造化出秀美雄奇的山水景观，景点秀美，景色宜人。平顶山是河南省山水旅游资源的富集区，旅游资源及其丰富，旅游资源单体数量多，全市共有旅游资源单体4205个，居河南省第二位。旅游资源类型全，全市旅游资源单体涉及8个主类、29个亚类、133个基本类型。地文景观、水域风光、生物景观、遗址遗迹、建筑与设施、旅游商品、人文活动、天象与气候景观8个主类均有。旅游资源优良率高，全市优良级旅游资源单体有918个，其中五级37个、四级159个、三级727个。旅游资源分布较为集中，全市旅游资源单体90%集中分布在旅游业发达的鲁山县、舞钢市、汝州市3县（市）。

平顶山有景区14家：有A级景区7家，其中5A级景区1家、4A级景区1家、3A级景区4家、2A级景区1家；有4个全国工农业旅游示范点和两个国家城市湿地公园。国家重点风景名胜区、5A级旅游区尧山景区是伏牛山的龙头景区，集北国山岳的雄伟险峻与南国山水的钟灵毓秀于一体，"奇、峻、险、峭"，"秀、雅、清、幽"，一山皆是景，四季美如画，被专家赞为"大美之山"，穆青称之为"中原独秀"。舞钢二朗山景区是4A级景区。叶县县衙博物馆、郏县三苏园文物景区、昭平湖风景区和鲁山画眉谷景区是3A级景区。2A级景区怪坡景区"下如逆水行舟，上若顺风扬帆"，被誉为"天下奇观"。昭平湖风景区和石漫滩水库景区还是国家水利风景区。平顶山林丰庄园、金牛山风景石榴园、神马集团有限责任公司工业园和平高集团有限责任公司工业园4个景点被国家旅游局命名为全国工农业旅游示范点。白鹭洲和平西湖两个景点被住房和城乡建设部命名为国家城市湿地公园。佛泉寺景区有高208米的天下第一大佛——河南鲁山大佛，有重116吨的世界第一大钟——世纪吉祥钟。石漫滩国家森林公园满山碧绿，有"水岸青山，天然氧吧"之称，被誉为"北国小江南"。画眉谷、六羊山、十八垛、灯台架等景区（点）山清水秀，泉涌飞瀑，号称人间乐园。

平顶山温泉资源丰富，历史久远，特色鲜明，是河南省温泉资源最丰富的地区。鲁山县、汝州市两大温泉群以水质好、涌量大、水温高、富含多种微量元素而名闻遐迩。鲁山县上汤、中汤、下汤、碱场温泉绵延百里，历史上有“鲁阳神泉”和“皇女神汤”之称；汝州温泉在汉、唐两代与骊山温泉同属皇家温泉，有“灵泉”、“神泉”之誉。

（翟红果）

【文化资源】 平顶山文化资源丰厚。境内有新石器时期的裴李岗文化、仰韶文化和龙山文化遗址。平顶山文物古迹众多，遗存形态较好。现有全国重点文物保护单位14处、省级文物保护单位38处、市级文物保护单位46处、县级文物保护单位240处。全国重点文物保护单位有汝州风穴寺、宝丰清凉寺汝官窑遗址、应国墓地、蒲城店遗址、张公巷瓷窑遗址、法行寺塔、汝州学宫、望城岗冶铁遗址、元次山碑、段店瓷窑遗址、叶县县衙、三苏墓与祠、郏县文庙。省级文物保护单位主要有黄庭坚《幽兰赋》碑、塔里赤墓碑、鲁山文庙、鲁山邓小平旧居、临沣寨、马秃塔儿墓等。市级文物保护单位主要有徐玉诺故居及墓、郏县薛店镇的哈拉角旱墓碑、卫东区的门楼张民居建筑群、鲁山县仓头乡的仓头古墓群、叶县叶邑镇的叶公陵园等。平顶山有香山寺、风穴寺、佛泉寺三大寺院。香山寺始建于东汉，是汉传观音文化的源头；风穴寺始建于北魏，与洛阳白马寺、开封相国寺和登封少林寺并称“中州四大名刹”；佛泉寺以天下第一大佛、世界第一大钟享誉华夏。

平顶山悠久的历史，厚重的文化，造就了八大独特的文化现象。佛教文化：有世界第一大佛——河南鲁山大佛、千手观音得道证果祖庭——香山寺、“中州四大名刹”之一风穴寺。曲艺文化：有国家级非物质文化遗产马街书会、闻名全国的赵庄魔术，是中国“曲艺之乡”、“魔术之乡”和河南曲剧的发源地。陶瓷文化：出土于汝州的鹳鱼石斧图彩陶缸距今约6000年历史，是旷世奇宝。2003年被国务院定为67件不可移动文物之首。有国家重大考古发现——宝丰清凉寺、汝州张公巷汝官窑遗址。温泉文化：有与骊山温泉齐名的汉唐皇家温泉——汝州温泉，被誉为“皇女神汤”的鲁山三汤温泉。酿酒文化：中国酿酒鼻祖仪狄造酒就在宝丰，宋代时期就留下“酒务春风”的佳话。姓氏文化：是世界刘姓、叶姓、沈姓华人的祖籍地。三苏文化：有苏洵、苏轼、苏辙父子三人的陵园——三苏园。县署文化：有全国现存的唯一一座明代县衙——叶县县署。书法文化：中国书法城现存汝州市的《汝帖》与《淳化阁帖》、《泉州帖》和《绛州帖》并称为四大名帖，堪称古代碑帖中的珍品，明清时代曾驰名华夏。现存鲁山县一高的《元次山》碑，是唐代大书法家颜真卿63岁时为好友元结亲手撰写并书丹的悼文，是颜体的代表作品之一。现存叶县县署的《幽兰赋》碑，共12帧，为北宋著名书法家黄庭坚的珍贵书迹。现存香山寺的《香山大悲菩萨传》碑，亦称“蔡京碑”，镶在香山宝塔底层券洞内，是我国最早记载观音证道成佛的历史文献，由北宋朝廷重臣著名书法家蔡京书丹。郏县三苏园内的东坡碑林，100位当代书法名家书写了100篇书体各异的苏轼名篇《念奴娇·赤壁怀古》，气势磅礴，洋洋大观。

（翟红果）

经济概况

【工业】 平顶山工业基础雄厚，经过半个多世纪的开发建设，发展成为能源化工、装备制造、特宽厚钢、新型建材、农产品加工、现代服务业六大支柱产业，拥有规模以上企业739家，其中，大中型企业60家。中国平煤神马能源化工集团是我国品种最全的煤炭和动力煤生产基地、亚洲最大的帘子布生产企业，舞钢公司是全国最大的特宽特厚钢板科研生产基地，平高集团是全国三大高压电器制造企业之一，姚电公司是华中电网的骨干电厂，天瑞集团是河南省最大的水泥生产企业。宝丰酒业、中材环保、中盐皓龙、天瑞水泥、圣光医疗器械等一批企业在全国也都有一定的知名度。全市工业产品有11大类1300多种，原煤、发电量、帘子布等9种产品产量均居全省首位。

（姬廷宣）

【农业】 “十一五”期间，平顶山市农业进入结构性战略调整的新阶段，市委、市政府提出“调整经济结构，发展高效农业，推进产业化经营”的发展思路，各地以市场需求为导向，因地制宜，加快发展具有比较优势的特色农业，农业综合生产能力进一步提高，主要农产品供求实现总量平衡、丰年有余的历史性跨越。2005 年开始免征农业税，落实种粮直补、农资综合直补、良种补贴、农机具购置补贴等政策，农民由过去每年缴纳各类税费5亿元，变为现在获得政府补贴4亿元。现代农业加快发展。5年新增有效灌溉面积16万亩、农机总动力97万千瓦，新建标准化养殖小区366个、规模养殖场4800个，新增国家级农业产业化龙头企业1家、省级龙头企业9家、农民专业合作经济组织200余家。新农村建设扎实推进。编制市、县两级新农村经济发展规划和部分中心村建设规划，启动联系中心乡（镇）、帮建中心村工作。所有行政村比省定目标提前一年实现通水泥路或油路，2007 年实现户户通电。5年新解决30万农民的饮水安全问题，新建农村户用沼气13万座、便民超市2000个，23万农村人口实现脱贫。20户以上自然村广播电视“村村通”覆盖率达到95%以上。

（姬廷宣）

【交通邮电】 全市公路通车总里程达到13068公里，公路密度达到165公里/百平方公里。其中，高速公路通车里程达393公里，干线公路达到1040公里，农村公路11685公里。全市投放“新农巴士”近千辆，218条“新农巴士”线路通达全市98%的行政村，形成了以县城为中心，乡镇客运站为结点，辐射周边村庄，干支相连，方便快捷的农村客运网络。相继建成兰南高速平顶山段、宁洛高速平顶山段、郑尧高速平顶山段、二广高速平顶山段、焦桐高速平顶山段5条高速公路，打通平顶山到上海、南京、郑州、洛阳、西安等周边大中城市的快速通道。完善市区交通网络，县区之间全部实现二级路对接，实现全市所有行政村村村通水泥路（油路）。全市有邮政营业网点129处，信箱信筒268个，邮政车辆145台，邮路32条，邮路总长2164公里。农村投递线路176条，投递线路总长度7087公里。全市电信业务发展较快，3G业务顺利开展，其中移动公司2G网络交换机容量达到415万户、HLR容量达到408万户，联通公司固定电话、小灵通、手机、宽带用户在全市电信市场的收入和客户份额稳居第二，电信公司固定电话、CDMA手机、宽带用户稳步增长。

（姬廷宣）

人　口

据第六次全国人口普查数据，截至2010年11月1日零时，全市常住人口总数为4904367人。

家庭户人口。共有家庭户1335923户，家庭户人口为4717467人，平均每个家庭户的人口为3.53人。

性别构成。全市常住人口中，男性人口为2522975人，占51.44%；女性人口为2381392人，占48.56%。总人口性别比（以女性为100，男性对女性的比例）由2000年第五次全国人口普查的108.52下降为105.95。

年龄构成。全市常住人口中，0岁~14岁人口为992449人，占20.24%；15岁~64岁人口为3480094人，占70.96%；65岁及以上人口为431824人，占8.80%。

各种受教育程度人口。全市常住人口中，具有大学（指大专以上）文化程度的人口为300454人；具有高中（含中专）文化程度的人口为605619人；具有初中文化程度的人口为2208626人；具有小学文化程度的人口为1066631人（以上各种受教育程度的人包括各类学校的毕业生、肄业生和在校生）。文盲人口（15岁及以上不识字的人）为193633人。

民　族

平顶山市共有37个民族，除汉族外，还有回、满、蒙古等36个少数民族。汉族人口所占比例最大，其次为回族、蒙古族。少数民族人口在地域分布上具有大分散、小集中的特点。回族在各县（市、区）均有分布，主要分布在叶县、湛河区和郏县，其中叶县已超过1万人，湛河区、郏县接近万人；满族各县（市、区）均有分布，其中叶县超过1000人；蒙古族各县（市、区）均有分布，超过1000人的有叶县、湛河区，其中湛河区北渡乡荆山村聚居人口最多，也是平顶山市蒙古族的历史发祥地。

2010年末，全市有少数民族乡2个，少数民族聚居村67个。全市少数民族人口78009人。

（姬廷宣）

宗　教

平顶山市传布的宗教有基督教、伊斯兰教、天主教、佛教、道教5种。2010年末，全市共有信教群众575783人；有各类正式登记的宗教活动场所540

处。其中信仰佛教的信徒163709人，有寺庵68座；信仰道教的信徒138363人，有道观95座；信仰基督教的总人数213336人，有堂点307处；信仰伊斯兰教的总人数60470人，有清真寺68坊；天主教教徒1219人，有教堂2座。

（姬廷宣）

机　构

中共平顶山市委

书　　记　赵顷霖
副 书 记　李恩东（10月离任）
　　　　　陈建生（10月任）
　　　　　冯　昕
常　　委　赵顷霖
　　　　　李恩东（10月离任）
　　　　　陈建生（10月任）
　　　　　冯　昕
　　　　　李　萍（女）
　　　　　段玉良　邢文杰
　　　　　李永胜　张遂兴
　　　　　王　丽（女）
　　　　　段君海　唐　飞
　　　　　杨生华（6月离任）
　　　　　于培洪（6月任）
秘 书 长　张遂兴
副秘书长　李建生（女，12月离任）
　　　　　杨英峰（12月任）
　　　　　刘　柱　曾宪敏
　　　　　刘全新
　　　　　魏建平（12月离任）
　　　　　李占芳　陈中和
　　　　　袁银亮
　　　　　洪　霞（女，12月任）
　　　　　耿西岭（12月任）
　　　　　李福勇（12月任）

（一）工作部门

市委办公室
主　任　张遂兴（兼）
档案局
局　长　周万庭
副局长　王支建（12月离任）
纪检员　马兵一
保密局
局　长　马建明
党史研究室
主　任　侯会芳
纪检员　王国磊
市委组织部
部　　长　李　萍（女）
常务副部长　齐俊禄
副 部 长　董汉生（12月离任）
　　　　　梁中瑞
　　　　　杜　伟（12月任）
纪 检 员　王潮勇
老干部局
局　长　杜　伟
副局长　王惠玲　崔建利
　　　　李素清（12月任）
纪检员　李广春（12月离任）
市委宣传部
部　　长　唐　飞
常务副部长　可运领
副 部 长　石爱民（12月离任）
　　　　　杨长吉　倪建民
　　　　　徐　渊
　　　　　王松涛（3月任）
纪检组长　张新旭
文明办
主　任　石爱民（12月离任）
　　　　程贵平（12月任）
副主任　刘建华
　　　　李　虹（女，12月离任）
　　　　杨晓宇
纪检员　王景育（12月任）
市委统战部
部　　长　段君海
常务副部长　张富强
副 部 长　马占国
　　　　　励伟英（女）
　　　　　谢松乾　雷鄢平
纪 检 员　姜中鸿
市委政法委
书　　记　李永胜
常务副书记　王向阳
副 书 记　纪　超
　　　　　范宣美（12月离任）
　　　　　张全营
　　　　　聂　涛（12月任）
政法纪工委
书　记　席新利
市机构编制委员会办公室
主　任　刘二华
副主任　杨刘娜（女）
　　　　郭士忠
市委群众工作部
市委市政府信访局
部长　局长　袁银亮
副部长　副局长
　　　　王雪峰　范文艺
　　　　牛留长　陈海清
纪 检 员　雷　声
市直机关工作委员会
书　　记　付西敏
副 书 记　海福五　梁国定
纪工委书记　孔维羚（女）

（二）直属事业单位

市委党校
党委书记　常务副校长　戴　晓
副 校 长　毛枳鑫　秦　健
　　　　　李富强
教 育 长　李洪彬
平顶山日报社
社　　长　韩玉民
总 编 辑　娄禾青
副总编辑　李建国
　　　　　何金许（4月离任）
　　　　　郭新民　陶向军

副 社 长　聂世锋
纪委书记　马登科

中共平顶山市纪律检查委员会

书　　记　段玉良
常务副书记　张荣海
副 书 记　宋振京　毛爱国
常　　委　段玉良　张荣海
宋振京　毛爱国
李贡臻
刘　颖（女）
郭祥生　吴建民

平顶山市第九届人民代表大会常务委员会

主　　任　薛新生
副 主 任　肖来福　巩国顺
王金山　张坤子
黄林森
郑　枝（女）
秘 书 长　陈民政
副秘书长　王炳耀　石金成
肖玉兰（女）
马廷轩　霍世卿

办公室
主　任　陈民政（兼）
调研室
主　任　贾夫立
副主任　孔双林（10月任）
信访办公室
主　任　贾英志（10月任）
财政经济工作委员会
主　任　孙天兴
副主任　吴大明　常洪锁
郭保国　王治平
赵铁流（10月任）
法律工作委员会
主　任　周留柱
副主任　何振华（女）
雷铁跃
城乡建设工作委员会
主　任　乔国乾
副主任　董庚午
贾志英（10月离任）
崔利杰（女，10月任）
农村工作委员会
主　任　曹保强
副主任　王文斌　陈中宇
叶文青
科学教育文化卫生工作委员会
主　任　姬保家
副主任　梅国建　张玉亭
訾志民　张　燕（女）
预算工作委员会
主　任　李顺和
副主任　赵金山　王长现
环境资源保护委员会
副主任　张红普　康　政
艾立谱
孙朝建（10月任）
民族侨务外事工作委员会
主　任　王富胜
副主任　刘　颖（女）
赵　超

平顶山市人民政府

市　　长　李恩东（10月离任）
代 市 长　陈建生（10月任）
常务副市长　邢文杰
副 市 长　王　丽（女）
郑茂杰　黄祥利
李建伟　王富兴
李俊峰
市长助理　郑曙林
副市厅级干部　严寄音　王天顺
丁少青　王　廷
市长助理　崔建平
于善启（12月离任）
秘 书 长　郭巧敏（女）
副秘书长　周炳文　肖元欣
徐延杰　李学良
张有正　王保民
杨英锋（12月离任）
徐宏义　娄晓庆

（一）工作部门

市政府办公室
主　　任　郭巧敏（女）
纪检组长　蒋建民
法制办公室
主　任　袁翠竹（女）
副主任　刘平骅
经济研究中心
主　任　郭栓谨
副主任　戴大海
发展和改革委员会
主　　任　张　弓
党组书记　赵　翰
副 主 任　郭新芳　史长现
周　奇
常勤涛（6月任）
王　璐（女）
王唯实
段超杰（6月任）
朱纯洁（6月任）
彭贵生（6月任）
纪检组长　常勤涛（6月离任）
高勤良（6月任）
教育局
局　　长　邱红标
党委书记　马国欣
副 局 长　郑东丽（女，12月离任）
陈　斌
纪委书记　陈庄运
科学技术局
局　　长　张留成
副 局 长　郭光明　和新力
李蔚田
王文玉（女）
纪检组长　付彦秋
工业和信息化局
局　　长　李红兵（3月任）

党组书记　张春仁（3月任，12月离任）
副 局 长　马军占（6月任）
　　　　　宋民献（6月任）
纪检组长　王英杰（6月任）

民族宗教局

局　　长　马占国
副 局 长　白鹏飞　李德强
纪检组长　黄联星

公安局

局　　长　崔建平
常务副局长　李志昂
党委副书记　董海生
副 局 长　刘跃武　高豫平
　　　　　史建伍（12月任）
　　　　　赵根元　霍亚光
　　　　　毛卫东　熊　英
　　　　　王建军
纪委书记　董海生（兼）

监察局

局　　长　张荣海
副 局 长　黄建军　张建平

民政局

局　　长　王　雷
党组书记　杨　炜（女）
副 局 长　苗德宇（12月离任）
　　　　　孙国群（12月离任）
　　　　　孙永培（12月离任）
　　　　　蔡　钦
　　　　　霍金忠（6月任）
　　　　　苏汉贞（女，12月任）
纪检组长　苏汉贞（女，12月离任）
　　　　　刘少章（12月任）

司法局

局　　长　陈聚成
党委书记　王新有
副 局 长　李起民　郭克勤
　　　　　徐占政
纪委书记　张春生

财政局

局　　长　张中俊
党组书记　刘绍卿（12月离任）
副 局 长　杨德川　黄宝森
　　　　　上官洪洋　贺大伟

纪检组长　郭耀钢

人力资源和社会保障局

局　　长　侯红光（3月任）
党组书记　宋诗圣（3月任）
副 局 长　杜小红（6月任）
　　　　　贾宏亚（6月任）
　　　　　郝新强（6月任）
　　　　　胡兴胜（6月任）
纪检组长　王伟嵘（6月任）

国土资源管理局

局　　长　周其芳
党组副书记　王建民
副 局 长　孟宪友　贾鲁生
　　　　　朱国占
　　　　　王万京（4月任）
　　　　　郑世杰（4月任）
　　　　　李书榜（4月离任）
　　　　　段松泉（6月离任）
纪检组长　贾中志

环保局

局　　长　王洪军（3月任）
　　　　　张继欣（3月离任）
党组书记　张德欣
副 局 长　苏改铭
　　　　　何　烨（女，12月离任）
　　　　　吴跃辉　张建峰
　　　　　丁　军
　　　　　李丽萍（女，12月任）
纪检组长　张　浩

住房和城乡建设局

局　　长　范　海（4月任）
副 局 长　郭金钟（4月任）
　　　　　代新民（4月任）
　　　　　邱金剑（4月任）
　　　　　凌兵奎（4月任）
纪委书记　徐中孝（4月任）

交通运输局

局　　长　孙建豪
党委副书记　王树延
副 局 长　赵国修　张帅旗
　　　　　王建修
　　　　　马华堂（12月任）
　　　　　冯建亚（12月任）
纪委书记　郭素霞（女）

公路管理局

局　　长　王树延
书　　记　吴　建
副 局 长　马华堂（12月离任）
　　　　　朱东辉
　　　　　刘　良
纪委书记　朱富才

水利局

局　　长　许全中
党组书记　董发根
副 局 长　王中文　赵庆民
　　　　　熊延昌　吴瑞华
　　　　　李高升
纪检组长　王晓兵

农业局

局　　长　李庆豪
党组书记　邢朝辉（3月任）
副 局 长　王洪宇（12月离任）
　　　　　马爱锄（12月离任）
　　　　　陈岱威
　　　　　何　烨（12月任）
纪检组长　魏双富

林业局

局　　长　王清河
副 局 长　曹冬青　张宪生
　　　　　郎建民
　　　　　温拥军（12月任）
纪检组长　李耀东

商务局

局　　长　张清林（12月离任）
　　　　　张春仁（12月任）
副 局 长　赵水才（12月任）
　　　　　秦中文　栗廷岳
纪委书记　王晓明

文化广电新闻出版局

局　　长　肖元欣
党组书记　贾宪生（6月离任）
副 局 长　丁　红（女）
　　　　　许晓鹏
　　　　　杨占国　景国谦
纪检书记　李淑芳（女）

卫生局

局　　长　李　培

副 局 长　侯德军　罗世军
　　　　　齐冠丽（女）
　　　　　杨振民　张泉水
纪检书记　赵晓梅（女）

人口和计划生育委员会

主　　任　陈英杰（女）
副 主 任　李志强　卢玉杰
　　　　　牛全平　腾国庆
纪检组长　李　兵（女）

审计局

局　　长　晏树斌
副 局 长　邵小红（女）
　　　　　高惠珍（女）
　　　　　王家民
纪检组长　刘书芳

外事侨务办公室

主　　任　蒋　梨
副 主 任　马新云（女）
　　　　　贾肖鹏
纪检组长　任义平

体育局

局　　长　宫新平
副 局 长　张跃峰（女）
　　　　　王军民　韩跃进
纪检组长　尚金水

统计局

局　　长　牛继庆
副 局 长　陈卫华　党玉东
　　　　　华丛玉（女）
纪检组长　张红伟

旅游局

局　　长　张凤岭
副 局 长　牛建中　谢　炜
　　　　　王森鹏（12 月离任）
纪检组长　李　晗

粮食局

局　　长　于　玲（女）
副 局 长　胡国顺　赵广增
　　　　　王火宣
纪委书记　刘本贤

安全生产监督管理局

煤矿安全监察局

局　　长　赵法林
副 局 长　杨天成　李锡营
纪检组长　李红亮

城乡规划局

局　　长　耿勇军
副 局 长　戚文华
　　　　　冯明强　王卫东
纪检组长　宋诗杰

煤炭工业局

党组书记　张举峰
局　　长　亢根柱
副 局 长　杜玉印　许占锡
　　　　　刘　臣（12 月离任）
纪检组长　高　增

城市公用事业管理局

局　　长　陈光明
副 局 长　王亚军　马　琳
　　　　　齐伟伟
纪委书记　徐忠洲

食品药品监督管理局

局　　长　陈善民
副 局 长　许战国　贺周南
纪检组长　李松波

畜牧局

局　　长　孙文常
副 局 长　赵志伟　张铎月
　　　　　贾宏伟（女）
纪检组长　王　鑫

（二）部门领导或管理机构

地方史志办公室

副主任　宋新华（女）
　　　　王亚红（女）
纪检员　朱俊杰

盐业管理局

盐业总公司

局长　总经理　李天增
副局长　副总经理
　　　　吉文化　岳希溥
　　　　王建军
　　　　范中阳（1 月离任）
纪检组长　刘秋军（1 月离任）

国有资产监督管理局

局　　长　王淑敏(女,3 月任)
党组书记　庞永波（3 月任）
党组副书记　宋彩敏(女,6 月任,12 离任)
副 局 长　贾小平（6 月任）
　　　　　刘金湘（6 月任）
　　　　　丁花芬(女,6 月任)
纪检组长　盛正彦（6 月任，12 月离任）

（三）议事协调机构的办事机构

人民防空办公室

主　　任　宋国元
党组书记　典瑞宇
副 主 任　王彦昌（12 月离任）
　　　　　方延民（12 月离任）
　　　　　张顺松　李运华
纪检组长　田丽萍（女）

（四）直属事业单位

农业综合开发办公室

扶贫开发办公室

主　　任　安志坤
副 主 任　于丽萍（女）
　　　　　关绍英
纪检组长　李胜利

房产管理局

局　　长　曹拥军
副 局 长　高太军　王向东
　　　　　贾中伟　夏建军
纪检组长　吴玉坤

农机局

局　　长　韩德怀
副 局 长　叶东方　卫满库
　　　　　张　权
纪检组长　许耀生

农业科学院

院　　长　刘宏敏

副 院 长　余汉党　张山林

供销社

主　　任　远国欣

监事会主任　谭鲁新

副 主 任　张宗龙　胡长伟

监事会副主任　焦纯平

纪检组长　仵自卫

行政审批服务中心

主　　任　杨四震

副 主 任　陈新英（女）
　　　　　马云峰（12月离任）
　　　　　张留栓（12月任）

纪检组长　李小军

疾病控制中心

主　　任　侯激流（6月离任）

党委书记　于　明

副 主 任　武秀昆（6月任）
　　　　　申建业　段亚青

纪委书记　宋保军

（五）其　他

新城区管理委员会

主　　任　郑茂杰

书　　记　祝义方

常务副主任　邢庆午（12月离任）

副 主 任　尚胜利（女）
　　　　　范亚宏
　　　　　佟永慧（女）
　　　　　刘建国

纪工委书记　潘世彦

高新技术产业开发区管理委员会

书记　副主任　张耀国

副 主 任　冯中涛　郑改进
　　　　　王续强　芮鸿程
　　　　　白　民

纪工委书记　张国伟

白龟山水库管理局

局　　长　马朝运（6月离任）
　　　　　苏嵌森（6月任）

党委书记　杜惠民（6月任）

副 局 长　于善营　魏恒志

纪委书记　许　春

昭平台水库管理局

局　　长　张向泉

副 局 长　杨　威　罗学忠

纪委书记　李新宏

石漫滩水库管理局

局　　长　田建设

副局长　袁自立　余勇泰

孤石滩水库管理局

局　　长　李国广

政协平顶山市第七届委员会

主　　席　裴建中

副 主 席　史正廉　张柳松
　　　　　张　弓　潘民中
　　　　　马四海　张电子
　　　　　白进忠　李建华
　　　　　张国需（1月任）

党组副书记　史正廉　张柳松
　　　　　祝义方

秘 书 长　赵　更

副秘书长　丁少革　姬书敏
　　　　　张国盈

纪 检 员　曹爱先（女）

办公室

主　任　赵　更

副主任　郭爱娟（女）

研究室

主　任　尹玉霞（女）

副主任　江付彬

提案委员会

主　任　郑曙华

副主任　周建国（12月离任）
　　　　苏　申（12月任）

经济委员会

主　任　冯中南

副主任　赵立宪
　　　　宋彩敏（女，12月任）
　　　　陈　辉（女，12月任）

农村委员会

主　任　薛　学

副主任　乔　林（女）

民族宗教港澳台侨委员会

主　任　牛宪政

副主任　李　江（12月任）

教科文卫体委员会

主　任　陈聚山

副主任　王建玉（12月离任）
　　　　王　乾（12月任）

学习文史委员会

主　任　兰　战

副主任　王新义（12月离任）
　　　　马聚申（12月离任）
　　　　张振营（12月任）

人口资源环境委员会

主　任　郭　敏（女）

副主任　郑曙明（12月离任）
　　　　袁桂珍(女,12月离任)

社会和法制委员会

主　任　宁富国

副主任　贾宪正（3月任）
　　　　陈凯华（6月任）

县（市）区政协工作委员会

主　任　李国臣

副主任　白　桥（12月离任）
　　　　王惠琴（女）
　　　　邢庆午（12月任）
　　　　吕新喜

民主党派和工商联

民革平顶山市第六届委员会

主任委员　张　弓（兼）

副主任委员　赵振业（兼）
　　　　　　岳文涵（女，兼）
　　　　　　王灵娥（女）

民盟平顶山市第四届委员会

主任委员　潘民中

副主任委员　王德润　杨延钧
　　　　　　杨维春

民建平顶山市第四届委员会

主任委员　巩国顺（兼）

副主任委员　刘玉英（女）
　　　　　　赵国良（兼）

王留根（兼）
陈彦超（兼）

民进平顶山第二届委员会

主任委员 马四海（兼）
副主任委员 吴来安（兼）
高惠珍（女，兼）
张连营

民工党平顶山市第三届委员会

主任委员 李建华
副主任委员 张哈生
孙丽萍（女）
赵红旗 陈刚正

九三学社平顶山市第五届委员会

主委 张电子
副主委 李志敏（女）
贾世坤
王进英（女）
兰菊（女）

平顶山市工商联第五届执行委员会

主席 王杰士
党组书记 张富强
副主席 牛涛 陈晓明
孙新富 李恒建
王德林 董志强
李红晓 郭士勤
李凯 王洪领
张业启 鲁耀宏
薛国强 刘涛
闫长生 周运杰
王世成 关朝辉
温冠军

平顶山市中级人民法院

院长 郭保振
常务副院长 任建军
副院长 张建鸿 赵鹏举
李金发 李中原
仝雯娉（女，6月任）
纪检组长 徐有志

平顶山市人民检察院

检察长 刘新年
常务副检察长 许晓伟
副检察长 邵志怀 张建民
李东升 何欣
纪检组长 马建林

中国人民解放军平顶山军分区

司令员 尹世祥
政治委员 于培洪（12月离任）
宋纪功（12月任）
副司令员 夏晨
副政治委员 田国轩
参谋长 杨家济
政治部主任 汪应成
后勤部长 牛梦铎

中国人民武装警察部队平顶山市支队

支队长 陈新华（4月离任）
杨宏乔（4月任）
第一政治委员 崔建平（兼）
政治委员 袁建立
副支队长 程广海
刘成华（4月离任）
廖生堂（4月任）
副政治委员 张文利
参谋长 廖生堂（4月离任）
程凌涛（4月任）
政治处主任 都尚俭
后勤处长 刘飞
纪委书记 张文利（兼）

中国人民武装警察部队平顶山市消防支队

支队长 吴文献
政治委员 王世新
副支队长 赵伟刚（6月离任）
唐钦
向奎（8月任）
参谋长 王征定
政治处主任 张正建
后勤处长 任战友
指挥长 张业胜
防火处长 李玉峰（8月离任）
周智辉（8月任）

社会团体

总工会

主席 李丰海
常务副主席 张建明
副主席 李全森
余文英（女）
纪检组长 刘冬梅（女）

共青团平顶山市委

书记 王玉娟（女）
副书记 屈晓举
何卉（女）
纪检组长 李雨帆

妇女联合会

主席 梁丽平（女）
副主席 申建华（女）
张秀杰（女）
阎陇娟（女）
纪检组长 田文（女）

科学技术协会

主席 张哈生（12月任）
党组书记 陈高科（12月任）
副主席 杨承军（12月离任）
纪检组长 何占军

社科联

主席 杨长吉（12月离任）

郑东丽(女,12月任)
党组书记　杨长吉
副 主 席　吕晋京（12月离任）
员秋菊（女）
韩　伟（12月任）

文联

主　　席　李　虹(女,12月任)
党组书记　冀聚良（6月任）
副 主 席　范大岭　张耀中
孔　阳
纪检组长　张祥宇

侨联

党组书记　励伟英(女,1月任)
主　　席　谢富强（1月任）
副 主 席　买自强（1月任）
肖金刚(1月任,兼)
刘　娜（女，1月任，兼）
薛来全(1月任,兼)

残联

理 事 长　宋　岚
副理事长　王胜利　刘冠军
冯世龙
纪检组长　宋爱红（女）

垂直领导部门

平顶山市国税局

局　　长　李国山
副 局 长　李庆煜　李艳民
邢红霞（女）
刘新杰
纪检组长　张　涛

平顶山市地税局

局　　长　耿全忠
副 局 长　卫苏伟（5月离任）
陈　煦（5月任）
孟永强
王俊峰（5月离任）
徐朝民（11月任）
纪检组长　马培臣（5月离任）
库民涛（5月任）

平顶山市工商行政管理局

局　　长　陶洪臻（7月离任）
车书宽（7月任）
副 局 长　魏亚彬　仝宛鎏
王龙恩
王诺玲（女）
纪检组长　王诺玲（女，兼）

平顶山市质量技术监督局

局　　长　周庆恩
副 局 长　韩福兰（女）
刘宏伟　张建华
庞庆胜
纪检组长　庞庆胜（兼）

平顶山市气象局

局　　长　魏纪滨
副 局 长　方安民　赵敏（女）
纪检组长　王　翔

平顶山市邮政局

局　长　刘红兵
副局长　张红旗　李心昌
许国浩

平顶山市烟草局

平顶山烟草公司

局长　经理　胡宏超
副 经 理　王振海
邱国旺（11月任）
副 局 长　张芦敏（8月任）
海晓民（8月离任）
纪检组长　程仲记（11月任）

国家统计局平顶山调查队

平顶山市社会经济调查局

局长　队长　连胜安
副 局 长　宋战功
王玉琼（女）
副 队 长　何照明　潘贵昌
纪 检 组 长　史锡东（9月离任）
杨　皓(女,9月任)

金融管理机构

中国人民银行平顶山市中心支行

行　　长　李高建
副 行 长　张永志　扈永军
杨振坤
纪委书记　陈富才

平顶山银监分局

局　　长　付士军
副 局 长　白向峰
黄　辉（女）
纪委书记　丁亚伟

中国工商银行股份有限公司平顶山分行

行　　长　吴新慧(女,7月离任)
王晓东（7月任）
副 行 长　徐亚军　王　祥
丁　杰　张延庆
纪委书记　程河云

中国建设银行股份有限公司平顶山分行

行　　长　岳邦奎
副 行 长　金革铬（女，10月离任）
尹培军
张政权（8月任）
牛存平　赵　洋
胡山鹰（10月任）
纪委书记　王全祥

中国交通银行股份有限公司平顶山分行

行　　长　王西勇（12月任）
副 行 长　靳庆怀（12月任）
赵怀山（12月任）

中国邮政储蓄银行平顶山分行

行　　长　李晓辉
副 行 长　王秀云（女）
尚玉芬（女）
巴永力（回族）
纪检书记　王秀云（女）

中国农业银行股份有限公司平顶山分行

行　　长　张郑阳
副 行 长　董洪武（10月任）
马国恩（4月去世）
李毛拉（4月任）
王宪华（4月离任）
张文涛　杨兴甫
纪委书记　王宪华（4月离任）
李毛拉（4月任）

中国农业发展银行平顶山市分行

行　　长　郑维龙

副 行 长　王玉亭　岳　峰

　　　　　王世和（9月任）

纪委书记　王玉亭

中国银行股份有限公司平顶山分行

行　　长　高双铎

副 行 长　董晓东（1月离任）

　　　　　纪　东　谭　波

　　　　　赵　靓（3月任）

纪委书记　徐忠国

平顶山银行

董 事 长　牛君彬

行　　长　杨　军

监 事 长　张　森

副 行 长　张国民　聂红玲

　　　　　张占库

纪委书记　王海洋

河南省农村信合作联合社

平顶山市办公室

主　　任　王　涛（9月离任）

党组书记　王建强（9月任）

副 主 任　付少敏

中国人民财产保险股份有限公司

平顶山分公司

总 经 理　谢　鲁

副总经理　王　洪(女,3月离任)

　　　　　杨　凯（1月任）

纪委书记　介国甫（3月离任）

　　　　　杨　凯（3月任）

中国人寿保险股份有限公司

平顶山分公司

总 经 理　陈子勇（12月离任）

　　　　　陈社选（12月任）

副总经理　陈志刚（12月离任）

　　　　　高　敏（4月离任）

　　　　　周三伟（4月任）

　　　　　丁瑞奇（4月任）

　　　　　孙志军（4月任）

纪委书记　陈志刚（12月离任）

　　　　　周三伟（12月任）

高等院校

平顶山学院

党委书记　许青云

院　　长　文祯中

副 书 记　窦效民（11月离任）

　　　　　张清廉（11月任）

　　　　　张清林（11月任）

副 院 长　罗士喜

　　　　　张清廉（11月离任）

　　　　　何照伟（11月离任）

　　　　　闫天德（11月任）

　　　　　杨风岭（11月任）

　　　　　袁桂娥（11月任）

　　　　　苏晓红（11月任）

纪委书记　王洪彬（11离任）

　　　　　田建伟（11月任）

河南城建学院

党委书记　李德平

院　　长　孔留安

副 书 记　史战芳

　　　　　王召东（11月任）

副 院 长　王召东（1月任，11月离任）

　　　　　陈丙义　杨留栓

　　　　　张坤书（11月任）

　　　　　王春阳（11月任）

　　　　　赵金安（11月任）

纪委书记　张莉蓉（女，10月离任）

　　　　　李建生（女，11月任）

河南质量工程职业学院

党委书记　周权生（9月离任）

　　　　　程智韬（9月任）

院长　副书记

　　　　　马连凤（女，11月离任）

　　　　　白君堂（11月任）

副 院 长　徐宗华　葛长龙

　　　　　张晓东

纪委书记　刘明山

平顶山工业职业技术学院

党委书记　蔡志刚

院　　长　任文杰

副 院 长　李幸福　李江明

　　　　　李树伟　王任远

副书记　纪委书记　郑运廷

平顶山市教育学院

党委书记　丁永强

院　　长　李明江

副 院 长　刘清臻　李付喜

　　　　　温亚丽　田新现

　　　　　王怀领

副书记　纪委书记　陈新志

县（市、区）委人大政府政协主要负责人

汝州市

市 委 书 记　李全胜

人大常委会主任　樊占营

市　　　长　万　英

政 协 主 席　王进立

舞钢市

市 委 书 记　高永华

人大常委会主任　杨　森

市　　　长　白立凡

政 协 主 席　高宝山

鲁山县

县 委 书 记　荆建刚

人大常委会主任　杨红旗

县　　　长　郭斌献

政 协 主 席　郝元方

宝丰县

县 委 书 记　王宏景

人大常委会主任　李　杰

县　　　长　刘书锋

政 协 主 席　师建超

郏　县

县 委 书 记　郑　理

人大常委会主任　肖根胜

县　　　长　张国晓

政 协 主 席　李拴勤

叶　县

县委书记　阎廷瑞
人大常委会主任　郑苟留
县长　古松
政协主席　冯国堂

新华区

区委书记　董汉生（6月任）
人大常委会主任　孔新民
区长　程志强（9月免）
政协主席　隋国忠

卫东区

区委书记　王朴
人大常委会主任　李锦国（女）
区长　云建军（7月离任）
　　　魏建平（11月代）
政协主席　王同尧

湛河区

区委书记　丁林平（女）
人大常委会主任　李克华
人大党组书记　崔仁逸
区长　张恩河（2月任）
政协主席　王章记
政协党组书记　李福成

石龙区

区委书记　赵军
人大常委会主任　赵俊杰
区长　王喜成
政协主席　陈风云

（注：①根据《平顶山市人民政府机构改革实施意见》精神，2010年完成机构改革的按新机构名称；没有完成机构改革的市房管局和市农业综合开发办公室仍按原机构名称；②除市委、市人大、市政府、市政协领导外，其他单位个别领导按年鉴体的要求排列。）

郦道元《水经注》与尧山

桑钦的《水经》是一部专门研究河流水道的书籍，只有一万多字的篇幅，过于简略，没有把水道的来龙去脉叙述清楚。郦道元认为，地理现象是不断发展变化的，远古时候的情况已经很模糊，经过朝代更迭、城邑兴衰、河道变迁和山川名称更易之后，应该经过实地考察并印证古籍，把变化了的地理面貌尽量细致准确地记录下来。于是，郦道元付出艰辛劳动完成了《水经注》共40卷。

郦道元在宣武永平年间（公元508年～公元512年）出任鲁阳郡（郡治在今鲁山县）太守。当时的中央政府要各州郡绘制山川地图上报，而地方志书对鲁阳境内滍水源头记载含混不清。郦道元带领随从，溯滍水而上实地考察，"脉其枝流之吐纳，行其沿路之所缠，访渎搜渠"，追根探源，登上了滍水的发源地尧山。《水经》有言："滍水出鲁阳县西之尧山"，仅此而已。后来郦道元著《水经注》时把这次考察所得写了进去，对尧山的具体情况做了描绘："岩障深高，山岫邃密，石径崎岖，人际才及"，称滍水发源处谓："左右岫壑争深，山阜竞高，夹水层松茂柏，倾山荫渚。"从而印证了张衡在《南都赋》中对滍水"发源岩层，布濩漫汗，漭沆洋溢，总括急趋，箭弛风疾者也"的记载。

尧山，是古代名山。因夏帝孔甲时尧之后裔刘累迁于鲁县立尧祠于其上而得名。经实地考察在地理学著作中比较详细描绘石人山山崖、水源、植被情况的，当推郦道元为第一人。　　（潘民中）

人 物

党政军领导

赵顷霖

男,汉族,1954年12月出生,河南获嘉人,1980年10月加入中国共产党,1971年3月参加工作,大学学历。中共平顶山市委书记。

1971年3月~1973年9月,河南省获嘉县狮子营供销社营业员;1973年9月~1976年8月,在开封师范学院政教系政教专业学习;1976年8月~1979年5月,先后任河南省获嘉团县委干事、副书记;1979年5月~1983年6月,任河南省获嘉团县委书记;1983年6月~1984年4月,先后任河南省获嘉县大呈公社、亢村公社党委书记;1984年4月~1987年5月,任河南省获嘉县委副书记、县长;1987年5月~1994年5月,任新乡市计划委员会副主任(其间:1990年8月~1992年12月在中央党校经济管理专业学习;1992年2月~1992年7月在河南省委党校青干班学习);1994年5月~1997年7月,任新乡市计划委员会主任、党组书记;1997年7月~2000年1月,任新乡市人民政府副市长;2000年1月~2002年7月,任新乡市委常委、副市长;2002年7月~2003年2月,任河南省林业厅副厅长、党组副书记;2003年2月~2005年4月,任河南省林业厅厅长、党组书记;2005年4月~2008年3月,任平顶山市委副书记、市长;2008年3月,任中共平顶山市委书记。

陈建生

男,汉族,1956年12月出生,河南内黄人,1990年11月加入中国共产党,1974年4月参加工作,管理学博士,教授级高级工程师,全国劳动模范,国务院政府特殊津贴专家、国家级专业技术拔尖人才。平顶山市委副书记、市长。

1974年4月~1976年10月,在鹤壁市石林公社下乡;1976年10月~1995年6月,在河南省鹤壁矿务局地测处、三矿工作,历任助理工程师、工程师、计划科长、三矿副矿长、二矿矿长;1995年6月~1997年11月,任鹤壁矿务局副局长;1997年11月~1999年12月,任郑州煤炭工业集团公司副总经理;1999年12月~2004年1月,任郑州煤炭工业集团公司总经理、副董事长、党委副书记;2004年1月~2008年12月,任平顶山煤业(集团)有限责任公司董事长、党委书记;2008年12月~2010年10月,任中国平煤神马能源化工集团有限责任公司董事长、党委书记;2010年10月~2011年1月,任平顶山市委副书记、代市长;2011年1月,任平顶山市委副书记、市长。中共河南省第八届委员会候补委员,第十一届全国人大代表。

冯 昕

男,汉族,1956年1月出生,河南上蔡人,1990年12月加入中国共产党,1974年3月参加工作,研究生学历。中共平顶山市委副书记。

1974年3月~1977年11月,在河南省西华县东夏公社岳庄青年农场劳动;1977年11月~1978年10月,河南省南召县向东机械厂检验科工人;1978年10月~1982年7月,在郑州大学历史系历史专业学习;1982年8月~1984年9月,任中州大学德育教研室教师;1984年9月~1987年9月,华中师范大学科学社会主义研究所科学社会主义专业研究生;1987年9月~1988年11月,任河南省民政厅科员;1988年11月~1991年12月,任河南省民政厅主任科员;1991年12月~1993年2月,任河南省民政厅地名办公室副主任;1993年2月~1994年2月,任河南省民政厅办公室副主任;1994年2月~1998年11月,任河南省民政厅办公室主任;

1998年11月～2001年4月，任河南省民政厅副厅长、党组成员；2001年4月～2002年7月，任河南省新乡市副市长；2002年7月～2004年3月，任中共新乡市委常委、秘书长；2004年3月～2008年9月，任中共新乡市委常委、组织部部长；2008年9月，任中共平顶山市委副书记。

薛新生

男，汉族，1955年4月出生，河南修武人，1981年7月加入中国共产党，1970年12月参加工作，研究生学历，经济师。平顶山市人大常委会主任、党组书记。

1970年12月～1982年12月，新密矿务局机修厂工人、车间团支书、厂办秘书、厂团委书记；1982年12月～1985年9月，郑州市新密区政府办公室副主任，区委办公室副主任（主持工作）；1985年9月～1990年11月，郑州市信访办城市科、调研科副科长，秘书科科长（1983年9月～1986年6月，在郑州大学中文系学习）；1990年11月～1994年11月，郑州市上街区政府副区长；1994年11月～1996年11月，郑州市信访办主任，市政府副秘书长兼信访办主任；1996年11月～1997年11月，郑州市金水区委副书记、区长；1997年11月～2001年6月，郑州市金水区委书记（其间：1995年9月～1998年7月，在郑州大学思想政治专业学习）；1996年9月～1998年7月，在河南大学中国现当代文学研究生进修班学习；1999年3月～1999年7月，在河南省委党校中青班学习；2001年6月～2003年8月，任平顶山市人民政府副市长；2003年8月～2009年3月，任平顶山市委常委、组织部部长；2009年3月～4月，任平顶山市委常委；2009年4月，任平顶山市人大常委会主任、党组书记。省八次党代会代表，十一届省人大代表。

裴建中

男，汉族，1948年12月出生，河南鲁山人，1970年5月加入中国共产党，1968年3月参加工作，大专学历。平顶山市政协主席、党组书记。

1968年3月～1978年9月，部队战士、干事、连指导员；1978年9月～1982年9月，先后任河南省鲁山县委通讯组干事，团县委副书记、书记；1982年9月～1984年6月，在河南农学院干部专修科农学专业学习；1984年6月～1985年1月，任河南省鲁山县委常委、办公室主任；1985年1月～1989年12月，任河南省鲁山县委副书记、县长；1989年12月～1993年5月，任平顶山市新华区区委书记；1993年5月～1994年2月，任平顶山市委宣传部部长；1994年2月～1998年5月，任平顶山市委常委、宣传部部长；1998年5月～2001年6月，任平顶山市委常委、纪委书记；2001年6月～2003年8月，任平顶山市委副书记；2003年8月～2005年11月，任河南省委、省政府信访局局长、党组书记；2005年11月～2006年12月，任河南省委、省政府信访局局长、党组书记，省委副秘书长（兼）；2006年12月～2007年3月，任平顶山市政协党组书记；2007年3月，任平顶山市政协主席、党组书记。十届省政协委员。

李　萍

女，汉族，1959年4月出生，河南封丘人，1984年5月加入中国共产党，1975年8月参加工作，研究生学历。中共平顶山市委常委、组织部长。

1975年8月～1976年6月，河南省封丘县下乡知青；1976年6月～1979年2月，河南省封丘县外贸局职工；1979年2月～1981年7月，在新乡师专中文专业学习；1981年7月～1983年12月，任河南省封丘县獐鹿乡妇联副主任；1983年12月～1984年5月，任河南省封丘县獐鹿乡副乡长；1984年5月～1989年11月，先后任河南省新乡市妇联组宣部干事、副部长；1989年11月～1996年11月，任河南省新乡市妇女联合会副主席、党组成员；1996年11月～2004年2月，任河南省妇女联合会副主席、党组成员（其间：1996年8月～1998年12月，在中央党校函授学院本科班经济管理专业函授大学学习）；2004年2月～2006年12月，任中共濮阳市委常委、宣传部长（其间：2003年9月～2006年6月，在河南省委党校研究生班行政管理专业学习）；2006年12月～2009年2月，任濮阳市委常委、宣传部长，市政府副市长；2009年2月～2009年3月，任中共平顶山市委常委；2009年3月，任中共平顶山市委常委、组织部长。

段玉良　男,汉族,1955年10月出生,河南博爱人,1987年10月加入中国共产党,1971年3月参加工作,本科学历。中共平顶山市委常委、纪委书记。

1971年3月~1974年6月,在河南博爱县界沟“五七”青年农场下乡;1974年6月~1979年7月,在河南博爱县化肥厂任工会秘书;1979年7月~1983年7月,在西南政法学院法律专业学习;1983年7月~1986年2月,在河南省司法厅劳改局工作;1986年2月~1989年6月,任河南省委政法委调研处主任干事;1989年6月~1996年5月,任河南省委政法委调研处副处长;1996年5月~1997年12月,任河南省委政法委研究室调研员、副主任;1997年12月~2000年1月,任河南省委政法委研究室主任;2000年1月~2003年8月,任平顶山市人民检察院检察长;2003年8月~2005年9月,任平顶山市委常委、政法委书记;2005年9月~2006年9月,任平顶山市委常委、政法委书记,兼任市公安局局长、党委书记;2006年9月~2006年12月,任平顶山市委常委、纪委书记、政法委书记,兼任市公安局局长、党委书记;2006年12月~2007年7月,任平顶山市委常委、纪委书记,兼任市公安局局长、党委书记。2007年7月,任中共平顶山市委常委、纪委书记。

邢文杰　男,汉族,1953年9月出生,河南南阳人。1985年8月加入中国共产党,1973年参

加工作,大学学历。平顶山市委常委、常务副市长。

1973年3月~1975年9月,南阳牛岗学校、青华学校民办教师;1975年9月~1977年7月,南阳地区师范学校语文专业学习;1977年7月~1978年11月,南阳县牛岗学校教师;1978年11月~1983年11月,洛阳市教育局干部;1983年11月~1989年10月,洛阳市教育局办公室副主任(其间:1986年9月~1988年6月,在洛阳市委党校大专班学习);1989年10月~1994年6月,洛阳市教委办公室主任;1994年6月~1996年8月,任洛阳市教委副主任、党组成员;1996年8月~1999年4月,任洛阳市西工区委副书记、区长;1999年4月~1999年6月,任河南省伊川县委书记;1999年6月~2003年3月,任河南省伊川县委书记、县人大常委会主任(1998年8月~2000年12月,在中央党校经济管理专业本科班学习;2000年9月~2000年12月,在河南省委党校第27期中青年干部培训班学习);2003年3月~2003年8月,任河南省伊川县委书记;2003年8月~2008年10月,任平顶山市委常委、秘书长兼办公室主任;2008年10月,任平顶山市委常委、常务副市长。

李永胜　男,汉族,1955年12月生,河南杞县人。1983年5月加入中国共产党,1971年11月参加工作,研究生学历。中共平顶山市委常委、政法委书记。

1971年11月~1975年9月,任杞县葛岗公社、杞县县委办公室、杞县化肥厂办事员、科员;1975年9月~1978年8月,在郑州工学院化学工程专业学习;1978年8月~1984年11月,任开封地区计委、环保办、煤化局科员、副科长;1984年11月~1991年6月,任开封市化工局技术员、工程师、科长;1991年6月~1993年6月,任开封市通许县副县长(其间:1991年9月~1993年6月,河南大学经济管理专业在职研究生);1993年6月~1995年8月,任开封市经贸委副主任;1995年8月~1998年5月,任开封亚太啤酒公司党委书记;1998年5月~2001年7月,任开封市郊区区委副书记、区长;2001年7月~2003年8月,任开封市郊区区委书记兼人大常委会主任、开封市八届市委委员;2003年8月~2006年12月,任平顶山市人民政府副市长;2006年12月~2008年9月,任中共平顶山市委常委、副市长;2008年9月,任中共平顶山市委常委、政法委书记。

张遂兴　男,汉族,1957年12月出生,河南襄城人,1983年10月加入中国共产党,1977年3月参加工作,本科学历,管理学硕士。中共平顶山市委常委、秘书长。

1977年3月~1978年4月,襄城县王洛高中教师;1978年4月~1980年2月,河南省漯河

师范学校学生；1980 年 2 月～1984 年 6 月，任襄城县王洛高中教师、王洛公社团委书记；1984 年 6 月～1985 年 12 月，任襄城团县委副书记、书记（其间：1982 年 7 月～1985 年 7 月在河南电大中文专业函授大专学习）；1985 年 12 月～1989 年 12 月，任河南省襄城县丁营乡乡长、党委书记；1989 年 12 月～1994 年 6 月，任平顶山市委组织部县区干部科、干部一科科长；1994 年 6 月～1997 年1 月，任平顶山市委组织部副部长（其间：1994 年 9 月～1996 年 12 月在中央党校经济管理专业函授本科学习）；1997 年 1 月～1999 年 2 月，任河南省汝州市委副书记、市长；1999 年 2 月～2001 年 6 月，任汝州市委书记（1996 年 9 月～1999 年 7 月参加天津大学在职研究生学习获管理学硕士学位）；2001 年 6 月～2005 年 11 月，任平顶山市工会主席、党组书记（省辖市副市长级）；2005 年 11 月～2008 年 9 月，任平顶山市人民政府副市长；2008 年 9 月，任中共平顶山市委常委、秘书长。

王　丽

女，汉族，1966 年10 月出生，河南新乡人，1987 年 10 月加入中国共产党，1989 年 6 月参加工作，大学学历，医学学士。平顶山市委常委、市人民政府副市长、党组成员。

1984 年 9 月～1989 年 6 月，河南医科大学儿科系学习；1989 年 6 月～1990 年 3 月，河南省机械电子工贸集团工作；1990 年 3 月～1992 年 6 月，郑州拖拉机厂团委书记；1992 年 6 月～1996 年 2 月，共青团郑州市委副书记；1996 年 2 月～1999 年 7 月，共青团郑州市委书记、党组书记（其间：1995 年 8 月～1997 年 10 月，在中国人民大学经济学专业研究生班学习）；1999 年 7 月～2001 年 8 月，河南省中牟县委副书记（正县级）；2001 年 8 月～2002 年 10 月，河南省中牟县委副书记、县长，郑州市中原区委书记；2002 年 10 月～2008 年 9 月，共青团河南省委副书记、党组成员；2008 年 9 月，平顶山市委常委、市人民政府副市长、党组成员。

段君海

男，汉族，1964 年 7 月生，河南夏邑人，1984 年 4 月加入中国共产党，1981 年 9 月参加工作，本科学历。中共平顶山市委常委、市委统战部部长。

1981 年 9 月～1986 年 7 月，在河南省夏邑县车站镇党委工作，任镇团委书记；1986 年 7 月～1990 年 10 月，在河南省夏邑县团委工作，任团县委宣传部长；1990 年 10 月～1997 年 12 月，在商丘地区团委工作，历任团地委学校部副部长、办公室主任；1997 年 12 月～2001 年 6 月，在商丘市委统战部工作，任市委统战部副部长；2001 年 6 月～2003 年 10 月，在商丘市委统战部工作，任市委统战部常务副部长、市工商联党组书记；2003 年 10 月～2008 年 10 月，在河南省工商联工作，任省工商联党组成员、副会长、副主席；2008 年 10 月至今，在平顶山市委工作，任市委常委、统战部部长。

唐　飞

男，汉族，1960 年 12 月出生，河南沈丘人，1988 年 4 月加入中国共产党，1984 年 7 月参加工作，郑州大学中文系汉语言文学专业毕业，在职研究生学历。中共平顶山市委常委、宣传部部长。

1980 年 9 月～1984 年 7 月，在郑州大学中文系学习；1984 年 7 月～1993 年 1 月，河南省劳动人事厅干部；1993 年 1 月～1996 年 5 月，任河南省人事厅主任科员（其间：1993 年 11 月～1996 年 5 月，任中共香港工委办公厅秘书）；1996 年 5 月～1998 年 1 月，任河南省人才交流中心副主任，同期借调到豫新国际香港有限公司任董事、副总经理；1998 年 1 月～2000 年 10 月，任河南省政府驻深圳办事处主任兼书记；2000 年 10 月～2002 年 10 月，任河南省政府驻广州办事处副主任；2002 年 11 月～2009 年 3 月，任河南省供销合作社理事会副主任、党组成员（其间：2004 年 9 月～2007 年 6 月，在省委党校在职研究生班学习）；2009 年 3 月，任中共平顶山市委常委、宣传部部长。

尹世祥

男，汉族，1958 年 2 月出生，山东邹平人，1979 年 1 月加入中国共产党，1976 年 2 月入伍，硕士研究生，大校军衔。1983 年、1999 年分别因工作成绩突出荣立三等功一次。平顶山军分区司令员。

1976年2月，任陆军第二十六集团军坦克团器材仓库战士；1979年2月，任陆军第二十六集团军坦克团修理连技师；1981年6月，任陆军第二十六集团军坦克团技术处器材修理股助理员；1985年9月，任济南军区司令部装甲兵部修理处正连职参谋；1988年5月，任济南军区司令部装甲兵部修理处副营职参谋；1992年9月，任济南军区司令部兵种部器材处正营职参谋；1994年1月，任济南军区司令部技术部装甲处副团职参谋；1997年12月，任济南军区司令部技术部装甲处处长；1998年8月，任济南军区装备部军械装甲部装甲处处长；1999年4月~10月，参加国庆50周年阅兵装甲装备保障工作；2000年11月~2007年11月，任济南军区装备部军械装备部副部长（其间：2002年3月~5月，在国防大学参加装备部长队短期培训；2002年5月~2003年1月，在济南军区装甲第八师代职副师长；2003年7月~9月，在国防科技大学装备部长队参加短期培训）；2007年11月，任河南省平顶山军分区司令员。

宋纪功

男，汉族，1960年5月出生，河南虞城人，1982年2月加入中国共产党，1978年12月入伍，研究生学历，大校军衔。平顶山军分区政治委员。

1978年12月，任山东省军区独立师炮兵团炮兵营五连战士；1982年4月，任陆军第六十七军炮兵团三营八连排长；1984年2月任，陆军第六十七军炮兵团政治处干事；1985年10月，任陆军第六十七军炮兵团指挥连政治指导员；1986年3月，任陆军第六十七军炮兵团政治处正连职干事；1986年12月，任陆军第六十七集团军通信团政治处正连职干事；1988年5月，任陆军第六十七集团军通信团政治处副营职干事；1992年3月，任陆军第六十七集团军电子对抗营政治教导员；1992年9月，任济南军区政治部干部部老干部处正营职干事；1995年4月，任济南军区政治部干部部老干部处副处长；1998年3月，任济南军区政治部干部部老干部处处长；2004年6月任河南省商丘军分区政治部主任；2010年12月任平顶山军分区政治委员。

肖来福

男，汉族，1950年8月出生，河南舞钢人，1970年加入中国共产党，1969年参加工作，大学学历。平顶山市人大常委会副主任、党组副书记。

1969年3月~1974年9月，部队战士、平顶山市舞钢区杨庄小学教师；1974年9月~1977年8月，在郑州大学政治历史系学习；1977年8月~1989年8月，平顶山市委组织部干事、副科长、科长；1989年8月~1991年8月，平顶山市委组织部组织员（副县级）；1991年8月~1994年4月，平顶山市委组织部副部长；1994年4月~1997年12月，平顶山市委副秘书长、办公室主任；1997年12月~1999年2月，平顶山市湛河区委书记；1999年2月~2002年12月，平顶山市人民政府党组成员、秘书长、办公室主任、党组书记；2002年12月~2003年7月，平顶山市人民政府党组成员、秘书长、办公室主任、党组书记、行政审批中心主任；2003年7月~2004年2月，平顶山市人民政府党组成员、秘书长、办公室主任、党组书记；2004年2月~2004年6月，平顶山市人大常委会党组成员，市人民政府党组成员、秘书长、办公室主任；2004年7月~2009年4月，平顶山市人大常委会副主任、党组成员；2009年4月，平顶山市人大常委会副主任、党组副书记。

巩国顺

男，汉族，1961年12月出生，河南新密人，1999年12月加入民建，1983年8月参加工作，研究生学历，管理学博士。平顶山市人大常委会副主任，民建河南省委副主委，民建平顶山市委主委，中国平煤神马集团公司副总经理。

1979年9月~1983年8月，成都科技大学化纤专业学习；1983年8月~1987年9月，平顶山锦纶帘子布厂生产调度员；1987年9月~1989年10月，西北工业大学工商管理硕士研究生班学习；1989年10月~1990年11月，英国兰卡斯特大学研究生院商业贸易专业学习；1990年11月~1994年9月，中国神马帘子布（集团）公司经营部外贸科科员、科长；1994年9月~1996年10月，中国神马帘子布（集团）公司总经济师；1996年10月~2002年1月，中国神马集团有限责任公司副总经理；2002年1月~2004年6月，平顶山市政协副主席，民建平顶山市委主委，中国神马集团有限责任公司副总经理（2000 年 9 月 ~ 2003 年 12 月，在中国科学技术大学管理科学与工程专业学习）；2004 年 6 月，平顶山市人大常委会副主任，民建河南省委副主委，民建平顶山市委主委，中国平煤神马集团公司副总经理。十届省政协常委。

王金山

男，汉族，1952 年 9 月出生，河南叶县人，1975 年 1 月加入中国共产党，1972 年 12 月参加工作，大学学历。平顶山市人大常委会副主任、党组成员。

1972 年 12 月 ~ 1983 年 3 月，在部队任战士、排长、助理员；1983 年 3 月 ~ 1986 年 4 月，任河南省叶县旧县乡干部、乡党委副书记；1986 年 4 月 ~ 1989 年 12 月，任河南省叶县龙泉乡、廉村乡党委书记（1985 年 9 月 ~ 1988 年 7 月在河南大学中文专业学习）；1989 年 12 月 ~ 1992 年 12 月，任河南省舞钢市人民政府副市长；1992 年 12 月 ~ 1997 年 12 月，任平顶山市卫东区委常委、副区长；1997 年 12 月 ~ 2001 年 6 月，任平顶山市卫东区委副书记、区长（其间：1999 年 4 月 ~ 1999 年 7 月，在河南省委党校第 14 期县委书记、县长进修班学习）；2001 年 6 月 ~ 2004 年 2 月，任平顶山市卫东区委书记（1999 年 9 月 ~ 2002 年 7 月，在中国人民解放军工程兵指挥学院法律专业学习）；2004 年 2 月 ~ 2004 年 3 月，任平顶山市人大常委会党组成员，平顶山市卫东区委书记；2004 年 3 月 ~ 2004 年 6 月，任平顶山市人大常委会党组成员；2004 年 6 月，任平顶山市人大常委会副主任、党组成员。

张坤子

男，汉族，1954 年 3 月出生，河南宝丰人，1972 年 1 月加入中国共产党，1972 年 8 月参加工作，研究生学历。平顶山市人大常委会副主任、党组成员。

1972 年 ~ 1976 年，先后担任宝丰县罗顶大队党支部副书记、闹店公社团委干事、团委书记；1977 年 7 月 ~ 1979 年 4 月，任宝丰县团委副书记；1979 年 5 月 ~ 1983 年 11 月，任宝丰县团委书记（其间：1983 年 2 月 ~ 7 月，在中央团校 249 期学习）；1983 年 12 月 ~ 1986 年 12 月，任宝丰县肖旗乡党委书记；1987 年 1 月 ~ 1989 年 11 月，任宝丰建行行长、党组书记；1989 年 12 月 ~ 1994 年 4 月，任襄城县副县长，县委常委、常务副县长（1989 年 9 月 ~ 1992 年 7 月，在河南省委党校经济管理专业学习）；1994 年 5 月 ~ 1995 年 11 月，任平顶山市财政局副局长、党组成员、国资局局长（1992 年 4 月 ~ 1995 年 6 月，在河南大学行政管理专业学习）；1995 年 12 月 ~ 1997 年 12 月，任平顶山市供销社主任、党组书记；1997 年 12 月 ~ 1999 年 2 月，任舞钢市委副书记、市长；1999 年 2 月 ~ 2004 年 2 月，任中共鲁山县委书记、人武部党委第一书记（其间：2001 年 3 月 ~ 7 月，参加省委党校 28 期中青年干部培训班学习，2001 年 9 月 ~ 2003 年 6 月，在河南大学区域经济学专业研究生班进修）；2004 年 3 月，任平顶山市财政局党组书记；2004 年 7 月 ~ 2007 年 3 月，任平顶山市财政局局长、党组书记；2007 年 3 月，任市人大常委会副主任、党组成员。河南省第七次、八次党代会代表；平顶山市第五、六、七次党代会代表，第六届、七届市委委员会委员；平顶山市第六届、七届、八届人大代表。

黄林森

男，汉族，1952 年 11 月出生，河南尉氏人，1971 年 10 月加入中国共产党，1969 年 2 月参加工作，大学学历。平顶山市人大常委会副主任、党组成员。

1969 年 2 月 ~ 1981 年 11 月，部队战士、机要员、参谋、正连职参谋、教员；1981 年 11 月 ~ 1983 年 9 月，共青团平顶山市委办公室干部、副主任；1983 年 9 月 ~ 1985 年 8 月，郑州大学政治系政治专业学习；1985 年 8 月 ~ 1994 年 5 月，平顶山市委组织部副科级组织员、办公室副主任、组织科科长；1994 年 5 月 ~ 1997 年 1 月，平顶山市委组织部副县级组织员兼干部一科科长（其间：1994 年 8 月 ~ 1996 年 12 月，在中央党校经济管理专业学习）；1997 年 1 月 ~ 1997 年 12 月，任平顶山市委组织部副部长；1997 年 12 月 ~ 2000 年 4 月，任平顶山市委组织部副部长兼市委老干部局局长；2000 年 4 月 ~ 2005 年 9 月，任平顶山市委组织部副部长（正县级）；2005 年 9 月 ~ 2007

年3月，任平顶山市委组织部常务副部长（正县级）；2007年3月~2007年4月，任平顶山市人大常委会副主任、党组成员兼平顶山市委组织部常务副部长；2007年4月，任平顶山市人大常委会副主任、党组成员。

郑　枝　女，汉族，1956年7月出生，河南平顶山人，1984年11月加入中国共产党，1978年7月参加工作，大学学历，平顶山市人大常委会副主任、党组成员。

1976年12月~1978年7月，在平顶山师范学校文科专业学习；1978年7月~1980年9月，任平顶山市中心路小学教师；1980年9月~1984年8月，任共青团平顶山市委干事；1984年8月~1990年6月，任共青团平顶山市委办公室副主任、主任（其间：1986年9月~1988年7月，在平顶山市委党校政治理论专业学习）；1990年6月~1992年12月，任共青团平顶山市委副书记；1992年12月~1997年12月，任平顶山市新华区政府副区长；1997年12月~2002年1月，任平顶山市新华区委常委、副区长；2002年1月~2004年7月，任平顶山市乡镇企业局局长、党组书记；2004年7月~2009年3月，任平顶山市人口和计划生育委员会主任、党组书记（2002年8月~2004年12月，在中央党校经济管理专业学习）；2009年4月，任平顶山市人大常委会副主任、党组成员。

郑茂杰　男，回族，1963年10月出生，河南开封人，1984年7月参加工作，研究生学历，工学硕士学位，工程师，十届全国人大代表。平顶山市人民政府副市长。

1980年9月~1984年7月，在焦作矿业学院地质专业学习、获工学学士学位；1984年7月~1986年8月，任山西雁北煤炭工业学校教师；1986年9月~1989年7月，在中国矿业大学北京研究生部获工学硕士学位；1989年7月~1992年10月，任平顶山市盐业管理局工程师；1992年10月~1994年10月，任中房集团平顶山房地产开发公司办公室副主任（正科级）；1994年11月~2002年12月，任宝丰县人民政府副县长（其间：1997年12月，被选为政协河南省八届委员会委员；1998年12月，当选为平顶山市七届人大代表）；2002年12月~2004年6月，任平顶山市民族宗教局局长（其间：2003年3月~2003年7月，在中共河南省委党校32期中青班学习）；2004年6月，任平顶山市人民政府副市长。

黄祥利　男，汉族，1963年3月出生，河南太康人，1986年1月加入中国共产党，1982年8月参加工作，研究生学历。平顶山市人民政府副市长。

1980年7月~1982年8月，在周口水利学校农田水利专业学习；1982年8月~1983年9月，任河南省太康县水利局工程设计技术员；1983年9月~1985年4月，河南太康县区划办公室农业规划负责人；1985年4月~1992年10月，任河南省太康县委办公室秘书、高贤乡党委副书记、乡长；1992年10月~1995年6月，任河南省太康县王集乡党委书记；1995年6月~1996年5月，任河南省扶沟县副县长；1996年5月~1997年12月，任河南周口地委组织部青干科科长（副县级）；1997年12月~2001年3月，任河南省郸城县委副书记、县长；2001年3月~2006年2月，任河南省郸城县委书记；2006年2月~2006年12月，任河南省郸城县委书记（副市厅级）；2006年12月，任平顶山市人民政府副市长。

李建伟　男，汉族，1965年4月出生，河南长垣人，1990年12月加入中国共产党。1986年7月参加工作，研究生学历，博士学位。平顶山市人民政府副市长。

1983年9月~1986年7月在郑州牧专学习；1986年7月~1991年6月，郑州牧专教务处干部（1987年11月~1988年7月，在固始县扶贫锻炼）；1991年6月~1992年5月，任郑州牧专高等教育研究室副主任（1990年9月~1992年7月，在省委党校学习）；1992年5月~1994年8月，任河南省民政厅副主任科员；1994年9月~1999年6月，任河南省民政厅主任科员（1995年8月~1996年2月在洛宁县参加农村基层组织整顿工作；1996年6月~1999年6月，在河南省委组织部上挂锻炼）；1999年

6月～2000年12月，任河南省委组织部干部调配处主任干事；2001年1月～2001年3月，任河南省委组织部干部调配处助理调研员；2001年3月～2003年3月，任河南省委组织部副处级秘书（2000年9月～2002年7月，在中国社科院研究生院硕士研究生班学习）；2003年3月～2007年3月，任河南省委组织部正处级秘书（2004年9月～2007年7月，中国人民大学西方经济学专业博士研究生）；2007年3月～2008年9月，任中原工学院副院长；2008年10月，任平顶山市人民政府副市长。

王富兴

男，汉族，1962年5月出生，河南宜阳人。1983年8月加入中国共产党，1981年10月参加工作，大学学历。平顶山市人民政府副市长。

1979年9月～1981年7月，在洛阳林业学校林业专业学习；1981年10月～1982年1月，在河南省宜阳县柳泉乡团委工作；1982年1月～1983年8月，河南省宜阳县团县委工作，任学校部部长；1983年8月～1985年6月，在郑州大学哲学系干部专修科学习；1985年6月～1988年8月，共青团河南省委宣传部副主任干事；1988年8月～1989年3月，共青团河南省委组织部副主任干事；1989年3月～1991年5月，共青团河南省委组织部主任干事；1991年5月～1994年4月，任共青团河南省委组织部副部长；1994年4月～1996年6月，任共青团河南省委组织部副部长、机关党委副书记（其间：1995年6月，河南大学国民经济管理专业自考本科毕业）；1996年6月～1998年12月，任共青团河南省委机关党委书记（其间：1996年10月～1998年12月，下派挂职锻炼任河南省正阳县委副书记）；1998年12月～2001年3月，任河南省正阳县委副书记（正处级）；2001年3月～2004年11月，任河南省上蔡县县长（其间：2002年3月～2002年7月，在省委党校第30期中青班学习）；2004年11月～2008年10月，任河南省泌阳县委书记；2008年10月，任平顶山市人民政府副市长。

李俊峰

男，汉族，1962年出生，河南卢氏人，1985年加入中国共产党，1977年参加工作。平顶山市人民政府党组成员、副市长。

1977年7月～1978年1月，河南省卢氏县沙河公社知青；1978年1月～1980年7月，在洛阳师院学习；1980年7月～1989年5月，洛阳师范教师，洛阳市体委科员、副科长、副主任；1989年5月～1994年12月，洛阳市编办事业科科长；1994年12月～1996年7月，任洛阳市人事局综合计划科科长；1996年7月～1999年4月，任洛阳市人事局副局长、党组成员、市编办主任（其间：1996年8月～1996年10月，被省委组织部选派赴新加坡培训；1997年7月～1997年9月，被省委组织部选派赴复旦大学学习；1995年8月～1997年12月，在中央党校经济管理专业学习）；1999年4月～2001年9月，任河南省偃师市委副书记、市长（1996年12月～1999年6月，在河南大学哲学专业在职研究生课程进修班学习，获哲学硕士学位；2000年5月～2000年7月，被中组部选派赴香港培训）；2001年9月～2009年3月，任洛阳市委组织部副部长（其间：2003年3月～2003年7月，在河南省委党校中青班学习；2004年6月～2004年9月，被省委选派到上海挂职学习）；2009年3月，任平顶山市人民政府党组成员、副市长。

史正廉

男，汉族，1956年2月出生，河南新野人，1984年12月加入中国共产党，1982年1月参加工作，大学学历。平顶山市政协副主席、党组副书记。

1978年3月～1982年1月，在郑州大学经济系政治经济学专业学习；1982年1月～1986年1月，平顶山市计委综合计划科干部、副科长；1986年1月～1991年12月，先后任平顶山市物资局机电公司经理、党支部书记，市计委经研室主任、副总经济师、综合科科长；1991年12月～1994年5月，任平顶山市政府经济研究中心副主任；1994年5月～1994年7月，任平顶山市政府副秘书长，市经济研究中心主任；1994年7月～1996年9月，任平顶山市政府副秘书长（正县级）；1996年9月～1999年3月，任河南省叶县县委副书记、县长；1999年3月～2001年6月，任河南省叶县县委书记；2001年6

月~2004年2月，任河南省汝州市委书记；2004年2月~2004年3月，任平顶山市政协党组成员，汝州市委书记；2004年3月~2004年6月，任平顶山市政协党组成员；2004年6月~2009年4月，任平顶山市政协副主席、党组成员；2009年4月，任平顶山市政协副主席、党组副书记。

张柳松 男，汉族，1955年10月出生，河南平顶山人，1984年8月加入中国共产党，1974年10月参加工作，大学学历。平顶山市政协副主席、党组副书记。

1974年10月~1978年1月，平顶山市西区南顾庄公社水利所技术员；1978年1月~1980年7月，在河南省汝南园林学校园林系园林专业学习；1980年7月~1984年6月，在平顶山市郊区农林局工作；1984年6月~1985年7月，先后任平顶山市西区农林水电局副局长，南顾庄乡乡长；1985年7月~1989年12月，任平顶山市西区副区长，区委委员、办公室主任；1989年12月~1992年12月，任河南省宝丰县副县长，县委常委、纪委书记；1992年12月~1996年9月，任河南省鲁山县委副书记、县长；1996年9月~1999年3月，任河南省鲁山县委书记（1994年9月~1996年12月在中央党校经济管理专业学习；1997年1月~1998年3月兼鲁山县人大主任）；1999年3月~2002年1月，任平顶山市政府副秘书长兼市农委主任、党组书记；2002年1月~2004年2月，任平顶山市交通局局长、党委书记（其间：2002年9月~2003年1月在省委党校中青年干部培训班学习）；2004年2月~2004年6月，任平顶山市政协党组成员，市交通局局长；2004年6月~2009年4月，任平顶山市政协副主席、党组成员；2009年4月，任平顶山市政协副主席、党组副书记。

张　弓 男，汉族，1966年12月出生，河南太康人，1998年11月加入民革，1990年7月参加工作，大学学历，农学学士，农艺师。平顶山市政协副主席，民革平顶山市委主委，平顶山市发改委主任。

1986年9月~1990年7月，在河南农业大学园艺系园艺专业学习；1990年7月~1993年1月，平顶山市农科所园林试验场技术员；1993年1月~1995年1月，任平顶山市农科所园林试验场副场长、场长；1995年1月~1998年11月，任鲁山县副县长；1998年11月~1999年11月，任汝州市副市长；1999年11月~2004年6月，任民革平顶山市委副主委，汝州市副市长；2004年6月~2005年5月，任平顶山市政协副主席，民革平顶山市委副主委，汝州市副市长；2005年5月~2009年5月，任平顶山市政协副主席，民革平顶山市委主委，汝州市副市长；2009年5月，任平顶山市政协副主席，民革平顶山市委主委，平顶山市发改委主任。十届省政协委员。

潘民中 男，汉族，1949年7月出生，河南鲁山人，1997年11

月加入民盟，1969年2月参加工作，大学学历，历史学学士，高级讲师。平顶山市政协副主席，民盟平顶山市委主委。

1969年2月~1978年9月，河南省鲁山县马庄中学教师；1978年9月~1982年7月，在河南大学历史系历史专业学习；1982年7月~1985年4月，许昌地区师范学校教师；1985年4月~1991年1月，平顶山市技工学校教师；1991年1月~2000年3月，任平顶山市技工学校教务科科长；2000年3月~2001年9月，任民盟平顶山市委副主委，市技工学校教务科科长；2001年9月~2003年4月，任民盟平顶山市委主委，市技工学校教务科科长；2003年4月~2004年6月，任民盟平顶山市委主委，市技工学校校长助理；2004年6月，任平顶山市政协副主席，民盟平顶山市委主委。十届省政协常委。

马四海 男，汉族，1965年2月出生，河南宝丰人，1999年12月加入民进，1987年8月参加工作，大学学历，农学学士。平顶山市政协副主席，民进平顶山市委主委，平顶山市湛河区副区长。

1983年9月~1987年8月，在河南农业大学园林专业学习；1987年8月~1990年3月，平顶山市园林处苗圃工作；1990年3月~1994年11月，任平顶山市园林处生产科科长；1994年11月~1997年12月，任平顶山市湛河区副区长；1997年12月~2002年10月，任平顶山市新华区副区长；2002年10月~2004年6月，任民进平顶山市委主委，平顶山市新华区副区长；2004年6月~2007年2月，任平顶山市政协副主席，民进平顶山市委主委，平顶山市新华区副区长；2007年2月，任平顶山市政协副主席，民进平顶山市委主委，平顶山市湛河区副区长。十届省政协常委。

张电子

男，汉族，1962年12月出生，河南上蔡人，1998年6月加入九三学社，1984年7月参加工作，研究生学历，工学硕士，高级工程师。平顶山市政协副主席，九三学社平顶山市委主委，市卫东区人大常委会副主任，中平能化副总工程师、神马实业股份有限公司副总经理，平顶山神马工程塑料有限责任公司董事长。

1980年9月~1984年7月，在河南大学物理系物理专业学习；1984年7月~1987年8月，河南华新棉纺厂工作；1987年8月~1990年7月，在华东化工学院化工机械系流体机械与流体动力工程专业学习；1990年7月~1994年10月，平顶山市政府大项目办干部、工程师；1994年10月~1996年12月，任中国神马帘子布集团公司总经理助理（1995年1月兼开发处处长）；1996年12月~1998年3月，任中国神马集团公司总经理助理，中国神马集团尼龙66盐有限责任公司副总经理；1998年3月~1998年12月，任平顶山市卫东区人大常委会副主任，中国神马集团公司总经理助理，中国神马集团尼龙66盐有限责任公司副总经理；1998年12月~1999年12月，任平顶山市卫东区人大常委会副主任，中国神马集团公司总经理助理，河南神马氯碱化工股份有限公司总经理；1999年12月~2000年8月，任平顶山市卫东区人大常委会副主任，中国神马集团公司总经理助理兼生产部部长；2000年8月~2001年10月，任平顶山市卫东区人大常委会副主任，中国神马集团公司总经理助理，橡胶轮胎有限责任公司总经理；2001年10月~2002年9月，任九三学社平顶山市委副主委，市卫东区人大常委会副主任，中国神马集团公司总经理助理兼销售公司经理；2002年9月~2003年8月，任九三学社平顶山市委副主委，市卫东区人大常委会副主任、中国神马集团公司总经理助理，神马实业股份有限公司副总经理；2003年8月~2005年4月，任九三学社平顶山市委副主委，市卫东区人大常委会副主任，中国神马集团公司总经理助理，神马实业股份有限公司总经理；2005年4月~2007年3月，任九三学社平顶山市委主委，市卫东区人大常委会副主任，中国神马集团公司总经理助理，神马实业股份有限公司总经理；2007年3月~2007年6月，任平顶山市政协副主席，九三学社平顶山市委主委，市卫东区人大常委会副主任，神马实业股份有限公司副总经理；2007年6月~2009年3月，任平顶山市政协副主席，九三学社平顶山市委主委，市卫东区人大常委会副主任，平顶山神马工程塑料公司董事长、总经理；2009年3月，任平顶山市政协副主席，九三学社平顶山市委主委，市卫东区人大常委会副主任，中平能化副总工程师、神马实业股份有限公司副总经理，平顶山神马工程塑料有限责任公司董事长。十届省政协委员。

白进忠

男，汉族，1953年9月出生，河南襄城人，1973年6月加入中国共产党，1970年12月参加工作，研究生学历，管理学硕士。平顶山市政协副主席、党组成员。

1970年12月~1987年12月，部队战士、译电员、参谋、股长、机要科科长（副团）；1987年12月~1989年12月，平顶山市委组织部干事；1989年12月~1992年12月，任平顶山市委知工办副主任；1992年12月~1995年2月，任平顶山市委知工办主任（1993年9月，在河南财经学院经济管理专业自考毕业）；1995年2月~1997年12月，任平顶山市委党史办主任；1997年12月~1999年4月，任平顶山市委副秘书长，文明办主任；1999年4月~2001年4月，任平顶山市委副秘书长（正县级）（1997年8月~2000年4月，在武汉汽车工业大学管理科学与工程专业硕士研究生班学习）；2001年4月~2004年8月，任平顶山市纪委副书记；2004年8月~2009年3月，任平顶山市纪委常务副书记；2009年3月~2009年4月，任平顶山市政协党组成员，市纪委常务副书记（正县级）；2009年4月，任平顶山市政协副主席、党组成员。

李建华

男，汉族，1966年12月出生，河南长葛人，1999年2月加入农工党，1990年3月参加工作，研究生学历，文学学士。河南省平顶山市政协副主席，农工党平顶山市委主委，叶县副县长。

1984年9月～1988年7月，在河南师范大学政教系政治教育专业学习；1988年7月～1990年3月，在河南大学经济研究所研究生班政治经济专业学习；1990年3月～1993年8月，在平顶山市新华区科委、开发办工作；1993年8月～1994年11月，任平顶山市新华区科委副主任；1994年11月～1997年12月，任平顶山市新华区副区长；1997年12月～1999年10月，任平顶山市卫东区副区长；1999年10月～2007年2月，任农工党平顶山市委副主委，市卫东区副区长；2007年2月～2008年2月，任农工党平顶山市委副主委，叶县副县长；2008年2月～2009年4月，任农工党平顶山市委主委，叶县副县长；2009年4月，任河南省平顶山市政协副主席，农工党平顶山市委主委，叶县副县长。十届省政协委员。

张国需

男，回族，1954年1月出生，河南平顶山人，1982年12月加入中国共产党，1972年8月参加工作，大学学历。平顶山市政协副主席、党组成员。

1972年8月～1973年7月，平顶山市郊区焦店学校民师；1973年7月～1976年7月，在开封师院地理系地理专业学习；1976年7月～1977年9月，平顶山市郊区焦店高中教师；1977年9月～1984年4月，平顶山市郊区区委宣传部干事；1984年4月～1984年7月，任平顶山市委统战部民族宗教科副科长、科长；1984年7月～1992年12月，任平顶山市民委副主任、党组副书记；1992年12月～1994年5月，任河南省叶县县委常委、宣传部长；1994年5月～1997年12月，任河南省叶县县委常委、副县长；1997年12月～1999年12月，任平顶山市民委主任、党组书记；1999年12月～2003年11月，任河南省鲁山县副书记、县长；2003年11月～2004年2月，待分配；2004年2月～2004年7月，任平顶山市交通局党委书记；2004年7月～2009年5月，任平顶山市交通局局长、党委书记；2009年5月～2009年7月，任平顶山市交通局党委书记；2009年7月～2010年1月，任平顶山市政协党组成员，市交通局党委书记；2010年1月～2010年6月，任平顶山市政协副主席、党组成员，市交通局党委书记；2010年6月，任平顶山市政协副主席、党组成员。

郭保振

男，汉族，1966年4月出生，河南开封市人，1987年5月加入中国共产党，1987年7月参加工作，法学硕士研究生。平顶山市中级人民法院党组书记、院长。

1983年9月～1987年7月，就读于郑州大学法律系；1987年7月～1993年2月，任职于河南省政法管理干部学院；1993年2月～2005年10月，历任河南省高级人民法院书记员、助理审判员、审判员、研究室副主任、办公室副主任（其间：于2000年9月～2002年6月，攻读郑州大学法学院经济法系在职硕士研究生，获得法学硕士学位）；2005年10月～2009年3月，任河南省高级人民法院办公室主任、审判员；2009年4月，任平顶山市中级人民法院党组书记、院长。

刘新年

男，汉族，1959年12月出生，河南镇平人，1978年9月入党，1974年4月参加工作，大学本科文化。平顶山市人民检察院党组书记、检察长。

1974年4月～1976年2月，任河南省镇平县高中教师；1976年2月～1985年10月，在部队服役；1985年10月～1991年6月，任南阳地区计建委干部；1991年6月～1992年7月，任南阳地区行署干部；1992年7月～1993年9月，任南阳地区行署办公室副主任科员；1993年9月～1994年10月，任南阳地区行署办公室正科级秘书；1994年10月～1995年4月，任南阳市委办公室正科级秘书；1995月4月～1997年12月，任南阳市委办公室副主任；1997年12月～2000年11月，任内乡县副书记；2000年11月～

2001年12月，任内乡县长；2001年12月~2004年1月，任邓州市市长；2004年1月~2009年3月，任桐柏县县委书记；2009年3月~2009年4月，任平顶山市人民检察院党组书记、代检察长；2009年4月，任平顶山市人民检察院党组书记、检察长。

李丰海　男，汉族，1953年10月出生，河南叶县人，1976年5月加入中国共产党，1973年12月参加工作，中共党校大专学历。平顶山市人大常委会党组成员、市工会主席（副市厅级）。

1973年12月~1994年8月，部队战士、排长、连长、营长、团参谋长、副团长，师炮兵指挥部副主任、主任（其间：1981年3月~1982年6月，在中国人民解放军炮兵学院参谋系参谋专业学习）；1994年8月~1997年12月，任平顶山市湛河区委常委、办公室主任（1992年8月~1995年6月，在中央党校政治专业学习）；1997年12月~1999年3月，任平顶山市湛河区委副书记；1999年3月~2003年8月，任平顶山市湛河区委副书记、区长；2003年8月~2007年3月，任平顶山市湛河区委书记；2007年3月~2009年3月，任平顶山市湛河区委书记（副市厅级）；2009年4月，任平顶山市人大常委会党组成员、市工会主席。省八次党代会代表。

祝义方　男，汉族，1955年11月出生，河南确山人，1981年5月加入中国共产党，1971年3月参加工作，大学学历。市政协党组副书记，市新城区党工委书记。

1971年3月~1975年8月，平顶山市郊区东高皇公社下乡知青，历任生产队长、大队团支部书记、大队队长；1975年8月~1992年12月，先后任平顶山市郊区团委干事、副书记，薛庄乡乡长，北渡乡党委书记（其间：1982年9月~1985年8月，在河南电大汉语言文学专业学习）；1992年12月~1995年11月，任河南省宝丰县副县长（1988年9月~1993年7月，在沈阳黄金学院企业管理专业学习）；1995年11月~1997年12月，任河南省宝丰县委常委、副县长；1997年12月~1999年4月，任河南省宝丰县委副书记；1999年4月~2003年8月，任河南省舞钢市委副书记、市长；2003年8月~2004年7月，任河南省舞钢市委书记；2004年7月~2007年2月，任河南省舞钢市委书记兼人大主任；2007年2月~2007年3月，任河南省舞钢市委书记；2007年3月~2009年4月，任河南省舞钢市委书记（副市厅级）；2009年4月，任河南省平顶山市政协党组副书记，河南省平顶山市新城区党工委书记。省八次党代会代表，七届市委委员。

严寄音　男，汉族，1957年6月出生，湖南华容人，1984年10月加入中国共产党，1974年11月参加工作，本科学历，历史学学士学位。平顶山市人民政府党组成员、副市厅级干部。

1974年11月，舞阳工区下乡插队；1978年3月，考入河南大学历史系，毕业获历史学学士学位；1982年2月，任平顶山市舞钢区枣林公社团委书记；1983年12月，任共青团舞钢区委书记；1984年10月，任中共舞钢区委办公室副主任，主持工作；1986年9月，任舞钢区教育体育局局长；1989年12月，任宝丰县人民政府副县长，1994年11月，任中共宝丰县委常委、组织部长；1997年12月~2000年1月，任中共宝丰县委副书记，兼县委党校校长。2000年1月，任宝丰县人民政府代理县长，3月当选宝丰县人民政府县长。2006年1月，任中共宝丰县委书记，3月辞去宝丰县人民政府县长职务。2009年2月，任宝丰县委书记（副市厅级），2009年5月，任平顶山市政府党组成员、副市厅级干部。

王天顺　男，汉族，1956年4月出生，河南镇平人，1977年9月加入中国共产党，1976年3月参加工作，2003年1月毕业于中央党校研究生班。平顶山市人民政府党组成员、副市厅级干部。

1976年3月~1985年9月，在部队服役，历任排长、连长、副营长、军务股长；1985年9月~1992年12月，任汝州市人武部参谋、科长、副部长；1992 年 12 月 ~ 1994 年 5 月，任鲁山县人武部长；1994 年 5 月 ~ 1997 年 12 月，任鲁山县政府副县长；1997 年 12 月 ~ 2001 年 7 月，任叶县县委常委、副县长；2001 年 7 月 ~ 2003 年 8 月，任郏县人民政府县长；2003 年 8 月 ~ 2009 年 5 月，任郏县县委书记；2009 年 5 月，任平顶山市人民政府党组成员、副市厅级干部。

丁少青 男，汉族，1959 年 5 月出生，河南邓州人，1985 年 12 月加入中国共产党，1982 年 1 月参加工作，大学学历。平顶山市人民政府党组成员、副市厅级干部。

1982 年 1 月 ~ 1991 年 3 月，先后任平顶山市农机公司技术员、副经理、经理、市农机局副局长；1991 年 3 月 ~ 1994 年 5 月，任郏县政府副县长；1994 年 5 月 ~ 1997 年 12 月，任叶县县委副书记；1997 年 12 月 ~ 1999 年 3 月，任汝州市委副书记；1999 年 3 月 ~ 2001 年 6 月，任汝州市委副书记、市长；2001 年 6 月 ~ 2004 年 3 月，任卫东区委副书记、区长；2004 年 3 月 ~ 2009 年 7 月，任卫东区委书记；2009 年 7 月，任平顶山市人民政府党组成员、副市厅级干部。

王　廷 男，汉族，1952 年 12 月出生，河南平顶山人，1990 年 6 月加入中国共产党，1976 年 7 月参加工作，大学学历。现任平顶山市人民政府党组成员、副市厅级干部。

1973 年 9 月 ~ 1976 年 7 月，在焦作矿业学院煤田地质与勘探专业学习；1976 年 7 月 ~ 1990 年 11 月，在平顶山矿务局五矿地质测绘科工作，历任技术员、助理工程师、工程师、副科长；1990 年 11 月 ~ 1993 年 2 月，在平顶山市郊区北渡乡人民政府工作，任副乡长；1993 年 2 月 ~ 1995 年 5 月，在平顶山市郊区煤炭工业管理局工作，任副局长；1995 年 5 月 ~ 1997 年 12 月，在平顶山市湛河区煤炭工业管理局工作，任局长、党委副书记、高级工程师；1997 年 12 月 ~ 2000 年 5 月，在平顶山市西区人民政府工作，任副区长；2000 年 6 月 ~ 2000 年 12 月，在汝州市人民政府工作，任副市长；2000 年 12 月 ~ 2004 年 3 月，在平顶山市煤炭工业管理局工作，任局长、党组书记；2004 年 3 月 ~ 2009 年 8 月，在平顶山市石龙区区委工作，任区委书记；2009 年 9 月，在平顶山市人民政府工作，任市政府党组成员、副市厅级干部。

全国劳动模范和全国先进工作者

白国周 男，汉族，河南宝丰人，1970 年 12 月出生，中共党员，1987 年 8 月参加工作，高中学历。现为平煤股份七矿开拓四队班长。全国劳动模范。

1987 年，白国周参加工作以来，一直在生产一线的开拓队工作。他在长期的工作实践中，

不断探索煤矿安全生产的经验和班组管理法，创造出的“三勤”（勤动脑、勤汇报、勤沟通）、“三细”（心细、安排工作细、抓工程质量细）“三到位”（布置工作到位、检查工作到位、隐患处理到位）“三不少”（班前检查不能少、班中排查不能少、班后复查不能少）“三必谈”（发现情绪不正常的人必谈、对受到批评的人必谈、每月必须召开一次谈心会）“三提高”（提高安全意识、提高岗位技能、提高团队凝聚力和战斗力）“六个三”管理法，成为煤矿班组建设的工作指南，得到党和国家领导人的高度重视和充分肯定。中共中央政治局委员、全国人大常委会副委员长王兆国，中共中央政治局委员、国务院副总理张德江先后作出重要批示。国家安全监管总局、中华全国总工会等国家五部委联合下文推广“白国周班组管理法”，并于 2009 年 11 月召开专题会议，在全国煤矿系统全面推广。

1988 年，白国周担任班长以来，带领职工严格遵守“六个三”工作法，没有发生任何生产事故。他是企业的“首席技工”，一个人拥有 5 个工种的上岗证，两次在技术比武中获得“技术状元”。2009 年 4 月，获得全国“五一”劳动奖章；2010 年元月，获得 2009 年度河南省“感动中原”十大人物；2010 年 4 月，荣获全国劳动模范。

赵启良 男，汉族，1975 年 5 月出生，河南叶县人，中共党员，大专学历。1995 年当

兵退伍，叶县水寨乡河北赵村党支部书记。全国劳动模范。

2004年6月～2010年，赵启良担任党支部书记期间，自己累计拿出上百万元资金用于河北赵村的基础设施、福利事业、新农村建设等，带领群众科学致富。2007年，他拿出20万元，组织施工人员，硬化从河北赵村到桃丰村之间的4公里道路，后又筹集资金45万元，美化硬化村中3.5公里道路和街道，并拿出近2万元，安装路灯，负担每个月500元的电费。为改善生活条件，他垫资10万余元用于沼气项目资金的争取费用和前期样板沼气池建设，争取上级支持资金9.6万元，使全村120户村民用上沼气，村民生活质量得到提高。2007年底，赵启良筹措资金60万元，建起占地10亩、能容纳50人的高标准的敬老院，同时又建起村级卫生所。

赵启良带领村民科学种田，大力发展现代农业。2005年，他捐资5万元在规划的300亩烟田地里打5眼机井，统一铺设排水地埋管，建成两个全自动控温的现代化烟炕，仅此一项全村就增收60万元。烟叶致了富，赵启良眼光放得更远，决心建设中原地区最大的活牛交易基地。他捐资10万元，做为村民养牛的本钱。2006年10月，赵启良又开始尝试他的“零风险”合同养牛模式，跟养牛户签订合同，养牛挣钱是村民的，赔钱由他自己来承担。2008年底，他筹资200余万元，建成商品牛储栏500多头的规模化养牛场。赵启良以科学发展改善产业结构，开发农业资源，提高土地经济价值，闯出一条发展企业，带领村民致富奔小康的新路子。他先后被省委、省政府命名为新农村建设致富能手、优秀共产党员、平顶山市十大杰出务工青年。2009年，被河南省政府授予全省劳动模范称号；2010年4月，荣获全国劳动模范。

楚淑珍

女，汉族，1967年7月出生，河南宝丰人，民进会员，1984年7月参加工作，大专学历，平顶山市文化投资有限公司国家一级演员。全国劳动模范。

楚淑珍参加工作以来，主演40多部大型古代和现代戏，获奖代表剧目有《大祭桩》、《明月芳魂》、《张娘娘传奇》、《魂归离恨天》、《秦雪梅》等。1990年，获河南省第三届戏曲大赛表演一等奖、全国煤炭系统汇演表演一等奖；1991年，获全国“梨园杯”豫剧大赛金奖；1996年，获河南省戏曲展播一等奖；1999年，获河南省第二届青年演员大赛表演一等奖；2001年，获第八届“香玉杯”艺术大奖；2005年，获河南省第十届戏剧大赛文华表演一等奖；2006年5月，获河南省县市级戏剧大赛文华表演一等奖。2007年9月，被评为中华世纪十佳英才人物。

2008年，主演新编历史剧《李清照》获河南省第十一届戏剧大赛文华大奖第一名，个人获文华表演一等奖第一名。2009年，主演豫剧《李清照》获第三届全国地方戏优秀剧目（南北片）展演三等奖。此剧作为全省“向祖国献礼——庆祝新中国成立60周年河南省优秀剧目北京展演月”活动的重头戏，在北京长安大戏院演出，赢得高度好评。2010年3月，被中共平顶山市委评为“鹰城巾帼楷模”；2010年4月，被国务院授予全国劳动模范称号。

宋嵩岳

男，汉族，1963年11月出生，河南宝丰人，中共党员，1978年8月参加工作，本科学历，高级工程师，历任宝丰县副食品公司副经理、工会主席、经理、书记；宝丰县盐业管理局任党组书记、局长；平顶山市盐业管理局宝丰分局党组书记、局长。2004年5月～2010年8月，任平顶山市建设工程检测技术中心主任。2010年8月，任平顶山市住房和城乡建设局工程计划科科长。全国先进工作者。

2008年5月12日，四川汶川发生地震，宋嵩岳被派往地震灾区，进行过渡安置房工作。他担任平顶山市建委援建过渡安置房突击队队长，和同志们一道冒着余震不断的危险，克服现场施工条件差、生活用水严重匮乏等重重困难，严格质量，加快进度，共建设安装安置房1109套，修建混凝土道路2700米，安装给排水管道2万余米。

宋嵩岳在担任平顶山市建设工程检测技术中心主任的岗位上，创新思路，积极拓展业务范围，在全省率先开展建筑工程室内环境污染物检测、屋面防水检测等业务，使平顶山市的建设工程检测工作始终处于全省先进行列。2004年～2007年，被河南省建设厅评为建设工程质量管理先进个人；2007年，被平顶山市总工会授予市“五一”劳动奖章；2008年，被河南省总工会授予省“五一”劳动奖章；2009年，被河南省人民政府授予省劳动模范称号。2010年4月，荣获全国先进工作者称号。

姚慧群　男，汉族，1970年10月出生，河南邓州人，中共党员，1988年7月参加工作，研究生学历，经济师。历任平顶山烟草专卖局湛河区烟草局副局长、市烟草专卖局团委书记；平顶山地方税务局办公室副主任、税一科科长；鲁山县地方税务局局长；舞钢市地方税务局局长。2009年7月，任新华区地方税务局局长。2010年6月，任河南省地方税务局稽查局副局长。全国先进工作者。

2005年，他撰写的《加强房地产业税收管理浅析》得到河南省地方税务局领导的高度评价，并在全省推广。平顶山市地税局推广这一管理措施，房地产业税收增收达2000多万元。在担任鲁山县地税局局长期间，实施精细化管理，使当年地税实现收入1.47亿元，增幅高达183%，居全省第一。2008年，在舞钢市地税局，挖潜增收，当年地税局累计完成收入6.96亿元，小税种实现全面增长。2009年7月，担任新华区地税局局长，仅用3周时间就解决省委、省政府长期督办的信访案件，受到上级领导的高度评价。

2005年，被团省委评为省“青年岗位能手”；2007年，被平顶山市总工会授予市“五一”劳动奖章；2009年，被河南省人民政府授予省劳动模范称号；2010年4月，荣获全国先进工作者称号。

国务院特殊津贴专家

魏光林　男，汉族，1963年4月出生，河南固始人，1984年12月加入中国共产党，1986年8月参加工作，本科文化程度。历任平顶山高压开关厂计算机中心副主任，平顶山高压开关厂机动分厂副厂长，平高集团公司总经理助理兼机动公司经理、党支部书记，平高集团公司副总经理、董事，平高电气公司总经理、董事，平高集团公司董事长、党委书记。现任中电装备副总经理、党组成员、国网智能研究院副院长、平高集团党委书记、董事长。河南省“五一”劳动奖章、国务院特殊津贴专家。

参加工作以来，魏光林兢兢业业、刻苦钻研，主持研究的科技项目，取得显著成就。他主持的国家级别的“基于企业社会责任的技术创新管理”项目，2009年开始实施，创造825.9万元的经济社会效益。2006年开始实施的国家级别“ZF27－1100（L）/Y6300－50型气体绝缘金属封闭开关设备”项目，创造2.2326亿元经济社会效益。

作为平高集团有限公司的经营管理者，采用现代和科学的管理方法，单位处于电气装备行业前三甲地位。公司主导产品的市场占有率达30%，新产品所占比例达50%以上。2009年，带领上市公司实现二次融资，从证券市场成功募集资金11.85亿元，为新平高项目全面实施提供有力的资金保障。截至2009年底，公司共拥有授权专利116项。

2009年5月，魏光林担任平高集团有限公司党委书记、董事长，按照“集团化运作、集约化发展、精细化管理、标准化建设”要求，积极推进管理创新和组织变革，提高企业整体运营效益。质量方面，果断实施为期3年的质量管理变革运动，建立预防为主的质量管理体系，促进产品质量稳步提升，主导产品成品一次交验合格率平均提高到98.99%，安装现场试验合格率达到99.6%以上。平高商标荣获“2010～2012年度河南省国际知名品牌”，断路器和互感器荣获河南省名牌产品，平高集团获得平顶山市首届市长质量奖。魏光林也因此获得多项殊荣。2010年3月，被河南省总工会、河南省发改委授予河南省重点工程建设竞赛技术标兵；2010年4月，被平顶山市人民政府授予平顶山市劳动模范；2010年4月，被河南省总工会授予河南省“五一”劳动奖章；2010年10月，被国务院授予特殊津贴专家。

张全民　男，汉族，1971年9月出生，陕西富县人，1996年12月加入中国共产党，1990年9月参加工作，大专文化程度。历任平高电气二厂数控班班长，工程副科长、科长，平高电

气工艺部副部长。现任平高电气二厂副厂长。第十一届全国人大代表，中国高技能人才楷模，国务院特殊津贴专家，全国劳动模范。

张全民爱岗敬业，精益求精，从一名普通的技校毕业生，成长为享受中华人民共和国国务院颁发的政府特殊津贴专家。从事机械加工工作20年来，凭着对事业的执著追求，努力学习新知识、新工艺，刻苦钻研新技术，练就一手过硬的本领。他不仅对普通车床了如指掌，还能熟练操作5种国内外最先进的数控机床，是名副其实的机械加工"专家"和"多面手"，为企业技术进步和经济发展作出突出贡献。

1990年，张全民从原平顶山高压开关厂技校毕业，分配到原平顶山高压开关厂二分厂车工班。他虚心求教，勤学苦练，仅用不到两个月的时间就能独立上岗操作。由于技术精、理论好，张全民多次代表平高集团参加全国、省、市举办的职工职业技术比武，并获得平顶山市职工技术选拔赛车工比赛第一名、河南省职工职业技能大赛车工决赛第二名、全国职工职业技能大赛车工决赛第二名等优异成绩。

他在不断提高自身素质的同时，潜心学习研究国内外最先进的理论和技术，结合企业实际，大胆创新、积极改进，极大提高数控机床的加工效率。2001年，在集团与日本东芝公司合资，进行图纸国产化工作中，解决大量生产过程中的技术难题，使零件合格率由最初的60%，提高到97%以上。2009年6月，张全民参与设计平高东区敞开断路器生产线机加厂房规划方案，为建设国际一流的数字化工厂作出应有贡献。仅通过攻克技术难关和开展工艺革新，他就为公司创造经济效益380余万元，获得国家专利3项，受理发明专利1项。2003年12月，被河南省总工会授予河南省"五一"劳动奖章、2004年4月，被河南省人民政府授予河南省劳动模范。

为振兴祖国机械加工工业，张全民以培养人才为己任，毫无保留地把自己的技术和经验传授给年轻同志。2000年以来，先后在公司内外授课300多次，为集团公司和河南省培养大批优秀技术工人。经他培训的技术工人多次在省、市、全国大赛中取得优异成绩，为河南省高技能人才培养和成长作出应有贡献。2003年10月，被劳动和社会保障部授予全国技术能手；2004年12月，被劳动和社会保障部授予第七届中华技能大奖；2006年5月，被全国总工会授予全国"五一"劳动奖章；2009年，被国务院授予特殊津贴专家；2010年4月，被国务院授予全国劳动模范。

行业楷模

宋兆普

男，汉族，1964年3月11日出生，河南汝州人，1988年7月加入中国共产党。汝州市第四届、第五届人大代表，汝州市四届人大常委会委员，平顶山市政协委员。汝州市金庚康复医院院长，汝州市残联名誉副主席，汝州市工商联副会长。

宋兆普16岁随父宋庚先生学医，深得真传，后入河南中医学院骨伤系学习深造。从医30年来，宋兆普积极致力于治疗骨髓炎、股骨头坏死、腰椎间盘突出、小儿脑瘫等疑难疾病的临床研究，治愈的患者遍布国内外。他研究发明的"保元复春磁药贴"等11项专利技术，多次获得国内、国际科技发明奖项。2006年7月，接收瑞士、德国、奥地利等国家10名医师来院进修实习，为弘扬传统中医药文化作出贡献。2010年5月，主持完成"中药全蝎、龟甲等组方——脑瘫一号治疗儿童脑瘫的临床研究"重大科研攻关项目；临床总有效率达98.3%，其中显效率56.7%，特别是两岁以下儿童有效率达到100%，显效率78%。该项目通过平顶山市科技局组织的科技成果鉴定，具有很大的推广应用价值。

宋兆普乐善好施，成为行业道德表率，积极开展残疾人康复工作，有6000多名白内障患者重见光明。2009年3月～2010年，投入资金1000多万元，开展"关爱脑瘫患儿，实施爱心救治"活动，救治全省15个地市社会福利院脑瘫孤儿143名，有46名脑瘫康复患儿被国外收养组织选中。金庚康复医院也因此荣获河南省创建白内障无障碍省先进单位；被民政部"明天计划"办公室增设为省级"明天计划"河南脑瘫儿童治疗康复定点医院；被河南省慈善总会确定为慈善医院；被河南省残联确定为河南省脑瘫儿童康复中心。

宋兆普累计投入资金达1500余万元致力于社会公益事业。他捐资助教，修建敬老院、乡村道路，捐资市政建设，慰问抗“非典”勇士，为四川地震灾区和残疾人捐款捐物，资助贫困残疾学生上学，为驻地官兵、老年人和妇女做健康体检，救治脑瘫孤儿，免费救助贫困残疾患者等。

宋兆普在残疾人康复和扶贫助残工作中作出突出成绩。2002年、2003年、2006年，宋兆普3次被河南省残疾人工作协调委员会、省民政厅、卫生厅、财政厅、公安厅、教育厅和省残联七部门授予河南省残疾人康复工作先进个人称号；2008年4月被评为首届平顶山十大爱心助残人士，并被平顶山市总工会授予平顶山市“五一”劳动奖章；2009年，被授予河南省劳动模范称号；2010年1月，被评为政协平顶山市第七届委员会优秀政协委员；2010年12月，被平顶山市委“创先争优”活动领导小组评为全市“五个表率”优秀共产党员标兵，并当选河南省温暖2010十大爱心人物。

王朝阳

男，汉族，1980年8月出生，河南确山人，2001年10加入中国共产党，1997年12月入伍，大专文化，四级警士长。平顶山市消防支队特勤中队中队长助理。河南公安系统“十大忠诚卫士”。

王朝阳入伍以来，共参加火灾扑救及抢险救援战斗1300余次，抢救遇险群众231人，挽救国家和人民群众财产损失300余万元。2005年5月15日，平煤四矿矸石山发生崩塌事故。负责搜救任务的王朝阳听到被困人员的呼救声后，带领几名战友果断出击，将被困民工救出。由于连续高强度作业，战斗结束时，他瘫倒在地。2005年7月17日7时57分，平顶山市鹰泰化工有限责任公司工业萘仓库发生火灾，王朝阳不顾生命危险，带领队员冲进毒气浓烟，冒着爆炸和烟囱、房屋倒塌的危险，交替掩护，开辟通道，逼近罐体强势灭火。经过近两个小时的艰苦奋战，肆虐的大火终于被降服，数十吨重苯罐和毗邻的萘仓库得到有效保护。由于长时间烈火烘烤，王朝阳的面部、手上多处受伤。

2008年5月12日汶川大地震，王朝阳抛下已临预产期住进医院的妻子，毅然主动请缨，参加抗震救灾突击队。在前往救援地红白镇的途中，道路因山体滑坡而阻断，车辆无法通行。王朝阳和战友们徒步行进，许多地方受地震破坏和泥石流冲击无路可寻，他总是第一个上前探路。在红白镇中心小学坍塌的废墟前，他发现一名被困学生的身体被混凝土楼板死死压住，上方有一倾斜墙体，眼看就要倒塌，他不顾生命危险将被困学生救出。在他和战友将被困学生抬出的瞬间，余震袭来，劈里啪啦落下的碎石砸在他的身上。就这样，王朝阳和战友们顶着炎炎烈日，在尘土飞扬的废墟中，在弥漫着尸体腐臭味的恶劣环境中，仔细搜寻着生命的迹象。没有退缩，没有胆怯，只要有一丝希望，他就决不放弃。十几天的时间里，王朝阳和战友们硬是从废墟中营救出33名遇险遇难者，用信念和爱心创造一个又一个生命奇迹。

王朝阳始终牢记使命，精武敬业，以实际行动展示公安消防官兵的风采，先后荣立一等功1次，二等功1次，三等功2次。连年被总队、支队评为十佳优秀士兵、打造中原消防铁军训练尖兵、优秀士官、优秀共产党员、岗位练兵先进个人，被共青团平顶山市委和共青团河南省委分别评为新长征突击手和青年岗位能手，被公安部评为抗震救灾先进个人、“三争优走前列”先进个人，并被授予2008～2009年度全国消防部队“十大杰出消防卫士”。2010年荣获河南首届公安系统“十大忠诚卫士”。

贺延岭

男，汉族，1965年1月出生，河南宝丰人，1993年12月加入中国共产党，1986年4月参加工作，本科文化。

贺延岭自参加工作以来，一直奋战在打击刑事犯罪第一线，以强烈的事业心和责任感，全身心扑在工作上，不畏艰险，勇挑重担，严厉打击各类违法犯罪活动。2007年3月，平顶山市公安局刑侦支队打黑除恶大队成立，贺延龄任大队长。当年一举摧毁黑社会性质犯罪组织6个，打掉恶势力犯罪团伙100个，抓获涉黑涉恶犯罪嫌疑人451名，破获涉黑涉恶案件466起，全市打黑除恶工作由2007年全省最后一名跃入全省先进行列，成为平顶山市公安局“中原卫士杯”破案追逃防控竞赛活动的最大亮点。

2008年，贺延龄和他的战

友们顶住重重压力，锐意进取，顽强拼搏，一举打掉长期盘踞平顶山市东部地区以“地下市长”自居的赵明章黑恶犯罪团伙和号称“国际警察”的张龙科涉黑犯罪团伙等18个黑社会性质犯罪组织团伙，抓获犯罪嫌疑人183人，破获各类刑事案件213起，一审判决黑恶犯罪分子147人，其中10年以上有期徒刑16人。打掉恶势力犯罪团伙81个，破获案件386起，抓获犯罪嫌疑人377人，打黑除恶工作夺得河南省第一。

1995年以来，贺延岭先后3次荣立个人三等功5次；1998年，被河南省公安厅授予全省优秀人民警察荣誉称号；2005年，被河南省公安厅荣记个人二等功1次；2008年，被河南省公安厅荣记个人一等功1次，并荣获全省“杰出中原卫士”称号；2009年4月，被河南省政府授予河南省劳动模范称号，2009年6月，作为河南省刑侦系统先进事迹报告团成员在全省作巡回报告。2009年10月11日，贺延岭在执行任务途中不幸遭遇车祸，以身殉职，年仅44岁。2010年3月，被公安部追授为全国公安机关爱民模范称号。

赵国明　男，汉族，1970年4月生，河南襄城人，1995年12月加入中国共产党，1990年7月参加工作，研究生学历。历任平顶山市公安局卫东分局刑侦大队长、刑侦副局长。平顶山市公安局刑侦支队打黑队负责人，二级警督警衔。

赵国明同志自2009年10月担任打黑队负责人以来，全力投入打黑除恶专项斗争，2009年~2010年，全市共侦办涉黑案件24起，破获各类刑事案件221起，判决涉黑犯罪人员168人，其中死刑2人，死缓4人，无期3人，判处5年以上有期徒刑的65人，沉重地打击黑恶势力的嚣张气焰，有力地促进社会治安整体好转，群众的满意度和安全感大副提升，打黑除恶工作连续保持全省第一名，并实现全省“三连冠”的成绩。

1990年以来，赵国明先后荣立个人三等功2次，多次被评为河南省优秀人民警察、平顶山市十大杰出青年民警、河南省政法系统先进工作个人。2010年，获得十大杰出中原卫士荣誉称号。

世界冠军

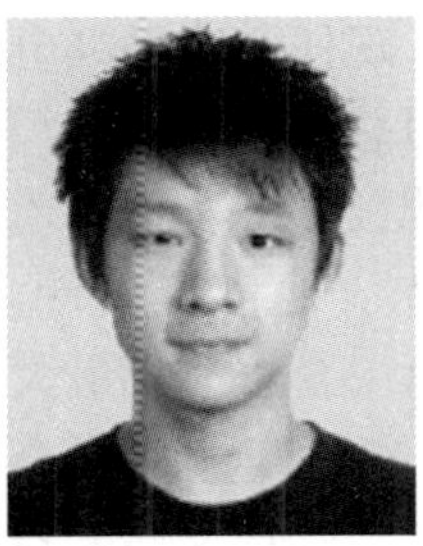

许　庆　男，汉族，1992年9月26日出生，河南平顶山人，高中文化程度。现为国家残疾人游泳队队员。

1998年，一次突如其来的车祸让当时只有6岁的许庆失去双臂。1999年7月，许庆开始训练游泳；9月，练习游泳不足两个月，参加河南省第四届残疾人运动会，并收获1枚金牌、1枚银牌和1枚铜牌。此后，许庆开始在国内的残疾人游泳比赛中崭露头角。2004年，在全国残疾人游泳锦标赛上，许庆一举获得肢残S6级200米个人混合泳比赛的金牌和50米蝶泳银牌。后被选入国家队。2004年，年仅12岁的许庆参加雅典残奥会，获得一个第9名。许庆是中国参加雅典残奥会年龄最小的运动员。在这次残奥会上许庆确立自己的人生目标，他说：“我的目标就是在奥运会上夺取金牌。”2006年，许庆在马来西亚举行的远南运动会上，斩获3枚金牌和两枚银牌。2007年12月8日，在世界残疾人游泳公开赛上，许庆又勇夺1枚金牌、1枚银牌和1枚铜牌。2008年9月，在北京残奥会上，许庆蛟龙腾飞，奋勇拼搏，夺得“3金1铜”，两次打破世界纪录。9月7日，在SM6级男子200米个人混合泳决赛中以2分48秒45的成绩获得季军；9月13日，在男子50米蝶泳S6级中以30秒79的成绩夺取冠军，打破在上午预赛中他本人创造的31秒89的世界纪录；9月15日，夺得S6级男子50米自由泳金牌，并破世界纪录，在男子4×50米混合泳接力决赛中，许庆与队友合作，终以2分33秒15的成绩打破世界纪录，获得冠军。2010年10月，在广州亚州残疾人运动会获得3枚金牌。

2008年9月29日，在北京奥运会残奥会总结表彰大会上，许庆被党中央、国务院授予北京奥运会残奥会先进个人荣誉称号，荣获全国“五一”劳动奖章和全国“五四”青年奖章。2008年11月，荣获河南省“五一”劳动奖章和河南省“五四”青年奖章。

散文名家

叶景贤　男，汉族，1933年农历3月16日生，河南平顶山人。1951年5月参加工作。

20世纪50年代，先后在濮阳专署蝗虫防治站、安阳专署农业局任技术员。1959年～1979年，在长垣县委、平顶山市委从事专职新闻写作；1980年9月～1984年7月，主持市文联的全面工作。1984年～1994年，任平顶山市林业局副局长。中国散文学会会员，散文名家。

叶景贤的文学创作成就，受到国家文学界的广泛关注。中国社会科学院副院长李慎之，河南省委原副书记乔明甫，中国作家协会书记处书记、北京大学俄语系主任曹靖华，著名学者、教授、作家、诗人林非、鲁枢元、雷抒雁、沙叶新、周明、石英、向明等，对叶景贤的散文、杂文、诗歌都有很高的评价。他的散文《风筝》构思巧妙，语言丰富优美，抒发人们对春天的向往之情，通过不同角度启发人们在面对生活艰辛的与痛苦时要快乐、自由，一飞冲天。2001年3月《新民晚报》首发后，被许多报刊、网站转载，并与鲁迅、巴金、周作人、梁实秋等人的散文，共同入选名家名篇；《风筝》还与张衡《归田赋》、李密《陈情表》、陶渊明《归去来辞》等并列为“古今名篇”。1986年9月，叙事诗《晋级》被花城出版社入选名家名作《小叙事诗》集。杂文《蝗虫与神》在《杂文选刊》2000年海内外征文中，被专家、学者评为一等奖第一名。

叶景贤著有《王兰香堵水》、《从心集》、《我的小木屋》、《怪人经世录》等。2009年10月15日，由中国散文学会主办的叶景贤散文集《我的小木屋》研讨会，在北京中国现代文学馆举行。《人民日报》、《光明日报》、《文艺报》、《中国文化报》、《中华读书报》、中国作家网、百度、新浪、人民诸网相继发表评论与报道。

市十大科技功臣

赵文强

男，汉族，1975年12月出生，甘肃靖远人，中共党员，1999年7月参加工作，本科学历，高级工程师。曾任平高电气技术中心主任工程师(组长)、平高电气技术中心工程部副部长、平高电气副总工程师及技术中心常务副主任、平高电气总工程师。现任河南平高电气股份有限公司总工程师。

赵文强不惧困难，刻苦攻关，敢为天下先。他自行设计，研制出的世界第一套、荷载最大的1100千伏特高压气体绝缘金属封闭开关设备，其技术性能指标居国际领先水平。主持开发出800KV、ZF12B－126、ZF12－145（L）型等系列新产品及配套试验装置。获得国家发明专利1项、实用新型专利9项。参与制定国家技术标准2项。完成国家支撑项目1项和省重大科技专项1项。2008年～2010年，他带领科研团队为企业创效31亿元，缴税2.1亿元。荣获中国机械工业科技进步特等奖、二等奖，市科技进步特等奖、一等奖，2010年度，河南省十大青年科技创新人物。

赵文忠

男，汉族，1968年2月出生，河南舞钢人，1990年参加工作，研究生学历，硕士学位，教授级高级工程师，全国钢标准化技术委员会委员。现任舞阳钢铁有限责任公司科技部部长。中国标准创新贡献奖获得者。

1990年参加工作以来，赵文忠一直在舞钢公司从事工艺研究、技术攻关、科研新产品开发和科技质量综合管理工作，具有扎实牢固的理论基础、超群的专业技术水平和知难而进、勇于探索的开拓精神。在宽厚板生产技术、新品种研制开发、质量攻关方面具，尤其在低合金高强板、控轧控冷工艺、钢的微合金化、产品标准等技术领域上有独到的见解和深厚的造诣，先后发表十几篇高水平学术论文，研制出20多项科技成果，获发明专利2项、实用新型专利9项，参与研究制定国家级产品标准4项。

赵文忠为建设舞钢世界级宽厚钢板生产科研基地，促进平顶山经济社会发展作出了积极贡献。无论是承担的国家、省、部级科研项目，还是企业的科技攻关项目、新产品开发项目均获得较大成功。作为科技人员，参加“建筑结构用钢板”、“屈服强度490MPA和590MPA级非调质CF高强钢板的开发”、“压力钢管用WDB620钢板研制”项目技术研究，组织参与并完成海洋工程用调质强度钢板、300毫米大厚度级Z35钢板、调质型耐磨钢板、120毫米以上大厚度临氢铬钼钢板等特殊高性能新产品钢板，填补国内产品技术空白。2007年～2010年，组织开发新产品40余万吨，促进重大工程和重大设备用钢国产化的实现，创造显著经济效益。先后荣获河南省科技进步一等奖、冶金行业科技三等奖2项、市级科技奖2项；2000年，被授予平顶山市青年科技专家称号；2007年，被授予河南省冶金行业专家称号；2010年，被授予平顶山市技术拔尖人才称号。

杨炎锋

男，汉族，1965年12月生，河南郾城人，中共党员，1986年7月参加工作，本科学历，教授级高级工程师。曾任神马尼龙66盐公司己二酸车间主任、生产技术处处长兼化工二厂厂长、公司技改项目办公室主任，河南神马尼龙化工股份有限责任公司技术开发处处长、总工程师、总经理。现任河南神马尼龙化工有限责任公司总经理。

杨炎锋长期从事化工科研工作，带领科研团队先后开发出的精己二酸干燥新工艺、年产5万吨己二胺、年产10万吨、20万吨尼龙66盐生产装备及工艺、水合催化剂、己二酸/成盐装置和环己烯－环己烷萃取精馏系统改造扩产等11项新技术、新产品，均居国内领先或先进水平。主持完成国家支撑项目和省重大攻关项目。尼龙原料制造关键技术和己二腈新工艺的研发成功，突破国外技术封锁，完全拥有自主知识产权。组织实施清洁生产，投产我国第一套CDM装置，获得2.5亿元的温室气体排放权收益。被誉为河南省企业科技创新带头人，荣获市厅级科技进步一等奖6项，被平顶山市政府授予平顶山市劳动模范称号。

王新义

男，汉族，1962年出生，河南南阳人，中共党员，1986年7月参加工作，研究生学历，硕士学位，教授级高级工程师，中国煤炭学会资深会员。曾任平煤八矿总工程师、平煤十二矿矿长、中平能化集团副总工程师。现任中平能化集团副总工程师兼化工研究院副院长。

王新义长期从事煤矿科研工作，获得科技成果6项。主持研发的分源抽放综合治理瓦斯新技术，成功探索出一条煤与瓦斯严重突出矿井安全高效发展之路，中平能化八矿首次实现达产300万吨的设计能力。该技术经过在中平能化10对突出矿井推广运用，原煤产量由2007年初的2493万吨提高到2009年的2958万吨，3年共创效益175亿元，企业缴税70亿元。参与完成的煤炭采掘信息化示范项目和热——电——乙二醇低温制冷降温技术研究，经过实际应用实现井下采掘生产管理信息化和瓦斯变废为宝、合理利用、循环经济。先后获省级科研奖励8项，地厅级奖励40余项，被平顶山市和中平能化集团授予优秀青年专家、技术拔尖人才、杰出技术人才等荣誉称号。

孙　毅　男，汉族，1963年10月出生，河北抚宁人，中共党员，研究生学历，硕士学位，高级经济师。国内知名磨料

磨具行业专家，中国磨料磨具行业品牌评价推介专家委员会副主任委员，中国磨料磨具行业专家委员会副主任委员。曾任平顶山易成碳化硅厂副厂长、平煤集团胶管厂副厂长、平顶山煤业（集团）易盟责任有限公司副经理，平顶山煤业（集团）易成碳化硅制品有限公司董事长、总经理。现任平顶山易成新材料股份有限公司董事长、总经理。平顶山市第八届、第九届人大代表。

孙毅坚定走科技兴企之路，将平顶山易成碳化硅厂由一个高耗能、高污染、设备陈旧、管理落后、濒临关停的重组企业，转变成为国家级高新技术企业，成为世界最大的光伏硅刃料生产企业和平顶山市年缴税收超亿元的纳税大户。先后主持进行年产5000吨硅刃料生产线、亚纳米CD50≤1μm、碳化无压结和粉碎设备等项重大技术改造。主持完成高碳尾料回收均化工艺、生产废水处理等20多科研成果，受到嘉奖。参与起草的《固结磨具磨料——微粉产品标准》由国家质检总和国家标准化管委会定为国家标准。多次被中平能化集团评为劳动模范、先进工作者。先后获全国百佳企业家、全国煤炭工业综合利用与多种经营先进个人和河南省企业科技创新带头人等荣誉称号。河南省"五一"劳动奖章获得者。

郭相生　男，汉族，1962年5月出生，河南邓州人，中共党员，本科学历，教授级高级工

程师，河南省工业除尘工程技术研究中心专家委员会秘书长。曾任平顶山电收尘器厂技术部部长、武汉凯迪蓝天科技有限公司副总工程师。现任河南中材环保有限公司副总工程师。

郭相生从事技术工作以来，获得10多项科研成果和6项专利。他组织研发的LJP长袋脉冲袋式除尘器被科技部等四部委定为国家重点新产品，获中国建材机械联合会技术革新二等奖、省建材协会技术开发一等奖。主持开发的温度可控冷却器，获中国建材机械联合会技术革新二等奖。积极组织科技成果转化，先后实施电袋复合除尘器技术、旋转级粉尘捕集器、大型布袋除尘自动控制技术、电石渣水泥工艺电极尘器技术以及多级复合式静电除电器、除尘换热器等专利技术的推广应用。

刘宏敏

男，汉族，1958年2月出生，河南新郑人，中共党员，大学专科学历，副研究员。曾任平顶山市农业局科长、办公室主任、副局长，平顶山市农科所所长。现任市农业科学院院长。

刘宏敏主持完成科研成果12项，开发省审新品种3个、荣获省科技进步奖3项、市科技进步特等奖1项、一等奖3项。承担完成国家科技成果转化项目1项，省转化项目1项。主持培育的平麦998、平豆1号、平豆2号、平王8号、平薯3号、平葱1号、平丰韭菜系列等被列为省市优良品种，并被大面积推广，增加社会效益1.79亿元。主持建成平顶山市第一个高标准的现代农业科技示范园和智能温室；组建平顶山市第一家省级农业技术工程中心——河南省韭菜工程技术研究中心。撰写发表学术论文《平韭4号无公害育苗技术》、《平韭4号小拱棚覆盖栽培技术》、《韭菜新品种平丰6号及栽培技术》、《韭菜无公害高产高效栽培技术》、《韭菜干尖茎叶病害诊断及无公害防治技术》、《极早熟豇豆新品种早豇1号及高产高效栽培》等18篇，其中国家中文核心期刊11篇。出版专著1部。曾荣获市专业技术拔尖人才、省乡村青年科技文化节十佳科技名人、省劳动模范等荣誉称号。省“五一”劳动奖章获得者。

张花菊

女，汉族，1967年9月出生，河南宝丰人，中共党员，本科学历，研究员，中国畜牧兽医学会养羊学分会理事，养牛学分会理事。曾任平顶山市畜牧技术推广站副站长、站长。现任平顶山市动物疫病预防控制中心主任。

张花菊长期工作在畜牧业生产一线，从事良种繁育、品种改良、新技术推广、畜禽疫病防治。主持开发的优质肉牛杂种优势利用及生产技术，攻克地方良种牛基因比例降低的难关，填补国内空白。主持研发的牛、羊、猪高效饲养技术及疫病防治技术在全市推广应用，创造效益2.1亿元。主持编写《奶牛高效饲养管理技术》、《养羊》、《牛病快速诊治指南》等6部科普著作。主持制定《河南大尾寒羊地方标准》、《河南省家畜人工授精站点建设规范》等技术标准。先后荣获省科技进步一等奖1项、二等奖1项、农业部丰收二等奖1项、市科技进步一等奖3项；完成省科技成果转化项目1项，获得科研成果6项、发明专利1项。2006年，被平顶山市委、市政府授予平顶山市专业技术拔尖人才，2009年，被评为平顶山市学术与技术带头人，2010年，获平顶山市劳动模范称号。多次被评为河南省畜牧系统技术推广先进个人。

石振纲

男，汉族，1949年7月出生，河南宝丰人，中共党员，1975年参加工作，大学学历，主任医师，享受国务院特殊津贴，中共平顶山市四次、六次党代会代表，平顶山市五届政协委员。平顶山市第二人民医院心脏病中心主任、心内科主任医师、平顶山市心血管病专业委员会主任委员。

石振纲医德高尚、医术精湛、善于学习、勇于创新。从事心血管病内科教学科研和临床工作30年，有着丰富的临床经验。1988年引进和应用心脏病介入治疗高新技术，在全国第四家、地市级医院第一家开展经皮穿刺球囊导管成形术治疗风湿性心脏病二尖瓣狭窄。相继开展导管治疗下腔静脉膜性梗阻，冠状动脉造影和冠状动脉成形术治疗冠心病、心绞痛和心肌梗死。利用射频消融术治疗室上性心动过速，治愈来自全国各地的病人2000余例，填补河南省心导管治疗多项空白，达到国内先进水平。曾被河医大等10余家省、地市级医院邀请指导开展心导管治疗。先后获省、市级科技成果进步奖11项；撰写医学论文20余篇。他的事迹曾多次在中央电视台、河南电台、《健康报》、《河南日报》、《平顶山日报》等10余家新闻媒体报道，被国内同行和患者称为治疗风心病的专家。先后被授予全国卫生系统先进工作者、市科技拔尖人才、省劳动模范等荣誉称号。

宋焕宇　男，汉族，1964年10月出生，河南叶县人，中共党员，研究生学历，博士学位，教授级高工，国家一级建造师、高级注册咨询师和监理工程师。市公路局通管处处长。

1984年7月，宋焕宇从省交通学校毕业后，一直在交通公路系统工作，先后任市公路局第一工程处工程科科长、实验室主任、项目经理，市公路局工程科副科长、养护科科长、总工程师。他吃苦耐劳、爱岗敬业、务实肯干，具有较强的组织协调能力和领导能力。他从事公路工程施工、管理、养护等工作，始终坚持工作一线，精心组织，严格质量管理。从事通行费征收管理工作，深入一线调查研究，分析问题、解决问题、破解难题，大力实施规范化、精细化管理，强化班子建设、队伍建设和收费环境治理，确保通行费征收逆境而上。从事30多项重大工程的设计、施工、监理和管理，积累丰富的理论知识和工作经验，先后在国家、省级刊物上发表论文20多篇，编著专业书藉3部。荣获省、市级科技进步奖16项，先后被评为或授予河南十大科技新闻人物、市科学进步突出贡献二等奖、市科技拔尖人才、市科技学术带头人等荣誉称号。

汝州的完颜姓与金兀术墓

在汝州纸坊乡完庄村300多口人中，有230多人是完颜姓氏及完颜家族的后人。他们家里的神位上均记有“金始祖完颜宗弼”、“元始祖完颜正叔”的字样，并自认为现在的完颜姓人家的祖先是金代女真族流落到河南的遗民，也很可能就是金兀术时留下的家人和族人。

从完庄村曾发现的带龙纹图案的“完颜祖茔碑”碑头和元代中正大夫完颜正叔的墓碑来推测，金兀术墓就应在完庄村西的高地上。据村里人说，早在上世纪六七十年代，这里还有高大的墓碑和墓前神道旁的石象生。曾有一墓碑上写有“大金四太子之墓”七个大字，该墓碑在“文革”时期被人砸成三节铺石轨道用了，后不知去向。2008年，村民在墓地附近挖土垫房基时，发现了神道前石碑坊处的石望柱，与他们记忆中的地方相差不到两米。

河南省社会科学院研究员、少数民族史专家任崇岳先生，在对河南汝州、许昌、周口及安徽肥东和甘肃泾川等地考察后提出：金兀术葬于汝州是有可能的。河南是当年金兀术位居三公时期活动的中心地带。金兀术曾在汝州东南20里建有北岳行宫，占地30多亩，并将他的家眷、族人移居到此，从此长期居住在这里，直至他死后在行宫西北的乾位择地安葬。他的后代们作为守墓人，历经800多年的风雨沧桑，永远地留在了汝州的完庄村。

（尚自昌）

政　　治

中共平顶山市委

工作综述

2010年，平顶山市委坚持以邓小平理论、“三个代表”重要思想和科学发展观为指导，把握“四个重在”实践要领，“学先进、比创新、看实效”，取得各项工作新成绩。全年完成生产总值1312亿元，同比增长11.2%；地方财政一般预算收入80.6亿元，增长14.6%；城镇居民人均可支配收入16208元，农民人均纯收入5504元，分别增长10.1%和15.2%，人民生活总体有新改善，社会大局总体和谐稳定。

立足率先崛起，完善经济社会发展思路。认真分析国际国内发展趋势，主动对接省委“十二五”发展规划《建议》和《中原经济区建设纲要》，准确把握平顶山在中原经济区建设中的地位与责任。提出《关于制定平顶山市国民经济和社会发展第十二个五年规划建议》，确立发挥优势、创造优势，积极作为、勇于担当，努力建设资源型城市可持续发展示范区、全国重要的新型能源化工基地、现代装备制造研发基地和海内外知名的旅游目的地，成为中原经济区重要的战略支点，在全省率先实现崛起、提前全面小康的宏伟目标。继续实施“生态建市、产业立市、文化强市、和谐兴市”战略，统筹推进优化产业结构、加快城镇化、建设新农村“三大任务”，持续提升改革开放、和谐稳定、党的建设“三项保障”。经过5年努力，力争第三产业占生产总值比重50%左右，城镇化率50%以上，规划的539个中心村50%基本完善基础设施，粗具建设规模。

突出“三化”协调，推动经济平稳较快发展。坚持保增长与调结构结合、打基础与管长远并重，持续经济社会平稳较快发展态势。围绕做大做强能源化工、装备制造、特种钢材、新型建材、农产品加工和现代服务业等六大支柱产业，着力创建“一个载体”(品牌产业集聚区)，积极推进“两个创新”（体制创新和科技创新），努力提升“一个比重”（第三产业占生产总值比重）。10个省级产业集聚区完成投资150亿元，新开工项目156个，新入驻企业96家；新增省级研发中心12家；获中国驰名商标两个，新增省级名牌产品16种、著名商标10个；新认定国家级高新技术企业4家，高新技术产业增加值增长21.1%。编制《平顶山市现代服务业发展规划》，完善金融服务体系，广发银行、兴业银行、交通银行、方正证券入驻本市，市商业银行更名为平顶山银行，实现地方银行向区域性银行转型。实施一批文化旅游基础设施建设项目，举办“三苏杯”全国诗歌创作大赛、“美在鹰城”全国摄影大展等文化活动，加快文化旅游产业发展。第三产业增加值增长14%，增速高于全省、全国平均水平。围绕构建现代城镇体系，积极推进城市扩容，科学编制中心城市新区扩容规划（含宝丰县、鲁山县、叶县3县县城与中心城区之间的区域）。通过产业集聚和完善基础设施，增强城市吸纳承载能力，逐步发展成为聚集200万人口、占地3万公顷，水面、绿地、楼宇各占1/3的现代生态城区。加快舞钢市城乡一体化进程，对汝州市、郏县县城按30万人~40万人口规模进行规划，对36个中心镇按每镇不低于3万人进行扩容。中心城市新区规划编制完成，汝州市、舞钢市、郏县和36个中心镇扩容规划修编工作基本完成。持续推进创建活动，成功创建国家园林城市，加大国家卫生城市创建力度，启动国家森林城市创建工作，力争2012年“创森”成功、2013年“创卫”成功。积极争创和谐社区，统筹推进行政服务、物业管理、文明教育进社区，促进“三就两保”、“扩面提标”，重点实现充分就业和零非法上访。中心城区96个社区83个实现零非法上访，67个实现充分就业。围绕统筹城乡协调发展，持续实施农民增收和新村建设“两个规划”。农民增收规划主要是推进土地依法规范流转，培育农业产业化龙头企业，培训农民，发展现代农业，转变农业生产方式。新村建设规划主要是确定中心村、整合自然村、抓好示范村，改变农村建房无序和脏乱差状况，转变农民生活方式。新增土地流转面积7733公顷，省级农业产业化龙头企业8家，农民专业合作组织241个，培训农民6.2万人，带动致富农户56.2万户。通过实行“百企帮百村”，组织帮建工作队驻村帮建，县（市）委书记、县（市）长联系示范村，引导农村基础设施建设投资向中心村倾斜等措施，启动112个示范村建设，建成和在建新民居1.4万套。

深化改革开放，增强经济社会发展活力。坚持把解放思想作为加快科学发展的“永动机”，要求各级干部自觉把思想解放到实事求是、按规律办事上，解放到主观与客观相统一上，努力实现重点领域和关键环节改革新突破，加速推进经济社会运行机制、管理方式朝着更加适应市场经济的方向转变。顺利完成市县两级政府机构改革、文化综合执法改革和警务体制改革，事业单位全部实行聘任制。国企改制面96.7%，非公经济占生产总值比重53.8%，分别提升3.7和0.8个百分点。坚持以行政效能提速促经济发展提速，以环境优势赢得发展优势，不断深化行政审批制度改革，行政审批效能继续保持全省先进。致力打造招商选资品牌平台，积极承接优势产业转移，成功举办第三届“华侨华人中原经济合作论坛”，组团参加国家和省系列招商活动。全年签约项目132个，投资总额791.3亿元，实际利用外资1.64亿美元，增长16.7%。

持续改善民生，维护社会大局和谐稳定。坚持把改善民生作为加快科学发展的根本目的，着力解决事关人民群众切身利益的实际问题。投入资金29亿元，扎实推进“十大民生工程”，全年新增城镇就业12.4万人，农村劳动力转移就业6.8万人，分别完成年度目标的185%和105%，动态消除城镇“零就业”家庭。落实义务教育“两免一补”资金2.5亿元，惠及学生83.8万人，着手解决城区中小学“大班额”问题。实施职教攻坚计划，舞钢市、郏县创建为省级职教强县。加强医疗卫生服务体系建设，开工建设4所县级医院、6所乡镇医院和9所社区卫生服务中心。完善社会保障体系，8.9万名市民和17.1万名农民享受城乡低保，人均月补差高于省定标准，宝丰县、郏县被确定为国家第二批“新农保”试点。完成煤矿棚户区改造。新开工城市和国有工矿（不含煤矿）棚户区改造40.7万平方米，开工建设廉租房14.6万平方米、经济适用房79.1万平方米，住房保障供需矛盾得到缓解。制定实施全市自主创新体系建设、教育改革发展和人才队伍建设三个中长期发展规划。广泛开展全民健身运动，积极组团参加亚运会和省运会并取得优异成绩。统筹解决人口计生问题，连续17年受到省委、省政府表彰，成为全省唯一的国家人口和计生综合改革、婚育新风进万家活动“双示范”市。创建全国无障碍建设城市通过国家验收。深化“守规则、尊重人、争当文明市民”活动，开展“平顶山精神、市歌、市赋、市树、市花”评选和“欢乐中原平顶山”系列活动。深入开展全国双拥模范城四连冠争创活动。军转干部、复退士兵安置率100%，驻平部队出动官兵1万多人（次）参与城市建设、重点工程建设、抗灾抢险、打击犯罪等工作。支持军分区机关向新城区迁建，支持市人大及其常委会加强对“一府两院”的法律监督和工作监督，适时对重大事项作出决议决定。深入开展执法检查，保障宪法和法律的贯彻实施。支持人民政协围绕民主、团结两大主题加强多党合作和政治协商，引导各民主党派、工商联和无党派人士积极投身经济统战、文化统战、和谐统战。支持工会、共青团、妇联等人民团体依照法律和各自章程开展工作，充分发挥桥梁纽带作用。全面贯彻民族宗教政策，积极开展民族团结进步教育活动，促进民族团结、宗教和谐。不断强化安全生产监管责任，集中开展煤矿、化工等高危行业和食品药品安全专项整治。获全省食品安全优秀城市。总结推广“舞钢经验”，强化平安建设基层基础工作，健全县乡村三级综治机构。开展信访积案“大排查、大化解”攻坚战，中央、省交办信访案件办结率100%，赴京、省集体访同比分别下降84.2%和47.2%。加强社会治安综合治理，严厉打击各类刑事犯罪活动，打黑除恶、命案攻坚工作保持全省先进位次，获全省平安建设显著进步市和全省农村平安创建先进市。积极创先争优，增强转变领导方式自觉性。坚持以加强党的执政能力建设和先进性建设为主线，以开展创先争优活动为抓手，引导各级党组织和党委工作部门紧扣全市发展大局，找准结合点，选好载体，培育典型，典型引路，不断提高服务和推动科学发展的本领。各级领导干部积极践行“三具两基一抓手”和“学、比、看”要求，以领导方式转变加快发展方式转变。按照“五重五不简单”要求，修订完善促进科学发展的县级领导班子和领导干部综合考核评价办法，坚持讲条件、按程序、重实绩，积极选拔既勇于面对矛盾又善于解决矛盾的干部。细化落实干部选拔任用“四项监督制度”，完善干部推荐责任制、干部考察责任制、用人失察失误责任追究制，及时查处干部工作中的不正之风，用正确的用人导向引导各级干部端正发展理念、端正发展目的、端正工作评判标准、端正思想工作作风，增强科学发展的自觉性和坚定性。强化理论武装思想，落实大规模培训干部任务。全年共举办各级各类培训班335期，培训党员干部5.8万人(次)。深入开展“两创一评”活动，各级各部门积极创建学习型机关、学习型企事业单位和中心组学习示范单位。市委理论中心组先后12次举办学习会，学习中央、省委的重要文件精神、重大决策部署，听取专家学者讲座。加强对各级党委中心组学习的检查指导，“四个重在”主题党课活动获全省优秀组织奖，10所基层党校被评为全省先进基层党校。积极培育和选树先进典型，包括典型个人、典型单位和典型经验。通过典型示范、典型引路、典型激励，带动各项工作水平的持续提升。深入开展“基层组织创新暨先进典型培育年”活动，重点培育100名党建工作先进个人和10个中心乡镇、20个非公企业、30个社区、60个中心村党建工作示范点。广泛开展先进典型“百千联动”活动，用1～2年时间，在全市选树100个先进单位和1000个先进个人。运用各种形式进行宣传培育，浓厚学习典型、崇尚先进的社会氛围。突出“做科学发展先锋队、当率先崛起排头兵”主题，各级党组织联系实际开展创先争优活动，打牢可持续发展根基。坚持工作重心下移，精心设计符合党建工作规律、符合广大党员意愿的载体，让广大党员在围绕中心、服务群众的实践中履职尽责、彰显先进。各级党员干部为群众办实事好事1.1万多件，化解矛盾纠纷3800多个。创新基层党组织建设方式，农村、社区全面推广“四议两公开”工作法，每个行政村和社区都选派大学生干部。新建中心村、省级产业集聚区党组织392个，完善“两新组织”党组织1342个，实现党的基层组织和党建工作全覆盖。

坚持从严治党，提升反腐倡廉建设水平。把党风廉政建设和反腐败斗争作为重要的政治任务，认真贯彻“党要管党、从严治党”方针，落实责任，创新举措，推进党风政风持续好转。严格落实党风廉政建设领导责任，全年对117名党员领导干部进行党风廉政建设责任追究。积极推进惩治和预防腐败体系建设，开展为期4个月的集中学习教育活动。深化廉政文化“六进”活动，建成市级“六进”示范点28个、省级“六进”示范点8个。落实经济责任审计制度，对离任的26名市直部门主要负责人进行离任审计，对任职满两年的12名党政正职进行任中检查。严格国库集中支付制度，拒付违规开支1372笔，涉及金额4819万元；建立农村集体“三资”委托代理服务中心和监管中心，拒付不合理支出2098笔，涉及金额428万元。落实《关于“三重一大”事项集体决策的补充规定》，责成41个存在问题的单位重新修订具体办法。实施大案要案考核奖惩办法，支持纪检监察机关和司法机关依纪依法办案。全年查处各类违法违纪案件662起、党纪政纪处分803人，其中县级干部29人。突出抓好重点工作执法监察，在工程建设、资源开发、节能减排、耕地保护等领域开展执法监察120次，解决实际问题260个。其中工程建设领域查纠违法行为451起，罚没、追缴款项1.3亿元。持续开展集中专项治理，查处违纪违规资金123.7万元。加强对社保资金、救灾资金、扶贫资金、住房公积金管理使用情况的监督检查，查处违规资金75.4万元。录制“政风行风在线”节目56期，接受群众反映问题586件，办结577件。从严规范领导干部从政行为，落实领导干部诫勉谈话、任前廉政谈话、个人重大事项报告等制度，增强领导干部廉洁从政意识。规范公务用车管理制度，对节日期间涉嫌违纪的71台车辆进行曝光，并处理有关责任人。深化“小金库”专项治理，收缴违纪资金200多万元。严格执行民主集中制，对涉及经济社会发展全局的重大决策充分发扬民主、广泛征求意见。落实常委会民主生活会制度，认真开展批评与自我批评，增进班子成员之间团结和谐。坚持从市委常委、领导机关和领导干部做起，带头弘扬“三平”精神，自觉践行“三具两基一抓手”和“学、比、看”要求，带动各级干部增强工作推动力和执行力。市委常委和市级领导干部没有发生违法违纪现象。

（刘小兵）

重要会议

【市委农村工作会议】 2月25日，市委农村工作会议在市会议中心召开。市委书记赵顷霖，市委副书记冯昕，市人大常委会主任薛新生，市政协主席裴建中，市委常委、秘书长张遂兴，市人大常委会副主任黄林森，副市长王富兴，市政协副主席白进忠出席会议。赵顷霖在会上讲话，冯昕主持会议，薛新生宣读市新农村建设工作领导小组《关于表彰2009年新农村建设驻村帮建工作优秀工作队员的决定》，王富兴总结2009年全市农村工作，安排部署2010年“三农”重点工作。郏县、舞钢市的负责人和市委组织部驻村帮建工作队、市农信社负责人与会作典型发言。

（刘小兵）

【全省水利规划计划工作会】 3月22日，全省水利规划计划工作会议在平安大厦会议中心召开。省水利厅厅长王仕尧，市委书记赵顷霖，市长李恩东，市水利厅副厅长王建武、副巡视员郭坡，副市长王富兴，市政府党组成员、副市厅级干部王天顺等出席会议。王仕尧在讲话中指出，今后一个时期是全省推进工业化、城镇化、农业现代化协调发展、实现中原崛起的关键时期，也是进一步完善水利防洪减灾体系、增强基础保障能力的重要时期。各有关部门要以科学发展观为统领，紧紧围绕服务经济社会发展大局，解放思想，转变观念，把民生水利工作放在更加突出的位置。围绕水利发展和水资源可持续利用，实行最严格的水资源管理制度，加快防洪减灾体系、水资源配置和水生态环境建设。认真制定、完善和落实防洪、抗旱、供水等应急预案，不断加大水利投融资体制、水价和小型水利设施产权制度改革力度，保障城乡防洪安全、供水安全、粮食安全和水生态环境安全。王仕尧强调，做好水利规划计划工作，要把握科学规划、合理布局，优化配置、注重协调，统筹兼顾、突出重点，加快发展、转变方式，远近结合、分期实施，深化改革、加强管理，科技创新、提高水平七大原则；重点做好防洪除涝、农业灌溉、民生水利、水资源优化配置及管理、水生态保护、水利行业能力建设、水利法制建设、水利改革与管理八个方面的工作。王仕尧强调，全省广大水利规划计划工作者要认真研究本地区的水问题、水形势，做到科学分析、深入研究、准确把握、合理安排，协调水利发展，保障经济平稳较快增长，促进社会和谐进步。王建武围绕“着眼本省经济社会发展需求、统筹谋划水利发展规划大局”这一主题，对全省水利规划计划工作进行安排。

（刘小兵）

【省煤炭企业兼并重组工作座谈会】 5月5日，省煤炭企业兼并重组工作座谈会在平安大厦召开。省委常委、常务副省长李克，副省长史济春，省政府副秘书长赵瑞东，省发改委、省工信厅、省财政厅、省监察厅、省国资委、省国土厅等省直部门负责人和许昌市有关领导，市级领导赵顷霖、李恩东、邢文杰、张遂兴、李俊峰、张弓、王廷，河南煤化集团、中平能化集团、神火集团、省煤层气集团负责人出席会议。许昌市、本市有关部门和有煤炭资源整合任务的县（市、区）党政负责人参加会议。李克、史济春分别在会议上讲话，赵瑞东主持会议。会议强调，要统一认识，细化任务，明确责任，落实政策，注重协调，加强领导，确保5月底前基本完成全省煤炭企业兼并重组任务。

（刘小兵）

【市委七届十次全体（扩大）会议】 7月17日，中共平顶山市第七届委员会第十次全体（扩大）会议在市行政服务综合楼召开。市委书记赵顷霖主持会议，市委副书记冯昕，市委常委李萍、段玉良、邢文杰、李永胜、张遂兴、王丽、段君海等市委委员、市委候补委员出席会议。不是市委委员和候补委员的市人大、市政府、市政协、军分区党员领导同志，市政府市长助理，市委副秘书长，市人大、市政府、市政协党员正副秘书长，市委各部委常务副职，市纪委副书记，市人大、市政协各工作委员会党员主要负责人，各县（市、区）长，市直及市管正县级单位党政正职，驻平各单位党组（党委）书记，市管重点企业党委书记，《河南日报》、河南电台、河南电视台驻平记者站党员负责人列席会议。会议主要任务是学习贯彻胡锦涛总书记视察河南重要讲话精神，总结分析上半年经济社会发展情况，研究部署下半年工作。赵顷霖在讲话中强调，各级各部门要以学习贯彻胡锦涛总书记视察河南重要讲话精神为动力，坚持“四个重在”，认清使命责任，紧扣市委、市政府的总体工作部署，紧盯年初确定的各项目标任务，突出重点，真抓落实，以执行力的提升加快发展方式转变，加速率先崛起进程。会前，赵顷霖、冯昕分别带领市四大班子部分领导、各县（市、区）党政负责人和市直有关部门负责人，于7月15日～16日对10个县（市、区）产业集聚区建设、重点项目建设、城镇建设管理和新农村建设情况进行观摩，并召开座谈会听取各县（市、区）工作汇报。

（刘小兵）

【全市县域经济和非公有制经济表彰大会】 9月9日，全市县域经济和非公有制经济表彰大会在市行政服务综合楼会议室召开。市领导赵顷霖、薛新生、裴建中、李萍、段玉良、邢文杰、张遂兴、唐飞、张坤子、黄祥利、史正廉出席会议。赵顷霖在会上讲话。段玉良、张遂兴分别宣读有关表彰决定，黄祥利通报全市县域经济和非公有制经济发展情况，安排下一步工作。会议对全市发展县域经济先进县（市、区）和地区生产总值、财政一般预算收入、全社会固定资产投资和非公有制经济增加值占全市比重等4项单项指标提高幅度较大的县（市、区）及发展县域经济和非公有制经济20强乡（镇）、10快乡（镇）进行表彰。会议授予郭志伟等20位企业家优秀民营企业家荣誉称号，授予天瑞集团水泥有限公司等69家企业优秀民营企业荣誉称号，授予舞钢中加矿业发展有限公司等30家企业高成长型民营企业荣誉称号，授予鲁山县中小企业投资担保有限公司等两家担保机构先进中小企业融资担保机构荣誉称号。汝州市、叶县、宝丰县等受表彰的先进单位代表作典型发言。

（刘小兵）

【市委七届十一次全体会议】 11月26日，中共平顶山市第七届委员会第十一次全体会议举行。市委书记赵顷霖与会作重要讲话。市委委员、市委候补委员出席会议。不是市委委员、候补委员的市级党员领导同志，市政府市长助理，市委副秘书长，市人大、市政府、市政协党员正副秘书长，市委各部委常务副职，市纪委副书记，县（市、区）党委、政府主要负责人，市人大、市政协各工作委员会党员主要负责人，市直各单位及市管正县级单位党员党政主要负责人，驻平各单位党组（党委）书记，市管企业、大中专院校党委书记，《河南日报》、河南人民广播电台、河南电视台驻平记者站党员负责人，各乡（镇、街道）党委（党工委）书记列席会议。全会深入学习党的十七届五中全会和省委八届十一次全会精神，讨论审议市委常委会工作报告，审议通过《中共平顶山市委关于制定全市国民经济和社会发展第十二个五年规划的建议》。全会充分肯定2009年市委常委会工作，高度评价“十一五”时期本市经济社会发展取得的成就，深入分析“十二五”时期本市经济社会发展面临的形势。全会指出，制定“十二五”规划，必须高举中国特色社会主义伟大旗帜，以邓小平理论和“三个代表”重要思想为指导，深入贯彻落实科学发展观，以科学发展为主题，以加快转变经济发展方式为主线，以富民强市为中心任务，坚持“四个重在”实践要领，突出“调结构、转方式、破难题、惠民生”总体要求，“学先进、比创新、看实效”，继续实施“生态建市、产业立市、文化强市、和谐兴市”战略，统筹推进优化产业结构、加快城镇化、建设新农村“三大任务”，持续提升改革开放、和谐稳定、党的建设“三项保障”，在全省率先实现崛起提前全面小康，成为中原经济区核心区重要的战略支点。全会号召，全市各级党组织和广大党员干部群众要紧密团结在以胡锦涛为总书记的党中央周围，高举中国特色社会主义伟大旗帜，深入贯彻落实科学发展观，以更加振奋的精神、更加开阔的视野、更加务实的作风，团结拼搏，开拓进取，为胜利完成“十二五”规划，在全省率先实现崛起、提前全面小康，建设中原经济区核心区重要的战略支点而努力奋斗。

（刘小兵）

【党的十七届五中全会和省委八届十一次全会精神报告会】 12月22日，省委宣讲团成员、省委政研室巡视员王永苏在市行政服务综合楼会议室就学习宣传贯彻党的十七届五中全会和省委八届十一次全会精神作宣讲报告。市委理论学习中心组成员赵顷霖、陈建生、冯昕、裴建中、李萍、段玉良、邢文杰、张遂兴、王丽、郑茂杰、李建伟、史正廉、张国需、祝义方、严寄音、王天顺、王廷参加报告会。市委书记赵顷霖主持报告会。王永苏围绕全国、全省“十一五”取得的巨大成就，深刻阐述党的十七届五中全会和省委八届十一次全会精神，结合全省实际详细解读建设中原经济区的重要意义、战略定位、建设步骤等。赵顷霖指出，王巡视员的宣讲报告理论性、系统性、指导性、针对性很强，对于学习领会党的十七届五中全会和省委八届十一次全会精神、科学谋划“十二五”发展具有重要指导作用。就学习贯彻党的十七届五中全会和省委八届十一次全会精神，赵顷霖强调，一要深刻领会精神实质，二要深化形势宣讲教育，三要统筹推进当前工作。

（刘小兵）

【市委经济工作会议】 12月29日，市委经济工作会议在市行政服务综合楼召开。市委书记赵顷霖，市委副书记、代市长陈建生分别作重要讲话。市领导冯昕、薛新生、邢文杰、李永胜、张遂兴、王丽、段君海、唐飞出席会议。会议的主题是：学习贯彻中央、省委经济工作会议精神，总结2010年经济工作，分析面临的形势，部署2011年工作任务。会议强调，要全面贯彻党的十七大和十七届三中、四中、五中全会精神及中央、省委经济工作会议精神，深入贯彻落实科学发展观，坚持“四个重在”实践要领，“学先进、比创新、看实效”，保增长、调结构、抑通胀、惠民生，持续推动全市经济平稳较快发展，确保“十二五”开好局、起好步，为在中原经济区建设中率先实现崛起、提前全面小康夯实基础。

（刘小兵）

领导莅平

【郭庚茂调研移民安置工作】 3月17日，省长郭庚茂、副省长刘满仓莅临平顶山调研指导南水北调移民安置工作。省长助理、省政府秘书长安惠元，省南水北调办公室主任王树山，省住房和建设厅厅长刘洪涛，省民政厅厅长杨云，省环保厅厅长李庆瑞，市级领导赵顷霖、李恩东、冯昕、张遂兴、王富兴、王天顺参加调研。郭庚茂一行先后到郏县和宝丰县考察。在移民安置点，郭庚茂与移民代表亲切交谈，并详细了解工程质量、建设进度、配套设施等情况。在宝丰县杨庄乡柳沟营安置点新村建设工地，郭庚茂主持召开座谈会，当地负责人、施工单位和移民代表畅所欲言。郭庚茂指出，河南境内的南水北调各项工作取得较好成绩。一是各级领导干部对工程建设的重要意义认识比较到位，思想比较统一，坚定地按照省委、省政府“四年搬迁任务两年完成”的安排部署，积极主动开展工作，以务实肯干的工作作风取得令人满意的成绩。二是群众对房屋建设、移民政策等方面都比较满意。三是各项建设任务进展顺利，无论是移民新村建设的户型选择、管理模式、质量监督、功能完善，还是南水北调干线工程建设等各个方面都在按计划有条不紊地进行。郭庚茂强调，在具体工作中河南创造许多成功经验，得到国家有关部门的肯定，体现“以人为本”的要求，把科学发展观贯彻到实际工作中去，主动为移民着想，在政策允许范围内尽可能满足移民合理要求，使他们不仅搬得出、稳得住，而且能发展、可致富。各级各部门很好地发挥自身的政治优势，在党的统一领导下，有钱出钱、有力出力，齐心协力尽可能地为移民搬迁工作创造更好的条件，能够认真倾听移民的意见和要求，把各个环节、各个方面的工作都做得扎实细致。针对下一阶段的工作，郭庚茂指出，移民工作无小事，移民群众满意是我们最大的心愿。各级各部门一定要进一步提高思想认识，本着对历史、对国家、对人民负责的态度，切实把各项工作抓紧抓好抓出成效。一要集中全力打好南水北调工作攻坚战。2010年，无论工程建设还是移民搬迁都到攻坚阶段，不仅要完成226亿元投资任务，而且要完成第一批6.49万移民迁安任务，启动8.61万第二批移民搬迁工作。二要总结经验，提升水平。要把已取得的成功经验不断发扬光大，并根据新情况不断探索新办法，解决新问题，把各项工作做得更好。三要进一步调动各方面的积极性，强化责任，齐心协力打好攻坚战。住房建设、民政、环保等省直各部门在较好地完成包村任务的同时要充分发挥各自职能作用，从各个方面支持南水北调工作，为工程的顺利实施，为全省经济社会又好又快发展作出新的更大贡献。

（刘小兵）

【民政部调研组专题调研】 4月8日，民政部副部长姜力率调研组莅平，专题调研民政工作经费和规划情况。调研组成员有民政部规划财务司司长宋志强、副司长冯亚平，财政部社保司司长符金陵。省民政厅厅长杨云、副厅长孟超，市领导冯昕、李萍、段玉良、李建伟陪同调研。调研组与市民政、财政部门相关人员进行座谈，听取民政工作经费和规划情况汇报，并到市爱心救助超市和叶县常村乡民政所实地调研。姜力在调研时指出，平顶山市委、市政府高度重视民政工作，几项重要工作做得很扎实、很到位，特别是社会最低保障金的审核、落实和敬老院的建设、管理工作在全省都是亮点。希望平顶山市在原有工作的基础上进一步提高，抓好各项政策的监督、落实，切实为老百姓办实事。希望河南省民政厅对平顶山的工作经验进行总结，在全省推广。

（刘小兵）

【苗圩调研企业生产情况】 5月21日，工业和信息化部党组副书记、副部长苗圩到中平能化集团神马实业公司和尼龙化工公司调研。省工信厅厅长杨盛道、市委书记赵顷霖、副市长黄祥利等领导陪同调研。在中平能化集团神马实业公司，苗圩深入车间，详细了解帘子布生产流程，询问企业生产经营情况。在中平能化集团尼龙化工公司，察看20万吨尼龙66盐成套项目建设情况。该项目将煤炭采选、煤焦、尼龙、化纤、氯碱等上下游产业连为一体，是世界上最为完整的尼龙66产业链。项目总投资33.99亿元，建成投产可实现年营业收入74亿元、利润9亿元。苗圩对该项目的先进性给予肯定，并希望中平能化集团在保证质量的前提下，加快项目建设进度，使项目早日建成投产。

（刘小兵）

【孔玉芳检查防汛工作】 6月24日，省委常委、宣传部长、副省长孔玉芳和省政府副秘书长李建庄、省教育厅巡视员孙洪臣、省水利厅副厅长于合群等一行到平顶山检查防汛工作。孔玉芳一行先后检查北汝河郏县段和白龟山水库防汛工作准备情况，在万豪洲际大酒店听取防汛工作汇报。市委书记赵顷霖、副市长王富兴出席汇报会。王富兴就全市防汛工作部署开展情况作汇报。孔玉芳对防汛工作给予肯定，并对进一步做好防汛工作提出明确要求。她指出，平顶山市地处淮河流域沙颍河、洪汝河水系上游，地理和气候条件比较特殊，境内河网密布、水库众多，加之2010年气候异常，防汛工作形势十分严峻，是全省除黄河之外的又一重点防汛区域。各级党委、政府一定要进一步提高思想认识，切实增强做好防汛工作的责任感和紧迫感，克服麻痹思想和侥幸心理，立足于防大汛、抗大洪、抢大险、抗大灾，未雨绸缪，积极行动，及时消除各类安全隐患。要突出重点，把握关键，强化措施，全力做好防汛工作。一要完善和细化防汛预案，健全应急反应和快速处理机制。对预案涉及的预警、报警、群众安全转移等及早做好安排，确保出现汛情险情时，反应快速、处置果断。二要按照国家定额标准，备足备全防汛物资，确保满足抗洪需要。切实加强防汛队伍建设，积极开展防汛技术培训和抢险实战训练，确保关键时候能够拉得出、抢得上、打得赢。三要搞好汛情监测，加强防汛通信设施、设备的检查维修，确保防汛信息畅通。她强调，要切实加强对防汛抗灾工作的组织领导，严格落实防汛工作行政首长负责制，落实好各项防汛工作责任制。建立健全责任追究机制，确保每一项工作、每个环节都有专人负责，严明纪律，责任到位。各级防汛责任领导要切实担当起防汛指挥的重任，各有关部门务必各司其职、各负其责，密切协作、相互配合，各级防汛机构要对当前防汛工作再督促、再检查、再落实，确保万无一失，安全度汛。对因工作不力、措施不落实导致严重后果的，要严肃追究相关单位和责任人的责任。

（刘小兵）

【张德江调研安全生产工作】

8月13日，中共中央政治局委员、国务院副总理张德江莅临平顶山调研安全生产工作。国家安全监督管理总局局长骆琳，公安部副部长杨焕宁，国务院副秘书长肖亚庆，工业和信息化部副部长苗圩，国家安全监督管理总局副局长、国家能源局副局长吴吟，国家煤矿安全监察局副局长黄毅，省委书记卢展工，省长郭庚茂，省委常委、秘书长曹维新，副省长史济春，省长助理、省政府秘书长安惠元，市领导赵顷霖、邢文杰、张遂兴以及省直有关部门负责人参加调研活动。张德江一行先后到中平能化集团神马尼龙化工有限公司、国家矿山救援平顶山基地、中平能化集团平宝煤业公司检查安全生产工作，并深入平宝煤业公司首山一矿井下采煤工作面了解瓦斯治理、煤炭开采情况。张德江强调，要深入贯彻落实科学发展观，认真贯彻《国务院关于进一步加强企业安全生产工作的通知》，坚持预防为主，加强安全监管，严厉打击非法违法生产经营建设行为，严格落实企业安全生产主体责任和责任追究，有效防范和坚决遏制重特大事故发生。卢展工要求，全省各级各部门一定认真学习贯彻落实党中央、国务院关于安全生产的一系列重要部署，学习贯彻张德江副总理来河南检查指导工作的重要指示精神，认真总结经验、吸取教训、举一反三，努力把河南的安全生产工作搞好，在贯彻落实国务院《通知》精神上先走一步、走得更好，不辜负中央领导的期望，以扎扎实实的工作成效来回报党中央、国务院的关心、关怀。

（刘小兵）

【省人大调研组调研旅游产业发展情况】 10月27日～29日，省人大常委会副主任储亚平率省人大调研组，在本市就“加快旅游发展方式转变、促进旅游产业转型升级”进行专题调研。省人大常委会民侨工委、外事工委主任王林功，副主任刘树声，省旅游局局长范修芳、副局长宋争辉等参加调研。市领导赵顷霖、薛新生、张遂兴、王丽、郑枝、严寄音陪同调研。调研组考察佛泉寺景区、尧山旅游服务中心、天瑞温泉疗养中心、皇姑浴温泉国际酒店、鲁山航空展览馆和大香山风景名胜区的规划、建设、发展情况。28日下午，调研组召开座谈会，听取王丽代表市政府所作的旅游工作汇报，并就“加快旅游发展方式转变、促进旅游产业转型升级”听取有关部门、景区的意见和建议。储亚平在座谈会上指出，平顶山在旅游产业发展方面下大力气、用真工夫，在各方面都取得显著成效。一是党委、政府高度重视，重点支持旅游产业发展。二是旅游要素不断完善、提升，夯实业态转型升级基础。三是旅游产业规模不断扩大，主要经济指标大幅增长。

（刘小兵）

经济文化活动

【“美在鹰城”全国摄影大展启动】 为进一步宣传、推介平顶山，提高平顶山知名度和美誉度，推动摄影事业的发展繁荣，中国摄影家协会、中共平顶山市委、平顶山市人民政府联合举办中国·平顶山“美在鹰城”全国摄影大展。3月30日，中国·平顶山“美在鹰城”全国摄影大展新闻发布会在北京召开，“美在鹰城”全国摄影大展正式启动。中国摄影家协会副主席朱宪民，中国摄影报社副社长张晓蓉，河南省文联副主席、河南省摄影家协会主席何白鸥，市委常委、副市长王丽，市委常委、宣传部长唐飞出席新闻发布会。朱宪民、王丽、唐飞分别在新闻发布会上讲话，张晓蓉宣读征稿启事和相关技术要求，何白鸥主持会议。来自《人民日报》、《光明日报》、《中国青年报》、中国国际广播电台和《河南日报》、河南人民广播电台等20多家国家级和省级媒体的记者参加新闻发布会。

（刘小兵）

【《中国古代书法—行书》邮票首发式】 5月15日，《中国古代书法—行书》邮票首发式在新城区市政广场和郏县休闲广场举行。中华全国集邮联合会会长杨贤足，中国邮政集团副总经理张亚非，省政协原副主席杨光喜，中国书法家协会党组书记、驻会副主席兼秘书长赵长青，中国书法家协会副主席、宁夏书协主席吴善璋，中国集邮总公司副总经理张伟，河南省邮政公司总经理杨海福，市领导冯昕、裴建中、张遂兴、唐飞、郑枝、黄祥利、潘民中、白进忠等参加主会场首发式。杨贤足、张亚非、杨光喜、赵长青、冯昕共同为《中国古代书法—行书》邮票揭幕。《中国古代书法—行书》邮票是全球首套宣纸邮票，是继“篆书”、“隶书”、“楷书”邮票之后，发行的又一套书法题材邮票。1套6枚，每枚面值1.2元，包括王羲之《兰亭序》、颜真卿所书《祭侄稿》、苏轼《黄州寒食帖》各2枚连体邮票。在设计形式上采用两种版式，版式一为每一幅行书采用两枚连票印制；版式二为小全张，2套12枚。首发式期间，5月15日~17日在市博物馆举办第三届中国书法兰亭奖作品展、平顶山青少年书画寄语比赛优秀作品展和集邮展览。

（刘小兵）

【《墨子》首映式暨新闻发布会】 5月29日，由鲁山县委、县政府和河南影视集团、河南大象影视公司联合摄制的数字电影《墨子》在河南博物院举行首映式暨新闻发布会。省人大常委会副主任储亚平，省政协副主席龚立群，省长助理、省政府秘书长安惠元，省委宣传部副部长李庚香，省文联主席马国强，省文联党组书记吴长忠，省社科联主席王耀，国家广电总局、省广电局、省文化厅、河南影视集团等单位负责人，市领导赵顷霖、薛新生、裴建中、王丽、唐飞、郑枝、潘民中、张国需以及鲁山县委、县人大、县政府、县政协领导，《墨子》导演、编剧、主演及墨学研究专家学者出席首映式。龚立群在首映式上指出，数字电影《墨子》的成功摄制和首映，既是全面实施文化强省战略的一个重要成果，也是挖掘和展示河南省文化资源优势的具体实践，对大力弘扬优秀历史文化，培育民族精神，促进社会和谐，激发广大干部群众的爱国情怀，提高河南省对外开放的知名度和吸引力，产生深远的影响和积极的作用。有关单位和部门要认真抓好影片《墨子》的宣传和发行工作，充分发挥影片的教育功能，为建设文化强省注入新的活力。市委常委、宣传部长唐飞在首映式上致辞。他说，拍摄数字电影《墨子》是挖掘和弘扬平顶山市历史传统的重要举措，是传承文化、再现历史的生动实践，是讴歌火热生活的好事和实事。鲁山是墨子的故里，墨子出生于鲁山、成长于鲁山、大器于鲁山，一生主要活动于鲁山。《墨子》真实再现墨子的壮美一生和他的“兼爱”思想、“非攻”方略、“尚贤”理念、“节用”品德。平顶山要把更多的历史宝贵财富进一步挖掘好、整理好、继承弘扬好，为推进深入贯彻落实科学发展观，实现“走在全省前列、率先实现崛起”作出新的积极的贡献。

（刘小兵）

【台湾豫剧团来平演出】 9月8日，台湾豫剧团在市会议中心进行豫剧专场演出。省文化厅厅长杨丽萍，市领导赵顷霖、裴建中、李萍、邢文杰、张遂兴、王丽、张坤子、严寄音，省文化厅副巡视员康洁和1500多名市民观看新编豫剧《秦少游与苏小妹》。该剧主要讲述宋代文豪苏东坡的妹妹苏小妹与扬州才子秦少游之间的爱情故事。台湾豫剧团到平顶山市交流演出，是2010年河南台湾月“两岸戏曲展演周”的重要内容之一，给全市观众送上一份难得的文化大餐。

（刘小兵）

【首届中国（国际）汝瓷文化节】 9月23日~26日，由中国陶瓷工业协会、中国日报社、中国集邮总公司和平顶山市政府共同主办的首届中国（国际）汝瓷文化节在汝州市开幕。汝瓷被列为宋代五大名瓷（汝、官、钧、哥、定）之首，为宫廷御用瓷，其显著特征是以瓷质釉色取胜。在23日的开幕仪式上，中央政治局原委员、中央军委原副主席、国防部原部长曹刚川，全国政协副主席何厚铧和国际陶瓷协会主席珍妮特·路曼斯菲尔德分别向文化节开幕发来贺信和贺电。省委常委、宣传部长、副省长孔玉芳，省政协副主席邓永俭，中国轻工业联合会副会长杨志海、杨自鹏，中国陶瓷工业协会会长何天雄，国家有关部门和省直有关部门负责人，市领导赵顷霖、裴建中、邢文杰、张遂兴、唐飞、于培洪、尹世祥、张坤子、史正廉、张柳松、王廷等出席开幕式。孔玉芳、邓永俭、杨志海、赵顷霖等共同启动开幕式和首届中国（国际）汝瓷文化节纪念邮票发行仪式。文化节期间，举办“魅力汝瓷·欢乐汝州”文艺演出，民间藏品鉴赏活动，汝瓷精品、18种汝官瓷仿复制品、中国历史名瓷烧制技艺大赛获奖作品、中国历史名窑当代名家作品展，中国历史名瓷传承与发展高峰论坛暨中国汝瓷烧制技艺国际研讨会，第六届“中国汝官瓷杯”全国书画作品大奖赛，经贸洽谈会等活动。

（刘小兵）

历史名瓷烧制技艺大赛（拉坯现场）

【“百名法学家百场报告会”平顶山专场】　12月16日，由中央组织部、中央宣传部、中央政法委、教育部、司法部和中国法学会联合组织的“百名法学家百场报告会”报告团平顶山专场在市会议中心举行。报告团成员、武汉大学法学院副院长汪习根作《社会矛盾化解中的法律原则》报告。省委宣传部副部长权红军，中国法学会、省法学会有关负责人，市委理论学习中心组成员赵顷霖、裴建中、李萍、段玉良、邢文杰、李永胜、张遂兴、王丽、段君海、肖来福、王金山、张坤子、郑茂杰、黄祥利、李建伟、史正廉、马四海、白进忠、郭保振、李丰海、丁少青、王廷聆听报告会。市直机关科级以上干部、市直政法部门干警、省属驻平高校师生、省市重点企业代表等1600余人参加报告会。市委书记赵顷霖在主持报告会时指出，汪教授的报告既有很高的学术性和理论性，也有很强的针对性和指导性，对做好新形势下群众工作、维护和谐稳定具有重要的启发和指导意义，一定要认真学习领会报告精神，并在实际工作中很好地吸收和借鉴。要深化法制宣传教育，要提升依法履职水平，为率先实现崛起、提前全面小康创造好的法治环境。

（刘小兵）

组织建设

【学习实践科学发展观活动】
2010年，市委组织部认真抓好第三批学习实践科学发展观活动整改落实阶段“回头看”工作。各单位积极整改落实，解决群众关心的热点、难点问题，整改落实情况群众满意度在98%以上。在学习实践活动中，各单位共完善制度3822个、新建制度3486个，其中《关于建设经济社会发展综合评价机制的意见》等10项制度的制定，形成了有利于科学发展的机制。

（宫宏林）

【“创先争优”活动】　建立统计月报、分类指导、督促检查、情况通报等制度，通过选派督导组、召开座谈会、工作推进会等措施，推动活动扎实有效开展。精心设计特色鲜明、务实管用的载体，分类提出开展“创先争优”活动的具体要求，使“创先争优”活动融入和渗透到各个层次、各个领域。在市级新闻媒体开设专题专栏，深入宣传“创先争优”活动开展情况。在人民网、新华网、大河网等网站“创先争优”活动专栏发稿596篇（条），在市级以上新闻媒体发稿399篇，市活动办编发简报136篇。引导各级党组织和广大党员围绕转变经济发展方式、推进平安建设、抓好民生工程等“创先争优”，实现组织创先进、党员争优秀、群众得实惠的目标要求。活动开展以来，为群众办实事好事1.1万多件，帮助基层单位化解群众矛盾、解决发展难题3800多个。

（宫宏林）

【基层党建】 制定《关于县（市、区）委书记履行基层党建工作责任“三述三评”制度的意见》，创新基层组织工作考评帮建机制。10月份，组织开展县（市、区）委书记履行基层党建工作责任述职评议，选派机关党员干部到209个落后村任第一书记，在全市确定641个村开展“六大员”制度试点工作，完善定期走访、节日慰问、结对帮扶等措施，创新党内关怀帮扶机制。在全市范围内开展“基层组织创新暨先进典型培育年”活动，通过选树、培育、宣传典型，在全社会营造崇尚典型、学习先进的浓厚氛围。通过建立“两档一库”(基层组织工作创新档案、先进典型培育档案，先进典型培育库)，规范典型培育工作，形成发现、培育先进典型的长效机制。通过开展“三项活动”(先进典型集中宣讲活动、行业先进典型评选活动、全市先进典型展示活动)，总结推广各个行业、各个方面的先进典型，发挥典型的示范、带动效应。重点培育100名党务工作先进个人和10个中心乡（镇）、20个非公有制企业、30个社区、60个中心村党建工作示范点。评选出10个市级“五个好”先进基层党组织示范点、10名“五个表率”优秀共产党员标兵。组织市先进典型事迹报告团作巡回报告11场，受教育人数8000多人(次)。通过典型培育、典型带动，促进基层组织创新，建立中心村党组织382个，在10个市级产业集聚区全部建立党组织，在产业“链条”、农民专业合作社、专业协会建立党组织516个，建立完善非公有制经济组织、新社会组织党组织1342个，在流动党员集中地建立党支部69个。深化拓展“四议两公开”工作法，在农村成功运用的基础上，向城市社区推广。做好新农村建设帮扶工作、第一批驻村帮扶队员的年度考核、表彰以及第二批驻村队员的抽调、派驻工作。加大村级组织活动场所建设力度，相继完成829个村级组织活动场所建设任务，实现村级组织活动场所全覆盖。

（宫宏林）

【大学生村干部工作】 做好600名新选聘大学生村干部入村（社区）工作。创新大学生村干部创业扶持机制。继续在全市大学生村干部中开展争创“创业之星”活动。在全省“创业之星”评比活动中，平顶山市大学生村干部候选人数名列第一，1人进入“十杰”，8人进入“百优”。与有关部门联合开展“百名女大学生村干部创业行动”，为女大学生村干部发放小额贷款400万元。

（宫宏林）

【现代远程教育】 抓住资源开发、素质培训和学用示范三个重点，不断完善“三类”基地互联互动机制、经费投入机制和激励机制，建立远程教育教学课件制作基地、人员培训基地、学用示范基地126个。制作电视访谈片《精神的家园》，在中央电视台和全国、全省远程教育平台播出。

（宫宏林）

【干部人事制度改革】 认真贯彻中央《2010～2020年深化干部人事制度改革规划纲要》和全省贯彻落实《干部人事制度改革规划纲要》座谈会精神，建立干部人事制度改革工作联席会议制度，召开深化干部人事制度改革工作会议，印发《平顶山市深化干部人事制度改革实施意见》，选取“完善民主推荐制度工作”、“完善干部考核评价机制工作”、“加强干部选拔任用工作全过程监督”等作为选人用人公正机制试点项目，落实“五重五不简单”要求。创新干部考核评价机制。制定《关于建立和完善促进科学发展的县级领导班子和领导干部综合考核评价机制的实施意见》，把16项与民生关系密切的居民幸福指数列为领导班子和领导干部考核评价的重要指标，把全省综合实力排序、主要经济指标占全市比重、幸福指数提升情况作为考核任免干部的三大指标。

（宫宏林）

【干部教育培训】 实施“率先崛起干部素质工程”，认真落实大规模培训干部任务，完善全员调训制度，科学设置培训内容，创新教学方法，调整充实师资力量，坚持按需施教，探索实施“学习、研讨、应用一体化”培训方式和分段式培训。按照“应训尽训、应训必训”的原则，将市管县处级干部包括调研员、副调研员全部纳入轮训范围。市委组织部举办培训班30期，培训干部4188人。其中，举办县处级轮训班13期，培训1475人；实职正科级干部培训班4期、培训1208人；国外研修班1期、培训18人；中青年后备干部培训班2期、培训130人；高层次人才培训班1期、培训51人；对乡镇（街道）党政正职采取分段式、挂职锻炼等形式进行培训。全年全市各级党组织举办培训班335期，培训各级各类干部5.8万余人，完成上级调训141人（次），选派219名各类干部分别到省委组织部、省委党校参加培训，到省直机关、沿海发达地区挂职锻炼。

（宫宏林）

【干部队伍建设】　切实做好选干部配班子工作。坚持讲条件、按程序、重实绩，积极选拔既勇于面对矛盾又善于解决矛盾的干部，以实干实效的用人导向选干部、配班子。认真做好机构改革中领导班子建设工作。积极推进后备干部队伍建设。集中调整县处级后备干部队伍，抽调各类后备干部600人到急难险重岗位挂职锻炼，提高干部解决复杂问题的能力。

（宫宏林）

【干部监督】　探索实行干部选拔任用工作全程记实制度，研究制定《党政领导干部选拔任用工作有关事项报告实施办法》、《列席县（市、区）党委讨论决定干部任用会议实施办法》、《干部监督工作联席会议制度》等规范性文件，建立完善信访、网络、电话“三位一体”监督举报机制。严格执行党政领导干部个人有关事项报告、任前公示、征求执法执纪部门意见、离任审计等制度，通过发放学习资料、以会代训、知识测试、刊登署名文章、专项检查等形式学习贯彻四项监督制度。认真开展对干部选拔任用中行贿受贿以及拉票行为的专项治理工作，认真调查办结一批中组部、省委组织部转办的信访件，及时纠正个别违规和不规范行为。

（宫宏林）

【人才队伍建设】　制定《平顶山市中长期人才发展规划(2010～2020年)》，召开人才工作座谈会，积极贯彻全国、全省人才工作会议和人才规划纲要座谈会精神。召开高规格的全市人才工作会议，对全市人才工作进行安排部署。构建人才工作责任体系，制定《关于构建人才工作责任体系，加强全市人才队伍建设的意见》，强化部门责任。在《平顶山日报》开辟“县（市、区）委书记谈人才”、“全市人才工作巡礼”专版和“鹰城人才”专栏，拍摄优秀人才专题片在市电视台“人才聚焦”栏目播放，加大人才工作宣传力度。继续引进急需高层次人才，择优引进一批全日制硕士研究生。完成第8批专业技术拔尖人才选拔和第6批专业技术拔尖人才换届工作。

（宫宏林）

【自身建设】　认真贯彻落实全国、全省组织系统推进创先争优活动电视电话会议精神，把开展创先争优活动与“讲党性、重品行、作表率”活动和“下基层、解民忧、付真情、求信任”活动结合起来。全市组织系统领导干部和各科室，建立联系点183个，深入基层调研484次，接访群众455人（次），解决实际问题184个。采取下基层访谈、请上门座谈、组织部长约谈等方式，了解干部所思所想所盼，对收集到的165条意见和建议积极给予回复，不断提升组织工作“三服务两满意”水平。坚持集中学习和分散学习相结合，通过上党课、召开党支部专题组织生活会、举办国防形势教育报告会、邀请先进典型作报告、组织为贵州缺水地区援建“河南水窖”公益活动等，引导机关干部向先进典型学习，在实践中向人民群众学习，运用群众创造的经验解决发展中遇到的问题，努力提升能说会写善办事能力、统筹协调运作能力、善于做群众工作解决复杂矛盾能力、把握组织工作规律创新能力。依托部机关篮球协会、乒乓球协会、网球协会、书画摄影协会等，开展丰富多彩的职工文体活动，努力建设组工文化。通过成功组织部分中层干部竞争上岗，强化组工干部写作能力、语言表达能力和组织协调能力，确立正确的用人导向，形成组织部门和谐融洽、团结干事、风清气正的良好环境。以王彦生、沈浩、杜红英等优秀组工干部先进事迹为榜样，认真对照检查，及时清理和克服在思想观念、作风方法、工作方式、纪律要求等方面影响组织工作科学发展的问题。把理想信念教育、党和组织部门优良传统和作风教育融入日常工作和生活中，及时学习讨论选人用人违规违纪典型案例，进一步强化党性观念，增强廉洁自律自觉性。不断强化以公道正派为主要内容的职业道德教育，利用部务会、机关全体人员会和党员民主生活会等形式，深入开展职业道德教育，使组工干部始终坚持公道正派、坚持干部任用标准、坚持选用程序，客观公正评价干部，严格遵守“十严禁”纪律。修订完善《市委组织部内部管理制度》，加强对组工干部的纪律教育、作风教育，强化日常管理，特别是对节日前后、考察干部期间等重点时段重点监督。市委组织部连续两届保持省级文明单位称号。全省组织工作满意度民意调查，平顶山市组织工作总体评价、干部选拔任用、组工干部形象等4项指标群众满意度明显提升，均高于全省水平，成为全省进步最快的3个省辖市之一。

（宫宏林）

宣传教育

【文化宣传活动】　“三苏杯”全国诗歌大赛圆满成功。大赛共征集和邀请创作诗歌4400多首，其中邀请21位全国知名作家、诗人采风创作诗歌70首，评出获奖作品236篇（首），新体诗歌和旧体诗词各118篇，出版名家作品和获奖作品集，举办颁奖典礼和文艺晚会。“美在鹰城”全国摄影大展推进顺利。先后组织4次采风活动，共征集参赛作品1.8万余幅，评出获奖作品216幅，其中特级收藏作品1幅，金质收藏作品2幅，银质收藏作品5幅，铜质收藏作品8幅，优秀作品200幅。成功举办“金钟之星”名家精品音乐会，首届中国（国际）汝瓷文化节，首届“中国·舞钢冶铁文化节”，《中国古代书法—行书》、《牛郎织女》特种邮票首发式等大型文化活动。

（刘　泉）

【学习型党组织建设】　按照“两创一评”活动实施方案，在全市各级党政机关兴起读书学习热潮。以拓展企业文化为突破口，推进学习型企业建设。加大理论实践力度，组织学习经验集中交流和征文活动，收到理论文章320多篇，在媒体开辟专栏，刊发经验材料20多篇。深入开展《七个“怎么看”》、《划清“四个重大界限”学习读本》宣传活动。认真组织党的十七届五中全会和省委、市委全会精神宣讲活动200多场（次），直接受众5万多人。召开全市“学先进、比创新、看实效”实践与发展座谈会。举办“中原大讲堂”活动20场，建立30多人的理论人才库。完成全市2009年度重点调研课题和优秀社科成果评定工作。制定2010年市委中心组学习方案、县级党委中心组理论学习实施意见，全年服务市委中心组学习12次，对全市县级党委中心组学习进行安排部署和督察指导。

（刘　泉）

【党员教育】　认真开展“四个重在”主题党课活动，在全省评比中本市获得组织奖，其中有4篇党课教案获奖。2010年，全市10所基层党校被评为全省先进基层党校。全省基层党校建设暨党员教育工作会议在平召开，本市党员教育工作经验与会作典型发言。

（刘　泉）

【新闻宣传】　统筹推进“三大任务”、加快发展方式转变、“十一五”成就等宣传报道，持续开辟“学先进、比创新、看实效”、创先争优等重点专题专栏，策划本市“幸福指数”纳入干部考核体系、重大经贸活动等集中宣传报道活动。认真做好全国、全省、全市人大、政协会议，中央、省委、市委全会等重要会议精神的宣传报道，《平顶山日报》用12个版面配发评论，深入解读市委七届十一次全会精神。认真组织“三苏杯”全国诗歌大赛等重大活动和城市建设、“双创”、旅游等重点工作的宣传报道。全年在省级以上新闻媒体发稿1.1万多篇，在《河南日报》及农村版刊发头版头题35个，在全省率先完成2011年度党报党刊发行任务。健全完善突发事件新闻报道应急机制、新闻外宣6项基本工作制度，开展“提高舆论引导能力送县（市、区）、进局委”培训活动，全年共培训27场（次），3400多名干部直接受到培训，妥善处理16起全市层面以上的突发事件和舆论事件。《平顶山日报》、《平顶山晚报》分获省十佳报纸、中国地方都市类报纸最具影响力十强称号，《平顶山日报》被市委通报表彰。广电总台《政风行风在线》、《民声民情》等一批优秀栏目受社会关注，《平顶山手机报》开通运行。认真做好《新闻阅评》、《舆情（新闻）快报》工作，完成新闻工作者协会、新闻学会换届选举，隆重表彰新闻宣传工作“四个十佳”（十佳栏目、十佳编辑、十佳记者、十佳通讯员）。全市举办通讯员培训班30期，培训1500多人（次）。

（刘　泉）

【对外宣传】　制定下发市委新闻发言人制度，全年组织新闻发布会31次，实现对口管理，归口发布。组织“印象鹰城”系列新闻外宣活动。积极参与福建招商、豫台经贸合作洽谈会、汝瓷文化宝岛行等重大经贸活动，新建10条对外宣传采访线，接待国外、境外、省外记者4批80余人（次）。建立中国日报网平顶山市英文频道，在境外媒体刊发专版15个，发稿100多篇。建立外宣图库，举办“平顶山十大特色外宣精品”评选活动，实现外宣精品进宾馆、饭店。

（刘　泉）

【互联网宣传】　加强与国内重要新闻网站的协调联络，组织网上发稿5.7万余篇，被新华网、人民网、大河网等新闻网站转载600多篇。制作完成《中国·平顶山》电子画册。组织全市首届网络作品大赛，1800多篇作品参赛。积极参加全省“优秀网评文章评选”活动，平顶山市被评为先进单位。建立完善网上发稿通报、舆情监测上报、网站建设管理、网上舆论引导等机制，召开4次座谈会，对全市170多名网络评论员进行培训。围绕市委、市政府中心工作、重点工作、重大舆论事件，撰写网评文章1000多篇。安装网络舆情监控系统，实现对网络舆情信息的自动监控分析。开办《每日网络舆情》、《网络舆情周报》，对网上热点焦点问题做到认真梳理、分析研判、及时上报。为市领导呈报《每日网络舆情》、《网络舆情周报》210多期，其中64件被市领导批示。开展整治互联网低俗之风专项行动，网络环境得到进一步改善。先后3次召开市内主要网站负责人会议，安排加强网络管理工作。牵头协调有关部门，对全市网站和网站信息登载进行清理检查，依法关闭非法网站9家。

（刘　泉）

【群众文化活动】　成功举办“欢乐中原·唱响鹰城”群众文化活动、第二十五届民间艺术表演、马街书会曲艺擂台赛等大型群众性文化活动。其中，“欢乐中原·唱响鹰城”共举办各类民俗文化活动600多场（次），广场文化活动集中展演150多场（次），群众自发性演出3500多场（次），数字电影广场放映180多场，为农村放映电影1.85多万场，送戏下乡550余场，直接受益群众220多万人（次）。叶县县委宣传部、新华区委宣传部、湛河区委宣传部、市群艺馆4家单位获全省群众文化活动先进单位，平顶山市在全省评比中获优秀组织奖。

（刘　泉）

【文艺作品创作】　河南坠子《中州自古美名传》荣获全国“群星奖”，摄影《轮回》等4项作品荣获省“群星奖”，5人在省第六届青年戏曲演员大赛获奖，新创作剧本《恩人之死》荣获首届全国戏剧文化奖剧本奖，小说集《秋天的走向》被编入“中国小小说名家档案”丛书。电影《墨子》、《金牌班长》成功首映，《战友》拍摄完成，电视剧《天歌》顺利开拍，电视纪录片《邓小平在中原》筹拍。建立完善包含11个专业共600余人的全市文艺专业人才库。

（刘　泉）

【公共文化服务体系建设】　新建成15个乡（镇）综合文化站、300个农家书屋，完成4个县级支中心建设、1023个行政村基层站点的升级改造，农村公益电影放映3.1万多场。成功获批“中国书法城”，积极申报“中国观音文化之乡”。

（刘　泉）

【文化产业发展】　启动全市文化产业项目年活动，建成文化产业和文化品牌项目库。宝丰文化创意产业园项目，在第六届中国（深圳）国际文化产业博览交易会成功签约，并在全省首家落地开工。

（刘　泉）

【文化体制改革】　成立市文化广电新闻出版局、市广播电视总台，实现管办分离和资源整合。完成市县两级文化市场综合执法改革。市级电影院、电影公司顺利转企改制。宝丰县作为省级文化改革发展试验区，文化体制改革任务全面完成。

（刘　泉）

【先进典型“百千联动”活动】
市委印发《关于开展全市先进典型选树培育活动实施方案》和《进一步加强先进典型培树宣传工作的意见》，确定2010年7月~2011年12月在全市开展先进典型“百千联动”活动，集中培养选树100个先进单位、1000名先进个人。建立全市首个先进典型线索库，收录10大类630多个基础典型线索。认真筛选9个先进个人和先进集体典型代表，组成先进典型事迹报告团，在全市范围巡回报告15场，受众1.5万多人（次）。

（刘　泉）

【爱国主义教育】　开展第十七届青少年爱国主义读书教育活动，组织爱国主义教育基地调研活动，重新申报、验收一批省级爱国主义教育基地，对部分教育基地负责人进行培训。组织国防教育形势报告会，开展第六次全国人口普查、“五五”普法集中宣传教育活动，举办社会主义核心价值观及诚信体系建设演讲比赛、征文比赛、知识竞赛等系列活动。认真组织开展思想政治工作专题调研活动，形成一批有价值的调研成果，4篇经典案例入选中国政研会《群众思想政治工作100例》。

（刘　泉）

【信息工作】　全年共编发《平顶山宣传信息》67期378篇，在《河南宣传信息》发稿216篇，居省辖市第一位，在市委《今日汇报》发稿位居前列。认真开展宣传调研活动，圆满完成调研课题31个，在省、市级刊物发表调研文章171篇，编印《平顶山宣传》4期共52篇调研文章，全市调研工作位居全省先进行列。

（刘　泉）

精神文明建设

【全省“三优三创”工作巡察观摩组莅平】　10月18日，省文明办副主任郭守占一行对全市“三优三创”（“三优”即优美环境、优良秩序、优质服务，“三创”即创文明城市、文明社区、文明景区）工作情况进行巡察观摩。市委常委、宣传部长唐飞，市政协副主席潘民中陪同。巡察共分文明社区创建、社会秩序、窗口行业规范服务、城市整体形象4个方面。每到一处，巡察组成员都详细了解情况，认真进行考核。

（张晓丽）

【交通文明创建】　为使“守规则、尊重人、争当文明市民”宣传教育活动更加深入人心，市文明办重点抓好交通文明创建活动，提高乘客的文明行为程度，提升司乘人员文明服务意识。5月下旬，组织市公用事业局、团市委、市公交总公司等部门赴山东济南，对济南“论语进公交”活动进行为期3天的实地考察。6月底，在16路、28路、66路、68路等公交车厢内，制作《论语》警句、格言、注释和相关故事图文宣传展贴，推行“论语进公交”活动，在全社会形成“学古人名言、做文明市民”的良好风尚。

（张晓丽）

在车厢上方和坐椅背面贴有《论语》语句和释文的66路公交车

【“平顶山精神、市歌、市赋、市树、市花”征集活动终评】　“平顶山精神、市歌、市赋、市树、市花”5项评选活动进入终评阶段，共评出入围市树3种，市花3种，城市精神6条，市赋3篇，市歌暂缺。在征求相关领导的意见后，选出市树、市花、市赋和平顶山精神各1种（篇、条），上报市委常委会。

（张瑛辉）

【“我推荐我评议身边好人”活动】　从4月份开始，每月向省文明办推荐2名~3名候选人。全年共向省文明办推荐24名候选人，入围中国文明网“好人榜”20人，荣登中国文明网“好人榜”两名。

（张瑛辉）

【全民阅读活动】　3月份，市文明办下发通知在全市范围内开展全民阅读活动，要求社区、机关、学校和企业以4月23日“世界读书日”为契机，广泛开展形式多样的读书、演讲、竞赛活动。该活动为期4个月（4月份~8月份）。5月份，开展读书征文活动，共收到征文近1000篇，评选出一等奖15名、二等奖35名。

（张晓丽）

【农村精神文明建设】　3月份，下发《关于进一步做好文明单位结对帮扶农村精神文明创建工作的通知》，制定《平顶山市第二轮农村精神文明建设结对帮扶工作方案》，签订文明单位结对帮扶农村精神文明创建工作责任书，开展“文明单位结对帮扶”活动。5月18日，组织召开全市“清洁家园行动”暨创建文明村镇观摩督导会，对6个县（市）、10个乡（镇）、24个行政村的“清洁家园行动”暨文明乡（镇）创建工作进行现场巡查观摩。根据《2010年全市精神文明建设工作要点》和《平顶山市开展“清洁家园行动”实施方案》安排，组织各地开展“清洁家园行动”暨创建文明村镇工作经验，查找问题。春节前后，根据省委宣传部、省文明办等14部门《关于认真做好2010年文化科技卫生“三下乡”工作的通知》要求，组织文化、科技、卫生、司法、农业、计生、广电等部门开展“三下乡”活动，活跃丰富农民科技文化生活。

（张瑛辉）

【文明村镇和文明农户创评】　为培养“四有”新型农民，市文明办在全市评选表彰56家文明村镇和100户文明农户，并向省文明办推荐表彰两家文明村镇和11家文明单位结对帮扶工作先进单位。根据省委、省政府关于大力推进社会主义新农村建设和做好南水北调丹江口库区移民安置工作的决策部署，结合本市移民安置实际情况，召集舞钢市、宝丰县、郏县、鲁山县召开专题会议，积极开展“迁安移民文明村”创建活动，不断提高广大移民群众的文明素质和移民村文明程度。

（张瑛辉）

【美德少年评选】　1月18日，由省文明办、省教育厅、共青团省委、省妇联共同开展的“河南省美德少年”评选活动结果揭晓。经过综合评审，平顶山市叶县昆阳镇中学王亚平、汝州市第二初级中学张艺博、卫东区建东小学宋沛源、舞钢市实验小学方思源、石龙区南顾庄学校杨崇瑞、宝丰县第二初级中学赵晏萱等6名学生荣获河南省美德少年称号。由市文明办、市教育局联合开展的全市“美德少年”评选活动中评选出150名“美德少年”，在全市各中小学中发挥较好的示范带动作用。

（张晓丽）

【取缔黑网吧】　继续保持对互联网、手机、淫秽色情等有害信息依法打击的高压态势，引导中小学生文明上网、健康上网。按照《关于在全省开展查处取缔黑网吧专项行动的实施方案》的安排和要求，组织工商、公安、文广新局、电信运营公司等相关职能部门在全市开展查处取缔黑网吧联合执法行动。全年共出动执法人员1800多人（次），突击检查网吧410家，查处取缔黑网吧76户，查封违法经营场所16处，查扣用于非法经营活动的电脑主机、显示屏等设备620台（件）、路由器5个。

（张瑛辉）

统一战线

【“百企帮百村”活动】　以启动基础设施建设和引导村企产业对接为重点，实行机关干部分包工作制，逐村逐企建立工作台帐，在帮建示范村设立“公开承诺”统一标志牌，开展“百企帮百村”现场观摩活动。为下汤镇林楼村编制“两个规划”，50户新民居及文化休闲广场和村内河道整治项目开工建设。宝丰洁石集团投资1.2亿元整体搬迁张八桥镇张八桥村，建设项目规划占地26.12公顷，一期工程全面启动。舞钢市瑞祥牧业公司投资530万元为瑞祥中心社区建成4000立方米大型沼气池，无偿捐献豆粕厂和有机化肥厂20%的股份，安置300名社区居民就业。全市117家民营企业与92个中心村签订帮扶协议，采取项目带动、置换搬迁等多种帮扶形式，累计实施帮建项目198个，投入资金2.26亿元。

（田汉霖　海小杰）

【招商选资】　市县两级统战部门围绕中原电气城、中原化工城等产业集聚区项目，依托温州商会等开展对口招商。全年开展对外招商活动7次，签订中低压电气产业园等投资合作项目35个，投资总额156.25亿元，实际到位资金72.896亿元。先后组织市经贸考察团赴福建省福州市、泉州市、厦门市参观考察，开展市情说明暨旅游推介活动。在杭州市举办平顶山市（杭州）合作项目推介会。参与“豫澳经贸洽谈会”、河南—浙江投资合作洽谈会、第三届华合论坛等大型经贸交流活动7次，出色完成邀商、本地企业参会组织和项目对接工作。邀请荷兰王国海牙华商会、厦门市工商联等32批经贸考察团组来平参观考察。成立平顶山市福建商会、平顶山市山东商会，筹建深圳市平顶山商会。召开平顶山市工程塑料产业发展研讨会，搭建招商引资平台。

（田汉霖　海小杰）

【服务非公经济发展】　召开平顶山市第二届优秀社会主义事业建设者表彰大会，对63名非公经济人士进行表彰。开展非公经济组织学习实践科学发展观活动。在市工商联成立非公经济党委，加强非公经济领域党建工作的做法在全国非公经济组织党建工作座谈会上作书面交流。实施民营企业家素质提升工程，举办民营企业工商管理高级研修班两期。引导民营企业发挥民间资本优势，解决中小企业融资难问题。组建河南英联投资担保有限公司。该公司注册资金1.35亿元（其中市政府注资2000万元，民营企业出资1.15亿元），是全省省辖市唯一一家注册资金过亿元的工商联投资担保公司。全市工商联系统成立担保公司11家，县级融资担保机构实现全覆盖，全年为1356家民营企业提供担保资金107821万元。

（田汉霖　海小杰）

【大香山观音文化园区建设】 组织专家学者撰写香山观音文化研讨论文，制作一批反映香山观音文化的文学影视作品。加大香山寺保护性建设力度，帮助解决施工过程中遇到的实际问题。河南常绿集团捐赠100万元用于香山普门禅寺工程。景区牌坊建设、1020米长的景区路西延工程及6.7公顷绿化项目基本完工；山门主体工程进入收尾阶段；香山寺大殿工程开工建设；大香山路基础工程完成；北牌坊前广场及停车场规划审批、土地征用以及商贸服务区建设征地等工作有序展开。

（田汉霖　海小杰）

【发挥统战人才优势】 组织各民主党派、工商联和无党派代表人士，开展“文化旅游产业发展”专题调研，召开全市文化旅游产业发展建言献策座谈会。组织民主党派专家服务团，开展“科技、文化、卫生、法律”四下乡活动6次，受益群众4000多人（次）。整合资源，推动党派中央、省委与地方政府开展合作。民建省委就沙河（平顶山段）复航进行实地考察，向有关部门提交将沙河复航工程列入河南省“十二五”规划的建议。农工党省委在叶县举行“百千万农村健康行动计划”启动仪式，选定7个基层卫生院和1个乡镇作为定点帮扶对象。九三学社市委成功召开平顶山市工程塑料产业发展研讨会，市政府采纳调研成果，提出依托高新区内的中平能化集团，打造亚洲最大的尼龙化工基地目标。

（田汉霖　海小杰）

【多党合作】 协助市委制定全年政治协商计划，召开党外人士座谈会，征求各民主党派、工商联和无党派人士对《政府工作报告》的意见和建议。组织各民主党派市委主要负责人和无党派代表人士赴重庆、海南开展暑期考察恳谈。开展“看鹰城、献良策”系列活动，组织党外代表人士走进市检察院、市中级人民法院。支持各民主党派参政议政，在市政协七届二次会议上，各民主党派提交集体、个人提案324件，占会议提案总数的66.2%。支持民主党派加强思想建设，深入开展社会主义核心价值体系主题教育活动。组织召开全市县处级党外干部座谈会，听取党外干部的意见建议。加大党外干部安排工作力度，在市直部门选配副县级党外领导干部14名。积极推荐优秀的党外干部担任正职领导职务，先后有3名党外干部担任政府组成部门和国有企业正职。举行全市公安机关第四届特邀监督员聘任仪式，为市公安局推荐130名特约监督员。

（田汉霖　海小杰）

【民族团结进步事业】 深入开展民族团结宣传教育活动。举行民族团结进步先进事迹巡回报告会7场，各族干部群众4000多人聆听报告。全面推行矛盾纠纷源头排查化解机制和突发性事件处置机制，妥善处理涉及民族宗教方面的矛盾纠纷。加大少数民族干部选拔力度。全市有少数民族干部1150名。优先在民族乡、村安排资源开发和深加工项目，全市少数民族企业税收总额25396.5万元。协调少数民族发展资金1173.6万元，帮助少数民族聚居区解决道路、饮水、农田水利等基础设施建设问题。协调金融机构发放小额贷款13708.8万元，协调财政、金融等部门为少数民族企业减免流动资金贷款利息150多万元，支持少数民族聚居区特色产业发展。

（田汉霖　海小杰）

【宗教统战】 组织召开纪念《宗教事务条例》实施5周年座谈会。指导帮助宗教界召开市级宗教团体全会，建立健全例会和民主商议等宗教团体管理制度。加强宗教界代表人士队伍建设。全年举办宗教代表人士培训班7期，培训840人（次）。建立健全抵御境外宗教渗透工作机制，认真做好上海世博会期间民族宗教领域稳定工作，妥善处置洛桑会议、佘山朝圣等事件。爱国宗教团体负责人特殊补贴纳入2010年度市级财政预算。全年向各市级爱国宗教团体及其负责人发放宗教团体办公费、房租费和工作补贴20万元。组织宗教界人士为四川玉树灾区捐款

11.2 万元。

（田汉霖　海小杰）

【就业培训帮扶】　实施帮扶"千人创业、万人就业"工程。依托利杰技术培训学校、河南圣光集团等民营企业，成立帮扶就业培训基地和大学生创业实践基地，举办各类培训班 16 期，培训 2200 人。组织民营企业家举办创业论坛两场，1100 多名大学生接受创业指导。举办"困难职工、农民工专场招聘会"、"民营企业招聘周"活动，全市 1068 家民营企业提供就业岗位 25097 个，7462 人与用工单位签订就业合同。加大"光彩助学"力度。民营企业家捐款 954.8 万元，资助贫困学生 1149 名。组织民营企业为四川玉树灾区捐款 376.59 万元，为贵州毕节地区捐建 160 座"河南水窖"。

（田汉霖　海小杰）

【海外联谊】　承办中央统战部欧美同学会"增强服务意识、提高服务质量"主题研讨会，搭建欧美同学会和平顶山市在引才、引智、引进先进适用技术方面的合作平台。联合香港各界文化促进会共同开展"两岸四地看鹰城"摄影活动，邀请 50 名两岸四地著名摄影家来平摄影采风，在香港举办"魅力鹰城靓香江"大型摄影展。巩固和扩大"鹰城文化宝岛行"成果，邀请"两岸媒体记者联合采访团"等 15 个重要团组来平开展文化交流活动。出版摄影图书《走近台湾》并举办首发仪式暨座谈会。办理 16 个赴台交流项目。平顶山学院学生赴台湾南华大学学习访问，开创豫台两地高等教育合作先河。接待台中市河南同乡会经贸考察团、台北市工商界参访团等来平考察、洽谈、观光、探亲的台胞、台商重要团组 20 多批次、2000 余人（次）。全年全市批准台资项目 67 个，正常经营台资企业 26 家，上缴税金 8482.7 万元人民币。争取海外无偿捐款 1213 万元，捐建侨心学校两所，向 342 名学生颁发侨心助学金 144.4 万元。争取台湾新华爱心教育基金会在市一中继续设立两个"珍珠班"，选送 34 名优秀高中毕业生赴印尼总统大学免费留学深造。

（田汉霖　海小杰）

老干部工作

【思想政治工作】　建立并落实市级离退休干部座谈会制度，每季度分专题向市级老领导通报工作，征求意见和建议。印发《关于退（离）休干部、党员参加社会活动有关问题的通知》，深入离退休干部家中作好形势政策宣讲。按照"五好"党支部、"四好"党员标准，在离退休干部党组织和党员中深入开展创先争优活动，进一步增强离退休干部党组织的凝聚力、向心力。各县（市、区）积极创新离退休干部党支部的组织形式和活动方式。宝丰县成立 4 个老干部联络组，平时分组学习、活动，每月定时召开会议，汇总老干部的愿望和要求，集中向有关部门反馈。新华区每月 15 日在全区离休干部中开展以"五学四议三帮"为主要内容的学习教育活动。

（杜　伟　袁陆超　张江涛）

【首届"三型家庭"评选活动】

10 月 14 日，第一届平顶山市离退休干部"学习型、健康型、和睦型"家庭表彰大会在市行政审批服务中心会议室召开。市委常委、组织部长李萍出席表彰会，温西山等 30 户离退休干部"三型"家庭受到表彰。新闻媒体对"三型"家庭的典型事迹和经验进行广泛宣传报道，在各级各单位和离退休干部中引起强烈反响。部分县（市、区）结合实际开展富有特色的评选表彰活动。汝州市开展老干部发挥作用"双先"表彰和老干部大学"三好学员"评选表彰活动；郏县开展"关爱老干部楷模"评选表彰活动，在离退休干部中进一步树立良好的思想导向。

（杜　伟　袁陆超　张江涛）

【老干部待遇落实】　印发《关于进一步加强新形势下离退休干部工作的实施意见》，安排部署老干部工作的目标任务。在管理使用好 200 万困难企业医疗补助资金的基础上，会同有关部门提出市属企业和困难事业单位离休干部医药费收归财政统一负担的意见，从 2011 年开始，市财政预算安排 690 万元资金，将市属困难企事业单位离休干部医疗费收归财政统一负担。各级各单位采取多种措施保障"三个机制"正常运行。物资集团、金建公司多方筹措资金缴纳离休干部医疗统筹金；商业大楼每月先为老干部报销医药费，按季度再到市医保中心集中办理报销手续，有效缓解离休干部医药费垫支压力。制定《市直单位离休干部困难补助资金管理使用办法》，确保帮扶救济资金发放给真正困难的离休干部。市财政每年拨付 20 万元作为特困离休干部帮扶资金；市委组织部从党费中拿出 3 万元，市财政拨付专款 5 万元对生活困难的离退休干部和离退休党员进行救济，形成不同困难层次离退休干部帮扶体系。汝州市、郏县、叶县、卫东区、湛河区相继建立困难离休干部帮扶机制。12月份，对10个县（市、区）、77个市直单位老干部工作责任目标完成情况进行全面考核（包括市直单位有离休干部的二级机构）。针对老干部关心关注的热点、难点问题，发放《老干部座谈调查表》，征求老干部意见和建议；对考核中发现的问题，制定详细整改方案，明确专人跟踪问效。成立督查组，对老干部工作相关文件精神贯彻落实情况和全年重点工作进行督促检查。

（杜　伟　袁陆超　张江涛）

【开展“四就近”工作】　市老干部局成立“四就近”（就近学习、就近活动、就近得到关心照顾、就近发挥作用）工作督导组，对全市11个试点社区“四就近”工作开展情况进行巡回指导。各县（市、区）成立领导组织，建立专兼职工作队伍，切实抓好试点工作。明确社区大学生村干部兼任社区离退休干部“四就近”工作人员的做法受到省局肯定，并在全省推广。汝州市在做好东营村试点的基础上，确定洗耳河街道西社区等5个“四就近”工作点；湛河区召开全区“四就近”工作现场会，在每个办事处都确定一个试点，推动“四就近”工作深入开展；卫东区社区医疗服务站时常到老干部家中为老干部服务，讲解健康保健常识，社区志愿者经常到空巢老干部家中帮助打扫卫生，陪老干部聊天。

（杜　伟　袁陆超　张江涛）

【活动阵地建设】　建设新的市老干部活动中心，把老干部大学作为“十大民生工程”内容之一列入《政府工作报告》。市财政拨出资金54.8万元，对现有的市老干部活动中心、老干部大学进行集中修缮。各县（市、区）老干部活动中心、老干部大学新建及改扩建工作取得新进展。石龙区投资新建集老干部、青少年为一体的综合性活动中心建设项目破土动工；卫东区投入近20万元用于更新、添置老干部娱乐健身器材，改善学习活动条件。

（杜　伟　袁陆超　张江涛）

【老干部精神文化生活】　组织担任过市（厅）级职务的离退休老领导到汝州市、鲁山县等地参观考察工农业生产。创新市直担任市（厅）级职务离退休干部健康休养新办法，在征求老领导意见和建议的基础上，提出尊重老领导意愿、结合老领导自身健康状况选定休养方式、时间、地点的建议。汝州市为举办平顶山市第十二届夕阳红“春青杯”门球赛拨出专款30万元；舞钢市12年来坚持开展为离休干部“贺生日、送温暖”活动；叶县建立县、乡两级老干部健康知识讲座制度，每季度请专家讲一次保健课；新华区由区委组织部、老干部局统一组织，春节前集中对全区离休干部和县级退休干部进行慰问；石龙区利用现代信息技术，为离退休干部开通短信服务平台，让老干部足不出户就能通过手机短信及时了解政策法规、医疗常识、活动安排、紧急通知、温馨提示等信息。

（杜　伟　袁陆超　张江涛）

【组织老干部发挥余热】　全市建有发挥作用组织2075个，其中精神文明建设领域1571个，物质文明建设领域504个，有75%左右的离退休干部在不同领域发挥着作用。市委、市政府增聘邹积余、刘振军、孙同庆3位老领导担任市委老干部工作巡视员，协助市委、市政府作好思想工作、宣传工作和稳定工作。

（杜　伟　袁陆超　张江涛）

【先进荣誉】　2011年6月，市关工委、舞钢市关工委荣获全国关心下一代工作先进集体称号，市关工委秘书长宋利海等4人获全国关心下一代工作先进工作者荣誉称号。7月份，舞钢市委老干部局、老年体协获得国家体育总局颁发的支持体育事业突出贡献奖。

（杜　伟　袁陆超　张江涛）

【举办老干部工作政策业务知识竞赛】　7月14日，为贯彻落实全国、全省和全市老干部工作会议精神，由市委组织部、市委老干部局联合举办的全市老干部工作政策业务知识竞赛在市广电总台演播大厅举行。市委常委、组织部长李萍观看比赛并为获奖代表队颁奖。全市共有14支代表队参加预赛，经过激烈角逐，6支代表队脱颖而出，进入决赛。竞赛分必答题、抢答题和风险题3个环节。最终，叶县代表队获一等奖，郏县代表队和宝丰县代表队获二等奖，舞钢市代表队、汝州市代表队、市商务局代表队获三等奖，鲁山县委老干部局等8支代表队获得优秀奖。

（张晓丽）

【调研宣传】　针对“四就近”

工作，组织人员赴省内外先进地市考察学习，及时将调研成果运用到实际工作中。积极参加中组部老干部局开展的老干部工作征文活动，本市有两篇文章获得二等奖，3 篇文章获得三等奖。省《老干部工作》经验交流专栏刊登本市《完善机制，夯实基础，全面提升新时期离退休干部服务水平》的经验材料。郏县人大老干部党支部的先进事迹被《中国老年报》“红旗支部行”专栏刊登。全市老干部工作信息在全省上稿量位居第一。

（杜　伟　袁陆超　张江涛）

群众信访

【信访形势】　全市全年赴京集体上访和非正常上访同比分别下降 84% 和 78%，赴省集体上访同比下降 47%。信访秩序持续好转，没有发生在京、省影响较大的恶性上访事件，全国及全省人大、政协会议，上海世博会等重大节会期间没有发生来自平顶山的干扰。

（陈海丰）

【信访荣誉称号】　2010 年，平顶山市被评为全省信访工作成效显著省辖市、全省南水北调信访稳定工作先进省辖市。舞钢市、湛河区被评为全省用群众工作统揽信访工作先进县（市、区）；郏县、宝丰县、鲁山县被评为全省信访工作成效显著县（市、区）。舞钢市委书记高永华被省委、省政府记一等功；平顶山市委副秘书长、群工部部长（信访局长）袁银亮，舞钢市委群工部长陈云洲分别被省委、省政府记二等功；鲁山县信访局党组书记、副局长何宏伟，汝州市政府党组成员、群工部部长赵三壮分别被省委、省政府记三等功。

（陈海丰）

【矛盾纠纷大排查、大化解活动】　市委信访工作领导小组在全市深入开展“大排查、大化解”活动。按属地、按系统、按部门开展地毯式排查，重点排查国土资源、城镇建设、交通运输、环境保护、涉法涉诉、历史遗留问题等方面存在的信访问题，逐一建立台账，明确包案领导及稳控责任。充分发挥人民调解、行政调解和司法调解作用，拓宽思路，多角度、多途径解决问题，耐心做好思想疏导工作。共排查各类矛盾纠纷 3834 起，化解 3185 起，化解稳定率 83.1%。

（陈海丰）

【化解信访突出问题】　按照“系统抓、抓系统”的原则，印发《关于进一步明确市直部门处理信访突出问题工作责任的通知》，明确 26 个市直部门处理信访突出问题的责任和要求；印发《关于妥善处理和化解当前影响我省社会稳定的信访突出问题的通知》，对原民办教师、部分军队退役人员等九大类影响全市社会稳定的信访突出问题，逐一明确牵头化解单位，明确化解时限和任务要求，推动信访突出问题的妥善化解。

（陈海丰）

【信访案件督查】　通过重点督查、明察暗访、驻点指导、座谈回访等形式，市委信访工作领导小组先后 4 次组织由县级干部带队的集中督查活动，督导解决疑难信访问题 140 余起。对特别重大疑难的 28 起信访案件，市委书记赵顷霖亲自主持召开市党政联席会议，集中听取案件情况，逐一明确市级包案领导，由市委、市政府办公室介入督查，推动重大疑难信访问题成批解决。

（陈海丰）

【专项资金救助】　2010 年，中央、省分两批下达本市特殊疑难信访问题专项资金 284 万元，市级配套资金 142 万元，县级配套 357.515 万元，共计 783.515 万元。为切实加强对专项资金的监管，最大限度地发挥专项资金在化解特殊疑难信访问题的重要作用，市委信访工作组成立专项资金管理使用领导小组，规范程序，加强监管，跟踪问效。化解特殊疑难信访问题 169 件，较好地维护群众切身利益。

（陈海丰）

【加强基层化解矛盾能力】　市委信访工作领导小组在全市范围内大力推广舞钢市“六位一体”工作模式，即：整合信访、综治、公安、司法、人民武装部、人民法庭等力量，对乡级信访接待场所及工作进行规范，集中办公、统一管理，方便群众提出诉求，解决问题。2010 年，全市“四无”乡（镇、街道）数量由 22 个增加到 46 个，占全市乡（镇、街道）总数的 32%；中心城区中“零非访”社区由 67 个增加到 83 个，占中心城区社区数量的 86%，基层就地化解社会矛盾能力显著增强。

（陈海丰）

保密工作

【保密宣传】 9月29日，市保密局在鹰城广场举办《保密法》宣传启动仪式暨全市保密宣传展板展览。市委常委、秘书长张遂兴到场作重要讲话，市保密委委员、各单位保密委主任、涉密人员共500余人参加活动。活动当天，共发放《保密法》宣传资料2000多册，摆放各类宣传展板300余块。

（李鲁欣）

【涉密计算机违规外联监控平台建设】 全市涉密计算机违规外联监控平台建成运行，全市90%以上的涉密计算机纳入监控平台管理。实行涉密计算机违规外联定期通报制度，对各县（市、区）进行系统升级改造，实现省、市、县三级监控平台联接。全年发现并阻断60台（次）违规外联现象。

（李鲁欣）

【保密大检查】 2010年，市保密局共组织开展两次较大规模的保密检查活动。5月份，开展计算机和涉密载体保密专项检查活动。组织人员对全市保密检查中存在问题的25个单位和10个重点涉密单位的计算机和涉密载体进行仔细排查，共检查计算机326台。省保密委员会对本市专项活动开展情况进行为期一周的检查验收。11月29日，印发《关于开展全市保密大检查的通知》，组织开展年终全市保密大检查。市保密局抽调各县（市、区）及市政府有关单位人员，组成两个检查组，自12月中旬开始，对主要涉密单位的保密工作进行全面检查。

（李鲁欣）

党校教育

【干部教育】 全市全年共举办县处级领导干部轮训班13期，轮训县处级领导干部1214人（次）；中青年干部培训班两期，培训中青年后备干部128人（次）；市拔尖人才政治理论班1期，培训50人（次）；县（市、区）委党校骨干教师进修班1期，培训39人。全年共计轮训干部1480人（次）。县级党校教学“六统筹”工作稳步推进，编发工作简报9期。10个县（市、区）党校共举办科级干部、大学生村干部、村委会干部、入党积极分子、统战干部、组工干部等6类培训班96期，培训1.5万余人（次）。

（宋奕虹）

【函授教育】 2010年，全市共录取注册新生655人，其中市直251人。组织教师指导本科班毕业论文975篇。顺利完成全年函授教学、教务、考务、学籍、教材等各项日常工作，被省委党校评为2010年先进函授站。

（宋奕虹）

【科研成果】 全年在CN刊物上发表各类文章共计39篇，其中国家级两篇、省部级17篇、地厅级两篇、《平顶山日报》18篇。研讨会获奖论文两篇。主编著作1部，结项课题36个，获地厅级以上优秀成果14篇。《平顶山论坛》编发4期，共编发文章46篇。

（宋奕虹）

市直党务

【党务教育培训】 全市举办市直机关科级以下党务干部培训班4期，培训378人（次）；举办市直机关入党积极分子培训班两期，培训675人（次）。在培训班上增设中央《条例》和省委《意见》专题，下发中央《条例》和省委《意见》单行本各680册。

（苏继伟）

【“创先争优”活动】 2010年，市直工委重点指导72个市直机关党组织和11716名共产党员开展“创先争优”活动。在工委刊物《机关工作动态》开辟“创先争优”活动专栏，对市直机关“创先争优”活动进行宣传报道。利用“七一”，对全市100个先进党组织，160名优秀共产党员，100名优秀党务工作者进行表彰。认真抓好先进典型培育工作和“两档一库”建设，共收录100个不同行业、不同类型的先进典型。利用新闻媒体对在创先争优活动中涌现出的10个先进典型进行宣传报道，发挥先进典型的示范带动作用。

（苏继伟）

【党组织建设】 认真贯彻落实党章要求，对市直机关党组织建立、换届和补选工作进行规范。全年共指导18个党组织进行换届改选，增设党组织3个，考核、调整党务干部30人（次）；培养市直机关入党积极分子675人，发展党员301人。

（苏继伟）

【“双学双争”活动】 组织开

展以学习为基础、创新为动力、法治为重点、服务为宗旨、廉洁为保证的“五型”机关创建。在市直机关建成一批“共产党员示范岗”，培育建设学习型机关11个、创新型机关5个、法治型机关9个、服务型机关13个、廉政文化进机关先进单位9个，选举人民满意公仆10名，以增强机关党员干部全心全意为人民服务的宗旨意识，在市直机关营造出学先进、赶先进、当先进的浓厚氛围。

（苏继伟）

【机关党风廉政建设】　开展反腐倡廉宣传教育。在《机关工作动态》开辟《警钟长鸣》专栏，刊载警示案例；举办全市首场反腐倡廉演讲报告会，增强党员干部贯彻落实《廉政准则》的主动性和自觉性。加强反腐倡廉制度建设。严格执行党风廉政建设责任制和《中国共产党党员领导干部廉洁从政若干准则》及相关规定，以建立健全惩治和预防腐败体系各项制度为重点，不断提高反腐倡廉制度化、规范化水平。推进廉政文化进机关活动。督促各单位不断完善“廉政承诺栏”、“廉政文化宣传栏”、“廉政书架”、“廉政教育影视角”等党风廉政宣传教育场所建设，推动廉政文化进机关活动向纵深发展。

（苏继伟）

【主题实践活动】　2010年，市直工委开展丰富多彩的主题实践活动，有效扩大机关党建工作影响力。为纪念建党89周年，举办新党员入党宣誓仪式、报告会、座谈会、书法摄影展、演讲歌咏比赛等纪念活动。11月份，成功举办市直机关乒乓球比赛，陶冶职工情操。不断丰富和拓展送温暖活动的形式和内容，积极开展抗震救灾、帮扶活动。“七一”前夕，帮扶、救助困难党员29名，发放救济金1.16万元；春节前夕，帮扶、救助困难党员近500名，发放救济金4.5万元。

（苏继伟）

编制管理

【行政机构改革】　2010年5月底，市县两级政府机构改革任务基本完成，其中市政府机构改革3月底结束。全市共调整划转部门职能32项，取消下放部门职能28项，强化部门管理职能40项；撤并行政单位8个，新组建政府组成部门5个，更名5个，调整隶属关系5个，整合具有行政职能的事业单位11个。改革后市政府设置组成部门34个，部门管理机构2个，议事协调机构的办事机构1个。

（孟祥远）

【事业单位改革】　积极推进文化体制改革。认真贯彻国务院、中编办有关文化体制改革精神，根据《中共河南省委、河南省人民政府关于进一步深化文化体制改革加快文化产业发展的若干意见》，整合市人民广播电台、市电视台，组建市广播电视总台；整合文化、广播影视、新闻出版等行政执法队伍，组建市文化市场综合执法支队。参与医疗卫生体制改革。贯彻落实省《关于深化医药卫生体制改革的意见》精神，按照省核定的乡镇卫生院编制标准，以县（市、区）为单位审核下发乡镇卫生院人员编制4614名，规范乡镇卫生机构编制管理。重新核定中等职业学校教职工编制。按照省编办、教育厅、财政厅、人力资源和社会保障厅联合下发的《河南省中等职业学校教职工编制标准》文件精神，对全市中等职业学校教职工编制进行重新核定。大力推进职业学校整合工作。落实国家、省大力发展职业教育的有关文件精神，对全市10所中等职业学校进行整合，组建平顶山教育学院、平顶山高级技工学校等4所学校，加快本市职业教育改革与发展。配合抓好交通管理体制改革，积极做好燃油附加税改革后续工作。

（孟祥远）

【机构编制监督检查】　认真贯彻《机构编制违纪行为适用〈中国共产党纪律处分条例〉若干问题的解释》，相继查处汝州市教体局违反机构编制纪律、叶县环保局超编进人等影响较大的机构编制违规违纪行为，责成有关部门对主要责任人按照《机构编制违纪行为适用〈中国共产党纪律处分条例〉若干问题的解释》给予免职和党内警告处分。根据群众举报和上级批转件，查处市环保局、市人防办、鲁山县物价局等多起不经编制部门批准擅自违规进人事项。

（孟祥远）

【事业单位登记管理】　积极开展建立和完善事业单位法人治理结构的学习、探索和研究，选择市农业科学院、市财经学校和市人民医院3家事业单位为法人治理结构试点单位。建立事业单位法人信息公开制度，探索建立事业单位法人重要事项信息披露制度。开展挂牌和印章专项检查，全市共清查牌子654块，改正牌子10块，摘除牌子3块；清查印章721枚，修正印章39枚，销毁印章5枚。连续举办两期6班（次）事业单位网上登记管理业务技术培训，培训355名专办人员，全面提高市直事业单位登记管理专办员网上办理登记事项的业务能力。

（孟祥远）

【县（市、区）机构编制管理】 认真做好上收进人审批权前期准备工作。起草《关于县市区机关事业单位消化超编人员上收机构编制审批权的通知》，逐步加强对县（市、区）机构编制的规范管理工作。成立县区机构编制管理科，将党政机关超编的新华区、卫东区、湛河区、石龙区、叶县、郏县、宝丰县等7个县区进人审批权上收到市级。完成经济发达镇行政管理体制改革试点推荐报送工作。按照省编委要求，综合考虑全市各乡镇相关因素，确定郏县黄道乡为市经济发达镇行政管理体制改革试点镇。完成产业集聚区管理体制改革调研任务。组织人员对城市新区和产业集聚区的管理机构进行调研，了解掌握各县（市、区）产业集聚区的基本情况和管理体制，分析各产业集聚区的现状和存在的困难与问题，提出加强和规范产业集聚区管理机构的意见和建议。

（孟祥远）

平顶山市人民代表大会

【市九届人民代表大会第二次会议】 2010年1月16日～20日，平顶山市第九届人民代表大会第二次会议在新城区会议中心召开。应到代表423名，实到代表412名。大会以举手表决的方式依次通过市九届二次会议关于《政府工作报告》的决议、关于平顶山市2009年国民经济和社会发展计划执行情况与2010年国民经济和社会发展计划的决议、关于平顶山市2009年财政预算执行情况和2010年财政预算的决议、关于《平顶山市人大常委会工作报告》的决议、关于《平顶山市中级人民法院工作报告》和《平顶山市人民检察院工作报告》的决议。大会选举王炳耀、姬保家、梁丽萍、李海星为平顶山市第九届人民代表大会常务委员会委员。市人大常委会主任薛新生在闭幕式上讲话。薛新生强调，全市各级人大和人大代表最大任务就是迅速把思想行动统一到中央和省、市委经济工作会议精神上来，团结凝聚全市500万人民的智慧和力量，奋力夺取2010年经济和社会发展新胜利。薛新生指出，一要认清形势，围绕目标，科学安排好人大工作；二要关注民生改善，促进社会和谐，密切人大与人民群众的联系；三要增强使命意识，充分发挥代表作用；四要提高履职水平，加强各级人大和人大代表自身建设。

（孔双林）

【市九届人大常委会会议】

会　次	时　　间	主　要　内　容
第7次	1月20日	听取和审议市九届人大常委会代表资格审查委员会关于“平顶山市第九届人民代表大会代表资格的审查工作报告（草案）”，审议通过《平顶山市人大常委会工作报告》（审议稿）、市九届人大二次会议主席团和秘书长建议名单（草案）、市九届人大二次会议计划财政预算审查委员会建议名单（草案）、市九届人大二次会议列席人员名单（草案）及市九届人大二次会议筹备工作情况的报告。

续　表

会　次	时　　间	主　要　内　容
第8次	4月20日~21日	听取和审议市人民政府关于全市水污染防治工作、粮食工作情况的报告；听取和审议市人大常委会调查组关于"强化治安管理，促进平安建设"代表议案的调查报告和市人大常委会执法检查组关于全市实施《归侨侨眷权益保护法》执法检查情况的报告；审议通过市九届人大常委会关于"强化治安管理、促进平安建设"的决定和关于接受刘发展辞去市九届人大常委会委员职务的决定；通过人事任免事项。
第9次	6月30日~31日	听取和审议市人民政府关于全市矿产资源工作情况、劳动就业和社会医疗保障情况、2009年城市基础设施建设贷款资金使用和管理情况的报告；听取和审议市人大常委会执法检查组关于全市贯彻实施《烟草专卖法》情况的报告、市人大常委会议案办理调查组关于全市城区小学班额超员情况的调查报告；审议通过市人大常委会《关于解决全市城区小学班额超员问题，促进义务教育均衡发展的决定》（草案）、《关于进一步加强对煤矿安全生产监督管理工作的决定》（草案）、《平顶山市人民代表大会代表向原单位述职暂行办法》（草案）；通过人事任免事项。
第10次	8月24日~25日	听取和审议市人民政府关于2010年上半年国民经济和社会发展计划执行情况、2009年财政决算和2010年上半年财政预算执行情况的报告及2009年市级财政预算和其它财政收支情况的审计工作报告；听取和审议市人民政府关于全市医疗卫生体制改革及医院基础设施建设情况的报告；听取和审议市人大常委会执法检查组关于全市实施《城市规划法》、《工会法》执法检查情况的报告；通过人事任免事项。
第11次	10月1日	通过关于接受李恩东辞去平顶山市人民政府市长职务的决定；通过市人大常委会主任会议关于提请陈建生担任平顶山市人民政府副市长的议案。
第12次	10月27日	学习中国共产党第十七届委员会第五次全会公报；听取和审议市政府关于全市加快推进新农村建设情况、城市社区建设情况、旅游产业发展情况的报告；听取和审议市人大常委会执法检查组关于全市实施《消费者权益保护法》情况的执法检查报告。
第13次	12月21日~22日	听取和审议市人民政府关于市九届人大二次会议代表所提建议、批评和意见办理情况，关于全市经济犯罪侦查工作情况，关于全市大气污染防治工作情况，关于全市重点项目和产业集聚区建设情况的工作报告；审议通过平顶山市人民代表大会常务委员会关于召开平顶山市第九届人民代表大会第三次会议的决定（草案）；通过人事任免事项。
第14次	12月30日	听取和审议市九届人大常委会代表资格审查委员会关于代表资格审查情况的报告；审议通过市九届人大三次会议主席团和秘书长建议名单，市九届人大三次会议计划、财政预算审查委员会建议名单（草案），市九届人大三次会议议案审查委员会建议名单（草案），九届人大三次会议列席人员名单（草案），市人大常委会工作报告（审议稿）；补选陈建生为省十一届人大代表，李志忠、李静霞为市人大常委会预算工作委员会委员。

【决议决定】　围绕财政运行作出批准2009年市本级财政决算的决定；围绕社会稳定作出《关于进一步强化治安管理，促进平安建设的决定》；围绕安全生产作出《关于进一步加强对煤矿安全生产监督管理工作监督》的决定；围绕城区小学建设作出《关于解决全市城区小学班额超员问题，促进义务教育均衡发展》的决定。

（孔双林）

【经济工作监督】　切实加强经济运行工作的监督。听取和审议市政府关于2010年上半年国民经济和社会发展计划执行情况的报告；建议市政府紧紧抓住经济转型机遇，加快经济结构调整和发展方式转变。切实加强"三农"工作监督。听取和审议市政府关于全市社会主义新农村建设情况的工作报告，建议市政府在推进新农村建设过程中，要努力拓宽农民群众增收渠道，完善新农村基础设施配套工程，妥善解决建房土地置换问题。听取和审议市政府关于粮食工作情况的报告，提出加强农业生产基础设施建设，完善农业科技推广体系，完善粮食行政执法体系的意见和建议。切实加强人民群众关注热点问题的监督。听取和审议市政府关于劳动就业和社会医疗保障情况的工作报告，提出进一步加强人力资源市场管理，努力拓宽社会就业渠道，落实农民工工资保障金制度，帮助和安排残疾人就业等项意见和建议。听取和审议市政府关于医疗卫生体制改革及医院基础设施建设情况的工作报告，推动市政府加快医疗卫生体制改革步伐。听取和审议市政府关于城市社区建设工作的专项报告，提出规范社区工作职能，理顺工作关系，进一步提升社区服务水平的意见和建议。切实加强环境、资源保护工作监督。分别听取和审议市政府关于水污染防治和大气污染防治工作的报告，根据人大代表和人民群众反映的意见，提出整改意见和建议。听取和审议市政府关于矿产资源管理情况的工作报告，提出正确处理资源开发与生态保护的关系，坚决制止乱采滥挖行为，治理矿山生态环境，加强地质灾害防治的意见建议。切实加强司法工作监督。听取和审议市政府关于经济犯罪侦查的专项工作报告。督促市政府及公安机关进一步加强经济犯罪侦查工作，不断充实侦查经济犯罪警力，提升侦查技能，健全预警、防控和协作机制，维护全市的经济秩序和社会稳定。

（孔双林）

【法律监督】　对《工会法》进行执法检查。通过检查，促进部分企业尤其是非公有制企业工会组织不健全，部分企业不签劳动合同、欠缴“三金”、职工工资低于最低工资标准等问题的逐步解决；推动职工维权机制的建设，增强职工和企业之间的和谐。通过对《消费者权益法》和《河南省消费者权益保护条例》执法检查，针对普法教育不够深入、监管单位责任不够到位、个别生产经营者缺乏诚信、侵权现象时有发生、消费者维权成本过高、受到侵害后不能及时维权等问题，提出明确的整改意见。市政府及有关部门根据检查要求及建议，加大普法宣传力度，开展专项整治活动，实行部门执法联动，完善监管检测机制，集中解决一批消费者反映突出的问题，有效地维护消费者的合法权益。为加快全市城乡一体化建设，常委会对《城乡规划法》实施情况进行执法检查。针对存在的问题市人大提出审议意见；市政府加快城市扩容规划编制，城市总体规划通过国家级审查，老城区基础设施建设不断加强，城中村和旧城开发改造不断加快，县城和小城镇建设稳步推进，并强化执法效能，查处违法违规建设，为城乡规划的编制实施提供良好的法治环境。针对烟草生产超计划种植与按计划收购的矛盾尚未妥善解决、基础设施不配套、推广优良品种力度不够、缺乏规模效益、制售假烟活动屡禁不止等问题，开展《烟草专卖法》的执法检查，向市政府提出审议意见。开展《归侨侨眷权益保护法》的执法检查，建议市政府及有关部门进一步帮助归侨侨眷妥善解决住房、就业、子女入学、养老、医疗保险及困难补助等实际问题，落实对侨资企业的优惠政策，优化侨资企业发展环境，支持和保护侨资企业加快发展。

（孔双林）

【信访】　切实加强人大信访工作，健全接办、批办、交办、督办机制。2010 年，受理群众来信 540 件（次），接待群众来访 1321 人（次），涉及案件 265 起。把群众反映比较集中的涉法涉诉、征地拆迁补偿、拖欠农民工工资和职工工资等突出问题，作为人大信访监督的重点，采取领导接访批办、发函催办、通报督办、组织代表督办等手段，督促解决 221 起信访案件，有效化解矛盾纠纷。

（孔双林）

【选举任免】　坚持党管干部与人大依法任免相统一，依法行使人事任免权。2010 年，根据市委人事安排意图，常委会共任免和决定任免国家机关工作人员 36 人（次），保障地方国家机关的组织运转。

（孔双林）

【议案办理】　市九届人大二次会议闭幕后，市人大代表共提出建议、批评和意见 184 件。督办中，实行交办公开、办理公开、督办公开、效果公开。抓议案分类交办。在逐件分析分类的基础上，与市政府联合召开代表建议交办会、明确各承办责任单位和责任领导。抓新闻公示。在《平顶山日报》公布代表建议事由和承办单位名单，接受社会各界的监督。抓重点督办。从代表建议中选择出15件人民群众意见集中的建议，由常委会负责人员带队，实地调研，重点督办，重点建议基本得到落实。抓办理效果。在新闻媒体上向社会公布184件代表建议的办理结果，接受社会各界对办理结果的监督。向领衔提出建议的代表分别发出184件征求意见函，绝大多数人大代表回函表示满意。

（孔双林）

【发挥代表作用】 重抓基础，创建代表履职平台。全市各级人大以代表活动场所和代表履职制度建设为抓手，全面建立代表小组、代表之家、代表活动室，落实“八有”、“五上墙”，完善“六簿一册”，为代表学习调研、议政议事、联系选民、排解纠纷提供阵地保障和制度保障，促进闭会期间代表发挥作用的经常化、制度化和规范化。推广郏县成立人大代表企业家联谊会的做法，为人大代表中的企业家带动群众发展经济搭建平台。部分选民通过代表帮助扶持，走向致富之路。精心组织，保障代表依法履职，保障代表知情知政。及时为代表寄发学习资料、征求意见函、问卷调查表，告知人大重点工作进展情况。组织代表视察、调查和检查。2010年，300余名人大代表参加26次专题视察、执法检查和调研活动。密切联系人大代表。坚持常委会负责人接待代表、走访代表制度，共组织8次接待代表日活动，听取和落实代表意见和建议。坚持组织部分省、市人大代表列席常委会会议，扩大代表对常委会工作的参与。

（孔双林）

【自身建设】 加强学习型机关建设。认真学习贯彻中共中央第十七届五中全会、市委七届十一次全会精神，把思想认识统一到中央和省、市委决策部署上来。通过举办形势教育、法制讲座、专题报告、常委会领导专题辅导等形式，巩固学习实践科学发展观成果，机关干部的思想理论素质和业务能力不断提高。坚持人大工作“学、比、看”。紧密联系人大工作实际，自找差距学先进，增加动力比创新，转变作风求实效。按照人民群众的所思所盼，紧贴发展目标和民生改善，看准一件、运作一件、抓成一件，人大决定、监督和代表工作取得较好的实际效果。提升规范运作水平。为适应工作发展需要，不断建立健全运作机制，先后制定《监督法实施办法（草案）》、《市人大代表向原选举单位述职暂行办法》、《市人大常委会信访工作办法（草案）》、《市人大机关运作程序和公文写作规范》等规范性文件和规章制度，促进人大工作的制度化、规范化、程序化建设。加强人大理论研究和宣传。召开人大理论研讨暨工作座谈会，交流新形势下县（市、区）做好人大工作的经验和体会，推进全市人大工作总体水平的提高。围绕人大制度建设和常委会依法履职，开展理论研究。召开全市人大宣传工作会议。举办人大通讯员培训班，构建人大新闻宣传网络，提高市人大内部刊物编辑质量，协调新闻媒体对人大工作及时公开报道，不断拓宽人大宣传工作渠道。

（孔双林）

平顶山市人民政府

工作综述

2010年，平顶山市人民政府在省委、省政府和市委的正确领导下，团结带领全市人民，深入贯彻落实科学发展观，加快转变经济发展方式，学先进、比创新、看实效，较好地完成市九届人大二次会议确定的各项目标任务。全市生产总值1312亿元，比上年增长11.2%；地方财政一般预算收入80.6亿元，增长14.6%；规模以上工业增加值669.6亿元，增长15%；全社会固定资产投资710亿元，增长22.9%；社会消费品零售总额350亿元，增长19.5%；城镇居民人均可支配收入16208元，增长10.1%；农民人均纯收入5504元，增长15.2%。

多策并举，保持经济平稳较快发展。重点项目建设加快推进。170个重点项目完成投资178.5亿元，占全年预期投资的119%。中平能化碳化硅微粉、500千伏平南输变电等48个项目建成投产（投用），鲁阳电厂一期2×100万千瓦机组并网发电和叶舞高速建成通车，全市发电装机容量560万千瓦，高速公路通车里程396公里，实现县县通高速，为全省发电装机容量突破5000万千瓦、高速公路通车里程突破5000公里做出积极贡献。平煤机高端液压支架、中平能化两万吨高性能浸胶帘子布、东方希望集团盐化工等50个项目开工建设，新平高工程、泓利焦化年产90万吨捣固焦及综合利用等37个续建项目加快推进。

消费需求较快增长。加快“万村千乡市场工程”和“新网工程”建设，新增农家店305家，新建农资配送中心6个、连锁店190个。全面落实扩大消费政策，家电下乡和汽车摩托车下乡产品销售量、补贴额保持全省领先位次，带动社会消费品零售总额增速位居全省前列。企业服务长效机制初步建立。市、县两级各抓100家重点企业，健全政策导向、要素保障、困难企业帮扶等10项企业服务长效机制。强化财税收支管理，落实税收优惠政策，减轻企业负担。积极推动银企合作，全年融资总额178亿元，其中新增贷款135亿元。加强煤电油气运协调，有效保障生产要素供给。

政策引导，推进产业结构优化升级。支柱产业优势继续巩固。实施工业结构转型升级项目72个，完成投资84.7亿元，能源化工、装备制造、特种钢材、新型建材、农产品加工等支柱产业规模扩大、技术提升，对经济增长的贡献率进一步提高。中平能化集团营业收入超过1000亿元，巩固平顶山能源、盐化、焦化、尼龙化工等主导产业在全国乃至世界的重要地位。现代服务业加快发展。在全省率先制定旅游目的地建设规划，实施一批文化旅游基础设施项目。加大宣传推介和景区创建力度，开展全国首例景区错峰免门票活动，全年接待游客、旅游总收入均增长35%以上。完善金融服务体系，广发银行、兴业银行、交通银行入驻本市，市商业银行升级更名为平顶山银行，实现由地方银行向区域性银行的转型。产业集聚区建设明显提速。10个省级产业集聚区完成基础设施投资42亿元，增长122.7%；完成工业投资108亿元，增长57.6%；新开工项目156个，在建亿元以上项目38个，新入驻企业96家。自主创新能力不断增强。新增省级工程技术研究中心5家、企业技术中心4家、质检中心2家、重点实验室1个。舞钢公司荣获“全国质量奖”；“神马弹力丝”、“天瑞水泥”荣膺“中国驰名商标”；行政服务综合楼工程获国家“鲁班奖”。新增省名牌产品16种、省著名商标10件，新认定国家级高新技术企业4家，高新技术产业增加值增长21.1%。节能减排和生态建设得到加强。188家60万吨以下小洗煤厂全部关闭，淘汰小焦化产能120万吨。大力发展新型墙材，产能45亿标块。扎实推进林业生态建设，造林12267公顷，汝州市、宝丰县、湛河区初步通过省级林业生态县验收。万元生产总值能耗下降2.92%，化学需氧量、二氧化硫排放量分别低于省定目标1.8个和4.6个百分点。

固本强基，巩固“三农”基础地位。强农惠农政策全面落实。全年财政用于“三农”投入23.9亿元，增长22.6%，其中发放粮食直补等8项补贴4亿元。农业综合生产能力稳步提高。32座病险水库除险加固工程和北汝河治理一期工程完工，发展有效灌溉面积4200公顷，改造中低产田3333公顷，治理水土流失面积8200公顷，新增农机总动力8万千瓦，全年粮食总产197.2万吨，连续7年获得丰收。大力发展现代畜牧业，新建标准化养殖小区286个，引进千万元以上畜产品加工项目15个。加快农业产业化步伐，新增省级龙头企业8家、农民专业合作社241个，新增土地流转面积7733公顷。新农村建设扎实推进。新建农村公路464公里，新增沼气用户两万户，新解决12.9万人饮水安全问题，完成108个贫困村整村推进和6.1万贫困人口脱贫。培训农民工6.2万人，新增转移就业6.8万人。36个中心镇、539个中心村经济发展规划和新村建设规划修编工作全面完成，“百企帮百村”活动深入开展，112个中心村启动建设，村容村貌焕然一新，生产生活条件明显改善。南水北调丹江口库区移民安置工作受到国家和省表彰。县域经济实力进一步增强。

以创促建，提升城镇化水平。成功创建国家园林城市，持续创建国家卫生城市，启动创建国家森林城市，全市城镇化率43.4%，提高1.6个百分点。城市扩容规划加快编制。全市土地利用总体规划获批，城市总体规划通过国家部际联席会议审查，平顶山城市新区规划、平宝叶鲁空间发展战略规划编制完成。6县（市）和石龙区的城市总体规划完成报批。基础设施建设不断加强。老城区实施道路改扩建、垃圾处理、天然气置换、河道治理等一批基础设施建设工程，新建改建道路13条、桥梁4座，完成投资8.7亿元。强力推进城中村和旧城开发改造，开工300.5万平方米，主体完工177.7万平方米。新城区完成城建投资21.2亿元，新增道路9.7公里、房屋建筑面积36万平方米。加强园林绿化建设，新建改建绿地49.8万平方米。积极推进和谐社区建设，市民文明素质和城市管理水平进一步提升。县城和小城镇建设稳步推进。新建市政道路15条，39座建制镇垃圾中转站投入运营，城乡面貌有新改观。

改革开放，增强经济发展动力和活力。各项改革深入推进。继续深化国有企业改革，改制面达96.7%。大力推进行政审批制度改革，市、县两级审批大厅实现同步网络办公，整体提速20%以上。政府机构改革顺利完成，事业单位全部推行聘任制。文化综合执法体制和警务机制改革取得突破。全市基层医疗卫生机构全部实施国家基本药物制度。招商选资成果丰硕。成功举办第三届华侨华人中原经济合作论坛，到沿海发达地区组织开展一系列招商活动。全年签约项目132个，开工52个；实际到位市外资金430亿元，增长25%；实际利用外资1.64亿美元，增长16.7%。非公有制经济进一步壮大。放宽领域，优化环境，支持引导非公有制经济加快发展。非公有制经济比重达53.8%，提高0.8个百分点。

改善民生，促进社会和谐稳定。全年投入民生工程资金29亿元，比上年增加2.5亿元，“十大民生工程”如期完成。就业再就业工作得到加强。城镇新增就业12.4万人，其中失业人员再就业5万人，零就业家庭保持动态为零。社会保障体系不断完善。8.9万城市居民和17.1万农村居民纳入城乡低保，人均月补差高于省定标准。在全省率先建立临时救助制度。进一步完善城镇居民医保制度，提高新农合参保标准。宝丰县、郏县被确定为国家第二批新农保试点。加强价格管理和调控，对低收入群体进行补贴，保障市场物价基本稳定和群众基本生活。保障性住房建设力度加大。开工建设廉租房14.6万平方米、经济适用房79.1万平方米、棚户区改造40.7万平方米、公共租赁房2.8万平方米，4510户农村贫困家庭实施危房改造。社会事业全面进步。制定中长期教育发展规划和中小学幼儿园发展规划，解决城区中小学大班额问题，市区开工建设小学3所。强力推进职教攻坚，新建专业培训基地8个，舞钢市、郏县创建为职教强县。实施文化惠民工程，建成15个乡（镇）综合文化站和300个农家书屋，开展“欢乐中原”和“舞台艺术送农民”等群众性文化活动。健全医疗服务体系，市疾控中心综合实验楼主体完工，开工建设新区人民医院和3所县医院、7所乡（镇）中心卫生院。创建全国白内障无障碍市和无障碍建设城市工作通过国家验收。人口计生工作连续17年全省先进，是河南唯一的国家人口计生综合改革、婚育新风进万家活动“双示范”市。社会大局保持稳定。强化以煤矿为重点的安全监管，出台落实安全生产行政首长负责制意见，127座地方煤矿兼并重组工作有序推进，30座小煤矿关闭到位。积极开展食品药品安全专项整治，再次被评为全省食品安全优秀城市。健全应急管理机制，完善各类应急预案。强化社会治安综合治理，加强基层基础工作，组建专职巡防队伍，严厉打击各类违法犯罪，刑事案件发案数下降8.8%。认真解决人民群众反映的热点难点问题，信访秩序明显好转。

强化保障，加强精神文明和民主法制建设。按照“三具两基一抓手”工作要求，深入推进“两转两提”，积极开展“创先争优”活动。坚持依法行政，自觉接受人大及其常委会的监督，支持政协参政议政，认真办理人大代表建议和政协提案。“五五”普法顺利完成，法律援助、法律服务工作明显加强。扎实推进惩治和预防腐败体系建设，加大审计监督力度，治理商业贿赂，反腐倡廉取得新成效。广泛开展群众性精神文明创建活动，新增省级文明单位43家、市级文明村镇65个，城乡文明程度明显提升。大力开展国防教育，扎实做好双拥工作，驻平解放军和武警部队在支持地方抢险救灾、重点工程建设等方面作出重要贡献。民族、宗教、外事、侨务、对台、统计、史志、气象、地震、人防、通信、烟草、档案、盐业、新闻出版、国家安全等各项事业都取得新成绩。

（宋胜利）

【辉煌“十一五”】　“十一五”时期确立的各项规划目标胜利实现。综合实力跨上新台阶。生产总值是“十五”末的1.86倍，占全省比重提升0.51个百分点；人均生产总值2.6万元，是全省平均水平的1.12倍；地方财政一般预算收入是“十五”末的2.77倍，占全省比重提升0.43个百分点；固定资产投资五年累计2345亿元，是“十五”期间的4.7倍。结构调整迈出新步伐。二、三产业占生产总值比重比“十五”末提升3.4个百分点，高新技术产业增加值占工业增加值比重提升16.6个百分点，非公有制经济占生产总值比重提升3.9个百分点，节能减排目标圆满完成。城乡面貌发生新变化。建成区面积由不足6000公顷拓展到7500公顷，城镇化率比“十五”末提高8.4个百分点；新农村建设“两个规划”全面启动；新建改建农村公路4858公里、国省干线公路213公里、高速公路235.7公里。改革开放实现新突破。大中型企业实现股权多元化，行政审批效能进入全省先进行列，社会事业领域改革取得新进展。5年实际利用外资6.8亿美元、市外资金1295亿元，分别比“十五”期间增长1.2倍和8.1倍；连续3年成功举办华侨华人中原经济合作论坛，打造招商选资重要品牌。文化建设呈现新气象。建设平顶山博物馆、文化艺术中心等标志性文化设施，举办曲艺节、魔术节、戏剧梅花奖、书法兰亭奖大赛、“三苏杯”全国诗歌创作大赛、“尧山杯”全国摄影大赛、《歧路灯》海峡两岸学术研讨会等一系列有影响的文化活动。人民生活有新改善。城乡居民收入分别是“十五”末的1.85倍和1.95倍，城镇和农村居民恩格尔系数分别下降7个和6个百分点。在全省率先建立全民医保、农村低保和高中阶段贫困生救助等制度。“十一五”期间，全市生产总值突破1000亿元，金融机构存款余额突破1000亿元，电网变电总容量突破1000万千伏安，中平能化集团营业收入突破1000亿元，规模以上非公有制企业突破1000家。

（宋胜利）

重 要 会 议

【市政府常务会议】

会 次	时 间	主 要 内 容
第15次	1月11日	①讨论修改《政府工作报告（征求意见稿）》、《平顶山市2009年国民经济计划执行情况和2010年计划（草案）的报告》、《平顶山市2009年财政预算执行情况和2010年财政预算（草案）的报告》。
第16次	1月21日	①研究《政府工作报告》任务分解、安全生产、一季度工作；②听取市园林绿化管理体制改革、矿产资源勘查战略合作协议、加强财政融资管理、市工业品公司依法破产、居民和非居民用热价格调整等工作汇报；③通过人事任免事项。
第17次	3月5日	①研究安全生产和煤矿重组工作；②听取2010年一季度新开工项目安排意见、产业集聚区科学发展管理办法及若干政策、加强土地储备和执法、信访稳定、市卫生学校新校区建设、劳动模范表彰、“城中村”和旧城开发改造、东芝输变电设备制造和新平高项目建设等工作汇报；③通过行政监察事项。
第18次	3月19日	①学习《中国共产党党员领导干部廉洁从政若干准则》和十一届全国人大三次会议精神；②传达省政府煤炭安全紧急会议精神；③听取“五一”假日旅游、政府系统承办的建议提案、2009年度目标管理考评及2010年度目标制定、依法行政、规范性文件制定、环境保护、建设市级领导公寓和住宅及公务员住宅区用地、人口计生等工作汇报。
第19次	4月5日	①传达省委、省政府安全生产领导小组（扩大）会议精神，研究市安全生产及煤炭企业兼并重组、一季度经济运行工作；②听取10项民生工程、2010年工作方案、南水北调移民安置动员暨表彰会、举办三套邮票首发式等工作汇报。
第20次	4月29日	①听取全市土地违法占地、环境综合整治进展、做好“五一”期间安全生产和旅游安全等工作情况汇报；②研究落实市人大常委会《关于进一步强化治安管理促进平安建设的决定》；③通过人事任免事项。

续　表

会　次	时　间	主　要　内　容
第21次	5月6日~7日	①听取全市违法占地整治、全市学校及周边安全、手足口病防治、“五一”假日旅游等工作情况汇报；②传达省煤炭企业兼并重组工作座谈会精神；③研究《关于建立城市规划区制止违法建设长效管理机制》、加强城镇土地使用税管理、市政府与河南东方今典投资控股管理有限公司合作、平顶山饭店兼并重组、市工人文化宫升级改造二期工程建设实施意见、垃圾焚烧发电等工作；④审议《平顶山市建立国家基本药物制度实施办法》、《安全生产“一票否决”制度实施意见》、《安全生产“一岗双责”实施意见》。
第22次	6月27日	①学习省委书记卢展工《用领导方式转变加快发展方式转变》的署名文章、省长郭庚茂在全省重点项目观摩点评会上的讲话要点；②听取全市产业集聚区及重点项目建设、城中村和旧城开发改造、安全生产等工作汇报；③审议《平顶山市医疗纠纷预防与处置暂行办法》。
第23次	9月27日	①学习《中华人民共和国行政许可法》；②研究安全生产工作；③听取星峰集团有限责任公司改制、平顶山燃气有限责任公司重组上市等工作情况汇报。
第24次	10月27日	①听取《平顶山市国民经济和社会发展第十二个五年规划纲要》起草情况汇报；②研究《平顶山市被征地农民就业培训和社会保障工作暂行办法》。
第25次	11月22日	①学习《中华人民共和国突发事件应对法》；②听取对成功创建国家园林城市进行总结表彰、开展全市政府规范性文件清理、《平顶山市国民经济和社会发展第十二个五年规划》编制、依托市卫生学校申请设立平顶山市护理职业学院、《平顶山市人民政府关于加快战略性新兴产业发展的若干意见》和2010年平顶山市市长质量奖实施等有关工作情况汇报；③审议监察事项。
第26次	11月23日	①研究安全生产工作；②听取创建国家森林城市、全市农田水利基本建设、气象为农服务体系建设项目工作汇报；③审议通过《平顶山市科技进步奖励办法》、《平顶山市房屋维修资金管理办法》、《平顶山市房屋租赁管理办法》和《平顶山市限价商品住房和过渡性住房管理办法》。
第27次	12月10日	①听取全市保障性住房建设、叶县等4个县（区）行政区划调整和新华区、卫东区、湛河区3个区部分村庄实施改造以及湛河区机关办公中心整体搬迁等工作情况汇报；②审议《平顶山市中长期教育改革和发展规划（2010~2020）》、《平顶山市城市中小学幼儿园发展规划与建设管理办法》、《平顶山市民用建筑节能管理规定》、《平顶山市按比例安排残疾人就业办法》、《平顶山市违法行政处罚责任追究办法》、《平顶山市行政处罚投诉处理办法》、《平顶山市节约用水管理办法》。
第28次	12月15日	①研究《平顶山市人民政府关于落实安全生产责任制的意见》；②审议通过《平顶山市安全生产“一票否决”制度实施意见》、《平顶山市安全生产“一岗双责”实施意见》。
第29次	12月31日	①讨论修改拟提交市九届人大三次会议审议的《政府工作报告（讨论稿）》、《平顶山市国民经济和社会发展第十二个五年规划纲要（草案）的说明》、《平顶山市2010年国民经济和社会发展计划执行情况和2011年国民经济和社会发展计划（草案）的报告》、《平顶山市2010年财政预算执行情况和2011年财政预算（草案）的报告》；②听取神马博列麦（平顶山）气囊丝制造有限公司土地差价问题情况汇报；③安排部署重点工作。

（宋胜利）

【市长办公会】

时　　间	主　要　内　容
1月5日	研究与港中旅合作事宜 协调解决平顶山学院建设用地有关问题 研究推进中信平顶山生态文化体育公园项目建设有关问题
1月7日	协调解决市接待办车队退休人员手续办理有关问题
1月8日	协调解决平顶山市精神病医院筹建有关问题
1月12日	协调解决东芝输变电设备制造项目和平高集团特高压超高压开关重大产业基地项目建设有关问题
2月21日	研究2010年度市政基础设施建设项目有关问题
2月22日	协调稻香路稻田沟治理拆迁工作
2月25日	研究加快实施平安大道中段北部350公顷区域改造工作
3月12日	研究维护出租汽车行业稳定工作 协调解决姚孟发电有限责任公司程寨沟灰场安全问题
3月23日	研究开展平顶山市花园沟抽水蓄能电站项目前期准备工作有关事宜
3月31日	研究北汝河综合治理项目前期工作有关问题
4月6日	协调解决国家高压电器产品质量监督检验中心（河南）筹建有关事宜
4月14日	协调解决大香山风景名胜区建设有关问题 研究推进吴寨路工程建设有关问题 协调解决丹尼斯公司项目建设有关问题 研究完善平煤集团棚户区改造外部配套工程有关事项
4月16日	协调解决大香山路长安大道土地征用等有关问题
4月20日	研究市区过街人行天桥地下通道建设初步方案 研究解决“联盟鑫城”项目建设过程中有关问题 研究推进平安大道中段北部区域原市绢纺厂地块开发改造有关问题
4月22日	协调解决南水北调中线受水区平顶山市配套工程建设有关问题
4月29日	研究解决原梁洼矿务局土地过户问题
5月5日	研究星峰集团破产改制有关问题
5月7日	研究解决姚孟发电有限责任公司程寨沟灰场周边山体安全问题
5月13日	研究加快推进市政基础设施项目建设进度有关问题
5月14日	协调解决城市建设中部分问题
5月17日	紧急协调解决平棉纺织集团职工上访问题
5月21日	研究做好2010年全市防汛抗旱工作
5月26日	协调解决舞钢罗寺沟尾矿库、舞阳矿业有限责任公司西排土场、青少年校外活动中心等3处安全隐患问题
6月17日	协调市一中和市自来水公司土地有关问题
6月18日	研究部署做好下一阶段地方煤炭企业兼并重组工作
7月6日	研究解决姚孟发电有限责任公司程寨沟灰场周边山体安全问题
7月19日	研究保障性住房建设有关问题
7月21日	研究确定市干休所区域连片开发改造有关问题
7月24日	现场协调解决姚孟发电有限责任公司程寨沟灰库大坝安全问题
7月28日	研究加快推进城市基础设施项目建设有关问题
8月2日	协调解决西南环道路改建有关问题

续 表

时 间	主 要 内 容
8月16日	协调解决重点项目建设中存在的问题 研究北京兴宇中科投资有限公司动力钔离子电池隔膜项目生产优惠政策有关问题
8月24日	协调解决叶舞高速土建6标自然灾害抢险有关事宜
8月27日	研究落实城乡规划行政执法委托工作
9月2日	协调尧山景区创建国家5A级旅游区有关问题
9月7日	研究安排市委市政府机关事务管理局职能移交工作
10月9日	研究平顶山学院新校区工程建设问题
11月1日	研究解决中信平顶山生态文化体育公园项目用地范围内地下采煤有关问题
11月17日	研究锦绣花园31号、32号楼建设及轻工路（新华路至康复路段）建设问题
12月6日	研究协调市人大市政协办公楼新址建设有关问题
12月20日	协调解决中平能化集团易成新材料有限公司土地房产权证等有关问题

（宋胜利）

重 要 文 件

类 别	时 间	标 题
令	12月20日	《平顶山市按比例安排残疾人就业办法》
命令	2月21日	《关于对人行平顶山市中心支行平顶山银监局的嘉奖令》
	3月4日	《关于对国家省科技进步奖获奖单位的嘉奖令》
	3月5日	《关于对市民族宗教局的嘉奖令》
	3月16日	《关于对市监察局和市企业服务年活动领导小组办公室的嘉奖令》
	4月6日	《关于对市外侨局的嘉奖令》
	7月15日	《关于对鲁阳发电有限责任公司的嘉奖令》
	8月17日	《关于对中平能化集团的嘉奖令》
决定	3月10日	《关于表彰奖励杰出贡献科技工作者的决定》
	3月26日	《关于命名2009年平顶山市园林单位园林小区的决定》
	3月31日	《关于表彰2009度完成责任目标优秀单位先进单位和单项奖单位的决定》
	4月28日	《关于表彰平顶山市劳动模范的决定》
	5月11日	《关于为师建超等9名同志记个人二等功的决定》
	6月1日	《关于表彰县级政府2006～2008年度教育工作先进单位和先进工作者的决定》
	8月13日	《关于命名市级卫生乡镇的决定》
		《关于命名2009年度市级卫生单位及撤销部分市级卫生先进单位称号的决定》
	11月30日	《关于废止修订和保留部分规范性文件的决定》
	12月3日	《关于为市公安局消防支队记集体二等功为王世新吴文献记个人二等功的决定》
请示	3月1日	《关于取消新华区等4个城市区村庄布局规划编制任务的请示》
	3月18日	《关于恳请协调解决平顶山市第二发电厂设备运输问题的紧急请示》
	4月20日	《关于河南神火集团有限公司铝土矿资源配置的请示》

续表1

类别	时间	标题
请示	5月6日	《关于尽快开工建设焦桐高速登封至汝州段的请示》
	5月26日	《关于设置中原魔术职业学院的请示》
	6月23日	《关于修改武西高速公路鲁山段设计方案的请示》
	6月25日	《关于设置平顶山护理职业学院的请示》
	7月23日	《关于筹办2011年达沃斯国际灾害风险大会有关情况的请示》
	7月29日	《关于承办2011年达沃斯国际灾害风险大会的请示》
	8月12日	《关于请求鲁山空军机场改建为民用机场的请示》
	8月19日	《关于承办2011年达沃斯国际灾害风险大会补充说明的请示》
	8月24日	《关于中电投平顶山鲁阳发电有限责任公司改制涉及企业所得税问题的请示》
	8月31日	《关于申请对汝州市宝丰县湛河区省级林业生态县创建工作进行验收的请示》
	11月8日	《关于追认谷松要同志为革命烈士的请示》
		《关于追认刘萌萌同志为革命烈士的请示》
	11月24日	《关于迁移宁洛高速宝丰出入口的请示》
	12月11日	《关于将平顶山高新技术产业开发区升级为国家高新技术产业开发区的请示》
	12月16日	《关于撤销卫东区东高皇乡设立东高皇街道办事处的请示》
		《关于撤销叶县辛店乡设立辛店镇的请示》
		《关于撤销叶县常村乡设立常村镇的请示》
	12月28日	《关于申请第三届华侨华人中原经济合作论坛支持经费的请示》
通知	1月29日	《关于评选2009年度全市优秀民营企业高成长型民营企业和优秀民营企业家的通知》
		《关于下达2010年平顶山市第一批重点建设项目的通知》
	2月3日	《关于印发平顶山市自主创新体系建设和发展规划（2010年~2020年）的通知》
	4月4日	《关于印发平顶山市2010年消防工作意见的通知》
	3月9日	《关于批转平顶山市煤炭企业兼并重组实施意见的通知》
	3月12日	《关于印发2010年度市重点服务企业名单的通知》
	3月17日	《关于评选表彰平顶山市劳动模范的通知》
	3月18日	《关于印发2010年平顶山市环境综合整治实施方案的通知》
	3月29日	《印发关于加快产业集聚区科学发展若干政策<试行>的通知》
	3月31日	《关于加强白龟湖饮用水源保护区综合整治工作的通知》
	4月6日	《关于下达2010年度节能指标计划的通知》 《关于建立全市招商引资重大项目推进工作机制的通知》
	4月23日	《关于建立临时救助制度的通知》
	5月12日	《关于建立城市规划区制止违法建设长效管理机制的通知》
	5月17日	《印发平顶山市2010年国民经济和社会发展计划的通知》
	5月18日	《关于对县（市、区）2010年度责任目标进行调整的通知》
	5月25日	《关于调整城镇土地使用税征收范围土地等级范围和适用税额的通知》
	5月31日	《关于建立完善产业集聚区推进工作机制的通知》

续表 2

类　　别	时　　间	标　　题
通知	6 月 2 日	《关于印发平顶山市 2010 年防汛抗旱工作方案的通知》
	6 月 9 日	《关于印发依托公安消防支队建设综合应急救援队伍实施意见的通知》
	6 月 22 日	《关于调整市直有关单位 2010 年度部分责任目标的通知》
	6 月 29 日	《转发河南省人民政府关于进一步做好利用外资工作实施意见的通知》
	6 月 30 日	《关于印发平顶山市医疗纠纷预防与处置暂行办法的通知》
	7 月 5 日	《关于对县（市、区）2010 年度责任目标进行部分调整的通知》
	7 月 14 日	《关于印发平顶山市依法严厉打击违法违规开采矿产资源专项整治活动实施方案的通知》
	8 月 2 日	《关于公布第二批平顶山市非物质文化遗产名录的通知》
	8 月 11 日	《关于印发平顶山市农村公路养护管理畅通杯劳动竞赛活动及文明示范乡镇创建活动奖励办法（试行）的通知》
	8 月 12 日	《关于印发平顶山市开展超限超载违法行为专项整治行动实施方案的通知》
	8 月 16 日	《关于做好 2009 年冬季退役士兵安置工作的通知》
	9 月 13 日	《关于加强房地产市场监管完善商品房预售制度有关问题的通知》
	9 月 29 日	《关于印发平顶山市煤炭洗选行业专项整治工作实施方案的通知》
		《关于印发平顶山市城市基础设施配套费征收管理实施细则的通知》
	10 月 12 日	《关于印发平顶山市今冬明春农田水利基本建设实施方案的通知》
	10 月 18 日	《关于评选 2010 年科技功臣的通知》
	11 月 8 日	《关于印发平顶山市被征地农民就业培训和社会保障工作暂行办法的通知》
	11 月 30 日	《关于印发平顶山市创建国家森林城市实施方案的通知》
	12 月 3 日	《关于批转平顶山市工伤保险市级统筹工作实施方案的通知》
	12 月 11 日	《关于 2010 年度目标考评及 2011 年度目标制定工作的通知》
	12 月 17 日	《关于印发平顶山市安全生产一票否决制度实施办法的通知》
	12 月 20 日	《关于印发平顶山市科学技术进步奖励办法的通知》
	12 月 23 日	《关于印发平顶山市房屋租赁管理办法的通知》
		《关于印发平顶山市房屋维修资金管理办法的通知》
	12 月 28 日	《关于印发平顶山市节约用水管理办法的通知》
	12 月 30 日	《关于印发平顶山市城市中小学校幼儿园发展规划与建设管理办法的通知》
通报	2 月 4 日	《关于表彰 2009 年度消防安全工作先进单位和先进个人的通报》
	2 月 5 日	《关于表彰 2009 年度平顶山市安全生产目标管理先进单位和安全生产先进集体先进工作者的通报》
	2 月 25 日	《关于表彰 2009 年度招商引资工作先进单位的通报》
		《关于表彰 2009 年全市重点项目建设先进单位的通报》
	3 月 3 日	《关于表彰 2009 年度全市民政工作先进集体的通报》
		《关于表彰 2009 年度行政审批工作先进单位优质服务窗口先进工作者和优质服务标兵的通报》
	3 月 10 日	《关于表彰 2009 年度全市依法行政先进单位和先进个人的通报》
	3 月 23 日	《关于表彰 2009 年度人大代表建议政协提案暨政务督查工作先进单位和个人的通报》
	3 月 31 日	《关于表彰 2009 年度金融部门支持地方经济发展先进单位的通报》

续表3

类　别	时　间	标　题
通报	4月16日	《关于对市水利局进行表彰的通报》
		《关于表彰2009年度全市工农关系协调工作先进单位和个人的通报》
	4月20日	《关于表彰2009年度全市政风行风建设先进单位的通报》
	5月10日	《关于表彰2009年度南水北调和移民工作先进单位先进个人的通报》
	6月3日	《关于对各县（市、区）政府2006～2008年度教育工作督导评估情况的通报》
	6月10日	《关于表彰平顶山供电公司的通报》
	8月9日	《关于2009年度“爱国卫生杯”竞赛活动情况的通报》
	8月10日	《关于表彰中国石油化工股份有限公司河南平顶山石油分公司中国石油天然气股份有限公司河南平顶山销售分公司的通报》
	9月10日	《关于表彰2010年夏季秸秆禁烧及综合利用工作先进单位的通报》
		《关于表彰5年来全市秸秆禁烧和综合利用工作先进集体和先进个人的通报》
	11月23日	《关于表彰2009年度全市农田水利基本建设先进单位和先进个人的通报》
	11月25日	《关于表彰2009～2010年度打击传销规范直销工作先进单位和先进工作者的通报》
	11月30日	《关于表彰2010年度全市林业生态建设先进单位的通报》
	12月7日	《关于表彰2010年度平顶山市市长质量奖全国质量奖和河南省名牌产品获奖单位的通报》
意见	2月9日	《关于贯彻〔2009〕92号文件精神进一步规范国防后备力量队伍组建工作的意见》
	3月29日	《关于推进产业集聚区科学发展的意见》
		《关于加快推进全市社会信用体系建设的实施意见》
	3月31日	《关于金融业支持地方经济结构调整促进辖区经济可持续发展的指导意见》
	4月20日	《关于加强财政融资管理工作的意见》
	5月7日	《关于加快推广应用节能砌块夹芯保温复合墙建筑技术体系的指导意见》
	5月13日	《关于加快推进旅游服务标准化工作的意见》
	5月17日	《关于加强农村生活垃圾收集处理工作的意见》
	6月10日	《关于加快推进职业教育攻坚工作的意见》
	7月16日	《关于解决新农村建设用地问题的意见》
	8月2日	《关于进一步发挥律师在法治政府法治城市建设中重要作用的若干意见》
	8月16日	《关于加快推进新农村建设的意见》
	8月18日	《关于进一步扶持发展农机专业合作社的意见》
	9月2日	《关于进一步推进我市南水北调中线工程拆迁暨新村建设工作的意见》
	9月29日	《关于贯彻落实河南省知识产权战略纲要的实施意见》
	10月20日	《关于开展小麦高产创建活动的意见》
	10月27日	《关于认真贯彻落实河南省民兵预备役部队应急队伍建设规范（试行）的意见》
	11月26日	《关于加强气象为农服务体系建设的意见》
	12月9日	《关于加快战略性产业发展的若干意见》
	12月17日	《关于落实安全生产责任制的意见》
		《关于实行安全生产工作一岗双责的实施意见》
	12月20日	《关于进一步加快平顶山市地理空间信息框架公共服务平台建设与应用的若干意见》

（宋胜利）

经济研究

【中心课题调研】　“十一五”期间，围绕全市经济社会发展的全局性、战略性、综合性问题和热点问题开展多种形式的调研，共编发《决策参考》114 期。重点对经济和金融运行、循环经济、支柱产业和优势产业、产业集聚区建设、新农村建设、三农问题、公共事业发展、城镇化建设、劳动力就业和再就业等领域进行调研，形成调研报告 35 篇。针对构建和谐社会、建立和完善河南农村公共文化服务体系、主体功能区与人口政策问题进行调研，形成调研报告 10 多篇。收集国际、国内经济动态和省内外战危机、保增长的做法，编发《国际国内财经资讯》。2010 年，重点对煤炭企业兼并重组、产业集聚区建设、循环经济、现代服务业发展、农村金融和农村经济发展、金融危机下面临的形势等问题进行调研，形成《平顶山市煤炭企业兼并重组后存在的问题与对策》、《平顶山市村镇银行发展研究》、《如何理解我们面临的复杂形势》等调研报告。对全市安全生产问题进行理论研讨，编发《安全生产理论文章选集》。

（郭利亚）

法制建设

【“庆新春讲法治促和谐”法制宣传活动】　为充分发挥法制宣传教育的基础性、先导性作用，市依法治市办公室、市司法局从 1 月 ~3 月在全市广泛开展“庆新春、讲法治、促和谐”法制宣传教育活动。活动期间，全市共组织开展各类法制宣传教育活动 200 余场（次），展出展板 1000 余块，悬挂横幅 110 条，出动普法宣传车 100 余台（次），设立法律咨询台 150 个，解答法律咨询 8000 余人（次），发放《农民法律知识读本》5000 本、农民工法律维权卡 1 万份、各类法律法规宣传页（册）3 万份。

（张晓丽）

【市依法行政工作会】　3 月 12 日，全市依法行政工作会在新城区行政审批大楼召开。市委常委、常务副市长邢文杰，市人大常委会副主任肖来福，市政协副主席李建华，市政府副秘书长周炳文，市法制办主任袁翠竹等领导出席会议。各县（市、区）政府、市直各部门分管法制工作的领导，法制机构负责人，行政执法先进集体负责人，行政执法先进个人等 200 多人参加会议。市法制办主任袁翠竹作题为《推进依法行政，服务科学发展，为经济社会发展提供更加坚实的法制保障》工作报告。会议对深入贯彻国务院《全面推进依法行政实施纲要》和《国务院关于加强市县政府依法行政攻决定》取得显著成效的宝丰县政府等 23 个依法行政目标管理优秀单位、叶县政府等 15 个依法行政目标管理先进单位、汝州市物价局等 37 个行政执法先进集体、王继军等 48 名法制先进工作者和马红涛等 96 名行政执法先进个人予以通报表彰。

（孙晓飞）

全市行政执法人员领证宣誓仪式

【行政执法人员颁证宣誓大会】　12 月 24 日，市法制办组织召开全市行政执法人员颁证宣誓大会。市政府党组成员、副市厅级干部严寄音，市政府副秘书长周炳文，市法制办主任袁翠竹以及市发改委、财政局、人事局、监察局、司法局、审计局等单位领导出席仪式。市工商局、国税局、质监局和公路局的 200 名行政执法人员代表全市行政执法人员领取新版河南省行政执法证，并在国旗下郑重宣誓。

（孙晓飞）

【法制学习】　为贯彻落实《平顶山市人民政府常务会议学法制度》，组织集体学习《行政许可法》和《突发事件应对法》，采取专题法制讲座与常务会研究议题相结合的办法，分别组织学习《信访工作条例》、安全生产法规及问责规定、医患纠纷预防与处置政策等法律法规，为市政府依法行政、科学决策提供法律支撑。

（孙晓飞）

【涉法事项办理】 2010年，市法制办共出席市政府常务会议12次，汇报市政府规范性文件起草说明16件，为市政府常务会议涉法议题建言献策；依法审核市政府规范性文件草案64件、具体行政行为98件、涉法事务22件、对外合同8件；办理国务院法制办、省政府法制办征求意见稿17件；代表市政府出庭应诉13起，审结8起，胜诉率100%；依法办理信访复查复核案件47起；参与处理白龟山水库银鱼养殖纠纷、出租车司机上访、天使集团改制遗留问题、平顶山饭店改制等重大涉法涉访案件。

（孙晓飞）

【行政执法人员培训】 圆满完成市直及新华区、卫东区、湛河区共计3000余名行政执法人员法律法规培训考试工作。指导参与有关县（市、区）和市直行政机关的全员法律培训，提升行政执法人员的法律素养和执法技能。

（孙晓飞）

【法制宣传】 3月份，组织纪念国务院《全面推进依法行政实施纲要》颁布6周年集中宣传月活动，10个县（市、区）政府和50多个市直单位积极参与，收到良好社会效果。3月31日，召开全市法制宣传工作专题会议，对法制信息宣传工作进行总结表彰。协助省电视台制作专题报道1次、市电视台制作专题报道6次。在市政府法制网刊登信息1144篇，省政府法制网采用557篇，中国政府法制网采用217篇。编发《平顶山政府法制》20期，采编法制信息40篇，省政府法制简报刊发经验材料4篇。

（孙晓飞）

【法制信息经验交流暨表彰工作会】 3月31日，市法制办组织召开全市政府法制信息经验交流暨表彰工作会。会上，获得政府法制信息宣传工作先进单位和先进个人代表作典型发言。市法制办主任袁翠竹宣读《平顶山市政府法制办关于2009年政府法制信息宣传工作先进单位和先进个人的表彰决定》，对6个先进单位和先进个人进行表彰。市法制办副调研员袁相远作《突出重点、创新形式、为推进依法行政提供有力的舆论支撑》讲话。

（孙晓飞）

市政府秘书长郭巧敏（右）、市法制办主任袁翠竹（左）接过群众送来的锦旗

【行政复议】 市法制办全年共收到行政复议申请238起，立案150起，审结128起，调解案件20起，依法撤销一批违法和不适当的具体行政行为。

（孙晓飞）

【全市仲裁工作暨“我最喜爱的仲裁员”表彰会】 3月24日，全市仲裁工作暨“我最喜爱的仲裁员”表彰会在龙源大酒店召开。各县（市、区）法制机构、仲裁办事处负责人，市直有关局（委）、大中型企业及金融系统法制机构负责人，仲裁委员会专家，咨询委员会、推行发展委员会委员及全体仲裁员参加表彰会。市政府副秘书长、市金融办主任周炳文，市人大财经委主任吴大明，市政协社会和法制委主任宁富国，市人大法工委副主任雷铁跃，市法制办主任、平顶山仲裁委副主任袁翠竹近200人参加会议。袁翠竹作题为《准确把握新形势、勇于应对新挑战、不断实现我市仲裁事业跨越式发展》的讲话。会议对2010年仲裁工作进行全面回顾。全市共受理仲裁案件342起，涉案标的3.2亿元，仲裁调解和解率

60%以上，自动履行率85%以上，仲裁快速高效低成本化解社会矛盾的优势得到充分彰显。大会向周斌、雷鸿勋、潘天伟、刘树林、尹涛、李琳科、金东升、宗海群、樊嘉言、黄德贵等10名获得“我最喜爱的仲裁员”称号的人员颁发荣誉证书及奖杯。会议还对《平顶山仲裁委员会仲裁规则》、《平顶山仲裁委员会友好仲裁暂行规则》作制定及修订说明。

（张晓丽）

【案卷评查】 认真开展行政复议和行政执法案卷评查活动。11月份，从全市各级各部门随机挑选36卷行政复议案卷、129卷行政执法案卷、123卷重大行政处罚案卷，抽调相关单位法制骨干，对照法律逐一把关审查，并对发现问题逐一反馈、指导纠正，进一步规范全市行政执法行为。

（孙晓飞）

【规范性文件清理】 为全面落实国务院、省政府关于做好规章、规范性文件清理工作的通知精神，7月8日，市法制办召开规范性文件清理工作专题会议。市法制办主任袁翠竹、副主任刘平骅，市仲裁委办公室主任马军义，10个县（市、区）政府和55个市直部门的法制机构负责人参加会议。会议传达《关于认真做好规范性文件清理工作的通知》文件精神，要求各地、各部门法制机构要充分认识开展规范性文件清理工作的重要意义。同时，就清理工作的性质、责任、组织、方式、分工、范围、概念等12个问题作详细要求，明确清理范围、工作方法、步骤和完成时间。至10月31日，市政府本级现行有效的250份规范性文件，保留195件、修订28件、废止27件；审查各地各部门上报备案文件423件，其中规范性文件192件，依法纠正7件；向省政府法制办报送备案市政府和市政府办公室文件183份，备案率、及时率、合法率100%。

（孙晓飞）

【市行政争议协调委员会成立】 为实现“保增长、保民生、保稳定”的战略目标，积极应对经济社会形势变化的新问题，引导群众以理性合法的方式表达利益诉求。2月6日，平顶山市行政争议协调委员会召开新闻发布会宣布成立。市政府副秘书长周炳文、市法制办主任袁翠竹、市中级人民法院副院长李金发等出席新闻发布会。李金发向社会各界通报市行政争议协调委员会成立的背景与目的，市行政争议协调委员会及其成员单位的主要职责。

（张晓丽）

新闻发布会一角

人事管理

【人才资源开发】 加快高技能人才培养。全面实施全民技能振兴工程，争取上级资金200万元用于两个技校实习项目和一个技能大师工作室建设。实施特别职业培训计划，完成各类培训19.4万人。实施“新技师培养带动计划”，新培养技师、高级技师403人。积极推进技工学校改革，全市技工学校招生4906人。完善职业技能鉴定制度，考核鉴定工种48个，职业技能鉴定1.92万人。加强高层次人才队伍建设。推荐国务院特殊津贴专家人选2名，推荐省级学术和技术带头人3名，评选、聘任专业技术人才1000余名。建立博士后科研工作站3个，进站博士后研究人员6人，承担科研项目12项。不断深化职称改革。严格控制事业单位专业技术职务（岗位）结构比例，评定中级职称2468人，申报高级职称856人。加强各类考试工作。圆满完成各类人事考试任务33项，报考人数2.1万人。认真组织机关事业单位工人技术等级考核评审工作，培训考核6604人。加大招贤引智工作力度。围绕全市发展新材料和新型电力装备产业集群战略目标，执行引进国外技术、管理人才项目11项，聘请外国专家32人（次）。围绕新农村建设，新建“一村一品”、“一乡一业”引智示范推广基地3个，其中2项被列为省级示范基地。抓好出国出境培训工作，组织丹江口库区移民新村主要负责人出国（境）培训，引进国外农业新品种、新技术，促进移民新村健康发展。

（邢雁铎）

【机关事业单位人事管理】　严格岗位设置。出台《关于做好市直行政机关职位设置工作的通知》，结合机构改革三定方案，对行政机关职位设置进行重新审核。严格考录程序。按照“公平、公开、竞争、择优”的原则，坚持“凡进必考”，实施异地考官和全程录音制度，完成309名公务员考录和634名事业单位人员招聘工作。严格日常登记。全年共办理机关公务员及参照管理单位人员登记292人，完成4家事业单位参照管理上报工作。严格考核评价。实行定性考核与量化考核相结合的办法，建立科学考核指标体系，圆满完成机关事业单位3.04万人年度考核工作。对市直178名连续3年考核优秀的公务员和991名年度考核优秀的公务员进行嘉奖。推进事业单位人事制度改革。启动事业单位岗位设置管理工作，市直141个单位的岗位设置方案通过初审。规范事业单位人员聘用工作，全市事业单位聘用合同签订率100%。

（邢雁铎）

【工资收入分配制度改革】　对全市机关事业单位职工进行工资套改，完成全市机关事业单位工作人员正常晋升工资工作。配合有关部门开展规范清理津贴补贴工作，逐步提高全市津贴补贴水平。全市义务教育学校人员绩效工资兑现到位，义务教育学校教师平均收入水平超过当地公务员平均收入水平。公共卫生事业单位和基层医疗卫生事业单位绩效工资实施工作基本完成。加强企业工资指导监督，将月最低工资标准分别调整到800元、700元、600元，提高低收入劳动者工资报酬。大力推行企业工资集体协商制度，1976户企业签订工资集体协议。及时发布企业工资指导线、劳动力市场工资指导价位和行业人工成本信息，完善工资正常增长机制。

（邢雁铎）

【军转安置】　改进、完善档案审查方式、分配办法、教育培训方式、团职干部安置方式、编制使用办法等，完成47名军转干部、8名随调配偶和3名驻军随军家属的安置任务。自主择业军转干部管理服务水平不断提高，相关待遇落实到位，网络化培训工作成效明显，全市自主择业军转干部就业率85%以上。努力做好企业军转干部解困稳定工作，建立定期调标和解困标准随社平工资增长的长效机制，全年发放解困资金1382万元，实现“两坚决、两确保”的目标。

（邢雁铎）

安全生产

【安全事故】　全市全年共发生各类安全生产事故557起，死亡159人，同比分别下降21.2%和23.2%。其中，煤矿事故4起（含郑煤集团汝州市新岭煤矿“7·17”煤矿事故和中平能化集团一矿事故），死亡70人；非煤矿山事故1起，死亡1人；地面企业事故9起，死亡12人；消防火灾事故122起，死亡2人；道路交通事故421起，死亡74人，同比分别下降22.6%和38.3%。

（菅执博）

【落实安全生产责任制】　市政府出台《平顶山市人民政府关于落实安全生产责任制的意见》、《平顶山市安全生产“一票否决”制度实施意见》和《平顶山市安全生产“一岗双责”实施意见》，明确各级政府、相关部门和企业单位主要领导和班子成员的安全生产责任，提出建设安全生产责任政府目标，省委卢展工书记专门作出批示，给予充分肯定。

（菅执博）

【非煤矿山整治】　加大对金属非金属矿山新建、改建、扩建项目监管力度，共办理金属非金属矿山企业安全设施设计审查66项，办理安全专项竣工验收手续32项。严格推广应用机械通风和中深孔爆破开采，全市井采矿山全部应用地下矿山机械通风技术，中小型露天采石场全部采用中深孔爆破开采技术。对地下矿山机械通风治理、在用尾矿库和地质勘探作业场所进行专项督查，下达整改指令33份，强制措施书3份，依法行政处罚12家。

（菅执博）

【危险化学品整治】　全市1105

家生产经营单位全部取得《安全生产许可证》。规范油（气）站安全管理，推广应用阻隔防爆和运输监控等安全适用技术，实行危化品道路运输区域监控联动机制。加强对生产、使用、储存液氯、液氨等剧毒危化品重点企业的安全监管，对9家大型化工企业进行专项检查，下达整改指令书9份；对65家证件到期加油站延期许可前现场核查及复查，对11家加油站进行设计审查，对6家新建加油站进行现场竣工验收；对两家生产企业延期许可前进行现场核查及复查，为两家新建危化生产企业办理安全生产许可证手续。

（菅执博）

【烟花爆竹整治】 全年培训烟花爆竹经营人员4000余人，签订安全生产责任书3096份，批准临时销售网点3096个。在销售旺季，实行公安、工商、城建、供销等部门联合发证和联合检查，严格烟花爆竹流向登记制度和销售配送制度，严厉打击超级别、超定量储存和违规运输。加强批发和零售环节流向控制，对所有进入市场的合法烟花爆竹实施严格流向登记管理并加装防伪标记，严防非法烟花爆竹市场流通。督促批发企业和零售业户签订回购协议，确保销售期过后剩余烟花爆竹的妥善处理。督促、指导、协调市煤炭、公安、交通等部门进行专项整治，依法取缔非法经营烟花爆竹摊点8个，收缴非法烟花爆竹成品、半成品800余件，事故总量呈下降趋势。

（菅执博）

【“安全生产月”宣传活动】 6月份，联合7部门开展“安全生产月”宣传活动。市电视台开辟“安全生产月”专题，在电视屏幕上滚动播出安全生产相关宣传标语，播放安全生产月活动新闻；《平顶山日报》开辟“安全生产月”专栏，刊登安全生产文章和安全生产公益广告等。6月13日，在鹰城广场组织开展安全生产月宣传咨询日活动。全市共出动宣传车20余台，设立咨询台218个，展出宣传展板1600余块，组织安全生产文艺小分队12个，散发安全生产知识宣传页1万余份，受教育群众10万余人（次）。

（菅执博）

【安全生产培训】 切实加大安全生产培训力度，建立健全市、县两级培训机构和安全教育制度。共组织企业管理人员和特殊工种培训班100期，培训企业管理人员1924人、特殊工种4568人，做到安管干部两年轮训一遍，特种作业人员100%持证上岗。

（菅执博）

【安全生产监管】 严格重大危险源监控，对全市的重大危险源情况进行普查登记，建立重大危险源数据库，明确责任人、整改措施和监控措施。严格事故调查处理，认真落实《生产安全事故报告和调查处理条例》，对每一起事故按照事故处理权限和“四不放过”原则进行认真调查，对责任人进行严肃处理，按期结案率100%。建立应急救援体系，成立全市安全生产应急救援指挥中心办公室，修订《平顶山市特大事故应急救援预案》。依据《河南省〈生产安全事故应急预案管理办法〉实施细则》组织开展各县（市、区）安监局、各重点企业应急管理培训，督促指导企业依据预案组织相应演练。开通“平顶山市安全生产网”和安全生产举报投诉电话“12350”，宣传安全生产方针政策、法律法规，受理事故和隐患举报。

（菅执博）

外事侨务

【市外侨局获全国侨办系统先进单位称号】 1月8日，平顶山市外侨局被评为全国侨办系统先进单位。市外侨局是此次评选中河南省获此殊荣的5家单位之一。

（张晓丽）

【全市外事侨务工作会】 4月7日，2010年全市外事侨务工作会议在市行政审批服务中心召开。市委副书记冯昕、市人大副主任张坤子、副市长黄祥利、市政协副主席张国需、市长助理于善启等领导出席会议。各县（市、区）委统战部长、主管外事侨务工作的领导，市委和市直有关单位、市外侨局及涉外企业代表200余人参加会议。张坤子宣读市政府对市外侨局的嘉奖令，张国需宣读市委外事工作领导小组办公室对2009年度全市外事侨务工作先进单位和个人的表彰决定，市外侨局局长蒋梨作工作报告。冯昕要求全市各级领导干部要充分认识外事侨务工作的重要意义，充分利用外事侨务资源，抢抓机遇，以举办第三届“华合论坛”为动力，进一步深化全市对外经贸、科技、文化合作交流，为推动平顶山加快科学发展、促进社会和谐作出新的更大的贡献。黄祥利希望全市外事侨务干部进一步增强荣誉感和紧迫感，以服务地方经济发展为宗旨，完善因公出访管理机制、涉外管理机制和侨务统筹协调机制，继续优化整合外事、侨务、港澳资源，全力以赴办好第三届“华合论坛”，全面提升平顶山市外事侨务工作水平。

（潘振东）

【因公出国（境）管理】 严格遵照中央和省、市因公出国（境）政策规定，强化因公出国（境）量化管理。积极配合全省厉行节约大检查，及时提供全市因公出国（境）材料。与市纪委联合开展因公出国（境）旅游专项治理工作，收集、整理、审查全市双跨团组因公出国（境）记录及材料，杜绝公款出国（境）旅游现象。同时，以服务经济建设、服务企业为重点，对出国招商引资洽谈项目等团组，提供审批和代办护照签证服务，确保因公出国（境）工作务实、高效、有序运转。全市全年共办理因公出访团组24批55人（次）。

（潘振东）

【侨法宣传】 2010年，市外侨局把“一法两办法”纳入“五五普法规划”，列入外事侨务工作的重要内容。结合“12·4”全国法制宣传日，制作宣传横幅、展板，利用媒体、局网站、“侨法宣传角”等渠道和载体进行大力宣传和普及，营造知侨、爱侨、护侨良好社会氛围。积极组织全市侨务系统参加全省侨务法律法规知识竞赛，共发放、收集、上交答卷360份，被省人大民侨外工委、省政协港澳台侨和外事委员会、省外侨办、省侨联联合授予2010年度“河南省侨法知识竞赛优秀组织奖”。

（潘振东）

【对外友好合作交流】 2010年，市外侨局共组织市级领导率团出访13批，开展招商引资、参加国际会议、拜见外国政要、推介平顶山等活动。促成中平能化集团与澳大利亚CFT公司签订投资12亿美元合资开发煤层气项目；郏县广阔天地乡申报的日本利民工程5个援助项目，投资计350万元人民币（5000万日元），项目涵盖教育、民生设施等。积极推进与马来西亚槟城、乌克兰顿涅斯克市、西班牙阿尔卡拉市、法国马孔市进行友好交流，建立友好城市关系，为发展本市与东南亚和欧盟国家的友好合作创造有利条件。与巴西圣卡塔琳娜州坎布里乌市签订友好城市关系意向书获国家友协正式批准，本市国际友好城市增加到4对。

（潘振东）

【爱侨护侨】 2010年，市外侨局积极配合省、市人大侨务工作视察活动。先后视察侨资企业、侨捐学校，看望归侨侨眷，召开归侨侨眷代表座谈会，调动归侨侨眷服务经济社会发展的积极性。积极协调各涉侨部门认真落实相关政策，帮助解决归侨侨眷工作和生活上的困难和问题。春节前夕，开展看望慰问归侨侨眷活动，对全市近30户归侨侨眷登门看望慰问，并向生活困难的老归侨发放3倍于低保的补助金，向退休老归侨发放每月50元调至100元的退休补助金。同时，妥善处理和解决南非华侨房产纠纷案件、美籍华人的国内工资待遇及坦桑尼亚华侨民间借贷纠纷案件。

（潘振东）

【外事侨务接待】 全市全年接待来自包括第三届“华合论坛”在内36个国家和地区的外宾157批803人（次）。其中，重大外事接待活动包括墨西哥圣路易斯市市长一行6人，德国PHP公司总经理一行3人，马来西亚吉隆坡市前市长一行6人，日本驻华大使馆经济部秘书齐藤阳子等高访团组。

（潘振东）

墨西哥圣路易斯市市长参观平棉集团

【港澳事务服务】 充分发挥港澳事务管理、服务的职能作用，严格按照有关政策规定和程序，做好全市因公赴港澳人员的审核、上报及港澳重要人士来访、依法维权、新闻采访等工作。对港澳同胞在平的投资企业情况及港澳社团和人士在平定居情况进行摸底，为开辟渠道、广交朋友、有针对地加强交流与合作提供重要依据。

（潘振东）

【侨务领导视察】 1月15日，省外侨办纪检组长郭俊峰一行3人慰问平顶山市部分归侨侨眷，向他们致以新春的问候。他要求，各级侨务部门要千方百计解决好归侨侨眷的困难和问题，把党和政府对归侨侨眷的生产生活关心真正落到实处，归侨侨眷要进一步发挥桥梁和纽带作用，为河南省和平顶山市的经济发展多做贡献。5月2日~3日，国侨办副主任任启亮一行莅平视察指导第三届“华合论坛”筹备工作情况。他指出，国侨办将继续支持平顶山市承办第三届“华合论坛”工作，希望扎实做好论坛的各项筹备组织工作，共同打造好引资引智平台。7月5日，省人大常委会副主任储亚平带领省人大常委会执法检查组莅平，对贯彻实施《中华人民共和国归侨侨眷权益保护法》和《河南省实施〈归侨侨眷权益保护法〉办法》情况进行检查。强调要充分发挥侨务工作优势，切实维护归侨侨眷的各项权益，以侨引侨、以侨引资、以侨引智，大力发展外向型经济，促进中原崛起和全面建设小康社会。12月9日，市政协副主席张国需带领部分侨界政协委员，对全市的侨务工作进行视察，要求部门联动，协调配合，发挥侨务联席会议制度作用，充分调动归侨侨眷服务经济社会发展的积极性。

（潘振东）

行政审批

【行政审批服务】 市行政审批服务中心全年共接待群众咨询90余万人（次），办理行政许可、行政审批、行政服务事项近13万件，收取各种规费5亿多元。同时，接待河北省邯郸市，山东省威海市，安徽省合肥市、滁州市及本省济源市、南阳市、长葛市、鹤壁市、新乡市、开封市等全国各地市县两级53个中心近300人（次）的参观考察、学习交流。

（李少伟）

【建设项目联审联批】 为促进全市重点项目建设，市行政审批服务中心平均每周召开两次联审联批会议，统一审查报件、统一提出意见、统一办结时间。对材料齐全的申请事项立即组织办理；对材料不全的申请，当场指出，一次告知；对申请存在瑕疵，能当场更正的，更正后即办；对重点项目，特事特办。全年共召开联审联批会议46次，对65个建设项目实施联审联批。

（李少伟）

【行政职能整合】 市行政审批服务中心不断加强“两集中、两到位”（审批职能集中到行政审批服务科，行政审批服务科整建制集中到大厅；单位审批事项进厅要到位，对窗口的授权要到位），强力破除体制障碍。2010年，全市有30多个市直部门通过单独设立或合并挂牌的形式，成立行政审批服务科并整建制进驻大厅服务。各单位分管审批工作的领导人数减少63%，参与行政审批的工作人员减少62%，涉及审批的科室数减少70%，减少审批环节400多个，审批效率得到有效提高。

（李少伟）

【市行政服务综合楼获鲁班奖】 为解决审批服务中心场地简陋、面积不足、审批单位和审批事项不能全进大厅服务的问题，

平顶山市行政审批服务综合楼

市行政审批服务中心集中力量对服务大厅进行建设和改造。新建成的市行政服务综合楼是一座集会议办公、行政审批、信访接待、便民服务为一体的大型公共建筑。工程设计为地下1层、地上7层框架结构，建筑面积37329平方米，比原来扩大5倍，容纳40个窗口单位进驻，进厅项目达473个。12月26日，市行政服务综合楼以质量一流、功能先进、低碳环保、科技含量高等获得中国建筑业工程质量最高奖——“鲁班奖”。它填补建市50多年来没有获得过国家优质工程大奖的历史空白，标志着工程建设和管理水平达到历史性的新高度。目前，全市有7个县（市、区）通过新建或改造，服务大厅面积扩大2倍以上。

（李少伟）

【清理压缩审批事项】 市行政审批中心坚持把高效便民放在首位。6月份，以实现进厅项目办理时间达到全省最快为目标，积极开展以简化条件、简化程序、压缩时间为内容的“两简一压”工作，第5次对全市行政审批项目进行再次清理提速。经过3个多月的清理压缩，整体提速20%，所有进厅项目平均承诺办理时间仅为3.1天。

（李少伟）

【“三级两网”建设】 融市县乡为一体的行政审批自动化办公系统和行政审批电子监察系统（“三级两网”工程）在市县两级中心全部贯通，并向乡镇便民服务中心延伸。通过“三级两网”建设，不仅解决全市审批信息共享、服务监督管理方面的问题，更统一各县（市、区）进厅单位、进厅项目以及进厅项目的程序、条件和时间，使本市成为全国第一个统一县级审批服务中心服务标准的城市。至2010年底，市县两级11个审批大厅的375个进厅单位和3431项审批服务业务全部纳入审批网络办公。

（李少伟）

市县两级服务中心电子监察室

【窗口建设】 2010年，市行政审批服务中心在窗口建设上提出“六个一”，即：“一个窗口对外、一个机构履职、一枚公章审批、一岗双人服务、一名领导分管、一律入网监督”。在进厅项目上要求“五个必进”，即：除个别有特殊要求的项目经市政府同意可以不进厅外，各单位的许可事项、审批事项、服务事项、收费事项、年检事项等无条件进入中心大厅集中受理办理。在履行审批职能上做到“四个统一”，即：统一由单位的行政审批服务科协调处理、统一在审批中心窗口受理和办理、统一在窗口用印生效、统一接受中心的管理与监督。在对窗口的授权上实行“三个落实”，即：即办件的审批权要落实到窗口，即来即办；承诺件的受理、审核和协调权要落实到首席代表；审批责任要落实到各个岗位。在优质服务上提倡“六大服务”，即：预约服务、延时服务、陪伴服务、代办服务、跟踪服务、上门服务。市行政审批服务中心约50%的窗口获得“省优质服务窗口”称号。

（李少伟）

接待事务

【会务接待】 全市接待工作呈现“来宾层次高、团队规模大、涉及范围广、接待频率高”的特点。全年共接待各级各类团组359批（次），各级各类来宾6.9万余人（次），其中国家级领导31人（次），省部级领导534多人（次）。高标准完成中央第六地方巡视组、全国人大代表视察团、国务院办公厅政审考核组、中央扩大内需专项资金落实情况检查组、“全国贫困村互助资金培训会”、“南水北调”中线干线移民村视察、全省第一次重点项目观摩点评活动等重要任务。圆满完成国家电网公司、中电投集团、神火集团、中盐集团、第三届华侨华人中原经济合作论坛、“中国古代书法—行书”邮票首发式、深圳市宝安区企业家协会、台中市河南同乡会等接待任务。

（吕玉民）

【平顶山饭店改制】 针对平顶山饭店经营困难的问题，在市政府改制领导小组的领导下，认真组织实施改制工作。5月7日，经市政府第21次常务会议研究通过《平顶山饭店兼并重组实施方案》，下发《关于平顶山饭店兼并重组实施方案的批复》。5月26日，通过建立组织、宣传动员、清产核资、制定方案等法律程序，平顶山饭店四届三次职代会通过职工安置方案。6月25日，市财政局、市接待办为见证机构，平顶山饭店与河南佳田集团签订《河南省佳田实业集团兼并重组平顶山饭店协议书》。8月份，按照协议，平顶山饭店改制工作全面完成，新企业正式运营。

（吕玉民）

政协平顶山市委员会

【市政协七届二次会议】 2010年1月15日～19日，政协平顶山市第七届委员会第二次会议在新城区会议中心召开。应出席会议的委员406人，实到委员399人。会议听取并审议市政协主席裴建中代表市政协七届委员会常务委员会所作的工作报告、副主席张柳松所作的提案工作报告。大会审议通过政协平顶山市第七届委员会提案委员会关于七届二次会议提案审查情况的报告，通过政协平顶山市第七届委员会第二次会议关于常务委员会工作报告的决议，通过政协平顶山市第七届委员会第二次会议关于提案工作情况报告的决议，通过政协平顶山市第七届委员会第二次会议政治决议。委员们列席市九届人大二次会议，听取并讨论市长李恩东所作的《政府工作报告》和其他报告。

（余明杰）

【市政协七届常委会会议】

会　议	时　间	主　要　内　容
第3次	1月5日	听取市政府关于政协提案办理情况通报；听取市政协七届二次会议筹备工作情况的汇报；听取市政协各专门委员会2009年度工作报告；通过关于召开市政协七届二次会议的决定（草案）；通过关于表彰优秀政协委员的决定（草案）；通过关于表彰优秀提案、提案办理先进单位的决定（草案）；增补、调整市政协七届委员会委员；审议通过市政协三个重点调研报告；审议通过市政协七届二次会议议程、日程（草案）；审议通过市政协常委会工作报告（草案）、审议通过市政协常委会提案工作报告（草案）及其他会议材料。
第4次	1月18日	听取市委关于七届市政协人事安排的说明；政协主席裴建中作重要讲话。
第5次	1月18日	听取市政协七届二次会议分组讨论情况汇报；审议通过关于政协平顶山市七届二次会议提案审查情况的报告（草案）；审议通过政协平顶山市七届二次会议各项决议（草案）；审议通过政协平顶山市七届二次会议选举办法（草案）；审议通过政协平顶山市七届二次会议选举总监票人、监票人名单（草案）；审议通过政协平顶山市七届委员会副主席、常委候选人名单（草案）。
第6次	4月14日	传达学习省政协十届十二次常委会议精神；审议通过《政协平顶山市委员会关于进一步发挥专委会作用的实施意见》（草案）；通过有关人事任免事项；听取省社科院副院长刘道兴教授作《低碳经济与低碳生活知识讲座》。
第7次	7月21日	听取市政府上半年工作情况通报；传达学习省政协十届十三次常委会议精神；通报市政协2010年重点提案督办情况；通报关于对全市民营企业有关情况进行调研的安排意见；通过有关人事任免事项；讨论通过《加大力度解决全市医患纠纷问题的建议》；讨论通过《关于全市招商引资成效的调研报告》。

续 表

会　议	时　间	主　要　内　容
第8次	10月21日	听取市政府《平顶山市十二五规划纲要编制情况的说明》；举行会议发言；政协主席裴建中作重要讲话。
第9次	12月29日	听取市政府关于政协提案办理情况的通报、关于市政协2010年四项重点调研情况的通报、市政协各专门委员会2010年度工作报告（书面）、关于市政协七届三次会议筹备工作情况的汇报；审议通过市政协关于表彰优秀政协委员、优秀提案的决定（草案）、有关人事任免事项、关于召开市政协七届三次会议的决定（草案）、市政协七届三次会议议程、日程（草案）、市政协常委会工作报告（草案）、市政协常委会提案工作情况的报告（草案）及市政协七届三次会议其他材料等事宜。

（余明杰）

【提案办理】　着力抓好提案的立案、交办、跟踪、督办、落实工作，创新重点提案督办机制，形成由政协领导牵头、新闻单位参与、相关部门承办的提案办理工作格局。市政协七届二次会议闭幕后，政协委员、政协各参加单位和各专门委员会，共提出提案504件，经审查，立案500件。立案的提案中，集体提案52件，委员个人提案和联名提案448件。从总体看，提案围绕中心，贴近民生，既体现形势发展的需要，又反映人民群众的愿望和诉求，为全市经济、政治、文化和社会建设作出积极贡献。从个案看，由于调研深入，论证充分，建议有较强的针对性，受到承办单位的高度重视，提案办理取得实效。从委员的反馈意见来看，大多数提案者表示满意或基本满意。至年底，提案全部办复，其中建议解决和解决中的401件，占80.2%；列入计划拟解决或拟采纳的78件，占15.6%；因条件所限，一时确实难以解决的21件，占4.2%。

（余明杰）

【专题调研】　围绕市委、市政府重大战略部署，抓住事关全市经济社会发展的重大问题，组织委员和专家学者就城市建设、新农村建设、经济建设、文化建设、民主政治建设等工作开展专题调研12项。撰写《关于招商引资效果的调研报告》、《关于解决医患纠纷的建议》、《关于民营企业发展环境和职工维权情况的调研报告》、《关于全市宗教工作开展情况的调研报告》、《关于困难职工帮扶工作的调研报告》、《关于加强农田水利设施管护建设，切实提高农村生产生活保障能力》等多篇调研报告，并专题报送市委、市政府，为全市加快各项事业发展和维护社会大局稳定提供重要的参考依据。

（余明杰）

【专项视察】　围绕看病难看病贵、就业入学难、弱势群体生活困难、公共基础设施建设、保障性住房建设等民生问题，开展视察活动20多次。视察中，既肯定相关部门在工作中取得的成绩，又指出存在的问题与不足，提出解决问题的办法和对策，并形成视察报告，使每一次委员视察所提的意见建议，都能为市委、市政府决策提供有益的参考。

（余明杰）

【服务经济建设】　组织政协委员学习胡锦涛总书记和省、市委主要领导关于转变经济发展方式的重要讲话精神。邀请省社科院副院长刘道兴教授作《低碳经济与低碳生活知识讲座》。通过学习培训，使广大委员弄清什么是经济发展方式、为什么要转变经济发展方式和怎样转变经济发展方式等重大问题，积极做转变经济发展方式的宣传者和参与者。为制定“十二五”规划建言献策。组织各民主党派和政协各专委会分类进行调研，写出专题报告，召开政协常委会议，对“十二五”规划编制进行专题议政，对全市国计民生问题积极建言献策。坚持开展服务民营企业工作。对重点民营企业开展调研服务活动，帮助企业梳理应对困难的思路和措施，协调解决部分民营企业生产经营中遇到的困难和问题，促进企业的健康发展。政协领导定期或不定期到联系的企业和项目所在地调研，帮助解决生产经营和项目进展中的困难和问题，促进企业快速发展和项目建设的顺利进行。

（余明杰）

【服务文化建设】　发挥政协人才荟萃的优势，为建设文化强市战略献计出力。召开尧文化与尧山旅游研讨会，参加尧文化与尧山旅游研究中心揭牌仪式，为推动尧山旅游产业发展，提供科学的理论支撑。召开商代洗浴与温泉文化研讨会，深入挖掘温泉文化，提高尧山旅游区的知名度。组织以大香山开发保护为主题的一系列研讨调研活动，召开大香山观音文化研究会第二次会员大会，不断丰富观音文化研究成果。召开《歧路灯》海峡两岸学术研讨会，充分肯定李绿园及《歧路灯》在古典文学史中的重要地位，进一步提升平顶山在中国文学史上的影响。参与"三苏杯"全国诗歌大赛、"美在鹰城"全国摄影大赛、农工党平顶山市委"纪念农工民主党建党80周年"书画展、情系家乡蔚国银油画巡展、冯异和冯姓文化研讨会等项文化活动，支持文化事业发展；编撰出版《往事如鉴》、《平顶山古长城考察与研究》、《冯异和冯姓文化研究论文集》等书籍，发挥文史资料"存史、资政、团结、育人"的作用。

（余明杰）

【反映社情民意】　完善社情民意征集、报送、督办、跟踪与反馈机制。全年共编发社情民意信息21期53条，认真倾听群众呼声，积极反映群众要求，协助党委、政府做好协调关系、化解矛盾、理顺情绪的工作。

（余明杰）

【交流联谊】　圆满完成全国政协副主席王刚、陈宗兴及省政协主席王全书，副主席王训智、邓永俭等领导来平调研的接待工作，介绍汇报平顶山市经济社会发展情况，争取他们的支持、指导。邀请全国政协副主席郑万通参加第三届"华合论坛"开幕式，为大会圆满的举办作出贡献。加强与兄弟市政协交往。接待黑龙江省政协考察团、福建省政协考察团等省市政协共50批510多人来平考察活动。应台湾中华民族文化发展协会和中华河洛文化研究发展协会邀请，组团到台湾参加两岸文化互动交流活动，促进海峡两岸人员相互了解，增进双方沟通与友谊。参加在淮北市和北海市召开的全国区域性政协工作研讨会，交流经验，宣传平顶山市的资源优势和社会发展所取得的成就。通过多种形式加强与各民主党派及各界人士的联系，为民主党派和无党派人士开展调研视察、提出提案、反映社情民意等活动创造条件。加强对县（市、区）政协工作的指导。先后在郏县和叶县召开市政协第二次、第三次县（市、区）政协工作研讨会，对新形势下如何开展民主监督和政协工作创新进行研讨。指导汝州市、舞钢市组织部分市政协委员分别对宝丰县和鲁山县进行异地视察活动，增进相互了解和交流。各专委会加强与对口部门的沟通联系，积极参与对口部门的重要会议和重大活动，对有关部门的工作给予积极支持。

（余明杰）

中共平顶山市纪律检查委员会

【经济建设监督检查】　开展工程建设领域突出问题专项治理。重点治理违法建设、违规变更规划、擅自调整容积率、欠缴税费以及虚假招投标等问题。排查违法建设行为451起，拆除违法建筑708座，罚没、追缴款项1.3亿元；查处工程建设领域腐败案件119件，党政纪处分128人，移送司法机关52人。推进审批项目精简和审批提速，建成市、县、乡三级行政审批网络和电子监察系统。坚持重点服务企业走访座谈制度，帮助企业解决实际问题54个，查处损害经济发展环境案件62件，党政纪处分37人，组织处理14人。

（张朝辉）

【反腐倡廉宣传教育】　加大新闻宣传力度，在中央级新闻媒体发稿509篇，在省级媒体发稿1042篇。深化领导干部廉洁从政教育，通过中心组学习、专家辅导、党政主要领导上党课、廉政文化进家庭报告会等形式，开展《廉政准则》学习宣传活动。组织87名县处级领导干部到省第三监狱接受警示教育。组织开展全市反腐倡廉演讲比赛，受教育党员干部3万多人，其中县处级以上干部600多人。命名首批市级廉政文化建设示范单位15家。

（张朝辉）

【规范领导干部权力】　对市委《关于"三重一大"事项集体决策的规定》落实情况开展监督检查，督促各级各单位制定实施细则，明确界定"三重一大"事项的范围标准和具体决策程序。落实招待费、会议费、车辆燃修费公示制度，推行"三费"单独结报制度。坚持新增公务用车备案制度，制止违规购车14台。全市车辆购置及运行费同比降低17.20%，公务接待费同比降低22.52%。落实领导干部因公出国（境）管理制度，取消或调整出国（境）团组9批55人。出台《关于对党和国家工作人员收受礼品、现金、有价证券和支付凭证实行登记上交制度的规定》，共登记上交礼品、现金、有价证券和支付凭证，折合人民币245.9万元。开展“小金库”专项治理，查处违纪违规资金9800余万元。对12名市直单位“一把手”开展任中检查。

（张朝辉）

【违法违纪案件查处】　受理群众举报1639件，立案662件，党政纪处分803人，其中县处级干部29人，科级干部172人。典型案件有：新华区原区委书记柳某某受贿案，市委宣传部原副部长倪某某受贿案，汝州市世行三期水利工程腐败窝案。

（张朝辉）

【纠风治乱】　加强对学校收费行为的监管，纠正越权设立收费项目、违规制定收费标准等行为，查处乱收费涉案金额59.9万元，党政纪处分16人。打击哄抬农资价格、制售假劣农资坑农害农行为73起，对有关责任人进行处理。加大治理公路“三乱”工作力度，查处公路“三乱”案件8起，党政纪处分或组织处理30人。开展“四项资金”管理使用情况监督检查，党政纪处分或组织处理14人。开办“政风行风在线”节目，组织55个单位主要负责人上线，解决群众反映的热点难点问题577件（次）。建立县、乡、村三级纠风监督网络。

（张朝辉）

【农村基层党风廉政建设】　构建农村集体“三资”监管体系，在全省首家实现市、县、乡“三资”联网监管。县、乡“三资”代管中心共纠正不合规事项45件，拒付不合理开支427.9万元。推行村务监督委员会制度，全市有2674个行政村（社区居委会）成立监委会，参与村级重大事项决策、财务管理等事项监督。出台《关于加强强农惠农资金监督管理的意见》，推行5项监督制度。严肃查处影响强农惠农资金落实、侵害农民利益的行为，查办各类涉农案件211起，党政纪处分224人。出台《平顶山市村务公开工作实施办法》，全市村务公开规范率90%以上。

（张朝辉）

民主党派和工商联

民革平顶山市委

【组织建设】　2010年，民革市委发展新党员10人，平均年龄40.9岁，其中大学本科学历10人，中高级职称9人，市人大代表1人，市政协委员1人。开展妇女健康知识讲座、重阳节座谈会、健康体检、春节慰问等丰富多彩的活动，不断增强组织的凝聚力和向心力。党员雷鸿勋荣获民革全国基层工作先进个人荣誉称号，并赴西安参加民革中央举行的表彰大会。新华二支部和卫东三支部荣获民革全省先进基层组织荣誉称号，党员朱建华和郭晓琰荣获民革全省基层工作先进个人荣誉称号。

（王灵娥　郑　岩）

【宣传工作】　2010年，在《团结报》、《根在中原》、《河南民革》、《平顶山统战信息》等各级报刊网站共发稿170篇，其中《团结报》采用两篇，《民革中央工作简报》和《民革地方情况反映》采用两篇；《根在中原》网站，河南省级采用13篇，市级采用68篇；《河南民革》1月~9月发稿27篇，《平顶山日报》发稿8篇；《平顶山统战信息》发稿31篇；《工作与研究》1篇，其他媒体18篇。民革平顶山市委被授予民革全省思想宣传工作先进集体荣誉称号，机关干部王灵娥和郑岩荣获民革全省思想宣传工作先进个人荣誉称号。

（王灵娥　郑　岩）

【参政议政】　2010年，民革平顶山市委进一步加大参政议政工作专题调研力度，开展多次调研，并安排部署总支、支部围绕民革市委的调研课题立足所在县区开展相关调研活动。组织人员围绕全市新农村建设帮扶工作、第三产业快速发展、文化旅游资源现状、“十二五”规划制定、民主党派成员思想态势、产业集聚区建设等调研课题进行调研，先后形成《大力发展文化旅游产业，推动全市第三产业快速发展》、《影响民主党派成员思想态势的主要因素研究》、《大力发展现代服务业、提升平顶山市竞争力和吸引力》等调研报告3篇，其中《大力发展文化旅游产业，推动全市第三产业快速发展》的调研报告被全国城市优秀党刊《工作与研究》2010年第5期选用。在5月份中共市委召开的文化旅游产业发展建言献策座谈会和12月份市政府召开的征求“十二五”规划和《政府工作报告》征求意见座谈会上，民革市委结合调研成果，提出意见和建议，受到市委、市政府主要领导的重视和肯定。民革市委主要领导先后参加中共市委、市政府、市政协、中共市委统战部、市人民检察院及市中级法院等部门召开的协商会、座谈会、情况通报会及《政府工作报告》征求意见会，提出很好的意见和建议。在市政协七届二次会议上，民革平顶山市委提交集体提案8件，其中大会发言2件，重点提案1件，优秀提案1件。民革市委提出的《关于规范城乡居民医疗保障体系管理的建议》受到市长的高度重视，并做出重要批示：“组织研究这个问题，如何进一步规范城乡居民医疗保障体系管理，切实把党和政府的惠民政策落到实处，方便人民群众，要形成一个系列的意见，改进完善制度。市政府常务会议研究后，落实实施。”

（王灵娥　郑　岩）

【社会服务】　2010年，根据全市统一战线10件实事及全市统战系统目标管理内容及民革省委对市级组织开展社会服务工作的指导意见，民革市委把秸秆生物反应堆技术的实验示范推广作为2010年的社会服务10件实事之一，并列入到中共市委统战系统10件实事。3月份，民革市委制定详细的实施方案，组织秸秆生物反应堆技术示范户赴山东参观考察；9月份，民革市委在湛河区曹镇乡褚庄村保林农艺苑举行秸秆应用技术培训启动仪式，邀请山东省秸秆生物工程技术研究中心专家为300多名技术人员和群众进行现场讲解和技术示范，并协调菌种200多公斤，安排两个农业示范园进行实验示范。充分发挥自身优势，在经费紧张的情况下拿出资金购置捐赠物品，支援鲁山县下汤镇林楼村的新农村建设，帮助林楼村建成科技书屋一个，捐赠科普图书3000册，农业科教光盘11盒，书柜2个，桌子10张，椅子20把。争取中国医学基金会医疗设备“阳光绿道济困行动”进口彩超捐赠项目，在中共市委统战部和中共汝州市委统战部的帮助协调下，价值76万元的彩超设备在汝州市人民医院成功落户。牵头组织各民主党派专家服务团社会服务活动1次，参加其他党派组织的各民主党派专家服务团社会服务活动5次。在活动中，组织党员中的农业、医疗、教育、法律等方面的专家积极参与，发放宣传材料2000多份，图书100余本，接待义诊和咨询3000余人次，受到农民群众的欢迎。

（王灵娥　郑　岩）

【增进两岸沟通】　在民革河南省委的帮助协调下，民革平顶山市委邀请台湾中国两岸经贸关系发展促进会理事长、中华文经发展促进会理事长、台北市生产力发展协会会长王正典先生等人来平顶山市考察交流农业、旅游发展情况。王正典先生一行受到市委、市政府主要领导的会见，参观考察河南巨龙淀粉实业有限公司和河南梦想食品有限公司，并与市农业局和旅游局的负责人员就平顶山市的市情、投资环境、招商引资政策等进行座谈。在民革平顶山市委迎元旦、迎新春茶话会上，民革市委统一购买贺年卡，让台属党员填写后由民革市委统一封发邮寄，表达对台湾亲朋好友的祝福，加强两岸人员沟通交流。民革市委组织部分党员到卫东区台资企业台湾基泰房地产开发公司投资项目“鹰城商贸中心和鹰城商务中心”工地进行考察。通过考察，增强民革党员的爱国热情，为发挥民革党员作用，加强两岸经济文化交流工作起到积极作用。

（王灵娥　郑　岩）

民盟平顶山市委

【思想建设】　28集电视剧《民主之澜》在央视播出后，民盟市委及时开展主题学习活动。3月6日，召开庆祝开播座谈会，3月20日，召开观感座谈会，并征集观感心得，编印《平顶山盟讯·树立和践行社会主义核心价值体系》特刊。4月和6月份，组织一批骨干盟员赴重庆民主党派纪念馆、四川南充张澜故居、广安邓小平故居等地进行主题考察学习活动。下半年民盟市委又组织两批考察活动，到江西等地考察红色圣地和民盟老前辈故居，包括庐山会议旧址、井冈山革命纪念馆、沈钧儒故居、史良故居等。民盟市委还结合节日组织开展4次主题考察学习活动。3月13日，组织有21位盟员参加的庆“三八”鲁山六羊山女盟员学习考察活动；5月8日，组织“五四”青年节20多位盟员赴临颍县南街村进行学习考察。9月3日，开展庆祝教师节教育界盟员学习考察活动，组织20位盟员参观考察平顶山学院、徐玉诺故居和黄冈中学。10月16日，召开重阳节老盟员座谈会，十几位老盟员到会座谈。

（王宝郑）

【组织建设】　民盟市委贯彻落实“人才兴盟、人才强盟”战略，大力推进组织建设，在2009～2010年度民盟河南省委争创活力支部活动中，民盟中平能化基层委员会、民盟新华总支平顶山学院支部委员会被评为活力支部。继续推进基层组织换届工作。12月11日，民盟平顶山新华总支盟员代表会议在新华区政府会议室召开，36位盟员代表参加会议。民盟新华总支第二届委员会主委张国俊代表总支委员会作《民盟新华总支第二届委员会工作报告》，选举产生民盟新华总支第三届委员会。民盟市委还积极与舞钢市和石龙区统战部门沟通，舞钢支部、石龙区支部换届工作取得进展。

（王宝郑）

【对外交流】　9月26日～28日，民盟市委委派市委委员王宝郑出席民盟苏鲁豫皖4省14市机关工作会议暨秘书长联席会议。10月25日～28日副主委王德润、委员王宝郑参加在开封召开的中国民盟苏鲁豫皖20城市盟务工作第二十四次会议。民盟苏鲁豫皖4省14市盟务工作交流会是区域性盟务工作交流会议，起始于1984年，一般是每年举办一次，由4省14地市轮流承办，是重要的民盟区域性工作交流会，受到中央统战部和民盟中央的肯定和支持，2010年是第二十四次会议，扩大到20个城市。民盟平顶山市委参加此次会议，标志着盟务工作上了一个新台阶。

（王宝郑）

【信息与宣传】　继续强化民盟内部刊物《平顶山盟讯》的宣传、交流和激励作用，灵活设置“树立和践行社会主义核心价值体系”、“专家盟员介绍”等栏目，全年共编印5期。在《平顶山日报》刊发盟务信息17条，《平顶山电视台》播发信息9条，被《河南盟讯》采用13条，基本做到重要盟务信息上媒体。

（王宝郑）

【参政议政】　紧紧围绕平顶山市经济社会发展大局，开展调查研究，积极建言献策，充分发挥参政党作用。市政协副主席、民盟市委主委潘民中，市政协常委、民盟市委副主委王德润，市人大常委、民盟市委副主委杨维春等多次参加在市委、市政府、市政协等部门组织召开的各种形式的协商会、座谈会、情况通报会、征求意见会，就全市文化建设、旅游产业等重大问题发表意见和建议，受到关注和重视。在政协平顶山市七届二次大会上，盟员委员们以高度的责任感积极建言献策，共提交各类提案117件，占大会全部提案近1/4。王芹萼提案在会前得到市长李恩东批示，列入大会简报；王宝郑提案在大会上得到市委书记赵顷霖批示；蒋长明、马爱锄、高原和王宝郑作大会发言，占全部发言人数的1/3；高原、赵英杰、王宝郑和杜东雨成为《委员风采》电视短片人物，占总人数的1/3；13人20人次上《大会简报》；9人12人次被《平顶山日报》报道；王芹萼和杜东雨获平顶山电视台采访。王中林、王芹萼、王宝郑、高原和赵英杰6人被表彰为优秀政协委员。文化参政议政取得显著成绩。围绕文化强市战略确定课题，深入调研，为文化参政议政工作奠定良好基础。围绕红色文化进行参政。民盟市委集体提案《关于开发宝丰红色文化资源打造平顶山文化旅游新名片》和主委潘民中在中共市委文化旅游产业发展座谈会上的发言，受到中共市委和宝丰县委的高度重视。投资4000万元的“中原解放纪念馆”在宝丰文化产业园区奠基。充分发挥盟内文化专家作用。参与策划组织大型文化研讨会活动。市政协副主席、民盟市委主委潘民中及盟员张西庆、王宝郑、熊世军等深入研究，撰写论文，积极参与组织大型市级文化研讨活动。5月19日，民盟市委与市政协、平顶山市炎黄文化研究会联合主办平顶山尧文化和尧山旅游研究中心成立揭牌仪式暨首届尧文化和尧山旅游研讨会；8月20日，参与主办鹰城十大历史名人系列研讨会之一冯异与冯姓文化研讨会。组织特色主题文化座谈会。12月31日，民盟市委召集6位心理学专业的盟员举行家庭教育与青少年心理健康专题座谈会，大家围绕社会教育、家庭教育与青少年心理健康问题进行座谈，对国学教育热等问题进行讨论。围绕全市“十二五”规划开展调研活动。开展文化旅游考察活动。撰写《关于文化旅游科学发展的调研报告》。

（王宝郑）

【社会服务】　6月24日，组织专家服务团在新华区香山办事处徐洼村开展专家义务服务活动。重视和推动开展“烛光行动”。民盟市委把新华区香山办事处徐洼村小学作为“烛光行动”重点单位，建立对口帮扶关系。9月8日，民盟市委赴新华区徐洼村小学开展中秋节慰问教师活动；11月，对徐洼村小学师生进行教育教学培训，举办素质养成专题报告会，200多名师生听取报告，开展文化教育社会服务。8月4日，市政协副主席、主委潘民中，副主委王德润等对统战部联系点鲁山下汤林楼村进行专门调研。各基层支部都发挥特色，开展一系列针对性社会服务活动。10月23日，由新华区统战部牵线，捐献1000册图书，帮助新华区郝堂社区中央花园建立图书室。

（王宝郑）

【盟员风采】　民盟市委主委潘民中是平顶山地域文史研究领域的带头人，是全市诸多文化研讨活动发起者和组织者，是许多部门的专家顾问，多次应邀为党政事业单位讲授平顶山历史课。副主委王德润组织为特困大学新生救助募捐活动，受到社会欢迎。副主委杨延钧分管新华区农业造林工作，为新华区农业发展和生态建区作出贡献。副主委杨维春担任平顶山学院化学化工学院副院长，为学院教学获得全院先进作出贡献。王国尧两项提案被评为区优秀提案；王宝郑参与组织市冯异与冯姓文化研讨会、市首届尧文化与尧山旅游研讨会，执行主编《尧文化与尧山旅游研讨会论文集》、《冯异与冯异文化研讨会论文集》，共同主编《平顶山〈香山大悲菩萨传〉研究》，参加平顶山市中国观音文化之乡申报工作组，执笔撰写申报报告；王芹萼参加国际社会保障风险与养老问题国际研讨会，荣获民盟河南省委社会服务先进个人称号；李秀山荣获2010年民盟河南省委社会服务先进个人；冯红玲荣获河南省社会主义学院第六期民主党派干部培训优秀学员表彰；生青杰主持建设部软科学课题一项，验收为国内领先，主持河南省政府决策研究课题招标办公室课题一项，获得优秀等级；刘永涛获河南省教育厅法制教育先进工作者；杜东雨荣获中国教育改革创新先锋人物、河南省时代先锋人物、河南省时代英模称号；王建立参与国家级科研课题一项；张涛主编教材《新编英语语法》出版；汪浩所领导的市浪潮电子网络有限公司荣获信息产业部颁发的软件认证资质，研发的网上举报系统荣获国家版权局著作权注册认证；石晓东获河南省高校图书情报先进工作者称号。

（王宝郑）

民建平顶山市委

【参政议政】　充分运用市人大、市政协等参政议政平台，建言献策，共提交政协大会发言、提案45件。民建市委提交的《关于加强农村环境保护的建议》得到市委书记赵顷霖批示，《关于开通沙河平顶山段水运航线的建议》在政协大会上发言。《关于电力线路通道综合治理的建议》、《建设永久性节能住宅，切实搞好节能减排工作》等提案受到有关部门重视。民建市委及民建会员提出的关注民生、关注全市经济建设和社会进步的提案，得到有关领导和群众的好评。为配合中共平顶山市委“进一步加快文化旅游产业发展”的决策部署，围绕《以温泉资源为依托打造休闲旅游精品》开展专项调研，在中共市委召开的文化旅游产业发展建言献策座谈会上，该建议引起市委、市政府领导重视。为早日实现沙河平顶山段的复航，组织调研组到周口市调研沙河（周口段）复航情况，并积极争取民建省委的支持。在省政协十届十三次常委会议发言中，民建河南省委建议将沙河复航工程列入全省“十二五”规划，被省委省政府部分采纳，并列入全省“十二五”规划。

（罗原恒）

【社会服务】　践行科学发展观，积极参加全市民主党派专家服务团，先后在鲁山县林楼村、郏县陈寨村、新华区徐洼村、叶县毛庄村等地开展社会服务活动，为农户开展农业种植、畜牧养殖、法律咨询等服务活动。充分发挥自身优势办实事、办好事，帮助农村开展社会主义新农村建设。8月12日，民建市委牵头组织全市各民主党派专家服务团，到汝州市王寨乡大刺湾村开展巡回服务活动，组织会员企业家为该村小学捐赠200张课桌、400个凳子和5套教师办公设备。为发挥人才优势，全市民主党派服务新农村建设示范点鲁山县下汤镇林楼村，开展农业科技帮扶。组织市农科院农业专家和省农科院、信阳农科所、中国农业大学联系有关旱稻种植情况，并根据林楼村的土壤情况推荐多个优良品种。为提升全市非公有制经济发展水平，帮助非公有制经济企业解决在发展中遇到的困难和问题，召开非公有制会员企业家座谈会，探讨如何使非公有制经济更好为平顶山市经济社会发展作贡献，并选派7名非公有制经济会员参加由民建中央、工业和信息化部、陕西省人民政府共同主办的2010’中国（陕西）非公有制经济发展论坛，学习应对国际金融危机的一些思路和做法，借鉴先进的经营管理模式，为全市经济社会的发展服务。

（罗原恒）

【组织工作】 为进一步完善后备干部的推荐、选拔工作，召开后备干部民主推荐会，推荐选拔出一支政治素质好、代表性强、结构合理的市级领导班子后备干部队伍，为全市民建组织的发展提供人才保障。在组织发展上，认真贯彻“两个纪要”精神，坚持“三个为主”原则，对新入会的成员，坚持抓好培训工作，组织新会员学习会章会史，并推荐6人参加市委统战部组织的“全市民主党派发展对象培训班”。

（罗原恒）

庆祝中国民主建国会成立65周年活动

【自身建设】 民建平顶山市委以开展“弘扬民建优良传统、努力践行社会主义核心价值体系”活动为载体，提高全体会员思想政治素质。市委购买《社会主义核心价值体系学习读本》、《六个“为什么”——对几个重大理论问题的回答》等学习资料，发放给市委委员、各基层组织负责人和机关干部进行学习。3月2日，民建中央名誉主席孙起孟因病逝世，民建市委组织会员集中开展学习、追思孙起孟事迹活动，引导会员学习民建老一辈领导人与中国共产党肝胆相照、荣辱与共的亲密友情。5月27日，电视剧《黄炎培》在中央8台黄金强档播映，民建市委及时通知各基层组织和广大会员认真观看，使广大会员更好地了解多党合作的光辉历史，更好地继承老一辈民主党派领导人与中国共产党亲密合作的优良传统。在践行活动中，民建市委网站和民建市委会刊专门设立“社会主义核心价值体系学习专栏”，陆续刊载相关资料和文章供学习参考。组织会员积极参加民建中央2010年重点理论研究课题征文活动，被民建省委授予重点理论研究课题优秀组织奖。根据实际情况，建立和完善26项规章制度，保证市委会的各项工作有章可循。在民建河南省委对市级组织2010年工作的量化考核中，民建平顶山市委获得总分第二名的好成绩。在民建中央举行的民建成立65周年纪念大会上，民建平顶山市中平能化总支被评为全国先进基层组织。

（罗原恒）

民进平顶山市委

【思想建设】 紧紧围绕树立和践行社会主义核心价值体系主题，精心组织，周密安排。召开市委扩大会议，传达学习中共平顶山市委七届十一次全会精神。邀请民进会员、河南城建学院化工系副主任、副教授杜玲枝博士为市六个民主党派机关成员作《低碳生活》报告。召开第二十六个教师节座谈会，号召广大教师会员积极为教育事业建言献策。举办“爱在重阳”活动，组织退休老会员，参观游览淮河防洪骨干工程燕山水库。组织各支部主委及专委会主任，赴濮阳学习考察，与民进濮阳市委交流座谈，增进友情，共促发展。

（王 娜）

【组织建设】 以深入推动民进全国先进地方组织、先进基层组织创建活动为契机，召开民主生活会，完善《平顶山市各民主党派市委制度汇编》。召开后备干部民主推荐会，传达《中共平顶山市委统战部关于协助民主党派加强市级组织领导班子后备干部队伍建设的实施意见》，进行市级组织领导班子后备干部民主推荐。与中共市委统战部、石龙区委统战部充分酝酿协商，经民进市委主委会议决定，依照程序成立民进石龙区小组。全年发展会员10人，平均年龄36岁，其中，研究生1人，大学本科6人，大专3人，全都为中级以上职称。2010年，民进市委被民进河南省委评为先进市级组织，获参政议政工作先进单位、新闻宣传工作先进单位。民进新华一支部被民进中央评为民进全国先进基层组织。民进湛河支部被民进河南省委评为全省先进基层组织。

（王　娜）

【参政议政】 市人大、政协"两会"期间，提交议案、提案27件，其中集体提案7件，重点提案2件。《解决城市学校大班额问题的建议》得到市委书记赵顷霖、市长李恩东批示，并把解决大班额问题纳入年度工作计划，研究制定《平顶山市城区中小学幼儿园规划建设管理办法》，拟用3年时间基本解决市城区中小学大班额问题。《积极预防和妥善处理群体性事件的建议》得到市长李恩东批示。提交省人大、政协"两会"，受到省委副秘书长、省信访局局长李新华高度关注，批示后交有关部门落实。全国人大、政协"两会"期间，民进省委又将此提案提交民进中央，并被采用。《关于完善农村社会保障问题的建议》被市政协列为督办提案，被民进河南省委作为集体提案提交省人大、政协"两会"。委员邵国金提交的《强化社会治安管理，构建和谐社会》被评为市政协优秀提案。张连营、袁省操、王慧英3人被评为市优秀政协委员。2010年，共组织会员120余人次，深入到6个县（市、区）和10个局委、学校开展调查研究，形成调研报告6篇。《关于义务教育教师绩效工资政策及其实施调研报告》入选全国城市优秀党刊2010《工作与研究》第4期。依据《打造尧山旅游龙头，带动全市文化旅游产业发展》的调研报告，在市主要领导参加的"平顶山市旅游产业发展座谈会"上发言，被写入全市"十二五"规划。

（王　娜）

农工党平顶山市委

【"百千万农村健康行动计划"启动仪式】 4月30日，由农工党河南省委主办、农工党平顶山市委承办的农工党河南省委"百千万农村健康行动计划"启动仪式在叶县举行。"百千万农村健康行动计划"的主要任务是在全省通过3年智力、技术帮扶，进一步提高定点帮扶的100个乡镇卫生院、1000个村卫生室和1万名乡村卫生技术人员的管理水平和诊疗技术水平；通过持续开展医疗服务和健康教育，为1万名农村居民、1万名农民工和1万名农村中小学生进行健康体检、建立健康档案。全国政协副主席、农工党中央常务副主席陈宗兴出席仪式并宣布活动启动。启动仪式上，与会领导为省、市两级的15名医疗专家代表颁发了聘书、向被帮扶的7个乡镇卫生院进行授牌。参加会议的15名医疗专家和30名乡村卫生技术人员互换联系方式结成帮扶对子。郑州安图生物工程有限公司、河南九州通医药有限公司还向定点帮扶村医院和村卫生室赠送价值20余万元的医疗用品。仪式结束后，省、市两级医疗专家举行内容丰富的健康知识讲座和义诊服务活动。

（陈刚正）

农工党"百千万农村健康行动计划"启动仪式

【理论学习】 农工党平顶山市委按照农工党河南省委《关于推进学习型参政党组织建设的通知》、《关于树立和践行社会主义核心价值体系活动的实施方案》和中共平顶山市委统战部的安排部署，成立以主委为组长的领导小组，制定详细的实施方案，采取主要领导分包基层组织，大会学习、分散自学、定期座谈交流等形式，重点学习贯彻中共十七届四中、五中全会精神和农工党十四届三中全会精神，扎实开展树立和践行社会主义核心价值体系活动和学习型参政党组织建设活动，不断提高各级组织和广大党员的政治素质和工作能力，积极履行职能，努力开展工作，为社会主义现代化建设服务，为维护社会和谐稳定服务。

（陈刚正）

【募捐活动】 在农工党建党80周年之际，农工党中央决定在邓演达的故乡惠州兴建邓演达纪念园作为农工党爱国主义教育基地、党史教育基地和培训基地。6月，农工党平顶市委积极响应农工党中央号召，组织党员为惠州邓演达纪念园建设募捐人民币6650元。邓演达先生是中国农工民主党主要创始人之一，是中国杰出的民主革命家，为国家和民族的独立以及中国革命事业立下不朽的伟大功勋。

（陈刚正）

【农工党建党80周年纪念活动】 2010年8月9日是中国农工民主党80华诞，农工党平顶山市委以农工党建党80周年纪念活动为主题，积极开展各种形式的纪念和宣传活动。7月27日~8月2日，农工党平顶山市委在中平能化工人文化宫展览厅，成功举办“纪念中国农工民主党建党80周年”书画展，中共平顶山市委书记赵顷霖，市政协主席裴建中，市委常委、秘书长张遂兴，市委常委、统战部长段君海，农工党河南省委副巡视员王小丁，市人大副主任、民建市委主委巩国顺，市政协副主席、农工党市委主委李建华，农工党河南省委组宣处处长孔晓光等主要领导参加画展开幕式，3000多名农工党员、书画爱好者和普通市民参观展出，展出取得圆满成功。8月6日，由农工党平顶山市委选送的党员选手，参加农工党河南省委“纪念中国农工民主党建党80周年、树立和践行社会主义核心价值体系”演讲比赛，并荣获三等奖；由党员赵光先作词、崔凯谱曲、王俊英演唱的，为省委纪念活动专题创作、排练的大型歌舞《前进、前进》，参加农工党河南省委“纪念中国农工民主党建党80周年、树立和践行社会主义核心价值体系”文艺汇演，并获得在场领导和观众的一致好评。在8月7日农工党河南省委纪念中国农工民主党建党80周年书画展上，由农工党平顶山市委选送的党员书画作品分获展出一等奖和二等奖。8月12日，农工党平顶山舞钢支部，在舞钢市举行纪念中国农工民主党建党80周年义诊宣传活动，并成功举办“纪念中国农工民主党建党80周年欢乐中原卫生专场文艺汇演”。9月10日~12日农工党平顶山市委组织部分党员骨干到南京拜谒邓演达烈士墓、到上海参观“一干会议”遗址。

（陈刚正）

农工党平顶山市委“庆祝中国农工党建党80周年”书画展

【参政议政】 2010年，全市农工党员在市政协会议上提交提案31件，在市人大会议上提交建议11份，有两名党员在政协会议上作大会发言。集体提案《整合资源创新思维，促进全市文化旅游产业大发展》得到中共平顶山市委书记赵顷霖、市长李恩东的重要批示。两份提案作为市政协重点督办提案；两份集体提案被评为优秀提案，4名党员荣获市优秀政协委员光荣称号。圆满完成农工党中央参政议政部部长隋路一行在平顶山市调研国家基本药物制度落实情况接待陪同任务。农工党员与政协有关委室参加中小企业调研。开展“大力打造大香山文化品牌”专题调研活动，撰写5000字的调研报告在全市献技献策大会上交流。副主委孙丽萍、赵红旗参加市人大城中村改造督察问效活动。

（陈刚正）

【社会服务】 2010年，农工党平顶山市委完成农工党河南省委布置的7个定点帮扶基层卫生院和对口帮扶村卫生室的确定工作。积极组织党员医疗专家参加市委统战部组织的卫生下乡服务活动，先后到鲁山下汤镇临楼村、郏县陈寨村、香山办事处徐洼村开展义诊服务活动。11月13日，农工党牵头组织全市各民主党派到叶县叶邑镇开展义诊服务活动。组织开展“中国环境与健康宣传周”宣传服务活动、“第二十二届国际和平周”宣传服务活动。全年累计开展各种服务活动6次，受益群众达6000余人，收到很好的社会效果。在2010年农工党全国社会服务工作会议上，农工党平顶山市委被评为中国农工民主党社会服务工作先进单位。

（陈刚正）

九三学社平顶山市委

【荣誉荣耀】　九三学社平顶山市委在全省社务工作测评中，综合得分第一名，并荣获全省社务工作先进单位。安培中心支社荣获全国优秀基层组织；湛河支社荣获全省先进支社；段佩简荣获全国优秀社员；兰菊、范素青荣获全省参政议政工作先进个人；社市委办公室陈延庭荣获全省优秀通讯员。

（陈延庭）

【理论学习】　全市各级组织以社会主义核心价值体系为统领，结合学习贯彻中共十七届五中全会及省、市重要会议精神，进一步加强思想建设。邀请市委党校教授为全市社员举办“建设社会主义核心价值体系”报告会，引导教育广大社员树立正确的人生观、价值观、世界观。中心组集中学习传达《社中央关于学习贯彻中共十七届五中全会精神的决议》，并印发通知，要求各支社积极组织开展扎实有效的活动。社市委主要负责人还积极参加中共市委中心学习组和市委统战部组织的学习座谈会，为制定和实施“十二五”规划献计出力。

（陈延庭）

【参加协商座谈会】　社市委主要领导多次应邀参加中共市委、市政府、市政协组织的协商座谈会。5月份，中共市委组织召开文化旅游产业发展建言献策座谈会，市委书记赵顷霖等领导参加座谈会，听取各民主党派、工商联和无党派人士的意见建议。9月，市政协召开委员视察民营企业情况反馈会。10月，市政协召开常委会，听取平顶山市“十二五”规划纲要编制情况的说明，并就做好市“十二五”规划征求意见。12月，市政府邀请市各民主党派、工商联和无党派人士召开座谈会，市长陈建生等领导出席座谈会，听取对《政府工作报告》和《平顶山市“十二五”规划》等文件的意见建议。协商会上，九三学社市委提出的意见和建议，得到中共市委、市政府的重视。

（陈延庭）

【开展专题调研】　为发扬光大汝瓷文化瑰宝，使汝瓷走向新的辉煌，3月初，社市委组织成立“汝瓷文化开发与研究”调研组，先后走访市旅游局、市文化局、市文物局等单位，并到汝州汝窑实地察看，就汝瓷产品如何把传统工艺与现代元素更好地融合在一起，打造平顶山市新的优势产业，提出意见和建议。7月，社市委对平顶山市化工产业发展情况进行调研，形成《发挥中平能化尼龙化工产业的龙头带动作用，在平顶山打造中国尼龙化工产业集聚区的建议》。市委常委、统战部长段君海高度重视，以《统战专报》形式报送中共市委书记赵顷霖、市长陈建生等主要领导以及市发改委、市商务局等部门，并写入《政府工作报告》和“十二五”发展规划。

（陈延庭）

【建言献策】　通过社省委向全国政协会议提交并被采用提案4篇。分别是：孙大为撰写的《加大政府对企业参与国际碳交易的支持力度，降低中小企业CDM项目风险》、张明撰写的《扶持种粮大户发展亟需解决的问题及建议》、吴春志撰写的《建立全国联网发票短信免费鉴别查询系统的建议》、市政协办公室撰写的《对公安工作的宣传报道一定要坚持正确的舆论导向》。全国人大、政协“两会”期间，省政协副主席、社省委主委、全国政协委员张亚忠就《对公安工作的宣传报道要坚持正确的舆论导向》接受《人民公安报》记者采访，3月5日，《人民公安报》第1版“议政之声”栏目，刊登采访报道中国警察网转载报道。

通过社省委向省政协会议提交并被采用提案4篇。张明的《关于重视农业种粮大户发展的建议》、市政协办公室撰写的《培育和推进河南企业上市，推动全省经济快速发展》被社省委用作在省政协的大会发言和集体提案；高克雷撰写的《建议建立完善的社会心理咨询体系》、卫怀德撰写的《关于加强畜牧业污水污物利用，强化生态农业生产的建议》被社省委用作委员个人提案。

在市政协会议期间，社市委提交10件集体提案、22件个人提案。其中范素青提交的《关于加快全市产业集聚区发展的建议》、李志敏撰写以集体名义提交的《整合市区教育资源，提高城市教育水平》得到中共市委书记赵顷霖、市长李恩东的批示；李晓玲提交的《关于加强农田水利建设，提高抗旱能力的建议》被确定为主席督办提案；张明提交的《关于扶持种粮大户发展，保证粮食安全的建议》作为大会发言材料，得到市长李恩东的批示。

（陈延庭）

【社情民意工作】　社员围绕社会热点、难点问题，结合社会实践和本职工作，及时反映情况。社市委对社员提交的40多件社情民意素材进行筛选、提炼、整理，报送社省委。其中被全国政协、社中央、省政协、社省委采用15篇。范素青反映的《关于严格限制燃放孔明灯的建议》被全国政协采用，得到公安部的答复；市政协办公室撰写的《雇用回民“摆平”矛盾纠纷的现象应引起重视》、张明撰写的《扶持种粮大户发展亟需解决的问题及建议》被社中央采用；李志敏撰写的《建议实施“校园光明工程”》，吴春志反映的《建立全国联网发票短信免费鉴别查询系统》，陈延庭撰写的《对犬类实施狂犬病强制免疫》、《要从源头上打击高招中的造假行为》、《高考加分当止》，路丽影撰写的《加快农村乡镇卫生院和城镇社区卫生服务（中心）站艾滋病检测点建设的建议》，市政协办公室撰写的《建议设立职业学校学生实习期间因工伤亡保险基金的建议》、《留守儿童家庭有三盼》、《留守妇女安全保障亟待加强》、《建议设立公益性图书馆网络资料查阅处》等被省政协采用。《留守儿童家庭有三盼》、《留守妇女安全保障亟待加强》两篇信息还在《人民日报》发表和人民网、新华网等网站转载后，引起网民广泛参与跟帖讨论。梁幸慈反映的《关于增加全市邮政网点的建议》，通过网络留言，得到中共市委书记赵顷霖的网上回复，副市长黄祥利亲自督办落实所反映的问题和建议。

（陈延庭）

【民主监督】　社市委高度重视履行民主监督职能，并在实践中将参政议政、自身建设与民主监督紧密结合，通过中共市委和政府部门及法检两院举行的协商会、座谈会、政协提案、社情民意信息等方式实现民主监督。担任特约监督员、监察员、检察员和教育督导员的人员，以高度的政治责任感，认真参加有关检查和监督工作，充分发挥特约人员作用，维护人民群体的利益，履行民主监督职能。贾世坤、王进英、高克雷3名社员当选市公安局新一届特约监督员。

（陈延庭）

【组织建设】　2010年，严格组织程序和发展条件，注重质量，发展9名新社员，平均年龄34岁。其中，研究生学历8名；本科学历1名；6名在高校工作；两名在事业单位工作；1名在政府部门工作。认真指导基层开展丰富多彩的组织活动。春节期间，社市委主要领导带队，分别到各基层组织走访慰问，听取社员意见，指导基层工作。支社都能结合实际，开展形式多样、内容丰富、有吸引力、受社员欢迎的组织活动。7月24日，在山西忻州召开的“九三学社晋豫合作社务工作经验交流会”上，安培中心支社主委梁幸慈代表河南基层组织介绍社务工作经验。领导班子建设进一步加强。按照社市委中心组学习制度，领导班子每季度举行一次集体学习。安排两名班子成员，分别到中央社会主义学院和省社会主义学院培训。

（陈延庭）

【社会服务】　10月18日，协助市政府、神马工程塑料举办“平顶山市工程塑料产业发展研讨会”，30位国内尼龙化工行业的知名专家学者和企业家代表，对如何实现平顶山市尼龙化工产业集聚发展进行研讨。《平顶山日报》、平顶山电视台对会议进行采访报道。支持发挥社的自身人才优势，组织社员到乡村、社区，举行义诊、科技讲座、法律咨询、农技指导等服务活动。各基层组织也根据社员组成特点，结合本职工作，单独或联合开展一些力所能及的社会服务活动。舞钢市支社、第二人民医院支社、卫东支社、湛河支社等，分别到农村、城市社区、夕阳红老年公寓，开展健康知识讲座、义诊、科技咨询等服务活动。

（陈延庭）

【宣传报道】　2010年，在《根在中原》网站发表宣传稿件75

件，其中19篇在主页显示；在社中央网站主页发表宣传稿17篇。编印4期《平顶山九三》社讯，每期《平顶山九三》都是直接邮寄给每一位社员，社中央和社省委的重要指示精神、领导的讲话直接传达到社员。

（陈延庭）

【社员成果】　2010年，社员在省级以上刊物上发表论文30多篇，参与编写教材1部，国家发明专利技术1项，有8名社员获得市级先进荣誉称号；主持市级以上科研项目16项，获得市级以上科技进步奖15项。

（陈延庭）

市工商联

【招商引资】　2010年，市委、市政府首次明确市工商联为全市招商引资工作主要牵头单位，并划拨100万元招商引资专项经费。市工商联充分发挥工商联优势，变配合、参与招商，为主动、主导招商。依托平顶山市温州商会、福建商会，牵头组织市党政考察团赴温州参观考察，市经贸考察团赴福建省福州市、泉州市、厦门市开展市情说明暨旅游推介活动。邀请荷兰王国海牙华商会、厦门市工商联等13批重要经贸团组来平考察。全年累计促成31个项目成功签约，投资金额100.25亿元，到位5.9亿元。

（张朝强）

【“百企帮百村”活动】　市工商联创新工作思路和工作举措，实施“聚焦重点示范村建设、打造百企帮百村亮点工程”。对“百企帮百村”工作采取项目化管理，逐村建立工作台账，实行月报、督查制度，每月汇报工作进度、通报帮建情况，把“百企帮百村”工作纳入对县（市、区）工商联及市工商联机关各科室的年度工作目标，赋予30%的权重进行考评。全市117家民营企业结对帮扶92个示范村，做到落实帮扶企业、明确帮扶内容、实现帮扶全覆盖。以启动基础设施建设和产业对接为重点，采取集中捐建、产业带动、项目帮扶、置换搬迁、合作共建等形式，累计实施帮建项目198个，投入帮扶资金近3亿元，前王庄、陈寨、袁庄、上曹等一批重点示范村新村建设基本成型，成为全市新农村建设的亮点。

（张朝强）

【民营企业家培训】　2010年，市工商联先后邀请上海社会科学院、复旦大学企业研究所、和君创业咨询集团等专业研究培训机构的知名专家学者谢维俭、徐为民、李肃就《企业的困境与定位》、《企业的战略转型与瓶颈管理》等专题，来平举办全市民营企业家高级工商管理研修班系列培训，培训非公有制经济人士400多人次。

（张朝强）

【“光彩助学”活动】　8月16日，市工商联隆重举行平顶山市非公有制经济人士“光彩助学”捐助仪式，全市219家民营企业捐助资金954.8万元，资助贫困学生1149名。省工商联领导梁静、李振、赵纯武及市委、市人大、市政府、市政协领导出席会议，民营企业家和受助学生代表300多人参加会议。省工商联主席梁静在讲话中高度评价“光彩助学”活动。她强调：“平顶山市光彩事业活动已经步入常态化，光彩助学活动，已经成为这一常态化工作中足以叫响全国工商联系统的精品品牌。”

（张朝强）

【宣传教育】　认真组织撰写新闻宣传稿件。不断加大新闻稿件的采写力度，大力宣扬非公有制经济领域的先进人物和典型事迹，发表一大批有影响、有力度的新闻稿件。《这里的掌声经久不息——平顶山市光彩助学活动纪实》在《中华工商时报》头版刊登；全年在《中华工商时报》等国家级新闻媒体发稿14篇，省级媒体52篇，市级媒体77篇，为非公有制经济健康发展和非公有制经济人士健康成长营造良好的舆论氛围。加大信息工作力度。在市工商联网站发布信息529条，在省工商联网站发布信息6533条，编发《鹰城商会》19期4000多册，被省工商联《工作信息》采用9条；《河南工商界》采用12条，《民企社情》采用6篇；被市委统战部《工作信息》采用26条；省委统战部《工作信息》采用11条。

（张朝强）

【参政议政】　积极参与省工商联开展的“深入企业、服务企业”调研月活动，完成《平顶山市民营企业参与新农村建设的调查与思考》、《平顶山市工商联系统担保公司运行情况》、《关于全市招商引资成效的调研报告》等调研报告3篇。在深入开展非公有制经济组织创先争优活动中，市工商联深入企业开展大调研，撰写《平顶山市非公有制经济组织党建情况调研报告》的调研报告和《扎实工作推进创新》的经验材料上报省工商联。调研报告《市工商联关于"百企帮百村"情况的汇报》得到市委副书记冯昕的高度评价并作出重要批示。市人大、政协"两会"期间，市工商联提交集体提案3件、个人提案27件，提出建议、批评和意见16件。其中4件提案被市政协评为优秀提案，4件建议被市人大常委会重点督办。《提高招商引资效果的建议》和《机关公务员派驻民营企业的建议》在政协会议上作大会发言。

（张朝强）

【组织建设】　市县两级工商联全年共发展新会员3380名，会员总数由2009年底的2870名增加到6250名。行业（异地）商会建设加快推进。先后组建市青年商会、市山东商会、市福建商会、市庆典礼仪商会、市出租汽车行业商会5家行业（异地）商会。召开市工商联五届三次执委会，调整充实市商会领导班子，增补9人为市商会副会长，并增补7人分别担任市工商联副主席、常委和执委。工商联基层组织建设得到进一步加强，全市136个乡镇和办事处均建立或恢复工商联（商会）基层组织，做到有活动、有场地、有人员、有牌子。

（张朝强）

【服务民营企业】　积极推动非公有制经济融资担保体系建设。全市工商联系统共成立担保公司14家（其中市工商联有1家，县市区13家），县级融资担保机构实现全覆盖。累计为1356家民营企业提供担保资金3.39亿元，在保余额9264.5万元，缓解民营企业融资难问题。积极为民营企业提供法律维权和信息服务。市工商联法律维权中心多次组织律师深入到民营企业进行走访，帮助解决法律问题。全年共接受企业法律咨询30多人次，帮助会员企业审定法律文书、合同20多份。充分发挥工商联的信息网络优势，依托市工商联网站、会刊《鹰城商会》等，为会员提供政策咨询、经贸、会展等各类信息服务。

（张朝强）

【非公有制经济组织"创先争优"活动】　市工商联成立平顶山市非公有制经济组织党委，设立专职副书记（正科级）1名，切实加强对"创先争优"活动的协调和指导。加大先进典型的培育力度，对作为市非公有制经济组织"创先争优"活动指导小组成员联系点的20家企业进行重点指导，充分发挥先进典型的示范带动作用，涌现出瑞祥牧业、广厦集团、九方圆公司、圣光医药等一批示范企业，推动全市非公有制经济组织党组织"创先争优"活动的深入开展。

（张朝强）

【"优秀建设者"表彰活动】　6月份，市工商联召开平顶山市第三届优秀中国特色社会主义事业建设者表彰大会，对全市63名非公有制经济人士和其他方面新的社会阶层人士进行表彰，并颁发"优秀建设者"奖章和荣誉证书，极大增强全市非公有制经济人士的荣誉感和自豪感。

（张朝强）

【光彩事业和社会公益活动】　在2010年的南方旱灾中，市工商联主席王杰士，副主席陈晓明、关朝辉、张业启、周运杰5位民营企业家为贵州省毕节地区大方县达溪镇大湾村，捐款16万元，修建"河南水窖"160座。《中华工商时报》、《河南日报》、搜狐网等主流媒体进行报道，产生良好的社会影响，省工商联孟令峰书记给予高度评价。青海玉树发生强烈地震后，市工商联立即组织全市广大会员为玉树灾区捐款献爱心，共捐款376.59万元，热心公益成为非公有制经济人士服务社会的主流。

（张朝强）

琴　台

琴台位于鲁山城。唐玄宗天宝年间（公元742年～公元755年），鲁山县令元德秀为政勤廉，爱惜民力，深受百姓拥戴。他多才多艺，雅通音乐，琴技不凡，建琴台与民同乐。台高百尺，上有亭阁。登是台也，远可遥望尧山、滍水，近可观街衢民情。唐代著名文学家萧颖士曾与元德秀同登琴台，写下"赖兹琴台暇，傲睨倾菊酒。人和岁已登，从政复何有"的诗句。金人元好问有《琴台》诗称："千山为公台，万籁为公琴"。

（潘民中）

社 会 团 体

市总工会

【劳动竞赛】 2010年，市总工会围绕加快经济发展方式转变和经济结构调整，深入开展“同舟共济保增长，建功立业促发展”劳动竞赛。在147项市级以上重点工程组织开展以“保安全、保质量、保工期，讲文明、讲协作”为主要内容的“三保两讲”建功立业竞赛活动；围绕建设节约型和环境友好型社会，开展“比管理创新、比技术进步和降能耗、降排放”、“双比双降”节能减排竞赛活动；举办第三届全市职工技术运动会，共设比赛工种91项，选拔出优胜选手参加全省比赛取得较好成绩，数控车工、钳工比赛获得团体第三名，煤质化验工比赛获得团体第四名，6个通用工种团体总成绩第三名，6名选手被省竞赛组委会授予河南省技术能手称号；中平能化集团七矿职工白国周获得第十届中华技能大奖。认真开展安全生产“百千万”活动，“百”家“安康杯”竞赛优胜企业开展创“安康杯示范企业”和争当“安康企业家”活动；“千”名企事业单位负责人参加安全生产知识竞赛；“万”名班组长参加安全知识培训。

（张春雷）

【弘扬劳模精神】 2010年，市总工会继续开展“创建工人先锋号，争当首席员工”活动，实行首席员工制度的企业达190家，涌现首席员工1870人。完成7名全国劳动模范的评选推荐工作，评选表彰4年来在各行业表现突出的市劳动模范300名；做好劳模服务工作，发放全国劳模“三金”和省（部）级、市级困难劳模救助金116.77万元，并与市保健部门合作，为全国劳动模范和部分全国“五一”劳动奖章获得者进行健康体检。开展“职工职业道德建设‘双十佳’”评选表彰活动，深化职业道德教育，弘扬行业新风，中平能化一矿被评为全国职业道德建设标兵单位，同时被授予全国“五一”劳动奖状荣誉称号。

（张春雷）

【创建和谐劳动关系】 2010年，全市签订工资集体协商协议1294份，覆盖单位4094家，占建会企业的85%，覆盖职工59万人，签订区域性工资集体协商协议126份，行业性工资集体协商协议43份，女职工专项集体合同签订率大幅度提高，企业职工收入增长明显。劳动关系和谐企业创建活动向纵深发展，把厂务公开、集体合同、劳动合同等工作作为创建活动的重要内容，在各系统、企业开展创建和谐劳动关系企业活动。全市92%以上的企事业单位开展创建活动，覆盖企业5572家，覆盖职工80万人。姚孟发电有限责任公司被评为全国模范劳动关系和谐企业。做好工会劳动法律监督工作，与市司法局联合成立“市总工会职工法律援助中心”，构建劳动争议案件快速处理“绿色通道”。做好“五五”普法检查验收工作，7家单位、两名个人获得全国工会系统“五五”普法先进称号。参与企业改革重组和关闭破产工作。切实抓好源头参与，健全完善企业重大情况、突发事件应急方案，全年参与有关部门安全生产检查10次，安全生产责任事故调查5起。协助参与对平棉事件的调查处理工作，对全市改制企业与非公有制企业进行全面检查，促进了职工、企业和社会和谐稳定。

（张春雷）

【困难职工帮扶救助】 2010年，市总工会开展困难职工帮扶中心建设和星级达标创建活动，全市10个县（市、区）帮扶中心经省总工会检查验收全部达标，其中5个达到五星级标准，3个达到四星级标准，两个达到三星级标准，超额完成省总工会下达的目标任务。开展“冬送温暖、夏送清凉”活动。元旦和春节期间全市工会筹集送温暖资金1700万元，走访慰问困难企业608家、困难职工2.1万户、困难劳模905名。在全市开展“金秋助学”活动，筹资616万元，资助困难职工子女3971人。在元旦和春节期间开展“农民工维权月”平安返乡行动，帮助30多万人次平安返乡返城。联合有关部门在全市开展民营企业招聘周活动，吸引企业1025家，提供空岗信息23797个，达成求职意向6762个。开展小额借款促进创业活动，全年发放小额借款170万元，帮助699人创业。组织劳务对接和推进工会家庭服务培训促就业工作，举办4期技能培训班，4月份，成功举办“2010困难职工、农民工专场招聘会”，帮助下岗职工和农民工就业。推进全市职工大病医疗互助保险工作和女职工团体特病保险工作，职工参保率逐年递增，全市各类企事业单位、党政机关投保职工突破14万人，投保金额560万元。

（张春雷）

【工会组织建设】 2010年，全市新建工会组织1011家，发展会员12万人，超额完成省总工会下达目标任务的225.6%和223.8%。建立并完善非公企业法人单位数据库，截至2010年底，全市基层工会组织6057家，工会会员91万人。全面开展县（市、区）、乡镇、基层工会三级争创“六好”活动。舞钢市总工会被省总工会授予河南省“六好”县（市、区）工会荣誉称号。开展“会员评家”和“职工之家”建设，工会组织规范化建设取得显著成效，平顶山天安煤业股份有限公司、市邮政局、市国税局、河南中鸿集团煤化有限责任公司4家单位被授予全国模范职工之家荣誉称号。

（张春雷）

【工会自身建设】 2010年，市总工会深入开展“创建先进基层党组织，争做优秀共产党员”活动，把开展创先争优活动与做好工会重点工作紧密结合起来，坚持“学先进、比创新、看实效”，进一步加强能力建设，工会干部善于分析和判断影响职工队伍稳定的新情况新问题，应对突发事件的能力不断增强，推动各项工作取得新突破。工会信息工作在全国地市级城市中综合排名第十八名，受到全国总工会的通报表扬。工运理论研究工作成绩突出，在全省工会系统综合排名第二名，被评为河南省政研综合工作先进单位。不断加强“三工”宣传，在市级以上新闻媒体发表“三工”宣传稿件738篇，其中省级以上新闻媒体发表248篇。充分发挥《平顶山工人》、平顶山工会网等各种传媒的宣传阵地作用。机关党委被市直工委评为先进机关党组织。老干部工作被市委、市政府评为老干部工作达标先进单位。平安建设工作被市委市政府评为平安建设先进单位。社会主义新农村帮扶驻村工作多次受到上级有关部门的表扬和肯定，被推荐为市级优秀驻村工作队。

（张春雷）

【职工文化活动】 市工人文化宫升级改造工程取得重大进展。市职工文化活动中心落成投入使用；中心园区和水系改造工程进展顺利，并完成工程总量的80%。大力推进“职工书屋”建设，职工文化建设成果丰硕。建成8个国家级、17个省级、85个市级示范书屋。开展全市职工全民健身月活动，全市工会组织共举办各类文化健身活动520余场，参与职工达30万人次；举办平顶山市首届“迎新春职工文化活动月”和“职工消夏文化活动月”活动。专场演出57场，参加演出的专业、业余及群众演员1万人，观众20万人次。这次活动是平顶山市建市以来规模最大、时间跨度最长、参演单位最多的职工文化活动。汝州市、舞钢市、宝丰县、叶县同时举办“职工文化活动月”活动。

（张春雷）

团市委

【组织建设】 2010年，团市委和市委组织部等部门联合下发《关于进一步加强非公有制经济组织共青团和青年工作的意见》、《关于进一步加强社会组织共青团和青年工作的意见》，并组织召开非公经济组织和社会组织团建攻坚大会，命名首批平顶山市非公企业团建示范单位。在150家非公经济组织中建立团组织。不断深化全市团组织创先争优活动，涌现出一大批先进典型。郏县姚庄回族乡团委、叶县供电公司团支部被团中央分别授予全国五四红旗团委和全国五四红旗团支部荣誉称号；舞钢市第一人民医院护士盛鸽被团中央授予全国优秀共青团员荣誉称号。加强团干部培训。8月份，在市委党校举办为期3天的全市2010年度基层团干部培训班，邀请知名专家学者为广大团干部进行专题辅导，提高各级团干部的理论素养、政治素质和业务能力。不断加大驻外团工委建设工作力度。2010年，先后在北京、广州、乌鲁木齐建立驻外团工委。建立市县两级驻外团工委23个，其中市级5个，县级18个。

（马健骁）

市领导出席第四次少代会

【青少年思想道德教育】　3月5日，邀请90岁高龄的老革命家、平顶山武装部原部长钟飞为学生做“四好少年心向党，民族精神代代传”爱国主义教育报告。5月上旬，开展“金色童年展风采”少年儿童文艺比赛。4月中旬，举办基层大队中队辅导员培训班，11月中旬举办全市学校团干部培训班，为辅导员进行少先队基本知识、基本理论、基本礼仪、基本技能和工作方法等方面的培训。开展2010年“平顶山市十佳（优秀）少先队员”、“平顶山市十佳（优秀）少先队辅导员”、“平顶山市少先队工作贡献奖”评选表彰活动，在全市选拔一批优秀的少先队员和辅导员典型。

（马健骁）

【召开第四次少代会】　2010年5月31日～6月2日，召开市第四次少代会。全市294名少先队员代表和成人代表参加会议。会议听取工作报告，对平顶山市第三届少工委作出审议，投票选举平顶山市第四届少工委。市委书记赵顷霖等出席少代会的开幕式并观看“爱我家乡、快乐成长——献礼少代会”文艺演出。

（马健骁）

【小额贷款】　扶持农村青年创业发展。与市银监局、农信社等部门联合召开平顶山市青年创业小额贷款推进会，协调解决青年在创业中遇到的疑难问题，并组织金融专家对创业青年在诚信教育、创业培训、技术咨询、政策落实、经营指导等方面进行培训。联合相关金融部门累计为3121名创业青年提供小额贷款9995.8万元。

（马健骁）

【“青年就业创业见习基地”建设】　争取社会资源，依托规模以上企业、青年文明号单位和青企协会员企业，建立“青年就业创业见习基地”，采取“基层对接、就近就便”的方式，重点服务应届大中专毕业生、已毕业未就业大中专毕业生、进城务工青年和下岗失业青年，建立国家、省、市级基地16个。

（马健骁）

【平顶山青年创业行动】　与市委组织部、市工信局、市工商联等部门联合召开平顶山市青年企业家协会第四次会员代表大会暨平顶山市青年商会成立大会。评选表彰平顶山市十大杰出（优秀）青年企业家。特邀清华大学教授孙立平莅平讲学并签订合

“送金融知识下乡助青年就业创业”活动启动仪式

作意向书。与市商业银行签订战略合作协议，组建由专家学者和青年就业创业典型组成的青年创业导师团，为服务青年就业创业搭建良好平台。

（马健骁）

【青年技能培养】 依托“青年就业创业培训基地”，争取政府和社会资金支持，培养一专多能的青年技术人才。与劳动部门等联合举办青工职业技能大赛，开展“2010年平顶山市青年岗位能手”评选活动，完善青年技能人才库。开展杰出（优秀）进城务工青年、进城务工青年良师益友、进城务工青年培训工作先进集体等评选表彰活动，培养务工青年典型。

（马健骁）

自主创新十大杰出（优秀）青年颁奖典礼

【维护青少年合法权益】 开展《河南省未成年人保护条例》宣传活动。利用12月1日《河南省未成年人保护条例》实施和“12·4”全国法制宣传日，发挥少先队和共青团组织的优势，针对在校学生和社区闲散青少年等重点青少年群体开展法制宣传教育活动，下发《关于开展“河南省未成年人保护条例”宣传活动的通知》，在市区和县区组织开展7次集中宣传教育活动。围绕“三项重点工作”，开展“法律六进”活动。参与全市三项重点工作集中展示宣传活动，制作宣传展板、宣传材料5000余份。在县（市、区）广泛开展适合不同青年对象参与的法制宣传教育活动。开展“未成年人零犯罪社区”创建工作。团市委联合市公安局，开展平顶山市“零犯罪社区”创建工作，下发《关于开展2010年“未成年人零犯罪社区”创建工作的通知》。

（马健骁）

【拓展希望工程新领域】 团市委号召全市各级团组织、团员青年，为西南干旱地区和地震灾区募捐13万余元，并为贵州省大方县援建青年水窖27座。在全市开展希望工程大学生圆梦行动，对全市的优秀青年企业家、社会团体组织发出倡议书，倡议伸出援助之手，帮助寒门学子。同时协调宋河·老子国学教育基金会等社会爱心组织救助贫困学生，共筹集助学基金30万元，救助贫困大学生130名。拓宽筹资渠道，与爱心单位合作，开展向全市中小学生捐赠《未成年人安全预防与自救》图书活动，宣传未成年人安全预防知识，普及灾害逃生知识。共筹集书款51万余元。开展2010年“5·19希望工程助学公益日”活动，以爱心企业为载体，联合美名经贸有限公司开展一元钱义拍电动自行车活动，所拍款项全部用于资助贫困学生。

（马健骁）

【志愿服务活动】 为更好地服务于第三届“华合论坛”，面向社会公开招募一批高素质的大会志愿者，参与华合论坛大会组织、礼仪接待、旅游咨询、沟通联络、秩序维护、文明宣传等志愿服务。服务“南水北调”工程，做好移民安置中的志愿服务工作。平顶山市共有4个县（市、区）需接收安置丹江口水库库区移民。涉及移民安置的县（市、区）团委组织志愿者深入移民村，共组织青年志愿者200余人参与到宣传动员、物资发放、医疗卫生及物品搬运工作中。“六一”儿童节期间，全市各级团组织集中开展以关爱农民工子女为主要内容的活动，动员大中专院校、机关企事业单位以及社会各界的青年志愿者，结合农民工子女的实际需求，开展学业辅导、亲情陪伴、感受城市、自护教育、爱心捐赠等活动。举办迎“六一”手拉手共成长主题活动，让小朋友们通过互赠小礼物，配戴结对卡、共植心愿树、制作心愿卡等活动形式传递友谊与快乐。3月份集中开展“弘扬志愿精神共建和谐鹰城”

志愿服务周主题活动。宣传普及志愿服务理念，组织开展环境保护、安全教育、节能减排等志愿服务活动。在农村开展“三夏助收帮扶”等志愿服务活动，联合中石化河南平顶山石油分公司举行“三夏”保供服务志愿者誓师大会，在“三夏”麦收期间成立10个送油小分队，为广大农机手和农民朋友提供便民服务活动，设立“三夏”服务台，免费为农机手提供开水、绿豆水、急救药品和防暑降温物品。

（马健骁）

市妇联

【获得荣誉】 2010年，市妇联先后获得妇女舆论宣传阵地建设先进单位、河南省维护妇女儿童权益先进集体、河南省儿童工作先进集体、河南省“三八”红旗集体、平顶山市先进机关党组织、全民健身工作先进单位等荣誉称号。

（王江伟）

【庆“三八”巾帼展风采系列活动】 3月3日，全市召开纪念“三八”国际劳动妇女节100周年暨表彰大会。大会对百名“鹰城巾帼楷模”，88名从事妇女工作30年的妇女工作者、1000名优秀女性、300个优秀女性群体、“双学双比”、“巾帼建功”先进集体及个人进行表彰。为充分展示鹰城女性的精神风貌和时代风采，市妇联举办“百年回眸——鹰城巾帼风采图片展”。3月8日，市妇联联合市体育局举办以“庆‘三八’、强体魄、促健康、建和谐”为主题的庆“三八”女子趣味运动会，来自市直各局委的19支妇女代表队210人参加抢收抢种、齐心协力、步步为营、心心相印、运转乾坤等5个项目的比赛。2月28日，舞钢市妇联举办庆“三八”民间艺术表演赛。3月8日，市畜牧局举办庆“三八”联欢会。卫东区市场管理处先后组织召开茶话会、趣味运动会等活动庆祝“三八”节。3月2日，叶县妇联召开妇女工作暨表彰大会。大会表彰100名三八红旗手、20名优秀妇女工作者、20个先进妇女组织、10户十佳和谐家庭等先进集体和个人。3月4日叶县妇联举行庆“三八”座谈会，来自全县各条战线上的妇女干部代表参加座谈会。3月4日，宝丰县妇联召开纪念“三八”国际劳动妇女节100周年暨表彰大会。大会表彰“三八”红旗手、先进妇女组织等先进集体和先进个人。3月4日，汝州举办百年芳华——汝州市庆祝“三八”国际劳动妇女节100周年暨颁奖晚会。大会表彰282名妇女先进个人和114个妇女先进集体。3月4日，郏县妇联举办纪念“三八”国际劳动妇女节100周年妇女工作成就展。全县14个乡镇和教体局、卫生局、广电局等单位展出宣传展板30多块，展示郏县妇女工作取得的辉煌成就，宣传全县各行各业、各条战线上涌现出的妇女先进典型，展示自立自强、积极进取的郏县女性风采。3月5日，鲁山县妇联召开庆“三八”国际劳动妇女节100周年表彰大会暨文艺演出活动。会上表彰5个先进妇联组织、两个巾帼文明岗、5名优秀妇女工作者、3名巾帼建功标兵、102名三八红旗手，来自县教育局、水利局、交通局等15个单位表演了歌舞、快板、小品、武术等文艺节目。3月8日，石龙区召开纪念“三八”国际劳动妇女节100周年暨表彰大会。会上对一批先进集体和个人进行表彰。全区各界妇女代表共400余人参加纪念大会。

（王江伟）

【关爱弱势群体】 2010年，以春节、“三八”节、“母亲节”、“六一”儿童节为契机，各级妇女组织以各种形式看望慰问孤儿、留守儿童、单亲孩子，动员社会各方力量救助贫困学子、贫困母亲等。全市各级妇女组织共筹集资金30余万元，救助弱势群体约300余名。1月27日，市妇联主席梁丽平一行看望平煤集团三环公司、卫东区东苑社区、湛河区姚电社区、新华区新程街社区以及王庄的徐保琴、聂军玲等单身贫困母亲，为她们送去500元慰问金和米、面、油等生活用品。2月10日，市妇联到鲁山县马楼乡官店村看望慰问当地的孤残儿童和单身贫困母亲，为她们送去面粉、棉被等年货。春节前夕，汝州市妇联带领妇联工作人员及妇女儿童志愿者看望大峪乡上焦村困境女童陈燕乐。1月27日，郏县妇联深入到郏县最贫困、最偏僻的茨芭镇空山洞村慰问贫困妇女、贫困儿童家庭。2月4日，舞钢市启动关爱女孩“暖冬行”活动，多方筹措资金1.5万元，帮扶救助50名贫困女孩。4月29日，市妇联组织机关及二级机构全体干部职工，开展向灾区捐款活动，捐款5940元。5月7日，市妇联先后到湛河区、新华区慰问贫困母亲、烈士母亲和单亲贫困母亲代表。5月9日，叶县妇联走

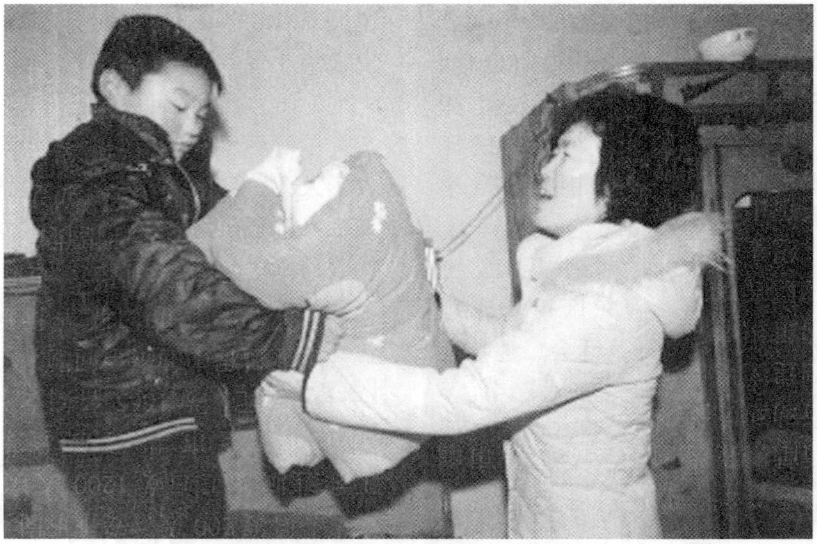

市妇联为贫困儿童送棉被

访慰问优秀贫困母亲代表，并为他们送去了米、油、衣服和慰问金。

（王江伟）

【儿童关爱行动】　为使少年儿童快乐成长，各级妇女组织以加强“未成年人思想道德建设”为主线，抓契机，搭平台，深化“双合格“活动。6月1日，市委书记赵顷霖一行到卫东区幼儿园、卫东区雷锋小学，看望慰问少年儿童，向孩子们致以节日祝福。赵顷霖还为雷锋展室题词：“用雷锋精神哺育社会主义新人”。同日，市长李恩东一行到市育新幼儿园和新华区新程街小学，给小朋友送去玩具等节日礼物，向广大少年儿童致以节日的祝贺。“六一”儿童节期间，汝州市、宝丰县、石龙区、舞钢市等各级党政领导也走到孩子们中间，和孩子们共度节日。郏县通过援建“留守儿童亲情家园”、宝丰县通过组织“争当环保小卫士”演讲比赛、湛河区通过开展“亲情牵手、爱心相伴”活动、石龙区通过招募爱心妈妈等方式救助看望贫困儿童、留守儿童，舞钢市通过举办文艺汇演为孩子们送去节日祝福。

（王江伟）

市委书记赵顷霖（右二）节日看望慰问少年儿童

【现代女性大讲堂】　2010年，市妇联以“名家讲坛”为载体，邀请知名专家悉园、屈开等，举办大型专场讲座。以流动课堂为平台，组织讲师团，进机关、入企业、下社区（农村），开展文明礼仪、家庭教育、心理健康、婚姻家庭、法律法规等知识讲座75场，发放宣传资料4万余份，受益人数达2万人。4月9日，舞钢市妇联邀请省心理学会会员、心理咨询师王桂婷分别举办以“建立良好关系　打造和谐婚姻”为主题的婚姻家庭知识讲座。杨庄乡、庙街乡两个乡机关干部、职工、村妇代会主任、村计生主任等200人聆听讲座。4月19日，石龙区妇联特邀中医养生专家、医学美容专家、国际营养师曹高峰教授举办美容与养生知识讲座。来自该区区直单位的女干部职工、社区妇女及个体协会会员等60人聆听讲座。5月26日，卫东区妇联特邀河南省城建学院心理学副教授、心理健康教育咨询中心主任、平顶山市家庭教育研究会副会长李红亚举办了家教知识讲座，新华路小学400名家长和老师聆听讲座。5月28日，江河公司工会女职工委员会举办首期瑜伽培训班。5月21日，叶县妇联举办“我的幸福我做主”关爱女性健“心”月活动，特邀国家二级心理咨询师仓红鸽做系列心理报告会讲座。7月20日，市妇联特邀解放军第152医院妇产中心主任朱前勇博士，为中平能化集团香山矿生产一线的200名女工，

“我的幸福我做主”关爱女性健“心”月启动仪式

作题为“让宫颈癌远离我们”的健康知识讲座。

（王江伟）

【精神文明建设】　各级妇联通过开展创建“文明家庭”、倡导“低碳生活”、弘扬文明新风等活动，积极开展精神文明创建工作。市妇联开展“低碳家庭、绿色生活”行动，各级妇女组织通过征集低碳金点子、开展节能减排才艺大赛、组织宣教讲座等生动活泼的形式，传播低碳理念，践行绿色生活。母亲节前夕，市妇联在全市开展“浓情5月，祝福母亲”祝福语和“感恩母亲”摄影作品征集活动。活动共收集到祝福语200条，摄影作品近百幅。5月4日，卫东区妇联举办首届“社区邻里节”活动，全区各楼栋、庭院、小区内开展家庭才艺、互帮互助等多项丰富多彩的邻里活动。5月12日，郏县妇联召开“夸媳妇、贺娘家”活动表彰大会，表彰40名“好媳妇”，弘扬家庭美德，传承文明礼仪。5月12日，宝丰县妇联召开“讲文明、比贡献，我为创建添光彩”巾帼行动动员会，号召广大妇女参与创建文明县城，共建美好家园的组织者、宣传者、实践者和志愿者。10月28日，市妇联、市纪委、市委组织部联合举办平顶山市廉政文化进家庭专题报告会，全市各县（市、区）、市直各单位及各重点企业主要领导干部的家属300余人参加报告会。11月5日，市妇联举办“守规则、尊重人、争当文明市民”宣传月活动首场讲座，号召全市妇女从自身做起，不断提高文明素质，努力使自己成为知识女性、文明女性、魅力女性，为创建文明城市作出应有的贡献。

（王江伟）

【妇女就业创业行动】　依托“巾帼科技星火工程”，大力实施“妇女就业创业行动”。2010年，全年开展实用技术培训199期，培训农村妇女1.3万余人。发挥半边天家政服务中心的作用，培训普通家政服务员1000多人，月嫂200人，安排下岗女工和进城务工妇女1200人次。2010年，全市共发放贷款7815.5万元，为1665名妇女解决了创业过程中的资金问题。

3月5日，市妇联举行迎“三八”女性专场招聘会，近80家企业为6000个女性提供就业岗位。招聘现场总人数达到8000多人次。其中女农民工2000多人，高校毕业生1000多人，达成就业意向协议1500多人，求职登记1500余人。

5月21日，平顶山市农村女经纪人座谈会及平顶山市农村

郏县妇联向“好媳妇”受匾牌

全市女大学生村干部创业事迹报告会现场

女经纪人协会成立大会在鲁山县赵村乡金凤花卉有限公司召开。会议通过协会工作制度，产生协会领导机构。河南省金凤植物花卉有限公司董事长燕金凤当选为协会会长，协会共有正式会员38名。

11月24日，市妇联和市委组织部联合举办平顶山市女大学生村干部创业事迹报告会。郏县、舞钢市、叶县、宝丰县的女大学生村干部杨静、袁卫卫、赵军利、周巧云，向大家讲述创业历程。各县（市、区）组织部部长、村官办主任、妇联主席、分管副主席及部分优秀女企业家、各县（市、区）女大学生村干部代表400余人参加会议，并为43名有创业项目的女大学生村干部发放财政贴息贷款352万元。同时，启动女大学生村干部创业导师行动。

（王江伟）

【维权宣传活动】 以“三八”维权周、禁毒日、预防艾滋病宣传日等有利时机，大力开展维权宣传、咨询活动。全年，全市共举办大型集中宣传活动30余次，参加人员2万余人，接待群众6000余人，发放宣传材料15万份。市妇联组建“平顶山市妇女维权志愿者”服务团，发挥陪审员和妇联信访窗口作用，壮大维权网络，全年全市各级妇女组织共接待来访案件400起，处理来信20件，接听热线电话495起，参与协调案件8起。“110家庭暴力报警中心”共接待家庭暴力报警112起，指令巡警、派出所等单位出警200多人次。“法律援助中心”援助受害妇女700人。3月25日，在全市开通“12338”妇女维权服务热线，为市民有效提供维权咨询、心理指导等温馨服务。设计制作维权服务卡，分发到维权服务点，为权益受害妇女提供维权服务指导。4月7日~8日，市妇联配合市人大《妇女权益保障法》执法检查团，深入叶县、湛河区进行执法检查，推动妇女权益的落实和维护。

（王江伟）

【“妇女儿童发展规划”监测评估】 召开全市妇女儿童发展规划监测评估工作会议，采取以会代训的方式对全市统计人员进行培训；顺利完成妇女儿童“两规划”（2001年~2010年）互查工作，并为新一轮“两规划”编制工作做好准备。8月3日，召开全市妇女儿童工作会议，总结2008年~2010年平顶山市实施妇女儿童发展规划的主要成绩和经验，安排部署全市妇女儿童发展规划工作和今后一段时期的妇女儿童工作。7月27日~28日，由市政府副秘书长徐延杰组成的8人督导组，圆满完成对三门峡市妇女儿童发展规划实施情况的督导任务，8月5日顺利通过南阳市督导组的督查。

（王江伟）

【第三期中国妇女社会地位调查】 圆满完成第三期中国妇女地位社会调查各类调查表格调查、填报、汇总等工作，为党和政府科学制定妇女发展的政策提供科学依据。10月上旬，平顶山市鲁山县鲁阳街道办事处新峰街居委会、梁洼镇南街村、磙子营乡山刘庄村、马楼乡沙庄村、张良镇闫洼村，新华区光明路街道迎宾社区、中兴路联盟社区、香山景区香山社区、矿工路街道乐福社区、焦店镇西吴庄村委会被确定为平顶山市第三期中国妇女社会地位调查点，问卷共涉及150户家庭问卷和10个村、居委会。11月1日，平顶山市第三期中国妇女地位调查督导员、调查员赴郑州参加省妇联组织的第三期中国妇女社会地位调查专题培训班，为入户调查阶段做好前期准备工作。11月17日，新华区召开“全国第三期中国妇女社会地位调查”工作推进会。11月23日，平顶山市第三期中国妇女社会地位调查主管领导、市妇联副主席申建华到新华区中兴路街道联盟路社区实地查看第三期中国妇女社会地位调查入户带调查工作。12 月 14 日，河南省第三期中国妇女社会地位调查领导小组项目办公室督导工作组田红旗一行 3 人，对平顶山市新华区、鲁山县 10 个样本村的入户调查阶段工作进行检查督导。工作组实地了解和查看两个县区的入户调查开展情况，重点审核查阅完成的调查问卷，并对调查问卷进行电话回访。12 月 22 日，平顶山市河南省第三期中国妇女社会地位调查入户调查、问卷审核、数据统计基本结束，并报送省妇联调查办公室。12 月 25 日，追加 8 个高层人才问卷。12 月 31 日完成高层人才调查并上交省妇联调查办。

（王江伟）

市残联

【概况】　2010 年，全市扶残助残任务共惠及 11 万残疾人。圆满完成年度目标任务，各项工作均走在全省前列。全年各级残联和康复站（室）先后为 70 名低视力患者配发助视器，为 134 名聋儿进行听力语言训练，为 1.1 万名重度精神病患者提供综合性防治康复服务，为 40 名肢体残疾儿童免费进行肢体矫治手术和康复训练，为 2000 名盲人免费赠送盲表、盲杖、收音机，为城乡残疾人供应辅助器具 8106 件（其中发放轮椅 2000 辆），为 510 户农村贫困残疾人改造住房；为 1046 名残疾人提供托养服务。培训残疾人 4451 人，新增残疾人就业 3661 人，接待残疾人来访 1900 多人次，受理残疾人来信 11 件，资助残疾学生就学 394 名。2010 年，平顶山市先后荣获全国白内障无障碍市、全国无障碍建设城市、全国残疾人宣传工作先进市。被中国残联和省残联命名为全国聋儿语训基地、全国残疾人康复示范区，全省脑瘫儿童康复指导中心和残疾人培训、扶贫基地。在省残联 2010 年度 18 个地市业务工作考核中，平顶山市继续保持综合排名第一的先进位次，被评为 2010 年度残疾人工作先进市、省残疾人就业培训工程先进市；市残联被评为 2010 年度残疾人康复、综合服务设施建设等 5 项重点工作先进市。继续保持省级文明单位和省级优质服务窗口称号。市残疾人康复教育中心等 4 个单位被评为全省残疾人之家；市残疾人就业服务中心等 8 家单位被评为 2010 年省残疾人就业培训工程先进集体；市志愿者协会被评为全省志愿者助残先进集体。

（刘　旭）

【第五届平顶山市残疾人联谊会】

2 月 4 日，第五届平顶山市残疾人联谊会在平顶山红妆国际演艺中心举行。市政府副市长李建伟，市委副秘书长曾宪敏，市政府副秘书长王保民，市残疾人工作委员会成员单位负责人与残疾人工作者、部分残疾人代表一起联欢，欣赏了丰富多彩的文艺节目。

（刘　旭）

【全市残疾人工作会议】　3 月 19 日，全市残疾人工作会议在市行政综合服务楼会议室召开。市残联党组书记、理事长宋岚作了工作报告，会议宣读省、市残工委表彰的全省残疾人工作先进市、先进县（市、区），残疾人先进工作单位和个人决定，宣读关于对 2010 年度残疾人工作实行目标管理的通知。会上，市政府与市直相关部门签订创建全国残疾人工作示范城市任务书，市残联与各县（市、区）残联签订 2010 年残疾人工作目标责任书。

（刘　旭）

【第二十次“全国助残日”】　5 月 16 日是第二十次“全国助残日”。全市围绕“加大扶持与救助力度，帮扶农村贫困残疾人”这一主题，开展系列助残活动。5 月 13 日，平顶山市第二十次“全国助残日”系列活动启动暨 1300 辆轮椅助行捐赠仪式在市体育村举行。台北曹仲植基金会、省助残济困总会、省残疾人福利基金会和市、县两级人民政府无偿向全市残疾人朋友颁赠轮椅 1300 辆。颁赠仪式上，200 名贫困肢体残疾人代表现场领到崭新的轮椅；3 家市级残疾人扶贫示范基地负责人领取总额 3 万元的扶持资金；各县（市、区）残联代表领取残疾人就业培训任务牌；10 名听障儿童代表领取助听器；10 名盲人代表领到盲表、盲杖、收音机等辅助器具。市领导亲切看望受赠残疾人，视察指导无障碍建设宣传、残健双向服务一条街。全市相关单位制作宣传版面，开展无障碍建设宣传；残疾人书画家马作人、市老干部活动中心的书画家现场义卖书画作品，筹集善款；市残疾人康复教育中心按摩培训班学员免费按摩；残疾人服务队免费为路人擦鞋、配钥匙、修锁等。

（刘　旭）

【搭建残疾人缘分平台】 为帮助残疾人朋友找到生活中理想的伴侣，平顶山市残联联合平顶山日报社，在鹰城万人相亲活动中开设残疾人相亲爱心专区，为残疾人搭建缘分平台。5月28日，平顶山市残疾人相亲爱心平台，在鹰城广场万人相亲大会现场正式启动。在为期3天的活动中，现场悬挂活动组委会免费为152名残疾朋友精心制作的相亲海报，活动现场有爱心红娘专门帮助残疾人朋友牵线搭桥。活动期间，每天都有二三百人来到残疾人相亲爱心专区，残疾人爱心专区为万人相亲中最热闹的区域之一。9月17日~19日，由市残联和市总工会、团市委共同主办，平顶山人民广播电台经济生活广播承办的“爱在中秋万人相亲会”大型公益活动在体育村举行。专为残疾人设立“爱心区”，残疾人报名人数达200多人。

（刘　旭）

【残疾人文化活动周】 按照河南省残联《关于组织举办河南省残疾人文化活动周的通知》（豫残联〔2010〕93号）文件要求，为活跃基层残疾人文化生活，促进残健融合，平顶山市残联、市文化广电新闻出版局决定，自2010年起，在每年8月份联合组织举办残疾人文化活动周。2010年残疾人文化活动周的主题是：绽放生命，共享阳光。8月10日，平顶山市文化活动周正式启动，郏县在启动仪式上向残疾人赠书50册，组织40多名残疾人开展了“一日游”活动，并开展为期一周的电影专场放映活动；宝丰县举行魔术展演；舞钢市残联举办残疾人书法绘画摄影作品展，展出作品80余幅；卫东区残联组织残疾人在区残联活动中心举办乒乓球比赛；汝州市、鲁山县等县（市、区）也都开展了手工艺品展览、残疾人艺术演出等文化活动，引导广大残疾人积极参与社会生活。

（刘　旭）

【爱残助残大型宣传活动】 8月11日是全国首个肢残人活动日，主题是“消除障碍快乐畅行”。当天，平顶山市全国肢残人活动日庆祝活动在鹰城广场举行，市住房和城乡建设局、市民政局、市交通局、市公用事业局、市残联等25家市直单位和新华区、卫东区、湛河区政府联合进行大型宣传活动。活动期间，市直部门共制作宣传展板100余块，悬挂横幅50多条，发放传单1200份；市残疾人辅助器具中心、湛河区骨伤科医院等医疗康复机构开展肢残人矫形、义诊、配发辅助器具等活动；各县（市、区）组织肢残人开展趣味运动会、棋牌比赛、书画摄影展、电影放映、文艺展演等活动，全市共有4500名肢体残疾人参与活动，丰富残疾人文体生活。

（刘　旭）

【全市基层残疾人工作者培训班】

8月25日，全市基层残疾人工作者培训班在新城区市行政服务综合楼中心会议室举办。全市10个县（市、区）残联理事长、副理事长和办公室、组联部、康复部、教就部、维权部各部室部长（主任），137个乡（镇、街道）残联理事长、残疾人专职委员等400人参加培训。省残联组联部副部长杨洪涛、省康复研究中心社区科科长赵玉莲到会祝贺并授课。

（刘　旭）

【参加第四届残疾人职业技能竞赛】 9月25日~27日，每4年举办1次的河南省第四届残疾人职业技能竞赛在郑州举行。这次竞赛共设5类23个项目，平顶山市选手王小丹、李凯歌、徐枫婉，分别获得美发师、男服制作、海报设计项目第一名，被授予河南省技术能手荣誉称号。其他选手获电子仪器仪表装配、家具制作项目的第二名和计算机英文文本处理、手工编织、美发师项目名次。

（刘　旭）

【“国际残疾人日”捐赠活动】

12月2日，为迎接第十九个“国际残疾人日”（12月3日）的到来，市残疾人联合会在市体育村举行美国轮椅基金会、中国基督教两会550辆轮椅捐赠仪式。省十届人大副主任、省助残济困总会主席张世军，省残联副理事长、省助残济困总会副主席、省残疾人福利基金会理事长李国成，省残联理事、省残疾人福利基金会副理事长常为民等领导出席捐赠仪式。在捐赠仪式上，美国轮椅基金会、中国基督教两会代表肖云晓先生，向平顶山市捐赠轮椅550辆。省残联副理事长李国成代表省助残济困总会、省残疾人福利基金会把550辆轮椅捐赠给平顶山市。

（刘　旭）

【扶残助残活动】 在农村全面实施旨在救助、辐射、带动残疾人家庭脱贫致富的“631科技助残”行动。在全市城乡广泛开展以办实事、做好事、解难事为主要内容的“扶贫济困”活动。实施农村贫困残疾人家庭危房改造，省、市、县先后投入资金270多万元，按照每户5000元的资助标准，共为全市510户贫困残疾人家庭进行危房改造，其中300户列入政府民生工程。以舞钢市为试点，推广并逐步普及政府和残联为残疾人个体工商户代缴养老保险的助残活动。有160名残疾人个体工商户连续5年领到每人每年1600元的保险津贴，计100余万元。启动新型农村养老保险惠残试点工作。农村重度残疾人，由县级财政全部代缴每人每年100元的养老保险费，鲁山县、宝丰县、郏县3个新农保试点县为4868名重度残疾人财政代缴48.68万元养老保险费。实施“阳光家园托养计划”。分别在市区、鲁山县、郏县、叶县和卫东区建立6所残疾人集中托养机构，争取中央财政补贴经费198万元，共为1046名残疾人提供托养服务。

（刘　旭）

【赛事成绩】　广州亚残运会，平顶山市两名游泳运动员摘得3枚金牌、1枚银牌。全国特奥会，平顶山市1名乒乓球运动员夺得1金1银1铜，并入选国家队，备战雅典世界夏季特奥会。平顶山市有7名运动员入选省队集训，备战全国第八届残运会。在河南省第四届残疾人职业技能竞赛中，平顶山市22名选手参加5类15个项目的比赛，分别夺得3个第一名，两个第二名的优异成绩，位列全省第一方阵。

（刘　旭）

市文联

【文艺活动】　2010年，市文联圆满完成市赋初选工作，评出一等奖3个。完成全市申报观音文化之乡的前期考察工作，形成《平顶山市申报中国观音文化之乡考察报告》。完成迎接中国书法城考察组的一系列工作。组织开展2010年春节义写春联活动，送出春联2000多副。组织238件书法作品参加河南省第19届群众书展；成功举办平顶山市书画家迎新春联谊笔会；举办“国学文体讲座”，由市作协主席于天命主讲；参与组织举行“美在鹰城”全国摄影大赛活动；举办平顶山市“第二届全民健身”摄影大赛；举办第二十三届中国摄影展集体送片精选会，精选出300多幅摄影作品送展；组团参加河南省“舞动中原”国标舞全国公开赛，获职业组冠军，在不同组别中荣获8个第一名。举办迎国庆平顶山市入展省第十九届群众书展汇报展暨平顶山市青年书家九人展”，组织书法家开展“中国书法进万家”活动，先后组织书法家走进军营、第一中学、五矿、六矿、八矿举办书法笔会、点评、培训等活动。

（郭进拴）

【文学作品】　2010年度出版的文学作品集有：郭进拴的长篇小说《观音菩萨传》；翟家琪的报告文学集《春华秋实》；李凌云的散文集《走进大师》；邢已贤系列长篇小说《东方第一赋》；郭进栓创作的138万字的上、中、下三卷《闪光的足迹》；孟玉璞的散文集《生活的缝隙》；杨伟利的散文集《穿越黄昏小巷》。

（郭进拴）

【在全国第一届“新世纪之声·和谐中国”征评活动中获38项大奖】　2010年12月5日，全国第十届“新世纪之声·和谐中国”征评活动颁奖大会在北京人民大会堂举行。平顶山市共获38项大奖，其中平顶山市文联一级作家郭进拴创作的132万字的上、中、下三卷《闪光的足迹》获文学专著类金奖。郭进拴、曹洪章等创作的报告文学《浩气泱泱唱大风》和郭进拴创作的《为了天下的好爹好娘》获报告文学类金奖，郭进拴等创作的《情系民生》被评为纪实文学类金奖；赵俊杰主编的《人大工作必读》获理论专著类金奖；郭进拴被评为2010年度优秀新闻文化工作者荣誉称号。

（郭进拴）

【书法影视创作】　在河南省第十九届群众书展中，全市入展239件作品，为历届之最。在全国第八届现代刻字艺术展中，刘全新、李玲、肖德河、赵兴华、李俊旭、汪得洋、王子易、范晓光、曹恒亚、彭坛致10人作品入展。在全国首届篆书展中，张红杰、韩存利2人作品入展。在全国第三届扇面展中，王峰涛、王宝菊、孙立、张红杰、韩存利5人作品入展。在河南、陕西现代刻字联展中全市20幅作品入展。李建军创作的电影剧本《战友》和《放飞你的愿望》通过国家电影局检查。《战友》拍摄完毕，进入后期制作。

（郭进拴）

【各协会获奖多】　摄影家协会张柳松、张国通、高鸿勋等荣获第二届河南省摄影金像奖，张国通获“中国2010年最有影响的摄影家”称号；舞蹈家协会李奇刚、姚世佳获得洛阳“舞动中原”全国公开赛第一名，王兆凤、王浩剑等人分别获得第二名和第三名；剧协10岁女孩崔家迎参演豫剧《对绣鞋》、13岁女孩郭柯萍参演豫剧《哑女告状》分获金奖和银奖；音协冯雷创作改编的《民族歌曲器乐连奏》荣获卫东区第五届社区文化艺术节一等奖，音协少儿合唱团代表平顶山参加在北京举办的第十届中国国际合唱节，荣获童声合唱组第六名的好成绩。

（郭进拴）

【协会活动异彩纷呈】　各个协会围绕全市文化艺术中心工作，组织开展并参与各项活动。书协除举办义写春联活动、书法家走进军营活动和群众书法展暨九人展活动，并在教师节期间走进中学举办“金秋放歌”书法笔会；作协创作出大量的文学著作，并在叶县召开长篇小说《凤凰楼》》研讨会，应邀参加部分省市的一些联谊会、研讨会。曲协创作快板《愿你的生活更甜点》、小品《赌博中毒症》、大调曲子《生日》等；民协做好《河南老字号》一书的编纂出版工作；美协出版精美的新年挂历。组织作品参加十五届新人新作展、十届河南国画展、市人大书画作品展；音协与哆唻咪琴行有限公司成功举办刘诗昆钢琴大师独奏音乐会，组织“唱响中国——群众最喜爱的新创作歌曲”申报工作，创作十多首，向省委宣传提供两首参加评选；剧协全年为市民和农民演出3000余场大戏，并选送佳作参加省市以及国家级的比赛；舞协组建舞蹈培训班，为平顶山市获得多项奖项；影协为配合“美在鹰城”全国摄影大展，多次邀请省、国家级摄影大师来平采风，组织参与“和谐卫东”、“大香山”杯、“瑞丽杯”、“皇姑浴”杯等摄影大赛，并分别获奖。

（郭进拴）

【基层文联事业】　郏县成功举办项城市、郏县两地书法联展和第六届“红牛节”书画展，收到全国各地展品几百余幅，展出获得良好反响。鲁山县举行中国牛郎织女文化之乡曲艺民歌会、召开文艺界人士迎春茶话会、诗歌创作座谈会、文艺界劳动模范暨拔尖人才座谈会。2010年8月16日，在鲁山县文化中心广场举行《民间传说——牛郎织女》特种邮票原地首发式。舞钢市承办“中国·舞钢冶铁文化节”，举办“中国书法兰亭奖获奖作者走进舞钢”活动。举办2010年河南·宝丰赵庄魔术大会、诗词创作研讨会、庆“六一”晚会和第六次全国人口普查文艺晚会等活动。叶县参与“欢乐中原”岩盐首届群众文化艺术活动，组织广大书画爱好者进行采风。

（郭进拴）

市侨联

【概况】　市侨联是中共平顶山市委领导的由全市归侨、侨眷组成的全市性人民团体，是市委和市政府联系广大归侨、侨眷和海外侨胞的桥梁和纽带。市侨联按照《中国侨联章程》开展工作，履行参政议政、维护侨益、海外联谊、群众工作职能。2010年，市侨联围绕全市“生态建市、产业立市、文化强市、和谐兴市”战略，凝聚侨心、汇集侨智、维护侨益、发挥侨力，助推全市经济社会发展作出积极贡献。综合成绩名列全省侨联系统第一名，被市政府评为对外开放工作先进单位。

（买自强　张留伟）

【平顶山市第七次归侨侨眷代表大会】　1月21日，平顶山市第七次归侨侨眷代表大会在市行政服务综合楼会议室召开。各县（市、区）、市直有关单位、企业、大专院校的正式代表、特邀代表及列席人员共260多人参加会议。大会审议通过市侨联主席励伟英代表市侨联第六届委员会向大会作的题为《发挥侨联优势和独特作用为“走在全省前列、率先实现崛起”作出新贡献》的工作报告；表彰全市侨联工作先进集体、先进工作者和归侨侨眷先进个人；选举产生新一届委员会；审议通过《平顶山市归国华侨联合会工作细则（修正案）》；聘请名誉主席。

（买自强　张留伟）

【市侨联第七届委员会第一次全体会议】　市侨联第七届委员会第一次全体会议选举产生市侨联第七届委员会常委、主席、副主席和秘书长，谢富强当选为主席，买自强、肖金刚、刘娜、薛来全当选为副主席，买自强兼任秘书长。

（买自强　张留伟）

【服务经济发展】　市侨联邀请

印尼中华总商会永久名誉主席、印尼泛印集团董事长李文光，印尼广肇总会总主席陈伯年，印尼中华总商会副主席姚忠从，印尼国际日报社长李振亮，马来西亚中国经济贸易总商会中央理事杨永凯等一批极具影响力的侨领参加第三届华侨华人中原经济合作论坛。经市侨联、新华区侨联、鲁山县侨联牵线搭桥，招商选资，共签订项目5个，金额46.9亿元。

（买自强　张留伟）

【社会公益事业】　2010年，市侨联共争取海外无偿捐款1295万元。香港同胞、河南省政协委员陈徐风兰女士、陈国威先生在郏县实验中学建设一幢拥有40个教室、8个水冲式厕所和16个教师办公室、建筑面积6163.68平方米的陈国威侨心中学教学楼。马来西亚侨领刘增钦、张乐熙夫妇再次向叶县乐熙侨心中学捐资，新建一幢四层、建筑面积1744.72平方米的教师办公楼。市侨联分别在叶县乐熙侨心小学、乐熙侨心中学举行“乐熙奖学金”颁发仪式，为120名品学兼优的学生颁发奖学金；在郏县新世纪小学、鲁山县汇源第一小学举行马来西亚《星洲日报》爱心助养金发放仪式，为150名品学兼优家庭贫困的小学生发放助养金；资助72名贫困大学新生入学；选送36名高中毕业生赴印尼总统大学免费留学；争取浙江省新华爱心教育基金会再度捐资，在市一中开设两个2010级“珍珠班”，资助全市100名家庭特困、品学兼优的高中生免费读完高中学业。印尼著名侨领、印尼泛印集团董事长李文光先生捐款10万元帮助汝州市金庚医院医治脑瘫患儿。

（买自强　张留伟）

乐熙中学办公楼开工典礼

【万人捐款】　积极响应省侨联“为北川中学重建再献爱心，在全省广泛开展‘万人捐款’、‘万人签名’活动”的号召，市侨联在全市侨界干部职工、归侨侨眷和社会各界群众中广泛开展“万人捐款”、“万人签名”活动，共获得捐款83220元，支持北川中学重建。

（买自强　张留伟）

【海外联谊】　6月，市侨联组成由党组书记励伟英任团长的平顶山市招商考察团，出访马来西亚、印度尼西亚。招商考察团向当地各界介绍平顶山市经济社会发展的现状、优势和前景，并与马来西亚中国经济贸易总商会负责人、印尼中华总商会副总主席王涵、陈伯年等座谈；拜访市政府经济顾问、马来西亚汉联机构主席刘南辉，市政府经济顾问、印尼著名侨领陈大江、李文光等知名人士；参观考察马来西亚新山市依斯干达特区金龙鱼养殖场、新山市新行政区和以存放高级游艇为主要业务的公主港；考察印尼芝嘉琅工业园区，与泛印集团董事长李文光达成在平顶山市投资建设工业园区的意向，并就平顶山市向印尼总统大学选派留学生等问题进行深入交流，达成一致意见。市、县侨联积极参与在印尼巴厘岛召开的第八届世苏会暨苏周连许同宗联谊会，拜访泰国苏氏宗亲会，并与海外苏姓知名人士进行交流。市、县侨联创作的小品、曲艺在美国、泰国、台湾等多个国家地区的媒体发表。积极邀请海外侨胞来平寻根问祖、文化交流、观光旅游。4月19日，在鲁山昭平湖畔中华刘姓始祖苑举办庚寅年世界刘氏宗亲拜祖大典，来自马来西亚、印尼和国内20多个地区的5000多名刘氏宗亲会聚一堂，祭拜始祖，祝福祖地。市侨联还先后接待马来西亚中华总商会名誉主席、汉联机构董事主席、平顶山市政府经济顾问丹斯里刘南辉，印尼著名侨领、印尼信息集团总裁吴能彬先生以及荷兰王国荷中友好交流协会会长、荷兰王国海牙华商会名誉会长刘伟林先生等代表团，并陪同他们参观考察，加深双方的联系，增进他们

市侨联召开欢送赴印尼总统大学留学学生座谈会

对平顶山的了解。以大型活动为载体，积极邀请一批社会上有影响、政治上有地位、经济上有实力、学术上有造诣的海外侨领参加华合论坛、中国汝瓷文化节、中国河南国际投资贸易洽谈会等重大活动。

（买自强　张留伟）

【为侨服务】　市侨联在全市积极开展“情暖侨心”活动，深入基层调研，倾听侨界群众心声，努力为归侨侨眷办实事、办好事、解难事。经过协调沟通，帮助侨眷段广钦再就业；帮助侨眷蔡荣华解决经济纠纷，追回资金7.5万元；为患病侨眷张国珍送去1000元慰问金，并帮其申报大病统筹基金和大病救助金；帮助侨眷侯天太解决救济款2000元，帮助侨眷周元方解决大病救助款2000元。2010年，全市各级侨联走访归侨侨眷200多人次，投入资金6.5万元，帮扶慰问困难归侨侨眷67户，接待侨界群众来访52人次，帮助归侨侨眷安排工作、解决经济纠纷等实际困难17起。

（买自强　张留伟）

【宣传调研信息】　2010年，是《中华人民共和国归侨侨眷权益保护法》颁布20周年。全市侨联把纪念活动、普法宣传与基层调研相结合，广泛开展多项活动。主动配合参与省人大、市人大侨法执法检查，对侨法执行中存在的问题提出意见建议。积极组织纪念活动，参与中国侨联、省侨联组织的纪念侨法征文比赛，共收到各县（市、区）征文54篇；组织召开侨界代表座谈会；举办纪念侨法颁布20周年图片展，制作23个展板先后在市政大厦、新华区、湛河区等县区展出。组织侨法知识竞赛，收到各行各业交送答题卡21136份，评选出一、二、三等奖和组织奖、纪念奖。制作《侨之光》专题电视宣传片，在平顶山电视台和平顶山教育电视台连续播出；在《平顶山日报》发表由市委副书记冯昕署名的《维护侨益凝聚侨心汇聚侨智发挥侨力》纪念文章；印制侨法宣传3000册，在归侨侨眷中宣传。各县（市、区）侨联也以多种形式开展宣传纪念活动，宝丰县、鲁山县侨联以走访调研形式开展侨法宣传，帮助侨眷反映情况、解决问题；郏县侨联在县电视台以滚动字幕的形式连续播放《侨法》进行宣传；叶县侨联举办“侨法宣传日”活动，在县城主要街道悬挂横幅、设立咨询台，发放资料、解答问题，在《叶县信息报》开辟《中国归侨侨眷合法权益保护法》宣传栏，制作6块宣传展板在县政府展出。全年，在《中国侨联工作》、《中原侨声》、《河南侨联》发表稿件47篇；在《平顶山日报》发表署名文章、新闻稿件

市委书记赵顷霖（右一）会见平顶山市归侨侨眷代表

28篇；编发《平顶山侨联信息》60期。深入基层一线开展调研，撰写《平顶山市侨联港澳台侨资引进基本情况调查报告》等4篇调研报告；在中国侨联、省侨联发表调研文章5篇。

（买自强　张留伟）

市爱卫会

【创建国家卫生城市】　2010年，平顶山市按照国家卫生城市标准，不断加快创建国家卫生城市步伐。基础设施建设不断加快，实施道路改扩建、垃圾处理、河道治理等一批基础设施建设工程，新建改建道路13条、桥梁4座，完成投资8.7亿元。市容环境卫生不断优化，重点治理占道经营、店外经营、乱停乱放等现象，开展超限超载大货车专项治理活动，清理取缔周边违法“三堆”350处，取缔市区有烟烧烤200多家，升级改造火车站综合市场、东环路农贸市场，初步改造胜利街市场、体育路市场。社区城中村卫生水平不断提升，强力推进城中村和旧城开发改造，开工建设300.5万平方米，主体完工177.7万平方米，整治379个杂居院、倒闭半倒闭企业家属院，其中364个进驻物业公司。行业卫生监管水平不断提高，对全市餐饮业及“五小”行业进行整治，对企业、学校、幼儿园食堂进行量化分级，完善公共场所消毒设施，落实消毒制度。医疗废弃物处置中心建成并投入使用。市区医疗废弃物、医源性污水处理基本达到国家卫生城市标准。健康教育宣传不断加强，开展平顶山市“健康家庭”、“优美庭院”双十佳的检查评选，设立健康教育讲师团，组织名师深入厂矿社区开展健康教育讲座，在报纸、电视台开设“创卫进行时”栏目。市区增设健康教育展板3000块，大型公益宣传广告70处，宣传标语3000个。

（库建军　周　静）

【卫生城镇创建】　2010年，舞钢市创建国家卫生城市工作通过国家技术评估，郏县通过省级卫生县城复审。舞钢市枣林乡、尹集镇创建为省级卫生乡镇；郏县安良镇等8个乡镇创建为市级卫生乡镇。

（库建军　周　静）

【农村改厕】　2010年，市爱卫会不断加强对改厕工作的领导，成立以主管副市长为组长的改厕项目领导小组，设立项目办公室，配套项目资金255.58万元，制定项目《实施方案》，召开改厕项目动员会，实施改厕项目18040户，圆满完成平顶山市2009年度改厕项目任务。

（库建军　周　静）

【病媒生物防制】　2010年，市政府、市爱卫会采取环境治理与药物消杀相结合的方法，科学开展病媒生物防制。组织开展春季统一灭鼠、夏季集中灭蚊蝇活动，共投放鼠药50吨，灭蚊蝇药物5740公斤，投药饱和率、到位率达到98%，鼠、蚊、蝇密度有效降低。

（库建军　周　静）

【爱国卫生运动】　2010年，全市深入开展春季爱国卫生运动、第22个爱国卫生月和世界卫生日活动。开展“爱国卫生杯”竞赛的检查评比工作和城乡环境卫生整洁行动。加强健康教育工作，引导群众养成“洗净手、喝开水、吃熟食、勤通风、晒衣被”的良好卫生习惯，有效预防控制手足口病、甲型H1N1流感等传染病的发生流行。

（库建军　周　静）

望嵩楼

望嵩楼，又称汝州郡楼，在汝州。始建于唐代，是当时的天下名楼之一。登其上，可凭栏眺望嵩岳太少二峰。唐代宗大历八年（公元773年），刘禹锡任汝州刺史，送好友廖参谋东游，在望嵩楼饯别，作诗“望嵩楼上忽相见，看过花开花落时”。中唐诗人李益一生曾两登望嵩楼，留下《上汝州郡楼》诗一篇，慨叹内乱给人民带来的灾难。晚唐诗人许棠有《汝州郡楼望嵩山》诗，形象地描绘了登望嵩楼所见嵩山美景。“不共众山同，岧峣出迥空。几层高鸟外，万仞一楼中。水落难归地，云离便逐风。唯应霄汉客，绝顶路方通”。　（潘民中）

军　　事

地方军事

【思想政治建设】　2010年，平顶山军分区坚持把邓小平理论、“三个代表”重要思想和科学发展观作为首要任务，采取两级联动互助学、专题内容集中学、难点问题研讨学的方法，推动理论学习常态化、制度化，提高理论学习质量。紧贴使命任务深化主题教育和其他各项教育，着力解决官兵现实思想问题。扎实开展省军区赋予的学习贯彻《政工条例》试点任务，促进政治工作的科学性、实效性。刊授教育、网络宣传和新闻报道工作成效明显，军分区在全国国防刊授教育经验交流工作会议上介绍经验，并荣获全国刊授教育最佳奖。军分区政治部被济南军区政治部表彰为军区政工网投稿用稿先进单位，被省军区政治部表彰为新闻报道和政工网建设先进单位，汝州市和叶县人武部被省军区政治部表彰为新闻报道先进单位。

（权国伟）

【战备建设】　2010年，平顶山军分区着眼担负的职能任务，进一步细化完善应急预案，加强战备建设，始终保持常备不懈。首长机关训练和军事理论学习成效明显，在省军区军事综合检查考评中，各项成绩优异。8篇军事理论文章被《国防》等军以上杂志刊发，2篇文章获省军区军事理论创新研讨活动一、三等奖。深入开展岗位练兵比武竞赛活动。宝丰县、舞钢市和叶县人武部获得总成绩前三名。着力抓好民兵重点分队集中训练，有效提升训练质量。平顶山军分区和宝丰县、湛河区人武部分别被省军区表彰为军事训练先进单位。加强应急队伍规范化建设，军分区抽调中平能化集团和石龙区民兵矿山救护分队，参加“焦作会议”课目演练，被省军区表彰为民兵应急队伍规范化建设试点观摩活动先进单位。中央电视台摄制组采访录制这一训练演示的专题节目。舞钢市人武部建设过硬民兵应急队伍的经验在省军区党委扩大会议上作了介绍。石龙区民兵防疫应急分队拉动演练得到省军区考评组的肯定。积极推进民兵预备役调整改革，进一步整合优化各类队伍，编组更加科学，结构更加合理。坚持在用兵中练兵强兵，出色完成北汝河和汝州市滕口水库抗洪抢险以及卫东区“6·21”矿难、湛河区凤凰岭煤矿爆炸事故等急难险重任务。扎实抓好征兵工作，积极研究新特点，及时应对新情况，圆满完成征集任务，兵员质量和廉洁水平有了明显提高。军事志编纂和译电报务工作富有成效，军分区本级所编志书代表军区参加全军评审，受到专家好评，军分区司令部机要室被军区司令部机要局表彰为译电报务工作先进单位。

（权国伟）

【干部队伍建设】　2010年，平顶山军分区积极推进学习型党组织建设，在卫东区人武部开展贯彻落实民主集中制试点，制定《军分区党委常委会议事规则》，深入开展评选先进党委和“一对好主官”活动，党的建设科学化水平不断提高。军分区和宝丰县、湛河区人武部党委被省军区党委表彰为先进党委，郏县人武部机关党支部被省军区政治部表彰为先进基层党组织，舞钢市、石龙区人武部和干休所党委被军分区党委表彰为先进党委。扎实开展“坚强党性、大兴四风”教育活动，制定改进领导作风、加强干部管理等规定，作风建设更加务实有效。认真落实指挥军官考评体系，规范后备干部选拔推荐办法，提高干部选拔任用的科学性、公正性。广泛开展向身边典型学习活动，大力宣扬“三股牛劲干事业”的后勤部长牛梦铎等先进典型，形成创先争优的浓厚氛围。认真贯彻《军队纪委工作条例》，扎实开展“学廉政法规，倡廉政新风，树清廉形象”教育实践活动，党风廉政建设得到加强。鲁山县人武部被省军区表彰为计划生育工作先进单位。

（权国伟）

【**人武部规范化建设**】 2010年，平顶山军分区认真贯彻落实省军区《人武部工作规范》，深入开展“学规范、用规范”活动，在郏县人武部抓试点先行，湛河区人武部组织召开民兵基层建设示范观摩会，推广试点成果，交流经验做法，提高人武部规范化建设。汝州市、鲁山县和新华区人武部被市委、市政府和军分区表彰为先进人武部。认真落实领导机关蹲点帮抓制度，深入开展蹲点帮抓活动，有力促进基层建设。注重加强专武干部队伍建设，坚持培训帮带，严格教育管理，突出激发活力，专武干部队伍整体素质明显提升。宝丰县、汝州市和新华区人武部在军分区岗位练兵比武竞赛活动中获得专武干部组总成绩前三名。

（权国伟）

【**正规化建设**】 2010年，平顶山军分区扎实开展“学法规、用法规、守法规”活动，严格按条令条例抓规范、促养成、正秩序。深入贯彻落实“开封集训”和“确山会议”精神，加大“五项整治”和“四无”活动力度，重点对车辆管理、信息安全保密等问题进行清理整治，突出抓好驾驶员教育整训，安全发展基础进一步巩固。军分区被省军区表彰为“四无”活动先进师级单位。“崇尚军人荣誉、维护军队形象”集中教育整顿活动力度大、成效实。重视抓好仓库、基地和修械所建设，积极办实事解难题，完善配套设施建设，加大正规化建设力度，提高事故预防能力。按照上级统一部署，精心组织，科学实施，销毁和调运上缴各类危险爆炸物品、报废弹药，消除不安全隐患。

（权国伟）

【**后勤保障**】 2010年，平顶山军分区紧贴任务要求，进一步修订完善后勤战备方案和保障计划，首批建立4个国民经济动员中心，出色完成执行重大任务和演习部队过境机动保障任务。狠抓后勤按纲施训落实，在省军区后勤按纲施训比武竞赛与成果展示活动中，野战电站的开设与撤收成果展示获得好评，军分区后勤部被军区联勤部和省军区后勤部表彰为后勤按纲施训比武竞赛优胜单位。积极推进后勤建设与改革，制定完善加强财务管理、规范接待工作等七项规定，抓好军服发放和军用土地管理，后勤综合保障效益有新的提高。军分区后勤部被军队财务研究中心和军队财务杂志编辑部表彰为财务工作研究先进单位，被省军区后勤部表彰为会计基础工作考评优胜单位和换发07式军服、第二次军用土地调查先进单位。积极协调，加大力度，新营院建设积极推进。后勤保障社会化改革不断得到深化，军需物资油料、军交运输、卫生防疫等各项保障成效明显。注重加强后勤理论研究，军分区后勤部获省军区后勤学术研究和信息交流三等奖。

（权国伟）

【**军政军民关系**】 2010年，平顶山军分区以争创“全国双拥模范城”四连冠为契机，加大党管武装和双拥工作落实力度，营造分区建设发展的良好环境，拥军解困力度明显加强，转业干部和随军家属得到妥善安置，一些影响制约部队和民兵预备役建设的难题得到有效解决。积极发挥桥梁纽带作用，启动“八一”生态示范林建设，分别在新华区和汝州市两个林区植树15300余棵，成活率达80%以上。深入开展支援新农村建设“五个一”工程，配合地方党委、政府完成7199人的南水北调移民迁移安置任务，3个市区人武部联合行动，开展“十里湛河”秋季治理活动，产生良好的社会效益。结合纪念抗战胜利65周年和第10个全民国防教育日等时机，开展一系列行之有效的国防教育活动，营造关心支持国防建设的浓厚氛围。组织民兵坚持常年开展巡防巡治活动，积极参加“平安鹰城”、“和谐鹰城”等创建活动。卫东区人武部被省铁路护路联防领导小组表彰为铁路护路联防工作先进单位。大力开展涉军维权工作，维护官兵合法权益。

（权国伟）

武装警察

武警平顶山市支队

【**政工建设**】 紧紧围绕“三个确保”时代课题，巩固深化第二、第三批学习实践活动成果，扎实开展“三真”、“三兵”、“三学习一尊重”等随机教育，充分发挥思想骨干队伍作用，严格落实制度，对身体有病、家庭涉法和入党、考学、选改士官未如愿等10类人员，实行责任制，及时解决各种现实思想问题。在总队组织的演讲、“四会”政治教员授课等比赛中，支队获得较好名次。深入开展新兵“三查”和要害部位人员政审工作，确保队伍纯洁。加强警营文化建设，经常开展多种文体活动，规范营区政治环境。全年在省级以上报纸杂志发表稿件60余篇，支队被总队评为新闻宣传工作先进单位。3份政治工作经验做法被总队转发。政治处被总队表彰为先进政治机关。

（徐洪海　原遂保）

【中心任务】　按照十六字要求，建立正规组勤、严格管勤、认真执勤、有效备勤的执勤责任体系，制定《执勤违纪人员处理规定》，“常见病、多发病”得到有效治理。严格“三项纪律”，用活“三个载体”，抓实“三个一遍”，组织业务培训，提高查勤控勤管勤能力，连续14年执勤无事故。汝州市、鲁山县完成“四防一体化”建设。各种应急预案齐备，突出专勤专训和专哨专训，提高哨兵自卫和营区防袭击能力。突出抓好特战班（组）、3人应急小组能力建设，严密组织新训、勤训轮换、特战分队训练、狙击手集训和干部体能达标训练，训练水平位居全省前列，参谋业务集训和执勤训练教练员集训分获总队第一名，参加豫南片跨区拉动演练军事会操受到总队表彰，情报侦察工作排名靠前。全年共出动兵力1800余人（次），参与完成重大临时勤务130余次，受到社会各界的广泛赞誉。

（徐洪海　原遂保）

【从严治警】　认真贯彻从严治警集训精神，扎实开展条令学习，加强精细化管理，不断正规“四个秩序”。制定《安全工作奖惩制度》，提高奖励标准，调动各级查隐患、堵漏洞、保安全的积极性。汲取“3·23”、“2·23”案件教训，搞好系列防松治散作风纪律整顿，强化官兵作风养成。开展“条令学习月”、“八员一长”教育整顿的做法被总队转发。积极开展安全教育和技能训练，提高官兵自救互救、规避风险能力。按照《安全隐患排查治理实施办法》，查找并解决安全隐患24处，部队秩序正规，全年安全无事故。

（徐洪海　原遂保）

【基层中队建设】　着力建强“三个一线”，落实“四项经常”，规范“四个基本”，基层建设整体跃升。调整充实基层干部，配齐配强党支部正副书记，抓好蹲点帮建和业务培训，党支部“三个能力”稳步提高。叶县中队党支部被总队表彰为标兵基层党支部，市中队党支部被总队表彰为先进基层党支部。制定《特殊时期干部管理规定》，下发《干部管理“十个严禁”》，建立《干部家庭档案》，加大干部教育管理力度，平顶山市中队指导员卿军被总队表彰为“双十佳”基层主官。广泛开展“夺旗争星”和创先争优活动，叶县中队被总队评为基层建设标兵中队，市中队、郏县中队被总队评为基层建设先进中队，21名官兵荣立三等功，112名战士被评为优秀士兵。

（徐洪海　原遂保）

【后勤保障】　坚持服务中心、服务基层、服务官兵，不断提高后勤规范化管理层次和水平。及时完善各种保障预案，提高自我保障能力。坚持党委（支部）当家理财，积累厚实家底。坚持科学种养，提高农副业生产自补能力。严格落实伙食管理五项制度，伙食满意率高。开展驾驶员安全警示教育，严格派车、用车制度，确保行车安全。组织军械员、卫生员、炊事员集训和驾驶员复训，提高后勤队伍的综合素质，在总队后勤专业兵比武中取得较好名次。投资400多万元用于基层建设，重点是加强鲁山县中队搬迁和市中队“四项设施”建设。协调召开市委常委议警会，机关搬迁征地、信息化建设、反恐装备和年度预算经费等问题得到妥善解决。后勤服务保障能力明显增强。

（徐洪海　原遂保）

宝丰公判现场警戒勤务

【安保勤务】　2010年，市武警支队在搞好政治学习、军事训练的同时，按照总队及市委、市政府指示，参与应急安保勤务工作近20次，出动警力1000余人次，圆满完成了各次现场安保勤务任务。主要安保勤务工作有：平顶山市“两会”安保勤务、“1·29”宝丰公判现场警戒勤务、河南电视台《梨园春》“平安叶县魅力盐都”大型戏曲综艺晚会安保勤务、中国宝丰马街书会现场安保勤务、“魅力鹰城”元宵节焰火晚会安保勤务、第一届中国冶铁文化节开幕式安保勤务、郏县“6·4”学生溺水事故现场警戒勤务、“6·12”兴东二矿爆炸救援现场安保勤务、“澳瑞得杯电视歌手大赛颁奖晚会”现场安保勤务、鲁山县中队搬迁和看守所调犯押解勤务。值勤官兵以严整的警容、过硬的素质、优良的作风，向各界群众展示了武警官兵威武之师、勇猛之师的良好形象，赢得各级领导和人民群众的高度赞誉。

（徐洪海　原遂保）

【处置“4·27”持刀杀人事件】

4月27日下午，平顶山市支队出动15名官兵，在支队长杨宏乔、副支队长廖生堂带领下，圆满处置一起持刀杀人事件，成功生擒凶犯1名，缴获菜刀两把，管制刀具6把。犯罪嫌疑人阮某（男，35岁，1992年12月入伍，曾在武警部队服役3年），体魄强壮，身手不凡。因向其母亲索要钱财未能如愿，情急之下拎起菜刀将母亲头部连砍数刀致死。支队接报后，迅速上报总队，按照预案并第一时间抽调12名素质全面过硬的特战队员，携带相关装备器材赶赴事发现场。到达现场后，参战官兵根据预案利用破门器强行将门砸开，而后，作训股长王检、一中队中队长张磊运用警棍将歹徒菜刀击落在地，将嫌犯制服。

（徐洪海　原遂保）

【完成“豫武－10A”豫南协同区实兵拉动演练任务】　5月20日，平顶山市支队出动204名官兵，圆满完成总队“豫武－10A”豫南协同区实兵拉动演练任务。19日20时04分，支队收到总队《预先号令》后，按照演习预案，召开相关会议，及时向各中队发出《预先号令》和下达有关指示，并按要求集结部队，做好机动准备。20日5时35分，总队下达《开进命令》后，支队立即组织所有参战官兵紧急拉动，在前指带领下以摩托化行军向总队集结地域开进。到达现场后，迅速开设指挥所、临战训练和野炊，有效进行战地宣传。在总队组织的会操中，官兵精神饱满、士气高昂，受到总队首长的高度赞扬，尤其是军事训练会操取得豫南协同区第一名的好成绩。

（徐洪海　原遂保）

参加豫南协同区军事训练会操

【市委议警会】　7月22日，平顶山市委召开议警会，专题研究讨论加强和支持武警支队建设有关问题。会议由平顶山市委书记赵顷霖主持，市委常委、常务副市长邢文杰，市委常委、政法委书记李永胜等市委常委参加会议。会议一致认为，近年来，武警支队全面建设取得长足的发展进步，连续16年实现无事故案件先进单位，执勤工作连续15年被总队评为执勤先进单位，先后多次动用兵力，完成中心任务和各项临时性勤务，成功处置宝丰“12·3”持枪杀人案，担负“汝州市、宝丰县、新华区、湛河区”等矿难救援勤务等重大事件安保任务，为平顶山市社会稳定和经济发展作出突出贡献。市委书记赵顷霖指出，武警支队组建以来，处置很多重大事件，担负很多安全保卫任务，受到省武警总队充分肯定，被省委、省政府命名为精神文明单位，对武警支队的工作，市委、市政府是非常满意的。在当前市财政比较困难的情况下，会尽最大努力解决好武警支队急需办的、必须办的事情，特别是涉及任务完成和官兵生命安全的迫切问题。会议集中研究解决新营区征地、增加反恐经费和追加年度预算等问题。

（徐洪海　原遂保）

【鲁山县中队搬迁和看守所调犯押解勤务】 平顶山市支队鲁山县中队老营房与老看守所始建于80年代初，地处居民区，周围环境复杂，执勤设施陈旧落后，存在较大的安全隐患。中队新营区和看守所新监区按照执勤“四防一体化”的标准要求建成完工，经支队与平顶山市局监管支队论证、具备搬迁上勤条件。9月25日上午，根据平顶山市公安局请求，报请总队批准，平顶山市支队出动60名官兵，圆满完成鲁山县中队搬迁和看守所800名在押犯转移的短途押解勤务。

（徐洪海　原遂保）

【扑灭“11·22”山火】 平顶山市支队二中队主要担负国家油料物资储备库守卫任务，油库储油量达几十万吨。11月22日15时40分，二号哨执勤哨兵突然发现距作业区外围墙东北方向约500米处的山坡上冒起滚滚浓烟，并伴随有火苗。立即向中队发出报警信号，并用电话通知259处保卫科。中队接到报警后，迅速集合部队，携带笤帚、铁锨、脸盆、灭火器等工具，仅用6分钟时间到达火灾现场，并按照防火扑救预案实施扑救。经过中队官兵和二五九处保卫科人员共同努力，用时60分钟将山火扑灭，过火面积达3000平方米。

（徐洪海　原遂保）

武警平顶山市消防支队

【“防火墙”工程】 2010年，支队紧紧围绕确保火灾形势稳定，服务社会经济发展的目标，以四大防控建设为抓手，努力提升社会单位“四个能力”建设，社会抗御火灾的整体能力和全民消防安全意识进一步增强。将消防工作纳入市委、市政府“平安建设”、社会治安综合治理考评和政府综合目标管理体系，推动各项工作的落实。开展“人民满意执法队伍”和消防执法岗位比武竞赛活动，分3批组织消防执法人员参加总队建审验收、火调和监督检查执法岗位培训，全面锻造过硬执法队伍，在总队组织的联考中支队名列前茅，3人获得执法岗位能手。成功承办全省第二季度执法例会和全省消防执法岗位练兵比武活动动员会。支队先后组织召开社会单位“四个能力”建设推进会、经验交流会。深入社会单位开展技术服务和消防培训400余次，规范各类消防档案10余种，培训单位员工3万余人，全市1340家重点单位全部达到“四个能力”建设标准。扎实开展乡镇、街道网格精细化管理，督促136个乡（镇、街道）成立消防办公室，全市76.1%的乡（镇、街道）实现网格精细化管理。平顶山市社会主义新农村建设消防工作得到国家七部委检查组的充分肯定。支队与驻平主流媒体密切配合，建立协作制度，利用8个消防宣传专栏加大消防宣传力度，全年累计刊发报道消防新闻300余条；组织县（市、区）长、消防大队长走进新闻直播间，向广大群众宣传消防知识，解答群众关注的消防安全问题；开展中小学校消防应急演练和“119”消防宣传周。组织消防千人大讲堂活动，分批义务培训娱乐场所、宾馆饭店等人员密集场所从业人员2万余人。举办其他培训班70余期，集中培训近万人，组织12辆消防宣传车和30支消防宣传小分队，开展消防知识宣传培训2000余次，发放宣传资料30余万份，发送手机短信50余万条，受训人员达60万人次，群众的消防安全意识进一步提升。

（夏伟翔）

【消防监督】 2010年，支队在抓好经常性消防监督检查工作的同时，围绕春节和元宵节、市九届人大二次会议和市政协七届二次会议等重要安保活动，持续开展“平安中原”、“守护中原”系列行动和建筑消防设施、中小学校等消防安全专项治理，始终保持整治火灾隐患、打击消防违法违章行为的高压态势，全市火灾隐患存量大幅减少。全年累计检查各类单位24183家，消除各类火灾隐患58015处，政府挂牌督办的4处重大火灾隐患9月底全部整改销案。全年无较大以上火灾事故，得到市委、市政府的充分肯定，市政府为支队荣记集体二等功。

（夏伟翔）

【规范化建设】 支队紧盯正规化建设“681”目标任务，积极借鉴全国正规化建设的先进经验（沈阳、大连），在“三定六化”的基础上，深入开展精细化管理，制定《基层精细化管理手册》，下发部队严格执行，设立试点对各类库室场所设置、物资配备、各种标识等进行规范统一，实施编码式管理，全市16个单位全部达到正规化建设标准。

（夏伟翔）

【装备及基础设施建设】　2010年，支队投资2000余万元购置各类执勤车辆13台，其中，480万元的强臂消防车1台，登高平台消防车1台、高喷消防车1台、泡沫车3台，其他各类消防车7台。购置多功能消防头盔、头骨振动式通信装置、空气呼吸器、破拆工具组、侦检仪器等个人防护装备、抢险救援器材共计2300余件（套），部队装备实力进一步增强。新组建的基层中队营房和营区建设全面推进，汝州二中队建成并投入执勤；舞钢二中队建设进展顺利；郏县二中队完成征地任务；鲁山二中队获得政府同意，并完成规划征地任务；宝丰二中队建设完成立项。对9个大（中）队营房和营区进行了改造或维修。

（夏伟翔）

综合应急救援支队成立

【综合应急救援队伍建设】　按照国务院《关于加强基层应急队伍建设的意见》（国办发〔2009〕59号）和省政府《关于依托公安消防部队建设综合应急救援队伍的通知》（豫政办〔2010〕41号）精神。6月初，市政府下发《平顶山市人民政府关于印发依托公安消防部队建设综合应急救援队伍实施意见的通知》（平政〔2010〕41号），成立综合应急救援支队。截至年底，10个县（市、区）和新城区、高新技术开发区全部成立综合应急救援大队。

（夏伟翔）

灭火救援现场

【灭火救援】　支队制（修）订灭火救援预案920个，完成七类灾害事故预案编制工作；严格落实“六熟悉训练日”和“演练周”制度，全年支队共开展现场熟悉训练1648个次，实战演练947次，社会联动演练29次。支队对全市3处大跨度建筑，5处单体跨度、防火分区面积最大建筑，集中开展大跨度大空间建筑灭火救援专项行动，累计出动车辆近400台次，人员逾1800人次；组织合成演练17次，每栋建筑演练3遍以上，部队作战水平显著提升。在部局战训工作暨大跨度大空间灭火救援准备工作考核中受到考评组的充分肯定。在参加总队铁军集训的基础上，支队分3期对63名灭火救援攻坚队员累计进行140天的集中强化培训，重点突出特殊火灾扑救、危险化学品灾害事故处置等模拟实战训练，以及体能、心理适应训练，有效提高部队在特殊环境下的攻坚克难能力。在全省铁军比武竞赛活动中，受到总队通报表彰。截至年底，全市消防部队共接警出动1569次，出动车辆4315台次，出动警力29216人次，营救和疏散遇险群众1685人，抢救和保护财产价值2.6亿元，出色完成“3·21”石龙焦化厂火灾、“5·25”凌云路湛河桥塌方和“7·8”凤凰岭煤矿爆炸事故救援等一系列急、难、险、重任务，得到各级党委、政府的充分肯定和社会各界的广泛赞誉，树立了鹰城消防铁军形象。

（夏伟翔）

人防建设

【人防队伍建设】 建立和完善市、县、街道三级人防组织指挥机构，落实市级人防指挥机构实名制要求。按城区留城人口千分之一的比例整组7支人防专业队伍900人，按照年度人防专业队伍训练大纲安排，组织各专业队伍分别进行训练，组织抢险抢修专业队伍进行实战演练。完成疏散地域建设规划，建立应急避难场所。指导各重要目标单位重新调整组织指挥机构，组建防护队伍，落实防护器材。

（姬东涛）

【通信体系建设】 2010年，全市购置安装警报器15台，警报音响覆盖率提高，市区达到98%以上，县（市）达到80%以上，舞钢市、叶县警报音响覆盖率达到98%。在全民国防教育日进行警报试鸣，鸣响率100%。认真落实应急（战备）24小时值班制度和无线电指挥通信电台值勤工作。地面应急指挥中心建设工作启动，立项报告经省人防办批准。投资400多万元购置两台指挥车辆和相关设备，建立市人防机动指挥所。

（姬东涛）

【人防工程建设】 截至2010年底，市级指挥所工程建设基本完工。市人防办全年共审批人防工程总面积18万平方米，市区建成人防工程5.2万平方米；各县（市）建成人防工程2.1万平方米。完成人防工程维护管理工作任务，工程良好率达到100%。做好防汛工作，全市人防工程安全度汛。

（姬东涛）

【平战结合】 2010年，全市新增社会平战结合工程面积4万平方米，使人防工程开发利用总面积达到22万平方米，年实现产值7000多万元，上缴利润780多万元，税收250万元，安排就业人员1200余人。

（姬东涛）

【人防宣传教育】 2010年，市人防办以人防教育"五进"为载体，普及两级党校、高等院校、城区初级中学的防空防灾教育；在35个社区、10个企业、一个乡镇开展人防教育。建成13个示范社区、7个示范学校；先后在国家、省级刊物发表宣传文章36篇，连续4年被国家人防办表彰为人防宣传报道先进单位。被省人防办表彰为人防宣传教育先进单位。

（姬东涛）

【人防机构建设】 2010年，市人防办把人防"准军事化"建设和文明建设结合起来，完善各项制度，建立战备秩序、军事训练制度，机关建设更加规范。人防办荣获支持机关党建工作先进党组、先进机关党组织、老干部工作先进单位、节能减排先进单位等荣誉称号，蝉联省级文明单位。各县（市、区）人防办按照"准军事化"建设要求，加大人防机关建设力度，在新华区人防办机构独立的基础上，汝州市人防办、鲁山县人防办、湛河区人防办在机构改革中，经过努力，实现了机构独立设置。市人防办被省人防办表彰为县区人防建设先进单位。

（姬东涛）

叶县县衙

叶县县衙是国内至今保存得比较完整的为数不多的古代县衙之一。据清·同治《叶县志》记载，明初洪武二十九年（公元1396年）在县城东街路北建县衙，主持其事的是主簿藹文昭，"时天下初定，诸事草创，文昭参赞政务，昼夜勤劳，县署学舍，悉所经理，治县渐张，皆其力也"。

叶县县衙坐北朝南，大堂为整个建筑群的中心所在，巍峨壮观。大堂北有二堂五间，为咸丰八年（公元1858年）火灾后知县钮达璋重建。叶县县衙建筑群中轴稳健，两翼开张，主次分明，布局严整，堂楼祠宇，错落有致，既能体现地方政治核心的威严，又照顾到了方方面面的实用，具有较高的历史文化价值。

（潘民中）

法　　制

政　法

【概况】　2010年，全市政法系统围绕全市中心工作和政法稳定目标，深入推进“社会矛盾化解、社会管理创新、公正廉洁执法”三项重点工作，抓基层、打基础，促典型、树标杆，政法稳定工作整体推进，重点工作实现突破。对敌斗争全省领先，打黑除恶保持全省第一，群众安全感提升幅度、群体性事件下降幅度均居全省前列，政法机关执法满意度达到92%，提高1.59个百分点。平顶山市被评为河南省平安建设显著进步市、农村平安创建先进市。

（薛荣彬）

【维护社会大局稳定】　2010年，全市政法系统全面落实目标管理，强化稳定“第一责任”，构建多层次、全方位的稳定工作体系。出台《处置重大群体性事件应急预案》，有效预防群体性事件43起，群体性越级上访69起，全市10人以上群体性事件20起，下降47.37%；50人以上群体性时间11起，下降35.29%。全市没有发生有影响的政治类案事件、没有发生有重大影响的群体性事件、没有发生重大恶性刑事和治安案事件、没有发生重大交通和火灾事故。强化稳定信息工作，组建2907人的信息员队伍，完善信息的收集、研判、预警机制。落实转化攻坚，举办教育转化班两期，转化“法轮功”邪教组织痴迷者11人，转化率达到25%以上。深挖、破获“法轮功”邪教组织等案件6起，抓获违法犯罪分子4人。开展无邪教创建活动，全市无邪教乡（镇、街道）创建率达94%，无邪教村（社区）创建率达99%。

（薛荣彬）

【信访稳定】　2010年，全市政法系统积极开展信访稳定工作，建立信访月考评制度，推广舞钢市化解社会矛盾“日排查、周碰头、月通报、季考评，四色督办、挂号预约接访”经验，乡镇全面实施“3+1（三调联动+社会法庭）”调解工作法。开展社会矛盾纠纷“大排查、大化解”攻坚战和涉法涉诉案件集中清理等活动，主动排查、真情帮扶、用心解决，将矛盾纠纷化解在萌芽状态。全市排查各类社会矛盾纠纷5987起，化解5698起，化解率95.2%；清理信访积案568起、评查案件106起、办结省执法巡视组交办案件710起。全年进京赴省集体上访、赴京非正常上访分别下降84.2%、47.2%和78%，信访形势平稳。

（薛荣彬）

【完善综治机制】　2010年，全市政法系统不断加强完善综治机制建设，全市137个乡（镇、街道）综治工作中心全部建成并投入使用，2603个村（社区）综治工作站全部建成。“六位一体”和“五联”工作机制得到有效落实，群众诉求一个窗口受理、一个中心办理、一个流程办结。出台《进一步加强平安建设的意见》、《综治工作规范化建设标准》、《乡（镇、街道）公众安全感考评与奖惩办法》，对基层综治组织建设、机制建设、硬件建设等提出明确要求，首次把安全感指标考评延伸到乡级。落实保障机制，市、县两级政府分别按人均1元、乡（镇）政府按人均1.5元的标准将综治经费纳入财政预算，全年新增投入4000万元，总量达到1.2亿元。

（薛荣彬）

【健全治安防范体系】　按照技防视频化、人防专业化要求，着力构建多层次、全覆盖的治安防控体系。在人防上，投入资金5800万元，市内3个区和汝州市成立各1000人的专职巡防队，其他县（市、区）均成立150人以上的专职巡防队伍，全市专职巡防队员达到4845名，总量与公安干警相当。在技防上，投入资金4700万元，新增视频探头2300个、监控平台52个，实现城区主干道视频监控全覆盖，城区80%以上的内部单位、50%以上的社区安装技防设施。10个县（市、区）实现与市级联网。在农村，建成技防村2487个，占行政村的95.54%，技防户86万户，占农户数的90.95%。同时，推进社区农村警务战略，建立标准化警务室572个，派驻民警619人，配备治安巡防员、消防督导员、维稳信息员、信访代理员、法制宣传员，实现“六员进社区”。

（薛荣彬）

【严打刑事犯罪】 开展命案攻坚、打黑除恶、打击“两抢一盗”等专项斗争。全市立刑事案件13642起，下降13.48%，破案9109起，抓获违法犯罪人员4125人。查处治安案件31285起，查处率提升0.57个百分点。发现行命案67起，下降1.47%；破案66起，破案率提高2.92个百分点。打掉黑社会性质组织11个，判决恶势力团伙成员277人，“打黑除恶”保持全省第一。破获两抢一盗案件4997起，盗窃、抢劫、抢夺案件分别下降12.79%、26.93%和8.61%。案件高发势头有效遏制，治安形势稳步好转，公众安全感指数达到94.64%，同比提高0.81个百分点。同时，开展社会治安乱点整治，排查治理乱点62个，治理学校及周边隐患5321处。

（薛荣彬）

【创新社会管理体制】 借鉴外地经验，改革体制，完善机制。按照河南省委、河南省政府的要求，对公安机构进行“扁平化”管理体制改革，在市公安局精简处室，下沉警力，在城区撤局建所，多警合一，一警多用，城区新组建14个派出所、新增一线干警918名。强化流动人口管理，出台《平顶山市暂住人口登记管理办法》、《关于加强实有人口管理的意见》等一系列文件措施，县（市、区）和乡（镇、街道）成立流动人口和出租房屋服务管理办公室，开展流动人口管控大会战，建立综合信息服务管理系统，实现流动人口信息实时登记、信息共享。落实特殊人群帮教，健全未成年人教育、救助和管理工作机制，在全省率先实施“未成年人轻犯罪犯罪记录封存”制度，为失足未成年人回归社会、健康成长创造条件；对不在学、无职业青少年、流浪乞讨青少年、服刑在教人员未成年子女、农村留守儿童等青少年群体，开展排查摸底，解决其就学、职业培训问题。加强高危人群管理，纳入范围，全员管控。积极推进社区矫正工作，澄清刑释解教人员底数，落实安置帮教措施。强化网络安全和社会组织管理，建立网络监控、侦查和舆情引导队伍，出台并落实《加强社会组织管理实施意见》。

（薛荣彬）

【打击犯罪】 公安机关开展打击制假售假、非法集资、传销犯罪等专项斗争，切实维护市场经济秩序，立案侦办经济案件409起，破获396起，为国家挽回（避免）经济损失4618万元。检察机关加大对黑恶势力干扰企业生产经营、违法抢占企业资源、对企业敲诈勒索等刑事犯罪的打击力度，审查涉企刑事犯罪案件36件，查办涉企职务犯罪案件20件。法院系统出台《审理煤矿安全生产犯罪及相关国家工作人员腐败犯罪案件指导意见》，审结一批大案要案。特别是对新华四矿“9·8”矿难的审判，是全国首次以“以危险方法危害公共安全罪”对4名涉案人员分别判处死缓、无期徒刑、有期徒刑15年，在社会上引起强烈反响。该案被最高法院评为2010年度人民法院十大典型案件。

（薛荣彬）

【服务企业】 全市政法机关深化服务企业活动，深入企业，现场办公，征求意见，解决实际困难。法院系统出台《促进全市经济又好又快发展的实施意见》、《为优化城市建设发展环境服务的意见》，开展“法官回访企业”活动，回访企业272家；开展清理农信社为申请执行人的未结执行案件活动，清收贷款1.01亿元。检察机关继续落实服务企业“12345”活动，调处涉企纠纷15件；办理国企刑事附带民事诉讼案件8件，挽回损失10万余元。公安系统强化企业周边、重点建设项目环境治理，严厉打击强买强卖、强装强卸、强拉强运等违法行为。司法行政系统开展“百名律师进百企、百名律师进百村”活动，主动服务企业发展、服务新农村建设。

（薛荣彬）

【社会矛盾化解】 政法机关慎用查封、扣押、冻结和拘留、逮捕等强制措施，优先采用调解、和解的方法，妥善化解涉企民商事纠纷，依法处理涉农经济社会关系，维护良好的市场经济秩序和经济发展环境。法院系统稳妥审理企业改制案件，先后审结35家国有大中型企业破产案件，3.6亿元资产得到重组利用；开展“社会法庭”工作，出台《进一步加强社会法庭工作的意见》，受理案件2188件，调处1956件；妥善调处行政纠纷，一审行政案件协调撤诉率达到70.91%、二审达到15.18%。检察机关完善依法快速办理轻微刑事案件、未成年人犯罪案件的工作制度，探索刑事和解制度，减少社会对抗。司法行政系统着力开展人民调解工作，调解矛盾纠纷8886起，调成8751起，调成率98.5%；强化律师服务职能，由市政府出台《进一步发挥律师在法治政府法治城市建设中重要作用的若干意见》。

（薛荣彬）

【职务犯罪预防】 加大职务犯罪预防力度，出台《加强职务犯罪案件审查起诉工作的十条意见》和《提高职务犯罪案件办理质量和效率的十条意见》，对城建、经济适用房、廉租房建设项目等实施全过程监督，对粮农专项资金、民政救灾救济款项、“新农合”资金的拨付、使用进行跟踪监督。查办涉农职务犯罪、危害能源资源和生态环境渎职犯罪、工程建设项目职务犯罪。查办贪污贿赂犯罪案件117件、渎职侵权犯罪案件82件，分别上升8.3%和5.8%，挽回经济损失2711万元。建立职务犯罪预防机制，开展个案预防31项、系统预防73项、专项预防88项，预防经济损失4332万元。

（薛荣彬）

【政法队伍培训】 组织开展学习落实《廉政准则》、创先争优、“纠正执法问题、促进公正执法”等专题活动。组织集中观看省纪委查处违纪违法干部纪录片、腐败官员忏悔录、典型信访案件剖析等廉政教育专题片，受教育干警8300人次。组织政法系统领导班子成员作公正廉洁执法专题辅导18场，受教育干警8300人次。举办培训班264期，培训干警1.3万余人次；参加上级举办的培训班97期，参训干警651人次。

（薛荣彬）

【政法宣传】 2010年，全市政法系统着力构建政法宣传大格局，年度上国家、省电视台拍摄播发专题片5部，实现10多年来的新突破。国家级、省部级媒体发稿3590篇，增长67%，其中整版或半版量同比翻了一番半。市级三大媒体发稿量增长38%。内部宣传综合刊发量同比翻了两番，其中专题汇报片是2009年的9倍、移动短信播发量达到3.5万人次。举办专题活动、系列活动10余次，增加6成。

（薛荣彬）

【政法队伍管理】 对政法系统领导班子和县处级干部建立“绩效档案”、“廉政档案”，对政法干警实行全员绩效考评。配合河南省政法委对法院系统进行执法巡视，调查案件10起，处理责任干警9名。组织开展案卷质量评查活动，对上级交办案件、引发涉法涉诉信访的案件进行逐案评查，评查案件796起、纠正问题201项、追究干警66人。市政法纪工委强化措施、有效监督，受理各类投诉案件115件，查证处理干警37人。

（薛荣彬）

【社会监督】 市中级法院出台《关于司法公开及责任分解的意见》，实行立案、庭审、宣判、执行、听证、裁判文书“六公开”。积极开展法院开放日活动，邀请社会各界人士走进法院，旁听案件审理，与法官互动，感受法院工作氛围。实行庭审公开，对80起具有宣传教育意义的案件进行庭审网络视频直播。加大裁判文书上网力度，年度上网法律文书9585份。市检察机关出台《党员领导干部廉洁从检八条规定》和《办理案件必须严格执行的八条规定》，建立涉检信访积案实行公开审查制度和实名举报投诉检察干警违法违纪案件限期答复制度，自觉接受群众监督。

（薛荣彬）

【开展“为民办实事”活动】 年初，确定36件公开承诺为群众办理的实事全部落实到位。市公安局积极开展“送温暖、献爱心”，“警民互动日”、“解心结、化纠纷”集中回访疑难信访案件当事人等活动。市检察院努力打造“民生检察”，关注民生，体察民情，耐心听取诉求、真心解决问题。市中级法院大力倡导和谐司法理念，建立“人民陪审团”制度，邀请群众代表参与案件审判，审理案件132件；组织全市法院尝试对行政案件、民事案件、未成年人刑事案件等实行圆桌审判，审理案件65件。市司法局组织律师为200多家企业开展“法律体检”，出具法律意见书400多份；推进法律援助应援尽援，办理援助案件增长 62%，受援群众 3377 人，挽回损失或取得利益共 524.88 万元。

（薛荣彬）

审　判

【概况】　2010 年，全市各级法院按照市九届人大二次会议的要求，紧紧围绕全市工作大局，积极践行“为大局服务、为人民司法”的工作主题，深入推进“社会矛盾化解、社会管理创新、公正廉洁执法”三项重点工作，认真履行宪法和法律赋予的职责。全市法院共受理各类案件 28548 件，办结 27745 件，结案率 97.2%，同比，收、结案略有下降，结案率有所上升。其中，市中级法院受理各类案件 3455 件，办结 3372 件，结案率 97.6%，同比，收、结案基本持平，结案率略有上升。在河南省高级法院绩效考评中，平顶山市法院整体工作进入全省法院第一方阵，平顶山中院被评为全省政法系统“纠正执法问题，促进公正执法”活动先进集体、全省知识产权审判先进集体，行政庭荣立集体一等功；新华法院荣立集体二等功，石龙法院荣立集体三等功；宝丰法院被评为全省优秀基层法院，叶县法院被评为全市优秀基层法院，湛河法院被集体嘉奖。

（杨志喜）

【刑事审判】　2010 年，全市各级法院审结各类刑事案件 2307 件，判处犯罪分子 2577 人。其中，审结黑社会性质组织犯罪，杀人、绑架等严重暴力犯罪以及抢劫、抢夺、盗窃等多发性犯罪案件 691 件，判处犯罪分子 1186 人；审结备受社会各界关注的新华四矿“9·8 矿难”案件，在全国首次以“以危险方法危害公共安全罪”对涉案的 4 名矿长分别判处死刑缓期两年执行、无期徒刑和有期徒刑，在社会上引起强烈反响，中央电视台、《人民日报》等数百家新闻媒体对此进行报道，社会各界给予高度评价。省委书记卢展工称赞“9·8”矿难案件的处理“真正依法维护人民群众生命安全，真正依法遏制黑心矿主的违法行为，真正体现法律的公正和尊严”。市中院还依法审结与矿难相关的国家工作人员受贿、渎职犯罪案件 27 件，判处犯罪分子 27 人。此外，市中院还依法审结渑池县委原书记仝孟姣等贪污受贿案件 92 件，判处犯罪分子 124 人，其中县处级以上干部 11 人。深入开展“赵作海案件大讨论”活动，教育刑事审判法官牢固树立“无罪推定”、“疑罪从无”的司法理念，对两起因证据不足、久押未决的重大疑难抢劫、杀人案的 3 名被告人依法宣告无罪。高度重视未成年人权益保护工作，中级法院成立独立建制的少年刑事审判庭，在全省率先实行未成年人轻罪犯罪记录封存制度。截至年底，全市法院对符合条件的 7 案 9 名未成年人的轻罪犯罪记录予以封存，为失足少年回归社会、健康成长创造条件。

（杨志喜）

【民事审判】　2010 年，全市各级法院审结各类民商事案件 15899 件，诉讼标的金额 36.59 亿元。其中，审结合同纠纷、金融纠纷案件 8172 件；审结婚姻家庭、财产继承、邻里纠纷、损害赔偿、劳动争议等涉及群众切身利益的案件 6271 件；审结侵犯专利权、商标权、著作权等知识产权案件 53 件；开展保护妇女儿童合法权益、维护军人军属合法权益、集中办理拖欠农民工工资案件“三项活动”，审结此类案件 1368 件；积极稳妥地审结高庄煤矿、大庄煤矿等企业破产改制案件 35 件，协助政府妥善安置职工 2.6 万余人，盘活资金 3.6 亿多元。

（杨志喜）

【行政审判】　2010 年，全市各级法院审结各类行政案件 3134 件，行政案件协调撤诉率达 43.05%。发布《2007 年以来平顶山法院行政案件审判情况白皮书》，分析行政诉讼案件发生的原因、审判的情况，并提出进一步提高依法行政水平的意见和建议，受到市委、市人大、市政府、市政协领导的高度重视和充分肯定。中级法院行政庭被省高级法院荣记集体一等功。市中级法院还审结国家赔偿案件 4 件，赔偿金额 8.21 万元。

（杨志喜）

【审判监督】　坚持“实事求是，依法纠错”的原则，审结各类再审案件 212 件，其中，改判 50 件，调解、撤诉 38 件，维持原判 43 件，作其他处理 81 件；积极推行人民陪审员参与减刑假释案件审理工作，在平顶山监狱设立驻狱巡回法庭，公开审理减刑假释案件，增加审判工作的透明度，全年共办理减刑假释案件 284 件。

（杨志喜）

【立案信访】　面对全市涉诉信访案件数量多的严峻形势，全市法院以接受执法巡视为契机，开展“涉诉信访专项治理年”活动，集中办理涉诉信访积案和巡视组交办案件。中院与各业务部门、各基层法院签订目标责任书，确定包案领导，明确办结时限，每两个月召开一次情况汇报会，排名前两位的单位作经验介绍，排名后两位的作检讨发言。坚持“天天院长接待日”、预约接访、带案下访制度，畅通当事人信访渠道，非访人数同比下降86.2%。在各级党委、政府的大力支持下，办结1260起中央、省、市交办的各类涉诉信访案件。同时，严肃错案追究，对因执法过错引发上访的16名法官进行责任追究。继续开展“调解年”活动和巡回审判活动，全市法院一审民事案件调撤率达79.54%，二审民事案件调撤率达41%，巡回审判率达38.82%。开展社会法庭活动，调处各类纠纷案件3375件。

（杨志喜）

【执法巡视】　2010年3月下旬至8月上旬，平顶山市县两级法院在市委、市委政法委的领导和省委政法委执法巡视组的指导下，以接受执法巡视为契机，针对巡视组提出的问题，认真分析原因，研究制定措施，抓好整改落实。截至8月17日，全市法院共受理各类案件15833件，审结10459件，办结率同比上升1.7%。在省法院上半年6项主要业务指标考核中，中院结案率排名全省第四；民事案件调撤率排名全省第六；一审案件上诉改判率低，排名全省第六；一审案件上诉发回率低，排名全省第二；再审改判率低，排名全省第一；再审发回率低，排名全省第一。

（杨志喜）

【队伍建设】　开展“人民法官为人民”主题实践活动、“纠正执法问题，促进公正执法”教育活动，教育引导广大干警树立公正、廉洁、为民的司法核心价值观。先后4次组织“法官先进事迹报告团”到全市法院巡回演讲，利用双休日、节假日先后举办各类培训班15期，培训干警2458人（次）。加大党风廉政建设力度，组织干警到监狱听取在押职务罪犯现身反省，接受警示教育；向社会公布“十条禁令”举报电话和电子邮箱；根据省法院部署，认真开展涉煤犯罪案件评查、小金库专项治理、集中清理纠正法院干警投资入股煤矿和经商办企业等活动。严肃查处违法违纪干警，对全市法院39名干警给予党政纪处分。

（杨志喜）

【法院开放日活动】　为不断探索民意沟通表达新机制，增强人民法院工作的透明度，根据最高人民法院《关于进一步加强民意沟通工作的意见》精神和《河南省高级人民法2010年向社会公开承诺的十件实事》的要求，平顶山中院党组决定在全市法院开展“法院开放日”活动。在5月4日、6月1日、8月1日、9月9日、12月29日举办的5次法院开放日活动中，分别邀请河南城建学院法律系师生，平顶山市第七中学师生，市武警支队、消防支队官兵，市移动公司员工，共计500余人次到法院参观。受邀社会各界群众在平顶山中院参观法院各项工作宣传展板，聆听大厅法文化浮雕讲解，观看平顶山中院专题宣传片；参观立案大厅、审判法庭、刑事被告人羁押室、车辆管理科及图书室，了解相关设施功能；旁听部分案件的庭审过程；召开座谈会，认真接受社会各界群众的法律咨询并进行详细解答。

（杨志喜）

市中级人民法院周末巡回法庭现场

【全省基层法院首家公安局驻法院警务室在汝州法院揭牌成立】　10月29日，全省基层法院首家公安局驻法院警务室在汝州法院揭牌成立。该警务室配备5名人员，受汝州市公安局和汝州市法院双重领导。

（杨志喜）

【最高法院在平顶山市首次实行远程视频提讯死刑被告人】 3月11日，平顶山中院首次利用视频会议室协助最高法院对死刑被告人实行远程视频提讯。这是最高法院统一行使死刑核准权后，首次在平顶山市通过视频系统远程提讯死刑案件被告人。远程视频提审系统的运用，实现了审理异地案件“足不出户”，极大节约了诉讼成本，提高了办案效率。

（杨志喜）

【人民陪审团首次参与故意杀人案审理】 4月9日，平顶山市中级人民法院首次引入人民陪审团参与审理一起故意杀人案，院长郭保振担任审判长。该案由中院从人民陪审团成员库中选出11名人民陪审团成员参与庭审。平顶山市检察院部分相关人员、河南城建学院部分学生，以及社会各界群众参加旁听。

（杨志喜）

【“开门纳谏法律咨询大接访”活动】 5月19日，平顶山市县两级法院组织开展“开门纳谏、法律咨询、大接访”活动。全市法院共出动干警370余人，发放宣传材料16027余份，摆放宣传展板25块，接访112人次，提供法律咨询1500余人次，5000余名群众观看了司法宣传展板或专题宣传片，征求到意见和建议46条。

（杨志喜）

检　察

【概况】 2010年，平顶山市检察机关围绕全市工作大局，确立“抓队伍、办实事、促业务、树形象”的工作思路，提出“整体工作争创全省先进，3～5个单项叫响全省全国”的工作目标和“要有干事的精神、争先的意识、创新的理念、自律的操守、平和的心态、市检察院当好表率”等6项要求，深入推进“社会矛盾化解、社会管理创新、公正廉洁执法”三项重点工作。全市侦查监督部门共批准（决定）逮捕2670人，没有发生捕后撤案和捕后判无罪的情况，也没有经复议或复核后改变原决定的案件，没有错捕、错不捕造成国家赔偿的案件，法定期限结案率为100%。叶县检察院查办的赵某贪污挪用公款案，被评为全省反贪侦查十大精品案件；卫东区检察院查办的曹某、许某玩忽职守案，被评为全国十大危害能源资源和生态环境典型案例。市检察院反渎职侵权局被最高人民检察院评为全国检察机关深入查办危害能源资源、生态环境渎职犯罪专项工作先进集体；反贪污贿赂工作经验被最高人民检察院推广。市检察院档案工作被省档案局评为档案管理最佳系统。

（李小燕）

【侦查监督】 2010年，全市侦查监督部门共批准（决定）逮捕2670人。积极参加“打黑除恶”、“两抢一盗”、“禁毒禁赌”、打击利用互联网传播淫秽色情信息等专项斗争，依法从重从快批捕，进一步遏制全市高发性犯罪，改善治安状况。全市没有发生捕后撤案和捕后判无罪的情况，也没有经复议或复核后改变原决定的案件，没有错捕、错不捕造成国家赔偿的案件，法定期限结案率为100%。“职务犯罪案件审查逮捕上提一级改革”效果明显，通过改革，既加大了基层院侦查部门与市检察院侦查监督部门的沟通配合，也提高了侦查案件的侦查质量和审查逮捕质量，2010年市检察院侦查监督处受理职务犯罪案件数量大幅提高。省检察院对平顶山市检察机关“上提一级”案件的质量充分肯定，并在平顶山市召开省职务犯罪案件质量专项评查会。

（李小燕）

【公诉】 2010年，全市检察机关共提起公诉3112人，重点加强对黑恶势力犯罪、严重暴力犯罪、“两抢一盗”犯罪及重大社会影响案件的审查起诉工作。加强职务犯罪案件审查起诉工作质量，制定《关于加强职务犯罪案件审查起诉工作的十条意见》和《关于提高职务犯罪案件办理质量和效率的十条意见》，建立诉前汇报、诉判沟通、侦捕诉监一体化机制，确保职务犯罪案件的快审、快诉和快判。对轻微刑事案件符合调解条件的，依托人民调解组织先行调解；能够采用暂缓起诉进行帮教改造的，坚持人性化执法，通过附条件不起诉，尽量减少社会对立面；决定不起诉、不抗诉的，通过文书说理、公开听证等方式充分释疑解惑，努力做到案结事了。建立轻微刑事案件刑事和解、附条件不起诉、不起诉、不抗诉答疑说理机制。汝州市检察院办理的马某盗窃案是河南省首例附条件不起诉案件，中国政法大学樊崇义教授、省检察院贺恒扬副检察长到场作点评。此外，以新华区检察院少年案件公诉局为试点，建立未成年人犯罪案件品格调查、失足少年同步心理矫正等机制，全年，对12名未成年犯罪人采用同步心理矫治，取得良好的帮教效果。职务犯罪案件办理、命案提前介入、出庭公诉工作经验、未成年人罪犯帮教机制等多项工作受到省检察院肯定。

（李小燕）

【诉讼监督】 2010年，平顶山市检察机关以纠正有案不立、有罪不究、以罚代刑为重点，加强刑事立案监督。监督侦查机关立案168件，撤案64件。以保障诉讼参与人合法权益为重点，加强刑事侦查监督，对应当提请逮捕而未提请的，依法追加逮捕281人，对应当移送审查起诉而未移送的，追加起诉187人。以纠正量刑畸轻畸重为重点，加强刑事审判监督。对重罪轻判、轻罪重判的，依法提起刑事抗诉18件，法院直接改判7件，发回重审6件。对刑事审判违法情况提出书面纠正意见62次。

（李小燕）

【查办职务犯罪】 2010年，平顶山市检察机关针对职务犯罪案件在一些领域仍然呈现易发、多发态势等情况，进一步加大办案力度，先后立案侦查各类职务犯罪案件201件262人。其中，贪污贿赂案件119件164人，渎职侵权案件82件98人。查办一批大案要案，成功办理渑池原县委书记仝某特大受贿窝案、卫东区兴东二矿“4·22”和“6·21”矿难渎职犯罪等大案140件、要案9人。对新华四矿“9·8”矿难中的责任人以危害公共安全罪提起公诉，在全国引起强烈反响。全年所立的职务犯罪案件，提起公诉197件258人，被法院作出有罪判决229人，有罪判决率为100%。叶县检察院查办的赵某贪污挪用公款案，被评为全省反贪侦查十大精品案件；卫东区检察院查办的曹某、许某玩忽职守案，被评为全国十大危害能源资源和生态环境典型案例。市检察院反渎职侵权局被最高人民检察院评为全国检察机关深入查办危害能源资源、生态环境渎职犯罪专项工作先进集体；反贪污贿赂工作经验被最高人民检察院推广。

（李小燕）

【控告申诉】 2010年，平顶山市检察机关开展争创“无涉检进京上访年”和“深入开展涉检信访积案化解工作”两个专项活动。落实领导接访、下访巡访、联合接访、双向承诺、公开答复、司法救助等措施，排查涉检信访苗头54起，办理办结上级批办、交办的涉检信访案件39件。制定《平顶山市检察机关人民群众来访点名接待制度》，318名来访群众通过点名接访获得相关答复。市检察院和10个基层检察院实现涉检进京零上访。全市4个检察院控申接待室分别被高检院评为国家级文明接待室，市检察院和汝州市检察院被评为国家级文明接待室示范窗口。

（李小燕）

【监所检察】 全市监所检察部门认真贯彻落实高检院“四个办法”，以创建国家一级规范化检察室为载体，强化刑罚执行和监管活动监督，以查办职务犯罪案件为着力点，夯实工作基础，创新监督机制，加强队伍建设，树立争先创优意识，通过开展各项活动维护了在押人员的合法权益，保证了监管改造场所的稳定。全年共计立案侦查监管场所职务犯罪案件8件8人。所立案件全部侦查终结移送起诉。对监管活动中的违法行为提出检察建议286份，提出书面纠正意见480次，在监管场所开展安全检查132次，发现不安全隐患27起。同时，大力创建国家级规范化检察室和驻所监控工作，全年，创建国家三级规范化检察室4个，二级规范化检察室3个；开展驻所检察室与看守所监控联网建设工作，全市9个监管场所检察室与监管单位全部实现监控联网。

（李小燕）

【职务犯罪预防】 2010年，市检察院制定《平顶山市检察机关惩防一体化工作办法》，并结合办案，围绕职务犯罪易发多发的行业和领域，积极开展以警示教育、预防调查、对策建议、介入监督、预防咨询和行贿档案查询为主要形式的职务犯罪预防工作。全年共开展警示教育宣传212次，开展预防调查118次，职务犯罪案剖析187件，提出检察建议195件。建立行贿档案查询系统，共查询1572次，推进社会诚信体系建设。全市检察机关预防部门结合办案，在民政、卫生、建设、农林、国土资源等17个职务犯罪高发的系统和行业开展预防调查118次。健全完善相关制度173项，提供预防咨询1723件。

（李小燕）

【民事行政检察】 2010年，全市检察机关民事行政检察部门共受理民事、行政申诉案件646件，审查后立案231件，决定抗诉53件，再审改变原审裁判31件。坚持以服务经济发展和保障民生为重点，主动服务企业法律需求，努力为全市经济发展提供有力司法保障。与企业建立长效联系机制，稳定案源，保证办案规模。成立企业申诉案件办案组，建立企业申诉案件快速通道，加大企业申诉案件办理力度，办理一批影响大、效果好的案件。全年对企业申诉案件依法抗诉18件，民事行政检察工作经验先后被省检察院和最高人民检察院推广。

（李小燕）

【检察技术】 2010年，全市两级检察技术部门共办理各类案件23件。其中法医检验鉴定4件；司法会计检验鉴定17件；文件检验2件；纠正错案4案；同步录音录像673次1033.44小时；文证审查136件；完成视频会议接收68次，共计125小时无差错。全年在侦查监督环节进行文证审查336案，提出意见15案，纠正4案。

（李小燕）

【法警队伍建设】 2010年，全市检察机关两级警务部门共履行各项警务职责5717人次。其中，出警保护自侦案件现场124人次，执行传唤914人次，协助自侦部门看管犯罪嫌疑人1732人次，参与搜查187人次，执行拘传、协助执行其他强制措施225人次，协助追捕逃犯44人次，送达法律文书1131人次，参与处置突发事件19次，完成检察长交办任务427人次，未发生任何办案安全事故，直接履行各类警务职责582人次，协助办案6次。截至年底，市检察院和8个基层院配备警用囚车，配备率达到82%。新配单警装备42套，配备率达到100%。11月中旬，在全省检察机关司法警察“五项能手”竞赛中，本市参赛法警取得驾驶能手全省第一、射击能手全省第三、计算机能手全省第三、搜查能手全省第八的好成绩。

（李小燕）

【检察队伍建设】 2010年，全市检察机关开展首次初任检察官选拔，市检察院政治部经筛选确认符合报名条件人员135名，通过面试考核23人。截至2010年，全市检察机关通过司法考试共197人，全市两级院本科以上学历有775人，占总人数的76.9%。出台《关于鼓励干警参加学历教育若干问题的暂行规定》和《关于落实检察干警攻读法学硕士学位的意见》，并组织全市46名干警报名参加在职研究生考试，11人通过全国联考，被华中科技大学法学院录取。

（李小燕）

【文秘管理】 2010年，市检察院办公室共编发检察信息188篇，检察简报13期（112篇），被省院转发37篇、省委转发1篇，被高检院转发12篇，市检察院办公室被省检察院评为信息工作先进单位；共起草各种公文、领导讲话、报告等120余篇，审核材料180余份；规范检察保密工作，对全市检察机关1005台计算机，320个移动存储介质进行检查，并对全市涉密计算机、移动存储介质登记、编号；做好全市检察统计工作，填报各种检察业务报表571张、各类案卡1000多张、为有关部门提供统计服务300多次；做好机要密码工作，共接受处理上级院文电3000余份，中央、市委文件2000余份，向市检察院各部门和基层院印发文件4000余份，同时认真做好全市检察机关的密码、保密设施建设；对各类文件986件、诉讼卷249卷、会计卷283卷、声像资料65盘、资料20册等档案进行收集整理入库，市检察档案工作被省档案局评为档案管理最佳系统。

（李小燕）

【检察调研】 2010年，平顶山市检察调研工作再次被省检察院评为先进单位，实现三连冠，全年两级检察院共刊发调研文章491篇。其中，国家级刊发121篇，省级刊发337篇，市级刊发33篇。有5篇文章被高检院内部刊物刊发，《检察日报》刊发14篇，《中国检察官》刊发4篇，《河南检察论坛》刊发18篇，《河南检察职业学院学报》刊发9篇。多篇文章荣获省级论文评选奖项，获省法学会优秀论文评选一等奖1篇，省检察院论文评选二等奖2篇，优秀奖2篇。完成省检察院和市委政法委安排部署的“深入推进三项重点工作”征文活动。4篇论文在省检察院获奖，12篇在市委政法委优秀论文评选中获奖。

（李小燕）

【检察宣传】 2010年，市检察机关在各级新闻媒体发表各类宣传稿件1691篇（幅），其中国家级重点媒体631篇（幅），省级重点媒体1060篇（幅）。反映和宣传全市检察工作的稿件多次在新华社、《人民日报》、中央电视台、中央人民广播电台、《法制日报》、《检察日报》等发表。市检察院宣传处以平顶山市检察业务工作为题材，先后组织拍摄7部反映检察机关形象的专题片《天职重于泰山》、宣传片《黄土高原飘起的红丝带》和《远山的呼唤》等。其中，《黄土高原飘起的红丝带》被省检察院评选为2009年民行十大精品案件。2010年8月，由平顶山市人民检察院检察学会和人民日报社、人民论坛网联合开办的“检察视点”正式投入使用，市检察机关上稿891篇（幅）。

（李小燕）

【司法会计鉴定】 2010年完成各类鉴定案件71件，其中为两级检察院业务部门司法鉴定18件，提供技术协助10件。协助业务部门完成2案的先期查账、勘验工作，检验财务账册、凭证和卷宗计1200余份。2010年顺利通过司法部司法鉴定科学技术专家评审能力验证工作。共处理来电来信来访40余件（次）。凡对涉及残疾人、农民工、下岗职工的司法鉴定事项及时受理，认真办理，实施司法鉴定援助。累计办理涉及司法鉴定的减免案件14件，减免费用4万余元。

（李小燕）

公　安

社会治安

【警务机制改革】 2010年，全市公安机关按照河南省公安厅“做大做强派出所、做专做实警务室、做优做精市局机关”公安体制改革要求，对市区7个公安分局和52个派出所进行整合调整，重新组建14个派出所，下沉警力1000余名。新组建的14个派出所为中兴路派出所、光明路派出所、矿工路派出所、青石山派出所、新城派出所、建设路派出所、东安路派出所、五一路派出所、东工人镇派出所、高新派出所、北渡派出所、轻工路派出所、姚孟派出所、龙山派出所。派出所内设“一室四队”，即：警务综合室、案件侦办大队、治安管理服务大队、交管巡防大队和社区警务大队。警务室民警全部做到专人专职。交警、巡警、治安警、刑警实行“四警合一”，综合执法。市公安局向派出所派驻执法执纪监督室负责人，主要负责对派出所办理案件的审核、把关以及对所长、政委在内的全体民警履行职责、行使职权、执法执纪、遵守纪律情况进行监督。改革后，指挥层级由过去的三层管理变为两层管理，派出所综合执法和整体作战能力明显增强，处警效率明显提高，社会面管控能力稳步提升。

（马建敏）

【维护社会政治稳定】 2010年，全市公安机关共搜集涉稳情报信息1200余条，上报市委、市政府及河南省公安厅业务部门630余条，撰写全市敌政社情分析研判性材料10余篇，为上级领导科学决策、及时处置提供可靠依据。加大专案侦查力度，全市共破获“法轮功”、“香功”等邪教组织案件11起，收缴各类反动宣传品1000余份，捣毁地下窝点1处，抓获违法犯罪人员4人，批评教育170余人。排查调处各类社会矛盾纠纷3493起，防止群体性事件34起，10人以上、50人以上群体性事件同比分别下降47.37%和35.29%，全市发生的20起较大规模的群体性事件全部得到妥善处置。圆满完成元宵节焰火燃放晚会、第三届中国书法兰亭奖、“华合论坛”和全国、省市“两会”等重大节庆和大型活动安保任务，实现安全“零”事故。

（马建敏）

【打防刑事犯罪】 2010年，全市公安机关始终坚持“打防犯罪是主业”理念，推进以“中原卫士杯”竞赛活动为载体的严打整治斗争，打防刑事犯罪整体效能全面提升。全市共立各类刑事案件13642起，同比下降13.48%，连续3年保持平稳下降势头，破获9109起，抓获各类违法犯罪人员4125人，抓获网上逃犯1372人，其中外省网上逃犯487人、历年网上逃犯225人、故意杀人逃犯35人。在全省群众安全感调查中，平顶山市群众安全感达到94.6%，同比提升0.78个百分点。深入开展打黑除恶专项斗争。全年共摧毁黑社会性质犯罪团伙11个、恶势力团伙60个，一审判决团伙成员378人，打黑除恶战绩再夺全省第一，实现“三连冠”

目标。强力推进命案侦破。全市共发现行命案67起，同比下降1.47%，破66起，破案率为98.51%，同比提升2.92个百分点，创2004年开展命案攻坚以来的历史新高；破获2009年前命案积案18起、外省命案22起，抓获外省命案逃犯26人，命案侦破综合战绩进入全省先进行列。开展打防“两抢一盗”犯罪专项行动。全市共侦破“两抢一盗”案件4997起，起诉1234人，17起省厅挂牌督办案件全部破获，15名省厅挂牌督捕逃犯全部抓获；侵财案件发案同比下降14.16%，其中盗窃、抢劫、抢夺案件分别下降12.79%、26.93%和8.61%，中心城区实现172天“两抢”零发案。严厉打击毒品犯罪。全市共破获毒品刑事案件59起，查破毒品行政案件536起，逮捕涉毒犯罪嫌疑人48人，抓获网上涉毒逃犯1名，强制隔离戒毒54人，社区戒毒57人；捣毁制毒窝点2处，缴获毒品3640克，上缴毒资6.87万元；铲除毒品原植物25.88万株；查处易制毒化学品违规企业5家、涉毒娱乐场所5家。依法打击各种经济犯罪活动。全市共立经济犯罪案件409起，破案396起，逮捕89人，移送起诉106人，为国家挽回（避免）经济损失4618万元。完善社会治安防控体系建设。组建1000人的巡防队伍，街面见警率、现场处置率、现场抓获率和快速反应能力等“三率一能力”得到较大幅度提升。强力推进城乡技防体系建设，市区投资2800万元建成城市道路监控电子警察二期工程，各分（县、市）局也在重点区域、重点部位和居民区增建技防设施，新增视频探头2300余个、监控平台52个，城区主干道实现视频监控全覆盖；全市农户技防设施安装率达91.33%。

（马建敏）

【公安行政管理】 交通管理以“文明交通行动计划”为载体，强化源头治理和路面巡逻管控，加大对交通安全隐患、交通违法行为的整治力度，全市交通秩序明显好转，交通事故形势持续平稳。全年发生交通事故425起、死亡100人、受伤454人、经济损失189.73万元，同比分别下降21.88%、16.67%、23.44%和26.55%，没有发生一起一次死亡3人以上的重特大交通事故。消防管理以强化火灾隐患排查整改为重点，全面落实消防工作安全责任制，开展消防安全专项治理行动，整改火灾隐患969处。同时，进一步强化消防安全宣传教育，广泛普及消防安全常识，有效增强全社会抗御火灾的能力。全市发生火灾事故122起，死亡2人，受伤1人，经济损失183.98万元，未发生重特大火灾事故。在全市组织开展涉危涉爆物品安全隐患排查整治行动，大力收缴各类非法爆炸物品、枪支弹药、危险化学品、放射性物品等，最大限度地消除安全隐患。全市共查破各类涉爆案件15起、涉枪案件4起，抓获犯罪嫌疑人41人，收缴炸药25612.9公斤、雷管28852枚、索类2456米，各类枪支85支、子弹7897发、管制刀具198把，发现整改各类安全隐患82处，对72名涉爆重点人员逐一落实管控措施。人口信息管理。围绕实有人口信息系统建设覆盖率、实有人口登记率、重点人员管控率“三个100%”工作目标，强力推进人口信息采集大会战，初步形成实有人口“分层分类管理、信息轨迹管理、落地查控管理”的“三位一体”格局，有力提升公安机关打防管建的整体效能。全市通过人口信息大会战共破获刑事案件2164起，查处治安案件5629起，抓获网上逃犯300人，其中命案逃犯2人、部督逃犯1人。推进重点地区排查整治。坚持挂牌督办、重拳施治，开展社会治安重点地区排查整治，彻底扭转湛河两岸等24个重点地区治安混乱面貌，合格率达100%。“虚拟社会”管理。全面落实网上监控和处置措施，加大网上舆情控制引导工作力度，全年发现上报有害信息3万余条，全市网吧日志完整率和实名上网率达到85%以上，有力服务实战需要，网上斗争位居全省第三名。

（马建敏）

【公安队伍建设】 2010年，全市公安机关以提高公安队伍整体素质、规范民警执法行为为目标，从管理教育入手，全面加强公安队伍建设，大练兵、领导班子建设、新闻宣传工作均进入全省第一方阵，队伍管理综合成绩位居全省第四名。扎实组织开展让人民群众满意主题教育、创先争优、“整治突出执法问题推进公正廉洁执法”等一系列教育活动，打牢执法为民思想根基，进一步规范执法行为，提升执法质量和执法公信力。改进民警教育培训模式，邀请知名专家教授授课讲解，有针对性地举办战训合一封闭轮训班10期、晋衔培训班2期、“一警多能、综合执法”培训班3期、信访责任主体培训班1期，全年培训民警2606人，有效提升广大民警的综合素质和实战技能。坚持从严治警方针，开展执法工作“零距离”、“零失控”、“零过错”、“零容忍”活动，严格队伍管理教育，严肃查处民警违法违纪案事件。全市共立案查处公安民警违法违纪案件30起39人，同比分别下降43.9%和48.1%。在全市大众广播操比赛和全省第三届公安文艺大赛中，取得了优异成绩。全市先后有28个集体、263人立功受奖，其中打黑英雄贺延龄被公安部追授全国公安系统二级英模荣誉称号，“杰出中原卫士”薄贵荣荣立个人一等功，18人荣立个人二等功。群众对公安工作满意度达到89.06%，较上年提升2.54个百分点。

（马建敏）

道路交通管理

【公路交通安全整治】　市交警支队按照公安部和河南省公安交警总队的统一部署，精心组织，强化联动，在全市开展公路交通安全集中教育整治统一行动。依托8个交通安全检查服务站和高速公路出入口，每个服务站交警3人、交通运管部门配合3人，每个高速公路出入口民警2人、交通运管部门2人，对过往的7座以上客运车辆进行安全检查，强化路面管控，集中力量对客运车辆通行秩序进行集中整治，确保客运车辆的行车安全。

（马建敏）

【公路客运交通安全隐患排查整治】　1月6日～3月31日春运期间，市交警支队会同交通运输、安全监管等部门，在全市深入开展公路客运交通安全隐患排查整治行动。联合督察组深入辖区客运企业、场站进行联合检查，重点查找管理漏洞和薄弱环节，督促客运企业、场站落实各项安全管理制度。加强危险路段、危险桥梁的隐患排查。根据实际情况，增加警示标志，施划减速标线或增设减速带，加强警力部署，加强雨雾冰雪恶劣天气交通管理，严防客运车辆重特大道路交通事故的发生。

（马建敏）

【迎世博道路交通安全保卫】　在2010年5月1日～10月31日第四十一届世界博览会暨上海世界博览会期间，按照公安部和河南省公安交警总队的统一部署，市交警支队在全市开展迎世博道路交通安全保卫工作。自3月份开始，市交警支队以“迎世博、创文明、保平安”为目标，开展“世博安保、环沪护城河”专项行动，集中警力，集中执法装备，加强高速公路、国省道、城市主干道路交通管控，加强入沪营运客车、旅游车、危险化学品车及货车的管理。交警支队高速大队加强高速管理的巡逻管控，开展整治违法占用应急车道和客车超员超速、高速公路停车上下人专项行动，共查处违法占用应急车道违法行动6216起，客车超员超速650余起，行政拘留22人，为入沪过境车辆创造了良好的高速公路交通环境。

（马建敏）

【交通秩序示范公路创建活动】　根据公安部5月～12月在全国开展创建交通秩序示范公路活动的统一部署，市交警支队集中优势警力，集中警车、测速仪、酒精测试仪等执法装备，加强国道、省道及县乡道路路面管控，排查完善桥梁、村庄、学校沿线的交通设施，严查机动车超速、客车超员、农用车违法载人等交通违法行为。经过集中整治，市交警部门推出汝州市烟风路（X024线）、舞钢市七蚁线等一批交通秩序示范公路。

（马建敏）

【平安畅通县区创建】　4月14日，平顶山市召开创建平安畅通县区工作联席会议，部署推进平安畅通县区创建活动。为深入推进平安畅通县区创建活动，市交警支队加强交通设施投入和危险路段的排查治理，加强信息研判，科学组织交通分流，加强对突出交通违法行为和隐患的治理，顺利完成省政府对郏县争创一等，舞钢市、汝州市、宝丰县争创二等，叶县、鲁山县、石龙区争创三等的复评工作。

（马建敏）

【交通安全集中整治活动】　3月份，市交警支队开展为期30天的交通安全集中整治活动。交警支队全警动员、全员上路，重点对酒后驾驶、无证驾驶、客车超员、机动车超速，涉牌涉证，农用车违法载人等严重交通违法行为进行治理，教育、扣证、罚款、扣分、拘留等综合措施并用，形成对严重交通违法行为的高压严管态势。共投入警力11002人次，出动警车2031台次，投入测速设备23台，设置固定测速点15个，流动测速点8个，春运交通安全检查服务站8个，查处各类交通违法行为34676起，其中超速行驶4807起，客车超员233起，疲劳驾驶181起，酒后驾驶49起，无证驾驶636起，查处三轮车、低速载货汽车、拖拉机违法载人931起，拘留516人，卸客转运820人，排查消除客运车辆安全隐患169辆，建议调整客运车辆驾驶人7人，深入客运企业进行交通安全宣传受教育140170人次。

（马建敏）

【大货车夜间入市治理】 4月1日起，每天晚19点至次日早7点，市交警支队在全市开展治理大货车夜间入市行动。交警部门在平安大道与四矿路交叉口、建设路与姚孟路交叉口、光明路与新南环路交叉口、建设路与开发一路交叉口、平安大道与东环路交叉口设立5个执勤点，配备简易营房及路障设施，查纠大货车违法行为，严格控制大货车进入市区。明确每个卡点责任单位、责任领导和责任民警，每个执勤卡点警力6人，对所有大货车逢车必查，对所有违犯交通法规和“双创”规定的，按照职权顶格处罚，对于超载车辆，联合公路运管部门过磅卸载罚款。经过治理，有效遏制了大货车夜间违章入市行为。

（马建敏）

【机动车涉牌涉证违法行为专项整治】 根据公安部、河南省公安厅的统一部署，6月10日~10月10日，市交警支队开展机动车涉牌涉证违法行为专项整治行动，依托交通安全检查服务站、治安卡口、服务区、收费站，加大对可疑车辆的检查力度，主动与治安、刑侦等警种、军队等部门协调配合，采取成立查缉小分队，异地用警、异地互查、区域行动等工作措施，重点对无牌无证，伪造、变造和使用伪造、变造机动车号牌、行驶证、驾驶证或者其他车辆号牌、行驶证，故意遮挡、污损号牌和未按规定使用号牌专用固封装置、不按规定安装机动车号牌等违法行为进行整治。共查获使用伪造、变造机动车牌证718起，查获无牌无证机动车4450辆，查获盗抢嫌疑机动车3辆，查获走私嫌疑机动车2辆，查获报废机动车5辆，查获非法拼组装机动车11辆，行政拘留853人，查获其他机动车涉牌涉证违法行为19921起，查缉取缔造假贩假窝点1处，打击造假贩假违法犯罪分子3人。

（马建敏）

【公务车辆交通违法行为专项整治】 按照河南省公安厅交警总队的统一部署，市交警支队在全市开展公务车辆交通违法行为专项整治。市交警支队要求公务违规挂牌执法单位，限期整改本单位车辆管理中存在的问题；登门走访，组织公务单位车管干部、驾驶员开展交通安全宣传教育活动；媒体跟踪报道，曝光公务车辆交通违法行为；主动与纪委、督察、军队等部门协调，联合开展公务车辆交通违法整治行动，严格整治公务车辆交通违法行为，彻底铲除城管、网络等公务执法车辆违规挂牌问题，有效惩治公、检、法、司等一批肆意违法特权车辆，形成严查、严管、严治、严惩的整治氛围。

（马建敏）

【机动三轮车违法专项整治】 按照市委、市政府的要求，市交警支队联合公用事业等部门，对机动三轮车无牌无证行驶、非法营运和不按规定进入城区等违法行为进行集中整治。7月~8月份，市交警支队与市公用事业局客运管理处联合，分别在平安大道、矿工路、神马大道、姚电大道等道路主要路口设立执勤点，每个执勤点执勤民警5人，客运管理处5人，联合对违法机动三轮车进行重点查扣。通过集中整治行动，查处无牌无证机动三轮车500余台，有力打击了机动三轮车无牌无证上路行驶的嚣张气焰，规范了客运秩序。

（马建敏）

【机动车乱停乱放专项整治】 2010年，市交警支队按照市“双创”办的要求，组织执勤、巡逻大队警力，加大机动车乱停乱放等影响道路安全、畅通交通违法行为的整治力度。支队将市区道路定辖区、定路段、定人员，建立领导分包责任制，支队领导包大队、大队领导包片、中队领导及民警包路段，实行责任倒查，哪个路段秩序混乱，被媒体曝光或通报，严格进行责任追究。抽出专门警力组成巡逻队，加强对机动车乱停乱放交通违法行为的治理。通过集中整治行动，有力打击了机动车辆乱停乱放的交通违法行为，规范了道路交通秩序。

（马建敏）

【车驾管业务延伸管理】 2010年，市交警支队大力推进车驾管业务延伸工作，将机动车驾驶证的审验、换证补证、体检等业务全部延伸到7个县级车管所。在汝州市、宝丰县、郏县车管所开办除校车、危险化学品运输车辆等4种特殊车辆以外的非营运车辆的注册登记业务。在所辖全部县级车管所开办核发辖区内临时通行证号牌、补领机动车号牌行驶证、机动车抵押登记等相关业务。认真落实“便民利民10项措施”，29家“4S店服务站”全面运行，实现购车、入户、上牌“一站式”服务。在矿工路长途汽车站对面、神马大道机动车交易中心等人员流动较大、交通便利的地方设立车管业务便民服务站，极大方便驾驶人办理体检、审验、补证、换证业务。在152医院开设机动车驾驶人体检录入窗口，驾驶人体检合格后直接办理审验手续，简化程序，方便群众。机动车登记和驾驶证年度审验、补证等业务进驻市政府行政审批中心，与汽车购置税、保险、标牌制作、医疗机构体检等无缝衔接，让群众足不出户即可办理完车辆登记和驾驶证审验、补证业务，提高办事效率。

（马建敏）

【交警队伍建设】　2010年，市交警支队深入开展各种学习教育活动，着力提升民警队伍素质和服务人民群众的能力。按照“学先进、比创新、看实效”的要求，以“让群众满意”为目标，坚持从严治警，大力开展思想、工作、纪律作风整顿，重点对执法为民意识淡薄、对待群众冷硬横推、工作中吃拿卡要、队伍管理松懈、纪律作风涣散等突出问题进行整顿，打牢“立警为公，执法为民”的思想基础，提升服务群众的能力和水平。先后开展学习省委书记卢展工在平顶山市、商丘市调研及在郑州市慰问公安民警时的讲话精神活动，学习贯彻十七届五中全会活动，鼓舞民警的士气，激励队伍的斗志，促进交通管理和队伍管理机制的创新。坚持从优待警、文化育警。支队党委坚持慰问走访民警家庭，先后慰问看望患病、家庭困难民警30余人次。通过落实健康体检、民警休假等制度，充分保证民警身心健康。按照中央和省、市委、市公安局统一部署，在全支队党组织和共产党员中深入开展以“做科学发展先锋队，当率先崛起排头兵”为主题，以创建“五个好”先进基层党组织、争做“五个表率”优秀共产党员为主要内容的创先争优活动。在创先争优活动中，支队组织民警到一级英模葛汉斌墓地扫墓，进行宣誓活动，倾听一等功臣王浩作报告，组织中层干部到兰考瞻仰缅怀焦裕禄精神，组织开展向玉树地震灾区献爱心活动，掀起创新争优活动的高潮。完善各级党组织建设，增选、改选党支部，把党小组建到执勤中队，执勤中队中队长为党小组组长，增强党支部的战斗堡垒作用。加大考评督导力度。实行政工考评、纪检督察合署办公，聘请支队退居二线的老领导带队，配备专车，对支队安排的临时性、阶段性和全年性的工作进行督导检查，发现问题下发整改通知督促整改，有力地促进各项工作的开展。建立奖惩机制，激发队伍活力，树立工作标兵，抓典型引路。每月单位评出先进进行表彰，每季度各单位评出1～2名民警、1名协警、1名协管员，组织外出学习考察，有效激发全体民警的工作干劲和热情。坚持从严治警。坚持用反面典型开展警示教育，加强对民警教育和管理，确保队伍无违法、无违纪、无事故的目标。

（马建敏）

司法行政

【概况】　2010年，平顶山市司法行政机关在市委、市政府的领导和河南省司法厅的指导下，充分发挥司法行政机关职能作用，强力推进各项目标任务的全面完成。2010年，全市司法行政系统先后有1个单位、3名个人受到国家级表彰；有11个单位、8名个人受到省部级表彰；有16个单位、41名个人受到市级表彰，并顺利通过全省“五五”法制宣传教育和依法治理检查验收。市监狱实现连续19年零5个月无罪犯脱逃，安全纪录位居全省市属监狱首位。市劳教所实现连续10年“四无”目标，并保持“部级优秀劳动教养学校”和“省级现代化文明劳教所”荣誉。

（郑宝玲）

【监狱管理】　2010年，市监狱认真落实各项监管安全制度，强化安全防范，经常开展安全稳定隐患大排查、大检查活动，及时堵塞各种漏洞，消除可能诱发事故的安全隐患。市监狱实现连续19年零5个月无罪犯脱逃，安全纪录位居全省市属监狱首位。坚持“首要标准”，进一步加强教育改造工作。建立健全教育改造质量评估体系，丰富完善教育内容，创新教育改造方式方法，加强对罪犯心理健康辅导，增强教育工作的针对性和实效性。市监狱的“三课”教育入学率、及格率均达到或超过省监狱管理局的要求。为改善罪犯就餐条件，新建的罪犯餐厅进入开业前的调试安装阶段。积极开展社会帮教工作，平顶山市监狱警示教育基地先后组织数十场警示教育现场会，取得良好社会效果。

（郑宝玲）

【劳教管理】　2010年，市劳教所进一步完善执法岗位责任制、执法工作评议考核过错追究制，明确岗位职责，强化监督检查，不断提高执法规范化水平。建立健全监所安全形势研判工作机制，定期召开会议，分析安全工作中存在的问题，制定具体应对措施。市劳教所实现连续10年“四无”目标，并保持“部级优秀劳动教养学校”和“省级现代化文明劳教所”荣誉。“三课”教育入学率、及格率均达到或超过省劳教管理局的要求。市劳教所采取“走出去、请进来”的办法，组织悔改积极的劳教人员到中小学校现身说法，邀请市关工委领导和法学专家等到所里举办法制报告会，实现教育效果与社会效果的共同提高。

（郑宝玲）

【普法依法治理】　2010年，市司法局积极推进“大普法”建设，努力创造良好的法治环境。紧紧围绕“保民生、保增长、保稳定”的工作重心，认真开展重点法律法规的集中宣传教育活动。创新法制宣传方式方法，继续深入开展“法律六进”活动。全年，共组织主题法制宣传活动56场次，发放法制宣传页、小册子15万余（页）本，受教育群众达43万人次。认真组织开展“五五”普法依法治理检查验收工作，并顺利通过全省“五五”法制宣传教育和依法治理检查验收。丰富载体，创新形式，法制宣传教育有声有色。春节期间，在全市开展“庆新春、讲法治、促和谐”主题法制宣传活动。宝丰马街书会期间，成功举办“全市法制文艺汇演”，《法制日报》、人民网、新华网等多家新闻媒体进行报道。

（郑宝玲）

【律师管理】　律师党建工作实现新突破，市律师协会党总支升格为市律师协会党委。全市律师事务所31家，其中，有8家律师事务所成立党支部，全市91名党员律师和373名律师全部纳入组织管理，实现党的组织和工作全覆盖。市委组织部将党员律师纳入全市干部培训计划，参加市委组织部统一组织的经常性培训。紧紧围绕“保增长、保民生、保稳定”的工作大局，继续开展“三百工程”，并组建“民生工程法律服务团”、“信访工作律师服务志愿团”，发挥律师队伍的职能作用，促进律师工作的健康发展。2010年，全市律师共办理各类案件7800余件。

（郑宝玲）

【公证管理】　严格落实公证服务首问负责制和投诉查处制度，设立公证投诉意见箱，公布举报电话，聘请社会监督员，全方位接受社会各界的监督。积极推进公证信息平台建设，全市9个公证处全部使用公证软件，规范办证程序，提高工作效率。拓展公证领域，优质高效服务。充分发挥公证职能，服务惩防体系建设，拟定《关于将公证机制引入惩防体系的意见》和《关于将公证机制引入预防职务犯罪体系的意见》，最大限度地预防和减少腐败及职务犯罪现象的发生。2010年，共办理各类公证事项3.21万余件，为当事人避免或挽回经济损失4159万元。

（郑宝玲）

【法制与司法鉴定】　继续落实行政处罚自由裁量阶次制度、轻微违法行为首查不罚先行整改制度和行政执法责任追究制，进一步规范各类行政行为，确保有错必究。建立健全司法行政干警执法档案，规范政务公开，促进公正执法。以开展“争创优秀司法鉴定机构、司法鉴定人”活动为载体，大力加强司法鉴定机构规范化建设，不断提高司法鉴定质量，增强司法鉴定社会公信力。6月17日～19日，全国司法鉴定执业监管工作座谈会在平顶山市召开，平顶山市司法局作为全国唯一的地市级司法局在会上作典型发言。11月22日，在全省司法鉴定管理工作会议上，平顶山市司法局作为唯一的指定发言单位，在会上作典型经验介绍。全年，全市司法鉴定机构共办理各类鉴定案件4000余件，采信率95%以上。

（郑宝玲）

【法律援助】　2010年，市司法局以市委、市政府将法律援助工作纳入十大民生工程为契机，明确提出“树立一个理念、统筹两个并重、盯死三项指标、实现四个确保”的总体思路，进一步健全网络机构。全市现有法律援助受理点（工作站）173个，形成了农村一小时、城市半小时的法律援助服务网络。市、县两级法律援助机构全部在辖区临街或一楼位置建成标准化接待室，在市、县两级法院全部建立值班律师办公室。面向市直律师事务所招募41名法律援助志愿者，壮大法律援助队伍。将法律援助经济困难标准由原来低保线的1.6倍调整为2倍，使更多人可以享受到法律援助。全市各级法律援助机构全年共接待咨询9894人次，办理各类法律援助案件3390件，受援群众3511人，为受援人挽回损失或取得利益共750余万元。

（郑宝玲）

【基层司法行政】　牢固树立强基固本思想，坚持把加强基层基础建设作为一项长期战略任务，采取有效措施，提升保障能力。全面推进司法所规范化建设，落实司法所编制、人员、经费，实现司法所和法律服务所“两所分离”。继续抓好司法所国债项目建设，积极协调第六批建设项目尽快落实建设用地和地方配套资金，确保在国债资金到位半年内建成。深入开展“人民调解化解矛盾纠纷专项攻坚活动”，全市调解各类矛盾纠纷8930起，调解成功率98.5%，预防矛盾纠纷激化4092起。

（郑宝玲）

【司法队伍建设】　2010年，市司法局按照上级统一部署，先后组织开展监狱劳教人民警察“执法大培训、岗位大练兵”、“纠正执法问题，促进公正执法”、创先争优等专题教育活动。广大干警和法律服务工作者进一步端正社会主义法治理念，公正廉洁执法能力明显增强，执法公信力显著提高，干事创业的工作热情进一步提高。加大干警教育培训力度。全年全系统共组织干警参加各类培训班107期，1.28万余人次参加学习培训，干警队伍的综合素质和执法能力进一步提高。2010年，全市司法行政系统先后有1个单位、3名个人受到国家级表彰；有11个单位、8名个人受到省部级表彰；有16个单位、41名个人受到市级表彰。

（郑宝玲）

【信息调研宣传】　2010年，市司法局上报政务信息86条，被市政府采用5条，被省政府采用2条。认真开展“三项重点工作”大调研活动，全年共撰写调研报告40篇，其中26篇入选市委政法委“大调研”评选前100名，1篇在省委政法委组织的评选中获得二等奖，3篇获得三等奖。紧紧围绕整体工作，拓宽宣传渠道，创新宣传载体。全年累计在国家级媒体发稿58篇，在省级媒体发稿209篇，在市级媒体发稿850篇。

（郑宝玲）

仲　裁

【新修订的《平顶山仲裁委员会仲裁规则》实施】　2010年5月1日，新修订的《平顶山仲裁委员会仲裁规则》正式实施。这次修改后的仲裁规则在借鉴外地经验的基础上，结合平顶山市仲裁工作实践修订而成。新规则有八大亮点，一是整个规则体例更具逻辑性；二是将最高院司法解释中关于仲裁协议的规定载入规则；三是增加调解的相关规定，使规则更具亲和力；四是将专家咨询列入规则，能够确保案件质量；五是加重仲裁员回避事由和披露制度规定，确保仲裁员保持中立立场；六是大幅度增加有关证据的规定，更有利于查清案件事实；七是将合理费用的承担首次列入规则，更能体现法律的严肃性，也有利于扩大案源；八是取消仲裁文书送达的相关期限规定，有效地减少程序上的失误。

（袁相远　袁凌飞）

【出台《关于律师参与仲裁调解的若干意见》】　为充分发挥律师和谐化解经济纠纷的专业优势和重要作用，根据《中华人民共和国仲裁法》、最高人民法院《关于建立健全诉讼与非诉讼相衔接的矛盾纠纷解决机制的若干意见》、平顶山市人民政府《关于进一步发挥律师在法治政府、法治城市建设中重要作用的若干意见》的相关规定，平顶山仲裁委员会经过多次向社会各界征求意见、内部反复讨论研究，于2010年8月16日，出台《关于律师参与仲裁调解的若干意见（试行）》。意见对律师参与仲裁调解的方式、律师参与仲裁调解实行的精神奖励与物质奖励机制作出详细的规定。

（袁相远　袁凌飞）

【《平顶山仲裁委员会友好仲裁暂行规则》出台】　2010年3月18日，平顶山仲裁委员会印发《平顶山仲裁委员会友好仲裁暂行规则》，并于5月1日正式实施。《友好仲裁规则》的特点主要有：双方同意将纠纷提交仲裁而且是按友好方式解决纠纷；一般独任审理；双方互谅互让解决；结果对双方有约束力，具有法律效力。

（袁相远　袁凌飞）

【格式合同文本清理】　为认真贯彻《中华人民共和国仲裁法》，进一步推行仲裁法律制度，根据平顶山市人民政府办公室《关于进一步推行法律制度的通知》（平政办〔2008〕1号）的要求，平顶山仲裁委员会于12月8日～

29日与相关单位对全市常用格式合同文本进行集中清理。此次清理格式合同文本工作由市工商局、市房产局、市建委、市银监局、市人行、市国土资源局等40多个单位和部门及各县（市、区）政府参加。清理的合同文本包括借款合同、保证合同、抵押合同、住房公积金借款合同、商品房买卖合同、建设工程合同、财产保险合同、旅游合同、国有土地使用权出让及转让、抵押合同等30余种格式合同。

（袁相远　袁凌飞）

【“我最喜爱的仲裁员”评选活动】　2010年，平顶山仲裁委员会在全市组织开展“我最喜爱的仲裁员”评选活动。经过网络评选，周斌、雷鸿勋、潘天伟、刘树林、尹涛、李琳科、金东升、宗海群、樊嘉言、黄德贵等10名仲裁员获得“我最喜爱的仲裁员”称号。3月22日，《平顶山日报》全版刊登此次活动情况，并报道了其中6名仲裁员的感人事迹。

（袁相远　袁凌飞）

【平顶山仲裁受案数量及涉案标的创新高】　2010年，平顶山仲裁委员会共受理仲裁案件348起，涉案标的额3.2亿，受案数量、涉案标的额均创历史新高。仲裁“三率”稳步提高，其中审限内快速结案率达99%，和解调解率达65%，自动履行率达85%，法院裁定撤销和不予执行案件保持在1%以下。涉案领域更为广泛，涉案类型主要有房屋买卖、保险、建设工程施工、国有土地使用权出让、拍卖、委托合同纠纷等。

（袁相远　袁凌飞）

重大案件与典型案例

重大案件

【“11·28”杀人案】　11月28日15时30分左右，湛河区曹镇乡李庄村18岁女青年李某某被人杀死在家中。接报后，姚孟派出所负责人吴广第立即组织派出所班子成员和“四队一室”民警赶到案发现场，展开案件侦破工作。市长助理、市公安局局长崔建平对这起全市警务机制改革后发生的第一起命案非常重视，明确要求市局、派出所抽调精干力量，强力攻坚，尽快侦破。市局副局长赵根元带领刑侦支队、技侦支队的有关人员赶到现场，并调集北渡派出所和轻工路派出所的侦查人员增援。

办案民警经过深入细致地现场勘查、走访调查，很快查清这是一起因婚恋问题引起的命案。犯罪嫌疑人刘某某（男，21岁，河南省尉氏县庄头乡孙庄村人）两年前在郑州一服装厂打工时与同厂打工的李某某相识并确定恋爱关系，因结婚问题多次威逼李某某，但李以年龄尚小为由拒绝。案发10天前，李某某返家，刘某某也从郑州赶到李家，与李某某及其家人商谈结婚事宜。11月28日，因李某某及其家人均不同意结婚要求，刘某某遂假装回郑州，在离开李庄村后又返回李某某家，用事先准备好的刀具残忍地将李某某杀死后逃离现场。办案民警兵分四路，连夜赶往山东、郑州和开封等刘某某可能逃跑藏匿的地点，开展排查布控工作。29日上午11时30分，赴开封抓捕组在当地公安机关的大力协助下，在河南大学附属医院将犯罪嫌疑人刘某某抓获。经审讯，刘某某如实供述了其求婚不成杀死李某某的犯罪事实。

（马建敏）

【抢劫绑架案】　12月2日，光明路派出所在鲁山县公安局张良派出所的大力配合下，成功侦破一起团伙抢劫绑架案，鲁山县张良镇人席某某（男，20岁）、余某某（男，20岁）、姬某某（男，20岁）等3名团伙成员悉数落网。

12月1日凌晨1时许，3名男青年驾乘一辆黑色桑塔纳2000型轿车，在新华区湛北路一足疗按摩店以出去玩为名将该店员工典某某（女，17岁，湛河区北渡镇北渡村人）带出，途中对典实施抢劫，抢走其随身携带的30元现金后，又将典拉至鲁山县张良镇，逼迫其向家中索要赎金2万元。当日下午5时，车辆行至一加油站加油时，受害人典某某趁犯罪嫌疑人看管不严逃脱并向鲁山县公安局报警。鲁山县公安局张良派出所快速反应，在加油站将犯罪嫌疑人姬某某抓获，并将该案移交光明路派出所。

接案后，光明路派出所迅速组织警力赶赴鲁山县张良镇，对另外两名犯罪嫌疑人实施抓捕。在张良镇派出所的协助下，抓捕民警于2日凌晨1时许将席某某、余某某2人在家中抓获。经审讯，犯罪嫌疑人席某某、余某某、姬某某供认了3人经密谋后，于11月30日晚6时驾车来到市区，在湛北路一足疗按摩店内将典某某骗出，后对其实施抢劫绑架的犯罪事实。

（马建敏）

【制造冰毒案】　12月16日，禁毒支队经过缜密侦查，成功破获一起部督制造冰毒案，捣毁制毒窝点两处，抓获犯罪嫌疑人宁某某（男，30岁，住卫东区矿工东路南14号院，无业），缴获冰毒630克、冰毒半成品1000多克、易制毒化学品29.7千克，恒温磁力搅拌器等制毒设备8台及冷凝器、三口烧瓶等化学器皿100余件。

8月中旬，公安部交办平顶山市一案件线索，要求查证部督“6·16”特大制毒案中涉及的平顶山籍嫌疑人“王刚”有关情况。接通报后，禁毒支队迅速展开工作，初步判定“王刚”确有制毒嫌疑，并在9月9日公安部召开的由6省1市禁毒部门参加的“6·16”特大制毒案案件协调会，向公安部领导汇报了平顶山市的工作进展情况。按照协调会对下步工作提出的具体要求和案件侦破情况，禁毒支队全力以赴开展侦破工作。

禁毒支队在有关部门的大力支持下，迅速锁定了犯罪嫌疑人宁某某。经侦查，宁某某原籍叶县保安镇，化名王刚、王晓辉等，2010年初在外地打工期间学会了用滴鼻液提炼冰毒的技术，随后返回老家实施制贩冰毒违法犯罪活动。宁某某生性狡诈，行动诡秘，反侦查能力较强，自9月份以来，先后从市区到叶县往返4次搬迁制毒窝点，且自己从不在窝点内居住，工作带来极大困难。12月15日夜，宁某某将制毒设备及原料拉至矿工路东段焦化厂西一民房内，伺机开工。得知这一情况后，禁毒支队迅速行动，在叶县公安局和东环路派出所的协助下，在叶县保安镇成功将宁某某抓获，并在矿工路东段民房内缴获其提炼的冰毒、冰毒半成品及大量制毒设备、制毒化学品。

（马建敏）

【“12·25”特大杀人案】　12月25日17时许，鲁山县赵村乡南阴村发生一起特大杀人案，犯罪嫌疑人葛某某（男，汉族，41岁，南阴村人）酒后持刀行凶，致两人死亡、一人重伤后外逃。案件发生后，鲁山县公安局迅速成立专案指挥部。市局接报后，市长助理、市公安局局长崔建平带领市局刑侦、巡特警、行动技术、督察等部门60多名骨干力量，坐镇一线指挥侦破工作。

指挥部根据前期调查走访情况，很快掌握了犯罪嫌疑人葛某某的基本情况、体貌特征和可能外逃范围等情况信息，迅速调集警力，以案发现场为中心向四周辐射，在葛某某可能外逃的所有路口和通道设立卡点20个，对所有过往车辆严加盘查，并组织民警及群众开展大规模地毯式搜查围捕。同时，认真围绕葛某某的主要社会关系展开调查，积极做其亲属的思想工作，敦促其投案自首。全体参战人员连夜奋战15个小时，于12月26日清晨8时在赵村乡寨子沟将犯罪嫌疑人葛某某成功抓获。经突审，葛某某对其因矛盾纠纷酒后持刀杀死两人、重伤一人的犯罪事实供认不讳。

（马建敏）

【“11·28”重大交通肇事逃逸案】　11月28日18时17分，新城区长安大道与未来路交叉口东侧路段发生一起重大交通事故，平顶山学院2008级学生郭某某（女，汉族，22岁，河南省太康县马头镇后寨行政村曹屯村人）由南向北横穿长安大道时被一由东向西行驶的黑色轿车当场撞死，肇事车辆逃逸。

接报后，市局高度重视，市长助理、市公安局局长崔建平立即带领有关人员赶到现场，在市委、市政府的统一指挥和平顶山学院的大力配合下，积极做好善后处理工作，妥善处置这起因交通事故肇事逃逸引发的群体性事件。同时，对这起重大交通肇事逃逸案件的侦办，专门进行部署，抽调精干力量成立“11·28”专案侦破组，全力开展侦破工作。

专案组民警围绕以车找人的侦破思路，广泛走访现场周边人员、调取监控录像资料、发放悬赏通告，并先后赶赴叶县、鲁山县等地，排查汽车修理厂、4S店，全面查找肇事车辆。12月1日，根据群众举报的线索，专案组民警在叶县公安局的协助下，于当晚22时28分在叶县将嫌疑人王某某抓获。经讯问，王某某（男，50岁，汉族，舞阳县保和乡关庄村人，现住叶县城关乡健康路二工局家属院）供述了其于11月28日下午，驾驶悬挂牌号为济K23071号的假军牌黑色“奔腾”牌轿车（此车真实号牌为豫DL7366），在平顶山市新城区长安大道与未来路交叉口发生交通事故后逃逸，并将肇事车辆藏匿在鲁山县东环路大众修理厂的犯罪事实。

（马建敏）

典型案例

【仝某某受贿、贪污案】 简要案情：仝某某，男，2002 年 10 月任河南省渑池县县长，2007 年 2 月任中共渑池县县委书记，2009 年 7 月任河南省三门峡市市委副秘书长。2010 年 3 月 31 日因涉嫌犯受贿罪被刑事拘留，同年 4 月 9 日被平顶山市公安局依法逮捕。经检察机关侦查终结，依法定程序向平顶山市中级人民法院提起公诉。

经法院审理查明，2003 年～2009 年，被告人仝某某利用其担任渑池县县委书记、县长的职务便利，为他人谋取利益，收受贿赂共计人民币 770 万元，美元 9.2 万元，价值 4.05 万元手表 1 块，价值 2 万元的消费卡 1 张及字画 5 幅。被告人仝某某身为国家工作人员，为他人谋取利益，非法收受钱财，数额特别巨大，其行为已构成受贿罪。2007 年～2009 年，被告人仝某某利用担任渑池县委书记的职务便利，先后 11 次将其妻子张某某个人消费票据通过渑池县财政局局长在渑池县财政局报销，仝某某将报销所得款项共计 103.5402 万元据为己有。其行为构成贪污罪，公诉机关指控被告人仝某某犯贪污罪罪名成立。被告人一人犯数罪，应依法数罪并罚。鉴于被告人仝某某能够坦白交代大部分犯罪事实，认罪、悔罪，并退清全部赃款、赃物，可以依法酌情从轻处罚。

判决结果：平顶山市中级人民法院于 2010 年 10 月 12 日作出一审判决：被告人仝某某犯受贿罪，判处无期徒刑，剥夺政治权利终身，并处没收个人全部财产；犯贪污罪，判处有期徒刑十二年，剥夺政治权利三年，并处罚金 30 万元；两罪并罚，决定执行无期徒刑，剥夺政治权利终身，并处没收个人全部财产。

（市检察院）

【柳某某贪污案】 简要案情：柳某某，男，捕前任中国共产党平顶山市新华区委员会书记，平顶山市第八届、新华区第九届人大代表（2010 年 1 月 12 日辞去代表职务）。因涉嫌受贿犯罪于 2010 年 1 月 3 日被平顶山市公安局刑事拘留，于 2010 年 1 月 22 日由河南省人民检察院决定，同日被平顶山市公安局依法逮捕。2010 年 8 月 3 日宝丰县人民检察院以被告人柳某某犯受贿罪向宝丰县人民法院提起公诉。

经审理查明，2007 年下半年至 2009 年春节前，被告人柳某某利用其担任中共平顶山市新华区区委书记的职务之便，先后 4 次收受新华四矿矿长李某某所送人民币 8 万元，为李某某协调让中平能化集团将该集团所有的部分矿产资源转让给新华四矿，为李某某谋取不正当利益。

2008 年、2009 年春节前，被告人柳某某利用其担任中共平顶山市新华区区委书记的职务之便，先后两次收受某房地产开发公司董事长所送的人民币 8 万元，为其开发某饮食文化广场项目出面协调市规划局、市自来水公司等单位，谋取利益。案发后赃款退回。

2008 年下半年，被告人柳某某利用其担任中共平顶山市新华区区委书记的职务之便，先后收受平顶山市某实业有限责任公司副总经理曹某某所送手表 1 块、人民币 5 万元，为曹某某协调新华区某城中村建设工程，欲为曹某某谋取利益。案发后赃款退回。

2008 年春节前，被告人柳某某利用其担任中共平顶山市新华区区委书记的职务之便，收受平顶山市某二手汽车交易服务公司李某所送人民币 2 万元，答应为李某的女儿安排工作，欲为李某谋取利益，案发后赃款退回。

2008 年春节前，被告人柳某某利用其担任中共平顶山市新华区区委书记的职务之便，收受平顶山市某房地产公司法人代表朱某某所送人民币 1 万元，欲为朱某某谋取不正当利益。

判决结果：宝丰县人民法院审理认为，被告人柳某某利用职务之便，非法收受他人财物 24 万元，手表 1 块，为他人谋取利益，其行为已构成受贿罪。检察机关指控被告人柳某某犯受贿罪的事实清楚，罪名成立。被告人积极退赃，合议庭酌情予以考虑。依据《中华人民共和国刑法》第三百八十五条第一款、第三百八十六条、第三百八十三条第一款第（一）项之规定，于 2010 年 10 月 25 日作出一审判决：被告人柳某某犯受贿罪，判处有期徒刑十年。

（市检察院）

【齐某某玩忽职守案】 简要案情：齐某某，男，大学文化，平顶山市新华区人民政府原副区长，非人大代表或政协委员，无前科。因涉嫌玩忽职守罪于 2009 年 11 月 1 日被宝丰县公安局刑事拘留，同年 11 月 12 日，经平顶山市人民检察院决定，11 月 13 日被宝丰县公安局执行逮捕，2009 年 12 月 31 日，经宝丰县人民检察院决定，同日被宝丰县公安局取保候审。

经法院审理查明，齐某某作为平顶山市新华区人民政府主管安全生产的副区长且主管新华区煤炭局、地矿局、安监局。新华四矿属停工停产的技改矿井，2009年4月23日新华四矿被新华区人民政府批准隐患整改，整改时限20天，入井23人。整改时限届满后，新华区煤炭局越权延长了维修期限，致使新华四矿下井人数超过停工停产整改矿井5人的标准。2009年7月，被告人齐某某到新华四矿检查时发现该矿整改时限届满后，仍入井23人进行维修，经询问新华区煤炭局局长康某某，得知是经新华区煤炭局班子研究延长新华四矿整改时限后，被告人齐某某既没有问又延长多少天，也没有质疑新华区煤炭局班子行为的合法性，更没有采取措施制止。2009年8月11日，被告人齐某某又到新华四矿检查，发现该矿仍超人员入井而没有让其主管的职能部门采取任何措施予以制止，并于当日要求新华四矿加快巷道维修，致使新华四矿借技改维修之名违规生产。2009年9月8日0时55分，新华四矿在违法生产过程中发生特别重大瓦斯爆炸事故，造成76名矿工死亡，直接经济损失3986.4万元的严重后果。

判决结果：宝丰县人民法院审理认为，被告人齐某某犯玩忽职守罪，其行为已触犯了《中华人民共和国刑法》，鉴于其在庭审后能认识到自己的错误，愿意承担应有的责任，法院在量刑时予以考虑。宝丰县人民法院于2011年1月20日作出一审判决：

依照《中华人民共和国刑法》第三百九十七条第一款；第七十二条第一款；第七十三条第二、三款之规定，判决被告人齐某某犯玩忽职守罪，判处有期徒刑三年，缓刑五年。

（市检察院）

【新华四矿“9·8”矿难案】
简要案情：被告人李某某，男，河南省平顶山市新华四矿原矿长，2009年9月8日因涉嫌重大责任事故犯罪被刑事拘留，同年10月15日因涉嫌强令违章冒险作业犯罪被逮捕；被告人韩某某，男，河南省平顶山市新华四矿原技术副矿长，2009年9月9日因涉嫌重大责任事故犯罪被刑事拘留，同年10月16日因涉嫌强令违章冒险作业犯罪被逮捕；被告人侯某，男，河南省平顶山市新华四矿原安全副矿长，2009年9月8日因涉嫌重大责任事故犯罪被刑事拘留，同年10月5日因涉嫌强令违章冒险作业犯罪被逮捕；被告人邓某某，男，河南省平顶山市新华四矿原生产副矿长，2009年9月8日因涉嫌重大责任事故犯罪被刑事拘留，同年10月5日被逮捕；被告人袁某某，男，河南省平顶山市新华四矿原生产矿长助理，2009年10月1日被抓获，次日因涉嫌重大责任事故犯罪被逮捕。

新华四矿系私有制企业。2004年7月14日，平顶山市煤炭工业局批复新华四矿技改施工方案，经该矿申请，技改工期延长至2008年3月31日。后该矿未再申请延期，但仍以技改名义进行井下生产作业。2009年初，平顶山市新华区煤炭工业局多次到该矿检查，发现存在瓦斯传感器滞后、断线、位置不当等安全问题，责令限期整改。3月20日，河南省安全生产领导小组下发文件明确规定该矿为停工整改矿井。4月23日，平顶山市新华区人民政府批准新华四矿整改方案，要求整改隐患，禁止生产。但新华四矿仍借入井整改隐患之名违法组织生产。

在长期技改和停工整改期间，被告人李某某、韩某某、侯某、邓某某明知该矿属于煤与瓦斯突出矿井存在瓦斯严重超标等重大安全隐患，未采取措施解决瓦斯超标问题，反而多次开会要求瓦斯检查员（以下简称瓦检员）确保瓦斯超标时瓦斯传感器不报警，否则予以罚款；指使瓦检员将井下瓦斯传感器传输线拔脱或置于风筒新鲜风流处，使瓦斯传感器丧失预警防护功能；指使他人填写虚假瓦斯数据报表，使真实瓦斯数据不能被准确及时掌握，有意逃避监管，隐瞒重大安全隐患；以罚款相威胁，违规强令大批工人下井采煤。被告人袁某某明知井下瓦斯传感器位置不当，不能准确检测瓦斯数据，安全生产存在重大隐患，违规强行组织大批工人下井作业。

2009年9月5日，新华四矿冒顶。9月7日，新华区煤炭工业局下达限期整改通知书，禁超人员入井作业。9月8日，该矿再次强行组织93名矿工下井生产。井下因冒顶造成局部通风机停止运转，积聚大量高浓度瓦斯，瓦斯传感器被破坏无法正常预警，使瓦斯浓度达到爆炸极限，煤电钻电缆短路产生高温火源引发瓦斯爆炸，致76人死亡、2人重伤、4人轻伤、9人轻微伤。

事故发生后，被告人袁某某向李某某汇报，并和侯某等下井察看情况，组织自救。李某某、韩某某、邓某某也先后赶到现场，李某某向新华区煤炭工业局报告了事故情况，后袁某某潜逃，于2009年10月1日被抓获。

判决结果：平顶山市中级人民法院审理认为，被告人李某某、韩某某、侯某、邓某某主观上具有放任不特定多数人伤亡后果发生的故意，客观上实施了破坏安全设施、强令工人下井、掩盖安全隐患等一系列积极、主动行为，已构成以危险方法危害公共安全罪。被告人李某某为获得矿长安全资格证，指使他人伪造事业单位印章、开具虚假证明，最终骗取矿长安全资格证，其行为又构成伪造事业单位印章罪。被告人袁某某，作为新华四矿的生产矿长助理，明知新华四矿井下存在重大安全隐患，仍违反安全生产法规，强令他人违章冒险作业，因而发生重大伤亡事故，其行为已构成强令违章冒险作业罪。依照《中华人民共和国刑法》第一百一十五条第一款、第一百三十四条第二款、第二百八十条第二款、第二十五条第一款、第六十九条、第五十七条第一款、第六十四条之规定，于2010年11月16日作出一审判决：

一、被告人李某某犯以危险方法危害公共安全罪，判处死刑，缓期二年执行，剥夺政治权利终身；犯伪造事业单位印章罪，判处有期徒刑二年，决定执行死刑，缓期二年执行，剥夺政治权利终身。

二、被告人韩某某犯以危险方法危害公共安全罪，判处死刑，缓期二年执行，剥夺政治权利终身。

三、被告人侯某犯以危险方法危害公共安全罪，判处无期徒刑，剥夺政治权利终身。

四、被告人邓某某犯以危险方法危害公共安全罪，判处有期徒刑十五年，剥夺政治权利五年。

五、被告人袁某某犯强令违章冒险作业罪，判处有期徒刑十三年，剥夺政治权利三年。

六、被告人李某某、韩某某的全部违法所得予以追缴。

本案宣判后，被告人李某某等提出上诉。河南省高级人民法院二审维持原审判决。

（市检察院）

【郭甲等七人贪污案】 简要案情：被告人郭甲，男，捕前系鲁山县林业局党组成员；被告人上官某某，男，捕前系鲁山县退耕还林办公室主任；被告人刘某某，男，捕前系鲁山县下汤镇林站站长；被告人冯某某，男，捕前系鲁山县旅游局党组成员、纪检组长；被告人贺某，男，捕前系鲁山县下汤镇副镇长；被告人郭乙，男，捕前系鲁山县林业局退耕还林办公室副主任；被告人郭丙，男，捕前系鲁山县林业局林政股副股长。2005年11月份，鲁山县财政局拨给鲁山县下汤镇政府2004年和2005年度下汤镇公益林补偿款和公益林护林员工资款共计247140元。其中公益林护林员工资每年为98856元，两年共计197712元。时任鲁山县下汤镇副镇长的被告人冯某某以发放2004年的护林员工资的名义，在镇会计核算站取出公款10万元之后，并未发放2004年度的护林员工资，除将其中2万元上缴镇财务之外，其余8万元归自己非法占有。时任鲁山县下汤镇林站站长的被告人刘某某，将2005年的护林员工资从镇会计核算站取出后，仅发给2005年度护林员工资22500元，其余76356元归自己非法占有。

2008年春，时任鲁山县林业局党组成员的被告人郭甲、时任鲁山县林业局退耕还林办公室主任的被告人上官某某及时任鲁山县林业局退耕还林办公室副主任的被告人郭丙在负责实施本年度退耕还林宜林荒山荒地造林工作中，为获取本年度宜林荒山荒地造林种苗补助款，与时任下汤镇政府林站站长的被告人刘某某共同采取仅在部分地块零星造林，而在规划设计及验收时编造造林户名单，虚报造林面积、成活率、株行距等数据的方法骗取种苗补助款。2009年1月16日，鲁山县财政局将本年度的种苗补助款下拨到鲁山县下汤镇政府之后，被告人刘某某将种苗补助款248605元全部取出，仅向真实造林户发放25267元，其余款项以被告人郭甲、上官某某、贺某、郭丙5人合伙造林分配利润的名义交给郭甲12.95万元，交给贺某2万元，剩余款项由刘某某占有。郭甲将12.95万元分给上官某某2.9万元，分给郭丙2万元，其余款项归郭甲占有。

2009年春，被告人郭甲、上官某某、时任鲁山县林业局退耕还林办公室副主任的郭乙在负责实施本年度退耕还林宜林荒山荒地造林工作中，为获取本年度宜林荒山荒地造林种苗补助款，与时任鲁山县尧山镇贾店村党支部书记李某某（另案处理）共同采取仅在部分地块零星造林，而在规划设计及验收时，通过虚报造林面积、成活率、株行距等数据的方法骗取种苗补助款。

2009年底，鲁山县财政局将本年度的种苗补助款下拨到鲁山县尧山镇政府之后，贾店村和辛庄村的造林种苗补助款共计14.9万元，由李某某、郭甲、上官某某、郭乙等人分获。

被告人郭甲、上官某某于2010年7月12日被依法通知到鲁山县人民检察院接受询问；被告人贺某于2010年7月15日被依法通知到鲁山县人民检察院接受询问；被告人冯某某与2010年7月23日被山西省阳城县公安局抓获；被告人刘某某于2010年6月21日主动向鲁山县人民检察院投案；被告人郭乙于2010年7月15日主动向鲁山县人民检察院投案；被告人郭丙于2010年7月19日主动向鲁山县人民检察院投案。案发后，被告人郭甲退回赃款12.5万元，上官某某退回赃款6.9万元，贺某退回赃款6万元，刘某某退回赃款7万元，郭乙退回赃款5.2万元，郭丙退回赃款2万元。

判决结果：鲁山县人民法院审理认为，被告人郭甲、上官某某、刘某某、冯某某、贺某、郭乙、郭丙共同利用职务之便，骗取公款；被告人冯某某利用职务便利侵吞公款，七被告人的行为均已构成贪污罪。公诉机关指控七被告人犯罪事实及罪名成立，所举证据来源合法、确实、充分，法院予以采信，对被告人在造林时投入的资金，量刑时酌情予以考虑。被告人刘某某、郭乙、郭丙案发后自动投案，一审判决前能如实供述自己的罪行，属于自首，依法可从轻、减轻处罚。被告人郭甲、上官某某、刘某某在共同犯罪中起主要作用，系主犯，依法应从重处罚；被告人郭乙、郭丙、贺某起次要作用，系从犯，依法可从轻、减轻处罚。被告人贺某当庭认罪；被告人郭甲、上官某某、刘某某、贺某、郭乙、郭丙积极退赃，依法可从轻处罚。根据本案事实、情节以及七被告人的悔罪表现，依照《中华人民共和国刑法》第三百八十二条第一款，第三百八十三条第一款第（一）项、第（二）项、第二款、第二十五条第一款、第二十六条、第二十七条、第六十七条第一款之规定，于2010年11月23日作出一审判决：

一、被告人郭甲犯贪污罪，判处有期徒刑十一年。

二、被告人上官某某犯贪污罪，判处有期徒刑十年。

三、被告人刘某某犯贪污罪，判处有期徒刑八年。

四、被告人冯某某犯贪污罪，判处有期徒刑六年。

五、被告人贺某犯贪污罪，判处有期徒刑四年。

六、被告人郭乙犯贪污罪，判处有期徒刑三年零六个月。

七、被告人郭丙犯贪污罪，判处有期徒刑三年。

（市检察院）

【白某某、叶某某、陈某某、闫某某故意伤害案】　简要案情：被告人白某某，男，汉族，捕前系鲁山县公安局刑侦大队中队长，二级警司；被告人叶某某，男，汉族，捕前系鲁山县公安局刑侦大队侦查员，三级警司；被告人陈某某，男，汉族，捕前系鲁山县公安局刑侦大队侦察员，三级警司；被告人闫某某，汉族，捕前系鲁山县公安局刑侦大队侦查员，三级警司。

2010年2月18日上午，鲁山县公安局刑侦大队干警根据群众举报，对犯罪嫌疑人王某某开的一辆红色小轿车进行查扣。经查该车系被盗车辆。经讯问，王某某供认该车系购买别人的赃车。同日，王某某因涉嫌掩饰、隐瞒犯罪所得、犯罪所得收益罪被鲁山县公安局刑事拘留。2010年2月20日上午，与犯罪嫌疑人王某某同监室的在押犯人举报该车系王某某在江苏张家港市所盗车辆，王某某所供不实。为尽快破案，鲁山县公安局刑侦大队原中队长白某某、侦查员叶某某分别办理了王某某的延期羁押手续和离所手续后，与侦查员陈某某、闫某某一起将王某某从鲁山县看守所带至鲁山县公安局刑侦大队第二责任区进行讯问。在讯问中，四被告人将王某某控制在审讯椅上，因王某某否认偷盗车辆，为逼取口供，四被告人对王某某采取刑讯方式进行讯问。次日晚21时许，王某某在讯问中突然晕倒，四被告人急忙将王某某送往医院。经急诊医生检查，确认王某某已死亡，四被告人遂到鲁山县公安局接受单位处理，经法医鉴定：王某某系在外伤、较长时间的固定约束等作用下致大血管内血栓形成并脱落，栓塞肺动脉而死亡。

判决结果：平顶山市中级人民法院审理认为，被告人白某某、叶某某、陈某某、闫某某身为司法人员，对犯罪嫌疑人实行刑讯逼供致人死亡，符合刑法第二百四十七条、第二百三十四条所规定的刑讯逼供罪转化为故意伤害罪的构成要件，公诉机关指控罪名成立。依照《中华人民共和国刑法》第二百四十七条、第二百三十四条、第二十五条第一款、第二十六条第一款、第二十七条、第五十五条第一款、第五十六条第一款，第三十六条第一款、《中华人民共和国民法通则》第一百一十九条和最高人民法院《关于刑事附带民事诉讼范围问题的规定》第四条之规定，于2010年11月18日作出一审判决：

一、被告人白某某犯故意伤害罪，判处有期徒刑十五年，剥夺政治权利五年。

二、被告人叶某某犯故意伤害罪，判处有期徒刑十年，剥夺政治权利一年。

三、被告人陈某某犯故意伤害罪，判处有期徒刑七年。

四、被告人闫某某犯故意伤害罪，判处有期徒刑四年。

五、驳回附带民事诉讼原告人关某、克某某的诉讼请求。

一审宣判后，四被告未上诉。

（市检察院）

香山大悲菩萨传碑

元符二年（公元1099年），时任翰林学士的蒋之奇由京官调任汝州知州。蒋之奇到汝不久，即应香山寺主持沙门怀昼之邀游香山寺，撰文《香山大悲菩萨传》。元符三年（公元1100年），蒋之奇又邀时任翰林学士的著名书法家蔡京将《香山大悲菩萨传》书丹，名《汝州香山大悲菩萨传》，即为香山大悲菩萨传碑，亦称香山蔡京碑。

香山大悲菩萨传碑高2. 22米，宽1.46米，碑文为楷书，50行，满行91字。全文约4500字，分四部分。第一部分两行，标题并交代碑文撰述者及书丹人情况；第二部分共41行，记述妙善公主应化千手千眼观音菩萨的故事；第三部分是蒋之奇的赞语，记述传文来历及撰述缘由；第四部分是至大元年（公元1308年）重刻的相关记载。

碑文记述昔道宣律师居终南山灵感寺行道，感知天神。天神示意，嵩岳之南200馀里，有三山并列，其中为香山，即菩萨证道之地。并说此地有一国王名庄王，庄王有三个女儿，老大妙颜，老二妙音，老三妙善。宝德皇后怀上妙善时，气象神异，既生，不浴而鲜洁，梵相端严，五色云覆其身。妙善长大后，进止容仪，更是超然拔俗，潜心修行学道，宫中号曰佛心娘子。庄王为使心爱的女儿回心转意，先是将其禁闭后花园，再是赶出王宫交由白雀寺比丘尼惠真劝之，劝转无果，于是以劳作苦之。无论如何，妙善公主志无退意，坚欲出家。惠真无奈，告知庄王，庄王震怒，遣使臣，携武士，焚寺灭尼，欲诛妙善。大火之中，山神以神力将妙善摄至龙山之下，妙善乃入香山，登顶四望，阒无人踪，即自念言：此处是吾化缘之地，故就山顶葺宇修行。三年后，庄王因焚寺灭众获罪致业，疾病缠身，久治不愈。于是，异僧告诉他用香山仙人手眼方可治愈，王问如何得其手眼，僧曰：他人莫求，惟王可得。妙善公主用自己的双眼双手救治父亲的病。庄王病愈后到香山拜谢，方知救他的是女儿妙善，悲痛万分，于是，求天地神灵帮助女儿。上天神灵被妙善的孝心感动，使妙善长出千手千眼。

为证明所述故事的真实性，传文后是一段赞语，记述蒋之奇撰述《香山大悲菩萨传》的缘由，说是唐南山道宣律师问天神所传神妙之语，蒋之奇自己只是尊菩萨嘱咐，刊灭俚辞，“采菩萨实语著于篇”。至今香山观音大士塔内还主奉着依据唐代大画家范琼原画雕塑而成的千手千眼观世音菩萨像。

（袁桂娥）

城建　环保

城市建设与管理

【概况】　2010年，城乡建设系统紧紧围绕城乡建设中心工作和上级安排部署，认真履行城乡建设管理职责，大力实施市政基础设施建设，扎实开展城市精细化管理，严格建筑市场监管，强力推进旧城和城中村改造，全面加强干部职工队伍建设，重点工作实现新突破，各项工作取得新成效。市住建局先后荣获全国绿化工作先进单位、全省住房和城乡建设系统先进委（局）和党风廉政建设先进单位等荣誉称号。全年开工建设市政工程28项，完工12项，完成投资3.3亿元，城市基础设施建设继续保持较快步伐。加大生态城市建设力度，巩固扩大“创园”成果，持续提升“三绿”指标，城市园林绿化水平进一步提高。严格市容秩序及环境卫生监督管理，精细实施市政设施维修管护，城市面貌明显改观。强化建筑市场监管，着力抓好工程招投标管理、质量安全监督、造价定额管理、建筑节能和新型墙材监管、建设执法检查等工作，建筑市场秩序进一步规范，促进了建筑业、房地产业健康发展。2010年，全市资质以上建筑业企业完成总产值83.9亿元，同比增长21.3%；全年房地产开发完成投资54.5亿元，同比增长32%，施工面积640万平方米，同比增长1.5%。强化对县（市）城和小城镇基础设施建设及环境卫生管理的督促指导，积极推进农村环卫设施建设，城镇的承载力和辐射带动能力明显提高。深入开展“创先争优”和“五型机关”创建活动，加强基层党组织和干部队伍建设，全系统凝聚力和战斗力显著增强，工作质量和效率明显提升。

（牛素梅）

【市政工程建设】　2010年，城建部门根据全市城市建设总体安排部署，积极筹措资金，实施道桥、环卫等市政工程项目28项。年内，凌云路湛河桥及引线工程、湛北路东延及育新路工程、开源路北段改造等12项工程竣工，开源路高速引线改造、稻香路及稻田沟治理等16项工程取得重大进展，累计完成投资3.3亿元，完成拆迁28.68万平方米，新建改建道路总里程22公里，进一步优化了城区路网结构，完善了城市功能，提升了城市形象。

（牛素梅）

【城市管理】　2010年，城管部门巩固城管体制改革成果，按照“制定标准、监督检查、奖惩兑现”的要求，进一步完善市容秩序和环境卫生管理工作制度，制定检查评比标准，强化督促评比考核，激发了区级政府管理城市的积极性。实施城市精细化管理，开展创建宜居城市活动，拟定城市精细化管理方案和考核评比办法，初步建立了城市管理联动机制。积极推行市政基础设施网格化管理模式，强化对城区市政设施的管护，基本实现了城市管理全覆盖，提高了市政设施完好率，保证了其服务功能的正常发挥。

（牛素梅）

【园林绿化】　2010年，全市持续加大园林绿化设施建设力度，实施了大乌路、育新路、凌云路等道路绿化工程；对鹰城广场、河滨公园、青年公园进行提档改造；建成白龟湖、白鹭洲两个国家级城市湿地公园；认真开展省级园林县城和园林小区创建活动，汝州市、鲁山县创建成为省级园林县城，51家园林小区（单位）通过省级验收。全年新建改建绿地49.8万平方米，建成区绿地率达33.14%，绿化覆盖率达38.2%，人均公共绿地达8.91平方米。开展园林绿化管理年活动，着力推行标准化、精细化管理。积极开展园林科学技术研究，组织参加第七届园博会、第十五届中国城市建设博览会等多个国家级展会活动，参展作品荣获多项殊荣。

（牛素梅）

【建筑市场管理】 2010年，城建部门继续开展企业服务年活动，深化行政审批制度改革，积极扶持企业做大做强。强化工程招投标监管和服务，应招标项目招标率和应公开招标项目招标率均达到100%。加快推进勘察设计行业诚信体系建设，勘察设计市场秩序进一步规范。加强标准管理工作，制定申报地方标准7项，其中1项被批准为省地方标准。加大劳保费收取力度，全年共收取3190万元，创历史新高。积极推行建筑施工质量安全差别化管理，参建各方质量安全意识和工程实体质量明显提升。积极引导企业创优，市行政审批综合楼工程荣获“鲁班奖”，填补了平顶山市建市50多年来该奖项的空白，22项工程获得省“中州杯”和结构“中州杯”奖，24个工地被评为文明工地。加大建筑市场执法检查力度，开展清理违法建设暨收缴规费工作，全年查处违法项目703项。认真做好清理建设领域拖欠工程款和农民工工资工作，解决拖欠农民工工资纠纷96起，解决金额830万元，有效维护了建筑市场秩序和社会稳定。

（牛素梅）

【城中村及旧城改造】 2010年，城建部门现场甄别城中村及旧城改造项目36个、批复23个，报市政府常务会议审定11个。东铁炉村、黄楝树村、西杨村完成开发改造。有36个城中村和旧城改造项目完成拆迁322万平方米，开工建设493万平方米，主体完工278万平方米，整体工作扎实推进。城市大规模开发改造，改善了人居环境，提升了城市品位，有力地拉动了城市经济增长。

（牛素梅）

【建筑节能和新型墙材革新】 2010年，城建部门严格建筑节能闭合式监管，大力推行节能型建筑，全年完成节能建筑350万平方米，市区建筑节能实施率达97%，县（市、区）达到85%以上。可再生能源和太阳能光电建筑应用取得明显成效，鲁山县被批准为国家级可再生能源建筑应用示范县，平棉集团3000千瓦光电项目获批国家示范项目。深入推进乡镇“禁实”试点工作，汝州市小屯镇、宝丰县肖旗乡、城关镇通过全省第一批“禁实”验收。持续加大新型墙材研发推广力度，全市新型墙材产能达45亿标块，市区规划区新型墙材应用率达98%，县（市）规划区达95%。成功研发了节能砌块夹心保温复合墙建筑技术体系，在全市广泛推广应用。墙改工作继续保持全省先进位次，跨入全国先进行列。

（牛素梅）

【县城及小城镇建设】 2010年，城建部门统筹城乡建设协调发展，加强对各县（市、区）城镇建设的指导，6县（市）完成基础设施投资4.9亿元，县（市）城基础设施进一步完善，辐射带动进一步增强。加快推进县域生活垃圾集运处理体系建设，53个乡（镇）生活垃圾集运配套设施建成；积极推进农村危房改造，圆满完成4000户农村危房改造任务。组织开展城镇环境综合整治，完善乡镇卫生清扫保洁制度，城乡面貌有了新改观。

（牛素梅）

【全国无障碍城市建设通过国家验收】 创建全国无障碍城市是市委、市政府落实科学发展观、构建社会主义和谐社会做出的一项重要决策。市住房和城乡建设局作为创建牵头单位，根据市委、市政府工作安排，组织督促相关单位制定标准要求，严格制度措施，落实目标任务，大力做好城市道路、公共建筑、居住小区和居住建筑无障碍设施建设和信息交流、组织管理及宣传等工作。2010年12月，平顶山创建全国无障碍城市工作通过国家验收。

（牛素梅）

【机构改革顺利完成】 根据市政府机构改革方案，2010年2月组建平顶山市住房和城乡建设局，将平顶山市建设委员会的职责划入住房和城乡建设局，不再保留平顶山市建设委员会。当年4月设立中共平顶山市住房和城乡建设委员会。平顶山市住房和城乡建设局内设办公室、法规科、房地产管理科、建筑管理科、勘察设计管理科（行政审批服务科、市抗震办公室）、城市管理科、村镇建设科、科技科、工程计划科、财务科、组织干部科、劳动工资科、住房指导科、离退休干部工作科、机关党总支及市纪委派驻纪检监察室等16个机关科（室），全面负责市政工程建设、城市管理、园林绿化等17项城乡建设管理工作。

（牛素梅）

【凌云路湛河桥建成通车】 凌云路湛河桥全长145米，宽36米，双向8车道，总投资近3000万元。该工程2009年4月27日开工，2010年8月17日建成通车。与此同时，总投资2000多万元的凌云路湛河桥引线工程也同期完工，该工程南引线长约1000米、宽31米，北起凌云路湛河桥，南接南环路。该桥及引线的建成，对于缓解光明路交通压力、完善市区西部路网、畅通城市交通、推动全市经济社会发展具有举足轻重的作用，是一项造福全市人民的民心工程、德政工程。

（牛素梅）

【曙光街改造工程完工】
工程全长1006.4米（迎宾路—开源路），道路红线20米（其中迎宾路至体育路段车行道宽9米，左右人行道各宽5.5米；体育路至开源路段车行道宽12米，左右人行道各宽4米），总投资257.69万元，2009年8月开工，2010年2月完工。工程内容主要包括道路维修及交通安全设施等。

（牛素梅）

【稻香路及稻田沟治理工程开工】　2009年12月开工。工程全长约2000米（建设路—平安大道），计划总投资9418万元，工程内容主要包括河道两侧道路修建、河道治理、绿化、路灯等。其中稻香路位于稻田沟两侧，分为稻香东路、稻香西路，道路红线18米，为Ⅰ级城市支路。稻田沟治理主要包括河道清淤、河道衬砌、橡胶坝蓄水以及两岸绿化等内容。2010年底，完成中平能化集团专用线至建设路段道路修建及河道清淤工作。工程建成后，在改善沿线生态环境的同时，可成为新老城区之间连接平安大道与建设路的又一通道，对完善城市路网结构，促进经济发展具有非常重要的作用。

（牛素梅）

【大乌路北段改造工程完工】
工程全长2750米（建设路—北环路），道路红线建设路至程平路段宽40米，程平路至北环路道桥红线宽50米，总投资4666.48万元。2009年8月开工，2010年6月完工。工程内容主要包括道路、排雨、排污、照明、绿化及沿线交通水热电气等设施配套改造等。

（牛素梅）

【湛北路改造工程开工】　2010年4月开工。工程全长5500米（诚朴路—凌云路—建设路），道路红线宽25米，其中车行道12米，左右人行道各宽6.5米，计划总投资4024.91万元。工程内容主要包括道路及人行道、排水、路灯改造等。为保障工程建设和道路通行需求，改造分阶段实施。年底，建设路至光明路段、劳动路至新华路段工程改造完工。

（牛素梅）

【南环路改造工程开工】　2010年10月开工。工程全长5100米（凌云路—新华路），双丰路至中兴路段道路红线40米（车行道14米、两侧人行道各5米、两侧非机动车道5.5米、两侧绿化带各2.5米），中兴路至开源路段道路红线40米（车行道20米、两侧人行道各10米），计划总投资4708万元。工程内容主要包括快车道改造、人行道维修、路灯、排水、电线落地等。截至2010年底，新华路至开源路段完工。

（牛素梅）

【全力推进中信平顶山生态文化体育公园项目】　2010年，市城建投资开发中心抓紧推进生态文化体育公园项目建设，促进项目尽快实施。完成项目安置可研方案，并牵头组织市拆迁办、新华区、相关办事处分组对项目占地范围内的附属物进行清查，涉及拆迁单位25个、村庄5个，共计1435户，建筑物拆迁总面积362227平方米（其中单位建筑物拆迁面积49149平方米、住户建筑物拆迁面积313078平方米）。对项目占地范围、安置区占地范围内土地进行勘测定界和权属界定，为下一步拆迁补偿安置奠定了基础。

（朱静波）

【生态园项目被批准为第六批国家城市湿地公园】　2010年，市城建投资开发中心在做好生态园管护工作的同时，继续为项目拨付工程款近1000万元，并组织相关部门做好工程验收工作。该中心按照创建国家园林城市、国家卫生城市的要求，针对项目管理中存在的问题，进一步完善和规范相关管理制度和程序，确保园区管护效果，得到了市领导和检查组的好评。该项目被住房和城乡建设部批准为第六批国家城市湿地公园之一。

（朱静波）

【城建融资】　2010年，市城建投资开发中心继续为三桥连线（城东河桥连线、开发一桥连线、开发二桥连线）等开行贷款项目拨付资金1200万元；为平顶山学院新校区续建项目贷款1.35亿元，拨付工程资金9900万元，保证了新校区建设进度。

（朱静波）

【平顶山东方城市建设投资发展有限公司成立】 为打造适合平顶山城市建设发展的融投资平台，迅速突破城市建设资金瓶颈，加快基础设施建设，经市政府授权，以市发展投资公司为主导，引进具有管理优势和资金优势的河南东方今典集团及部分金融机构，共同组建新的平顶山东方城市建设投资发展有限公司（简称“东方建投”）。在行业主管部门的直接监督领导下，进一步加大城市建设融投资力度，推进城市建设全面发展。公司注册资金10亿元，到账2亿元。市政府与河南东方今典集团合作框架协议签订，平宝路、平郏路、神新立交桥等项目进入前期准备工作。

（朱静波）

城乡规划

【修编完成《平顶山市城市总体规划》】 2010年，市规划局委托上海同济设计研究院对《平顶山市城市总体规划》进行修编，11月29日通过国务院第44次部际联席会议审查，等待国务院批准。规划到2020年，中心城区人口151万人（其中主城区110万人，宝丰县城21万人，叶县县城20万人）；规划城市建设用地149平方公里（其中主城区106平方公里，宝丰县城23平方公里，叶县县城20平方公里）。规划到2015年全市城镇化水平达到52.5%，2020年达到67%。城市性质确定为：我国重要的能源、化工、电力装备制造业基地，豫中地区的中心城市之一。

（王春菡）

【城市基础设施和公共服务设施规划】 2010年，市规划局先后完成城市公共交通规划、中小学及幼儿园发展布局规划、城市地下管网普查、14条城市道路及6个过街天桥（地下通道）规划设计、中心商业区城市设计等工作，综合交通、电力、燃气、热力、供水、排水、物流园区等规划有序开展。

（王春菡）

【城市景观规划】 2010年，市规划部门先后完成绿地系统规划、街头游园规划、城市色彩规划、湛河两岸景观设计及7条城市道路景观设计，为成功创建国家园林城市奠定基础。沙河两岸景观规划和30平方公里的平顶山北部国际生态产业园规划进入编制阶段，为争创国家森林城市提供有力支持。

（王春菡）

【指导编制城市总体规划】 2010年，市规划局加强规划指导工作，各县（市）及石龙区的城市总体规划顺利完成，4个扩权县市的村镇体系规划全部编制完成；全市36个中心镇总体规划和539个中心村建设规划全部编制完成。到2020年，6个县（市）及石龙区城区用地规模由2010年的101平方公里扩展到172平方公里，人口规模由92万人增加到168万人；全市36个中心镇镇区用地规模由2010年的61平方公里扩展到150平方公里，人口规模由51万人增加到134万人，为全市城镇化快速发展奠定了坚实基础。

（王春菡）

【推行“阳光”规划】 市规划部门加大规划公示力度，对批准的控制性详细规划、修建性详细规划均在《平顶山日报》或规划局网站公示，广泛接受群众监督。建立信访评估制度和听证制度，对重要规划及与群众利益密切相关的建设项目，一律组织信访评估，建设单位及相关利益人要求听证的，及时举行听证会，听取当事人的意见和建议，保证规划的科学性、合理性、合法性，维护市民的合法权益。

（王春菡）

【创新规划执法机制】 2010年，在市政府统一领导下，建立制止违法建设联动机制，市规划局与各区政府及新城区管委会签订执法委托书，开展委托执法，明确市、区、办事处三级管理职责，按照属地管理的原则，由辖区政府和管委会负责制止违法建设，形成对违法建设齐抓共管的良好局面。同时，在市治工办统一领导下，积极开展工程建设领域突出问题专项治理活动，市规划部门会同监察、公安、发改、建设、国土、房产等部门，严格查封违法建设工地，对个别顶风违纪、强行施工的开发建筑企业采取停止在全市范围内参与建设活动的强制措施，并对建设项目的主要负责人进行责任追究。

（王春菡）

【《城乡规划法》宣传培训】 2010年，市规划局与市委组织部联合邀请国内知名专家授课，先后3次举办城乡规划知识培训班，极大地提高了全市各级领导干部和规划工作人员的规划意识和业务水平。举办《城乡规划法》颁布实施宣传活动，扩大《城乡规划法》的影响和宣传效果。组织举办以“加强城乡规划、建设美好家园”为主题的大型文艺晚会和“规划在我心中”电视演讲大赛，广泛宣传《城乡规划法》，激发民众积极参与城市建设与规划的热情，形成良好社会氛围。

（王春菡）

新城区建设

【城市建设及管理】 2010年，新城区建设完成投资21.2亿元，占市定目标20亿元的106%，其中新城区管委会投资3.64亿元，占市定目标3.5亿元的104%。新增道路9.7公里，占市定目标8公里的121%。新增绿化面积21万平方米，占市定目标20万平方米的105%。新开工社会项目5个，续建社会项目25个，新增房屋建筑面积36万平方米，占市定目标25万平方米的144%。新城区管委会以创建国家卫生城市、无障碍城市、优秀社区以及森林城市为契机，深化创建国家园林城市成果，进一步重视和加强城市管理，完善城市功能，提升城市品位。继续完善供水、供电、供热、供气、通信、环卫、公交等服务功能。新区人民医院开工建设。3万吨污水处理厂建成即将投运。广发银行、中国农业银行、中国邮政（储蓄）入驻新区。复兴路公交枢纽站主体完工。不断提升城市管理水平，整合创建力量，成立创建办，大力开展创建工作，连续3次获得市创建指挥部通报表彰。加大城市监察管理力度，重视安全生产和环境保护，狠抓城市清扫保洁，做好园林绿化养护管理，路灯亮灯率达到98%以上，为华合论坛等重要会议、活动的顺利举办营造了良好的市容环境，赢得与会领导、嘉宾的普遍赞誉。

（王迎昌）

水岸新城鸟瞰

【规划设计】 2010年，新城区完成产业集聚区总体发展规划、东片区控制性详细规划、起步区控制性详细规划、市场专项规划等5项规划编制工作，产业集聚区总体发展规划获省发改委批准。完成6条道路、1条立交匝道、两个绿化项目的施工图设计。呈报批准12个项目的控制性详细规划，为14个项目出具《建设项目选址意见书》，为17个项目办理《建设用地规划许可证》，为8个项目办理《建设工程规划许可证》，为5个项目出具《规划设计条件》，为17个项目出具《管线路由、附属设施位置规划审批意见书》。严格规划监察，全年共查处违法建设29起，查处率达到95%以上。完成各类测量任务130余项。

（王迎昌）

【土地工作】 2010年，新城区完成城市规划控制区34平方公里的土地利用总体规划调整，为新城区土地征收做好了前期的基础性工作。组织上报土地5个批次，面积3081亩，其中耕地1160亩。招拍挂土地10宗，面积1386.84亩，划拨土地8宗，面积612.95亩，实现土地收益5.3亿元。办理土地登记报件16宗。加大土地监察力度，全年查处违法用地5宗，结案4宗。全年集中组织拆除违法建筑2次，拆除面积2000多平方米；接待群众来访20余次，及时解决群众反映的问题，结案率100%。

（王迎昌）

【财政收支平衡】 2010年，新城区完成财政一般预算收入13075万元，占市定目标任务9000万元的145%，完成财政一般预算支出17348万元，加上上级补助收入（4734万元），做到了收支平衡，略有结余。完成筹融资4.5亿元，占市定目标3亿元的150%。严格支出管理，规范政府采购工作，组织209批次政府采购，采购金额15678万元，较预算节约资金2566万元，节约率14%；做好投资评审工作，完成投资评审项目65项，送审金额15080万元，审减2381万元，审减率16%，有效地控制了建设成本；强力推行国库集中支付制度，财政国库支付中心7月1日正式运行，共办理支付业务1629笔，支付金额2970万元，累计拒付金额97万元，年末收回各单位用款计划249万元，维护了财经制度的严肃性，提高了财政资金使用效益。

（王迎昌）

【招商选资及产业集聚区建设】　2010年，新城区坚持走出去，请进来，积极参与省市组织的招大商、大招商活动。利用外资500万美元，占市定目标500万美元的100%；利用省外资金11785万元，占市定目标8000万元的147%；利用市外资金1.3亿元，占市定目标1亿元的130%。签约亿元以上项目7个，投资总额100.25亿元，其中10亿元以上项目5个，5亿元以上项目2个。认真做好发展改革工作，呈转批复《可行性研究报告》13个，核准项目1个，备案项目5个，完成新城区“十二五”规划编制工作。产业集聚区完成投资13.06亿元，其中基础设施项目完成投资7.46亿元，工业项目完成投资5.6亿元，非晶合金变压器项目、常绿大悦城项目开工建设，产业集聚区保持良好发展势头。

（王迎昌）

【征地拆迁】　新城区2010年度目标计划征地500亩、建设用地项目18个，实际完成征地3046.49亩、建设用地项目26个，超额完成8个征地项目，满足了河南城建学院、平高电器、新区医院、建业桂园、军分区、移动公司、大香山路等重大项目建设用地需求。拆迁安置工作扎实有效。共拆迁147户，拆迁面积26754平方米，为郑营安置小区、平煤沉陷区治理项目、常绿大悦城、西太平变电站等项目腾出了建设用地。西太平村分房工作基本结束，启动李庵、朱砂洞分房工作。根据工作实际，通过调查研究，并广泛征求有关部门意见，起草了《新城区征地拆迁工作流程》、《失地农民基本生活保障办法》、《预留地安置办法》、《新城区土地成本核算办法》等文件（讨论稿）。

（王迎昌）

【信访稳定】　新城区建立长效信访工作制度和县级领导干部接访制度。2010年，共接待群众来访485起4978人次，其中集体访182起4500人次，个人访303起478人次。结案率达到99%，全年没有发生赴京和赴省非访，保持了大局稳定。

（王迎昌）

【创业就业】　2010年，新城区成立创业就业服务中心，创业就业工作得到加强。做好小额担保贷款工作，办理贷款近500万元，扶持创业实体60余家，带动就业600余人。举办就业洽谈会，238人签订就业意向书。开展劳动监察，全年受理辖区劳动纠纷、工人讨薪、工伤纠纷等劳资案件20多起，协调处理10余起，移交市局处理5起，维护了辖区农民工的合法权益。开展定向培训，组织培训失地农民500多人，与20多家用工单位建立长期用工联系，先后安置400多个失地农民就业，基本消除辖区零就业家庭。

（王迎昌）

【社会事业】 新城区扎实做好民政工作。慰问优抚对象33人，发放生活补贴及抚恤金99556.8元；慰问特困户、五保户、困难群众132户，发放慰问金3.96万元，爱心卡100张；支付大病医疗救助38356元，有效解决困难群众大病治疗难的问题；为256户受灾群众发放救灾资金49920元；慰问现（退）役兵、军烈属、援朝越战老兵96人，发放慰问物品折合人民币1.92万元；为1229名低保对象发放低保金近197万元，做到“应保尽保”。做好计划生育工作。建立完善计划生育利益导向新机制，实行经济奖励、中招加分、享受低保等政策，使计划生育家庭在经济上得实惠、社会上有地位，新城区计划生育各项指标趋于正常，圆满完成市政府下达的计划生育工作目标任务。开展党员干部和公职人员违法生育集中治理活动，顺利通过市考核组检查验收。做好教育工作，适龄儿童入学率达到100%，无辍学现象。湖光小学教学规范有序，翠林兰湾小学主体建设完工。做好医疗工作。为参加新型农村合作医疗的9466人匹配资金170388元；做好甲流H1N1、手足口病、麻疹的宣传和防控工作，对辖区1800多名8个月至14岁的儿童进行了荨麻疹疫苗接种。

（王迎昌）

【平安新城建设】 2010年，新城区以打造“平安新城”为目标，以推进三项建设和队伍正规化管理为动力，全面落实“严打、严防、严管、严治”各项措施，严厉打击各类违法犯罪活动，刑事拘留犯罪嫌疑人52人，逮捕犯罪嫌疑人37人，移送起诉犯罪嫌疑人53人，行政拘留15人，打掉犯罪团伙7个，摧毁1个涉黑团伙，抓获逃犯17人，在全市“中原卫士杯破案追逃防控竞赛”活动中名列前茅。加强治安防控体系建设，率先组建治安巡防队伍，加强基层巡防，公众安全感进一步增强。加快技防建设进程，做好防范和处理邪教问题工作，实现“三零”（零进京、零插播、零聚集）目标。推进打击传销、规范直销工作，做好依法治区工作。开展消防专项整治活动，检查社会单位928个，发现、排除和整治隐患684处，下发《责令改正通知书》642份，处罚单位4个，罚款2.5万元，临时查封4个。全市社会消防安全“防火墙”工程现场经验交流会在新城区召开。

（王迎昌）

【纪检监察】 新城区管委会认真组织开展学习贯彻《廉政准则》教育活动，与15个单位签订党风廉政建设责任书，举办新城区机关“廉政杯”体育比赛，筑牢拒腐防变基础。纪检部门强化监督，对重点工作实施全过程监督，参加招投标监督21次，参加竞争性谈判监督13次，参加询价、考察监督14次。扎实开展工程建设领域突出问题专项治理。对公务用车、公务费支出、出国（境）旅游、楼堂馆所建设进行专项治理。严肃查处违规违纪行为，保证权力正确行使。全年查处中纪委转办案件1起、群众举报案件两起，协助市纪委办案3起，全部结案。严格执行“三谈两述”和函询制度，同县级干部谈话3人次，同科级干部谈话1人次，同一般干部谈话1人次。认真开展督查问效工作，全年对重点工程项目、重点工作督查37次，下发督查简报8期。

（王迎昌）

【机关建设】 新城区以机关规范化建设为目标，着力提高工作能力和服务水平，保障机关规范高效运转。做好值班和应急工作，办理市长热线交办件35件，受理自设服务电话15件，办复率和群众满意率均为100%。做好督查工作，办理人大代表建议4件，政协委员提案14件，领导批示率、答复率达到100%，人大代表、政协委员对办理结果表示满意。办理市委、市政府交办的督查件及网民来信20件。做好信息宣传工作，全年印发信息41篇，被市级采用26篇。及时更新新城区网站，在电视台播报新城区新闻11篇，《平顶山日报》刊登13篇，组织了新城区现状航拍。做好会务接待工作，全年组织会务220余场。做好机关后勤工作，东办公楼装修完成并启用，物业管理规范，保安工作扎实，车辆管理有序，推进节能减排工作，机关安全无事故。继续保持省级文明单位荣誉。

（王迎昌）

【党的建设】 新城区管委会落实中心组学习等制度，领导班子领导科学发展的能力和水平得到明显提升。深入开展“创先争优”活动，基层党组织战斗堡垒作用和共产党员模范带头作用得到明显发挥，培树5个区级先进基层党组织、5名优秀党务工作者和24名优秀共产党员，推出湖光小学田华玲和圣光集团党委等一批干得实、叫得响的“五个表率”先进个人、“五个好”先进基层党组织。加强党建力度，批准成立圣光集团党委、城管局党总支、方博职业学校党支部和伟太公司党支部4个基层党组织，实现党建工作全覆盖。举办党务工作者培训班，做好远程教育工作，建立社区党建工作台账，推行“四议两公开”工作法，夯实基层党建工作基础。创新干部管理培养机制，补充提拔3名正科级干部，确定5名县处级干部人选，组织青年干部到信访办挂职锻炼，加强大学生村干部管理，不断提高干部的工作能力和水平。

（王迎昌）

高新技术产业开发区建设

【概况】 2010年，平顶山高新区进驻企业和项目总数190家。全年完成基础设施投资2.66亿元，同比增长123%；技工贸总收入210.35亿元，同比增长68.58%；工业总产值123.72亿元，同比增长44.79%；出口创汇1300万美元，同比增长62.5%；区内销售收入超亿元企业15家，其中超10亿元企业6家；财政收入完成6035万元，同比增长16.37%。

（刘红利）

【招商引资】 2010年，市高新区结合国家投资导向和区位实际，完善和优化重点招商项目，引导资金投向高新技术产业、机电装备制造、新材料、现代服务业和基础设施等领域，努力扩大利用外资规模。全年共引进投资商户20家，签订合同金额41.3亿元，实际到位资金1.6亿元，实际利用外资620万美元。精心组织“温州招商”、“深圳小分队招商”、“福建招商推介会”、“深港澳闽商访豫活动”等大型招商活动，对长三角、珠三角等重点区域开展了小分队招商。全年会见客商160余人，洽谈项目30多个，其中意向项目20多个，引进项目20个。同时，依托特色主导产业，以产业招商为突破口，积极推进产业集聚。重点选择引进一批关联度高的龙头项目、带动力强的加工项目和产业链长的综合项目，全力提高引进项目质量和水平。全市重点扶持发展的六大优势产业中，平高集团、平高东芝公司、中平能化集团下属的尼龙化工、工程塑料、氯碱发展公司、易成碳化硅公司都在高新区落户。

（刘红利）

【项目建设】 2010年，新批准进区项目17个，项目总投资15亿元。竣工项目8个，在建项目12个。其中：投资13.578亿元的新平高工程项目建设进展顺利，隔离开关厂房已顺利建成，复合绝缘子厂房和壳体厂房进入收尾工程，敞开断路器厂房、综合办公楼和客服销售楼进入装修阶段；投资18.3亿元的20万吨尼龙66盐成套项目投料试车；投资4.248亿元的平高电气特高压GIS装配生产线建设项目GIS装配厂房主体完成施工；投资5000万美元的东芝输变电设备制造项目于10月15日开工。

（刘红利）

【财税征管】 2010年，市高新区加大财源培植力度，强化税收和非税收征管，全年完成财政收入6035万元。同时，严格预算管理，规范财政支出，严格控制招待费、差旅费、油修费等一般性行政事业费用，保障财力向重点项目、公共事业、科技进步项目倾斜。全年完成政府采购招标29项，采购金额410万元，节约资金41万元，节约率9.03%；完成工程预决算审核12项，审核金额793万元，节约401万元。成立东部投资有限责任公司，发挥投融资平台作用，累计融资1亿多元，为产业集聚区建设提供有力保障。

（刘红利）

【基础设施建设】 2010年，市高新区积极协调相关部门，完善配套高新技术产业集聚区基础设施，为高新区的健康发展创造条件。2010年5月，科技路工程全部完工，为日本独资项目和易成碳化硅公司提供了基础保障。2010年8月，神马路修建工程完工，为新平高项目的顺利建设和正常生产经营打下了良好基础。与市自来水公司合作，完成管线总长2830米的高新区东部供水管网工程，满足了管线沿途的工业、居民、商业等用水需求。许南路改造工程、污水处理厂二期等建成投入使用，保障性廉租房、标准化工业厂房建设等项目取得新进展。中平能化供水总厂6千伏供电线路改造工程、神马路南延临时道路工程和相关道路绿化都较好完成。

（刘红利）

【宣传报道】 2010年，市高新区向各级媒体提供和发送稿件40余篇，在《平顶山日报》上刊登新闻及专题20余篇，其中头版5篇；电视台采访报道10余次，其中头条新闻3篇15次，提升了高新区的知名度和影响力，为高新区建设发展创造了良好的舆论环境。成立网络办公室，指定专职人员及时在高新区门户网站上发布高新区工作动态、招商引资项目和优惠政策等，进一步拓宽引资渠道，扩大对外宣传和影响。

（刘红利）

【平顶山高新技术产业集聚区空间发展规划及控制性详细规划通过评审】 受省住房和城乡建设厅委托，河南省城市规划技术服务中心邀请省内外专家，分别于3月22日在郑州新世纪大厦、5月24日在郑州中州国际饭店召开《平顶山高新技术产业集聚区空间发展规划（2009～2020）》、《平顶山高新技术产业集聚区控制性详细规划》技术审查会，省住房和城乡建设厅、省发改委、省国土厅、省环保厅、平顶山高新区管委会等相关单位负责人参加会议。《平顶山高新技术产业集聚区空间发展规划（2009～2020）》和《平顶山高新技术产业集聚区控制性详细规划》内容较为完整，基本符合《城市规划编制办法》和《河南省产业集聚区空间发展规划和控制性详细规划编制审批暂行办法》的要求，顺利通过评审。

（刘红利）

【东芝输变电设备制造项目开工】 2010年10月15日，东芝输变电设备制造项目开工。市委书记赵顷霖，市委副书记、代市长陈建生等领导出席开工仪式。市委书记赵顷霖宣布工程开工，市委副书记、代市长陈建生在仪式上致辞，副市长黄祥利主持仪式。东芝输变电设备制造公司代表、总经理中岛祥阳介绍项目情况。东芝输变电设备制造项目由国家电网中国电力技术装备有限公司与世界500强企业日本东芝公司合资建设，计划总投资5000万美元，注册资本金1680万美元，经营范围为高压开关的组件、部件及其他输变电设备的组件、部件的生产、销售及相应的服务。

（刘红利）

【平顶山高新技术创业服务中心成为国家级科技企业孵化器】

2010年12月22日，科技部下发《关于认定67家单位为国家科技企业孵化器的通知》，平顶山高新技术创业服务中心被认定为国家科技企业孵化器。创业服务中心作为一个区域性的科技企业孵化器，是高新区的一个重要组成部分，是培育高新技术企业和科技型中小企业成长与发展的摇篮，是科技创新的示范园区。拥有第一创业园、金标创业园、恒悦创业园、东诚科技创业园和高新工业园5个创业园，总孵化面积6.2万平方米。是全市唯一的国家级创业服务中心。

（刘红利）

公用事业

【公用系统主要指标全面完成】

2010年，公用事业系统完成供水量7500万立方米，供水普及率达98.3%，水质综合合格率100%；完成供气量8100万立方米，气化率91.5%；完成供热量405万吉焦，供热普及率达36.5%；市区处理污水8500万吨，污水处理率达83%，全市污水处理平均负荷率达85%以上；征收市区污水处理费5300万元、出租车经营权有偿使用费730万元、公交客票附加费330万元、水附加费420万元。

（彭亚辉）

【公用系统重点项目建设稳步推进】 2010年，公用系统共完成重点项目建设投资4.27亿元。供水行业：南水北调平顶山市中级受水区工程完成供水专项规划和招标，前期准备工作进展顺利；完成第四水厂续建工程投资3000万元，部分取水管线、配水管线及供电线路铺设完毕；市区自来水西水东调工程开工建设。供气行业：完成投资5000万元，对市区4.2万煤气用户进行天然气置换；投资400万元，建成两个压缩天然气加气站。供热行业：完成投资600万元，建成新城区纬二路西延等热力管道工程，对开源路桥热力管道进行改造。公交出租车行业：完成投资3000万元，更新新型公交车60台；完成投资1800万元，建成新城区公交枢纽站；完成投资7000万元，更新出租车近700台；投资500万元，建成出租车GPS智能调度中心，安装新型顶灯200盏。污水处理行业：污水处理一期技改工程完成投资7500万元，形象进度达95%；第二污水处理厂、第二中途提升泵站项目完成环评、可研，进入初步设计；污泥处理厂确定技术工艺，并进行前期准备工作。

（彭亚辉）

市自来水公司宣传队在社区家属院宣传演出

【行业改革日益深化】 2010年，公用事业局按照市委、市政府的安排部署，完成机构改革工作，依据新职能对机关科室设置进行调整，做到衔接有序、平衡推进。公用企业改革有新进展。平顶山市燃气有限责任公司完成改制，准备重组上市；市自来水公司主业整体改制基础性工作基本就绪，辅业收入占总产值的35%；市污水净化公司制定出台改制预案；整合市自来水公司、市污水净化公司、平煤供水总厂、新城区污水处理厂等供水、污水处理企业组建平顶山市水务集团的前期工作顺利推进；市公交总公司大力推进主辅分离、切块改制、分块搞活，公交车体广告、驾驶员培训、劳务输出等辅业逐步发展壮大，筹划组建平顶山市公交集团工作进展顺利。投融资体制改革成效明显，初步形成中央投入、市财政投入、社会投入、企业自筹等多种投资方式齐头并进的公用事业多元化投入格局。人事制度改革力度不断加大，局机关12名副科级以上干部和市污管办3名班子成员进行公开选拔，坚持正确的用人导向，营造了风清气正的干事创业氛围。

（彭亚辉）

【公用事业发展规划】 2010年，市公用事业局编制完成《公用事业"十二五"规划》、《车用燃气"十二五"发展规划、《公共交通专项规划》和《排雨排污规划》；《供水专项规划》、《供热专项规划》进入编制阶段。稳步推进供热计量改革，《供热计量改革工作实施方案》上报市政府审定。

（彭亚辉）

【公用市场秩序不断规范】 2010年，公用事业系统坚持依法行政，加强执法人员培训，严格执法程序，规范执法行为，领导干部依法行政意识明显增强，执法人员素质明显提高，依法行政能力和水平稳步提升。开展市场专项整治，查处违章用水62起，整顿供水单位103家，关停自备井11眼，清除水、气、热管网占压18处；对公交客运市场进行集中整顿，查处各类非法营运车辆300台（次），对没收的200余套非法营运标识进行销毁，净化公用事业市场环境。严格落实安全生产责任制，开展"3·26"安全咨询日、"5·12"防灾减灾日和安全生产月宣传教育，组织8次安全生产大检查及隐患排查治理活动，共发现各类安全隐患217处，整改213处；制定应对强降温雨雪天气应急预案，对各行业应急预案进行修订，开展消防、防汛、反恐、防爆等演练；公用事业系统安全生产形势持续稳定，确保了公用产品安全高效供应。

（彭亚辉）

【公用行业优质服务】 2010年，公用系统深入开展优质服务竞赛活动。在公交行业开展"争当公交文明使者"、"论语进公交"、"特色车厢、特色服务"活动；在出租车行业开展"工人先锋号"、"争当文明的士"活动；供水行业成立客户服务中心和接水大厅，新增收费网点34个；热力行业开展用户走访，及时解决管网运行缺陷，保证用热品质。加强服务精细化管理，结合国家卫生城市创建，制定出租车服务企业、营运车辆、驾驶员服务规范，对车容车貌、车体标识、规范营运进行精细化考核；开展车容车貌集中整治活动，纠章公交、出租车2800台（次）。公用行业涌现出拾金不昧、见义勇为等好人好事200余起，归还各类物品折合人民币14万余元；培育出“文明示范窗口”、“青年文明号”等优秀服务品牌及一批先进个人，树立了公用事业的良好社会形象。认真做好网民留言办理和行业稳定工作，畅通与群众沟通交流的渠道，开通公用事业局及各行业网站，设立局长信箱、百姓留言专栏。办理网民留言180件，办理市长热线交办件290件，接待来访42起，切实解决群众反映的热点难点问题。

（彭亚辉）

市自来水公司送水车为停水小区居民义务送水服务

【自来水公司圆满完成各项目标】 2010年，自来水公司实现收入13112.7万元，比上年增长23%，实现税利1523.6万元，比上年增长72.2%，职工收入比上年增长29%，完成固定资产投资2274.9万元，偿还欠账及银行贷款928.6万元，水质综合合格率10.0%，全省最优。水费回收率99.73%，管网压力合格率99.8%，用户投诉咨询办结率100%，用户满意率98%，综合指标居全省第三位。公司荣获省委组织部“五好”基层党组织、省住房和城乡建设厅“五一劳动奖状”、市人大贯彻实施工会法先进单位、市政府安全生产目标管理优秀单位、市长热线工作先进单位、市消协“消费与发展”诚信单位等荣誉称号。

（张文广）

【安全生产持续平稳运行】

2010年，自来水公司坚持把安全生产作为首要任务，安全制水，科学调度，经济运行，全年无安全责任事故发生。坚持水质安全为第一安全，水质中心顺利通过省质监局资质认定。全年采集水样11万余次，水质综合合格率100%。坚持预防为主，安全检查30多次，整改隐患60余项。投资100多万元，完成白龟山水厂东净化站1号滤池大修、九里山水厂沉淀池清淤、液氯吸收装置恢复等，安全生产环境明显改善。组织化学危险品泄漏、消防、水质、机电等防事故演练10余次，安全管理人员和特殊工种培训131人次，持证上岗率100%。

（张文广）

【优质服务水平持续提高】

2010年，自来水公司不断健全服务机制，整合服务资源成立客户服务中心，按行政区划合并成立3个营业所，完善接水服务大厅建设，对外服务更快捷、更高效。新增收费网点34个，全市收费网点达到143个，用户缴费更方便。服务载体不断丰富，积极开展优质服务月活动，举办服务礼仪、服务标准、班组建设专题讲座，培训人员500多人次。首次在市政府门户网站开展水务公开，公开内容38项，印制服务宣传单（卡）1万多份，在市

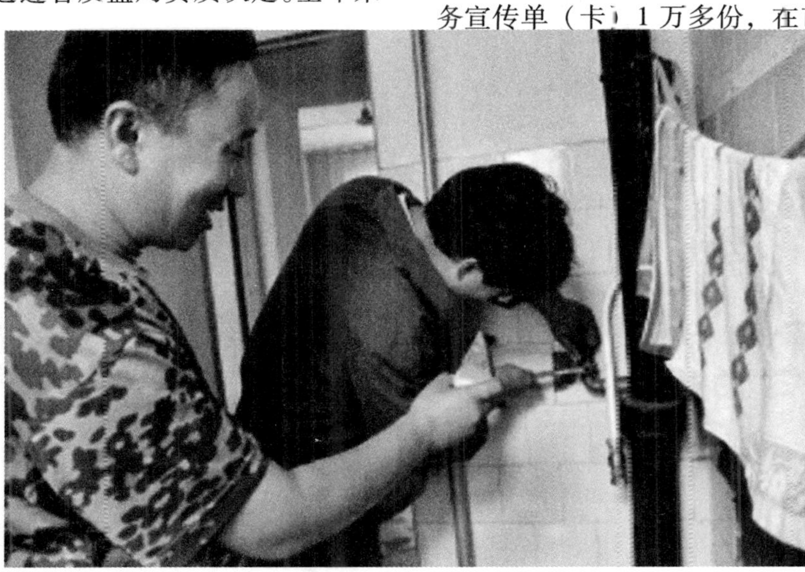

自来水公司员工不畏酷暑深入用户家中维修失水管道

广播电台成功举办“行风在线”节目，通过电波与用户互动沟通，扩大社会公众对城市供水的知情权、监督权。服务质量不断提高，服务热线24小时值班，处理用户报修、求助5800多项，处理“12319”热线工单37件，处理及时率100%，办结率98%。投入70万元整改污水掩埋表井578座，保证用户用水安全。坚持服务承诺制，提高事故抢修效率，科学调度，提高管网压力，坚持为停水小区义务送水，继续推行“无感觉”维修，着力解决4000户居民用水难问题。

（张文广）

【基础管理持续加强】 2010年，市自来水公司坚持开源与节流并重，科学调度管网运行。突出计量管理，严格施工管理，更换维修闸门147台，管网测漏700万立方米，投入资金80万元更换水表7177个。坚持“避峰就谷”生产运行模式，节约电费支出37.8万元。农村用水收费50万元，同比增加12万元。查处违章用水38起，追缴水费47万元。查处漏户59起，追缴水费10余万元。

（张文广）

【改革发展持续深入】 2010年，市自来水公司以改革促发展，企业活力进一步增强。三项制度改革不断深化，出台《关于建立中层管理人员退出机制暂行办法》和《民主评议中层管理人员实施意见》，通过公开竞聘，15名中层副职经过考试、答辩、民主评议等程序走上中层正职岗位。改革工资分配制度，把固定工资制变为岗位绩效工资制，实施年度绩效工资考核。项目建设持续推进，第四水厂后续工程新铺直径1200毫米管道1200米，第二条高压供电线路工程施工招标完毕，完成资金进度3000万元；第三产业稳步发展，实现产值3700万元，利润114.27万元。

（张文广）

【公交公司超额完成各项经济指标】 2010年，市公交公司完成营运收入9566万元，营运里程3520万公里，客运量9759万人次，分别超计划4.6%、3.2%和9.4%，比上年分别增长9.2%、6.6%和10.2%；实现千公里产值2717元，完成计划的101.4%。其中公司自营线路全年完成营运收入3253万元，营运里程1623万公里，客运量3758万人次，比上年分别增长40%、27%和51%；实现千公里产值2005元，比上年增长10.2%。全年亏损1290万元，与年初市国资局确定控亏目标1400万元相比，减少110万元。公司被授予2010年度河南省市政公用行业先进单位称号。

（闵豪霞）

【“《论语》进公交”活动】 2010年，市公交公司为全面提高公交优质服务水平，展现城市窗口行业新形象，为市民营造和谐文明的乘车环境，在全市开展“《论语》进公交”活动。通过在公交车车厢上方和每个座椅背面粘贴的《论语》语句、相关解读、人生感悟等精美贴图，使乘客在乘车过程中学习和领会国学文化的内涵和人生启示。市公交公司还特地聘请市教育学院和市委党校教授举办《论语》知识讲座，对公司职工进行系统的国学知识培训，并从在岗职工中选拔数十名《论语》宣传员，随车为乘客讲解《论语》知识，对乘客提出的问题耐心解答，营造一种积极、健康、和谐的文化氛围，深受市民好评。公交公司的39路线被授予市级“青年文明号”线路，66路线被授予市级“绿色环保线路”。公司全年共收到书面表扬信26封，受理乘客电话8182起，其中来电咨询5429起，来电投诉2386起，来电建议351起，来电表扬25起，投诉电话办结率100%，客户满意率达97%。

（闵豪霞）

“《论语》进公交”活动中，宣讲员在车厢宣讲

【市政府加大对公交扶持力度】　2010年，市政府投资3000万元更新公交大巴60台，投资1300万元用于新城区崇文路公交首末站和大乌路二分公司停车场改造建设，拨付公交公司政策性亏损补贴补偿1000万元。全年对公交累计投资近6000万元，有效缓解了公交公司的生产状况，市民的出行更加便捷和舒适，进一步提高了城市的窗口形象。

（闵豪霞）

【公交公司强化基础管理】　2010年，公交公司从内部管理入手，将“强化基础管理”作为企业的核心，紧紧围绕“五抓五促”工作目标，实施“线路分类、管理分级”绩效考核机制，出台《2010年工资分配调整方案》，修订完善《车辆技术管理条例》，制定班子成员带队站点值班和机关在职干部下线跟车制度，开展“创先争优及百日安全优质服务”竞赛、“安全生产月”等活动。强化安全营运管理，优化调整公交线路，全年共优化调整线路3条，新辟线路1条，恢复1条，新建改建站亭56个、站牌83个，最大限度地方便居民乘车。

（闵豪霞）

【公交智能调度指挥系统和网络协同办公系统投运】　2010年12月1日，经过紧张筹备，公交公司投资近200万元的公交GPRS智能调度系统首条线路正式上线运行，这标志着公交公司科技化管理迈出重要一步。该系统的运行不仅能彻底解决手工签点传统模式下出现的跑冒滴漏、虚报公里等问题，而且能实时监控、即时调度，有效降低企业运营成本。同时，网络协同办公系统也投入运行。升级完善IC卡收费管理系统，增发时尚IC卡，全年公司共发行IC卡52670张，累计发行153790张。

（闵豪霞）

【郏县城区天然气通气点火】　2010年12月21日，平顶山燃气有限责任公司在郏县帝荣豪府广场举行郏县城区天然气通气点火仪式，副市长郑茂杰参加点火仪式。郏县天然气工程总投资3500万元，2010年7月7日开工建设，12月16日完成全部管线施工。郏县城区的通气点火，标志着该县成为全市继舞钢市、宝丰县、叶县之后，第四个用上天然气的县级城市。随着天然气在全市区域的广泛普及，对于落实节能减排、优化能源结构、改善大气环境质量、提高居民生活水平、促进县域经济发展将产生重要的影响。

（张俊卿　吴大永）

【4万余户居民告别人工煤气时代】　2010年，按照平顶山市天然气置换人工煤气工程总体方案的安排，平顶山燃气有限责任公司对17个区域40413户居民实施了天然气置换。这17个区域分别是：湛北路东段原神马集团家属院区域、匠丁路区域、神马大道测绘部队区域、黄金小区区域、文化宫区域、友谊街幸福街区域、建设路西段平顶山教育学院区域、市一中区域、沁园小区区域、湛南路市技校区域、市青少年宫绢纺厂区域、建设路东段尼龙六六盐厂区域、原神马集团五分厂区域、平顶山鸿翔热电公司家属院区域、东安路安培中心区域、铁北工人村区域、区调队区域。经过平顶山燃气有限责任公司的艰苦施工，全市1/4人工煤气用户告别人工煤气时代，用上了洁净、高效的天然气。

（张俊卿　吴大永）

房产管理

【保障性住房建设】　2010年，市房管部门把住房保障列为工作的重中之重，全力以赴，加快推

郏县城区天然气点火仪式

进。加强政策研究，完善保障体系。制定上报了廉租住房、公共租赁住房和棚户区改造等规范性文件，不断完善经济适用住房管理制度，积极构建通过廉租住房和经济适用住房保障低收入家庭，通过公共租赁住房和限价商品住房保障“夹心层”，通过棚户区改造保障棚户区家庭，逐步实现住有所居的分层次、全覆盖的住房保障体系。破解建设难题，加强实物保障。廉租住房开工14.56万平方米，竣工15.51万平方米，分别完成省定目标的201.94%和102.65%；其他方式筹集廉租住房房源2567套，完成省定目标的105%。经济适用住房开工79.05万平方米，竣工30.27万平方米，分别完成省定目标的239.55%和131.61%。棚户区改造17.48万平方米，在建40.69万平方米，竣工1.74万平方米。

（刘新辉）

【推进物业管理进社区】 2010年，市政府出台《平顶山市人民政府关于加强社区物业管理工作的意见》和《房屋维修资金管理办法》，建立健全市、县（市、区）、乡（镇、街道）和社区四级物业管理体系。房地产业协会设立物业管理专业委员会，加强物业服务企业业务指导和业务拓展支持力度，扶持发展物业服务企业126家，同比增长36.96%，其中一级资质2家，二级资质3家。以旧小散住宅区为重点，不断加强社区物业管理的业务指导和监督考核，市区1155个楼院中，引进物业企业管理176个，单位后勤式管理482个，业主自治管理118个，379个旧小散楼院全部进驻物业服务，实现了物业管理全覆盖。到2010年底，全市物业规范化管理项目800多个、1553万平方米，创建省级以上优秀项目5个，市级优秀项目16个，大幅度提高了居民居住质量。

（刘新辉）

【多措并举促进房地产健康发展】 2010年，市房管部门加强房地产中介行业支持力度，发展房地产中介企业27家，同比增长42.1%，为促进房地产中介市场健康发展注入了新活力。成立全市唯一的住房置业担保股份有限公司，为企业销售、居民消费和住房信贷提供担保服务。组织参加2010年中原房地产行业暨绿色建筑博览会，展示平顶山市企业的新形象、新动向和新业绩，被组委会授予最佳组织奖。

（刘新辉）

【春季住交会】 2010年4月16日～4月18日，由市房管局主办，以“精筑人居，和谐鹰城”为主题，在市鹰城广场举办2010年春季住交会，全市30多家主流开发企业、装修企业参与住交会。3天展会期间有近4万人（次）光临住交会，参展企业共接受问询登记8000余人次，达成购买意向3400余套。

（刘新辉）

【刘洪涛在平调研保障性住房建设情况】 10月9日上午，省住房和城乡建设厅厅长刘洪涛到平顶山市调研保障性住房项目建设情况。市人大常委会副主任王金山，副市长郑茂杰，市政府党组成员、副市厅级干部丁少青，市房管局局长、党组书记曹拥军及有关部门负责人陪同调研。刘洪涛首先到锦绣花园小区实地视察了经济适用房整体布局和配建的廉租房项目，详细察看了户型设计、配套设施的安装情况。刘洪涛随后到明珠世纪城保障性安居工程和中平能化集团棚户区改造项目进行视察，对保障性住房项目建设给予高度评价和充分肯定。

（刘新辉）

【全省房管局长座谈会在平召开】 10月25日～26日，全省房管局长座谈会在平召开，省住房和城乡建设厅副厅长黄旭升、平顶山市政府副市长郑茂杰出席会议。会议交流了各市贯彻全省推进城乡建设加快城镇化进程工作会议情况和本年度房地产市场管理工作情况，深入探讨落实市场调控、住房保障、物业服务行业发展、房屋租赁管理、房屋登记发证、旧小散住宅区房屋维修资金管理、城镇房屋拆迁等问题，并就机构改革后房管部门面临的新形势、新问题进行了深入讨论。

（刘新辉）

【政协委员视察保障性住房项目】 10月28日，市政协主席裴建中带领部分省、市政协委员视察平顶山市经济适用房、廉租房项目。裴建中一行先后视察了东方明珠经济适用房、廉租房一、二期项目，锦绣花园经济适用房、廉租房项目，在建蓝欣家园经济适用房、廉租房项目。裴建中指出，近年来，市委、市政府对建设保障性住房工作十分重视，房管部门也发挥了主要职能，为保障性住房基础设施建设做了大量工作，奠定了良好的基础。下一步，建设保障性住房一定要坚持高标准，使保障性住房的建设规范化、具体化，实现“居者有其屋”的目标。为中低收入群众提供更多的服务，创造更多的条件，加快保障性住房的建设速度，切实缩小群众住房条件的差距，使低收入家庭尽早受益。

（刘新辉）

【平顶山房地产市场信息系统荣获中国地理信息产业优秀工程银奖】 平顶山房地产市场信息系统依托房地产管理信息平台，全面整合国土资源、规划、施工许可、房地产开发、交易、租赁登记备案、权属登记等信息，利用系统动态数据分析房地产市场走势，为政府实现房地产市场调控提供决策依据。该系统可实时更新全市存量房的可售套数、户型、面积，已售套数、面积、户型、实际成交价格以及商品房项目的预售许可、权属状况、规划设计情况和建筑面积、套内面积、公用分摊面积等市场供求信息。2010 年 10 月，该系统被中国地理信息系统协会授予中国地理信息产业优秀工程银奖。

（刘新辉）

【市领导调研保障性住房建设项目】 11 月 21 日，市人大常委会副主任王金山、副市长郑茂杰、市政协副主席史正廉在市住建局、市规划局、市房管局等单位负责人的陪同下，就蓝欣家园、山水华庭等保障性住房项目建设进度进行调研。王金山、郑茂杰、史正廉实地察看了项目进展、户型布局，详细了解施工中存在的困难和问题。王金山在调研时指出，一定要按照既定方案科学、规范的建设，特别是规划方案中设计的学校、幼儿园等公共服务场所必须配建到位。有关部门要严格施工过程监管，确保规划方案落到实处。郑茂杰指出，项目建设单位要切实把好工程质量关、进度关和安全关，做到高标准建设、高水平管理。市直有关单位要增强服务意识，尽快启动项目建设区域内供水、供电、供气及排雨、排污等城市基础设施和公共配套设施的规划、建设，确保交房时这些附属设施同步投入使用。

（刘新辉）

【山水华庭经济适用住房举行摇号销售仪式】 12 月 8 日，经济适用住房（山水华庭一期）摇号确定购买人仪式在市房管局举行。参与本次摇号销售的经济适用住房申购家庭共 2733 户，一期工程共有 968 套房源，单套住宅建筑面积 88 平方米～90 平方米，销售基准价格为多层每平方米 1643.71 元、小高层每平方米 2187.71 元，价格含供水、燃气设施建设费用。

（刘新辉）

【房屋安全管理】 2010 年，房管部门建立健全房屋安全管理制度体系，开展建筑外立面设置广告牌的安全鉴定与毗邻建筑跟踪鉴定业务，加大违规装修和私拆乱改行为查处力度，切实加强房屋安全和鉴定工作规范化，房屋安全司法鉴定采信率达到 100%。房管部门重点加强教育系统、卫生系统和企业生产用房房屋排查鉴定工作，排查房屋 218.91 万平方米，鉴定房屋 93.89 万平方米。市房管局荣获 2010 年度全国房屋安全管理工作先进单位称号。

（刘新辉）

环境保护

【概况】 2010 年，市环保局按照“坚持两保一高、推动科学发展”的思路，狠抓重点区域、重点行业环境综合整治，切实解决危害群众健康和影响科学发展的突出环境问题，促进了经济结构调整和发展方式转变，环境质量有明显改善。当年全市化学需氧量和二氧化硫排放量分别为 2.61 万吨和 10.81 万吨，超额完成省定‘十一五”化学需氧量和二氧化硫排放量分别控制在 2.82 万吨和 12.30 万吨以下的目标任务。3 个出境断面（沙河舞阳马湾、澧河叶舞公路桥、八里河舞钢石庄桥）化学需氧量达标率为 98.7%，氨氮达标率为 91.7%，城市集中饮用水源地白龟山水库水质达标率 100%；全年市区环境空气质量优良天数达 320 天，优良率为 87.7%。全年审批项目 239 个，验收 36 个，环评审批率和‘三同时”执行率保持 100%。

（尚宏庆）

【环境综合整治】 市政府印发《2010 年平顶山市环境综合整治实施方案》（平政〔2010〕17 号），确定市区和石龙区大气污染综合治理、焦化行业整治整合、地表水饮用水源地治理为环境综合整治重点。城市污染整治：治理市区扬尘污染，继续对市区周边矸石山实施搬迁和绿化，三环公司、香山公司等 5 座矸石山搬迁完毕，对 1 座矸石山进行了绿化；完成姚电公司等 6 家企业治理任务；建成平安机动车环保检测中心并获得检验资质，全年核发环保检验合格标志

8256个，以旧换新汽车339台。饮用水源地综合整治：采取“属地管理、经济处罚与责任追究并重”的原则，多部门联合执法，强力推动综合整治。全年共取缔（炸毁）白龟山水库采沙船77条、养鱼网箱184个、抬（围）网213个、餐饮点35家，取缔上游河道内沙石场11处。对下汤桥头宾馆等3家污染源进行治理，关闭6家铁选企业，完成饮用水水源保护区防护网和警示标志设置。建立健全地表饮用水水源保护制度，制定了《两库一河整治方案》。石龙区大气环境综合整治：出台整治方案，开展全面排查，对45家企业实施整治。其中，应整合的5家焦化企业关闭2家，对其他40家企业分别实施关闭、治理和停产整顿，圆满完成环境整治任务。

（尚宏庆）

【污染减排】　2010年，市环保部门继续巩固提前一年完成的“十一五”减排成果（化学需氧量削减14.5%，二氧化硫削减22.1%），制定《平顶山市2010年主要污染物减排实施方案》。要求各县（市、区）政府向市政府递交污染物排放总量控制目标责任书，进一步完善减排“三大体系”。完成神马尼龙化工废水治理扩建项目、汝州市污水处理厂中水回用工程和新城区污水处理厂3个重点流域规划项目；完成20家企业的清洁生产审核。

（尚宏庆）

【农村环境保护】　2010年，环保部门完善和推进县、乡、村三级环保管理体系，做到领导、机构、人员、办公场所、设施五到位。落实农村环境综合整治“以奖代补”、“以奖促治”政策，促进了农村环保工作的开展。大力开展生态创建活动，舞钢市稳步推进生态市创建工作，年度创建任务顺利完成，铁山等3个乡镇被命名为省级生态乡镇；叶县昆阳镇等3个乡镇完成创建省级生态乡镇工作并通过验收；全市完成54个省市级生态村创建工作；10个县（市、区）完成畜禽养殖业禁养区规划并获得批准。

（尚宏庆）

【放射源危险废物医疗废物监管】　环保部门认真开展排查，对161家（共有放射源540枚、各类射线装置266套）涉源单位一源一档建立身份证管理制度，防止放射源丢失和放射性污染事故的发生。对危废和医疗废物进行安全处置，确保环境安全。

（尚宏庆）

【秸秆禁烧及综合利用】　2010年，通过全市上下的共同努力，夏秋两季由5年前的普遍焚烧到宝丰县、郏县等7个县（市、区）基本实现零焚烧，其他3个县（市、区）大面积焚烧现象得到控制，实现了历史性突破。全市秸秆综合利用率由5年前的不足30%提高到秋季85%、夏季95%以上。夏季禁烧受到省环保厅的两次通报表扬。

（尚宏庆）

【环保基础工作】　2010年，环境监管实现数字化管理。投资2000多万元建成环境自动监控平台，包括7个市控县界断面水站、饮用水源地水环境质量自动监控站，4个县级空气自动站和1个重点区域空气自动站，改造市区4个空气自动站，建成3个辐射环境质量监测点及1个放射源暂存库监控点。32家重点污染源全部通过有线方式上传数据，污水处理厂和电厂全部实现在线监控数据和视频叠加上传。编制完成市污水处理厂污泥处理处置规划、各县（市、区）2010年～2015年辖区内污泥处理处置规划和平顶山市“十二五”机动车污染防治规划。

（尚宏庆）

双　凫　观

双凫观，又称双凫宫，在叶县旧县，为纪念东汉叶县令王乔而建。传说王乔有仙术，时常乘飞凫入洛阳，故名双凫观。来往于叶县的骚人墨客多慕王乔之名而游双凫观，因之，历代题咏甚多。如嘉祐四年（公元1059年），宋代文豪苏轼兄弟从四川返汴京，经叶县游双凫观并题诗。苏轼曰：“王乔古仙子，时出观人寰。双凫仙为戏，聊以惊世顽”。苏辙曰：“王乔西飞朝洛阳，飘飘千里双凫翔。凫神履怪当有在，骚首野庙春风长”。熙宁年间（公元1068年～公元1077年），黄庭坚专意游赏双凫观，其《题双凫观》诗云：“王令平生樽酒地，千年万岁想来游”。

（潘民中）

交通　邮政

交通管理

【概况】 2010年，全市完成投资20.84亿元，为年计划17.6亿元的118%。其中：高速公路完成投资12.2亿元，叶舞高速公路建成通车，实现了平顶山市"县县通高速"的发展目标，也标志着全省"十一五"高速公路通车里程突破5000公里；干线公路完成投资6.3亿元，新改建及大中修607公里，长安大道西延工程建成通车，大香山路工程和西环路、南环路改造一期工程等项目建设进展顺利。农村公路完成投资2.24亿元，新改建农村公路464公里，圆满完成市委、市政府承诺的"十大民生工程"之一的建设目标。场站和水运建设完成投资1046万元，新改建3个汽车客运站，完成8个渡口渡船改造，建成平顶山海事应急搜救监控中心。全市公路运输累计完成客运量8227万人次、旅客周转量37.8亿人公里、货运量1.2亿吨、货物周转量164.2亿吨公里，分别完成年度目标任务的108%、102%、112%和113%。新开通平顶山至许昌、平顶山至宝丰两条城际公交线路，行政村通客车率达到98%，高于全省平均水平。全市营运客货车辆分别达到1794辆和88972辆，开通客运班线391条，中高级客车比重达到79.4%，高出全省平均水平16个百分点。大力整顿和规范运输市场秩序，开展道路旅客运输、道路危险品运输等专项整治活动，打击非法经营，净化市场环境，市场秩序保持良好发展势头。较好地完成春运、华合论坛、汶川抗震救灾、煤电油运、鲜活农产品、南水北调移民搬迁、防汛抗灾等关键时期的运输保障任务。公路客运量、旅客周转量、货运量、货物周转量较"十五"末分别增长64%、83%、344%和637%。

（徐　路）

【新一轮交通行政体制改革完成】 2010年，新成立市交通运输局，部分县（市、区）也完成了相应的改革；完成成品油价格和税费改革；撤销11个政府还贷二级公路收费站，完成原征稽队伍转岗安置工作，确保改革所涉及的510名征稽人员、700多名二级公路收费人员的基本稳定，为交通运输事业的稳定发展奠定基础。深入推进干线公路养护体制改革，建立符合社会主义市场经济体制要求的公路养护管理体制和运行机制。积极推进农村公路管理养护体制改革，明确农村公路管理养护主体、养护资金来源，有力地保障了农村公路的健康发展。

（徐　路）

【交通行业管理水平迈上新台阶】 2010年，交通系统广泛开展"创建优质工程"活动，取得明显效果。高速公路工程优良率93%以上，干线公路和水运工程优良率90%以上，农村公路优良率82%以上。规范造价文件审查程序，加强设计变更和工程决算管理，严格执行重点公路建设项目造价指标和招标人报价审核公示制度，丰富和完善了公路工程造价计价体系。努力推进养护管理升级，狠抓日常规范性养护和预防性养护，养护质量明显提高。"十一五"完成养护工程投资5.57亿元，大中修858公里，维修桥梁38座3029延米，创建文明示范路211公里，市公路局连续两次被省交通运输厅授予全省公路"好路杯"竞赛金杯奖。积极推行专业养护与群众养护、常年养护与季节养护、承包养护与群众投劳相结合的农村公路养护管理模式，出台《平顶山市农村公路养护大中修工程项目管理工作规定》，深入开展农村公路养护管理"畅通杯"劳动竞赛活动、"文明示范乡镇"创建活动和路肩整修专项整治活动。"十一五"全市农村公路投入养护资金2.4亿元，创建文明示范路320公里，安保工程137公里。建立安全生产承包、督查、日报和奖惩"四项机制"，推行施工现场危险告知、施工安全监理、专项施工方案审查、设备进场验收登记、安全生产费用保障等“五项制度”，实现了安全生产管理规范化、监管制度化、手段现代化、人员专业化和应急高效化的目标。交通基本建设、水上交通安全连续4年保持“零责任事故”，多次受到省交通运输厅和市政府安委会的表彰。初步形成干线公路、农村公路的路政管理体系，进一步完善管理体制，建立“联合指挥、联合巡逻、联合执法、联合施救”的路警“四联合”工作机制，提高反应速度，增强了救援能力。新增4个超限站，治超网络进一步完善，开展联合治超行动，先后组织开展治超“春雷行动”、豫西南6市治超区域联合执法、超限超载违法行为专项整治、公路执法环境综合治理等5次综合执法、12次专项集中治理行动，彻底打掉六轴以上非法超限超载车辆，设有固定治超站点路段的超限超载率继续控制在4%以下。

（徐　路）

【平顶山至洛阳高速客运线路开通】　2010年1月18日，平顶山平运汽车运输有限公司开辟了平顶山至洛阳高速客运线路。该线路日发53座大巴3班。客车在平顶山市区客运西站配载，随后走宁洛高速公路直达洛阳，全程大约两个小时，缩短了运行时间，方便了旅客出行。

（徐　路）

【公路局、平临高速公路公司受表彰】　2010年1月29日，市公路局以综合评比第二名的成绩被省交通运输厅授予2009年度公路工作先进集体荣誉称号；2月，平临高速公路公司被省厅授予河南省高速公路管理先进单位称号。

（徐　路）

【叶舞高速公路公司获省政府表彰】　2010年1月，省政府通报表彰2009年度全省重点项目建设先进单位，平顶山市叶舞高速公路有限公司等3家单位获得殊荣。项目公司董事长孙建豪和总经理杨伟新被评为全省重点项目建设先进个人。

（徐　路）

【太澳高速公路公司通过ISO9001质量管理体系认证】
1月28日，平顶山太澳高速公路有限责任公司顺利通过ISO9001质量管理体系认证，获得由中国质量认证中心颁发的质量管理体系认证证书。为不断完善和持续改进服务质量，提高管理能力，根据GB/T19001—2008标准，太澳公司成立ISO9001质量管理体系工作领导小组，总经理担任组长，建立起一套管理科学、运转协调、廉洁高效的质量管理机制，进一步优化行政组织，规范工作流程，强化服务职能，实现了公司管理制度化、流程规范化、考核定量化的目标，为促进高速公路事业又好又快发展提供了制度保证。

（徐　路）

【交通工作会议】　2月3日，平顶山市交通工作会议召开，市人大副主任王金山、副市长黄祥利出席会议。黄祥利对交通工作提出五点要求。一要准确把握面临的新形势和新要求，树立对交通工作的决心和信心；二要全力做好2010年交通工作，要谋划好交通建设项目，要加快项目前期工作，确保叶舞高速公路年底建成通车，香山大道和长安大道西延工程建设上半年要建成通车；三要尽快启动“十二五”规划编制工作，进一步优化干线公路路网结构，促进城乡交通一体化，提高交通运输整体效率和效益；四要积极稳妥做好交通各项改革工作，强化公共服务职能，完善交通公共服务体系；五要认真抓好交通运输安全生产专项整治，严防群死群伤责任事故，杜绝重特大事故的发生。

（徐　路）

【省交通厅督导组检查叶舞高速建设工程】　2010年3月4日，省交通运输厅工程管理处处长、省厅督导组组长刘闯一行3人到叶舞高速公路施工现场检查督导工程建设情况，并在项目公司召开座谈会，听取项目建设情况汇报。刘闯指出：项目公司作为领头军，要起到表率作用，统一思想，强化责任，真抓实干，带领施工单位尽快掀起春节后的施工高潮，并建立严格的考核、奖惩制度，确保2010年11月底按时建成通车。

（徐　路）

【交通局连续四届被命名为省级文明单位】　2010年3月，平顶山市交通局被省委、省政府命名为第四届省级文明单位。这是平顶山市交通局从1992年起连续四届被省委、省政府命名为省级文明单位。

（徐　路）

【市区西环路、南环路改建工程开工】　3月22日上午，平顶山市西环路、南环路改建工程开工奠基仪式举行。市委书记赵顷霖、市长李恩东、市人大主任薛新生、市政协主席裴建中等领导出席开工奠基仪式并为工程开工奠基。西环路、南环路改建工程全长19.2公里，设计双向6车道，工程总投资4.6亿元，工期18个月。

（徐　路）

【市政府现场协调解决叶舞高速施工问题】　3月26日，平顶山市优化经济发展环境工作小组办公室负责人带领市优化办、市大项目办等有关部门的人员赶到叶舞高速施工现场，了解施工遇到的具体问题，商讨解决问题的办法。市优化办针对叶舞高速在施工中遇到的舞钢市奥瑞特公司拆迁、叶县廉村镇新顾村改路等9个问题，涉及两个县（市）6个乡镇，当即责成舞钢市、叶县采取强有力的措施，组织人员迅速开展工作，限期解决问题，创造良好的施工环境；要求叶舞高速公司对群众反映的合理诉求要充分考虑，切实维护群众利益；要求叶舞高速公司全力以赴打造精品工程，确保按时建成通车；要求各级各有关部门要切实负起责任，密切配合，全力推进。市优化办强调，在整个工程施工期间，如发现有不作为、慢作为、乱作为等违纪违规问题，市优化办将启动问责机制，严肃追究有关人员的责任，涉嫌违法犯罪者将移交司法机关严肃查处。

（徐　路）

【范跃武视察叶舞高速公路建设情况】　2010年4月5日，省交通运输厅副厅长范跃武带领厅有关部门负责人来平视察叶舞高速公路工程建设情况，市交通局局长孙建豪、市公路局局长王树延陪同。范跃武查看全线工程建设情况后强调三点：一是年底通车面临的任务依然艰巨，要强化措施，细化节点，狠抓落实；二是确保汛期来临前完成所有该完成的任务，如防排、土方等；三是叶舞高速公路纳入全省重点优化环境工程。

（徐　路）

【转岗培训】　2010年4月12日，市公路局在军分区训练基地举行收费人员转岗培训班开班典礼，开始对原政府还贷二级公路收费站的转岗人员以及近年来超限检测站、路政支队新进人员进行为期15天的路政执法岗前培训。培训采取全封闭方式，主要学习公共法律法规、公路专业法规、军事训练及交通指挥手势。市公路局党委书记吴建在开班典礼上要求执法人员要刻苦学习，熟练掌握公路法律、法规知识，转换角色，尽快适应超限执法岗位，履行超限管理职能。此次培训4月26日结束，参训的131人培训合格，其中的100人将赴各超限站实习。

（张旭华）

【农村公路路肩整修专项整治活动】　2010年4月20日，根据全省农村公路电视电话会议精神，市政府决定在全市范围内开展农村公路路肩整修专项整治活动。市政府成立由分管副市长任组长，各县（市、区）分管副县（市、区）长和市交通局、市发改委、市国土资源局、市财政局、市林业局、市水利局、市农业局分管副局长为成员的平顶山市农村公路路肩整修专项整治活动领导小组，负责专项整治活动的开展。以“提高养护质量，改善路容路貌，提高通行能力，确保安全畅通”为目标，各县（市、区）政府作为本辖区农村公路养护管理的责任主体，按照“县道县养、乡道乡养、村道村养”分级负担的原则，具体负责本辖区农村公路路肩整修专项整治活动的实施。市交通局负责做好技术指导，督促各县（市、区）专项整治活动的落实；市国土资源局负责做好路肩整修专项整治活动中所涉及的占地事宜；市财政局负责安排路肩整修专项整治活动的奖励资金。

（徐　路）

【治超“春雷行动”创佳绩】　2010年4月23日，市交通公路部门旨在治理公路超限超载的“春雷行动”全面打响。交通管理部门协调全市新闻媒体大造声势，营造治超浓厚氛围；组织纠风、公安、交通部门实行24小时严防死守，在主要路段设置超限超载车辆劝返处，防止超限运输车辆入市过境；设置流动检测点，采取固定检测和流动稽查相结合的方式，对超限超载、中途返装、避站绕道而行等违法违章行为加大打击力度。到5月底，共出动治超执法人员8000余人（次），检查车辆6.25万台（次），其中查处超限运输车辆4.41万台（次）、卸载货物1.66万吨，对违法超限超载车辆驾驶员记分30余人，高达160分，治超站点所处路段货运车辆超载率下降至4%，6轴和55吨以上严重超限超载车辆基本绝迹。

（张旭华）

【明察暗访查“治超”】　2010

年4月29日，市治超办主任、市政府副秘书长杨英锋带领市纠风办、市公安局、市交通局、市公路局相关负责人，先后对市公路局流动检测大队、叶县后营超限超载检测站的治超工作进行明察暗访。这是车辆超限超载治理“春雷行动”在4月23日启动后，市政府针对治超工作组织开展的首次明察暗访。检查组先在S41时南线一流动检测点查看车辆检测及执法人员执法情况后，前往S234平桐线叶县后营超限站进行检查。在后营超限站，看到执法人员在大风中坚守岗位，执法规范，检查组十分满意，并要求各部门要密切配合，通力协作。公安部门要进一步优化超限站周边环境，打击带车分子；纠风部门要加强对治超工作的监督检查，对重点案（事）件实施督查督办，为治超工作提供良好的执法环境；治超人员要卸罚并举，规范执法，文明服务，确保“春雷行动”扎实推进，取得实效。

（徐　路）

【郑茂杰夜查重点工程项目】 5月5日晚22点30分，副市长郑茂杰在交通局局长孙建豪、公路局局长王树延等陪同下，先后到长安大道跨孟宝铁路立交桥加宽改造工程和大香山路新建工程施工工地进行察看。在两个工地施工现场，灯火通明，工人们正在紧张施工，郑茂杰与大家一一握手表示慰问。郑茂杰特别强调，在抢时间、赶进度的同时，一定要注意安全生产，采取必要的措施，确保施工人员的人身安全，杜绝安全责任事故发生。

（张旭华）

夜查重点工程施工情况

【赵顷霖视察大香山路工程建设】 5月20日下午，市委书记赵顷霖和常务副市长邢文杰、副市长王丽带领市直有关部门负责人察看大香山路工程建设进展情况。赵顷霖在察看大香山路工程的建设情况之后，对市交通、公路部门所做的工作给予充分肯定。针对工程建设中存在的问题，他明确要求：大香山路主体工程必须在6月底前完成，所有工作围绕这个目标向前推进；地方政府要全力以赴对影响施工建设的附属物尽快拆迁到位；建设部门要科学组织，加快工程进度，保证工程质量，将大香山路建成精品工程。

（张旭华）

【市人大代表到大香山路、长安大道工地调研】 6月2日上午，市人大常委会副主任张坤子带领20多位人大代表，对重点工程项目大香山路新建工程和长安大道西延工程进行调研。张坤子听取工程建设情况汇报后，对交通公路部门的工作给予充分肯定，并就下一步的工作提出三点要求：一是要严格资金管理。工程建设的资金使用要安全、高效，严格控制资金的使用程序，工程竣工后财政、审计部门要展开审计工作，确保工程资金专项专用；二是要严格质量管理。严格工程建设程序，狠抓工程质量，确保建成优质工程；三是要科学运用资金确保工程进度，尽早通车，让人民早受益，造福人民。

（张旭华）

【农村公路路肩培护专项整治暨干线公路迎“国检”现场会召开】 2010年6月24日，平顶山市农村公路路肩培护专项整治暨干线公路迎“国检”现场会在汝州市召开。市政府副市长黄祥利、市长助理于善启及各县（市、区）交通部门负责人参加会议。黄祥利要求，各级各部门一定要认清形势，坚定信心，抓住机遇，扎实工作，圆满完成农村公路路肩培护专项整治和干线公路迎“国检”各项工作任务，进一步提高公路养护管理水平，促进全市交通运输事业的快速发展。与会人员实地参观了汝州市农村公路路肩培护情况。县乡公路养护先进单位进行交流发言。

（徐　路）

【蒋晓明来平调研】　7月1日~2日，省公路局局长蒋晓明在市公路局领导的陪同下对平顶山市干线公路养护工作进行调研。他先后察看了2010年迎“国检”项目G311徐西线八里仓至火石砑段、S231金孟线宝丰东关至鲁山四岗段大修工程及G311徐西线下汤至赵村段中修工程。在听取养护工作汇报后，蒋晓明对平顶山市的公路养护工作给予充分肯定，对各县（市、区）政府在公路建设中的财政支持给予高度赞扬。他要求平顶山市公路系统继续发扬成绩，克难攻坚，在迎“国检”活动中再创佳绩，为全省公路事业增光添彩。

（徐　路）

【邢文杰视察重点公路项目】8月17日上午，市委常委、常务副市长邢文杰，副市长郑茂杰、黄祥利，市长助理于善启带领市财政局、交通运输局、移民办、湛河区、新华区主要负责人视察市重点公路项目长安大道西延工程、大香山路工程和南环路拓宽改建工程。

在听取了工程进展情况汇报后，邢文杰提出明确要求：一是湛河区、新华区、移民办要全力以赴做好南环路拓宽改建工程征地拆迁工作，9月10日前完成全部征地拆迁工作，为工程建设创造良好的施工环境；二是财政部门要做好资金的拨付和管理工作，做到专户储存，专款专用，8月18日前必须将征地拆迁补偿款拨付到位，工程款按照工程计量及时拨付；三是施工单位要倒排工期，制定详细、科学的工程进度计划表，并严格按照计划强力推进。南环路拓宽改建工程要做到施工与征地拆迁工作同步进行，无缝对接，拆迁一块，作业一块，整体推进。交通部门要采取强有力措施，强化督导，精心组织，精心实施，全力推进工程进度，确保长安大道西延工程8月底完成主体工程，大香山路工程9月底完成主体工程，南环路拓宽改建工程春节前完成路基工程。

（徐　路）

【奖惩并举治超载】　继4月份全市开展治理车辆超限超载“春雷行动”后，各治超站（点）所处路段货运车辆超载率下降至4%，取得阶段性成果，但仍有避站绕行、带车敛财等不法行为。为进一步巩固治超成果，市政府于8月26日下发《平顶山市开展超限超载违法行为专项整治行动实施方案》，鼓励群众积极举报黑恶势力和违法带车人员犯罪线索。对举报黑恶势力经查证属实并打掉的，举报一起奖励5000元~1万元；对举报违法带车人员经查证属实并打掉的，举报一起奖励500元~2000元。同时，按照《方案》部署，建立交通、公安部门联合执法机制，推行“站点检查、流动巡查、联动整治”的治理模式，加大对超限超载车辆避站绕行等行为的打击力度；针对超限车辆行驶的重点路段，加强对货运场站、沙石料场、工矿企业等道路货运源头单位的监管，整顿物资装载经营场所运营秩序，确保超限车辆不出站、不出场。

（徐　路）

【服务南水北调中线工程】　国家南水北调中线工程途经鲁山县6个乡（镇），全长43.1公里，跨沙河、将相河、大郎河3条大河，并与G311线鲁叶路、S242线鲁平路、S231线鲁宝路斜交叉。位于鲁山县境内的沙河渡槽更是南水北调中线工程乃至世界上目前为止规模最大的渡槽工程，堪称“天下第一渡槽”。面对国家大型工程，市公路局高度重视，精心准备，周密安排，全力服务南水北调工程。成立领导小组，落实责任，由专人负责南水北调工程协调事宜；加大公路养护力度，为工程建设提供优质的公路交通服务，及时处理公路病害，提高公路通行能力；积极与施工单位协商南水北调中线工程穿越公路有关事宜，研究穿越公路方案，上报主管部门；协调有关乡镇，主动移除影响施工的路树、苗木；研究施工保通方案，制定南水北调工程穿越公路工程施工期间公路保通方案，实行24小时路政值班巡逻制度，保证施工期间公路安全畅通；落实便道养护方案，指定沿线道班班长为责任人，负责新建便道的养护工作，保证便道通行条件。通过积极协调、落实措施，为南水北调穿越公路工程的施工创造了有利的外部环境，保证了工程施工的顺利进行。

（张旭华）

【干线公路养护】　2010年是交通运输部5年一次的干线公路养护大检查评比年，市公路局以此为契机，筹资金、抓项目，共争取干线公路改造项目3个39公里，大修工程项目5个60.4公里，中修工程项目5个69.97公里，桥梁改造项目6个1228.6

延米，累计总投资达4.75亿元（其中省补助2.54亿元）。所有项目按照合同履约率100%、质量合格率100%、优良率95%以上的要求，顺利向前推进，年底全部完工。

（张旭华）

【路政职业技能竞赛】 2010年9月1日，由市交通局、公路局共同举办的全市路政人员职业技能竞赛落幕。来自全市7个县（市、区）路政大队、6个超限超载检测站的39名选手，围绕理论考试和案件处理、执法文书填制等技能操作以及必答、抢答题，展开激烈角逐。经过两天的半决赛和决赛，鲁山县公路局的邓蕾、秦胜利、丁爱伦，后营超限站的王兆晋、贺聪飞，十里铺超限站的乔蕊娟等6名选手脱颖而出，获"平顶山市公路系统收费业务标兵"荣誉称号。鲁山公路局、后营超限站、十里铺超限站分获集体一等奖、二等奖和三等奖。

（徐 路）

【刘云山到太澳高速公路视察】 9月20日下午，中共中央政治局委员、中央书记处书记、中央宣传部部长刘云山在河南视察工作期间，在河南省委书记卢展工陪同下，途经平顶山太澳高速四棵树服务区，并对服务区工作进行了指导。刘云山一行实地察看服务区餐厅、超市等经营场所，听取简要汇报后，对服务区管理工作给予充分肯定和高度评价。卢展工对高速公路管理工作提出要求：一要进一步把企业文化融入到管理当中，深入到员工心中；二要进一步提升管理水平，丰富商品种类，为司乘人员提供多种选择；三要进一步做好服务，擦亮河南的窗口，为中原地区经济发展多作贡献。

（徐 路）

【范跃武视察叶舞高速公路建设情况】 2010年10月5日~6日，省交通运输厅副厅长范跃武带领厅建管处处长刘闯、副处长吴连民、省厅质监站监督处处长翟彦伟来平视察叶舞高速公路工程建设情况，市人大副主任、市叶舞高速公路工程建设指挥部指挥长王金山、市交通局局长孙建豪、市公路局局长王树延陪同。范跃武一行察看工程建设情况，并慰问工程建设者。他提出三点要求：一是认清形势，逼紧目标，进一步增强加快推进建设进度、确保完成年底通车目标的责任感和紧迫感。二是加大项目管理力度，加强工程质量、进度和合同管理，加强对施工单位履约情况的检查，保证施工人员、设备一定要充足齐全，大干快上，全面掀起施工高潮，确保年底通车目标的顺利实现。三是加快工程清算工作，及时处理设计变更，加快资金周转，妥善解决好农民工工资问题和材料供应问题，决不允许以任何理由和借口阻拦施工。

（徐 路）

【平临高速获"河南之星最佳（先进）单位"荣誉称号】 10月15日，平临高速公路有限责任公司被河南省发展和改革委员会授予2010年度"河南之星最佳（先进）单位"荣誉称号。

（徐 路）

【平临高速服务区通过国际标准化体系认证】 10月18日，平顶山平临高速公路有限责任公司平顶山西服务区、汝州服务区均通过ISO9001（质量管理体系）、ISO14001（环境管理体系）和GB/T28001（职业健康安全管理体系）3项国际标准化体系认证。

（徐 路）

【"好路杯"竞赛暨迎"国检"预检检查组莅平】 10月24日~26日，省交通运输厅公路局党委副书记贾志坚带领省干线公路养护管理"好路杯"竞赛暨迎"国检"（全国干线公路养护管理检查）预检检查组莅平。副市长黄祥利参加汇报会。检查组先后到汝州市、鲁山县等县（市）养护道班、超限检查站等地点，对干线公路养护与管理、路政管理、财务管理和迎"国检"开展情况进行全面细致的检查。在26日召开的反馈会上，检查组对平顶山市的工作予以肯定。贾志坚指出，检查组在平考核的干线公路路段均达到"畅、洁、绿、美、安"的要求。希望平顶山市交通运输局把迎"国检"作为检验公路工作、促进公路事业发展的契机，坚持"建设是发展，养护管理也是发展"的新发展观和"以人为本，以车为本"的新服务观，继续维护好现有成果，使境内的干线公路养护质量稳中有升，养护管理更加规范，路网服务水平和技术状况进一步提高。

（徐 路）

【赵顷霖调研叶舞高速公路工程建设情况】 2010年11月9日，市委书记赵顷霖带领有关部门负责人到他联系的省重点项目——叶舞高速公路调研，市人大常委会副主任王金山、副市长黄祥利、市交通运输局局长孙建豪、市公路管理局局长王树延等陪同调研。赵顷霖深入施工现场，全线察看项目建设情况，特别是土建6标塌方段的工程进展情况。他对叶舞高速公路工程建设进度给予充分肯定，并就下一步工作提出“三个确保”：一是确保年底顺利建成通车。叶舞高速公路年底建成通车意义重大，关系到2010年河南省能否突破5000公里高速公路通车里程，必须强力推进工程进度，确保6标塌方段与整体工程同步完成。二是确保工程质量和安全生产。高度重视沥青面层的铺筑质量，力争在11月16日降温下雪前大头落地。三是确保打造和谐高速。必须妥善解决好施工单位拖欠农民工工资、与供料商的外欠款等问题，尤其是叶县和舞钢市各级党委政府及指挥部，要顾全大局，全力支持，加大协调力度，努力创造良好宽松的施工环境，确保施工顺利推进，按期通车。

（徐　路）

市委书记赵顷霖（前右二）察看叶舞高速施工情况

【平顶山—许昌城际公交正式开通】　11月10日，平顶山至许昌的城际公交正式开通，由平顶山市平运汽车运输有限公司和许昌万里运输集团有限公司共同经营。双方各投入8辆车对发，每车可乘60人，全程票价15元；实行全天滚动发车，每天6时至18时30分之间每20分钟一班。按照省交通运输厅提出的同步规划、同步实施、同步使用管理原则，在平顶山至许昌营运路线两端设两个始发站。平顶山始发站设在市长途汽车站，许昌始发站设在汽车南站。除始发站外，在许昌市区设一个停靠站，即延安路口站；途中共设14个站点，即郭桥、蜜蜂张、黄庙、金庙、颍桥、陈刘河、库庄、襄城县汽车站、中心路、襄城一高、七里店、姜店路口、八矿、建东站。全程需2小时至2.5小时。

（徐　路）

【4个超限超载检测站投用】
2010年11月11日起，平顶山市4个超限超载检测站正式投入运行。为进一步加大超限超载检测力度，扎实推进，取得实效，全市以源头治超为重点、以联动治理为手段，采取多种措施推进治超工作，车辆超限超载现象得到有效遏制，公路通行环境有了明显改善。但由于超限超载涉及面广、治理难度大，超限超载顽症还没有得到根治。经省政府批准，平顶山市新建了S238常付线汝州庙下超限超载检测站、S242庙洪线滍阳超限超载检测站和S231金孟线宝丰杨庄超限超载检测站；改建了S234平桐线舞钢市八台超限超载检测站。这4个站点投入使用后，全市所有干线公路上均设有超限超载检测站，进一步完善了治超网络。

（徐　路）

【宁（南京）洛（洛阳）高速联谊会第六届年会在平召开】　11月15日～16日，宁（南京）洛（洛阳）高速公路联谊会第六届年会在鲁山玉京温泉度假酒店召开。河南省收费还贷高速公路管理中心党委书记李德华、省交通运输厅总工程师李强、省交通运输厅办公室副主任康继民、省交通运输厅高管局副局长双培亮、省收费还贷高速公路管理中心副主任张长留、省交通科研院有限公司董事长胡霞光、省高速公路联网公司监事会主席王予川，平顶山市人大常委会副主任王金山、副市长黄祥利、市政协副主席张国需，以及市发改委、交通局等部门负责人，江苏、安徽、山西三省交通主管部门负责人，10家会员单位代表、沿线公安交警代表、路政部门代表、有关新闻媒体200余人参加会议。平顶山平临高速公路有限责任公司作为宁洛高速联谊会第六届会长单位主持会议。会议通过山西省晋城高速公路有限公司正式成为宁洛高速联谊会成员单位；通过第五届年会工作报告、第六届年会工作计划；商定出第七届年会会长单位。平顶山市高速交警、联谊会会员单位代表分别就高速公路安全保通、经营管理、道路养护等进行经验交流。

2005年12月，宁洛高速公路联谊会正式成立，这是全国首家跨省高速公路运营联谊会。宁洛高速公路东起南京、接沪宁高速直达上海，西至洛阳与连霍高速公路会合通向西安直至新疆，途经江苏、安徽、河南3省，全长741公里，2006年9月30日全线贯通。这种跨省、跨区域的高速公路联谊组织形式，对提高宁洛高速公路全线整体服务水平，促进省际高速公路有效衔接，加强高速公路网络化建设和资源共享，增进各经营管理单位之间的相互了解、沟通和经验交流具有十分重要的意义。

（王营春）

【赵耀辉获援助阿坝州灾后重建先进个人荣誉称号】 2010年11月，市公路局工程一处副处长赵耀辉先后被交通运输部、四川省阿坝自治州委和阿坝州人民政府授予援助阿坝州灾后重建先进个人荣誉称号。2009年5月，交通部选派26名道路桥梁专业技术人员支援阿坝州灾后重建工作，赵耀辉为其中之一，他被选派到阿坝自治州红原县挂职锻炼，任该县交通局副局长。他一心扑到灾后交通重建工作上，克服高原反应、恶劣气候和艰苦的工作生活条件等困难，深入工程建设管理第一线，为地震灾区的恢复重建作出了积极贡献，得到当地政府和群众的一致好评。

（徐　路）

【省“好路杯”检查组莅平检查农村公路工作】 11月27日，以省公路局副局长郭留红为组长的检查组莅平，对平顶山市2010年农村公路“好路杯”竞赛活动开展情况进行为期两天的检查指导。检查组对汝州市、郏县农村公路“好路杯”竞赛活动开展情况进行实地检查，同时抽查部分县（市、区）农村公路建设的完成和质量情况，并对全市落实路肩培土平面交叉活动及实验室建设情况进行详细检查。随后召开检查意见反馈会。郭留红对平顶山市高度重视农村公路养护工作，开展“畅通杯”和“文明示范乡镇”创建活动，落实市县两级财政配套资金，建立乡镇养护站，文明示范路路面整洁顺畅等各项措施和效果给予充分肯定和赞扬。同时提出存在的一些问题：一是内业资料有待进一步完善；二是过街路段和维护路产路权等薄弱环节需加大整治力度；三是路肩培护平面交叉工作有待进一步加紧落实；四是根据《条例》要求汇报到位，落实市级本年度财政一般预算收入的1.5%养护资金。市交通运输局局长孙建豪要求各有关单位要对照反馈问题查漏补缺，整改纠正到位。

（徐　路）

【陈建生调研叶舞高速公路建设情况】 12月8日，市委副书记、代市长陈建生，市人大常委会副主任王金山到叶舞高速公路调研工程建设情况。陈建生一行实地察看了叶舞高速公路部分标段，在因山体滑坡更改设计的九龙山隧道工程施工现场，详细了解工程进展、施工方案以及资金投入等情况。陈建生指出，叶舞高速公路的建设通车具有里程碑意义，这不仅是“十一五”期间河南省高速公路通车里程达到5000公里、保持全国第一的最后一个工程，也是“十一五”期间平顶山市实现县县通高速的标志性工程。叶舞高速公路的建设，市委、市政府十分关注，全市人民非常关心。工程自开工以来，在各有关部门和建设单位的共同努力下，进展比较顺利。目前距年底通车的时间越来越近，各有关部门和建设单位要进一步加大工作力度，严格控制时间和节点，确保工程顺利推进。各建设单位要抓住当前天气晴好的有

市长陈建生（中）调研叶舞高速公路建设情况

利时机，倒排工期，科学组织施工，千方百计加快施工进度。要时刻把质量放在第一位，严格把关，精心施工，确保工程质量。沿线各级党委、政府和有关部门要按照创建和谐工程的要求，加强协调，密切配合，努力为工程建设搞好服务，创造良好环境，确保按时通车。

（徐　路）

【叶舞高速公路建成通车】　12月26日上午，焦桐高速公路叶县至舞钢段、永登高速公路任庄至小新庄段、大广高速公路冀豫界至南乐段项目建成通车暨河南省高速公路通车里程突破5000公里庆典在叶舞高速公路舞钢收费站附近举行。副省长张大卫，市委书记赵顷霖，市委副书记、代市长陈建生，省交通运输厅副厅长李和平、范跃武，省直有关部门和周口市、商丘市、驻马店市、濮阳市的有关负责人，市委常委、秘书长张遂兴，市人大常委会副主任王金山，副市长黄祥利，市政协副主席张国需，市中级人民法院院长郭保振等出席庆典。张大卫在庆典上讲话，下达3个项目通车令，并宣布河南省高速公路通车里程突破5000公里。陈建生在庆典上致辞，李和平宣读了交通运输部发来的贺信。

张大卫指出，3个项目的建成通车，使我省高速公路通车总里程突破5000公里大关，达到5016公里。这是我省交通运输史上的又一座里程碑，也是我省经济社会发展中的又一件大喜事。过去的5年，是我省高速公路事业发展速度最快、质量和效益最好的5年。高速公路通车里程继2006年突破3000公里、2007年突破4000公里后，2010年又突破5000公里，连续5年保持全国第一。国家规划的我省境内的3219公里“三纵三横”高速公路网全部建成通车。高速公路的快速发展，为全省经济社会发展装上了奔跑的轮子，插上了腾飞的翅膀。纵横于中原大地的5000余公里高速公路，已经成为河南经济社会发展的黄金路、连通城乡内外的开放路、改善人民生活的幸福路和承载中原崛起的希望路，更是新时期河南快速发展的一张亮丽名片。

陈建生在致辞中说，叶舞高速公路是省、市重点工程项目，它的建成通车实现了平顶山市“县县通高速”的发展目标，对于进一步改善全市交通状况和投资环境，提升区位优势，加快发展步伐，都具有十分重要的意义。更为重要的是，叶舞高速公路作为京珠、沪陕等多条国道干线公路和豫西南地区的一条快速连接通道，它的建成通车，不仅进一步完善了我省高速公路网络，而且标志着全省“十一五”高速公路通车里程突破了5000公里，保持了全国高速公路通车里程第一的位次。这对实现中原城市群资源共享、产业互补、经贸交往、生态共建，推动我省经济社会更好更快发展，加快中原经济区建设都具有十分重要的战略意义。希望各管理单位切实抓好叶舞高速的运营、管理和养护工作，降低运营成本，提高服务水平，努力创造安全、快捷、舒适的行车环境，为平顶山乃至全省经济社会发展提供有力保障。

焦桐高速公路叶县至舞钢段，起点位于叶县境内宁洛高速与兰南高速甘刘枢纽互通东约4公里处，终点位于舞钢市与驻马店市泌阳县交界，与焦桐高速泌阳段相接。线路全长50.04公里，双向4车道，设计时速120公里，工程概算投资22.13亿元。在庆典仪式上，3个项目建设单位、施工单位、监理单位的劳模、先进工作者及施工人员代表为通车剪彩。

（徐　路）

【《河南省农村公路条例》知识竞赛】　12月29日，平顶山市农村公路系统《河南省农村公路条例》知识竞赛在平顶山饭店隆重举行。经过激烈角逐，湛河区、汝州市、石龙区农村公路管理所脱颖而出，分获团体比赛前三名。此次竞赛活动，是为了宣传贯彻10月1日《河南省农村公路条例》的颁布实施，在全市农村公路系统干部职工中掀起学习农村公路建设、管理、养护等知识，准确理解、正确把握、深刻领会《条例》的各项规定，增进全系统人员的法制意识，提高法律素质和依法办事能力，以此推动整个农村公路事业的发展而举办的。

（徐　路）

【平东站被武汉铁路局命名为安全优质站】　2010年，平东站全体职工牢固树立安全发展的理念，以推进“三项工程”建设为载体，狠抓自控型班组建设，提升安全管理水平；以“对规达标”为龙头，强化“三基”、落实“四责”；深化安全生产专项整治及“查短板、除隐患、灭事故、保安全”等活动，抓安全关键环节的控制，确保春运、暑运、世博会以及亚运会期间的安全稳定，在夺取“12·5”安全生产7500天的基础上顺利实现安全年。安全生产的稳定有序，带动全站各项工作的健康发展，被武汉铁路局命名为“安全优质站”。

（谢　毅）

【运输生产超额完成】　2010年，平东站坚持客货并举的营销思路，创新举措，优化运输组织。客运抓住上海世博会和河南部分旅游景点轮流免费的有利时机，大力培育客运市场，设立24小时营销服务专线，积极申请新增客票代售点和开行旅游专列，实现了客运工作新突破，旅客发送人提前23天完成，共发送旅客764327人，同比增加62511人，超年计划34327人；货运面对河南省煤炭企业兼并重组和“6·21”、“10·16”矿难后，煤炭市场及车站装车发生的急剧变化，理清思路，着眼全局，深度营销，建立“一对一”包保制度，积极组织外地调煤，克服重重困难，努力增运上量。全年全站装车完成492638车，超年计划7553车；发送吨完成31958238吨，超年计划578238吨；完成运输收入232975.04万元，提前22天完成，超年计划11445.04万元。

（谢　毅）

12月30日上午，孟庙至平顶山铁路改造工程开工奠基仪式在平东站举行

【深化改革促发展】　2010年，平东站坚持以改革促发展，以改革促稳定，以改革促效益，各项改革举措平稳推进。增设余官营站分界口货车检测岗位、平顶山车站客运安检岗位和运转车间西区调车组连结员岗位等生产定员；整合货运车间货场包线货运员岗位；重新修订《干部考核办法》和《班组长管理办法》，完善干部月度工作目标考核制度，加强自控型班组、岗位动态检查管理和日常的考评工作；出台《工资分配办法》和《一次性奖励挂钩考核办法》，体现工资分配结果与劳动数量和质量紧密挂钩。各项改革举措激发了全站干部职工保安全、促稳定、增效益的积极性和创造性。

（谢　毅）

【经营管理见实效】　2010年，平东站面对路局下达运输成本不足的问题，制定成本预算管理执行及考核办法，实施成本预算风险抵押金，加强预算管理，加大既有预算项目执行情况的监管，推行月盯月控，季度考核等控制措施，保证成本预算的有效执行，确保安全运输生产和实事工程的费用需求，把成本支出控制在有权支出范围内。同时建立健全节能降耗目标责任制，签订节能降耗目标责任书，加大修旧利废力度，深层次挖掘成本节支潜力，大力开展节支降耗活动，同比节约用电35065度，节约用水5384吨。

（谢　毅）

【精神文明建设】　2010年，平东站深入开展创建学习型领导班子和“四强四优”活动，提高班子解决实际问题的能力，发挥党组织和党员在安全生产主战场上的战斗堡垒和先锋模范作用。加强预防教育，完善惩治和预防管理制度，党风廉政建设和反腐倡廉工作取得新成效。民主管理不断深化，路风建设、企业文化建设、群众性文体活动不断深入。认真落实“三不让”承诺，全年为39人提供借款13.3万元；累计支付各项救助资金61.39万元，使困难职工生活得到保障。深入贯彻信访工作条例，细化稳控措施，着力化解各类不稳定因素，确保职工队伍稳定。

（谢　毅）

【改善生产生活条件】　平东站本着全心全意依靠职工群众的指导思想，切实关心职工生产、生活条件，千方百计筹措资金为职工办实事、办好事。上届职代会确定的实事工程基本兑现：为全站职工办理人身意外伤害保险和家庭财产保险；为全站在职职工及离退休职工进行体检；对平东站货场进行改造；为全站生产岗点更换座椅，改善现场生产条件；开通平东通城货场战略装车点；平东公寓东1号、2号家属楼顺利施工，职工活动中心东部开始拆迁，职工住房条件逐步改善；组织全体在职职工参观学习；职工收入水平不断提高，全年人均收入达到50444元，较上年增长14.4%。对减速顶调速维修仪器进行更新，并购置备用设备；安全管理干部巡视写实指纹系统光纤通道进行铺设；平顶山站出站口水管网及消防管道进行大修；对姜庄站、前聂站和姚孟站锅炉及供暖管道进行大修；对货场各岗点、运转车间、货运车间、裴城车站、平顶山车站及姚孟车站部分岗点更换空调；对电视台硬盘播出系统进行更新。

（谢　毅）

【平顶山西站】　平顶山西站位于河南省平顶山市宝丰县城西南2.5公里处，在路网上衔接3个方向，北抵焦作，南达柳州，东至孟庙站与京广铁路连接，中平能化集团专用铁路自东西两端引入本站，具有区域性交通枢纽的地位。车站布置为横列式一级二场，分别为到发场和调车场，是全路客货兼办的二等区段站。车站中心里程位于焦柳线241 km + 355m、孟平线99 km + 528m处，隶属郑州铁路局南阳车务段。车站有正线3条，到发线8条，调车线9条，简易驼峰1座，调车机1台，与车站接轨的专用铁道1条，专用线8条，段管线6条，旅客站台2座，面积9116平方米，旅客地道1座，货场2个。2009年12月11日，车站联锁设备由6502电气集中联锁升级为微机联锁，洛张电气化于2009年12月31日开通后，牵引方式由内燃机车变为电力机车牵引。

平顶山西站行政机构设综合办公室和业务室，下设运转、客运、货运、装卸4个主业车间，13个班组。另有集经、多经、旅服、综合服务部4个经营部门，共有干部33人、职工338人。

（余胜利）

【生产任务全面完成】　平顶山西站主要办理旅客发送、行包托运以及散堆装货物和成件货物的整车发运业务，负责焦柳线和孟平线部分货物列车的解体改编，以及旅客列车的供水工作。2010年，车站每天接发图定旅客列车28对，主要通往北京、上海、广州、哈尔滨、天津、成都、重庆、西安、太原、贵州、厦门、湛江、银川等方向。6月24日，单日发送人达2607人，创单日发送旅客新高。全年平西站完成货物发送339.2万吨，旅客发送44.4万人，装车51578辆，卸车4531辆，办理车1029823辆，发送行包15512件。

（余胜利）

【平顶山直达东北地区的客车开通】　4月26日零时起，铁路部门实行新的列车运行图。平顶山西站新增重庆北—哈尔滨的K1063／4次列车，平顶山到东北地区没有直达列车的历史宣告终结。新增开的K1063／4次列车往返于重庆北和哈尔滨之间，其中开往哈尔滨方向的K1064次列车到达平顶山西站的时间是14：40，14：46开车，停车6分，途经郑州、开封、商丘、菏泽、聊城、衡水、天津、唐山、秦皇岛、葫芦岛、锦州、铁岭、四平、长春等27个城市，到达终点站哈尔滨的时间为次日21：32分；哈尔滨至重庆北的K1063次列车到达平顶山西站的时间是23：06，开车时间是23：09，停车3分，途经南阳、襄樊、武当山、十堰、安康、万源、达州、渠县、广安等11个城市，到达终点站重庆北站的时间为当天21：12分。该对列车为快速直通空调客车，途经四川、湖北、河南、山东、河北、辽宁、吉林、黑龙江及天津市，单程3530公里，是途经平顶山运行线路最长的旅客列车。

（余胜利）

【运输安全持续稳定】　2010年，平西站坚持“安全第一、

平西站安全宣传活动

预防为主、综合治理”的方针，牢固树立以人为本、安全发展、和谐发展的理念。围绕年初确定的工作思路：严控“九个关键”（接发列车防错忘办、防溜逸、切割正线调车、货物装载加固、防关折、消防安全、施工安全、劳动安全、铁路交通安全），巩固“三个重点”（基层、基础、基本功），强化“五个力量”（思想引领力、制度约束力、工作落实力、攻坚克难战斗力、现场安全控制力），促进“三个过硬”（职工岗位技能过硬、干部作风过硬、过程控制过硬），实现“一个目标”（实现安全年）。围绕春运、调图、防洪、除雪等关键阶段，不断加强现场作业控制，强化干部包保，建立健全预警分析、信息处置、应急管理、干部考核、责任追究等一系列制度措施，实现了安全生产的持续稳定。

（余胜利）

【为职工群众办实事】 平西站多渠道争取上级支持，先后为生产现场新配空调6台、更新4台；对信号楼、东西外勤商检等岗位进行装修；在机关办公楼4楼安装多功能太阳能热水器，加强活动室建设；对4台取暖锅炉供热系统进行维护；更换机关院内变压器，改善职工的工作、学习和生活条件。认真落实“三不让”承诺，大力开展扶贫帮困、节日慰问和“金秋助学”活动，有效保证了职工队伍的稳定。

（余胜利）

邮政事业

【概况】 2010年，平顶山邮政局按照省公司的统一部署，先后完成邮储银行平顶山分行和邮政速递物流平顶山分公司的组建工作，在企业内部推进专业化经营，进一步解放邮政生产力，提高竞争力，促进了平顶山邮政的快速高效发展。全市邮政系统实现收入3.34亿元，较上年增长23.86%，较2008年翻了一番，提前1年完成3年发展奋斗目标，综合效益继续保持全省前列。当年，平顶山邮政局荣获河南省“五一劳动奖状”、平顶山市职工职业道德建设十佳单位；市局工会荣获全国模范职工之家，市局纪委监察室荣获全国邮政纪检监察工作先进单位称号。鲁山邮政局、郏县邮政局被授予“省级文明单位”称号。鲁山县邮储支行荣获支持地方经济发展先进县域金融机构和河南省服务农村青年创业致富先进集体称号，舞钢邮储银行中心路支行、叶县邮储银行九龙路、邓李乡支行分别被评为群众满意基层站所。市邮政局光明路收投站被授予河南省“工人先锋号”，叶县叶廉路支局荣获省国防邮电工会“工人先锋号”，舞钢尚店、宝丰大营、郏县安良支局荣获河南省群众满意基层站所称号。1人荣获平顶山市劳动模范和第四届十大杰出青年企业家称号，1人荣获平顶山市最佳诚信服务个人称号。

（王守铎）

【“邮票搭台文化强市”系列活动】 2010年3月，由平顶山市委、市政府主办，市委宣传部、市邮政局承办，市文化广播电视新闻出版局、市旅游局协办的“邮票搭台文化强市”系列活动组委会成立。活动以发行《中国古代书法—行书》、《民间传说—牛郎织女》、《新中国治淮六十周年》3套邮票为载体，以举办邮票首发式为平台，利用邮票“国家名片”的独特作用，宣传平顶山的历史文化和丰富的旅游资源，展示平顶山的发展和城市变化，提升城市文化品位和城市知名度。市政府为此拨付专项资金150万元。市委常委、宣传部长唐飞任组委会主任。

（王守铎）

【邮储业务实现首季开门红】 2010年，平顶山市邮政局为加快发展邮储重头业务，提出“金融业务发展贯穿全年，举全局之力实现首季开门红”的工作思路，组织开展“邮政储蓄业务旺季劳动竞赛”。截至2月28日，邮储发展全面飘红，全市6个县（市）局均提前完成首季储蓄计划。邮储余额净增8.24亿元，其中企业净增4.04亿元，邮、银占比达85.43%，邮储业务首季名列全省同业第一。

（王守铎）

【大河集邮论坛】 2010年4月29日，第51期“大河集邮论坛”在平顶山工业职业技术学院报告厅举行。论坛邀请河南省集邮协会副会长姚伦湘、省集邮协会副经理廖保江、市委宣传部外办主任董玉玺、市书协主席营智民、原郏县文化局长刘继增为主讲嘉宾。论坛配合《中国古代书法—行书》特种邮票在平顶山首次发行造势，与会学者和专家围绕举行首发式的《中国古代书法—行书》邮票、三苏文化、书法艺术欣赏等内容和广大集邮爱好者进行了交流。有500多人聆听论坛讲座，扩大了集邮的社会认知度和影响力。

（王守铎）

【全市青少年书法绘画竞赛】

2010年4月20日～5月15日，平顶山团市委、市教育局、市邮政局在全市大中小学在校生中全面开展“集邮文化博古今、鹰城文化传天下”为主题的青少年绘画、书法作品大赛。鼓励广大青少年用书法、绘画作品抒发自己对家乡风土人情的热爱，培养青少年的民族自豪感和爱国主义热情。大赛组委会把10件获奖作品制成“集邮文化博古今、鹰城文化传天下”主题明信片册，并在市博物馆展出。

（王守铎）

【《中国古代书法—行书》邮票发行】　2010年5月15日，《中国古代书法—行书》特种邮票首发式在市新城区市政广场主会场和郏县休闲会场分会场同时举行。中华全国集邮联合会会长杨贤足，中国邮政集团公司副总经理张亚非，河南省政协原副主席杨光喜，中国书法家协会党组书记、副主席兼秘书长赵长青，中国书法协会副主席、宁夏书协主席吴善璋，中国集邮总公司副总经理张伟，河南省邮政公司总经理杨海福，河南省委宣传部副巡视员任高潮，中国书协理事、中国书法名城联谊会会长、河南省书法家协会主席宋华平，河南省邮政管理局局长杨汉振，河南省邮政公司副总经理徐茂君，河南省邮政公司资深经理郭红杰等领导和著名邮票设计家刘钊、方军、李德福应邀出席主会场首发式。平顶山市委副书记冯昕，市政协主席裴建中，市委常委、秘书长张遂兴，市委常委、宣传部长唐飞，市人大常委会副主任郑枝，市政府副市长黄祥利，市政协副主席潘民中、白进忠等领导出席主会场首发式。省内外新闻媒体记者和社会各界群众5000余人参加了主会场首发式活动。中国邮政集团公司集邮发行部经理马丕中宣读了《中国古代书法—行书》特种邮票发行通知。杨贤足、张亚非、杨光喜、赵长青、冯昕等共同为《中国古代书法—行书》特种邮票发行揭牌并签名留念。该套邮票1套6枚，分别为东晋王羲之《牡丹亭》、唐代颜真卿《祭侄文稿》、宋代苏轼《黄州寒食帖》各两枚连体票。市集邮协会当天还举办了大型邮展。

（王守铎）

【《民间传说—牛郎织女》特种邮票发行】　2010年8月16日（农历七月七日）是中国传统的七夕佳节，《民间传说—牛郎织女》特种邮票首发式在牛郎织女文化之乡鲁山县文化广场举行。中国民协副主席、省文联副主席、省民协主席夏挽群，省邮政管理局局长杨汉振，市、县主要领导及社会各界1200人参加首发式。《民间传说—牛郎织女》特种邮票一套4枚，内容分别是“盗衣结缘”、“男耕女织”、“担子追妻”、“鹊桥相会”，另外发行小本票1枚。首发式上平顶山市77对新人举办了“中国牛郎织女文化之乡七夕爱情节”浪漫集体婚礼。

（王守铎）

【邮政连锁超市】　2010年7月21日，平顶山市邮政局第一个邮政连锁超市在薛庄挂牌成立。当天营业额达2万元。至12月底全市建成邮政连锁超市209个。

（王守铎）

【汝瓷珍品邮票隆重发行】

2010年9月23日，在汝州市举办的首届中国（国际）汝瓷文化节上，隆重发行中国（国际）汝瓷文化节会徽个性化邮票1版和汝瓷珍品个性化邮票1套14版。该套邮票为12枚空中版式，主图为“太阳神鸟”，附图均为汝窑瓷器珍品。向世人展示现存于世界各国（地）博物馆（院）14种珍品汝瓷的全貌，诠释汝瓷作为国宝所拥有的独特文化内涵。

（王守铎）

【平顶山DM邮政版发行】

2010年9月7日，带着清新的墨香，第一期《DM河南邮政广告》平顶山版正式发行。平顶山版DM中邮广告报纸每周四发行，每期发行3万份，是全市唯一使用铜板纸印刷的广告报纸。

（王守铎）

【新城区邮政所开业】　2010年9月18日，平顶山市新城区邮政所正式开业。新城区邮政所位于新城区公正路中段，营业大厅服务面积100平方米，邮政所主要办理信件、包裹、特快专递的寄递和集邮业务。代收水费、电费、通信费，代售公交IC卡、飞机票、世博会门票、福利彩票等。随着邮政所业务的进一步扩大，还要开办公交IC充值卡、代收交警罚款、邮政储蓄、报刊发行等业务。

（王守铎）

【首届重阳节老年集邮展】

2010年10月16日，为丰富全市离退休人员的文化生活，平顶山市首届“重阳节”老年集邮展览在市工人文化宫老干部活动中心举行。展出21部80框，类别有专题、极限、邮政史、开放类等，内容丰富，资料翔实，从不同角度歌颂中国共产党的丰功伟绩，歌颂社会主义祖国改革开放取得的伟大成就，展示祖国的秀丽风光。展出两天，有上千人观看。

（王守铎）

【邮政局获“康乃馨之星”大赛组织奖】　2010年11月3日～5日，河南省邮政公司在郑州市举办全省邮政系统“康乃馨之星”大赛，平顶山市邮政局组团参赛，并获得大赛组织奖。平顶山市选手赵丽平获得“微机录入”项目三等奖，并被授予“康乃馨金手指之星”称号；张晓慧在“职场演练和知识问答”项目中获得三等奖，并被授予“康乃馨服务之星”称号。

（王守铎）

【报刊发行出新招】　2010年，市邮政局报刊发行专业在完善内部发投体制的改革后，强力推进创意、转型的运行机制，细分市场，狠抓重点，组织实施了形象期刊、图书展销、中邮阅读卡销售等项目的营销，7月份实现新增形象期刊20.76万册，图书展销销售码洋32万元。全年实现业务收入1545万元，较上年增长29.59%，居全省同业第五位。

（王守铎）

【电子商务全面发展】　2010年，市邮政局电子商务专业加快信息资源整合和平台支撑建设，开展“多说一句话”活动，加大短信业务宣传，全市新增邮储短信5.6万户，发展自邮一族业务会员6000余户，全年实现业务收入591万元，同比增长43.47%。

（王守铎）

【代理保险业务成效显著】
2010年，市邮政局继续狠抓代理保险业务队伍建设，围绕市场动向，积极探索新的营销模式，扩大营销险种和营销区域，针对市场变化，及时开展“代理保险创收竞赛”活动，全年实现保费9.26亿元，较上年增长94.99%，排全省同业第二位。汝州市、宝丰县、鲁山县、郏县、叶县、舞钢市6个县（市）局的保费规模均超亿元。

（王守铎）

【代理金融业务再创新高】
2010年，市邮政局狠抓代理金融重头业务的发展，规模效益连创新高。全年代理金融余额累计净增9.58亿元，累计完成收入1.28亿元，完成省公司计划的106.18%，同比增长11.27%。新增活期比例占64.54%，排全省同业第五位，累计活期比例占47.5%，排全省第六位。

（王守铎）

【集邮业务提前1个月完成年计划】　2010年，市邮政局集邮专业依托社会丰富的文化、旅游资源，大力宣传新邮品的发行和政府、企业、个人形象册的推广，在全市搭建起持续良好发展的文化平台，拓展了集邮市场。全年实现业务收入2235万元，提前1个月完成全年计划。

（王守铎）

【速递物流专业快速发展】
2010年，平顶山邮政速递物流专业坚持以时限为主线，以服务为先导，优化业务结构，突出发展高效业务，同时加快重点市场、重点业务及重点项目的布局调整，整体业务快速发展。全年实现收入3174万元，同比增长25.06%。其中，中邮物流专业实现收入427万元。

（王守铎）

【分销物流业务全省第五】
2010年，市邮政局分销物流专业按照上级的要求，大力发展农村邮政物流，组建自营物流网点，拓展农村流通市场，加大农资配送运作的力度。全年实现分销物流销售收入4131万元，实现业务收入1164万元，同比增长67.47%。排全省同业第五位。

（王守铎）

【服务“三农”村邮站建设】
2010年，市邮政局为更好服务“三农”，有效满足广大农民群众生产生活和对邮政通信的需求，积极推进农村邮政综合服务平台建设。截至12月底，全市建成1200个村邮站，创建邮政示范田7块11500亩。全年累计实现农资配送、生活消费品销售额3140万元。

（王守铎）

【信息化支撑能力增强】　2010年，市邮政局信息部门按照省公司工作部署，完成邮政储蓄个人网银系统、邮政信息网管理系统等信息化项目的推广上线。新增自助柜员机36台。完成13个自办手工网点的电子化支局改造上线。完成村邮站和社会网点“缴费一站通”的接口程序开发与推广。

（王守铎）

【邮政三大板块共同发展创佳绩】 2010年，平顶山邮政局、邮储银行、速递物流公司按照国务院对邮政体制改革的总体要求，在中国邮政的大旗下，形成邮务类、邮政金融、邮政速递物流三大板块共同发展的新格局，实现了相互支持、形成合力、共赢发展的新局面。全年实现系统收入3.34亿元，较上年增长23.86%，较2008年翻了一番。其中邮政企业实现收入2.35亿元，较上年增长18.27%；邮储银行实现收入8456万元，较上年增长48.92%；速递物流公司实现收入1500万元，较上年增长1.27%。

（王守铎）

【鲁山邮政局获基础管理二十佳称号】 2010年，鲁山县邮政局全面加强质量管理工作，形成三级视检体系、三个检查层次，为保障通信质量筑起了一道牢固的防线，基础管理工作成效显著。4月6日，鲁山邮政局被河南省邮政公司、中国邮电工会河南省邮政委员会联合授予基础管理二十佳县局称号，在全市邮政系统尚属首家。

（程永和　王守铎）

昔日皇家汤沐地——汝州温泉

汝州温汤最早的传说，可上溯到轩辕黄帝。《庄子·外篇·在宥》中曾有黄帝问道于广成子的记载，“广成子者，古之仙人也。居崆峒山石室之中”（《神仙传》）。据考证，广成所居崆峒山，即在温泉镇旁。相传黄帝问道于广成子之前，曾在温汤沐浴，成了温汤养生“第一人”，这个传说，成为后世“广成苑”的由来。

广成苑是东汉著名的皇家园林，苑西的广成泽（今洞山水库）是一片广阔的湿地，水草丛生，鸟兽成群，是狩猎的绝佳场所。《后汉书》中，有和帝、安帝、桓帝、灵帝多次“驻跸温泉宫”、“狩猎广成苑”的记载。

今日的温泉镇，矗立着一尊高大的武则天像，昂首登临，意态娴雅，记录着一代女皇在温汤游幸的历史。据《唐书》载，武则天一生中曾驾临汝州温汤三次。上元三年（公元676年）和调露二年（公元680年），武氏作为皇后陪高宗两次“幸汝州温泉”（《旧唐书·高宗本纪》）。高宗死后，达成夙愿的武则天，改国号为周，封东都为神都，加尊号天册金轮圣神皇帝，封禅于嵩岳，幸汝州之温汤，造三阳宫于嵩山。圣历三年（公元700年），志得意满的武则天又一次“幸汝州之温汤”（《旧唐书·则天皇后本纪》）。

作为政治上的重要棋子，扼守古道的南北要冲，同时也作为都城配套的休闲度假区，广成苑与汝州温泉曾经历过最繁华灿烂的岁月，受到历代帝王与文人雅士的推崇，李世民、李隆基、北魏孝文帝拓拔宏、金主完颜亮、宋之问、欧阳修、苏轼、苏辙……帝王将相，迁客骚人，都曾享受着柔滑如缎的温汤而流连忘返。

（吕　静）

信 息 产 业

移　动

【移动网络领先优势进一步巩固】 2010年，平顶山移动公司网络建设工作围绕“质量领先、运行高效、支撑有力”的目标，通过持续开展网络安全整治、基站无线网健康行、基站感知类告警专项整治和网络应急保障能力提升等网络质量提升活动，全面增强网络服务保障能力。7月，启动以叶县为试点的乡镇弱覆盖整治活动，开通村村通基站31个，累计完成51个乡镇弱覆盖优化，改善209个村庄覆盖，有效解决了农村地区的网络覆盖问题。此外，顺利完成马街书会、中国第一届冶铁节、宝丰魔术节、新城区邮票首发式等重要活动和矿区应急抢险等重大通信保障任务。到12月底，圆满完成GSM14B、15A期工程、2009本地传输网工程、2009通信管道工程建设，全市基站总数达到1500个，交换机容量达到360万户。

（张盼盼）

【《平顶山手机报》开通】 2010年8月26日，平顶山移动公司与平顶山日报社联合推出《平顶山手机报》，这是平顶山日报社媒体优势与平顶山移动网络优势实现深度融合的具体体现。手机报作为新兴的“第五媒体”，能够及时快捷地把党和政府的声音传递给手机用户。《平顶山手机报》主要有新闻、资讯、娱乐休闲等内容，每日上下午（周末上午）以图文并茂的形式编辑成手机用户可以接收到的彩信信息，定时发送给定制手机用户。

（张盼盼）

【“全球通VIP羽毛球俱乐部”成立】 2010年8月28日，平顶山移动公司“全球通VIP羽毛球俱乐部”揭牌成立。俱乐部的成立，在进一步提升全球通品牌价值的同时，为广大全球通VIP客户创造了一个良好的运动生活氛围。

（张盼盼）

【河南移动与市政府签订战略合作框架协议】 2010年10月19日，中国移动通信集团河南有限公司与平顶山市政府在蕴海建国饭店签署战略合作框架协议。内容涵盖通信基础建设、“数字鹰城”项目建设、“无线民生”服务工程建设、“无线工业”信息化普及工程建设、“信息惠农工程”建设、中小企业信息化普及工程六大项目。此举将进一步加快TD－SCDMA发展，提升平顶山市信息化发展水平。

（张盼盼）

河南省移动公司副总经理黄庶（右）与平顶山市委常委、常务副市长邢文杰（左）出席签约仪式

联 通

【联通公司持续健康发展】
2010年，平顶山市联通公司紧紧围绕集团公司提出的“抓机遇、保增长、调结构、上水平”的总体要求，围绕“农村市场要规模、城市市场要效益”、“36项工作上台阶”的工作要求，深入推进“九大结构调整”，以客户为中心，以效益为目标，强化基础管理，提高企业控制力、执行力，面对新的发展环境和日趋激烈的市场竞争，干部员工进一步解放思想，转变观念，团结一致，真抓实干，保持了企业的持续健康发展。当年，平顶山市联通公司手机发展44.64万户，净增4.54万户，出账用户达到43.97万户。其中，3G发展3.84万户，净增1.42万户，出账用户达到2.23万户；宽带出账用户净增4.85万户，达到20.34万户；固话出账用户达到40.76万户；小灵通出账用户达到3.33万户。实现通信服务收入4亿余元，完成省公司下达计划的93.96%。

（张纪安　徐豪锋）

【联通宽带业务】　2010年，联通公司在宽带业务方面作出全面部署，全方位多角度对宽带业务进行宣传，形成“联通宽带，用的人就是多”的品牌强势；开展进社区现场营销活动553场，建立校园宽带渠道商33个；市区4所高校宽带用户达到10459户，净增4308户，发展新势力卡5187张。平顶山学院和河南城建学院校园宽带占比达到100%，两所高校共有宽带用户9025户。发展三类市场宽带用户1575户，3G业务出账用户达到2.23万户。

（张纪安　徐豪锋）

【联通公司营销成效明显】
2010年，平顶山联通公司不断提升销售能力。通过加强销售技术培训，提高自有渠道销售技能；重视集团客户3G业务行业的应用，广泛开展手机办公、移动定位、车辆监控等行业应用工作，提升集团客户使用价值；做好3G客户服务维系，组织客户经理开展3G客户一对一服务维系工作，由客户经理引导3G用户使用包括手机上网、可视电话、M、T等多媒体3G特色业务，实现3G存量用户的价值提升。开展整村推进活动，以选取手机信号、固话网络双覆盖的行政村为主，在1440个选定的行政村开展营销活动。至12月底，共发展56557户，全市覆盖平安互助的行政村2494个，行政村渗透率为96.2%，加入平安互助的固话用户10.42万户、手机用户3.65万户，平均每个网点56户。在推进行业信息化方面，第一类信息化项目年度新增33006户，其中e联惠农694户，家校e通32312户，完成全年指标进度的256.56%；第二类信息化项目年度新增915户，其中e税通198户，治安通45户，文化共享254户，村医通418户。

（张纪安　徐豪锋）

【联通公司通信能力增强】
2010年，平顶山联通公司把握市场动向和用户需求，挖掘和培育新的业务增长点，灵活调整经营方向和营销策略，固定资产投资5500万元，进行网络优化和技术管理创新，建成开通了数字工商、环保局环境自动监控、平安城市监控、电子警察、中石油联网等集团客户专线接入项目。加快信息化建设步伐，以政务信息化建设为重点，抓好电子政务网建设，以企业信息化建设为重点，推进行业和中小企业信息化工作，紧密结合行业和企业的实际需求，加快推广“宽带商务”、“电话导航”、“4006”等ICT（信息通信技术）应用产品。以城市和社区信息化为基础，推进社会服务信息化，搞好电子政务、平安鹰城等建设项目。以农村党员远程教育为契机，推动行政村手机、固话网络双覆盖，大力推进农村信息化。积极参与中高招考试的现场营销，现场演示无线上网本、3G终端、无线网卡等业务。积极开展共建共享工作，联通公司与电信公司、移动公司共建基站，共享率达到50%，全面完成或超过考核指标。不断加强网运质量分析和网络优化工作。一、二级干线传输网电路可用率指标达到100%，电路调度完成及时率达到100%，移动网络及无线市话基站完好率指标达到98%以上，移动网络及无线市话掉话率控制在0.9%以下，宽带用户申告障碍修复及时率完成95%以上。全市网络有效接通率完成98%以上。业务响应效率和客户服务水平不断提升，为平顶山市通信畅通提供了可靠保障。

（张纪安）

【联通公司注重安全生产】
2010年，联通公司把安全工作当做重中之重，坚持以“通信机房防火安全、三线交越保护、车辆、资金、财产安全、员工人身安全”为重点，进一步完善安全生产各项管理制度，落实安全生产责任制，增强员工的安全防范意识。公司根据上级要求和人员变动，适时调整安全、治保、防火、平安建设和保护通信设施等领导小组，由总经理、副总经理任正、副组长，各县（市）分公司及市公司主要部、中心负责人为成员，相继开展“安全生产月”活动、“关注安全、关爱生命”员工签名，对全体员工进行安全、防火、逃生知识教育培训，组织现场逃生演习和灭火实战演习等活动。根据“谁主管、谁负责”的原则，层层签订安全生产目标责任书，组织有关人员协调各单位对通信生产大楼、各个要害部位、营业场所、库房进行经常性的自查自纠活动，消除各类事故隐患和安全事故的发生。同时，加大电缆防盗防范力度，2010年前11个月全市发生通信电缆被盗割案件65起，较上年同期124起下降59起，减少经济损失20万余元。全年破案4起，批捕7人，震慑了犯罪分子。

（张纪安）

【联通公司精神文明创建】 2010年，联通公司积极做好精神文明创建工作，制定文明单位创建方案和《平顶山市联通创建精神文明单位奖惩办法》，鼓励所辖各县（市）联通分公司积极开展精神文明创建活动，取得可喜成果。2010年舞钢市联通分公司获得省级文明单位称号，这是继市联通公司、鲁山县联通公司、郏县联通公司之后的第四个省级文明单位。同时，联通公司有国家“青年文明号”1个，省级“青年文明号”8个，市级“青年文明号”3个，省级“青年岗位能手”6名，市级“青年岗位能手”1名。

（张纪安）

【联通公司着力提高移网覆盖率】 2010年，联通公司圆满完成2009年W网和2010年W网工程。扩容1个RNC（无线网络控制器），新建市区、各县（市）分公司及主干道路219个WCDMA（宽带码分多址）基站，新增657个载频，网基站达到365个，载频数量1095块，3G网络基本完成市区、县城、市到县道路、主要高速公路、尧山风景区的覆盖。完成室内覆盖一期工程建设，建设物理站点40个，3G信源35套，2G信源63套，干放4台，新增载频214块，使现网室内覆盖系统达到382套，其中GSM（全球移动通信系统）网络214套，WCDMA（宽带码分多址）网络168套。按覆盖分类，A类站点49个（大客户办公楼、高档写字楼与住宅楼、三甲以上医院、大型购物广场）；B类站点83个（三甲以下医院、三星以下酒店、积聚类市场等）；C类站点82个（一般住宅小区）。室内覆盖二期和三期工程进入施工收尾阶段，共新建室内覆盖站点17个，3G新增载频18块，2G新增载频44块，分布系统施工及主设备安装全部完成，并开通运营。

2010年，GSM（全球移动通信系统）网络完成G网省管项目77个基站、11个直放站，新增308块载频，市管项目145个基站建设开通，900M基站126个，1800M基站19个，全区共计新增222个基站，基站总数达到981个，载频总数达到5865块；无线容量新增7681ERL（爱尔兰话务量单位），达到21414ERL。GSM形成了交通干线、景区及景区道路比较完善的覆盖，市区、县城覆盖率达到98.96%，农村覆盖率达到97.32%。

（张纪安　王华栋）

【联通公司加强基础建设】 2010年，平顶山联通公司投资541.31万元，完成宽带IP核心网工程建设，新增核心CRS（思科高级路由器系统）设备两台，宽带出口达到80G；完成全区120台OLT部署，乡镇模块局以上端局至少达到1台OLT（无源光网络），为PON网络大规模建设改造、多业务承载搭建了新的技术平台。驻地网投资2375万元，新增驻地网204个，A类驻地网（独家进线）179个，宽带能力24584线。按照驻地网进线类型划分，FTTH驻地网17个，端口4626线；PON+LAN驻地网67个，端口10726线；PON+AD驻地网120个，端口9232线。2010年宽带网络升级改造（电缆置换）工程新增AG（不平衡数字传输用户线）网点37个，窄带25349线，宽带15162线；新建PON+AD网点43个，新增窄带32840线、宽带13974线，改造宽带14568线；处置电缆80375.69对公里。DSL（数字用户线路）设备新增ADSL（非对称数字用户环路）28704线，新建17个点816线，扩容431个点27888线。基础设施的加强，使联通公司的业务发展、通信工程质量和服务水平有了强力支撑。

（张纪安　王华栋）

【联通公司开展无线市话网络优化竞赛活动】　2010年下半年，根据省联通公司安排，平顶山市联通公司组织各县（市）联通分公司及市公司相关部门开展第二阶段无线市话网络优化竞赛活动。在全区范围内共整治基站89台，优化基站56处、天线42根、拉线50根，整治支撑架22个、地线11处、电源线25处、GPS3台。新安装基站5台、基站移位28台、更换基站23台。通信能力得到提高，通信质量得到提升。平顶山市联通公司无线维护中心编制的“PHS网络室内覆盖优化模型”，被省公司评为优秀模型奖。

（张纪安）

电　信

【电信公司屡获殊荣】　2010年，平顶山电信公司积极推进精神文明建设，创建省级“青年文明号”2个、市级“青年文明号”8个，两位员工被团市委评为“青年岗位能手”；狠抓安全生产管理，获得2010年度全市安全生产目标管理优秀单位、2010年度全市安全生产工作先进集体等荣誉称号。

（赵　远）

【电信公司着力优化网络质量】

2010年，平顶山电信公司结合集团公司“春风行动”计划，加大网络建设和优化力度，着力整改影响通信质量的关键问题，提高网络覆盖，提升客户对网络质量的感知。当年，电信公司共优化94个机房，更换100多个室外设备，普及小区光纤设备接入197个网点。移动网较2009年相比网络质量投诉下降30%左右，故障率下降20%。

（张金虎）

【电信公司力推公平透明消费】

2010年，电信公司严格按照业务套餐的规定和协议，规范透明消费，不强制用户办理业务或单方变更套餐、资费的行为，不设消费陷阱，不增加客户服务项目和费用支出，禁止以不平等条款加重消费者的责任。电信公司力推网上营业厅，满足客户话费查询、业务办理、账单查询等需求，让用户实现透明消费；杜绝服务渠道对资费解释宣传不清晰引发客户理解偏差，从源头上保证销售过程的规范、公平、公正；规范业务受理流程，对业务办理工单进行“两查一核”（营业员互查，账务人员稽核，信息化中心对结果进行复查），要求一线人员业务操作技能熟练、准确，切实做到“用户至上、用心服务”。2010年，电信公司共查处资费解释不清楚案件36起，单方办理业务争议98起，查处违规营销人员11人，取缔合作渠道两个，解决客户投诉563起，使用户的投诉均得到妥善处理。

（徐巧鹏）

【电信公司免费电话服务高考考生】　2010年高考期间，平顶山电信公司在全市30多个考点设置考生服务站，为广大考生和家长提供免费电话等网络保障服务，同时提供备用文具、清凉油等用品，以备考生急需。每个考生服务站都有不少于6人的电信工作人员为大家提供服务，各考点发放宣传单页2000多份。“电信宽带让暑期更美好”、“中国电信为考生加油”等标语激励考生，使电信的美好形象深入到了广大考生心中。

（李婕誉）

中国电信为高考考生和家长提供免费电话服务

工业　非公有制经济

综　述

【概况】　2010年是“十一五”收官之年，也是经济运行环境极其复杂多变的一年。金融危机、矿难、环保、土地治理等负面影响，使全市工业经济遇到前所未有的困难。面对复杂多变的经济环境和严峻挑战，在市委、市政府的正确领导下，全市上下深入贯彻落实科学发展观，加快转变经济发展方式，坚持“四个重在”要求，按照“三具两基一抓手”工作法和市委“学先进、比创新、看实效”的工作要求，团结奋进，攻坚克难，真抓实干，奋力拼搏，平顶山市工业经济运行由艰难徘徊逐步向回升向好、快速增长转变。2010年，平顶山市全部工业实现增加值821.1亿元，扣除价格因素增长12.2%，比上年提高2.2个百分点，为“十一五”画上了圆满的句号。

（刘付领）

【规模以上工业经济再上新台阶】　2010年，平顶山市规模以上工业完成增加值669.6亿元，增长15%，圆满完成省政府下达的年度目标任务。“十一五”期间，平顶山市规模以上工业经济年均增长18.5%，较“十五”期间加快0.6个百分点。5年间，平顶山市规模以上工业经济一年一个台阶，总量连续突破300亿、500亿、600亿元大关，达到2010年的669.6亿元。

（刘付领　许　琨）

【轻工业快速发展】　2010年，全市规模以上工业中轻工业完成增加值85.2亿元，增长29%，增幅同比提高10.8个百分点，高于全市平均水平14个百分点，以非农产品为原料的工业增长的加快是轻工业加快的主要原因。

（刘付领　许　琨）

【重工业仍居主导地位】　2010年，全市规模以上工业中重工业完成增加值584.3亿元，增长13.2%，增幅比轻工业低15.8个百分点，低于全市平均增速1.8个百分点。从比重上看，重工业占87.3%，轻工业占12.7%；从对全市工业增长的贡献看，轻工业增长对全市工业增长的贡献率为22%，拉动全市工业增长3.3个百分点；重工业对全市工业增长的贡献率为78%，拉动全市工业增长11.7个百分点。重工业在平顶山规模以上工业经济发展中仍居主导地位。

（刘付领　许　琨）

【工业效益向好】　2010年，全市规模以上工业实现利税229.4亿元，同比增长11%，比上年提高21.3个百分点。分月看运行轨迹前高后低，利税较快增长势头在下半年出现大幅波动下滑。其中利润实现135.9亿元，增长10.6%，比上年提高21.7个百分点，改变了上年负增长的颓势，基本表现为上半年迅速增长，三季度快速下滑，四季度有所回升。

（刘付领　王岩峰）

【煤炭行业继续走低】　2010年，全市规模以上工业中煤炭采选业完成增加值281.7亿元，同比增长5.9%，增速低于规模以上工业9.1个百分点。受卫东区“6·21”矿难影响，全市所有地方煤矿全部停产整顿，全年全市原煤产量5271.8万吨，同比下降8.8%，其中地方煤炭产量380万吨，只有正常年份产量的25%。

（许　琨）

【电力行业亏损局面有所改观】　2010年，全市电力生产和供应业整体亏损0.6亿元，其中：电力生产业亏损0.9亿元，较上年减亏0.3亿元；电力供应业由上年亏损1.8亿元，转为2010年盈利0.3亿元。电力行业亏损的主要原因是成本中原材料、人工费增长快于收入增长所致。

（王岩峰）

【钢铁行业仍未走出困境】
2010年，全市黑色金属冶炼和压延业实现增加值46亿元，扣除价格因素同比下降9.6%，占规模以上工业增加值的比重为6.9%，比2008年的12.3%下降5.4个百分点，比2009年的9.2%下降2.3个百分点。2010年，全市黑色金属冶炼和压延业实现主营业务收入159.8亿元，下降1.8%，实现利润4.9亿元，增长11.9%。从全年形势看，钢铁行业主要表现为市场疲软、订单不足、产能得不到充分发挥。

（许　琨）

【建材工业持续高速增长】　在金融危机影响下，国家出台一系列扩大基础设施建设的宏观政策，受此影响全市建材工业生产实现高速扩张。全年非金属矿物制品业实现增加值55亿元，扣除价格因素同比增长37.7%，占规模以上工业增加值的比重为8.2%，带动规模以上工业增长2.6个百分点，对工业经济的贡献率为17.2%。

（刘付领　许　琨）

【食品行业快速发展】　2010年，以面粉加工、牛羊肉加工为代表的农副产品加工业，以食盐、饼干制造为主体的食品制造业，以白酒为轴心的饮料制造业共完成增加值30.8亿元，比上年增长25.3%，带动规模以上工业增长1.1个百分点，对工业经济增长的贡献率为7.1%。

（许　琨）

【化工行业增势强劲】　2010年，化学原料及化学制品制造业完成工业增加值31.7亿元，增长55.6%，带动规模以上工业增长1.9个百分点，对规模以上工业经济增量的贡献率为13%。主要化工产品产量差异较大。全年合成纤维单体产量21.7万吨，增长41.3%；合成纤维聚合物产量9.4万吨，增长71.9%；化肥产量16.2万吨，下降4.7%；烧碱产量41.6万吨，增长48.8%；树脂产量33.5万吨，增长62.3%。

（许　琨）

【装备制造业发展不均衡】
2010年，金属制品、设备制造、电器、仪器仪表等装备制造业完成工业增加值82亿元，增长23.2%，占规模以上工业企业的比重达12.2%，对规模以上工业增长贡献2.7个百分点，对规模以上工业增加值增量的贡献率达到17.7%。装备制造业总体发展迅速，但内部发展极不均衡，其中金属制品业、通信设备制造业、通用和专用设备制造业增速均达到30%左右，而交通运输设备和电器机械制造业仅分别增长12.0%和6.8%，仪器仪表及文化、办公用机械制造业同比下降6.4%。

（刘付领　许　琨）

【主要工业产品产量增多减少】
2010年，在全市工业主要产品产量中，原煤产量5271.8万吨，下降8.8%；洗煤产量4037.3万吨，增长29.1%；焦炭产量651.6万吨，增长24.1%；原盐产量237.5万吨，增长17.0%；帘子布产量4.7万吨，增长26.0%；烧碱产量41.6万吨，增长48.8%；水泥产量1120.7万吨，增长2.2%；钢材产量285.0万吨，增长1.4%，发电量190.3亿千瓦时，增长4.2%。

（许　琨）

【非公经济比重首次过半】
2010年，全市规模以上工业中，非公有制经济完成工业增加值344.1亿元，占规模以上工业增加值的比重为51.4%，比上年提高3.6个百分点；累计增速22.2%，高于公有制经济14个百分点，高于全市平均增速7.2个百分点，带动全市规模以上工业增长10.7个百分点，对全市工业增长的贡献率达71.6%；实现主营业务收入958.4亿元，占全市的48.8%，增长33.4%，实现利税139.6亿元，增长16.1%，其中利润96.7亿元，占全市的71.2%，增长20%。非公有制经济成为全市工业经济增长的重要力量。

（许　琨　王岩峰）

【节能降耗刚性目标超额完成】
2010年，平顶山市认真贯彻落实国家节能降耗的各项政策和措施，注重优化产业结构，严控“两高”行业过快增长，完成淘汰落后产能任务，在保持工业生产较快发展的同时，对高耗能行业及重点耗能企业进行跟踪监测及指导，加强预警，及时调控，节能降耗工作取得明显成效。全市单位地区生产总值能耗1.820吨标准煤/万元，比上年下降3.374%。单位工业增加值能耗2.595吨标准煤/万元，比上年下降9.04%，低于全省平均水平1.73个百分点。其中，原煤、焦炭、烧碱、水泥、水泥熟料、电、纱等产品单位能耗均好于全国同期平均水平。全市规模以上工业综合能源消费超额完成年度和“十一五”时期的节能降耗目标。这标志着平顶山市产业结构调整、产业技术进步、产业装备升级取得阶段性成果，为下一步紧抓机遇，实现“走在全省前列，率先实现崛起”奠定了良好的基础。

（刘付领 张小静）

【规模以下工业低速增长】 2010年，全市规模以下工业完成增加值151.5亿元，在全省18个省辖市中位列第四位，位次比上年同期前移一位；同比增长2.9%，比上年同期回落3.6个百分点，比全省3.0%的平均水平低0.1个百分点，增速位居全省第十二位，比上年同期后移11个位次；增加值总量占全部工业比重18.5%，比上年同期降低4.8个百分点，高于全省平均水平1.4个百分点；占全省增加值比重7.4%，与上年同期持平。

（郭新红）

能源化工

煤 炭

【中平能化集团营业收入突破千亿】 2010年，在河南省委、省政府的正确领导下，中平能化集团全面贯彻科学发展观，不断强化安全管理，加快产业结构调整，积极推进地方煤矿兼并重组，一举实现千亿跨越，全年主要预期发展目标超额完成，企业呈现出快速健康发展的良好势头。全年煤炭产量完成4973万吨、营业收入完成1066亿元、利税总额完成65亿元。集团在2010中国企业500强中排名第75位，居煤炭采掘及采选业第3位，创出历史最好位次。

（赵冬梅 阮玫莹 张 亭）

【陈建生到新疆乌鲁木齐市走访】 1月1日，中平能化集团董事长、党委书记陈建生到新疆乌鲁木齐市走访，受到中共中央政治局委员、新疆维吾尔自治区党委书记王乐泉的亲切会见。双方就战略合作、开发新疆煤炭资源、发展煤基尼龙化工产业链、在疆投资企业间合作等进行了友好会谈并达成共识。新疆维吾尔自治区党委副书记、常务副主席杨刚，自治区党委常委、秘书长白志杰，自治区党委常委、副主席库热西·买合苏提一同会见。集团副总经理巩国顺、刘银志参加会见。

（赵冬梅 阮玫莹 张 亭）

【中平能化集团与中国银行河南省分行签署战略合作协议】 1月13日，中平能化集团与中国银行河南省分行战略合作协议签字仪式在集团会议中心举行。集团董事长、党委书记陈建生，中国银行河南省分行行长白树屏分别在协议上签字。集团总经理梁铁山、总会计师赵海龙出席签字仪式。

（赵冬梅 阮玫莹 张 亭）

【白国周获“2009感动中原十大年度人物”称号】 1月21日，“2009感动中原十大年度人物”颁奖晚会在河南电视台举行。中平能化集团七矿开拓四队班长白国周获“2009感动中原十大年度人物”称号。

（赵冬梅 阮玫莹 张 亭）

【中平能化集团受省政府通报表彰】 1月29日，河南省政府下发文件（豫政〔2010〕13号），对中平能化集团等9家工业企业予以通报表彰。表彰中说，2009年，面对国际金融危机的严重冲击，中平能化集团等一批大型骨干企业认真贯彻落实省委、省政府安排部署，按照“三保两抓一推动”的要求，迎难而上，加强经营管理，积极改革创新，努力开拓市场，继续保持了高速发展的态势，生产经营迈上了新台阶，主营业务收入实现了新突破。其中，中平能化集团首次超过800亿元，充分发挥了保增长的主力军作用，为河南省经济发展作出了突出贡献。

（赵冬梅 阮玫莹 张 亭）

【中平能化集团团委列入团省委直属单位】 2月20日，共青团河南省委作出批复（豫青文〔2010〕8号），同意中平能化集团团委列入团省委直属单位，隶属于团省委领导。

（赵冬梅 阮玫莹 张 亭）

【陈建生出席十一届全国人大三次会议】 3月5日~14日，十一届全国人大三次会议在北京人民大会堂隆重召开。全国人大代表，中平能化集团董事长、党委书记陈建生出席了这一世人瞩目的盛会。会议期间，陈建生认真履行职责，积极建言献策，向全国人大常委会提交了关于在全国范围内强制推行甲醇汽油的建议、关于对煤矿井下职工津贴和补贴免征个人所得税的建议、关于启动国防采办法立法程序对国产高性能纤维及制品给予保护和扶持的建议，并在6日下午河南团审议《政府工作报告》时作典型发言。陈建生提出的关于

"转变发展方式"、"发展低碳经济"、"强化安全生产"、"加快开发替代能源，积极推广甲醇汽油"的观点和建议，受到媒体广泛关注，《人民日报》、新华社、中央电视台、《中国日报》、《光明日报》、《经济日报》、《中国经济时报》、《中国企业报》、《中国煤炭报》、《中国化工报》等20多家中央和省级新闻媒体，纷纷对此进行专访和报道。

（赵冬梅　阮玫莹　张　亭）

【梨园矿宁庄井项目通过竣工验收】　3月19日，中平能化集团梨园矿宁庄井项目通过河南省发改委组织的竣工验收。集团副总经理裴大文出席验收会。

（赵冬梅　阮玫莹　张　亭）

【中平能化集团能源化工研究院国际贸易有限公司创立揭牌】　3月27日，中平能化集团能源化工研究院、国际贸易有限公司创立揭牌仪式在郑州中州皇冠假日酒店隆重举行。河南省省长郭庚茂、副省长史济春出席仪式，并先后为能源化工研究院、国际贸易有限公司揭牌。史济春发表讲话。集团董事长、党委书记陈建生致辞，总经理梁铁山主持仪式。

（赵冬梅　阮玫莹　张　亭）

【中平能化集团一成果获全国企业管理创新奖】　3月27日，在北京召开的2010年全国企业管理创新大会上，运销公司的科研成果"大型煤炭企业销售资金管控体系构建与实施"荣获第十六届全国企业管理现代化创新成果二等奖。

（赵冬梅　阮玫莹　张　亭）

【中平能化集团与市政府签订平安大道中段北部区域开发改造框架协议】　4月20日，中平能化集团与平顶山市政府在集团会议中心签订平安大道中段北部区域3.5平方公里开发改造框架协议。市长李恩东、副市长郑茂杰、市政协副主席史正廉，集团领导陈建生、张兆锋、裴大文出席签字仪式。

（赵冬梅　阮玫莹　张　亭）

【张大卫到中平能化集团调研观摩】　4月22日，河南省副省长张大卫在省国土资源厅副厅长郭公民、环保厅副厅长马新春、发改委副巡视员郭玮，平顶山市副市长黄祥利、李俊峰陪同下，到中平能化集团调研。集团董事长、党委书记陈建生向张大卫一行汇报集团工作，集团领导于励民、刘银志、杨建国参加汇报会。6月18日，张大卫带领省重点项目观摩组第三组到中平能化开封兴化精细化工厂观摩。在中平能化集团总经理梁铁山、副总经理万善福陪同下，张大卫一行先后察看了糖精钠技改项目和光气产业园，对集团项目建设超前谋划和科学决策给予充分肯定。

（赵冬梅　阮玫莹　张　亭）

【《班组长的旗帜》喜获新闻铜奖】　4月26日，第二十届中国新闻奖新闻漫画初评暨2009年全国新闻漫画年赛评选在北京揭晓。《中国平煤神马报》美术编辑刘昭林的参赛作品《班组长的旗帜》喜获铜奖。此奖项填补了《中国平煤神马报》全国性新闻大奖的空白。

（赵冬梅　阮玫莹　张　亭）

【陈建生、白国周出席2010年全国劳动模范和先进工作者表彰大会】　4月27日，2010年全国劳动模范和先进工作者表彰大会在北京人民大会堂举行。中平能化集团董事长、党委书记陈建生，七矿开拓四队班长白国周在会上受到隆重表彰。白国周代表河南省受表彰的全国劳动模范和先进工作者登上主席台，接受了全国劳动模范荣誉证书。

（赵冬梅　阮玫莹　张　亭）

【河南平顶山工伤康复中心挂牌】　4月29日，河南平顶山工伤康复中心在中平能化集团医疗集团挂牌成立。省人力资源和社会保障厅副厅长韩志奎，集团副总经理张兆锋一起为康复中心成立挂牌。

（赵冬梅　阮玫莹　张　亭）

【中平能化集团和澳大利亚CFT公司签订合资开发煤层气项目协议】　4月，中平能化集团总经理梁铁山陪同平顶山市委书记赵顷霖访问澳大利亚、新西兰、新加坡三国，在澳大利亚墨尔本市，梁铁山代表集团与澳大利亚CFT公司签订了合资开发煤层气项目协议。该项目是联合国支持的环境友好型项目，将通过抽取煤层中的瓦斯进行发电从而达到提高煤矿安全生产水平和减少有害气体排放的目的，项目预计总投资12亿美元。

（赵冬梅　阮玫莹　张　亭）

【中平能化集团团组织获表彰】　5月4日，纪念五四运动91周年暨第十四届"河南青年五四奖章"表彰大会在郑州召开。中平能化集团团委和四矿团委分别获得"河南省五四红旗团委"

称号，易成公司获得“河南青年五四奖章集体”称号。

（赵冬梅　阮玫莹　张　亭）

【河南省煤炭企业兼并重组工作座谈会在中平能化集团召开】

5月5日，河南省煤炭企业兼并重组工作座谈会在中平能化集团会议中心召开，省委常委、常务副省长李克，副省长史济春出席会议并讲话。平顶山市、许昌市、中平能化集团、河南煤化集团、神火集团、省煤层气集团领导以及有煤炭资源整合任务的市、县、区党政负责人参加了会议。李克在讲话中对中平能化集团在煤炭企业兼并重组工作中勇于承担社会责任的做法给予高度评价。

（赵冬梅　阮玫莹　张　亭）

【平煤股份荣登上市公司金牛百强榜】　5月13日，由《中国证券报》和中证网主办的“2009年度上市公司金牛百强榜”评选揭晓，平煤股份再次上榜，位列第58位，比2008年度前移9位。这是平煤股份连续第4年荣登金牛百强榜。

（赵冬梅　阮玫莹　张　亭）

【中平能化集团与武汉市政府签署合作建设武汉新港国家煤炭应急储备基地框架协议】　5月18日，由湖北省政府主办、武汉新港管委会承办的武汉新港香港推介会在香港国际会展中心举行。会上，中平能化集团与武汉市人民政府签署了合作建设武汉新港国家煤炭应急储备基地框架协议。湖北省委副书记、武汉市委书记杨松，中平能化集团董事长、党委书记陈建生，副总经理张富有，武汉市副市长尹维真出席推介会。

（赵冬梅　阮玫莹　张　亭）

【苗圩到中平能化集团视察】

5月21日，工业和信息化部副部长、党组副书记苗圩到中平能化集团视察。在平顶山市委书记赵顷霖，集团总经理梁铁山、党委副书记王玉、副总经理王良等陪同下，苗圩先后视察了帘子布公司、尼龙化工公司，并对集团如何转变经济发展方式、调整产业结构提出要求。

（赵冬梅　阮玫莹　张　亭）

【中平神马江苏新材料科技有限公司揭牌】　6月9日，由中平能化集团工程塑料公司与江苏南通鹏发公司合资组建的中平神马江苏新材料科技有限公司，在江苏海安县工业园举行揭牌仪式。集团董事长、党委书记陈建生与南通市副市长徐辉共同为新公司揭牌。集团总经理梁铁山、常务副总经理马源出席揭牌仪式。

（赵冬梅　阮玫莹　张　亭）

【中平能化集团物流贸易公司揭牌】　6月29日，中平能化集团物流贸易公司揭牌仪式在集团中心站广场举行。集团董事长、党委书记陈建生，总经理梁铁山共同为物流贸易公司揭牌，河南省物流与采购联合会副会长张向东出席会议并讲话。物流贸易公司的成立，标志着中平能化集团正式进军物流业，也标志着集团“4+5”产业格局和三级管理架构的全面组建到位。

（赵冬梅　阮玫莹　张　亭）

【中平能化集团党委获“五好”党组织称号】　6月29日，在河南省召开的庆祝中国共产党成立89周年暨全省城市分行业争创“五好”基层党组织工作座谈会上，中平能化集团党委被授予“五好”党组织称号，集团党委书记、董事长陈建生在会上作题为《构建特色党建工作模式，为企业又好又快发展提供坚强保证》的典型发言。

（赵冬梅　阮玫莹　张　亭）

【中平能化集团和交通银行河南省分行签署战略合作协议】　7月26日，交通银行与河南省重点企业全面战略合作协议签约仪式在郑州中州国际酒店举行。中平能化集团董事长、党委书记陈建生与交通银行河南省分行行长梁玉珍签署战略合作协议。河南省省长郭庚茂，副省长史济春，省长助理、省政府秘书长安惠元，省政府副秘书长孙廷喜、徐衣显，交通银行董事长胡怀邦、副行长王滨，中平能化集团总会计师赵海龙等出席签约仪式。

（赵冬梅　阮玫莹　张　亭）

【马凯对中平能化集团作出批示】　8月6日，国务委员、国务院秘书长马凯在《中平能化医疗集团总医院关于救治兴东二矿矿难伤员的情况报告》上批示：向中平能化医疗集团总医院在救治矿难伤员过程取得的突出成绩表示热烈的祝贺和衷心地感谢！望能认真总结经验，不断提升医术水平和服务水平，再创新绩！

（赵冬梅　阮玫莹　张　亭）

【平宝公司首山一矿竣工投产】

8月9日，平宝公司首山一矿举行竣工投产仪式。集团总经理梁铁山宣布平宝公司首山一矿竣工投产。国家能源局煤炭开发处处长王溢辉，河南省国资委副主任阮少华，省安监局副局长莫建勇，河南煤监局总工程师许胜铭，省能源局副局长李迎，许昌市副市长郑传德，平顶山市副市长黄祥利，宝钢集团副总经理戴志浩，集团领导马源、张友谊、张兆锋、万善福、裴大文、张富有、于励民、杨建国、王良、卫修君、倪政新、仵自连、杨玉生出席投产仪式。平宝公司首山一矿由中平能化集团与上海宝钢集团共同出资开发建设，项目2002年8月经国家发改委批准立项，2004年8月16日开工建设，2009年9月23日联合试运转，2010年7月14日通过竣工验收。

（赵冬梅　阮玫莹　张　亭）

【张德江到中平能化集团视察】　8月13日，中共中央政治局委员、国务院副总理张德江到中平能化集团视察。11时40分，张德江首先来到尼龙化工公司，听取该公司企业介绍、生产工艺流程、尼龙化工产品、集团在化工板块全面推行的安全确认联络操作法等情况汇报，视察建设中的20万吨尼龙66盐成套项目工地。12时09分，张德江又来到救护大队，看望慰问全体指战员，现场观看紧急抢险救援演练。15时35分，张德江最后来到平宝公司首山一矿，在矿安全生产调度指挥中心，听取工作汇报，察看指挥系统的运行情况，随后深入700米深井下己15—12010综采工作面检查安全生产工作。视察中，张德江对煤矿和地面危化企业安全和救援工作提出殷切希望和要求。他强调，煤矿和地面危化企业一定要把安全放在第一位，确保职工生命安全。他谆谆告诫煤矿井下职工：第一，要牢固树立“安全第一”的理念，坚决做到“不安全不下井、不安全不生产”。第二，要提高自身安全技能水平。第三，要发挥监督作用，维护好自身安全，维护好矿区安全。同时，张德江代表党中央、国务院向中平能化集团的广大干部职工表示衷心的感谢和亲切慰问！国家安全生产监督管理总局局长骆琳，公安部副部长杨焕宁，国务院副秘书长肖亚庆，工业和信息化部副部长苗圩，国家安全生产监督管理总局副局长、国家煤矿安全监察局局长赵铁锤，国家能源局副局长吴吟，国家煤矿安全监察局副局长黄毅；河南省委书记、省人大常委会主任卢展工，省委副书记、省长郭庚茂，省委常委、秘书长曹维新，副省长史济春，省长助理、省政府秘书长安惠元，省委副秘书长、常委办主任王育航，省委副秘书长卢厚实，省政府副秘书长、接待办主任岳会明，省政府副秘书长张庆义、徐衣显，省安全生产监督管理局局长张国辉；平顶山市委书记赵顷霖，市委常委、常务副市长邢文杰，市委常委、秘书长张遂兴等陪同视察。集团领导陈建生、梁铁山、马源、徐建明、杨建国、王良、杨玉生向张德江汇报了工作情况。

（赵冬梅　阮玫莹　张　亭）

【中平能化集团位列河南工业百强榜第二位】　8月20日，2010河南工业经济行业企业社会责任报告暨河南工业百强企业发布会在省人民会堂举行。中平能化集团位列河南工业百强榜第二位。

（赵冬梅　阮玫莹　张　亭）

【中平能化集团和武汉钢铁集团签订战略合作协议】　8月26日中平能化集团和武汉钢铁集团在集团会议中心签订全面战略合作协议。中平能化集团董事长、党委书记陈建生，武钢集团总经理邓崎琳代表双方在协议上签字。

（赵冬梅　阮玫莹　张　亭）

【全市首个产业联盟组织成立】

8月31日，平顶山市首个产业联盟组织——焦炉煤气综合利用产业技术创新战略联盟成立大会在中平能化集团能源化工研究院举行。河南省科技厅副厅长张代民、中平能化集团总工程师卫修君为联盟成立揭牌。

（赵冬梅　阮玫莹　张　亭）

【中平能化集团位列中国企业500强第75位】　9月4日，2010中国企业500强发布暨中国大企业高峰会在安徽合肥举行。中平能化集团位列2010中国企业500强第75位、全国煤炭采掘及采选业第3位。集团董事长、党委书记陈建生出席发布会并在企业家高层座谈会上作典型发言。

（赵冬梅　阮玫莹　张　亭）

【白国周班获“社会主义劳动竞赛先进班组”称号】　9月7日，由中华全国总工会、工业和信息化部、国务院国资委、中华全国工商业联合会联合召开的全国班组建设工作会议在辽宁省抚顺市举行。中平能化集团七矿白国周班被授予“社会主义劳动竞赛先进班组”称号。白国周在会上作典型发言，重点介绍了“白国周班组管理法”的内容、特点和深刻内涵。

（赵冬梅　阮玫莹　张　亭）

【中平能化集团在第八届全国矿山救援技术竞赛中取得好成绩】

9月7日~10日，第八届全国矿山救援技术竞赛在安徽省淮南市举行。参赛的中平能化集团矿山救援集训队获团体优胜二等奖，救护大队被授予全国“五一劳动奖状”、“全国青年安全生产示范岗”荣誉；八矿救护中队常海竹荣获个人全能第一名和240R呼吸器操作个人第一名，获得全国“五一劳动奖章”，并被授予“全国青年安全生产岗位能手”称号；一矿救护中队杨伟猛获个人全能第三名，BG4呼吸器操作个人第三名，并被授予“全国青年安全生产岗位能手”称号。

（赵冬梅 阮玫莹 张 亭）

【全煤企业文化暨“五精”管理现场推广会议在中平能化集团召开】 9月24日~25日，全煤企业文化暨“五精”（精细、精准、精确、精益、精美）管理现场推广会议在中平能化集团召开。中煤政研会会长田淮俊，中煤政研会原会长、顾问马德庆，中化政研会副会长、秘书长温洪，中煤政研会副会长苗久合，中煤政研会副秘书长李演珍，中化政研会副秘书长崔建华，河南省委宣传部副部长、政研会会长权红军，省国资委副主任阮少华，省煤炭政研会会长苏万里，平顶山市委常委、宣传部部长唐飞，中平能化集团领导陈建生、马源、王玉、徐建明、张友谊、于励民、杨建国、倪政新、杨玉生出席会议。会议宣读了全国煤炭工业与化学工业企业文化示范基地、第一批全国煤炭工业“五精”管理示范基地、首批全国煤炭工业企业文化建设优秀单位、第一批全国煤炭工业“五精”管理样板矿和第八批全国煤炭工业企业文化示范矿的命名决定。中平能化集团被中煤政研会和中化政研会共同命名为全国煤炭工业与化学工业企业文化示范基地，一矿被中煤政研会命名为第一批全国煤炭工业“五精”管理样板矿。会上还举行了中平能化集团——首家全国煤炭工业与化学工业企业文化示范基地揭牌仪式，田淮俊、温洪、权红军、陈建生为其揭牌。25日，全国煤炭工业首批“五精”管理样板矿揭牌仪式在一矿举行，中煤政研会会长田淮俊，中煤政研会原会长、顾问马德庆，中化政研会副会长、秘书长温洪，中平能化集团副总经理杨建国共同为一矿荣膺全煤“五精”管理样板矿揭牌。

（赵冬梅 阮玫莹 张 亭）

【梁铁山任中平能化集团董事长党委书记】 9月30日，中平能化集团召开领导干部大会，传达河南省委关于梁铁山、陈建生职务任免的决定。梁铁山任中国平煤神马能源化工集团有限责任公司董事长、党委书记；陈建生不再担任中国平煤神马能源化工集团有限责任公司董事长、党委书记职务。省委组织部副部长马新华出席大会并讲话，省委组织部副厅级组织员、科教企业处处长修振环宣读省委决定，省委组织部地方干部处副处长张建军出席大会。

（赵冬梅 阮玫莹 张 亭）

【陈建生到中平能化集团检查兼并重组小煤矿工作】 10月3日，平顶山市委副书记、代市长陈建生到中平能化集团检查兼并重组小煤矿安全工作。在集团领导梁铁山、杨建国陪同下，陈建生一行先后检查了汝州蜈绍窝煤矿、朝阳煤矿和宝丰天祥煤矿安全工作，并听取了工作汇报。

（赵冬梅 阮玫莹 张 亭）

【中平能化集团一产品获知名品牌称号】 11月24日~25日，中国石油和化学工业联合会在北京首次举行“‘质量兴业’活动总结暨知名品牌表彰大会”。会上，工程塑料公司聚酰胺（尼龙66）切片产品被授予“2010年度中国石油和化学工业知名品牌产品”称号。

（赵冬梅 阮玫莹 张 亭）

【中平能化集团施工工程获“鲁班奖”】 12月6日，由土建处施工的平顶山市行政服务综合楼工程荣获中国建筑业最高奖“鲁班奖”。此奖项填补了平顶山市、中平能化集团建筑行业发展史上的空白。

（赵冬梅 阮玫莹 张 亭）

【徐祖远到中平能化集团督查安全工作】 12月13日，由国务院交通运输部副部长徐祖远任组长的国务院安全生产委员会安全生产第六督查组莅临中平能化集团进行安全督查。在一矿，集团董事长、党委书记、总经理梁铁山向督查组介绍了集团的发展概况，重点介绍了产业体系建设和各产业链发展情况，副总经理杨建国介绍了集团落实国发〔2010〕23号文和国家安监总局33号令等一系列文件的做法。

（赵冬梅 阮玫莹 张 亭）

【中平能化集团“十二五”发展规划通过论证】 12月19日，

中平能化集团“十二五”发展规划通过论证。与会专家一致认为，《中平能化集团“十二五”发展规划》内容全面、结构合理、逻辑正确，具有科学性、前瞻性、战略性和可操作性，为中平能化集团建设跨区域、跨行业、跨国经营，成为具有国际竞争力的新型能源化工集团指明了方向。集团领导梁铁山、马源、万善福、刘银志、杨建国、王良、卫修君出席论证会。

（赵冬梅　阮玫莹　张　亭）

【神马股份2万吨高性能浸胶帘子布项目开工】 12月21日，中平能化集团尼龙产业园区一期工程神马股份2万吨高性能浸胶帘子布项目开工典礼在叶县举行。平顶山市委书记赵顷霖宣布项目开工，市委副书记、代市长陈建生讲话，集团董事长、党委书记、总经理梁铁山致辞。

（赵冬梅　阮玫莹　张　亭）

【平安大厦获首届平顶山市市长质量奖】 12月22日，在全市质量兴市工作暨首届市长质量奖表彰大会上，平安大厦获得首届平顶山市市长质量奖，奖金50万元。市长质量奖是平顶山市人民政府首次设立的政府质量奖。

（赵冬梅　阮玫莹　张　亭）

【王兆国、张德江接见白国周】 12月26日，全国煤矿班组安全建设推进会在北京人民大会堂举行。七矿开拓四队班长白国周在会上作典型发言。白国周班获全国煤矿“十佳”安全班组、“全国工人先锋号”称号，一矿采煤一队张军班获全国煤矿优秀安全班组称号。十矿职工何校辉、天力公司吴寨矿职工高义有获全国煤矿优秀班组长称号。七矿职工潘玉良、十二矿职工康文忠获优秀特聘群监员称号。会前，中共中央政治局委员、全国人大常委会副委员长、全国总工会主席王兆国，中共中央政治局委员、国务院副总理张德江亲切接见白国周等与会代表。

（赵冬梅　阮玫莹　张　亭）

【地方煤矿概况】 2010年，全市地方煤矿在继续实施停工停产整顿的基础上进行兼并重组。中平能化集团、省煤层气公司等大型骨干煤业集团公司作为兼并重组主体企业将平顶山市地方煤矿兼并。2010年，全年发生事故1起，死亡49人。关闭30座煤矿。

（高　奇）

【煤矿兼并重组取得积极进展】 2010年，市煤炭局认真贯彻落实省、市有关煤炭企业兼并重组工作部署，迅速行动，采取有效措施，全力推进。制定《平顶山市煤炭企业兼并重组工作实施方案》，成立煤炭企业兼并重组工作指挥部，召开动员大会，对煤炭企业兼并重组工作进行安排部署。加强政策宣传，将省、市有关煤炭企业兼并重组工作方面的文件汇编成册，发放到每一家煤炭企业。在《平顶山日报》上全文刊登《平顶山市煤炭企业兼并重组实施意见》。同时，组成新闻宣传报道团到8个产煤县（市、区）进行巡回采访，发表新闻稿件76篇，电视报道25条，电台广播21条。《中国安全生产报》、《中国煤炭报》头版头条对平顶山市煤炭企业兼并重组工作进行报道。通过深入宣传，有效地统一了煤炭企业负责人的思想认识，达成了共识。积极沟通协调，主动提供服务。兼并重组指挥部多次召开兼并重组双方座谈会，加强沟通协调，及时克服和解决煤矿兼并重组过程中遇到的困难和问题。市煤炭管理部门积极协助兼并重组主体对兼并重组煤矿进行摸底调查，以联合办公的形式加快推进煤矿采矿权变更工作，取得良好效果。认真做好稳定工作。及时解决兼并重组过程中的矛盾和上访苗头，成功化解6月13日部分煤矿业主赴省上访事件，保持了社会大局相对稳定。截至12月底，全市127座兼并重组煤矿采矿权变更手续通过市国土资源局初审118座，完成工商预核准手续煤矿111座，101座煤矿办理了工商营业执照，有87座煤矿办理变更后的采矿许可证。办证进度和数量位居全省前三位。

（高　奇）

【煤矿关闭退出成效显著】 2010年，市煤炭管理部门在强力推进煤炭企业兼并重组的同时，切实做好煤矿关闭退出工作。严格按照程序、标准实施关闭。按照省政府6条关闭标准和煤矿关闭退出程序，对不符合煤炭产业政策、自愿退出等30座煤矿全部实施关闭。严格按标准验收。市政府成立6个验收组按照省政府的6条关闭标准，对30座关闭退出煤矿实施现场验收，确保关闭退出煤矿关闭到位。对关闭退出煤矿在《平顶山日报》进行公示，自觉接受社会监督。落实财政补偿政策，对符合补偿条件的煤矿给予财政补偿。通过实施关闭退出，全市地方煤矿数量由157座下降到127座。全市关闭退出煤矿数量占全省煤矿关闭数量的57%。

（高　奇）

【卫东区兴东二矿发生炸药爆炸事故】 2010年6月21日1时40分许，卫东区兴东二矿井下发生炸药爆炸事故。当班下井工人75人，有26人获救升井。事故发生后，中央、省、市领导先后到达现场指挥抢险救援工作。市政府迅速启动应急预案，成立事故抢险救援指挥部，对现场抢险救援、伤员救治、安全保卫、善后稳定、宣传报道和加强安全生产工作等作出全面部署，调集救护队伍和抢险物资，全面开展抢险救援工作。截至6月24日，井下49名遇难人员全部找到。事故的发生充分暴露了煤矿企业安全生产主体责任不落实、违法违规购买、私藏炸药、非法违法组织生产和基层部门监管不力，驻矿监管人员失职渎职、玩忽职守等突出问题。

（高　奇）

【煤矿安全监管】 2010年，市煤炭管理部门认真吸取事故教训，采取有效措施，切实加强煤矿安全监管工作。严格落实安全生产“行政首长”负责制和“一岗双责”，认真履行职责。对未签订安全生产主体责任移交协议的兼并重组煤矿继续实施停工停产整顿。焊死提升箕斗，抽掉主井提升系统钢丝绳，主提升电机移位，主井天轮落地集中统一保管，拆除副井进、出口两侧各3米轨道并垒挡墙，拆除主斜井皮带电机。对安全生产主体责任已经移交、兼并主体企业批准隐患整改但尚未复工复产的煤矿，按照“属地管理、分级负责”的原则，由县（市、区）对辖区内煤矿实行“一矿一站”式监管体制（对每座兼并重组煤矿派驻3~5名煤矿专业人员组成监管工作站，依法对煤矿进行现场监督），实施24小时不间断监管。严防超人员入井，严防超作业点施工。加强督查巡查，严抓落实。按照“两到位”（包矿领导、驻矿人员）、“五控制”（控制主提升系统、控制通风排水供电负荷、控制每班入井人数、控制火工品供给、控制矿灯发放）的要求，对县（市、区）落实驻矿责任制、煤矿停工停产等工作情况进行督查。通过落实责任，分类管理，严格督查，有力打击了煤矿各类违法违规行为。“双节”、“两会”、“五一”、“十一”等特殊时期实现了安全生产。

（高　奇）

【提升煤炭队伍业务技能和服务水平】 2010年，市煤炭管理部门按照“学先进、比创新、看实效”的工作要求，以“建设一支好队伍、建立一个好机制、作出一流好成绩”为目标，以开展“学习型、服务型、节约型、效能型、廉洁型”机关创建活动为抓手，狠抓内部管理、技术创新、队伍建设和业务拓展，全面提升综合实力。全年共接警处理事件12起，在驻马店市泌阳透水矿难中，成功救出两名遇险矿工，找到9名遇难矿工；培训矿长179人，培训特殊工种110人。完成煤矿技术改造初步设计及安全专篇设计任务。完成煤样化验200多个，检测各类仪器仪表8000余台（次），检测自救器2万余台（次）。

（高　奇）

【严厉打击违法违规行为】 2010年，市煤炭管理部门紧紧围绕煤矿停产整顿和兼并重组等重点工作，全年开展执法检查350余次（矿）；调查群众举报21起；对6座有违规现象的煤矿进行严厉打击和处罚，有效促进了煤矿停工停产整顿、兼并重组及关闭退出工作的顺利推进。

（高　奇）

电　力

【供电形势持续向好】 2010年，供电公司开展“标准化管理年”活动，以电网建设和队伍建设为重点，各项工作进展顺利。全年完成供电量116.41亿千瓦时，同比增长4.21%。最高网供负荷和日供电量再创历史新高，分别于8月13日和7月30日达到221.1万千瓦和4352万千瓦时。安全生产持续稳定，截至12月31日，实现连续安全生产2389天。2010年，供电公司荣获全国电力行业优秀企业、

"河南省五一劳动奖状"、河南省"保电度冬百日会战"活动先进集体、河南省节能减排竞赛活动先进单位、河南省电力公司抗冰雪保供电先进单位等多项荣誉。

（李元亨）

全省供电能力最大、单组主变容量最大的500千伏湛河变电站

【供电可靠性管理获殊荣】 2010年5月，在国家首次开展的供电企业电力可靠性评比中，平顶山供电公司脱颖而出，荣获全国2009年供电可靠性金牌企业称号。这是全国供电管理的最高奖项之一，全国所有地级市参评，共评出金牌企业20家，平顶山供电公司是河南唯一获此殊荣的企业。

（李元亨）

【平顶山电网实现重大突破】 2010年，供电公司完成各类电网总投资10.34亿元，新增变电容量435万千伏安，达到1028.11万千伏安；新增线路长度321公里，达到2400.41公里。500千伏湛河变电站、香山变电站扩建，220千伏滍阳变电站等重点工程顺利投运，152项南水北调电力线路迁建及6项配合叶舞高速公路建设电力线路迁建工程全面完工。其中500千伏湛河变电站是全省供电能力最大、单组主变容量最大的500千伏变电站。8月26日，500千伏香山变电站扩建工程投运后，平顶山电网变电总容量顺利突破1000万千伏安，同时500千伏变电容量跃居全省第二位。

（李元亨）

【煤矿安全供电管理规范有序】 2010年，供电公司全力配合地方政府做好157座地方煤矿关停及兼并重组期间的停、送电工作，严格执行平顶山市关于煤矿停送电的规定，避免发生因停电造成的次生事故。为重要客户量身定做了个性化应急保电服务预案，做到"一户一档"。深入分析平顶山地区重要客户用电现状，明确专人负责，实施痕迹化管理，制定平顶山供电区煤矿供电网络优化方案。坚持每日抄表制度，及时将煤矿用电量报送地方煤矿兼并重组指挥部，为政府决策提供翔实依据。

（李元亨）

【圆满完成各项重大活动、节日保电任务】 2010年，供电公司坚决履行社会责任，不断完善应急管理体系，构建省、市、县三级联动应急指挥平台，抗冰抢险、迎峰度夏、抗洪救灾"三大战役"取得全面胜利。扎实推进应急协作，圆满完成泌阳铁矿事故抢险、焦作军事演习、南阳西部大暴雨灾害抢险等急难险重任务，在保障地方电网稳定运行的同时，进一步提升了平顶山城市形象。

（李元亨）

援宛抗洪抢险

【姚电公司发电量创新高】 2010年，姚电公司面对电煤价格高位运行且多次上涨、煤炭供应持续紧张、电力市场竞争激烈、经营风险日益加剧的严峻形势，确立“以效益为核心，以电量为主线，以燃料为重点，以发展为突破”的工作思路和经营目标，全面落实各项措施，细化管理，降本增效，全面增强企业盈利能力，较好地完成各项生产经营指标。全年完成发电量130.01亿千瓦时，创发电量历史新高。

（郭凤娜）

【中电国际与市政府签订《电力发展合作协议书》】 2010年5月22日，平顶山市人民政府与中国电力国际有限公司在郑州市共同举办了平顶山姚孟发电基地发展规划研讨会。中电国际与平顶山市人民政府签署《电力发展合作协议书》，达成在平顶山市开发建设姚孟发电有限责任公司4×1000兆瓦超超临界燃煤发电机组扩建项目合作协议。

（郭凤娜）

市政府与中电国际签署电力发展合作协议

【姚电公司两台600兆瓦机组扩建工程安全设施通过竣工验收】

2010年7月，两台600兆瓦机组扩建工程安全设施通过国家竣工验收。姚电公司四期工程两台600兆瓦机组扩建工程自2004年9月20日“四通一平”开始，至第二台机组完成168小时满负荷试运行期间，实现连续安全生产1196天。在整个工程建设期间，未发生一般及以上人身伤害事件，未发生设备损坏事件，实现了与上级签订的安全生产目标。因安全文明施工成绩突出，被中电投集团公司树为工程建设标杆项目；168小时后较长时间没有发生四管泄漏，创国内两台新机组投产的最好成绩。

（郭凤娜）

【姚电公司荣获全国“安康杯”竞赛优胜企业称号】 2010年，姚电公司把开展好“安康杯”竞赛活动作为实现企业可持续发展的重要举措，认真落实“安全第一、预防为主、综合治理”的方针，坚持“任何风险都是可以控制的，任何违章都是可以预防的，任何事故都是可以避免的”安全理念，围绕“安康杯”竞赛活动主题，以开展“十个一活动”为载体，组织举办职工安全知识培训、知识答题和技能竞赛、安全文明生产检查和整治活动、反事故演习活动等丰富多彩的群众性安全活动，使公司在促进企业和谐发展、创造安全工作环境、发展和谐劳动关系等方面收到明显成效。8月，被全国总工会、国家安全生产监督管理总局联合授予全国“安康杯”竞赛优胜企业荣誉称号。

（郭凤娜）

【姚电公司党委获河南省“五好”基层党组织荣誉称号】 姚孟发电公司党委长期以来积极响应河南省委及平顶山市委、中电投集团公司和中电国际党组的号召，按照“五好”党组织的建设要求，紧紧围绕企业的生产经营中心开展工作，充分发挥企业党组织的政治核心作用，及时破解企业在改革发展过程中遇到的难题，保持了企业全面协调可持续发展，为平顶山打造经济强市的战略部署提供强大动力。2010年，姚电公司党委立足煤炭和电力两个市场，在企业内部加强设备治理，强化制度执行，深挖节能降耗潜力，为公司生产经营保驾护航，被中共河南省委组织部授予“五好”党组织荣誉称号。

（郭凤娜）

【姚电公司隆重庆祝建厂40周年】 2010年9月26日，姚电公司隆重庆祝建厂40周年。平顶山市政府相关领导、上级主管单位及部门领导、姚电历届老领导应邀出席庆祝大会。黄祥利副市长代表平顶山市委、市政府向姚电公司建厂40周年表示祝贺。他充分肯定了姚电公司长期以来为地方经济建设作出的突出贡献，希望姚电公司紧抓机遇，加快发展，不断壮大企业实力，实现跨越式发展。平顶山市将一如既往地为姚电的发展创造良好外部环境，提供优质服务。

（郭凤娜）

【姚电公司荣获“河南省劳动关系和谐模范企业”称号】 姚电公司秉承以人为本、和谐共赢的理念，以建设规范有序、公正合理、互利共赢、和谐稳定的新型劳动关系为重点，加强企业民主管理，保障职工合法权益，自觉履行社会责任，努力营造企业与职工效益共创、利益共享的和谐氛围。2010 年，面对来自电力市场、煤炭市场的各种不利因素，姚电公司干部职工齐心协力，奋力攻坚，安全生产保持平稳，各项工作扎实推进，经营情况逐渐好转，荣获河南省劳动关系和谐模范企业荣誉称号。

（郭凤娜）

【平东鸿翔公司成功处置全厂停电事故】 2010 年 2 月 10 日，由于冰雪灾害，覆冰舞动，相间短路，造成 220 千伏母线失压，全厂停电。这是平东鸿翔公司建厂 40 年来第一次发生全厂停电事故，如果处理不及时，后果不堪设想。平东鸿翔公司的两条出线距厂区约 7 公里处。该公司领导反应迅速，兵分两路抢修。运行检修人员密切配合，现场组织抢修恢复，专业技术人员迎风冒雪对两条出线进行巡线。同时，组织协调相关部门集中优势兵力，争分夺秒抢恢复。经过 21 小时的奋力抢修，成功处置了停电事故。

（马　龙　卢　明）

【鸿翔热电资产处置委托协议正式签订】 2010 年 5 月 18 日上午，平顶山鸿翔热电有限责任公司 1 ~ 5 号关停机组资产处置委托协议正式签订。鸿翔公司 1 ~ 5 号机组是依据国家“上大压小”节能减排和淘汰落后产能政策关停的。为了合法、合规进行资产处置，该公司对关停资产进行全面细致的清理、盘点，并完成资产评估和市场调查研究工作。根据中电投河南省分公司指示精神，鸿翔公司组成委托中介谈判评估工作组，先后与国资委授权的北京、上海、天津、重庆 4 家产权交易机构进行充分沟通、洽谈、实地考察和综合评价，并与重庆联合交易所签订资产处置委托协议。2010 年 7 月 15 日上午 10 时，“平顶山鸿翔热电有限责任公司处置关停 1 ~ 5 号机组设备交接仪式”在该公司举行。鸿翔公司关停的 1 ~ 5 号机组整体处置，严格按照规定程序，公正、公开、公平进行，并通过电子竞价方式成交。

（马　龙　卢　明）

化　工

【王永明到中平能化集团调研煤化工发展情况】 3 月 8 日 ~ 9 日，新疆维吾尔自治区政协副主席，经济和信息化委员会党组书记、主任王永明到中平能化集团走访，调研考察集团煤化工发展情况。王永明一行先后参观了首山焦化公司、一矿、氯碱公司、尼龙化工公司、帘子布公司、职业学院等，并与集团领导梁铁山、马源、王玉、徐建明、张富有、张允春、刘银志、杨建国、作自连进行了座谈。

（赵冬梅　阮玫莹　张　亭）

【郭庚茂视察中平能化集团开封兴化精细化工厂】 3 月 24 日，河南省省长郭庚茂到中平能化集团开封兴化精细化工厂视察。集团董事长、党委书记陈建生，总经理梁铁山向郭庚茂一行汇报了集团的工作和开封兴化精细化工厂实现跨越发展的情况。

（赵冬梅　阮玫莹　张　亭）

【工程塑料公司与世腾（香港）投资有限公司、江苏文凤集团鹏发高分子材料公司签署战略合作协议】 3 月 25 日，中平能化集团工程塑料公司与世腾（香港）投资有限公司、江苏文凤集团鹏发高分子材料公司在郑州签署战略合作协议。根据协议，工程塑料公司将与世腾（香港）投资有限公司、江苏文凤集团鹏发高分子材料公司以合资方式分别组建两家新公司，中平能化集团均持有新公司60%的股权。河南省国资委副主任郑伯阳，福建泉州市泉港区区长林华伟、副区长江义平，江苏海安县委书记章树山、县长单晓鸣，中平能化集团领导陈建生、梁铁山、马源、王玉、王良等出席签约仪式。

（赵冬梅　阮玫莹　张　亭）

【飞行化工公司生产呈现三大亮点】　2010年，飞行化工公司紧紧把握市场机遇，选择市场紧俏产品，开足马力进行生产，取得较好的经济效益。其中，全年生产纯碱143176吨，较上年增产41667吨，增幅达41.04%；生产农用氯化铵150643吨，较上年增产47191吨，增幅为45.62%。另外该公司二期合成氨装置生产合成氨143378吨，较上年增产19203吨，增幅达到15.46%。

（李丰平）

【飞行化工公司连获荣誉】　4月26日，中国氮肥工业协会在北京召开2010年氮肥行业工作会暨协会第四届理事会第五次会议。会上，对2009年度成绩突出企业进行表彰，飞行化工公司被授予“2009年合成氨产量、企业利润氮肥行业50强”、“2009年全国氮肥企业主营业务收入50强”称号。同月，该公司分别被河南省商务厅、国家统计局河南调查总队授予“2009年度市场监测信息报送先进企业”和“2009年度工业品价格统计调查先进单位”荣誉称号。

（李丰平）

【飞行化工公司取得国家三级非煤安全培训机构资质】　5月12日，飞行化工公司正式获取“国家三级非煤安全培训资质”，并从河南省安监局领取了国家三级非煤安全培训机构资质证书。这标志着该公司从此具有国家三级非煤安全培训的资格，具备了对省辖市市属及以下生产经营单位主要负责人、安全生产管理人员、特种作业人员及其他从业人员进行安全培训并颁发相关资格证书的资格。7月19日，在该公司培训中心举行“国家三级非煤安全培训基地”揭牌仪式。

（刘艳华）

【飞行化工公司位居中国化工企业500强第345位】　2010年7月，中国化工企业管理协会和中国化工情报信息协会发布2010中国化工企业500强排序，飞行化工公司居345位。比2008年位次前移104位。其排序方法根据国际惯例，数据采集于国家统计局，具有较强的权威性和社会影响力。

（李丰平）

【张德生获中国散文华表奖特别奖】　2010年，飞行化工公司工会原宣教干事、政工师、退休干部张德生的散文《情系井冈山》获中国首届散文华表奖二等奖和特别贡献奖。散文《母亲的泪花》被中国散文家协会评为中国散文华表奖特别奖；散文《父亲的钱袋》发表在2010年7月上半月的河南省杂志《老年春秋》上；散文《母亲的泪花》、诗歌《游平西湖》被平顶山市诗词协会主办的2010年第二期《尧山》杂志登载；新作《吟李白》被国际中华诗词总会主办的《诗词国际》刊用。

（李丰平）

【飞行化工首套自编技术培训教材问世】　9月3日，由飞行化工公司培训中心资深教师和生产一线工程技术人员共同编著的技术培训教材《化工检修》和《化工工艺》正式出版。两书经中平能化集团教材编审委员会审定，被正式纳入集团职工技术培训教材系列丛书管理，将发至各有关生产分厂作为职工技能培训的教材。两书贴近生产、工作实际，注重实际操作，突出创新，注重吸纳新工艺、新技术，并含有大量的事故案例、分析、举措等实用内容。

（李丰平）

装备制造

【平高集团圆满完成生产经营指标】　2010年，平高集团围绕中电装备公司提出的发展目标，全面落实集团公司三届八次职代会确定的各项目标任务，克服市场需求萎缩、产品价格下降、原材料价格上涨等诸多困难，圆满完成中电装备公司下达的年度指标任务。生产高压、超高压GIS（含罐式断路器）2313台（间隔），同比增长221台（间隔）；生产敞开式断路器1257台；生产隔离开关、接地开关3131组；生产中压开关4736台，同比增长239台；生产成套电器1870台，同比增长1485台；生产独立式互感器1066台，同比增长442台。按照国家新的财务制度和国家电网公司考核口径统计，2010年平高集团实现营业收入27.65亿元，完成年计划的104%；利润总额3980万元，完成年计划的106%；新签销售合同额35.1亿元，完成年计划的108%。

（吴秀玲）

【平高集团正式划转国家电网公司】 2009年7月17日，国家电网公司与河南省人民政府签订电工电气制造业战略合作框架协议，市政府与国网国际技术装备有限公司签订战略合作框架协议，市国资委与国网国际技术装备有限公司签订资产划转协议。2010年2月4日，国务院国资委正式批复平高集团100%的产权划转国家电网公司，平高集团正式成为国家电网公司直属产业的一员。

（宋银拢）

【刘振亚视察平高集团公司】 10月5日~6日，国家电网公司总经理、党组书记刘振亚，总会计师李汝革一行在省市领导的陪同下到平高集团公司视察指导工作。刘振亚肯定了公司的发展思路和成绩，对未来的发展给予战略指导和殷切希望，提出要按照"做大做强做优做孤"的要求对企业发展进行重新定位，并给予平高5亿元资本金和3亿元科研经费的支持。

（宋银拢）

【平高集团进一步开展对外合作】 2010年8月31日，平高集团公司与株式会社加地和日下部机械株式会社签订合作生产协议确定书，在SF_6气体回收装置方面进行技术合作。10月26日，平高集团公司与西门子（中国）公司签订合作协议，联合制造销售轨道交通供电系统设备。

（宋银拢）

【平高集团技术研发取得重大突破】 2010年，平高集团公司在特高压旁路开关、特高压GIS、智能开关、直流开关、真空断路器等重点领域取得重大技术突破。1100千伏旁路断路器、1100千伏旁路隔离开关、1100千伏（63kA）GIS通过全套型式试验；完成了800千伏智能罐式断路器研制和126千伏智能GIS的样机成套和调试；816千伏直流隔离开关、接地开关完成全部型式试验，1020千伏直流隔离开关正在成套；完成铁道电气化用31.5千伏和63千伏真空断路器的研制；自主研制完成220千伏电子式电流互感器。当年，共完成科技研发项目49项，23种新产品完成型式试验，7种超高压、特高压交直流开关新产品通过国家级技术鉴定，11种中压开关、气体回收装置通过省级鉴定，完成10项基础研究项目。"LW10B-363型SF_6断路器"列入国家火炬计划项目；"ZF27-800型GIS"列入国家重点新产品，同时获得国家电网公司科技进步二等奖；"特高压交流输电设备关键技术研究、设备研制及工程应用"获国家电网公司科技进步特等奖、河南省科学技术成果。获得授权专利61项，其中发明专利两项。平高集团公司获得国家级创新型企业、河南省知识产权优势企业、河南省科技推广先进单位等荣誉称号。

（宋银拢）

【平高集团工程项目建设扎实推进】 2010年，平高集团实施产业投资项目8项，主要为平高东区续建项目。新增世界先进的生产、试验设备621台（套），采用先进的制造工艺和试验、检测手段，生产条件达到国内一流、国际领先水平。项目建成投产后年生产能力达到年产罐式断路器系列产品290台、瓷柱式断路器系列产品2630台、隔离开关7490组、接地开关744组、1100千伏GIS60间隔，新增销售收入52亿元，利税总额8.7亿元。

（李营超）

【远程可视化控制悬臂式掘进机研制成功】 6月10日，由中平能化集团与中国矿业大学联合研制的远程可视化控制悬臂式掘进机，在中平能化机械制造公司改制完成，并通过集团有关专家验收，样机将进入井下进行检测。该机的研制成功填补了河南省在这一领域的空白。

（赵冬梅　阮玫莹　张　亭）

【中平能化集团机电装备工业园开工奠基】 4月12日，中平能化集团机电装备工业园开工奠基暨机械制造有限公司揭牌仪式在位于平安大道东段的园区内隆重举行。平顶山市委书记赵顷霖，中平能化集团董事长、党委书记陈建生为机械制造有限公司揭牌；平顶山市市长李恩东下达机电装备工业园开工令。市领导段玉良、邢文杰、张遂兴、王金山、黄祥利、史正廉，集团领导梁铁山、马源、王玉、张友谊、张富有、于励民、杨建国出席仪式。

（赵冬梅　阮玫莹　张　亭）

【平煤机获多项荣誉】 2010年，平顶山煤矿机械有限责任公司生产液压支架6359架，产量155644吨。实现销售收入19亿元，同比增长26%；完成净利润8000万元，同比增长40%；完成利税1.5亿元，同比增长

42%。当年，在中国中煤能源集团公司煤矿成套装备联合体统计的全国主要液压支架排名中，平煤机总产值排名第二。公司被河南省工业和信息化厅、省科学技术厅、省财政厅确定为河南省重点培育装备制造企业，被河南省人民政府确定为重点服务企业，被省科技厅、省财政厅、省国家税务局、省地方税务局联合确定为高新技术企业。公司被中国机械工业协会授予中国机械500强称号，被中国煤炭工业协会授予中国煤炭工业100强称号，被中国煤炭机械工业协会授予中国煤炭机械工业50强称号，被中国煤炭职工政研会授予全国煤炭系统文明单位称号，被21315中国质量信用记录中心授予企业质量信用等级AAA，被河南省发展改革委、财政厅、省地税局、郑州海关确定为省级企业技术中心。公司高端液压支架及其制造关键技术研究产业化项目获中国煤炭工业科学技术一等奖。

(杨小利)

【平煤机SYT4000吨液压支架试验台研制成功】 液压支架试验台是模拟井下工况，对液压支架成品进行强度、寿命、耐压、密封等项目进行检测的设备。此前，世界范围内没有适合7米以上大采高、17000千牛以上大阻力液压支架的检验台。2010年，为了生产大采高液压支架的需要，平煤机首先研制出新一代SYT4000吨液压支架试验台，该试验台最大压力4000千牛，测试支架的高度范围为1050毫米～8300毫米；测试支架的工作阻力范围为0～27000千牛，以上各项指标均为世界第一。

(杨小利)

【平煤机郏县分公司投产】 2010年，平煤机在郏县产业集聚区投资兴建高新技术分公司。分公司占地329759平方米，南北长625米，东西宽532米，坐落于郏县产业集聚区北二环以北。项目总投资11.19亿元，其中固定资产90830万元，铺底流动资金21070万元。按照规划，该项目可安排3000个就业岗位，年产各类高端液压支架8000架。预计年企业可实现含税销售收入309214万元，利润总额24681万元；项目投资收益率为19.4%，财务内部收益率（所得税前）为21.2%。平煤机高新技术分公司建设受到省市领导的高度重视，6月20日，省委常委、常务副省长李克，副省长徐济超带领省辖市市委书记、市长观摩团到高新技术分公司观摩指导。2010年底，分公司部分生产线陆续投产。

(杨小利)

【世界支护高度最大液压支架研制成功】 2010年，平煤机设计生产出ZY18800/32.5/72D支架，这是世界上煤矿井下一次性采全高支护高度最大的液压支架。该产品具有以下创新点：(1) 该支架采用三级护帮装置，有效防止煤壁的片帮；三级护帮装置采用联动系统，防止误操作造成的人身伤害和设备的损伤；护帮机构与伸缩梁机构相互独立，避免煤壁的反作用力传递到伸缩梁，提高了伸缩梁的安全性能。(2) 该支架立柱间采用三级可折叠防护网，防止飞溅的煤块或矸石飞入支架内部伤人。(3) 该支架架间采用双进双回供液、立柱独立进回液的大流量快速移架电液控制系统，保证支架移架速度，满足自动化采煤的使用要求。(4) 该支架工作阻力高，柱窝的承载能力加大。顶梁、底座柱窝及连接头材质改变以往铸件结构，均采用锻造结构，大大提高结构的强度与可靠性。(5) 该支架所用的Φ500毫米缸径立柱是世界上液压支架使用量最大的油缸。(6) 该支架立柱、千斤顶的缸筒材料选用30铬锰硅，其机械性能、淬透性、防锈性能均优于27硅锰。(7) 支架主体结构件均采用高强板进行焊接。成熟的焊接技术尤其是80公斤、100公斤级（Q690、Q890、Q960）高强板的焊接，保证了支架的制造满足设计要求和使用要求。2010年11月，该支架通过中国煤机协会组织的专家评议，并通过8万次型式试验，是国内试验标准1.6万次的5倍，是欧洲试验标准4万次的2倍。

(杨小利)

【天瑞铸造公司产销两旺】 2010年，天瑞集团铸造公司紧紧围绕“乘势而上，加大工作力度，加快工作步伐，实现跨越式发展”的总体工作指导思想，团结一心，克服重重困难，积极开拓市场，寻找新的经济增长点，坚持国内国外两个市场齐头并进，稳定国内市场，扩大国外市场。当年铸造公司累计生产铸钢件33423.8吨，与上年同期的30106.5吨相比多生产3317.3吨，增幅11%；销售铸钢件36897.3吨，与上年同期的30498.45吨相比多销售6398.85吨，增幅20.98%；实现销售收入31801.9万元，与上年同期的

31031.69 万元相比增加收入770.21 万元，增幅2.48%。

（徐伟新）

【天瑞铸造公司产品结构调整实现历史性突破】　2010 年，天瑞铸造公司努力稳定国内市场，大力开拓国际市场，利用生产铁路件摇枕、侧架等产品的绝对优势，完成产品结构调整的历史性任务。5 月，随着俄罗斯经济的逐步好转，铸造公司紧紧抓住机遇，在产品通过俄罗斯资质认证后，马上进入俄罗斯产品的生产准备及试生产阶段，7 月开始，俄罗斯市场产品需求量不断加大，甚至出现供不应求的局面。铸造公司根据产品需求量，充分利用现有资源，进一步调整与市场相衔接的生产布局。8 月完成俄罗斯侧架成品验收 1300 余件。12 月，又先后与俄罗斯客商签订累计达2.3 万份摇枕、侧架的供货合同。全年累计向美国、俄罗斯等国出口摇枕、侧架等铁路铸件产品 7135 吨，比上年增长73%，实现创汇近 8000 万元，比上年增长 167.92%。

（徐伟新）

【天瑞铸造获准进入俄罗斯市场】　2010 年，天瑞铸造公司进一步完善质量管理体系文件，细化质量目标分解按照 GB/T19001/ISO9001：2008 和 AARJ 分册 M－1003 规范要求，强化内部质量审核，实施管理职责考核，完善质量考核制度，保证了质量管理体系运行的充分性、适宜性和有效性，质量管理再上新台阶。1 月，取得俄罗斯交通部认证中心的侧架生产许可证书；5 月通过俄罗斯专家组的二方审核；7 月通过俄罗斯交通部认证注册局的工厂审查和认证工作；8 月通过俄罗斯摇枕的认证工作，9 月取得俄罗斯交通运输部认证局的认证证书；10 月通过俄罗斯交通部跨部门委员会代表团授予工厂代码的工厂审查、认证，审查通过；11 月通过独联体国家铁路联盟委员会的审查。天瑞公司成为中国第一家取得可以为俄罗斯及独联体国家生产摇枕、侧架的工厂，被授予工厂代码“6733”。天瑞铸造公司凭借世界一流水平的产品质量，跻身世界级的高品质铁路铸造配件产品供应企业行列。

（徐伟新）

【天瑞铸造公司科技创新见成效】　2010 年，天瑞铸造公司坚持科技进步和技术创新，大大提高了设备生产效率和产品质量。年初通过改进 V 法 B＋K6 侧架铸造工艺，提高工艺出品率约 6%；调整、改进砂心制作工艺，使横裂率下降到 1% 以下；改进热处理，回火率降低约1%。经过与廊坊智通机器人系统有限公司 3 个月的合作，完成了转 K6 侧架中央方框心机器人系统和转 K6 摇枕、侧架整体心三坐标机器人下心机设计、制造、安装调试工作，并正常运行，满足了铁道部对国内铁路产品要使用机械自动化下心的要求。通过改造转 K6 摇枕、侧架整体心水玻璃制心线合心配套设备，使合心效率提高到每 3 分钟完成合心过程，大大增强了转 K6 摇枕、侧架整体心机械制心能力。与洛阳瑞星液压机械有限公司合作改造完成俄罗斯摇枕、侧架水玻璃整体心心盒液压顶出机构和液压动力系统，大大提高了制心效率和质量，降低了职工的劳动强度，为生产出口俄罗斯的优质摇枕、侧架奠定了良好的工艺基础。

（徐伟新）

特种钢材

【舞钢公司获全国质量奖】　舞钢公司是全国首家宽厚钢板生产科研基地，现有资产总额 132 亿元，职工 1.2 万余人。具有年产钢 500 万吨、宽厚钢板 300 万吨、销售收入百亿元以上的综合实力。在舞钢生产的 12 大系列、400 多个品号产品中，有 200 多个替代了进口或采用外国标准生产，30 多个品种出口美国、德国、日本等发达国家和地区。舞

舞钢公司厂区鸟瞰

钢还是我国建筑结构用钢板、石油天然气输送管线用宽厚钢板、厚度方向性能钢板等5个国家标准的起草单位。先后有10类产品荣获中国冶金产品实物质量金杯奖，7类产品荣获河南省名牌产品称号。“舞钢”牌被评为河南省著名商标、河南省著名出口品牌。2008年“舞钢”牌建筑结构用钢板被评为中国名牌产品，2010年“舞钢”牌商标被认定为中国驰名商标。2010年10月，舞钢公司荣获全国质量奖。

(刘　洋)

用舞钢钢板建造的海洋采油平台

【生产经营】　2010年，舞钢公司产钢251万吨，产钢板221万吨，实现销售收入115亿元，实现利润1.23亿元，实现利税3.79亿元。合同完成率达到100%，保证了用户的合同交货期，提高了舞钢公司的市场信誉。与2009年相比，舞钢公司实现挖潜11.1亿元，折合吨板降本503元，可比产品成本降低率达到10%。同时，瞄准行业先进水平，强化对标挖潜工作，各项技术经济指标持续改善。在主要对标指标中，炼钢系统15项对标指标有9项优于标杆水平，轧钢系统5项对标指标有3项优于标杆水平。销售部全年承接合同190万吨，回笼货款110亿元，相继开发了上海中心大厦、浙江三门核电、荔湾深水钻井平台等一大批重点工程市场。进出口公司全年承接出口合同达到16.9万吨，同比增长119%；海洋平台用S355G10+N和DQ56钢板首次生产并成功出口海外市场，打破了欧、美、日等国外钢厂垄断，提高了舞钢在国外高端宽厚板市场的影响力，进一步提升了舞钢品牌知名度和影响力。

(刘　洋)

【品种开发】　2010年，舞钢公司开发出新品种20余个，承接新产品合同16万吨，回笼货款16亿元，均创历史最高水平；新产品实现的利润超过5亿元，成为公司生存发展的中流砥柱。在海洋工程用钢方面，公司已能够稳定生产厚度152.4毫米690MPa级高强钢，厚度215毫米齿条钢通过工厂认证，初步建立了齐全的海洋工程用高强钢体系，在国内处于领先地位。超低温用钢06Ni9DR钢板研发成功并通过评定，钢板综合性能指标超过宝钢达到国外先进水平。电渣型300毫米厚度级Z35水电结构用钢板开发成功并推向市场，在国内外Z向性能和厚度级别上实现新突破。Cr-Mo系列钢板生产最大厚度达到198毫米，全年研发销售量接近3万吨，同比增长40%；厚度162毫米、单重37吨级临氢12Cr2Mo1R创国内同类型单张钢板重量之最。公司成功研发生产出核岛级蒸发器、稳压器用16MnD5、18MnD5

具有国际领先水平的舞钢公司新建四米一轧机

钢板，核一级设备封头用3970毫米超宽钢板，核电反应堆安全壳用4000毫米超宽钢板，成为国内唯一具备核岛级系列钢板供货能力的企业。工艺研究创效明显，降低合金含量试验累计降低合金成本超过2600万元。连铸坯末端凝固工艺进一步优化，成功解决船板断口分层问题。连铸代模铸范围扩大，连铸坯轧制钢板厚度达到150毫米。DQ工艺试验取得重大进展，部分规格调质钢吨钢降低成本超过200元。

（刘　洋）

【职工福利不断改善】　2010年，在市场形势极为严峻、生产经营十分困难的情况下，舞钢公司在岗职工平均收入增长2%～3%。舞钢公司大力改善职工住房条件，湖滨小区422套住房接近封顶完工，李辉庄龙寓花园1920套职工住房紧张施工，全部建成后，职工住房紧张状况将得到根本性改观。在冬季间断集中生产、余热蒸汽产量不足情况下，舞钢公司关注职工冷暖，增开动力锅炉，确保职工生活区暖气供应。

（刘　洋）

新型建材

【天瑞集团被确定为河南省第三批循环经济试点单位】　2010年8月23日，河南省发改委、环保厅、科技厅、财政厅、商务厅、统计局等部门联合发文，公布确认河南省第三批循环经济试点单位，天瑞集团有限公司名列其中，成为河南省建材行业唯一的循环经济试点单位。天瑞集团立足现有产业，积极实施低成本扩张和相关多元化发展战略，大力开展自主知识产权技术的研发和各种实用技术的集成与创新，进一步优化产业结构，发展生态旅游业，适当延长水泥、焦化、铝业产业链条，积极优化原料结构、工艺结构、能源结构和产品结构，工艺装备向大型化、高效化、清洁化、紧凑化、信息化方向发展，产品品种向清洁、可回收利用和高技术含量、高附加值方向发展，重点发展生态水泥、精密铸造、铝加工产品等，不断提高资源的综合利用率和循环率，实现生产全过程的绿色制造，努力把天瑞集团建成资源节约型和环境友好型企业。

（徐伟新）

【“天瑞”商标被认定为“中国驰名商标”】　2010年1月，在国家工商总局商标评审委员会认定、公布的驰名商标中，天瑞集团水泥有限公司的“天瑞TIAN-RUI及图”商标名列其中。中国驰名商标是指在中国相关公众广为知晓并享有较高声誉，由国家工商行政管理总局认定批准的国家级商标。天瑞集团水泥有限公司使用的“天瑞”商标是2002年6月经国家工商总局商标局批准注册的。公司认真贯彻执行《商标法》，不断增强商标品牌战略意识，努力打造高端品牌优势，“天瑞”商标品牌产品的竞争力明显提升。“天瑞”商标涵盖45类行业和领域，品牌经济效益优势日渐凸显。

（徐伟新）

【天瑞集团被省市确定为2010年度重点服务企业】　为促进全省工业经济结构调整和发展方式转变，培育壮大战略支撑产业和战略性新兴产业，加快新型工业化进程，河南省政府决定每年确定一批省级重点服务企业。2010年2月26日，河南省政府印发《河南省人民政府关于印发2010年度省重点服务企业名单的通知》（豫政〔2010〕30号），天瑞集团被列入2010年度省重点服务企业名单。2010年3月，“天瑞”商标再次被河南省工商行政管理局评定为河南省著名商标。2010年3月15日，为促进平顶山市经济结构调整和发展方式的转变，培育壮大支撑产业和新兴产业，加快工业化进程，平顶山市政府下发文件（平政〔2010〕14号）确定当年市重点服务企业，天瑞集团名列其中。

（徐伟新）

【天瑞集团位列河南省企业百强第25位】　2010年8月20日，由河南省企业联合会、河南省企业家协会评选的2010年度河南企业100强正式出炉，天瑞集团有限公司位列第25位。由河南工业经济联合会评选的2009年度河南工业百强企业（集团）中，天瑞集团有限公司位列第23位。

（徐伟新）

【天瑞集团位列中国民营企业500强第112位】　2010年8月29日，由全国工商联在京发布的“2010中国民营企业500强”最新榜单上，天瑞集团有限公司以106亿元的销售收入位列112位，位居入榜河南企业第一位。在同时揭晓的“中国民营企业制造业100强”榜单中，天瑞集团有限公司位列74位。在500强中，营业收入总额超过100亿元的企业有126家，河南省共有8家企业上榜。

（徐伟新）

【天瑞集团位列中国建材企业500强第16位】　2010年9月16日，“2010年中国建材企业500强”发布会在北京举行，天瑞集团有限公司名列2010年中国建材企业500强第16位。发布会由中国建筑材料企业管理协会主办，中国建筑材料集团有限公司和中国中材集团有限公司协办。

（徐伟新）

【天瑞水泥公司产销双双刷新历史最高纪录】　2010年，天瑞水泥公司生产熟料2019.43万吨，比上年的1570.34万吨多生产熟料449.09万吨，同比增长28.60%；生产水泥2203.07万吨，比上年的1695.8万吨多生产水泥510.10万吨，同比增长29.91%。销售水泥2242.41万吨，与上年的1687.11万吨相比多销售555.30万吨，增长32.91%；熟料销量完成1122.74万吨，与上年的976.87万吨相比多销售145.87万吨。熟料、水泥产销量双双刷新历史最高纪录。天瑞水泥市场规模的快速成长，为天瑞水泥做大做强奠定了良好基础。2008年～2010年水泥销量平均增长率达到40.02%，其中2008年增长48.88%，2009年增长37.99%，2010年增长32.91%。

（徐伟新）

【天瑞水泥质量管理再上新台阶】　2010年，天瑞水泥公司狠抓质量管理，熟料质量稳中有升，高标号水泥质量上乘，复合水泥稳定优质，各项指标均达到或优于国家标准。天瑞水泥产品获得河南省名牌产品称号，并荣获平顶山市首届市长质量奖。天瑞水泥出厂合格率100%，袋重合格率100%，28天抗压富裕强度合格率100%。

（徐伟新）

【天瑞水泥开发重点工程市场成效显著】　2010年，天瑞水泥调整市场开发战略，明确提出强力抢占重点工程和城市搅拌站市场。凭借规模和品牌优势，成功进入一大批国家重点工程，如河南区域的石武高速、南水北调、城际铁路、兰新铁路、郑州地铁、漯阜铁路、京港澳高速拓宽、郑民高速、洛嵩高速等重点工程，辽南区域的哈大高铁、STX、鞍钢工程、岫庄铁路、前庄铁路等重点工程。重点工程和城市搅拌站市场成为天瑞水泥的主导市场。高品质水泥的销售比重快速增加，全年销售P. O42.5级以上高品质水泥907万吨，占总销量的41%，销售散装水泥1069万吨，占总销量的48%。

（徐伟新）

【天瑞水泥辐射半径不断增大】

2010年，天瑞水泥进一步加强区域外市场开发工作，努力拓宽区域外市场。天瑞水泥河南企业成功开发河北、内蒙古、四川、甘肃、陕西、山西、西藏等省外市场；天瑞水泥东北区域企业辽宁的大连、营口公司利用地理位置优势，抓住南方水泥市场供应紧张的机遇，广开销售渠道，成功抢占南方市场，进一步增强市场竞争力，提高了天瑞水泥的品牌知名度。全年河南企业共向省外销售水泥80.6万吨，辽宁企业向南方销售水泥20.8万吨。

（徐伟新）

【天瑞水泥产能规模扩大】

2010年，天瑞水泥产能规模进一步扩大。全年工程项目完成投资21.08亿元，竣工投产项目13个，即大连三线5000吨/日线、青山项目5000吨/日线（配套1台水泥磨）、萧县项目5000吨/日线、光山2#磨、卫辉2#磨、营口矿渣磨、许昌2#磨、辽阳余热发电、天瑞郑州余热发电、大连皮带廊、卫辉皮带廊、天津中转库项目和萧县破碎站；按计划施工的项目8个，即辽阳二期5000吨/日线、天津粉磨站、青山余热发电、萧县余热发电、大连三线余热发电、天瑞郑州破碎站、禹州二期5000吨/日线和石龙余热发电。新增水泥熟料产能540万吨/年，新增水泥粉磨产能600万吨/年，新增余热发电装机容量27兆瓦。

（徐伟新）

【洛阳理工学院与天瑞水泥公司签署合作协议】　2010年5月13日上午，洛阳理工学院与天瑞集团水泥有限公司产学研联谊会在天瑞大厦举行，洛阳理工学院党委书记段治乾、院长杨小林，天瑞水泥公司总经理郭志伟、副总经理赵会斌、张照坤等参加会议。双方就人才培养、科技合作、技术培训进行亲切友好的会谈，达成校企联合的一致意向，并签署《洛阳理工学院与天瑞集团水泥有限公司产学研合作协议》。5月14日上午，洛阳理工学院领导参观了位于荥阳市的天瑞集团郑州水泥有限公司12000吨/日新型干法熟料生产线。

（徐伟新）

洛阳理工学院与天瑞水泥公司签署合作协议

【天瑞集团汝州水泥有限公司新型干法熟料生产线连续运转创新纪录】 2010年，天瑞集团汝州水泥有限公司认真贯彻天瑞水泥“企业上规模，运转上水平，管理上台阶，全面提升企业形象和可持续发展能力”的总体指导思想，优化管理流程，千方百计提高设备运转率，最大限度地提高单位时间的功效，降低能耗，增加经济效益。公司2500吨/日新型干法熟料生产线再创佳绩。2010年1月23日8：00检修后开始点火投料，直至5月13日9：45因设备故障停窑，连续运行110天零两个小时，完成产量28.5万吨，质量稳定，f－CaO合格率达到86%以上，立升重合格率100%。创造了天瑞水泥熟料窑连续运转新纪录，在全国水泥行业同类型生产线中名列前茅。天瑞集团汝州水泥有限公司2500吨/日新型干法熟料生产线始建于2002年3月，2003年1月投产，是天瑞水泥的第一条干法生产线，也是河南省首条2500吨/日新型干法熟料生产线。该生产线投产仅3个月即实现达标，当年实现达产，次年产量超计划10%，创国内先进水平；2008年产量超百万吨，达到行业同窑型领先水平。

（徐伟新）

【“天瑞杯”技能竞赛获佳绩】

7月1日，由河南省机械冶金建材工会、河南省建筑材料工业协会主办，天瑞集团水泥有限公司冠名协办的“天瑞杯”河南省水泥中央控制室窑、磨操作工职业技能竞赛决赛，在尧山景区天瑞温泉大酒店举行，天瑞水泥公司取得窑操第一名、磨操第一名、团体第一名的优异成绩，有12名操作员进入前10名。

（徐伟新）

【建设银行与天瑞集团水泥公司签署《战略合作协议》】 2010年5月，建银国际（控股）有限公司、建设银行河南省分行与天瑞集团水泥有限公司《战略合作协议》签字仪式在北京举行。建设银行总行及建设银行河南省分行一直关注、支持天瑞集团的发展，投入贷款累计超过20亿元。同时，为满足天瑞集团发展及上市需求，建行总行、省分行、市分行三级联动，为天瑞集团水泥有限公司度身打造了包括贷款、理财、信托、租赁、IPO等产品在内的一揽子金融服务解决方案。签约方之一建银国际是中国建设银行股份有限公司的全资子公司，拥有丰富的境内外投资银行业务经验和国际化的专业团队，在股权投资、IPO、财务顾问等方面拥有独特的优势。建设银行河南省分行行长许会斌表示，建设银行将以此次合作协议的签署为契机，全力以赴提供好各种金融服务，努力为客户打造更为广阔的融资平台和服务平台，使银企共赢发展，健康成长。

（徐伟新）

【天瑞水泥公司与丹麦史密斯公司举行垃圾处理技术交流会】

2010年6月8日，国际水泥和采矿业设备供应商丹麦史密斯公司（FLSmidth）与天瑞集团水泥有限公司垃圾处理技术交流座谈会在天瑞水泥总部举行。史密斯公司专家主要就垃圾处理基本情况、史密斯公司国外垃圾处理项目情况、史密斯公司垃圾处理设备及垃圾处理和水泥生产的关系等四个方面内容作了介绍。天瑞水泥公司总经理郭志伟，党委书记、副总经理赵睿敏，总工程师贾华平及生产技术部、工程部相关技术人员及部分熟料基地生产负责人出席座谈会。

（徐伟新）

【天瑞水泥公司低温余热发电装置项目通过竣工验收】 根据河南省工业经济结构调整和高新技术产业化项目管理的要求，2010年7月14日，平顶山市工业经济结构调整办公室会同市发改委、财政局等部门，对2008年省工业经济结构调整和高新技术产业化项目——天瑞集团建设10座总装机容量94.5兆瓦新型干法水泥低温余热发电装置项目组织了竣工验收。验收组认真听取项目竣工验收情况汇报，抽查、审阅了工程竣工验收档案资料，并现场查看建筑工程和设备安装情况。经验收认定：天瑞集团水泥有限公司建设10座总装机容量94.5兆瓦新型干法水泥低温余热发电装置项目符合竣工验收条件，同意通过竣工验收。

（徐伟新）

【天瑞水泥公司8项技术成果获河南省建材行业技术革新奖】 在2010年度“天瑞杯”河南省建材行业技术革新奖评选活动中，天瑞集团水泥有限公司8项技术成果喜获“河南省建材行业技术革新奖”一、二等奖。天瑞集团水泥有限公司积极开展技术创新和技术改造，尤其在资源综合利用、节能减排等领域，涌现出一大批技术革新成果，大大提升自主创新能力，竞争实力明显增强。天瑞水泥对各分（子）公司申报的30项成果进行初评筛选后，精选8项整理申报参加全省角逐。“高磨蚀性石灰石破碎工艺开发”、“用乳酸渣做水泥缓凝剂的研究与应用”、“熟料连续取样器的设计及使用”、“纳米陶瓷在窑尾预热器内筒的使用”、“纯低温余热发电热风激发改造”和“水泥窑燃烧器内外风分别供风技术改造”6项科技成果荣获河南省建材行业技术革新奖一等奖；“5000吨/日生产线分解炉改造”和“利用回转窑筒体辐射热采暖的研究与应用”两项成果获二等奖。获得省一等奖的6项科技成果同时被推荐参加全国评选。天瑞水泥公司成为本次活动中“入围省级成果最多、获省级奖成果最多、被推荐到国家级的成果最多”的单位。再次彰显了其雄厚的科技实力。

（徐伟新）

【天瑞水泥公司获全国第十二次水泥化学分析大对比优胜奖项】 2010年12月19日～22日，国家水泥质量监督检验中心在海南省三亚市召开2010年“峨胜杯”全国第十二次水泥化学分析大对比工作总结暨表彰大会。天瑞集团汝州水泥有限公司、天瑞集团周口水泥有限公司等11家分（子）公司技压群雄，勇夺桂冠，荣获全国第十二次水泥化学分析大对比“全优单位”、“全合格单位”。其中天瑞集团汝州水泥有限公司、郑州天瑞水泥有限公司还被授予水泥企业特别奖。天瑞集团光山水泥有限公司、天瑞集团汝州水泥有限公司、天瑞集团周口水泥有限公司的3家化验室，在全国水泥企业化验室评审考核中被评为全国建材行业优秀化验室（全国建材行业优秀化验室是水泥检验行业的最高荣誉），罗佑文、王春红、张冠军、郑屹获得建材行业优秀化验室主任称号。

（徐伟新）

【天瑞集团水泥公司获市长质量奖】 2010年12月22日，在平顶山市质量兴市暨首届市长质量奖表彰大会上，天瑞集团水泥有限公司等5家企业被平顶山市政府授予2010年度平顶山市市长质量奖，并各奖励50万元。同时，天瑞集团水泥有限公司还和其他11家企业的16个产品被河南省名牌战略推进委员会评定为2010年度河南省名牌产品，并各奖励10万元。平顶山市市长质量奖是市政府设立的最高质量荣誉奖，旨在推广国际领先的管理理念和模式，树立质量管理标杆和典型，持续提升产业创新力和城市竞争力。主要授予在本市登记注册、有广泛的社会知名度与影响力、质量管理体系健全、自主创新能力在国内同行业处于领先地位、为当地经济发展作出突出贡献并取得良好社会效益的单位。

（徐伟新）

【天瑞水泥参加国家建材工业“十二五”规划研讨会】 2010年6月14日～16日，由工业和信息化部原材料工业司主持的建材工业“十二五”规划研讨会在四川成都召开。各省、自治区、直辖市、计划单列市、新疆生产建设兵团工业主管部门分管建材行业工作的负责人，国家建材联合会及水泥、玻璃、陶瓷、非金属矿等重点行业协会及地方建材协会负责人，全国九大水泥集团、三大玻璃集团及最大陶瓷企业负责人参加会议。天瑞水泥公司总经理郭志伟、副总经理张照坤参加了会议。

（徐伟新）

【中联天广公司全面完成经营目标】 2010年，面对水泥行业产能严重过剩、原燃材料价格上涨、限产限电等不利因素，郏县中联天广公司更新经营理念，不断加强科技创新、节能减排、安全生产等项工作，超额完成集团公司下达的各项指标任务。当年，生产熟料176万吨，生产水泥189万吨，销售熟料60万吨，销售水泥187万吨，实现销售收入48944万元，实现利税7233万元、利润4436万元。

（李红敏）

【中联天广公司安全、质量工作取得实效】 2010年，郏县中联天广公司严格执行与平顶山市安委会签订的《平顶山市安全生产目标责任保证书》，始终坚持“安全第一、预防为主、综合治理”的方针，全面落实安全生产责任制，深入开展安全生产“三项行动”的专项整治，并根据生产实际，采取缴纳双向保证金等有效手段，提高了职工的群体安全责任意识，收到良好效果。2010年，郏县中联公司相继在中国联合水泥集团及平顶山市的年度安全目标考核中取得较好成绩，在河南运营管理区的年度安全考核中，取得综合评比第一名。

该公司十分重视质量工作，当年出磨生料KH合格率80%以上，达到全国同行业先进水平。在2009年~2010年度全国水泥品质指标检验大对比中，被国家水泥质量监督检验中心授予全优单位称号。

（李红敏）

【中联天广公司获省节能减排竞赛先进单位称号】 2010年，中联天广水泥公司高度重视节约能源和保护环境，建立三级节能管理组织网络，取得明显成效。着力发挥新建的9兆瓦余热发电项目产能，并通过控制废气的含尘量，进一步降低水泥成本；选用辊压机联合粉磨系统替代球磨机的高效粉磨设备技术，实现大幅节电；使用水泥助磨剂，提升磨机的台时产量，降低电耗，提高水泥产品的强度，达到合理提高混合材掺加量的目标；对电机拖动系统变频调速进行节能改造，节能效果显著；对除尘器进行改造，实现减少粉尘排放及节能的效果；提高水泥质量，实现“以质代量”节能；综合利用脱硫石膏等固体废弃物，生产线用水循环利用；对辊压机、球磨机、回转窑、大型风机、大型破碎机实行能耗重点控制，耗能量逐台登记日报，随时掌控其变化量，减少浪费。通过以上措施，郏县中联能源消耗总量的增长速度低于产品产量的增长速度，万元能耗增加值下降，单位产品综合能耗下降，固体废物利用逐年增加。2010年8月，河南省环保管理部门组织检测机构对该公司57台收尘设施进行现场检测，各项指标均达到国家标准。荣获河南省节能减排竞赛先进单位称号。

（李红敏）

【科技创新】 2010年，中联天广公司在技术革新方面取得重大突破。完成电收尘改袋收尘的技改项目；建成9兆瓦余热电站项目，机组并网发电后运行良好，各项技术指标均达到技术要求。吨熟料发电量19千瓦时/吨，达到国内先进水平，年节约标准煤2万余吨，年创利润2000余万元，同时减少二氧化碳排放4.3万余吨。该公司申报的“使用劣质原燃材料生产优质熟料”和“龟裂状厚窑皮的形成原因与解决方法”技改项目，均获2010年中国建材集团“中联水泥杯”技术革新奖三等奖，并被河南省建筑材料工业协会评为科技成果一等奖和三等奖。

（李红敏）

【中联天广公司重视企业文化建设】 2010年，中联天广公司先后编发企业内刊《新天广》报纸11期，编发《万花山》文化双月刊6期。该公司作者在《中国建材报》等媒体发表各类稿件近百篇，丰富并拓展了企业文化的内涵，提高了企业的知名度和美誉度。该公司在“五一”、“十一”还举办了篮球、乒乓球、象棋、拔河、呼啦圈、袋鼠赛跑等比赛活动，活跃了职工文化生活。

（李红敏）

【大地水泥集团全面完成生产经营目标】 2010年初，大地集团针对水泥市场疲软、产能过剩的困难局面，及时调整工作思路，采取走出去、请进来的办法，到安徽海螺集团等先进企业参观学习，对照先进，查找不足，大力整改，使企业走出困境，闯出一片新天地。全年生产优质干法水泥210万吨、熟料260万吨，实现销售收入6.2亿元、利税1.3亿元。通过中国质量认证中心ISO9001国际质量、ISO14001环境、OHSAS18001职业健康安全管理三体系认证。各项工作均超额完成预定目标。

（王育红）

【大地水泥集团获多项荣誉】 3月，大地水泥被中国水泥网授予中国水泥企业熟料产能百强称号；6月，董事长张怀平获平顶山市优秀中国特色社会主义事业建设者荣誉称号；大地公司被平顶山市质量技术监督局、质量协会授予2010年质量诚信优胜单位荣誉称号。9月9日，在全市2009年度县域经济和非公有制经济表彰大会上，董事长张怀平获2009年度非公有制经济优秀民营企业家荣誉称号，大地公司获优秀民营企业荣誉称号。10月，在宝丰县科技创新奖励大会上，大地公司4500吨/日熟料新型干法水泥生产线电机系统节能改造项目获宝丰县科技创新发展基金资助50万元；10月，在宝丰县委县政府召开的发展县域经济和非公有制经济表彰大会上，大地公司获非公有制经济纳税和新上项目固定资产投资先进单位，获奖金10万元。

（王育红）

【大地水泥集团举行二期工程投产暨晋升国家大型企业庆典仪式】 2010年6月8日上午，河南大地集团举行第二条日产5500吨干法水泥生产线投产暨晋升国家大型企业庆典仪式。省、市、县有关领导及经销商、业务单位代表等1000多人参加庆典仪式。省统计局副巡视员刘明宪为大地公司颁发国家大型企业牌匾。宝丰县委、县政府向大地集团颁发奖金30万元。

（王育红）

【大地水泥集团注重员工培训】

2010年10月，大地集团组织中、高层管理人员分别到开封、重庆参加深圳中旭教育集团精英训练营、总裁执行模式培训班培训。11月2日～4日，集团特邀中旭教育集团资深讲师对近300名员工进行“西点执行力”培训。通过各种培训，提高了企业中、高层管理人员和员工的业务技能及综合素质，为企业发展增强了后劲。

（王育红）

【大地水泥集团关心职工生活】

大地集团在生产发展、效益提高的同时，不断改善职工的生产生活条件，提高工资待遇。2010年连续4次上调职工工资，人均月工资增加600多元，人均月工资达到2500多元。12月16日晚，由大地公司主办，洁石建材、五星石墨、八骏棉纺等企业协办的寻找有缘人青年联谊会，在大地公司举办，有近60名男女青年参加联谊会活动。

（王育红）

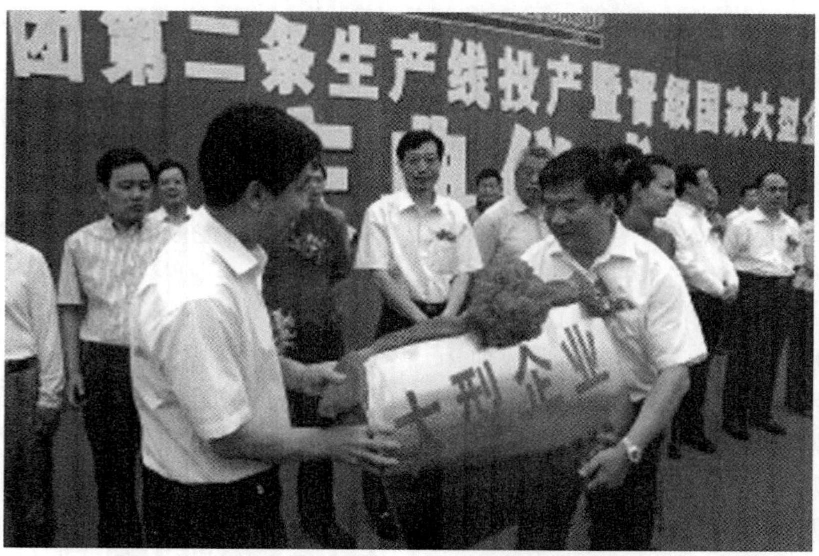

河南大地集团晋升国家大型企业庆典仪式

纺 织

【平棉集团克难攻坚求发展】

2010年，平棉集团以“创新型、差异化”发展思路为指导，外拓市场，内抓管理，深入开展节约挖潜，想方设法应对困难，化解危机，保证生产经营平稳运行。广大职工识大体、顾大局，充分发扬主人翁精神，立足各自工作岗位，勤奋工作，无私奉献，保持了企业职工工资不拖欠和税收的大幅增加，销售收入创历史新高，职工收入大幅提高。当年，公司共完成工业总产值4.07亿元，同比增加5818.23万元，增幅为16.66%；实现销售收入7.15亿元，同比增加2.54亿元，增幅为55.04%，比年度计划增加1.49亿元，增幅26.37%；完成纱产量10818.28吨，同比减少1927吨，减幅为15.12%，比年度计划减少2382吨，减幅为18.04%；完成坯布产量3547.42万米，同比减少492.58万米，减幅为12.20%，比年度计划减少352.58万米，减幅9.04%；坯布入库一等品率完成99.4%，同比提高0.21个百分点；实现税金2183万元，同比增加52.69%，利润为－387.31万元；职工年人均收入同比增长41.17%，增加4735.34元。

（赵玉亚）

【平棉集团宝棉项目投产】

2010年，平棉集团加快实现公司纱布并举的战略举措，加大对宝棉项目的投入，强力推进项目建设。先后投入资金1703万元，采取边安装、边调试、边培训人员的方法，使宝棉项目一期工程

9月8日如期试车生产。截至2010年底，生产棉纱535吨。后续工程有序抓紧跟进。

(赵玉亚)

【平棉集团销售收入创新高】2010年，平棉集团公司继续调整以坯布为主的销售思路，向纱布并举的销售格局转变。扩大竹节纱、赛络纺、股线及多种纤维混纺纱线品种的销售量，并全力开拓福建市场，实现纱、布销售齐头并进。同时利用原料大幅涨价的有利时机，加大压库力度，回拢资金，使坯布库存及应收账款降到建厂以来的历史低点。当年，公司纺织主业完成销售收入7.15亿元，同比增加2.54亿元，增幅55.04%，创历史新高。

(赵玉亚)

【平棉集团产品结构调整步伐加快】　平棉集团公司走“创新型、差异化”发展之路，紧盯市场，努力加大新产品研发力度，采取会商会制度，按照“批量、价格、生产效率均衡”的原则筛选上机品种，优化品种结构，减少翻改量。2010年翻改量比上年平均减少50%，生产效率提高，产品质量稳定，减少了客户索赔。全年发生客户索赔19.9万元，比上年减少67.4万元，减幅78%。

(赵玉亚)

【拓宽经营思路】　2010年，平棉集团鉴于国际棉价和国内棉价的差价空间，积极拓宽经营思路，在加大国际棉进口贸易量的同时，选派人员到非洲尼日利亚等地考察棉花市场。同时，根据生产经营需要，在新疆设立棉花加工厂，选派人员在新疆收、储、加工优质低价的新疆棉，在保证公司生产所需原棉数量和质量的同时，积极开展棉花贸易。2010年共销售棉花5400吨，实现销售收入1.2亿元。这些举措的实施，化解了棉价震荡给企业带来的不利因素，实现了企业增效目的。销售部门加大产品出口力度，通过加工贸易出口核销，降低企业生产成本，全年完成出口创汇905.1万美元，创历史最高水平。

(赵玉亚)

食　品

【概况】　2010年，全市食品行业认真落实市委、市政府经济工作会议精神，继续深化改革，调整结构，加快经济发展方式转变，提高经济效益，推动全市食品行业持续、健康、快速发展。按照省委、省政府做大做强食品工业的战略部署，全市大力发展食品工业，呈现出持续较快的发展态势。全市规模以上食品工业实现销售收入突破100亿元，利润达到11亿元。宝丰酒、饼干、淀粉、加碘盐、乳制品等主要产品有不同程度的增长，企业经济效益显著提高。为进一步促进全市食品工业又好又快发展，市发改委制定了食品工业“十二五”发展规划、总体目标、发展重点及对策措施，力争将食品工业发展成为全市重要的支柱产业之一。

(赵力民)

【宝丰酒荣膺中国十大最具增长潜力白酒品牌】　在2010年春季全国糖酒会上，宝丰酒业以“清香绽放”为展示主题，成为豫酒参展企业中最火爆的展厅。此次糖酒会上，宝丰酒业接待有效意向客户200多家，为第二个“三年战略”的省外市场打下坚实基础。在中国酒类流通协会主办的“第三届中国十大最具增长潜力白酒品牌”评选中，宝丰酒业有限公司生产的国色清香宝丰酒荣登榜单。中国十大最具增长潜力白酒品牌评选活动具有较强的专业性、权威性和广泛的代表性。随着清香型白酒市场的快速复苏，宝丰酒业国色清香以其高成长性和独具个性的品牌定位越来越受到省外客户的关注。

(赵力民)

【王杰士荣膺“中国酒业年度人物”称号】　2010年4月11日，宝丰酒业有限公司董事长王杰士在中国酿酒工业协会主办的2009年中国酒业盛典年度人物评选活动中，被授予“2009年中国酒业年度人物”称号。2009年，宝丰酒业启动与周边联动开发升级战略，强势拉动郑州、平顶山、许昌、漯河4个核心市场，并逐步将战略重点向安阳、新乡、鹤壁等豫北地区拓展，形成“京广一条线，豫北连成片，打造省内连片市场”的营销大格局。公司董事长王杰士果断将营销总部迁到省会郑州，搭建起快速应对市场的决策平台和服务市场的营销网络，为宝丰酒走向更广阔的市场奠定了坚实基础。

(赵力民)

【颜纪雄莅临宝丰酒业有限公司调研】　2010年6月3日下午，省委常委、省军区政委颜纪雄莅临宝丰酒业有限公司调研。市委书记赵顷霖，市委常委、秘书长张遂兴，平顶山军分区政委于培洪、司令员尹世祥，宝丰县委书记王宏景等陪同调研。颜纪雄在宝丰酒业有限公司检阅了该公司民兵应急分队，询问了民兵应急分队人数和装备情况。他强调：民兵应急分队担负着防汛、消防等工作任务，要根据承担的工作任务，配备相应的装备和工具，保证工作需要，起到应有作用。颜纪雄还参观了宝丰酒展览馆。

（赵力民）

颜纪雄（前左三）在宝丰酒业有限公司参观宝丰酒展览馆

【合作开发绿色食盐】 2010年3月25日，中盐皓龙盐化有限公司与中盐国本公司、河南省盐业总公司在北京中盐大厦签约，携手开发高端盐产品——绿色食品盐。自2009年开始，中盐皓龙公司即投入绿色食品盐的研发申报，并于2009年底顺利通过农业部中国绿色食品发展中心评审，成为河南省首家获准生产绿色食品盐的食盐定点生产企业。此次与中盐国本公司、河南省盐业总公司联手，形成优势互补的战略合作伙伴关系。皓龙公司加快绿色食盐生产方案的实施，争取早日使绿色食盐投放市场。

（赵力民）

【中盐皓龙公司豫北办事处成立】 2010年5月16日上午，中盐皓龙公司驻豫北办事处在济源市挂牌成立。河南省盐务局副局长张玉强，济源市副市长田志华，中盐皓龙公司董事长李晓峰、总经理黄伟，安阳、濮阳、鹤壁、焦作、新乡、洛阳、三门峡、济源、平顶山市盐业局局长和山西省、河南省的部分化工企业有关领导出席揭牌仪式。中盐皓龙公司豫北办事处的成立，将进一步拓展皓龙公司在河南及周边地区的影响力和控制力，为中盐总公司实现第二个“两步走”战略目标打造全新的平台，奠定坚实的基础。

（赵力民）

【中盐皓龙公司第二届QC小组成果发布会】 2010年1月21日，中盐皓龙盐化有限公司第二届QC小组成果发布会在皓龙文化中心举行。此次成果发布会涵盖降低能源消耗、改进设备性能、保障产品质量等多个方面。发布会上，成绩特别突出的是公司开展的节煤专项活动。节煤专项活动自2009年4月～12月共节约标煤7166吨（原煤12761.76吨），节约资金约488万元，为节能减排作出了突出贡献。经评委评定和审核，设备动力部皓龙腾飞QC小组的课题“降低吨盐耗标煤指标”荣获一等奖，天源公司制盐工段QC小组的课题“提高回调卤水pH稳定性”和检测中心第一QC小组的课题“提高测定SO_4^{2-}的准确度”分别荣获二等奖，其他课题荣获三等奖。

（赵力民）

【梦想公司年产3万吨功能型饼干项目奠基】 2010年12月26日上午，河南梦想食品有限公司年产3万吨功能型饼干项目奠基仪式举行。市委常委、宣传部长唐飞，副市长王富兴出席奠基仪式。唐飞宣布项目开工。

河南梦想食品有限公司是全国规模最大的专业饼干生产企业之一。年产3万吨功能型饼干项目，总投资1.6亿元，建成后可年产膳食纤维系列饼干2万吨，健康功能型饼干1万吨，年销售收入3.5亿元，创利税3000万余元。

（赵力民）

中小企业管理

【概况】 2010年8月，根据市政府机构改革方案，平顶山市工业和信息化局正式组建，新组建的市工业和信息化局有五项工作职责。即全市的工业行业管理、全市工业经济运行、县域经济发展、中小企业和非公有制经济发展、全市信息化工作。根据职能职责，市工业和信息化局内设11个科室，即办公室、政策法规科（行政审批服务科）、规划科、科技科、运行监测协调局、节能与综合利用科、安全生产科（市国防科学技术工业办公室）、原材料和消费品工业科（市禁止化学武器公约事务办公室）、装备和高技术工业科、煤盐化工和电气产业办公室、人事教育科（机关党委）、离退休干部科；下辖平顶山市中小企业服务中心和平顶山市信息化管理中心两个事业单位。

2010年，全市规模以上工业完成增加值669亿元，增长15%；规模以上工业企业实现利润135.8亿元，增长10.6%。中小企业和非公有制经济完成增加值1152.7亿元，同比增长54.4%，占全市地区生产总值的53.8%。实交税金76.34亿元，同比增长22.7%；利润总额387.1亿元，同比增长17%。全市个体、私营等非公有制经济单位数达到20.03万个，从业人员125.38万人。

（李晓亚）

【奖励支持县域经济和非公有制经济发展】　按照《市委办公室、市政府办公室关于印发<平顶山市县域经济和非公有制经济发展奖惩办法>的通知》（平办〔2008〕9号）要求，年初，组织市财政局、市统计局、市农业局等有关单位组成考核组，对各县（市、区）2009年度县域经济和非公有制经济发展情况进行考核，并对2009年度全市优秀民营企业家、优秀民营企业和高成长型民营企业进行评选推荐。9月，市委、市政府召开全市县域经济和非公有制经济表彰大会。市政府拿出1300多万元，对发展县域经济先进县（市、区）、先进乡（镇）、优秀民营企业家、优秀民营企业、高成长型民营企业、先进融资担保机构等进行表彰和奖励。

（李晓亚）

市委书记赵顷霖（右一）等领导接见受表彰代表

【2010年度优秀民营企业家、优秀民营企业、高成长型民营企业名单】　一、优秀民营企业家（17名）

曹二虎　河南亚坤实业集团董事长

张怀平　河南省大地水泥集团总经理

林金利　郏县中联天广水泥有限公司董事长

韩群山　河南隆鑫机车有限公司总经理

武艳丽　河南顺德集团实业有限公司总经理

欧阳军　汝州郑铁三佳水泥有限公司总经理

慎天贵　河南华利制药股份有限公司董事长

刘　涛　河南常绿集团置业有限公司董事长

赵松申　河南梦想食品有限公司董事长

李进昌　平顶山市昌茂纺织有限责任公司董事长

陈喜亮　平顶山普生药业有限公司董事长

肖　伟　平顶山市鲁山亚星炭素材料有限公司总经理

陈晓明　河南明源集团房地产开发有限公司董事长

薛国强　河南省广天建安集团有限公司董事长

杨战会　河南省宇隆实业集团董事长

朱玉龙　河南建益达实业有限公司总经理

宗　鑫　河南通联安晟汽配有限公司董事长

二、优秀民营企业（64家）

舞钢宝润实业有限公司

河南亚坤实业集团

河南省大地水泥集团

平顶山市神马万里化工股份有限公司

舞钢市龙山纺织科技有限公司

郏县中联天广水泥有限公司

河南隆鑫机车有限公司

天瑞集团水泥有限公司

宝丰酒业有限公司

河南顺德集团实业有限公司

河南广发房地产开发有限公司
河南省宇隆实业集团
平顶山市神马奔腾化工股份有限公司
河南创新豫州房地产开发有限公司
汝州市郑铁三佳水泥有限公司
河南蓝光环保发电有限公司叶县分公司
河南华利制药股份有限公司
平顶山市晟明选煤有限公司
河南丰麟实业有限公司
汝州市达意选煤有限公司
天瑞集团煤焦化有限公司
宝丰县金岭牧业科技有限公司
河南梦想食品有限公司
舞钢三和盛机械制造建筑有限责任公司
平顶山市昌茂纺织有限公司
平顶山市普生药业有限公司
平顶山市鲁山亚星炭素材料有限公司
河南明源集团房地产开发有限公司
河南省广天建安集团有限公司
平顶山市土产日杂工贸有限公司
河南康龙实业集团
河南省建工集团房地产开发有限公司
平顶山市东佳环保设备厂
汝州市汝丰焦化有限公司
宝丰县八骏棉纺织有限公司
平顶山市金瑞华物资有限公司
平顶山市府旺门业有限公司
平顶山佳瑞高科实业有限公司
鲁山方圆炭素材料有限公司
河南圣光集团医药物流有限公司
河南润泽园餐饮管理有限公司
汝州郑铁三佳道岔有限公司
河南永威皮鞋厂
平顶山市宝丰县宏发铁业有限公司
平顶山市铁福来机电设备有限公司
河南省广天铸件有限公司
河南通联安晟汽配有限公司
平顶山爱迪生电力系统有限公司
舞钢市海明科技有限公司
河南艾通机械有限公司
平顶山市绝缘制品股份有限公司
河南省树民动力机械制造有限公司
河南省平顶山市迪可（集团）食品有限公司
舞钢市沈宏钢铁加工有限责任公司
平顶山市天一钢结构工程有限公司
平顶山市得佳汽车销售有限公司
平顶山市神驼标准件有限责任公司
平顶山市中金置业有限公司
河南省迷王制衣有限公司
河南省豫花苑炊具有限公司
河南昌力玻璃制品有限公司
河南鑫之源实业有限公司
河南亿盛新材料有限公司
平顶山市恒基混凝土有限公司
三、高成长型民营企业(30家)
汝州市步步高鞋业有限公司
鲁山县宏昌五金有限公司
平顶山市马亮磨料有限公司
平顶山市绿城环保有限公司
舞钢市海明工业纸板有限公司
鲁山县万通通机械制造有限公司
平顶山市豫达输变电安装有限公司
河南省金牛足食品有限公司
平顶山市华耐矿石开发有限责任公司
平顶山市海平电气有限责任公司
河南海星化工科技有限公司
平顶山市航星耐火材料有限公司
舞钢市振宇纺织有限责任公司
平顶山市秦新民食品有限公司
平顶山兴州机械制造有限公司
平顶山市东方碳素有限公司
平顶山市昕开源工贸有限责任公司
河南豫兴铸造有限公司
河南省绿韵建材有限公司
鲁山县喜临门商业有限公司
汝州市益永泰机绣有限公司
叶县金厨铝制品加工厂
舞钢硕基实业有限公司
河南华邦电器炊具有限公司
河南奔宝皮件有限公司
平顶山市中奥磨料有限公司
平顶山市鑫鑫车业有限公司
河南光之源太阳能科技有限公司
汝州市玉松汝瓷有限公司
宝丰县弘宝汝瓷斋

【推进淘汰落后产能工作】 根据河南省政府与平顶山市签订的节能与淘汰落后产能目标责任书和河南省人民政府《关于批转省工业和信息化厅河南省淘汰落后产能工作实施意见的通知》要求，围绕可持续发展，积极推进淘汰落后产能工作。市工信局认真履行市淘汰落后产能领导小组办公室职责，积极开展工作，与相关单位形成各负其责、协调配合、上下联动、齐抓共管的工作格局，促进全市淘汰落后产能工作顺利、有序开展。截至2010年底，全市列入国家和省2010年淘汰落后产能计划的9家企业已全部关停到位。

（李晓亚）

【重点工业产品达标备案】　重点工业产品达标备案，是指企业生产的重点产品其质量技术及生产一致性等指标是否达到有关国家标准、行业标准及先进企业标准要求的审查登记过程。企业对申请备案的达标产品按相应标准要求承担产品质量责任。2月9日，工业和信息化部发布关于推进重点产品质量达标的实施意见，河南省被列为首个全国重点工业产品达标备案试点省份，平顶山市又被河南省列为重点工业达标备案试点市。2010年全市共组织推荐48个企业的70个产品，最终20余个产品受省工信厅、省质监局联合公告。

（李晓亚）

【搭建银企合作平台】　继续搭建银企合作平台，改善中小企业融资环境，组织企业参加省、市两级银企洽谈会。创新与金融机构合作机制，建立推荐中小企业优质项目的长效机制，筛选优质项目向银行推荐，提高新增信贷规模中中小企业贷款比例。2010年，向上海浦东发展银行郑州分行推荐项目12个，其中有两家参加浦东发展银行举办的银企对接会，并签署协议；与广东发展银行郑州分行沟通，广发行郑州分行到郏县、宝丰县、叶县、舞钢市、卫东区产业聚集区考察部分企业；与国家开发银行沟通，组织全市担保机构与国家开发银行召开座谈会，共同商讨服务中小企业发展的措施。为更好地解决中小企业融资难题，国家开发银行向鲁山县汇民小额贷款有限公司、宝丰县丰润小额贷款有限公司贷款共计3500万元，共同支持中小企业发展。

（李晓亚）

市长陈建生（右二）视察郑州产业转移洽谈会平顶山展区

【招商引资】　2010年，组织全市企业参加第六届中国国际中小企业博览会暨中西中小企业博览会、中国（郑州）2010产业转移合作洽谈会等招商引资活动。其中，在11月份组织参加的中国（郑州）2010产业转移合作洽谈会和先进装备制造业博览会上，共签约项目53个，总投资95.11亿元，引进资金73.86亿元，发布项目264个，参会人数486人。中国（郑州）国际装备制造业经济技术合作博览会组委会授予平顶山市工业和信息化局最佳组织奖和最佳展示奖荣誉称号。

（李晓亚）

【企业上市培育】　2010年，5家重点上市后备企业（天瑞集团水泥有限公司、河南巨龙淀粉实业有限公司、中平能化集团易成新材料有限公司、平顶山煤矿机械有限责任公司、圣光医用制品有限公司）的上市推荐商、上市律师事务所、上市会计师事务所等中介都已进场。其中，中平能化集团易成新材料有限公司于2010年12月份完成股份制改造。完善扩大上市后备企业数据库，选定了30家上市后备企业，并利用“百名企业家”培训工程对上市后备企业进行专题培训，进一步加大企业上市培训力度。

（李晓亚）

【完善融资性担保体系】　鼓励支持设立民营担保机构，11月份成立平顶山市中小企业信用担保行业协会，增强完善融资性担保体系建设。2010年，全市新成立中小企业信用担保机构24家，截至2010年底，全市融资性信用担保机构达72家，其中，政府出资、编办设立、全额供给的事业单位法人担保机构10家；政府出资或政府和民间共同出资的企业法人担保机构8家；民间出资的担保机构54家。全市融资性信用担保机构共注册资本金总额为17.7亿元，累计担保企业户数1130户，累计担保笔数1763笔，累计担保总额21.7亿元。

（李晓亚）

【推进小额贷款试点】　2010年，为激活民间资本，引导其规范运作，缓解中小企业贷款难问题，进一步做好小额贷款公司试点工作，并通过网站、杂志等媒体向企业宣传国家、省、市有关设立小额贷款公司的政策。全市新成立小额贷款公司15家，新增注册资本6.6亿元。截至年底，全市小额贷款公司共计20家，注册资本金总额8.5亿元，累计为664户企业发放709笔，共计8.4亿元的贷款。

（李晓亚）

【专项资金扶持】 2010年，围绕企业创新能力建设，不断加强专项资金扶持，全力促进企业加快发展。先后组织有关企业申报国家中小企业发展专项资金、产业振兴和技术改造专项资金、重大装备技术成果奖励资金、电子信息产业发展基金、省信息化发展专项资金、产业转移扶持资金等多项国家和省级专项资金，对工业企业项目进行贴息和资助。共申报企业和项目30多个，申报资金1.3亿多元。截至2010年底，全市有17个企业和项目获得国家中小企业发展专项扶持资金、承接产业转移资金、省信息化发展专项资金、国家重点产业振兴和技术改造专项资金等1400多万元，推动企业技术改造和技术创新建设。

（李晓亚）

【百名企业家培训工程】 建立企业学习培训新机制，大力培养企业高级管理人才。2009年10月~2010年8月，市工业和信息化局与清华大学合作，开办平顶山市“百名企业家培训工程”暨清华大学“领导商略”总裁高级管理研修班。此次研修班共组织全市100多名企业家和高层管理人员进行为期10个月，共计96个课时，21个专题项目的培训学习。这是平顶山市首次邀请国内知名高校对全市受表彰的优秀企业家进行免费集中培训，2010年12月，“第二届百名企业家培训工程”暨清华大学“工商管理”总裁高级管理研修班启动。研修班对于加强企业家队伍培养，提升全市企业经营管理水平打下了坚实基础，收到了良好效果，深受广大受训企业家的好评。

（李晓亚）

【信息网络服务】 2010年，充分利用“一网一刊一报”（平顶山工业信息化网、《中小企业》刊物、《工业简报》），加大信息传播力度，增加信息载量，为企业提供政策法规、市场信息、项目招商、办事指南、人才信息等服务。全年共编印《中小企业》刊物10期，印发3万册；《工业简报》15期，印发5000份。对“平顶山工业信息化网”进行全面升级改版，共设栏目20余个，发布各类相关信息3万余条。

（李晓亚）

【信息化考核】 按照《平顶山市人民政府关于2010年度全市目标考评及2011年度目标制定工作的通知》（平政〔2010〕74号）要求，市信息化工作领导小组办公室牵头组织有关单位组成全市信息化建设责任目标考核组，对全市10个县（市、区）2010年度信息化建设责任目标完成情况进行全面考核。考核指标涵盖环境建设、电子政务、两化融合等7项内容。经过考核，全市10个县（市、区）都圆满完成了2010年度信息化建设责任目标。

（李晓亚）

利用外资

【概况】 2010年，全市共引进市外合作项目442项，合同利用市外资金496亿元，实际到位市外资金458亿元。

（周永超）

【温州中低压电气专题招商活动】 2010年2月23日~25日，平顶山市在温州开展温州中低压电气专题招商活动。与温州飞宇集团、上海电气集团、上海中发电气集团签订一批投资合同，投资总额19.1亿元。

（周永超）

【赴福建省举办市情说明和项目推介活动】 2010年4月22日~27日，在福建省福州市、泉州市、厦门市举办市情说明和项目推介等活动，与福州市新大陆科技集团公司、冠捷科技集团，泉州市高新技术企业孵化器基地、三星机电设备有限公司和厦门泉舜集团进行合作洽谈，签约项目投资总额15.3亿元。

（周永超）

【开展小分队招商活动及市情说明会】 2010年7月~9月，分别由市委、市人大、市政府、市政协领导带队，相关部门人员参加，先后赴杭州、温州、宁波、广州、深圳、汕头、上海、厦门、福州、北京、青岛、烟台、威海等经济发达地区开展小分队招商和华合论坛推介。招商小分队和当地工商联、商会、知名企业进行联系接触，开展项目洽谈和对接。

（周永超）

【第三届华合论坛经贸招商效果显著】　2010年，在第三届华侨华人中原经济合作论坛经贸活动中，共邀请到会客商1200名，发布项目1532项，全市签约投资合作项目43个，投资总额431.63亿元，比上届增长24.7%。

（周永超）

私营经济

【私营企业基本情况】　2010年，全市私营企业总户数10582户，同比增长18.16%；投资者人数21733万人，同比增长19.16%；雇工人数71994万人，同比增长27.55%；注册资本2831401.89万元，同比增长47.32%。

（罗旭民）

【个体工商户基本情况】　2010年，全市共有个体工商户78369户，同比增长3.89%；从业人员157529人，同比增长11.93%；资金数额230607.68万元，同比增长14.00%。

（罗旭民）

【服务社会献爱心】　2010年，全市个体私营协会组织工商户利用“3月5日”学雷锋纪念日、“六一”儿童节、“八一”建军节及“光彩、维权服务周”活动等时机，出动会员4600余名，为群众服务8000余人次，发放“光彩服务日”宣传单1万余份。舞钢市个协会员宋相玉资助贫困大学生，会员曹子万向山区小学捐款、捐物1.5万元；卫东区个私协组织20余名会员，向福利医院捐赠价值物品8000多元；叶县个私协向残疾人捐款7000多元；市个协支出5万多元救助特困会员180户。

（罗旭民）

【再就业】　2010年4月15日，市个协组织30多家企业在市内举办私营企业安置下岗工人、大学生、农民工洽谈会，提供岗位1360个，有1180多人达成就业意向。5月8日，帮助浙江省民营企业来平顶山市招工，在劳动力市场、平顶山技术技工学院和市技术技工学校签订用人定向协议。

（罗旭民）

【创优工作】　县、区级协会积极配合各级工商局创建园林城市、卫生城市，清理店外经营、清理夜市烧烤、清理有污的摊位和脏乱差的店外经营。市个协组织各区级协会配合纪委和监察局搞好行风评议工作；配合当地召开行风评议会议，组织会员参加行风会议，参加会员200多人次。

（罗旭民）

【获得荣誉】　2010年度，河南佳能实业有限公司总经理孙建安、平顶山市云阳海汽车贸易有限公司总经理史海军、平顶山市卫东区舒记麻辣烫负责人孙金相被评为平顶山市市级劳动模范。

（罗旭民）

郏县临沣寨

位于河南郏县县城东南13公里的堂街镇朱洼村，周围是一道高大厚实的红石墙，墙外的护寨濠沟通利溥、沣溪两水，流向北汝河。这就是临沣寨，又称红石寨、朱洼寨。

道光末年，河南盐运司知事朱紫峰告老还乡。身处乱世，朱紫峰对自己的亿万家财颇为担忧，不惜高价请人设计了一座寨堡，选紫云山红石为主要材料修筑寨墙。同治元年（公元1862年），寨堡竣工，其平面呈椭圆形，占地约7万平方米，寨墙周长1100米，高约7米，墙宽3～5米不等。墙上有800个垛口、5座哨楼，墙外是宽15米、深4米的护寨濠。3座大小相同的寨门，每座上面都有灭火水槽以及用于对外射击的高低不等的射击孔，寨门外侧还有两道防洪闸门和向外排水的暗道。寨内的主街道与寨门呈120度斜角，使外人难以窥视其内部结构。巷道则全部设计为“丁”字形或断头路，即死胡同，置身其中，如进了迷宫。由于此寨规模宏大，布局严谨，时人誉朱家府第为“汝河南岸第一府”。也正因为如此，自临沣寨落成至今，没有一支军队能够强攻进寨。

（陈德鹏）

现 代 农 业

综　述

2010年，全市农业和农村工作按照省委、省政府关于“三农”工作的总体部署，围绕市委、市政府统筹推进优化产业结构、加快城镇化、建设新农村的“三大任务”，认真“学先进、比创新、看实效”，坚持“四个重在”和“三具两基一抓手”，努力开拓进取、务求实效，实现了粮食持续增产、农业持续增效、农民持续增收、农村持续发展的大好局面。财政用于“三农”的投入达到23.9亿元，其中发放粮食直补等8项补贴4亿元。

全年完成农林牧渔业总产值204.6亿元，比上年增长4.4%。其中农业产值98.6亿元，林业产值亿6.6元，牧业产值92.96亿元，渔业产值2.5亿元，农林牧渔服务业增加值1.98亿元，比上年分别增长3.3%、6.3%、5.3%、5.0%和5.0%。

农村经济持续繁荣发展。粮食总产连续5年创历史新高，全年完成粮食总产197.2万吨，比2009年增产1.5万吨；水产品产量达到3.7万吨，较上年有较大幅度增长；实现肉类产量36.18万吨，蛋类产量14.6万吨，奶类产量20.82万吨，分别比上年增长2.61%、1.39%和5.69%。2010年，农民人均纯收入5504元，比2009年增长15.2%，农村经济持续向好发展。

2010年主要农产品产量

产品名称	单位	产量	比上年增长（%）
粮食	万吨	197.2	0.8
其中：夏粮	万吨	100.1	0.6
秋粮	万吨	97.1	0.9
油料	万吨	14.7	6.5
其中：花生	万吨	10.4	10.6
油菜籽	万吨	3.6	0
棉花	吨	2646	-15.9
烟叶	万吨	2.8	-3.4
蔬菜瓜果	万吨	254.5	-0.8

农业基础设施建设得到加强。农业生产条件不断完善，34座病险水库除险加固工程和北汝河治理一期工程完工，发展有效灌溉面积4.53千公顷，发展节水灌溉面积4.73千公顷，新增旱涝保收田4.66千公顷，治理水土流失面积8.1千公顷，新打配机电井3047眼，解决农村饮水安全21万人。新增农机总动力8万千瓦，气象预测预报和人工影响天气工作保障到位，抗灾减灾能力显著增强。“生态建市”工作进展顺利，造林18.37万亩，完成义务植树1200万株，汝州市、宝丰县、湛河区初步通过省级林业生态县验收；同省林业厅签署了合作创建国家森林城市框架协议，争取两年创建成功。

现代农业发展稳步推进。农业产业化经营迈出新步伐。新增省级龙头企业5家、农民专业合作社241个，全市市级以上农业产业化龙头企业达到124家、农民专业合作社503家，辐射带动农户56万户。全市土地流转面积突破60万亩，达到62.9万亩，占承包土地总面积的17%，涉及农户12万户，参与流转的农户每年可多增加收入1600多元。农业结构调整扎实有效，全市无公害农产品产地总数达到138个，总面积125万亩，无公害农产品总数达125个，绿色食品总数达到12个，专业化、标准化水平进一步提高。现代畜牧业发展成效显著，新建标准化养殖小区268个，引进千万元以上畜产品加工项目15个，畜牧业产值占到农业总产值的45.4%。

新农村建设迈出坚实步伐。全面完成36个中心镇（乡）、539个中心村的经济发展规划和新村建设规划，实现了新农村建设的科学布局。启动中心村基础设施建设和新民居建设，完成各项投资10.7亿元，建成和在建新民居1.4万套，硬化道路205.8公里，安装路灯5440杆，铺设供水管道69.8公里，修建排水管道78公里，栽植绿化树13万棵，建设绿地面积12.6万平方米，新建文化广场39个，污水处理设施3个，村容村貌有很大改观。

党的强农惠农政策得到落实。全年财政用于“三农”的投入达到23.9亿元，比上年增长11亿元，其中发放粮食直补等8项补贴4亿元，党的强农惠农政策得到很好落实。农村各项事业全面发展。积极推进“新网工程”建设，新增农家店305家，新建农资配送中心6个、190个连锁店和92个日用品超市。新建农村公路464公里，新增农村沼气用户2万户，新解决农村21万人的安全饮水问题，完成108个贫困村的整村推进和6.1万贫困人口的脱贫。完成农村改厕1.3万座，改造农村危房4510户。新型农村合作医疗制度有序推进，全市有360.38万人参加新农合，参合率达到97.8%。有17.1万人享受农村低保，农村五保集中供养政策得到全面落实。宝丰县、郏县被确定为国家第二批新农保试点。建成15个乡(镇)综合文化站和300个农家书屋。减轻农民负担政策得到较好落实，全市没有发生因农民负担引发的恶性事件，连续6年保持全省先进地位。

(朱俊杰)

种植业

【概况】　2010年，全市农业农村工作坚持以科学发展观为指导，认真贯彻落实中央、省、市农业农村工作会议及中央1号文件精神，围绕发展现代农业、建设社会主义新农村的主题，转变工作思路，创新工作方法，农业和农村经济保持良好的发展势头。全市实现第一产业增加值114.7亿元，比上年增长8.8%；农民人均纯收入5504元，比上年增长15.2%。

(徐伟民)

【粮食生产】　全年粮食总产197.2万吨，比上年增长0.8%，平均单产318.2公斤，连续7年增产，连续5年创历史最高水平。粮食优质化水平进一步提高，优质专用小麦面积占到小麦播种总面积的76.4%，玉米杂交种应用率达到100%。全年粮食种植面积620万亩，其中小麦种植面积308.6万亩，秋粮播种面积311.4万亩。以实施国家优质小麦、玉米良种推广补贴项目为契机，大力推广优质小麦、玉米良种播种面积，商品种子供应量达到2370万公斤，良种覆盖率提高到99%。田间管理按照良种良法相配套要求，广泛应用配方施肥、种子包衣、药剂拌种、土壤处理等先进适用技术，推广测土配方施肥面积190万亩，配方施肥面积85万亩。大力扶持发展植保专业合作社。全市正式注册的植保专业合作社达到21家，拥有各类植保机械181台。其中，大型施药机械23台，烟雾机55台，机动弥雾机103台。充分发挥专业化统防统治的作用，防治小麦病虫草害1100万亩次，占发生面积的90.89%，挽回小麦损失17.2万吨，挽回玉米损失20万吨。

(徐伟民)

【良种补贴】　完成优质小麦、玉米、水稻良种补贴面积共656.676万亩，比2009年的484.119万亩增加172.117万亩。其中，小麦、玉米、水稻优质良种补贴分别为337.4万亩、315.9万亩和3.34万亩；安排补贴总资金6583.1万元(小麦、玉米每亩10元，水稻、棉花每亩15元)，比上年的补贴资金4900.14万元，增加了1672.96万元。玉米、水稻以现金形式采取“一折通”(一卡通)方式发放补贴资金，由各县(市、区)财政局按照农业部门复核后的玉米、水稻良种补贴分户清册中所列补贴数额，会同承办银行将补贴资金存入补贴对象的固定补贴存款账户。小麦良种补贴按照省精神，尊重县(市、区)意见，卫东区、石龙区以现金形式采取“一折通”方式发放。其余8个县(市、区)按照省预拨面积实行招标供种。

(徐伟民)

【高产创建】　制定《小麦、玉米“百、千、万”高产攻关行动计划》，在全市粮食主产县(市、区)开展25万亩高产创建示范建设。2009～2010年度，全市共建12个小麦万亩高产示范方、87个小麦千亩高产示范方、2415个小麦百亩高产示范方。高产创建示范方实行行政领导和技术专家分片联系和指导责任制，示范区选择优良品种，实行统一施肥、统一防治病虫害、统一技术培训、统一技术服务，通过集成技术，实行良种良法配套，以点带面，推动区域性大面积平衡增产。实产表明，万亩高产示范方一般比当地大田高40%左右，比全市上年平均产量高50%左右。千亩高产示范方一般比当地大田高50%左右，比全市上年平均产量高65%左右。百亩高产攻关田产量一般比当地大田高60%左右，比全市上年平均产量高75%左右。

(徐伟民)

【渔业生产】 积极开展渔业资源增殖放流工作。2010年全市共举办增殖放流活动18次，放流各类鱼种31020万尾，(其中，鳙鱼380万尾、草鱼90万尾、鲢鱼530万尾、银鱼卵3亿粒)，放流鱼种规格5~18厘米，投入放流资金379.98万元。强力推进水产品健康养殖。对水产品生产企业加强管理，建立台帐，全年发放水产养殖手册600份，水产品质量稳步提高，水产品质量3个批次，16个样品的抽检全部合格。狠抓渔业安全生产。对全市渔船进行了船舶首次检验，共检验渔船117艘，合格110艘，合格率94%。在全市开展以“平安渔业”为主要内容的渔业安全生产宣传教育和咨询活动，累计出动宣传车120多次，印发各种宣传材料1.8万余份，确保了全年渔业安全生产零事故。

(徐伟民)

【特色农业】 蔬菜 按照“区域化布局、规模化发展、标准化生产、产业化经营”的蔬菜发展思路，因地制宜，合理规划，全力抓好蔬菜基地建设，规模化、集约化蔬菜生产面积达到5.5万余亩。采取多形式多渠道对技术人员和广大菜农进行蔬菜生产技术培训，帮助菜农掌握最标准、最先进的安全生产技术。全年共举办蔬菜生产技术培训班6次，培训人员5000余人。落实“菜篮子”产品绿色通道政策。做好绿色通道通行证的核发与管理，为蔬菜购销和流通提供便利条件，降低流通成本，稳定蔬菜价格。全年共免费为菜农办理通行证1600余张。

油料 受秋季雨水偏多，对油料作物生长不利情况的影响，全市油料作物面积75.78万亩，比上年减少1.95万亩；总产12.59万吨，比上年减少0.22万吨；单产比上年增长1%。

烟叶 全年落实烟田面积12万亩，签订合同6919份，收购烤烟32.66万担，投放金额2.48亿元，实现税收近5000万元。全市突出发展烟叶产业带，以大乡、大村、大方、大户为重点进行规划布局，烟叶生产主体趋于规模集中。平原优质产区种植比例由2009年的56%增加到2010年的66%，户均种植规模由2009年的9.5亩增加到2010年的13.8亩。推进集约化生产，专业化分工。在部分烟叶生产区基本实现“两头工场化，中间专业化”，烟叶生产劳动生产率大幅度提高，为发展烟叶种植专业户、稳定烟叶规模提供了有力支撑。示范引路，以点带面，提高烟叶生产整体水平。市、县、乡三级建样板示范田106个，面积1.54万亩。在关键生产环节召开现场会，现场进行技术培训、示范操作。市、县、乡共召开现场会96场次，参会人员5300余人次。

(徐伟民)

【农业产业化经营】 2010年新增市级以上农业产业化龙头企业35家，全市市级以上农业产业化龙头企业总数达到了124家，其中省级重点农业产业化龙头企业16家，国家级1家。年内组织15家符合条件的市级农业产业化龙头企业申报省级重点农业产业化龙头企业，省政府批准5家。新增市级重点农业化龙头企业30家。农业龙头企业新上项目20个。企业贷款融资1.5亿元，安排剩余劳动力1.8万人，带动农户56万户。

(徐伟民)

【农民专业合作组织】 新建农民专业合作经济组织241个，全市依法规范登记的农民专业合作社达到503个，比2009年增长92%。其中，从事种植业167个、林业35个、养殖业123个，农机96个，植保专业合作社38个，其他44个。入社成员3.4万户，辐射带动农户12万户，成员户收入比非成员户收入均增1000多元。积极开展农民专业合作社示范社创建活动，全市建成省级农民专业合作示范社21家、市级农民专业合作社示范社46家，县级示范社89家，2010年新增12家。

(徐伟民)

【农村土地流转】 按照《平顶山市人民政府关于加快推进农村土地承包经营权流转促进规模经营的实施意见》(平政〔2009〕55号)要求，大力支持和鼓励有资金、懂技术、会管理的各类主体受让流出土地，建立农产品基地，开展规模经营。落实《农村土地承包经营权流转管理办法》，6个县(市)均建立土地流转有形市场，8个乡(镇)成立土地流转服务中心，农民的合法权益得到有效维护，参与流转的农户每人每年增收1600多元。建立土地承包纠纷仲裁庭，稳定土地承包关系，发挥土地纠纷仲裁厅的作用，协调解决土地纠纷案件15起。

(徐伟民)

【农业标准化】 全市无公害农产品生产技术规程总数50个。

全年新申报认证无公害农产品生产基地12个，新申报认证无公害农产品27个，新认证绿色食品5个，全市无公害农产品产地总数达到138个，总面积125万亩，无公害农产品总数达125个，绿色食品总数达到12个。登记地理标志农产品1个。

（徐伟民）

【千名科技人员包千村行动计划】　组织1000多名农业干部和技术人员分别深入1000多个乡村，开展经常性的科技服务活动；编写并发放《小麦、玉米优质高产100问》、《农村沼气一本通》等书籍和实用性资料，确保把技术送到千家万户，田间地头。全年开展技术培训38次，培训科技人员5820人次，发放技术明白卡42.5万张，共指导农户18.1万户，受教育农民达53.7万人次。

（徐伟民）

【阳光工程】　2010年，严格执行阳光工程项目监管公示、三堂课、信息报送、台账和检查验收5项工作制度，强化监管工作，落实工作责任，规范项目实施。全年共培训学员1.545万人（其中创业培训学员300人），超额完成省定1.46万人的培训任务。主要围绕农机使用与维修、村级动物防疫、规模养殖、机防手、设施农业、园艺等17个专业开展培训。严格培训基地认定。全市有24所培训机构被省阳光办认定为阳光工程培训基地，与2009年相比，淘汰31家。

（徐伟民）

【沼气建设】　全年新建农村户用沼气2万户，建成15座沼气工程。全市建成大中型沼气工程35座，农村户用沼气20.06余万户。市财政安排建设资金800万元用于户用沼气池建设补贴；各县（市、区）以不低于1∶1的比例进行补助资金配套。6个县（市）全部建立起功能较完备的县级技术服务中心，同时建成村级技术服务网点291个，从业人员436人，基本覆盖了项目重点村与发展密集村，形成了“建—管—用—修”一条龙服务体系。探索发展沼气生物肥。下发沼气生物肥发展指导性意见，并筹集资金安排试验，进行工业化生产，生产了一批液态沼肥和固态沼肥，沼气生物肥研发工作取得一定的成效。稳步推进户用沼气保险。制定下发沼气保险指导性意见，制定操作性强的保险条例。户用沼气入保1.5万余户，占新建户用沼气的75%。开展大培训、大回访活动。对县级以上农村能源管理推广人员通过集中培训的方式进行专业轮训。全市共举办各类培训班16期，培训人员达900余人。对2003年～2010年建成的沼气池进行全面系统的查访，发现问题及时改进。

（徐伟民）

【农业项目】　全年共争取到位上级农业项目69个，总投资19713.61万元，较上年增加6971.37万元，增长54.7%。其中，争取中央农业建设项目35个，总投资9769.2万元；争取省级农业财政专项资金项目34个，总投资9944.41万元。农作物良种补贴项目、测土配方施肥补贴项目、农村劳动力转移培训补贴项目均实现全市10个县（市、区）全覆盖，优质粮食产业工程建设项目覆盖汝州市、叶县、郏县3个县（市），县级农产品质量监测站建设项目覆盖汝州市、叶县、宝丰县、郏县4个县（市）。

（徐伟民）

【招商引资】　组织参加2010年全国农产品加工业投资贸易洽谈会和第八届中国国际农产品交易会及第三届中国郑州农业博览会，招商引资成效显著。在2010年全国农产品加工业投资贸易洽谈会上，全市有50家企业，200多个系列产品参与展示展销活动，推介招商项目21个，签约金额55亿元。河南梦想食品有限公司的“梦想”牌无蔗糖苏打饼干等5家企业的产品获得优质金奖。在第八届中国国际农产品交易会及第三届中国郑州农业博览会上，组织平顶山市远航实业有限公司等13家龙头企业，舞钢市绿地林果种植专业合作社等6家合作社，龙韵艺术有限公司、舞钢天成肉鸽良种场两家创意农业，平顶山市银可银杏制品有限公司等两家特色农业参展，有200多个产品参与展示展销活动。河南梦想食品有限公司等5家企业签约了招商引资项目书，签约金额3.92亿元；宝丰县冯异醋有限公司等5家企业签约了重大贸易项目书，签约金额1.65亿元。大会期间产品销售额702万元，意向销售额8.52亿元。

（徐伟民）

【农民负担监督管理】　全面实行农民负担监督管理卡制度，全市共发放农民负担监督卡102.3万份，发放入户率达98%，合格率达96%以上。坚决纠正和查处对农民的各种乱收费、乱罚款和各种集资、摊派行为，纠正“四乱”820万元。在全市普遍推行农村财务公开、民主理财、村帐乡管制度，依法开展农村财务检查、审计，村级财务按时公布率达94%以上，全市没有发生因农民负担引发的恶性事件，继续保持在全省先进地位。

（徐伟民）

【农资专项整治】 2010年，全市农业部门紧紧围绕重点季节、重点地区、重点市场、重点品种，不断加强农资市场专项整治。市、县两级农业执法部门共出动执法人员2936人次，执法车辆630次，印发宣传材料10余万份，检查农资经营户（企业）3810个次。查获违规种子1170公斤，农药2815公斤，为农民挽回经济损失87.4万元。全年市、县两级农业执法部门共立案查处违法、违规农资案件78起。

（徐伟民）

林　业

【概况】 2010年，全市共完成林业生态建设总规模19.03万亩。其中造林18.37万亩，占省定任务的119.4%；完成低质低效林改造0.69万亩；完成林业育苗2.35万亩，占省定任务1.8万亩的130.6%，新育苗1.24万亩；全市参加义务植树人数260万人次，完成义务植树株树1200万株，义务植树尽责率达到95%，建卡率达到100%。

（陈科铭）

【集体林权制度改革】 全市共完成集体林确权面积318.95万亩，占纳入林改集体林地面积325.88万亩的97.8%；发证面积114.05万亩，发证9.18万本，有10.242万农户拿到了林权证。集体林权主体改革任务基本完成，林业投入保障、生态效益补偿、林木采伐管理制度，林权流转等配套改革工作稳步推进。

（陈科铭）

【创建国家森林城市】 4月2日，市政府向省林业厅提交创建国家森林城市的申请，5月12日，国家林业局批复同意平顶山市创建国家森林城市。国家林业局中南林业调查规划设计院领导及专家组多次莅平视察调研，制定出平顶山市创建《国家森林城市总体规划》，10月中旬，市主要领导及相关单位专家听取了规划设计单位的成果汇报。11月29日，召开全市创建国家森林城市动员会。12月25日，国家林业局专家组一行对《平顶山市国家森林城市总体规划》进行了评审。根据《平顶山市国家森林城市总体规划》，平顶山市成立创建国家森林城市工作指挥部，创建森林城市相关工作进入实施阶段。

（陈科铭）

【白龟湖国家湿地公园规划通过专家评审】 6月，《白龟湖国家湿地公园总体规划》通过省林业厅专家评审，11月通过国家林业局专家评审。规划建设的白龟湖国家湿地公园位于白龟山水库北岸，东至顺德路，西至应国古墓保护区东界，北至长安大道南50米，南至白龟山湿地省级自然保护区北界，规划区面积6.73平方公里，其中湿地面积4.97平方公里。区域内以湖泊、湖滨浅滩湿地和鱼塘为主，是中原地区淡水近自然湖泊湿地的典型和代表。

（陈科铭）

白龟湖国家湿地公园

【森林防火】 全市共发生森林火情118起，过火面积146.1公顷，受害森林面积52.35公顷，森林火灾受害率0.29‰，无重大森林火灾和人员伤亡事故发生。

（陈科铭）

【森林资源管理】　扎实开展“冬季严厉打击涉林违法犯罪专项行动”、“春季行动”、“夏季严打”、“利剑行动”等一系列专项行动。行动期间，全市共出动人员3574人次，车辆847台次，查处各类涉林案件485起。其中，刑事案件8起，林业行政案件477起。查处违法经营野味饭店53家。打击处理违法犯罪人员451人，刑拘9人，逮捕7人，行政处罚442人（次）。认真开展征占用林地专项治理活动，查办非法征占用林地7起，行政立案1650起，查结1600起，查处率96%。进一步规范征占用林地，木材加工、运输行为。新建市级森林公园10处。

（陈科铭）

【野生动物保护】　加大野生动物的保护力度，全年共救护、放生国家一、二级保护动物69只，省级保护动物5000余只，救护成功率90%以上。全市没有发生野生动物疫情。

（陈科铭）

【林业有害生物防治】　严防以松材线虫病为重点的林业有害生物的入侵，积极开展飞机防治病虫害工作，完成飞机防治食叶害虫6万亩。各类病虫害成灾率控制在4‰以下，测报准确率95%，无公害防治率87%，种苗产地检疫率100%。有效防控林业有害生物的发生。

（陈科铭）

【林业产业】　结合集体林权制度改革，积极引导企业、专业合作组织和造林大户开展规模经营，促进林地流转，初步认定省级林业产业化龙头企业2家，市级林业产业化龙头企业56家。积极实施股份制、合作制、大户承包、租赁等多种经营形式，采用挖掘机整地和专业队造林的方法，大力推广地膜覆盖、截干造林、ABT生根粉等造林技术，造林效果十分显著。林下种植（养殖）业、生态旅游业等逐步发展，社会资金投向林业逐步增加，林业经济的辐射和带动效应开始显现，实现林业总产值14.95亿元，增幅达到14%以上。

（陈科铭）

郏县大洼速生丰产林基地

【林业投入】　2010年，市本级财政投入林业生态建设资金1200万元。在以财政投入为主的基础上，进一步创新投资机制，多渠道、跨行业吸引社会闲散资金投入到林业生态建设中，据不完全统计，全年共吸引社会资金近6000万元。各县（市、区）立足当地实际，积极出台生态建设的优惠政策，对新造林按每亩每年200元～400元的标准给予补偿，切实解决占地补偿和造林投资问题，极大地提高了群众造林和管护的积极性。

（陈科铭）

【科技兴林】　积极实施科教兴林战略，努力加强科技成果转化和示范推广工作，积极开展送科技下乡活动，不断提高林业科技支撑能力建设水平，新选育林业新品种3个，推广面积1000亩。建立健全林业执法体系。严格贯彻《森林法》、《野生动物保护法》、《退耕还林条例》、《河南省林地保护管理条例》等法律法规。严厉打击乱砍滥伐林木、乱垦滥占林地、乱捕滥猎野生动物等违法犯罪行为，切实保护和管理好森林资源。

（陈科铭）

水　利

【概况】　2010年，全市共发展有效灌溉面积4.53千公顷，发展节水灌溉面积4.73千公顷，新增旱涝保收田4.66千公顷，水土流失治理面积8.1千公顷，新打配机电井3047眼，解决农村饮水安全21万人。

（赵海峰　李　盾）

【雨情、水情】　汛期，全市先

后14次出现明显降雨过程，尤其是7月15日～19日、22日～24日，8月9日～10日、13日～14日、18日～25日，9月5日～6日6次过程较大，平均降水量800毫米，为同期多年平均降水量508毫米的1.57倍，接近多年平均年降雨量。降雨时空分配不均匀，其中6月份降雨偏少5成，7月、8月、9月三个月降雨分别偏多8成、7成和8成；最大点雨量鲁山坪沟雨量站1466毫米，最小点雨量汝州马庙雨量站452毫米，相差3倍以上；汝州市降雨694毫米，超过了多年平均年降雨量，鲁山县、宝丰县分别降雨816毫米、700毫米，超过同期平均值5成以上，叶县超过同期均值将近4成。

（赵海峰　李　盾）

【防汛】 认真开展汛前查险除险工作；及时启动市防汛抗旱指挥系统建设，完成项目初步设计工作；制定完善防汛方案和应急预案，认真落实防汛责任制和防汛抢险物资和队伍；及早进入24小时防汛值班状态。在北汝河发生1982年～2010年间最大洪水、汝州段超保证流量610立方米/秒、昭平台水库发生建库至2010年间最大洪峰的不利情况下，科学调度洪水，全力排除险情，及时组织10.5万人撤离险区，成功抵御了6次暴雨洪水的袭击，确保了群众生命安全，把灾害损失降低到最低限度。全市标准以内洪水安全度汛，水库未发生垮坝、主要防洪河道堤防未发生决口，城乡居民生活、生产以及生态用水安全得以保障。

（赵海峰　李　盾）

【工程建设】 病险水库除险加固和度汛工程建设步伐加快，专项规划内34座水库除险加固主体工程建设任务全部完成，并进行了主体工程验收；完成昭平台、孤石滩灌区节水续建配套和中央新增农资综合补贴项目建设任务；狠抓鲁阳电厂占用昭平台水库灌溉水源替代工程，完成投资1682万元，打井694眼，衬砌渠道21.69公里。2010年新争取到宝丰、舞钢小型农田水利重点县和郏县小型农田水利专项县。

（赵海峰　李　盾）

【“红旗渠精神杯”竞赛活动】

按照省“红旗渠精神杯”办和市政府的要求，组织检查组，深入各县（市、区），对农田水利基本建设“红旗渠精神杯”竞赛活动情况，进行认真检查评比。市政府召开表彰会议，隆重表彰2009年度农田水利基本建设先进集体和先进个人，对有关县（市、区）、乡镇党政正职、主管领导和水利、财政等政府有关部门主要负责人给予记功等荣誉表彰和奖励，并作为政绩考核和干部任用的依据之一。鲁山县、叶县获全省农田水利基本建设“红旗渠精神杯”竞赛金杯奖。

（赵海峰　李　盾）

【安全饮水】 按照“全面规划、城乡统筹、合理布局、规模建设”的原则，强力推进农村饮水安全工程，重点向新农村中心镇、中心村倾斜，采用城镇供水管网延伸、兴建中心水厂、分散供水等形式，建设以大型集中供水工程为骨干，单村、联村集中供水工程为补充的农村供水网络。全年完成投资1亿元，建饮水工程72处，铺设管道151万米，解决125个行政村、21万人的农村饮水安全问题，占年度目标任务的117%。

（赵海峰　李　盾）

【北汝河综合治理】 《北汝河综合治理工程可行性研究报告》和《北汝河综合治理工程防洪影响评价报告》通过省发改委、省水利厅组织的专家评审，该项目已被淮委列入新一轮治淮规划重要支流治理盘子，而且在该类项目中处于靠前位置。汝州示范段工程全部完成建设任务。

（赵海峰　李　盾）

【水土保持】 完成2008年度治淮水土保持重点工程鲁山县姜子庙沟、龙王庙河等两条小流域和2009年度鲁山县场房沟小流域治理任务，加大对新开发建设项目水土保持方案编报的督促检查力度，使水土保持方案编报率达到85%以上，实施率达100%。建设配备市级水土保持监测网络分站，成为全国100个联网监测站。鲁山县综合实验场建设顺利竣工并通过省水利厅初步验收。

（赵海峰　李　盾）

【水政水资源】 切实加强水资源管理工作，积极贯彻落实取水许可制度，换发新版取水许可证182户，安装计量设施325套；组织开展违法取水户的普查、地下水开采量调查、地下水资料整编、突发性水污染事件周报和水功能区水资源质量通报等工作；狠抓水资源费和南水北调工程基金征收，征收水资源费3700万元，南水北调工程基金1550万元；大力开展水政执法，对白龟山水库库区非法采沙活动进行严厉打击，共拆除取缔非法采沙船、磁选船70多只；集中开展河道非法采沙专项整治活动。

（赵海峰　李　盾）

【用水节水】　积极开展用水节水管理工作，出台《平顶山市节约用水管理办法》。组织开展节水器具推广、水平衡测试和全国节水型社会建设试点申报。平顶山市被水利部确定为全省唯一的第四批全国节水型社会建设试点。

（赵海峰　李　盾）

水库管理

白龟山水库

【雨情、汛情】　汛期6月～9月总降雨量842毫米，比多年同期平均值偏多。其中，6月份36毫米，7月份359毫米，8月份296毫米，9月份151毫米。6月～9月总来水量12.7613亿立方米，泄水11.8351亿立方米。最大日降雨量7月18日107毫米，最大入库流量9月7日1700立方米/秒。整个汛期严格按照省防指要求控制运用，科学调度，适时蓄泄，最大下泄流量7月21日839立方米/秒。汛期为城市生活、工业供水5152万立方米，为农业灌溉供水3511万立方米，为湛河冲污供水1.972亿立方米，汛末库水位102.16米，蓄水量2.4971亿立方米。

（许晓乐）

【防汛、调水】　建立完善防汛责任体系和防汛指挥运行机制，明确和落实各项防汛责任制，按照水利部《防汛物资储备定额编制规程》的规定，储备编织袋2万条，麻袋4.65万条，桩木80立方米，铅丝6000公斤，土工布2.5万平方米，沙石料7000立方米，块石6000立方米，救生衣600件，抢险救生舟8艘以及规定的小型抢险机具，沿坝乡村群众储备麦秸、梢料等。制定《白龟山水库防汛指挥部防汛抗旱值班规定》，加强防汛值班管理和汛情信息通报，强化防汛抢险队伍建设与培训，坚持科学调度，合理蓄洪，实现了安全度汛。4月份积极配合省防办完成跨区域调水工作，共调水4200万立方米，为周口地区补充城市生活用水。10月份，经省防办同意，对水库水位进行科学控制，协助中石油公司完成国家重点工程西气东输跨沙河工程施工。

（许晓乐）

【工程建设和管理】　10月21日，白龟山灌区续建配套节水改造工程，经过严格的招投标程序和前期精心部署安排正式开工建设，12月底完成主体工程。姚电二期补偿费渠道衬砌施工项目顺利完成。该项目总投资69.347万元，共完成全断面护砌渠道807米，土方开挖156.2立方米，土方回填1581.01立方米，现浇砼1207.33立方米，人工清淤2172.75立方米。工程的实施，可改善有效灌溉面积1500亩，年增产粮食效益21.52万元，年节约用水量8.5万立方米。

（许晓乐）

【水政执法】　加强水法律法规宣传，增强沿库群众的水库工程保护意识，加大日常巡查力度，降低水事案件发案率。积极配合有关部门做好水库综合整治工作，有效打击、遏制水库非法采沙、抬网、捕捞等违法行为。加强日常监管，确保整治效果。对上游两岸沿库高程进行实测，埋设高程桩，把水库上游管理范围内的滩地纳入管理，制止滩地内挖塘、围塘等占用水库库容行为，有效维护库区管理秩序。

（许晓乐）

孤石滩水库

【雨情、汛情】　2010年，孤石滩水库汛期雨水较常年偏多，6月～9月流域总平均降雨量909毫米，是多年平均汛期降雨量601毫米的1.51倍，接近多年平均年降雨量935毫米。总降雨天数40天。降雨主要集中7月、8月、9月三个月份，水库流域内有5次较大降雨过程。汛期入库总水量14710万立方米。最大入库洪峰流量633立方米每秒（9月6日23时），最高库水位153.99米（9月7日6时），相应库容0.827亿立方米，超汛限水位1.49米。汛初水位148.88米，汛末水位152.71米，相应库容6818万立方米。汛期水库发电用水6129万立方米，弃水5330万立方米。

（王建辉）

【防汛】　认真开展汛前安全大检查。3月初，水库防办组织有关技术人员，对水库各项防汛设施进行认真细致的徒步拉网式大检查。对溢洪道泄洪闸门、机电设施、备用供电系统、通信设备进行现场试车和测试。对防汛仓库进行检查，再次清点核查各种防汛物料，造册登记，并对受潮的料物进行保养、晾晒。主汛前筹资20余万元，购置防汛物料编织袋2万条、土工布4000平方米、砂石料200立方米、块石245立方米、投光灯80把、救生衣、雨衣各200套等。建立防汛指挥机构，落实防汛责任制。根据防汛工作需要，调整孤石滩水库防汛指挥部部分组成人员。指挥部下设办公室、抢险技术组、水情预报调度组、物资供应组、后勤保障组、通信组和防汛保卫组，各组由专人负责，重点岗位汛期实行24小时值守。组织50人的巡坝查险队伍，加强对工程的巡视、监测、防护。组织由常村乡、夏李乡、叶邑镇的民兵预备役人员共1900人组成的防汛抢险队。主汛前，结合实际情况，制定2010年度汛方案和水库工程出现重大险情时的抢险措施和上、下游群众转移安置计划。主汛期限制水位降低0.5米，确保安全度汛。

（王建辉）

市委书记赵顷霖（前右一）、省水利厅厅长王仕尧（前左二）在孤石滩水库检查防汛工作

【工程管理】 根据水库汛期工程运行情况及水毁情况，及时编制岁修计划及维修养护计划，开展汛后工程维修，对启闭机电设施及时进行保养，保证工程设备、机电设施处于良性运行状态。

根据防汛工作开展需要，承建防汛物资仓库的河南天河建筑公司修订进度计划，节点控制工期，加班加点施工。工程于5月10日全部完工，共完成建筑面积527平方米，防汛物资晾晒场600平方米。根据水利部大坝安全鉴定中心对水库安全鉴定初步成果，淮委、南京水科院、水利厅等单位专家于8月19日对水库大坝安全鉴定进行了核查，确认孤石滩水库为三类坝。9月份，河南省水利勘测设计研究有限公司派驻设计工作组，对水库除险加固进行初步设计。12月19日~21日河南省水利厅专家组对初步设计进行了初步评审。投入26万元对常村—水库10千伏防汛供电线路进行更新改造，对大坝、溢洪道、防汛道路等工程进行了维修。

（王建辉）

【安全生产】 调整安全生产领导小组，建立安全生产责任制和领导责任追究制，明确安全生产例会制度。对2010年全局安全工作责任进行层层分解，逐类逐项落实到科室和个人，做到人人有目标，个个有责任。把电站管理作为工作重点，规定每个发电职工都必须持证上岗，严格按规程操作，及时对2号机水导瓦进行技术改造，解决机组运行不稳的故障隐患，保证设备完好率100%，确保在发电、供电、用电方面的安全。水面管理方面，对所有的船只驾驶员进行安全知识培训，要求下水作业的船只配备足够的救生器材，并与水面承包人员签订安全生产责任书，定时召开由水库承包人员参加的安全生产联席会，进一步加强对生产安全的监督。在大坝和水库周边醒目位置设置警示标牌20余处，喷涂警示标语50多处，在水库大坝的迎水坡喷涂巨幅警示标语500平方米。成立反恐领导小组，协调公安部门，成立应急反应小分队，针对可能遭到恐怖分子袭击的主要工程部位加强值班，指定专人看守。投资5万元在大坝重要部位设置大功率照明灯和监控设备，结合防空警报装置合并使用，有效保护了水利工程的安全。

（王建辉）

【水库综合开发利用】 一是对孤石滩水库作为平顶山市区备用水源的可行性进行调查。二是编制水库管理区及库区水面经营开发框架性规划。投放花白鲢鱼苗300万尾，适当增加网箱，发展观赏鱼、罗非鱼等名优鱼类品种。三是编制兴利调度运用计划，使抗旱、泄洪和发电相结合，确保经营项目发挥最大效益。四是进一步完善电站的规范化管理，加强电站机电设备日常维护与检查。加强职工岗位技能培训，坚持安全生产。全年完成输出发电量237.95万度，上网输送电量200.19万度。

（王建辉）

昭平台水库

【雨情、汛情】 2010年，汛期降雨多、历时长、强度大，最大一日、三日和七日雨量分别为141毫米、197毫米和277毫米。汛期6月～9月流域平均降雨1003毫米，是多年平均降雨970毫米的104％。

汛期最大洪峰为9252立方米/秒（出现在7月19日4时），为昭平台水库史上最大洪峰；最大一日、三日和七日洪量分别为1.2422亿立方米、1.9479亿立方米和3.1034亿立方米；汛期来水量8.6052亿立方米，全年来水10.1759亿立方米，是多年平均来水量6.07亿立米的168%。水库汛期共开闸泄洪4次，历时332小时，最大泄洪流量800立方米/秒，共下泄洪水3.5194亿立方米。

（马荣安　姚红伟）

【防汛】 2010年，沙河流域降雨量较往年明显增多，自7月中旬，水库上游连降暴雨，造成上游洪水暴涨，7月19日入库流量达到9252立方米/秒，出现了罕见的大洪峰，水库水位由163.7米骤升至171.8米。

水库立足防大汛、抗大洪、抢大险，按照“安全第一、常备不懈、以防为主、全力抢险”的防汛工作方针，扎实做好各项防汛准备。汛前，对水库工程、设施进行多次拉网式排查，召开防汛工作会议，修订完善防汛工作方案和各项应急度汛措施，认真落实防汛抢险车辆、防汛抢险队伍和各项防汛代贮物资等，与有关责任单位签订防汛责任卡，组建以100名青壮年职工为骨干的抢险突击队。汛期，多次组织防汛安全大检查，对重点工程单位，制定严密的防范措施，加强巡查，确保大坝、泄洪闸等重要工程部位24小时有人监管、有人巡查。在水库高水位运行情况下，抽调人员全天候进行执勤巡逻，严格检查上坝车辆，严防死守；进一步健全防汛值班制度、值班人员工作制度、请示报告制度、汛情会商制度等，水库管理局中层以上干部和各防汛岗位的工作人员，以临战的姿态，高度戒备，在抵御这次建库史上最大洪峰中，严格执行上级决定，科学调度，充分发挥拦洪削峰作用，确保下游广大人民群众生命财产的安全，实现防洪减灾效益12亿多元。

7月下旬，汝州市腾口水库出现险情，昭平台水库按照市防办指示精神，迅速组织人员、车辆，及时将800多片铅丝笼送到指定位置，有力支持腾口水库防汛抢险工作。受到省水利厅和市委、市政府及社会各界的好评。

（马荣安　姚红伟）

【抗旱】 充分利用水库一切可调节水源，制定用水调度计划，留足灌溉水量，及时开闸放水。历时40多天，累计放水8000多万立方米，灌溉鲁山县、宝丰县、叶县麦田50多万亩次，增加社会效益1.07亿元，充分发挥了水库抗旱灌溉工程的骨干作用。

（马荣安　姚红伟）

【工程建设和管理】 实施昭平台灌区2010年节水续建配套工程，工程总投资为1268万元。建设完成北干渠总干、一分干、二分干及南干渠共9934米防渗衬砌；维修干渠建筑物45座；硬化南干渠1.45千米堤顶道路；加固南干渠4条退水沟874米；完成南北干渠6条支渠衬砌1.3366万米，重建及维修建筑物93座。完成土石方6.89万立方米，砌体0.48万立方米，混凝土及钢筋混凝土2.0594万立方米。新增有效灌溉面积2.5万亩，改善灌溉面积3.5万亩，年增产粮食552万公斤，年均节水724.22万立方米，农业灌溉年增产效益291.67万元。

投资60万元实施水电站二站2号机增容改造项目；投资80多万元，实施岁修养护和杨家岭闸、尧沟闸生活设施改造、渠首闸启闭机电化改造等工程，并同南京水科院合作开展了大坝安全鉴定工作。

（马荣安　姚红伟）

【综合经营】 2010年，水库来水量较多，水电生产科学调度，精心组织，实现了满发、多供、少损、低耗，全年累计发电3165万度，实现经济效益940多万元。积极发展工业和城镇生活供水项目，11月份，鲁阳电厂开始供水，月供水量160多万立方米；鲁山县城区供水工程11月份开始施工建设，建成后预计年供水量1000万立方米。灌区创新思路，探索经营新路子，在灌溉服务的宝丰县、鲁山县和叶县逐步推行农业灌溉水费包干。水库旅游、水产养殖等综合经营工作不断加强，全年综合经营收入取得历史性突破。

（马荣安 姚红伟）

【精神文明创建活动】 2010年春节前夕，在鲁山县广电局演播大厅举办了“平湖春潮”迎新春联欢会；“七一”前夕，为庆祝建党89周年，举办了以“爱岗敬业无私奉献”为主题的庆“七一”演讲比赛；下半年，在全局开展深入学习《把信送给加西亚》、《没有任何借口》等经典书目的集中读书活动；并动员全局广大干部职工广泛参与、深入讨论，开展了打造“昭平台水库精神”活动等。2010年，水库管理局顺利通过省级文明单位年度复核和省级卫生先进单位换届验收，保持了省级文明单位和省级卫生先进单位称号。当年被市政府授予平顶山市安全生产目标管理优秀单位、平顶山市法制宣传教育先进单位称号。

（马荣安 姚红伟）

石漫滩水库

【概况】 2010年，水库管理局在职人员42人，退休人员1人。专业技术干部25人，内设人事科、技术科、办公室、财务科、工程管理科、水政支队等6个职能部门。石漫滩水库是全国首批18家水利风景区之一，AAA景区。水库水质常年保持二类，风景游览区建设成效明显，2010年成功通过国家级水利工程管理单位和省级文明单位复验。

（张丽娜）

【工程管理】 2010年，进一步完善技术管理制度，建立目标考核制，把设备管理、大坝监测任务分配到人。按照水利部《水库工程管理考核标准》要求，对2009年～2010年水库工程管理方面的资料、文件、工程维修养护记录等进行全面整理完善并汇编成册；完成《国家一级水利工程管理单位资料汇编》一书（1～5册）、《国家一级水利工程管理单位自检报告》和《国家一级水利工程管理单位复验申请表》刊印工作。对机电设备、闸门启闭设备、备用发电机组、观测设施进行全面养护维修和汛前汛后大保养；完成水库下游右岸岸坡护砌工程、右岸堤顶防汛路硬化、护栏安装工程及大坝下游河道疏通等工程项目；“石漫滩水库大坝渗漏溶蚀及碱骨料反应技术研究”获得平顶山市科技进步一等奖；“石漫滩水库蓝藻治理技术研究”项目完成鉴定工作。11月29日，在一级工程水管单位复检中，以946分的成绩顺利通过专家组验收，并由淮委将验收意见报送水利部等待批准。

（张丽娜）

【汛情、雨情】 2010年，汛期降水量接近常年汛期平均值，6月～9月，流域平均降雨582.5毫米，7月份降雨稍偏多，平均降雨217.8毫米，占常年平均降雨量的20.6%，没有大的洪水过程发生。汛期影响较大的一次洪水发生在7月15日～17日。15日20时石漫滩流域开始降雨，到17日12时最大入库流量138.9立方米/秒，库水位为106.9米。为确保下游安全，17日13时开始泄洪，控制泄量50立方米/秒，确保了下游河道安全，发挥了水库的防洪减灾效益。整个汛期入库水量4571万立方米，弃水3781万立方米。各月入库水量分别是：6月383万立方米，7月1409万立方米，8月1274万立方米，9月1505万立方米。流域最大一日、三日降雨量及6月～9月份降雨量统计表如下。

石漫滩水库2010年汛期最大一日、三日降水量统计

单位：毫米

雨量 站名 日期	石漫滩	柏 庄	尚 店	袁 门	刀子岭
最大一日	44.1	51.5	65.3	67.0	114.2
发生时间	8月1日	9月6日	7月15日	7月15日	7月15日
最大三日	86.1	82.7	124.9	120.0	167.3
发生时间	7月15日～17日				

石漫滩水库2010年6月～9月份降水量统计

单位：毫米

站名＼雨量＼月份	6月	7月	8月	9月	累计
石漫滩	59.1	201	202.7	126.4	589.2
柏　庄	62.8	152.3	190.2	124.5	529.8
尚　店	49.8	187.9	164.9	123.8	526.4
袁　门	56	243.8	148.2	135.8	583.8
刀子岭	71	304.1	154.7	153.4	683.2
平　均	59.74	217.82	172.14	132.78	582.48

（张丽娜）

【精神文明建设】　2010年，继续巩固省级文明单位创建成果。积极改善职工住房条件，职工新住宅楼建设顺利完工并分配到户；改造办公环境，提高办公质量。对办公楼、家属楼、办公区和生活区设施进行更新、修缮和粉刷。组织职工参加水利厅组织的“白沙杯”第四届全省水利系统象棋比赛、“白龟山杯”全省水利系统乒乓球比赛和“献青春、讲奉献，我为党旗增光彩”演讲比赛。工会、共青团、妇女工作成效显著。推进局务公开，搞好计划生育工作，全年计划生育率达100%。开展送温暖献爱心活动。筹集现金8000元，结对帮扶两个村庄、一个学校。根据省总工会“关于开展金秋爱心助学”活动精神，帮扶困难学子1名，资助学费1000元。积极为甘肃玉树捐款捐物，组织职工献爱心捐款2450元。

（张丽娜）

【水政执法】　紧紧围绕“世界水日”、“中国水周”纪念日，组织形式多样内容丰富的水法律法规集中宣传活动。制作发放以石漫滩水库风景为背景、水法律法规条文为主题的《石漫滩扑克》3000副，《石漫滩水库保护、管理范围明白卡》100余份，张贴宣传画80余张，制作宣传展板3块，悬挂宣传条幅3条。严格执行水事违法发现举报机制，坚持定期巡查与群众举报相结合，发现一起，解决一起。全年共立案4起，查处4起，出动监察执法人员209人次，执法巡查车辆78台次。联合舞钢市土地局，积极做好水库周边土地定界工作，完成101～199号界桩定位埋设，并绘制了界桩位置图。取缔水库内违法乱捕滥捞行为，新增宣传牌2块、警示牌3块，悬挂禁止游泳宣传条幅，并抽调专人看管，整个夏季共劝阻游泳者1500多人次，基本制止了码头区域的游泳活动，有效保护了水库水质。

（张丽娜）

农机管理

【概况】　2010年，全市农业机械总动力达到344.85万千瓦，新增8万千瓦；大中型拖拉机达到1.5439万台，新增669台；玉米联合收获机达到1444台，新增518台；全年完成机耕380.33万亩，完成机播528.98万亩，完成机收452.67万亩，秸秆还田面积达到160.31万亩。

（罗星海　赵　伟）

【农机购置补贴】　成立农机购置补贴工作领导小组、农机购置补贴办公室和农机购置补贴督查办公室。制定《平顶山市2010年农业机械购置补贴实施方案》、《平顶山市2010年农业机械购置补贴工作要求》和更具操作性的《农机购置补贴工作细则》。精心组织，广泛宣传。在平顶山市电视台连续15天播出农机购置补贴公告。印制2万份《农机购置补贴问答》，发放到机手和群众手中。在实施农机购置补贴过程中，加强监督，强化管理，每个环节都阳光操作，做到公开、公平、公正。对农机购置补贴项目的实施情况进行专项检查，保证农机购置补贴工作顺利实施。2010年，共落实中央和省级农机购置补贴资金4442万元，共补贴发展先进适用的农机具6531台，受益农户5880户，直接拉动农民和农业生产经营组织投入资金1.0423亿元。

（罗星海　赵　伟）

【玉米机收】　加强组织领导，落实目标任务。各县（市、区）政府与市政府签订目标责任书，将玉米机收任务纳入各县（市、区）政府的目标管理。市农机局成立领导小组，下设5个督导组，分片包县，深入生产第一线巡回督导。突出重点，充分发挥农机购置补贴资金导向作用。2010年，在落实中央、省农机购置补贴资金时，按照“突出重点，补到关键”的原则，充分发挥农机购置补贴资金的导向作用，重点向玉米收获机械倾斜，尤其是对农机专业合作社购置玉米收获机械不受数量限制，对购置玉米收获机械的农户优先给予补贴。市、县（市、区）两级财政共拿出440.2万元资金用于玉米收获机械化。科学组织，充分发挥农机专业合作社主力军作用。2010年，全市新增玉米收获机518台，玉米收获机保有量达到1444台。全市共投入玉米收获机械2389台，其中引进玉米收获机械945台。共完成玉米机收面积142.6万亩，占玉米种植面积233.18万亩的61.15%。

（罗星海　赵　伟）

【红薯机收】　红薯是全市较为重要的粮食和经济作物之一，种植面积达50万亩。红薯具有产量高、附加值高、经济效益高的三高特点，广大农民群众迫切需要增加红薯种植面积，但人工收获红薯效率低、劳动强度高、损失率高，严重制约着红薯种植面积的发展，实现红薯机械化收获成为亟待解决的问题。通过不断试验、示范和推广，2010年，全市红薯收获机达到37台，机收示范面积达到1.5万亩。实现红薯机械收获，提高了农民种植红薯的积极性。舞钢市2010年新增500亩以上种植大户6个，这些种植大户购置红薯收获机械、淀粉加工机械，形成产业加工链，提高了种植效益。

（罗星海　赵　伟）

【农机专业合作社建设】　一是认真宣传贯彻落实《农民专业合作社法》和市政府《关于加快农机专业合作社建设的意见》，对全市农机大户进行调查摸底，筛选出素质高、能力强的农机大户，积极引导和鼓励他们成立农机专业合作社。二是在落实农机购置补贴政策时向农机专业合作社倾斜，扶持他们添置农机装备，增强服务能力，壮大经营实力。三是表彰先进，典型引路。在2010年玉米机收工作会上，市政府对汝州市民生农机专业合作社等25个先进农机合作社以及2009年18个玉米机收先进农机专业合作社进行了表彰，分别给予每个3万元和1万元的资金奖励。全年全市经工商注册的农机专业合作社发展到129家，较上年增长48%，入社农户2789户，年农田作业量116.8万亩次，承包土地1.4758万亩，托管土地6.9811万亩。全市农机专业合作社固定资产达到2.47775亿元，年服务作业总收入6942.2万元。培育了1个农业部农机示范专业合作社和6个河南省农机示范专业合作社。

（罗星海　赵　伟）

【小麦机收会战】　2010年，参加全市机收会战的联合收获机达到6600台，共完成机收面积293.2万亩，全市适宜联合机收的小麦基本实现了联合机收。全市共组织外出作业机车956台，在外地作业48.75万亩，创收1950.2万元，台均2.04万元，取得了较好的经济效益和社会效益。

（罗星海　赵　伟）

【农机科教培训】　2010年，市农机部门制定《平顶山农业机械化教育培训大行动2010年工作方案》，围绕“立足大农业、发展大农机、服务新农村”的发展战略，通过新闻媒体、技能竞赛和专题讲座等形式，宣传农机化教育培训的作用和成效，提高影响力和认知度，营造有利于推动农业机械化教育培训工作的良好社会氛围。认真贯彻落实《农业机械安全监督管理条例》的相关规定，加强拖拉机、联合收割机驾驶操作人员培训，严格要求驾驶操作人员必须取得法定证件，提高机手驾驶操作技能和安全生产水平。建立健全档案资料，高质量完成年度培训任务。全年全市共完成各类农机培训2.114万人次。

（罗星海　赵　伟）

【农机安全生产】　认真做好农业机械及驾驶（操作）人员年度检审验工作。印发了《关于认真做好2010年农业机械及驾驶（操作）人员检审验工作的通知》，对检验范围、检验时间、检验标准、检验质量作出了具体规定。落实农机安全生产措施，确保农机安全生产。进一步加强农机监理队伍建设。2010

年，全市农机监理部门结合本单位实际情况，以“文明监理、优质服务”示范窗口创建活动为出发点，积极开展形式多样，有针对性的思想政治、法律知识、业务理论学习，不断提高农机监理工作从业人员的整体素质。汝州市庙下乡获得全省平安农机示范乡镇称号；市农机监理所被市政府安委会评为全市安全生产工作先进集体，获得河南省农机监理工作先进单位称号。2010年，全市共检验拖拉机、联合收割机3712台，办理拖拉机、联合收割机注册登记1486台，办理拖拉机、联合收割机驾驶证770个；组织农机事故隐患执法检查300余次，检查中共排查出安全生产隐患1421项，整改1421项，整改率达100%，全市全年没有发生重特大农机安全事故。

（罗星海　赵　伟）

【信息宣传】　充分发挥平顶山农机信息网的作用。按照网络管理制度，不断强化信息采编、网络维护工作。为提高操作、编辑技能，集中各县（市、区）网络管理人员，采取对各县（市、区）的农机信息网进行综合量化打分等形式进行相互学习、交流经验、取长补短。从深层次、广角度收集、挖掘、整理农机方面的信息宣传材料。全年全市上报各类信息宣传材料1280多篇次，采用225篇，其中省级以上新闻媒体79篇（中国农业机械化信息网5篇、中国农业机械网4篇、中国农机新闻网7篇、中国农机推广网5篇、中国农机互联网4篇、河南农机信息网36篇、其他网18篇），市、县新闻媒体146篇（报刊43篇、网络22篇、信息28篇、广播电视53篇），提高了农机知名度，展示了农机新形象。

（罗星海　赵　伟）

蔬　菜

【蔬菜生产】　2010年，全市蔬菜生产总面积96万亩（含瓜类），总产量达到254.5万吨，较上年的256.5万吨减少0.8%。其中设施蔬菜日光温室面积0.47万亩，产量4.4万吨；塑料大棚面积2.45万亩，产量16.18万吨；小拱棚面积5.13万亩，产量20.28万吨。全市年人均蔬菜占有量550公斤，其中城市人均蔬菜占有量275公斤，基本实现了周年供应自给有余的目标。蔬菜价格保持相对稳定，在全国同类地市中处于中等较低水平。

（栗　杨）

【“三品一标”认证工作】　2010年，“三品一标”认证工作发展迅速，产品质量稳定可靠，品牌影响力日益增强，综合效益不断提高，成为未来全市“菜篮子”工作的发展目标和方向。全市共新申报认证无公害农产品产地12个，新申报认证无公害农产品27个，新认证绿色食品5个，全市无公害农产品产地总数达到138个，总面积125万亩；无公害农产品总数达125个，绿色食品总数达到12个，圆满完成全年认证产品的目标任务。年内，市蔬菜办被河南省农业厅评为无公害农产品认证先进单位和绿色食品认证先进单位。

（栗　杨）

【蔬菜质量安全检测】　为了指导菜农合理使用化学农药，确保上市蔬菜产品安全、卫生，保障人民群众的身体健康，增强基层农产品质量检测员的质量安全意识，提高基层检测员的技术水平和综合素质。2010年，市蔬菜办下发了《关于加强农药使用技术指导确保蔬菜产品质量安全工作的通知》（平政蔬〔2010〕7号），先后多次召开全市蔬菜产地监管工作会议，各县（市、区）严格按照国家规定的标准进行生产。4月21日在新华区双鹰蔬菜批发市场举办了一期蔬菜质量速测技术培训班。汝州市、鲁山县、郏县、叶县、卫东区、湛河区等县（市、区）农业局（蔬菜办）和部分蔬菜生产基地、市区蔬菜批发市场以及超市负责蔬菜质量抽检速测的技术人员共24人参加培训。通过培训，强化蔬菜农药残留检测人员队伍，提高全市蔬菜农药残留快速检测技术，促进企业内检员制度的建立和日常检测工作的开展。全年共开展蔬菜质量安全检查4次，抽检蔬菜样品200个，合格率达99%以上。在省农业厅组织的3次蔬菜农药残留例行抽检中，平顶山市蔬菜农药残留平均合格率98%，在全省名列前茅。

（栗　杨）

【无公害农产品标志推广与监管】　围绕现代化农业发展思路，深入开展无公害农产品标志宣传，提高无公害农产品标志认知度和影响力。在认证审核、技术指导、市场服务和监督检查等工作中加大标志推广力度，推动获证单位积极主动使用无公害农产品标志。2010年，郏县有无公害农产品生产企业10家，申报并通过认证的无公害农产品11个，产品加贴率达85%以上，被农业部农产品质量安全中心批准为全国无公害农产品标志推广与监管示范县，在全市的无公害农产品标志推广与监管工作中起到了示范带动作用。

（栗　杨）

畜牧业

【畜牧业生产】 2010年，全市生猪存栏261.04万头，出栏313万头，同比分别增长0.4%和6.3%；牛存栏76.54万头，出栏37.46万头，同比分别增长-2.5%和4.63%；羊存栏102.6万只，出栏103.63万只，同比分别增长-5.1%和-12.2%；禽存栏2835.9万只，出栏3760万只，同比分别增长-1.1%和4.72%。肉、蛋、奶产量分别达到36.18万吨、14.6万吨和20.82万吨，同比分别增长2.61%、1.39%和5.69%；畜牧业产值达到93亿元，同比增长6.04%。

（李文荣　李洛平）

【标准化养殖小区建设】 实施"标准化养殖小区建设乡镇长工程"，通过定任务（把发展标准化养殖小区建设任务列入乡镇年度责任目标，与乡镇工作经费挂钩）、定奖惩（各县市区根据当地财力对新建标准化养殖小区进行奖励补贴，每新建1个标准化养殖小区，补贴业主5万元~50万元，奖励所在乡镇1万元~2万元。市畜牧局半年检查一次，年终实行单项考核，对完不成任务的实行一票否决，取消年终评先资格），拉动标准化养殖小区建设。全年全市新增标准化养殖小区268个，总数达到1003家。

（李文荣　李洛平）

【优势畜牧产业】 充分发挥和利用全市地方品种资源和山区丘陵面积大的优势，加大肉牛、肉羊和山区围栏养鸡发展力度，初步形成以郏县红牛为主的50多家肉牛育肥场优质肉牛生产基地，以河南大尾寒羊、尧山白山羊和豫西脂尾羊为主的万户标准化百只羊群优质肉羊基地，以26家山区围栏养鸡为主的绿色优质畜产品生产基地。

（李文荣　李洛平）

【生猪产业发展】 积极完善政策，通过招商引资，先后引进扩建叶县双汇、舞钢瑞祥等万头以上集约化生猪养殖企业44家，年出栏量突破100万头。双汇集团与平顶山市的6个县（市）达成建立25万头生猪基地的意向。叶县、汝州市两个县（市）连续3年获得国家级生猪大县荣誉。

（李文荣　李洛平）

【现代奶业发展】 大力支持宝丰县"河南伊利乳品加工企业"进行扩建，扩大加工能力，带动全市奶业基地发展。投资兴建源源、思源、合源等6个千头奶牛良种场，成为全省最大的奶牛良种繁育基地和奶业加工基地。2010年，全市200头以上的奶牛养殖企业达到28家，集约化奶牛存栏规模突破7万头。

（李文荣　李洛平）

【招商引资】 建立健全招商引资奖励机制，优化畜牧经济发展环境，制定完善的畜牧业发展优惠政策，全力做好综合协调、技术服务等工作，招商引资工作力度明显加大。全年全市共引进千万以上投资规模的畜牧生产加工项目15个。

（李文荣　李洛平）

【现代畜牧业合作组织】 为提高产业发展组织化程度，坚持走现代化养殖合作总社带动型现代化养殖产业化模式。成立由源源乳业、瑞祥牧业、三源牧业等大型规模养殖企业发起的平顶山市现代畜牧业发展专业合作总社，分设不同畜种的专业合作分社9个，加入合作总社的现代化养殖会员企业和标准化养殖小区达到126家。

（李文荣　李洛平）

【畜牧技术推广】 2010年，市畜牧部门坚持以应用为导向的自主创新，结合技术引进，不断提高畜牧业发展的技术装备水平；加强基层畜牧技术推广、良种体系建设和地方品种资源开发利用力度，加快畜牧业科技成果转化，抓好畜禽品种改良、动物疫病诊断及综合防治、饲料配制和集约化饲养等技术的推广；强化畜牧业科技教育和培训，做好畜牧业科技入户工作，提高畜牧从业人员的整体素质。全市完成牛冷配19.8万头，猪人工授精51.35万头次，推广优质良种奶牛冻精6.94万剂，猪、蛋鸡和肉鸡良种覆盖率分别达到98.5%、88%和96%。以实施秸秆养畜项目为契机，大力推进秸秆青贮氨化和人工种草。全年全市青贮玉米秸秆185万吨，其中全株青贮13万吨。新建100立方米以上的青贮池128个，新购铡草机96台，完成人工种草面积3.8万亩，发展百亩以上种草典型16个，争取秸秆养畜示范项目1个。

（李文荣　李洛平）

【重大动物疫病防控】　为切实解决畜禽养殖过程中病死动物的无害化处理问题，规范病死动物的处置，消灭传染源，切断动物疫病传播途径，促进重大动物疫病防控工作，确保公共卫生安全，市畜牧部门积极探索病死动物无害化处理的新方法、新途径，把弃尸井建设作为2010年度重大动物疫病防控的一项重要工作来抓，不断加强引导，督促进度，全年全市共建设弃尸井433座。全市上下形成“六个村一个防疫员、六个村一个报检点、六个村一个弃尸井，两个乡一个防检中心站，每个防检中心站配备一辆面包车，每个防疫员有一辆摩托车和一个冷藏箱，一个行政村一个防疫明白栏”的联防联控、群防群控、责任明晰的网络新格局。建立市、县两级动物疫情应急物资储备库，成立动物疫情应急处理预备队，配备专用防检车辆、消毒车辆和防检专用摩托车，大大提高疫情应急反应能力，整体防控工作有序推进。全市强制免疫密达到100%，杜绝了重大动物疫情的发生和流行。

（李文荣　李洛平）

【畜产品质量安全】　建立完善畜产品质量安全责任体系，层层签订责任目标。积极推进畜产品市场准入制度，按照“城区先行、分步实施”和“先猪、禽蛋、禽肉、鲜奶，后牛羊肉”的原则，分步、分级、分类逐步在全市实施畜产品市场准入。积极组织无害畜产品产地认定和产品认证工作，无害畜产品基地数量迅速增加，年底达到280家。

（李文荣　李洛平）

【畜牧综合执法】　理顺畜牧兽医执法体系，市、县两级成立综合执法大队，实现行政管理、行政执法、案件审核、行政审批和技术支撑五大职能有效分离。执法大队分别设立养殖企业执法监督组（市级负责无公害规模养殖企业、县级负责养殖大户、区域动物防检中心站负责散养户）、动物检疫执法监督组、畜产品及生产资料市场执法监督组、畜牧兽医行政执法队伍监督组等，按照监管任务进行执法监督，查处各类畜牧兽医违法案件。制定完善“畜牧兽医综合执法规范”、“畜牧兽医执法内容”、“畜牧兽医执法人员执法规范”等规范性文件，提升了全市畜牧兽医综合执法的可操作性和规范性。在全市开展“畜牧兽医行政执法岗位全员演示观摩活动”，提高全市畜牧兽医综合执法业务水平和执法办案能力。全年查处各类违法案件82起，结案率100%。

（李文荣　李洛平）

【现代畜牧业发展规划】　2010年，市畜牧部门以科学发展观为统领，广泛听取专家学者、基层群众等各方面的意见和建议，并结合全市畜牧业发展现状和现代畜牧业的发展趋势，依托资源优势和区位优势，围绕发展现代、规模、标准、生态、绿色和无公害畜牧业的目标，打造畜牧业区域化布局、规模化发展、资源保护开发与旅游观光多层次发展的新格局。把土地规划问题、沼气发电和沼液利用问题、畜牧资源循环利用问题、秸秆综合利用问题、新农村建设问题等列入重点保障措施。研究制定《平顶山市十二五现代畜牧业发展规划》，进一步明确新形势下加快畜牧业发展的思路、定位、目标和措施，科学指导畜牧业长远发展。

（李文荣　李洛平）

农业综合开发

【概况】　2010年，按照新的扶贫标准农民人均纯收入不足1500元，全市有25万贫困人口。当年扶贫开发完成108个村整村推进，比政府工作报告提出的80个村超出28个村；完成解困人口6.1万人，超额完成1.6%。雨露计划培训贫困农民9611人，超额4.5%；搬迁贫困人口1666人，超额39%。市扶贫办和鲁山县扶贫办被评为全省扶贫开发先进单位。

（何延龙）

【扶贫开发整村推进】　2010年，省扶贫开发办安排平顶山市108个整村推进村。其中，鲁山75个村，叶县13个村，其他县（市）20个村。共规划实施11类480个项目（财政扶贫项目194个，部门整合项目286个）。整村推进是整个扶贫开发工作的重中之重。在整村推进工作中，一是继续贯彻连片开发的指导思想。在村与村的连片开发中考虑整乡开发，在整乡开发中考虑乡与乡之间的连片开发，形成整村推进的整体效益和规模效益。二是倾斜扶持革命老区村。在108个整村推进村中有近90个村是革命老区村，确保了在“十一五”期间，全面完成全市革命老区村的整村推进任务。三是同中心村建设紧密结合。在108个村中有15个村成为新农村建设的中心村。部分已成为中心村建设中的亮点村。四是集中整合各种涉农资金向整村推进村倾斜。以整村推进村为平台，统筹规划新农村建设，以发改、交通、教育、广电、卫生、农业、水利、电业等部门项目资金的规划、整合，形成大规划、大扶贫的基本框架。五是产业带动。注重培植整村推进村产业发展，将小额贷款、互助资金、科技扶贫、外资扶贫等项目资金全部或尽量安排到整村推进村。六是定点帮扶。各县（市）对整村推进村落实定点帮扶单位，明确帮扶目标任务，形成了扶贫开发合力。

（何延龙）

【实施“雨露计划”】 2010年，扎实开展“雨露计划”培训工作。共培训学员9611人，超额4.5%。在“雨露计划”培训上，把转移安置能力做为一项硬指标，对培训基地进行严格考核，实行订单培训，确保培训学员的就业率。加强对就业人员与用人单位的跟踪调查和对培训基地的责任追究，确保培训学校转移输出切实履行责任，安置单位用工规范，职业稳定，就业人员工资收入有保证。积极探索培训工作同贫困地区当地产业相结合的新机制，把短期培训班转移到贫困乡村办班，把劳务培训和农民致富项目结合，提高培训的针对性，开辟贫困农民培训、就业、增收的新路子。

（何延龙）

【搬迁扶贫】 2010年，为了从根本上改变群众的生存和发展条件，全市共规划搬迁扶贫365户、1666人（省级安排计划160户、716人；市级安排205户、952人）。项目涉及4个县（市）（鲁山县220户、955人，叶县48户、231人，汝州市47户、240人，舞钢市50户、240人）。项目总投资3549.9万元，各级财政资金投入710.5万元（省级250万元、市级342万元、县级118.5万元），部门资金27.35万元，群众自筹资金2812.05万元。项目共规划建房面积5.6793万平方米。在搬迁扶贫上，按照“搬得出、稳得住、能致富”的总原则和总要求，与中心村和中心乡镇建设相结合，按照中心村建设标准和规划建房，与当地的产业发展相结合，把扶持项目落实到搬迁户，注重搬迁进度、搬迁效果和质量，积极稳妥、扎实有效地推进搬迁扶贫工作。

（何延龙）

【农业综合开发】 2010年，农业综合开发土地治理开发面积5万亩，项目总投资4756万元。产业化经营项目4个，项目总投资4093.36万元（财政投资435万元，企业自筹资金3658.36万元）。

土地治理项目区新增灌溉面积3.5万亩，改善灌溉面积0.9万亩，扩大机耕、机播面积1.2万亩，年节水量85万立方米，新增农机总动力1950千瓦，植树20万株，改善了项目区的生态环境，在增加农民收入的同时也保护了环境，减少了污染，促进了土地资源的良性循环，保证了农业的可持续发展。通过水土田林路综合治理，实现旱能浇、涝能排、科技新、高产稳产的基本农田，给项目区的农民提供良好的生产、生活环境，生产条件有了较大改善，新增粮食300万公斤。产业化龙头效益显著。通过项目建设，汝州市年出栏5万头良种猪扩建项目，年供沼气155.5万立方米，可实现产值6400万元，净利润1567万元。宝丰县400头奶牛养殖示范场扩建项目，年产商品奶2800万吨，新增总产值991.2万元，利税395万元，示范带动农户4000户，新增收入1200万元。舞钢市2000吨红薯淀粉加工新建项目，可年产优质红薯9000吨，优质淀粉2000吨，年收入591万元，新增利税92.74万元，示范带动农户1000户。

（何延龙）

烟　草

【“十一五”发展概况】 企业经营效益快速增长。“十一五”期间，全市烟草行业的经济运行质量和效益显著提高。5年累计实现“两烟”利润总额12.5亿元，年均2.5亿元，与“十五”年均2219万元相比增加2.2781亿元，增幅1027%；实现税利17.9亿元，与“十五”的3.08亿元相比增加14.82亿元，增幅481%，年均达到3.58亿元。“十五”末行业经济包袱3.8亿元，到2008年底全部消化；十一五”末企业资产负债率下降到34.54%，较“十五”末下降52.48个百分点。行业银行贷款由“十五”末的3.328亿元下降到2010年底的零贷款，降幅

100%。

现代烟草农业建设成效显著。以建设现代烟草农业为目标，发展“三户三队”，完善基础设施，注重科技领先，突出浓香质量特色，烟叶生产经营实现历史性恢复发展。“十一五”期间，年均烟叶种植面积14.8万亩，较“十五”期间增加0.6万亩，增幅4.2%；年均收购烟叶39.34万担，较“十五”期间增加17.01万担，增幅76.2%。“十一五”末收购烟叶41万担，较“十五”末增加9.2万担，增幅28.9%。烟农种烟收入3.2829亿元，较“十五”末增加1.5538亿元，增幅89.9%；实现烟叶税5457万元，较“十五”末增加2084万元，增幅61.8%。“十一五”期间，全市烟草行业完成烟叶生产基础设施建设项目9940个，其中水利设施1813个，密集烤房7473座，总投资29752万元，烟田受益面积49.7万亩，受益农户5.98万户。到“十一五”末，全市发展种植专业户2569户，育苗专业户66户，烘烤专业户254户，机械化服务专业队12个，植保专业队10个，分级专业队64个。

卷烟营销工作实现跨越发展。坚持“扩高带低、调中培优、优化库存、稳量增利”的原则，建立了适应平顶山市的现代卷烟营销体系，卷烟营销水平不断提升。“十一五”期间，年均销售卷烟14.3万箱，较“十五”期间增加1.8万箱，增幅14.4%；年均卷烟销售毛利3.5亿元，较“十五”期间增加2.4亿元，增幅218%。“十一五”末销售卷烟15.23万箱，较“十五”末增加2.33万箱，增幅18.1%；卷烟单箱销售收入1.38万元，较“十五”末增加7245元，增幅111%。

市委书记赵顷霖（左一）考察烟叶生产工作

专卖依法行政能力明显提高。把“市场管理，打私打假，管服并举，保证效果”作为专卖管理工作的基本要求，依法依规开展专卖市场管理工作，努力打造良好市场经济环境。5年间，全市共查处违法案件19767起，捣毁制假窝点585个、贩假藏假窝点280个，缴获大型制假烟机50台、其他制假设备1016台，查获各类违规卷烟18727件、烟叶（丝）437吨，办理案值较大的网络案件7起，查处万元以上非法运输烟草制品案件41起，其中2万元以上的案件28起，拘留涉案人员116人、逮捕59人、判刑52人。

和谐发展氛围全面形成。坚持把“快乐工作、创造满意”和“以行带人、以理服人、以情感人”作为企业政治工作的核心，大力培育企业精神，形成以“家文化”为主题的企业文化冠名，广大员工的尽责奉献、包容感恩意识明显增强，涌现出了一批爱岗敬业、奉献烟草的先进典型。2009年单位职工孔银亮被国家烟草专卖局授予全国烟草行业劳动模范荣誉称号。认真履行社会责任，积极开展“送温暖、献爱心”救助贫困活动，全力支援四川、玉树等灾区建设，“十一五”期间，行业员工共向社会捐款39.46万元。虚心征求社会各界的意见建议，不断完善服务措施，政风行风评议位次逐年前移，在2009年全市政风行风评议中，居全市第六位，被市委、市政府评为优秀单位，受到河南省烟草专卖局（公司）表彰。

（刘宏亮）

【卷烟销售】 2010年，注重发挥网络控市育市功能，加强现代卷烟流通网络体系建设，全市200人以上自然村达到“村村通”网络建设目标，卷烟销售指标实现新提高。销售卷烟15.23万箱，同比增加3580箱，增幅2.4%。其中，销售一二类卷烟12302箱，比重为8.08%，同比增加4.02个百分点。销售三类卷烟48134箱，比重为31.6%，同比增加7.24个百分

现代化的卷烟物流中心

点。单箱销售收入13692元，同比增加2465元，增幅21.9%，单箱值高出全省平均水平463元，居全省行业第四位。单箱毛利3516元，同比增加606元，增幅20.8%，增加额居全省行业第五位。

（刘宏亮）

【烟叶生产】 认真贯彻“严控规模、优化布局、突出特色、提高水平”的方针，整合、提升“三户三队”建设水平，规划实施烟叶基地单元6个，促进了现代烟草农业建设稳步推进。全年全市种植烟叶9.58万亩，收购烟叶32.6万担，户均面积由2009年的9.6亩提高到13.7亩。完成基础设施建设项目4112个，项目总造价8003万元，争取国家补贴4819万元。

（刘宏亮）

【专卖管理】 2010年，专卖管理工作始终坚持“内管外打”并重的原则，突出内部监管、市场监管、打私打假三大职能，积极协调地方各级党委政府和有关部门，扎实开展市场整顿，深入开展卷烟打假破网追刑工作。全市共办理涉烟案件2114起，查获违规卷烟4023万支，捣毁制假窝点111个，查获制假设备164台，办理案值30万元以上的网络案件3个，拘留涉假人员44人、逮捕28人、判刑14人。

（刘宏亮）

【企业文化】 2010年，以“保持良好精神状态，努力开创卷烟上水平新局面”主题教育活动为动力，以“培育理念，弘扬正气，激发潜能，提升形象”为要求，以建设“两个至上”长效机制为载体，组织开展企业文化主题教育活动。举办迎“七一”增强“尽责、包容、感恩、奉献”意识演讲比赛，完成企业文化手册、视觉识别系统基础应用、员工行为准则编制和企业宣传片制作工作，初步建立具有平顶山烟草特色的“家文化”架构体系和企业文化运行保障体系，思想政治工作得到全面加强。

（刘宏亮）

中国工程院院士、烟草著名专家左尊权（前排中）在平顶山市指导烟叶生产工作

商　　贸

商贸管理

【概况】　2010年，全市利用外资成效显著。新批外商投资企业7家，合同利用外资10327万美元，同比增长98.9%，完成省定目标的159%；实际利用外资16390万美元，增长16.7%，完成省定目标的102%，提前两个月完成年度目标，省商务厅分别向市政府和市商务局发来贺信，对全市提前完成利用外资年度目标表示祝贺。累计引进市外合作项目422个，实际到位市外资金430亿元（含续建项目），增长25.1%，其中引进省外合作项目257个，实际到位省外资金171.2亿元，增长25.6%，完成省定目标的109.3%。外贸出口企稳回升。全市共计完成进出口总值42530万美元。其中出口28565万美元，增长8.8%；进口13965万美元。消费品市场繁荣稳定。全市累计实现社会消费品零售总额349.98亿元，增长19.4%，增速居全省第四位。卫东区、新华区、汝州市的社会消费品零售总额位列全市前三名。商务惠民工程扎实有效。市委、市政府“十项民生工程”中涉及商务部门的“万村千乡市场工程”、“家电下乡”等工作扎实推进，“放心早餐工程”自2010年7月5日正式上市后，受到市民的普遍欢迎和社会各界的广泛好评。2010年，平顶山市被评为全省对外开放工作先进单位、全省利用省外资金优秀单位。市商务局被评为2010年度全省内贸工作先进单位；舞钢市商务局、郏县商务局被评为2010年度全省商务工作先进县（市、区）。

（李建超）

【大招商活动】　平顶山市将2010年确定为全市“招商引资年”，制定招商选资行动计划，采取一系列措施推动大招商活动。参加国家和省举办的第十四届“西洽会”、世界华商高峰论坛、河南—浙江投资合作洽谈会、河南省与央企合作洽谈会、河南—上海经济技术合作洽谈会、深港澳地区闽籍企业家访豫活动、第六届河南国际投洽会、第十四届中国国际投洽会、第五届“中博会”、豫台经贸合作洽谈会等一系列招商引资活动。2月23日~25日、4月22日~27日，全市各由5位市级领导带队，分别在温州市举办中低压电器产业专题招商活动，在福建省福州市、泉州市、厦门市举办市情说明和项目推介等活动；5月中旬至6月中旬，在浙江省进行为期一个月的驻地招商，6月8日，在杭州市举办合作项目推介会；7月8日~8月15日，派出市、县两级驻深圳招商联络组50多人，在深圳进行为期一个多月的驻地招商。9月18日~20日，在第三届华侨华人中原经济合作论坛经贸活动中，全市签约投资合作项目43个，投资总额431.63亿元，较上届增长24.7%。在举办大型活动的同时，有针对性地组织小分队开展定向招商，2010年，全市共组建60多个招商小分队，参与人员600人次，分赴北京、上海、山东、浙江、江苏、广东等地开展“一对一”、“点对点”招商，其中由市级领导带队的小分队有30多次。在“走出去”的同时，坚持突出“请进来”招商，邀请境内外知名企业和组织负责人来平顶山考察交流。市委、市政府领导先后接待港中旅调研投资小组、中国建筑第七工程局、日本东芝公司、日本富士通公司、美国富国集团、澳门国际商贸交流促进会等20多批重要团组来访。创新工作方式，不断提高招商选资的实效性。全市确定招商活动遵循“三为主”（以市统筹协调，县（市、区）和企业为主、以民间和商协会为主、以专题对口活动为主）、“三为先”（境外招商坚持东南亚为先、东南亚招商港台为先、各类客商华商为先）、“三重点”（对内招商突出加快承接产业转移、加强与央企合作、搞好技术和人才引进）原则，增强招商选资活动的针对性和成功率。为确保招商工作的成效，市政府出台《全市招商引资重大项目推进机制》，提出前期项目抓签约、签约项目抓落地、落地项目抓建设、建成项目抓效益的工作方针，加大跟踪问效力度，对重大招商项目进展情况实行“三制”（进度考核制、跟踪责任制、定期通报制）和“三率”（合同履约率、资金到位率、项目开工率）考核，进一步提高招商工作的实效。优化发展环境，不断增强对外资的吸引力。在全市全面推行外来投资项目无偿代理制和联审联批制，进一步深化、推广“5+2”和24小时预约工作制，为外商投资企业提供更便利、更贴身的服务，维护外来投资者合法权益。在5月份举行的首届苏商500强（苏州）峰会暨2010苏商投资中国首选城市颁奖典礼上，平顶山市被推选为2010苏商投资中国首选城市，同时获得最具投资潜力的城市荣誉大奖。2010年，全市10个县（市、区）和高新区、新城区等12家单位均完成利用境外资金目标任务，其中汝州市完成833万美元，居各县（市、区）首位；舞钢市、宝丰县、高新区均超过600万美元。各县（市、区）都较好地完成利用省外资金目标任务，其中宝丰县完成67.8亿元，居各县（市、区）首位。

（李建超）

【对外贸易】 2010年，市商务部门先后到舞钢公司、天瑞集团、平高集团、易成公司等出口企业进行实地调研，采取走访、座谈、现场考察等多种形式，对企业在开展外贸工作时面临的困难进行详细了解，努力掌握第一手材料，有针对性地帮助企业破解外贸发展难题。组织4个督查组对各县（市、区）出口工作进行督查，并于7月20日召开专题会议，通报全市外贸出口目标任务完成情况，帮助出口任务完成进度较慢的县（市、区）查找工作中存在的问题和不足，结合各地实际想办法、找路子，扩大出口，确保全年目标任务的完成。先后帮助市奥思达化学助剂有限公司、鲁山万通机械制造有限公司等企业联系外贸专业人员，协助其实现自营出口；引导神马实业股份有限公司、河南平棉纺织集团有限公司重新调整出口贸易方式；组织河南奔宝皮件有限公司、鲁山宏昌五金有限公司等多家企业参加第一〇八届“广交会”和第五届“中博会”；通过省贸促会、环球市场集团等机构收集发布一些贸易信息，为企业联系国外客户，拓展贸易渠道。2010年又有两家企业实现自营出口“零”的突破，全市有出口实绩的企业达45家。落实政策，缓解企业资金压力。为鼓励外贸企业技术创新，增强国际市场竞争力，共落实2010年外经贸区域协调发展促进资金、优化机电产品进出口结构资金、进口贴息资金和中小企业国际市场开拓资金共计480万元；为企业申报进口贴息项目两个，涉及金额800万美元。加强农副产品出口工作力度。2010年3月，副市长李建伟亲自带队，组织有关单位赴山东省潍坊市、威海市以及河南省兄弟地市考察农产品出口工作，学习出口农产品质量安全管理体系建设、运行保障和出口示范基地建设等方面的经验，推动全市农副产品出口。2010年，全市实现农副产品出口582万美元，较上年增长101.5%。出口商品结构进一步优化。实施机电产品出口推进计划和科技兴贸战略，着力支持机电产品、高新技术产品研发和技术创新，全市完成高新技术产品出口1984万美元，增长21.7%。继续实施市场多元化战略。组织有关企业参加在欧洲、日韩等地举办的各类外贸专业展会，参加在郑州举办的中国东盟自由贸易区政策宣讲会，推动企业走进东盟市场，取得良好效果。平顶山市对亚洲、北美洲、拉丁美洲等主要市场出口分别增长4.7%、40%和101%。全市10个县（市、区）均完成出口目标任务，其中舞钢市完成1.08亿美元，居各县（市、区）首位。

（李建超）

【对外经济技术合作】 市商务部门积极建立外经企业库、国际工程承包市场信息库，多次深入企业了解情况，宣讲政策，动员符合条件的企业尽快“走出去”，开展境外投资，进行工程承包。平高集团在叙利亚承包的输变电工程完成300万美元的工程额。中材环保公司承揽海外工程业务，与多个国家进行业务洽谈，参与沙特、乌克兰、法国、土耳其、新加坡等国的环保工程建设。为扩大外派劳务规模，提高外派劳务档次，全市加强外派劳务基地县建设，鼓励外派劳务企业与大专院校、职业学校和大型生产企业联合，培育护工、技工、厨师、渔工等外派劳务专业基地，促进全市外派劳务结构向高层次、专业化转变。全市全年完成外派劳务424人次，期末累计在外人数达681人。

（李建超）

【城乡市场体系建设】　“万村千乡市场工程”顺利开展，全年共验收合格“农家店”305家，安排农村劳动力833人，超额完成市政府下达260家的建设任务。截至2010年底，全市共新建或改造农家店2309家，农资店155个，覆盖全市95%的行政村，建成的农家店共安置农村劳动力1万多名。加大对“万村千乡市场工程”配送企业监管力度，综合配送率均达到50%以上。按照《平顶山市商业网点规划》，优化商业网点布局，积极拓展电子商务、家政服务、体育健身、休闲旅游等新型消费模式，营造和谐的消费环境，城市商业服务功能不断完善。精心实施“放心早餐”工程，拟定全市“放心早餐”工程实施方案，确定承办企业，在全市布设近50个销售网点，生产品种达50多种，日销售额1万份左右。积极申请市场体系建设配套资金，上报的1个“农贸市场改扩建”及1个“农产品现代流通网络龙头企业”项目列入国家计划，申报3个“万村千乡市场工程”配送中心建设项目及“农家店”补助资金。2010年经省商务厅、财政厅批准落实的市场体系建设配套资金达298万元。家电下乡、家电以旧换新和汽车以旧换新等工作取得明显成效。全年累计销售家电下乡产品52.3万台（部），销售金额11.18亿元，累计补贴52.2万台（部），补贴资金1.38亿元，全市家电下乡工作在全省排名一直保持在前五位，卫东区、舞钢市家电下乡工作在全市名列前茅；家电以旧换新工作全面启动，销售新家电7040台，销售额2760万元，发放补贴200万元；汽车以旧换新累计办理补贴车辆397辆，发放补贴578万元，带动新车销售6540万元。

（李建超）

【市场监测监管】　2010年，市商务部门确定20家生活必需品企业和33家重点流通企业实行市场供应信息日报送制度，对市场供应情况进行不间断监测，储备企业加强肉、菜、糖等主要生活必需品的应急储备，保持城区5～7天的市场供应量，随时进行市场应急供应，保证物价稳定和市场供应不断档、不脱销。积极开展酒类流通管理工作，全市酒类经营批发企业流通随附单使用率达到100%，对全市3980家酒类经营商户进行了检查，查处违规经营商户82家，查获假冒伪劣酒类产品600余件。加强城乡市场信息服务体系建设，全年共发布商务预报信息590篇。加大特种行业管理力度，拍卖、典当、再生资源回收等特殊行业经营秩序进一步规范。协调中石油、中石化两大公司增加资源投放量，保证全市成品油市场稳定运行。

（李建超）

【商务执法】　市商务稽查支队与“12312”商务举报投诉服务中心正式挂牌成立。认真开展生猪屠宰专项整治活动，对私屠滥宰和肉品经营市场进行不间断排查，完成县城以上城市生猪进点屠宰率达到100%，乡镇定点屠宰率达到96%以上，病害猪无害化处理率达到100%的目标。全年全市共定点屠宰生猪105万头，检出不合格肉品4112头。

（李建超）

【打击侵犯知识产权和制售假冒伪劣商品行动】　2010年，开展打击制售假冒伪劣商品、侵权盗版和加强知识产权保护活动。通过专项行动和日常执法检查相结合，重点打击制售假冒伪劣商品和知识产权领域假冒及恶意侵权、群体侵权行为。全市共出动检查人员8048人次，检查出版物市场、店档摊点7666个次；检查印刷复制企业824家次；收缴非法出版物3.92万件；处罚违规经营单位55个，印刷复制企业26家；检查网吧7600余家次，排除信息网络安全隐患29余次，对2家互联网接入单位和1家违规手机信息服务商下发整改通知书。对商品流通领域、药店进行了大规模的普查，检查商场30余家、检查商品10多万件，查处假冒专利行为17项；对两项涉嫌假冒专利但拒不接受处罚的，提交法院进行强制执行。涉及不规范标注112项，要求限期整改的95项。近百家经营企业对自身业务进行全面清查整改，执行行政处罚案件9起。通过专项执法行动的开展，流通领域从进货渠道上严格把关，使商场、药店假冒专利降低了20%。

（李建超）

粮油购销

【概况】　2010年，全市实现粮食总购进106万吨，其中国有粮食经营企业实现收购54.8万吨，占省局年度目标33.35万吨的164.3%；实现粮食总销售97.04万吨，其中国有粮食经营企业实现销售47.7万吨，占省局年度目标28.68万吨的166.4%。全市“四无”粮油率达100%，高出省定目标5个百分点，各级储备粮“一符三专四落实”达100%。市粮食局被省粮食局表彰为全省粮食工作责任目标完成优秀单位，并获市委、市政府创建国家园林城市先进单位、全省粮食系统财务管理先进单位、全省粮食流通监督检查工作先进单位、全省“一符四无”先进单位、全省粮油仓储统计先进单位等荣誉称号。

“十一五”期间，圆满实现粮食发展目标，为平顶山粮食稳定和生产作出贡献。粮食购销工作成效显著，全市粮食系统共收购粮食494万吨，其中执行最低收购价政策带动农民增收4.2亿元；粮食销售473万吨。地方储备增加，调控能力提高。“十一五”末的2010年，市、县两级粮食储备10.69万吨，与“十五”末的2005年市、县两级粮食储备6.8万吨相比，增长3.89万吨，增幅57.2%。粮食应急体系建设加强。市、县两级分别制定粮食应急预案，落实两级地方粮食储备规模，确定物流项目建设，粮食储存、加工和供应体系得到补充和加强，为增强粮食宏观调控能力奠定坚实的物资基础，确保紧急状态下粮食市场供应和局势基本稳定。粮食流通设施建设加强，粮食物流效率提高。“十一五”期间，全市共投资4575万元，建成仓房23.4万吨，投资2750万元维修改造仓房51万吨。安全储粮管理工作加强。认真落实安全储粮责任制，改进完善仓房基础设施和仓储配套性能，推进仓储规范化管理，切实加强对粮食库存的管理和监督，组织开展粮食库存检查和安全储粮普查活动。大力开展科学保粮工作，推广应用科学储粮新技术，全市科学保粮率保持90%以上，“一符四无”粮油率100%，储备粮“一符三专四落实”100%。国有粮食企业改革扎实推进。圆满完成全市112家国有粮食购销企业整合重组工作，49家国有非购销企业进行分流减员和重组改制，其中国有参股3家、退出国有45家、中外合资企业1家。

（陈洪彬）

【粮油购销】 落实粮食最低收购价政策，保护农民利益。全市实现夏粮托市收购48.8万吨，收购平均价格0.96元/斤，带动农民增收近1亿元。抓好粮食销售，稳定粮食市场。加强粮食供求形势分析，指导粮食经营企业采取灵活多样的方式，搞活自主经营，参与最低价小麦公开竞价销售，保证了市场有效供给。2010年，全市国有粮食企业实现粮食销售47.7万吨。

（陈洪彬）

【粮食流通体制改革】 多元化粮食市场体系建设日益完善。全市符合入市条件的国有、集体、私营、个体粮食经营企业共236家。不断巩固国有粮食企业改革成果。组织开展社会矛盾化解百日竞赛活动，妥善解决企业改革遗留问题，化解社会矛盾。国有粮食企业经济效益持续提高。2010年，全市粮食企业盈利面达79%，成为全省实现利润超500万元的8个省辖市之一。

（陈洪彬）

【粮食流通产业】 加强粮食流通基础设施建设管理。2010年，全市自筹资金2314万元，建设仓容13.62万吨，投资587万元，维修改造仓容5.3万吨。推动粮油加工业发展。制定《全市粮食加工业发展规划》，积极为粮食加工龙头企业争取技术改造、开发创新、贷款贴息等优惠政策。加快城乡粮油服务体系建设。2010年，全市增加城镇连锁经营及农村服务网点46个。

（陈洪彬）

【粮食流通监督检查】 粮食库存检查。对全市辖区内所有储粮企业的账实相符、账账相符、库存粮食质量和卫生安全情况、储备粮轮换情况、政策性粮食补贴拨付使用情况、粮食仓储管理情况和涉及粮食库存管理的其他情况进行全面检查，共检查库点88个，仓房1308座，粮食114.8万吨。夏粮收购监督检查。夏粮收购期间全市共开展检查49次，出动人员240多人次，检查收购主体306个。政策性粮食竞价销售出库监督检查。成立监督管理小组，抽调专人驻库蹲点，加强对政策性粮食销售合同履约情况的监督检查，督促承储企业履行合同，严格按照规定出库，查处人为设置障碍拖延、阻挠、干扰粮食出库等行为，确保政策性粮食经营活动正常进行。成品粮油市场检查。由市粮食局牵头，会同市工商、质监、卫生、食品药品监管部门，成立两个检查组，对新华区、卫东区、湛河区行政区域内所有从事成品粮油市场生产、批发、零售及配送的经营组织和个体经营企业共108家进行全面检查，共检查经营组织和个人128个，对存在问题的企业和商户进行责令整改和处罚。

（陈洪彬）

【行业基础管理】 以仓储规范

化管理活动为契机，提升仓储管理水平。开展“仓储规范制度落实年”活动。召开仓储规范化管理现场会1次，组织全市范围内粮食库存检查和安全储粮普查活动各1次，组织赴山东学习考察。湛南国家粮食储备有限公司被授予国家粮油仓储规范化管理先进企业，并被评为全国粮食系统先进集体。狠抓扭亏增盈工作。采取抓领导、抓管理、每季度通报利润排名的措施，抓好扭亏增盈工作；分解利润指标，明确工作任务，加强督促指导；指导并帮助企业按照精细化管理要求，推行行业费用定额管理办法，通过加强管理，降低成本和费用开支。做好全面预算管理推行工作。研究制定《推行全面预算管理工作方案》，并举办全市粮食系统全面预算管理培训班，对推行全面预算管理工作进行动员和部署。做好粮食系统安全生产工作。全年组织安全生产大检查4次，发出问题隐患整改通知书12份，落实各项安全措施，做到全年无重大安全生产事故。

（陈洪彬）

供销合作

【概况】　2010年，平顶山市供销合作社系统以农资和日用消费品为重点，推进“小超市、大连锁”战略，培育龙头骨干企业，加强连锁网点建设，基本形成以骨干企业为龙头、以配送中心为枢纽、基层经营网点为终端，覆盖县、乡（镇）、村三级的农村现代流通体系，为城乡居民生产生活创造便捷安全实惠的消费环境，“新网工程”建设取得新成效。2010年，全系统完成总销售52.54亿元，占年度计划的139.6%，比上年同期的36.4亿元增长44.34%；实现利润总额5923万元，占年度计划的123%，比上年的4321万元增长37.1%。

（许　冰）

【基层建设组织体系指标】　基层社总数83个，实现全部盈利，利润总额为1528万元；农民专业合作社184个；入社农户39360个；村级综合服务社2537个；农村社区服务中心155个；各类专业、行业协会44个，会员3938个；市级农村合作经济组织联合会1个，县级农村合作经济组织联合会6个。

（许　冰）

【推进“新网工程”建设】　全市供销社系统将“新网工程”作为“一号工程”，充分发挥供销社在农村流通领域的传统优势，通过内部整合、系统联合等途径，积极推进网络建设。全系统建立配送中心24个，连锁店2100个，连锁超市850个，连锁经营销售额9亿多元。农副产品市场交易额3.6亿元；再生资源收购额3.05亿元。汝州市供销社建业生活广场有限公司下属两个超市，总营业面积近5000平方米，年销售收入在4000万元以上，成为覆盖汝州市区及辐射周边10余乡镇的大型购物中心。鲁山县供销社创办鲁山县新合作商贸有限公司，集批、零交易为一体，下属22个连锁经营网点，遍布县乡16个乡镇；投资380万元建立专门的配送中心，同时面向社会开展商品配送服务，年交易额2600万元。

（许　冰）

【烟花爆竹企业强强联合】　2010年初，对市区的两个烟花爆竹批发企业进行强强联合。各市、县批发公司都设立配送中心，按规定配备送货车辆，在各乡镇基层社设立配货中心，在各村设立零售网点，形成市、县、乡（镇）、村四级经营网络。在经营中，坚持对各经营网点免费送货，对所配送的烟花爆竹质量实行承诺制，对卖不完的烟花爆竹免费代储。市供销社成功承办元宵节烟花晚会并取得圆满成功。

（许　冰）

【农村日用消费品经营网络日益完善】　积极加快传统经营网络改造升级，组建区域物流配送中心、连锁超市和便利店等农村零售终端建设，逐步形成县有配送中心、乡有超市、村有便利店的连锁经营体系。新建县级配送中心两个，乡级超市18个，村级便利店126个。

（许　冰）

【农资市场供应】　各级供销社农资经营企业加强与生产企业的合作，建立产销合作联盟，巩固货源基地，搞好经销联销和代储联储，备足备好货源。采取信贷、自筹、职工集资等多种形式筹措资金，采购各类名优农资商品，及时组织调运，加大市场投放量，提高资源的控制力和市场的调控力，促进农资供应总量平衡稳定。开展物流配送、连锁经营的农资经营方向，加强合作，联合发展，采取多种形式改造经营网点，完善服务功能，构建安全供应体系。充分发挥农资现代流通经营网络的优势，打造一批连锁配送网络品牌，把农资商品直接供应到农户，减少流通环节，节减流通费用，维护农资价格合理稳定，真正使农民得到实惠。

（许　冰）

【项目建设】 收集和储备一批市场前景广、产业发展好的项目共15个并上报省供销社。为汝州市李庄温棚蔬菜专业合作社申报农业综合开发新型合作示范项目。加大招商引资力度。以产权转让、增资扩股、资产重组置换资金；以培育市场前景好的项目吸引资金；以用足用活现有政策，争取资金。

（许　冰）

【企业改革改制情况】 市供销社党组对下属各家企业进行充分的摸底调查，采取“一死一活”（死即破产，活即改制）的办法，进行全面改革。市政府在1月21日召开的常务会议上通过市工业品公司破产。市农业生产资料公司采取股份制改造成立有限责任公司，转换机制，放开搞活。

（许　冰）

【参加豫商商品大联展】 8月27日～30日，由河南省供销合作总社、开封市人民政府和河南省豫商联合会主办的河南省特色产品暨豫商商品大联展在开封市举行。全市9个县（市、区）供销社参加此次大联展。鲁山县的绢花，宝丰酒，汝瓷，郏县的金镶玉等30多种具有平顶山地方特色的产品参加展览。此次大联展平顶山市共签约项目8个，签约额6500万元。平顶山市展区设计新颖、布局合理，被评为特等奖。

（许　冰）

【市果品流通协会和茶叶流通协会成立】 12月下旬，市供销社先后组织召开平顶山市果品流通协会和平顶山市茶叶流通协会成立大会，分别审议通过协会章程，选举产生协会社会团体会长、副会长、秘书长和社会团体理事、社会团体个人会员。

（许　冰）

物资流通

【经济责任目标全面完成】 2010年，物资集团公司经营工作实现物资销售总额2200万元，利润减亏50万元，全面超额完成了市政府下达的年度经济责任目标任务。

（王　静）

【旧机动车经营】 2010年，旧机动车交易中心在市场竞争主体增多、市场份额减少、收费标准降低等不利因素下，积极转变观念、创新思维，通过规范市场交易秩序避免恶性竞争、加强诚信经营服务提高工作水平、开展二手车经营和评估鉴定扩大业务范围等举措，使主业经营工作取得突破性的进展。全年，共交易二手车1400多辆，完成交易额3900多万元，实现经济收入66万元，收入同比增长13.8%。

（王　静）

【资产经营规范运作】 2010年，集团公司以规范管理、科学经营为着力点，加大和平路底商资产的市场培育和经营管理力度，加大物资大厦资产的经营管理和开发盘活力度，以资产收益最大化帮扶困难企业和为职工办实事，并维护集团公司机关的正常工作秩序。煤炭公司、物资贸易中心等有资产的企业，规范资产管理，最大限度增加资产经营收益，取得明显成效。

（王　静）

【企业改制】 2010年，物资系统几家改制退出国有的企业保持平稳发展的态势。市享博大商贸有限公司从物资流通行业向碳化硅微粉生产加工领域转型，2010年生产销售产品3716吨，销售额达9660多万元，实现利润1270多万元。市兰丰金属回收有限公司报废汽车拆解和废旧物资回收主业经营稳定。民用爆破器材专营有限公司主营业务全年完成物资购进1100万元、物资销售1395万元，上缴税金33.8万元。市机电设备总公司整体改制退出国有及市物资信息总公司、市物资协作开发总公司、市物资发展总公司、市物资协作工贸总公司、市物资贸易总公司5家企业的清算关闭、停产歇业工作结束，60多名职工得到妥善安置。市化工轻工总公司破产重组工作进入法定程序。市华靖物资中心、市建筑材料总公司、市生产资料服务总公司等几家企业的改制工作进入筹备阶段。

（王　静）

【保障职工利益】 认真落实企业劳动保障各项政策。配合市社保部门为全系统500多名离退休职工落实养老金提高和津补贴调标待遇。为19家企业240多名“4050”人员落实社会保险补贴待遇82.49万元；为3家企业的124名职工落实社会保险和岗位补贴待遇10.31万元，并为到龄退休和病退职工及时办理相关手续。认真落实企业军转干部解困政策。配合市人力资源和社会保障局、市财政局为全系统 82 名企业军转干部先后两次办理解困调标手续，组织全系统 82 名企业军转干部进行健康体检。春节和“八一”期间，集团公司和各企业两级领导班子成员分别走访慰问物资系统部分企业军转干部。集团公司全年共走访慰问、帮扶救助各类困难群体 500 多人次，发放慰问金和救助金 9 万元。

（王　静）

石　油

中石化

【经营指标】　2010 年，全年累计实现成品油销售 35.77 万吨，完成全年责任目标 35 万吨的 102.2%，全省排名第八位，占平顶山市成品油供应量的 65% 以上。其中，零售累计完成全年目标的 100%，全省排名第十四位；直销批发累计完成全年目标的 97.7%，全省排名第六位；非油品业务累计实现销售收入 1859 万元，实现全年目标的 163.8%，全省排名第一位。

（张晓飞）

【完成特殊时期保供工作】　公司认真做好“三夏”、“三秋”、“抗旱”特殊时期的保供工作。2010 年，在“三夏”、“三秋”和“抗旱”特殊时期，共投入市场柴油 9.5 万吨，让利达 320 万元，圆满完成了各项保供服务工作任务。

（张晓飞）

【网点建设】　2010 年，公司共投入 5778 万元，新增加油站 9 座，完成年度保证目标 8 座的 112.5%；新开业投入运营加油站 9 座；开工在建加油站两座；改造加油站 10 座，完成加油站檐口喷绘布更换 40 座；更新加油机 76 台。全省排名第一位。

（张晓飞）

【安全管理】　公司强化安全管理，确保安全经营，深入开展“我要安全”主题活动。组织“我要安全”演讲比赛和安全知识竞赛，编发活动简报，上报未遂事件 11 期。开展安全培训 1230 人次，组织预案演练 162 场。定期不定期开展 HSE 监督检查，下发隐患整改通知单 108 份，查出隐患和问题 463 条，整改 431 条，整改率达到 93%。对未能及时整改的隐患，采取防范措施。2010 年度，平顶分公司被省分公司评为“我要安全”主题活动先进单位。

（张晓飞）

【数质量管理】　公司加强数质量管理，牢固树立“质量是命，计量是钱”的管理理念，认真贯彻“质量永远领先一步”的管理方针，确保经营油品“质优量足、顾客满意”，较好地履行中石化“每一滴油都是承诺”的社会责任。全年未发生数质量投诉事件。2010 年度，平顶山分公司被省分公司评为数质量管理先进单位。

（张晓飞）

中石油

【经营状况】　2010 年是中国石油进入平顶山市场 10 周年。经过 10 年发展，销售网络初具规模，控股油库库容 1.5 万立方米，自营加油站达到 56 座。年内，中国石油平顶山分公司销售成品油 17 万吨，较上年度增长 20%，经营管理、安全生产等各项工作都取得新的进步，被评为全省先进单位和安全先进集体。

（赵海龙）

【顺利完成保供工作】　公司始终把保供市场油品资源、真情服务消费者、全力支持地方经济社会发展作为应有的责任和义务。保供重点企业、重大工程用油资源，与中平能化集团、西气东输等建立稳定的合作关系，践行“让合作方变得更强大”的理念，全力支持重点企业和谐发展、支持重大工程顺利施工。在“三夏”、“三秋”期间，公司在所属加油站开辟农机用油“绿色通道”，通过当地乡镇政府和村民组织，向农民和农机手发放“农机用油优惠卡”；同时，各县（市、区）成立送油小分队，开展送油到田间地头活动，为广大农民朋友提供便利加油服务；严格执行惠农让利政策，累计投放惠农油品 2 万多吨，惠农让利 200 多万元。

（赵海龙）

【非油品业务发展】　公司注重加油站现场管理，提高客户服务水平，推行“走动式管理、跑动式服务”，为进站加油客户提供亲情化优质服务。利用加油站服务设施，为顾客提供道路、天气、货运等信息，开展车辆免费加水、免费洗车、免费报纸等服务，满足客户的不同需求。大力发展非油业务，拥有标准店 15 座，基本店 37 座，让消费者在加油站体验到“一站式服务”，在车辆加油的同时，客户可以到便利店中购买饮料、烟酒、日用品等所需商品。

（赵海龙）

【质优量足树立形象】 中国石油平顶山分公司加油站恪守“质量达标，计量准确，环境整洁，健康安全，方便快捷”的服务承诺，树立国有企业信誉和品牌。2010 年，公司坚持计量集中管理制度，资源统一配送，油品统一抽检，加油机统一检定，油罐统一上锁管理，杜绝社会上劣质油品进入加油站，维护广大消费者的切身利益。

（赵海龙）

起源于平顶山市境域的十大姓氏

中原是中华民族的摇篮，中华民族众多族姓的根扎在中原。平顶山市所辖滍水、汝水流域，曾是黄帝部落和华夏族繁衍生息的重要区域。汉族姓氏中刘、鲁、应、柏、梁、汝、郏、叶、墨、张十个主要姓氏是在这里起源的。

刘姓奉刘累为始祖。刘累是尧的后裔，生活于夏代孔甲在位期间，居于鲁县。鲁县即今鲁山县。据郦道元《水经注》记载，昭平台水库中的邱公城遗址是刘累所居之地。刘累后裔即以刘为姓。

鲁出自姬姓。姬姓之周公旦封于鲁，称鲁国，此鲁国即夏代的鲁县。周公之子伯禽袭封后，东迁于奄。奄在今山东曲阜。于是就有了西鲁（河南鲁山）、东鲁（山东曲阜）之分。周公的后裔以国为氏，遂产生了鲁姓，显然鲁姓源于鲁山。

应也出自姬姓。周武王发封第四子于应，其后裔以国为氏，遂姓应。应国故城在今新华区薛庄乡南旧滍阳。这里是应姓的发源地。

柏姓是我国古老姓氏之一。周初大分封，把柏皇氏的后裔封为柏国。柏国为子爵小国，所以又称柏子国，其故城在今舞钢市尹集乡境内。春秋后期，柏子国被楚国所灭，其后裔以柏为姓。

梁姓起源于南梁。南梁位于今汝州城西古梁邑。周平王东迁洛阳后，封其子姬唐于南梁，姬唐后裔遂以梁为姓。

汝姓起源于汝川。汝川即汝水，流经今汝州一段，古称汝海。周平王东迁后，封少子于汝川，其后裔就以封地为姓，姓汝。

郏姓出自郏邑。郏邑在今郏县。春秋时郑国大夫郏张的先辈获封郏邑，郏张及其后裔遂以郏为姓。

叶姓源于叶邑。叶邑在今叶县旧县。叶邑是一个古老的城邑。公元前 524 年，楚平王封沈诸梁于叶邑，称叶公，其后裔遂以叶为氏。叶邑是叶姓的起源地。

墨姓的始祖是夏禹之师墨如，墨如是鲁（今鲁山县）人。墨之本义为“墨书”。因如为禹掌墨书，所以称墨如，墨如之后遂以墨为氏。春秋战国之际的墨翟就是墨如的后裔。

张姓有三源，其一出自张良。张良是城父人。战国时代的韩国城父邑在今宝丰县李庄乡古城。张良为韩国贵族，姬姓，其父、祖相韩五世。秦灭韩后，张良为韩报仇，谋刺秦始皇不成，改姓张以避难，其后遂以张为姓。

（潘民中）

旅　游　业

【概况】 全年全市接待海内外游客1421万人次，实现旅游总收入62.8亿元，同比分别增长35%和36%．旅游投资和旅游招商引资154.8亿元，同比增长21%。旅游综合排名在全省前移两个位次。

（王小冰）

【科学编制旅游规划】 2010年，完成《平顶山市旅游五年行动计划》，委托浙江远见规划研究院编制《平顶山市旅游目的地建设总体规划》，并报请市政府领导，邀请专家和相关部门征求意见，经过初审、中期论证、修改完善，进入最终评审阶段。鲁山县编制的《旅游产业集聚区总体规划和重点区域控制性详细规划》，以“山、佛、汤”特色产业园区的旅游开发建设为切入点，科学规划鲁山县旅游发展前景和目标。

（王小冰）

【开展旅游大招商活动】 2010年，争取省补旅游项目资金超过600万元。引进外资内资项目154.8亿元，其中开工或建成的旅游项目8个，总投资26亿元。签约的重点旅游项目11个，总投资128.8亿元。

（王小冰）

【项目建设】 大佛景区配套工程温泉养生中心和两个星级酒店主体工程完工，进入内部装修阶段；香山寺修复工程进展顺利；尧山旅游服务中心、舞钢二郎山景区林业培训中心项目、皇姑浴温泉宾馆改扩建项目、玉京温泉国际酒店二期工程、鲁山尧山大峡谷漂流、森海湾水上娱乐项目、舞钢祥龙谷景区等正式运营；叶县中原盐湖度假村工程前期准备工作完成，进入开工建设阶段；汝州天泽古汤温泉养生院，郏县三苏园、知青园、临沣寨景区改扩建工程和湛河区李绿园故居修缮工程进入建设阶段。

（王小冰）

【旅游形象宣传】 通过形象定位宣传、区域定点宣传、媒体定单宣传、节庆活动定时宣传等方式，提高宣传的针对性和有效性。全市全年共投入宣传经费5060万元，其中市财政投入1000万元用于“山水鹰城、近悦远来”城市形象宣传和旅游产品推介。加大在主流媒体城市旅游形象宣传力度。在《河南日报》持续刊出26个整版形象广告；在入市口建立旅游宣传广告塔；聘请著名导演陆川拍摄制作平顶山市旅游风光片；在多家省内媒体和公交车体上发布旅游形象宣传广告。开展大规模对外促销活动。赴郑州、武汉、石家庄、邯郸、西安、太原、福州、泉州及周边7个城市举行形象和产品推介活动；组织参加国际、国内旅游交易会和推介活动。开展一系列节会活动。鲁山县首届尧山紫荆花节接待游客5000余人。汝州市举办首届汝瓷国际文化节，并与平顶山日报社联合推出汝州旅游（万人相亲）系列活动；舞钢市举办特色品牌节会“河南省平顶山舞钢水灯节”，将水灯节的规模和档次大大提升，游客达80多万人次。“十一”期间，平顶山市举办“欧亚新丝绸之路老爷车拉力赛”巡游活动。举办平顶山市风光摄影大赛、“三苏杯”全国诗歌大赛、鲁山温泉节、画眉谷景区唱鸟大赛、尧山登山大会、杜鹃花节、湛河区采摘节等系列活动。强力开拓海内外市场。4月，接待首个国外团，来自韩国的观光体验团一行抵达尧山旅游观光。

（王小冰）

【创A升级】 经过市、县两级政府和天瑞集团的共同努力，加快尧山创建国家5A级旅游精品景区的步伐。二郎山景区通过国家4A级景区评定。龙潭峡、好运谷、尧山大峡谷漂流、密洞等4家景区晋升为国家3A级景区。

（王小冰）

【星级饭店建设】 新增三星级饭店1家，二星级饭店1家，四星级旅游餐馆1家（东方花园酒店），三星级旅游餐馆4家，二星级旅游餐馆3家。

（王小冰）

【旅游管理服务队伍建设】 组织全市旅游景区高级管理人员参加南京旅游职业学院举办的中国旅游景区高级管理人员培训班，提升景区管理人员的综合素质。举办全市公务导游人员培训班，共有近600余人参加，为全市性活动提供优质接待讲解服务。通过导游员年审培训、岗前培训、酒店岗位技能大赛、全市导游员大赛、“爱我鹰城”讲解大赛等活动，使全市旅游从业人员素质大幅提高，在全省导游员（讲解员）大赛决赛上获得多个奖项。

（王小冰）

【旅游执法和市场检查】 采取单独执法或会同工商、交通等部门联合执法。先后出动执法人员200余人次，开展日常检查及“元旦”、“清明节”、“五一”、“十一”等节假日检查工作，对全市的旅行社、景区（点）、导游人员进行专项检查。“十一”假日期间，未发生旅游安全事故，7天假日首次实现旅游零投诉，圆满达到“安全、秩序、质量、效益”四统一的目标。

（王小冰）

【旅游富民工程】 2010年，全市有8个旅游特色村进入全省“百村万户”旅游富民工程。按照省旅游局的要求，8个村的策划编制和评审工作全部完成。9月，河南省“百村万户”旅游富民工程培训工作会议在平顶山市召开，平顶山市、鲁山县和尧山镇作为典型受到表彰。2010年全市新增农家乐660户，新增农民就业岗位4874个。

（王小冰）

【陆川拍摄平顶山旅游宣传片】

为进一步宣传平顶山旅游，平顶山市委托省文投公司邀请陆川团队高标准制作时长为15分钟的旅游宣传片。陆川团队是由中国第六代导演中的杰出代表——著名导演陆川于2006年创立，专长于影像制作的先锋团体，由陆川担任总监制，负责出品把控。3月1日~3日，陆川团队来到平顶山市考察勘景，为拍摄平顶山市旅游宣传片进行前期准备。3月1日，与市旅游部门举行创作沟通会，市委常委、副市长王丽参加会议。3月2日，陆川导演考察了大佛、尧山景区和鲁山皇姑浴大酒店。3月3日，考察汝州风穴寺景区。在平期间，市长李恩东会见了陆川，市委常委、副市长王丽，平顶山市政府党组成员、副市厅级干部严寄音、省文投公司总经理齐岸青、平顶山市旅游局局长张风岭等有关负责人全程进行陪同。

（王小冰）

【平顶山市湛河区曹镇乡齐务村入选省“百村万户”旅游富民工程】 2月25日，河南省“百村万户”旅游富民工程启动。按照“有名气、有特色、有依托、有基础”等标准，省旅游局等部门经过认真考察、筛选及综合评定，最终全省128个村列入“百村万户”旅游富民工程旅游特色村，平顶山市湛河区曹镇乡齐务村入选。省旅游局局长苏福功在启动仪式上介绍实施全省“百村万户”旅游富民工程的筹备及进展情况。省旅游部门对这128个特色旅游村进行“一村一品”、“一家一艺”的旅游产品策划，同时分步骤实施“六个一”工程：建设一条连接交通干道、一套完整的形象导识系统、一个游客服务中心、一定数量的停车位、一定数量的旅游厕所和污水处理系统、一定规模的住宿餐饮购物设施等。另外，还扶持农民办好1万家“农家乐”。3月11日，省旅游局聘请的专业规划人员进驻齐务村进行考察规划。

（王小冰）

【开拓河北省和省内旅游市场】

3月19日~22日，平顶山市旅游局组织鲁山县、汝州市旅游局以及尧山、大佛、怪坡、画眉谷、风穴寺等景区和玉京温泉酒店负责人参加2010第三届华北（石家庄）旅游交易会，重点推介特色旅游产品“山、佛、汤”。交易会期间，赴邢台、邯郸和安阳、焦作推介营销平顶山市“山、佛、汤”特色旅游产品，共发放各类宣传品20万份。《河北青年报》和《燕赵都市报》对平顶山旅游进行题为“山水鹰城、近悦远来”的深度专访与报道；与河北省口岸旅行社签订了“五一”前开行“平顶山旅游风光号”专列合同；与邢台铁龙旅行社和邯郸神州旅行社达成了开行“尧山——画眉谷”两日游直通车（每周发）和大巴团队的协议；与焦作天翔旅行社和中港旅行社就共推尧山、中原大佛、画眉谷、龙潭峡等景区达成一致。

（王小冰）

【错峰免费游和“五一”假日优惠活动】 4月份和“五一”假日，全市共接待国内外游客456万人次，拉动社会效益14.79亿元。其中“五一”假日接待游客148万人次，拉动社会效益5.09亿元，实现经济效益和社会效益的双丰收。拉动旅游综合消费，使旅游产业链条进一步完善；扩大市场占有率，旅游企业，特别是发展中的中小景区，如二郎山和画眉谷实现自我宣传、自我营销的目的。山东、山西、武汉、石家庄等游客对“山、佛、汤”高端旅游产品赞不绝口。连续两年采取不同的方式开展免门票活动，形成旅游业“平顶山现象”，在业界引起深层次的反响，受到业内专家的普遍好评。2010年4月4日～5日，国家旅游局党组成员、纪检组长刘金平赴平顶山市鲁山县考察指导工作。刘金平一行对平顶山“山、佛、汤”旅游资源的开发情况进行详细调研，对平顶山市实行错峰免门票带动综合消费的举措表示充分肯定，称赞这一做法对于提升景区的知名度和影响力有积极意义。

（王小冰）

【技能大赛获奖多】　5月16日～18日，在河南省旅游饭店服务技能大赛上，平顶山市获得团体优秀组织奖和中餐摆台、中式铺床、西餐摆台、调酒四个单项优秀选手奖。5月27日～28日，在漯河豫菜基地举行的河南省第三届豫菜品牌暨河南省第五届烹饪技能大赛上，平顶山市获得团体优秀组织奖和两个团体单项奖，其中香山酒店选手获得面点5项技能银奖，天天粥棚选手获得精点宴会技能银奖。

（王小冰）

【“尧山号”旅游专列打开武汉旅游市场】　武汉市距平顶山市不足500公里，拥有960万人口，经济发达，区位合作优势明显，一直是平顶山市理想的主客源地城市。市旅游局选准目标，全方位运作，与湖北主要旅行社合作，通过连续召开旅游推介会，投放各类广告，采取优惠措施，打开武汉市场进而影响湖北及华中地区。5月29日～31日，武汉——平顶山“尧山号”旅游专列抵平，500多名湖北游客登尧山、拜大佛、玩漂流、泡温泉、观航展。湖北《楚天金报》评选出的世界杯足球宝贝在尧山景区和玉京温泉酒店进行走秀表演活动。这次“尧山号”旅游专列的成功开行，标志着平顶山市“山、佛、汤”特色旅游产品进入武汉旅游市场。

（王小冰）

【旅游人才统计】　为摸清各县（市、区）各类旅游人才总量、结构和素质状况，总结和分析全市旅游人才资源开发的特点和规律，为领导决策和制定全市旅游人才规划、标准和政策措施提供准确、翔实的科学数据，2009年12月～2010年7月，由市旅游局和市统计局联合，在全市开展旅游人才资源调查工作。本次旅游人才调查，采用普查和抽查相结合的方法。调查单位和部门涉及星级饭店、旅行社、旅游景区、旅游院校、旅游车船公司、文物保护单位（省级以上，含省级）、旅游演艺单位、限额以上餐饮企业、国家和省级工业示范点、国家和省级农业示范点和农家乐（农家乐抽样调查统计单位数占各县（市、区）农家乐总数的20%）。调查统计内容为被调查统计单位的旅游人力资源总量和人才资源总量及在职业（岗位）、年龄、学历、专业、职称等方面的结构分布情况。全市共统计调查人员15640人，完成旅游人才资源调查统计工作报告和旅游人才统计数据分析报告，并报省旅游局。

（王小冰）

【二郎山景区被评为全国青少年户外体育活动营地】　经国家体育总局专家组评审，平顶山市石漫滩国家森林公园二郎山景区被评定为2010年全国青少年户外体育活动营地，成为本次获批的11个单位中唯一一家河南省内单位，并将获得国家和省级建设资助资金80万元。全国青少年户外体育活动营地创建工作是继二郎山景区被评定为国家4A级旅游景区之后，开发的又一生态休闲旅游项目。

（王小冰）

【投资8亿元的蕴海建国饭店试运营】　蕴海建国饭店位于新城区，座落于风景秀丽的白龟湖畔。该饭店由京威集团有限公司兴建，委托北京首旅建国酒店管理公司全面管理的一家集客房、餐饮、娱乐、休闲、健身、商务功能为一体的豪华饭店。饭店占地面积120亩，拥有商务楼层、行政贵宾楼层及部长级别墅、总统别墅在内的豪华商务客房260套。内设尊贵典雅中餐厅、时尚的西餐厅，各类经典、创新菜肴，成为最具特色的餐饮消费风向标。国际SPA水疗馆、康体中心、商务中心、国际会议中心、室内泳池、娱乐KTV等设施先进，功能齐全。饭店严格按照五星级酒店标准打造，试运营后，直接从业人员达300余人。

（王小冰）

财政　税务

财　政

【财政收入】　2010年，全市境域内财政收入1719747万元，比2009年增加174979万元，增长11.3%。全市地方财政收入1077525万元，为预算的109.1%，比2009年增加177408万元，增长19.7%。其中：一般预算收入805839万元，为预算的106.6%，比2009年增加102842万元，增长14.6%，一般预算收入总量继续位居全省第三位；全市政府性基金收入271686万元，为预算的117%，比2009年增收74566万元，增长37.8%。

一般预算收入分级完成情况：市本级一般预算收入275866万元，为预算的113.2%，增长15.9%，占全市一般预算收入的34.2%；区级一般预算收入177848万元，为预算的109.5%，增长14.7%，占全市一般预算收入的22.1%。县级一般预算收入352125万元，为预算的100.7%，增长13.6%，占全市一般预算收入的43.7%。

一般预算收入分项完成情况：全市地方税收收入613689万元，增长11.9%，增收65439万元。其中：增值税134336万元，下降5.1%；营业税172855万元，增长25.5%；企业所得税43378万元，下降8.3%。税收收入占一般预算收入比重达到76.2%，比全省平均水平高出2.6个百分点。全市非税收入192150万元，增长24.2%，增收37403万元。

全市政府性基金收入中：国有土地使用权出让金收入244854万元，比2009年增收65682万元，增长36.7%；城镇公用事业附加收入7026万元，比2009年增收1965万元，增加38.8%。其中：市级政府性基金收入102715万元，为预算的97.6%，比2009年增收37615万元，增长57.8%。

（杨丽娜）

【财政支出】　2010年，全市财政支出1763299亿元，比2009年增支233544亿元，增长15.3%。其中：一般预算支出1482710亿元，比2009年增支167989亿元，增长12.8%；全市政府性基金支出280589万元，为预算的77.7%，同比增支65555万元，增长30.5%。全市地方财政支出加上通过财政专户拨付的财政支出达到178.2亿元，比全口径财政收入多6.2亿元，支出规模首次超过收入规模。

一般预算支出分级完成情况：市本级一般预算支出414833万元，增长16.4%，占全市一般预算支出的28%；区级一般预算支出223983万元，增长14.8%，占全市一般预算支出的15.1%；县级一般预算支出843894万元，增长10.6%，占全市一般预算支出的56.9%。

全市政府性基金支出中：国有土地使用权出让金支出232461万元，比2009年增加61129万元，增长35.7%；城镇公用事业附加支出5031万元，比2009年减少11万元，下降0.2%。其中：市级政府性基金支出84961万元，为预算的65.3%，同比增支21669万元，增加34.2%。

法定支出完成情况：农业支出142545万元，增长10.3%；教育支出245852万元，增长10.5%；科技支出16248万元，增长15.2%。法定支出增长均高于全市财政经常性收入9.5%的增长幅度。

全市财政用于人民群众生活直接相关的教育、医疗卫生、就业、社会保障和住房保障等民生支出60.4亿元，增长12.8%。落实“十大民生工程”资金29亿元，比2009年增加2.5亿元。财政支出规模的不断扩大，有力地支持了全市经济和社会事业发展。

（杨丽娜）

【支持经济发展】　2010年，贯彻落实积极的财政政策，加大财政资金的投资力度，支持企业改革与发展，推进自主创新和产业结构调整，促进地方经济的快速发展，有效发挥财政支持经济发展的职能作用。

支持企业改革与发展　认真落实各项涉企财税优惠政策，协调解决企业发展中遇到的难题。落实增值税抵扣政策资金62937万元，加快企业技术设备更新改造。落实资金24497万元，支持中小企业发展和增强全市担保机构融资担保能力，缓解中小企业融资难问题。落实资金17019.6万元，用于企业改制、安置改制企业困难职工和兑现优惠政策。落实资金11822万元，支持淘汰落后产能、企业节能技改和企业污染治理。落实奖补资金1368万元，用于对全市县域经济和非公有制经济发展较好的县（市、区）及单位的奖励和补助。落实资金1189万元，用于市长质量奖、实施标准化战略、创名牌奖励、外贸企业发展和金融部门支持地方经济发展先进单位奖励。

扩大投资和消费需求　积极研究政策，抓住时机，争取上级扩大内需资金47950万元，中央代地方发行债券资金17300万元，市级投入资金10085万元，县级投入资金486万元，启动一批基础设施和公益事业项目。累计筹措资金49118万元，用于产业集聚区投融资平台建设，促进产业集聚区发展。落实资金897万元，用于对城乡低保户、五保户和优抚对象发放物价补贴。落实资金404万元，用于农产品与超市对接和实施“万村千乡市场工程”。

推进自主创新和产业结构调整　落实资金4400万元，用于工业结构调整和推进企业产业结构优化升级。落实资金8679万元，用于对关闭退出小煤矿企业及中小企业给予补助。落实资金4344万元，支持“2万吨/年氮甲基吡酰胺及其系列产品工程项目”、“冲击地压与瓦斯突出互为诱因矿井灾害机制及预测指标研究”、“谷氨酸棒杆菌突变株发酵法生产L－色氨酸高技术产业成果转化”等一批工业、农业和社会发展科技攻关项目。落实资金617万元，支持企业技术研发中心建设和技术改造，13项科研成果获得省级科技成果奖。

（杨丽娜）

【支持“三农”发展】　2010年，全市财政认真落实涉农惠农政策，加大资金投放力度，推进现代农业发展，促进农民增收、农业增效、农村发展，加快社会主义新农村建设。

落实惠农补贴政策　落实资金27840万元，对96万多农户发放粮食直补和农资综合直补。落实资金12488.2万元，用于良种补贴、农机补贴、测土配方施肥补贴、劳动力转移培训补贴、玉米良种保险补贴和生猪良种补贴等。落实资金23975.7万元，用于家电下乡补贴、汽车摩托车下乡补贴和汽车以旧换新补贴。

推进现代农业发展　落实资金10169万元，用于耕地保护与开发，确保全市土地占补平衡。落实资金5679.9万元，用于农业结构调整和农业综合开发。落实资金3900万元，用于现代农业生产、农业产业化和农业企业项目及龙头企业参股经营。落实资金3903万元，用于对产粮大县进行奖励。落实资金2986万元，用于生猪调出大县奖励、畜牧防疫、重大动物疫情应急控制和市级畜产品市场准入等。落实资金777.7万元，用于全市县域金融机构涉农贷款增量奖励。落实资金720万元，用于开展粮棉油高产创建示范。落实资金2196万元，用于农业生产救灾、防汛抗旱、农业科技推广和气象为农服务体系建设等。

加快新农村建设　落实资金10560万元，用于社会主义新农村中心村基础设施建设和村民建房补贴。落实资金9313万元，用于农村沼气建设和解决农村安全饮水问题。落实资金22595万元，用于全市公路干线和农村公路建设与养护。落实资金7581万元，用于小型农田水利建设、水毁工程修复、病险水库除险加固和北汝河治理。落实资金11188.5万元，用于保障农村基层组织正常运转和农村基层组织场所建设。落实资金3028.5万元，用于农村电影放映工程、文化信息资源共享工程、“千场舞台艺术送农民”活动、建设农家书屋和乡镇文化站等。落实资金638.4万元，支持汝州市实施村级公益事业一事一议财政以奖代补项目建设。落实资金5402万元，用于贫困村实施整村推进、搬迁、扶贫和农村基础设施建设补助。落实资金14351.8万元，用于大中型水库移民后期扶持和丹江口水库移民搬迁。

（杨丽娜）

【优化支出结构】　*就业再就业和完善社会保障体系建设*　全市落实就业补助资金10731万元，发放小额担保贷款26000万元，促进就业创业、新增城镇就业、下岗失业人员再就业，动态消除

"零就业"家庭。对8.9万户城市低保对象和17.1万户农村低保对象发放低保金28622万元，人均月补差分别提高16元和10元，均高于省定目标要求。对20138户"五保"对象落实"五保"供养资金3663万元，集中供养标准由每人每年2000元提高到2200元。落实资金9956.8万元，支持鲁山县、宝丰县、郏县开展新型农村社会养老保险试点工作。落实资金560万元，在全省率先建立健全临时救助制度，解决城乡困难群众因重大疾病、突发性意外事件和其他特殊情况造成的大额支出，基本实现全覆盖、无缝隙的社会救助体系。落实资金10037万元，用于全市计生家庭奖励及补助和农村自然灾害救助。落实资金2612万元，用于新中国成立前农村老党员救助和发放伤残、死亡抚恤金等。落实资金2866.3万元，用于爱心超市救助、残疾儿童康复救助、敬老院建设、放心早餐工程、特殊教育和儿童福利院设施建设。落实资金1150万元，用于公交事业发展和老年人、残疾人免费乘车。落实资金1949.8万元，用于受灾农户倒房重建改造和农村贫困残疾人危房改造。

促进教育优先发展　落实资金27270.8万元，用于对159.7万人次农村中小学生实施"两免一补"、提高农村生均公用经费标准和寄宿生生活费补助标准。落实资金2938.4万元，用于免除25.8万人次城市义务教育阶段学生学杂费。落实资金5350万元，用于实施中小学校舍安全工程和受灾学校建设。落实资金1259.2万元，用于义务教育阶段学校校园安全保卫工作。落实资金7627.2万元，用于发放大中专院校学生奖学金、助学金、食堂价格补贴、提高国家助学金标准和资助普通高中家庭经济困难学生。落实资金2092万元，用于免除中等职业学校城乡家庭经济困难和涉农专业学生学杂费及三年级学生顶岗实习补助。落实资金14872.8万元，支持平顶山市省级示范性中等职业学校、省级高等职业教育实训基地建设和职业教育攻坚计划。落实资金5371万元，用于市卫校新校区建设。落实资金3523.5万元，用于提高市属高校生均经费水平。落实资金1191.3万元，顺利完成特岗教师工资兑现工作。落实资金12574万元，偿还农村"普九"义务教育债务，应兑付的农村"普九"义务教育债务全部化解。

加大公共卫生投入　落实资金53541.1万元，用于新型农村合作医疗和实行城镇居民医疗保险，人均财政补助标准提高到120元。落实资金13429.4万元，用于推进基本公共卫生服务均等化和实施基本药物制度改革。财政贴息949万元，用于市第一人民医院、第二人民医院、妇幼保健院、中医院和口腔医院门诊楼及病房楼建设等。落实资金12324万元，用于县级医院、社区服务中心和村卫生室建设。落实资金3755万元，扎实做好城乡医疗救助工作。落实资金1090.2万元，用于中医药事业发展。落实资金5373.9万元，用于国家扩大免疫规划、结核病"三免费"政策落实、艾滋病救治、手足口病、甲型H1N1流感、职业病防控救治和实施"城市医院支援农村卫生工程"。

扩大平安建设投入　落实资金27887万元，补助市、县两级公检法司机关办案、技术装备购置和基础设施维修，推进监狱体制改革和改善公安监管场所设施，提高政法机关执法办案能力。落实资金1622.1万元，用于市公安消防设施建设和装备建设。落实资金1001万元，用于平安建设和维护社会稳定及涉法涉诉疑难案件办理。落实资金476万元，用于市区治安巡防队建设。落实资金4343.5万元，对受成品油调价影响较大的出租汽车、公共交通等发放补贴。

实施保障性安居工程　落实相关税费减免政策，并筹措资金7413万元，用于廉租房和经济适用房建设、棚户区改造和发放廉租住房补贴，解决部分低收入群体住房困难问题。

（杨丽娜）

【文化体育旅游设施建设投入】

2010年，市财政加大文化基础设施和旅游设施建设投入，推进文化产业和旅游事业发展，提升平顶山市的整体形象和知名度。全年落实资金9365.4万元，用于市文化艺术中心和博物馆建设、市体育馆和图书馆项目前期建设、全民健身活动及省运会、残奥会奖励，支持文化体育事业发展；落实资金706万元，用于城市社区文化中心、文化活动室设备购置和鹰城广场文化活动，丰富和活跃群众文化生活；落实资金3187万元，用于大香山旅游设施建设和其他重点古迹风景名胜区基础设施建设；落实资金1563.3万元，用于全市旅游形象宣传和全国首例错峰免门票游活动；落实资金1518万元，成功举办"华合论坛"、"三苏杯"诗歌大赛、"美在鹰城"全国摄影大赛、“舞钢冶铁文化节”和“汝瓷文化节”等。

（杨丽娜）

【完善城市功能】 城市基础设施建设投入　落实资金5888万元，用于城中村改造。落实资金4357万元，用于第二污水处理厂项目、背街小巷治理以奖代补和全国无障碍建设城市创建。落实资金2948万元，用于园林、城管体制改革。同时落实融资资金73800万元，用于西环路、南环路、长安大道西延及铁路立交桥加宽、大香山路、开源路高速引线工程、凌云路湛河桥及引线工程等续建新建项目以及山顶公园、稻田沟整治、垃圾填埋场等绿化工程、新城区公交枢纽工程、第一污水处理厂一期技术改造和第四自来水厂续建等。

环境保护投入　落实资金3350万元，支持重点污染源及区域环境污染综合治理、全市环境自动监控系统建设和环保能力建设。落实资金3071万元，用于采煤沉陷区综合治理。落实资金10426.6万元，用于退耕还林补助、防沙、治沙及村镇绿化、防护林、生态廊道等林业生态市建设项目。落实资金2482万元，用于规范化养殖场污染治理、农村环保综合整治及秸秆禁烧和综合利用。

（杨丽娜）

【财政监管】 2010年，深化预算管理改革，建立由公共预算、政府性基金预算组成的预算体系，制定《财政支出绩效评价试行办法》，选择部分社会影响大、关注程度高的项目进行试点，着力构建绩效评价与预算编制联动机制。加大预算执行动态监控力度，加强县乡财政基础管理、政府采购和投资评审工作，深化国库集中支付改革。实现政府采购24.1亿元，增长19.9%，节约资金2.65亿元，节约率为9.9%；评审财政投资项目996个，评审投资35.8亿元，增长54.3%，审减资金5亿元，审减率为18%；财政集中支付办理支出业务134亿元，拒付违规开支6435万元。强化对财政资金的监管，完善事前、事中、事后财政全覆盖的监督机制，对城市重点建设项目实行派驻监督员制度。对强农惠农资金、国家助学金、重大科技专项资金、职业教育攻坚计划项目、旅游业发展、重点小型病险水库除险加固项目、耕地开垦费进行监督检查。开展预算收入入库情况核查、会计信息质量检查和“小金库”专项治理，财经秩序进一步规范。同时，将财政科学化精细化管理和网络信息技术相结合，加快推进应用支撑平台建设，完善县乡财政信息网络，财政管理基础工作和基层建设得到加强。

（杨丽娜）

税　务

国家税务

【税收收入】 2010年，面对地方经济增长缓慢、政策性减收和非即期因素错综交织的重重压力，全市国税系统严格遵守组织收入工作原则，有效遏制了收入下滑的不利态势，全年组织入库税收收入67.83亿元，增收177万元，税收总量在全省排名第五位。

分级次完成情况：中央级收入511263万元，同比增收5605万元，增长1.1%；地方级收入166990万元，同比减收5428万元，下降3.1%。地方级收入中：省级收入2953万元，同比减收1088万元，下降26.9%；市本级收入61497万元，同比减收7570万元，下降11%；县（区）级收入102540万元，同比增收3230万元，增长3.3%。

分税种完成情况：增值税54.98亿元，同比减收2.13亿元，下降3.7%；消费税1.60亿元，同比增收7095万元，增长105.5%；企业所得税7.29亿元，同比增收2336万元，增长3.3%；个人所得税0.09亿元，同比减收2585万元，下降73.9%；车辆购置税4.04亿元，同比增收1.45亿元，增长56%。

（刘　森）

【税源专业化管理】 2010年，市国税局为解决税源管理中“人少户多”的矛盾，大力推进税源专业化管理改革试点工作，初步形成“三种模式、三级评估，两级稽查”的税源专业化管理体系。根据税源分布状况，探索实行县（市、区）局直管、专业分局管户和重点税源组管户等三种税源管理模式。按照专业化管理要求，分级成立34个专业纳税评估小组，分别明确评估职责和工作重点，实行市、县、分局“三级纳税评估”模式，提高纳税评估的质量和效率。根据税源规模等级的不同，实施市、县两级稽查局分别负责的“两级稽查”模式，确保稽查效能。同时，市国税局优化人力资源配置，使重点税源管理人员增加至157人，占全部税源管理人员463人的33.9%，较调整前增加9.3%。通过推行税源专业化管理改革，加强重点税源管理力量，提高税源监控效能，形成“重点税源重点管、特色税源专业管”的税源专业化管理体系。税源专业化管理工作经验在全省现场会进行了汇报交流，得到省局的充分肯定。

（刘　森）

深入商户开展税源调查

【专项整治派单管理】　2010年，市国税局把开展税收专项整治作为落实科学化、精细化管理理念，实现向管理要收入、向管理要效益的有效手段。深化税源分析、行业分析，查找薄弱环节，确定“七类企业五个重点”的整治范围，先后下发5批210户重点企业和7个高风险地区名单，实施分组评估，实行派单销号，强化跟踪问效。全局全年税收专项整治评估税款1.1亿元，居全省第三位，荣获全省税收专项整治工作先进单位。

（刘　森）

【稽查“差异化”管理】　2010年，市国税局紧紧围绕税收违法案件查处、大力组织稽查收入两个重点，创新“查大户保证收入、查中户积聚效应、查小户促进征管”的差异化稽查管理办法，努力提高稽查对税收增长和税收征管的贡献度。全年查补税收1.2亿元。同时，加强与公安部门联合办案力度，全年查处发票违法案件37起，依法向公安机关移送案件4起，有效发挥了打击震慑涉税犯罪的作用。

（刘　森）

【落实税收优惠政策】　2010年，市国税局立足税收服务经济发展大局，积极落实税收优惠政策，坚决做到应抵尽抵、应退尽退、应免尽免。全年办理民政福利、资源综合利用企业退税1.42亿元；办理固定资产进项税抵扣7.16亿元；减免企业所得税3.17亿元；办理出口货物退（免）税2.75亿元，有效发挥了税收服务经济的作用，支持了企业发展。

（刘　森）

【优化纳税服务】　2010年，市国税局健全市、县两级纳税服务专业机构，全面推进办税服务厅标准化建设，积极打造12366网站、热线和短信“三网合一”的综合服务平台，服务水平进一步提高。建立重点企业联系制

税法宣传

度，市局领导带头深入企业座谈调研，主动协调解决大企业涉税诉求；开展出口退税“一对一”政策辅导和申报提醒服务，积极落实税收协定待遇，为纳税人提供个性化宣传辅导服务；认真落实公开办税制度、税收管理员面向纳税人述职述廉制度，进一步提高了纳税人及社会各界的满意度。2010年，市局车购税征管分局和汝州市国税局办税服务厅被评为“河南省优质服务窗口”，做到纳税服务与加强征管并重，把优化服务贯穿税收工作全过程。

（刘　森）

【机构改革】　2010年，市国税局积极做好市局机关的定编定员工作。同时，积极指导基层单位完成机构改革及股级干部公开竞聘工作，对12个基层单位的改革方案、人员编制、股级干部配备职数等进行了据实审核、严格审批，确保达到符合省局要求、符合各项规定、符合工作实际的“三符合”要求。随着12个基层单位全部改革到位，全市国税系统机构改革工作圆满完成。

（刘　森）

【教育培训】　2010年，市国税局继续落实“大规模培训干部，大幅度提高干部素质”的要求，以满足基层岗位需要为主线，按照分级分类管理的原则，不断加大教育培训力度。上半年组织“副科级干部任职培训班”、“业务骨干能力提高及师资培训班”和“机关干部知识更新培训班”3期，培训151人次，着力解决实际税收工作中的人员能力问题，为各项税收工作的顺利开展提供人力资源保障。

（刘　森）

【荣誉奖励】　2010年，市国税局先后获得全国模范职工之家、全省五好基层党组织、平顶山市完成责任目标优秀单位、平顶山市“五一劳动奖状”、省局目标管理先进单位、全市政风行风建设先进单位、档案规范化管理省特级先进单位等30多项荣誉。再次蝉联全市依法治市工作先进单位、依法行政工作先进单位称号，市委、市政府两次对市国税局进行通报嘉奖。

（刘　森）

国税干部捐资助学庆“六一”

地方税务

【税收收入】　2010年，在全市规模以上工业企业效益下滑、小煤矿关停并转的严峻形势下，全市地税系统狠抓收入，以重点税源企业深化监管和薄弱环节专项整治为重心，挖潜堵漏，开源增收，强化管理，组织税收收入51.45亿元，同比增长11.31%，增收5.23亿元，税收总量居省辖市第3名；其中地方级收入完成41.54亿元，同比增长13.81%，增收5.04亿元，占省局分配地方级任务40.96亿元的101.42%；地税收入占全市一般预算收入的比重提高到48.5%。

（徐濉欣）

【依法治税】　坚持实地考核、重点考核与执法责任制自动化考核相结合，规范执法行为，全市执法正确率由第一季度的99.30%上升到第四季度的99.44%。总结“五五”普法工作，顺利通过省、市两级检查验收。建立普法教育、规范性文件管理、征管查互动、执法监督等配套机制，严格落实依法行政工作责任目标，市局被市政府评为“依法行政目标管理优秀单位”。开展举报案件、重大案件、上级交办案件的查处和专项检查工作，检查纳税人308户，查补税款5625万元、罚款1393万元、滞纳金423万元。

（徐濉欣）

【税收管理】　落实税收管理员制度，全面清理漏征漏管户，全年净增纳税人4563户。规范税收征管资料管理，提高纳税人信息的完整度。对重点行业和重点税源全部进行评估，入库税款3193万元。加强发票管理，坚持以票控税，开展发票“双奖”活动，全年发票扣税4.46亿元，兑现奖金213万元。加强个人所得税管理，受理年收入12万元以上纳税人自行申报1763人，补缴税款645万元。指导中平能化集团建立科学有效的税务风险防控机制，规范非居民税收管理。做细税种分析，除烟叶税外，小税种全部增收，其中土地使用税和印花税分别增长53.66%和49.78%，居全省第一；土地增值税增长112.52%，居全省第四；土地使用税入库总量超过洛阳，跃居全省第三。

（徐滩欣）

【建立纳税服务体系】 成立纳税服务机构，建立纳税服务机制。新建和改造10个现有办税服务厅，统一形象标识、服务内容、服务标准和业务流程，初步实现设施科学化、服务人性化、办税一体化目标，被评为全省地税系统办税服务厅规范化建设优秀单位。落实企业服务行动计划，召开各种交流会、座谈会83次，联系走访重点企业169户、其他企业288户，主动登门辅导1635次，为45家企业政策减免税款3556万元，为1368名下岗再就业人员减免税款222.45万元，1842户纳税人因营业税起征点上调而享受免税待遇。开展纳税信用等级评定工作，评出A级信用企业157户。拓展12366热线和外网服务功能，受理举报115起，解答纳税咨询4470人次。通过多种形式开展税收宣传活动，《自觉抵制假发票》被评为第五届全国税收动漫大赛优秀项目奖，3个税法宣传项目分获省局一、二、三等奖。

（徐滩欣）

【机构改革】 科学制定方案，周密组织实施，严格按照“三定规定”设置机构和配备人员。明确部门职责，增加基层领导干部职数，转变信息技术人员身份，探索一级稽查机制，解决机构编制、人员身份、领导职数等方面存在的突出问题。本着择优选拔、保持连续、补缺与交流通盘考虑的原则，选拔使用科级干部51人，调整交流科级干部89人。各单位领导班子实现了老中青梯次配备，干部队伍的年龄结构、知识结构和素能结构得到全面优化。

（徐滩欣）

【基层税务所建设】 市局组织召开基层所建设专题会，逐单位确定硬件建设目标和完成时限，对一些建设项目提供重点扶持，为税务所配置移动征收服务车。10月底，圆满完成56个基层所的硬件建设任务。同时，设定考核指标，确定具体标准和内容，并组织实地观摩，召开全系统基层所建设推进会，推广试点单位的软件建设经验。11月，市局对全市的基层税务所逐一检查验收，确定标兵税务所17个、先进税务所19个、规范税务所20个。12月份顺利通过省局的实地检查，被评为全省地税系统基层所建设优秀单位。

（徐滩欣）

【信息化建设】 完成全市系统内上千台电脑的瑞星杀毒软件跨版本升级工作，为信息安全提供了保障。增加两条到省局的30兆线路，安装部署高端路由器、防火墙、入侵检测和漏洞扫描设备，对信息系统基础设施进行自查和整改，做好市级以下网络的升级改造规划工作，为全省大集中的税收征管系统上线打下基础。同时，做好征管系统、个人所得税信息管理系统、发票管理信息系统、城建税和教育费附加比对等系统的日常维护工作，深化AM即时通信软件应用，拓展外网服务功能，推动信息化水平的全面提高。

（徐滩欣）

【机关建设】 落实理论学习制度，举办市局党组中心组学习交流座谈会，召开两级班子民主生活会，切实加强领导班子思想政治建设和作风建设。重视机关党建工作，开展争创“五好”基层党组织活动，全年发展党员16名。接收25名招录的公务员、38名交通规费征稽人员和50名“两税”人员，为地税事业注入了新活力。全面核查和完善人事信息，为人事档案信息化奠定了基础。建立内部审计人才库，对8名基层一把手开展离任审计。开展交通规费征稽人员、土地增值税业务等各类培训，举办全市岗位技能竞赛，树立标兵43名。

（徐滩欣）

【廉政建设】 落实党风廉政建设责任制，加强廉政制度建设，促进领导干部廉洁自律。积极开展群众满意的基层站所创建活动，抓好“小金库”、厉行节约、公车配置等治理活动，从源头上预防和治理腐败。严格依法依纪办案，受理信访举报案件12件，并经过调查核实，全部办结。同时，认真学习贯彻《廉政准则》，广泛开展廉政文化进机关活动，着力营造廉洁从政氛围，筑牢干部职工思想防线，市局机关被命名为首批河南省廉政文化进机关示范点。

（徐滩欣）

《歧路灯》中的人生礼俗与宗教习俗

《歧路灯》是清乾隆年间成书的一部长篇白话小说，是一部反映时代世情民风的现实主义作品，一部教育小说，一部文化反思小说。作者李绿园（公元1707年～公元1790年），河南宝丰宋寨（今属平顶山湛河区）人。小说以“教化”、“淑世”为动机，以富家子弟谭绍闻被诱堕落、浪子回头、重振家业的故事为主要线索，展现了广阔的时代生活画面，反映清乾隆盛世背后隐藏的社会危机和知识阶层的精神困惑。

《歧路灯》中对河南地方世风民俗有着丰富详细的描写。小说围绕谭绍闻被诱吃喝赌博、斗鸡走狗、狎尼宿娼、宠娈童、炼黄白、倾家荡产的过程，展现了普通人衣食住行、生老病死等基本的生命活动和相关的人生礼俗，表现出李绿园对中下层社会的关注和对生命的反思。小说围绕谭氏三代的读书、教育、交际、科考、仕进等社会文化活动，展现了地方宗教习俗和宗教文化的时代特征，表现出李绿园对知识分子赖以安身立命的精神信仰和价值取向的探索，体现出他“道性情，裨名教”的文学主张和社会忧患意识。李绿园的“治生”理念和“教化”动机决定了他不太关心普通的节庆风俗，而对人生礼俗极为重视，通过对寿诞、结婚、丧祭等人生关节点上的礼俗、仪式的着意描写，凸显人们从出生、成长、结婚、生养到死亡整个过程的质感，使复杂、矛盾的人生变得可知、明晰，以达到他理性认识和理性教育的目的。

《歧路灯》描写的宗教事件繁多，宗教信仰形态十分驳杂，但宗教思想比较浅陋。鉴于儒、佛、道相互渗透与融合的背景及佛、道在现实生活中的复杂影响，作者很难接受却又无力排斥佛、道两教，因此对其持宽容批判态度。小说描绘宗教习俗时，对民众和宗教人员的功利主义倾向，对教风与世风相互熏染、共同堕落的现象予以嘲讽和批评。除此之外，小说中还写到了大量的民间信仰与民间术数。民间信仰人神队伍十分庞杂，先民传说、历史人物、百业“行神”都是民间崇拜的偶像；民间术数如占卜、算命、阴阳风水、择吉日等，这些非主流信仰也给低层社会一定慰籍。

（李振明）

金　融

金融管理

【金融运行】 2010年，平顶山市金融机构坚持“区别对待，有扶有控”的信贷原则，保持货币信贷投放与信贷结构优化并重，贯彻落实央行适度宽松货币政策，稳步推进金融改革，努力维护金融安全与稳定，全面改善金融服务，全市金融业呈现良好发展态势。

存款稳步增长 2010年，平顶山市金融机构人民币各项存款余额1137.85亿元，比年初增加163.05亿元，增幅16.73%，存款余额居全省第五位，增加额居全省第九位。其中储蓄存款余额730.13亿元，比年初增加82.47亿元，增幅12.73%；企业存款余额170.13亿元，比年初增加22.43亿元，增幅8.5%。

贷款增量创新高 在适度宽松货币政策引导下，平顶山市贷款增量再创历史新高，贷款增量、增速在全省均居前列。年底，全市人民币各项贷款余额694.39亿元，比年初增加136.62亿元，同比多增21.60亿元，增幅24.49%。贷款余额居全省第五位，增加额和增幅在全省均居第三位。从期限结构看，短期贷款、中长期贷款和票据融资分别增加16.13亿元、118.78亿元和1.71亿元，比年初分别增长7.49%、44.88%和3.41%。从贷款投向看，信贷投向趋于合理。一是信贷支持平顶山市支柱产业，为产业结构调整提供资金支持。采矿业、建筑业等重工业行业贷款分别增长41%和71%；住宿餐饮业、房地产业等主要消费行业增长53%和61%；信息与计算机服务、租赁与商业服务、科研与技术服务、公共设施管理、卫生以及文体娱乐业等新兴第三产业分别增长58%、104%、178%、67%和64%。二是中小企业尤其是小企业发展得到了资金支持。2010年底，中小企业贷款余额202.82亿元，占企业贷款的41.38%，比2009年同期提高3.54个百分点。其中：中型企业贷款同比增长39.29%，小型企业贷款同比增长66.34%，分别高于大企业贷款19.18和46.23个百分点。

现金投放加速 2010年，在适度宽松货币政策的刺激下，经济形势好转，居民投资消费欲望增强，现金投放增加，累计投放48.38亿元，比2009年多投4.33亿元，同比增长9.84%。

外汇收支顺差，跨境资金流动略减 2010年，平顶山市银行结售汇46564万美元，同比上升63.9%。其中，银行结汇28412万美元，同比上升110.4%；银行售汇18152万美元，同比上升21.8%。银行结售汇顺差10260万美元，同比下降834.9%。跨境流动资金申报5576笔，金额64328万美元，同比下降2.7%。其中，涉外收入2895笔，金额34350万美元，同比上升8.0%；对外付款2678笔，金额29978万美元，同比下降12.7%。跨境资金净流入2112万美元，同比下降1936.5%。

保险业快速发展 2010年底，平顶山市有保险机构26家，从业人员1.21万人，其中营销人员1.07万人，实现保费收入40.62亿元，同比增长55.1%。其中财险机构14家，实现保费收入6.47亿元，同比增长61.92%；寿险机构12家，实现保费收入34.15亿元，同比增长53.87%。

证券交易量增速减缓 2010年底，平顶山市5家证券分支机构股东开户户数25.82万户，比年初增加3.9万户。客户保证金余额13.48亿元，同比减少6.82%。累计实现总交易额931.94亿元，同比增长8.04%，比2009年回落54.76个百分点。

（闫　冬）

【货币政策执行】 2010年，人行平顶山市中心支行出台《平顶山市金融支持地方经济发展指导意见》、《金融支持新农村建设指导意见》、《金融机构进一步改进和支持民营及中小企业指导意见》等多项指导意见，并组织召开辖区行长联席会、金融形势分析会、银企洽谈会等会议，引导辖区金融机构深入贯彻适度宽松货币政策，把握信贷投向，加大信贷投量，保持信贷结构的合理、信贷总量的平稳增长，支持地方经济结构调整，促进地方经济发展。针对经济金融运行中出现的新问题、新情况，积极进行预防性风险提示，切实防止辖区金融机构出现风险苗头，有效维护辖区的金融平稳运行。加强地方政府与金融机构的沟通，配合政府组织召开银企洽谈会，举办项目推介会活动，为银行、企业搭建合作平台，促进银企合作，全年签订贷款合同和贷款意向 230.31 亿元。按照《中国人民银行关于完善再贴现业务管理支持扩大“三农”和中小企业融资的通知》和《中国人民银行郑州中心支行再贴现业务操作规程》等要求，灵活运用再贴现货币政策工具，人行平顶山市中心支行全年累计办理再贷款 4.5 亿元、再贴现 7.79 亿元。

（闫　冬）

【金融发展与改革】　银行业机构发展实现新突破。2010 年，平顶山市成功引入 1 家国有商业银行及 2 家股份制银行：交通银行平顶山分行、兴业银行平顶山分行、广发银行平顶山分行。同时，平顶山市首家农村商业银行卫东农村商业银行正式挂牌成立，平顶山银行郑州分行筹建基本完成。银行业机构改革成效凸显。2008 年 6 月 13 日，平顶山市商业银行正式挂牌开业，实现了从城市信用社向城市商业银行的跨越。2010 年 11 月 17 日，经中国银行业监督管理委员会批准，平顶山市商业银行更名为“平顶山银行”，平顶山银行郑州分行筹建基本完成，标志着平顶山银行实现了从地方银行向区域性股份制银行成功跨越。针对农信社改革，规范了股金和股权设置，产权关系逐步明晰。2010 年底，股本金余额 152645 万元，其中：自然人股 139387 万元，占比 91.31%（职工股 26438 万元，占比 17.32%）；法人股 13258 万元，占比 8.69%。股金构成：资格股 26813 万元，占比 17.57%，投资股 125832 万元，占比 82.43%。2010 年 5 月 21 日，平顶山卫东农村商业银行正式挂牌成立，标志着平顶山市农村信用社改革工作取得了实质性成果，也标志着农村信用社向产权明晰、资本充足、治理完善、内控严密、财务良好、服务高效的具有较强竞争力的社区性农村金融机构迈出坚实的一步。

（闫　冬）

【金融市场培育与管理】　2010 年，人行平顶山中心支行加强金融市场培育与管理，深化银行间同业拆借市场和债券市场监管，促进金融市场良性发展。至年底，平顶山市全国银行间同业拆借市场成员 1 家；银行间债券市场成员 8 家，较 2009 年新增 2 家。全市金融机构持有债券余额 11.9 亿元，其中：国债 2.7 亿元，占 22.68%；政策性金融债券 7.77 亿元，占 65.29%；中央银行票据 0.5 亿元，占 26.31%；其他债券 1 亿元，占 8.4%。持债综合收益率 3.52%。

（闫　冬）

【房地产金融监测】　2010 年，平顶山市完成房地产开发投资 55.8 亿元，增长 35%。实现房屋销售面积 79.3 万平方米，同比下降 8%，其中住宅销售面积 78 万平方米，同比下降 6.6%。从新开盘的楼盘价格来看，市区房屋均价为 2980 元/平方米，其中：老城区高层住宅价格稳定在 3300 元/平方米左右，新城区高层住宅均价在 2700 元 ~ 3800 元/平方米，稳中有升。通过在全市 10 家重点房地产企业进行的楼市调控政策对房地产企业影响情况的调查结果显示，金融信贷政策和土地政策对房地产企业影响明显，多数房地产企业表示调控政策对企业投资计划和开发资金影响较大，但对房价的影响有限。

（闫　冬）

【反洗钱工作】　2010 年，人民银行平顶山市中心支行加强对全市金融行业反洗钱工作的指导和从业人员反洗钱知识培训，提升反洗钱工作水平。年内，对中国银行平顶山市分行营业部等 11 个银行业分支机构履行反洗钱义务情况进行了现场检查。对存在问题的金融机构，及时下发了《执法检查意见书》，要求限期整改。全年筛选出重点可疑交易线索 3 条并移交公安机关作进一步调查，涉及金额 2.4 亿，其中一条被公安机关立案侦查。

（闫　冬）

银行监管

【概况】　2010 年，平顶山银监分局贯彻执行国家有关金融工作的法律、法规，依法履行职责，促进平顶山银行业机构支持经济发展能力不断增强，各项经营风险进一步降低，资产质量得到提升，平顶山银行、合作金融机构和农村新型金融机构发展成效明显，银行业经营活力明显增强，银行业社会形象显著提升。同时，银行监管工作取得新突破，整体工作在全省银监系统继续保持先进行列，小企业授信、融资平台贷款清理、案件防控、安全保卫等项工作受到河南银监局的通报表扬，平顶山银监分局受到平顶山市政府通令嘉奖，被平顶山市政府授予支持地方经济发展先进单位荣誉称号。

（杨新辉）

【银行改革】　2010年，银行业各项改革持续深化，交通银行平顶山分行挂牌开业，标志着国家五大国有商业银行全部入驻平顶山市；兴业银行、广发银行平顶山分行挂牌开业，填补了平顶山市股份制商业银行空白；农发行商业化改革进一步深化；平顶山市商业银行成功更名为平顶山银行，其郑州分行、宝丰支行顺利开业，实现了由地方银行向区域性银行的新跨越；首家农村商业银行——卫东农村商业银行成功组建开业，宝丰豫丰村镇银行筹建获省局批准。

（杨新辉）

【银行经营】　2010年，平顶山银行业机构科学应对国际金融危机，准确把握不断变化的国内外经济形势，认真贯彻适度宽松的货币政策，加大信贷投放力度，调整信贷结构，转变发展方式，提升风险管控能力和盈利水平，实现平稳健康发展。至年底，全市银行业各项存款突破1100亿元，各项贷款突破600亿元，年盈利突破13亿元，不良贷款降到5%以内，法人机构抗风险能力明显提升。

（杨新辉）

【不良贷款“双降”】　2010年，平顶山银监分局坚持风险监管理念，把提高信贷资产质量作为化解银行业风险的关键，采取实施目标管理、注重风险提示、加强监测预警、实行考核推动、严格双向问责、加大清收核销等措施，促进不良贷款持续实现“双降”。年底，全市银行业不良贷款余额28.79亿元，不良贷款率4.14%，分别较年初减少2.75亿元、下降1.5个百分点。其中农村合作金融机构不良贷款率7.86%，较年初下降4.16个百分点。

（杨新辉）

【现场监管】　2010年，平顶山银监分局创新监审联动制度，建立监管部门与各银行业机构内审、风险管理部门联席会议制度，有效利用检查延伸权，扎实开展现场检查工作，依法查处银行业机构各类违法违规行为，促进银行业机构稳健发展。全年组织完成现场检查44项，投入6393个工作日，查出各类违规问题460个，涉及金额111.94亿元，提出整改建议393条，整改率96.4%。

（杨新辉）

【非现场监管】　2010年，平顶山银监分局面对复杂多变的国内外经济金融形势，重点围绕行业风险、贷款集中风险、操作风险、银行声誉风险等，向有关银行业机构进行风险提示，促使其风险防范意识和水平提高。全年撰写各类非现场监管报告36篇，下发监管通报19期、风险提示书10份、质询通知书4份，提出整改意见210条，整改率95%。

（杨新辉）

【严格实施行政许可】　2010年，平顶山银监分局严格按照《银监会行政许可实施程序规定》实施行政许可，进一步规范市场准入和退出操作程序，全面提高行政许可质量和效率。2010年，平顶山银监分局累计办理各类行政许可事项342项。

（杨新辉）

【增加有效信贷投放】　2010年，平顶山银监分局制定下发《关于进一步优化信贷结构促进我市经济发展方式转变的指导意见》，并通过召开监管工作会、监管通报会、审慎监管会等，引导银行业金融机构正确处理防范风险与支持地方经济发展的关系，努力增加有效信贷投放，加大对重点项目的信贷支持，加大对小企业、“三农”等薄弱领域的信贷投放，严格控制“两高一剩”行业贷款，促进经济结构优化调整。年底，全市银行业金融机构各项贷款余额696.28亿元，居全省第五位；较年初增加136.27亿元，居全省第三位；增长24.33%，居全省第四位。平顶山银监分局受到平顶山市政府的通令嘉奖，被平顶山市政府授予支持地方经济发展先进单位称号。

（杨新辉）

【中小企业金融服务】　2010年，平顶山银监分局制定下发

《关于进一步深化小企业金融服务工作的意见》和《平顶山银行业小企业金融服务工作考核办法》，组织大型银行开展“双百双千”活动，并会同市政府金融办等部门，先后在汝州市、宝丰县、鲁山县举办“中小企业金融超市”，推介金融服务产品，实现银企有效对接。至年底，平顶山银行业中小企业贷款198.68亿元，较年初增加50.01亿元，增长33.61%，高出贷款平均增速9.28个百分点，高出全省平均增速7.45个百分点。

（杨新辉）

【农村金融服务】　2010年，研究制定《关于进一步加强和改进农村金融服务的指导意见》，协调农信社通过设立便民服务站、搬迁营业网点等形式，有效解决了鲁山县熊背乡、郏县姚庄乡农村金融服务缺失问题。会同有关部门举办“送金融知识下乡、助青年就业创业”活动和农村青年创业小额贷款对接会等，搭建农村青年创业和金融支持沟通平台，助推广大农村青年干事创业热情。至年底，平顶山银行业涉农贷款314.41亿元，较年初增加90.59亿元，增长40.47%，高出贷款平均增速16.14个百分点，高出全省平均增速19.54个百分点。

（杨新辉）

【银行服务】　2010年，成立金融服务查访工作领导小组，制定了工作方案，开展银行业金融机构明查暗访活动，督促银行业机构进一步改善银行业软硬件服务环境，缓解银行“排长队”问题。同时，及时妥善处理银行客户的各类举报投诉，维护金融消费者的利益，树立了银行业机构良好社会形象。

（杨新辉）

【创新监管机制】　2010年，平顶山银监分局持续深化“创新创优创一流”工作，不断提升监管工作有效性。组织建立银监分局、邮政局和邮储银行“三方会谈”制度；指导平顶山银行制定全省城商行系统第一个资产转让业务管理办法和一整套协议文本，为探索在全省城商行之间通过贷款转让等方式分散风险打下坚实基础。

（杨新辉）

【案件防控】　2010年，银行业机构案件防控能力不断增强，案件防控长效机制初步形成，银行业保持安全稳定运行，操作风险得到有效控制。平顶山银监分局案件防控工作得到河南银监局充分肯定，保持银行业金融机构5年零发案。

（杨新辉）

银行业

中国农业发展银行平顶山市分行

【经营指标】　2010年底，全行各项贷款余额36.87亿元，较年初增加3007万元，增幅0.8%。其中商业性贷款6.5亿元，较年初增500万元。不良贷款余额5721万元，比年初下降120万元，不良贷款占比1.55%，比年初下降0.05个百分点；商业性贷款到期收回率和贷款利息收回率均达到100%，各项贷款利息收回率95.49%。全年实现中间业务收入78.3万元，占任务的105.5%。存款日人均194万元，占任务的102.1%；同业存款日人均541.8万元，占任务的153.5%。年内成功营销非经营性贷款项目2个、贷款7600万元。收支轧差账面盈利7550万元，比任务超2562万元，较2009年增350万元。人均利润49.67万元，比2009年增15.54万元。

（石风占）

【粮油收购资金供应】　2010年，市农发行积极筹措资金，确保收购资金供应，支持粮油收购企业。全年累计发放地方储备粮（含轮换粮）贷款3567万元，支持轮换粮食1154万公斤；累计发放地方储备油贷款160万元，增加市级储备食用油20万公斤。成立夏粮收购工作领导小组，建立行长包片、科室包行的夏粮收购目标督导责任制，及早调查、准确预测夏季粮油播种、生产量、商品粮、收购量和资金需求量。建立农发行、粮食局、中储粮直属库三方联席会议制度，及时解决收购过程中出现的新问题。严把贷款准入关，对照准入条件，确认有收购资格的企业2家，审核109个中储粮委托收储库点。同时，简化贷款手续，对小麦最低价收购贷款实行一次申请、一次审批、分次发放。累计发放收购贷款托市粮贷款8.65亿元，收购粮食43530万公斤。

（石风占）

【新业务发展】　2010年，市农发行支持列入当地规划、政府主导、社会关注、具有较强民生效应的非经营性项目，突出农发行的支农特色。营销了鲁山县第一高级中学新校区建设非经营性项目（县域城镇建设贷款），实施贷款金额3000万元；营销了郏县城镇建设投资有限公司东城区道路网管建设项目（农村基础设施建设贷款），实施贷款金额4600万元。同时，坚持“审慎营销，区别对待”的原则，重点支持原有5个农业小企业客户的续贷，支持其适当增加贷款规模，累计发放小企业贷款1510万元。

（石风占）

【防范信贷风险】 认真做好企业信用等级评定和统一授信工作，进一步完善贷款准入机制。先后对54家客户企业进行信用等级评定，同时对舞钢市银河纺织集团有限公司等33家企业内部授信440380万元。对商业性贷款客户逐月进行监测分析和贷后评价，及时向开户行进行风险提示。全年对11家商业性贷款客户进行了贷款后评价，评价面100%。加大对不良贷款的清收力度，将清收任务层层分解落实，实行一企一策，多措并举，全年清收不良贷款120万元，超额完成任务10万元。同时，进一步发挥CM2006系统的动态监测功能和预警机制，有效防范了信贷风险。

（石风占）

【强化财会管理】 完善经营绩效考核办法，合理调配资源，加强费用指标分配和收息管理，促进增收节支。建立以远程监控为主的新型会计监督模式，创新开展营业网点会计操作远程监控、市分行管理前台日常监督和定期或不定期“突击现场检查”相结合的“三位一体”会计监督风险防范体系，有效促进内控制度的落实。为适应信息化发展需要，银行结算账户管理系统、大额支付系统、小额支付系统和综合业务应用系统全部上线运行，同时推广收购资金非现金结算，拓展与工行合作的信用卡和网银业务，不断提高结算服务水平。

（石风占）

中国工商银行股份有限公司平顶山分行

【概况】 2010年底，工商银行平顶山分行全辖对外营业机构43个，在岗员工1027人，各项存款余额215.27亿元，各项贷款余额114.82亿元。二级分行综合绩效考评连续3年在全省工行系统排名第二位，仅次于工商银行河南省分行营业部。在全国工行系统二级分行中，绩效考评排名列全国第四十位，跨入全国前50强。被工商银行河南省分行授予经营绩效先进奖、中间业务竞争优胜奖、党风廉政建设优秀单位称号。各项存款余额、各项贷款余额、各项存款新增、各项贷款新增、储蓄存款新增、公司贷款新增、个人客户数量、法人客户数量等主要核心经营指标均居全市四大行第一位，保持着绝对领先地位。

（王水记）

【支持地方经济发展】 2010年，工商银行平顶山分行立足区位实际，积极拓宽资金筹措渠道，支持重点工业、产业集聚区项目、中小企业及现代服务业发展，推进产业结构优化升级，促进全市经济社会繁荣发展。全年全行各项贷款较年初净增20.79亿元（如剔除因规模受限票据贴现余额下降4.46亿元，净增额为25.25亿元），净增额排全省工行系统第二位。新增存贷比105.8%，新增存贷比列全省工行系统第三位。贷款增幅22.1%，列全省工行系统第四位。

（王水记）

【加大中小企业支持力度】 工商银行平顶山分行切合经济结构调整的实际，加快信贷产品、贷款方式结构转变，加快中小企业信贷业务发展速度，在市行设立小企业金融业务中心，支行设立小企业金融业务分中心，12个一级支行全部实现为中小企业提供信贷服务，覆盖面达到100%。大力发展中小企业商品融资、国内保理业务、国内信用证、订单融资、“网贷通”等产品，把贸易融资产品作为与客户对接的重点产品，确保发展实效。2010年，全行中小企业贷款户增加65户，中小企业贷款新增6.27亿元，占公司贷款新增22.21亿元的28.23%，其中小企业贷款新增1.67亿元，保持较快增长态势。同时，积极发展个人贷款，拉动消费，至年底，全行个人贷款余额增加3.03亿元，非按揭贷款占比提升4个百分点。

（王水记）

【优化服务】 工商银行平顶山分行细化服务管理措施，实施提升服务工程，构建优秀分行。组织开展“服务质量提升”和“服务价值年”等活动，在硬件建设上高起点规划，高标准建设，美化服务环境，从员工服务仪表、服务手段、服务技能、服务态度等方面强化服务软件建设，提升服务效能。快速推进电子银行、手机银行、自助银行的发展，业务替代率达全行结算量的60.1%。成功实施牡丹中平能化住房公积金、年金联名卡项目。全年个人客户增长6.61%，公司客户增长13.44%，客户存款增加19.65亿元，增长10.04%。

(王水记)

【业务培训】　2010年，工商银行平顶山分行开展以点钞、计算机操作等为重点的9项技能培训，完成对全行员工的技能等级鉴定工作。组织开展资产业务实战培训，完成首期4个课段培训，参加培训人员232人次，培训过程中筛选客户38户，成功发展客户22户。

(王水记)

【热心公益事业】　2010年，工商银行平顶山分行针对青海省玉树藏族自治州玉树县发生强烈地震造成的灾害，向全行员工发出捐款倡议，组织开展“情系震区和玉树人民心连心”捐款活动，收到捐款8万元。8月11日，工商银行平顶山分行积极组织员工参加义务献血活动，109名员工当场参加献血。

(王水记)

【依法合规经营】　工商银行平顶山分行在经营中推进体制改革，防范金融风险，维护金融秩序，共同保持全市金融稳定。积极参与金融生态环境建设，认真执行全市金融生态环境调查评价制度，建立健全本系统组织机构、机制、考核评价制度体系。推广运用企业基础信用信息数据库和个人基础信用信息数据库(简称征信系统)，并认真做好反洗钱、反假币等重点工作，促进全市金融生态环境改善。

(王水记)

中国建设银行股份有限公司平顶山分行

【概况】　2010年，面对国内宏观调控政策不断变化等复杂局面，全市建行围绕“系统创优，同业领先”目标，以提升发展质量为核心，以提升经营能力和价值创造力为主线，以结构调整为手段，不断提升集约化经营能力，圆满完成年度经营目标，多项指标刷新纪录，主要业务指标创历史最好水平。企业存款、委托性住房存贷款、个人住房贷款、房地产开发贷款余额及新增额、点均一般性存款余额均居同业首位；基金、黄金、银行卡等主要产品销量同业第一；政风行风评议列公共服务行业第一名，被市民评为“市民最满意银行”。连续13年实现安全运营“零事故”和“零案件”；继续位列建总行中心城市行。

(叶青伟)

【经营效益】　2010年，全市建行实现账面利润35792万元，实现经济增加值11699万元，实现考核利润29446万元，均排名全省前列。

(叶青伟)

【存款业务】　2010年，全市建行狠抓开户增存，持续改善客户结构，至年底，一般性存款余额1579741万元，较年初新增156092万元。

(叶青伟)

【贷款投放】　2010年，全市建行牢牢把握国家宏观政策导向，围绕上级战略决策及平顶山“8185”投资促进计划，充分发挥建行公司业务专业经营优势，加大贷款投放力度，全年累计投放公司类贷款43.64亿元(其中贴现8.51亿元)，支持重点项目、重点企业发展；大力扶持中小企业发展，筹备“信贷工厂”，将经营管理水平高、市场竞争力强、产品技术含量高的中小企业作为重点客户，积极给予信贷、信息、理财等多方面的支持和服务，全力配合并积极参与全市中小企业金融超市活动，全年向小企业累计投放贷款3.12亿元。至年底，全市建行各项贷款余额1079215万元，比年初新增166954万元。

(叶青伟)

【中间业务】　2010年，全市建行基金销售及收入、借记卡新增及收入、累计发卡、人民币理财产品等均列同业第一位。全年实现中间业务收入13906万元，全省列第三位，同比增幅39%，超额完成省行追加计划。中间业务收入同业占比38.4%，市场占比全省第三位。

(叶青伟)

【不良贷款清收】　2010年，全市建行在传统存贷款规模继续做大的同时，加大不良资产回收力度，持续改善贷款结构，成功回收已核销不良资产广东华侨信托1400多万元，实现经济增加值1411.33万元。

(叶青伟)

【体制机制改革创新】　深化事业部体制改革，在完善事业部架构和管理流程的基础上，按照“专业专注”原则增设机构业务部、信贷管理部、投资银行及对公理财部，推进公司业务的专业化经营。完善上下联动、公私联动、前后台联动的激励机制，建立客户资源共享和信息反馈机制。贷款、客户结构优化，业务持续发展，市场、客户开拓及全员执行力进一步得以提升。

（叶青伟）

【金融优质服务】　2010 年，全市建行持续推进优质服务系统工程，加大网点规划建设和自助设备投入，推进网点一代、二代转型，提升营业网点的辐射力和综合服务力；发挥财富中心、理财中心作用，方便市民理财；组织创优争先活动，评选“十佳服务明星”，全面提升服务水平，在全市形成“建行服务”品牌效应。

（叶青伟）

【风险防范】　2010 年，全市建行深入贯彻银监会部署的“内控和案防制度执行年”活动，定期组织召开操作风险监控会商会、案件防控专题会，做好风险点排查和问题整改；组织员工进行防抢劫、防诈骗、防火、防挤兑、防滋事演练和安保、消防、应急疏散演练；开展会计营运等专项检查、突击检查 30 余次，提高员工反假识假能力，收缴假币 15 万余元；投入使用远程监控联网报警系统和“安保管理系统”，构建全方位风险管理构架，打造全员参与的风险管理文化、合规文化。

（叶青伟）

【理财讲座】　针对市民关心热点，举行“建行·财富”大型基金讲坛、黄金投资讲座活动、“阳光私募·尚雅论道”高端客户投资见面会；举办“走进财富管理中心”、“走进基金公司”等体验联谊活动，满足客户个性化的理财投资需求，打造“理财银行”新形象。

（叶青伟）

中国银行股份有限公司平顶山分行

【概况】　2010 年，中国银行平顶山分行全面推进战略转型，深化结构调整和企业文化建设，扎实开展内控合规工作，各项业务实现持续健康发展。年底，全行人民币存款余额 75.67 亿元，新增 3.25 亿元，增速 4.48%；人民币各项贷款余额 68.75 亿元，比年初增加 18.97 亿元；全年实现中间业务净收入 3472 万元，同比增加 1140 万元，增幅 48.93%；贷款不良率 0.02%，比年初下降 0.01 个百分点。

（李洪涛）

【支持地方经济建设】　2010 年，中国银行平顶山分行以“扩规模、调结构、保增长”为宗旨，强化责任意识，积极探索和推进支持区域经济持续快速发展的可行措施，全力助推全市经济发展再上新台阶。至年底，全行人民币各项贷款余额 68.75 亿元，超额完成年初制定的目标；外汇贷款余额 2590 万美元，在四大商业行中占比 90.5%，排名第一。在金融生态建设方面，以中小企业服务中心为平台，全力支持中小企业及“三农”企业发展，相继开发付融通、启贷通、银税通等适合中小企业及“三农”企业发展的金融新品，全力服务中小企业及“三农”企业，社会责任意识进一步提高，对地方经济原动力的支持持续增强。

（李洪涛）

【网点转型与建设】　2010 年，中国银行平顶山分行建立完善大堂经理、理财经理、业务经理等三支网点转型的关键队伍，有效发挥理财中心职能，积极开展中高端客户的维系和营销活动。同时，高标准、高起点地推进网点建设，提升网点的辐射力、竞争力和影响力，并通过理财室对个人客户实施差异化服务和营销，成效明显。

（李洪涛）

【内控管理】　2010 年，中国银行平顶山分行完善内控制度建设，有效强化再监督体系职能，将条线管理部门的履职情况统一纳入绩效考核体系中，确保各类问题的整改率达到 100%。建立定期内外审检查风险提示与通报制度，有效开展标准化内控检查项目，对营业机构和基层机构内控建设状况进行综合分析评价，全行内控和操作风险管理工作有序开展。通过视频培训、研讨会等多种形式，将良好的内控理念在全辖范围内进行宣传，培育健康的风险合规文化，推进合规文化在全行的形成。

（李洪涛）

【企业文化建设】　2010 年，中行平顶山分行在全辖开展“核心价值观”大讨论活动，并在“全国青年文明号”建华支行召开核心价值观现场会，举办弘扬“核心价值观”主题辩论赛，提高员工对核心价值观的认识和理解；以“进步信箱”为平台，了解广大员工的心声，使各项决策的制定更加有效、执行更加有力；在楼梯、走廊及会议室内悬挂警句、格言，大力开展“文化上墙”活动，并通过多种形式的文化活动，营造良好的文化氛围。

（李洪涛）

中国农业银行股份有限公司平顶山分行

【存款业务】 2010年，农行平顶山分行人民币各项存款（不含同业）余额151.22亿元，较年初净增18.11亿元，完成省行年度计划的83.06%，全省排名第九位。其中储蓄存款较年初净增10.47亿元，完成年度计划75.32%，全省排名第十三位；对公存款较年初净增7.64亿元，完成年度计划96.68%，全省排名第六位。从市场份额情况看，对公存款在全市四大国有银行增量市场份额为33.55%，居第二位，同比前移1个位次；储蓄存款在四大国有银行增量占比31.4%，居第二位，同比前移1个位次。

（胡志军）

【贷款投放】 2010年，农行平顶山分行人民币各项贷款余额55.76亿元，比年初增加11.19亿元，存量全省排名第六位，增量全省排名第十三位。其中，农户小额贷款较年初增加1.58亿元，完成年度计划108.40%，全省排名第三位；住房及非住房个人贷款较年初增加2.03亿元，完成年度计划的101.67%，全省排名第十四位。2010年，全行累计投放各类贷款33.73亿元，其中投放法人客户贷款24.86亿元，投放个人客户贷款8.87亿元。年底，存量贷款存贷比36.63%，增量贷款存贷比60.18%，不良类贷款占比0.03%。

（胡志军）

【中间业务】 2010年，农行平顶山分行实现中间业务收入4826万元，同比增加606万元。其中，银行卡业务收入1729万元，代理保险手续费收入1134万元，电子银行收入571.45万元，代销基金收入185.95万元，投资银行收入219.77万元，结算和现金管理收入362.75万元。

（胡志军）

【服务“三农”】 2010年，农行平顶山分行存量农户小额贷款14875户，比年初增加4035户，贷款余额4.72亿元，比年初增加1.58亿元，完成全年计划的108.4%，全省排名第三位；惠农卡存量100228张，比年初增加29928张，惠农卡激活率99.99%；授信惠农卡户28776户，授信额80153万元，授信率29.1%，分别比年初增加12408户、38958万元，完成全年任务的170%，全省排名第九位；县域对公贷款余额24.71亿元，较年初净增30280万元，完成年度计划的130.5%，全省排名第七位；农户小额贷款不良贷款率为0.08%，不良率控制处在全省较好水平。

（胡志军）

【资产处置】 2010年，农行平顶山分行累计清收各类委托资产4267.53万元，委托资产清收任务完成量占省行下达全年计划的101.13%，全省排名第五位。累计清收自营不良贷款本息183.64万元，自营不良贷款较年初下降107.8万元，完成省行下达全年计划的765.17%，全省排名第五位。

（胡志军）

【经营效益】 2010年，农行平顶山分行实现拨备前利润2.34亿元，同比增加4522万元，完成年度计划的102.21%，完成率全省排名一二位；拨备后利润2.03亿元，完成年度计划的102.65%，完成率全省排名第十二位。人均净利润16.55万元，全省排名第八位。利润额在同业排名第三位。

（胡志军）

【基础管理】 2010年，农行平顶山分行稳步推进人力资源综合改革、信贷审批体制改革和内控审计体制改革，成立市行个贷中心，完成对支行的风险经理、独立审批人派驻工作。创新经营机制，制定出台综合绩效考核、费用考核、重点战略产品计价、机关部室考核等一系列绩效考评办法，促进业务发展。探索建立“大内控”运营机制，组织“大内控”检查，整合检查资源，提升内控管理水平。通过选拔、调整等方式合理搭配、充实各县级支行领导班子，配备专（兼）职纪委书记，开展领导干部履职考核和落后业务分管行长问责，增强各支行班子的战斗力。加强员工队伍、机关党建和企业文化建设，深入开展创先争优、机关作风大讨论、人力资源综合改革大讨论等活动，增强全行上下的凝聚力、向心力和战斗力。

（胡志军）

中国交通银行股份有限公司平顶山分行

【交通银行平顶山分行成立】 2010年7月26日，国家银监会批准筹建交通银行平顶山分行。在平顶山市委、市政府的大力支持下，积极筹备，完成网点选址、装修等工作，并顺利通过交通银行总行、人民银行及银监局验收。12月15日，在平顶山银监分局领取《金融许可证》，12月16日，在平顶山市工商行政管理局办理注册登记手续，领取营业执照。12月23日，位于平顶山市建设路895号的交通银行平顶山分行正式开业。这是交通银行继洛阳、南阳、许昌、安阳、焦作之后，在河南省地级市设立的第六家省辖分（支）行，也是平顶山市的第五家国有股份制商业银行。

（史红斌）

【基本情况】 交通银行平顶山分行，内设综合管理部、公司业务部、风险管理部、个人金融业务部、营运部和营业部等6个部门，有员工34名。交通银行平顶山分行拥有以“外汇宝”、“沃德财富账户”、“交银理财账户”、“蕴通财富”、“太平洋卡”、“全国通”、“展业通”、“基金超市”为代表的一系列金融产品，为机关、企事业单位和居民提供高效率、高品质的金融服务。

（史红斌）

中国邮政储蓄银行平顶山市分行

【概况】 2010年，邮政储蓄银行平顶山市分行加快向现代商业银行转型，积极转变发展方式，不断扩大涉农业务范围，丰富业务品种，银行经营业绩显著提升，风险管理能力逐步增强，信息化建设得到快速推进，服务渠道日臻完善。全年各项人民币存款余额96.64亿元，净增15.88亿元；小额贷款全年实现余额净增2.56亿元，贷款余额5.38亿元，贷款逾期率保持在0.8%以下水平。

（董 芳）

【“百亿送贷行动”】 2010年，邮储银行平顶山市分行坚持服务地方经济，支持地方经济发展，与工商部门合作在全市开展“百亿送贷行动”，并圆满完成全年送贷任务，得到各级党委政府的高度评价。《平顶山日报》、《平顶山晚报》连续刊发新闻19期，平顶山电视台等媒体播出专题片12期，对邮储银行信贷服务地方经济、服务“三农”工作进行了系列报道。3月份和4月份，平顶山市连续两个月被评为全省“百亿送贷行动”“明星省辖市”；郏县被评为“明星县市区”。

（董 芳）

【服务“三农”】 2010年，邮储银行平顶山市分行贯彻执行服务“三农”政策，积极做好小额贷款、代发“新农保”等金融服务工作。与工商部门合作，开展“百亿送贷行动”；与劳动局合作，积极开展再就业小额担保贷款。全年全市邮储银行发放涉农贷款8346笔、54169万元，占全行贷款总户数的88%以上。同时，根据市委、市政府金融支农号召，先后推出新型农村养老保险金、计划生育奖励金、农民烟叶收购款等多项惠农服务，满足了全市“三农”经济建设的金融服务需求；开展“送金融业务下乡”活动，把国债、基金、理财等多样化的金融产品送到全市农村，满足广大农民的投资理财需求。

（董 芳）

【信息技术快速提高】 2010年，先后开发会计大集中、个人业务信贷审计系统、公司业务统筹清算系统、人民币业务账户管理系统、新农保代收代发系统、公司业务高低柜融合和企业集团资金管理平台等一系列具有现代资金管理和结算功能的金融技术服务系统，实施桌面视频会议系统工程等现代化办公系统，提高信息化建设水平，进一步增强了服务能力。

（董 芳）

【网点渠道建设】 2010年，平顶山市邮储银行完成5个网点的原址重建或迁址改造工作，建设离行式自助银行2个，布放ATM机具51台。同时，开办个人网银业务，进一步拓展“95580”电话银行业务，增强了为客户提供高端金融服务的能力。

（董 芳）

【获得荣誉】 2010年，邮储银行平顶山市分行被评为当地市民最满意的银行、最佳诚信服务单位，市分行行长李晓辉被评为最佳诚信服务先进个人。鲁山县支行被评为支持地方经济发展先进县域金融机构和河南省服务农村青年创业致富先进集体。舞钢市中心路支行，叶县九龙路支行、邓李乡支行先后被评为当地群众满意的基层站所。

（董　芳）

【员工培训教育】　2010年，全市邮储银行系统对全体员工开展不同层面、不同岗位的培训活动，有效促进全行从业人员素质水平的再提升。至年底，全行星级柜员达标率91%，285人次通过银行业从业资格考试，其中管理人员通过率90%以上。在人民银行组织的全市金融系统人民币流通管理知识竞赛中，邮储银行平顶山市分行取得全市第三名，并荣获团体三等奖，李仁庆获得个人三等奖。

（董　芳）

【内控管理】　2010年，邮储银行平顶山市分行在系统开展“业务行为规范年”活动，增强从业人员合规意识，有效推进全行的合规文化建设。按照“无条件、高标准、严要求”的原则，积极开展安全教育培训和风险隐患排查活动。针对小额贷款业务开展风险监测，进行风险提示，实施小额贷款业务的资产保全，有效促进小额贷款的稳健发展。同时，开展安全生产管理、城市零售资产业务专项检查整改、公司业务专项审计、反洗钱专项审计、电子渠道专项审计和内控评价活动，及时发现和纠正违规行为，确保全年无安全事故和资金案件发生。在全省2010年度邮储银行系统内组织的内控管理评价中，平顶山市分行的内控管理达到三级水平。

（董　芳）

平顶山银行

【概况】　2010年11月17日，经中国银监会批准，“平顶山市商业银行”更名为“平顶山银行”，12月13日揭牌，实现从地方性银行向区域性银行的历史性跨越。平顶山银行坚持“服务地方经济、服务中小企业、服务城市居民”的市场定位，规范服务，改革创新，深化战略转型，加强内部管理，超额完成全年各项目标任务。至年底，资产总额1031421万元，较年初增加202116万元，完成年计划的243.72%；贷款余额639777万元，较年初增加114757万元，完成年计划的182.15%，贷款规模和贷款增加额在全省城商行系统分别列第五位和第四位；存款余额858030万元，较年初增加138739万元，完成年计划的160.74%，存款规模和存款增加额在全省均列第五位；人均资产1650万元，较年初增加319万元，资产规模迅速增长；负债总额929928万元，较年初增加165870万元，完成年计划的238.07%；所有者权益101493万元，较年初增加36246万元；资本净额106883万元，较年初增加37124万元；各项收入总额45298万元，上缴各项税金及附加6278万元，实现税后利润11317万元。效益经营成效显著，全年无经济和刑事案件发生。

（刘嘉邦）

【支持地方经济】　充分发挥“地方政府银行”的职能，支持平顶山市一大批重点项目、重点企业和民营企业，全年累计发放大型企业贷款314572万元。通过完善机制、提高效率、利率优惠、丰富产品、改进服务等措施，为中小企业贷款开辟绿色通道服务，全年累计投放中小企业贷款355946万元，中小企业贷款余额438237万元，占各项贷款的68.50%。发挥“城市居民银行”的职能，推出住房按揭、汽车消费等个人贷款和保管箱业务等新品种，全年累计发放个人类贷款44659万元；积极发放下岗失业贷款，支持下岗失业人员实现再就业，累计发放下岗失业贷款3309万元；设立微贷中心，开展微贷业务，支持个体工商户、个体经营者创业，自7月微贷中心成立至年底，发放微小贷款341笔、4181万元。同时，积极拓展服务领域，支持县域经济发展。平顶山银行舞钢支行、汝州支行全年累计发放贷款21724万元，有力地支持了县域经济的发展。

（刘嘉邦）

【内部管理】　按照国际质量管理体系的要求，从公司治理、风险管理等9个条线，对原有规章制度进行重新梳理、补充和完善，制定程序文件、管理规定和操作规程等1000多个，形成科学、合理、严密的内部控制体系。引入经济资本管理理念，考虑各类业务的风险和对经济资本的占用，对绩效考核办法进行全面修订，制定以经济利润为中心的绩效考核办法，并建立延期支付制度，初步建立薪酬水平与风险成本调整后的经营业绩相适应、短期激励与长期激励相协调的市场化激励约束机制。按照营销、管理和审批的职能分工，进一步深化信贷体制改革，实现总行部门经营职能与管理职能的分离，完善前、中、后台互相配合、互相制衡的信贷工作机制。

（刘嘉邦）

【服务创新】　积极引进“神秘人服务检查监测制度”，聘请专业性服务监督公司对总行和各营业网点的服务情况进行定期监督，提高服务层次和服务水平。在总行营业部和中原支行开通“金通道”24 小时人工自助服务，成为全省首家实现人工 24 小时服务功能的银行机构。引进国际先进技术，在全市第一家开办微小贷款业务。继续推进社区银行建设工作，先后与市温州商会、市装饰协会、湛河区政府和市青年企业家协会等签订战略合作协议，开拓了社区银行建设新途径。按照“总行—分行模式”要求，成功实现科技系统的升级改造，进一步提高科技对经营管理和服务的支持能力。

（刘嘉邦）

平顶山市农村信用社

【概况】　2010 年，全市农信社积极支持区域经济建设和全市农村经济持续快速发展，加快组建农村商业银行步伐，各项业务指标快速平稳推进。年底，全市农村信用社各项存款余额 313.08 亿元，比年初增加 56.87 亿元，完成省联社年度计划的 110.86%，增幅 22.2%。各项贷款余额 232.35 亿元，比年初增加 46.12 亿元，完成省联社年度计划的 121.37%，增幅 24.76%。盘活不良贷款 4.07 亿元，完成省联社年度计划的 127.23%；占比 7.89%，较年初下降 4.14 个百分点，超省联社年度计划 0.67 个百分点。全市 10 家法人单位全部盈余，实现经营利润 8.17 亿元，同比多盈利 3.4 亿元，完成省联社年度计划的 133.93%，增幅 71.13%。

（赵继跃）

【组建农村商业银行】　2010 年，市农信办在市委、市政府、人民银行、银监部门的大力支持下，围绕组建农村商业银行指标，明确目标，细化措施，对各联社的组建基础、工作难点、风险处置、时间安排等认真研究指导，并多次深入基层围绕农信社改革发展开展调研，与基层信用社一起研究改革的主要问题和解决的有效途径，加快推进农村商业银行组建工作，并取得实质性突破。卫东农村商业银行于 5 月 20 日正式挂牌开业。同时，由卫东农村商业银行发起在宝丰设立豫丰村镇银行工作进入前期筹备中，年底向银监部门提交了筹建申请。

（赵继跃）

【提升信贷服务水平】　2010 年，全市农村信用社继续稳步推进信用村、信用户和“阳光信贷”工程建设，扩大农户贷款覆盖面，提升信贷服务水平，累计投放小额农户贷款 31 亿元，支持 23.4 万户农户致富奔小康。按照“支持一个企业（产业）、辐射一方百姓”的支农思路，支持“公司 + 基地 + 农户”的发展模式，全年累计投放信贷资金 6.5 亿元，支持 935 家农业产业化企业和特色农业产业项目，增强农业发展后劲。同时，在满足农贷资金需求的基础上，全市农信社累计投放贷款 67.3 亿元，在政策范围内对煤炭、电力、盐化工、建材、交通基础设施等重点项目建设及全市的骨干企业给予有力支持。先后支持了叶舞高速、煤矿机械、汝丰焦化、海星化工、河南质量工程职业学院等 36 家大型企业和单位，有效地带动了区域经济发展。

（赵继跃）

【清收盘活不良贷款】　2010 年，市农信社与市中级人民法院联合，开展“集中清理农信社积案活动”。积极与市县两级法院沟通，密切配合，把集中清理农信社诉讼未执结案件作为执行工作重点，努力消除执行积案。全年结案 473 起，收回资金 3996 万元。

（赵继跃）

【基础管理】　立足于规范化管理和防范风险，对内部制度进行全面梳理。修订财务管理办法，规范财务审批程序，明确抵债资产接收、保管、处置等操作流程，充实市农信办贷审会成员，完善贷款咨询制度，调整授信业务权限，对县级联社授信业务实行分类授权管理。建立较为全面、系统的制度体系，实现规章制度对业务发展的有效覆盖。同时，实行市农信办领导及科室负责人分片包社，建立县级联社联系人制度，及时掌握各联社的工作计划落实情况，了解并帮助联社解决存在的问题，确保整体工作稳步推进。

（赵继跃）

兴业银行股份有限公司平顶山分行

【概况】 兴业银行平顶山分行经银监会批准筹建，并顺利通过兴业银行总行、人民银行和银监会验收，领取了金融许可证，办理了工商注册手续，于2010年8月10日正式开业。兴业银行是全国首批设立的国有控股的股份制商业银行。兴业银行平顶山分行内设综合部、营业部、零售业务分部、风险管理部、企业金融部、业务拓展一部、业务拓展二部、业务拓展三部8个部门，有员工37人。营业厅按功能划分为开放式对公服务区、封闭式现金服务区、VIP贵宾服务区、网上银行服务区、电话银行服务区、客户等待区六大区域，并设理财室，为客户提供灵活多样、方便快捷、特色鲜明的金融服务。

（王　丹）

【支持地方经济】 2010年，兴业银行平顶山分行深入推广节能减排贷款业务，充分发挥产品创新优势，以专业化的金融服务，重点支持优势行业发展，积极培育中小型客户群体，不断加大对全市经济的支持力度，努力将兴业银行平顶山分行打造成一家经营稳健、管理规范、成长快速、服务领先、特色鲜明的良好银行。至年底，兴业银行平顶山分行各项存款41.18亿元，其中一般性存款9.75亿元；各项贷款7.48亿元，为平顶山市的经济发展作出了积极努力。

（王　丹）

广东发展银行股份有限公司平顶山分行

【概况】 广东发展银行平顶山分行经人民银行、银监会和广发总行批准筹建，积极完成网点选址等系列筹备工作，并顺利通过验收，于2010年8月27日获取平顶山银监分局颁发的金融许可证，9月16日正式开业。广东发展银行是中国成立最早的股份制商业银行之一，在全国主要中心城市设有营业机构，连续6年入选全球银行500强。广东发展银行平顶山分行的正式开业，也是平顶山市对外开放的一个标志性成果，给全市金融业发展注入了新的活力。广东发展银行平顶山分行内设综合部、公司部、信管部、个人部、运营部、计财部、分行营业部7个部门，有正式员工40人，其中本科以上学历达到100%，硕士研究生以上学历7.5%。经营办理人民币存款、贷款、结算业务；代理发行金融债券；代理发行、代理兑付、销售政府债券；买卖政府债券；代理收付款项；外汇存款；外汇贷款；外汇汇款外币兑换；国际结算；通过上级行办理待客外汇买卖；总行在中国银行业监督管理委员会批准的业务范围内授权的业务；经监管部门批准的其他业务。

（方　辉）

【经营情况】 年底，全行各项存款余额2.7亿元，其中对公存款1.97亿元，储蓄存款7300万元；各项贷款余额1919万元，其中票据贴现1890万元，个人贷款29万元；网银开户数463户，其中活跃用户数350户；实现营业收入1.38万元，利息收入4.43万元，中间业务收入7万元。

（方　辉）

【支持企业发展】 广发银行平顶山分行深入辖区，与企业进行有效沟通，广泛宣传本行各类业务，收到了良好的效果。通过上门接触近百家客户，达成贷款意向近40家，授信金额2.39亿元；累计办理票据贴现4390万元；累计签发银行承兑汇票1553.8万元。

（方　辉）

【合规管理体系建设】 2010年，广发银行平顶山分行以《广东发展银行内部控制与合规委员会规则》、《广东发展银行股份有限公司合规性审核工作办法》、《广东发展银行股份有限公司合规专员管理办法》等系列关于合规经营管理的规章制度为依据，强化监督体系职能，确立“全员合规、全程合规、主动合规、合规创造价值”的合规管理理念，将合规风险管理纳入全行风险管理体系，并注重妥善处理合规风险与信用风险、市场风险、操作风险及其他风险的关联性，确保各项风险管理政策和程序的一致性，为各项经营理念和制度的贯彻落实提供了强有力的依托，也为进一步改善银行内控环境奠定良好的基础。

（方　辉）

【理财讲座】 2010年，广发银行平顶山分行深入社区宣传中小企业信贷产品、信用卡、理财等业务，组织开展“广发银行真情理财大学堂”活动，聘请广发基金管理有限公司上海分公司理财专家，进行深入浅出、贴近生活的个人理财培训。年内举办理财讲座9期，累计培训670人次，有效提升了客户的理财意识。

（方　辉）

保　险

财产保险

【保费收入】 2010年，人保财险平顶山分公司实现保费收入26960万元，完成年度计划的107.84%，增幅17.52%。其中，机动车险业务收入20977万元，较2009年增长26.40%，完成年度计划的113.37%；财产货运险3873万元，较2009年增长19.57%，完成年度计划的114.04%；责任险1135万元，较2009年增长24.21%，完成年度计划的105.12%；意外健康险589万元，较2009年增长29.44%，完成年度计划的86.59%；农业保险385万元，较2009年降低77.82%，完成年度计划的26.21%。全年累计上缴税金1418万元。

（王宏伟）

【理赔】 2010年，人保财险平顶山分公司强化理赔管理和服务，通过电话回访、上门催促赔案材料等一系列理赔提速举措的实施，赔案处理速度明显加快，客户满意度得到提升，取得良好社会信誉。全市共处理各类案件28734件，支付赔款18615.69万元，其中车险20442件，赔款14005.95元；非车险8292件，赔款4609.74元。

（王宏伟）

【车险业务】 2010年，人保财险平顶山分公司利用公司品牌、服务优势，提高4S店代理业务比例和数额。加快新网点、新渠道建设，在市、县各交警车管部门办证、车辆审验等窗口设立车险业务网点，抓住、抓好新车入户业务，促进车险业务快速增长。同时，做好中平能化集团、舞阳钢铁公司、平高集团以及各县（市、区）行政、事业单位等黄金客户和招标业务的维护工作，促使他们单位车辆成功续保，提高车险业务的续保率。

（王宏伟）

【财产险业务】 2010年，人保财险平顶山公司按照“稳固、挖潜、开拓、增效”工作思路，积极推进财产险业务的发展。通过投保、理赔流程简化、定期回访、征求建议等环节，做好客户关系的维护，提高客户的满意度，确保辖内重点客户的稳定，保证了姚孟电力股份有限公司、中平能化神马集团公司（原神马集团）、舞阳钢铁公司、中平能化焦化公司（原市焦化厂）、中平能化飞行集团公司如期续保。

（王宏伟）

【责任险业务】 2010年，人保财险平顶山分公司加强风险管控，稳步发展责任险业务，公司责任险、意外险业务稳步提高。在巩固团体人身意外保险和雇主责任保险的基础上，重点发展道路客运承运人责任险，为广大旅客的生命财产安全提供保障。同时，校方责任险、旅游意外险和驾驶员意外险业务在2010年呈现出良好发展势头。

（王宏伟）

【农险业务】 2010年，人保财险平顶山市分公司按照《河南省2010年农业保险工作方案》，积极开展农业种植业保险工作，继开办能繁母猪保险、小麦火灾保险后，玉米种植保险取得新突破。郏县公司、汝州公司成功承保玉米种植保险，农业保险保障范围得到拓宽。

（王宏伟）

【客户服务】 2010年，人保财险平顶山市分公司完善“95518”服务专线功能，坚持客户回访制度，建立和完善客户评议制度；依托“95518”专线服务平台，延伸开展电话营销和电子商务，方便客户投保，提高客户服务的层次和领域；制定《客户服务基本标准奖罚实施细则》，全面提升所属各单位、各部门及营业网点的服务水平，提高客户满意度。

（王宏伟）

人寿保险

【保费收入】 2010年中国人寿平顶山分公司实现保费收入130901.91万元。其中个险新单期交保费收入10728.34万元，10年期以上首年保费收入4449.82万元，5年～9年期首年保费收入4609.84万元。个险渠道短期意外险保费共实现856.46万元，短期健康险保费470.77万元；全市银保业务总收入7.34亿元，其中趸交业务收入6.15亿元，期交业务收入7733万元；团险渠道实现总保费3253万元。

（党晓霞）

【理赔】 2010年，中国人寿平顶山分公司理赔各类赔案12566

件，比2009年增长0.5%，赔付金额4470万元，比2009年增加5.66%。其中：长期寿险984件，比2009年增加5.8%，赔付金额2400万元，比2009年减少3.2%；短期意外险2452件，比2009年减少4.44%，赔付金额797万元，比2009年增加16%；短期健康险8911件，比2009年减少0.99%，赔付金额1477万元，比2009年增长13.09%。

（党晓霞）

【客户服务】 2010年，中国人寿平顶山分公司加强对问题案件的处理力度，认真处理二线会办，及时高效解决客户反映问题。依托“95519”专线服务平台，维护客户利益，确保“95519”服务品质。同时，开展特约商家特别优惠、“国寿VIP客户免费健康体检”、“国寿健康深呼吸”户外健康、“牵手国寿，精彩生活”国寿大讲堂进企业和客户集体“生日宴会”等活动，提升服务形象，并认真做好客户信息分析工作，达到客服活动与业务发展良好结合。

（党晓霞）

【队伍建设】 2010年，中国人寿平顶山分公司严格落实省公司“常态招募”、“新人育成”、“主管育成”三大体系的协调运作活动的队伍建设指导思想，通过清零清虚、减员增效活动，夯实队伍基础，降低低绩效人力的经营风险。年底，公司全辖架构人力4226人，营销队伍的维持率和晋升率均在全省名列前茅。

（党晓霞）

【乡镇网点建设】 2010年，中国人寿平顶山分公司积极发展农村寿险市场，开拓农村保险业务，新开拓空白乡镇网点8个，全市合规乡镇网点达到74个。通过以乡镇营销服务部达标创星活动为引领，持续以农村区域拓展为手段，农村营销业务的发展在全市个险渠道总体业务中所占比重越来越大。年底，全市百万元以上乡镇营销服务部4个，50万元以上乡镇营销服务部30个，有效乡镇营销服务部54个。

（党晓霞）

证　券

中原证券平顶山营业部

【概况】 2010年，中原证券平顶山营业部结合平顶山地区的情况，积极为广大投资者提供良好的投资服务和专业的投资建议，为广大投资者提供良好的证券投资渠道，为投资者的资产增值保值提供专业化、系统化服务。同时，营业部以公司综合实力为依托，为平顶山地区经济发展及资本市场的开发起到积极促进作用，为当地企业充分利用资本市场提供有效的建议和指导，为推进本地上市公司的再融资和有上市潜力的优秀企业在资本市场进行直接融资搭建有效平台。2010年，新增客户6830户，托管客户市值32.12亿元。营业部在全国的市场份额0.387‰，比年初0.385‰上升0.519%；在平顶山的市场份额47.35%，排名第一。

（刘法全）

【营业部建设】 2010年，中原证券平顶山营业部通过人员招聘充实营销队伍，通过上岗培训、“以老带新”提高人员素质，使新员工尽快融入营业部日程工作中。同时进行执业教育提升人员执业水平，借助营销渠道建设和营销活动相结合搭建营销平台，业务建设取得可喜成绩。至年底，营业部有15个业务部，业务部人员81名。

（刘法全）

【营销渠道建设】 2010年，中原证券平顶山营业部举办形式多样的营销活动，为业务部人员搭建营销平台。加大与银行的合作，通过共赢的合作方式，成功开发银行网点134个。利用当地资源共举办15场大规模营销活动，营销近500有效客户，收集2000余名客户信息和近300家中小企业信息。

（刘法全）

【客户服务】 营业部充分利用公司提供的服务支持平台，进行标准化服务推广。全年为1100多名客户定制了短信，为300多名客户定制了邮件。加大客户回访工作，实现新增客户全覆盖回访。同时为重点客户配备客户经理，进行“一对一”服务。为VIP客户发放金融资讯终端，发放VIP金融终端310户，有效地提高了客户忠诚度和营业部美誉度。

（刘法全）

【投资教育】 2010年，中原证券平顶山营业部从证券基础、技术分析、市场投资策略等方面加强投资者教育工作，举办“中原证券投资学院”44次。同时，与公司研究所和财富管理部合作，成功举办两次投资策略报告会，参会人数2000余名，取得预期效果。

（刘法全）

经济管理与监督

综　述

【2010 年国民经济运行情况】 2010 年是“十一五”规划的最后一年，全市上下坚持以科学发展观为指导，加快转变经济发展方式，学先进、比创新、看实效，统筹推进优化产业结构、加快城镇化和建设新农村“三大任务”，全市经济运行保持良好的发展态势。全年完成生产总值 1312 亿元，同比增长 12.1%，其中一、二、三产业完成增加值分别为 112 亿元、858 亿元和 330 亿元，分别增长 4%、12.5% 和 14%。农业生产再夺丰收，粮食总产量 197.2 万吨，连续 7 年获得丰收。现代畜牧业加快推进，全年肉类总产量增长 6.5%。工业经济趋向平稳，全部工业增加值增长 11.2%；其中规模以上工业增加值增长 13.1%，实现利润 134 亿元，增长 6%，中平能化集团营业收入首超千亿。服务业发展明显加快，全年增加值增长 14%，高于生产总值增速 1.9 个百分点。三大需求平稳增长，全年全社会固定资产投资增长 22.9%，其中城镇投资增长 22.5%；社会消费品零售总额增长 19.5%；出口增长 11%。财政金融运行平稳，全年地方财政一般预算收入 80.6 亿元，增长 14.6%，总量继续保持全省第三位；年末金融机构各项贷款余额 688 亿元，新增贷款 130 亿元。招商引资成效显著，全年实际利用外资 1.64 亿美元，增长 16.7%；实际到位市外资金 407 亿元，增长 21.9%。节能减排取得新进展，万元 GDP 能耗下降 3% 左右；化学需氧量、二氧化硫排放量分别低于省定目标 1.8 个和 0.6 个百分点。民生持续改善，全年城乡居民收入分别增长 9.5% 和 9.8%。

（苏　杭）

【“十一五”规划完成情况】 “十一五”期间，全市生产总值年均增长 13.2%；地方财政一般预算收入翻了一番多；固定资产投资年均增长 30%；二、三产业比重比“十五”末提高 3.4 个百分点，成功创建中国优秀旅游城市和国家园林城市，城镇化率提升 8 个百分点，单位生产总值能耗下降 21%，城乡居民收入分别比“十五”末增长 84.8% 和 95.1%。

（苏　杭）

【“十二五”规划编制】 整个“十二五”规划体系由总体规划纲要、47 个专项规划、10 个县（市、区）规划组成。总体规划纲要由市发改委组织编制，47 个专项规划由市直各有关部门组织编制，10 个县（市、区）规划由各县（市、区）政府组织编制。全市《总体规划纲要（草案）》编制完成并通过专家评审；47 项专项规划基本完成，进入征求意见和衔接完善阶段；10 个县（市、区）的规划编制工作进展顺利。通过“十二五”规划编制，深入谋划事关全市发展全局的重点工程、重大布局和主要政策措施，特别是找准国家发展战略举措与地方经济社会发展的交会点、结合点，谋划项目、制定方案，始终把项目谋划贯穿全过程，做到“靠规划谋划项目，靠项目支撑规划”，谋划储备一大批重大项目，并就一些重大事项与国家、省有关部门积极衔接，争取更多的内容纳入国家综合规划或专项规划盘子，最大限度争取国家和省在项目资金、体制政策、示范试点等方面的帮助和支持。

（苏　杭）

【重点项目建设】 实行市级领导联系重点项目、线型项目立体工作以及联审联批等工作制度，完善重点项目、双千工程、联审联批 3 本问题台账，整合督查资源，多部门联动开展经常化督查和重点督查，及时协调解决突出问题，推动一批项目建成投产或开工建设。全年 170 个重点建设项目累计完成投资 178.5 亿元，占年度预期投资的 119%。中平能化碳化硅微粉、500 千伏平南输变电工程等 48 个项目建成投产（投用），特别是鲁阳电厂一期2×100万千瓦机组的投产和叶舞高速的通车，标志着“十一五”期间河南省发电装机容量突破5000万千瓦、高速公路通车里程突破5000公里，具有里程碑的意义。南水北调工程平顶山段、平煤机年产8000架高端液压支架等50个项目开工建设。新平高工程等37个续建项目加快推进。郑渝高铁客运专线、孟平铁路复线电气化改造等前期项目进展顺利。加大中央投资项目争取工作，将中央投资项目全部纳入重点项目管理，全力推进项目实施。全年共争取中央投资项目183个，中央和省配套资金4.6亿元。2008年四季度至2010年底累计共争取中央扩内需投资项目600个，共下达投资28.48亿元，其中争取中央资金12.4亿元、省补资金2.24亿元，项目资金到位率、投资完成率、项目开工率、完工率分别为91.7%、72.9%、92.3%和74.8%。

（苏　杭）

【产业集聚区建设】　2010年，平顶山市坚持产业集聚区发展联系会议制度，研究出台推进产业集聚区科学发展的意见和政策，建立市委常委分包联系产业集聚区、现场办公、月报及检查评比、观摩点评、新闻媒体通报等制度，加大招商引资力度和基础设施项目建设，产业集聚区建设全面提速，对全市经济社会发展的综合带动作用不断增强。全年10个省级产业集聚区完成基础设施投资42亿元，增长122.7%，新开工标准化厂房44万平方米，建成42万平方米，在建标准化厂房28万平方米；完成工业投资108亿元，增长57.6%，新开工项目156个，在建亿元以上项目38个，建成区面积31.3平方公里，新入驻企业96家，完成营业收入700亿元左右。

（苏　杭）

【产业结构调整】　大力促进传统产业新型化、新型产业规模化，积极谋划先进装备制造、新能源、新材料等战略性新兴产业发展，推进产业结构优化升级。围绕能源化工、装备制造、特宽厚钢、新型建材、农副产品加工等战略支撑产业，谋划72个工业转型升级项目，全年完成投资84.7亿元，为年度计划投资的122.8%。东芝输变电设备制造、平开电气非晶合金变压器等33个项目开工，中平能化集团20万吨尼龙66盐成套、兴州机械高速龙门数控机床等34个项目建成投产。实施服务业提速工程，建设一批服务业重大项目。举办“三苏杯”全国诗歌创作大赛、“尧山杯”全国摄影大赛等文化活动，推出全国首例错峰免费游活动，全年接待游客、旅游总收入均增长35%以上。完善金融服务体系。广发银行、兴业银行、交通银行入驻鹰城，卫东区农村商业银行成立，市商业银行更名为平顶山银行。加快调整农业结构，大力发展现代畜牧业。新建标准化养殖小区286个，引进千万元以上畜产品加工项目15个。加快推进农业产业化经营，新增市级以上龙头企业35家、农民专业合作社241个，新增土地流转面积11.6万亩。

（苏　杭）

【服务企业】　确定113家市级、100家县级重点服务企业，集中开展治理“四乱四难”、“百名律师进百企”、“金融超市”等活动，坚持市县两级领导分包重点服务企业、企业服务热线电话和网上反映问题等制度，加强对解决企业问题进度和效果的督导督查，确保服务企业工作取得实效。设立县（市、区）督导督查组，对县（市、区）企业服务工作开展督查、指导工作。对企业反映的问题，利用呈批件、交办单、督办单等形式，加快办事程序。建立企业服务工作考核制度，将各级企业服务工作纳入政府责任目标考核体系，严格奖惩，推动企业服务工作深入开展。建立企业服务工作暗访制度，对部门和县（市、区）的企业服务工作进行多次暗访，督促企业服务工作落到实处。加强银企沟通，推进中小企业担保体系建设。截至年底，全市信用担保机构数量达42家，注册资本金总额6.65亿元。

（苏　杭）

【节能减排】　强化节能目标责任考核评价，组织开展“节能宣传月”活动，实施重点耗能企业“9565节能行动计划”，实施节能产品惠民工程，完成37万只高效照明产品推广任务。积极做好创建循环经济试点城市、园区、企业工作。平顶山市被确定为省第三批循环经济试点城市，舞钢市产业集聚区、叶县产业集聚区等5个产业集聚区被确定为省循环经济试点园区，天瑞集团等3家企业被确定为省循环经济试点企业，宝丰商酒务镇被确定为省循环经济试点镇。积极推进节能减排重点工程建设。神马尼龙化工公司生产系统节能改造工程、能量系统优化项目和飞行化工公司能量系统优化工程3个节能项目进展顺利。严格执行产业政策，大力淘汰落后产能。深入开展洗煤、焦化行业综合整治，188家60万吨以下小洗煤厂全部关闭，淘汰小焦化产能120吨。会同有关部门，加强污水、垃圾处理等环保基础设施项目建设。

（苏　杭）

【价格监管】 认真落实粮食最低收购价政策和烤烟收购价政策，切实保护农民利益。出台居民采暖用热和非居民用热价格政策，认真受理价格举报案件。严格经济适用住房价格管理，加强商品房交易价格管理，实行“一价清”制度，努力减轻购房者的经济负担。针对进入2010年第三季度后物价上涨过快问题，迅速行动，启动应急监测制度，出台切实保障市场供应、降低农副产品流通成本、进一步加强价格监测预警工作等八项保物价稳定措施，有效遏制物价加快上涨势头。

（苏　杭）

统计调查

统　计

【概述】 2010年，平顶山市统计局按照市委“学、比、看”的工作要求，不断深化统计改革，提高数据质量，提升统计服务水平，积极推进依法行政和各项统计建设，高标准完成全年度各项统计调查任务。完成全国第六次人口普查和第二次全国R&D资源清查；开展产业集聚区调查和发展监测，“幸福指数”统计监测、投资及房地产开发现状调查、新农村建设进度情况调查、交通运输业能源消费调查、妇女儿童监测、非公有制企业人才资源等专项调查工作。联合发改委对节能减排工作进行严格考核。市统计局先后荣获省统计局2009年度政务信息工作评比先进单位第一名、设计管理工作综合评比一等奖第二名及地方经济社会调查网站信息工作先进单位称号、全省统计系统2009年度政风行风建设先进单位、平顶山市依法行政示范单位、平顶山市目标管理工作先进单位、新农村建设突出贡献工作队、新农村建设驻村帮建先进工作队等荣誉称号。

（杨朝阳）

【统计数据质量保持在全省先进位次】 2010年，全系统干部职工严格执行国家、省、市统计调查制度和统计调查方法，切实加强组织协调和督促检查，在报表的收集、审核、录入、汇总、评估、传输等各个环节严格把关。认真执行《平顶山市统计数据质量控制办法》，使统计数据较为客观地反映平顶山市社会经济的发展状况。认真做好纳入省目标考评的全市统计数据提供及统计工作协调。在省统计局开展的评比中，平顶山市大部分专业继续保持全省的先进位次。开展全国第六次人口普查宣传、摸底、登记、复查、编码、数据录入工作。第二次全国R&D资源清查完成清查资料的上报、审核和汇总工作，数据发布和全部清查资料的开发工作完成年度计划。

（杨朝阳）

老党员第四次当上人口普查员

【统计咨询与服务】 2010年，市统计局制定“全员课题计划”（即局机关人员每人至少承担完成一项分析研究课题），全年共完成课题68项，撰写统计分析报告及论文96篇，有多篇（次）分析报告被市委、市政府主要领导批示。为应对国际金融危机影响，建立月度数据超前分析新机制和宏观、微观服务并举的“双轮驱动”模式。继续在《平顶山日报》上公布各县（市、区）、各重点企业主要经济指标；编撰《统计年鉴》；相继开展产业集聚区调查和发展监测，“幸福指数”统计监测、投资及房地产开发现状调查、交通运输业能源消费调查、非公有制企业人才资源等专项调查工作。联合发改委对节能减排工作进行考核，为市委、市政府科学决策和社会公众了解市情提供大量的统计信息，为市人大、政协“两会”提供咨询服务。按照市政府部署开展企业服务年活动。

（杨朝阳）

【乡级统计基础建设】　2010年，市统计局采取以任务带建设的方法，继续开展乡级统计基础建设，全市140个乡镇（街道）统计基础工作得到巩固加强，统计队伍和统计网络更加稳定，基层统计渠道更加畅通，基层统计建设的成效在重大国情国力普查中得到充分体现。在统计业务规范化建设方面，市统计局16个专业通过省统计局的考核验收，进入全省统计规范化建设第一方队。

（杨朝阳）

【统计信息化建设】　2010年，市统计局重点对统计数据采集平台，宏观数据库，工业旬报平台，乡镇联网上网监测等工作进行广泛开发和利用，乡镇统计资料的收集与上报更加方便快捷，保证统计资料的广泛性和真实性，统计数据采集平台初步建成。统计信息化建设在全省统计系统保持先进位次。

（杨朝阳）

【依法行政】　2010年，是修订后的《统计法》实施的第一年，市统计局把2010年确定为全市“统计法制服务年”。6月初，市统计局联合市监察局、市司法局等单位下发《关于联合开展统计法和统计违法违纪行为处分规定贯彻执行情况大检查的通知》，在全市范围内开展统计执法大检查，进一步宣传《统计法》，增强各级领导干部、广大统计人员、统计调查对象和社会公众的法制观念，努力营造学习统计法、遵守统计法的社会氛围。严肃查处统计违法违纪行为，处理一批顶风作假的责任人，遏制在统计上弄虚作假的现象，市统计局荣获全市依法行政示范单位。

（杨朝阳）

【平顶山市第六次全国人口普查网站开通】　为搞好第六次全国人口普查的宣传和发动工作，真正摸清全市人口总量、素质、结构和分布情况。1月1日，平顶山市第六次全国人口普查网站正式开通。网站内设文件讲话、普查要闻、普查简报、市县动态、方案细则、省外信息、答疑解惑、数据处理、经验交流等栏目。

（杨朝阳）

【第二次经济普查主要数据公报发布】　5月18日，平顶山市第二次经济普查主要数据公报正式向社会发布。公报共分三期：1号公报综合反映所有第二产业和第三产业单位数、从业人员数、企业资产总额的主要数据；2号公报反映第二产业的主要数据，分工业和建筑业两部分；3号公报反映第三产业的主要数据。

（杨朝阳）

【统计局新办公楼投入使用】　2010年7月10日，平顶山市统计局新办公楼落成并投入使用。该办公楼位于新城区和谐路中段，占地4330平方米，建筑面积5825平方米。

（杨朝阳）

【实行在地考核】　根据国家统计制度改革要求和城市市区国民经济核算工作需要，市统计局下发《关于市直工业企业实行在地统计办法的通知》（平统文〔2009〕71号），从2009年年报开始，全市原市直工业企业（单位）按照在地统计原则实行在地统计，即原向市统计局直接报送工业统计报表的中央、省驻平工业企业（单位）和市属工业企业均按“在地原则”归所在地县级政府统计部门直接统计。从2010年开始，中央、省驻平企业全部按照法人所在地原则，纳入区、县经济发展指标管理和考核。

（刘付领　刘岩莉）

调　查

【概况】　2010年，平顶山调查队积极引进先进技术手段，整合各类资源，优化工作流程，全面启动业务创新年。以构建“三网合一”（计算机网络、手机传输网络、电话调查网络）数据采集平台建设为抓手，将电脑终端的网络直报、手机终端的网络直报与计算机辅助电话调查系统三个不同信息采集手段进行有机整合，着力构建融合各专业为一体的相互融合、相互支持、相互反馈的调查工作新型业务平台。3月3日，平顶山市委、市政府授予平顶山调查队队长连胜安为平顶山市第八批专业技术拔尖人才荣誉称号。4月2日，平顶山调查队（局）超额完成市政府下达的各项目标任务，被授予2009年度完成责任目标先进单位称号。9月18日，平顶山调查队搬入位于新城区和谐路中段，建筑面积达1420余平方米的综合办公楼，结束调查队自成立以来没有独立办公设施的历史。

（李清奎）

【调查工作全省领先】 2010年，平顶山调查队按照国家规定的调查制度和调查方法，立足常规调查工作，以创新推动调查工作的科学发展，完成16个专业、57项定期常规调查在内的调查任务。不断强化源头数据质量意识。调查能力建设和调查信息指导能力，实现调查工作的跨越式发展。2010年度，平顶山调查队共申报总队专项调研课题14篇，申报平顶山市社科联课题11篇。其中2篇获得2010年度平顶山市重点调研课题特等奖；3篇获得二等奖；7篇获得三等奖。队长连胜安所撰写的《后金融危机时期的冷思考》一文经平顶山市委书记赵顷霖批示后印发各县（市、区）、各局（委）学习。

（李清奎）

【信息工作再创佳绩】 2010年，平顶山调查队共撰写政务信息362篇，其中国家统计局采用12篇（次），超额完成全年目标，河南调查总队信息网采用297篇（次），政务信息工作稳居河南调查系统前列。撰写经济信息310篇，国家统计局采用4篇（次），河南调查总队采用216篇（次）；撰写调查报告33篇。信息采纳总量连续3年位居河南调查系统榜首。平顶山调查队撰写的各类信息被市委、市政府办公室信息采用百余篇（次），被平顶山新闻媒体采用35篇（次），超额完成市委、市政府下达的目标任务。4月，平顶山调查队获平顶山市责任目标完成先进单位。5月，平顶山调查队再次获得市委市政府办公室表彰。

（李清奎）

【信息化建设取得突破性进展】

2010年，平顶山调查队积极创新调查手段，进一步完善城市住户调查手机记账传输系统，极大地提升源头数据质量和工作效率。该系统被国家统计局局长马建堂盛赞为“中国统计系统住户调查、价格采集等调查方式的革命性创新”。《中国信息报》（2010年6月10日）头版刊发马建堂批示全文，《大河报》、河南省政府网站、平顶山市政府网站等众多媒体纷纷报道。此外，平顶山调查队自主研发的城市住户手机记账系统被列为2011年国家统计局“五大重点攻关项目”之一，纳入国家统计局重点发展规划，并在“十二五”期间获得国家统计局的重点扶植和全方位项目支持。

（李清奎）

【民意调查现代化】 2010年，平顶山调查队利用数据采集处理系统平台完成包括市直部门领导班子和市管干部民主测评、河南党风廉政建设民意抽样调查、平顶山市反腐倡廉民意调查等在内的多项社情民意调查，成效显著。与传统调查手段相比，数据采集处理平台能够涵盖计算机网络、手机传输网络和CATI电话调查网络，从而使调查方法更为科学，执行操作更为简便，数据处理更为高效。

（李清奎）

【统计调查服务水平不断提升】

通过总结经验，深化改革，平顶山调查队服务地方政府水平大幅度提高，在平顶山市政府和社会公众中树立了良好形象；不断发挥调查在经济社会发展中的重要作用，为地方党委政府和有关部门提供大量信息和咨询建议。不断强化服务意识，每月为平顶山市委、市政府提供6次涵盖粮、油、肉、蛋、禽、菜在内的29种农副产品价格监测快报。

（李清奎）

【横向联合】 巧借外力，实施“引进来、走出去”战略，广泛开展队校合作、兄弟单位交流学习，优势互补、实现多赢。继与河南城建学院、平顶山学院等高校开展“双基共建”之后，首次突破与河南财经政法大学进行“双基共建”，开创包括联合调查、课题研究、联合攻关、学生实习、辅助调查员等在内的全方位合作模式。长春调查队、辽源调查队、北京调查队及北京海淀区统计局等兄弟单位先后到平顶山调查队进行交流学习，广泛建立起长期的合作平台，为开展全方位、多渠道的沟通、协作奠定基础。平顶山调查队队长连胜安多次作为特邀嘉宾、客座教授为市委宣传系统、县级干部培训班、大专院校等开展专题讲座，提升调查系统的知名度和美誉度，营造良好的外部环境。

（李清奎）

【平顶山调查队调查城镇住户手机记账方法在全国推广】 7月2日，国家统计局局长马建堂在国家统计局科研所关于《平顶山调查队手机记账项目调研报告》上作出批示："平顶山调查队利用手机等手持电子终端设备进行城乡住户调查，是中国统计系统住户调查、价格采集等调查方式的革命性创新，它将极大改变统计的数据采集方式、汇总方式、上报方式和数据审核方式，有必要在全国进行大范围试用、推广。力争用3年左右的时间，将这一创新项目在全国城镇住户调查和价格调查中实现全覆盖。"手机记账方法调查系统以移动无线应用为手段和基础，以WAP网站管理为依托，结合移动数据传输，建立移动信息数字化调查系统平台，通过城镇住户调查系统，记账户上传每天发生的收支数据至服务器终端，从而减轻调查统计部门和调查人员的工作量，实现国家、省、市、县四级数据的同步管理，从根本上改变以往层层上报、汇总数据的做法，彻底扭转数据监控不力的局面。

（李清奎）

【全市大众广播体操比赛获一等奖】 2010年4月29日，在河南省全民健身活动月期间，平顶山调查队积极备战市政府组织的平顶山市大众广播体操比赛，从全市128支参赛队伍中脱颖而出，获得一等奖的良好成绩。

（李清奎）

审　计

【概况】 2010年，全市共完成审计（调查）项目755个，查出违规问题金额255114万元，管理不规范问题金额547999万元，损失浪费金额1436万元，应上缴财政金额39230万元。经依法处理，上缴财政金额39589万元，向司法部门、纪检部门移交案件线索9起。共编发《审计工作信息》、《审计情况反映》56期，被上级审计机关和审计报刊及市委、市政府内部刊物采用及市领导批示506篇。审计提出建议367条，被采纳296条。市审计局荣获市委重视支持党建工作先进党组、市政府目标管理先进单位和依法行政工作优秀单位、全市创建国家园林城市先进单位，并保持省级文明单位、省级卫生先进单位等荣誉称号。全市11个审计机关中有8个省级文明单位、3个市级文明单位。

（张兰松　黑相伟）

【财政预决算审计】 2010年，全市审计机关以促进财政政策的贯彻落实，加强预算收支管理、规范资金分配行为、提高财政资金使用效益为目标，重点审计预算资金的收缴、分配、拨付及使用等环节，检查和揭露预算执行中的不真实、不合法、不规范等问题。全市共审计和审计调查项目26个，查出违规问题金额172650万元，管理不规范问题金额19608万元，上缴财政金额37810万元。对市财政局、市地税局等部门预算执行情况进行审计，查出违规问题金额37755万元，管理不规范问题金额8813万元，上缴财政金额38955万元。

（张兰松　黑相伟）

【专项资金审计与调查】 市审计局坚持把维护群众的根本利益作为审计工作的最终目标，围绕市委、市政府提出的关系人民群众切身利益的"十件实事"，加大对"三农"、科技、教育、社会保障、医疗卫生、外资运用等重点民生工程和资金的审计力度，督促管好用好公共资金，推动各项惠民政策的落实。重点组织对农村劳动力"阳光雨露"培训资金、乡镇综合文化站建设资金、城镇职工和居民医疗保险基金、农村广播电视村村通工程建设资金、中小学校舍安全工程资金等11类民生资金和工程进行审计和审计调查。查出违规问题金额9706万元，管理不规范问题金额7389万元。针对不同行业在专项资金管理使用中存在的问题及审计建议，编发的审计情况反映被市委、市政府编成专报和内部参考，为领导宏观决策，促进审计成果的转化和惠民政策的落实，发挥了积极作用。

（张兰松　黑相伟）

【政府投资建设项目审计】 审计部门认真贯彻落实《河南省政府投资建设项目审计条例》，重点关注国家宏观投资政策的落实和执行效果，坚持以政府重大投资项目审计为重点，查处工程建设领域中的突出问题和重大违法违规问题，促进加强和改进项目管理，推动反腐倡廉建设。市审计局围绕市政府安排的34亿元市政基础设施建设、支援江油市恢复重建和市重点工程竣工决算等项目开展审计。共审计和审计调查项目589个，查出违规问题金额13425万元，审减工程款1656万元。其中，援建江油市17个项目竣工决算审计，审减工程款445万元；市重点建设项目竣工决算审计，审减工程款

1211 万元。

（张兰松 黑相伟）

审计人员检查援建江油市工程施工项目在建情况

【金融、企业和外资审计】 市审计局从围绕有效防范风险，维护良好的经济秩序出发，组织完成 4 家县级农村信用社审计，查出违规问题金额 2400 万元，管理不规范问题金额 43 亿元。关注国有资产审计，重点查处因决策不科学、不合规、管理不严格导致国有资产流失的问题，切实维护国有资产安全和市场经济秩序。完成对市湛南国家粮食储备公司资产负债损益等 3 个单位的审计。开展政府债务审计，完成 7 个国外援贷款项目审计。

（张兰松 黑相伟）

【经济责任审计】 审计部门积极发挥审计监督在干部管理中的作用，强化经济责任审计，促进依法履行职责，2010 年，对 247 名领导干部进行经济责任审计，查出违规问题金额 41765 万元，管理不规范问题金额 68978 万元，损失浪费金额 903 万元。其中，市审计局对 37 名领导干部进行经济责任审计，查出违规问题金额 27413 万元，管理不规范问题金额 56201 万元。经济责任审计在加强干部监督管理，维护财经法纪，促进党风廉政建设，推动依法行政等方面发挥积极作用。

（张兰松 黑相伟）

国有资产管理

【概况】 2010 年，市国资局围绕“加快发展、科学发展、又好又快发展”的工作要求，以“拓宽监管领域、完善监管制度、构建监管体系、提高监管水平”为重点，切实履行出资人职责，深入推进改革，强化科技创新，创新工作思路，全面加强企业党的建设，推动监管企业发展。全年监管企业实现销售（营业）收入 144487 万元，同比增加 34596 万元，增长 31.5%；实现利润 14985 万元，同比增加 6012 万元，增长 67%；资产总额 118 亿元，同比增加 21 亿元，增长 21.6%；固定资产投资累计 3447 万元，同比增加 241 万元，增长 7.5%。

（谷秀兰 魏 坦）

【企业业绩考核】 修改完善《平顶山市企业负责人经营业绩考核暂行办法》，对企业实行年薪制企业、非年薪制企业、非量化指标企业三大类考核，使所有监管企业都有切合自己实际的考核指标。同时，在学习外地经验的基础上，对所有监管企业实行年薪制或准年薪制，使经营业绩考核工作与各个企业领导班子的薪酬紧密挂钩，调动企业负责人工作的积极性。完成 2009 年签订责任目标的 20 家企业的年度经营业绩考核，按照经营业绩考核计分办法，对这些企业得分进行计算，并划分等级。其中 A 级 5 家，B 级 4 家，C 级 6 家，无法确定级别 3 家。对 20 家监管企业 2010 年度经营业绩目标进行确定、监测。

（谷秀兰 魏 坦）

【企业财务监督和审计监督】 2010 年，市国资局对正常生产经营的 16 家企业进行 2009 年年度决算审计。对所有监管企业进行新旧会计准则的转换，完成新会计准则的实施，并进行专项审计。对 4 家进行改制的企业进行清产核资专项审计。在学习银川市、温州市、宁波市等外地经验的基础上，制定下发《平顶山市市属国有企业财务总监管理暂行办法》和《平顶山市国有企业财务总监考核办法》，向 16 家监管企业派驻财务总监，实现企业经营性财务管理向出资人财务管理转变。

（谷秀兰 魏 坦）

【规范企业薪酬管理】 制定下发《平顶山市市属企业负责人薪酬管理办法（试行）补充规定》。认真落实《平顶山市市属企业负责人薪酬管理办法》。参照平高集团、燃气公司、自来水公司2009年度经营业绩考核结果，制定3家企业年薪分配方案，完成2009年度企业经营管理者年薪兑付工作。下发《关于对市属企业2009年度考核结果进行奖励的通知》，对经营业绩考核C级以上的12家非年薪制企业负责人进行奖励。

（谷秀兰　魏　坦）

【规范产权管理】　在全市开展产权登记年度检查和数据汇总工作，对已经办理企业国有资产占有产权登记证的158家企业进行年度检查。全年，全市共办理企业国有资产占有产权登记158家，登记国家资本合计197829万元、国有法人资本315275万元。其中，市属企业92家，登记国家资本183250万元，国有法人资本314747万元；县属企业66家，登记国家资本14579万元，国有法人资本528万元。全市办理产权登记的158家企业中有30家因改制退出国有，办理注销登记；因法人代表变动、企业名称变更的22家企业，办理变动产权登记。认真做好资产评估工作。完成自来水公司第四水厂与市一中土地资产置换、平顶山高速公路公司持有许平南高速公路3%国有股权评估工作。认真做好产权转让工作。2010年从事企业国有资产产权交易机构平顶山市拍卖行有限公司，得到河南省国资委批准。坚持进场交易制度。完成物资集团机电总公司、平高集团修试公司国有产权转让工作；完成原市燃气总公司国有产权转让，收益600多万元上缴国库工作。

（谷秀兰　魏　坦）

【投资管理】　完成市属企业2010年投资项目和拟重大投资项目的组织上报、建档备案，引导企业突出主业发展方向，规避投资风险。共备案投资项目9个，金额10.95亿元。完成《平顶山市国资局监管领域国有资产“十二五”发展规划》，指导13家市属企业完成“十二五”规划的编制工作。组织市属企业参加中国河南第六届国际投资贸易洽谈会和第三届华人华侨中原经济合作论坛，发布招商引资重点项目4项，并与中国水业集团公司就市自来水公司的企业改制及管网扩建项目进行洽谈。完成市自来水公司水质监测中心投资40万元的AA－7000原子吸收仪测定金属离子项目和平运公司投资65万元的道路运输企业综合信息管理系统等2个项目的申报工作。

（谷秀兰　魏　坦）

【组建平顶山市级国有资本经营管理有限公司】　组建市级国有资本经营管理有限公司，发挥其在企业改制重组、债务处置、股权管理等方面的功能，整合市属企业国有资产，搭建资本运作平台，推进国有资源、资产、资金、资本四资联动运作，提高国有资本运营效益。

（谷秀兰　魏　坦）

【国有企业改革】　定期对县（市、区）和市直部门企业改制工作进行咨询指导，并认真落实国企改革月报告制度。2010年，市中心粮油贸易公司、市光明粮油贸易公司、市机电设备总公司、市物资信息公司、市物资发展总公司和宝丰县煤炭运输总公司等6家企业完成改制工作。汝州磊裕公司、宝丰酒业集团、宝丰县自来水公司、宝丰县中心汽车站、市人民商场、市饮食服务公司、市五金矿产公司、市商业经济开发公司和市煤炭工业总公司等9家企业进入改制破产程序。截至2010年底，全市302家国有企业累计改制破产292家，改制面达96.7%。

（谷秀兰　魏　坦）

【解决改制企业遗留问题】　解决部分改制企业土地出让金安置职工问题。按照有关政策规定，对市商业大楼有限公司、市机电设备总公司、河南金建建设有限公司、平顶山市第一建材厂和市酿造总厂等5家企业用土地出让金解决职工安置的问题向市政府提出解决意见或建议。对中原公司2003年分拆改制情况进行调研，起草《关于中原公司改制有关情况的汇报》，针对中原公司改制遗留问题向市政府提出解决办法。

（谷秀兰　魏　坦）

【企业改革调研】　为迎接省政府办公厅对省辖市国家出资企业改革发展情况进行调研，起草平政办明电〔2010〕7号关于转发《河南省人民政府办公厅关于对省辖市国家出资企业改革发展情况进行调研的通知》的通知。对全市国有企业的基本情况、2003年以来国企改革情况、“壳公司”情况进行调查汇总。按照河南省企业兼并破产和职工再就业工作协调小组〔2010〕1号文件的要求，对全市政策性破产企业及1994年以来国有困难企业依法破产情况进行调研，统计汇总全市实施政策性破产国有企业基本情况表及实施依法破产国有企业情况表，起草平顶山市政策性破产工作总结，上报省企业兼并破产和职工再就业工作协调小组办公室。为全面掌握市属改制企业的运行状况，更好的维护国家、企业和职工的利益，制定下发《市属国有改制企业政策落实情况进行检查的方案》及《通知》，并对市属国有改制企业政策落实情况进行检查。

（谷秀兰　魏　坦）

【信访稳定】　建立企业信访稳定工作长效机制，出台《关于下发信访稳定工作制度的通知》、《关于重要信访稳定信息报告工作的意见》。分别从领导机制、工作机制、奖励机制、保障机制等四个方面制定详细的规定，以机制促进信访工作长效机制的建立健全，并用长效机制保证各项制度的贯彻落实。排查不稳定因素，分别对19家监管企业生产经营、存在困难及不稳定因素情况进行调查，对存在不稳定因素的6家企业进行重点排查，共排查出不稳定因素4类6件。针对问题，市国资局逐案明确责任领导、责任人和责任单位，做好稳控工作。开展社会矛盾化解年活动。研究制定《平顶山市国资局开展“社会矛盾化解年”活动实施方案》，明确工作目标、方法步骤、保障措施和工作要求，成立“社会矛盾化解年”活动领导小组，各企业每月5日前向市国资局社会矛盾化解工作办公室报送上月工作情况。加大信访案件查处力度，先后受理信访案件17起（市交办15起，省交办2起）。截至年底，结案或阶段性结案15起。办理网上信访和市长热线办交办的案件各1起。日常接待上访10起50余人，涉及星峰集团、华章纸业、煤炭工业总公司、原经贸委工业供销总公司等单位。

（谷秀兰　魏　坦）

【平高集团举行成立40周年庆典】　12月26日，平高集团成立40周年庆典大会举行。国家电网公司、中国电力技术装备有限公司、中国机械工业联合会、工业和信息化部、国家能源局、南方电网公司、河南电力公司等单位的负责人参加庆典。经过40年的发展，平高集团从一个名不见经传的三线企业逐渐发展成为我国高压开关行业的领军企业，产品从仅能生产35千伏少油断路器，到成功研发制造出我国首台800千伏和1100千伏全封闭组合电器；企业资产从100台简单的加工设备和45万元流动资金，发展到2009年的66亿元；销售收入从建厂之初的几十万元发展到2009年的50.7亿元。平高集团先后入选中国1000大企业集团、中国制造业500强、中国电气工业十大领军企业，并荣获国家质量金奖、中国名牌产品、中国驰名商标等称号。

（谷秀兰　魏　坦）

工商行政管理

【服务经济发展】　2010年，市工商局制定《促进平顶山市经济发展方式加快转变的若干意见》，放宽登记条件，简化审批程序，下放登记权限，促进各类市场主体健康发展。全年新增个体工商户4080户，新增内资企业178户，新增私营企业771户。提出未来5年商标发展目标，建立品牌发展激励机制，实行全程跟踪服务，平顶山市驰名商标、著名商标申请成功数量有较大增长，全市驰名商标拥有量在2008年实现零的突破后，迅速增加到4件，河南省著名商标也由2008年的17件增加到42件。与邮储银行密切配合，积极实施“百亿送贷行动”，为8481家中小企业、个体工商户、农户发放贷款5.16亿元。积极开展“抵押质押融资行动”，通过办理动产抵押、产权质押等手续，帮助企业融资6.7亿元。积极配合市政府赴浙江坐地招商，坐地招商签约9个项目14.7亿元，5个项目顺利落地开工。认真开展“双创”活动，大力清理店外经营、规范各类广告、取缔有烟烧烤、清理“五小”门店。全力支持地方小煤矿兼并重组，帮企助业排忧解难，促进平顶山市地方小煤矿兼并重组工作的顺利开展。

（杨延民）

【规范市场经济秩序】　深入开展流通环节食品安全监管工作，严把食品流通入门关，以问题乳制品清查为重点，认真组织全市规模的专项执法检查，规范食品经营秩序，全年没有发生重大食品安全事故。在历次全省食品安全检查评比中，平顶山市始终保持较好位次。大力开展“红盾护农”行动，建立流通领域农资商品质量“一卡通”区域备案制和《农资市场监督制度》，开展创建“放心农资示范店”活动和农资专项执法行动，查处各类农资案件236起，为农民挽回损失800余万元。充分发挥广告监测中心的作用，加强日常监督和检查，严厉查处一批群众反映强烈的违法广告，虚假广告，尤其是虚假医疗广告得到有效治理。以迎接市人大对消费者权益保护“一法一条例”执法检查为契机，以推进“两站五进”工程为抓手，促进消费维权由事后处理为主向事前防范为主转变，全年受理消费者咨询、申诉、举报共6206件，全部妥善解决。在开展创建“无传销社区（村）、校园”活动基础上，在全省率先提出“创建无传销高校、无传销县（市、区）”活动，完善防范传销“十个一”工程，年内未发生因传销引发的严重刑事案件和群体性事件，在全省打击传销工作考核评比中名列前茅。积极开展查处取缔无照经营专项执法“百日行动”，排查出1865家无照经营户，现场取缔473户，立案查处265起，引导办理营业执照1127户。对学校周边、都市村庄、城乡接合部、县城和农村集镇中的“黑网吧”进行重点治理，开展专项执法行动5次，取缔“黑网吧”99户，没收设备487台。全年办理各类经济违法违章案件3247起，各项罚没2025万元，所办案件没有复议被撤销或行政诉讼败诉的情况，经济检查工作在全省名列前茅。

（杨延民）

【综合治理和平安建设】 结合小煤矿兼并重组，认真清理有关企业档案，规范企业注册登记行为；对危及人民生命财产安全的各类违法经营行为，始终保持高压态势，坚持露头就打，做到防患于未然；及时处理个别县（市）个体私营者协会会员集体上访、个别县（市）局因登记引发的个别企业人员集体上访、个别人员因历史遗留问题引起的越级赴京赴省上访等问题。全系统没有因工作不力给全市和社会造成重大影响的事故、事件，实现了平安工商的目标，得到市委、市政府和系统干部职工的充分肯定，市工商局被评为全市平安建设工作先进单位。

（杨延民）

【干部队伍建设】 2010年7月，市工商局新一届党组成立后，确立以服务地方经济发展为中心，以食品安全监管、打击传销、取缔黑网吧、查处无照经营为重点，以开展“创先争优”和创建“学习型机关”活动为动力，以实施绩效考核和督导检查为保障，奋力开创各项工作新局面的工作思路，提出讲学习、讲团结、讲大局、讲服务、讲工作、讲作风、讲纪律、讲责任“八讲”和重在制度、重在督导、重在奖罚、重在创新“四个重在”，廓清思路，明确重点，推动各项工作开展。以开展“创先争优”活动为载体，选树四个先进典型，其中郑建伟的事迹入选平顶山市“学先进、比创新、看实效”暨“创先争优”典型事迹报告团，在全市做巡回报告，实现叫响系统、推向全市的目标。认真开展迎接人民满意的“重点科室、重点岗位评议”和“基层站所评议”活动，举办《廉政准则》等党纪条规知识竞赛。全系统89个工商所面向监管服务对象开展述职述廉，多个工商所在民主评议中取得较好名次。出台机关作风整顿的意见和办法，实行出勤签到和上班着装制度，提出建立“学习型机关”的举措，开设“提升素质大讲堂”，邀请李连成、王魁英等7位名人、专家、学者作报告，使系统干部职工开阔视野，增长知识，提高学习的积极性。

（杨延民）

【基层建设】 研究出台《开展争创学习型党组织、争当学习型党员活动实施方案》和干部教育培训实施意见等文件，积极开展分层分类培训，先后举办“12315”、“农资市场监管”、“执法办案”、“办公自动化”等各种培训班25期，培训人员1000多人次；信息化建设工作得到加强，共筹措资金38万元，为全系统新购电脑128台，在全系统推行OA办公自动化系统，搭建12315指挥调度平台，完成广告监测系统的改造升级和监测软件的调试应用，推进行政执法软件的使用。基层工商所规范化建设稳步推进，制定基层规范化建设3年规划，农村中心工商所规范化建设全面完成，一个城区工商所搬迁新址，两个城区工商所改造完毕。

（杨延民）

【“神马”、“舞钢”荣膺中国驰名商标】 1月15日，在由国家工商总局商标评审委员会公布的“中国驰名商标”中，中平能化集团神马实业股份公司“神马”第23类商标荣膺中国驰名商标。河北钢铁集团舞钢公司“舞钢”商标被认定为中国驰名商标。

（杨延民）

质量技术监督

【质量兴市】 2010年，市质监局将质量兴市工作指标纳入市、县政府和有关职能部门目标考核体系，所有县（市、区）全部开展质量兴县（市、区）活动，大部分县（市）明确设立10万元~20万元不等的县（市）长质量奖。评选首届“平顶山市市长质量奖”，组织召开质量兴市工作暨市长质量奖表彰大会，对1家“全国质量奖”获奖企业及5家市长质量奖获奖单位进行表彰并各奖励50万元。叶县、汝州、宝丰组织开展县（市）长质量奖评选，其中叶县率先召开县长质量奖表彰大会，对3家获奖单位各奖励10万元。全市有11家企业的16个产品被授予2010年度河南省名牌产品称号，累计拥有中国名牌4个、省名牌28个。在全市工业企业积极开展质量诚信建设，组织申报河南省质量信用A级企业11家，评定表彰平顶山市“质量诚信示范单位”21家。市政府将食品监督抽查工作经费列入财政预算，市、县两级政府全年在质量工作方面的经费投入达到1700多万元。

（谢英杰）

【质量管理与监督】 2010年，市质监局加强宏观质量管理，市、县两级建立产品质量状况分析报告制度，汝瓷产品质量报告受到市领导关注与好评。深入开展群众性质量管理活动。全市新获省优以上QC小组26个，年创经济效益1.18亿元。引导企业强化质量安全责任意识，落实质量安全主体责任。强化生产许可、强制性产品认证等市场准入工作，全市获得工业生产许可证企业共84家（其中省级发证14家，国家发证70家），获得质量管理体系认证和产品质量认证企业278家，3C认证产品获证企业45家。强化监督检查，围绕农资、建材、能源等重点行业，监督检查企业产品681家1002批次，检验合格率为90.7%，较2009年度上升0.8个百分点。

（谢英杰）

【执法打假与区域整治】 全年全市质监系统认真履行执法打假职责，组织开展农资、食品、建材、下乡家电、纤维制品、民生计量等执法打假及打击侵犯知识产权和制售假冒伪劣商品专项行动。共出动执法人员5520人次，查处制售假冒伪劣产品案件280多起，涉案货值300多万元，捣毁假冒生产窝点18个，没收假冒商标、认证标志1万余份，为企业和消费者挽回经济损失240多万元。通过畅通“12365”投诉举报电话、加强重点产品监督抽查、建立市场安全信息网等，创新执法监管思路，成功查处“天地科技股份有限公司上海分公司生产、销售无证矿用防爆电器案”、“无锡中科电气设备有限公司在平顶山销售低压开关柜未经3C认证案”等一批大案要案。通过关停一批、整改一批、扶持一批的专项整治措施，使汝州市无证面粉、叶县小水泥、湛河区地条钢和宝丰县小白酒等区域性质量问题得到有效治理。

（谢英杰）

【计量工作】 广泛开展“关注民生、计量惠民”活动，对事关人民群众切身利益的在用强检计量器具进行依法检定和监督检查。共检查集贸市场60多家，检查加油站161家、在用加油机699台；检查在用汽车衡使用单位252家、出租车公司11家，在用汽车衡及出租车计价器检定率分别达到95%和100%；检查眼镜制配场所36个，眼镜店在用计量器具检定合格率98%以上。开展商业、服务业诚信计量评定工作，评出诚信计量示范单位两家。不断完善计量检测和节能减排计量体系建设，完成13家企业的计量合格确认，对14家获得计量认证证书的实验室进行监督评审，对5家企业的25项计量标准进行专项考核及复查换证，帮助30家重点耗能企业建立计量器具管理台账，对其760多台能源计量器具提供在线监测校准服务，为其节能降耗提供技术支撑。

（谢英杰）

【标准化工作】 认真贯彻落实《平顶山市人民政府关于加快推进旅游服务标准化工作的意见》（平政〔2010〕34号），加强旅游企业的标准化建设。积极落实《平顶山市创建全国无障碍建设城市标准化管理活动实施方案》，指导有关方面按要求完成300多种无障碍设施公共信息图形标志的制作和设置，为平顶山市顺利通过无障碍城市达标验收作出积极贡献。引导全市企业重视加强标准化工作，全年承担或参与制订国家标准10个，行业标准和地方标准各两个，通过采标确认产品8个，提高企业标准化水平，增强企业在同行业界的话语权和竞争力。围绕新农村建设，积极推广实施农业综合标准化生产，培育建成金牛山石榴、舞钢市无公害食用菌等一批新的国家级、省级农业标准化示范项目，年创直接经济效益8320万元；扎实推进服务行业标准化工作，全市省级服务行业标准化示范单位达到13个，省级标准化良好行为企业6个。

（谢英杰）

【食品安全监管】 2010年，以贯彻落实《食品安全法》及相关法律法规为重心，通过采取日常考核与年度考核相结合、日常检查与突击抽查相结合、现场考核和调阅材料相结合，对食品生产企业实行说服劝退一批、帮助扶持一批、注销吊销一批，对重点产品加强专项监督抽查，对突出问题集中整治等办法，强化督查监管，全面落实责任，发现整改问题235个，确保食品生产安全。全市共有78家企业100张食品生产许可证被公告注销，前三季度监督检查的397批次食品实物总体合格率89.4%。深入开展"质监邀你看企业，食品安全大家行"活动，积极邀请当地人大代表、政协委员、新闻媒体记者等社会各界人士32人，观摩企业95家。全市没有发生重大食品安全质量事件。

（谢英杰）

【特种设备安全监察】 紧贴降低事故发生率这个核心，以强化特种设备安全使用为主题，以特种设备安全进企业、进校园、进社区宣传活动为主线，以气瓶充装和检验两站专项治理为重点，领导带头，深入一线，认真开展特种设备安全隐患排查治理活动。同时，积极搭建内部信息沟通平台，建立充实各级专职执法队伍，提高特种设备执法监管效能。全年，共检查相关企业761家，检验各类特种设备5970台次，下发安全监察指令书916份，排查整改隐患813项，实现全市特种设备安全形势的持续好转。

（谢英杰）

【公共技术服务平台建设及科技研发】 2010年，国家高压电器设备质检中心在平顶山市批准立项，至年底规划方案、效果图及网络试验站接入电网系统可行性研究报告绘制、编制完毕，填补平顶山国家级产品质量检测中心的空白。郏县铸铁锅省级质检中心完成投资70多万元，购置检测设备20余种，其中90%安装完毕。宝丰省级水泥质检中心有关专职立项书和检测大楼的规划设计工作积极运行。市质量技术监督检验测试中心以检测工作整顿为契机，加大投资力度、改善办公条件，加强部门合作、拓展检测领域，严格规范管理、提升检测水平，新增10个产品22项参数通过省局评审，检测能力达到807种产品293项参数。同时，积极发挥人才技术优势，研制的六氟化硫气体检漏仪获国家实用型专利和省、市级科技进步奖；研发的球形电子控制阀以等级高、效果好的特点通过专家鉴定，实现科研成果向生产成果的有效转换。

（谢英杰）

【"创先争优"活动】 坚持把"创先争优"活动与创建学习型领导班子结合起来、与党员公开承诺活动结合起来、与基层组织培育年结合起来、与创建五好基层党组织结合起来、与精品文化进机关结合起来、与创建文明系统结合起来，共组织开展调研走访活动140次、召开座谈会20多次，签订党员承诺书100多份，建立领导联系点40多个。在5月份平顶山市全民健身领导小组举办的大众广播体操比赛中获得一等奖；1人在全省系统技术比武大赛中获得第三名的好成绩；9月份和11月份分别在市直工委和全省系统组织的廉洁从政、大质检文化建设演讲比赛中获得较好名次；行政审批窗口于11月22日被省优化环境领导小组办公室授予河南省优质服务窗口荣誉称号；有两个单位顺利通过文明建设晋级达标验收。截至年底，全市质监系统有省级文明单位（含享受同级待遇）6个，市级文明单位5个，实现文明单位创建"满堂红"。

（谢英杰）

国土资源管理

【耕地保护】 2010年，市国土资源局多措并举，抓好耕地保护工作。层层签订《平顶山市2010年度耕地保护责任目标》。给100多万户村民发放基本农田保护证，明确各级政府耕地保护责任。对全市耕地保有量和基本农田保护面积进行细化，先后投入500万元，划定基本农田地块20344块，在乡镇明显位置设置基本农田保护区图1103幅，并建立健全保护制度。加强耕地占补平衡管理。严格执行和落实建设占用耕地"先补后占"、"占一补一"的审核制度。全年经依法批准建设用地27个，共占用耕地479.2公顷，补充耕地479.2公顷。组织完成汝州、舞钢等4个县（市）12批项目的立项，项目总规模1478.63公顷（22179.45亩），投资8091.0567万元，新增耕地1005.51公顷（15082.65亩），确保耕地总量的动态平衡。

（路春阳）

【用地保障】 认真贯彻落实

《关于解决新农村建设用地问题的意见》，规范新农村建设用地行为，破解新农村建设用地难题。在逐步规范新农村建设用地行为的基础上，有序解决新农村建设用地需求。2010年，上报省国土资源厅挂钩项目653.46公顷（9802亩），审批354.74公顷（5321亩）。按照《平顶山市土地综合整治实施方案》，积极推进土地综合整治。

（路春阳）

【土地利用】 2010年，市国土资源局全力做好土地利用工作。超前科学编制市、县、乡三级土地利用总体规划和矿产资源利用规划，并全部通过国务院和省、市政府审批。国土资源部将平顶山市列入全国首批11家市级规划审批单位，为平顶山市城镇发展和经济建设预留用地空间。积极与省国土资源厅沟通协调，争取更多计划指标。对河南省下达的土地利用计划实行统一管理，合理安排建设用地。为西气东输二线工程、南水北调工程、9个输变电工程、地方铁路、高速公路等8个重点工程及时办理用地手续。全年，共上报国务院、省政府审批各类建设用地96件，面积2112.46公顷（31687亩），批回用地1162.93公顷（17444）亩，是省下达建设用地指标的5.4倍。加大土地供应力度，大幅度提高供地率。全市供应土地1205公顷，土地供应面积同比增长354%，供地率达到86.1%，确保平高、气囊丝、姚孟二期等省市重点项目、城中村改造项目、经济适用房和廉租房的用地需求。积极盘活存量土地，加大对闲置土地的处置和改变容积率补缴出让价款的追缴力度。全年盘活400公顷，清理闲置土地6宗。全市实现土地出让收入26.1亿元，其中，市本级实现出让金入库14.76亿元。同时，排除干扰，通过多种有效措施，追缴土地出让价款1.2亿元。土地储备工作实现历史新突破。在没有储备中心的情况下，通过协调财政、银行，全年累计筹集土地储备资金约1.6亿元，储备土地约147.33公顷（2210亩）。出让8宗，面积60.61公顷（909.1513亩），收缴出让金4.17亿元。大力推进标准化厂房建设，积极开展创建节约集约用地模范县活动。完成标准化厂房建设44万平方米，使用32.68万平方米，入驻企业30家；在全市开展国土资源节约集约模范县（市）创建活动，舞钢市和宝丰县产业集聚区作为省级创建单位，积极开展多种宣传和推广活动。

（路春阳）

【矿政管理】 2010年，市国土资源局全力做好煤炭企业兼并重组工作。在时间紧、任务重、人手少的困难情况下，超前完成初审113家，年检矿山企业448家，全市国有矿山采矿权持证率达到100%。加强矿山储量动态管理，依法督促463家甲类及乙类矿山企业开展储量动态检测，在全省率先开展零星分散矿产动态检测。足额征收矿产资源补偿费，全年共征收入库矿产资源补偿费1.4536亿元，实现征收面和入库率“双百目标”。

（路春阳）

【矿业秩序整顿】 2010年，市国土资源局在全市集中开展整顿和规范矿产资源秩序活动。重点对边远地区封闭式养殖场、个体工厂和家庭民居等场所存在的隐蔽非法矿井进行全面排查。春节期间，市局稽查队和鲁山县、宝丰县局执法人员坚守工作岗位，吃住在矿区，集中打击无证开采行为，取缔5座无证非法煤矿。进一步规范煤矿企业图纸交换、井下实测、密闭墙动态监管等制度，加大入井实测力度，严厉打击煤矿超层越界违法开采行为。在全市开展非煤矿山专项整治活动，特别是对汝州市、宝丰县的铝土矿探矿区和采矿区进行重点整治，立案查处违法采矿案件47起。

（路春阳）

【地质灾害防治】 建立完善群防群测责任体系，制定《地质灾害防治预案》和《地质灾害应急预案》，并与各县（市、区）国土资源管理局签订防灾责任书，成立地质灾害应急救援队和汛期救援预备队。汛期组织管理技术人员150多人次进行拉网式排查，对全市392个地质灾害点逐个进行调查登记，对重大影响区的7000多个居民发放明白卡，使其明白撤离的线路和避让的地点。对重点危险区实行重点监控，建立健全群防群测工作机制。为弘扬舍己救人的精神，市国土资源局首次隆重召开会议，对舞钢市杨庄乡地质灾害有功人员计宝臣给予5000元的奖励。由于措施得力，狠抓落实，尽管2010年全市地质灾害频发，全年没有因地质灾害发生一起人员伤亡事故。

（路春阳）

【运用卫星遥感监测成果开展土地执法检查】 2010年，针对全市违法占用土地比例高达62%的严峻形势，市国土资源局按照市政府的要求，采取一系列果断措施，重拳出击，在全市开展拆除违法建筑系列活动。经过两个月的整治，全市共拆除违法用地552宗，面积80公顷（1200亩）；拆除违法建筑面积28万平方米，复耕土地面积32.33公顷（485亩）。通过依法拆除和补办用地手续，违法比例由原来的62%降至7.79%。

（路春阳）

【洗煤厂专项整治】 2010年，河南省人民政府针对平顶山市煤炭洗选行业混乱无序发展、污染环境、违法占地的问题，专门下发《河南省政府办公厅转发省发改委等部门关于进一步做好平顶山市煤炭洗选行业专项整治工作意见的通知》。按照国家土地督察济南局和省政府的要求，市国土资源局牵头组织开展专项整治行动，拆除煤炭洗选企业188家，涉及土地面积62.66公顷（940亩），拆除煤炭洗选企业违法建筑12万平方米，复耕土地32公顷（480亩）。

（路春阳）

【"十一五"期间国土资源管理】 "十一五"期间，市国土资源局严格落实耕地保护制度，坚持"区别对待、有保有压"的原则，严格控制农用地转用总量，下发《平顶山市国土资源局关于建立全市耕地后备资源储备库和补充耕地项目库的通知》，通过对耕地后备资源外业调查和内业核对，全市共入库耕地后备资源10799.437公顷。全市基本农田保护面积为27.03万公顷。在大力保护耕地的同时，适应经济社会快速发展的需要，保障城镇发展新增建设用地，满足交通水利、独立工矿等重点建设项目的建设用地需求，有力促进全市国民经济的平稳较快发展。2006年～2010年，省下达平顶山市新增建设用地指标共计2235公顷，全市共上报新增建设用地指标3205公顷。

（路春阳）

【"十一五"期间国土资源节约集约利用】 "十一五"期间，市国土资源局建立土地节约集约利用机制。在严格控制建设用地总量的前提下，优先保障重点基础设施、产业政策鼓励发展和稳定房地产市场急需的建设用地。根据《河南省国土资源厅关于印发河南省城镇土地基准地价更新调整工作方案的通知》，对平顶山市基准地价进行更新调整。全市加大城镇工矿存量用地盘活力度，大力开展农村建设用地整治工作。通过整治农村建设用地新增耕地2400公顷，土地整理、复垦、开发增加耕地804公顷，总投资8200万元。调整优化矿产资源开发规模和布局，对不具备生产条件和达不到最低开采规模的矿山企业进行关闭，矿山企业总数减少14.37%，矿产资源综合利用率和集约化水平进一步提高。矿产资源调查评价与勘查投入大幅度增长，对于缓解矿产资源供应紧张、延长矿山寿命起到了重要作用。主要矿产保有资源储量与2000年相比：煤炭、铅矿、铝土矿、萤石、铁矾土、盐矿、硅灰石、水泥用灰岩、水泥配料用砂岩等均有较大幅度的增加；铁矿、钛矿、钒矿、轻稀土矿、耐火黏土等有所减少。总体达到重要矿产新增资源储量与开采利用消耗储量总体上平衡的规划目标。主要矿种开采回采率和选矿回收率均有不同程度的提高。煤矿全面推广壁式采煤法，矿区回采率提高5个百分点以上，达到65%，国有煤矿原煤入选率提高10个百分点。铁矿选矿回收率提高3个百分点。主要矿种共伴生矿产资源综合利用率显著提高。低品位铝土矿、铁矿的选矿在规模性生产中得到应用。矿山'三废"综合利用成效明显，煤矸石、粉煤灰资源化利用进一步深化。

（路春阳）

【"十一五"期间土地生态保护】 "十一五"期间，全市累计实现生态退耕441公顷，恢复部分生态敏感区的生态体系和功能，从一定程度上遏制局部地区生态环境恶化的趋势。同时，在规划的指导下，积极开展重点采煤塌陷区的土地综合整治，有效促进土地生态环境总体质量的改善。平顶山市矿山环境恢复治理率较以前有所提高，平煤集团投入较大资金安排煤矿区生态环境调查项目和矿山生态环境恢复治理项目多项。塌陷区土地复垦、矸石山治理、煤矸石的资源化利用以及生产及生活污水处理复用等取得一定成效。

（路春阳）

【"十一五"期间国土资源基础管理】 "十一五"期间，土地调查和地籍管理取得新进展。土地登记覆盖面进一步加大，全市国有土地使用权发证率达到90.7%，集体土地所有权和使用权发证率分别达到80%和87.6%。矿产资源储量管理取得明显成效，储量检测、评审、登记统计、地质资料汇交等工作进一步强化，建设项目压覆矿产资源审批得到有效规范。测绘管理和保障能力得到进一步加强。国土资源科技工作取得新成果。地政、矿政和测绘管理基础信息数据库不断完善。对外交流与合作进一步加强。

（路春阳）

食品药品监督

【依法行政】 2010年，市食品药品监督管理局按照河南省食品药品监督管理局和市政府的安排，依法加强执法监督工作。组织开展执法检查2次，异地执法检查活动1次。法制机构共审核发文95件，合法性审查率达到100%，向省局和市政府法制办报备规范性文件5件，备案率达到100%，上级审核合法率达到100%，有效保障行政决策的合法性和合理性。对行政审批服务事项，确立“精简、精细、阳光”目标，精简行政许可办理程序，精细化服务，阳光化操作。将办结时限由法定的30个、15个工作日，缩短为5个工作日以内，将不需要现场检查的许可项目全部实现即来即办、当场办结。全年共办理各类行政许可268件，当场办结68件，占行政许可总数的25.3%；核发许可证75个（连锁42个，单体33个），无一拖件、无一压件，被市政府授予优质服务窗口单位称号。

（李鹏旭）

【食品安全综合监管】 2010年，市食品药品监督管理局强化组织协调，充分利用食品安全工作领导小组这一平台，8次召开食品安全工作领导小组会议，专题研究和安排部署食品安全工作。25次召开监管部门协调会议，解决食品安全工作中存在的问题。实行目标责任管理，市、县、乡三级层层签订食品安全监管责任书，监管部门与食品生产经营单位签订承诺书，将目标任务分解，责任到人。强化跟踪问效。建立督查督导长效机制，先后10次组织督查组深入一线督导检查，发现和解决工作中存在问题。深入开展食品安全优秀城市和食品安全示范县创建活动。平顶山市于2010年4月再次被省政府命名为食品安全优秀城市。截至年底，舞钢市、叶县成功创建食品安全示范县，汝州市迎接检查验收完毕，宝丰县和郏县被确定为食品安全示范县遴选县。

（李鹏旭）

【食品安全专项整治】 组织开展为期两年的食品安全整顿，制定下发平顶山市2010年食品安全整顿工作实施方案、平顶山市2010年食品质量工作实施方案、问题乳粉清缴工作实施方案。为有效解决阶段性食品安全突出问题，组织开展违法添加非食用物质和滥用食品添加剂整顿及元旦（春节）、彻查问题奶粉、学校及学校周边、高（中）考、端午节和夏季食品安全专项整治，着重解决食用农产品、食品生产加工、食品流通、食品进出口、禽畜屠宰、餐饮消费、保健食品等方面存在的突出问题。共出动执法人员10万余人次，整顿重点地区31个、重点单位108家、重点品种49种，查处各类食品案件987起，罚款金额180万元，吊销许可证230张，捣毁制假售假黑窝点15起，查处不合格食品1.3万余公斤，检测三聚氰胺、蔬菜、水果、饮料等重点食品2000余批次，受理群众举报投诉352起，未发现问题乳粉，食品抽验合格率较上年提高1.5个百分点。

（李鹏旭）

【食品药品安全宣传教育】 2010年，市食品药品监督管理局突出抓好食品药品监管队伍的法制教育，共培训执法人员1800多人次，培训食品药品协管员、信息员3200人次。采取办讲座、培训等形式，对1.8万余名食品药品生产经营从业人员，进行相关业务和法律知识培训，提高其守法意识。深入开展全市餐饮服务食品安全宣传周活动，深入农村、街道、社区，宣传食品药品安全知识。组织有关单位制作宣传展板120张，设立咨询台（站）60个；悬挂宣传横幅180条，张贴宣传画500余张。自筹资金8万余元，印发食品安全法和食品安全知识读本2万册，宣传单10余万张，解答群众提出的有关食品安全方面的问题200多条；影响受教育群众100万人次。

（李鹏旭）

【药品生产质量安全监管】 全面实施药品生产质量管理规范，加强对企业实施药品生产质量管理规范情况的跟踪检查，发现一般缺陷81项，全年检查覆盖率达到100%，监督整改率达到100%。对存在严重问题的华利药业小容量注射剂生产车间，建议省食品药品监督管理局收回其相应的GMP证书，经整改验收后同意恢复生产。监督引导企业强化验证工作，全市78个常年生产品种全部完成工艺验证，实现生产全过程的标准化、规范化。加强对医疗机构制剂的日常监管，对10家具有医疗机构制剂许可证的单位，进行全面监督检查，对达不到生产条件未提出换证申请的6家制剂室予以停产关闭。加强特种药品监管，坚持做好特种药品季度巡查工作，对特殊药品定点经营企业进行布局调整，认定9家企业具备第二类精神药品经营资格，取消6家企业经营资格，确保特种药品不发生问题。加强药品不良反应监测上报工作，完善四级监控网络，推进药品安全指导、预警工作，共报告药品不良反应1364份。

（李鹏旭）

【药品流通使用监管】　加大药品经营质量管理规范（GSP）检查力度，对7家批发企业，5家连锁企业总部和330家零售企业进行两次以上的全面监督检查，完成跟踪检查41家，上报认证申请61家，完成认证现场检查34家，下发责令整改通知书21份。培训从业人员925人，确保企业严格按照药品经营质量管理规范的要求从事经营。对在平顶山市中标的10家基本药物配送企业的证照、委托书、经营使用的各种票据及相对应的印章、企业的开户银行名称及账号等进行核实备案，有效监控药品经营企业的购销行为。深入推动药品“两网”建设，确保农村药品质量安全。组织开展对协管员、信息员的全员培训和宣传工作，共培训协管员、信息员2923人次，完善供应保障体系，保证农村用药安全有效。稳步推进医疗机构药房规范化建设工作。全市参加新农合的农村诊所和乡级以上医疗机构100%达到规范化药房建设要求，严密监控药品违法广告，明确专人对平顶山市媒体发布的药品广告进行实时监测。共监测移送工商部门查处非法药品、保健品广告156件，报请省局暂停销售1个品种，抽验违法广告药品4批次，发布违法广告消费警示4期。

（李鹏旭）

【医疗器械监管】　市食品药品监督管理局利用审核投标企业资质的工作平台，实现医疗器械监管关口前移，共审核大型医疗设备、高值耗材医疗器械投标配送企业资质212家，审核品规3540个，其中有160个品规未通过审核，占投标品种的4.5%。审核普通耗材医疗器械产品的招标资质632家，医疗器械品规8940个，未通过审核的企业为81家，未通过率为12.8%。保证医疗机构使用器械的质量。认真实施医疗器械生产质量管理规范（GMP），严格生产质量体系监督检查。组织开展隐形眼镜护理液、医用分子筛制氧设备、高风险医疗器械等专项检查，现场检查经营企业和医疗机构380多家，撤销经营许可证1份，下发责令整改通知书76份，对存在质量安全隐患的医疗器械产品抽检12批次，整治成果显著。

（李鹏旭）

【药品安全专项整治】　2010年，市食品药品监督管理局按照河南省食品药品监督管理局的统一安排，组织开展为期两年的药品安全专项整治。8月份，结合平顶山市的安全形势，开展为期两个月的夏季药械安全专项整治，组织全系统执法人员统一行动，对全市生产企业、经营企业和大小医疗机构开展拉网式排查，对存在的违法违规行为进行集中攻坚，全面突破。开展医用氧专项整治，对平顶山市医用氧生产企业、医疗机构购进使用医用氧的情况进行专项检查，未发现违规生产、经营、使用医用氧的违法行为，未发现有工业氧（或压缩气体）冒充医用氧的违法行为。开展疫苗安全专项整顿。对辖区内疫苗的购进、储存、运输和使用环节的质量情况进行专项检查，进一步落实“冷链”运输，确保疫苗安全。组织开展学校卫生室及周边涉药单位专项整治，规范学校卫生室及周边涉药单位药品购销、储存、使用环节的质量管理，确保全市学校周边药品质量安全有效。开展打击非药品冒充药品专项整治，大力整治非药品冒充药品违法行为。开展终止妊娠药品专项整治，查处终止妊娠药品案件138件。充分利用快检手段筛查药品，药品快速检测车共运行139天，筛查药品1880批次，比上年增加598%；经抽验确认不合格药品133批，比上年增加140.4%；通过近红外鉴别系统筛查药品1233批次，比上年增加695.5%。全市共监督检查涉药单位4305家，覆盖率达100%；立案1228起，结案1220起，结案率99.3%；破获案值5万元以上的大案要案1起，移交司法机关案件4起，刑拘1人。受理核查群众举报99起，办理协查核查函222件，完成药品针对性抽样793批，检出不合格药品293批次，不合格药品立案查处率100%。

（李鹏旭）

【基本药物监管】　根据全市基本药物生产经营的基本情况，市食品药品监督管理局确立以"建立三项机制，明确三方责任，落实三个保证"为重点的"三个三"的监管体系。"三项机制"就是建立强有力的领导机制、高效的工作协调机制和局领导班子成员包干督导机制；"明确三方责任"就是明确生产企业的源头管理责任、明确经营企业质量管理责任和和监管人员的监督责任；"落实三个保证"就是落实抽验保证、不良反应监测保证和农村"两网"协管保证。对省定的307个和市增补的200个基本药物品种进行严密监控，均衡抽验。本市生产的基本药物品种在生产环节实施全覆盖抽验；中标配送企业所采购的外省企业生产的基本药物品种在流通环节实施全覆盖抽验。对中标配送企业首营的外省基本药物逐品规抽验。共检出不合格基本药物9批次。对不合格基本药物品种，市食品药品监督管理局建立快速反应机制，及时封存，及时召回，及时依法进行处理，保障全市基本药物的安全有效。

（李鹏旭）

盐业管理

【概况】　2010年，全市共完成盐产品生产269.2万吨，同比增长28.9%，产销率100%；其中生产食盐39.6万吨。完成食盐购进2.1万吨，完成食盐销售2.2万吨，分别占年计划的100%。回笼上缴盐款3172.9万元，盐款结算率达到100%。全年查处盐业违法案件708起，端掉私盐制假窝点7个，查获违法盐产品160.3吨，罚款13.1万元，结案率达到98%以上。源头管理持续加强，专营"三率"显著提升，依法行政成效显著，盐及盐化产业有序发展，创先争优活动深入推进，精神文明和党风廉政建设不断加强，获得全省盐业系统目标管理先进单位荣誉称号。保持省级文明单位和省级卫生先进单位荣誉称号。

（李留金）

【食盐专营】　2010年，市盐业局面对盐业管理体制改革的严峻形势，坚持以执行专营政策为核心，抓住网建，着眼运销，圆满完成食盐专营计划，确保全市人民群众的合格碘盐供应。加强食盐营销网络建设，优化市场资源配置，创新服务方式，增强服务意识，在全市建立食盐营销网点3352个，形成配送、访销、宣传、稽查"四位一体"的网络运行格局，增强市场控制能力。加大物流配送计划，减少流通环节，降低流通费用，提升行业的生存发展能力。加强财经纪律，健全盐款回笼机制，确保盐款结算率达到100%。

（李留金）

【盐政宣传】　2010年是全面落实《河南省重点地方病防治规划（2005年~2010年）》的关键一年。平顶山市各级盐业部门坚持以"3·15"、"5·15"活动为契机，以"科学补碘，持续消除碘缺乏病"为主题，以盐业法规条例和碘缺乏危害及防治为重点，组织开展形式多样的盐政执法宣传活动。在第十七届"防治碘缺乏病日"宣传活动中，全市共投入资金10多万元，出动宣传车辆30余台（次），设立咨询台26个，展出宣传展板24块，悬挂过街横幅38条，发放宣传材料6万余份，接待咨询群众数万人。

（李留金）

【盐政管理】　2010年，市盐业局坚持执法和教育相结合、管理和服务相结合的原则，进一步堵源头、管市场、查私盐、端窝点，严厉打击涉盐违法行为。开展食盐市场专项整顿活动。市盐政稽查大队与各食盐专营单位协调联动，以节日市场供应为重点，对批发、零售等流通环节进行拉网式排查，严厉打击制假售假等涉盐违法行为，净化食盐市场环境，确保全市人民群众的食盐安全。加强盐政执法队伍建设。采取岗位练兵和集中培训等方式，对全市73名盐政执法人员进行业务培训，增强依法行政能力和业务素质。完善盐业行政处罚自由裁量相关制度，规范执法行为，确保依法行政。开展行政执法案卷检查评比活动、依法行政示范单位创建等活动，进一步提高执法队伍的综合素质和办案技能。

（李留金）

【盐源管理】　按照属地管理的原则，市盐业局把源头管理工作当作一项政治任务，严防死守，盯紧看牢，巩固源头管理成果。完善源头管理形势分析例会制度，每月定期召开源头管理形势分析会，查找差距，解决问题。健全领导干部带班和节假日责任管理机制，加大督导检查力度。强化运盐车辆监督管理和盐产品出厂监督，抓好GPS监控工作，及时处理报警车辆传阅的信息；驻厂稽查人员24小时轮流值班，对出厂的每一台运盐车辆进行严格检查，并跟踪车辆装盐，做到物证相符、手续完备、登记造册、监控到位。加强制盐企业监管，杜绝私产私销行为。强化“两碱”用盐、小工业盐和液体工业盐的管理，扎紧省产工业盐冲击食盐市场的口子。2010 年，驻厂稽查人员共检查、登记运盐车辆 3.5 万台（次），查验计划食盐 37.6 万吨、工业盐 199.9 万吨。

（李留金）

【盐行业管理】　2010 年，市盐业管理部门围绕盐资源的深度开发，按照“总量控制、上大压小、节能减排、循环经济”的可持续发展理念，利用“中国岩盐之都”的品牌优势，以推动平顶山化工产业集聚区建设为重点，以“企业服务年”活动为抓手，充分发挥行业监管、协调、服务职能，积极协助有关部门引进东方希望集团、中平能化集团、香港乐健制盐和盐化工等一批科技含量高、附加值高的项目，行业发展步伐进一步加快。截至年底，中平能化集团双 30 万吨氯碱化工、神马氯碱 30 万吨扩建和东方希望集团 120 万吨、中盐皓龙新增 100 万吨、神鹰盐厂 100 万吨、平煤盐化 120 万吨真空制盐等一批制盐及盐化工项目，均开工或建成投产。积极指导和服务中盐皓龙、神鹰盐厂等食盐定点生产企业，圆满完成食盐生产计划。通过进一步减少流通环节，降低流通费用，提高管理效益，食盐流通现代化有序推进，为有效应对盐业体制改革、确保行业生存发展奠定了良好基础。

（李留金）

鹳鱼石斧纹彩陶缸

鹳鱼石斧纹彩陶缸，1978 年在河南临汝阎村出土，属于仰韶文化。器形为敞口、圆唇、深腹，器高 47 公分、口径 32. 7 公分、底径 19. 5 公分。器沿下有四个对称的鼻钮，腹部绘有《鹳鱼石斧（或称鸟鱼石斧）图》。

《鹳鱼石斧图》分为两个部分。器的左边画了一只圆眼、长嘴、两腿直撑的水鸟。它昂首，身躯微微后倾，嘴上衔一条大鱼。图的创作很注意通过细部处理强调表现对象在运动中的姿态以及它们生活的某种情状，创作者似乎是为了追求一定的情感才去作画的，通过这些动物形象传达的某种神情，以唤起观者的联想。在器物的右边竖立着一把装有柄的石斧，石斧上的孔眼、符号和紧缠的绳都进行了细致的描绘。石斧在先民征服与改造自然的活动中起着巨大的作用。而鸟、兽、斧的组合并非偶然。图中鹳与鱼面对石斧，寓意着先民对劳动生活的特殊审美气质，与对劳动工具的崇拜，以祈求工具保佑人们吉祥、平安和丰收的生活。图中的鹳直接用色彩平涂形体，而鱼、斧则根据不同的审美需求用粗浓的线条勾勒轮廓，转折、起伏、刚柔互用的绘制，以表现物的形态与神情，达到形神兼备的审美要求。《鹳鱼石斧图》是中国发现最早的绘画作品之一，以其宏伟的气势体现新石器时代美术创作上的最高成就。

《鹳鱼石斧图》画面纵 37 厘米，横 44 厘米。在绘画史上，它不仅反映了人类童年绘画萌芽时期的艺术风格，而且以其宏伟的气势，体现了中国史前彩陶画艺术创作的最高成就。

（子　长）

文　　化

文化艺术

【文化基础设施建设】　2010年，平顶山博物馆、文化艺术中心建设按照市委、市政府要求进展顺利。全市共有群艺馆（文化馆）10个（市级1个，县级9个）；公共图书馆8个（市级1个，县级7个）；博物馆纪念馆4个；文化信息资源共享工程市级支中心1个、县级支中心10个、基层服务站点2535个；建筑面积达标（150平方米以上）的乡镇综合文化站34个，街道文化中心27个；村文化大院700多个，社区文化活动室184个；农家书屋530家，数字电影广场10个，流动舞台车5部。

（牛　磊）

【民生文化工程】　2010年，全市共建成15个乡镇综合文化站和300个农家书屋，完成4个县级支中心建设和1023个行政村共享工程基层站点的升级改造。开展“舞台艺术送农民”活动97场，文化文物部门归口管理的公共博物馆、纪念馆全部按要求向社会免费开放。完成全市2010年农村公益电影放映工程，共计放映31044场。

（牛　磊）

【文艺赛事】　2010年，荣获全国“群星奖”1个，省“群星奖”奖5个，省少儿文化艺术节一等奖4个、二等奖1个、三等奖1个。获第六届河南省农村摄影一等奖1个，三等奖6个，优秀奖20个。获第六届全省公共图书馆服务成果和2010年公共图书馆建设与服务论文评选活动一等奖2个，推荐5幅书画作品和4支文艺演出团队参加河南省重阳节老年书画精品展和老年优秀文艺团队展演活动。获首届河南省民营及社会艺术团体文艺汇演综艺节目类二等奖1个，单项综艺节目表演二等奖1个。

（牛　磊）

【艺术创作】　2010年，新创作大剧本《中秋月》和电影文学剧本《恩人之死》，其中《恩人之死》荣获首届全国戏剧文化奖剧本奖。在省级刊物发表《谈现代戏创作的平民化》和《叛逆与妥协》两篇专业学术论文。推荐《中秋月》、《牛郎织女》和《七品琴师》3部作品参加河南省第五届优秀剧本征集评奖。小说集《秋天的走向》被编入“中国小小说名家档案”丛书，在全国出版发行。创作小品、相声、诗朗诵、歌曲及晚会撰稿等20余个。

（牛　磊）

【非物质文化遗产保护】　2010年，鲁山县大槽油压榨技艺被列入河南省非遗普查十大新发现。6月20日，平顶山市民间剪纸传承人李福才，民间音乐大铜器传承人邱宝军、薛宗峰，传统戏剧木偶戏传承人朱西林，曲艺大鼓书传承人冯国和传统技艺汝瓷烧制技艺赵志强等6人，被省文化厅公布成为第二批河南省非物质文化遗产项目代表性传承人，并有18个项目入选第二批市级保护名录。全年，全市共有省级非物质文化遗产项目代表性传承人12个，市级非物质文化遗产项目代表性传承人5个。组织参加省文化厅举办的古籍保护业务工作和非物质文化遗产代表性传承人培训班；举办全市“非物质文化遗产保护”培训班。协助郏县大铜器申报获得2010年中央补助地方专项资金30万元。组织郏县大铜器、鲁山县鼓儿词等非遗项目参加河南（淮阳）非物质文化遗产展演活动。组织汝瓷作品参加全国百名工艺美术大师作品展，获得三等奖。

（牛　磊）

【文化市场管理】　全年共开展两次“闪电”行动和暑期文化市场集中整治行动。共出动执法人员700多人（次），对存在违法违规经营行为的两家歌舞娱乐场所，67家网吧，27家音像店、书报刊亭进行检查，依法收缴盗版光盘、图书1382盘（册），取缔10家无证游艺娱乐场所，将230多家黑网吧的基本情况提供给工商行政管理部门。加强对歌舞厅、卡拉OK厅、迪厅等各类娱乐场所及影剧院、俱乐部等演出场所的管理。加大对农村庙会、城乡接合部及个体私营煤矿等演出活动的监管力度，有效规范市场经营秩序。平顶山市文管办被表彰为2009年度查处侵权盗版案件有功单位集体三等奖，两名执法人员获得有功个人三等奖。

（牛　磊）

【广电事业技术管理】　在全市范围内开展广播电视播出秩序专项整顿活动，对全市广播电视播出机构的频率频道、名称、台标、呼号、节目设置范围和技术参数等进行监督检查，规范全市广播电视播出秩序。在排查集中整治“地下电视台”专项活动中，没有发现私设“地下电视台”的违法行为。完成县（市、区）广播电视播出机构许可证审核上报工作。开展非法销售安装使用卫星电视广播地面接收设施专项整治活动，依法对57家单位和个人违法、违规安装使用卫星电视地面接收设施予以强行拆除，630多座卫星电视地面接收设施自行拆除。加强全市三星级以上涉外宾馆接收传送境外电视节目的日常监督管理，为符合条件的宾馆办理接收传送境外电视节目许可证，对违法违规设立的卫星地面设施予以取缔。建立健全广播电视安全播出组织体系，制订实施方案，完善应急预案。加强日常监督管理及节假日、特殊敏感期的监督管理工作。按照上级要求，完成2010年度全市广播电视质量奖、科技成果奖、技术维护先进个人和先进集体的组织、评选及上报工作。

（牛　磊）

【“扫黄打非”及新闻出版管理】

2010年，圆满完成与省“扫黄打非”工作领导小组签订的目标任务。全市共出动检查人员8248人（次），检查出版物市场、店档摊点6953个，检查印刷复制企业864家，收缴非法出版物4.61万件，处罚违规店档68个、印刷复制企业29家，取缔非法报刊4家，排除信息网络安全隐患29余次，对两家互联网接入单位和1家违规手机信息服务商下发整改通知书，封堵179个涉及淫秽色情内容的WAP网站。市“扫黄”办上报省“扫黄”办和省新闻出版局各类信息共计20条，被采用11条，超额完成省局规定上报任务。扎实开展侵权盗版及非法出版物集中销毁和“绿书签2010”系列宣传活动。全年销毁盗版音像、计算机软件制品、压缩碟以及盗版图书和教辅读物等共计3.19万余件，发放“绿书签”宣传品5000余份。完成省局督办案件9件，查处侵权盗版案件11件，被国家版权局授予查处侵权盗版案件有功单位和个人三等奖。以车站、城乡接合部为重点，对租赁厂房、民房从事印刷经营活动的厂（店）进行两次集中清查，保持印刷市场的平稳势头。积极推进企业使用软件正版化工作，两家企业被授予全国软件正版化工作示范单位称号，两家企业被授予河南省软件正版化工作示范单位称号。

（牛　磊）

【文化产业和文化体制改革】

积极推动文化体制改革。通过走访、调研和召开座谈会等多种形式，对市直专业艺术表演团体经营现状进行摸底，认真听取职工的意见和建议，加强思想引导，政策宣传。研究制定出《平顶山市直专业艺术表演团体转企改制方案》（草案），并组建文化市场综合执法支队。完善文化产业项目库。及时补充完善文化产业项目库，向外公开招商引资项目，加快文化产业发展。认真贯彻中央和省委领导关于“宝丰现象”的批示精神，实施马街书会原址保护工程，筹建宝丰艺术培训中心，成立宝丰魔术杂技演艺集团公司，建成魔术产品交易市场，加强对民间演出团体的管理和服务，注重发挥在外演出团体中流动党支部作用，继续推行优质服务“十项承诺”，促进民间演艺业的健康发展。文化文物旅游产业。做好汝州市汝瓷博物馆免费开放工作，支持叶县文庙的对外开放工作，进一步加大对外开放文物景区（景点）的管理力度，提升服务功能，完善配套设施，优化景区（景点）环境，大力开展文化文物旅游。开展全市汝瓷生产企业摸底调查工作，摸清全市汝瓷研发生产企业数量，烧制汝瓷釉色、器形特点，年产量和销售量，了解掌握汝瓷研发生产趋势，为整合汝瓷资源、传承汝瓷传统技艺等做好基础性工作。文化娱乐业。提高市场准入门槛，依靠市场机制优胜劣汰，在市场中推进连锁化、集团化、规模化、专业化和品牌化经营，提升服务水平和行业形象；加强对行业协会的指导，发挥协会作用，加强行业自律，避免恶性竞争；在整顿规范和坚决打击违法经营行为的同时，制定各种优惠政策，积极培育民营、个体、外资参与的多元化文化市场主体。印刷出版业。引导技术设备较好质量有保证的出版物印刷企业，替代技术设备落后质量差的出版物印刷企业，增加订单、提高效率、滚动发展、做大做强。重点发展包装装潢印刷，对包装装潢印刷业给予一定的政策支持。

（牛　磊）

【社会文化】　举办好全市群众文化活动，提升人民群众幸福指数。2010年，成功举办平顶山市2010年“欢乐中原”群众文化活动、“春满中原”春节系列文化活动、全市第二十六届民间艺术表演、“迎新春”唢呐比赛、第二届市“三八”妇女摄影展、街舞比赛、青少年儿童文艺汇演等大型文化赛事活动。其中“欢乐中原”群众文化活动历时一年，分三个阶段组织开展，共举办各类民俗文化活动600多场次，广场文化活动集中展演150多次，群众自娱自乐文艺演出及各类比赛近3500场(次)，数字电影广场放映180多场，为农村放映电影1.85万场，送戏下乡550余场，直接受益群众340多万人次；“春满中原”春节系列文化活动，历时两个月，共举办各类活动1160多场（次），参演人数4万人(次)，受益群众达146万人(次)；第二十六届民间艺术表演，来自城乡、农村（社区）、厂矿企业和机关的100余支代表队，1000余名演员参加了演出活动，收益观众达1万余人次。

积极承办各类专题文艺晚会。先后承办平顶山市“人大、政协会议”慰问演出，市委、市政府春节团拜会，省委党校培训班晚会等8台文艺晚会。组织台湾豫剧团来平顶山市进行交流演出。筹备举办3场“金钟之星”名家名曲精品音乐会，积极为第三届华侨华人经济合作论坛营造氛围。

组织县（市、区）剧团广泛开展送戏下乡活动。全市县(市、区)剧团共下乡演出上千场次，丰富农村文化生活。叶县按照“政府购买、剧团演出、农民受惠”的原则，由县财政出资购买200场戏，在全县18个乡镇进行演出；市豫剧团、曲剧团下乡演出300多场。

积极开展文化争先创优活动。完成10个省文化先进乡(镇、街道)，8个省民间艺术之乡和16个省文化先进社区的申报工作，协助汝州市做好迎接省文化先进县（市、区）复核工作。

（牛　磊）

【《走近台湾》出版发行】　市文化局艺术中心副主任张国岳编辑的《走近台湾》一书，通过国家新闻出版总署、国务院台湾事务办公室的审批，2010年4月，由河北大学出版社出版发行。《走近台湾》是大陆出版社出版的首部以游记体记述来了解台湾、图识台湾的旅游观光图书。该书内容由“海协”、“海基”商定的旅游观光线路内的人文与风光景观组成，摄影作品视觉独特，构图娴熟，内容丰富，图书设计新颖大方，图文并茂，真实地反映宝岛台湾的风土人情。

（牛　磊）

【马街书会抢救保护工程启动】

2010年2月26日（农历正月十三日），马街书会抢救工程启动仪式在书会现场举行。文化部、省文化厅、省文联、市县领导出席启动仪式。马街书会抢救工程对历年书状元及60岁以上艺人文字、图片、录音等资料进行抢救保护。在曲艺文化面临曲种、曲目逐渐减少，多种曲艺文化濒临灭绝，曲艺艺人青黄不接的情况下，启动马街书会抢救工程保护，对于保护、拯救马街书会这一非物质文化遗产，具有重要的现实意义和深远的历史意义。

（牛　磊）

【马街书会文化活动异彩纷呈】

2010年，马街书会文化活动别开生面，为公众送去异彩纷呈的文化活动。活动期间举办中国·宝丰马街书会曲艺擂台赛。主要有相声、小品、鼓曲唱曲等20多个北方曲种，30多支代表队100多人参赛，不分曲种、连续两天进行比赛，并将宝丰魔术作为表演项目进行展示。正月十三晚，在宝丰县人民会堂举办中国·宝丰马街书会曲艺擂台赛颁奖晚会，颁奖晚会为综合性曲艺晚会，邀请国内曲艺名人助兴演出。宝丰县在启动马街书会历年书状元及60岁以上艺人文字资料的抢救工作中，组织开展“马街书会摄影展”、马街书会艺术学校挂牌等活动。正月初十至正月十二，在马街书会会场组织两台大戏进行3天展演对戏。“写书送书”下乡活动是书会又一亮点。宝丰县直各单位至少“写书”1～2棚，送到较为偏远的农村，活跃农村节日文化生活。各乡镇在会场开展廉政文化宣传活动，新春书画联展活动，举办“人口杯”国策书场文化宣传展演活动和全市法制文艺汇演活动。

（牛　磊）

【举办第二届庆“三八”妇女摄影展】　3月8日，平顶山市第二届庆“三八”妇女摄影展在河南九方圆文化艺术传播有限公司隆重举行。摄影展共征集作品400余幅，评选出一等奖5个、二等奖10个、三等奖15个、优秀奖20个，组织工作奖4个。

（牛　磊）

【叶县境内发现近百处岩画“天书”】　2010年，在叶县常村乡马拉庵村附近的山顶和山崖上相继发现近百处岩画“天书”。发现的“天书”既有十二星、古四星凹穴环形排列图案，又有四面排列如同河图洛书一样的凹穴图案，还有多种似棋盘状方格、米字图纹及难以辨析的图纹，一些不规则凹穴图案更是密密麻麻布满岩画。“天书”与新郑具茨山、禹州市和方城县的岩画“天书”南北连成一体，对中原远古文化的研究将产生重要影响。4月7日，叶县在常村乡召开岩画“天书”保护工作现场会，工作人员对岩画“天书”有可能存在的区域进行实地调查。并要求要加大宣传力度，广泛发动群众，开展调查保护工作，采取有效措施，确保岩画“天书”安全。

（牛　磊）

【全市青少年儿童文艺汇演】　5月24日~25日，由市文化局、市教育局联合举办“我们的节日”2010年青少年儿童文艺汇演。来自10个县（市、区）近千名青少年儿童参加汇演。文艺汇演分音乐、舞蹈、戏剧和曲艺4个门类，共81个节目参加文艺汇演。经过认真评审，舞蹈《剪纸姑娘》等16个节目获得汇演一等奖，29个节目获得二等奖，另有20个节目获得优秀奖。

（牛　磊）

【曲艺节目《中州自古美名传》荣获全国“群星奖”】　5月24日，全国第十五届“群星奖”颁奖晚会在广州市中山纪念堂举行。本届“群星奖”全国进入曲艺决赛的节目共计56个。经过激烈角逐，40个曲艺节目获得曲艺类“群星奖”。平顶山市选送的曲艺节目《中州自古美名传》荣获曲艺节目类“群星奖”。

（牛　磊）

【第五个中国“文化遗产日”宣传活动】　6月12日，在市鹰城广场举行以“保护文化遗产，守护精神家园”为主题的第五个中国“文化遗产日”宣传活动。宣传活动主会场共展出各类宣传展板100余块，文博单位在市区各主干道悬挂宣传条幅200余条，散发“文化遗产日”宣传资料2万余份，免费鉴定各类文物、工艺品近千余件，数万名市民到场参观。各县（市、区）也设立分会场，举办丰富多彩的庆祝活动，张贴宣传标语近千条。全市所有文博单位免费开放，共接待游客3万余人次。

（牛　磊）

【“舞台艺术送农民”活动】　2010年6月~11月，举办平顶山市“舞台艺术送农民”活动。活动期间，全市共安排97场演出，在人口集中的行政村进行巡回演出。巡演活动由市、县两级专业艺术表演团体组织，既有戏曲，又有音乐舞蹈、杂技、曲艺、小戏和小品等，演出活动让广大公民在丰富文化生活的同时，享受到了经济文化发展的成果。

（牛　磊）

【王青获河南省第六届青年戏剧演员大赛一等奖】　2010年7月12日~25日，河南省第六届青年戏剧演员大赛在郑州举行。平顶山市6名选手参加比赛。经过复赛和决赛，平顶山市豫剧团选手王青以优美的唱腔、精湛的演艺夺得大赛一等奖；李红等4名选手也分别荣获大赛三等奖。

（牛　磊）

【张国岳获2010（23届）全国摄影艺术展优秀奖】　在2010年（23届）全国摄影艺术展评选中，市文化局作者张国岳的作品《戏里戏外》荣获优秀奖。全国摄影艺术展由中国摄影家协会和江西省宜春市人民政府共同主办，是中国摄影界的最高赛事。本届国影展共收到15114位摄影人投送的参评作品183651幅（组），共有904幅（组）作品分别荣获4个类别的金、银、铜以及优秀奖项。

（牛　磊）

新闻媒体

报　纸

【概况】　2010年，平顶山日报社紧紧围绕市委、市政府的中心工作，始终坚持正确的舆论导向，努力做好新闻宣传工作，为“走在全省前列、率先实现崛起”营造良好的舆论氛围。《平顶山日报》连续6届获得河南省十佳报纸荣誉称号；《平顶山晚报》荣获全国地方都市类报纸最具影响力十强称号；平顶山新闻网被授予首批全省百家网站建设推进工程入选网站称号，平顶山日报社荣立平顶山市创建国家园林城市集体二等功。发行、广告、印刷业务顺利开展，报外经营保持良好的发展势头，社会效益和经济效益共同提高，各项事业全面发展。

（吕光耀）

【政治报道】 2010年，为搞好“人大、政协两会”宣传报道，平顶山日报社成立宣传报道领导小组，由社长任组长，总编辑任驻会总指挥。“两报一网”以日报重点报道为主线，分别制定详细的会议报道方案，通过开设“两会关注”、“代表委员议政录”、“两会快递”、“会场之外”、“建言献策”、“图说两会”等栏目，全面解读《政府工作报告》。在全会宣传上，平顶山日报社突出四个创新，即创新报道视觉、创新报道内容、创新报道手段、创新报道平台，及时报道会议召开的情况，积极宣传平顶山市社会各界学习贯彻落实十七届五中全会精神的各种举措，受到读者的广泛好评。《平顶山日报》和《平顶山晚报》不断强化国内、国际热点新闻报道，报纸的新闻性和信息量得到进一步提高。

（吕光耀）

【中心工作宣传报道】 “两报一网”紧紧围绕市委提出的统筹推进“三大任务”，持续提升“三项保障”的工作重点，以“学先进、比创新、看实效”和“推进经济结构调整，加快发展方式转变”两个专栏为依托，及时报道全市经济和社会发展中新动态、新进展、新成绩和新经验。刊发各县（市、区）、各系统和各单位的相关报道1000余篇，对推进全市的重点工作起到积极作用。

（吕光耀）

【宣树典型】 《平顶山日报》和《平顶山晚报》着力加大对“精神侠客”张朝岑在贵州援建1080座“河南水窖”典型事迹的宣传报道，引起国内多家媒体关注。《人民日报》、《贵州日报》、河南电视台、河南人民广播电台均对张朝岑的事迹进行报道，使这一典型叫响全国。张朝岑荣获全国优秀新闻工作者的殊荣并受到党和国家领导人的亲切接见，成为第一个获得全国优秀新闻工作者称号的县级新闻媒体记者。

（吕光耀）

【关注民生报道】 2010年，《平顶山日报》把宣传触角伸向基层，伸向百姓，选择宣传报道各行各业涌现出的先进个人和先进集体，进一步弘扬社会正气。在“基层采风”专栏中，刊发基层一线的鲜活新闻共130条。在“好人之歌”专栏，刊发品德高尚、可亲可学的平民典型85条；在“百姓故事”专栏，刊发发生在百姓身边的感人故事120条；在“温馨提示”专栏，刊发为百姓服务的新闻618条；“百姓话题”专栏，刊发促进经济发展、建设和谐社会的好意见好建议50期（50多条）。注重民生新闻和平民典型的宣传报道，增强报纸的亲和力和可读性。

（吕光耀）

【宣传“文化强市”】 为宣传“文化强市”，《平顶山日报》推出文化专版，开设“文化视点”、“人物”、“鹰城访古”、“水经注”和“地名故事”等栏目，相继刊发《永远的马街》、《解读人文尧山》、《从水田村到临沣寨》、《“大香山”探源》、《沙河文化管窥》、《汝瓷产业路在何方》、《探访绵延不绝的三苏文化》和《历代诗人心目中的张良》等一大批有深度、有影响的稿件，受到市领导和读者的广泛好评。

（吕光耀）

【《今日关注》强化深度报道】 《平顶山日报》推出的《今日关注》栏目，立足于做正面文章，注重聚焦社会热点、难点问题，刊发的《新农保一小步农民养老一大步》、《鹰城地下停车场之“痛”》和《大班额：市区小学不能承受之重》等30余篇稿件，以其贴近民生，关注社会热点的新闻指向，收到社会各界的广泛关注和赞许。

（吕光耀）

【“重走‘中国的西北角’·西行漫记”实地采访活动】 《平顶山晚报》组织策划“重走中国的西北角”实地采访活动，近距离感受祖国西部的风土人情和巨大变化。“重走‘中国的西北角’”采访小组，从平顶山出发，沿着中国著名新闻记者范长江《中国的西北角》一书中的采访路线，远赴兰州、西宁、塔尔寺、原子城、武威、张掖、酒泉、敦煌以及范长江当年没有到达的新疆，进行实地采访，对当年及现在中国西北角的城市风情、群众面貌、城市发展、人文变迁等进行细致报道。实地采访活动历时18天，行程8000余公里。共刊发《西行漫记》系列报道21篇，图片40余幅，平顶山新闻网进行了转载，在当地和平顶山均引起较大反响。

（吕光耀）

【平顶山新闻网获全省百家网站建设推进工程入选网站】 2010年，平顶山新闻网站近30个频道栏目共发稿5万余篇，其中本地稿件占50%，除每天为网民提供本市及国内外新闻资讯，还为网友提供生活健康、时尚消费和实用信息等方面的服务内容。同时，网上挂出的认识鹰城、鹰城地理等频道，为外地人了解平顶山提供方便。通过评定，平顶山新闻网PR值为6，在全国地市级新闻网站处于中上水平，除拥有以河南省为主的读者群外，影响力还达到美、日、德、英等国家和地区。新华网和人民网等知名网站2010年转载平顶山新闻网新闻稿件近700篇。2010年3月，平顶山新闻网被省委宣传部授予全省百家网站建设推进工程入选网站称号。

（吕光耀）

【创建《平顶山手机报》】 2010年4月，平顶山日报社先后与平顶山联通公司、平顶山移动公司签署协议，合作开发、建设《手机报》短信平台。7月，《平顶山手机报》开始试运行，并接受读者订阅。至年底，手机报订户达两万户。《平顶山手机报》周一至周五每天发送两期，分别为平顶山手机报早报和平顶山手机报晚报；周六、周日各发送一期周末版；节假日期间每天发送一期假日版。根据特殊情况，不定时发送快讯、专版。《平顶山手机报》早报主要设天气、导读、封面、鹰城、资讯、县市、河南、国内、网眼、社会、国际、体育、娱乐、健康、彩票等栏目；晚报主要设天气、导读、封面、鹰城、河南、国内、镜头、看点、社会、网眼、财富、国际、体育、娱乐、健康、网文、开心、语丝等栏目；周末版除以上主要栏目外，增设脑筋急转弯、电视、微小说等栏目；假日版增设今日美食、趣味测试等栏目。

（吕光耀）

【平顶山日报社荣立平顶山市创建国家园林城市集体二等功】 2010年2月，平顶山创建国家园林城市顺利通过国家验收。在全市创建活动中，平顶山日报社“两报一网”通过开设专题、专栏、出专版等形式，及时报道创建工作进程情况；开设“创卫进行时”栏目，督促创建工作不力者积极整改；开设“创建园林城市普及绿化知识”专栏，宣传园林知识；在“读者之声”版刊登读者评述，让广大市民发表意见，为创建献计献策；刊登“创建进万家”知识竞赛试题、公益广告，宣传创建工作，激发全市广大群众的参与热情。2004年~2010年间，“两报一网”每年刊发园林城市创建稿件600余篇（条），有力地配合平顶山市的国家园林城市创建工作。经市委、市政府研究决定，对创建工作中贡献突出的平顶山日报社荣立集体二等功，平顶山日报社5名编辑记者被记功或被评为先进工作者。

（吕光耀）

【广告收入创新高】 2010年，报社党委以贯彻落实文化体制改革精神为契机，充分利用媒体资源优势，坚决执行“两分开”规定，适时调整广告运作体制，实行以自我经营和社会代理相结合，以版面广告和社会活动相结合的新思路，成立“两部八科十一室”的广告中心，实行广告运作“五统一”管理制度（统一价格、统一优惠幅度、统一费率、统一刊发程序、统一财务管理），建立广告发布三联单制度，形成科学的价格体系和规范的操作程序，促进广告经营健康快速发展。2010年，平顶山日报社广告收入较2009年提高20%，创历史最高水平。

（吕光耀）

【拓展报外经营新领域】 2010年，平顶山日报社以报仁达公司为依托，努力促进报业经营向深度和广度进军。合资兴建的世纪丰田4S店经营业绩良好，一汽又奖励一个4S店授权；投资500万元兴建的一汽马自达4S店，投入正常运营；报仁达文化产业发展公司的阅报栏项目，经市政府批准，定点完毕，前期投资500万元，沿主要街道设置200块。同时，按照市委的要求，论证书画市场建设，以盘活中国书法兰亭奖的几千幅优秀作品为契机，促进平顶山书画艺术向产业化发展。

（吕光耀）

广播电视

【概况】 2010年，整合平顶山人民广播电台、平顶山电视台资源，组建平顶山市广电总台。市广播电视总台围绕市委、市政府中心工作，坚持正确导向，弘扬主旋律，打好主动仗，深入扎实开展广播电视宣传工作，努力在全市营造“一心一意谋发展，齐心协力创和谐”的浓厚舆论氛围，圆满完成省、市下达的工作目标。整个新闻宣传工作积极主动、把握平稳、基调鲜明、导向正确。

全台各宣传单位积极发挥优势，合理设置专题、专栏，精心编排节目，先后开设“科学发展鹰城先锋”、“加快发展方式转变”、“学先进 比创新 看实效 推动科学发展”、“认真学习贯彻十七届五中全会精神”、“创卫进行时”、“提高文明素质争当文明市民”和“政风行风在线”等专栏，圆满完成工业转型升级和结构调整、新农村建设、城镇化建设、创建国家园林城市和卫生城市、行书邮票发行、“三苏杯”诗歌大赛、第三届华侨华人经济合作论坛和“兰亭杯”书法大赛等重大活动的宣传报道任务，为平顶山市的经济社会发展营造良好的舆论氛围和社会文化环境。全年，累计播发各类广播节目2500多组；播发广播新闻4200多条（其中当日新闻2880条）；《平顶山新闻》、《民情民声》、《公共播报》、《城市一时间》等新闻栏目播发电视新闻9960多条（其中当日新闻5860多条）；《实事点击》播发156期，《法苑漫谈》播发48期；编发内参23期。各县（市、区）级电台、电视台在市和市以上广播电视媒体累计发稿1356条。

2010年，市广播电视总台事业建设和管理工作重点突出。以广电技术数字化、网络化、高清化为方向，不断推进技术事业发展。启用电视转播台新机房，更新改造发射系统，实现发射机全固态化。按照广电总局的无线覆盖部署，建成平顶山地面数字电视覆盖站点。加强对广播电视广告、频率、频道的管理，对全市所有的播出机构、转播机构进行专项整顿。建立完善安全播出的指挥调度、管理和监控制度，实现安全播出无事故。加大事业基础建设力度，先后投资改造落凫山电视转播机房、互通公司节目传输平台、广博数据传输公司信息传输平台、演播厅视频系统、演播室延时系统、广播现场直播系统和数字化音频工作站等项目，完成电视制作网和数字硬盘自动播出网建设，购置更新30多台数字摄像机和两部大功率固态发射机，实现台内电视设备数字化率超过50%，为新闻宣传工作顺利开展提供保障。

（魏宝申）

【广电节目创新创优】 2010年，市广播电视总台按照“频道创特色、栏目创名牌、节目出精品、外宣上台阶”的原则，整合新闻资源，对频道栏目编排进行调整，对自办节目从栏目设计到内容形式进行精心策划，切实坚持并贯彻落实“三贴近”原则，坚持正确的舆论导向，强力打造精品栏目，提高新闻宣传水平。新开办《政风行风在线》、《心桥》、《城市一财经》等栏目。在河南省新闻奖（广播电视部分）评选中，平顶山市4件作品获一等奖，另有13件作品获二、三等奖。在平顶山市新闻奖（广播电视部分）评比中，全市共评出一等奖29篇，二等奖39篇，三等奖65篇。

（魏宝申）

【文艺宣传】 2010年，市广播电视总台组织台属宣传单位努力打造具有浓郁地方特色、群众喜闻乐见、广泛参与的广播电视文艺节目，满足人民群众日益增长的精神文化生活需求。编审中心组织引进260多部优秀电视剧、电影和《百家讲坛》、《游遍中国》、《民间收藏》等资料性栏目，丰富电视荧屏。全年在新闻综合频道、公共频道、城市频道播出电视剧510部1.08万集，电影720部。文艺中心组织电视文艺专场《乡音大舞台》50期。主持筹办平顶山市春节联欢晚会、全市庆祝第十一个中国记者节文艺晚会、平顶山市“三苏杯”全国诗歌大赛颁奖晚会等大型晚会，收到良好效果。

（魏宝申）

【对外宣传】 2010年，市广播电视总台以“宣传平顶山、树立新形象”为着力点，认真做好向省台、中央台供稿工作，提高对外宣传的针对性、时效性和影响力，连续多年进入全省先进位次。全年累计在中央和省级主流广播电视媒体发稿727条，其中在中央电视台发稿35条（《新闻联播》7条），中央人民广播电台发稿7条，河南卫视发稿507条，河南人民广播电台发稿178条，均完成或超额完成市委宣传部下达的宣传业务目标任务。

（魏宝申）

档案事业

【档案资源】 2010年，在全市开展“档案大接收年”活动，市档案馆共接收97个单位档案近3万卷，馆藏档案大幅增加。加大档案资源整合力度。市公安局、市房产局、市城建档案馆等10多家档案馆（室）藏档案检索目录接收进馆；市民政局51卷1154份涉外婚姻档案接收进馆。积极做好市委、市政府重大活动档案资料的接收工作。第三届华侨华人经济合作论坛，学习实践科学发展观活动，市委、市政府办公楼工程档案等重大活动档案资料陆续接收进馆。加强政府机构改革中撤、并、转单位档案的接收。接收市物价局、中小企业局等撤并单位档案1762卷、2.75万份文件。开展党和国家领导人及省领导视察平顶山档案资料的收集工作，接收到相关领导视察照片档案及资料434张（件）。通过多种方式加大对历史档案、名人档案、名产档案等具有地方特色档案的征集。在《平顶山日报》、《平顶山晚报》发布通告，面向社会各界、团体组织和个人征集档案和资料。举办平顶山市“兰台杯”鹰城巨变摄影比赛，征集到大批珍贵照片。

（关永晓　王　永）

【档案基础业务】 2010年，市档案馆完善档案馆各项设施、功能，顺利通过省档案局测评组验收，成功晋升为国家二级档案馆。市档案工作小组与市新农村建设工作领导小组联合印发《关于进一步加强新农村建设档案工作的意见》，市档案馆捐赠200多套档案柜帮助部分中心村建成档案室，推进新农村档案工作，服务新农村建设。开展重要档案与新乡市的异地备份工作，加强档案安全建设。积极组织业务骨干深入到市直机关、企事业单位现场指导档案整理，收到良好效果。鼓励有条件、基础较好的单位开展档案规范化认证，全年全市共有100家机关、企事业单位通过规范化管理认证，比2009年增加1倍。其中，市国税局、汝州市国税局、汝州市社保局和卫东区社会保险事业局通过省特级认证，中储粮平顶山直属库和平顶山电力公司通过国家一级认证。各级档案行政管理部门督促各立档单位修订《文件归档范围和保管期限表》。印发《平顶山市档案事业发展绩效综合考评办法》和考评实施细则，通过开展档案事业绩效综合考评，推进工作的力度明显加大。

（关永晓　王　永）

【档案信息化建设】 2010年，市档案局筹资30多万元，购置电脑、服务器、交换机、打印机和扫描仪等信息化设备。开通平顶山档案信息网站，并与“平顶山市政府网站”相连接，为社会各界更好地了解档案工作，充分利用档案信息资源，搭建方便、快捷的平台。加大馆藏档案目录数据库、全文数据库和多媒体数据库建设步伐，建立目录数据库64.505万条。完成市委、市政府两大全宗档案10.346万页全文数据扫描，挂接检索工具1.5万条，刻录光盘500多套。

（关永晓　王　永）

【档案服务利用】 2010年，市档案局与市林业部门联合召开全市林权制度改革档案现场会和经验交流会，对林权改革档案的形成、收集、整理、归档、保管、利用工作进行较好的督导。与市移民办联合转发《河南省〈南水北调工程征地移民档案管理办法〉实施细则》，为建立移民档案工作做好准备。与市国有资产监督管理局联合转发《关于加强国有和国有控股企业档案工作的意见》，进一步加强企业档案的规范化管理。完成全市重点建设项目登记，参与一批重点建设项目的验收工作。开展规模以上民营企业建档情况调查和指导。各级国家综合档案馆年平均接待档案利用者7000多人次，提供档案资料1.6万卷（册、件）。

（关永晓　王　永）

【档案法制宣传】 开展档案法制督导。对市煤炭局、市卫生局等42家单位档案移交进馆工作进行法制督导，对存在问题的单位要求限期整改并进行行政告诫；协助省档案局、省民政厅对平顶山市民政系统进行档案行政执法检查。组织全市43名档案行政执法人员，参加全市综合法律和档案专业法律知识培训考试，培训考试合格率为100%。组织开展全市档案管理登记备案工作。对市直110个单位报送的档案登记申请表进行编号审核和造册登记。全市档案部门采取多种形式开展纪念《档案法》颁布23周年活动。召开全市档案法制工作座谈会，播放电视专题访谈节目，制作宣传展板。利用工作信息、报纸、电视和网络等不同媒体积极宣传档案工作。2010年，全市有60篇信息被国家、省、市级公开刊物采用，提高了全市档案工作的知名度和影响力。

（关永晓　王　永）

【档案教育科研】　2010年，为加强档案信息化工作研究，市馆研究制定近10万字的《平顶山市档案数据库系统建设研究》和《平顶山市数字档案馆建设项目方案规划书》，被列为平顶山市科技攻关项目。向省档案局推荐优秀科技成果奖励项目1项，获省二等奖。组织申报省档案科技项目立项4项，其中，获省档案局批准立项3项。组织评选推荐42篇档案学术论文，参加全省评奖活动。其中，获一等奖11篇、二等奖18篇、三等奖13篇。市档案学会荣获2010年度河南省档案学会优秀论文申报组织奖。

（关永晓　王　永）

图　书

【概况】　2010年，市图书馆新购图书2876种7499册，图书外借3万多册次，接待咨询2000余人次。建立盲人有声读物阅览室及无障碍设施，10月15日，盲人有声读物阅览室面向广大盲人读者开放。盲人有声读物阅览室有阅览座席4个、有声读物30件，为容有小说、百家讲坛、相声、音乐，4台盲人电脑，4台有声读物设备；阅览室外铺设有无障碍盲道，无障碍电梯、卫生间专厕、标示牌、无障碍停车位等，让读者充分享受“无障碍阅读”的快乐。2010年，对市图书馆专项购书经费增加至50万，并为叶县配送图书购置费2万元。市政府拨付30万元，对市图书馆大楼进行修缮。

（王宝郑）

【古籍普查】　2010年，全市古籍保护普查共普查出古籍66种2283册。制定《平顶山市古籍普查工作方案》和《平顶山市古籍保护工作专家委员会工作章程》，明确普查范围、普查对象、普查步骤和工作要求，明确建立平顶山市古籍综合信息数据库，形成平顶山市古籍联合目录的目标。加强业务培训。7月，委派古籍普查工作人员参加由河南省文化厅主办、河南省古籍保护中心承办的“河南省第三期古籍普查培训班”，学习古籍普查、保护和利用知识，为普查工作顺利开展奠定基础。图书馆古籍普查稳步推进。市图书馆开展本馆古籍普查工作，确定馆藏古籍共13种128册，其中包括《十六国春秋》、《景岳全书》和《胡氏家乘》等，并对古籍进行登记，藏入密闭书柜，妥善保护。至年底，图书馆古籍全部登录在《全国古籍保护平台》，并上传至河南省古籍保护中心。12月，有4种三级善本申报河南省珍贵古籍名录。市图书馆文献部认真履行市馆作为市古籍保护中心的职责，与鲁山县图书馆、宝丰县图书馆和汝州市图书馆进行沟通和联系，在叶县图书馆、博物馆发现并鉴定一批书籍，约30余种300余册。宝丰县图书馆实存古籍16种55册，全部录入“全国古籍普查平台”。鲁山县图书馆古籍普查员把本馆的古籍151种907册全部录入“全国古籍普查平台”。汝州市图书馆共有古籍785册，在“全国古籍普查平台”著录了部分古籍数据。

（王宝郑）

【市炎黄文化研究会向市图书馆捐赠图书】　10月20日，市炎黄文化研究会向市图书馆捐赠图书仪式在市文化局会议室举行。此次共捐赠各类图书共90多种近600册。此次捐赠活动是市图书馆与市炎黄文化研究会共同合作的结果。市图书馆在地方文献专藏中开辟“市炎黄文化研究会图书专架”。平顶山市电台、平顶山日报社派记者进行现场采访。

（王宝郑）

【入藏各类地方文献】　在4月23日世界读书日，中平能化集团退休干部党凤亭将多年收藏的政治、历史、法律、文学等500余册图书捐赠给图书馆。全年共入藏方志、家谱、小说、专著等各类地方文献近2000册，地方文献规模进一步扩大。

（王宝郑）

【珍贵书刊整理】　2010年3月，市图书馆对馆内所藏的线状珍贵书刊进行整理。经过1个多月，整理完成馆藏线状珍贵书刊，并进行较详细的登记和统计。此次共整理出3026种3155册馆藏珍贵书刊，其中包括《四库全书》、《四库全书索引》和《四部丛刊》初编续编三编共506册；1926年～1945年的现代重版《良友画报》和《大公报》等珍贵画报50册；《二十四史丛书》现代重版线装图书2508册；古籍91册。整理后的图书全部分类上架，珍贵古籍采用密闭柜收藏。

（王宝郑）

【送书下乡】　2010年，市图书馆坚持开展送图书下乡活动，为农民发放《农村实用技术指南》

和《信息选萃》等二次文献8200份。深入社区为居民、农民工送法律、文化娱乐方面的图书共计5300册，深受群众的欢迎。2010年，市图书馆被河南省图书馆学会评为2005～2009年度全民阅读先进单位和2005～2009年度优秀会员单位。图书馆有两人荣获2005～2009度优秀学会工作者和优秀会员称号。

（王宝郑）

史志编纂

【史志系统一批先进单位和个人受表彰】 2010年，全市史志系统以科学发展观为指导，认真开展创先争优活动，史志工作全面协调发展，取得明显成绩，受到省史志办的充分肯定。平顶山市地方史志办公室、卫东区地方史志办公室、舞钢市地方史志办公室、郏县地方史志办公室被河南省地方史志编纂委员会授予河南省地方史志系统先进集体荣誉称号；宋新华、王亚红等13人被省地方史志编委会授予河南省地方史志系统先进工作者；甘枝梅、赵桂荣、刘安庆等18人被省地方史志编委会授予河南省地方史志系统修志特殊贡献者荣誉称号（详见附表）。

（关宏毅）

附表：

河南省地方史志系统先进工作者和修志特殊贡献者名单

姓　名	性别	单　位	荣誉称号
宋新华	女	平顶山市史志办	省地方史志系统先进工作者
王亚红	女	平顶山市史志办	省地方史志系统先进工作者
翟红果	男	平顶山市史志办	省地方史志系统先进工作者
赵玉伟	男	新华区史志办	省地方史志系统先进工作者
鲁　剑	男	卫东区史志办	省地方史志系统先进工作者
杨延玲	女	湛河区史志办	省地方史志系统先进工作者
冉秀娟	女	石龙区史志办	省地方史志系统先进工作者
王振明	男	舞钢市史志办	省地方史志系统先进工作者
鲁彩莉	女	汝州市史志办	省地方史志系统先进工作者
杜建红	女	宝丰县史志办	省地方史志系统先进工作者
黄梦龙	男	郏县史志办	省地方史志系统先进工作者
王亚平	女	叶县史志办	省地方史志系统先进工作者
南　红	女	鲁山县史志办	省地方史志系统先进工作者
孙凤君	女	平顶山市史志办	省地方史志系统修志特殊贡献者
赵桂荣	女	平顶山市史志办	省地方史志系统修志特殊贡献者
甘枝梅	女	平顶山市史志办	省地方史志系统修志特殊贡献者
关宏毅	男	平顶山市史志办	省地方史志系统修志特殊贡献者
尹　涛	女	平顶山市史志办	省地方史志系统修志特殊贡献者
李栓兴	男	湛河区史志办	省地方史志系统修志特殊贡献者
刘安庆	男	舞钢市史志办	省地方史志系统修志特殊贡献者
何朝太	男	汝州市史志办	省地方史志系统修志特殊贡献者
王　敏	女	宝丰县史志办	省地方史志系统修志特殊贡献者
赵天鑫	男	郏县史志办	省地方史志系统修志特殊贡献者

续 表

姓 名	性别	单 位	荣誉称号
宗朝喜	男	郏县史志办	省地方史志系统修志特殊贡献者
杨晓红	女	叶县史志办	省地方史志系统修志特殊贡献者
兰军朋	男	叶县史志办	省地方史志系统修志特殊贡献者
辛振强	男	叶县史志办	省地方史志系统修志特殊贡献者
王福成	男	叶县史志办	省地方史志系统修志特殊贡献者
赵金河	男	叶县史志办	省地方史志系统修志特殊贡献者
王小卫	女	鲁山县史志办	省地方史志系统修志特殊贡献者
尹鸿飞	男	鲁山县史志办	省地方史志系统修志特殊贡献者

【年鉴成果获奖】 2010年，在全国地方志系统第二届年鉴评奖活动中，《平顶山年鉴（2009年卷）》获得二等奖；《叶县年鉴（2009年卷）》、《宝丰年鉴（2009年卷）》分别获得县区地方综合年鉴二等奖、三等奖。

（关宏毅）

【《平顶山年鉴》2010年卷出版】 2010年9月，《平顶山年鉴》（2010年卷）由中州古籍出版社出版发行。全书采用分类编辑法，分类目、分目和条目3个主体层次。卷首设目录，卷末附索引，共98万字。《平顶山年鉴》（2010年卷），以科学发展观为指导，以创新年鉴内容为切入点，以突出地方特色为重点，全面记述平顶山市各行各业的基本情况、最新成就和重大事件。年鉴首次在鉴首设“荣耀平顶山”和“数字平顶山”，简洁明快反映2009年平顶山市获得的重大荣耀和经济社会建设取得的辉煌成就；首次在彩页中设“盛大节会”、“项目建设”、“生态鹰城”、“文化撷英”板块，集中体现2009年平顶山市“战危机、保增长”以及“生态建市、产业立市、文化强市、和谐兴市”战略取得的丰硕成果。为凸现鹰城文化内涵，在彩页中设“中国长城之父——楚长城”，突出反映楚长城在鹰城的重要发现以及楚长城的历史意义。增设“专记”栏目，以“荣耀·成就”、“经济文化活动”、“创新举措”三大分目，浓墨重彩地体现地方特色、时代特色和年度特色。增设“人物”栏目，以“党政领导人物”、“感动中原人物”、“英雄模范人物”三大分目，进一步增添年鉴的鲜活特征和人文色彩。通过集中体现各条战线涌现出的先进典型，激励群众，弘扬正气，发挥年鉴的引导作用。全书“补白”首次选取全市地名传说和来历，彰显鹰城中国优秀旅游城市、应国古都深厚的人文底蕴和独特魅力。装帧方面，从封面设计到色彩搭配，大气精美，体现年鉴的严肃性、厚重性与版面新颖典雅的有机结合。

（姬廷宣）

【四项质量保证措施促进续志全面发展】 2010年，市地方史志公室采取四项质量保证措施，促进续志健康发展。四项措施是：严格执行三级评审及市级审查省级审定制度；采取以评代训方式，提高编辑综合素质；突出时代特色和地方特色，严把评审质量；全面提高志书质量，争创精品佳志。四项措施的实施，有力地推进了续志工作的开展。《舞钢市志》、《宝丰县志》进厂印刷；《汝州市志》待进厂印刷；《湛河区志》完成省级评审；《石龙区志》、《新华区志》和《鲁山县志》均完成初稿。

（关宏毅）

【《平顶山大事月报》开辟资政服务新途径】 《平顶山大事月报》是市委、市政府赋予地方志一项全新的工作。自2006年启动至2010年，为领导决策提供了大量准确、快捷的市情信息，弥补了志书、年鉴时效性的不定，截至2010年底，全市10个县（市、区）中汝州市、舞钢市、郏县、鲁山县、宝丰县、石龙区采取不同形式相继进一步开辟了地方志工作服务现实，以文辅政的新领域、新途径，为地方志工作注入了生机和活力，同时也赋予了地方志工作新的内容和职责。2010年，市地方志大事月报编辑部采取多种措施，为有效提高编纂质量和效率，力求把《平顶山大事月报》办成服务领导，贴近现实，富有特色的文化精品。实行执行编辑制，强化编辑的责任意识和质量意识；根据每月全市的重点工作，适时更新栏目设置，设置更具特色、贴近实际的民生民情、县域县情等栏目，更加有针对性服务各级领导决策。全年出版《平顶山大事月报》12 期，各类信息 2000 余条，上报《河南大事月报》150 余条，被采用 50 余条，充分发挥服务、资政、宣传和存史的作用。

（关宏毅）

党史研究

【县（市、区）党史资料征编】 2010 年，各县（市、区）委党史研究室完成党史大事记、党史年编等资料的征编、补充和完善工作。卫东区完成《中国共产党平顶山市卫东区党史大事记》（2001 ~ 2008）一书的出版发行。新华区出版《中共河南省平顶山市新华区历史大事记（1991. 1 ~ 2008. 12）》一书。汝州市征集整理出《建国六十周年汝州市党史大事记》。鲁山县委党史研究室通过对曾经在鲁山工作过的老领导的采访，征集一批反映鲁山县党史、革命史的口述资料和实物资料，并组织“红色记忆采访”，由县主要领导带队，先后赴北京、南京、郑州、新乡、开封、许昌等地，采访曾在鲁山工作或战斗过的老领导、老首长，征集到题词、实物 200 多件以及大量的文字史料和音像资料，极大地丰富了鲁山县的党史研究内涵。

（董灿灿）

【《中共平顶山历史》（第二卷）编撰】 2010 年，市委党史研究室把编好党史二卷列入工作重点，认真做好编写工作。至年底，查阅 1954 年 ~ 1978 年档案资料 2000 多卷，收集资料 800 多万字，编写出《中共平顶山党史》第二卷的 52 个章节 25 万字。县（市、区）党史正本编写取得明显成效。鲁山县的《中国共产党鲁山历史第二卷（1949—1978）》于 2010 年 10 月形成初稿。郏县的《中国共产党郏县历史》（一卷本）于 2010 年 12 月 10 日印刷出版。市委党史研究室组织人员对县（市、区）拟出版的党史正本和党史大事记进行审读，提出审读意见。

（董灿灿）

【抗日战争胜利 65 周年纪念活动】 为纪念中国人民抗日战争胜利 65 周年，9 月 3 日，市委党史研究室与市委宣传部联合在《平顶山日报》发表《弘扬抗战精神，建设美好鹰城》的评论员文章和《为了不能忘却的历史》专栏文章。在全市党史系统组织开展纪念抗日战争 65 周年征文暨集中发表纪念抗战文章活动，发表各类纪念文章 110 多篇，拓宽党史宣传教育面，形成党史宣传教育氛围环境，促进党史研究成果的转化。

（董灿灿）

【第十一届全国重大党史题材写作笔会】 10 月 10 日 ~ 13 日，由省委党史研究室主办、党史博览杂志社承办的第十一届全国重大党史题材写作笔会在平顶山市召开。中共中央办公厅、中共中央党史研究室、中央文献研究室、中共中央党校、新华社、解放军出版社等有关部门的党史专家、作者等参加会议。与会人员参观考察鲁山的中国空军指挥所、中国航空博览中心、尧山景区、郏县知青园、三苏园等地，并对平顶山市丰富的红色文化底蕴给予高度评价，对平顶山市开发红色文化提出中肯的建议。会议期间，市党史研究室精心印制介绍平顶山市情的会议指南，宣传推介平顶山，为宣传平顶山党史、提升党史工作品位作出积极贡献，受到党史界专家、学者和有关领导的赞扬。

（董灿灿）

【革命遗址普查】 全国革命遗址普查工作是中央党史研究室“十一五”规划中的一项重要工作。市委党史研究室把此项工作列入全年工作重要议事日程，并通过成立普查工作领导小组，对全市革命遗址进行考察论证。至年底，全市共普查革命遗址 128 处，收集有关革命遗址照片 234 张。在普查出的革命遗址中，郏县解放战争时期豫陕鄂（豫西）五专署驻地遗址和舞钢虎头山革命遗址等被列为国家级保护单位。革命遗址普查与红色资源开发利用相结合，形成党史教育基地报批成果。

（董灿灿）

文物管理

【平顶山市第三次全国文物普查】 2010 年，市文物局圆满完成平顶山市第三次全国文物普查第二阶段田野文物实地调查工作，发现各类不可移动文物 5761 处（其中古遗址 827 处、古墓葬 970 处、古建筑 2706 处、石窟石刻124处、近现代史迹及纪念性建筑1080处、其他54处),复查543处。编制出《平顶山市第三次全国文物普查不可移动名录》。7月15日~17日,成功承办“河南省第三次全国文物普查资料审定工作会暨审定人员培训班”。在宝丰县召开“平顶山市第三次全国文物普查资料整理现场会”,并对参会人员进行培训。8月13日,市政府召开“平顶山市第三次全国文物普查领导小组扩大会议”,总结前两个阶段的工作,对第三阶段普查资料整理工作进行重点安排部署。市文物局被省文物局评为河南省第三次全国文物普查实地调查阶段组织奖;汝州市、宝丰县、叶县、鲁山县文物部门被省文物局评为河南省第三次全国文物普查实地调查阶段先进集体。

(张 捷)

【国家长城资源调查楚长城片区会议】 11月8日~11日,国家长城资源调查楚长城片区会议在平顶山市平安大厦召开。与会单位和有关专家学者对平顶山市叶县保安镇五里坡段“土龙”墙体、鲁山县四棵树乡分水岭关墙体进行实地考察。会议通过河南、湖北、陕西3省长城资源调查情况的交流,掌握全国楚长城资源调查的进展情况。初步认定平顶山市境内约180公里的楚长城遗址,得到与会专家认可。市文物局获得省文物局授予的河南省长城资源调查优秀服务单位称号。

(张 捷)

【接受国家文物局普查办检查验收】 11月24日~25日,“第三次全国文物普查河南省实地调查阶段整体验收宝丰县会议”在宝丰迎宾馆二楼会议室召开。宝丰县第三次全国文物普查工作代表河南省接受了国家第三次文物普查验收组的整体验收。验收专家组听取平顶山市和宝丰县第三次全国文物普查实地调查阶段的工作汇报,并对《平顶山市第三次文物普查不可移动文物名录》和《宝丰县第三次全国文物普查不可移动文物登记表》等相关资料进行检查验收。专家验收组对宝丰县的陈营遗址、北关古墓群、父城遗址、香山观音大士塔、刘家大院、程氏三兄弟古宅院等复查和新发现不可移动文物点进行实地检查验收,并召开第三次全国文物普查河南省实地文物调查阶段整体验收会议总结会,宝丰县文物普查工作得到充分肯定。

(张 捷)

【文物宣传】 2010年,组织举行“5·18国际博物馆日”暨文物大市宣传年活动启动仪式、“6·12”文化遗产日、“10·28”《文物法》颁布8周年暨河南省实施《文物法办法》颁布实施宣传活动。宣传活动共展出展示全市各级博物馆建设、文物珍品、文化遗产保护成就、第三次全国文物普查新发现、南水北调中线工程平顶山段文物考古发掘成果、全市打击文物犯罪成果等宣传版面150余块;设立文物鉴定咨询台,免费鉴定文物300余件;悬挂(张贴)标语、口号2万余幅(条),向市民发放宣传资料10万余份;编发信息100余条。组织叶县编钟参加省文物局在日本举办的“华夏文明之源——河南文物珍宝展”。

(张 捷)

【文物考古发掘】 2010年,南水北调中线工程平顶山段文物保护工作进展顺利,获重要考古发现。共发掘遗址面积近2万平方米,发现古墓葬、灰坑、灰沟、房基、灶、窑、井等各类文物遗迹1000多处,出土铜、铁、陶、瓷、石等各类文物2000多件。其中叶县文集遗址瓷器窖藏坑的发现,对研究宋代茶文化和瓷器的发展有十分重要的意义。叶县文集遗址、魏岗铺遗址、郏县芦河遗址、黑庙墓群等4处文物保护项目,与外省市文博单位或大学负责的6处文物保护项目,获得重要考古发现。2010年,市文物局被省文物局评为河南省南水北调文物保护先进集体。

(张 捷)

【文物勘探】 全年,共对53个建设项目开展文物调查和勘探,完成勘探面积130多万平方米。发现古遗址、古墓葬群15处,其中遗址面积2万多平方米,各个时期古墓葬共240多座,发现战国、汉、唐、宋、元、明各个时期的灰坑、灰沟、房基、灶等文化遗迹825处,出土铜、铁、陶、瓷、石等各类文物1420多件。舞钢市河东村宋金遗址、叶县旧县烟站汉代遗址面积较大,文化遗迹和出土文物较为丰富,对研究历史文化的发展具有重要意义。

(张 捷)

【第七批全国重点文物保护单位申报工作】 2010年,结合平顶山市第三次全国文物普查的新发现,审核增加郏县的临沣寨、陕会馆,宝丰县的小李庄遗址,叶县的老青山岩画,汝州市的来安寨、李楼遗址,鲁山县的四棵树军事工程旧址等7处重要文物遗迹为第七批全国重点文物保护单位的申报项目，全市的申报总数达到15处，其中9处顺利通过国家文物局第七批国保专家组初评。

（张　捷）

【文物资源保护利用】　2010年，全市文物部门共争取各级文物保护专项经费1452万元，用于文物保护、古建维修、基础设施投入和编制保护规划、方案等工作。完成应国墓地，叶县县衙、文庙，郏县三苏园、文庙文物保护规划的编制工作和宝丰清凉寺汝窑遗址博物馆展厅的设计工作。汝州市对汝瓷博物馆实施功能提升工程。完成全市馆藏三级文物数据采集工作。编制完成香山观音大士塔及碑刻、门楼张清代民居、龙泉澧河石桥等一批保护单位维修方案。做好郏县临沣寨三期维修加固、狮王寺文殊殿、叶县文庙、汝州东沟窑址、妙水寺和严和店窑址等保护修缮工程和郏县三苏祠和墓白蚁灾害治理工作。全市对外开放的博物馆、纪念馆、文物景点共接待游客98.9万余人次，直接经济收入126万元，取得较好的经济效益和社会效益。

（张　捷）

【古应国研究】　2010年，市文物局开展一系列古应国研究活动。根据省地质研究所郭迎山教授提供的应国墓地航空照片资料，抽调精干人员，5月~7月，对西滍村村东进行重点勘探和试掘，揭露面积300多平方米，发现大量疑似古城墙夯土层。经省文物考古研究所王龙正研究员现场查看，初步判断为古城墙墙基遗址。

（张　捷）

【文物安全】　文物安全工作是文物工作的重中之重，是文物工作的“生命线”。2010年，文物局联合公安部门开展节日期间全市文博单位安全和消防大检查，进一步消除安全隐患。完善和落实田野文物安全防范制度，加大对田野文物的巡逻、看护力度，严厉打击各类文物犯罪活动和犯罪分子。宝丰县、叶县、郏县及时破获并处置3起盗掘古墓葬犯罪案件。对全市文物库房安全进行不定期检查，加强人防、技防建设，落实文物安全情况周（日）报告制度，全市实现第25个馆藏文物安全年。

（张　捷）

【文物执法】　2010年，认真开展全市基本建设工程执法检查，严肃查处违法违规项目。按照市纪委集中清查违法建设行为暨追缴费税工作的安排，文物局在全市范围内开展专项清查活动，重点对200多家未办理文物勘探手续的建设项目进行执法检查和费用追缴。文物行政审批工作进一步规范。市行政审批中心、市监察局、市文物局联合下发《关于对建设项目文物行政审批情况进行专项检查的通知》，对建设项目进大厅联审联批提出明确要求。全市文物部门形成市县联动、统一执法、依法勘探、应批尽批的良好格局。

（张　捷）

元代将军哈喇鲁虎哥赤墓

哈喇鲁虎哥赤墓冢位于汝州市东尚庄乡王河盘村东南，系我国元代南剑翼管军千户所达鲁花赤、封赠武略将军哈喇鲁虎哥赤及其子孙之墓，群众俗称“将军墓”。哈喇鲁虎哥赤系名将哈喇鲁八黑马的独生子，身经百战，矢刃创痕遍体。元世祖皇帝曾赐以白金裘马、银鞍铠甲。不久，因愿效力边陲，遂授南剑翼管军千户达鲁花赤，到福建走马上任。大德二年（公元1298年）12月金疮举发，卒于官所，享年六十有六。闽帅悯其勋劳，派官员护灵柩归葬汝州东吴氏堡之原（今尚庄乡武庄村南）。

哈喇鲁虎哥赤墓冢为圆弧形大土丘，高约3米，顶部已被平后耕种，墓前有石碑一座，碑高两米馀，宽约80厘米，厚约3厘米，盘龙首、龟座（已没入地下），碑文为元荣禄大夫翰林学士承旨兼修国史知制诰领集贤院事赵孟頫所撰。碑前神道两旁有排列整齐的石人、石马等，石人雕刻较粗，其形象为蒙古人。现在只可见到两个石人的头胸部残留庄稼地里。

（尚自昌）

科 学

综 述

【科技创新政策措施】 2010年，平顶山市委、市政府先后出台《关于建立科技创新机制的意见》、《平顶山市自主创新体系建设和发展规划（2010~2020年)》、《平顶山市科学技术进步奖励办法》、《平顶山市县（市、区）党政领导科技进步目标责任制考核办法》、《关于评选2010年科技功臣的通知》、《平顶山市中长期人才发展规划纲要(2010~2020年)》、《关于建立完善产业集聚区推进工作机制的通知》等一系列促进科技创新的政策措施，为全市科技进步和创新创造良好的政策环境。

（张文化）

【科技计划项目与经费】 2010年，根据平顶山市年度科技发展计划和市财政零基预算编制要求，组织实施一批技术含量高、带动性强的科技项目。全年安排市级科技计划项目89项，投入科技引导资金1194万元；列入国家、省级科技计划项目26项，争取项目资金1160万元。同时，组织推荐国家重点新产品计划项目3项、河南省“十一五”优秀重大科技专项2项、科技创新平台4个、科技创新人才4名。

（张文化）

【创建省级工程技术中心】 2010年，组织市农业科学院等10家单位创建省级工程技术中心，其中河南巨龙淀粉实业有限公司的“省色氨酸工程技术中心”等5家工程中心被河南省科技厅认定为省级工程技术中心。

（张文化）

【组织创建高新技术企业】 2010年，市科技局组织平顶山市煤矿机械有限公司等13家企业申报国家高新技术企业，其中河南平高电气股份有限公司被科技部认定为国家重点高新技术企业，河南神马工程塑料有限责任公司等4家企业被认定为国家高新技术企业。至年底，全市拥有新标准认定的高新技术企业13家，其中年高新技术产值超10亿元的企业6家，超亿元的企业11家。高新技术产业实现产值177.38亿元，占全市生产总值13.64%。天瑞集团铸造有限公司、中平能化集团被认定为省创新型示范企业。全年申报国家、省创新型资金项目8项，其中平顶山市铁福来机电设备有限公司的“综采工作面推移式乳化液防突钻机”、平顶山市利安大机电设备有限公司的“全自动智能液压煤矿悬臂式小型掘进机”2个项目被列入2010年国家创新型资金项目；河南省绿韵建材有限公司的“建筑砂浆稠化粉”等4个项目被列入省创新型资金项目。中平能化“300万吨焦化焦炉气合成二甲醚示范工程”被列入省高新领域成果转化计划项目，平顶山中选自控系统有限公司“低压配电监控系统”项目被列入省重点攻关项目。在创建国家、省高新技术企业的同时，培育市级高新技术企业21家。

（张文化）

【农业科技创新与推广】 2010年，围绕构建农业科技创新体系，提高农业科技创新水平。市农科院自主研发的平甜6号通过全国农作物品种鉴定，实现平顶山市国审品种零的突破；创建全市首家农业生物技术重点实验室，成为平顶山市分子育种、单倍体培育、无公害农产品检测的技术平台；建立中国韭菜DNA指纹库，对韭菜生物活性物质提取技术研究和功能产品产业化开发产生积极的推动作用；开发出“L-色氨酸”制备技术，填补相关领域国内空白，加速巨龙淀粉公司打造全国玉米精深加工基地的步伐。同时，为加大农业科技及推广力度，促进农业增效、农民增收、农村发展，重点实施一批良种示范工程。其中，自主研发的平麦998、汝麦0319，年底累计在全市推广90多万亩，全省推广130多万亩；自主研发的平玉8号玉米新品种出籽率达

90%以上，平均亩产达650公斤，具有极强的抗病、抗倒伏能力，在全市推广1万多亩；自主研发的平豆2号亩产300公斤，居国内先进水平，全市推广6万亩，全省推广30万亩，为粮食丰产区建设提供了科技支撑。

（张文化）

【专利申请】 2010年，市科技局积极宣传普及专利知识，促进单位或个人提升自主创新能力，注重知识产权保护，及时进行专利申请。全年全市专利申请总量927件，比2009年增长13.3%，其中发明专利申请241件，比2009年增长40.9%。

（张文化）

【科技成果】 2010年，全市获省科技进步奖励13项。其中，二等奖9项，三等奖4项，获奖质量和数量均居全省18个省辖市第3位。获市科技进步奖108项。其中，特等奖5项，一等奖35项，二等奖68项。全年组织实施实用成果鉴定项目63项，完成省级技术鉴定成果32项。

（张文化）

【科技宣传】 2010年，平顶山市科技局围绕第十届科技活动周、“4·26”世界知识产权宣传日等大型科普活动，举办“十一五”专利成果展，开展科技知识、知识产权等一系列科技宣传活动。全年全市开展科技宣传活动项目56个，投入资金9.5万元。举办科普讲座24次，举办科技论坛、报告会4次，设立科技咨询台38个，悬挂科普展板430块、挂图212张，开放科普基地6个，放映科普影视32场，科技下乡26次，悬挂标语横幅105个，下发宣传资料15万余份，直接参与群众8万余人次。

（张文化）

【移民村科技帮扶活动】 2010年8月20日，市科技局在宝丰县杨庄移民新村组织开展专家授课、现场咨询、田间技术指导等活动，帮助移民村村民在新的生产条件和生产环境中尽快掌握农业生产实用技术，学习新的致富技术，了解新的致富信息。同时，向杨庄新村赠送一批价值3多万元的电脑、科普丛书等科普电教设备，帮助移民新村加强基层组织阵地建设，实现省委、省政府提出的“搬得出、稳得住、能致富”的总体目标。

（张文化）

【焦炉煤气综合利用产业技术创新战略联盟成立】 2010年8月31日，平顶山市焦炉煤气综合利用产业技术创新战略联盟成立，省科技厅副厅长张代民、副市长王富兴为平顶山市焦炉煤气综合利用产业技术创新战略联盟揭牌。焦炉煤气综合利用产业技术创新战略联盟是由平顶山市科技局倡导，依托中平能化集团首山焦化、中鸿焦化、朝川焦化、天宏焦化及京宝焦化等骨干单位联合发起，面向全市焦炉煤气综合利用技术企业、科研单位，以焦炉煤气综合利用产业技术创新发展为主题成立的创新组织。通过成立技术创新联盟，实现核心产品技术的重大突破，降低研发成本和风险，缩短研发周期，加快焦炉煤气综合利用技术创新成果的商业化运用等目标，促进企业、政府、社会等各个层面合作共赢。

（张文化）

【厅市会商会议】 为进一步推动平顶山市自主创新能力的提高，实现河南省科技发展战略与平顶山市科技发展的有效结合，5月12日，省科技厅与市政府在平安大厦举行厅市工作会商会议。省科技厅厅长赵琛，市委书记赵顷霖，市委常委、常务副市长邢文杰等出席会议。厅市会商对新时期加强省市科技工作创新，有效集成全省和地方科技资源，加强地方重大需求与国家、省战略目标的对接，推动地方科技发展和区域科技创新体系建设，提高地方乃至全省自主创新能力具有重要意义。

（张文化）

【评选科技功臣】 2010年，根据市政府《平顶山市自主创新体系建设和发展规划（2010～2020年）》和《关于评选2010年科技功臣的通知》精神和要求，按照评选标准和程序，坚持公正、公平、公开的原则，在全市开展科技功臣评选工作。经综合评定，决定授予平高电气公司总工程师、高级工程师赵文强，舞钢公司科技部部长、高级工程师赵文忠，中国平煤神马集团尼龙化工公司总经理、教授级高级工程师杨炎锋，中平能化集团副总工程师、教授级高级工程师王新义，中平能化易成公司董事长、总经理、高级经济师孙毅，河南中材环保公司副总工程师、教授级高级工程师郭相生，市农业科学院院长、党委书记、副研究员刘宏敏，市动物疫病防控中心主任、研究员张花菊，市第二人民医院心血管病治疗中心主任、主任医师石振纲，市公路局通管处处长、教授级高级工程师宋焕宇等10人“科技功臣”荣誉称号，每人颁发奖金10万元。

（张文化）

地震监测

【平顶山市“十二五”防震减灾规划（草案）制定】 为进一步做好平顶山市“十二五”期间的防震减灾工作，根据《中华人民共和国防震减灾法》等有关法律、法规的规定和中国地震局、河南省地震局的工作部署，市地震局结合本市实际情况制定出《平顶山市“十二五”防震减灾规划（草案）》。规划（草案）对平顶山市的地震形势和地震灾害概况进行了分析，提出防灾减灾工作指导思想和基本原则，明确了“十二五”期间的工作目标和主要任务，确定了“十二五”重要建设项目，制定出细致的保障措施。

（武西亭）

【地震应急演练】 2010年，市地震局制定出更为接近现实且便于操作的地震应急预案，并对地震应急预案进行实际检验，派出4人参加河南省地震局在禹州市白沙水库举行的2010年上半年地震应急演练。此次演练活动，是市地震局首次参加全省地震演练活动。按照地震现场工作指挥部的安排，市地震局参与了灾情调查和地震流动观测工作。5月12日，地震局联合市教育局、卫生局、消防支队在平顶山市第七中学举办学校师生地震应急演练活动，通过地震应急演练，使学校师生掌握应急避震的正确方法，熟悉震后紧急疏散的程序和路线，确保在地震来临时，能够快速、高效、有序地进行应急疏散，从而最大限度保护师生生命安全，进一步提高学校师生的应急避险意识和技能。

（武西亭）

【科学判定非地震性客观异常】

6月22日，市地震局接到报告，反映鲁山县赵村乡多个村庄房前屋后、道路沟边出现大量的蚰蜒，蚰蜒爬进村民家中，以致影响到群众晚上无法休息，村民们怀疑要发生地震。市地震局迅速派专人与市农业局、林业局、畜牧局等单位有关专家联系，了解蚰蜒的相关情况，并带领专业人员赶赴赵村乡，对群众进行详细询问和现场调查。经综合分析和认真研究，认为该情况主要是因为蚰蜒正值繁殖期，加上雨水充足，环境适宜造成的，排除了地震前兆的可能，稳定了群众的恐慌情绪。

（武西亭）

【建设工程抗震设防管理】 2010年，市地震局制定出市建设项目地震安全性评价工作自助审批办法。对需要进行地震安全性评价、烈度复核和一般审批的项目进行公示，规范了建设项目的审批工作。认真落实《平顶山市工程建设领域突出问题专项治理工作实施方案》，按照平顶山市治理工程建设领域突出问题工作小组工作安排，对全市2008年1月1日后开工建设的116项建设项目的抗震设防要求审批情况进行全面排查，查出未审批项目42项。同时，完成新建工程抗震设防要求审批49项。

（武西亭）

【地震监测预报应急处置】 10月24日，周口太康县发生里氏4.7级地震。市地震局根据测出的地震信息迅速与省地震监测预报中心核实，及时打印出震情快报报送市委、市政府领导。同时，根据震情趋势判断和市领导的指示，联系电视台、电台、移动通信公司等部门通过手机短信、电视新闻、滚动字幕、电台广播向市民通报震情及对本市的影响程度。由于对震情掌握及时，应对快速准确，措施正确得当，稳定了群众恐慌心理和社会秩序。地震局还在震后一个月内安排24小时震情值班，对本次地震进行震情跟踪。

（武西亭）

科学普及

【学术交流】 2010年，市科协积极引导各级学会和广大科技工作者广泛开展学术交流活动，推动科技创新。全年全市科协组织及所属科技团体举办各种形式的学术交流和学术研讨活动151场次，参加学术活动会员8万多人次，交流论文或创新成果1426篇项，其中在省以上学术会议和刊物上发表交流论文761篇。编印学术期刊、专著55种，印发10万余册。在搞好全市学会交流重要活动、指导帮助市级学会开展好学术研讨的同时，市科协积极组织科技人员参加第十二届中国科协学术年会、中部崛起专家论坛、中原城市群科技发展论坛、中西南学会研究会年会和河南省第五届学术年会等省以上学术交流活动。

（倪振国）

【“三创一带”活动】 2010年，市科协继续开展“三创一带”（即创建先进科普示范县（市）、创建先进农村科普示范基地、创建先进专业技术协会，带动农民科技致富奔小康）活动，助力现代农业发展，促进农民增收、农业增效和农村发展，推动新农村建设。2010年，全市科协系统创建先进农技协并入河南省“三创一带”数据库数267个，会员39267名，辐射农户71433多户；创建科普基地267个，培养科技示范户9679户；创建先进农村科普示范基地并入省科协数据库数197个，带动农户469户。市科协被省科协、省科技厅评为河南省科普工作先进单位、“三创一带”活动优秀组织单位。

（倪振国）

【科普惠农兴村计划】 2010年，根据《平顶山市科普惠农兴村计划实施方案（试行）》，全市科办系统积极开展先进农技协、先进农村科普示范基地和先进农村科普带头人的评选推荐。全市有2个研究会、1个科普示范基地和2名人员受到中国科协、财政部的联合表彰奖励；有1个研究会、3个科普示范基地和6名人员被河南省科协和省财政厅联合表彰奖励。全年全市科协组织争取到国家和省级财政科普示范基地建设奖补资金97万元，发展农村科普宣传员1192人，11%的行政村建设了科普宣传栏，为提高农业综合生产能力、加快农业结构调整和发展现代农业作出了突出贡献。

（倪振国）

【“四技”服务】 2010年，市科协大力开展技术开发、技术转让、技术咨询、技术服务等“四技”服务活动，签订各项技术合同2400多项，实现合同额2800多万元，产生直接经济社会效益5000多万元。“四技”服务活动的开展，推动了科技成果的转化。

（倪振国）

【“三讲一比”活动】 2010年，市科协按照要求，积极推动企事业单位开展“三讲一比”（讲科学、讲创新、讲理想、比贡献）活动，有效激发了科技工作者讲科学、讲创新、讲理想、比贡献的积极性。中平能化公司科技人员完成“热—电—乙二醇低温制冷降温技术”项目，平高电气股份有限公司科技人员完成“戈尔膜分离技术净化卤水工艺生产高纯度工业盐的研究”项目，两个项目的完成，为公司创造了巨大的经济效益和社会效益。

（倪振国）

【第四届平顶山市安全生产科技论坛】 2010年3月31日，市科协与市政府政研室、市安监局、市职业安全健康协会联合举办第四届平顶山市安全生产科技论坛。论坛旨在组织全市安全生产科技工作者为安全生产建言献策，为促进全市科技经济发展、安全生产和建设和谐鹰城服务。大会收到论文156篇，会上发表交流安全生产科技论文22多篇，来自全市各企事业单位的专家学者209人参加大会。

（倪振国）

【平顶山市首届兰花展】 2010年1月22日～23日，市科协和市兰花协会在市益达园林绿化有限公司举办首届“平顶山市兰花展”。兰花展上，展出兰花的品种繁多，有墨兰、剑兰、蕙兰等上万种兰花，吸引了众多市民前来观看，参观者达上万人。

（倪振国）

【青少年科技创新大赛】 2010年，全市各级科协以《全民科学素质行动计划纲要》的实施为契机，组织开展第二十三届平顶山青少年科技创新大赛。大赛吸引了全市师生20余万人次参加，3万多项作品参加了基层竞赛和展示活动，7000多项作品获市级奖；有90项创新成果，

15名科技教师，20项科技实践活动，80幅科幻画推荐参加全省大赛。其中有12项创新成果、3名科技老师、9项科技实践活动和15幅科幻画获省级一等奖，并被推荐参加全国评奖。1项科技实践活动获全国一等奖，4项科技实践活动获全国二等奖，3项作品获全国三等奖。由于成绩突出，市科协先后获得全国基层大赛优秀组织单位称号和省青少年创新大赛优秀组织单位称号。

（倪振国）

【科学调查体验活动】　2010年，市科协先后组织全市青少年开展“节水在我身边”、“节粮在我身边”、“我的低碳生活”为主题的科学调查体验活动，吸引了上万名中小学生参加。联盟路小学选送的“湿地的呼唤”获全国青少年科学调查体验活动二等奖，市育才中学、新华区实验小学的两名同学先后获河南省网上青少年科学素质知识竞赛一等奖。

（倪振国）

【院士科技报告会】　2010年5月25日，市科协邀请当代中国研究所李永田研究员来平作“企业文化与创新”专题报告；9月15日，邀请中国工程院胡思得院士来平作《两弹突破对发展我国高科技的启示》报告。李永田研究员和胡思得院士在平作了4场学术报告，全市6160科技人员和青年学子参加报告会。专家们深入浅出、精微缜密、形象直观的精彩报告和高屋建瓴的理论，使大家开阔了视野，增长了知识，激发了爱国热情。

（倪振国）

【万名科技专家服务“三农”】　2010年，科协系统组织万名科技专家，开展送科技下乡活动，使科技专家与村、项目对接，实施农村劳动力技能培训，深化科技专家服务“三农”工作。全年开展主题科普活动500多场次，农村党员干部和农民接受各种培训26万多人次，城镇劳动人口接受各种培训10万多人次。

（倪振国）

【反邪教科普宣传】　市科协充分发挥反邪教协会的作用，坚持开展反邪教科普宣传进社区、进学校、进机关、进农村“四进”活动，推动反邪教科普宣传活动群众化、社会化。改进宣传手段，采取在全市发放反邪教科普宣传扑克牌、举办“百诗百画”展板巡回展等措施，进行宣传活动，提高宣传效果。组织专家、学者开展理论研讨，撰写揭批文章，在中国反邪教网等网站发表。深入基层调研，及时为有关部门提出建议或对策，指导推动基层群众反邪教工作。2010年，市反邪教协会获河南省反邪教工作先进集体称号。

（倪振国）

【青年科技奖评选】　市科协与市委组织部、市人事局共同组织开展第七届平顶山市青年科技奖评选活动，全市有151名青年科技工作者参评。经评审，88名青年科技工作者获优秀青年科技专家称号，11名青年科技工作者获优秀青年科技工作者称号。

（倪振国）

【自然学科优秀学术论文评选】　为鼓励广大科技工作者积极总结科学研究、科学实践的理论成果，提高学术论文的质量和水平，发现和培养优秀科技人才，市科协与市人事局、市科技局联合开展平顶山市第六届自然学科优秀学术论文评选活动。共有156篇论文参评，评出优秀论文132篇，其中：一等奖31篇，二等奖50篇，三等奖51篇。

（倪振国）

【学会组织建设】　2010年，在市科协的支持和指导下，市计算机学会、市物质检测学会、市职业安全健康协会、市药学会顺利进行了换届。市老科协、市纺织工程学会、市化学化工学会等学会开展换届筹备工作。新成立平顶山市科技情报学会、平顶山市公路科技学会、市自然资源与生态维护学会等7个学会。通过进一步加强学会组织建设，促进了科协组织的不断发展，为科协组织注入了新的活力。

（倪振国）

农业科研

【概况】　2010年，市农业科学院组织实施科研项目19项，申报国家、省、市科研项目8项（国家项目1项，省市重大科技攻关项目3项、省农业科研系统科研协作项目2项、市普通攻关项目2项），在省级以上刊物发表论文26篇，出版专著4部。获市科技进步奖3项，其中：“优质高产小麦新品种平麦998的中试与示范”获市科技进步特等奖，“沾化冬枣早果丰产无公害栽培技术研究与应用”获市科技进步一等奖，“韭菜新品种平丰6号栽培技术研究与应用”获市科技进步二等奖。甜瓜新品种“平甜6号”通过国家新品种鉴定。

（熊法亭）

【首次承担玉米新品种培育国家农业科技计划项目】　玉米新品种“平玉8号”是市农科院第一个通过省审定的玉米新品种，填补了平顶山市没有自育玉米杂交种的空白。2010年，市农科院加快“平玉8号”的示范推广步伐，在市科技局的支持下，“高产抗病玉米新品种平玉8号的中试与示范”项目申报成功，被列为国家农业科技成果转化资金项目，项目经费50万元。该项目是市农科院也是平顶山市第一次承担玉米新品种培育方面的国家农业科技计划项目。

（熊法亭）

【韭籽生物活性物质提取技术研究】　市农科院与河南轻工业学院合作，开展“韭籽生物活性物质提取技术研究及功能产品产业化开发”，熟练掌握韭籽油超临界萃取和分子蒸馏技术，开发出韭籽油软胶囊、韭籽生物活性物质粉剂韭宝胶囊等系列产品，大白鼠功能性交配试验取得阶段性成果，投资30万元购置的中试仪器设备安装调试完毕。“韭籽生物活性物质提取技术研究”被列为省科技攻关项目。

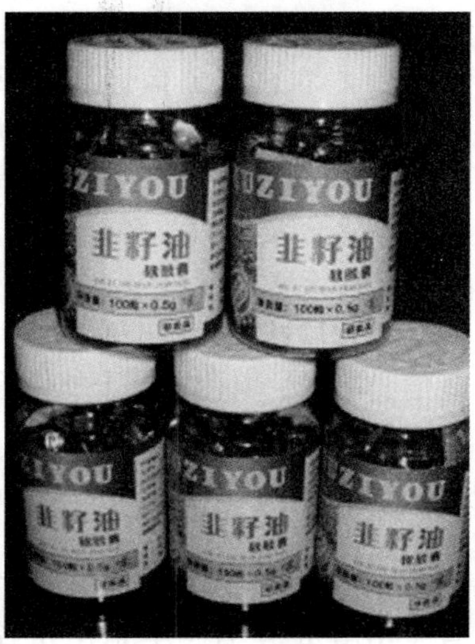

提取出的韭籽油胶囊

（熊法亭）

【河南省韭菜工程技术研究中心成立】　依托市农科院申请组建的省韭菜工程技术研究中心经省科技厅组织的专家组评审，于2010年10月正式成立，它是平顶山市第一家蔬菜方面的省级工程技术研究中心。省级韭菜工程技术研究中心的成立，标志着市农科院在技术平台建设方面又迈上一个新台阶，填补了国家韭菜专业技术研究平台的空白，对韭菜种质资源创新、新品种培育、无公害栽培技术研究、深加工和产业化开发具有深远意义。

（熊法亭）

【甜瓜新品种通过国家鉴定】　2010年，厚皮甜瓜新品种“平甜6号”参加国家级生产试验，综合性状良好，于10月通过国家新品种鉴定。它是平顶山市第一个通过国家鉴定的厚皮甜瓜新品种。“平甜6号”含糖量高、丰产性好、抗病性强、肉质脆、口感好。同时，选育的新品系光组106，早熟、品质优（心糖含量15%～16%）、口感好，单瓜重1.1千克，推荐参加国家级区试。

平甜6号

（熊法亭）

【韭菜新品种扩繁】　2010年，太空育种培育的优良变异韭菜新品系太空1号，品种抗寒不休眠、高产，经过试种，较对照平韭4号增产16.8%，商品性状好、种性优良，开始原原种扩繁。常规育种培育的韭菜新品系98－选抗－9和01－选抗－9－1，抗寒性较强，叶直叶厚，叶肉细密，经全国多点试验效果良好，开始示范推广。

（熊法亭）

【现代农业科技示范园投入使用】　2010年，累计完成投资780万元的现代农业科技示范园，建成日光温室8座6000平方米、连栋智能温室1座2000平方米、种子仓库3栋3000平方米、种子冷库70平方米，硬化道路300米，建成50亩试验地喷灌系统并投入使用。同时，购置CO_2超临界萃取装置、原子吸收仪、液相色谱仪、气相色谱仪等仪器9台（套），种子加工设备3台（套）。科研条件得到进一步改善，供种能力显著提高，示范作用更加明显。

（熊法亭）

【名优花卉技术研究】　市农科院与山东聊城农科院、莱州仙客来研究所等单位合作，探索出红掌、大花蕙兰组培扩繁的适宜培养基，研究了不同激素配比对红掌不定芽生根的影响，解决了多次继代后愈伤组织块分化活力下降的问题，掌握了红掌外植体入瓶、愈伤组织诱导、芽苗诱导、继代快繁、壮苗培养和下地移栽技术；基本掌握蝴蝶兰组培、小苗移栽管理技术和仙客来播种、管理、商品花包装技术，为智能温室花卉工厂化生产提供了技术支撑。

（熊法亭）

【韭菜 DNA 指纹库构建完成】 针对“中国韭菜 DNA 指纹库构建与应用研究”项目，市农科院以 174 份韭菜种质资源为基础材料，对 15 个表型性状进行聚类分析，建立 69 份韭菜种质资源初级核心库。提取出 169 份韭菜品种资源和 54 个杂交后代材料 DNA，建立优化了韭菜 ISSR－PCR 反应体系和 PAGE 技术在韭菜指纹检测上的应用技术体系，建立起 22 个 ISSR 引物对 96 个韭菜资源的 DNA 指纹库。指纹库聚类分析结果具有明显的地域分布特征，为韭菜资源亲缘关系研究提供了分子分析技术基础。利用韭菜资源 DNA 指纹库，研究出快速准确的 DNA 指纹检测韭菜种子纯度技术。

（熊法亭）

【良种繁育基地】 2010 年，为加强新品种、新技术的推广工作，加速科技成果转化，建立韭菜、萝卜、辣椒等蔬菜良繁基地 500 亩，小麦良繁基地 3800 亩，大豆良繁基地 1500 亩，玉米制种基地 1000 亩，小麦、玉米新品种示范基地 2500 亩，无公害鲜韭示范基地 1000 亩。全年推广韭菜等瓜菜良种 5.5 万公斤、玉米良种 30 万公斤、小麦良种 180 万公斤、大豆良种 2.5 万公斤，优质苗木 52 万株，名、优菜苗 150 万棵，脱毒红薯种苗 85 万株，取得了良好的社会经济效益。

（熊法亭）

【科技惠农】 2010 年，市农科院继续实施“十村百户”科技示范工程，建立科技示范村 10 个，扶持蔬菜种植户、畜禽养殖户 136 户。积极实施科技特派员行动计划，选派 11 位农业专家参与省级 12316“三农”热线服务活动，帮助解决农民生产中的实际问题，全年接听服务热线 1500 余次。与平顶山市广播电台合办《聚焦三农》栏目，开展农业科技讲座，发布农业科技信息，全年播出 68 期。受县（市、区）农业局邀请，先后举办为期 7 天的“阳光培训工程”设施农业培训班 11 期，受训人员 2000 人次。全年组织大型科技下乡活动 18 次，举办科技讲座 50 期，培训农民 8000 余人次，发放技术资料 1 万余份。

（熊法亭）

气 象

【概况】 2010 年，平顶山市气象部门积极推进重大项目——平顶山市气象科技园项目建设工作，基础业务质量和人员综合素质稳步提升。有效开展春运、“三夏”、“三秋”、马街书会、华合论坛等一系列重大气象服务保障，及时发布预报预警信息，加强部门内外合作联动，有效保护群众生命财产安全。年内，各项业务质量均达到规定的标准，获 250 班无错情 5 个，百班无错情 20 个，实现历史性突破。李亚男获第二届全省气象行业气象观测技能竞赛总分第一名，获特别优秀荣誉奖；张金萍获全省气象部门公文处理岗位技能竞赛个人全能第三名。

（张金萍）

【平顶山市气象科技园项目建设】 2010 年，市政府将平顶山市新一代天气雷达站、平顶山市气象观测站、平顶山市气象科普基地、平顶山市气象文化长廊等建设项目综合规划为平顶山市气象科技园项目，并列为 2010 年平顶山市重点建设项目。市气象局加大工作力度，协调各有关单位和部门，完成平顶山市气象科技园项目选址、论证、申报、设计、规划及土地征用手续的办理工作，项目建设积极推进。

（张金萍）

【现代农业气象业务服务体系建设】 推进以固定炮站、科技示范园等为基础的集约化多功能乡村气象信息服务站建设，6 个县（市）农村气象信息服务站均开展信息服务。新建 5 个自动土壤水分监测站，建成市农业气象服务平台及乡村气象信息网，开展农用天气预报业务，通过网站、“12121”咨询电话、手机短信、电视、电台、电子邮件等方式发布，服务农业生产。

（张金萍）

【汛期气象服务】 2010 年 7 月～2010 年 9 月，平顶山市连续出现大范围强降水天气过程，气象部门及时发布预报预警信息，宝丰县在山洪到来之前，雨夜安全撤离 2000 村民，创造“零伤亡”奇迹；汝州市局跟踪服务为汝州腾口水库漫坝抢险决策提供有力保障；北汝河郏县段出现近 30 年最大洪峰，市气象台与汝州局、郏县局等加强部门联动，气象服务到位，全市安全转移群众10万余人，避免了人员伤亡；鲁山局气象服务为昭平台水库除险加固赢得了宝贵时间。气象服务信息的及时发送，有力地保障了人民群众的生命财产安全，得到了各级党委政府和社会公众的肯定和赞誉。鲁山局被省局授予2010年重大气象服务先进集体称号，宝丰局受到县政府通令嘉奖，局长李军虎被国家气象局授予2010年重大气象服务先进个人称号。

（张金萍）

【扎实推进人影作业】 2010年，全市气象部门完善人影作业体系，科学实施人工增雨（雪）、防雹作业。年内，对18台火箭、24门人影作业三七高炮逐一进行年检、维护；优化郏县、宝丰县、汝州市防雹增雨作业体系，扩展烟叶防雹规模；推进叶县、鲁山县、舞钢市规范化作业基地建设。2月10日，平顶山市人影中心抓住短暂作业时机，组织汝州市、郏县、鲁山县、叶县等县市实施增雨作业，效果良好，缓解了旱情。

（张金萍）

【第四次伏牛山区域人工防雹增雨协作会议】 11月27日，第四次伏牛山区域人工防雹增雨协作会议在平顶山召开，空军十九师、山西运城市气象局及伏牛山区域人工防雹增雨协作单位6个省辖市的气象局负责人参加了会议。会议就加强区域协作，增强人影跨区联合作业能力，加强基础设施建设和管理，提高区域人影服务水平，加强区域联合科研试验，增强区域人影科技创新能力等问题进行了探讨和经验介绍。

（张金萍）

【2010年气候条件与影响评价】

一、气候状况评价

2010年，平顶山市气候基本特点：年平均气温正常，降水量偏多，光照不足。春季气温、降水总体正常，但温度回升缓慢，阴雨日数较多，光照明显不足；季内虽出现大风、大雾、暴雨等灾害性天气，但均未造成明显损失，对农业生产而言属风调雨顺年景。夏季前期高温天气较集中出现，降水偏少，中后期天气较凉爽，降水偏多，其中7月中旬、8月中下旬出现的连阴雨天气，给农业生产造成了一定不利影响；季内出现暴雨、连阴雨、大风、大雾、高温等灾害性天气，其中暴雨天气造成明显灾情。秋季平均气温正常，光照充足，降水量时空分布不均，9月异常偏多，10月、11月异常偏少。12月气温偏高，日照正常，降水异常偏少。

1. 气温

全市年平均气温14.5℃～15.3℃，与常年平均值相比正常。年极端最低气温－9.9℃，1月6日出现在汝州市；年极端最高气温39.1℃，6月17日出现在宝丰县和郏县。

冬季（2009年12月～2010年2月）全市季平均气温2.2℃～3.2℃，较常年同期平均值属正常。季极端最高气温22.1℃，2月21日出现在汝州市；季极端最低气温－9.9℃，1月6日出现在汝州市。季内日最低气温低于0℃日数34天～70天，较常年同期除平顶山偏少26天外，其余县（市）偏少2天～10天。

春季（3月～5月）气温总体正常。前期、后期气温正常，中期气温偏低。全市季平均气温13.6℃～14.4℃，较常年同期平均值偏低0.5℃～1.1℃，除汝州市属偏低外，其余县（市）属正常。季内极端最高气温34.0℃，5月30日出现在平顶山市区；季内极端最低气温－7.7℃，3月10日出现在宝丰县、鲁山县；季内有4天～11天低于0℃，较2009年多3天～7天。

夏季（6月～8月）气温正常。全市季平均气温25.8℃～26.6℃，与常年同期平均值相比全市气温正常。季极端最低气温14.0℃，6月5日出现在宝丰县；季极端最高气温39.1℃，6月17日出现在宝丰县和郏县。季内高于35℃日数14天～25天。

秋季（9月～11月）气温正常。全市季平均气温15.4℃～16.3℃，较常年同期除叶县偏高外，其余县（市）正常。季极端最高气温35.9℃，9月17日出现在舞钢市；季极端最低气温－2.3℃，11月22日出现在汝州市；季内低于0℃日数0天～6天，平顶山市区和叶县未出现，汝州市和宝丰县出现6天。

12月份月平均气温4.1℃～5.7℃，较常年同期显著偏高1.1℃～2.4℃。

2. 降水

全市年降水量724.3毫米～1051.4毫米，与常年平均值相比除郏县正常外，其余县（市）偏多3成～4成。

冬季降水偏少。全市季总降水量17.7毫米～29.8毫米，较常年同期偏少3成～5成。季最长连续无降水日数鲁山县、宝丰县、叶县达52天（2009年12月16日～2010年2月5日），其余县（市）出现12天～47天；季最长连续降水日数除汝州3天（2月9日～11日）外，其余县（市）为6天（2月6日～11日）。

春季降水正常。全市季总降水量为163.3毫米～231.6毫米，较常年同期平均值属正常。季最长连续无降水日数7天～12天，其中汝州市最长连续无降水日数为12天（4月2日～13日）；季最长连续降水日数为2天～5天，其中舞钢市为5天（3月2日～6日）。季内明显的降水过程分别出现在4月下旬和5月上、下旬。

夏季降水显著偏多。全市季总降水量为402.9毫米～661.5毫米，较常年同期除郏县偏多1成外，其他偏多5成～1倍。季内全市降雨日29天～37天，约占夏季日数的1/3。季最长连续无降水日数21天（郏县、汝州市、鲁山县、叶县、平顶山市区均出现在6月10日～30日）；季最长连续降水日数9天（宝丰县、郏县8月19日～27日，舞钢市8月18日～26日）。

秋季降水正常。全市季总降水量143.8毫米～159.7毫米，较常年同期均属正常。季内主要降水过程出现在9月上、下旬，其中，9月5日～10日全市出现连阴雨天气，过程雨量113.2毫米～139.0毫米，9月24日～26日的降水为冬小麦适时播种提供了充足的底墒。季内最长连续无降水日数19天（舞钢市、宝丰县、鲁山县、叶县出现在10月26日～11月13日）。

12月份降水异常偏少。月降水量0毫米～0.4毫米，较常年同期异常偏少10成。

3. 日照

全市年总日照时数1410.7小时（鲁山县）～1842.9小时（宝丰县），较常年平均值除宝丰县正常外，其余县（市）异常偏少378.4小时～614.4小时。

冬季光照不足。全市季总日照时数241.9小时～414.2小时，较常年同期除汝州市正常外，其余县（市）显著偏少87.1小时～179.8小时。季内，12月份日照时数115.3小时～173.6小时，较常年同期全市正常。1月份日照时数74.5小时～152.5小时，较常年同期除鲁山县异常偏少64.7小时外，其余县（市）正常。2月份日照时数52.1小时～88.1小时，较常年同期除汝州市显著偏少57.5小时外，其余县（市）异常偏少58.9小时～80.1小时。

春季光照不足。全市季总日照时数322.2小时～509.4小时，较常年同期平均值除宝丰县正常外，郏县偏少67.1小时，其余县（市）显著偏少152.2小时～224.6小时。3月份日照时数65.4小时～137.4小时，较常年同期平均值鲁山县、叶县显著偏少43.6小时～84.6小时，其余县（市）正常；4月份日照时数131.7小时～186.3小时，较常年同期平均值除郏县、宝丰县正常外，其余县（市）显著偏少43.0小时～56.3小时。5月份日照时数125.1小时～190.2小时，较常年同期平均值除郏县、宝丰县正常外，其余县（市）显著偏少65.5小时～86.2小时。

夏季日照异常偏少。全市季总日照时数371.0小时～491.0小时，较常年同期平均值除宝丰县正常外，其余县（市）异常偏少97.4小时～270.3小时。季内，6月份日照时数131.9小时～213.9小时，较常年同期除汝州市、鲁山县异常偏少69.7小时～75.1小时，其余县（市）正常。7月份日照时数93.5小时～141.3小时，较常年同期显著偏少48.1小时～116.9小时。8月份日照时数126.7小时～151.7小时，较常年同期除宝丰县、叶县正常，其余县（市）显著偏少51.7小时～83.7小时。

秋季日照正常。全市季总日照时数416.1小时～496.9小时，较常年同期均属正常。季内，9月份日照时数82.7小时～102.2小时，较常年同期宝丰县显著偏少59.6小时，其余县（市）异常偏少75.3小时～87.6小时。10月份日照时数137.5小时～171.2小时，较常年同期均属正常。11月份日照时数187.8小时～237.2小时，较常年同期除叶县正常外，郏县、鲁山县偏多45.6小时～47.1小时，其余县（市）显著偏多61.8小时～73.6小时。

12月份日照正常。月日照时数165.9小时～219.8小时，较常年同期除汝州市显著偏多55.4小时外，其余县（市）正常。

二、主要天气气候事件

1. 大风

冬季全市出现大风天气1天～6天，汝州市的大风日数最多，出现6天，其余县（市）为0天～4天。2009年12月4日，宝丰县、郏县、汝州市和叶县同时出现大风天气，汝州市极大风速达25.0米/秒。大风给人们出行带来一定不便，但由于持续时间短，未出现灾情。

春季全市季总大风日数2天~3天。其中鲁山县3月20日2时25分出现的大风，瞬时风速达17.5米/秒，2时58分出现瞬时风速达19.8米/秒的大风，一直持续到3时17分结束，因为风速较大，且持续时间较长，致使道路两旁的广告牌有部分被刮掉、刮倒，张良莱区蔬菜大棚部分也被大风刮烂，此次大风对农业生产造成一定影响。

夏季全市除叶县出现大风，造成明显灾情外，其余县（市）未出现大风。据市民政局提供的数据显示：7月30日，叶县仙台镇、辛店乡、廉村镇出现大风天气，持续时间30分钟，局部最大风力达7级~8级，玉米大面积倒伏，刮倒刮折树木上万棵，刮倒电线杆60根，农作物受灾面积2200公顷，倒塌房屋68间，损坏房屋40间。

8月19日下午18时左右，叶县水寨乡和邓李乡出现雷雨大风天气过程，风力7级~8级，持续50分钟。此过程，造成2.1万亩玉米严重倒伏，刮倒（断）树木400余棵，房屋损坏或倒塌23间，受灾人口2.6万人，经济损失2700多万元。

秋季冷空气活动势力较弱，大风日数少，舞钢市、鲁山县季内均无大风出现。9月和10月全市无大风，11月出现4次大风天气，分别为7日、11日、21日和25日。其中，11月21日，宝丰县、叶县和汝州市三地上午10时30分左右出现大风天气，持续时间1小时~3小时，最大风速21.7米/秒，为季内最明显的大风天气。虽有大风出现，但无灾情发生。

2. 大雾

冬季的大雾天气出现在12月的14日和24日、1月的18日和19日、2月的5日、7日、8日和9日。其中，舞钢市12月24日上午8点生成的大雾，至9点40分结束，持续了一个多小时，当时最小能见度仅为40米，此次大雾天气对人们的出行和交通运输造成了影响。

春季全共出现7个大雾日，分别为：3月的4日、15日、19日，4月的17日、19日、20日和5月的23日。其中，鲁山县4月19日夜间生成的大雾，最小能见度100米，20日又有大雾在夜间产生，21日上午消退，连续两天出现大雾天气，给人们的生活尤其是交通运输带来诸多不便。

夏季大雾天气，除舞钢市出现2次、鲁山县出现3次、宝丰县出现6次外，其余县（市）未出现大雾天气；本季大雾出现在7月的6日、21日、26日、27日和8月的4日、8日、16日。其中，舞钢市7月27日上午8时生成的大雾，持续到8时40分左右消散，虽然大雾持续的时间较短，但由于当时最小能见度仅为100米，所以对人们的出行和交通运输也造成了影响。

秋季的大雾日数9月为3天、10月为5天、11月为3天。10月22日，全市出现区域性大雾天气，其中，鲁山县夜间最小能见度仅为30米。季内出现的大雾天气，由于都在夜间生成白天消散，故对交通未造成明显影响。

3. 病虫害

入春后，由于冷空气活动频繁，冷暖空气交汇，造成阴雨天气较多，气温回升缓慢，小麦病虫害总体上呈中度发生，与2009年同期相比较轻。据市农业局植保站5月4日调查结果显示：全市小麦病虫害发生面积310.9万亩次。其中，病害发生131.9万亩次，虫害发生179万亩次。发生较重的病虫害有：小麦纹枯病、叶枯病、蚜虫、吸浆虫、红蜘蛛等。

4. 暴雨、大暴雨

4月20日和月4日，全市分别出现两次大到暴雨天气过程，两次过程雨量分别为33.0毫米~60.9毫米和13.4毫米~73.2毫米。其中，4月20日~21日出现的暴雨天气，较历史同期出现较早。降雨虽给人们出行带来一定不便，但有利于农作物的生长。

入夏后，特别是7月、8月份，全市出现多次强降雨天气过程，部分县（市）受灾较重。据市民政局提供的数据显示：7月16日~19日，汝州市、鲁山县、宝丰县、郏县等地遭受大到暴雨袭击，最大降雨点鲁山县土门街道降水量303.5毫米。受强降雨影响，多数水库水位猛涨，昭平台水库、白龟山水库、石漫滩水库均超汛限水位。鲁山县、汝州市受灾较重，其中鲁山县土门、瓦屋、四棵树、张良、马楼等乡镇降雨量均在160毫米左右。因灾死亡失踪8人，毁坏树木40万棵，倒塌蔬菜大棚2座，冲毁道路9万余米，冲毁堰坝7万余米，冲塌桥梁37座，损坏电线杆90根，冲走香菇节100万根，一些挖沙船、小四轮等机械设备被冲走，山体滑坡堵塞道路18处。7月17日上午，二广高速汝州市寄料段发生大面积山体滑坡，并瞬间将高速路面堵死，高速公路中断通行；汝州市腾口水库也出现严重险情。

7月23日～25日，市西北部分县（市）遭受大到暴雨袭击，北汝河出现自1982年以来最大洪峰，严重影响两岸群众安全。汝州市小屯镇等受灾严重的地方，许多民房进水。7月24日夜至7月25日凌晨，汝河水位暴涨，两岸鱼塘被冲毁，农作物受灾面积5260公顷，房屋倒塌损坏1115间，道路毁坏368米，冲毁小桥1座、树木30棵，经济损失1558万元。鲁山县毁坏树木9万余棵，冲毁道路4万余米，冲毁堰坝2万余米。宝丰县部分沿汝河岸边的作物被水冲毁。郏县因汝河水位暴涨，导致部分乡镇受灾，数万人临时撤离转移。

8月9日，舞钢市杨庄乡五座窑村平岭组，因短时强降雨造成山体大面积滑坡，造成10户49人受灾，紧急转移安置49人，倒塌房屋7户48间，损坏房屋4户29间，没有造成人员伤亡。

据统计，夏季全市受灾122万人，紧急转移安置1406人，因灾死亡5人、失踪3人；倒塌房屋6197间，其中，倒塌居民住房2324户、5761间，损坏房屋9733间；农作物受灾83.8千公顷，其中，成灾64.2千顷，绝收5.6千公顷；造成直接经济损失6.54亿元，其中农业经济损失3.88亿元。

9月5日～7日，出现一次区域性大到暴雨天气过程，过程降雨量在95.0毫米～124.7毫米之间。叶县水寨乡地势较低，降水无法排放，致使农田被淹，全乡5万亩农作物全部受灾，其中严重受灾3万亩，绝收面积2万亩。

5. 高温

全年夏季高于35℃的日数集中出现在6月中、下旬和7月上旬，时间分别为6月的15日、17日～18日、20日～22日、27日～30日和7月的1日、4日～7日、29日～31日。6月17日，全市出现入夏首次高温天气，同时也是年内全市最热的一天，全市日最高气温在35℃以上，其中宝丰县、郏县高达39.1℃，汝州市38.9℃。6月18日～19日最高气温略有下降，大部分在34℃左右，而6月20日～22日，气温又升至35℃以上，最高的汝州达37.8℃，郏县20日、21日连续两天日最高气温在37℃以上。高温天气给人们的生活和工作带来了影响，众多市民纷纷以各种形式消暑降温，并采取不同方式遮阳，躲避烈日直射。

6. 连阴雨

7月15日～19日，出现连续5天的阴雨天气，过程雨量在97.8毫米～218.2毫米之间，其中宝丰县的过程雨量218.2毫米，除舞钢97.8毫米外，其余县（市）均在150毫米以上；充足的降水及时补充了土壤水分，解除了旱情，有利于秋作物的生长。但连阴雨天气对交通和市民的生活有所影响。

8月18日～27日，出现连阴雨天气。其间，宝丰县的连阴雨出现在8月19日～8月27日，过程雨量171.5毫米；郏县22日～26日，过程雨量131.0毫米；舞钢市18日～26日，过程雨量157.2毫米；其余县（市）出现在18日～25日，过程雨量在156.2毫米～224.7毫米之间。由于此次连阴雨天气出现在8月中下旬，夏玉米正处于灌浆—乳熟期，而连续的阴雨天气，使农田水分处于偏湿或饱和状态，部分低洼地段出现积水，对秋作物后期生长十分不利。

9月5日～10日，出现连续6天的阴雨天气，过程雨量在113.2毫米～139.0毫米之间，其中市区的过程雨量139.8毫米，其余的县（市）也在110毫米以上；明显的降水，给农作物生长提供了充足的水分，但部分地势低洼、排水不畅地段出现严重积水和倒伏现象，对农业生产十分不利。

7. 干旱

自麦播开始，全市降水持续偏少，至12月底，连续3个月没有出现有效降水，特别是11月份基本滴雨未下，部分县（市）出现旱情，对于小麦的生长有所影响。10月1日～12月31日，降水量3.6毫米～6.8毫米，较常年同期偏少9成，为1961年以来同期最少值。

三、气候影响评价

1. 气候与小麦生产

冬小麦播种期间（2009年10月）墒情适宜，利于小麦播种。2009年11月8日～11日，全市出现一次强寒潮和雨雪天气过程，强降温天气对于正处于苗期的冬小麦影响不大，而降雪天气有效地补充土壤水分，抑制小麦旺长，促进小麦分蘖盘根，有利于小麦安全越冬。2009年12下旬至2010年1月，全市持续无雨（雪）天气，汝州市、鲁山县、宝丰县等地墒情下降明显，旱象露头，对冬小麦的安全越冬有所影响。进入2月份，冷空气活动频繁，前半月降水偏多，分别出现3次明显降雪过程，旱情得到及时解除，为小麦春季生长奠定了良好的水分基础。3月份，全市降水正常，墒情适宜，加之光、温条件较好，有利于小麦返青及返青后苗情的快速转化升级。4月13日～15日，全市出现一次较明显降温天气过程，15日凌晨，除宝丰县、郏县的最低气温为－0.2℃外，其他都在0.8℃以上，且持续时间较短，基本在1小时～2小时之间，对小麦造成的影响不大。5月中旬以后虽然没有出现明显的连阴雨天气，但总体上阴雨天气较多，光照明显不足，光、温条件对于小麦中、后期灌浆有所影响。

⑴播种至越冬期

10月份是本市冬小麦播种期，因前期墒情充足，为冬小麦的播种、出苗提供了充足的底墒，有利于冬小麦的生长发育。30日～31日，出现一次较明显的降水天气，雨量在10毫米～21毫米之间，土壤墒情得到了改善，有利于小麦的苗期生长。11月8日～11日，出现一次强寒潮和雨雪天气过程，强降温天气对于正处于苗期的冬小麦影响不大，而降雪天气有效地补充土壤水分，抑制小麦旺长，促进小麦分蘖盘根，有利于小麦安全越冬。15日～17日和27日～28日，本市又出现两次雨雪天气过程，月累计雨量达44毫米～68毫米，较常年偏多91%～148%，土壤墒情适宜，对小麦越冬乃至返青期生长奠定了充足的水分基础。

⑵越冬至返青期

12月下旬至2010年1月，全市持续无雨（雪）天气，汝州市、鲁山县、宝丰县等地墒情下降明显，旱象露头，对冬小麦的安全越冬有所影响。进入2月份，冷空气活动频繁，前半月以阴雨天气为主，降水偏多，其中6日、9日～10日、14日～15日分别出现明显降雪过程，旱情得到及时解除，为小麦春季生长奠定了良好的水分基础。3月份全市降水正常，墒情适宜，加之光、温条件较好，有利于小麦返青及返青后苗情的快速转化升级。

⑶拔节至开花期

4月份，本市冬小麦处于拔节—孕穗—开花期。4月上旬气温正常略偏高，光照充足，墒情适宜，利于小麦拔节期生长。13日～15日，全市出现一次较明显降温天气过程，15日凌晨，除宝丰县、郏县的最低气温为－0.2℃外，其他都在0.8℃以上，且持续时间较短，基本在1小时～2小时之间，对小麦造成的影响不大。20日～21日，出现一次较强降水过程，大部分县（市）出现暴雨，部分乡（镇）出现大暴雨。此次降水过程的出现，及时补充了土壤水分，不但有利于小麦的生长，而且也为小麦后期生长提供了必要的水分条件。4月22日后，全市天气晴好，无降水，利于小麦的开花授粉。

⑷开花至成熟期

5月份，本市冬小麦处于开花—乳熟—成熟期，是小麦粒重形成阶段。5月4日，全市出现一次明显降水过程，大部分县（市）出现大到暴雨。明显的降水过程，为后期小麦生长打下了良好的水分基础，对促进小麦灌浆、减轻干热风危害、提高产量非常有利。中旬以后虽然没有出现明显的连阴雨天气，但总体上阴雨天气较多，12日～13日、16日、21日～22日和26日～28日分别出现4次较明显天气过程，光照明显不足，光、温条件对于小麦中、后期灌浆有所影响。同时，持续的阴雨寡照天气造成田间湿度大，易造成病虫危害的加重，也不利于粒重的增加。

⑸收获期

6月初，本市小麦陆续进入成熟、收获期，但7日～8日出现了15毫米～48毫米的明显降雨过程，对于小麦的正常成熟及收获有所影响。

2. 气候与玉米生产

是年夏玉米生育期间（6月中旬～10月上旬），前期气候条件适宜，利于玉米的正常播种。7月15日～19日，本市出现连阴雨天气，8月18日～27日和9月5日～10日，先后又出现两次连阴雨天气，持续的阴雨使农田水分处于偏湿或饱和状态，部分低洼地段出现积水，不利于秋作物后期生长。9月中下旬，本市玉米陆续进入成熟收获期，但24日～25日全市普降中雨，影响了秋作物的正常收获，特别是不利于已收作物的晾晒。

⑴播种至出苗期

是年由于受小麦收割期推迟的影响，夏玉米播种期在6月16日前后，较常年推迟8天～10天。播种期间温度适宜，日照充足，有利于玉米的正常播种。

6月下旬至7月上旬，本市玉米处于出苗—三叶—七叶期，充足的日照为玉米的生长提供了良好的光温条件，为玉米后期生长奠定了基础。

⑵拔节至抽雄期

7月12日前后，本市秋作物进入拔节期。7月15日～19日，出现连阴雨天气，过程雨量在97.8毫米～218.2毫米之间，其中宝丰县的过程雨量为218.2毫米，除舞钢97.8毫米外，其余县（市）均在150毫米以上；持续阴雨寡照天气，不利于秋作物的生长。

(3)抽雄至灌浆期

8月份，本市玉米相继进入抽雄—开花—授粉期。期间降水适中，气温正常，墒情适宜，有利于玉米的生长。但8月18日~27日，再次出现了连阴雨天气，此时玉米正值灌浆—乳熟期，持续的阴雨使农田水分处于偏湿或饱和状态，部分低洼地段出现积水，对秋作物后期生长十分不利。

(4)乳熟期至成熟期

9月5日~10日，全市出现连续的阴雨寡照天气和大范围的强降水过程，各县雨量均超过100毫米，部分地势低洼、排水不畅地段出现严重积水和倒伏现象，对农业生产十分不利。9月中旬，以晴好天气为主，气温偏高，光照充足，对玉米灌浆及成熟、收获十分有利。

(5)收获期

9月中下旬，本市玉米陆续进入成熟收获期。24日~25日，全市普降中雨，影响了秋作物的正常收获，特别是不利于已收作物的晾晒。

3. 气候与交通

冬季前期、中期多晴好天气，少大风、大雾天气，为交通运输提供了便利条件，有利于交通运输。2月6日~11日，全市出现雨雪天气，道路结冰，部分高速公路被封，一些客车停运，由于正值春运高峰期，给交通运输及人们探亲返家带来不便。14日~15日再次出现雨雪天气，正值春节假期，造成了人们探亲访友外出活动的不便。春季除4月下旬和5月中、下旬多阴雨天气，对交通有所影响外，其他时间天气条件有利于交通运输。夏季，6月份气温正常，降水偏少，多晴好天气，有利于交通运输；7月、8月份，多阴雨天气，给人们的出行和交通运输带来了不利的影响。

4. 气候与旅游

春季气温正常，无连阴雨天气，利于外出旅游。由于本市推出全国首例4月份“错峰免费游”活动，引爆了旅游市场，各景区游人如织，尧山、二郎山、画眉谷、中原大佛等主要景区日均接待量在1.5万人次以上。“五一”假日期间天气晴好、温度适宜、风力不大，有利于大家外出旅游。据市假日旅游协调指挥办公室的统计数据显示：“五一”小长假期间，全市34个景区共接待游客148万人次，旅游总收入50912万元。

秋季多晴好天气，气温舒适，气候条件十分有利于外出旅游。假日期间活动异彩纷呈，汝瓷文化节、舞钢水灯节以及10月5日~6日“2010年德国—上海欧亚新丝绸之路老爷车拉力赛”市区巡游活动等，丰富了假日旅游内容。据市假日旅游协调指挥办公室的统计数据显示：假日期间，全市共接待国内外游客126.83万人次，同比增长60.5%。实现旅游收入2.0062亿元，同比增长63.1%，未发生旅游安全事故。

12月份以晴好天气为主，温度适宜，有利于外出旅游。

四、结束语

2010年1月，降水偏少，2月雨雪丰沛，对森林防火、净化空气、改善土壤墒情以及农作物的生长均十分有利。春季整体上气候条件有利小麦的生长，但由于积温不足，造成小麦生育期较常年推迟。7月、8月出现的暴雨天气，致使西北部出现洪涝，对秋作物造成了较大影响，同时对公路交通有一定的破坏，对一些行业和人畜也有一定的影响。9月份降水偏多，虽然秋作物的收获和晾晒受到一些影响，但充足的降水，适宜的土壤墒情，有利于小麦的播种。10月份后，全市降水持续偏少，至12月底，连续3个月没有出现有效降水，部分县（市）出现旱情，对于小麦的生长有所影响。总之，全年本市的气候条件对各行各业及人们的生活是利弊各半。

（白家惠）

社会科学

【“学先进、比创新、看实效”实践与发展座谈会】　4月12日，市委宣传部与市社科联在平安大厦联合召开“学先进、比创新、看实效”实践与发展座谈会。省委政研室巡视员王永苏、省委政研室副巡视员白廷斌、省社科院副院长刘道兴、河南日报报业集团副总编辑王俊本、郑州大学教授程明欣等从事社科理论研究的知名专家及平顶山市各县（市、区）书记、宣传部长等参加了座谈会。座谈会围绕平顶山市落实“学、比、看”活动在具体工作实践中取得的成果和经验进行交流。与会专家学者结合实际情况，对平顶山的“学、比、看”工作给予高度的评价，对以后的工作提出了很好的见解和建议。市委书记赵顷霖出席座谈会并讲话，市委常委、宣传部长唐飞主持座谈会。

（李　岩）

【开展“中原大讲堂·平顶山讲堂”活动】 1月9日，市社科联邀请孔子第73代直系传人、北京大学中文系教授孔庆东在平声影剧院作题为“解读《论语》魅力”的讲座。孔庆东教授以通俗易懂和风趣幽默的语言，精辟地讲解了《论语》“内仁外和”之道，受到听众一致好评。2月至6月份，市社科联协同河南城建学院、市广电总台、平顶山日报社、中平能化集团、市人行等单位，组织省市专家学者深入中平能化集团、平顶山学院、新华区地税局、市邮政局、新华书店、市行政审批中心及县（市、区）等地开展社科知识讲座10场，受众8000余人次，取得良好社会效果，得到省社科联和市委、市政府的肯定及表彰。

（李　岩）

【“‘金融杯’诚信伴我行”征文暨演讲活动】 7月，市社科联与市委宣传部、市人行联合发文举办“‘金融杯’诚信伴我行”征文暨演讲比赛活动。收到征文320篇，评出一等奖66篇，二等奖98篇，三等奖102篇。演讲活动经过初赛、复赛、决赛三个阶段，最终市工商局的马艳文获得一等奖，人行平顶山市中心支行的王鹏翩等3位选手获得二等奖，平顶山供电公司的张宜杰等5位选手获得三等奖，市教育局的徐佳尧等7位选手获得优秀奖；市公安局等5家单位获得组织奖。

（李　岩）

【举办爱国主义教育报告会】 2010年，市委宣传部、市社科联、市教育局在全市大、中、小学联合举办爱国主义教育巡回报告会10余场，内容涉及青少年爱国主义教育、平顶山历史文化名人及如何对青少年进行德育培养等方面，听众10000余人。该项活动的开展，对广大青少年坚定爱国主义信念、树立爱国情操，起到良好的促进作用。

（李　岩）

【“社科知识大篷车进基层”活动】 2010年，市社科联组织多领域的专家学者，深入平煤集团朝川矿、八矿、河南城建学院、市自来水公司、市新华书店、卫东区黄楝树社区及各县（市、区）的相关单位，开展“社科知识大篷车进基层活动”。全年开展活动12场，受众2500人次。活动的开展，拓展了社科知识普及渠道，扩大了社科工作的影响力和覆盖面，在社会上反响较大。

（李　岩）

【社科知识宣传咨询】 10月31日，市社科联在市鹰城广场隆重举行社科知识广场宣传咨询活动。来自市社科联所属的部分学会、协会、研究会，全市各大高校和市直部分企事业单位设置了展板及咨询台，现场接受咨询，解答群众关心的热点难点问题，并进行社科知识问答宣传活动。现场摆放社科知识宣传普及展板60余块，发放社科知识普及宣传彩页和社科类杂志5000份（册）。

（李　岩）

【“我爱鹰城，建设鹰城”征文活动】 围绕省委提出的“两大跨越”战略及市委提出的“生态建市，产业立市，文化强市，和谐兴市”的发展思路，开展“我爱鹰城，建设鹰城”征文活动。征文活动吸引了来自北京、上海、广州、厦门、江西、山西等省市的作者踊跃参加，围绕平顶山市的历史文化、人文景观、民俗风情，以及改革开放以后在政治、经济、文化、社会发展等方面所取得的成果，从不同角度、不同侧面，全面反映平顶山市的精神风貌。征文活动收到征文150余篇，经评委评审，8篇获一等奖，41篇获二等奖，17篇获三等奖。

（李　岩）

【430项社科重点调研课题获奖】 2010年，全市申报立项520项重点调研课题，有500项达到结项要求。经市社科规划办、市社科联组成的专家评审组进行筛选和初审，480项课题入围参评，评出特等奖32项，一等奖95项，二等奖195项，三等奖99项，其余为入选奖。

（李　岩）

重点调研课题特等奖和一等奖名单

特等奖（32 项）

序号	课题名称	课题组负责人
1	新型农村养老保障制度的政府职能研究	韩富贵
2	平顶山市人口城市化与土地城市化关系研究	梁亚红
3	陶渊明之诗酒精精神研究	何梅琴
4	IT 人才职业素养内涵及培养机制研究	吕海莲
5	文艺学课程教学改革的研究与实践	王维玉
6	构建平顶山市新型农村养老保障机制研究	马雪芹
7	现代批评视域中的《歧路灯》研究	李振明
8	《歧路灯》整理研究	王　冰
9	平顶山县域经济发展现状与对策研究	张启慧
10	伏牛山文化圈女性作家语言风格研究	郑　来
11	平顶山市现代农业发展问题研究	张振江
12	地方高校人才培养问题研究	闫江涛
13	基于知识组织的图书馆资源组织模式研究	王　巍
14	关于地方高校服务地方经济社会发展的实践与思考	许青云
15	平顶山市区域可持续发展潜力测算分析研究	于长立
16	伏牛山文化圈生态文化建设探讨	张清廉
17	大中小学英语教学的现状与衔接性研究	单满菊
18	对家政服务员进行心理疏导和心理调节的探究	梁丽萍
19	《后金融危机时期》的冷思考	连胜安
20	语言文字规范化与文明和谐校园建设研究	汪红旗
21	走中国特色的城镇化道路问题研究	郭　汝
22	平顶山市流动党员教育管理服务机制研究	毛　齐
23	企业所有者权益分析	闫建峰
24	河南煤炭形势分析及未来一年价格趋势预测——对中平能化集团调研报告	何照明
25	论我国公司的内部监督制度及其完善	张　强
26	河南旅游校企合作的现状与对策研究	熊世军
27	当代中国面临的就业问题及对策研究	李秋红
28	晚清河南的军事改革	陈德鹏
29	难美项群运动中音乐的选择与运动员音乐素质的培养	李秀霞
30	鲁山县经济竞争力的实证研究	奚青梅
31	宏观政策下平顶山市房地产市场发展研究	孔祥建
32	语义泛化现象研究	李卫中

一等奖（95 项）

序号	课题名称	课题组负责人
1	构建和谐社会视野下的人民内部矛盾研究	王培文

续表 1

序号	课题名称	课题组负责人
2	梅尧臣在豫西的创作及其文学史价值	常民强
3	软件技术型人才培养模式研究	单冬红
4	基于遗传算法高校排课系统的研究	李　刚
5	平顶山市小学生课外阅读现状的调查分析和对策研究	刘小天
6	大学英语词汇学习策略培训及其效果研究	李　瑛
7	大学生英语阅读策略的实证研究	刘　纯
8	平顶山地区国家级非物质文化遗产——郏县大铜器研究	王任亚
9	网络环境下大学英语老师教学资源整合能力及培养	姜　慧
10	试论当前中国生态及其解决措施——基于生态马克思主义分析研究	张　波
11	广告翻译中存在的问题与对策研究	耿静如
12	平顶山市普通高中体育与健康课程实施现状调查研究	郭利利
13	平顶山市房地产市场现状与对策研究	贺　杰
14	企业绩效评价研究	刘金嫔
15	新时期少数民族文学创作中的神秘主义叙事研究	杨康鑫
16	共青团在高校和谐校园文化建设中的作用研究	李效武
17	艺术类本科英语教学中的创新教育研究	王春风
18	盐化工在我市发展可行性研究	王耀先
19	新形势下腐败现象的特点及其防治对策研究	孙　健
20	论现行刑法与“宽严相济”刑事政策之间和谐关系的构建——以刑法修改和刑法有权解释为视角	申自强
21	宋代女户研究	李智萍
22	专升本大学英语课堂教学模式调查与研究	吴淑严
23	赵庄魔术及其带动的农村文化经济发展模式研究	武少辉
24	大学英语教学存在的问题与对策探讨	赵　艳
25	ESP 教学模式探讨——基于商贸英语教学的研究	骅　铮
26	《武林风》的社会性别理论分析	鲁向黎
27	《幽明录》研究	刘亚科
28	河南普通高校艺术设计教育现状研究	刘夙凯
29	在中学开展流行音乐教学的意义与对策研究	程亚旭
30	煤炭资源型城市生态安全评价体系	鲁　迫
31	《美国语文》的教材编选艺术	毋小利
32	涉诉信访问题研究	孙桂华
33	信息技术与大众体育的整合研究	孙小云
34	中学物理典型课的教学研究	王伟锋
35	中国传统装饰纹样在现代平面设计中的创造性转化	李　莫
36	平顶山市农村留守儿童心理发展与教育问题研究	李倩妮
37	南北朝时期女性生存状态探析	任　玮

续表2

序号	课题名称	课题组负责人
38	马街书会民间音乐的产业化研究	范国须
39	教师实践能力职前培养的问题研究	兰惠敏
40	河南大调曲子在南阳的传承、发展与现状	岳　悦
41	平顶山市小学生学习情况的调研报告	王小宁
42	教科书社会性别价值取向的研究	王小鹤
43	三年制幼师与普通大专学前教育专业课程设置比较研究	陈培霞
44	高校大学生创业教育现状及对策研究	马向辉
45	平顶山市中学生思想道德建设现状与对策研究	李中彬
46	现代教育技术与音乐教学关系与对策研究	王忠祥
47	河南戏曲艺术的发展研究	张丽娜
48	政治理论课教学过程中大学生自主学习能力的培养研究	宋海娟
49	河南文化软实力建设现状与对策研究	胡西平
50	对平顶山市资源丰裕度与经济发展关系的研究	王亚敏
51	正确认识三次产业内在逻辑关系问题研究	张留成
52	新农村建设与农村体育研究	田浏阳
53	完善社会主义市场经济与加强民主法治建设研究	刘艳霞
54	资源型城市可持续发展研究	王民钢
55	信访困境的成因分析及其出路探索	胡洁涛
56	建立完善农村环境保护激励机制研究	葛长发
57	高校英语阅读教育现状调查及对策研究	王东旭
58	女译者与翻译的政治研究	张香宇
59	我国传媒广告的规范问题研究	刘庆华
60	网络下用户信息需求研究	武宗锋
61	本专科毕业生在我市就业问题研究	孟聚才
62	基于可持续设计理念的城市住宅建筑研究	朱晓菲
63	大学英语课堂自主学习模式的实证研究	马秋鸽
64	基于数字办公背景下的电子文件及电子档案原始性、真实性保护体系构建研究	舒雪冬
65	宅基地置换的法制前提——宅基地和城市建设用地权益比较研究	李亮国
66	当代大学生的社会主义核心价值体系教育研究	陈凤敏
67	河南汝州东营村创建“特色文化村”研究	张雪侠
68	中国大学生英语自主学习能力的调查及培养途径的研究	孙仁杰
69	基于推进中部农村地区城镇化进程的中心镇建设研究——以河南省郏县的中心镇为例	高成全
70	全面建设小康社会与城乡协调发展问题研究	高松峰
71	思想政治课“案例教学法”的研究	付正大
72	加快完善农民工社会保障问题研究	晋　凤
73	网络舆论的控制和引导	乔东丽
74	传统文化对青少年道德信仰影响问题研究	郜亚伟

续表3

序号	课题名称	课题组负责人
75	平顶山市中小学英语师资培养模式研究	张换成
76	平顶山市民营企业税务筹划问题研究	张学军
77	高职高专计算机专业教学中存在若干问题的研究	李　冰
78	关于图书馆信息文化问题研究	梁培娜
79	大学语文教学中的爱国主义思想素质教育研究	张杏丽
80	先进文化发展中的民族传统音乐文化传承研究	张利娜
81	河南新农村和谐社会建设现状与对策研究	熊雨岚
82	化学实验教学与环保教育	白素贞
83	关于平顶山市农业会计电算化的调查与思考	陈昆明
84	高校后勤社会化改革的探索和实践	杨新民
85	戴玉强演唱艺术研究	徐大珂
86	平顶山市低碳经济发展战略研究	李淑华
87	技术创新与知识产权保护的互动关系研究	聂　琳
88	社会主义新农村建设中的农家乐旅游景观建设调研	樊　丽
89	鲁迅和周作人兄弟不同人生归宿的研究	潘付云
90	中国现代文学中的武则天形象研究	盛晓玲
91	多媒体辅助大学英语教学的利弊与对策	杨　辉
92	西方现代主义与中国新诗歌	汪保忠
93	高校思想政治工作对策研究	张清杯
94	股东出资法律问题研究	李国华
95	高校教师压力及应对策略分析	许理化

优秀社科成果一等奖名单

论著（3篇）

序号	论著名称	作者
1	党建精细化管理模式研究	程同军
2	历史的告白	张国通
3	普通形式逻辑理论与实践	赵永振

论文（8篇）

序号	论著名称	作者
1	城市特色高校师资队伍建设研究	王世翔
2	中国共产党六十年执政实践与探索	毛　齐　李国奇
3	平顶山市采煤塌陷地生态工业区发展规划	楚纯洁
4	中州名刹风穴寺	王山林
5	基于能力本位的软件技术型人才培养模式研究	单冬红
6	论亲亲相隐制度在构建和谐社会中的作用	张　伟
7	论社会主义核心价值观教育的经济价值	丁永强
8	信用违约互换定价的实证研究	李中彬

教　　育

综合管理

【概况】 2010年，全市共有各级各类学校2474所（不含技工学校、成人初等学校、幼儿园和小学教学点），在校生984847人，专任教师53212人。其中，中等职业学校30所（不含技工学校），在校生55287人，专任教师2074人；普通高中38所，在校生79973人，专任教师4704人；初中220所，在校生165465人，专任教师12749人；小学1480所（不含教学点），在校生429238人，专任教师24530人。全市小学、初中适龄儿童少年入学率分别达到100%和99.97%。全市幼儿学前三年毛入园率62%，学前一年毛入园率83%。

全面落实教育优先发展战略，依法保障教育投入。围绕提升学校办学水平，继续开展“基础教育百校行”活动。开展“送法下乡”文艺演出，宣传法律法规，引进政策解读。规范教辅资料市场，探索实施“阳光作业”工程。继续开展中小学校及在职教师违反规定有偿补课专项治理活动，切实减轻学生的负担和家长的经济负担。深入开展依法治校示范校创建活动，成功承办全省教育系统规范教育收费暨政风行风建设现场会，市教育局被省委、省政府授予“五五”普法先进单位荣誉称号。

（杜留群　薛耀炜　韩文涛）

【颁布实施《平顶山市中长期教育发展规划纲要（2010年～2020年）》】 2010年12月30日，《平顶山市中长期教育改革和发展规划纲要（2010年～2020年）》正式颁布实施。《平顶山市中长期教育改革和发展规划纲要（2010年～2020年）》由序言、指导思想与规划目标、发展任务和保障措施四部分内容组成，共13章49条，约2万字。《教育规划纲要》确定了“优先发展，育人为本，改革创新，促进公平，提高质量”的工作方针，提出教育发展的总体目标和主要目标，确定义务教育学校标准化建设等10项重点任务。

（杜留群　薛耀炜　韩文涛）

【教育教学研究】 认真落实教科研工作在教育教学工作中的指导地位，推动教科研活动蓬勃开展。深入指导基层教学工作和教研活动，有效依托教育城域网，积极推进网络教研和联片教研。推荐报送河南省教育科学“十一五”规划2010年度课题120项，河南省教育科学研究优秀成果145项。经专家评审立项省级课题22项，获得省级优秀科研成果65项。规范工作程序，进一步提高立项课题的研究质量，在申报的185项课题中批准立项141项市级课题，立项课题质量均大幅提高。

（杜留群　薛耀炜　韩文涛）

【启动实施教育园区项目】 2010年，为进一步统筹优化教育资源，按照市委、市政府的要求，市教育局组织人员先后赴鹤壁市、开封市、洛阳市、信阳市和安阳市，就教育园区建设的有关情况进行考察学习。至年底，教育园区项目建设完成整体规划设计和土地征用办理等工作。

（杜留群　薛耀炜　韩文涛）

【落实教育惠民政策】 落实教育民生保障措施，不断巩固教育各项惠民政策。全年，全市落实中小学公用经费（免杂费）资金1.89亿元，惠及学生75.8万人次；落实免费教科书资金4020万元，为37.9万名农村义务教育阶段学生免费提供教科书；落实农村义务教育阶段家庭经济困难寄宿生生活费补助资金3332万元，惠及学生8万人次；落实高中阶段贫困生资助资金4227万元，惠及学生3.8万人次；落实职业学校农村家庭经济困难学生和涉农专业学生免学费资金886万元，惠及学生1.1万人次。做好残疾儿童、农村留守儿童、进城务工农民子女等特殊群体接受教育工作。2010年，全市残疾儿童少年入学率达87%，义务教育阶段进城务工人员子女入学接收率100%。

（杜留群　薛耀炜　韩文涛）

【平安校园建设】　2010年，进一步完善学校安全工作应急机制和防范体系，深入开展学校及周边综合治理，联合公安、文化等部门加大执法检查力度，对发现的5231处安全隐患进行清理和督促整改。组织开展应急演练活动，提高师生安全防范意识和应急自救能力。投入资金1290万元，通过配备专业保安人员、安装监控设施等，进一步提高义务教育学校、幼儿园的治安防范水平。切实加强学校食品卫生工作，认真做好学校传染病防控。落实维稳工作责任，避免越级非法上访事件的发生。

（杜留群　薛耀炜　韩文涛）

【师德师风建设】　2010年，学习贯彻新修订的《中小学教师职业道德规范》，加大先进典型宣传力度，大力开展师德师风教育。开展"学三平精神，做三平教师"师德征文、教师演讲比赛活动，全市共征集论文650篇。开展师德标兵和师德先进个人评选活动，全市评选出10名师德标兵和80名师德先进个人。

（杜留群　薛耀炜　韩文涛）

【打造师资品牌】　2010年，在中国教育学会的帮助下，平顶山市聘请12名知名专家对全市教师进行培训，共有3000余名师生聆听报告。组织全市42名优秀业务校长到华东师大学习进修，继续做好与东北师范大学联办研究生课程进修班工作。启动平顶山市"万名教师岗位竞赛"活动暨第二届名师、名校长评选活动，经过资格审查、初赛、复赛、评选、决赛等环节，李英春等105名优秀教师被评为平顶山市名师，卢焕民等25名优秀校长被评为平顶山市名校长。继续实施河南省中小学名师培育工程，积极推荐参加省级骨干教师和省级名师评选工作，提升师资队伍整体水平。

（杜留群　薛耀炜　韩文涛）

【教师培训】　2010年，实施"农村义务教育阶段学校特设岗位计划"，共招聘特岗教师471名。结合教育发展实际，面向社会公开招聘150名教师。加大教师培训力度，组织实施"农村教师素质提高工程"、"国培计划"和"中西部农村义务教育学校教师国家级远程培训工程"，开展第四届农村中小学青年教师技能竞赛，加强农村中小学教师队伍建设。制定职业学校专业课教师参加国家级、省级专业骨干教师培训的奖励办法，激励专业课教师取得国家职业技能资格，提高"双师型"教师比例。全市中等职业学校"双师型"教师比例达到39.5%，较2009年提高近10个百分点。继续实施中小学教师教育技术能力培训和考试认证工作。全年，全市组织3.8万余名教师参加中小学教师教育技术能力初级培训和考试认证。

（杜留群　薛耀炜　韩文涛）

【教师资格认定】　2010年通过体检、普通话培训测试、教育理论考试和教育教学技能测试等工作，共有4432余人获得教师资格，其中上半年应届师范教育类毕业生2739人，面向社会认定1693人。

（杜留群　薛耀炜　韩文涛）

基础教育

【幼儿教育】　2010年，全市共有幼儿园506所，在园（班）人数100085人，教职工7329人。其中专任教师4786人，高中阶段以上学历93.42%，专科学历占49.1%，本科学历占7.61%，研究生学历占0.04%。

（杜留群　薛耀炜　韩文涛）

【中小学教育】　2010年，全市共有小学1480所（不含教学点），在校生429238人，教职工26049人，专任教师24530人。其中，小学高中阶段以上学历专任教师占专任教师总数的99.44%，专科学历占61.04%，本科学历占12.34%，研究生学历占0.04%。初中220所，在校生165465人，教职工14470人，专任教师12749人。其中，普通初中专科以上学历专任教师占专任教师总数的98.52%，本科学历占43.62%，研究生学历占0.38%。

（杜留群　薛耀炜　韩文涛）

【普通高中教育】　2010年，平顶山市共有普通高中38所，在校生79973人，教职工5676人，专任教师4704人。普通高中本科以上学历专任教师占专任教师总数的95.74%，研究生学历占3.74%。

全市高考报考总人数42417人，普通类考试考生38932名，专科一批进线人数22177人，进线率56.97%，比上年提高5.87个百分点。普通高校录取本市考生27930人，录取率65.38%，比上年提高7.76个百分点。

（杜留群　薛耀炜　韩文涛）

【特殊教育】 2010年，平顶山市共有特殊教育学校7所（平顶山市特殊教育学校、新华区启智学校、卫东区启智学校、鲁山县聋哑学校、郏县聋哑学校、叶县聋哑学校、汝州市聋哑学校），在校生444人，教职工200人，其中专任教师157人。

（杜留群 薛耀炜 韩文涛）

【解决市城区中小学大班额问题】 2010年，启动《平顶山市市区中小学幼儿园发展与布局规划》和《城市中小学幼儿园发展规划与建设管理办法》的研究制定工作。按照市委、市政府“三年内解决城镇小学大班额问题”的目标要求，通过设立标准班额示范校、新建学校、改扩建薄弱学校和联校等多种形式控制大班额，全市设立22个标准班额示范学校，市城区开工建设3所小学。同时，借鉴外地经验，探索“联合发展”办学模式，顺利实施“三六联校”、雷锋小学与天使小学联合办学等试点工作。

（杜留群 薛耀炜 韩文涛）

【义务教育均衡发展】 2010年，将优质普通高中招收分配生比例提高到50%，并向薄弱学校倾斜。落实对口支教工作制度，从市直学校选派106名教师到农村支教，促进城乡教育资源的交流共享。认真落实义务教育学校“免试划片、就近入学”的招生原则，重新划定片区。调整寄宿制学校招生计划，加强学籍管理，防止学校乱招生和学生无序流动。舞钢市成功创建全省义务教育均衡发展先进市。

（杜留群 薛耀炜 韩文涛）

【实施中小学校舍安全工程】 2010年，全市在建项目50栋，占规划改造项目比例8.08%；在建面积41885平方米，占规划总面积比例9.08%；竣工交付使用单体建筑物204栋，占规划改造项目比例为32.96%；竣工面积143858平方米，占规划总面积比例31.18%。平顶山市校舍安全工程力度大、进展快，受到省政府表彰。

（杜留群 薛耀炜 韩文涛）

【规范中小学办学行为】 认真落实省、市关于进一步规范中小学办学行为、推进素质教育的部署和要求，组织力量开展全市规范办学行为大检查活动。加大清理公办普通高中举办复读班的工作力度，对全市复读生通过高中分校、民办学校、职业学校进行妥善分流安置。

（杜留群 薛耀炜 韩文涛）

【书法教育】 2010年，按照平顶山市创建“中国书法城”的目标要求，鼓励各学校积极推进特色办学，将书法教育纳入学校教学的常规管理，加强书法教育的教学科研和教学交流。全市共有全国写字教育实验学校9所，省级书法教育实验校38所。市教育局、新华区教体局、新华区体育路小学被评为全国书法教育先进单位；新华区被中国教育学会书法教育专业委员会命名为全国书法教育示范区。

（杜留群 薛耀炜 韩文涛）

职业 成人和民办教育

【招生宣传和就业指导】 2010年，组织职业教育宣讲团，深入初中学校，开展职业教育宣传；探索试行“双学籍、双课程、双管理、单收费”的职业学校“春季招生”办法，制定“控、分、宣、打、奖”的招生工作方案，努力扩大中等职业教育招生规模。全年，全市中等职业学校招生22471人。加强就业指导，转变毕业生就业观念，积极与企业开展对口培养，不断提高毕业生就业质量。全市职业学校毕业生12416人，就业率92%，专业对口就业率达到80%。

（杜留群 薛耀炜 韩文涛）

【职业教育基地建设】 2010年，采取“以奖代补”的办法，投资2249.1万元用于8个专业实训基地建设。市卫校成功申报2010年度国家中等职业教育改革发展示范学校建设计划项目；叶县职业教育培训中心等3所学校被省政府确定为重点建设示范性职业教育中心；市财经学校被省政府确定为重点建设示范性职业学校；市文化旅游学校等6个单位成功申报省职业教育攻坚计划项目，争取省财政以奖代补资金696.8万元。

（杜留群 薛耀炜 韩文涛）

【举办首届职业技能水平大赛】 2010年，加强学生实践能力和职业技能培养，举办首届中等职业教育技能大赛，并形成中等职业教育技能大赛制度。积极参加河南省中等职业教育技能大赛，获得团体第四名。

（杜留群 薛耀炜 韩文涛）

【增强职教区域发展能力】 2010年，加快推进城市职业教育改革发展，建立健全社区教育网络，新华区、卫东区和湛河区确定3个社区开展试点工作。按照“统一步调、整体推进，成熟一个、创建一个”的原则，支持各县（市、区）开展职教强县（市、区）创建工作。舞钢市和郏县成功创建为河南省“职业教育强县（市、区）”。积极开展“省级示范性乡镇成人学校”创建工作。成功创建4个，全市共有省级示范性乡镇成人学校11个。

（杜留群　薛耀炜　韩文涛）

【民办教育】　2010年，依法加强对民办学校办学条件、教学质量、安全稳定等方面的检查评估，严肃查处违规办学行为。维护民办学校在教师工资待遇、职称评审以及学生免费资助等方面的权益。按照“积极鼓励、大力支持、正确引导、依法管理”的指导方针，吸纳外来资金和民间资本投资办学，成立宝丰魔术艺术学校等6家民办教育机构。全年，全市民办教育机构636家，在校生10.5万人，固定资产8.4亿元。

（杜留群　薛耀炜　韩文涛）

【职业培训】　全年，完成各类成人职业培训计划41.78万人次。其中，农村劳动力转移培训13.33万人次；农村实用技术培训26.6万人次；下岗失业人员再就业培训8000人次；城镇职工培训1.05万人次。

（杜留群　薛耀炜　韩文涛）

平顶山高级技工学校

【概况】　为整合教育资源，打造技工名校，根据市政府有关加快技工教育发展步伐的要求，2009年，组成平顶山高级技工学校。新组建的技工学校由原市第二技工学校、市纺织技校合并而成，加挂平顶山市机电工程学校牌子。

平顶山高级技工学校由两个校区组成，共占地16万平方米，建筑面积12万平方米。实验实训场所1.1万平方米，建筑面积1.3万平方米。设有车工、钳工、电工电子等实习车间38个。配置数控机床、加工中心、电火花、线切割等各种先进实习设备1200余套（台）。学校在校生6000余名，在职职工148人，开设车工、钳工等23个专业，可进行17个工种的鉴定。

（聂鹏亮）

【特色教育】　2010年6月25日，平顶山高级技工学校对照《河南省“雨露计划”培训基地准入条件及标准（试行）》，学校被市扶贫办确认为市级“雨露计划”培训基地。9月8日，河南省首期“技能+创业”SYB试验培训班在学校开班。11月15日，学校成立心理咨询室，由经过专业培训的3名教师为学生提供心理咨询服务。

（聂鹏亮）

【举行学费退免发放仪式】　5月13日，平顶山高级技工学校举行2009年秋季学期免学费发放仪式。退免学费惠及全校农村家庭经济困难学生525人，共计退免学费44.625万元。

（聂鹏亮）

【校企合作】　9月26日，河南省技工院校服务产业集聚区发展“百校千企”校企合作大会在郑州市商业技师学院举行。平顶山高级技工学校和平顶山煤矿机械有限责任公司签订校企合作协议。

（聂鹏亮）

【技能大赛获大奖】　2010年，平顶山高级技工学校参加全市第一届中等职业教育技能大赛，共8名同学获得一、二等奖。其中，获得车工、数控车工专业比赛第一名。参加第三届全国技工院校技能大赛河南选拔赛，获得装配钳工第三名、无线电调试第四名的好成绩。参加第四届全国数控技能大赛河南赛区选拔赛，获得教师组第七名和第十一名，学生组第二名和第四名好成绩。11月23日，在校学生王金辉代表平顶山地区参加河南省人力资源和社会保障厅举办的“苦练技能争做新时期高素质技能人才”演讲比赛获得二等奖。学生张录申在第三届全国技工院校装配钳工技能大赛，获得优秀奖。参加2010年河南省中等职业教育技能大赛，取得3个一等奖、1个二等奖的优异成绩。

（聂鹏亮）

高等教育

【概况】　2010年，平顶山市共有5所高校（河南城建学院、平顶山学院、河南质量工程职业学院、平顶山工业职业技术学院、平顶山教育学院）。全年共新增19个专业，专业覆盖面不断扩大，学科优势明显增强；招生人数和在校生人数分别达到2.6万人和7万人，比2009年增加5000余人。启动实施高校毕业生就业推进行动，建立毕业生信息库，有效带动高校毕业生就业，就业率达 90.2%。

（杜留群 薛耀炜 韩文涛）

河南城建学院

【基本情况】 平顶山市城建学院位于平顶山新城区明月路，学校占地面积 108.99 万平方米。校舍总建筑面积 58.46 万平方米，开设本科专业 39 个，专科专业 15 个，固定资产总值 39500 万元，其中教学仪器设备总值 10268.39 万元，图书馆藏书 127.73 万册。2010 年，学校教职工 1045 人，其中专任教师 883 人，正高级职称 62 人，副高级职称 242 人，中级职称 429 人。普通类本专科在校生 17365 人，其中本科生 15090 人，招本科生 47387 人、专科生 644 人，本科毕业生 2934 人，专科毕业生 784 人。成人在校生 2517 人，五年制高职（中职）在校生 259 人。2010 年毕业生就业率 95.5%。

（安泮勤）

【发展成果】 2010 年，学院投资 1550 多万元的博士生专家公寓楼、塑胶跑道运动场及看台完工交付使用。计划投资 7300 万元的主校区结构试验室、体育馆和东区的 1~4 号学生宿舍楼、食堂以及地下通道，完成投资 3400 万元。计划投资 2259 万元的东区 1 号教学楼开工。完成工业固废研究中心、分析测试中心及煤盐化工研究中心等设备的供应安装调试工作。完成城市交通工程研究中心、燃气与热能工程研究中心等项目的 900 多万元仪器设备招标工作。制定完善校园网络管理办法，优化网络结构，实现校园网络的升级改造。全面推广使用 OA 办公系统、一卡通应用系统。获得河南省高等学校优秀门户网站荣誉称号。《中国教育报》、河南电视台等媒体全年编发学校新闻 40 余次、采访报道 60 余次。陈凤敏、任海波、张星 3 名教师在省教育工会举办的教学技能竞赛中获一等奖，被授予河南省教学标兵荣誉称号；院工会被授予河南职业道德建设先进单位荣誉称号；顺利通过省级文明单位、省级卫生先进单位达标验收。

（吴 晶）

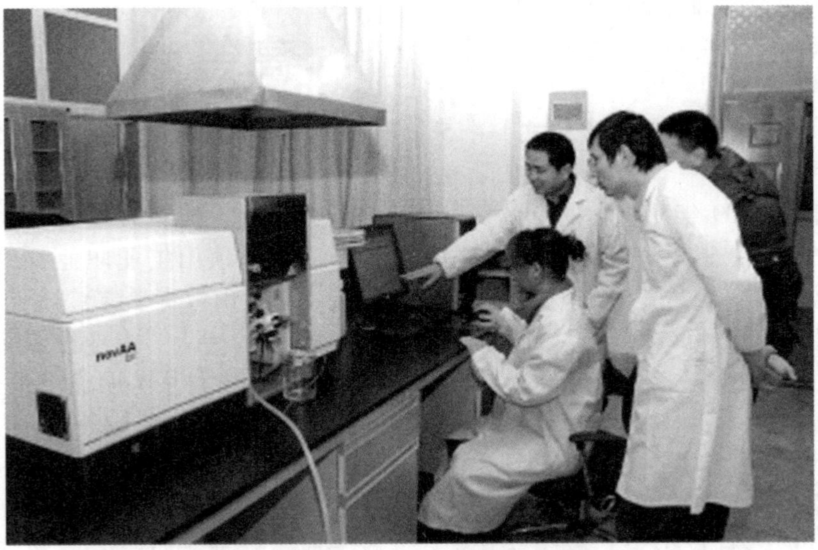

指导学生学习运用原子吸收光谱仪

【党组织建设】 2010 年，积极推进学习型党组织建设。深入开展创先争优活动和“三平精神”学习教育活动。举办第 40 期、第 41 期党校培训，培养入党积极分子 2000 余名，发展党员 1100 余名。建立系部党员信息平台。4 月 26 日，成功承办河南省高校工委组织的中南片区 13 所高校党务信息工作研讨会。

（李青岭）

【党风廉政建设】 4 月 29 日，召开 2010 年度党风廉政建设工作会议。8 月 24 日，邀请省纪委二室主任王伟平作反腐倡廉专题报告，对全院领导干部进行反腐倡廉教育。完善廉政制度，层层签订党风廉政建设目标管理责任书。扎实开展行风评议工作。积极开展清理“小金库”和反商业贿赂等专项治理活动。加大审计工作力度，校内审减资金 20 多万元。

（李青岭）

【安全保卫】 2010 年，共为学生举办 13 场安全教育讲座。组织学生参加市消防支队组织的“三会三化”建设标准知识竞赛活动，开展“11·9”消防安全宣传周活动，进行消防知识宣传。认真落实安全生产、消防安全和平安建设目标责任书，加强校园内部防控体系建设和周边治安环境治理，有效维护校园的安全与稳定。

（吴 晶）

【教学成就】 11 月 29 日，召开河南城建学院第一次教学工作会议，全面总结教学工作成绩和经验，讨论研究“十二五”专业建设、实验室建设、课程建设、教材建设等规划。建立较为完善的教学管理体系和科学的质量标准。“土木工程材料”教学团队被评为省级优秀教学团队。建筑环境与能源工程实验教学中心被评为省级实验教学示范中心。2010届毕业生四、六级累计通过率56.4%，考研率22.8%。在全国高等院校学生斯维尔杯BIM系列软件建筑信息模型大赛中，荣获团体三等奖、高校组织二等奖；在首届全国商科院校市场调查分析技能大赛中，获三等奖、最佳院校组织奖；在首届全国大学生数学竞赛中，获河南省一等奖、二等奖、三等奖各1项；在河南省大学生生命科学实验技能邀请赛中获一等奖1项、二等奖1项、三等奖8项。

（王　哲）

河南城建学院第一次教学工作会议

【专业课程建设】　2010年，学院新增园林、财务管理和房地产经营管理3个本科专业。“建筑环境与设备工程”专业被遴选为国家级特色专业建设点；“给水排水工程”专业被遴选为河南省特色专业。学院遴选确定校级精品课程11门。《旅游规划与开发》课程被评为省级精品课程。

（王　哲）

【学科建设】　2010年，学院遴选确定“交通运输规划与管理”、“城市规划与设计”为学校特色学科。工业固废中心、分析测试中心、煤盐化工研究中心一期建设工作完工。完成工业固废中心二期设备购置论证和燃气与热能研究中心建设可行性论证工作。出台学校兼职硕士生导师遴选办法和管理办法。选拔8名高级职称人员为河南理工大学兼职硕士生导师。

（吴　晶）

【科研成效】　2010年，学院科研工作再创佳绩。各级各类项目立项145项，其中省部级项目41项，横向合作项目12项。结项或鉴定项目73项，其中省级项目31项。新立项合同经费528.9万元，到账经费370.6万元。获科研成果奖励102项，其中省部级奖励39项。发表学术论文797篇，其中核心193篇，检索收录156篇。获发明专利1项、实用新型专利7项。

（王　哲）

【招生、就业】　2010年，学院计划招生5771人，实际报到新生5218人。其中本科生报到4726人，报到率93.9%。软件学院首年招生，报到181人，报到率72.1%。成人教育和远程教育招生1601人。毕业3725人，其中本科毕业生2938人。至年底，就业3558人，整体就业率95.52%。

（安泮勤）

【师资队伍建设】　2010年，学院引进硕士研究生31人，博士11人。送培毕业返岗研究生25人。晋升教授10人，晋升副高级职称25人、中级职称50人。按照河南省政府、河南省人事和社会保障社厅、河南省教育厅对岗位设置工作的安排，结合学校实际制定《河南城建学院岗位设置与聘用管理实施办法》，顺利完成岗位设置与聘用管理工作。

（安泮勤）

【图书学报】　2010年，学院投资300万新增图书14万册，实现电子图书年增加15%的目标。学报编辑部收到并处理稿件589篇，出版正刊6期，发论文153篇，计62万字。其中校内作者40篇，第一作者为高级职称（或博士）的论文28篇，基金项目论文22篇。

（安泮勤）

【团学工作】　2010年，设立校内大学生科技创新基金，确定43个资助项目，资助金额9.64万元。为学生发放奖助学金1274.7万元、勤工助学补助52万元、实物补助12万元，减免住宿费4.4万元，办理助学贷款

575万元。选拔推荐西部计划人选3名，“三支一扶”计划人选3名。“三下乡”活动中，两支志愿服务队被评为省优秀服务团队，3名教师被评为省先进工作者，10名同学被评为省先进个人。学校被评为河南省高校党建带团建先进单位、国家助学贷款工作优秀单位。

（安泮勤）

【文化体育】 组织开展第七届“大学生社团文化节”、第五届大学生科技文化艺术节。举办毕业生文艺晚会、迎新生文艺晚会。举办校篮球、排球、足球、田径、网球、乒乓球、羽毛球和毽球等比赛。在河南省第十届大学生运动会暨2010年“华光”体育活动中，校田径代表队取得铜牌1枚，羽毛球代表队获得团体亚军，网球代表队取得团体第七名。校广播操代表队夺得平顶山市大众广播体操比赛第一名。在河南省第六届少数民族运动会中，夺得银牌1枚、铜牌4枚。

（安泮勤）

平顶山学院

【基本情况】 平顶山学院位于平顶山市新城区未来大道。占地面积124公顷，校舍建筑面积42.9万平方米。固定资产总值5.0366亿元，教学科研仪器设备资产总值6207.4万元。馆藏纸质图书104万册，电子书15万种。2010年新建成10个实验室，并对部分教学仪器设备进行维护；建成3幢学生宿舍楼；图书馆、艺术楼投入使用。设有17个教学院（系），4个教学部（中心），37个本科专业，22个专科专业，涵盖文学、理学、工学、法学、教育学、历史学、管理学、经济学和医学等9个学科门类。全校教职工915人，其中专任教师743人，享受国务院特殊津贴1人，副高级以上专业技术职务教师239人，硕士以上学位教师451人。全日制普通在校生17229人，继续教育在籍生9299人。招收普通新生5979人。

（黄升华）

【学生就业】 全年共有2189名2010届毕业生获得学士学位。认真做好毕业生就业工作，发布招聘信息328期，组织招聘会16场，提供就业岗位4000余个，就业率达到91.22%以上。组织学生参加“选调生”、“特岗教师”选拔考试，共计录取186人；设立大学生创新创业基金，积极引导学生自主创业。

（黄升华）

【召开一届六次教代会暨工代会】 3月11日，一届六次教代会暨工代会召开，校领导许青云、文祯中、窦效民、罗士喜、张清廉和正式代表、特邀代表及列席代表150余人参加大会。大会听取并审议院长文祯中所作的题为《继续解放思想，坚持改革创新，推动学校各项事业又好又快发展》的行政工作报告，审议《“双代会”有关人事调整的报告》、《校工会工作报告》、《财务工作报告》、《提案工作报告》、《福利费使用情况报告》、《关于收缴教职工公寓建设款的议案》，通过大会决议。

（黄升华）

【举行第十六届田径运动会】 4月22日～23日，学院举行第十六届田径运动会，全校17支代表队、967名运动员参加运动会各项比赛。

（黄升华）

【获批建立河南省文化改革发展人才培养基地】 4月，学院被河南省教育厅批准为第一批河南省文化改革发展人才培养基地之一，培养曲艺表演和陶瓷艺术方面的高素质专业人才。

（黄升华）

【召开第二届教学工作会议】 5月18日～19日，学院召开第二届教学工作会议，科学总结“十一五”期间教学工作，安排部署“十二五”期间的教学工作。院长文祯中作了题为《提高质量，凝练特色，推动我校教学工作迈上新台阶》的工作报告，党委书记许青云在大会闭幕式发表题为《创新人才培养，注重提高质量，加快推进学校发展方式转变》的讲话，对落实会议精神提出要求。

（黄升华）

【学院人才工作会议】 12月29日，学院召开首次人才工作会议，总结“十一五”期间的人才工作，安排和部署“十二五”时期人才工作。院长文祯中作题为《实施人才兴校战略，推动学校科学发展》的报告；副院长罗士喜对《平顶山学院“十二五”人才发展规划》（讨论稿）的编制起草情况进行说明；党委书记就落实会议精神发表讲话。会议讨论《学校“十二五”人才发展规划》和《高层次人才管理暂行办法》。

（黄升华）

【行风建设与评议】 11月9

日，河南省民主评议学校行风督导检查组对学院2010年度行风建设进行评议，通过了解核查整改情况、向学生发放调查问卷、查阅相关资料以及向有关部门负责人了解情况等形式，并对学院2010年度行风建设与行风评议工作进行全面细致检查，对学院行风建设与行风评议工作给予充分肯定。学院被河南省纠正行业不正之风领导小组授予2010年度学校行风建设先进单位称号。

（黄升华）

【检查评估毕业生就业】 11月26日，河南省普通高校毕业生就业工作评估专家组对学院毕业生就业工作进行全面检查评估，通过听、看、查、访和交流等环节，充分肯定学院就业工作取得的成效，并提出了意见和建议。

（黄升华）

【师资队伍建设】 2010年，学院引进博士、硕士46人，新增高级专业技术职务教师22人。选派8名教师到国内高校进修、访学，聘请客座教授3名，特邀16名知名专家、学者来校讲学。3名教师获得河南省教学标兵称号、3名教师获得河南省教学技能竞赛一等奖、1名教师荣获河南省职业道德建设先进个人称号。

（黄升华）

【专业课程建设】 2010年，学院"播音与主持艺术"专业被评为河南省高等学校特色专业建设点，省级特色专业建设点达到4个；软件工程课程被评为河南省高等学校精品课程，省级精品课程达到4门。

（黄升华）

【学生获奖】 2010年，学院在校生在全国大学生数学建模竞赛中，共获得国家级二等奖1项，河南省一等奖3项、二等奖1项、三等奖3项；在河南省第八届师范教学技能大赛中，1名学生获一等奖，5名学生获二等奖；在全国大学生英语竞赛中，1名学生获得特等奖，2名学生获得一等奖，4名同学获得二等奖；在第八届"河南省五四文艺奖"评选中，1名学生获银奖，2名学生获得铜奖；在第八届"挑战杯"河南省大学生创业计划竞赛中，获得2金1银2铜；在河南省第十二届大学生科技文化艺术节中，获得一等奖3项、二等奖14项；在省大学生"诚信校园行"校园短剧大赛决赛中，获得二等奖。

（黄升华）

【科研成果】 2010年，学院共立项省（部）级以上科研项目25项，获得各类科研经费280余万元，同比增长86%，其中院长文祯中教授主持的国家林业公益性行业科研专项"低山丘陵区林草复合模式优化及水土保持效应研究"获得资助经费144万元，实现国家级课题的突破。结项（鉴定）省（部）级科研项目20项，市（厅）级项目265项。获得市（厅）级一等奖以上奖励49项，其中党委书记许青云教授的论著《人力资源与区域经济发展战略研究》获得省社科优秀成果二等奖。在全国中文核心期刊发表论文150篇，被SCI、EI、ISTP、CSSCI收录15篇。

与中国林业科学院达成合作共建"低山丘陵区生态修复重点实验室"的协议，河南省政府批准建立低山丘陵区生态修复院士工作站。与中华书局《文史知识》杂志社联合出版《文史知识——平顶山历史文化专号》，在学术界引起较大反响。成立了陶瓷研究所、"三苏"文化研究所等研究机构。

（黄升华）

【对外交流与合作办学】 5月，学院派出师生代表团到台湾南华大学进行为期一个月的访问交流，开创河南高校师生赴台交流的先河。8月，学院与河南省社科联，河南省社科院，平顶山市政协，中共平顶山市委统战部，中共平顶山市湛河区区委、区政府联合主办"《歧路灯》海峡两岸学术研讨会"。11月，学院与湖南益阳"三周（周谷城、周扬、周立波）研究会"联合主办"当代著名作家林蓝诞辰90周年纪念暨作品研讨会"。推进产学研一体化建设。与河南方圆碳素集团合作建立新材料研发基地，与蓝峰科技事业有限公司合作建立新能源技术研发基地，与鲁山昭平湖观光农业有限公司签订合作框架协议。

（黄升华）

【专家学者来访】 4月11日和6月23日，中国科学院院士、中国林业科学院首席科学家唐守正和蒋有绪先后到学院考察指导工作，着重就低山丘陵区生态修复重点实验室建设提出意见和建议。9月14日中国工程院院士、著名核物理学家、博士生导师钥思得到学院作专题科技报告，并受聘为学院客座教授。河南戏曲研究专家、省艺术研究院马紫昙到学院作题为"如何研究民间音乐"的讲座；国学专家高承乾先生为学院师生作题为“曾国藩的内圣外王之道”的学术报告；青年油画家蔚国银先生到学院作绘画知识讲座，举办作品巡展；德国洪堡大学语言心理学专业博士、瑞士弗里堡大学应用心理学博士后高嵩山为学院师生作题为“实验心理学在人因工程学上应用实例”的报告；台湾南华大学民族音乐学系主任、艺术文化研究中心主任周纯一教授为师生作题为“如何做一名优秀音乐家”主题演讲，并受聘为学院客座教授；中国工艺美术大师、国家非物质文化遗产传承人孟树锋先生到学院作“青瓷的文化”专题讲座。

（黄升华）

【助学工作】 健全和完善以“奖、贷、助、补、减”为主的助学体系。为新生开通“绿色通道”，为2161名学生办理国家助学贷款1182.48万元，为61名学生办理生源地贷款36.6万元；为3494名学生发放国家奖学金、国家励志奖学金、国家助学金共计1113.2万元；为163名学生发放“超越助学金”、“双汇助学金”、“欧伯奖学金”共计48.3万元。

（黄升华）

【思想政治教育】 结合“五四”青年节、国庆节等重要节庆日和上海世博会、广州亚运会等重大盛会，利用各种途径和方式开展丰富多彩的主题教育活动和形势政策教育。成立“大学生骨干培养学校”，完成两期大学生骨干培训。积极开展暑期“三下乡”和“四个一”大学生社会实践活动，组建14支团队200余名大学生志愿者集中开展暑期社会实践活动，3名教师被评为省级先进工作者，6名学生被评为省级先进个人，3支团队被评为省级优秀团队，学院再次获得河南省大中专学生志愿者暑期“三下乡”和“四个一”社会实践活动先进单位荣誉称号。

（黄升华）

平顶山教育学院

【基本情况】 平顶山教育学院（平顶山市文化旅游学校）是一所以普通专科教育、成人高等教育、中等职业教育为主，兼有中小学教师学历培训和教育行政干部培训于一体的成人高等师范专科院校和中等职业学校。平顶山教育学院的前身是平顶山市教师进修学校（1978年建校）。1980年，平顶山市教师进修学校扩建为平顶山市教师进修学院；1986年更名为平顶山教育学院；2002年，与平顶山市师范学校（1959年建校）合并；2009年，根据市政府职业教育攻坚计划安排，整合原平顶山市文化艺术学校、原平顶山市旅游学校教育资源，成立新的平顶山教育学院，同时组建成立以文科为主的平顶山市文化旅游学校。建校以来，共为国家培养5万多名各级各类专业技术人才。

学院分为东、西两个校区，西校区位于平顶山市建设路西段240号，东校区位于平顶山市园丁路北1号院。学校占地面积14公顷，建筑面积16.5万平方米，办学设施齐全，设备先进，各级各类在校生9000余人。学院有教职工344人，任课教师178人。专业技术人员207人，其中正教授2人，副高级职称64人，中级职称56人，初级职称87人。特级教师3人，国家级优秀人才1人，市级拔尖人才4人，市级优秀教师3人，获曾宪梓基金奖励教师3人，跨世纪学科带头人1人。学院设有14个教学系（部）。开设有普通大专专业10个，成人大专专业13个，五年制大专专业6个，三年制中专专业18个，一年制中专专业13个，六年制中专专业2个。

学院紧抓教学科研、学生管理两条主线，努力建设和谐校园，取得显著成绩。先后荣获全国艺术教育工作先进单位、省级文明单位、省级卫生先进单位、省教师资格认定培训先进单位、省体育达标工作先进单位、省级学校食堂卫生工作先进单位、市综合治理先进单位、市教育科研先进单位、市庭院绿化先进单位等多种荣誉称号。

（马建民）

【与原平顶山市文化艺术学校融合】 根据平顶山市职业教育攻坚计划安排，以平顶山教育学院为依托，整合平顶山市文化艺术学校、平顶山市旅游学校，组建成立平顶山市文化旅游学校。2010年上半年，按照市委、市政府要求，制定融合计划。暑假之后，学校的人财物等全部合为一体，实现实质性融合。此举进一步强化学院的专业优势，扩大了办学规模，形成以幼儿师范教育、文化艺术教育、旅游酒店管理与服务为骨干专业兼具师资培养培训功能的文科特色，为学院快速、可持续发展提供必要条件。

（马建民）

【成人教育】 2010年学院成人教育招收成人大专学员767人。

学院外语角

积极探索成人教育培训与管理新模式，在平顶山市60多个乡镇开辟教学点，与多所高校联合开办成人本科班，并积极开展自考本科助学工作。

（马建民）

【教育、干部培训】 2010年，开展职业学校教师教育技能培训两期，培训学员244人；开展中小学教师继续教育培训3期，培训学员1402人；开展小学、幼儿园骨干教师培训3批，培训学员285人；举办中小学校长（书记）培训班3期，培训中小学校长202人；完成2300多名高校非师范类应届毕业生和社会申报人员的教师资格理论考试辅导工作；积极参与组织全市4000多人参加教师资格理论考试和部分申报教师资格人员面试工作；配合有关部门完成学院和其他高校师范专业毕业生教师资格申报工作；迎接省教育厅组织的“十一五”教育干部培训调研评估工作，得到评估组的充分肯定，初评为第一名。

（马建民）

【招生、就业】 2010年，学院招收普通类大专专业10个，招收成人大专专业13个，招收五年制大专专业6个，招收三年制中专专业17个，招收一年制中专专业13个，招收六年制中专专业两个。共招收各类学生4435人，其中全日制学生3668人（含联合办学）、成人大专767人。在招生人数、在校生人数、专业设置数量等方面均较2009年有所提高。5月，成功举办毕业生校园招聘洽谈会，共有120多家用人单位来校招聘洽谈，提供岗位1728个，现场达成就业意向680人，就业率、对口率均达到35%以上，平顶山电视台、平顶山教育电视台、平顶山日报社等多家新闻媒体给予广泛宣传报道，得到社会各界一致好评。11月，顺利通过省教育厅组织的河南省大中专学生就业工作评估专家组的评估验收。

（马建民）

【学术活动与科研成果】 2010年，学院教职工在CN刊物发表论文123篇，出版专著6部，发明创造1项，完成省级科研课题26项，市级64项，180多篇论文获国家、省、市级奖励，在数量和质量上均呈现出明显提高的良好局面。积极举办或承办学术活动。2010年上半年，成立“平顶山市尧文化与尧山旅游研究中心”和“平顶山市大香山文化研究会”，举办了尧文化与尧山旅游研讨会，编印首期学术期刊《大香山》。11月，承办省教育厅主办的河南省2010年度幼师教育协作会年会，取得圆满成功。12月，成功举办学术活动月，收到论文259篇，评出一等奖27篇，二等奖54

毕业生校园招聘洽谈会现场

篇，三等奖55篇。

（马建民）

平顶山工业职业技术学院

【基本情况】　平山职业技术学院坐落于光明路南段的九里山上，是由教育部、河南省政府批准的普通高等专科院校，国家首批示范性高等职业院校。学院占地1226亩，建筑面积37.9万平方米，固定资产总值3.4亿元，图书馆藏书93.8万册。2010年，学院各类在校生22970人。其中，普通高职生15034人，中技生5329人。教学设置3院9系2部1校，开设高职专业51个，中技专业7个。教职工908人，其中，专任教师672人，副高级以上教师167人，双师素质教师259人。

（徐冠军）

【教育教学改革】　2010年，结合国家级重点专业建设经验，深入企业调研，修订各专业建设标准和课程标准。电气自动化技术专业被确定为省级特色专业建设点。建成国家级精品课程两门、省级精品课程8门。荣获省级教育教学成果奖5项，省信息技术教育优秀成果奖17项。整合利用各类教学资源，录制网络课程16门。

（徐冠军）

【师资队伍建设】　坚持引进与培养并重相结合，全年共引进专业教师32名，聘请232名工程技术人员和能工巧匠为兼职教师；不断加强在职教师的培养与培训，63名在职教师取得硕士学位，15名教师被确定为双师型教师，3名教师通过正高职称评审，16名教师通过副高职称评审。组织198名教师下矿进行实践锻炼。

（徐冠军）

【实验实训教学管理】　2010年，投入200多万元，新建化工安全、化工原理等3个实验实训室，并相应开发实验实训项目。新建校外实习基地8个。制定《实验实训室利用率考核办法》，修订完善《实习（实训）教学暂行管理办法》，进一步规范实验实训教学管理。

（徐冠军）

【招生、就业】　2010年，共招收新生8400人，其中普通高职5131人、中技2130人、成人大专1139人；积极争取政策，强化办学特色，实施单独招生，当年招生325人。在巩固已有就业市场的基础上，积极寻求新的合作企业，重点开发长江三角洲地区、滨海经济开发区等就业市场；共召开专场招聘会89场，提供就业岗位13033个，4510名毕业生实现就业，就业率达95.05%，用人单位满意率达91.8%。

（徐冠军）

【学生工作】　围绕热点、重点、难点问题，切实加强政治教育、思想引导，确保敏感时期的学生稳定；充分发挥心理咨询中心作用，及时开展心理咨询与危机干预，引导大学生健康成长；加强对系部学生工作的整体调控及指导，组织开展辅导员培训，坚持深入各系部召开座谈会，探讨学生工作具体方法，使学生工作更具针对性和实效性；积极与系部沟通交流，调动系部学生工作的积极性，学风建设成效明显。成立学生社团联合会和风纪纠察队，扩编国旗护卫队等学生组织，学生自我管理能力得到进一步强化；严格落实“奖、助、贷、勤、补”等经济资助措施，增加助学岗位、扩大资助范围。全年共发放资金1403.86万元。

（徐冠军）

【社会服务】　继续教育进展顺利。国家二级安全培训机构顺利建成。承担各类培训和鉴定任务，全年累计办班52个班次、培训人员7173人次，完成职业技能鉴定及取证考试1.0528万人次。连续6次荣获中国企业教育先进单位百强称号。

（徐冠军）

【教科研成果】　2010年，申报项目及成果共计52项，其中省级项目25项。承担上级各类教科研项目28项，其中省级项目11项；取得省科技厅鉴定成果5项，荣获各类成果奖43项，其中省科技进步二等奖1项、全国煤炭科技进步二等奖1项。

（徐冠军）

【对外交流与合作办学】　2010年，BTEC教学中心挂牌成立；与国外高校新增合作办学专业1个，新签订合作办学协议院校两所；成功举办首届“中平能化杯”全国煤炭职业学校技能竞赛，并取得团体第一名及5个单项奖的优异成绩；积极承办中国煤炭教育协会职教分会第五届实验实习研究会年会；全年共接待新疆、安徽等地的44所兄弟院校来院参观考察。

（徐冠军）

【和谐校园建设】 2010年，成功举办第九届春季运动会、第十届科技文化艺术节、第五届社团文化节。邀请专家学者举办油画作品展、集邮知识讲座及集邮展等活动。成立平顶山市高校第1个集邮协会。积极承办中平能化集团首届职工运动会，并获得特别贡献奖荣誉称号。在省第十一届大学生运动会、市篮球比赛、中平能化集团全健排舞比赛中，荣获多项一等奖。精神文明成果丰硕。赴郏县广阔天地乡邱庄村的“三下乡”服务团队，荣获省级优秀服务团队称号；积极开展“创建文明校园、文明班级、做文明大学生”实践活动，14个班级荣获省级优秀班集体，43名学生荣获省级三好学生；张志伟爱心帮扶小组、范长春带母求学、刘巍自强不息求学路等感人事迹被中央和地市电视台、报刊宣传报道。

（徐冠军）

中州名刹风穴寺

风穴寺位于河南汝州东北9公里处中岳嵩山少室南麓。与中州其他三大寺院（洛阳白马寺、嵩山少林寺、开封相国寺）传统的中轴线对称建筑格局不同，风穴寺现存140馀间建筑皆依山就势而建，远近高低，紧凑精巧，错落别致。所谓深山藏古寺，用盛唐诗人常建《题破山寺后院》（一名《破山寺后禅院》）诗中“曲径通幽处，禅房花木深”来形容这座塔影沉沉、诸峰献笑的北方禅寺，是非常恰当的。

至今仍保存在风穴寺中佛殿内的《风穴七祖千峰白云禅院碑》，五代后汉乾祐三年（公元950年）虔希范撰文、僧智谦书、李仁密镌字，龟趺圆首，双龙蟠回，通高128厘米、宽61厘米、厚15厘米，为寺中现存最古的碑刻。碑上依然清晰的《风穴七祖千峰白云禅院记》，以其沧桑的阅历为后人述说着这座千年古刹悠远的历史：风穴禅院坐落在“汝郏之北，嵩少之南”，“后魏，山前为香积寺。属当兵火，像毁寺焚。有乡人卫大丑，收以材石，构成佛堂于此山之西北，镇压风穴，即今之院基是也。至隋，又为千峰寺”。根据碑记，自北魏至唐，此寺经历了从香积寺、千峰寺到白云禅院的变革，风穴寺只是俗称，是因山间风穴而得名。当地至今还流行着关于“风穴寺”来历的传说：兵火后香积寺像毁寺焚，重建时人们仍选山前旧址，将要破土动工，一场大风将所备物料吹至现风穴寺址上空，风停料聚，因以风点穴，故寺名“风穴”。

风穴寺内现存最古老的建筑是唐开元二十六年（公元738年）建造的七祖塔。七祖塔位于寺院中心，高24.17米，为九层方形密檐式空心砖塔。塔身略呈抛物线形，每层四角悬铃；塔刹之十重相轮、刹杆、宝盖等至今保存完整，相轮水烟及刹顶火焰仍清晰可辨。塔距今已有1270多年的历史，为天台宗七祖贞禅师寂灭十三年后，曾于开元年间任汝州刺史的崔相国日用、李使君暠、贞禅师弟子宗本等收舍利数千粒扩建，唐玄宗赐谥“七祖塔”，与悬钟阁、中佛殿并称为风穴寺的三大国宝。

（王山林）

卫生 体育

卫 生

医 疗

【综述】 2010年，全市共有各级各类医疗卫生机构714个(不含驻地军警医疗卫生机构和村卫生室)。各类医疗保健机构共有病床19893张，平均每千人口病床3.9张。其中，医院14331张，疗养院445张，卫生院3818张，妇幼保健机构788张，专科疾病防治机构134张，社区卫生服务机构95张，门诊部282张。全市医疗卫生机构总人员数25531人（卫生技术人员20501人。其中，执业或助理医师人数为8341人，注册护士人数7097人)。全市2631个行政村，设有村卫生室3023所，乡村医生9111人（详见表一、表二)。

2010年，全市卫生系统按照市委、市政府“学先进、比创新、看实效”的工作要求，开拓创新，求真务实，推动卫生事业取得新成绩，并获得一系列荣誉称号。荣获的先进荣誉主要有：全国中医医院管理评价先进单位和全国无偿献血先进城市奖；河南省“五好”基层党组织、河南省深化医药卫生体制改革工作先进集体、河南省南水北调丹江口库区第一批移民迁安医疗卫生保障工作先进集体、全省医政工作先进集体、全省卫生系统规划财务审计综合管理工作先进集体、全省社区基本公共卫生服务工作先进单位、全省新型农村合作医疗全面工作先进单位、全省村卫生室建设先进单位、全省乡镇卫生院环境综合整治先进单位、全省药品集中采购工作先进单位和全省卫生系统安全生产工作先进单位；全市安全生产目标考核优秀单位、市创建国家园林城市先进单位、全市义务植树先进单位、全市消防工作先进单位、全市行政执法先进集体、全市行政服务工作优秀单位、全市食品安全与卫生监督工作先进单位、全市老干部工作先进单位。

（刘　震）

表一：

2010年平顶山市卫生机构床位数基本情况机构分类

机构分类	机构数（个）	床位数（个）
总计	714	19893
一、医　院	74	14331
综合医院	58	12270
中医医院	10	1872
专科医院	5	394
口腔医院	1	6
眼科医院	1	20
职业病医院	1	225
康复医院	2	143
护理院	1	20
二、疗养院	2	445

续　表

机构分类	机构数（个）	床位数（个）
三、社区卫生服务中心（站）	72	95
社区卫生服务中心	3	34
社区卫生服务站	69	61
四、乡镇卫生院	101	3818
中心卫生院	27	1168
乡卫生院	74	2650
五、综合门诊部	11	282
六、诊所、卫生所、医务室	411	0
诊所	371	0
卫生所、医务室	40	0
七、采供血机构	1	0
八、妇幼保健院（所、站）	11	788
妇幼保健院	7	756
妇幼保健站	4	32
九、专科疾病诊治所（站、中心）	3	134
结核病防治所（站、中心）	2	119
职业病防治所（站、中心）	1	15
十、疾病预防控制中心	12	0
十一、卫生监督所（中心）	6	0
十二、医学在职培训机构	6	0
十三、其他卫生机构	4	0

注：村卫生室数3023（所）。

表二：

2010年平顶山市卫生机构人员数基本情况

单位：个/人

机构分类	合计	卫生技术人员										其他技术人员	管理人员	工勤技能人员
		小计	执业(助理)医师		注册护士	药师（士）	技师（士）		其他					
				执业医师				检验师（士）		见习医师				
总　计	25531	20501	8341	5451	7097	1089	1153	770	2821	475		634	1589	2757
一、医院	15727	12908	4680	3706	5559	751	709	459	1209	378		251	1015	1553
综合医院	13277	11034	3840	3154	4985	629	576	391	1004	331		139	872	1182
中医医院	1935	1522	690	452	476	107	104	57	145	42		50	98	265
专科医院	466	312	137	90	86	12	27	10	50	5		12	42	100
口腔医院	111	81	39	25	8	2	2	2	30	0		11	2	17
眼科医院	22	22	13	8	6	1	2	1	0	0		0	0	0
职业病医院	201	146	58	38	52	6	18	5	12	0		0	32	23

续 表

机构分类	合计	卫生技术人员									其他技术人员	管理人员	工勤技能人员
		小计	执业(助理)医师	执业医师	注册护士	药师(士)	技师(士)	检验师(士)	其他	见习医师			
康复医院	132	63	27	19	20	3	5	2	8	5	1	8	60
护理院	49	40	13	10	12	3	2	1	10	0	0	3	6
二、疗养院	202	118	34	25	43	10	7	4	24	7	2	18	64
三、社区卫生服务中心(站)	630	511	238	168	200	24	18	13	31	9	15	40	64
社区卫生服务中心	82	54	20	19	20	8	3	2	3	0	2	10	16
社区卫生服务站	548	457	218	149	180	16	15	11	28	9	13	30	48
四、卫生院	4586	3520	1922	732	620	193	170	89	615	57	192	261	613
乡镇卫生院	4586	3520	1922	732	620	193	170	89	615	57	192	261	613
中心卫生院	1404	1115	613	206	194	75	54	28	179	4	39	57	193
乡卫生院	3182	2405	1309	526	426	118	116	61	436	53	153	204	420
五、门诊部	408	317	109	76	116	31	14	7	47	4	3	52	36
综合门诊部	408	317	109	76	116	31	14	7	47	4	3	52	36
六、诊所.卫生所.医务室	862	822	502	164	94	9	6	4	211	6	0	0	40
诊所	598	581	372	72	25	3	1	1	180	5	0	0	17
卫生所、医务室	264	241	130	92	69	6	5	3	31	1	0	0	23
七、村卫生室	6981	328	279	142	49	0	0	0	0	0	0	0	0
八、采供血机构	87	45	2	1	15	0	12	12	16	0	16	1	25
九、妇幼保健院(所、站)	1219	1018	431	292	338	40	62	49	147	12	27	63	111
妇幼保健院	1132	956	407	273	328	37	56	44	128	9	26	53	97
妇幼保健站	87	62	24	19	10	3	6	5	19	3	1	10	14
十、专科疾病防治院(所、站)	268	183	64	49	39	10	25	14	45	0	28	18	39
专科疾病防治所(站、中心)	268	183	64	49	39	10	25	14	45	0	28	18	39
结核病防治所(站、中心)	160	106	36	25	31	8	15	8	16	0	15	12	27
职业病防治所(站、中心)	108	77	28	24	8	2	10	6	29	0	13	6	12
十一、疾病预防控制中心	986	661	263	165	34	8	123	113	233	2	99	80	146
省辖市(地区)属	151	100	57	37	5	0	38	36	0	0	13	9	29
地辖市属	327	194	66	47	23	7	38	35	60	2	26	34	73
县属	496	357	135	77	4	1	44	39	173	0	59	36	44
其他	12	10	5	4	2	0	3	3	0	0	1	1	0
十二、卫生监督所(中心)	239	205	0	0	0	0	0	0	205	0	0	11	23
地辖市属	219	189	0	0	0	0	0	0	189	0	0	9	21
县属	20	16	0	0	0	0	0	0	16	0	0	2	2
十三、医学在职培训机构	215	153	88	68	23	10	6	5	26	0	11	19	32
十四、其他卫生机构	102	40	8	5	16	3	1	1	12	0	40	11	11
其他	102	40	8	5	16	3	1	1	12	0	40	11	11

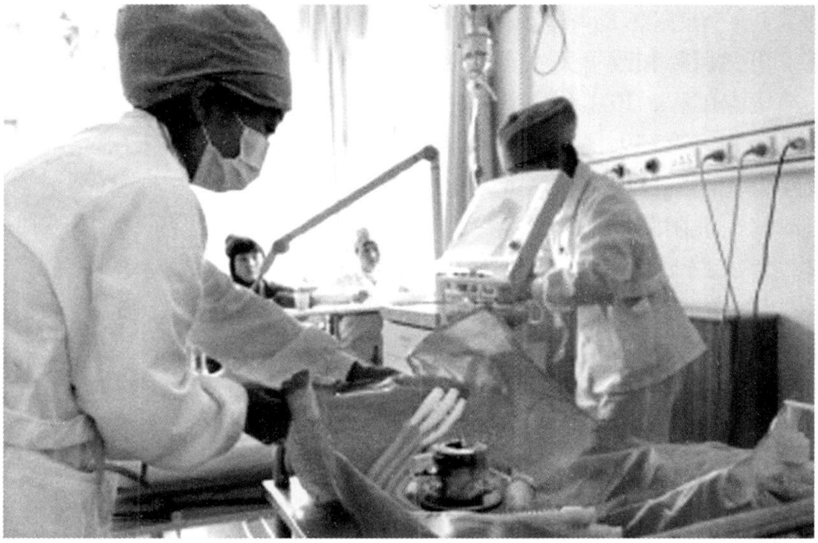

市第一人民医院手足口病区的医护人员开展岗位练兵活动

【农村医疗保障体系建设】 2010年，新农合保障水平显著提高，参合农民达360.38万人，参合率97.78%。人均筹资标准提高到150元，住院补偿封顶线提高到6万元~8万元。推行门诊统筹，进一步发挥基金使用效益。市级、省级即时结报制度日趋完善，方便参合农民就医。全年共补偿参合农民944.45万人次，补偿费用4.56亿元。宝丰县、郏县和鲁山县将儿童白血病、先天性心脏病补偿比例提高到90%，舞钢市和宝丰县分别建立大病风险基金、大病统筹基金，进一步提高保障水平。率先在全省将人用免疫球蛋白纳入新农合报销范围，市县财政拿出专项资金对重症患儿进行二次补助。

（刘　震）

【国家基本药物制度】 2010年3月1日，平顶山市启动实施国家基本药物制度。政府举办的97个乡镇卫生院、6个社区卫生服务中心、9个社区卫生服务站全部配备使用基本药物，实行“零差率”销售。基本药物平均价格比国家零售价降低48%，比原销售价格降低22.09%，平均门诊药品费用、住院药品费用同比分别下降14.6%和27.83%，累计让利群众1671万元，群众就医负担明显减轻。

（刘　震）

【基层卫生服务体系建设】 2010年，基础建设进展顺利，共筹措资金1.7亿元，建设3个县级医院、7个乡镇卫生院、8个村卫生室和9个社区卫生服务中心。医疗卫生队伍建设加快，为乡镇卫生院引进医学大学毕业生178人，免费定向培养大学生29人，培训社区、农村卫生人员1648人。实施城市医院支援农村卫生工程，选派31所城市医院的190名医生，对口支援95所乡镇卫生院。

（刘　震）

【公共卫生服务】 2010年，卫生系统实施6项重大公共卫生服务和9项国家基本公共卫生服务项目，人均公共卫生服务经费达到15元。城乡居民健康档案建档率分别达45.53%、51.44%；落实扩大国家免疫规划，“九苗”接种率以乡（镇）为单位达90%以上；完成宫颈癌普查3.2万人，实施贫困白内障患者复明手术1600例，为6.84万农村妇女免费发放叶酸；共4.36万农村孕产妇享受住院分娩补助，补助资金1302万元；健康教育、重点人群保健、慢性病管理、重性精神疾病管理等工作继续加强。

（刘　震）

新落成的宝丰县人民医院

【公立医院改革】　2010年，市医改办组织市发展和改革委员会、财政、卫生、社保、编办等部门负责人到山东潍坊市、江苏镇江市、安徽芜湖市等国家确定的公立医院改革试点市进行考察，学习借鉴改革经验和措施，探索改革方法。开展“优质护理示范工程”活动，二级以上医院开设示范病区37个；加强临床路径管理，共选择23个病种在三级医院试行；提供门诊预约挂号、三级医院118114电话预约服务，方便患者就医。

（刘　震）

【新区人民医院开工奠基】　10月29日，平顶山市新区人民医院在新城区开工奠基。平顶山市新区人民医院项目是市委、市政府为进一步完善新城区基础设施、更好保障和改善民生实施的一项重点工程，该工程由新城区管委会和市第一人民医院共同投资建设。医院位于新城区龙翔大道以北，滍阳路以南，育英路以东，崇文路以西，总占地面积178亩。医院定位为河南省一流、辐射周边地区的现代化、数字化、区域化综合+专科三级甲等特色医院，是以政府主导的多方参与、多元投资的公益性非营利性医院，同时涵盖健康体检、特色专科等营利性项目。医院计划投资6.73亿元，建筑面积19.9万平方米，床位1500个，开设急危重症治疗中心、微创治疗中心、肿瘤治疗中心等3个重点医疗中心。

（张　征）

市委书记赵顷霖（右四）、市长陈建生（右五）、市政协主席裴建中（右六）等市领导为新区人民医院奠基

【监督执法】　深入开展卫生监督稽查活动。认真履行食品安全监管职责，结合“创卫”工作和重大节日、重大活动，开展食品卫生安全专项整治活动，共出动执法人员3600余人次，检查各级各类餐饮单位3056家，监督检查覆盖率达100%，保障广大人民群众的健康权益。开展学校卫生专项整治活动，共检查各类学校及幼儿园食堂208家，规范学校食堂经营行为。严厉打击非法行医，专项监督检查部分民营、企业职工医院，取得明显效果。不断加强职业病防治工作，对210家工作场所进行评价，检测各类职业病危害因素检测点1118个，下发卫生监督意见书358份，完成接触职业病危害作业健康检查5.3万人次。

（刘　震）

【医政管理】　集中开展医疗护理核心制度落实、临床合理用药、病历书写质量、急救技术比武、医院感染管理等5个专项行动。启动实施全市二、三级医院“十大指标”宏观监管，加强专业质量控制网络建设，增强医院科学管理意识，提高诊疗服务水平，医院经济和医疗费用运行平稳。规范急救指挥中心建设，形成上下联动、覆盖城乡的院前急救网络体系。全年院前急救出诊4.49万次，转运病人4.18万人次。

（刘　震）

【重大活动医疗保障】　完成卫东区兴东二矿、湛河区凤凰岭煤矿等突发事故的医疗救治和普通高等学校招生、第三届华侨华人经济合作论坛等重大活动的医疗卫生保障工作，得到市委、市政府的充分肯定。

（刘　震）

【无偿献血】　在全国多地出现“血荒”的情况下，加大无偿献血工作力度，共3.9万人次参与无偿献血，总计献血1508万毫升，保证临床需要，连续第六次获得全国无偿献血先进城市奖称号。

（刘　震）

【中医中药】　2010年，认真实施农村中医药适宜技术项目，选派80名师资参加省中医管理局组织的中医药适宜技术师资培训，对3000余名乡村、社区医生开展基层适宜技术理论和实践技能培训。深入开展中医医院管理年活动，全面提升核心竞争力，形成以中医药特色优势带动医院发展的良好局面。市卫生局在国家中医药管理局召开的全国中医医院管理活动会议上作先进典型发言。

（刘　震）

【中医专科建设】　2010年，建成国家中医重点专科1个、国家中医特色专科9个。加强中医人才培养，开展中医全行业“读经典、背方剂”学习活动和全市中医系统护理知识竞赛，实施中青年中医骨干培养工程，跟师学徒本省著名老中医专家，引进中医博士、硕士研究生30余人，有效改善中医人才结构。创建综合医院示范中医科，市第二人民医院中医科通过国家中医管理局的验收。

（刘　震）

【人才培训和教育】　为乡镇卫生院选拔医学大学毕业生92人，首批为基层医疗卫生单位定向培养本科生12人，资助培养农村医疗卫生机构在职人员175人，对1426名乡村医生进行理论和临床培训。

（刘　震）

疾病防控

【疫情监测分析】　2010年，健全和完善信息交流机制，对每起事件信息进行严格核查分析。认真落实网络浏览审核制度，严把卡片报告质量关，有力提高突发事件的报告和处置质量。全年全市通过网络直报系统报告法定传染病26447例，比2009年同期上升3.55%；死亡71例，比2009年同期上升14.52%。其中，乙类传染病共报告20种12508例，比2009年同期下降16.37%；丙类传染病共报告6种13939例，比2009年同期上升31.68%；无甲类传染病和本地罕见病报告。全市共接收传染病预警信息2559起，全部按规范进行处置。持续保持现代结核病控制策略（DOTS）覆盖率100%。全年共发现新涂阳病人1643例，治疗管理病人2932例，减免肺治疗费用90余万元。

（张艳丽）

【计划免疫】　2010年，基础免疫报告接种率均达到预期目标。常规免疫报告接种率分别为：乙肝首针及时率99.85%，脊髓灰质炎糖丸99.66%，卡介苗99.84%，百白破99.67%，流脑99.53%，乙脑99.25%。19个预防接种门诊通过《规范化门诊标准》验收。切实做好消灭脊髓灰质炎工作。1月5日开展2009年~2010年强化免疫第二轮服苗工作，应种27.12万人，实服26.66万人，服苗率98%。认真开展麻疹强化免疫工作。全市共下发麻疹疫苗103万人份，一次性注射器147.4万支，实种101.72万人，接种率97.46%。加大ATP监测工作力度，共报告31例，报告发病率2.58/10万。旬报、月报、主动监测、及时随访率均达到卫生部要求。

（张艳丽）

市卫生局和疾控中心领导现场查看麻疹疫苗强化免疫接种情况

【地方病防治】　全年，全市共监测碘盐2769份，合格2635份，合格率96.83%，合格碘盐食用率94.13%，碘盐覆盖率97.25%。指导鲁山县对5个乡（镇）20个行政村300份盐样进行半定量监测，含碘食盐288份，非碘盐12份，合格碘盐食用率96%。指导鲁山县对3个村的水氟进行监测，对8~10岁儿童氟斑牙患病情况进行调查，共查出Ⅰ、Ⅱ度氟斑牙19例。开展全市饮水型地方性氟中毒病区村饮水现状调查，共调查623处病区自然村改水工程，改水工程正常使用572处，改水率77.93%，病区受益人口20.64万人；确定疟疾休治服药对象

32 人，实际休治 32 人，休治率 100%，正规服药率 100%，疟原虫镜检 3058 人，确诊 1 例。

（张艳丽）

【艾滋病防治】　2010 年，通过完善艾滋病疫情等相关工作报告和管理系统，进一步强化对监测资料的分析利用，掌握本地高危人群 HIV 感染状况的变化趋势，加强自愿咨询检测网络建设，提高艾滋病病人和艾滋病病毒感染者发现能力。全市共开展自愿咨询检测 5366 人次，对性病门诊就诊人员、吸毒人员和“两劳人员”全部进行 HIV 筛查。对艾滋病感染者配偶、男男同性恋等目标人群进行行为干预，发放艾滋病防治宣传材料 10 万余份，发放安全套 2 万个。孕产妇 HIV 检测 74836 人，发现阳性孕产妇 6 人；管理夫妇单方 HIV 阳性者配偶 216 人，随访 216 人，随访率 100%；检测 205 人，检测率 92.2%，检测出阳性 3 人。

（张艳丽）

【公共卫生监测】　在 6 个县（市、区）采集 14 类食品 339 份样品进行食品化学污染物监测。完成农村安全饮水监测工程 132 处，检验水质样品 528 份，合格 414 份，合格率 78.41%。按照年度城市饮水监测采样计划，每月到 16 个管网末梢水监测点采样送检，全年取水样 220 份，除个别样品细菌超标外，其他样品基本符合生活饮用水卫生标准。采集游泳池源头水样 8 份，池水水样 40 份，采集公共用品 19 份，全部进行卫生学评价。督导 9 个县（市、区）完成 1000 余人的城乡居民膳食指导工作。对全市 582 所中小学和幼儿园、14 所中学及大中专院校的传染病防控工作进行督导检查，督导率 36.84%。设立 43 个市级病媒生物监测点，完成蚊、蝇、鼠、蟑螂密度监测工作，开展蝇抗药性测定和鼠群分布调查等工作。全年完成 292 份样品 7 个项目，共计 523 个参数的检测任务，共检测各种样品 6313 份。其中，手足口病样本 1316 份、流感标本 158 份、HIV 筛查样本 2000 份。参加国家级实验室间比对 6 次，检测样品 74 份，参数 76 项；省级实验室间比对 4 次，检测样本 25 份，参数 31 项。对辖区 41 家医疗机构进行 HIV 筛查培训，对 8 家有资质的 HIV 筛查实验室进行质控考核。

（张艳丽）

【健康教育】　全年组织“计划免疫宣传日”、“世界无烟日”、“世界艾滋病宣传日”等卫生节日宣传活动，制作宣传展板 29 个、宣传横幅 15 条，发放宣传单 2.5 万余份，健康咨询 1000 余人。制作内外宣传栏 6 期 12 版，在《平顶山日报》、《平顶山晚报》和电视台发表、刊登、播出反映疾病预防控制工作信息及科普知识 57 篇（条），手足口病防治知识滚动字幕累计播放 90 分钟。

（张艳丽）

10 月 8 日全国高血压防治日，医护工作者义务为市民测量血压

【手足口病防控】　2010 年，面对严峻的手足口病疫情，全市卫生机构派出大批专业技术人员，督促指导医疗机构、乡镇（社区）、学校、托幼机构等重点部位的防控工作。全年，全市共报告手足口病 10048 例，发病率 200.42/10 万，比 2009 年同期上升 66.66%。累计报告重症病例 1918 例，死亡 9 例。加强手足口病疫区（疫点）的随时和终末消毒，消毒处理面积 211 万平方米；消毒物品 48.3 万件；消毒粪便分泌物 1.59 万公斤，有效遏制手足口病在平顶山地区的流行和蔓延。

（张艳丽）

体　育

【概况】　2010 年，在市委、市政府的正确领导下，市体育局按照“学先进、比创新、看实效”的工作要求，深入实践科学发展观，体育各项事业取得新成绩、新进展。认真贯彻落实《全民健身条例》和《河南省体育发展条例》，加强依法治体，推动体育事业全面发展。法制工作进入全省先进行列，市体育局被国家体育总局授予全国体育系统“五五”普法工作先进单位。加大依法行政，强化行政审批的规范化建设，加快改革步伐，大力发展体育产业，在全省率先筹建体育彩票发行服务中心，推动全市体育彩票销售发行全面开展，全年共销售体育彩票1.5亿元。群众体育和竞技体育蓬勃发展，在各类体育大赛中屡次获得奖牌。

（张　征）

群众体育

【全民健身活动】　2010年元旦、春节期间，根据省体育局、省文明办和省农业厅统一部署，全市城乡广泛开展“促和谐、奔小康”全民健身活动。此次活动从2010年元旦开始，历时2个月，全市10个县（市、区）80%的乡镇、社区、办事处分别开展异彩纷呈的全民健身活动。其中鲁山县董周乡农民摩托车赛、宝丰县万人长跑活动、汝州市陵头村农民篮球赛等成为亮点。活动期间共举行市级健身活动6项次，县（市、区）活动58项次，参加活动人数近70万人，使全市人民度过一个快乐、祥和、健康的春节。

（李莉芸）

【河南省第二届“万村千乡”农民篮球赛】　2月22日~28日，河南省第二届“万村千乡”农民篮球总决赛南部赛区决赛在宝丰县马川新村隆重举行，来自商丘、周口、漯河等12个省辖市的农民篮球代表队进行为期4天的激烈比赛。最终周口市、南阳市、商丘市分获前三名，平顶山市代表队获得第七名和体育道德风尚奖。

（李莉芸）

【河南省首个“全民健身活动月”暨平顶山市大众广播体操比赛启动仪式】　2010年5月是河南省首个“全民健身活动月”。4月29日，河南省首个全民健身活动月暨平顶山市大众广播体操比赛在鹰城广场启动，全市4000余名干部群众参加启动仪式，省体育局党组书记彭德胜、各省辖市体育局、各扩权县体育局负责人和平顶山市党政领导出席启动仪式。启动仪式后，市中心体校等单位分别进行健身项目表演，市直64个单位2000余名干部职工进行了大众广播体操比赛。

（李莉芸）

【全国第二个“全民健身日”】　8月8日是第二个全国“全民健身日”。为扩大城乡参与范围，市体育局将启动仪式放到基层举办。当日，新华区在市鹰城广场举办了此次“全民健身日”活动的启动仪式，市党政领导出席仪式并观看了表演，新华区21支代表队分别进行了“功夫扇”、“抖空竹”、“拉丁舞”等体育健身表演。

（李莉芸）

“全民健身日”活动启动仪式上的展演活动

【国民体质监测】　2010年，在全市面向不同年龄层次和各行各业开展国民体质测试，并根据测试结果给每一位参加测试者提出体育健身指导意见，先后抽样测试人数共计4224人，超额完成省体育局下达720人的测试任务。通过国民体质测试，推广科学健身手段和方法，增强群众科学健身的意识，推动全民健身活动的开展。

（李莉芸）

【中原大力士选拔赛】　7月4日，“玉林制药”杯2010年全国大力士挑战赛中原大力士选拔赛平顶山赛区比赛在市体育村举行。全市共有23名参赛选手通过提重物、扛沙包、拉汽车3个环节的比试，最终舞钢市庙街乡农民温春彦夺冠，成为鹰城“力王”；宝丰县陈长伟获得第二名；郏县冯增会获得第三名。8月6日～8日，3名获奖选手代表河南省参加在郑州举行的全国大力士挑战赛，冯增会获得第十三名。

（李莉芸）

【全国百城千村健身气功交流展示系列活动平顶山大会】 10月12日，全国百城千村健身气功交流展示系列活动平顶山大会暨平顶山市健身气功比赛在宝丰县举行。省体育局党组书记彭德胜，市有关领导出席。来自全市10个县（市、区）的2000余名健身气功爱好者，在宝丰新世纪广场上进行了一场健身气功精彩表演。此次活动受到省体育局的充分肯定和社会各界的广泛好评，市体育局荣获国家体育总局健身气功管理中心颁发的全国百城千村健身气功展示活动最佳展示奖。

（李莉芸）

2010年全国百城千村健身气功交流展示系列活动平顶山市健身气功比赛

【农民体育健身工程】 2010年，全市有494个行政村实施农民体育健身工程，超额完成河南省体育局下达156个的建设任务。全年，全市共有1009个行政村建设以“两场两台”（一个篮球场、一个羽毛球场、两个乒乓球台）为主要内容的农民体育健身工程，占全市2625个行政村的38%。市体育局积极组织人员对每个农民体育健身工程建设情况进行检查验收，在验收过程中，不仅注重数量，更注重质量，确保好事办好、实事办实，真正达到群众满意。

（李莉芸）

【第二届全民健身摄影大赛】 2010年3月～6月，市体育局组织开展第二届全民健身摄影大赛。大赛先后收到参赛作品2000余幅，其中有83幅作品获奖。这次摄影大赛的举办，进一步激发了广大群众积极投身体育健身的热情，对拓展群众体育工作内容、推动体育事业发展起到良好推动作用。

（李莉芸）

竞技体育

【业余训练】 2010年，市体育局积极备战参赛河南省第十一届运动会。成功创建举重、体操、武术散打、射箭、赛艇皮划艇5个运动项目的河南省单项体育后备人才训练基地。组织召开全市发展竞技体育研讨会，有效推动体教结合、选材输送、组织竞赛等工作。完善教练员考核奖惩机制，激发教练员队伍的创造力和竞争力。

（李莉芸）

【参加河南省第十一届运动会】

2010年9月19日～28日，河南省第十一届运动会在洛阳举行。本届省运会除设置青少年组比赛以外，首次增设成年组和大学生组两大组别的比赛。平顶山市代表团共有348名运动员参加青少年组游泳、田径、射箭、排球、乒乓球、网球、赛艇、皮划艇（激流回旋）、自行车、体操、摔跤（古典式、自由式和中国式）、柔道、举重、拳击、跆拳道、武术（套路、散打）16个大项的比赛；有71名运动员参加成年组篮球、乒乓球、羽毛球、围棋、健身气功、门球、体育舞蹈7个大项的比赛。成年组获得团体总分一等奖；青少年组位居奖牌榜第五位、总分榜第六位、金牌榜第八位，同时荣获输送奖和贡献奖，成为全省同时获得5项表彰的5个省辖市之一，保持全省先进位次。

（李莉芸）

【许庆、王金岗亚残运会上摘金夺银】 2010年第16届广州亚残运会上，平顶山市运动员许庆获得男子50米自由泳S6级、男子200米个人混合泳SM6级和男子50米蝶泳S6级3个项目的金牌。王金岗获得男子50米蝶泳S7级银牌。他们凭借自强不息、顽强拼搏的精神为鹰城人民争得了荣誉。

（李莉芸）

冠军许庆（左）与银牌获得者王金岗（右）

【李雪英亚运会夺冠】 11月15日，在广东东莞进行的第十六届亚运会女子58公斤级决赛中，平顶山市运动员李雪英不负众望，力挫群雄，以抓举105公斤、挺举133公斤、总成绩238公斤的成绩获得冠军。

（李莉芸）

昆阳关与鲁阳关

平顶山境域西靠伏牛山，东接黄淮平原。境内大青山、大巴山、大刘山三山横列，滍水、汝水两河纵贯，关隘重重，控扼荆洛、宛陈、许洛故道，战略地位重要，自古为兵家所必争。

据记载，古代这里关隘重重，其中昆阳关，也称方城塞，在今叶县保安乡闯王寨山与母猪山之间。这里地处伏牛山脉与桐柏山脉接合部，是江汉平原、南阳盆地北通洛阳、东达许陈的孔道。方城塞始筑于春秋前期。公元前678年，楚文王灭申伐郑，“封畛于汝”，退兵时在这里设置了关隘。从此，昆阳关成为楚国的北部门户。进则占领滍、汝流域，退则据关固守、抵御中原诸侯南袭。秦、汉、隋、唐时政治中心在关中，关中东出三条道中的南道经过昆阳关。秦末农民起义、刘邦西进灭秦，就是走昆阳关，破宛，越秦岭到咸阳的。

鲁阳关，位于鲁山西南与南召交界处的分水岭上。这里地处伏牛山腹地，山峰插云，峡谷陡峻，形势十分险要，是宛洛捷径三鸦路的第二鸦口。西晋张协诗云：“朝登鲁阳关，峡路峭谷深”。史书称：‘荆豫径途，斯为险关”。鲁阳关始筑于战国时期。楚国为防御魏国南袭，在这里设置了关隘。后来楚国沿伏牛山脊修起长城，这里成为楚长城北段的唯一门户。魏晋南北朝时期，鲁阳关是南北军队争夺的重点，“北不据此，则不能得志于宛、襄；南不得此，则不足以争衡伊、洛”。

（潘民中）

社　会　生　活

人口和计划生育

【成绩荣誉】　2010年，全市人口计生系统努力开拓人口计生工作新局面，人口和计划生育工作取得新的进展。人口出生率控制在11.25‰，圆满完成省定12.62‰的责任目标，其它各项责任指标运行良好，“国优”、“省优”比例达到100%，继续保持在全省的先进位次。1月5日，平顶山市被国家人口计生委命名为全国首批人口计生综合改革示范市，9月25日被中宣部、国家人口计生委等13家单位联合确定为全国婚育新风进万家活动示范市，成为全省当时唯一一家国家“双示范”单位；6月24日，被省委、省政府授予全省人口计生工作优秀单位称号；8月上旬，在全国首家举办计生家庭光荣节；8月下旬，成功组织、承办国家人口计生综合改革会议，国家人口计生委领导对平顶山市人口计生工作给予高度评价。

（李　慧）

【机制建设实现新突破】　围绕构建“统筹协调、科学管理、优质服务、利益导向、群众自治、人财保障”6项机制，深入推进统筹解决人口问题“十县百乡千村”示范工程。年底，对各县（市、区）推荐上报单位进行验收评估，择优命名首批9个示范乡（镇、街道）。以破解农村计生家庭养老和流动人口服务管理难为切入点，创新“三园一节”（服务计生老人的“康乐家园”、服务流动人口的“温馨家园”、服务留守儿童的“亲情家园”和计划生育家庭光荣节）工作载体，顺利实现机制建设的新突破。在全国人口计生综合改革会议上，平顶山市作《完善利益导向政策体系提高计生家庭发展能力》的经验介绍。三级联动推进工作和创新“三园一节”的做法，受到国家和省人口计生部门的充分肯定。

（李　慧）

【提高出生人口素质】　2010年，全市计生系统加强对已婚育龄人群尤其是新婚、待孕妇女进行优生优育知识的宣传、培训工作，坚持每周在《平顶山晚报》举办一期出生缺陷预防知识讲座，宣传普及出生缺陷预防等相关知识，增强全民预防出生缺陷的意识。全年全市共投入经费700余万元，免费为6万余对夫妇进行4项病毒筛查，发放叶酸3万份，开展生殖健康咨询60万人次，通过相应的医学干预，避免1208例病残儿出生。

（李　慧）

【流动人口服务管理】　2010年，市人口计生部门积极落实流动人口免费享受计划生育技术服务政策，维护流动人口合法权益。全市共签订区域协作协议书473份，“两地”协调沟通4211次，解决个案1329件。利用“双节”、“三夏”开展流动人口“关怀关爱、优质服务”活动，发放明白卡、折页15万余份，提供免费技术服务7262人次，免费补办、换发《婚育证明》1902本。积极开展流动人口清理清查服务活动，共清查出新增全员流动人口577人，及时录入并向流入地、流出地发出协查通报。圆满完成上半年的流动人口动态监测任务，为国家人口计生委进一步加强流动人口服务管理工作提供科学依据。

（李　慧）

【国家人口计生委评估工作组莅平检查】　2010年1月29日，由国家人口计生委宣教司副司长施春景带队的国家人口计生委评估工作组莅平检查评估平顶山市计生工作和流动人口计生服务管理“省内一盘棋”开展情况。省人口计生委主任孟宪臣、副主任鲍常勇和市长李恩东、副市长李建伟等陪同调研。评估工作组先后到湛河区马庄街道，马庄街道马庄村、电力社区进行实地检查，通过召开座谈会、查阅资料等形式，深入了解全市流动人口计生服务管理“省内一盘棋”工作开展情况。市长李恩东、副市长李建伟分别就人口计生工作整体情况和流动人口计生服务管理“省内一盘棋”工作开展情况进行了汇报，评估工作组对平顶山市工作开展情况给予充分肯定。

（李　慧）

【平顶山市荣获全国婚育新风进万家活动示范市称号】 2010年，市人口计生部门进一步加大在全市范围建设人口文化活动场所工作力度，开展婚育新风进万家活动，婚育新风蓬勃发展。至年底，建成人口文化广场等人口文化活动场所700多个，累计有5000多对符合生育二胎条件的夫妇主动放弃二胎指标，有1380对新婚夫妇举行集体婚礼、草坪婚礼、自行车婚礼等。9月25日，在全国婚育新风进万家活动总结表彰大会上，平顶山市被中宣部、中央文明办、国家人口计生委等13家单位联合命名为2011年~2015年全国婚育新风进万家活动示范市。这是继年初被表彰为全国首批人口计生综合改革示范市后，获得的又一殊荣，成为全省唯一的全国人口计生综合改革和婚育新风进万家活动双示范单位。

（李　慧）

【网络和信息化建设】 2010年，市人口计生部门加强信息化建设，建成覆盖全市各乡（镇）的人口计生视频会议系统，全年召开各类会议20多次。信息化在生育证发放、人口形势分析、技术服务等方面发挥了重要作用，被省计生委命名为信息化建设甲级市。建立数据分析制度，落实部门间数据共享制度，进一步提升县站、乡所、村室的服务水平。全市8个县站全部取得《医疗机构执业许可证》，5个县站确定为新农合医疗定点单位，3个县站确定为母婴保健定点单位。

（李　慧）

【首届计划生育家庭光荣节】 为弘扬新型生育文化，营造计生光荣的浓厚社会氛围，市委、市政府自2010年起把每年8月10日定为全市计划生育家庭光荣节。2010年8月10日为首届计划生育家庭光荣节。8月1日~10日，全市各级党委、政府以“倡导婚育新风，构建和谐计生”为主题，组织一系列的集中庆祝、表彰奖励活动，集中对模范执行计划生育政策的先进典型表彰奖励。首届计划生育家庭光荣节设子女成才奖（表彰2010年全国普通高招考入本科重点院校的独生子女家庭，每户奖励5000元）、诚信节育奖（表彰被评为诚信之星的计生家庭和主动退回二胎生育指标的独生子女家庭，每户奖励2000元）和幸福康乐奖（表彰全市最早带头实行计划生育政策的模范老人，每人奖励3000元），40户计生模范家庭和模范老人受到表彰，发放奖金11.8万元。

（李　慧）

【出生人口性别比治理】 为加强综合治理出生人口性别比治理，市委、市政府对综合治理出生人口性别比领导小组进行调整，市委副书记冯昕任组长，副市长李建伟任常务副组长，并建立联席会议制度，强化对市直相关部门、各县（市、区）及各乡（镇）综合治理出生人口性别比目标管理。完善B超等医疗器械管理制度，加强对持生育证对象合同管理，落实对持证生育人员出生婴儿访视制度，强化出生婴儿实名登记。对违反规定利用医疗器械作胎儿性别鉴定的进行严重处理，对持生育证对象私自引产者，实施责任倒查。全年共立案412起，结案404起；没收B超10台，没收产床、吸引器等器械156件套，罚款13万元；注销生育证143个，19名“三包一”人员受到通报批评。

（李　慧）

【承办国家人口和计划生育工作培训研讨班】 8月24日~26日，国家人口和计划生育综合改革理论探索与实践交流培训研讨班在平顶山市举办。国家人口计生委副主任赵白鸽、办公厅主任陈立、政策法规司司长赵延配、流动人口服务管理司司长张春生、人事司司长金小桃、国际合作司副司长汝小美、办公厅副主任姚宏文、发展规划与信息司副司长郭震威分别在培训研讨班上作辅导报告。省人口计生委主任孟宪臣、副主任丁福浩和北京、河北、山西等省（市）人口计生委的有关负责人参加培训研讨班。市委常委、常务副市长邢文杰，市委常委、副市长王丽，副市长李建伟出席开班仪式或闭幕式。赵白鸽在研讨班上对人口和计划生育工作提出了具体要求。参加培训研讨的代表围绕探索建立适应新时期计划生育工作需要的体制机制建设进行研讨，并都作了交流发言。

（李　慧）

【建立完善计生利益导向政策体系】 2010年，全市人口计生部门落实国家、省计生利益导向政策，在全市免费实施出生缺陷项目筛查，免除农村独生子女和计划生育双女家庭子女上本县（市、区）高中的学费，免费对已婚育龄妇女进行两年一次的妇科病普查。补贴计生家庭一人份新农合参合费用，提高政府对计生家庭参加新农保的补贴标准，农村独生子女和双女父母年满45～59周岁参保的，每人每年增加50元补贴，年满60周岁的，再给每人每月增发90元养老金。增加发放奖扶、特扶资金，奖扶金由省规定的每人每年840元提高到900元，特扶金由省规定的每人每年1200元和960元分别提高到1320元和1080元；增加计生困难家庭救助政策，对独生子女父母一方死亡、子女未成年的每年每户发放救助金600元；落实“爱心超市”救助和市、县部门联户帮扶政策，对计生困难家庭实施爱心救助，发放救助物品或资金，每年每户提供不少于500元的救助资金。通过建立完善利益导向政策体系，20余万户计生家庭享受到系列化、多层次的利益保障。

（李　慧）

【“三大家园”建设】　2010年，继续在全市开展“三大家园”建设。在农村建设服务计生老人的“康乐家园”，让实行计划生育的老人老有所养、老有所医，确保基本生活保障，让老人身体健康、精神愉快，为老人提供各项优惠扶助。在城区、县（市）城关镇和流入人口相对集中的社区（村），建设服务流动人口的新鹰城人“温馨家园”，为流动人口提供政策咨询、生殖健康、就业、就学、维权等便民服务，让他们享受到“市民化”待遇，增强其归属感。在留守儿童集中的乡（镇），建设服务留守儿童的“亲情家园”，依托寄宿学校等阵地，聘请社会爱心人士做“代理家长”，利用亲情热线、网络视频等传媒，在外出务工父母和留守儿童之间架设沟通交流的桥梁，促使其健康成长。至年底，全市建成新鹰城人“温馨家园”21个、“亲情家园”19个、集中供养式“康乐家园”1个。

（李　慧）

【文明执法专项活动】　2010年，全市人口计生系统开展文明执法专项活动，强化依法行政，推进网上办案和群众自治。社会抚养费征收坚持做到“四统一”，即统一立案、统一编号、统一下达征收决定书、统一申请法院强制执行，规范了执法行为，提高了社会抚养费征收到位率。全年社会抚养费征收到位率达到75.6%。

（李　慧）

【计生队伍建设】　2010年，全市人口计生系统加大培训力度，提高计生队伍素质。以村计生管理员为重点，强化计生业务知识培训，开设“人口讲堂”，人人上台讲课，交流学习，教学相长。以资料展评、技能比武、知识竞赛、才艺展示等为主要内容，开展争创“十佳百优”村计生管理员活动。5月和6月份，组织两批市、县人口计生干部赴南京人口管理干部学院进行集中培训。全年全市共举办各类培训班30多期，培训人员5000人次。

（李　慧）

【违法生育专项治理】　市委组织部、纪检委、监察局、计生委联合下发《关于集中整治党员干部、公职人员违法生育行为的通知》。通过宣传发动和自报、清查处理、整改规范、检查验收、建章立制5个阶段，彻底清查2000年～2010年间党员干部、公职人员违法生育遗留案件，市、县人口计生委认真受理自报、举报、查处案件，维护了计划生育国策的权威性和严肃性。

（李　慧）

【人口老龄化进程加快】　根据平顶山市第六次全国人口普查数据，2010年平顶山市常住人口4904367人。其中：0岁～14岁人口992449人，占20.24%；15岁～64岁人口3480094人，占70.96%；65岁及以上人口431824人。普查结果同2000年第五次全国人口普查相比，0岁～14岁人口的比重下降3.54个百分点，65岁及以上人口的比重上升1.71个百分点，反映出全市人口生育率持续保持较低水平，人口老龄化进程加快。根据65岁及以上人口比重超过7%就标志着进入老龄化社会的国际通常标准，平顶山市进入老龄化社会。

（李　慧）

民族　宗教

【民族】　平顶山市有37个民族，除汉族外，还有回、满、蒙古等36个少数民族成分。汉族人口所占比例最大，其次为回族、蒙古族。少数民族人口在地域分布上具有大分散、小集中的特点。回族在各县（市、区）均有分布，主要分布在叶县、湛河区、郏县，其中叶县已超过1万人，湛河区、郏县接近万人；满族各县（市、区）均有分布，其中叶县超过1000人；蒙古族各县（市、区）均有分布，超过1000人的有叶县、湛河区，其中湛河区北渡乡荆山村聚居人口最多，也是平顶山市蒙古族的历史发祥地。2010年末，全市少数民族人口78009人。

（李怀甫）

【宗教】 平顶山市有佛教、道教、伊斯兰教、天主教和基督教5大宗教。2010年末，全市有信教群众575783人，登记开放的各类宗教活动场所540处。其中佛教163709人，寺庵68处；道教138363人，宫观95处；伊斯兰教60470人，清真寺68处；天主教1219人，教堂2处；基督教213336人，堂点307处。

（李怀甫）

【民族团结促进活动】 市民宗局帮助“民促会”、“城市社区民联会”建立健全宣传教育、友好帮带、走访联系等制度，使“民促会”组织在协助当地党委、政府和基层组织宣传贯彻党的民族政策，开展民族团结教育，处理民族领域不稳定因素等方面发挥积极作用。6月3日，举行民族团结进步先进事迹巡回报告会。省委统战部副部长、省民委主任刘世军，省委统战部副部长彭亚平，市领导赵顷霖、冯昕、王丽、段君海、郑枝、张国需，市区各单位干部群众代表，大中专院校师生代表，少数民族群众代表，驻军及武警官兵代表等1000多人参加报告会。12月8日，召开全市城市民族工作经验交流会。汝州市、舞钢市、新华区、卫东区、湛河区和石龙区的民宗局局长分别介绍开展城市民族工作基本情况、工作成绩和主要经验，会议研究进一步发挥城市社区民族团结进步联谊会作用，促进民族工作进社区和清真食品监督管理等问题。会后，与会人员参观考察新华区体育市场清真食品规范管理分区经营情况、五一路街道办事处民主街社区民族工作开展情况和清真天方阁饭店经营情况。

（李怀甫）

【发展少数民族聚居地经济社会事业】 2010年，市民宗局采取多种有效措施发展少数民族聚居地经济社会事业。一是靠服务民族企业“带动”。落实少数民族特需商品定点生产企业流资贷款利息优惠政策，为企业发展提供资金支持。深入少数民族特需商品定点生产企业进行政策性检查，确保产品生产符合国家产品目录和生产标准。二是靠项目投入“拉动”。开展少数民族发展资金项目申报组织工作，争取少数民族特色建设发展项目资金50万元。注重培植民族经济增长点，使项目资金的投入既服务于少数民族聚居区的发展，增加少数民族群众收入，又改善当地教育、道路和饮水状况。三是靠出台政策“推动”。研究制定《平顶山市少数民族经济社会“十二五”发展规划》草案、《关于进一步开展民族团结进步创建活动的意见》草案、《平顶山市人民政府办公室关于进一步繁荣发展少数民族文化事业的实施意见》草案等。四是靠协调小额贷款“牵动”。市、县两级民族宗教工作部门通过牵线搭桥，为少数民族养殖户协调到小额信用贷款。马庄回族乡大陈庄村引进山东圈养育肥羊的新型养殖模式，解决羊啃青毁青现象的发生，同时又消化大量农田秸秆。

（李怀甫）

【省第二届少数民族运动会获奖】 9月11日~13日，省第六届少数民族传统体育运动会在济源市篮球城举行。本届运动会由省民族事务委员会、省体育局、济源市人民政府主办，共设竞赛和表演项目两大类。竞赛项目分别是珍珠球、毽球、木球、蹴球、陀螺、板鞋竞速、武术和摔跤等8大项，表演项目分22项。来自全省18个省辖市和5个大专院校的运动员、裁判员、教练员逾1000人参加大会。经过激烈角逐，平顶山市代表队获得5枚银牌、4枚铜牌和3个第四名、6个第五名，并获大会体育道德风尚奖。

（张晓丽）

【清真食品市场整顿】 2010年，市民宗局本着“监督管理、帮助服务”的工作原则，坚持做到“四个结合”（与规范许可程序相结合、与依法处理相结合、与民族团结教育相结合、与维护社会稳定相结合），依法对全市2000余家清真食品生产经营者集中进行年度检查整顿工作。1月27日，省清真食品督导检查组组长、开封市民委副主任马金成，省民族三处副处长王召，商丘市清真食品管理办公室主任李明一行对本市清真食品管理工作进行督导检查。省督导检查组先后到金牛足公司、清真天方阁饭店、清真众记福兴金汤豆捞、体育路清真食品市场、清真一分利饭店等单位，对清真食品生产经营情况和清真食品管理工作进行专项检查。春节期间，组织各县（市、区）联合工商、卫生、伊协等部门对辖区清真食品市场进行执法检查。湛河区对辖区内77家饭店、早餐、夜市、肉食摊点和11家大、中专学校内设清真食堂及5个集贸市场进行拉网式执法检查，共没收27个不规范清真牌证，对1家不符合条件的饮食摊点责令其停业整顿，对有关当事人进行批评教育。新华区共检查整顿清真饮食单位17家（个），其中批评教育12家，停业整顿4家，依法取缔1家，查处收缴非法自制清真标牌24块（个）。

（李怀甫）

【宗教管理事务】　根据国宗局"两个专项工作"电视电话会议精神，制定下发《关于开展宗教教职人员认定备案的工作方案》和《开展宗教活动场所财务监督管理方案》，增强宗教教职人员法律法规观念，提高宗教活动场所规范化建设水平。严格依据《条例》及有关配套办法，对汝州市风穴寺大雄宝殿开光、叶县圆觉寺大悲观音殿落成暨佛像开光等规模较大的宗教活动和跨地区宗教活动，完善程序，逐级审批，依法加强对活动的监管。开展宗教问题大调研活动，对基督教私设聚会点和乱建寺庙情况、慈善公益事业开展情况、宗教教职人员参加社会保障、民间信仰等情况分别进行专题调研。继续开展宗教"四争创"活动。指导宗教界开展宗教神学思想研讨，支持宗教界对宗教教规教义作出符合社会进步要求的阐释。10月份，抽调民族宗教领导小组成员单位的领导和工作人员组成联合检查组，采用听取工作汇报、查阅宗教工作档案、查看宗教活动场所、召开座谈会等方式，了解和掌握基层宗教工作的现状。依法查处私设聚会念佛点活动，妥善处置"洛桑福音大会"有关问题，认真做好拟参会人员的教育、劝阻工作，实现参会人员零目标。不断加强宗教活动安全管理，在节日或重大活动前对活动场所进行安全检查，督促指导场所消除安全隐患，全市全年宗教活动场所没有发生一起安全事故。制定下发《平顶山市创建"和谐寺观教堂"考核评比办法》，及时总结推广各地好的做法和经验，深入开展创建"和谐寺观教堂"活动。召开全市纪念"三自"（自治、自养、自传）爱国运动发起60周年座谈会，与会代表结合各地实际和所见所闻进行讨论和发言，坚定走爱国爱教道路的信心。

（李怀甫）

【香山寺保护开发】　2010年，市民宗局成立项目建设工作组加强对香山寺风景区项目的领导、协调。项目组下设综合组、督察组、监理组、施工组。实行例会制度，每周五上午组织施工方、监理方召开会议，解决工程质量、进度、材料、技术和安全等方面问题。建立健全责任追究、监督检查、廉洁自律等制度，保证工程质量、进度和施工安全。2010年末，山门竣工，进入彩绘阶段；大悲正殿和天王殿保护性仿古建筑工程施工；寮房地基基础完工；消防通道基层完成，红条石路面进行铺筑；景区引水工程施工方案、观音大士塔维修方案完成；大香山风景区植树211公顷；供电、通信等工作立项。

（李怀甫）

【李尊杰视察民族乡新农村建设情况】　9月28日，省民委副主任李尊杰，省民委民族二处处长郭瑞疆莅平开展民族乡新农村建设调研活动。李尊杰一行先后到郏县姚庄回族乡、叶县马庄回族乡视察，对民族聚居区经济发展、基础设施建设和加强民族团结等工作给予充分肯定。在郏县姚庄回族乡，调研组实地察看乡文化广场、伊斯兰风情小镇、红砖牌坊施工现场。

（张晓丽）

劳动保障

【就业再就业】　2010年，全市城镇新增就业14.7万人，下岗失业人员再就业5.8万人，困难群体就业2.1万人，城镇登记失业率3.5%，农村劳动力转移就业6.5万人。全市1.44万名高校毕业生实现就业，就业率89.9%，超过全省平均水平3.7个百分点。组织农村劳动力技能就业"百日培训计划"、"春风行动"等专项活动，帮助农村劳动力转移就业和返乡创业，共培训农村劳动力3.1万人，新增转移就业6.5万人。集中为就业困难人员提供职业介绍、社保补贴、岗位补贴等援助服务，积极帮助"4050人员"、"零就业家庭成员"就业，开发公益性岗位2621个，安置各类就业困难人员2.1万人，保持"零就业家庭"动态为零。落实创业扶持政策，全方位提供创业服务，全年创业培训3780人，新增发放贷款3.15亿元，扶持4835人创业，带动就业1.7万人。完善就业信息数据库，实施网络招聘，开展就业服务系列专项活动，全市各类人力资源服务机构举办各类招聘会228场，提供就业岗位8万多个，免费职业介绍8.7万人（次），帮助5.2万人找到工作岗位。积极开展充分就业社区、零失业社区、信用社区、充分就业街道、比较充分就业县（市、区）创建活动，全市创建充分就业社区93个（其中省级充分就业社区70个、国家级充分就业示范社区1个），市城区充分就业社区创建比例84%。

（邢雁铎）

【社会保障】　强化社保扩面征缴。全市城镇基本养老保险、医疗保险、失业保险、工伤保险、生育保险参保人数分别为41.1万人（企业37.6万人）、122.9万人、47万人、23.7万人、25.3万人，合计征缴基金19亿元。出台《平顶山市被征地农民就业培训和社会保障工作暂行办法》，对被征地农民社会保障作出制度安排。鲁山县、宝丰县、郏县列入国家新农保试点。全市新农保覆盖县区30%，超过全国23%的平均水平，参保人数104万人，领取待遇人数22万人。积极解决遗留问题。将原"五七工"、"家属工"等人员纳入养老保险覆盖范围，解决5.08万名关闭破产企业和困难企业职工医保问题，4271名老工伤人员问题得到解决。提高社会保障水平。连续6年调整企业退休人员养老金水平，人均月增加基本养老金149元。城镇职工和城镇居民住院报销比例分别提高80%和55%，最高支付限额分别提高至21万元和9万元。失业保险金标准由每人每月484元提高至704元。工伤、生育保险待遇标准也大幅提高。增强经办管理能力。各级社保经办机构普遍开展"规范管理年"、"数据质量年"活动，汝州市、卫东区养老保险经办机构档案室被省档案局评为省特级档案室。加强社保经办内控管理，强化对退休审批、劳动能力鉴定以及社保费用审核、拨付、账户核对等环节的监督，社保稽核、防冒领工作进一步加强。新农保信息网络实现与业务同步规划、同步实施。加大基金监管力度。实施现场监督和非现场监督，深入开展社保基金专项治理和城镇职工基本医疗保险基金检查工作，解决一批突出问题，强化基金监管，确保基金安全。

（邢雁铎）

【劳动合同签订】　全面落实劳动合同制度，继续开展农民工劳动合同签订"春暖行动"，启动小企业劳动合同制度实施专项行动。全市签订劳动合同47.9万人，城镇企业职工基本签订劳动合同，农民工劳动合同签订率95.4%。深入推进集体合同"彩虹计划"，签订集体合同企业2650家，涉及职工55万人。

（邢雁铎）

【劳动监察】　实施建筑企业工资支付承诺制度，开展书面材料审查工作，组织农民工工资支付、清理整顿人力资源市场秩序、整治非法用工打击违法犯罪等专项执法活动，主动监察用人单位1915户，为9475名劳动者追发工资待遇1556万元。

（邢雁铎）

【劳动仲裁】　积极探索劳动人事争议预防调解仲裁新机制，在大中型企业建立调解机构，在非公企业集中的街道社区开展建立调解组织试点工作。全市受理劳动人事争议案件709件，法定时效内结案率100%。认真做好信访维稳工作，全年受理来信来访3391人（次），确保2010年全国人大、政协会议，上海世博会、广州亚运会等重要节日没有来自本市人社系统信访干扰。

（邢雁铎）

人民生活

【城镇居民收入】　2010年，平顶山市城镇居民人均家庭总收入17898.71元，比2009年增长10.38%。其中城镇居民人均可支配收入16208.2元，超1.6万元大关，比2009年增加1486.85元，增长10.1%，比全省平均水平多284.5元，增速比2009年提高1.3个百分点。城镇居民人均可支配收入在全省18个地市中居第五位。构成家庭收入的工资性收入、经营性收入、财产性收入和转移性收入等四大项全部实现增长。

工资性收入。随着城镇居民投资意识的增强，收入渠道不断拓宽，收入结构发生着变化，工资性收入占家庭总收入的比重逐年下降，但工资性收入仍是城镇居民家庭收入的主要来源，在家庭总收入中仍占主体地位。2010年，全市城镇居民人均工资性收入12778.52元，增长9.84%，占家庭总收入的比重71.39%，拉动可支配收入增长7.78个百分点，对可支配收入增长的贡献率77%。

经营性收入。2010年，市委、市政府把做好下岗失业人员的再就业工作放在重要位置，建立创业引导资金，完善和落实小额贷款、减免税费等，加快就业服务平台建设，以创业促就业，切实减轻个体工商户的创业负担和经营成本，刺激个体、私营经济的发展，从业人数不断增加，规模不断壮大。加上受经济形势逐渐好转影响，平顶山消费品市场持续活跃，居民从事个体私营的效益逐步提升，促进了经营净收入的快速增长。2010年，平顶山市城镇居民人均经营净收入1362.83元，增长22.52%，占家庭总收入的比重7.61%，比2009年提高0.75个百分点。

财产性收入。2010年，城镇居民人均财产性收入119.31元/人，比2009年下降2.35%。但随着居民家庭理财观念的转变和投资意识的进一步增强，用于储蓄、股票、红利和房屋出租的投资收入却明显增长。其中，城镇居民人均利息收入17.02元，比2009年增长2.16倍；股息与红利人均收入22.98元，同比增长76%，出租房屋收入人均71.18元，同比增长31%。

转移性收入。2010年，平顶山市城镇居民人均转移性收入3638.05元，增长8.69%。转移性收入是城镇居民家庭收入另一主要来源，占家庭总收入的20.33%，对可支配收入增长的贡献率19.56%。转移性收入的增长，主要是市委、市政府对国家社会养老保险制度、构建和谐社会等政策的贯彻落实，完善社会养老保障体制，在为在职职工增资的同时，关注离退人员、低收入人员和低保群体的生活状况，增加离退休费、基本养老金，提高最低工资标准、最低生活保障标准，为困难群体增发生活补贴所致。

2010年，平顶山市高度关注弱势群体，兼顾社会公平，完善社会保障制度，影响收入差距的因素发生了积极的变化。高、低收入户均收入相对差距缩小。低收入户收入增速快于全市平均增速及高收入户增速。全年占20%的低收入户家庭人均可支配收入7601.06元，同比增长13.59%，快于全市平均增速3.49个百分点；占20%的高收入户家庭人均可支配收入26386.79元，同比增长9.93%，比全市平均增速低0.17个百分点，低收入户收入增速快于高收入户3.66个百分点；低收入户家庭人均可支配收入占全市平均水平的比重由2009年的45.45%增长为46.9%，比2009年提高1.45个百分点，高收入户家庭人均可支配收入是全市平均水平的1.628倍，比2009年降低了0.002倍；高、低收入家庭户均收入由2009年的3.59∶1缩小为3.47∶1。高、低收入家庭户均收入绝对差距加大。低收入家庭的人均可支配收入低于全市平均水平的差额由2009年的8030.16元，增加到2010年的8607.14元；高收入家庭的人均可支配收入高出全市平均水平的差额由2009年的9281.92元扩大为10178.59元；高、低收入的收入差距由2009年的17312.08元增加到18785.73元，收入的绝对差距进一步拉大。

（张　玫）

【城镇居民支出】　2010年，平顶山市城镇居民人均消费性支出为11502.39元，同比增长11.24%，高出可支配收入增幅1.14个百分点。消费支出结构中除家庭设备及用品支出下降外，其他均有不同幅度增长，食品、衣着类支出稳居一、二位，交通和通信类支出前移至第三位，教育文化娱乐服务支出退居至第四位。虽然国际金融危机对城镇居民的消费心理和消费行为产生的影响尤在，但居民追求生活品质不断提高的心态逐步回归，边际消费倾向78.15%，比2009年上升12.21个百分点。

一、城镇居民生活提高，食品支出增加。2010年，平顶山市城镇居民人均食品支出3694.36元，比2009年增长11.95%，恩格尔系数为32.12%，比2009年提高0.21个百分点，主要由食品价格上涨8.4%带动所致。从食品消费结构上看，主食比重下降，副食比重提高。人均粮食支出342.89元，比2009年增长8.82%，占食品支出的9.28%，比2009年下降0.27个百分点；其他食品消费占食品支出的90%以上，比2009年增长12.29%。另外，人均在外饮食支出800.52元，比2009年增长22.38%。

二、城镇居民居住消费增加迅速，居住条件日渐改善。2010年，城镇居民人均购房支出670.02元，比2009年增长1.89倍；在消费性支出中，居民用于居住支出人均1020.46元，同比增长16.09%，占消费性支出的比重比2009年提高0.37个百分点。

三、由于国家出台一系列鼓励汽车消费的政策，如减购置税、以旧换新、汽车下乡、惠民节能补贴和对小排量汽车的优惠政策，城镇居民家庭购车数量增多，使城镇居民家庭交通工具消费支出高速增长。2010 年，平顶山市城镇居民人均购买家用汽车支出 378.5 元，比 2009 年增长 65.76%，带动人均家庭交通工具支出 482.87 元，比 2009 年增长 42.1%。同时带动人均车辆用燃料及零配件支出 70.76 元，同比增长 49.06%；人均交通工具服务支出 34.94 元，同比增长 17.17%。每百户拥有家用汽车 5.21 辆，比 2009 年增加 1.8 辆。

四、随着城镇居民生活条件的改善、消费能力的提升，旅游观光已成为人们释放压力、陶冶情操、享受生活热衷的休闲消费方式。2010 年，平顶山市城镇居民平均每户外出旅游 1.16 人次，人均旅游支出 379 元，比 2009 年增长 105.5%。

五、方便人们日常交往和对信息需求的网络服务带动居民通信服务支出增长 2.4%。2010 年，平顶山市城镇居民家庭中平均每百户拥有家用电脑 53.08 台，移动电话 188.98 部，分别比 2009 年增长 10.12% 和 3.91%。接入互联网的电脑和手机分别比 2009 年增长 17.73% 和 3.15%，上网费支出增加 250%，人均 67.24 元。

六、随着居民生活质量的提高，消费理念的提升，购买金银珠宝饰品的支出增长迅速。同时，受通货膨胀的影响，许多市民热衷用黄金这种最古老的投资方式作为保值、升值渠道，导致人均金银珠宝饰品支出 132.15 元，比 2009 年增长 116.32%。

七、基本医疗保险制度的完善，减轻了居民个人医疗费用支出负担。但人们的健康保健意识进一步增强，更加注重疾病预防和养生保健，2010 年，平顶山市城镇居民人均医疗保健支出 929.07 元，比 2009 年增长 16.6%。其中人均购买滋补保健品和其他医疗保健服务支出分别增长 33.39% 和 47.1%。

八、教育改革政策的落实，居民教育支出有所下降。年内城镇居民人均教育支出 442.38 元，比 2009 年下降 13.41%，其中教材费用、义务教育学杂费、非义务教育学杂费分别下降 10.04%、25.94% 和 42.01%。学校教育之外的培训班费和其他教育费用分别比 2009 年增长 9.11% 和 134.63%。

九、由于金融危机的影响，居民对食品、基本生活品类的消费没有明显削减，但更加青睐购买急需的、价格实惠的商品，与吃穿用等基本生活消费品相比，耐用消费品等奢侈品消费有所下降。2010 年，平顶山市城镇居民人均耐用消费品支出 365.99 元，同比下降 19.56%，导致家庭设备及用品类成为八大类消费中唯一下降的项目。

（张　玫）

城镇居民家庭平均每人全年现金收支情况

（2009 年～2010 年）

单位：元

项　目	2009 年	2010 年
一、期初手存现金	567.36	692.28
二、家庭总收入	16215.31	17898.71
#可支配收入	14721.35	16208.2
（一）工资性收入	11633.59	12778.52
工资及补贴收入	11557.27	12649.59
其它劳动收入	76.32	128.94
（二）经营性收入	1112.3	1362.83
（三）财产性收入	122.18	119.31
（四）转移性收入	3347.24	3638.05
#养老金或离退休金	2675.82	2977.8
赡养收入	180.91	247.92
捐赠收入	380.06	343.02

续　表

项　　目	2009 年	2010 年
三、出售财物收入	1.8	376.01
四、借贷收入	3089.19	2847.02
#提取储蓄存款	2530	2206.34
借入款	548.76	581.7
五、家庭总支出	13632.96	14819.24
（一）消费性支出	10340.46	11502.39
#服务性消费支出	2510.28	
（二）财产性支出	3.4	0.59
（三）转移性支出	1611.76	1026.78
#捐赠支出	1213.83	798.14
赡养支出	307.33	169.38
（四）社会保障支出	1429.41	1619.47
（五）购房与建房支出	247.92	670.02
六、借贷支出	5514.89	6110.63
#存入储蓄款	5005.37	5869.43
借出款	127.97	25.74
储蓄性保险支出	148.99	91.09
七、期末手存现金	718.69	889.84

城镇居民家庭平均每人全年消费性支出情况

（2009 年～2010 年）

单位：元

项　　目	2009 年	2010 年
消费性支出	10340.46	11502.39
一、食品	3299.88	3694.36
（一）粮油类	525.32	571.76
#粮食	315.11	342.89
油脂类	117.76	120.22
（二）肉禽蛋水产品类	751.64	810.09
肉类	461.79	494.71
禽类	126.24	134.51
蛋类	95.69	107.77
水产品类	67.91	73.1
（三）蔬菜类	418.53	390.9
#鲜菜	396.85	368.67
（四）调味品	47.86	49.58
（五）糖烟酒饮料类	377.52	429.73

续 表

项　　目	2009 年	2010 年
#烟草类	172.4	188.24
酒类	119.99	139.06
（六）干鲜瓜果类	242.21	301.61
#鲜瓜果	178.83	245.14
（七）糕点、奶及奶制品	198.85	237.23
#奶及奶制品	137.13	162.89
#鲜乳品	78.8	91.76
（八）其他食品	83.49	102.64
（九）饮食服务	654.47	800.82
#在外饮食	654.13	800.52
二、衣着	1550.52	1785.09
#服装	1112.58	1279.83
三、居住	879.06	1020.46
（一）住房	282.08	345.8
（二）水电燃料及其他	559.34	634.7
（三）居住服务费	37.65	39.95
四、家庭设备用品及服务	937.63	859.87
#耐用消费品	454.97	365.99
家庭服务	25.29	30.23
五、医疗保健	796.77	929.07
#药品费	460.38	457.36
医疗费	280.85	403.86
六、交通和通信	1197.61	1392.63
（一）交通	556.31	745.15
（二）通信	641.3	647.48
七、教育文化娱乐服务	1250.91	1327.35
（一）文化娱乐用品	369.82	364.17
（二）文化娱乐服务	369.62	520.3
（三）教育	511.47	442.88
八、其他商品和服务	428.08	493.55

城镇居民家庭平均每人全年购买的主要商品数量和平均每百户年末主要耐用消费品拥有量

（2009 年－2010 年）

商品名称	单位	2009 年	2010 年	2010 年为 2009 年%
一、平均每人购买主要商品	公斤			
大米	公斤	25.1	22.86	91.08
面粉	公斤	26.66	26.23	98.39

续 表

商品名称	单位	2009 年	2010 年	2010 年为 2009 年%
鲜菜	公斤	160. 38	130. 13	81. 14
食用植物油	公斤	15. 18	8. 77	57. 77
猪肉	公斤	13. 9	14. 89	107. 12
牛羊肉	公斤	2. 75	3. 23	117. 45
鸡鸭	公斤	4. 76	5. 2	109. 24
鲜蛋	公斤	13. 45	13. 69	101. 78
鱼	公斤	4. 44	4. 44	100. 00
白酒	公斤	8. 69	2. 47	28. 42
啤酒	公斤	2. 44	2. 65	108. 61
茶叶	公斤	0. 28	0. 14	50. 00
鲜瓜果	公斤	62. 32	66. 33	106. 43
糕点	公斤	4. 65	5. 37	115. 48
鲜乳品	公斤	11. 15	11. 67	104. 66
服装	件	8. 17	8. 14	99. 63
鞋类	双	3. 45	3. 59	104. 06
二、平均每百户年末拥有主要耐用消费品				
摩托车	辆	17. 72	18. 81	106. 15
助力车	辆	27. 96	32. 5	116. 24
家用汽车	辆	3. 41	5. 21	152. 79
洗衣机	台	98. 01	98. 81	100. 82
电冰箱	台	86. 59	88. 88	102. 64
彩色电视机	台	119. 03	120. 38	101. 13
家用电脑	台	48. 2	53. 08	110. 12
组合音响	套	13. 94	13. 99	100. 36
摄像机	台	5	3. 65	73. 00
照相机	架	24. 21	25. 46	105. 16
钢琴	架	1. 81	1. 46	80. 66
其他中高档乐器	件	4. 2	4. 21	100. 24
微波炉	台	20. 01	19. 89	99. 40
空调器	台	102. 24	107. 37	105. 02
淋浴热水器	台	59. 81	62. 41	104. 35
消毒碗柜	台	5. 34	5. 4	101. 12
健身器材	件	2. 13	2. 02	94. 84
固定电话	部	66. 64	65. 44	98. 20
移动电话	部	181. 87	188. 98	103. 91

【乡村居民人均纯收入快速增长】　2010年，全市农村居民人均纯收入5504.3元，比2009年增加726.05元，增幅15.2%（扣除物价因素实际增长11.97%），比2009年高出6.1个百分点，高于全省0.3个百分点。其中现金纯收入4218.36元，占农民人均纯收入76.64%，现金纯收入在农民人均纯收入中的比重提高。

农民工资性收入快速增长。国家继续实行积极的财政政策，加大基础设施投资力度，改革城市用工制度，加快小城镇建设步伐，调整农村产业结构，农民外出打工人数稳定增加。同时，全市乡镇企业发展迅猛，全社会固定资产投资额度增加，为农民提供了大量的本地劳务市场，拓宽了农民就业渠道。2010年，全市农民工资性纯收入人均1996.95元，比2009年增加256.60元，增幅14.74%。其中外出从业农民工资性纯收入人均1011.58元，比2009年增加130.27元，增幅14.78%；在本地乡镇企业农民工资性纯收入人均808.92元，比2009年增加106.66元，增幅15.19%。

家庭经营性收入仍是强有力的支撑点。农产品生产全面丰收，价格高位运行，使家庭经营纯收入平稳增长。各县（市、区）根据本地实际，发挥优势，积极调整农业结构，带动农业内部产业的平衡发展，增加农民收入。2010年，农民家庭经营纯收入人均3063.01元，同比增加388.37元，增长14.52%。在家庭经营纯收入中，第一产业纯收入人均2405.06元，同比增加295.68元，增长14.02%；第二产业纯收入人均71.48元，同比增加5.51元，增长8.35%；第三产业纯收入人均586.48元，同比增加87.18元，增长17.46%。

非劳动的合法收入不断提高。农民现代理财意识、投资观念增强，增收途径的社会化特征明显。2010年，人均财产性纯收入（利息、股息、租金等）81.31元，比2009年增长6.88%。转移性人均纯收入（亲友赠送、救济金、救灾款等）363.02元，比2009年增长25.69%。非劳动的合法收入占农民人均纯收入比重8.07%。

政策性补贴收入持续增长。随着政府对农民政策性补贴政策力度加大，农民获得较多的实惠。2010年，农民人均政策性收入172.74元，比2009年增加62.93元，增幅57.3%。其中粮种补贴收入人均17.99元，比2009年增加10.17元，增幅129.9%。

（张士伟）

【乡村居民生活消费多样化】　2010年，随着农村居民收入的较快增长和城乡社会保障体系的不断完善，农村居民生活水平和生活质量得到进一步提高。农村居民人均生活消费支出3167.87元，比2009年增长12.04%。反映农民生活质量的恩格尔系数下降到40.2%，比2009年下降0.66个百分点，生活消费八大类全面增长。

食品消费支出较快增长，食品结构不断改善。农村居民人均食品消费品支出1272.62元，比2009年增加117.98元，同比增长10.22%。其中：谷物消费量人均207.69公斤，同比下降8.18%；肉禽及其制品人均消费10.43公斤，同比增长4.27%。蛋类及蛋制品人均消费6.61公斤，同比增长6.9%。

衣着消费向高档、时尚化转变。农村居民人均衣着消费支出266.37元，同比增长11.23%。其中人均购买服装支出184.12元，同比增长11.41%，占衣着消费的比重69.12%。

居住条件明显改善。农村居民人均居住消费支出616.58元，同比增长18.64%。其中装修生活用房材料人均支出44.8元，同比增长13.69%，农民在居住上更加追求舒适、美观。

家用电器不断增加。农民人均家庭设备用品消费支出205.18元，同比增长22.03%。各种家电价格的大幅下降以及国家实行的家电下乡、以旧换新政策使农民明显获益。洗衣机、电冰箱、空调机每百户拥有量分别为95.78台、47.23台、36台，同比增长5.25%、40.15%和44.58%。

交通和通信更加便捷。农村居民人均交通和通信消费支出314.22元，同比增长13.32%。每百户拥有汽车3.6辆，摩车托车57.47辆，移动手机155.9部。

精神文化生活消费不断提升。农村居民在物质消费需求的同时，对文教娱乐精神消费需求不断提高，居民的消费领域不断拓宽。农村居民人均文化教育、娱乐消费支出202.93元，同比增长6.59%。

身体保健更加关注。医疗保健消费支出217.63元，同比增长8.64%。

农民更加追求时尚漂亮，美容美发和用于购买首饰的消费支出不断增加。2010年，其他商品人均支出 39.28 元，增长 20.52%。其中：人均购买首饰支出 7.3 元，增长 207.53%；人均购买手表支出 1.39 元，增长 230.13%；美容美发用品人均支出 9.05 元，增长 90.26%。

（张士伟）

【乡村居民储蓄】 2010 年，全市乡村居民储蓄的主要特点为银行存款增加，债务余额减少。据 830 户农村住户抽样调查资料显示：人均金融资产余额 1587.08 元，同比增加 97.22 元，增幅 6.53%。其中：人均银行存款余额 744.69 元，同比增加 28.64 元，增幅 4%；人均手存现金 786.33 元，同比增加 25.82 元，增幅 3.4%。人均债务余额 229.15 元，同比减少 36.90 元，减幅 13.87%。其中：人均向银行和信用社贷款 98.82 元，同比减幅 11.96%；向个人借款 94.54 元，同比减幅 17.74%。

（张士伟）

【城乡居民收入对比】 2010 年，平顶山市贯彻落实中央决策，加大基础设施及重大项目的投资力度，加快农村劳动力转移就业，全面实施家电下乡补贴、农业综合补贴等各项强农、惠农、支农政策，促进农民收入持续较快增长，逐步缩小农村居民与城镇居民的收入差距。农民收入增幅高于城镇居民收入增幅。2010 年，农民人均纯收入 5504.30 元，同比增加 726.05 元，增长 15.2%，城镇居民人均可支配收入 16208.2 元，同比增加 1486.85 元，增长 10.1%，农民纯收入增长速度高于城镇居民可支配收入 5.1 个百分点。城乡居民收入的差距比率缩小但绝对差距扩大。2010 年，城乡居民收入比率由 2009 年的3.08：1 缩小到 2.94：1（以农村居民收入为 1）。虽然差距比率下降，但城乡收入差距并没有从根本上得到扭转。城乡居民人均收入绝对差由 2009 年的 9943.1 元扩大为 10703.9 元，净增 760.8 元，增幅 7.65%。

（张士伟）

农民家庭人均主要求消费品消费量和每百户主要耐用消费品年末拥有量

（2009 年～2010 年）

商品名称	单位	2009 年	2010 年	增幅（%）
一、平均每人主要粮食消费量	公斤	231.59	228.43	-1.36
（一）谷物消费量	公斤	226.17	222.34	-1.69
#小麦	公斤	167.03	159.87	-4.29
稻谷	公斤	12.85	18.2	41.66
玉米	公斤	41.8	39.8	-4.78
（二）薯类消费量	公斤	2.13	2.49	17.07
（三）豆类消费量	公斤	3.28	3.6	9.83
（四）油脂类消费量	公斤	5.02	5.74	14.34
植物油	公斤	4.98	5.72	14.82
动物油	公斤	0.04	0.02	-45.09
（五）烟叶消费量	公斤	0.01	0.01	34.38
（六）豆制品	公斤	13.84	128.5	828.46
（七）蔬菜及菜制品消费量	公斤	80.31	83.07	3.44
（八）瓜类	公斤	6.76	10.63	57.19
（九）水果类	公斤	10.11	10.13	0.21
（十）消费茶叶	公斤	0.09	0.15	71.49

续　表

商品名称	单位	2009 年	2010 年	增幅（%）
（十一）坚果消费量	公斤	0.46	0.42	-8.34
（十二）肉禽及其制品	公斤	10	11.53	15.26
（十三）蛋类及蛋制品	公斤	6.19	7.34	18.66
（十四）奶和奶制品	公斤	4.62	5.78	25.21
（十五）水产品	公斤	0.79	1.03	30.74
（十六）食糖	公斤	1.25	0.98	-21.79
（十七）酒	公斤	3.67	4.45	21.17
二、主要耐用消费品普及情况				
洗衣机	台	95.8	95.8	0
电冰箱	台	37.3	47.2	26.54
空调机	台	29.2	36	23.29
抽油烟机	台	8.6	12.5	45.35
吸尘器	台		0.5	—
微波炉	台	8.6	11.1	29.07
热水器	台	21.1	28	32.7
自行车	辆	110.2	105.8	-3.99
摩托车	辆	54	57.5	6.48
汽车（生活用）	辆	2.01	3.6	79.1
回定电话机	部	35.1	34.5	-1.71
移动电话	部	128.4	155.9	21.42
彩色电视机	台	106.4	109	2.44
黑白电视机	台	2.5	2.9	16
摄像机	台	1.3	2.5	92.31
影碟机	台	42.9	39.3	-8.39
照相机	架	6.9	9.9	43.48
家用计算机	台	6.4	7.2	12.5

城乡居民人均收入对比

单位：元

项目 年份	农民人均纯收入	城镇居民人均可支配收入	城乡居民收入绝对差距	差距比（以农村居民收入为1）
2010 年	5504.30	16208.2	10703.9	2.94∶1
2009 年	4778.25	14721.35	9943.1	3.08∶1

民政管理

【提高最低生活保障标准】 2010年，市民政部门围绕保发展、保稳定、保民生、促和谐的基本要求，进一步加强基层低保规范化建设，开展城乡低保对象复审工作，努力提高城乡低保标准。全年对全市8.9万名城市低保对象和17.1万名农村低保对象发放城市低保金1.58亿元、农村低保金1.28亿元。城市低保标准235元/人·月，人均月补差147元；农村低保标准1140元/人·年，人均月补差62元。

（庞　璐）

【提升农村五保供养水平】 2010年，全市有五保对象20138人，农村敬老院129所，集中供养率巩固在42%以上。农村五保集中供养标准由每人每年2000元提高到2200元，分散供养标准每人每年1200元，全年共发放五保供养金3512万元。

（庞　璐）

【医疗救助】 2010年，全市推行医疗救助“一站式”服务，实现城乡医疗救助与基本医疗保险同步结算，救助水平进一步提高。资助19万人参加新农合，资助8.9万人参加城镇居民合作医疗，16376人享受大病救助，累计发放医疗救助金2834万元，有效缓解了困难群众看病难。

（庞　璐）

【建立临时救助制度】 2010年，市民政部门根据市政府下发的《关于建立临时救助制度的通知》要求，筹措资金500多万元，在全省率先建立和实施城乡困难群众临时救助制度。全年救助困难群众2816户，发放救助金302.7万元。

（庞　璐）

【双拥与优抚】 创新双拥优抚工作机制，出台《关于进一步做好拥军优属工作的通知》，在全省率先将文明单位创建与双拥工作结合起来，把双拥工作作为文明单位创建的重要内容。深入驻平基层部队，广泛征求官兵意见，并协调有关部门帮助部队解决实际困难，为部队演习、日常训练提供必要的服务保障，军政军民关系更加密切。认真落实各项优抚政策，积极推行优抚对象医疗费即时结算服务，严密组织参试人员体检，顺利完成在乡老复员军人助听器、假眼等辅助器械的配发工作，为96名伤残军人进行了备案和等级调整，发放抚恤补助资金6000多万元。

（庞　璐）

【灾害救助】 2010年，平顶山市部分县（市）遭受严重的洪涝灾害，全市各级民政部门在党委、政府的领导下，着重抓好因灾倒房重建工作。全市投入灾民倒房重建资金2325万元，建房3400余间。认真做好春荒冬令救济工作，下拨春荒救灾款175万元、冬令救灾款988万元，解决了10多万无自救能力特困灾民的基本生活。“双节”期间对农村困难户、五保户及农村敬老院进行走访慰问，发放面粉100吨、棉被1万条。积极做好支援青海玉树“4·14”地震抗震救灾工作，全市接收捐款640万元。

（庞　璐）

【退伍安置】 继续推进以自谋职业、技能培训和就业服务为主要内容的退役士兵安置政策改革，全年安置退役士兵1741人。推进军休干部住房制度改革，圆满完成全市军休干部住房基本情况、核算标准和补贴金额的上报工作，军休人员政治、生活待遇得到很好落实。出台《2010年复退军人稳定工作安排意见》坚决贯彻落实涉军领域的优待保障政策，切实维护社会稳定。

（庞　璐）

【社区建设】 2010年，根据市委、市政府在全省率先提出物业管理、文明教育、公共服务、党的建设进社区的战略目标，出台《平顶山市和谐社区创建三年规划》，制定和谐社区创建方案和考评细则，社区基础设施得到加强，社区办公条件得到改善，社区工作人员待遇得到提高。农村社区建设取得阶段性成果，初步建立领导体制和工作机制，全市有80个行政村开展试点工作，成立村务监督委员会，开展对农村“三资”使用情况和村务公开、民主管理工作的检查指导，促进农村社会稳定。

（庞　璐）

【社会组织管理】 2010年，制定《平顶山市社会组织管理服务工作实施方案》，深入开展社会组织管理服务创新活动，形成推动社会组织管理服务创新的良好工作机制。重视培育发展社会组织，全市社会组织登记备案总数达到1200家。同时，配合有关部门做好社会组织“小金库”治理工作，发现和查纠不合理收支600多万元。

（庞　璐）

【地名勘界】　推进地名公共服务工程建设，成立市级地名委员会，出台《平顶山市地名管理办法》，开展县、乡（镇）和村地名设标工作，圆满完成地名信息数据的采集、录入。做好平安边界建设，完成与洛阳、许昌以及市辖3条县级边界线的联合检查任务，与周边6市签订平安边界协议，促进边界地区的社会稳定。

（庞　璐）

【殡葬管理】　2010年，市民政部门大力开展殡葬法规政策宣传活动，在全市殡葬服务系统开展“优质服务月”活动，全市平均火化率巩固在70%以上。宝丰县在全市率先实行惠民殡葬政策，对农村户口亡故人员免除基本殡葬费。

（庞　璐）

【婚姻登记】　2010年，市民政部门将婚姻登记规范化建设和信息化建设列入重要工作议事日程，全市婚姻登记机关规范化建设达标率50%，全年共办理结婚登记51943对，办理离婚登记7084对，登记合格率100%。

（庞　璐）

【社会福利和慈善事业】　2010年，市民政部门积极开展养老服务社会化示范单位创建活动，有3家养老机构被命名为全省养老机构示范单位。年底，全市有养老机构135家，设置床位1.1万张。着力做好孤残儿童医疗康复工作，实施“明天计划”、脑瘫孤儿康复治疗及贫困家庭唇腭裂儿童手术康复“重生行动”。福利彩票发行再创新高，全年销售福利彩票1.7亿多元，同比增长34.46%，连续9年实现销量递增。广泛开展慈善捐赠救助工作，接收慈善捐款300多万元，组织对肝病、先天性心脏病、唇腭裂患者进行治疗、救助活动。

（庞　璐）

【爱心救助超市建设】　2010年，市、县两级爱心救助超市建设不断规范和完善，救助范围进一步扩大，全年共接收社会各界捐赠款物价值1100余万元，救助困难群众10多万人次，发放物品20多万件。

（庞　璐）

住房公积金管理

【概况】　2010年，全市归集住房公积金18.45亿元，完成责任目标的109%，住房公积金归集总额达到78.30亿元，归集余额达到63.38亿元；新增住房公积金缴存职工17388人，使缴存总人数达到33.66万人，覆盖面积达到73.57%；发放个人住房委托贷款4.62亿元，完成责任目标的132%，使住房公积金贷款总额达到19.92亿元，贷款余额达到13.91亿元；支取住房公积金3.77亿元，累计支取住房公积金14.92亿元。

（杨明远）

【住房公积金贷还方便快捷】　2010年，住房公积金管理中心引入担保公司作为担保人的担保机制，将平顶山市住房公积金贷款的担保方式拓展为现房抵押、期房抵押和担保公司担保三种，借款人可结合自身实际选择担保方式，方便申请贷款。扩大申贷人员范围，规定住房公积金缴存职工本人和其配偶、父母、子女购建房时都能以住房公积金缴存职工的名义申请住房公积金贷款。开展“转按揭”贷款业务，住房公积金缴存职工在商业银行有住房贷款的，可申请低息公积金贷款用来偿还商业银行高息住房贷款，充分体现公积金的政策优势。开展“冲还贷”业务，规定已申请过公积金贷款的职工可提取本人和配偶账户上的公积金用来偿还贷款，降低借款人的还款压力，同时在一定程度上解决了资金沉淀问题。

（杨明远）

消费者权益保护

【“3·15”大型广场纪念宣传活动】　3月14日，由平顶山市工商局、市消费者协会和市邮储银行主办的“消费与服务”——2010年“3·15”大型广场纪念宣传活动在鹰城文化广场举行。参加“3·15”现场活动的商业企业服务业120多家。活动现场设消费者投诉台、消费者咨询台、假冒伪劣商品展示台和热线投诉电话。接受消费者咨询5000多人次，受理消费者投诉798起，当场解决78起，为消费者挽回经济损失近15.9万元。向消费者发放各种宣传资料近15万份，制作各种宣传条幅近百幅。

（沈新春）

【消费案件受理】　2010年，市消费者协会积极受理消费者投诉，为消费者排忧解难，牢固树立为消费者服务的意识，做到消费者投诉件件有着落，事事有答复。全年受理各类消费者投诉1575件，解决1541件，解决率98%，为消费者挽回经济损失

168.6万元，接受消费者咨询近万人次。其中：家用电子电器类投诉615件，占总投诉量的39%；百货类585件，占总投诉量的37%；服务类205件，占总投诉量的13%；房屋及装修建材类95件，占总投诉量的6%；家用机械类55件，占总投诉量的3%；农用生产资料20件，占总投诉量的1%。在消费投诉中，质量问题占总投诉量的46%，价格问题占总投诉量的15%，营销合同问题占总投诉量的25%。

（沈新春）

【发布消费警示】 2010年，针对消费市场的环境状况，从受理消费者投诉的案件中，进行综合分析，依据市场调查情况，抓住投诉热点，通过各种媒体、网络适时向社会发布消费警示。先后发布“理性安全消费，慎防消费陷阱”、“预付费消费风险大”、“电视网络购物须当心”等7期消费警示，为消费者提供可靠的消费信息，取得良好的社会效果。

（沈新春）

【商品服务监督】 2010年，市消协在元旦、春节、“五一”和端午节等节日期间，参与以食品安全监管为重点的市场检查和农资市场专项调研6次。针对金融、保险、电信等行业投诉较多的情况，开展金融、保险、电信三项专题调研。组织开展一次纯净水比较试验，并于11月4日，组织消费者代表7人参与平顶山市出租汽车运价调整听证会，为政府决策献计献策。

（沈新春）

【贯彻落实“一法一条例”】 为全面推进《中华人民共和国消费者权益保护法》、《河南省消费者权益保护条例》的贯彻落实，结合市人大组织开展的“一法一条例”执法检查工作，先后印刷《中华人民共和国消费者权益保护法》、《河南省消费者权益保护条例》等宣传资料2万份，调查问卷3万份，对53家行政事业单位和企业进行评议。为扩大影响，协同市人大组织开展平顶山市人大常委会“一法一条例”执法检查大型广场宣传活动，近百家行政事业单位和企业参加了活动。同时，组织由8个队参加的《中华人民共和国消费者权益保护法》、《河南省消费者权益保护条例》知识竞赛电视直播活动，有力地推动了“一法一条例”的宣传，增强了广大消费者的维权意识。根据消费者协会日常受理的消费投诉情况，结合“一法一条例”执法检查问卷调查评议，授予平顶山供电公司、中国移动平顶山分公司等53家单位2010年度贯彻执行“一法一条例”先进单位荣誉称号，授予王军、袁红旗、王爱芹等35人先进个人荣誉称号。

（沈新春）

【创新基层消费维权机制】 2010年，市消费者协会把消费者投诉站、“12315”联络站“五进”（进商场、进市场、进社区、进乡村、进景区）工程作为延伸消费维权、构建工商行政管理部门与消费者协会畅通民意的平台，和更新维权理念、服务改善民生的重要举措。全面落实消费者投诉站、“12315”联络站“五进”工程，成立消费者投诉站、“12315”联络站“五进”工程领导小组，下发《2010年消费者投诉站、“12315”联络站“五进”工程实施细则》，规范机构名称、组织设置、工作职责、工作程序、规章制度、考核内容等制度，确定第一批消费者投诉站、“12315”联络站“五进”工程名单，制作、挂牌了550幅匾牌。

（沈新春）

【2010年消费投诉十大热点】 2010年，市消费者协会根据消费者投诉情况，归纳出十大投诉热点：

一、网购投诉增长快。消费者反映的主要问题是：交易对象模糊、网上购物退换货难、发生质量问题后联系卖主难。

二、预付款办卡消费成热点。消费者反映的主要问题是：美容、保健行业部分经营者在办理了大量会员卡后，关门停业，玩失踪术，致使消费者追要剩余款项难。或巧立名目，擅自提高价格，服务“缩水”等。

三、汽车投诉创新高。消费者反映的问题主要集中在：修理人员资质不够，维修技术差，汽车出现质量问题后，经反复修理仍不能彻底解决问题。个别4S店虚构故障，诱使消费者更换零配件。销售商不按合同约定兑现承诺，汽车无“三包”规定，维权难等。

四、旅游合同违约问题突出。消费者反映的问题主要集中在：个别旅游公司在未征得消费者同意的情况下，擅自改变线路行程，减少参观景点，增加收费景点，强制安排购物等。

五、手机售后服务难保障。消费者反映的主要问题是：质量不过关，经常出现自动关机、按键失灵、信号差、死机，电池待机时间短、通话有杂音等问题，售后服务修理时间长，返修率高、经营者不提供备用机，维修收费随意性大，消费者要求退、换、修的权利得不到保障。

六、农资产品质量仍存隐患。消费者反映的问题主要集中在假劣种子、农药、化肥、农膜。有的农资产品说明书不规范，对产品禁用范围、可能造成的危害、限用条件等含糊其辞，误导农民；有的部分农资产品无使用说明书，影响正常使用。而经销商有的更换包装、更改厂名、含量、生产日期等。

七、家装套餐设陷阱。消费者反映的主要问题是：装修公司以低价套餐和诱人承诺诱导消费者，交完定金难收回；偷工减料、装修质量达不到标准，不按合同规定施工，擅自改变图纸设计，施工中层层转包，施工质量难保障等。

八、保健类产品虚夸宣传。消费者反映的问题主要集中在：虚夸产品效果作用；名医、名人做广告；虚构国家级监制机构、国家级科研成果、国家级荣誉等。

九、服装鞋帽质量问题多。反映问题主要是服装和鞋的质量问题，鞋子出现开裂、断帮、断底，服装面料起球、掉色、变形、开线等。个别商家不提供发票、信誉卡等凭证，一旦出现质量问题，以处理品为由不予解决。

十、互联网服务投诉增幅大。在互联网投诉中，反映宽带接入服务问题的相对较多，主要是网速太慢、网络中断、经常掉线、维修迟缓等问题。因网络安全引起的财产损失问题纠纷也在增长。

（沈新春）

天下宝丰有几多

平顶山辖区内有一个宝丰县，从西汉初至今已有2200多年的历史了，先后以父城、龙山、汝南、符垒、辅城、湛水、武兴、中兴、龙兴等为名，以“宝丰”名之，是北宋末年的事情。宋徽宗政和四年（公元1114年），该县西部丘陵区发现玛瑙矿。设在此地专为宫廷烧制御用瓷器的汝官窑将玛瑙末掺入釉药，烧出的瓷器釉色滋润，盖过诸窑。具有艺术眼光的宋徽宗欣喜异常，以该县原本就有石炭、铁矿，今又有玛瑙出产，堪称“宝藏丰富”，遂于宣和二年（公元1120年）赐名“宝丰”。北宋以后的金、元、明、清沿用不改，至今已历800多年。

在宋代，另外还有一个宝丰监和一个宝丰县。宋代的监也是县一级行政区划，设监的地方往往是矿业集中之区。宝丰监在今江苏铜山县东，宝丰县在今江西弋阳县南。这两处宝丰存在时间不长，就废弃了。当今以“宝丰”为名的地方还有两处，其中一处在湖北省。鄂西北神农架林区北部边缘有一个宝丰镇，位居荆襄地区通往陕南重镇安康的孔道上，物产极为丰富。另一处在宁夏北部黄河西岸，如今也是一个镇。这个宝丰镇是由清代设置的宝丰县演变而来，有“塞上江南”之称。乾隆年间发生了一场地震，震后继以水灾，居民死伤严重，清政府于是撤销了这个宝丰县。若干年后，思念故土的人重回故乡，形成一处集镇，仍名“宝丰”，绵延至今。

（潘民中）

县(市、区)概况

汝州市

【基本情况】　总面积1573平方公里，总人口96.6万人，其中农业人口88.8万人。辖小屯、临汝镇、寄料、温泉、杨楼、庙下、纸坊、蟒川、骑岭、王寨、陵头、尚庄、夏店、焦村、大峪15个乡镇及风穴路、洗耳河、煤山、钟楼、汝南5个街道。全市共有456个村（居）委会。2010年，全市生产总值完成259.3亿元，增长13%，高于河南省、平顶山市平均水平；地方财政收入完成105598万元，增长16.1%，总量位居平顶山各县（市、区）第一位；全社会固定资产投资116.9亿元，增长24.5%；社会消费品零售总额60.3亿元，增长19.5%；城镇居民人均可支配收入13477元，增长10%；农民人均纯收入6062元，增长9.6%。人口自然增长率5.55‰。

（鲁彩莉　刘红彬）

【重点项目建设】　全年建设项目282个，计划总投资175亿元，完成投资65亿元。建成中平能化45万吨电石、天锦焦化、朝川焦化180万吨洗煤、长虹矿升级改造一期、汝东220千伏变电站等超亿元项目13个。在建、筹建启德隆不锈钢太阳能发电供热设备，信易2万吨塑料彩印包装，圣地罗兰制鞋，瑞平2×66万千瓦煤电联营机组，夏店煤田开发，香江佛光80万吨氧化铝，天瑞铸造配套扩能、100万吨焦化，三佳年产6万块双向先张预应力轨道板，福建华祥温泉国际度假圣地，大唐风电等超亿元项目47个。新增规模以上企业7家，达到152家。规模以上工业增加值预计完成83亿元，增长16%。

（鲁彩莉　刘红彬）

【优势产业】　实施工业结构转型升级项目9个，完成投资5.5亿元。能源化工、冶金建材、机械装备制造、农副产品深加工等优势产业规模扩大、技术提升，对经济增长的贡献率进一步提高。天瑞集团营业收入达到122亿元，巩固汝州能源化工、水泥、铸钢等主导产业在全国乃至世界的位次。产业集聚区建设明显提速。完成基础设施投资3亿元，新建标准化厂房2万平方米。汝南产业集聚区总体规划、规划环评通过评审。编制王寨工业集聚区总体规划。

（鲁彩莉　刘红彬）

【科技创新】　投入科技经费580万元，申请各类专利107件，专利授权46件。新增河南省、平顶山市高新技术企业7家、省级工程技术中心4家。获省科技成果3项。天瑞集团被评为全国质量管理先进企业、全省民营科技企业50强；天瑞水泥被评为中国驰名商标。郑铁三佳高速铁路双向先张预应力轨道板填补国际空白。高新技术产业增加值增长40%。

（鲁彩莉　刘红彬）

【节能减排和生态建设】　深入开展煤炭洗选、焦化行业综合整治，关闭163家煤炭洗选企业，淘汰小焦化产能30万吨。大力发展新型墙材，新增产能4.7亿标块。新创林业生态村50个，造林15万亩，森林覆盖率达到26.6%。成功创建省级林业生态市。万元生产总值能耗下降4.8%，化学需氧量、二氧化硫排放量分别低于平顶山市定目标1和1.5个百分点。

（鲁彩莉　刘红彬）

【“三农”建设】　农民群众得到新实惠。落实资金6173万元，对种粮农民进行直接补贴和综合直补。开展村级公益事业建设，落实奖补资金764万元。全年粮食总产突破10亿斤，连续8年获得丰收。农业产业化步伐加快。新增平顶山市级以上龙头企业7家、农民专业经济合作组织72个，依法流转土地13.5万亩。新建标准化规模养殖场110家，思源奶业、三源牧业成为全国首批畜禽标准化养殖示范场。

农村生产生活条件得到改善。新增户用沼气4000座，大型沼气工程3处。新增农机总动力5.4万千瓦，成立农机专业合作社28个。完成9座中小型水库除险加固，新打配机电井500眼，硬化渠道30公里，新增有效灌溉面积1万亩。新解决3.94万人的安全饮水问题。新农村建设扎实推进。10个中心镇、128个中心村全部完成建设规划编制、审批工作。整合资金1.6亿元，完善中心村基础设施。36个中心村启动新民居建设，建成和在建新民居2418户。成功申报新农村建设科技工程示范村、镇两家。完成农民工技能培训1.2万人，新增转移就业5600人。加大扶贫开发力度，实现脱贫人口7500人，完成8个村整村推进工程。

（鲁彩莉　刘红彬）

【推进城镇化】　成功创建省级园林城市和省级文明城市。城镇化率达到36.39%，提高2.8个百分点。城乡规划编制加快。完成《汝州市城市总体规划》修编，《汝州市城市绿地系统规划》、《汝州市市域村镇体系规划》编制评审以及南环路、北环路和东环路以东区域详控规划初步成果编制、汝河公园规划设计方案等工作。市、乡两级土地利用总体规划通过上级批准。基础设施进一步完善。完成北汝河综合治理一期、西环路大修、城区26条小街小巷治理和污水处理厂中水回用等工程。汝南工业大道综合整治基本完工。城垣南路遗留工程、洗耳河公园前期工作进展顺利。完成地矿游园及垃圾中转站、城区10座公厕和南环路绿化、洗耳河城区北段绿化等工程。补植各类花木4.2万株，栽植草坪4000平方米。城区新安装路灯877盏。新增省级园林单位8家、省级园林小区3家。新安装和改造供水管道1577米，新发展用水户2571户、煤气用户2663户。城市管理得到规范。加强市容市貌、环境卫生、市政公用设施、园林绿化、建筑市场管理。深入开展违法占地专项整治行动，共拆除违法占地372宗。小城镇建设步伐加快。4个建制镇生活垃圾中转站投入运营，12个乡镇配备垃圾清运车。公路管养水平明显提高。207国道中修工程完工。新修县乡道路44公里，硬化村道30公里，培护路肩200公里。创建省级"文明示范路"97公里。创建平顶山市农村公路养护管理文明示范乡镇3个。获得省道路运输管理先进单位称号。

（鲁彩莉　刘红彬）

【第三产业】　推进万村千乡市场工程，全市通过河南省、平顶山市验收农家店523个，覆盖率达98%。加快建设"新网工程"，新建村级日用工业品超市15个。推进家电、汽车、摩托车下乡和家电以旧换新工作，销售家电下乡产品12.2万台，汽车、摩托车下乡产品2.4万辆。新建、改造再生资源回收站点32个。投资20亿元的万基花园、香榭世家等一批现代化小区建成或建设中。创星国际物流港开工建设。金鼎商务酒店等一批服务设施建成使用。旅游业快速发展。被确定为"中国优秀温泉旅游城市"。温泉镇被确定为全省旅游产业集聚区。罗圈冰川遗迹入选"河南省十大具有重大科学价值的地质遗迹"。旅游业总收入达到9853万元，增长16.2%。交通运输业平稳增长。完成客运量1636万人次、货运量811万吨。商贸、餐饮、电信、物流等服务业较快发展。第三产业增加值68.4亿元，增长13.6%。

（鲁彩莉　刘红彬）

【体制改革】　白水泥厂完成改制任务，酒精厂、地板砖厂、百货公司资产处置基本到位，磊裕公司、汝瓷一厂、二具厂等企业改制顺利进行。政府机构改革基本完成。医药卫生体制改革、水管体制改革、集体林权制度改革、煤矿体制改革等扎实推进。

（鲁彩莉　刘红彬）

【招商选资】　组织参加豫港投资贸易洽谈会、华合论坛、汝瓷文化宝岛行等活动，签约项目57个，合同利用区外资金200亿元。全年引进区外项目71个，总投资83.6亿元，实际到位资金56.3亿元，增长72.7%。非公有制经济快速发展。天瑞、巨龙、梦想被列入全省首发上市重点后备企业。非公有制经济比重达82%，提高5个百分点。

（鲁彩莉　刘红彬）

【财税金融】　财政收入实现新突破。克服煤矿兼并重组、煤炭洗选行业整顿、焦炭及铸钢产销下降等各种不利因素，千方百计挖潜增收，培植税源，加强征管，地方财政收入突破10亿元大关；一般预算收入完成90593万元，增长18.9%，占财政收入的比重达到85.8%，提高2个百分点。财政支出216618万元，增长19.3%。金融业快速发展。金融机构存款余额115.8亿元，比年初增加24.9亿元。金融机构贷款余额68.8亿元，比年初增加19亿元。通过委托贷款、社团贷款、信托理财、信用证等形式，引进资金12.7亿元。在全省率先成立“中小企业金融超市”。中小企业投资担保公司和银鼎投资担保公司成功运营。

（鲁彩莉　刘红彬）

【人民生活】　全年投入民生工程资金8.93亿元，比上年增加1.87亿元。就业再就业工作得到加强。城镇新增就业7650人，其中失业人员再就业2732人，就业困难人员1080人、“4050”人员186人，城镇登记失业率控制在3.5%以内。社会保障体系不断完善。征收养老保险金7584万元、失业保险金650万元和基本医疗保险金3714万元，发放率均达100%。发放城乡低保、农村五保供养、各种抚恤定补款6219万元。启动临时性救助机制。社会福利和慈善事业取得新进展，被确定为第三批全国养老服务示范市。发放廉租住房补贴200万元，60套廉租住房分配到位，城镇低收入家庭住房困难问题得到缓解。积极开展食品药品安全专项整治。

（鲁彩莉　刘红彬）

【精神文明与民主法制建设】

广泛开展群众性精神文明创建活动，新增省级文明单位3家，地市级文明单位11家，地市级文明村镇11家。“五五”普法教育顺利完成，依法治市进程加快推进。落实人大及其常委会的决议、决定，自觉接受人大法律监督、工作监督和政协民主监督，办理人大代表建议和政协委员提案304件。严格安全生产责任制和严防死守责任制，落实“两个主体”责任，推进煤矿兼并重组，安全生产形势持续向好。健全应急管理机制。强化社会治安综合治理，公开选招1000名社会治安防范队员进驻中心村（社区）警务室，深入开展命案攻坚、打黑除恶等专项斗争，刑事案件立案数下降22.9%，公众安全感首次进入全省第二方阵，被评为河南省社会治安综合治理基层先进单位。

（鲁彩莉　刘红彬）

【社会事业】　落实资金6076万元，对全市义务教育阶段学杂费及课本费实行全免，生均公用经费得到较好保障。新建校舍25862平方米，加固修缮项目78个。建成高级技工学校实验楼和农村劳动力培训大楼。实验中学开工建设。职业中专被省政府确定为重点建设的示范性职业教育中心。成功申报河南省科普示范社区两个。完成26个农民体育健身工程建设。文化事业快速发展。荣获中华名窑·瓷魁之乡称号。汝瓷烧制技艺成功申报国家级非物质文化遗产。完成第三次文物普查和206个文化信息共享工程基层服务网点建设。建成5个乡级文化站、3个村文化大院、45个农家书屋。健全医疗服务体系，市四院完成整体搬迁。开工建设市一院医技综合楼、小屯镇卫生院病房楼、王寨乡卫生院门诊楼。建设标准化村卫生室100所。新农合参合率、城镇居民参保率分别达到99.6%和93.5%。完善计划生育利益引导机制，落实独生子女奖励费170万元。诚信计生和村民自治工作成效明显。连续3年被评为河南省计划生育优质服务先进市。第六次全国人口普查工作顺利推进。市档案馆晋升为国家二级档案馆。残疾人事业快速发展，被命名为全国白内障无障碍市和河南省社区残疾人康复示范市。

（鲁彩莉　刘红彬）

【汝州市荣获全国价格监管服务先进集体称号】　3月9日，汝州市被国家发改委授予全国价格监管服务先进集体荣誉称号。汝州市是全省受表彰的4个县（市）之一。

（鲁彩莉　刘红彬）

【天瑞集团被授予全国质量管理先进企业称号】　9月10日，在中国名牌暨质量管理先进单位表彰大会上，天瑞集团被国家质量监督检验检疫总局授予全国质量管理先进企业称号。河南省获得这一称号的企业共有7家，平顶山市仅有天瑞集团一家。

（鲁彩莉　刘红彬）

【河南梦想食品有限公司年产3万吨功能型饼干项目奠基】

12月26日，河南梦想食品有限公司年产3万吨功能型饼干项目奠基仪式举行。河南梦想食品有限公司是全国规模最大的专业饼干生产企业之一。年产3万吨功能型饼干项目总投资1.6亿元，建成后可年产膳食纤维系列饼干2万吨、健康功能型饼干1万吨，年销售收入3.5亿元，创利税3000多万元。

（鲁彩莉　刘红彬）

【汝州市成功创建省级林业生态市】　10月15日，河南省创建林业生态市检查验收组对汝州市创建省级林业生态市工作进行检查验收。检查组在深入基层对照省级林业生态市创建标准，实地抽样检查后认为，汝州市创建林业生态市目标明确，工作扎实，达到省级林业生态市的标准。汝州市2006年11月召开创建林业生态市动员大会，提出“生态靓市”战略，决定用3年~5年时间实现省级林业生态市创建目标。截至2010年10月1日，汝州市森林覆盖率为26.6%，宜林荒山荒地绿化率90.9%，沟、河、渠、路绿化率为97.2%，城（镇）建成区绿化覆盖率为45.0%，区域内单一主栽树种面积最大比例为29.9%，国家、省级重点生态公益林和森林公园面积占国土面积的12.5%。全市古树名木建档保护率100%，2007年~2009年3年间，汝州市林业总产值增长率分别为13.58%、51.01%和17.71%。

（鲁彩莉　刘红彬）

【首批河南省非物质文化遗产代表性传承人——李廷怀】　李廷怀，男，汉族，1952年出生，河南汝州人，大专学历，中国陶瓷工业协会理事，河南省工艺美术协会常务理事，河南省有突出贡献陶瓷艺术大师，河南省工艺美术大师，首批河南省非物质文化遗产代表性传承人，河南省知识产权文化大使，汝瓷地理标志产品保护领导小组专家委员会副主任，中华人民共和国有突出贡献专家，“中国骄傲”第五届中国时代十大影响力企业家。

李廷怀自1975年开始从事汝瓷研究开发工作。2004年，创办亨通汝瓷研究所，研制出汝瓷天青、月白、豆绿、张公巷北宋官窑卵青釉四大釉色，开发出汝瓷瓶、尊、炉、洗、碗、盘、兽、人物、茶具、文具、酒具11大类150多个品种，其中貔貅、珍珠古币炉、富贵团寿盘、望天吼、牡丹盘五大系列产品获国家外观设计专利。2006年11月，仿张公巷北宋官窑釉作品“托盘”被评为中国5大名窑作品仿古釉金奖。亨通汝瓷公司被评为“全国产品质量、服务质量消费者（用户）满意示范单位”。2007年8月，亨通汝瓷研究所被国家质检总局核准，获得使用汝瓷地理标志产品保护专用标志。2008年5月，李廷怀被河南省文化厅审定为“河南省非物质文化遗产（汝瓷烧制技艺）代表性传承人。2008年6月，在“全省知识产权书画、非物质文化遗产精品展示大赛”活动中亨通汝瓷的专利产品《旺财貔貅》荣获一等奖。2010年初，李廷怀汝瓷作品经上海世博局有关部门批准成为世博会特许产品。

（姬廷宣）

获首届中国五大名窑仿古釉金奖作品——仿古釉特号盘

舞钢市

【基本情况】　总面积645.67平方千米，其中耕地面积2.16万公顷；总人口32.52万人，其中，城镇人口14.90万人，辖朱兰、垭口、寺坡、院岭、矿建5个街道和八台、尚店、尹集、枣林4个镇及庙街、武功、铁山、杨庄4个乡，人口密度为每平方千米494人。有回族、满族、苗族、白族、壮族、彝族、蒙古族等27个民族成分，其中汉族最多，占总人口的99%。

（杨林杰）

【经济发展概况】　2010年，全市地方财政收入完成98327万元，同比降低0.8%；其中一般预算收入70021万元，同比降低5.5%；全年地方财政支出136541万元，同比增长1.9%，其中一般预算支出103619万元，同比降低8.4%。地方财政一般预算收入小于支出33598万元。生产总值1097165万元，按可比价格计算，比上年增长4.1%。其中，第一产业增加值83770万元，增长4.1%；第二产业增加值742904万元，增长2.8%；第三产业增加值270491万元，增长8.5%。一、二、三产业比重为7.6∶67.7∶24.7。农林牧渔业增加值为83770万元，比上年增长4.1%；粮食总产量达到144051吨，比上年增长0.54%；工业增加值完成712320万元，增长2.5%；社会消费品零售总额达到226386万元，比上年增长19.1%。

（杨林杰）

【重点项目建设】 2010年，舞钢市全力推进重点建设项目，全年完成投资26亿元。宝润再生资源加工一期、煤矿液压支架项目一期、群望工业纸板一期、龙山纺织二期10万锭高精纺、工程机械及农作物配件生产线、西气东输平舞漯地方支线等项目建成投产；舞钢冶金公司铁前配套一期、鑫海纺织一期10万锭棉纺、龙山纺织三期10万锭高精纺、6栋6万平方米三层标准化厂房、易源科纺10万锭、金马钢加物流配送中心、6万吨生活用纸技改一期、精钢钢铁、诚祥机械等项目顺利推进。全市实现规模以上工业增加值63亿元、利税11.6亿元，分别增长2.4%和15%。全年引进市外资金41.56亿元，利用境外资金805万美元，分别占目标的128%和100.6%。引导金融机构扩大信贷投放，年末存贷款余额分别为77亿元、50亿元，比年初分别增加8亿元和11.5亿元。开展银企对接活动，帮助企业签约资金24.8亿元；利用融资平台，为中小企业贷款担保1200万元。推进城乡建设用地增减挂钩，促进城乡土地资源合理配置和高效利用，实现耕地占补平衡；盘活存量土地3141亩，争取建设用地4512亩，有力保障重点项目建设用地。牢牢抓住国家保增长、扩内需政策机遇，争取上级项目建设资金3亿多元。

（杨林杰）

【产业集聚区建设】 全年产业集聚区基础设施投资4.96亿元。"三纵一横"道路主体工程、柳源输变电站等相继建成；"四纵三横"道路全面铺开，供电工程、综合服务中心大楼等项目加速推进。产业集聚区完成工业项目投资17.8亿元，入驻企业19家，从业人员2.12万人，营业收入203亿元，实现税收资金8.16亿元。被评为"全省又好又快发展产业集聚区"、"循环经济试点单位"和"国土资源集约节约模范产业集聚区"，获省政府奖励600万元。全力推进工业结构优化升级，完成高技术产业增加值2376万元。

（杨林杰）

【发展现代农业】 通过种养大户承包、农民专业合作社带动、高效农业示范园区建设等形式，实现土地规模化和集约化经营，促进土地、资金、技术等生产要素优化配置。全市土地流转10.6万亩，占耕地总面积的33%，建成500亩以上土地流转示范方88个，被农业部确定为全国100个土地流转与社会化服务先进监测县（市）。粮食总产达到14.4万吨。农业总产值完成13.2亿元，增长4.1%。畜牧业总量持续扩大，发展标准化养殖园区15个、规模养殖户120家，累计分别达到67个和670家。积极培育发展涉农龙头企业，地市级以上龙头企业达15家。建成各类农民专业合作组织40家，带动农户1.8万户。农村基础设施逐步完善。完成任洞沟、水磨湾水库除险加固，治理水土流失12平方公里，改造中低产田5000亩，建成枣林现代示范灌区3000亩。

（杨林杰）

【旅游业】 编制旅游产业发展总体规划。围绕开发旅游精品，强力推进景区景点基础设施建设，二郎山景区成功创建为4A级景区，祥龙谷景区正式运营；二郎山、灯台架、祥龙谷被中国旅游摄影家协会和中国旅游信息报社确定为"旅游摄影创作基地"。坚持文化旅游互动发展。举办第十届端午节龙舟赛和河南省"舞钢水灯节"。全年接待游客184万人次，旅游收入3.35亿元，分别增长17%和23%。文化旅游业带动房地产、餐饮等产业快速发展。

（杨林杰）

【城镇化建设】 2010年，舞钢市以中心镇、中心社区建设为载体，加大支持力度，城镇化发展成效明显，受到河南省、平顶山市领导充分肯定和主流媒体高度关注。采取园区带动、城镇辐射、迁村并点3种模式，突出抓好4个中心镇、3个示范中心社区建设。4个中心镇框架初步形成，634户新民居建成，配套设施逐步完善。张庄、瑞祥、上曹中心社区建成民居739户，瑞祥中心社区入住移民330户、1419人，3个示范中心社区成为全省新农村建设的亮点。加大农村劳动力就业培训，提高居民转岗就业能力，增加农民工资性收入。落实农民增收规划，引导二、三产业向中心镇、中心社区集中。全市城镇化率达到50.9%。完成叶舞高速舞钢段、马鞍山大道一期升级改造、胡寨转盘至垭口桥中修、任桥至李辉庄道路大中修、石漫滩大桥至虎跳峡绿化等工程。治理污水沟8条、硬化道路28条。启动饮用水源地生态保护工程，开展水库综合整治，投放鱼苗277万尾，取缔手划船，制止乱捕滥捞，检测取样水库和周边排污单位40多次；建成污水泵站调节池和寺坡、李辉庄片区污水管网，改善水库水质和生态环境。创建成功省级生态文明村4个、市级5个，省级生态乡镇1个。营造水土保持林4100亩，建成生态廊道6240亩，森林覆盖率达到34.7%。创建国家卫生城市顺利通过国家技术评估和复验。强力推进旧城改造，出台城中村改造实施意见，规划城中村5年改造工程。全年完成拆迁5.6万平方米，开工90万平方米，主体完工36万平方米。规范房地产市场开发行为，拆除违法违章建筑43处4万多平方米。

（杨林杰）

【社会事业】　2010年，舞钢市用于改善民生的财政支出达6亿多元，是财政收入最多年景2008年的3倍多。房地产开发完成投资9.2亿元，销售商品房37.9万平方米，交易额8.35亿元。全面推进“家电下乡”，销售家电2.3万多台（件），销售额5798万元。第三产业增加值占生产总值比重24.1%。全面启动城区有线电视数字化，发展用户5400多户；新增农村有线电视用户1390户。建成县乡公路、通村公路48公里，高速引线实现通车。解决农村安全饮水1万人。尚店、杨庄、尹集3个乡镇敬老院改扩建工程完工。经济适用房一期工程竣工投用，受益群众470户。农村合作医疗补助和补偿标准，分别由80元、5万元，提高到120元和10万元。青少年校外活动中心地质灾害治理工程基本完工，学校防雷设施整改全面到位，更新课桌凳、餐桌8415套。按照分区推进计划，天然气新入户2326户。全面落实强农惠农政策，兑现惠农补贴2670万元。圆满完成丹江口库区移民搬迁安置工作。社会保障工作扎实推进，以创业带动就业，努力稳定和扩大就业。发放小额担保贷款2150万元，城镇新增就业5700人。城镇登记失业率控制在4%以内。全年培训农村劳动力3670人、转移3600人。廉租住房补贴524户，1244人受益。提高离退休人员养老金待遇，人均月增资120元。城乡社会救助体系逐步健全。城市低保标准每人每月由180元提高到195元，五保集中供养标准每人每年提高到2200元，集中供养率达45%；探索建立临时救助制度，救助对象348人。“人人享有社会保障”目标基本实现。教育事业扎实推进，落实“两免一补”资金1565万元，惠及学生7万人次。资助高中贫困生800人次。筹资1990万元，建成瑞祥移民学校、枣林中学学生宿舍楼、二高临时餐厅等11项教育工程。筹资1100万元，开展职教攻坚，职业教育服务经济社会发展水平不断提高。公共卫生服务扎实推进，加大城乡卫生网络和卫生设施建设，完善全民医保制度，新农合参合率达到99%，发放医疗补助2500万元，受益群众31万人次。加强食品安全监管，食品安全监测预警体系建设初见成效。投入资金600万元，表彰奖励和帮扶救助计生家庭对象1.97万人，人口自然增长率控制在4.12‰，低生育水平进一步稳定。城乡文明创建扎实推进，举办建市20周年暨开发建设40周年系列庆祝活动，建成农家书屋25家，送戏曲、电影下乡2480场，文化强市建设步伐加快。开展首届“文明市民”评选。第六次全国人口普查和第二轮市志编撰工作顺利完成。

（杨林杰）

【中国·舞钢冶铁文化节】　4月29日～5月1日，中国·舞钢冶铁文化节在舞钢市举行。本次文化节由中国民间文艺家协会、河南省文联、平顶山市人民政府共同主办，河南省民间文艺家协会、舞钢市人民政府共同承办。全国政协副主席陈宗兴，全国政协提案委常务副主任王国卿，全国政协常委、农工党河南省委主委高体健，农工党中央参政议政部部长龚路，中国文联副主席、中国民间文艺家协会分党组书记罗杨，中国民间文艺家协会副秘书长赵铁信，省政协副主席邓永俭及省、市相关领导参加

全国政协副主席陈宗兴宣布中国·舞钢冶铁文化节隆重开幕

开幕式。在开幕式上，中国民间文艺家协会副秘书长赵铁信宣读了中国民间文艺家协会《关于命名河南省舞钢市为“中国冶铁文化之都”并建立“中国冶铁铸剑文化研究中心”的决定》，中国民间文艺家协会分党组书记罗杨为舞钢市颁发了“中国冶铁文化之都”匾牌，省文联副主席何白鸥为舞钢市颁发“中国冶铁铸剑文化研究中心”匾牌。中国·舞钢冶铁文化节期间，舞钢市组织民间炼铁、打铁匠人现场演示古代炼铁铸剑工艺。同时，还举办铜器、剑舞、唢呐等民间文艺表演，全国冶铁文化诗词歌赋大赛，冶铁文化奇石、书画、剪纸作品展等系列活动。

（杨林杰）

【舞钢公司研发成果】　2010年5月5日，舞钢公司研发的300毫米厚Z向钢打破我国水电工程用大厚钢板依赖进口的局面。连铸生产的装甲钢顺利通过国家鉴定，这标志着舞钢公司10余年来的模铸生产装甲钢的生产模式，实现以连铸模式为主的转变。在北京召开的第十届全国追求卓越大会上，舞钢公司成功摘取“全国质量奖”。这是舞钢市乃至全省企业第一次获得最高质量荣誉。1月12日，舞钢公司研制的首批750吨“以轧代锻”特厚钢板下线，经检验，钢板表面质量良好，探伤合格率在99%以上，力学性能指标富余量大。据悉，水电工程用大厚度钢板具有广阔的市场前景，但由于此类钢板质量性能要求极高，Z向（抗层状撕裂）性能很难保证，国内钢铁企业生产这类钢板的最大厚度只能在150毫米以下，厚度150毫米以上的水电工程用钢板一直从欧美进口。

（杨林杰）

【淅川1419名移民落户舞钢市】

8月18日下午3时，南阳市淅川县盛湾镇姚营村330户1419名南水北调丹江口库区移民顺利到达舞钢市移民新村——瑞祥社区。该社区共建设二层别墅和一层平房330套，建筑面积51300平方米。规划新建道路4.3公里，10千伏电力主线路0.48公里，广场2200平方米，绿地1200平方米；新打机井一眼，供水、供电设施配套齐全，实现有线电视、宽带户户通。

（杨林杰）

【焦桐高速叶县至舞钢段开通】

12月26日，河南省交通厅、平顶山市政府隆重举行焦桐高速叶县至舞钢段、永登高速任庄至小新庄段、大广高速冀豫界至南乐段项目建成通车暨全省高速公路通车里程突破5000公里庆典。河南省副省长张大卫和平顶山市有关领导出席仪式。叶县至舞钢高速公路全长50.04公里，双向4车道，设计时速120公里/小时，途经舞钢市尚店镇、杨庄乡、庙街乡3个乡镇。是河南省高速公路网规划的焦作至桐柏高速公路的重要组成部分，于2007年12月开工建设。项目起点于平顶山市叶县境内南洛高速与兰南高速甘刘枢纽互通东侧约4公里处，终点位于平顶山舞钢市与驻马店市泌阳县交界处，与焦桐高速公路泌阳段相接，在叶县与南洛高速、兰南高速交会，从而联入全国高速公路网。舞钢境内设高速上下口两处，高速服务区一个。上下口一个设在尚店镇王庄村，一个设在庙街乡刘沟村，服务区设在尚店镇贾沟村。

（杨林杰）

【舞钢市荣获全国残疾人社区康复示范市（县、区）荣誉称号】

10月21日，在江西省九江市举行的全国残疾人社区康复示范区总结表彰大会上，舞钢市被民政部、卫生部、中残联联合授予全国残疾人社区康复示范市（县、区）荣誉称号。

（杨林杰）

宝丰县

【基本情况】　宝丰县总面积722平方公里，耕地面积42159公顷，总人口50.25万人，其中农村人口42.7万人。辖城关、大营、石桥、杨庄、商酒务、张八桥、闹店、周庄8个镇，李庄、肖旗、赵庄、前营4个乡和1个铁路办事处。全县共有325个行政村（居委会），728个自然村。人口自然增长率4.93‰。

（杜建红）

【经济发展概况】　2010年，全县生产总值完成156.4亿元，增长14.1%。其中，第一产业增加值12亿元，增长4.2%；第二产业增加值103.2亿元，增长16.9%；第三产业增加值41.3亿元，增长13.9%。完成工业增加值100.07亿元，增长16%。粮食总产量21.7万吨，增长0.6%。全社会固定资产投资111.9亿元，增长31.2%。社会消费品零售总额23.5亿元，增长19.2%。城镇居民人均可支配收入12241元，增长11%；城镇居民人均消费支出8615.66元，增长12.4%。农民人均纯收入6589元，增长16.5%；农民人均生活消费支出3356.59元，增长10.26%。财政总收入完成8.47亿元，增长36.5%。其中，财政一般预算收入完成6.26亿元，增长24.28%。出口总额251万美元，增长13.1%。实际利用外商直接投资600万美元，增长65.7%。金融机构年末存款余额71亿元，增长4.9%；各项贷款余额30亿元，增长34.1%。

（杜建红）

【重点项目建设】　2010年，全县建成1000万元以上项目104个，完成投资54.36亿元；其中亿元以上项目11个，总投资25.56亿元。恒基伟业年产800兆瓦太阳能电池片、中原电气城、河南亿盛5万吨光伏切割料、恒瑞公司5万吨碳化硅微粉、大香山物流园、旭原公司10万吨不锈钢加工、海宝实业150万台海尔冰箱等亿元以上大项目相继开工建设；大地水泥二期、平棉宝棉一期、国家成品油储备库、金叶公司技改、宝酒万吨储酒工程、五星高纯石墨、京宝焦化一期、海星化工30万吨煤焦油深加工、河南天科等亿元以上项目建成或基本建成；洁石焦化、泓利焦化、法国依视路眼镜产业园、江苏雨润、华港燃气、京宝新奥新能源LNG、海星化工二期、大地集团新型建筑材料等亿元以上项目建设进展顺利。

（杜建红）

【民营经济】　2010年，宝丰县积极鼓励民营企业做大做强，民营企业集团达到10家。平顶山泓利焦化有限公司在美国成功上市，成为河南省唯一、全国第七家在美国纳斯达克上市的能源综合利用企业。政策性项目争取力度加大，共争取上级政策性项目资金6.52亿元，涉及项目140余个。

（杜建红）

【招商选资】　与中平能化、伊利集团、恒基伟业、海尔集团、江苏雨润、中石油、大唐发电等大企业、大集团的合作进一步加强，实现招商引资向招商选资的转变。全年共新上利用区外资金项目118个，项目总投资86.7亿元，实际到位资金81亿元，对外开放工作进入全市先进行列。

（杜建红）

【强农惠农政策落实】　共发放粮食直补和综合直补资金3400余万元，粮食连续6年获得丰收。农业结构进一步优化。烟叶种植面积达到2万亩，土地流转达到5万亩，新增农民专业合作社18家。林业生态建设效果明显。完成大面积造林5.24万亩，建成百里绿色长廊，成功创建为省级林业生态县。畜牧业发展迅速。新建各种饲养小区、标准化养殖场36个，通过省无公害畜产品产地认证35家，奶牛存栏2.3万头，鲜奶产量达到3万吨，成为全省奶牛养殖大县。畜牧业产值占农林牧渔业产值的比重达到49%。基础设施进一步加强。河陈水库、群英水库除险加固主体工程和昭平台水库灌区续建配套工程等全部完工。成功争取为全省小型农田水利建设重点县。新增农机总动力2.99万千瓦，秸秆综合利用还田率达到90%。2009年度农业综合开发项目顺利通过省级验收。“万村千乡工程”加快推进。农家店村镇覆盖率达98%；“家电下乡”补助964万元。扶贫开发力度进一步加大，新增脱贫人口1965人。新农村建设扎实推进。投入资金1.5亿元，启动建设22个中心村，在建房屋955套，建成房屋847套。

（杜建红）

【基础设施建设】　2010年，宝丰县投资1.1亿元对城乡基础设施进行建设。完成中兴路北延、锦绣路修建、净肠河上游治理和东关净肠河桥改造工程；龙兴路和为民路等10条道路的雨水管网和路面罩油工程全面完工；平西火车站广场改造工程拆迁过半；城区污水管网改扩建、为民路北延和北环路改造等工程建设顺利；开展城乡环境综合整治，在城区背街小巷和乡镇共安装太阳能路灯1335盏；新建和改造各类专业市场6个；创建国家园林城市和省级文明县城工作取得明显实效。公路建设成效显著。全年共安排公路建设项目99.56公里，总投资1.3亿元。金孟线扩建工程全部完工；北二环、西二环等工程进入收尾阶段，全长40公里的环城公路框架初步形成；7条共30.9公里的县乡公路和33条共47.4公里的通村公路全部完工。长安大道西延工程全线开通。

(杜建红)

【社会事业】 全年民生投入达到5.6亿元，共完成民生工程105个。社会保障工作进一步巩固。全县所有乡镇敬老院降温取暖工程全部完工；120套廉租住房分配入住，338套经济适用住房主体完工，社会保障住房建设明显加快。发放城乡低保金3256万元，救助城乡低保对象2.76万人；资助2.04万名农村低保、五保对象参加新型农村合作医疗保险；成为国家第二批“新农保”试点县，直接受益农民达到29.2万人，受益资金每年4240万元。就业再就业得到加强。开发就业岗位5950个，新增城镇就业3967人，下岗失业人员再就业935人，转移农村劳动力6950人，完成农民工培训6610人。教育体育事业稳步发展。高招专科线以上3721人，上线率54.5%；本科线以上2655人，上线率49.3%；重点线以上483人，上线率8.9%；成功申报宝丰县魔术艺术职业学校；在城区和乡镇建立两所免费绿色网吧，对根治网吧毒害青少年进行有益探索；成功举办第三届全民运动会，新增农村公共体育设施66个，全县农村公共体育设施健全的村有227个，荣获全国全民健身活动先进单位。卫生事业稳步提升。县医院、中医院新病房楼投入使用；在全省率先设立300万元大病救助基金，成功救助231人；免费为全县农民进行健康体检，建立农民健康档案；在全县对麻疹、手足口病等传染性疾病进行拉网式排查和有效防治；新农合补助人员接近100万人次，补助金额近6000万元。

(杜建红)

【文化事业】 2010年，宝丰农民魔术师荣登央视4套、7套、凤凰卫视及上海世博会；魔术演艺基金催生一批研发机构和文化企业；建成4个乡镇综合文化站、120个农村文化大院和62个农家书屋；完成首次全国非物质文化遗产普查任务和100个行政村有线电视安装工程；《宝丰年鉴》(2009)荣获全国第二届年鉴评奖三等奖。

(杜建红)

【成功创建国家可持续发展实验区】 2010年3月16日，科技部正式批准授予宝丰县为国家可持续发展实验区。该县1998年被批准为河南省可持续发展实验区。10多年来，该县牢固树立可持续发展理念，立足自身优势，着力拉长产业链条，调整产业结构；着力抓好基础设施建设和完善社会保障制度，加速城乡一体化进程；着力节能减排、恢复耕地、保护生态环境；着力发展科教文卫等社会事业，特别是以民间非物质生产方式分流农村富余劳动力的“宝丰文化现象”成为该县可持续发展实验区的一大亮点。根据国家批准的宝丰县可持续发展实验区总体规划(2009年~2013年)，宝丰县可持续发展实验区建设的总体目标是：转变现有经济增长方式，合理开发利用本地资源，加强生态建设和环境保护，大力发展集约经济、循环经济、生态经济，积极发展社会事业，使实验区自然面貌和社会环境发生根本改观，基本形成经济与社会全面进步、人与自然和谐融合、物质文明与精神文明相互协调的可持续发展格局。主要任务有七项：加快新型工业化进程，推动资源转化基地建设；加快农业结构调整，促进农村全面发展；结合城镇空间重组，拓宽服务业发展领域；合理开发利用资源，切实保护生态环境；大力推进城镇化进程，促进城乡一体化发展；实施科教兴县战略，全面提高创新能力；加快社会事业发展，推进和谐宝丰建设。

(杜建红)

【产业集聚区】 完善创新各项服务措施，落实重点项目领导分包责任制，发挥项目建设服务队作用，完善项目审批“绿色通道”建设，全面落实“两个零接触”措施和全程代办服务，扎实推进产业集聚区建设，产业集聚区完成固定资产投资35.1亿元，其中基础设施投资5.12

亿元，新修道路12公里。新开工亿元以上项目8个，入驻企业总数达到48家，从业人员突破1.5万人，主营业务收入突破55亿元，实现利税3.5亿元，被市委、市政府评选为先进产业集聚区。

（杜建红）

【宝丰县第一批移民村在全省率先完成整体搬迁】 6月21日和27日宝丰县在全省率先完成对第一批移民马山根和宋湾村整体搬迁安置任务。宝丰县第一批移民安置点位于杨庄镇柳沟营村，共接收安置淅川县盛湾镇宋湾和马山根两个行政村移民438户1763人，调整土地2300亩，其中生产用地2076亩，生活用地224亩；建房438户。

（杜建红）

【郭庚茂到宝丰县调研指导南水北调移民安置工作】 3月17日，省长郭庚茂、副省长刘满仓到宝丰县调研指导南水北调移民安置工作。郭庚茂在宝丰县柳沟营安置点实地调研后强调，南水北调工程建设和移民搬迁工作进入攻坚阶段。各级党委、政府和各有关部门要下定决心，提升水平，齐心协力做好各项工作，全力打好南水北调攻坚战，为南水北调工程全面胜利奠定基础。

（杜建红）

郏　县

【基本情况】 郏县东临襄城县，西毗汝州市，北接禹州市，南与平顶山市市区和宝丰县相连。总面积737平方公里，其中耕地面积46441公顷。2010年3月前辖8镇6乡，分别是城关、薛店、堂街、安良、茨芭、冢头、长桥、黄道8镇和渣园、广阔天地、王集、白庙、李口、姚庄回族乡等6乡。2010年3月根据2009年12月省政府批复，经平顶山市政府和郏县县政府批准，撤销城关镇，成立龙山街道和东城街道。全县为7镇6乡2街道。2010总人口57万人，其中农业人口51万人，人口自增率控制在6‰内。

（黄梦龙）

【经济发展概况】 2010年，全县生产总值首次突破百亿元大关，达到102.4亿元，同比增长14.5%。全社会固定资产投资71.7亿元，增长35%。县财政一般预算收入完成4.46亿元，同比增长22.8%，连续4年提前超额完成市定目标任务；税收收入占一般预算收入的比重达到79%。社会消费品零售总额24.7亿元，增长19.2%。农民人均纯收入4905元，增长10%；城镇居民人均可支配收入11282元，增长11%。金融机构各项存款余额55.1亿元，增长27.7%；各项贷款余额22.6亿元，增长43.9%。城乡居民储蓄存款余额41.9亿元，增长22.5%。

（黄梦龙）

【工业经济】 2010年，郏县实现工业增加值56.9亿元，增长16%，其中规模以上工业增加值35亿元，增长22.5%。招商引资取得新成绩。全县落地千万元以上项目69个，投资总额65.1亿元，实际到位固定资产投资31.6亿元，超额完成市定目标任务，开工建设平煤机、圣光二期、煤神机械、艾通机械等一批大项目。荣获全市招商引资工作先进单位称号。争取到各类政策性项目119个，投资总额9.6亿元，上级到位资金6.2亿元。

（黄梦龙）

【产业集聚区建设】 完成基础设施投资7.6亿元，产业集聚区基础配套和承载能力进一步提高。新开工项目5个，总投资18.7亿元；续建项目4个，总投资7.5亿元。累计入驻项目19个，总投资46.7亿元。被省政府评为“河南省发展又好又快产业集聚区”、“河南省20家典型示范产业集聚区”和“河南省50个重点培育产业集聚区”。

（黄梦龙）

【农村经济】 农业结构进一步优化，农业稳步发展，农民持续增收，新农村建设扎实推进。全县启动的45个中心村（社区）累计投入新村建设资金2亿多元，新建民居3621套，其中建成2940套；硬化道路59公里，绿化面积9.2万平方米，村容村貌进一步改观。中心村启动数、规模以上中心村奖补资金数、农户建房补贴资金数均居全市第一。有3个中心村被确定为省级新农村示范村，17个中心村被确定为市级示范村。新农村建设工作处于省市先进位次。粮食生产再获丰收。粮食单产全市第一，总产达到31.5万吨，增长0.8%，荣获全国粮食生产先进县称号。特色农业发展成效明显。“一村一品”工作稳步推进。新增无公害农产品基地3个。投放烟叶收购资金1.3亿元，实现烟叶税收2972万元，继续保持在全省的先进位次。新增规模养殖场57个，规模养殖户106户，建成年出栏郏县红牛1000头以上规模养殖场10个。年内流转土地2万余亩，累计流转12万亩。营造林2.96万亩，被评为“全省绿化模范县”。新增省、市级农业产业化龙头企业5家，新增农民专业合作组织42家。移民迁安工作成绩显著。完成311户1349人丹江口库区郏县第一批移民新村建设和搬迁任务。采取“一对一”帮扶等措施，积极安排移民就近就业。荣获“全省南水北调丹江口库区第一批移民安置工作优秀单位”称号。全长21.8公里、永久占地5000余亩的南水北调总干渠郏县段，在全市率先完成封闭围挡工作，北汝河倒虹吸等工程进展顺利。

（黄梦龙）

【城乡基础设施】 持续开展争创国家级卫生县城、省级园林县城、旅游县城、文明县城等“四城联创”活动。顺利通过省级卫生县城复验。市政重点工程进展顺利。年初确定的38项重点市政工程，完成投资7.3亿元，凤翔大道及东二环改扩建、经二路南延等工程顺利完工，东城区学校、文化中心等工程顺利推进。实施南后街社区、西大街社区等7处旧城改造，拆迁面积8.1万平方米，新建住房10.3万平方米。小城镇建设稳步推进。硬化道路9公里，建成文化广场5万平方米。冢头镇荣获中国历史文化名镇称号。广天乡荣获全国特色景观旅游名镇称号，茨芭镇、姚庄回族乡荣获全省特色景观旅游名镇称号。黄道镇、安良镇、长桥镇、渣园乡被评为市级卫生乡镇。全县城镇化率达到33.7%，比上年提高2.2个百分点。农村基础设施进一步改善。新增和改善有效灌溉面积1.6万亩，完成小流域治理8平方公里，解决3.95万人农村饮水安全问题。开发改造中低产田1万亩。新建沼气池3000座。投入县乡公路建设资金1.02亿元，建成和维修公路120.3公里。

（黄梦龙）

【民计民生】 2010年，郏县投入资金6.1亿元，实施“十大民生工程”。开工建设廉租房6万平方米，经济适用房4万平方米。落实各项涉农补贴资金1.8亿元。发放城乡低保金3315.9万元、五保供养金361.8万元、城乡医疗救助金362.8万元、新农合补助资金5794.1万元、“两免一补”资金6267.9万元。建立临时救助制度。王集乡敬老院荣获全国模范敬老院称号。安置城镇新增就业5000人、下岗失业人员再就业1100人，城镇登记失业率控制在3.1%以内。完成5个贫困村整村脱贫任务，脱贫群众7000人。投入资金1200万元，改造农村危房2000户。顺利启动新农保试点工作，全县60岁以上的参保农民可以每月领取不低于60元的养老金。改造中小学危房7560平方米。成功创建为省职业教育强县。实行基本药物制度，乡镇卫生院全部实现药品零差率销售，被评为全省深化医药卫生体制改革先进单位。新建“万村千乡”连锁超市50家，销售“家电下乡”产品5.4万台。建设乡镇综合文化站11个，建成农家书屋43个，公映农村电影4344场次。成功举办“中国古代书法——行书”邮票首发式。旅游接待人数和总收入分别增长24.6%和16.1%。助残工作荣获全国白内障无障碍县和全省残疾人工作先进县称号。第六次人口普查工作顺利通过国家级验收。人口自然增长率控制在6‰以内，成功创建为省级计划生育优质服务县。

（黄梦龙）

【平顶山市第六届郏县红牛节】 11月15日，由河南省畜牧局、平顶山市人民政府主办，平顶山市畜牧局、郏县人民政府承办的平顶山市第六届郏县红牛节在郏县体育场隆重开幕。农业部全国畜牧总站站长谷继承，中国农业大学教授、国家肉牛产业体系首席科学家曹兵海等与西北农林科技大学、河南省农科院畜牧研究所等有关单位、院所的负责人、专家教授，应邀参加红牛节经贸洽谈会的各位客商，新华社、《人民日报》、河南电视台等新闻媒体的记者与数千名干部群众一起参加开幕式。开幕式后，专家评委通过对参赛红牛体格、毛发等外部特征的认真评选，评出特等奖3名，分别获得1万元的奖金。一等奖10名，分别荣获6000元的奖金。二等奖30名、三等奖50名，先进规模养牛场3个，先进规模养牛户3个，同时还对14个郏县红牛标准化规模养牛场、良种繁育厂等分别颁发了50万元至100万元不等的现代农业发展项目和农业结构调整项目扶持资金。

（黄梦龙）

第六届郏县红牛节

【冢头镇荣获中国历史文化名镇称号】 12月13日，住房和城乡建设部与国家文物局在北京举行第五批中国历史文化名镇名村授牌仪式，河南省郏县冢头镇荣获中国历史文化名镇名村殊荣。镇内现保存完好的明清古建筑面积有3万余平方米，有明嘉靖十三年（1534）建造被称作“河南第一桥”的兰河七孔石桥；建于明万历年间的解学士故宅；刘斯和故宅和秦都司故宅。这些故宅都为一门四进四合院的建筑风格，主房为两层楼房，有方形雕花木窗，花纹细美，工艺精湛。院内红石作阶，青石铺路，现整体院落保存完好。

（黄梦龙）

叶　县

【基本情况】 叶县位于平顶山市区东南，东与舞阳县交界，东南连接舞钢市，南与方城县接壤，西同鲁山县毗邻，东北和襄城县隔汝河相望，西北同市区相连。全县总面积1387平方公里，总人口88万人。辖昆阳、任店、保安、仙台、廉村、叶邑、遵化店、常村、辛店9个镇，城关、夏李、龙泉、田庄、水寨、邓李、龚店、洪庄杨和马庄（回族）等9个乡。

（辛振强）

【经济发展概况】 2010年，全县生产总值完成133亿元，增长13.2%，二三产业产值占生产总值的比重达到78.6%。其中，第一产业增加值29.07亿元，增长4.3%；第二产业增加值77.94亿元，增长20.4%；第三产业增加值27.10亿元，增长5.4%。完成工业增加值74.97亿元，增长20.9%。粮食总产量588281吨，增长0.88%。全社会固定资产投资1099980万元，增长28.3%。社会消费品零售总额343960万元，增长19.2%。城镇居民人均可支配收入11947元，增长108%。农民人均纯收入5035元，增长11.3%。财政总收入完成55318万元，增长16.3%。其中，财政一般预算收入完成3.73亿元。地方财政支出161727万元，增长10%。其中，财政一般预算支出完成13.99亿元。实际利用外商直接投资526万美元。金融机构年末存款余额69.85亿元，增长25%，金融机构年末贷款余额26.97亿元，增长25%。人口自然增长率控制在6‰以内。

（辛振强）

【规模以上工业增加值增速位居全市第一】 投资2亿元的中平能化集中供热系统、投资3500万元的隆鑫三轮摩托车零部件加工、投资3000万元的超强混凝土搅拌站扩建、投资2800万元的正顺120万吨水泥粉磨站、投资1800万元的天王钢结构加工等项目建成投产；投资22亿元的中平能化25万吨烧碱30万吨PVC、投资10亿元的马头山10万千瓦风电，投资3.4亿元的神鹰100万吨制盐，投资5000万元的江洲高压电器及机械加工、投资1800万元的蓝祥环保机械加工扩建等项目开工建设。

（辛振强）

【平顶山化工产业集聚区建设】

平顶山化工产业集聚区完成各种规划的评审，建成入区大门和16.7公里道路，报批项目用地1400亩，科技研发中心综合大楼主体完工；总投资50亿元的东方希望集团盐化项目一期2×60万吨真空制盐、投资7.3亿元的神马2万吨浸胶帘子布项目开工建设，投资5亿元的中平能化6万吨易成碳化硅、投资1.1亿元的汇丰橡胶项目入驻。叶县产业集聚区各种规划评审完毕，投资公司前期融资4900万元，正邦集团12万吨饲料、方怡豆业10万吨大豆蛋白加工项目和标准化厂房开工建设，九洲同心36万吨饲料加工、山东六和18万吨饲料及肉食品加工等项目入驻工作进展顺利。

(辛振强)

【非公有制经济】 围绕培植壮大三轮摩托车、机电零部件、皮鞋、牛羊肉加工等民营主导产业，全方位优化服务，着力解决融资、用地等制约企业发展的突出问题，全年新上100万元以上的非公有制项目144个、1000万元以上项目37个、超亿元项目5个。全年完成非公有制经济增加值110亿元，增长46%；实现营业收入378亿元，增长43%。年纳税超千万元企业达到15家，树民动力机械有限公司成为全国知识产权优势企业。

(辛振强)

【农业经济】 2010年，新建标准化养殖小区8个，完善全县120多个标准化养殖小区的配套设施，并按照无公害生产要求规范生产行为。全年畜牧业总产值28.6亿元，占农业总产值的比重达55%，主要生产指标均居全省前列。实施小麦高产示范方创建活动，粮食生产连续7年喜获丰收，连续4年被授予全国粮食生产先进县。以土地流转为突破口，扩大蔬菜、烟叶、林果等经济作物种植面积，流转土地13.5万亩，蔬菜、烟叶种植面积分别达到28.1万亩、3.6万亩，新增造林用地1.84万亩。坚持用发展工业的理念抓农业，加快培育龙头企业。投资1.8亿元的双汇20万头商品猪基地全面建成投产，成为全国单场规模最大、现代化水平最高的生态环保养猪基地；投资6000万元的伊源乳业万头奶牛场一期建成投产；全县新增市级龙头企业4家，金牛足食品有限公司打破空白，成为全省重点农业产业化龙头企业。新发展农民专业合作社11家，总数达到86家。投资2888万元，实施6个县乡公路建设项目和42个通村公路项目。投资9900多万元，实施现代灌区示范区建设、小水库除险加固等水利工程，再次获得全省“红旗渠精神杯”金杯。南水北调工程叶县段征迁安置工作顺利推进，受到省、市表彰。500千伏平南变电站建成投用，电力农网得到完善。全县农机总动力达到55.7万千瓦，农作物耕种收综合机械化水平达到73%。组织修编县乡两级土地利用总体规划并通过上级批复，完成廉村镇国家级土地整理项目和涉及常村、辛店两个乡的土地开发项目。实施农村安全饮水、户用沼气工程，农村生活条件进一步改善。大力实施扶贫开发整村推进和互助资金项目，被确定为全省农业综合开发重点县，全国扶贫开发互助资金现场会在叶县召开。

(辛振强)

【旅游业】 2010年，进一步完善县衙配套设施，完成金代文庙修复二期工程。通过河南电视台旅游频道等媒体，对明代县衙进行广泛宣传，叶县文化旅游的知名度进一步提升。加强旅游配套设施建设，投资2.2亿元的中国盐都商务大酒店施工进度完成80%，投资5亿元的浴龙湾盐湖度假村进入开工准备阶段，总投资33亿元的燕山湖国际旅游度假中心前期准备工作进展顺利。

(辛振强)

【城乡基础设施建设】 2010年，围绕创建国家级卫生城和园林城，切实加快县城基础设施建设。盐都公园全面开放，完成文化路东扩和新建路等10条城区主干道的路面修补改造工程，完成5个区域的供水管网改造任务，建成汽车总站和客运南站，焦桐高速叶县段建成通车，全民运动健身中心、盐化路改造工程开工建设，西城河治理二期工程和城区污水管网扩建工程进入施工收尾阶段。推进旧城改造，共完成拆迁面积3300平方米，主体完工2000平方米。完成第四期廉租房建设任务，昆安、新宇经济适用房项目主体完工。按照与县城同步扩容的目标，完成非城区16个乡镇的总体规划，进一步完善设施、拉大框架、发展产业，昆阳镇被授予“全国创建文明村镇先进单位”。新农村建设稳步推进。房地产业健康发展，建成昆安小区、晨光小区、河滨花园二期、鸿郡住宅小区等一批高档住宅小区。160个中心村“两个规划”的编审全部完成并开始实施。全县开工建设新民居1050户，主体完工870户，19个示范村粗具规模。

(辛振强)

【重点领域改革】 2010年，深入推进行政审批制度改革、集体林权制度改革、粮食系统改革、农村综合改革等重点领域的改革，顺利完成县级政府机构改革，全县公办基层医疗卫生机构全部实施国家基本药物制度。靠扶持机制推动非公有制经济迅猛发展，非公有制经济增加值占全县生产总值的比重进一步提高，达到82.7%。

(辛振强)

【开放型经济】　发挥交通区位、资源、已有产业等优势，多渠道、全方位开展招商引资，开放型经济不断发展，全年实际利用区外资金29.3亿元、外资500万美元，实现对外贸易额393万美元。及时掌握国家在产业建设、新农村建设、基础设施建设、生态建设、社会民生事业等方面的投资导向，完善政府部门争取项目奖励机制，争取中央扩大内需投资1.36亿元，占平顶山市的23.5%。

（辛振强）

【社会保障进一步完善】　2010年，认真落实城乡低保政策，努力扩大社会保险覆盖面，扎实开展新型农村合作医疗和城镇居民基本医疗保险制度，积极落实就业再就业扶持政策，社会保障进一步完善。继续加大对教育的投入，投资520万元改造、新建农村初中校舍7300平方米，县高分校一期工程建成投用；共下拨免费教科书资金1138.6万元、家庭困难寄宿生生活补助资金801.8万元。健全医疗卫生服务体系，县中医院门诊综合楼和任店镇卫生院病房楼项目、夏李乡卫生院国债项目顺利完成，投资1.1亿元的县医院综合病房楼开工建设。民政工作成效显著，敬老院和婚姻登记工作荣获全国先进。实施文化惠民工程，组织开展“农村电影放映工程”和“舞台艺术送农民”活动，建成11个乡镇综合文化站和8个乡镇文化信息资源共享工程服务中心，完成国家广播电视村村通工程，在全市率先实施数字电视系统工程。继续实施“科教兴叶”战略，培育省级知识产权优势区域县取得明显成效。编纂出版《叶县志》和《叶县年鉴》，建立叶县方志馆。建成全县环境自动监控系统，污染源普查荣获全省先进；进一步完善农村环保体系，成功创建省级生态文明乡镇1个、生态文明村3个，市生态文明乡镇1个、生态文明村13个；不断加大节能减排力度，万元GDP能耗下降4.8%。设立少数民族经济社会发展专项基金，促进少数民族聚居地区经济社会发展。积极推进平安叶县建设，全力抓好信访稳定工作，切实强化安全生产监管，妥善应对突发事件，公众安全感指数在全省排序比2009年提升48个位次，社会大局保持和谐稳定。切实加强和改进未成年人思想道德建设，成为全市唯一的全省未成年人思想道德建设先进县；广泛开展群众性精神文明创建活动，成功创建省级文明单位2个、文明村镇2个，市级文明单位6个、文明村镇11个。

（辛振强）

鲁山县

【基本情况】　总面积2407平方公里，其中耕地面积4.7万公顷。总人口89.5万人，其中乡村人口80.23万人。辖鲁阳、琴台、汇源、露峰、土门5个街道，张良、梁洼、张官营、下汤、尧山5个镇和马楼、磙子营、辛集、瀼河、董周、库区、熊背、团城、四棵树、赵村、张店、背孜、瓦屋、仓头、观音寺15个乡。

（王小伟）

【经济发展概况】　2010年，全县完成生产总值74.8亿元，比上年增长11.3%。限额以上工业企业实现增加值20.8亿元，增长15%。地方财政收入4.7亿元，比上年增长14%。金融机构各项存款余额87.6亿元，较上年增加13.6亿元，增量位居全市第一位。完成全社会固定资产投资99亿元，比上年增长25%。农民人均纯收入3669元，比上年增长15.9%。城镇居民人均可支配收入10889元，比上年增长10%。社会消费品零售总额25.7亿元，比上年增长19.7%。出口创汇1986.5万美元，比上年增长36.7%。

（王小伟）

【农村工作】　全年粮食总产量20.1万吨，比上年增长0.8%，连续5年获得丰收；提高小麦收购价，收购小麦4.88万吨。新增造林面积3.18万亩；新建各类畜牧养殖小区39个、标准化养殖舍116栋、规模养殖场63个；食用菌种植总量3亿袋、产值6亿元；放养柞蚕卵4830公斤，产柞鲜茧1841吨；新增市级以上龙头企业3家、农民专业合作社22个、土地流转面积4.1万亩。全县新增外出务工人员1.8万人。计划投资29亿元的南水北调沙河渡槽工程完成投资9亿元，干线征迁工作全部完成。兴建农村饮水工程9处，解决4.47万人的饮水安全问题；新打机井246眼，硬化渠道20.55公里，治理水土流失面积10.16平方公里，发展有效灌溉面积5万亩；新增农机总动力1.63万千瓦；建成户用沼气池4200座、大型沼气工程14处、“万村千乡市场工程”农家店65家、新网工程农资连锁店168家、村邮站176家。获得全省、全市“红旗渠精神杯”竞赛金杯奖。新农村建设整合投放资金4000多万元，全县100个中心村中22个示范村基础设施建设基本完成，26个中心村启动新民居建设，建成和在建新民居892套；尧山镇东竹园、四棵树乡代坪、库区乡东许庄和尧山镇等中心村、中心镇建设取得明显成效。投资1.1亿元，按照新农村示范村标准，建成辛集乡丹江口库区河扒移民新村，348户、1465名移民顺利入住。获得全省移民搬迁安置工作先进县。

（王小伟）

【扶贫开发】 投入资金2581万元，完成220户深山独居、散居户的搬迁安置任务。有2.2万名贫困人口脱贫。被评为河南省2001年～2010年扶贫开发工作先进县。

（王小伟）

【工业经济】 全县新上100万元以上工业项目231个，实际完成投资53.1亿元。投资75亿元的鲁阳发电公司一期2×100万千瓦机组全面竣工投产，投资2.46亿元的环保型复合水泥粉磨站项目进展顺利；汇源铝业公司投资5.95亿元的技改项目进入试生产环节；花园沟抽水蓄能电站、中电投平顶山鲁阳发电责任有限公司风力发电等项目前期工作加快推进。产业集聚区建设累计完成基础设施投资8.28亿元。变电站扩建和电网改造工程完工；建成标准化厂房3.5万平方米，在建企业12家，计划投资13.9亿元，完成投资5.3亿元。总投资10亿元的圣光集团医疗器械孵化园完成前期准备工作。为中小企业协调解决贷款35亿多元。全县限额以上工业企业总体上扭亏为盈，全年实现利润1.9亿元。

（王小伟）

【旅游开发】 以创建尧山国家5A级旅游区、国家地质公园和中国温泉之乡为载体，大力推进旅游产业提档升级。完成《2010～2012年鲁山县旅游营销战略与实施方案》、《鲁山县旅游产业集聚区总体规划和重点区域控制性详细规划》编制。尧山景区创建国家5A级旅游区工作通过国家旅游局组织的景观质量评估。国家地质公园和中国温泉之乡创建工作有序推进。旅游项目建设取得新进展，投资12.6亿元的大佛景区二期工程完成投资11.8亿元，温泉养生中心和两个星级饭店主体工程竣工，进入内部装修环节；尧山旅游服务中心、玉京温泉酒店二期工程、皇姑浴温泉酒店二期工程、森海湾水上乐园等项目建成并投入营运。瓦屋滑雪·温泉度假、大佛景区至尧山轨道交通、大佛景区康体健身等重点项目开始建设。依托《中国旅游报》、河南电视台等主流媒体，大力开展宣传促销活动，重点开发石家庄、武汉、太原、西安等客源市场，先后接待来自石家庄和武汉的旅游专列，首次迎来来自韩国和台湾的旅游团。全年接待游客509万人次，旅游总收入14.05亿元，分别比上年增长18.3%和17.1%。

（王小伟）

【招商引资】 全县新上招商项目31个，计划总投资33亿元。当年实际投入7.9亿元，其中外商直接投入551万美元，比上年增24%。非公有制经济完成增加值68.7亿元，比上年增长23.2%；实缴税金3.96亿元，比上年增长18.8%。

（王小伟）

【基础设施建设】 完成《鲁山县城市总体规划》中老城区控制性详细规划修编、城南新区控制性详细规划编制。投入资金2.6亿元，推进以“七路三园两桥”为重点的城市基础设施建设。完成花园路南端改造、12座街头游园建设和蔬菜瓜果市场改造一期工程；钢厂路北段改造和中心公园、冶铁遗址生态园建设进展顺利；城市天然气管网工程通气运行。成功创建省级园林城市。完成国道311八里仓至赵村、国道207火石砑至南召和省道231线鲁宝路大中修工程；完成县乡公路25.6公里，新修村级道路30.5公里，4座中桥项目基本完工。燕楼110千伏变电工程，金章35千伏、张官营35千伏变电站扩建工程投入运营；江河110千伏、汇江线110千伏变电站改造完工。鲁山县被确定为“十二五”时期全国水电农村电气化县。

（王小伟）

【社会事业】 社会保障新增城镇就业3905人，其中下岗失业人员再就业962人。8324名城镇居民和3.58万多名农村居民纳入城乡低保，基础养老金每人每月60元，年发放新型农村社会养老金6957万元。

科技　全年投入科技资金12.18亿元，同比增长5%。大力实施科教兴鲁战略，加大科技投入，引进农业新品种10项，创建科技示范基地2个、科技示范村25个，科技示范户420户。

教育　投资2032.5万元，

新建、改扩建学校40所，建筑面积2.9万平方米；鲁山一高新校区前三期主体工程全部完工，后续工程进入收尾阶段；县职专综合楼建成投入使用；发放“两免一补”资金6081万元，受惠学生17.3万人次。

文化　文化信息资源共享工程县级支中心投入使用；建成乡镇文化站10个、农家书屋52个；开展文化下乡和文化广场活动350多场。

卫生　新型农村合作医疗参合率达96%，为108万人次补偿医疗资金9614万元；全县公办基层医疗机构全部实施国家基本药物制度；县妇幼保健院新建项目启动实施。

计划生育　建成县医院新病房楼，改扩建乡镇卫生院21所、村级卫生室558所。人口自然增长率控制在6‰以内，获得省级计划生育优质服务县称号。

（王小伟）

【《牛郎织女》特种邮票在鲁山首发】　8月16日是中国传统的“七夕节”，《民间传说——牛郎织女》特种邮票首发式在鲁山文化广场举行。《牛郎织女》特种邮票一套4枚，分别是“盗衣结缘”、“男耕女织”、“担子追妻”、“鹊桥相会”。国家及省集邮公司为配合此次活动，制作6种纪念品，分别为：《牛郎织女》邮票原地纪念封；《人间仙境魅力鲁山》邮折；《天上人间魅力鲁山》邮票珍藏册；《鹊桥邮缘情满鲁山》彩银·邮票珍藏；《邮苑情缘》纯金·邮票珍藏；《人间仙境情定鲁山》个性化邮政册。新华社、《人民日报》、中央电视台、《人民网》、《香港文汇报》、《香港大公报》、《香港商报》等35家新闻媒体进行报道。

（王小伟）

【产业集聚区建设】　编制集聚区总体规划、控制性详细规划、产业规划和总体环境评价等4个规划。储备3500亩土地。累计完成基础设施建设投资2.86亿元。硬化改建道路6条。全年共有18个项目落户，总投资达15.6亿元。

（王小伟）

【南水北调丹江口库区移民入驻鲁山移民新村】　鲁山县承担丹江口库区第一批移民安置任务为348户、1465人，移民来源于淅川县盛湾镇河扒村。安置点位于辛集乡清水营村，移民新村占地面积185亩，人均85平方米，总建筑面积57450平方米，其中公共建筑面积1800平方米，居住建筑面积55650平方米，实际建房348户，其中一层住户52户，二层住户296户。

（王小伟）

【鲁山县被确定为全国首批“提高农村儿童重大疾病医疗保障水平”试点县】　鲁山县被确定为全国首批“提高农村儿童重大疾病医疗保障水平”试点县，是全省选定的11个试点县（市、区）之一。试点项目自9月1日起实施，0岁～14周岁（含14周岁）参加新农合的儿童，患白血病或先天性心脏病两大类中的急性淋巴细胞白血病、急性早幼粒细胞白血病、先天性房间隔缺损、先天性室间隔缺损、先天性动脉导管未闭、先天性肺动脉瓣狭窄6个病种的，到省定医疗单位住院治疗，医疗费用新农合报销70%，大病救助报销20%，不设起付线，没有药品及诊疗范围限制。省直医疗单位还可以提供报销2人单程路费，减免一半床位费或1000元～3000元救助的优惠政策。

（王小伟）

【鲁山县同中南设计研究院签约水电站技术服务合同】　12月20日，鲁山县同中国水电顾问集团中南勘测设计研究院在湖南长沙正式签约花园沟抽水蓄能电站可行性研究及可行性研究技术服务合同。花园沟抽水蓄能电站项目上库位于四棵树乡平沟村花园沟，下库位于赵村乡李子峪村龙脖潭。设计装机容量120万千瓦，投资估算约40亿元人民币，建成后年发电量约26.28亿度。

（王小伟）

【秘洞景区被列入“全国重点文物保护单位”推荐名单】　经国家文物局第七批全国重点文物保护单位复核专家组专家验收，鲁山县秘洞景区破格列入“全国重点文物保护单位”推荐名单。秘洞军事工程始建于1968年3月，1971年8月建成，是一处应对核战争的军事设施。秘洞军事工程旧址是冷战时期国际环境的历史缩影，具有重要的科学和历史价值。

（王小伟）

新华区

【基本情况】　新华区位于平顶山市区西北部，东西长约22公里，南北宽约7公里，总面积152平方公里，其中城区面积24平方公里，耕地面积5.3万亩。总人口355245人，其中农业户口64469人，人口自然增长率4.92‰。全区辖矿工路、中兴路、光明路、曙光街、西市场、新新街、青石山、湛北路、西高皇9个街道和香山、应滨、湖滨3个管委会以及焦店、滍阳两个镇，共61个行政村、29个社区。

（赵玉伟）

【经济发展概况】　2010年，完成地区生产总值206.4亿元，增长12.5%；规模以上工业增加值141.4亿元，增长12%；粮食总产量2.05万吨，增长0.36%；全社会固定资产投资41.1亿元，增长24.3%；社会消费品零售总额64.9亿元，增长20.2%。完成地方财政一般预算收入4.99亿元，增长16.2%，增速高于全市平均水平1.6个百分点，总量继续保持全省50个城市区第十位；税收收入占一般预算收入的84%，比重高于全市平均水平7.8个百分点，居全市10个县（市、区）第一位。城镇居民人均可支配收入16977元、农民人均纯收入7528元，分别增长10.1%和16.6%。新增非公有制经济单位1300个，总数达到13354个；引进项目105个，实际到位区外资金26.8亿元，增长20.2%；实际利用外资405万美元，增长68.8%；完成外贸出口402万美元，增长18.4%。

（赵玉伟）

【调整产业结构】　2010年，新华区安排重点项目110个，年度计划投资29.2亿元，实际完成投资30.7亿元，其中三产项目完成投资23.4亿元，占总投资的76.9%。环文化宫升级改造、联盟路商业街改造进展顺利，总投资7.8亿元的汇金时代广场开工建设；凌云路两侧开发建设累计完成投资15亿元，总面积2万平方米的平西商贸中心建材城一期建成开业，一批知名品牌建材商家相继入驻；正成豫仓储物流中心和蔬菜批发市场年营业额达到2亿元，建西钢材市场建成运营，陆顺钢材大世界开工建设，平安大道西段仓储商贸物流园区初具形象；全力配合大香山风景名胜区开发保护，投资440万元绿化蜘蛛山、艾山等区域；大龙山生态休闲产业园控制性详规基本完成，开工前的各项准备工作有序进行。开工建设总投资6500万元的新型抗污染数字液压阀生产线项目，加快三基碳素电极弧生产线、伊利石综合开发利用等项目建设进度，投产碧源科技、太阳能光电产品、铁福来改扩建等项目。投入科技三费690万元，支持企业加大研发投入，全年申报国家创新基金项目6个、专利112件，实现高技术企业增加值3.2亿元，增长87%。调整土地规划204.4公顷用于园区建设，投资370万元新建两条园区道路，出台工业园区标准化厂房建设和使用优惠办法，提升园区的承载力和吸引力。积极推进农业规模发展，实现土地流转5000多亩，新增金兴养殖公司、南山生态养殖公司等6家规模养殖企业，市级农业产业化龙头企业达到6家、农民专业合作社达到16家。

（赵玉伟）

【城市建管力度加大】　2010年，新华区积极推进旧城和城中村开发改造，天河盛世、光明小区、佳田紫金园、联盟鑫城和郝堂二期等开发改造项目进度加快，南西杨村、温集、陈庄、武庄等城中村改造取得实质性进展，全年完成拆迁面积56.6万平方米，开工建设面积151万平方米，主体竣工面积81.5万平方米。全力做好拆迁安置工作，保证长安大道西延、稻香路、大香山路、新新路等工程的顺利推进。整修长虹路、启蒙路西段、中海巷等6条背街小巷，新建公厕6座、垃圾中转站3座。加大社区建设投入力度，对161处旧小散庭院进行改造，并引进物业公司进行保洁。实行分区域网格化管理新机制，落实部门执法人员分包镇、街道责任制。建立水库周边环境综合治理长效机制，开展洗煤行业违法违规用地污染环境问题专项整治工作，依法拆除违章建筑8000平方米，取缔洗煤场32家。完成造林面积7600亩，廊道建设70公里。

（赵玉伟）

【社会民生】　2010年，新华区新增就业18926人，其中再就业6034人。城市和农村低保标准分别提高到235元和95元，发放城乡低保金2608万元、农村五保供养资金24万元，保障廉租房对象2789户。兑现各类支农惠农补贴（补助）资金6822.3万元。举办第二十五届民间艺术表演、全民健身活动月等系列文体活动，送戏下乡10场，放映公益电影832场，建成农村书屋15个，完成区文化信息资源共享支中心建设和基层网点升级建设。免除城市义务教育阶段学杂费627.2万元，落实农村义务教育“两免一补”资金481.2万元，接收进城务工子女入学5400名；体育路小学整体改造完工90%，第五十四中学整体改造和武庄小学新建工程开工建设；采取大班额控制试点、新建扩建学校等措施，努力解决城区小学大班额问题。新农合参合标准提高到150元，参合率达到98%，为54317名农民建立健康档案，两镇卫生院实现基本药物零差率销售；城镇居民基本医疗保险参保标准提高到190元，参保率达到99%；加快区医院病房楼改扩建进度，投资107万元改善农村卫生所医疗条件。实施残疾人事业"三百工程"，顺利通过全国残疾人工作示范城市验收。发放独生子女奖励费、节育费等资金258万元，持续开展打击"两非"整治行动，保持低生育水平。加强食品药品安全专项整治，保障群众饮食、用药安全。狠抓煤矿安全监管，9座小煤矿兼并重组工作有序推进，6座小煤矿关闭到位，强化重点领域、重点行业和重点部位的安全隐患排查整治，安全生产形势保持稳定。认真落实领导接访、重点信访案件挂牌督办等工作制度，深入开展矛盾纠纷排查活动，解决一批热点难点问题。投入大量人力、物力、财力，全面加强社会治安综合治理，深入开展严打整治斗争，社会治安形势持续好转。

（赵玉伟）

【中兴路街道被授予全国和谐社区建设示范街道荣誉称号】 1月5日，新华区中兴路街道被民政部授予全国和谐社区建设示范街道荣誉称号，这是平顶山市唯一获此殊荣的单位。

（赵玉伟）

【平顶山市区首个村邮站挂牌成立】 7月6日，平顶山市区首个村邮站在新华区滍阳镇薛庄村挂牌成立并投入使用。该村邮站承担着附近农村地区邮件接受和投递任务，并提供农技、金融和文化服务。

（赵玉伟）

卫东区

【基本情况】 卫东区总面积126.5平方公里，其中城区面积30.52平方公里，耕地面积2610.19公顷。2010年末，全区户籍人口28.7万人，其中乡村人口56389人。人口自然增长率为4.91‰。辖五一路、优越路、建设路、东安路、东环路、东工人镇、光华路、鸿鹰、皇台、北环路10个街道和东高皇乡；37个社区、26个行政村、123个自然村、195个村民组。

（鲁　剑）

【经济发展概况】 2010年，完成地区生产总值111.88亿元，同比增长21.0%。其中：第一产业增加值1.20亿元，增长4.15%；第二产业增加值74.55亿元，增长21.2%；第三产业增加值34.12亿元，增长13.3%。全社会固定资产投资28.77亿元，增长24.0%。社会消费品零售总额72.95亿元，增长26.5%。地方财政一般预算收入4.4亿元，增长15.7%，税收收入占一般预算收入的比重达到80%。城镇居民人均可支配收入17239元，增长10.16%。农民人均纯收入7989元，增长15.8%，多项主要经济指标增速位居全省、全市前列。

（鲁　剑）

【第三产业】 坚持把第三产业置于经济发展的主导地位，科学引导，大力扶持。金融服务业蓬勃发展，兴业银行、交通银行、方正证券落户辖区，卫东农村商业银行在全市率先成功组建，鹰城民生、众利源、亿信等5家投资担保和小额贷款公司相继成立，金融街区粗具规模。房地产业加快发展，商品房竣工和销售面积分别达到65万平方米和45万平方米，汇商广场、川海大厦等一批商务楼宇建成使用。现代物流业稳步发展，平东物流产业集聚区被列为市级产业集聚区，入驻物流企业7家，货物吞吐量1200万吨；全区汽车销售服务中心达到40家，全年销售汽车17600台，实现销售收入24.5亿元。传统服务业持续发展，君福金汤豆捞、皇朝国际会所等一批餐饮娱乐、文化休闲名店相继开业。观光旅游农业得到提升，金牛山石榴园成为国家级"农业标准化示范区"。

（鲁　剑）

【项目建设】 开展"投资促进年"活动，实施"5515"投资促进计划，新建、在建千万元以上项目206个，总投资152亿元，累计完成投资73.6亿元。通诚货场二期、浩麟新型建材等项目基本建成；平东工业园、明珠世纪城、豫基城一期、荣邦花园等项目加快推进；鹰城（国际）商务中心、鹰城商贸中心、恒大绿洲等项目前期工作进展顺利。加大招商选资力度，积极组团参加东西部合作投资贸易洽谈会、珠三角驻地招商和第三届"华合论坛"等经贸活动，签约项目22个，投资总额142亿元。扩大对外贸易规模，完成进出口总额2956万美元。建立服务企业长效机制，着力解决企业反映的突出问题，被评为全省优化经济发展环境先进区。

（鲁　剑）

【改善人居环境】　积极参与国家卫生城市、国家森林城市创建，城市建设管理进一步加强。旧城及城中村改造全面铺开，上张、下牛等村改造取得重大突破，诸葛庙、新李堂等村改造取得实质性进展，完成拆迁99万平方米，开工建设150万平方米，主体完工55万平方米。城市基础设施不断完善，改造扩建董庄至金郏路，开工建设下牛至竹园路，维修改造吴寨南路、鸿翔路等6条背街小巷，新建、改建垃圾中转站和公厕7座，配备果皮箱1075个，完成农村改厕1450户。启动实施“平安清洁家苑”工程，对53个旧小散庭院进行改造。集中开展市容环境综合整治，背街小巷、城乡接合部脏乱差状况有效改善。积极配合市政工程建设，保证开源路北段、劳动路南段、湛北路东段维修改造等工程的顺利推进。加强城市生态园林建设，完成植树造林3144亩，森林覆盖率达到28%。

（鲁　剑）

【改善民计民生】　投入资金1.26亿元，实施“十大民生工程”，人民群众得到更多实惠。落实积极的就业政策，鼓励自主创业，促进充分就业，全年新增城镇就业26520人，安置下岗失业人员7981人，就业困难对象实现就业2313人，动态消除“零就业”家庭，五条路社区被评为国家级“充分就业示范社区”。加大教育投入，完成行知小学、天使小学、平马路小学综合楼和区幼儿园改扩建工程，开工建设上张豫基实验小学，为区属学校配备课桌凳5000套。开展大班额控制试点，城区部分小学大班额问题得到缓解。推进医药卫生体制改革，政府举办的医疗卫生机构纳入财政全供，507种药物“零差价”销售。加强医疗卫生基础设施建设，东环路、光华路、北环路社区卫生服务中心建成使用。提高全民医保水平，城镇居民基本医疗保险、新型农村合作医疗补助标准由80元提高到120元，住院报销封顶线分别提高至5万元、6万元，全年共支付补偿金1521万元。关注低收入群众生活，提高低保标准，扩大保障覆盖面，全年累计发放低保金2220万元，廉租住房补贴585万元，大病救助金130万元。落实各项惠农政策，累计发放家电、汽车、摩托车下乡补贴1870万元，发放农机具购置补贴、粮食直补和农资综合补贴270万元。积极做好法律援助，为困难群众免费提供法律服务307件（次）。

（鲁　剑）

【社会建设】　加大科技三费投入，加强科技宣传普及，引导鼓励科技创新和成果转化，全年申报专利110件。繁荣发展文化事业，成功举办第五届社区文化艺术节，区图书馆被评为“国家三级图书馆”。开展省级“统筹解决人口问题示范区”创建，持续稳定低生育水平，人口计生工作连续20年保持全省先进。开展星级社区评选，举办“邻里节”活动，实现社区物业管理全覆盖，15个社区创建为市级和谐社区。加强重点领域、重点行业和重点部位的安全隐患排查整治，食品安全、防汛减灾等工作进一步加强。推进煤矿资源整合，对8家煤矿进行关闭退出，两家煤矿实施兼并重组。强化社会治安综合治理，组建区巡防大队，扩大社会治安视频监控网络覆盖面，人民群众安全感得到提升。完善应急管理体系，成立综合应急救援大队，应对突发公共事件能力得到增强。深入开展民情大走访，积极排查化解矛盾纠纷，认真办理市长热线和网民留言，解决一批群众反映强烈的突出问题。广泛开展群众性精神文明创建活动，城乡文明程度有了新的提升。重视加强国防教育和民兵预备役建设，军政军民团结更加牢固。民族、宗教、统计、国土、史志、慈善和残疾人事业等各项工作都取得新的成绩。

（鲁　剑）

【民主法治建设】　自觉接受人大法律监督和政协民主监督，办理人大代表建议和政协委员提案114件，办复率100%。完善民主决策机制，认真听取民主党派、工商联和无党派人士意见，切实发挥工会、共青团、妇联等人民团体作用。加强基层民主政治建设，全面完成村（居）务监督委员会选举工作。健全政务服务监察体系，优化服务流程，提升服务效率，社保、环保、新农合3个窗口被评为“河南省优质服务窗口”。实施“五五”普法和“三五”依法治区规划，创建全国“五五”普法先进区和“法治卫东”通过省级验收。加大政务公开力度，政府工作透明度进一步提高。落实党风廉政建设责任制，加强审计监督和行政监察，政风行风明显好转。

(鲁　剑)

【金牛山石榴园被认定为国家级“农业标准化示范区”】 8月23日～24日，国家标准委目标考核组，对卫东区石榴国家农业标准化示范区进行目标考核验收。考核组在听取汇报、观看录相、查阅材料、察看现场的基础上，按照《农业标准化示范区考核验收办法》和《农业标准化示范区效果评价体系表》的要求，逐项进行考核，最终认定金牛山石榴园为国家级“农业标准化示范区”。

(鲁　剑)

【卫东区图书馆成功评定为“国家三级图书馆”】 2010年1月，在全国第四次公共图书馆评估定级中，卫东区图书馆被文化部评定为“国家三级图书馆”。卫东区图书馆始建于2004年，有图书外借处、阅览室、办公室、少儿阅览室、资源共享工程等科室。总藏书量10万余册。2009年4月，投资68万元建成区文化信息资源共享工程。机房内配置高端服务器、交换机、磁盘阵列、防火墙和UPS电源等设施。电子阅览室有电脑20台，10兆光纤接入，有配置齐全的投影机、投影幕、VGA输入切换设备及有源音箱。可向广大读者提供共享工程的各种文化信息资源浏览。每年阅读点击率达30余万次。

(鲁　剑)

湛河区

【基本情况】 湛河区位于平顶山市区南半部，区境东西长22.8公里，南北宽11公里，总面积127.5平方公里，其中耕地面积6110公顷。2010年末，全区总人口为24.5万人，其中农业人口11.4万人。人口自然增长率为6‰。辖北渡镇、曹镇乡和南环路、马庄、姚孟、九里山、轻工路、高阳路6个街道，共69个行政村、109个自然村，32个社区居委会。

(魏英乾　马秋菊)

【经济发展概况】 2010年，全年实现生产总值126.5亿元，比上年增长13%。其中，第一产业增加值2.5亿元，增长4%；第二产业增加值99.5亿元，增长14.3%；第三产业增加值24.5亿元，增长9%。全区规模以上工业实现总产值333.5亿元，增长12.4%。完成规模以上工业增加值87.9亿元，增长15.5%；实现利润9.1亿元，增长79.7%；完成农业总产值4.5亿元，增长4.2%。财政一般预算收入3.9亿元，增长17.3%，财政一般预算支出5.3亿元，增长15.3%。全社会固定资产投资完成额31.6亿元，增长24.2%；社会消费品零售总额25.6亿元，增长20%。实际利用外资420万美元。城镇居民人均可支配收入17436元，人均消费性支出11352元。农民人均纯收入7908元，人均生活费支出2670元。在岗职工平均工资27799元，增长29.1%。

(魏英乾　马秋菊)

【项目建设】 2010年，全区新建、续建项目73个。其中，工业项目18个，农业项目4个，三产项目51个，计划投资113.7亿元，完成投资38.6亿元。投资2.7亿元的神马赛尔丝、1.12亿元的姚电水泥、1.1亿元的高速龙门机床、1.1亿元的鹰兴精密轴承等27个项目建成；投资18亿元的千田新开元、4亿元的金域蓝湾、3.6亿元的中建嘉天下、1.8亿元的豫达标准化厂房等46个项目进展顺利。

(魏英乾　马秋菊)

【非公有制经济和招商引资】 2010年，实现非公有制经济营业收入159.3亿元，增长17.4%。全年新增个体工商户、民营企业347家，全区非公有制经济组织达到8000多家，实现社会消费品零售总额25亿元，增长20%。组织参加“第三届华合论坛”、“第六届中国河南国际投资贸易洽谈会”等招商洽谈活动，引进区外资金项目46个，完成投资16.4亿元。利用境外资金420万美元，完成年度目标的105%。

(魏英乾　马秋菊)

【城市建设与管理】 创建卫生城市工作扎实推进，完成38项环卫设施建设任务；投入480万元，15条主次干道实现了市场化管理；对店外经营、占道经营、游商游贩及有烟烧烤进行了综合治理，城市管理水平进一步提升；积极做好凌云路、开源路南延，亚兴路、火车站广场改造、新南环路改扩建工程的拆迁协调，完成拆迁2.4万平方米。城中村改造取得新进展，列入开发改造范围的13个村，1个改造基本完成，10个开工在建，两个正在办理相关手续。全年完成拆迁面积35.9万平方米，开工208.6万平方米，主体完工

109.6万平方米。

（魏英乾　马秋菊）

【"三农"工作】 2010年完成农业总产值4.3亿元，增长4.2%。农业生产机械化水平显著提高，粮食生产再获丰收；加强重大动物疫情防控，完成畜产品市场准入工作；落实各项惠农政策，培训农村劳动力2400多人，发放各类补贴3000多万元；投资760万元，实施南干一支渠维修等水利工程，完成10个农村饮水安全项目，收益人口1万多人；投资519万元，新建、改建农村公路10.5公里。实施河山造林攻坚战，投资581万元，完成造林面积5200亩，成功创建省级林业生态区。

（魏英乾　马秋菊）

【社会民生】 全年发放"两免一补"资金770万元，投资1200余万元改善办学条件。积极开展科技普及和创新，申报市级科技项目6项，完成专利申请150件。就业和社会保障工作稳步推进，新增城镇就业人口2.19万人，安置下岗失业人员7465人。发放城乡低保金1840万元，农村"五保"对象集中供养率逐步提高；拨付专项资金24万元，建立临时救助制度，救助困难群众230多户；做好城市低收入家庭住房保障工作，为2000多户低收入家庭提供廉租住房补贴。加强医疗卫生工作，基层医疗条件明显改善，有效防控手足口病等疫情。提高合作医疗保障标准，参合率明显上升。着力丰富群众文化生活，开展"欢乐中原"、民间艺术表演等群众性文化生活。举办《歧路灯》海峡两岸学术研讨会。扎实做好人口和计划生育工作，人口出生率控制在10‰以内，自然增长率控制在6‰以内。顺利完成第六次全国人口普查任务。

（魏英乾　马秋菊）

【和谐社会建设】 围绕帮困、便民、平安建设等内容，加强和谐社区建设，先后组建63个服务性协会，物业管理进社区成效明显，社会服务功能进一步提升。开展群众性文明创建活动，市级以上文明单位达到74家，社会文明程度进一步提高，公民道德水平得到提升。高度重视环境和生态保护工作。开展联合执法行动，对违法占地、河道采沙和水库污染源进行集中整治，有效遏制违法违规行为。秸秆综合利用率进一步提高，实现零焚烧目标。推进节能减排，万元地区生产总值能耗下降3.4%。严格落实安全生产责任制。对重点行业、重点领域安全隐患进行集中整治，突出抓好煤矿安全生产工作，不断加大监督力度，煤矿兼并重组稳步推进。扎实开展平安建设，组建500人的区、乡两级巡访队伍，不断提高技防水平，深入开展严打斗争，确保全区社会大局稳定。

（魏英乾　马秋菊）

【举办《歧路灯》海峡两岸学术研讨会】 8月26日～27日，《歧路灯》海峡两岸学术研讨会在平顶山召开。本次研讨会由省社科联，省社会科学院，市政协，市委统战部，湛河区委、区政府，平顶山学院主办，市炎黄文化研究会、伏牛山文化圈研究中心协办。来自海峡两岸的50多位专家学者参加研讨会，会议收到论文40篇。本次研讨会的目的是厘清李绿园及《歧路灯》的主要思想及其与平顶山文化的渊源关系，明晰《歧路灯》的创作理念和文学精神，深化对《歧路灯》的思想内容、艺术成就、语言风格、创作方法等问题的认识，充分认识李绿园及《歧路灯》在文学史、古典文学学术史中的重要地位，进一步提升河南、平顶山在中国传统文化、文学史上的地位。在研讨会期间，专家学者围绕"《歧路灯》及其文化史贡献与地位"这一主题分别进行主题发言和分组讨论、大会交流等活动。

（魏英乾　马秋菊）

石龙区

【基本情况】 石龙区位于平顶山市西部，东距平顶山市新城区39公里。总面积37.15平方公里，其中耕地面积1096.95公顷。总人口5.3万人，其中农业户口2.4万人，非农业人口2.9万人。人口自然增长率为7.7‰。辖高庄、龙兴、龙河、人民路4个街道。

（冉秀娟）

【经济发展概况】 2010年，全区生产总值完成396797万元，比上年增长1.2%；其中第一产业增加值2562万元，增长4.1%；第二产业增加值360220万元，增长1.1%；第三产业增加值34015万元，增长1.5%。工业增加值346942万元，增长0.8%。粮食总产量2390吨，增长1%。财政一般预算收入25666万元，财政一般预算支出29945万元。全社会固定资产投资完成额81476万元；社会消费品零售总额32346万元；城镇居民人均可支配收入16436.3元，人均消费性支出10425.06元。农村居民人均纯收入7628元，人均生活消费性支出4728.34元。城乡居民年末储蓄存款余额80047万元。

(冉秀娟)

【经济综合实力】 2010年，石龙区把增加投入、扩大生产作为调结构的重要手段。坚持县级干部联系企业和经济运行调度会议等制度，深入企业调查研究、上门服务，着力解决企业生产经营过程中遇到的各类问题，最大限度地减少生产要素供应波动对企业生产的影响。狠抓工业项目建设，累计完成工业项目投资22.1亿元。其中，中鸿130万吨捣固焦及煤化工、宏业泰90万吨捣固焦及煤化工、华辰石龙110千伏变电站扩建、鑫之源耐火材料、沪江陶瓷、华锐双梓等10个续建项目建成投产；220千伏变电站、瑞平石龙水泥余热发电两个续建项目以及中鸿年产10万吨甲醇、奥莱得瓷业年产10万吨中铝球、博开水晶球年产1.8万吨水晶工艺饰品、宝玉玻璃制品、鸿鹰100万吨洗煤等8个新开工项目开工；中鸿130万吨捣固焦煤气脱硫、巨源100万吨捣固焦及煤气综合利用等9个项目进入前期准备阶段。强力推进产业集聚区建设，不断完善园区水、电、路、厂房等基础设施，产业集聚效应日益凸显。积极实施焦化企业资源回收、净化、节能降耗和治污工程，利用富余煤气开发下游产品，拉长循环经济链。以土地、环境综合整治为突破口，强力拆除违法用地建筑，爆破拆除两座落后产能老焦炉，关闭不符合产业政策的小洗煤企业36家。

(冉秀娟)

【改善人居环境】 编制城乡一体化建设整体规划和各项控制性详规。完成龙湖周边绿化美化一期、安居工程一期、国文世家住宅小区、中心游园等建设任务；加大南顾庄城中村改造力度，开工建设安居工程二期。完成大庄危桥改造、梁洼立交桥危桥改造和农村公路绿化等工程；实施207国道娘娘山段除险加固工程以及省道南石线石龙区段排水工程和陈庄桥涵板断裂修复工程；开工建设明德路南延工程；完成新汽车站项目的前期准备工作。规范城乡客运管理，方便群众出行。强化城管执法，对私搭乱建、占道经营进行集中整治，着力改善城乡环境卫生，城乡面貌得到明显改观。

(冉秀娟)

【农业生态建设】 落实上级各项惠农支农政策，加大对农业发展的补贴力度，全年共发放各类补贴资金305万元。大力实施“阳光工程”，全年共培训农民工1800人。加强城乡环卫队伍建设，环境卫生管理能力日益增强，农村环境明显改善。投资76万元，建设乡镇兽医站和动物防疫体系。生态村建设整体推进，农村社区建设得到进一步加强。认真落实植树造林各项政策性补贴，进一步规范荒山承包工作，全年共植树造林460亩。切实加强林业后期管护，巩固省级林业生态区建设成果。

(冉秀娟)

【和谐社会建设】 深化“安全生产年”各项要求，严格落实政府安全监管责任和企业安全生产主体责任，深入排查和整治各类隐患，有效防止重特大事故发生。突出煤矿重点，超前谋划，分阶段、按步骤安全、有序、快速推进煤炭企业兼并重组工作；狠抓停工停产整顿各项指令的落实，实现第12个安全生产年。深化行政审批制度改革，大力提倡“马上就办”作风，办事效率又有新提升；严格企业检查审批制、处罚报告制、处罚自由裁量阶次制、首查先行整改制、企业收费公示制等制度，经济发展环境得到进一步优化。加大初信初访办结力度，着力解决群众关注度高、反映强烈的突出问题，有效化解社会矛盾。坚持“打、防、治、管、建”多措并举，不断完善社会治安群防群治网络，积极开展平安社区联创，年度公众安全感指数位居全省先进行列，2010年石龙区被评为全省平安建设“中原平安杯”先进区。

(冉秀娟)

【社会事业】 大力实施“科教兴区”战略，加大科技投入，全年共扶持市级、区级各类科技项目34项；切实做好知识产权工作，共获得国家专利授权5项；不断完善教育基础设施，开工建设青少年学生校外活动中心、艳伟学校、金阳光幼教中心、高中教师公寓、市32中操场改建等基础设施项目；认真落实“两免一补”政策，全年安排“两免一补”资金126万元。全面实施中小学校舍安全工程，办学条件明显改善；积极开展全民健身活动；广泛开展广场文化、数字电影下乡等活动，丰富人民群众业余文化生活；努力实现医疗卫生基本公共服务均等化，形成以区第一人民医院为核心、石龙区社区卫生服务中心为骨干、16家社区卫生服务站为基础的医疗防控体系，传染病防治工作进入全市先进位次；扎实做好新型农村合作医疗工作，参合率达98.2%；计划生育利益导向机制不断完善，出生人口性别比升高势头得到有效遏制，全年人口自然增长率低于全市平均水平；启动第六次人口普查；社会保障机制进一步健全；低保扩面提标工作均高于市定标准；加强对弱势群体的救助，全年共发放各类救助金960万元；积极做好"全国残疾人工作示范城市"创建工作，残疾人服务保障水平明显提升。

（冉秀娟）

蒲城店遗址

蒲城店遗址位于平顶山市东约9公里的卫东区东高皇乡蒲城店村北，北邻沙河支流乌江河故道，现存面积约18万平方米。为配合许（昌）平（顶山）南（阳）高速公路连接线的修建工程，河南省文物考古研究所与平顶山市文物局合作，于2004年7月至2005年6月对该遗址进行了面积达6200平方米的大规模考古发掘，发现中原龙山文化晚期、二里头文化早期城址各一座，二里头文化罕见的成排房址，中原龙山文化向二里头文化过渡时期的一批遗存，及各时期房址、窖穴、陶窑、灰坑、水井、墓葬等各类古代遗迹900多处，出土大批陶、铜、石、骨、蚌质器物及动、植物遗骸。

中原龙山文化城址位于遗址的东北部岗地上，大致呈东西向长方形，现存东、西、南三面城墙，北面城墙可能被湛河故道冲毁，城址占地面积4.1万馀平方米。城墙由主体墙和内、外两面护坡3部分组成，墙外紧接宽而深的城壕。部分城墙外侧护坡最深处超过了城壕底部，是该城址在建筑结构方面的一大特点。该城内中北部探查出面积较大的夯土建筑遗址等遗存，南部发掘出一批房址、窖穴、陶窑、瓮棺葬以及圆形夯土基址等。陶窑Y5，窑室、箅孔、火道、火门、火膛等各部分保存完好，并有工作面、灰坑等相关遗迹，是中原地区发现的保存较好的史前陶窑之一，为研究史前陶器烧制技术提供实证性材料。蒲城店遗址中原龙山文化晚期城址的发现，为中原龙山文化增添了新的城址，是中原地区发现的少数年代最早的城址之一，在地理位置上是中原地区最靠南的城址之一。

二里头文化城址位于遗址西南部，略呈东西向长方形，其中西北角与东南角略锐小，东北角与西南角较钝大，城址占地面积约5.2万平方米。筑墙的夯具为石块或较大的木棍，与龙山时期者无根本差别，但明显规整许多。城墙外也环绕以城壕。遗址西部龙山城以西、二里头城以北，在南北宽20米、东西长100多米的发掘区内，发现有20多座二里头文化房址。城内探查出大面积的夯土遗迹，揭示出窖穴、墓葬等遗迹。同时，在房址以东发现有南北向总长达41米以上的一段夯土墙基。由此可见，当时人们的居住区经过专门规划。该城址的年代大致为二里头文化一期，是迄今发现唯一的二里头文化早期城址，填补了该文化早期无城址的空白。

（魏兴涛）

附　录

平顶山市 2010 年环境状况公报

根据《中华人民共和国环境保护法》的有关规定，2010 年平顶山市环境状况公告如下：

一、环境状况

1. 大气环境

2010 年，平顶山市（市区）可吸入颗粒物年均值浓度为 0.094mg/m³，二氧化硫年均值浓度为 0.059mg/m³，二氧化氮年均值浓度为 0.042mg/m³，均符合国家二级环境空气质量标准。空气中主要污染物按污染负荷排序，从大到小依次为：二氧化硫、可吸入颗粒物、二氧化氮，首要污染物是二氧化硫。全年环境空气质量达标天数为 320 天，达标率为 87.7%，质量级别为良，全年没有出现酸雨。

2. 水环境

（1）地表水

2010 年地表水水质良好。所监测的 7 个监测断面中，符合Ⅱ类标准的断面 3 个，Ⅲ类标准的断面 1 个，劣Ⅴ类标准的断面 3 个。河流水质由优到差的顺序为：北汝河、入库河流（应河、大浪河、澎河）、湛河。污染类型为氮类污染和有机类污染。省级责任目标断面：沙河舞阳马湾断面周平均浓度值化学需氧量达标率为 100%、氨氮达标率为 78.8%，澧河叶舞公路桥断面周平均浓度值化学需氧量达标率为 100%、氨氮达标率为 100%，八里河舞钢石庄桥断面周平均浓度值化学需氧量达标率为 96.2%、氨氮达标率为 96.2%。

（2）湖库

2010 年 4 座大中型水库所达到的实际水质类别为：白龟山水库符合Ⅲ类水质标准，昭平台水库符合Ⅳ类水质标准，石漫滩水库、孤石滩水库均符合Ⅴ类水质标准；白龟山水库、石漫滩水库、昭平台水库属于中营养状态，孤石滩水库属于轻度富营养状态。

（3）地下水

2010 年，地下水质量较好，水质级别为良好；在 6 个监测井位中，水质级别为良好的井位有 4 个，占 66.7%，主要污染物为总硬度。

（4）饮用水源地

2010 年，城市饮用水源地取水水质达标率为 100%，水质级别为优良。

3. 声环境

2010 年，全市功能区噪声达标率为 77.1%，其中昼间达标率为 95.8%，夜间为 58.3%。道路交通噪声质量级别为好，监测路段达标率为 79.6%。区域环境噪声质量级别为较好，在声源构成中，影响范围最广的是交通噪声，影响强度最大的是交通噪声和其他噪声。

二、污染物排放情况

1. 废水

2010 年，全市工业废水排放总量为 6106.58 万吨，化学需氧量排放量为 9177.79 吨，氨氮排放量为 709.17 吨。2010 年，全市生活废水排放总量为 12528.99 万吨，化学需氧量排放量为 17942.58 吨，氨氮排放量为 2926.35 吨。

2010 年，市区工业废水排放总量为 3705.39 万吨，化学需氧量排放量为 3938.86 吨，氨氮排放量为 411.57 吨，工业废水排放达标率 97.11%。市区生活废水排放总量为 7677.41 万吨，化学需氧量排放量为 7201.59 吨，氨氮排放量为 1480.1 吨。

2. 废气

2010年，全市废气排放总量为2069.73亿标立方米，市区废气排放量为765.24亿标立方米。全市工业二氧化硫排放总量为11.45万吨，市区为5.21万吨。全市工业烟粉尘排放总量为8.15万吨，市区为3.77万吨。

3. 工业固体废弃物

2010年全市工业固体废弃物产生量为1237.27万吨，其中市区691.5万吨。综合利用量为1094.2万吨，综合利用率为80.86%，其中市区利用量为652.76万吨，综合利用率为82.22%。

三、环境监督管理工作

1. 大力开展环境综合整治

（1）对饮用水源地实施综合整治。采取“属地管理，经济处罚与责任追究并重”的原则，多部门联合执法，强力推动综合整治。今年以来，共取缔白龟山水库（炸毁）采砂船77条、养鱼网箱184个，抬（围）网213个、餐饮35家，取缔上游河道内砂石场11家。对下汤桥头宾馆等3家污染源进行了治理，关闭6家铁选企业，完成了饮用水水源保护区防护网和警示标志设置工作。建立健全了地表饮用水水源保护制度，制定了《两库一河整治方案》。

（2）对石龙区大气环境实施综合整治。石龙区政府高度重视大气污染综合整治工作，先后出台了《石龙区2010年环境综合整治实施方案》《平顶山市石龙区人民政府关于进一步深化环境综合整治工作的意见》《关于开展小化工企业环境整治工作的实施意见》等政府文件，成立了由区长挂帅、各相关部门负责人为成员的领导小组，明确工作责任和目标任务，共出动执法车辆300余车次，执法人员1100余人次，对全区工业企业进行了全面排查，关闭一批、停产一批、治理一批。列入整治名单的45家企业，按照整治要求，应整合的5家焦化企业，现已关闭2家；应停产（停建）整顿的8家企业，现已关闭2家，完成治理2家，4家处于停产整顿中；应治理（限期整改）企业32家，其中已关闭11家（选煤行业专项整治中关闭的选煤企业），完成治理4家，17家停产整改。

（3）对焦化行业进行专项整治。目前，已关闭了2条焦化生产线（工信部公布淘汰落后产能关闭企业名单中涉及我市的焦化行业生产线已全部关闭到位），淘汰落后产能60万吨，已超额完成国家分配给我市的本年度应淘汰35万吨产能任务。

2. 狠抓污染减排工作

巩固已提前一年完成的“十一五”减排成果（COD削减14.5%，SO_2削减22.1%）。一是制定了《平顶山市2010年主要污染物减排实施方案》。二是各县（市、区）政府向市政府递交了污染物排放总量控制目标责任书。三是进一步完善了减排“三大体系”。四是积极推进重点流域3个规划项目。平煤神马尼龙有限公司水污染治理和汝州市污水处理厂中水回用项目已通过验收。新城区污水处理厂土建工程已通过验收。

3. 加强建设项目环境管理

严把产业政策关、布局关、污染物总量关。引入环境监理机制，加强建设项目全过程监管；健全制约机制，实行审批与监管分离、建设项目效能监察和责任追究制度。认真开展企业服务年工作，全力支持企业发展。

4. 农村环境保护取得新进展

一是进一步完善和推进县、乡、村三级环保管理体系，做到了领导、机构、人员、办公场所、设施五到位。二是对农村环境综合整治实行“以奖代补”、“以奖促治”政策，促进农村环保工作的开展。三是大力开展生态创建活动。舞钢市稳步推进生态市创建工作，年度创建任务顺利完成。舞钢市铁山乡、枣林镇，汝州市寄料镇3个乡镇被命名为省级生态乡镇。53个省市级生态村已通过验收。10个县（市、区）畜禽养殖业禁养区规划已全部获得当地政府批准，完成了市本级禁养区划定方案的编制工作。

5. 加强对放射源、危险废物和医疗废物监管

详细地开展了排查，对161家（共有放射源540枚、各类射线装置266套）涉源单位一源一档建立身份证管理制度，防止了放射源丢失和放射性污染事故的发生。对危险和医疗废物进行了安全处置，确保了环境安全。

6. 加强环境执法监督

继续深入开展整治违法排污企业保障群众健康环保专项行动和政风行风在线工作，解决环境热点问题。严格落实环保责任目标、节假日环境监管、定期分片督导等长效机制，严肃查处环境违法行为。依法、全面、足额征收排污费。

7. 扎实做好环保基础工作

一是积极推进在线监控系统建设。我市环境自动监控系统建设任务已完成。环境自动监控平台已投入使用；7个市控县界断面水站站房、饮用水源地水环境质量自动监控站对比监测已完成；叶县等

4 个县区空气自动站和石龙区 1 个重点区域空气自动站已全部建好，其中 4 个县区空气自动站通过验收；市区 4 个空气自动站改造已完成；40 家重点污染源和污水处理厂全部实现了在线监控和视频叠加上传；3 个辐射环境质量监测点及 1 个放射源暂存库监控点建设已全部完工并通过了验收。二是编制完成了市污水处理厂污泥处理处置规划和平顶山市“十二五”环境保护规划。

2010 年，在市委、市政府的正确领导下，在市人大、市政协的监督、支持及全市各有关部门的配合下，环保工作取得了历史性突破，总体环境质量明显好转。但是，我市的环保工作仍十分繁重，今后的环保任务仍很艰巨。望全市人民和各有关部门继续给予大力支持和密切配合，克难攻坚、狠抓落实，扎扎实实做好各项工作，努力开创环保工作新局面，为促进我市经济社会可持续发展作出新的更大贡献。

2010 年平顶山市城镇居民消费状况分析

一、城镇居民消费水平明显提高

在收入稳步增长和国家各项鼓励消费政策的推动下，平顶山市城镇居民的消费能力和消费水平明显提升，消费结构更加优化，新的消费热点、亮点不断涌现，生活质量显著提高。2010 年，平顶山市城镇居民人均消费性支出为 11502.39 元，比上年增长 11.24%，高出可支配收入增幅 1.14 个百分点。八大类消费支出中除家庭设备及用品支出下降外，其他均有不同幅度增长。从消费支出分配结构上看，食品、衣着仍稳居一、二位，交通和通讯由上年的第四位前移至第三位，教育文化娱乐服务支出由 2009 年的第三位退居至第四位，具体情况见下表：

2010 年平顶山市城镇居民人均消费性支出及构成

消费项目	金额（元/人）	同比增长%	构成%	上年构成%
消费性支出	11502.39	11.24		
1. 食品	3694.36	11.95	32.11	31.91
2. 衣着	1785.09	15.13	15.52	14.99
3. 居住	1020.46	16.09	8.87	8.50
4. 家庭设备用品及服务	859.87	-8.29	7.48	9.07
5. 医疗保健	929.07	16.6	8.08	7.71
6. 交通和通信	1392.63	16.28	12.11	11.58
7. 教育文化娱乐服务	1327.35	6.11	11.54	12.10
8. 其他商品和服务	493.55	15.29	4.29	4.14

2010 年平顶山市城镇居民人均消费性支出及构成

虽然国际金融危机对城镇居民的消费心理和消费行为产生的影响尤在，但总体上老百姓追求生活品质不断提高的基本心态逐步回归，边际消费倾向回升较快，由 2009 年的 65.94% 上升为 78.15%，2010 年平顶山市城镇居民消费热点突出，住房、汽车、旅游、网络消费等保持旺盛增长势头，发展型、享受型消费比重大幅上升，反映出城镇居民消费结构升级特征更加明显。

（一）住宅是城镇居民消费焦点

楼市价格一路飚升的刺激和国家进一步加大保障性安居工程建设力度的带动，以及城市住房改革制度的深化，平顶山市城镇居民居住消费迅速增加，居住条件日渐改善。2010 年，城镇居民人均购房支出 670.02 元，比上年增长 1.89 倍；在消费性支出中，居民用于居住支出人均为 1020.46 元，同比增长 16.09%，占消费性支出的比重比 2009 年提高 0.37 个百分点。

（二）汽车是城镇居民消费亮点

近年来国家出台了一系列鼓励汽车消费的政策，如减购置税、以旧换新、汽车下乡、惠民节能补贴等，特别是对小排量汽车的优惠政策和多家品牌车4S店落户鹰城，使人们购车数量增多。2010年，平顶山市城镇居民人均购买家用汽车支出378.5元，比上年增长65.76%，带动人均家庭交通工具支出482.87元，比上年增长42.1%，同时带动人均车辆用燃料及零配件支出70.76元，同比增长49.06%；人均交通工具服务支出34.94元，同比增长17.17%。每百户拥有家用汽车5.21辆，比2009年增加1.8辆。

（三）旅游是城镇居民消费热点

随着城镇居民消费能力的提升，游山玩水，旅游度假，已成为人们释放压力、陶冶情操、享受生活热衷的休闲消费方式，“双休日”、“黄金周”和“小长假”更为日益兴盛的旅游消费推波助澜。2010年，平顶山市城镇居民平均每户外出旅游达1.16人次，出行方式更多的是选择随团游，人均团体旅游支出379元，比2009年增长105.5%。

（四）网络是城镇居民消费新点

2010年，平顶山市城镇居民家庭中平均每百户拥有家用电脑53.08台，移动电话188.98部，分别比2009年增长10.12%和3.91%。随着数字化时代的来临，人们具备了较强的信息消费能力，上网人数日益增多，接入互联网的电脑和手机分别比上年增长17.73%和3.15%，导致居民家庭用于网络服务的费用快速增长。2010年，商家采取多种促销方式，下调产品及服务价格，推进通信工具向中、低收入消费人群普及，使得通信服务支出较上年增长了2.4%，其中上网费支出大增250%，人均为67.24元，成为2010年城镇居民新的消费点。

（五）珠宝是城镇居民消费看点

2010年，特别是临近岁末，受通货膨胀的影响，平顶山市悄然出现了“抢”金保值热，许多市民选择用黄金这种最古老的投资方式来作为保值渠道，导致人均金银珠宝饰品支出132.15元，比2009年增长116.32%。

（六）饮食是城镇居民消费基点

2010年，平顶山市城镇居民人均食品支出3694.36元，比2009年增长11.95%，恩格尔系数为32.12%，比2009年提高0.21个百分点，主要是由食品价格上涨8.4%带动的。从食品消费结构上看，主食比重下降，副食比重提高。人均粮食支出342.89元，比2009年增长8.82%，仅占食品支出的9.28%，比2009年下降了0.27个百分点；粮食以外的其他食品消费占食品支出的90%以上，比2009年增长12.29%。副食消费不仅支出金额增加，而且消费数量也普遍增多，与2009年相比，人均猪肉消费量增长7.12%、牛肉增长83.78%、羊肉增长7.14%、鸡增长7.25%、鸭增长22.58%、鲜蛋增长1.78%、鱼持平、虾增长25.71%、鲜菜下降18.86%、鲜果增长2.9%、鲜瓜增长12.64%、糕点增长15.48%、鲜乳品增长4.66%、酸奶增长50%等。另外，人均在外饮食支出800.52元，比2009年增长了22.38%，这些都反映着人们生活水平继续提高。

（七）保健是城镇居民消费要点

城镇基本医疗保险制度逐渐完善，覆盖面不断扩大，参保居民住院费用按比例报销，一定程度地减轻了居民个人医疗费用支出负担。2010年平顶山市城镇居民人均医疗保健支出929.07元，比2009年增长16.6%。其中人均购买滋补保健品和其他医疗保健服务支出分别增长33.39%和47.1%。

（八）教育是城镇居民消费重点

2010年，学校教育之外的培训班费和其他教育费用分别比2009年增长9.11%和134.63%。但随着素质教育、义务教育的继续推行和教育减负的要求，城镇居民人均教育支出442.88元，比2009年下降13.41%，其中教材费用、义务教育学杂费、非义务教育学杂费分别下降10.04%、25.94%、42.01%。

（九）耐用品是城镇居民消费低点

与吃穿用等基本生活消费品相比，耐用消费品等奢侈品消费被金融危机推迟。2010年，平顶山市城镇居民人均购买耐用消费品支出365.99元，同比下降19.56%，导致家庭设备及用品类成为八大类消费中唯一下降的项目。

二、城镇居民消费中存在的主要问题

（一）居民消费增长与GDP的增长不适应。统计数字表明，长期以来平顶山市城镇居民可支配收入实际增长明显低于同期GDP的增长速度，1988年~2009年以来的21年间，按可比价计算，平顶山市GDP以年均10.62%的速度递增，同期，城镇居民可支配收入则以年均7.87%的速度递增，这两个速度长期积累下来，差距越来越大；收入的相对低增长，相应带来了消费的相对低速度，城镇居民消费性支出以年均 6.53% 的速度递增，明显落后于国内生产总值增速。国内支出总额中，投资较快增长，相对应的是低消费率，已成为居民收入增长缓慢和需求不足的基本症结。

（二）服务性消费比重较低。2010 年，平顶山市城镇居民服务性消费占消费性支出的比重为 24.6%，低于全国平均占 35% 以上的水平，更是远低于发达国家占 50% 左右的水平。服务性消费水平的高低是反映居民生活质量的一个重要标志。与吃、穿、用等基本生活商品的刚性需求不同，服务性消费的需求弹性较大，它对居民消费预期的反映更明显。当人们预期经济形势发展良好时，会增加服务性消费支出，反之则压缩服务性消费支出。在目前城镇居民对食品、衣着等商品需求趋向刚性的情况下，拓展服务性消费不仅有利于推动居民消费层次升级，拉动消费需求的新增长，同时也是保障服务业健康发展，进一步刺激和扩大消费的关键因素。

（三）消费意愿不强，制约消费规模扩大。主要是对未来预期不乐观，居民储蓄意愿趋强。2010 年末，平顶山市城乡居民储蓄存款余额高达 730.13 亿元，同比增长 12.73%，高于同期城镇居民可支配收入增速 2.63 个百分点，达到 GDP 的 55% 以上。2005 年～2010 年，平顶山市城乡居民储蓄存款年底余额以 17.44% 的速度递增，同期城镇居民人均可支配收入以 13.2% 的速度增长，这说明增长的收入被人们以储蓄和金融资产的形式大量积聚并沉淀下来。储蓄持续快速增长，从积极的角度讲，固然表明人们从经济发展中积累了更多的财富，但在目前全球金融危机进一步激化了我国经济生活中尚未解决的深层次矛盾和问题，整体经济形势还不乐观的情势下，更多地说明人们消费意愿趋弱，对未来预期不看好，不敢贸然扩大当前消费和投资，人们将钱放到银行是打算把现在的购买力放到以后实现。这样的原因有三个，一是由于我国社会保障体系相对滞后，住房、医疗、养老、教育等压力过重，存钱为以后的消费做准备，制约了即期消费的增长。二是收入增长缓慢，劳动所得偏低。长期以来城镇居民收入增长落后于经济增长，而收入分配改革早就成为社会各界热议的话题，但直到现在也未见相关改革方案出台，人们对未来收入不乐观，这已成为抑制居民消费意愿、能力的顽疾。三是对投资环境不看好，担忧多。2010 年中国 A 股走出一波全球最差、历史最差的行情，重挫了百姓投资意愿，这一方面说明中国居民投资渠道少，同时也更直接反映出中国经济的景气环境和景气指数问题。居民对投资环境不看好的同时，也有某种担忧，比如：收入下降或者增速缓慢，生活不确定性增加，社会保障不健全，个别生活必需商品价格畸高，在生活压力下，迫使居民千方百计压缩消费，放弃投资，不得不采取最为原始的储蓄方法来为未来着想。

（四）收入差距较大导致总体消费不足。平均消费倾向指消费支出与可支配收入之比，国际上，通常将 0.78 左右的消费倾向作为评判居民消费是否正常的标准。2010 年平顶山市城镇居民平均消费倾向为 0.71，总体消费倾向偏低。主要是由于收入差距较大，使不同收入阶层实现购买程度不同，突出表现为收入高的群体实现程度低，收入低的阶层实现程度高。平顶山市城镇居民中按相对收入等距五组分组，2010 年占 20% 的高收入户消费倾向为 0.67，占 20% 的低收入户的消费倾向是 0.83。这表明，高收入群体的生存消费、发展消费和享受消费得到较大满足，新增收入主要用于储蓄和投资，消费意愿较低，消费潜力难以释放；中低收入者与高收入者恰好相反，一般有着较为强烈的消费需求但购买力不足。目前我们的消费需求不足，主要表现为众多中低收入者，包括广大的农民的消费需求不足，尽管其消费欲望很强，消费潜力很大，但是受到不合理收入的制约而被迫压抑了这种消费冲动，特别是对远期消费预期增加的担忧，不敢增加当前消费，形成了消费断层，影响了消费需求的持续高速增长和其对经济发展的带动效应。

三、促进消费增长的几点建议

（一）加大调控力度，稳定市场物价。市场物价的过快上涨，特别是与人民生活息息相关的食品价格大幅增长，对少数低收入家庭来说，已造成很大困扰。从城镇居民家庭生活抽样调查资料中按相对收入分组数据看，占 10% 的最低收入户 2010 年平均消费倾向为 0.996，这说明他们的收入全部用于了消费，根本没有节余；其边际消费倾向为 2.365，这说明增加的收入远低于增加的消费支出，为了维持正常的生活，他们已入不敷出。因此政府应加大调控力度，稳定市场物价，减轻低收入家庭生活负担，特别是“菜篮子”、“米袋子”价格，保证居民最终收入的增加不因物价上涨而大幅抵消，确保居民家庭生活水平不因涨价而受到较大影响。

（二）改善分配关系，缩小贫富差距。收入差距过大将影响经济发展效率和社会稳定。目前城镇居民收入差距扩大问题已比较突出，要进一步理顺和完善收入分配政策，在确保收入分配起点公平、分配过程公正、分配结果规范的前提下，对市场竞争的弱者给以保护，加大对低收入家庭的政策倾斜和财政转移支付力度，着力提高低收入群体收入水平。同时，要兼顾公平，加强税收监管，逐步缩小收入差距。

（三）营造良好的消费环境，鼓励和引导消费。规范市场经济秩序，积极引导公众逐步转变轻消费、重储蓄的传统理财观念，使越来越多的新增收入用来购买发展型和享受型服务产品。一是继续鼓励住房消费，要按照国家相关政策要求，加强土地市场调控，强化多层次的住房供应体系，使房价与居民收入更加适应。二是引导汽车消费，充分发挥金融、保险服务对汽车消费的作用，改善汽车消费环境。积极发展和完善汽车信贷抵押以及保险服务，鼓励保险业推进汽车保险产品多元化和保险费率市场化。三是促进通讯、文化、旅游等消费。四是大力提供绿色商品和绿色服务，挖掘绿色消费潜力，大力提倡环保型、能源节约型和可持续消费方式，做到安全消费。

（四）针对不同消费群体，分层次促进居民消费。不同消费群体具有不同的消费特点，应根据不同的特点积极引导居民消费。一是引导高收入群体，促进大额消费。关键是丰富其消费内容、提升其消费品味、引导其消费方向，使其消费重心转向文化艺术、培训、豪华旅游、美容及大件物品等消费升级上。二是改善中等收入群体的消费预期，增加即期消费。对中等收入群体，刺激其消费主要应以稳定收入，增加和改变其心理预期为主。以消费信贷、创造好的消费环境等方式引导其购房买车，增加文化娱乐消费和促进耐用消费品的消费与换代等，进一步扩大其消费规模。三是增加低收入群体收入，提高购买力。由于收入水平低，消费倾向高，为促进购买力实现，可以考虑以税收和补贴方式调整收入分配，增加对低收入水平居民的补贴，如加强社会保障建设，增加对失业（下岗）工人的补贴，完善最低生活保障体系，等等。

（五）培育消费热点，形成经济增长可持续性。站在可持续发展的战略高度培育消费热点，增强其与支柱产业发展的衔接。一是住房及其带动的装修、家具等消费；二是汽车及其带动的能源、汽车美容等消费；三是通信及电子产品消费；四是教育、培训等消费；五是旅游消费；六是餐饮美食消费。

（六）完善社会保障制度，增强居民消费信心。进一步加大对社会保障体系建设的投入，切实完善、健全各项社会保障制度，搞好贫困救济和监测工作，保障贫困家庭的最低消费，增强居民消费信心，减轻预期消费压力，刺激居民的即期消费欲望。

2010 年，平顶山市消费品市场持续活跃，继续保持稳步增长，全年社会消费品零售总额达到 350 亿元，同比增长 19.4%，增速居全省第四位，扣除物价指数，实际增长 15.7%。

全年消费品市场运行特点

一、全市消费品市场低开高走，平稳运行。从月度趋势看，今年以来，全市社会消费品零售总额总体呈低开高走，平稳运行的格局。从季度趋势来看，一、二、三、四季度同比累计增幅分别为 18.8%、19.2%、19.5% 和 19.4%，也基本趋向平稳抬高之势。

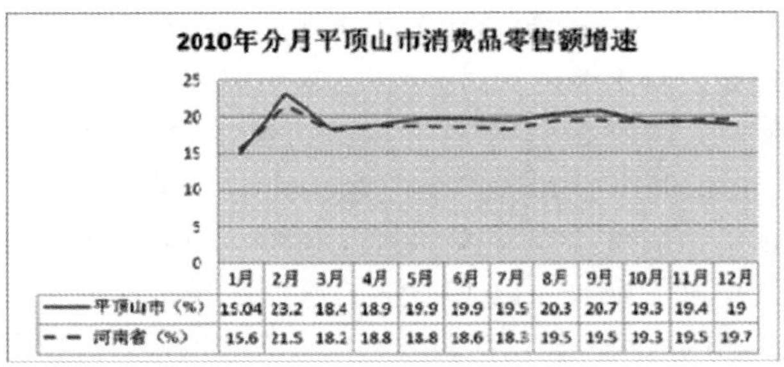

二、城镇消费稳步增长，增速高于乡村市场。2010 年，全市城镇实现社会消费品零售总额 308.2 亿元，同比增长 20.0%；全市乡村实现社会消费品零售额 41.7 亿元，同比增长 15.7%，城镇居民消费增长高于农村居民消费增长 4.3 个百分点。城镇社会消费品零售额占全市的 88.1%，拉动全市消费品零售总额增长 17.5 个百分点，贡献率达 90.1%。城镇消费品零售市场保持稳步增长的原因有：一是近年来全市城市化进程不断加快，城市消费规模不断扩大；二是县域经济不断发展，县城区范围不断扩展，扩大了县级消费品市场的份额；三是支持农村劳动力转移，鼓励职业稳定的农民工进城，有效提高劳动报酬的同时，城镇消费群体进一步扩大。

三、零售业稳居消费品零售市场主行业地位，住宿业增速较高。从行业发展态势看，受居民消费需求、社会投资需求的持续驱动，零售业对全市社会消费品零售总额增长的贡献率最大，并保持上升态势，2008 年至今，零售业贡献率分别为 71.2%、75.9% 和 76.9%。2010 年，全市零售业实现零售额 267.2 亿元，同比增长 19.6%，占全市零售总额比重为 76.3%，比上年提高 3.5 个百分点。零售业贡献率的提高和拉动力的增大，有力的促进了全市社会消费品零售额总量水平。

住宿餐饮业的增速依旧保持领先。2010 年全市住宿餐饮业实现零售额 59.8 亿元，同比增长 20.0%，高于批发零售业 0.7 个百分点。其中住宿业增长 27.5%。但在保持增速居行业之首的同时，住宿餐饮业零售额占全市社会消费品零售总额的比重却有所下降，2010 年为 17.1%，比上年下降 1.8 个百分点。同时，对消费增长贡献率也逐年下降，自 2008 年至今，贡献率分别为 21.7%、18.3% 和 17.5%，对消费品零售总额增长的拉动作用也从 2008 年的 5.1 个百分点下降到今年的 3.4 个百分点。一方面是由于消费结构升级，刺激消费政策效应使零售业的增长拉动作用逐年增大，另一方面是由于经过前几年的快速发展后，目前，住宿和餐饮业尤其是餐饮业发展规模日渐饱和，虽然居民消费需求依然旺盛，但商家竞争加剧，经营成本今非昔比，行业整体扩张性增长势头有所放缓，对全市消费增长的拉动作用也逐年趋弱。

四、企业比重逐年上升，对消费品零售总额增长贡献率持续提高。近年来，全市企业数量不断增加，企业规模逐步扩大，2010 年全市企业零售额占零售总额的比重从上年的 33.7% 提高到 42.0%。相对个体而言，企业近几年对全市社会消费品零售总额增长的贡献率逐年提高，自 2008 年至今，企业对消费品零售总额增长的贡献率分别为 38.9%、45.5% 和 57.0%，两年间提高 18.1 个百分点；同时，2010 年企业拉动全市社会消费品零售总额增长 11.6 个百分点，高于个体 2.8 个百分点。

五、限额以上企业扩张明显，限额以下及个体增速放缓。近年来，随着全国知名大型商业企业不断在平顶山围城圈地，使得平顶山限额以上企业消费市场竞争加剧，大型商场，饭店，宾馆等在规模上不断扩大，服务上不断提高，促进了限额以上企业的快速发展，对全市消费品零售总额增长的拉动力明显提高。2010 年，全市限额以上企业实现零售额 108.3 亿元，同比增长 35.9%，增速高于全市社会消费品零售总额增速 16.5 个百分点，占全市社会消费品零售总额的比重达到 30.9%，所占比重较上年同期提高 3.7 个百分点，对全市社会消费品零售总额增长的贡献率达 50.2%，比上年提高 10.8 个百分点，拉动全市社会消费品零售总额增长 9.8 个百分点，比上年提高 3.1 个百分点。限额以下单位及个体户的经营特点是分布广、规模小、经营商品附加值低，近两年来增速有所放缓。2010 年，全市限额以下企业及个体户实现零售额 241.7 亿元，同比增长 13.3%，占全市社会消费品零售总额的 69.1%，比上年下降 3.7 个百分点，拉动全市社会消费品零售总额增长 9.7 个百分点，比上年下降 2.5 个百分点。

全年生产资料市场发展特点

生产资料市场上半年销售高速增长，下半年增幅逐步回落。受经济增势回稳、生产资料市场继续保持需求稳步增长和价格持续攀升态势影响，2010 年，平顶山市生产资料销售高速增长，上半年全市限额以上批发零售业生产资料累计销售 176.40 亿元，增幅高达 95.4%。受 2008 年经济危机的后续影响，2009 年前 5 个月平顶山市生产资料销售形势萎靡，6 月份起形势好转。因此在对比基数较高、房地产政策的调控使建材和钢材需求下降等因素影响下，2010 年下半年起生产资料销售额增幅有所回落。1 月 ~12 月全市限额以上批发零售业销售生产资料 363.8 亿元，增幅回落至 52.5%；尤其占生产资料类销售总额 62.7% 的煤炭及制品类销售增幅由上半年的 115.8% 回落至 38.6%。

拉动消费品市场发展的主要因素

一、消费结构升级促进消费不断增长，商品销售亮点纷呈

受经济发展、收入增长、结构升级、消费模式变更等多重因素影响，家电、汽车、金银珠宝等成为 2010 年持续旺销的品种。

一是吃穿等刚性消费稳步增长。限上批发零售企业粮油食品、饮料烟酒类零售额 11.8 亿元，同比增长 30.3%。服装、鞋帽、针纺织品类零售额为 6.7 亿元，同比增长 33.1%。

二是家用电器和汽车消费强劲。据对限额以上批零企业类值销售情况统计，家用电器和音像器材类全年实现零售额 7.8 亿元，同比增长 43.5%。汽车类零售额 26.6 亿元，同比增长 45.2%，对全市社会消费品零售额增长的贡献率达 14.6%，远高于其他类消费。

三是通胀预期刺激居民对金银珠宝保值需求增长。2010 年限上企业金银珠宝类零售额为 1.1 亿元，同比增长 41.5%。

四是医疗保健消费需求增加。数据显示，全市教育、医疗、家庭服务等也有比较大刚性的需求，成为比较重要的热点消费领域。全年体育娱乐用品类、中西药类零售额同比分别增长 21.7% 和 47.0%。

二、惠民政策深入人心，刺激消费效果明显

一是千方百计减免税赋，惠农、扶农、富农力度持续加大，努力增加农民收入；二是合理调节收入分配，着力提高低收入者收入水平，逐步扩大中等收入者比重；三是财政支出更多地投向社会保障、社会公益事业、转移支付等，改善居民消费预期。政策引导日益朝着更加有利于消费增长的方向发展，扩大消费的宏观环境日益趋好。

为了应对金融危机，扩大国内需求，我国从 2008 年实施了家电下乡、汽车下乡、以旧换新等一系列政策。2010 年全市“家电下乡”销售 52.3 万台（部），同比增长 20%；销售额达 11.2 元，同比增长 41%。同时，国家又出台了后续鼓励家电及汽车消费优惠政策，适应了广大居民对家电和汽车产品的渴求，消费需求快速释放，极大地拉动了市场的消费，因 2011 年汽车购置税优惠政策取消，这一政策对 12 月份的汽车消费市场影响尤其明显，消费者扎堆购买小排量汽车，使得 12 月当月汽车类零售额同比增长达 67.8%。

三、会展经济和旅游产业为平顶山市消费品市场带来强劲动力

今年以来河南省第三届华侨华人中原经济合作论坛、首届中国（国际）汝瓷文化节、第十届“舞钢水灯节”等大型活动相继在平顶山举办，大大提升了平顶山的城市形象和影响力。全市新闻部门联合汽车销售厂家，经常性的开展了周末汽车试驾活动和汽车下乡巡回展活动，同时，大型车展不断开展。华丽开幕的 2010 年鹰城车博会体育村车展，更是促进汽车消费的一次盛会。车展刚一开始便引来了四方车迷，开幕当天即成交车辆 136 辆。2010 春季购车节于 3 月 25 日 ~28 日登陆鹰城广场，再掀鹰城车市风暴。车市 4 天成交量达 539 辆，总额达 5500 万元。

旅游业持续活跃，对全市消费增长起到了推动作用。鲁山“佛、汤、泉”，“舞钢水灯节”等等各项旅游推介活动，大大提升了平顶山“山水鹰城、近悦远来”旅游形象品牌的影响力，客源市场分布渐广，外地游客数量大增，拉动了旅游综合消费。相关产业在旅游业的带动下迅猛发展，商业、餐饮、住宿等产业接待游客形式喜人。

四、物价高位运行助推消费增长

今年以来，CPI 持续高位运行，12 月份同比涨幅 5.0%，累计上涨 3.7%，食品价格成为 CPI 上涨主因，与居民生活密切相关的产品价格持续走高，推动了消费的增长。

影响平顶山市消费品市场发展的主要因素

一、物价增长对消费品市场的影响逐渐增大。当前物价在高位运行，直接助推了零售额的大幅增长。但是物价增长对消费品市场的发展是一把双刃剑，尽管短期内物价增长对消费品零售额增长起到一定推波助澜的作用，引发市场交易额快速放大，但是从长期看，物价指数居高不下，加大了城乡居民的生活负担，增加了消费者的消费成本，最终将制约广大居民特别是中低收入者的消费欲望，进而影响全社会消费品市场的稳定发展。

二、新的消费热点还未成气候。目前平顶山市场上的消费亮点只是局部性的消费热点，能支持经济增长新的消费热点还未全面形成，消费升级的积累时间还将继续。

三、促进消费政策效应逐步弱化。近来来，在小排量车购置税减免、汽车、摩托车下乡、以旧换新等多项利好政策综合作用下，汽车消费对消费品市场起到了巨大的拉动作用，有力支撑了社会消费品零售总额的快速增长。随着汽车生产的加快，供应及库存的增加，消费需求的相对减少，政策对车市的带动效应会逐步减弱，全年限额以上批发和零售业汽车类零售额同比增长 45.2%，增速较去年同期回落 98.8 个百分点，汽车销售增速回落明显。

促进消费市场较快发展的对策建议

一、大力增加城乡居民收入，促进消费品市场持续增长。分析当前消费市场发展情况，制约居民消费的因素依然存在，目前住房、医疗等费用上涨速度之快，已经超过许多家庭的收入增长速度，特别是 2010 年以来由于食品价格大幅上涨促使人们谨慎消费，也成为预防性储蓄存款的最大诱因。进一步增加城乡居民的收入，促进城乡居民的生活条件不断改善，才能进一步推动消费品持续快速增长。

二、着力改善消费环境，使居民有更好的场所消费、放心消费和方便消费。一要加大消费市场硬件设施的投资力度，全面规划、合理布局，在全市建设一批档次较高的商业、餐饮网点，使消费者能在更理想的场所进行消费；二要大力整顿市场秩序，加强促进消费发展的法规制度建设，保护消费者权益，创造良好的消费软件环境，让居民放心消费；三要支持和鼓励现代流通方式的发展，加快推进以连锁经营、物流配送、特许经营和电子商务为代表的现代流通方式，让居民方便消费。

三、积极培育新的消费热点，加快消费结构升级。在关注住房、教育、汽车、文化和娱乐等消费热点的同时，倡导绿色消费，如环保、节能型商品，以进一步拓宽消费市场。在旅游、健身、休闲娱乐等方面要引导科学消费，加大消费升级；要加强与旅游、会展、节庆活动的融合，形成文化产业发展的集聚效应，打造大型文化交流和经贸合作平台，使文化消费成为拉动消费需求增长的“热点领域”。

四、完善养老、医疗、教育和住房等社会保障体系，消除消费者后顾之忧，使居民敢于消费。进一步增加政府对农村养老、医疗卫生投入的力度，使受益对象真正落实到农民身上，并在此基础上进一步提高农民的养老标准和医疗报销标准；加大对低收入家庭子女大学学费的补助力度，并通过行政手段坚决取消教育乱收费现象；政府要加快建设廉租住房和经济适用房，实行更为严格的监督制度，使这些住房能够真正为中低收入家庭所享用，从而避免中低收入家庭为购房存款而不敢消费的现象。

（资料来源：平顶山市统计局）

2010年平顶山市房地产市场监测分析报告

2010年，平顶山市认真贯彻落实国务院关于促进房地产市场健康发展和遏制房价过快上涨的一系列政策措施，坚持稳定和调控并重、规范和发展并行、保障和市场并举，加强房地产监管和预警预报，取得了积极成效。新建商品住房上市面积大幅度增长，保障性安居工程建设进一步加快，物业管理进社区覆盖面稳步扩大，对促进住房消费和投资、解决低收入家庭住房困难、改善人居环境发挥了重要作用。

一、2010年平顶山房地产市场现状分析

2010年全市生产总值达到1312.1亿元，总量继续保持全省第五位；完成全社会固定资产投资714.7亿元，增长23.7%，其中完成房地产开发投资54.28亿元，增长31.4%；城镇居民人均可支配收入16208元，增长10.1%。平顶山城市新区规划、平宝叶鲁空间发展战略规划编制完成，建成区面积拓展到75平方公里。全市城镇化率达43.4%，提高1.6个百分点。全市经济社会的快速发展、居民收入水平的大幅提高、城市框架的逐步拉大、城镇化水平的稳步提升，为全市房地产市场的活跃和发展创造了良好的宏观环境。

（一）房地产开发投资继续保持快速增长势头。全市房地产开发完成投资54.28亿元，同比增长31.4%，其中商品住宅完成投资38.63亿元，同比增长40.6%。房地产开发企业资金到位68.10亿元，同比增长7.6%。从房地产开发资金来源构成来看，国内贷款4.97亿元，同比增长3.3%，其中银行贷款4.69亿元，同比增长22.6%；企业自筹资金17.63亿元，同比减少33.5%，其中自有资金9.79亿元，同比增长98.3%；其他来源资金45.50亿元，同比增长42.4%，其中个人按揭贷款4.98亿元，同比增长78.8%。

商品房新开工面积198.48万平方米，同比减少46.4%；施工面积646.18万平方米，同比增长1.3%；竣工面积72.95万平方米，同比减少30.8%。其中：商品住房新开工面积172.60万平方米，同比减少44%；施工面积540.13万平方米，同比增长4.1%；竣工面积63.50万平方米，同比减少32.5%。由于新开工面积等开发先行指标减幅较大，2011年可售房源将有较大幅度下降，商品住房累计可售面积也将呈递减趋势。

（二）保障性住房建设再创历史新高。经济适用住房完成投资3.19亿元，开工建设市区山水华庭一期、蓝欣家园一期、宝丰西苑小区、宝丰博诚和谐园、舞钢安居苑二期、舞钢田园新居小区、郏县东方家园小区等7个项目79.05万平方米，同比增长38.9%，可供房源9191套；竣工30.27万平方米，为城市低收入住房困难家庭提供住房3620

套。廉租住房建设完成投资 1.07 亿元，新开工 7.21 万平方米，竣工 15.51 万平方米、3310 套。城市和工矿棚户区改造完成投资 5.6 亿元，完成拆迁 33.98 万平方米，新开工建设江河厂棚户区、汇金广场、中建七局一公司棚户区、联盟鑫城、酿造总厂棚户区等 9 个项目 35.39 万平方米，可供房源 3301 套；竣工 13.80 万平方米，解决了 1358 户棚户区居民的住房困难。探索推进公共租赁住房建设，新开工建设 2.8 万平方米，可供房源 675 套。全市 15348 户申请廉租住房保障的低收入家庭已全部纳入保障范围，发放廉租住房补贴资金 2361 万元。实施农村危房改造，保障家庭 4510 户。

（三）住房一级市场供应量快速增长。城区（含新华区、卫东区、湛河区、新城区）新建商品房上市面积 99.85 万平方米，同比增长 1.91 倍，其中：商品住房上市 8103 套、88.81 万平方米，上市面积同比增长 2.25 倍，商业营业用房上市 11.04 万平方米，同比增长 57.0%。新建商品住房季度上市量分别为 10.58 万平方米、30.58 万平方米、24.26 万平方米和 23.39 万平方米，同比分别增长 2.32 倍、22.56 倍、3.94 倍和 1.54 倍。由于商品房上市量增长迅猛，销售量增幅较小，商品房市场可供销售房源大幅攀升。2010 年末，商品房累计可售面积 61.98 万平方米，同比增加 1.63 倍，其中：商品住房年末累计可售面积 52.47 万平方米，同比增加 2.08 倍，住房一级市场供应充足。

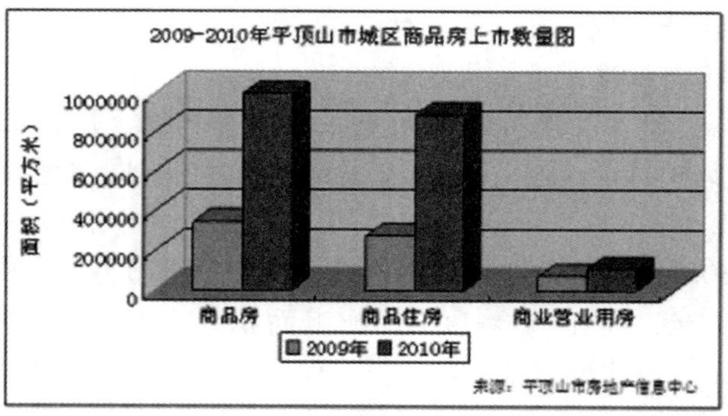

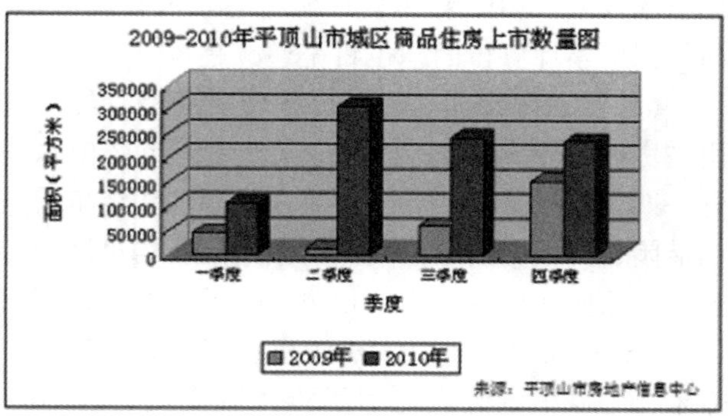

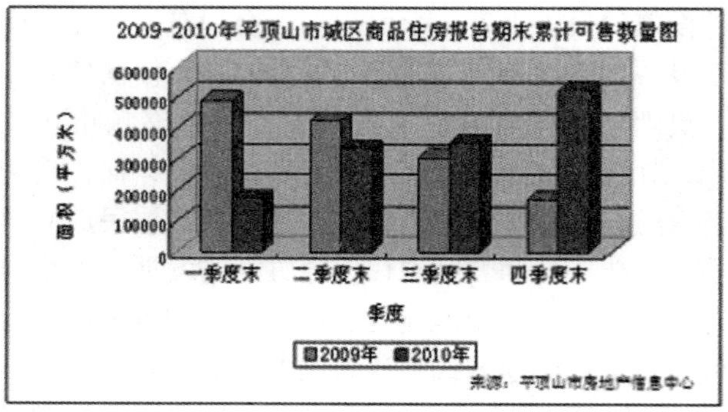

（四）商品住房消费由弱转强。全年城区商品房销售 73.66 万平方米，同比增长 3.16%；销售金额 24.37 亿元，同比增长 31.1%。其中：商品住房销售 6316 套，同比增长 10.3%；销售面积 68.56 万平方米，同比增长 2.7%；成交金额 21.39 亿元，同比增长 44.7%。商业营业用房成交 5.1 万平方米，同比增长 9.51%。商品住房季度销售面积分别为 12.42 万平方米、11.69 万平方米、21.21 万平方米和 23.24 万平方米，同比分别增长 -11.4%、49.2%、26.2%、-17.3%，环比分别增长 -55.8%、-5.84%、81.5% 和 9.56%。2010 年上半年，国务院相继出台"国十一条"、"国十条"等房地产市场调控政策，全市住房一级市场观望情绪浓厚，销售量在一季度环比大幅下降、二季度减幅略有萎缩；下半年受全国一、二线城市房价快速上涨因素影响以及住建部等三部门联合出台"新国五条"等调控措施，销售量在三季度环比大幅增长，四季度增幅趋缓。

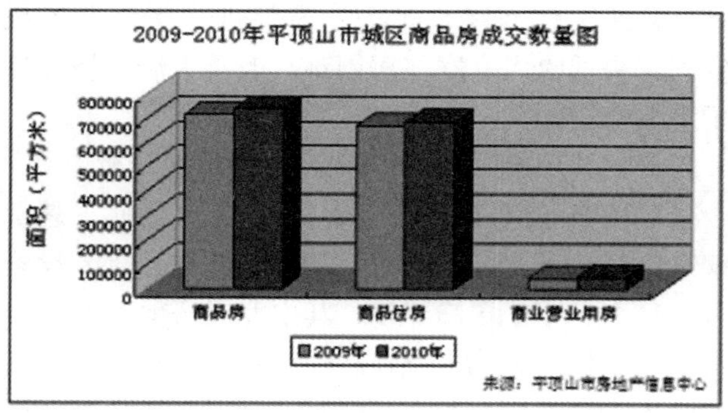

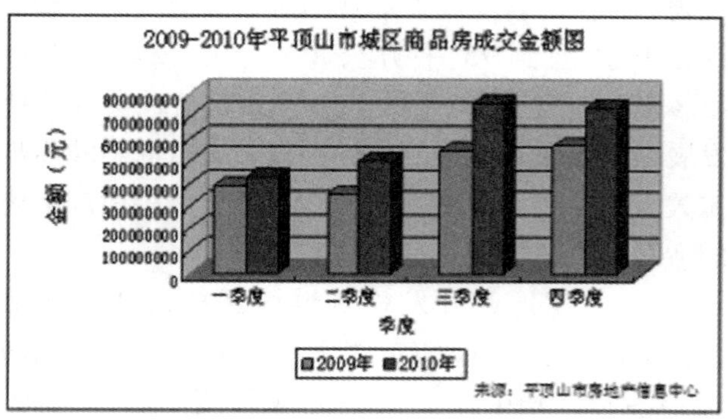

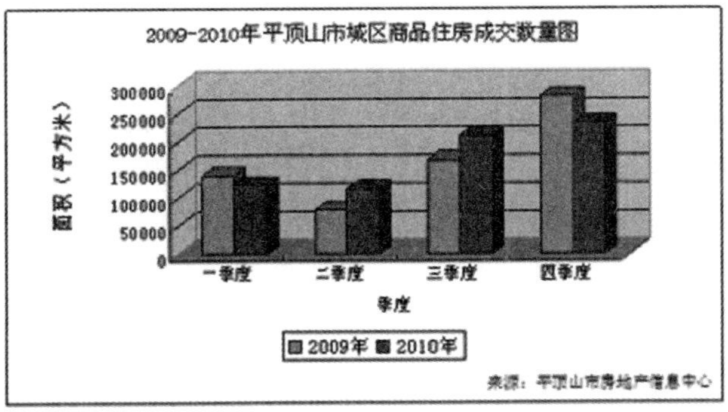

（五）住房一级市场供求结构亟待改善。从全年新上市商品住房供应套型结构分析，全市城区90平方米以上住房新上市5525套，占68%；90平方米以下中小套型住房新上市2578套，占32%，中小套型住房供应不足。其中：90平方米～120平方米中等套型住房新上市2731套，占34%；60平方米～90平方米较小套型住房新上市1885套，占23%；120～144平方米较大套型住房新上市1860套，占23%；144平方米以上大套型住房和60平方米以下小套型住房分别上市934套、693套，分别占11%和9%。

从商品住房销售套型结构分析，中等套型商品住房居市场主导地位。其中：90平方米～120平方米中等套型成交2136套，占34%；60平方米～90平方米成交1628套，占26%；120平方米～144平方米成交1317套，占21%；144平方米以上大套型成交688套，占11%；60平方米以下小套型成交547套，占8%。

从商品住房销售价位分析，中等价位商品住房销售占主导地位，高价位商品住房销售比例很小。其中：3000元～4000元/平方米成交2373套，占38%；1500元～2500元/平方米成交1747套，占28%；2500元～3000元/平方米成交1481套，占23%；4000元/平方米以上成交446套，占7%；1500元/平方米以下成交269套，占4%。

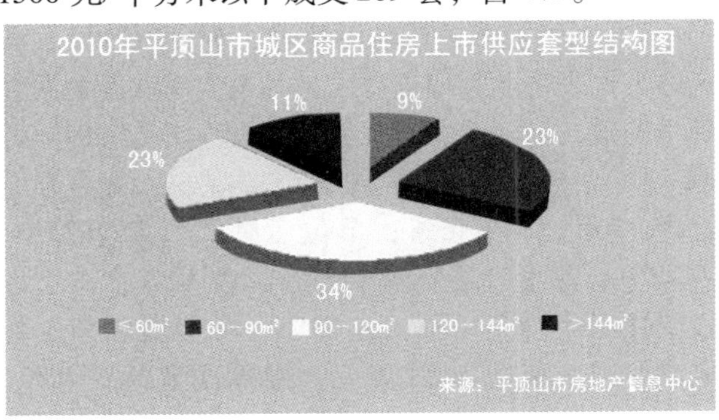

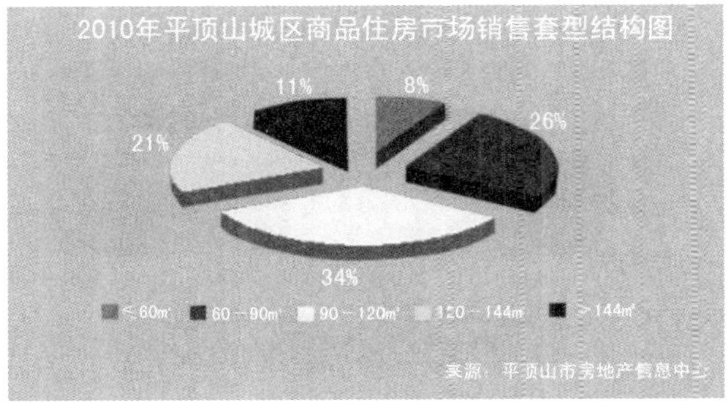

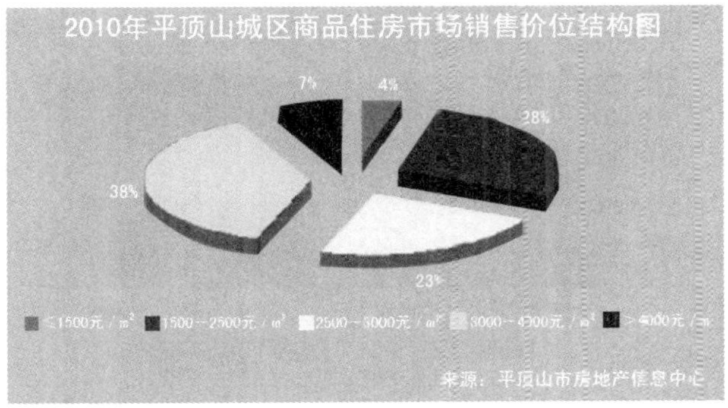

（六）住房成交价格呈现震荡攀升格局。城区商品住房成交均价3121元/平方米，同比上涨39.8%。其中：经济适用住房均价1566元/平方米，同比上涨3.3%。商品住房季度成交均价分别为3148元/平方米、3589元/平方米、3012元/平方米和2969元/平方米，同比分别增长24.7%、28.4%、22.9%和68.8%。

城区二手房成交39.44万平方米，同比增长18.3%；交易额7.72亿元，同比增长21.5%。二手住房全年成交均价为1880元/平方米，同比上涨6.64%，住房二级市场量增价升趋势明显。其中：二手住房成交4255套，同比增长17.0%；成交面积36.24万平方米，同比增长16.7%；交易额6.81亿元，同比增长24.5%。二手住房季度成交面积分别为7.66万平方米、9.0万平方米、8.18万平方米、11.40万平方米，同比分别增长63.5%、15.2%、－14.4%和26.7%。二手住房季度成交均价分别为1944元/平方米、1562元/平方米、2122元/平方米、1914元/平方米，同比分别增长22.3%、－6.59%、11.9%和6.87%。

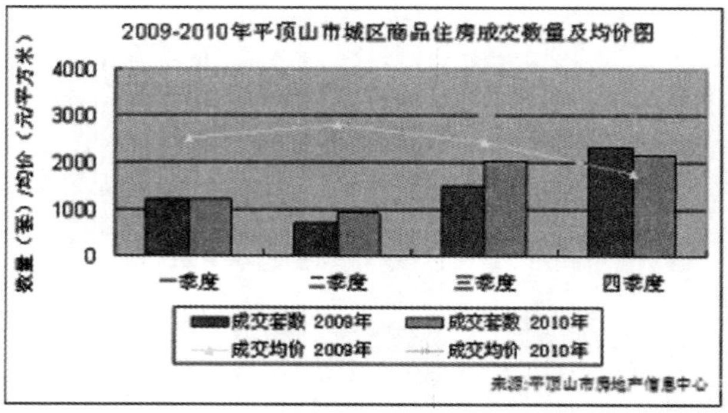

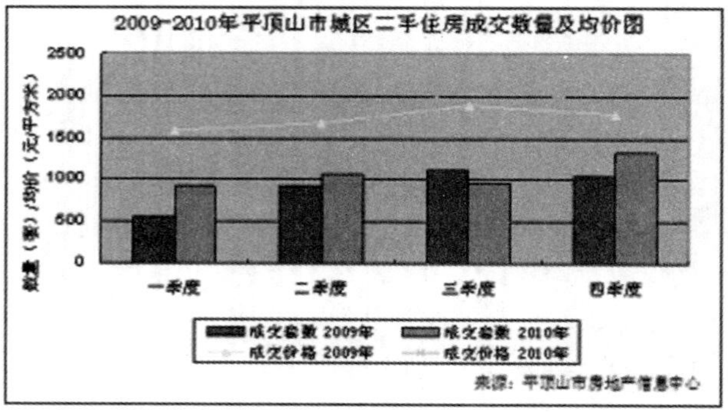

（七）外来投资和投机炒作不明显。从商品住房购买对象分布看，平顶山市属中部地区三线城市，住房消费主体以本市居民为主，外来投资和投机炒作迹象不明显。本市居民购房 5767 套，占 91%，其中：本市城区居民购房 5139 套，占 81%，仍占主流；本市郊县居民购房 628 套，占 10%，较上年上升 1 个百分点。外地人购房 549 套，占 9%，上升 8 个百分点。

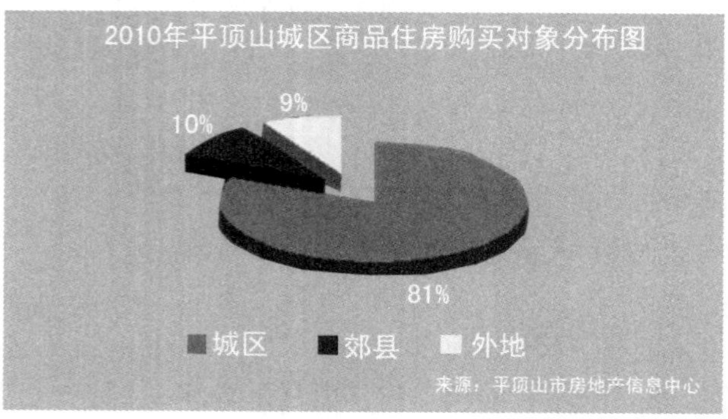

（八）住房市场规模整体偏小。城区商品住房上市面积 88.81 万平方米、成交面积 68.56 万平方米，平顶山市住房一级市场上市量、成交量仅占一线城市北京的 6.27%、5.59%；占二线城市郑州的 10.1%、7.06%；占三线城市洛阳的 15.9%、9.63%，南阳的 76.3%、52.5%。平顶山市住房一级市场供应量和交易量整体偏小，难以满足强劲的住房消费和投资需求，对本地房价也起到了一定程度上的助涨作用。

从住房二级市场成交量来看，平顶山市城区二手住房成交 4255 套，仅占一线城市北京的 2.55%，占二线城市郑州的 14.4%，占三线城市洛阳的 24.8%、南阳的 90.3%，由于住房二级市场交易量偏小，分流需求和平抑房价作用不明显。

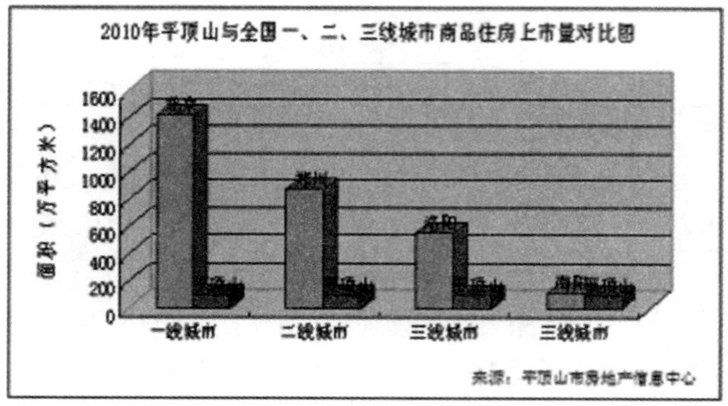

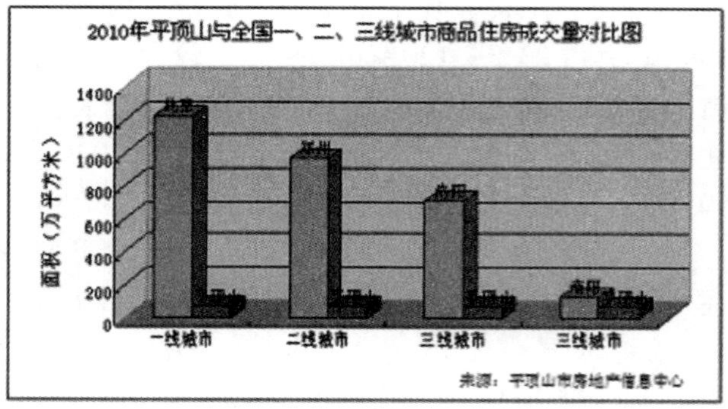

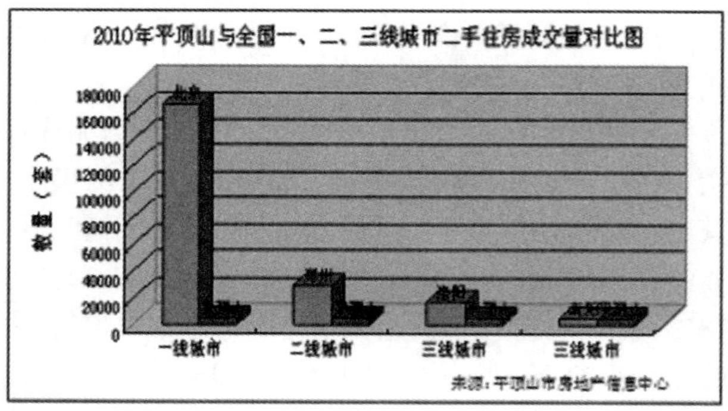

（九）物业服务市场仍处于培育发展阶段。城区强力推进物业管理进社区，基本实现社区物业管理全覆盖，切实改善社区居住环境。市区 29 个街道（镇）、94 个社区的 1155 个楼院中，物业企业管理 176 个，占 15%；单位后勤式管理 482 个，占 42%；业主自治管理 118 个，占 10%；旧小散楼院社区代管 379 个，占 33%。全年城区归集住宅专项维修资金 5000 万元，保障住宅共用部位、共用设施设备的维修和正常使用，切实加强对维修资金的监管，维护维修资金所有者的合法权益。严格市场准入与退出管理，完善物业服务行业服务标准，加强物业服务企业规范化管理。2010 年，全市物业服务企业增至 126 家，从业人员发展到 1 万多人，物业管理项目 700 多个、1400 万平方米，创建省级以上优秀项目 5 个，市级优秀项目 16 个，切实改善了全市的办公和居住环境。

二、2011 年房地产市场发展趋势研判

影响平顶山市房地产市场的主要因素是国家房地产市场调控和全市保障性住房供给力度。2011 年，国家对房地产市场的调控决心更大、力度更大，一是将房价调控列入政府工作目标，对工作不力的城市政府将进行约谈和问责；二是推出上海、重庆两个房产税试点城市，并计划将该税种推广到全国；三是强化限购措施，将商品房限购范围扩大到 37 个城市，限购继续扩面也如箭在弦，引而待发；四是提高金融机构人民币存贷款基准利率和住房公积金存贷款利率，加强了金融手段的调控力度。平顶山市作为三线城市，上述调控政策尽管并未全部施及，但剑风所至，寒气逼人，对商品房消费预期的影响不可低估。与此同时，作为解决房价问题的治本之策，保障性住房建设力度空前。平顶山市今年计划建设廉租住房 42 万平方米、公共租赁房 14.7 万平方米、经济适用房 57.2 万平方米，三类保障性住房规模达 113.9 万平方米，加上棚户区改造等政策性住房，保障家庭将达 2 万户以上，这对城市规模不到 40 万户的房地产市场的影响是显而易见的。可以预测，2011 年，平顶山市房地产市场将继续保持相对稳定的基本形势，不会有大的波动。

（资料来源：平顶山市房地产信息中心）

卞和·和氏璧·卞城

平顶山市湛河区北渡乡南沙河之曲有村名卞城。此地原属叶县，据《叶县志》记载，卞城者，卞和之封邑也。

卞和是春秋初期楚国人，生活于楚武王前后，居住在楚国腹地荆山（今湖北省襄樊市南漳县西部的一条山脉）之下。提起他，人们就能够想到和氏玉的故事，卞和在楚武王时为此失去了双脚，后楚文王为卞和洗清了冤情。“和氏玉”因此名闻遐迩。著名典故“完璧归赵”，作为成语一直沿用至今，其中的“璧”，就是由“和氏玉”雕琢而成的。

楚文王是一位很有作为的国君，在位十三年，北过汉水，灭申、灭邓，冲出方城缺口，从郑人手中夺得滍水流域，“封畛于汝”，把楚国疆土向中原推进一大步。为了犒赏卞和献宝之功，将叶邑以北滍水中游两岸肥美土地封给卞和，并筑城一座，供卞和及其族人居住，称卞邑。卞邑坐北朝南，背山面水，城方一里。城内北部筑一高台，上建殿舍，为卞和的居所。城东北有山，亦名荆山。卞和活到 90 多岁，于楚成王初年去世，葬于卞邑城东，隆成巨冢，高三丈，周数十丈，后人在冢前树立一碑，上刻隶书“卞和之墓”。卞邑故城城垣屡毁屡建，明代建筑的城垣一直保存到上世纪 50 年代。

（潘民中）

索　　引

说明：

一、本索引采取主题分析索引的方法，按汉语拼音字母（同音字按声调）顺序排列。

二、主题词后的阿拉伯数字和字母分别表示内容所在页码和栏数。

A

B

C

D

E

F

G

H

J

M

N

P

Q

R

S

W

Y

Z

图书在版编目(CIP)数据

平顶山年鉴.2011/平顶山市人民政府主办,平顶山市地方史志办公室编纂.—郑州:中州古籍出版社,2011.10

ISBN 978-7-5348-3696-1

Ⅰ.①平…　Ⅱ.①平…②平…　Ⅲ.①平顶山市—2011—年鉴　Ⅳ.①Z526.13

中国版本图书馆 CIP 数据核字(2011)第 213316 号

责任编辑: 王小方
责任校对: 盛　刚　张晓丽　冯春梅　张　征
出 版 社: 中州古籍出版社
(地址:郑州市经五路 66 号　邮政编码:450002)
发行单位: 新华书店
承印单位: 郑州方志印务有限公司
开　　本: 889mm×1194mm　1/16
印　　张: 30.25
字　　数: 990 千字
印　　数: 1—3300 册
版　　次: 2011 年 9 月第 1 版
印　　次: 2011 年 9 月第 1 次印刷

定　价:200.00 元